JN414378

실록 사립학교법

명순구 지음
자료정리 정재호 · 임화식

박영사

Private School Act

by

Soon-Koo MYOUNG

Professor of Law
Korea University
Seoul, Korea

2025
Parkyoung Publishing & Company
Seoul, Korea

머리말

2021년 유엔무역개발회의(UNCTAD)는 대한민국의 공식지위를 개발도상국에서 선진국으로 변경했다. 이러한 지위 변경은 UNCTAD 설립(1964) 이래 최초의 사례이다. 이 자랑스러운 역사적 이정표의 핵심요인으로 교육을 꼽는 데에 특별한 이견이 없을 것 같다. 미래를 위한 가장 중요한 투자로 교육에 뜻을 세우고 헌신한 선현들에게 깊은 감사와 존경을 표시해야 할 이유이다.

갑오개혁(1894) 이후 교육제도의 근대화를 도모했지만, 당시의 정치·경제 현실에서 공공부문은 교육수요를 충족시킬 수 있는 형편이 아니었다. 19세기 후반 이후 애국·계몽운동의 일환으로 사립학교가 활발하게 설립되어 1908년에는 전국적으로 약 4,000~5,000개에 달했으니 이 민족의 교육에 대한 열정은 분명 남다른 데가 있었다. 다양한 규모의 사립학교에서 민족교육과 국권회복 의식을 고양시키자 1908년 일제 통감부는 「사립학교령」(1908. 8. 26. 칙령 제62호)으로써 사립학교에 대한 감독·통제를 시작하였다. 강제병합 후에는 「사립학교규칙」(1911. 10. 20. 제정 조선총독부령 제114호, 1915. 3. 24. 개정 조선총독부령 제24호) 등을 통해 감독·통제를 한층 강화하였다. 이는 일제강점기 사립학교가 일제에 부담스러운 존재였음을 반증하는 현상이기도 하다.

해방(1945) 이후 국민들의 새로운 세상에 대한 기대가 교육열로 표출되어 교육수요가 폭증함에 따라 공공부문이 그 수요에 미치지 못하는 상황은 더욱 심화되었다. 해방 이후 정부가 사립학교 설립을 적극 장려한 배경이다. 이는 현재 우리나라가 OECD 국가에서 사립학교의 비율이 가장 높게 된 시발점이기도 하다. 현재 사립학교의 비율은 초등학교 약 2%, 중학교 약 20%, 고등학교 약 40%로 상급학교로 갈수록 높아지는데, 대학교는 약 80%로서 절대적인 비중을 차지하고 있다. 그런데 정부·민간의 교육비 부담비율은 매우 다른 양상이다. 초·중·고등학교에 대한 정부의 교육비 부담비율은 약 90%로서 OECD 평균 수준인데 비해, 대학교는 약 40%로서 OECD 평균(약 70%)에도 크게 미달하는 수준이다. 숫자만으로 판단할 것은 아니지만 무언가 근본적이고 전향적인 진단이 필요한 지 오래이다. 그러나 이에 대한 근본적·적극적 대책 수립 움직임은 보이지 않는다. 학교, 특히 대학의 발전 없이는 새 역사를 기대할 수 없다. 개발도상국에서 선진국으로 비상한 2021년에 비견되는 새로운 역사를 위한 발걸음을 이제라도 내딛어야 한다. 그 첫걸음으로 사립학교에 관한 기본법으로서 「사립학교법」에 유의하고자 한다. 이 법률은 사립학교의 비중이 높은 우리나라에서 사립대학에 관한 기본법에 해당하기 때문이다.

1950년대부터 정부는 여러 차례 「사립학교법」 제정을 시도하였다. 순수 사법인 「민법」으로는 사립학교가 가지는 공공성의 측면을 커버할 수 없다는 것이 그 이유였다. 사학재단 분규 및 운영비리 등에 대비하기 위해서는 특별법이 필요하다는 정부의 주장과 재정상 어려움에 있는 사학에 대하여 정부가 도움을 주지는 못할망정 오히려 사학운영의 자율성을 본질적으로 침해한다는 사학의 주장이 접점을 찾지 못하고 오랜 기간 표류하다가 5·16 군사쿠데타를 계기로 일단락되었다. 1963년 국가재건최고회의가 「사립학교법」을 의결한 것이다(1963. 6. 26. 제정 법률 제1362호, 1963. 7. 27. 시행). 법률 제정을 위한 기초자료도 마련하지 않은 채 서둘러 「사립학교법」이 제정되었다. 쿠데타정부는 사립학교와 국가 사이에서 합리적인 균형점을 모색하기보다는 권력적 권위로써 「사립학교법」을 제정했으며, 이는 「사립학교법」을 둘러싼 지속적이며 뿌리깊은 사회갈등의 근본 원인의 하나가 되었다.

사립학교는 자주성을 토대로 교육의 다양성에 기여하는 동시에 교육기관으로서 공공성을 가진다. 이런 점에서 「사립학교법」(제1조)이 자주성·공공성의 상호균형을 법률의 목적으로 제시한 것은 극히 타당하다. 「교육기본법」(제25조)이 국가·지방자치단체에 대하여 사립학교의 지원·육성 및 사립학교의 다양하고 특성있는 설립목적을 존중하도록 책무를 부여한 것 또한 같은 맥락이다. 문제는 사립학교에 대한 이러한 기본시각 내지 규율원칙이 추상적 선언에 그치지 않고 구체적인 영역에서 제대로 구현되고 있는가이다. 「사립학교법」은 그 제정·시행 이후 60여 년 동안 약 90차례에 걸쳐 크고 작은 개정이 있었다. 매년 평균 약 1.5회 개정되었는데, 이는 그 수치만으로도 "敎育은 百年大計"라는 명제를 무색하게 한다. 「사립학교법」은 그 출발부터 사립학교에 대한 국가의 감독·규제를 목표로 했고, 개정의 기조 또한 단연 감독·규제의 강화였다. 사정이 이러하다 보니 이제는 자주성·공공성의 상호균형을 논하는 것조차 어색한 지경에 이르렀다. 규제의 분위기가 세포 구석구석 깊숙이 스며들면 자기검열(Self-censorship)에 익숙해지고, 끝내는 "학습된 무기력"(Learned Helplessness)에 빠지게 된다. 어릴 때부터 가느다란 사슬에 묶여있던 코끼리는 성장한 후에도 결코 그 사슬을 벗어나고자 시도조차 하지 않는다.

국가의 과잉규제 속에서 대한민국의 사립학교는 "학습된 무기력" 상태에 있다고 진단하며, 이러한 현상은 사립이 80% 이상을 차지하는 고등교육 분야에서 더욱 현저하다. 교육·연구의 대학 독점구조 파괴, 지식 생명주기의 단축, 에듀테크의 고도화 등 글로벌 교육·연구 환경은 대학에 대한 과감한 투자와 창의·자율을 요구하고 있으나, 국내 사립대학은 학령인구의 격감, 2009년 이후 등록금 동결에 따른 재정난, 규제에 의한 자율성 억제에 시달리고 있다. 사립학교가 공공성의 테두리를 벗어난다면 이는 통제되어 마땅하다. 그런데 사립학교 중 일부에 그치는 사항을 계기로 법을 개정하는 것은 "성급한 일반화의 오류"(Fallacy of hasty generalization)의 가능성이 크다. 축구에서 손이 공에 닿으면 파울이라 하여 손을 뒤로 묶은 채 게임을 할 것은 아니지 않은가? 자유로운 손으로 마음껏 달리면서 기량을 발휘하도록 보장하고, 만약 손과 공이 접촉하면 파울로써 규제할 일이다. 「사립학교법」의 개정 과정에서는 "성급한 일반화의 오류"가 자주 발견된다. 이는 헌법재판소에서 「사립학교법」이 비교적 자주 이슈로 등장하는 주요 원인이기도 하다. 교육의 본질보다는 정치적 성향에 매몰되어 안타까운 방향으로 나아간 경우도 빈번하다. 그 밖에도 「사립학교법」은 포괄위임이 의심되는 규정, 사립학교의 자율적 성장을 막는 과잉규제가 의심되는 규정, 회의체·기관 간의 권한이 중복·충돌하는 규정, 행정입법으로 다루어야 할 수준의 지나치게 세부적인 규정, 「민법」·「고등교육법」·「초·중등교육법」·「유아교육법」·「교육공무원법」·「국가공무원법」 등 상호 연계된 법률과 내용·형식상의 조율이 매끄럽지 않은 규정, 조문의 순서가 적절하지 않은 규정, 법률용어로 적합하지 않은 문구의 규정, 표현이 불필요하게 복잡하여 쉽게 이해하기 어려운 규정 등 바람직스럽지 않은 내용을 다수 포함하고 있다. 이는 「사립학교법」에 대한 전부개정의 필요성을 보여주는 것이다. 개정 대상은 「사립학교법」에 그치지 않는다. 가령 「사립학교법」 하부 행정입법인 「학교법인 및 사립학교 직인규칙」(교육부령)은 학교법인과 사립학교 직인의 모양과 규격을 규정하고 있다. 어떤 제도가 장기간 시행되면 그 제도의 정당성·합리성을 판단하는 시각을 잃기 쉽다. 「사립학교법」과 그 하부 행정입법이 그런 사례 중 하나라고 본다. 대한민국의 미래를 위하여 이제라도 건전한 비판적 시각을 바로 세워야 할 때이다.

이 책은 「사립학교법」의 전부개정을 위한 첫걸음으로 기획된 것이다. 「사립학교법」에 관해서는 이미 상당한 연구들이 축적되어 있다. 기존의 연구 결과가 「사립학교법」의 새로운 여정에 귀한 길잡이가 될 것이지만, 이 책은 다소 다른 시각에서 「사립학교법」의 현실과 미래에 관심을 가진 모든 분들에게 「사립학교법」의 출발과 변화 과정을 생생하게 보여주는 계기가 될 것이다. 합리성이 의심되는 특정 규정이 어떤 배경에서 누구의 제안으로 어떤 과정을 거쳐 개정되었는지를 정확히 알게 되면 그 규정의 위상을 수월하게 판단할 수 있다.

인구의 고령화와 도시집중, 학령인구 감소 등의 구조 변화를 들어 사립대학의 위기로 진단한 시간이 벌써 오래 전이다. 사정이 이러하다면 '위기'라기보다는 '척박한 현실'로 보는 것이 맞다. 위기는 극복하는 것이지만 척박한 현실은 큰 흐름을 바꾸는 것이 그 해결책이다. 오늘날 우리에게 요구되는 것은 우리 스스로 바로 오늘, 그리고 바로 이 현실 조건에서 능히 도약할 수 있는 예지라고 생각한다. 이솝우화에 "로두스"가 등장한다. "여기에서는 아니지만, 로두스 섬에서는 내가 세계 1등으로 높이 뛸 수 있다!"라는 자랑에 옆에 있던 친구가 말한다. "여기가 로두스다, 여기에서 뛰어라!"(Hic Rhodus, hic salta). 이 책의 출간을 계기로 앞으로 학문적·정책적 토론을 거쳐 「사립학교법」 전부개정 시안을 도출하고, 그 결과물에 대하여 대한민국 사회로부터 폭넓은 검증을 받을 계획이다. 제22대 국회에서 「사립학교법」 전부개정이 이루어지길 기대한다.

이 책을 위하여 인성기금(仁星基金)의 후원이 있었다. 고려대학교 법학전문대학원에 귀한 기금을 조성해 주신 유휘성 회장님께 깊은 존경과 감사를 드린다. 60년 이상의 기간에 걸쳐 이루어진 「사립학교법」의 제정과 개정 과정을 질서있게 보여주는 작업은 그리 간단하지 않았다. 정재호 연구원의 자료정리와 임화식 연구원의 검토작업이 없었다면 불가능했을 것이다. 두 제자의 미래에 희망이 가득하기를 기원한다. 어려운 출판 현실에서 대한민국의 교육발전을 위한 공감을 실천해 주신 박영사 안상준 사장님, 행정사무를 맡아주신 김한유 과장님, 책 편집에 정성을 다해주신 이승현 차장님께 깊은 감사를 드린다.

대한민국 교육에 주는 이 작은 울림이 큰 메아리로 돌아오기를 마음을 담아 기원한다.

2025년 4월

명 순 구

차례

제 3 부
부록

일러두기

1. 책의 구성과 표현 방식

「사립학교법」 조문별로 제정법부터 현행법(2024. 12. 31. 기준)에 이르기까지의 변화 과정을 관련 회의록 등을 토대로 빠짐없이 정리하였다. 서술은 ① 제정법(Ⅰ), ② 개정 경과(Ⅱ), ③ 현행법(Ⅲ), ④ 종합/특기사항(Ⅳ)의 순서이다. "Ⅳ. 종합/특기사항"에는 제정법에서 현행법에 이르기까지 해당 조문에 대한 핵심 특징을 매우 간략하게 정리하면서 주요 헌법재판소의 결정도 포함시켰다.

자료 소개는 가급적 원문을 유지하면서 표현했으나 가독성에 심각한 장애가 있는 부분은 수정했다. 특히 회의록의 구어체 부분은 정확한 상황 파악에 방해가 되는 경우가 많아 맥락에 맞게 수정한 부분이 적지 않다.

2. "개정 경과"(Ⅱ)의 정리 체계

이 책에서 가장 많은 분량을 차지하며 내용상 핵심적인 부분은 "개정 경과(Ⅱ)"이다. 해당 개정의 결과를 맨 앞에 배치하고 그 뒤에 개정 경과를 서술하여 필요에 따라 해당 조문의 변화상을 신속하게 확인할 수 있도록 했다.

개정 경과는 법률안 소개로 시작되는데 여기에서는 대안 반영으로 폐기된 모든 원안까지 조사하여 반영하였다. 조문별 개정 경과의 서술은 당시 「사립학교법」의 제·개정을 진행한 입법기관의 조직·의사(議事), 기타 사항을 규정한 법률(예: 「국회법」, 「국가재건최고회의법」, 「비상국무회의법」, 「국가보위입법회의법」)에 따라 대체로 ① 법률안, ② 위원회 심사(상임위원회, 법제사법위원회), ③ 본회의 심의의 순서로 구성하여 신구대비표와 회의록 등을 반영하였다.

3. 자료의 수집 및 반영

〈1〉 원칙: 이 책의 자료는 법제처 국가법령정보센터, 국회의 의안정보시스템, 행정안전부의 국가기록원 등을 통해 광범위하게 수집하였다. 이와 같이 수집한 자료는 위 조문별 "Ⅱ. 개정 경과"의 서술 체계에 따라 각 단계별로 아래의 자료를 중심으로 원안, 대안, 수정안, 최종 개정법을 추출하고 회의록과 비교하는 등의 작업을 통해 이를 원고에 반영하였다.

- 상임위원회: 원안, 대안, 검토보고서, 위원회 의결안
- 법제사법위원회: 체계자구검토보고서, 위원회 심사보고서, 위원회 제출안
- 본회의: 본회의 수정안
- 정부이송최종안

〈2〉 예외: 자료는 원칙적으로 공식문서(예: 국회회의록 등)만을 인용했으나, 예외적으로 김강현(金康鉉, 문교부법무관)이 "私立學校法"의 제목으로 총 4회에 걸쳐 『새교육』[1]에 게재한 글[2]은 공식문서에 준해서 인용했다. 「사립학교법」은 5·16 쿠데타에 따른 국가재건최고회의 시대에 제정된 것으로 당시 제정된 다른 법률과 마찬가지로 공식기록(예: 이유서 또는 회의록 등)이 존재하지 않는데, 김강현의 글은 잡지의 성격, 글의 체계·내용으로 볼 때 당시 정부의 기초자료로 볼 수 있기 때문이다.[3]

4. 문단번호

이 책은 독자들의 편의를 위해 아래와 같이 문단번호를 표시하였다.

[제3조 예시] 맨 앞의 숫자 '3'은 제3조를 의미함

Ⅰ. 제정법 — 3.100
Ⅱ. 개정 경과 — 3.201(제1차 개정) … 3.207(제7차 개정) … 3.211(제11차 개정)
Ⅲ. 현행법 — 3.300
Ⅳ. 종합/특기사항 — 3.400

☞ 제3조에서 제7차 개정 경과를 알고 싶다면 문단번호 [3.207] 참조

5. 서술의 방식

각 조문에 대하여 제정법부터 현행법에 이르기까지 시간 경과에 따라 변경사항을

1) 1948년 7월 조선교육연합회("대한교육연합회"(대한교련)을 거쳐 "한국교원단체총연합회"로 개칭)가 당시 문교부가 부정기적으로 발간하던 것을 양도받아 새로운 교육사상의 계몽과 보급 및 교육발전을 목적으로 발간한 월간 잡지이다.

2) 金康鉉, "私立學校法(1)·(2)·(3)·(完)", 『새교육』 제15권 제7·8·9·11호(1963. 7·8·9·11.), 대한교육연합회.

3) 앞으로 상황에 따라 김강현의 글은 "『새교육』"으로 표시한다.

빠짐없이 보여주었다. 다만, 이 원칙으로 일관하면 불필요한 중복이 발생한다든가 독자의 이해를 방해하는 등 비효율적이라고 판단되는 경우에 대해서는 예외를 두었다. 예외는 아래 규칙에 따랐다.

① 단순한 개정(예: 용어변경, 한글화, 정부부서 변경 등)은 간결하게 처리했다.
② 동일 회차에 개정 대상 조문이 복수인 경우 가장 먼저 등장하는 조문 또는 가장 적절한 조문에서 개정이유 및 주요내용을 기재하고 다른 조문에서는 이를 생략하면서 해당 내용을 확인할 수 있도록 각주에 문단번호를 안내하였다. 그러므로 해당 조문의 구체적 개정사항이 “제안이유 및 주요내용”에 반영되지 않은 경우가 있다.
③ 회의록 내용이 중복되는 경우 가급적 그 부분을 생략하면서 해당 내용을 확인할 수 있도록 각주에 문단번호를 안내하였다.

6. 부록

부록에는 아래 사항을 정리하였다.

- 현행「사립학교법」
- 현행「사립학교법 시행령」
- 「사립학교법」에 포함된 법령
- 역대 국회 구성과 대통령

제1부

관념과 역사

제1장
근대 교육제도의 출범

우리나라는 갑오개혁(1894) 이후 자주적인 입장에서 교육제도의 근대화를 도모했으나 그 여정은 오래가지 못했다. 을사늑약(1905)과 합병조약(1910)에 따라 교육 근대화 작업은 일제의 주도로 진행되었다. 아래에서는 갑오개혁부터 해방에 이르는 시기의 교육제도를 개관한다.

I. 갑오개혁 이후 교육 관련 법제와 사립학교

갑오개혁 직후 학교 설립이 활발하게 진행되었는데, 이를 뒷받침하기 위하여 「漢城師範學校官制」(1895. 4. 16. 칙령 제79호),[1] 「小學校令」(1895. 7. 19. 칙령 제145호),[2] 「中學校官制」(1899. 4. 4. 칙령 제11호),[3] 「外國語學校官制」(1895. 5. 10. 칙령 제88호),[4] 「醫學校官制」(1899. 3. 24. 칙령 제7호),[5] 「法官養成所規程」(1895. 3. 25. 칙령 제49호)[6] 등이 제정·시행되었다.

19세기 후반 20세기 초 계몽·애국 관념은 사립학교 설립 운동으로 이어졌는데, 그 중심에 미션스쿨이 있었다. 한한학원(韓漢學院, 천주교, 1884), 배재학당(培材學堂, 감리교 아펜젤러, 1885), 광혜원(廣惠院, 장로교 알렌, 1885), 이화학당(梨花學堂, 감리교 스크랜튼, 1886) 등이 그 예이다. 1890년대 중엽 이후 1910년까지 장로교 501개, 감리교 158개, 천주교 124개 등 미션스쿨의 수는 807개로 당시 중요한 교육기관으로 기능하였다.[7] 원산학사(元山學舍, 1883), 흥화학교(興化學校, 1898), 한성의숙(漢城義塾, 1898), 보성학교(普成學校, 1905),[8] 한성법학교(漢城法學校, 1905), 양정의숙(養正義塾, 1905), 대동법률학교(大東法律學校, 1907) 등 사립학교도 활발하게 설립되어 1908년 현재 전국 사립학교의 수는 약 4,000~5,000개에 달했던 것으로 알려지고 있다.[9]

---

1) 전문은 국회도서관 편, 『韓末近代法令資料集 I』, 국회도서관, 1970, 348~349면.
2) 전문은 국회도서관 편, 앞의 자료 『韓末近代法令資料集 I』, 513~516면.
3) 전문은 국회도서관 편, 『韓末近代法令資料集 II』, 국회도서관, 1971, 459~461면.
4) 전문은 국회도서관 편, 앞의 자료 『韓末近代法令資料集 I』, 380~381면. 「外國語學校官制」에 따라 법어학교(法語學校, 1895), 아어학교(俄語學校, 1896), 한어학교(漢語學校, 1897), 덕어학교(德語學校, 1899)가 설립되었다(『皇城新聞』, 1901. 9. 12.)
5) 전문은 국회도서관 편, 앞의 자료 『韓末近代法令資料集 II』, 453면. 「醫學校官制」에 따라 경성의학교(京城醫學校, 1899)가 설립되었다.
6) 전문은 국회도서관 편, 앞의 자료 『韓末近代法令資料集 I』, 215~218면.
7) 강만길, 『한국근대사』, 창작과비평사, 1994, 277면.
8) 보성학교는 초중등과정과 고등과정을 포함하고 있었다. 고등과정(보성전문학교)은 고려대학교로 발전하였다.
9) 유한철, "韓末 私立學校令 以後 日帝의 私學彈壓과 그 特徵", 『한국독립운동사연구』 제2집(1988), 65면.

II. 일제강점기 교육 관련 법제

0.103 강제합병 당일 일제는 긴급칙령으로 「조선에 시행할 법령에 관한 건」(1910. 8. 29. 칙령 제324호)을 제정·공포했다. 그 후 일제는 제국의회의 의결을 거쳐 「조선에 시행할 법령에 관한 법률」(1911. 3. 24. 법률 제30호)을 제정·공포하여 조선총독의 제령 제정권을 법률로 규정했다. 이에 따라 조선총독의 제령 제정권은 의회의 통제를 벗어나 행정권한의 수준에서 입법사항을 규율하는 수단이 되었다.

일제강점기 기본이 된 규정은 「조선교육령」이며, 그 아래에 「사립학교규칙」과 「전문학교규칙」 등을 두었다. 「조선교육령」은 日王의 칙령으로, 「사립학교규칙」과 「전문학교규칙」은 조선총독부령으로 제정되었다. 「조선교육령」이 제정·공포된 시점은 「조선에 시행할 법령에 관한 법률」이 이미 시행되던 때였으므로 조선총독의 제령으로 제정할 수도 있었다. 그러나 일제는 「조선교육령」을 제령보다 상위의 칙령으로 하였는데, 이는 일제의 교육에 대한 깊은 관심을 의미한다.

1. 「조선교육령」[10)]

0.104 「조선교육령」은 일제강점기 한반도 교육제도의 기본을 정하는 규범으로서 1911년 제정·시행된 이후 세 차례(1922년, 1938년, 1943년)에 걸쳐 개정되었다.

0.105 **〈1〉 제1차 「조선교육령」(1911. 8. 23. 칙령 제229호)[11)]:** 제1차 「조선교육령」은 그 적용범위를 “조선에서의 조선인 교육”으로 정함으로써(제1조) 일본 본토 및 일본인에 대한 교육과 명확히 구별하였다. 교육의 단계를 크게 보통교육·실업교육·전문교육의 세 가지로 구분하면서(제4조), 보통교육은 보통의 지식·기능을 가르쳐 국민으로서의 성격 함양을(제5조), 실업교육은 농업·상업·공업에 관한 지식·기능을 가르치는 것을(제6조), 전문교육은 고등한 학술과 기예(技藝)를 가르치는 것을 목적으로 함(제7조)을 규정한다. 모든 학교의 설치·폐지는 물론 세부사항(교과목·교육과정·직원·교과서·수업료)에 이르기까지 조선총독의 허가를 받아야 하며(제28·29조), 심지어는 「조선교육령」이 명시적으로 정하지 않은 사항에 대해서도 조선총독이 정하는 바에 따르도

연도별 사립학교 설치 상황에 대하여 자세한 것은 김영우, “한말의 사립학교에 관한 연구(Ⅰ)”, 『교육연구』 제1집(1984), 7면 이하 참조.

10) 명순구, “3·1운동 100주년에 돌아보는 법학교육 100년”, 『1919년 보성전문, 시대·사회·문화』, 세창출판사, 2020, 128~133면에 의함.

11) 『조선총독부 관보』, 제304호, 1911. 9. 1.

록 하였다(제30조). 이와 같이 제1차 「조선교육령」은 한반도의 교육에 관하여 총독에게 한계가 없는 포괄적인 권한을 부여하였다. 「조선교육령」은 제정 이후 세 차례에 걸쳐 개정되었지만 기본 골격은 1911년의 제1차 「조선교육령」 시기에 이루어졌다는 점에 유의할 필요가 있다.

보통교육은 보통학교·고등보통학교·여자고등보통학교의 세 기관에서 이루어졌다. 보통학교는 8세 이상인 사람이 입학하며(제10조) 수업연한은 원칙적으로 4년이다(제9조). 고등보통학교 입학자격은 12세 이상의 남자로서 보통학교를 졸업한 자 또는 이와 동등 이상의 학력을 가진 자이며(제13조), 수업연한은 4년이다(제12조). 여자고등보통학교는 입학자격이 12세 이상의 여자로서 보통학교를 졸업한 자 또는 이와 동등 이상의 학력을 가진 자이며(제17조), 수업연한은 3년으로 하여(제16조) 남학생들보다 1년을 단축했다.

실업교육 기관으로 농업학교·상업학교·공업학교 및 간이실업학교가 있었다(제20·21조). 실업학교 입학자격은 고등보통학교(또는 여자고등보통학교)와 동일하여 12세 이상으로서 수업연한 4년의 보통학교를 졸업한 자 또는 이와 동등 이상의 학력을 가진 자이다(제23조). 실업학교는 고등보통학교(또는 여자고등보통학교)와 함께 현재의 중등교육기관에 해당하는 것이었다.

조선인에 대한 고등교육기관으로 제1차 「조선교육령」은 전문학교를 규정한다. 전문학교를 고등한 학술과 기예를 교수하는 곳으로 정의하고(제25조), 수업연한은 3년 또는 4년이다(제26조). 전문학교의 수업연한은 결국 각 학교의 신청과 총독의 허가에 따라 3년 또는 4년으로 정해졌다고 볼 수 있다. 전문학교 입학자격은 16세 이상으로서 고등보통학교를 졸업한 남자 또는 이와 동등 이상의 학력을 가진 남자이다(제27조). 여자의 경우 전문학교 진학이 원천적으로 불가능했다.

〈2〉 제2차 「조선교육령」(1922. 2. 4. 칙령 제19호)[12]: 3·1운동 이후 문화통치 또는 "내지연장주의"(內地延長主義) 정책에 따라 조선총독부는 1921년 1월 임시교육조사위원회를 개최하여 일본 본토의 교육제도에 준하는 방향으로의 학제개혁을 진행했는데, 이에 따라 1922년 제2차 「조선교육령」을 공포했다. 제1차 「조선교육령」과 달리 제2차 「조선교육령」은 그 적용범위를 조선인에 한정하지 않고 조선에 거주하는 일본인에게도 적용되는 것으로 규정했다(제1조).

제2차 「조선교육령」 제정 과정에서 가장 뜨거운 논란은 일본인과 조선인을 동일

12) 『조선총독부 관보』, 호외, 1922. 2. 6.

학교에서 교육하는 것(이른바 "日鮮共學")이었다. 이에 대하여 조선의 교육계 인사들은 日鮮共學을 강경하게 반대하였다.[13] 日鮮共學을 시행하게 되면 日鮮共學이 필연적으로 일본어를 교육 용어로 사용하는 결과를 초래할 것이라는 점, 일본인 학교에 다니는 조선 학생들은 동료들에게 배척을 당할 것이라는 점 등이 주된 이유였다.[14] 日鮮共學에 대해서는 일본 본토에서도 다양한 의견이 개진되었지만, 추밀원은 共學을 지지하는 입장이었다.[15] 총독부는 민족주의 계열 인사들의 의견과 추밀원의 의견을 절충하는 방향으로 입장을 정리했다. 즉 제2차 「조선교육령」은 인적 적용범위를 "국어를 상용하는 자"(일본인)와 "국어를 상용하지 않는 자"(조선인)로 구분하여 중등교육 이하에서는 별개의 학교에서 교육하며, 상호 교차 입학을 허용하는 방안이었다.[16] 이 안에 따르면, 조선인이라도 일어를 상용하면 일본계 학교에 다녀야 하며, 또 일본인이라도 한국어를 상용하면 조선계 학교에 다녀야 한다. 따라서 형식적으로는 조선인과 일본인을 분리하지 않고 함께 교육시키는 共學이 시행된 셈이다. 그렇지만 대부분의 일본인은 일본어를 상용하고, 조선인은 한국어를 상용하므로 실제로는 조선인과 일본인을 분리하여 교육을 시키는 것이었다.

제2차 「조선교육령」은 보통교육에 관하여 "국어를 상용하는 자"(실질적으로는 일본인)에 대해서는 일본 본토의 「소학교령」·「중학교령」·「고등여학교령」에 의하도록 하고(제2조), "국어를 상용하지 않는 자"(실질적으로는 조선인)에 대해서는 제1차 「조선교육령」과 동일하게 보통학교·고등보통학교·여자고등보통학교 체계를 그대로 유지했다(제3조). 그러나 수업연한에 관해서는 제1차 「조선교육령」의 그것보다 증가시켜 일본 본토의 보통교육 체계와 균형을 맞추고자 했다. 즉 보통학교의 수업연한을 4년에서 6년으로(제5조), 고등보통학교는 4년에서 5년으로(제7조), 여자고등보통학교는 3년에서 4년 또는 5년(제9조)으로 연장하였다.

실업교육과 고등교육에 관해서는 모두 일본 본토의 법령에 따르도록 했다. 실업교육은 「실업학교령」(제11조), 고등교육에 관해서는 「전문학교령」과 「대학령」이 적용되도록 하면서(제12조), 다만 관장기관을 일본 본토의 문부대신(文部大臣) 대신에 조선총독으로 규정한다(제11·12조). 그리고 사범학교는 관립 또는 공립으로 설립할 수 있도록 했다(제21조). 특기할 사항으로는, 제1차 「조선교육령」과 달리 제2차 「조선교육령」은 한반도에 대학을 설치할 수 있는 근거를 마련했다는 점이다. 이를 근거로

---

13) "日鮮共學制의 前途", 『동아일보』, 1921. 10. 4.
14) 이한종, "제2차 조선교육령 시기 日鮮共學 정책과 조선인의 반응", 「역사와 담론」 제48호(2007), 254면.
15) 이한종, 앞의 논문 "제2차 조선교육령 시기 日鮮共學 정책과 조선인의 반응", 256면.
16) 이한종, 앞의 논문 "제2차 조선교육령 시기 日鮮共學 정책과 조선인의 반응", 256면.

1924년 경성제국대학(현 서울대학교)이 출범하게 된다.

〈3〉 제3·4차 「조선교육령」: 제1·2차 「조선교육령」과 마찬가지로 제3차 「조선교육령」(1938. 3. 3. 칙령 제103호)과 제4차 「조선교육령」(1943. 4. 1. 칙령 제113호) 또한 정치적 상황을 교육에 반영하기 위한 것이었다.

제3차 「조선교육령」의 핵심은 교명을 일본인 학교와 동일하게 한 것이다. 보통학교를 소학교, 고등보통학교를 중학교, 여자고등보통학교를 고등여학교라고 하였다. 또한 조선어를 필수과목에서 선택과목으로 변경하여 실질적인 폐지를 의도하였다. 제3차 「조선교육령」은 조선의 교육제도를 일본과 동일하게 한다는 명분 아래 조선의 교육을 철저하게 장악하고 조선인을 이른바 "황국신민"으로 육성하기 위하여 조선인들의 의식·언어·역사 등을 완전히 말살하는 것을 목적으로 하는 것이었다. 아울러 제3차 「조선교육령」은 육군특별지원병제도의 창설을 앞둔 군부의 교육시설 개선안을 그대로 수용한 것으로서 조선인들의 병력자원화를 위한 기초작업의 의미도 가지고 있었다.[17]

제4차 「조선교육령」은 일제의 침략전쟁과 밀접한 관련을 가진다. 조선인 학생을 전쟁 수행을 위한 전시동원 체제 아래 편입시켜 학교 교육을 군사적 목적으로 이용하였다.[18] "근영즉교육"(勤榮卽教育)의 구호 아래 학생들을 노동 현장과 전장에 동원하기 위하여 각급 학교 수업연한의 단축, 고등교육기관의 통폐합 등의 조치가 이루어졌다.[19]

2. 「사립학교규칙」과 「전문학교규칙」[20]

강제합병 전인 1908년 「사립학교령」(1908. 8. 26. 칙령 제62호)이 공포되었다. 이에 따르면, 사립학교 설립 시(기존 사립학교도 포함)에는 학부대신의 인가를 받아야 하며, 법령 위반, 안녕질서나 풍속 문란, 6개월 이상 규정수업 불이행, 설비 미달 등의 경우에는 폐교 명령을 할 수 있었다. 「사립학교령」은 통감부가 19세기 후반기에 설립된 수천 개의 사립학교에서 민족교육을 실시해 학생들에게 애국심과 국권회복 의식을 고양시키자 이를 억압하기 위해 대한제국 정부에 강요한 것이다.[21] 1909년 4월

17) 곽진오, "일제와 조선 교육정책: 조선교육령을 중심으로", 『일본문화학보』 제50호(2011), 264면.
18) 곽진오, 앞의 논문 "일제와 조선 교육정책: 조선교육령을 중심으로", 266면.
19) 이시용, "일제강점기 조선총독부의 교육정책에 관한 고찰", 『교육논총』 제18집(2001), 5~6면.
20) 명순구, 앞의 글 "3·1운동 100주년에 돌아보는 법학교육 100년", 133~138면에 의함.

말까지 인가를 청원한 총 1,708개 학교 중 인가를 받은 곳은 242개교에 지나지 않아 사립학교를 고사시키고자 한 목적을 달성했다.[22] 「사립학교령」은 일제가 식민지배를 위하여 진행한 준비작업의 일환이었다. 「사립학교령」은 민간 부문의 교육 영역에 대한 국가의 광범위한 감독권과 인가권을 규정하고는 있었지만, 보다 철저한 감시 및 통제 정책의 필요에 따라 강제병합 후 일제는 「사립학교규칙」과 「전문학교규칙」을 제정·시행하였다.

0.109 〈1〉 **「사립학교규칙」(1911. 10. 20. 조선총독부령 제114호)**[23]: 「사립학교규칙」의 적용범위는 조선인을 교육하는 사립학교이다(제1조). 사립학교의 인가에 관해서는 종래의 「사립학교령」보다 한층 강화된 조건을 요구한다(제2조).[24] 기존의 인가 사항을 변경할 때에도 다시 조선총독의 인가를 받아야 한다(제3조). 교과용 도서는 총독부에서 출간한 것 또는 총독부의 검정을 통과한 것으로 엄격하게 제한되고(제9조), 도서의 명칭, 권수, 저역자(著譯者), 발행자 등을 총독부에 신고하여야 한다(제10조). 통감부 시기에 이미 「교과용도서 검정 규정」(1908)과 「출판법」(1909)에 따라 사립학교에서 사용하는 교과서에 대하여 1차적인 검열을 마친 상태였다.

「사립학교규칙」은 학교의 인사권에 대해서도 통제를 강화했다. 사립학교의 설립자, 학교장 및 교원이 될 수 없는 사유를 적시하고(제11조), 설립자가 그러한 사유에 해당하는 경우에는 기존의 설립 인가를 취소할 수 있도록 하며, 학교장 및 교원이 이에 해당하는 경우에는 설립자에게 그의 해고를 명할 수 있도록 한다(제12조). 학교 설립의 취소나 해고를 명하는 사유에는 형사범·파산자와 같은 것 외에 "품행이 불량한 것으로 인정되는 자"(제11조제5호)와 같이 모호한 항목도 포함되어 있다. 이처럼 포괄적이며 애매한 규정은 사립학교를 폐쇄할 수 있는 가장 극단적인 조치의 경우에도 나타나고 있다. 즉, "안녕질서를 문란하게 하거나 풍속을 괴란할 우려가 있는 경우"(제14조제2호)라는 애매한 사유로 사립학교 자체를 폐쇄시킬 수 있도록 하였다.

0.110 〈2〉 **1915년 개정 「사립학교규칙」(1915. 3. 24. 조선총독부령 제24호)**[25]: 조선총독부는 종래의 1911년 「사립학교규칙」으로는 그 성과가 미흡하다고 판단하여 1915년

21) 유한철, 앞의 논문 "韓末 私立學校令 以後 日帝의 私學彈壓과 그 特徵", 65면.

22) 유한철, 앞의 논문 "韓末 私立學校令 以後 日帝의 私學彈壓과 그 特徵", 67면.

23) 원문은 『조선총독부 관보』, 호외, 1911. 10. 20, 14~15면, 31~32면 참조.

24) 인가를 위한 7가지 조건은 다음과 같다: ① 목적, ② 명칭·위치, ③ 학칙, ④ 교지와 교사의 평면도 및 그 소유자, ⑤ 1년의 수지예산, ⑥ 유지방법, ⑦ 설립자, 학교장 및 교원의 성명을 병기한 이력서.

25) 원문은 『조선총독부 관보』, 제789호, 1915. 3. 24, 313면, 325면 참조.

더욱 적극적인 통제를 가하는 방향으로 「사립학교규칙」을 개정했다. 교원의 자격 요건을 엄격히 규제하여 보통교육·실업교육·전문교육을 담당하는 사립학교 교원은 국어(일본어)에 통달하고 담당 학과에 대한 학력이 있는 자로 하되, 다만 초등 보통교육을 하는 사립학교 교원은 사립학교 교원 시험에 합격한 자, 조선총독이 지정한 학교를 졸업한 자 또는 본토의 문부성과 부현(府縣)에서 발급한 준교원 면허증이 있는 자에 한하도록 했다(제10조의2). 사립학교 교육과정의 자율성도 더욱 억제하여 「보통학교규칙」, 「고등보통학교규칙」, 「여자고등보통학교규칙」, 「실업학교규칙」, 「전문학교규칙」이 정한 것 외의 교과과정은 운영할 수 없도록 했다(제6조). 이에 따라 종교계 사립학교에서의 성경과목 교육이 불가하게 되었다. 1910년 당국에 인가를 받은 사립학교는 2,250개교였으나, 「사립학교규칙」이 제정된 이후인 1912년에는 1,317개교로 급감하였고, 「사립학교규칙」이 개정되어 통제정책이 한층 강화된 결과 1919년에는 불과 690개 사립학교만이 운영될 수 있었다.

특히 전문교육에 관하여 제3조의2를 신설하여 "전문교육을 하는 사립학교의 설립자는 그 학교를 설립·유지함에 족한 재산이 있는 재단법인이 됨을 요한다."고 규정한다. 1915년 개정 「사립학교규칙」의 시행일은 1915년 4월 1일이다(부칙 제1항). 그러나 이 규칙 시행일 전에 이미 인가를 받은 사립학교는 1925년 3월 31일까지 제3조의2가 정하는 조건(즉 재단법인 설립)을 갖출 것을 요구했다(부칙 제3항). 10년이라는 유예기간을 주긴 했지만 당시 사립학교들의 어려운 재정상황을 고려해 볼 때 「사립학교규칙」의 이 조치는 엄청난 파장을 불러일으킬 수밖에 없었다.

〈3〉 「전문학교규칙」(1915. 3. 24. 조선총독부령 제26호)[26]: 조선총독부는 전문교육기관을 규율하기 위하여 「전문학교규칙」을 제정·시행했다. 그 내용을 보면 그 목표가 식민지 전문교육의 억제·통제라는 사실을 쉽게 알 수 있다. 아래에서 그 전문을 소개한다.

제1조 조선인을 교육하는 전문학교에 대하여는 특별한 규정이 있는 것을 제외하고는 이 영에 의한다.

제2조 ① 전문학교 설치의 인가를 받고자 하는 때에는 다음 각 호의 사항을 구비하여 조선총독에게 신청하여야 한다.

1. 목적
2. 명칭, 위치
3. 학칙

26) 원문은 『조선총독부 관보』, 제789호, 1915. 3. 24, 326면 참조.

4. 개교연월일
5. 교지, 교사, 부속사, 실습지의 평면도(평수 및 부근의 상황을 기재한다) 및 그 소유자
6. 1년의 수지예산
7. 유지방법
8. 학교장 및 교원의 성명·담당 교과목 및 이력서

② 의학을 전수하는 학교는 전항 각호 외에 임상실습용 병원의 위치 및 평면도, 임상실습용 환자의 정수 및 해부용 사체의 예정수를 구비하여야 한다.

제3조 전문학교에서 전조 제1항 제1호 내지 제3호 또는 제7호의 사항, 학교장 또는 교원을 변경하고자 하는 때에는 조선총독의 인가를 받고 제4호, 제5호 또는 제2항에 게기한 사항을 변경한 때에는 조선총독에게 신고하여야 한다.

제4조 학칙에는 다음 각 호의 사항을 규정하여야 한다.

1. 수업연한, 교과목, 교과과정 및 매주 교수시수에 관한 사항
2. 생도의 정수 및 학급수
3. 학기 및 휴업일에 관한 사항
4. 생도의 입학·퇴학 및 징계에 관한 사항
5. 과정의 종료 및 졸업에 관한 사항
6. 수업료에 관한 사항
7. 전 각호 외에 학교에서 필요하다고 인정하는 사항

제5조 전문학교의 교과목은 수신, 국어, 전문에 관한 사항 및 체조로 하고 그 과정 및 매주 교수시수는 별표에 의한다.

제6조 전문학교 폐지의 인가를 받고자 하는 때에는 그 사유, 생도의 처분방법 및 폐지기일을 구비하여 조선총독에게 신청하여야 한다.

제7조 이 영에 의하여 설치한 전문학교가 아니면 전문학교라고 할 수 없다.

제8조 교원은 1학급 1인 이상 전임자를 두어야 한다.

제9조 생도를 입학하게 하여야 하는 시기는 학년 초부터 30일 내로 한다. 다만, 특별한 사정이 있는 때에는 그러하지 아니하다.

제10조 입학을 허가할 수 있는 자는 신체건전, 품행방정한 자이어야 한다.

제11조 ① 제2학년 이상에 입학을 허가할 수 있는 자는 전 학년의 과정을 수료한 자와 동등이상의 학력을 가진 자에 한하여야 한다.

② 전항 입학자의 학력은 전 학년의 과정을 수료한 정도에서 그 각 교과목에 대하여 시험에 의하여 검정하여야 한다.

제12조 학교장은 다음 각 호의 1에 해당하는 자에게는 퇴학을 명하여야 한다.

1. 성행이 불량하여 개선의 가망이 없다고 인정한 자
2. 학칙 기타 학교의 명령에 위배하여 개전의 가망이 없다고 인정한 자
3. 학력이 열등하여 성업의 가망이 없다고 인정한 자
4. 정당한 사유 없이 계속하여 1월 이상 결석한 자 또는 출석이 고르지 아니한 자

제13조 학교장은 훈육상 필요하다고 인정되는 때에는 생도에게 징계를 가할 수 있다.

제14조 학년은 4월 1일에 시작되어 익년 3월 31일에 종료된다.
제15조 각 학년의 과정의 수료 또는 전 교과의 졸업을 인정하기 위하여는 평소의 성적 및 시험의 성적을 고사하여 정하여야 한다.
제16조 학교장은 전 교과의 졸업을 인정한 자에게 졸업증서를 수여하여야 한다.
제17조 전문학교에서는 다음 각 호의 표부를 비치하여야 한다.

1. 학칙, 일지, 일과표, 학교 일람표, 교과용 도서배당표, 교지, 교사, 부속사, 실습지의 평면도
2. 직원의 명부·이력서·출근부·담당 교과목 및 시간표
3. 생도의 학적부·출석부
4. 성적고사표, 학년시험의 문제 및 답안
5. 재산원부, 회계에 관한 장부, 기구·기계·표본의 목록
6. 전 각호 외에 학교에서 교수·관리·훈련상 필요하다고 인정한 표부

제18조 학교를 폐지하거나 그 폐쇄를 명받은 때에는 생도의 학적부를 조선총독에게 제출하여야 한다.

「전문학교규칙」의 시행으로 전문교육기관의 체제가 전국에 걸쳐 통일적으로 정비되었다고 볼 수 있다. 그런데 다른 한편으로 1915년 「사립학교규칙」 제3조의2와 「전문학교규칙」 제7조의 중복적용은 사립 전문학교의 운영에 큰 부담으로 작용하였다. 가령 1905년 설립 이래로 전문학교의 위상으로 교육을 수행하던 보성전문학교는 더 이상 "전문학교"의 명칭을 사용하지 못하고 "보성법률상업학교"로 격하되었다.

제2장

새로운 출발: 「사립학교법」

0.201 1963년 제정 이래 「사립학교법」은 사립학교의 설립·운영에 관한 핵심 법률이다. 그런데 이 법률이 제정되기까지 많은 우여곡절이 있었다. 1945년 해방 이후 과도기(미군정기)를 거쳐 1948년 대한민국 정부수립, 1961년 5·16 군사쿠데타 등 정치적 격랑을 거치면서 「사립학교법」이 제정되었다.

우리나라는 다른 나라에 비해 공교육의 사학 의존율이 매우 높다. 초등학교 약 1%, 중학교 약 19%, 고등학교 약 39%, 특히 대학교의 비율은 약 80%로 급상승한다.[1] 우리나라에서 사립학교가 큰 비중을 차지하게 된 것은 해방 직후부터 시작된 사회현상에 기인한다. 해방 이후 국민들의 새로운 세상에 대한 기대는 교육열로 표출되어 취학률이 일제 말 약 50%에서 1949년에는 약 80%로 폭증한다. 그런데 당시의 정부 재정은 이를 감당할 수 없었다. 이러한 상황에서 미군정과 이승만 정부는 의무교육 기조와 문맹 퇴치를 목표로 사립학교 설립을 장려하게 된다. 국민들의 교육열은 산업화 시기에 더 높아져 1945년부터 1960년까지 중·고등 및 대학생 수는 10배 이상 증가하였는데, 정부로서는 국민들의 교육수요를 수용할 능력이 없었다. 19세기 말부터 우리 사회에는 교육이 국가의 미래라는 관념이 뿌리 깊게 자리하고 있었고, 이러한 전통은 해방 이후에도 그대로 유지되어 경향 각지에서 많은 사립학교를 신설하거나 기존 학교를 증흥하게 된다. 한편, 해방 이후 사립학교 급증은 「농지개혁법」(1949. 6. 21. 제정 법률 제31호)과도 연관이 있다. 「농지개혁법」에 따라 대지주들은 자신이 소유한 농지를 상당 부분 잃게 될 상황인데 이를 회피하기 위한 방법 중 하나로 사립학교를 설립하였다. 학교재단 소유의 농지는 몰수 대상에서 제외되는 점을 악용한 사례에 해당한다.[2]

1950년대부터 정부는 여러 차례 「사립학교법」 제정을 시도하였다. 특별법이 없는 상황에서 사립학교 재단은 「민법」으로 규율할 수밖에 없는데, 「민법」 규정으로는 사립학교가 가지는 공공성의 측면을 커버할 수 없다는 것이 그 이유였다.[3] 그러나 결실을 보지 못한 채 사립학교는 「교육에 관한 임시특례법」(1961. 9. 1. 공포)에 의하여

---

1) 교육부, 『교육통계연보』, 한국교육개발원, 2023, 76, 152, 232, 756면.

2) 이에 대해서는 강만길, 『해방 30년사』, 창작과비평사, 1975, 320~330면; 김인걸, 『농지개혁과 농지제도 변천에 관한 연구』, 서울대학교출판부, 1994, 250~270면, 서중석, 『한국 현대사 60년』, 역사비평사, 2008, 180~190면 등 참조.

3) "사립학교법 입안에 말썽! 재단의 영역침범 학원측의 주장", 『조선일보』, 1954. 2. 4, 조간 2면; "사립학교법안 문교부서 성안", 『조선일보』, 1955. 7. 10, 조간 3면; "사립학교법인법안 강력추진하려나?", 『조선일보』, 1956. 9. 10, 석간 3면; "문교부서 사립학교법인법을 구상", 『경향신문』, 1959. 4. 30, 조간 3면.

불완전하게 규율되었다. 「사립학교법」 제정이 무산된 것은, 재정상 어려움에 처한 사학재단에 대하여 정부가 도움을 주지는 못할망정 오히려 사학운영의 자율성을 본질적으로 침해한다는 사학의 주장과 사학재단 분규 및 운영비리 등에 대비하기 위해서는 특별법을 제정하여 규제할 필요가 있다는 정부의 주장이 접점을 찾지 못한 데에 있었다.

우리나라 교육의 중심에 있는 사립학교에 관한 법률이 오랫동안 정립되지 못하고 표류하던 상황은 5·16 군사쿠데타를 계기로 일단락되었다. 1963년 국가재건최고회가 「사립학교법」을 의결한 것이다(1963. 6. 26. 제정 법률 제1362호, 1963. 7. 27. 시행). 법률 제정을 위한 기초자료도 마련하지 않은 채 서둘러 「사립학교법」이 제정되었다. 군사정부는 사립학교와 국가 사이에서 합리적인 균형점을 모색하기보다는 권력적 권위로써 「사립학교법」을 제정한 것이다. 이는 「사립학교법」을 둘러싼 지속적이며 뿌리깊은 갈등의 근본 원인이 되었다.

아래에서는 해방 이후 대한민국 정부수립 직후의 법상황에 대한 이해를 토대로 「교육에 관한 임시특례법」과 「사립학교법」의 차례로 그 제정배경과 주요골자를 개관해 본다.

I. 미군정기와 대한민국 정부수립 후의 법상황

〈1〉 **일반론:** 1945년 해방 후에도 일제강점기의 법령은 그 효력을 계속 유지하였다. 미군정법령 제21호(1945. 11. 2. 발효)와 제헌헌법 제100조가 당시의 법령은 원칙적으로 유효하다는 취지를 규정하였기 때문이다. 이러한 법상황이 결코 바람직한 것은 아니었지만 불가피한 조치였다. 일제의 법령을 일시에 폐지함에 따라 초래될 수 있는 법의 공백상태를 방지하여야 했기 때문이다. 이들 조치는 대한민국 국회에서 대체입법이 마련되는 대로 일제강점기의 법을 폐지할 것을 예정한 것이었다.[4]

구법령(일제강점기의 법령) 정리를 위해 1951년 「법령정리간행위원회규정」에 따라 "법령정리간행위원회"가 설치되었다. 이 규정은 1956년 「법령정리위원회규정」(1956. 7. 19. 대통령령 제1169호)으로 명칭이 변경되고, 이에 따라 "법령정리간행위원회"도 "법령정리위원회"로 개편되었다. 법령정리위원회는 법제실장(현 법제처장)을 위원장으로 하고, 위원은 위원장의 제청으로 9명 이내에서 대통령이 위촉하였다(규정 제2조). 법령정리위원회의 주된 직무는 다음과 같다(규정 제3조 참조): ① 구법령정리에 관한 종합

4) 명순구 "아직도 살아있는 법, "조선민사령"", 『저스티스』 제103호(2008. 4), 한국법학원, 221면.

계획의 수립; ② 구법령을 대체할 법령초안의 심의; ③ 기타 위원장이 부의하는 사항. 그런데 법령정리간행위원회는 예산도 없어 기본적인 기본계획도 수립하지 못한 채 방치되었고, 법령정리위원회도 상황은 크게 다르지 않아 1961년 5·16 군사쿠데타에 이르기까지 4년 7개월 동안 구법령 대체법률로서 국회를 통과한 것은 19건에 불과하였다.[5)]

0.203 **〈2〉 교육 관련 법:** 미군정법령 제21호와 제헌헌법(제100조)에 따라 일제강점기의 법령이 여전히 시행된다는 것은 불가피하지만 견디기 어려운 현실이었다. 특히 교육 분야는 더욱 그러했다. 그리하여 정부수립 약 1년 후 「교육법」(1949. 12. 31. 법률 제86호)이 제정·공포되었다(총 11장 173조). 이 법은 대한민국의 교육 이념(홍익인간), 목적, 행정체제, 교육기관의 종류와 계통, 각급 학교의 교육목적 등 중요한 사항을 규정하였다. "모든 국민은 균등하게 교육을 받은 권리가 있으며, 적어도 초등교육은 의무적이며, 무상으로 한다."라는 제헌헌법(제16조)에 따라 교육 관련 법률 제정이 추진되었다. 당시 정부(문교부)는 「법」, 「학교교육법」, 「사회교육법」을 입안하였고, 국회는 이기붕 의원 주도로 별도의 법안을 작성하였다. 문교부와 국회의 의견을 절충한 박희병 의원안 등도 있었다. 국회는 다양한 법안에 대한 심의와 조정 작업을 거쳐 1949년 「교육법」을 제정하였다.

「교육법」은 1997년 「교육기본법」(1997. 12. 31. 법률 제5437호)의 제정·시행으로 폐지되었다. 21세기를 지향한 교육개혁을 법제적으로 뒷받침하는 차원에서 기존 「교육법」을 「교육기본법」, 「초·중등교육법」(1998. 3. 1. 법률 제5437호), 「고등교육법」(1998. 3. 1. 법률 제5439호) 등 법률로 구분하여 새롭게 제정하였다. 이들 법률과 아울러 이미 시행중이던 「사립학교법」, 「사회교육법」(1983. 7. 1. 법률 제3648호)[6)]에 「유아교육법」(2004. 1. 29. 법률 제7120호) 등이 추가되어 현재 우리나라 교육 관련 법체계의 근간을 구성하고 있다.

II. 「사립학교법」으로 가는 디딤돌: 「교육에 관한 임시특례법」

0.204 「교육에 관한 임시특례법」은 5·16 군사쿠데타 이후 국가재건최고회의 시대에 간이·신속한 방식으로 제정·시행되었다. 대한민국 국회 의안정보시스템에 기록된 제

5) 김용진, "舊法令整理事業의 推進", 『법제연구』 제8호(1995. 6.), 132면.
6) 2000년 「평생교육법」(2000. 3. 1. 법률 제6003호)의 명칭으로 전부 개정되었다.

안이유 및 주요 골자는 아래와 같다.[7)]

• 제안이유

교육사업은 국가적 사업으로서 그 적부되는 국운을 좌우하게 되는 까닭에 학교의 설립경영자는 국가의 강력한 통제를 받아야 함에도 불구하고 학교법인에 대하여는 아직도 민법 이외에 특별한 법률이 제정되어 있지 않으므로 현재 사립학교는 민법상의 비영리법인으로 설립경영되어 있어서 그 설립안건과 국가의 감독은 민법의 일반적 규정에 따른 소극적 통제방법만으로서는 학교법인의 공공성 확보와 발전을 이룩할 수 없으며 더욱 이러한 현행법상의 불비에 편승하여 8·15 해방 후 일부 몰지각한 자는 정치세력과 야합하여 사립학교는 신성한 교육기관이라기보다 모리(謀利)와 치부장화(致富場化)되었기에 이런 교육계의 부패와 병폐를 일소하고 국민교육의 정상적 질서를 회복하는 동시에 그 질적 향상을 도모하기 위하여 이를 제안하는 것임.

• 주요골자

1. 문교행정의 중요시책에 관한 자문기관으로서 중앙교육위원회가 조직될 때까지 문교재건자문위원회를 문교부에 설치함(제2조 문교재건자문위원회)

2. 학교의 정비를 위하여 문교부장관은 학교의 지역별, 종류별, 설립자의 경비부담능력 또는 시설 등을 고려하여 학교 및 학과의 폐합을 명하거나 학급 및 학생정원의 재조정을 할 수 있도록 함(제3조 학교·학과·정원 등의 정비)

3. 문교부장관은 의무교육 실시상 각급 학교 상호간의 환치를 명할 수 있으며 이에 위반하면 폐쇄를 명하도록 함(제4조 학교의 환치)

4. 초등학교 교원양성기관으로서 2년제의 교육대학 제도를 신설함(제6조 교육대학)

5. 교육감의 임기에 관한 규정은 그 효력을 정지케 하고 그 임명에 있어서는 교육위원회의 추천제를 폐지하고 또 교육감은 당해 교육위원회가 조직될 때까지 감독청의 승인을 얻어 그 직무를 처리토록 함(제7조 교육감의 임면절차, 제8조 교육감의 교육위원회의 직무취급)

6. 대학교원의 임명에 있어서 교수령(教授令)의 동의권을 정지하고 감독청의 권한을 강화하였으며 그 질적향상을 위하여 임용시에는 실적심사제를 채택하도록 함(제9조 국공립대학의 장 및 교수 등의 임명절차, 제10조 대학교원의 임용상의 실적심사)

---

7) 1961. 8. 19. 문교사회위원장 제안(제안번호: AA0090).

7. 교원의 노동운동 및 집단적 행위를 금지하고 교원의 정년을 5년 단축하도록 함(제13조 교원의 노동운동 및 집단적 행동의 금지, 제15조 교원의 정년)

8. 예산절약과 교원의 관료화 경향을 방지하기 위하여 대학 이외의 각급 학교의 교감에 관한 규정의 효력을 정지함(제16조 교감제의 정지)

9. 대학생의 질적 향상을 도모하기 위하여 학사학위의 수여에는 국가고시의 합격을 필요조건으로 함(제21조 학사학위)

10. 일정한 위법행위에 대하여는 형벌을 과할 수 있게 함(제22조 벌칙)

「교육에 관한 임시특례법」(1961. 9. 1. 제정 법률 제708호, 1961. 9. 1. 시행) 전문은 아래와 같다.

제1조(목적) 본법은 국민교육의 정상적 질서를 확립하고 그 질적향상을 도모하기 위하여 교육행정 또는 학교법인(사립학교의 설립경영을 목적으로 하는 법인을 말한다 이하 같다)에 관하여 교육법 및 교육공무원법과 기타의 법령에 대한 특례를 규정함을 목적으로 한다.

제2조(문교재건자문위원회) ①국가의 문교행정에 관한 중요시책에 대하여 문교부장관의 자문에 응하게 하기 위하여 문교부에 문교재건자문위원회를 둔다.

②문교재건자문위원회는 중앙교육위원회가 조직될 때까지 존속하며 중앙교육위원회의 직무를 행한다.

③문교재건자문위원회의 조직과 운영에 관하여 필요한 사항은 각령으로써 정한다.

제3조(학교, 학과, 정원 등의 정비) ①문교부장관은 학교의 지역별 또는 종류별의 배치상황, 설립자의 경비부담능력 또는 학교의 시설기준 기타 사정으로 필요하다고 인정할 때에는 문교재건자문위원회의 자문을 거쳐 학교 또는 학과의 폐합을 명하거나 학급 또는 학생정원의 재조정을 할 수 있다.

②전항의 규정에 의한 학교 또는 학과의 폐합이나 학급 또는 학생정원의 재조정에 관한 기준은 각령으로써 정한다.

③폐쇄명령을 받은 학교의 학교법인이 그 폐쇄된 학교만을 목적으로 설립된 것인 경우에는 그 학교법인은 문교부장관이 지정하는 기간내에 민법 제46조의 규정에 의한 조치를 취하지 아니하면 당연해산된 것으로 간주한다.

④ 합병명령을 받은 학교의 학교법인은 그 명령을 받은 날로부터 문교부장관이 지정하는 기간내에 합병으로 설립되는 학교법인의 설립허가와 학교의 설립인가를 얻지 못하면 당연해산된 것으로 간주한다.

⑤ 전항의 규정에 의하여 합병으로 설립된 학교법인은 그 합병으로 인하여 소멸된 학교법인의 권리와 의무를 승계한다.

제4조(학교의 환치) ①문교부장관은 의무교육 실시상 필요하다고 인정할 때에는 각령의 정하는 바에 의하여 문교재건자문위원회의 자문을 거쳐 각급학교(사립학교를 포함한다) 상호간의 환치를 명할 수 있다.

②국·공립학교와 사립학교와의 환치에 있어서는 각령의 정하는 바에 의하여 상당한 보상을 하여야 한다.

③제1항의 환치명령에 위반한 학교법인에 대하여는 문교부장관은 문교재건자문위원회의 자문을 거쳐 당해 학교를 폐쇄할 수 있다. 전조제3항의 규정은 본항의 경우에 이를 준용한다.

제5조(의무교육시설예정지의 확보) 국가 또는 지방자치단체는 도시계획수립에 있어서 의무교육을 위한 학교시설의 예정지를 확보하여야 한다.

제6조(교육대학) ①국민학교 교원의 양성을 위하여 교육대학을 둔다.

②교육대학은 국립 또는 공립에 한하며 그 수업연한은 2년으로 한다.

제7조(교육감의 임면절차) ①교육감은 문교부장관의 제청으로 내각수반이 임면한다.

②교육감의 임기에 관한 규정은 그 효력을 정지한다.

제8조(교육감의 교육위원회의 직무취급) 교육감은 당해 교육구교육위원회 또는 시(서울특별시를 포함한다)교육위원회가 조직될 때까지 그 교육위원회의 의결을 요하는 사항을 감독청의 승인을 얻어 처리한다.

제9조(국·공립대학의 장 및 교수 등의 임명절차) ①국·공립의 대학교 또는 대학의 총장, 부총장 또는 학장(대학교의 학장을 제외한다)은 문교재건자문위원회의 자문을 거쳐 문교부장관의 제청으로 내각수반이 임명한다.

②국·공립의 대학교 또는 대학의 대학원장, 학장(대학교의 학장에 한한다)은 교수 또는 부교수 중에서 총장 또는 학장(대학교의 학장을 제외한다)의 제청으로 문교부장관이 보한다.

③국·공립의 대학교 또는 대학의 교수, 부교수, 조교수는 총장 또는 학장(대학교의 학장을 제외한다)의 제청으로 문교부장관을 경유하여 내각수반이 임명한다.

제10조(대학교원의 임용상의 실적심사) 국·공·사립대학교 또는 대학에서 전임강사 이상의 교원을 신규채용 또는 승진임명함에 있어서는 소정의 자격을 가진 자로서 연구론문 또는 저서를 교수자격심사위원회에 제출하여 그 심사에 합격한 자로 하여야 한다.

제11조(사립학교교직원의 임명절차) ①사립학교에서 교직원을 임명함에 있어서는 당해 학교장의 제청이 있어야 한다.

②학교장 또는 학교법인의 이사 및 감사와 민법 제777조에 규정된 친족관계에 있는 자 또는 처의 3촌 이내의 혈족인 자는 당해 사립학교의 출납원이 될 수 없다.

제12조(사립학교교원의 해직명령등) 사립학교 교원이 교육공무원법에 의한 퇴직, 면직이나 징계의 사유에 해당된 때에는 감독청은 그 학교법인의 대표자에게 당해 교원의 해직을 명하거나 징계를 요구할 수 있다.

제13조(교원의 노동운동 및 집단적 행동의 금지) 국, 공, 사립의 각급학교 교원은 노동운동을 할 수 없으며 집단적으로 수업을 거부하지 못한다.

제14조(명예교수) 대학교 및 대학에 명예교수를 둘 수 있다.

제15조(교원의 정년) ①국, 공, 사립의 각급학교교원의 정년은 60세로 한다. 단 명예교수는 그러하지 아니하다.

②정년에 달한 자는 그 정년에 달한 날이 속하는 학기의 말일에 당연퇴직한다.

제16조(교감제와 정지) ①대학 이외의 각급국, 공, 사립학교의 교감에 관한 규정은 그 효력을

정지하고 현직교감은 당해 학교의 교사로서 근무하게 한다. 단 문교부장관이 필요하다고 인정할 때에는 교감을 둘 수 있다.

②학교장이 사고가 있을 때에는 학교장이 지정하는 교사가 그 직무를 대리한다.

제17조(학교법인의 이사등의 선임상 기준) 학교법인이 이사 또는 감사를 선임함에 있어서는 다음 각호에 의하여야 한다.

1. 법률에 의하여 공무원에 임명될 자격이 없는 자는 이사 또는 감사가 될 수 없다.
2. 이사의 구성은 이사 어느 1인을 표준으로 하여 이사정원수의 3분의 1 이상이 민법 제777조에 규정한 친족관계나 처의 3촌이내의 혈족인 관계에 있는 자로써 할 수 없다.
3. 학교의 교직원은 당해 학교법인의 이사 또는 감사가 될 수 없다. 단 학교의 장은 이사를 겸할 수 있다.
4. 이사장은 학교장 또는 학교장의 사무취급을 할 수 없다.
5. 이사의 3분의 2이상은 대한민국 국민이어야 한다. 단 이사장은 외국인이어서는 아니된다.

제18조(학교법인의 이사 등의 임기) 이사의 임기는 5년을 초과할 수 없으며 감사의 임기는 2년을 초과할 수 없다. 단 재임하게 할 수 있다.

제19조(학교법인의 이사 등의 승인취소) 문교부장관은 학교법인의 이사 또는 감사가 위법행위를 하였거나 또는 재단의 분규로 인하여 그 학교법인의 설립목적을 달성할 수 없다고 인정할 때에는 이해관계인의 청구 또는 직권에 의하여 당해 이사 및 감사의 전부 또는 일부의 취임 승인을 취소할 수 있다.

제20조(임시이사 선임의 특례) 학교법인의 임시이사는 민법 제63조의 규정에 불구하고 문교부장관이 이해관계인의 청구 또는 직권에 의하여 이를 선임한다.

제21조(학사학위) ①학사학위는 4년제대학(사범대학을 포함한다)의 전과정을 이수하고 국가에서 시행하는 학사자격고시에 합격한 자에게 수여한다.

②전항의 학사자격고시에 관하여 필요한 사항은 각령으로써 정한다.

제22조(벌칙) ①다음 각호의 1에 해당하는 자는 6월이하의 징역 또는 백만환 이하의 벌금에 처한다.

1. 제3조제1항, 제4조제3항 또는 제12조의 규정에 의한 명령 또는 조치에 위반한 자
2. 제10조에 규정하는 심사에 합격하지 아니한 자를 신규채용 또는 승진임명한 자
3. 제11조제2항 또는 제13조의 규정에 위반한 자
4. 제19조에 의한 승인취소를 받고서 계속하여 이사 또는 감사의 사무를 행하는 자

②설립허가를 받지 아니하고 학교를 설립경영하는 자는 1년이하의 징역 또는 2백만환이하의 벌금에 처한다.

③제21조제1항의 규정에 의한 학사학위고시에 관하여 비밀을 누설한 자는 2년 이하의 징역이나 금고 또는 5년 이하의 자격정지에 처한다.

④학사학위고시에 관하여 부정한 채점 또는 부실한 기재를 한 자는 10년 이하의 징역에 처한다.

부칙 〈제708호, 1961. 9. 1.〉

① 본법은 공포한 날로부터 시행한다.
② 교육법, 교육공무원법 및 교육관계법중 본법에 저촉되는 규정은 저촉되는 범위내에서 그 효력을 정지한다.
③ 본법 시행 당시 현존하는 학교법인의 대표자는 본법 시행 후 50일 이내에 제17조의 기준에 따르는 조치를 완료하여야 한다.
④ 본법 시행 당시 재직하는 국·공립대학교 또는 대학의 총장, 부총장, 학장, 대학원장, 교수, 부교수 또는 조교수는 본법에 의하여 임명 또는 보직된 것으로 간주한다.

「교육에 관한 임시특례법」의 내용은 대부분 1963년 「사립학교법」에 반영되었다. 「교육에 관한 임시특례법」은 5·16 군사쿠데타 발생으로부터 약 3개월만에 신속하게 제정되었다. 이는 당시 정부가 얼마나 사학재단 규제에 관심이 컸는가를 잘 보여주는 대목이다.

III. 쿠데타의 시대에 제정된 「사립학교법」

「사립학교법」 제정을 위한 노력은 4·19혁명 이후 성립한 제2공화국 시대에도 계속되었다. 당시 사정은 1960년 9월 당시 문교부장관(오천석)의 국회 발언에 잘 나타나 있다.[8]

> 그동안 여러 학교의 분규가 주로 사립대학이었습니다. 그래서 지금 관계관을 시켜서... 사립학교법을 만들어야 되겠다... 이번에 분규가 일어난 상황이라든지 또 과거에 일어난 그 상황을 살펴볼 적에 대체로는 문제가 이사진과 교수 혹은 이사진과 학생 문제 이러한 문제가 많았습니다. 그런데 그 가운데에서도 가장 중요하게 문제시되는 것은 인사권에 대한 문제입니다, 즉 임명하는 일과 면직시키는 일... 그런데 현재 사립대학의 정관을 볼 것 같으면 임면권은 전부 이사회에 있습니다. 이사회에 있기 때문에 과거에 이사들이 이사회에서 자의로써 교원을 임명하기도 하고 또는 파면도 했습니다... 그러한 까닭으로 분규가 과거에 많이 일어났는데 이것을 시정하기 위해서 하루바삐 사립학교법을 만들어서 이에 의거해서 사립학교들을 지도하고 또는 감독할 생각으로 있습니다. 우리가 희망하기는 이 사립학교법이 약 1개월 동안 문교부에서 심의가 되어 가지고 국무회의가 통과되는 날에는 국회에 보내드리겠습니다.

8) 제37회 국회, 민의원회의록, 1960. 9. 29., 18면.

1963년 군사정부 시대에 제정된 「사립학교법」은 사립학교의 지위·활동 등을 종합적으로 규정한 최초의 법률이라는 점에서 큰 의미를 가진다. 「사립학교법」은 이유서 또는 회의록 등과 같은 기초자료 없이 제정되었다. 다만, 월간 잡지 『새교육』에 김강현(金康鉉, 문교부 법무관)이 입법에 관한 기본사항을 체계적으로 소개하고 있다.[9)]

1. 사립학교법 입법의 동기 및 취지

사립과 공립 또는 국립의 학교 구분은 학교 교육 자체의 구분이 아니라, 학교 재정과 시설의 담지자(擔持者)가 사법상(私法上)의 개인인가, 지방자치단체인가 또는 국가인가의 구별에 불과하다. 다시 말하면, 학교 교육 자체는 사립이건 공립이건 국립이건 간에 전혀 동질성을 가진 것이며, 그것은 원칙적으로 공공성을 띤 것이다. 왜냐하면 교육은 누가 주체가 되어 실시하든 간에 사회 공동체의 근원적인 기능이기 때문이다. 따라서 사립학교나 공립 또는 국립학교에서 행하는 교육 내용과 그 정도가 동일하고 그 자격이 동일하다.

교육의 이러한 공공성 때문에 학교를 누가 설립하였던 간에 그 학교에서 행하는 교육은 국가의 감독을 받아야 하는 것이며, 이러한 균일한 공권력의 감독 때문에 학교 졸업자의 자격 대우가 공·사립을 막론하고 동일하다. 이러한 학사 감독상의 공공성 때문에 학교 설립자에 대하여도 공권력이 간섭하지 않을 수 없는 것이며, 따라서 공법 관계 하에 놓여지게 되어, 때로는 지배를 받고 때로는 보호를 받는다. 다시 말하면, 사립학교를 사인이 경영한다 할지라도 사법의 영역이 아니라 공법의 영역에서 국가 권력의 지배를 받지 않을 수 없다. 이러한 이유로 해서 같은 사법인(私法人)이라 할지라도 회사나 기타의 영리법인과는 달리 행정권의 작용을 받도록 하고 있으며, 이러한 방향에 따라 사립학교법을 제정하는 경향을 여러 나라가 갖게 된다.

우리 정부에서도 오래전부터 이러한 사립학교법의 제정이 추진되어 왔다. 인국(隣國) 일본에서 사립학교법을 제정하게 됨에 따라, 그에 자극을 받아 민주당 정권 하에 문교부에서 초안이 작성되었다. 그러나 그것이 극히 불충분한 것이기 때문에 심의회도 갖지 못하고 5·16 혁명을 맞아 최고회의 내에 설치된 기획위원회로 넘겨지게 되었다. 여기에서 구체적인 초안이 작성되었던바, 이 초안에는 중앙과 도에 사립학교 심의회를 두게 하고, 각 학교에는 주로 교원이 참여하는 학교평의회를 두어 이사회를 쥐어흔들 수 있는 법정기관(法定機關)을 규정했었다. 이것은 인국 일본의 사립학교법과 동일한 것이었다. 그 후에 사립학교법의 지연을 예상하면서 「교육에 관한 임시 특례법」

9) 金康鉉, "私立學校法(1)", 『새교육』 제15권 제7호(1963. 7.), 대한교육연합회, 100~103면.

이 제정·공포됨으로써, 그 법률에 사립학교에 관한 몇 개의 중요 원칙이 규정되었으며, 또한 혁명정부의 사학재단의 수습에 따르는 행정원칙에서 사립학교에 관한 행정상의 기초적인 원칙을 점차로 확립하게 되었다.

이리하여 사립학교 행정의 틀이 잡혀가는 가운데 최고회의 기획위원회안을 문교부가 넘겨받아 1962년 초로부터 검토를 개시하여, 수차례의 심의와 공청회 그리고 5회에 달하는 부내의 심의회를 거쳐 1962년 여름에 문교 재건자문위원회를 경유하여 1962년 12월에 각의를 통과하고 1963년 6월 초에 최고회의의 의결을 얻어 드디어 사립학교 행정의 기본이 되는 이 법안의 성립을 보게 되었다.

이 법률 제정의 취지는 크게 두 가지로 요약할 수 있다.

(1) 첫째로, 사립학교를 설립하는 법인이 민법에 의하여 설립되기 때문에 법인행정(法人行政)에 있어서는 사법인 민법을 토대로 하였던 바, 공공성이 강한 교육행정에 있어 그 공법영역을 사법으로 규율하는 데서 오는 불합리성을 제거하는 데 있다. 특히 행정감독에 있어 공법상의 근거가 없이 사법에 의거하기 때문에 왕왕히 행정명령만 가지고 사립학교와 그 재단법인을 규율하여 왔다. 이러한 행정권의 무근거(無根據) 발동은 그때그때 위정자의 시책에 따라 무정견(無定見)하게 변화되어 왔고, 경우에 따라서는 법률을 무시한 행정명령이 내려지는가 하면, 경우에 따라서는 정작 해야 할 일을 버리는 일이 있어 사립학교 행정의 원칙이 전혀 확립되지 못하고 법원에 의하여 감독되어 수많은 소송 사태가 일어났으나, 어느 것이나 만족할 만한 해결을 보지 못하게 되었다. 여기에서 학교를 경영하는 법인을 민법의 규정에 의하여 설립하는 재단법인에 의하지 아니하고, 공법인 사립학교법에 의하여 설립되는 특수법인으로서의 학교법인으로 하기에 이른 것이 사립학교법 제정의 가장 중요한 취지 내지는 동기이다.

(2) 둘째로, 사립학교 행정을 위한 통일적인 법전(法典)이 필요하였다. 종래에는 민법을 위시하여 교육법, 교육공무원법, 그리고 일개 행정명령에 지나지 아니한 재단법인의 정관 준칙에 의하여 사립학교의 행정을 행하여 왔다. 이렇게 잡다한 법규 사이에 통일적인 체계가 이뤄질 수 없었던 것이며, 따라서 해결상의 곤란, 법규 규정의 미비 등이 허다하여 사학행정은 마치 난마(亂麻)와 같은 상태에 빠졌다. 뿐만 아니라 사립학교의 특수성 때문에 여러 가지 애로가 있었다. 예를 들면, 교육공무원법을 사립학교의 교원에게 준용하였기 때문에, 공립학교 교원과 사립학교 교원의 특이한 조직을 고려하지 못하여 대법원 판례에 의하여 서울의 배화여고, 대구의 영남고등학교를 위시한 여러 재단의 교원징계가 소급하여 무효가 되는 사례가 발생했다. 이렇게 흐트러진 체계를 단일 법률로 바로잡아 이 사립학교법에 담고 앞으로 나올 사립학교법 시행령, 학교법인의 설비 규정, 재무규정, 처무규정 등 다수의 각령과 그에 따르는 부령이

제정되게 한다.

2. 사립학교법 제정의 기본원칙

이 법이 성안이 되어 본격적인 심의를 시작한 뒤로 김상협(金相浹) 장관, 박일경(朴一慶) 장관, 그리고 현임 이종우(李鍾雨) 장관의 세 장관의 손을 거쳤으나, 기본적인 몇 개의 원칙만은 변함없이 초지일관하였음은 사립학교 행정에 대한 십수 년간의 경험이 우리에게 가져다준 뚜렷한 방향과 토대가 있었음을 의미하는 것으로 해석된다.

(1) 첫째의 원칙은, 이 법률은 혁명정부에 의하여 제정되지만, 민간정부에 의하여 평화적이고 안정된 사회정세 하에서 실시된다는 것을 염두에 두는 일이다. 대략 어느 나라 어느 시대에나 혁명기는 격변의 시대이며, 행정권이 강하여 사인의 영역을 지배하는 강도가 강하다. 따라서 혁명기의 입법은 공권력의 강화가 부지불식간에 반영될 우려가 있다는 것이다. 그래서 사립학교법의 제정 과정에 참여한 사람들은 이와 같은 혁명기 의식에서 떠나서 이 법을 다뤄야 한다는 근본적인 태도가 요청되었다. 다시 말하면, 일시적인 행정상의 필요가 사립학교법에 그대로 나타나서는 아니 된다는 경계심을 필요로 하였다. 이러한 태도는 이 법의 자구 하나하나에 스며들도록 주의하였으며, 따라서 힘의 균형과 장기적인 규제가 이 법을 흐르는 기본 원리가 되도록 모두 주의하였다.

(2) 둘째로, 사법의 체제를 가급적 존중한다는 점이다. 즉 민법상의 원칙을 가급적 살리고 행정영역상 극히 필요한 부분에 한하여 규정하되, 민법의 규정인 자구에 추종하도록 하였다. 만일 이러한 원칙이 해이된다면, 장구한 시일에 걸쳐 발전되어 온 법인의 기초적인 원리를 망가뜨리고 결과적으로 행정권에 의한 사권(私權)의 침해가 수반되기 때문이다.

행정권에 의한 사권의 침해는 현대 국가에서 없을 수 없는 것이나, 그러나 사권을 침해함으로써 더 많은 공익을 가져올 때만이 공권력의 행사는 정당화될 수 있는 것이며, 가능하면 사권의 침해 없이 행정목적을 달성하도록 하는 것이 가장 노련한 행정가의 태도가 아닐 수 없다. 따라서 사립학교법 제정에 있어서도 사권을 침해한다고 생각되는 규정을 둘 경우에는 그로 말미암아 가져올 수 있는 공익성의 크기를 세심하게 비교하였던 것이다. 다시 말하면, 사법우위의 원칙을 최대한으로 보장하기 위하여 민법 규정의 테두리를 고수하도록 하였다.

(3) 셋째로는, 학사행정 우위의 원칙이다. 민법 규정에 따르자면 법인 자체의 기능과 조직 및 그 활동에 중점을 두고 있지만, 학교법인의 근본 목적이 원래가 공공의 기능인 교육에 있기 때문에, 법인을 다소 희생하고라도 교육작용을 살리는 것이 학교법

인의 존립 목적에 부합되는 일이기 때문이다. 다시 말하면, 사립학교의 공공성을 앙양하는 문제다. 이러한 원칙 때문에 경리·인사 면에서 학교의 장과 교원의 권익 보호에 중점을 두었기 때문에 상대적으로 법인이사회에 불만이 약간 있을 수 있는 법률이 성립된 것이다. 그러나 학교장 및 교원의 임면과 징계에 있어 이사회의 권한을 강력하게 유지함으로써 원칙적으로는 이사회의 근본 권한을 유지하도록 한 것이다.

우리는 그동안 이사회의 분규를 통하여 사학교육이 심히 많은 피해를 입은 것을 보아왔으며, 재단이 유명무실한 대신에 학생의 납입금으로써 재단 역원(役員)의 배를 채우는 일이 흔히 있어 왔음을 잘 알고 있다. 이러한 경험의 소산으로서 본 법에서는 학교법인의 이사회 구성을 세밀하게 규제하였으며, 그 권한이 월권이 되지 않도록 단단히 얽어놓지 않을 수 없었다. 그러나, 법인의 권한 자체에 있어서는 예산, 결산, 인사 등 민법상에 규정된 권한을 전부 부여하였으므로 선의(善意)의 법인이사회에 대하여는 조금도 침해가 될 수 없다. 다만 종래에 제멋대로 놀아나던 경우에는 이제 심히 구속감을 느끼지 않을 수 없다. 왜냐하면 학생의 돈을 법인의 수입 예산으로 못하며, 교원을 마음대로 바꿔칠 수도 없고, 보수도 욕심대로 받아갈 수 없게 되었기 때문이다. 그러나 애초부터 그러한 부당한 권력을 생각하지 않은 순수한 교육사업을 실행하여 온 법인에 대하여는 이러한 규제는 아무런 영향력도 없을 것이다.

(4) 넷째로, 행정청의 감독권이 필요 이상 미치지 않도록 하는 문제다. 특히 법인의 해산에 있어서는 일본의 사립학교법보다 훨씬 엄격한 조건을 붙였으며, 민법에 있어서의 재단법인의 해산요건과 동일하게 하고, 사립학교의 인사권에 대하여는 종래의 성문법규에 규정된 범위를 한 발자국도 넘지 않도록 하며, 수익사업을 허용하되, 신고제로 하여 허가제를 취하지 아니하였다.

혹자는 이 법을 행정권의 강화를 위하여 사권을 침해하였다고 하나, 법 제정의 과정에서 그에 참여한 모든 사람들이 이러한 독재적인 규정이 도입되지 않도록 심각하게 주의하였음을 이 법 조문에서 발견할 수 있을 것이다.

3. 제정에 있어서의 문제점

(1) 중앙·특별시·도의 사립학교심의회와 학교평의원회에 대하여 성안 초기에 많은 논의가 있었다. 사립학교심의회는 주로 재단 측과 학교의 장이 그 설치를 주장하고 평의원회는 교원 측에서 주장하였다. 이러한 기관은 일본의 사립학교법에서 그 입법례가 발견되기 때문에 상당히 강력하게 주장되었으나, 공청회와 심의회를 거치는 동안 이 기관은 삭제되었다.

사립학교심의회는 행정청에 대한 사립학교 측의 집단적인 단체로서 일종의 압력

단체라고 할 수 있는바, 법률에 의하여 이미 감독권의 한계가 명시되고 법인과 학교의 활동이 법적으로 보장되어 있을 뿐만 아니라, 중앙교육위원회가 있고, 도교육위원회가 있기 때문에 이중의 심의기관을 만들 필요성이 없었다. 사실상 사립학교 측의 인사(人士)를 중심으로 구성되기를 희망하는 사립학교심의회는, 사립학교 자신의 보신을 위해서만 기능할 우려성이 있는 것이며, 이는 사학기관의 공익성을 높이는 데 해가 될 뿐이다. 만일 사립학교 관련자가 아닌 인사로 구성할 바에는 교육위원회를 통해서 능히 소기의 목적을 달성할 수 있다. 따라서 사립학교심의회는 둘 필요성이 없게 된다.

평의원회는 이사회의 권한을 침해할 것을 전제조건으로 하는바, 그것은 법규에 의하여 능히 행할 수 있을 뿐만 아니라, 교원은 보장된 범위 내에서 학사에 전심하는 것이 학교 교육을 위하는 길이지, 학교 경영에 집단적으로 관여한다는 것은 도리어 분규의 원인이 될 수가 있다. 뿐만 아니라, 법인 이론에 입각하면 법인의 이사회만이 운영의 결정권을 갖는 것인데, 그 고용에 의하여 복무하는 자가 주인의 자리에 서는 것은 사법 원리상 지나친 비약이 아닐 수 없다. 따라서 교원의 신분을 강력히 보장하고 학교장의 경리 집행권을 확립시키는 대신에 평교원회를 두지 않기로 의견이 일치되기에 이르렀다.

(2) 사립학교의 조성을 위한 수단으로 광범한 면세 문제가 논의되었다. 그러나 재정 관계부서의 강력한 반대와 경제원칙의 존중에 따라 현행대로 두게 되었다. 현재 법인세법에 의하여 학교법인의 소득 중 학교 교육에 직접 지출하는 부분은 면세된다. 그리고 취득세법·등록세법에서도 직접 학교 교육에 제공되는 것은 면세되고 있으며, 개인이 학교 교육에 기부할 경우에도 신청에 의거하여 면세될 수 있다. 문제점은 법인이 학교에 직접 사용하지 아니하는 사업 확장 내지는 영업세를 전부 면세하자는 것인바, 그렇게 되면 학교법인의 사업체와 일반 사업체의 자유경쟁에 있어 학교법인의 사업체만이 일방적으로 확대될 수 있는 것이다. 이것은 경제질서상 도저히 용납할 수 없는 일이기 때문에 성립될 수 없었으며, 따라서 본 법에서 삭제되지 않을 수 없었다.

기타의 조성을 위하여는 국가 또는 지방자치단체의 보조를 규정한바 현하의 사태하에서는 거의 기대할 수 없기 때문에 사실상 큰 도움이 될 수 없으나, 법 제정상 그 이상의 다른 방법을 생각할 수 없는 것이기 때문에, 이 문제는 국가의 장래 발전에 의해서만 해결될 문제가 아닐 수 없다.

(3) 셋째로는, 교원 인사에 있어 학교의 장만을 이사회에서 임면하고 교원은 학교의 장이 임면하자는 주장이 유력한바, 그렇게 되면 이사회의 권한을 지나치게 축소하고 학교의 장의 권한을 비대하게 하므로 이 안은 채택될 수 없었다. 그러나 재정 집행에 있어 학교 예산과 법인 예산을 별도로 편성하여 학교 예산의 집행은 학교의 장이

행하게 하므로 이 문제의 균형을 취하기에 이르렀다.

(4) 또 하나의 문제점은 법인 이사 중 일정한 요건을 갖춘 자는 종신 이사가 될 수 있는 길을 마련하자는 것인바, 이 문제에 대하여 장기간의 토의를 가졌다. 그러나 우리는 사학의 자주적인 입장도 중요하지만 그에 못지않게 공공성도 또한 중요하기 때문에, 법인 재산의 사유화 내지 사권화의 관념을 불식하기 위하여 이 안은 채택되지 않았다. 또한, 중도기부자(中途寄附者)를 위하여도 이사의 종신제는 장애가 되는 것이며, 만일 본인이 학교를 잘 경영하고 법인을 안정된 상태하에서 육성한다면 재임(再任)을 통하여 종신토록 이사를 할 수 있는 것이기 때문에, 특정한 자산출연자(資産出捐者)의 사권(私權)을 학교법인에서 존속시킬 필요성이 전혀 없게 된다. 여기에 자주성과 공익성에 대한 어떤 한계성이 존재한다.

이상 네 가지 문제가 본 법 제정 당시에 논의된 중대한 문제이면서도 법규화되지 못하고 사장되었으므로 여기에 적어둠과 동시에 본 법 성립에 있어서의 여러 가지 요소 내지는 힘의 균형이 어떻게 조직화 되었는가를 알 수 있는 참고로 한다.

4. 본 법의 주요골자

이 법안은 제1장 총칙, 제2장 학교법인, 제3장 사립학교경영자(학교법인 이외의 사립학교 설립자), 제4장 사립학교 교원, 제5장 보칙, 제6장 벌칙 기타 부칙으로 되어 있는바, 그 주요골자는 다음과 같다.

(1) 종전에는 사립학교의 설치·경영은 원칙적으로 민법에 의한 재단법인이 하게 하였으나, 금반 제도를 변경하여 이 법률에 의한 학교법인이 원칙적으로 사립학교를 설치·경영하게 하는 한편, 민법에 의한 재단법인·사단법인 기타 사법상의 법인이나 개인은 극히 제한된 종류의 학교만을 설치·경영할 수 있게 한다(제2조제2항 및 제3조제3항).

(2) 사립학교와 학교법인 기타 사립학교 경영자의 감독청을 획정한다(제4조).

(3) 학교법인은 그 설치·경영하는 사립학교에 필요한 시설·설비와 당해 학교의 경영에 필요한 재산을 갖추도록 한다(제5조).

(4) 학교법인은 학교만을 그 목적사업으로 하고 다른 교화사업을 겸하지 못하게 하는 것을 원칙으로 하되, 그 설치·경영하는 학교교육에 지장이 없는 한 수익사업을 할 수 있게 하였으며, 그 수익사업에 관한 회계는 당해 학교법인이 설치·경영하는 사립학교의 경영에 관한 회계와 구분하여 별도로 경리하도록 한다(제6조·제29조).

(5) 학교법인을 설립하고자 하는 자는 일정한 재산을 출연하고 정관을 작성하여 문교부장관의 허가를 받도록 한다(제10조).

(6) 학교법인의 정관의 변경은 이사정수의 3분의 2 이상의 동의를 얻어 문교부장관의 인가를 받도록 한다(제45조).

(7) 학교법인에는 임원으로서 5인 이상 15인 이하의 이사와 2인 이상의 감사를 두고, 이사 중 1인은 정관이 정하는 바에 의하여 이사장이 되게 하여, 그로 하여금 학교법인을 대표하게 한다(제14조·제19조).

(8) 학교법인의 중요업무를 심의·결정하게 하기 위하여 이사장과 이사로 구성되는 이사회를 두고, 이사회는 이사장이 소집하되 이사장이 이사회의 소집을 기피하거나 기타 사유로 이사회의 소집이 불가능한 때에는 재적이사 과반수의 찬동으로 감독청의 승인을 받아 이를 소집할 수 있게 한다(제15조·제16조).

(9) 학교법인의 임원은 당해 법인의 이사회에서 선임하되, 감독청의 인가를 받아 취임하게 하고, 기타 임원 선임에 있어서 제한사항·결격사유·겸직금지사항 및 보수 등에 관한 사항을 규정한다(제20조 내지 제23조·제26조).

(10) 학교법인에 이사가 없거나 결원이 있는 경우에 이로 인하여 당해 학교법인의 목적을 달성할 수 없거나 손해가 생길 염려가 있을 때에는 문교부장관은 이해관계인의 청구나 직권에 의하여 임시이사를 선임할 수 있게 한다(제25조).

(11) 학교법인이 기본재산을 매도·증여·임대·교환 또는 담보제공이나 의무의 부담·권리의 포기를 하고자 할 때에는 감독청의 허가를 받게 한다(제28조).

(12) 학교법인의 해산사유를 법정하고 해산한 학교법인의 잔여재산의 귀속에 관한 사항을 규정한다(제34조·제35조).

(13) 학교법인이 다른 학교법인과 합병하고자 할 때에는 이사정수의 3분의 2 이상의 동의를 얻어 문교부장관의 인가를 받도록 한다(제36조).

(14) 학교법인의 조성을 위하여 국가 또는 지방공공단체는 학교법인에 대하여 보조를 할 수 있게 하는 한편, 학교법인에 일정한 위법행위가 있을 때에는 문교부장관은 당해 학교법인을 해산할 수 있게 한다(제43조·제44조·제47조).

(15) 이 법률에 규정된 것 외에는 학교법인의 설립, 기관, 해산 및 청산에 관하여는 민법에 의하게 한다(제13조·제27조·제42조).

(16) 학교법인이 아닌 사립학교경영자 중 민법에 의한 재단법인은 그 조직을 변경하여 학교법인으로 될 수 있게 한다(제50조).

(17) 사립학교 교원의 자격과 복무에 관하여는 국·공립학교의 교원에 관한 규정을 준용하게 하고, 그들의 임명절차에 관한 사항을 규정한다(제52조 내지 제55조).

(18) 사립학교 교원의 신분은 국·공립학교의 교원에 준하여 이를 보장하고 그들의 징계를 위하여 학교법인 또는 사립학교경영자는 반드시 교원징계위원회를 설치하

도록 하고, 그 징계절차에 관하여는 국·공립학교의 경우와 같은 규정을 둔다(제56조 내지 제69조).

(19) 일정한 위법행위에 대한 벌칙규정을 둔다(제73조·제74조).

(20) 이 법률의 시행 당시 제3조에 규정된 사립학교를 설치·경영하는 재단법인은 이 법률의 시행일로부터 6월 이내(특별한 경우에는 문교부장관은 3월의 기간을 한도로 그 기간을 연장할 수 있다)에 그 조직을 변경하되 기득권은 계속하여 유지하도록 하였다(부칙 제2조).

(21) 학교법인의 건전한 육성을 위하여 감독청에게 당분간 학교법인의 임원의 취임허가를 취소할 수 있는 과도적 특권을 부여한다(부칙 제4조).

위 『새교육』에 게재한 김강현(金康鉉)을 글을 통해 「사립학교법」 제정의 이유와 과정의 대강을 알 수 있다. 5·16 쿠데타의 분위기에 더하여 일본의 「사립학교법」 제정도 큰 자극이 되었던 것으로 보인다. 내용적으로 종래 정부와 사학재단 사이 첨예한 대립 부분을 조화하려는 노력도 있었다. 절차적 하자를 의식한 듯 약 1년 6개월의 기간 동안 여러 차례 내부심의와 공청회를 거쳤고, 특히 학자 출신 전·현직 문교부장관(김상협, 박일경, 이종우)의 검토도 있었음을 강조하고 있다. 그러나 「사립학교법」 제정안에 대한 심의·공청회 자료는 남아있지 않다.

제2부

조문별 역사

제1장
총칙

『새교육』이 소개하는 이 장의 제정이유는 아래와 같다.[1]

사립학교법은 크게 세 부분으로 구분할 수 있다. ①학교법인(學校法人)에 관한 조항, ②학교법인과 사립학교의 감독에 관한 조항(사립학교에 관한 규정의 대부분은 교육법의 적용을 받기 때문에 이 법에서는 주로 학교법인과 관련되는 부분에 한한다), ③사립학교의 교원에 관하여 규정하는 조항으로 되어 있다. 그러나 그 중요 부분은 학교법인을 규율하는 조항이며, 이는 학교 설립의 주체로서 사립학교 행정을 위한 기본 법규가 된다.

제1조(목적)

I. 제정법

제1조(목적) 이 법은 사립학교의 특수성에 비추어 그 자주성을 확보하고 공공성을 앙양함으로써 사립학교의 건전한 발달을 도모함을 목적으로 한다.

『새교육』이 소개하는 이 조문의 제정이유는 아래와 같다.[2]

제1조에서 목적을 정하고 있는바, 사립학교의 자주성(自主性)을 확보하고 공공성(公共性)을 앙양하는 것을 목적으로 규율하고 있다. 이러한 목적의 규정은 이 법률의 다른 조항에 대한 하나의 기초적인 제한을 가하는 기본정신을 이룰 뿐만 아니라, 실제의 경우에 이 법률을 해석·적용하든가, 사립학교 행정을 하는 데 있어서 기초적인 정신으로 삼지 않으면 안 된다. 따라서 제1조가 규정하는 목적은 그 자체가 직접 어떤 것을 금지하든가 허용하든가 하는 효과가 있는 것이 아니라 다른 조항들을 견제하고 있는 통제적인 기능을 가진다.

학교법인이 중요하다 하더라도 그 법인은 결국 학교를 설립·운영하여 "사립학교 교육"을 목적으로 하기 때문에, 이 법은 법인이 아니라 직접 사립학교 교육을 목적으

1) 金康鉉, "私立學校法(2)", 『새교육』 제15권 제8호(1963. 8.), 대한교육연합회, 60면.
2) 金康鉉, 앞의 글 "私立學校法(2)", 60면.

로 하여 그 자주성과 공공성을 균형있게 유지하도록 하는 데 목적을 두게 된다. "자주성"과 "공공성"은 그 자체의 개념으로 보아서는 분명히 대립적인 개념이다. 왜냐하면 자주성은 개인적인 독립성, 즉 개인적인 독립의 권리를 의미하므로 타인이나 일반 공권력으로부터의 권한의 침해를 부인한다. 이에 반하여 공공성은 사회생활의 공동질서에 입각하여 구성되는 개념이기 때문에, 사회의 집단 속에 개인이 흡수됨으로써 개인의 권리는 사회의 필요성에 따라 제한되고 침해되지 않을 수 없는 것이다.

이와 같이 서로 반대되는 개념이 현대 행정에 있어 작용하는 중점임과 동시에 사립학교 행정에 있어서도 이 점의 상호 균형과 조화가 주된 문제점인 것이다. 따라서 이 법률의 생명은 사학의 일정한 한계 내에서의 자주성과, 또한 교육행정의 필요를 충족시키는 최저선에서의 사회 공공성을 조화시키는 데 있다고 볼 수 있다.

이러한 목적 규정은 이 법률의 여러 조항에 나타나 있는바, 그 중요한 것은 수익사업과 그 신고(제6조), 법인의 기관에 대한 제 규정(제2장 제3절), 재산과 회계에 있어서 학교 재산과 회계의 보호(제2장 제4절) 등이 그것이다.

II. 개정 경과

1.201 **1. 2020년 12월 22일 개정(법률 제17659호, 2020. 12. 22. 시행)**

제1조(목적) 이 법은 사립학교의 특수성에 비추어 그 자주성을 확보하고 공공성을 <u>**높임으로써**</u> 사립학교의 건전한 발달을 도모함을 목적으로 한다.

(1) 법률안(정부안[3])

이 조문을 포함한 개정 대상 조문의 제안이유 및 주요내용은 아래와 같다.[4]

---

3) 2020. 7. 10. 정부(의안번호: 2101763).

4) 2020년 12월 22일 개정 원안에는 이 정부안 외에도 이탄희 의원안(2020. 10. 21. 이탄희의원 등 39인, 의안번호: 2104597), 정청래 의원안(2020. 9. 29. 정청래의원 등 10인, 의안번호: 2104380)이 있다. 이 원안들은 이후 위원회 심사 단계에서 대안(2020. 12. 2. 교육위원장, 의안번호: 2106043)으로 통합 조정되었다. 이들 개정안 중 제1조에 관한 개정안은 정부안이다. 그러므로 여기에서는 정부안의 제안이유·주요내용 및 현행법과 개정 원안만을 소개한다. 이탄희 의원안은 이 책 [66-6.201], 정청래 의원안은 이 책 [66-4.212] 참조.

• 제안이유 및 주요내용

국민생활과 밀접하게 관련되어 있는 신고 민원의 처리절차를 법령에서 명확하게 규정함으로써 관련 민원의 투명하고 신속한 처리와 일선 행정기관의 적극행정을 유도하기 위하여, 학교법인 기본재산 매도 등의 신고가 수리가 필요한 신고임을 명시하는 한편, 법 문장을 원칙적으로 한글로 적고, 어려운 용어를 쉬운 용어로 바꾸며, 길고 복잡한 문장을 간결하게 하는 등 국민이 법 문장을 이해하기 쉽게 정비하려는 것임.

이 조문의 현행법과 개정 원안은 아래와 같다.

현행법	원안
제1조(목적) 이 법은 사립학교의 특수성에 비추어 그 자주성을 확보하고 공공성을 앙양함으로써 사립학교의 건전한 발달을 도모함을 목적으로 한다.	**제1조(목적)** 이 법은 사립학교의 특수성에 비추어 그 자주성을 확보하고 공공성을 높임으로써 사립학교의 건전한 발달을 도모함을 목적으로 한다.

(2) 위원회 심사

〈1〉 **교육위원회:** 대안[5]으로 가결되었다(이 조문의 경우에는 원안과 대안의 내용이 동일함).[6]

〈2〉 **법제사법위원회:** 교육위원회 대안대로 가결되었다.[7]

(3) 본회의 심의

교육위원회 대안대로 가결되었다.[8]

(4) 결과

교육위원회 대안으로 개정되었다.

5) 2020. 12. 2. 교육위원장(의안번호: 2106043).
6) 제382회 국회(정기회) 제7차 전체회의, 교육위원회회의록, 2020. 11. 26., 12면.
7) 제382회 국회(정기회) 제13차 전체회의, 법제사법위원회회의록, 2020. 12. 2., 31면.
8) 제382회 국회(정기회) 제14차 본회의, 국회본회의회의록, 2020. 12. 2., 20면.

1.300

III. 현행법

제1조(목적) 이 법은 사립학교의 특수성에 비추어 그 자주성을 확보하고 공공성을 높임으로써 사립학교의 건전한 발달을 도모함을 목적으로 한다.

1.400

IV. 종합/특기사항

- 「사립학교법」은 5·16 군사쿠데타 이후 국회 강제해산 상황에서 국가재건최고회의 의결로 매우 신속하게 제정한 법률로서 공식기록(예: 이유서 또는 회의록 등)이 존재하지 않으며, 일본의 「私立學校法」 및 이미 시행중이던 「교육에 관한 임시특례법」을 참고하여 제정했다.
- 제1조가 규정하는 사립학교의 자주성과 공공성은 서로 긴장관계에 있으며 「사립학교법」의 운영·해석에 있어서 근간이 된다.
- 제1조는 제정 이후 한글화·간결화 등을 위한 자구수정 외에 특별한 개정이 없다.

제2조(정의)

2.100

I. 제정법

제2조(정의) ①이 법에서 "사립학교"라 함은 학교법인 또는 공공단체 이외의 법인 기타 사인이 설치하는 교육법 제81조에 규정된 학교를 말한다.

②이 법에서 "학교법인"이라 함은 사립학교만을 설치·경영함을 목적으로 이 법에 의하여 설립되는 법인을 말한다.

③이 법에서 "사립학교경영자"라 함은 교육법과 이 법에 의하여 사립학교를 설치·경영하는 공공단체 이외의 법인(학교법인을 제외한다) 또는 사인을 말한다.

『새교육』이 소개하는 이 조문의 제정이유는 아래와 같다.[9]

제2조에서 이 법의 중요한 용어를 정의하고 있는바, 법규에 있어서의 용어의 정의는 그 법규의 성질과 적용범위를 결정짓는 것이므로 극히 중요한 의미를 갖는다.

① 私立學校: 사립학교의 정의는 이미 교육법 제83조에 의하여 법인 또는 사인이 설립하는 학교라고 정의함으로써 국·공·사립의 구별은 오로지 설립자의 구별에 의할 뿐이고, 그 외의 교육 목적이나 내용, 방법, 자격 등에 대하여는 구별하지 않는다. 다시 말하면 학교교육 그 자체는 공공성을 가진 사회의 기능이기 때문에, 다만 재정 부담의 경우에 한하여 개인이 관여할 수 있는 데에 불과하기 때문이다. 이 법에서는 교육법상의 법인을 둘로 나누어 학교법인과 공공단체 이외의 법인(즉 사법상의 법인을 말한다)이 설립하는 학교를 말한다. 따라서 이 법에 의하여 설립하는 학교뿐만 아니라 민법이나 특별법에 의하여 설립되는 사단법인·재단법인 및 법인격을 가진 단체도 사립학교를 설립할 수 있으며, 개인도 또한 설립할 수 있다. 다만 학교법인이 아닌 자는 이 법 제3조에 의하여 그 설립하는 학교의 종류가 제한될 따름이다.

② 學校法人: 학교법인은 교육에 관한 임시특례법[10] 제1조에 나타나 있으나, 이 법률에서 비로소 주체성을 갖고 등장한다. 왜냐하면 교육에 관한 임시특례법상 학교법인은 사립학교를 경영하는 모든 법인을 편의상 이름 붙인 데 불과하며 그 설립은 민법에 의하나, 이 법률에서의 학교법인은 민법에 의하지 아니하고 이 법률에 의하여 설립되는 법인이다. 따라서 학교법인은 사립학교법이라고 하는 특별한 법률에 의하여 설립되는 특수법인이다. 그러기 때문에 학교법인은 민법의 적용을 받는 것이 아니라 이 법률의 적용을 받는다. 다만 그 성격과 기본 원칙이 일반법인과 학교법인 사이에 동일하게 규율되므로 학교법인에 대하여도 그 조리상에 있어 민법의 이론을 원용하게 된다. 뿐만 아니라 지금까지 사립학교를 경영하는 법인은 민법에 의한 재단법인이었기 때문에 이 법률이 발효하게 되면 이 법률 부칙 제2조에 의하여 전부 학교법인으로 변경되지 않으면 안 된다. 따라서 법인등기를 새로 하지 않으면 안 된다. 다만 이 경우에 민법상의 법인이 다른 법인으로 되기 위해서 해산하고 새로운 기부행위를 하게 되면 해산에 따르는 청산절차라든가 기부행위 등의 복잡한 과정을 거쳐야 하므로, 그러한 번잡을 피하기 위하여 제50조에 의하여 손쉽게 조직을 변경하도록 하게 한다.

가장 중요한 것은 "…사립학교만을…"하는 자구이다. 지금까지는 학교 이외에 종교라든가 기타의 교화사업 등을 아울러 목적사업으로 갖는 법인이 있었으나, 학교법인은 학교 이외의 목적을 가질 수 없게 되었다. 그에 따라서 동국대학이나 성균관대학

---

9) 金康鉉, 앞의 글 "私立學校法(2)", 60~61면.

10) 「교육에 관한 임시특례법」. 전문은 이 책 [0.204] 참조.

과 같은 경우에 볼 수 있는 것과 같은 복수의 목적사업이 이제는 분리되지 않을 수 없으며, 이러한 목적의 분리를 해결하기 위한 방법으로 부칙 제2조제3항에 의하여, 이사회 이외의 다른 기관의 결의 없이 이사회의 결의만으로 조직을 변경하도록 하고 있다.

또한, 부칙 제2조의 제4항과 제5항에 의하여 이미 있는 재단법인의 기득권을 보장함으로써 실질상 하등의 변경 없이 민법상의 재단법인에서 학교법인으로 전환할 수 있도록 하였다. 그러나 만일 이러한 전환의 과정에서 법인 이사회의 분규가 발생한다면, 그러한 경우에 신속하게 해결함으로써 과도기를 수습하기 위하여 부칙 제4조로서 문교부장관에게 과도적 특권을 부여하고 있다. 부칙 제4조는 교육에 관한 임시특례법 제19조와 같이 규정하고 있으나, 그 의미는 전혀 다르다. 임시특례법의 취지는 혁명적인 행정을 뒷받침하는 행정권의 강권이나, 이 법 부칙 제4조는 재단법인이 학교법인으로 변경될 때의 혼란을 구제하게 된다. 따라서 이러한 과도적 특권은 어느 때 누가 이 법을 제정하더라도 불가피하다고 하지 않을 수 없다.

③ 私立學校 經營者: 사립학교의 설립 주체가 되는 자 중에서 학교법인을 제외한 모든 법인과 사인을 말한다. 이 경우에는 다음과 같은 법인을 예상할 수 있다. 민법상의 사단법인, 재단법인, 상법상의 상사(商社)(상사회사도 공장학교를 경영할 수 있기 때문이다), 특별법에 의하여 법인격이 있는 단체(대한상공회의소나 대한적십자사와 같은 특별법상의 단체가 학교를 설립할 때), 그리고 일반 사인 등이 학교를 설치·경영할 때 사립학교 경영자라 부른다.

II. 개정 경과

2.201 1. 1999년 8월 31일 개정(법률 제6004호, 1999. 8. 31. 시행)

제2조(정의) ①이 법에서 "사립학교"라 함은 학교법인 또는 **공공단체 외의** 법인 기타 사인이 설치하는 **초·중등교육법 제2조 및 고등교육법 제2조**에 규정된 학교를 말한다.

②이 법에서 "학교법인"이라 함은 사립학교만을 설치·경영함을 목적으로 이 법에 의하여 설립되는 법인을 말한다.

③이 법에서 "사립학교경영자"라 함은 **초·중등교육법 및 고등교육법과** 이 법에 의하여 사립학교를 설치·경영하는 **공공단체 외의** 법인(학교법인을 제외한다) 또는 사인을 말한다.

(1) 법률안(정부안[11])

이 조문을 포함한 개정 대상 조문의 제안이유 및 주요내용은 아래와 같다.

• 제안이유

사립대학 교원의 임용에 있어서 객관성과 공정성을 제고하고, 학교법인의 이사회 구성에 있어서 공익성을 강화하며, 「행정규제기본법」에 의한 규제정비계획에 따라 학교법인의 수익사업 신고의무를 폐지하는 등 불합리한 규제를 정비하려는 것임.

• 주요내용

가. 대학을 설치·경영하는 학교법인의 이사 중 3분의 1 이상은 공익을 대표하는 자로 선임하도록 함(안 제21조).

나. 학교의 설립·경영자가 학생들로부터 수업료 기타 납부금을 받을 권리와 학교수입 중 별도 계좌로 관리되는 수업료 기타 납부금에 대하여는 압류하지 못하도록 함(안 제28조제3항 신설).

다. 대학의 교원은 근무기간·급여·근무조건 등 계약조건을 정하여 임용할 수 있도록 하되, 임용기간이 종료되는 경우에 임면권자는 반드시 교무위원회의 심의를 거쳐 재임용 여부를 결정하도록 함(안 제53조의2제3항 및 제4항).

라. 대학의 교원을 신규채용함에 있어서 특정대학에서 학사학위를 취득한 자가 편중되지 아니하도록 하고 객관적이고 공정한 심사를 거치도록 함(안 제53조의4 신설).

이 조문의 현행법과 개정 원안은 아래와 같다.

현행법	원안
제2조(정의) ①이 법에서 “사립학교”라 함은 학교법인 또는 공공단체 이외의 법인 기타 사인이 설치하는 <u>교육법 제81조</u>에 규정된 학교를 말한다. ② (생 략) ③이 법에서 “사립학교경영자”라 함은 <u>교육법</u>과 이 법에 의하여 사립학교를 설치·경영하는 공공단체 이외의 법인(학교법인을 제외한다) 또는 사인을 말한다.	**제2조(정의)** ①이 법에서 “사립학교”라 함은 학교법인 또는 공공단체 이외의 법인 기타 사인이 설치하는 <u>초·중등교육법 제2조 및 고등교육법 제2조</u>에 규정된 학교를 말한다. ② (현행과 같음) ③이 법에서 “사립학교경영자”라 함은 <u>초·중등교육법 및 고등교육법</u>과 이 법에 의하여 사립학교를 설치·경영하는 공공단체 이외의 법인(학교법인을 제외한다) 또는 사인을 말한다.

11) 1998. 12. 2. 정부(의안번호: 151530).

• 기존 「교육법」(1949. 12. 31. 법률 제86호)을 폐지하고 새로 「교육기본법」(1997. 12. 31. 법률 제5437호), 「초·중등교육법」(1997. 12. 13. 법률 제5438), 「고등교육법」(1997. 12. 13. 법률 제5439호)으로 구분하여 구성함에 따라 이를 반영하기 위한 개정이다.

(2) 위원회 심사

〈1〉 **교육위원회:** 원안대로 가결되었다.[12)]

〈2〉 **법제사법위원회:** 원안을 수정·가결했다.[13)] 수정내용은 아래와 같다.

원안	법제사법위원회 수정안
제2조(정의) ①이 법에서 "사립학교"라 함은 학교법인 또는 공공단체 이외의 법인 기타 사인이 설치하는 초·중등교육법 제2조 및 고등교육법 제2조에 규정된 학교를 말한다. ③이 법에서 "사립학교경영자"라 함은 초·중등교육법 및 고등교육법과 이 법에 의하여 사립학교를 설치·경영하는 공공단체 이외의 법인(학교법인을 제외한다) 또는 사인을 말한다.	**제2조(정의)** ①이 법에서 "사립학교"라 함은 학교법인 또는 공공단체 외의 법인 기타 사인이 설치하는 초·중등교육법 제2조 및 고등교육법 제2조에 규정된 학교를 말한다. ③이 법에서 "사립학교경영자"라 함은 초·중등교육법 및 고등교육법과 이 법에 의하여 사립학교를 설치·경영하는 공공단체 외의 법인(학교법인을 제외한다) 또는 사인을 말한다.

• "이외"(以外)라고 하면 그 앞의 단어를 포함하므로 "외"(外)로 하여 정확성을 기한 것이다.

(3) 본회의 심의

법제사법위원회 수정안대로 가결되었다.[14)]

(4) 결과

법제사법위원회 수정안으로 개정되었다.

2.202 **2. 2004년 1월 29일 개정(법률 제7120호, 2005. 1. 30. 시행)**

제2조(정의) ①이 법에서 "사립학교"라 함은 학교법인 또는 공공단체 외의 법인 기

12) 제206회 국회(임시회) 제2차 전체회의, 교육위원회회의록, 1999. 8. 10., 30면.
13) 제206회 국회(임시회) 제5차 전체회의, 법제사법위원회회의록, 1999. 8. 12., 19면.
14) 제206회 국회(임시회) 제3차 본회의, 국회본회의회의록, 1999. 8. 12., 26면.

타 사인이 설치하는 **유아교육법 제2조제2호**와 초·중등교육법 제2조 및 고등교육법 제2조에 규정된 학교를 말한다.
②이 법에서 "학교법인"이라 함은 사립학교만을 설치·경영함을 목적으로 이 법에 의하여 설립되는 법인을 말한다.
③이 법에서 "사립학교경영자"라 함은 **유아교육법,** 초·중등교육법 및 고등교육법과 이 법에 의하여 사립학교를 설치·경영하는 공공단체 외의 법인(학교법인을 제외한다) 또는 사인을 말한다.

- 「유아교육법」(2004. 1. 29. 제정, 2005. 1. 30. 시행) 제정에 따라 그 법률 해당 조문을 추가하였다.

3. 2008년 3월 14일 개정(법률 제8888호, 2008. 3. 14. 시행)

제2조(정의) ①이 법에서 "사립학교"라 함은 학교법인 또는 공공단체 외의 법인 기타 사인이 설치하는 **「유아교육법」** 제2조제2호와 **「초·중등교육법」** 제2조 및 **「고등교육법」** 제2조에 규정된 학교를 말한다.
②이 법에서 "학교법인"이라 함은 사립학교만을 설치·경영함을 목적으로 이 법에 의하여 설립되는 법인을 말한다.
③이 법에서 "사립학교경영자"라 함은 **「유아교육법」**, **「초·중등교육법」** 및 **「고등교육법」**과 이 법에 의하여 사립학교를 설치·경영하는 공공단체 외의 법인(학교법인을 제외한다) 또는 사인을 말한다.

(1) 법률안(정부안[15])

2008년 12월 26일 개정 원안은 다수가 있었는데[16] 이들 개정안 중 제2조에 관한 개정안은 정부안으로서 법령 표기에 있어서 "「 」" 표를 하는 것이다.

이 조문의 현행법과 개정 원안은 아래와 같다.

---

15) 2005. 12. 26. 정부(의안번호: 173668).
16) 2008년 3월 14일 개정 원안에는 이 정부안 외에도 이주호 의원안(2006. 5. 30. 이주호의원 등 10인, 의안번호: 174444)이 있다. 이 원안들은 이후 위원회 심사 단계에서 대안(2008. 2. 18. 교육위원장, 의안번호: 178210)으로 통합 조정되었다. 이주호 의원안은 이 책 [59.212] 참조.

현행법	원안
제2조(정의) ①이 법에서 "사립학교"라 함은 학교법인 또는 공공단체외의 법인 기타 사인이 설치하는 유아교육법 제2조제2호와 초·중등교육법 제2조 및 고등교육법 제2조에 규정된 학교를 말한다. ② (생 략) ③이 법에서 "사립학교경영자"라 함은 유아교육법, 초·중등교육법 및 고등교육법과 이 법에 의하여 사립학교를 설치·경영하는 공공단체외의 법인(학교법인을 제외한다) 또는 사인을 말한다.	**제2조(정의)** ①이 법에서 "사립학교"라 함은 학교법인 또는 공공단체 외의 법인 기타 사인이 설치하는 「유아교육법」 제2조제2호와 「초·중등교육법」 제2조 및 「고등교육법」 제2조에 규정된 학교를 말한다. ② (현행과 같음) ③이 법에서 "사립학교경영자"라 함은 「유아교육법」, 「초·중등교육법」 및 「고등교육법」과 이 법에 의하여 사립학교를 설치·경영하는 공공단체 외의 법인(학교법인을 제외한다) 또는 사인을 말한다.

• 법령 표기에 있어서 "「 」" 표시를 하기로 함[17]에 따른 개정이다.

(2) 위원회 심사

〈1〉 **교육위원회:** 대안[18]으로 가결되었다(이 조문의 경우에는 원안과 대안의 내용이 동일함).[19]

〈2〉 **법제사법위원회:** 교육위원회 대안대로 가결되었다.[20]

(3) 본회의 심의

교육위원회 대안대로 가결되었다.[21]

(4) 결과

교육위원회 대안으로 개정되었다.

17) 「법률용어의 표준화 기준」(국회사무처 예규 제22호, 2007. 4. 16. 시행).
18) 2008. 2. 18. 교육위원장(의안번호: 178210).
19) 제271회 국회(임시회) 제1차 전체회의, 교육위원회회의록, 2008. 1. 30., 6면.
20) 제271회 국회(임시회) 제3차 전체회의, 법제사법위원회회의록, 2008. 2. 15., 7면.
21) 제271회 국회(임시회) 제7차 본회의, 국회본회의회의록, 2008. 2. 19., 19면.

4. 2016년 2월 3일 개정(법률 제13938호, 2016. 2. 3. 시행)

제2조(정의) <u>이 법에서 사용하는 용어의 뜻은 다음과 같다.</u>

<u>1.</u> "사립학교"**<u>란</u>** 학교법인, 공공단체 외의 법인 **<u>또는 그 밖의 사인(私人)</u>**이 설치하는 「유아교육법」 제2조제2호, 「초·중등교육법」 제2조 및 「고등교육법」 제2조에 **<u>따른</u>** 학교를 말한다.

<u>2.</u> "학교법인"**<u>이란</u>** 사립학교만을 설치·경영**<u>할</u>** 목적으로 이 법에 **<u>따라</u>** 설립되는 법인을 말한다.

<u>3.</u> "사립학교경영자"**<u>란</u>** 「유아교육법」, 「초·중등교육법」, 「고등교육법」 **<u>및</u>** 이 법에 **<u>따라</u>** 사립학교를 설치·경영하는 공공단체 외의 법인(학교법인은 제외한다) 또는 사인을 말한다.

<u>4. "임용"이란 신규채용, 승진, 전보(轉補), 겸임, 파견, 강임(降任), 휴직, 직위해제, 정직(停職), 복직, 면직, 해임 및 파면을 말한다.</u>

(1) 법률안(정부안[22])

이 조문을 포함한 개정 대상 조문의 제안이유 및 주요내용은 아래와 같다.[23]

• 제안이유 및 주요내용

「사립학교법」상 임면이 「교육공무원법」상 임용과 동일한 의미로 사용되고 있는 현실을 반영하여 실제 운영에 맞게 임면을 임용으로 바꾸고, 임용의 의미를 명확하게 하기 위하여 임용을 신규채용, 승진, 전보(轉補), 겸임, 파견, 강임(降任), 휴직, 직위해제, 정직(停職), 복직, 면직, 해임 및 파면으로 하는 정의규정을 신설하는 한편, 사립학교 교원의 성범죄 등으로부터 학생을 보호하고 신뢰받는 교직사회를 구현하기 위하여 금품 및 성(性) 관련 비위행위로 인하여 감사원, 검찰·경찰 등 수사기관에서 조사나 수사를 받고 있는 사립학교 교원에 대하여 직위해제할 수 있도록 하며, 사립학교 교원이 만 19세 미만의 아동·청소년을 입양

---

22) 2015. 7. 30. 정부(의안번호: 1916286).

23) 2016년 2월 3일 개정 원안에는 이 정부안 외에도 유은혜 의원안(2014. 6. 12. 유은혜의원 등 11인, 의안번호: 1910857), 주호영 의원안(2014. 11. 28. 주호영의원 등 10인, 의안번호: 1912737), 박홍근 의원안(2015. 3. 26. 박홍근의원 등 10인, 의안번호: 1914463)이 있다. 이 원안들은 이후 위원회 심사 단계에서 대안(2015. 12. 30. 교육문화체육관광위원장, 의안번호: 1918355)으로 통합 조정되었다. 이들 개정안 중 제2조에 관한 개정안은 정부안이다. 그러므로 여기에서는 정부안의 제안이유·주요내용 및 현행법과 개정 원안만을 소개한다. 유은혜 의원안은 이 책 [53-2.211], 주호영 의원안은 이 책 [54-5.201], 박홍근 의원안은 이 책 [58-2.207] 참조.

하는 경우 휴직할 수 있게 하여 입양 부모가 자녀의 양육에 전념하고 가족관계를 원만하게 형성하도록 하는 등 현행 제도의 운영상 나타난 일부 미비점을 개선·보완하려는 것임.

이 조문의 현행법과 개정 원안은 아래와 같다.

현행법	원안
제2조(정의) ①이 법에서 "사립학교"라 함은 학교법인 또는 공공단체 외의 법인 기타 사인이 설치하는 「유아교육법」 제2조제2호와 「초·중등교육법」 제2조 및 「고등교육법」 제2조에 규정된 학교를 말한다. ②이 법에서 "학교법인"이라 함은 사립학교만을 설치·경영함을 목적으로 이 법에 의하여 설립되는 법인을 말한다. ③이 법에서 "사립학교경영자"라 함은 「유아교육법」, 「초·중등교육법」 및 「고등교육법」과 이 법에 의하여 사립학교를 설치·경영하는 공공단체 외의 법인(학교법인을 제외한다) 또는 사인을 말한다.	**제2조(정의)** 이 법에서 사용하는 용어의 뜻은 다음과 같다. 1. "사립학교"란 학교법인, 공공단체 외의 법인 또는 그 밖의 사인(私人)이 설치하는 「유아교육법」 제2조제2호, 「초·중등교육법」 제2조 및 「고등교육법」 제2조에 따른 학교를 말한다. 2. "학교법인"이란 사립학교만을 설치·경영할 목적으로 이 법에 따라 설립되는 법인을 말한다. 3. "사립학교경영자"란 「유아교육법」, 「초·중등교육법」, 「고등교육법」 및 이 법에 따라 사립학교를 설치·경영하는 공공단체 외의 법인(학교법인은 제외한다) 또는 사인을 말한다. 4. "임용"이란 신규채용, 승진, 전보(轉補), 겸임, 파견, 강임(降任), 휴직, 직위해제, 정직(停職), 복직, 면직, 해임 및 파면을 말한다.

• 항 형식을 호로 정비하여 간결하게 하고, '임용'의 정의를 신설하여 「교육공무원법」과 균형을 맞추었다.

(2) 위원회 심사

〈1〉 **교육문화체육관광위원회:** 대안[24]으로 가결되었다(이 조문의 경우에는 원안과 대안의 내용이 동일함).[25]

〈2〉 **법제사법위원회:** 교육문화체육관광위원회 대안대로 가결되었다.[26]

24) 2015. 12. 30. 교육문화체육관광위원장(의안번호: 1918355).
25) 제337회 국회(정기회) 제10차 전체회의, 교육문화체육관광위원회회의록, 2015. 12. 7., 25면.
26) 제338회 국회(임시회) 제2차 전체회의, 법제사법위원회회의록, 2015. 12. 30., 40면.

(3) 본회의 심의

교육문화체육관광위원회 대안대로 가결되었다.[27]

(4) 결과

교육문화체육관광위원회 대안으로 개정되었다.

5. 2021년 8월 10일 개정(법률 제18372호, 2022. 2. 11. 시행)

제2조(정의) 이 법에서 사용하는 용어의 뜻은 다음과 같다.

1. "사립학교"란 학교법인, 공공단체 외의 법인 또는 그 밖의 사인(私人)이 설치하는 「유아교육법」 제2조제2호, 「초·중등교육법」 제2조 및 「고등교육법」 제2조에 따른 학교를 말한다.
2. "학교법인"이란 사립학교만을 설치·경영할 목적으로 이 법에 따라 설립되는 법인을 말한다.
3. "사립학교경영자"란 「유아교육법」, 「초·중등교육법」, 「고등교육법」 및 이 법에 따라 사립학교를 설치·경영하는 공공단체 외의 법인(학교법인은 제외한다) 또는 사인을 말한다.
4. "임용"이란 신규채용, 승진, 전보(轉補), 겸임, 파견, 강임(降任), 휴직, 직위해제, 정직(停職), 강등, 복직, 면직, 해임 및 파면을 말한다.

(1) 법률안(박찬대 의원안[28])

이 조문을 포함한 개정 대상 조문의 제안이유 및 주요내용은 아래와 같다.[29]

---

27) 제338회 국회(임시회) 제2차 본회의, 국회본회의회의록, 2015. 12. 31., 17면.

28) 2020. 7. 14. 박찬대의원 등 10인(의안번호: 2101945).

29) 2021년 8월 10일 개정 원안에는 이 박찬대 의원안 외에도 박찬대 의원안(2020. 9. 29. 박찬대의원 등 10인, 의안번호: 2104339), 정찬민 의원안(2020. 12. 23. 정찬민의원 등 11인, 의안번호: 2106856), 곽상도 의원안(2020. 12. 30. 곽상도의원 등 11인, 의안번호: 2107052), 김철민 의원안(2021. 2. 2. 김철민의원 등 11인, 의안번호: 2107877), 윤영덕 의원안(2021. 2. 26. 윤영덕의원 등 12인, 의안번호: 2108374)이 있다. 이 원안들은 이후 위원회 심사 단계에서 대안(2021. 7. 22. 교육위원장, 의안번호: 2111667)으로 통합 조정되었다. 이들 개정안 중 제2조에 관한 개정안은 박찬대 의원안(의안번호: 2101945)이다. 그러므로 여기에서는 박찬대 의원안(의안번호: 2101945)의 제안이유·주요내용 및 현행법과 개정 원안만을 소개한다. 박찬대 의원안(의안번호: 2104339)은 이 책 [31.210], 정찬민 의원안은 이 책 [25.208], 곽상도 의원안은 이 책 [28.208], 김철민 의원안은 이 책 [25.208], 윤영덕 의원안은 이 책 [35.212] 참조.

• 제안이유

그간 사립학교는 우리나라 공교육의 일부분을 담당하면서 교육기회 확대와 인재양성에 기여해 왔으며, 앞으로도 미래사회의 도래와 교육환경의 변화에 대응하여 초·중등교육의 혁신을 이루기 위해 중요한 역할을 수행해야 할 것임.

이에 사립학교의 실질적인 교육과 행정을 담당하고 있는 사립학교 교직원 인사 운영의 공공성을 강화하고자 사립학교 교원의 비위행위에 대해서는 국공립 교원에 준하여 엄정하게 대응하고, 시·도교육청으로부터 대부분의 인건비를 지원받고 있는 초·중등 사립학교 사무직원의 경우 채용절차의 투명성을 더욱 강화하려는 것임.

• 주요내용

가. 고등학교 이하 사립 교원의 휴직과 복직을 학교법인 정관이 정하는 바에 따라 학교장에게 위임할 수 있도록 함(안 제53조의2).

나. 사립 초등학교도 사립 중·고등학교와 같이 교원인사위원회를 반드시 설치하도록 함(안 제54조의4).

다. 국공립 교원의 징계종류와 동일하게 고등학교 이하 사립학교 교원에 대해서도 강등처분을 규정함(안 제2조 및 제61조제3항 신설).

라. 국공립 교원의 징계결과 통보와 동일하게 사립학교 교원의 성비위에 대한 징계처분이 있는 경우 피해자에게 징계결과를 통보할 수 있도록 함(안 제66조제5항 신설).

마. 초·중등 사립학교 사무직원을 신규채용하는 경우 공개전형에 의하도록 하고, 「지방공무원법」에 따른 채용시험 부정행위자에 대한 처리와 임용 결격사유를 준용함(안 제70조의3 신설).

이 조문의 현행법과 개정 원안은 아래와 같다.

현행법	원안
제2조(정의) 이 법에서 사용하는 용어의 뜻은 다음과 같다. 1. ~ 3. (생 략) 4. "임용"이란 신규채용, 승진, 전보(轉補), 겸임, 파견, 강임(降任), 휴직, 직위해제, 정직(停職), 복직, 면직, 해임 및 파면을 말한다.	**제2조(정의)** 이 법에서 사용하는 용어의 뜻은 다음과 같다. 1. ~ 3. (현행과 같음) 4. "임용"이란 신규채용, 승진, 전보(轉補), 겸임, 파견, 강임(降任), 강등, 휴직, 직위해제, 정직(停職), 복직, 면직, 해임 및 파면을 말한다.

• 임용의 종류에 강등을 추가하였다.

(2) 위원회 심사

〈1〉 **교육위원회:** 대안[30]으로 가결되었다.[31]

대안
제2조(정의) 4. "임용"이란 신규채용, 승진, 전보(轉補), 겸임, 파견, 강임(降任), 휴직, 직위해제, 정직(停職), 강등, 복직, 면직, 해임 및 파면을 말한다.

〈2〉 **법제사법위원회:** 교육위원회 대안대로 가결되었다.[32]

(3) 본회의 심의

교육위원회 대안대로 가결되었다.[33]

(4) 결과

교육위원회 대안으로 개정되었다.

III. 현행법

제2조(정의) 이 법에서 사용하는 용어의 뜻은 다음과 같다.

1. "사립학교"란 학교법인, 공공단체 외의 법인 또는 그 밖의 사인(私人)이 설치하는 「유아교육법」 제2조제2호, 「초·중등교육법」 제2조 및 「고등교육법」 제2조에 따른 학교를 말한다.
2. "학교법인"이란 사립학교만을 설치·경영할 목적으로 이 법에 따라 설립되는 법인을 말한다.
3. "사립학교경영자"란 「유아교육법」, 「초·중등교육법」, 「고등교육법」 및 이 법에 따라 사립학교를 설치·경영하는 공공단체 외의 법인(학교법인은 제외한다) 또는 사인을 말한다.

30) 2021. 7. 22. 교육위원장(의안번호: 2111667).
31) 제389회 국회(임시회) 제1차 전체회의, 교육위원회회의록, 2021. 7. 14., 6면.
32) 제389회 국회(임시회) 제1차 전체회의, 법제사법위원회회의록, 2021. 7. 22., 64면.
33) 제389회 국회(임시회) 제2차 본회의, 국회본회의회의록, 2021. 7. 23., 10면.

4. "임용"이란 신규채용, 승진, 전보(轉補), 겸임, 파견, 강임(降任), 휴직, 직위해제, 정직(停職), 강등, 복직, 면직, 해임 및 파면을 말한다.

2.400 IV. 종합/특기사항

- 제2조에 대한 개정은 대부분 형식·체계에 관한 것이며, 내용상의 개정은 2016년 개정으로 제4호를 추가한 것이다.
- 제1호의 "사인"(私人)은 제정법 이후 계속 사용한 용어로서 법인 또는 공공단체를 제외한 권리주체를 가리킨다. 그렇다면 "자연인"(自然人)으로 표현하는 것이 정확할 것이다. 일반적으로 "사인"이라고 하면 "공인"(公人)의 반대개념으로서 개인뿐만 아니라 법인까지 포함하는 개념이기 때문이다.
- 제3호의 "사립학교를 설치·경영하는 공공단체 외의 법인"의 표현은 간결하지 않아 가독성이 매우 떨어진다. 제3호에서 "사립학교를 설치·경영하는"은 "법인"을 수식하는 문구인데, 잘못 읽으면 "공공단체"를 수식하는 것처럼 보일 수도 있다. 이런 점을 고려하여 "사립학교를 설치·경영하는 공공단체 외의 법인"은 "사립학교를 설치·경영하는 사법인"으로 개정하면 뜻이 명료해질 것이다.
- 현행법상 "사립학교"의 운영주체를 학교법인과 사립학교경영자(학교법인 외의 법인 및 사인)로 설정하고 있는데, 용어와 표현이 간명하지 않다. 학교법인도 사립학교를 경영하는 주체라는 점을 고려하여 "사립학교경영자"를 상위개념으로 하고 그 하부에 ①학교법인, ②사법인(私法人), ③자연인을 배치하는 것이 바람직할 것이다.

제3조(학교법인이 아니면 설립할 수 없는 사립학교 등)

3.100 I. 제정법

제3조(학교법인이 아니면 설립할 수 없는 사립학교) 학교법인이 아닌 자는 다음 각호의 1에 해당하는 사립학교를 설치·경영할 수 없다.

1. 국민학교·중학교·고등학교·대학(초급대학을 포함한다. 이하 같다)
2. 사범대학
3. 실업고등전문학교
4. 대학 또는 실업고등전문학교에 준하는 각종학교

『새교육』이 소개하는 이 조문의 제정이유는 아래와 같다.[34)]

> 학교는 누가 세우든 간에 일단 세우기만 하면 그것이 국가의 공기가 되며 사회의 근원적인 기능을 하는 사회 기구가 되기 때문에, 그 설립 주체를 공권력으로 규제하여야 할 뿐만 아니라 주된 학교의 설립에 있어 그 주체를 제한한다. 교육법 제85조에 의하여 이미 이러한 원칙이 확립되고, 교육법 시행령 제63조에 의하여 학교는 재단법인만이 설립하는 것을 원칙으로 하나, 다만 유치원, 공민학교, 고등공민학교, 기술학교, 고등기술학교, 특수학교와 각종 학교는 사인이나 사단법인이 설립할 수 있도록 규정하였다. 이 법률은 이러한 교육법의 원칙을 그대로 추종하였다. 다만 각종학교 중 대학에 준하는 경우만은 학교법인이 아니고는 설립할 수 없도록 하였다. 이렇게 사립학교를 학교법인(과거에는 재단법인)만이 설립하는 것을 원칙으로 하는 이유는 두 가지가 있다.
>
> 첫째로는 재산의 확보와 그 영속성이다. 다음에 서술하는 바와 같이 학교법인은 재단법인인바, 재단법인은 그 재산의 집결체에 법인격을 부여함으로써 목적재산의 목적성에 의하여 영구적으로 지속된다. 뿐만 아니라 그 처분에 있어서도 목적에서 오는 제한과 감독청의 제한을 받게 된다. 이렇게 재산을 움직일 수 없게 할 때만이, 거대한 시설과 계속적으로 소요되는 경비를 지변함으로써 학교교육을 안정 상태에서 지속적으로 실시하여 갈 수 있기 때문이다. 사단법인의 경우는 사원의 증감, 사원이 거출하는 회비의 증감에 따라 재산 변동이 우심하며, 또한 재산 처분이 자유이기 때문에 불확실하다. 개인인 경우에는 이러한 약점은 더욱 강하다. 따라서 우리가 통상 정규 학교라고 부르는 국민학교, 중학교, 고등학교, 대학은 학교법인만이 하도록 하여 재산의 사회 공익성과 그 영속성을 보장하여야 한다.
>
> 둘째의 이유는 법률에 의하여 감독과 설립이 규제되며, 또한 보호되고 등기에 의하여 명백히게 됨으로써 국가의 행정권이 작용될 수 있기 때문이다. 학교는 사회의 공기로서 사회적 공익성이 보장되어야 하므로, 학교를 지배하는 설립 주

34) 金康鉉, 앞의 글 "私立學校法(2)", 61~62면.

체에 대하여 행정권이 용이하게 작용되어야 하는 것이다. 그러기 위하여는 그 설립과 기관의 조직 및 행동이 법률에 의하여 규제되는 법인 즉 학교법인이 아니어서는 안 된다. 이렇게 하여 사립학교의 공공성을 높일 수 있다. 그 반면에 재산을 출연하여 교육사업을 하려는 자가 까다로운 법률 수속이 싫어서 그만둔다든가, 학교법인을 구성하기 위해서 막대한 재산을 출자해 놓고도 학교 설립 인가가 나지 않아서 지어 놓은 교실을 팔 수 없어 손해를 보는 경우가 있다. 이러한 경우를 위해서는 행정청이 미리 조건부 학교 설립 인가를 행함으로써 조정될 수 있으며, 사실상 그렇게 하고 있다. 뿐만 아니라 앞으로는 학교법인을 인가할 경우에는 반드시 그 목적물인 학교 설립 인가를 전제로 하는 행정행위를 하여야 할 것이다. 특히 주의할 것은 이 제3조의 제한은 일본 사립학교법에 의한 설립자 제한보다 훨씬 완화된 규정임을 알아야 한다.

II. 개정 경과

3.201 **1. 1972년 12월 28일 개정(법률 제2396호, 1972. 12. 28. 시행)**

제3조(학교법인이 아니면 설립할 수 없는 사립학교) 학교법인이 아닌 자는 다음 각호의 1에 해당하는 사립학교를 설치·경영할 수 없다.

1. 국민학교·중학교·고등학교·대학(초급대학을 포함한다. 이하 같다)
2. 사범대학
3. 실업고등전문학교·<u>전문학교</u>
4. 대학·<u>전문학교</u> 또는 실업고등전문학교에 준하는 각종학교

(1) 법률안(대통령안[35])

이 조문을 포함한 개정 대상 조문의 제안이유 및 주요내용은 아래와 같다.

• 제안이유

1970년 1월 1일 「교육법」이 개정되어 전문학교제도가 신설됨에 따라 「사립학교법」상 해당 조문에 전문학교를 삽입하고 교육법 중 개정법률안과 관련하여 학교법인의 감독청을 그 설치·경영하는 학교의 감독기관과 일치시키기 위하여 개정하려는 것임.

35) 1972. 12. 12. 대통령(의안번호: BB0042).

• 주요내용

가. 학교법인을 설립할 수 있는 사립학교로서 전문학교를 추가함(제3조 학교법인이 아니면 설립할 수 없는 사립학교, 제4조 감독청)

나. 서울특별시·부산시·도교육위원회의 지휘·감독을 받도록 되어 있는 사립중학교를 서울특별시·부산시의 교육위원회 또는 시·군의 교육장의 지휘·감독을 받도록 조정함(제4조 감독청).

이 조문의 현행법과 개정 원안은 아래와 같다.

현행법	원안
제3조(학교법인이 아니면 설립할 수 없는 사립학교) 학교법인이 아닌 자는 다음 각호의 1에 해당하는 사립학교를 설치·경영할 수 없다. 1. ~ 2. (생 략) 3. 실업고등전문학교 4. 대학 또는 실업고등전문학교에 준하는 각종학교	**제3조(학교법인이 아니면 설립할 수 없는 사립학교)** 학교법인이 아닌 자는 다음 각호의 1에 해당하는 사립학교를 설치·경영할 수 없다. 1. ~ 2. (현행과 같음) 3. 실업고등전문학교·전문학교 4. 대학·전문학교 또는 실업고등전문학교에 준하는 각종학교

• 「교육법」(1970. 1. 1. 개정, 1970. 1. 1. 시행) 개정에 따라 학교법인이라야 설립할 수 있는 사립학교에 "전문학교"를 추가하였다.

(2) 비상국무회의 심의

원안대로 가결되었다.[36] 제3조에 관한 회의록 내용은 아래와 같다.

- **간사(총무국장) 김창식**[37]: 제10회 비상국무회의를 개최하겠습니다. 안건 상정하겠습니다. 제10호, 사립학교법 중 개정법률안입니다. 문교부 소관입니다.
- **문교부장관 민관식**[38]: 전번 국무회의때 말씀올렸습니다마는 제안이유를 말씀드리면, 1970년 1월 1일 교육법이 개정되어 전문학교제가 신설됨에 따라 사립학교법상 해당 조문에 전문학교를 삽입하고, 교육법 중 개정법률안과 관련하여 학교법인의 감독청을 설치·경영하는 학교의 감독기관과 일치시키기 위하여 개정하려는 것입니다. 주요골자는 학교법인이 아니면 설립할 수 없는 사립학교의 종

36) 제10회 비상국무회의회의록, 1972. 12. 19., 115면; http://theme.archives.go.kr/viewer/common/archWebViewer.do?singleData=Y&archiveEventId=0028721999

37) 제10회 비상국무회의회의록, 1972. 12. 19., 118면.

38) 제10회 비상국무회의회의록, 1972. 12. 19., 115면.

류에 전문학교를 추가하고, 중학교 및 이에 준하는 각종학교와 그 학교법인 또는 사립학교경영자의 감독청을 교육장으로 하는 것입니다.

(3) 결과

원안으로 개정되었다.

3.202 ## 2. 1976년 12월 31일 개정(법률 제2961호, 1976. 12. 31. 시행)

제3조(학교법인이 아니면 설립할 수 없는 사립학교) 학교법인이 아닌 자는 다음 각호의 1에 해당하는 사립학교를 설치·경영할 수 없다. **다만, 교육법 제103조의4제2항 또는 제107조의4제2항의 규정에 의하여 산업체가 그 고용근로청소년의 교육을 위하여 중학교 또는 고등학교를 설치·경영하는 경우에는 그러하지 아니하다.**
1. 국민학교·중학교·고등학교·대학(초급대학을 포함한다. 이하 같다)
2. 사범대학
3. 실업고등전문학교·전문학교
4. 대학·전문학교 또는 실업고등전문학교에 준하는 각종학교

(1) 법률안(정부안[39])

이 조문을 포함한 개정 대상 조문의 제안이유 및 주요내용은 아래와 같다.

• 제안이유

「교육법」에 규정된 산업체에게 중학교 또는 고등학교를 설치·경영할 수 있는 법적 근거를 마련하고 사립학교의 사무기구의 설치·운영과 직원의 임면 등에 관한 사항을 규정하기 위하여 이 법을 개정하려는 것임.

• 주요내용

가. 「교육법」에 규정된 산업체에게 중학교 또는 고등학교를 설치, 운영할 수 있도록 함(제3조 학교법인이 아니면 설립할 수 없는 사립학교).

나. 사립학교의 사무기구 및 직원에 관한 사항을 정함(제70조의2 사무기구 및 직원).

다. 「교육공무원법」 제51조의2 규정은 이를 사립학교의 교원에게도 준용하도

39) 1976. 11. 17. 정부(의안번호: 090632).

록 함(제58조의2 교육공무원법의 준용).

이 조문의 현행법과 개정 원안은 아래와 같다.

현행법	원안
제3조(학교법인이 아니면 설립할 수 없는 사립학교) 학교법인이 아닌 자는 다음 각호의 1에 해당하는 사립학교를 설치·경영할 수 없다. <단서 신설> 1. ~ 4. (생 략)	**제3조(학교법인이 아니면 설립할 수 없는 사립학교)** 학교법인이 아닌 자는 다음 각호의 1에 해당하는 사립학교를 설치·경영할 수 없다. 다만, 교육법 제103조의4제2항 또는 제107조의4제2항의 규정에 의하여 산업체가 그 고용근로청소년의 교육을 위하여 중학교 또는 고등학교를 설치·경영하는 경우에는 그러하지 아니하다. 1. ~ 4. (현행과 같음)

• 「교육법」에 의하여 산업체가 고용하는 근로청소년의 교육을 위해 설치·경영하는 중학교 또는 고등학교는 각종학교가 아니라 정규학교로 다루기 위하여 단서를 신설하였다.

(2) 위원회 심사

〈1〉 **문교공보위원회:** 원안대로 가결되었다.[40] 제3조에 관한 회의록 내용은 아래와 같다.

- **문교부장관 황산덕**[41]: 먼저 사립학교법 중 개정법률안에 대한 설명을 드리겠습니다. 첫째, 산업체의 노동자를 교육하기 위하여 산업체가 중학교, 고등학교를 설치·경영할 수 있게 하였으며 기존의 중학교, 고등학교에 이들을 위한 특별학급을 설치할 수 있는 근거를 마련하…였습니다.
- **전문위원 김사달**[42]: 사립학교법 중 개정법률안에 대한 설명을 드리겠습니다. 첫째, 산업체에 근무하는 근로청소년을 교육하기 위하여 산업체로 하여금 중·고등학교를 설치 경영할 수 있도록 교육법을 개정하는 바 이에 따라 본 법에도 이 취지를 명문화하여 학교법인이 아니더라도 중·고등학교를 설치할 수 있게 하였고, 다음에는 학교법인 또는 사립학교 경영자는 필요한 사무기구를 둘 수 있도록 법적 근거를 마련하고 그 사무기구의 설치 경영과 사무직원의 정원, 임면,

40) 제96회 국회(정기회) 제18차 전체회의, 문교공보위원회회의록, 1976. 12. 10., 1면.
41) 제96회 국회(정기회) 제16차 전체회의, 문교공보위원회회의록, 1976. 12. 7., 1~2면.
42) 제96회 국회(정기회) 제16차 전체회의, 문교공보위원회회의록, 1976. 12. 7., 3면.

보수, 복무 및 신분보장에 관하여 정관 또는 규칙에 정하도록 하였…습니다.

〈2〉 **법제사법위원회:** 원안대로 가결되었다.[43)]

(3) 본회의 심의

원안대로 가결되었다.[44)] 제3조에 관한 회의록 내용은 아래와 같다.

- **문교공보위원장대리 김명회**[45)]: 다음은 사립학교법 중 개정법률안에 대한 심사결과를 말씀드리겠습니다. 이 개정법률안의 주요 골자를 말씀드리면 첫째, 이번에 개정되는 교육법의 규정에 따라 산업체에게 중학교 또는 고등학교를 설치·경영할 수 있는 근거를 마련하고, 둘째, 사립학교의 사무기구의 설치·운영과 직원의 증원 및 교육공무원법에 새로이 규정되는 교원의 임면 등에 대한 사항을 규정하려는 것 등입니다.
- **의장 정일권**[46)]: 사립학교법 중 개정법률안에 대하여 문교공보위원회의 수정안에 이의 없으십니까? (이의 없습니다 하는 이 있음) 그러면 가결되었음을 선포합니다.

(4) 결과

원안으로 개정되었다.

3.203

3. 1977년 12월 31일 개정(법률 제3057호, 1977. 12. 31. 시행)

제3조(학교법인이 아니면 설립할 수 없는 사립학교) 학교법인이 아닌 자는 다음 각호의 1에 해당하는 사립학교를 설치·경영할 수 없다. 다만, 교육법 제103조의4제2항 또는 제107조의4제2항의 규정에 의하여 산업체가 그 고용근로청소년의 교육을 위하여 중학교 또는 고등학교를 설치·경영하는 경우에는 그러하지 아니하다.

1. 국민학교·중학교·고등학교·<u>대학</u>
2. 사범대학
3. <u>전문대학</u>
4. <u>대학 또는 전문대학</u>에 준하는 각종학교

---

43) 제96회 국회(정기회) 제17차 전체회의, 법제사법위원회회의록, 1976. 12. 15., 5면.
44) 제96회 국회(정기회) 제17차 본회의, 국회본회의회의록, 1976. 12. 16., 5면.
45) 제96회 국회(정기회) 제17차 본회의, 국회본회의회의록, 1976. 12. 16., 4면.
46) 제96회 국회(정기회) 제17차 본회의, 국회본회의회의록, 1976. 12. 16., 5면.

(1) 법률안(정부안[47])

이 조문을 포함한 개정 대상 조문의 제안이유 및 주요내용은 아래와 같다.

• 제안이유

초급대학·전문학교 및 실업고등전문학교를 전문대학으로 개편함에 따라 이에 부합되도록 관계 조문을 정비하고 전문대학의 교원에게도 임기제를 적용하기 위하여 이 법을 개정하려는 것임.

• 주요내용

가. 전문대학에 근무하는 교원에게 임기제를 적용하도록 함(제53조의2 임면절차 및 임기).

나. 사립학교의 사무직원도 연금대상자로 함(제60조의2 사회보장).

이 조문의 현행법과 개정 원안은 아래와 같다.

현행법	원안
제3조(학교법인이 아니면 설립할 수 없는 사립학교) 학교법인이 아닌 자는 다음 각호의 1에 해당하는 사립학교를 설치·경영할 수 없다. 다만, 교육법 제103조의4제2항 또는 제107조의4제2항의 규정에 의하여 산업체가 그 고용근로청소년의 교육을 위하여 중학교 또는 고등학교를 설치·경영하는 경우에는 그러하지 아니하다. 1. 국민학교·중학교·고등학교·<u>대학(초급대학을 포함한다. 이하 같다)</u> 2. (생 략) 3. <u>실업고등전문학교·전문학교</u> 4. <u>대학·전문학교 또는 실업고등전문학교</u>에 준하는 각종학교	**제3조(학교법인이 아니면 설립할 수 없는 사립학교)** 학교법인이 아닌 자는 다음 각호의 1에 해당하는 사립학교를 설치·경영할 수 없다. 다만, 교육법 제103조의4제2항 또는 제107조의4제2항의 규정에 의하여 산업체가 그 고용근로청소년의 교육을 위하여 중학교 또는 고등학교를 설치·경영하는 경우에는 그러하지 아니하다. 1. 초등학교·중학교·고등학교·<u>대학</u> 2. (현행과 같음) 3. <u>전문대학</u> 4. <u>대학 또는 전문대학</u>에 준하는 각종학교

• 초급대학·전문학교 및 실업고등전문학교를 전문대학으로 개편함에 따라 이에 부합되도록 관계조문을 정비하였다.

(2) 위원회 심사

〈1〉 **문교공보위원회:** 원안대로 가결되었다.[48]

---

47) 1977. 10. 24. 정부(의안번호: 090761).

48) 제98회 국회(정기회) 제16차 전체회의, 문교공보외원회회의록, 1977. 12. 7., 2면.

〈2〉 **법제사법위원회:** 원안대로 가결되었다.[49]

(3) 본회의 심의

원안대로 가결되었다.[50] 제3조에 관한 회의록 내용은 아래와 같다.

- **문교공보위원장대리 최세경**[51]: 끝으로 사립학교법 중 개정법률안의 주요골자는 첫째, 초급대학 전문학교 및 실업고등전문학교를 전문대학으로 개편하고, 둘째, 전문대학에 근무하는 교원에게도 대학의 경우와 동일하게 임기제를 적용하며, 셋째, 사립학교 및 그 계열기관의 사무직원에게도 사립학교 교원과 동일하게 연금대상자로 하기 위하여 관계 조항을 개정하고자 하는 것입니다. 문교공보위원회에서는 법안심사소위원회에서 예의 심사한바 이 법안은 교육법 교육공무원법 및 사립학교교원연금법이 각각 개정됨에 따라 이와 부합되도록 관계 조문을 정비하려는 것이므로 별다른 문제점이 없어 1977년 12월 7일 제16차 상임위원회에서 정부원안대로 의결하였습니다.
- **의장 정일권**[52]: 사립학교법 중 개정법률안에 이의 없으십니까? (이의 없습니다 하는 이 있음) 그러면 가결되었음을 선포합니다.

(4) 결과

원안으로 개정되었다.

3.204
4. 1986년 5월 9일 개정(법률 제3812호, 1986. 5. 9. 시행)

제3조(학교법인이 아니면 설립할 수 없는 사립학교) 학교법인이 아닌 자는 다음 각호의 1에 해당하는 사립학교를 설치·경영할 수 없다. 다만, 교육법 제103조의4제2항 또는 제107조의4제2항의 규정에 의하여 산업체가 그 고용근로청소년의 교육을 위하여 중학교 또는 고등학교를 설치·경영하는 경우에는 그러하지 아니하다.

1. 국민학교·중학교·고등학교·대학
2. 사범대학

49) 제98회 국회(정기회) 제25차 전체회의, 법제사법위원회, 1977. 12. 13., 10면.
50) 제98회 국회(정기회) 제20차 본회의, 국회본회의회의록, 1977. 12. 14., 7면.
51) 제98회 국회(정기회) 제20차 본회의, 국회본회의회의록, 1977. 12. 14., 7면.
52) 제98회 국회(정기회) 제20차 본회의, 국회본회의회의록, 1977. 12. 14., 7면.

3. <u>개방대학</u>·전문대학
4. 대학·<u>개방대학</u> 또는 전문대학에 준하는 각종대학

(1) 법률안(정동성 의원안[53)])

이 조문을 포함한 개정 대상 조문의 제안이유 및 주요내용은 아래와 같다.[54)]

• 제안이유

대학운영 학교법인에게 학교예산에 대한 심의권과 결산권을 부여하고 총학장 취임제한 규정을 완화함으로써 사학의 자율성 신장 및 사학경영자의 의욕을 제고하여 사학의 건전한 육성을 도모하고 징계의 종류를 "파면·해임·정직·감봉·견책"으로 세분하여 국·공립학교 교원과 형평을 기하고자 제안된 것임.

• 주요내용

가. 대학교육 기관의 회계에 속하는 예산은 학교의 장이 편성하여 대학재무위원회의 심의를 거쳐 결정하도록 하였던 것을 학교의 장이 편성하여 이사회에서 심의·결정하도록 하고 재무위원회를 폐지함(안 제16조, 제29조).

나. 대학교육 기관의 장은 설립자와 그 배우자, 직계존·비속 등의 관계에 있는 자가 될 수 없는 것을 학교법인의 이사장과 그 배우자, 직계존·비속 등의 관계에 있는 자가 될 수 없도록 함(안 제54조의3).

다. 징계의 종류는 "파면·감봉·견책"으로 되어 있던 것을 국·공립학교 교원의 징계와 균형을 기하기 위하여 "파면·해임·정직·감봉·견책"으로 함(안 제61조).

이 조문의 현행법과 개정 원안은 아래와 같다.

현행법	원안
제3조(학교법인이 아니면 설립할 수 없는 사립학교) 학교법인이 아닌 자는 다음 각호의 1에 해당하는 사립학교를 설치·경영할 수 없다. 다만, 교육법 제103조의4제2항 또는 제107조의4제2	**제3조(학교법인이 아니면 설립할 수 없는 사립학교)** 학교법인이 아닌 자는 다음 각호의 1에 해당하는 사립학교를 설치·경영할 수 없다. 다만, 교육법 제103조의4제2항 또는 제107조의4제2

53) 1985. 12. 7. 정동성의원 등 40인(의안번호: 120179).

54) 1986년 5월 9일 개정 원안에는 이 정동성 의원안 외에도 김일윤 의원안(1985. 6. 7. 김일윤의원 등 19인, 의안번호: 120042)이 있다. 이 원안들은 이후 위원회 심사 단계에서 대안(1986. 4. 8. 문교공보위원장, 의안번호: 120225)으로 통합 조정되었다. 이들 개정안 중 제3조에 관한 개정안은 정동성 의원안이다. 그러므로 여기에서는 정동성 의원안의 제안이유·주요내용 및 현행법과 개정 원안만을 소개한다. 김일윤 의원안은 이 책 [4.205] 참조.

항의 규정에 의하여 산업체가 그 고용근로청소년의 교육을 위하여 중학교 또는 고등학교를 설치·경영하는 경우에는 그러하지 아니하다. 1. ~ 2. (생 략) 3. 전문대학 4. 대학 또는 전문대학에 준하는 각종학교	항의 규정에 의하여 산업체가 그 고용근로청소년의 교육을 위하여 중학교 또는 고등학교를 설치·경영하는 경우에는 그러하지 아니하다. 1. ~ 2. (현행과 같음) 3. 전문대학·개방대학 4. 대학·개방대학 또는 전문대학에 준하는 각종대학

• 학교법인이 아니면 설립할 수 없는 사립학교 종류에 "개방대학"을 추가하였다.

(2) 위원회 심사

〈1〉 **문교공보위원회:** 대안[55]으로 가결되었다.[56]

대안
제3조(학교법인이 아니면 설립할 수 없는 사립학교) 3. 개방대학·전문대학 4. 대학·개방대학 또는 전문대학에 준하는 각종대학

위 내용이 포함된 제3조에 관한 회의록 내용은 아래와 같다.

• **소위원장 이민섭**[57]: 제3조제3호 및 4호를 다음과 같이 한다. 즉 전문대학과 개방대학 순서를 그 뒤의 법조문과 체계상 개방대학을 앞에 놓고 전문대학을 뒤로 순서를 바꾸었습니다.

〈2〉 **법제사법위원회:** 문교공보위원회 대안대로 가결되었다.[58]

(3) 본회의 심의

문교공보위원회 대안대로 가결되었다.[59]

(4) 결과

문교공보위원회 대안으로 개정되었다.

55) 1986. 4. 8. 문교공보위원장(의안번호: 120225).
56) 제129회 국회(임시회) 제5차 전체회의, 문교공보위원회회의록, 1986. 4. 7., 7면.
57) 제129회 국회(임시회) 제5차 전체회의, 문교공보위원회회의록, 1986. 4. 7., 4면.
58) 제129회 국회(임시회) 제6차 전체회의, 법제사법위언회회의록, 1986. 4. 8., 9면.
59) 제129회 국회(임시회) 제9차 본회의, 국회본회의회의록, 1986. 4. 8., 26면.

5. 1995년 12월 29일 개정(법률 제5069호, 1996. 3. 1. 시행)

제3조(학교법인이 아니면 설립할 수 없는 사립학교) 학교법인이 아닌 자는 다음 각호의 1에 해당하는 사립학교를 설치·경영할 수 없다. 다만, 교육법 제103조의4제2항 또는 제107조의4제2항의 규정에 의하여 산업체가 그 고용근로청소년의 교육을 위하여 중학교 또는 고등학교를 설치·경영하는 경우에는 그러하지 아니하다.
1. <u>초등학교</u>·중학교·고등학교·대학
2. 사범대학
3. 개방대학·전문대학
4. 대학·개방대학 또는 전문대학에 준하는 각종대학

- 「교육법」(1995. 12. 29. 개정, 1996. 3. 1. 시행) 개정에 따라 "국민학교"를 "초등학교"로 하였다.

6. 1997년 1월 13일 개정(법률 제5274호, 1997. 4. 14. 시행)

제3조(학교법인이 아니면 설립할 수 없는 사립학교등) ①학교법인이 아닌 자는 다음 각호의 1에 해당하는 사립학교를 설치·경영할 수 없다. 다만, 교육법 제103조의4제2항 또는 제107조의4제2항의 규정에 의하여 산업체가 그 고용근로청소년의 교육을 위하여 중학교 또는 고등학교를 설치·경영하는 경우에는 그러하지 아니하다.
1. 초등학교·중학교·고등학교·대학
2. 사범대학
3. 개방대학·<u>기술대학</u>·전문대학
4. 대학·개방대학·<u>기술대학</u> 또는 전문대학에 준하는 각종대학

<u>②제1항의 규정에 불구하고 제1항제3호의 기술대학을 설치·경영하는 학교법인은 기술대학외의 사립학교를 설치·경영할 수 없다.</u>

(1) 법률안(정부안[60])

이 조문을 포함한 개정 대상 조문의 제안이유 및 주요내용은 아래와 같다.

60) 1996. 11. 18. 정부(의안번호: 150305).

• 제안이유

사립학교의 자율성을 신장하기 위하여 학교법인의 이사의 수에 대한 규제를 완화하고, 사립대학의 총·학장의 신분보장을 강화하며, 사립학교 운영의 공공성과 투명성을 높이기 위하여 학교법인의 회계에 대하여 외부감사를 받도록 하는 등 현행 제도의 운영상 나타난 일부 미비점을 개선·보완하려는 것임.

• 주요내용

가. 종전에는 학교법인의 이사의 수를 7인 이상 15인 이하로 제한하였으나 앞으로는 7인 이상의 이사를 둘 수 있도록 하여 학교법인의 자율성을 확대함(안 제14조).

나. 종전에는 학교법인의 이사 중 적어도 3분의 1은 교육경험이 1년 이상인 자로 하였으나 앞으로는 교육경험이 3년 이상인 자로 하여 이사회의 교육 전문성을 높임(안 제21조제3항).

다. 학교법인 운영의 공공성과 투명성을 높이기 위하여 학교법인 회계의 예산·결산을 공개하도록 하고, 학교법인이 결산을 관할청에 제출할 때에는 공인회계사의 감사증명서를 첨부하게 할 수 있도록 함(안 제31조제4항 및 제31조의2).

라. 대학교육기관의 장을 임기중에 해임하고자 하는 경우에 종전에는 재적이사 과반수의 찬성으로 의결하였으나 앞으로는 이사정수의 3분의 2 이상의 찬성으로 의결하도록 하여 대학교육기관의 장의 신분보장을 강화함(안 제53조제2항).

마. 사립학교의 교원이 자녀양육, 가족의 간호 또는 배우자의 국외근무시의 동반 등의 이유로 휴직하고자 하는 경우 임면권자는 휴직을 명할 수 있도록 함(안 제59조제1항).

이 조문의 현행법과 개정 원안은 아래와 같다.

현행법	원안
제3조(학교법인이 아니면 설립할 수 없는 <u>사립학교</u>) 학교법인이 아닌 자는 다음 각호의 1에 해당하는 사립학교를 설치·경영할 수 없다. 다만, 교육법 제103조의4 제2항 또는 제107조의4 제2항의 규정에 의하여 산업체가 그 고용근로 청소년의 교육을 위하여 중학교 또는 고등학교를 설치·경영하는 경우에는 그러하지 아니하다.	**제3조(학교법인이 아니면 설립할 수 없는 <u>사립학교등</u>)** <u>①</u> (현행과 같음)
1. ~ 2. (생 략)	1. ~ 2. (현행과 같음)
3. <u>개방대학</u>·전문대학	3. <u>개방대학·기술대학</u>

4. 대학·개방대학 또는 전문대학에 준하는 각종학교	4. 대학·개방대학·기술대학 또는 전문대학에 준하는 각종학교
<신 설>	②제1항의 규정에 불구하고 제1항제3호의 기술대학을 설치·경영하는 학교법인은 기술대학외의 사립학교를 설치·경영할 수 없다.

• 기술대학 제도를 도입함에 따라 조문을 2개의 항으로 구분하였다.

(2) 위원회 심사

〈1〉 **교육위원회:** 원안대로 가결되었다.[61)]

〈2〉 **법제사법위원회:** 원안대로 가결되었다.[62)]

(3) 본회의 심의

원안대로 가결되었다.[63)]

(4) 결과

원안으로 개정되었다.

7. 1999년 8월 31일 개정(법률 제6004호, 1999. 8. 31. 시행)

제3조(학교법인이 아니면 설립할 수 없는 사립학교등) ①학교법인이 아닌 자는 다음 각호의 1에 해당하는 사립학교를 설치·경영할 수 없다. 다만, **초·중등교육법 제52조제2항의 규정**에 의하여 산업체가 그 고용근로청소년의 교육을 위하여 중학교 또는 고등학교를 설치·경영하는 경우에는 그러하지 아니하다.

1. 초등학교·중학교·고등학교·대학
2. **삭제**
3. **산업대학·전문대학·기술대학**
4. 대학·**산업대학·전문대학** 또는 **기술대학**에 준하는 각종대학

②삭제

61) 第181회 국회(정기회) 제10차 전체회의, 교육위원회회의록, 1996. 12. 12., 17면.
62) 第181회 국회(정기회) 제14차 전체회의, 법제사법위원회회의록, 1996. 12. 16., 23면.
63) 第181회 국회(정기회) 제22차 본회의, 국회본회의회의록, 1996. 12. 17., 8면.

(1) 법률안(정부안[64])

현행법	원안
제3조(학교법인이 아니면 설립할 수 없는 사립학교등) ①학교법인이 아닌 자는 다음 각호의 1에 해당하는 사립학교를 설치·경영할 수 없다. 다만, 교육법 제103조의4제2항 또는 제107조의4제2항의 규정에 의하여 산업체가 그 고용근로청소년의 교육을 위하여 중학교 또는 고등학교를 설치·경영하는 경우에는 그러하지 아니하다. 1. (생 략) 2. 사범대학 3. 개방대학·기술대학·전문대학 4. 대학·개방대학·기술대학 또는 전문대학에 준하는 각종대학 ②제1항의 규정에 불구하고 제1항제3호의 기술대학을 설치·경영하는 학교법인은 기술대학외의 사립학교를 설치·경영할 수 없다.	**제3조(학교법인이 아니면 설립할 수 없는 사립학교 등)** ①학교법인이 아닌 자는 다음 각호의 1에 해당하는 사립학교를 설치·경영할 수 없다. 다만, 초·중등교육법 제52조제2항의 규정에 의하여 산업체가 그 고용근로청소년의 교육을 위하여 중학교 또는 고등학교를 설치·경영하는 경우에는 그러하지 아니하다. 1. (현행과 같음) 2. <삭 제> 3. 산업대학·기술대학·전문대학 4. 대학·산업대학·기술대학 또는 전문대학에 준하는 각종학교 ②<삭 제>

- 기술대학을 설치·경영하는 법인은 기술대학 외의 사립학교를 설치·경영할 수 없도록 하는 규정(제2항)을 삭제하여 초·중·고등학교 및 일반대학을 설립할 수 있도록 하였다.
- 「교육법」(1997. 12. 31. 개정, 1998. 3. 1. 시행)이 폐지되고 「고등교육법」(1997. 12. 13. 제정, 1998. 3. 1. 시행)이 시행되면서 종래의 개방대학을 산업대학으로 명칭을 변경하였다.

(2) 위원회 심사

〈1〉 **교육위원회:** 원안대로 가결되었다.[65] 제3조에 관한 회의록 내용은 아래와 같다.

- **전문위원 상원종[66]**: 개정안은 기술대학을 설치·경영하는 법인이 기술대학의 사립학교를 설치·경영할 수 없도록 하는 규정을 삭제하여 초·중·고등학교 및 일반대학의 설립도 가능하게 하는 것입니다. 이는 규제개혁 차원에서 설립금지 조항을 삭제하는 것으로 보이나 기술대학 법인을 설립하고자 하는 자는 기술대학

64) 1998. 12. 2. 정부(의안번호: 151530); 제안이유 및 주요내용은 이 책 [2.201] 참조.
65) 제206회 국회(임시회) 제2차 전체회의, 교육위원회회의록, 1999. 8. 10., 30면.
66) 제198회 국회(정기회) 제9차 전체회의, 교육위원회회의록, 1998. 12. 9., 18면.

설립운영규정에 의하여 산업체 근로자가 계속 교육을 받아 이론과 실무능력을 고루 갖춘 전문인력을 양성함을 목적으로 하고 있으므로 기술대학법인이 설립하고자 하는 대학의 범위가 한정될 수밖에 없으므로 기술대학 이외의 사립학교를 설립하고자 하는 것은 기술대학 설립 취지에 위배된다는 주장도 있습니다.

〈2〉 **법제사법위원회:** 원안을 수정·가결했다.[67] 수정내용은 아래와 같다.

원안	법제사법위원회 수정안
제3조(학교법인이 아니면 설립할 수 없는 사립학교 등) ①학교법인이 아닌 자는 다음 각호의 1에 해당하는 사립학교를 설치·경영할 수 없다. 다만, 초·중등교육법 제52조제2항의 규정에 의하여 산업체가 그 고용근로청소년의 교육을 위하여 중학교 또는 고등학교를 설치·경영하는 경우에는 그러하지 아니하다. 2. 삭제 3. 산업대학·기술대학·전문대학 4. 대학·산업대학·기술대학 또는 전문대학에 준하는 각종학교 ②삭제	**제3조(학교법인이 아니면 설립할 수 없는 사립학교 등)** ①학교법인이 아닌 자는 다음 각호의 1에 해당하는 사립학교를 설치·경영할 수 없다. 다만, 교육법 제103조의4제2항 또는 제107조의4제2항[68]의 규정에 의하여 산업체가 그 고용근로청소년의 교육을 위하여 중학교 또는 고등학교를 설치·경영하는 경우에는 그러하지 아니하다. 2. 삭제 3. 산업대학·전문대학·기술대학 4. 대학·산업대학·전문대학 또는 기술대학에 준하는 각종학교 ②삭제

(3) 본회의 심의

법제사법위원회 수정안대로 가결되었다.[69]

(4) 결과

법제사법위원회 수정안으로 개정되었다.

8. 2007년 10월 17일 개정(법률 제8639호, 2008. 4. 18. 시행)

제3조(학교법인이 아니면 설립할 수 없는 사립학교등) ①학교법인이 아닌 자는 다음 각호의 1에 해당하는 사립학교를 설치·경영할 수 없다. 다만, 초·중등교육법 제

---

67) 제206회 국회(임시회) 제5차 전체회의, 법제사법위원회회의록, 1999. 8. 12., 19면.
68) 제1항에 관하여 본회의는 법제사법위원회 수정안을 가결한 것으로 기록하고 있으나, 최종 개정조문은 법제사법위원회 수정안과 다르다(심사보고서, 교육위원회, 1999. 8. 10., 의안번호 151530, 12면 참조).
69) 제206회 국회(임시회) 제3차 본회의, 국회본회의회의록, 1999. 8. 12., 26면.

52조제2항의 규정에 의하여 산업체가 그 고용근로청소년의 교육을 위하여 중학교 또는 고등학교를 설치·경영하는 경우에는 그러하지 아니하다.

1. 초등학교·중학교·고등학교·대학
2. 삭제
3. 산업대학·**사이버대학**·전문대학·기술대학
4. 대학·산업대학·전문대학 또는 기술대학에 준하는 각종대학

② 삭제

(1) 법률안(김교홍 의원안[70])

이 조문을 포함한 개정 대상 조문의 제안이유 및 주요내용은 아래와 같다.

• 제안이유

「평생교육법」상의 "원격대학형태 평생교육시설"을 「고등교육법」의 "사이버대학"으로 전환하는 것과 같이하여 사이버대학을 학교법인이 아니면 설립할 수 없는 사립학교로 규정하여 사이버대학 학생의 학습권 보호 장치를 마련하고, 교직원 신분보장과 투명한 대학(법인)운영 기틀을 마련코자 함.

또한 고등학교 이하 각급학교를 설치·경영하는 학교법인이 학생수의 격감으로 인하여 해산하는 경우에 적용되는 잔여재산의 처분에 관한 특례규정의 시한이 2006년 12월 31일로 종료됨에 따라 이를 2009년 12월 31일까지 3년 재연장하여 소규모 영세사학의 해산을 통한 학생들의 학습권 보장 및 교육재정의 효율적 운영을 도모하려는 것임.

• 주요내용

가. 학교법인이 아니면 설립할 수 없는 사립학교의 범위에 사이버대학을 포함하고 그 지도·감독은 교육인적자원부장관이 하도록 함(안 제3조제1항제3호 및 제4조제3항제1호).

나. 사립학교의 잔여재산 처분에 관한 특례규정의 시한을 3년 재연장함(안 법률 제5345호 사립학교법 중 개정법률 부칙 제2항).

다. 사이버대학을 설치·경영하는 재단법인에게는 학교법인으로 조직을 개편할 수 있도록 대통령령에 경과기간(3년)을 두며, 학교법인으로 개편 이전의 재단법인과 재단법인이 운영하는 사이버대학에는 「사립학교법」을 적용함(안 부칙 제

70) 2006. 12. 11. 김교홍의원 등 19인(의안번호: 175681).

2조제1항).

라. 이 법 시행 이전 재단법인에 대한 교육인적자원부장관의 처분, 재단법인의 임원 지위·임기 및 채권·채무를 개편된 학교법인이 승계함(안 부칙 제2조제2항 내지 제4항).

마. 고등교육법의 사이버대학으로 전환 당시 원격대학 형태 평생교육시설에 재직 중에 있는 교직원은 개편되는 학교법인이 임명한 것으로 봄(안 부칙 제3조).

이 조문의 현행법과 개정 원안은 아래와 같다.

현행법	원안
제3조(학교법인이 아니면 설립할 수 없는 사립학교등) ①학교법인이 아닌 자는 다음 각호의 1에 해당하는 사립학교를 설치·경영할 수 없다. 다만, 초·중등교육법 제52조제2항의 규정에 의하여 산업체가 그 고용근로청소년의 교육을 위하여 중학교 또는 고등학교를 설치·경영하는 경우에는 그러하지 아니하다. 1. ~ 2. (생 략) 3. 산업대학·전문대학·기술대학 4. (생 략) ② (생 략)	**제3조(학교법인이 아니면 설립할 수 없는 사립학교등)** ①학교법인이 아닌 자는 다음 각호의 1에 해당하는 사립학교를 설치·경영할 수 없다. 다만, 초·중등교육법 제52조제2항의 규정에 의하여 산업체가 그 고용근로청소년의 교육을 위하여 중학교 또는 고등학교를 설치·경영하는 경우에는 그러하지 아니하다. 1. ~ 2. (현행과 같음) 3. 산업대학·사이버대학·전문대학·기술대학 4. (현행과 같음) ② (현행과 같음)

• 「고등교육법」(2007. 10. 17. 개정, 2008. 4. 18. 시행) 개정에 따라 신설되는 "사이버대학"을 학교법인이 아니면 설립할 수 없는 사립학교에 추가하였다.

(2) 위원회 심사

〈1〉 **교육위원회:** 원안대로 가결되었다.[71] 제3조에 관한 회의록 내용은 아래와 같다.

가. 제17대 국회 제265회 제2차 교육위원회(2007. 2. 22.)

• **전문위원 구기성**[72]: 사립학교법 일부개정법률안은 원격대학 형태의 평생교육시설을 고등교육법상 사이버대학으로 전환함에 따라 사이버대학도 사립학교법 제3조의 규정에 따라 학교법인만이 설립할 수 있도록 추가하고, 각 학교급별 관할청을 규정하고 있는 제4조에는 교육인적자원부장관의 지도·감독을 받는 대학에

71) 제268회 국회(임시회) 제4차 전체회의, 교육위원회회의록, 2007. 6. 28., 12면.
72) 제265회 국회(임시회) 제2차 전체회의, 교육위원회회의록, 2007. 2. 22., 16면.

사이버대학을 추가하고자 하는 것으로 별다른 문제가 없습니다.

- **이원복 위원**[73]: 김교흥 의원이 고등교육법, 평생교육법, 사립학교법을 같이 하면서 원격대학을 사이버대학으로 하는 이 부분에 대해서 같이 논하고 나오셨는데, 이참에 용어들을 좀 통합하면 어떨까 싶은 생각이 듭니다. 그동안 법제들이 따로 떨어져 나갔기 때문에 용어도 산발적으로 나갔는데, 이제는 사회의 언어의 통념 체계에 맞게끔 이번에 법안을 정비할 적에 언어 통합 작업들이 좀 있으면 어떻겠는가 싶은 생각이 듭니다. 교육부 생각도 이런 점을 받아들일 수 있지 않겠나 싶은데, 어떻습니까?
- **부총리겸교육인적자원부장관 김신일**[74]: 예, 한번 검토해 보겠습니다. 그러나 또 그동안 그런 나름대로의 명칭들이 그렇게 좀 정착이 됐습니다. 그러나 한 번 검토해 보겠습니다.

나. 제17대 국회 제265회 제1차 교육위원회 법안심사소위원회(2007. 2. 26.)

- **전문위원 구기성**[75]: 김교흥 의원님께서 대표발의하신 고등교육법, 평생교육법, 사립학교법은 지금 현재 평생교육법상의 원격대학 형태의 평생교육시설을 사이버대학으로 전환하기 위해서 각 법률의 해당 사항을 개정하려는 것입니다. 이 3건이 모두 상호 연계되어 있기 때문에 일괄해서 설명을 드리도록 하겠습니다. 제2조(학교의 종류) 제5호에 보시면 개정안에서 "사이버대학"을 추가하고 괄호 안의 "방송·통신대학"을 "원격대학"으로 바꾸었습니다. 그 내용은 평생교육법상의 원격대학 형태의 평생교육시설의 명칭을 고등교육법상의 사이버대학으로 변경한 것이고요. 기존 방통대와 사이버대학을 통칭해서 약어로 "원격대학"으로 용어를 정의한 내용입니다.
- **소위원장 최재성**[76]: 그러니까 방송·통신대를 포함시켜도 무방하다는 얘기입니까?
- **임해규 위원**[77]: 오히려 권장될 일이지요. 방송·통신대학이 원래 성인교육기관이기 때문에 오히려 권장되면 권장될 일이지, 그간에 안 했다고 해서 뺄 필요는 없지 않습니까?

다. 제17대 국회 제268회 제4차 교육위원회(2007. 6. 28.)

- **위원장 권철현**[78]: 의사일정 제8항 김교흥 의원이 대표발의한 사립학교법 일부개

73) 제265회 국회(임시회) 제2차 전체회의, 교육위원회회의록, 2007. 2. 22., 26~27면.
74) 제265회 국회(임시회) 제2차 전체회의, 교육위원회회의록, 2007. 2. 22., 27면.
75) 제265회 국회(임시회) 제1차 법안심사소위, 교육위원회회의록, 2007. 2. 26., 50면.
76) 제265회 국회(임시회) 제1차 법안심사소위, 교육위원회회의록, 2007. 2. 26., 51면.
77) 제265회 국회(임시회) 제1차 법안심사소위, 교육위원회회의록, 2007. 2. 26., 51면.
78) 제268회 국회(임시회) 제4차 전체회의, 교육위원회회의록, 2007. 6. 28., 12면.

정법률안에 대한 수정안에 대하여 이의가 없으십니까? (없습니다 하는 위원 있음) 그러면 김교흥 의원이 대표발의한 사립학교법 일부개정법률안은 수정안 부분은 수정안대로, 기타 부분은 원안대로 가결되었음을 선포합니다.

〈2〉 **법제사법위원회:** 원안대로 가결되었다.[79] 제3조에 관한 회의록 내용은 아래와 같다.

가. 제17대국회 제269회 제2차 법제사법위원회(2007. 9. 19.)

- **전문위원 강경필**[80]: 다음은 사립학교법 일부개정법률안에 대하여 검토·보고드리겠습니다. 이 개정안은 학교법인이 아니면 설립할 수 없는 사립학교의 범위에 사이버대학을 포함시키고 그 지도·감독은 교육인적자원부장관이 하도록 하며, 원격대학 형태의 평생교육시설을 설치·운영하는 민법상 재단법인이 해당 시설을 고등교육법에 따른 사이버대학으로 전환하고자 할 경우 교육인적자원부장관의 인가를 받아 학교법인으로 개편할 수 있도록 하는 것을 주요내용으로 하고 있습니다.
  안 부칙 제2조, 제3조와 관련하여 경과조치 규정 등을 통합하였습니다. 그 밖의 자구 정리 내용은 유인물을 참조하여 주시기 바랍니다.

나. 제17대 국회 제269회 제3차 법제사법위원회(2007. 9. 20.)

- **위원장 최병국**[81]: 다음 의사일정 제43항 김교흥 의원이 대표발의한 고등교육법 일부개정법률안, 의사일정 제44항 김교흥 의원이 대표발의한 사립학교법 일부개정법률안, 의사일정 제45항 평생교육법 일부개정법률안(대안), 의사일정 제46항 구논회 의원이 대표발의한 국립대학치과병원 설치법안, 이상 4건의 법률안을 일괄하여 계속 상정합니다. 의결하겠습니다. 의사일정 제43항, 제44항, 제45항, 제46항의 법률안에 대하여는 전문위원의 검토의견을 우리 위원회안으로 받아들여 수정한 부분은 수정한 대로 그 밖의 부분은 원안대로 각각 의결하고자 하는데 이의 없으십니까? (예 하는 위원 있음) 각각 가결되었음을 선포합니다.

(3) 본회의 심의

원안대로 가결되었다.[82] 제3조에 관한 회의록 내용은 아래와 같다.

---

79) 제269회 국회(정기회) 제3차 법제사법위원회, 법제사법위원회회의록, 2007. 9. 20., 9면.
80) 제269회 국회(정기회) 제2차 법제사법위원회, 법제사법위원회회의록, 2007. 9. 19., 53면.
81) 제269회 국회(정기회) 제3차 법제사법위원회, 법제사법위원회회의록, 2009. 9. 20., 9면.
82) 제269회 국회(정기회) 제3차 본회의, 국회본회의회의록, 2007. 9. 20., 7면.

- **교육위원장대리 김교흥**[83]: 교육위원회 소속 김교흥 의원입니다. 우리 위원회에서 심사한 고등교육법 일부개정법률안, 사립학교법 일부개정법률안, 평생교육법 일부개정법률안(대안) 및 국립대학치과병원 설치법안에 대하여 제안설명 및 심사보고 드리겠습니다.

  우선 본 의원이 대표발의한 고등교육법·사립학교법·평생교육법 일부개정법률안은 현재 일부 원격대학에서 나타나고 있는 비정상적인 학교운영 사태를 방지하기 위하여 원격대학에 대하여는 고등교육법으로 이관하여 고등교육기관으로 질관리와 책무성을 강화하였고, 원격대학에 대한 평가를 실시하여 그 결과를 공개하며, 원격대학에 대하여는 사립학교법의 일부 규정을 준용하게 하면서 교육여건 등에 대한 심사를 통해 대학원을 둘 수 있게 하는 한편 현행 원격대학 형태의 평생교육시설을 사이버대학으로 전환을 하는 경우 교육인적자원부장관의 인가를 받도록 하여 원격대학에 대한 관리체계를 강화하였습니다.
- **부의장 이상득**[84]: 다음은 사립학교법 일부개정법률안을 의결하도록 하겠습니다. 투표해 주시기 바랍니다. (전자투표) 투표를 다 하셨습니까? 그러면 투표를 종료하겠습니다. 투표 결과를 말씀드리겠습니다. 재석 175인 중 찬성 171인, 기권 4인으로서 사립학교법 일부개정법률안은 교육위원회의 수정안대로 가결되었음을 선포합니다.

(4) 결과

원안으로 개정되었다.

3.209 9. 2008년 3월 14일 개정(법률 제8888호, 2008. 3. 14. 시행)

제3조(학교법인이 아니면 설립할 수 없는 사립학교등) ①학교법인이 아닌 자는 다음 각호의 1에 해당하는 사립학교를 설치·경영할 수 없다. 다만, 「**초·중등교육법**」 제52조제2항의 규정에 의하여 산업체가 그 고용근로청소년의 교육을 위하여 중학교 또는 고등학교를 설치·경영하는 경우에는 그러하지 아니하다.

1. 초등학교·중학교·고등학교·대학
2. 삭제

---

83) 제269회 국회(정기회) 제3차 본회의, 국회본회의회의록, 2007. 9. 20., 6면.
84) 제269회 국회(정기회) 제3차 본회의, 국회본회의회의록, 2007. 9. 20., 7면.

3. 산업대학·사이버대학·전문대학·기술대학
4. 대학·산업대학·전문대학 또는 기술대학에 준하는 각종대학
② 삭제

• 법령 표기에 있어서 "「 」" 표시를 하기로 함[85]에 따른 개정이다(오직 형식에 관한 개정이므로 자세한 개정경과는 생략함[86]).

10. 2016년 12월 27일 개정(법률 제14468호, 2017. 3. 28. 시행)

제3조(학교법인이 아니면 설립할 수 없는 사립학교등) ①학교법인이 아닌 자는 다음 각호의 1에 해당하는 사립학교를 설치·경영할 수 없다. 다만, 「초·중등교육법」 제52조제2항의 규정에 의하여 산업체가 그 고용근로청소년의 교육을 위하여 중학교 또는 고등학교를 설치·경영하는 경우에는 그러하지 아니하다.
1. 초등학교·중학교·고등학교·특수학교·대학
2. 삭제
3. 산업대학·사이버대학·전문대학·기술대학
4. 대학·산업대학·전문대학 또는 기술대학에 준하는 각종대학
②삭제

(1) 법률안(도종환 의원안[87])

이 조문을 포함한 개정 대상 조문의 제안이유 및 주요내용은 아래와 같다.[88]

• 제안이유 및 주요내용

현행법은 학교법인·공공단체 외의 법인 기타 사인(私人)이 특수학교를 설치·경영할 수 있도록 규정하고 있으나, 일부 사인 등이 경영하는 특수학교의 경우

85) 「법률용어의 표준화 기준」(국회사무처 예규 제22호, 2007. 4. 16. 시행).
86) 이에 관한 구체적 개정 경과는 이 책 [2.203] 참조.
87) 2016. 7. 28. 도종환의원 등 10인(의안번호: 2001264).
88) 2016년 12월 27일 개정 원안에는 이 도종환 의원안 외에도 정부안(2016. 6. 22. 정부, 의안번호: 2000393), 정부안(2016. 7. 11. 정부, 의안번호: 2000813)이 있다. 이 원안들은 이후 위원회 심사 단계에서 대안(2016. 12. 7. 교육문화체육관광위원장, 의안번호: 2004204)으로 통합 조정되었다. 이들 개정안 중 제3조에 관한 개정안은 도종환 의원안이다. 그러므로 여기에서는 도종환 의원안의 제안이유·주요내용 및 현행법과 개정 원안만을 소개한다. 정부안(의안번호: 2000393)은 이 책 [32-2.204], 정부안(의안번호: 2000813)은 이 책 [59.217] 참조.

각종 부정·비리 문제와 경영의지 부족 등으로 인하여 정상적인 학교운영이 어려운 실정임.

이에 사립의 특수학교에 대하여는 학교법인이 아니면 설치·경영할 수 없도록 규정함으로써 특수학교 학생의 학습권을 보호하고 특수학교 운영의 건전성을 확보하려는 것임(안 제3조제1항제1호).

이 조문의 현행법과 개정 원안은 아래와 같다.

현행법	원안
제3조(학교법인이 아니면 설립할 수 없는 사립학교등) ①학교법인이 아닌 자는 다음 각호의 1에 해당하는 사립학교를 설치·경영할 수 없다. 다만, 「초·중등교육법」 제52조제2항의 규정에 의하여 산업체가 그 고용근로청소년의 교육을 위하여 중학교 또는 고등학교를 설치·경영하는 경우에는 그러하지 아니하다. 1. 초등학교·중학교·고등학교·대학 2. ~ 4. (생 략) ② (생 략)	**제3조(학교법인이 아니면 설립할 수 없는 사립학교등)** ①학교법인이 아닌 자는 다음 각호의 1에 해당하는 사립학교를 설치·경영할 수 없다. 다만, 「초·중등교육법」 제52조제2항의 규정에 의하여 산업체가 그 고용근로청소년의 교육을 위하여 중학교 또는 고등학교를 설치·경영하는 경우에는 그러하지 아니하다. 1. 초등학교·중학교·고등학교·특수학교·대학 2. ~ 4. (현행과 같음) ② (현행과 같음)

(2) 위원회 심사

〈1〉 **교육문화체육관광위원회:** 대안[89]으로 가결되었다(이 조문의 경우에는 원안과 대안의 내용이 동일함).[90] 제3조에 관한 회의록 내용은 아래와 같다.

- **소위원장 도종환**[91]: 도종환 의원이 대표발의하고 정부가 제출한 사립학교법 일부개정법률안을 통합 조정한 대안의 주요내용을 말씀드리면 사립 특수학교 설립 주체를 학교법인으로 한정하고 학교법인이 적립금을 적립할 때 목적을 구체화하도록 하는 한편 육아휴직의 기회를 확대하였습니다.
- **위원장 유성엽**[92]: 의사일정 제12항부터 제14항까지 도종환 의원이 대표발의하고 정부가 제출한 2건 등 3건의 사립학교법 일부개정법률안은 소위원회에서 심사보고한 바와 같이 본회의에 각각 부의하지 아니하고 이를 통합 조정한 의사일정 제15항 사립학교법 일부개정법률안(대안)을 제안하고자 합니다. 이의 없으십니

89) 2016. 12. 7. 교육문화체육관광위원장(의안번호: 2004204).
90) 제346회 국회(정기회) 제9차 전체회의, 교육문화체육관광위원회회의록, 2016. 11. 25., 14면.
91) 제346회 국회(정기회) 제9차 전체회의, 교육문화체육관광위원회회의록, 2016. 11. 25., 9면.
92) 제346회 국회(정기회) 제9차 전체회의, 교육문화체육관광위원회회의록, 2016. 11. 25., 14면.

까? (예 하는 위원 있음) 이의가 없으므로 가결되었음을 선포합니다.

〈2〉 **법제사법위원회:** 교육문화체육관광위원회 대안대로 가결되었다.[93] 제3조에 관한 회의록 내용은 아래와 같다.

- **위원장 권성동**[94]: 의사일정 제46항 사립학교법 일부개정법률안(대안)을 상정합니다. 법률안에 대한 제안설명은 서면으로 대체하겠습니다. (제안설명서는 부록에 실음) 강남일 전문위원 검토보고해 주시기 바랍니다.
- **전문위원 강남일**[95]: 의사일정 제46항 법안에 대해서 체계·자구 검토 결과를 보고드리겠습니다. 의사일정 제46항은 사립 특수학교 설립 주체를 학교법인으로 제한하고 여교원의 육아휴직 사유를 확대하는 등의 내용으로 체계·자구 검토 결과, 개정안 부칙 제1조의 시행일과 동 부칙 제2조의 적용례의 해석에 오해가 없도록 문구를 수정하고, 이미 사립 특수학교 설립을 준비 중인 사람의 신뢰를 보호하기 위해 개정안 부칙 제2조에 단서를 추가할 필요가 있다고 사료됩니다. 이상 보고를 마치겠습니다.
- **위원장 권성동**[96]: 수고하셨습니다. 다음, 대체토론 순서입니다. 질의하실 위원님 계신가요? (없습니다 하는 위원 있음) 대체토론을 종결하겠습니다. 의사일정 제46항의 법률안은 전문위원이 수정한 부분은 수정한 대로, 기타 부분은 원안대로 의결하고자 하는데 이의 없으십니까? (예 하는 위원 있음) 가결되었음을 선포합니다. 이준식 교육부장관을 상대로 현안 질의하실 위원님들 계신가요? (없습니다 하는 위원 있음) 장관님, 수고하셨습니다.

(3) 본회의 심의

교육문화체육관광위원회 대안대로 가결되었다.[97] 제3조에 관한 회의록 내용은 아래와 같다.

- **교육문화체육관광위원장대리 도종환**[98]: 사립학교법 일부개정법률안(대안)의 주요 내용은 사립 특수학교의 설립 및 운영 주체를 학교법인으로 한정하여 특수학교 운영의 건전성을 확보하도록 하는 것…입니다.

---

93) 제346회 국회(정기회) 제10차 전체회의, 법제사법위원회회의록, 2016. 12. 7., 27면.
94) 제346회 국회(정기회) 제10차 전체회의, 법제사법위원회회의록, 2016. 12. 7., 27면.
95) 제346회 국회(정기회) 제10차 전체회의, 법제사법위원회회의록, 2016. 12. 7., 27면.
96) 제346회 국회(정기회) 제10차 전체회의, 법제사법위원회회의록, 2016. 12. 7., 27면.
97) 제346회 국회(정기회) 제17차 본회의, 국회본회의회의록, 2016. 12. 8., 8~9면.
98) 제346회 국회(정기회) 제17차 본회의, 국회본회의회의록, 2016. 12. 8., 9면.

• 의장 정세균[99]: 수고하셨습니다. 그러면 사립학교법 일부개정법률안(대안)을 의결하도록 하겠습니다. 투표해 주시기 바랍니다. (전자투표) 투표를 다 하셨습니까? 투표를 마치겠습니다. 투표 결과를 말씀드리겠습니다. 재석 268인 중 찬성 263인, 반대 1인, 기권 4인으로서 사립학교법 일부개정법률안(대안)은 가결되었음을 선포합니다.

(4) 결과

교육문화체육관광위원회 대안으로 개정되었다.

3.211 11. 2020년 12월 22일 개정(법률 제17659호, 2020. 12. 22, 시행)

제3조(학교법인이 아니면 설립할 수 없는 사립학교 등) 학교법인이 아닌 자는 다음 각 호의 **어느 하나에** 해당하는 사립학교를 설치·경영할 수 없다. 다만, 「초·중등교육법」 제52조제2항**에 따라** 산업체가 그 고용근로청소년의 교육을 위하여 중학교 또는 고등학교를 설치·경영하는 경우에는 그러하지 아니하다.

1. 초등학교·중학교·고등학교·특수학교·대학
2. **산업대학·사이버대학·전문대학·기술대학**
3. **대학·산업대학·전문대학 또는 기술대학에 준하는 각종학교**

• 법문을 한글화하고 간결하게 하였다(오직 형식에 관한 개정이므로 자세한 개정경과는 생략함[100]).

3.300 III. 현행법

제3조(학교법인이 아니면 설립할 수 없는 사립학교 등) 학교법인이 아닌 자는 다음 각 호의 어느 하나에 해당하는 사립학교를 설치·경영할 수 없다. 다만, 「초·중등교육법」 제52조제2항에 따라 산업체가 그 고용근로청소년의 교육을 위하여 중학교 또는 고등학교를 설치·경영하는 경우에는 그러하지 아니하다.

1. 초등학교·중학교·고등학교·특수학교·대학

99) 제346회 국회(정기회) 제17차 본회의, 국회본회의회의록, 2016. 12. 8., 9면.
100) 이에 관한 구체적 개정경과는 이 책 [1.201] 참조.

2. 산업대학·사이버대학·전문대학·기술대학
3. 대학·산업대학·전문대학 또는 기술대학에 준하는 각종학교

IV. 종합/특기사항

- 사립학교의 운영주체로서 학교법인 또는 사립학교경영자(사단법인, 상사회사, 자연인 등)가 있는데, 제3조는 학교법인만이 운영주체가 될 수 있는 학교의 종류를 한정적으로 열거하고 있다.
- 학교의 모습은 정책에 따라 변천을 거듭했는데 제3조에 관한 개정은 대부분 학교 종류의 변화를 반영하기 위한 것이다.
- 제3조가 열거하는 학교(즉 학교법인만이 운영할 수 있는 학교)는 교육의 토대에 해당하며 안정성이 요구되는 학교로서 통상 "정규학교"로 분류된다.
- "정규학교"에 대비되는 것이 "각종학교"이다. 각종학교는 「교육법」 제정시(1949. 12. 31. 법률 제86호)부터 존재한 것으로 정규학교와 유사한 교육기관으로 정의되며, 정규학교와 유사한 명칭을 사용할 수 없다(「교육법」 제149조). 1997년 「교육법」이 「교육기본법」(1997. 12. 31. 법률 제5437호), 「초·중등교육법」(1998. 3. 1. 법률 제5437호), 「고등교육법」(1998. 3. 1. 법률 제5439호) 등으로 대체된 이후에도 각종학교에 대한 관념에 근본적 변화는 없다(「초·중등교육법」 제2조제5호, 「고등교육법」 제2조제7호, 제59조).
- 현행법(제3조제3호)은 각종학교라도 고등교육기관에 준하는 경우에는 정규학교와 마찬가지로 학교법인만이 운영할 수 있도록 하고 있는데, 이러한 태도는 제정법 이래 그대로 유지되고 있다. 다만, 1986년 개정으로 특별한 토론 없이 "각종학교"가 "각종대학"로 변경되었다가 2020년 개정에 의하여 역시 특별한 토론 없이 다시 "각종학교"로 변경되었다. 학교 분류로 "각종대학"은 아무 맥락이 없는 것으로 1986년 개정은 단순 오류에 의한 것으로 보인다.

제4조(관할청)

4.100 ### I. 제정법

제4조(감독청) ①다음 각호에 해당하는 자는 그 소재지를 관할하는 서울특별시장·부산시장·시장 또는 군수의 지휘·감독을 받는다.

1. 사립의 국민학교·공민학교·고등공민학교·유치원 및 이들에 준하는 각종학교
2. 전호에 게기한 사립학교를 설치·경영하는 학교법인 또는 사립학교경영자

②다음 각호에 해당하는 자는 그 소재지를 관할하는 서울특별시장·부산시장 또는 도지사의 지휘·감독을 받는다

1. 사립의 중학교·고등학교·기술학교·고등기술학교·특수학교 및 이들에 준하는 각종학교
2. 전호에 게기한 사립학교를 설치·경영하는 학교법인 또는 사립학교경영자
3. 제1호에 게기한 사립학교와 전항제1호에 게기한 사립학교를 아울러 설치·경영하는 학교법인 또는 사립학교경영자

③다음 각호에 해당하는 자는 문교부장관의 지휘·감독을 받는다.

1. 사립의 대학·사범대학·실업고등전문학교 및 이들에 준하는 각종학교
2. 전호에 게기한 사립학교를 설치·경영하는 학교법인
3. 제1호에 게기한 사립학교와 기타의 사립학교를 아울러 설치·경영하는 학교법인

『새교육』이 소개하는 이 조문의 제정이유는 아래와 같다.[101)]

제4조에서는 사립학교의 감독청과 학교법인의 감독청을 아울러 규정하는바, 사립학교의 감독청은 교육법 제84조에 의하여 학교의 단계에 따라 3단계로 감독청을 정하고 있으나, 학교법인의 감독청에 관한 규정은 없고, 민법 제37조에 의하여 주무관청의 감독을 받도록 되어 있으나, 이 경우의 주무관청은 중앙관청을 말하는 것으로 문교부장관을 의미한다. 그러나 실제로는 중·고등학교 법인에 대하여는 도에 위임해서 행하여 왔다. 이번에 이 법률에서 학교와 아울러 그 학교를 설립하는 주체인 학교법인에

101) 金康鉉, 앞의 글 "私立學校法(2)", 62~63면.

대하여 관청을 명백하게 하여 3단계로 구분하여,

① 유치원, 공민학교, 고등공민학교, 국민학교와 이들에 준하는 각종 학교 및 이러한 학교를 설립하는 학교법인은 시장(서울, 부산 시장 포함)·군수의 감독을 받는다고 규정하여 그 감독청을 정한바, 고등공민학교는 그것이 중학교 정도이기는 하나 성인교육과 공민교육을 하는 학교이기 때문에 지역사회와 밀접한 관계를 가지며, 또한 그 규모와 설치되는 위치 그리고 학생의 통학구역 등을 고려하여 제1단계로 구분하였다.

② 중학교, 고등학교, 기술학교, 고등기술학교와 특수학교, 이에 준하는 각종학교 및 이들을 설립하는 학교법인은 도지사 그리고 서울시장과 부산시장을 감독청으로 하였다. 특수학교는 초등학교와 중학교 교육을 아울러 담당하나, 교육법 제144조에 의하여 각 도가 1 이상을 설립하도록 하는 규정이 있고, 또한 도 단위를 학구로 할 수밖에 없는 만큼 이를 제2단계로 구분한다.

③ 대학은 물론 초급대학과 실업전문학교, 이에 준하는 각종 학교와 그 학교를 설립하는 학교법인은 문교부장관을 감독청으로 하였다.

문제점은 여러 단계의 학교를 하나의 학교법인이 설립할 때 어떻게 하느냐의 문제다. 이 법에서는 제4조제2항제3호에서 제1단계 학교와 제2단계인 중·고등 수준의 학교를 아울러 설립하는 학교법인은 제2단계인 도지사, 그리고 동조 제3항제3호에서 제1단계·제2단계의 학교와 대학 정도의 학교를 아울러 설립하는 학교법인은 문교부장관이 그 감독청이 된다고 하여 학교법인에 대하여는 감독청을 하나로 통일하였다. 이 경우 학교법인이 아닌 사단법인이나 재단법인도 이에 준하나, 다만 개인인 경우에는 이의 적용을 받지 아니하고 설립하는 학교가 여러 개이면 그 학교의 감독청에 따라 여러 군데의 감독을 받게 된다.

이 경우 효성여자대학을 예로 들면, 그 국민학교는 대구시장, 대학은 문교부장관, 그리고 학교법인은 문교부장관이 된다. 경희대학교의 경우 부속국민학교는 서울시장, 대학교와 학교법인은 문교부장관이 된다. 이렇게 되면 법인은 상급 관청만이 감독하기 때문에 하급 관청에서 자기 소관의 사립학교를 감독하는 데 지장이 있으므로, 이 법의 시행령에서 이를 조절하여 하급 관청을 경유하도록 규정할 것이 고려된다.

II. 개정 경과

1. 1964년 11월 10일 개정(법률 제1664호, 1964. 11. 10. 시행)

제4조(감독청) ①다음 각호에 해당하는 자는 그 소재지를 관할하는 서울특별시·부

산시의 교육위원회 또는 **시·군의 교육장**의 지휘·감독을 받는다.

1. 사립의 국민학교·공민학교·고등공민학교·유치원 및 이들에 준하는 각종학교
2. 전호에 게기한 사립학교를 설치·경영하는 학교법인 또는 사립학교경영자

②다음 각호에 해당하는 자는 그 소재지를 관할하는 **서울특별시·부산시·도의 교육위원회**의 지휘·감독을 받는다.

1. 사립의 중학교·고등학교·기술학교·고등기술학교·특수학교 및 이들에 준하는 각종학교
2. 전호에 게기한 사립학교를 설치·경영하는 학교법인 또는 사립학교경영자
3. 제1호에 게기한 사립학교와 전항제1호에 게기한 사립학교를 아울러 설치·경영하는 학교법인 또는 사립학교경영자

③다음 각호에 해당하는 자는 문교부장관의 지휘·감독을 받는다.

1. 사립의 대학·사범대학·실업고등전문학교 및 이들에 준하는 각종학교
2. 전호에 게기한 사립학교를 설치·경영하는 학교법인
3. 제1호에 게기한 사립학교와 기타의 사립학교를 아울러 설치·경영하는 학교법인

(1) 법률안(최영두 의원안[102])

이 조문을 포함한 개정 대상 조문의 제안이유 및 주요내용은 아래와 같다.

• 제안이유

사립학교의 육성발전을 위하여 제정한 이 법은 공공성을 강조한 나머지 사학의 자주성을 위축하는 결함이 있기 때문에 사학에 대한 국가의 감독권을 사학의 질서유지와 공공성을 앙양할 수 있는 최소한도로 제한하여 사학의 자주성을 보장하며 사학의 자율적 발전을 조성함으로써 우리나라의 교육향상을 도모할 수 있도록 개정하려는 것임.

• 주요내용

가. "지휘감독"을 "지도감독"으로 함(제3조: 감독청)

나. 국민학교는 학교법인이 아니더라도 설립할 수 있도록 함(제3조: 감독청)

다. 학교법인의 이사를 5인 이상 15인 이내로 국한하고 있는 바 어떤 학교법인은 여러 개의 복합단체가 설립·지원하고 각각 그 대표를 이사진으로 파견하

102) 1964. 3. 9. 최영두의원 등 11인(의안번호: 060074).

여 운영하는 일이 있어 임원의 증원을 필요로 하고 있으므로 감독청의 승인을 받아 15인 이상의 이사를 둘 수 있도록 함(제14조: 임원)

라. “인가”를 “승인”으로 하고 이사(5년 임기)의 재임을 중임으로 하여 수회에 걸쳐 계속 이사가 될 수 있도록 하고 임원이 될 자가 위법적인 일을 하지 않는 한 승인하도록 함(제20조: 임원의 선임과 임기)

마. 이사의 3분의 1은 교육경력이 있어야 한다는 이사 선임상의 제한을 삭제하고 누구든지 교육사업에 참가할 의욕이 있는 자는 학교법인의 이사가 될 수 있도록 함(제21조: 임원선임의 제한)

바. 문교부장관이 그 직권에 의하여 임시이사를 선임할 경우에 제한을 가하여 직권남용의 기회를 없도록 함(제25조: 임시이사의 선출)

사. 사학조성단체에 대하여도 국가 또는 지방자치단체가 보조할 수 있도록 함(제43조: 조성)

아. 사인이 학교법인에게 기부하는 경우에 법인 또한 면세하고 있으나 개인의 소득세는 면세하지 않고 있어 개인의 소득세를 면세하도록 함(제43조의2: 기부금에 대한 면세)

자. 현재는 일반교사만 총장·교장·원장이 이사회에 제청하도록 하고 있는바 부총장·교감·원감도 학교의 장이 제청하도록 함(제53조: 임면절차 및 임기)

차. 학교장의 취임 승인에 있어 감독청이 마음대로 거부하지 못하도록 하기 위하여 제한규정을 둠(제54조: 임면에 관한 승인보고·해직 등의 요구)

카. 사립학교 교원이 그릇되게 징계되었을 경우에는 손해를 변상하도록 함(제67조의2: 손해변상)

이 조문의 현행법과 개정 원안은 아래와 같다.

현행법	원안
제4조(감독청) ①다음 각호에 해당하는 자는 그 소재지를 관할하는 서울특별시장·부산시장·시장 또는 군수의 지휘·감독을 받는다. 1. ~ 2. (생 략) ②다음 각호에 해당하는 자는 그 소재지를 관할하는 서울특별시장·부산시장 또는 도지사의 지휘·감독을 받는다 1. ~ 3. (생 략) ③다음 각호에 해당하는 자는 문교부장관의 지휘·감독을 받는다.	**제4조(감독청)** ①다음 각호에 해당하는 자는 그 소재지를 관할하는 교육위원회 또는 교육장의 지도·감독을 받는다. 1. ~ 2. (현행과 같음) ②다음 각호에 해당하는 자는 그 소재지를 관할하는 교육위원회의 지도·감독을 받는다. 1. ~ 3. (현행과 같음) ③다음 각호에 해당하는 자는 문교부장관의 지도·감독을 받는다.

- "지휘감독"을 "지도감독"으로 하고, 국민학교는 학교법인이 아니더라도 설립할 수 있도록 하였으며, 감독청을 "서울특별시장·부산시장 또는 도지사"가 아닌 "교육위원회 또는 시·군의 교육장"으로 하였다.

(2) 위원회 심사

〈1〉 문교공보위원회: 대안[103]으로 가결되었다.[104]

대안
제4조(감독청) ①다음 각호에 해당하는 자는 그 소재지를 관할하는 서울특별시, 부산시의 교육위원회 또는 시군의 교육장의 지휘·감독을 받는다. ②다음 각호에 해당하는 자는 그 소재지를 관할하는 서울특별시, 부산시, 도의 교육위원회의 지휘·감독을 받는다. ③다음 각호에 해당하는 자는 문교부장관의 지휘·감독을 받는다.

〈2〉 법제사법위원회: 문교공보위원회 대안대로 가결되었다.[105]

(3) 본회의 심의

문교공보위원회 대안대로 가결되었다.[106] 제4조에 관한 회의록 내용은 아래와 같다.

- **문교공보위원장 최영두**[107]: 간단하게 축조해서 설명 올리겠습니다. 법조문이 많기 때문에 중요한 대목만을 골라서 말씀 올리겠습니다. 제4조 감독청은 사립학교를 현행법은 "지휘 감독한다" 이렇게 되어 있는데 본인의 개정안은 "지휘"라고 하는 말 대신에 "지도"라고 했습니다마는 현행법대로 "지휘"로 그대로 했습니다. 그 이유는 교육법과 체계를 같이하기 위해서입니다. 현행 교육법에는 "국가 및 지방자치단체는 모든 교육기관을 지휘 감독한다", "지휘 감독"이라는 말을 쓰고 있기 때문입니다.
- **의장 이효상**[108]: 이의가 없으시면 그것을 최두고 의원이 제안한 그 수정안 부칙의 제6항 신설 그것과 문공위원회에서 제출한 대안 전체와 일괄해서 여러분의 가부를 물어보겠습니다. (이의 없소 하는 이 있음) 이의 없습니까? (이의 없소 하는

103) 1964. 4. 16. 문교공보위원장(의안번호: 060162).
104) 제41회 국회(임시회) 제9차 전체회의, 문교공보위원회회의록, 1964. 4. 16., 16면.
105) 제41회 국회(임시회) 제9차 전체회의, 법제사법위원회회의록, 1964. 4. 18., 44면.
106) 제45회 국회(정기회) 제19차 본회의, 국회본회의회의록, 1964. 10. 28., 25면.
107) 제45회 국회(정기회) 제19차 본회의, 국회본회의회의록, 1964. 10. 28., 19면.
108) 제45회 국회(정기회) 제19차 본회의, 국회본회의회의록, 1964. 10. 28., 25면.

이 많음) 그러면 만장일치로 가결된 것을 선포합니다.

(4) 결과

문교공보위원회 대안으로 개정되었다.

2. 1972년 12월 28일 개정(법률 제2396호, 1972. 12. 28. 시행)

제4조(감독청) ①다음 각호에 해당하는 자는 그 소재지를 관할하는 서울특별시·부산시의 교육위원회 또는 시·군의 교육장의 지휘·감독을 받는다.

1. 사립의 국민학교·**중학교**·공민학교·고등공민학교·유치원 및 이들에 준하는 각종학교
2. 전호에 게기한 사립학교를 설치·경영하는 학교법인 또는 사립학교경영자

②다음 각호에 해당하는 자는 그 소재지를 관할하는 서울특별시·부산시·도의 교육위원회의 지휘·감독을 받는다.

1. 사립의 **고등학교·기술학교·고등기술학교·특수학교** 및 이들에 준하는 각종학교
2. 전호에 게기한 사립학교를 설치·경영하는 학교법인 또는 사립학교경영자
3. 제1호에 게기한 사립학교와 전항제1호에 게기한 사립학교를 아울러 설치·경영하는 학교법인 또는 사립학교경영자

③다음 각호에 해당하는 자는 문교부장관의 지휘·감독을 받는다.

1. 사립의 대학·사범대학·**전문학교**·실업고등전문학교 및 이들에 준하는 각종학교
2. 전호에 게기한 사립학교를 설치·경영하는 학교법인
3. 제1호에 게기한 사립학교와 기타의 사립학교를 아울러 설치·경영하는 학교법인

(1) 법률안(대통령안[109])

현행법	원안
제4조(감독청) ①다음 각호에 해당하는 자는 그 소재지를 관할하는 서울특별시·부산시의 교육	**제4조(감독청)** ①다음 각호에 해당하는 자는 그 소재지를 관할하는 서울특별시·부산시의 교육

109) 1972. 12. 12. 대통령(의안번호: BB0042); 제안이유 및 주요내용은 이 책 [3.201] 참조.

위원회 또는 시·군의 교육장의 지휘·감독을 받는다. 1. 사립의 국민학교·공민학교·고등공민학교·유치원 및 이들에 준하는 각종학교 2. (생 략) ②다음 각호에 해당하는 자는 그 소재지를 관할하는 서울특별시·부산시·도의 교육위원회의 지휘·감독을 받는다. 1. 사립의 중학교·고등학교·기술학교·고등기술학교·특수학교 및 이들에 준하는 각종학교 2. ~ 3. (생 략) ③다음 각호에 해당하는 자는 문교부장관의 지휘·감독을 받는다. 1. 사립의 대학·사범대학·실업고등전문학교 및 이들에 준하는 각종학교 2. ~ 3. (생 략)	위원회 또는 시·군의 교육장의 지휘·감독을 받는다. 1. 사립의 국민학교·중학교·공민학교·고등공민학교·유치원 및 이들에 준하는 각종학교 2. (현행과 같음) ②다음 각호에 해당하는 자는 그 소재지를 관할하는 서울특별시·부산시·도의 교육위원회의 지휘·감독을 받는다. 1. 사립의 고등학교·기술학교·고등기술학교·특수학교 및 이들에 준하는 각종학교 2. ~ 3. (현행과 같음) ③다음 각호에 해당하는 자는 문교부장관의 지휘·감독을 받는다. 1. 사립의 대학·사범대학·전문학교·실업고등전문학교 및 이들에 준하는 각종학교 2. ~ 3. (현행과 같음)

- 중학교의 지휘·감독기관을 서울특별시·부산시·도 교육위원회에서 서울특별시·부산시의 교육위원회 또는 시·군의 교육장으로 변경하였다.
- 「교육법」(1970. 1. 1. 제정, 1970. 1. 1. 시행) 개정에 따라 "전문학교"를 추가하였다.

(2) 비상국무회의 심의

원안대로 가결되었다.[110] 제4조에 대한 회의록 내용은 아래와 같다.

- **간사(총무국장) 김창식**[111]: 제10회 비상국무회의를 개최하겠습니다. 안건 상정하겠습니다. 제10호 사립학교법 중 개정법률안입니다. 문교부 소관입니다.
- **문교부장관 민관식**[112]: 전번 국무회의 때 말씀올렸습니다마는 제안이유를 말씀드리면 1970년 1월 1일 교육법이 개정되어 전문학교제가 신설됨에 따라 사립학교법상 해당 조문에 전문학교를 삽입하고, 교육법 중 개정법률안과 관련하여 학교법인의 감독청을 설치·경영하는 학교의 감독기관과 일치시키지 위하여 개정하려는 것입니다. 주요골자는 학교법인이 아니면 설립할 수 없는 사립학교의 종

---

110) 제10회 비상국무회의회의록, 1972. 12. 19., 115면; http://theme.archives.go.kr/viewer/common/archWebViewer.do?singleData=Y&archiveEventId=0028721999

111) 제10회 비상국무회의회의록, 1972. 12. 19., 118면.

112) 제10회 비상국무회의회의록, 1972. 12. 19., 115면.

류에 전문학교를 추가하고, 중학교 및 이에 준하는 각종학교와 그 학교법인 또는 사립학교경영자의 감독청을 교육장으로 하는 것입니다.

(3) 결과

원안으로 개정되었다.

3. 1977년 12월 31일 개정(법률 제3057호, 1977. 12. 31. 시행)

제4조(감독청) ①다음 각호에 해당하는 자는 그 소재지를 관할하는 서울특별시·부산시의 교육위원회 또는 시·군의 교육장의 지휘·감독을 받는다.

1. 사립의 국민학교·중학교·**기술학교**·공민학교·고등공민학교·유치원 및 이들에 준하는 각종학교
2. 전호에 게기한 사립학교를 설치·경영하는 학교법인 또는 사립학교경영자

②다음 각호에 해당하는 자는 그 소재지를 관할하는 서울특별시·부산시·도의 교육위원회의 지휘·감독을 받는다.

1. 사립의 고등학교·**고등기술학교**·특수학교 및 이들에 준하는 각종학교
2. 전호에 게기한 사립학교를 설치·경영하는 학교법인 또는 사립학교경영자
3. 제1호에 게기한 사립학교와 전항제1호에 게기한 사립학교를 아울러 설치·경영하는 학교법인 또는 사립학교경영자

③다음 각호에 해당하는 자는 문교부장관의 지휘·감독을 받는다.

1. 사립의 대학·사범대학·**전문대학** 및 이들에 준하는 각종학교
2. 전호에 게기한 사립학교를 설치·경영하는 학교법인
3. 제1호에 게기한 사립학교와 기타의 사립학교를 아울러 설치·경영하는 학교법인

(1) 법률안(정부안[113])

현행법	원안
제4조(감독청) ①다음 각호에 해당하는 자는 그 소재지를 관할하는 서울특별시·부산시의 교육위원회 또는 시·군의 교육장의 지휘·감독을 받는다.	**제4조(감독청)** ①다음 각호에 해당하는 자는 그 소재지를 관할하는 서울특별시·부산시의 교육위원회 또는 시·군의 교육장의 지휘·감독을 받는다.

113) 1977. 10. 24. 정부(의안번호: 090761); 제안이유 및 주요내용은 이 책 [3.203] 참조.

1. 사립의 국민학교·중학교·공민학교·고등공민학교·유치원 및 이들에 준하는 각종학교 2. (생 략) ②다음 각호에 해당하는 자는 그 소재지를 관할하는 서울특별시·부산시·도의 교육위원회의 지휘·감독을 받는다. 1. 사립의 고등학교·기술학교·고등기술학교·특수학교 및 이들에 준하는 각종학교 2. ~ 3. (생 략) ③다음 각호에 해당하는 자는 문교부장관의 지휘·감독을 받는다. 1. 사립의 대학·사범대학·전문학교·실업고등전문학교 및 이들에 준하는 각종학교 2. ~ 3. (생 략)	1. 사립의 국민학교·중학교·기술학교·공민학교·고등공민학교·유치원 및 이들에 준하는 각종학교 2. (현행과 같음) ②다음 각호에 해당하는 자는 그 소재지를 관할하는 서울특별시·부산시·도의 교육위원회의 지휘·감독을 받는다. 1. 사립의 고등학교·고등기술학교·특수학교 및 이들에 준하는 각종학교 2. ~ 3. (현행과 같음) ③다음 각호에 해당하는 자는 문교부장관의 지휘·감독을 받는다. 1. 사립의 대학·사범대학·전문대학 및 이들에 준하는 각종학교 2. ~ 3. (현행과 같음)

• 초급대학·전문학교 및 실업고등전문학교를 전문대학으로 개편함에 따라 이에 부합되도록 관계조문을 정비하였다.

(2) 위원회 심사

〈1〉 **문교공보위원회:** 원안대로 가결되었다.[114)]

〈2〉 **법제사법위원회:** 원안대로 가결되었다.[115)]

(3) 본회의 심의

원안대로 가결되었다.[116)] 제4조에 관한 회의록 내용은 아래와 같다.

- **문교공보위원장대리 최세경**[117)]: 사립학교법 중 개정법률안의 주요 골자는 첫째, 초급대학, 전문학교 및 실업고등전문학교를 전문대학으로 개편하…였습니다.
- **의장 정일권**[118)]: 사립학교법 중 개정법률안에 이의 없으십니까? (이의 없습니다

114) 제98회 국회(정기회) 제16차 전체회의, 문교공보위원회회의록, 1977. 12. 7., 2면.
115) 제98회 국회(정기회) 제25차 전체회의, 법제사법위원회회의록, 1977. 12. 13., 10면.
116) 제98회 국회(정기회) 제20차 본회의, 국회본회의회의록, 1977. 12. 14., 7면.
117) 제98회 국회(정기회) 제20차 본회의, 국회본회의회의록, 1977. 12. 14., 7면.
118) 제98회 국회(정기회) 제20차 본회의, 국회본회의회의록, 1977. 12. 14., 7면.

하는 이 있음) 그러면 가결되었음을 선포합니다.

(4) 결과

원안으로 개정되었다.

4. 1981년 2월 28일 개정(법률 제3373호, 1981. 2. 28. 시행)

제4조(감독청) ①다음 각호에 해당하는 자는 그 소재지를 관할하는 서울특별시·부산시의 교육위원회 또는 시·군의 교육장의 지휘·감독을 받는다.

1. 사립의 국민학교·중학교·기술학교·공민학교·고등공민학교·유치원 및 이들에 준하는 각종학교
2. **제1호에** 게기한 사립학교를 설치·경영하는 학교법인 또는 사립학교경영자

②다음 각호에 해당하는 자는 그 소재지를 관할하는 서울특별시·부산시·도의 교육위원회의 지휘·감독을 받는다.

1. 사립의 고등학교·고등기술학교·특수학교 및 이들에 준하는 각종학교
2. **제1호에** 게기한 사립학교를 설치·경영하는 학교법인 또는 사립학교경영자
3. 제1호에 게기한 사립학교와 전항제1호에 게기한 사립학교를 아울러 설치·경영하는 학교법인 또는 사립학교경영자

③다음 각호에 해당하는 자는 문교부장관의 지휘·감독을 받는다.

1. 사립의 대학·사범대학·전문대학 및 이들에 준하는 각종학교
2. **제1호에** 게기한 사립학교를 설치·경영하는 학교법인
3. 제1호에 게기한 사립학교와 기타의 사립학교를 아울러 설치·경영하는 학교법인

(1) 법률안(정부안[119])

이 조문을 포함한 개정 대상 조문의 제안이유 및 주요내용은 아래와 같다.

- 제안이유

사립대학의 설립자와 대학의 장의 권한과 책임의 한계를 명확하게 하여 설립자가 학교행정에 부당하게 간섭할 수 없도록 함으로써 사회의 공기인 사학의 공

119) 1981. 2. 13. 정부(의안번호: CC0145).

공성 제고와 건전한 발전을 도모하려는 것임.

• 주요내용

가. 학교법인의 설립자, 설립자의 배우자, 설립자의 직계 존·비속 및 그 배우자는 당해 학교법인이 설치·경영하는 대학의 총장 및 학장으로 취임할 수 없도록 함(제54조의3).

나. 대학의 경우 설립자는 학교의 장의 임면권만 가지도록 하고 기타의 학교 교직원의 임면은 학교의 장이 하도록 함(제16조, 제53조제1항, 제53조의2제1항).

다. 대학 교원(학교의 장을 제외함)의 인사에 관한 중요사항을 심의하게 하기 위하여 대학, 사범대학 및 전문대학에 교원인사위원회를 두도록 하되 그 조직·기능과 운영에 관하여 필요한 사항은 학교법인의 정관으로 정하도록 함(제53조의3).

라. 대학의 경우 학교 예산의 편성 및 집행과 결산은 학교의 장이 하도록 함(제16조제1항제1호, 제29조제4항).

마. 대학의 학교예산을 심의하게 하기 위하여 대학교, 사범대학 및 전문대학에 대학재무위원회를 두되, 그 조직과 운영에 관하여 필요한 사항은 학교법인의 정관으로 정하도록 함(제29조제5항).

이 조문의 현행법과 개정 원안은 아래와 같다.

현행법	원안
제4조(감독청) ①다음 각호에 해당하는 자는 그 소재지를 관할하는 서울특별시·부산시의 교육위원회 또는 시·군의 교육장의 지휘·감독을 받는다. 1. (생 략) 2. 전호에 게기한 사립학교를 설치·경영하는 학교법인 또는 사립학교경영자 ②다음 각호에 해당하는 자는 그 소재지를 관할하는 서울특별시·부산시·도의 교육위원회의 지휘·감독을 받는다. 1. (생 략) 2. 전호에 게기한 사립학교를 설치·경영하는 학교법인 또는 사립학교경영자 3. (생 략) ③다음 각호에 해당하는 자는 문교부장관의 지	**제4조(감독청)** ①다음 각호에 해당하는 자는 그 소재지를 관할하는 서울특별시·부산시의 교육위원회 또는 시·군의 교육장의 지휘·감독을 받는다. 1. (현행과 같음) 2. 제1호에 게기한 사립학교를 설치·경영하는 학교법인 또는 사립학교경영자 ②다음 각호에 해당하는 자는 그 소재지를 관할하는 서울특별시·부산시·도의 교육위원회의 지휘·감독을 받는다. 1. (현행과 같음) 2. 제1호에 게기한 사립학교를 설치·경영하는 학교법인 또는 사립학교경영자 3. (현행과 같음) ③다음 각호에 해당하는 자는 문교부장관의 지

휘·감독을 받는다. 1. (생 략) 2. 전호에 게기한 사립학교를 설치·경영하는 학교법인 3. (생 략)	휘·감독을 받는다. 1. (현행과 같음) 2. 제1호에 게기한 사립학교를 설치·경영하는 학교법인 3. (현행과 같음)

• "전항", "전호"를 "제○항", "제○호"로 하였다.

(2) 위원회 심사

〈1〉 **문교공보위원회:** 원안대로 가결되었다.[120)]

〈2〉 **법제사법위원회:** 원안대로 가결되었다.[121)]

(3) 본회의 심의

원안대로 가결되었다.[122)]

(4) 결과

원안으로 개정되었다.

5. 1986년 5월 9일 개정(법률 제3812호, 1986. 5. 9. 시행)

제4조(감독청) ①다음 각호에 해당하는 자는 그 소재지를 관할하는 서울특별시·직할시의 교육위원회 또는 시·군의 교육장의 지휘·감독을 받는다.

1. 사립의 국민학교·중학교·기술학교·공민학교·고등공민학교·유치원 및 이들에 준하는 각종학교
2. 제1호에 게기한 사립학교를 설치·경영하는 학교법인 또는 사립학교경영자

②다음 각호에 해당하는 자는 그 소재지를 관할하는 서울특별시·직할시·도의 교육위원회의 지휘·감독을 받는다.

---

120) 제10.5대 국회 제77회 제19차 문교공보위원회국가보위입법회의사무처, 문교공보위원회회의록 1981. 2. 19., 7면.

121) 제10.5대 국회 제77회 제19차 법제사법위원회 국가보위입법회의사무처, 법제사법위원회회의록, 1981. 2. 19., 5면.

122) 제10.5대 국회 제77회 제20차 국회본회의, 국가보위입법회의회의록, 1981. 2. 20., 7면.

1. 사립의 고등학교·고등기술학교·특수학교 및 이들에 준하는 각종학교
2. 제1호에 게기한 사립학교를 설치·경영하는 학교법인 또는 사립학교경영자
3. 제1호에 게기한 사립학교와 전항제1호에 게기한 사립학교를 아울러 설치·경영하는 학교법인 또는 사립학교경영자

③다음 각호에 해당하는 자는 문교부장관의 지휘·감독을 받는다.

1. 사립의 대학·사범대학·<u>**개방대학**</u>·전문대학 및 이들에 준하는 각종학교
2. 제1호에 게기한 사립학교를 설치·경영하는 학교법인
3. 제1호에 게기한 사립학교와 기타의 사립학교를 아울러 설치·경영하는 학교법인

(1) 법률안

〈1〉 **김일윤 의원안**[123]: 이 조문을 포함한 개정 대상 조문의 제안이유 및 주요내용은 아래와 같다.

• 제안이유

현행 「사립학교법」은 사립대학 설립자의 학교운영 참여금지, 학교법인으로부터 대학교의 재정권과 교직원 인사권의 배제, 감독청에 의한 학교법인의 임원과 학교의 장에 대한 임명승인 취소권의 행사 등을 규정하고 있음으로써 본래의 취지와는 달리 사학경영자의 투자의욕을 위축시킬 뿐만 아니라 대학운영의 자율성 보장이란 학원자율화 원칙에 모순되고 있음을 이유로 하여 동법을 사학을 자율성을 보장해주는 방향으로 개정하여 사학 경영자의 투자의욕을 제고하고, 사학의 건전한 육성을 도모하기 위하여 제안된 것임.

• 주요내용

가. 학교법인의 설립자, 설립자의 배우자, 설립자의 직계존·비속 및 그 배우자에 대한 대학교육기관의 장의 임명제한 규정을 삭제함(안 제54조의3).

나. 대학교육기관의 경우 학교법인 또는 사립학교경영자는 학교의 장의 임면권만 가지도록 하고 기타의 학교 직원의 임면권은 학교의 장이 행사하도록 되어 있는 것을 학교의 장이 아닌 교원의 경우 교원인사위원회의 심의를 거쳐 임면하도록 함(안 제16조, 제53조의2, 제70조의2).

다. 대학교육기관의 경우 학교예산의 편성과 집행 및 결산은 학교의 장이 하

123) 1985. 6. 7. 김일윤의원 등 19인(의안번호: 120042).

도록 되어 있는 것을 이사회의 심의·결정을 거쳐 집행·결산하도록 함(안 제16조, 제29조)

라. 학교법인의 임원취임 또는 학교의 장이 임명에 대한 감독청의 승인취소권을 삭제함(안 제20조의2, 제22조, 제54조의2 및 제54조의3).

이 조문의 현행법과 개정 원안은 아래와 같다.

현행법	원안
제4조(감독청) ①다음 각호에 해당하는 자는 그 소재지를 관할하는 서울특별시·부산시의 교육위원회 또는 시·군의 교육장의 지휘·감독을 받는다. 1. ~ 2. (생 략) ②다음 각호에 해당하는 자는 그 소재지를 관할하는 서울특별시·부산시·도의 교육위원회의 지휘·감독을 받는다. 1. ~ 3. (생 략) ③(생 략)	**제4조(감독청)** ①다음 각호에 해당하는 자는 그 소재지를 관할하는 서울특별시·직할시의 교육위원회 또는 시·군의 교육장의 지휘·감독을 받는다. 1. ~ 2. (현행과 같음) ②다음 각호에 해당하는 자는 그 소재지를 관할하는 서울특별시·직할시·도의 교육위원회의 지휘·감독을 받는다. 1. ~ 3. (현행과 같음) ③(현행과 같음)

- 「지방자치에 관한 임시조치법」(1981. 4. 4. 개정·시행) 개정으로 "부산시"를 "직할시"로 하였다.

〈2〉 정동성 의원안[124)]

현행법	원안
제4조(감독청) ①다음 각호에 해당하는 자는 그 소재지를 관할하는 서울특별시·부산시의 교육위원회 또는 시·군의 교육장의 지휘·감독을 받는다. 1. ~ 2. (생 략) ②다음 각호에 해당하는 자는 그 소재지를 관할하는 서울특별시·부산시·도의 교육위원회의 지휘·감독을 받는다. 1. ~ 3. (생 략) ③다음 각호에 해당하는 자는 문교부장관의 지휘·감독을 받는다.	**제4조(감독청)** ①다음 각호에 해당하는 자는 그 소재지를 관할하는 서울특별시·직할시의 교육위원회 또는 시·군의 교육장의 지휘·감독을 받는다. 1. ~ 2. (현행과 같음) ②다음 각호에 해당하는 자는 그 소재지를 관할하는 서울특별시·직할시·도의 교육위원회의 지휘·감독을 받는다. 1. ~ 3. (현행과 같음) ③다음 각호에 해당하는 자는 문교부장관의 지휘·감독을 받는다.

124) 1985. 12. 7. 정동성의원 등 40인(의안번호: 120179); 제안이유 및 주요내용은 이 책 [3.204] 참조.

1. 사립의 대학·사범대학·전문대학 및 이들에 준하는 각종학교 2. ~ 3. (생 략)	1. 사립의 대학·사범대학·개방대학·전문대학 및 이들에 준하는 각종학교 2. ~ 3. (현행과 같음)

- 「지방자치에 관한 임시조치법」(1981. 4. 4. 개정·시행) 개정으로 "부산시"를 "직할시"로 하였다.
- 「교육법」(1981. 12. 31. 개정, 1981. 12. 31. 시행) 개정으로 개방대학에 대한 조문이 신설되어, 문교부장관의 지휘·감독을 받는 대상에 "개방대학"을 추가하였다.

(2) 위원회 심사

〈1〉 **문교공보위원회:** 대안[125]으로 가결되었다.[126]

대안
제4조(감독청) ①다음 각호에 해당하는 자는 그 소재지를 관할하는 서울특별시·직할시의 교육위원회 또는 시·군의 교육장의 지휘·감독을 받는다. ②다음 각호에 해당하는 자는 그 소재지를 관할하는 서울특별시·직할시·도의 교육위원회의 지휘·감독을 받는다. ③다음 각호에 해당하는 자는 문교부장관의 지휘·감독을 받는다. 1. 사립의 대학·사범대학·개방대학·전문대학 및 이들에 준하는 각종학교

위 내용이 포함된 제4조에 관한 회의록 내용은 아래와 같다.

- 소위원장 이민섭[127]: 아까 주요골자는 말씀드렸습니다만 법조문을 일일이 열거해서 보충해서 심사보고를 하겠습니다.
  제4조제1항 및 제2항 중 "부산시"를 각각 "직할시"로 하고 동조 제3항 제1호중 "전문대학"을 "개방대학 전문대학"으로 한다.

〈2〉 **법제사법위원회:** 문교공보위원회 대안대로 가결되었다.[128]

(3) 본회의 심의

문교공보위원회 대안대로 가결되었다.[129]

---

125) 1986. 4. 8. 문교공보위원장(의안번호: 120225).
126) 제129회 국회(임시회) 제5차 전체회의, 문교공보위원회회의록, 1986. 4. 7., 7면.
127) 제129회 국회(임시회) 제5차 전체회의, 문교공보위원회회의록, 1986. 4. 7., 4면.
128) 제129회 국회(임시회) 제6차 전체회의, 법제사법위원회회의록, 1986. 4. 8., 9면.

(4) 결과

문교공보위원회 대안으로 개정되었다.

6. 1990년 4월 7일 개정(법률 제4226호, 1990. 4. 7. 시행

제4조(관할청) ①다음 <u>각호의 1에</u> 해당하는 자는 그 소재지를 관할하는 <u>시·군 및 자치구(지방자치단체인 구를 말한다. 이하 같다) 교육장</u>의 <u>지도</u>·감독을 받는다.

1. 사립의 국민학교·중학교·기술학교·공민학교·고등공민학교·유치원 및 이들에 준하는 각종학교
2. 제1호에 <u>규정한</u> 사립학교를 설치·경영하는 학교법인 또는 사립학교경영자

②다음 <u>각호의 1에</u> 해당하는 자는 그 소재지를 관할하는 <u>특별시·직할시·도(이하"시·도"라 한다)교육장</u>의 <u>지도</u>·감독을 받는다.

1. 사립의 고등학교·고등기술학교·특수학교 및 이들에 준하는 각종학교
2. 제1호에 <u>규정한</u> 사립학교를 설치·경영하는 학교법인 또는 사립학교경영자
3. 제1호에 <u>규정한</u> 사립학교와 <u>제1항</u>제1호에 <u>규정한</u> 사립학교를 아울러 설치·경영하는 학교법인 또는 사립학교경영자

③다음 <u>각호의 1에</u> 해당하는 자는 문교부장관의 <u>지도</u>·감독을 받는다.

1. 사립의 대학·사범대학·개방대학·전문대학 및 이들에 준하는 각종학교<u>(이하 "대학교육기관"이라 한다)</u>
2. 제1호에 <u>규정한</u> 사립학교를 설치·경영하는 학교법인
3. 제1호에 <u>규정한</u> 사립학교와 기타의 사립학교를 아울러 설치·경영하는 학교법인

(1) 법률안

〈1〉 **정부안**[130]: 이 조문을 포함한 개정 대상 조문의 제안이유 및 주요내용은 아래와 같다.

- 제안이유

사학에 대한 행정감독권을 축소하여 사학의 자율성을 높이고 사립학교 교원의 신분보장을 강화함으로써 교직의 안정과 사학의 건전한 발전을 도모하도록

129) 제129회 국회(임시회) 제9차 본회의, 국회본회의회의록, 1986. 4. 8., 26면.
130) 1988. 12. 2. 정부(의안번호: 130287).

하며 기타 현행법상 일부 미비점을 보완하려는 것임.

• 주요내용

가. 종전에는 학교법인의 이사장은 다른 학교법인의 이사장을 겸할 수 없도록 하였으나 앞으로는 이를 겸할 수 있도록 함(안 제23조제4항).

나. 대학교육기관에 교육에 관한 중요한 사항을 심의하게 하기 위하여 대학평의원회를 둘 수 있도록 함(안 제26조의2).

다. 종전에는 학교법인이 그 재산을 임대하고자 할 때에도 감독청의 허가를 받도록 하였으나 앞으로는 허가를 받지 아니하도록 함(안 제28조제1항).

라. 종전에는 학교법인 또는 사립학교경영자가 학교의 장을 임명하고자 할 때에는 감독청의 승인을 얻도록 하던 것을 앞으로는 감독청의 승인없이 임명하도록 하되, 임명한 날로부터 15일 이내에 감독청에 보고하도록 함(안 제53조제1항).

마. 종전에는 대학교육기관에서 학교의 장이 당해 학교의 교원을 임명함에 있어서 10년의 범위안에서 학교법인의 정관으로 기간을 정하여 임명하게 하던 것을 앞으로는 정관이 정하는 바에 의하여 임명하도록 함(안 제53조의2).

바. 각급학교의 장이 이 법에 의한 면직사유에 해당되거나 법령위반, 회계부정 등에 관여한 때에는 감독청이 그 임명승인을 직접 취소할 수 있게 하던 것을 임면권자에게 해임을 요구할 수 있도록 함(안 제54조의2).

사. 교원이 직무를 이탈하여 후임자의 보충이 불가피한 때에는 그 후임자가 보충될 때까지 임시교원을 임용할 수 있도록 함(안 제54조의4).

아. 교원의 휴직사유를 교육공무원의 휴직사유와 동일하게 조정함(안 제59조).

자. 국가공무원의 경우와 같이 사립학교 교원에 대하여도 명예퇴직제도를 도입함(안 제60조의3).

차. 징계사유가 발생한 날로부터 2년이 경과된 때에는 징계를 행하지 못하도록 하는 징계사유에 대한 시효제도를 도입함(안 제66조의2).

카. 종전에는 교원의 징계처분 기타 의사에 반하는 불리한 처분에 대한 재심기관인 재심위원회를 당해 사학기관에 두었으나 앞으로는 이를 관할청별로 하나의 위원회를 두도록 함(안 제67조).

이 조문의 현행법과 개정 원안은 아래와 같다.

현행법	원안
제4조(감독청) ①다음 각호에 해당하는 자는 그 소재지를 관할하는 <u>서울특별시·직할시의 교육</u>	**제4조(관할청)** ①다음 각호에 해당하는 자는 그 소재지를 관할하는 <u>시·군 및 자치구(지방자치</u>

위원회 또는 시·군의 교육장의 지휘·감독을 받는다. 1. (생 략) 2. 제1호에 게기한 사립학교를 설치·경영하는 학교법인 또는 사립학교경영자 ②다음 각호에 해당하는 자는 그 소재지를 관할하는 서울특별시·직할시·도의 교육위원회의 지휘·감독을 받는다. 1. (생 략) 2. 제1호에 게기한 사립학교를 설치·경영하는 학교법인 또는 사립학교경영자 3. 제1호에 게기한 사립학교와 전항제1호에 게기한 사립학교를 아울러 설치·경영하는 학교법인 또는 사립학교경영자 ③다음 각호에 해당하는 자는 문교부장관의 지휘·감독을 받는다. 1. 사립의 대학·사범대학·개방대학·전문대학 및 이들에 준하는 각종학교 2. 제1호에 게기한 사립학교를 설치·경영하는 학교법인 3. 제1호에 게기한 사립학교와 기타의 사립학교를 아울러 설치·경영하는 학교법인	단체인 구를 말한다. 이하 같다) 교육장의 지도·감독을 받는다. 1. (현행과 같음) 2. 제1호에 규정한 사립학교를 설치·경영하는 학교법인 또는 사립학교경영자 ②다음 각호에 해당하는 자는 그 소재지를 관할하는 특별시·직할시·도(이하 "시·도"라 한다)교육장의 지도·감독을 받는다. 1. (현행과 같음) 2. 제1호에 규정한 사립학교를 설치·경영하는 학교법인 또는 사립학교경영자 3. 제1호에 규정한 사립학교와 제1항제1호에 규정한 사립학교를 아울러 설치·경영하는 학교법인 또는 사립학교경영자 ③다음 각호에 해당하는 자는 문교부장관의 지도·감독을 받는다. 1. (현행과 같음) 2. 제1호에 규정한 사립학교를 설치·경영하는 학교법인 3. 제1호에 규정한 사립학교와 기타의 사립학교를 아울러 설치·경영하는 학교법인

〈2〉 **박석무 의원안**[131]: 이 조문을 포함한 개정 대상 조문의 제안이유 및 주요내용은 아래와 같다.

• 제안이유

「사립학교법」은 사립학교 공공성과 자율성을 보장하고 단위학교의 민주화와 사립학교 교원의 신분보장 등의 제반 권리를 보장하고 국민교육의 균형적 발전을 도모해야 함에도 현행 「사립학교법」은 오히려 이를 제약하여 왔다. 이에 사학교원의 제반권리와 그 신분을 완전하게 보장하고 사학에 대한 재정지원을 확대하여 단위학교의 민주화를 통해 재정비리의 원인을 제거하여 사립학교에 진학한 학생들에게도 공립학교와 대등한 학습권을 보장하는 등 균형있는 국민교육을 실현하기 위하여 이를 개정하고자 한다.

131) 1988. 12. 21. 박석무의원 등 70인(의안번호: 130378).

• 주요내용

가. 현행법상 학교법인의 설립은 문교부장관의 인가를 받아야 하는 것을 당해 관할청의 인가를 받아 설립할 수 있도록 함(안 제10조).

나. 이사회의 기능 중 정관의 변경은 교무회의 또는 교수협의회의 심의를 거치도록 하고, 교원 중에서는 각급학교의 장 임면에 관한 사항만 결정하도록 함(안 제16조).

다. 학교에 속하는 회계의 예산은 학교의 장이 편성하여 교무회의 또는 교무협의회에서 심의하고 학교법인 이사회에서 의결하여 학교의 장이 집행하도록 함(안 제29조).

라. 현행법의 규정 중 정관에 의한 해산사유가 발생한 때, 목적의 달성이 불가능한 때, 문교부장관의 해산명령이 있을 때에도 학교법인이 해산하도록 되어 있는 것을 삭제하며 학교법인이 파산하여 해산한 때에는 그 학교를 국가 또는 지방자치단체에서 인수하도록 함(안 제43조).

마. 국가 또는 지방자치단체는 사립학교의 교육을 조성하기 위하여 교원인건비와 학교운영비를 교부금으로 교부할 수 있도록 함(안 제43조).

바. 학교의 장의 선출·임명·임기·자격은 「교육법」 제61조를 준용하고, 당해 학교를 설치하는 학교법인 또는 사립학교 경영자는 임명 후 관할청에 보고하도록 함(안 제53조).

사. 정관의 변경은 교무회의 또는 교수협의회의 심의를 거쳐 이사 정수의 3분의 2 이상의 찬성에 의한 이사회의 의결로 확정하고 이를 관할청에 보고하도록 함.

아. 학교의 장이 아닌 각급학교의 교원은 공개모집하여 교원인사위원회의 추천을 거쳐 학교의 장이 임면하도록 함(안 제53조의2).

자. 임시교원은 정원외에 임용하되 전체교원의 10분의 1을 넘을 수 없으며 그 보수는 정규교원과 동일하게 책정되도록 하고, 중등교육의 질 향상을 위하여 중등교원의 신규채용은 목적대학인 사범대학 출신자를 우선 채용하도록 함(안 제53조의3).

차. 각급학교 교원(학교의 장은 제외)의 임명 인가에 관한 사항을 심의 의결하기 위하여 교원인사위원회를 두고 그 수는 5인 내지 9인으로 하되 교무회의에서 추천한 교원, 그와 동수의 이사회에서 추천한 교원 또는 이사 및 학교의 장이 추천한 교원 1인으로 구성함. 다만, 대학(교)의 교원인사위원회에 관한 사항은 당해 교수협의회에서 학칙으로 정하도록 함(안 제53조의3)

카. 현행법상 감독청이 학교의 장에 대한 임명승인을 취소할 수 있도록 한 것을 삭제함(안 제51조의2).

타. 사립학교 교원은 정치·경제·사회적 지위향상과 교육의 정치적 중립성·자주성·전문성을 확립하기 위하여 자주적인 단결권·단체교섭권·단체행동권을 가짐. 다만, 단체행동권의 행사에 있어서는 수업 거부 이외의 행동만을 할 수 있다(안 제55조의3).

파. 의사에 반한 휴직·면직 등의 금지에 있어 학급학과의 개폐에 의하여 폐직이나 과원이 된 때 또는 조건부로 임용된 자를 단서조항으로 둔 것을 삭제함(안 제56조).

하. 사립학교의 교원이 이 법과 교육법에 위반하여 교원의 본분에 배치되는 행위를 한 때에는 교원의 임면권자는 징계의결을 요구할 수 있고, 교수협의회 또는 교무회의의 동의가 있을 때 징계의결의 결과에 따라 징계를 하도록 함(안 제61조).

거. 대학(교)를 제외한 각급 학교의 교원징계위원회는 8인 내지 10인으로 하되 임면권자인 학교의 장을 제외한 교무회의에서 선출한 교원과, 이와 동수의 이사회에서 선출한 교원 또는 이사로 구성하고, 대학교원인사위원회의 구성에 관한 사항은 당해 교수협의회에서 학칙으로 정하도록 하며, 징계의결은 재적위원 3분의 2 이상의 찬성으로 행하도록 함(안 제62조·제66조).

너. 교원징계위원회는 피징계자의 요구가 있을 때에는 관계인을 출석시켜 의견을 듣도록 함(안 제65조).

더. 재심위원회는 관할청에 두되,

a. 이사회가 추천한 2 내지 3인의 교원 또는 이사
b. 교무회의 또는 교수협의회가 추천한 이와 동수의 교원
c. 교무회의 또는 교수협의회가 추천한 교원단체교권위원 1인, 변호사 1인
d. 관할청의 공무원 1인으로 구성함(안 제67조)

이 조문의 현행법과 개정 원안은 아래와 같다.

현행법	원안
제4조(감독청) ①다음 각호에 해당하는 자는 그 소재지를 관할하는 <u>서울특별시·직할시의 교육위원회 또는 시·군의 교육장의 지휘·감독을 받는다.</u> 1. ~ 2. (생 략)	**제4조(관할청)** ①다음 각호에 해당하는 자는 그 소재지를 관할하는 <u>시·군 및 자치구의 교육위원회를 관할청으로 한다.</u> 1. ~ 2. (현행과 같음)

②다음 각호에 해당하는 자는 그 소재지를 관할하는 서울특별시·직할시·도의 교육위원회의 지휘·감독을 받는다. 1. ~ 3. (생 략) ③다음 각호에 해당하는 자는 문교부장관의 지휘·감독을 받는다. 1. ~ 3. (생 략)	②다음 각호에 해당하는 자는 그 소재지를 관할하는 서울특별시·직할시·도의 교육위원회를 관할청으로 한다. 1. ~ 3. (현행과 같음) ③다음 각호에 해당하는 자는 문교부를 관할청으로 한다. 1. ~ 3. (현행과 같음)

〈3〉 김인곤 의원안[132]**:** 이 조문을 포함한 개정 대상 조문의 제안이유 및 주요내용은 아래와 같다.

• 제안이유

사립학교는 그 특수성에 비추어 감독청의 명령·지시에 따른 운영보다는 학교경영자의 윤리적인 자율규제가 보다 교육의 효율성을 높일 수 있을 것임. 그러나 현행법은 사립학교의 자율적 운영보다는 감독기능이 강화되어 있어 사학의 자율성을 억제하고 있음. 따라서 학교운영에 있어서 사립학교의 자율성을 보장하고 나아가 자율규제의 바탕 위에서 사학의 발전이 도모될 수 있도록 동법을 개정하려는 것임.

• 주요내용

가. 각급학교의 감독청을 관할청으로 함(안 제4조).

나. 각급학교의 장은 이사회의 의결을 얻어 이사장이 임명한 뒤 관할청에 보고함(안 제53조).

다. 관할청의 학교장에 대한 임명승인취소권을 삭제함(안 제54조의2).

라. 학교법인이 이사장의 배우자 및 직계존비속과 그 배우자의 학교장 임명금지 규정을 삭제함(안 제54조의3).

이 조문의 현행법과 개정 원안은 아래와 같다.

현행법	원안
제4조(감독청) ①다음 각호에 해당하는 자는 그 소재지를 관할하는 서울특별시·직할시의 교육위원회 또는 시·군의 교육장의 지휘·감독을 받는다.	**제4조(관할청)** ①다음 각호에 해당하는 자는 그 소재지를 관할하는 시·군 및 자치구(지방자치단체인 구를 말한다. 이하 같다) 교육장의 지휘·감독을 받는다.

132) 1989. 2. 16. 김인곤의원 등 34인(의안번호: 130422).

1. ~ 2. (생 략)	1. ~ 2. (현행과 같음)
②다음 각호에 해당하는 자는 그 소재지를 관할하는 서울특별시·직할시·도의 교육위원회의 지휘·감독을 받는다.	②다음 각호에 해당하는 자는 그 소재지를 관할하는 서울특별시·직할시·도(이하"시·도"라 한다)교육장의 지휘·감독을 받는다.
1. ~ 3. (생 략)	1. ~ 3. (현행과 같음)
③ (생 략)	③ (현행과 같음)
1. ~ 3. (생 략)	1. ~ 3. (현행과 같음)

• 각급학교의 감독청을 관할청으로 하였다.

〈4〉 **강삼재 의원안**[133]: 이 조문을 포함한 개정 대상 조문의 제안이유 및 주요내용은 아래와 같다.

• 제안이유

「사립학교법」은 사립학교 교육의 공공성과 자율성을 보장하고, 사립학교 교원의 신분을 보장하여 건전한 사학교육을 육성해야 함에도 불구하고, 현행 「사립학교법」은 사학의 자율성을 침해하고 사학교원의 신분을 부당하게 제약함은 물론, 사학의 육성을 위한 제도적 보장이 미흡하여 사학교육의 위기를 초래하고 있으므로, 이를 시정하고 사학의 발전을 기함으로써 국민교육의 전체의 향상을 가져오기 위하여 현행 「사립학교법」을 개정하려는 것임.

• 주요내용

가. 사학의 자율성의 신장을 위하여 감독청을 관할청으로 함(안 제4조 등).

나. 학교법인의 설립을 문교부장관의 인가에서 관할청의 인가를 받도록 함(안 제10조).

다. 사학임원에 대한 관할청의 취임승인 취소권을 해임요구로 함(안 제20조의2).

라. 사립학교의 예산에 대하여 교무회의 또는 교수협의회에 심의권을 부여함(안 제29조).

마. 사학에 대하여 교원인건비와 학교운영비를 교부금으로 교부할 수 있도록 하고, 시설 등의 자금을 보조할 수 있도록 함(안 제43조).

바. 사학을 육성하기 위하여 사학진흥재단을 설립함(안 제43조의3).

사. 사립학교의 장은 학교법인, 교무회의, 졸업생단체의 대표로 구성하는 추천위원회에서 추천하여 이사장의 임명을 받도록 하되, 대학(교)의 경우에는 교

133) 1989. 2. 28. 강삼재의원 등 57인(의안번호: 130463).

수협의회에서 그 방식을 정하여 선출하도록 함(안 제53조).

아. 학교의 장이 아닌 사립학교의 교원의 임용은 재단과 교무회의 대표가 동수로 구성하는 교원인사위원회에서 추천, 학교의 장이 임명하도록 함(안 제53조의2).

자. 학교의 장에 대한 관할청의 임명승인 취소권을 해임요구로 함(안 제54조의2).

차. 사립학교 교원의 의사에 반한 면직·휴직 등의 불리한 처분을 받지 않도록 함(안 제56조).

이 조문의 현행법과 개정 원안은 아래와 같다.

현행법	원안
제4조(감독청) ①다음 각호에 해당하는 자는 그 소재지를 관할하는 서울특별시·직할시의 교육위원회 또는 시·군의 교육장의 지휘·감독을 받는다. 1. ~ 2. (생 략) ②다음 각호에 해당하는 자는 그 소재지를 관할하는 서울특별시·직할시·도의 교육위원회의 지휘·감독을 받는다. 1. ~ 3. (생 략) ③다음 각호에 해당하는 자는 문교부장관의 지휘·감독을 받는다. 1. ~ 3. (생 략)	**제4조(관할청)** ①다음 각호에 해당하는 자는 그 소재지를 관할하는 시·군 및 자치구의 교육장 또는 교육위원회의 지원·지도를 받는다. 1. ~ 2. (현행과 같음) ②다음 각호에 해당하는 자는 그 소재지를 관할하는 도의 교육장 또는 교육위원회의 지원·지도를 받는다. 1. ~ 3. (현행과 같음) ③다음 각호에 해당하는 자는 문교부장관의 지원·지도를 받는다. 1. ~ 3. (현행과 같음)

(2) 위원회 심사

〈1〉 문교공보위원회: 대안[134]으로 가결되었다.[135]

대안
제4조(관할청) ①다음 각호의 1에 해당하는 자는 그 소재지를 관할하는 시·군 및 자치구(지방자치단체인 구를 말한다. 이하 같다) 교육장의 지도·감독을 받는다. 2. 제1호에 규정한 사립학교를 설치·경영하는 학교법인 또는 사립학교경영자 ②다음 각호의 1에 해당하는 자는 그 소재지를 관할하는 특별시·직할시·도(이하 "시·도"라 한다) 교육장의 지도·감독을 받는다.

134) 1990. 3. 15. 문교공보위원장(의안번호: 130833).

135) 제148회 국회(임시회) 제6차 전체회의, 문교공보위원회회의록, 1990. 3. 14., 8면.

2. 제1호에 규정한 사립학교를 설치·경영하는 학교법인 또는 사립학교경영자
3. 제1호에 규정한 사립학교와 제1항제1호에 규정한 사립학교를 아울러 설치·경영하는 학교법인 또는 사립학교경영자

③다음 각호의 1에 해당하는 자는 문교부장관의 지도·감독을 받는다.
1. 사립의 대학·사범대학·개방대학·전문대학 및 이들에 준하는 각종학교(이하 "대학교육기관"이라 한다)
2. 제1호에 규정한 사립학교를 설치·경영하는 학교법인
3. 제1호에 규정한 사립학교와 기타의 사립학교를 아울러 설치·경영하는 학교법인

〈2〉 **법제사법위원회:** 문교공보위원회 대안대로 가결되었다.[136]

(3) 본회의 심의

문교공보위원회 대안대로 가결되었다.[137]

(4) 결과

문교공보위원회 대안으로 개정되었다.

7. 1990년 12월 27일 개정(법률 제4268호, 1990. 12. 27. 시행)

제4조(관할청) ①다음 각호의 1에 해당하는 자는 그 소재지를 관할하는 시·군 및 자치구(지방자치단체인 구를 말한다. 이하 같다) 교육장의 지도·감독을 받는다.
1. 사립의 국민학교·중학교·기술학교·공민학교·고등공민학교·유치원 및 이들에 준하는 각종학교
2. 제1호에 규정한 사립학교를 설치·경영하는 학교법인 또는 사립학교경영자

②다음 각호의 1에 해당하는 자는 그 소재지를 관할하는 특별시·직할시·도(이하"시·도"라 한다)교육장의 지도·감독을 받는다.
1. 사립의 고등학교·고등기술학교·특수학교 및 이들에 준하는 각종학교
2. 제1호에 규정한 사립학교를 설치·경영하는 학교법인 또는 사립학교경영자
3. 제1호에 규정한 사립학교와 제1항제1호에 규정한 사립학교를 아울러 설치·경영하는 학교법인 또는 사립학교경영자

136) 제148회 국회(임시회) 제6차 전체회의, 법제사법위원회회의록, 1990. 3. 14., 26면.
137) 제148회 국회(임시회) 제9차 본회의, 국회본회의회의록, 1990. 3. 16., 15~16면.

③다음 각호의 1에 해당하는 자는 **교육부장관**의 지도·감독을 받는다.
1. 사립의 대학·사범대학·개방대학·전문대학 및 이들에 준하는 각종학교(이하 "대학교육기관"이라 한다)
2. 제1호에 규정한 사립학교를 설치·경영하는 학교법인
3. 제1호에 규정한 사립학교와 기타의 사립학교를 아울러 설치·경영하는 학교법인

- 「정부조직법」(1990. 12. 27. 개정·시행)에 따라 "문교부장관"을 "교육부장관"으로 변경하였다.

4.208 **8. 1991년 3월 8일 개정(법률 제4347호, 1991. 6. 20. 시행)**

제4조(관할청) ①다음 각호의 1에 해당하는 자는 그 **주소지**를 관할하는 **특별시·직할시·도(이하 "시·도"라 한다) 교육감**의 지도·감독을 받는다.
1. 사립의 국민학교·중학교·**고등학교**·기술학교·**고등기술학교**·공민학교·고등공민학교·**특수학교**·유치원 및 이들에 준하는 각종학교
2. 제1호에 규정한 사립학교를 설치·경영하는 학교법인 또는 사립학교경영자

② 삭제〈1991.3.8〉

③다음 각호의 1에 해당하는 자는 교육부장관의 지도·감독을 받는다.
1. 사립의 대학·사범대학·개방대학·전문대학 및 이들에 준하는 각종학교(이하 "대학교육기관"이라 한다)
2. 제1호에 규정한 사립학교를 설치·경영하는 학교법인
3. 제1호에 규정한 사립학교와 기타의 사립학교를 아울러 설치·경영하는 학교법인

- 「지방교육자치에 관한 법률」(1991. 3. 8. 제정, 1991. 6. 20. 시행) 제정에 따라지방자치단체의 교육·학예에 관한 사무는 특별시·직할시 및 도("시·도")의 사무로 하고, 시·도의 교육·학예에 관한 사무의 집행기관으로 시·도에 임기 4년의 교육감을 두도록 함에 따라 이를 반영한 것이다.
- 제2항을 삭제하여 고등학교(또는 이에 준하는 학교)의 지도·감독청을 초등학교·중학교와 통합하였다.

9. 1995년 12월 29일 개정(법률 제5069호, 1996. 3. 1. 시행)

제4조(관할청) ①다음 각호의 1에 해당하는 자는 그 주소지를 관할하는 특별시·직할시·도(이하 "시·도"라 한다) 교육감의 지도·감독을 받는다.

1. 사립의 **초등학교**·중학교·고등학교·기술학교·고등기술학교·공민학교·고등공민학교·특수학교·유치원 및 이들에 준하는 각종학교
2. 제1호에 규정한 사립학교를 설치·경영하는 학교법인 또는 사립학교경영자

② 삭제

③다음 각호의 1에 해당하는 자는 교육부장관의 지도·감독을 받는다.

1. 사립의 대학·사범대학·개방대학·전문대학 및 이들에 준하는 각종학교(이하 "대학교육기관"이라 한다)
2. 제1호에 규정한 사립학교를 설치·경영하는 학교법인
3. 제1호에 규정한 사립학교와 기타의 사립학교를 아울러 설치·경영하는 학교법인

- 「교육법」(1995. 12. 29. 개정, 1996. 3. 1. 시행) 개정에 따라 "국민학교"를 "초등학교"로 하였다.

10. 1997년 1월 13일 개정(법률 제5274호, 1997. 4. 14. 시행)

제4조(관할청) ①다음 각호의 1에 해당하는 자는 그 주소지를 관할하는 특별시·**광역시**·도(이하 "시·도"라 한다) 교육감의 지도·감독을 받는다.

1. 사립의 초등학교·중학교·고등학교·기술학교·고등기술학교·공민학교·고등공민학교·특수학교·유치원 및 이들에 준하는 각종학교
2. 제1호에 규정한 사립학교를 설치·경영하는 학교법인 또는 사립학교경영자

② 삭제

③다음 각호의 1에 해당하는 자는 교육부장관의 지도·감독을 받는다.

1. 사립의 대학·사범대학·개방대학·**기술대학**·전문대학 및 이들에 준하는 각종학교(이하 "대학교육기관"이라 한다)
2. 제1호에 규정한 사립학교를 설치·경영하는 학교법인
3. 제1호에 규정한 사립학교와 기타의 사립학교를 아울러 설치·경영하는 학교법인

(1) 법률안(정부안[138])

현행법	원안
제4조(관할청) ①다음 각호의 1에 해당하는 자는 그 주소지를 관할하는 특별시·직할시·도(이하 "시·도"라 한다) 교육감의 지도·감독을 받는다. 1. ~ 2. (생 략) ② (생 략) ③다음 각호의 1에 해당하는 자는 교육부장관의 지도·감독을 받는다. 1. 사립의 대학·사범대학·개방대학·전문대학 및 이들에 준하는 각종학교(이하 "대학교육기관"이라 한다) 2. ~ 3. (생 략)	**제4조(관할청)** ①다음 각호의 1에 해당하는 자는 그 주소지를 관할하는 특별시·광역시·도(이하 "시·도"라 한다) 교육감의 지도·감독을 받는다. 1. ~ 2. (현행과 같음) ② (현행과 같음) ③다음 각호의 1에 해당하는 자는 교육부장관의 지도·감독을 받는다. 1. 사립의 대학·사범대학·개방대학·기술대학·전문대학 및 이들에 준하는 각종학교(이하 "대학교육기관"이라 한다) 2. ~ 3. (현행과 같음)

- 기술대학제도를 도입함에 따라 관련 조문을 정비하였다.
- 「지방자치법」(1994. 12. 20. 개정·시행) 개정으로 "직할시"를 "광역시"로 변경하였다.

(2) 위원회 심사

〈1〉 **교육위원회:** 원안대로 가결되었다.[139]

〈2〉 **법제사법위원회:** 원안대로 가결되었다.[140]

(3) 본회의 심의

원안대로 가결되었다.[141]

(4) 결과

원안으로 개정되었다.

---

138) 1996. 11. 18. 정부(의안번호: 150305); 제안이유 및 주요내용은 이 책 [3.206] 참조.
139) 제181회 국회(정기회) 제10차 전체회의, 교육위원회회의록, 1996. 12. 12., 17면.
140) 제181회 국회(정기회) 제14차 전체회의, 법제사법위원회회의록, 1996. 12. 16., 23면.
141) 제181회 국회(정기회) 제22차 본회의, 국회본회의회의록, 1996. 12. 17., 8면.

11. 1999년 8월 31일 개정(법률 제6004호, 1999. 8. 31. 시행)

제4조(관할청) ①다음 각호의 1에 해당하는 자는 그 주소지를 관할하는 특별시·광역시·도(이하 "시·도"라 한다) 교육감의 지도·감독을 받는다.

1. 사립의 초등학교·중학교·**고등학교·고등기술학교**·공민학교·고등공민학교·특수학교·유치원 및 이들에 준하는 각종학교
2. 제1호에 규정한 사립학교를 설치·경영하는 학교법인 또는 사립학교경영자

② 삭제

③다음 각호의 1에 해당하는 자는 교육부장관의 지도·감독을 받는다.

1. 사립의 대학·**산업대학·전문대학·기술대학** 및 이들에 준하는 각종학교(이하 "대학교육기관"이라 한다)
2. 제1호에 규정한 사립학교를 설치·경영하는 학교법인
3. 제1호에 규정한 사립학교와 기타의 사립학교를 아울러 설치·경영하는 학교법인

(1) 법률안(정부안[142])

현행법	원안
제4조(관할청) ①다음 각호의 1에 해당하는 자는 그 주소지를 관할하는 특별시·광역시·도(이하 "시·도"라 한다) 교육감의 지도·감독을 받는다. 1. 사립의 초등학교·중학교·고등학교·기술학교·고등기술학교·공민학교·고등공민학교·특수학교·유치원 및 이들에 준하는 각종학교 2. (생 략) ② (생 략) ③다음 각호의 1에 해당하는 자는 교육부장관의 지도·감독을 받는다. 1. 사립의 대학·사범대학·개방대학·기술대학·전문대학 및 이들에 준하는 각종학교(이하 "대학교육기관"이라 한다) 2. ~ 3. (생 략)	**제4조(관할청)** ①다음 각호의 1에 해당하는 자는 그 주소지를 관할하는 특별시·광역시·도(이하 "시·도"라 한다) 교육감의 지도·감독을 받는다. 1. 사립의 초등학교·중학교·고등학교·고등기술학교·공민학교·고등공민학교·특수학교·유치원 및 이들에 준하는 각종학교 2. (현행과 같음) ② (현행과 같음) ③다음 각호의 1에 해당하는 자는 교육부장관의 지도·감독을 받는다. 1. 사립의 대학·산업대학·기술대학·전문대학 및 이들에 준하는 각종학교(이하 "대학교육기관"이라 한다) 2. ~ 3. (현행과 같음)

- 제1항제1호에서 기술학교를 삭제하고, 제3항제1호 중 "사범대학·개방대학"을 삭제하고 "산업대학"을 추가했다.
- 「교육법」(1997. 12. 31. 개정, 1998. 3. 1. 시행)이 폐지되고 「고등교육법」(1997. 12. 13. 제정, 1998. 3. 1. 시행)이 시행되면서 종래의 개방대학을 산업대학으로 명칭을 변경하였다.

(2) 위원회 심사

〈1〉 **교육위원회:** 원안대로 가결되었다.[143]

〈2〉 **법제사법위원회:** 원안을 수정·가결했다.[144] 수정내용은 아래와 같다.

원안	법제사법위원회 수정안
제4조(관할청) ①다음 각호의 1에 해당하는 자는 그 주소지를 관할하는 특별시·광역시·도(이하 "시·도"라 한다) 교육감의 지도·감독을 받는다. 1. 사립의 초등학교·중학교·고등학교·고등기술학교·공민학교·고등공민학교·특수학교·유치원 및 이들에 준하는 각종학교 ③다음 각호의 1에 해당하는 자는 교육부장관의 지도·감독을 받는다. 1. 사립의 대학·<u>산업대학·기술대학·전문대학</u> 및 이들에 준하는 각종학교(이하 "대학교육기관"이라 한다)	**제4조(관할청)** ①다음 각호의 1에 해당하는 자는 그 주소지를 관할하는 특별시·광역시·도(이하 "시·도"라 한다) 교육감의 지도·감독을 받는다. 1. 사립의 초등학교·중학교·고등학교·고등기술학교·공민학교·고등공민학교·특수학교·유치원 및 이들에 준하는 각종학교 ③다음 각호의 1에 해당하는 자는 교육부장관의 지도·감독을 받는다. 1. 사립의 대학·<u>산업대학·전문대학·기술대학</u> 및 이들에 준하는 각종학교(이하 "대학교육기관"이라 한다)

(3) 본회의 심의

법제사법위원회 수정안대로 가결되었다.[145]

(4) 결과

법제사법위원회 수정안으로 개정되었다.

---

142) 1998. 12. 2. 정부(의안번호: 151530); 제안이유 및 주요내용은 이 책 [2.201] 참조.
143) 제206회 국회(임시회) 제2차 전체회의, 교육위원회회의록, 1999. 8. 10., 30면.
144) 제206회 국회(임시회) 제5차 전체회의, 법제사법위원회회의록, 1999. 8. 12., 19면.
145) 제206회 국회(임시회) 제3차 본회의, 국회본회의회의록, 1999. 8. 12., 26면.

12. 2001년 1월 29일 개정(법률 제6400호, 2001. 1. 29. 시행)

제4조(관할청) ①다음 각호의 1에 해당하는 자는 그 주소지를 관할하는 특별시·광역시·도(이하 "시·도"라 한다) 교육감의 지도·감독을 받는다.

1. 사립의 초등학교·중학교·고등학교·고등기술학교·공민학교·고등공민학교·특수학교·유치원 및 이들에 준하는 각종학교
2. 제1호에 규정한 사립학교를 설치·경영하는 학교법인 또는 사립학교경영자

② 삭제

③다음 각호의 1에 해당하는 자는 **교육인적자원부장관**의 지도·감독을 받는다.

1. 사립의 대학·산업대학·전문대학·기술대학 및 이들에 준하는 각종학교(이하 "대학교육기관"이라 한다)
2. 제1호에 규정한 사립학교를 설치·경영하는 학교법인
3. 제1호에 규정한 사립학교와 기타의 사립학교를 아울러 설치·경영하는 학교법인

- 「정부조직법」(2001. 1. 29. 개정·시행)에 따라 "교육부장관"을 "교육인적자원부장관"으로 변경하였다.

13. 2007년 10월 17일 개정(법률 제8639호, 2008. 4. 18. 시행)

제4조(관할청) ①다음 각호의 1에 해당하는 자는 그 주소지를 관할하는 특별시·광역시·도(이하 "시·도"라 한다) 교육감의 지도·감독을 받는다.

1. 사립의 초등학교·중학교·고등학교·고등기술학교·공민학교·고등공민학교·특수학교·유치원 및 이들에 준하는 각종학교
2. 제1호에 규정한 사립학교를 설치·경영하는 학교법인 또는 사립학교경영자

② 삭제

③다음 각호의 1에 해당하는 자는 교육인적자원부장관의 지도·감독을 받는다.

1. 사립의 대학·산업대학·**사이버대학**·전문대학·기술대학 및 이들에 준하는 각종학교(이하 "대학교육기관"이라 한다)
2. 제1호에 규정한 사립학교를 설치·경영하는 학교법인
3. 제1호에 규정한 사립학교와 기타의 사립학교를 아울러 설치·경영하는 학교법인

• 대학교육기관에 "사이버대학"을 추가하였다(오직 형식에 관한 개정이므로 자세한 개정 경과는 생략함[146]).

4.214

14. 2008년 2월 29일 개정(법률 제8852호, 2008. 2. 29. 시행)

제4조(관할청) ①다음 각호의 1에 해당하는 자는 그 주소지를 관할하는 특별시·광역시·도(이하 "시·도"라 한다) 교육감의 지도·감독을 받는다.

1. 사립의 초등학교·중학교·고등학교·고등기술학교·공민학교·고등공민학교·특수학교·유치원 및 이들에 준하는 각종학교
2. 제1호에 규정한 사립학교를 설치·경영하는 학교법인 또는 사립학교경영자

② 삭제

③다음 각호의 1에 해당하는 자는 **교육과학기술부장관**의 지도·감독을 받는다.

1. 사립의 대학·산업대학·사이버대학·전문대학·기술대학 및 이들에 준하는 각종학교(이하 "대학교육기관"이라 한다)
2. 제1호에 규정한 사립학교를 설치·경영하는 학교법인
3. 제1호에 규정한 사립학교와 기타의 사립학교를 아울러 설치·경영하는 학교법인

• 「정부조직법」(2008. 2. 29. 개정·시행)에 따라 "교육인적자원부장관"을 "교육과학기술부장관"으로 변경하였다.

4.215

15. 2013년 3월 23일 개정(법률 제11690호, 2013. 3. 23. 시행)

제4조(관할청) ①다음 각호의 1에 해당하는 자는 그 주소지를 관할하는 특별시·광역시·도(이하 "시·도"라 한다) 교육감의 지도·감독을 받는다.

1. 사립의 초등학교·중학교·고등학교·고등기술학교·공민학교·고등공민학교·특수학교·유치원 및 이들에 준하는 각종학교
2. 제1호에 규정한 사립학교를 설치·경영하는 학교법인 또는 사립학교경영자

② 삭제

③다음 각호의 1에 해당하는 자는 **교육부장관**의 지도·감독을 받는다.

146) 이에 관한 구체적 개정경과는 이 책 [3.208] 참조.

1. 사립의 대학·산업대학·사이버대학·전문대학·기술대학 및 이들에 준하는 각종학교(이하 "대학교육기관"이라 한다)
2. 제1호에 규정한 사립학교를 설치·경영하는 학교법인
3. 제1호에 규정한 사립학교와 기타의 사립학교를 아울러 설치·경영하는 학교법인

- 「정부조직법」(2013. 3. 23. 개정·시행)에 따라 "교육과학기술부장관"을 "교육부장관"으로 변경하였다.

16. 2016년 5월 29일 개정(법률 제14154호, 2016. 5. 29. 시행)

제4조(관할청) ①다음 각 호의 어느 하나에 해당하는 자는 그 주소지를 관할하는 **특별시·광역시·특별자치시·도 및 특별자치도(이하 "시·도"라 한다)** 교육감의 지도·감독을 받는다.

1. 사립의 초등학교·중학교·고등학교·고등기술학교·공민학교·고등공민학교·특수학교·유치원 및 이들에 준하는 각종학교
2. 제1호에 규정한 사립학교를 설치·경영하는 학교법인 또는 사립학교경영자

② 삭제

③다음 각호의 1에 해당하는 자는 교육부장관의 지도·감독을 받는다.

1. 사립의 대학·산업대학·사이버대학·전문대학·기술대학 및 이들에 준하는 각종학교(이하 "대학교육기관"이라 한다)
2. 제1호에 규정한 사립학교를 설치·경영하는 학교법인
3. 제1호에 규정한 사립학교와 기타의 사립학교를 아울러 설치·경영하는 학교법인

(1) 법률안(정부안[147])

이 조문을 포함한 개정 대상 조문의 제안이유 및 주요내용은 아래와 같다.[148]

147) 2013. 6. 26. 정부(의안번호: 1905658).

148) 2016년 5월 29일 개정 원안에는 이 정부안 외에도 김우남 의원안(2014. 10. 29. 김우남의원 등 11인, 의안번호: 1912183), 도종환 의원안(2015. 4. 2. 도종환의원 등 10인, 의안번호: 1914564), 김태년 의원안(2015. 6. 12. 김태년의원 등 10인, 의안번호: 1915571), 류지영 의원안(2015. 7. 17. 류지영의원 등

• 제안이유 및 주요내용

현재 학교법인의 이사장과 친족관계에 있는 사람은 그 학교법인이 설치·경영하는 학교의 장으로 임명될 수 없도록 제한하되 관할청의 승인 등을 받으면 임명될 수 있도록 하고 있으나, 학교의 장으로 임명된 후 친족관계에 있는 사람이 이사장으로 선임되는 경우에는 관할청의 승인 등의 여부와 그 시한이 명확하지 아니하므로, 학교의 장이 이사장과 친족관계에 해당하게 된 경우에는 그 친족관계에 해당하게 된 날부터 3개월 이내에 이사 정수의 3분의 2 이상의 찬성과 관할청의 승인을 받도록 명확히 하는 한편, 그 밖에 현행 제도의 운영상 나타난 일부 미비점을 개선·보완하려는 것임.

이 조문의 현행법과 개정 원안은 아래와 같다.

현행법	원안
제4조(관할청) ①다음 각호의 1에 해당하는 자는 그 주소지를 관할하는 특별시·광역시·도(이하 "시·도"라 한다) 교육감의 지도·감독을 받는다. 1. ~ 2. (생 략) ② ~ ③ (생 략)	**제4조(관할청)** ①다음 각 호의 어느 하나에 해당하는 자는 그 주소지를 관할하는 특별시·광역시·특별자치시·도 및 특별자치도(이하 "시·도"라 한다) 교육감의 지도·감독을 받는다. 1. ~ 2. (현행과 같음) ② ~ ③ (현행과 같음)

• 관할청에 특별자치시 및 특별자치도를 추가하였다.

(2) 위원회 심사

〈1〉 **교육문화체육관광위원회:** 대안[149]으로 가결되었다(이 조문의 경우에는 원안과 대안의 내용이 동일함).[150]

〈2〉 **법제사법위원회:** 교육문화체육관광위원회 대안대로 가결되었다.[151]

10인, 의안번호: 1916137), 정부안(2015. 12. 7. 정부, 의안번호: 1918050)이 있다. 이 원안들은 이후 위원회 심사 단계에서 대안(2016. 5. 18. 교육문화체육관광위원장, 의안번호: 1918727)으로 통합 조정되었다. 이들 개정안 중 제4조에 관한 개정안은 정부안(의안번호: 1905658)이다. 그러므로 여기에서는 정부안(의안번호: 1905658)의 제안이유·주요내용 및 현행법과 개정 원안만을 소개한다. 김우남 의원안은 이 책 [72-2.201], 도종환 의원안은 이 책 [53-5.204], 김태년 의원안은 이 책 [28.206], 류지영 의원안은 이 책 [74.208], 정부안(의안번호: 1918050)은 이 책 [62.207] 참조.

149) 2016. 5. 18. 교육문화체육관광위원장(의안번호: 1918727).

150) 제342회 국회(임시회) 제1차 전체회의, 교육문화체육관광위원회회의록, 2016. 5. 11., 23면.

151) 제342회 국회(임시회) 제2차 전체회의, 법제사법위원회회의록, 2016. 5. 17., 76면.

(3) 본회의 심의

교육문화체육관광위원회 대안대로 가결되었다.[152)]

(4) 결과

교육문화체육관광위원회 대안으로 개정되었다.

17. 2019년 12월 3일 개정(법률 제16672호, 2019. 12. 3. 시행)

제4조(관할청) ①다음 각 호의 어느 하나에 해당하는 자는 그 주소지를 관할하는 특별시·광역시·특별자치시·도 및 특별자치도(이하 "시·도"라 한다) 교육감의 지도·감독을 받는다.

1. 사립의 초등학교·중학교·고등학교·**고등기술학교·고등공민학교**·특수학교·유치원 및 이들에 준하는 각종학교
2. 제1호에 규정한 사립학교를 설치·경영하는 학교법인 또는 사립학교경영자

② 삭제

③다음 각호의 1에 해당하는 자는 교육부장관의 지도·감독을 받는다.

1. 사립의 대학·산업대학·사이버대학·전문대학·기술대학 및 이들에 준하는 각종학교(이하 "대학교육기관"이라 한다)
2. 제1호에 규정한 사립학교를 설치·경영하는 학교법인
3. 제1호에 규정한 사립학교와 기타의 사립학교를 아울러 설치·경영하는 학교법인

- 설치·운영 중인 공민학교가 없는 현실을 반영하여 개정된 「초·중등교육법」(2019. 12. 3. 개정·시행)에 따라 "고등기술학교·공민학교"를 "고등기술학교"로 변경하였다.

18. 2020년 12월 22일 개정(법률 제17659호, 2020. 12. 22. 시행)

제4조(관할청) ①_다음 각 호의 어느 하나에 해당하는 자는 그 주소지를 관할하는 특별시·광역시·특별자치시·도 및 특별자치도(이하 "시·도"라 한다) 교육감의

152) 제342회 국회(임시회) 제1차 본회의, 국회본회의회의록, 2016. 5. 19., 41면.

지도·감독을 받는다.

1. 사립의 초등학교·중학교·고등학교·고등기술학교·고등공민학교·특수학교·유치원 및 이들에 준하는 각종학교
2. 제1호에 **따른** 사립학교를 설치·경영하는 학교법인 또는 사립학교경영자

② 삭제

③ 다음 **각 호의 어느 하나**에 해당하는 자는 교육부장관의 지도·감독을 받는다.

1. 사립의 대학·산업대학·사이버대학·전문대학·기술대학 및 이들에 준하는 각종학교(이하 "**대학교육기관**"이라 한다)
2. 제1호에 따른 사립학교를 설치·경영하는 학교법인
3. 제1호에 따른 사립학교와 그 밖의 사립학교를 아울러 설치·경영하는 학교법인

• 법문을 한글화하고 간결하게 하였다(오직 형식에 관한 개정이므로 자세한 개정경과는 생략함153)).

4.300 III. 현행법

제4조(관할청) ① 다음 각 호의 어느 하나에 해당하는 자는 그 주소지를 관할하는 특별시·광역시·특별자치시·도 및 특별자치도(이하 "시·도"라 한다) 교육감의 지도·감독을 받는다.

1. 사립의 초등학교·중학교·고등학교·고등기술학교·고등공민학교·특수학교·유치원 및 이들에 준하는 각종학교
2. 제1호에 따른 사립학교를 설치·경영하는 학교법인 또는 사립학교경영자

② 삭제

③다음 각 호의 어느 하나에 해당하는 자는 교육부장관의 지도·감독을 받는다.

1. 사립의 대학·산업대학·사이버대학·전문대학·기술대학 및 이들에 준하는 각종학교(이하 "대학교육기관"이라 한다)
2. 제1호에 따른 사립학교를 설치·경영하는 학교법인

153) 이에 관한 구체적 개정경과는 이 책 [1.201] 참조.

3. 제1호에 따른 사립학교와 그 밖의 사립학교를 아울러 설치·경영하는 학교법인

IV. 종합/특기사항

- 제4조는 사립학교를 설치·경영하는 학교법인 또는 사립학교경영자에 대한 관할청을 단계별로 구분하여 규정하고 있다. 제4조에 대한 주요 개정은 1964년, 1972년, 1991년, 2020년에 이루어졌다. 제정법은 관할청을 일반 행정기관으로 규정했으나 1964년 개정에 따라 교육행정기관을 관할청으로 변경하였고, 1972년 개정은 중학교 등(또는 중학교 등을 설치·경영하는 학교법인 및 사립학교경영자)의 지휘·감독기관을 국민학교 등(또는 국민학교 등을 설치·경영하는 학교법인 및 사립학교경영자)의 지휘·감독기관과 동일하게 변경하였다. 1991년 개정은 종래 3개 단계(국민학교·중학교는 1단계, 고등학교는 2단계, 대학교는 3단계)로 운영되던 관할청을 2개 단계(초중등학교는 1단계, 대학교는 2단계)로 단순화하여 현행법의 구도가 형성되었다. 2020년 개정은 "대학·산업대학·사이버대학·전문대학·기술대학 및 이들에 준하는 각종학교"(제4조제3항제1호)를 묶어 "대학교육기관"으로 총칭하는 내용도 담고 있다.
- 제4조의 개정 경과에는 관할청의 사립학교에 대한 기본적인 시각이 내포되어 있다. 제정법이 "지휘·감독"이었던 것을 1964년 개정안(의원안)은 "지도·감독"으로 제안했으나 심사 단계에서 다시 "지휘·감독"으로 복구되었다가, 그로부터 약 30년이 지난 1990년 4월 "지도·감독"으로 개정되어 현재에 이르고 있다. "지도·감독"보다는 "지휘·감독"이 더 권위적인 느낌을 준다. 조문 제목도 제정법 이후 "감독청"이었던 것을 1990년 4월 "관할청"으로 개정했다.

제2장
학교법인

『새교육』이 소개하는 이 장의 제정이유는 아래와 같다.[1)]

학교법인의 정의에서 기술한 바와 같이, 학교법인은 특수법인이다. 특수법인이란 일반법인에 대립되는 용어로서 일반법인은 민법의 규정에 의하여 설립되고 민법의 적용을 받는데 대하여, 특수법인은 민법이 아닌 특별한 법률에 의하여 설립되기 때문에 법 적용도 특별법에 의한다. 학교법인은 사립학교법에 의하여 설립될 뿐만 아니라, 공익을 위주로 하는 비영리법인인 점에서 상법상의 상사와도 구분된다.

이러한 특별법인으로서의 학교법인은 사립학교법이라는 행정법에 의하여 설립·운영되지만, 그것은 공법인은 아니고 사법인으로서 사경제의 원칙 하에서 활동한다. 따라서 민법상의 비영리법인이나 상법상의 상사에 관한 이론이 그대로 적용되는 것이며, 각종의 민사법규에 의할 것은 물론, 재판의 경우에도 사법질서에 따른다.

이러한 학교법인은 또한 재단법인적 학교법인이다. 이 법 제5조와 제10조에 의하여 학교법인은 일정한 재산과 그 재산의 목적, 즉 학교의 설립과 운영을 요건으로 하도록 규정함으로써 재산의 집결체에 대하여 법인격을 부여한다. 따라서 학교법인은 사단법인이 아닌 재단법인이며, 또한 그 목적사업이 학교라는 비영리사업이기 때문에 민법 제32조에 의하는 비영리적인 재단법인의 성격을 갖는다. 이러한 재단법인은 관청의 허가를 얻어 설립되는 것이며, 설립의 자유가 있는 것이 아니다. 왜냐하면 공공성을 위한 필요성 여부는 오로지 정부에 의하여서만 판단될 수 있기 때문이다. 아무튼 학교법인은 민법 제32조에 의하여 설립되는 비영리법인으로서의 재단법인에 해당하기 때문에, 학교법인을 규율하는 모든 조항과 그 법률 이론은 재단법인의 이론에 입각한다. 그러기 때문에 이 법률은 재단법인을 규정하는 민법의 각 조항과 대차 없는 것이며, 극히 필요한 부분에 한하여 민법을 배제하는 규정을 두고 있다.

제2장 학교법인은 제1절 통칙, 제2절 설립, 제3절 기관, 제4절 재산과 회계, 제5절 해산과 합병, 제6절 조성과 감독으로 되어 있으며, 제5조 내지 제48조에 걸쳐 규정되어 있고, 사립학교법의 중심을 이루고 이는 민법 규정을 행정법규화하는 중대한 공법 영역을 이룸으로써 사립학교 행정의 토대가 된다.

---

1) 金康鉉, 앞의 글 "私立學校法(2)", 63면.

제 1 절 | 통칙

제5조(자산)

I. 제정법

제5조(자산) ①학교법인은 그 설치·경영하는 사립학교에 필요한 시설·설비와 당해 학교의 경영에 필요한 재산을 갖추어야 한다.
②전항에 규정한 사립학교에 필요한 시설·설비와 재산에 관한 기준은 각령으로 정한다.

『새교육』이 소개하는 이 조문의 제정이유는 아래와 같다.[2)]

학교법인은 재단법인으로서 학교만을 설립 목적으로 하기 때문에 제5조에서 자산을 규정하고 있다. 이 자산은 학교법인의 주체로서 일본의 사립학교법에서는 법률로 정하고 있으나 우리의 경우는 각령[3)]으로 미루었다.

학교법인의 자산을 두 가지 부분으로 나눈다. 그 하나는 교육을 위한 시설이며, 둘째는 교육의 경상비를 계속적으로 조달하는 수익자산이다.

교육시설을 위한 자산은 건물, 운동장, 교구 등으로 구성되며, 이는 절대적으로 필요 불가결한 요건이 된다. 이에 대한 기준은 국·공립학교와 아울러 「각급 학교 시설 기준령」[4)]에서 상세히 규정하게 될 것인바, 우리의 형편으로서는 학교다운 학교를 머리에 두고 그 기준을 정할 수 없는 형편이다.

수익자산에 대하여서도 별도로 연구되어 각령으로 정하지 않을 수 없다. 이러한 이유로 사립학교법 시행령에 포함되지 아니하고 이 자산에 대한 별도의 기준령이 제정되지 않을 수 없다.

---

2) 金康鉉, 앞의 글 "私立學校法(2)", 63면.
3) 「교육법 시행령」(1962. 12. 29. 일부개정, 1962. 12. 29. 시행)
4) 「학교시설·설비기준령」(1967. 10. 26. 제정, 1967. 10. 26. 시행), 「대학설치기준령」(1967. 9. 27. 일부개정, 1967. 9. 27. 시행)

II. 개정 경과

5.201 ### 1. 1964년 11월 10일 개정(법률 제1664호, 1964. 11. 10. 시행)

제5조(자산) ①학교법인은 그 설치·경영하는 사립학교에 필요한 시설·설비와 당해 학교의 경영에 필요한 재산을 갖추어야 한다.
②전항에 규정한 사립학교에 필요한 시설·설비와 재산에 관한 기준은 **대통령령**으로 정한다.

(1) 법률안(최영두 의원안[5])

현행법	원안
제5조(자산) ① (생 략) ②전항에 규정한 사립학교에 필요한 시설·설비와 재산에 관한 기준은 각령으로 정한다.	**제5조(자산)** ① (현행과 같음) ②전항에 규정한 사립학교에 필요한 시설·설비와 재산에 관한 기준은 대통령령으로 정한다.

• "각령"을 "대통령령"으로 하였다.

(2) 위원회 심사

〈1〉 **문교공보위원회:** 대안[6]으로 가결되었다(이 조문의 경우에는 원안과 대안의 내용이 동일함).[7]

〈2〉 **법제사법위원회:** 문교공보위원회 대안대로 가결되었다.[8]

(3) 본회의 심의

문교공보위원회 대안대로 가결되었다.[9]

(4) 결과

문교공보위원회 대안으로 개정되었다.

5) 1964. 3. 9. 최영두의원 등 11인(의안번호: 060074); 제안이유 및 주요내용은 이 책 [4.201] 참조.
6) 1964. 4. 16. 문교공보위원장(의안번호: 060162).
7) 제41회 국회(임시회) 제9차 전체회의, 문교공보위원회회의록, 1964. 4. 16., 16면.
8) 제41회 국회(임시회) 제9차 전체회의, 법제사법위원회회의록, 1964. 4. 18., 44면.
9) 제45회 국회(정기회) 제19차 본회의, 국회본회의회의록, 1964. 10. 28., 25면.

2. 1981년 2월 28일 개정(법률 제3373호, 1981. 2. 28)

제5조(자산) ①학교법인은 그 설치·경영하는 사립학교에 필요한 시설·설비와 당해 학교의 경영에 필요한 재산을 갖추어야 한다.
②**제1항**에 규정한 사립학교에 필요한 시설·설비와 재산에 관한 기준은 대통령령으로 정한다.

• “전항”을 “제1항”으로 하였다(오직 형식에 관한 개정이므로 자세한 개정경과는 생략함[10]).

3. 2020년 12월 22일 개정(법률 제17659호, 2020. 12. 22. 시행)

제5조(자산) ① 학교법인은 **그가** 설치·경영하는 사립학교에 필요한 시설·설비와 **그** 학교의 경영에 필요한 재산을 갖추어야 한다.
②_제1항에 **따른** 사립학교에 필요한 시설·설비와 재산에 관한 기준은 대통령령으로 정한다.

• 법문을 한글화하고 간결하게 하였다(오직 형식에 관한 개정이므로 자세한 개정경과는 생략함[11]).

III. 현행법

제5조(자산) ① 학교법인은 그가 설치·경영하는 사립학교에 필요한 시설·설비와 그 학교의 경영에 필요한 재산을 갖추어야 한다.
② 제1항에 따른 사립학교에 필요한 시설·설비와 재산에 관한 기준은 대통령령으로 정한다.

10) 이에 관한 구체적 개정경과는 이 책 [4.204] 참조.
11) 이에 관한 구체적 개정경과는 이 책 [1.201] 참조.

5.400

IV. 종합/특기사항

- 제5조에 대한 개정은 법문의 한글화·간결·순화 등 형식에 관한 것이다.
- 사립학교에 필요한 시설·설비(즉 학교시설)와 재산(즉 수익자산)에 관한 사항 중에서 중요 부분은 국민의 자유와 권리를 제한하거나 의무를 부담시키는 사항(즉 입법사항)으로서 법률로 정해야 할 것으로 생각한다(헌법 제37조제2항). 학교시설과 수익자산에 관한 사항을 대통령령에 포괄위임하는 태도는 법률유보의 원칙에 반하는 것 아닐까?

제6조(사업)

6.100

I. 제정법

제6조(사업) ①학교법인은 그가 설치한 사립학교의 교육에 지장이 없는 한 그 수익을 사립학교의 경영에 충당하기 위하여 수익을 목적으로 하는 사업을 할 수 있다.
②학교법인이 전항의 규정에 의하여 수익사업을 하고자 할 때에는 그 사업의 종류와 계획을 감독청에 신고하여야 한다. 사업의 종류와 계획을 변경하고자 할 때에도 또한 같다.
③학교법인이 제1항의 규정에 의한 수익사업을 할 때에는 지체없이 다음 사항을 공고하여야 한다.
1. 사업의 명칭과 그 사무소의 소재지
2. 사업의 종류
3. 사업경영에 관한 자본금
4. 사업경영의 대표자의 성명·주소
5. 사업의 시기 및 그 기간
6. 기타 필요한 사항

④제1항의 수익사업에 관한 회계는 당해 학교법인이 설치·경영하는 사립학교의 경영에 관한 회계와 구분하여 별도회계로 경리하여야 한다.

『새교육』이 소개하는 이 조문의 제정이유는 아래와 같다.[12)]

제6조에서 학교법인의 목적사업을 규정한바, 그 목적사업은 학교의 설치·경영을 위한 수익사업의 종으로 하고 있다. 그러기 때문에 학교도 아니고 학교 경영을 위한 수익사업도 아닌 목적사업을 할 수는 없다. 종래의 학교 설치자인 재단법인은 학교 이외에 종교·사회사업, 교회 등의 각종 사업을 행함으로써 분규를 일으키고, 또한 학교 운영에 지장을 초래한 예가 허다하였으므로 목적사업을 학교만으로 국한하였다. 이는 일본의 입법례에서도 볼 수 있다.

수익사업은 민법에 의하면 할 수 없다. 다만 수익자산을 소유하고 관리할 수 있으나, 법인 자체가 적극적으로 활동하고 또한 사업을 확충하는 수익사업을 하는 것은 민법의 원칙상 허용되지 않으나, 학교를 경영하기 위하여 수익자산을 공장이나 기타의 사업체로 소유하는 경우 정상적으로 수익사업을 허용하는 것이 학교교육에 도움이 될 것이다.

수익사업의 "수익"에 대하여 그 수익의 목적이 법인의 목적인 학교 경영에 지출된다면 회사의 주주에게 배당되는 수익과는 성질이 다르므로 행위 그 자체는 영리행위이나, 그 목적과 용도가 공익적이기 때문에 국가의 공기업 운영과 같이 실질적으로 공익사업이 된다. 이러한 사업은 학교 목적과 사회의 공익을 해하지 않는 범위 내로 국한되어야 하기 때문에 세 가지의 제한을 둔다.

첫째, 감독청에 신고하도록 하여 감독청으로 하여금 수익사업 행위가 합법적으로 정당한가의 여부를 알아서 감독할 수 있는 기회를 주며, 둘째로, 공고제도를 두어 일반사회의 거래에 있어 명백하게 하여 거래의 안전을 도모하도록 한다. 셋째로, 수익사업의 회계는 사립학교의 경영에 관한 회계, 즉 학교회계와 분리하도록 하여 학생의 납입을 가지고 회사를 경영하든가 사리사욕을 채우지 못하도록 경리면에서 격리시켰다.

II. 개정 경과

1. 1981년 2월 28일 개정(법률 제3373호, 1981. 2. 28. 시행)

제6조(사업) ①학교법인은 그가 설치한 사립학교의 교육에 지장이 없는 한 그 수익을 사립학교의 경영에 충당하기 위하여 수익을 목적으로 하는 사업을 할 수 있다.
②학교법인이 제1항의 규정에 의하여 수익사업을 하고자 할 때에는 그 사업의

12) 金康鉉, "私立學校法(3)", 『새교육』 제15권 제9호(1963. 9.), 대한교육연합회, 41면.

종류와 계획을 감독청에 신고하여야 한다. 사업의 종류와 계획을 변경하고자 할 때에도 또한 같다.
③학교법인이 제1항의 규정에 의한 수익사업을 할 때에는 지체없이 다음 사항을 공고하여야 한다.
1. 사업의 명칭과 그 사무소의 소재지
2. 사업의 종류
3. 사업경영에 관한 자본금
4. 사업경영의 대표자의 성명·주소
5. 사업의 시기 및 그 기간
6. 기타 필요한 사항
④ 제1항의 수익사업에 관한 회계는 당해 학교법인이 설치·경영하는 사립학교의 경영에 관한 회계와 구분하여 별도회계로 경리하여야 한다.

- "전항"을 "제1항"으로 하였다(오직 형식에 관한 개정이므로 자세한 개정경과는 생략함[13]).

6.202 2. 1990년 4월 7일 개정(법률 제4226호, 1990. 4. 7. 시행)

제6조(사업) ①학교법인은 그가 설치한 사립학교의 교육에 지장이 없는 한 그 수익을 사립학교의 경영에 충당하기 위하여 수익을 목적으로 하는 사업을 할 수 있다.
②학교법인이 제1항의 규정에 의하여 수익사업을 하고자 할 때에는 그 사업의 종류와 계획을 **관할청**에 신고하여야 한다. 사업의 종류와 계획을 변경하고자 할 때에도 또한 같다.
③학교법인이 제1항의 규정에 의한 수익사업을 할 때에는 지체없이 다음 사항을 공고하여야 한다.
1. 사업의 명칭과 그 사무소의 소재지
2. 사업의 종류
3. 사업경영에 관한 자본금
4. 사업경영의 대표자의 성명·주소
5. 사업의 시기 및 그 기간

13) 이에 관한 구체적 개정경과는 이 책 [4.204] 참조.

6. 기타 필요한 사항
④ 제1항의 수익사업에 관한 회계는 당해 학교법인이 설치·경영하는 사립학교의 경영에 관한 회계와 구분하여 별도회계로 경리하여야 한다.

(1) 법률안

〈1〉 정부안[14]

현행법	원안
제6조(사업) ① (생 략) ②학교법인이 제1항의 규정에 의하여 수익사업을 하고자 할 때에는 그 사업의 종류와 계획을 감독청에 신고하여야 한다. 사업의 종류와 계획을 변경하고자 할 때에도 또한 같다. ③ ~ ④ (생 략)	**제6조(사업)** ① (현행과 같음) ②학교법인이 제1항의 규정에 의하여 수익사업을 하고자 할 때에는 그 사업의 종류와 계획을 관할청에 신고하여야 한다. 사업의 종류와 계획을 변경하고자 할 때에도 또한 같다. ③ ~ ④ (현행과 같음)

• "감독청"을 "관할청"으로 하였다.

〈2〉 김인곤 의원안[15]

현행법	원안
제6조(사업) ① (생 략) ②학교법인이 제1항의 규정에 의하여 수익사업을 하고자 할 때에는 그 사업의 종류와 계획을 감독청에 신고하여야 한다. 사업의 종류와 계획을 변경하고자 할 때에도 또한 같다. ③ ~ ④ (생 략)	**제6조(사업)** ① (현행과 같음) ②학교법인이 제1항의 규정에 의하여 수익사업을 하고자 할 때에는 그 사업의 종류와 계획을 관할청에 신고하여야 한다. 사업의 종류와 계획을 변경하고자 할 때에도 또한 같다. ③ ~ ④ (현행과 같음)

• "감독청"을 "관할청"으로 하였다.

〈3〉 강삼재 의원안[16]

현행법	원안
제6조(사업) ① (생 략) ②학교법인이 제1항의 규정에 의하여 수익사	**제6조(사업)** ① (현행과 같음) ②학교법인이 제1항의 규정에 의하여 수익사

14) 1988. 12. 2. 정부(의안번호: 130287); 제안이유 및 주요내용은 이 책 [4.206] 참조.
15) 1989. 2. 16. 김인곤의원 등 34인(의안번호: 130422); 제안이유 및 주요내용은 이 책 [4.206] 참조.
16) 1989. 2. 28. 강삼재의원 등 57인(의안번호: 130463; 제안이유 및 주요내용은 이 책 [4.206] 참조.

업을 하고자 할 때에는 그 사업의 종류와 계획을 감독청에 신고하여야 한다. 사업의 종류와 계획을 변경하고자 할 때에도 또한 같다. ③ ~ ④ (생 략)	업을 하고자 할 때에는 그 사업의 종류와 계획을 관할청에 신고하여야 한다. 사업의 종류와 계획을 변경하고자 할 때에도 또한 같다. ③ ~ ④ (현행과 같음)

• "감독청"을 "관할청"으로 하였다.

(2) 위원회 심사

〈1〉 **문교공보위원회:** 대안[17]으로 가결되었다(이 조문의 경우에는 원안과 대안의 내용이 동일함).[18]

대안
제6조(사업) ②학교법인이 제1항의 규정에 의하여 수익사업을 하고자 할 때에는 그 사업의 종류와 계획을 관할청에 신고하여야 한다. 사업의 종류와 계획을 변경하고자 할 때에도 또한 같다.

〈2〉 **법제사법위원회:** 문교공보위원회 대안대로 가결되었다.[19]

(3) 본회의 심의

문교공보위원회 대안대로 가결되었다.[20]

(4) 결과

문교공보위원회 대안으로 개정되었다.

6.203

3. 1997년 1월 13일 개정(법률 제5274호, 1997. 4. 14. 시행)

제6조(사업) ①학교법인은 그가 설치한 사립학교의 교육에 지장이 없는 범위안에서 그 수익을 사립학교의 경영에 충당하기 위하여 수익을 목적으로 하는 사업(이하 "수익사업"이라 한다)을 할 수 있다.

17) 1990. 3. 15. 문교공보위원장(의안번호: 130833).
18) 제148회 국회(임시회) 제6차 전체회의, 문교공보위원회회의록, 1990. 3. 14., 8면.
19) 제148회 국회(임시회) 제6차 전체회의, 법제사법위원회회의록, 1990. 3. 14., 26면.
20) 제148회 국회(임시회) 제9차 본회의, 국회본회의회의록, 1990. 3. 16., 15~16면.

②학교법인이 제1항의 규정에 의하여 수익사업을 하고자 할 때에는 그 사업의 종류와 계획을 관할청에 신고하여야 한다. 사업의 종류와 계획을 변경하고자 할 때에도 또한 같다.
③학교법인이 제1항의 규정에 의한 수익사업을 할 때에는 지체없이 다음 사항을 공고하여야 한다.
1. 사업의 명칭과 그 사무소의 소재지
2. 사업의 종류
3. 사업경영에 관한 자본금
4. 사업경영의 대표자의 성명·주소
5. 사업의 시기 및 그 기간
6. 기타 필요한 사항
④ 제1항의 수익사업에 관한 회계는 당해 학교법인이 설치·경영하는 사립학교의 경영에 관한 회계와 구분하여 별도회계로 경리하여야 한다.

(1) 법률안(정부안[21])

현행법	원안
제6조(사업) ①학교법인은 그가 설치한 사립학교의 교육에 지장이 없는 한 그 수익을 사립학교의 경영에 충당하기 위하여 수익을 목적으로 하는 사업을 할 수 있다. ②~ ④ (생 략)	**제6조(사업)** ①학교법인은 그가 설치한 사립학교의 교육에 지장이 없는 범위안에서 그 수익을 사립학교의 경영에 충당하기 위하여 수익을 목적으로 하는 사업(이하 "수익사업"이라 한다)을 할 수 있다. ②~ ④ (현행과 같음)

• 법문을 한글화하고 간결하게 하였다.

(2) 위원회 심사

〈1〉 **교육위원회:** 원안대로 가결되었다.[22]

〈2〉 **법제사법위원회:** 원안대로 가결되었다.[23]

21) 1996. 11. 18. 정부(의안번호: 150305); 제안이유 및 주요내용은 이 책 [3.206] 참조.
22) 제181회 국회(정기회) 제10차 전체회의, 교육위원회회의록, 1996. 12. 12., 17면.
23) 제181회 국회(정기회) 제14차 전체회의, 법제사법위원회회의록, 1996. 12. 16., 23면.

(3) 본회의 심의

원안대로 가결되었다.[24)]

(4) 결과

원안으로 개정되었다.

6.204
4. 1999년 8월 31일 개정(법률 제6004호, 1999. 8. 31. 시행)

제6조(사업) ①학교법인은 그가 설치한 사립학교의 교육에 지장이 없는 범위안에서 그 수익을 사립학교의 경영에 충당하기 위하여 수익을 목적으로 하는 사업(이하 "수익사업"이라 한다)을 할 수 있다.

② 삭제

③학교법인이 제1항의 규정에 의한 수익사업을 할 때에는 지체없이 다음 사항을 공고하여야 한다.

1. 사업의 명칭과 그 사무소의 소재지
2. 사업의 종류
3. 사업경영에 관한 자본금
4. 사업경영의 대표자의 성명·주소
5. 사업의 시기 및 그 기간
6. 기타 필요한 사항

④제1항의 수익사업에 관한 회계는 당해 학교법인이 설치·경영하는 사립학교의 경영에 관한 회계와 구분하여 별도회계로 경리하여야 한다.

(1) 법률안(정부안[25)])

현행법	원안
제6조(사업) ① (생 략) ②학교법인이 제1항의 규정에 의하여 수익사업을 하고자 할 때에는 그 사업의 종류와 계획을 관할청에 신고하여야 한다. 사업의 종류와	**제6조(사업)** ① (현행과 같음) <삭 제>

24) 제181회 국회(정기회) 제22차 본회의, 국회본회의회의록, 1996. 12. 17., 8면.
25) 1998. 12. 2. 정부(의안번호: 151530); 제안이유 및 주요내용은 이 책 [2.201] 참조.

계획을 변경하고자 할 때에도 또한 같다. ③~ ④ (생 략)	③~ ④ (현행과 같음)

• 「행정규제기본법」에 의한 규제정비계획의 시각에서 학교법인의 수익사업 신고의무를 불필요한 규제로 보아 삭제하였다.

(2) 위원회 심사

〈1〉 **교육위원회:** 원안대로 가결되었다.[26)]

〈2〉 **법제사법위원회:** 원안대로 가결되었다.[27)]

(3) 본회의 심의

원안대로 가결되었다.[28)]

(4) 결과

원안으로 개정되었다.

5. 2020년 12월 22일 개정(법률 제17659호, 2020. 12. 22. 시행)

제6조(사업) ①_학교법인은 그가 설치한 사립학교의 교육에 지장이 없는 범위에서 그 수익을 사립학교의 경영에 충당하기 위하여 수익을 목적으로 하는 사업(이하 "수익사업"이라 한다)을 할 수 있다.

② 삭제

③ 학교법인이 수익사업을 할 때에는 지체 없이 다음 각 호의 사항을 공고하여야 한다.

1. 사업의 명칭과 그 사무소의 소재지
2. 사업의 종류

26) 제206회 국회(임시회) 제2차 전체회의, 교육위원회회의록, 1999. 8. 10., 30면.

27) 제206회 국회(임시회) 제5차 전체회의, 법제사법위원회회의록, 1999. 8. 12., 19면.

28) 제206회 국회(임시회) 제3차 본회의, 국회본회의회의록, 1999. 8. 19., 26면.

3. 사업_경영에 관한 자본금
4. 사업_경영의 대표자의 성명·주소
5. 사업의 시기(**始期**) 및 기간
6. **그 밖에** 필요한 사항

④ 수익사업에 관한 회계는 **해당** 학교법인이 설치·경영하는 사립학교의 경영에 관한 회계와 구분하여 별도 회계로 경리하여야 한다.

- 법문을 한글화하고 간결하게 하였다(오직 형식에 관한 개정이므로 자세한 개정경과는 생략함[29]).

6.300

III. 현행법

제6조(사업) ① 학교법인은 그가 설치한 사립학교의 교육에 지장이 없는 범위에서 그 수익을 사립학교의 경영에 충당하기 위하여 수익을 목적으로 하는 사업(이하 "수익사업"이라 한다)을 할 수 있다.

② 삭제

③ 학교법인이 수익사업을 할 때에는 지체 없이 다음 각 호의 사항을 공고하여야 한다.

1. 사업의 명칭과 그 사무소의 소재지
2. 사업의 종류
3. 사업 경영에 관한 자본금
4. 사업 경영의 대표자의 성명·주소
5. 사업의 시기(始期) 및 기간
6. 그 밖에 필요한 사항

④ 수익사업에 관한 회계는 해당 학교법인이 설치·경영하는 사립학교의 경영에 관한 회계와 구분하여 별도 회계로 경리하여야 한다.

---

29) 이에 관한 구체적 개정경과는 이 책 [1.201] 참조.

IV. 종합/특기사항

- 제정법 제6조제2항은 학교법인이 수익사업을 개시하거나 수행하던 수익사업을 변경할 때에는 사업의 종류와 계획을 관할청에 신고하도록 규정했는데, 1999년 개정으로 제2항을 삭제하여 현재에 이르고 있다. 「행정규제기본법」에 따른 규제혁신의 일환이다.
- 제2항 삭제 외에 제6조에 대한 개정은 모두 법문 한글화·간결·순화 등 형식에 관한 것이다.

제7조(주소)

I. 제정법

제7조(주소) 학교법인의 주소는 그 주된 사무소의 소재지에 있는 것으로 한다.

『새교육』이 소개하는 이 조문의 제정이유는 아래와 같다.[30)]

민법이나 상법의 규정을 따라 주된 사무소의 소재지를 주소지로 하였다. 따라서 재판관할도 주된 사무소의 소재를 관할하는 법원의 관할이 된다.

II. 개정 경과

1. 2020년 12월 22일 개정(법률 제17659호, 2020. 12. 22. 시행)

제7조(주소) 학교법인의 주소는 그 주된 사무소의 소재지로 한다.

- 법문을 한글화하고 간결하게 하였다(오직 형식에 관한 개정이므로 자세한 개정경과는 생략함[31)]).

30) 金康鉉, 앞의 글 "私立學校法(3)", 41면.

7.300 III. 현행법

제7조(주소) 학교법인의 주소는 그 주된 사무소의 소재지로 한다.

7.400 IV. 종합/특기사항

- 제정 이후 단 1회의 개정이 있었는데 법문의 한글화·간결·순화 등 형식에 관한 것이다.

제8조(설립등기)

8.100 I. 제정법

제8조(설립의 등기) ①학교법인은 설립허가를 받은 때에는 3주일내에 다음 등기사항을 등기하여야 한다.

1. 목적
2. 명칭
3. 사무소
4. 설립허가의 연월일
5. 존립시기나 해산사유를 정한 때에는 그 시기 또는 사유
6. 자산의 총액
7. 출자의 방법을 정한 때에는 그 방법
8. 이사의 성명·주소
9. 이사의 대표권을 제한한 때에는 그 제한

②전항의 규정에 의하여 등기하여야 할 사항은 등기한 후가 아니면 제삼자에게 대항하지 못한다.

③법원은 등기한 사항을 지체없이 공고하여야 한다.

---

31) 이에 관한 구체적 개정경과는 이 책 [1.201] 참조.

『새교육』이 소개하는 이 조문의 제정이유는 아래와 같다.[32)]

제8조의 설립등기는 주소의 경우와 같이 민법의 규정에 따라 규정한다. 따라서 이는 민법의 재단법인에 관한 이론과 해석을 그대로 따르게 된다.

II. 개정 경과

1. 1981년 2월 28일 개정(법률 제3373호, 1981. 2. 28. 시행)

제8조(설립의 등기) ①학교법인은 설립허가를 받은 때에는 3주일내에 다음 등기사항을 등기하여야 한다.

1. 목적
2. 명칭
3. 사무소
4. 설립허가의 연월일
5. 존립시기나 해산사유를 정한 때에는 그 시기 또는 사유
6. 자산의 총액
7. 출자의 방법을 정한 때에는 그 방법
8. 이사의 성명·주소
9. 삭제

②제1항의 규정에 의하여 등기하여야 할 사항은 등기한 후가 아니면 제삼자에게 대항하지 못한다.

③법원은 등기한 사항을 지체없이 공고하여야 한다.

(1) 법률안(정부안[33)])

현행법	원안
제8조(설립의 등기) ①학교법인은 설립허가를 받은 때에는 3주일내에 다음 등기사항을 등기하여야 한다.	**제8조(설립의 등기)** ①학교법인은 설립허가를 받은 때에는 3주일내에 다음 등기사항을 등기하여야 한다.

32) 金康鉉, 앞의 글 "私立學校法(3)", 41면.

33) 1981. 2. 13. 정부(의안번호: CC0145); 제안이유 및 주요내용은 이 책 [4.204] 참조.

1. ~ 8. (생 략) 9. 이사의 대표권을 제한한 때에는 그 제한 ②전항의 규정에 의하여 등기하여야 할 사항은 등기한 후가 아니면 제삼자에게 대항하지 못한다. ③ (생 략)	1. ~ 8. (현행과 같음) 9. <삭제> ②제1항의 규정에 의하여 등기하여야 할 사항은 등기한 후가 아니면 제삼자에게 대항하지 못한다. ③ (현행과 같음)

- "전항"을 "제1항"으로 하였다.
- 제1항 제9호("이사의 대표권을 제한한 때에는 그 제한")를 삭제하였다.

(2) 위원회 심사

〈1〉 **문교공보위원회:** 원안대로 가결되었다.[34)]

〈2〉 **법제사법위원회:** 원안대로 가결되었다.[35)]

(3) 본회의 심의

원안대로 가결되었다.[36)]

(4) 결과

원안으로 개정되었다.

8.202
2. 2020년 12월 22일 개정(법률 제17659호, 2020. 12. 22. 시행)

제8조(설립등기) ① 학교법인은 설립허가를 받았을 때에는 3주일 이내에 다음 각 호의 사항을 등기하여야 한다.

1. 목적
2. 명칭
3. 사무소

---

34) 第10.5대 국회 第77회 第19차 문교공보위원회국가보위입법회의사무처, 문교공보위원회회의록, 1981. 2. 19., 7면.

35) 第10.5대 국회 第77회 第30차 법제사법위원회국가보위입법회의사무처, 법제사법위원회회의록, 1981. 2. 19., 5면.

36) 第10.5대 국회 第77회 第20차 국회본회의, 국회본회의회의록, 1981. 2. 20., 7면.

4. 설립허가 연월일
5. 존립_시기나 해산_사유를 정한 **경우**에는 그 시기 또는 사유
6. 자산 총액
7. 출자방법을 정한 **경우**에는 그 방법
8. 이사의 성명·주소

②_제1항에 **따라** 등기하여야 할 사항은 등기한 후가 아니면 **제3자**에게 대항할 수 없다.

③_법원은 등기한 사항을 지체_없이 공고하여야 한다.

- 법문을 한글화하고 간결하게 하였다(오직 형식에 관한 개정이므로 자세한 개정경과는 생략함[37]).

III. 현행법

제8조(설립등기) ① 학교법인은 설립허가를 받았을 때에는 3주일 이내에 다음 각 호의 사항을 등기하여야 한다.

1. 목적
2. 명칭
3. 사무소
4. 설립허가 연월일
5. 존립 시기나 해산 사유를 정한 경우에는 그 시기 또는 사유
6. 자산 총액
7. 출자방법을 정한 경우에는 그 방법
8. 이사의 성명·주소

② 제1항에 따라 등기하여야 할 사항은 등기한 후가 아니면 제3자에게 대항할 수 없다.

③ 법원은 등기한 사항을 지체 없이 공고하여야 한다.

37) 이에 관한 구체적 개정경과는 이 책 [1.201] 참조.

8.400

IV. 종합/특기사항

- 제정법 제8조제1항, 제2항, 제3항은 각각 「민법」 제49조제2항, 제54조제1항, 제54조제2항과 동일한 내용이다. 그렇다면 「민법」을 준용한다는 취지의 조문으로 처리하는 것이 간명했을 것이다.
- 1963년 제정법 입법자가 인식하지 못한 중요한 오류가 있는데, 제8조제1항제9호("이사의 대표권을 제한한 때에는 그 제한")가 그것이다. 제8조제1항제9호는 제19조와 상치되는 것으로 애당초 들어올 수 없는 규정이었다.[38] 원칙적으로 모든 이사에게 대표권이 있는 민법상 법인(「민법」 제59조제1항 본문)과 달리, 학교법인에서는 이사장에게만 대표권이 있기 때문이다(「사립학교법」 제19조제1항). 제정법 제8조제1항제9호는 이사에게 대표권이 있음을 전제한 것으로 제19조제1항과 정면으로 충돌한다. 「사립학교법」의 졸속성을 보여주는 표지 중 하나이다. 1963년 제정 이후 1981년 개정으로 제8조제1항제9호를 삭제할 때까지 10차례가 넘는 개정이 있었지만 이 사실을 전혀 인식하지 못하고 있었다. 1981년 개정으로 제9호가 삭제된 이유에 대해서는 기록이 없지만 이러한 사정을 인식하고 조용하게 바로잡은 것으로 추측된다.
- 제1항제9호 삭제 외의 개정은 법문의 한글화·간결·순화 등 형식에 관한 것이다.

제8조의2(재산이전의 보고)

8-2.100

I. 제정법

2005년 개정에 의하여 신설된 것으로 제정법에는 이 조문이 없다.

II. 개정 경과

8-2.201

1. 2005년 12월 29일 개정(법률 제7802호, 2006. 7. 1. 시행)

제8조의2(재산이전의 보고) 제8조의 규정에 의하여 등기한 학교법인은 지체 없이

38) 이에 대해서는 이 책 [19.400] 참조.

재산출연을 증빙할 수 있는 등기부 등본 및 금융기관의 증명서 등 대통령령이 정하는 서류를 첨부하여 관할청에 재산출연결과를 보고하여야 한다.

(1) 법률안

〈1〉 **최순영 의원안**[39]**:** 이 조문을 포함한 개정 대상 조문의 제안이유 및 주요내용은 아래와 같다.[40]

• 제안이유

오늘의 사립학교는 학교법인의 설립·경영자들의 독단적인 경영체제와 대내외적인 지원 및 통제장치의 미흡으로 인하여 학교운영에 있어서 구성원들의 교육권과 자율권이 침해되고 교육의 공공성을 약화하여 사학의 건전한 발달을 저해하고 있음.

이에 따라 사학의 설립과 경영의 자율성을 유지하되 공교육을 담당하는 특수성을 감안하여 학교운영위원회 등 자치기구에 이사·감사 및 임시이사의 추천권을 부여하고, 비리·분규당사자가 다시 학교에 참여하는 것을 제한하며, 학교법인의 일부권한을 학교의 장에게 부여하고, 교원의 신분을 강화하는 등의 제도적인 지원 및 견제장치를 마련함으로써 학교와 법인운영의 민주성 및 공공성을 확보하여 사학의 건전한 발달에 이바지하려는 것임.

• 주요내용

가. 학교법인의 이사 정수의 3분의 1을 초·중등학교의 경우에는 학교운영위원회가 대학의 경우에는 대학운영위원회가 추천하도록 하고, 감사 정수의 2분의 1을 학교운영위원회 및 대학운영위원회가 각각 추천한 자로 하도록 함(안 제14조제2항 및 제3항).

나. 현 이사회의 기능 중 교원의 임면권과 사립학교 경영에 관한 중요 사항을 삭제하고, 이사회의 회의록을 학내 구성원들에게 지체없이 공개하도록 신설하는 등 이사회의 기능을 조정함(안 제16조).

---

39) 2004. 9. 10. 최순영의원 등 10인(의안번호: 170412).

40) 2005년 12월 29일 개정 원안에는 이 최순영 의원안 외에도 복기왕 의원안(2004. 10. 20. 복기왕의원 등 150인, 의안번호: 170595), 김영숙 의원안(2004. 12. 22. 김영숙의원 등 120인, 의안번호: 171182)이 있다. 이 원안들은 이후 본회의 심의 단계에서 본회의 수정안(2005. 12. 9. 정세균의원 등 143인)으로 통합 조정되었다. 이들 개정안 중 제8조의2에 관한 개정안은 최순영 의원안과 본회의 수정안이다. 그러므로 여기에서는 최순영 의원안의 제안이유·주요내용 및 현행법과 개정 원안을 소개한다. 복기왕 의원안은 이 책 [10-2.201], 김영숙 의원안은 이 책 [14.205] 참조.

다. 관할청은 임원이 일정한 사유에 해당하는 경우에 임원 취임의 승인을 취소할 수 있던 사항에 관한 사유를 강화함(안 제20조의2제1항).

라. 이사 상호간 친족관계에 있는 자를 그 정수의 3분의 1에서 5분의 1로 축소하는 등 임원 선임 제한요건을 강화함(안 제21조).

마. 학교법인의 임원이 될 수 없는 자의 사유에 해당하는 요건을 강화함(안 제22조).

바. 교육인적자원부장관은 관할청이 임원 취임 승인을 취소할 때에는 지체없이 학교운영위원회 또는 대학운영위원회의 추천을 받아 임시이사를 선임하도록 함(안 제25조제1항).

사. 고등학교 이하 영세사학의 해산에 관련된 특례조항을 삭제함.

아. 학교의 장에게 당해 학교 교원의 임면권을 부여함(안 제53조의2제1항).

자. 교원인사위원회의 구성을 교사회 또는 교수회에서 추천하는 자로 하도록 함(안 제53조의3제2항 신설).

차. 사립학교 교원에 대하여는 국가공무원법 제33조제1항의 적용을 배제하고, 면직의 사유나 직위의 해제 사유를 완화함(안 제57조 및 58조).

카. 각급 학교 소속 사무직원의 임면권을 학교의 장에게 부여하고, 사무직원의 신분보장을 강화함(안 제70조의2).

타. 학교법인의 이사장 또는 사립학교경영자 등이 이 법에서 정하는 일정한 사유에 해당하거나 위반하는 경우 등이 있을 때에 처벌할 수 있는 형벌이나 과태료의 상한선을 확대함(안 제73조 및 제74조).

이 조문의 현행법과 개정 원안은 아래와 같다.

현행법	원안
<신 설>	**제8조의2(재산이전의 보고)** 법인의 설립허가를 받은 자는 그 허가를 받은 후 지체없이 출연재산을 법인에 이전하고, 1월내에 그 이전을 증명하는 등기부 등본 및 금융기관의 증명서를 재산이전보고서에 첨부하여 관할교육감을 거쳐 교육부장관에게 제출하여야 한다.

〈2〉 본회의 수정안(정세균 의원안)[41]**:** 이 조문을 포함한 개정 대상 조문의 수정이유 및 수정 주요내용은 아래와 같다.[42]

41) 2005. 12. 9. 정세균의원 등 143인.

42) 2005년 12월 29일 개정 원안에는 이 최순영 의원안 외에도 복기왕 의원안(2004. 10. 20. 복기왕의원 등

- 수정이유

교육위원회 법안심사소위원회 심의 과정 중 교육인적자원부 및 전문위원의 수정 의견 중 타당한 부분과 여야간 이미 합의된 내용, 그리고 국회의장의 중재안에 대해 민노당과 민주당과 협의한 내용 등을 반영하기 위해 복기왕의원이 발의한 사립학교법 중 개정법률안에 대한 수정안을 제출함.

- 수정 주요내용

가. 등기를 마친 학교법인은 지체없이 재산출연을 증빙할 수 있는 서류를 첨부하여 관할청에 재산출연 결과를 보고하도록 함(안 제8조의2).

나. 학교법인은 이사정수의 4분의 1 이상(이사정수는 현행대로 7인 이상)을 학교운영위원회 또는 대학평의원회가 2배수 추천하는 인사 중에서 선임하고, 다수의 학교를 설치·운영하고 있는 학교법인의 경우에는 각각의 학교운영위원회 또는 대학평의원회가 협의하여 이사를 추천하도록 함(안 제14조제3항 및 제4항).

다. 회의록의 의무 기재사항을 명확히 하고, 회의조서를 작성할 수 있는 경우에 대하여 법령으로 규정하며, 회의록의 공개를 의무화함(안 제18조의2).

라. 4급 이상의 교육행정공무원 또는 4급 상당 이상의 교육공무원으로 재직하다 퇴직한지 2년이 경과하지 아니한 자가 학교법인의 임원이 되는 것을 금지함(안 제22조제5호).

마. 이사장이 당해 학교법인이 설치·경영하는 학교의 장뿐만 아니라 다른 학교법인의 이사장 또는 그 학교법인이 설치·경영하는 사립학교의 장까지 겸직하지 못하도록 함(안 제23조제1항).

바. 대학평의원회의 설치를 의무화하고, 그 기능·조직 및 운영에 관해 필요한 사항은 대통령령이 정하는 바에 따라 정관으로 정한다.(제26조의2의 제1항 및 2항).

사. 학교회계의 예산은 당해 학교의 장이 편성하되 학교운영위원회 또는 대학평의원회의 자문을 거친 후 이사회의 심의·의결로 확정하고 학교의 장이 집행토록 함(안 29조제4항).

아. 학교회계의 예산 및 결산은 관할청에 보고하고 공시하도록 함(안 제31조제1항).

자. 사립학교의 교원의 면직사유에서 노동운동을 한 경우를 제외함(안 제58조

150인, 의안번호: 170595), 김영숙 의원안(2004. 12. 22. 김영숙의원 등 120인, 의안번호: 171182)이 있다. 이 원안들은 이후 본회의 심의 단계에서 위 본회의 수정안으로 통합 조정되었다. 이들 개정안 중 제8조의2에 관한 개정안은 최순영 의원안과 본회의 수정안이다. 그러므로 여기에서는 본회의 수정안의 수정이유·수정주요내용을 소개한다. 복기왕 의원안은 이 책 [10-2.201], 김영숙 의원안은 이 책 [14.205] 참조.

제1항 제4호).

(2) 위원회 심사

〈1〉 **교육위원회:** 심사 미료

국회의장이 지정한 심사기간(2005. 9. 16 24:00) 내에 심사가 미료됨에 따라 소관 상임위원장의 중간심사보고(구두보고) 후 본회의로 바로 상정하였다(「국회법」 제85조의2).

〈2〉 **법제사법위원회:** 심사 미료

(3) 본회의 심의

원안을 수정·가결했다.[43] 수정내용은 아래와 같다.

원안	본회의 수정안
최순영 의원안	
제8조의2(재산이전의 보고) 법인의 설립허가를 받은 자는 그 허가를 받은 후 지체없이 출연재산을 법인에 이전하고, 1월내에 그 이전을 증명하는 등기부 등본 및 금융기관의 증명서를 재산이전보고서에 첨부하여 관할교육감을 거쳐 교육부장관에게 제출하여야 한다.	**제8조의2(재산이전의 보고)** 제8조의 규정에 의하여 등기한 학교법인은 지체 없이 재산출연을 증빙할 수 있는 등기부 등본 및 금융기관의 증명서 등 대통령령이 정하는 서류를 첨부하여 관할청에 재산출연결과를 보고하여야 한다.

본회의 회의록 내용은 아래와 같다(아래 내용은 제8조의2에 한정되지 않고 2005. 12. 29. 개정 대상 전체 조문에 관한 것임).

- **의장 김원기**[44]: 의사일정 제5항 사립학교법 중 개정법률안을 상정합니다. (장내 소란) (반대! 하는 의원 있음) 정봉주 의원 나오셔서 제안설명을 해 주시기 바랍니다. (정족수 안 돼요! 하는 의원 있음)
- **정봉주 의원**[45]: 존경하는 김원기 국회의장님, 그리고 선배·동료 의원 여러분! 열린우리당 노원갑 정봉주 의원입니다. 사립학교법 중 개정법률안에 대한 제안설명을 드리겠습니다. 사립학교의 부정과 비리는 도를 넘어서 있으며 국민의 80% 이상이 사립학교법의 개정을 절실하게 요구하고 있습니다. 이에 사립학교법 개정안에 대한…(장내 소란) 자세한 내용은 배부해 드린 유인물을 참조해 주

43) 제256회 국회(정기회) 제16차 본회의, 국회본회의회의록, 2005. 12. 9., 2~3면.
44) 제256회 국회(정기회) 제16차 본회의, 국회본회의회의록, 2005. 12. 9., 2면.
45) 제256회 국회(정기회) 제16차 본회의, 국회본회의회의록, 2005. 12. 9., 2면.

시기 바라겠습니다. 이상 사립학교법 중 개정법률안에 대한 제안설명을 마치겠습니다.

- 의장 김원기[46]: 부끄럽지 않아요! 어이, 부끄럽지 않아! 나이든 사람이 뭐 그따위야! (장내 소란) (의장님, 제안설명 끝났습니다! 하는 의원 있음)(이건 위법 아니야! 하는 의원 있음) (의장님! 하는 의원 있음) 이런 상황에서 제안설명을 할 수 없기 때문에 제안설명은 단말기에 있는 것을 여러분들이 참고해 주시기 바랍니다. (장내 소란)(의장님, 민주 절차를 지켜 주십시오! 하는 의원 있음)(왜 이렇게 하시는 거예요! 하는 의원 있음) 부끄럽지 않아요? 부끄럽지 않냐고! 이 안건에 대해서는…(의장, 내려와! 하는 의원 있음)(안 됩니다! 하는 의원 있음)(이게 뭐야, 이게! 하는 의원 있음) 여러분들…(의장님, 정말 이러면 안 됩니다! 하는 의원 있음) 세계 어느 나라 국회에서, 이렇게 하는 국회가 어디가 있어요!(장내 소란) 부끄러운 줄을 알아야지! 집권하고 있던 정당이! (아까 이의 있다고 그랬어! 하는 의원 있음)(여당 의원이 단상 점거하는 데가 세상에 어디 있어! 하는 의원 있음)(조용히 하세요! 하는 의원 있음)
정세균 의원 외 143명으로부터 수정안이 발의되어 있습니다. (무효! 무효! 하는 의원 있음)(무효 아닙니다! 하는 의원 있음)
지병문 의원 나오셔서 수정안에 대해서 제안설명해 주셔야 되지만 이런 상황에서 제안설명을 할 수 없기 때문에 역시 제안설명 요지는 단말기에 수록되어 있으니 단말기를 참고해 주시기 바랍니다. (엉터리야! 하는 의원 있음)(무효! 무효! 하는 의원 있음)(찬성! 하는 의원 있음) 이 안건에 대해서는 토론 신청이 없으므로 바로 표결하겠습니다. 투표는 의석의 버튼식 투표기를 사용하시기 바랍니다. (끌어내! 하는 의원 있음)
그러면 국회법 제96조의 규정에 따라 수정안부터 먼저 표결하도록 하겠습니다.(무효! 무효! 하는 의원 있음) 정세균 의원 외 143인이 발의한 사립학교법 중 개정법률안에 대한 수정안에 대하여 투표해 주시기 바랍니다. (전자투표) 투표는 의석의 버튼식 투표기를 사용하시기 바랍니다. (장내 소란)(중단하세요! 하는 의원 있음) 세상에 어느 나라 선진 국회가, 표결을 폭력으로 방해하는 선진국이 어디 있어요! (이의 있다고요! 하는 의원 있음)(표결한 분들 앞으로 오세요! 하는 의원 있음)(무효다! 하는 의원 있음)(창피한 줄 아세요! 하는 의원 있음)(모자라요, 모자라 안 돼! 하는 의원 있음)(한나라당 의원들 다 가서 반대표 찍어 버리세요! 하는 의원 있음)(의장 내려와, 빨리! 하는 의원 있음)(투표 다 했어요. 투표 종료하세요! 하는 의원

46) 第256회 국회(정기회) 第16차 본회의, 국회본회의회의록, 2005. 12. 9., 2~3면.

있음)(타인이 찍고 있잖아요. 이런 투표가 어디 있어요! 의석에서 다른 사람이 투표하고 있어요. 무효입니다! 하는 의원 있음)(무효! 무효! 하는 의원 있음) 여러분들 투표에 빨리 참여해 주시기 바랍니다.(대리투표 무효다! 하는 의원 있음) 그러면 투표를 종료하겠습니다. 투표 안 하신 분 계시면 빨리 투표에 참여하세요. (원천 무효다! 하는 의원 있음)(장내 소란) 다 투표를 하셨으면 투표를 종료하겠습니다. 투표 결과를 말씀드리겠습니다. 재석 154인 중 찬성 140인, 반대 4인, 기권 10인으로서 정세균 의원 외 143인이 발의한 사립학교법 중 개정법률안에 대한 수정안은 가결되었음을 선포합니다. (찬반 의원 성명은 끝에 실음)(무효! 무효! 하는 의원 있음) 수정안이 가결되었으므로 원안은 표결하지 않겠습니다. 때문에 제안설명은 단말기에 있는 것을 여러분들이 참고해 주시기 법률안은 수정한 부분은 수정안대로, 기타 부분은 원안대로 가결되었음을 선포합니다. 그리고 이 안건에 대한 자구 등의 정리는 국회법 제97조의 규정에 따라 의장에게 위임하여 주시기 바랍니다. (무효! 무효! 하는 의원 있음) (장내 소란)

오늘은 이런 상황에서 더 이상 회의를 진행할 수 없기 때문에 오늘 회의의 산회를 선포합니다.

(4) 결과

본회의 수정안으로 개정되었다.

8-2.202

2. 2011년 4월 12일 개정(법률 제10580호, 2011. 10. 13. 시행)

제8조의2(재산이전의 보고) 제8조의 규정에 의하여 등기한 학교법인은 지체 없이 재산출연을 증빙할 수 있는 <u>**등기사항증명서**</u> 및 금융기관의 증명서 등 대통령령이 정하는 서류를 첨부하여 관할청에 재산출연결과를 보고하여야 한다.

- 「부동산등기법」 개정(2011. 4. 12. 개정, 2011. 10. 13. 시행)에 따라 "등기부등본"을 "등기사항증명서"로 변경하였다.

8-2.203

3. 2020년 12월 22일 개정(법률 제17659호, 2020. 12. 22. 시행)

제8조의2(재산 이전의 보고) 제8조에 <u>**따라**</u> 등기한 학교법인은 지체 없이 재산출연

을 증명할 수 있는 등기사항증명서 및 금융기관의 증명서 등 대통령령으로 정하는 서류를 첨부하여 관할청에 재산출연_결과를 보고하여야 한다.

• 법문을 간결하게 하였다(오직 형식에 관한 개정이므로 자세한 개정경과는 생략함[47]).

III. 현행법

제8조의2(재산 이전의 보고) 제8조에 따라 등기한 학교법인은 지체 없이 재산출연을 증명할 수 있는 등기사항증명서 및 금융기관의 증명서 등 대통령령으로 정하는 서류를 첨부하여 관할청에 재산출연 결과를 보고하여야 한다.

IV. 종합/특기사항

• 학교법인의 공공성 제고를 이유로 진행된 2005년 개정을 통해 제8조의2가 신설되었다.
• 2005년 개정 과정에서 정치적 입장에 따라 매우 격렬한 의견대립이 있었다. 제256회 국회(정기회) 제16차 본회의(2005. 12. 9.)에서 나타난 원색적 언동은 그 사정을 잘 보여준다.[48]
• 제8조의2는 2005년 신설 이후 내용상의 변화는 없고, 개정사항은 모두 법문의 한글화·간결·순화 등 형식에 관한 것이다.

제9조(학교법인의 권리능력 등)

I. 제정법

제9조(학교법인의 권리능력등) 학교법인의 권리능력과 불법행위능력에 관하여는 민

47) 이에 관한 구체적 개정경과는 이 책 [1.201] 참조.
48) 제256회 국회(정기회) 제16차 본회의, 국회본회의회의록, 2005. 12. 9., 2~3면.

법 제34조 및 제35조의 규정을 준용한다.

『새교육』이 소개하는 이 조문의 제정이유는 아래와 같다.[49)]

제9조의 권리능력은 주소의 경우와 같이 민법의 규정에 따라 규정한다. 따라서 이는 민법의 재단법인에 관한 이론과 해석을 그대로 따르게 된다.

II. 개정 경과

9.201 **1. 2008년 3월 14일 개정(법률 제8888호, 2008. 3. 14. 시행)**

제9조(학교법인의 권리능력등) 학교법인의 권리능력과 불법행위능력에 관하여는 「민법」 제34조 및 제35조의 규정을 준용한다.

- 법령 표기에 있어서 "「 」" 표시를 하기로 함[50)]에 따른 개정이다(오직 형식에 관한 개정이므로 자세한 개정경과는 생략함[51)]).

9.202 **2. 2020년 12월 22일 개정(법률 제17659호, 2020. 12. 22. 시행)**

제9조(학교법인의 권리능력 등) 학교법인의 권리능력과 불법행위능력에 관하여는 「민법」 제34조 및 제35조를 준용한다.

- 법문을 한글화하고 간결하게 하였다(오직 형식에 관한 개정이므로 자세한 개정경과는 생략함[52)]).

9.300 **III. 현행법**

제9조(학교법인의 권리능력 등) 학교법인의 권리능력과 불법행위능력에 관하여는

49) 金康鉉, 앞의 글 "私立學校法(3)", 41면.
50) 「법률용어의 표준화 기준」(국회사무처 예규 제22호, 2007. 4. 16. 시행).
51) 이에 관한 구체적 개정경과는 이 책 [2.203] 참조.
52) 이에 관한 구체적 개정경과는 이 책 [1.201] 참조.

「민법」 제34조 및 제35조를 준용한다.

IV. 종합/특기사항

- 제9조는 학교법인의 권리능력과 불법행위능력에 관하여 「민법」을 준용한다는 것인데, 이 규정은 없더라도 무방하다. 「민법」은 법인에 관하여 일반법의 지위에 있기 때문이다.
- 제9조에 대한 개정은 모두 법문의 한글화·간결·순화 등 형식에 관한 것이다.

제 2 절 | 설립

제10조(설립허가)

I. 제정법

제10조(설립허가) ①학교법인을 설립하고자 하는 자는 일정한 재산을 출연하고, 다음 사항을 기재한 정관을 작성하여 각령이 정하는 바에 의하여 문교부장관의 허가를 받아야 한다.

1. 목적
2. 명칭
3. 설치·경영하고자 하는 사립학교의 종류와 명칭
4. 사무소의 소재지
5. 자산 및 회계에 관한 사항
6. 임원의 정원 및 그 임면에 관한 사항
7. 이사회에 관한 사항
8. 수익사업을 경영하고자 할 때에는 그 사업의 종류 기타 사업에 관한 사항
9. 정관의 변경에 관한 사항

10. 해산에 관한 사항
11. 공고에 관한 사항과 그 방법
12. 기타 이 법에 의하여 정관에 기재하여야 할 사항

②학교법인의 설립당초의 임원은 정관으로 정하여야 한다.

③제1항제10호의 사항을 정함에 있어서 잔여재산의 귀속자에 관한 규정을 두고자 할 때에는 그 귀속자는 학교법인이나 기타 교육사업을 경영하는 자중에서 선정되도록 하여야 한다.

『새교육』이 소개하는 이 조문의 제정이유는 아래와 같다.[53)]

민법 제31조와 제32조에 의하여 어떤 법인이든 법률에 의하여서만 성립되며, 또한 비영리법인은 주무장관의 허가를 받아서 설립하도록 하고 있다. 민법 제32조의 "주무관청"이란 법인의 목적사업을 관할하는 중앙의 장, 즉 장관을 의미하는 것이며, 학교의 관할은 문교부장관의 소관에 속하므로 학교를 목적사업으로 하는 재단 또는 사단법인은 민법의 규정에 의하여도 문교부장관의 허가를 받아 설립하게 된다.

이 법의 제정으로서 종전과 다른 것은 실질상으로는 없으나 종전은 민법에 의하여 법인을 설립하던 것을, 이제는 사립학교법에 의하여 설립하게 된다. 다시 말하면, 학교법인의 설립 근거법이 민법에서 사립학교법으로 변경되었음을 의미한다. 이와 같은 근거 법률의 변경은 학교법인을 민법 규정의 "비영리법인"으로 통할해서 취급하지 않고 별도로 분리시켜서 특수한 법률 체계하에 둔다는 것을 의미한다.

학교법인도 물론 비영리법인의 개념에 들어가기는 하지만 다른 단체, 즉 장학, 학술, 예술, 종교, 사교 등의 법인과 달라서 국가의 근원적 기능인 학교법인과 국가와의 유대는 다른 비영리법인과 국가와의 유대에 비하여 훨씬 밀접한 관계에 놓여있기 때문에, 학교법인에게는 그 사업의 특수성에 따르는 여러 가지의 특별한 법률규정이 필요하므로, 학교법인에게만 특별히 적용되는 특별법으로서의 사립학교법이 필요한 것이며, 따라서 학교법인에게는 원칙적으로 민법을 적용하지 아니하고 사립학교법을 적용하게 된다.

이러한 특수성에 따라 사립학교법 제10조에서는 민법 제43조에 의하여 준용되는 민법 제40조에 규정된 정관(定款)의 기재사항보다 더 많은 것을 요구하고 있다. 이 법 제10조제1항의 제7호까지는 민법의 규정과 본질적으로 같은 것은 더 세밀하게 규정한 것이며, 제8호 이하는 민법에 의해서는 강요되지 않는 임의의 사항인데, 사립학교법에

---

53) 金康鉉, 앞의 글 "私立學校法(3)", 41~42면.

서는 강요되는 정관 기재사항으로 다루고 있다.

제10조제1항의 "일정한 재산을 출연하고"라 함은 학교법인을 재단법인으로 전제한 것으로서 재산의 출연은 기부행위를 말한다. 따라서 일정한 재산을 학교교육의 목적을 위해서 기부하는 행위가 학교법인 설립의 주되는 근거가 되는 것이며, 정관작성이란 기부한 재산의 목적을 정하는 행위라고 할 수 있다. 그러기 때문에 재산의 기부행위와 정관작성 행위는 동일한 행위인바, 다만 그 표현을 달리하고 있는 데에 불과하다.

제10조제1항에서 "각령이 정하는"이라고 하는 것은 사립학교법 시행령에서 정하고 있는바 이는 제출하여야 할 서류를 의미하는 것이며, 시행령 제4조에 14종의 서류를 제출하도록 규정하고 있다.

정관 작성에 있어 사무적으로 알아 둘 몇 개의 문제점을 들면, 첫째로, 학교의 종류와 명칭인데, 이는 국민학교냐 중학교냐 하는 것이 종류이고, 거기에 관사를 씌워서 "휘문", "배재" 등으로 표현하는 것이 명칭이다. 둘째로, 재산은 기본재산과 보통재산으로 나누어 별지에 그 목록을 첨부하며, 셋째, 설립 당시의 임원 명단은 정관에 기재해 넣어야 한다.

II. 개정 경과

1. 1964년 11월 10일 개정(법률 제1664호, 1964. 11. 10. 시행)

제10조(설립허가) ①학교법인을 설립하고자 하는 자는 일정한 재산을 출연하고, 다음 사항을 기재한 정관을 작성하여 **대통령령**이 정하는 바에 의하여 문교부장관의 허가를 받아야 한다.

1. 목적
2. 명칭
3. 설치·경영하고자 하는 사립학교의 종류와 명칭
4. 사무소의 소재지
5. 자산 및 회계에 관한 사항
6. 임원의 정원 및 그 임면에 관한 사항
7. 이사회에 관한 사항
8. 수익사업을 경영하고자 할 때에는 그 사업의 종류 기타 사업에 관한 사항

9. 정관의 변경에 관한 사항
10. 해산에 관한 사항
11. 공고에 관한 사항과 그 방법
12. 기타 이 법에 의하여 정관에 기재하여야 할 사항

②학교법인의 설립당초의 임원은 정관으로 정하여야 한다.

③제1항제10호의 사항을 정함에 있어서 잔여재산의 귀속자에 관한 규정을 두고자 할 때에는 그 귀속자는 학교법인이나 기타 교육사업을 경영하는 자중에서 선정되도록 하여야 한다.

• "각령"을 "대통령령"으로 하였다(오직 형식에 관한 개정이므로 자세한 개정경과는 생략함[54]).

10.202 **2. 1990년 4월 7일 개정(법률 제4226호, 1990. 4. 7. 시행)**

제10조(설립허가) ①학교법인을 설립하고자 하는 자는 일정한 재산을 출연하고, 다음 각호의 사항을 기재한 정관을 작성하여 대통령령이 정하는 바에 의하여 문교부장관의 허가를 받아야 한다.

1. 목적
2. 명칭
3. 설치·경영하고자 하는 사립학교의 종류와 명칭
4. 사무소의 소재지
5. 자산 및 회계에 관한 사항
6. 임원의 정원 및 그 임면에 관한 사항
7. 이사회에 관한 사항
8. 수익사업을 경영하고자 할 때에는 그 사업의 종류 기타 사업에 관한 사항
9. 정관의 변경에 관한 사항
10. 해산에 관한 사항
11. 공고에 관한 사항과 그 방법
12. 기타 이 법에 의하여 정관에 기재하여야 할 사항

②학교법인의 설립당초의 임원은 정관으로 정하여야 한다.

---

54) 이에 관한 구체적 개정경과는 이 책 [5.201] 참조.

③제1항제10호의 사항을 정함에 있어서 잔여재산의 귀속자에 관한 규정을 두고자 할 때에는 그 귀속자는 학교법인이나 기타 교육사업을 경영하는 자중에서 선정되도록 하여야 한다.

(1) 법률안

〈1〉 정부안[55)]

현행법	원안
제10조(설립허가) ①학교법인을 설립하고자 하는 자는 일정한 재산을 출연하고, 다음 사항을 기재한 정관을 작성하여 대통령령이 정하는 바에 의하여 문교부장관의 허가를 받아야 한다. 1. ~ 12. (생 략) ②~ ②(생 략)	**제10조(설립허가)** ①학교법인을 설립하고자 하는 자는 일정한 재산을 출연하고, 다음 사항을 기재한 정관을 작성하여 대통령령이 정하는 바에 의하여 관할청의 허가를 받아야 한다. 1. ~ 12. (생 략) ②~ ③(생 략)

〈2〉 박석무 의원안[56)]

현행법	원안
제10조(설립허가) ①학교법인을 설립하고자 하는 자는 일정한 재산을 출연하고, 다음 사항을 기재한 정관을 작성하여 대통령령이 정하는 바에 의하여 문교부장관의 허가를 받아야 한다. 1. ~ 12. (생 략) ②~ ③ (생 략)	**제10조(설립허가)** ①학교법인을 설립하고자 하는 자는 일정한 재산을 출연하고, 다음 사항을 기재한 정관을 작성하여 대통령령이 정하는 바에 의하여 관할청의 인가를 받아야 한다. 1. ~ 12. (현행과 같음) ②~ ③ (현행과 같음)

〈3〉 김인곤 의원안[57)]

현행법	원안
제10조(설립허가) ①학교법인을 설립하고자 하는 자는 일정한 재산을 출연하고, 다음 사항을 기재한 정관을 작성하여 대통령령이 정하는 바에 의하여 문교부장관의 허가를 받아야 한다. 1. ~ 12. (생 략) ②~ ③ (생 략)	**제10조(설립허가)** ①학교법인을 설립하고자 하는 자는 일정한 재산을 출연하고, 다음 사항을 기재한 정관을 작성하여 대통령령이 정하는 바에 의하여 관할청의 허가를 받아야 한다. 1. ~ 12. (현행과 같음) ②~ ③ (현행과 같음)

55) 1988. 12. 2. 정부(의안번호: 130287); 제안이유 및 주요내용은 이 책 [4.206] 참조.
56) 1988. 12. 21. 박석무의원 등 70인(의안번호: 130378); 제안이유 및 주요내용은 이 책 [4.206] 참조.
57) 1989. 2. 16. 김인곤의원 등 34인(의안번호: 130422); 제안이유 및 주요내용은 이 책 [4.206] 참조.

〈4〉 강삼재 의원안[58)]

현행법	원안
제10조(설립허가) ①학교법인을 설립하고자 하는 자는 일정한 재산을 출연하고, 다음 사항을 기재한 정관을 작성하여 대통령령이 정하는 바에 의하여 문교부장관의 허가를 받아야 한다. 1. ~ 12. (생 략) ②~ ③ (생 략)	**제10조(설립허가)** ①학교법인을 설립하고자 하는 자는 일정한 재산을 출연하고, 다음 사항을 기재한 정관을 작성하여 대통령령이 정하는 바에 의하여 관할청의 인가를 받아야 한다. 1. ~ 12. (현행과 같음) ②~ ③ (현행과 같음)

(2) 위원회 심사

〈1〉 **문교공보위원회:** 대안[59)]으로 가결되었다.[60)]

대안
제10조(설립허가) ①학교법인을 설립하고자 하는 자는 일정한 재산을 출연하고, 다음 각호의 사항을 기재한 정관을 작성하여 대통령령이 정하는 바에 의하여 문교부장관의 허가를 받아야 한다.

〈2〉 **법제사법위원회:** 문교공보위원회 대안대로 가결되었다.[61)]

(3) 본회의 심의

문교공보위원회 대안대로 가결되었다.[62)]

(4) 결과

문교공보위원회 대안으로 개정되었다.

10.203

3. 1990년 12월 27일 개정(법률 제4268호, 1990. 12. 27. 시행)

제10조(설립허가) ①학교법인을 설립하고자 하는 자는 일정한 재산을 출연하고, 다음 각호의 사항을 기재한 정관을 작성하여 대통령령이 정하는 바에 의하여 **교육부장관**의 허가를 받아야 한다.

58) 1989. 2. 28. 강삼재의원 등 57인(의안번호: 130463); 제안이유 및 주요내용은 이 책 [4.206] 참조.
59) 1990. 3. 15. 문교공보위원장(의안번호: 130833).
60) 제148회 국회(임시회) 제6차 전체회의, 문교공보위원회회의록, 1990. 3. 14., 8면.
61) 제148회 국회(임시회) 제6차 전체회의, 법제사법위원회회의록, 1990. 3. 14., 26면.
62) 제148회 국회(임시회) 제9차 본회의, 국회본회의회의록, 1990. 3. 16., 15~16면.

1. 목적
2. 명칭
3. 설치·경영하고자 하는 사립학교의 종류와 명칭
4. 사무소의 소재지
5. 자산 및 회계에 관한 사항
6. 임원의 정원 및 그 임면에 관한 사항
7. 이사회에 관한 사항
8. 수익사업을 경영하고자 할 때에는 그 사업의 종류 기타 사업에 관한 사항
8. 수익사업을 경영하고자 할 때에는 그 사업의 종류 기타 사업에 관한 사항
9. 정관의 변경에 관한 사항
10. 해산에 관한 사항
11. 공고에 관한 사항과 그 방법
12. 기타 이 법에 의하여 정관에 기재하여야 할 사항

②학교법인의 설립당초의 임원은 정관으로 정하여야 한다.

③제1항제10호의 사항을 정함에 있어서 잔여재산의 귀속자에 관한 규정을 두고자 할 때에는 그 귀속자는 학교법인이나 기타 교육사업을 경영하는 자중에서 선정되도록 하여야 한다.

• 「정부조직법」(1990. 12. 27. 개정·시행)에 따라 "문교부장관"을 "교육부장관"으로 변경하였다.

4. 1997년 1월 13일 개정(법률 제5274호, 1997. 4. 14. 시행)

제10조(설립허가) ①학교법인을 설립하고자 하는 자는 일정한 재산을 출연하고, 다음 각호의 사항을 기재한 정관을 작성하여 대통령령이 정하는 바에 의하여 교육부장관의 허가를 받아야 한다. **이 경우 기술대학을 설치·경영하는 학교법인을 설립하는 때에는 대통령령이 정하는 바에 의하여 미리 산업체가 일정한 재산을 출연하여야 한다.**

1. 목적
2. 명칭
3. 설치·경영하고자 하는 사립학교의 종류와 명칭

4. 사무소의 소재지
5. 자산 및 회계에 관한 사항
6. 임원의 정원 및 그 임면에 관한 사항
7. 이사회에 관한 사항
8. 수익사업을 경영하고자 할 때에는 그 사업의 종류 기타 사업에 관한 사항
9. 정관의 변경에 관한 사항
10. 해산에 관한 사항
10. 해산에 관한 사항
11. 공고에 관한 사항과 그 방법
12. 기타 이 법에 의하여 정관에 기재하여야 할 사항

②학교법인의 설립당초의 임원은 정관으로 정하여야 한다.

③제1항제6호의 사항을 정함에 있어서 기술대학을 설치·경영하는 학교법인의 경우에는 대통령령이 정하는 바에 의하여 산업체에 근무하는 자를 임원으로 포함하여야 한다.

④ 제1항제10호의 사항을 정함에 있어서 잔여재산의 귀속자에 관한 규정을 두고자 할 때에는 그 귀속자는 학교법인이나 기타 교육사업을 경영하는 자중에서 선정되도록 하여야 한다.

(1) 법률안(정부안[63])

현행법	원안
제10조(설립허가) ①학교법인을 설립하고자 하는 자는 일정한 재산을 출연하고, 다음 각호의 사항을 기재한 정관을 작성하여 대통령령이 정하는 바에 의하여 교육부장관의 허가를 받아야 한다. <후단 신설>	**제10조(설립허가)** ①학교법인을 설립하고자 하는 자는 일정한 재산을 출연하고, 다음 각호의 사항을 기재한 정관을 작성하여 대통령령이 정하는 바에 의하여 교육부장관의 허가를 받아야 한다. 이 경우 기술대학을 설치·경영하는 학교법인을 설립하는 때에는 대통령령이 정하는 바에 의하여 산업체가 일정한 재산을 출연하여야 한다.
1. ~ 12. (생 략)	1. ~ 12. (현행과 같음)
② (생 략)	② (현행과 같음)
<신 설>	③제1항제6호의 사항을 정함에 있어서 기술대

63) 1996. 11. 18. 정부(의안번호: 150305); 제안이유 및 주요내용은 이 책 [3.206] 참조.

③ (생 략)	학을 설치·경영하는 학교법인의 경우에는 대통령령이 정하는 바에 의하여 산업체에 종사하는 자를 임원으로 포함하여야 한다. ④ (현행 제3항과 같음)

• 기술대학 제도를 도입함에 따라 관련 조문을 신설하였다.

(2) 위원회 심사

〈1〉 **교육위원회:** 원안대로 가결되었다.[64)]

〈2〉 **법제사법위원회:** 원안을 수정·가결했다.[65)] 수정내용은 아래와 같다.

현행법	원안
제10조(설립허가) ①학교법인을 설립하고자 하는 자는 일정한 재산을 출연하고, 다음 각호의 사항을 기재한 정관을 작성하여 대통령령이 정하는 바에 의하여 교육부장관의 허가를 받아야 한다. 이 경우 기술대학을 설치·경영하는 학교법인을 설립하는 때에는 대통령령이 정하는 <u>바에 의하여 산업체가</u> 일정한 재산을 출연하여야 한다. ③제1항제6호의 사항을 정함에 있어서 기술대학을 설치·경영하는 학교법인의 경우에는 대통령령이 정하는 바에 의하여 <u>산업체에 종사하는</u> 자를 임원으로 포함하여야 한다.	**제10조(설립허가)** ①학교법인을 설립하고자 하는 자는 일정한 재산을 출연하고, 다음 각호의 사항을 기재한 정관을 작성하여 대통령령이 정하는 바에 의하여 교육부장관의 허가를 받아야 한다. 이 경우 기술대학을 설치·경영하는 학교법인을 설립하는 때에는 대통령령이 정하는 <u>바에 의하여 미리 산업체가</u> 일정한 재산을 출연하여야 한다. ③제1항제6호의 사항을 정함에 있어서 기술대학을 설치·경영하는 학교법인의 경우에는 대통령령이 정하는 바에 의하여 <u>산업체에 근무하는</u> 자를 임원으로 포함하여야 한다.

(3) 본회의 심의

법제사법위원회 수정안대로 가결되었다.[66)]

(4) 결과

법제사법위원회 수정안으로 개정되었다.

64) 제181회 국회(정기회) 제10차 전체회의, 교육위원회회의록, 1996. 12, 12, 17면.
65) 제181회 국회(정기회) 제14차 전체회의, 법제사법위원회회의록, 1996. 12. 16., 23면.
66) 제181회 국회(정기회) 제22차 본회의, 국회본회의회의록, 1996. 12. 17., 8면.

10.205 5. 2001년 1월 29일 개정(법률 제6400호, 2001. 1. 29. 시행)

제10조(설립허가) ①학교법인을 설립하고자 하는 자는 일정한 재산을 출연하고, 다음 각호의 사항을 기재한 정관을 작성하여 대통령령이 정하는 바에 의하여 **교육인적자원부장관**의 허가를 받아야 한다. 이 경우 기술대학을 설치·경영하는 학교법인을 설립하는 때에는 대통령령이 정하는 바에 의하여 미리 산업체가 일정한 재산을 출연하여야 한다.

1. 목적
2. 명칭
3. 설치·경영하고자 하는 사립학교의 종류와 명칭
4. 사무소의 소재지
5. 자산 및 회계에 관한 사항
6. 임원의 정원 및 그 임면에 관한 사항
7. 이사회에 관한 사항
8. 수익사업을 경영하고자 할 때에는 그 사업의 종류 기타 사업에 관한 사항
9. 정관의 변경에 관한 사항
10. 해산에 관한 사항
11. 공고에 관한 사항과 그 방법
12. 기타 이 법에 의하여 정관에 기재하여야 할 사항

②학교법인의 설립당초의 임원은 정관으로 정하여야 한다.

③제1항제6호의 사항을 정함에 있어서 기술대학을 설치·경영하는 학교법인의 경우에는 대통령령이 정하는 바에 의하여 산업체에 근무하는 자를 임원으로 포함하여야 한다.

④제1항제10호의 사항을 정함에 있어서 잔여재산의 귀속자에 관한 규정을 두고자 할 때에는 그 귀속자는 학교법인이나 기타 교육사업을 경영하는 자중에서 선정되도록 하여야 한다.

- 「정부조직법」(2001. 1. 29. 개정·시행)에 따라 "교육부장관"을 "교육인적자원부장관"으로 변경하였다.

6. 2008년 2월 29일 개정(법률 제8852호, 2008. 2. 29. 시행)

제10조(설립허가) ①학교법인을 설립하고자 하는 자는 일정한 재산을 출연하고, 다음 각호의 사항을 기재한 정관을 작성하여 대통령령이 정하는 바에 의하여 **교육과학기술부장관**의 허가를 받아야 한다. 이 경우 기술대학을 설치·경영하는 학교법인을 설립하는 때에는 대통령령이 정하는 바에 의하여 미리 산업체가 일정한 재산을 출연하여야 한다.

1. 목적
2. 명칭
3. 설치·경영하고자 하는 사립학교의 종류와 명칭
4. 사무소의 소재지
5. 자산 및 회계에 관한 사항
6. 임원의 정원 및 그 임면에 관한 사항
7. 이사회에 관한 사항
8. 수익사업을 경영하고자 할 때에는 그 사업의 종류 기타 사업에 관한 사항
9. 정관의 변경에 관한 사항
10. 해산에 관한 사항
11. 공고에 관한 사항과 그 방법
12. 기타 이 법에 의하여 정관에 기재하여야 할 사항

②학교법인의 설립당초의 임원은 정관으로 정하여야 한다.

③제1항제6호의 사항을 정함에 있어서 기술대학을 설치·경영하는 학교법인의 경우에는 대통령령이 정하는 바에 의하여 산업체에 근무하는 자를 임원으로 포함하여야 한다.

④제1항제10호의 사항을 정함에 있어서 잔여재산의 귀속자에 관한 규정을 두고자 할 때에는 그 귀속자는 학교법인이나 기타 교육사업을 경영하는 자중에서 선정되도록 하여야 한다.

- 「정부조직법」(2008. 2. 29. 개정·시행)에 따라 "교육인적자원부장관"을 "교육과학기술부장관"으로 변경하였다.

10.207 7. 2013년 3월 23일 개정(법률 제11690호, 2013. 3. 23. 시행)

제10조(설립허가) ①학교법인을 설립하고자 하는 자는 일정한 재산을 출연하고, 다음 각호의 사항을 기재한 정관을 작성하여 대통령령이 정하는 바에 의하여 **교육부장관**의 허가를 받아야 한다. 이 경우 기술대학을 설치·경영하는 학교법인을 설립하는 때에는 대통령령이 정하는 바에 의하여 미리 산업체가 일정한 재산을 출연하여야 한다.

1. 목적
2. 명칭
3. 설치·경영하고자 하는 사립학교의 종류와 명칭
4. 사무소의 소재지
5. 자산 및 회계에 관한 사항
6. 임원의 정원 및 그 임면에 관한 사항
7. 이사회에 관한 사항
8. 수익사업을 경영하고자 할 때에는 그 사업의 종류 기타 사업에 관한 사항
9. 정관의 변경에 관한 사항
10. 해산에 관한 사항
11. 공고에 관한 사항과 그 방법
12. 기타 이 법에 의하여 정관에 기재하여야 할 사항

②학교법인의 설립당초의 임원은 정관으로 정하여야 한다.

③제1항제6호의 사항을 정함에 있어서 기술대학을 설치·경영하는 학교법인의 경우에는 대통령령이 정하는 바에 의하여 산업체에 근무하는 자를 임원으로 포함하여야 한다.

④제1항제10호의 사항을 정함에 있어서 잔여재산의 귀속자에 관한 규정을 두고자 할 때에는 그 귀속자는 학교법인이나 기타 교육사업을 경영하는 자중에서 선정되도록 하여야 한다.

- 「정부조직법」(2013. 3. 23. 개정·시행)에 따라 "교육과학기술부장관"을 "교육부장관"으로 변경하였다.

8. 2019년 1월 15일 개정(법률 제16219호, 2019. 1. 15. 시행)

제10조(설립허가) ①학교법인을 설립하고자 하는 자는 일정한 재산을 출연하고, 다음 각호의 사항을 기재한 정관을 작성하여 대통령령이 정하는 바에 의하여 교육부장관의 허가를 받아야 한다. 이 경우 기술대학을 설치·경영하는 학교법인을 설립하는 때에는 대통령령이 정하는 바에 의하여 미리 산업체가 일정한 재산을 출연하여야 한다.

1. 목적
2. 명칭
3. 설치·경영하고자 하는 사립학교의 종류와 명칭
4. 사무소의 소재지
5. 자산 및 회계에 관한 사항
6. 임원의 정원 및 그 임면에 관한 사항
7. 이사회에 관한 사항
8. 수익사업을 경영하고자 할 때에는 그 사업의 종류 기타 사업에 관한 사항
9. 정관의 변경에 관한 사항
10. 해산에 관한 사항
11. 공고에 관한 사항과 그 방법
12. 기타 이 법에 의하여 정관에 기재하여야 할 사항

②학교법인의 설립당초의 임원은 정관으로 정하여야 한다.

③제1항제6호의 사항을 정함에 있어서 기술대학을 설치·경영하는 학교법인의 경우에는 대통령령이 정하는 바에 의하여 산업체에 근무하는 자를 임원으로 포함하여야 한다.

④ 삭제

(1) 법률안(교육위원회안(대안))[67)]

이 조문의 경우에는 원안[68)]으로 제안되지 않고 위원회 심사 단계에서 대안으로 제안되었다. 이 조문의 현행법과 원안(대안)의 내용을 비교하면 아래와 같다.[69)]

67) 2018. 12. 26. 교육위원장(의안번호: 2017731).

68) 2017. 9. 1. 박경미의원 등 11인(의안번호: 2008963), 2017. 9. 13. 유성엽의원 등 10인(의안번호: 2009327).

69) 2019년 1월 15일 개정 원안에는 박경미 의원안, 유성엽 의원안이 있다. 이 원안들은 이후 위원회 심사

현행법	원안
제10조(설립허가) ① ~ ③ (생 략) ④제1항제10호의 사항을 정함에 있어서 잔여재산의 귀속자에 관한 규정을 두고자 할 때에는 그 귀속자는 학교법인이나 기타 교육사업을 경영하는 자중에서 선정되도록 하여야 한다.	**제10조(설립허가)** ① ~ ③ (현행과 같음) <삭 제>

- 잔여재산의 귀속에 관한 사항을 통일적으로 규율하기 위하여 제10조제4항의 내용이 제35조제1항으로 이동하였다.

(2) 위원회 심사

〈1〉 **교육위원회:** 대안[70]으로 가결되었다.[71] 제10조에 관한 회의록 내용은 아래와 같다.

- **소위원장 유은혜**[72]: 교육법안심사소위원장 유은혜입니다. 우리 소위원회는 12월 6일과 19일에 법률안을 심사하였습니다. 의결한 법률안을 중심으로 심사한 결과를 보고드리겠습니다. 먼저 박경미 의원, 유성엽 의원이 각각 대표발의한 2건의 사립학교법 일부개정법률안과 유성엽 의원이 대표발의한 한국사학진흥재단법 일부개정법률안에 대한 심사 결과 위헌 소지가 있다는 의견을 반영하여 사립학교법 일부개정법률안(대안)을 마련하였습니다. 그 주요 내용을 말씀드리면, 첫째, 잔여재산의 귀속에 관하여 통일적으로 규율하기 위하여 현행 제10조제4항의 내용을 제35조로 이동하였…습니다.
- **위원장 유성엽**[73]: 그러면 의결 절차에 들어가도록 하겠습니다. 의사일정 제1항부터 제3항까지 박경미 의원과 유성엽 의원이 각각 대표발의한 사립학교법 일부개정법률안 2건과 유성엽 의원이 대표발의한 한국사학진흥재단법 일부개정법률안 1건은 소위원회에서 심사보고한 바와 같이 본회의에 각각 부의하지 아니하고 이를 통합 조정한 의사일정 제4항 사립학교법 일부개정법률안(대안)을 제안하고자 합니다. 이의 없으십니까? (없습니다 하는 위원 있음)

단계에서 위 교육위원장 대안으로 통합 조정되었다. 이들 개정안 중 제10조에 관한 개정안은 이 대안이다. 그러므로 여기에서는 현행법과 대안의 개정 원안만을 소개한다. 박경미 의원안, 유성엽 의원안은 이 책 [35.210] 참조.

70) 2018. 12. 26. 교육위원장(의안번호: 2017731).

71) 제355회 국회(임시회) 제1차 전체회의, 교육문화체육관광위원회회의록, 2017. 12. 20., 6면.

72) 제355회 국회(임시회) 제1차 전체회의, 교육문화체육관광위원회회의록, 2017. 12. 20., 2면.

73) 제355회 국회(임시회) 제1차 전체회의, 교육문화체육관광위원회회의록, 2017. 12. 20., 6면.

- **곽상도 위원**[74]: 이의 있습니다.
- **위원장 유성엽**[75]: 이의 있어요? 이의가 있으면 의견을 말씀하세요.
- **곽상도 위원**[76]: 반대합니다.
- **위원장 유성엽**[77]: 그러면 표결로 처리할 수밖에 없을 것 같습니다, 반대하는 위원이 계시기 때문에.
- **염동열 위원**[78]: 표결보다는 반대의견은 반대의견대로 적시하시고요. 부대의견만 다시 남겨 주십시오.
- **위원장 유성엽**[79]: 부대의견 아까 제가 말을 했었어요.
- **염동열 위원**[80]: 했었어요?
- **위원장 유성엽**[81]: 아까 했었어요.
- **염동열 위원**: 그러면 이것 속기록만 남기고요. 굳이 표결을 하시겠어요?
- **위원장 유성엽**: 그러면 가결되었음을 선포합니다.

〈2〉 **법제사법위원회:** 교육위원회 대안대로 가결되었다.[82]

(3) 본회의 심의

교육위원회 대안대로 가결되었다.[83]

(4) 결과

교육위원회 대안으로 개정되었다.

9. 2020년 12월 22일 개정(법률 제17659호, 2020. 12. 22. 시행)

제10조(설립허가) ①_학교법인을 설립하려는 자는 일정한 재산을 출연하고, 다음 각

74) 제355회 국회(임시회) 제1차 전체회의, 교육문화체육관광위원회회의록, 2017. 12. 20., 6면.
75) 제355회 국회(임시회) 제1차 전체회의, 교육문화체육관광위원회회의록, 2017. 12. 20., 6면.
76) 제355회 국회(임시회) 제1차 전체회의, 교육문화체육관광위원회회의록, 2017. 12. 20., 6면.
77) 제355회 국회(임시회) 제1차 전체회의, 교육문화체육관광위원회회의록, 2017. 12. 20., 6면.
78) 제355회 국회(임시회) 제1차 전체회의, 교육문화체육관광위원회회의록, 2017. 12. 20., 6면.
79) 제355회 국회(임시회) 제1차 전체회의, 교육문화체육관광위원회회의록, 2017. 12. 20., 6면.
80) 제355회 국회(임시회) 제1차 전체회의, 교육문화체육관광위원회회의록, 2017. 12. 20., 6면.
81) 제355회 국회(임시회) 제1차 전체회의, 교육위원회회의록, 2017. 12. 20., 6면.
82) 제365회 국회(임시회) 제1차 전체회의, 법제사법위원회회의록, 2018. 12. 26., 7면.
83) 제365회 국회(임시회) 제1차 본회의, 국회본회의회의록, 2018. 12. 27., 30면.

호의 사항을 **적은** 정관을 작성하여 대통령령**으로** 정하는 바에 **따라** 교육부장관의 허가를 받아야 한다. 이 경우 기술대학을 설치·경영하는 학교법인을 설립**할** 때에는 대통령령**으로** 정하는 바에 **따라** 미리 산업체가 일정한 재산을 출연하여야 한다.

1. 목적
2. 명칭
3. 설치·경영하**려**는 사립학교의 종류와 명칭
4. 사무소 소재지
5. 자산 및 회계에 관한 사항
6. 임원의 정원 및 그 임면**(任免)**에 관한 사항
7. 이사회에 관한 사항
8. 수익사업을 경영**하려는 경우**에는 그 사업의 종류**, 그 밖에** 사업에 관한 사항
9. 정관 변경에 관한 사항
10. 해산에 관한 사항
11. 공고에 관한 사항과 그 방법
12. **그 밖에** 이 법에 **따라** 정관에 **적어**야 할 사항

②_학교법인의 설립_당초의 임원은 정관으로 정하여야 한다.

③_제1항제6호의 사항을 정**할 때** 기술대학을 설치·경영하는 학교법인의 경우에는 대통령령**으로** 정하는 바에 **따라** 산업체에 근무하는 **사람을** 임원으로 포함하여야 한다.

• 법문을 한글화하고 간결하게 하였다(오직 형식에 관한 개정이므로 자세한 개정경과는 생략함[84]).

10.300 III. 현행법

제10조(설립허가) ① 학교법인을 설립하려는 자는 일정한 재산을 출연하고, 다음 각 호의 사항을 적은 정관을 작성하여 대통령령으로 정하는 바에 따라 교육부장관의 허가를 받아야 한다. 이 경우 기술대학을 설치·경영하는 학교법인을 설립할

84) 이에 관한 구체적 개정경과는 이 책 [1.201] 참조.

때에는 대통령령으로 정하는 바에 따라 미리 산업체가 일정한 재산을 출연하여야 한다.

1. 목적
2. 명칭
3. 설치·경영하려는 사립학교의 종류와 명칭
4. 사무소 소재지
5. 자산 및 회계에 관한 사항
6. 임원의 정원 및 그 임면(任免)에 관한 사항
7. 이사회에 관한 사항
8. 수익사업을 경영하려는 경우에는 그 사업의 종류, 그 밖에 사업에 관한 사항
9. 정관 변경에 관한 사항
10. 해산에 관한 사항
11. 공고에 관한 사항과 그 방법
12. 그 밖에 이 법에 따라 정관에 적어야 할 사항

②학교법인의 설립 당초의 임원은 정관으로 정하여야 한다.

③제1항제6호의 사항을 정할 때 기술대학을 설치·경영하는 학교법인의 경우에는 대통령령으로 정하는 바에 따라 산업체에 근무하는 사람을 임원으로 포함하여야 한다.

IV. 종합/특기사항

- 제10조는 「민법」 제43조에 의하여 준용되는 「민법」 제40조가 정하는 정관 기재사항보다 더 많은 것을 요구하고 있다. 즉 제1항 제8호 이하는 민법상 법인의 정관에는 임의적 기재사항이나 학교법인의 정관에는 필요적 기재사항이다.
- 제10조에 대한 주요 변화는 1997년과 2019년 개정이다. 1997년 개정은 기술대학 제도를 도입함에 따라 관련 조문을 정비한 것이고(제1항제2문, 제3항), 2019년 개정은 제4항을 삭제하고 제35조(잔여재산의 귀속)에서 통일적으로 규정하였다. 이들 외 개정사항은 모두 정부 부처의 개편에 따라 명칭을 반영하고 간단한 체계·자구를 수정한 것이다.

제10조의2(출연자의 정관 기재)

10-2.100 **I. 제정법**

2005년 개정에 의하여 신설된 것으로 제정법에는 이 조문이 없다.

II. 개정 경과

10-2.201 **1. 2005년 12월 29일 개정(법률 제7802호, 2006. 7. 1. 시행)**

제10조의2 (출연자의 정관기재) ①학교법인은 일정한 재산을 출연한 자의 출연의사를 보호하고 그 명예를 기리기 위하여 제10조제1항 각 호의 사항 외에 다음 각 호의 사항을 정관에 기재할 수 있다.
1. 출연자의 성명 및 생년월일
2. 출연재산의 내역과 평가기준·금액
3. 출연자의 출연의사

②제1항의 규정에 의한 출연자 외에 학교법인의 설립 이후 대통령령이 정하는 일정금액 이상의 재산을 출연하거나 기부한 자에 대하여도 당사자의 의사에 따라 제1항 각호의 사항을 정관에 기재할 수 있다.

(1) 법률안

〈1〉 **복기왕 의원안**[85]: 이 조문을 포함한 개정 대상 조문의 제안이유 및 주요내용은 아래와 같다.

• 제안이유

사립학교 운영의 민주성과 투명성 및 공공성을 제고하여 사립학교의 건전한 발달을 도모하고 법인경영과 학사운영의 분리를 통한 견제와 균형적 발전의 새로운 사립학교 시스템을 구축하기 위하여 학교법인은 이사 정수의 3분의 1 이상은 학교운영위원회 또는 대학평의원회가 추천하는 인사로 선임하도록 하고, 학사업무에 관한 사항에 대하여는 이사회의 관여를 배제하며, 임원취임의 승인

85) 2004. 10. 20. 복기왕의원 등 150인(의안번호: 170595).

취소 사유를 확대하고, 임원취임의 승인이 취소된 자가 다시 임원으로 선임될 수 있는 요건을 엄격히 제한하고, 교원인사위원회 및 교원징계위원회의 구성에 있어 교사회 또는 교수회가 추천하는 위원이 3분의 1 이상 포함하도록 하는 등 현행규정의 운영과정에서 나타난 일부 미비점을 개선 보완하여 21세기의 시대적 변화에 부응하는 사립학교의 발전을 가져오게 하려는 것임.

• 주요내용

가. 사학운영의 공공성과 투명성을 강화하기 위하여 이사 정수의 3분의 1 이상은 학교운영위원회 또는 대학평의원회(신설 법인의 경우 관할청)가 추천하는 인사로 선임하도록 하여야 함(안 제14조제3항).

나. 학교의 장과 이사회의 역할을 구분하고 학교 현장의 자율성을 강화하기 위하여 학사업무에 관한 사항에 대해서는 이사회의 관여를 배제하도록 함(안 제16조제1항제6호).

다. 위법행위를 한 임원에 대한 책임을 강화하기 위하여 현행 임원취임의 승인취소의 요건을 확대함(안 제20조의2).

라. 내부감사 기능을 강화하기 위하여 학교법인에 두는 감사 중 1인을 초·중등학교는 학교운영위원회가, 대학은 대학평의원회가 추천하는 자로 함(안 제21조제5항)

마. 위법행위를 한 자로서 임원취임 승인이 취소 또는 해임된 자가 다시 임원으로 선임되기 위한 경과기간을 종전의 2년에서 5년으로 연장하고, 그 경과기간을 지난 후에도 임원으로 취임하기 위하여서는 재적이사 3분의 2 이상의 찬성을 요하도록 함(안 제21조제7항 및 제22조제2호·제3호).

바. 교육인적자원부장관이 임시이사 전부를 해임하여 이사를 선임하는 때에는 이사의 3분의 1 이상을 초·중등학교는 학교운영위원회가, 대학은 대학평의원회가 추천하는 자를 선임하도록 함(안 제25조의3).

사. 학교의 예산은 학교의 장이 편성하되 학교운영위원회 또는 대학평의원회의 심의와 이사회의 의결을 거쳐 확정하도록 함(안 제29조제4항).

아. 결산서 제출시 감사 전원이 확인·날인한 감사증명서를 제출하도록 함으로써 현행 외부감사제도의 문제점을 개선하고 내부감사의 책무성을 강화하려는 것임(안 제31조제4항).

자. 국·공립학교의 장은 임기가 규정되어 있으나 사립학교의 장은 임기 규정이 없어 국·공립학교와 형평성을 맞추어, 사립학교의 장의 임기제를 도입하여 그 임기를 4년으로 하되, 중임할 수 있도록 함(안 제53조제3항).

차. 교원인사위원회 및 교원징계위원회의 구성에 있어 교사회 또는 교수회가 추천하는 위원이 3분의 1 이상 포함하도록 하여 교원의 인사 및 징계에 균형 있는 의견이 반영될 수 있도록 했음(안 제53조제2항 단서 및 제62조제2항 단서).

이 조문의 현행법과 개정 원안은 아래와 같다.

현행법	원안
<신 설>	**제10조의2 (출연자의 정관기재)** ①학교법인은 일정한 재산을 출연한 자의 출연의사를 보호하고 그 명예를 기리기 위하여 제10조제1항 각 호의 사항 외에 다음 각 호의 사항을 정관에 기재할 수 있다. 1. 출연자의 성명 및 생년월일 2. 출연재산의 내역과 평가기준·금액 3. 출연자의 출연의사 ②제1항의 규정에 의한 출연자 외에 학교법인의 설립 이후 대통령령이 정하는 일정금액 이상의 재산을 출연하거나 기부한 자에 대하여도 당사자의 의사에 따라 제1항 각호의 사항을 정관에 기재할 수 있다.

- 학교법인 설립을 위하여 출연한 사람 또는 설립 후에 대규모 기부를 한 사람에 관한 사항을 정관에 기재하여 예우할 수 있도록 하였다.

(2) 위원회 심사

〈1〉 교육위원회: 심사 미료

국회의장이 지정한 심사기간(2005. 9. 16 24:00) 내에 심사가 미료됨에 따라 소관 상임위원장의 중간심사보고(구두보고) 후 본회의로 바로 상정하였다(「국회법」 제85조의2).

제10조의2에 관한 회의록 내용은 아래와 같다.

- **이주호 위원**[86]: 자율과 관계해서 사립학교법에 보면 사학의 정관에 기재되어야 될 사항들을 세세하게 규정해 놓고 있습니다. 결국 정관은 정부의 승인 사항이기 때문에 사학들이 조금 고치려고 해도 정관 변경의 승인을 받아야 되는 문제가 있습니다. 그래서 이것은 어떻게 보면 상당히 사학을 옥죄는 규제의 수단이

86) 제250회 국회(정기회) 제11차 전체회의, 교육위원회회의록, 2004. 12. 7., 51면.

라고 볼 수 있는데 여기에 대해서는 어떻게 생각하십니까?

- **부총리겸교육인적자원부장관 안병영**[87]: 저희들 정부의 기본적인 입장이 정관을 간소화하고 단순화하는 쪽으로 가고 있습니다.

〈2〉 **법제사법위원회:** 심사 미료

(3) 본회의 심의

원안대로 가결되었다.[88] 이 조문의 회의록 내용은 2005. 12. 29. 개정조문 제8조의2와 공통적이어서 생략한다.[89]

(4) 결과

원안으로 개정되었다.

2. 2020년 12월 22일 개정(법률 제17659호, 2020. 12. 22. 시행)

> **제10조의2(출연자의 정관 기재)** ①_학교법인은 일정한 재산을 출연한 자의 출연_의사를 보호하고 그 명예를 기리기 위하여 제10조제1항 각 호의 사항 외에 다음 각 호의 사항을 정관에 **적을** 수 있다.
> 1. 출연자의 성명 및 생년월일
> 2. 출연재산의 **명세와** 평가기준·금액
> 3. 출연자의 출연 의사
>
> ②_제1항**에 따른** 출연자 외에 학교법인의 설립 이후 대통령령**으로** 정하는 일정 금액 이상의 재산을 출연하거나 기부한 자에 대**해서**도 당사자의 의사에 따라 제1항 각_호의 사항을 정관에 **적을** 수 있다.

- 법문을 간결하게 순화하였다(오직 형식에 관한 개정이므로 자세한 개정경과는 생략함[90]).

---

87) 제250회 국회(정기회) 제11차 전체회의, 교육위원회회의록, 2004. 12. 7., 51면.
88) 제256회 국회(정기회) 제16차 본회의, 국회본회의회의록, 2005. 12. 9., 2~3면.
89) 이 책 [8-2.201] 참조.
90) 이에 관한 구체적 개정경과는 이 책 [1.201] 참조.

10-2.300

III. 현행법

제10조의2(출연자의 정관 기재) ① 학교법인은 일정한 재산을 출연한 자의 출연 의사를 보호하고 그 명예를 기리기 위하여 제10조제1항 각 호의 사항 외에 다음 각 호의 사항을 정관에 적을 수 있다.
1. 출연자의 성명 및 생년월일
2. 출연재산의 명세와 평가기준·금액
3. 출연자의 출연 의사

②제1항에 따른 출연자 외에 학교법인의 설립 이후 대통령령으로 정하는 일정 금액 이상의 재산을 출연하거나 기부한 자에 대해서도 당사자의 의사에 따라 제1항 각 호의 사항을 정관에 적을 수 있다.

10-2.400

IV. 종합/특기사항

- 2005년 개정을 통해 제10조의2가 신설되었다. 2005년 개정의 주된 방향은 학교법인의 공공성 제고였는데, 이 조문의 신설은 학교법인 설립을 위한 출연자 또는 설립 이후 기부자의 예우 강화를 위한 것으로 주된 방향과 관련된 것은 아니다.
- 2005년 신설 이후 개정은 모두 법문의 한글화·간결·순화 등 형식에 관한 것이다.

제11조(정관의 보충)

11.100

I. 제정법

제11조(정관의 보충) ①학교법인을 설립하고자 하는 자가 전조제1항 각호에 게기한 사항중 그 목적과 자산에 관한 사항만을 정하고 사망한 경우에는 문교부장관은 이해관계인의 청구에 의하여 그 외의 사항을 정할 수 있다.

②전항의 경우에 이해관계인이 없거나 그 청구가 없을 때에는 문교부장관이 직권으로 전항의 사항을 정할 수 있다.

『새교육』이 소개하는 이 조문의 제정이유는 아래와 같다.[91)]

제11조에서 학교법인의 정관을 문교부장관이 보충시켜서 완성되도록 하고 있는바, 이는 민법 제44조의 규정과 같다. 다만 "법원"을 "문교부장관"으로 바꾸어 놓은 데 불과하다. 학교법인의 설립자가 살아 있을 때 재산을 출연하여 법인을 설립할 때에는 이 조항의 규정이 필요 없으나, 유언을 통해서 학교법인을 설립할 경우에는 정관을 완성시킬 기회가 없을 수도 있다. 이러한 경우에 기부행위(재단법인)의 설립의 주된 요소가 되는 출연재산의 목적과 자산만 정해지면 명칭, 사무소, 이사의 임면 등에 관한 부수적 사항은 국가 의사를 대표하는 법원이 정하도록 하고 있다. 학교법인의 경우에는 법원에 대신하여 문교부장관이 행한다.

이러한 정관 보충의 규정을 통하여 우리가 생각할 수 있는 또 하나의 의미는, 학교법인의 설립에 있어서는 목적과 자산만이 중추가 되는 요건이고, 그 이외의 요건은 부수되는 것이라고 할 수 있다. 따라서 정관의 변경이나 기타 법인 운영의 경우에도 목적과 자산(특히 기본재산)에 대하여는 그 변동에 있어 여러 가지로 제한하기도 하고, 특별히 신중한 규정을 둔다.

II. 개정 경과

1. 1981년 2월 28일 개정(법률 제3373호, 1981. 2. 28. 시행)

제11조(정관의 보충) ①학교법인을 설립하고자 하는 자가 <u>제10조</u>제1항 각호에 게기한 사항중 그 목적과 자산에 관한 사항만을 정하고 사망한 경우에는 문교부장관은 이해관계인의 청구에 의하여 그외의 사항을 정할 수 있다.
②<u>제1항</u>의 경우에 이해관계인이 없거나 그 청구가 없을 때에는 문교부장관이 직권으로 전항의 사항을 정할 수 있다.

- "전조"를 "제10조"로, "전항"을 "제1항"으로 하였다(오직 형식에 관한 개정이므로 자세한 개정경과는 생략함[92)]).

91) 金康鉉, 앞의 글 "私立學校法(3)", 42면.
92) 이에 관한 구체적 개정경과는 이 책 [4.204] 참조.

11.202 2. 1990년 4월 7일 개정(법률 제4226호, 1990. 4. 7. 시행)

제11조(정관의 보충) ①학교법인을 설립하고자 하는 자가 제10조제1항 각호에 규정한 사항중 그 목적과 자산에 관한 사항만을 정하고 사망한 경우에는 문교부장관은 이해관계인의 청구에 의하여 그외의 사항을 정할 수 있다.
②제1항의 경우에 이해관계인이 없거나 그 청구가 없을 때에는 문교부장관이 직권으로 전항의 사항을 정할 수 있다.

(1) 법률안

〈1〉 정부안[93]

현행법	원안
제11조(정관의 보충) ①학교법인을 설립하고자 하는 자가 제10조제1항 각호에 게기한 사항중 그 목적과 자산에 관한 사항만을 정하고 사망한 경우에는 문교부장관은 이해관계인의 청구에 의하여 그외의 사항을 정할 수 있다. ②제1항의 경우에 이해관계인이 없거나 그 청구가 없을 때에는 문교부장관이 직권으로 전항의 사항을 정할 수 있다	**제11조(정관의 보충)** ①학교법인을 설립하고자 하는 자가 제10조제1항 각호에 규정한 사항중 그 목적과 자산에 관한 사항만을 정하고 사망한 경우에는 관할청은 이해관계인의 청구에 의하여 그외의 사항을 정할 수 있다. ②제1항의 경우에 이해관계인이 없거나 그 청구가 없을 때에는 관할청이 직권으로 전항의 사항을 정할 수 있다.

〈2〉 박석무 의원안[94]

현행법	원안
제11조(정관의 보충) ①학교법인을 설립하고자 하는 자가 제10조제1항 각호에 게기한 사항중 그 목적과 자산에 관한 사항만을 정하고 사망한 경우에는 문교부장관은 이해관계인의 청구에 의하여 그외의 사항을 정할 수 있다. ②제1항의 경우에 이해관계인이 없거나 그 청구가 없을 때에는 문교부장관이 직권으로 전항의 사항을 정할 수 있다	**제11조(정관의 보충)** ①학교법인을 설립하고자 하는 자가 제10조제1항 각호에 게기한 사항중 그 목적과 자산에 관한 사항만을 정하고 사망한 경우에는 관할청은 이해관계인의 청구에 의하여 그외의 사항을 정할 수 있다. ②제1항의 경우에 이해관계인이 없거나 그 청구가 없을 때에는 관할청이 직권으로 전항의 사항을 정할 수 있다.

93) 1988. 12. 2. 정부(의안번호: 130287); 제안이유 및 주요내용은 이 책 [4.206] 참조.
94) 1988. 12. 21. 박석무의원 등 70인(의안번호: 130378); 제안이유 및 주요내용은 이 책 [4.206] 참조.

〈3〉 김인곤 의원안[95)]

현행법	원안
제11조(정관의 보충) ①학교법인을 설립하고자 하는 자가 제10조제1항 각호에 게기한 사항중 그 목적과 자산에 관한 사항만을 정하고 사망한 경우에는 문교부장관은 이해관계인의 청구에 의하여 그외의 사항을 정할 수 있다. ②제1항의 경우에 이해관계인이 없거나 그 청구가 없을 때에는 문교부장관이 직권으로 전항의 사항을 정할 수 있다	**제11조(정관의 보충)** ①학교법인을 설립하고자 하는 자가 제10조제1항 각호에 게기한 사항중 그 목적과 자산에 관한 사항만을 정하고 사망한 경우에는 관할청은 이해관계인의 청구에 의하여 그외의 사항을 정할 수 있다. ②제1항의 경우에 이해관계인이 없거나 그 청구가 없을 때에는 관할청이 직권으로 전항의 사항을 정할 수 있다.

〈4〉 강삼재 의원안[96)]

현행법	원안
제11조(정관의 보충) ①학교법인을 설립하고자 하는 자가 제10조제1항 각호에 게기한 사항중 그 목적과 자산에 관한 사항만을 정하고 사망한 경우에는 문교부장관은 이해관계인의 청구에 의하여 그외의 사항을 정할 수 있다. ②제1항의 경우에 이해관계인이 없거나 그 청구가 없을 때에는 문교부장관이 직권으로 전항의 사항을 정할 수 있다	**제11조(정관의 보충)** ①학교법인을 설립하고자 하는 자가 제10조제1항 각호에 게기한 사항중 그 목적과 자산에 관한 사항만을 정하고 사망한 경우에는 관할청은 이해관계인의 청구에 의하여 그외의 사항을 정할 수 있다. ②제1항의 경우에 이해관계인이 없거나 그 청구가 없을 때에는 관할청이 직권으로 전항의 사항을 정할 수 있다.

(2) 위원회 심사

〈1〉 **문교공보위원회:** 대안[97)]으로 가결되었다.[98)]

대안
제11조(정관의 보충) ①학교법인을 설립하고자 하는 자가 제10조제1항 각호에 규정한 사항중 그 목적과 자산에 관한 사항만을 정하고 사망한 경우에는 문교부장관은 이해관계인의 청구에 의하여 그외의 사항을 정할 수 있다. ②제1항의 경우에 이해관계인이 없거나 그 청구가 없을 때에는 문교부장관이 직권으로 전항의 사항을 정할 수 있다.

〈2〉 **법제사법위원회:** 문교공보위원회 대안대로 가결되었다.[99)]

95) 1989. 2. 16. 김인곤의원 등 34인(의안번호: 130422); 제안이유 및 주요내용은 이 책 [4.206] 참조.
96) 1989. 2. 28. 강삼재의원 등 57인(의안번호: 130463); 제안이유 및 주요내용은 이 책 [4.206] 참조.
97) 1990. 3. 15. 문교공보위원장(의안번호: 130833).
98) 제148회 국회(임시회) 제6차 전체회의, 문교공보위원회회의록, 1990. 3. 14., 8면.
99) 제148회 국회(임시회) 제6차 전체회의, 법제사법위원회회의록, 1990. 3. 14., 26면.

(3) 본회의 심의

문교공보위원회 대안대로 가결되었다.[100)]

(4) 결과

문교공보위원회 대안으로 개정되었다.

11.203

3. 1990년 12월 27일 개정(법률 제4268호, 1990. 12. 27. 시행)

제11조(정관의 보충) ①학교법인을 설립하고자 하는 자가 제10조제1항 각호에 규정한 사항중 그 목적과 자산에 관한 사항만을 정하고 사망한 경우에는 **교육부장관**은 이해관계인의 청구에 의하여 그외의 사항을 정할 수 있다.
②제1항의 경우에 이해관계인이 없거나 그 청구가 없을 때에는 **교육부장관**이 직권으로 전항의 사항을 정할 수 있다.

- 「정부조직법」(1990. 12. 27. 개정 · 시행)에 따라 "문교부장관"을 "교육부장관"으로 변경하였다.

11.204

4. 1997년 1월 13일 개정(법률 제5274호, 1997. 4. 14. 시행)

제11조(정관의 보충) ①학교법인을 설립하고자 하는 자가 제10조제1항 각호에 규정한 사항중 그 목적과 자산에 관한 사항만을 정하고 사망한 경우에는 교육부장관은 이해관계인의 청구에 의하여 그외의 사항을 정할 수 있다.
②제1항의 경우에 이해관계인이 없거나 그 청구가 없을 때에는 교육부장관이 직권으로 **제1항**의 사항을 정할 수 있다.

(1) 법률안(정부안[101)])

현행법	원안
제11조(정관의 보충) ① (생 략) ②제1항의 경우에 이해관계인이 없거나 그 청	**제11조(정관의 보충)** ① (현행과 같음) ②제1항의 경우에 이해관계인이 없거나 그 청

100) 제148회 국회(임시회) 제9차 본회의, 국회본회의회의록, 1990. 3. 16., 15~16면.
101) 1996. 11. 18. 정부(의안번호: 150305); 제안이유 및 주요내용은 이 책 [3.206] 참조.

구가 없을 때에는 교육부장관이 직권으로 전항의 사항을 정할 수 있다.	구가 없을 때에는 교육부장관이 직권으로 제1항의 사항을 정할 수 있다.

• "전항"을 "제1항"으로 하였다.

(2) 위원회 심사

〈1〉 **교육위원회:** 원안대로 가결되었다.[102)]

〈2〉 **법제사법위원회:** 원안대로 가결되었다.[103)]

(3) 본회의 심의

원안대로 가결되었다.[104)]

(4) 결과

원안으로 개정되었다.

5. 2001년 1월 29일 개정(법률 제6400호, 2001. 1. 29. 시행)

제11조(정관의 보충) ①학교법인을 설립하고자 하는 자가 제10조제1항 각호에 규정한 사항중 그 목적과 자산에 관한 사항만을 정하고 사망한 경우에는 **교육인적자원부장관**은 이해관계인의 청구에 의하여 그외의 사항을 정할 수 있다.
②제1항의 경우에 이해관계인이 없거나 그 청구가 없을 때에는 **교육인적자원부장관**이 직권으로 제1항의 사항을 정할 수 있다.

• 「정부조직법」(2001. 1. 29. 개정·시행)에 따라 "교육부장관"을 "교육인적자원부장관"으로 변경하였다.

6. 2008년 2월 29일 개정(법률 제8852호, 2008. 2. 29. 시행)

제11조(정관의 보충) ①학교법인을 설립하고자 하는 자가 제10조제1항 각호에 규정

102) 제181회 국회(정기회) 제10차 전체회의, 교육위원회회의록, 1996. 12. 12., 17면.
103) 제181회 국회(정기회) 제14차 전체회의, 법제사법위원회회의록, 1996. 12. 16., 23면.
104) 제181회 국회(정기회) 제22차 본회의, 국회본회의회의록, 1996. 12. 17., 8면.

한 사항중 그 목적과 자산에 관한 사항만을 정하고 사망한 경우에는 **교육과학기술부장관**은 이해관계인의 청구에 의하여 그외의 사항을 정할 수 있다.
②제1항의 경우에 이해관계인이 없거나 그 청구가 없을 때에는 **교육과학기술부장관**이 직권으로 제1항의 사항을 정할 수 있다.

- 「정부조직법」(2008. 2. 29. 개정·시행)에 따라 "교육인적자원부장관"을 "교육과학기술부장관"으로 변경하였다.

11.207 **7. 2013년 3월 23일 개정(법률 제11690호, 2013. 3. 23. 시행)**

제11조(정관의 보충) ①학교법인을 설립하고자 하는 자가 제10조제1항 각호에 규정한 사항중 그 목적과 자산에 관한 사항만을 정하고 사망한 경우에는 **교육부장관**은 이해관계인의 청구에 의하여 그외의 사항을 정할 수 있다.
②제1항의 경우에 이해관계인이 없거나 그 청구가 없을 때에는 **교육부장관**이 직권으로 제1항의 사항을 정할 수 있다.

- 「정부조직법」(2013. 3. 23. 개정·시행)에 따라 "교육과학기술부장관"을 "교육부장관"으로 변경하였다.

11.208 **8. 2020년 12월 22일 개정(법률 제17659호, 2020. 12. 22. 시행)**

제11조(정관의 보충) ①_학교법인을 설립**하려는 사람이** 제10조제1항 각 **호의** 사항 중 그 목적과 자산에 관한 사항만을 정하고 사망한 경우 교육부장관은 이해관계인의 청구에 의하여 그 외의 사항을 정할 수 있다.
②_제1항의 경우에 이해관계인이 없거나 그 청구가 없을 때에는 교육부장관이 직권으로 제1항의 사항을 정할 수 있다.

- 법문을 한글로 적고 간결하게 하였다(오직 형식에 관한 개정이므로 자세한 개정경과는 생략함[105]).

105) 이에 관한 구체적 개정경과는 이 책 [1.201] 참조.

III. 현행법

제11조(정관의 보충) ① 학교법인을 설립하려는 사람이 제10조제1항 각 호의 사항 중 그 목적과 자산에 관한 사항만을 정하고 사망한 경우 교육부장관은 이해관계인의 청구에 의하여 그 외의 사항을 정할 수 있다.
② 제1항의 경우에 이해관계인이 없거나 그 청구가 없을 때에는 교육부장관이 직권으로 제1항의 사항을 정할 수 있다.

IV. 종합/특기사항

- 제11조는 정관의 보충에 관한 것으로 「민법」 제44조와의 관계에서 특별규정이다. 「민법」 제44조는 이해관계인 또는 검사의 청구가 있는 때에 한하여 법원이 중립적 지위에서 정관을 보충하여 법인이 설립될 수 있다고 규정한다. 이와 달리 제11조는 학교법인의 관할청 장관이 정할 수 있도록 하고(제1항), 더 나아가 이해관계인의 청구가 없더라도 장관이 직권으로 정관을 보충할 수 있다(제2항). 학교법인의 설립허가부터 각종 감독·처분권을 가지는 관할청 장관에게 정관보충에 관한 모든 권한을 부여하는 것은 균형있는 입법으로 보기 어렵다. 제11조는 「민법」 제44조("이해관계인 또는 검사의 청구")와 달리 "이해관계인 또는 교육부장관의 청구"로 규정하면서 종국적 판단은 법원에 맡기는 것이 타당할 것이다.
- 제11조에 대한 개정은 모두 정부 부처의 개편에 따라 명칭을 수정한다든가 혹은 법문의 한글화·간결·순화 등 형식에 관한 것이다.

제12조(설립 시기)

I. 제정법

제12조(설립의 시기) 학교법인은 그 주된 사무소의 소재지에서 설립의 등기를 함으로써 성립한다.

『새교육』이 소개하는 이 조문의 제정이유는 아래와 같다.[106)]

제12조에서 법인의 설립 시기를 택하고 있는바, 법인 설립은 등기한 날로부터로 삼고 있다. 이는 법인 설립에 있어 등기를 성립요건으로 삼는 것이다. 구 민법에서는 설립등기를 대항요건으로 삼고 있기 때문에, 설립등기를 하지 않더라도 법인은 존재하며 또한 기부된 자산이 법인의 소유로 되나, 성립요건으로 할 때에는 설립등기가 없으면 법인은 존재하지 아니한다. 뿐만 아니라 설립등기를 하지 않으면 기부된 자산은 아직 법인에게 귀속되지 않고 기부자의 소유로 남아 있게 된다.

설립의 등기는 주된 사무소의 소재지에서 한다. 주된 사무소라 함은 사무소가 여러 군데 있거나, 분사무소가 있을 때, 그 주사무소, 즉 본사무소를 말하며, 이 사무소는 개인으로 말하면 주소지이다. 주소지는 등기소의 관할, 법원의 관할 등 법인의 법률상 중대한 토대가 되는 것이다. 따라서 설립등기는 그 주소지를 관할하는 등기소에서 행한다. 분사무소가 있더라도 같은 등기소 관할 내에 있으면 그만이지만, 다른 등기소의 관할지구에 분사무소를 둘 때에는 당해 분사무소를 관할하는 등기소에 법인등기를 하여야 한다. 그러나 분사무소의 관할지에서 행하는 등기는 설립등기가 아니다.

II. 개정 경과

12.201 ### 1. 2020년 12월 22일 개정(법률 제17659호, 2020. 12. 22. 시행)

제12조(설립 시기) 학교법인은 그 주된 사무소의 소재지에서 설립등기를 함으로써 성립한다.

- 법문을 한글화하고 간결하게 하였다(오직 형식에 관한 개정이므로 자세한 개정경과는 생략함[107)]).

12.300 ## III. 현행법

제12조(설립 시기) 학교법인은 그 주된 사무소의 소재지에서 설립등기를 함으로써 성립한다.

---

106) 金康鉉, 앞의 글 "私立學校法(3)", 42~43면.

107) 이에 관한 구체적 개정경과는 이 책 [1.201] 참조.

IV. 종합/특기사항

- 제12조는 「민법」 제33조와 동일한 내용이다. 그렇다면 「민법」을 준용한다는 취지의 조문(제13조)에 포함시켜 처리하는 것이 간명할 것이다.
- 제12조에 대한 개정은 모두 법문의 한글화·간결·순화 등 형식에 관한 것이다.

제13조(「민법」의 준용)

I. 제정법

제13조(민법의 준용) 민법 제47조·제48조·제50조 내지 제54조 및 제55조제1항의 규정은 학교법인의 설립에 이를 준용한다.

『새교육』이 소개하는 이 조문의 제정이유는 아래와 같다.[108)]

민법 제47조와 제48조를 이 법에 준용하는 것은 증여·유증에 관한 것과 출연재산이 학교법인에 귀속되는 시기를 규정한다. 민법 제47조는 살아 있는 동안의 처분으로서, 법인을 설립할 때는 그 재산의 처분을 증여(贈與)로 보며, 유언을 통해서 법인을 설립할 때의 재산 처분은 유증(遺贈)으로 보아 각각 당해분의 민법 조항을 적용한다는 것이다. 제48조의 출연재산의 법인에 대한 귀속시기에 대하여는, 살아 있는 동안 설립할 경우에는 법인이 성립한 때, 즉 설립등기를 완료한 때 법인 재산이 되고, 유언의 경우에는 유언의 효력이 발생한 때, 즉 사망하였을 때 법인의 재산으로 된다.

민법 제50조 내지 제54조의 준용을 내용별로 보면 다음과 같다. 분사무소 설치 등기는 두 가지 경우로 나눈다. 첫째로, 주사무소와 분사무소의 등기소 관할이 다른 경우인데, 이때는 주사무소에서는 분사무소를 두었다는 등기를 하고 분사무소에서는 등기하여야 할 전체 사항을 등기한다. 둘째, 주사무소와 새로 설치하는 분사무소의 등기소 관할구역이 같을 때에는 새로 설치하는 분사무소에 대해서만 등기하게 된다.

사무소 이전의 등기에 있어서도 관할이 다른 경우에는 등기할 전체 사항을 등기하여야 하지만, 관할구역이 같을 때에는 이전한 것만 등기하게 된다.

---

108) 金康鉉, 앞의 글 "私立學校法(3)", 43면.

민법 제49조의 등기할 사항 중 변동이 있을 때에도 등기하게 되는바, 사립학교법의 경우에는 제8조에 등기하여야 할 사항을 정하고 있으므로 제8조의 사항 중 변경이 있으면 민법 제52조에 의한 변경등기를 하여야 한다.

이러한 등기는 설립등기와 달라서 성립요건이 아니라, 제3자 대항요건이기 때문에 등기하지 않으면 제3자에게는 효력이 없으나 법인 자체에 관하여는 효력이 있다.

제55조제1항은 재산목록을 작성하여 비치하도록 하는바, 재단법인의 경우에는 그 재산의 집단에 대하여 법인격을 부여하기 때문에 민법에서도 이렇게 재산목록을 작성·비치하도록 강요하고 있다. 이러한 재산목록의 비치는 거래의 안전과 감독청의 감독에 편리하도록 하는 데 그 목적이 있다.

II. 개정 경과

13.201 1. 2008년 3월 14일 개정(법률 제8888호, 2008. 3. 14. 시행)

제13조(「민법」의 준용) 「민법」 제47조·제48조·제50조 내지 제54조 및 제55조제1항의 규정은 학교법인의 설립에 이를 준용한다.

- 법령 표기에 있어서 "「 」" 표시를 하기로 함[109]에 따른 개정이다(오직 형식에 관한 개정이므로 자세한 개정경과는 생략함[110]).

13.202 2. 2020년 12월 22일 개정(법률 제17659호, 2020. 12. 22. 시행)

제13조(「민법」의 준용) 학교법인의 설립에 관하여는 「민법」 제47조, 제48조, 제50조부터 제52조까지, 제52조의2, 제53조, 제54조 및 제55조제1항을 준용한다.

- 법문을 한글화하고 간결하게 하였다(오직 형식에 관한 개정이므로 자세한 개정경과는 생략함[111]).

---

109) 「법률용어의 표준화 기준」(국회사무처 예규 제22호, 2007. 4. 16. 시행).
110) 이에 관한 구체적 개정경과는 이 책 [2.203] 참조.
111) 이에 관한 구체적 개정경과는 이 책 [1.201] 참조.

III. 현행법

제13조(「민법」의 준용) 학교법인의 설립에 관하여는 「민법」 제47조, 제48조, 제50조부터 제52조까지, 제52조의2, 제53조, 제54조 및 제55조제1항을 준용한다.

IV. 종합/특기사항

- 「민법」 개정(2001. 12. 29)으로 제52조의2 신설에 따라 "제50조~제54조"를 분리하여 규정한 것으로 보이는데 굳이 그렇게 할 필요는 없었다고 본다. "제50조~제54조"로 표현하더라도 제52조의2를 포괄할 수 있기 때문이다.
- 제13조에 대한 대부분의 개정은 법문의 한글화·간결·순화 등 형식에 관한 것이다.

제3절 | 기관

『새교육』이 소개하는 이 절의 제정이유는 아래와 같다.[112)]

(총설) 법인의 기관은 이사와 감사로 구성되는바, 이 중 이사는 필수의 기관인 데 대하여 감사는 임의의 기관이다. 민법 제58조에 의하면, 이사는 법인의 사무를 집행하는 기관이다. 법인 그 자체가 법인격을 가진 실체이기는 하나, 법인은 자연인이 아니기 때문에 그 기관이 이사를 통하여 사고하고 행동한다. 물론 이사가 없더라도 법인이 존립하는 데는 영향이 없다. 그러나 이사가 없이는 법인은 사고할 수도 없고 행위할 수도 없기 때문에 이사가 없는 법인은 활동할 수가 없다.

법인 설립자가 그 기부재산에 목적을 부여하는 것은 법인의 정신이요, 이사를 두는 것은 손발을 붙이는 것과 같다. 이사가 여러 사람일 때는 그 이사회의 회의가 법인의 의사임과 동시에 행동이 된다. 때문에 법인에 있어서는 이사가 거의 만능의 존재이며, 그러기 때문에 학교법인에 있어서 이사 쟁탈을 둘러싸고 분쟁이 격심하게 전개된다.

법인의 이사 선임과 그 진퇴에 관한 사항은 민법에서는 정관 소정의 사항으로 하

---

112) 金康鉉, 앞의 글 "私立學校法(3)", 43면.

고 있으나, 사립학교법에서는 이를 정관사항으로 하지 아니하고 법률로 정하고 있다. 사립학교법이 악법이라고 하는 평을 이따금 받는 것은 바로 이 점에 있는 것인데, 학교법인을 민법 적용에 맡겨 두지 아니하고 특별한 법률체계 하에 종속시켜서 그 적용을 받도록 하게 된 것은 첫째로, 학교법인은 다른 비영리법인보다 훨씬 공익성이 강하기 때문이요, 둘째로, 그 특수성이 짙기 때문이다. 따라서 학교법인의 실제상 활동체인 이사회의 조직과 진퇴 및 그 권한에 대하여 공익성과 특수성이 보장되도록 규정하지 않을 수 없다. 다시 말하면, 사립학교법이 민법의 법인에 대한 규정에 비하여 특수하게 규정하고 있는 가장 뚜렷한 부분이 이사회에 관한 규정이다. 이 부분에 대하여는 종래 학교법인의 정관준칙(문교부장관의 행정지시)에 의하여 조정하고 있었으나, 이는 행정명령에 불과하기 때문에 그때그때의 사정에 따라 변화무상했고, 또한 이사회의 전권(專權)에 맡겨져 있었다.

제14조(임원)

14.100

I. 제정법

제14조(임원) ①학교법인에는 임원으로서 5인이상 15인이하의 이사와 2인이상의 감사를 두어야 한다.
②이사중 1인은 정관이 정하는 바에 의하여 이사장이 된다.

『새교육』이 소개하는 이 조문의 제정이유는 아래와 같다.[113)]

제14조에서 이사(5인 이상 15인)·감사(2인 이상)를 두도록 하였음은 인원수의 제한을 제외하고는 민법의 규정과 크게 다른 바 없지만, 제2항에서 이사장을 두도록 하고 있다.

민법에 의하면 이사는 각자 법인을 대표할 권한이 있으나, 이사의 수가 많을 경우에 각자로 하여금 대표할 수 있도록 하면 행정행위나 거래상에 있어 불확실하고 혼란하기 때문에 미리 이사회를 대표할 사람을 정하여 대외적으로는 이사장만이 법인을 대표하고 그 외의 이사는 특별한 원인에 의한 대표권을 제외하고는 이사회의 결의에 있어서만 법인의 사무를 집행하도록 하였다.

113) 金康鉉, "私立學校法(完)", 『새교육』 제15권 제11호(1963. 11.), 대한교육연합회, 43면.

II. 개정 경과

1. 1964년 11월 10일 개정(법률 제1664호, 1964. 11. 10, 일부개정)

제14조(임원) ①학교법인에는 임원으로서 5인이상 15인이하의 이사와 2인이상의 감사를 두어야 한다. **다만, 학교법인은 감독청의 승인을 얻어 그 이사의 수를 증가할 수 있다.**
②이사중 1인은 정관이 정하는 바에 의하여 이사장이 된다.

(1) 법률안(최영두 의원안[114])

현행법	원안
제14조(임원) ①학교법인에는 임원으로서 5인이상 15인이하의 이사와 2인이상의 감사를 두어야 한다. <단서 신설> ② (생 략)	**제14조(임원)** ①학교법인에는 임원으로서 5인_이상 15인_이하의 이사와 2인 이상의 감사를 두어야 한다. 다만 학교법인은 감독청의 승인을 얻어 그 임원의 수를 증치할 수 있다. ② (현행과 같음)

• 어떤 학교법인은 여러 개의 복합단체가 설립·지원하고 각각 그 대표를 이사진으로 파견하여 운영하는 일이 있어 임원의 증원이 필요하므로 감독청의 승인을 받아 15인 이상의 이사를 둘 수 있도록 하였다.

(2) 위원회 심사

〈1〉 **문교공보위원회:** 대안[115]으로 가결되었다.[116]

대안
제14조(임원) ①학교법인에는 임원으로서 5인 이상 15인 이하의 이사와 2인 이상의 감사를 두어야 한다. 다만 학교법인은 감독청의 승인을 얻어 그 이사의 수를 증가할 수 있다.

〈2〉 **법제사법위원회:** 문교공보위원회 대안대로 가결되었다.[117]

114) 1964. 3. 9. 최영두의원 등 11인(의안번호: 060074), 제안이유 및 주요내용은 이 책 [4.201] 참조.
115) 1964. 4. 16. 문교공보위원장(의안번호: 060162).
116) 제41회 국회(임시회) 제9차 전체회의, 문교공보위원회회의록, 1964. 4. 16., 16면.
117) 제41회 국회(임시회) 제9차 전체회의, 법제사법위원회회의록, 1964. 4. 18., 44면.

(3) 본회의 심의

문교공보위원회 대안대로 가결되었다.[118] 제14조에 관한 회의록 내용은 아래와 같다.

- **문교공보위원장 최영두**[119]: 이 법은 혁명기간 동안 혁명의 목적을 달성하기 위해서 제정되었던 교육에관한임시특례법의 몇 개 규정을 충분한 검토 없이 옮겨 규정했기 때문에 공공성을 지나치게 강조한 나머지 사학의 자주성을 지나치게 위축케 하는 몇 개 규정이 있다는 것을 우리는 시인하지 않을 수 없습니다. 예컨대, 특수한 이유로 많은 이사를 두어야 할 학교법인이 있는데도 불구하고 현행법에는 이사 수를 15명으로 엄격히 제한하고 있고 이사는 재임될 수 있으나 3회 이상 중임될 수 없게 함으로써 평생을 교육사업에 바치겠다고 하는 뜻있는 분들이 그 뜻을 이루지 못하게 하고 있는 것입니다. 또한, 학교법인의 이사나 감사 또는 학교의 장의 선임을 감독청인 문교부장관이나 시·도교육위원회의 허가를 받아야 하도록 규정함으로써 감독청의 무제한한 자유재량에 의하여 그 취임을 거부할 수 있도록 했다는 점 등입니다.

  본인은 이러한 몇 개의 적당치 못한 조항을 수정하여 사학이 공공성을 일탈치 못하도록 하되 사학에 대한 국가의 감독권은 사학의 질서유지와 공공성을 앙양하는 데 필요한 최소한도로 제한하는 동시에 사학의 자주성을 적극적으로 보장하며 사학의 자율적 발전을 조성하고자 애초에 개정법률안을 제안하였던 것이고 우리 문교공보위원회는 그 취지에 찬동하고 그 개정안에 약간의 수정을 가하고 약간의 조문을 신설하여 이를 오늘 본회의에 상정하기에 이른 것입니다.

  현재의 중요 골자를 말씀드리면 첫째, 학교법인의 이사를 5인 이상 15인 이내로 국한하고 있는 바 어떤 학교법인은 여러 개의 복합단체가 설립·지원하고 각각 그 대표를 이사진으로 파견해서 운영하는 등의 일이 있어 임원의 증가를 필요로 하는 경우가 있으므로 감독청의 승인을 받아 15인 이상의 이사를 둘 수 있도록 하였습니다. 개정법률안 제14조올시다. 제20조와 관련된 사항이지만 제14조의 단서에 “승인”에 대한 설명을 위해 다음 내용을 추가하였습니다.

  다음 현행법에 의한 학교법인의 임원을 선임하는 경우 감독청의 인가를 받아 취임하도록 규정하고 있습니다. 인가를 받아 취임한다고 하면 학교법인의 임원 선임권이 감독청에 있다고 이렇게 해석이 됩니다. 그런데 그 인가를 승인으로 고쳐 임원 선임의 결정권을 어디까지나 학교법인이 갖도록 하고 다만 그 결정된

118) 제45회 국회(정기회) 제19차 본회의, 국회본회의회의록, 1964. 10. 28., 25면.
119) 제45회 국회(정기회) 제19차 본회의, 국회본회의회의록, 1964. 10. 28., 18면.

사항을 감독청이 승인하도록 그렇게 조문을 고쳤습니다.

- **의장 이효상**[120]: 문공위원회에서 제출한 대안 전체와 일괄해서 여러분의 가부를 물어보겠습니다. (이의 없소 하는 이 있음) 이의 없읍니까?(없소 하는 이 많음) 그러면 만장일치로 가결된 것을 선포합니다.

(4) 결과

문교공보위원회 대안으로 개정되었다.

2. 1990년 4월 7일 개정(법률 제4226호, 1990. 4. 7. 시행)

제14조(임원) ①학교법인에는 임원으로서 7인이상 15인이하의 이사와 2인이상의 감사를 두어야 한다. 다만, 학교법인은 **관할청**의 승인을 얻어 그 이사의 수를 증가할 수 있다.
②이사중 1인은 정관이 정하는 바에 의하여 이사장이 된다.

(1) 법률안

〈1〉 정부안[121]

현행법	원안
제14조(임원) ①학교법인에는 임원으로서 5인이상 15인이하의 이사와 2인이상의 감사를 두어야 한다. 다만, 학교법인은 감독청의 승인을 얻어 그 이사의 수를 증가할 수 있다. ②(생 략)	**제14조(임원)** ①학교법인에는 임원으로서 5인이상 15인이하의 이사와 2인이상의 감사를 두어야 한다. 다만, 학교법인은 관할청의 승인을 얻어 그 이사의 수를 증가할 수 있다. ②(현행과 같음)

- "감독청"을 "관할청"으로 하였다.

〈2〉 김인곤 의원안[122]

현행법	원안
제14조(임원) ①학교법인에는 임원으로서 5인이상	**제14조(임원)** ①학교법인에는 임원으로서 5인이상

120) 제45회 국회(정기회) 제19차 본회의, 국회본회의회의록, 1964. 10. 28., 24~25면.
121) 1988. 12. 2. 정부(의안번호: 130287); 제안이유 및 주요내용은 이 책 [4.206] 참조.
122) 1989. 2. 16. 김인곤의원 등 34인(의안번호: 130422); 제안이유 및 주요내용은 이 책 [4.206] 참조.

15인이하의 이사와 2인이상의 감사를 두어야 한다. 다만, 학교법인은 감독청의 승인을 얻어 그 이사의 수를 증가할 수 있다. ②(생 략)	15인이하의 이사와 2인이상의 감사를 두어야 한다. 다만, 학교법인은 관할청의 보고로 그 이사의 수를 증가할 수 있다. ②(현행과 같음)

• "감독청의 승인"을 "관할청의 보고"로 하였다.

〈3〉 **강삼재 의원안**[123)]

현행법	원안
제14조(임원) ①학교법인에는 임원으로서 5인이상 15인이하의 이사와 2인이상의 감사를 두어야 한다. 다만, 학교법인은 감독청의 승인을 얻어 그 이사의 수를 증가할 수 있다. ②(생 략)	**제14조(임원)** ①학교법인에는 임원으로서 9인이상 15인이하의 이사와 2인이상의 감사를 두어야 한다. 다만, 학교법인은 관할청의 승인을 얻어 그 이사의 수를 증가할 수 있다. ②(현행과 같음)

• "감독청"을 "관할청"으로 하고, 이사의 하한을 "5인 이상"에서 "9인 이상"으로 하였다.

(2) 위원회 심사

〈1〉 **문교공보위원회:** 대안[124)]으로 가결되었다.[125)]

대안
제14조(임원) ①학교법인에는 임원으로서 7인이상 15인이하의 이사와 2인이상의 감사를 두어야 한다. 다만, 학교법인은 관할청의 승인을 얻어 그 이사의 수를 증가할 수 있다.

제14조에 관한 회의록 내용은 아래와 같다.

- **소위원장 함종한**[126)]: 다음으로 대안의 주요 골자를 말씀드리겠습니다. 첫째, 사립학교법인의 이사 수는 현행 5인 이상 15인 이하를 7인 이상 15인 이하로 하는 한편 이사 상호 간 친족관계 또는 혈족관계가 있는 자가 이사정수의 3분의 1을 초과할 수 없도록 되어 있는 것을 5분의 2를 초과할 수 없도록 하였습니다.

123) 1989. 2. 28. 강삼재의원 등 57인(의안번호: 130463; 제안이유 및 주요내용은 이 책 [4.206] 참조.
124) 1990. 3. 15. 문교공보위원장(의안번호: 130833).
125) 제148회 국회(임시회) 제6차 전체회의, 문교공보위원회회의록, 1990. 3. 14., 8면.
126) 제148회 국회(임시회) 제6차 전체회의, 문교공보위원회회의록, 1990. 3. 14., 3면.

〈2〉 **법제사법위원회:** 문교공보위원회 대안대로 가결되었다.[127)] 제14조에 대한 회의록 내용은 아래와 같다.

- **함종한 위원**[128)]: 다음으로 대안의 주요골자를 말씀드리겠습니다. 1. 사립학교법인의 이사 수는 현행 5인 이상 15인 이하를 7인 이상 15인 이하로 하는 한편 이사 상호간 친족관계 또는 혈족관계가 있는 자가 이사정수의 3분의 1을 초과할 수 없도록 되어 있는 것을 5분의 2를 초과할 수 없도록 하였습니다.

(3) 본회의 심의

문교공보위원회 대안대로 가결되었다.[129)] 제14조에 대한 회의록 내용은 아래와 같다.

- **함종한 의원**[130)]: 사립학교법인의 이사 수는 현행 5인 이상 15인 이하를 7인 이상 15인 이하로 하는 한편 이사 상호 간에 친족관계 또는 혈족관계가 있는자가 이사 정수의 3분의 1을 초과할 수 없도록 되어 있는 것을 5분의 2를 초과할 수 없도록 하…였습니다.

(4) 결과

문교공보위원회 대안으로 개정되었다.

3. 1997년 1월 13일 개정(법률 제5274호, 1997. 4. 14. 시행)

제14조(임원) ①학교법인에는 임원으로서 7인이상의 이사와 2인이상의 감사를 두어야 한다.
②이사중 1인은 정관이 정하는 바에 의하여 이사장이 된다.

(1) 법률안(정부안[131)])

현행법	원안
제14조(임원) ①학교법인에는 임원으로서 7인이상	**제14조(임원)** ①학교법인에는 임원으로서 7인이상

127) 제148회 국회(임시회) 제6차 전체회의, 법제사법위원회회의록, 1990. 3. 14., 26면.
128) 제148회 국회(임시회) 제6차 전체회의, 법제사법위원회회의록, 1990. 3. 14., 18면.
129) 제148회 국회(임시회) 제9차 본회의, 국회본회의회의록, 1990. 3. 16., 15~16면.
130) 제148회 국회(임시회) 제9차 본회의, 국회본회의회의록, 1990. 3. 16., 14~15면.
131) 1996. 11. 18. 정부(의안번호: 150305); 제안이유 및 주요내용은 이 책 [3.206] 참조.

15인이하의 이사와 2인이상의 감사를 두어야 한다. 다만, 학교법인은 관할청의 승인을 얻어 그 이사의 수를 증가할 수 있다.	의 이사와 2인이상의 감사를 두어야 한다. <단서 삭제>
② (생 략)	② (현행과 같음)

- 학교법인의 이사의 수의 상한(15인 이하)을 폐지하고, 이에 따라 제1항 단서를 삭제하였다.

(2) 위원회 심사

〈1〉 **교육위원회:** 원안대로 가결되었다.[132] 제14조에 관한 회의록 내용은 아래와 같다.

- **교육부장관 안병영**[133]: 정부가 제출한 사립학교법 중 개정법률안에 대하여 제안설명드리겠습니다. 사립학교의 자율성을 신장하기 위하여 학교법인의 이사의 수에 대한 규제를 완화하고…주요골자를 말씀드리면 현재의 학교법인의 이사의 수를 7인 이상 15인 이하로 제한하고 있으나 앞으로는 7인 이상의 이사를 둘 수 있도록 하여 학교법인의 자율성을 확대하…였습니다.
- **전문위원 류삼현**[134]: 먼저 사립학교법 중 개정법률안에 대한 검토의견을 말씀드리겠습니다. 먼저 이사의 정수와 경력에 대해서 말씀을 드리면 종전에 7인 이상 15인 이하로 되어 있던 학교법인의 이사정수를 7인 이상으로 규정하여 그 상한선을 폐지함으로써 학교법인의 자율성을 확대하는 한편 학교법인 이사 가운데 적어도 3분의 1 이상은 교육경험이 3년 이상 있는 자로 하여 이사의 교육경력을 강화함으로써 이사회의 교육전문성을 제고하고 있는바, 이는 이사의 수에 대한 규제완화와 전문성 제고를 위한 것이라고 말씀드릴 수 있겠습니다.

〈2〉 **법제사법위원회:** 원안대로 가결되었다.[135] 제14조에 관한 회의록 내용은 아래와 같다.

- **교육부장관 안병영**[136]: 사립학교법 중 개정법률안에 대하여 제안설명을 드리겠

---

132) 제181회 국회(정기회) 제10차 전체회의, 교육위원회회의록, 1996. 12. 12., 17면.
133) 제181회 국회(정기회) 제6차 전체회의, 교육위원회회의록, 1996. 11. 26., 8면.
134) 제181회 국회(정기회) 제6차 전체회의, 교육위원회회의록, 1996. 11. 26., 8면.
135) 제181회 국회(정기회) 제14차 전체회의, 법제사법위원회회의록, 1996. 12. 16., 23면.
136) 제181회 국회(정기회) 제14차 전체회의, 법제사법위원회회의록, 1996. 12. 16., 15면.

습니다. 제안이유는 사립학교의 자율성을 신장하기 위하여 학교법인의 이사의 수에 대한 규제를 완화하고…주요골자는 현재는 학교법인의 이사의 수를 7인 이상 15인 이하로 제한하고 있으나 앞으로는 7인 이상의 이사를 둘 수 있도록 하여 학교법인의 자율성을 확대하…였습니다.

- **위원장 강재섭**[137]: 조찬형 위원님 질의하십시오.
- **조찬형 위원**[138]: 지금 사립학교법 중 개정법률안에 보면 종전에는 이사를 현행 7인 이상 15인 이하에서 7인 이상으로 하겠다는 것인데 그러면 상한선 없이 100명도 좋고 1000명도 좋다는 것입니까?
- **교육부장관 안병영**[139]: 상한선을 두지 않았습니다.
- **조찬형 위원**[140]: 그러니까 교육부 입장에서 볼 때 7인 이상이라고 하는 의미는 상한선 없이 무한정으로 이사를 둘 수 있다는 것 아닙니까?
- **교육부장관 안병영**[141]: 형식논리상으로는 그것이 가능합니다마는 실제로 그런 일은 없습니다.
- **조찬형 위원**[142]: 이사의 정원에 대해서 상한선을 늘려주는 것은 몰라도 상한선이 없는 이사 구성…전문위원! 법체계상 이런 경우도 있습니까? 학교법인뿐만 아니라 일반 민법상 규정된 법인도 그렇고 상법상 규정된 법인도 그렇고 상한선 없이 이사가 몇 명 이상이다 이렇게 해 놓은 규정이 있는지 전문위원께서 한번 검토해 보셨는지 말씀해 주세요.
- **전문위원 이문재**[143]: 그것은 검토를 못했습니다.
- **조찬형 위원**[144]: 나는 그런 것은 없는 것으로 알거든요?
- **교육부장관 안병영**[145]: 그런데 현재도 관할청의 승인을 받아서 하고 있고 또 정관에 규정이 됩니다. 그래서 무한정으로 수가 확대될 수는 없습니다.
- **조찬형 위원**[146]: 그런데 법률 체계상 상한선을 폐지하는 이런 규정이 다른 법과 관련해서 잘못된 것이 아니냐 하는 생각이 들어서 그래요. 이를테면 설립자에게 학교운영의 자율권을 부여하기 위해서 수를 늘려주는 것은 충분히 이해하고 좋

---

137) 第181회 국회(정기회) 제14차 전체회의, 법제사법위원회회의록, 1996. 12. 16., 17면.
138) 第181회 국회(정기회) 제14차 전체회의, 법제사법위원회회의록, 1996. 12. 16., 17면.
139) 第181회 국회(정기회) 제14차 전체회의, 법제사법위원회회의록, 1996. 12. 16., 17면.
140) 第181회 국회(정기회) 제14차 전체회의, 법제사법위원회회의록, 1996. 12. 16., 17면.
141) 第181회 국회(정기회) 제14차 전체회의, 법제사법위원회회의록, 1996. 12. 16., 17면.
142) 第181회 국회(정기회) 제14차 전체회의, 법제사법위원회회의록, 1996. 12. 16., 17면.
143) 第181회 국회(정기회) 제14차 전체회의, 법제사법위원회회의록, 1996. 12. 16., 17면.
144) 第181회 국회(정기회) 제14차 전체회의, 법제사법위원회회의록, 1996. 12. 16., 18면.
145) 第181회 국회(정기회) 제14차 전체회의, 법제사법위원회회의록, 1996. 12. 16., 18면.
146) 第181회 국회(정기회) 제14차 전체회의, 법제사법위원회회의록, 1996. 12. 16., 18면.

게 평가합니다. 그러나 무한정으로 법률상 터놓는 것은 잘못된 것이 아니냐 하는 얘기입니다.

- 천정배 위원[147]: 사실 사립학교의 이사회는 사립학교의 설립자라든가 집행기관에 대한 통제기능을 자율적으로 행사하기 위해서 만들어진 것 아니겠습니까? 그런데 그동안 대개 문제가 된 학교들은 이사회의 구성 자체가 객관적이지 못하고 예를 들어서 부부가 같이 이사로 들어가 있다든가 또는 설립자나 실질적인 사립학교 경영주의 피고용자 이런 사람들로 채워져 가지고 이사회가 열리는지 마는지도 모르고 그저 도장이나 맡겨놓고 마음대로 돌아가는 일 때문에 여러 문제가 생겼다고 봅니다. 그런데 현행법상 그런 것이 다 무한정적으로 허용되어 있지요? 이를테면 부부가 다 이사가 된다거나 이런 것이 허용되어 있지요?
- 교육부장관 안병영[148]: 아닙니다. 친족이 5분의 2 이상을 초과할 수 없다고 되어 있습니다.
- 천정배 위원[149]: 그러니까 5분의 2까지는 허용되어 있는 셈이군요?
- 교육부장관 안병영[150]: 그런 셈입니다.
- 천정배 위원[151]: 그러면 현행법도 5분의 2까지이고 앞으로도 그렇게 운영하실 생각이십니까?
- 교육부장관 안병영[152]: 그렇습니다.
- 천정배 위원[153]: 하여튼 저는 한 사람이 들어가서 하면 되지 부부가 같이 이사회에 들어가는 것이 무슨 의미가 있는 것인가 하는 생각입니다.
- 교육부장관 안병영[154]: 실제로 저희들이 정관을 승인하는 과정에서 가능하면 부부는 안 했으면 좋겠다라든가 이런 것은 정책적으로 꼭 관여를 합니다. 좀 소극적입니다만 그렇게 해서 가능한 한 친족들 중심으로 이사회가 구성되지 않도록 하는 노력은 하고 있습니다.
- 천정배 위원[155]: 차라리 설립자나 기여자의 권리를 어떤 식으로 보장해 주는 규정을 신설하면서 아예 이사회 자체는 아주 객관성이 보장되도록 고치는 것이 옳

147) 제181회 국회(정기회) 제14차 전체회의, 법제사법위원회회의록, 1996. 12. 16., 19면.
148) 제181회 국회(정기회) 제14차 전체회의, 법제사법위원회회의록, 1996. 12. 16., 19면.
149) 제181회 국회(정기회) 제14차 전체회의, 법제사법위원회회의록, 1996. 12. 16., 19면.
150) 제181회 국회(정기회) 제14차 전체회의, 법제사법위원회회의록, 1996. 12. 16., 19면.
151) 제181회 국회(정기회) 제14차 전체회의, 법제사법위원회회의록, 1996. 12. 16., 19면.
152) 제181회 국회(정기회) 제14차 전체회의, 법제사법위원회회의록, 1996. 12. 16., 19면.
153) 제181회 국회(정기회) 제14차 전체회의, 법제사법위원회회의록, 1996. 12. 16., 19면.
154) 제181회 국회(정기회) 제14차 전체회의, 법제사법위원회회의록, 1996. 12. 16., 19면.
155) 제181회 국회(정기회) 제14차 전체회의, 법제사법위원회회의록, 1996. 12. 16., 19면.

지 않은가 하는 그런 생각이 들었습니다. 법사위 사항은 아니니까 이 정도로 끝내겠습니다.

- **위원장 강재섭**[156]: 교육법 중 개정법률안, 사립학교법 중 개정법률안, 학점인정등에관한법률안, 한국교육방송원법안 이상 4건의 법률안에 전문위원의 검토의견을 우리 위원회안으로 받아들여서 수정의결하고자 하는데 이의가 없으시지요? (없습니다 하는 위원 있음) 그러면 이상 4건의 법률안이 가결되었음을 선포합니다.

(3) 본회의 심의

원안대로 가결되었다.[157] 제14조에 관한 회의록 내용은 아래와 같다.

- **교육위원장대리 배종무**[158]: 먼저 사립학교법 중 개정법률안에 대한 심사결과를 말씀드리면 이 법률안은 지난 11월 18일 정부로부터 제출되어 11월 19일자로 당 위원회에 회부된 것으로 제안이유와 주요골자를 말씀드리면 사립학교의 자율성을 신장하기 위하여 학교법인의 이사의 상한선에 대한 제한을 없애…기로 하였습니다.
- **의장 김수한**[159]: 그러면 먼저 사립학교법 중 개정법률안에 대해서 교육위원회의 수정안대로 의결하고자 합니다. 이의가 없으십니까? (없습니다 하는 의원 있음) 없으시면 가결되었음을 선포합니다.

(4) 결과

원안으로 개정되었다.

4. 1999년 8월 31일 개정(법률 제6004호, 1999. 8. 31. 시행)

제14조(임원) ①학교법인에는 임원으로서 7인이상의 이사와 2인이상의 감사를 두어야 한다. <u>**다만, 유치원만을 설치·경영하는 학교법인에는 임원으로서 5인이상의 이사와 1인이상의 감사를 둘 수 있다.**</u>
②이사중 1인은 정관이 정하는 바에 의하여 이사장이 된다.

156) 第181회 국회(정기회) 제14차 전체회의, 법제사법위원회회의록, 1996. 12. 16., 23면.
157) 第181회 국회(정기회) 제22차 본회의, 국회본회의회의록, 1996. 12. 17., 8면.
158) 第181회 국회(정기회) 제22차 본회의, 국회본회의회의록, 1996. 12. 17., 7면.
159) 第181회 국회(정기회) 제22차 본회의, 국회본회의회의록, 1996. 12. 17., 8면.

(1) 법률안(정부안[160])

현행법	원안
제14조(임원) ①학교법인에는 임원으로서 7인이상의 이사와 2인이상의 감사를 두어야 한다. <단서 신설> ② (생 략)	**제14조(임원)** ①학교법인에는 임원으로서 7인이상의 이사와 2인이상의 감사를 두어야 한다. 다만, 유치원만을 설치·경영하는 학교법인에는 임원으로서 5인이상의 이사와 1인이상의 감사를 둘 수 있다. ② (현행과 같음)

• 유치원만 설치·경영하는 학교법인의 경우 임원의 수를 하향 조정하였다.

(2) 위원회 심사

〈1〉 **교육위원회:** 원안대로 가결되었다.[161]

〈2〉 **법제사법위원회:** 원안대로 가결되었다.[162]

(3) 본회의 심의

원안대로 가결되었다.[163]

(4) 결과

원안으로 개정되었다.

14.205

5. 2005년 12월 29일 개정(법률 제7802호, 2006. 7. 1. 시행)

제14조(임원) ①학교법인에는 임원으로서 7인_이상의 이사와 2인_이상의 감사를 두어야 한다. 다만, 유치원만을 설치·경영하는 학교법인에는 임원으로서 5인_이상의 이사와 1인_이상의 감사를 둘 수 있다.
②이사중 1인은 정관이 정하는 바에 의하여 이사장이 된다.

---

160) 1998. 12. 2. 정부(의안번호: 151530); 제안이유 및 주요내용은 이 책 [2.201] 참조.
161) 제206회 국회(임시회) 제2차 전체회의, 교육위원회회의록, 1999. 8. 10., 30면.
162) 제206회 국회(임시회) 제5차 전체회의, 법제사법위원회회의록, 1999. 8. 12., 19면.
163) 제206회 국회(임시회) 제3차 본회의, 국회본회의회의록, 1999. 8. 12., 26면.

③학교법인은 제1항의 규정에 의한 이사정수의 4분의 1 이상은 학교운영위원회 또는 대학평의원회(신설 법인의 경우 관할청)가 2배수 추천하는 인사 중에서 선임하여야 한다.
④2 이상의 학교를 설치·운영하고 있는 학교법인의 경우에는 제3항의 규정에 따라 학교운영위원회 또는 대학평의원회가 이사를 추천함에 있어 각 학교의 학교운영위원회 또는 대학평의원회가 협의하여 추천한다.
⑤제3항의 규정에 의하여 학교운영위원회 또는 대학평의원회가 이사를 추천하는 경우에는 30일 이내에 완료하여야 하며, 이 기간 내에 추천하지 못하는 때에는 관할청이 추천한다.
⑥제3항 내지 제5항의 규정에 따른 이사의 추천, 선임방법 등에 관하여 필요한 사항은 대통령령이 정하는 바에 따라 정관으로 정한다.

(1) 법률안

〈1〉 최순영 의원안[164)]

현행법	원안
제14조(임원) ① (생 략) ②이사중 1인은 정관이 정하는 바에 의하여 이사장이 된다.	**제14조(임원)** ① (현행과 같음) ②제1항의 규정에 따른 이사 정수의 3분의 1은 초·중등학교의 경우에는 초·중등교육법 제31조의 규정에 따른 학교운영위원회(이하 "학교운영위원회"라 한다)가, 대학의 경우에는 고등교육법 제27조의2의 규정에 따른 대학운영위원회(이하 "대학운영위원회"라 한다)가 각각 추천한다.
<신 설>	③제1항의 규정에 따른 감사 정수의 2분의 1은 초·중등학교의 경우에는 학교운영위원회가, 대학의 경우에는 대학운영위원회가 추천하는 자로 한다.
<신 설>	④2이상의 초·중등학교를 설치·운영하고 있는 학교법인의 경우에 제2항 및 제3항의 규정에 따른 이사 및 감사의 추천은 각 학교의 학교운영위원회로 구성하는 협의체에서 한다.
<신 설>	⑤제4항의 규정에 따른 학교운영위원회의 협

164) 2004. 9. 10. 최순영의원 등 10인(의안번호: 170412); 제안이유 및 주요내용은 이 책 [8-2.201] 참고.

<신 설>	의체의 구성과 운영 등에 관하여 필요한 사항은 정관으로 정한다. ⑥이사장은 정관이 정하는 바에 따라 이사 중에서 선임한다.

• 학교법인의 이사 정수의 3분의 1을 초·중등학교의 경우에는 학교운영위원회가 대학의 경우에는 대학운영위원회가 추천하도록 하고, 감사 정수의 2분의 1을 학교운영위원회 및 대학운영위원회가 각각 추천한 자로 하도록 하였다.

〈2〉 **복기왕 의원안**[165)]

현행법	원안
제14조(임원) ①학교법인에는 임원으로서 7인이상의 이사와 2인이상의 감사를 두어야 한다. 다만, 유치원만을 설치·경영하는 학교법인에는 임원으로서 5인이상의 이사와 1인이상의 감사를 둘 수 있다. ②(생 략) <신 설> <신 설>	**제14조(임원)** ①학교법인에는 임원으로서 9인이상의 이사와 2인이상의 감사를 두어야 한다. 다만, 유치원만을 설치·경영하는 학교법인에는 임원으로서 5인이상의 이사와 1인이상의 감사를 둘 수 있다. ②(현행과 같음) ③학교법인은 제1항의 규정에 의한 이사정수의 3분의 1 이상은 학교운영위원회 또는 대학평의원회(신설 법인의 경우 관할청)가 추천하는 인사로 선임하여야 한다. ④제3항의 규정에 의하여 학교운영위원회 또는 대학평의원회가 이사를 추천하는 경우에는 30일 이내에 완료하여야 하며, 이 기간내에 추천하지 못하는 때에는 관할청이 선임한다.

• 사학운영의 공공성과 투명성을 강화하기 위하여 이사 정수의 3분의 1 이상은 학교운영위원회 또는 대학평의원회(신설 법인의 경우 관할청)가 추천하는 인사로 선임하도록 하였다.

〈3〉 **김영숙 의원안**[166)]: 이 조문을 포함한 개정 대상 조문의 제안이유 및 주요내용은 아래와 같다.

165) 2004. 10. 20. 복기왕의원 등 150인(의안번호: 170595); 제안이유 및 주요내용은 이 책 [10-2.201] 참고.
166) 2004. 12. 22. 김영숙의원 등 120인(의안번호: 171182).

• 제안이유

국제경쟁이 날로 격화되고 있는 현실을 고려해 볼 때, 현재의 사립학교법은 국제사회를 선도할 수 있는 유능한 인재를 키우는데 한계가 있음. 따라서 현재의 사립학교법을 선진사회를 구현할 수 있는 법으로 개정하고자 함. 구체적으로 현행 사립학교법을 사학의 국제경쟁력을 강화하기 위하여 사학에 대한 자율성을 신장하고 자립형 사학의 법적근거를 마련하고자 함. 또한 사학의 회계의 투명성을 강화하여 교육기관으로서의 국민적 신뢰를 제고하고자 함.

• 주요내용

가. 사학운영의 공공성과 투명성을 강화하기 위하여 이사 정수를 9인 이상으로 하고, 이사회의 구성에 있어서 친족관계에 있는 자의 수를 4분의 1로 제한함(안 제14조제1항 및 제21조제2항).

나. 학교법인의 회계 전문성 강화를 위해 감사 중 1인은 공인회계사의 자격을 가진 자로 하고, 감사는 한국공인회계사에서 3배수 이내로 추천한 공인회계사 중에서 이사회에서 선임함(안 제21조제2항제5호).

다. 학교법인의 임원이 될 수 없는 사유에 해당하는 요건 중 복귀 제한 기간을 종전의 2년에서 5년으로 변경함(안 제22조).

라. 학교법인이 정해진 절차에 따라 예·결산을 관할청에 제출하도록 하던 것을 공시하도록 변경하고, 결산서 제출 시 공인회계사 또는 회계법인의 감사증명서 첨부를 의무화하여 투명성과 내부감사의 책무성을 강조함(안 제31조).

마. 국가 등으로부터 재정지원을 받지 아니하는 자립형 사립학교를 설립·경영할 수 있도록 하고, 학교운영에 있어서 종교 등 건학이념을 구현할 수 있도록 자율권을 부여함(안 제43조의2 신설).

바. 학교법인 정관에 규정하여야 할 사항을 필수적인 항목으로 한정하고, 정관변경을 교육인적자원부장관의 승인사항에서 보고사항으로 함(안 제45조).

사. 고등학교 이하 교원의 신규채용에 있어서 공개전형을 의무화함으로써 공공성과 투명성을 강화함(안 제53조의2제5항 신설).

이 조문의 현행법과 개정 원안은 아래와 같다.

현행법	원안
제14조(임원) ①학교법인에는 임원으로서 7인이상의 이사와 2인이상의 감사를 두어야 한다. 다만, 유치원만을 설치·경영하는 학교법인에는	**제14조(임원)** ①학교법인에는 임원으로서 9인이상의 이사와 2인이상의 감사를 두어야 한다. 다만, 유치원만을 설치·경영하는 학교법인에는

임원으로서 5인이상의 이사와 1인이상의 감사를 둘 수 있다. ②(생 략)	임원으로서 5인이상의 이사와 1인이상의 감사를 둘 수 있다. ②(현행과 같음)

• 사학운영의 공공성과 투명성을 강화하기 위하여 이사 정수를 9인 이상으로 하고, 이사회의 구성에 있어서 친족관계에 있는 자의 수를 4분의 1로 제한하였다.

(2) 위원회 심사

〈1〉 **교육위원회:** 심사 미료

국회의장이 지정한 심사기간(2005. 9. 16 24:00) 내에 심사가 미료됨에 따라 소관 상임위원장의 중간심사보고(구두보고) 후 본회의로 바로 상정하였다(「국회법」 제85조의2).

제14조에 관한 회의록 내용은 아래와 같다.

- **복기왕 의원**[167]: 본 의원이 대표발의한 사립학교법 중 개정법률안은 사립학교 운영의 민주성과 투명성 및 공공성을 제고하여 사립학교의 건전한 발달을 도모하고 법인경영과 학사운영을 분리하여 견제와 균형을 통한 새로운 시스템을 구축하기 위하여 학교법인은 이사 정수의 3분의 1 이상은 학교운영위원회 또는 대학평의원회가 추천하는 인사로 선임하도록 하…였습니다.
- **수석전문위원 류충현**[168]: 계속해서 의사일정 제7항 복기왕 의원님께서 발의하신 사립학교법 중 개정법률안에 대한 검토보고를 드리겠습니다. 검토의견으로서 이사회의 구성 및 운영과 관련해서 임원의 선임에 관한 부분은 최순영 의원님께서 대표발의한 내용과 유사한 내용이 되겠습니다. 간략하게 말씀드리면 안 제14조 제1항에서는 이사정수를 현행 7인에서 9인 이상으로 늘리고, 제3항에서는 9인의 이사 중 3분의 1 이상은 학교운영위원회 또는 대학평의원회가 추천하는 인사로 선임하도록 규정하고 있습니다. 또한 제4항을 신설하여 학교운영위원회 또는 대학평의원회가 이사를 추천하는 경우에는 30일 이내에 완료하여야 하며, 이 기간 내에 추천하지 못하는 때에는 관할청이 선임한다고 규정하고 있습니다.

  이 개정안의 취지는 사립학교의 최종 의사결정권을 갖고 있는 이사회에 학교 구성원들의 의견이 3분의 1 정도 반영되고 의사결정 과정이 투명해짐으로써, 학교 구성원들의 이익도 어느 정도 보장되는 등 사학 운영의 공공성을 강화하려는 데 있는 것으로 보입니다. 역시 개방형이사제 도입의 합헌과 위헌의 주장 논거

167) 제250회 국회(정기회) 제11차 전체회의, 교육위원회회의록, 2004. 12. 7., 41면.
168) 제250회 국회(정기회) 제11차 전체회의, 교육위원회회의록, 2004. 12. 7., 43면.

는 유인물을 참고하시면 되겠습니다.

- **이군현 위원**[169]: 우선 지금 제출되어 있는 사립학교법 개정안들의 목적이 좀 잘못되어 있다고 생각합니다. 첫째로 사학법 개정의 주목적이 비리 사학의 척결에서 비롯되었다고 한다면 사학의 비리가 일어나지 않도록 회계의 투명성을 높일 수 있는 시스템을 마련하는 것에 초점이 맞추어져야 함에도 불구하고 지금 보면 사학의 지배구조 또는 지배세력을 교체하는 데, 또는 경영권에 지나친 개입을 하려고 하는 데 주목적이 있다고 저는 지적하고자 합니다. 모두 예를 들 수는 없지만 구체적으로 예를 들면 이사회 구성원의 3분의 1을 학운위에서 추천하겠다든지, 징계위의 3분의 1을 학운위에서 추천하겠다든지, 인사위의 3분의 1을 학운위에서 추천하겠다든지, 내부 감사 1인을 학운위에서 선임하겠다든지 이런 것들은 제가 볼 적에 회계의 투명성 측면보다는 지배세력을 바꾸려고 하는 데 오히려 초점이 맞춰져 있다고 지적을 하고요.
- **위원장 황우여**[170]: 오늘 다섯 분의 위원님들께서 아주 좋은 의견을 내주셨습니다. 사실 국민들의 관심과 많은 이해관계가 있는 분들의 기대와 또 한편 우려 속에 오늘 사립학교법에 대한 대체토론을 지금 자정이 거의 가깝도록 해 주신 것에 대해서 위원장으로서 감사의 말씀을 드리고, 이 법은 앞으로 우리나라 교육 특히 사립학교의 여러 가지 미래에 대한 청사진을 그리는 중요한 법입니다. 그렇기 때문에 국민적 합의의 기반 위에서 우리 여야도 합의하고, 또 많은 좋은 의견으로 훌륭한 법을 만들어 주실 것을 기대하면서 다시 한 번 우리 위원님들이 늦은 밤까지 수고하신 것에 대해서 감사를 표하고, 또 부총리겸 교육인적자원부 장관님을 비롯한 여러 교육부 관계자 여러분도 이제 기왕에 대체토론이 시작된 사립학교법에 대해서 정부의 입장을, 국가의 입장을 분명히 하시는 계기로 삼아 주셨으면 감사하겠습니다. 산회를 선포합니다.

〈2〉 **법제사법위원회:** 심사 미료

(3) 본회의 심의

원안을 수정·가결했다.[171] 수정내용은 아래와 같다.

---

169) 제250회 국회(정기회) 제11차 전체회의, 교육위원회회의록, 2004. 12. 7., 46면.
170) 제250회 국회(정기회) 제11차 전체회의, 교육위원회회의록, 2004. 12. 7., 55면.
171) 제256회 국회(정기회) 제16차 본회의, 국회본회의회의록, 2005. 12. 9., 2~3면.

본회의 수정안
제14조(임원) ①학교법인에는 임원으로서 7인이상의 이사와 2인이상의 감사를 두어야 한다. 다만, 유치원만을 설치·경영하는 학교법인에는 임원으로서 5인이상의 이사와 1인이상의 감사를 둘 수 있다. ②이사중 1인은 정관이 정하는 바에 의하여 이사장이 된다. ③학교법인은 제1항의 규정에 의한 이사정수의 4분의 1 이상은 학교운영위원회 또는 대학평의원회(신설 법인의 경우 관할청)가 2배수 추천하는 인사 중에서 선임하여야 한다. ④2이상의 학교를 설치·운영하고 있는 학교법인의 경우에는 제3항의 규정에 따라 학교운영위원회 또는 대학평의원회가 이사를 추천함에 있어 각 학교의 학교운영위원회 또는 대학평의원회가 협의하여 추천한다. ⑤제3항의 규정에 의하여 학교운영위원회 또는 대학평의원회가 이사를 추천하는 경우에는 30일 이내에 완료하여야 하며, 이 기간내에 추천하지 못하는 때에는 관할청이 추천한다. ⑥제3항 내지 제5항의 규정에 따른 이사의 추천, 선임방법 등에 관하여 필요한 사항은 대통령령이 정하는 바에 따라 정관으로 정한다.

이 조문의 회의록 내용은 2005. 12. 29. 개정조문 제8조의2와 공통적이어서 생략한다.[172)]

(4) 결과

본회의 수정안으로 개정되었다.

14.206

6. 2007년 7월 27일 개정(법률 제8545호, 2007. 7. 27. 시행)

제14조(임원) ①학교법인에는 임원으로서 7인 이상의 이사와 2인 이상의 감사를 두어야 한다. 다만, 유치원만을 설치·경영하는 학교법인에는 임원으로서 5인 이상의 이사와 1인 이상의 감사를 둘 수 있다.
②이사중 1인은 정관이 정하는 바에 의하여 이사장이 된다.
③학교법인은 제1항에 따른 이사정수의 4분의 1**(단, 소수점 이하는 올림한다)에 해당하는 이사(이하 "개방이사"라 한다)를 제4항에 따른 개방이사에서 2배수 추천한 인사 중에서 선임하여야 한다.**
④개방이사추천위원회(이하 "추천위원회"라 한다)는 제26조의2에 따른 대학평의원회(이하 "대학평의원회"라 한다) 또는 「초·중등교육법」 제31조에 따른 학교운

172) 이 책 [8-2.201] 참조.

영위원회(이하 "학교운영위원회"라 한다)에 두고 그 조직과 운영 및 구성은 정관으로 정하되, 위원정수는 5인 이상 홀수로 하고 대학평의원회 또는 학교운영위원회에서 추천위원회 위원의 2분의 1을 추천하도록 한다. 다만, 대통령령으로 정하는 종교지도자 양성만을 목적으로 하는 대학 및 대학원 설치·경영 학교법인의 경우에는 당해 종교단체에서 2분의 1을 추천한다.
⑤제3항에 **따라 추천위원회가 개방이사를** 추천하는 경우에는 30일 이내에 완료하여야 하며, 이 기간 내에 추천하지 못하는 때에는 관할청이 추천한다.
⑥제3항**부터** 제5항까지의 규정에 따른 **개방이사**의 추천, 선임방법 **및 자격요건과 기준에 관한 구체적인 사항**은 대통령령으로 정하는 바에 따라 정관으로 정한다.

(1) 법률안

〈1〉 **이은영 의원안**[173]: 이 조문을 포함한 개정 대상 조문의 제안이유 및 주요내용은 아래와 같다.

- 제안이유

  사학 운영의 투명성·공공성을 제고하는 한편, 사학 운영의 자율성이 보장될 수 있도록 하여 사립학교의 건전한 발달을 도모하고, 현행 법률의 운영과정에서 나타난 일부 미비점을 개선 보완하려는 것임.

- 주요내용

  가. 종전에는 학교법인의 이사장은 다른 학교법인이 설치·경영하는 사립학교의 장이나 다른 학교법인의 이사장을 겸할 수 없도록 하였으나, 앞으로는 당해 학교법인이 설치·경영하는 학교의 장을 겸할 수 없도록 하되 유치원만을 설치·경영하는 학교법인의 이사장은 당해 유치원장을 겸할 수 있도록 함(안 제23조제1항).

  나. 종전에는 사립학교의 장의 임기는 4년을 초과할 수 없고 1회에 한하여 중임을 허용하였으나, 앞으로는 사립학교의 장의 임기는 4년을 초과할 수 없고 중임을 허용하되, 초·중등학교의 장은 1회에 한하여만 중임을 허용함(안 제53조제3항).

  다. 종전에는 학교법인의 이사장과 그 배우자 또는 직계존속·직계비속 및 그 배우자의 관계에 있는 자는 당해 학교법인이 설치·경영하는 사립학교의 장에

173) 2006. 12. 1. 이은영의원 등 23인(의안번호: 175526).

임명할 수 없도록 하였으나, 앞으로는 이사정수의 3분의 2 이상의 찬성과 관할청의 승인을 받는 자는 예외로 함(안 제54조의3제3항).

이 조문의 현행법과 개정 원안은 아래와 같다.

현행법	원안
제14조(임원) ① ~ ② (생 략) ③학교법인은 제1항의 규정에 의한 이사정수의 4분의 1 이상은 학교운영위원회 또는 대학평의원회(신설 법인의 경우 관할청)가 2배수 추천하는 인사 중에서 선임하여야 한다. ④ ~ ⑥ (생 략)	**제14조(임원)** ① ~ ② (현행과 같음) ③학교법인은 제1항의 규정에 의한 이사정수의 4분의 1 이상을 「초·중등교육법」 제31조의 규정에 의한 학교운영위원회(이하 "학교운영위원회"라 한다) 또는 이 법 제26조의2의 규정에 의한 대학평의원회(이하 "대학평의원회"라 한다)가 2배수 추천하는 인사 중에서 선임하여야 한다. 다만, 신설되는 학교법인의 경우에는 관할청이 이를 추천한다. ④ ~ ⑥ (현행과 같음)

• 법문을 순화하는 사항으로서 현행법과 원안 사이에 실질적 변화는 없다.

〈2〉 **본회의 수정안(이주영 의원안)**[174]: 이 조문을 포함한 개정 대상 조문의 수정이유 및 수정주요내용은 아래와 같다.

• 수정이유

이은영 의원이 대표발의한 사립학교법 개정법률안은 현행 「사립학교법」의 일부 문제점을 수정 보완하여, 이사장의 타 학교법인 이사장 및 타 학교법인의 학교장 겸직금지를 삭제하고, 학교장의 임기 중임 제한 규정도 초중등학교장의 경우에만 적용토록 하는 한편, 이사장의 친족이라고 하더라도 교육경험과 사학경영능력이 있는 경우에는 예외적으로 학교의 장에 임명될 수 있도록 함으로써 개인의 직업선택권 등 기본권 침해에 대한 논란을 해소하는 데 있음.

그러나 동 개정안은 현행 사립학교법이 개정 공포된 이후 이로 인해 지난 2005년 말부터 현재까지 지속되고 있는 우리 사학현장의 대립과 갈등을 해소하기에는 부족함이 있고, 일부 운영상 미흡하거나 불합리한 제도를 보완함으로써 사학운영의 투명성과 합리성을 실현하기 위하여 일부 조항에 대한 수정이 불가피함.

174) 2007. 7. 3. 이주영의원 등 132인.

• 수정 주요내용

가. 개방이사 추천을 위하여 대학평의원회 또는 학교운영위원회에 「개방이사추천위원회」를 두고, 위원정수는 5인 이상 홀수로 하되 대학평의원회 또는 학교운영위원회에서 위원의 2분의 1을 추천함.

나. 임시이사의 선임·해임 및 정상화 방안을 심의하기 위하여 교육인적자원부에 「사학분쟁조정위원회」를 두되, 위원은 대통령이 3인, 국회의장이 3인, 대법원장이 5인을 각각 추천함.

다. 대학평의원회의 기능 중 교육과정 운영 및 대학헌장에 관한 사항은 심의사항에서 자문사항으로 변경함.

(2) 위원회 심사

〈1〉 **교육위원회:** 심사 미료

심사가 미료되어 「국회법」에 따라 소관 상임위원장의 중간심사보고(구두보고) 후 본회의로 바로 상정하였다.

〈2〉 **법제사법위원회:** 심사 미료

(3) 본회의 심의

원안을 수정·가결했다.[175] 수정내용은 아래와 같다.

본회의 수정안
제14조(임원) ③학교법인은 제1항에 따른 이사정수의 4분의 1(단, 소수점 이하는 올림한다)에 해당하는 이사(이하 "개방이사"라 한다)를 제4항에 따른 개방이사추천위원회에서 2배수 추천한 인사 중에서 선임하여야 한다. ④개방이사추천위원회(이하 "추천위원회"라 한다)는 제26조의2에 따른 대학평의원회(이하 "대학평의원회"라 한다) 또는 「초·중등교육법」 제31조에 따른 학교운영위원회(이하 "학교운영위원회"라 한다)에 두고 그 조직과 운영 및 구성은 정관으로 정하되, 위원정수는 5인 이상 홀수로 하고 대학평의원회 또는 학교운영위원회에서 추천위원회 위원의 2분의 1을 추천하도록 한다. 다만, 대통령령으로 정하는 종교지도자 양성만을 목적으로 하는 대학 및 대학원 설치·경영 학교법인의 경우에는 당해 종교단체에서 2분의 1을 추천한다. ⑤제3항에 따라 추천위원회가 개방이사를 추천하는 경우에는 30일 이내에 완료하여야 하며, 이 기간 내에 추천하지 못하는 때에는 관할청이 추천한다.

175) 제268회 국회(임시회) 제10차 본회의, 국회본회의회의록, 2007. 7. 3., 48~49면.

⑥제3항부터 제5항까지의 규정에 따른 개방이사의 추천, 선임방법 및 자격요건과 기준에 관한 구체적인 사항은 대통령령으로 정하는 바에 따라 정관으로 정한다.

본회의 회의록 내용은 아래와 같다.

- **부의장 이용희**[176]: 의사일정 제59항 사립학교법 일부개정 법률안을 상정합니다. 이은영 의원 나오셔서 제안설명해 주시기 바랍니다.
  (사립학교법 개악 반대한다! 관둬라, 관둬! 하는 의원 있음)(이게 뭐야, 이게 뭐야? 그렇게 운영을 해서… 하는 의원 있음) (뭐하는 거야? 하는 의원 있음)
- **이은영 의원**[177]: 교육위원회의 이은영 의원입니다. 사립학교법 일부개정법률안에 대해서 제안설명을…(장내 소란)
- **부의장 이용희**[178]: 지금 회의장 상황으로 인하여 제안설명을 하기가 불가능할 것 같습니다. 제안설명은 단말기의 회의자료를 참조하여 주시기 바랍니다. (심사중간보고서는 부록으로 보존함) 이 점 양해해 주시기 바랍니다.
  이 안건에 대해서는 이주영 의원 등으로부터 수정안이 발의되어 있습니다. 이주영 의원 나오셔서 수정안에 대하여 제안설명해 주시기 바랍니다.
- **이주영 의원**[179]: 사립학교법 수정안 제안설명을 드리겠습니다. (장내 소란) 사립학교법 수정안은 원내 3당이 합의한 안으로서 자세한 내용은 단말기에 있으니 참조하시기 바랍니다. 제안설명을 마치겠습니다. (수정안은 부록으로 보존함) (17대 국회 단면을 적나라하게 국민 앞에… 잘한다, 잘해! 하는 의원 있음) (우리당은 한나라당하고 합당해라, 합당해! 하는 의원 있음) (뻔뻔하게 이러고서 대선 치르고 또 정권잡겠다고… 하는 의원 있음)
- **부의장 이용희**[180]: 그러면 사립학교법 일부개정법률안을 의결하도록 하겠습니다. 국회법 제96조의 규정에 따라 수정안부터 먼저 표결하도록 하겠습니다. 이주영 의원 등이 발의한 사립학교법 일부개정법률안에 대하여 투표해 주시기 바랍니다. (전자투표) 투표를 종료하겠습니다. 투표 결과를 말씀드리겠습니다. 재석 186인 중 찬성 143인, 반대 26인, 기권 17인으로서 이주영 의원 등이 발의한 사립학교법 일부개정법률안에 대한 수정안은 가결되었음을 선포합니다.

---

176) 第268회 국회(임시회) 제10차 본회의, 국회본회의회의록, 2007. 7. 3., 49면.
177) 第268회 국회(임시회) 제10차 본회의, 국회본회의회의록, 2007. 7. 3., 49면.
178) 第268회 국회(임시회) 제10차 본회의, 국회본회의회의록, 2007. 7. 3., 49면.
179) 第268회 국회(임시회) 제10차 본회의, 국회본회의회의록, 2007. 7. 3., 49면.
180) 第268회 국회(임시회) 제10차 본회의, 국회본회의회의록, 2007. 7. 3., 49면.

(4) 결과

본회의 수정안으로 개정되었다.

7. 2020년 12월 22일 개정(법률 제17659호, 2020. 12. 22. 시행)

제14조(임원) ①_학교법인에는 임원으로서 7**명** 이상의 이사와 2**명** 이상의 감사를 두어야 한다. 다만, 유치원만을 설치·경영하는 학교법인에는 임원으로서 5**명** 이상의 이사와 1**명** 이상의 감사를 둘 수 있다.
②_이사 중 1**명**은 정관**으로** 정하는 바에 **따라** 이사장이 된다.
③_학교법인은 제1항에 따른 이사_정수**(定數)**의 4분의 1(소수점 이하는 올림한다)에 해당하는 이사(이하 "개방이사"라 한다)를 제4항에 따른 개방이사추천위원회에서 2배수 추천한 인사 중에서 선임하여야 한다.
④_개방이사추천위원회(이하 "추천위원회"라 한다)는 제26조의2에 따른 대학평의원회(이하 "대학평의원회"라 한다) 또는 「초·중등교육법」 제31조에 따른 학교운영위원회(이하 "학교운영위원회"라 한다)에 두고 그 조직과 운영 및 구성은 정관으로 정하되, 위원_정수는 5**명** 이상 홀수로 하고 대학평의원회 또는 학교운영위원회에서 추천위원회 위원의 2분의 1을 추천하도록 한다. 다만, 대통령령으로 정하는 종교지도자 양성만을 목적으로 하는 대학 및 대학원 설치·경영 학교법인의 경우에는 해**당** 종교단체에서 2분의 1을 추천한다.
⑤_제3항에 따라 추천위원회가 개방이사를 추천**할 때**에는 30일 이내에_**추천을** 완료하여야 하며,_**그** 기간에 추천하지 못하면 관할청이 추천한다.
⑥_제3항부터 제5항까지의 규정에 따른 개방이사의 추천, 선임방법 및 자격요건과 기준에 관한 구체적인 사항은 대통령령으로 정하는 바에 따라 정관으로 정한다.

• 법문을 한글화하고 간결하게 하였다(오직 형식에 관한 개정이므로 자세한 개정경과는 생략함[181]).

181) 이에 관한 구체적 개정경과는 이 책 [1.201] 참조.

14.300

III. 현행법

제14조(임원) ① 학교법인에는 임원으로서 7명 이상의 이사와 2명 이상의 감사를 두어야 한다. 다만, 유치원만을 설치·경영하는 학교법인에는 임원으로서 5명 이상의 이사와 1명 이상의 감사를 둘 수 있다.

② 이사 중 1명은 정관으로 정하는 바에 따라 이사장이 된다.

③ 학교법인은 제1항에 따른 이사 정수(定數)의 4분의 1(소수점 이하는 올림한다)에 해당하는 이사(이하 "개방이사"라 한다)를 제4항에 따른 개방이사추천위원회에서 2배수 추천한 인사 중에서 선임하여야 한다.

④ 개방이사추천위원회(이하 "추천위원회"라 한다)는 제26조의2에 따른 대학평의원회(이하 "대학평의원회"라 한다) 또는 「초·중등교육법」 제31조에 따른 학교운영위원회(이하 "학교운영위원회"라 한다)에 두고 그 조직과 운영 및 구성은 정관으로 정하되, 위원 정수는 5명 이상 홀수로 하고 대학평의원회 또는 학교운영위원회에서 추천위원회 위원의 2분의 1을 추천하도록 한다. 다만, 대통령령으로 정하는 종교지도자 양성만을 목적으로 하는 대학 및 대학원 설치·경영 학교법인의 경우에는 해당 종교단체에서 2분의 1을 추천한다.

⑤ 제3항에 따라 추천위원회가 개방이사를 추천할 때에는 30일 이내에 추천을 완료하여야 하며, 그 기간에 추천하지 못하면 관할청이 추천한다.

⑥ 제3항부터 제5항까지의 규정에 따른 개방이사의 추천, 선임방법 및 자격요건과 기준에 관한 구체적인 사항은 대통령령으로 정하는 바에 따라 정관으로 정한다.

14.400

IV. 종합/특기사항

- 「민법」은 이사의 임면에 관한 사항을 정관으로 정하도록 하고 있으나(「민법」 제43조, 제40조제5호) 「사립학교법」 제14조는 이를 직접 규율하고 있다.
- 제14조의 경우에 제정법과 현행법 사이에 현저한 차이가 있는데, 2005년 개정은 이러한 차이의 출발점이다.
- 제14조에 대한 주요 변화는 1964년, 1997년, 1999년, 2005년, 2007년 개정이다. 1964년 개정은 감독청의 승인을 얻어 이사의 수가 이사정수(5인 이상 15인 이하)를 초과할 수 있도록 하였고, 1997년 개정은 이사 수의 상한(15인 이하)을 폐지하면서 제1항 단서를 삭제하였으며(학교법인의 자율성 확대 취지), 1999년 개정은 유치원만

을 설치·경영하는 학교법인의 경우 임원의 수를 하향 조정하였다(5인 이상의 이사와 1인 이상의 감사). 2005년 개정은 이사정수의 4분의 1 이상은 학교운영위원회 또는 대학평의원회(신설 법인의 경우 관할청)가 2배수 추천하는 인사 중에서 선임하도록 하는 한편 학교운영위원회 또는 대학평의원회가 30일 이내에 이사를 추천하지 못하면 관할청이 추천하도록 하였다(제5항). 2007년 개정은 학교운영위원회 또는 대학평의원회가 주도적으로 추천하는 이사를 "개방이사"로 명명하고, 학교운영위원회 또는 대학평의원회가 개방이사 후보자를 직접 추천하는 것이 아니라 이들 회의체가 위원의 2분의 1을 추천하여 구성하는 개방이사추천위원회를 통하도록 하였다.

- 개방이사추천위원회가 30일 이내에 개방이사를 추천하지 못하면 관할청이 추천하도록 한 규정(제14조제5항)은 2005년 개정으로 들어온 것인데, 개방이사추천위원회를 정비하고 이사로서 적합한 인물을 물색하는 기간으로서 30일은 지나치게 단기라고 생각한다. 또한, 이 경우에 부가기간을 전혀 부여하지 않은 채 관할청이 바로 개방이사 추천권을 행사한다는 것은 학교법인의 자율성을 지나치게 침해하는 것으로 평가된다.
- 2005년과 2007년 개정과정에서 정치적 입장에 따라 매우 격렬한 의견대립이 있었다. 제256회 국회(정기회) 제16차 본회의(2005. 12. 9.)[182]와 제268회(임시회) 제10차 본회의(2007. 7. 3.)[183]에 나타난 원색적 언동은 그 사정을 잘 보여준다.
- 2013년 헌법재판소는 ① 개방이사제에 관한 「사립학교법」(2007. 7. 27. 법률 제8545호로 개정된 것) 제14조제3항, 제4항이 학교법인의 사학의 자유를 침해하는지 여부 및 ② 평등권을 침해하는지 여부에 대하여 아래와 같이 합헌 취지로 판단하였다.[184]

> ① 개방이사제에 관한 사립학교법 제14조제3항, 제4항은 사립학교운영의 투명성과 공정성을 제고하고, 학교구성원에게 학교운영에 참여할 기회를 부여하기 위한 것으로서, 개방이사가 이사 정수에서 차지하는 비중, 대학평의원회와 학교운영위원회가 추천하는 개방이사추천위원회 위원의 비율, 학교법인 운영의 투명성 확보를 위한 사전적·예방적 조치의 필요성 등을 고려할 때 학교법인의 사학의 자유를 침해한다고 볼 수 없다.
>
> ② 학교법인은 일반 사법인과 달리 공공성이 요구되고, 공익법인이나 사회복

182) 제256회 국회(정기회) 제16차 본회의, 국회본회의회의록, 2005. 12. 9., 2~3면.
183) 제268회 국회(임시회) 제10차 본회의, 국회본회의회의록, 2007. 7. 3., 49면.
184) 헌법재판소 2013. 11. 28. 선고 2007헌마1189, 2007헌마1190 결정.

지법인 등과는 그 용역의 성격이나 수요층의 범위, 대체수단에 대한 접근용이성의 정도 등에서 차이가 있으므로 개방이사 선임에 차이를 둔 것은 합리적 이유가 있고, 종교지도자 양성만을 목적으로 하는 대학 및 대학원을 설치·경영하는 학교법인은 그 자율성을 보장해 줄 필요성이 큰 반면 외부인사를 학교운영에 개입하게 하여야 할 정도로 공공성의 요구가 크지 않으므로 당해 종교단체에서 2분의 1을 추천하도록 한 것은 합리적 이유가 있어 평등권을 침해하지 않는다.

위 다수의견에 대한 재판관 조용호의 반대의견은 아래와 같다.

학교법인의 이사는 학교법인 최고의사결정기관이자 집행기관인 이사회를 구성하여 사학 운영의 자유를 구현하는 주체이다. 학교법인의 이사선임권은 학교법인의 자주성과 자율성의 핵심요소이므로 이사의 선임과 구성은 전적으로 학교법인의 자율에 맡겨야 한다. 그런데 학교운영의 공공성과 투명성을 강화한다는 명목으로 정상적으로 운영되고 있는 절대 다수의 사학에 대하여까지 학교법인의 의사와 관계없이 일률적으로 이사 정수의 4분의 1을 개방이사라는 이름으로 선임하도록 강제하는 것은 학교법인 의사결정체계의 본질에 어긋나고, 학교법인 이사제도의 본질을 침해하는 것이다. 우리나라의 경우 학교 수나 학생 수에 있어서 특히 고등교육기관에 사립학교의 비중이 매우 높은 점, 삼국시대 이래로 우리 민족과 함께 연면히 이어져 내려온 사학의 역사성, 사학의 기능과 자주성 보장의 필요, 학교법인 이사제도의 본질, 개방이사제도의 문제점 등을 종합해 보면, 위 조항들은 과잉금지원칙에 반하여 학교법인의 사학의 자유를 침해한다.

제15조(이사회)

15.100

I. 제정법

제15조(이사회) ①학교법인에 이사회를 둔다.
②이사회는 이사로써 구성한다.
③이사회는 이사장이 소집하고 이사장이 그 의장이 된다.
④감사는 이사회에 출석하여 발언할 수 있다.

『새교육』이 소개하는 이 조문의 제정이유는 아래와 같다.[185)]

민법 제58조제2항에서 이사의 수가 다수일 때에는, 이사의 과반수로써 그 업무를 집행하도록 하고 있다. 그런데 사립학교법 제14조에서 이사는 5인 이상 15인으로 못을 박아 놨으므로, 학교법인의 이사는 언제나 복수이기 때문에 사립학교법에서는 이사회라는 집단적인 기관을 두어 그 회의와 회의의 소집, 기능 등을 상세히 밝혔다. 종전에는 정관에 의하여 이사회가 설치되었으며, 정관의 미비에 따라 소집권자가 궐위일 때 소집을 할 수 없다든가, 이사회의 기능이 명백하지 않아서 간혹 혼란을 야기하였으므로, 사립학교법에서 이사회를 학교법인의 기관으로 두도록 규정하고 있다.

II. 개정 경과

1. 2020년 12월 22일 개정(법률 제17659호, 2020. 12. 22. 시행)

제15조(이사회) ①_학교법인에 이사회를 둔다.
②_이사회는 이사로 구성한다.
③_**이사장**은 **이사회**를 소집하고 그 의장이 된다.
④_감사는 이사회에 출석하여 발언할 수 있다.

- 법문을 한글화하고 간결하게 하였다(오직 형식에 관한 개정이므로 자세한 개정경과는 생략함[186)]).

III. 현행법

제15조(이사회) ① 학교법인에 이사회를 둔다.
② 이사회는 이사로 구성한다.
③ 이사장은 이사회를 소집하고 그 의장이 된다.
④ 감사는 이사회에 출석하여 발언할 수 있다.

185) 金康鉉, 앞의 글 "私立學校法(完)", 43면.
186) 이에 관한 구체적 개정경과는 이 책 [1.201] 참조.

15.400 ## IV. 종합/특기사항

• 제정 이후 내용상의 변화는 없으며, 제15조에 대한 개정은 모두 법문의 한글화·간결·순화 등 형식에 관한 것이다.

제16조(이사회의 기능)

16.100 ### I. 제정법

제16조(이사회의 기능) ①이사회는 다음 사항을 심의·결정한다.

1. 학교법인의 예산·결산·차입금 및 재산의 취득·처분과 관리에 관한 사항
2. 정관의 변경에 관한 사항
3. 학교법인의 합병 또는 해산에 관한 사항
4. 임원의 임면에 관한 사항
5. 학교법인이 설치한 사립학교의 장 및 교원의 임면에 관한 사항
6. 학교법인이 설치한 사립학교의 경영에 관한 중요사항
7. 수익사업에 관한 사항
8. 기타 법령이나 정관에 의하여 그 권한에 속하는 사항

②이사장 또는 이사가 학교법인과 이해관계가 상반하는 때에는 그 이사장 또는 이사는 당해 사항에 관한 의결에 참여하지 못한다.

『새교육』이 소개하는 이 조문의 제정이유는 아래와 같다.[187)]

이사회의 기능은 민법의 규정에서 추리되는 일반적인 권한을 전부 부여하였다. 다만 그러한 기능을 행사하는 데 있어 다른 조항의 구속을 받는다. "예산"에 대하여는 제33조의 규정에 따라 문교부장관이 정하는 요령에 의하여야 하며 "교원"의 임면에 관해서는 학교의 장의 제청을 받아야만 결정권을 행사할 수 있으며, "수익사업"은 감독청에의 신고와 공고를 하고 집행하도록 되어 있다.

이 조항의 제2항에서 이사가 법인과 이해관계가 상반될 때는 그 결의에 참여하지 못하도록 되어 있는 것은 민법 제64조의 규정과 다른 바가 없으나, 시행령에서 자신

187) 金康鉉, 앞의 글 "私立學校法(完)", 43면.

을 이사로서 선임할 경우에도 본인을 결의에 참여하지 않도록 하는 점에 있어 약간의 특징이 있다. 이 경우에 있어 특별대리인을 선임하는 것은 사립학교법에 아무런 규정이 없으므로, 학교법인의 정관에 의하여 특별대리인을 선임할 수 있도록 하는 것은 무방하다 할 것이다.

II. 개정 경과

1. 1981년 2월 28일 개정(법률 제3373호, 1981. 2. 28. 시행)

제16조(이사회의 기능) ①이사회는 다음 사항을 심의·결정한다.

1. 학교법인의 예산·결산·차입금 및 재산의 취득·처분과 관리에 관한 사항. **다만, 대학, 사범대학, 전문대학 및 이에 준하는 각종학교(이하 "대학교육기관"이라 한다)를 설치·경영하는 학교법인의 이사회에 있어서는 당해 대학교육기관의 예산 및 결산에 관한 사항은 제외한다.**
2. 정관의 변경에 관한 사항
3. 학교법인의 합병 또는 해산에 관한 사항
4. 임원의 임면에 관한 사항
5. 학교법인이 설치한 사립학교의 장 및 교원의 임면에 관한 사항. **다만, 대학교육기관을 설치·경영하는 학교법인의 이사회에 있어서는 당해 대학교육기관의 교원임면에 관한 사항을 제외한다.**
6. 학교법인이 설치한 사립학교의 경영에 관한 중요사항
7. 수익사업에 관한 사항
8. 기타 법령이나 정관에 의하여 그 권한에 속하는 사항

②이사장 또는 이사가 학교법인과 이해관계가 상반하는 때에는 그 이사장 또는 이사는 당해 사항에 관한 의결에 참여하지 못한다.

(1) 법률안(정부안[188])

현행법	원안
제16조(이사회의 기능) ①이사회는 다음 사항을	**제16조(이사회의 기능)** ①이사회는 다음 사항을

188) 1981. 2. 13. 정부(의안번호: CC0145); 제안이유 및 주요내용은 이 책 [4.204] 참조.

심의·결정한다.	심의·결정한다.
1. 학교법인의 예산·결산·차입금 및 재산의 취득·처분과 관리에 관한 사항 <단서 신설>	1. 학교법인의 예산·결산·차입금 및 재산의 취득·처분과 관리에 관한 사항. 다만, 대학, 사범대학, 전문대학 및 이에 준하는 각종학교(이하 "대학교육기관"이라 한다)를 설치·경영하는 학교법인의 이사회에 있어서는 당해 대학교육기관의 예산 및 결산에 관한 사항은 제외한다.
2. ~ 4. (생 략)	2. ~ 4. (현행과 같음)
5. 학교법인이 설치한 사립학교의 장 및 교원의 임면에 관한 사항 <단서 신설>	5. 학교법인이 설치한 사립학교의 장 및 교원의 임면에 관한 사항. 다만, 대학교육기관을 설치·경영하는 학교법인의 이사회에 있어서는 당해 대학교육기관의 교원임면에 관한 사항을 제외한다.
6. ~ 8. (생 략)	6. ~ 8. (현행과 같음)
② (생 략)	② (현행과 같음)

- 대학교육기관의 경우 학교 예산의 편성 및 집행과 결산은 학교의 장이 하도록 하였다.
- 대학교육기관의 경우 이사회는 학교의 장에 대한 임면권만 가지도록 하고 교원에 대한 임면권은 학교의 장이 하도록 하였다.

(2) 위원회 심사

〈1〉 문교공보위원회: 원안대로 가결되었다.[189] 제16조에 관한 회의록 내용은 아래와 같다.

- **문교부장관 김판영**[190]: 대학의 경우 설립자는 학교의 장의 임면권만 가지도록 하고 기타의 학교 교직원의 임면은 학교의 장이 하도록 하며, … 대학의 경우 학교예산의 편성 및 집행과 결산은 학교의 장이 하도록 하…였습니다.
- **전문위원 김 철**[191]: 앞으로 이 법률이 공포·시행됨에 따라서 사립 고등교육기관

189) 第10.5대 국회 第77회 第19차 문교공보위원회국가보위입법회의사무처, 문교공보위원회회의록, 1981. 2. 19., 7면.

190) 第10.5대 국회 第77회 第19차 문교공보위원회국가보위입법회의사무처, 문교공보위원회회의록, 1981. 2. 19., 3면.

191) 第10.5대 국회 第77회 第19차 문교공보위원회 국가보위입법회의사무처, 문교공보위원회회의록, 1981. 2. 19., 3~4면.

의 교육정상화를 크게 기대할 수 있다고 사료됩니다. 담당전문위원으로서는 이 개정안에 대하여 별다른 수정의견은 없습니다. 다만 몇 가지 사항에 대하여 지적하고자 합니다.

안 제16조제1항제1호는 현재 이사회의 기능에 속하고 있는 "학교법인의 예산·결산·차입금 및 재산의 취득·처분과 관리에 관한 사항" 중 "대학 사범대학 전문대학 및 이에 준하는 각종학교의 학교의 예산 및 결산에 관한 사항을 제외한다"라고 후단에 규정을 두어 대학교육기관을 제외하려는 것이며, 동항 제5호 역시 "학교법인이 설치한 사립학교의 장 및 교원의 임면에 관한 사항" 중 "대학교육기관의 교원임면에 관한 사항은 제외한다"라고 후단의 규정을 두어 대학교육기관을 제외시키려는 것입니다. 이는 법인의 이사회가 대학교육기관의 예산, 결산 등과 교원임면에 관한 심의, 결정기능을 갖지 못하게 배제하려는 것입니다. 개정이유를 말씀드리면, 종래에는 학교법인이 학교의 재정 및 인사운영에 지나치게 간섭함으로써 사학의 건전한 발전을 저해한 사실이 있기 때문에 이를 시정하려는 것이므로 적절한 조치라고 하겠습니다.

〈2〉 **법제사법위원회:** 원안을 수정·가결했다.[192] 수정내용은 아래와 같다.

현행법	원안
제16조(이사회의 기능) ①이사회는 다음 사항을 심의·결정한다. 1. 학교법인의 예산·결산·차입금 및 재산의 취득·처분과 관리에 관한 사항. 다만, 대학, 사범대학, 전문대학 <u>또는</u> 이에 준하는 각종학교(이하 "대학교육기관"이라 한다)를 설치·경영하는 학교법인의 이사회에 있어서는 당해 대학교육기관의 예산 및 결산에 관한 사항은 제외한다. 5. 학교법인이 설치한 사립학교의 장 및 교원의 임면에 관한 사항. 다만, 대학교육기관을 설치·경영하는 학교법인의 이사회에 있어서는 당해 대학교육기관의 교원임면에 관한 사항을 제외한다.	**제16조(이사회의 기능)** ①이사회는 다음 사항을 심의·결정한다. 1. 학교법인의 예산·결산·차입금 및 재산의 취득·처분과 관리에 관한 사항. 다만, 대학, 사범대학, 전문대학 <u>및</u> 이에 준하는 각종학교(이하 "대학교육기관"이라 한다)를 설치·경영하는 학교법인의 이사회에 있어서는 당해 대학교육기관의 예산 및 결산에 관한 사항은 제외한다. 5. 학교법인이 설치한 사립학교의 장 및 교원의 임면에 관한 사항. 다만, 대학교육기관을 설치·경영하는 학교법인의 이사회에 있어서는 당해 대학교육기관의 교원임면에 관한 사항을 제외한다.

192) 第10.5대 국회 제77회 제19차 법제사법위원회 국가보위입법회의사무처, 법제사법위원회회의록, 1981. 2. 19., 5면.

• 제1항 제1호 문구 중 "또는"을 "및"으로 변경한 것일 뿐 내용상의 변화는 없다.

위 내용이 포함된 제16조에 관한 회의록 내용은 아래와 같다.

- **문교부장관 김판영**[193]: 이 법률안의 제안이유는 사립학교의 설립자와 대학의 장의 권한과 책임의 한계를 명확하게 하여 설립자가 학교행정에 부당하게 간섭할 수 없도록 함으로써 사회의 공기인 사학의 공공성 제고와 건전한 발전을 도모하려는 것입니다. 주요골자를 말씀드리면, … 대학의 경우 설립자는 대학의 장의 임면권만 가지도록 하고 기타의 학교 교직원의 임면은 학교의 장이 하도록 하며, … 대학의 경우 학교예산의 편성 및 집행 및 결산은 학교의 장이 하도록 하…였습니다.
- **전문위원 양삼승**[194]: 사립학교법 중 개정법률안에 대한 검토결과를 말씀드리겠습니다. 먼저 제16조제1항제1호의 단서 중 "또는"을 "및"으로 수정하…였습니다.

(3) 본회의 심의

법제사법위원회 수정안대로 가결되었다.[195]

(4) 결과

법제사법위원회 수정안으로 개정되었다.

16.202

2. 1986년 5월 9일 개정(법률 제3812호, 1986. 5. 9. 시행)

제16조(이사회의 기능) ①이사회는 다음 사항을 심의·결정한다.
1. 학교법인의 예산·결산·차입금 및 재산의 취득·처분과 관리에 관한 사항
2. 정관의 변경에 관한 사항
3. 학교법인의 합병 또는 해산에 관한 사항
4. 임원의 임면에 관한 사항

---

193) 제10.5대 국회 제77회 제19차 법제사법위원회 국가보위입법회의사무처, 법제사법위원회회의록, 1981. 2. 19,. 3~4면.

194) 제10.5대 국회 제77회 제19차 법제사법위원회 국가보위입법회의사무처, 법제사법위원회회의록, 1981. 2. 19., 4면.

195) 제10.5대 국회 제77회 제20차 국회본회의, 국가보위입법회의회의록, 1981. 2. 20., 7면.

5. 학교법인이 설치한 사립학교의 장 및 교원의 임면에 관한 사항. 다만, **대학·사범대학·개방대학·전문대학 및 이들에 준하는 각종학교(이하 "대학교육기관"이라 한다)**를 설치·경영하는 학교법인의 이사회에 있어서는 당해 대학교육기관의 교원임면에 관한 사항을 제외한다.
6. 학교법인이 설치한 사립학교의 경영에 관한 중요사항
7. 수익사업에 관한 사항
8. 기타 법령이나 정관에 의하여 그 권한에 속하는 사항

②이사장 또는 이사가 학교법인과 이해관계가 상반하는 때에는 그 이사장 또는 이사는 당해 사항에 관한 의결에 참여하지 못한다.

(1) 법률안

〈1〉 김일윤 의원안[196]

현행법	원안
제16조(이사회의 기능) ①이사회는 다음 사항을 심의·결정한다.	**제16조(이사회의 기능)** ①이사회는 다음 사항을 심의·결정한다.
1. 학교법인의 예산·결산·차입금 및 재산의 취득·처분과 관리에 관한 사항. 다만, 대학, 사범대학, 전문대학 및 이에 준하는 각종학교(이하 "대학교육기관"이라 한다)를 설치·경영하는 학교법인의 이사회에 있어서는 당해 대학교육기관의 예산 및 결산에 관한 사항은 제외한다.	1. 학교법인의 예산·결산·차입금 및 재산의 취득·처분과 관리에 관한 사항 <단서 삭제>
2. ~ 4. (생 략)	2. ~ 4. (현행과 같음)
5. 학교법인이 설치한 사립학교의 장 및 교원의 임면에 관한 사항. 다만, 대학교육기관을 설치·경영하는 학교법인의 이사회에 있어서는 당해 대학교육기관의 교원임면에 관한 사항을 제외한다.	5. 학교법인이 설치한 사립학교의 장 및 교원의 임면에 관한 사항. <단서 삭제>
6. ~ 8. (생 략)	6. ~ 8. (현행과 같음)
② (생 략)	② (생 략)

• 제1호(학교법인의 예산·결산·차입금 및 재산의 취득·처분과 관리에 관한 사항)와 제5호(학교법인이 설치한 사립학교의 장 및 교원의 임면에 관한 사항)에서 단서를 삭제함으로써

196) 1985. 6. 7. 김일윤의원 등 19인(의안번호: 120042); 제안이유 및 주요내용은 이 책 [4.205] 참조.

이사회의 권한을 확대하였다.

〈2〉 **정동성 의원안**[197]

현행법	원안
제16조(이사회의 기능) ①이사회는 다음 사항을 심의·결정한다. 1. 학교법인의 예산·결산·차입금 및 재산의 취득·처분과 관리에 관한 사항. 다만, 대학, 사범대학, 전문대학 및 이에 준하는 각종학교(이하 "대학교육기관"이라 한다)를 설치·경영하는 학교법인의 이사회에 있어서는 당해 대학교육기관의 예산 및 결산에 관한 사항은 제외한다. 2. ~ 4. (생 략) 5. 학교법인이 설치한 사립학교의 장 및 교원의 임면에 관한 사항. 다만, 대학교육기관을 설치·경영하는 학교법인의 이사회에 있어서는 당해 대학교육기관의 교원임면에 관한 사항을 제외한다. 6. ~ 8. (생 략) ② (생 략)	**제16조(이사회의 기능)** ①이사회는 다음 사항을 심의·결정한다. 1. 학교법인의 예산·결산·차입금 및 재산의 취득·처분과 관리에 관한 사항 <단서 삭제> 2. ~ 4. (현행과 같음) 5. 학교법인이 설치한 사립학교의 장 및 교원의 임면에 관한 사항. 다만, 대학·사범대학·개방대학·전문대학 및 이들에 준하는 각종학교(이하 "대학교육기관"이라 한다)를 설치·경영하는 학교법인의 이사회에 있어서는 당해 대학교육기관의 교원임면에 관한 사항을 제외한다. 6. ~ 8. (현행과 같음) ② (생 략)

- 제1호(학교법인의 예산·결산·차입금 및 재산의 취득·처분과 관리에 관한 사항)의 단서를 삭제하여 이사회의 권한을 확대하고, 제5호(학교법인이 설치한 사립학교의 장 및 교원의 임면에 관한 사항) 단서는 유지하였다.

(2) 위원회 심사

〈1〉 **문교공보위원회:** 대안[198]으로 가결되었다.[199]

대안
제16조(이사회의 기능) ①이사회는 다음 사항을 심의·결정한다.

197) 1985. 12. 7. 정동성의원 등 40인(의안번호: 120179); 제안이유 및 주요내용은 이 책 [3.204] 참조.
198) 1986. 4. 8. 문교공보위원장(의안번호: 120225).
199) 제129회 국회(임시회) 제5차 전체회의, 문교공보위원회회의록, 1986. 4. 7., 7면.

1. 학교법인의 예산·결산·차입금 및 재산의 취득·처분과 관리에 관한 사항 <단서 삭제>
5. 학교법인이 설치한 사립학교의 장 및 교원의 임면에 관한 사항. 다만, 대학·사범대학·개방대학·전문대학 및 이들에 준하는 각종학교(이하 "대학교육기관"이라 한다)를 설치·경영하는 학교법인의 이사회에 있어서는 당해 대학교육기관의 교원임면에 관한 사항을 제외한다.

위 내용이 포함된 제16조에 관한 회의록 내용은 아래와 같다.

- **소위원장 이민섭**[200]: 본 대안의 제안이유 및 주요골자를 말씀드리면, 대학운영 학교법인에게 학교 예산에 대한 심의권과 결산권을 부여하…였습니다.
- **전문위원 배중섭**[201]: 금방 소위원장이 보고하신 심사결과에 대해서 보충설명을 올리도록 하겠습니다. 지난 번에 정동성의원님이 제출하신 안에 대한 검토보고에서도 말씀드렸다시피 먼저 대학운영 학교법인에게 학교예산에 대한 심의권과 결산권을 부여하는 것은 지금 법안 제16조제1항제1호와 제29조제4항에 관련된 사항입니다. 그것은 현재 각 대학교육기관의 회계에 속하는 예산을 학교의 장이 편성해서 대학교육위원회의 심의를 거쳐서 결정하도록 되어 있던 것을 학교의 장이 편성해서 이사회에서 심의·결정하도록 하고 재무위원회는 폐지하는 그러한 내용이 되겠습니다.
- **소위원장 이민섭**[202]: 법조문을 일일이 열거해서 보충해서 심사보고를 하겠습니다. …제16조제1항제1호 단서를 삭제하고 동조 동항 제5호를 다음과 같이 한다. "학교법인이 설치한 사립학교의 장 및 교원의 임면에 관한 사항. 다만, 대학·사범대학·개방대학·전문대학 및 이들에 준하는 각급대학(이하 "대학교육기관"이라 한다)를 설치 경영하는 학교법인의 이사회에 있어서는 당해 대학교육기관의 교원임면에 관한 사항을 제외한다."
- **정 남 위원**[203]: 가만히 있어요. 거기 제16조제1항제1호 단서는 뭐지요?
- **전문위원**[204]: 사립학교법 제16조제1항제1호 단서를 삭제해서... 대학교육기관의 경우 예산·결산 등의 사항에 대해서는 이사회에 권한을 부여하고, 제16조제1항 제5호 단서는 유지하여 대학교육기관의 교원임면에 대해서는 학교법인 이사회의 권한에서 제외하는 것입니다...

---

200) 제129회 국회(임시회) 제5차 전체회의, 문교공보위원회회의록, 1986. 4. 7., 1면.
201) 제129회 국회(임시회) 제5차 전체회의, 문교공보위원회회의록, 1986. 4. 7., 2면.
202) 제129회 국회(임시회) 제5차 전체회의, 문교공보위원회회의록, 1986. 4. 7., 4면.
203) 제129회 국회(임시회) 제5차 전체회의, 문교공보위원회회의록, 1986. 4. 7., 4면.
204) 제129회 국회(임시회) 제5차 전체회의, 문교공보위원회회의록, 1986. 4. 7., 5면.

〈2〉 **법제사법위원회:** 문교공보위원회 대안대로 가결되었다.[205]

(3) 본회의 심의

문교공보위원회 대안대로 가결되었다.[206] 제16조에 관한 회의록 내용은 아래와 같다.

- 이민섭 의원[207]: 문교공보위원회의 이민섭 의원입니다. 본 대안의 주요골자를 말씀드리면, 대학교육의 회계에 속하는 예산은 학교의 장이 편성하여 대학재무위원회의 심의를 거쳐 결정하도록 하였던 것을 학교의 장이 편성하여 이사회에서 심의 결정하도록 하고 재무위원회를 폐지하…였습니다.
- 부의장 최영철[208]: 사립학교법 중 개정법률안에 대한 문교공보위원회의 대안에 대해서 이의 없으십니까? (없습니다 하는 이 있음) 가결되었음을 선포합니다.

(4) 결과

문교공보위원회 대안으로 개정되었다.

16.203
3. 1990년 4월 7일 개정(법률 제4226호, 1990. 4. 7. 시행)

제16조(이사회의 기능) ①이사회는 다음 <u>각호</u>의 사항을 심의·<u>의결</u>한다.
1. 학교법인의 예산·결산·차입금 및 재산의 취득·처분과 관리에 관한 사항
2. 정관의 변경에 관한 사항
3. 학교법인의 합병 또는 해산에 관한 사항
4. 임원의 임면에 관한 사항
5. 학교법인이 설치한 사립학교의 장 및 교원의 임면에 관한 <u>사항</u>
6. 학교법인이 설치한 사립학교의 경영에 관한 중요사항
7. 수익사업에 관한 사항
8. 기타 법령이나 정관에 의하여 그 권한에 속하는 사항

②이사장 또는 이사가 학교법인과 이해관계가 상반하는 때에는 그 이사장 또는 이사는 당해 사항에 관한 의결에 참여하지 못한다.

---

205) 第129회 국회(임시회) 제6차 전체회의, 법제사법위원회회의록, 1986. 4. 8., 9면.
206) 第129회 국회(임시회) 제9차 본회의, 국회본회의회의록, 1986. 4. 8., 26면.
207) 第129회 국회(임시회) 제9차 본회의, 국회본회의회의록, 1986. 4. 8., 26면.
208) 第129회 국회(임시회) 제9차 본회의, 국회본회의회의록, 1986. 4. 8., 26면.

(1) 법률안

〈1〉 박석무 의원안[209)]

현행법	원안
제16조(이사회의 기능) ①이사회는 다음 사항을 심의·결정한다. 1. (생 략) 2. 정관의 변경에 관한 사항 3. ~ 4. (생 략) 5. 학교법인이 설치한 사립학교의 장 및 교원의 임면에 관한 사항. 다만, 대학·사범대학·개방대학·전문대학 및 이들에 준하는 각종학교(이하 "대학교육기관"이라 한다)를 설치·경영하는 학교법인의 이사회에 있어서는 당해 대학교육기관의 교원임면에 관한 사항을 제외한다. 6. ~ 8. (생 략) ② (생 략)	**제16조(이사회의 기능)** ①이사회는 다음 사항을 심의·결정한다. 1. (현행과 같음) 2. 교무회의 또는 교수협의회의 심의를 거친 정관의 변경에 관한 사항 3. ~ 4.(현행과 같음) 5. 학교법인이 설치한 각급 학교의 장의 임면에 관한 사항 <단서 삭제> 6. ~ 8. (생 략) ② (생 략)

• 이사회의 기능 중 정관의 변경(제1항제2호)을 위해서는 교무회의 또는 교수협의회의 심의를 거치도록 하고, 제1항제5호 단서를 삭제하여 이사회의 권한을 확대하였다.

〈2〉 김인곤 의원안[210)]

현행법	원안
제16조(이사회의 기능) ①이사회는 다음 사항을 심의·결정한다. 1. ~ 4. (생 략) 5. 학교법인이 설치한 사립학교의 장 및 교원의 임면에 관한 사항. 다만, 대학·사범대학·개방대학·전문대학 및 이들에 준하는 각종학교(이하 "대학교육기관"이라 한다)를 설치·경영하는 학교법인의 이사회에 있어서	**제16조(이사회의 기능)** ①이사회는 다음 사항을 심의·결정한다. 1. ~ 4. (현행과 같음) 5. 학교법인이 설치한 사립학교의 장 및 교원의 임면에 관한 사항 <단서 삭제>

209) 1988. 12. 21. 박석무의원 등 70인(의안번호: 130378); 제안이유 및 주요내용은 이 책 [4.206] 참조.
210) 1989. 2. 16. 김인곤의원 등 34인(의안번호: 130422); 제안이유 및 주요내용은 이 책 [4.206] 참조.

는 당해 대학교육기관의 교원임면에 관한 사항을 제외한다. 6. ~ 8. (생 략) ② (생 략)	6. ~ 8. (생 략) ② (생 략)

• 제1항제5호 단서를 삭제하여 이사회의 권한을 확대하였다.

〈3〉 강삼재 의원안[211)]

현행법	원안
제16조(이사회의 기능) ①이사회는 다음 사항을 심의·결정한다. 1. ~ 4.(생 략) 5. 학교법인이 설치한 사립학교의 장 및 교원의 임면에 관한 사항. 다만, 대학·사범대학·개방대학·전문대학 및 이들에 준하는 각종 학교(이하 "대학교육기관"이라 한다)를 설치·경영하는 학교법인의 이사회에 있어서는 당해 대학교육기관의 교원임면에 관한 사항을 제외한다. 6. ~ 8. (생 략) ② (생 략)	**제16조(이사회의 기능)** ①이사회는 다음 사항을 심의·결정한다. 1. ~ 4. (현행과 같음) 5. 학교법인이 설치한 사립학교의 장 임면에 관한 사항. <단서 삭제> 6. ~ 8. (생 략) ② (생 략)

• 제1항제5호 단서를 삭제하여 이사회의 권한을 확대하였다.

(2) 위원회 심사

〈1〉 문교공보위원회: 대안[212)]으로 가결되었다.[213)]

대안
제16조(이사회의 기능) ①이사회는 다음 각호의 사항을 심의·의결한다. 2. 정관의 변경에 관한 사항 5. 학교법인이 설치한 사립학교의 장 및 교원의 임면에 관한 사항 <단서 삭제>

211) 1989. 2. 28. 강삼재의원 등 57인(의안번호: 130463); 제안이유 및 주요내용은 이 책 [4.206] 참조.
212) 1990. 3. 15. 문교공보위원장(의안번호: 130833).
213) 제148회 국회(임시회) 제6차 전체회의, 문교공보위원회회의록, 1990. 3. 14., 8면.

〈2〉 **법제사법위원회:** 문교공보위원회 대안대로 가결되었다.[214)]

(3) 본회의 심의

문교공보위원회 대안대로 가결되었다.[215)]

(4) 결과

문교공보위원회 대안으로 개정되었다.

4. 2016년 2월 3일 개정(법률 제13938호, 2016. 2. 3. 시행)

제16조(이사회의 기능) ①이사회는 다음 각호의 사항을 심의·의결한다.

1. 학교법인의 예산·결산·차입금 및 재산의 취득·처분과 관리에 관한 사항
2. 정관의 변경에 관한 사항
3. 학교법인의 합병 또는 해산에 관한 사항
4. 임원의 임면에 관한 사항
5. 학교법인이 설치한 사립학교의 장 및 교원의 **임용**에 관한 사항
6. 학교법인이 설치한 사립학교의 경영에 관한 중요사항
7. 수익사업에 관한 사항
8. 기타 법령이나 정관에 의하여 그 권한에 속하는 사항

②이사장 또는 이사가 학교법인과 이해관계가 상반하는 때에는 그 이사장 또는 이사는 당해 사항에 관한 의결에 참여하지 못한다.

(1) 법률안(정부안[216)])

현행법	원안
제16조(이사회의 기능) ①이사회는 다음 각호의 사항을 심의·의결한다. 1. ~ 4. (생 략) 5. 학교법인이 설치한 사립학교의 장 및 교원	**제16조(이사회의 기능)** ①이사회는 다음 각호의 사항을 심의·의결한다. 1. ~ 4. (현행과 같음) 5. 학교법인이 설치한 사립학교의 장 및 교원

214) 제148회 국회(임시회) 제6차 전체회의, 법제사법위원회회의록, 1990. 3. 14., 26면.
215) 제148회 국회(임시회) 제9차 본회의, 국회본회의회의록, 1990. 3. 16., 15~16면.
216) 2015. 7. 30. 정부(의안번호: 1916286); 제안이유 및 주요내용은 이 책 [2.204] 참조.

의 임면에 관한 사항	의 임용에 관한 사항
6. ~ 8. (생　략)	6. ~ 8. (현행과 같음)
② (생　략)	② (현행과 같음)

• 제2조 개정에 따라 “임면”을 “임용”으로 하였다.

(2) 위원회 심사

〈1〉 **교육문화체육관광위원회:** 대안[217]으로 가결되었다(이 조문의 경우에는 원안과 대안의 내용이 동일함).[218]

〈2〉 **법제사법위원회:** 교육문화체육관광위원회 대안대로 가결되었다.[219]

(3) 본회의 심의

교육문화체육관광위원회 대안대로 가결되었다.[220]

(4) 결과

교육문화체육관광위원회 대안으로 개정되었다.

16.205 5. 2020년 12월 22일 개정(법률 제17659호, 2020. 12. 22. 시행)

제16조(이사회의 기능) ①_이사회는 다음 각_호의 사항을 심의·의결한다.
1. 학교법인의 예산·결산·차입금 및 재산의 취득·처분과 관리에 관한 사항
2. 정관 변경에 관한 사항
3. 학교법인의 합병 또는 해산에 관한 사항
4. 임원의 임면에 관한 사항
5. 학교법인이 설치한 사립학교의 장 및 교원의 임용에 관한 사항
6. 학교법인이 설치한 사립학교의 경영에 관한 중요 사항
7. 수익사업에 관한 사항

217) 2015. 12. 30. 교육문화체육관광위원장(의안번호: 1918355).
218) 제337회 국회(정기회) 제10차 전체회의, 교육문화체육관광위원회회의록, 2015. 12. 7., 25면.
219) 제338회 국회(임시회) 제2차 전체회의, 법제사법위원회회의록, 2015. 12. 30., 40면.
220) 제338회 국회(임시회) 제2차 본회의, 국회본회의회의록, 2015. 12. 31., 17면.

8. **<u>그 밖에</u>** 법령이나 정관에 **<u>따라</u>** 그 권한에 속하는 사항
②_이사장 또는 이사가 학교법인과 이해관계가 상반**<u>될</u>** 때에는 그 이사장 또는 이사는 해**<u>당</u>** 사항에 관한 의결에 참여**<u>할 수 없</u>**다.

- 법문을 한글화하고 간결하게 하였다(오직 형식에 관한 개정이므로 자세한 개정경과는 생략함[221]).

III. 현행법

제16조(이사회의 기능) ① 이사회는 다음 각 호의 사항을 심의·의결한다.
1. 학교법인의 예산·결산·차입금 및 재산의 취득·처분과 관리에 관한 사항
2. 정관 변경에 관한 사항
3. 학교법인의 합병 또는 해산에 관한 사항
4. 임원의 임면에 관한 사항
5. 학교법인이 설치한 사립학교의 장 및 교원의 임용에 관한 사항
6. 학교법인이 설치한 사립학교의 경영에 관한 중요 사항
7. 수익사업에 관한 사항
8. 그 밖에 법령이나 정관에 따라 그 권한에 속하는 사항

② 이사장 또는 이사가 학교법인과 이해관계가 상반될 때에는 그 이사장 또는 이사는 해당 사항에 관한 의결에 참여할 수 없다.

IV. 종합/특기사항

- 제16조에 대한 개정은 대학·사범대학·개방대학·전문대학 및 이들에 준하는 각종학교(이른바 “대학교육기관”)를 설치·경영하는 학교법인 이사회의 권한 변경에 관한 것이다. 개정의 중심은 제1항제1호(학교법인의 예산·결산·차입금 및 재산의 취득·처분과 관리에 관한 사항) 및 제1항제5호(학교법인이 설치한 사립학교의 장 및 교원의 임용에 관한 사항)이나.

221) 이에 관한 구체적 개정경과는 이 책 [1.201] 참조.

• 제16조에 대한 주요 변화는 1981년, 1986년, 1990년 개정이다. 1981년 개정은 학교법인이 학교의 재정 및 인사에 지나치게 간섭함으로써 사학의 건전한 발전을 저해한다는 판단 아래 대학교육기관의 경우 예산·결산에 관한 사항(제1항제1호)과 교원임면에 관한 사항(제1항제5호)을 이사회의 권한에서 삭제하여 이사회의 권한을 축소하였는데, 이들 권한은 1986년과 1990년 개정으로 각각 회복되었다. 1986년 개정은 대학교육기관의 예산·결산에 관한 사항을 이사회의 권한으로 회복시켰고, 1990년 개정은 대학교육기관의 교원임면에 관한 사항을 이사회의 권한으로 회복시켰다.

제17조(이사회의 소집)

17.100 I. 제정법

제17조(이사회의 소집) ①이사장은 필요하다고 인정할 때에는 이사회를 소집할 수 있다.
②이사장은 다음 각호의 1에 해당하는 소집요구가 있을 때에는 그 소집요구일로부터 20일이내에 이사회를 소집하여야 한다.
1. 재적이사 반수이상이 회의의 목적을 제시하여 소집을 요구한때
2. 제19조제4항제4호의 규정에 의하여 감사가 소집을 요구한때
③이사회를 소집할 때에는 적어도 회의 7일전에 회의의 목적을 명시하여 각이사에게 통지하여야 한다. 다만, 이사전원이 집합되고 또 그 전원이 이사회의 개최를 요구한 때에는 예외로 한다.
④이사회를 소집하여야 할 경우에 그 소집권자가 궐위되거나 또는 이를 기피함으로써 7일이상 이사회의 소집이 불가능할 때에는 재적이사 과반수의 찬동으로 감독청의 승인을 받아 이를 소집할 수 있다.

『새교육』이 소개하는 이 조문의 제정이유는 아래와 같다.[222)]

이사회의 소집은 이사회를 성립시키는 제1차적인 요건이며 이사회의 결의가 유효

222) 金康鉉, 앞의 글 "私立學校法(完)", 43면.

하기 위한 요건이므로, 이에 대하여 제17조에서 상세히 규정하며, 또한 소집권자가 없거나 소집을 기피할 경우를 생각하여 미리 방지하는 규정을 두었다.

II. 개정 경과

1. 1990년 4월 7일 개정(법률 제4226호, 1990. 4. 7. 시행)

제17조(이사회의 소집) ①이사장은 필요하다고 인정할 때에는 이사회를 소집할 수 있다.
②이사장은 다음 각호의 1에 해당하는 소집요구가 있을 때에는 그 소집요구일로부터 20일이내에 이사회를 소집하여야 한다.
1. 재적이사 반수이상이 회의의 목적을 제시하여 소집을 요구한 때
2. 제19조제4항제4호의 규정에 의하여 감사가 소집을 요구한 때

③이사회를 소집할 때에는 적어도 회의 7일전에 회의의 목적을 명시하여 각 이사에게 통지하여야 한다. 다만, 이사_전원이 집합되고 또 그 전원이 이사회의 개최를 요구한 때에는 예외로 한다.
④이사회를 소집하여야 할 경우에 그 소집권자가 궐위되거나 또는 이를 기피함으로써 7일이상 이사회의 소집이 불가능할 때에는 재적이사 과반수의 찬동으로 관할청의 승인을 받아 이를 소집할 수 있다.

(1) 법률안

〈1〉 정부안[223)]

현행법	원안
제17조(이사회의 소집) ① ~ ③(생 략) ④이사회를 소집하여야 할 경우에 그 소집권자가 궐위되거나 또는 이를 기피함으로써 7일이상 이사회의 소집이 불가능할 때에는 재적이사 과반수의 찬동으로 감독청의 승인을 받아 이를 소집할 수 있다.	**제17조(이사회의 소집)** ① ~ ③(현행과 같음) ④이사회를 소집하여야 할 경우에 그 소집권자가 궐위되거나 또는 이를 기피함으로써 7일이상 이사회의 소집이 불가능할 때에는 재적이사 과반수의 찬동으로 관할청의 승인을 받아 이를 소집할 수 있다.

223) 1988. 12. 2. 정부(의안번호: 130287); 제안이유 및 주요내용은 이 책 [4.206] 참조.

• "감독청"을 "관할청"으로 하였다.

〈2〉 김인곤 의원안[224)]

현행법	원안
제17조(이사회의 소집) ① ~ ③(생 략) ④이사회를 소집하여야 할 경우에 그 소집권자가 궐위되거나 또는 이를 기피함으로써 7일이상 이사회의 소집이 불가능할 때에는 재적이사 과반수의 찬동으로 감독청의 승인을 받아 이를 소집할 수 있다.	**제17조(이사회의 소집)** ① ~ ③(현행과 같음) ④이사회를 소집하여야 할 경우에 그 소집권자가 궐위되거나 또는 이를 기피함으로써 7일이상 이사회의 소집이 불가능할 때에는 재적이사 과반수의 찬동으로 관할청의 보고로 이를 소집할 수 있다.

• "감독청의 승인"을 "관할청의 보고"로 하여 관할청의 관여 범위를 축소하였다.

〈3〉 강삼재 의원안[225)]

현행법	원안
제17조(이사회의 소집) ① ~ ③(생 략) ④이사회를 소집하여야 할 경우에 그 소집권자가 궐위되거나 또는 이를 기피함으로써 7일이상 이사회의 소집이 불가능할 때에는 재적이사 과반수의 찬동으로 감독청의 승인을 받아 이를 소집할 수 있다.	**제17조(이사회의 소집)** ① ~ ③(현행과 같음) ④이사회를 소집하여야 할 경우에 그 소집권자가 궐위되거나 또는 이를 기피함으로써 7일이상 이사회의 소집이 불가능할 때에는 재적이사 과반수의 찬동으로 관할청의 승인을 받아 이를 소집할 수 있다.

• "감독청"을 "관할청"으로 하였다.

(2) 위원회 심사

〈1〉 **문교공보위원회:** 대안[226)]으로 가결되었다.[227)]

대안
제17조(이사회의 소집) ④이사회를 소집하여야 할 경우에 그 소집권자가 궐위되거나 또는 이를 기피함으로써 7일이상 이사회의 소집이 불가능할 때에는 재적이사 과반수의 찬동으로 관할청의 승인을 받아 이를 소집할 수 있다.

224) 1989. 2. 16. 김인곤의원 등 34인(의안번호: 130422); 제안이유 및 주요내용은 이 책 [4.206] 참조.
225) 1989. 2. 28. 강삼재의원 등 57인(의안번호: 130463; 제안이유 및 주요내용은 이 책 [4.206] 참조.
226) 1990. 3. 15. 문교공보위원장(의안번호: 130833).
227) 제148회 국회(임시회) 제6차 전체회의, 문교공보위원회회의록, 1990. 3. 14., 8면.

〈2〉 **법제사법위원회:** 문교공보위원회 대안대로 가결되었다.[228)]

(3) 본회의 심의

문교공보위원회 대안대로 가결되었다.[229)]

(4) 결과

문교공보위원회 대안으로 개정되었다.

2. 1997년 1월 13일 개정(법률 제5274호, 1997. 4. 14. 시행)

제17조(이사회의 소집) ①이사장은 필요하다고 인정할 때에는 이사회를 소집할 수 있다.
②이사장은 다음 각호의 1에 해당하는 소집요구가 있을 때에는 그 소집요구일로부터 20일이내에 이사회를 소집하여야 한다.
1. 재적이사 반수이상이 회의의 목적을 제시하여 소집을 요구한 때
2. 제19조제4항제4호의 규정에 의하여 감사가 소집을 요구한 때

③이사회를 소집할 때에는 적어도 회의 7일전에 회의의 목적을 명시하여 각 이사에게 통지하여야 한다. 다만, 이사 전원이 집합되고 또 그 전원이 이사회의 개최를 요구한 때에는 예외로 한다.
④이사회를 소집하여야 할 경우에 그 소집권자가 궐위되거나 또는 이를 기피함으로써 7일이상 이사회의 소집이 불가능할 때에는 재적이사 과반수의 찬동으로 관할청의 승인을 <u>언어</u> 이를 소집할 수 있다.

(1) 법률안(정부안[230)])

현행법	원안
제17조(이사회의 소집) ① ~ ③ (생 략) ④이사회를 소집하여야 할 경우에 그 소집권자가 궐위되거나 또는 이를 기피함으로써 7일이	**제17조(이사회의 소집)** ① ~ ③ (현행과 같음) ④이사회를 소집하여야 할 경우에 그 소집권자가 궐위되거나 또는 이를 기피함으로써 7일이

228) 제148회 국회(임시회) 제6차 전체회의, 법제사법위원회회의록, 1990. 3. 14., 26면.
229) 제148회 국회(임시회) 제9차 본회의, 국회본회의회의록, 1990. 3. 16., 15~16면.
230) 1996. 11. 18. 정부(의안번호: 150305); 제안이유 및 주요내용은 이 책 [3.206] 참조.

상 이사회의 소집이 불가능할 때에는 재적이사 과반수의 찬동으로 관할청의 승인을 받아 이를 소집할 수 있다.	상 이사회의 소집이 불가능할 때에는 재적이사 과반수의 찬동으로 관할청의 승인을 얻어 이를 소집할 수 있다.

- "승인을 받아"를 "승인을 얻어"로 하였다.

(2) 위원회 심사

〈1〉 **교육위원회:** 원안대로 가결되었다.[231]

〈2〉 **법제사법위원회:** 원안대로 가결되었다.[232]

(3) 본회의 심의

원안대로 가결되었다.[233]

(4) 결과

원안으로 개정되었다.

17.203 3. 2005년 12월 29일 개정(법률 제7802호, 2006. 7. 1. 시행)

제17조(이사회의 소집) ①이사장은 필요하다고 인정할 때에는 이사회를 소집할 수 있다.

②이사장은 다음 각호의 1에 해당하는 소집요구가 있을 때에는 그 소집요구일로부터 20일 이내에 이사회를 소집하여야 한다.

1. 재적이사 반수 이상이 회의의 목적을 제시하여 소집을 요구한 때
2. 제19조제4항제4호의 규정에 의하여 감사가 소집을 요구한 때

③이사회를 소집할 때에는 적어도 회의 7일전에 회의의 목적을 명시하여 각 이사에게 통지하여야 한다. 다만, 이사 전원이 집합되고 또 그 전원이 이사회의 개최를 요구한 때에는 예외로 한다.

---

231) 제181회 국회(정기회) 제10차 전체회의, 교육위원회회의록, 1996. 12, 12, 17면.

232) 제181회 국회(정기회) 제14차 전체회의, 법제사법위원회회의록, 1996. 12. 16., 23면.

233) 제181회 국회(정기회) 제22차 본회의, 국회본회의회의록, 1996. 12. 17., 8면.

④이사회를 소집하여야 할 경우에 그 소집권자가 궐위되거나 또는 이를 기피함으로써 7일 이상 이사회의 소집이 불가능할 때에는 재적이사 과반수의 찬동으로 <u>이를 소집할 수 있다. 다만, 소집권자가 이사회의 소집을 기피한 경우에는 관할청의 승인을 얻어야 한다.</u>

(1) 법률안(복기왕 의원안[234])

현행법	원안
제17조(이사회의 소집) ① ~ ③ (생 략) ④이사회를 소집하여야 할 경우에 그 소집권자가 궐위되거나 또는 이를 기피함으로써 7일 이상 이사회의 소집이 불가능할 때에는 재적이사 과반수의 찬동으로 관할청의 승인을 얻어 이를 소집할 수 있다. <u><단서 신설></u>	**제17조(이사회의 소집)** ① ~ ③ (현행과 같음) ④이사회를 소집하여야 할 경우에 그 소집권자가 궐위되거나 또는 이를 기피함으로써 7일이상 이사회의 소집이 불가능할 때에는 재적이사 과반수의 찬동으로 관할청의 승인을 얻어 이를 소집할 수 있다. <u>다만, 소집자가 이사회의 소집을 기피한 경우에는 관할청의 승인을 얻어야 한다.</u>

- 제4항을 본문·단서의 형식으로 구성하였다. 그런데 본문에서 이미 소집권자가 소집을 기피하는 경우에 관할청의 승인을 요구하고 있는데, 단서에서 동일한 사항을 다시 규정함으로써 논리가 맞지 않는다.

(2) 위원회 심사

〈1〉 **교육위원회:** 심사 미료

국회의장이 지정한 심사기간(2005. 9. 16 24:00) 내에 심사가 미료됨에 따라 소관 상임위원장의 중간심사보고(구두보고) 후 본회의로 바로 상정하였다(「국회법」 제85조의2).

〈2〉 **법제사법위원회:** 심사 미료

(3) 본회의 심의

원안을 수정·가결했다.[235] 수정내용은 아래와 같다.

---

234) 2004. 10. 20. 복기왕의원 등 150인(의안번호: 170595); 제안이유 및 주요내용은 이 책 [10-2.201] 참고.
235) 제256회 국회(정기회) 제16차 본회의, 국회본회의회의록, 2005. 12. 9., 2~3면.

<table>
<tr><th>원안
복기왕 의원안</th><th>본회의 수정안</th></tr>
<tr><td>제17조(이사회의 소집)
④이사회를 소집하여야 할 경우에 그 소집권자가 궐위되거나 또는 이를 기피함으로써 7일이상 이사회의 소집이 불가능할 때에는 재적이사 과반수의 찬동으로 관할청의 승인을 얻어 이를 소집할 수 있다. 다만, 소집자가 이사회의 소집을 기피한 경우에는 관할청의 승인을 얻어야 한다.</td><td>제17조(이사회의 소집)
④이사회를 소집하여야 할 경우에 그 소집권자가 궐위되거나 또는 이를 기피함으로써 7일 이상 이사회의 소집이 불가능할 때에는 재적이사 과반수의 찬동으로 이를 소집할 수 있다. 다만, 소집권자가 이사회의 소집을 기피한 경우에는 관할청의 승인을 얻어야 한다.</td></tr>
</table>

- 제4항 본문에서 관할청의 승인을 삭제하고, 단서에서 소집권자가 이사회 소집을 기피하는 경우에 한하여 관할청의 승인을 요구하는 것으로 수정함으로써 원안의 비논리를 치유하였다.

이 조문의 회의록 내용은 2005. 12. 29. 개정조문 제8조의2와 공통적이어서 생략한다.[236]

(4) 결과

본회의 수정안으로 개정되었다.

17.204

4. 2020년 12월 22일 개정(법률 제17659호, 2020. 12. 22. 시행)

제17조(이사회의 소집) ①_이사장은 필요하다고 인정할 때에는 이사회를 소집할 수 있다.

②_이사장은 다음 각 호의 **어느 하나**에 해당하는 소집요구가 있을 때에는 그 소집요구일부터 20일 이내에 이사회를 소집하여야 한다.

1. 재적이사 반수 이상이 회의의 목적을 제시하여 소집을 요구할 때
2. 제19조제4항제4호에 **따라** 감사가 소집을 요구할 때

③_이사회를 소집할 때에는 **늦어도** 회의 7일_전**까지** 회의의 목적을 **밝혀** 각 이사에게 통지하여야 한다. 다만, 이사 전원이 **모이고** 또 그 전원이 이사회_개최를

236) 이 책 [8-2.201] 참조.

요구하**였을** 때는 예외로 한다.
④_이사회를 소집하여야 할 경우에 그 소집권자가 궐위(**闕位**)되거나 **소집을** 기피**하여** 7일 이상 이사회 소집이 불가능할 때에는 재적이사 과반수의 **찬성으로 소집**할 수 있다. 다만, 소집권자가 이사회 소집을 기피한 경우에는 관할청의 승인을 **받아야** 한다.

- 법문을 한글로 적고 간결하게 하였다(오직 형식에 관한 개정이므로 자세한 개정경과는 생략함[237]).

5. 2021년 9월 24일 개정(법률 제18460호, 2022. 3. 25. 시행)

제17조(이사회의 소집) ① 이사장은 필요하다고 인정할 때에는 이사회를 소집할 수 있다.
② 이사장은 다음 각 호의 어느 하나에 해당하는 소집요구가 있을 때에는 그 소집요구일부터 20일 이내에 이사회를 소집하여야 한다.
1. 재적이사 반수 이상이 회의의 목적을 제시하여 소집을 요구할 때
2. 제19조제4항제4호에 따라 감사가 소집을 요구할 때

③ 이사회를 소집할 때에는 늦어도 회의 7일 전까지 회의의 목적을 밝혀 각 이사에게 통지하여야 한다. 다만, 이사 전원이 모이고 또 그 전원이 이사회 개최를 요구하였을 때는 예외로 한다.
④ 이사회를 소집하여야 할 경우에 그 소집권자가 궐위(闕位)되거나 소집을 기피하여 7일 이상 이사회 소집이 불가능할 때에는 재적이사 과반수의 찬성으로 소집할 수 있다. 다만, 소집권자가 이사회 소집을 기피한 경우에는 관할청의 승인을 받아야 한다.
⑤ 이사장은 제1항 및 제2항에 따라 이사회를 소집할 때에는 미리 대통령령으로 정하는 바에 따라 학교법인이 운영하는 학교의 인터넷 홈페이지 등에 소집 일자, 장소 등을 공지하여야 한다.

237) 이에 관한 구체적 개정경과는 이 책 [1.201] 참조.

(1) 법률안(윤영덕 의원안[238])

이 조문을 포함한 개정 대상 조문의 제안이유 및 주요내용은 아래와 같다.[239]

• 제안이유 및 주요내용

현행법은 이사회를 소집할 때에는 적어도 회의 7일 전에 회의의 목적을 명시하여 각 이사에게 통지하도록 규정하고 있음.

그런데 임원인 이사들을 제외한 학교 구성원들은 이사회의 소집사실을 이사회가 종료된 후에 알게 되거나 이사회 개최시기를 알 수 없기 때문에 이사회의 회의록이 공개되는 학교 홈페이지를 계속 확인하지 않는 이상 공시 기간 내에 회의록을 확인하기가 쉽지 않음.

이에 이사장은 이사회를 소집할 때에는 미리 대통령령으로 정하는 바에 따라 학교법인이 운영하는 학교의 인터넷 홈페이지 등에 공지하도록 함으로써 이사회의 운영이 투명하게 이루어지도록 하려는 것임(안 제17조제5항 신설).

이 조문의 현행법과 개정 원안은 아래와 같다.

---

238) 2020. 11. 25. 윤영덕의원 등 18인(의안번호: 2105723).

239) 2021년 9월 24일 개정 원안에는 이 윤영덕 의원안 외에도 서동용 의원안(2020. 7. 8. 서동용의원 등 15인, 의안번호: 2101671), 서동용 의원안(2020. 7. 15. 서동용의원 등 16인, 의안번호: 2101996), 정청래 의원안(2020. 7. 17. 정청래의원 등 10인, 의안번호: 2102129), 정청래 의원안(2020. 7. 20. 정청래의원 등 10인, 의안번호: 2102203), 서동용 의원안(2020. 8. 5. 서동용의원 등 13인, 의안번호: 2102713), 윤영덕 의원안(2020. 8. 13. 윤영덕의원 등 12인, 의안번호: 2102936), 강민정 의원안(2020. 10. 5. 강민정의원 등 10인, 의안번호: 2104391), 윤영덕 의원안(2020. 10. 8. 윤영덕의원 등 10인, 의안번호: 2104462), 이탄희 의원안(2020. 10. 22. 이탄희의원 등 39인, 의안번호: 2104600), 권인숙 의원안(2020. 11. 19. 권인숙의원 등 13인, 의안번호: 2105526), 곽상도 의원안(2020. 12. 30. 곽상도의원 등 12인, 의안번호: 2107048), 김철민 의원안(2021. 1. 15. 김철민의원 등 10인, 의안번호: 2107439), 정청래 의원안(2021. 2. 5. 정청래의원 등 10인, 의안번호: 2107965), 권인숙 의원안(2021. 3. 15. 권인숙의원 등 10인, 의안번호: 2108794), 권인숙 의원안(2021. 3. 18. 권인숙의원 등 11인, 의안번호: 2108870)이 있다. 이 원안들은 이후 위원회 심사 단계에서 대안(2021. 8. 25. 교육위원장, 의안번호: 2112205)으로 통합 조정되었다. 이들 개정안 중 제17조에 관한 개정안은 윤영덕 의원안(의안번호: 2105723)이다. 그러므로 여기에서는 윤영덕 의원안(의안번호: 2105723)의 제안이유·주요내용 및 현행법과 개정 원안만을 소개한다. 서동용 의원안(의안번호: 2101671)은 이 책 [21.212], 서동용 의원안은(의안번호: 2101996) 이 책 [53-2.215], 정청래 의원안은(의안번호: 2102129) 이 책 [20-2.207], 정청래 의원안은(의안번호: 2102203) 이 책 [22-2.201], 서동용 의원안은(의안번호: 2102713) 이 책 [29.216], 윤영덕 의원안은(의안번호: 2102936) 이 책 [21.212], 강민정 의원안은(의안번호: 2104391) 이 책 [66.208], 윤영덕 의원안은(의안번호: 2104462) 이 책 [53-2.215], 이탄희 의원안은(의안번호: 2104600) 이 책 [62.209], 권인숙 의원안은(의안번호: 2105526) 이 책 [62-3.201], 곽상도 의원안은(의안번호: 2107048) 이 책 [53-2.215], 김철민 의원안은(의안번호: 2107439) 이 책 [32-3.204], 정청래 의원안은(의안번호: 2107965) 이 책 [70-5.201], 권인숙 의원안은(의안번호: 2108794) 이 책 [72-4.201], 권인숙 의원안은(의안번호: 2108870) 이 책 [62.209] 참조.

현행법	원안
제17조(이사회의 소집) ① ~ ④ (생 략) <신 설>	**제17조(이사회의 소집)** ① ~ ④ (현행과 같음) ⑤ 이사장은 이사회를 소집할 때에는 미리 대통령령으로 정하는 바에 따라 학교법인이 운영하는 학교의 인터넷 홈페이지 등에 소집 일자, 장소 등을 공지하여야 한다.

(2) 위원회 심사

〈1〉 **교육위원회:** 대안[240]으로 가결되었다(이 조문의 경우에는 원안과 대안의 내용이 동일함).[241] 제17조에 관한 회의록 내용은 아래와 같다.

- **소위원장 박찬대**[242]: 법안심사소위원장 박찬대입니다. 김철민 의원, 서동용 의원, 윤영덕 의원, 곽상도 의원, 정청래 의원, 강민정 의원, 권인숙 의원, 이탄희 의원이 대표발의한 16건의 사립학교법 일부개정법률안을 통합 조정한 대안에서…그 밖에 사립학교 이사회 소집 시 미리 홈페이지 등에 공지하고 사학 및 학교법인의 임직원 등에 대하여 청렴의무 및 이에 대한 행동강령을 정하도록 하는 등 사학운영의 공공성과 책무성을 강화하는 내용입니다.
- **위원장직무대리 박찬대**[243]: 의사일정 제14항부터 제29항까지 16건의 사립학교법 일부개정법률안은 심사보고한 바와 같이 본회의에 각각 부의하지 아니하고 이를 통합 조정한 의사일정 제30항을 우리 위원회안으로 제안하고자 하는데 이의가 없으십니까? (없습니다 하는 위원 있음) 이의가 없으면 가결되었음을 선포합니다.

〈2〉 **법제사법위원회:** 교육위원회 대안을 수정·가결했다.[244] 수정내용은 아래와 같다.

교육위원회 대안	법제사법위원회 수정안
제17조(이사회의 소집) ⑤ 이사장은 이사회를 소집할 때에는 미리 대통령령으로 정하는 바에 따라 학교법인이 운영	**제17조(이사회의 소집)** ⑤ 이사장은 제1항 및 제2항에 따라 이사회를 소집할 때에는 미리 대통령령으로 정하는 바에 따

240) 2021. 8. 25. 교육위원장(의안번호: 2112205).
241) 제390회 국회(임시회) 제1차 전체회의, 교육위원회회의록, 2021. 8. 19., 23면.
242) 제390회 국회(임시회) 제1차 전체회의, 교육위원회회의록, 2021. 8. 19., 12면.
243) 제390회 국회(임시회) 제1차 전체회의, 교육위원회회의록, 2021. 8. 19., 23면.
244) 제390회 국회(임시회) 제2차 전체회의, 법제사법위원회회의록, 2021. 8. 25., 14면.

하는 학교의 인터넷 홈페이지 등에 소집 일자, 장소 등을 공지하여야 한다.	라 학교법인이 운영하는 학교의 인터넷 홈페이지 등에 소집 일자, 장소 등을 공지하여야 한다.

(3) 본회의 심의

법제사법위원회 수정안대로 가결되었다.[245] 김기현의원 등 105인이 개정전 법률과 동일한 내용으로 본회의 수정안을 제안하였지만 부결되었다.

(4) 결과

법제사법위원회 수정안으로 개정되었다.

17.300 III. 현행법

제17조(이사회의 소집) ① 이사장은 필요하다고 인정할 때에는 이사회를 소집할 수 있다.

② 이사장은 다음 각 호의 어느 하나에 해당하는 소집요구가 있을 때에는 그 소집요구일부터 20일 이내에 이사회를 소집하여야 한다.

1. 재적이사 반수 이상이 회의의 목적을 제시하여 소집을 요구할 때
2. 제19조제4항제4호에 따라 감사가 소집을 요구할 때

③ 이사회를 소집할 때에는 늦어도 회의 7일 전까지 회의의 목적을 밝혀 각 이사에게 통지하여야 한다. 다만, 이사 전원이 모이고 또 그 전원이 이사회 개최를 요구하였을 때는 예외로 한다.

④ 이사회를 소집하여야 할 경우에 그 소집권자가 궐위(闕位)되거나 소집을 기피하여 7일 이상 이사회 소집이 불가능할 때에는 재적이사 과반수의 찬성으로 소집할 수 있다. 다만, 소집권자가 이사회 소집을 기피한 경우에는 관할청의 승인을 받아야 한다.

⑤ 이사장은 제1항 및 제2항에 따라 이사회를 소집할 때에는 미리 대통령령으로 정하는 바에 따라 학교법인이 운영하는 학교의 인터넷 홈페이지 등에 소집 일자, 장소 등을 공지하여야 한다.

245) 제390회 국회(임시회)제1차 본회의, 국회본회의회의록, 2021. 8. 31., 21~25면.

IV. 종합/특기사항

- 제정법 제17조제4항은 이사회 소집권자(이사장)가 궐위된 경우를 규정하고 있으나, 이사장 궐위의 경우에 대행 방법에 대하여 제19조제2항이 따로 정하고 있어 이들 각 조문의 관계에 대하여 재고의 여지가 있다.[246]
- 제17조에 대한 주요 변화는 2005년과 2021년 개정이다. 2005년 개정으로 제4항 단서(소집권자가 이사회 소집을 기피한 경우에는 관할청의 승인을 받아 소집)가 신설되었고, 2021년 개정으로 제5항(이사회 소집시 학교법인이 운영하는 학교의 인터넷 홈페이지 등에 소집 일자, 장소 등 공지)이 신설되었다.
- 2005년 개정 과정에서 정치적 입장에 따라 매우 격렬한 의견대립이 있었다. 제256회 국회(정기회) 제16차 본회의(2005. 12. 9.)에서 나타난 원색적 언동은 그 사정을 잘 보여준다.[247]

제18조(의사정족수와 의결정족수 등)

I. 제정법

제18조(의결정족수) 이사회의 의사는 정관에 특별한 규정이 없는 한 재적이사 과반수의 찬성으로 의결한다. 가부동수인 경우에는 의장이 결정한다.

『새교육』이 소개하는 이 조문의 제정이유는 아래와 같다.[248]

제18조에 규정한 의결정족수는 정관 규정을 배제하지 않았으므로 정관으로써 다른 사항을 규정할 수 있다. 여기서는 다만 의결정족수만 정하고 의사(議事)정족수에 대하여는 정하지 않았다.

246) 이에 대해서는 이 책 [19.400] 참조.
247) 제256회 국회(정기회) 제16차 본회의, 국회본회의회의록, 2005. 12. 9., 2~3면.
248) 金康鉉, 앞의 글 "私立學校法(完)", 43면.

II. 개정 경과

18.201 1. 1997년 1월 13일 개정(법률 제5274호, 1997. 4. 14. 시행)

제18조(의결정족수) 이사회의 의사는 정관에 특별한 규정이 없는 한 재적이사 과반수의 찬성으로 의결한다.

(1) 법률안(정부안[249])

현행법	원안
제18조(의결정족수) 이사회의 의사는 정관에 특별한 규정이 없는 한 재적이사 과반수의 찬성으로 의결한다. <u>가부동수인 경우에는 의장이 결정한다.</u>	**제18조(의결정족수)** 이사회의 의사는 정관에 특별한 규정이 없는 한 재적이사 과반수의 찬성으로 의결한다. <u><후단 삭제></u>

• 후단(의장의 결정권)을 삭제하였다.

(2) 위원회 심사

〈1〉 **교육위원회:** 원안대로 가결되었다.[250]

〈2〉 **법제사법위원회:** 원안대로 가결되었다.[251]

(3) 본회의 심의

원안대로 가결되었다.[252]

(4) 결과

원안으로 개정되었다.

---

249) 1996. 11. 18. 정부(의안번호: 150305); 제안이유 및 주요내용은 이 책 [3.206] 참조.
250) 제181회 국회(정기회) 제10차 전체회의, 교육위원회회의록, 1996. 12. 12., 17면.
251) 제181회 국회(정기회) 제14차 전체회의, 법제사법위원회회의록, 1996. 12. 16., 23면.
252) 제181회 국회(정기회) 제22차 본회의, 국회본회의회의록, 1996. 12. 17., 8면.

2. 2005년 12월 29일 개정(법률 제7802호, 2006. 7. 1. 시행)

제18조(의사정족수와 의결정족수) 이사회의 의사는 정관에 특별한 규정이 없는 한 재적이사 과반수의 출석으로 개의하고, 정관이 정한 이사정수의 과반수 찬성으로 의결한다.

(1) 법률안

〈1〉 복기왕 의원안[253)]

현행법	원안
제18조(의결정족수) 이사회의 의사는 정관에 특별한 규정이 없는 한 재적이사 과반수의 찬성으로 의결한다.	제18조(의사정족수와 의결정족수) 이사회의 의사는 정관에 특별한 규정이 없는 한 재적이사 과반수의 출석으로 개의하고, 정관이 정한 이사정수의 과반수 찬성으로 의결한다.

- 의결정족수에 대해서만 규정하고 의사정족수에 대해서는 규정하지 않았던 것을 의사정족수에 관한 사항을 추가하고 조문의 제목을 "의사정족수와 의결정족수"로 하였다.
- 제정법에 대한 해설(『새교육』)에 비추어볼 때 의사정족수를 정하지 않은 것은 의도적 흠결로 보인다.

(2) 위원회 심사

〈1〉 **교육위원회:** 심사 미료

국회의장이 지정한 심사기간(2005. 9. 16 24:00) 내에 심사가 미료됨에 따라 소관 상임위원장의 중간심사보고(구두보고) 후 본회의로 바로 상정하였다(「국회법」 제85조의2).

〈2〉 **법제사법위원회:** 심사 미료

(3) 본회의 심의

원안대로 가결되었다.[254)] 이 조문의 회의록 내용은 2005. 12. 29. 개정조문 제8조

253) 2004. 10. 20. 복기왕의원 등 150인(의안번호: 170595); 제안이유 및 주요내용은 이 책 [10-2.201] 참고.

254) 제256회 국회(정기회) 제16차 본회의, 국회본회의회의록, 2005. 12. 9., 2~3면.

의2와 공통적이어서 생략한다.[255)]

(4) 결과

원안으로 개정되었다.

18.203
3. 2012년 1월 26일 개정(법률 제11216호, 2012. 1. 26. 시행)

제18조(의사정족수와 의결정족수 등) ①이사회의 의사는 정관에 특별한 규정이 없는 한 재적이사 과반수의 출석으로 개의하고, 정관이 정한 이사정수의 과반수 찬성으로 의결한다.

②이사회의 회의는 이사가 동영상과 음성을 동시에 송수신하는 장치가 갖추어진 다른 장소에 출석하여 진행하는 원격영상회의의 방식에 의할 수 있다. 이 경우 해당 이사는 이사회에 출석한 것으로 본다.

(1) 법률안(정부안[256)])

이 조문을 포함한 개정 대상 조문의 제안이유 및 주요내용은 아래와 같다.[257)]

• 제안이유

사립 학교법인이 이사회를 보다 신속하고 효율적으로 운영할 수 있도록 원격영상회의 방식으로도 이사회를 개최할 수 있게 하는 한편, 사립학교 운영의 자율성을 확대하기 위하여 현재 사전인가제로 운영되고 있는 정관변경 절차를 사후보고제로 전환하려는 것임.

• 주요내용

가. 원격영상회의 방식의 이사회 개최 제도 도입(안 제18조제2항 신설)

1) 정보통신기술의 발달로 학교법인의 이사회 개최가 전자적 방법으로 가능

---

255) 이 책 [8-2.201] 참조.

256) 2010. 12. 6. 정부(의안번호: 1810143).

257) 2012년 1월 26일 개정 원안에는 이 정부안 외에도 박은수 의원안(2009. 4. 3. 박은수의원 등 11인, 의안번호: 1804442), 강창일 의원안(2010. 11. 16. 강창일의원 등 13인, 의안번호: 1809913), 정부안(2010. 8. 13. 정부, 의안번호: 1809097), 정의화 의원안(2011. 5. 24. 정의화의원 등 10인, 의안번호: 1811902), 주광덕 의원안(2011. 10. 6. 주광덕의원 등 10인, 의안번호: 1813356)이 있다. 이 원안들은 이후 위원회 심사 단계에서 대안(2011. 12. 30. 교육과학기술위원장, 의안번호: 1814406)으로 통합 조정되었다. 이들 개정안 중 제18조에 관한 개정안은 정부안(의안번호: 1810143)이다. 그러므로 여기에서는 정부안(의안번호: 1810143)의 제안이유·주요내용 및 현행법과 개정 원안만을 소개한다. 박은수 의원안은 이 책 [58.204], 강창일 의원안은 이 책 [57.203], 정부안(의안번호: 1809097)은 이 책 [54-4.207], 정의화 의원안은 이 책 [59.213], 주광덕 의원안은 이 책 [54-3.212] 참조.

해졌으나 이에 관한 법적 근거가 없음.

2) 학교법인의 이사가 이사회에 직접 출석하지 않더라도 동영상과 음성을 동시에 송수신하는 장치가 갖춰져 있는 경우에는 원격영상회의 방식으로 이사회를 개최할 수 있도록 함.

3) 학교법인의 이사가 출장 등으로 이사회에 직접 참석할 수 없는 경우에도 원격영상회의를 통하여 이사회에 참여할 수 있게 됨으로써 학교법인이 보다 신속하고 효율적으로 이사회를 개최할 수 있을 것으로 기대됨.

나. 학교법인 정관변경에 관한 사전인가제의 사후보고제로의 전환(안 제45조)

1) 현재 사립 학교법인이 정관을 변경하려는 경우에는 이사회 의결을 거친 후 일부 사항을 제외하고는 원칙적으로 교육과학기술부장관의 인가를 받도록 하고 있음.

2) 앞으로는 학교법인의 정관은 이사회 의결만으로 변경할 수 있도록 하되, 학교법인이 정관을 변경한 경우에는 교육과학기술부장관에게 보고하도록 하여 변경된 정관이 법령에 위반되는 경우에는 시정 또는 변경 명령을 할 수 있도록 함.

3) 사립학교법인의 정관변경에 대한 사전규제를 사후규제로 전환함으로써 신속한 정관변경이 가능해지고 사립학교 운영의 자율성도 확대될 것으로 기대됨.

이 조문의 현행법과 개정 원안은 아래와 같다.

현행법	원안
제18조(의사정족수와 의결정족수) (생 략) <신 설>	**제18조(의사정족수와 의결정족수 등)** ① (현행 제목 외의 부분과 같음) ②이사회의 회의는 이사가 동영상과 음성을 동시에 송수신하는 장치가 갖추어진 다른 장소에 출석하여 진행하는 원격영상회의의 방식에 의할 수 있다. 이 경우 해당 이사는 이사회에 출석한 것으로 본다.

(2) 위원회 심사

〈1〉 **교육과학기술위원회:** 대안[258])으로 가결되었다.[259])

258) 2011. 12. 30. 교육과학기술위원장(의안번호: 1814406).
259) 제304회 국회(임시회) 제2차 전체회의, 교육과학기술위원회회의록, 2011. 12. 28., 16면.

대안
제18조(의사정족수와 의결정족수 등) ① ②이사회의 회의는 이사가 동영상과 음성을 동시에 송수신하는 장치가 갖춰진 다른 장소에 출석하여 진행하는 원격영상회의의 방식에 의할 수 있다. 이 경우 해당 이사는 이사회에 출석한 것으로 본다.

〈2〉 **법제사법위원회:** 교육과학기술위원회 대안을 수정·가결했다.[260] 수정내용은 아래와 같다.

교육과학기술위원회 대안	법제사법위원회 수정안
제18조(의사정족수와 의결정족수 등) ②－－－－－－－－－－－－－－ 갖춰진 －－－－－－.	**제18조(의사정족수와 의결정족수 등)** ②－－－－－－－－－－－－－－ 갖추어진 －－－－－.

제18조에 관한 회의록 내용은 아래와 같다.

- 전문위원 이상용[261]: 사립학교법 일부개정법률안은 일부 조문 체계와 표현을 정비하고 경미한 자구 수정을 하는 외에 별다른 문제가 없는 것으로 보았습니다.
- 위원장 우윤근: 법률안에 대하여는 전문위원의 검토의견을 우리 위원회안으로 받아들여 수정한 부분은 수정한 대로, 그 밖의 부분은 원안대로 의결하고자 하는데 이의 없으십니까? (없습니다 하는 위원 있음) 가결되었음을 선포합니다.

(3) 본회의 심의

법제사법위원회 수정안대로 가결되었다.[262]

(4) 결과

법제사법위원회 수정안으로 개정되었다.

18.204 4. 2020년 12월 22일 개정(법률 제17659호, 2020. 12. 22. 시행)

제18조(의사정족수와 의결정족수 등) ①_이사회는 정관에 특별한 규정이 없으면 재

260) 제304회 국회(임시회) 제2차 전체회의, 법제사법위원회회의록, 2011. 12. 29., 23~24면.
261) 제304회 국회(임시회) 제2차 전체회의, 법제사법위원회회의록, 2011. 12. 29., 19면.
262) 제304회 국회(임시회) 제3차 본회의, 국회본회의회의록, 2011. 12. 30., 23~24면.

적이사 과반수의 출석으로 개의(**開議**)하고, 정관**으로** 정한 이사 정수 과반수**의** 찬성으로 의결한다.

②_이사회의 회의는 이사가 동영상과 음성**이** 동시에 송수신**되**는 장치가 갖추어진 다른 장소에 출석하여 진행하는 원격영상회의의 방식**으로** 할 수 있다. 이 경우 해당 이사는 이사회에 출석한 것으로 본다.

- 법문을 한글화하고 간결하게 하였다(오직 형식에 관한 개정이므로 자세한 개정경과는 생략함263)).

III. 현행법

제18조(의사정족수와 의결정족수 등) ① 이사회는 정관에 특별한 규정이 없으면 재적이사 과반수의 출석으로 개의(開議)하고, 정관으로 정한 이사 정수 과반수의 찬성으로 의결한다.

② 이사회의 회의는 이사가 동영상과 음성이 동시에 송수신되는 장치가 갖추어진 다른 장소에 출석하여 진행하는 원격영상회의의 방식으로 할 수 있다. 이 경우 해당 이사는 이사회에 출석한 것으로 본다.

IV. 종합/특기사항

- 제18조에 대한 주요 변화는 2005년과 2012년 개정이다. 2005년 개정은 의사정족수를 명문화하면서 의결정족수를 이사정수의 과반수로 하였고(제1항), 2012년 개정은 원격영상회의 방식으로 이사회를 개최할 수 있도록 하였다(제2항).

263) 이에 관한 구체적 개정경과는 이 책 [1.201] 참조.

제18조의2(회의록의 작성 및 공개 등)

18-2.100 I. 제정법

제정법에는 이 조문이 없다.

II. 개정 경과

18-2.201 1. 2005년 12월 29일 개정(법률 제7802호, 2006. 7. 1. 시행)

제18조의2(회의록의 작성 및 공개 등) ①이사회는 다음 사항을 기재한 회의록을 작성하여야 한다. 다만, 이사회 개최 당일에 회의록 작성이 어려운 사정이 있는 경우에는 안건별로 심의·의결 결과를 기록한 회의조서를 작성할 수 있다.

1. 개의·회의중지 및 산회의 일시
2. 안건
3. 의사
4. 출석한 임원과 직원의 성명
5. 표결수
6. 그 밖에 이사장이 필요하다고 인정하는 사항

②회의록 및 회의조서에는 출석임원 전원이 그 성명을 알 수 있도록 자필로 서명하고, 그 회의록 또는 회의조서가 2매 이상인 경우에는 간(間)서명하여야 한다.

③제1항 단서의 규정에 의하여 회의조서를 작성한 경우에는 조속한 시일 내에 회의록을 작성하여야 한다. 다만, 긴급한 필요가 있는 때에는 회의록을 대신하여 회의조서를 관할청에 제출할 수 있다.

④회의록은 공개하여야 한다. 다만, 대통령령이 정하는 사항에 대해서는 이사회의 의결로 공개하지 아니할 수 있다.

⑤회의록의 공개에 관한 기간·절차 그 밖에 필요한 사항은 대통령령으로 정한다.

(1) 법률안(복기왕 의원안[264])

현행법	원안
<신 설>	**제18조의2(회의록의 작성 및 공개 등)** ①이사회가 그 권한 및 업무에 관한 사항에 대하여 회의를 개최한 때에는 회의록을 작성하여야 한다. ②회의록에는 출석임원 전원이 그 성명을 알 수 있도록 자필로 서명하고, 그 회의록이 2매 이상인 경우에는 간(間)서명하여야 한다. ③회의 당일에 회의록 작성이 어려운 경우에는 회의내용의 요지와 안건별로 심의·의결 결과를 기록한 회의조서를 작성할 수 있으며, 관할청에 이사회 회의록을 대신하여 제출할 수 있다. 이 경우 자필서명 및 간(間)서명에 대해서는 회의록 작성하는 경우와 같다. ④ 회의록은 주된 사무실에 비치·열람하도록 하며, 3월 이상 홈페이지에 공개하여야 한다. 다만, 대통령령으로 정하는 사항에 대해서는 이사회의 의결로 공개하지 아니할 수 있다.

• 이사회 회의록의 작성 및 공개를 의무화하였다.

(2) 위원회 심사

〈1〉 **교육위원회:** 심사 미료

국회의장이 지정한 심사기간(2005. 9. 16 24:00) 내에 심사가 미료됨에 따라 소관 상임위원장의 중간심사보고(구두보고) 후 본회의로 바로 상정하였다(「국회법」 제85조의2).

〈2〉 **법제사법위원회:** 심사 미료

(3) 본회의 심의

원안을 수정·가결했다.[265] 수정내용은 아래와 같다.

본회의 수정안
제18조의2(회의록의 작성 및 공개 등) ①이사회는 다음 사항을 기재한 회의록을 작성하여야 한다. 다

264) 2004. 10. 20. 복기왕의원 등 150인(의안번호: 170595); 제안이유 및 주요내용은 이 책 [10-2.201] 참고.
265) 제256회 국회(정기회) 제16차 본회의, 국회본회의회의록, 2005. 12. 9., 2~3면.

만, 이사회 개최 당일에 회의록 작성이 어려운 사정이 있는 경우에는 안건별로 심의·의결 결과를 기록한 회의조서를 작성할 수 있다.
1. 개의·회의중지 및 산회의 일시
2. 안건
3. 의사
4. 출석한 임원과 직원의 성명
5. 표결수
6. 그 밖에 이사장이 필요하다고 인정하는 사항
②회의록 및 회의조서에는 출석임원 전원이 그 성명을 알 수 있도록 자필로 서명하고, 그 회의록 또는 회의조서가 2매 이상인 경우에는 간(間)서명하여야 한다.
③제1항 단서의 규정에 의하여 회의조서를 작성한 경우에는 조속한 시일내에 회의록을 작성하여야 한다. 다만, 긴급한 필요가 있는 때에는 회의록을 대신하여 회의조서를 관할청에 제출할 수 있다.
④회의록은 공개하여야 한다. 다만, 대통령령으로 정하는 사항에 대해서는 이사회의 의결로 공개하지 아니할 수 있다.
⑤회의록의 공개에 관한 기간·절차 그 밖에 필요한 사항은 대통령령으로 정한다.

이 조문의 회의록 내용은 2005. 12. 29. 개정조문 제8조의2와 공통적이어서 생략한다.[266]

(4) 결과

본회의 수정안으로 개정되었다.

18-2.202 2. 2007년 7월 27일 개정(법률 제8545호, 2007. 7. 27. 시행)

제18조의2 (회의록의 작성 및 공개 등) ①이사회는 다음 사항을 기재한 회의록을 작성하여야 한다. 다만, 이사회 개최 당일에 회의록 작성이 어려운 사정이 있는 경우에는 안건별로 심의·의결 결과를 기록한 회의조서를 작성할 수 있다.
1. 개의·회의중지 및 산회의 일시
2. 안건
3. 의사
4. 출석한 임원과 직원의 성명
5. 표결수

---

266) 이 책 [8-2.201] 참조.

6. 그 밖에 이사장이 필요하다고 인정하는 사항

②회의록 및 회의조서에는 출석임원 전원이 그 성명을 알 수 있도록 자필로 서명하고, 그 회의록 또는 회의조서가 2매 이상인 경우에는 간(間)서명하여야 한다. **다만, 이사회는 출석임원 중 3인을 호선하여 이사회 회의록 및 회의조서에 대표로 간(間)서명 또는 간(間)인하게 할 수 있다.**

③제1항 단서의 규정에 의하여 회의조서를 작성한 경우에는 조속한 시일 내에 회의록을 작성하여야 한다. 다만, 긴급한 필요가 있는 때에는 회의록을 대신하여 회의조서를 관할청에 제출할 수 있다.

④회의록은 공개하여야 한다. 다만, 대통령령이 정하는 사항에 대해서는 이사회의 의결로 공개하지 아니할 수 있다.

⑤회의록의 공개에 관한 기간·절차 그 밖에 필요한 사항은 대통령령으로 정한다.

(1) 법률안(이은영 의원안[267])

현행법	원안
제18조의2(회의록의 작성 및 공개 등) ① (생 략) ②회의록 및 회의조서에는 출석임원 전원이 그 성명을 알 수 있도록 자필로 서명하고, 그 회의록 또는 회의조서가 2매 이상인 경우에는 간(間)서명하여야 한다. <단서 신설> ③ ~ ⑤ (생 략)	**제18조의2 (회의록의 작성 및 공개 등)** ① (현행과 같음) ②회의록 및 회의조서에는 출석임원 전원이 그 성명을 알 수 있도록 자필로 서명하고, 그 회의록 또는 회의조서가 2매 이상인 경우에는 간(間)서명하여야 한다. 다만, 이사회는 출석임원 중 3인을 호선하여 이사회 회의록 및 회의조서에 대표로 간(間)서명 또는 간(間)인하게 할 수 있다. ③ ~ ⑤ (현행과 같음)

• 회의록 및 회의조서에 간서명 또는 간인을 하는 인원을 3인으로 할 수 있도록 하였다.

(2) 위원회 심사

〈1〉 **교육위원회:** 심사 미료

심사가 미료되어 「국회법」에 따라 소관 상임위원장의 중간심사보고(구두보고) 후

267) 2006. 12. 1. 이은영의원 등 23인(의안번호: 175526); 제안이유 및 주요내용은 이 책 [14.206] 참조.

본회의로 바로 상정하였다.

〈2〉 **법제사법위원회:** 심사 미료

(3) 본회의 심의

원안대로 가결되었다.[268] 이 조문의 회의록 내용은 2007. 7. 27. 개정조문 제14조와 공통적이어서 생략한다.[269]

(4) 결과

원안으로 개정되었다.

18-2.203
3. 2020년 12월 22일 개정(법률 제17659호, 2020. 12. 22. 시행)

제18조의2(회의록의 작성 및 공개 등) ①_이사회는 다음 각 호의 사항을 적은 회의록을 작성하여야 한다. 다만, 이사회 개최 당일에 회의록을 작성하기 어려운 사정이 있을 때에는 안건별로 심의·의결 결과를 기록한 회의조서를 작성할 수 있다.

1. 개의,_회의_중지 및 산회(散會) 일시
2. 안건
3. 의사
4. 출석한 임원과 직원의 성명
5. 표결_수
6. 그 밖에 이사장이 필요하다고 인정하는 사항

②_회의록과 회의조서에는 출석_임원 모두가 그 성명을 알 수 있도록 자필로 서명하고, 그 회의록 또는 회의조서가 2장 이상인 경우에는 각 장 사이에 걸쳐서 서명하여야 한다. 다만, 이사회는 출석_임원 중 3명을 호선(互選)하여 대표로 회의록과 회의조서의 각 장 사이에 걸쳐서 서명하게 하거나 간인(間印)하게 할 수 있다.

③_제1항 각 호 외의 부분 단서에 따라 회의조서를 작성한 경우에는 조속한 시일 내에 회의록을 작성하여야 한다. 다만, 긴급한 필요가 있을 때에는 회의록을 대신하여 회의조서를 관할청에 제출할 수 있다.

---

268) 제268회 국회(임시회) 제10차 본회의, 국회본회의회의록, 2007. 7. 3., 48~49면.

269) 이 책 [14.206] 참조.

④_회의록은 공개하여야 한다. 다만, 대통령령으로 정하는 사항에 대해서는 이사회의 의결로 공개하지 아니할 수 있다.
⑤_회의록의 공개에 관한 기간·절차, 그 밖에 필요한 사항은 대통령령으로 정한다.

- 법문을 한글화하고 간결하게 하였다(오직 형식에 관한 개정이므로 자세한 개정경과는 생략함[270]).

0

III. 현행법

제18조의2(회의록의 작성 및 공개 등) ① 이사회는 다음 각 호의 사항을 적은 회의록을 작성하여야 한다. 다만, 이사회 개최 당일에 회의록을 작성하기 어려운 사정이 있을 때에는 안건별로 심의·의결 결과를 기록한 회의조서를 작성할 수 있다.

1. 개의, 회의 중지 및 산회(散會) 일시
2. 안건
3. 의사
4. 출석한 임원과 직원의 성명
5. 표결 수
6. 그 밖에 이사장이 필요하다고 인정하는 사항

② 회의록과 회의조서에는 출석 임원 모두가 그 성명을 알 수 있도록 자필로 서명하고, 그 회의록 또는 회의조서가 2장 이상인 경우에는 각 장 사이에 걸쳐서 서명하여야 한다. 다만, 이사회는 출석 임원 중 3명을 호선(互選)하여 대표로 회의록과 회의조서의 각 장 사이에 걸쳐서 서명하게 하거나 간인(間印)하게 할 수 있다.
③ 제1항 각 호 외의 부분 단서에 따라 회의조서를 작성한 경우에는 조속한 시일 내에 회의록을 작성하여야 한다. 다만, 긴급한 필요가 있을 때에는 회의록을 대신하여 회의조서를 관할청에 제출할 수 있다.
④ 회의록은 공개하여야 한다. 다만, 대통령령으로 정하는 사항에 대해서는 이사회의 의결로 공개하지 아니할 수 있다.
⑤ 회의록의 공개에 관한 기간·절차, 그 밖에 필요한 사항은 대통령령으로 정한다.

---

270) 이에 관한 구체적 개정경과는 이 책 [1.201] 참조.

18-2.400 IV. 종합/특기사항

- 학교법인의 공공성 제고를 이유로 진행된 2005년 개정을 통해 제18조의2가 신설되었다.
- 제18조의2에 대한 주요는 변화 2007년 개정이다. 회의록 또는 회의조서가 2매 이상이어서 간(間)서명을 하는 경우에 출석임원 전원이 아니라 출석임원 중 3인을 호선하여 간(間)서명 또는 간(間)인을 할 수 있도록 했다.
- 제18조의2는 회의록의 작성 및 공개 방식 등 매우 세부적인 사항(행정입법 수준의 사항)까지 정하고 있는데, 이를 법률로 규정하는 것이 적절한가에 대해서는 의문이다.
- 2005년 개정 과정에서 정치적 입장에 따라 매우 격렬한 의견대립이 있었다. 제256회 국회(정기회) 제16차 본회의(2005. 12. 9.)에서 나타난 원색적 언동은 그 사정을 잘 보여준다.[271]

제19조(임원의 직무)

19.100 I. 제정법

제19조(임원의 직무) ①이사장은 학교법인을 대표하고 이 법과 정관에 규정된 직무를 행하며 기타 학교법인 내부의 사무를 통할한다.

②이사장이 궐위되거나 사고로 인하여 직무를 수행할 수 없을 때에는 정관이 정하는 바에 의하며, 정관에 규정이 없을 때에는 이사회의 호선에 의하여 다른 이사가 이사장의 직무를 대행한다.

③이사는 이사회에 출석하여 학교법인의 업무에 관한 사항을 심의·결정하며, 이사회 또는 이사장으로부터 위임받은 사항을 처리한다.

④감사는 다음의 직무를 행한다.

1. 학교법인의 재산상황을 감사하는 일
2. 이사회의 운영과 그 업무에 관한 사항을 감사하는 일

271) 제256회 국회(정기회) 제16차 본회의, 국회본회의회의록, 2005. 12. 9., 2~3면.

3. 학교법인의 재산상황 또는 이사회의 운영과 그 업무에 관한 사항을 감사한 결과 부정 또는 불비한 점이 있음을 발견한 때 이를 이사회와 감독청에 보고하는 일
4. 전호의 보고를 하기 위하여 필요한 때에는 이사회의 소집을 요구하는 일
5. 학교법인의 재산상황 또는 이사회의 운영과 그 업무에 관한 사항에 대하여 이사장 또는 이사에게 의견을 진술하는 일

『새교육』이 소개하는 이 조문의 제정이유는 아래와 같다.[272)]

임원, 즉 이사와 감사에 대하여는 제19조로부터 제24조에 이르기까지 여러 가지의 제한사항을 정하고 있다.

제19조 규정에 임원의 직무는 민법상의 이사 또는 감사의 직무와 다른 바가 없다. 다만, 감사의 직무에 대하여 종래에는 경우에 따라 유명무실하게 되는 경향이 있어 사립학교법에서는 감사에게 그 직무에 따라 학교법인의 회계를 감사하였을 때에는 이사회와 감독청에게 그 결과를 보고하도록 하여 감사와 감독청 간의 유대를 강화함으로써 감사로 하여금 법인의 회계 감독을 철저하게 할 수 있는 기회를 보장하고 있다.

II. 개정 경과

1. 1981년 2월 28일 개정(법률 제3373호, 1981. 2. 28. 시행)

제19조(임원의 직무) ①이사장은 학교법인을 대표하고 이 법과 정관에 규정된 직무를 행하며 기타 학교법인 내부의 사무를 통할한다.
②이사장이 궐위되거나 사고로 인하여 직무를 수행할 수 없을 때에는 정관이 정하는 바에 의하며, 정관에 규정이 없을 때에는 이사회의 호선에 의하여 다른 이사가 이사장의 직무를 대행한다.
③이사는 이사회에 출석하여 학교법인의 업무에 관한 사항을 심의·결정하며, 이사회 또는 이사장으로부터 위임받은 사항을 처리한다.
④감사는 다음의 직무를 행한다.

272) 金康鉉, 앞의 글 "私立學校法(完)", 43면.

1. 학교법인의 재산상황**과 회계를** 감사하는 일
2. 이사회의 운영과 그 업무에 관한 사항을 감사하는 일
3. 학교법인의 재산상황**과 회계** 또는 이사회의 운영과 그 업무에 관한 사항을 감사한 결과 부정 또는 불비한 점이 있음을 발견한 때 이를 이사회와 감독청에 보고하는 일
4. **제3**호의 보고를 하기 위하여 필요한 때에는 이사회의 소집을 요구하는 일
5. 학교법인의 재산상황 또는 이사회의 운영과 그 업무에 관한 사항에 대하여 이사장 또는 이사에게 의견을 진술하는 일

(1) 법률안(정부안[273])

현행법	원안
제19조(임원의 직무) ① ~ ③ (생 략) ④감사는 다음의 직무를 행한다. 1. 학교법인의 재산상황을 감사하는 일 2. (생 략) 3. 학교법인의 재산상황 또는 이사회의 운영과 그 업무에 관한 사항을 감사한 결과 부정 또는 불비한 점이 있음을 발견한 때 이를 이사회와 감독청에 보고하는 일 4. 전호의 보고를 하기 위하여 필요한 때에는 이사회의 소집을 요구하는 일 5. (생 략)	**제19조(임원의 직무)** ① ~ ③ (현행과 같음) ④감사는 다음의 직무를 행한다. 1. 학교법인의 재산상황과 회계를 감사하는 일 2. (현행과 같음) 3. 학교법인의 재산상황과 회계 또는 이사회의 운영과 그 업무에 관한 사항을 감사한 결과 부정 또는 불비한 점이 있음을 발견한 때 이를 이사회와 감독청에 보고하는 일 4. 제3호의 보고를 하기 위하여 필요한 때에는 이사회의 소집을 요구하는 일 5. (현행과 같음)

- "전호"을 "제3호"로 하고, 감사의 직무에 "학교법인의 회계를 감사하는 일"을 추가하였다.

(2) 위원회 심사

〈1〉 **문교공보위원회:** 원안대로 가결되었다.[274]

〈2〉 **법제사법위원회:** 원안대로 가결되었다.[275]

273) 1981. 2. 13. 정부(의안번호: CC0145); 제안이유 및 주요내용은 이 책 [4.204] 참조.
274) 제10.5대 국회 제77회 제19차 문교공보위원회국가보위입법회의사무처, 문교공보위원회회의록, 1981. 2. 19., 7면.
275) 제10.5대 국회 제77회 제30차 법제사법위원회국가보위입법회의사무처, 법제사법위원회회의록, 1981. 2.

(3) 본회의 심의

원안대로 가결되었다.[276)]

(4) 결과

원안으로 개정되었다.

2. 1990년 4월 7일 개정(법률 제4226호, 1990. 4. 7. 시행)

제19조(임원의 직무) ①이사장은 학교법인을 대표하고 이 법과 정관에 규정된 직무를 행하며 기타 학교법인 내부의 사무를 통할한다.

②이사장이 궐위되거나 사고로 인하여 직무를 수행할 수 없을 때에는 정관이 정하는 바에 의하며, 정관에 규정이 없을 때에는 이사회의 호선에 의하여 다른 이사가 이사장의 직무를 대행한다.

③이사는 이사회에 출석하여 학교법인의 업무에 관한 사항을 심의·결정하며, 이사회 또는 이사장으로부터 위임받은 사항을 처리한다.

④감사는 다음의 직무를 행한다.

1. 학교법인의 재산상황과 회계를 감사하는 일
2. 이사회의 운영과 그 업무에 관한 사항을 감사하는 일
3. 학교법인의 재산상황과 회계 또는 이사회의 운영과 그 업무에 관한 사항을 감사한 결과 부정 또는 불비한 점이 있음을 발견한 때 이를 이사회와 <u>**관할청**</u>에 보고하는 일
4. 제3호의 보고를 하기 위하여 필요한 때에는 이사회의 소집을 요구하는 일
5. 학교법인의 재산상황 또는 이사회의 운영과 그 업무에 관한 사항에 대하여 이사장 또는 이사에게 의견을 진술하는 일

(1) 법률안

〈1〉 정부안[277)]

현행법	원안
제19조(임원의 직무) ① ~ ③ (생　략)	**제19조(임원의 직무)** ① ~ ③ (현행과 같음)

19., 5면.

276) 제10.5대 국회 제77회 제20차 국회본회의, 국회본회의회의록, 1981. 2. 20., 7면.

277) 1988. 12. 2. 정부(의안번호: 130287); 제안이유 및 주요내용은 이 책 [4.206] 참조.

④감사는 다음의 직무를 행한다. 1. ~ 2. (생 략) 3. 학교법인의 재산상황과 회계 또는 이사회의 운영과 그 업무에 관한 사항을 감사한 결과 부정 또는 불비한 점이 있음을 발견한 때 이를 이사회와 감독청에 보고하는 일 4. ~ 5. (생 략)	④감사는 다음의 직무를 행한다. 1. ~ 2. (현행과 같음) 3. 학교법인의 재산상황과 회계 또는 이사회의 운영과 그 업무에 관한 사항을 감사한 결과 부정 또는 불비한 점이 있음을 발견한 때 이를 이사회와 관할청에 보고하는 일 4. ~ 5. (현행과 같음)

• "감독청"을 "관할청"으로 하였다.

〈2〉 김인곤 의원안[278)]

현행법	원안
제19조(임원의 직무) ① ~ ③ (생 략) ④감사는 다음의 직무를 행한다. 1. ~ 2. (생 략) 3. 학교법인의 재산상황과 회계 또는 이사회의 운영과 그 업무에 관한 사항을 감사한 결과 부정 또는 불비한 점이 있음을 발견한 때 이를 이사회와 감독청에 보고하는 일 4. ~ 5. (생 략)	**제19조(임원의 직무)** ① ~ ③ (현행과 같음) ④감사는 다음의 직무를 행한다. 1. ~ 2. (현행과 같음) 3. 학교법인의 재산상황과 회계 또는 이사회의 운영과 그 업무에 관한 사항을 감사한 결과 부정 또는 불비한 점이 있음을 발견한 때 이를 이사회와 관할청에 보고하는 일 4. ~ 5. (현행과 같음)

• "감독청"을 "관할청"으로 하였다.

〈3〉 강삼재 의원안[279)]

현행법	원안
제19조(임원의 직무) ① ~ ③ (생 략) ④감사는 다음의 직무를 행한다. 1. ~ 2. (생 략) 3. 학교법인의 재산상황과 회계 또는 이사회의 운영과 그 업무에 관한 사항을 감사한 결과 부정 또는 불비한 점이 있음을 발견한 때 이를 이사회와 감독청에 보고하는 일 4. ~ 5. (생 략)	**제19조(임원의 직무)** ① ~ ③ (현행과 같음) ④감사는 다음의 직무를 행한다. 1. ~ 2. (현행과 같음) 3. 학교법인의 재산상황과 회계 또는 이사회의 운영과 그 업무에 관한 사항을 감사한 결과 부정 또는 불비한 점이 있음을 발견한 때 이를 이사회와 관할청에 보고하는 일 4. ~ 5. (현행과 같음)

278) 1989. 2. 16. 김인곤의원 등 34인(의안번호: 130422); 제안이유 및 주요내용은 이 책 [4.206] 참조.
279) 1989. 2. 28. 강삼재의원 등 57인(의안번호: 130463; 제안이유 및 주요내용은 이 책 [4.206] 참조.

• "감독청"을 "관할청"으로 하였다.

(2) 위원회 심사

〈1〉 **문교공보위원회:** 대안[280]으로 가결되었다(이 조문의 경우에는 원안과 대안의 내용이 동일함).[281]

대안
제19조(임원의 직무) 3. 학교법인의 재산상황과 회계 또는 이사회의 운영과 그 업무에 관한 사항을 감사한 결과 부정 또는 불비한 점이 있음을 발견한 때 이를 이사회와 관할청에 보고하는 일

〈2〉 **법제사법위원회:** 문교공보위원회 대안대로 가결되었다.[282]

(3) 본회의 심의

문교공보위원회 대안대로 가결되었다.[283]

(4) 결과

문교공보위원회 대안으로 개정되었다.

3. 2020년 12월 22일 개정(법률 제17659호, 2020. 12. 22. 시행)

제19조(임원의 직무) ①_이사장은 학교법인을 대표하고 이 법과 정관에 규정된 직무를 **수**행하며 **그 밖에** 학교법인 내부의 사무를 **총괄**한다.

②_이사장이 궐위되거나 **부득이한 사유로** 직무를 수행할 수 없을 때에는 정관**으로** 정하는 바에 **따르고**, 정관에 규정이 없**으면** 이사회**에서** 호선**한** 다른 이사가 이사장의 직무를 대행한다.

③_이사는 이사회에 출석하여 학교법인의 업무에 관한 사항을 심의·결정하며, 이사회 또는 이사장으로부터 위임받은 사항을 처리한다.

④_감사는 다음 **각 호**의 직무를 **수**행한다.

---

280) 1990. 3. 15. 문교공보위원장(의안번호: 130833).

281) 제148회 국회(임시회) 제6차 전체회의, 문교공보위원회회의록, 1990. 3. 14., 8면.

282) 제148회 국회(임시회) 제6차 전체회의, 법제사법위원회회의록, 1990. 3. 14., 26면.

283) 제148회 국회(임시회) 제9차 본회의, 국회본회의회의록, 1990. 3. 16., 15~16면.

1. 학교법인의 재산_상황과 회계를 감사하는 일
2. 이사회의 운영과 그 업무에 관한 사항을 감사하는 일
3. 학교법인의 재산_상황과 회계 또는 이사회의 운영과 그 업무에 관한 사항을 감사한 결과 부정**하거나 불비(不備)한 점을 발견하였을 때** 이사회와 관할청에 보고하는 일
4. 제3호의 보고를 하기 위하여 필요한 **경우에** 이사회 소집을 요구하는 일
5. 학교법인의 재산 상황 또는 이사회의 운영과 그 업무에 관한 사항에 대하여 이사장 또는 이사에게 의견을 진술하는 일

- 법문을 한글화하고 간결하게 하였다(오직 형식에 관한 개정이므로 자세한 개정경과는 생략함[284]).

19.300
III. 현행법

제19조(임원의 직무) ① 이사장은 학교법인을 대표하고 이 법과 정관에 규정된 직무를 수행하며 그 밖에 학교법인 내부의 사무를 총괄한다.

② 이사장이 궐위되거나 부득이한 사유로 직무를 수행할 수 없을 때에는 정관으로 정하는 바에 따르고, 정관에 규정이 없으면 이사회에서 호선한 다른 이사가 이사장의 직무를 대행한다.

③ 이사는 이사회에 출석하여 학교법인의 업무에 관한 사항을 심의·결정하며, 이사회 또는 이사장으로부터 위임받은 사항을 처리한다.

④ 감사는 다음 각 호의 직무를 수행한다.

1. 학교법인의 재산 상황과 회계를 감사하는 일
2. 이사회의 운영과 그 업무에 관한 사항을 감사하는 일
3. 학교법인의 재산 상황과 회계 또는 이사회의 운영과 그 업무에 관한 사항을 감사한 결과 부정하거나 불비(不備)한 점을 발견하였을 때 이사회와 관할청에 보고하는 일
4. 제3호의 보고를 하기 위하여 필요한 경우에 이사회 소집을 요구하는 일

284) 이에 관한 구체적 개정경과는 이 책 [1.201] 참조.

5. 학교법인의 재산 상황 또는 이사회의 운영과 그 업무에 관한 사항에 대하여 이사장 또는 이사에게 의견을 진술하는 일

IV. 종합/특기사항

- 제19조제1항은 학교법인의 대표권은 이사장에게 있음을 규정하고 있다. 1963년 제정법 입법자가 인식하지 못한 중요한 오류가 있는데, 제8조제1항제9호("이사의 대표권을 제한한 때에는 그 제한")는 제19조제1항과 상치되는 것으로 애당초 들어올 수 없는 규정이었다는 사실이다.[285] 원칙적으로 모든 이사에게 대표권이 있는 민법상 법인(「민법」 제59조제1항 본문)과 달리, 학교법인에서는 이사장에게만 대표권이 있기 때문이다(제19조제1항). 제정법 제8조제1항제9호는 이사에게 대표권이 있음을 전제한 것으로 제19조제1항과 정면으로 충돌하는 것이었다.
- 제정법 제17조제4항은 이사회 소집권자(이사장)가 궐위된 경우를 규정하고 있으나, 이사장 궐위의 경우 대행 방법에 대하여 제19조제2항이 따로 정하고 있어 이들 각 조문의 관계에 대하여 재고의 여지가 있다.[286]
- 제19조에 대한 개정은 대부분 문구 수정이다.

제20조(임원의 선임과 임기)

I. 제정법

제20조(임원의 선임과 임기) ①임원은 정관이 정하는 바에 의하여 이사회에서 선임한다.
②임원은 감독청의 인가를 받아 취임한다.
③이사장·이사 및 감사의 임기는 정관으로 정하되, 이사는 5년, 감사는 2년을 초과할 수 없다. 그러나, 재임할 수 있다.

285) 이에 대해서는 이 책 [8.400] 참조.
286) 이에 대해서는 이 책 [17.400] 참조.

『새교육』이 소개하는 이 조문의 제정이유는 아래와 같다.[287)]

제20조에 규정한 임원의 선임과 임기의 조항이 학교법인의 이사들에 대하여 가장 강한 제한이 된다. 이 조항은 분명히 학교법인의 사법자치에 입각한 사권의 제한을 의미하며 어느 의미에서는 지나친 규정인 것은 틀림없다.

우선 임원의 취임에 있어 감독청의 허가를 받도록 하고 있는바, 이 규정은 입법취지로 보아서는 법규기속행위(法規羈束行爲)로서 자유재량행위가 아닌데도 불구하고, 감독청이 이를 확대해석해서 제멋대로 인가를 거부함으로써 법인의 의사에 어긋나는 행위가 있을 수 있다. 이렇게 되면, 소송을 하든가 그렇지 않으면 관청의 횡포를 참던가 할 수밖에 없게 되어 학교법인의 자주성이 침해될 우려가 심히 농후하다.

다음으로 이사의 임기를 5년을 넘지 못하게 함으로써 이사회 구성의 자주성이 다시 한번 침해된다. 현재 재임하는 이사의 임기는 부칙 제2조제5항에 의하여 잔여 임기 동안 재임하나, 잔여 임기가 5년 이상이거나 종신 임기일 때에는 이 법 시행일, 즉 1964년 7월 26일부터 5년 동안까지만 재임하도록 되어 있다.

이 조항은 전반적으로 공익우선의 원칙에 의하여 사법상의 자치권을 제한한 대표적인 조항으로 간주될 수 있으며, 이는 학교법인이 과거에 지나치게 비정상적인 행위를 감행한 데 대한 공권력의 의한 제 조치라고 아니할 수 없다.

II. 개정 경과

20.201 **1. 1964년 11월 10일 개정(법률 제1664호, 1964. 11. 10. 시행)**

제20조(임원의 선임과 임기) ①임원은 정관이 정하는 바에 의하여 이사회에서 선임한다.

②임원은 감독청의 승인을 받아 취임한다. **임원이 될 자가 이 법 또는 이 법에 의한 명령 또는 다른 교육관계법령이나 그 법령에 의한 감독청의 명령에 위배한 일이 없을 때에는 감독청은 임원취임을 승인하여야 한다.**

③이사장·이사 및 감사의 임기는 정관으로 정하되, 이사는 5년, 감사는 2년을 초과할 수 없다. 그러나, **중임할 수 있다.**

287) 金康鉉, 앞의 글 "私立學校法(完)", 44면.

(1) 법률안(최영두 의원안[288])

현행법	원안
제20조(임원의 선임과 임기) ① (생 략) ②임원은 감독청의 인가를 받아 취임한다. ③이사장·이사 및 감사의 임기는 정관으로 정하되, 이사는 5년, 감사는 2년을 초과할 수 없다. 그러나, 재임할 수 있다. <신 설>	**제20조(임원의 선임과 임기)** ① (현행과 같음) ②임원은 감독청의 승인을 받아 취임한다. ③이사장_이사 및 감사의 임기는 정관으로 정하되_이사는 5년, 감사는 2년을 초과할 수 없다. 그러나 중임할 수 있다. ④제2항의 경우에 있어 임원이 될 자가 이 법 또는 다른 교육관계 법령이나 그 법령에 의한 감독청의 명령에 위배한 일이 없을 때에는 감독청은 임원취임을 승인하여야 하며 감독청이 임원취임을 승인하지 아니한 때에는 그 사유를 기재하여 서면으로 승인한다.

- "인가"를 "승인"으로 하고, 이사(5년 임기)의 재임을 중임으로 하여 수 회에 걸쳐 계속 이사가 될 수 있도록 하며, 임원이 될 자가 위법적인 일을 하지 않는 한 승인하도록 하였다.

(2) 위원회 심사

〈1〉 문교공보위원회: 대안[289])으로 가결되었다.[290])

대안
제20조(임원의 선임과 임기) ②임원은 감독청의 승인을 받아 취임한다. 임원이 될 자가 이 법, 이 법에 의한 명령 또는 다른 교육관계법령이나 그 법령에 의한 감독청의 명령에 위배한 일이 없을 때에는 감독청은 임원 취임을 승인하여야 한다. ③이사장 이사 및 감사의 임기는 정관으로 정하되 이사는 5년, 감사는 2년을 초과할 수 없다. 그러나 중임할 수 있다.

〈2〉 법제사법위원회: 문교공보위원회 대안대로 가결되었다.[291])

288) 1964. 3. 9. 최영두의원 등 11인(의안번호: 060074); 제안이유 및 주요내용은 이 책 [4.201] 참조.
289) 1964. 4. 16. 문교공보위원장(의안번호: 060162).
290) 제41회 국회(임시회) 제9차 전체회의, 문교공보위원회회의록, 1964. 4. 16., 16면.
291) 제41회 국회(임시회) 제9차 전체회의, 법제사법위원회회의록, 1964. 4. 18., 44면.

(3) 본회의 심의

문교공보위원회 대안대로 가결되었다.[292] 제20조에 관한 회의록 내용은 아래와 같다.

- **문교공보위원장 최영두**[293]: 이 법은 혁명 기간 동안 혁명의 목적을 달성하기 위해서 제정되었던 교육에관한임시특례법의 몇 개 규정을 충분한 검토 없이 옮겨 규정했기 때문에 공공성을 지나치게 강조한 나머지 사학의 자주성을 지나치게 위축케 하는 몇 개 규정이 있다는 것을 우리는 시인하지 않을 수 없습니다. 예컨대 특수한 이유로 많은 이사를 두어야 할 학교법인이 있는데도 불구하고 현행법에는 이사 수를 15명으로 엄격히 제한을 하고 있고 이사는 재임될 수 있으나 3회 이상 중임될 수 없게 함으로써 평생을 교육사업에 바치겠다고 하는 뜻있는 분들이 그 뜻을 이루지 못하게 하고 있는 것입니다. 본인은 이러한 몇 개의 적당치 못한 조항을 수정하여 사학이 공공성을 일탈치 못하도록 하되 사학에 대한 국가의 감독권은 사학의 질서유지와 공공성을 앙양하는 데 필요한 최소한도로 제한하는 동시에 사학의 자주성을 적극적으로 보장하며 사학의 자율적 발전을 조성하고자 애초에 개정법률안을 제안하였던 것이고 우리 문교공보위원회는 그 취지에 찬동하고 그 개정안에 약간의 수정을 가하고 약간의 조문을 신설하여 이를 오늘 본회의에 상정하기에 이른 것입니다.

  다음 현행법에 의한 학교법인의 임원을 선임하는 경우 감독청의 인가를 받아 취임하도록 규정하고 있습니다. 인가를 받아 취임한다고 하면 학교법인의 임원 선임권이 감독청에 있다고 이렇게 해석이 됩니다. 그런데 그 인가를 승인으로 고쳐 임원 선임의 결정권을 어디까지나 학교법인이 갖도록 하고 다만 그 결정된 사항을 감독청이 승인하도록 그렇게 조문을 고쳤습니다.

  다음, 이사의 재임을 중임으로 고쳐서 수 회에 걸쳐서 계속 이사가 될 수 있도록 함으로써 평생을 교육사업에 종사하고자 하는 뜻있는 분과 또 학교법인을 설립하는 자의 권리를 충분히 보장할 수 있도록 하고 이사취임 승인의 경우에 감독청이 마음대로 거부하는 일이 없도록 하기 위하여 임원이 될 자가 위법적인 일을 하지 않은 한 승인하도록 규정을 했습니다.

  다음, 20조…20조는 아까 말씀 올린 바와 같이 현행법에는 "임원은 감독청의 인가를 받아 취임한다"라고 하는 것을 "임원은 감독청의 승인을 받아 취임한다"로 고치고 "임원이 될 자가 이 법, 이 법에 의한 명령 또는 다른 교육관계 법령이

---

292) 제45회 국회(정기회) 제19차 본회의, 국회본회의회의록, 1964. 10. 28., 25면.
293) 제45회 국회(정기회) 제19차 본회의, 국회본회의회의록, 1964. 10. 28., 18면~19면.

나 그 법령에 의한 감독청의 명령에 위배한 일이 없을 때에는 감독청은 임원취임을 승인하여야 한다"라고 규정을 해서 승인의무를 규정을 했습니다.
다음, 20조제3항 현행법은 "임원은 재임할 수 있다"라고 되어 있는데 "그러나 중임할 수 있다"로 고쳤습니다. "중임"이라고 하면 몇 번이든지 다시 선임될 수 있는 것이올시다.

- **의장 이효상**[294]: 이의 없습니까? (이의 없소 하는 이 많음) 그러면 만장일치로 가결된 것을 선포합니다.

(4) 결과

문교공보위원회 대안으로 개정되었다.

2. 1981년 2월 28일 개정(법률 제3373호, 1981. 2. 28. 시행)

제20조(임원의 선임과 임기) ①임원은 정관이 정하는 바에 의하여 이사회에서 선임한다.
②**임원은 감독청의 승인을 받아 취임한다.**
③이사장·이사 및 감사의 임기는 정관으로 정하되, 이사는 5년, 감사는 2년을 초과할 수 없다. 그러나, 중임할 수 있다.

(1) 법률안(정부안[295])

현행법	원안
제20조(임원의 선임과 임기) ① (생 략) ②임원은 감독청의 승인을 받아 취임한다. 임원이 될 자가 이 법 또는 이 법에 의한 명령 또는 다른 교육관계법령이나 그 법령에 의한 감독청의 명령에 위배한 일이 없을 때에는 감독청은 임원취임을 승인하여야 한다. ③ (생 략)	**제20조(임원의 선임과 임기)** ① (현행과 같음) ②임원은 감독청의 승인을 받아 취임한다. <후단 삭제> ③ (현행과 같음)

- 제20조제2항 후단을 삭제하였다.

294) 제45회 국회(정기회) 제19차 본회의, 국회본회의회의록, 1964. 10. 28., 25면.
295) 1981. 2. 13. 정부(의안번호: CC0145); 제안이유 및 주요내용은 이 책 [4.204] 참조.

(2) 위원회 심사

〈1〉 **문교공보위원회:** 원안대로 가결되었다.[296)]

〈2〉 **법제사법위원회:** 원안대로 가결되었다.[297)]

(3) 본회의 심의

원안대로 가결되었다.[298)]

(4) 결과

원안으로 개정되었다.

20.203 3. 1990년 4월 7일 개정(법률 제4226호, 1990. 4. 7. 시행)

제20조(임원의 선임과 임기) ①임원은 정관이 정하는 바에 의하여 이사회에서 선임한다.
②임원은 관할청의 승인을 받아 취임한다.
③이사장·이사 및 감사의 임기는 정관으로 정하되, 이사는 5년, 감사는 2년을 초과할 수 없다. 그러나, 중임할 수 있다.

(1) 법률안

〈1〉 **정부안**[299)]

현행법	원안
제20조(임원의 선임과 임기) ① (생 략) ②임원은 감독청의 승인을 받아 취임한다. ③ (생 략)	**제20조(임원의 선임과 임기)** ① (현행과 같음) ②임원은 관할청의 승인을 받아 취임한다. ③ (현행과 같음)

• "감독청"을 "관할청"으로 하였다.

---

296) 제10.5대 국회 제77회 제19차 문교공보위원회국가보위입법회의사무처, 문교공보위원회회의록, 1981. 2. 19., 7면.

297) 제10.5대 국회 제77회 제30차 법제사법위원회국가보위입법회의사무처, 법제사법위원회회의록, 1981. 2. 19., 5면.

298) 제10.5대 국회 제77회 제20차 국회본회의, 국회본회의회의록, 1981. 2. 20., 7면.

299) 1988. 12. 2. 정부(의안번호: 130287); 제안이유 및 주요내용은 이 책 [4.206] 참조.

〈2〉 **김인곤 의원안**[300)]

현행법	원안
제20조(임원의 선임과 임기) ① (생 략) ②임원은 감독청의 승인을 받아 취임한다. ③ (생 략)	**제20조(임원의 선임과 임기)** ① (현행과 같음) ②임원은 취임후 이를 관할청에 보고하여야 한다. ③ (현행과 같음)

• "감독청의 승인"을 "관할청의 보고"로 하였다.

〈3〉 **강삼재 의원안**[301)]

현행법	원안
제20조(임원의 선임과 임기) ① (생 략) ②임원은 감독청의 승인을 받아 취임한다. ③ (생 략)	**제20조(임원의 선임과 임기)** ① (현행과 같음) ② <삭제> ③ (현행과 같음)

• 임원의 취임에 있어 "감독청의 승인"을 삭제하였다.

(2) 위원회 심사

〈1〉 **문교공보위원회:** 대안[302)]으로 가결되었다.[303)]

대안
제20조(임원의 선임과 임기) ②임원은 관할청의 승인을 받아 취임한다.

〈2〉 **법제사법위원회:** 문교공보위원회 대안대로 가결되었다.[304)]

(3) 본회의 심의

문교공보위원회 대안대로 가결되었다.[305)]

(4) 결과

문교공보위원회 대안으로 개정되었다.

---

300) 1989. 2. 16. 김인곤의원 등 34인(의안번호: 130422); 제안이유 및 주요내용은 이 책 [4.206] 참조.
301) 1989. 2. 28. 강삼재의원 등 57인(의안번호: 130463; 제안이유 및 주요내용은 이 책 [4.206] 참조.
302) 1990. 3. 15. 문교공보위원장(의안번호: 130833).
303) 제148회 국회(임시회) 제6차 전체회의, 문교공보위원회회의록, 1990. 3. 14., 8면.
304) 제148회 국회(임시회) 제6차 전체회의, 법제사법위원회회의록, 1990. 3. 14., 26면.
305) 제148회 국회(임시회) 제9차 본회의, 국회본회의회의록, 1990. 3. 16., 15~16면.

20.204 4. 1997년 1월 13일 개정(법률 제5274호, 1997. 4. 14. 시행)

제20조(임원의 선임과 임기) ①임원은 정관이 정하는 바에 의하여 이사회에서 선임한다.
②임원은 관할청의 승인을 **얻어** 취임한다.
③이사장·이사 및 감사의 임기는 정관으로 정하되, 이사는 5년, 감사는 2년을 초과할 수 없다. 그러나, 중임할 수 있다.

• "승인을 받아"를 "승인을 얻어"로 하였다(오직 형식에 관한 개정이므로 자세한 개정경과는 생략함[306]).

20.205 5. 2005년 12월 29일 개정(법률 제7802호, 2006. 7. 1. 시행)

제20조(임원의 선임과 임기) ①임원은 정관이 정하는 바에 의하여 이사회에서 선임한다.
②임원은 관할청의 승인을 얻어 취임한다. **이 경우 교육인적자원부장관이 정하는 바에 따라 인적사항을 공개하여야 한다.**
③이사장·이사 및 감사의 임기는 정관으로 정하되, 이사는 5년을 초과할 수 **없고 중임할 수 있으며**, 감사는 **3년을 초과할 수 없고 1회에 한하여 중임할 수 있다.**

(1) 법률안(복기왕 의원안[307])

현행법	원안
제20조(임원의 선임과 임기) ① (생 략) ②임원은 관할청의 승인을 얻어 취임한다. <후단 신설> ③이사장·이사 및 감사의 임기는 정관으로 정하되, 이사는 5년, 감사는 2년을 초과할 수 없다. 그러나, 중임할 수 있다.	**제20조(임원의 선임과 임기)** ① (현행과 같음) ②임원은 관할청의 승인을 얻어 취임한다. 이 경우 교육인적자원부장관이 정하는 바에 따라 인적사항을 공개하여야 한다. ③이사장·이사 및 감사의 임기는 정관으로 정하되, 이사는 5년을 초과할 수 없고 중임할 수 있으며, 감사는 3년을 초과할 수 없고 1회에 한하여 중임할 수 있다.

306) 이에 관한 구체적 개정경과는 이 책 [3.206] 참조.
307) 2004. 10. 20. 복기왕의원 등 150인(의안번호: 170595); 제안이유 및 주요내용은 이 책 [10-2.201] 참고.

- 임원의 인적사항을 공개하도록 하였다.
- 이사는 중임할 수 있도록 하고, 감사는 임기 3년을 초과할 수 없도록 하면서 1회만 중임할 수 있도록 하였다.

(2) 위원회 심사

〈1〉 **교육위원회:** 심사 미료

국회의장이 지정한 심사기간(2005. 9. 16 24:00) 내에 심사가 미료됨에 따라 소관 상임위원장의 중간심사보고(구두보고) 후 본회의로 바로 상정하였다(「국회법」 제85조의2).

제20조에 관한 회의록 내용은 아래와 같다.

- **수석전문위원 류충현**[308]: 검토의견을 말씀드리겠습니다. 다음 법인 감사제도의 변경에 대해서 말씀드리겠습니다. 현행 감사의 임기가 2년이고 중임의 회수에는 제한이 없음에 비하여, 안 제20조제3항에서는 감사의 임기는 3년을 초과할 수 없고, 1회에 한하여 중임할 수 있도록 규정하고 있고 또 제21조제5항에서는 학교법인에 두는 감사 중 1인은 학교운영위원회 또는 대학평의원회에서 추천하는 자로 하도록 규정하고 있습니다. 이와 같은 감사제도의 개정은 사학의 재무 및 회계의 신뢰성 확보와 책무성 강화를 위해 현행 감사관련 조항을 보다 엄격한 방향으로 개정하고자 하는 데 그 취지가 있는 것으로 보입니다.

〈2〉 **법제사법위원회:** 심사 미료

(3) 본회의 심의

원안대로 가결되었다.[309] 이 조문의 회의록 내용은 2005. 12. 29. 개정조문 제8조의2와 공통적이어서 생략한다.[310]

(4) 결과

원안으로 개정되었다.

308) 제250회 국회(정기회) 제11차 전체회의, 교육위원회회의록, 2004. 12. 7., 42~43면.
309) 제256회 국회(정기회) 제16차 본회의, 국회본회의회의록, 2005. 12. 9., 2~3면.
310) 이 책 [8-2.201] 참조.

20.206 6. 2008년 2월 29일 개정(법률 제8852호, 2008. 2. 29. 시행)

제20조(임원의 선임과 임기) ①임원은 정관이 정하는 바에 의하여 이사회에서 선임한다.
②임원은 관할청의 승인을 얻어 취임한다. 이 경우 **교육과학기술부장관**이 정하는 바에 따라 인적사항을 공개하여야 한다.
③이사장·이사 및 감사의 임기는 정관으로 정하되, 이사는 5년을 초과할 수 없고 중임할 수 있으며, 감사는 3년을 초과할 수 없고 1회에 한하여 중임할 수 있다.

- 「정부조직법」(2001. 1. 29. 개정·시행)에 따라 "교육부장관"을 "교육인적자원부장관"으로 변경하였다.

20.207 7. 2013년 3월 23일 개정(법률 제11690호, 2013. 3. 23. 시행)

제20조(임원의 선임과 임기) ①임원은 정관이 정하는 바에 의하여 이사회에서 선임한다.
②임원은 관할청의 승인을 얻어 취임한다. 이 경우 **교육부장관**이 정하는 바에 따라 인적사항을 공개하여야 한다.
③이사장·이사 및 감사의 임기는 정관으로 정하되, 이사는 5년을 초과할 수 없고 중임할 수 있으며, 감사는 3년을 초과할 수 없고 1회에 한하여 중임할 수 있다.

- 「정부조직법」(2013. 3. 23. 개정·시행)에 따라 "교육과학기술부장관"을 "교육부장관"으로 변경하였다.

20.208 8. 2020년 12월 22일 개정(법률 제17659호, 2020. 12. 22. 시행)

제20조(임원의 선임과 임기) ①_임원은 정관**으로** 정하는 바에 **따라** 이사회에서 선임한다.
②_임원은 관할청의 승인을 **받아** 취임한다. 이 경우 교육부장관이 정하는 바에 따라 인적사항을 공개하여야 한다.
③_이사장·이사 및 감사의 임기는 정관으로 정하되, 이사는 5년을 초과할 수 없

고 중임(**重任**)할 수 있으며, 감사는 3년을 초과할 수 없고 **한 차례만** 중임할 수 있다.

• 법문을 한글화하고 간결하게 하였다(오직 형식에 관한 개정이므로 자세한 개정경과는 생략함[311]).

III. 현행법

제20조(임원의 선임과 임기) ① 임원은 정관으로 정하는 바에 따라 이사회에서 선임한다.
② 임원은 관할청의 승인을 받아 취임한다. 이 경우 교육부장관이 정하는 바에 따라 인적사항을 공개하여야 한다.
③ 이사장·이사 및 감사의 임기는 정관으로 정하되, 이사는 5년을 초과할 수 없고 중임(重任)할 수 있으며, 감사는 3년을 초과할 수 없고 한 차례만 중임할 수 있다.

IV. 종합/특기사항

• 『새교육』은 이 조문이 학교법인에 대한 지나친 간섭이라고 평가하고 있다.[312] 제정 당시의 이러한 우려가 무색하게도 제정 이후 제20조에 대해서는 근본적인 개정 없이 시행되고 있다. 사립학교를 운영하는 핵심 인사로 취임하기 위해서 관할청의 승인을 요구하는 것은 교육의 공공성의 한계를 넘는 것으로 보인다. 오랜 시간이 흐르면서 제20조제2항은 마치 당연한 것처럼 여겨지는 듯하다.

• 감독청이 부당하게 인가를 거부함으로써 나타날 수 있는 폐단을 시정하기 위하여 「사립학교법」 시행 직후인 1964년 개정은 제2항 단서를 신설하여 임원취임 대상자에게 불법 등의 사실이 없으면 감독청은 임원취임을 승인하도록 강제하고, 임기에 있어서도 "재임 가능"에서 "중임 가능"으로 완화하였다. 그런데 1981년 개정으로 제20조제2항 단서가 다시 삭제되어 현행법에 이르고 있다. 그 외 주요 변

---

311) 이에 관한 구체적 개정경과는 이 책 [1.201] 참조.
312) 이에 대해서는 이 책 [20.100] 참조.

화는 2005년 개정으로서 임원 취임을 승인받으면 인적사항을 공개하도록 하고, 감사의 임기 상한을 2년에서 3년으로 연장하면서 중임 횟수를 1회로 제한하였다.

- 2005년 개정 과정에서 정치적 입장에 따라 매우 격렬한 의견대립이 있었다. 제256회 국회(정기회) 제16차 본회의(2005. 12. 9.)에서 나타난 원색적 언동은 그 사정을 잘 보여준다.[313)]

제20조의2(임원 취임의 승인취소)

20-2.100 ### I. 제정법

제정법에는 이 조문이 없다.

II. 개정 경과

20-2.201 #### 1. 1964년 11월 10일 개정(법률 제1664호, 1964. 11. 10. 일부개정)

제20조의2 (임원 취임의 승인취소) ①임원이 다음 각호의 1에 해당하는 행위를 하였을 때에는 감독청은 그 취임승인을 취소할 수 있다.
1. 이 법 또는 동시행령의 규정에 위반한 때
2. 임원간의 분쟁·회계부정 및 현저한 부당등으로 인하여 당해 학교법인의 설립목적을 달성할 수 없게 한 때
3. 학사행정에 관하여 당해 학교의 장의 권한을 침해하였을 때

②전항의 규정에 의한 취임승인의 취소는 감독청이 당해 학교법인에게 그 사유를 들어 시정을 요구한 날로부터 15일이 경과하여도 이에 응하지 아니한 경우에 한한다.

③감독청은 제1항의 규정에 의한 처분을 하고자 할 때에는 미리 문교부장관의 승인을 받아야 한다.

---

313) 제256회 국회(정기회) 제16차 본회의, 국회본회의회의록, 2005. 12. 9., 2~3면.

(1) 법률안(문교공보위원회안(대안))[314]

이 조문의 경우에는 원안[315]으로 제안되지 않고 위원회 심사 단계에서 대안으로 제안되었다. 이 조문의 현행법과 원안(대안)의 내용을 비교하면 아래와 같다.

현행법	원안
<신 설>	**제20조의2 (임원 취임의 승인취소)** ①임원이 다음 각호의 1에 해당하는 행위를 하였을 때에는 감독청은 그 취임승인을 취소할 수 있다. 1. 이 법 또는 동시행령의 규정에 위반한 때 2. 임원간의 분쟁·회계부정 및 현저한 부당등으로 인하여 당해 학교법인의 설립목적을 달성할 수 없게 한 때 3. 학사행정에 관하여 당해 학교의 장의 권한을 침해하였을 때 ②전항의 규정에 의한 취임승인의 취소는 감독청이 당해 학교법인에게 그 사유를 들어 시정을 요구한 날로부터 15일이 경과하여도 이에 응하지 아니한 경우에 한한다. ③감독청은 제1항의 규정에 의한 처분을 하고자 할 때에는 미리 문교부장관의 승인을 받아야 한다.

• 일정한 경우에 감독청은 그 임원 취임의 승인을 취소할 수 있게 하였다.

(2) 위원회 심사

〈1〉 **문교공보위원회:** 대안[316]으로 가결되었다.[317]

〈2〉 **법제사법위원회:** 문교공보위원회 대안대로 가결되었다.[318]

(3) 본회의 심의

문교공보위원회 대안대로 가결되었다.[319] 제20조의2에 관한 회의록 내용은 아래

314) 1964. 4. 16. 문교공보위원장(의안번호: 060162).
315) 1964. 3. 9. 최영두의원 등 11인(의안번호. 060074).
316) 1964. 4. 16. 문교공보위원장(의안번호: 060162).
317) 제41회 국회(임시회) 제9차 전체회의, 문교공보위원회회의록, 1964. 4. 16., 16면.
318) 제41회 국회(임시회) 제9차 전체회의, 법제사법위원회회의록, 1964. 4. 18., 44면.

와 같다.

- **문교공보위원장 최영두**[320]: 이 법은 혁명기간 동안 혁명의 목적을 달성하기 위해서 제정되었던 교육에관한임시특례법의 몇 개 규정을 충분한 검토 없이 옮겨 규정했기 때문에 공공성을 지나치게 강조한 나머지 사학의 자주성을 지나치게 위축케 하는 몇 개 규정이 있다는 것을 우리는 시인하지 않을 수 없습니다...

  학교법인의 이사나 감사 또는 학교의 장의 선임을 감독청인 문교부장관이나 시·도교육위원회의 허가를 받아야 하도록 규정함으로써 감독청의 무제한한 자유재량에 의하여 그 취임을 거부할 수 있도록 했다는 점 등입니다. 본인은 이러한 몇 개의 적당치 못한 조항을 수정하여 사학이 공공성을 일탈치 못하도록 하되 사학에 대한 국가의 감독권은 사학의 질서유지와 공공성을 앙양하는 데 필요한 최소한도로 제한하는 동시에 사학의 자주성을 적극적으로 보장하며 사학의 자율적 발전을 조성하고자 애초에 개정법률안을 제안하였던 것이고 우리 문교공보위원회는 그 취지에 찬동하고 그 개정안에 약간의 수정을 가하고 약간의 조문을 신설하여 이를 오늘 본회의에 상정하기에 이른 것입니다.

  현재의 중요골자를 말씀드리면…학교법인의 건전한 육성을 위하여 학교법인의 임원이 위법적이거나 부당한 일을 하였을 경우에는 감독청은 그 임원의 취임승인을 취소할 수 있게 하였습니다. 이제 말씀 올린 것은 문교공보위원회에서 수정된 것입니다. 물론 현행법에도 여러 가지 감독규정이 있습니다...

  다음, 제20조의2를 신설했습니다. 신설된 조문은 "임원이 다음 각호의 1에 해당하는 행위를 하였을 때에는 감독청은 그 취임승인을 취소할 수 있다. 이 법 또는 동 시행령의 규정에 위반한 때, 임원 간의 분쟁, 회계부정 및 현저한 부당 등으로 인하여 당해 학교법인의 설립목적을 달성할 수 없게 한 때, 학사행정에 관하여 당해 학교의 장의 권한을 침해하였을 때", 다음 제2항 "전항의 규정에 의한 취임승인의 취소는 감독청이 당해 학교법인에게 그 사유를 들어 시정을 요구한 날로부터 15일이 경과하여도 이에 응하지 아니한 경우에 한한다." 제3항 "감독청은 제1항의 규정에 의한 처분을 하고자 할 때에는 미리 문교부장관의 승인을 받아야 한다" 이와 같이 규정을 했습니다.
- **박한상 의원**[321]: 수정안에 대한 말씀을 드리기 전에 본 의원은 원내에 있어서의 소속 위원회가 법제사법위원회에 소속되고 있는 이 사람이 같은 동료 의원들로

---

319) 제45회 국회(정기회) 제19차 본회의, 국회본회의회의록, 1964. 10. 28., 25면.
320) 제45회 국회(정기회) 제19차 본회의, 국회본회의회의록, 1964. 10. 28., 18~19면.
321) 제45회 국회(정기회) 제19차 본회의, 국회본회의회의록, 1964. 10. 28., 21~22면.

서 구성된 문공위원회에서 사흘간이나 걸쳐서 신중 토의해서 본회의에 내놓은 이 안에 대해서 이렇다 저렇다 말씀을 드리게 된 것을 한편 대단히 송구스럽게 생각하는 것입니다. …새로 신설된 제20조의2 또 제54조의2는 이것은 독소적인 성격을 띤 조항이라고 본 의원은 생각이 되는 까닭에 이것은 사립학교법의 정신으로 보아도 그렇고 또 이와 같은 법의 목적을 달성하기 위해서 이번에 수정을 한 그 안이 자칫 잘못하면 본래의 수정의 목적을 달하지 못할까 염려가 되어서 이 제20조의2와 제54조의2는 삭제하는 것이 사학의 발전을 또 자주성을 육성하는 데에 도움이 되겠다 해서 말씀을 드리는 것입니다. 더군다나 오늘 문공위의 안으로서 나와 있는 이 법률안이 문교공보위원회를 통과했을 때 도하 각 신문에는 사설로써 여러 가지로 평하고 있었던 것입니다.

거기에 하나의 예를 든다고 할 것 같으면 64년 4월 25일 자 동아일보 사설을 간단히 한마디만 표현하겠습니다. 거기에서는 타이틀을 "사립학교법의 개정은 보류되어야 한다"는 제목하에 쭉 써 내려오다가 끄트머리에 가서 이런 말이 있습니다. "정치의 본질은 양민에 있고 그리고 위정자의 요체는 경신(敬愼)에 있는 것이며 항상 경건하고 근신하는 마음으로 국민을 대하고 국리민복을 염원하는 마음으로 주야면려(晝夜勉勵)함으로써만 나라의 정치는 바로잡히는 것인데 지금 우리의 정치 당국자와 여당 의원들은 이러한 원리에 완전히 역행하는 권도만을 밟으려고 하고 있는 것이다" 이렇게 말해 놓고 이어서 "엄연히 사학의 자주성을 위축시키는 독소조항을 신설하면서도 사학의 건전한 육성 발전을 도모하기 위하여 이렇게 개정하였다고 말하고 있으니 국민을 모두 다 맹자(盲者), 아자(啞者), 백치(白痴)로 보지 않는 한 이처럼 오만무례한 역설은 감히 토로되지는 못하였을 것이다" 이렇게 비판하고 있는 것입니다.

우리가 일단 국회에서 법률이 제정되고 국회를 통과한 법률이 정부에 의해서 공포된 법률이라고 할지라도 또 사회 신문이 무엇이라고 하든지 간에 그것이 그 목적을 달성하는 데에 필요하다고 할 것 같으면 우리는 용감하게 법률을 제정해야 하겠고 또 국회를 통과한 법률은 정부에 의해서 공포되어야 할 것입니다. 그러나 다른 데 뜻이 있는 것이 아니고 문자 그대로의 사학의 자주성과 공공성을 앙양하기 위해서 만들어진 참다운 사립학교법안의 개정이라고 할 것 같으면 적어도 유일한 우리나라의 일간신문사에서 이와 같이 사설로써 지적하는 점을 간과해서는 안 되겠다는 것을 말씀드려 두는 것입니다.

시간관계도 있고 해서 그러면 과연 이번 본 의원이 수정안으로 들어나온 제20조의2는 어떠한 내용을 포함하고 있느냐? 제20조의2를 신설하는 데 있어서 이유는 다음과 같습니다. 학교법인의 건전한 육성을 위하여 사립학교법인의 임원이 위법적인 일을 하였을 때에는 감독청은 그 임원의 취임승인을 취소할 수 있게 하였다. 이것이 제20조의2를 신설한 이유인 것입니다. …이것은 본 의원이 생각하기에는 지난 3월 초에 문교부 지시를 위반하고 사립대학교에서 멋대로 정원초과의 사람을 받았다고 해서 총장이나 학장을 그 임명을 취소하겠다고 해서 위협했던 사실이 있었던 것입니다. 또 뿐만 아니라 3월 24일인가 확실히 기억이 되지 않습니다마는 대통령께서는 만약에 학교에 데모가 일어난다고 할 것 같으면 그 학교의 장이나 총장에게 책임을 추궁할 수 있도록 해야 한다는 내용의 지시가 있었던 걸로 본 의원은 기억하고 있는 것입니다. 돌이켜 생각해 볼 때에 학생들의 데모 또는 누구의 데모든지 간에 불법적인 행위를 한 자는 법률 앞에 만민이 평등해야 하기 때문에 학교 학생들이 아무리 우리나라의 재산이요, 중요한 기둥의 역할을 할 만한 장래를 가지고 있는 사람이라 하더라도 그들의 불법행위는 마땅히 법에 의해서 처단되어야 할 것입니다. 불법집회를 하고 불법시위를 하면 집회및시위에관한법률에 의해서 처단해야 할 것입니다. 그러나 지난날 3·24 데모만 하더라도 학교 학생들의 데모라고 하는 것은 그것은 학생들의 자의에서 이루어진 것이지 학교 총장이나 학장이 시켜서 하는 일은 아닐 것입니다. 그렇다고 하면 학교분규라든지 또는 학생들의 시키지 않는 시위 문제 같은 것을 법률해석 여하에 따라서 학장이나 총장에게 책임을 추궁한다고 할 것 같으면 대학 총장이나 학장 해 먹을 사람이 없을 거예요.

그렇기 때문에 진실로 신설하기 위해서 내세웠든 학교법인의 건전한 육성을 위해서 하는 것이라든가 또는 건전한 육성 발전을 도모하기 위해서 하는 것이라고 할 것 같으면 과거의 사립학교법 그대로 두는 것이 차라리 낫겠는데 이미 여러분께서 수고를 해서 본회의에까지 들고나왔으니까 거기에는 다른 것은 다 좋아도 지금 지적한 바와 마찬가지의 독소조항이라고 볼 수 있고 많은 신문에서 지적하고 있는 바와 같은 내용의 또는 앞으로의 문교 당국이 칼을 쥔 사람이니까 멋대로 해석을 해서 사학 발전을 도모하기는커녕 오히려 저해하는, 역행되는 그와 같은 행위를 할 가능성이 내포되어 있기 때문에 이와 같은 독소조항이라고 볼 수 있는 제20조의2 내지는 제54조의2 이 두 조문만은 삭제해 주시는 데 많은 의원께서 찬성해 주시기를 간절히 부탁드리면서 본 의원의 수정안의 말씀을 이로써 끝맺기로 하겠습니다.

- **최두고 의원**[322]: 본 의원은 문교공보위원회에서 제안한 사립학교법 중 개정법률

322) 제45회 국회(정기회) 제19차 본회의, 국회본회의회의록, 1964. 10. 28., 22면.

안 대안에 대해서 박한상 의원과 마찬가지로 제20조의2와 제54조의2를 삭제하는 동시에 부칙 제2조 중에 제6항을 신설하고 아울러서 부칙 제4조를 삭제하지 아니하고 제1항을 수정하려고 그래서 수정안을 냈던 것입니다.

본 의원이 처음 제20조2와 제54조2에 대해서 수정안을 낼 당시의 그 정세와 현재의 정세가 판이하게 달라졌다고 느껴진 것이올시다. 사립학교법이 교육법에서 분리해서 특수법으로서 이것을 제정할 때에 있어서는 사립학교를 건전하게 보호 육성하겠다는 정부의 취지 밑에서 이 사립학교법안이 제정되었던 것입니다. 그러나 이 사립학교가 국가교육의 일부를 맡아서 정부에서 하지 못하는 이 교육을 교육의 기회균등을 위해서 노력한 그 공은 누구나가 다 인정하고 있는 것은 사실입니다.

본 의원이 이 법안을 제안할 그 당시만 하더라고 어떻게 하든지 사립학교를 보호육성해야 되겠다는 이러한 견지에서 문교공보위원회에서 제안한 제20조2라든가 제54조2는 사립학교의 육성보다도 도리어 감독청이 제20조2와 제54조2를 전가의 보도처럼 생각하고 까딱 잘못한다고 할 것 같으면 사립학교를 망칠 우려가 있다는 생각 밑에서 어떻게 하든지 이 조항만큼은 철회시켜야 되겠다는 것을 저는 생각하고 있습니다. 그러나 이 수정안을 제안하고 벌써 수개월이 지났습니다. 지금 정세로 볼 것 같으면 그동안에 이 사립학교들이 대거 각성해서 교육 본래의 사명에 매진하고 있다고 할 것 같으면 본 의원도 끝까지 이것을 주장을 하고 또 공화당 의원총회에서도 많은 동지를 얻을 수 있겠습니다만, 현재의 우리나라 여성교육의 일부를 담당하고 있는 숙명여대에 있어서 장기간 교수와 총장 사이에 알력이 나서 학생들의 수업에 막대한 지장을 가져오고 있다는 사실을 저는 지상을 통해서 듣고 있을 뿐만 아니라 이로 말미암아 제20조2와 제54조2의 삭제에 동의한 많은 수의 공화당 의원들도 지금에 와서는 도저히 이것은 동조할 수 없다는 이런 판정을 내렸던 것입니다. 그래서 본 의원은 이 자리에서 부득이 제20조2와 제54조2에 대한 수정안을 동의해 주신 찬성의원의 동의를 얻어서 철회를 하는 바입니다.

- **류진 의원**[323]: 지금 박한상 의원과 최두고 의원께서 수정안을 제의하셨는데 그 두 안이 그 중요한 골자는 마찬가지입니다. 제20조의2와 제54조의2를 삭제하자는 것인데 그것은 사립학교를 경영하는 사학재단 이사 측에서 여러 번 문공위원회에도 건의를 했던 조항이올시다.

그 조항의 골자는 아까 문공위원장 최영두 의원께서 설명한 바와 마찬가지로

323) 국제45회 국회(정기회) 제19차 본회의, 국회본회의회의록, 1964. 10. 28., 22~23면.

재단이 횡포를 할지라도 어떻게 처벌하는 규정이 있어서는 안 된다, 그렇게 되면 사학 육성이 안 된다 하는 것을 내걸고 나오는 것입니다. …우리 문공위원회에서는 이 제20조의2와 제54조의2를 놓고 연 3일 논의한 결과 대한민국 교육을 위해서 이것이 필요하다고 인정이 된 것입니다. 그것은 왜 그러냐 하면 가령 과거에 우리가 학원생활을 해 온 가운데서 제일 현저한 것은 교수와 이사진 대결이 있어서 지금 기억에도 생생하게 남아 있습니다마는 적어도 동국대학에서 20명의 교수가 직장을 잃게 되었습니다. 교장(敎場)을 잃게 되어 그때 우리 교직자로서는 심히 마음 아픈 생각을 가졌으며 그 재단이사에 대해서 항의를 하였던 것입니다. 또 한 가지는 적어도 6, 7년 전입니다마는 적어도 성균관대학에서 36명의 교수단이 일어섰습니다. 사회의 저명한 교수가 많이 끼었어요. 이래서 투쟁한 결과에 대부분의 교수가 그 직장을 잃어버리고 일부는 고려대학으로 갔습니다.

이러한 것을 볼 때에 재단이라고 해서 부당한 일을 주장하고 부당한 일을 하고 부정한 일을 하고 혹은 집단적으로 교수의 해면을 한다고 할지라도 우리가 용인할 수 있지 않느냐? 나는 그런 재단은 용인할 수 없다고 그렇게 봅니다. 일단 재단이 성립되면 사회의 공기로서 일개 사인의 소유물이 아닙니다. 그러므로 어느 정도는 재단도 자숙을 하고 법의 제재를 받아야 된다 이런 얘기입니다.

아까 두 의원이 수정안을 내놓고 그것을 역설을 했는데 최 의원께서는 정세가 또 달라져서 나는 어느 조항을 취소합니다 이런 말씀을 했는데 법이라는 것은 그때의 학원이 분규가 있어 떠드니까 그 법을 만들어 놓고 장차에 그런 일이 없을 것이라 해서 법을 줄이는 것이 아닙니다. 그 가능성이 있을 때에는 언제든지 법이라는 것은 만들어 놓고 대기하고 있어야지 그 사건이 발생된 뒤에 법을 만든다고 이렇게 따라갈 수는 없는 것입니다. 그러므로 이 제20조의2가 재단이 횡포를 할 때에 제재를 할 수 있어야 한다 그것과 제54조의2 이것은 학교를 맡은 총장… 총장이 교수를 거느리고 재단과 항의를 하면서 수업도 아니하고 횡포를 할 때에 이것을 또 제재를 할 수 있어야 하는 것입니다. 이 두 조항이 현 한국의 실정으로 보아서는 혹은 수삼 년 후에 한국의 실정으로 보아서 꼭 필요한 것으로 우리 문공위원의 대부분은 인정을 하고 이 대안을 내놓은 것입니다.

- **의장 이효상**[324]: 박한상 의원이 제안한 수정안의 내용은 제20조의2와 제54조의2를 삭제하자는 것이올시다. 여기에 대해서 찬성하시는 분 기립해 주시기 바랍니다. (기립 표결) 재석 98명 중 가 15표, 부는 없습니다. 박한상 의원이 제출한 수

324) 제45회 국회(정기회) 제19차 본회의, 국회본회의회의록, 1964. 10. 28., 24~25면.

정안은 폐기된 것을 선포합니다.

그 다음에 최두고 의원 제안한 수정안은 그 내용에 있어서 본인이 전부 철회를 다 하시고 남은 것이 하나 있는데 그것은 부칙 제2조 중의 제6항을 신설하자고 하는 것입니다. 그런데 그것은 매우 간단한 것입니다. 가령 재단법인이 학교재단이 되었을 때, 재단법인이 되었을 때 그 학교를 경영하기 위해서 내려오던 채무나 채권을 상속해야 된다 이것이올시다. 여기에 대해서는… ("대안하고 합해버려요" 의석에서 류진 의원) 문공위원회에서, 대안을 제출한 문공위원회에서 아마 받아들인 모양입니다. 이의가 없으시지요? (이의 없소 하는 이 많음) 이의가 없으시면 그것을 최두고 의원이 제안한 그 수정안 부칙의 6항 신설 그것과 문공위원회에서 제출한 대안 전체와 일괄해서 여러분의 가부를 물어보겠습니다. (이의 없소 하는 이 있음) 이의 없습니까? (이의 없소 하는 이 많음) 그러면 만장일치로 가결된 것을 선포합니다.

다음은 지금 그 혹 자구정리할 것이 있으면 이 의장에게 일임해 주시기를 바랍니다. (이의 없소 하는 이 있음) 이의 없으시지요? (이의 없소 하는 이 많음)

(4) 결과

문교공보위원회 대안으로 개정되었다.

2

2. 1981년 2월 28일 개정(법률 제3373호, 1981. 2. 28. 시행)

제20조의2(임원취임의 승인취소 ①임원이 다음 각호의 1에 해당하는 행위를 하였을 때에는 감독청은 그 취임승인을 취소할 수 있다.

1. 이 법 또는 동시행령의 규정에 위반한 때
2. 임원간의 분쟁·회계부정 및 현저한 부당등으로 인하여 당해 학교법인의 설립목적을 달성할 수 없게 한 때
3. 학사행정에 관하여 당해 학교의 장의 권한을 침해하였을 때

②<u>**제1항**</u>의 규정에 의한 취임승인의 취소는 감독청이 당해 학교법인에게 그 사유를 들어 시정을 요구한 날로부터 15일이 경과하여도 이에 응하지 아니한 경우에 한한다.

③감독청은 제1항의 규정에 의한 처분을 하고자 할 때에는 미리 문교부장관이 승인을 받아야 한다.

• "전항"을 "제1항"으로 하였다(오직 형식에 관한 개정이므로 자세한 개정경과는 생략함[325]).

20-2.203 3. 1990년 4월 7일 개정(법률 제4226호, 1990. 4. 7. 시행

제20조의2(임원취임의 승인취소 ①임원이 다음 각호의 1에 해당하는 행위를 하였을 때에는 **관할청**은 그 취임승인을 취소할 수 있다.
1. 이 법 또는 동시행령의 규정에 위반한 때
2. 임원간의 분쟁·회계부정 및 현저한 부당등으로 인하여 당해 학교법인의 설립목적을 달성할 수 없게 한 때
3. 학사행정에 관하여 당해 학교의 장의 권한을 침해하였을 때

②제1항의 규정에 의한 취임승인의 취소는 **관할청**이 당해 학교법인에게 그 사유를 들어 시정을 요구한 날로부터 15일이 경과하여도 이에 응하지 아니한 경우에 한한다.

③ **삭제**

(1) 법률안

〈1〉 정부안[326]

현행법	원안
제20조의2(임원취임의 승인취소) ①임원이 다음 각호의 1에 해당하는 행위를 하였을 때에는 감독청은 그 취임승인을 취소할 수 있다. 1. ~ 3. (생 략) ②제1항의 규정에 의한 취임승인의 취소는 감독청이 당해 학교법인에게 그 사유를 들어 시정을 요구한 날로부터 15일이 경과하여도 이에 응하지 아니한 경우에 한한다. ③감독청은 제1항의 규정에 의한 처분을 하고자 할 때에는 미리 문교부장관의 승인을 받아야 한다.	**제20조의2(임원취임의 승인취소** ①임원이 다음 각호의 1에 해당하는 행위를 하였을 때에는 관할청은 그 취임승인을 취소할 수 있다. 1. ~ 3. (현행과 같음) ②제1항의 규정에 의한 취임승인의 취소는 관할청이 당해 학교법인에게 그 사유를 들어 시정을 요구한 날로부터 15일이 경과하여도 이에 응하지 아니한 경우에 한한다. ③ <삭 제>

325) 이에 관한 구체적 개정경과는 이 책 [4.204] 참조.
326) 1988. 12. 2. 정부(의안번호: 130287); 제안이유 및 주요내용은 이 책 [4.206] 참조.

• 제3항을 삭제하여 관할청은 제1항에 의한 처분을 할 때 문교부장관의 승인을 미리 받지 않도록 함으로써 사학에 대한 행정감독권을 축소하였다.

〈2〉 김인곤 의원안[327)]

현행법	원안
제20조의2(임원취임의 승인취소) ①임원이 다음 각호의 1에 해당하는 행위를 하였을 때에는 감독청은 그 취임승인을 취소할 수 있다. 1. ~ 3. (생　략) ②제1항의 규정에 의한 취임승인의 취소는 감독청이 당해 학교법인에게 그 사유를 들어 시정을 요구한 날로부터 15일이 경과하여도 이에 응하지 아니한 경우에 한한다. ③감독청은 제1항의 규정에 의한 처분을 하고자 할 때에는 미리 문교부장관의 승인을 받아야 한다.	**제20조의2(임원취임의 승인취소** ①임원이 다음 각호의 1에 해당하는 행위를 하였을 때에는 관할청은 그 취임승인을 취소할 수 있다. 1. ~ 3. (현행과 같음) ②제1항의 규정에 의한 취임승인의 취소는 관할청이 당해 학교법인에게 그 사유를 들어 시정을 요구한 날로부터 15일이 경과하여도 이에 응하지 아니한 경우에 한한다. ③ <삭　제>

• 제3항을 삭제하여 관할청은 제1항에 의한 처분을 할 때 문교부장관의 승인을 미리 받지 않도록 함으로써 사학에 대한 행정감독권을 축소하였다.

〈3〉 강삼재 의원안[328)]

현행법	원안
제20조의2(임원취임의 승인취소) ①임원이 다음 각호의 1에 해당하는 행위를 하였을 때에는 감독청은 그 취임승인을 취소할 수 있다. 1. 이 법 또는 동시행령의 규정에 위반한 때 2. 임원간의 분쟁·회계부정 및 현저한 부당등으로 인하여 당해 학교법인의 설립목적을 달성할 수 없게 한 때 3. 학사행정에 관하여 당해 학교의 장의 권한을 침해하였을 때 ②제1항의 규정에 의한 취임승인의 취소는 감독청이 당해 학교법인에게 그 사유를 들어 시	**제20조의2(임원취임의 승인취소** ①임원이 다음 각호의 1에 해당하는 행위를 하였을 때에는 관할청은 그 해임을 요구할 수 있으며, 이사회는 이에 응하여야 한다. 1. ~ 3. <삭　제> ②제1항의 규정에 의한 해임요구는 관할청이 당해 학교법인에게 그 사유를 들어 시정을 요

327) 1989. 2. 16. 김인곤의원 등 34인(의안번호: 130422); 제안이유 및 주요내용은 이 책 [4.206] 참조.
328) 1989. 2. 28. 강삼재의원 등 57인(의안번호: 130463); 제안이유 및 주요내용은 이 책 [4.206] 참조.

정을 요구한 날로부터 15일이 경과하여도 이에 응하지 아니한 경우에 한한다. ③ (생 략)	구한 날로부터 15일이 경과하여도 이에 응하지 아니한 경우에 한한다. ③ (현행과 같음)

- 사학임원에 대한 관할청의 취임승인취소권을 해임요구로 하고, "감독청"을 "관할청"으로 하였다.

(2) 위원회 심사

〈1〉 **문교공보위원회:** 대안[329])으로 가결되었다.[330])

대안
제20조의2(임원취임의 승인취소) ①임원이 다음 각호의 1에 해당하는 행위를 하였을 때에는 관할청은 그 취임승인을 취소할 수 있다. ②제1항의 규정에 의한 취임승인의 취소는 관할청이 당해 학교법인에게 그 사유를 들어 시정을 요구한 날로부터 15일이 경과하여도 이에 응하지 아니한 경우에 한한다. ③ 삭제

위 내용이 포함된 제20조의2에 관한 회의록 내용은 아래와 같다.

- **소위원장 함종한**[331]): 이 대안의 작성과정에서 몇 가지 사항에 대하여는 상반된 의견이 제시되었던 바 본 대안에 반영되지 못한 의견은 소수의견으로 첨부하도록 하였습니다. 그 내용을 말씀드리면… 현재 학교법인의 이사장과 이사에 대한 취임승인제 및 승인취소제는 학교의 장과 마찬가지로 취임보고 및 해임요구제로 변경하여야 한다는 것 등입니다. 이 가운데 사학임원의 취임승인제와 승인취소제에 대하여는 그 궁극적인 폐지 또는 완화의 필요성에는 의견을 같이 하였으나 이는 다 같이 노력하여 사학의 전반적인 정상화를 조속히 이룩한 다음으로 당분간 유보하기로 함에 따라 이번 개정안 대안에 포함되지 않았음을 첨언합니다.
- **박석무 위원**[332]): 사립학교법을 개정하는 근본취지가 사학의 자율성을 제고하기 위한다고 할진대 의당 사립학교의 재단은 정부로부터 벗어나야 됩니다. 그럼에도 불구하고 재단이사장 및 이사들의 취임을 승인해 주고 또 정부의 입장과 맞

329) 1990. 3. 15. 문교공보위원장(의안번호: 130833).
330) 제148회 국회(임시회) 제6차 전체회의, 문교공보위원회회의록, 1990. 3. 14., 8면.
331) 제148회 국회(임시회) 제6차 전체회의, 문교공보위원회, 1990. 3. 14., 4면.
332) 제148회 국회(임시회) 제6차 전체회의, 문교공보위원회, 1990. 3. 14., 5~6면.

지 않을 때는 승인을 취소할 수 있다라고 할 때 이것은 어떤 의미에서 사립학교 재단이 더욱 문교부 손아귀에 들어있도록 하자는 의도 외에 다른 의미가 없습니다. 당연히 이 법안은 사립학교의 자율성을 제고한다는 의미에서 이 조항은 결국 폐지돼야 할 사항인데도 불구하고 그대로 규정하고 있는 이 부분을 저희들은 찬성할 수 없다는 것입니다. 다른 여러 부분에서 과거의 법률과는 여러 가지로 자율신장의 측면이 인정됩니다만 이런 근본적인 사학의 자율성을 보장해 주지 않는 이런 개정안은 실질적인 의미에서의 자율성 제고가 아니라는 것이기 때문에 우리들은 이 법안을 찬성할 수 없다는 것입니다.

그리고 이 법안 중에 제가 주장할 세 가지 사항은 서로 맞물려 있는 것입니다. 사학의 자율성 제고만을 위해서 재단의 이사장이나 이사를 승인하고 취소하는 일을 제거한다면 의당 그에 맞물려서 사립학교 교원들의 지위향상을 위해서 단결권이라든가 단체교섭권 내지는 제한된 단체행동권이 들어가지 않으면 사학의 독주를 면하기 어렵습니다. 그래서 이 두 가지가 함께 보장되어야만 사학재단의 자율성도 보장되고, 또 사학에서 일하는 사립학교의 교수나 교원들의 지위도 보장받는 것입니다. 그래서 이 두 가지가 병행해서 보장되지 않을 때에는 사학자율성의 제고가 충분하다고 볼 수가 없습니다. 그래서 저희들은 이 두 가지가 병행해서 새로운 조항으로 개정될 때만이 사학자율성은 제고된다, 그렇지 않은 개정은 실질적인 의미에서는 사학자율성의 제고라는 의미에 부합되지 못한다. 그런 의미에서 우리는 현재 제출되어 있는 이 법안에 대해서는 소위에서도 반대를 했고 또 오늘 이 자리에서도 반대할 수 밖에 없다는 입장을 밝혀 드립니다. 이상입니다.

- **함종한 위원**[333]: 학교법인의 이사장과 이사에 대한 취임 승인취소제 문제는 이번 사립학교법 중 개정법률안에 의하면 학교의 장의 임명승인제를 보고제로 바꿨습니다. 또 교직원임용권을 학교의 장에서 학교법인으로 이관을 하고 또 법인의 학교운영에 관한 권한이 대폭 확대된 것을 박위원님께서는 잘 아실 것입니다. 법인이 교권을 침해하는 등 만약에 부당하게 학교운영에 관여하거나 법인임원 간에 분규가 발생할 때 또는 법인이 정상적으로 운영할 수 없을 때 이를 시정하기 위해서는 임원취임승인 취소제를 폐지하기가 곤란하다는 입장에서 저희들이 이 조항을 그대로 살려야 되겠다는 말씀을 드렸고, 그렇다고 자율화 민주화로 가는 추세에 발맞추어서 홀로서기를 할 수 있는 사학의 재단이 될 때에는 언제든지 빠른 시일내에 승인제를 폐지하고 보고제로 바꾸겠다는 그런 단서조

333) 제148회 국회(임시회) 제6차 전체회의, 문교공보위원회, 1990. 3. 14., 6~7면.

항을 저희들이 함께 넣기로 약속을 해서 이 법안을 저희가 합의한 것으로 알고 있습니다. 그러기에 통과를 시켜주셨으면 감사하겠습니다.

- **손주항 위원**[334]: 그런데 박위원이 과문한 탓인지는 몰라도 지금 정부측에서 사학에 투자 내지 지원해 주고 있는 비율은 실로 1% 안팎이라고 하는 통계를 본 바가 있습니다. 이럴진대 지금 사학이라고 하는 것이 완전히 방기된 상태에 있다 이렇게 보는 것입니다. 언제든지 문교부에서는 간섭이나 하고 감사나 하고 관여하고 개입해 가지고 문교부 의중과 맞지 않을 때는 혹독하게 처벌하고 이런 것만 늘 생각을 하고 있지 정부로서 사학에 대한 협조랄지 혹은 여러 가지 뒷받침이랄지 혹은 선도랄지 이런 부분은 너무나도 미약했다는 것이 본위원의 솔직한 심정입니다.

  이번에 본위원은 누누이 그 동안에도 아픔을 겪어 왔습니다마는 사학 학교법인을 움직이고 있는 이사장 내지 이사 가운데는 많은 비행과 사회적인 지탄을 받아야 할 사람도 있다고 하는 것을 본위원은 솔직히 시인합니다. 그렇지만 대부분이 어떻게 되었건 그 사람들의 모든 재산과 모든 정력과 그리고 몇 대에 걸친 창학의 피와 땀과 눈물을 거기다 결집을 해가지고 오늘날 엄청난 사학을 만든 그러한 학교법인 이사장이나 혹은 이사들이 거의 죄인시되고 있습니다. 이것마저도 지금 현재 만들어진 이 법안에서 명기된 바와 같이 문교부가 승인 내지 취소해 가지고 이런 권한에 얽매이게 된다면, 물론 성위원이 말한 바와 같이 단서가 붙어가지고 앞으로 사학이 홀로 설 수 있는 그런 때가 되면 언제든지 이 조항은 폐지한다고 했습니다마는, 그러나 현재까지도 충분히 어떤 몇 가지 사항을 필요불가결한 그 부분만을 강하게 제시해 가지고 자율적으로 자주적으로 자발적으로 그리고 자결권을 가져야 할 사학이 문교부에서 계속 간섭이나 관여를 받는다고 할진대 사학의 발달에 큰 저해요소가 된다. 이것 때문에 이 조항은 대단히 큰 독소조항이 될 수 있다 이렇게 본위원은 보는 것입니다.

- **김인곤 위원**[335]: 지금 이사장 내지는 이사들의 승인취소 관계는 손주항위원님의 의견이라든가 박석무위원의 의견에 저 개인적으로는 전적으로 찬동합니다. 그러나 정부에서 당초에 많이 풀어주는데 더 통제할 수 있는 능력이 없으면 안 되겠다 이것을 강력히 주장을 해서 이를테면 조건부로 이번만큼은 보류를 하는데 “가급적이면 단시일 이내에” 이것도 풀겠다, 이런 것을 기록에 남겨 놓도록 우리가 합의를 했습니다. 그렇기 때문에 이 문제에 대해서는 만일 손주항위원이

---

334) 제148회 국회(임시회) 제6차 전체회의, 문교공보위원회, 1990. 3. 14., 7~8면.
335) 제148회 국회(임시회) 제6차 전체회의, 문교공보위원회, 1990. 3. 14., 8~9면.

말씀하신대로 통과된다면 모르겠지만 그렇지 않다면 "가급적이면 단시일 이내에" 이것도 풀어 주겠다 하는 것을 기록에 넣어야 되겠다는 것을 의사진행발언으로 드립니다.

〈2〉 **법제사법위원회:** 문교공보위원회 대안대로 가결되었다.[336)]

(3) 본회의 심의

문교공보위원회 대안대로 가결되었다.[337)] 제20조의2에 대한 회의록 내용은 아래와 같다.

- 함종한 의원[338)]: 제안이유를 말씀드리면 사학에 대한 행정감독권을 축소하여 사학의 자율성을 높이고 사립학교 교원의 신분보장을 강화함으로써 교직의 안정성과 건전한 발전을 도모하기 위한 것입니다.
  끝으로 대안 채택 과정에서 대안 내용과 관련하여 제기된 소수 의견에 대해서 말씀드리겠습니다. 첫째, 사립학교 교원에게는 최소한의 단결권과 단체교섭권을 인정하고, 둘째, 현행대로 존치한 학교법인의 임원취임 승인제와 승인취소제를 취임보고제와 해임요구제로 개정하며, 셋째, 교원의 면직 사유 중 노동운동과 정치활동 등을 금지한 조항을 삭제하자는 의견이 제출되어 이 문제를 중심으로 찬반토론을 거쳐 표결로 대안을 채택하였음을 참고로 보고드립니다. 그리고 이 대안은 법제사법위원회의 자구·체계심사를 거쳐 오늘 본회의에 상정하게 되었습니다.
- 의장 김재순[339)]: 그러면 먼저 이 안건에 대해서 찬성하시는 분은 기립해 주시기 바랍니다. (기립 표결) 다음은 반대하시는 분은 기립해 주시기 바랍니다. (기립 표결) 집계가 끝날 때까지 잠시 기다려 주시기 바랍니다. 표결 결과를 말씀드립니다. 재석 158, 가 153, 부 4, 기권 1… 사립학교법 중 개정법률안 대안이 가결되었음을 선포합니다.

(4) 결과

문교공보위원회 대안으로 개정되었다.

---

336) 제148회 국회(임시회) 제6차 전체회의, 법제사법위원회회의록, 1990. 3. 14., 26면.
337) 제148회 국회(임시회) 제9차 본회의, 국회본회의회의록, 1990. 3. 16., 15~16면.
338) 제148회 국회(임시회) 제9차 본회의, 국회본회의회의록, 1990. 3. 16., 14~15면.
339) 제148회 국회(임시회) 제9차 본회의, 국회본회의회의록, 1990. 3. 16., 15면.

20-2.204

4. 2005년 12월 29일 개정(법률 제7802호, 2006. 7. 1. 시행)

제20조의2(임원취임의 승인취소 ①임원이 다음 각호의 1에 해당하는 행위를 하였을 때에는 관할청은 그 취임승인을 취소할 수 있다.

1. 이 법과 「초·중등교육법」, 「고등교육법」의 규정을 위반하거나 이에 의한 명령을 이행하지 아니한 때
2. 임원간의 분쟁·회계부정 및 현저한 부당등으로 인하여 당해 학교운영에 중대한 장애를 야기한 때
3. 학사행정에 관하여 당해 학교의 장의 권한을 침해하였을 때
4. 제1호 내지 제3호의 규정에 의한 행위를 방조한 때
5. 학교의 장의 위법을 방조한 때
6. 관할청의 학교의 장에 대한 징계요구에 불응한 때
7. 취임승인이 취소된 자가 학교의 운영에 간여하는 것을 방조한 때

②제1항의 규정에 의한 취임승인의 취소는 관할청이 당해 학교법인에게 그 사유를 들어 시정을 요구한 날로부터 15일이 경과하여도 이에 응하지 아니한 경우에 한한다. 다만, 시정을 요구하여도 시정할 수 없는 것이 명백하거나 회계부정, 횡령, 뇌물수수 등 비리의 정도가 중대한 경우에는 시정요구 없이 임원취임의 승인을 취소할 수 있으며, 그 세부적 기준은 대통령령으로 정한다.

③ 삭제

(1) 법률안

〈1〉 최순영 의원안[340)]

현행법	원안
제20조의2(임원취임의 승인취소) ①임원이 다음 각호의 1에 해당하는 행위를 하였을 때에는 관할청은 그 취임승인을 취소할 수 있다. 1. 이 법 또는 동시행령의 규정에 위반한 때 2. 임원간의 분쟁·회계부정 및 현저한 부당등으로 인하여 당해 학교법인의 설립목적을 달성할 수 없게 한 때 3. (생　략)	**제20조의2(임원취임의 승인취소)** ①임원이 다음 각호의 1에 해당하는 행위를 하였을 때에는 관할청은 그 취임승인을 취소할 수 있다. 1. 이 법과 초·중등교육법, 고등교육법 등 교육관계법령의 규정을 위반한 때 2. 교직원 인사에 관여하거나 회계부정이나 불법행위 또는 현저한 부당행위를 하였을 때 3. (현행과 같음)

340) 2004. 9. 10. 최순영의원 등 10인(의안번호: 170412); 제안이유 및 주요내용은 이 책 [8-2.201] 참고.

<신 설>	4. 관할청의 시정요구 및 행정명령을 이행하지 않을 때
<신 설>	5. 제1호 내지 제3호 행위를 방조한 때
<신 설>	6. 부당 노동행위를 하였을 때
②제1항의 규정에 의한 취임승인의 취소는 관할청이 당해 학교법인에게 그 사유를 들어 시정을 요구한 날로부터 15일이 경과하여도 이에 응하지 아니한 경우에 한한다.	<삭 제>

• 임원취임 승인의 취소사유를 확대하였다.

〈2〉 복기왕 의원안[341)]

현행법	원안
제20조의2(임원취임의 승인취소) ①임원이 다음 각호의 1에 해당하는 행위를 하였을 때에는 관할청은 그 취임승인을 취소할 수 있다.	**제20조의2(임원취임의 승인취소)** ①임원이 다음 각호의 1에 해당하는 행위를 하였을 때에는 관할청은 그 취임승인을 취소할 수 있다.
1. 이 법 또는 동시행령의 규정에 위반한 때	1. 사립학교법 등 교육관계법령의 규정을 위반하거나 명령을 이행하지 아니한 때
2. 임원간의 분쟁·회계부정 및 현저한 부당등으로 인하여 당해 학교법인의 설립목적을 달성할 수 없게 한 때	2. 임원간의 분쟁·회계부정 및 현저한 부당등으로 인하여 당해 학교운영에 중대한 장애를 야기한 때
3. (생 략)	3. (현행과 같음)
<신 설>	4. 제1호 내지 제3호의 규정에 의한 행위를 방조한 것이 명백한 때
<신 설>	5. 학교의 장의 위법을 방조한 것이 명백한 때
<신 설>	6. 관할청의 학교의 장에 대한 징계요구에 불응한 때
<신 설>	7. 취임승인이 취소된 자가 학교의 운영에 관여하는 것을 방조한 것이 명백한 때
②제1항의 규정에 의한 취임승인의 취소는 관할청이 당해 학교법인에게 그 사유를 들어 시정을 요구한 날로부터 15일이 경과하여도 이에 응하지 아니한 경우에 한한다. <단서 신설>	②제1항의 규정에 의한 취임승인의 취소는 관할청이 당해 학교법인에게 그 사유를 들어 시정을 요구한 날로부터 15일이 경과하여도 이에 응하지 아니한 경우에 한한다. 다만, 시정을 요구하여도 시정할 수 없는 것이 명백하거나 회계부정, 횡령, 뇌물수수 등 비리의 정도가 중대

341) 2004. 10. 20. 복기왕의원 등 150인(의안번호: 170595); 제안이유 및 주요내용은 이 책 [10-2.201] 참고.

	한 경우에는 시정요구 없이 임원취임의 승인을 취소할 수 있으며, 그 세부적 기준은 대통령령으로 정한다.

- 위법행위를 한 임원에 대한 책임 강화를 위하여 현행 임원취임의 승인취소의 요건을 확대하였다.

(2) 위원회 심사

〈1〉 교육위원회: 심사 미료

국회의장이 지정한 심사기간(2005. 9. 16 24:00) 내에 심사가 미료됨에 따라 소관 상임위원장의 중간심사보고(구두보고) 후 본회의로 바로 상정하였다(「국회법」 제85조의2).

제20조의2에 관한 회의록 내용은 아래와 같다.

- **복기왕 의원**[342]: 본 의원이 대표발의한 사립학교법 중 개정법률안은 사립학교 운영의 민주성과 투명성 및 공공성을 제고하여 사립학교의 건전한 발달을 도모하고 법인경영과 학사운영을 분리하여 견제와 균형을 통한 새로운 시스템을 구축하기 위하여…임원취임의 승인취소 사유를 확대하고 임원취임의 승인이 취소된 자가 다시 임원으로 선임될 수 있는 요건을 엄격히 제한하…였습니다.
- **수석전문위원 류충현**[343]: 다음 법인 감사제도의 변경에 대해서 말씀드리겠습니다. 현행 감사의 임기가 2년이고 중임의 회수에는 제한이 없음에 비하여, 안 제20조제3항에서는 감사의 임기는 3년을 초과할 수 없고, 1회에 한하여 중임할 수 있도록 규정하고 있고 또 제21조제5항에서는 학교법인에 두는 감사 중 1인은 학교운영위원회 또는 대학평의원회에서 추천하는 자로 하도록 규정하고 있습니다. … 이와 같은 감사제도의 개정은 사학의 재무 및 회계의 신뢰성 확보와 책무성 강화를 위해 현행 감사관련 조항을 보다 엄격한 방향으로 개정하고자 하는데 그 취지가 있는 것으로 보입니다.
- **이인영 위원**[344]: 제고해야 할 요인이 있다고 생각합니다. …그 중 하나는 투명성입니다. 이것은 사회적 공감대가 분명히 형성되어 있는 문제고, 비리를 방지하기 위한 법적·제도적 장치를 좀 더 강화할 필요가 있어 보입니다. 임원취임 승인취소 건이라든가 비리 법인에 있어서 기존 임원들의 재·선임 과정에서의 제

342) 제250회 국회(정기회) 제11차 전체회의, 교육위원회회의록, 2004. 12. 7., 41면.
343) 제250회 국회(정기회) 제11차 전체회의, 교육위원회회의록, 2004. 12. 7., 43면.
344) 제250회 국회(정기회) 제11차 전체회의, 교육위원회회의록, 2004. 12. 7., 48면.

한, 그리고 임원의 결격사유들을 강화하는 문제의식이 그것이라고 봅니다.

〈2〉 **법제사법위원회:** 심사 미료

(3) 본회의 심의

원안을 수정·가결했다.[345] 수정내용은 아래와 같다.

본회의 수정안
제20조의2(임원취임의 승인취소) 1. 이 법과 초·중등교육법, 고등교육법의 규정을 위반하거나 이에 의한 명령을 이행하지 아니한 때 2. 임원간의 분쟁·회계부정 및 현저한 부당등으로 인하여 당해 학교운영에 중대한 장애를 야기한 때 4. 제1호 내지 제3호의 규정에 의한 행위를 방조한 때 5. 학교의 장의 위법을 방조한 때 6. 관할청의 학교의 장에 대한 징계요구에 불응한 때 7. 취임승인이 취소된 자가 학교의 운영에 관여하는 것을 방조한 때 ②제1항의 규정에 의한 취임승인의 취소는 관할청이 당해 학교법인에게 그 사유를 들어 시정을 요구한 날로부터 15일이 경과하여도 이에 응하지 아니한 경우에 한한다. 다만, 시정을 요구하여도 시정할 수 없는 것이 명백하거나 회계부정, 횡령, 뇌물수수 등 비리의 정도가 중대한 경우에는 시정요구 없이 임원취임의 승인을 취소할 수 있으며, 그 세부적 기준은 대통령령으로 정한다.

이 조문의 회의록 내용은 2005. 12. 29. 개정조문 제8조의2와 공통적이어서 생략한다.[346]

(4) 결과

본회의 수정안으로 개정되었다.

5. 2007년 7월 27일 개정(법률 제8545호, 2007. 7. 27. 시행)

제20조의2(임원취임의 승인취소 ①임원이 다음 각호의 1에 해당하는 행위를 하였을 때에는 관할청은 그 취임승인을 취소할 수 있다.

1. 이 법, 「초·중등교육법」 또는 「고등교육법」의 규정을 위반하거나 이에 의한

345) 제256회 국회(정기회) 제16차 본회의, 국회본회의회의록, 2005. 12. 9., 2~3면.
346) 이 책 [8-2.201] 참조.

명령을 이행하지 아니한 때
2. 임원간의 분쟁·회계부정 및 현저한 부당등으로 인하여 당해 학교운영에 중대한 장애를 야기한 때
3. 학사행정에 관하여 당해 학교의 장의 권한을 침해하였을 때
4. 삭제
5. 삭제
6. 관할청의 학교의 장에 대한 징계요구에 불응한 때
7. 삭제

②제1항의 규정에 의한 취임승인의 취소는 관할청이 당해 학교법인에게 그 사유를 들어 시정을 요구한 날로부터 15일이 경과하여도 이에 응하지 아니한 경우에 한한다. 다만, 시정을 요구하여도 시정할 수 없는 것이 명백하거나 회계부정, 횡령, 뇌물수수 등 비리의 정도가 중대한 경우에는 시정요구 없이 임원취임의 승인을 취소할 수 있으며, 그 세부적 기준은 대통령령으로 정한다.

③ 삭제

(1) 법률안(이은영 의원안[347])

현행법	원안
제20조의2(임원취임의 승인취소 ①임원이 다음 각호의 1에 해당하는 행위를 하였을 때에는 관할청은 그 취임승인을 취소할 수 있다. 1. 이 법과 「초·중등교육법」, 「고등교육법」의 규정을 위반하거나 이에 의한 명령을 이행하지 아니한 때 2. (생 략) 3. (생 략) 4. 제10호 내지 제3호의 규정에 의한 행위를 방조한 때 5. 학교의 장의 위법을 방조한 때 6. (생 략) 7. 취임승인이 취소된 자가 학교의 운영에 간여하는 것을 방조한 때 ②~ ③(생 략)	**제20조의2(임원취임의 승인취소** ①임원이 다음 각호의 1에 해당하는 행위를 하였을 때에는 관할청은 그 취임승인을 취소할 수 있다. 1. 이 법, 「초·중등교육법」, 「고등교육법」의 규정을 위반하거나 이에 의한 명령을 이행하지 아니한 때 2. (현행과 같음) 3. (현행과 같음) 4. 삭제 5. 삭제 6. (현행과 같음) 7. 삭제 ②~ ③(현행과 같음)

347) 2006. 12. 1. 이은영의원 등 23인(의안번호: 175526); 제안이유 및 주요내용은 이 책 [14.206] 참조.

• 임원취임의 승인취소 요건(제20조의2제1항제4호, 제5호, 제7호)을 삭제하였다.

(2) 위원회 심사

〈1〉 **교육위원회:** 심사 미료

심사가 미료되어 「국회법」에 따라 소관 상임위원장의 중간심사보고(구두보고) 후 본회의로 바로 상정하였다.

제20조의2에 관한 회의록 내용은 아래와 같다.

- 이군현 위원[348]: 지금 개정된 사학법의 핵심적인 문제가 뭐냐 하면, 첫째는 임원 승인 취소 조항을 지금 너무나 자의적으로 해 놓고 있다고 하는 겁니다. 과거에는 사립학교의 임원 승인을 취소하려고 하면 조항의 아주 까다로웠습니다. 어떻게 되어 있었느냐 하면, 그 사립학교의 설립 목적을 달성할 수 없을 때에 한해서 임원 승인 취소를 할 수가 있었는데 작년 연말에 개정이 되면서 학교에 중대한 장애가 있다고 판단될 때는 감독청이 언제든지 임원 승인을 취소할 수 있도록 바뀌었습니다. 이것은 자유민주주의 사회에서, 감독청의 생각에 따라서 얼마든지 중대한 장애라고 하는 것은 지극히 작위적으로 해석할 수 있는 부분이기 때문에 문제가 있는 것입니다. 그래서 이 부분이 반드시 고쳐져야…됩니다.

〈2〉 **법제사법위원회:** 심사 미료

(3) 본회의 심의

원안을 수정·가결했다.[349] 수정내용은 아래와 같다.

원안 이은영 의원안	본회의 수정안
제20조의2(임원취임의 승인취소 4. 제1호 내지 제3호의 규정에 의한 행위를 방조한 때 5. 학교의 장의 위법을 방조한 때 7. 취임승인이 취소된 자가 학교의 운영에 간여하는 것을 방조한 때	**제20조의2(임원취임의 승인취소** 4. 삭제 5. 삭제 7. 삭제

348) 제262회 국회(정기회) 제14차 전체회의, 교육위원회회의록, 2006. 12. 8., 7면.
349) 제268회 국회(임시회) 제10차 본회의, 국회본회의회의록, 2007. 7. 3., 48~49면.

이 조문의 회의록 내용은 2007. 7. 27, 개정조문 제14조와 공통적이어서 생략한다.[350]

(4) 결과

본회의 수정안으로 개정되었다.

20-2.206 6. 2020년 12월 22일 개정(법률 제17659호, 2020. 12. 22. 시행)

제20조의2(임원 취임의 승인취소) ①_임원이 다음 **각 호의 어느 하나**에 해당하는 행위를 하였을 때에는 관할청은 그 **취임 승인**을 취소할 수 있다.

1. 이 법, 「초·중등교육법」 또는 「고등교육법」**을 위반**하거나 이에 **따른** 명령을 이행하지 아니하였을 때
2. **임원 간의** 분쟁**, 회계 부정** 또는 현저히 부당**한 행위 등으로 해당** 학교 운영에 중대한 장애를 **일으켰을 때**
3. 학사행정에 관하여 **해당** 학교의 장의 권한을 침해하였을 때
4. **관할청의 학교의 장에 대한 징계요구에 따르지 아니하였을 때**

②_제1항에 따른 **취임 승인**의 취소는 관할청이 해당 학교법인에 그 사유를 들어 시정을 요구한 날부터 15일이 **지나도** 이에 **따르지** 아니한 경우에**만 할 수 있다.** 다만, 시정을 요구하여도 시정할 수 없는 것이 명백하거나 **회계 부정**, 횡령, **뇌물수수** 등 비리의 정도가 중대한 경우에는 시정요구 없이 **임원 취임**의 승인을 취소할 수 있으며, 그 세부적**인** 기준은 대통령령으로 정한다.

- 법문을 한글화하고 간결하게 하였다(오직 형식에 관한 개정이므로 자세한 개정경과는 생략함[351]).

20-2.207 7. 2021년 9월 24일 개정(법률 제18460호, 2022. 12. 25. 시행)

제20조의2(임원 취임의 승인취소) ① 임원이 다음 각 호의 어느 하나에 해당하는 행위를 하였을 때에는 관할청은 그 취임 승인을 취소할 수 있다.

---

350) 이 책 [14.206] 참조.

351) 이에 관한 구체적 개정경과는 이 책 [1.201] 참조.

1. 이 법, 「초·중등교육법」 또는 「고등교육법」을 위반하거나 이에 따른 명령을 이행하지 아니하였을 때
2. 임원 간의 분쟁, 회계 부정 또는 현저히 부당한 행위 등으로 해당 학교 운영에 중대한 장애를 일으켰을 때
3. 학사행정에 관하여 해당 학교의 장의 권한을 침해하였을 때
4. 관할청의 학교의 장 **및 교직원**에 대한 징계요구에 따르지 아니하였을 때

② 제1항에 따른 취임 승인의 취소는 관할청이 해당 학교법인에 그 사유를 들어 시정을 요구한 날부터 15일이 지나도 이에 따르지 아니한 경우에만 할 수 있다. 다만, 시정을 요구하여도 시정할 수 없는 것이 명백하거나 회계 부정, 횡령, 뇌물수수 등 비리의 정도가 중대한 경우에는 시정요구 없이 임원 취임의 승인을 취소할 수 있으며, 그 세부적인 기준은 대통령령으로 정한다.

(1) 법률안(정청래 의원안[352])

이 조문을 포함한 개정 대상 조문의 제안이유 및 주요내용은 아래와 같다.

• 제안이유 및 주요내용

사립학교는 우리 교육에서 차지하는 비중이 높고 대규모 국가 재정이 투입되고 있음. 그러나 현행법상 교원이 비위 등으로 해임 및 징계 등의 조치가 있어야 할 충분한 사유가 있어 관할청이 임용권자에게 해당 교원의 해임 또는 징계를 요구하더라도 해당 사립학교 소속의 교원징계위원회 등에서 심의를 하게 되고 심의를 하지 않더라도 임원승인을 취소하는 등의 강제규정이 없어 교원 징계에 대한 공정한 심의가 이루어지기 어려운 구조임. 이에 관할청의 징계요구 대상자를 학교의 장 및 교직원까지 확대해 사립학교 임원 승인 취소처분의 실효성을 확보해 사립학교의 공공성과 책무성을 확보하고자 함(안 제20조의2제1항제6호).

이 조문의 현행법과 개정 원안은 아래와 같다.

현행법[353]	원안
제20조의2(임원 취임의 승인취소) ① 임원이 다음 각 호의 어느 하나에 해당하는 행위를 하	**제20조의2(임원 취임의 승인취소)** ① 임원이 다음 각 호의 어느 하나에 해당하는 행위를 하

352) 2020. 7. 17. 정청래의원 등 10인(의안번호: 2102129).

였을 때에는 관할청은 그 취임 승인을 취소할 수 있다. 1. ~ 5. (생 략) 6. 관할청의 학교의 장에 대한 징계요구에 따르지 아니하였을 때 ② (생 략)	였을 때에는 관할청은 그 취임 승인을 취소할 수 있다. 1. ~ 5. (현행과 같음) 6. 관할청의 학교의 장 및 교직원에 대한 징계요구에 따르지 아니하였을 때 ② (현행과 같음)

• 관할청의 징계요구 대상자를 학교의 장 외에 교직원까지 확대하였다.

(2) 위원회 심사

〈1〉 **교육위원회:** 대안[354]으로 가결되었다.[355]

대안
제20조의2(임원 취임의 승인취소) ① 임원이 다음 각 호의 어느 하나에 해당하는 행위를 하였을 때에는 관할청은 그 취임 승인을 취소할 수 있다. 1. ~ 3. (현행과 같음) 4. 관할청의 학교의 장 및 교직원에 대한 징계요구에 따르지 아니하였을 때 ② (현행과 같음)

• 2007년 개정시에 삭제된 제1항제4·5·7호의 번호를 삭제하여 제6호를 제4호로 정리하였다.

제20조의2에 관한 회의록 내용은 아래와 같다.

- **조정위원장 서동용**[356]: 먼저 사립학교법 일부개정법률안에 대한 안건조정위원회는 16건의 법안을 통합 조정한 사립학교법 일부개정법률안(대안)을 조정안으로 의결하였습니다. 사립학교 이사회 소집 시 학교 홈페이지 등에 공지하고 관할청의 징계요구 대상자를 학교의 장 및 교직원까지 확대하며 사립학교 운영위를 심의기구로 격상하고 교원징계 절차를 보완하는 내용입니다.
- **위원장직무대리 박찬대**[357]: 의사일정 제14항부터 제29항까지 16건의 사립학교법

353) 「사립학교법」(2020. 12. 22. 일부개정, 2020. 12. 22. 시행)
354) 2021. 8. 25. 교육위원장(의안번호: 2112205).
355) 제390회 국회(임시회) 제1차 전체회의, 교육위원회회의록, 2021. 8. 19., 23면.
356) 제390회 국회(임시회) 제1차 전체회의, 교육위원회회의록, 2021. 8. 19., 21면.
357) 제390회 국회(임시회) 제1차 전체회의, 교육위원회회의록, 2021. 8. 19., 23면.

일부개정법률안은 심사보고한 바와 같이 본회의에 각각 부의하지 아니하고 이를 통합 조정한 의사일정 제30항을 우리 위원회안으로 제안하고자 하는데 이의가 없으십니까? (없습니다 하는 위원 있음) 이의가 없으면 가결되었음을 선포합니다.

〈2〉 **법제사법위원회:** 교육위원회 대안대로 가결되었다.[358]

(3) 본회의 심의

교육위원회 대안대로 가결되었다.[359] 김기현의원 등 105인이 개정전 법률과 동일한 내용으로 본회의 수정안을 제안하였지만 부결되었다. 제20조의2에 관한 회의록 내용은 아래와 같다.

- **정경희 의원**[360]: 본 수정안은 사립학교의 자율성을 훼손하고 사립학교를 정치의 장으로 만드는 조항들을 과감히 삭제하였습니다. 이는 국민의 자유와 권리를 억압하려는 법은 이유 여하를 막론하고 결코 만들어져서는 안 되기 때문입니다. 교육청이 사립학교 사무직원의 징계권까지 일일이 간섭하려는 조항들도 삭제했습니다. 사립학교 교원의 신규채용 시 교육청에 위탁을 의무화하는 조항은 수정하여 사립학교의 자율성을 유지하면서 채용의 공정성을 강화할 수 있는 공동채용방식을 도입할 수 있도록 했습니다.
- **박찬대 의원**[361]: 수정안에 따르면 사립교원 공개전형 시 필기시험 위탁의무화 근거를 삭제하고 현행법에 법인간 공동전형 실시 근거를 추가한 것으로 이는 오히려 현행보다 더욱 후퇴한 개악에 가깝습니다. …그 밖에 사립학교 사무직원에 대한 교육청의 징계요구권을 삭제하고 학교운영위원회를 심의기구에서 자문기구로 되돌리는 등 사학 운영 투명성 확보에 정면으로 역행하는 안을 담고 있습니다.
- **부의장 김상희**[362]: 그러면 국회법 제96조에 따라서 수정안부터 먼저 표결하도록 하겠습니다. 사립학교법 일부개정법률안(대안)에 대한 수정안에 대하여 투표해 주시기 바랍니다. (전자투표) 투표를 다 하셨습니까? 투표를 마치겠습니다. 투표

358) 제390회 국회(임시회) 제2차 전체회의, 법제사법위원회회의록, 2021. 8. 25., 14면.
359) 제390회 국회(임시회) 제1차 본회의, 국회본회의회의록, 2021. 8. 31., 21-25면.
360) 제390회 국회(임시회) 제1차 본회의, 국회본회의회의록, 2021. 8. 31., 23면.
361) 제390회 국회(임시회) 제1차 본회의, 국회본회의회의록, 2021. 8. 31., 24면.
362) 제390회 국회(임시회) 제1차 본회의, 국회본회의회의록, 2021. 8. 31., 25면.

결과를 말씀드리겠습니다. 재석 206인 중 찬성 67인, 반대 139인으로서 사립학교법 일부개정법률안(대안)에 대한 수정안은 부결되었음을 선포합니다. (찬반 의원 성명은 끝에 실음)

수정안이 부결되었으므로 국회법 제96조제2항에 따라서 원안을 표결하도록 하겠습니다. 그러면 사립학교법 일부개정법률안(대안)에 대하여 투표해 주시기 바랍니다. (전자투표) 투표를 다 하셨습니까? 그러면 투표를 마치겠습니다. 투표 결과를 말씀드리겠습니다. 재석 212인 중 찬성 139인, 반대 73인으로서 사립학교법 일부개정법률안(대안)은 가결되었음을 선포합니다.

(4) 결과

교육위원회 대안으로 개정되었다.

20-2.300 III. 현행법

제20조의2(임원 취임의 승인취소) ① 임원이 다음 각 호의 어느 하나에 해당하는 행위를 하였을 때에는 관할청은 그 취임 승인을 취소할 수 있다.

1. 이 법, 「초·중등교육법」 또는 「고등교육법」을 위반하거나 이에 따른 명령을 이행하지 아니하였을 때
2. 임원 간의 분쟁, 회계 부정 또는 현저히 부당한 행위 등으로 해당 학교 운영에 중대한 장애를 일으켰을 때
3. 학사행정에 관하여 해당 학교의 장의 권한을 침해하였을 때
4. 관할청의 학교의 장 및 교직원에 대한 징계요구에 따르지 아니하였을 때

② 제1항에 따른 취임 승인의 취소는 관할청이 해당 학교법인에 그 사유를 들어 시정을 요구한 날부터 15일이 지나도 이에 따르지 아니한 경우에만 할 수 있다. 다만, 시정을 요구하여도 시정할 수 없는 것이 명백하거나 회계 부정, 횡령, 뇌물수수 등 비리의 정도가 중대한 경우에는 시정요구 없이 임원 취임의 승인을 취소할 수 있으며, 그 세부적인 기준은 대통령령으로 정한다.

IV. 종합/특기사항

- 제20조의2는 제54조의2와 동일한 맥락으로 1964년 개정으로 신설되었는데, 심의 과정에서 공공성을 너무 강조한 나머지 사학의 자주성을 지나치게 위축한다는 비판이 제45회 국회(정기회) 제19차 본회의(1964. 10. 28.)에서 매우 활발하게 개진되었다.
- 제20조의2에 대한 주요 변화는 1990년, 2005년, 2007년, 2021년 개정이다. 1990년 개정은 제3항(감독청이 임원취임 취소처분을 할 때에 문교부장관의 승인)을 삭제하였고, 2005년 개정은 임원취임의 승인취소 사유를 구체화 내지 확대하면서 시정을 요구하여도 시정할 수 없는 것이 명백하거나 회계부정, 횡령, 뇌물수수 등 비리의 정도가 중대한 경우에는 시정요구 없이 임원취임의 승인을 취소할 수 있도록 하였으며(제2항), 2007년 개정은 임원취임 취소사유 중 일부(제1항제4·5·7호)를 삭제하였고, 2021년 개정은 관할청의 징계요구 대상자를 학교의 장 외에 교직원까지 확대하였다(제20조의2제1항제4호).
- 2005년 개정 과정에서 정치적 입장에 따라 매우 격렬한 의견대립이 있었다. 제256회 국회(정기회) 제16차 본회의(2005. 12. 9.)에서 나타난 원색적 언동은 그 사정을 잘 보여준다.[363]
- 2009년 헌법재판소는 ①청구인들이 당해 사건 재판에서 승소판결을 받아 확정된 경우 당해 사건에 적용된 법률조항의 위헌 여부가 재판의 전제성을 갖는지 여부 및 ②재판의 전제성이 없음에도 예외적으로 본안판단을 할 수 있는 경우에 해당하는지 여부에 대하여 아래와 같이 합헌 취지로 판단하였다.[364]

> ① 관할청이 학교법인의 임원취임승인을 취소할 수 있도록 규정한 사립학교법 제20조의2(1990. 4. 7. 법률 제4226호로 개정되고, 2005. 12. 29. 법률 제7802호로 개정되기 전의 것) 및 임시이사 선임의 근거 조항으로 임시이사의 권한 범위에 관하여 아무런 규정을 두고 있지 아니한 사립학교법 제25조제1항·제2항(2001. 1. 29. 법률 제6400호로 개정되고, 2005. 12. 29. 법률 제7802호로 개정되기 전의 것)이 적용된 당해 사건 재판에서 청구인들이 승소판결을 받아 그 판결이 확정된 이상 청구인들은 재심을 청구할 법률상 이익이 없고, 이 사건 법률조항들에 대하여 위헌결정이 선고되더라도 당해 사건 재판의 결론이나 주문에 영향을 미칠 수 없

363) 제256회 국회(정기회) 제16차 본회의, 국회본회의회의록, 2005. 12. 9., 2~3면.
364) 헌법재판소 2009. 4. 30. 선고 2006헌바29 결정.

> 으므로 이 사건 심판청구는 재판의 전제성이 인정되지 아니한다.
>
> ② 헌법재판소는 재판의 전제성이 없는 때에도 심판대상 조항으로 인한 침해 여부가 문제되는 기본권이 중요함에도 그에 대한 헌법적 해명이 이루어진 바 없고 동종의 기본권 침해 여부에 대한 문제제기가 반복될 가능성이 높아 헌법적 해명의 필요성이 긴요한 사안인 경우에는 예외적으로 본안판단을 할 수 있으나, 이 사건의 경우 당해 사건에서 법원이 합헌적 해석을 함으로써 청구인들에 대하여 이미 확정적인 권리구제가 이루어졌을 뿐만 아니라, 이 사건 법률조항들은 이미 개정되어 시행됨에 따라 이 사건 법률조항들로 인한 기본권 침해상태가 계속 유지되고 있거나 그 위헌 여부에 대한 문제 제기가 반복될 가능성이 높다고 볼 수도 없으므로 헌법적 해명이 긴요한 경우에 해당한다고 할 수 없다.

위 다수의견에 대하여 재판의 전제성에 관한 재판관 조대현, 재판관 김종대의 반대의견은 아래와 같다.

> 헌법이 위헌법률심판의 요건으로 재판의 전제성을 요구하는 것은 법률의 위헌성이 구체적 사건에서 문제된 때에 비로소 법률의 위헌 여부를 심판하라는 구체적 규범통제의 요청이지만, 이는 위헌법률심판을 개시하기 위한 요건을 정한 것일 뿐이지 위헌법률심판제도가 구체적인 분쟁의 해결이나 개인의 권리구제를 목적으로 하는 제도임을 의미하는 것은 아니다. 위헌법률심판제도의 근본적인 목적은 헌법에 위반되는 법률을 제거하여 헌법의 최고규범력을 보장하는 것이다. 재판의 전제성은 심판대상 법률이 당해 사건에 적용되고 그 위헌 여부에 따라 논리적·추상적으로 재판의 의미와 내용이 달라질 수 있는 가능성이 있으면 충족된다고 보아야 할 것인데, 이 사건의 경우 당해 사건에서 학교법인의 임시이사들은 이사선임권이 없다는 이유로 청구인들 승소판결이 선고되고 확정되었지만, 이 사건 법률조항들이 위헌이라면 재판의 내용이 달라져야 하는 것이므로 위 조항들의 위헌 여부는 당해 사건 재판의 전제문제로 된다고 보아야 한다. 따라서 이 사건 심판청구는 재판의 전제성을 갖추었으므로, 본안에 들어가 이 사건 법률조항들의 위헌 여부를 심판하여야 한다.

제20조의2 부분에 관한 재판관 조대현의 위헌의견은 아래와 같다.

사립학교법 제20조의2가 학교법인의 임원에 대한 취임승인을 취소할 수 있는 사유를 지나치게 넓게 규정하면서, 그러한 사유가 사립학교 교육의 충실성을 저해하는지 여부와 사립학교 교육의 충실성을 확보하기 위하여 그 임원의 퇴임조치가 필요한 것인지 여부도 따지지 않고, 학교법인의 자율적 시정기간도 매우 짧게 제한한 채, 임원 취임승인을 취소할 수 있게 하는 것은 학교법인의 자율적 운영의 자유를 제한할 필요성의 한도를 넘어 과도하게 침해하는 것으로서 헌법 제37조제2항에 위반된다.

제20조의3(임원의 직무집행정지)

0
I. 제정법

제정법에는 이 조문이 없다.

II. 개정 경과

1
1. 2005년 12월 29일 개정(법률 제7802호, 2006. 7. 1. 시행)

제20조의3(임원의 직무집행정지) ①관할청은 다음 각 호의 어느 하나에 해당하는 경우에는 60일의 범위 안에서 해당임원의 직무를 정지할 수 있으며, 부득이한 사유가 있을 때에는 60일의 범위 안에서 그 기간을 연장할 수 있다.
1. 제20조의2제1항의 규정에 의한 임원취임의 승인취소를 위한 조사 또는 감사가 진행 중일 때
2. 제20조의2제2항의 규정에 의한 시정요구 기간중 해당임원이 계속 직무를 집행할 경우 법인 또는 학교운영상 중대한 손해가 생길 우려가 있다고 인정되는 때

②제1항의 규정에 의한 임원의 직무집행정지 사유가 종료된 때에는 관할청은 이를 즉시 해제하여야 한다.

(1) 법률안(복기왕 의원안[365])

현행법	원안
<신 설>	**제20조의3(임원의 직무집행정지)** ①관할청은 다음 각 호의 어느 하나에 해당하는 경우에는 60

365) 2004. 10. 20. 복기왕의원 등 150인(의안번호: 170595); 제안이유 및 주요내용은 이 책 [10-2.201] 참고.

	일의 범위 안에서 해당임원의 직무를 정지할 수 있으며, 부득이한 사유가 있을 때에는 60일의 범위 안에서 그 기간을 연장할 수 있다. 1. 제20조의2제1항의 규정에 의한 임원취임의 승인취소를 위한 조사 또는 감사가 진행 중일 때 2. 제20조의2제2항의 규정에 의한 시정요구 기간중 해당임원이 계속 직무를 집행할 경우 법인 또는 학교운영상 중대한 손해가 생길 우려가 있다고 인정되는 때 ②제1항의 규정에 의한 임원의 직무집행정지 사유가 종료된 때에는 관할청은 이를 즉시 해제하여야 한다.

• 임원의 직무집행정지 제도를 신설하였다.

(2) 위원회 심사

〈1〉 **교육위원회:** 심사 미료

국회의장이 지정한 심사기간(2005. 9. 16 24:00) 내에 심사가 미료됨에 따라 소관 상임위원장의 중간심사보고(구두보고) 후 본회의로 바로 상정하였다(「국회법」 제85조의2).

〈2〉 **법제사법위원회:** 심사 미료

(3) 본회의 심의

원안대로 가결되었다.[366] 이 조문의 회의록 내용은 2005. 12. 29. 개정조문 제8조의2와 공통적이어서 생략한다.[367]

(4) 결과

원안으로 개정되었다.

366) 제256회 국회(정기회) 제16차 본회의, 국회본회의회의록, 2005. 12. 9., 2~3면.
367) 이 책 [8-2.201] 참조.

2. 2020년 12월 22일 개정(법률 제17659호, 2020. 12. 22. 시행)

제20조의3(임원의 직무집행정지) ① 관할청은 다음 각 호의 어느 하나에 해당하는 경우에는 60일의 **범위**에서 **해당 임원**의 직무를 정지**시킬** 수 있으며, 부득이한 사유가 있을 때에는 60일의 범위**에서** 그 기간을 연장할 수 있다.

1. 제20조의2제1항**에 따른 임원 취임 승인의 취소**를 위한 조사**나** 감사가 진행 중일 때
2. 제20조의2제2항**에 따른** 시정요구 기간 **중 해당 임원**이 계속 직무를 집행할 경우 법인 또는 **학교 운영상** 중대한 손해가 생길 우려가 있다고 인정**될** 때

② **관할청**은 제1항에 **따른** 임원의 직무집행정지 사유가 **소멸되었을** 때에는 **직무집행정지를** 즉시 해제하여야 한다.

• 법문을 간결하게 하였다(오직 형식에 관한 개정이므로 자세한 개정경과는 생략함[368]).

III. 현행법

제20조의3(임원의 직무집행정지) ① 관할청은 다음 각 호의 어느 하나에 해당하는 경우에는 60일의 범위에서 해당 임원의 직무를 정지시킬 수 있으며, 부득이한 사유가 있을 때에는 60일의 범위에서 그 기간을 연장할 수 있다.

1. 제20조의2제1항에 따른 임원 취임 승인의 취소를 위한 조사나 감사가 진행 중일 때
2. 제20조의2제2항에 따른 시정요구 기간 중 해당 임원이 계속 직무를 집행할 경우 법인 또는 학교 운영상 중대한 손해가 생길 우려가 있다고 인정될 때

② 관할청은 제1항에 따른 임원의 직무집행정지 사유가 소멸되었을 때에는 직무집행정지를 즉시 해제하여야 한다.

IV. 종합/특기사항

• 학교법인의 공공성 제고를 이유로 진행된 2005년 개정을 통해 제20조의3이 신설

368) 이에 관한 구체적 개정경과는 이 책 [1.201] 참조.

되었으며, 신설 이후 내용상의 변화는 없다.

- 2005년 개정 과정에서 정치적 입장에 따라 매우 격렬한 의견대립이 있었다. 제256회 국회(정기회) 제16차 본회의(2005. 12. 9.)에서 나타난 원색적 언동은 그 사정을 잘 보여준다.[369)]

제21조(임원 선임의 제한)

21.100 ### I. 제정법

제21조(임원선임의 제한) ①이사정수의 반수이상은 대한민국국민이어야 한다.
②이사회의 구성에 있어서 각이사상호간에 민법 제777조에 규정된 친족관계나 처의 3촌이내의 혈족관계가 있는 자가 그 정수의 3분의 1을 초과하여서는 아니된다.
③이사중 적어도 3분의 1이상은 교육에 경험이 있는 자라야 한다.
④감사는 감사상호간 또는 이사와 민법 제777조에 규정된 친족관계나 처의 3촌이내의 혈족관계가 있는 자가 아니어야 한다.

『새교육』이 소개하는 이 조문의 제정이유는 아래와 같다.[370)]

제21조에서는 외국인, 친척, 교육경험이 없는 자 등을 일정한 범위 내에서 제한함으로써 학교법인의 임원 구성에 있어 사회화의 정신을 주입시킨 것으로서, 이것도 이사회 구성에 있어 공권력의 개입을 허용하는 조항이라고 할 수 있다. 다만 교육경험이 있는 자에 대하여 얼마 동안의 기간을 교육경험으로 보느냐가 문제인데, 시행령에서는 1년으로 하고 있기 때문에 그다지 큰 문제는 아닐 것 같다.

---

369) 제256회 국회(정기회) 제16차 본회의, 국회본회의회의록, 2005. 12. 9., 2~3면.
370) 金康鉉, 앞의 글 "私立學校法(完)", 44면.

II. 개정 경과

1. 1981년 2월 28일 개정(법률 제3373호, 1981. 2. 28. 시행)

제21조(임원선임의 제한) ①이사정수의 반수이상은 대한민국국민이어야 한다.
②이사회의 구성에 있어서 각_이사상호간에 민법 제777조에 규정된 친족관계나 처의 3촌이내의 혈족관계가 있는 자가 그 정수의 3분의 1을 초과하여서는 아니된다.
③이사중 적어도 3분의 1이상은 교육에 경험이 있는 자라야 한다.
④감사는 감사상호간 또는 이사와 민법 제777조에 규정된 친족관계나 처의 3촌이내의 혈족관계가 있는 자가 아니어야 한다.
⑤대통령령으로 정하는 기준이상의 학교법인에서는 감사중 1인은 공인회계사의 자격을 가진 자라야 한다.

(1) 법률안(정부안[371])

현행법	원안
제21조(임원선임의 제한) ① ~ ④ (생 략) <신 설>	**제21조(임원선임의 제한)** ① ~ ④ (현행과 같음) ⑤대통령령으로 정하는 기준이상의 학교법인에서는 감사중 1인은 공인회계사의 자격을 가진 자라야 한다.

• 감사 중 1인을 공인회계사로 하였다.

(2) 위원회 심사

〈1〉 **문교공보위원회:** 원안대로 가결되었다.[372] 제21조에 관한 회의록 내용은 아래와 같다.

• **전문위원 김 철**[373]: 안 제21조는 제5항을 신설하는 것인데 그 내용을 보면 "감사

371) 1981. 2. 13. 정부(의안번호: CC0145); 제안이유 및 주요내용은 이 책 [4.204] 참조.
372) 제10.5대 국회 제77회 제19차 문교공보위원회국가보위입법회의사무처, 문교공보위원회회의록, 1981. 2. 19., 7면.
373) 제10.5대 국회 제77회 제19차 문교공보위원회국가보위입법회의사무처, 문교공보위원회회의록, 1981. 2. 19., 3면.

중 1인은 대통령령으로 정하는 기준 이상의 학교법인에서는 공인회계사의 자격을 가진 자라야 한다"로 하려는 것입니다. 현행법 제14조제1항에는 "2인이상의 감사를 두어야 한다"라고 규정하고 있습니다. 이 조문의 개정이유는 학교법인의 감사의 기능을 전문자격인으로 보충하려는 것이며 이렇게 함으로써 학교법인 및 대학교육기관의 재무회계운영을 공정하게 할 수 있도록 하려는 것입니다.

〈2〉 **법제사법위원회:** 원안대로 가결되었다.[374)]

(3) 본회의 심의

원안대로 가결되었다.[375)]

(4) 결과

원안으로 개정되었다.

21.202 **2. 1986년 5월 9일 개정(법률 제3812호, 1986. 5. 9. 시행)**

제21조(임원선임의 제한) ①이사정수의 반수이상은 대한민국국민이어야 한다.
②이사회의 구성에 있어서 각 이사상호간에 민법 제777조에 규정된 친족관계나 처의 3촌이내의 혈족관계가 있는 자가 그 정수의 3분의 1을 초과하여서는 아니된다.
③이사중 적어도 3분의 1이상은 교육**<u>경험이 1년이상 있는</u>** 자라야 한다.
④감사는 감사상호간 또는 이사와 민법 제777조에 규정된 친족관계나 처의 3촌이내의 혈족관계가 있는 자가 아니어야 한다.
⑤대통령령으로 정하는 기준이상의 학교법인에서는 감사중 1인은 공인회계사의 자격을 가진 자라야 한다.

(1) 법률안(문교공보위원회안(대안)[376)])

이 조문의 경우에는 원안[377)]으로 제안되지 않고 위원회 심사 단계에서 대안으로

374) 제10.5대 국회 제77회 제30차 법제사법위원회국가보위입법회의사무처, 법제사법위원회회의록, 1981. 2. 19., 5면.
375) 제10.5대 국회 제77회 제20차 국회본회의, 국회본회의회의록, 1981. 2. 20., 7면.
376) 1986. 4. 8. 문교공보위원장(의안번호: 120225).
377) 1985. 6. 7. 김일윤의원 등 19인(의안번호: 120042), 1985. 12. 7. 정동성의원 등 40인(의안번호:

제안되었다. 이 조문의 현행법과 원안(대안)의 내용을 비교하면 아래와 같다.

현행법	원안
제21조(임원선임의 제한) ① ~ ② (생 략) ③이사중 적어도 3분의 1이상은 교육에 경험이 있는 자라야 한다. ④ ~ ⑤ (생 략)	**제21조(임원선임의 제한)** ① ~ ② (현행과 같음) ③이사중 적어도 3분의 1이상은 교육경험이 1년이상 있는 자라야 한다. ④ ~ ⑤ (현행과 같음)

• 학교법인 이사의 교육경험 기간(1년)을 구체적으로 명시하였다.

(2) 위원회 심사

〈1〉 **문교공보위원회:** 대안[378]으로 가결되었다.[379] 제21조에 관한 회의록 내용은 아래와 같다.

• **소위원장 이민섭**[380]: 본 대안의 제안이유 및 주요골자를 말씀드리면. …학교법인의 이사 중 적어도 3분의 1 이상은 "교육에 경험이 있는 자"를 "교육경험이 1년 이상 있는 자"로 하여 교육경험 기간을 구체적으로 명시하였…습니다.

• **전문위원 배중섭**[381]: 학교법인의 이사 중에서 적어도 3분의 1 이상은 교육의 경험이 있는 자를 교육경험이 1년 이상 있는 자로 하여 교육경험 기간을 구체적으로 명시한 이 사항…입니다.

• **소위원장 이민섭**[382]: 아까 주요골자는 말씀드렸습니다마는 법조문을 일일이 열거해서 보충해서 심사보고를 하겠습니다. …제21조제3항 중 "교육에 경험이"를 "교육경험이 1년 이상"으로 한다.

〈2〉 **법제사법위원회:** 문교공보위원회 대안대로 가결되었다.[383]

(3) 본회의 심의

문교공보위원회 대안대로 가결되었다.[384] 제21조에 관한 회의록 내용은 아래와

120179).

378) 1986. 4. 8. 문교공보위원장(의안번호: 120225).

379) 제129회 국회(임시회) 제5차 전체회의, 문교공보위원회회의록, 1986. 4. 7., 7면.

380) 제129회 국회(임시회) 제5차 전체회의, 문교공보위원회회의록, 1986. 4. 7., 1~2면.

381) 제129회 국회(임시회) 제5차 전체회의, 문교공보위원회회의록, 1986. 4. 7., 2면.

382) 제129회 국회(임시회) 제5차 전체회의, 문교공보위원회회의록, 1986. 4. 7., 4면.

383) 제129회 국회(임시회) 제6차 전체회의, 법제사법위원회회의록, 1986. 4. 8., 9면.

384) 제129회 국회(임시회) 제9차 본회의, 국회본회의회의록, 1986. 4. 8., 26면.

같다.

- 이민섭 의원[385]: 대안의 주요골자를 말씀드리면,…"학교법인의 이사 중 적어도 3분의 1 이상은 교육에 경험이 있는 자를"이라는 조항을 고쳐서 "교육경험이 1년 이상 있는 자"로 하여서 교육경험기간을 구체적으로 명시했…습니다.
- 부의장 최영철[386]: 사립학교법 중 개정법률안에 대한 문교공보위원회의 대안에 대해서 이의 없으십니까? (없습니다 하는 이 있음) 가결되었음을 선포합니다.

(4) 결과

문교공보위원회 대안으로 개정되었다.

21.203

3. 1990년 4월 7일(법률 제4226호, 1990. 4. 7. 시행)

제21조(임원선임의 제한) ①이사정수의 반수이상은 대한민국국민이어야 한다.
②이사회의 구성에 있어서 각 이사상호간에 민법 제777조에 규정된 친족관계나 처의 3촌이내의 혈족관계가 있는 자가 그 정수의 **5분의 2를** 초과하여서는 아니된다.
③이사중 적어도 3분의 1이상은 교육경험이 1년이상 있는 자라야 한다.
④감사는 감사상호간 또는 이사와 민법 제777조에 규정된 친족관계나 처의 3촌이내의 혈족관계가 있는 자가 아니어야 한다.
⑤대통령령으로 정하는 기준이상의 학교법인에서는 감사중 1인은 공인회계사의 자격을 가진 자라야 한다.

(1) 법률안(문교공보위원회안(대안)[387])

이 조문의 경우에는 원안[388]으로 제안되지 않고 위원회 심사 단계에서 대안으로 제안되었다. 이 조문의 현행법과 원안(대안)의 내용을 비교하면 아래와 같다.

385) 제129회 국회(임시회) 제9차 본회의, 국회본회의회의록, 1986. 4. 8., 26면.
386) 제129회 국회(임시회) 제9차 본회의, 국회본회의회의록, 1986. 4. 8., 26면
387) 1990. 3. 15. 문교공보위원장(의안번호: 130833).
388) 1988. 12. 2. 정부(의안번호: 130287), 1988. 12. 21. 박석무의원 등 70인(의안번호: 130378), 1989. 2. 16. 김인곤의원 등 34인(의안번호: 130422), 1989. 2. 28. 강삼재의원 등 57인(의안번호: 130463).

현행법	원안
제21조(임원선임의 제한) ① (생 략) ②이사회의 구성에 있어서 각 이사상호간에 민법 제777조에 규정된 친족관계나 처의 3촌이내의 혈족관계가 있는 자가 그 정수의 3분의 1을 초과하여서는 아니된다. ③ ~ ⑤ (생 략)	**제21조(임원선임의 제한)** ① (현행과 같음) ②이사회의 구성에 있어서 각 이사상호간에 민법 제777조에 규정된 친족관계나 처의 3촌이내의 혈족관계가 있는 자가 그 정수의 5분의 2를 초과하여서는 아니된다. ③ ~ ⑤ (현행과 같음)

• 이사회의 구성에 있어 이사상호간 혈족 또는 친족관계에 있는 이사의 수를 "3분의 1"에서 "5분의 2"로 하였다.

(2) 위원회 심사

〈1〉 **문교공보위원회**: 대안[389]으로 가결되었다.[390] 제21조에 관한 회의록 내용은 아래와 같다.

• **소위원장 함종한**[391]: 다음으로 대한의 주요골자를 말씀드리겠습니다. 사립학교법인의 이사 수는 현행 5인 이상 15인 이하를 7인 이상 15인 이하로 하는 한편 이사 상호 간에 친족관계 또는 혈족관계가 있는 자가 이사 정수의 3분의 1을 초과할 수 없도록 되어 있는 것을 5분의 2를 초과할 수 없도록 하였습니다.

〈2〉 **법제사법위원회**: 문교공보위원회 대안대로 가결되었다.[392]

(3) 본회의 심의

문교공보위원회 대안대로 가결되었다.[393]

(4) 결과

문교공보위원회 대안으로 개정되었다.

---

389) 1990. 3. 15. 문교공보위원장(의안번호: 130833).
390) 제148회 국회(임시회) 제6차 전체회의, 문교공보위원회회의록, 1990. 3. 14., 8면.
391) 제148회 국회(임시회) 제6차 전체회의, 문교공보위원회회의록, 1990. 3. 14., 3면.
392) 제148회 국회(임시회) 제6차 전체회의, 법제사법위원회회의록, 1990. 3. 14., 26면.
393) 제148회 국회(임시회) 제9차 본회의, 국회본회의회의록, 1990. 3. 16., 15~16면.

21.204 ## 4. 1997년 1월 13일 개정(법률 제5274호, 1997. 4. 14. 시행)

제21조(임원선임의 제한) ①이사정수의 반수이상은 대한민국국민이어야 한다.
②이사회의 구성에 있어서 각 이사상호간에 민법 제777조에 규정된 친족관계나 처의 3촌이내의 혈족관계가 있는 자가 그 정수의 5분의 2를 초과하여서는 아니된다.
③이사중 적어도 3분의 1이상은 교육경험이 **3년**이상 있는 자라야 한다.
④감사는 감사상호간 또는 이사와 민법 제777조에 규정된 친족관계나 처의 3촌이내의 혈족관계가 있는 자가 아니어야 한다.
⑤대통령령으로 정하는 기준이상의 학교법인에서는 감사중 1인은 공인회계사의 자격을 가진 자라야 한다.

(1) 법률안(정부안[394])

현행법	원안
제21조(임원선임의 제한) ①·② (생 략) ③이사중 적어도 3분의 1이상은 교육경험이 1년이상 있는 자라야 한다. ④·⑤ (생 략)	**제21조(임원선임의 제한)** ①·② (현행과 같음) ③이사중 적어도 3분의 1이상은 교육경험이 3년이상 있는 자라야 한다. ④·⑤ (현행과 같음)

- 종전에는 학교법인의 이사 중 적어도 3분의 1은 교육경험이 1년 이상인 자로 하였으나 교육경험이 3년 이상인 자로 하여 요건을 강화하였다.

(2) 위원회 심사

〈1〉 **교육위원회:** 원안대로 가결되었다.[395] 제21조에 관한 회의록 내용은 아래와 같다.

- **교육부장관 안병영[396]**: 주요골자를 말씀드리면, …현재는 학교법인의 이사 중 적어도 3분의 1은 교육경험이 1년 이상인 자로 하고 있으나 앞으로는 교육경험이 3년 이상인 자로 하여 이사회의 교육 전문성을 높…였습니다.
- **전문위원 류삼현[397]**: 학교법인 이사 가운데 적어도 3분의 1 이상은 교육경험이

394) 1996. 11. 18. 정부(의안번호: 150305); 제안이유 및 주요내용은 이 책 [3.206] 참조.
395) 제181회 국회(정기회) 제10차 전체회의, 교육위원회회의록, 1996. 12, 12, 17면.
396) 제181회 국회(정기회) 제6차 전체회의, 교육위원회회의록, 1996. 11. 26., 8면,

3년 이상 있는 자로 하여 이사의 교육경력을 강화함으로써 이사회의 교육전문성을 제고하고 있는 바 이는 이사의 수에 대한 규제완화와 전문성 제고를 위한 것이라고 말씀드릴 수 있겠습니다.

〈2〉 **법제사법위원회:** 원안대로 가결되었다.[398] 제21조에 관한 회의록 내용은 아래와 같다.

- **교육부장관 안병영**[399]: 다음은 사립학교법 중 개정법률안에 대하여 제안설명을 드리겠습니다. 제안이유는 사립학교의 자율성을 신장하기 위하여 학교법인의 이사의 수에 대한 규제를 완화하고 총·학장의 신분보장을 강화하며 사립학교 운영의 공공성과 투명성 제고를 위하여 학교법인의 회계에 대하여 외부감사를 받도록 하는 등 현행 제도의 운영상 나타난 일부 미비사항을 개선·보완하려는 것입니다.

  주요골자는 … 현재는 학교법인의 이사 중 적어도 3분의 1은 교육경험이 1년 이상인 자로 하고 있으나 앞으로는 교육경험이 3년 이상인 자로 하여 이사회의 교육전문성을 높…였습니다.

(3) 본회의 심의

원안대로 가결되었다.[400]

(4) 결과

원안으로 개정되었다.

5. 1997년 8월 22일 개정(법률 제5345호, 1998. 1. 1. 시행)

제21조(임원선임의 제한) ①이사정수의 반수이상은 대한민국국민이어야 한다. <u>다만, 대학교육기관중 대통령령이 정하는 학교를 설치·경영하는 학교법인으로서 대한민국국민이 아닌 자가 학교법인의 기본재산액의 2분의 1이상에 해당하는 재산을 출연한 학교법인인 경우에는 이사정수의 3분의 2미만을 대한민국국민이 아닌 자</u>

397) 제181회 국회(정기회) 제6차 전체회의, 교육위원회회의록, 1996. 11. 26., 8면.
398) 제181회 국회(정기회) 제14차 전체회의, 법제사법위원회회의록, 1996. 12. 16., 23면.
399) 제181회 국회(정기회) 제14차 전체회의, 법제사법위원회회의록, 1996. 12. 16., 15면.
400) 제181회 국회(정기회) 제22차 본회의, 국회본회의회의록, 1996. 12. 17., 8면.

로 할 수 있다.
②이사회의 구성에 있어서 각 이사상호간에 민법 제777조에 규정된 친족관계나 처의 3촌이내의 혈족관계가 있는 자가 그 정수의 5분의 2를 초과하여서는 아니된다.
③이사중 적어도 3분의 1이상은 교육경험이 3년이상 있는 자라야 한다.
④감사는 감사상호간 또는 이사와 민법 제777조에 규정된 친족관계나 처의 3촌이내의 혈족관계가 있는 자가 아니어야 한다.
⑤대통령령으로 정하는 기준이상의 학교법인에서는 감사중 1인은 공인회계사의 자격을 가진 자라야 한다.

(1) 법률안(정부안[401])

이 조문을 포함한 개정 대상 조문의 제안이유 및 주요내용은 아래와 같다.

• 제안이유

외국대학 등에 대한 문호를 개방함으로써 세계화시대에 부응하여 국민에게 국제적 수준의 다양한 교육서비스를 제공하고 대학의 국제경쟁력을 강화하기 위하여 외국인이 일정한 재산을 출연한 학교법인인 경우에는 이사정수의 3분의 2 미만을 외국인으로 할 수 있도록 하며, 인구의 감소에 따른 학생수의 격감으로 정상운영이 어려운 농어촌지역의 소규모 사립학교의 통·폐합을 유도하고 중학교 의무교육의 내실화를 도모하기 위하여 1998년부터 2000년까지 3년간에 한하여 고등학교 이하 각급학교를 설치·경영하는 학교법인이 학생 수의 격감으로 인하여 그 목적의 달성이 곤란한 경우를 새로운 해산사유로 추가하도록 하며, 해산한 학교법인의 잔여재산은 해산 당시의 학교법인이 잔여재산처분계획서에서 정하는 자에게 귀속시키거나 공익법인의 설립을 위한 재산으로 출연할 수 있도록 함.

• 주요내용

가. 대학교육기관 중 대통령령이 정하는 학교를 설치·경영하는 학교법인으로서 외국인이 기본재산액의 2분의 1 이상에 해당하는 재산을 출연한 경우에는 이사정수의 3분의 2 미만을 외국인으로 할 수 있도록 함(안 제21조제1항 단서).

나. 고등학교 이하 각급학교를 설치·경영하는 학교법인은 학생수의 격감으로 인하여 그 목적의 달성이 곤란한 경우에는 시·도교육감의 인가를 받아 해산할 수 있도록

401) 1997. 6. 24. 정부(의안번호: 150558).

함(안 제35조의2제1항).

다. 학생수의 격감으로 인하여 해산한 학교법인의 해산 및 잔여재산의 처분에 관한 사항을 심사하기 위하여 시·도교육감 소속하에 사학정비심사위원회를 두도록 함(안 제35조의2제3항 및 제4항).

라. 학생수의 격감으로 인하여 해산한 학교법인의 잔여재산은 그 전부 또는 일부를 해산 당시의 학교법인이 정하는 자에게 귀속시키거나 공익법인의 설립을 위한 재산으로 출연할 수 있도록 함(안 제35조의2제5항).

마. 고등학교 이하 각급학교 교원의 직무이탈로 인하여 후임자의 보충이 불가피하거나 특정교과를 한시적으로 담당할 교원이 필요한 경우에도 임용기간을 정하여 기간제교원을 임용할 수 있도록 하고, 기간제교원의 임용권은 학교법인의 정관 등이 정하는 바에 의하여 이를 학교의 장에게 위임할 수 있도록 함(안 제54조의4제1항).

이 조문의 현행법과 개정 원안은 아래와 같다.

현행법	원안
제21조(임원선임의 제한) ①이사정수의 반수이상은 대한민국국민이어야 한다. <단서 신설>	**제21조(임원선임의 제한)** ①이사정수의 반수이상은 대한민국국민이어야 한다. 다만, 대학교육기관중 대통령령이 정하는 학교를 설치·경영하는 학교법인으로서 대한민국국민이 아닌 자가 학교법인의 기본재산액의 2분의 1이상에 해당하는 재산을 출연한 학교법인인 경우에는 이사정수의 3분의 2미만을 대한민국국민이 아닌 자로 할 수 있다.
② ~ ⑤ (생 략)	② ~ ⑤ (현행과 같음)

• 제1항 단서를 신설하여 외국인이 기본재산액의 2분의 1 이상에 해당하는 재산을 출연한 대학교육기관을 설치·경영하는 학교법인의 경우에는 외국인 이사의 수를 확대하였다. 세계화시대에 부응하여 외국대학 등에 대한 문호를 개방하기 위한 것이다.

(2) 위원회 심사

〈1〉 **교육위원회:** 원안대로 가결되었다.[402] 제21조에 관한 회의록 내용은 아래와 같다.

---

402) 제184회 국회(임시회) 제4차 전체회의, 교육위원회회의록, 1997. 7. 18., 60~61면.

- **교육부장관 안병영**[403]: 사립학교법 중 개정법률안에 대하여 제안설명 드리겠습니다. 제안이유를 말씀드리면 외국대학 등에 대한 문호를 개방함으로써 세계화시대에 부응하여 국민에게 국제적 수준의 다양한 교육서비스를 제공하고 대학의 국제경쟁력을 강화하기 위하여 외국인이 일정한 재산을 출연한 학교법인의 경우에는 이사정수의 3분의 2 미만을 외국인으로 할 수 있도록 하…였습니다. 주요골자를 말씀드리면 첫째, 대학교육기관 중 대통령령이 정하는 학교를 설치·경영하는 학교법인으로서 외국인이 기본재산액의 2분의 1 이상에 해당하는 재산을 출연한 경우에는 이사 정수의 3분의 2 미만을 외국인으로 할 수 있도록 하…였습니다.
- **전문위원 류삼현**[404]: 사립학교법 중 개정법률안에 대한 검토의견을 말씀드리겠습니다. 주요 사항별로 검토한 결과를 보고드리겠습니다.

  먼저 외국인 이사 정수 확대에 대해서 말씀을 드리겠습니다. 안 제21조제1항 단서는 "대학교육기관 중 대통령령으로 정하는 학교를 설립·경영하는 학교법인으로서 대한민국 국민이 아닌 자가 학교법인 기본재산액의 2분의 1 이상에 해당하는 재산을 출연한 경우에는 당해 학교법인 이사 정수의 3분의2 미만을 대한민국 국민이 아닌 자로 할 수 있다"고 규정하고 있습니다. 이러한 규정은 통상적인 학교법인의 의사결정이 이사 정수의 과반수로 이루어질 수 있다는 점을 고려하여 외국인 이사에 의한 학교운영을 가능하게 하기 위한 것으로 선진외국의 교육내용이나 대학경영기법을 우리 대학에 도입함으로써 궁극적으로 국민에게 다양한 국제적 수준의 교육서비스를 제공할 수 있을 것으로 보여집니다. 한편, 동 법안은 개방 대상 학교의 범위를 대통령령으로 위임하고 있어서 그 범위가 불분명하게 되어 있는 바 이는 개방대상 학교에 대한 정부 부처내의 이견이 있었기 때문인 것으로 알고 있습니다. 따라서 대외 개방 대상을 대학으로 한정할 것인지에 대한 정책적 판단이 필요할 것으로 여겨집니다.

〈2〉 **법제사법위원회**: 원안대로 가결되었다.[405]

(3) 본회의 심의

원안대로 가결되었다.[406]

---

403) 第184회 국회(임시회) 제3차 전체회의, 교육위원회회의록, 1997. 7. 14., 11~12면.
404) 第184회 국회(임시회) 제3차 전체회의, 교육위원회회의록, 1997. 7. 14., 14면.
405) 第184회 국회(임시회) 제5차 전체회의, 법제사법위원회회의록, 1997. 7. 23., 26면.
406) 第184회 국회(임시회) 제11차 본회의, 국회본회의회의록, 1997. 7. 30., 9면.

(4) 결과

원안으로 개정되었다.

6. 1999년 8월 31일 개정(법률 제6004호, 1999. 8. 31. 시행)

제21조(임원선임의 제한) ①이사정수의 반수이상은 대한민국국민이어야 한다. 다만, 대학교육기관중 대통령령이 정하는 학교를 설치·경영하는 학교법인으로서 대한민국국민이 아닌 자가 학교법인의 기본재산액의 2분의 1이상에 해당하는 재산을 출연한 학교법인인 경우에는 이사정수의 3분의 2미만을 대한민국국민이 아닌 자로 할 수 있다.

②이사회의 구성에 있어서 각 이사상호간에 민법 제777조에 규정된 **친족관계에 있는 자가 그 정수의 3분의 1을 초과**하여서는 아니된다.

③이사중 적어도 3분의 1이상은 교육경험이 3년이상 있는 자라야 한다.

④감사는 감사상호간 또는 이사와 민법 제777조에 규정된 **친족관계에 있는 자**가 아니어야 한다.

⑤대통령령으로 정하는 기준이상의 학교법인에서는 감사중 1인은 공인회계사의 자격을 가진 자라야 한다.

(1) 법률안(정부안[407])

현행법	원안
제21조(임원선임의 제한) ① (생 략) ②이사회의 구성에 있어서 각 이사상호간에 민법 제777조에 규정된 친족관계나 처의 3촌이내의 혈족관계가 있는 자가 그 정수의 5분의 2를 초과하여서는 아니된다. ③ (생 략) <신 설>	**제21조(임원선임의 제한)** ① (현행과 같음) ②이사회의 구성에 있어서 각 이사상호간에 민법 제777조에 규정된 친족관계에 있는 자가 그 정수의 3분의 1을 초과하여서는 아니된다. ③ (현행과 같음) ④대학(산업대학·전문대학·기술대학 및 방송·통신대학을 포함한다)을 설치·경영하는 학교법인의 이사의 3분의 1이상(이사정수가 7인인 경우에는 2인이상)은 공익을 대표하는 자로 선임하되, 공익을 대표하는 자의 자격, 선임절차

407) 1998. 12. 2. 정부(의안번호: 151530); 제안이유 및 주요내용은 이 책 [2.201] 참조.

	기타 필요한 사항은 대통령령으로 정한다.
④감사는 감사상호간 또는 이사와 민법 제777조에 규정된 친족관계나 처의 3촌이내의 혈족관계가 있는 자가 아니어야 한다.	⑤감사는 감사상호간 또는 이사와 민법 제777조에 규정된 친족관계에 있는 자가 아니어야 한다.
⑤ (생 략)	⑥ (현행 제5항과 같음).

• 대학을 설치·경영하는 학교법인의 이사중 3분의 1 이상은 공익을 대표하는 자로 선임하도록 하였다.

(2) 위원회 심사

〈1〉 **교육위원회:** 원안을 수정·가결했다.[408] 수정내용은 아래와 같다.

현행법	원안
제21조(임원선임의 제한)	**제21조(임원선임의 제한)**
③이사중 적어도 3분의 1이상은 교육경험이 3년이상 있는 자라야 한다.	③이사중 적어도 3분의 1이상은 교육경험이 3년이상 있는 자라야 한다.
④대학(산업대학·전문대학·기술대학 및 방송·통신대학을 포함한다)을 설치·경영하는 학교법인의 이사의 3분의 1이상(이사정수가 7인인 경우에는 2인이상)은 공익을 대표하는 자로 선임하되, 공익을 대표하는 자의 자격, 선임절차 기타 필요한 사항은 대통령령으로 정한다.	④ <삭제>
⑤감사는 감사상호간 또는 이사와 민법 제777조에 규정된 친족관계에 있는 자가 아니어야 한다.	④감사는 감사상호간 또는 이사와 민법 제777조에 규정된 친족관계에 있는 자가 아니어야 한다.
⑥대통령령으로 정하는 기준이상의 학교법인에서는 감사중 1인은 공인회계사의 자격을 가진 자라야 한다.	⑤대통령령으로 정하는 기준이상의 학교법인에서는 감사중 1인은 공인회계사의 자격을 가진 자라야 한다.

제21조에 관한 회의록 내용은 아래와 같다.

가. 제15대 국회 제198회 제9차 교육위원회(1998. 12. 9.)

• **교육부차관 조선제**[409]: 다음은 사립학교법 중 개정법률안에 대하여 제안설명을 드리겠습니다. 제안이유를 말씀드리면 사립대학의 공공성을 강화하기 위하여 학교법인 이사회 구성에 관한 사항을 정비하고 국·공립대학 교원임용제도 개선과

---

408) 제206회 국회(임시회) 제2차 전체회의, 교육위원회회의록, 1999. 8. 10., 30면.
409) 제198회 국회 제9차 전체회의, 교육위원회회의록, 1998. 12. 9., 8면.

관련된 규정을 사립대학에도 준용하도록 하려는 것입니다. 주요골자를 말씀드리면 첫째, 대학을 설치·경영하는 학교법인 이사회의 이사 중 3분의 1 이상을 공익을 대표하는 자로 선임하는 조항을 신설하…였습니다.

• **전문위원 상원종**[410]: 다음은 임원선임의 제한에 대해서 말씀드리겠습니다. 개정안은 이사회의 구성에 있어서 친족 이사 수를 현행 5분의 2에서 3분의 1로 조정하고 3분의 1 이상은 공익을 대표하는 자로 선임하되 그 자격, 선임절차 및 기타 필요한 사항은 대통령령으로 정하도록 하고 있습니다. 학교법인의 임원선임에 있어서 친족관계에 있는 자의 선임 제한은 종전에는 이사 정수의 3분의 1 이상을 초과하지 못하도록 한 것을 이사 정수의 5분의 2를 초과하지 못하도록 90년 4월 7일 개정하였으나 다시 이사 정수의 3분의 1을 초과하지 못하도록 조정하는 것으로서 이사정수를 7인으로 하고 있는 법인의 경우에는 개정 여부와 관계없이 친족 이사수가 2명 이내이므로 조정할 필요가 없으나 이사정수가 8명이나 9명인 법인 등의 경우 친족 이사수가 3명이면 1명을 줄여야 합니다. 개정안에 따라 친족 이사수를 조정하여야 하는 학교법인은 대학설치법인 129개교 가운데 9개교가 해당되며 친족 이사 수가 없는 법인도 78개교로서 전체의 60.5%를 차지하고 있는바 법개정의 효과는 그리 크지 않다고 생각됩니다.

또한 동법 제3항은 학교법인의 이사회를 개방하여 이사 정수의 3분의 1 이상은 공익을 대표하는 자로 선임하되 그 자격, 선임절차 및 기타 필요한 사항은 대통령령에서 정하도록 포괄적으로 위임하고 있습니다. 대통령령이 규정할 공익을 대표하는 자로는 첫째, 교무위원회의 추천을 받은 자 둘째, 대학의 동문회 또는 학부모회의 추천을 받은 자 셋째, 당해 대학의 소재지를 관할하는 광역지방자치단체장의 추천을 받은 자 넷째, 대학과의 산·학 협동에 참여하고 있는 기업체의 추천을 받은 자 중에서 학교법인이 이사를 선임하되 교무위원회에서 추천을 받은 자는 포함하여야 하고 그 구체적인 추천 방법에 관하여는 당해 학교법인의 정관에 의하도록 할 예정입니다. 이는 학교법인 이사에 외부 중립적인 인사를 포함하도록 의무화함으로써 사학의 공공성을 앙양하려는 것으로 보이나 한국사학법인연합회 등에서는 사학의 건학이념과 사학경영권, 인사권, 재정권은 법인의 고유권한이므로 보장되어야 하나 개정안은 사학의 공공성만 강조하고 자주성과 특수성은 고려하지 않은 것이라는 의견을 개진하고 있습니다.

• **정희경 위원**[411]: 사립학교법 가운데, 그래서 답답해서 저도 법안을 내는 데 참여

410) 제198회 국회 제9차 전체회의, 교육위원회회의록, 1998. 12. 9., 18면.
411) 제198회 국회 제9차 전체회의, 교육위원회회의록, 1998. 12. 9., 20~21면.

를 했습니다마는 학교법인은 공익법인입니다. 그렇지요? 공익법인은 이사가 된다는 것 자체가 그 개인의 공익성을 인정받아야만 이사가 됩니다. 공익성이 없는 인사가 들어갈 수가 없지요. 더군다나 다른 부처와 달리 교육부는 모든 법인에 임원의 승인권을 가지고 있습니다. 원래 승인권은 법적으로 등기소에 가서 하는 것이지 교육부에 하는 것이 아니거든요. 이것이 이미 대단한 규제입니다. 그런 승인권까지 가지고 있으면서 어떻게 정부가 3분의 1의 공익성 인사라는 분들을 임명·파견하는 그런 기가 막힌 안을 낼 수가 있었는지 도저히 제가 이해가 안 됩니다. 이 많은 사립대학에 대해서 이 많은 사학에 대해서 어떻게 그것을 하시겠습니까? 아니면 대학에도 학교운영위원회 같은 조직을 만드시려는 생각이신지요? 또 3분의 1을 넣었다고 합시다. 그것은 언필칭 교육부가 내놓은 입안의 취지로 볼 때 부정한 학교, 비리를 저지르는 학교의 어두컴컴한 데를 검색하겠다고 하는 것인데 이것은 시작부터 학교법인이 9명이었든 11명이었든 이미 대립형태로 넣게 되면 그 학교의 안녕과 그 학교의 평화는 이미 그 자체로서 사라집니다.

• 이재오 위원[412]: 그리고 사립학교법 제21조제2항에 대해서 "임원선임의 제한" 부분에 대해서 현행법은 "친족관계나 처의 3촌 이내의 혈족관계가 있는 자가 그 정수의 5분의 2를 초과하여서는 아니된다" 이렇게 되어 있는데 지금 개정안은 혈족관계를 없애고 그냥 "친족관계에 있는 자가 그 정수의 3분의 1을 초과해서는 아니된다" 이렇게 고쳤습니다.

대개 우리가 친가, 처가, 외가를 3족이라 안 그럽니까? 이 3족에서 4촌 이내의 범위는 사실상 친족과 같은 범위이기 때문에, 처삼촌이나 처사촌이나 외삼촌이나 외사촌이 마찬가지로 친사촌과 친삼촌과 같은 범위에 들기 때문에 이것을 친족관계나 처의 3촌 이내를 굳이 친족관계로 한정한 그런 이유가 있는 것인지 궁금하고요. 그다음에 제4항을 신설했는데 "대학을 설치·경영하는 학교법인의 이사의 3분의 1 이상(이사 정수가 7인의 경우에는 2인 이상)은 공익을 대표하는 자로 선임하되, 공익을 대표하는 자의 자격, 선임절차, 기타 필요한 사항을 대통령령으로 정한다" 이렇게 올라와 있습니다. 그런데 대학에는 정관도 있고 학칙도 있고 그 나름대로 이런 것을 규정할 수 있는 여러 가지가 있는데 이것까지 대통령령으로 정할 수가 있겠느냐 하는 생각이 들고 또 대통령령으로 정한다는 그 내용을 보면 "동문회 또는 학부모회의 추천을 받은 자" 또 특히 "당해 대학의 소재지를 관할하는 광역지방자치단체장의 추천을 받은 자" 이런 부분이 있고

412) 제198회 국회 제9차 전체회의, 교육위원회회의록, 1998. 12. 9., 40면.

또 “당해 대학과의 산·학협동에 참여하고 있는 기업체의 추천을 받은 자 중에서 학교법인이 이사를 선임하되…” 이렇게 죽 나와 있는데 이 중에 기업체의 추천을 받는 부분하고 장관 아시다시피 우리나라의 광역자치단체장은 정당공천 아닙니까? 이것이 다 여·야가 나누어져 있기 때문에 여당있는 지역의 학교는 여당 단체장이 자기 주변의 사람을 추천하고 또 야당이 있는 단체는 야당 주변을 추천하게 되면 수는 많지 않지마는 이런 부분이 혹시 교육외적인 부분으로 흘러갈 우려는 없겠는가, 이런 염려가 된다는 것을 말씀을…드립니다.

- **교육부장관 이해찬**[413]: 다음에 공익이사에 대해서 말씀을 드리겠습니다. 우리 대학의 중심이 사학이기 때문에 사학의 운영이 얼마만큼 공정하고 잘 이루어지느냐가 대학교육에 매우 중요한 영역입니다. 잘하는 사학도 있고 지난 감사에서 증인 채택된 것처럼 수준 이하의 그런 경우도 있습니다. 그래서 저희가 잘하는 대학에 대해서는 하등의 견제 장치나 불이익을 줄 이유가 없습니다. 저희가 현재까지는 사학에 대해서 어떻게 하고 있느냐 하면 문제가 발생한 이후에 임시이사가 전원이 나가서 학교를 운영하게 되는데 나중에 철수할 때는 전원이 철수하게 됩니다. 그래서 너무 공백이 커지기 때문에 임시이사가 파견되는 재단의 경우는 거의 학교를 뺏겼다라고 하는 소외감, 박탈감을 느낄 정도로 아주 심하고 또 철수를 하고 싶어도 전원 전 이사체제로 가게 될 경우에는 공백이 또 생깁니다. 그래서 저희가 그런 공백을 가능한 한 줄이면서도 사학운영의 공정성과 투명성을 높일 수 있는 방안 그리고 사후관리보다는 예방차원에서 관리할 수 있는 방안을 여러 가지로 토론한 끝에 저희가 공익을 대표하는 이사 구성을 일정 비율을 하는 것이 좋겠다. 법에는 일정 비율을 하도록 해 놓고 시행령에서 저희가 구체화시켜서 문제가 많은 대학은 3분의 1을 다 채우도록 하고 문제가 많지 않은 대학, 예시적으로 말씀드린다면 10년 내에 아무런 문제가 없었다 이런 데는 이것을 내보낼 필요가 전혀 없는 것입니다.

  그런데 자주 빈발한다 이런 경우에는 3분의 1 범위 내에서 내보내고 이렇게 재단의 학교운영의 투명성·공정성 정도에 따라서 차등적으로 적용할 수 있는 그런 시행령을 저희가 지금 준비를 하고 있습니다. 그렇게 하면 현재보다 학교운영의 투명성을 높이면서도 전면적인 임시이사, 전면적인 철수, 이런 지나친 공백을 오히려 메우고 또 예방하는데 도움이 되리라고 저희는 판단해서 공익이사제 입법화를 제안한 것입니다. …다음에 개정안 중에서 친족관계에 대해서는 현행 민법 777조에 보면 친족의 범위가 8촌 이내의 혈족, 4촌 이내의 인척, 배

413) 제198회 국회 제9차 전체회의, 교육위원회회의록, 1998. 12. 9., 47~48면.

우자, 이렇게 셋으로 규정하고 있는데 처의 3촌 이내의 혈족관계는 민법 777조에 규정된 친족관계에 포함되기 때문에 별도로 규정을 하지 않아도 내용상의 변화는 거의 없는 것이라는 것을 말씀드립니다.

- **김정숙 위원**[414]: 하나 더 보충질의를 하면, 사립학교법 임원선임 제한에서 3분의 1을 공익을 대표하는 자들로 선임한다고 할 때, 지금 장관께서 일부의 부실·비리 이런 사학들 때문에 이것을 열어놓고 인원을 채우든지 아니면 봐가면서 한다 이렇게 하시는데 그 발상을 거꾸로 지금 하려고 하시는 것은, 벼룩이나 빈대 한 마리 잡으려고 초가삼간을 태우는 식이에요. 이런 부실운영, 비리가 있는 재단이 사학에 몇 %나 된다고 이런 몇 군데 때문에 우리나라의 명문사학들이, 연대나 고대나 이대나 이런 사학들까지도 다 이 법의 적용을 받아야 됩니다. 이렇게 하지 마시고, 이런 것은 터놓고 부실·비리 재단들을 엄격하게 다스리는 것이 좋지요. 미국의 하버드나 스탠포드나 아이비리그들 그 유명한 대학들이 다 사학이에요. 그러면 미국에 부실·비리가 없느냐, 많습니다. 아주 엉터리로 학위를 500불만 주면 박사학위 살 수 있는 대학들도 많아요. 그렇게 비리로 얼룩진 대학들이 즐비하게 있어도 이런 개정법률안 안 만들어요. 그냥 오픈해 놓고 최대한 자율성을 인정하면서 사학이 크도록 만드는 것이지, 한쪽에서 학위 팔아먹는 대학도 있는가 하면 세계에서 최고 가는 대학들이 많이 생겨서 미국 인재를 배출하지 않습니까?

  발상을 완전히 거꾸로 뒤집어서 한 번 생각을 하셔야지, 빈대 한 마리 잡겠다고 초가삼간 태우는 식으로 법을 이렇게 경직되게 비민주적으로 사학을 말살시키는 자율성 보장을 안 하고 독자성을 보장을 안 하는 이런 것을 왜 만드시려고 하는지 저는 이해가 도저히 되지가 않습니다. 그러니까 뒤집어서 한 번 생각해 주셨으면 좋겠어요.

나. 제15대 국회 제206회 제2차 교육위원회(1999. 8. 10.)

- **소위원장 이재오**[415]: 법안심사소위원회 위원장 이재오 의원입니다. 다음은 사립학교법 중 개정법률안에 대한 심사결과를 보고드리겠습니다. 이 법안은 첫째, 제21조제4항에서 대학을 설치·경영하는 학교법인이 이사의 3분의 1 이상을 공익을 대표하는 자로 선임하도록 하고 있으나 정상적으로 학교가 운영되는 법인에 대하여 굳이 공익을 대표하는 이사를 선임할 필요가 있는가 하는 점과 공익이사의 개념이 다소 모호하다는 점에서 이를 삭제하기로 하였…습니다.

---

414) 제198회 국회 제9차 전체회의, 교육위원회회의록, 1998. 12. 9., 49면.
415) 제206회 국회(임시회) 제2차 전체회의, 교육위원회회의록, 1999. 8. 10., 4면.

• **설훈 위원**[416]: 다음에 사립학교법에 있어 가지고 공익이사제의 도입입니다. 아까 제가 말씀드린 대로 민주성과 투명성을 확보할 수 있는 장치를 우리가 해주어야 합니다. 오죽하면 주식회사에서도 사외이사제도를 지금 도입하고 있겠습니까? 돈을 벌기 위한, 이익을 남기기 위한 주식회사에서 왜 사외이사제를 도입하고 있습니까? 그것은 주식회사의 투명성을 확보해서 경쟁력을 높이고 효율성을 강조하기 위해서 지금 사외이사를 두고자 하는 것입니다. 하물며 주식회사에서도 투명성을 강조하고 있는데 우리 사학에서야, 학교에서야 투명성은 백번 강조해도 이것은 지나치지 않는다고 생각합니다. 그렇기 때문에 사학에서도 반드시 공익이사제를 두어야 합니다. 왜 사학에서 공익이사 두는 것을 두려워하십니까? 공익이사 들어올 때 대학의 자율성을 침해한다? 저는 그렇게 생각하지 않습니다. 대학이 건강하게 운영되고 올바르게 운영된다면 왜 대학의 자율성을 침해하려고 하겠습니까? 대학이 건강하고 투명하고 민주적이라면 절대적으로 사학의 자율성은 보장되게 마련입니다. 어떻게 하면 투명성과 민주성을 보장할 것이냐, 그런 장치를 어떻게 만들어 줄 것이냐 이것이 열쇠라고 생각합니다. 그렇기 때문에 주식회사에서 사외이사제를 도입하는 것처럼 우리 사학에서도 공익이사를 도입해야 합니다. 그래서 투명성을 확보해 주어야 합니다. 그래야 사학을 운영하는 분들이 존경을 받습니다. 그래야 존경받을 수 있는 장치가 만들어지는 것입니다. 이렇게 해놓고 사학의 자율성을 보장해 달라고 얘기를 할 때 왜 우리가 자율성 보장을 안 하겠습니까? 이 공익이사 장치는 반드시 들어와야 합니다. 전 사학에 도입했을 때 아마 사학은 다시 한번 거듭나는 기회가 되리라고 나는 생각을 합니다.

• **박승국 위원**[417]: 우리나라는 근본적으로 민주주의 체제입니다. 사회주의도 아닌데 다른 사람이 돈을 내서 학교를 만들었으면 그 법인은 비록 공익법인이지만 주인은 그 사람이 주인입니다. 그런데 주인을 우리가 배제를 한다고 하면 우리가 근본적으로 교육을 할 의의가 없는 것입니다. 민주주의 교육하고 있는 것입니다. 그래서 사립학교법 중에 지난번에 온 것이 뭐가 왔느냐 하면 이것을 우리가 잘 해석을 해야 합니다. 3분의 1 공익이사를 모든 대학에다가 다 보내야 되겠다 이것입니다. 그러면 수천 명이 됩니다. 그다음에 나온 것이 급료를 지급해야 되겠다. 그리고 그것을 누가 보내느냐 하면 교육부장관이나 교육감이 보내게 되어 있습니다. 어느 당이든지 집권을 하게 되면 그것도 이사를 가느라고 북새

416) 제206회 국회(임시회) 제2차 전체회의, 교육위원회회의록, 1999. 8. 10., 6면.
417) 제206회 국회(임시회) 제2차 전체회의, 교육위원회회의록, 1999. 8. 10., 9~10면.

통이 될 것입니다. 그것이 있을 수 있습니까? 이것은 상당히 악법입니다. 그래서 3분의 1 공익이사라는 것은 해서는 안 된다, 월급도 주어서 안 된다 하는 것이 저희들의 뜻이었습니다.

그다음에 우리가 공익법인을 만들면 그 오는 분들이 공익이사입니다. 공익이사라는 것이 별도의 개념이 아닙니다. 그 자격이 다 정해져 있습니다. 그런데 공익이사 위에다가 또 공익이사라는 것을 갖다 놓는다 이것도 이상하고 그러면 지금까지 거기서 일한 이사들은 사이비 이사입니까? 그것 다 공익법인의 공익이사입니다. 그래서 이런 용어 자체도 우리가 쓰지 말자 해서 지난번 장관께서도 동의를 하신 것입니다.

그다음에 사학을 우리가 마냥 이렇게 풀어주는 것이 아니라 너무 집안이 똘똘 뭉쳐서 왕족 행세를 하니까 여기에 제동을 걸자 해서 친족이 5분의 2까지 들어가던 것을 3분의 1까지 낮추었습니다. 옛날의 40%를 지금 33%까지 낮추었습니다. 우리가 무작정 사학을 봐주려면 친족이 많이 들어가도록 해주어야 합니다. 그러나 친족을 제한한 이유도 건전한 공익법인이 되도록 우리가 유도를 하고 있는 것입니다.

- **신낙균 위원**[418]: 또 하나의 쟁점인 사립학교법 중 개정법률안에서의 공익이사 선임 문제입니다. 이것도 마찬가가지입니다. 현재 교육관계자들이 대표적인 개악법이라고 반발하는 것도 저는 알고 있는데 꼭 그래서만이 아니라 이 법의 핵심조항이 공익이사권이 아니었는가 그래서 핵심을 빼면 이 법의 취지가 어떻게 되는가 하는 것입니다. 대학이 물론 최고의 지성인들이 모인 전문가 집단입니다. 그래서 자율적으로 운영되어야 되기 때문에 이러한 것을 법으로 정하는 자체가 어떤 면에서는 자가당착적일지도 모릅니다. 그러나 이 법을 제정해야 되겠다 하는 그 필요성의 이유에 우리는 주목을 해야 된다고 생각을 하는 것입니다. 예를 들면 극소수이기는 하지만 재단의 전횡을 막는 최소한의 규제 장치로서 이것이 필요했기 때문에 그 취지가 살아야 되는 것이 아닌가 이런 생각입니다. 임시이사 제도가 있습니다마는 이것이 현재로 4년제 대학에서 10개 정도의 학교라고 한다면 교육부는 상당히 임시이사 파견을 아주 신중히 했다는 결과가 될 것입니다. 그것을 반증하는 것이 될 것입니다.
- **이수인 위원**[419]: 사립학교법 개정법률안 제21조 공익이사제도 도입 조항 이것은 여러 존경하는 선배·동료위원들이 이야기를 하셨는데 저도 사립대학에 25년을

418) 第206회 국회(임시회) 제2차 전체회의, 교육위원회회의록, 1999. 8. 10., 11면.
419) 第206회 국회(임시회) 제2차 전체회의, 교육위원회회의록, 1999. 8. 10., 19면.

몸담았습니다. 그리고 상당히 말썽이 있다가 단시간에 말썽이 없어진 그래서 문제해결이 빠르게 되었던 대학에 제가 몸을 담았습니다. 제가 관찰도 하고 직접 겪기도 하고 목격도 했는데 이 공익이사제도라는 것이 분규대학에서는 이것은, 저는 정상적으로 운영되는 대학의 문제는 지금 거론하지 않겠습니다. 분규대학에 임시이사진이 파견되는 한 공익이사는 상당히 절실히 필요한 것이 아니냐 이런 생각을 합니다. 왜냐하면 임시이사진은 이사장이라도 하나하나가 각기 다 다른 선에서 왔기 때문에 이 사람들이 부정을 저지르는 것은 있을 수가 없습니다. 그런데도 불구하고 학교를 잘 아는 이사진이 있는가 하면 학교를 잘 모르는 이사진이 또 있습니다. 대학 일반을 안다고 해서 특정 대학에 파견되어 가지고 그 당해 대학을 안다는 것은 도저히 그럴 수가 없습니다. 10년 이상 당해 대학에 근무하지 않는 한 정말 잘 안다고 자랑하면 절대로 안 되는 것입니다.

공익이사제도는 제가 여태까지 존경하는 선배·동료위원들의 말씀을 깊이 새겨들었습니다. 그런데 제가 생각하는 한 제가 개인적으로 설득이 아니라 토론을 하고 말씀을 여쭈면 아마 여기에 대해서 의심을 푸실 것입니다. 공익이사제도라는 것이 결코 정상적으로 움직여 나가는 대학의 아까 설립자, 설립자 하는데 설립자에게 유해한 작용을 결코 안 합니다. 왜냐하면 그 설립자가 마음대로 하기 위해서 공익이사제도를 만약 제거한다면 오히려 부정부패가 발생을 해서 학교 운영이 참 잘 안 되어 오히려 자기들이 쫓겨날 우려조차 있는 것입니다. 그러니까 더군다나 제가 정상적인 대학에 대해서는 나중에 다시 시간 있을 때 하기로 하고 문제 대학 그래서 임시이사진이 파견된 대학에는 공익이사가 다시 몇 명이라도 들어가는 것이 상당히 더 투명성을 보장받고 그런 데는 훨씬 좋으리라고 생각합니다.

- **설훈 위원**[420]: 오늘 교육위원회에서 사립학교법을 어떤 형태로 통과시킬지 모르겠습니다마는 공익이사가 들어와야 한다는 부분도 안 되는 것으로 되어 있습니다. 이것도 안 되는 이야기입니다. 반드시 공익이사가 들어와서 사학의 투명성을 확보할 수 있는 장치를 만들어 주어야 되는데 안 되고 있습니다.
- **박승국 위원**[421]: 지금 주요한 것이 무엇이냐 하면 지난번 장관이 계실 때 공익이사를 제24조에 넣어 가지고 온 것입니다. "전 대학에 공익이사를 보내자" 정희경 위원께서 장관보고 "이게 무슨 법이냐? 왜 가만히 있는 학교에까지 공익이사를 보내느냐? 현직에 있는 이사는 공익이사가 아니고 사익이사냐?" 이렇게 했더

420) 제206회 국회(임시회) 제2차 전체회의, 교육위원회회의록, 1999. 8. 10., 29면.
421) 제206회 국회(임시회) 제2차 전체회의, 교육위원회회의록, 1999. 8. 10., 29면.

니 장관이 답을 하시기를 "이것 잘못되었습니다. 이 공익이사를 보내는 것은 분규대학만 보내려고 했습니다" 이렇게 해서 이것을 분규대학으로 몰고 왔습니다. 그때 당시 분규대학으로 다 합의가 된 것입니다. 그래서 제25조에다 분규가 발생했을 때 공익이사 3분의 1을 보내고 다음에 3분의 1을 보낸다 하는 법을 가지고 이야기를 하다가 이럴 게 아니라 공익이사 다 보내는 것이 견제하는데 더 낫다, 그러니까 3분의 1 보내는 것은 없애버리고 원안대로 다 보내는 것으로 하자 해 가지고 더 우리가 양보를 해서 이렇게 해 놓은 것입니다. 공익이사 보내는 경우는 지난번 장관이 계실 때 없어진 것입니다. 교육부에서 맞나 안 맞나 답변을 한 번 해보세요. 그렇게 된 것입니다. 제24조에 넣어 온 것을 없애버렸다니까요.

- **설훈 위원**[422]: 지난번 이해찬 장관이 어떻게 판단을 했든 간에 누가 보든지 간에 아까 제가 설명했듯이 투명성을 확보할 수 있는 장치가 있다면 그것은 해야 합니다. 주식회사에서도 그런 투명성 장치를 하고 있지 않습니까? 하물며 왜 우리가 못 한다는 것입니까? 학교에서 왜 못한다는 말입니까? 안 할 이유가 어디에 있습니까? 잘하고 있는 대학에 공익이사가 간다고 해서 잘못될 게 뭐가 있습니까?
- **위원장 함종한**[423]: 조금 전에 설훈 위원도 참여를 해서 공동여당이 합의를 하셨습니다. 그러기에 가결하고자 합니다. 설훈 위원의 안은 소수의견으로 포함시키도록 하고 가결되었음을 선포합니다.

〈2〉 **법제사법위원회:** 교육위원회 수정안대로 가결되었다.[424]

(3) 본회의 심의

교육위원회 수정안대로 가결되었다.[425] 제21조에 관한 회의록 내용은 아래와 같다.

- **교육위원장대리 이재오**[426]: 다음은 사립학교법 중 개정법률안에 대한 심사결과를 보고드리겠습니다. 이 법안은 대학을 설치 경영하는 학교법인의 이사 중 3분의 1 이상은 공익을 대표하는 자로 선임하도록 하려는 것과 대학교원의 임용기간이 종료되는 경우에 임용권자는 반드시 교무위원회의 심의를 거쳐 재임용 여부를 결정하도록 하려는 것입니다. 우리 위원회에서는 대학을 설치 경영하는 모

---

422) 제206회 국회(임시회) 제2차 전체회의, 교육위원회회의록, 1999. 8. 10., 29~30면.
423) 제206회 국회(임시회) 제2차 전체회의, 교육위원회회의록, 1999. 8. 10., 30면.
424) 제206회 국회(임시회) 제5차 전체회의, 법제사법위원회회의록, 1999. 8. 12., 19면.
425) 제206회 국회(임시회) 제3차 본회의, 국회본회의회의록, 1999. 8. 12., 26면.
426) 제206회 국회(임시회) 제3차 본회의, 국회본회의회의록, 1999. 8. 12., 25면.

든 학교법인에 대해 이사의 3분의 1 이상을 공익을 대표하는 자로 선임하도록 하는 것과 관련, 정상적으로 학교가 운영되는 법인에 대하여 굳이 공익을 대표하는 이사를 선임할 필요가 있는가 하는 점과 공익이사의 개념이 다소 모호하다는 점에서 이를 삭제하기로 하였…습니다.

- **의장 박준규**[427]: 다음은 사립학교법 중 개정법률안에 대해서 교육위원회의 수정안대로 의결하고자 합니다. 이의가 없으십니까? (없습니다 하는 의원 있음) 가결되었음을 선포합니다.

(4) 결과

교육위원회 수정안으로 개정되었다.

7. 2005년 12월 29일 개정(법률 제7802호, 2006. 7. 1. 시행)

제21조(임원선임의 제한) ①이사정수의 반수 이상은 대한민국국민이어야 한다. 다만, 대학교육기관중 대통령령이 정하는 학교를 설치·경영하는 학교법인으로서 대한민국국민이 아닌 자가 학교법인의 기본재산액의 2분의 1 이상에 해당하는 재산을 출연한 학교법인인 경우에는 이사정수의 3분의 2 미만을 대한민국국민이 아닌 자로 할 수 있다.

②이사회의 구성에 있어서 각 이사상호간에 민법 제777조에 규정된 친족관계에 있는 자가 그 정수의 4분의 1을 초과하여서는 아니된다.

③이사중 적어도 3분의 1 이상은 교육경험이 3년 이상 있는 자라야 한다.

④감사는 감사상호간 또는 이사와 민법 제777조에 규정된 친족관계에 있는 자가 아니어야 한다.

⑤학교법인에 두는 감사 중 1인은 초·중등학교는 「초·중등교육법」 제31조의 규정에 의한 학교운영위원회가, 대학은 제26조의2의 규정에 의한 대학평의원회가 추천하는 자로 한다.

⑥대통령령으로 정하는 기준 이상의 학교법인에서는 감사중 1인은 공인회계사의 자격을 가진 자라야 한다.

⑦다음 각 호의 어느 하나에 해당하는 자를 임원취임의 승인을 요청하는 경우에는 재적이사 3분의 2이상의 찬성을 얻어야 한다.

427) 제206회 국회(임시회) 제3차 본회의, 국회본회의회의록, 1999. 8. 12., 26면.

1. 제20조의2의 규정에 따라 임원취임승인이 취소된 날부터 5년이 경과한 자
2. 제61조의 규정에 따라 파면된 날부터 5년이 경과한 자
3. 제54조의2의 규정에 따라 학교의 장의 직에서 해임된 날부터 3년이 경과한 자

(1) 법률안

〈1〉 최순영 의원안[428]

현행법	원안
제21조(임원선임의 제한) ① (생　략)	**제21조(임원선임의 제한)** ① (현행과 같음)
②이사회의 구성에 있어서 각 이사상호간에 민법 제777조에 규정된 친족관계에 있는 자가 그 정수의 3분의 1을 초과하여서는 아니된다.	②이사회의 구성에 있어서 각 이사상호간에 민법 제777조에 규정된 친족관계에 있는 자가 그 정수의 5분의 1을 초과하여서는 아니된다.
③이사중 적어도 3분의 1 이상은 교육경험이 3년 이상 있는 자라야 한다.	③이사중 적어도 3분의 1이상은 교육경험이 5년이상 있는 자라야 한다.
④ (생　략)	④ (현행과 같음)
⑤대통령령으로 정하는 기준 이상의 학교법인에서는 감사중 1인은 공인회계사의 자격을 가진 자라야 한다.	⑤학교법인의 감사 중 1인은 공인회계사의 자격을 가진 자라야 한다.
<신　설>	⑥제20조의2제1항의 규정에 의하여 임원승인이 취소된 후 또는 제54조의2의 규정에 의하여 학교의 장의 직에서 해임된 후 10년이 경과한 자를 임원승인을 요청하는 경우에는 재적이사 3분의 2이상의 찬성을 얻어야 한다.

• 이사 상호간 친족관계에 있는 자를 그 정수의 3분의 1에서 5분의 1로 축소하고(제2항), 교육경험 기간을 3년에서 5년으로 변경하며(제3항), 임원승인 취소 다시 임원이 되기 위한 요건을 엄격하게(제6항) 하는 등 임원선임 제한요건을 강화하였다.

〈2〉 복기왕 의원안[429]

현행법	원안
제21조(임원선임의 제한) ① (생　략)	**제21조(임원선임의 제한)** ① (현행과 같음)
②이사회의 구성에 있어서 각 이사상호간에 민	②이사회의 구성에 있어서 각 이사상호간에 민

428) 2004. 9. 10. 최순영의원 등 10인(의안번호: 170412); 제안이유 및 주요내용은 이 책 [8-2.201] 참고.
429) 2004. 10. 20. 복기왕의원 등 150인(의안번호: 170595); 제안이유 및 주요내용은 이 책 [10-2.201] 참고.

법 제777조에 규정된 친족관계에 있는 자가 그 정수의 3분의 1을 초과하여서는 아니된다. ③ ~ ④ (생 략) ⑤대통령령으로 정하는 기준 이상의 학교법인에서는 감사중 1인은 공인회계사의 자격을 가진 자라야 한다. <신 설> <신 설>	법 제777조에 규정된 친족관계에 있는 자가 그 정수의 4분의 1을 초과하여서는 아니된다. ③ ~ ④ (현행과 같음) ⑤학교법인에 두는 감사중 1인은 초·중등학교는 초·중등교육법 제31조의 규정에 의한 학교운영위원회가, 대학은 고등교육법 제27조의2의 규정에 의한 대학평의원회가 추천하는 자로 한다. ⑥ (현행 제5항과 같음) ⑦다음 각호의 자로서 그 취소 또는 해임된 날부터 5년이 경과한 자를 임원취임의 승인을 요청하는 경우에는 재적이사 3분의 2 이상의 찬성을 얻어야 한다. 1. 제20조의2의 규정에 의하여 임원취임승인이 취소된 자 2. 제54조의2의 규정에 의하여 학교의 장의 직에서 해임된 자

- 내부감사기능을 강화하기 위하여 학교법인에 두는 감사 중 1인을 초·중등학교는 학교운영위원회가, 대학은 대학평의원회가 추천하는 사람으로 하였다.
- 위법행위를 한 자로서 임원취임 승인이 취소 또는 해임된 자가 다시 임원으로 선임되기 위한 경과기간을 종전의 2년에서 5년으로 연장하고, 그 경과기간을 지난 후에도 임원으로 취임하기 위하여서는 재적이사 3분의 2 이상의 찬성을 요하도록 하였다.

〈3〉 김영숙 의원안[430]

현행법	원안
제21조(임원선임의 제한) ① (생 략) ②이사회의 구성에 있어서 각 이사상호간에 민법 제777조에 규정된 친족관계에 있는 자가 그 정수의 3분의 1을 초과하여서는 아니된다. ③ ~ ④ (생 략) ⑤대통령령으로 정하는 기준 이상의 학교법인에서는 감사중 1인은 공인회계사의 자격을 가	**제21조(임원선임의 제한)** ① (현행과 같음) ②이사회의 구성에 있어서 각 이사상호간에 민법 제777조에 규정된 친족관계에 있는 자가 그 정수의 4분의 1을 초과하여서는 아니된다. ③ ~ ④ (현행과 같음) ⑤학교법인의 감사 중 1인은 공인회계사의 자격을 가진 자라야 한다. 감사는 한국공인회계

430) 2004. 12. 22. 김영숙의원 등 120인(의안번호: 171182); 제안이유 및 주요내용은 이 책 [14.205] 참고.

진 자라야 한다.	사에서 3배수 이내로 추천한 공인회계사 중에서 이사회에서 선임한다.

• 사학운영의 공공성과 투명성을 강화하기 위하여 이사 정수를 9인 이상으로 하고, 이사회의 구성에 있어서 친족관계에 있는 자의 수를 4분의 1로 제한하였다.
• 학교법인의 회계 전문성 강화를 위해 감사 중 1인은 공인회계사의 자격을 가진 자로 하고, 감사는 한국공인회계사회에서 3배수 이내로 추천한 공인회계사 중에서 이사회에서 선임하도록 하였다.

(2) 위원회 심사

〈1〉 **교육위원회:** 심사 미료

국회의장이 지정한 심사기간(2005. 9. 16 24:00) 내에 심사가 미료됨에 따라 소관 상임위원장의 중간심사보고(구두보고) 후 본회의로 바로 상정하였다(「국회법」 제85조의2).

제21조에 관한 회의록 내용은 아래와 같다.

• **복기왕 의원**[431]: 본 의원이 대표발의한 사립학교법 개정법률안은 사립학교 운영의 민주성과 투명성 및 공공성을 제고하여 사립학교의 건전한 발달을 도모하고 법인경영과 학사운영을 분리하여 견제와 균형을 통한 새로운 시스템을 구축하기 위하여 학교법인은 이사 정수의 3분의 1 이상은 학교운영위원회 또는 대학평의원회가 추천하는 인사로 선임하도록 하고, 학사업무에 관한 사항에 대하여는 이사회의 관여를 배제하며 임원취임의 승인취소 사유를 확대하고 임원취임의 승인이 취소된 자가 다시 임원으로 선임될 수 있는 요건을 엄격히 제한하며…등 현행 규정의 운영 과정에서 나타난 일부 미비점을 개선·보완하여 21세기의 시대적 변화에 부응하는 사립학교의 발전을 가져오게 하려는 것을 골자로 하고 있습니다.
• **수석전문위원 류충현**[432]: 다음 법인 감사제도의 변경에 대해서 말씀드리겠습니다. 현행 감사의 임기가 2년이고 중임의 회수에는 제한이 없음에 비하여, 안 제20조제3항에서는 감사의 임기는 3년을 초과할 수 없고, 1회에 한하여 중임할 수 있도록 규정하고 있고 또 제21조제5항에서는 학교법인에 두는 감사 중 1인은 학교운영위원회 또는 대학평의원회에서 추천하는 자로 하도록 규정하고 있습니

431) 제250회 국회(정기회) 제11차 전체회의, 교육위원회회의록, 2004. 12. 7., 40면.
432) 제250회 국회(정기회) 제11차 전체회의, 교육위원회회의록, 2004. 12. 7., 43~44면.

다. 이와 같은 감사제도의 개정은 사학의 재무 및 회계의 신뢰성 확보와 책무성 강화를 위해 현행 감사 관련 조항을 보다 엄격한 방향으로 개정하고자 하는 데 그 취지가 있는 것으로 보입니다.

임원 선임의 제한 및 임원의 결격사유에 대해서 말씀드리겠습니다. 안 제21조제2항에서는 이사회의 구성에 있어서 각 이사 상호 간에 민법 제777조에 규정된 친족관계에 있는 자의 정수를 현행의 3분의 1에서 4분의 1로 개정하고 있는바, 이 개정안의 입법취지는 그간 문제가 되어 왔던 일부 사학의 친·인척에 의한 분열과 분쟁 및 이로 인한 정상적인 학교 운영의 어려움 등을 해소하기 위한 것으로 보입니다.

- **이군현 위원**[433]: 우선 지금 제출되어 있는 사립학교법 개정안들의 목적이 좀 잘못되어 있다고 생각합니다. 첫째로 사학법 개정의 주목적이 비리 사학의 척결에서 비롯되었다고 한다면 사학의 비리가 일어나지 않도록 회계의 투명성을 높일 수 있는 시스템을 마련하는 것에 초점이 맞추어져야 함에도 불구하고 지금 보면 사학의 지배구조 또는 지배세력을 교체하는 데, 또는 경영권에 지나친 개입을 하려고 하는 데 주목적이 있다고 저는 지적하고자 합니다. 다 예를 들 수는 없지만 구체적으로 예를 들면 이사회 구성원의 3분의 1을 학운위에서 추천하겠다든지, 징계위의 3분의 1을 학운위에서 추천하겠다든지, 인사위의 3분의 1을 학운위에서 추천하겠다든지, 내부 감사 1인을 학운위에서 선임하겠다든지 이런 것들은 제가 볼 적에 회계의 투명성 측면보다는 지배세력을 바꾸려는 데 오히려 초점이 맞춰져 있다고 지적을 하고요.

〈2〉 **법제사법위원회**: 심사 미료

(3) 본회의 심의

원안을 수정·가결했다.[434] 수정내용은 아래와 같다.

본회의 수정안
제21조(임원선임의 제한) ②이사회의 구성에 있어서 각 이사상호간에 민법 제777조에 규정된 친족관계에 있는 자가 그 정수의 4분의 1을 초과하여서는 아니된다. ③이사중 적어도 3분의 1이상은 교육경험이 3년이상 있는 자라야 한다.

433) 제250회 국회(정기회) 제11차 전체회의, 교육위원회회의록, 2004. 12. 7., 46면.
434) 제256회 국회(정기회) 제16차 본회의, 국회본회의회의록, 2005. 12. 9., 2~3면.

⑤학교법인에 두는 감사중 1인은 초·중등학교는 초·중등교육법 제31조의 규정에 의한 학교운영위원회가, 대학은 제26조의2의 규정에 의한 대학평의원회가 추천하는 자로 한다.
⑥대통령령으로 정하는 기준 이상의 학교법인에서는 감사중 1인은 공인회계사의 자격을 가진 자라야 한다.
⑦다음 각 호의 어느 하나에 해당하는 자를 임원취임의 승인을 요청하는 경우에는 재적이사 3분의 2 이상의 찬성을 얻어야 한다.
1. 제20조의2의 규정에 따라 임원취임승인이 취소된 날부터 5년이 경과한 자
2. 제61조의 규정에 따라 파면된 날부터 5년이 경과한 자
3. 제54조의2의 규정에 따라 학교의 장의 직에서 해임된 날부터 3년이 경과한 자

이 조문의 회의록 내용은 2005. 12. 29. 개정조문 제8조의2와 공통적이어서 생략한다.[435)]

(4) 결과

본회의 수정안으로 개정되었다.

21.208 8. 2007년 7월 27일 개정(법률 제8545호, 2007. 7. 27. 시행)

제21조(임원선임의 제한) ①이사정수의 반수 이상은 대한민국국민이어야 한다. 다만, 대학교육기관중 대통령령이 정하는 학교를 설치·경영하는 학교법인으로서 대한민국국민이 아닌 자가 학교법인의 기본재산액의 2분의 1 이상에 해당하는 재산을 출연한 학교법인인 경우에는 이사정수의 3분의 2 미만을 대한민국국민이 아닌 자로 할 수 있다.
②이사회의 구성에 있어서 각 이사상호간에 민법 제777조에 규정된 친족관계에 있는 자가 그 정수의 4분의 1을 초과하여서는 아니된다.
③이사중 적어도 3분의 1 이상은 교육경험이 3년 이상 있는 자라야 한다.
④감사는 감사상호간 또는 이사와 민법 제777조에 규정된 친족관계에 있는 자가 아니어야 한다.
⑤학교법인에 두는 감사 중 1인은 **추천위원회에서 추천하는 자를 선임한다.**
⑥대통령령으로 정하는 기준 이상의 학교법인에서는 감사중 1인은 공인회계사의 자격을 가진 자라야 한다.

---

435) 이 책 [8-2.201] 참조.

⑦다음 각 호의 어느 하나에 해당하는 자를 임원취임의 승인을 요청하는 경우에는 재적이사 3분의 2이상의 찬성을 얻어야 한다.
1. 제20조의2의 규정에 따라 임원취임승인이 취소된 날부터 5년이 경과한 자
2. 제61조의 규정에 따라 파면된 날부터 5년이 경과한 자
3. 제54조의2의 규정에 따라 학교의 장의 직에서 해임된 날부터 3년이 경과한 자

(1) 법률안(본회의 수정안(이주영 의원안)[436])

이 조문의 경우에는 원안[437]으로 제안되지 않고 본회의 심의 단계에서 수정안으로 제안되었다. 이 조문의 현행법과 원안(본회의 수정안)의 내용을 비교하면 아래와 같다.

현행법	원안
제21조(임원선임의 제한) ① ~ ④ (생 략) ⑤학교법인에 두는 감사 중 1인은 초·중등학교는 「초·중등교육법」 제31조의 규정에 의한 학교운영위원회가, 대학은 제26조의2의 규정에 의한 대학평의원회가 추천하는 자로 한다. ⑥ ~ ⑦ (생 략)	**제21조(임원선임의 제한)** ① ~ ④ (현행과 같음) ⑤학교법인에 두는 감사 중 1인은 추천위원회에서 추천하는 자를 선임한다. ⑥ ~ ⑦ (현행과 같음)

• 개방이사추천위원회를 설치함에 따라 관련 규정을 규정을 정비하였다.

(2) 위원회 심사

〈1〉 **교육위원회:** 심사 미료

심사가 미료되어 「국회법」에 따라 소관 상임위원장의 중간심사보고(구두보고) 후 본회의로 바로 상정하였다.

〈2〉 **법제사법위원회:** 심사 미료

(3) 본회의 심의

본회의 수정안대로 가결되었다.[438] 이 조문의 회의록 내용은 2007. 7. 27. 개정조

436) 2007. 7. 3. 이주영의원 등 132인; 제안이유 및 주요내용은 이 책 [14.206] 참고.
437) 2006. 12. 1. 이은영의원 등 23인(의안번호: 175526).
438) 제268회 국회(임시회) 제10차 본회의, 국회본회의회의록, 2007. 7. 3., 48~49면.

문 제14조와 공통적이어서 생략한다.[439)]

(4) 결과

본회의 수정안으로 개정되었다.

21.209

9. 2008년 3월 14일 개정(법률 제8888호, 2008. 3. 14. 시행)

제21조(임원선임의 제한) ①이사정수의 반수 이상은 대한민국국민이어야 한다. 다만, 대학교육기관중 대통령령이 정하는 학교를 설치·경영하는 학교법인으로서 대한민국국민이 아닌 자가 학교법인의 기본재산액의 2분의 1 이상에 해당하는 재산을 출연한 학교법인인 경우에는 이사정수의 3분의 2 미만을 대한민국국민이 아닌 자로 할 수 있다.

②이사회의 구성에 있어서 각 이사상호간에 **「민법」** 제777조에 규정된 친족관계에 있는 자가 그 정수의 4분의 1을 초과하여서는 아니된다.

③이사중 적어도 3분의 1 이상은 교육경험이 3년 이상 있는 자라야 한다.

④감사는 감사상호간 또는 이사와 **「민법」** 제777조에 규정된 친족관계에 있는 자가 아니어야 한다.

⑤학교법인에 두는 감사 중 1인은 추천위원회에서 추천하는 자를 선임한다.

⑥대통령령으로 정하는 기준 이상의 학교법인에서는 감사중 1인은 공인회계사의 자격을 가진 자라야 한다.

⑦다음 각 호의 어느 하나에 해당하는 자를 임원취임의 승인을 요청하는 경우에는 재적이사 3분의 2이상의 찬성을 얻어야 한다.

1. 제20조의2의 규정에 따라 임원취임승인이 취소된 날부터 5년이 경과한 자
2. 제61조의 규정에 따라 파면된 날부터 5년이 경과한 자
3. 제54조의2의 규정에 따라 학교의 장의 직에서 해임된 날부터 3년이 경과한 자

- 법령 표기에 있어서 "「 」" 표시를 하기로 함[440)]에 따른 개정이다(오직 형식에 관한 개정이므로 자세한 개정경과는 생략함[441)]).

---

439) 이 책 [14.206] 참조.

440) 「법률용어의 표준화 기준」(국회사무처 예규 제22호, 2007. 4. 16. 시행).

441) 이에 관한 구체적 개정경과는 이 책 [2.203] 참조.

10. 2020년 3월 24일 개정(법률 제17078호, 2020. 9. 25. 시행)

제21조(임원선임의 제한) ①이사정수의 반수 이상은 대한민국국민이어야 한다. 다만, 대학교육기관중 대통령령이 정하는 학교를 설치·경영하는 학교법인으로서 대한민국국민이 아닌 자가 학교법인의 기본재산액의 2분의 1 이상에 해당하는 재산을 출연한 학교법인인 경우에는 이사정수의 3분의 2 미만을 대한민국국민이 아닌 자로 할 수 있다.

②이사회의 구성에 있어서 각 이사상호간에 「민법」 제777조에 규정된 친족관계에 있는 자가 그 정수의 4분의 1을 초과하여서는 아니된다.

③이사 중 적어도 3분의 1 이상은 **다음 각 호의 어느 하나에 해당하는** 교육경험 **또는 합산한 교육경험이** 3년 이상인 사람이어야 한다.

1. **「유아교육법」 제2조제2호에 따른 유치원에서 교원으로 근무한 경험**
2. **「초·중등교육법」 제2조에 따른 학교에서 교원으로 근무한 경험**
3. **「고등교육법」 제2조에 따른 학교에서 교원 또는 같은 법 제17조제1항의 명예교수·겸임교원 및 초빙교원 등으로 근무한 경험**
4. **제1호부터 제3호까지의 근무경험에 준하는 것으로서 대통령령으로 정하는 교육경험**

④감사는 감사상호간 또는 이사와 「민법」 제777조에 규정된 친족관계에 있는 자가 아니어야 한다.

⑤학교법인에 두는 감사 중 1인은 추천위원회에서 추천하는 자를 선임한다.

⑥대통령령으로 정하는 기준 이상의 학교법인에서는 감사중 1인은 공인회계사의 자격을 가진 자라야 한다.

⑦다음 각 호의 어느 하나에 해당하는 자를 임원취임의 승인을 요청하는 경우에는 재적이사 3분의 2이상의 찬성을 얻어야 한다.

1. 제20조의2의 규정에 따라 임원취임승인이 취소된 날부터 5년이 경과한 자
2. 제61조의 규정에 따라 파면된 날부터 5년이 경과한 자
3. 제54조의2의 규정에 따라 학교의 장의 직에서 해임된 날부터 3년이 경과한 자

(1) 법률안(변재일 의원안[442])

이 조문을 포함한 개정 대상 조문의 제안이유 및 주요내용은 아래와 같다.[443]

442) 2019. 2. 21. 변재일의원 등 10인(의안번호: 2018749).

443) 2020년 3월 24일 개정 원안에는 이 변재일 의원안 외에도 오영훈 의원안(2018. 6. 28. 오영훈의원 등

• 제안이유 및 주요내용

현행법은 사립학교의 임원을 선임할 경우 이사 중 적어도 3분의 1 이상은 교육경험이 3년 이상인 자를 선임하도록 규정하고 있음. 그러나 현행법의 교육경험은 인정되는 경험의 범위가 명확하지 않아 사설학원 등 사적인 교육경험 등으로 그 범위가 지나치게 확대될 우려가 있다는 지적이 있음. 이에 현행법상 교육경험의 범위를 명확히 규정함으로써 사립학교의 임원이 제대로 선임될 수 있도록 하려는 것임(안 제21조 제3항).

이 조문의 현행법과 개정 원안은 아래와 같다.

현행법	원안
제21조(임원선임의 제한) ① ~ ② (생 략) ③이사중 적어도 3분의 1 이상은 교육경험이 3년 이상 있는 자라야 한다.	**제21조(임원선임의 제한)** ① ~ ② (현행과 같음) ③이사중 적어도 3분의 1 이상은 다음 각 호의 어느 하나에 해당하는 교육경험 또는 합산한 교육경험이 3년 이상인 사람이어야 한다.
<신 설>	1. 「유아교육법」 제2조제2호에 따른 유치원에서 교원으로 근무한 경험
<신 설>	2. 「초·중등교육법」 제2조에 따른 학교에서 교원으로 근무한 경험
<신 설>	3. 「고등교육법」 제14조제2항에 따른 교원으로 근무한 경험
<신 설>	4. 「고등교육법」 제17조에 따른 겸임교원, 명예교수 등으로 근무한 경험
④ ~ ⑦ (생 략)	④ ~ ⑦ (생 략)

(2) 위원회 심사

〈1〉 **교육위원회:** 대안[444]으로 가결되었다(이 조문의 경우에는 원안과 대안의 내용이 동일함).[445]

10인, 의안번호: 2014071), 조승래 의원안(2018. 8. 31. 조승래의원 등 13인, 의안번호: 2015240), 이찬열 의원안(2019. 4. 30. 이찬열의원 등 11인, 의안번호: 2020065)이 있다. 이 원안들은 이후 위원회 심사 단계에서 대안(2020. 3. 5. 교육위원장, 의안번호: 2024737)으로 통합 조정되었다. 이들 개정안 중 제21조에 관한 개정안은 변재일 의원안이다. 그러므로 여기에서는 변재일 의원안의 제안이유·주요내용 및 현행법과 개정 원안만을 소개한다. 오영훈 의원안, 조승래 의원안은 이 책 [48-2.201], 이찬열 의원안은 이 책 [59.218] 참조.

444) 2020. 3. 5. 교육위원장(의안번호: 2024737).

445) 제371회 국회(정기회) 제4차 전체회의, 교육위원회회의록, 2019. 11. 28., 4면.

〈2〉 **법제사법위원회:** 교육위원회 대안을 수정·가결했다.[446] 수정내용은 아래와 같다.

교육위원회 대안	법제사법위원회 수정안
제21조(임원선임의 제한) ③이사중 적어도 3분의 1 이상은 다음 각 호의 어느 하나에 해당하는 교육경험 또는 합산한 교육경험이 3년 이상인 사람이어야 한다. 3. 「고등교육법」 제14조제2항에 따른 교원으로 근무한 경험 4. 「고등교육법」 제17조에 따른 겸임교원, 명예교수 등으로 근무한 경험	제21조(임원선임의 제한) ③이사중 적어도 3분의 1 이상은 다음 각 호의 어느 하나에 해당하는 교육경험 또는 합산한 교육경험이 3년 이상인 사람이어야 한다. 3. 「고등교육법」 제2조에 따른 학교에서 교원 또는 같은 법 제17조제1항의 겸임교원·명예교수·초빙교원 등으로 근무한 경험[447] 4. 제1호부터 제3호까지의 근무 경험에 준하는 것으로서 대통령령으로 정하는 교육경험

위 내용이 포함된 제21조에 관한 회의록 내용은 아래와 같다.

- **전문위원 박장호**[448]: 교육위원회 소관 법률안에 대한 체계·자구 검토 결과를 보고드리겠습니다. 의사일정 제215항 사립학교법 개정안은 안 제21조에서 사학법인 이사 중 3분의 1 이상에게 요구되는 교육경험의 범위를 교육활동을 실시한 학교의 종류에 따라 교육경험을 차등하여 인정하고 있는데 차별을 정당화할 수 있는 합리적인 이유를 찾기가 어려울 뿐만 아니라 초·중등교육법 등 다른 법률과의 체계 정합성 측면에서 부합하지 않는 측면이 있다고 보았습니다. 이에 교육부와 협의하여 하위 법령에서 이를 보완할 수 있도록 하였습니다.
- **위원장 여상규**[449]: 의사일정 제215항…까지 법률안은 전문위원이 수정한 부분은 수정한대로, 기타 부분은 원안대로 의결하고자 하는데 역시 이의 없으시지요? (예 하는 위원 있음) 가결되었음을 선포합니다.

(3) 본회의 심의

법제사법위원회 수정안대로 가결되었다.[450] 제21조에 관한 회의록 내용은 아래와

446) 제376회 국회(임시회) 제2차 전체회의, 법제사법위원회회의록, 2020. 3. 4., 99면.
447) 제3호에 관하여 본회의는 법제사법위원회 수정안을 가결한 것으로 기록하고 있으나, 최종 개정조문은 법제사법위원회 수정안과 다르다. 그 이유는 확인할 수 없다(체계자구검토보고서, 법제사법위원회, 2020. 3. 4., 의안번호 2024737, 10면 참조).
448) 제376회 국회(임시회) 제2차 전체회의, 법제사법위원회회의록, 2020. 3. 4., 98면.
449) 제376회 국회(임시회) 제2차 전체회의, 법제사법위원회회의록, 2020. 3. 4., 99면.
450) 제376회 국회(임시회) 제9차 본회의, 국회본회의회의록, 2020. 3. 6., 16면.

같다.

- **교육위원장대리 조승래**[451]: 존경하는 문희상 의장님 그리고 선배·동료 의원 여러분! 교육위원회의 조승래 위원입니다. 해산된 학교법인의 청산 절차에 관한 행·재정적 지원과 해산된 학교법인 및 폐쇄·폐지된 학교의 기록물 이관 및 관리 근거를 담은 사립학교법 일부개정법률안(대안)…등 6건의 법률안에 대하여 단말기의 회의 자료를 참조해 주시기 바라고, 아무쪼록 우리 위원회에서 심사보고 및 제안설명한 대로 심히 의결하여 주시기 바랍니다. 감사합니다. (이상 6건 대안 및 심사보고서는 부록으로 보존함)
- **의장 문희상**[452]: 조승래 위원 수고하셨습니다. 그러면 먼저 사립학교법 일부개정법률안(대안)을 의결토록 하겠습니다. 투표해 주시기 바랍니다. (전자투표) 투표를 다 하셨습니까? 투표를 마치겠습니다. 투표 결과를 말씀드리겠습니다. 재석 175인 중 찬성 174인, 기권 1인으로서 사립학교법 일부개정법률안(대안)은 가결되었음을 선포합니다.

(4) 결과

법제사법위원회 수정안으로 개정되었다.

21.211

11. 2020년 12월 22일 개정(법률 제17659호, 2020. 12. 22. 시행)

제21조(임원 선임의 제한) ① 이사 정수의 반수 이상은 대한민국 국민이어야 한다. 다만, 대학교육기관 중 대통령령으로 정하는 학교를 설치·경영하는 학교법인으로서 대한민국 국민이 아닌 자가 학교법인 기본재산액의 2분의 1 이상에 해당하는 재산을 출연한 학교법인인 경우에는 이사 정수의 3분의 2 미만을 대한민국 국민이 아닌 사람으로 할 수 있다.

② 이사회를 구성할 때 서로 「민법」 제777조에 따른 친족관계인 이사들이 이사 정수의 4분의 1을 초과해서는 아니 된다.

③ 이사 중 적어도 3분의 1 이상은 다음 각 호의 어느 하나에 해당하는 교육경험 또는 합산한 교육경험이 3년 이상인 사람이어야 한다.

1. 「유아교육법」 제2조제2호에 따른 유치원에서 교원으로 근무한 경험

---

451) 제376회 국회(임시회) 제9차 본회의, 국회본회의회의록, 2020. 3. 6., 15~16면.

452) 제376회 국회(임시회) 제9차 본회의, 국회본회의회의록, 2020. 3. 6., 16면.

2. 「초·중등교육법」 제2조에 따른 학교에서 교원으로 근무한 경험
3. 「고등교육법」 제2조에 따른 학교에서 교원 또는 같은 법 제17조제1항의 명예교수·겸임교원 및 초빙교원 등으로 근무한 경험
4. 제1호부터 제3호까지의 근무경험에 준하는 것으로서 대통령령으로 정하는 교육경험

④ **감사와 감사 또는 감사와 이사는 서로** 「민법」 제777조에 따른 **친족이어서는 아니 된다.**

⑤_학교법인에 두는 감사 중 1**명**은 추천위원회에서 추천하는 사람을 선임한다.

⑥_대통령령으로 정하는 기준 이상의 학교법인**에 두는** 감사_**중** 1**명**은 공인회계사 자격을 가진 **사람**이어야 한다.

⑦_다음 각 호의 어느 하나에 해당하는 **사람에 대하여 임원 취임**의 승인을 요청하는 경우에는 재적이사 3분의 2 이상의 찬성을 **받아야** 한다.

1. 제20조의2에 따라 **임원 취임 승인**이 취소된 날부터 5년이 **지난 사람**
2. **제54조의2에 따라 학교의 장의 직위에서 해임된 날부터 3년이 지난 사람**
3. **제61조에 따라 파면된 날부터 5년이 지난 사람**

• 법문을 한글화하고 간결하게 하였다. 또한, 제7항 제2호와 제3호의 순서를 바꾸어 체계를 변경하였다(오직 형식에 관한 개정이므로 자세한 개정경과는 생략함[453]).

12. 2021년 9월 24일 개정(법률 제18460호, 2022. 12. 25. 시행)

제21조(임원 선임의 제한) ① 이사 정수의 반수 이상은 대한민국 국민이어야 한다. 다만, 대학교육기관 중 대통령령으로 정하는 학교를 설치·경영하는 학교법인으로서 대한민국 국민이 아닌 자가 학교법인 기본재산액의 2분의 1 이상에 해당하는 재산을 출연한 학교법인인 경우에는 이사 정수의 3분의 2 미만을 대한민국 국민이 아닌 사람으로 할 수 있다.

② 이사회를 구성할 때 서로 「민법」 제777조에 따른 친족관계인 이사들이 이사 정수의 4분의 1을 초과해서는 아니 된다.

③ 이사 중 적어도 3분의 1 이상은 다음 각 호의 어느 하나에 해당하는 교육경험

453) 이에 관한 구체적 개정경과는 이 책 [1.201] 참조.

또는 합산한 교육경험이 3년 이상인 사람이어야 한다.
1. 「유아교육법」 제2조제2호에 따른 유치원에서 교원으로 근무한 경험
2. 「초·중등교육법」 제2조에 따른 학교에서 교원으로 근무한 경험
3. 「고등교육법」 제2조에 따른 학교에서 교원 또는 같은 법 제17조제1항의 명예교수·겸임교원 및 초빙교원 등으로 근무한 경험
4. 제1호부터 제3호까지의 근무경험에 준하는 것으로서 대통령령으로 정하는 교육경험

④ 감사와 감사 또는 감사와 이사는 서로 「민법」 제777조에 따른 친족이어서는 아니 된다.

⑤ 학교법인에 두는 감사 중 1명은 추천위원회에서 추천하는 사람을 선임한다.

⑥ 대통령령으로 정하는 기준 이상의 학교법인에 두는 감사 중 1명은 공인회계사 자격을 가진 사람이어야 한다.

⑦ 다음 각 호의 어느 하나에 해당하는 사람에 대하여 임원 취임의 승인을 요청하는 경우에는 재적이사 3분의 2 이상의 찬성을 받아야 한다.
1. 제20조의2에 따라 임원 취임 승인이 취소된 날부터 **10년**이 지난 사람
2. 제54조의2에 따라 학교의 장의 직위에서 해임된 날부터 **6년**이 지난 사람
3. 제61조에 따라 파면된 날부터 **10년**이 지난 사람

(1) 법률안

〈1〉 서동용 의원안[454]**:** 이 조문을 포함한 개정 대상 조문의 제안이유 및 주요내용은 아래와 같다.

- 제안이유 및 주요내용

사립학교는 우리 교육에서 차지하는 비중이 매우 높고, 국가가 어려운 시기에 교육의 중추적 역할을 수행하여 왔으나, 일부 사립학교의 부정·비리가 구조적, 반복적으로 발생하여 교육 전체의 신뢰를 훼손하는 경우가 있어, 사립학교의 공공성과 책무성 강화가 시급함.

현행법은 사학법인 임원의 경우 교원에 비해 결격사유가 약하고, 결격사유가 발생하더라도 임원직을 유지할 수 있도록 되어 있어, 비위 행위자에 대한 엄단이 힘들고, 사학 혁신에 대한 국민적 기대에도 부응하지 못하고 있는 현실임.

454) 2020. 7. 8. 서동용의원 등 15인(의안번호: 2101671).

이에 현재 국가공무원법 수준의 임원의 결격사유를 교육공무원법 수준으로 강화하여 비리 임원의 복귀를 제한하고, 임원 결격사유에 해당하는 경우 임원직을 즉시 상실하도록 하는 당연퇴임 근거 조항을 마련하여, 교육의 신뢰를 회복하고 사학의 민주적이고 건전한 운영의 토대를 마련하고자 함(안 제21조제7항, 제22조 및 제22조의2 신설).

이 조문의 현행법과 개정 원안은 아래와 같다.

현행법[455]	원안
제21조(임원 선임의 제한) ① ~ ⑥ (생 략) ⑦ 다음 각 호의 어느 하나에 해당하는 사람에 대하여 임원 취임의 승인을 요청하는 경우에는 재적이사 3분의 2 이상의 찬성을 받아야 한다. 1. 제20조의2에 따라 임원 취임 승인이 취소된 날부터 <u>5년</u>이 지난 사람 2. 제61조에 따라 파면된 날부터 <u>5년</u>이 지난 사람 3. 제54조의2에 따라 학교의 장의 직위에서 해임된 날부터 <u>3년</u>이 지난 사람	**제21조(임원 선임의 제한)** ① ~ ⑥ (생 략) ⑦ 다음 각 호의 어느 하나에 해당하는 사람에 대하여 임원 취임의 승인을 요청하는 경우에는 재적이사 3분의 2 이상의 찬성을 받아야 한다. 1. 제20조의2에 따라 임원 취임 승인이 취소된 날부터 <u>10년</u>이 지난 사람 2. 제61조에 따라 파면된 날부터 <u>10년</u>이 지난 사람 3. 제54조의2에 따라 학교의 장의 직위에서 해임된 날부터 <u>6년</u>이 지난 사람

• 임원의 결격 사유를 강화하였다.

〈2〉 윤영덕 의원안[456]: 이 조문을 포함한 개정 대상 조문의 제안이유 및 주요내용은 아래와 같다.

• 제안이유 및 주요내용

현행법에 따르면 임원취임 승인이 취소된 자나 징계로 파면된 자는 5년, 관할청의 요구로 해임된 대학 총장은 3년이 지나면 학교법인의 임원으로 복귀할 수 있음. 그런데 비위를 저지른 임원이 3년 또는 5년 뒤에 학교로 다시 복귀하더라도 해당 비위로 인한 학내 갈등 소지가 여전히 남아있는 경우가 많아 복귀 금지 기간을 연장하여 일정 기간 사립학교의 안정적인 운영을 확보할 수 있도록 해야 한다는 의견이 제기되고 있음. 이에 현행법에 따른 임원의 결격사유 규정을 개정하여 임원취임 승인이 취소된 자나 징계로 파면된 자는 10년, 관할청의 요구로 해임된 대학 총장은 5년간 해당 학교법인의 임원이 될 수 없도록 하려는 것임(안 제21조제7항 및 제22조).

455) 「사립학교법」(2020. 12. 22. 일부개정, 2020. 12. 22. 시행)
456) 2020. 8. 13. 윤영덕의원 등 12인(의안번호: 2102936).

이 조문의 현행법과 개정 원안은 아래와 같다.

현행법[457]	원안
제21조(임원 선임의 제한) ① ~ ⑥ (생 략) ⑦ 다음 각 호의 어느 하나에 해당하는 사람에 대하여 임원 취임의 승인을 요청하는 경우에는 재적이사 3분의 2 이상의 찬성을 받아야 한다. 1. 제20조의2에 따라 임원 취임 승인이 취소된 날부터 5년이 지난 사람 2. 제61조에 따라 파면된 날부터 5년이 지난 사람 3. 제54조의2에 따라 학교의 장의 직위에서 해임된 날부터 3년이 지난 사람	**제21조(임원 선임의 제한)** ① ~ ⑥ (생 략) ⑦ 다음 각 호의 어느 하나에 해당하는 사람에 대하여 임원 취임의 승인을 요청하는 경우에는 재적이사 3분의 2 이상의 찬성을 받아야 한다. 1. 제20조의2에 따라 임원 취임 승인이 취소된 날부터 10년이 지난 사람 2. 제61조에 따라 파면된 날부터 10년이 지난 사람 3. 제54조의2에 따라 학교의 장의 직위에서 해임된 날부터 5년이 지난 사람

• 임원의 결격사유를 강화하였다.

(2) 위원회 심사

〈1〉 **교육위원회:** 대안[458]으로 가결되었다.[459]

대안
제21조(임원 선임의 제한) ⑦ 다음 각 호의 어느 하나에 해당하는 사람에 대하여 임원 취임의 승인을 요청하는 경우에는 재적이사 3분의 2 이상의 찬성을 받아야 한다. 1. 제20조의2에 따라 임원 취임 승인이 취소된 날부터 10년이 지난 사람 2. 제54조의2에 따라 학교의 장의 직위에서 해임된 날부터 6년이 지난 사람 3. 제61조에 따라 파면된 날부터 10년이 지난 사람

〈2〉 **법제사법위원회:** 교육위원회 대안대로 가결되었다.[460] 제21조에 관한 회의록 내용은 아래와 같다.

• **전문위원 진선희**[461]: 의사일정 제13항 사립학교법 일부개정법률안(대안)은 학교법인 임원의 결격사유를 강화하고 당연퇴임 근거규정을 마련하며, 사립학교 교원 신규채용의 경우 원칙적으로 필기시험을 포함하여 이를 시·도교육청에 위탁

---

457) 「사립학교법」(2020. 12. 22. 일부개정, 2020. 12. 22. 시행)
458) 2021. 8. 25. 교육위원장(의안번호: 2112205).
459) 제390회 국회(임시회) 제1차 전체회의, 교육위원회회의록, 2021. 8. 19., 23면.
460) 제390회 국회(임시회) 제2차 전체회의, 법제사법위원회회의록, 2021. 8. 25., 14면.
461) 제390회 국회(임시회) 제2차 전체회의, 법제사법위원회회의록, 2021. 8. 25., 10면.

실시하도록 하는 등의 내용입니다.

(3) 본회의 심의

교육위원회 대안대로 가결되었다.[462] 김기현의원 등 105인이 개정전 법률과 동일한 내용으로 본회의 수정안을 제안하였지만 부결되었다. 제21조에 관한 회의록 내용은 아래와 같다.

- **정경희 의원**[463]: 교육청이 사립학교 사무직원의 징계권까지 일일이 간섭하려는 조항들도 삭제했습니다.
- **박찬대 의원**[464]: 이렇게 어렵게 만들어진 위원회 대안에 대하여 국민의힘은 우리 사회가 요구하고 있는 공정과 투명의 가치와는 담을 쌓은 수정안을 제시했습니다.수정안에 따르면…또한 비리 임원의 복귀 제한시한을 10년에서 5년으로 다시 단축하므로 비리 임원의 조기 복귀를 다시 허용했습니다.
- **부의장 김상희**[465]: 박찬대 의원님 수고하셨습니다. 이상으로 토론을 종결할 것을 선포합니다. 그러면 국회법 제96조에 따라서 수정안부터 먼저 표결하도록 하겠습니다. 사립학교법 일부개정법률안(대안)에 대한 수정안에 대하여 투표해 주시기 바랍니다. (전자투표) 투표를 다 하셨습니까? 투표를 마치겠습니다. 투표 결과를 말씀드리겠습니다. 재석 206인 중 찬성 67인, 반대 139인으로서 사립학교법 일부개정법률안(대안)에 대한 수정안은 부결되었음을 선포합니다. (찬반 의원 성명은 끝에 실음)

  수정안이 부결되었으므로 국회법 제96조제2항에 따라서 원안을 표결하도록 하겠습니다. 그러면 사립학교법 일부개정법률안(대안)에 대하여 투표해 주시기 바랍니다. (전자투표) 투표를 다 하셨습니까? 그러면 투표를 마치겠습니다. 투표 결과를 말씀드리겠습니다. 재석 212인 중 찬성 139인, 반대 73인으로서 사립학교법 일부개정법률안(대안)은 가결되었음을 선포합니다.

(4) 결과

교육위원회 대안으로 개정되었다.

---

462) 제390회 국회(임시회) 제1차 본회의, 국회본회의회의록, 2021. 8. 31., 21~25면.
463) 제390회 국회(임시회) 제1차 본회의, 국회본회의회의록, 2021. 8. 31., 23면.
464) 제390회 국회(임시회) 제1차 본회의, 국회본회의회의록, 2021. 8. 31., 24면.
465) 제390회 국회(임시회) 제1차 본회의, 국회본회의회의록, 2021. 8. 31., 25~26면.

21.300 III. 현행법

제21조(임원 선임의 제한) ① 이사 정수의 반수 이상은 대한민국 국민이어야 한다. 다만, 대학교육기관 중 대통령령으로 정하는 학교를 설치·경영하는 학교법인으로서 대한민국 국민이 아닌 자가 학교법인 기본재산액의 2분의 1 이상에 해당하는 재산을 출연한 학교법인인 경우에는 이사 정수의 3분의 2 미만을 대한민국 국민이 아닌 사람으로 할 수 있다.

② 이사회를 구성할 때 서로 「민법」 제777조에 따른 친족관계인 이사들이 이사 정수의 4분의 1을 초과해서는 아니 된다.

③ 이사 중 적어도 3분의 1 이상은 다음 각 호의 어느 하나에 해당하는 교육경험 또는 합산한 교육경험이 3년 이상인 사람이어야 한다.

1. 「유아교육법」 제2조제2호에 따른 유치원에서 교원으로 근무한 경험
2. 「초·중등교육법」 제2조에 따른 학교에서 교원으로 근무한 경험
3. 「고등교육법」 제2조에 따른 학교에서 교원 또는 같은 법 제17조제1항의 명예교수·겸임교원 및 초빙교원 등으로 근무한 경험
4. 제1호부터 제3호까지의 근무경험에 준하는 것으로서 대통령령으로 정하는 교육경험

④ 감사와 감사 또는 감사와 이사는 서로 「민법」 제777조에 따른 친족이어서는 아니 된다.

⑤ 학교법인에 두는 감사 중 1명은 추천위원회에서 추천하는 사람을 선임한다.

⑥ 대통령령으로 정하는 기준 이상의 학교법인에 두는 감사 중 1명은 공인회계사 자격을 가진 사람이어야 한다.

⑦ 다음 각 호의 어느 하나에 해당하는 사람에 대하여 임원 취임의 승인을 요청하는 경우에는 재적이사 3분의 2 이상의 찬성을 받아야 한다.

1. 제20조의2에 따라 임원 취임 승인이 취소된 날부터 10년이 지난 사람
2. 제54조의2에 따라 학교의 장의 직위에서 해임된 날부터 6년이 지난 사람
3. 제61조에 따라 파면된 날부터 10년이 지난 사람

21.400 IV. 종합/특기사항

• 제21조에 대한 개정은 대부분 임원 선임 제한사유를 확대하는 방향으로 이루어졌다.

- 1999년 개정 과정에서 대학을 설치·경영하는 학교법인의 이사의 일정 수를 공익이사로 하는 개정안(정부안)이 제안되었으나 교육위원회에서 활발한 논의 끝에 채택되지 않았다.
- 제21조에 대한 주요 변화는 1981년, 1990년, 1997년(1997. 1. 13.), 1997년(1997. 8. 22.), 1999년, 2005년, 2007년, 2020년, 2021년 개정이다. 1981년 개정은 감사 중 1인을 공인회계사 자격이 있는 사람으로 하였고, 1990년 개정은 이사 상호간에 「민법」 제777조에 규정된 친족관계 등 특수관계인의 비율을 "3분의 1 초과 불가"에서 "5분의 2 초과 불가"로 하였으며, 1997년(1997. 1. 13.) 개정은 교육경험 이사의 교육경력을 1년에서 3년으로 상향하였고, 1997년(1997. 8. 22.) 개정은 대한민국 국민이 아닌 사람이 학교법인의 기본재산액의 2분의 1 이상의 재산을 출연한 학교법인인 경우에는 이사정수의 3분의 2 미만을 대한민국국민이 아닌 사람으로 할 수 있도록 하였으며, 1999년 개정은 특수관계의 범위를 "「민법」 제777조에 규정된 친족관계나 처의 3촌이내의 혈족관계가 있는 자"에서 "「민법」 제777조에 규정된 친족관계에 있는 자"로 변경하면서(처의 3촌 이내의 혈족관계는 「민법」 777조에 규정된 친족관계에 포함되기 때문) 이사 상호간에 「민법」 제777조에 규정된 친족관계에 있는 사람의 비율을 "5분의 2 초과 불가"에서 다시 "3분의 1 초과 불가"로 환원하였다. 2005년 개정으로 제21조는 매우 큰 폭으로 개정되었는데, 그 주요 사항은 이사 상호간에 「민법」 제777조에 규정된 친족관계에 있는 사람의 비율을 "4분의 1 초과 불가"(제2항)로 하고, 감사 중 1인은 학교운영위원회 또는 대학평의원회에서 추천한 사람으로 하며(제5항), 파면 경력이 있는 등 특정부류의 사람에 대하여 임원취임 승인을 요청할 때에는 재적이사 3분의 2 이상의 찬성을 요구하였다(제6항). 2007년 개정은 감사 중 1인의 추천을 학교운영위원회 또는 대학평의원회가 직접 하지 않고 이들 회의체가 위원의 2분의 1을 추천하여 구성하는 개방이사추천위원회를 통하도록 하였다. 2020년 개정은 교육경험 이사의 경력을 구체적으로 규정하였고(제3항), 2021년 개정은 파면 경력이 있는 사람 등 특정부류의 사람이 임원의 재취임 제한기간을 연장하였다.
- 2005년 개정 과정에서 정치적 입장에 따라 매우 격렬한 의견대립이 있었다. 제256회 국회(정기회) 제16차 본회의(2005. 12. 9.)에서 나타난 원색적 언동은 그 사정을 잘 보여준다.[466]
- 2013년 헌법재판소는 개방감사제에 관한 사립학교법(2007. 7. 27. 법률 제8545호로 개

466) 제256회 국회(정기회) 제16차 본회의, 국회본회의회의록, 2005. 12. 9., 2~3면.

정된 것) 제21조제5항이 학교법인의 사학의 자유를 침해하는지 여부에 대하여 아래와 같이 합헌 취지로 판단하였다.[467)]

> 개방감사제에 관한 사립학교법 제21조제5항은, 학교법인에 대한 감사의 신뢰성을 확보하고 그 책무성을 강화함으로써 사립학교운영의 투명성과 공공성을 높이기 위한 것으로, 개방감사가 1인으로 제한되고, 감사의 존재목적이 학교법인 및 학교운영의 적정성을 감독하는 데 있는 점 등을 고려하면 학교법인의 사학의 자유를 침해한다고 볼 수 없다.

제22조(임원의 결격사유)

22.100

I. 제정법

> **제22조(임원의 결격사유)** 교육법 제77조에 해당하는 자는 학교법인의 임원이 될 수 없다.

『새교육』이 소개하는 이 조문의 제정이유는 아래와 같다.[468)]

> 기타 임원은 교육법 제77조에 의한 성행이 단정한 사람일 것을 요구하는 규정을 두고 있다.

II. 개정 경과

22.201

1. 1973년 3월 10일 개정(법률 제2587호, 1973. 3. 10. 시행)

> **제22조(임원의 결격사유)** 다음 각호의 1에 해당하는 자는 학교법인의 임원이 될 수 없다.
> 1. 교육공무원법 제16조의 규정에 해당되는 자
> 2. 제20조의2제1항의 규정에 의하여 임원취임승인이 취소된 자로서 2년이 경

467) 헌법재판소 2013. 11. 28. 선고 2007헌마1189, 2007헌마1190 결정.
468) 金康鉉, 앞의 글 "私立學校法(完)", 44면.

과하지 아니한 자
3. 제54조의2제1항의 규정에 의하여 총장·학장(대학교의 학장을 제외한다)·교장·원장의 임명승인이 취소된 자로서 2년이 경과하지 아니한 자

(1) 법률안(대통령안[469])

이 조문을 포함한 개정 대상 조문의 제안이유 및 주요내용은 아래와 같다.

• 제안이유

학교법인의 임원 결격사유를 명확히 하고 사립학교의 장으로서 취임승인이 취소된 자는 2년 내 재취임할 수 없게 함으로써 사학의 건전한 육성을 기하려는 것임.

• 주요내용

가. 위원취임 승인이 취소된 자와 총장·학교교장·원장의 임명승인이 취소된 자로서 2년이 경과하지 아니한 자는 임원 또는 학교의 장이 될 수 없도록 함(제22조 임원의 결격사유, 제54조의3 임명의 제한).

나. 국민학교·중학교·고등학교·실업고등전문학교 및 전문학교 등 사립학교의 교원 임용에 있어서 감독청의 승인을 얻도록 함(제54조 임면에 관한 승인, 보고 등의 요구)

이 조문의 현행법과 개정 원안은 아래와 같다.

현행법	원안
제22조(임원의 결격사유) 교육법 제77조에 해당하는 자는 학교법인의 임원이 될 수 없다.	**제22조(임원의 결격사유)** 다음 각호의 1에 해당하는 자는 학교법인의 임원이 될 수 없다.
<신 설>	1. 교육공무원법 제16조의 규정에 해당되는 자
<신 설>	2. 제20조의2제1항의 규정에 의하여 임원취임 승인이 취소된 자로서 2년이 경과하지 아니한 자
<신 설>	3. 제54조의2제1항의 규정에 의하여 총장·학장(대학교의 학장을 제외한다)·교장·원장의 임명승인이 취소된 자로서 2년이 경과하지 아니한 자

469) 1973. 2. 26. 대통령(의안번호: BB0257).

• 임원의 결격사유를 세분하여 규정하였다.

(2) 비상국무회의 심의

원안대로 가결되었다.[470] 제22조에 관한 회의록 내용은 아래와 같다.

- 간사(총무국장 정관용)[471]: 제165호 사립학교법 중 개정법률안, 제166호 한국교육개발육성법, 이상 2건은 문교부 소관입니다. 일괄 상정하겠습니다.
- 문교부장관(민관식)[472]: 설명드리겠습니다. 먼저 165호에 대해서 말씀드리면 임원취임승인이 취소된 자와 총장, 학장, 교장, 원장의 임명승인이 취소된 자로서 2년이 경과하지 아니한 자는 임원 또는 학교의 장이 될 수 없도록 하고 국민학교, 중학교, 고등학교, 실업고등전문학교 및 전문학교 등 사립학교의 교원임용에 있어서 감독청의 승인을 얻도록 하고자 하는 것입니다. …이상입니다.
- 부총리(태완선)[473]: 질문 없습니까? 다음.

(3) 결과

원안으로 개정되었다.

22.202
2. 1981년 11월 23일 개정(법률 제3458호, 1982. 1. 3. 시행)

제22조(임원의 결격사유) 다음 각호의 1에 해당하는 자는 학교법인의 임원이 될 수 없다.

1. 국가공무원법 제33조의 규정에 해당되는 자
2. 제20조의2제1항의 규정에 의하여 임원취임승인이 취소된 자로서 2년이 경과하지 아니한 자
3. 제54조의2제1항의 규정에 의하여 총장·학장(대학교의 학장을 제외한다)·교장·원장의 임명승인이 취소된 자로서 2년이 경과하지 아니한 자

• 「교육공무원법」(1981. 11. 23 개정, 1982. 1. 4. 시행) 개정으로 결격사유에 관한 규정이

470) 제14회 비상국무회의회의록, 1973. 2. 26., 183면; http://theme.archives.go.kr/viewer/common/archWebViewer.do?singleData=Y&archiveEventId=0028725564

471) 제14회 비상국무회의회의록, 1973. 2. 26., 198면.

472) 제14회 비상국무회의회의록, 1973. 2. 26., 198~199면.

473) 제14회 비상국무회의회의록, 1973. 2. 26., 199면.

변경됨에 따른 개정이다.

3. 1990년 4월 7일 개정(법률 제4226호, 1990. 4. 7. 시행)

제22조(임원의 결격사유) 다음 각호의 1에 해당하는 자는 학교법인의 임원이 될 수 없다.
1. 국가공무원법 제33조의 규정에 해당되는 자
2. 제20조의2제1항의 규정에 의하여 임원취임승인이 취소된 자로서 2년이 경과하지 아니한 자
3. **제54조의2의 규정에 의한 해임요구에 의하여 해임된 자로서 2년이 경과하지 아니한 자**

(1) 법률안

〈1〉 정부안[474]

현행법	원안
제22조(임원의 결격사유) 다음 각호의 1에 해당하는 자는 학교법인의 임원이 될 수 없다. 1. ~ 2. (생 략) 3. 제54조의2제1항의 규정에 의하여 총장·학장(대학교의 학장을 제외한다)·교장·원장의 임명승인이 취소된 자로서 2년이 경과하지 아니한 자	**제22조(임원의 결격사유)**다음 각호의 1에 해당하는 자는 학교법인의 임원이 될 수 없다. 1. ~ 2. (현행과 같음) 3. 제54조의2의 규정에 의한 해임요구에 의하여 해임된 자로서 2년이 경과하지 아니한 자

〈2〉 강삼재 의원안[475]

현행법	원안
제22조(임원의 결격사유) 다음 각호의 1에 해당하는 자는 학교법인의 임원이 될 수 없다. 1. (생 략) 2. 제20조의2제1항의 규정에 의하여 임원취임승인이 취소된 자로서 2년이 경과하지 아니한 자	**제22조(임원의 결격사유)**다음 각호의 1에 해당하는 자는 학교법인의 임원이 될 수 없다. 1. (현행과 같음) 2. 제20조의2제1항의 규정에 의한 해임요구에 의해 해임된 자로서 2년이 경과하지 아니한 자 3. 제54조의2제1항의 규정에 의하여 총장·학

474) 1988. 12. 2. 정부(의안번호: 130287); 제안이유 및 주요내용은 이 책 [4.206] 참조.
475) 1989. 2. 28. 강삼재의원 등 57인(의안번호: 130463; 제안이유 및 주요내용은 이 책 [4.206] 참조.

3. 제54조의2제1항의 규정에 의하여 총장·학장(대학교의 학장을 제외한다)·교장·원장의 임명승인이 취소된 자로서 2년이 경과하지 아니한 자	장(대학교의 학장을 제외한다)·교장·원장의 해임 요구에 의하여 해임된 자로서 2년이 경과하지 아니한 자

• "임원취임승인 취소"를 "해임"으로 변경하였다.

(2) 위원회 심사

〈1〉 **문교공보위원회:** 대안[476]으로 가결되었다.[477]

대안
제22조(임원의 결격사유) 2. 제20조의2제1항의 규정에 의하여 임원취임승인이 취소된 자로서 2년이 경과하지 아니한 자 3. 제54조의2의 규정에 의한 해임요구에 의하여 해임된 자로서 2년이 경과하지 아니한 자

〈2〉 **법제사법위원회:** 문교공보위원회 대안대로 가결되었다.[478]

(3) 본회의 심의

문교공보위원회 대안대로 가결되었다.[479]

(4) 결과

문교공보위원회 대안으로 개정되었다.

22.204 4. 2005년 12월 29일 개정(법률 제7802호, 2006. 7. 1. 시행)

제22조(임원의 결격사유) 다음 각호의 1에 해당하는 자는 학교법인의 임원이 될 수 없다.

1. 국가공무원법 제33조의 규정에 해당되는 자
2. **제20조의2의** 규정에 의하여 **임원취임의 승인**이 취소된 자로서 5년이 경과

476) 1990. 3. 15. 문교공보위원장(의안번호: 130833).
477) 제148회 국회(임시회) 제6차 전체회의, 문교공보위원회회의록, 1990. 3. 14., 8면.
478) 제148회 국회(임시회) 제6차 전체회의, 법제사법위원회회의록, 1990. 3. 14., 26면.
479) 제148회 국회(임시회) 제9차 본회의, 국회본회의회의록, 1990. 3. 16., 15~16면.

하지 아니한 자
3. 제54조의2의 규정에 의한 해임요구에 의하여 해임된 자로서 3년이 경과하지 아니한 자
4. 제61조의 규정에 따라 파면된 자로서 5년이 경과하지 아니한 자
5. 4급 이상의 교육행정공무원 또는 4급 상당 이상의 교육공무원으로 재직하다 퇴직한지 2년이 경과하지 아니한 자

(1) 법률안

〈1〉 최순영 의원안[480]

현행법	원안
제22조(임원의 결격사유) 다음 각호의 1에 해당하는 자는 학교법인의 임원이 될 수 없다. 1. (생 략) 2. 제20조의2제1항의 규정에 의하여 임원취임승인이 취소된 자로서 2년이 경과하지 아니한 자 3. (생 략) <신 설>	**제22조(임원의 결격사유)** 다음 각호의 1에 해당하는 자는 학교법인의 임원이 될 수 없다. 1. (현행과 같음) 2. 제20조의2제1항의 규정에 의하여 임원취임의 승인이 취소된 자로서 10년이 경과하지 아니한 자 3. (현행과 같음) 4. 3급 이상의 교육공무원으로 재직하다 퇴직한지 5년이 경과하지 아니한 자

• 임원의 결격사유를 강화하였다.

〈2〉 복기왕 의원안[481]

현행법	원안
제22조(임원의 결격사유) 다음 각호의 1에 해당하는 자는 학교법인의 임원이 될 수 없다. 1. (생 략) 2. 제20조의2제1항의 규정에 의하여 임원취임승인이 취소된 자로서 2년이 경과하지 아니한 자 3. 제54조의2의 규정에 의한 해임요구에 의하여 해임된 자로서 2년이 경과하지 아니한 자	**제22조(임원의 결격사유)** 다음 각호의 1에 해당하는 자는 학교법인의 임원이 될 수 없다. 1. (현행과 같음) 2. 제20조의2의 규정에 의하여 임원취임의 승인이 취소된 자로서 5년이 경과하지 아니한 자 3. 제54조의2의 규정에 의한 해임요구에 의하여 해임된 자로서 5년이 경과하지 아니한 자

480) 2004. 9. 10. 최순영의원 등 10인(의안번호: 170412); 제안이유 및 주요내용은 이 책 [8-2.201] 참고.
481) 2004. 10. 20. 복기왕의원 등 150인(의안번호: 170595); 제안이유 및 주요내용은 이 책 [10-2.201] 참고.

• 임원의 결격사유를 강화하였다.

〈3〉 김영숙 의원안[482]

현행법	원안
제22조(임원의 결격사유) 다음 각호의 1에 해당하는 자는 학교법인의 임원이 될 수 없다. 1. (생 략) 2. 제20조의2제1항의 규정에 의하여 임원취임승인이 취소된 자로서 <u>2년</u>이 경과하지 아니한 자 3. 제54조의2의 규정에 의한 해임요구에 의하여 해임된 자로서 <u>2년</u>이 경과하지 아니한 자	**제22조(임원의 결격사유)** 다음 각호의 1에 해당하는 자는 학교법인의 임원이 될 수 없다. 1. (현행과 같음) 2. 제20조의2제1항의 규정에 의하여 임원취임의 승인이 취소된 자로서 <u>5년</u>이 경과하지 아니한 자 3. 제54조의2의 규정에 의한 해임요구에 의하여 해임된 자로서 <u>5년</u>이 경과하지 아니한 자

• 임원의 결격사유를 강화하였다.

(2) 위원회 심사

〈1〉 **교육위원회:** 심사 미료

국회의장이 지정한 심사기간(2005. 9. 16 24:00) 내에 심사가 미료됨에 따라 소관 상임위원장의 중간심사보고(구두보고) 후 본회의로 바로 상정하였다(「국회법」 제85조의2).

〈2〉 **법제사법위원회:** 심사 미료

(3) 본회의 심의

원안을 수정·가결했다.[483] 수정내용은 아래와 같다.

본회의 수정안
제22조(임원의 결격사유) 2. <u>제20조의2</u>의 규정에 의하여 임원취임의 승인이 취소된 자로서 5년이 경과하지 아니한 자 3. 제54조의2의 규정에 의한 해임요구에 의하여 해임된 자로서 <u>3</u>년이 경과하지 아니한 자 <u>4. 제61조의규정에 따라 파면된 자로서 5년이 경과하지 아니한 자</u> <u>5. 4급 이상의 교육행정공무원 또는 4급 상당 이상의 교육공무원으로 재직하다 퇴직한지 2년이 경과하지 아니한 자</u>

482) 2004. 12. 22. 김영숙의원 등 120인(의안번호: 171182); 제안이유 및 주요내용은 이 책 [14.205] 참고.
483) 제256회 국회(정기회) 제16차 본회의, 국회본회의회의록, 2005. 12. 9., 2~3면.

이 조문의 회의록 내용은 2005. 12. 29. 개정조문 제8조의2와 공통적이어서 생략한다.[484)]

(4) 결과

본회의 수정안으로 개정되었다.

5. 2008년 3월 14일 개정(법률 제8888호, 2008. 3. 14. 시행)

제22조(임원의 결격사유) 다음 각호의 1에 해당하는 자는 학교법인의 임원이 될 수 없다.

1. 「국가공무원법」 제33조의 규정에 해당되는 자
2. 제20조의2의 규정에 의하여 임원취임의 승인이 취소된 자로서 5년이 경과하지 아니한 자
3. 제54조의2의 규정에 의한 해임요구에 의하여 해임된 자로서 3년이 경과하지 아니한 자
4. 제61조의 규정에 따라 파면된 자로서 5년이 경과하지 아니한 자
5. 4급 이상의 교육행정공무원 또는 4급 상당 이상의 교육공무원으로 재직하다 퇴직한지 2년이 경과하지 아니한 자

• 법령 표기에 있어서 "「 」" 표시를 하기로 함[485)]에 따른 개정이다(오직 형식에 관한 개정이므로 자세한 개정경과는 생략함[486)]).

6. 2020년 12월 22일 개정(법률 제17659호, 2020. 12. 22. 시행)

제22조(임원의 결격사유) 다음 각 호의 어느 하나에 해당하는 사람은 학교법인의 임원이 될 수 없다.

1. 「국가공무원법」 제33조 각 호의 어느 하나에 해당하는 사람
2. 제20조의2에 따라 임원 취임의 승인이 취소된 후 5년이 지나지 아니한 사람

484) 이 책 [8-2.201] 참조.

485) 「법률용어의 표준화 기준」(국회사무처 예규 제22호, 2007. 4. 16. 시행).

486) 이에 관한 구체적 개정경과는 이 책 [2.203] 참조.

3. 제54조의2**에 따른 해임 요구**에 의하여 해임된 **후** 3년이 **지나지 아니한 사람**
4. 제61조에 따라 파면된 **후** 5년이 **지나지 아니한 사람**
5. 4급 이상의 교육행정공무원 또는 4급 상당 이상의 교육공무원으로 재직하다 퇴직**한 후** 2년이 **지나지 아니한 사람**

- 법문을 한글화하고 간결하게 하였다(오직 형식에 관한 개정이므로 자세한 개정경과는 생략함[487]).

22.207

7. 2021년 9월 24일 개정(법률 제18460호, 2022. 12. 25. 시행)

제22조(임원의 결격사유) 다음 각 호의 어느 하나에 해당하는 사람은 학교법인의 임원이 될 수 없다.
1. 「국가공무원법」 제33조 각 호의 어느 하나에 해당하는 사람
2. 제20조의2에 따라 임원 취임의 승인이 취소된 후 **10년**이 지나지 아니한 사람
3. 제54조의2에 따른 해임 요구에 의하여 해임된 후 **6년**이 지나지 아니한 사람
4. 제61조에 따라 파면된 후 **10년**이 지나지 아니한 사람
5. 4급 이상의 교육행정공무원 또는 4급 상당 이상의 교육공무원으로 재직하다 퇴직한 후 2년이 지나지 아니한 사람

(1) 법률안

〈1〉 서동용 의원안[488]

현행법[489]	원안
제22조(임원의 결격사유) 다음 각 호의 1에 해당하는 사람은 학교법인의 임원이 될 수 없다. 1. (생 략) 2. 제20조의2의 규정에 의하여 임원 취임의 승인이 취소된 후 5년이 지나지 아니한 사람 3. 제54조의2의 규정에 의한 해임 요구에 의하여 해임된 후 3년이 지나지 아니한 사람	**제22조(임원의 결격사유)** 다음 각 호의 1에 해당하는 자는 학교법인의 임원이 될 수 없다. 1. (현행과 같음) 2. 제20조의2의 규정에 의하여 임원취임의 승인이 취소된 자로서 10년이 경과하지 아니한 자 3. 제54조의2의 규정에 의한 해임요구에 의하여 해임된 자로서 6년이 경과하지 아니한 자

487) 이에 관한 구체적 개정경과는 이 책 [1.201] 참조.
488) 2020. 7. 8. 서동용의원 등 15인(의안번호: 2101671); 제안이유 및 주요내용은 이 책 [21.212] 참조.
489) 「사립학교법」(2020. 12. 22. 일부개정, 2020. 12. 22. 시행)

4. 제61조의 규정에 따라 파면된 후 5년이 지나지 아니한 사람 5. (생 략)	4. 제61조의 규정에 따라 파면된 자로서 10년이 경과하지 아니한 자 5. (현행과 같음)

• 임원의 결격 사유를 강화하였다.

〈2〉 윤영덕 의원안[490]

현행법[491]	원안
제22조(임원의 결격사유) 다음 각 호의 1에 해당하는 사람은 학교법인의 임원이 될 수 없다. 1. (생 략) 2. 제20조의2의 규정에 의하여 임원 취임의 승인이 취소된 후 5년이 지나지 아니한 사람 3. 제54조의2의 규정에 의한 해임 요구에 의하여 해임된 후 3년이 지나지 아니한 사람 4. 제61조의 규정에 따라 파면된 후 5년이 지나지 아니한 사람 5. (생 략)	**제22조(임원의 결격사유)** 다음 각 호의 어느 하나에 해당하는 사람은 학교법인의 임원이 될 수 없다. 1. (현행과 같음) 2. 제20조의2에 따라 임원취임의 승인이 취소된 자로서 10년이 경과하지 아니한 자 3. 제54조의2의 해임요구에 따라 해임된 자로서 5년이 경과하지아니한 자 4. 제61조 규정에 따라 파면된 자로서 10년이 경과하지 아니한 자 5. (현행과 같음)

• 임원의 결격 사유를 강화하였다.

(2) 위원회 심사

〈1〉 교육위원회: 대안[492]으로 가결되었다.[493]

대안
제22조(임원의 결격사유) 다음 각 호의 어느 하나에 해당하는 사람은 학교법인의 임원이 될 수 없다. 2. 제20조의2에 따라 임원 취임의 승인이 취소된 후 10년이 지나지 아니한 사람 3. 제54조의2에 따른 해임 요구에 의하여 해임된 후 6년이 지나지 아니한 사람 4. 제61조에 따라 파면된 후 10년이 지나지 아니한 사람

〈2〉 법제사법위원회: 교육위원회 대안대로 가결되었다.[494] 이 조문의 회의록 내용

490) 2020. 8. 13. 윤영덕의원 등 12인(의안번호: 2102936); 제안이유 및 주요내용은 이 책 [21.212] 참조.
491) 「사립학교법」(2020. 12. 22. 일부개정, 2020. 12. 22. 시행)
492) 2021. 8. 25. 교육위원장(의안번호: 2112205).
493) 제390회 국회(임시회) 제1차 전체회의, 교육위원회회의록, 2021. 8. 19., 23면.
494) 제390회 국회(임시회) 제2차 전체회의, 법제사법위원회회의록, 2021. 8. 25., 14면.

은 2021. 9. 24. 개정조문 제21조와 공통적이어서 생략한다.[495]

(3) 본회의 심의

교육위원회 대안대로 가결되었다.[496] 김기현의원 등 105인이 개정전 법률과 동일한 내용으로 본회의 수정안을 제안하였지만 부결되었다. 이 조문의 회의록 내용은 2021. 9. 24. 개정조문 제21조와 공통적이어서 생략한다.[497]

(4) 결과

교육위원회 대안으로 개정되었다.

22.300

III. 현행법

제22조(임원의 결격사유) 다음 각 호의 어느 하나에 해당하는 사람은 학교법인의 임원이 될 수 없다.

1. 「국가공무원법」 제33조 각 호의 어느 하나에 해당하는 사람
2. 제20조의2에 따라 임원 취임의 승인이 취소된 후 10년이 지나지 아니한 사람
3. 제54조의2에 따른 해임 요구에 의하여 해임된 후 6년이 지나지 아니한 사람
4. 제61조에 따라 파면된 후 10년이 지나지 아니한 사람
5. 4급 이상의 교육행정공무원 또는 4급 상당 이상의 교육공무원으로 재직하다 퇴직한 후 2년이 지나지 아니한 사람

22.400

IV. 종합/특기사항

- 제22조에 대한 개정은 임원의 결격사유를 강화하는 방향으로 이루어졌다.
- 2005년 개정 과정에서 정치적 입장에 따라 매우 격렬한 의견대립이 있었다. 제256회 국회(정기회) 제16차 본회의(2005. 12. 9.)에서 나타난 원색적 언동은 그 사정을 잘 보여준다.[498]

---

495) 이 책 [21.212] 참조.

496) 제390회 국회(임시회) 제1차 본회의, 국회본회의회의록, 2021. 8. 31., 21~25면.

497) 이 책 [21.212] 참조.

498) 제256회 국회(정기회) 제16차 본회의, 국회본회의회의록, 2005. 12. 9., 2~3면.

제22조의2(임원의 당연퇴임 사유)

I. 제정법

제정법에는 이 조문이 없다.

II. 개정 경과

1. 2021년 9월 24일 개정(법률 제18460호, 2022. 12. 25. 시행)

제22조의2(임원의 당연퇴임 사유) 학교법인의 임원이 제22조 각 호의 어느 하나에 해당하는 경우에는 당연히 퇴임된다. 다만, 「국가공무원법」 제33조제5호는 「형법」 제129조부터 제132조까지 및 직무와 관련하여 같은 법 제355조 및 제356조에 규정된 죄를 범한 사람으로서 금고 이상의 형의 선고유예를 받은 경우만 해당하고, 「국가공무원법」 제33조제6호의2를 적용할 때 "공무원"은 "임원"으로 본다.

(1) 법률안

〈1〉 서동용 의원안[499]

현행법	원안
<신 설>	**제22조의2(임원의 당연퇴임 사유)** 학교법인의 임원이 제22조 각 호의 어느 하나에 해당하는 경우에는 당연 퇴임된다. 다만, 「국가공무원법」 제33조제5호는 「형법」 제129조부터 제132조까지 및 직무와 관련하여 「형법」 제355조 및 제356조에 규정된 죄를 범한 사람으로서 금고 이상의 형의 선고유예를 받은 경우만 해당하고, 「국가공무원법」 제33조제6호의2를 적용할 때 "공무원"은 "임원"으로 본다.

〈2〉 **정청래 의원안**[500]: 이 조문을 포함한 개정 대상 조문의 제안이유 및 주요내용은 아래와 같다.

499) 2020. 7. 8. 서동용의원 등 15인(의안번호: 2101671); 제안이유 및 주요내용은 이 책 [21.212] 참조.
500) 2020. 7. 20. 정청래의원 등 10인(의안번호: 2102203).

• 제안이유 및 주요내용

사립학교는 우리 교육에서 차지하는 비중이 높고 대규모 국가 재정이 투입되고 있음. 특히 사학혁신에 대한 사회적 요구와 기대 수준이 높아지고 있어 사학의 공공성 강화와 관할청에 의한 지도·감독의 필요성에 대한 국민의 목소리가 점점 커지고 있음. 그러나 현행법상 임원 당연퇴직에 대한 법적 근거가 없어 임원이 임기 중 분쟁, 회계부정, 해임요구, 징계 등으로 인하여 결격사유가 발생하더라도 임원직을 유지할 수 있는 현실임. 이에 임원이 임기 중 결격사유 발생시 즉시 당연퇴임하도록 하여 사립학교의 공공성과 책무성을 확보하고자 함(안 제22조의2 신설).

이 조문의 현행법과 개정 원안은 아래와 같다.

현행법	원안
<신 설>	**제22조의2(임원의 당연퇴임)** 학교법인 임원이 임기 중 제22조에 따른 결격사유가 발생할 경우 당연퇴임 한다.

(2) 위원회 심사

〈1〉 **교육위원회:** 대안[501]으로 가결되었다.[502]

대안
제22조의2(임원의 당연퇴임 사유) 학교법인의 임원이 제22조 각 호의 어느 하나에 해당하는 경우에는 당연히 퇴임된다. 다만, 「국가공무원법」 제33조제5호는 「형법」 제129조부터 제132조까지 및 직무와 관련하여 같은 법 제355조 및 제356조에 규정된 죄를 범한 사람으로서 금고 이상의 형의 선고유예를 받은 경우만 해당하고, 「국가공무원법」 제33조제6호의2를 적용할 때 "공무원"은 "임원"으로 본다.

〈2〉 **법제사법위원회:** 교육위원회 대안대로 가결되었다.[503] 이 조문의 회의록 내용은 2021. 9. 24. 개정조문 제21조와 공통적이어서 생략한다.[504]

(3) 본회의 심의

교육위원회 대안대로 가결되었다.[505] 김기현의원 등 105인이 개정전 법률과 동일

501) 2021. 8. 25. 교육위원장(의안번호: 2112205).
502) 제390회 국회(임시회) 제1차 전체회의, 교육위원회회의록, 2021. 8. 19., 23면.
503) 제390회 국회(임시회) 제2차 전체회의, 법제사법위원회회의록, 2021. 8. 25., 14면.
504) 이 책 [21.212] 참조.
505) 제390회 국회(임시회) 제1차 본회의, 국회본회의회의록, 2021. 8. 31., 21~25면.

한 내용으로 본회의 수정안을 제안하였지만 부결되었다. 이 조문의 회의록 내용은 2021. 9. 24. 개정조문 제21조와 공통적이어서 생략한다.[506)]

(4) 결과

교육위원회 대안으로 개정되었다.

III. 현행법

제22조의2(임원의 당연퇴임 사유) 학교법인의 임원이 제22조 각 호의 어느 하나에 해당하는 경우에는 당연히 퇴임된다. 다만, 「국가공무원법」 제33조제5호는 「형법」 제129조부터 제132조까지 및 직무와 관련하여 같은 법 제355조 및 제356조에 규정된 죄를 범한 사람으로서 금고 이상의 형의 선고유예를 받은 경우만 해당하고, 「국가공무원법」 제33조제6호의2를 적용할 때 "공무원"은 "임원"으로 본다.

IV. 종합/특기사항

- 제22조의2는 학교법인의 공공성 제고를 이유로 2021년 개정으로 신설되었다.
- 2021년 개정은 두 개정안(서동용 의원안, 정청래 의원안) 중 서동용 의원의 개정안과 거의 일치한다.

제23조(임원의 겸직금지)

I. 제정법

제23조(임원의 겸직금지) ①이사장은 당해 학교법인이 설치·경영하는 사립학교의 장을 겸할 수 없다.

506) 이 책 [21.212] 참조.

②이사는 감사 또는 당해 학교법인이 설치·경영하는 사립학교의 교원 기타 직원을 겸할 수 없다. 다만, 학교의 장은 예외로 한다.
③감사는 이사장·이사 또는 학교법인의 직원(당해 학교법인이 설치·경영하는 사립학교의 교원 기타 직원을 포함한다)을 겸할 수 없다.

『새교육』이 소개하는 이 조문의 제정이유는 아래와 같다.[507)]

이사장이 동시에 학교장 자리에 앉아 개인의 독단적인 학교 운영 방식을 제재하는 규정을 두고 있다.

II. 개정 경과

23.201 ### 1. 1981년 2월 28일 개정(법률 제3373호, 1981. 2. 28. 시행)

제23조(임원의 겸직금지) ①이사장은 당해 학교법인이 설치·경영하는 사립학교의 장을 겸할 수 없다.
②이사는 감사 또는 당해 학교법인이 설치·경영하는 사립학교의 교원 기타 직원을 겸할 수 없다. 다만, 학교의 장은 예외로 한다.
③감사는 이사장·이사 또는 학교법인의 직원(당해 학교법인이 설치·경영하는 사립학교의 교원 기타 직원을 포함한다)을 겸할 수 없다.
④이사장은 다른 학교법인의 이사장을 겸할 수 없다.

(1) 법률안(정부안[508)])

현행법	원안
제23조(임원의 겸직금지) ① ~ ③ (생 략) <신 설>	**제23조(임원의 겸직금지)** ① ~ ③ (현행과 같음) ④이사장은 다른 학교법인의 이사장을 겸할 수 없다.

(2) 위원회 심사

〈1〉 **문교공보위원회:** 원안대로 가결되었다.[509)] 제23조에 관한 회의록 내용은 아래

507) 金康鉉, 앞의 글 "私立學校法(完)", 44면.
508) 1981. 2. 13. 정부(의안번호: CC0145); 제안이유 및 주요내용은 이 책 [4.204] 참조.

와 같다.

- **전문위원 김철**[510]: 안 제23조제4항의 신설 내용은 "이사장은 다른 학교법인의 이사장을 겸할 수 없다"로 규정하고 있습니다.

〈2〉 **법제사법위원회:** 원안대로 가결되었다.[511]

(3) 본회의 심의

원안대로 가결되었다.[512]

(4) 결과

원안으로 개정되었다.

2. 1990년 4월 7일 개정(법률 제4226호, 1990. 4. 7. 시행)

제23조(임원의 겸직금지) ①이사장은 당해 학교법인이 설치·경영하는 사립학교의 장을 겸할 수 없다.
②이사는 감사 또는 당해 학교법인이 설치·경영하는 사립학교의 교원 기타 직원을 겸할 수 없다. 다만, 학교의 장은 예외로 한다.
③감사는 이사장·이사 또는 학교법인의 직원(당해 학교법인이 설치·경영하는 사립학교의 교원 기타 직원을 포함한다)을 겸할 수 없다.
<u>④ 삭제</u>

(1) 법률안(정부안[513])

현행법	원안
제23조(임원의 겸직금지) ① ~ ③ (생 략) ④이사장은 다른 학교법인의 이사장을 겸할 수 없다	**제23조(임원의 겸직금지)** ① ~ ③ (현행과 같음) <u><삭 제></u>

509) 제10.5대 국회 제77회 제19차 문교공보위원회국가보위입법회의사무처, 문교공보위원회회의록, 1981. 2. 19., 7면.
510) 제10.5대 국회 제77회 제19차, 문교공보위원회국가보위입법회의사무처, 문교공보위원회회의록, 1981. 2. 19., 4면.
511) 제10.5대 국회 제77회 제30차 법제사법위원회국가보위입법회의사무처, 법제사법위원회회의록, 1981. 2. 19., 5면.
512) 제10.5대 국회 제77회 제20차 국회본회의, 국회본회의회의록, 1981. 2. 20., 7면.
513) 1988. 12. 2. 정부(의안번호: 130287); 제안이유 및 주요내용은 이 책 [4.206] 참조.

• 학교법인의 이사장은 다른 학교법인의 이사장을 겸할 수 있도록 하였다.

(2) 위원회 심사

〈1〉 **문교공보위원회:** 대안[514]으로 가결되었다(이 조문의 경우에는 원안과 대안의 내용이 동일함).[515] 제23조에 관한 회의록 내용은 아래와 같다.

- **소위원장 함종한**[516]: 다음으로 대안의 주요골자를 말씀드리겠습니다. …현재는 한 학교법인의 이사장은 다른 학교법인의 이사장을 겸할 수 없도록 되어 있으나 앞으로는 이를 겸할 수 있도록 하…였습니다.

〈2〉 **법제사법위원회:** 문교공보위원회 대안대로 가결되었다.[517] 제23조에 관한 회의록 내용은 아래와 같다.

- **함종한 위원**[518]: 다음으로 대안의 제안이유를 말씀드리겠습니다…
  2. 현재는 한 학교법인의 이사장은 다른 학교법인의 이사장을 겸할 수 없도록 되어 있으나 앞으로는 이를 겸할 수 있도록 하…였습니다.

(3) 본회의 심의

문교공보위원회 대안대로 가결되었다.[519]

(4) 결과

문교공보위원회 대안으로 개정되었다.

23.203

3. 2005년 12월 29일 개정(법률 제7802호, 2006. 7. 1. 시행)

제23조(임원의 겸직금지) ①이사장은 당해 학교법인 **및 다른 학교법인**이 설치·경영하는 사립학교의 장**이나 다른 학교법인의 이사장을** 겸할 수 없다.

---

514) 1990. 3. 15. 문교공보위원장(의안번호: 130833).
515) 제148회 국회(임시회) 제6차 전체회의, 문교공보위원회회의록, 1990. 3. 14., 8면.
516) 제148회 국회(임시회) 제6차 전체회의, 문교공보위원회회의록, 1990. 3. 14., 3면.
517) 제148회 국회(임시회) 제6차 전체회의, 법제사법위원회회의록, 1990. 3. 14., 26면.
518) 제148회 국회(임시회) 제6차 전체회의, 법제사법위원회회의록, 1990. 3. 14., 18면.
519) 제148회 국회(임시회) 제9차 본회의, 국회본회의회의록, 1990. 3. 16., 15~16면.

②이사는 감사 또는 당해 학교법인이 설치·경영하는 사립학교의 교원 기타 직원을 겸할 수 없다. 다만, 학교의 장은 예외로 한다.
③감사는 이사장·이사 또는 학교법인의 직원(당해 학교법인이 설치·경영하는 사립학교의 교원 기타 직원을 포함한다)을 겸할 수 없다.
④ 삭제

(1) 법률안(최순영 의원안[520])

현행법	원안
제23조(임원의 겸직금지) ①이사장은 당해 학교법인이 설치·경영하는 사립학교의 장을 겸할 수 없다. ② ~ ③ (생 략)	**제23조(임원의 겸직금지)** ①이사장은 당해 학교법인이 설치·경영하는 사립학교의 장이나 다른 학교법인의 이사장 또는 그 학교법인이 설치·경영하는 사립학교의 장을 겸할 수 없다. ② ~ ③ (현행과 같음)

- 이사장이 겸직할 수 없는 범위를 확장하였다(1990년 개정으로 삭제된 제4항을 제1항으로 편입하여 부활시킴).

(2) 위원회 심사

〈1〉 **교육위원회:** 심사 미료

국회의장이 지정한 심사기간(2005. 9. 16 24:00) 내에 심사가 미료됨에 따라 소관 상임위원장의 중간심사보고(구두보고) 후 본회의로 바로 상정하였다(「국회법」 제85조의2).

〈2〉 **법제사법위원회:** 심사 미료

(3) 본회의 심의

원안을 수정·가결했다.[521] 수정내용은 아래와 같다.

본회의 수정안
제23조(임원의 겸직금지) ①이사장은 당해 학교법인 및 다른 학교법인이 설치·경영하는 사립학교의 장이나 다른 학교법인의 이사장을 겸할 수 없다.

---

520) 2004. 9. 10. 최순영의원 등 10인(의안번호: 170412); 제안이유 및 주요내용은 이 책 [8-2.201] 참고.
521) 제256회 국회(정기회) 제16차 본회의, 국회본회의회의록, 2005. 12. 9., 2~3면.

이 조문의 회의록 내용은 2005. 12. 29. 개정조문 제8조의2와 공통적이어서 생략한다.[522]

(4) 결과

본회의 수정안으로 개정되었다.

23.204 4. 2007년 7월 27일 개정(법률 제8545호, 2007. 7. 27. 시행)

제23조(임원의 겸직금지) ①이사장은 당해 학교법인이 설치·경영하는 사립학교의 장을 겸할 수 없다. 다만, 유치원만을 설치·경영하는 학교법인 이사장의 경우에는 당해 유치원장을 겸할 수 있다.
②이사는 감사 또는 당해 학교법인이 설치·경영하는 사립학교의 교원 기타 직원을 겸할 수 없다. 다만, 학교의 장은 예외로 한다.
③감사는 이사장·이사 또는 학교법인의 직원(당해 학교법인이 설치·경영하는 사립학교의 교원 기타 직원을 포함한다)을 겸할 수 없다.
④ 삭제

(1) 법률안(이은영 의원안[523])

현행법	원안
제23조(임원의 겸직금지) ①이사장은 당해 학교법인 및 다른 학교법인이 설치·경영하는 사립학교의 장이나 다른 학교법인의 이사장을 겸할 수 없다. <단서 신설> ②~ ④ (생 략)	**제23조(임원의 겸직금지)** ①이사장은 당해 학교법인이 설치·경영하는 사립학교의 장을 겸할 수 없다. 다만, 유치원만을 설치·경영하는 학교법인 이사장의 경우에는 당해 유치원장을 겸할 수 있다. ②~ ④ (현행과 같음)

• 유치원만을 설치·경영하는 학교법인의 경우에는 이사장의 겸직 금지를 완화하였다.

(2) 위원회 심사

〈1〉 **교육위원회:** 심사 미료

522) 이 책 [8-2.201] 참조.
523) 2006. 12. 1. 이은영의원 등 23인(의안번호: 175526); 제안이유 및 주요내용은 이 책 [14.206] 참조.

심사가 미료되어 소관 상임위원장의 중간심사보고(구두보고) 후 본회의로 바로 상정하였다(「국회법」 제85조의2).

제23조에 관한 회의록 내용은 아래와 같다.

- **이은영 의원**[524]: 다음으로 동 법안의 주요 내용을 말씀드리겠습니다. 첫째, 학교법인의 이사장은 당해 학교법인이 설치·경영하는 학교의 장을 겸할 수 없도록 하되 유치원만을 설치·경영하는 학교법인의 이사장은 당해 유치원장을 겸할 수 있도록 하였습니다.
- **전문위원 구기성**[525]: 동 개정안은 지난 2005년 12월 개정되어 2006년 7월 1일부터 시행되고 있는 현행법의 내용 중 이사장의 겸직금지, 학교장의 임기제한, 이사장 친·인척의 학교장 임명금지 등에 관한 내용을 일부 변경하는 것을 그 내용으로 하고 있습니다.

  먼저 이사장의 겸직금지 완화에 관한 사항입니다. 안 제23조제1항 본문에서는 현행법상 학교법인의 이사장이 다른 학교법인의 이사장 및 그 학교의 장과 당해 학교법인의 학교장을 모두 겸할 수 없도록 한 것을 당해 학교법인의 학교장만을 겸할 수 없도록 겸직금지의 폭을 축소하되, 동 항에 단서를 신설하여 유치원의 경우 유치원만을 설치·경영하는 학교법인의 이사장은 당해 유치원의 원장도 겸할 수 있도록 하고 있습니다. 이는 현재 전체 유치원의 97%를 설치·운영하는 자가 학교법인이 아닌 기타 법인 또는 개인인 상황에서 이들의 경우 당해 법인의 이사장 또는 개인이 그 유치원의 원장을 겸하는데 법률상 제한이 없어 유치원만을 설치·경영하는 학교법인들만이 상대적으로 강한 규제를 받고 있다는 점과 학교법인이 운영하는 유치원의 경우도 다른 유치원들과 마찬가지로 대부분 재정 여건이 충분하지 못한 상황에서 별도로 원장을 고용하는 데 따른 비용부담을 감안할 필요성이 있다는 점 등을 고려하여 유치원만을 설치·경영하는 학교법인의 이사장도 당해 유치원장을 겸할 수 있도록 하는 것은 현실 상황을 충분히 고려한 것으로 보아 개정하려는 것으로 보입니다.
- **정봉주 위원**[526]: 이번의 개정안, 이은영 의원이 대표발의하고 저도 물론 동의를 했습니다마는, 개정안 23조를 보게 되면… 유치원을 실질적으로 설립한 운영자가 학원장을 하는 경우가 많이 있습니다. 그래서 이것을 제외한 것은 이해를 하는데 "당해 학교법인이 설치·경영하는 사립학교의 장을 겸할 수 없다.", 이 "겸

524) 第262회 국회(정기회) 제14차 전체회의, 교육위원회회의록, 2006. 12. 8., 3면.
525) 第262회 국회(정기회) 제14차 전체회의, 교육위원회회의록, 2006. 12. 8., 5면.
526) 第262회 국회(정기회) 제14차 전체회의, 교육위원회회의록, 2006. 12. 8., 9면.

할 수 없다"라고 하는 금지조항 그대로 두고, 그런데 타 학교법인의 이사장이나 학교장은 할 수 있습니다.

그전에 이사장 꾸어 주기, 이사 꾸어 주기 이런 문제점이 있었고 이 현행법대로 만들어 놓은 것인데 제23조 같은 경우는 너무 좀 풀어놓은 것 아닌가요? 저도 이 부분에 대해서 고민을 많이 했는데, 무슨 말씀이냐 하면, 이 학교의 이사장이 다른 학교의 장이 되고, 그리고 이 학교의 교장이 학교장의 부인이었다가 타학교의 이사장이 되면서, 이렇게 서로 2~3개 법인을 운영하면서 이사 꾸어 주기 이런 것이 아주 관행처럼 운영되고 있었거든요. 그러면서 사학의 불공정한 운영이 여기서 원인이 되었던 것이라는 말입니다. 이 23조 부분에 대해서는 어떻게 생각하시나요?

- **부총리겸교육인적자원부장관 김신일**[527]: 정봉주 위원님 걱정하시는 대로 그런 위험성이 전혀 없는 것은 아닙니다. 그런 개연성이 있기는 한데 그러나 또 사학을 설립해서 운영하는 분들은 그 나름대로 사학 운영에 대한 전문성을 갖추고 경험을 갖추었기 때문에 다른 사학에 대한 그런 운영을 할 수 있는 길을 열어 주는 것은 또 필요한 부분이라고 그렇게 생각합니다.
- **정봉주 위원**[528]: 전문성 신장에 대해서 권장할 만한 일이다, 허용할 수 있다 이런 얘기지요?
- **부총리겸교육인적자원부장관 김신일**[529]: 예.

〈2〉 **법제사법위원회:** 심사 미료

(3) 본회의 심의

원안대로 가결되었다.[530] 이 조문의 회의록 내용은 2007. 7. 27. 개정조문 제14조와 공통적이어서 생략한다.[531]

(4) 결과

원안으로 개정되었다.

---

527) 第262회 국회(정기회) 第14차 전체회의, 교육위원회회의록, 2006. 12. 8., 9면.
528) 第262회 국회(정기회) 第14차 전체회의, 교육위원회회의록, 2006. 12. 8., 9면.
529) 第262회 국회(정기회) 第14차 전체회의, 교육위원회회의록, 2006. 12. 8., 9면.
530) 第268회 국회(임시회) 第10차 본회의, 국회본회의회의록, 2007. 7. 3., 48~49면.
531) 이 책 [14.206] 참조.

5. 2020년 1월 29일 개정(법률 제16874호, 2020. 7. 30. 시행)

제23조(임원의 겸직금지) ①이사장은 당해 학교법인이 설치·경영하는 사립학교의 장을 겸할 수 없다.
②이사는 감사 또는 당해 학교법인이 설치·경영하는 사립학교의 교원 기타 직원을 겸할 수 없다. 다만, 학교의 장은 예외로 한다.
③감사는 이사장·이사 또는 학교법인의 직원(당해 학교법인이 설치·경영하는 사립학교의 교원 기타 직원을 포함한다)을 겸할 수 없다.
④ 삭제

(1) 법률안(임재훈 의원안[532])

이 조문을 포함한 개정 대상 조문의 제안이유 및 주요내용은 아래와 같다.

• 제안이유 및 주요내용

최근 사립유치원에 대한 시·도교육청의 감사 결과 사립유치원 설립자의 경우 사인인 설립자나 원장이 교비회계에 속하는 수입이나 재산을 교육목적 외로 부정하게 사용하는 경우가 상당 수 적발되었음. 그러나 현행법에 따르면 사립유치원의 학부모 부담금과 정부의 유아교육비 지원금을 유치원 설립·경영자(개인)등이 유용한 경우에 「사학기관 재무회계규칙」 제4조 위반 등을 이유로 「유아교육법」 제30조에 따라 지원금의 유치원 회계 여입 명령 등의 조치를 취할 수 있을 뿐 형사처벌이 불가능함. 그 결과 사립유치원 교비회계 수입의 부정사용에 대한 실효적 제재가 이루어지지 않고 있음.

이에 따라 사립유치원에 대한 교비회계에 속하는 수입 및 재산의 부정사용 금지의무를 법률에 규정하고 이에 대한 처벌 근거를 두되, 처벌 조항의 시행시기를 1년간 유예함으로써 법적 안정성을 확보하려는 것임(안 제23조, 제29조 및 제73조의2).

이 조문의 현행법과 개정 원안은 아래와 같다.

현행법	원안
제23조(임원의 겸직금지) ①이사장은 당해 학교법인이 설치·경영하는 사립학교의 장을 겸할 수 없다. <u>다만, 유치원만을 설치·경영하는 학</u>	**제23조(임원의 겸직금지)** ①이사장은 당해 학교법인이 설치·경영하는 사립학교의 장을 겸할 수 없다. <u><단서 삭제></u>

532) 2018. 12. 24. 임재훈의원 등 11인(의안번호: 2017702).

교법인 이사장의 경우에는 당해 유치원장을 겸할 수 있다. ② ~ ④ (생 략)	② ~ ④ (현행과 같음)

(2) 위원회 심사

〈1〉 교육위원회

2018. 12. 26 법안심사소위 직접 회부하였다. 회의록 내용은 아래와 같다.

• **임재훈 위원**[533]: 사립유치원이 우리 국가 유치원 교육에 기여한 것을 절대 과소평가할 수 없다고 저는 봐요, 인정하고. 그분들의 헌신과 열정, 노력에 대해서 경의를 표합니다. 그리고 여러분들 아시는 대로 사립유치원이 유치원 교육의 75%를 감당하고 있잖아요. 그래서 앞으로도 그분들의 역할이 굉장히 중요하다고 저는 또 인정을 합니다. 그리고 지금 여러 위원님들이 말씀하신 대로 사립유치원의 재원 소스는 국가지원금과 학부모부담금으로 분류되지 않습니까? 그런데 학부모부담금은 우리가 흔히 아는 대로 수업료, 원비잖아요. 원비는 유치원에 납입하는 순간 이것은 교비입니다, 교비. 왜냐하면 어차피 유치원은 이미 우리 공교육의 하나의 일환이 되었어요. 그렇기 때문에 납입이 되는 순간 그것은 교비로 전환이 자동적으로 되었다라고 판단합니다. 그러면 교비이기 때문에 철저한 관리 감독하에 있어야 되고, 당연히 사립유치원 원장과 운영자들은 이것을 투명하고 공정하고 객관적으로 사용해야 된다는 것이고, 교육 목적에 맞게 사용해야 된다는 것입니다. 이 원칙을 위배했을 경우에는 당연히 거기에 따른 징벌적 형사처벌이 있어야 된다는 거예요.

그리고 그렇지 않게 되면 법의 목적은 제가 여러 번 말씀드린 대로 제가 법 전문가는 아닙니다마는 처벌에 목적이 있는 것이 아니라 예방과 방어, 방지 효과에 있기 때문에 최소한의 안전장치를 마련해 놔야 우리가 사립유치원 원장님들의 선의를 믿지만 그래도 사람이기 때문에, 그래도 사람이기 때문에 방어장치를 해 놔야 일탈행위를 저지르지 않는다는 최소한의 그러한 신념에서 출발한 겁니다. 그래서 우리가 철학도 다르고 이념도 다르고 다 좋아요. 좋은데, 어쨌든지 간에 다음 세대를 잘 길러내기 위해서는 유치원 교육부터 철저하게 나름대로 투명하게 운영되어야 된다는 거예요. 그런 차원에서 교비로 전환된 이 돈에 대해서는 나름대로 역시 관리가 되어야 된다는 겁니다. 그러기 위해서는 역시 최소한의 처벌규정이 들어가야 된다 저는 이렇게 주장을 하는 것이고요.

---

533) 제365회 국회(임시회) 제2차 법안심사소위, 교육위원회회의록, 2018. 12. 26., 15~16면.

다음에 제가 두 번째로 말씀드리고 싶은 것은 민주당 안과 한국당 안을 제가 짜깁기한 것은 아닙니다. 저도 유치원 원장님들, 학부모님들, 심지어는 유치원 교사 선생님들까지 다 만나서 나름대로 종합을 해서 이분들이 이 정도면 수용하겠다라고 판단을 해서 낸 제출안이거든요. 그래서 제가 낸 것이 지고지순의 것이 아니고 무슨 완벽하거다나 무결점이라고 생각하지는 않습니다마는 그래도 국민적 여망을 담아내기에는 그래도 아쉽지만 나름대로 충분하지 않겠느냐 판단을 해서 낸 것이기 때문에, 위원님들의 여러 가지 고뇌와 각 당의 사정이 있겠습니다마는 이 부분에 대해서 전향적으로 판단을 해 주어 가지고 오늘 법안소위에서 마무리 지었으면 좋겠고요.

제가 솔직하게 말씀드리면 패스트트랙 여부에 대해서 저는 개인적으로 찬동하고 동의합니다. 그리고 물론 그것이 자칫하면 330일 소요가 되기 때문에 슬로우 트랙이 된다는 일각의 의견에 대해서도 저는 존중을 합니다. 인정하고요. 그렇지만 이게 더 이상 우리가 결정을 미루고 결심하지 못하고 어떤 형태의 논의조차 마무리 짓지 못한다면 저는 국회가 책임을 방기하는 것이고 국민들로부터 돌팔매질을 당하기 충분하다고 봅니다. 그래서 개인적으로는 패스트트랙에 찬성하고 동의하기 때문에 아마 이 법안소위가 아무런 의미 없이 타결 없이, 합의 처리되는 것 없이 끝나게 되면 저는 당 지도부와 협의해서 이 문제에 대해서 전향적으로 검토하실 것을 건의드리겠다는 말씀 다시 한번 분명하고 명징하게 말씀을 드립니다. 이상입니다.

「국회법」(2018. 4. 17. 개정·시행) 제85조의2제2항에 따라 2018. 12. 27. 신속처리대상안건으로 지정(심사기간: 2019. 6. 24.까지)하였다.

〈2〉 법제사법위원회

「국회법」(2018. 4. 17. 개정·시행) 제85조의2제4항에 따라 2019. 6. 25. 법제사법위원회로 회부된 것으로 간주(체계자구 심사기간: 2019. 9. 23.까지)하였다.

「국회법」(2018. 4. 17. 개정·시행) 제85조의2제5항에 따라 2019. 9. 24. 본회의로 부의된 것으로 간주하였다.

(3) 본회의 심의

원안을 수정·가결했다.[534] 수정내용은 아래와 같다.

---

534) 제375회 국회(임시회) 제1차 본회의, 국회본회의회의록, 2020. 1. 13., 6~7면.

원안	본회의 수정안	
임재훈 의원안	임재훈 의원안[535]	김한표 의원안[536]
제23조(임원의 겸직금지) ①이사장은 당해 학교법인이 설치·경영하는 사립학교의 장을 겸할 수 없다. <단서 삭제>	제23조(임원의 겸직금지) ①이사장은 당해 학교법인이 설치·경영하는 사립학교의 장을 겸할 수 없다. <단서 삭제>	제23조(임원의 겸직금지) ①이사장은 당해 학교법인이 설치·경영하는 사립학교의 장을 겸할 수 없다. 다만, 유치원만을 설치·경영하는 학교법인 이사장의 경우에는 당해 유치원장을 겸할 수 있다.

본회의 회의록 내용은 아래와 같다.

- **의장 문희상**[537]: 다음은 사립학교법 일부개정법률안을 의결할 순서입니다마는 이 안건에 대해서는 임재훈 의원 등 30인과 김한표 의원 등 108인으로부터 각각 수정안이 발의되어 있으므로 국회법 제96조에 따라 가장 나중에 제출된 수정안부터 먼저 표결토록 하겠습니다.

  김한표 의원 등 108인이 발의한 사립학교법 일부개정법률안에 대한 수정안에 대하여 투표해 주시기 바랍니다. (전자투표) 투표를 다 하셨습니까? 그러면 투표를 마치겠습니다. 투표 결과를 말씀드리겠습니다. 재석 155인 중 찬성 2인, 반대 150인, 기권 3인으로서 김한표 의원 등 108인이 발의한 사립학교법 일부개정법률안에 대한 수정안은 부결되었음을 선포합니다. (찬반 의원 성명은 끝에 실음)

  다음은 임재훈 의원 등 30인이 발의한 사립학교법 일부개정법률안에 대한 수정안을 의결하도록 하겠습니다. 투표해 주시기 바랍니다. (전자투표) 투표를 다 하셨습니까? 그러면 투표를 마치겠습니다. 투표 결과를 말씀드리겠습니다. 재석 162인 중 찬성 158인, 기권 4인으로서 임재훈 의원 등 30인이 발의한 사립학교법 일부개정법률안에 대한 수정안은 가결되었음을 선포합니다. (찬반 의원 성명은 끝에 실음) 임재훈 의원 등 30인이 발의한 수정안이 가결되었으므로 원안은 표결하지 않겠습니다. 그러면 사립학교법 일부개정법률안은 수정한 부분은 임재훈 의원 등 30인이 발의한 수정안대로, 기타 부분은 원안대로 가결되었음을 선포합니다.

535) 2019. 11. 6. 임재훈의원 등 30인.
536) 2019. 11. 29. 김한표의원 등 108인.
537) 제375회 국회(임시회) 제1차 본회의, 국회본회의회의록, 2020. 1. 13., 6~7면.

(4) 결과

본회의 수정안(임재훈 의원안)으로 개정되었다.

6. 2020년 12월 22일 개정(법률 제17659호, 2020. 12. 22. 시행)

제23조(임원의 겸직금지) ①_이사장은 **해당** 학교법인이 설치·경영하는 사립학교의 장을 겸할 수 없다.
②_이사는 감사 또는 해당 학교법인이 설치·경영하는 사립학교의 교원**이나 그 밖의** 직원을 겸할 수 없다. 다만, 학교의 장은 예외로 한다.
③_감사는 이사장, 이사 또는 학교법인의 직원(**그 학교법인**이 **설치·경영**하는 **사립학교**의 **교원이나 그 밖의 직원**을 포함한다)을 겸할 수 없다.

- 법문을 한글화하고 간결하게 하였다(오직 형식에 관한 개정이므로 자세한 개정경과는 생략함[538]).

III. 현행법

제23조(임원의 겸직금지) ① 이사장은 해당 학교법인이 설치·경영하는 사립학교의 장을 겸할 수 없다.
② 이사는 감사 또는 해당 학교법인이 설치·경영하는 사립학교의 교원이나 그 밖의 직원을 겸할 수 없다. 다만, 학교의 장은 예외로 한다.
③ 감사는 이사장, 이사 또는 학교법인의 직원(그 학교법인이 설치·경영하는 사립학교의 교원이나 그 밖의 직원을 포함한다)을 겸할 수 없다.

IV. 종합/특기사항

- 제23조에 대한 주요 변화는 1981년, 1990년, 2005년, 2007년, 2020년 개정이다. 1981년 개정으로 이사장은 다른 학교법인의 이사장을 겸할 수 없도록 했다가(제4

538) 이에 관한 구체적 개정경과는 이 책 [1.201] 참조.

항 신설), 1990년 개정은 이를 삭제했다. 2005년 개정은 이사장이 해당 학교법인이 설치·경영하는 사립학교의 장 또는 다른 학교법인의 이사장을 겸할 수 없도록 하여(제1항) 1990년 개정으로 삭제되었던 제4항의 취지를 되살렸다. 2007년 개정은 이사장이 다른 학교법인의 이사장을 겸할 수 없도록 한 부분을 다시 삭제하면서 유치원만을 설치·경영하는 학교법인 이사장의 경우에는 해당 유치원장을 겸할 수 있도록 했다가, 2020년 개정은 유치원에 대한 예외를 폐지하였다. 임원(특히 이사장)의 겸직금지 범위와 관련하여 매우 극심한 변화가 있었다. 교육에 대한 중장기 비전이라든가 철학을 찾아보기 어렵다.

- 2005년 개정 과정에서 정치적 입장에 따라 매우 격렬한 의견대립이 있었다. 제256회 국회(정기회) 제16차 본회의(2005. 12. 9.)에서 나타난 원색적 언동은 그 사정을 잘 보여준다.[539]

제24조(임원의 보충)

24.100 ### I. 제정법

제24조(임원의 보충) 이사 또는 감사중에 결원이 생긴 때에는 2월이내에 이를 보충하여야 한다.

『새교육』이 소개하는 이 조문의 제정이유는 아래와 같다.[540]

이사나 감사의 결원 보충을 2개월 이내로 제한하여 소수 이사만으로 행하는 독재적인 횡폭을 방지하는 규정을 두고 있다.

II. 개정 경과

24.201 #### 1. 2020년 12월 22일 개정(법률 제17659호, 2020. 12. 22. 시행)

제24조(임원의 보충) 이사<u>나 감사 중</u>에 결원이 생<u>겼을</u> 때에는 2개<u>월</u> 이내에 보충하

539) 제256회 국회(정기회) 제16차 본회의, 국회본회의회의록, 2005. 12. 9., 2~3면.
540) 金康鉉, 앞의 글 "私立學校法(完)", 44면.

여야 한다.

- 법문을 한글화하고 간결하게 하였다(오직 형식에 관한 개정이므로 자세한 개정경과는 생략함541)).

III. 현행법

제24조(임원의 보충) 이사나 감사 중에 결원이 생겼을 때에는 2개월 이내에 보충하여야 한다.

IV. 종합/특기사항

- 제24조에 대한 개정은 모두 형식 또는 표현방식에 관한 것이다.

제24조의2(사학분쟁조정위원회의 설치 및 기능)

0 ## I. 제정법

제정법에는 이 조문이 없다.

II. 개정 경과

1 ### 1. 2007년 7월 27일 개정(법률 제8545호, 2007. 7. 27. 시행)

제24조의2(사학분쟁조정위원회의 설치 및 기능) ①제25조에 따른 임시이사의 선임과 제25조의2에 따른 임시이사의 해임 및 제25조의3에 따른 임시이사가 선임된

---

541) 이에 관한 구체적 개정경과는 이 책 [1.201] 참조.

학교법인의 정상화 등에 관한 중요 사항을 심의하기 위하여 교육인적자원부장관 소속으로 사학분쟁조정위원회(이하 "조정위원회"라 한다)를 둔다.
②조정위원회는 다음 각 호의 사항을 심의한다.
1. 임시이사의 선임에 관한 사항
2. 임시이사의 해임에 관한 사항
3. 임시이사가 선임된 학교법인의 정상화 추진에 관한 사항
4. 그 밖에 관할청이 조정위원회에 심의를 요청한 사항
③조정위원회는 제2항 각 호의 사항에 대한 심의결과를 지체 없이 관할청에 통보하여야 한다.
④관할청은 제3항에 따른 심의결과에 따라야 한다. 다만, 심의결과에 이의가 있는 경우에는 조정위원회에 재심을 요청할 수 있고, 그 재심 결과를 수용하여야 한다.

(1) 법률안(본회의 수정안(이주영 의원안)[542])

이 조문의 경우에는 원안[543]으로 제안되지 않고 본회의 심의 단계에서 수정안으로 제안되었다. 이 조문의 현행법과 원안(본회의 수정안)의 내용을 비교하면 아래와 같다.

현행법	원안
<신 설>	**제24조의2(사학분쟁조정위원회의 설치 및 기능)** ①제25조에 따른 임시이사의 선임과 제25조의2에 따른 임시이사의 해임 및 제25조의3에 따른 임시이사가 선임된 학교법인의 정상화 등에 관한 중요 사항을 심의하기 위하여 교육인적자원부장관 소속으로 사학분쟁조정위원회(이하 "조정위원회"라 한다)를 둔다. ②조정위원회는 다음 각 호의 사항을 심의한다. 1. 임시이사의 선임에 관한 사항 2. 임시이사의 해임에 관한 사항 3. 임시이사가 선임된 학교법인의 정상화 추진에 관한 사항 4. 그 밖에 관할청이 조정위원회에 심의를 요

542) 2007. 7. 3. 이주영의원 등 132인; 제안이유 및 주요내용은 이 책 [14.206] 참고.
543) 2006. 12. 1. 이은영의원 등 23인(의안번호: 175526).

	청한 사항 ③조정위원회는 제2항 각 호의 사항에 대한 심의결과를 지체 없이 관할청에 통보하여야 한다. ④관할청은 제3항에 따른 심의결과에 따라야 한다. 다만, 심의결과에 이의가 있는 경우에는 조정위원회에 재심을 요청할 수 있고, 그 재심결과를 수용하여야 한다.

- 임시이사의 선임·해임 및 정상화 방안을 심의하기 위하여 교육인적자원부 소속으로 사학분쟁조정위원회를 두도록 하였다.

(2) 위원회 심사

〈1〉 **교육위원회:** 심사 미료

심사가 미료되어 「국회법」에 따라 소관 상임위원장의 중간심사보고(구두보고) 후 본회의로 바로 상정하였다.

제24조의2에 관한 회의록 내용은 아래와 같다.

- **이원복 위원**[544]: 제가 자료를 달라고 해서 자료가 왔는데 지금 이 나라에 약 1,250여 개의 사학법인이 있고 약 2,000여 개의 사립학교가 있습니다. 지난 6년간 분규 내용들을 좀 달라했더니 교육부 자료에 의하면 지난 5년간 초·중·고등학교에서는 한 19건 정도의 중요한 분규가 있었다고 보고하고, 대학에서는 지난 8년간에 걸쳐 26개 법인에서 분규가 있어서 관선이사를 파견했다 이렇게 답변이 왔습니다. 저도 15대 의원을 했기 때문에 분규 사학에 대해서 계속 내용을 압니다. 아까 존경하는 최순영 위원께서 어느 사학의 사례 같은 것을 얘기했습니다. 우리가 다 같이 "아, 그건 심하다, 그건 참 여러 가지로 문제가 많다" 다 느낍니다. 그런 유형의 학교는 전체 지금 2,000여 개 학교 가운데 대단히 극소수의 학교들입니다. 그게 일반화되어있습니까? 장관님께서 교육학자 내지는 교육행정가의 양심을 걸고 보실 때 대한민국 사학들 대다수가 그렇게 정말 문제가 많습니까? 어떻게 생각하십니까?
- **부총리겸교육인적자원부장관 김신일**[545]: 아주 훌륭한 육영사업을 하는 사학도 많습니다.

544) 제263회 국회(정기회) 제1차 전체회의, 교육위원회회의록, 2006. 12. 12., 21~22면.
545) 제263회 국회(정기회) 제1차 전체회의, 교육위원회회의록, 2006. 12. 12., 21면.

- **이원복 위원**[546]: 그렇습니다. 우리가 지난번에 토론하고 얘기했다시피 대다수의 사학들은, 거의 95, 98%의 사학들은 다소간에는 뭐 사람 사는 사회니까 문제가 있을 수 있겠습니다마는 그래도 다 제대로 굴러가고 있습니다. 소수의 사학들 쪽에서 문제가 발생할 수 있습니다. 소수의 사학에서 발생하는 문제가 있으면 그것은 그 차원에서 별도로 다루면 됩니다. "사학분쟁조정위원회를 상설기구로 만드는 것을 검토할 필요가 있느냐" 제가 여쭤보기도 했고 또 "검토하고 있습니다" 얘기했습니다마는 그런 영역의 기구 쪽에서… 일례로 축구를 하는데 핸들링하는 사람 있으면 거기에 맞춰서 페널티킥 주면 되는 겁니다. 핸들링이 발생한다고 해가지고 모든 축구선수의 손을 묶지 않습니다. 모든 축구선수들의 발을 묶지 않습니다. 일부 사학에 문제가 있다고 해서 모든 사학의 발과 손과 입을 묶지 않습니다.

  지금 개방형이사제의 문제와 이것에 대해서 많은 사학 운영자들이 반발을 하는 핵심은 부분적으로 있을 수 있는 다른 유형의 어떤 사학 분규나 운영자의 잘못에 대해서 이것을 법제화해서 모든 사학의 손과 발과 이런 것을 규제하려고 하기 때문에 그런 차원에서 문제를 제기한다고 저는 생각합니다. 장관님 생각은 어떻습니까?
- **부총리겸교육인적자원부장관 김신일**[547]: 우선 이원복 위원님이 말씀하신 대로 많은 사학들이 아주 건전하게 잘 육영사업을 하고 있고요. 그러나 또, 글쎄요, 그걸 어떻게 판단해야 될지 모르지만 그러나 적지 않은 사학들이 또 문제를 가지고 있습니다. 그래서 그것을 어떻게 공공성을 확보하느냐 하는 문제 때문에 아마 서로 다른 견해인데, 어떻게 통제하는 지배구조로 만들까 하는 것이…
- **이원복 위원**[548]: 장관님, 그래서 제가 드리는 말씀인데요, 학교뿐만이 아니고 기업을 보면 문제가 수두룩합니다. 교회, 교회 가면 교회도 문제가 수두룩합니다. 집안, 하다못해 저희 집이든 장관님 집이든 집안에 대해서 조사해 보기 시작하면 문제투성이들입니다. 문제가 없는 집단은 없습니다. 문제의 유형, 문제의 정도, 문제를 갈라가는 기술 이런 데서 어떤 정리가 되어 나가야 되는 겁니다. 그렇기 때문에 사학 운영자들로서는 개방형 이사제라는 용어도 사실은 대단히 자극적이고 자존심 상하는 용어입니다. 그러면 그렇게 해서 들어오는 분들이 개방형 이사면 기존에 있는 모든 정상적인 이사들은 폐쇄형 이사입니까? 어떻게 생각하십니까, 장관님? 지금 있는 이사들은 모두 폐쇄형 이사들입니까? 어떻게 생

546) 제263회 국회(정기회) 제1차 전체회의, 교육위원회회의록, 2006. 12. 12., 21~22면.
547) 제263회 국회(정기회) 제1차 전체회의, 교육위원회회의록, 2006. 12. 12., 22면.
548) 제263회 국회(정기회) 제1차 전체회의, 교육위원회회의록, 2006. 12. 12., 22면.

각하십니까?

• **부총리겸교육인적자원부장관 김신일:**[549] 그런 용어는 아까 최순영 위원님께서는 "참여이사"라는 말씀도 쓰셨는데 법 속에는 "개방이사"니 "참여이사"니 그런 말은 없습니다. 다만 그동안 관례로 대개 일가 친척, 친구들로 이루어졌던 이사들에 대해서 그렇지 않은, 특히 학교의 구성원, 교사, 교직원 이런 사람들이 좀 참여하는 것이 어떠냐라는 의견이 아마 "개방형"이라는 이름으로 붙여진 것으로 봅니다마는 그 사람들을 얼마나, 어떻게 넣느냐 하는 것이 결국 오늘의 쟁점이어서…

• **이원복 위원**[550]: 그래서 이사회 구성 문제에 있어서 그러한 유형의 어떤 공익성 같은 것이 담보될 수 있는 조금의 스펙트럼을 줄 수 있는 것은 있다고 봅니다. 문제가 발생하고 문제가 터지는 학교들에 대해서, 핸들링을 하는 학교에 대해서 벌칙으로 페널티제도가 있다거나 아니면 옐로카드가 있다거나 아니면 무슨 경고나 주의가 있다거나 이렇게 분쟁조정위원회의 기능 속에서 충분히 다뤄나갈 수 있는 것들을 모든 학교를 상대로 해서 개방형 이사라는 명의를 가지고 모든 학교에 강제하는 것은 이미 저항도 많이 있고요, 이게 또 저항이 없이 많은 학교 쪽에서 "우리는 우리가 선택해서 하겠다" 이렇게 해버리면 문제 될 게 없습니다. 그러나 이미 수없이 많은 사학들이 이렇게 국가가… 또 과거에도 보면 압니다마는 조그만 문제를 놓고도 관선이사 파견시키고, 이사도 거기 이사장부터 해서 여러 구성원이 있는 곳인데 소수의 이사나 부분적인 잘못을 가지고도 심지어는 아주 전체가 다 관선이사들이 오기도 하고 또 왔으면 빨리빨리 정리하고 빨리 가야지 왔는데 왜 빨리 정리 안 하고 눌러앉아 있습니까? 그런 학교 사례들을 제출해 달라는데 왜 제출 안 합니까? 그런 학교 사례들 무지 많은 것 제가 압니다. 그게 무슨 임시이사입니까? 그러한 사례가 이 사회 속에서 엄존하고 보이니까 "아, 이것은 잘못하면 학교가 찬탈될 수도 있구나, 학교를 빼앗길 수도 있구나" 이런 생각을 사학 운영자들이 하게 되어 있습니다. 그런 의도가 전혀 없으면 그런 의도가 없는 법제를 만들어 줘야 마땅한 겁니다. 저는 열린우리당 의원님들이라든가 교육위 위원님들께서 해방 이후 지금까지 많은 문제들이 있었습니다마는 그래도 최초의 사학 운영자들이 학교에다 그만한 재원을 투입하고 자존심을 가지고 운영해 온 분들이 있는데 이분들의 자존심을 건드리지 아니하고 잘하는 데는 잘하게끔 꾸준히 격려해 주고 잘못 가는 학교들에 대해서 또

549) 제263회 국회(정기회) 제1차 전체회의, 교육위원회회의록, 2006. 12. 12., 22면.
550) 제263회 국회(정기회) 제1차 전체회의, 교육위원회회의록, 2006. 12. 12., 22면.

는 학교 운영에 대해서 그것을 규제 또는 조정, 컨트롤 해 줄 수 있는 그런 시스템망으로 법제화가 이루어진다면 얼마든지 이 문제는 조정 가능하고 또 해법을 찾을 수 있지 않겠느냐 이런 차원에서 많은 다양한 생각을 좀 해 주십사 하는 부탁의 말씀을 드리면서 제 이야기를 끝마치도록 하겠습니다.

〈2〉 **법제사법위원회:** 심사 미료

(3) 본회의 심의

본회의 수정안대로 가결되었다.[551] 이 조문의 회의록 내용은 2007. 7. 27. 개정조문 제14조와 공통적이어서 생략한다.[552]

(4) 결과

본회의 수정안으로 개정되었다.

24-2.202 2. 2008년 2월 29일 개정(법률 제8852호, 2008. 2. 29. 시행)

제24조의2(사학분쟁조정위원회의 설치 및 기능) ①제25조에 따른 임시이사의 선임과 제25조의2에 따른 임시이사의 해임 및 제25조의3에 따른 임시이사가 선임된 학교법인의 정상화 등에 관한 중요 사항을 심의하기 위하여 **교육과학기술부장관** 소속으로 사학분쟁조정위원회(이하 "조정위원회"라 한다)를 둔다.

②조정위원회는 다음 각 호의 사항을 심의한다.

1. 임시이사의 선임에 관한 사항
2. 임시이사의 해임에 관한 사항
3. 임시이사가 선임된 학교법인의 정상화 추진에 관한 사항
4. 그 밖에 관할청이 조정위원회에 심의를 요청한 사항

③조정위원회는 제2항 각 호의 사항에 대한 심의결과를 지체 없이 관할청에 통보하여야 한다.

④관할청은 제3항에 따른 심의결과에 따라야 한다. 다만, 심의결과에 이의가 있는 경우에는 조정위원회에 재심을 요청할 수 있고, 그 재심 결과를 수용하여야 한다.

551) 제268회 국회(임시회) 제10차 본회의, 국회본회의회의록, 2007. 7. 3., 48~49면.
552) 이 책 [14.206] 참조.

- 「정부조직법」(2008. 2. 29. 개정 · 시행)에 따라 "교육인적자원부장관"을 "교육과학기술부장관"으로 변경하였다.

03 3. 2013년 3월 23일 개정(법률 제11690호, 2013. 3. 23. 시행)

제24조의2(사학분쟁조정위원회의 설치 및 기능) ①제25조에 따른 임시이사의 선임과 제25조의2에 따른 임시이사의 해임 및 제25조의3에 따른 임시이사가 선임된 학교법인의 정상화 등에 관한 중요 사항을 심의하기 위하여 **교육부장관** 소속으로 사학분쟁조정위원회(이하 "조정위원회"라 한다)를 둔다.

②조정위원회는 다음 각 호의 사항을 심의한다.

1. 임시이사의 선임에 관한 사항
2. 임시이사의 해임에 관한 사항
3. 임시이사가 선임된 학교법인의 정상화 추진에 관한 사항
4. 그 밖에 관할청이 조정위원회에 심의를 요청한 사항

③조정위원회는 제2항 각 호의 사항에 대한 심의결과를 지체 없이 관할청에 통보하여야 한다.

④관할청은 제3항에 따른 심의결과에 따라야 한다. 다만, 심의결과에 이의가 있는 경우에는 조정위원회에 재심을 요청할 수 있고, 그 재심 결과를 수용하여야 한다.

- 「정부조직법」(2013. 3. 23. 개정 · 시행)에 따라 "교육과학기술부장관"을 "교육부장관"으로 변경하였다.

4 4. 2020년 12월 22일 개정(법률 제17659호, 2020. 12. 22. 시행)

제24조의2(사학분쟁조정위원회의 설치 및 기능) ①_제25조에 따른 임시이사의 선임과 제25조의2에 따른 임시이사의 해임 및 제25조의3에 따른 임시이사가 선임된 학교법인의 정상화 등에 관한 중요 사항을 심의하기 위하여 교육부장관 소속으로 사학분쟁조정위원회(이하 "조정위원회"라 한다)를 둔다.

②_조정위원회는 나음 삭 호의 사항을 심의한다.

1. 임시이사의 선임에 관한 사항

2. 임시이사의 해임에 관한 사항
3. 임시이사가 선임된 학교법인의 정상화 추진에 관한 사항
4. 그 밖에 관할청이 조정위원회에 심의를 요청한 사항

③_조정위원회는 제2항 각 호의 사항에 대한 심의_결과를 지체 없이 관할청에 통보하여야 한다.

④_관할청은 제3항에 따른 심의_결과에 따라야 한다. 다만, 심의_결과에 이의가 있는 경우에는 조정위원회에 재심을 요청할 수 있고, 그 재심 결과를 수용하여야 한다.

• 간단한 띄어쓰기에 관한 수정이다(오직 형식에 관한 개정이므로 자세한 개정경과는 생략함[553]).

24-2.300

III. 현행법

제24조의2(사학분쟁조정위원회의 설치 및 기능) ① 제25조에 따른 임시이사의 선임과 제25조의2에 따른 임시이사의 해임 및 제25조의3에 따른 임시이사가 선임된 학교법인의 정상화 등에 관한 중요 사항을 심의하기 위하여 교육부장관 소속으로 사학분쟁조정위원회(이하 "조정위원회"라 한다)를 둔다.

② 조정위원회는 다음 각 호의 사항을 심의한다.

1. 임시이사의 선임에 관한 사항
2. 임시이사의 해임에 관한 사항
3. 임시이사가 선임된 학교법인의 정상화 추진에 관한 사항
4. 그 밖에 관할청이 조정위원회에 심의를 요청한 사항

③ 조정위원회는 제2항 각 호의 사항에 대한 심의 결과를 지체 없이 관할청에 통보하여야 한다.

④ 관할청은 제3항에 따른 심의 결과에 따라야 한다. 다만, 심의 결과에 이의가 있는 경우에는 조정위원회에 재심을 요청할 수 있고, 그 재심 결과를 수용하여야 한다.

553) 이에 관한 구체적 개정경과는 이 책 [1.201] 참조.

IV. 종합/특기사항

- 제24조의2는 2007년 개정으로 사학분쟁조정위원회 설치·운영을 위해 신설된 조문이며, 신설 이후 내용상의 개정은 없다.
- 2007년 제24조의2를 신설하는 과정에서 교육위원회 회의(2006. 12. 2.)에서는 사학분쟁조정위원회의 상설화를 주제로 열띤 토론이 진행되었다. 당시 약 1,250개의 사학법인 중 초·중·고등학교의 경우에는 과거 5년간 19개 법인에서, 대학교의 경우에는 과거 8년간 26개 법인에서 문제가 있어 관선이사를 파견했다는 통계를 들며 사학분쟁조정위원회의 상설화는 과잉규제에 해당한다는 지적이 있었다.
- 2013년 헌법재판소는 사립학교법(2007. 7. 27. 법률 제8545호로 개정된 것) 제24조의2 제4항 관련하여 ①학교법인 설립자의 유가족 또는 학교법인의 초대 감사로 재직하다가 퇴임한 청구인들에게 관할청의 이사 선임처분에 대해 재심을 요청할 권리를 부여하지 아니한 것이 재산권을 제한하는지 여부 및 ② 청구인들에게 관할청의 이사 선임처분에 대해 재심을 요청할 권리를 부여하지 아니한 것이 재판청구권을 제한하는지 여부에 대하여 아래와 같이 합헌 취지로 판단하였다.[554]

> ① 학교법인 설립자의 유가족 또는 학교법인의 초대 감사로 재직하다가 퇴임한 청구인들이 학교법인의 재산에 대하여 어떠한 권리의무를 가진다거나 청구인들과 학교법인 사이에 법률관계가 형성된다고 볼 수는 없으므로, 청구인들이 관할청의 이사 선임처분에 대해 재심을 요청할 권리를 부여받지 못하여 청구인들이 원하지 않는 사람이 학교법인의 이사로 취임하게 되었다고 할지라도, 이로 인하여 청구인들의 재산권이 제한된다고 볼 수 없다.
>
> ② 사학분쟁조정위원회는 사법기관 또는 준사법기관이 아닌 행정기관에 해당한다. 따라서 조정위원회나 조정위원회의 위원은 헌법 제101조의 법원이나 헌법 제27조제1항이 의미하는 헌법과 법률이 정한 법관에 해당하지 아니하며, 조정위원회의 심의 역시 재판에 해당하지 않는다. 또한 법률상 이해관계 있는 자들에게 조정위원회 심의에 대하여 재심을 거쳤는지 여부와 무관하게 행정소송을 통해 관할청의 이사 선임처분을 다툴 기회가 충분히 보장되어 있는 이상 사립학교법 제24조의2제4항 단서에 의하여 법률상 이해관계인의 재판청구권이 제한되는 것은 아니며, 비록 청구인들이 관할청의 학교법인 이사 선임처분을 다툴 법률상 이해관계를 가지지 아니한다고 할지라도 이는 행정소송의 원고적격에

554) 헌법재판소 2013. 5. 30. 선고 2010헌바292 결정.

대한 구체적인 판단문제로서 그 결론에 따라 위 법률조항의 재판청구권 제한 여부가 달라지는 것도 아니므로 위 법률조항은 청구인들의 재판청구권을 제한하지 아니한다.

• 2013년 헌법재판소는 학교법인의 정상화를 위한 이사 선임에 관하여 사학분쟁조정위원회의 심의를 거치도록 한 사립학교법(2007. 7. 27. 법률 제8545호로 개정된 것) 제24조의2제2항제3호, 제25조의3제1항이 ①학교법인과 종전이사 등의 사학의 자유를 침해하는지 여부, ②평등원칙에 위배되는지 여부, ③재산권을 침해하는지 여부 및 ④사학분쟁조정위원회의 설치와 기능에 관한 사립학교법 제24조의2를 공포한 날부터 시행하도록 한 사립학교법(2007. 7. 27. 법률 제8545호) 부칙 제1조가 신뢰보호원칙에 위반되는지 여부에 대하여 아래와 같이 합헌 취지로 판단하였다.[555)]

① 임시이사가 선임된 학교법인의 정상화를 위한 이사 선임에 관하여 사학분쟁조정위원회의 심의를 거치도록 한 이 사건 법률조항들은, 사학분쟁조정위원회가 그 인적 구성과 기능에 있어 공정성 및 전문성을 갖추고 있다는 점, 학교법인의 정체성은 설립자로부터 이어지는 이사의 인적 연속성보다는 설립 목적이 화체된 정관을 통하여 유지·계승된다는 점, 사학분쟁조정위원회는 정상화 심의과정에서 종전이사 등의 의견을 청취할 수 있다는 점 등을 고려할 때 학교법인과 종전이사 등의 사학의 자유를 침해한다고 볼 수 없다.

② 학교법인은 공익법인, 사회복지법인 등과 본질적으로 동일한 비교집단이라고 볼 수 없으므로 이 사건 법률조항들은 평등원칙에 위배되지 아니한다.

③ 설립자나 종전이사가 사립학교 운영에 대해 가지는 재산적 이해관계는 법률적인 것이 아니라 사실상의 것에 불과하므로 이 사건 법률조항들은 이들의 재산권을 침해하지 않는다.

④ 학교법인의 정상화에 관하여 사립학교법이 개정되기 전의 규정을 적용받을 것이라는 청구인들의 신뢰는 보호가치 있는 신뢰라고 보기 어려운 반면, 사학을 공정하고 투명하게 운영하려는 공익적 가치는 긴급하고 중요한 것이므로, 사립학교법 시행일 이전부터 임시이사가 파견된 학교법인에 대하여 별도의 경과규정 없이 사학분쟁조정위원회의 설치와 기능에 관한 같은 법 제24조의2를 공포한 날부터 시행하도록 한 이 사건 부칙조항은 신뢰보호원칙에 위배되지 아니한다.

---

555) 헌법재판소 2013. 11. 28. 선고 2009헌바206, 2010헌바101 결정.

위 다수의견에 대한 재판관 박한철, 재판관 김창종, 재판관 안창호, 재판관 조용호의 반대의견은 아래와 같다.

> 학교법인의 설립목적은 그 의사결정기관이자 집행기관인 이사회를 구성하는 이사들에 의해 실행되므로 설립자가 최초의 이사들을, 그 다음에는 그 이사들이 후임이사를 순차적으로 선임함으로써 학교법인의 설립목적을 영속성 있게 실현하는 것이 학교법인 이사제도의 본질이다. 사립학교법상 임시이사제도는 위기사태에 빠진 학교법인에 임시이사를 파견하여 학교법인을 조속히 정상화함으로써 그 설립목적을 달성할 수 있도록 하려는 데에 그 제도적 취지가 있는 것이지, 위기사태를 가져온 구 이사들에 대한 제재의 일환으로 그들로부터 학교법인 경영권을 박탈하거나 학교법인의 지배구조를 변경하는 것을 허용하는 제도가 아니다. 그러므로 학교법인이 임시이사 체제에서 정상화되는 단계에서 학교법인의 정체성이 유지되고 학교법인 설립목적의 영속성을 인적으로 보장하기 위한 최소한의 장치가 마련되어야 할 것인데, 이 단계에서 모든 정식이사 선임의 주도권을 사실상 사학분쟁조정위원회에 부여하면서 종전이사 등의 의견 청취를 법률적으로 전혀 보장하지 않은 것은 학교법인의 인적 연속성의 단절을 초래하여 그 설립 목적의 영속성 보장을 불투명하게 하는 것으로서, 과잉금지원칙에 반하여 학교법인과 종전이사 등의 사학의 자유의 본질적 내용을 침해한다.

- 2015년 헌법재판소는 사학분쟁조정위원회의 설치·기능 및 구성에 관하여 규정한 사립학교법 제24조의2(2007. 7. 27. 법률 제8545호로 개정된 것)와 제24조의3제1항(2007. 7. 27. 법률 제8545호로 개정된 것)이 권력분립의 원칙에 위배되는지 여부에 대하여 아래와 같이 합헌 취지로 판단하였다.[556]

> 사학분쟁조정위원회는 행정·입법·사법부에서 추천한 인사들로 구성되고, 임기제를 취함으로써 고도의 정치적 중립성을 가지며, 공정성 및 전문성도 갖추고 있다. 또한 정치적 중립성을 엄격하게 지켜야 할 대법원장의 지위에 비추어 대법원장이 더 많은 위원을 추천하고, 대법원장이 추천한 위원 중에서 위원장을 호선하도록 한 것은 오히려 중립성이 강조되는 조정위원회의 성격을 반영한 것이다. 따라서 설치·기능 조항 및 구성 조항이 권력분립의 원칙에 위배된다고 볼 수 없다.

위 다수의견에 대하여 제24조의2제2항제3호, 제4항, 제25조의3제1항에 대한 재판관

---

556) 헌법재판소 2015. 11. 26. 선고 2012헌바300 결정.

박한철, 재판관 김창종, 재판관 안창호, 재판관 조용호의 반대의견은 아래와 같다.

> 이 사건 심판대상조항들이 권력분립의 원칙·교육제도 법정주의에 위배되지 않고 교수나 학생 등과 같은 대학구성원의 대학의 자율성을 침해하지 않는다는 법정의견에 찬성하나, 이 사건 심판대상조항들 중 정상화 과정에서 설립자나 종전이사 등 학교법인의 설립 목적이나 정체성을 대변할 위치에 있는 인사를 배제하고 있는 사립학교법 제24조의2제2항제3호, 제4항, 제25조의3제1항은 학교법인과 종전이사 등의 사학의 자유를 본질적인 내용까지 침해하여 헌법에 위반된다.

제24조의3(조정위원회의 구성 등)

24-3.100

I. 제정법

제정법에는 이 조문이 없다.

II. 개정 경과

24-3.201

1. 2007년 7월 27일 개정(법률 제8545호, 2007. 7. 27. 시행)

> **제24조의3(조정위원회의 구성 등)** ①조정위원회는 대통령이 위촉하는 다음 각 호의 위원으로 구성하며, 위원장은 대법원장이 추천하는 인사 중에서 호선한다.
> 1. 대통령이 추천하는 자 3인
> 2. 국회의장이 추천하는 자 3인
> 3. 대법원장이 추천하는 자 5인
>
> ②위원의 임기는 2년으로 하고 1차에 한하여 중임할 수 있다.
> ③조정위원회의 조직 및 운영 등에 필요한 사항은 대통령령으로 정한다.

(1) 법률안(본회의 수정안(이주영 의원안)[557])

이 조문의 경우에는 원안[558]으로 제안되지 않고 본회의 심의 단계에서 수정안으로

557) 2007. 7. 3. 이주영의원 등 132인; 제안이유 및 주요내용은 이 책 [14.206] 참고.
558) 2006. 12. 1. 이은영의원 등 23인(의안번호: 175526).

제안되었다. 이 조문의 현행법과 원안(본회의 수정안)의 내용을 비교하면 아래와 같다.

현행법	원안
<신 설>	**제24조의3(조정위원회의 구성 등)** ①조정위원회는 대통령이 위촉하는 다음 각 호의 위원으로 구성하며, 위원장은 대법원장이 추천하는 인사 중에서 호선한다. 1. 대통령이 추천하는 자 3인 2. 국회의장이 추천하는 자 3인 3. 대법원장이 추천하는 자 5인 ②위원의 임기는 2년으로 하고 1차에 한하여 중임할 수 있다. ③조정위원회의 조직 및 운영 등에 필요한 사항은 대통령령으로 정한다.

• 제24조의2에 의한 사학분쟁조정위원회의 구성 및 임기 등을 정하고 있다.

(2) 위원회 심사

〈1〉 **교육위원회:** 심사 미료

심사가 미료되어 「국회법」에 따라 소관 상임위원장의 중간심사보고(구두보고) 후 본회의로 바로 상정하였다.

〈2〉 **법제사법위원회:** 심사 미료

(3) 본회의 심의

본회의 수정안대로 가결되었다.[559] 이 조문의 회의록 내용은 2007. 7. 27. 개정조문 제14조와 공통적이어서 생략한다.[560]

(4) 결과

본회의 수정안으로 개정되었다.

559) 제268회 국회(임시회) 제10차 본회의, 국회본회의회의록, 2007. 7. 3., 48~49면.
560) 이 책 [14.206] 참조.

24-3.202 2. 2020년 12월 22일 개정(법률 제17659호, 2020. 12. 22. 시행)

제24조의3(조정위원회의 구성 등) ①_조정위원회는 대통령이 위촉하는 다음 각 호의 위원으로 구성하며, 위원장은 대법원장이 추천하는 사람 중에서 호선한다.
1. 대통령이 추천하는 사람 3명
2. 국회의장이 추천하는 사람 3명
3. 대법원장이 추천하는 사람 5명

②_위원의 임기는 2년으로 **하며, 한 차례만** 중임할 수 있다.
③_조정위원회의 조직 및 운영 등에 필요한 사항은 대통령령으로 정한다.

- 법문을 간결하게 하였다(오직 형식에 관한 개정이므로 자세한 개정경과는 생략함[561]).

24-3.300 III. 현행법

제24조의3(조정위원회의 구성 등) ① 조정위원회는 대통령이 위촉하는 다음 각 호의 위원으로 구성하며, 위원장은 대법원장이 추천하는 사람 중에서 호선한다.
1. 대통령이 추천하는 사람 3명
2. 국회의장이 추천하는 사람 3명
3. 대법원장이 추천하는 사람 5명

② 위원의 임기는 2년으로 하며, 한 차례만 중임할 수 있다.
③ 조정위원회의 조직 및 운영 등에 필요한 사항은 대통령령으로 정한다.

24-3.400 IV. 종합/특기사항

- 2007년 24조의2와 함께 신설된 이후 내용상의 개정은 없다.
- 2015년 헌법재판소는 사학분쟁조정위원회의 설치·기능 및 구성에 관하여 규정한 사립학교법 제24조의2(2007. 7. 27. 법률 제8545호로 개정된 것)와 제24조의3제1항(2007. 7. 27. 법률 제8545호로 개정된 것)이 권력분립의 원칙에 위배되는지 여부에 대하여 아래와 같이 합헌 취지로 판단하였다.[562]

561) 이에 관한 구체적 개정경과는 이 책 [1.201] 참조.

조정위원회는 행정·입법·사법부에서 추천한 인사들로 구성되고, 임기제를 취함으로써 고도의 정치적 중립성을 가지며, 공정성 및 전문성도 갖추고 있다. 또한 정치적 중립성을 엄격하게 지켜야 할 대법원장의 지위에 비추어 대법원장이 더 많은 위원을 추천하고, 대법원장이 추천한 위원 중에서 위원장을 호선하도록 한 것은 오히려 중립성이 강조되는 조정위원회의 성격을 반영한 것이다. 따라서 설치·기능 조항 및 구성 조항이 권력분립의 원칙에 위배된다고 볼 수 없다.

제24조의4(조정위원회 위원의 자격 기준)

0 I. 제정법

제정법에는 이 조문이 없다.

II. 개정 경과

1 1. 2007년 7월 27일 개정(법률 제8545호, 2007. 7. 27. 시행)

제24조의4 (조정위원회 위원의 자격 기준) ①위원은 다음 각 호의 어느 하나에 해당하는 자이어야 한다.

1. 판사·검사·군법무관 또는 변호사의 직에 15년 이상 재직한 자
2. 대학의 총장·학장·또는 초·중등학교의 교장경력이 있는 자로서 교육경력 15년 이상인 자
3. 대학에서 부교수 이상의 직에 종사하는 자로서 교육경력 15년 이상인 자
4. 회계사로서 회계업무경력 15년 이상인 자
5. 교육행정기관에서 고위공무원의 경력이 있는 자로서 공무원경력 15년 이상인 자

②제22조 각 호의 어느 하나에 해당하는 자는 위원이 될 수 없다.

---

562) 헌법재판소 2015. 11. 26. 선고 2012헌바300 결정.

(1) 법률안

〈1〉 본회의 수정안(이주영 의원안)[563]: 이 조문의 경우에는 원안[564]으로 제안되지 않고 본회의 심의 단계에서 수정안으로 제안되었다. 이 조문의 현행법과 원안(본회의 수정안)의 내용을 비교하면 아래와 같다.

현행법	원안
<신 설>	**제24조의4 (조정위원회 위원의 자격 기준)** ①위원은 다음 각 호의 어느 하나에 해당하는 자이어야 한다. 1. 판사·검사·군법무관 또는 변호사의 직에 15년 이상 재직한 자 2. 대학의 총장·학장·또는 초·중등학교의 교장경력이 있는 자로서 교육경력 15년 이상인 자 3. 대학에서 부교수 이상의 직에 종사하는 자로서 교육경력 15년 이상인 자 4. 회계사로서 회계업무경력 15년 이상인 자 5. 교육행정기관에서 고위공무원의 경력이 있는 자로서 공무원경력 15년 이상인 자 ②제22조 각 호의 어느 하나에 해당하는 자는 위원이 될 수 없다.

• 사학분쟁조정위원회 위원의 자격 기준을 정비하였다.

(2) 위원회 심사

〈1〉 교육위원회: 심사 미료

심사가 미료되어 「국회법」에 따라 소관 상임위원장의 중간심사보고(구두보고) 후 본회의로 바로 상정하였다.

〈2〉 법제사법위원회: 심사 미료

(3) 본회의 심의

본회의 수정안대로 가결되었다.[565] 이 조문의 회의록 내용은 2007. 7. 27. 개정조

563) 2007. 7. 3. 이주영의원 등 132인; 제안이유 및 주요내용은 이 책 [14.206] 참고.
564) 2006. 12. 1. 이은영의원 등 23인(의안번호: 175526).
565) 제268회 국회(임시회) 제10차 본회의, 국회본회의회의록, 2007. 7. 3., 48~49면.

문 제14조와 공통적이어서 생략한다.[566)]

(4) 결과

본회의 수정안으로 개정되었다.

2 2. 2020년 12월 22일 개정(법률 제17659호, 2020. 12. 22. 시행)

제24조의4(조정위원회 위원의 자격 기준) ①_위원은 다음 각 호의 어느 하나에 해당하는 **사람**이어야 한다.

1. 판사·검사·군법무관 또는 변호사**로** 15년 이상 재직한 **사람**
2. 대학의 총장·학장 또는 초·중등학교의 **교장 경력**이 있는 **사람으**로서 교육경력이 15년 이상인 사람
3. 대학에서 부교수 이상의 직에 종사하는 **사람으**로서 **교육 경력이** 15년 이상인 **사람**
4. **공인**회계사로서 **회계업무 경력이** 15년 이상인 **사람**
5. 교육행정기관의 고위공무원 경력이 있는 **사람으**로서 **공무원 경력**이 15년 이상인 **사람**

②_제22조 각 호의 어느 하나에 해당하는 **사람은** 위원이 될 수 없다.

• 간단한 자구 및 띄어쓰기를 수정하였다(오직 형식에 관한 개정이므로 자세한 개정경과는 생략함[567)]).

0 III. 현행법

제24조의4(조정위원회 위원의 자격 기준) ① 위원은 다음 각 호의 어느 하나에 해당하는 사람이어야 한다.

1. 판사·검사·군법무관 또는 변호사로 15년 이상 재직한 사람
2. 대학의 총장·학장 또는 초·중등학교의 교장 경력이 있는 사람으로서 교육경력이 15년 이상인 사람

---

566) 이 책 [14.206] 참조.

567) 이에 관한 구체적 개정경과는 이 책 [1.201] 참조.

3. 대학에서 부교수 이상의 직에 종사하는 사람으로서 교육 경력이 15년 이상인 사람
4. 공인회계사로서 회계업무 경력이 15년 이상인 사람
5. 교육행정기관의 고위공무원 경력이 있는 사람으로서 공무원 경력이 15년 이상인 사람

② 제22조 각 호의 어느 하나에 해당하는 사람은 위원이 될 수 없다.

24-4.400 IV. 종합/특기사항

• 2007년 제24조의2, 제24조의3과 함께 신설된 이후 내용상의 개정은 없다.

제25조(임시이사의 선임)

25.100 I. 제정법

제25조(임시이사의 선임) 문교부장관은 학교법인이 이사의 결원보충을 하지 아니한 경우에, 이로 인하여 당해 학교법인의 목적을 달성할 수 없거나 손해가 생길 염려가 있다고 인정한 때에는 이해관계인의 청구 또는 직권에 의하여 임시이사를 선임하여야 한다.

『새교육』은 이 조문의 제정이유를 소개하지 않았다.[568)]

II. 개정 경과

25.201 1. 1990년 12월 27일 개정(법률 제4268호, 1990. 12. 27. 시행)

제25조(임시이사의 선임) <u>교육부장관</u>은 학교법인이 이사의 결원보충을 하지 아니한

568) 金康鉉, 앞의 글 "私立學校法(完)", 44면.

경우에, 이로 인하여 당해 학교법인의 목적을 달성할 수 없거나 손해가 생길 염려가 있다고 인정한 때에는 이해관계인의 청구 또는 직권에 의하여 임시이사를 선임하여야 한다.

- 「정부조직법」(1990. 12. 27. 개정·시행)에 따라 "문교부장관"을 "교육부장관"으로 변경하였다.

2. 1999년 8월 31일 개정(법률 제6004호, 1999. 8. 31. 시행)

제25조(임시이사의 선임) ①교육부장관은 학교법인이 이사의 결원보충을 하지 아니한 경우에, 이로 인하여 당해 학교법인의 목적을 달성할 수 없거나 손해가 생길 염려가 있다고 인정한 때에는 이해관계인의 청구 또는 직권에 의하여 임시이사를 선임하여야 한다.

②임시이사는 조속한 시일내에 제1항의 규정에 의한 사유가 해소될 수 있도록 노력하여야 한다.

③임시이사는 제1항의 규정에 의한 사유가 해소될 때까지 재임한다. 이 경우 그 사유가 장기간 지속되는 경우에도 그 재임기간은 2년이내로 하되, 1차에 한하여 연임할 수 있다.

④임시이사는 제20조의 규정에 의한 임원으로 선임될 수 없다.

(1) 법률안(정부안[569])

- 이 조문의 경우에는 원안[570]으로 제안되지 않고 위원회 심사 단계에서 수정안으로 제안되었다.

(2) 위원회 심사

〈1〉 **교육위원회:** 위원회 수정안[571]으로 가결되었다.[572]

569) 1998. 12. 2. 정부(의안번호: 151530); 제안이유 및 주요내용은 이 책 [2.201] 참조.
570) 1998. 12. 2. 정부(의안번호: 151530).
571) 위원회 심사 단계에서 수정안이 제안된 것으로 의안번호가 없다.
572) 제206회 국회(임시회) 제2차 전체회의, 교육위원회회의록, 1999. 8. 10., 30면.

원안	교육위원회 수정안
제25조(임시이사의 선임)	제25조(임시이사의 선임) ①교육부장관은 학교법인이 이사의 결원보충을 하지 아니한 경우에, 이로 인하여 당해 학교법인의 목적을 달성할 수 없거나 손해가 생길 염려가 있다고 인정한 때에는 이해관계인의 청구 또는 직권에 의하여 임시이사를 선임하여야 한다. ②제1항의 규정에 의하여 선임된 임시이사는 제20조의 규정에 의한 임원으로 선임될 수 없다. ③임시이사는 조속한 시일내에 분규 등 제1항의 규정에 의한 사유가 해소될 수 있도록 노력하여야 하며, 동사유가 장기간 지속될 경우에도 그 선임기간은 2년 이내로 하되, 1차에 한하여 연임할 수 있다.

위 내용이 포함된 제25조에 관한 회의록 내용은 아래와 같다.

- **소위원장 이재오**[573]: 다음은 사립학교법 중 개정법률안에 대한 심사결과를 보고 드리겠습니다. 이 법안은 분규가 발생한 학교법인의 조기정상화 및 장차 정상화될 경우 그 다음 단계에 대한 절차가 불비하다는 점에서 이를 보완하기 위해 교육부장관이 선임하는 임시이사는 추후 학교법인이 정상화되는 경우 정식이사로 선임될 수 없도록 하는 한편 임시이사의 선임기간도 1년 이내로 하고 1차에 한하여 연임할 수 있도록 하는 관련 조항을 안 제25조의 제2항 및 제3항에 신설하였습니다.
- **설훈 위원**[574]: 임시이사 부분에 대해서 말씀을 드리겠습니다. 분규가 일어나 비리와 분규에 휩싸여 있던 대학에 교육부에서 임시이사를 파견해서 10개 대학에 지금 임시이사가 가서 운영을 하고 있습니다. 이 대학들은 하나같이 지금 잘 운영되고 있습니다. 그래서 임시이사가 간 대학마다 다 성공하고 있는 경우이기 때문에 우리는 임시이사를 어떻게 할 것이냐 이 문제를 두고 보아야 합니다. 만일에 지금 우리가 개정하려고 하는 대로 임시이사를 1년마다 바꾼다고 생각한다면 임시이사가 바뀔 때마다 학교는 소용돌이치게 됩니다. 그러면 지금 임시이사를 파견시켜서 학교가 안정되고 비리를 없애서 분규를 없앤 이 대학들이 다시 비리와 분규에 휩싸일 가능성이 얼마든지 있게 됩니다. 이것은 대단히 위험한

573) 제206회 국회(임시회) 제2차 전체회의, 교육위원회회의록, 1998. 12. 9., 4면.
574) 제206회 국회(임시회) 제2차 전체회의, 교육위원회회의록, 1998. 12. 9., 6~7면.

장치입니다. 그래서 저는 임시이사의 임기를 두어서는 안 된다고 생각합니다. 6개월 만에 바꿀 수도 있고 3년 만에 바꿀 수도 있습니다. 그것은 교육부가 할 수 있는 일입니다. 왜 그것을 일부러 임시이사를 1년 만에 바꾸게 해서 학교의 안정과 그나마 이제 안정을 찾아가고 있는 그 분규대학에 또 다른 안정을 해치는 분규를 스스로 만들려는 이런 장치를 하려느냐 이것이에요. 그래서 임시이사에 대한 임기는 없애는 것이 좋다, 1년을 가지고는 이것은 오히려 거꾸로 분규를 조장하는 길밖에 안 된다 이 말씀을 꼭 드리고 싶습니다.

결론적으로 말해서 지금 사학의 운영의 투명성과 민주성을 확보할 수 있는 장치를 해야 합니다. 이 장치를 하지 않고서는 계속해서 이런 비리와 분규에 휩싸이게 될 것입니다. 이 부분에 대해서 이미 심의를 하신 위원님들께는 대단히 죄송합니다마는 다시 한번 우리가 재고를 해야 되지 않나 하는 심정에서 말씀을 드렸습니다.

- **박승국 위원**[575]: 저도 사학을 하는 많은 분들을 만나보면 학교해서 무슨 재미가 있느냐. 신이 안 난다. 사람이 자기 재산을 털어 넣을 때는 신이 나야 됩니다. 그런 의미에서 될 수 있는 대로 특성화, 자율화를 주장하는데 여기에 근본적으로 문제 되는 것이 임시이사입니다. 우리나라에 대학이 350개입니다. 그 중 11개 학교에 임시이사가 파견되어 있는데, 이 11개 중에 임시이사를 우리한테 파견하지 마시오 하는 학교도 많이 있습니다. 철수를 해달라는 학교도 있고 임시이사를 그냥 두라는 학교도 있습니다. 그래서 11개가 정상인가 340개가 정상인가 혼돈이 됩니다. 임시이사가 파견되지 아니하고 그 학교가 잘 되도록 유도해야 할 책임이 교육부에도 있고 우리 위원회에도 있는 것입니다.

  왜 임시이사를 만들었습니까? 문자 그대로 임시이사입니다. 그런데 임시로 나가 있는 분들이 10년 그대로 있습니다. 10년 있어서 어떤 현상이 일어나느냐? 그 학교에서 새로운 교수를 많이 영입을 했습니다. 그 새로운 교수들이 들어와서 한 팀이 되어서 이 임시이사와 맥을 같이 하는 것입니다. 그 임시이사가 있는 동안은 자기가 그대로 있는데 정이사가 들어오면 나가야 되니까 임시이사에게 그대로 있으라 이런 얘기입니다. …그다음에 임시이사의 임기제라고 하는 것은 지난번에 왜 10년 동안 임시이사를 두고 있느냐? 학교가 정상화되면 임시이사는 철수해야 되는 것 아니냐 했더니 지난번 장관께서 답변하시기를 "터미널이 없고 한계점이 없기 때문에 아주 애매모호합니다. 이것이 일정한 기간이 끝나면 정이사 체제로 돌릴 수가 있는데 기간이 안 끝나니까 임시이사가 가서 정

575) 제206회 국회(임시회) 제2차 전체회의, 교육위원회회의록, 1998. 12. 9., 9~11면.

이사를 선정하라고 해도 선정되지도 않고 차일피일하기 때문에 이렇게 10년이 걸렸습니다" "그래, 그러면 하자" 이랬는데 근본적으로 분규라는 것은 두 가지가 있습니다.

하나는 사학을 관리하는 재단이 비리를 범하는 것입니다. 예를 들면, 교육재산을 팔아먹는다든가 또는 교육비를 횡령한다든가 부정입학을 한다든가 교수를 채용하면서 돈을 받는다든가 이런 근본적인 범법행위가 있을 때는 그 재단의 이사면 이사, 이사장이면 이사장을 고발해야 됩니다. 그런데 지금까지 교육부에서 고발을 하는 것이 굉장히 늦었습니다. 물론 감사를 하고 조사를 하고 신중을 기했겠지만 그래서 지난번에 교육소위를 만들 때에도 앞으로는 소위에서 교육부가 고발하기 힘들면 소위에서 빨리빨리 고발하자. 그래서 비리에 의한 분규가 났을 때는 교수와 학생은 공부하는 데 전념하고 교수, 학생이 재단비리를 퇴치하는 데 앞장서는 이런 행동은 없어야 되겠다 하는 것이 지난번 우리 교육위원회에서 깊게 논의가 되었습니다. 그렇기 때문에 앞으로 사학비리가 일어나면 즉각 처리를 합니다. 다음으로 교수와 재단이 마찰이 있는 분규가 있습니다. 이것 또한 법에 의해서 처리하면 됩니다. 그렇기 때문에 임시이사가 나가서 3년, 4년 있어야 할 이유가 하등 없습니다. 빨리 돌아오고 정이사 체제가 되어서 학교를 정상화시켜 주어야지 임시이사를 두고 학교가 잘 되고 있다, 정이사와 똑같다 그러면 대한민국 전부 다 임시이사 보내지요. 그러니까 이렇게 해서는 안 되고 결국 우리가 정규체제로 간다는 것은 임시이사 철수하는 것이 정규체제다 이렇게 보았는데 앞으로 더 연구를 해야 되겠습니다마는 되돌아올 수 없는 재단 이사나 이사장이 있습니다. 범법을 한 사람은 재단이사나 이사장 자격이 없어져 버립니다. 그렇기 때문에 그런 사람들은 다시 못 들어옵니다. 자꾸 지금 일부 대학에서 또 주인이 들어온다, 범죄를 저지른 사람은 재단이사도 되지 못하고 재단이사장도 못합니다. 그런데 그 사람들이 어떻게 들어옵니까? 그렇기 때문에 빨리 그런 분들은 퇴치시키고 정상적으로 정이사가 들어와서 공익법인을 운영할 수 있도록 하기 위해서는 1년 임기를 두고 그래도 좀 미흡할 때는 2년까지 둔다 이렇게 되어 있습니다.

여기에 또 하나의 근거는 뭐가 있느냐 하면 이사장이나 이사가 부당한 피해를 보아서 퇴출이 되었을 때 2년 있어야 복직을 할 수가 있습니다. 그래서 2년이 되면 정이사로 들어올 수 있는 자격도 갖추는 것입니다. 그래서 2년으로 맞추어서 2년으로 하자고 했는데 이것이 그렇게 제가 볼 때는 하등 사립학교에 영향을 주는 것도 아니고 교수들에게도 영향을 주지 않는데 이것을 문제로 삼고 사립학교를 상당히 봐주는 것 같이 얘기를 해서 본 위원도 대단히 유감이지만 오해의 소지가 있고 잘못 이해를 하고 있기 때문에 그런 현상이 일어났지 않나 싶고 이 두 가지 법안은 저희들이 1년간을 끌어오면서 아주 심도있게 심사 숙고해서 이번에 소위원회에서 결의되었다는 말씀을 드립니다.

- **이원복 위원**[576]: 하나 제가 또 궁금한 사항은, 이것은 장관께 말씀드리기는 좀 어려운 측면이 있습니다마는, 어쨌든 임시이사가 파견나가서 해 보라고 임기를 1년주는데 1년이라는 것이 분규의 성격에 따라서 1년 가지고 될까 싶은 학교들이 꽤 있을 것이라고 생각합니다. 그래서 한 차례 더 연임해서 2년을 준다 하더라도 사법적인 분쟁 쟁송까지 겹치게 되어 버리면 사실 2년 내에 해결되지 않을 것들도 꽤 많이 나오는데 물론 다 그런 것은 아니겠습니다마는 그랬을 경우에 그 사람이 마치 무능한 사람으로 정말 해결 못해서 나오는 사람이 될 수도 있고 또 여러 가지로 분쟁조정력이 있음에도 불구하고… 그래서 기간적으로는 1차에 한해서 연임한다는 것이 경우에 따라서 해당되지 않을 경우가 있을 수 있겠는데 그런 경우에 어떻게 정비되어야 될 지 잘 모르겠습니다. 동료위원님들께서도 그런 점은 조금 더 고려가 있어야 되지 않겠는가 이런 생각은 해 봅니다.
- **오양순 위원**[577]: 그리고 분규학원에 파견된 임시이사의 임기에 대해서 저희 방에 자주 오신 교수님들이나 다른 일부 교수님들께서 분규가 해결이 되었어도 임시이사를 철수하면 다시 분규가 일어난다고 단정을 하시는 말씀을 듣고 깜짝 놀랐습니다. 가능성에 대해서 무조건적인 반응을 보여 영원히 임시이사 체제로 굳힌다는 것은 정말 위험한 발상이 아닌가 하는 생각이었습니다. 아무튼 교육계의 뿌리 깊은 불신의 벽을 허물기 전에는 어느 해결 방법도 여기서 명쾌하게 통하지 않을 것이라는 생각을 했습니다.
- **이수인 위원**[578]: 원래 교육부 권한에도 없는 임시이사 임기를 1년으로 제한하는 조항이 신설되었습니다. 이것은 아까 10년, 10년 하는데 마치 10년 임시이사하는 것이 존경하는 선배·동료위원들께서 굉장히 못된 짓이나 하는 듯한 어감을 주셨습니다. 그런데 그것은 굉장히 깊이 생각해야 될 부분입니다. 예를 들어서 존경하는 김일주 위원님이 안 계셔서 좀 들으시면 좋을 텐데 제가 평소에도 형님처럼 좋아하고 따르는 분인데 안 계신 데 제가 말씀드리는 것은 매우 송구스럽지만, 분규대학에서 형을 받은 사람이 이사진으로 재단에 복귀하고 재단이사장으로 복귀하는 것을 사면복권처럼 국회의원도 그렇지 않느냐 이런 말씀을 하

---

576) 제206회 국회(임시회) 제2차 전체회의, 교육위원회회의록, 1998. 12. 9., 15면.
577) 제206회 국회(임시회) 제2차 전체회의, 교육위원회회의록, 1998. 12. 9., 18면.
578) 제206회 국회(임시회) 제2차 전체회의, 교육위원회회의록, 1998. 12. 9., 19~20면.

셨는데 이것은 매우 다릅니다. 사립대학 혹은 일반대학에서 여기는 존경 이외의 다른 방법이 없습니다. 존경과 퇴진의 둘 중 하나여야지 그렇지 않으면 학교 운영을 못 합니다. 존경 이외에 다른 방법이 없습니다. 대학이 있는 그 지역사회의 존경을 못 받으면 도저히 운영을 못 합니다. 그리고 예를 들어서 의심을 받아서 도둑놈 소리를 듣고 사석에서 또 학교 내외에서 이런 이야기 막 합니다. 이렇게 되면 그것은 운영이 절대로 안 되거든요. 그래서 일단 한번 범법을 한 사람이 사면되어서 복권한다는 것은 제가 생각하기에는 이것은 대학의 생명력에 비추어서 상당히 어려운 일이 아니겠느냐 이런 말씀을 제가 드리고 싶고요.

그리고 이미 1년 제한론, 이것은 저는 상당히 문제가 있다고 생각하는 편입니다. 이 반대토론에 장관님께서도 깊이 경청하셔서 정말 다시 한번 시간을 두고 생각해 보셔야 할 것인데 1년 만에 혹은 1년 중임을 할 수 있다. 대학에 분규가 한번 시작되면 대학이라는 것이 대학총장이나 이사장이나 이사진이 권한은 적고, 특히 설립자가 아니고 재단 이사장이라고 하는 것은... 권한은 적고 할 일은 많습니다. 이것이 매우 어렵습니다. 이것은 저희가 생각하기에는 1, 2년만에 학교분규 혹은 분란 등 말썽의 소지 이런 것이 깨끗하게 없어질 수 있는 것은 절대 불가능합니다. 이것이 무슨 검찰도 아니고 무슨 잡아넣는 것도 아니고 이것을 하나하나 하려면 수공업적으로 해야 합니다. 왜냐하면 대학사회의 성원들 교수, 학생, 직원 그리고 당해 대학이 있는 도시의 시민사회까지의 신뢰를 받아가면서 천천히 해야 됩니다. 그러니까 급진적인 개혁이라는 것은 저는 대학사회에서는 절대적으로 있을 수 없다고 생각합니다. 그러니까 가장 급진적인 개혁은 제도적인 장치입니다. 그런데 이 제도적 장치가 있으면 대학사회는 그것이 수긍이 되면 반대를 안 합니다. 따라갑니다.

그러나 분규대학이 우리 영남대학 같은 경우 아까 10년이라고 했지만 10년 동안에 계속 도발하는 세력이 내부에 있습니다. 지금 10년이라고 했지만 지난 20년 동안 말썽이 붙은 이후에 대학의 기본적인 개혁마인드를 가진 세력, 그런 전면에 서있는 사람들한테 모략이 끊임없이 벌어집니다. 그것이 수가 적습니다. 그리고 교육부는 누가누구하고 유착했는지 다 압니다. 제가 여기 와서도 한 번도 지적을 안 했지만 다 알고 있습니다. 그리고 누가 누구하고 연결되고 누가 누구하고 어떻게 되고 교육부에도 개혁관료들이 있기 때문에 학교 개혁세력에서 다 알려줍니다. 그리고 각 대학도 다 마찬가지입니다.

그래서 제가 말씀드리는 것은 10년 동안 영남대학은 끊임없이 내부의 모략적 도발에 시달리면서 레퍼토리가 똑같습니다. 학교를 누가 들어먹는다느니 누가 누구하고 짜 가지고… 똑같은 내용입니다. 그런데 여기에 10년 한 것이 마치 죄인 양 영남대학 분규 같은 것은 자칫하면 교육부가 아무리 개입해도 끝나지 않을 분규였습니다. 도저히 안 되는 것입니다. 그 이사진이 들어와서 교수를 설득하고 학생들을 설득했습니다. 그래서 바로 차곡차곡 자리를 잡아가는 도중에 새 총장, 초대 직선총장이 들어서자 교육부가 감사를 했습니다. 아마 제 기억으로는 8개월만인데 저도 깜짝 놀랐습니다. 자기들이 파견한 임시이사진 체제 직선총장체제를 무너뜨리는 작업을 일부 교육부의 수구세력이 유착해서 그렇게 하는 것입니다. 우리는 다 알고 있습니다. 저도 나중에 이야기를 듣고 처음에는 깜짝 놀랐다가… 저절로 알려집니다. 자기들이 파견한 이사진 체제를 자기들이 파괴하는 것입니다. 교육부 전체가 아니에요. 거기에 일부 세력이 있습니다. 그래서 감사를 했는데 대학이라는 것이 무섭습니다. 총장 하나가 어떤 사람이냐에 따라 학교 예산 씀씀이가 달라집니다. 사립대학 예산은 다른 재원이 없는 한 학생들 등록금으로 합니다. 이 등록금이 무슨 돈이냐. 특히 지방대학일수록 소 팔아 논 팔아 아주 뼈빠지는 돈입니다. 아주 아끼지 못하는 한 교육이 제대로 될 수가 없습니다. 존경을 못 받으니까요. 학생들 존경을 받습니까, 교수들이 존경을 받습니까? 그렇게 안 됩니다. 그때 감사에서 아무것도 나오지 않았습니다. 그리고 예산이 아주 절감이 되었습니다. 빚이 20억이 있던 것을 5개월 만에 단숨에 갚았습니다. 그렇게 일을 총장이 제대로 하고 그다음에 이사진이 제대로 일을 해서 예를 들자면 국책대학을 전국에 8개만 선정하는데 영남대학이 지난 10년간 업적 중에 거기에 뽑혔습니다. 내실화가 그만큼 되었다는 이야기지요. 장관님께서는 아주 새겨들으십시오. 제가 정말 아주 깊은 충고와 조언을 드리는 것입니다...

- **위원장 함종한**[579]: 회의를 속개하겠습니다. 우선 의사일정 제4항 김허남 의원 외 32인이 발의한 사립학교법 중 개정법률안은 법안심사소위원회에서 심사보고한 바와 같이 본회의에 부의하지 아니하기로 의결하고자 합니다. 이의 없으십니까?
- **설훈 위원**[580]: 이의 있습니다. 신상발언인데요. 이의도 있고 해서 이야기를 좀 하겠습니다. 오늘 교육위원회에서 사립학교법을 어떤 형태로 통과시킬지 모르겠습니다마는…또 임시이사의 임기 문제에 대하여 이야기가 안 되고 있습니다. 나는 임시이사 문제에 대해서 임기를 둔다는 것 자체가 지금 임시이사제로 운영되고 있는 각 대학에, 10개 대학에 치명적인 문제를 끼친다고 생각합니다. 그런

579) 제206회 국회(임시회) 제2차 전체회의, 교육위원회회의록, 1998. 12. 9., 29면.
580) 제206회 국회(임시회) 제2차 전체회의, 교육위원회회의록, 1998. 12. 9., 29면.

데 지금 이것이 임기를 두느냐, 그것도 1년으로 하느냐의 문제를 가지고 다투고 있습니다. 이것은 같은 여당 내에서도 이야기가 잘 안 됩니다. 이런 상황에서는 솔직히 말씀드려서 본 위원은 이 교육위원회에 있어야 하는가 회의를 갖고 있습니다. 그래서 또 당내에서 논의를 하겠습니다마는 이렇게 교육위원회가 운영된다면 많은 비난을 면할 수 없다고 생각합니다. 그래서 다시 한번 말씀드립니다마는 사립학교법을 오늘 이 자리에서 결정하지 마시고 좀 더 각 당에서 심사숙고해 가지고 어떤 방법이 더 최선의 방법인지 다시 논의해야 한다고 생각합니다.

- **위원장 함종한**[581]: 조금 전에 설훈 위원도 참여를 해서 공동여당이 합의를 하셨습니다. 그러기에 가결하고자 합니다. 먼저 가결을 하기 전에 조금 전에 제가 말씀드린 대로 김허남 의원께서 제출하신 법안은 본회의에 부의하지 아니하기로 의결하고자 합니다. 이의 없으십니까? (없습니다 하는 위원 있음) 가결되었음을 선포합니다. 의사일정 제5항 정부가 제출한 사립학교법 중 개정법률안에 대하여 법안심사소위원회에서 심사 보고한 데에다 안 제25조제3항 "임시이사의 임기를 2년으로 하고 1차에 한하여 연임할 수 있도록 하며 부칙 제3항에 기존이사 경과규정은 1999년 12월 31일까지를 임기로 하도록 수정하고 의결하고자 하는데 이의 없으십니까?
- **설훈 위원**[582]: 이의 있습니다.
- **위원장 함종한**:[583] 설훈 위원 말씀하세요.
- **설훈 위원**[584]: 아까 말씀드린 대로 이 법안 자체를 심도있게 다시 심의를 해야 합니다. 여기에 대해서 심각한 저항이 있는 현실이기 때문에 이 법안은 지금 당장 통과를 안 시키면 안 되는 이런 법은 아닙니다. 그래서 공청회 이야기도 나왔습니다. 공청회도 해서 여유있게 판단해야… 반대가 분명히 있는데 그것을 이의가 없다는 식으로 통과시키겠다면 무리한 입법이 되는 셈입니다. …그래서 하루쯤 더 논의를 하더라도 괜찮다고 생각합니다. 급한 법안이 아닙니다. 그래서 이 법안을 오늘 통과시키지 말고 여유있게 보고 그렇게 통과시킬 것을 간곡히 당부드립니다.
- **위원장 함종한**[585]: 존경하는 설훈 위원! 우리 소위원회에서의 의견과 오랫동안

581) 제206회 국회(임시회) 제2차 전체회의, 교육위원회회의록, 1998. 12. 9., 30면.
582) 제206회 국회(임시회) 제2차 전체회의, 교육위원회회의록, 1998. 12. 9., 30면.
583) 제206회 국회(임시회) 제2차 전체회의, 교육위원회회의록, 1998. 12. 9., 30면.
584) 제206회 국회(임시회) 제2차 전체회의, 교육위원회회의록, 1998. 12. 9., 30면.
585) 제206회 국회(임시회) 제2차 전체회의, 교육위원회회의록, 1998. 12. 9., 30면.

본회의와 소위원회를 통해서 이 문제를 논의하신 여러 위원님들의 충정을 이해해 주시기 바랍니다. 오늘 설훈 위원께서 말씀하신 사항도 십분 이해가 갑니다다마는 조금 전 공동여당 위원들끼리 합의하신 대로 제가 이 안을 내놓았습니다.

- **설훈 위원**[586]: 합의가 안 되었습니다.
- **위원장 함종한**[587]: 설훈 위원의 안은 소수의견으로 포함시키도록 하고 가결되었음을 선포합니다.
- **설훈 위원**[588]: 위원장! 두드리지 마세요. 합의가 안 되었습니다. 분명히 말씀드립니다. 합의가 안 되었단 말입니다.
- **위원장 함종한**[589]: 무슨 소리예요. 혼자 이야기하면 되나요? (의사봉 3타) 합의해 놓고 들어와서 무슨 이야기를 하는 거예요?
- **설훈 위원**[590]: 뭐가 합의되었다는 거예요? (장내 소란)
- **이원복 위원**[591]: 합의해서 들어왔잖아요.
- **박승국 위원**[592]: 아니 그럼 투 플러스 투는 어디에서 나온 이야기예요?
- **위원장 함종한**[593]: 그때 다 이야기했잖아요. 다 이야기해 놓고 이러는 게 어디 있어요? 산회를 선포합니다.

〈2〉 **법제사법위원회:** 교육위원회 수정안을 수정·가결했다.[594] 수정내용은 아래와 같다.

교육위원회 수정안	법제사법위원회 수정안
제25조(임시이사의 선임) ②제1항의 규정에 의하여 선임된 임시이사는 제20조의 규정에 의한 임원으로 선임될 수 없다. ③임시이사는 조속한 시일내에 분규 등 제1항의 규정에 의한 사유가 해소될 수 있도록 노력하여야 하며, 동사유가 장기간 지속될 경우에도 그 선임기간은 2년 이내로 하되, 1차에 한	**제25조(임시이사의 선임)** ②임시이사는 조속한 시일내에 제1항의 규정에 의한 사유가 해소될 수 있도록 노력하여야 한다. ③임시이사는 제1항의 규정에 의한 사유가 해소될 때까지 재임한다. 이 경우 그 사유가 장기간 지속되는 경우에도 그 재임기간은 2년이내

586) 제206회 국회(임시회) 제2차 전체회의, 교육위원회회의록, 1998. 12. 9., 30면.
587) 제206회 국회(임시회) 제2차 전체회의, 교육위원회회의록, 1998. 12. 9., 30면.
588) 제206회 국회(임시회) 제2차 전체회의, 교육위원회회의록, 1998. 12. 9., 30면.
589) 제206회 국회(임시회) 제2차 전체회의, 교육위원회회의록, 1998. 12. 9., 30면.
590) 제206회 국회(임시회) 제2차 전체회의, 교육위원회회의록, 1998. 12. 9., 30면.
591) 제206회 국회(임시회) 제2차 전체회의, 교육위원회회의록, 1998. 12. 9., 30면.
592) 제206회 국회(임시회) 제2차 전체회의, 교육위원회회의록, 1998. 12. 9., 30면.
593) 제206회 국회(임시회) 제2차 전체회의, 교육위원회회의록, 1998. 12. 9., 30면.
594) 제206회 국회(임시회) 제5차 전체회의, 법제사법위원회회의록, 1999. 8. 12., 19면.

하여 연임할 수 있다.	로 하되, 1차에 한하여 연임할 수 있다. ④임시이사는 제20조의 규정에 의한 임원으로 선임될 수 없다.

위 내용이 포함된 제25조에 관한 회의록 내용은 아래와 같다.

- **교육부장관 김덕중**[595]: 다음은 사립학교법 중 개정법률안에 대하여 말씀드리겠습니다. 제안이유를 말씀드리면 분규 등이 발생한 학교법인의 임시이사에 대하여 그 임기를 규정하여서 분규의 조기해소를 도모하며 국·공립대학 교원임용제도 개선과 관련된 규정을 사립대학에도 준용하여 교원임용의 객관성과 공정성을 높이고자 하는 것입니다. 주요골자를 말씀드리면 첫째, 학교법인 중 분규발생 법인에 대하여 선임하는 임시이사의 임기를 2년 이내로 하고 1회에 한하여 연임할 수 있도록 하며, 임시이사는 분규해소 이후 당해 법인의 이사가 될 수 없도록 하…였습니다.
- **전문위원 김회선**[596]: 다음 사립학교법 중 개정법률안에 대해서는 유인물 25쪽, 안 제25조제3항에서는 임시이사는 분규 등의 사유를 해소하기 위하여 노력하도록 하면서 그 임기는 분규가 장기화되는 경우에도 2년으로 한정하고 1차 연임을 인정하고 있는바, 이는 임시이사의 임기는 원칙적으로 분규 등의 사유가 해소될 때까지이나 예외적으로 사유가 장기화되는 경우에도 2년 1차 연임, 즉 4년 이상 재임하지 못한다는 취지로 볼 수 있는바, 이에 맞게 조문을 수정하면서 직무에 관한 규정과 임기에 관한 조항을 분리하여 정리하였습니다. 아울러 제25조제2항의 임원선임 금지조항은 임시이사의 퇴임 후의 문제로 볼 수 있는바 조문의 순서를 정리하였습니다.
- **최연희 위원**[597]: 이것은 제가 얼른 이해가 안 되고 내용도 잘 숙지되지 않아서 그러는데, 사립학교법 25조 "임시이사의 선임"에 보면 임시이사는 대개 청구 또는 직권에 의해서 한다고 되어 있는데 어떤 사람들이 임시이사로 갑니까?
- **교육부장관 김덕중**[598]: 여러 가지 형태가 다릅니다마는 지금까지는 관선이사, 교육부에서 이사 전원을 임명해서 내려보냈는데, 주로 그 지역의 여러 의견을 수렴해서 학교교육의 정상화를 기할 수 있는 분들로 구성해서 현재까지…
- **최연희 위원**[599]: 그러면 대개 교육부에서 재직하시던 분들입니까?

595) 第206회 국회(임시회) 第5차 전체회의, 법제사법위원회회의록, 1999. 8. 12., 11면.
596) 第206회 국회(임시회) 第5차 전체회의, 법제사법위원회회의록, 1999. 8. 12., 12면.
597) 第206회 국회(임시회) 第5차 전체회의, 법제사법위원회회의록, 1999. 8. 12., 18면.
598) 第206회 국회(임시회) 第5차 전체회의, 법제사법위원회회의록, 1999. 8. 12., 18면.

- **교육부장관 김덕중**[600]: 그렇지 않습니다…
- **위원장 목요상**[601]: 의사일정 제22항 사립학교법 중 개정법률안…대하여 전문위원의 검토의견을 우리 위원회안으로 받아들여서 수정한 부분은 수정한 대로 기타부분은 원안대로 의결하고자 하는데 이의 없으십니까?(없습니다 하는 위원 있음) 각각 가결되었음을 선포합니다.

(3) 본회의 심의

법제사법위원회 수정안대로 가결되었다.[602] 제25조에 관한 회의록 내용은 아래와 같다.

- **교육위원장대리 이재오**[603]: 이 법안은 대학을 설치 경영하는 학교법인의 이사 중 3분의 1 이상은 공익을 대표하는 자로 선임하도록 하려는 것과 대학교원의 임용기간이 종료되는 경우에 임용권자는 반드시 교무위원회의 심의를 거쳐 재임용 여부를 결정하도록 하려는 것입니다. 우리 위원회에서는…둘째, 이 법안은 분규가 발생한 학교법인의 조기 정상화 및 장차 정상화될 경우 그다음 단계에 대한 절차가 불비하다는 점에서 이를 보완하기 위해 교육부장관이 선임하는 임시이사는 추후 학교법인이 정상화되는 경우 정식이사로 선임될 수 없도록 하는 한편 임시이사의 선임기간도 2년 이내로 하고 1차에 한하여 연임할 수 있도록 하는 관련 조항을 신설하였습니다.
- **의장 박준규**[604]: 다음은 사립학교법 중 개정법률안에 대해서 교육위원회의 수정안대로 의결하고자 합니다. 이의가 없으십니까? (없습니다 하는 의원 있음) 가결되었음을 선포합니다.

(4) 결과

법제사법위원회 수정안으로 개정되었다.

599) 第206회 국회(임시회) 제5차 전체회의, 법제사법위원회회의록, 1999. 8. 12., 18면.
600) 第206회 국회(임시회) 제5차 전체회의, 법제사법위원회회의록, 1999. 8. 12., 18면.
601) 第206회 국회(임시회) 제5차 전체회의, 법제사법위원회회의록, 1999. 8. 12., 19면.
602) 第206회 국회(임시회) 제3차 본회의, 국회본회의회의록, 1999. 8. 12., 26면.
603) 第206회 국회(임시회) 제3차 본회의, 국회본회의회의록, 1999. 8. 12., 25면.
604) 第206회 국회(임시회) 제3차 본회의, 국회본회의회의록, 1999. 8. 12., 26면.

25.203 **3. 2001년 1월 29일 개정(법률 제6400호, 2001. 1. 29. 시행)**

제25조(임시이사의 선임) ①교육인적자원부장관은 학교법인이 이사의 결원보충을 하지 아니한 경우에, 이로 인하여 당해 학교법인의 목적을 달성할 수 없거나 손해가 생길 염려가 있다고 인정한 때에는 이해관계인의 청구 또는 직권에 의하여 임시이사를 선임하여야 한다.
②임시이사는 조속한 시일내에 제1항의 규정에 의한 사유가 해소될 수 있도록 노력하여야 한다.
③임시이사는 제1항의 규정에 의한 사유가 해소될 때까지 재임한다. 이 경우 그 사유가 장기간 지속되는 경우에도 그 재임기간은 2년이내로 하되, 1차에 한하여 연임할 수 있다.
④임시이사는 제20조의 규정에 의한 임원으로 선임될 수 없다.

- 「정부조직법」(2001. 1. 29. 개정·시행)에 따라 "교육부장관"을 "교육인적자원부장관"으로 변경하였다.

25.204 **4. 2005년 12월 29일 개정(법률 제7802호, 2006. 7. 1. 시행)**

제25조(임시이사의 선임) ①관할청은 다음 각 호의 어느 하나에 해당되는 경우에는 이해관계인의 청구 또는 직권으로 지체 없이 임시이사를 선임하여야 한다.
1. 학교법인이 이사의 결원보충을 하지 아니하여 학교법인의 정상적 운영이 어렵다고 판단될 때
2. 제20조의2의 규정에 의하여 학교법인의 임원취임 승인을 취소한 때
3. 제25조의2의 규정에 의하여 임시이사를 해임한 때

②임시이사는 조속한 시일내에 제1항의 규정에 의한 사유가 해소될 수 있도록 노력하여야 한다.
③임시이사는 제1항의 규정에 의한 사유가 해소될 때까지 재임한다.
④임시이사는 제20조의 규정에 의한 임원으로 선임될 수 없다.
⑤관할청은 임시이사가 선임된 법인에 대하여 이사회의 소집을 요구할 수 있다.
⑥임시이사의 선임방법 및 운영 등에 관하여 필요한 사항은 대통령령으로 정한다.

(1) 법률안

〈1〉 최순영 의원안[605]

현행법	원안
제25조(임시이사의 선임) ①교육인적자원부장관은 학교법인이 이사의 결원보충을 하지 아니한 경우에, 이로 인하여 당해 학교법인의 목적을 달성할 수 없거나 손해가 생길 염려가 있다고 인정한 때에는 이해관계인의 청구 또는 직권에 의하여 임시이사를 선임하여야 한다.	**제25조(임시이사의 선임)** ①교육인적자원부장관은 제20조의2의 규정에 따라 학교법인의 임원 취임승인을 취소한 때에는 지체없이 학교운영위원회 또는 대학운영위원회의 추천을 받아 임시이사를 선임하여야 한다.
②임시이사는 조속한 시일내에 제1항의 규정에 의한 사유가 해소될 수 있도록 노력하여야 한다.	② <삭 제>
③임시이사는 제1항의 규정에 의한 사유가 해소될 때까지 재임한다. 이 경우 그 사유가 장기간 지속되는 경우에도 그 재임기간은 2년 이내로 하되, 1차에 한하여 연임할 수 있다.	③임시이사는 교육인적자원부장관이 학내분규의 원인이 해소되어 법인 및 학교운영이 정상화되었다고 인정할 때까지 재임한다.
④ (생 략)	④ <삭 제>
<신 설>	⑤교육인적자원부장관은 이사회가 전원 임시이사로 구성되는 경우 임시이사의 파견사유가 해소된 때에는 지체 없이 이사를 선임하여야 한다.
<신 설>	⑥제5항의 규정에 따라 선임하는 이사의 2분의 1 이상은 초·중등학교의 경우에는 학교운영위원회가, 대학의 경우에는 대학운영위원회가 각각 추천하는 자로 한다.
<신 설>	⑦2이상의 초·중등학교를 설치·경영하는 학교법인의 경우에 제6항의 규정에 따른 이사의 추천은 각 학교운영위원회로 구성하는 협의체가 한다.
<신 설>	⑧제7항의 규정에 따른 학교운영위원회의 협의체의 구성 및 운영 등에 관하여 필요한 사항은 정관으로 정한다.

• 임시이사 선임과 관련하여 학교운영위원회 또는 대학운영위원회의 관여를 강화하는 등 매우 다양한 제도의 신설을 담고 있다.

605) 2004. 9. 10. 최순영의원 등 10인(의안번호: 170412); 제안이유 및 주요내용은 이 책 [8-2.201] 참고.

〈2〉 복기왕 의원안[606]

현행법	원안
제25조(임시이사의 선임) ①교육인적자원부장관은 학교법인이 이사의 결원보충을 하지 아니한 경우에, 이로 인하여 당해 학교법인의 목적을 달성할 수 없거나 손해가 생길 염려가 있다고 인정한 때에는 이해관계인의 청구 또는 직권에 의하여 임시이사를 선임하여야 한다.	**제25조(임시이사의 선임)** ①교육인적자원부장관은 다음 각호의 어느 하나에 해당되는 경우에는 이해관계인의 청구 또는 직권으로 지체없이 임시이사를 선임하여야 한다. 1. 학교법인이 이사의 결원보충을 하지 아니하여 학교법인의 정상적 운영이 어렵다고 판단될 때 2. 제20조의2의 규정에 의하여 학교법인의 임원취임 승인을 취소한 때
② (생 략)	② (현행과 같음)
③임시이사는 제1항의 규정에 의한 사유가 해소될 때까지 재임한다. 이 경우 그 사유가 장기간 지속되는 경우에도 그 재임기간은 2년 이내로 하되, 1차에 한하여 연임할 수 있다.	③임시이사는 제1항의 규정에 의한 사유가 해소될 때까지 재임한다. 이 경우 그 사유가 장기간 지속되는 경우에도 그 재임기간은 3년 이내로 하되, 1차에 한하여 연임할 수 있다.
④임시이사는 제20조의 규정에 의한 임원으로 선임될 수 없다.	④ <삭 제>
<신 설>	⑤관할청은 임시이사가 선임된 법인에 대하여 이사회의 소집을 요구할 수 있다.

• 임시이사 선임사유를 호로 구분하여 구체화하고(제1항), 임기를 2년에서 3년으로 연장하며(제3항), 관할청은 임시이사가 선임된 법인에 대하여 이사회의 소집을 요구할 수 있도록 하였다(제5항).

(2) 위원회 심사

〈1〉 **교육위원회:** 심사 미료

국회의장이 지정한 심사기간(2005. 9. 16 24:00) 내에 심사가 미료됨에 따라 소관 상임위원장의 중간심사보고(구두보고) 후 본회의로 바로 상정하였다(「국회법」 제85조의2).

제25조에 관한 회의록 내용은 아래와 같다.

- **수석전문위원 류충현**[607]: 검토의견으로서 이사회의 구성 및 운영과 관련해서 임원의 선임에 관한 부분은 최순영 의원님께서 대표발의한 내용과 유사한 내용이 되겠습니다.

---

606) 2004. 10. 20. 복기왕의원 등 150인(의안번호: 170595); 제안이유 및 주요내용은 이 책 [10-2.201] 참고.
607) 제250회 국회(정기회) 제11차 전체회의, 교육위원회회의록, 2004. 12. 7., 43면.

다음은 최순영 의원이 대표발의한 내용에 대한 검토보고이다.

- **수석전문위원 류충현**[608]: 다음 임시이사 전부 해임 후 이사 선임에 대한 안 제25조제5항과 제6항에 대해서 말씀드리겠습니다. 안 제25조제5항 및 제6항에서는 이사회가 전원 임시이사로 구성되었다가 그 사유가 해소된 때에는 이사의 2분의 1 이상은 학교운영위원회 또는 대학운영위원회가 추천하는 자로 선임하도록 규정하고 있습니다. 따라서 임시이사 전부 해임 후 임시이사를 선임하는 경우 개방형 이사제의 도입과 함께 정책상·법리상 검토가 있어야 할 것으로 사료됩니다.

〈2〉 **법제사법위원회:** 심사 미료

(3) 본회의 심의

원안을 수정·가결했다.[609] 수정내용은 아래와 같다.

본회의 수정안
제25조(임시이사의 선임) ①관할청은 다음 각호의 어느 하나에 해당되는 경우에는 이해관계인의 청구 또는 직권으로 지체없이 임시이사를 선임하여야 한다. 1. 학교법인이 이사의 결원보충을 하지 아니하여 학교법인의 정상적 운영이 어렵다고 판단될 때 2. 제20조의2의 규정에 의하여 학교법인의 임원취임 승인을 취소한 때 3. 제25조의2의 규정에 의하여 임시이사를 해임한 때 ②임시이사는 조속한 시일내에 제1항의 규정에 의한 사유가 해소될 수 있도록 노력하여야 한다. ③임시이사는 제1항의 규정에 의한 사유가 해소될 때까지 재임한다. <후단 삭제> ④임시이사는 제20조의 규정에 의한 임원으로 선임될 수 없다. ⑤관할청은 임시이사가 선임된 법인에 대하여 이사회의 소집을 요구할 수 있다. ⑥임시이사의 선임방법 및 운영 등에 관하여 필요한 사항은 대통령령으로 정한다.

이 조문의 회의록 내용은 2005. 12. 29. 개정조문 제8조의2와 공통적이어서 생략한다.[610]

(4) 결과

본회의 수정안으로 개정되었다.

608) 제250회 국회(정기회) 제11차 전체회의, 교육위원회회의록, 2004. 12. 7., 43면.
609) 제256회 국회(정기회) 제16차 본회의, 국회본회의회의록, 2005. 12. 9., 2~3면.
610) 이 책 [8-2.201] 참조.

25.205 ## 5. 2007년 7월 27일 개정(법률 제8545호, 2007. 7. 27. 시행)

제25조(임시이사의 선임) ①관할청은 다음 각 호의 어느 하나에 해당되는 경우에는 이해관계인의 청구 또는 직권으로 **조정위원회의 심의를 거쳐** 임시이사를 선임하여야 한다.

1. 학교법인이 이사의 결원보충을 하지 아니하여 학교법인의 정상적 운영이 어렵다고 판단될 때
2. 제20조의2에 따라 학교법인의 임원취임 승인을 취소한 때. **다만, 제18조에 따른 이사회 의결정족수를 초과하는 이사에 대하여 임원취임 승인이 취소된 때에 한한다.**
3. 제25조의2의 규정에 의하여 임시이사를 해임한 때

②임시이사는 조속한 시일내에 제1항의 규정에 의한 사유가 해소될 수 있도록 노력하여야 한다.

③임시이사는 제1항에 따른 사유가 해소될 때까지 재임하**되, 임시이사의 임기는 선임된 날부터 3년을 초과할 수 없다.**

④임시이사는 제20조의 규정에 의한 임원으로 선임될 수 없다.

⑤관할청은 임시이사가 선임된 법인에 대하여 이사회의 소집을 요구할 수 있다.

⑥임시이사**가 선임된 학교법인 중 재정이 열악한 학교법인의 최소한의 이사회 운영경비 및 사무직원 인건비는 국가 또는 지방자치단체에서 지원할 수 있다.**

(1) 법률안(본회의 수정안(이주영 의원안)[611])

이 조문의 경우에는 원안[612]으로 제안되지 않고 본회의 심의 단계에서 수정안으로 제안되었다. 이 조문의 현행법과 원안(본회의 수정안)의 내용을 비교하면 아래와 같다.

현행법	원안
제25조(임시이사의 선임) ①관할청은 다음 각 호의 어느 하나에 해당되는 경우에는 이해관계인의 청구 또는 직권으로 지체 없이 임시이사를 선임하여야 한다. 1. (생 략)	**제25조(임시이사의 선임)** ①관할청은 다음 각 호의 어느 하나에 해당되는 경우에는 이해관계인의 청구 또는 직권으로 조정위원회의 심의를 거쳐 임시이사를 선임하여야 한다. 1. (현행과 같음)

611) 2007. 7. 3. 이주영의원 등 132인; 제안이유 및 주요내용은 이 책 [14.206] 참고.
612) 2006. 12. 1. 이은영의원 등 23인(의안번호: 175526).

2. 제20조의2의 규정에 의하여 학교법인의 임원취임 승인을 취소한 때 <단서 신설>	2. 제20조의2에 따라 학교법인의 임원취임 승인을 취소한 때. 다만, 제18조에 따른 이사회 의결정족수를 초과하는 이사에 대하여 임원취임 승인이 취소된 때에 한한다.
3. (생 략)	3. (현행과 같음)
② (생 략)	② (현행과 같음)
③임시이사는 제1항의 규정에 의한 사유가 해소될 때까지 재임한다.	③임시이사는 제1항에 따른 사유가 해소될 때까지 재임하되, 임시이사의 임기는 선임된 날부터 3년을 초과할 수 없다.
④ ~ ⑤ (생 략)	④ ~ ⑤ (현행과 같음)
⑥임시이사의 선임방법 및 운영 등에 관하여 필요한 사항은 대통령령으로 정한다.	⑥임시이사가 선임된 학교법인 중 재정이 열악한 학교법인의 최소한의 이사회 운영경비 및 사무직원 인건비는 국가 또는 지방자치단체에서 지원할 수 있다.

- 사학분쟁조정위원회 설치에 따라 임시이사를 선임할 경우 사학분쟁조정위원회의 심의를 거치도록 하고(제1항), 임시이사의 임기를 최장 3년으로 하며(제3항), 임시이사가 선임된 학교법인의 이사회 운영경비 및 사무직원 인건비를 국가 또는 지방자치단체에서 지원할 수 있도록 하였다(제6항).

(2) 위원회 심사

〈1〉 **교육위원회:** 심사 미료

심사가 미료되어 「국회법」에 따라 소관 상임위원장의 중간심사보고(구두보고) 후 본회의로 바로 상정하였다.

제25조에 관한 회의록 내용은 아래와 같다.

가. 제17대 국회 제262회 제14차 교육위원회(2006. 12. 8.)

- **이군현 위원**[613]: 그동안에 학교에 여러 가지 문제가 있어서 감독청에서 임시이사를 투입했을 경우에 학교의 문제가 해결되면 그 임시이사들을 다 철수시켰습니다. 그래서 임시이사의 임기가 2년으로 제한되어 있었고 또 1차에 한해서 중임을 할 수 있도록, 즉 임시이사의 임기 제한 규정이 있었음에도 불구하고 작년 연말에 개정되면서 이 임시이사의 임기를 없애 버렸습니다. 그러니까 임시이사라고 하는 것은 말 그대로 학교에 분규가 있을 때 그 분규 사태를 해결하기 위

613) 제262회 국회(정기회) 제14차 전체회의, 교육위원회회의록, 2006. 12. 8., 8면.

해서 투입되었다가 분규나 여러 가지 문제가 해결되면 다 철수해야 함에도 불구하고 지금 현실이 어떠냐 하면, 개정된 사립학교법 이후에 임시이사를 투입해서 그 임시이사의 임기를 없앰으로 해서 이 임시이사들이 장기화되고 있습니다. 즉 코드에 맞는 사람을 임시이사에 한번 집어넣으면 완전히 계속 그 학교를 장악하고 그 학교에 있을 수가 있습니다. 이것은 명백한 법인의 사유재산권을 침해하는 행위다, 따라서 임시이사의 임기는 반드시 다시 옛날로 환원되어서 임기가 있어야 한다고 생각이 됩니다.

- 이주호 위원[614]: 저는 이것이 사실은 우리 사학이 갖고 있는 불안정성에 대해서 잘 이야기해 준다고 생각합니다. 물론 이분이 지금 개방이사에 의한 것은 아니지만 사실 대학 이사회 내에서 학내 구성원에 의해서 추천된, 투입된 이사 1명의 아집과 독선에 의해서 손봉호 총장이 해임되는 사태까지 발생했습니다. 이사회 내에 정말 어떤 한 분이 계셔가지고 그분이 굉장히 집념을 가지고 고집을 피우면 총장까지도 해임하고 그 엄청난 갈등을 불러일으킬 수 있다는 좋은 반면교사가 되는 사례라고 생각합니다. 그래서 이번 사학법에서 개방이사제, 임시이사제를 그냥 두고 다른 부분만 손질하는 것은 정말 무늬만 개정하는 것이고 문제의 핵심을 비켜가는 것이라고 생각합니다. 그래서 일단 열린우리당 이은영 의원께서 재개정안을 내셔서 환영할 일입니다마는 가장 핵심적인 조항인 개방이사제와 임시이사제는 반드시 재개정되어야 된다는 것을 다시 말씀드리겠습니다…
- 이주호 위원[615]: 그래서 사실 그런 측면에서 봐도 그렇습니다. 사학법의 개방형이사제나 임시이사제는 오히려 글로벌 스탠더드가 아니고 완전히 거꾸로 가는, 정말 개악을 하고 어떻게 서비스 분야의 선진화를 이야기하고 글로벌 스탠더드를 이야기하겠습니까? 그래서 저는 이런 부분에서도 오히려 정부가 이제는 적극적으로 개방형이사제의 문제점, 또 임시이사제의 문제점을 국회에만 떠넘길 것이 아니고 좀 열심히 노력해야 된다는 말씀을 드리고요.
- 주호영 위원[616]: 실제 쟁점이 되고 있는 개방형이사제와 임시이사 문제에 대한 본격적인 논의 없이는 문제가 해결되지 않는다고 보고요. 임시이사제 문제하고 개방형이사제 문제에 대해서 제가 질의를 하도록 하겠습니다. 지금 피감독기관에 문제가 생기면 거기에 임시이사, 임시임원들을 관할 부서에서 바로 보내는 법·제도들이 다른 부처에 많습니까?
- 부총리겸교육인적자원부장관 김신일[617]: 죄송하지만 제가 다른 부처에서 어떻게

614) 제262회 국회(정기회) 제14차 전체회의, 교육위원회회의록, 2006. 12. 8., 11~12면.
615) 제262회 국회(정기회) 제14차 전체회의, 교육위원회회의록, 2006. 12. 8., 12면.
616) 제262회 국회(정기회) 제14차 전체회의, 교육위원회회의록, 2006. 12. 8., 21면.

하는지는 잘 모르겠습니다.

- **주호영 위원**[618]: 그렇지요?
- **부총리겸교육인적자원부장관 김신일**[619]: 예.
- **주호영 위원**[620]: 지금 여러분들이 사학의 이런 문제를 지적한 것입니다. 사학에 문제가 생길 때까지 감독기관인 교육청과 교육부가 방임하고 있다가…방임하는 이유는 제가 수차 지적을 했습니다. 교육 관료들하고 사학들하고의 안면, 나쁘게 말하면 유착, 이런 것으로 두고 있다가 학교 구성원들이 들고 일어난다든지 수사기관에서 수사해서 도저히 버틸 수 없을 정도가 되면 특별감사라는 것을 보내는데 특별감사를 보내 놓고 나면 그때는 이 학교가 완전히 썩은 비리의 온상 학교가 되는 것입니다. 그때까지 교육부가 왜 가만두고 있었느냐는 거예요. 그런 문제 하나…다음에 임시이사를 보내면, 제가 국감에서도 지적을 했고 답변도 요구하고 있습니다마는, 교육부가 이사를 일괄적으로 보내면서 중립적이지도 않고 학교 발전에 헌신하지도 않을 사람들만 쭉 보내는 것입니다.

  제가 지난번에 표를 가지고 지적을 했지만 특정 정당에 관여한 사람들만 거의 학교를 장악하듯이 내려가고 이래서 이 임시이사 제도에 문제가 있다, 고쳐야 된다…그리고 심지어 밖에서는 임시이사를 주무부서인 교육부에서 보내는 것이 아니고 청와대에 명단을 올려서 청와대에서 명단이 내려온 대로 보낸다는 이야기까지 실제로 돌아다니고 있어요. 그런 상태에서 지금 임시이사 제도의 임기도 없앴지 않습니까, 그렇지요?
- **부총리겸교육인적자원부장관 김신일**[621]: 예, 임기가 없어졌습니다.
- **주호영 위원**[622]: 이전에는 임기가 있다가 지금은 임기도 없앴지 않습니까?
- **부총리겸교육인적자원부장관 김신일**[623]: 그렇습니다.
- **주호영 위원**[624]: 사실은 임기가 있을 때도 한번 임시이사가 파견되면 정상화된 학교가 거의 없습니다. 한번 임시이사가 파견되면, 좋게 말하면 교육부의 관리에 들어가고 나쁘게 말하면 정권의 관리하에 들어가서 지금까지 죽 온 것 아닙니까? 임시이사가 갔다가 정상화된 학교 있습니까?

---

617) 第262회 국회(정기회) 第14차 전체회의, 교육위원회회의록, 2006. 12. 8., 21면.
618) 第262회 국회(정기회) 第14차 전체회의, 교육위원회회의록, 2006. 12. 8., 21면.
619) 第262회 국회(정기회) 第14차 전체회의, 교육위원회회의록, 2006. 12. 8., 21면.
620) 第262회 국회(정기회) 第14차 전체회의, 교육위원회회의록, 2006. 12. 8., 21면.
621) 第262회 국회(정기회) 第14차 전체회의, 교육위원회회의록, 2006. 12. 8., 21면.
622) 第262회 국회(정기회) 第14차 전체회의, 교육위원회회의록, 2006. 12. 8., 21면.
623) 第262회 국회(정기회) 第14차 전체회의, 교육위원회회의록, 2006. 12. 8., 21면.
624) 第262회 국회(정기회) 第14차 전체회의, 교육위원회회의록, 2006. 12. 8., 21면.

- 부총리겸교육인적자원부장관 김신일[625]: 있습니다.
- 주호영 위원[626]: 거의 희귀하지요, 그렇지요?
- 부총리겸교육인적자원부장관 김신일[627]: …
- 주호영 위원[628] 그다음에 이런 문제가 있으니 감독관청인 교육부의 의견을 들어서 적어도 중립적이라고 보여지는 법원이 임시이사를 보내자는 의견이 지금 많습니다. 교육계에도 많고… 심지어 개인회사조차도 문제가 생기면 임시이사 선임하는 것을 법원에서 합니다. 그래서 교육부로서도 편향된 이사를 보냈느니 부족한 이사를 보냈느니 하는 말을 피하고, 교육부의 의견은 충분히 반영하되 중립적이고 객관적인 사람을 법원에서 고를 수 있도록 하는 임시이사 제도로 개편하자는 안에 대해서 교육부장관의 의견은 어떻습니까?
- 부총리겸교육인적자원부장관 김신일[629]: 아예 임시이사 문제를 법원에 맡겨서 하자는 의견이 있는 것으로 알고 있습니다. 그러나 교육부로서는 임시이사 파견과 문제 있는 학교의 관리 장치를 현재의 제도 속에서 어떻게 더 제대로 할 것이냐 하는 데 대해서 검토하고 있습니다.
- 주호영 위원[630]: 그런데 우리나라 교육을 교육 관료들이 과도한 권력을 가지고 망쳤다는 지적이 끊임없이 계속되고 있거든요. 그런데도 지금 교육 관료들은 그것을 못 알아듣고 있어요. 이것도 내놓으십시오. 지금 규제를 개혁하고 분권하자고 이 정부가 계속 외치면서 그 권한만은 왜 교육부가 계속 틀어잡고 있으려고 하는 거예요? 합리적인 이관으로 넘기고 갈라줘야 되는 것 아닙니까?
- 부총리겸교육인적자원부장관 김신일[631]: 그래서 지금 법안으로 제출해 놓은 것이 분규사학조정위원회를 법정기구로 해서, 그야말로 관리들이 아니고 사회의 여러 전문가들로 구성된 위원회가 그것을 관리하도록 하고, 그다음에 임시이사 파견도 후보자를 선정하는 위원회를 사회 각계의 인사들로 구성하는 것으로 개선해서 시행하고 있습니다.
- 주호영 위원[632]: 그런데 지금 인사추천위원회니 KBS사장추천위원회니 다 제대로 가동되지 않지 않습니까? 그것이 위원회를 거쳐서 공정하게 되었다고 밖에

---

625) 第262회 국회(정기회) 제14차 전체회의, 교육위원회회의록, 2006. 12. 8., 21면.
626) 第262회 국회(정기회) 제14차 전체회의, 교육위원회회의록, 2006. 12. 8., 21면.
627) 第262회 국회(정기회) 제14차 전체회의, 교육위원회회의록, 2006. 12. 8., 21면.
628) 第262회 국회(정기회) 제14차 전체회의, 교육위원회회의록, 2006. 12. 8., 21면.
629) 第262회 국회(정기회) 제14차 전체회의, 교육위원회회의록, 2006. 12. 8., 21면.
630) 第262회 국회(정기회) 제14차 전체회의, 교육위원회회의록, 2006. 12. 8., 21면.
631) 第262회 국회(정기회) 제14차 전체회의, 교육위원회회의록, 2006. 12. 8., 21~22면.
632) 第262회 국회(정기회) 제14차 전체회의, 교육위원회회의록, 2006. 12. 8., 22면.

표시하기 위해서 하는 정도에 불과하다고 하지 않습니까? 그래서 이런 문제들에 대해서 잘 고려를 하시고요. 언제까지 교육부장관을 할지는 모르지만 마치고 난 다음에 정말로 소신을 가지고 우리나라 교육의 문제점을 조금이라도 바로잡았다는 장관으로 이름이 남으셔야 되지, 그냥 기간만 보내서 두고두고 이름이 오르내리는 장관이 되어서는 안 될 것 아닙니까?

- **부총리겸교육인적자원부장관 김신일**[633]: 예, 열심히 하겠습니다.
- **주호영 위원**[634]: 마치겠습니다…
- **김교흥 위원**[635]: 그리고 또 하나는 임시이사 파송권인데요, 임시이사 파송권을 법원에서 했을 경우에 그러면 교육부가 임시이사를 파견하는 사유, 이 권한을 잃게 되는 것이거든요. 어떤 때 임시이사를 파견하는가…… 그리고 또 하나는 법원에서 할 경우에 법적 소송으로 가면 시간적으로 굉장히 늘어지지요. 이랬을 때 학교가 정상화됩니까? 어떻게 보십니까?
- **부총리겸교육인적자원부장관 김신일**[636]: 글쎄요, 아직 우리나라가 그 방법을 쓰지 않았기 때문에 어떨지 모르겠으나, 대체로 교육계의 의견은 역시 학교의 문제는 교육적인 가치를 존중해서 풀어 가야 되기 때문에 순전히 법만 가지고 따질 일은 아니다, 그렇게 법원에서 하는 것이 좋겠다는 주장이 있는 줄 알지만, 그러나 또 상당히 큰 주장은 그것을 법원에 맡기는 것보다는 지금과 같은 체제에서 그것의 운영을 잘 개선하는 것이 좋다, 이런 의견이 많은 것으로 알고 있습니다.
- **김교흥 위원**[637]: 이제 정리를 하면 저는 그렇게 봅니다. 사립학교가 그동안에 엄청난 파행을 많이 가져 왔습니다. 지금도 진행되고 있고요. 그러나 또 한편에서는 건강한 사학도 있습니다.
- **부총리겸교육인적자원부장관 김신일**[638]: 그렇습니다.
- **김교흥 위원**[639]: 그러니까 사립학교의 설립자인 이사장이 건강해서 학교를 잘 운영하는 학교도 있습니다. 사립학교 가지고 이렇게 우리가 서로 논쟁을 했을 때 어떤 부분이 또 우리 사회에 미치느냐 하면 정말 건강한 사학을 운영하는 이사장들의 명예에 대한 부분도 우리가 한 번쯤은 생각해 볼 필요가 있다 이런 생

---

633) 제262회 국회(정기회) 제14차 전체회의, 교육위원회회의록, 2006. 12. 8., 22면.
634) 제262회 국회(정기회) 제14차 전체회의, 교육위원회회의록, 2006. 12. 8., 22면.
635) 제262회 국회(정기회) 제14차 전체회의, 교육위원회회의록, 2006. 12. 8., 23면.
636) 제262회 국회(정기회) 제14차 전체회의, 교육위원회회의록, 2006. 12. 8., 23면.
637) 제262회 국회(정기회) 제14차 전체회의, 교육위원회회의록, 2006. 12. 8., 23면.
638) 제262회 국회(정기회) 제14차 전체회의, 교육위원회회의록, 2006. 12. 8., 23면.
639) 제262회 국회(정기회) 제14차 전체회의, 교육위원회회의록, 2006. 12. 8., 23면.

각이 들거든요. 그래서 부총리께 제가 여쭤 보고 싶은 것은 사립학교가 어느 정도 정상화되면서 학교 설립자, 이사장에 대한 예우 문제, 또 우리 사회의 인식의 변화 문제도 함께 논의되어야 된다고 보는데 부총리께서는 어떻게 보십니까?

- 부총리겸교육인적자원부장관 김신일[640]: 김교흥 위원님 말씀에 전적으로 동감입니다. 사립학교법에 관한 논의가 너무 첨예화되면서 마치 사학을 운영하는 사람들은 전부 부도덕한 사람인 것처럼 매도되는 여론이 있는 것도 저는 굉장히 큰 일이다, 그렇게 되어서는 안 된다는 생각을 가지고 있고요. 지금 김 위원님이 말씀하신 대로 사학을 잘 운영하는 분들을 우리 사회가 존경하고 예우하는 여론과 동시에 그런 장치도 만들었으면 하는 생각입니다.
- 김교흥 위원[641]: 예, 우리 같이 연구해서…부총리님, 저는 그것은 반드시 해야 될 필요성이 있다 이런 생각이 듭니다.
- 부총리겸교육인적자원부장관 김신일[642]: 예...
- 김영춘 위원[643]: 사립학교 쪽 이야기를 쭉 들어보면, 아까 임해규 위원님도 말씀하셨는데, 굉장히 공포감들이 또 많이 있어요. 심지어 "분규사학을 쉽게 만들게 되어 있는 법이고 그 분규사학에 대해서는 가차없이 임시이사를 파견해서 학교를 접수하려고 한다" 이런 두려움이나 피해 의식 같은 게 있더라고요. 그런데 교육부 입장에서는 어떻습니까? 이게 분규 사학이 생기고 임시이사를 파견하게 되고 이런 과정이 생기는 게 교육부 입장에서 좋습니까?
- 부총리겸교육인적자원부장관 김신일[644]: 물론 교육부가 원하는 것이 아닙니다.
- 김영춘 위원[645]: 그런 일이 안 생기는 게 좋은 것이지요?
- 부총리겸교육인적자원부장관 김신일[646]: 예방하려고 노력하고 있습니다.
- 김영춘 위원[647]: 그렇지요. 생기면 골치 아프고 괜히 임시이사 보내고 말고 하는 과정에서 이런저런 수고도 많이 들고, 이런 지탄이나 비난도 있을 수 있고 그래서 사실은 좀 안 맡고 싶은 그런 일이지요?
- 부총리겸교육인적자원부장관 김신일[648]: 예. 아니, 교육부보다 우선 그렇게 되면

640) 제262회 국회(정기회) 제14차 전체회의, 교육위원회회의록, 2006. 12. 8., 23면.
641) 제262회 국회(정기회) 제14차 전체회의, 교육위원회회의록, 2006. 12. 8., 23면.
642) 제262회 국회(정기회) 제14차 전체회의, 교육위원회회의록, 2006. 12. 8., 23면.
643) 제262회 국회(정기회) 제14차 전체회의, 교육위원회회의록, 2006. 12. 8., 28면.
644) 제262회 국회(정기회) 제14차 전체회의, 교육위원회회의록, 2006. 12. 8., 28면.
645) 제262회 국회(정기회) 제14차 전체회의, 교육위원회회의록, 2006. 12. 8., 28면.
646) 제262회 국회(정기회) 제14차 전체회의, 교육위원회회의록, 2006. 12. 8., 28면.
647) 제262회 국회(정기회) 제14차 전체회의, 교육위원회회의록, 2006. 12. 8., 28면.
648) 제262회 국회(정기회) 제14차 전체회의, 교육위원회회의록, 2006. 12. 8., 28면.

학생들이 피해를 입고 거기 있는 교사·교수들이 또 자기 역할을 하기가 어려운 상황이기 때문에 그래서 교육부로서는 물론 그런 일이 발생하지 않도록 노력을 하고 또 생기면 빨리 그것을 해결하기 위해서 노력을 하는 것입니다.

- 김영춘 위원[649]: 그래서 서로 진정이 통하면 충분히 합리적인 대화를 통해서 사립학교가 가진 문제들도 해소해 나가고, 또 한편 사학의 건전한 발전을 위해서도 필요한 그런 상호 협조도 가능하고 이런 법을 이번 사립학교법 개정까지 만들어 봤으면 좋겠는데, 저는 오늘 논의를 쭉 지켜보고 들어 보면서 이제는 조금 차분하게 서로 합리적인 토론이 되고 그 토론의 결과로 좋은 절충, 타협을 만들 수 있는 분위기가 됐구나 하는 그런 느낌을 많이 받았습니다. 그래서 앞으로 오늘 개정안은 사실 몇 가지 고려되지 않은 문제들, 조금 미비점이라고 판단되는 문제들에 대한 개정안을 이은영 위원님이 내신 것인데, 이 안을 잘 성사시켜 나가면서 또 한편 교육위원회가 몇 년 동안 계속 마치 천석고황(泉石膏肓)처럼 안고 있는 문제를 정리해 내는 좋은 계기로 삼으면서 사립학교의 진정한 발전, 그리고 투명성 확보의 장치들을 또 우리가 범국회 차원에서 제대로 뒷받침해 주는 그런 좋은 출발점이 됐으면 좋겠다는 바람 말씀으로 마치겠습니다.

나. 제17대 국회 제263회 제1차 교육위원회(2006. 12. 12.)

- 이주호 위원[650]: 임시이사에 관한 사항입니다. 잘 아시다시피 임시이사가 지나치게 소위 관치이사가 되고 오히려 학교의 분규를 장기화하고, 교육부가 자꾸 학교 구성원들의 무리한 요구를 받아주고 하다 보니까 오히려 임시이사가 장기화되고, 임시이사가 아니고 그야말로 관치이사가 되는 그런 문제가 있었습니다. 그래서 이웃 일본에서도 그 선례가 있습니다마는, 오히려 법원이 판결을 하는 것이 임시이사의 장기화를 막는 방법이겠다, 그리고 불편부당하게 법원이 처리를 하는 것이 오히려 교육부가 계속 이렇게 이익집단에 끌려다니는 것보다 낫겠다 해서 법원을 임시이사 선임 주체로 하자는 것이 저희들 안이고요.

  그다음에 작년에 통과된 법에서 임시이사의 연한을 장기화한다든지 임시이사의 임명을 지나치게 쉽게 한다든지 하는 것들은 개악이 된 면이 있기 때문에 그것은 이전으로 돌리자는 것입니다. 그래서 기본적으로 임시이사 파견을 법원이 한다는 것이 저희들의 두 번째 제안입니다. 그리고 이 부분에 대해서는 전문가들도 상당히 많이 호응을 하고 있기 때문에 저희들은 여론도 상당히좋다고 봅니다. 그래서 제안한 것이고요.

---

649) 제262회 국회(정기회) 제14차 전체회의, 교육위원회회의록, 2006. 12. 8., 28면.
650) 제263회 국회(정기회) 제1차 전체회의, 교육위원회회의록, 2006. 12. 8., 7면.

- **이주호 위원**[651]: 다시 한번 요약해서 말씀드리면 저희들은 이번 협상에서 크게 다섯 가지를 제안했는데요. 첫째는 개방형 이사의 추천기구를 기존의 학교운영위나 대학평의원회에서 종교단체, 동창회, 학부모회 등으로 확대하는 것입니다. 두 번째는 법원에 의한 임시이사 파견을 제안한 것이고요.
- **김영숙 위원**[652]: 개방형 이사로 인해서 여러 가지 학교 현장이 어려워진다, 사학이 여러 가지로 어렵다 하는 것이 이것입니다. 법인 경영권이 박탈된다, 사학 운영의 자율성이 침해된다, 위헌 소지가 있다 하는 것이 여기에서 지금 주장을 하고 있는 것이거든요. 예를 들자면 개방형 감사를 선임했어요. 그러면 그 안에 여러 가지 갈등이 있다 보니까 분쟁이 생깁니다. 그러다 보면 임원의 직무가 중지되지요. 중지가 되다 보면 임원의 강제해임 사태가 벌어집니다. 해임 사태가 벌어지고 나면 임시이사를 파견하게 됩니다. 임시이사를 파견하게 되면 관선체제로 운영을 하게 되지요, 그렇지요?
- **부총리겸교육인적자원부장관 김신일**[653]: 예, 그렇습니다.
- **김영숙 위원**[654]: 또 임시이사의 임기까지 완전히 없어졌거든요. 그러다 보면 안정이 되어서 사학에 분쟁이 없을 때 다시 정이사로 돌아가는데, 그러니까 완전히 사학의 경영권이 흔들리게 되어서 지배구조가 바뀐다는 것입니다. 바로 이것 때문에 사학에서 우려를 하고, 안정성이 없고 정말 신망도 없고 사기를 꺾어 놓는 일이 되거든요. 그래서 이러한 것 때문에 앞장서서 개방형 이사를 손질해야 된다는 것입니다.
- **김영춘 위원**[655]: 마지막으로 임시이사 문제인데요. 한나라당에서 굉장히 중요하게 생각하시는 것 같은데 제가 임시이사 문제를 쭉 살펴보니까 어떤 면에서는 교육부에서도 좀 무책임한 면이 있다, 그런 생각을 해 봤습니다. 지금 임시이사의 임기 제한을 철폐하고 이런 것이 사실은 2년에 한해서 한 번 중임하는 이런 것들로 실효가 별로 없다는 것 아닙니까, 부총리님?
- **부총리겸교육인적자원부장관 김신일**[656]: 그때 당시 이사 개인들의 임기를 규정했던 것인데 아마도 이사, 말하자면 팀으로서의 이사가 임기인 것으로 또 오해도 되고 그런 부분이 있기 때문에 그때 철폐된 것으로 알고 있습니다.
- **김영춘 위원**[657]: 그렇지요? 제가 시간이 다 되어 가는데 마무리 지으면서 말씀을

651) 제263회 국회(정기회) 제1차 전체회의, 교육위원회회의록, 2006. 12. 8., 8면.
652) 제263회 국회(정기회) 제1차 전체회의, 교육위원회회의록, 2006. 12. 8., 10~11면.
653) 제263회 국회(정기회) 제1차 전체회의, 교육위원회회의록, 2006. 12. 8., 11면.
654) 제263회 국회(정기회) 제1차 전체회의, 교육위원회회의록, 2006. 12. 8., 11면.
655) 제263회 국회(정기회) 제1차 전체회의, 교육위원회회의록, 2006. 12. 8., 13면.
656) 제263회 국회(정기회) 제1차 전체회의, 교육위원회회의록, 2006. 12. 8., 13면.

좀 드리면, 교육부 얘기를 좀 들어 보고 싶습니다마는 마무리 짓겠습니다. 분규 사학에 임시이사를 파견하는 경우에 임시이사를 대부분 안 하려고 그럽니다, 그렇지요? 보니까 이사장, 상임이사, 이런 사람들도 수당을 거의 많이 주지 않구먼요. 수당을 많이 주는 것도 아니고, 골치만 아프고, 나머지 이사들은 대부분 봉사직들이고, 이사를 하려고 할 이유가 별로 없어요. 그래서 이런 임시이사를 파견하는 사학들이 대부분 비정상적으로 장기화되는 체제인데 교육부에서 정작 이런 사학들에 대한 정상화 프로세스가 별로 없어요. 그래서 손을 보기는 보아야 할 텐데 지금 한나라당에서 주장하시는 그런 문제들로 해결될 문제는 아닌 것 같다, 그런 생각을 해봤습니다. 이 문제는 다음에 기회가 있으면 더 논의하도록 하겠습니다.

- 이군현 위원[658]: 과잉규제 금지의 원리에 어긋나는 부분은 임시이사에 관련된 부분입니다. 지금 임시이사의 선임 주체를 관할 감독관청에서 하고 있습니다. 그러니까 중·고등학교 같으면 교육청이, 고등교육기관 같으면 교육부가 하고 있는데 이것은 잘못된 것입니다. 그래서 아까 한나라당 위원님들 측에서 말씀하셨듯이 임시이사의 선임 주체를 법원이 판결을 하도록, 그래서 법원에 의해서 추천될 수 있도록 이렇게 하는 것이 옳다고 생각이 됩니다. 또한 동시에 그 임시이사와 관련해서 임기도 반드시 있어야지 어떻게 임시로 파견되는 그 임시이사가, 임기도 없는 임시이사가... 그것은 고정이사 또는 장기이사라고 해야지요. 임시이사가 아닙니다. 한국말이 곤란하면 영어로 탬퍼러리(temporary)라고 그럽니다, 한시적인 것이지요. 그래서 학교에 무슨 문제가 있는 것이 그 문제가 해소되고 끝났으면 철수해야 되는 거지요. 그런데 임기를 안 정해 놓으면 얼마든지 붙박이로 눌어붙어 앉아서 그냥 계속 있을 수 있는 거지요. 말이 안 되는 거예요, 자유민주주의사회에서 이것은 정치적인 또는 이념적인 어떤 사립학교법의 문제가 아니라 이 법 자체가 원칙에 맞지 않는 많은 법적 흠결을 갖고 있다고 하는 것입니다.
- 유기홍 위원[659]: 임시이사 파견 문제와 관련해서 몇 가지 말씀을 하셨습니다만 법원이 하는 문제에 대해서 여러 가지 우려가 있을 수 있습니다. 그중에 제일 큰 게 교육계 내의 문제를 관할청이 아닌 법원에까지 이걸 맡겨야 하느냐 하는 그런 문제가 하나 있을 수 있고요. 또 하나는 법원의 심리가 지연될 경우에 학내 분쟁이 격화될 우려가 있다는 것은 일반적으로 지적되고 있는 문제인 것 같

657) 第263회 국회(정기회) 제1차 전체회의, 교육위원회회의록, 2006. 12. 8., 13면.
658) 第263회 국회(정기회) 제1차 전체회의, 교육위원회회의록, 2006. 12. 8., 14~15면.
659) 第263회 국회(정기회) 제1차 전체회의, 교육위원회회의록, 2006. 12. 8., 17면.

습니다.

- **최순영 위원**[660]: 저는 교육부장관께 묻겠습니다. 지난 서울시교육청 국감에서 요청한 자료를 아직 제출하지 않고 있습니다. 바로 동일학원 등입니다. 그리고 그 당시에 교육감이 "자료를 제출하지 않을 때는 그 사학재단에 대해서 임시이사를 파견하겠다, 특단의 조치를 취하겠다"고 약속을 했었습니다. 그런데도 아무런 조치를 취하고 있지 않습니다. 이 부분에 대해서 간단하게 답변을 주시기 바랍니다.
- **부총리겸교육인적자원부장관 김신일**[661]: 죄송하지만 동일학원 문제를…
- **최순영 위원**[662]: 아직 보고를 못 받았습니까? 그러면 다시 한번, 그날 국감 장소에서 교육감이 약속을 했습니다. 여기 모든 위원들이 다 그 약속을 거기서 받아냈기 때문에 그것은 지켜져야 될 것이고, 그렇다면 그 국감에서의 약속을 지키지 않은 상황에서 교육상임위에서 어떻게 이것을 조치해야 될지 이러한 것에 대해서 다시 한번 논의를 해야 될 거라고 생각합니다. 그렇게 논의를 좀 해 주시기 바라고요.

  그다음에 "사학재단을 하나 가지면 대대로 직장 걱정이 없다"라는 말이 있습니다.(자료를 들어 보이며) 제가 가족직계 가계도를 가져 왔는데, D 대학의 친·인척 가계도를 보겠습니다. 본인은 학장이고 이사장이 처입니다. 그다음에 아들 둘이 부학장, 상임이사, 그다음에 딸 둘이 부교수를 하고, 또 아들 하나가 조교수를 합니다. 거기다 조카 셋이 사무국과 경리계와 홍보과에 있습니다. 거기에다 며느리 둘이 교수로 있고 유치원 원장으로 있습니다. 그다음에 또 4촌, 6촌 부부까지 경비와 직원으로 있고, 그다음에 여기에 사위와 조카사위까지 있습니다. 그리고 또 여기에 보면 조카가 하나, 둘, 셋, 넷 있고 또 사촌형 조카까지 있습니다. 이 부분에 대해서 장관께서는 어떻게 생각하십니까?
- **부총리겸교육인적자원부장관 김신일**[663]: 최 위원님 말씀하신 대로 그것이 그대로 사실이라면 정말로 개탄할 문제입니다.
- **최순영 위원**[664]: 제가 쭉 다 뽑았습니다. 필요하다면 드리겠습니다.
- **부총리겸교육인적자원부장관 김신일**[665]: 아까 최위원님 말씀하신 동일학원 문제는 서울시교육청에 채근을 하겠습니다. 위원님께 빨리 보고를 드리도록 하겠습

660) 第263회 국회(정기회) 제1차 전체회의, 교육위원회회의록, 2006. 12. 8., 17면.
661) 第263회 국회(정기회) 제1차 전체회의, 교육위원회회의록, 2006. 12. 8., 17면.
662) 第263회 국회(정기회) 제1차 전체회의, 교육위원회회의록, 2006. 12. 8., 17~18면.
663) 第263회 국회(정기회) 제1차 전체회의, 교육위원회회의록, 2006. 12. 8., 18면.
664) 第263회 국회(정기회) 제1차 전체회의, 교육위원회회의록, 2006. 12. 8., 18면.
665) 第263회 국회(정기회) 제1차 전체회의, 교육위원회회의록, 2006. 12. 8., 18면.

니다.

• 최순영 위원[666]: 예...

• 김교흥 위원[667]: 그다음에 "임시이사 파송의 건" 가지고 말씀들이 많은데 지난번에도 제가 말씀드렸습니다마는 저는 한나라당 의원님하고도 동의하는 부분이 뭐냐 하면 지금은 사학분쟁조정심의위원회가 비상설로 되어 있지요?

• 부총리겸교육인적자원부장관 김신일[668]: 그렇습니다.

• 김교흥 위원[669]: 그리고 지금 교육부에서 사학분쟁조정위원회에 대한 법안을 상정해 놓고 있지요?

• 부총리겸교육인적자원부장관 김신일[670]: 예, 그래서 법정기구로 만들기 위해서 지금 법안을…

• 김교흥 위원[671]: 상설화하려고 그러는 것이지요?

• 부총리겸교육인적자원부장관 김신일[672]: 그렇습니다.

• 김교흥 위원[673]: 오히려 거기에 초·중·고등학교를 같이 넣어서, 지금 대학만 되어 있는 것 아닙니까?

• 부총리겸교육인적자원부장관 김신일[674]: 예, 그렇습니다.

• 김교흥 위원[675]: 저는 여기에 초·중·고등학교를 같이 넣는다면 한나라당에서 임시이사 파송에 대해서 지적하신 여러 가지 문제점을 많이 완화할 수 있고 그것을 일거에 해소할 수 있는 방안이 아닌가 이런 생각이 드는데 우리 부총리님의 생각은 어떠십니까?

• 부총리겸교육인적자원부장관 김신일[676]: 그 문제는 한번 상임위에서 논의하셔서 좋은 쪽으로 결정해 주시면 따라가겠습니다.

• 김교흥 위원[677]: 왜냐하면 교육을 관장하고 교육을 전문으로 하는 교육부의 일을 법원에서 한다는 것은 조금 심도 있는 논의가 필요하다, 그리고 또 하나는

666) 제263회 국회(정기회) 제1차 전체회의, 교육위원회회의록, 2006. 12. 8., 18면.
667) 제263회 국회(정기회) 제1차 전체회의, 교육위원회회의록, 2006. 12. 8., 19면.
668) 제263회 국회(정기회) 제1차 전체회의, 교육위원회회의록, 2006. 12. 8., 19면.
669) 제263회 국회(정기회) 제1차 전체회의, 교육위원회회의록, 2006. 12. 8., 19면.
670) 제263회 국회(정기회) 제1차 전체회의, 교육위원회회의록, 2006. 12. 8., 19면.
671) 제263회 국회(정기회) 제1차 전체회의, 교육위원회회의록, 2006. 12. 8., 19면.
672) 제263회 국회(정기회) 제1차 전체회의, 교육위원회회의록, 2006. 12. 8., 19면.
673) 제263회 국회(정기회) 제1차 전체회의, 교육위원회회의록, 2006. 12. 8., 19~20면.
674) 제263회 국회(정기회) 제1차 전체회의, 교육위원회회의록, 2006. 12. 8., 20면.
675) 제263회 국회(정기회) 제1차 전체회의, 교육위원회회의록, 2006. 12. 8., 20면.
676) 제263회 국회(정기회) 제1차 전체회의, 교육위원회회의록, 2006. 12. 8., 20면.
677) 제263회 국회(정기회) 제1차 전체회의, 교육위원회회의록, 2006. 12. 8., 20면.

아까 유기홍 위원님도 지적했듯이 이게 법원으로 가면 시간적 소요가 많이 걸릴 겁니다. 그러면 우리 아이들의 학교 문제는 점점 더 퇴락돼 가는 그런 현상이 있기 때문에 이것을 교육을 전담하는 교육부에서 사학분쟁조정위원회를 좀 상설화해서 거기서 처리할 수있는 또 객관적으로 할 수 있는 것이 가능하지 않느냐 이런 생각이 들고요...

- 이원복 위원[678]: 또 과거에도 보면 압니다마는 조그만 문제를 놓고도 관선이사 파견시키고, 이사도 거기 이사장부터 해서 여러 구성원이 있는데 소수의 이사나 부분적인 잘못을 가지고도 심지어는 아주 전체가 다 관선이사들이 오기도 하고 또 왔으면 빨리빨리 정리하고 빨리 가야지, 왔는데 왜 빨리 정리 안 하고 눌러 앉아 있습니까? 그런 학교 사례들을 제출해 달라는데 왜 제출 안 합니까? 그런 학교 사례들 무지 많은 것 제가 압니다. 그게 무슨 임시이사입니까? 그러한 사례가 이 사회 속에서 엄존하고 보이니까 "아, 이것은 잘못하면 학교가 찬탈될 수도 있구나, 학교를 빼앗길 수도 있구나" 이런 생각을 사학 운영자들이 하게 되어 있습니다. 그런 의도가 전혀 없으면 그런 의도가 없는 법제를 만들어 줘야 마땅한 겁니다.

〈2〉 **법제사법위원회:** 심사 미료

(3) 본회의 심의

본회의 수정안대로 가결되었다.[679] 이 조문의 회의록 내용은 2007. 7. 27. 개정조문 제14조와 공통적이어서 생략한다.[680]

(4) 결과

본회의 수정안으로 개정되었다.

25.206

6. 2012년 1월 26일 개정(법률 제11216호, 2012. 1. 26. 시행)

제25조(임시이사의 선임) ①관할청은 다음 각 호의 어느 하나에 해당되는 경우에는 이해관계인의 청구 또는 직권으로 조정위원회의 심의를 거쳐 임시이사를 선임하

678) 제263회 국회(정기회) 제1차 전체회의, 교육위원회회의록, 2006. 12. 8., 22면.
679) 제268회 국회(임시회) 제10차 본회의, 국회본회의회의록, 2007. 7. 3., 48~49면.
680) 이 책 [14.206] 참조.

여야 한다.
1. 학교법인이 이사의 결원보충을 하지 아니하여 학교법인의 정상적 운영이 어렵다고 판단될 때
2. 제20조의2에 따라 학교법인의 임원취임 승인을 취소한 때. 다만, **제18조제1항**에 따른 이사회 의결정족수를 초과하는 이사에 대하여 임원취임 승인이 취소된 때에 한한다.
3. 제25조의2의 규정에 의하여 임시이사를 해임한 때

②임시이사는 조속한 시일내에 제1항의 규정에 의한 사유가 해소될 수 있도록 노력하여야 한다.
③임시이사는 제1항에 따른 사유가 해소될 때까지 재임하되, 임시이사의 임기는 선임된 날부터 3년을 초과할 수 없다.
④임시이사는 제20조의 규정에 의한 임원으로 선임될 수 없다.
⑤관할청은 임시이사가 선임된 법인에 대하여 이사회의 소집을 요구할 수 있다.
⑥임시이사가 선임된 학교법인 중 재정이 열악한 학교법인의 최소한의 이사회 운영경비 및 사무직원 인건비는 국가 또는 지방자치단체에서 지원할 수 있다.

- "제18조"를 "제18조제1항"으로 하였다(원격영상회의 방식의 이사회 개최 제도를 도입함에 따라 제18조를 제1항과 제2항으로 세분화하였음). 기술적인 부분에 관한 개정이므로 개정경과는 생략함.

7. 2020년 12월 22일 개정(법률 제17659호, 2020. 12. 22. 시행)

제25조(임시이사의 선임) ①_관할청은 다음 각 호의 어느 하나에 해당하는 경우에는 이해관계인의 청구**에 의하여** 또는 직권으로 조정위원회의 심의를 거쳐 임시이사를 선임하여야 한다.
1. 학교법인이 이사의 **결원을 보충하지** 아니하여 학교법인의 정상적 운영이 어렵다고 판단되는 **경우**
2. 제20조의2에 따라 학교법인의 **임원 취임** 승인을 취소한 경우. 다만, 제18조제1항에 따른 이사회 의결정족수를 초과하는 이사에 대하여 **임원 취임** 승인을 취소**한 경우로 한정한다.**
3. 제25조의2에 **따라** 임시이사를 해임한 **경우**

②_임시이사는 조속한 시일 내에 제1항**에 따른** 사유를 해소**할** 수 있도록 노력하여야 한다.
③_임시이사는 제1항에 따른 사유가 해소될 때까지 재임하되, **그** 임기는 선임된 날부터 3년을 초과할 수 없다.
④_임시이사는 제20조에 따른 임원으로 선임될 수 없다.
⑤_관할청은 임시이사가 선임된 법인에 이사회 소집을 요구할 수 있다.
⑥ **국가나 지방자치단체는** 임시이사가 선임된 학교법인 중 재정이 열악한 학교법인의 최소한의 이사회 운영경비 및 사무직원 인건비를 지원할 수 있다.

• 법문을 한글화하고 간결하게 하였다(오직 형식에 관한 개정이므로 자세한 개정경과는 생략함681)).

25.208 **8. 2021년 8월 10일 개정(법률 제18372호, 2022. 2. 11. 시행)**

제25조(임시이사의 선임) ① 관할청은 다음 각 호의 어느 하나에 해당하는 경우에는 이해관계인의 청구에 의하여 또는 직권으로 조정위원회의 심의를 거쳐 임시이사를 선임하여야 한다.
1. 학교법인이 이사의 결원을 보충하지 아니하여 학교법인의 정상적 운영이 어렵다고 판단되는 경우
2. 제20조의2에 따라 학교법인의 임원 취임 승인을 취소한 경우. 다만, **임원 취임 승인이 취소되어** 제18조제1항에 따른 이사회 의결정족수를 **충족하지 못하는** 경우로 한정한다.
3. 제25조의2에 따라 임시이사를 해임한 경우

② 임시이사는 조속한 시일 내에 제1항에 따른 사유를 해소할 수 있도록 노력하여야 한다.
③ 임시이사는 제1항에 따른 사유가 해소될 때까지 재임하되, 그 임기는 선임된 날부터 3년을 초과할 수 없다.
④ 임시이사는 제20조에 따른 임원으로 선임될 수 없다.
⑤ 관할청은 임시이사가 선임된 법인에 이사회 소집을 요구할 수 있다.

681) 이에 관한 구체적 개정경과는 이 책 [1.201] 참조.

⑥ 국가나 지방자치단체는 임시이사가 선임된 학교법인 중 재정이 열악한 학교법인의 최소한의 이사회 운영경비, 사무직원 인건비 **및 학교법인의 정상화를 위하여 소요되는 대통령령으로 정하는 소송비용**을 지원할 수 있다.

(1) 법률안

〈1〉 정찬민 의원안[682]**:** 이 조문을 포함한 개정 대상 조문의 제안이유 및 주요내용은 아래와 같다.

- 제안이유 및 주요내용

현행법에서는 의결정족수를 "초과"하는 임원취임승인이 취소된 때 임시이사를 선임할 수 있도록 하고 있으나, 실제로는 임원취임승인이 취소됨에 따른 잔여 이사가 이사회 의결정족수에 미달하여 이사회의 정상적인 운영이 불가능한 때 임시이사의 선임이 가능하도록 하는 것이 임시이사 제도 취지에 더욱 부합함.

이에 임원취임승인을 취소함에 따른 임시이사 선임 요건을 이사회의 의결정족수를 충족할 수 없어 정상적인 운영이 불가능한 때로 정비하여 의결정족수에 해당하는 임원취임승인이 취소된 경우에도 임시이사가 선임될 수 있도록 하려는 것임(안 제25조제1항제2호 단서).

이 조문의 현행법과 개정 원안은 아래와 같다.

현행법	원안
제25조(임시이사의 선임) ①관할청은 다음 각 호의 어느 하나에 해당하는 경우에는 이해관계인의 청구에 의하여 또는 직권으로 조정위원회의 심의를 거쳐 임시이사를 선임하여야 한다. 1. (생 략) 2. 제20조의2에 따라 학교법인의 임원 취임 승인을 취소한 경우. 다만, 제18조제1항에 따른 이사회 의결정족수를 초과하는 이사에 대하여 임원 취임 승인을 취소한 경우로 한정한다. 3. (생 략) ② ~ ⑥ (생 략)	**제25조(임시이사의 선임)** ①관할청은 다음 각 호의 어느 하나에 해당하는 경우에는 이해관계인의 청구에 의하여 또는 직권으로 조정위원회의 심의를 거쳐 임시이사를 선임하여야 한다. 1. (현행과 같음) 2. 제20조의2에 따라 학교법인의 임원 취임 승인을 취소한 경우. 다만, 임원취임 승인이 취소되어 제18조제1항에 따른 이사회 의결정족수를 충족하지 못하는 경우로 한정한다. 3. (현행과 같음) ② ~ ⑥ (현행과 같음)

682) 2020. 12. 23. 정찬민의원 등 11인(의안번호: 2106856).

• 임원취임 승인을 취소함에 따른 임시이사 선임 요건을 이사회의 의결정족수를 충족할 수 없어 정상적인 운영이 불가능한 때로 정비하여 의결정족수에 해당하는 임원취임 승인이 취소된 경우에도 임시이사가 선임될 수 있도록 하였다.

〈2〉 **김철민 의원안**[683]: 이 조문을 포함한 개정 대상 조문의 제안이유 및 주요내용은 아래와 같다.

• 제안이유 및 주요내용

현행법에 따르면 관할청은 학교법인이 이사의 결원보충을 하지 아니하여 정상적 운영이 어려울 때, 학교법인의 임원취임 승인을 취소하거나 임시이사를 해임한 때에 학교법인의 정상화를 위하여 임시이사를 선임할 수 있으며, 국가 및 지방자치단체는 임시이사가 선임된 학교법인 중 재정이 열악한 학교법인에 대하여 최소한의 이사회 운영경비 및 사무직원 인건비를 지원할 수 있음.

임시이사 선임은 학교법인의 정상화를 위한 공적 조치 중 하나이나 실제로 재정이 열악한 학교법인이 소송비를 감당하지 못하여 그 취지를 달성하지 못하는 사례가 빈번하게 일어나고 있음. 학교법인 관련 분쟁을 조속히 해결하지 못할 경우 임시이사 선임의 취지가 달성되지 못할 뿐 아니라 임원취임승인이 취소된 이사가 추후 다시 이사로 선임되는 등의 부작용이 발생할 수 있어 학교법인의 정상화가 조속히 이루어질 수 있도록 국가적인 재정 지원이 필요함.

이에 임시이사가 선임된 학교법인 중 재정이 열악한 학교법인에 대한 지원 대상에 학교법인 운영의 정상화를 위하여 소요되는 소송비용을 포함하여 임시이사 선임의 목적을 신속하게 달성하고자 하는 것임(안 제25조제6항).

이 조문의 현행법과 개정 원안은 아래와 같다.

현행법	원안
제25조(임시이사의 선임) ① ~ ⑤ (생 략) ⑥ 국가나 지방자치단체는 임시이사가 선임된 학교법인 중 재정이 열악한 학교법인의 최소한의 이사회 <u>운영경비 및 사무직원 인건비를</u> 지원할 수 있다.	**제25조(임시이사의 선임)** ① ~ ⑤ (현행과 같음) ⑥ 국가나 지방자치단체는 임시이사가 선임된 학교법인 중 재정이 열악한 학교법인의 최소한의 이사회 <u>운영경비, 사무직원 인건비 및 학교법인 운영의 정상화를 위하여 소요되는 대통령령으로 정하는 소송비용을</u> 지원할 수 있다.

683) 2021. 2. 2. 김철민의원 등 11인(의안번호: 2107877).

- 임시이사가 선임된 학교법인 중 재정이 열악한 학교법인에 대한 지원 대상에 학교법인 운영의 정상화를 위하여 소요되는 소송비용을 포함하여 임시이사 선임의 목적을 신속하게 달성하고자 하였다.

(2) 위원회 심사

〈1〉 **교육위원회:** 대안[684]으로 가결되었다.[685]

대안
제25조(임시이사의 선임) 2. 제20조의2에 따라 학교법인의 임원 취임 승인을 취소한 경우. 다만, 임원 취임 승인이 취소되어 제18조제1항에 따른 이사회 의결정족수를 충족하지 못하는 경우로 한정한다. ⑥ 국가나 지방자치단체는 임시이사가 선임된 학교법인 중 재정이 열악한 학교법인의 최소한의 이사회 운영경비, 사무직원 인건비 및 학교법인 운영의 정상화를 위하여 소요되는 대통령령으로 정하는 소송비용을 지원할 수 있다.

제25조에 관한 회의록 내용은 아래와 같다.

- **소위원장 박찬대**[686]: 먼저 박찬대 의원, 정찬민 의원, 곽상도 의원, 김철민 의원, 윤영덕 의원이 각각 대표발의한 6건의 사립학교법 일부개정법률안을 통합 조정한 대안은 대통령령으로 정하는 기준과 절차에 따라 선정된 대학교육기관을 경영하는 학교법인에 대해 주기적 감사인 지정제를 실시하고, 학교법인이 해산할 경우 법에 따라 처분되지 않은 잔여재산을 사학진흥기금의 청산지원계정에 귀속되도록 하였습니다. 임시이사가 선임된 학교법인 중 재정 여건이 열악한 학교법인에 대해 국가나 지자체가 소송비용을 지원할 수 있는 근거를 마련하…였습니다.
- **위원장 유기홍**[687]: 의사일정 제2항부터 7항까지 6건의 사립학교법 일부개정법률안은 소위원회에서 심사보고한 바와 같이 각각 본회의에 부의하지 아니하고 이를 통합 조정한 의사일정 제8항을 우리 위원회안으로 제안하고자 하는데 이의가 없으십니까? (예 하는 위원 있음) 이의가 없으시면 가결되었음을 선포합니다.

〈2〉 **법제사법위원회:** 교육위원회 대안을 수정·가결했다.[688] 수정내용은 아래와

684) 2021. 7. 22. 교육위원장(의안번호: 2111667).
685) 제389회 국회(임시회) 제1차 전체회의, 교육위원회회의록, 2021. 7. 14., 6면.
686) 제389회 국회(임시회) 제1차 전체회의, 교육위원회회의록, 2021. 7. 14., 6면.
687) 제389회 국회(임시회) 제1차 전체회의, 교육위원회회의록, 2021. 7. 14., 6면.

같다.

대안	법제사법위원회 수정안
제25조(임시이사의 선임) ⑥ -------- 학교법인 운영의 정상화를 -------.	제25조(임시이사의 선임) ⑥ -------- 학교법인의 정상화를 --------.

(3) 본회의 심의

법제사법위원회 수정안대로 가결되었다.[689)]

(4) 결과

법제사법위원회 수정안으로 개정되었다.

25.300

III. 현행법

제25조(임시이사의 선임) ① 관할청은 다음 각 호의 어느 하나에 해당하는 경우에는 이해관계인의 청구에 의하여 또는 직권으로 조정위원회의 심의를 거쳐 임시이사를 선임하여야 한다.

1. 학교법인이 이사의 결원을 보충하지 아니하여 학교법인의 정상적 운영이 어렵다고 판단되는 경우
2. 제20조의2에 따라 학교법인의 임원 취임 승인을 취소한 경우. 다만, 임원 취임 승인이 취소되어 제18조제1항에 따른 이사회 의결정족수를 충족하지 못하는 경우로 한정한다.
3. 제25조의2에 따라 임시이사를 해임한 경우

② 임시이사는 조속한 시일 내에 제1항에 따른 사유를 해소할 수 있도록 노력하여야 한다.

③ 임시이사는 제1항에 따른 사유가 해소될 때까지 재임하되, 그 임기는 선임된 날부터 3년을 초과할 수 없다.

④ 임시이사는 제20조에 따른 임원으로 선임될 수 없다.

---

688) 제389회 국회(임시회) 제1차 전체회의, 법제사법위원회회의록, 2021. 7. 22., 64면.
689) 제389회 국회(임시회) 제2차 본회의, 국회본회의회의록, 2021. 7. 23., 10면.

⑤ 관할청은 임시이사가 선임된 법인에 이사회 소집을 요구할 수 있다.
⑥ 국가나 지방자치단체는 임시이사가 선임된 학교법인 중 재정이 열악한 학교법인의 최소한의 이사회 운영경비, 사무직원 인건비 및 학교법인의 정상화를 위하여 소요되는 대통령령으로 정하는 소송비용을 지원할 수 있다.

IV. 종합/특기사항

- 제25조에 대한 주요 변화는 1999년, 2005년, 2007년 개정이다. 1999년 개정은, 임시이사는 문제상황이 해소될 때까지 재임하며 상황이 장기간 지속되는 경우에도 임기는 2년이내로 하며 1차에 한해 연임할 수 있으며(제3항), 정식 임원으로 선임될 수 없도록 했다(제4항). 2005년 개정은 임시이사 선임사유로서 "제20조의2의 규정에 의하여 학교법인의 임원취임 승인을 취소한 때"(제1항제2호)와 "제25조의2의 규정에 의하여 임시이사를 해임한 때(제1항제3호)"를 추가하고, 임시이사의 임기를 사실상 폐지했으며(제3항), 관할청은 임시이사가 선임된 법인에 대하여 이사회의 소집을 요구할 수 있도록 했다(제5항 신설). 2007년 개정은 임시이사의 임기 상한(3년)을 규정하면서(제3항) 임시이사가 파견된 학교법인 중 재정이 열악한 학교법인에 대해서는 최소한의 이사회 운영경비 및 사무직원 인건비를 국가 또는 지방자치단체에서 지원할 수 있도록 하였다(제6항).
- 제정법 이후 현행법에 이르기까지 임시이사는 관할청이 이해관계인의 청구 또는 직권으로 선임할 수 있는데, 이해관계인의 청구와 직권을 같은 차원에 위치시키면 이해관계인의 청구가 무의미한 결과가 되어 법리상 문제가 있다.
- 임시이사는 사립학교법에서 매우 뜨거운 이슈의 하나이다. 제정법 이후 매우 많은 사항이 추가되어 현행법에 이르고 있다. 임시이사 제도의 성과에 대해서는 회의적인 시각이 많은데, 이에 대한 해결책으로 임시이사에 관한 사항을 법원이 관할하도록 하자는 주장도 있다.
- 2005년 개정 과정에서 정치적 입장에 따라 매우 격렬한 의견대립이 있었다. 제256회 국회(정기회) 제16차 본회의(2005. 12. 9.)에서 나타난 원색적 언동은 그 사정을 잘 보여준다.[690]
- 2009년 헌법재판소는 ①학교법인의 임시이사 개개인의 임기만 규정하고 교육인적

690) 제256회 국회(정기회) 제16차 본회의, 국회본회의회의록, 2005. 12. 9., 2~3면.

자원부장관이 임시이사를 선임할 수 있는 기간 자체를 제한하고 있지 아니한 사립학교법(1999. 8. 31. 법률 제6004호로 개정되고, 2005. 12. 29. 법률 제7802호로 개정되기 전의 것) 제25조제3항 후문이 학교법인의 사립학교 운영의 자유를 침해하는지 여부 및 ②이 법률조항이 학교법인의 재산권을 침해하는지 여부에 대하여 아래와 같이 합헌 취지로 판단하였다.[691]

① 임시이사제도는 위기사태에 빠진 학교법인을 조속한 시일 내에 정상화시킴으로써 학생들의 수학권이 침해되는 것을 방지하려는 데 그 제도적 취지가 있으므로 그 입법목적의 정당성을 인정할 수 있고, 임시이사는 설립 목적의 본질적인 변경이나 임시이사 선임사유 해소 시의 정식이사 선임과 같이 학교법인의 일반적인 운영을 넘어서는 사항을 결의할 수 없는 등 그 권한에 내재적인 한계가 있으며, 학교법인의 이해관계인은 교육인적자원부장관에게 임시이사 해임신청을 하고 그 거부처분에 대하여 항고소송으로 다툴 수 있는 등 임시이사 체제가 부당히 장기화되는 것을 방지하기 위한 법적 수단들이 마련되어 있다. 또한, 이 사건 법률조항에서 임시이사 개개인의 임기를 규정한 것이 그 임기 중에 임시이사 선임사유가 해소된 경우에도 그 임기를 보장하는 취지가 아님은 문언상으로도 명백하고, 임시이사제도는 그 본질상 학교법인이 정상적으로 운영될 수 없는 경우 이를 정상화하기 위한 법적 장치이므로 임기 중이라도 그 임무를 완성하여 임시이사를 필요로 하는 비정상적 상황이 종료되면 즉시 퇴임하는 것이 당연하고, 반면 비정상적 상황이 해소되지 않고 있는 동안에는 그 역할과 기능을 계속 수행할 필요가 있는 것이다. 따라서 이 사건 법률조항이 임시이사 체제의 존속기한을 따로 정하고 있지 않다 하더라도 이로써 학교법인의 사립학교 운영의 자유를 과잉 침해한다고 할 수 없다.

② 학교법인은 그 재산권을 행사함에 있어서 '정관으로 정한 목적의 범위 내'(사립학교법 제9조, 민법 제34조)라는 본질적 제약을 받고, 학교법인이 소유하는 재산은 학교의 운영 및 학생 교육의 물적인 토대가 되는 것으로, 그 재산권의 행사는 학교법인이 설립·운영하는 학교의 학생 및 교직원 그리고 학부모 다수의 생활에 큰 영향을 미친다는 점에서 그 사회적인 연관성과 기능이 대단히 크다 할 것이므로, 입법자는 학교법인의 재산이 외부에 유출되거나 교육 외의 목적으로 사용되는 것을 막기 위하여 적절한 규제를 마련함에 있어 상당한 재량을 가진다 할 것이다. 임시이사 체제의 존속기한을 설정하는 것은 제도 자체의 본래적 기능과 부합하지 않는데다가 임시이사제도가 수행하는 제도적 기능에는

691) 헌법재판소 2009. 4. 30. 선고 2005헌바101 결정.

파행운영으로 인한 학교법인의 손해를 방지하고 학교법인이 정관으로 정한 목적에 따라 정당하게 재산권을 행사할 수 있는 상태를 회복시킴으로써 오히려 실질적으로는 학교법인의 재산권을 보호하는 것도 포함되어 있다고 볼 것이므로, 이 사건 법률조항이 학교법인의 재산권에 대한 과잉 제한이라고 할 수 없다.

위 다수의견에 대한 재판관 조대현의 반대의견은 아래와 같다.

사립학교 교육에 대한 국가의 간섭은 사립학교가 담당하는 공교육, 즉 학력인정에 필요한 교육의 충실을 확보하기 위하여 필요한 한도에 그쳐야 한다. 학교법인의 임시이사의 임무는 이사 결원상태를 해소시키는 것이므로, 임시이사로 취임한 즉시 이사회를 열어 결원된 이사를 선임하여 이사결원상태를 해소하여야 하고, 이사결원상태가 해소되면 임시이사는 더 이상 재임할 필요가 없게 된다. 이 사건 법률조항이 "임시이사의 재임기간은 2년 이내로 하되, 1차에 한하여 연임할 수 있다"고 규정한 것은 임시이사제도의 본질을 벗어나 임시이사의 재임기간을 불합리하게 장기화하는 것이고, 교육인적자원부장관으로 하여금 학교법인의 운영을 장기간 지배하게 함으로써 학교법인의 자주성과 자율성을 근본적으로 침해하므로 헌법에 위반된다.

- 2009년 헌법재판소는 ①청구인들이 당해 사건 재판에서 승소판결을 받아 확정된 경우 당해 사건에 적용된 법률조항의 위헌 여부가 재판의 전제성을 갖는지 여부 및 ②재판의 전제성이 없음에도 예외적으로 본안판단을 할 수 있는 경우에 해당하는지 여부에 대하여 아래와 같이 합헌 취지로 판단하였다.[692]

① 관할청이 학교법인의 임원취임승인을 취소할 수 있도록 규정한 사립학교법 제20조의2(1990. 4. 7. 법률 제4226호로 개정되고, 2005. 12. 29. 법률 제7802호로 개정되기 전의 것) 및 임시이사 선임의 근거 조항으로 임시이사의 권한 범위에 관하여 아무런 규정을 두고 있지 아니한 사립학교법 제25조제1항·제2항(2001. 1. 29. 법률 제6400호로 개정되고, 2005. 12. 29. 법률 제7802호로 개정되기 전의 것)이 적용된 당해 사건 재판에서 청구인들이 승소판결을 받아 그 판결이 확정된 이상 청구인들은 재심을 청구할 법률상 이익이 없고, 이 사건 법률조항들에 대하여 위헌결정이 선고되더라도 당해 사건 재판의 결론이나 주문에 영향을 미칠 수 없으므로 이 사건 심판청구는 재판의 전제성이 인정되지 아니한다.

② 헌법재판소는 재판의 전제성이 없는 때에도 심판대상 조항으로 인한 침해

692) 헌법재판소 2009. 4. 30. 선고 2006헌바29 결정.

> 여부가 문제되는 기본권이 중요함에도 그에 대한 헌법적 해명이 이루어진 바 없고 동종의 기본권 침해 여부에 대한 문제제기가 반복될 가능성이 높아 헌법적 해명의 필요성이 긴요한 사안인 경우에는 예외적으로 본안판단을 할 수 있으나, 이 사건의 경우 당해 사건에서 법원이 합헌적 해석을 함으로써 청구인들에 대하여 이미 확정적인 권리구제가 이루어졌을 뿐만 아니라, 이 사건 법률조항들은 이미 개정되어 시행됨에 따라 이 사건 법률조항들로 인한 기본권 침해상태가 계속 유지되고 있거나 그 위헌 여부에 대한 문제 제기가 반복될 가능성이 높다고 볼 수도 없으므로 헌법적 해명이 긴요한 경우에 해당한다고 할 수 없다.

위 다수의견에 대하여 재판의 전제성에 관한 재판관 조대현, 재판관 김종대의 반대의견은 아래와 같다.

> 헌법이 위헌법률심판의 요건으로 재판의 전제성을 요구하는 것은 법률의 위헌성이 구체적 사건에서 문제된 때에 비로소 법률의 위헌 여부를 심판하라는 구체적 규범통제의 요청이지만, 이는 위헌법률심판을 개시하기 위한 요건을 정한 것일 뿐이지 위헌법률심판제도가 구체적인 분쟁의 해결이나 개인의 권리구제를 목적으로 하는 제도임을 의미하는 것은 아니다. 위헌법률심판제도의 근본적인 목적은 헌법에 위반되는 법률을 제거하여 헌법의 최고규범력을 보장하는 것이다. 재판의 전제성은 심판대상 법률이 당해 사건에 적용되고 그 위헌 여부에 따라 논리적·추상적으로 재판의 의미와 내용이 달라질 수 있는 가능성이 있으면 충족된다고 보아야 할 것인데, 이 사건의 경우 당해 사건에서 학교법인의 임시이사들은 이사선임권이 없다는 이유로 청구인들 승소판결이 선고되고 확정되었지만, 이 사건 법률조항들이 위헌이라면 재판의 내용이 달라져야 하는 것이므로 위 조항들의 위헌 여부는 당해 사건 재판의 전제문제로 된다고 보아야 한다. 따라서 이 사건 심판청구는 재판의 전제성을 갖추었으므로, 본안에 들어가 이 사건 법률조항들의 위헌 여부를 심판하여야 한다.

- 2013년 헌법재판소는 사립학교법(1999. 8. 31. 법률 제6004호로 개정된 것) 제25조제2항, 사립학교법(2007. 7. 27. 법률 제8545호로 개정된 것) 제25조의3제2항, 사립학교법(2005. 12. 29. 법률 제7802호) 부칙 제1조 본문이 ①정식이사 선임처분의 취소를 구하는 당해 사건에 대하여 재판의 전제성이 인정되는지 여부, ②평등원칙에 위배되는지 여부 및 ③재산권을 침해하는지 여부에 대하여 아래와 같이 합헌 취지로 판단하였다.[693]

---

693) 헌법재판소 2013. 11. 28. 선고 2009헌바206, 2010헌바101 결정.

① 사립학교법 제25조제2항은 임시이사의 선임사유 해소 노력에 관하여, 사립학교법 제25조의3제2항은 임시이사가 선임된 학교법인의 사학분쟁조정위원회에 대한 정상화 추진실적 보고에 관하여 규정하고 있으므로, 정식이사 선임처분의 취소를 구하는 당해 사건에 적용되지 않고, 사립학교법(2005. 12. 29. 법률 제7802호) 부칙 제1조 본문은 당해 사건에 적용되는 법률조항의 시행일에 관하여는 규율하고 있지 아니하므로, 위 조항들은 재판의 전제성이 인정되지 않는다.

② 학교법인은 공익법인, 사회복지법인 등과 본질적으로 동일한 비교집단이라고 볼 수 없으므로 이 사건 법률조항들은 평등원칙에 위배되지 아니한다.

③ 설립자나 종전이사가 사립학교 운영에 대해 가지는 재산적 이해관계는 법률적인 것이 아니라 사실상의 것에 불과하므로 이 사건 법률조항들은 이들의 재산권을 침해하지 않는다.

위 다수의견에 대한 재판관 박한철, 재판관 김창종, 재판관 안창호, 재판관 조용호의 반대의견은 아래와 같다.

학교법인의 설립목적은 그 의사결정기관이자 집행기관인 이사회를 구성하는 이사들에 의해 실행되므로 설립자가 최초의 이사들을, 그 다음에는 그 이사들이 후임이사를 순차적으로 선임함으로써 학교법인의 설립목적을 영속성 있게 실현하는 것이 학교법인 이사제도의 본질이다. 사립학교법상 임시이사제도는 위기사태에 빠진 학교법인에 임시이사를 파견하여 학교법인을 조속히 정상화함으로써 그 설립목적을 달성할 수 있도록 하려는 데에 그 제도적 취지가 있는 것이지, 위기사태를 가져온 구 이사들에 대한 제재의 일환으로 그들로부터 학교법인 경영권을 박탈하거나 학교법인의 지배구조를 변경하는 것을 허용하는 제도가 아니다. 그러므로 학교법인이 임시이사 체제에서 정상화되는 단계에서 학교법인의 정체성이 유지되고 학교법인 설립목적의 영속성을 인적으로 보장하기 위한 최소한의 장치가 마련되어야 할 것인데, 이 단계에서 모든 정식이사 선임의 주도권을 사실상 사학분쟁조정위원회에 부여하면서 종전이사 등의 의견 청취를 법률적으로 전혀 보장하지 않은 것은 학교법인의 인적 연속성의 단절을 초래하여 그 설립 목적의 영속성 보장을 불투명하게 하는 것으로서, 과잉금지원칙에 반하여 학교법인과 종전이사 등의 사학의 자유의 본질적 내용을 침해한다.

• 2013년 헌법재판소는 임시이사의 임기에 관한 사립학교법(2007. 7. 27. 법률 제8545호로 개정된 것) 제25조제3항이 학교법인과 종전이사 등의 사학의 자유를 침해하는지

여부에 대하여 아래와 같이 합헌 취지로 판단하였다.[694)]

> 임시이사의 임기에 관한 사립학교법 제25조제3항은, 비록 임시이사 체제의 존속기한을 명시하고 있지는 않으나, 임시이사는 그 선임사유가 해소될 때까지 재임하는 것이고, 임시이사 체제가 부당히 장기화되는 것을 방지하기 위한 법적 수단들이 마련되어 있으므로 학교법인과 종전이사 등의 사학의 자유를 침해한다고 볼 수 없다.

제25조의2(임시이사의 해임)

25-2.100

I. 제정법

제정법에는 이 조문이 없다.

II. 개정 경과

25-2.201

1. 2005년 12월 29일 개정(법률 제7802호, 2006. 7. 1. 시행)

제25조의2 (임시이사의 해임) 관할청은 다음 각 호의 어느 하나에 해당하는 경우에 임시이사의 전부 또는 일부를 해임할 수 있다.
1. 임시이사가 「국가공무원법」 제33조 각 호의 어느 하나에 해당하게 된 때
2. 임시이사가 그 직무를 현저히 태만한 때
3. 제20조의2제1항 각 호의 어느 하나에 해당하는 행위를 한 때

(1) 법률안(복기왕 의원안[695)])

현행법	원안
<신 설>	**제25조의2(임시이사의 해임)** ①교육인적자원부장관은 다음 각호의 어느 하나에 해당하는 경우에

694) 헌법재판소 2013. 11. 28. 선고 2007헌마1189, 2007헌마1190 결정.
695) 2004. 10. 20. 복기왕의원 등 150인(의안번호: 170595); 제안이유 및 주요내용은 이 책 [10-2.201] 참고.

	임시이사의 전부 또는 일부를 해임할 수 있다. 1. 관할청이 임시이사 파견사유가 해소되었다고 인정한 때 2. 임시이사가 국가공무원법 제33조 각호의 어느 하나에 해당하게 된 때 3. 임시이사가 그 직무를 현저히 태만한 때 4. 제20조의2제1항 각호의 어느 하나에 해당하는 행위를 한 때 ②교육인적자원부장관은 제1항 각호의 어느 하나의 사유에 의하여 임시이사 전부를 해임할 때에는 지체없이 이사를 선임하여야 한다.

• 임시이사의 해임사유를 신설하였다.

(2) 위원회 심사

〈1〉 교육위원회: 심사 미료

국회의장이 지정한 심사기간(2005. 9. 16 24:00) 내에 심사가 미료됨에 따라 소관 상임위원장의 중간심사보고(구두보고) 후 본회의로 바로 상정하였다(「국회법」 제85조의2).

〈2〉 법제사법위원회: 심사 미료

(3) 본회의 심의

원안을 수정·가결했다.[696] 수정내용은 아래와 같다.

본회의 수정안
제25조의2(임시이사의 해임) 관할청은 다음 각호의 어느 하나에 해당하는 경우에 임시이사의 전부 또는 일부를 해임할 수 있다. 1. 임시이사가 국가공무원법 제33조 각호의 어느 하나에 해당하게 된 때 2. 임시이사가 그 직무를 현저히 태만한 때 3. 제20조의2제1항 각호의 어느 하나에 해당하는 행위를 한 때 ② <삭 제>

이 조문의 회의록 내용은 2005. 12. 29. 개정조문 제8조의2와 공통적이어서 생략한다.[697]

696) 제256회 국회(정기회) 제16차 본회의, 국회본회의회의록, 2005. 12. 9., 2~3면.
697) 이 책 [8-2.201] 참조.

(4) 결과

본회의 수정안으로 개정되었다.

25-2.202
2. 2007년 7월 27일 개정(법률 제8545호, 2007. 7. 27. 시행)

제25조의2 (임시이사의 해임) 관할청은 다음 각 호의 어느 하나에 해당하는 경우에 조정위원회의 심의를 거쳐 임시이사의 전부 또는 일부를 해임할 수 있다.
1. 임시이사가 「국가공무원법」 제33조 각 호의 어느 하나에 해당하게 된 때
2. 임시이사가 그 직무를 현저히 태만한 때
3. 제20조의2제1항 각 호의 어느 하나에 해당하는 행위를 한 때

(1) 법률안

〈1〉 본회의 수정안(이주영 의원안)[698]: 이 조문의 경우에는 원안[699]으로 제안되지 않고 본회의 심의 단계에서 수정안으로 제안되었다. 이 조문의 현행법과 원안(본회의 수정안)의 내용을 비교하면 아래와 같다.

현행법	원안
제25조의2(임시이사의 해임) 관할청은 다음 각 호의 어느 하나에 해당하는 경우에 임시이사의 전부 또는 일부를 해임할 수 있다. 1. ~ 3. (생 략)	**제25조의2(임시이사의 해임)** 관할청은 다음 각 호의 어느 하나에 해당하는 경우에 조정위원회의 심의를 거쳐 임시이사의 전부 또는 일부를 해임할 수 있다. 1. ~ 3. (현행과 같음)

- 임시이사를 해임할 때 사학분쟁조정위원회의 심의를 거치도록 하였다.

(2) 위원회 심사

〈1〉 교육위원회: 심사 미료

심사가 미료되어 「국회법」에 따라 소관 상임위원장의 중간심사보고(구두보고) 후 본회의로 바로 상정하였다.

---

698) 2007. 7. 3. 이주영의원 등 132인; 제안이유 및 주요내용은 이 책 [14.206] 참고.
699) 2006. 12. 1. 이은영의원 등 23인(의안번호: 175526).

〈2〉 **법제사법위원회:** 심사 미료

(3) 본회의 심의

본회의 수정안대로 가결되었다.[700] 이 조문의 회의록 내용은 2007. 7. 27. 개정조문 제14조와 공통적이어서 생략한다.[701]

(4) 결과

본회의 수정안으로 개정되었다.

3 3. 2020년 12월 22일 개정(법률 제17659호, 2020. 12. 22. 시행)

제25조의2(임시이사의 해임) 관할청은 **임시이사가** 다음 각 호의 어느 하나에 해당하는 경우에는 조정위원회의 심의를 거쳐 임시이사의 전부 또는 일부를 해임할 수 있다.

1. 「국가공무원법」 제33조 각 호의 어느 하나에 해당하게 된 **경우**
2. 그 직무를 현저히 게을리한 경우
3. 제20조의2제1항 각 호의 어느 하나에 해당하는 행위를 한 **경우**

• 법문을 간결하게 하였다(오직 형식에 관한 개정이므로 자세한 개정경과는 생략함[702]).

0 III. 현행법

제25조의2(임시이사의 해임) 관할청은 임시이사가 다음 각 호의 어느 하나에 해당하는 경우에는 조정위원회의 심의를 거쳐 임시이사의 전부 또는 일부를 해임할 수 있다.

1. 「국가공무원법」 제33조 각 호의 어느 하나에 해당하게 된 경우
2. 그 직무를 현저히 게을리한 경우
3. 제20조의2제1항 각 호의 어느 하나에 해당하는 행위를 한 경우

---

700) 第268회 국회(임시회) 제10차 본회의, 국회본회의회의록, 2007. 7. 3., 48~49면.

701) 이 책 [14.206] 참조.

702) 이에 관한 구체적 개정경과는 이 책 [1.201] 참조.

25-2.400
IV. 종합/특기사항

- 제25조의2는 학교법인의 공공성 제고를 이유로 진행된 2005년 개정을 통해 제25조의3과 함께 신설되었다. 사학분쟁조정위원회 신설(제24조의2)에 따라 2007년 개정은 관할청이 임시이사의 전부 또는 일부를 해임하기 위하여 분쟁조정위원회의 심의를 거치도록 하였다.
- 2005년 개정 과정에서 정치적 입장에 따라 매우 격렬한 의견대립이 있었다. 제256회 국회(정기회) 제16차 본회의(2005. 12. 9.)에서 나타난 원색적 언동은 그 사정을 잘 보여준다.[703]

제25조의3(임시이사가 선임된 학교법인의 정상화)

25-3.100
I. 제정법

제정법에는 이 조문이 없다.

II. 개정 경과

25-3.201
1. 2005년 12월 29일 개정(법률 제7802호, 2006. 7. 1. 시행)

제25조의3(임시이사가 선임된 학교법인의 정상화) ①관할청은 제20조의 규정에도 불구하고 제25조의 규정에 따라 선임된 임시이사의 선임사유가 해소되었다고 인정한 때에는 지체 없이 임시이사를 해임하고 이사를 선임하여야 한다.
②제1항의 규정에 따른 이사의 선임은 상당한 재산을 출연하거나 학교 발전에 기여한 자 및 학교운영위원회 또는 대학평의원회의 의견을 들어 관할청이 선임한다.
③제2항의 규정에 따라 이사를 선임하는 경우 이사의 3분의 1이상은 초·중등학교는 학교운영위원회가, 대학은 대학평의원회가 추천하는 자로 선임한다.

---

703) 제256회 국회(정기회) 제16차 본회의, 국회본회의회의록, 2005. 12. 9., 2~3면.

④2 이상의 학교를 설치·경영하는 학교법인의 경우 제3항의 규정에 따른 이사의 추천은 제14조제4항의 규정을 준용한다.

(1) 법률안(복기왕 의원안[704])

현행법	원안
<신 설>	**제25조의3(이사 선임)** ①제25조의2제2항의 규정에 의한 이사의 선임은 상당한 재산을 출연하여 학교 발전에 기여한 자 및 학교운영위원회 또는 대학평의원회의 의견을 들어 관할청이 선임한다. ②제1항의 규정에 의한 이사 선임의 경우 이사의 3분의 1 이상을 초·중등학교는 학교운영위원회가, 대학은 대학평의원회가 추천하는 자로 한다. ③제2항의 규정에 의한 이사는 다수의 학교를 설치·운영하고 있는 학교법인의 경우에는 각각의 학교운영위원회 또는 대학평의원회가 추천하는 자로 한다.

• 임시이사 선임을 위한 구체적인 방법을 정하면서 학교운영위원회, 대학평의원회의 관여를 보장하고 있다.

(2) 위원회 심사

〈1〉 **교육위원회:** 심사 미료

국회의장이 지정한 심사기간(2005. 9. 16 24:00) 내에 심사가 미료됨에 따라 소관 상임위원장의 중간심사보고(구두보고) 후 본회의로 바로 상정하였다(「국회법」 제85조의2).

〈2〉 **법제사법위원회:** 심사 미료

(3) 본회의 심의

원안을 수정·가결했다.[705] 수정내용은 아래와 같다.

704) 2004. 10. 20. 복기왕의원 등 150인(의안번호: 170595); 제안이유 및 주요내용은 이 책 [10-2.201] 참고.
705) 제256회 국회(정기회) 제16차 본회의, 국회본회의회의록, 2005. 12. 9., 2~3면.

회의 수정안
제25조의3(임시이사가 선임된 학교법인의 정상화) ①관할청은 제20조의 규정에도 불구하고 제25조의 규정에 따라 선임된 임시이사의 선임사유가 해소되었다고 인정한 때에는 지체없이 임시이사를 해임하고 이사를 선임하여야 한다. ②제1항의 규정에 따른 이사의 선임은 상당한 재산을 출연하거나 학교 발전에 기여한 자 및 학교운영위원회 또는 대학평의원회의 의견을 들어 관할청이 선임한다. ③제2항의 규정에 따라 이사를 선임하는 경우 이사의 3분의 1 이상은 초·중등학교는 학교운영위원회가, 대학은 대학평의원회가 추천하는 자로 선임한다. ④2이상의 학교를 설치·경영하는 학교법인의 경우 제3항의 규정에 따른 이사의 추천은 제14조제4항을 준용한다.

이 조문의 회의록 내용은 2005. 12. 29. 개정조문 제8조의2와 공통적이어서 생략한다.[706]

(4) 결과

본회의 수정안으로 개정되었다.

25-3.202 2. 2007년 7월 27일 개정(법률 제8545호, 2007. 7. 27. 시행)

제25조의3 (임시이사가 선임된 학교법인의 정상화) ①관할청은 제20조에도 불구하고 제25조에 따라 선임된 임시이사의 선임사유가 해소되었다고 인정한 때에는 **조정위원회의 심의를 거쳐** 지체 없이 임시이사를 해임하고 이사를 선임하여야 한다.
②**임시이사가 선임된 학교법인은 매년 1회 이상 조정위원회에 정상화 추진실적을 보고하여야 한다.**
③**조정위원회는 제2항의 추진실적을 평가하여 해당 학교법인의 임시이사 해임 및 정상화 여부에 관한 사항을 관할청에 통보한다.**
④ 삭제

(1) 법률안(본회의 수정안(이주영 의원안)[707])

이 조문의 경우에는 원안[708]으로 제안되지 않고 본회의 심의 단계에서 수정안으로

706) 이 책 [8-2.201] 참조.
707) 2007. 7. 3. 이주영의원 등 132인; 제안이유 및 주요내용은 이 책 [14.206] 참고.
708) 2006. 12. 1. 이은영의원 등 23인(의안번호: 175526).

제안되었다. 이 조문의 현행법과 원안(본회의 수정안)의 내용을 비교하면 아래와 같다.

현행법	원안
제25조의3(임시이사가 선임된 학교법인의 정상화) ①관할청은 제20조의 규정에도 불구하고 제25조의 규정에 따라 선임된 임시이사의 선임사유가 해소되었다고 인정한 때에는 지체 없이 임시이사를 해임하고 이사를 선임하여야 한다. ②제1항의 규정에 따른 이사의 선임은 상당한 재산을 출연하거나 학교 발전에 기여한 자 및 학교운영위원회 또는 대학평의원회의 의견을 들어 관할청이 선임한다. ③제2항의 규정에 따라 이사를 선임하는 경우 이사의 3분의 1이상은 초·중등학교는 학교운영위원회가, 대학은 대학평의원회가 추천하는 자로 선임한다. ④2 이상의 학교를 설치·경영하는 학교법인의 경우 제3항의 규정에 따른 이사의 추천은 제14조제4항의 규정을 준용한다.	**제25조의3(임시이사가 선임된 학교법인의 정상화)** ①관할청은 제20조에도 불구하고 제25조에 따라 선임된 임시이사의 선임사유가 해소되었다고 인정한 때에는 조정위원회의 심의를 거쳐 지체 없이 임시이사를 해임하고 이사를 선임하여야 한다. ②임시이사가 선임된 학교법인은 매년 1회 이상 조정위원회에 정상화 추진실적을 보고하여야 한다. ③조정위원회는 제2항의 추진실적을 평가하여 해당 학교법인의 임시이사 해임 및 정상화 여부에 관한 사항을 관할청에 통보한다. ④ <삭 제>

- 임시이사의 선임사유가 해소된 경우 사학분쟁조정위원회를 심의를 거쳐 임시이사를 해임하고 이사를 선임하도록 하고(제1항), 임시이사가 선임된 학교법인은 사학분쟁조정위원회에 정상화 추진실적을 보고하도록 하며(제2항), 사학분쟁조정위원회는 정상화 추진실적을 평가하여 관할청에 통보하도록 하였다(제3항). 그리고 제4항을 삭제하였다.

(2) 위원회 심사

〈1〉 **교육위원회:** 심사 미료

심사가 미료되어 「국회법」에 따라 소관 상임위원장의 중간심사보고(구두보고) 후 본회의로 바로 상정하였다.

〈2〉 **법제사법위원회:** 심사 미료

(3) 본회의 심의

본회의 수정안대로 가결되었다.[709] 이 조문의 회의록 내용은 2007. 7. 27. 개정조문 제14조와 공통적이어서 생략한다.[710]

(4) 결과

본회의 수정안으로 개정되었다.

25-3.203

3. 2020년 12월 22일 개정(법률 제17659호, 2020. 12. 22. 시행)

제25조의3(임시이사가 선임된 학교법인의 정상화) ①_관할청은 제20조에도 불구하고 제25조에 따라 선임된 임시이사의 **선임 사유**가 해소되었다고 인정**할** 때에는 조정위원회의 심의를 거쳐 지체 없이 임시이사를 해임하고 이사를 선임하여야 한다.

②_임시이사가 선임된 학교법인은 매년 1회 이상 조정위원회에 정상화 **추진 실적**을 보고하여야 한다.

③_조정위원회는 제2항의 **추진 실적**을 평가하여 해당 학교법인의 임시이사 해임 및 정상화 여부에 관한 사항을 관할청에 통보한다.

- 간단한 자구수정과 띄어쓰기를 수정하였다(오직 형식에 관한 개정이므로 자세한 개정경과는 생략함[711]).

25-3.300

III. 현행법

제25조의3(임시이사가 선임된 학교법인의 정상화) ① 관할청은 제20조에도 불구하고 제25조에 따라 선임된 임시이사의 선임 사유가 해소되었다고 인정할 때에는 조정위원회의 심의를 거쳐 지체 없이 임시이사를 해임하고 이사를 선임하여야 한다.

---

709) 제268회 국회(임시회) 제10차 본회의, 국회본회의회의록, 2007. 7. 3., 48~49면.
710) 이 책 [14.206] 참조.
711) 이에 관한 구체적 개정경과는 이 책 [1.201] 참조.

② 임시이사가 선임된 학교법인은 매년 1회 이상 조정위원회에 정상화 추진 실적을 보고하여야 한다.
③ 조정위원회는 제2항의 추진 실적을 평가하여 해당 학교법인의 임시이사 해임 및 정상화 여부에 관한 사항을 관할청에 통보한다.

IV. 종합/특기사항

- 제25조의3은 학교법인의 공공성 제고를 이유로 진행된 2005년 개정을 통해 제25조의2와 함께 신설되었다.
- 임시이사를 파견했던 학교법인의 경우에는 임시이사 선임 사유가 해소되었더라도 제20조에 따라 정관으로 정한 바에 따라 임원을 선임하지 못하고 관할청에 임원 선임권이 있다(제1항).
- 임시이사의 해임, 정상화 추진 실적에 대한 평가와 관련하여 사학분쟁조정위원회에 역할을 부여하는 방향으로 개정이 진행되었다.
- 제25조의3에 대한 주요 변화는 2007년 개정이다. 2007년 개정은 임시이사의 해임과 후속 이사 선임에 있어서 사학분쟁조정위원회의 심의를 거치도록 하고(제1항), 임시이사가 선임된 학교법인은 매년 1회 이상 조정위원회에 정상화 추진실적을 보고하도록 하며(제2항), 임시이사 해임 후에 선임되는 이사의 경우 이사의 3분의 1 이상을 학교운영위원회 또는 대학평의원회가 추천하는 사람으로 선임해야 한다든가, 둘 이상의 학교를 설치·경영하는 학교법인의 경우 임시이사 해임 후에 선임되는 이사의 추천은 제14조제4항(개방이사추천위원회에 관한 규정)을 준용하도록 한 규정을 삭제하였다.
- 2005년 개정 과정에서 정치적 입장에 따라 매우 격렬한 의견대립이 있었다. 제256회 국회(정기회) 제16차 본회의(2005. 12. 9.)에서 나타난 원색적 언동은 그 사정을 잘 보여준다.[712)]
- 2013년 헌법재판소는 학교법인의 정상화를 위한 이사 선임에 관하여 사학분쟁조정위원회의 심의를 거치도록 한 사립학교법(2007. 7. 27. 법률 제8545호로 개정된 것) 제24조의2제2항제3호, 제25조의3제1항이 ①학교법인과 종전이사 등의 사학의 자유를 침해하는지 여부, ②평등원칙에 위배되는지 여부, ③재산권을 침해하는지 여

712) 제256회 국회(정기회) 제16차 본회의, 국회본회의회의록, 2005. 12. 9., 2~3면.

부에 대하여 합헌 취지로 판단하였다.[713]

- 2013년 헌법재판소는 사립학교법(1999. 8. 31. 법률 제6004호로 개정된 것) 제25조제2항, 사립학교법(2007. 7. 27. 법률 제8545호로 개정된 것) 제25조의3제2항이 ①정식이사 선임처분의 취소를 구하는 당해 사건에 대하여 재판의 전제성이 인정되는지 여부, ②평등원칙에 위배되는지 여부 및 ③재산권을 침해하는지 여부에 대하여 합헌 취지로 판단하였다.[714]
- 2013년 헌법재판소는 학교법인의 정상화에 관한 사립학교법(2007. 7. 27. 법률 제8545호로 개정된 것) 제25조의3제1항이 ①학교법인과 종전이사 등의 사학의 자유를 침해하는지 여부 및 ②재산권을 침해하는지 여부에 대하여 아래와 같이 합헌 취지로 판단하였다.[715]

> ① 임시이사가 선임된 학교법인의 정상화를 위한 이사 선임에 관하여 사학분쟁조정위원회의 심의를 거치도록 한 사립학교법 제25조의3 제1항은, 사학분쟁조정위원회가 그 인적 구성과 기능에 있어 공정성 및 전문성을 갖추고 있다는 점, 학교법인의 정체성은 설립자로부터 이어지는 이사의 인적 연속성보다는 설립 목적이 화체된 정관을 통하여 유지·계승된다는 점, 사학분쟁조정위원회는 정상화 심의과정에서 종전이사 등의 의견을 청취할 수 있다는 점 등을 고려할 때 학교법인과 종전이사 등의 사학의 자유를 침해한다고 볼 수 없다.
>
> ② 설립자나 종전이사가 사립학교 운영에 대해 가지는 재산적 이해관계는 법률적인 것이 아니라 사실상의 것에 불과하므로 위 법률조항은 이들의 재산권을 침해하지 않는다.

위 다수의견에 대한 재판관 박한철, 재판관 김창종, 재판관 안창호, 재판관 조용호의 반대의견은 아래와 같다.

> 학교법인의 설립목적은 그 의사결정기관이자 집행기관인 이사회를 구성하는 이사들에 의해 실행되므로 설립자가 최초의 이사들을, 그 다음에는 그 이사들이 후임이사를 순차적으로 선임함으로써 학교법인의 설립목적을 영속성 있게 실현하는 것이 학교법인 이사제도의 본질이다. 사립학교법상 임시이사제도는 위기사태에 빠진 학교법인에 임시이사를 파견하여 학교법인을 조속히 정상화함으로써 그 설립목적을 달성할 수 있도록 하려는 데에 그 제도적 취지가 있는 것이

713) 이에 대해서는 이 책 [24-2.400] 헌법재판소 2013. 11. 28. 선고 2009헌바206, 2010헌바101 결정 참조.
714) 이에 대해서는 이 책 [25.400] 헌법재판소 2013. 11. 28. 선고 2009헌바206, 2010헌바101 결정 참조.
715) 헌법재판소 2013. 11. 28. 선고 2007헌마1189, 2007헌마1190 결정.

지, 위기사태를 가져온 구 이사들에 대한 제재의 일환으로 그들로부터 학교법인 경영권을 박탈하거나 학교법인의 지배구조를 변경하는 것을 허용하는 제도가 아니다. 그러므로 학교법인이 임시이사 체제에서 정상화되는 단계에서 학교법인의 정체성이 유지되고 학교법인 설립목적의 영속성을 인적으로 보장하기 위한 최소한의 장치가 마련되어야 할 것인데, 이 단계에서 모든 정식이사 선임의 주도권을 사실상 사학분쟁조정위원회에 부여하면서 종전이사 등의 의견 청취를 법률적으로 전혀 보장하지 않은 것은 학교법인의 인적 연속성의 단절을 초래하여 그 설립 목적의 영속성 보장을 불투명하게 하는 것으로서, 과잉금지원칙에 반하여 학교법인과 종전이사 등의 사학의 자유의 본질적 내용을 침해한다.

• 2015년 헌법재판소는 ① 사학분쟁조정위원회의 설치·기능 조항 및 학교법인의 정상화에 관한 제25조의3제1항(2007. 7. 27. 법률 제8545호로 개정된 것)이 학교구성원에게 조정위원회의 심의 결과나 과정 중 절차상의 하자에 대한 이의제기 절차를 두지 않은 것이 학교구성원의 대학의 자율성을 침해하는지 여부 및 ② 임시이사 선임사유 해소와 정식이사 선임기준에 관하여 구체적으로 규정하지 아니한 정상화 조항이 교육제도 법정주의에 위배되는지 여부에 대하여 아래와 같이 합헌 취지로 판단하였다.[716)]

① 사학분쟁조정위원회의 심의결과에 대하여 법률상 이해관계가 있는 학교구성원 등은 그 심의결과에 따른 행정처분에 대하여 다툴 수 있고, 그 쟁송절차에서 조정위원회의 심의결과나 심의과정 중 절차상 하자에 대하여 다툴 수 있으므로, 별도의 이의제기절차를 마련할 필요성은 그다지 크지 않다. 정상화 조항은 학교법인의 정상화에 관하여 조정위원회에 주도적인 역할을 부여하면서, 학교구성원들의 참여절차를 마련하고 있지 않지만, 사립학교법 시행령 등에 따라 조정위원회가 임직원 및 학교의 교직원, 그 밖의 이해관계인으로부터 의견을 청취할 수 있으므로 설치·기능 조항 및 정상화 조항이 학교구성원의 대학의 자율성의 본질적인 부분을 침해한다고 볼 수는 없다.

② 임시이사 선임사유는 사립학교법 제25조에 규정되어 있고 그것이 해소되었다는 것은 선임사유가 없어졌음을 의미한다. 조정위원회나 관할청은 정식이사를 선임함에 있어서 정관의 규정을 준수할 의무를 부담하므로 정관에 나타나 있는 설립자의 건학 이념을 구현하는 데 합당한 인사를 선임하여야 하며, 정관에서 이사의 자격을 규정하고 있을 경우 여기에 기속되므로, 정상화 조항이 학

716) 헌법재판소 2015. 11. 26. 선고 2012헌바300 결정.

교법인의 기관 구성에 관한 본질적인 사항에 대하여는 이를 규정하고 있다고 할 수 있다. 따라서 교육제도 법정주의에 위배된다고 볼 수 없다.

제24조의2제2항제3호, 제4항, 제25조의3제1항에 대한 재판관 박한철, 재판관 김창종, 재판관 안창호, 재판관 조용호의 반대의견은 아래와 같다.

이 사건 심판대상조항들이 권력분립의 원칙·교육제도 법정주의에 위배되지 않고 교수나 학생 등과 같은 대학구성원의 대학의 자율성을 침해하지 않는다는 법정의견에 찬성하나, 이 사건 심판대상조항들 중 정상화 과정에서 설립자나 종전이사 등 학교법인의 설립 목적이나 정체성을 대변할 위치에 있는 인사를 배제하고 있는 사립학교법 제24조의2제2항제3호, 제4항, 제25조의3제1항은 학교법인과 종전이사 등의 사학의 자유를 본질적인 내용까지 침해하여 헌법에 위반된다.

第26조(임원의 보수 제한)

26.100 ### I. 제정법

第26조(임원의 보수제한) 학교의 장인 이사 또는 수익사업의 경영을 담당하는 이사를 제외한 임원에 대하여는 보수를 지급하지 아니한다. 다만, 실비의 보상은 예외로 한다.

『새교육』이 소개하는 이 조문의 제정이유는 아래와 같다.[717)]

제26조에 의한 임원의 보수에 대하여는 공익법인의 본질상 당연한 규정인데도 사실상 현재의 학교법인에 대하여는 중대한 불평의 요인이 되어 있다. 왜냐하면 현재 학교법인의 이사들의 일부는 학교법인의 임원이 된 것을 기화로 해서 흡사 영리 기업체로 생각하기 때문이다.

717) 金康鉉, 앞의 글 "私立學校法(完)", 44면.

II. 개정 경과

1. 1978년 12월 5일 개정(법률 제3114호, 1978. 12. 5. 시행)

第26條(임원의 보수제한) ①학교의 장인 이사 또는 수익사업의 경영을 담당하는 이사를 제외한 임원에 대하여는 보수를 지급하지 아니한다. 다만, 실비의 보상은 예외로 한다.

②학교법인은 그 학교법인의 기본재산액의 3분의 1이상에 해당하는 재산을 당해 법인의 기본재산으로 출연 또는 기증한 자중 생계가 곤란한 자에 대하여는 당해 학교법인의 수익이 있는 때에 한하여 문교부장관의 승인을 얻어 생계비·의료비·장례비를 지급할 수 있다. 다만, 제1항의 규정에 의하여 보수를 받는 자에 대하여는 그러하지 아니하다.

③제2항의 재산을 출연 또는 기증한 자중 생계가 곤란한 자의 기준과 생계비·의료비·장례비의 범위는 대통령령으로 정한다.

(1) 법률안(정부안[718])

이 조문을 포함한 개정 대상 조문의 제안이유 및 주요내용은 아래와 같다.

- 제안이유

  사립학교 운영에 관한 제도상의 부조리 요인을 제거하고 건실한 사립학교경영자를 보호할 수 있는 가능한 여건을 마련하려는 것임.

- 주요내용

  학교법인 기본재산액의 3분의 1 이상의 금액에 해당하는 재산을 출연 또는 기증한 자 중에서 생계가 곤란한 자에 대하여는 문교부장관의 승인을 얻어 생계비·의료비·장례비를 지급할 수 있도록 함(제26조 임원의 보수제한).

이 조문의 현행법과 개정 원안은 아래와 같다.

현행법	원안
第26條(임원의 보수제한) 학교의 장인 이사 또는 수익사업의 경영을 담당하는 이사를 제외한 임	**第26條(임원의 보수제한)** ①학교의 장인 이사 또는 수익사업의 경영을 담당하는 이사를 제외한

718) 1978. 10. 2. 정부(의안번호: 090902).

원에 대하여는 보수를 지급하지 아니한다. 다만, 실비의 보상은 예외로 한다.	임원에 대하여는 보수를 지급하지 아니한다. 다만, 실비의 보상은 예외로 한다.
<신 설>	②학교법인은 그 학교법인의 기본재산액의 3분의 1이상에 해당하는 재산을 당해 법인의 기본재산으로 출연 또는 기증한자 자중 생계가 곤란한 자에 대하여는 당해 학교법인의 수익이 있는 때에 한하여 문교부장관의 승인을 얻어 생계비·의료비·장례비를 지급할 수 있다. 다만, 제1항의 규정에 의하여 보수를 받는 자에 대하여는 그러하지 아니하다.
<신 설>	③제2항의 재산을 출연 또는 기증한 자로서 생계가 곤란한 자의 기준과 생계비·의료비·장례비의 범위는 대통령령으로 정한다.

(2) 위원회 심사

〈1〉 **문교공보위원회:** 원안대로 가결되었다.[719] 제26조에 관한 회의록 내용은 아래와 같다.

가. 제9대 국회 제100회 제7차 문교공보위원회(1978. 10. 17.)

- **문교부장관 박찬현**[720]: 사립학교법 중 개정법률안에 대해서 제안설명을 올리겠습니다. 이 법률안은 사립학교 운영에 관한 제도상의 부조리 요인을 제거하고 건실한 사립학교 경영자를 보호할 수 있는 가능한 여건을 마련하려는 것으로서 학교법인은 당해 기본재산액의 3분이 1 이상의 금액에 해당하는 재산을 출연 또는 기증한 자 중에서 생계가 곤란한 자에 대하여는 문교부장관의 승인을 얻어 생계비·의료비·장례비를 지급할 수 있도록 하려는 것입니다. 대단히 간단한 내용이고 사립학교법 중 제26조에 제2항과 제3항을 신설해서 학교에 출연을 했거나 기증한 자를 보호하려는 그런 목적이 되겠습니다. 간단한 법안이니 이 자리에서 통과시켜 주시면 감사하겠습니다.
- **전문위원 김철**[721]: 검토보고를 말씀드리겠습니다. 간단하기 때문에 유인을 하지 않았습니다. …개정이유의 내용에 대해서 간단히 말씀드리겠습니다. 개정이유는 사립학교 운영에 관한 제도상의 부조리 요인을 제거하고 건실한 사립학교 경영자를 보호할 수 있는 가능한 여건을 마련한 것입니다. 내용은 제26조에 제2항

719) 제100회 국회(임시회) 제11차 전체회의, 문교공보위원회회의록, 1978. 10. 26., 4면.
720) 제100회 국회(임시회) 제7차 전체회의, 문교공보위원회회의록, 1978. 10. 17., 9면.
721) 제100회 국회(임시회) 제7차 전체회의, 문교공보위원회회의록, 1978. 10. 17., 9~10면.

및 제3항을 각각 다음과 같이 신설하여 「"학교법인은 그 학교법인의 기본재산액의 3분의 1이상에 해당하는 재산을 당해 법인의 기본재산으로 출연 또는 기중한 자 중 생계가 곤란한 자에 대하여는 당해 학교법인의 수익이 있는 때에 한하여 문교부장관의 승인을 얻어 생계비·의료비·장례비를 지급할 수 있다. 다만 제1항의 규정에 의하여 보수를 받는 자에 대하여는 그러하지 아니하다." "제2항의 재산을 출연 또는 기증한 자로서 생계가 곤란한 자의 기준과 생계비·의료비·장례비의 범위는 대통령령으로 정한다." 이렇게 되어 있습니다. 이 법안에 대하여 개정이 되었을 때에 그 대상을 추산해서 참고로 말씀드리면 현재 초·중등학교 유지경영 법인체 수는 모두 694개 교입니다. 전문대학 유지경영 법인 수는 612개, 대학 유지경영 법인 수는 84개교 합계 839개 법인이 있습니다. 이 중에 초·중등학교 경영법인 중에서만 생계비 지급대상 예정자 수는 약 24개 법인으로 보고 있습니다. 큰 문제가 없다고 보아서 전문위원으로서는 이견이 없습니다.

- **박한상 위원**[722]: 지금 개정하려고 하는 부문은 신설된 부문인데 기본재산액의 3분의 1 이상의 금액에 해당하는 재산을 출연 또는 기증한 자 그중에서도 생계가 곤란한 자에 대해서 생계비·의료비·장례비를 지급할 수 있도록 하는 것인데 그 근본취지로 보아서 기본 재산액의 3분의 1 이상의 금액에 해당하는 재산을 출연 또는 기중한 자 중에서 생계가 곤란한 자를 도와주자 하는 뜻에서 무슨 돕는다는 것이 일부러 도우는 것이 아니라 생계비·의료비·장례비를 지원하기 위해서 하는 것인데 그것도 일단 법인에다가 맡기는 것이 아니라 문교부장관의 승인을 얻어서 한다는 것인데 근본취지가 그렇다면 "학교법인에 수익이 있을 때에"라는 단서가 불필요하지 않는냐 이런 얘기가 나올 거예요. 학교수익이 없다면 장례도 지내지 말아야 되느냐 이것입니다. 근본취지가 그렇다면 무슨 근본적으로 지원을 해 줄 수 있는 내용어야 되지 않겠느냐… 지금 전문위원의 보고를 들으면 그 수도 극히 적은 것 같습니다. 20여개 교에 지나지 않는데 더구나 문교부장관의 승인을 얻어서 하는 취지라면 생계비·의료비·장례비 정도인데 여기서 무슨 수익의 유무를 따지느냐 말이에요. 근본취지가 선의에서 나왔다면 앞으로 본 위원회의 심의과정에서 검토할 성질의 것이라고 생각합니다. 이상입니다.
- **문교부장관 박찬현**[723]: 우리의 생각도 기본적으로는 다를 바가 없습니다. 다만 학교재정이 아주 어려운데 또 이런 생계비·의료비·장례비 다 하면 아주 어려운데 보조를 해 줄 수 있겠느냐 하는 것을 염려해 가지고 학교법인의 수익이 있을

---

722) 第100회 국회(임시회) 제7차 전체회의, 문교공보위원회회의록, 1978. 10. 17., 10면.
723) 第100회 국회(임시회) 제7차 전체회의, 문교공보위원회회의록, 1978. 10. 17., 10면.

때라는 것을 넣었습니다마는 근본적으로는 조금도 생각하는 방향과 다를 바는 없다고 생각을 하고 있습니다.

- **최세경 위원**[724]: 대통령령으로 구체적으로 정한다고 했으니깐 대통령령으로 정하기 전에는 곤란합니다. 첫째, 재산 3분의 1 이상이라는 그 기준을 어디에 두느냐 하는 것이 문제이고 생계가 곤란한 자라는 그 한계를 짓는 것이 이것이 문제입니다. 종래에 사립학교가 저 시골 산꼭대기에 학교라고 지어 놓고 전부 학교를 학생들의 호주머니를 털어 운영하는 폐단이 있었기 때문에 그 가운데에서 학교 설립자가 학교 돈을 빼다가 말썽을 빚었단 말이에요. 그래서 비난을 당한 것이 아닙니까? 그런데 이런 개정안을 만들어 가지고 문교부가 잘못하면 이것을 남발해 가지고 과거와 같은 형편이 된다 이것입니다. 그렇기 때문에 재산 3분의 1을 어떻게 평가하고 생계비 곤란의 기준을 어디에 두느냐 이것을 설명해 주시기 바랍니다.
- **손주항 의원**[725]: 제가 학교재단 이사직을 5·6개 맡고 있습니다. 물론 보수는 없습니다. 그런데 방금도 우리 최위원님이 말씀하셨지만 이것은 물론 운영의 묘를 잘하면 근본취지만은 반갑고 좋은 일인데 이렇게 하지 않아도 학교재단의 3분의 1 정도를 출자를 할 정도 그런 정도 유력한 소위 설립공로자 같으면 장례 정도는 학교장으로 합니다. 학교장으로 하면 학생이 걷고 거기해서 끝내게 되어 있고 생계가 곤란할 정도로 어려울 것 같으면 그 학교는 문제가 있는 것입니다. 3분의 1 정도 돈을 낸 학교설립자를 유공자로 끼니가 어려울 정도로 해서 이 법이 없기 때문에 재단에서 다른 방법으로 해서 거두어 주지 않으면 안 될 정도면 그 학교는 문제가 있는 것입니다. 내가 관여하는 학교를 보아서도 그렇습니다. 오히려 이렇게 보호를 해 주지 말고 더 감시해야 합니다. 설립재단 이사 내지는 이사장이 부정한 방법에 의해서 재단의 돈을 오히려 빼갑니다. 그런 사례가 비일비재입니다. 그것을 감시하기 위해서 애쓰고 있는 것으로 알고 있습니다. 이것은 소위원회에서 검토할 문제가 있는 것으로 압니다. 이 법을 이렇게 살짝 여러 가지 좋은 취지를 내걸고 개정하려고 하는 의도를 본위원의 경험에 의해서는 납득이 가지 않습니다.
- **위원장 윤인식**[726]: 거기에 대해서 문교부장관 답변해 주세요.
- **문교부장관 박찬현**[727]: 다른 의도를 가지고 이 법을 개정하려고 하는 이런 생각

724) 제100회 국회(임시회) 제7차 전체회의, 문교공보위원회회의록, 1978. 10. 17., 10면.
725) 제100회 국회(임시회) 제7차 전체회의, 문교공보위원회회의록, 1978. 10. 17., 10~11면.
726) 제100회 국회(임시회) 제7차 전체회의, 문교공보위원회회의록, 1978. 10. 17., 11면.
727) 제100회 국회(임시회) 제7차 전체회의, 문교공보위원회회의록, 1978. 10. 17., 11면.

은 추호도 없습니다. 재산을 출연하거나 기증한 사람 가운데 학교의 임원이 되어가지고 혹은 교장이 된다 재단이사장이 된다 이래 가지고 봉급을 받고 수당을 받는 이런 분들은 제외하도록 되어 있습니다. 그래서 다만 이런 훌륭한 생각을 가지고 기본재산의 3분의 1 이상의 금액에 해당하는 재산을 출연 또는 기증한 이런 훌륭한 분들이 세월이 지나감에 따라서 노후에 대단히 어려운 예가 한두 경우가 아니라고 하는 것을 우리가 알고 어떻게 하면 법을 개정해서라도 이런 분들이 노후에 그렇게 어려울 때에 약간의 지원이라도 해드려야 되겠다고 생각으로 이 법 개정의 입안을 한 것이올시다.

전문위원이 말씀하신 바와 마찬가지로 지금 우리나라 학교법인체 총수는 839개입니다. 초등학교와 중등학교에 출연하거나 기증한 사람 가운데 이 개정법안에 해당 되는 사람으로서 우리들이 조사한 바는 불과 24명입니다. 이것이 문교부장관의 승인을 얻어서 지원할 수 있도록 되어 있는 관계로 해서 장관의 승인 없이 뜻대로 지원을 한다고 하는 이런 일은 없을 것으로 생각하고 있습니다. 그래서 그런 염려는 지나친 염려가 아닌가 생각합니다마는 이 법의 개정 정신을 충분히 양해를 해 주시기를 바랍니다. 이상입니다.

나. 제9대 국회 제100회 제11차 문교공보위원회(1978. 10. 26.)

- **김명회 위원**[728]: 사립학교법 중 개정법률안에 대한 소위원회 심사결과를 보고드리겠습니다. 동 개정법률안에 대하여 법률안심사소위원회에서 지난 10월 23일 예의 심사한 바 별다른 문제점이 없고 개정이유가 타당하다고 사료되어 정부원안을 받아들이기로 의결하였습니다.
- **박한상 위원**[729]: 사립학교법 중 개정법률안이 정부원안대로 통과하기로 소위원회에서는 합의가 된 것 같습니다. 새로운 법률이 제정되거나 법률이 개정되거나 불필요하다고 해서 폐지되거나 하는 것은 뚜렷한 목적이 있는 것인데 이번 사립학교법 중 개정법률안 중 제26조에 새로 신설된 제2항, 제3항을 볼 것 같으면 있으나마나한 법률인데 무엇 때문에 개정하는지 모르겠어요. 본위원은 학교 설립자라든가 또는 교육공무원이라든가 하는 분들하고 가깝게 지내는 일이 전혀 없습니다. 그런데 적어도 우리가 공정한 입장에서 새로운 법안을 심의하는데 있어서는 정부야 어떤 이유에서 제출했든 간에 우리 국회로서는 이것이 적어도 통과가 되어서 육법전서에 오르면 집행하기 위해서 법률이라는 것이 제정되는 것인데 모처럼 수고를 해서 합의를 보았다는 내용은 어딘지 모르게 석연치 않은

728) 제100회 국회(임시회) 제11차 전체회의, 문교공보위원회회의록, 1978. 10. 26., 2면.
729) 제100회 국회(임시회) 제11차 전체회의, 문교공보위원회회의록, 1978. 10. 26., 2~3면.

데가 있습니다. 제26조제2항은 그렇게 되었어요. "학교법인은 그 학교법인의 기본재산액의 3분의 1 이상에 해당하는 재산을 당해 법인의 기본재산으로 출연 또는 기증한 자중 생계가 곤란한 자에 대하여는 당해 학교법인의 수익이 있는 때에 한하여 문교부장관의 승인을 얻어 생계비·의료비·장례비를 지급할 수 있다." 이렇게 되어 있고 또 제3항에는 바로 지금 본위원이 낭독해 드린 제2항을 충실히 이행하기 위해서 "제2항의 재산을 출연 또는 기증한 자로서 생계가 곤란한 자의 기준과 생계비·의료비·장례비의 범위는 대통령령으로 정한다." 이렇게 되어 있습니다. 그러니까 여기 제2항과 제3항의 초점은 금액의 다과가 문제가 아니라 생계가 곤란한 자에 대한 보조 또는 설립자에 대한 의료비 또 설립자에 대한 장례비 등 필요 불가결한 부분만 올라 있습니다. 이것이 잘못 지출될까봐 그 기준을 대통령령으로 정한다고 친절히 되어 있습니다. 그렇다고 하면 "학교법인에 수익이 있을 때에 한하여" 운운하는 것은 삭제되어야 합니다. 이 법의 정신을 살리려면 삭제되어야 한다. 근본적으로 수익이 없는 것을 전제로 한다면 내나마나이지요. 수익이 있을 때만…그 설립자의 의료비와 장례비까지의 범위를 대통령령으로 정하면서 수익이 있을 때만 한다고 하면 그러면 수익이 없을 때는 그 장례비나 생계비는 누가 부담합니까? 그것은 못 주는 것인데 그렇다고 이것이 필요없는 것입니까? 우리 국회에서 이 문제를 법의 정신을 살리기 위해서 다른 좋은 방안이 없겠느냐 하는 문제와 또 만약 수익이 없을 때는 지출할 수 없다고 한다면 문교부장관께서 이 점에 대한 어떠한 대책이라고 할까 소신을 좀 말씀해 주시기 바랍니다...

- **김명회 위원**[730]: 제가 답변드리지요. 소위원회에서 이 법안을 심의한 위원의 한 사람으로서 박한상위원께서 지적하신 데 대해서 말씀을 드리겠습니다. 사립학교법 중 개정법률안에 대해서는 우리 소위원회에서 개정안의 취지로 보나 또한 앞으로의 여러 가지 출연자를 적극적으로 사학에 참여시킨다고 하는 그러한 정신하에서 이 법에 대해서는 여야할 것 없이 만장일치로써 가결을 했고 별다른 쟁점이 없었습니다...
- **채문식 위원**[731]: 잠깐 참고가 될까 해서 김명회위원께서 말씀이 계셨습니다마는 박한상위원의 지금 질문과 관련 또 질문과 의견과 관련해서 몇가지 말씀을 드리겠습니다. 사립학교법 중 개정법률안에 대해서는 박한상위원께서 지적한 대로 어딘가 법체계가 어색하다 하는 의견이 있었습니다… 그런데 모든 사학의 예산

730) 제100회 국회(임시회) 제11차 전체회의, 문교공보위원회회의록, 1978. 10. 26., 3면.
731) 제100회 국회(임시회) 제11차 전체회의, 문교공보위원회회의록, 1978. 10. 26., 4면.

지출집행이 변태적으로 이루어지지 않게 하기 위해서도 이러한 법안이 필요한 것이 아니냐 하는 긍정적인 면도 여러 가지 감안을 해서 약간 어색하다 하는 느낌이 있으면서도 이것을 그대로 무수정 통과시킨 것…입니다.

- **위원장 윤인식**[732]: 지금 소위원회에서 보고한 바와 같이 의사일정 제2항 사립학교법 중 개정법률안 의사일정 제3항 한국정신문화연구원육성법안을 각각 정부원안대로 통과시키고자 합니다. 이의 없으십니까? (이의 없습니다 하는 이 있음) 그러면 각각 정부원안대로 가결된 것을 선포합니다.

〈2〉 **법제사법위원회:** 원안을 수정·가결했다.[733] 수정내용은 아래와 같다.

법제사법위원회 수정안
제26조(임원의 보수제한) ①학교의 장인 이사 또는 수익사업의 경영을 담당하는 이사를 제외한 임원에 대하여는 보수를 지급하지 아니한다. 다만, 실비의 보상은 예외로 한다. ②학교법인은 그 학교법인의 기본재산액의 3분의 1이상에 해당하는 재산을 당해 법인의 기본재산으로 출연 또는 기증한 자중 생계가 곤란한 자에 대하여는 당해 학교법인의 수익이 있는 때에 한하여 문교부장관의 승인을 얻어 생계비·의료비·장례비를 지급할 수 있다. 다만, 제1항의 규정에 의하여 보수를 받는 자에 대하여는 그러하지 아니하다. ③제2항의 재산을 출연 또는 기증한 자중 생계가 곤란한 자의 기준과 생계비·의료비·장례비의 범위는 대통령령으로 정한다.

제26조에 관한 회의록 내용은 아래와 같다.

- **이도환 위원**[734]: 다음 사립학교법 중 개정법률안은 학교법인을 위하여 막대한 사재를 출연 또는 기증한 자 중 생계가 곤란한 자에 대하여는 문교부장관의 승인을 얻어 생계비 등을 지급할 수 있는 여건을 마련하려는 취지의 정부제출 법안으로서 당 소위원회에서는 일부 자구수정을 하였습니다.
- **위원장 장영순**[735]: 그러면 법안심의에 들어가겠습니다. 의사일정 제17항 사립학교법 중 개정법률안에 대해서 말씀이 있으면 해 주시지요. 없습니까? (없습니다 하는 이 있음) 법사위에서 수정된 부분이 있습니다. 제26조 3항 중 자구수정이 있었습니다. 정부측의 증언을 바랍니다.
- **문교부장관 박찬현**[736]: 이의 없습니다.

732) 第100회 국회(임시회) 제11차 전체회의, 문교공보위원회회의록, 1978. 10. 26., 4면.
733) 第100회 국회(임시회) 제17차 전체회의, 법제사법위원회회의록, 1978. 11. 10., 23면.
734) 第100회 국회(임시회) 제17차 전체회의, 법제사법위원회회의록, 1978. 11. 10., 13면.
735) 第100회 국회(임시회) 제17차 전체회의, 법제사법위원회회의록, 1978. 11. 10., 23면.
736) 第100회 국회(임시회) 제17차 전체회의, 법제사법위원회회의록, 1978. 11. 10., 23면.

- **위원장 장영순**[737]: 그러면 법사위에서 수정된 것은 수정한 대로 그 이외는 정부 원안대로 의결하고자 합니다. 의결되었음을 선포합니다.

(3) 본회의 심의

법제사법위원회 수정안대로 가결되었다.[738] 제26조에 관한 회의록 내용은 아래와 같다.

- **문교공보위원장대리 김명회**[739]: 사립학교법 중 개정법률안에 대한 심사결과를 말씀드리겠습니다. 이 개정법률안의 주요골자는 학교법인 기본재산액의 3분의 1 이상의 금액에 해당하는 재산을 출연 또는 기증한 자 중에서 생계가 곤란한 자에 대하여는 문교부장관의 승인을 얻어 생계비 의료비 장례비를 지급할 수 있도록 하려는 것입니다. 문교공보위원회에서는 법안심사소위원회를 구성하여 예의 심사한 바 있습니다. 동 개정안이 사립학교 운영에 관한 제도상의 부조리 요인을 제거하고 건실한 사립학교경영자를 보호할 수 있는 가능한 여건을 마련하려는 것이므로 개정이유가 타당하다고 판단되어 1978년 10월 26일 제11차 상임위원회에서 정부 원안대로 만장일치로 의결하였습니다. 법제사법위원회에서 약간의 자구수정이 있었음을 말씀드립니다. 여러 의원께서는 문교공보위원회에서 심사한 대로 의결해 주시기 바랍니다.
- **의장 정일권**[740]: 사립학교법 중 개정법률안에 이의 없으십니까? (이의 없소 하는 이 있음) 그러면 가결되었음을 선포합니다.

(4) 결과

법제사법위원회 수정안으로 개정되었다.

26.202
2. 1981년 2월 28일 개정(법률 제3373호, 1981. 2. 28. 시행)

제26조(임원의 보수제한) ①<u>이사장</u>·수익사업의 경영을 담당하는 <u>이사 및 상근하는 감사</u>를 제외한 <u>학교법인의</u> 임원에 대하여는 보수를 지급하지 아니한다. 다만, 실

737) 제100회 국회(임시회) 제17차 전체회의, 법제사법위원회회의록, 1978. 11. 10., 23면.
738) 제100회 국회(임시회) 제13차 본회의, 국회본회의회의록, 1978. 11. 14., 17면.
739) 제100회 국회(임시회) 제13차 본회의, 국회본회의회의록, 1978. 11. 14., 17면.
740) 제100회 국회(임시회) 제13차 본회의, 국회본회의회의록, 1978. 11. 14., 17면.

비의 **변상**은 예외로 한다.
②학교법인은 그 학교법인의 기본재산액의 3분의 1이상에 해당하는 재산을 당해 법인의 기본재산으로 출연 또는 기증한 자중 생계가 곤란한 자에 대하여는 당해 학교법인의 수익이 있는 때에 한하여 문교부장관의 승인을 얻어 생계비·의료비·장례비를 지급할 수 있다. 다만, 제1항의 규정에 의하여 보수를 받는 자에 대하여는 그러하지 아니하다.
③제2항의 재산을 출연 또는 기증한 자중 생계가 곤란한 자의 기준과 생계비·의료비·장례비의 범위는 대통령령으로 정한다.

(1) 법률안(정부안[741])

현행법	원안
제26조(임원의 보수제한) ①학교의 장인 이사 또는 수익사업의 경영을 담당하는 이사를 제외한 임원에 대하여는 보수를 지급하지 아니한다. 다만, 실비의 보상은 예외로 한다. ② ~ ③ (생 략)	**제26조(임원의 보수제한)** ①이사장·수익사업의 경영을 담당하는 이사 및 상근하는 감사를 제외한 학교법인의 임원에 대하여는 보수를 지급하지 아니한다. 다만, 실비의 변상은 예외로 한다. ② ~ ③ (현행과 같음)

• 보수지급 대상자에 학교법인의 이사장과 상근감사를 추가하였다.

(2) 위원회 심사

〈1〉 **문교공보위원회:** 원안대로 가결되었다.[742]

〈2〉 **법제사법위원회:** 원안대로 가결되었다.[743]

(3) 본회의 심의

원안대로 가결되었다.[744]

741) 1981. 2. 13. 정부(의안번호: CC0145); 제안이유 및 주요내용은 이 책 [4.204] 참조.
742) 제10.5대 국회 제77회 제19차 문교공보위원회국가보위입법회의사무처, 문교공보위원회회의록, 1981. 2. 19., 7면.
743) 제10.5대 국회 제77회 제30차 법제사법위원회국가보위입법회의사무처, 법제사법위원회회의록, 1981. 2. 19., 5면.
744) 제10.5대 국회 제77회 제20차 국회본회의, 국회본회의회의록, 1981. 2. 20., 7면.

(4) 결과

원안으로 개정되었다.

26.203 3. 1986년 5월 9일 개정(법률 제3812호, 1986. 5. 9. 시행)

제26조(임원의 보수제한) ①이사장·수익사업의 경영을 담당하는 이사 및 상근하는 감사를 제외한 학교법인의 임원에 대하여는 보수를 지급하지 아니한다. 다만, 실비의 변상은 예외로 한다.

②학교법인은 그 학교법인의 기본재산액의 3분의 1이상에 해당하는 재산을 당해 법인의 기본재산으로 출연 또는 기증한 자중 생계가 곤란한 자에 대하여는 당해 학교법인의 수익이 있는 때에 **한하여 생계비·의료비·장례비**를 지급할 수 있다. 다만, 제1항의 규정에 의하여 보수를 받는 자에 대하여는 그러하지 아니하다.

③제2항의 재산을 출연 또는 기증한 자중 생계가 곤란한 자의 기준과 생계비·의료비·장례비의 범위는 대통령령으로 정한다.

(1) 법률안(문교공보위원회안(대안)[745])

이 조문의 경우에는 원안[746]으로 제안되지 않고 위원회 심사 단계에서 대안으로 제안되었다. 이 조문의 현행법과 원안(대안)의 내용을 비교하면 아래와 같다.

현행법	원안
제26조(임원의 보수제한) ① (생 략) ②학교법인은 그 학교법인의 기본재산액의 3분의 1이상에 해당하는 재산을 당해 법인의 기본재산으로 출연 또는 기증한 자중 생계가 곤란한 자에 대하여는 당해 학교법인의 수익이 있는 때에 한하여 문교부장관의 승인을 얻어 생계비·의료비·장례비를 지급할 수 있다. 다만, 제1항의 규정에 의하여 보수를 받는 자에 대하여는 그러하지 아니하다. ③ (생 략)	**제26조(임원의 보수제한)** ① (현행과 같음) ②학교법인은 그 학교법인의 기본재산액의 3분의 1이상에 해당하는 재산을 당해 법인의 기본재산으로 출연 또는 기증한 자중 생계가 곤란한 자에 대하여는 당해 학교법인의 수익이 있는 때에 한하여 생계비·의료비·장례비를 지급할 수 있다. 다만, 제1항의 규정에 의하여 보수를 받는 자에 대하여는 그러하지 아니하다. ③ (현행과 같음)

745) 1986. 4. 8. 문교공보위원장(의안번호: 120225).

746) 1985. 6. 7. 김일윤의원 등 19인(의안번호: 120042), 1985. 12. 7. 정동성의원 등 40인(의안번호: 120179).

- 학교법인에 재산을 출연 또는 기증한 자 생계가 곤란한 자에 대한 비용 지급 요건에서 문교부장관의 승인를 폐지하였다.

(2) 위원회 심사

〈1〉 **문교공보위원회:** 대안[747]으로 가결되었다.[748] 제21조에 관한 회의록 내용은 아래와 같다.

- **소위원장 이민섭**[749]: 본 대안의 제안이유 및 주요골자를 말씀드리면,…학교법인에 재산을 출연 또는 기증한 자 중 생계가 곤란한 자에 대하여 당해 학교법인의 수익이 있는 때에 한하여 "문교부장관의 승인을 얻어" 생계비 등을 지급할 수 있게 되어 있는 규정 중 "문교부장관의 승인을 얻어" 부분을 삭제하…였습니다.
- **전문위원 배중섭**[750]: 현행 사립학교법 제25조제2항에 보면 "학교법인은 그 학교법인의 기본재산액의 3분의 1 이상에 해당하는 재산을 당해법인의 기본재산으로 출연 또는 기증한 자 중 생계가 곤란한 자에 대하여는 당해 학교법인의 수익이 있는 때에 한하여 문교부장관의 승인을 얻어 생계비·의료비·장례비를 지급할 수 있다. 다만 제1항의 규정에 의하여 보수를 받는 자에 대하여는 그러하지 아니하다."라고 해서 문교부장관의 승인을 얻도록 되어 있는 것을 승인없이 학교재단에서 자율적으로 집행할 수 있도록 그렇게 개정하고자 하는 것입니다.
- **소위원장 이민섭**[751]: 아까 주요골자는 말씀드렸습니다마는 법조문을 일일이 열거해서 보충해서 심사보고를 하겠습니다. …제26조제2항 중 "문교부장관의 승인을 얻어"를 삭제한다.
- **위원장 박권흠**[752]: 그러면 방금 소위원장께서 보고한 대로 의사일정 제1항 사립학교법 중 개정법률안과 의사일정 제2항 사립학교법 중 개정법률안은 각각 본회의에 부의하지 아니하기로 학 소위원회안을 당 위원회대안으로 채택하여 제안하고자 하는데 이의 없으십니까? (없습니다 하는 이 있음) 그러면 가결된 것을 선포합니다.

〈2〉 **법제사법위원회:** 문교공보위원회 대안대로 가결되었다.[753]

---

747) 1986. 4. 8. 문교공보위원장(의안번호: 120225).
748) 제129회 국회(임시회) 제5차 전체회의, 문교공보위원회회의록, 1986. 4. 7., 7면.
749) 제129회 국회(임시회) 제5차 전체회의, 문교공보위원회회의록, 1986. 4. 7., 2면.
750) 제129회 국회(임시회) 제5차 전체회의, 문교공보위원회회의록, 1986. 4. 7., 2면.
751) 제129회 국회(임시회) 제5차 전체회의, 문교공보위원회회의록, 1986. 4. 7., 4면.
752) 제129회 국회(임시회) 제5차 전체회의, 문교공보위원회회의록, 1986. 4. 7., 7면.

(3) 본회의 심의

문교공보위원회 대안대로 가결되었다.[754] 제21조에 관한 회의록 내용은 아래와 같다.

- 이민섭 의원[755]: 본 대안의 주요골자를 말씀드리면, …학교법인의 재산을 출연 또는 기증한 자 중 생계가 곤란한 자에 대하여 당해 학교법인의 수익이 있는 때에 한하여 문교부장관의 승인을 얻어 생계비 등을 지급할 수 있게 되어 있는 규정 중 "문교부장관의 승인을 얻어"라는 규정을 삭제하…였습니다.
- 부의장 최영철[756]: 사립학교법 중 개정법률안에 대한 문교공보위원회의 대안에 대해서 이의 없으십니까? (없습니다 하는 이 있음) 가결되었음을 선포합니다.

(4) 결과

문교공보위원회 대안으로 개정되었다.

26.204 ## 4. 1997년 1월 13일 개정(법률 제5274호, 1997. 4. 14. 시행)

제26조(임원의 보수제한) ①<u>학교법인의 임원중 정관에서 정한 상근하는 임원을 제외한 임원</u>에 대하여는 보수를 지급하지 아니한다. 다만, 실비의 변상은 예외로 한다.
②학교법인은 그 학교법인의 기본재산액의 3분의 1이상에 해당하는 재산을 당해 법인의 기본재산으로 출연 또는 기증한 자중 생계가 곤란한 자에 대하여는 당해 학교법인의 수익이 있는 <u>범위안에서</u> 생계비·의료비·장례비를 지급할 수 있다. 다만, 제1항의 규정에 의하여 보수를 받는 자에 대하여는 그러하지 아니하다.
③제2항의 재산을 출연 또는 기증한 자중 생계가 곤란한 자의 기준과 생계비·의료비·장례비의 범위는 대통령령으로 정한다.

(1) 법률안(정부안[757])

현행법	원안
제26조(임원의 보수제한) ①<u>이사장·수익사업의</u>	**제26조(임원의 보수제한)** ①학<u>교법인의 임원중</u>

753) 제129회 국회(임시회) 제6차 전체회의, 법제사법위원회회의록, 1986. 4. 8., 9면.
754) 제129회 국회(임시회) 제9차 본회의, 국회본회의회의록, 1986. 4. 8., 26면.
755) 제129회 국회(임시회) 제9차 본회의, 국회본회의회의록, 1986. 4. 8., 26면.
756) 제129회 국회(임시회) 제9차 본회의, 국회본회의회의록, 1986. 4. 8., 26면.
757) 1996. 11. 18. 정부(의안번호: 150305); 제안이유 및 주요내용은 이 책 [3.206] 참조.

경영을 담당하는 이사 및 상근하는 감사를 제외한 학교법인의 임원에 대하여는 보수를 지급하지 아니한다. 다만, 실비의 변상은 예외로 한다. ②학교법인은 그 학교법인의 기본재산액의 3분의 1이상에 해당하는 재산을 당해 법인의 기본재산으로 출연 또는 기증한 자중 생계가 곤란한 자에 대하여는 당해 학교법인의 수익이 있는 때에 한하여 생계비·의료비·장례비를 지급할 수 있다. 다만, 제1항의 규정에 의하여 보수를 받는 자에 대하여는 그러하지 아니하다. ③ (생 략)	정관에서 정한 상근하는 임원을 제외한 임원에 대하여는 보수를 지급하지 아니한다. 다만, 실비의 변상은 예외로 한다. ②학교법인은 그 학교법인의 기본재산액의 3분의 1이상에 해당하는 재산을 당해 법인의 기본재산으로 출연 또는 기증한 자중 생계가 곤란한 자에 대하여는 당해 학교법인의 수익이 있는 범위안에서 생계비·의료비·장례비를 지급할 수 있다. 다만, 제1항의 규정에 의하여 보수를 받는 자에 대하여는 그러하지 아니하다. ③ (현행과 같음)

• 보수 지급 대상자를 상근 임원으로 단순하게 하였다.

(2) 위원회 심사

〈1〉 **교육위원회:** 원안대로 가결되었다.[758] 제26조에 관한 회의록 내용은 아래와 같다.

- **전문위원 류삼현**[759]: 검토보고를 드리겠습니다. 다음에는 임원의 보수제한에 대해서 말씀을 드리면 앞에서 말씀드린 바 있습니다마는 이사의 상한선이 철폐되면서 불요불급한 상근이사의 증가로 사학의 재정부담이 늘어날 우려가 있으므로 이사정수변경에 관한 정관 승인시에 철저한 지도·감독이 필요하다 하겠습니다.

〈2〉 **법제사법위원회:** 원안대로 가결되었다.[760]

(3) 본회의 심의

원안대로 가결되었다.[761]

(4) 결과

원안으로 개정되었다.

758) 제181회 국회(정기회) 제10차 전체회의, 교육위원회회의록, 1996. 12, 12, 17면.
759) 제181회 국회(정기회) 제6차 전체회의, 교육위원회회의록, 1996. 11. 26., 8면.
760) 제181회 국회(정기회) 제14차 전체회의, 법제사법위원회회의록, 1996. 12. 16., 23면.
761) 제181회 국회(정기회) 제22차 본회의, 국회본회의회의록, 1996. 12. 17., 8면.

26.205

5. 2020년 12월 22일 개정(법률 제17659호, 2020. 12. 22. 시행)

제26조(임원의 보수 제한) ①학교법인의 임원 중 정관으로 정한 **상근(常勤) 임원**을 제외한 임원에게는 보수를 지급하지 아니한다. 다만, **실비(實費)**의 변상은 예외로 한다.

②학교법인은 그 학교법인 기본재산액의 3분의 1 이상에 해당하는 재산을 그 법인의 기본재산으로 출연**하거나** 기증한 **사람 중** 생계가 곤란한 **사람**에**게는 그** 학교법인의 수익이 있는 **범위에서** 생계비·의료비·장례비를 지급할 수 있다. 다만, 제1항**에 따라** 보수를 받는 사람에 대해서는 그러하지 아니하다.

③제2항의 재산을 출연**하거나** 기증한 **사람 중** 생계가 곤란한 **사람**의 기준과 생계비·의료비·장례비의 범위는 대통령령으로 정한다.

- 법문을 한글화하고 띄어쓰기를 정리하였다(오직 형식에 관한 개정이므로 자세한 개정경과는 생략함[762]).

26.300

III. 현행법

제26조(임원의 보수 제한) ①_학교법인의 임원 중 정관으로 정한 상근(常勤) 임원을 제외한 임원에게는 보수를 지급하지 아니한다. 다만, 실비(實費)의 변상은 예외로 한다.

②_학교법인은 그 학교법인 기본재산액의 3분의 1 이상에 해당하는 재산을 그 법인의 기본재산으로 출연하거나 기증한 사람 중 생계가 곤란한 사람에게는 그 학교법인의 수익이 있는 범위에서 생계비·의료비·장례비를 지급할 수 있다. 다만, 제1항에 따라 보수를 받는 사람에 대해서는 그러하지 아니하다.

③_제2항의 재산을 출연하거나 기증한 사람 중 생계가 곤란한 사람의 기준과 생계비·의료비·장례비의 범위는 대통령령으로 정한다.

---

762) 이에 관한 구체적 개정경과는 이 책 [1.201] 참조.

IV. 종합/특기사항

- 보수지급 대상자를 정하는 제1항은 제정법 이후 상당한 변화가 있었는데 현행법은 보수지급 대상자를 상근 임원으로 정하고 있다.
- 1978년 개정에 따라 학교법인 기본재산액의 3분의 1 이상을 출연하거나 기증한 사람 중 생계가 곤란한 사람에 대하여 학교법인의 수익이 있는 범위에서 생계비·의료비·장례비를 지급할 수 있도록 예우를 강화하였다.

제26조의2(대학평의원회)

0

I. 제정법

제정법에는 이 조문이 없다.

II. 개정 경과

1

1. 1990년 4월 7일 개정(법률 제4226호, 1990. 4. 7. 시행)

제26조의2(대학평의원회) ①대학교육기관에 교육에 관한 중요사항을 심의하게 하기 위하여 대학평의원회를 둘 수 있다.
②대학평의원회의 조직 및 운영에 관하여 필요한 사항은 정관으로 정한다.

(1) 법률안(정부안[763])

현행법	원안
<신 설>	**제26조의2(대학평의원회)** 대학교육기관에 교육에 관한 중요사항을 심의하게 하기 위하여 대학평의원회를 둘 수 있다.

- 대학교육기관에서 교육에 관한 중요한 사항의 심의를 위하여 대학평의원회를 설

763) 1988. 12. 2. 정부(의안번호: 130287); 제안이유 및 주요내용은 이 책 [4.206] 참조.

치할 수 있도록 하였다.

(2) 위원회 심사

〈1〉 **문교공보위원회:** 대안[764]으로 가결되었다.[765]

대안
제26조의2(대학평의원회) ①대학교육기관에 교육에 관한 중요사항을 심의하게 하기 위하여 대학평의원회를 둘 수 있다. ②대학평의원회의 조직 및 운영에 관하여 필요한 사항은 정관으로 정한다.

위 내용이 포함된 제26조의2에 관한 회의록 내용은 아래와 같다.

- **소위원장 성종한**[766]: 다음으로 대안의 주요골자를 말씀드리겠습니다. …대학교육기관에 교육을 관한 중요한 사항을 심의하게 하기 위하여 정관이 정하는 바에 따라 대학형의원회를 둘 수 있도록 하…였습니다.

〈2〉 **법제사법위원회:** 문교공보위원회 대안대로 가결되었다.[767] 제26조의2에 관한 회의록 내용은 아래와 같다.

- **함종한 위원**[768]: 다음으로 대안의 제안이유를 말씀드리겠습니다…
  3. 대학교육기관에 교육에 관한 중요한 사항을 심의하게 하기 위하여 정관이 정하는 바에 따라 대학평의원회를 둘 수 있도록 하…였습니다.

(3) 본회의 심의

문교공보위원회 대안대로 가결되었다.[769]

(4) 결과

문교공보위원회 대안으로 개정되었다.

---

764) 1990. 3. 15. 문교공보위원장(의안번호: 130833).
765) 제148회 국회(임시회) 제6차 전체회의, 문교공보위원회회의록, 1990. 3. 14., 8면.
766) 제148회 국회(임시회) 제6차 전체회의, 문교공보위원회회의록, 1990. 3. 14., 3면.
767) 제148회 국회(임시회) 제6차 전체회의, 법제사법위원회회의록, 1990. 3. 14., 26면.
768) 제148회 국회(임시회) 제6차 전체회의, 법제사법위원회회의록, 1990. 3. 14., 18면.
769) 제148회 국회(임시회) 제9차 본회의, 국회본회의회의록, 1990. 3. 16., 15~16면.

2

2. 2005년 12월 29일 개정(법률 제7802호, 2006. 7. 1. 시행)

제26조의2(대학평의원회) ①대학교육기관에 교육에 관한 중요사항을 심의하게 하기 위하여 대학평의원회를 **둔다.**
②대학평의원회의 **기능·**조직 및 운영 등에 관하여 필요한 사항은 **대통령령이 정하는 바에 따라** 정관으로 정한다.

(1) 법률안(본회의 수정안(정세균 의원안)[770])

이 조문의 경우에는 원안[771]으로 제안되지 않고 본회의 심의 단계에서 수정안으로 제안되었다. 이 조문의 현행법과 원안(본회의 수정안)의 내용을 비교하면 아래와 같다.

현행법	원안
제26조의2(대학평의원회) ①대학교육기관에 교육에 관한 중요사항을 심의하게 하기 위하여 대학평의원회를 둘 수 있다. ②대학평의원회의 조직 및 운영에 관하여 필요한 사항은 정관으로 정한다.	**제26조의2(대학평의원회)** ①대학교육기관에 교육에 관한 중요사항을 심의하게 하기 위하여 대학평의원회를 둔다. ②대학평의원회의 기능·조직 및 운영 등에 관하여 필요한 사항은 대통령령이 정하는 바에 따라 정관으로 정한다.

• 대학평의원회의 설치를 의무화하고, 그 기능·조직 및 운영에 관해 필요한 사항은 대통령령이 정하는 바에 따라 정관으로 정하도록 하였다.

(2) 위원회 심사

〈1〉 **교육위원회:** 심사 미료

국회의장이 지정한 심사기간(2005. 9. 16 24:00) 내에 심사가 미료됨에 따라 소관 상임위원장의 중간심사보고(구두보고) 후 본회의로 바로 상정하였다(「국회법」 제85조의2).

〈2〉 **법제사법위원회:** 심사 미료

(3) 본회의 심의

본회의 수정안대로 가결되었다.[772] 이 조문의 회의록 내용은 2005. 12. 29. 개정

770) 2005. 12. 9. 정세균의원 등 143인; 제안이유 및 주요내용은 이 책 [8-2.201] 참고.
771) 2004. 10. 20. 복기왕의원 등 150인(의안번호: 170595).
772) 제256회 국회(정기회) 제16차 본회의, 국회본회의회의록, 2005. 12. 9., 2~3면.

조문 제8조의2와 공통적이어서 생략한다.[773]

(4) 결과

본회의 수정안으로 개정되었다.

26-2.203 3. 2007년 7월 27일 개정(법률 제8545호, 2007. 7. 27. 시행)

제26조의2(대학평의원회) ①대학교육기관에 다음 각 호의 사항을 심의하게 하기 위하여 대학평의원회를 둔다. 다만, 제3호 및 제4호는 자문사항으로 한다.

1. 대학의 발전계획에 관한 사항
2. 학칙의 제정 또는 개정에 관한 사항
3. 대학헌장의 제정 또는 개정에 관한 사항
4. 대학교육과정의 운영에 관한 사항
5. 추천위원회의 위원의 추천에 관한 사항
6. 그 밖에 교육에 관한 중요 사항으로서 정관으로 정하는 사항

②대학평의원회의 조직 및 운영 등에 관하여 필요한 사항은 대통령령으로 정하는 바에 따라 정관으로 정한다.

(1) 법률안(본회의 수정안(이주영 의원안)[774])

이 조문의 경우에는 원안[775]으로 제안되지 않고 본회의 심의 단계에서 수정안으로 제안되었다. 이 조문의 현행법과 원안(본회의 수정안)의 내용을 비교하면 아래와 같다.

현행법	원안
제26조의2(대학평의원회) ①대학교육기관에 교육에 관한 중요사항을 심의하게 하기 위하여 대학평의원회를 둔다. <단서 신설>	**제26조의2 (대학평의원회)** ①대학교육기관에 다음 각 호의 사항을 심의하게 하기 위하여 대학평의원회를 둔다. 다만, 제3호 및 제4호는 자문사항으로 한다.
<신 설>	1. 대학의 발전계획에 관한 사항
<신 설>	2. 학칙의 제정 또는 개정에 관한 사항

773) 이 책 [8-2.201] 참조.

774) 2007. 7. 3. 이주영의원 등 132인; 제안이유 및 주요내용은 이 책 [14.206] 참고.

775) 2006. 12. 1. 이은영의원 등 23인(의안번호: 175526).

<신 설>	3. 대학헌장의 제정 또는 개정에 관한 사항
<신 설>	4. 대학교육과정의 운영에 관한 사항
<신 설>	5. 추천위원회의 위원의 추천에 관한 사항
<신 설>	6. 그 밖에 교육에 관한 중요 사항으로서 정관으로 정하는 사항
②대학평의원회의 기능·조직 및 운영 등에 관하여 필요한 사항은 대통령령이 정하는 바에 따라 정관으로 정한다.	②대학평의원회의 조직 및 운영 등에 관하여 필요한 사항은 대통령령으로 정하는 바에 따라 정관으로 정한다.

• 대학평의원회의 심의 사항을 정하되, 대학헌장의 제정·개정과 대학교육과정의 운영에 관한 사항을 자문사항으로 하였다.

(2) 위원회 심사

〈1〉 교육위원회: 심사 미료

심사가 미료되어 「국회법」에 따라 소관 상임위원장의 중간심사보고(구두보고) 후 본회의로 바로 상정하였다.

제26조의2에 관한 회의록 내용은 아래와 같다.

- **이주호 위원**[776]: 세 번째는 대학평의원회의 자문기구화입니다. 이 부분은 그동안 언론의 주목도 많이 받지 못했었던 것입니다마는 사실은 굉장히 중요한 부분입니다. 그동안은 개방형 이사 가지고만 될 것이냐, 안 될 것이냐를 논의하다 보니까 묻혀 있었던 것이지만 실제로 학교 현장에서는 지금 오히려 굉장히 많은 걱정들을 하고 있는 것이 이 대학평의원회의 역할인데요, 지난번 개정되면서 대학평의원회가 심의기구로 바뀌어 버렸습니다. 그런데 실제로 대학의 이사회가 의결기구인데 이사회가 있고 또 대학평의원회가 심의기구로 되어 있으면 심의를 하는 기구가 2개가 있는 셈이 됩니다. 예컨대 대학의 건학이념을 결정하는 정관을 제·개정하는 것까지도 대학평의원회가 의결하고 심의하고, 또 이사회에서 의결하고, 이렇게 중복이 되는 문제가 많이 있습니다. 그래서 저희의 주장은 대학평의원회를 자문기구화 하자는 것입니다...
- **이주호 위원**[777]: 다시 한번 요약해서 말씀드리면 저희들은 이번 협상에서 크게 다섯 가지를 제안했는데요. …세 번째는 대학평의원회의 자문기구화를 제안했습

776) 제263회 국회(정기회) 제1차 전체회의, 교육위원회회의록, 2006. 12. 8., 7면.
777) 제263회 국회(정기회) 제1차 전체회의, 교육위원회회의록, 2006. 12. 8., 8면.

니다.

- **이군현 위원**[778]: 둘째, 과잉규제 금지의 원리에 맞지 않는 것을 또 하나 들어 보면 대학평의원회의 심의기구화를 들 수가 있습니다. 대학평의원회가 사립학교의 경우에 초·중·고·대학까지 공히 마찬가지입니다. 심의기구화… 심의기구는 곧 의결기구를 의미하는 것입니다. 자문과는 엄격히 다른 것입니다. 그러면 학교 운영의 주체인, 경영의 주체인 설립자가 중심이 된 이사회가 있는데 사립학교에서 또 하나의 심의기구, 즉 대학평의원회가 사실상의 의결기구로 존재한다면 그것은 옥상옥이 되는 거지요. 그것은 과잉규제를 하는 것이지요. 이사회가 제 기능을 할 수가 없는 것입니다...
- **유기홍 위원**[779]: 대학평의원회를 자문기구로 다시 되돌리자는 것인데 이것 역시 심의기구화해서 학교구성원들의 참여의 폭을 높이자 하는 취지에 역행하는 것이기 때문에 저희로서는 수용하기가 어렵고, 어쨌든 이견이 아직 많이 있다는 것이 확인된 것 같습니다.

〈2〉 **법제사법위원회:** 심사 미료

(3) 본회의 심의

본회의 수정안대로 가결되었다.[780] 이 조문의 회의록 내용은 2007. 7. 27. 개정조문 제14조와 공통적이어서 생략한다.[781]

(4) 결과

본회의 수정안으로 개정되었다.

26-2.204

4. 2020년 12월 22일 개정(법률 제17659호, 2020. 12. 22. 시행)

제26조의2(대학평의원회) ①_대학교육기관에 다음 각 호의 사항을 심의하게 하기 위하여 대학평의원회를 둔다. 다만, 제3호 및 제4호는 자문사항으로 한다.
1. 대학의 발전계획에 관한 사항

---

778) 제263회 국회(정기회) 제1차 전체회의, 교육위원회회의록, 2006. 12. 8., 14면.
779) 제263회 국회(정기회) 제1차 전체회의, 교육위원회회의록, 2006. 12. 8., 17면.
780) 제268회 국회(임시회) 제10차 본회의, 국회본회의회의록, 2007. 7. 3., 48~49면.
781) 이 책 [14.206] 참조.

2. 학칙의 제정 또는 개정에 관한 사항
3. 대학헌장의 제정 또는 개정에 관한 사항
4. 대학교육과정의 운영에 관한 사항
5. **추천위원회** 위원의 추천에 관한 사항
6. 그 밖에 교육에 관한 중요 사항으로서 정관으로 정하는 사항

②_대학평의원회의 조직 및 운영 등에 **필요한** 사항은 대통령령으로 정하는 바에 따라 정관으로 정한다.

• 법문을 간결하게 하였다(오직 형식에 관한 개정이므로 자세한 개정경과는 생략함[782]).

III. 현행법

제26조의2(대학평의원회) ① 대학교육기관에 다음 각 호의 사항을 심의하게 하기 위하여 대학평의원회를 둔다. 다만, 제3호 및 제4호는 자문사항으로 한다.
1. 대학의 발전계획에 관한 사항
2. 학칙의 제정 또는 개정에 관한 사항
3. 대학헌장의 제정 또는 개정에 관한 사항
4. 대학교육과정의 운영에 관한 사항
5. 추천위원회 위원의 추천에 관한 사항
6. 그 밖에 교육에 관한 중요 사항으로서 정관으로 정하는 사항

② 대학평의원회의 조직 및 운영 등에 필요한 사항은 대통령령으로 정하는 바에 따라 정관으로 정한다.

IV. 종합/특기사항

• 대학평의원회가 1990년 개정으로 도입될 때에는 임의기구였다가 2005년 개정으로 필수기구가 되있다. 기능에서도 변화가 있있다. 1990년 심의기구로 출발했으

782) 이에 관한 구체적 개정경과는 이 책 [1.201] 참조.

나 2007년 개정은 대학평의원회의 기능을 세분하면서 그 일부(대학헌장의 제정 또는 개정에 관한 사항, 대학교육과정의 운영에 관한 사항)를 자문사항으로 하였다. 일부 사항에 대한 자문기구화는 이사회와의 관계에서 권한중복이 있다는 판단에 따른 것이다.

- 2005년 개정 과정에서 정치적 입장에 따라 매우 격렬한 의견대립이 있었다. 제256회 국회(정기회) 제16차 본회의(2005. 12. 9.)에서 나타난 원색적 언동은 그 사정을 잘 보여준다.[783]
- 2013년 헌법재판소는 대학평의원회에 관한 사립학교법(2007. 7. 27. 법률 제8545호로 개정된 것) 제26조의2제1항이 학교법인의 사학의 자유를 침해하는지 여부에 대하여 아래와 같이 합헌 취지로 판단하였다.[784]

> 대학평의원회에 관한 사립학교법 제26조의2제1항은, 대학평의원회가 대학자치의 범위에 속하는 사항들 중 중요사항에 한하여 심의 또는 자문하는 데 불과해 이사회의 결정권한을 제약하지 않는 점, 학교법인에 정관을 통한 자율적 형성의 여지가 부여되어 있는 점 등을 고려하면, 학교법인의 사학의 자유를 침해한다고 볼 수 없다.

제27조(「민법」의 준용)

27.100

I. 제정법

> **제27조(민법의 준용)** 민법 제59조제2항·제61조·제62조·제64조 및 제65조의 규정은 학교법인의 이사장과 이사에게 이를 준용한다. 다만, 민법 제62조중 "타인"을 "다른 이사"로 한다.

『새교육』이 소개하는 이 조문의 제정이유는 아래와 같다.[785]

> 민법 제59조제2항(법인의 대표), 제61조(이사의 주의의무), 제62조(이사의 대리인 선임), 제64조(특별대리인의 선임), 제65조(이사의 임무해태)등인데 다만 민법 제62조 중

783) 제256회 국회(정기회) 제16차 본회의, 국회본회의회의록, 2005. 12. 9., 2~3면.
784) 헌법재판소 2013. 11. 28. 선고 2007헌마1189, 2007헌마1190 결정.
785) 金康鉉, 앞의 글 "私立學校法(完)", 44면.

"타인"을 "다른 이사"로 한다.

이상의 제 규정에 대하여는 학교법인에 대하여도 민법상의 법인과 같이 규율하여도 무방하기 때문에 사립학교법에 이를 준용하도록 규정했다고 해석된다.

II. 개정 경과

1. 2008년 3월 14일 개정(법률 제8888호, 2008. 3. 14. 시행)

제27조(「민법」의 준용) 「민법」 제59조제2항·제61조·제62조·제64조 및 제65조의 규정은 학교법인의 이사장과 이사에게 이를 준용한다. 다만, 「민법」 제62조중 "타인"을 "다른 이사"로 한다.

- 법령 표기에 있어서 "「 」" 표시를 하기로 함[786]에 따른 개정이다(오직 형식에 관한 개정이므로 자세한 개정경과는 생략함[787]).

2. 2020년 12월 22일 개정(법률 제17659호, 2020. 12. 22. 시행)

제27조(「민법」의 준용) 학교법인의 이사장과 이사에 관하여는 「민법」 제59조제2항, 제61조, 제62조, 제64조 및 제65조를 준용한다. 이 경우 「민법」 제62조 중 "타인"은 "다른 이사"로 본다.

- 법문을 한글화하고 간결하게 하였다(오직 형식에 관한 개정이므로 자세한 개정경과는 생략함[788]).

III. 현행법

제27조(「민법」의 준용) 학교법인의 이사장과 이사에 관하여는 「민법」 제59조제2항,

786) 「법률용어의 표준화 기준」(국회사무처 예규 제22호, 2007. 4. 16. 시행).
787) 이에 관한 구체적 개정경과는 이 책 [2.203] 참조.
788) 이에 관한 구체적 개정경과는 이 책 [1.201] 참조.

제61조, 제62조, 제64조 및 제65조를 준용한다. 이 경우 「민법」 제62조 중 "타인"은 "다른 이사"로 본다.

27.400 IV. 종합/특기사항

• 제27조는 제정 이후 법문 한글화·간결화 등을 위한 자구수정 외에 특별한 개정이 없다.

제 4 절 | 재산과 회계

『새교육』이 소개하는 이 절의 제정이유는 아래와 같다.[789]

사립학교법 제정의 중요 골자는 앞에서 말한 학교법인의 기관에 대한 행정법규상의 제재와 여기서 설명하는 재산에 대한 규제, 그리고 다음에 언급될 신분 보장의 규정에 3대 중점이 있다.

제28조(재산의 관리 및 보호)

28.100 I. 제정법

제28조(재산관리) ①학교법인이 그 기본재산을 매도·증여·임대·교환 또는 용도변경하거나 담보에 제공하고자 할 때 또는 의무의 부담이나 권리의 포기를 하고자 할 때에는 감독청의 허가를 받아야 한다.
②학교교육에 직접 사용되는 학교법인의 재산중 각령이 정하는 것은 이를 매도하거나 담보에 제공할 수 없다.

789) 金康鉉, 앞의 글 "私立學校法(完)", 44면.

『새교육』이 소개하는 이 조문의 제정이유는 아래와 같다.[790)]

제28조에서는 학교법인의 기본재산을 보호하는 데 있어 감독청의 허가제도를 규정하였다. 물론 보통재산에 있어서는 감독청의 허가 여부를 따질 것 없이 학교법인의 이사회의 결의에 의하여 임의 처분할 수 있다. 이것은 이 법률에 규정이 없기는 하나 제한규정을 특히 두지 않았으므로 그것은 법인의 임의사항에 속한다.

원래 민법상의 규정이나 정신에 입각하더라도 재단법인의 기본재산은 그 처분이 법인의 임의사항이 될 수는 없다. 왜냐하면 재단법인은 재산의 집결체에 대하여 법인격을 부여하기 때문이다. 특히 학교교육이라는 사업을 수행할 목적으로 설립된 학교법인의 경우에는 법인의 기본재산을 임의로 처분하도록 할 수 없다.

학교법인의 기본재산과 보통재산의 개념은 사립학교법 시행령에서 상세히 규정하도록 되어 있다. 제28조가 의미하는 것은 학교법인의 기본재산을 보호하여 그것이 감소되지 않도록 하는 데 있으며, 이는 곧 사립학교 기초를 튼튼히 하는 데 있다.

제2항에 규정한 기본재산은 같은 기본재산이라 하더라도 학교교육에 직접 제공되는 교사, 운동장, 실습실 등을 특히 보호하는 의도를 갖고 있으며, 이는 시행령에서 규정하고 있다. 그런데 여기에서 주의할 것은, 용도(用途)를 제1항의 규정에 의하여 변경할 경우에는 처분할 수 있다는 점이다. 수산대학의 실습선이 낡아서 갈아치우고자 할 경우에는 제1항에 의한 용도변경 절차와 그 처분 절차를 아울러 허가받아서 처분한다.

II. 개정 경과

1. 1964년 11월 10일 개정(법률 제1664호, 1964. 11. 10. 시행)

제28조(재산관리) ①학교법인이 그 기본재산을 매도·증여·임대·교환 또는 용도변경하거나 담보에 제공하고자 할 때 또는 의무의 부담이나 권리의 포기를 하고자 할 때에는 감독청의 허가를 받아야 한다.
②학교교육에 직접 사용되는 학교법인의 재산중 **대통령령**이 정하는 것은 이를 매도하거나 담보에 제공할 수 없다.

- "각령"을 "대통령령"으로 하였다(오직 형식에 관한 개정이므로 자세한 개정경과는 생략함[791)]).

790) 金康鉉, 앞의 글 "私立學校法(完)", 44~45면.
791) 이에 관한 구체적 개정경과는 이 책 [5.201] 참조.

28.202

2. 1990년 4월 7일 개정(법률 제4226호, 1990. 4. 7. 시행)

제28조(재산관리) ①학교법인이 그 기본재산을 매도·증여·교환 또는 용도변경하거나 담보에 제공하고자 할 때 또는 의무의 부담이나 권리의 포기를 하고자 할 때에는 관할청의 허가를 받아야 한다.
②학교교육에 직접 사용되는 학교법인의 재산중 대통령령이 정하는 것은 이를 매도하거나 담보에 제공할 수 없다.

(1) 법률안

〈1〉 정부안[792)]

현행법	원안
제28조(재산관리) ①학교법인이 그 기본재산을 매도·증여·임대·교환 또는 용도변경하거나 담보에 제공하고자 할 때 또는 의무의 부담이나 권리의 포기를 하고자 할 때에는 감독청의 허가를 받아야 한다. ② (생 략)	**제28조(재산관리)** ①학교법인이 그 기본재산을 매도·증여·교환 또는 용도변경하거나 담보에 제공하고자 할 때 또는 의무의 부담이나 권리의 포기를 하고자 할 때에는 관할청의 허가를 받아야 한다. ② (현행과 같음)

• 재산 임대를 감독청의 허가 대상에서 제외하고 "감독청"을 "관할청"으로 하였다.

〈2〉 김인곤 의원안[793)]

현행법	원안
제28조(재산관리) ①학교법인이 그 기본재산을 매도·증여·임대·교환 또는 용도변경하거나 담보에 제공하고자 할 때 또는 의무의 부담이나 권리의 포기를 하고자 할 때에는 감독청의 허가를 받아야 한다. ② (생 략)	**제28조(재산관리)** ①학교법인이 그 기본재산을 매도·증여·임대·교환 또는 용도변경하거나 담보에 제공하고자 할 때 또는 의무의 부담이나 권리의 포기를 하고자 할 때에는 관할청의 허가를 받아야 한다. ② (현행과 같음)

• "감독청"을 "관할청"으로 하였다.

792) 1988. 12. 2. 정부(의안번호: 130287); 제안이유 및 주요내용은 이 책 [4.206] 참조.
793) 1989. 2. 16. 김인곤의원 등 34인(의안번호: 130422); 제안이유 및 주요내용은 이 책 [4.206] 참조.

(2) 위원회 심사

〈1〉 **문교공보위원회:** 대안[794]으로 가결되었다.[795]

대안
제28조(재산관리) ①학교법인이 그 기본재산을 매도·증여·교환 또는 용도변경하거나 담보에 제공하고자 할 때 또는 의무의 부담이나 권리의 포기를 하고자 할 때에는 관할청의 허가를 받아야 한다.

〈2〉 **법제사법위원회:** 문교공보위원회 대안대로 가결되었다.[796]

(3) 본회의 심의

문교공보위원회 대안대로 가결되었다.[797]

(4) 결과

문교공보위원회 대안으로 개정되었다.

3. 1997년 1월 13일 개정(법률 제5274호, 1997. 4. 14. 시행)

제28조(재산관리) ①학교법인이 그 기본재산을 매도·증여·교환 또는 용도변경하거나 담보에 제공하고자 할 때 또는 의무의 부담이나 권리의 포기를 하고자 할 때에는 관할청의 허가를 받아야 한다. **다만, 대통령령이 정하는 경미한 사항은 이를 관할청에 신고하여야 한다.**

②학교교육에 직접 사용되는 학교법인의 재산중 대통령령이 정하는 것은 이를 매도하거나 담보에 제공할 수 없다.

(1) 법률안(정부안[798])

현행법	원안
제28조(재산관리) ①학교법인이 그 기본재산을 매도·증여·교환 또는 용도변경하거나 담보에	**제28조(재산관리)** ①학교법인이 그 기본재산을 매도·증여·교환 또는 용도변경하거나 담보에

794) 1990. 3. 15. 문교공보위원장(의안번호: 130833).
795) 제148회 국회(임시회) 제6차 전체회의, 문교공보위원회회의록, 1990. 3. 14., 8면.
796) 제148회 국회(임시회) 제6차 전체회의, 법제사법위원회회의록, 1990. 3. 14., 26면.
797) 제148회 국회(임시회) 제9차 본회의, 국회본회의회의록, 1990. 3. 16., 15~16면.
798) 1996. 11. 18. 정부(의안번호: 150305); 제안이유 및 주요내용은 이 책 [3.206] 참조.

제공하고자 할 때 또는 의무의 부담이나 권리의 포기를 하고자 할 때에는 관할청의 허가를 받아야 한다. <u><단서 신설></u> ② (생 략)	제공하고자 할 때 또는 의무의 부담이나 권리의 포기를 하고자 할 때에는 관할청의 허가를 받아야 한다. <u>다만, 대통령령이 정하는 경미한 사항은 이를 관할청에 신고하여야 한다.</u> ② (현행과 같음)

• 학교법인의 기본재산 중 경미한 사항은 신고를 통해 처분이 가능하도록 하였다.

(2) 위원회 심사

〈1〉 **교육위원회:** 원안대로 가결되었다.[799] 제28조에 관한 회의록 내용은 아래와 같다.

- **전문위원 류삼현**[800]: 사학의 자율성을 확대하고 행정적 부담완화와 규제완화를 위한 것으로 이해가 됩니다마는 학교법인의 기본재산을 신고만으로 처분하게 하는 것은 사학재정의 부실을 초래할 우려가 있는 것으로 봅니다. 따라서 신고사항을 대통령령으로 정할 때에 신고만으로 처분이 가능한 재산의 규모와 처분행위를 사학재정운용의 현실을 감안하여 적정하게 규정하여야 할 것이며 특히 기본재산의 의도적 분할처분을 막기 위한 제도적 장치를 마련할 필요가 있다고 하겠습니다.

〈2〉 **법제사법위원회:** 원안대로 가결되었다.[801]

(3) 본회의 심의

원안대로 가결되었다.[802]

(4) 결과

원안으로 개정되었다.

---

799) 第181회 국회(정기회) 第10차 전체회의, 교육위원회회의록, 1996. 12. 12., 17면.
800) 第181회 국회(정기회) 第6차 전체회의, 교육위원회 회의록, 1996. 11. 26., 8~9면.
801) 第181회 국회(정기회) 第14차 전체회의, 법제사법위원회회의록, 1996. 12. 16., 23면.
802) 第181회 국회(정기회) 第22차 본회의, 국회본회의회의록, 1996. 12. 17., 8면.

4. 1999년 1월 21일 개정(법률 제5683호, 1999. 4. 22. 시행)

제28조(재산의 관리 및 보호) ①학교법인이 그 기본재산을 매도·증여·교환 또는 용도변경하거나 담보에 제공하고자 할 때 또는 의무의 부담이나 권리의 포기를 하고자 할 때에는 관할청의 허가를 받아야 한다. 다만, 대통령령이 정하는 경미한 사항은 이를 관할청에 신고하여야 한다.

②학교교육에 직접 사용되는 학교법인의 재산중 대통령령이 정하는 것은 이를 매도하거나 담보에 제공할 수 없다.

③초·중등교육법 제10조 및 고등교육법 제11조의 규정에 의한 수업료 기타 납부금(입학금·학교운영지원비 또는 기성회비를 말한다. 이하 같다)을 받을 권리와 이 법 제29조제2항의 규정에 의하여 별도 계좌로 관리되는 수입에 대한 예금채권은 이를 압류하지 못한다.

(1) 법률안(정희경 의원안[803])

이 조문을 포함한 개정 대상 조문의 제안이유 및 주요내용은 아래와 같다.

- 제안이유 및 주요내용

학교 교육에 직접 사용되는 교비회계 중 수업료 기타 납부금을 받을 권리 등에 대하여는 압류를 금지하도록 하여 학생들의 학습권 및 안정된 교육환경을 보호하려는 것임. 청주지법은 1998년 9월 12일과 17일에 서원대 재단의 채권자들이 서원대가 자신에게 진 빚을 돌려받기 위하여 제출한 학생들의 등록금에 대한 채권압류 및 추심신청을 받아들였음. 이에 따라 서원대 식품영양학과 4학년생 38명과 의류직물학과 재학생 61명 등 약 200여명에게 등록금을 학교가 아닌 채권자들에게 납부하라는 결정문 발송함. 학생등록금으로 재단의 빚을 갚게 할 수 있는 법적 근거는 ① 학교를 학교법인의 부속물로 보아 학교 구성원인 학생의 등록금을 압류할 수 있음 ② 학생의 등록금은 학교법인의 채권에 해당될 수 있다는 해석임. 학교법인이 빚을 질 때, 관할청의 승인을 받고 기채를 하는 경우와, 승인없이 채무를 지는 경우가 있는데, 전자의 경우에는 관할청의 승인을 받은 것이기 때문에 등록금을 압류해서라도 채권자의 권익을 보호해야 한다는 의견들이 있으나 이는 관할청의 책임이라고 볼 수 있음. 또한 학교법인에 대한 채권자는 학교법인 기채에 관한 관할청 승인 여부를 알 수가 없으므로 학교법인

803) 1998. 10. 21. 정희경의원 등 21인(의안번호: 151284).

채무이행에 있어 모든 채권자에게 동등하게 시행되어야 함. 그리고 교육기관에서 보다 중요한 것은 학생의 학습권이므로 등록금이 압류되면 교육기자재, 실험실습시설, 실습소모품, 도서, 행정 지원 등 교육을 위하여 필요한 필수적인 요소들이 지원이 되지 않으므로 학생들의 학업성취도가 떨어지고 자기실현을 위한 준비가 제대로 이루어지지 않아서 장기적으로 개인의 발전과 사회의 발전을 저해하는 요인이 될 것임. 학교법인이 빚을 진 과정과 결과와 관련하여 학생들은 아무 상관 및 책임이 없고, 학생은 교육받기 위하여 학교에 들어온 것이며, 등록금은 교육을 받기위하여 내는 것이므로 학생의 학습권을 현저하게 제약할 수 있는 등록금 압류는 부당하다고 생각됨. 현재, 교비회계와 법인회계는 엄연히 분리되어 있고 현재 교비회계에 속하는 수입은 다른 회계에 전출하거나 대여할 수 없도록 되어 있으므로(사립학교법 제29조 6항) 학교법인의 회계와 관련된 빚을 상환하는데 등록금을 사용하는 것은 부당하다고 생각됨. 현재 재정상태가 부실한 대학이 많아서 유사사태가 계속 발생할 가능성이 있으므로 교비회계(안 제28조제3항)와 학생의 입학금 및 수업료에 대한 학교법인의 채권(안 제28조제4항)을 제3자가 압류할 수 없도록 함으로써 학생의 학습권을 보호하고 학교교육의 정상화를 기하고자 함.

이 조문의 현행법과 개정 원안은 아래와 같다.

현행법	원안
제28조(재산관리) ① ~ ② (생 략)	**제28조(재산의 관리 및 보호)** ① ~ ②(현행과 같음)
<신 설>	③학교법인의 회계중 제29조제2항 규정의 교비회계에 속하는 금전은 이를 압류하지 못한다.
<신 설>	④학교법인의 채권으로서 학생의 입학금 및 수업료에 대한 채권은 이를 압류하지 못한다.

- 교비회계와 학생의 입학금 및 수업료에 대한 학교법인의 채권을 제3자가 압류할 수 없도록 함으로써 학생의 학습권을 보호하고 학교교육의 정상화를 기하고자 하였다.

(2) 위원회 심사

〈1〉 **교육위원회:** 원안을 수정·가결했다.[804] 수정내용은 아래와 같다.

804) 제198회 국회(정기회) 제10차 전체회의, 교육위원회 회의록, 1998. 12. 16., 15면.

교육위원회 수정안
제28조(재산관리와 보호) ③초·중등교육법 제10조 및 고등교육법 제11조의 규정에 의한 수업료, 기타 납부금(입학금·학교운영지원비 또는 기성회비를 말하며 이하같다)을 받을 권리와 법 제29조제2항 후단의 규정에 의하여 별도 계좌로 관리되는 수입에 대한 예금채권은 이를 압류하지 못한다. ④ 삭제

제28조에 관한 회의록 내용은 아래와 같다.

- **소위원장 황우여**[805]: 정희경 의원 외 21인이 제출한 사립학교법 중 개정법률안에 대하여는 안 제28조 재산 관리와 보호 중 교비회계 전체에 대하여 압류하지 못하도록 한 것을 교비회계 가운데 수업료와 기타 납부금에 대해서만 압류하지 못하도록 수정하기로 하였습니다.
- **박범진 위원**[806]: 정희경 의원 외 21명이 제출한 사립학교법 중 개정법률안에 대해서 교비회계 전체에 대해서 압류하지 못하도록 이렇게 개정안을 내놓은 데 대해서 우리 소위원회에서는 수업료와 기타 납부금에 대하여만 압류하지 못하도록 이렇게 수정을 했다고 이렇게 되어 있습니다마는 설명을 제가 직접 못 들어서 제 개인적으로는 어떤 의문이 있느냐 하면 교비회계 가운데는 기부금도 포함될 수 있는 것입니다. 학교에는 기부금도 들어오는 것입니다. 그러니까 이것은 재단이 전입시킨 돈이 아니고 기부금도 교비회계에 편입될 수 있는 것입니다. 그러면 기부금은 압류를 할 수 있다는 얘기가 되거든요. 그래서 원래 정희경 의원 등이 내놓은 교비회계 전체에 대해서 압류를 하지 못하도록 하는 것이 저는 옳은 것 같아요. 이렇게 수업료하고 기타 납부금에 이렇게 한정해서 압류하지 못하도록 하는 것은 심의가 조금 미진한 것이 아닌가 하는 그런 느낌이 드는데요. 저는 그런 의문이 하나 있고 또 하나 초·중등교육법 중 개정법률안 중에서 교감을 두지 않는 소규모학교 그 규모에 대해서 이것은 아마 정부 원안대로 그대로 통과시킨 것 같은 생각이 드네요. 그렇구만요.
- **정희경 위원**[807]: 제가 법률에 소상하지 못하기 때문에 학교 교비 압류의 문제를 왜 이렇게 수정을 하셨는지를 잘 납득하지를 못합니다. 제가 그때 제안설명을 하면서도 학교 교비라고 하는 것은 그것은 독립된 회계입니다. 재단하고는 이미 연을 끊은 재원이거든요. 그러니까 재단에서 학교에다가 전입을 한 돈이, 빚진

805) 제198회 국회(정기회) 제10차 전체회의, 교육위원회 회의록, 1998. 12. 16., 2면.
806) 제198회 국회(정기회) 제10차 전체회의, 교육위원회 회의록, 1998. 12. 16., 7면.
807) 제198회 국회(정기회) 제10차 전체회의, 교육위원회 회의록, 1998. 12. 16., 7~8면.

학교에서 얼마나 주었겠습니까마는 일단 학교 교비로 편입된 것은 그 학교 교비가 있어야만 교육이 가능하다는 얘기가 되거든요. 그러니까 아이들이 낸 돈 그것만 못한다 하게 되면 학교교육이 심각한 장애를 받게 된다 이 말씀이에요. 그래서 저는 굳이 강조한 것이 교비는 교육을 위해서 독립되어 있는 것이기 때문에 어떤 명목으로 들어왔든, 기부금으로 들어왔든 재단에서 전입을 해 들어왔든 이것을 차압을 하면 교육이 지장을 받는다, 그런 뜻에서 저는 입법을 한 것입니다. 그래서 혹시 법률적으로 이 아이들의 수업료 이외에는 다 차압이 가능한 어떤 그런 법 조항이 있는 것인지 답변해 주시기 바라고요.

- **설훈 위원**[808]: 내가 질의 한 가지가 있습니다. 교비회계 전체에 관련해서 저는 반대하는 것은 아닙니다. 이 취지 자체가 학생들이 제대로 수업을 받을 수 있도록 하자는 취지에서 나온 것인데 이렇게 해놓으면 어떤 문제가 있을 것이냐 생각을 해보는데 그러면 이것이 기채를 할 수 있을까 이런 생각이 듭니다. 지금 사립학교 중에는 기채를 해야만 학교 운영이 되는 그런 곳이 많이 있을 텐데 이 장치가 들어가게 되면 실제로 지금 수업료나 납부금 말고 다른 수입원들이 그렇게 많지가 않은데 이렇게 되면 재정상태가 별로 안 좋은 학교에서는 기채조차 못하는 그런 결과가 나오는 것 아닌가 이런 생각이 듭니다. 그래서 오히려 학생들을 돕겠다고 한 장치가 결과적으로 이것이 기채도 못하게 되는 결과가 나오는 것이 아닌가 하는 생각이 들어서 원칙적으로 찬성입니다마는 결과를 놓고 한 번 생각해 볼 때 이것이 과연 현명한 장치인가 하는 생각이 듭니다. 그 점에 대해서 교육부에서 한번 판단을 해보기를 바랍니다.
- **소위원장 황우여**[809]: 소위원장으로서 조금 경과를 말씀드리고 또 토의를 하시도록 하고 제가 조금 정리를 해보겠습니다. 먼저 우리 존경하는 위원님들 말씀하신 것 가운데 교비회계 전체를 압류해야 되느냐, 수업료 및 수업료와 기타 납부금에 한정해야 되느냐 하는 것은 소위원회에서 논의를 많이 했습니다. 그런데 지금 민사소송법에 압류금지물의 규정의 원칙을 보면 최소한도로 압류금지물의 범위는 한정하는 것이 대원칙입니다. 그리고 아까 설훈 위원도 지적을 하셨지만 우리가 교비회계 전체를 압류금지물로 할 때에는 현행상 사립학교, 특히 사립대학에는 교비회계 운영수입의 69%가 등록금입니다. 약 한 70%가량이 등록금이고 학교법인 총 수입의 35%를 차지하고 있는 점을 보면, 교비회계의 70% 가량은 이것으로 보호가 되는데 그러면 30%를 더 늘리자, 충분히 두텁게 보호하자

808) 제198회 국회(정기회) 제10차 전체회의, 교육위원회 회의록, 1998. 12. 16., 9면.
809) 제198회 국회(정기회) 제10차 전체회의, 교육위원회 회의록, 1998. 12. 16., 9~10면.

는 것은 이상적이기는 한데 현실적으로 사학을 운영하는 데 있어서 기부금까지 할 때에는 유동재산을 담보로 해서 기채하는데 어려움이 많지 않겠느냐 그런 현실론이 제기되어서 그렇게 수정안으로 소위원회에서 합의를 보았습니다. 그런데 우리 상임위가 우선하기 때문에 만약에 다른 논의를 해 주신다면 그것은 적절한 범위 내에서 다시 재수정이 가능하리라고 생각합니다. (생략) 특히 압류금지물의 범위에 대해서는 민사소송법에 대한 추가 개정인데 이 점에 대해서는 법사위에서도 "최소한의 범위로 국한하여야 한다"는 그러한 입장과의 조정도 거쳐진 것으로 알고 있습니다. 그래서 우리가 첫술에 배부른 법이 없기 때문에 적정한 기준을 만들어 본다고 소위로서는 노력을 했던 것입니다. 많이 양지해 주시기 바랍니다.

- **정희경 위원**[810]: 법안소위 위원장님, 제가 말귀를 못 알아 들어서 다시 한번 여쭈어봅니다. 아까 "교비 전체를 차압을 할 수 없다"라고 할 때에 문제가 생긴다고 말씀하신 것 가운데 기채를 한다든가 이런 것에, 말하자면 학교가 가지고 있는 부동산 이런 것이겠지요. 그것은 교비에 안 들어가 있는데…
- **소위원장 황우여**[811]: 그러니까 부동산 이런 것만 가지고 할 때 대개 부동산에는 저당이 잡히거나 이렇게 해서 이미 다 기채가 이루어졌는데 급전을 마련하는 데 있어서 그동안 교비가 중요한 가상 담보물이었는데 그것을 우리가 제한하는 것 아니겠어요? 제한하는 범위인데 지금 등록금이 교비에 어느 정도 퍼센테이지를 차지하느냐? 아까 말씀드린대로 약 70%이기 때문에 한 30% 정도는 제2의 담보물로서의 가능성을 두자는 것이지요.
- **정희경 위원**[812]: 특히 사학이 문제인데요. 사학의 비리 문제가 사회적인 문제가 되는데 비리를 근원적으로 막는 길은 그런 것을 분명하게 해 주는 것이에요. 비리의 가능성이 거의 없는 학교까지 무더기로 넘겨지는데 학교의 교비가 저당잡혀질 수 있는 성격이 아닙니다. 학교의 교비는 그 학교의 교육을 위해서 최소한 필요한 돈이 거기에 들어가 있는 것이에요. 이것을 재단이 더 많이 대주면 좋겠습니다마는 그것이 안 되기 때문에 70% 학생들의 등록금을 받아서 그것을 가지고 도저히 교육이 안 되니까 다른 돈으로 메워준 것이거든요. 그러니까 이것은 저당도 잡혀서는 안 되고 차압되어서도 안 되고 그러니까 100%의 돈이 있을 때 그 학교의 교육이 정상으로 갈 수 있는데 거기에서 나머지 빼 버리고 70% 가지고 학교교육이 되나요? 안 되거든요. 그래서 제가 그런 것을 냈는데 법률적인 것

810) 제198회 국회(정기회) 제10차 전체회의, 교육위원회 회의록, 1998. 12. 16., 10면.
811) 제198회 국회(정기회) 제10차 전체회의, 교육위원회 회의록, 1998. 12. 16., 10면.
812) 제198회 국회(정기회) 제10차 전체회의, 교육위원회 회의록, 1998. 12. 16., 10~11면.

은 그 이상 모르니까 제 고민은 그랬다는 말씀만 드립니다.

- **소위원장 황우여**[813]: 존경하는 정희경 위원님의 입법의 제안 이유에 대해서는 사실 위원들이 많이 공감을 했는데 교육부와 관계기관들의 의견이 그것은 특히 기부금이나 이러한 최소한도의 교비회계 중에 수업료 기타 납부금 이외의 범위에 대해서는 현실적으로 한 번 더 생각해 보아야 되지 않나 해서 의안을 만들었으니까 적절하게 토의해서 결정해 주시기 바랍니다.
- **정희경 위원**[814]: 기부를 할 때에는 교육을 위해서 기부했지 빚 갚으라고 기부하는 것은 아니거든요. 그런 괴로움이 있습니다.
- **노무현 위원**[815]: 우리 법안심사소위원회에서 여러 가지 법안들을 함께 심사했고 함께 보고 했습니다마는 처리는 하나하나 안건별로 나누어서 되어야 될 것이 아닌가 싶어서 토론보다는 기다렸습니다마는, 대체로 여러 개가 묶여서 토론이 되고 있는 상황이라서 저도 묶어서 한 말씀을 드리고 나중에 나누어서 처리할 때는 또 필요하면 토론을 새로 하더라도 대체적으로 전체적인 토론을 한마디 했으면 좋겠습니다. 교육상임위원회에서 하는 일은 어떻게든지 교육하는 사람들의 사기를 높여주고 그래서 교육이 잘 되도록 도와주고 또 교육이 잘못 가는 것이 있으면 잘못 가는 교육에 대해서 통제도 하고 국회의 고유기능인 감시기능도 하고 이렇게 해야 되는 것이 본지라서 여러 가지 가치 중에서도 교육문제에 관한 가치를 우선해서 사고하는 것은 필요하고 또한 자연스러운 것이라고 생각합니다. 우리나라 국가행정이나 국가정책이 교육 하나만 가지고 다 되는 것이 아니고 여러 가지 기관이 여러 개의 가치를 놓고 서로 이익이 충돌하고 가치가 충돌하는 경우에 균형을 잡아나가고 그 사회가 요구하고 있는 종합적인 정책들을 함께 해 나갈 수밖에 없는 것입니다. 그래서 저도 교육위원이지만 교육만 갖고 "교육이 모든 것에 우선한다" 이렇게 얘기할 수 없는 현실적 제약이 있다고 생각합니다. 그런 전제를 놓고 하나 말씀을 드리면 누가 옳다 그르다라는 말씀을 드리기보다 사실 압류금지채권을 만드는 문제가 있습니다. 우리 사회 교육의 가장 기본인 것은 그 사회에서 지켜지고 있는 일반적인 룰입니다. 실천되고 있는 일반적인 룰인데 돈을 빌린 자는 물론 갚아야 됩니다. 그것은 누구도 무너뜨릴 수 없는, 어떤 교육도 무너뜨릴 수 없는 기본원칙입니다. 어쩌면 최고의 원칙이라고 말할 수도 있습니다. 돈을 빌린 사람은 갚아야 됩니다. 부득이 못 갚는 수가 있고 그로 인해서 본의 아니게 학생들이 학습권에 피해를 입는 일 또한 막아

---

813) 제198회 국회(정기회) 제10차 전체회의, 교육위원회 회의록, 1998. 12. 16., 11면.
814) 제198회 국회(정기회) 제10차 전체회의, 교육위원회 회의록, 1998. 12. 16., 11면.
815) 제198회 국회(정기회) 제10차 전체회의, 교육위원회 회의록, 1998. 12. 16., 11면.

주어야 하는 그런 교육적 필요는 있지만 그것이 자칫 “빌린 돈은 갚아야 된다” 라는 대원칙에 훼손을 주지는 않도록 적절하게 조절되어야 됩니다. 그래서 압류금지 채권이라는 것이 나온 것이 빌린 돈은 갚아야 된다는 대원칙과 그 원칙만 적용해서는, 보호해야 할 다른 법과 충돌할 때 절묘하게 압류금지 채권을 만들어 놓은 것입니다. 이 경우도 그런 점에서 끊임없이 구체적인 적용에 관해서는 의견대립이 계속될 수 있습니다마는 제가 보기에 얄팍한 얘기 같습니다마는 정말 교육기관을 계속 개설해야 되고 계속 사학을 더 만들어나가야 되고 하는 이런 수급의 차원에서도 지장이 없도록 해 나가야 될 절박한 필요가 있을 때는 조금 더 학교에 특권을 주어야 하고 그런 것이 아니고 어느 정도 수급이 맞고 사립학교라 하더라도 정부와 국가의 부담으로 많은 것을 감당해 나가고 이제 이쯤 되면, 어느 정도 수요·공급이 안정되었다고 생각하면 이 부분에 관해서 보호를 좁혀도 되는 것 아닌가 이렇게 보아서 우리가 고심 끝에 내린 그런 소위의 결론이라는 것을 양해를 해 주시면 고맙겠습니다. 그리고 이런 법안을 만들어가는 제 과정이 엄밀하게 정확한 수치들을 파악해 가는 과정이라기보다는 다른 사람의 의견을 절충해 나가는 과정이고 타협해 나가는 과정인데 소위라는 것이 만들어진 이유가 거기에서는 논리적 토론보다는 서로 의견이 다르고 이해관계가 다른 사람들 사이에서 이익을 비교·교량해서 적당한 선에서 정해 나가보자 하는 그러한 취지로 소위가 만들어진 것이기 때문에 아주 잘못된 것 아니면 또 여기에서도 잘 되었다 잘못 되었다 이런 의견이 서로 갈리면 소위의 의견 같은 것을 존중하는 것도 우리가 어떤 문제를 효율적으로 처리해 가는 기술이 아닌가 이런 생각이 듭니다.

• **위원장 함종한**[816]: 지금 여러 위원님들께서 많은 토론을 해 주셨는데 이견이 없는 의사일정 제2항 사립학교법 중 개정법률안은 법안심사소위원회에서 심사보고한 바와 같이, 수정한 부분은 수정한대로 기타 부분은 원안대로 의결하고자 하는데 이의 없으십니까? (없습니다 하는 위원 있음) 그러면 가결된 것을 선포합니다.

〈2〉 **법제사법위원회:** 교육위원회 수정안대로 가결되었다.[817] 제28조에 관한 회의록 내용은 아래와 같다.

• **위원장 목요상**[818]: 의사일정 제41항 사립학교법 중 개정법률안을 상정합니다. 존

816) 第198회 국회(정기회) 제10차 전체회의, 교육위원회 회의록, 1998. 12. 16., 15면.
817) 第198회 국회(정기회) 제15차 전체회의, 법제사법위원회 회의록, 1998. 12. 18., 47면.
818) 第198회 국회(정기회) 제15차 전체회의, 법제사법위원회 회의록, 1998. 12. 18., 45면.

경하는 정희경 의원님 나오셔서 제안설명해 주시기 바랍니다.

• **정희경 의원**[819]: 존경하는 목요상 위원장님, 그리고 법제사법위원회 위원 여러분! 금년 10월 21일에 본의원이 발의한 사립학교법 중 개정법률안이 12월 9일 교육위원회에서 통과되어 오늘 법제사법위원회에서 제안설명을 드리게 됨을 매우 영광으로 생각합니다. 먼저 개정안의 취지에 대하여 말씀드리겠습니다. 학교법인의 채권자들이 학교법인의 빚을 받아내기 위해서 학생들의 등록금을 압류하는 사태가 발생하였습니다. 그리하여 학생들의 학습권이 현저하게 제약당하고 학교교육의 부실을 더욱더 초래하는 부작용이 일어나게 되므로 이를 방지하고자 사립학교법 제28조(재산관리)를 개정하여 학생 수업료 및 기타 납부금을 압류할 수 없도록 하기 위하여 이 법의 개정안을 제출하기에 이르렀습니다.

제안이유에 대하여 자세하게 말씀드리겠습니다. 청주지법은 지난 9월 12일과 17일에 서원대학교 재단의 채권자들이 서원대학교가 자신들에게 진 빚을 돌려받기 위하여 제출한 학생들의 등록금에 대한 채권압류 및 추심신청을 받아들였습니다. 이에 따라 서원대 학생 약 200여명에게 등록금을 학교가 아닌 학교법인의 채권자들에게 납부하라는 결정문이 발송된 바 있었습니다. 학생등록금으로 재단의 빚을 갚게 할 수 있는 법적인 근거는 첫째, 학교를 학교법인의 부속물로 보아서 학교 구성원인 학생들의 등록금을 압류할 수 있으며 둘째, 학생의 등록금은 학교법인의 채권에 해당될 수 있다는 법원의 해석에 따랐던 것입니다. 학교법인이 빚을 질 때에 관할청의 승인을 받고 기채를 했을 경우와 승인없이 채무를 지는 경우가 있습니다. 전자의 경우에는 관할청의 승인을 받은 것이기 때문에 등록금을 압류해서라도 채권자의 권익을 보호해야 된다는 의견들이 있는데 관할청이 승인한 기채가 문제가 되었다면 이는 그를 승인한 관할청의 책임이라고 볼 수가 있고 또한 학교법인에 대한 채권자는 학교법인 기채에 있어서 관할청 승인 여부를 확인했었던 것이 아니므로 학교법인 채무이행에 있어서 모든 채권자에게 동등하게 시행되어야 된다고 생각됩니다. 그리고 학생들의 등록금을 압류할 수 없는 근거는 교육기관에서 가장 중요한 것은 국민의 기본권이라고 할 수 있는 학생의 학습권이라고 믿어집니다. 만약에 등록금이 압류되면 교육기자재, 실험실습시설, 도서 등 교육을 위하여 필요한 필수적인 요소들이 지원이 되지 않음으로 해서 장기적으로 볼 때 그 개인의 발전과 나아가서는 사회의 발전을 저해하는 요인이 될 것이 분명합니다. 또한 학교법인이 빚을 진 과정과 결과에 관련하여 학생들은 아무 상관도 책임도 없고 학생은 교육받기 위해서 등록

819) 제198회 국회(정기회) 제15차 전체회의, 법제사법위원회 회의록, 1998. 12. 18., 45~46면.

금을 내고 학교에 들어온 것이므로 학습권을 침해할 수 있는 등록금 압류는 부당하다고 믿어집니다.

현재 사립학교법 제29조에 의해 교비회계와 법인회계는 엄연히 분리된 독립회계로 되어 있습니다. 따라서 학교법인의 회계와 관련된 빚을 상환하는데 교비회계에 속하는 등록금을 사용하는 것은 부당하다고 생각됩니다. 재정상태가 부실한 사학이 또 있다고 한다면 앞으로 이와 유사한 사태가 계속 발생할 가능성이 있으므로 이미 학교에 납입한 등록금이나 또는 학생들이 앞으로 내야 할 등록금을 학교법인이 진 빚을 갚는데 쓰이지 못하도록 하는 법적 장치가 꼭 필요하다고 생각되어 개정하고자 한 것입니다. 본 사립학교법 중 개정법률안에서 압류할 수 없는 대상을 학생들이 내는 수업료와 기타 납입금으로 규정하고자 합니다. 현재 압류금지물에 대해서는 민사소송법 제532조 압류금지물 및 제579조 압류 금지채권의 규정에 열거하여 있으므로 학교수업료 및 기타 납입금도 동법의 압류금지대상으로 규정할 수도 있겠으나 현재 민사소송법 이외에 다른 개별법에서도 압류금지대상을 규정하고 있으므로, 뒤에다가 좀 붙였습니다마는 교육관련 법규인 사립학교법에서 이를 분명히 규정해도 물의가 없을 것으로 사료되었습니다. 통상 압류금지물은 최저생업의 유지를 위한 최소한의 물건 및 채권에 대하여 규정하였는데 본 사립학교법 중 개정법률안에서도 학교교육에 사용되는 교비회계 중 학교수업을 위한 최소한의 범위라고 할 수 있는 수업료 및 기타 납입금만은 압류금지대상으로 규정할 수 있다고 생각되어서 민사소송법의 취지를 분명히 반영했다고 생각이 됩니다. 자세한 법률사항은 배부해 드린 법안을 참고해 주시고 존경하는 법제사법위원회 위원 여러분께서 교육을 보장하고자 하는 이 법안의 취지를 이해해 주시어 원안대로 심의·의결할 수 있도록 도와주시기를 간절히 바랍니다. 대단히 감사합니다.

- **위원장 목요상**[820]: 수고하셨습니다. 전문위원의 검토보고를 듣겠습니다.
- **전문위원 임승관**[821]: 이 법에 대하여 체계·자구를 검토한 결과 별다른 문제점이 없는 것으로 보았습니다. 보고를 마치겠습니다.
- **위원장 목요상**[822]: 질의하실 위원님 계십니까?
- **최연희 위원**[823]: 전문위원한테 질의하겠습니다. 문제가 없다는 확인 좀 해야겠어요. 사립학교법에는 교비회계, 법인회계가 따로 분리되어 있지요?

---

820) 제198회 국회(정기회) 제15차 전체회의, 법제사법위원회 회의록, 1998. 12. 18., 46면.
821) 제198회 국회(정기회) 제15차 전체회의, 법제사법위원회 회의록, 1998. 12. 18., 46면.
822) 제198회 국회(정기회) 제15차 전체회의, 법제사법위원회 회의록, 1998. 12. 18., 46면.
823) 제198회 국회(정기회) 제15차 전체회의, 법제사법위원회 회의록, 1998. 12. 18., 46면.

- **전문위원 임승관**: 예.
- **최연희 위원**[824]: 그리고 지금까지 법원에서도 사립학교 재산에 대해서는 교비회계에 대해서는 압류를 안 했잖아요?
- **전문위원 임승관**[825]: 청주에서 1심에서 압류를 했다가 항고심에서 번복이 되었습니다.
- **최연희 위원**[826]: 그러니까 일반적으로 압류를 못한다는 것이 지금까지 판례이고…
- **전문위원 임승관**[827]: 다툼의 소지가 있기 때문에 아마 명문으로 정하는 것으로 알고 있습니다.
- **최연희 위원**[828]: 다툼이 별로 없었는데 이번에 그 사건 때문에 그런 것이지요?
- **전문위원 임승관**[829]: 그렇습니다.
- **최연희 위원**[830]: 그러니까 이것은 실제로 그렇게 판례상도 사실상 인정된 것을…
- **전문위원 임승관**[831]: 대법원 판례까지는 아직 확립이 되었는지는 의문입니다.
- **최연희 위원**: 그러니까 고법 판례까지는 이렇게 되어 오던 것을 분쟁의 소지가 있으니까 이번에 확실히 해 둔다는 의미 이상 아무것도 없잖아요?
- **전문위원 임승관**[832]: 저희도 그렇게 알고 있습니다.
- **위원장 목요상**[833]: 또 질의하실 위원님 계십니까? 질의하실 위원 안 계시면 질의를 종결합니다. 토론과 축조심사는 생략하고 의결하고자 합니다. 의사일정 제41항 사립학교법 중 개정법률안에 대하여 원안대로 의결하고자 합니다. 이의 없으십니까? (없습니다 하는 위원 있음) 가결되었음을 선포합니다. 오랫동안 수고들 많으셨습니다. 오늘의 의사일정을 전부 마쳤으므로 산회하고자 합니다. 산회를 선포합니다.

---

824) 제198회 국회(정기회) 제15차 전체회의, 법제사법위원회 회의록, 1998. 12. 18., 46면.
825) 제198회 국회(정기회) 제15차 전체회의, 법제사법위원회 회의록, 1998. 12. 18., 47면.
826) 제198회 국회(정기회) 제15차 전체회의, 법제사법위원회 회의록, 1998. 12. 18., 47면.
827) 제198회 국회(정기회) 제15차 전체회의, 법제사법위원회 회의록, 1998. 12. 18., 47면.
828) 제198회 국회(정기회) 제15차 전체회의, 법제사법위원회 회의록, 1998. 12. 18., 47면.
829) 제198회 국회(정기회) 제15차 전체회의, 법제사법위원회 회의록, 1998. 12. 18., 47면.
830) 제198회 국회(정기회) 제15차 전체회의, 법제사법위원회 회의록, 1998. 12. 18., 47면.
831) 제198회 국회(정기회) 제15차 전체회의, 법제사법위원회 회의록, 1998. 12. 18., 47면.
832) 제198회 국회(정기회) 제15차 전체회의, 법제사법위원회 회의록, 1998. 12. 18., 47면.
833) 제198회 국회(정기회) 제15차 전체회의, 법제사법위원회 회의록, 1998. 12. 18., 47면.

(3) 본회의 심의

교육위원회 수정안대로 가결되었다.[834] 제28조에 관한 회의록 내용은 아래와 같다.

- **부의장 김봉호**[835]: 의사일정 제41항 사립학교법 중 개정법률안을 상정합니다. 교육위원회의 존경하는 정희경 의원 나오셔서 심사 보고해 주시기 바랍니다.
- **교육위원장대리 정희경**[836]: 다 짐을 싸시기 때문에 간단히 보고드리겠습니다. 교육위원회 정희경 의원입니다. 사립학교법 중 개정법률안에 대해서 교육위원회에서 심사한 결과를 간단히 보고를 드리겠습니다. 이 법안은 지난 10월 21일 정희경 의원 외 21인의 의원이 제출하였고 12월 9일에 교육위원회에서 심사를 했습니다. 이 법안의 주요내용은 학생들로부터 받은 수업료와 입학금, 학교운영지원비 또는 기성회비 등 납부금과 학교수입 중 별도회계로 관리되는 수입에 의한 교비회계에 대하여 법인 채권자들이 압류를 할 수 없도록 해서 학생들의 학습권을 보호하고 학교 교육의 정상화를 기하고자 하는 취지입니다. 보다 상세한 내용은 배부하여 드린 심사보고서를 보아주시고 부디 교육위원회에서 심사보고한 대로 의결해 주시기를 간절히 바랍니다. 대단히 감사합니다.
- **부의장 김봉호**[837]: 정희경 의원 수고하셨습니다. 그러면 사립학교법 중 개정법률안에 대해서 교육위원회의 수정안대로 의결하고자 하는데 이의가 없으십니까? (없습니다 하는 의원 있음) 가결되었음을 선포합니다.

(4) 결과

교육위원회 수정안으로 개정되었다.

5. 2008년 3월 14일 개정(법률 제8888호, 2008. 3. 14. 시행)

제28조(재산의 관리 및 보호) ①학교법인이 그 기본재산을 매도·증여·교환 또는 용도변경하거나 담보에 제공하고자 할 때 또는 의무의 부담이나 권리의 포기를 하고자 할 때에는 관할청의 허가를 받아야 한다. 다만, 대통령령이 정하는 경미한 사항은 이를 관할청에 신고하여야 한다.

---

834) 제198회 국회(정기회) 제20차 본회의, 국회 본회의 회의록, 1998. 12. 18., 26면.
835) 제198회 국회(정기회) 제20차 본회의, 국회 본회의 회의록, 1998. 12. 18., 25면.
836) 제198회 국회(정기회) 제20차 본회의, 국회 본회의 회의록, 1998. 12. 18., 25면.
837) 제198회 국회(정기회) 제20차 본회의, 국회 본회의 회의록, 1998. 12. 18., 26면.

②학교교육에 직접 사용되는 학교법인의 재산중 대통령령이 정하는 것은 이를 매도하거나 담보에 제공할 수 없다.

③「**초·중등교육법**」 제10조 및 「**고등교육법**」 제11조의 규정에 의한 수업료 기타 납부금(입학금·학교운영지원비 또는 기성회비를 말한다. 이하 같다)을 받을 권리와 이 법 제29조제2항의 규정에 의하여 별도 계좌로 관리되는 수입에 대한 예금채권은 이를 압류하지 못한다.

• 법령 표기에 있어서 "「 」" 표시를 하기로 함[838]에 따른 개정이다(오직 형식에 관한 개정이므로 자세한 개정경과는 생략함[839]).

28.206 **6. 2016년 5월 29일 개정(법률 제14154호, 2016. 5. 29. 시행)**

제28조(재산의 관리 및 보호) ①학교법인이 그 기본재산을 매도·증여·교환 또는 용도변경하거나 담보에 제공하고자 할 때 또는 의무의 부담이나 권리의 포기를 하고자 할 때에는 관할청의 허가를 받아야 한다. 다만, 대통령령이 정하는 경미한 사항은 이를 관할청에 신고하여야 한다.

②학교교육에 직접 사용되는 학교법인의 재산중 대통령령이 정하는 것은 이를 매도하거나 담보에 제공할 수 없다.

③「초·중등교육법」 제10조 및 「고등교육법」 제11조의 규정에 의한 수업료 기타 납부금(**입학금** 또는 **학교운영지원비**를 말한다. 이하 같다)을 받을 권리와 이 법 제29조제2항의 규정에 의하여 별도 계좌로 관리되는 수입에 대한 예금채권은 이를 압류하지 못한다.

(1) 법률안

〈1〉 김태년 의원안[840]: 이 조문을 포함한 개정 대상 조문의 제안이유 및 주요내용은 아래와 같다.

• 제안이유 및 주요내용

사립대학 기성회 제도는 1999년 폐지되었으며, 초·중·고등학교 기성회비 또한 의

838) 「법률용어의 표준화 기준」(국회사무처 예규 제22호, 2007. 4. 16. 시행).

839) 이에 관한 구체적 개정경과는 이 책 [2.203] 참조.

840) 2015. 6. 12. 김태년의원 등 10인(의안번호: 1915571).

무교육 실시 등으로 인하여 사문화됨. 이에 해당 용어를 법률에서 삭제함으로써 불필요한 혼란을 방지하고자 함.

이 조문의 현행법과 개정 원안은 아래와 같다.

현행법	원안
제28조(재산의 관리 및 보호) ① ~ ② (생 략) ③「초·중등교육법」 제10조 및 「고등교육법」 제11조의 규정에 의한 수업료 기타 납부금(입학금·학교운영지원비 또는 기성회비를 말한다. 이하 같다)을 받을 권리와 이 법 제29조제2항의 규정에 의하여 별도 계좌로 관리되는 수입에 대한 예금채권은 이를 압류하지 못한다.	**제28조(재산의 관리 및 보호)** ① ~ ② (현행과 같음) ③「초·중등교육법」 제10조 및 「고등교육법」 제11조의 규정에 의한 수업료 기타 납부금(입학금 또는 학교운영지원비를 말한다. 이하 같다)을 받을 권리와 이 법 제29조제2항의 규정에 의하여 별도 계좌로 관리되는 수입에 대한 예금채권은 이를 압류하지 못한다.

- 사립대학 기성회 제도는 1999년 폐지되었으며, 초·중·고등학교 기성회비 또한 의무교육 실시 등으로 인하여 사문화되었다. 이에 해당 용어를 법률에서 삭제하였다.

(2) 위원회 심사

〈1〉 **교육문화체육관광위원회:** 대안[841]으로 가결되었다(이 조문의 경우에는 원안과 대안의 내용이 동일함).[842]

〈2〉 **법제사법위원회:** 교육문화체육관광위원회 대안대로 가결되었다.[843]

(3) 본회의 심의

교육문화체육관광위원회 대안대로 가결되었다.[844]

(4) 결과

교육문화체육관광위원회 대안으로 개정되었다.

---

841) 2016. 5. 18. 교육문화체육관광위원장(의안번호: 1918727).
842) 제342회 국회(임시회) 제1차 전체회의, 교육문화체육관광위원회회의록, 2016. 5. 11., 23면.
843) 제342회 국회(임시회) 제2차 전체회의, 법제사법위원회회의록, 2016. 5. 17., 76면.
844) 제342회 국회(임시회) 제1차 본회의, 국회본회의회의록, 2016. 5. 19., 41면.

28.207

7. 2020년 12월 22일 개정(법률 제17659호, 2020. 12. 22. 시행)

제28조(재산의 관리 및 보호) ①_학교법인이 그 기본재산에 대하여 매도·증여·**교환·용도변경하거나** 담보로 제공**하려는 경우** 또는 의무를 부담**하거나** 권리를 포기**하려는 경우에는** 관할청의 허가를 받아야 한다. 다만, 대통령령**으로** 정하는 경미한 사항은 관할청에 신고하여야 한다.

②_학교교육에 직접 사용되는 학교법인의 **재산 중** 대통령령으로 정하는 것은 매도하거나 담보로 제공할 수 없다.

③_「초·중등교육법」 제10조 및 「고등교육법」 제11조에 **따른** 수업료**와 그 밖의** 납부금(입학금 또는 학교운영지원비를 말한다. 이하 같다)을 받을 권리와 제29조제2항**에 따라** 별도 계좌로 관리되는 수입에 대한 예금채권은 압류할 수 없다.

④ 관할청은 제1항 단서에 따른 신고를 받은 경우 그 내용을 검토하여 이 법에 적합하면 신고를 수리하여야 한다.

(1) 법률안(정부안[845])

현행법	원안
제28조(재산의 관리 및 보호) ①학교법인이 그 기본재산을 매도·증여·교환 또는 용도변경하거나 담보에 제공하고자 할 때 또는 의무의 부담이나 권리의 포기를 하고자 할 때에는 관할청의 허가를 받아야 한다. 다만, 대통령령이 정하는 경미한 사항은 이를 관할청에 신고하여야 한다. ②학교교육에 직접 사용되는 학교법인의 재산 중 대통령령이 정하는 것은 이를 매도하거나 담보에 제공할 수 없다. ③「초·중등교육법」 제10조 및 「고등교육법」 제11조의 규정에 의한 수업료 기타 납부금(입학금 또는 학교운영지원비를 말한다. 이하 같다)을 받을 권리와 이 법 제29조제2항의 규정에 의하여 별도 계좌로 관리되는 수입에 대한 예금채권은 이를 압류하지 못한다.	**제28조(재산의 관리 및 보호)** ① 학교법인이 그 기본재산에 대하여 매도·증여·교환·용도변경하거나 담보로 제공하려는 경우 또는 의무를 부담하거나 권리를 포기하려는 경우에는 관할청의 허가를 받아야 한다. 다만, 대통령령으로 정하는 경미한 사항은 관할청에 신고하여야 한다. ② 학교교육에 직접 사용되는 학교법인의 재산 중 대통령령으로 정하는 것은 매도하거나 담보로 제공할 수 없다. ③ 「초·중등교육법」 제10조 및 「고등교육법」 제11조에 따른 수업료와 그 밖의 납부금(입학금 또는 학교운영지원비를 말한다. 이하 같다)을 받을 권리와 제29조제2항에 따라 별도 계좌로 관리되는 수입에 대한 예금채권은 압류할 수 없다.

845) 2020. 7. 10. 정부(의안번호: 2101763); 제안이유 및 주요내용은 이 책 [1.201] 참조.

<신 설>	④ 관할청은 제1항 단서에 따른 신고를 받은 경우 그 내용을 검토하여 이 법에 적합하면 신고를 수리하여야 한다.

- 학교법인 기본재산 매도 등의 신고가 수리가 필요한 신고임을 명시하였다.
- 법문을 한글로 적고, 어려운 용어를 쉬운 용어로 바꾸며, 길고 복잡한 문장을 간결하게 하였다.

(2) 위원회 심사

〈1〉 **교육위원회:** 대안[846]으로 가결되었다(이 조문의 경우에는 원안과 대안의 내용이 동일함).[847]

〈2〉 **법제사법위원회:** 교육위원회 대안대로 가결되었다.[848]

(3) 본회의 심의

교육위원회 대안대로 가결되었다.[849]

(4) 결과

교육위원회 대안으로 개정되었다.

8. 2021년 8월 10일 개정(법률 제18372호, 2022. 2. 11. 시행)

제28조(재산의 관리 및 보호) ① 학교법인이 그 기본재산에 대하여 매도·증여·교환·용도변경하거나 담보로 제공하려는 경우 또는 의무를 부담하거나 권리를 포기하려는 경우에는 관할청의 허가를 받아야 한다. 다만, 대통령령으로 정하는 경미한 사항은 관할청에 신고하여야 한다.
② 학교교육에 직접 사용되는 학교법인의 재산 중 대통령령으로 정하는 것은 매도하거나 담보로 제공할 수 없다.

---

846) 2020. 12. 2. 교육위원장(의안번호: 2106043).
847) 제382회 국회(정기회) 제7차 전체회의, 교육위원회회의록, 2020. 11. 26., 12면.
848) 제382회 국회(정기회) 제13차 전체회의, 법제사법위원회회의록, 2020. 12. 2., 31면.
849) 제382회 국회(정기회) 제14차 본회의, 국회본회의회의록, 2020. 12. 2., 20면.

③「초·중등교육법」 제10조 및 「고등교육법」 제11조에 따른 수업료와 그 밖의 납부금(입학금 또는 학교운영지원비를 말한다. 이하 같다)을 받을 권리와 제29조 제2항에 따라 별도 계좌로 관리되는 수입에 대한 예금채권은 압류할 수 없다.
④ 관할청은 제1항 단서에 따른 신고를 받은 경우 그 내용을 검토하여 이 법에 적합하면 신고를 수리하여야 한다.
⑤ 학교법인은 기본재산에 관한 소송절차가 개시된 때와 완결된 때에는 대통령령으로 정하는 바에 따라 그 사실을 관할청에 신고하여야 한다.

(1) 법률안

〈1〉 **곽상도 의원안**[850]**:** 이 조문을 포함한 개정 대상 조문의 제안이유 및 주요내용은 아래와 같다.

• 제안이유 및 주요내용

최근 일부 사립 학교법인이 그 기본재산 중 일부를 관할청의 허가를 받거나 신고를 통하여 담보로 제공한 후 해당 채무를 갚지 못하여 학교법인의 재무건전성이 악화되는 사례가 발생하여 사회적으로 문제가 되고 있음.

그런데 현행법에는 학교법인의 기본재산에 관한 소송절차가 개시되거나 완결되어도 학교법인이 해당 사실을 신고하는 절차가 마련되어 있지 않아 관할청이 공공성이 강한 학교법인의 재무건전성이 악화될 수 있음에도 이를 관리·감독하기가 어렵다는 지적이 있음.

이에 학교법인은 기본재산에 관한 소송절차가 개시된 때와 완결된 때에는 그 사실을 관할청에 신고하도록 함으로써 학교법인에 대한 관할청의 관리·감독이 적정하게 이루어질 수 있도록 하려는 것임(안 제28조제5항 신설).

이 조문의 현행법과 개정 원안은 아래와 같다.

현행법	원안
제28조(재산의 관리 및 보호) ① ~ ④ (생 략) <신 설>	**제28조(재산의 관리 및 보호)** ① ~ ④ (현행과 같음) ⑤ 학교법인은 기본재산에 관한 소송절차가 개시된 때와 완결된 때에는 대통령령으로 정하는 바에 따라 그 사실을 관할청에 신고하여야 한다.

850) 2020. 12. 30. 곽상도의원 등 11인(의안번호: 2107052).

• 학교법인은 기본재산에 관한 소송절차가 개시된 때와 완결된 때에는 그 사실을 관할청에 신고하도록 함으로써 학교법인에 대한 관할청의 관리·감독이 적정하게 이루어질 수 있도록 하였다.

(2) 위원회 심사

〈1〉 **교육위원회:** 대안[851]으로 가결되었다(이 조문의 경우에는 원안과 대안의 내용이 동일함).[852]

〈2〉 **법제사법위원회:** 교육위원회 대안대로 가결되었다.[853]

(3) 본회의 심의

교육위원회 대안대로 가결되었다.[854]

(4) 결과

교육위원회 대안으로 개정되었다.

III. 현행법

제28조(재산의 관리 및 보호) ① 학교법인이 그 기본재산에 대하여 매도·증여·교환·용도변경하거나 담보로 제공하려는 경우 또는 의무를 부담하거나 권리를 포기하려는 경우에는 관할청의 허가를 받아야 한다. 다만, 대통령령으로 정하는 경미한 사항은 관할청에 신고하여야 한다.
② 학교교육에 직접 사용되는 학교법인의 재산 중 대통령령으로 정하는 것은 매도하거나 담보로 제공할 수 없다.
③ 「초·중등교육법」 제10조 및 「고등교육법」 제11조에 따른 수업료와 그 밖의 납부금(입학금 또는 학교운영지원비를 말한다. 이하 같다)을 받을 권리와 제29조

851) 2021. 7. 22. 교육위원장(의안번호: 2111667).
852) 제389회 국회(임시회) 제1차 전체회의, 교육위원회회의록, 2021. 7. 14., 6면.
853) 제389회 국회(임시회) 제1차 전체회의, 법제사법위원회회의록, 2021. 7. 22., 64면.
854) 제389회 국회(임시회) 제2차 본회의, 국회본회의회의록, 2021. 7. 23., 10면.

제2항에 따라 별도 계좌로 관리되는 수입에 대한 예금채권은 압류할 수 없다.
④ 관할청은 제1항 단서에 따른 신고를 받은 경우 그 내용을 검토하여 이 법에 적합하면 신고를 수리하여야 한다.
⑤ 학교법인은 기본재산에 관한 소송절차가 개시된 때와 완결된 때에는 대통령령으로 정하는 바에 따라 그 사실을 관할청에 신고하여야 한다.

28.400

IV. 종합/특기사항

- 제28조는 제정법 이후 많은 사항이 추가되었다. 그 한 축은 규제완화인데 기본재산에 대한 처분·관리에 관한 관할청의 허가 범위 축소(제1항 본문), 경미한 사항에 대해서는 신고로 대체한 것(제1항 단서), 제1항 단서에 따른 신고에 대하여 특별한 사정이 없다면 관할청은 이를 수리하도록 한 것(제4항) 등이 그 예이다.
- 제28조에 대한 개정의 다른 한 축은 교육의 충실화이다. 1999년 개정으로 입학금 또는 학교운영비 등에 대한 채권을 압류금지채권으로 정한 것(제3항)이 중요한 변화이다. 이 개정은 서원대학교 사태(1998년 9월 서원대학교 학교법인 채권자들이 학생들의 등록금에 대한 채권압류 및 추심신청을 청주지방법원이 인용)가 계기가 되었다. 기본재산에 관한 소송절차의 개시·완결을 관할청에 신고하도록 한 것(제5항)도 교육의 충실화를 위한 조치이다.
- 2001년 헌법재판소는 사립학교법(1997. 1. 13. 법률 제5274호로 개정된 것) 제28조제1항과 관련하여 ①학교법인이 의무를 부담하고자 할 때 관할청의 허가를 받도록 하는 것이 사립학교 운영의 자유를 침해하고 있는지 여부 및 ②거래상대방의 재산권 및 거래의 안전을 침해하고 있는지 여부에 대하여 아래와 같이 합헌 취지로 판단하였다.[855)]

> ① 이 사건 법률조항이 학교법인으로 하여금 의무의 부담을 하고자 할 때 관할청의 허가를 받도록 하고 있어 사립학교운영에 관한 자유를 제한하고 있다 하더라도, 이는 공공복리를 위하여 필요한 권리를 제한한 경우에 해당하는 것이며, 일정액 미만의 넓은 범위에서 허가를 받지 않도록 예외를 두고 있고 시행상 일반적인 학교운영과 관련된 통상적인 의무부담은 허가에서 제외하고 있으며

855) 헌법재판소 2001. 1. 18. 선고 99헌바63 결정.

일정액이상이라도 허가를 받아 자유롭게 처리할 수 있는 점 등을 보면 합리적인 입법한계를 일탈하였거나 기본권의 본질적인 부분을 침해하였다고 볼 수 없다.

② 이 사건 법률조항에 의하면 사립학교법인의 자율적인 경제활동이 제약되며 거래의 상대방은 경우에 따라 거래행위가 무효로 됨으로써 예측할 수 없는 경제적 손실을 입게되므로 재산권에 대한 중대한 제한이 됨을 부인할 수는 없으나, 학교법인과 관련된 각종 재산권의 행사는 학교법인이 설립한 학교의 학생 및 교직원 그리고 학부모 다수의 생활에 큰 영향을 미치는 것으로서 공동체의 이익과 밀접하게 연관되어 있으므로, 입법자가 이 사건 법률조항의 입법을 위하여 거래의 안전이나 거래의 상대방의 재산권보다 학교재정의 건전화에 대한 공익적 요구를 더욱 중요한 가치로 선택한 것은 합리적인 근거가 없는 자의적인 침해라고 볼 수 없어 헌법 제23조에 위반된다고 할 수 없다.

위 다수의견에 대한 재판관 권성의 반대의견은 아래와 같다.

수익사업과의 관계에서 학교법인의 기본재산이나 학교교육에 직접 사용되는 재산 그리고 수업료 등의 수입에 대한 보호는 거의 완벽에 가까울 정도로 되어 있어 이에 덧붙여 학교법인의 수익사업과 관련된 의무부담행위에 대하여 관할청의 허가를 받도록 하는 것은 학교법인의 보호라는 목표달성을 위하여 실질적으로 별로 도움이 되지 못하므로 이 사건 법률조항은 학교법인의 수익사업에 관한 영업의 자유를 침해한다. 또한 이 사건 법률조항에 의하여 얻는 이익보다는 그로 인하여 사립학교 운영의 자유와 자주성 및 효율성이 침해됨으로써 입게 되는 피해 내지 부작용이 더욱 크다. 게다가 학교법인의 이익과 그 거래의 무효때문에 상대방 및 거래의 안전이 침해됨으로써 자유로운 시장경제의 질서가 교란되는 피해까지를 합하여 비교, 형량할 때에 후자보다도 전자의 이익이 더 크고 더 중요하다고는 보기 어렵다. 따라서 이 사건 법률조항은 합리적인 이유 없이 자유와 창의가 보장되어야 할 시장경제의 질서를 교란하는 것이 되어 위헌이다.

- 2012년 헌법재판소는 학교법인이 기본재산을 매도하고자 할 때 관할청의 허가를 받도록 하는 사립학교법(1997. 1. 13. 법률 제5274호로 개정된 것) 제28조제1항 본문 중 '매도'에 관한 부분이 ①명확성의 원칙에 위반되는지 여부, ②사립학교 운영의 자유, 재산권을 침해하는지 여부, ③평등권을 침해하는지 여부 및 ④신속한 재판을 받을 권리를 침해하는지 여부에 대하여 아래와 같이 합헌 취지로 판단하였다.[856)]

856) 헌법재판소 2012. 2. 23. 선고 2011헌바14 결정.

① 강제경매의 법적 성질, 사립학교법 제28조제1항의 입법취지, 강제경매의 경우에 관한 법원의 일관된 판례 등을 종합할 때, 이 사건 법률조항에 학교법인의 임의적 처분의사에 의한 매도 외에 강제경매로 인한 매각도 포함된다는 것은 충분히 예측이 가능하다 할 것이고, 기타 법집행기관의 자의적 해석의 여지가 있다고 보기도 어려우므로, 이 사건 법률조항은 명확성원칙에 위반되지 않는다.

② 이 사건 법률조항은 사립학교를 설치·운영하는 학교법인의 물적 기반이 되는 기본재산의 매도에 있어 관할청의 허가를 받도록 함으로써 학교법인의 재정적 기초가 되는 기본재산을 유지·보전하도록 하기 위한 것으로 그 입법목적의 정당성이 인정되고, 학교법인의 기본재산 매도에 있어 관할청의 허가를 요하도록 하는 것은 학교법인의 운영자나 이해관계자의 사익추구 행위나 학교법인의 자의적이고 방만한 재정운영으로부터 학교법인의 기본재산이 산일되는 것을 방지하는 데 기여할 수 있어서 위와 같은 입법목적의 달성을 위한 적절한 수단의 하나라 할 것이므로, 수단의 적정성도 인정된다. 나아가 이 사건 법률조항이 사립학교 운영의 자유나 학교법인의 기본재산을 강제경매 혹은 매수하려는 학교법인의 채권자 내지 거래 상대방 등의 재산권을 제한하고 있다 하더라도, 그 대상이 학교법인의 기본재산에 한정되고, 관할청의 허가를 받으면 얼마든지 매도가 가능하며, 신고로 족한 예외의 범위를 넓게 인정하고 있고, 한편 강제경매의 경우나 법인이 해산되는 경우 등에 관할청의 허가를 요하는 것에도 합리적 이유가 있으므로, 이를 과도한 제한이라고 보기는 어렵다. 그리고 공교육의 일익을 담당하는 사립학교 재정의 공고화에 대한 공익은 매우 중대하다 할 것이고 입법자가 이러한 점을 고려하여 거래의 안전이나 상대방의 재산권보다 학교재정의 건전화에 대한 공익적 요구를 중요한 가치로 선택한 것이라 할 수 있으므로, 이러한 입법자의 법익 형량이 불합리하다고 볼 수 없다. 따라서 이 사건 법률조항은 과잉금지원칙을 위반하여 사립학교 운영의 자유나 학교법인의 채권자 내지 거래 상대방 등의 재산권을 침해하지 아니한다.

③ 강제경매의 경우는 절차의 개시나 매각허가결정 자체에 학교법인의 의사가 개입되는 것은 아니지만 기본적으로 학교법인의 채무부담이라는 원인행위가 존재하고 학교법인이 채무자로서 강제집행절차에 관여할 수 있다는 점에서, 장기간의 점유라는 사실행위 또는 국가 또는 지방자치단체 등이 공공사업의 수행을 위하여 관련 법령에 의하여 사인의 재산권을 강제적으로 취득하는 행위가 원인이 되는 시효취득이나 공용수용과는 그 법적 성질이 본질적으로 차이가 있다. 또한 청구인이 주장하는 대법원 1997. 5. 28. 선고 97다10857 판결에서 문제된

사안은, 이 사건 법률조항에 따라 학교법인의 기본재산의 처분에 관할청의 허가가 필요한지 여부가 쟁점이 된 사안이 아니다. 따라서 청구인이 주장하는 어느 경우도 강제경매의 경우와 본질적으로 동일함에도 합리적 이유 없이 달리 취급받는 경우라고 볼 수 없다.

④ 이 사건 법률조항에 의하여 학교법인의 기본재산에 대한 강제경매절차에서 관할청의 허가가 없으면 경매가 개시되더라도 매각허가결정을 받을 수 없어 매각이 불허가되는 사태가 반복됨으로써 결과적으로 강제경매를 신청한 학교법인의 채권자나 경매절차를 통해 학교법인의 기본재산을 취득하려는 자들의 신속한 재판을 받을 권리가 일부 제한되고 있다. 하지만, 학교법인의 기본재산에 대한 강제경매의 경우에 학교법인의 전반적인 재정상태에 대해 파악하고 있는 관할청으로 하여금 사립학교법 제28조제1항의 입법취지 등을 고려하여 그 허가 여부를 최종 결정하도록 함으로써 확보하려는 학교재정의 건전화라는 공익상의 필요가 학교법인의 채권자가 입는 절차의 지연이라는 희생보다 더 크고, 학교법인의 채권자 등으로서는 학교법인의 정관이나 재산목록을 열람하여 이 사건 법률조항으로 인한 불측의 손해를 어느 정도 예방할 수 있다고 보여지므로, 위와 같은 제한이 필요한 정도를 넘는 과도한 제한이라고 보기는 어렵다. 따라서 이 사건 법률조항은 학교법인의 채권자 등의 신속한 재판을 권리를 침해하지 아니한다.

제29조(회계의 구분 등)

I. 제정법

제29조(예산의 구분) ①학교법인의 예산은 그가 설치·경영하는 학교의 예산과 기타의 업무예산으로 구분하여 편성하여야 한다. 다만, 학교예산의 범위는 각령으로 정한다.
②전항의 규정에 의한 학교예산은 당해 사립학교의 장이 집행한다.
③학교회계에 속하는 수입은 학교회계 이외의 회계에 전입하거나 유용할 수 없다.

『새교육』이 소개하는 이 조문의 제정이유는 아래와 같다.[857]

857) 金康鉉, 앞의 글 "私立學校法(完)", 45면.

제29조의 예산구분(豫算區分)은 이 법 제6조제4항과 함께 학교법인의 재정에 대한 중대한 제한규정이다. 제6조제4항은 학교법인이 수익사업을 할 경우에는 그 수익사업의 회계는 반드시 다른 학교 경영회계와 분리하도록 규정하고 있으며, 제29조에서는 학교회계는 다른 회계 즉 학교법인의 회계, 수익사업의 회계와 구분하도록 하고 있다.

회계는 수입회계와 지출회계로 나누어진다. 따라서 이 규정은 지출회계뿐만 아니라 수입회계도 구분하도록 강제하고 있으며, 이는 제2항 및 제3항의 규정이 암시하여 주는 바와 같이 학생들에게서 받은 돈으로 장사를 하거나 법인의 이사나 감사들이 술을 마시거나 생활비를 뜯어 쓰도록 하는 것을 방지하기 위하여 설정된 조문이다. 사실상 이 조항 때문에 사립학교 법인의 운영자들이 많은 이권을 빼앗기는 결과가 되는 것이며, 사립학교 재정에 있어 공익성이 최대한도로 보장되는 것이다.

제2항은 학생으로부터 수입되는 것을 기초로 하는 학교법인의 회계를 집행함에 있어 그 책임자를 학교의 장으로 규정함으로써 학교회계에 있어 학교의 장의 권한을 확대하여 재정상 이사회의 권한을 사실상 거세한 것이다. 이에 반하여 제53조의 규정을 두어 학교장이나 교원의 임면에 있어서는 이사회에게 권한을 부여하여 상호 통제를 하도록 균형을 취하도록 규정하고 있다.

II. 개정 경과

29.201 **1. 1964년 11월 10일 개정(법률 제1664호, 1964. 11. 10, 일부개정)**

> **제29조(예산의 구분)** ①학교법인의 예산은 그가 설치·경영하는 학교의 예산과 기타의 업무예산으로 구분하여 편성하여야 한다. 다만, 학교예산의 범위는 **대통령령**으로 정한다.
> ②전항의 규정에 의한 학교예산은 당해 사립학교의 장이 집행한다.
> ③학교회계에 속하는 수입은 학교회계 이외의 회계에 전입하거나 유용할 수 없다.

- "각령"을 "대통령령"으로 하였다(오직 형식에 관한 개정이므로 자세한 개정경과는 생략함[858]).

858) 이에 관한 구체적 개정경과는 이 책 [5.201] 참조.

2. 1981년 2월 28일 개정(법률 제3373호, 1981. 2. 28. 시행)

제29조(회계의 구분) ①학교법인의 회계는 그가 설치·경영하는 학교에 속하는 회계와 법인의 업무에 속하는 회계로 구분한다.
②제1항의 규정에 의한 학교에 속하는 회계는 이를 교비회계와 부속병원회계(부속병원이 있는 경우에 한한다)로 구분할 수 있으며, 각 회계의 세입·세출에 관한 사항은 대통령령으로 정한다.
③제1항의 규정에 의한 법인의 업무에 속하는 회계는 이를 일반업무회계와 제6조의 규정에 의한 수익사업회계로 구분할 수 있다.
④제2항의 규정에 의한 학교에 속하는 회계의 예산은 고등학교이하의 각급학교에 있어서는 학교의 장이 편성하여 이사회가 심의·결정하고, 학교의 장이 집행하며, 대학교육기관에 있어서는 학교의 장이 편성하여 대학재무위원회의 심의를 거쳐 결정하고 학교의 장이 이를 집행·결산한다.
⑤제4항의 대학재무위원회의 위원은 당해 학교의 교원과 학교법인의 이사로 구성하되 그 조직과 운영에 관하여 필요한 사항은 학교법인의 정관으로 정한다.
⑥제2항의 규정에 의한 교비회계에 속하는 수입은 다른 회계에 전출하거나 대여할 수 없다. 다만, 차입금의 원리금을 상환하는 경우에는 그러하지 아니하다.

(1) 법률안(정부안[859])

현행법	원안
제29조(예산의 구분) ①학교법인의 예산은 그가 설치·경영하는 학교의 예산과 기타의 업무예산으로 구분하여 편성하여야 한다. 다만, 학교예산의 범위는 대통령령으로 정한다.	**제29조(회계의 구분)** ①학교법인의 회계는 그가 설치·경영하는 학교에 속하는 회계와 법인의 업무에 속하는 회계로 구분한다.
②전항의 규정에 의한 학교예산은 당해 사립학교의 장이 집행한다.	②제1항의 규정에 의한 학교에 속하는 회계는 이를 교비회계와 부속병원회계(부속병원이 있는 경우에 한한다)로 구분할 수 있으며, 각 회계의 세입·세출에 관한 사항은 대통령령으로 정한다.
③학교회계에 속하는 수입은 학교회계 이외의 회계에 전입하거나 유용할 수 없다.	③제1항의 규정에 의한 법인의 업무에 속하는 회계는 이를 일반업무회계와 제6조의 규정에 의한 수익사업회계로 구분할 수 있다.

859) 1981. 2. 13. 정부(의안번호: CC0145); 제안이유 및 주요내용은 이 책 [4.204] 참조.

<신 설>	④제2항의 규정에 의한 학교에 속하는 회계의 예산은 고등학교이하의 각급학교에 있어서는 학교의 장이 편성하여 이사회가 심의·결정하고, 학교의 장이 집행하며, 대학교육기관에 있어서는 학교의 장이 편성하여 대학재무위원회의 심의를 거쳐 결정하고 학교의 장이 이를 집행·결산한다.
<신 설>	⑤제4항의 대학재무위원회의 위원은 당해 학교의 교원과 학교법인의 이사로 구성하되 그 조직과 운영에 관하여 필요한 사항은 학교법인의 정관으로 정한다.
<신 설>	⑥제2항의 규정에 의한 교비회계에 속하는 수입은 다른 회계에 전출하거나 대여할 수 없다. 다만, 차입금의 원리금을 상환하는 경우에는 그러하지 아니하다.

- 학교회계를 교비회계와 부속병원회계로 구분하고(제2항), 학교법인의 회계는 일반업무회계와 수익사업회계로 구분할 수 있도록 하였다(제3항).
- 학교 예산의 편성 및 집행에 있어서 고등학교 이하와 대학교육기관을 구별하여 대학교육기관의 경우에는 대학재무위원회를 운영하도록 하였다.

(2) 위원회 심사

〈1〉 **문교공보위원회:** 원안대로 가결되었다.[860] 제29조에 관한 회의록 내용은 아래와 같다.

- **전문위원 김철**[861]: 제29조의 내용을 보면 학교법인의 회계는 학교회계와 법인의 업무회계로 구분하며 학교회계는 교비회계와 부속병원회계로 구분할 수 있게 하고 법인의 업무회계는 일반회계와 수익사업회계로 구분할 수 있게 하려는 것입니다.

  학교회계의 예산은 고등학교 이하의 각 학교에 있어서는 학교의 장이 편성하

860) 제10.5대 국회 제77회 제19차 문교공보위원회국가보위입법회의사무처, 문교공보위원회회의록, 1981. 2. 19., 7면.

861) 제10.5대 국회 제77회 제19차 문교공보위원회국가보위입법회의사무처, 문교공보위원회회의록, 1981. 2. 19., 4면.

여 이사회가 심의·의결하고 학교의 장이 이를 집행하며 대학교육기관 즉 대학·사범대학·전문대학 및 이에 준하는 각급대학에 있어서는 대학의 장이 편성하여 대학의 재무위원회가 심의·의결하고 학교의 장이 이를 집행하고 결산하게 규정하고 있습니다. 대학재무위원회의 위원을 당해 학교의 교원과 학교법인의 이사로 구성하고 그 조직과 운영에 관하여 필요한 사항은 정관으로 정하게 하는 것입니다. 학교회계에 준하는 수입을 다른 회계에 전출하거나 대여할 수 없게 규정하는 것입니다.

이와 같이 개정하는 이유는 학교법인 및 학교의 회계를 세분화하여 학교수입의 전출입을 금지시키고 학교법인의 학교재정간사의 배제와 대학재정위원회에서 자주적인 재무운영을 하게 하려는 것입니다. 이렇게 함으로써 일부 사립학교 교육기관에서 발생하던 대학재정의 부조리와 불신은 많이 개선될 것으로 기대됩니다...

〈2〉 **법제사법위원회:** 원안을 수정·가결했다.[862] 수정내용은 아래와 같다.

법제사법위원회 수정안
제29조(회계의 구분) ①학교법인의 회계는 그가 설치·경영하는 학교에 속하는 회계와 법인의 업무에 속하는 회계로 구분한다. ②제1항의 규정에 의한 학교에 속하는 회계는 이를 교비회계와 부속병원회계(부속병원이 있는 경우에 한한다)로 구분할 수 있으며, 각 회계의 세입·세출에 관한 사항은 대통령령으로 정한다. ③제1항의 규정에 의한 법인의 업무에 속하는 회계는 이를 일반업무회계와 제6조의 규정에 의한 수익사업회계로 구분할 수 있다. ④제2항의 규정에 의한 학교에 속하는 회계의 예산은 고등학교이하의 각급학교에 있어서는 학교의 장이 편성하여 이사회가 심의·결정하고, 학교의 장이 집행하며, 대학교육기관에 있어서는 학교의 장이 편성하여 대학재무위원회의 심의를 거쳐 결정하고 학교의 장이 이를 집행·결산한다. ⑤제4항의 대학재무위원회의 위원은 당해 학교의 교원과 학교법인의 이사로 구성하되 그 조직과 운영에 관하여 필요한 사항은 학교법인의 정관으로 정한다. ⑥제2항의 규정에 의한 교비회계에 속하는 수입은 다른 회계에 전출하거나 대여할 수 없다. 다만, 차입금의 원리금을 상환하는 경우에는 그러하지 아니하다.

위 내용이 포함된 제29조에 관한 회의록 내용은 아래와 같다.

- **전문위원 양삼승**[863]: 제29조제3항의 "법인의"라고 되어 있는 부분을 "제1항의

862) 제10.5대 국회 제77회 제30차 법제사법위원회국가보위입법회의사무처, 법제사법위원회회의록, 1981. 2. 19., 5면.

863) 제10.5대 국회 제77회 제19차 법제사법위원회 국가보위입법회의사무처, 법제사법위원회회의록, 1981. 2. 19., 4면.

규정에 의한 법인의"로 수정하고 동조 제4항 중 "각학교"라고 되어 있는 부분을 "각급학교"로 개정하…였습니다.

(3) 본회의 심의

법제사법위원회 수정안대로 가결되었다.[864] 제29조에 관한 회의록 내용은 아래와 같다.

- **문교공보위원장 송지영**[865]: 정부에서 교육정상화 시책의 일환으로 제출한 이 개정법률안은 사립대학의 설립자와 대학의 장의 권한과 책임의 한계를 명확하게 하여 설립자가 학교행정에 부당하게 간섭할 수 없도록 함으로써 사회의 공기인 사학의 공공성 제고와 건전한 발전을 도모하려는 것으로 그 주요골자를 말씀드리면,…

  넷째 대학의 경우 학교예산의 편성 및 집행과 결산은 학교의 장이 하도록 하고, 다섯째 대학의 학교예산을 심의하기 위하여 대학, 사범대학 및 전문대학에 대학재무위원회를 두도록 되어 있습니다.

(4) 결과

법제사법위원회 수정안으로 개정되었다.

29.203

3. 1986년 5월 9일 개정(법률 제3812호, 1986. 5. 9. 시행)

제29조(회계의 구분) ①학교법인의 회계는 그가 설치·경영하는 학교에 속하는 회계와 법인의 업무에 속하는 회계로 구분한다.
②제1항의 규정에 의한 학교에 속하는 회계는 이를 교비회계와 부속병원회계(부속병원이 있는 경우에 한한다)로 구분할 수 있으며, 각 회계의 세입·세출에 관한 사항은 대통령령으로 정한다.
③제1항의 규정에 의한 법인의 업무에 속하는 회계는 이를 일반업무회계와 제6조의 규정에 의한 수익사업회계로 구분할 수 있다.
④제2항의 규정에 의한 학교에 속하는 회계의 예산은 <u>학교의 장이 편성하여 학</u>

864) 제10.5대 국회 제77회 제20차 국회본회의, 국회본회의회의록, 1981. 2. 20., 7면.
865) 제10.5대 국회 제77회 제20차 국회본회의, 국가보위입법회의회의록, 1981. 2. 20., 6~7면.

교법인의 이사회가 심의·결정하고 학교의 장이 집행한다.
⑤ 삭제
⑥제2항의 규정에 의한 교비회계에 속하는 수입은 다른 회계에 전출하거나 대여할 수 없다. 다만, 차입금의 원리금을 상환하는 경우에는 그러하지 아니하다.

(1) 법률안

〈1〉 김일윤 의원안[866)]

현행법	원안
제29조(회계의 구분) ① ~ ③ (생　략) ④제2항의 규정에 의한 학교에 속하는 회계의 예산은 고등학교이하의 각급학교에 있어서는 학교의 장이 편성하여 이사회가 심의·결정하고, 학교의 장이 집행하며, 대학교육기관에 있어서는 학교의 장이 편성하여 대학재무위원회의 심의를 거쳐 결정하고 학교의 장이 이를 집행·결산한다. ⑤제4항의 대학재무위원회의 위원은 당해 학교의 교원과 학교법인의 이사로 구성하되 그 조직과 운영에 관하여 필요한 사항은 학교법인의 정관으로 정한다. ⑥ (생　략)	제29조(회계의 구분) ① ~ ③ (현행과 같음) ④제2항의 규정에 의한 학교에 속하는 회계의 예산은 고등학교 이하의 각급학교에 있어서는 학교의 장이 편성하여 이사회가 심의·결정하고 학교의 장이 집행하며, 대학교육기관에 있어서는 학교의 장이 편성하여 대학재무위원회의 심의를 거쳐 이사회가 심의·결정하고 학교의 장이 이를 집행·결산한다. ⑤ (현행과 같음) ⑥ (현행과 같음)

• 대학교육기관의 경우 학교예산에 대하여 대학재무위원회의 심의를 거쳐 이사회의 심의·결정을 거쳐 학교의 장이 집행·결산하도록 하였다.

〈2〉 정동성 의원안[867)]

현행법	원안
제29조(회계의 구분) ① ~ ③ (생　략) ④제2항의 규정에 의한 학교에 속하는 회계의 예산은 고등학교이하의 각급학교에 있어서는 학교의 장이 편성하여 이사회가 심의·결정하	제29조(회계의 구분) ① ~ ③ (현행과 같음) ④제2항의 규정에 의한 학교에 속하는 회계의 예산은 학교의 장이 편성하여 학교법인의 이사회가 심의·결정하고 학교의 장이 집행한다.

866) 1985. 6. 7. 김일윤의원 등 19인(의안번호: 120042); 제안이유 및 주요내용은 이 책 [4.205] 참조.
867) 1985. 12. 7. 정동성의원 등 40인(의안번호: 120179); 제안이유 및 주요내용은 이 책 [3.204] 참조.

고, 학교의 장이 집행하며, 대학교육기관에 있어서는 학교의 장이 편성하여 대학재무위원회의 심의를 거쳐 결정하고 학교의 장이 이를 집행·결산한다.	
⑤제4항의 대학재무위원회의 위원은 당해 학교의 교원과 학교법인의 이사로 구성하되 그 조직과 운영에 관하여 필요한 사항은 학교법인의 정관으로 정한다.	⑤ <삭 제>
⑥ (생 략)	⑥ (현행과 같음)

• 대학교육기관에서 대학재무위원회의 심의 과정을 없애고 고등학교 이하의 경우와 동일하게 하였다. 그에 따라 대학재무위원회에 조직·운영 등에 관한 제5항을 삭제하였다.

(2) 위원회 심사

〈1〉 **문교공보위원회:** 대안[868]으로 가결되었다.[869]

대안
제29조(회계의 구분) ④제2항의 규정에 의한 학교에 속하는 회계의 예산은 학교의 장이 편성하여 학교법인의 이사회가 심의·결정하고 학교의 장이 집행한다. ⑤ 삭제

〈2〉 **법제사법위원회:** 문교공보위원회 대안대로 가결되었다.[870]

(3) 본회의 심의

문교공보위원회 대안대로 가결되었다.[871]

(4) 결과

문교공보위원회 대안으로 개정되었다.

868) 1986. 4. 8. 문교공보위원장(의안번호: 120225).
869) 제129회 국회(임시회) 제5차 전체회의, 문교공보위원회회의록, 1986. 4. 7., 7면.
870) 제129회 국회(임시회) 제6차 전체회의, 법제사법위원회회의록, 1986. 4. 8., 9면.
871) 제129회 국회(임시회) 제9차 본회의, 국회본회의회의록, 1986. 4. 8., 26면.

4. 1990년 4월 7일 개정(법률 제4226호, 1990. 4. 7. 시행)

제29조(회계의 구분) ①학교법인의 회계는 그가 설치·경영하는 학교에 속하는 회계와 법인의 업무에 속하는 회계로 구분한다.

②제1항의 규정에 의한 학교에 속하는 회계는 이를 교비회계와 부속병원회계(부속병원이 있는 경우에 한한다)로 구분할 수 있으며, 각 회계의 세입·세출에 관한 사항은 대통령령으로 정한다.

③제1항의 규정에 의한 법인의 업무에 속하는 회계는 이를 일반업무회계와 제6조의 규정에 의한 수익사업회계로 구분할 수 있다.

④제2항의 규정에 의한 학교에 속하는 회계의 예산은 **당해 학교의 예산·결산자문위원회의 자문을 얻어** 학교의 장이 편성하여 학교법인의 이사회가 심의·의결하고 학교의 장이 집행한다.

⑤**예산·결산자문위원회는 10인이상의 교직원으로 구성하되, 그 조직 및 운영에 관하여 필요한 사항은 정관으로 정한다.**

⑥제2항의 규정에 의한 교비회계에 속하는 수입은 다른 회계에 전출하거나 대여할 수 없다. 다만, 차입금의 원리금을 상환하는 경우에는 그러하지 아니하다.

(1) 법률안

〈1〉 박석무 의원안[872)]

현행법	원안
제29조(회계의 구분) ① ~ ③ (생 략) ④제2항의 규정에 의한 학교에 속하는 회계의 예산은 학교의 장이 편성하여 학교법인의 이사회가 심의·결정하고 학교의 장이 집행한다. ⑤ ~ ⑥ (생 략)	**제29조(회계의 구분)** ① ~ ③ (현행과 같음) ④제2항의 규정에 의한 학교에 속하는 회계의 예산은 학교의 장이 편성하여 교무회의 또는 교수협의회에서 심의하고 학교법인 이사회에서 의결하여 학교의 장이 집행한다. ⑤ ~ ⑥ (현행과 같음)

- 학교에 속하는 회계의 예산은 학교의 장이 편성하여 교무회의 또는 교무협의회에서 심의하고 학교법인 이사회에서 의결하여 학교의 장이 집행하도록 하였다.

872) 1988. 12. 21. 박석무의원 등 70인(의안번호: 130378); 제안이유 및 주요내용은 이 책 [4.206] 참조.

〈2〉 강삼재 의원안[873)]

현행법	원안
제29조(회계의 구분) ① ~ ③ (생 략) ④제2항의 규정에 의한 학교에 속하는 회계의 예산은 학교의 장이 편성하여 학교법인의 이사회가 심의·결정하고 학교의 장이 집행한다. ⑤ ~ ⑥ (생 략)	**제29조(회계의 구분)** ① ~ ③ (현행과 같음) ④제2항의 규정에 의한 학교에 속하는 회계의 예산은 학교의 장이 편성하여 교무회의 또는 교수협의회의 심의를 거쳐 학교법인 이사회에서 의결하고 학교의 장이 집행한다. ⑤ ~ ⑥ (현행과 같음)

• 학교에 속하는 회계의 예산은 학교의 장이 편성하여 교무회의 또는 교무협의회에서 심의하고 학교법인 이사회에서 의결하여 학교의 장이 집행하도록 하였다.

(2) 위원회 심사

〈1〉 **문교공보위원회:** 대안[874)]으로 가결되었다.[875)]

대안
제29조(회계의 구분) ④제2항의 규정에 의한 학교에 속하는 회계의 예산은 당해 학교의 예산·결산자문위원회의 자문을 얻어 학교의 장이 편성하여 학교법인의 이사회가 심의·의결하고 학교의 장이 집행한다. ⑤예산·결산자문위원회는 10인이상의 교직원으로 구성하되, 그 조직 및 운영에 관하여 필요한 사항은 정관으로 정한다.

〈2〉 **법제사법위원회:** 문교공보위원회 대안대로 가결되었다.[876)]

(3) 본회의 심의

문교공보위원회 대안대로 가결되었다.[877)]

(4) 결과

문교공보위원회 대안으로 개정되었다.

873) 1989. 2. 28. 강삼재의원 등 57인(의안번호: 130463); 제안이유 및 주요내용은 이 책 [4.206] 참조.
874) 1990. 3. 15. 문교공보위원장(의안번호: 130833).
875) 제148회 국회(임시회) 제6차 전체회의, 문교공보위원회회의록, 1990. 3. 14., 8면.
876) 제148회 국회(임시회) 제6차 전체회의, 법제사법위원회회의록, 1990. 3. 14., 26면.
877) 제148회 국회(임시회) 제9차 본회의, 국회본회의회의록, 1990. 3. 16., 15~16면.

5. 1999년 1월 21일 개정(법률 제5683호, 1999. 4. 22. 시행)

제29조(회계의 구분) ①학교법인의 회계는 그가 설치·경영하는 학교에 속하는 회계와 법인의 업무에 속하는 회계로 구분한다.
②제1항의 규정에 의한 학교에 속하는 회계는 이를 교비회계와 부속병원회계(부속병원이 있는 경우에 한한다)로 구분할 수 있으며, 각 회계의 세입·세출에 관한 사항은 대통령령으로 정하**되 수업료 기타 납부금은 교비회계의 수입으로 하여 이를 별도 계좌로 관리하여야 한다**
③제1항의 규정에 의한 법인의 업무에 속하는 회계는 이를 일반업무회계와 제6조의 규정에 의한 수익사업회계로 구분할 수 있다.
④제2항의 규정에 의한 학교에 속하는 회계의 예산은 당해 학교의 예산·결산자문위원회의 자문을 얻어 학교의 장이 편성하여 학교법인의 이사회가 심의·의결하고 학교의 장이 집행한다.
⑤예산·결산자문위원회는 10인이상의 교직원으로 구성하되, 그 조직 및 운영에 관하여 필요한 사항은 정관으로 정한다.
⑥제2항의 규정에 의한 교비회계에 속하는 수입은 다른 회계에 전출하거나 대여할 수 없다. 다만, 차입금의 원리금을 상환하는 경우에는 그러하지 아니하다.

(1) 법률안(정희경 의원안[878])

• 이 조문의 경우에는 원안[879]으로 제안되지 않고 위원회 심사 단계에서 수정안으로 제안되었다.

(2) 위원회 심사

〈1〉 **교육위원회:** 교육위원회 수정안[880]으로 가결되었다.[881]

원안	교육위원회 수정안
제29조(회계의 구분)	제29조(회계의 구분) ②제1항의 규정에 의한 학교에 속하는 회계는 이를 교비회계와 부속병원회계(부속병원이 있

878) 1998. 10. 21. 정희경의원 등 21인(의안번호: 151284); 제안이유 및 주요내용은 이 책 [28.204] 참조.
879) 1998. 10. 21. 정희경의원 등 21인(의안번호: 151284).
880) 위원회 심사 단계에서 수정안이 제안된 것으로 의안번호가 없다.
881) 제198회 국회(정기회) 제10차 전체회의, 교육위원회회의록, 1998. 12. 16., 15면.

	는 경우에 한한다)로 구분할 수 있으며, 각 회계의 세입·세출에 관한 사항은 대통령령으로 정하되 수업료 기타 납부금은 교비회계의 수입으로 하여 이를 별도 계좌로 관리하여야 한다

제29조에 관한 회의록 내용은 아래와 같다. 이 조문의 회의록 내용은 1999. 1. 21. 개정조문 제28조와 공통적이어서 생략한다.[882)]

〈2〉 **법제사법위원회:** 교육위원회 수정안대로 가결되었다.[883)] 이 조문의 회의록 내용은 1999. 1. 21. 개정조문 제28조와 공통적이어서 생략한다.[884)]

(3) 본회의 심의

교육위원회 수정안대로 가결되었다.[885)] 이 조문의 회의록 내용은 1999. 1. 21. 개정조문 제28조와 공통적이어서 생략한다.[886)]

(4) 결과

교육위원회 수정안으로 개정되었다.

29.206 6. 1999년 8월 31일 개정(법률 제6004호, 1999. 8. 31. 시행)

제29조(회계의 구분) ①학교법인의 회계는 그가 설치·경영하는 학교에 속하는 회계와 법인의 업무에 속하는 회계로 구분한다.
②제1항의 규정에 의한 학교에 속하는 회계는 이를 교비회계와 부속병원회계(부속병원이 있는 경우에 한한다)로 구분할 수 있으며, 각 회계의 세입·세출에 관한 사항은 대통령령으로 정하되 수업료 기타 납부금은 교비회계의 수입으로 하여 이를 별도 계좌로 관리하여야 한다.
③제1항의 규정에 의한 법인의 업무에 속하는 회계는 이를 일반업무회계와 제6조의 규정에 의한 수익사업회계로 구분할 수 있다.

---

882) 이 책 [28.204] 참조.
883) 제198회 국회(정기회) 제15차 전체회의, 법제사법위원회회의록, 1998. 12. 18., 47면.
884) 이 책 [28.204] 참조.
885) 제198회 국회(정기회) 제20차 본회의, 본회의회의록, 1998. 12. 18., 26면.
886) 이 책 [28.204] 참조.

④제2항의 규정에 의한 학교에 속하는 회계의 예산은 당해 학교의 예산·결산자문위원회의 **자문을 거쳐** 학교의 장이 편성하여 학교법인의 이사회가 심의·의결하고 학교의 장이 집행한다. **다만, 유치원은 예산·결산자문위원회의 자문을 거치지 아니할 수 있다.**
⑤예산·결산자문위원회는 10인이상의 교직원으로 구성하되, 그 조직 및 운영에 관하여 필요한 사항은 정관으로 정한다.
⑥제2항의 규정에 의한 교비회계에 속하는 수입은 다른 회계에 전출하거나 대여할 수 없다. 다만, 차입금의 원리금을 상환하는 경우에는 그러하지 아니하다.

(1) 법률안(정부안[887])

현행법	원안
제29조(회계의 구분) ① ~ ③ (생 략) ④제2항의 규정에 의한 학교에 속하는 회계의 예산은 당해 학교의 예산·결산자문위원회의 자문을 얻어 학교의 장이 편성하여 학교법인의 이사회가 심의·의결하고 학교의 장이 집행한다. <단서 신설> ⑤ ~ ⑥ (생 략)	**제29조(회계의 구분)** ① ~ ③ (현행과 같음) ④제2항의 규정에 의한 학교에 속하는 회계의 예산은 당해 학교의 예산·결산자문위원회의 자문을 거쳐 학교의 장이 편성하여 학교법인의 이사회가 심의·의결하고 학교의 장이 집행한다. 다만, 유치원은 예산·결산자문위원회의 자문을 거치지 아니할 수 있다. ⑤ ~ ⑥ (현행과 같음)

• 유치원은 예산·결산자문위원회의 자문을 거치지 아니할 수 있도록 하였다.

(2) 위원회 심사

〈1〉 **교육위원회:** 원안대로 가결되었다.[888]

〈2〉 **법제사법위원회:** 원안을 수정·가결했다.[889] 수정내용은 아래와 같다.

법제사법위원회 수정안
제29조(회계의 구분) ④제2항의 규정에 의한 학교에 속하는 회계의 예산은 당해 학교의 예산·결산자문위원회의 자문을

887) 1998. 12. 2. 정부(의안번호: 151530); 제안이유 및 주요내용은 이 책 [2.201] 참조.
888) 제206회 국회(임시회) 제2차 전체회의, 교육위원회회의록, 1999. 8. 10., 30면.
889) 제206회 국회(임시회) 제5차 전체회의, 법제사법위원회회의록, 1999. 8. 12., 19면.

거쳐 학교의 장이 편성하여 학교법인의 이사회가 심의·의결하고 학교의 장이 집행한다. 다만, 유치원은 예산·결산자문위원회의 자문을 거치지 아니할 수 있다.

(3) 본회의 심의

법제사법위원회 수정안대로 가결되었다.[890]

(4) 결과

법제사법위원회 수정안으로 개정되었다.

29.207

7. 2005년 12월 29일 개정(법률 제7802호, 2006. 7. 1. 시행)

제29조(회계의 구분) ①학교법인의 회계는 그가 설치·경영하는 학교에 속하는 회계와 법인의 업무에 속하는 회계로 구분한다.

②제1항의 규정에 의한 학교에 속하는 회계는 이를 교비회계와 부속병원회계(부속병원이 있는 경우에 한한다)로 구분할 수 있으며, 각 회계의 세입·세출에 관한 사항은 대통령령으로 정하되 수업료 기타 납부금은 교비회계의 수입으로 하여 이를 별도 계좌로 관리하여야 한다.

③제1항의 규정에 의한 법인의 업무에 속하는 회계는 이를 일반업무회계와 제6조의 규정에 의한 수익사업회계로 구분할 수 있다.

④제2항의 규정에 의한 학교에 속하는 회계의 예산은 당해 **학교의 장이** 편성하되 **학교운영위원회 또는 대학평의원회의** 자문을 거친후 이사회의 심의·의결**로 확정하고** 학교의 장이 집행한다. 다만, 유치원은 **학교의 장이 편성·집행한다.**

⑤ **삭제**

⑥제2항의 규정에 의한 교비회계에 속하는 수입은 다른 회계에 전출하거나 대여할 수 없다. 다만, **다음 각 호의 경우에는** 그러하지 아니하다.

1. **차입금의 원리금을 상환하는 경우**
2. **임시이사가 파견된 학교법인 중 재정이 열악한 학교법인의 최소한의 이사회 운영 경비 및 사무직원 인건비를 지급하는 경우**

⑦제6항제2호의 규정에 의하여 교비회계에서 전출·대여할 수 있는 대상 학교법인, 지원 범위 및 절차는 대통령령으로 정한다.

---

890) 제206회 국회(임시회) 제3차 본회의, 본회의회의록, 1999. 8. 12., 26면.

(1) 법률안

〈1〉 최순영 의원안[891)]

현행법	원안
제29조(회계의 구분) ① ~ ④ (생 략)	제29조(회계의 구분) ① ~ ④ (현행과 같음)
⑤예산·결산자문위원회는 10인 이상의 교직원으로 구성하되, 그 조직 및 운영에 관하여 필요한 사항은 정관으로 정한다.	⑤예산·결산자문위원회는 10인이상의 교직원으로 구성하되, 그 조직 및 운영에 관하여 필요한 사항은 대통령령으로 정한다.
⑥제2항의 규정에 의한 교비회계에 속하는 수입은 다른 회계에 전출하거나 대여할 수 없다. 다만, 차입금의 원리금을 상환하는 경우에는 그러하지 아니하다.	⑥제2항의 규정에 의한 교비회계에 속하는 수입은 다른 회계에 전출하거나 대여할 수 없다. <단서 삭제>
<신 설>	⑦제4항의 규정에 불구하고 초·중등학교의 장은 학교에 속하는 회계의 예산을 예산·결산자문위원회의 자문을 거쳐 편성하고, 이를 학교운영위원회의 심의와 학교법인의 이사회의 의결을 거쳐서 집행한다.

〈2〉 복기왕 의원안[892)]

현행법	원안
제29조(회계의 구분) ① ~ ③ (생 략)	제29조(회계의 구분) ① ~ ③ (현행과 같음)
④제2항의 규정에 의한 학교에 속하는 회계의 예산은 당해 학교의 예산·결산자문위원회의 자문을 거쳐 학교의 장이 편성하여 학교법인의 이사회가 심의·의결하고 학교의 장이 집행한다. 다만, 유치원은 예산·결산자문위원회의 자문을 거치지 아니할 수 있다.	④제2항의 규정에 의한 학교에 속하는 회계의 예산은 당해 학교의 장이 편성하되 학교운영위원회 또는 대학평의원회의 심의와 이사회의 의결을 거쳐 확정하고 학교의 장이 집행한다. 다만, 유치원은 학교의 장이 편성·집행한다.
⑤예산·결산자문위원회는 10인 이상의 교직원으로 구성하되, 그 조직 및 운영에 관하여 필요한 사항은 정관으로 정한다.	⑤ 삭제
⑥제2항의 규정에 의한 교비회계에 속하는 수입은 다른 회계에 전출하거나 대여할 수 없다. 다만, 차입금의 원리금을 상환하는 경우에는 그러하지 아니하다.	⑥제2항의 규정에 의한 교비회계에 속하는 수입은 다른 회계에 전출하거나 대여할 수 없다. 다만, 다음 각 호의 경우에는 그러하지 아니하다.
<신 설>	1. 차입금의 원리금을 상환하는 경우

891) 2004. 9. 10. 최순영의원 등 10인(의안번호: 170412); 제안이유 및 주요내용은 이 책 [8-2.201] 참고.
892) 2004. 10. 20. 복기왕의원 등 150인(의안번호: 170595); 제안이유 및 주요내용은 이 책 [10-2.201] 참고.

<신 설>	2. 임시이사가 파견된 학교법인 중 재정이 열악한 학교법인의 최소한의 이사회 운영 경비 및 사무직원 인건비를 지급하는 경우
<신 설>	⑦제6항제2호의 규정에 의하여 교비회계에서 전출·대여할 수 있는 대상 학교법인, 지원 범위 및 절차는 대통령령으로 정한다.

• 학교의 예산은 학교의 장이 편성하되 학교운영위원회 또는 대학평의원회의 심의와 이사회의 의결을 거쳐 확정하도록 하였다.

(2) 위원회 심사

〈1〉 **교육위원회:** 심사 미료

국회의장이 지정한 심사기간(2005. 9. 16 24:00) 내에 심사가 미료됨에 따라 소관 상임위원장의 중간심사보고(구두보고) 후 본회의로 바로 상정하였다(「국회법」 제85조의2).

〈2〉 **법제사법위원회:** 심사 미료

(3) 본회의 심의

원안을 수정·가결했다.[893] 수정내용은 아래와 같다.

본회의 수정안
제29조(회계의 구분) ④제2항의 규정에 의한 학교에 속하는 회계의 예산은 당해 학교의 장이 편성하되 학교운영위원회 또는 대학평의원회의 자문을 거친 후 이사회의 심의·의결로 확정하고 학교의 장이 집행한다. 다만, 유치원은 학교의 장이 편성·집행한다. ⑤ 삭제 ⑥제2항의 규정에 의한 교비회계에 속하는 수입은 다른 회계에 전출하거나 대여할 수 없다. 다만, 다음 각 호의 경우에는 그러하지 아니하다. 1. 차입금의 원리금을 상환하는 경우 2. 임시이사가 파견된 학교법인 중 재정이 열악한 학교법인의 최소한의 이사회 운영 경비 및 사무직원 인건비를 지급하는 경우 ⑦제6항제2호의 규정에 의하여 교비회계에서 전출·대여할 수 있는 대상 학교법인, 지원 범위 및 절차는 대통령령으로 정한다.

893) 제256회 국회(정기회) 제16차 본회의, 국회본회의회의록, 2005. 12. 9., 2~3면.

이 조문의 회의록 내용은 2005. 12. 29. 개정조문 제8조의2와 공통적이어서 생략한다.[894]

(4) 결과

본회의 수정안으로 개정되었다.

8. 2007년 7월 27일 개정(법률 제8545호, 2007. 7. 27. 시행)

제29조(회계의 구분) ①학교법인의 회계는 그가 설치·경영하는 학교에 속하는 회계와 법인의 업무에 속하는 회계로 구분한다.

②제1항의 규정에 의한 학교에 속하는 회계는 이를 교비회계와 부속병원회계(부속병원이 있는 경우에 한한다)로 구분할 수 있으며, 각 회계의 세입·세출에 관한 사항은 대통령령으로 정하되 수업료 기타 납부금은 교비회계의 수입으로 하여 이를 별도 계좌로 관리하여야 한다.

③제1항의 규정에 의한 법인의 업무에 속하는 회계는 이를 일반업무회계와 제6조의 규정에 의한 수익사업회계로 구분할 수 있다.

④제2항의 규정에 의한 학교에 속하는 회계의 예산은 당해 학교의 장이 편성하되 학교운영위원회 또는 대학평의원회의 자문을 거친후 이사회의 심의·의결로 확정하고 학교의 장이 집행한다. 다만, 유치원은 학교의 장이 편성·집행한다.

⑤ 삭제

⑥제2항**에 따른** 교비회계에 속하는 수입은 다른 회계에 전출하거나 대여할 수 없다. 다만, **차입금의 원리금을 상환하는 경우에는 그러하지 아니하다.**

⑦ **삭제**

(1) 법률안(본회의 수정안(이주영 의원안)[895])

이 조문의 경우에는 원안[896]으로 제안되지 않고 본회의 심의 단계에서 수정안으로 제안되었다. 이 조문의 현행법과 원안(본회의 수정안)의 내용을 비교하면 아래와 같다.

---

894) 이 책 [8-2.201] 참조.

895) 2007. 7. 3. 이주영의원 등 132인; 제안이유 및 주요내용은 이 책 [14.206] 참고.

896) 2006. 12. 1. 이은영의원 등 23인(의안번호: 175526).

현행법	원안
제29조(회계의 구분) ① ~ ⑤ (생 략) ⑥제2항의 규정에 의한 교비회계에 속하는 수입은 다른 회계에 전출하거나 대여할 수 없다. 다만, 다음 각 호의 경우에는 그러하지 아니하다. 1. 차입금의 원리금을 상환하는 경우 2. 임시이사가 파견된 학교법인 중 재정이 열악한 학교법인의 최소한의 이사회 운영 경비 및 사무직원 인건비를 지급하는 경우 ⑦제6항제2호의 규정에 의하여 교비회계에서 전출·대여할 수 있는 대상 학교법인, 지원 범위 및 절차는 대통령령으로 정한다.	**제29조(회계의 구분)** ① ~ ⑤ (현행과 같음) ⑥제2항에 따른 교비회계에 속하는 수입은 다른 회계에 전출하거나 대여할 수 없다. 다만, 차입금의 원리금을 상환하는 경우에는 그러하지 아니하다. 1. <삭 제> 2. <삭 제> <삭 제>

• 종전의 제6항제2호가 개정된 제25조제6항과 동일하므로 삭제하였다. 이에 제6항제2호와 관련 규정인 제7항도 삭제하였다.

(2) 위원회 심사

〈1〉 **교육위원회:** 심사 미료

심사가 미료되어 「국회법」에 따라 소관 상임위원장의 중간심사보고(구두보고) 후 본회의로 바로 상정하였다.

〈2〉 **법제사법위원회:** 심사 미료

(3) 본회의 심의

본회의 수정안대로 가결되었다.[897] 이 조문의 회의록 내용은 2007. 7. 27. 개정조문 제14조와 공통적이어서 생략한다.[898]

(4) 결과

본회의 수정안으로 개정되었다.

---

897) 제268회 국회(임시회) 제10차 본회의, 국회본회의회의록, 2007. 7. 3., 48~49면.
898) 이 책 [14.206] 참조.

9. 2011년 7월 25일 개정(법률 제10906호, 2011. 7. 25. 시행)

제29조(회계의 구분) ①학교법인의 회계는 그가 설치·경영하는 학교에 속하는 회계와 법인의 업무에 속하는 회계로 구분한다.

②제1항의 규정에 의한 학교에 속하는 회계는 이를 교비회계와 부속병원회계(부속병원이 있는 경우에 한한다)로 구분할 수 **있고, 교비회계는 등록금회계와 기금회계로 구분하며,** 각 회계의 세입·세출에 관한 사항은 대통령령으로 정하되 수업료 기타 납부금은 교비회계의 수입으로 하여 이를 별도 계좌로 관리하여야 한다.

③제1항의 규정에 의한 법인의 업무에 속하는 회계는 이를 일반업무회계와 제6조의 규정에 의한 수익사업회계로 구분할 수 있다.

④제2항의 규정에 의한 학교에 속하는 회계의 예산은 당해 학교의 장이 편성하되 학교운영위원회 또는 대학평의원회의 자문을 거친후 이사회의 심의·의결로 확정하고 학교의 장이 집행한다. 다만, 유치원은 학교의 장이 편성·집행한다.

⑤ 삭제

⑥제2항에 따른 교비회계에 속하는 수입은 다른 회계에 전출하거나 대여할 수 없다. 다만, 차입금의 원리금을 상환하는 경우에는 그러하지 아니하다.

⑦ 삭제

(1) 법률안(교육과학기술위원회안(대안)[899])

이 조문의 경우에는 원안[900]으로 제안되지 않고 위원회 심사 단계에서 대안으로 제안되었다. 이 조문의 현행법과 원안(대안)의 내용을 비교하면 아래와 같다.[901]

현행법	원안
제29조(회계의 구분) ① (생 략) ②제1항의 규정에 의한 학교에 속하는 회계는	**제29조(회계의 구분)** ① (현행과 같음) ②제1항의 규정에 의한 학교에 속하는 회계는

899) 2011. 6. 28. 교육과학기술위원장(의안번호: 1812402).

900) 2008. 12. 15. 권영길의원 등 14인(의안번호: 1803049), 2009. 4. 27. 조경태의원 등 13인(의안번호 1804693), 2010. 6. 25. 서상기의원 등 13인(의안번호: 1808672).

901) 2011년 7월 25일 개정 원안에는 권영길 의원안, 조경태 의원안, 서상기 의원안이 있다. 이 원안들은 이후 위원회 심사 단계에서 위 교육과학기술위원장 대안으로 통합 조정되었다. 이들 개정안 중 제29조에 관한 개정안은 이 대안이다. 그러므로 여기에서는 현행법과 대안의 개정 원안만을 소개한다. 권영길 의원안, 조경태 의원안, 서상기 의원안은 이 책 [32-2.201] 참조.

현행	개정
이를 교비회계와 부속병원회계(부속병원이 있는 경우에 한한다)로 구분할 수 있으며, 각 회계의 세입·세출에 관한 사항은 대통령령으로 정하되 수업료 기타 납부금은 교비회계의 수입으로 하여 이를 별도 계좌로 관리하여야 한다. ③제1항의 규정에 의한 법인의 업무에 속하는 회계는 이를 일반업무회계와 제6조의 규정에 의한 수익사업회계로 구분할 수 있다. ④제2항의 규정에 의한 학교에 속하는 회계의 예산은 당해 학교의 장이 편성하되 학교운영위원회 또는 대학평의원회의 자문을 거친후 이사회의 심의·의결로 확정하고 학교의 장이 집행한다. 다만, 유치원은 학교의 장이 편성·집행한다. ⑤ ~ ⑦ (생 략)	이를 교비회계와 부속병원회계(부속병원이 있는 경우에 한한다)로 구분할 수 있고, 교비회계는 등록금회계와 기금회계로 구분하며, 각 회계의 세입·세출에 관한 사항은 대통령령으로 정하되 수업료 기타 납부금은 교비회계의 수입으로 하여 이를 별도 계좌로 관리하여야 한다. ③제1항의 규정에 의한 법인의 업무에 속하는 회계는 이를 일반업무회계와 제6조의 규정에 의한 수익사업회계로 구분할 수 있다. ④제2항의 규정에 의한 학교에 속하는 회계의 예산은 당해 학교의 장이 편성하되 학교운영위원회 또는 대학평의원회의 자문을 거친후 이사회의 심의·의결로 확정하고 학교의 장이 집행한다. 다만, 유치원은 학교의 장이 편성·집행한다. ⑤ ~ ⑦ (현행과 같음)

- 교비회계를 등록금회계와 기금회계로 구분하였다.

(2) 위원회 심사

〈1〉 **교육과학기술위원회:** 대안[902]으로 가결되었다.[903]

〈2〉 **법제사법위원회:** 교육과학기술위원회 대안대로 가결되었다.[904]

(3) 본회의 심의

교육과학기술위원회 대안대로 가결되었다.[905]

(4) 결과

교육과학기술위원회 대안으로 개정되었다.

902) 2011. 6. 28. 교육과학기술위원장(의안번호: 1812402).
903) 제301회 국회(임시회) 제5차 전체회의, 교육과학기술위원회회의록, 2011. 6. 22., 24면.
904) 제301회 국회(임시회) 제6차 전체회의, 법제사법위원회회의록, 2011. 6. 28., 64면.
905) 제301회 국회(임시회) 제7차 국회본회의회의록, 2011. 6. 29., 40면.

10. 2013년 1월 23일 개정(법률 제11622호, 2013. 7. 24. 시행)

제29조(회계의 구분) ①학교법인의 회계는 그가 설치·경영하는 학교에 속하는 회계와 법인의 업무에 속하는 회계로 구분한다.

②제1항의 규정에 의한 학교에 속하는 회계는 이를 교비회계와 부속병원회계(부속병원이 있는 경우에 한한다)로 구분할 수 있고, 교비회계는 등록금회계와 **비등록금회계**로 구분하며, 각 회계의 세입·세출에 관한 사항은 대통령령으로 정하되 **학교가 받은 기부금 및** 수업료 기타 납부금은 교비회계의 수입으로 하여 이를 별도 계좌로 관리하여야 한다.

③제1항의 규정에 의한 법인의 업무에 속하는 회계는 이를 일반업무회계와 제6조의 규정에 의한 수익사업회계로 구분할 수 있다.

④제2항의 규정에 의한 학교에 속하는 회계의 예산은 당해 학교의 장이 편성하**고 다음 각 호의 절차에 따라 확정·집행한다.**

1. 대학교육기관: 대학평의원회의 자문 및 「고등교육법」 제11조제2항에 따른 등록금심의위원회(이하 "등록금심의위원회"라 한다)의 심사·의결을 거친 후 이사회의 심사·의결로 확정하고 학교의 장이 집행한다.

2. 「초·중등교육법」 제2조에 따른 학교: 학교운영위원회의 자문을 거친 후 이사회의 심사·의결로 확정하고 학교의 장이 집행한다.

3. 유치원: 학교의 장이 집행한다.

⑤ 삭제

⑥제2항에 따른 교비회계에 속하는 수입은 다른 회계에 전출하거나 대여할 수 없다. 다만, 차입금의 원리금을 상환하는 경우에는 그러하지 아니하다.

⑦ 삭제

(1) 법률안

〈1〉 **민병주 의원안**[906]: 이 조문을 포함한 개정 대상 조문의 제안이유 및 주요내용은 아래와 같다.

• 제안이유

사립대학 학교 운영경비의 60% 이상이 등록금 수입에 편중되어 있어 사립대

906) 2012. 5. 30. 민병주의원 등 25인(의안번호: 1900016).

학이 공익기관으로서의 설립목적 및 사회적 책무를 충실히 이행하기 위해서는 합리적인 대학 재정운영과 재무·회계의 투명성을 제고하는 방안이 필요함.

따라서 교비회계를 등록금회계와 비등록금회계로 구분 경리하여 등록금 사용 내역을 명확히 하고, 교비회계 예산 편성 및 결산 시 등록금 심의위원회 심의를 거치게 하여 대학 구성원의 참여를 보장하고자 함.

또, 결산서 제출 시 외부 감사보고서 제출을 의무화하고 이를 검증할 감리제도를 도입하여 회계의 투명성을 강화하고, 교육과학기술부 장관이 교비회계 이월금 규모 등에 관하여 필요한 조치를 할 수 있도록 하여 대학의 합리적인 예산 편성 및 재정운영을 도모하고자 함.

더불어 학교법인이나 기부자 등이 출연한 교육용 기본재산 중 기준을 초과하는 재산은 그 수익금을 등록금회계에 전출하는 경우 용도변경을 허용해 줌으로써 대학 재정 확충을 유도하여 학생 등록금 부담을 완화하고자 함.

• 주요내용

가. 교비회계를 등록금회계와 비등록금회계로 구분하고 수업료 기타 납부금은 등록금회계의 수입으로 하여 별도계좌로 관리함(안 제29조제2항)

나. 교비회계 예산 편성 및 결산 시 등록금심의위원회 심의를 거치도록 함(안 제29조제4항 및 제31조제3항)

다. 학교법인이나 기부자 등이 출연한 교육용 기본재산 중 기준을 초과하는 재산은 그 수익금을 등록금회계에 전출하는 경우 수익용 기본재산으로 용도변경을 허용함(안 제29조제6항)

라. 대학교육기관을 설치·경영하는 학교법인은 결산서 제출 시 학교법인으로부터 독립된 공인회계사 또는 회계법인의 감사증명서 및 부속서류를 첨부하도록 함(안 제31조제4항)

마. 교육과학기술부장관은 필요한 경우 제31조제4항에서 규정한 감사증명서 및 부속서류에 대하여 감리할 수 있도록 함(안 제31조의2)

바. 교육과학기술부장관은 대학교육기관의 재정상태 등을 감안하여 교비회계 이월금의 규모 등에 관하여 필요한 조치를 할 수 있음(안 제32조의3)

이 조문의 현행법과 개정 원안은 아래와 같다.

현행법	원안
제29조(회계의 구분) ① (생 략) ②제1항의 규정에 의한 학교에 속하는 회계는	**제29조(회계의 구분)** ① (현행과 같음) ②제1항의 규정에 의한 학교에 속하는 회계는

이를 교비회계와 부속병원회계(부속병원이 있는 경우에 한한다)로 구분할 수 있고, 교비회계는 등록금회계와 기금회계로 구분하며, 각 회계의 세입·세출에 관한 사항은 대통령령으로 정하되 수업료 기타 납부금은 교비회계의 수입으로 하여 이를 별도 계좌로 관리하여야 한다.	이를 교비회계와 부속병원회계(부속병원이 있는 경우에 한한다)로 구분할 수 있고, 교비회계는 등록금회계와 비등록금회계로 구분하며, 각 회계의 세입·세출에 관한 사항은 대통령령으로 정하되 수업료 기타 납부금은 등록금회계의 수입으로 하여 이를 별도 계좌로 관리하여야 한다.
③ (생 략)	③ (현행과 같음)
④제2항의 규정에 의한 학교에 속하는 회계의 예산은 당해 학교의 장이 편성하되 학교운영위원회 또는 대학평의원회의 자문을 거친후 이사회의 심의·의결로 확정하고 학교의 장이 집행한다. 다만, 유치원은 학교의 장이 편성·집행한다.	④제2항의 규정에 의한 학교에 속하는 회계의 예산은 당해 학교의 장이 편성하되 학교운영위원회 또는 대학평의원회의 자문 및 등록금심의위원회의 심의를 거친후 이사회의 심의·의결로 확정하고 학교의 장이 집행한다. 다만, 유치원은 학교의 장이 편성·집행한다.
⑤ (생 략)	⑤ (현행과 같음)
⑥제2항에 따른 교비회계에 속하는 수입은 다른 회계에 전출하거나 대여할 수 없다. 다만, 차입금의 원리금을 상환하는 경우에는 그러하지 아니하다.	⑥제2항에 따른 교비회계에 속하는 수입은 다른 회계에 전출하거나 대여할 수 없다. 다만, 다음 각 호의 어느 하나에 해당하는 경우에는 그러하지 아니하다.
<신 설>	1. 차입금의 원리금을 상환하는 경우
<신 설>	2. 학교법인이나 기부자 등이 출연한 교육용 기본재산 중 제5조제2항에 따른 기준을 초과하는 재산을 수익용 기본재산으로 용도변경하고, 그 수익금을 학교 교육에 직접 충당하기 위하여 등록금회계로 전출하는 경우
⑦ (생 략)	⑦ (현행과 같음)

〈2〉 **설훈 의원안**[907]**:** 이 조문을 포함한 개정 대상 조문의 제안이유 및 주요내용은 아래와 같다.

• 제안이유

최근 언론보도와 감사원의 감사 결과에 따르면 일부 사립대학에서 학교에 대한 기부금을 교비회계가 아닌 법인회계로 관리하는 한편 법인 또는 개인이 기부한 목적과 달리 집행하는 사례가 적발되어 물의를 빚고 있음.

현행법은 제29조제6항에서 교비회계에 속하는 수입은 다른 회계에 전출하거

907) 2012. 6. 25. 설훈의원 등 53인(의안번호: 1900291).

나 대여할 수 없도록 하고 있으나 수업료 기타 전입금과는 달리 기부금의 경우 교비회계에 속한다는 규정이 없어 학교법인의 임의에 따라 법인회계나 교비회계로 운영할 수 있도록 되어 있음.

이에 기부금의 경우 교비회계의 수입으로 하도록 하여 법인회계로 전출하거나 대여할 수 없도록 함.

• 주요내용

가. 기부금의 경우 교비회계의 수입으로 하도록 하여 법인회계로 전출하거나 대여할 수 없도록 함(안 제29조제2항).

이 조문의 현행법과 개정 원안은 아래와 같다.

현행법	원안
제29조(회계의 구분) ① (생 략) ②제1항의 규정에 의한 학교에 속하는 회계는 이를 교비회계와 부속병원회계(부속병원이 있는 경우에 한한다)로 구분할 수 있고, 교비회계는 등록금회계와 기금회계로 구분하며, 각 회계의 세입·세출에 관한 사항은 대통령령으로 정하되 수업료 기타 납부금은 교비회계의 수입으로 하여 이를 별도 계좌로 관리하여야 한다. ③ ~ ⑥ (생 략)	**제29조(회계의 구분)** ① (현행과 같음) ②제1항의 규정에 의한 학교에 속하는 회계는 이를 교비회계와 부속병원회계(부속병원이 있는 경우에 한한다)로 구분할 수 있고, 교비회계는 등록금회계와 기금회계로 구분하며, 각 회계의 세입·세출에 관한 사항은 대통령령으로 정하되 기부금 및 수업료 기타 납부금은 교비회계의 수입으로 하여 이를 별도 계좌로 관리하여야 한다. ③ ~ ⑥ (현행과 같음)

(2) 위원회 심사

〈1〉 교육과학기술위원회: 대안[908]으로 가결되었다.[909]

대안
제29조(회계의 구분) ②제1항의 규정에 의한 학교에 속하는 회계는 이를 교비회계와 부속병원회계(부속병원이 있는 경우에 한한다)로 구분할 수 있고, 교비회계는 등록금회계와 비등록금회계로 구분하며, 각 회계의 세입·세출에 관한 사항은 대통령령으로 정하되 학교가 받은 기부금 및 수업료 기타 납부금은 교비회계의 수입으로 하여 이를 별도 계좌로 관리하여야 한다. ④제2항의 규정에 의한 학교에 속하는 회계의 예산은 당해 학교의 장이 편성하고 다음 각 호의 절차에 따라 확정·집행한다.

908) 2012. 12. 31. 교육과학기술위원장(의안번호: 1903205).
909) 제311회 국회(정기회) 제10차 전체회의, 교육과학기술위원회회의록, 2012. 11. 21., 5면.

1. 대학교육기관: 대학평의원회의 자문 및 등록금심의위원회의 심사·의결을 거친 후 이사회의 심사·의결로 확정하고 학교의 장이 집행한다.
2. 「초·중등교육법」 제2조에 따른 학교: 학교운영위원회의 자문을 거친 후 이사회의 심사·의결로 확정하고 학교의 장이 집행한다.
3. 유치원: 학교의 장이 집행한다.

⑥제2항에 따른 교비회계에 속하는 수입은 다른 회계에 전출하거나 대여할 수 없다. 다만, 차입금의 원리금을 상환하는 경우에는 그러하지 아니하다.

제29조에 관한 회의록 내용은 아래와 같다.

- **소위원장 김세연**[910]: 마지막으로 민병주 의원, 설훈 의원이 각각 대표발의한 사립학교법 일부개정법률안은 본회의에 부의하지 아니하기로 하고 두 안을 통합한 대안을 제안하기로 하였습니다. 대안의 주요 내용은 교비회계를 등록금회계와 비등록금회계로 구분하여 등록금 사용내역을 명확히 하고, 교비회계 예산편성 및 결산시 등록금심의위원회의 심의를 거치게 하여 대학 구성원의 참여를 보장함과 더불어 결산서 제출시 외부 감사보고서 제출을 의무화하고 이를 검증할 감리제도를 도입하여 회계의 투명성을 강화하고, 사립학교에 기부된 기부금이 학교법인의 운영비로 사용되지 않도록 학교가 받은 기부금을 교비회계의 수입으로 처리하도록 하였습니다...
- **위원장 신학용**[911]: 의사일정 제7항·제8항, 설훈 의원, 민병주 의원이 각각 대표발의한 사립학교법 일부개정법률안은 소위원회에서 심사보고한 대로 본회의에 부의하지 아니하고 이 2건을 통합·조정한 의사일정 제9항 사립학교법 일부개정법률안(대안)을 우리 위원회안으로 채택하고자 하는데 이의 없으십니까? (없습니다 하는 위원 있음) 가결되었음을 선포합니다.

〈2〉 **법제사법위원회:** 교육과학기술위원회 대안대로 가결되었다.[912] 제29조에 관한 회의록 내용은 아래와 같다.

- **전문위원 이상용**[913]: 의사일정 제27항 사립학교법 일부개정법률안(대안)입니다. 교육과학기술부장관의 시정조치 요구권의 발동요건을 명확히 하고, 경미한 자구 수정을 하였습니다...

---

910) 제311회 국회(정기회) 제10차 전체회의, 교육과학기술위원회회의록, 2012. 11. 21., 3면.
911) 제311회 국회(정기회) 제10차 전체회의, 교육과학기술위원회회의록, 2012. 11. 21., 5면.
912) 제312회 국회(임시회) 제1차 전체회의, 법제사법위원회회의록, 2012. 12. 31., 13면.
913) 제312회 국회(임시회) 제1차 전체회의, 법제사법위원회회의록, 2012. 12. 31., 12면.

- **위원장 박영선**[914]: 의사일정 제25항부터 제29항까지의 법률안에 대해서는 전문위원의 검토 의견을 우리 위원회안으로 받아들여서 수정한 부분은 수정한 대로, 그밖의 부분은 원안대로 의결하고자 합니다. 이의 있으신가요? (없습니다 하는 위원 있음) 가결되었음을 선포하겠습니다.

(3) 본회의 심의

교육과학기술위원회 대안대로 가결되었다.[915] 제29조에 관한 회의록 내용은 아래와 같다.

- **교육과학기술위원장대리 민병주**[916]: 사립학교법 일부개정법률안(대안)은 교비회계를 등록금회계와 비등록금회계로 구분하여 등록금 사용내역을 명확히 하고, 교비회계 예산편성 및 결산시 등록금심의위원회 심의를 거치게 하여 대학 구성원의 참여를 보장하도록 하는 한편 사립학교에 기부된 기부금이 학교법인의 운영비로 사용되지 않도록 학교가 받은 기부금을 교비회계의 수입으로 처리하도록 하였습니다.
- **부의장 이병석**[917]: 다음은 사립학교법 일부개정법률안(대안)을 의결하도록 하겠습니다. 투표해 주시기 바랍니다. (전자투표) 투표를 다 하셨습니까? 그러면 투표를 마치겠습니다. 투표 결과를 말씀드리겠습니다. 재석 240인 중 찬성 236인, 기권 4인으로서 사립학교법 일부개정법률안(대안)은 가결되었음을 선포합니다.

(4) 정부이송최종안

교육과학기술위원회 대안을 수정하였다. 수정내용은 아래와 같다.

교육과학기술위원회 대안	정부이송최종안[918]
제29조(회계의 구분) 1. -------- 등록금심의위원회의 -------------------- --------------------.	**제29조(회계의 구분)** 1. -------- 「고등교육법」 제11조제2항에 따른 등록금심의위원회(이하 "등록금심의위원회"라 한다)의----.

914) 제312회 국회(임시회) 제1차 전체회의, 법제사법위원회회의록, 2012. 12. 31., 13면.
915) 제312회 국회(임시회) 제2차, 국회본회의회의록, 2012. 12. 31., 30면.
916) 제312회 국회(임시회) 제2차, 국회본회의회의록, 2012. 12. 31., 29면.
917) 제312회 국회(임시회) 제2차, 국회본회의회의록, 2012. 12. 31., 30면.
918) 「국회법」 제97조 및 제98조에 따라 법제사법위원회 수정안을 수정한 내용이다.

(5) 결과

정부이송최종안으로 개정되었다.

11. 2013년 12월 30일 개정(법률 제12125호, 2014. 7. 1. 시행)

제29조(회계의 구분) ①학교법인의 회계는 그가 설치·경영하는 학교에 속하는 회계와 법인의 업무에 속하는 회계로 구분한다.

②제1항의 규정에 의한 학교에 속하는 회계는 이를 교비회계와 부속병원회계(부속병원이 있는 경우에 한한다)로 구분할 수 있고, 교비회계는 등록금회계와 비등록금회계로 구분하며, 각 회계의 세입·세출에 관한 사항은 대통령령으로 정하되 학교가 받은 기부금 및 수업료 기타 납부금은 교비회계의 수입으로 하여 이를 별도 계좌로 관리하여야 한다.

③제1항의 규정에 의한 법인의 업무에 속하는 회계는 이를 일반업무회계와 제6조의 규정에 의한 수익사업회계로 구분할 수 있다.

④제2항의 규정에 의한 학교에 속하는 회계의 예산은 당해 학교의 장이 편성하고 다음 각 호의 절차에 따라 확정·집행한다.

1. 대학교육기관: 대학평의원회의 자문 및 「고등교육법」 제11조제2항에 따른 등록금심의위원회(이하 "등록금심의위원회"라 한다)의 심사·의결을 거친 후 이사회의 심사·의결로 확정하고 학교의 장이 집행한다.
2. 「초·중등교육법」 제2조에 따른 학교: 학교운영위원회의 자문을 거친 후 이사회의 심사·의결로 확정하고 학교의 장이 집행한다.
3. 유치원: 학교의 장이 집행한다.

⑤ 삭제

⑥제2항에 따른 교비회계에 속하는 수입**이나 재산**은 다른 회계에 전출하거나 대여할 수 없다. 다만, **다음 각 호의 어느 하나에 해당**하는 경우에는 그러하지 아니하다.

1. **차입금의 원리금을 상환하는 경우**
2. **공공 또는 교육·연구의 목적으로 교육용 기본재산을 국가, 지방자치단체 또는 연구기관에 무상으로 귀속하는 경우. 다만, 대통령령으로 정하는 기준을 충족하는 경우에 한한다.**

⑦ 삭제

(1) 법률안(민병주 의원안[919])

이 조문을 포함한 개정 대상 조문의 제안이유 및 주요내용은 아래와 같다.

- 제안이유

  공공 또는 교육·연구의 목적으로 교육용 기본재산을 국가, 지방자치단체 또는 연구기관에 무상으로 귀속하는 경우 교비회계 수입을 다른 회계로 전출할 수 있도록 함으로써 원활한 교육활동의 추진과 사립학교의 건전한 발전을 도모하려는 것임.

- 주요내용

  공공 또는 교육·연구의 목적으로 교육용 기본재산을 국가, 지방자치단체 또는 연구기관에 무상으로 귀속하는 경우 교비회계 수입을 다른 회계로 전출할 수 있도록 함(안 제29조제6항).

이 조문의 현행법과 개정 원안은 아래와 같다.

현행법	원안
제29조(회계의 구분) ① ~ ⑤ (생 략) ⑥제2항에 따른 교비회계에 속하는 수입은 다른 회계에 전출하거나 대여할 수 없다. 다만, 차입금의 원리금을 상환하는 경우에는 그러하지 아니하다. <신 설> <신 설>	**제29조(회계의 구분)** ① ~ ⑤ (현행과 같음) ⑥제2항에 따른 교비회계에 속하는 수입은 다른 회계에 전출하거나 대여할 수 없다. 다만, 다음 각 호의 어느 하나에 해당하는 경우에는 그러하지 아니하다. 1. 차입금의 원리금을 상환하는 경우 2. 공공 또는 교육·연구의 목적으로 교육용 기본재산을 국가, 지방자치단체 또는 연구기관에 무상으로 귀속하기 위하여 다른 회계로 전출하는 경우

(2) 위원회 심사

〈1〉 **교육문화체육관광위원회[920]:** 원안을 수정·가결했다.[921] 수정내용은 아래와 같다.

---

919) 2012. 8. 24. 민병주의원 등 10인(의안번호: 1901311).

920) 국회법 개정(2013. 3. 23. 개정·시행)으로 소관위가 "교육과학기술위원회"에서 "교육문화체육관광위원회"로 변경되었다.

921) 제320회 국회(정기회) 제1차 전체회의, 교육문화체육관광위원회회의록, 2013. 10. 2., 9면.

교육문화체육관광위원회 수정안
제29조(회계의 구분) ⑥제2항에 따른 교비회계에 속하는 수입이나 재산은 다른 회계에 전출하거나 대여할 수 없다. 다만, 다음 각 호의 어느 하나에 해당하는 경우에는 그러하지 아니하다. 1. 차입금의 원리금을 상환하는 경우 2. 공공 또는 교육·연구의 목적으로 교육용 기본재산을 국가, 지방자치단체 또는 연구기관에 무상으로 귀속하는 경우. 다만, 대통령령으로 정하는 기준을 충족하는 경우에 한한다.

제29조에 관한 회의록 내용은 아래와 같다.

가. 제19대 국회 제311회 제9차 교육과학기술위원회(2012. 11. 19.)

- 전문위원 임진대[922]: 민병주 의원님 안은 교육용 기본재산을 공공 또는 교육·연구의 목적으로 국가나 지방자치단체 또는 연구기관에 무상으로 귀속시킬 수 있도록 전출을 허용하려는 내용으로, 대학의 첨단 연구시설 등을 범국가적인 공동연구시설로 활용하도록 하기 위한 목적으로 국가나 지방자체단체에 귀속하도록 하는 것은 필요한 것으로 보이나 교육환경이 오히려 열악해지지 않도록 엄격하게 제한하여 운영하도록 보완할 필요가 있다고 봅니다.
- 민병주 위원[923]: 두 번째는 사립학교법 일부개정법률안에서요 지금 포항공대 가속기를 정부에 기부채납 하기 위한 준비를 그동안 해 왔다가 법적 근거가 없어서 아직까지 안 되고 있다고 있는데 맞습니까?
- 교육과학기술부장관 이주호[924]: 맞습니다.
- 민병주 위원[925]: 그런 취지에서 본 위원이 사립학교법 일부개정법률안을 제안을 했는데요. 여기에서 보시면 교육용 기본재산을 공공 또는 교육·연구의 목적으로 국가나 지방자치단체 또는 연구기관에 무상으로 귀속시킬 수 있도록 그 전출을 허용하려는 내용이 들어 있습니다. 그런데 전문위원의 검토의견에 보면 이런 법안이 혹시라도 교육시설 등이 축소돼서 학생들의 교육환경이 오히려 열악해지지 않도록 엄격하게 제한해서 운영해야 한다라고 되어 있는데요. 혹시 여기에 대해서, 이 법도 보셨습니까?
- 교육과학기술부장관 이주호[926]: 예, 봤습니다만 전문위원님 검토사항에 대해서는

922) 제311회 국회(정기회) 제9차 전체회의, 교육과학기술위원회회의록, 2012. 11. 19., 16면.
923) 제311회 국회(정기회) 제9차 전체회의, 교육과학기술위원회회의록, 2012. 11. 19., 25면.
924) 제311회 국회(정기회) 제9차 전체회의, 교육과학기술위원회회의록, 2012. 11. 19., 25면.
925) 제311회 국회(정기회) 제9차 전체회의, 교육과학기술위원회회의록, 2012. 11. 19., 25면.
926) 제311회 국회(정기회) 제9차 전체회의, 교육과학기술위원회회의록, 2012. 11. 19., 25면.

저희도 좀 검토를 해서 보고드리도록 하겠습니다.

- **민병주 위원**[927]: 본 위원이 제안할 때는 열악해지기보다는 기존의 학교에서 기부채납을 할 수 있도록 하는 데 더 초점을 둔 것인데 혹시라도 전문위원 지적사항과 같은 내용이 보인다면 그 부분에 대해서 의견을 주시기 바랍니다.
- **교육과학기술부장관 이주호**[928]: 예, 전문위원님 지적의 취지에는 저희도 공감을 하니까요. 그런 차원에서 검토해서 보고드리겠습니다.

나. 제19대 국회 제316회 제1차 교육문화체육관광위원회 법안심사소위원회(2013. 6. 24.)

- **소위원장 김희정**[929]: 의사일정 제21항은 심도 있는 심사가 필요하므로 소위원회에서 계속 심사하도록 하겠습니다. 의사일정 제1항 민병주 의원이 대표발의한 사립학교법 일부개정법률안에 대해서 보고해 주시기 바랍니다.
- **수석전문위원 임진대**[930]: 사립학교법 일부개정법률안의 내용은 교비회계 전출 예외사유 하나를 추가하는 것입니다. 공공 또는 교육·연구의 목적으로 교육용 기본재산을 국가, 지방자치단체 또는 연구기관에 무상으로 귀속하기 위하여 다른 회계로 전출하는 경우를 추가하는 것입니다. 검토보고 내용은 공적인 목적이고 학교와 학생들이 편익을 제공받거나 첨단 연구시설을 범국가적 공동연구시설로 활용하기 위한 것이므로 교비회계 전출 예외 인정이 필요하다는 것입니다. 그런데 여기에 자료에 없는 내용, 검토보고의 자료 4쪽을 읽어드리겠습니다. "다만 개정 조항의 필요성에도 불구하고 이를 통하여 학교의 기본재산이 교육용 기본재산의 확보 기준에 못 미치게 되거나 교육시설 등이 축소되어 학생들의 교육환경이 오히려 열악해지지 않도록 엄격하게 제한하여 운영하도록 시행령에서 이에 대한 보완규정을 둘 필요가 있다"고 검토보고가 된 바 있습니다. 이상 보고를 마치겠습니다.
- **소위원장 김희정**[931]: 교육부 의견 주십시오.
- **교육부대학지원실장 박백범**[932]: 지금 전문위원님께서 말씀하신 것처럼 단서 조항을 보완하는 것이 필요할 것 같고요. 그다음에 조금 어색한 문구를 조정하는 게 역시 필요할 것 같고 내용상으로는 저희들이 전적으로 수용을 합니다. 어색한 문구를 구체적으로 말씀드리면 "무상으로 귀속하기 위하여 다른 회계로 전

---

927) 제311회 국회(정기회) 제9차 전체회의, 교육과학기술위원회회의록, 2012. 11. 19., 25면.
928) 제311회 국회(정기회) 제9차 전체회의, 교육과학기술위원회회의록, 2012. 11. 19., 25면.
929) 제316회 국회(임시회) 제1차 법안심사소위, 교육문화체육관광위원회회의록, 2013. 6. 24., 16면.
930) 제316회 국회(임시회) 제1차 법안심사소위, 교육문화체육관광위원회회의록, 2013. 6. 24., 16면.
931) 제316회 국회(임시회) 제1차 법안심사소위, 교육문화체육관광위원회회의록, 2013. 6. 24., 16면.
932) 제316회 국회(임시회) 제1차 법안심사소위, 교육문화체육관광위원회회의록, 2013. 6. 24., 16면.

출하는 경우” 그랬는데 이 회계라는 말이 들어감으로써 내용이 조금 혼란스럽습니다. 그래서 “연구기관에 무상으로 귀속하는 경우”로 해서 딱 끊는 게 좋겠고요. 그다음에 단서조항은 “다만 대통령령으로 정하는 기준을 충족하는 경우에 한한다” 그래서 교사나 교지 기준에 충족되는 경우에만 한해서 허가하는 식으로 이렇게 조정을 해 주셨으면 고맙겠습니다.

- 소위원장 김희정[933]: 위원님들 의견 주십시오.
- 이용섭 위원[934]: 제가 하나 얘기할까요?
- 소위원장 김희정[935]: 예, 이용섭 위원님.
- 이용섭 위원[936]: 좋은 것 같고요. 다만 현재 문안 있잖아요. 6항에 보면 “제2항에 따른 교비회계에 속하는 수입은 다른 회계에 전출하거나 대여할 수 없다” 이렇게 돼 있잖아요. 그런데 여기를 “수입 또는 자산은” 그래야 되지 않겠습니까? 지금 여기 있는 것은 차입금의 원리금을 상환하는 경우만 상정하고 있었기 때문에 지금까지는 수입이었지만 지금은 교육용 기본재산을 무상으로 귀속하는 거기 때문에 “제2항에 따른 교비회계에 속하는 수입 또는 자산은” 이렇게 자산이 들어가줘야 될 것 같은데.
- 수석전문위원 임진대[937]: 저희도 실무적으로 재산으로 한번…
- 이용섭 위원[938]: 재산으로 하든지 자산으로 하든지.
- 수석전문위원 임진대[939]: 예, “수입과 재산은” 이렇게 검토를 해 봤습니다. 그런데 회계실무상 수입은 재산을 포함하는 보다 광범한 용어라고 그렇게 들었습니다.
- 이용섭 위원[940]: 아닌데, 수입은 플로우(flow) 개념이고 재산은 스톡(stock) 개념인데.
- 수석전문위원 임진대[941]: 예, 그렇습니다.
- 이용섭 위원[942]: 그 의미가 전혀 다른데.
- 유기홍 위원[943]: 국세청장 출신이니까.

---

933) 제316회 국회(임시회) 제1차 법안심사소위, 교육문화체육관광위원회회의록, 2013. 6. 24., 16면.
934) 제316회 국회(임시회) 제1차 법안심사소위, 교육문화체육관광위원회회의록, 2013. 6. 24., 16면.
935) 제316회 국회(임시회) 제1차 법안심사소위, 교육문화체육관광위원회회의록, 2013. 6. 24., 16면.
936) 제316회 국회(임시회) 제1차 법안심사소위, 교육문화체육관광위원회회의록, 2013. 6. 24., 16~17면.
937) 제316회 국회(임시회) 제1차 법안심사소위, 교육문화체육관광위원회회의록, 2013. 6. 24., 17면.
938) 제316회 국회(임시회) 제1차 법안심사소위, 교육문화체육관광위원회회의록, 2013. 6. 24., 17면.
939) 제316회 국회(임시회) 제1차 법안심사소위, 교육문화체육관광위원회회의록, 2013. 6. 24., 17면.
940) 제316회 국회(임시회) 제1차 법안심사소위, 교육문화체육관광위원회회의록, 2013. 6. 24., 17면.
941) 제316회 국회(임시회) 제1차 법안심사소위, 교육문화체육관광위원회회의록, 2013. 6. 24., 17면.
942) 제316회 국회(임시회) 제1차 법안심사소위, 교육문화체육관광위원회회의록, 2013. 6. 24., 17면.

- **이용섭 위원**[944]: 그건 아니고. 제 주장 반영해서 뭐하겠습니까. 말이 우선 안 되는 거예요. 수입이라 하고 재산을 양도한다는 것은…
- **수석전문위원 임진대**[945]: 저도 이용섭 위원님 말씀 공감합니다.
- **이용섭 위원**[946]: 그러면 이건 입법조사관실이랑 협의해서 필요하다면 넣어 주시고 그럴 필요 없다면 알아서 하세요.
- **수석전문위원 임진대**[947]: 알겠습니다.
- **소위원장 김희정**[948]: 다른 위원님들 의견 있으십니까?
- **윤관석 위원**[949]: 이런 기본재산의 무상 귀속 사례가 있나요?
- **교육부대학지원실장 박백범**[950]: 기숙사 같은 것을 건설할 때 교육용 기본재산에 도로가 필요한 경우에 기부채납하고 도로를 한다든지 이런 경우가 있을 수 있고요. 지금 이 법은 포항공대의 방사광가속기 때문에 제안된 것으로 그렇게 알고 있습니다.
- **소위원장 김희정**[951]: 위원님들께서 대체로 법안의 취지에는 공감하시는 것 같습니다. 다만 표현의 문제라든지 특히 재산으로 할지 수입으로 할지 부분에 대해서는 저희가 전문위원과 조금 더 상의를 한 다음에 양당 간사가 협의를 해서 마지막 문구를 수정하도록 하겠습니다. 의사일정 제1항은 위원님들의 의견과 전문위원의 의견을 받아들여 수정한 부분은 수정한 대로, 기타 부분은 원안대로 의결하고자 하는데 이의 없으시지요? (예 하는 위원 있음) 가결되었음을 선포합니다.

다. 제19대 국회 제320회 제1차 교육문화체육관광위원회(2013. 10. 2.)

- **소위원장 김희정**[952]: 민병주 의원이 대표발의한 사립학교법 일부개정법률안은 공공 또는 교육·연구의 목적으로 교육용 기본재산을 국가, 지방자치단체 또는 연구기관에 무상으로 귀속하는 경우에는 교비회계 수입을 다른 회계로 전출할 수 있도록 하는 내용으로 학교의 기본재산이 교육용 기본재산의 확보 기준에

---

943) 제316회 국회(임시회) 제1차 법안심사소위, 교육문화체육관광위원회회의록, 2013. 6. 24., 17면.
944) 제316회 국회(임시회) 제1차 법안심사소위, 교육문화체육관광위원회회의록, 2013. 6. 24., 17면.
945) 제316회 국회(임시회) 제1차 법안심사소위, 교육문화체육관광위원회회의록, 2013. 6. 24., 17면.
946) 제316회 국회(임시회) 제1차 법안심사소위, 교육문화체육관광위원회회의록, 2013. 6. 24., 17면.
947) 제316회 국회(임시회) 제1차 법안심사소위, 교육문화체육관광위원회회의록, 2013. 6. 24., 17면.
948) 제316회 국회(임시회) 제1차 법안심사소위, 교육문화체육관광위원회회의록, 2013. 6. 24., 17면.
949) 제316회 국회(임시회) 제1차 법안심사소위, 교육문화체육관광위원회회의록, 2013. 6. 24., 17면.
950) 제316회 국회(임시회) 제1차 법안심사소위, 교육문화체육관광위원회회의록, 2013. 6. 24., 17면.
951) 제316회 국회(임시회) 제1차 법안심사소위, 교육문화체육관광위원회회의록, 2013. 6. 24., 17면.
952) 제320회 국회(정기회) 제1차 전체회의, 교육문화체육관광위원회회의록, 2013. 10. 2., 6~7면.

못 미치게 되거나 교육시설 등이 축소되어 학생들의 교육환경이 오히려 열악해지지 않도록 대통령령으로 정하는 기준을 충족하는 경우에만 교비회계에서 전출하도록 엄격하게 제한하여 의결하였습니다.

- **위원장 신학용**[953]: 의사일정 제3항 민병주 의원이 대표발의한 사립학교법 일부개정법률안은 소위원회에서 심사한 바와 같이 수정한 부분은 수정한 대로, 기타 부분은 원안대로 의결하고자 하는데 이의 없으십니까? (예 하는 위원 있음) 가결되었음을 선포합니다.

〈2〉 **법제사법위원회:** 교육문화체육관광위원회 수정안대로 가결되었다.[954] 제29조에 관한 회의록 내용은 아래와 같다.

- **전문위원 이상용**[955]: 계속해서 교육문화체육관광위원회 소관 법률안에 대하여 보고드리겠습니다. 제19항 민병주 의원님이 대표발의한 사립학교법 일부개정법률안은 대통령령 제정에 시일이 소요된다는 교육문화체육관광위원회와 교육부의 요청을 반영하여 공포 후 6개월이 경과한 날부터 법률을 시행하는 것으로 부칙을 수정하였고, 체계·자구상 별다른 문제점이 없는 것으로 보았습니다.
- **위원장 박영선**[956]: 의사일정 제19항…의 법률안에 대해서는 전문위원의 수정의견을 우리 위원회안으로 받아들여서 수정한 부분은 수정한 대로, 기타 부분은 원안대로 각각 의결하고자 하는데 이의가 없으십니까? (예 하는 위원 있음) 각각 가결되었음을 선포합니다.

(3) 본회의 심의

교육문화체육관광위원회 수정안대로 가결되었다.[957] 제29조에 관한 회의록 내용은 아래와 같다.

- **교육문화체육관광위원장대리 염동열**[958]: 먼저 민병주 의원이 대표발의한 사립학교법 일부개정법률안은 공공 또는 교육·연구의 목적으로 교육용 기본재산을 국가, 지방자치단체 또는 연구기관에 무상으로 귀속하는 경우에는 교비회계 수입을 다른 회계로 전출할 수 있도록 하는 내용으로 교육시설 등이 축소되어 학생

953) 제320회 국회(정기회) 제1차 전체회의, 교육문화체육관광위원회회의록, 2013. 10. 2., 9면.
954) 제320회 국회(정기회) 제9차 전체회의, 법제사법위원회회의록, 2013. 12. 9., 15면.
955) 제320회 국회(정기회) 제9차 전체회의, 법제사법위원회회의록, 2013. 12. 9., 10면.
956) 제320회 국회(정기회) 제9차 전체회의, 법제사법위원회회의록, 2013. 12. 9., 15면.
957) 제320회 국회(정기회) 제17차 국회본회의회의록, 2013. 12. 10., 5면.
958) 제320회 국회(정기회) 제17차 국회본회의회의록, 2013. 12. 10., 4면.

들의 교육 환경이 오히려 열악해지지 않도록 대통령령으로 정하는 기준을 충족하는 경우에만 교비회계에서 전출하도록 엄격하게 제한하였습니다...

- **부의장 이병석**[959]: 그러면 먼저 사립학교법 일부개정법률안을 의결하도록 하겠습니다. 투표해 주시기 바랍니다. (전자투표) 투표를 다 하셨습니까? 그러면 투표를 마치겠습니다. 투표 결과를 말씀드리겠습니다. 재석 261인 중 찬성 249인, 반대 5인, 기권 7인으로서 사립학교법 일부개정법률안은 교육문화체육관광위원회의 수정안대로 가결되었음을 선포합니다.

(4) 결과

교육문화체육관광위원회 수정안으로 개정되었다.

29.212

12. 2015년 3월 27일 개정(법률 제13224호, 2015. 3. 27. 시행)

제29조(회계의 구분) ①학교법인의 회계는 그가 설치·경영하는 학교에 속하는 회계와 법인의 업무에 속하는 회계로 구분한다.

②제1항의 규정에 의한 학교에 속하는 회계는 이를 교비회계와 부속병원회계(부속병원이 있는 경우에 한한다)로 구분할 수 있고, 교비회계는 등록금회계와 비등록금회계로 구분하며, 각 회계의 세입·세출에 관한 사항은 대통령령으로 정하되 학교가 받은 기부금 및 수업료 기타 납부금은 교비회계의 수입으로 하여 이를 별도 계좌로 관리하여야 한다.

③제1항의 규정에 의한 법인의 업무에 속하는 회계는 이를 일반업무회계와 제6조의 규정에 의한 수익사업회계로 구분할 수 있다.

④제2항의 규정에 의한 학교에 속하는 회계의 예산은 당해 학교의 장이 편성하고 다음 각 호의 절차에 따라 확정·집행한다.

1. 대학교육기관: 대학평의원회의 자문 및 「고등교육법」 제11조제2항에 따른 등록금심의위원회(이하 "등록금심의위원회"라 한다)의 심사·의결을 거친 후 이사회의 심사·의결로 확정하고 학교의 장이 집행한다.
2. 「초·중등교육법」 제2조에 따른 학교: 학교운영위원회의 자문을 거친 후 이사회의 심사·의결로 확정하고 학교의 장이 집행한다.
3. 유치원: **「유아교육법」 제19조의3에 따른 유치원운영위원회의 자문을 거친**

959) 제320회 국회(정기회) 제17차 국회본회의회의록, 2013. 12. 10., 5면.

후 학교의 장이 집행한다. **<u>다만, 유치원운영위원회를 두지 아니한 경우에는 학교의 장이 집행한다.</u>**

⑤ 삭제

⑥제2항에 따른 교비회계에 속하는 수입이나 재산은 다른 회계에 전출하거나 대여할 수 없다. 다만, 다음 각 호의 어느 하나에 해당하는 경우에는 그러하지 아니하다.

1. 차입금의 원리금을 상환하는 경우
2. 공공 또는 교육·연구의 목적으로 교육용 기본재산을 국가, 지방자치단체 또는 연구기관에 무상으로 귀속하는 경우. 다만, 대통령령으로 정하는 기준을 충족하는 경우에 한한다.

⑦ 삭제

(1) 법률안(박홍근 의원안[960])

이 조문을 포함한 개정 대상 조문의 제안이유 및 주요내용은 아래와 같다.[961]

• 제안이유 및 주요내용

사립유치원의 회계에 관하여는 학교의 장이 집행하는 원칙을 정하고 있으나 자문에 관하여는 별도의 규정이 없고, 사립학교 교원의 자격은 국·공립학교 교원과 같음에도 당연퇴직 사유나 휴직의 사유에 관하여 차별 요소가 있음.

이에 유치원회계는 원칙적으로 유치원운영위원회의 자문을 거쳐 학교의 장이 집행하도록 하고, 사립학교 교원에 대해서도 교육공무원의 경우과 같이 불임·난임으로 장기간의 치료가 필요한 경우 휴직할 수 있도록 하는 등 사립학교 교원의 근무 등에 관한 규정을 정비하려는 것임(안 제29조제4항제3호, 제57조, 제59조제1항제1호).

이 조문의 현행법과 개정 원안은 아래와 같다.

960) 2014. 3. 14. 박홍근의원 등 10인(의안번호: 1909742).

961) 2015년 3월 27일 개정 원안에는 이 박홍근 의원안 외에도 정부안(2012. 12. 21. 정부, 의안번호: 1903117), 정희수 의원안(2013. 2. 1. 정희수의원 등 10인, 의안번호: 1903567), 김태원 의원안(2013. 11. 27. 김태원의원 등 12인, 의안번호: 1908086), 부좌현 의원안(2014. 5. 20. 부좌현의원 등 10인, 의안번호: 1910684)이 있다. 이 원안들은 이후 위원회 심사 단계에서 대안(2015. 3. 3. 교육문화체육관광위원장, 의안번호: 1914127)으로 통합 조정되었다. 이들 개정안 중 제29조에 관한 개정안은 박홍근 의원안이다. 그러므로 여기에서는 박홍근 의원안의 제안이유·주요내용 및 현행법과 개정 원안만을 소개한다. 정부안은 이 책 [54-2.205], 정희수 의원안, 김태원 의원안은 이 책 [66-4.208], 부좌현 의원안은 이 책 [57.204] 참조.

현행법	원안
제29조(회계의 구분) ① ~ ③ (생 략) ④제2항의 규정에 의한 학교에 속하는 회계의 예산은 당해 학교의 장이 편성하고 다음 각 호의 절차에 따라 확정·집행한다. 1. ~ 2. (생 략) 3. 유치원: 학교의 장이 집행한다. <단서 신설> ⑤ ~ ⑦ (생 략)	**제29조(회계의 구분)** ① ~ ③ (현행과 같음) ④제2항의 규정에 의한 학교에 속하는 회계의 예산은 당해 학교의 장이 편성하고 다음 각 호의 절차에 따라 확정·집행한다. 1. ~ 2. (현행과 같음) 3. 유치원: 「유아교육법」 제19조의3에 따른 유치원운영위원회의 자문을 거친 후 학교의 장이 집행한다. 다만, 「유아교육법」 제19조의3제4항에 따라 유치원운영위원회를 학교운영위원회와 통합운영하는 경우에는 학교운영위원회의 자문을 거친 후 이사회의 심사·의결로 확정하여 학교의 장이 집행하고, 유치원운영위원회를 두지 아니한 경우에는 학교의 장이 집행한다. ⑤ ~ ⑦ (현행과 같음)

(2) 위원회 심사

〈1〉 **교육문화체육관광위원회**: 대안[962]으로 가결되었다.[963]

대안
제29조(회계의 구분) 3. 유치원: 「유아교육법」 제19조의3에 따른 유치원운영위원회의 자문을 거친 후 학교의 장이 집행한다. 다만, 유치원운영위원회를 두지 아니한 경우에는 학교의 장이 집행한다.

제29조에 관한 회의록 내용은 아래와 같다.

- **소위원장 신성범**[964]: 다음 정부가 제출하고 김태원 의원, 박홍근 의원, 부좌현 의원, 정희수 의원이 각각 대표발의한 사립학교법 일부개정법률안을 통합조정한 대안의 내용을 말씀드리면… 유치원회계는 유치원운영위원회의 자문을 거쳐 학교장이 집행하도록…했습니다…
- **위원장 설훈**[965]: 의사일정 제4항부터 제8항까지 정부가 제출하고 정희수 의원,

962) 2015. 3. 3. 교육문화체육관광위원장(의안번호: 1914127).
963) 제331회 국회(임시회) 제3차 전체회의, 교육문화체육관광위원회회의록, 2015. 2. 11., 14면.
964) 제331회 국회(임시회) 제3차 전체회의, 교육문화체육관광위원회회의록, 2015. 2. 11., 13면.
965) 제331회 국회(임시회) 제3차 전체회의, 교육문화체육관광위원회회의록, 2015. 2. 11., 14면.

김태원 의원, 박홍근 의원, 부좌현 의원이 각각 대표발의한 5건의 사립학교법 일부개정법률안은 소위원회에서 심사보고한 바와 같이 본회의에 각각 부의하지 아니하고, 이를 통합조정한 의사일정 제9항 사립학교법 일부개정법률안(대안)을 제안하려고 합니다. 이의 없으십니까? (없습니다 하는 위원 있음) 가결되었음을 선포합니다.

〈2〉 **법제사법위원회:** 교육문화체육관광위원회 대안대로 가결되었다.[966)]

(3) 본회의 심의

교육문화체육관광위원회 대안대로 가결되었다.[967)]

(4) 결과

교육문화체육관광위원회 대안으로 개정되었다.

13. 2019년 12월 3일 개정(법률 제16679호, 2020. 6. 4. 시행)

제29조(회계의 구분) ①학교법인의 회계는 그가 설치·경영하는 학교에 속하는 회계와 법인의 업무에 속하는 회계로 구분한다.
②제1항의 규정에 의한 학교에 속하는 회계는 이를 교비회계와 부속병원회계(부속병원이 있는 경우에 한한다)로 구분할 수 있고, 교비회계는 등록금회계와 비등록금회계로 구분하며, 각 회계의 세입·세출에 관한 사항은 대통령령으로 정하되 학교가 받은 기부금 및 수업료 기타 납부금은 교비회계의 수입으로 하여 이를 별도 계좌로 관리하여야 한다.
③제1항의 규정에 의한 법인의 업무에 속하는 회계는 이를 일반업무회계와 제6조의 규정에 의한 수익사업회계로 구분할 수 있다.
④제2항의 규정에 의한 학교에 속하는 회계의 예산은 당해 학교의 장이 편성하고 다음 각 호의 절차에 따라 확정·집행한다.
1. 대학교육기관: 대학평의원회의 자문 및 「고등교육법」 제11조<u>제3항</u>에 따른 등록금심의위원회(이하 "등록금심의위원회"라 한다)의 심사·의결을 거친

966) 제331회 국회(임시회) 제5차 전체회의, 법제사법위원회회의록, 2015. 3. 2., 56면.
967) 제331회 국회(임시회) 제8차, 국회본회의회의록, 2015. 3. 3., 30면.

후 이사회의 심사·의결로 확정하고 학교의 장이 집행한다.

2. 「초·중등교육법」 제2조에 따른 학교: 학교운영위원회의 자문을 거친 후 이사회의 심사·의결로 확정하고 학교의 장이 집행한다.

3. 유치원: 「유아교육법」 제19조의3에 따른 유치원운영위원회의 자문을 거친 후 학교의 장이 집행한다. 다만, 유치원운영위원회를 두지 아니한 경우에는 학교의 장이 집행한다.

⑤ 삭제

⑥제2항에 따른 교비회계에 속하는 수입이나 재산은 다른 회계에 전출하거나 대여할 수 없다. 다만, 다음 각 호의 어느 하나에 해당하는 경우에는 그러하지 아니하다.

1. 차입금의 원리금을 상환하는 경우
2. 공공 또는 교육·연구의 목적으로 교육용 기본재산을 국가, 지방자치단체 또는 연구기관에 무상으로 귀속하는 경우. 다만, 대통령령으로 정하는 기준을 충족하는 경우에 한한다.

⑦ 삭제

• 「고등교육법」(2019. 12. 3. 개정, 2020. 6. 4. 시행)에 따라 제29조제4항제1호 중 "제11조제2항"을 "제11조제3항"으로 변경하였다.

29.214 **14. 2020년 1월 29일 개정(법률 제16874호, 2020. 7. 30. 시행)**

제29조(회계의 구분 등) ①학교법인의 회계는 그가 설치·경영하는 학교에 속하는 회계와 법인의 업무에 속하는 회계로 구분한다.

②제1항의 규정에 의한 학교에 속하는 회계는 이를 교비회계와 부속병원회계(부속병원이 있는 경우에 한한다)로 구분할 수 있고, 교비회계는 등록금회계와 비등록금회계로 구분하며, 각 회계의 세입·세출에 관한 사항은 대통령령으로 정하되 학교가 받은 기부금 및 수업료 기타 납부금은 교비회계의 수입으로 하여 이를 별도 계좌로 관리하여야 한다.

③제1항의 규정에 의한 법인의 업무에 속하는 회계는 이를 일반업무회계와 제6조의 규정에 의한 수익사업회계로 구분할 수 있다.

④제2항의 규정에 의한 학교에 속하는 회계의 예산은 당해 학교의 장이 편성하고 다음 각 호의 절차에 따라 확정·집행한다.

1. 대학교육기관: 대학평의원회의 자문 및 「고등교육법」 제11조제3항에 따른 등록금심의위원회(이하 "등록금심의위원회"라 한다)의 심사·의결을 거친 후 이사회의 심사·의결로 확정하고 학교의 장이 집행한다.
2. 「초·중등교육법」 제2조에 따른 학교: 학교운영위원회의 자문을 거친 후 이사회의 심사·의결로 확정하고 학교의 장이 집행한다.
3. 유치원: 「유아교육법」 제19조의3에 따른 유치원운영위원회의 자문을 거친 후 학교의 장이 집행한다. 다만, 유치원운영위원회를 두지 아니한 경우에는 학교의 장이 집행한다.

⑤ 삭제

⑥제2항에 따른 교비회계에 속하는 수입이나 재산은 다른 회계에 **전출·대여하거나 목적 외로 부정하게 사용할 수 없다.** 다만, 다음 각 호의 어느 하나에 해당하는 경우에는 그러하지 아니하다.

1. 차입금의 원리금을 상환하는 경우
2. 공공 또는 교육·연구의 목적으로 교육용 기본재산을 국가, 지방자치단체 또는 연구기관에 무상으로 귀속하는 경우. 다만, 대통령령으로 정하는 기준을 충족하는 경우에 한한다.

⑦ 삭제

(1) 법률안(임재훈 의원안[968])

현행법	원안
제29조(회계의 구분) ① ~ ⑥ (생 략) <신 설>	제29조(회계의 구분 등) ① ~ ⑥ (현행과 같음) ⑦제2항에 따른 교비회계에 속하는 수입이나 재산은 교육목적 외로 부정하게 사용하여서는 아니 된다.

- 제7항을 신설하여 교비회계에 속하는 수입이나 재산의 부정사용금지의무를 규정하였다.

968) 2018. 12. 24. 임재훈의원 등 11인(의안번호: 2017702); 제안이유 및 주요내용은 이 책 [23.205] 참조.

(2) 위원회 심사

〈1〉 교육위원회

2018. 12. 26 법안심사소위 직접회부하였다. 이 조문의 회의록 내용은 2020. 1. 29. 개정조문 제23조와 공통적이어서 생략한다.[969)]

「국회법」(2018. 4. 17. 개정·시행) 제85조의2제2항에 따라 2018. 12. 27. 신속처리대상안건으로 지정(심사기간: 2019. 6. 24.까지)하였다.

〈2〉 법제사법위원회

「국회법」(2018. 4. 17. 개정·시행) 제85조의2제4항에 따라 2019. 6. 25. 법제사법위원회로 회부된 것으로 간주(체계자구 심사기간: 2019. 9. 23.까지)하였다.

「국회법」(2018. 4. 17. 개정·시행) 제85조의2제5항에 따라 2019. 9. 24. 본회의로 부의된 것으로 간주하였다.

(3) 본회의 심의

원안을 수정·가결(임재훈 의원안)했다.[970)] 수정내용은 아래와 같다.

원안	본회의 수정안	
임재훈 의원안	임재훈 의원안[971)]	김한표 의원안[972)]
제29조(회계의 구분 등) ①학교법인의 회계는 그가 설치·경영하는 학교에 속하는 회계와 법인의 업무에 속하는 회계로 구분한다.	**제29조(회계의 구분 등)** ①학교법인의 회계는 그가 설치·경영하는 학교에 속하는 회계와 법인의 업무에 속하는 회계로 구분한다.	**제29조(회계의 구분)** ①학교법인의 회계는 그가 설치·경영하는 학교에 속하는 회계와 법인의 업무에 속하는 회계로 구분한다. 다만, 유치원은 교비회계와 법인회계를 구분하지 아니하고 통합 운영할 수 있다.
⑥제2항에 따른 교비회계에 속하는 수입이나 재산은 다른 회계에 전출하거나 대여할 수 없다. 다만, 다음 각 호의 어느 하나에 해당하는 경우에는 그러하지 아니하다. 1. 차입금의 원리금을 상환하는	⑥제2항에 따른 교비회계에 속하는 수입이나 재산은 다른 회계에 전출·대여하거나 목적 외로 부정하게 사용할 수 없다. 다만, 다음 각 호의 어느 하나에 해당하는 경우에는 그러하지 아니하다.	⑥제2항에 따른 교비회계에 속하는 수입이나 재산은 다른 회계에 전출하거나 대여할 수 없다. 다만, 다음 각 호의 어느 하나에 해당하는 경우에는 그러하지 아니하다. 1. 차입금의 원리금을 상환하는

969) 이 책 [23.205] 참조.

970) 제375회 국회(임시회) 제1차 본회의, 국회본회의회의록, 2020. 1. 13., 6~7면.

경우 2. 공공 또는 교육·연구의 목적으로 교육용 기본재산을 국가, 지방자치단체 또는 연구기관에 무상으로 귀속하는 경우. 다만, 대통령령으로 정하는 기준을 충족하는 경우에 한한다. ⑦제2항에 따른 교비회계에 속하는 수입이나 재산은 교육목적 외로 부정하게 사용하여서는 아니 된다.	⑦ 삭제	경우 2. 공공 또는 교육·연구의 목적으로 교육용 기본재산을 국가, 지방자치단체 또는 연구기관에 무상으로 귀속하는 경우. 다만, 대통령령으로 정하는 기준을 충족하는 경우에 한한다. ⑦ 삭제

이 조문의 회의록 내용은 2020. 1. 29. 개정조문 제23조와 공통적이어서 생략한다.[973)]

(4) 결과

본회의 수정안(임재훈 의원안)으로 개정되었다.

15. 2020년 12월 22일 개정(법률 제17659호, 2020. 12. 22. 시행)

제29조(회계의 구분 등) ①_학교법인의 회계는 그가 설치·경영하는 학교에 속하는 회계와 법인의 업무에 속하는 회계로 구분한다.

②_제1항에 **따른** 학교에 속하는 회계는 교비회계(校費會計)와 부속병원회계(**부속병원**이 있는 경우로 **한정한다**)로 구분할 수 있고, 교비회계는 등록금회계와 비등록금회계로 구분하며, 각 회계의 세입·세출에 관한 사항은 대통령령으로 정하되 학교가 받은 기부금 및 수업료**와 그 밖의** 납부금은 교비회계의 수입으로 하여 별도 계좌로 관리하여야 한다.

③_제1항에 **따른** 법인의 업무에 속하는 회계는 일반업무회계와 제6조에 **따른** 수익사업회계로 구분할 수 있다.

---

971) 2019. 11. 6. 임재훈의원 등 30인.
972) 2019. 11. 29. 김한표의원 등 108인.
973) 이 책 [23.205] 참조.

④_제2항에 **따른** 학교에 속하는 회계의 예산은 **해당** 학교의 장이 편성하고, 다음 각 호의 **구분에 따른** 절차에 따라 확정·집행한다.

1. 대학교육기관: 대학평의원회에 자문 및 「고등교육법」 제11조제3항에 따른 등록금심의위원회(이하 "등록금심의위원회"라 한다)의 심사·의결을 거친 후 이사회의 심사·의결로 확정하고 학교의 장이 집행한다.
2. 「초·중등교육법」 제2조에 따른 학교: 학교운영위원회**에** 자문을 거친 후 이사회의 심사·의결로 확정하고 학교의 장이 집행한다.
3. 유치원: 「유아교육법」 제19조의3에 따른 유치원운영위원회에 자문을 거친 후 학교의 장이 집행한다. 다만, 유치원운영위원회를 두지 아니한 경우에는 학교의 장이 집행한다.

⑤ 삭제

⑥_제2항에 따른 교비회계에 속하는 수입이나 재산은 다른 회계로 전출**(轉出)**·대여하거나 목적 외로 부정하게 사용할 수 없다. 다만, 다음 각 호의 어느 하나에 해당하는 경우에는 그러하지 아니하다.

1. 차입금의 원리금을 상환하는 경우
2. 공공 또는 교육·연구의 목적으로 교육용 기본재산을 국가, 지방자치단체 또는 연구기관에 무상으로 귀속하는 경우. 다만, 대통령령으로 정하는 기준을 충족하는 경우로 **한정한다**.

⑦ 삭제

- 법문을 한글화하고 간결하게 하였다(오직 형식에 관한 개정이므로 자세한 개정경과는 생략함[974]).

29.216 **16. 2021년 9월 24일 개정(법률 제18460호, 2022. 3. 1. 시행)**

제29조(회계의 구분 등) ① 학교법인의 회계는 그가 설치·경영하는 학교에 속하는 회계와 법인의 업무에 속하는 회계로 구분한다.

② 제1항에 따른 학교에 속하는 회계는 교비회계(校費會計)와 부속병원회계(부속병원이 있는 경우로 한정한다)로 구분할 수 있고, 교비회계는 등록금회계와 비

974) 이에 관한 구체적 개정경과는 이 책 [1.201] 참조.

등록금회계로 구분하며, 각 회계의 세입·세출에 관한 사항은 대통령령으로 정하되 학교가 받은 기부금 및 수업료와 그 밖의 납부금은 교비회계의 수입으로 하여 별도 계좌로 관리하여야 한다.

③ 제1항에 따른 법인의 업무에 속하는 회계는 일반업무회계와 제6조에 따른 수익사업회계로 구분할 수 있다.

④ 제2항에 따른 학교에 속하는 회계의 예산은 해당 학교의 장이 편성하고, 다음 각 호의 구분에 따른 절차에 따라 확정·집행한다.

1. 대학교육기관: 대학평의원회에 자문 및 「고등교육법」 제11조제3항에 따른 등록금심의위원회(이하 "등록금심의위원회"라 한다)의 심사·의결을 거친 후 이사회의 심사·의결로 확정하고 학교의 장이 집행한다.
2. 「초·중등교육법」 제2조에 따른 학교: 학교운영위원회**의 심의를** 거친 후 이사회의 심사·의결로 확정하고 학교의 장이 집행한다.
3. 유치원: 「유아교육법」 제19조의3에 따른 유치원운영위원회에 자문을 거친 후 학교의 장이 집행한다. 다만, 유치원운영위원회를 두지 아니한 경우에는 학교의 장이 집행한다.

⑤ 삭제

⑥ 제2항에 따른 교비회계에 속하는 수입이나 재산은 다른 회계로 전출(轉出)·대여하거나 목적 외로 부정하게 사용할 수 없다. 다만, 다음 각 호의 어느 하나에 해당하는 경우에는 그러하지 아니하다.

1. 차입금의 원리금을 상환하는 경우
2. 공공 또는 교육·연구의 목적으로 교육용 기본재산을 국가, 지방자치단체 또는 연구기관에 무상으로 귀속하는 경우. 다만, 대통령령으로 정하는 기준을 충족하는 경우로 한정한다.

⑦ 삭제

(1) 법률안(서동용 의원안[975])

이 조문을 포함한 개정 대상 조문의 제안이유 및 주요내용은 아래와 같다.

- 제안이유 및 주요내용

「초·중등교육법」에 따르면 학교운영의 자율성을 높이고 지역의 실정과 특성

975) 2020. 8. 5. 서동용의원 등 13인(의안번호: 2102713).

에 맞는 다양하고도 창의적인 교육을 할 수 있도록 초등학교·중학교·고등학교 및 특수학교에 학교운영위원회를 구성·운영하도록 하고 있음.

그런데 국립·공립학교에 두는 학교운영위원회와 달리 사립학교에 두는 학교운영위원회는 자문기구의 성격만을 가지고 있어 학사운영 및 회계집행 등에 대한 실질적인 견제기능 수행이 곤란하다는 지적이 있음.

이에 사립학교에 두는 학교운영위원회도 심의기구로 격상하면서 현행법상 학교운영위원회의 자문사항을 심의사항으로 개정하려는 것임(안 제29조제4항제2호 및 제31조제3항제2호).

이 조문의 현행법과 개정 원안은 아래와 같다.

현행법[976]	원안
제29조(회계의 구분 등) ① ~ ③ (생 략) ④ 제2항의 규정에 의한 학교에 속하는 회계의 예산은 당해 학교의 장이 편성하고 다음 각 호의 절차에 따라 확정·집행한다. 1. (생 략) 2. 「초·중등교육법」 제2조에 따른 학교: 학교운영위원회의 <u>자문을</u> 거친 후 이사회의 심사·의결로 확정하고 학교의 장이 집행한다. 3. (생 략) ⑤ ~ ⑦ (생 략)	**제29조(회계의 구분 등)** ① ~ ③ (생 략) ④ 제2항의 규정에 의한 학교에 속하는 회계의 예산은 당해 학교의 장이 편성하고 다음 각 호의 절차에 따라 확정·집행한다. 1. (현행과 같음) 2. 「초·중등교육법」 제2조에 따른 학교: 학교운영위원회의 <u>심의를</u> 거친 후 이사회의 심사·의결로 확정하고 학교의 장이 집행한다. 3. (현행과 같음) ⑤ ~ ⑦ (현행과 같음)

- 사립학교에 두는 학교운영위원회도 심의기구로 격상하면서 현행법상 학교운영위원회의 자문사항을 심의사항으로 하였다.

(2) 위원회 심사

〈1〉 **교육위원회:** 대안[977]으로 가결되었다.[978]

대안
제29조(회계의 구분 등) ④ 제2항에 <u>따른</u> 학교에 속하는 회계의 예산은 <u>해당</u> 학교의 장이 <u>편성하고, 다음 각 호의 구분에 따른 절차에</u> 따라 확정·집행한다.

976) 「사립학교법」(2020. 12. 22. 일부개정, 2020. 12. 22. 시행)
977) 2021. 8. 25. 교육위원장(의안번호: 2112205).
978) 제390회 국회(임시회) 제1차 전체회의, 교육위원회회의록, 2021. 8. 19., 23면.

2. 「초·중등교육법」 제2조에 따른 학교: 학교운영위원회의 심의를 거친 후 이사회의 심사·의결로 확정하고 학교의 장이 집행한다.

제29조에 관한 회의록 내용은 아래와 같다.

- **조정위원장 서동용**[979]: 사립학교 운영위를 심의기구로 격상하고 교원징계 절차를 보완하는 내용입니다.
- **위원장직무대리 박찬대**[980]: 의사일정 제14항부터 제29항까지 16건의 사립학교법 일부개정법률안은 심사보고한 바와 같이 본회의에 각각 부의하지 아니하고 이를 통합 조정한 의사일정 제30항을 우리 위원회안으로 제안하고자 하는데 이의가 없으십니까? (없습니다 하는 위원 있음) 이의가 없으면 가결되었음을 선포합니다.

〈2〉 **법제사법위원회:** 교육위원회 대안대로 가결되었다.[981]

제29조에 관한 회의록 내용은 아래와 같다.

- **김남국 위원**[982]: 그 부분이 사실은 조금 부족하다라고 평가받는 법안이기 때문에 그런 점을 보완해야 되지 않을까라는 생각이 들고요. 그리고 그 외에 사학비리에 가장 많이 발생하는 부분 중 하나가 회계비리가 아닌가라는 생각이 듭니다. 그래서 이런 부분에 대한 관리 감독권한을 강화시키는 교육부의 법안 주요 내용 그것을 설명해 주셨으면 좋겠다라는 생각이 들고요.
- **부총리겸교육부장관 유은혜**[983]: 회계의 투명성과 관련해서 이번 법안에 포함돼 있는 게 학교운영위원회를 심의기구화하는 것입니다. 그래서 주로 예결산의 투명성을 확보하기 위해서 학교운영위원회를 심의기구로 하면 지금 말씀하신 그런 문제들은 학교운영위원회를 통해서 투명성을 확보할 수 있을 것이다 이렇게 보고 제도개선을 한 것이고요.
- **위원장직무대리 박주민**[984]: 방금 소병철 위원님이 제기하신 제13항 법률안은 전문위원이 수정한 부분에 더하여 방금 교육부 부총리님이 동의하신 부분을 추가로 수정하여 의결하고자 하는데 이의가 있으십니까? (없습니다 하는 위원 있음) 가결되었음을 선포합니다.

979) 제390회 국회(임시회) 제1차 전체회의, 교육위원회회의록, 2021. 8. 19., 21면.
980) 제390회 국회(임시회) 제1차 전체회의, 교육위원회회의록, 2021. 8. 19., 23면.
981) 제390회 국회(임시회) 제2차 전체회의, 법제사법위원회회의록, 2021. 8. 25., 14면.
982) 제390회 국회(임시회) 제2차 전체회의, 법제사법위원회회의록, 2021. 8. 25., 12면.
983) 제390회 국회(임시회) 제2차 전체회의, 법제사법위원회회의록, 2021. 8. 25., 12~13면.
984) 제390회 국회(임시회) 제2차 전체회의, 법제사법위원회회의록, 2021. 8. 25., 14면.

(3) 본회의 심의

법제사법위원회 수정안대로 가결되었다.[985] 김기현의원 등 105인이 개정전 법률과 동일한 내용으로 본회의 수정안을 제안하였지만 부결되었다. 제29조에 관한 회의록 내용은 아래와 같다.

- **부의장 김상희**[986]: 다음은 사립학교법 일부개정법률안(대안)을 의결할 순서입니다마는 이 안건에 대해서 김기현 의원 등 105인으로부터 수정안이 발의되어 있습니다. 그러면 정경희 의원님 나오셔서 수정안에 대하여 제안설명해 주시기 바랍니다.
- **정경희 의원**[987]: 존경하는 김상희 부의장님, 선배·동료 의원 여러분! 교육위원회 소속 국민의힘 정경희 의원입니다. 저는 본회의에 상정되어 있는 사립학교법 대안의 부당성을 고발하고 사립학교법 수정안의 필요성에 대해 설명하고자 이 자리에 섰습니다. …이처럼 사립학교법 대안은 절차적으로 문제가 있는 법안으로 본회의에 올라와서는 안 되는 법안입니다. 이 사립학교법 대안은 처리 절차도 문제였지만 법안의 내용은 문제가 더 심각합니다. 지금 상정되어 있는 사립학교법 대안 전체가 사학 자체를 부정하고 말살하려는 개악법이지만 그중에서 특히 문제가 되는 조항들을 살펴보면 다음과 같습니다.

  법안 제29조제4항과 제31조제3항에 사립학교에 두는 학교운영위원회를 심의기구로 격상하면서 현행법상 학교운영위원회의 자문사항을 심의사항으로 바꾸어 놓았습니다. …우선 이 대안은 본회의에 상정된 초·중등교육법 대안과 함께 사립학교를 정치화시키고 있습니다. 현재 자문기구인 사립학교의 학교운영위원회를 학교에 직접적인 영향력을 발휘할 수 있는 심의기구로 만들겠다고 합니다. 학교운영위원회가 어떤 역할을 하는지 의원 여러분께서 알고 계십니까? 학교운영위원회는 초·중등교육법에 따라 학교마다 설립되는 위원회로 학교헌장과 학칙의 제정 또는 개정, 학교 예산과 결산, 학교 교육과정의 운영방법 등 학교 운영의 주요 사항을 심의하는 중요한 역할을 하고 있습니다. 의원님 여러분! 학교운영위원회에 기초의원, 광역의원 등 정치인이 얼마나 있는지 아십니까? 기초의원, 광역의원의 27%가 학교운영위원회 위원을 하고 있습니다. 경기는 40%를 넘고 인천은 50%를 넘습니다. 정치인이 학교운영위원회에 참여함으로써 학부모들과의 유대를 강화할 수 있고 학교 운영에 참여해 자신의 영향력을 확대할 수 있

985) 제390회 국회(임시회) 제1차 본회의, 국회본회의회의록, 2021. 8. 31., 21~25면.
986) 제390회 국회(임시회) 제1차 본회의, 국회본회의회의록, 2021. 8. 31., 21면.
987) 제390회 국회(임시회) 제1차 본회의, 국회본회의회의록, 2021. 8. 31., 21~23면.

기 때문입니다. 이런 상황에서 사립학교의 학교운영위원회가 심의기구로 격상되면 학교는 배움의 장이 아니라 정치의 장이 될 게 뻔하고 학교는 정치투쟁에 휘둘려 자율성을 잃고 말 것입니다. …지금까지 말씀드린 사립학교법 대안의 여러 문제점 때문에 본 수정안을 발의하게 되었습니다.

본 수정안은 사립학교의 자율성을 훼손하고 사립학교를 정치의 장으로 만드는 조항들을 과감히 삭제하였습니다. 이는 국민의 자유와 권리를 억압하려는 법은 이유 여하를 막론하고 결코 만들어져서는 안 되기 때문입니다. 본 수정안은 사립학교의 학교운영위원회를 심의기구로 격상하는 조항을 삭제하여 학교운영위원회는 그대로 자문기구로 두도록 하였습니다. 교육청이 사립학교 사무직원의 징계권까지 일일이 간섭하려는 조항들도 삭제했습니다. 사립학교 교원의 신규채용 시 교육청에 위탁을 의무화하는 조항은 수정하여 사립학교의 자율성을 유지하면서 채용의 공정성을 강화할 수 있는 공동채용방식을 도입할 수 있도록 했습니다.

우리 대한민국 헌법은 제31조 4항에서 교육의 자주성을 보장하고 있습니다. 그러므로 극소수 사학의 비리를 내세워 사립학교의 자율성을 빼앗고 자주적 운영을 가로막아 사학을 말살하려는 사립학교법 대안은 위헌입니다. 이 위헌적인 사립학교법 대안에 과감히 반대하시고 대신에 사립학교의 자율성을 보장하고 사립학교가 제 역할을 다할 수 있도록 하는 본 수정안에 선배·동료 의원님들께서 찬성 표결해 주실 것을 부탁드립니다. 감사합니다. (수정안은 부록으로 보존함)

- **부의장 김상희**[988]: 정경희 의원님 수고하셨습니다. 다음은 이 안건에 대해서 토론 신청이 있으므로 한 분의 토론을 듣도록 하겠습니다. 그러면 박찬대 의원님 나오셔서 토론해 주시기 바랍니다.
- **박찬대 의원**[989]: 존경하는 김상희 부의장님과 선배·동료 의원 여러분! 인천 연수갑 출신 교육위원회 박찬대 의원입니다. 국민 여러분과 선배·동료 의원 여러분께 오늘 국민의힘이 제출한 사립학교법 수정안의 문제점을 설명하고 교육위원회 대안으로 의결된 사립학교법 일부개정법률안의 통과 필요성을 말씀드리고자 합니다. …본회의 수정안은 사립학교 사무직원에 대한 교육청의 징계요구권을 삭제하고 학교운영위원회를 심의기구에서 자문기구로 되돌리는 등 사학 운영 투명성 확보에 정면으로 역행하는 안을 담고 있습니다. …이 시대의 중요한

---

988) 제390회 국회(임시회) 제1차 본회의, 국회본회의회의록, 2021. 8. 31., 23면.
989) 제390회 국회(임시회) 제1차 본회의, 국회본회의회의록, 2021. 8. 31., 23~24면.

화두인 공정의 가치를 실현하고 사학 운영의 투명성을 높이기 위한 이번 개정안의 취지를 이해하시고 우리 교육위원회가 심사한 대안에 대해 동의해 주시기를 간곡히 요청드립니다. 감사합니다.

- **부의장 김상희**[990]: 박찬대 의원님 수고하셨습니다. 이상으로 토론을 종결할 것을 선포합니다. 그러면 국회법 제96조에 따라서 수정안부터 먼저 표결하도록 하겠습니다.

  사립학교법 일부개정법률안(대안)에 대한 수정안에 대하여 투표해 주시기 바랍니다. (전자투표) 투표를 다 하셨습니까? 투표를 마치겠습니다. 투표 결과를 말씀드리겠습니다. 재석 206인 중 찬성 67인, 반대 139인으로서 사립학교법 일부개정법률안(대안)에 대한 수정안은 부결되었음을 선포합니다. (찬반 의원 성명은 끝에 실음) 수정안이 부결되었으므로 국회법 제96조제2항에 따라서 원안을 표결하도록 하겠습니다. 그러면 사립학교법 일부개정법률안(대안)에 대하여 투표해 주시기 바랍니다 (전자투표) 투표를 다 하셨습니까? 그러면 투표를 마치겠습니다. 투표 결과를 말씀드리겠습니다. 재석 212인 중 찬성 139인, 반대 73인으로서 사립학교법 일부개정법률안(대안)은 가결되었음을 선포합니다.

(4) 결과

법제사법위원회 수정안으로 개정되었다.

29.300

III. 현행법

제29조(회계의 구분 등) ① 학교법인의 회계는 그가 설치·경영하는 학교에 속하는 회계와 법인의 업무에 속하는 회계로 구분한다.
② 제1항에 따른 학교에 속하는 회계는 교비회계(校費會計)와 부속병원회계(부속병원이 있는 경우로 한정한다)로 구분할 수 있고, 교비회계는 등록금회계와 비등록금회계로 구분하며, 각 회계의 세입·세출에 관한 사항은 대통령령으로 정하되 학교가 받은 기부금 및 수업료와 그 밖의 납부금은 교비회계의 수입으로 하여 별도 계좌로 관리하여야 한다.
③ 제1항에 따른 법인의 업무에 속하는 회계는 일반업무회계와 제6조에 따른 수

990) 제390회 국회(임시회) 제1차 본회의, 국회본회의회의록, 2021. 8. 31., 24~25면.

익사업회계로 구분할 수 있다.

④ 제2항에 따른 학교에 속하는 회계의 예산은 해당 학교의 장이 편성하고, 다음 각 호의 구분에 따른 절차에 따라 확정·집행한다.

1. 대학교육기관: 대학평의원회에 자문 및 「고등교육법」 제11조제3항에 따른 등록금심의위원회(이하 "등록금심의위원회"라 한다)의 심사·의결을 거친 후 이사회의 심사·의결로 확정하고 학교의 장이 집행한다.
2. 「초·중등교육법」 제2조에 따른 학교: 학교운영위원회의 심의를 거친 후 이사회의 심사·의결로 확정하고 학교의 장이 집행한다.
3. 유치원: 「유아교육법」 제19조의3에 따른 유치원운영위원회에 자문을 거친 후 학교의 장이 집행한다. 다만, 유치원운영위원회를 두지 아니한 경우에는 학교의 장이 집행한다.

⑤ 삭제

⑥ 제2항에 따른 교비회계에 속하는 수입이나 재산은 다른 회계로 전출(轉出)·대여하거나 목적 외로 부정하게 사용할 수 없다. 다만, 다음 각 호의 어느 하나에 해당하는 경우에는 그러하지 아니하다.

1. 차입금의 원리금을 상환하는 경우
2. 공공 또는 교육·연구의 목적으로 교육용 기본재산을 국가, 지방자치단체 또는 연구기관에 무상으로 귀속하는 경우. 다만, 대통령령으로 정하는 기준을 충족하는 경우로 한정한다.

⑦ 삭제

IV. 종합/특기사항

- 제29조는 제정법 이후 매우 많은 변화를 거듭했다. 주요 내용은 회계의 구분(제2항, 제3항)과 예산에 관한 권한 배분(제4항: 이와 관련하여 대학재무위원회, 예산·결산자문위원회, 학교운영위원회, 유치원운영위원회, 대학평의원회, 등록금심의위원회 등이 자문 또는 심의기관으로 등장함)이다.
- 현행법 제29조의 기본틀이 마련된 것은 1981년 개정이며, 이 개정은 12·12 군사쿠데타의 결과로 탄생한 국가보위입법회의 시대에 이루어졌다.
- 제29조의 기초관념은 학교 회계와 학교법인 회계의 분리이다. 제29조와 밀접하게

연관지어 유의할 규정은 제6조제4항과 제53조이다. 제6조제4항은 학교법인의 수익사업 회계는 학교 경영회계와 분리하도록 규정하고 있다. 제29조는 학교법인의 회계에 대해서는 학교법인이 관여할 수 없도록 하여 사립학교 재정의 공익성을 보장하는 한편, 제53조는 학교장 임용권을 학교법인에 부여함으로써 상호통제 및 균형을 취하도록 하였다.

- 2005년 개정 과정에서 정치적 입장에 따라 매우 격렬한 의견대립이 있었다. 제256회 국회(정기회) 제16차 본회의(2005. 12. 9.)에서 나타난 원색적 언동은 그 사정을 잘 보여준다.[991]
- 2016년 헌법재판소는 사립대학 회계의 예·결산 절차에 등록금심의위원회의 심사·의결을 거치도록 한 사립학교법(2013. 1. 23. 법률 제11622호로 개정된 것) 제29조제4항제1호, 제31조제3항제1호 중 각 '등록금심의위원회'에 관한 부분이 ①명확성원칙에 위배되는지 여부, ②사학 운영의 자유를 침해하는지 여부 및 ③평등권을 침해하는지 여부에 대하여 아래와 같이 합헌 취지로 판단하였다.[992]

> ① 이 사건 등록금위원회 조항의 의미는 학교의 장이 편성한 학교 회계의 예·결산에 대하여 대학평의원회의 자문을 거친 후 등록금심의위원회가 그 적정성에 대하여 의논하고 위원들의 의견을 모아 등록금심의위원회의 의견을 결정한다는 것이고, 고등교육법 제11조제3항, 사립학교법 제29조제4항제1호 등을 종합하면 이 사건 등록금위원회 조항이 등록금심의위원회의 심사·의결에 대하여 이사회에 대한 구속력이나 이사회의 결정보다 우위에 있는 최종결정권을 부여하는 것은 아님이 명확하므로, 이 사건 등록금위원회 조항은 명확성원칙에 위배되지 아니한다.
>
> ② 이 사건 등록금위원회 조항은 학교회계의 예·결산 절차에 대학 구성원의 참여를 보장함으로써 사립대학 운영과 재정의 투명성과 공정성, 건전성을 제고하여 과도한 등록금 인상을 억제하고자 하는 것으로서 그 목적의 정당성을 인정할 수 있고, 국가기관이 직접 관여하는 대신 학교구성원들이 참여하는 등록금심의위원회에서 사전 의견 수렴절차를 거치게 하는 것은 이러한 목적 달성을 위한 적정한 수단이다. 또한 등록금심의위원회는 기존의 대학평의원회와 설치 목적, 권한 및 구성 측면에서 구별되는 점, 적정하고 합리적인 수준의 등록금을 책정하기 위해 대학평의원회와 별개로 등록금심의위원회가 학교의 예·결산 내역의 적정성을 심사할 필요성이 인정되는 점, 학교회계의 예산 편성권은 학교의 장에

991) 제256회 국회(정기회) 제16차 본회의, 국회본회의회의록, 2005. 12. 9., 2~3면.
992) 헌법재판소 2016. 2. 25. 선고 2013헌마692 결정.

게, 예산 확정권은 이사회에게 그대로 유보되어 있고, 등록금심의위원회의 심사·의결은 이사회에 대한 구속력이 없는 점, 등록금심의위원회의 구성과 운영이 학교의 자율에 맡겨져 있는 점 등을 종합하면, 이 사건 등록금위원회 조항은 입법목적을 달성하기 위하여 필요한 범위 내의 제한에 그치므로 청구인들의 사학 운영의 자유를 침해한다고 볼 수 없다.

③ 국·공립대학에는 사립대학의 학교법인이나 이사회와 같은 기관이 존재하지 아니하고, 국·공립대학의 회계에 대하여는 '국립대학의 회계 설치 및 재정 운영에 관한 법률'이, 사립대학에 대하여는 사립학교법이 적용되어 예산과 결산의 절차가 전혀 다르게 이루어지기 때문에 사립대학과 국·공립대학을 달리 취급하는 것에는 합리적인 이유가 있으므로, 이 사건 등록금위원회 조항은 청구인들의 평등권을 침해하지 아니한다.

• 2023년 헌법재판소는 사립학교법(2013. 1. 23. 법률 제11622호로 개정되고, 2020. 12. 22. 법률 제17659호로 개정되기 전의 것) 제29조제2항, 사립학교법(2013. 12. 30. 법률 제12125호로 개정되고, 2020. 1. 29. 법률 제16874호로 개정되기 전의 것) 제29조제6항 본문 및 사립학교법(1997. 1. 13. 법률 제5274호로 개정되고, 2020. 12. 22. 법률 제17659호로 개정되기 전의 것) 제73조의2와 관련하여 ①사립학교법 제29조제2항 중 '교비회계의 세입·세출에 관한 사항은 대통령령으로 정하되' 부분이 포괄위임금지원칙에 위반되는지 여부 및 ②교비회계의 전용을 금지하는 사립학교법 제29조제6항본문 및 교비회계 전용 금지 규정을 위반하는 경우 처벌하는 사립학교법 제73조의2가 사립학교 운영의 자유를 침해하는지 여부에 관하여 아래와 같이 합헌 취지로 판단하였다.[993]

① '교비회계의 세입'과 '교비회계의 세출' 항목은 기술적이고 세부적인 특성을 가지고 있어 그와 관련된 사항을 하위법령에서 정하도록 위임할 필요성이 인정되고, 이 사건 위임조항에서 위임하고 있는 '교비회계의 세입' 항목은 등록금이나 기부금, 학교시설 대여료나 이자수익 등과 같이 학생으로부터 징수하는 각종 금원과 학교시설이나 재산으로부터 발생하는 수익 등이 될 것이고, '교비회계의 세출' 항목은 학교의 운영이나 교육과 관련하여 지출하는 비용 등이 됨을 충분히 예측할 수 있다는 점에서, 이 사건 위임조항은 포괄위임금지원칙에 위반되지 아니한다.

② 이 사건 금지조항과 처벌조항은, 사립학교의 '교비회계에 속하는 수입 및

---

993) 헌법재판소 2023. 8. 31. 선고 2021헌바180 결정.

재산'이 본래의 용도인 학교의 학문 연구와 교육 및 학교운영을 위해 사용될 수 있도록 강제함으로써 사립학교가 교육기관으로서 양질의 교육을 제공하는 동시에 교육의 공공성을 지킬 수 있는 재정적 기초를 보호하고 있다. 우리나라에서 사립학교가 공교육에서 차지하는 비중은 매우 높은바, 교비회계에 속하는 수입 및 재산의 전용을 금지하고 그 위반시 처벌하는 강력한 제재는 사립학교의 발전을 이루기 위해 반드시 필요한 조치이다. 사립학교법은 교비회계에 속하는 수입이나 재산을 다른 회계에 전출하거나 대여할 수 있는 예외적인 경우를 규정하고 있으며, 법원은 구체적인 개별 사안에서 그 지출이 당해 학교의 교육에 직접 필요한 경비인지 여부를 결정함으로써 구체적인 타당성을 도모하고 있는 점 등을 종합하면, 이 사건 위임조항과 처벌조항은 사립학교 운영의 자유를 침해한다고 할 수 없다.

- 2024년 헌법재판소는 사립학교법(1981. 2. 28. 법률 제3373호로 개정되고, 2020. 12. 22. 법률 제17659호로 개정되기 전의 것) 제29조제1항과 사립학교법(2013. 1. 23. 법률 제11622호로 개정되고, 2020. 12. 22. 법률 제17659호로 개정되기 전의 것) 제29조제2항과 관련하여 ①초·중등교육법 및 고등교육법에 따른 학교에 대하여는 재산세를 면제하면서도, 유아교육법에 따른 유치원에는 최소납부세액을 부과해 재산세를 85%만 감면하는 구 지방세특례제한법 제177조의2 제1항 단서 제2호가 조세평등주의에 위배되는지 여부 및 ②재산세 부과 처분에 관하여 다투는 당해 사건에서 학교법인 회계의 구분에 관하여 규정한 사립학교법 제29조제1항, 사립학교법 제29조제2항에 대한 재판의 전제성 여부에 대하여 아래와 같이 합헌 취지로 판단하였다.[994)]

① 재산세가 부과되는 사립유치원의 절대다수는 사인에 의하여 설립·운영되고 있는바, 사인이 설립·운영하는 사립유치원에는 설립·운영주체 및 그 재산을 엄격하게 관리하기 위해 마련된 사립학교법 규정 다수가 적용되지 않으므로, 재산세 부과대상이 되는 유치원에 직접 사용되는 부동산은 일반적으로 초·중등교육법 등에 따른 학교에 쓰이는 부동산과 공공성의 정도가 같다고 보기 어렵다. 유치원은 유아의 보육 기능을 어린이집과 부담하는 점에서도 초·중등교육법 등에 따른 학교와 다르므로, 최소납부세액예외조항이 유치원을 초·중등교육법 등에 따른 학교와 달리 그에 직접 사용되는 부동산의 재산세를 85%만 감면한 것이 입법자의 재량의 범위를 벗어나 자의적이거나 임의적이라고 보기는 어렵다.

994) 헌법재판소 2024. 2. 28. 선고 2021헌바64 결정.

따라서 최소납부세액예외조항은 조세평등주의에 위배되지 않는다.

② 회계조항은 이미 부과된 재산세를 학교의 회계 중 어떤 회계에서 납부할지에 관한 것이다. 따라서 재산세 부과 처분에 관하여 다투는 당해 사건에 적용될 여지가 없으므로, 재판의 전제성이 인정되지 않는다.

위 최소납부세액예외조항에 관한 재판관 이은애의 반대의견은 아래와 같다

유치원은 교육기본법과 유아교육법에서 정한 유아교육을 위한 학교이다. 그런데 최소납부세액예외조항은 외국인학교, 대안학교 등 다양한 형태의 초·중등교육법 등에 따른 학교에 대하여도 '학교'라는 이유만으로 재산세 최소납부세액을 면하고, 그 학교가 학교법인에 의하여 설립될 것을 요구하지 않는다. 또한 감면대상 부동산이 과세기준일 기준 설립자 개인의 사적 용도가 아니라, 유치원에 직접 사용되고 있음을 고려하면, 초·중등교육법 등에 따른 학교에 직접 사용되는 부동산에 비하여 공공성이 떨어진다고 보기도 어렵다. 유치원이 유아의 보육을 어린이집과 분담한다고 하더라도, 운영방식 등을 고려하면 유치원의 '학교'로서의 정체성은 약화되지 않는다. 따라서 최소납부세액 예외조항이 초·중등교육법 등에 따른 학교와 달리, 유치원에 직접 쓰이는 부동산에 대하여 최소납부세액을 부과하는 것은 현저하게 입법재량을 벗어나 합리성을 결여한 것이므로 조세평등주의에 위배된다.

제30조(회계연도)

I. 제정법

제30조(회계연도) 학교법인의 회계연도는 그가 설치·경영하는 사립학교의 학연도에 따른다.

『새교육』은 이 조문의 제정이유를 소개하지 않았다.[995]

995) 金康鉉, 앞의 글 "私立學校法(完)", 45면.

II. 개정 경과

30.201 ### 1. 2020년 12월 22일 개정(법률 제17659호, 2020. 12. 22. 시행)

제30조(회계연도) 학교법인의 회계연도는 그가 설치·경영하는 사립학교의 학년도에 따른다.

- 법문을 한글화하고 간결하게 하였다(오직 형식에 관한 개정이므로 자세한 개정경과는 생략함[996]).

30.300 ## III. 현행법

제30조(회계연도) 학교법인의 회계연도는 그가 설치·경영하는 사립학교의 학년도에 따른다.

30.400 ## IV. 종합/특기사항

- 제30조에 대해서는 법문을 한글로 수정한 것 외에는 개정이 없다.

제31조(예산 및 결산의 지출)

31.100 ## I. 제정법

제31조(예산 및 결산의 제출) ①학교법인은 각령이 정하는 바에 의하여 매회계연도개시전에 예산을, 매회계연도 종료후에는 결산을 감독청에 제출하여야 한다.
②감독청은 전항의 예산이 부당하게 편성되었다고 인정할 때에는 그 시정을 요구할 수 있다.

996) 이에 관한 구체적 개정경과는 이 책 [1.201] 참조.

『새교육』이 소개하는 이 조문의 제정이유는 아래와 같다.[997]

그 외에 제31조에 의한 예산 및 결산서의 제출은 민법상의 규정과 다름이 없다. 혹자는 이러한 규정을 문교부의 감독권을 강화하는 것이라고 하나, 그것은 민법의 규정과 정신을 모르는 이야기다.

II. 개정 경과

1 1. 1964년 11월 10일 개정(법률 제1664호, 1964. 11. 10. 시행)

제31조(예산 및 결산의 제출) ①학교법인은 **대통령령**이 정하는 바에 의하여 매_회계연도 개시전에 예산을, 매_회계연도 종료후에는 결산을 감독청에 제출하여야 한다.
②감독청은 전항의 예산이 부당하게 편성되었다고 인정할 때에는 그 시정을 요구할 수 있다.

• "각령"을 "대통령령"으로 하였다(오직 형식에 관한 개정이므로 자세한 개정경과는 생략함[998]).

2 2. 1981년 2월 28일 개정(법률 제3373호, 1981. 2. 28. 시행)

제31조(예산 및 결산의 제출) ①학교법인은 대통령령이 정하는 바에 의하여 매 회계연도 개시전에 예산을, 매 회계연도 종료후에는 결산을 감독청에 제출하여야 한다.
②감독청은 제1항의 예산이 부당하게 편성되었다고 인정할 때에는 그 시정을 요구할 수 있다.

• "전항"을 "제1항"으로 하였다(오직 형식에 관한 개정이므로 자세한 개정경과는 생략함[999]).

---

997) 金康鉉, 앞의 글 "私立學校法(完)", 45면.
998) 이에 관한 구체적 개정경과는 이 책 [5.201] 참조.
999) 이에 관한 구체적 개정경과는 이 책 [4.204] 참조.

31.203 3. 1990년 4월 7일 개정(법률 제4226호, 1990. 4. 7. 시행)

제31조(예산 및 결산의 제출) ①학교법인은 대통령령이 정하는 바에 의하여 매 회계연도 개시전에 예산을, 매 회계연도 종료후에는 결산을 관할청에 제출하여야 한다.

②관할청은 제1항의 예산이 부당하게 편성되었다고 인정할 때에는 그 시정을 지도할 수 있다.

③학교에 속하는 회계의 결산은 매 회계연도 종료후 예산·결산자문위원회의 자문을 거쳐야 한다.

(1) 법률안

〈1〉 정부안[1000)]

현행법	원안
제31조(예산 및 결산의 제출) ①학교법인은 대통령령이 정하는 바에 의하여 매 회계연도 개시전에 예산을, 매 회계연도 종료후에는 결산을 감독청에 제출하여야 한다. ②감독청은 제1항의 예산이 부당하게 편성되었다고 인정할 때에는 그 시정을 요구할 수 있다.	**제31조(예산 및 결산의 제출)** ①학교법인은 대통령령이 정하는 바에 의하여 매 회계연도 개시전에 예산을, 매 회계연도 종료후에는 결산을 관할청에 제출하여야 한다. ②관할청은 제1항의 예산이 부당하게 편성되었다고 인정할 때에는 그 시정을 요구할 수 있다.

- "감독청"을 "관할청"으로 하였다.

〈2〉 박석무 의원안[1001)]

현행법	원안
제31조(예산 및 결산의 제출) ①학교법인은 대통령령이 정하는 바에 의하여 매 회계연도 개시전에 예산을, 매 회계연도 종료후에는 결산을 감독청에 제출하여야 한다. ②감독청은 제1항의 예산이 부당하게 편성되었다고 인정할 때에는 그 시정을 요구할 수 있다.	**제31조(예산 및 결산의 제출)** ①학교법인은 대통령령이 정하는 바에 의하여 매 회계연도 개시전에 예산을, 매 회계연도 종료후에는 결산을 관할청에 제출하여야 한다. ② <삭 제> ③매회기 학교에 속하는 회계의 결산은 매회계년도 종료후 학교의 장이 2개월 내에 교무회의

1000) 1988. 12. 2. 정부(의안번호: 130287); 제안이유 및 주요내용은 이 책 [4.206] 참조.
1001) 1988. 12. 21. 박석무의원 등 70인(의안번호: 130378); 제안이유 및 주요내용은 이 책 [4.206] 참조.

<신 설>	또는 교수협의회에 제출하여야 한다.

- "감독청"을 "관할청"으로 하고(제1항), 예산에 관한 감독청의 시정요구를 삭제하며(제2항), 학교의 장은 학교에 속하는 회계의 결산에 대하여 교무회의 또는 교수협의회에 제출하도록 하였다(제3항).

〈3〉 김인곤 의원안[1002]

현행법	원안
제31조(예산 및 결산의 제출) ①학교법인은 대통령령이 정하는 바에 의하여 매 회계연도 개시전에 예산을, 매 회계연도 종료후에는 결산을 감독청에 제출하여야 한다. ②감독청은 제1항의 예산이 부당하게 편성되었다고 인정할 때에는 그 시정을 요구할 수 있다.	**제31조(예산 및 결산의 제출)** ①학교법인은 대통령령이 정하는 바에 의하여 매 회계연도 개시전에 예산을, 매 회계연도 종료후에는 결산을 관할청에 제출하여야 한다. ②관할청은 제1항의 예산이 부당하게 편성되었다고 인정할 때에는 그 시정을 요구할 수 있다.

- "감독청"을 "관할청"으로 하였다.

〈4〉 강삼재 의원안[1003]

현행법	원안
제31조(예산 및 결산의 제출) ①학교법인은 대통령령이 정하는 바에 의하여 매 회계연도 개시전에 예산을, 매 회계연도 종료후에는 결산을 감독청에 제출하여야 한다. ②감독청은 제1항의 예산이 부당하게 편성되었다고 인정할 때에는 그 시정을 요구할 수 있다.	**제31조(예산 및 결산의 제출)** ①학교법인은 대통령령이 정하는 바에 의하여 매 회계연도 개시전에 예산을, 매 회계연도 종료후에는 결산을 관할청에 제출하여야 한다. ② <삭 제>

- "감독청"을 "관할청"으로 하고(제1항), 예산에 관한 감독청의 시정요구를 삭제하였다(제2항),

1002) 1989. 2. 16. 김인곤의원 등 34인(의안번호: 130422); 제안이유 및 주요내용은 이 책 [4.206] 참조.
1003) 1989. 2. 28. 강삼재의원 등 57인(의안번호: 130463); 제안이유 및 주요내용은 이 책 [4.206] 참조.

(2) 위원회 심사

〈1〉 **문교공보위원회:** 대안[1004]으로 가결되었다.[1005]

대안
제31조(예산 및 결산의 제출) ①학교법인은 대통령령이 정하는 바에 의하여 매 회계연도 개시전에 예산을, 매 회계연도 종료후에는 결산을 관할청에 제출하여야 한다. ②관할청은 제1항의 예산이 부당하게 편성되었다고 인정할 때에는 그 시정을 지도할 수 있다. ③학교에 속하는 회계의 결산은 매 회계연도 종료후 예산·결산자문위원회의 자문을 거쳐야 한다.

제31조에 관한 회의록 내용은 아래와 같다.

- 소위원장 함종한[1006]: 넷째, 학교에 속하는 회계의 예산과 결산에 대하여는 10인 이상의 교직원으로 구성되는 예산결산자문위원회의 자문을 거치도록 하였습니다.

〈2〉 **법제사법위원회:** 문교공보위원회 대안대로 가결되었다.[1007]

(3) 본회의 심의

문교공보위원회 대안대로 가결되었다.[1008]

(4) 결과

문교공보위원회 대안으로 개정되었다.

31.204

4. 1997년 1월 13일 개정(법률 제5274호, 1997. 4. 14. 시행)

제31조(예산 및 결산의 제출) ①학교법인은 대통령령이 정하는 바에 의하여 매 회계연도 개시전에 예산을, 매 회계연도 종료후에는 결산을 관할청에 제출하여야 한다.
②관할청은 제1항의 예산이 부당하게 편성되었다고 인정할 때에는 그 시정을 지도할 수 있다.

1004) 1990. 3. 15. 문교공보위원장(의안번호: 130833).
1005) 제148회 국회(임시회) 제6차 전체회의, 문교공보위원회회의록, 1990. 3. 14., 8면.
1006) 제148회 국회(임시회) 제6차 전체회의, 문교공보위원회회의록, 1990. 3. 14., 3면.
1007) 제148회 국회(임시회) 제6차 전체회의, 법제사법위원회회의록, 1990. 3. 14., 26면.
1008) 제148회 국회(임시회) 제9차 본회의, 국회본회의회의록, 1990. 3. 16., 15~16면.

③학교에 속하는 회계의 결산은 매 회계연도 종료후 예산·결산자문위원회의 자문을 거쳐야 한다.
④관할청은 학교법인이 제1항의 규정에 의하여 결산서를 제출할 때에 학교법인으로부터 독립된 공인회계사 또는 회계법인의 감사증명서를 첨부하게 할 수 있다.
⑤제4항의 규정에 의하여 감사증명서를 제출하여야 할 학교법인의 대상범위, 실시시기등에 관하여 필요한 사항은 대통령령으로 정한다.

(1) 법률안(정부안[1009])

현행법	원안
제31조(예산 및 결산의 제출) ① ~ ③(생 략) <신 설> <신 설>	**제31조(예산 및 결산의 제출)** ① ~ ③(현행과 같음) ④ 관할청은 학교법인이 제1항의 규정에 의하여 결산서를 제출할 때에 공인회계사의 감사증명서를 첨부하게 할 수 있다 ⑤ 제4항의 규정에 의하여 감사증명서를 제출하여야 할 학교법인의 범위등에 관하여 필요한 사항은 대통령령으로 정한다.

• 학교법인 운영의 공공성과 투명성을 높이기 위하여 학교법인이 결산을 관할청에 제출할 때에는 공인회계사의 감사증명서를 첨부하게 할 수 있도록 하였다.

(2) 위원회 심사

〈1〉 **교육위원회:** 원안을 수정·가결했다.[1010] 수정내용은 아래와 같다.

교육위원회 수정안
제31조(예산 및 결산의 제출) ④관할청은 학교법인이 제1항의 규정에 의하여 결산서를 제출할 때에 학교법인으로부터 독립된 공인회계사의 감사증명서를 첨부하게 할 수 있다. ⑤제4항의 규정에 의하여 감사증명서를 제출하여야 할 학교법인의 대상범위, 실시시기등에 관하여 필요한 사항은 대통령령으로 정한다.

제31조에 관한 회의록 내용은 아래와 같다.

1009) 1996. 11. 18. 정부(의안번호: 150305); 제안이유 및 주요내용은 이 책 [3.206] 참조.
1010) 제181회 국회(정기회) 제10차 전체회의, 교육위원회회의록, 1996. 12. 12., 17면.

- **교육부장관 안병영**[1011]: 제안이유를 말씀드리면 사립학교의 자율성을 신장하기 위하여 학교법인의 이사의 수에 대한 규제를 완화하고 총학장의 신분보장을 강화하며 사립학교 운영의 공공성과 투명성을 높이기 위하여 학교법인의 회계에 대하여 외부감사를 받도록 하는 등 현행 제도의 운영상에 나타난 일부 미비사항을 개선·보완하려는 것입니다. 학교법인 운영의 공공성과 투명성을 높이기 위하여 학교법인 회계의 예산·결산을 공개하도록 하고, 또한 학교법인이 결산을 관할청에 제출할 때에는 공인회계사의 감사증명서를 첨부하게 할 수 있도록 하는 것입니다.
- **전문위원 류삼현**[1012]: 류삼현 전문위원입니다. 검토보고를 드리겠습니다. 안 제31조제4항은 관할청은 학교법인의 결산서 제출시 공인회계사의 감사증명서를 첨부할 수 있도록 하고 동조 제5항은 감사증명서를 제출하여야 할 학교법인의 범위를 대통령령에 위임하고 있는 바 이는 사학의 경영합리화를 유도하기 위한 것이라고 하겠습니다. 그러나 학교법인의 예산·결산은 예산·결산자문위원회의 자문을 거쳐 확정된 것임에도 결산에 대하여는 외부공인회계사의 감사를 받도록 하는 것은 공인회계사의 자격을 가진 학교법인 자체감사와 관할청의 감사 등과 중복되며 재정적으로 열악한 사학에 대해서 재정적 경비부담이 가중될 것이라는 비판도 있다는 말씀을 드립니다. 또한 외부감사제를 도입하더라도 관할청 감사와 중복되지 않도록 하여야 할 것입니다. 그리고 안 제31조제4항 가운데서 "공인회계사"를 "학교법인과는 독립된 공인회계사"로 수정하여 개정안의 취지를 보다 명확히 반영할 수 있도록 하고 안 제31조의2는 예산 및 결산을 공개하는 학교법인의 범위와 절차·시기 등의 위임방법이 불명확하므로 이를 정리할 필요가 있다고 봅니다.

  다음으로 예산·결산의 공개에 대해서 말씀을 드리면 안 제31조의2는 학교법인은 교육부령이 정하는 바에 의하여 법인의 업무에 속하는 회계의 예산과 결산을 공개하도록 하고 있습니다. 이는 일부대학에서 나타나고 있는 비리를 제도적 차원에서 막으려는 것으로 현재 사학기관의 재무·회계규칙에대한특례규칙 제6조제4항에 의하여 실시되고 있는 것을 법률로 규정하는 것입니다. 예산·결산의 공개는 사학운영의 공공성과 투명성을 제고하기 위한 것으로서 사학의 자율성을 높이는 만큼 그에 따른 사회적 책임도 필요하다는 측면에서 볼 때 바람직한 것이라고 생각이 됩니다. 다만 공개의 대상이 법인의 업무에 속하는 회계로만

1011) 제181회 국회(정기회) 제6차 전체회의, 교육위원회회의록, 1996. 11. 26., 8면.
1012) 제181회 국회(정기회) 제6차 전체회의, 교육위원회회의록, 1996. 11. 26., 9~10면

되어 있는바 학교의 업무에 속하는 회계부분에 대한 공개는 앞으로 제출될 고등교육법안에 반영될 것으로 생각이 됩니다.

- 함종한 위원[1013]: 또 한 가지는 공인회계사의 감사증명서 첨부제도 문제입니다. 학교법인의 예산결산자문위원회의 자문을 거쳐 확정된 것임에도 결산에 대해서는 외부 공인회계사의 감사를 받도록 하는 것은 공인회계사의 자격을 가진 학교법인 자체감사와 관할청의 감사 등과 중복이 된다고 봅니다. 학교법인 중에 초·중등 사학의 경우는 결산규모가 10억 미만인 학교 또 10억에서 25억까지 영세법인이 대부분입니다. 영세한 재정규모에서 인건비의 점유율이 95%라면 예산결산의 공개만으로도 투명성이 보장된다고 보는데 이런 것을 굳이 우리 교육부에서 하는 감사기능을 포기를 하고 외부 공인회계사를 들여서 꼭 감사를 해야만 되는 것인지 거기에 대한 의견을 말씀해 주시기 바랍니다. 이상입니다.
- 홍문종 위원[1014]: 그리고 세 번째 아까 우리 사립병원에 대해서도 법인세를 물어야 되는 그런 문제도 있었고 아까 함종한 위원님은 공인회계사 말씀도 하시고 그랬는데 도대체 교육부에서 사학을 도와주려고 그러는 것인지 죽이려고 그러는 것인지 도대체 알 수가 없습니다. 제가 생각하기에 될 수 있으면 지금 여러 가지 앞으로 OECD 문제도 있고 교육개방 문제도 있고 세계의 대학들이 몰려오고 교육시장이 개방될 때 우리 사학들이 자생력을 갖지 않으면 다 죽을 수밖에 없다는 것을 너무나 피부로 잘 알고 있습니다. 어떻게 하든지 살아보려고 몸부림치고 있는데 교육부는 거기에다가 시쳇말로 어떻게든지 사학에 제동을 걸고 힘을 발휘하지 못하게 하고, 앞으로 사기를 저하시키고 하는 일에 교육부가 꼭 앞장서는 것 같은 그런 기분이 드는 것 같습니다. 사실 지금 재정이라는 것이 너무나 뻔하고 교육부에서 도움을 안 주면 중·고등학교는 다 지금 문닫을 판인데 거기다가 공인회계사까지 갖다 붙여가지고, 사실 아까 우리 함 위원도 말씀하셨습니다마는 예산이 10억 20억도 안 되는 그 예산에서 경직성 경비로 다 나가고 실지로 5000만 원 내에서 1억 정도밖에 지금 쓸 수 있는 돈도 없는 것이고 그것을 무슨 엄청난 회계가 필요하다고 공인회계사들, 일설에 의하면 공인회계사들이 학교에 대해서 그것을 하게 되면 굉장히 일거리가 늘어난다고 그래서 로비를 했다는 얘기도 있을 정도로 말이지요. 공인회계사가 거기서 도대체 뭐를 해 가지고 뭐를 어떻게 감사를 하겠다는 것이냐 이 말이지요. 또 사학들이 문제가 있는 사학들도 있지만 수많은 사학들이 제대로 열심히 하려고 노력하고 있는 사학

1013) 제181회 국회(정기회) 제6차 전체회의, 교육위원회회의록, 1996. 11. 26., 12면.
1014) 제181회 국회(정기회) 제6차 전체회의, 교육위원회회의록, 1996. 11. 26., 16~17면.

들에 대해서 왜 이렇게 사기를 저하하느냐 이 말이지요.

대학도 제가 생각하기에는 예산이 1000억이 넘어간다든지 뭐 회계 자체가 굉장히 어렵다든지 하는 그런 대학이라면 몰라도 말이지요. 이제 전문대학이나 예산이 100억 200억도 안되는 그런 학교들을 갖다가 공인회계사를 사용해 가지고, 지금 공인회계사 하는 일반법인도 수백억 되는 회사에 공인회계사 도입해가지고 하는 데가 있습니까? 왜 이렇게 불신하고 못 믿고 열심히 하겠다는 의지를 꺾고 그러는지 도대체 나 이해가 안 갑니다. 사학은 사학 글자 그대로 좀 자율적으로 할 수 있도록, 자기 재산들을 다 투자해 가지고 정말 그것 외에 뭐 팔아먹을 수도 있는 것도 아니고 결국은 놓고 갈 수밖에 없는 것인데 그런 사람들을 위해서 좀 열심히 할 수 있게끔, 정말 자기 일이다 생각하고 할 수 있게끔 도와주지 못할 망정 왜 자꾸 이렇게 쓸데없는 법들을 만들어서 사학을 괴롭히려고 하는지 그런 것을 잘 이해를 못하겠습니다. 교육부에서 그런 문제에 대해서 좀 한 번 생각을 해주십사하는 부탁의 말씀을 드립니다.

- **배종무 위원**[1015]: 공인회계사 문제 이 부분에 대해서도 초·중·고등학교의 경우에는 대단히 걱정이 많은 것 같습니다. 그래서 교육부에서 감사 기능을 강화시켜서 그런 부분을 하도록 하고 초·중·고등학교의 경우는 제외해 주었으면 좋겠다는 이야기이고 또한 그중에서 사립학교 쪽에서 한 두어 가지 건의가 있습니다.
- **교육부장관 안병영**[1016]: 공인회계사 문제도 그렇습니다. 정희경 위원님께서 교육은 법으로 하는 것이 아니라 문화로 하는 것이다라는 말씀에 저도 전적으로 공감을 합니다. 또 교육부가 부패한 사학에 대해서 제대로 여태까지 규제·관리 못한 것에 대한 책임도 있다는 말씀도 제가 백 번 받아들입니다. 그런데 우리 사회 속에는 사학이 좀 더 일종의 공공성과 투명성을 보장해야 된다는 그러한 목소리도 꽤 큽니다. 또 예·결산이 공개되어야 된다는 그런 목소리도 굉장히 큽니다. 그 점도 있다는 점을 좀 이해해 주셨으면 좋겠습니다.

또 한 가지는 법인 자체의 감사가 있습니다. 이것은 법인 내부의 상근감사입니다. 공인회계사 감사는 일종의 회계책임에 따르는 사후적인 외부감사이기 때문에 성격은 사실 다릅니다. 저희가 만약 학교법인이 공인회계사의 감사를 받는 경우에 실제로 어느 정도 재정적인 부담을 갖는가 알아보았습니다마는 연평균 부담액이 약 300만 원에서 400만 원입니다. 이것이 큰 부담이 되는 그런 쪽은

1015) 第181회 국회(정기회) 제6차 전체회의, 교육위원회회의록, 1996. 11. 26., 19면.
1016) 第181회 국회(정기회) 제6차 전체회의, 교육위원회회의록, 1996. 11. 26., 22~23면.

아니다 저희들은 이렇게 보고 있습니다. 그러나 어떤 문제에 관해서도 저희들이 법률안을 내는 입장이고 위원님들이 사실상 토의 심의하시고 결정하시는 입장이기 때문에 계속적인 협의와 위원님들의 좋은 의견을 저희들이 수용할 그런 태세를 갖고 있다는 말씀을 아울러 말씀드리겠습니다.

〈2〉 **법제사법위원회:** 교육위원회 수정안을 수정·가결했다.[1017] 수정내용은 아래와 같다.

교육위원회 수정안	법제사법위원회 수정안
제31조(예산 및 결산의 제출) ④관할청은 학교법인이 제1항의 규정에 의하여 결산서를 제출할 때에 학교법인으로부터 독립된 공인회계사의 감사증명서를 첨부하게 할 수 있다.	**제31조(예산 및 결산의 제출)** ④관할청은 학교법인이 제1항의 규정에 의하여 결산서를 제출할 때에 학교법인으로부터 독립된 공인회계사·회계법인 또는 합동회계사무소[1018]의 감사증명서를 첨부하게 할 수 있다.

위 내용이 포함된 제31조에 관한 회의록 내용은 아래와 같다.

- **교육부장관 안병영**[1019]: 제안이유는 사립학교의 자율성을 신장하기 위하여 학교법인의 이사의 수에 대한 규제를 완화하고 총·학장의 신분보장을 강화하며 사립학교 운영의 공공성과 투명성 제고를 위하여 학교법인의 회계에 대하여 외부감사를 받도록 하는 등 현행 제도의 운영상 나타난 일부 미비사항을 개선·보완하려는 것입니다...

  셋째, 학교법인 운영의 공공성과 투명성을 높이기 위하여 학교법인이 결산을 관할청에 제출할 때에는 공인회계사의 감사증명서를 첨부하게 할 수 있도록 하는 것입니다.
- **전문위원 이문재**[1020]: 다음 사립학교법 중 개정법률안에 대해서 보고드리겠습니다. 안 제31조제4항에서는 학교법인의 결산서에 첨부되는 공인회계사의 감사증명서에 관하여 규정하고 있으나, 감사증명서와 관련 공인회계사 외에 공인회계사법상의 "회계법인"과 "합동회계사무소"가 누락되었으므로 이를 보완하였고 그 외에 약간의 자구를 수정하였습니다.

1017) 第181회 국회(정기회) 제14차 전체회의, 법제사법위원회회의록, 1996. 12. 16., 23면.
1018) 제4항에 관하여 본회의는 법제사법위원회 수정안을 가결한 것으로 기록하고 있으나, 최종 개정조문은 법제사법위원회 수정안과 다르다. 그 이유는 확인할 수 없다(심사보고서, 교육위원회, 1996. 12., 의안번호 150305, 24면 참조).
1019) 第181회 국회(정기회) 제14차 전체회의, 법제사법위원회회의록, 1996. 12. 16., 15면.
1020) 第181회 국회(정기회) 제14차 전체회의, 법제사법위원회회의록, 1996. 12. 16., 16면.

- **안상수 위원**[1021]: 그다음에 사립학교법 중 개정법률안에 대한 수정안, 이것을 보면 31조 "예산 및 결산의 제출" 여기 보면 이 법을 읽어서는 어떤 경우에 공인회계사로부터 외부감사를 받게 하는지 이런 것도 전부 "제4항의 규정에 의하여 감사증명서를 제출하여야 할 학교법인의 대상범위, 실시시기 등에 관하여 필요한 사항은 대통령령으로 정한다" 이렇게 전부 대통령령으로 위임을 해 놓았는데 일반적으로 그것이라도 좀 알아봅시다. 어떤 경우에 외부감사를 받게 하고 어떤 경우에는 그냥 자체감사로서 자체예산보고서나 결산보고서를 쓰도록 합니까?
- **교육부장관 안병영**[1022]: 저희들이 생각했던 것은 이런 것입니다. 학교의 규모가 워낙 작고 그냥 눈에 드러나는 대학의 경우에는 사실상 감사가 필요 없을 수가 있습니다. 그래서 예산의 규모라든가 그런 것을 가지고 한계를 정할 생각을 했습니다.
- **안상수 위원**[1023]: 예산규모로…
- **교육부장관 안병영**[1024]: 예, 예산규모나 다른 지표가 더 첨부될 수 있겠지요.
- **안상수 위원**[1025]: 그렇다면 그런 것이 법문에 조금 들어가야 되는 것 아니겠습니까? 그래야 예상을 할 수 있지, 예를 들자면 어떤 학교들이 이 법 읽어 가지고는 도대체 내가 외부감사 대상인지 아닌지 알 수가 없잖아요?
- **교육부장관 안병영**[1026]: 그런 면이 있습니다.
- **안상수 위원**[1027]: 그래서 이것도 너무 포괄적인 규정이라서 문제라는 지적을 합니다. 왜냐하면 법은 읽어보고 규제가 되는 대상이 어느 정도 인식할 수 있는 정도는 규정이 있어야 됩니다. 그 나머지를 대통령령으로 위임을 하는 거지요. 그런 부분을 지적하고요.
- **위원장 강재섭**[1028]: 위원님들 두 시에 본회의가 있기 때문에 정리를 좀 빨리 해야 되겠습니다. 이 교육법도 저희가 물어보니까 한 제도가 한 조문에 들어있는 그런 규정이 조금 많이 있기는 있답니다. 더 명백하게 잘해 주려면 세분해서 더 잘해 주면 좋은데 그런 것이 있기는 있고 또 사립학교법에 대해서 말씀을 하셨는데 소위에 회부를 해야 되겠습니까? (그냥 합시다 하는 위원 있음)

1021) 제181회 국회(정기회) 제14차 전체회의, 법제사법위원회회의록, 1996. 12. 16., 22면.
1022) 제181회 국회(정기회) 제14차 전체회의, 법제사법위원회회의록, 1996. 12. 16., 22면.
1023) 제181회 국회(정기회) 제14차 전체회의, 법제사법위원회회의록, 1996. 12. 16., 22면.
1024) 제181회 국회(정기회) 제14차 전체회의, 법제사법위원회회의록, 1996. 12. 16., 22면.
1025) 제181회 국회(정기회) 제14차 전체회의, 법제사법위원회회의록, 1996. 12. 16., 22면.
1026) 제181회 국회(정기회) 제14차 전체회의, 법제사법위원회회의록, 1996. 12. 16., 22면.
1027) 제181회 국회(정기회) 제14차 전체회의, 법제사법위원회회의록, 1996. 12. 16., 22면.
1028) 제181회 국회(정기회) 제14차 전체회의, 법제사법위원회회의록, 1996. 12. 16., 22~23면.

안 위원님! 어떻습니까? 지금 충분히 지적을 하셨으니까 그것을 속기록에 넣고 그리고 앞으로 교육부에서는 시행령을 만든다든지 할 때 지금 위원님들이 말씀하신 취지를 충분히 반영을 해 주십시오. 교육법 중 개정법률안, 사립학교법 중 개정법률안, 학점인정등에관한법률안, 한국교육방송원법안 이상 4건의 법률안에 전문위원의 검토의견을 우리 위원회안으로 받아들여서 수정의결하고자 하는데 이의가 없으시지요? (없습니다 하는 위원 있음) 그러면 이상 4건의 법률안이 가결되었음을 선포합니다.

(3) 본회의 심의

법제사법위원회 수정안대로 가결되었다.[1029] 제31조에 관한 회의록 내용은 아래와 같다.

- **교육위원장대리 배종무**[1030]: 교육위원회 배종무 의원입니다.
  사립학교법 중 개정법률안에 대하여 학점인정등에관한법률안에 대하여 교육위원회에서 심사한 결과를 보고드리겠습니다.
  먼저 사립학교법 중 개정법률안에 대한 심사결과를 말씀드리면 이 법률안은 지난 11월 18일 정부로부터 제출되어 11월 19일자로 당 위원회에 회부된 것으로 제안이유와 주요골자를 말씀드리면…사립학교 운영의 공공성과 투명성을 높이기 위하여 사립학교법인의 예산·결산을 공개하도록 하고 사립학교법인의 회계에 대하여 외부감사를 받도록 하는 것입니다. 당 위원회에서는 이 법률안을 11월 29일 제6차 위원회에 상정하여 정부 측의 제안설명과 전문위원의 검토보고를 듣고 대체토론을 거쳐 법안심사소위원회에서 면밀히 심사한 결과 12월 12일 제10차 교육위원회에서 수정·의결하였습니다. 주요 수정내용을 말씀드리면 사립학교법인의 업무에 속하는 회계의 예산과 결산의 공개는 현실적으로 교육부령에 의하여 이루어지고 있으므로 이 조항을 삭제하기로 하였습니다.
- **의장 김수한**[1031]: 그러면 먼저 사립학교법 중 개정법률안에 대해서 교육위원회의 수정안대로 의결하고자 합니다. 이의가 없으십니까? (없습니다 하는 의원 있음) 없으시면 가결되었음을 선포합니다.

1029) 第181회 국회(정기회) 제22차 본회의, 국회본회의회의록, 1996. 12. 17., 8면.
1030) 第181회 국회(정기회) 제22차 본회의, 국회본회의회의록, 1996. 12. 17., 7면.
1031) 第181회 국회(정기회) 제22차 본회의, 국회본회의회의록, 1996. 12. 17., 7면.

(4) 결과

법제사법위원회 수정안으로 개정되었다.

31.205 ## 5. 1999년 8월 31일 개정(법률 제6004호, 1999. 8. 31. 시행)

제31조(예산 및 결산의 제출) ①학교법인은 대통령령이 정하는 바에 의하여 매 회계연도 개시전에 예산을, 매 회계연도 종료후에는 결산을 관할청에 제출하여야 한다.

②관할청은 제1항의 예산이 부당하게 편성되었다고 인정할 때에는 그 시정을 지도할 수 있다.

③학교에 속하는 회계의 결산은 매 회계연도 종료후 예산·결산자문위원회의 자문을 거쳐야 한다. **다만, 유치원은 예산·결산자문위원회의 자문을 거치지 아니할 수 있다.**

④관할청은 학교법인이 제1항의 규정에 의하여 결산서를 제출할 때에 학교법인으로부터 독립된 공인회계사 또는 회계법인의 감사증명서를 첨부하게 할 수 있다.

⑤제4항의 규정에 의하여 감사증명서를 제출하여야 할 학교법인의 대상범위, 실시기등에 관하여 필요한 사항은 대통령령으로 정한다.

(1) 법률안(정부안[1032])

현행법	원안
제31조(예산 및 결산의 제출) ①·② (생 략) ③학교에 속하는 회계의 결산은 매 회계연도 종료후 예산·결산자문위원회의 자문을 거쳐야 한다. <단서 신설> ④ ~ ⑤ (생 략)	**제31조(예산 및 결산의 제출)** ①·② (현행과 같음) ③학교에 속하는 회계의 결산은 매 회계연도 종료후 예산·결산자문위원회의 자문을 거쳐야 한다. 다만, 유치원은 예산·결산자문위원회의 자문을 거치지 아니할 수 있다. ④ ~ ⑤ (현행과 같음)

• 유치원은 예산·결산자문위원회의 자문을 거치지 않을 수 있도록 하였다.

(2) 위원회 심사

〈1〉 **교육위원회:** 원안대로 가결되었다.[1033]

1032) 1998. 12. 2. 정부(의안번호: 151530); 제안이유 및 주요내용은 이 책 [2.201] 참조.
1033) 제206회 국회(임시회) 제2차 전체회의, 교육위원회회의록, 1999. 8. 10., 30면.

〈2〉 **법제사법위원회:** 원안대로 가결되었다.[1034)]

(3) 본회의 심의

원안대로 가결되었다.[1035)]

(4) 결과

원안으로 개정되었다.

6. 2005년 12월 29일 개정(법률 제7802호, 2006. 7. 1. 시행)

제31조(예산 및 결산의 제출) ①학교법인은 대통령령이 정하는 바에 의하여 매 회계연도 개시전에 예산을, 매 회계연도 종료후에는 결산을 관할청에 **보고하고 공시**하여야 한다.
②관할청은 제1항의 예산이 부당하게 편성되었다고 인정할 때에는 그 시정을 지도할 수 있다.
③학교에 속하는 회계의 결산은 매 회계연도 종료후 **학교운영위원회 또는 대학평의원회의** 자문을 거쳐야 한다. 다만, 유치원의 **경우에는 그러하지 아니하다.**
④관할청은 학교법인이 제1항의 규정에 의하여 결산서를 제출할 때에 당해 학교법인의 감사전원이 서명·날인한 감사보고서를 첨부하게 하여야 하며, 학교법인으로부터 독립된 공인회계사 또는 회계법인의 감사증명서를 첨부하게 할 수 있다.
⑤제1항의 규정에 따른 공시와 관련하여 필요한 사항과 제4항의 규정에 따른 감사증명서를 첨부하여야 할 학교법인의 대상범위, 실시시기 등에 관하여 필요한 사항은 대통령령으로 정한다.

(1) 법률안

〈1〉 **복기왕 의원안**[1036)]

현행법	원안
제31조(예산 및 결산의 제출) ① ~ ③ (생 략) ④관할청은 학교법인이 제1항의 규정에 의하	**제31조(예산 및 결산의 제출)** ① ~ ③ (현행과 같음) ④관할청은 학교법인이 제1항의 규정에 의하

1034) 제206회 국회(임시회) 제5차 전체회의, 법제사법위원회회의록, 1999. 8. 12., 19면.
1035) 제206회 국회(임시회) 제3차 본회의, 국회본회의회의록, 1999. 8. 12., 26면.
1036) 2004. 10. 20. 복기왕의원 등 150인(의안번호: 170595); 제안이유 및 주요내용은 이 책 [10-2.201] 참고.

여 결산서를 제출할 때에 학교법인으로부터 독립된 공인회계사 또는 회계법인의 감사증명서를 첨부하게 할 수 있다.	여 결산서를 제출할 때에 당해 학교법인의 감사전원이 서명·날인한 감사보고서를 첨부하여야 하며, 학교법인으로부터 독립된 공인회계사 또는 회계법인의 감사증명서를 첨부하게 할 수 있다.
⑤제4항의 규정에 의하여 감사증명서를 제출하여야 할 학교법인의 대상범위, 실시시기 등에 관하여 필요한 사항은 대통령령으로 정한다.	⑤제4항의 규정에 의하여 학교법인으로부터 독립된 공인회계사 또는 회계법인의 감사증명서를 제출하여야 할 학교법인의 대상범위, 실시시기등에 관하여 필요한 사항은 대통령령으로 정한다.

• 결산서 제출시 감사 전원이 확인·날인한 감사증명서를 제출하도록 함으로써 현행 외부감사제도의 문제점을 개선하고 내부감사의 책무성을 강화하고자 하였다.

〈2〉 김영숙 의원안[1037]

현행법	원안
제31조(예산 및 결산의 제출) ①학교법인은 대통령령이 정하는 바에 의하여 매 회계연도 개시전에 예산을, 매 회계연도 종료후에는 결산을 관할청에 제출하여야 한다.	제31조(예산 및 결산의 공시) ①학교법인은 대통령령이 정하는 바에 의하여 매 회계연도 개시전에 예산을, 매 회계연도 종료 후에는 결산을 관할청에 보고하고 이를 공시하여야 한다. 이 경우 결산서에는 학교법인으로부터 독립된 공인회계사 또는 회계법인의 감사증명서를 첨부하여야 한다.
② ~ ③ (생 략)	② ~ ③ (현행과 같음)
④관할청은 학교법인이 제1항의 규정에 의하여 결산서를 제출할 때에 학교법인으로부터 독립된 공인회계사 또는 회계법인의 감사증명서를 첨부하게 할 수 있다.	④ <삭 제>
⑤제4항의 규정에 의하여 감사증명서를 제출하여야 할 학교법인의 대상범위, 실시시기 등에 관하여 필요한 사항은 대통령령으로 정한다.	⑤제1항의 규정에 의하여 감사증명서를 제출하여야 할 학교법인의 대상범위, 실시시기등에 관하여 필요한 사항은 대통령령으로 정한다.

• 학교법인이 정해진 절차에 따라 예·결산을 관할청에 제출하도록 하던 것을 공시하도록 변경하고, 결산서 제출 시 공인회계사 또는 회계법인의 감사증명서 첨부를 의무화하여 투명성과 내부감사의 책무성을 강조하였다.

1037) 2004. 12. 22. 김영숙의원 등 120인(의안번호: 171182); 제안이유 및 주요내용은 이 책 [14.205] 참고.

(2) 위원회 심사

〈1〉 교육위원회: 심사 미료

국회의장이 지정한 심사기간(2005. 9. 16 24:00) 내에 심사가 미료됨에 따라 소관 상임위원장의 중간심사보고(구두보고) 후 본회의로 바로 상정하였다(「국회법」 제85조의2).

제31조에 관한 회의록 내용은 아래와 같다.

- **수석전문위원 류충현**[1038]: 안 제31조에서는 학교법인이 결산서를 제출함에 있어서는 당해 학교법인의 감사 전원이 서명·날인한 감사보고서를 첨부하도록 제도를 정비하고 있습니다. 이와 같은 감사제도의 개정은 사학의 재무 및 회계의 신뢰성 확보와 책무성 강화를 위해 현행 감사관련 조항을 보다 엄격한 방향으로 개정하고자 하는 데 그 취지가 있는 것으로 보입니다.
- **이군현 위원**[1039]: 투명성을 더욱더 높일 수 있는 제도적 장치가 반드시 마련되어야 한다고 저는 생각합니다. 예를 들면 예산·결산 공개를 의무화한다든지, 법인의 감사증명서도 첨부할 수 있다고 해서 자율적으로 되어 있지만 반드시 첨부해야 한다고 의무화한다든지, 또 과거에 교원을 채용하는 데 있어서 여러 가지 비리 문제가 일부 사학에서 실제로 있었던 것도 사실입니다. 그래서 이런 것도 공개채용을 의무화한다든지, 제가 시간관계상 다 열거는 할 수 없지만 사학의 투명성을 높일 수 있는 것들은 우리가 이번에 아주 강화를 시켰으면 좋겠다는 것입니다.

〈2〉 법제사법위원회: 심사 미료

(3) 본회의 심의

원안을 수정·가결했다.[1040] 수정내용은 아래와 같다.

본회의 수정안
제31조(예산 및 결산의 제출) ①학교법인은 대통령령이 정하는 바에 의하여 매 회계연도 개시전에 예산을, 매 회계연도 종료후에는 결산을 관할청에 보고하고 공시하여야 한다. ③학교에 속하는 회계의 결산은 매 회계연도 종료후 학교운영위원회 또는 대학평의원회의 자문을 거쳐야 한다. 다만, 유치원의 경우에는 그러하지 아니하다. ④관할청은 학교법인이 제1항의 규정에 의하여 결산서를 제출할 때에 당해 학교법인의 감사전원이 서명·날인한 감사보고서를 첨부하게 하여야 하며, 학교법인으로부터 독립된 공인회계사 또는 회계

1038) 제250회 국회(정기회) 제11차 전체회의, 교육위원회회의록, 2004. 12. 7., 43면.
1039) 제250회 국회(정기회) 제11차 전체회의, 교육위원회회의록, 2004. 12. 7., 47면.
1040) 제256회 국회(정기회) 제16차 본회의, 국회본회의회의록, 2005. 12. 9., 2~3면.

법인의 감사증명서를 첨부하게 할 수 있다.
⑤제1항의 규정에 따른 공시와 관련하여 필요한 사항과 제4항의 규정에 의하여 학교법인으로부터 독립된 공인회계사 또는 회계법인의 감사증명서를 제출하여야 할 학교법인의 대상범위, 실시시기 등에 관하여 필요한 사항은 대통령령으로 정한다.

이 조문의 회의록 내용은 2005. 12. 29. 개정조문 제8조의2와 공통적이어서 생략한다.[1041]

(4) 결과

본회의 수정안으로 개정되었다.

31.207

7. 2008년 3월 14일 개정(법률 제8888호, 2008. 3. 14. 시행)

제31조(예산 및 결산의 제출) ①학교법인은 대통령령이 정하는 바에 의하여 매 회계연도 개시전에 예산을, 매 회계연도 종료후에는 결산을 관할청에 보고하고 공시하여야 한다.
②관할청은 제1항의 예산이 **회계관계 법령 등을 위반하여** 편성되었다고 인정할 때에는 그 시정을 지도할 수 있다.
③학교에 속하는 회계의 결산은 매 회계연도 종료후 학교운영위원회 또는 대학평의원회의 자문을 거쳐야 한다. 다만, 유치원의 경우에는 그러하지 아니하다.
④관할청은 학교법인이 제1항의 규정에 의하여 결산서를 제출할 때에 당해 학교법인의 감사전원이 서명·날인한 감사보고서를 첨부하게 하여야 하며, 학교법인으로부터 독립된 공인회계사 또는 회계법인의 감사증명서를 첨부하게 할 수 있다.
⑤제1항의 규정에 따른 공시와 관련하여 필요한 사항과 제4항의 규정에 따른 감사증명서를 첨부하여야 할 학교법인의 대상범위, 실시시기 등에 관하여 필요한 사항은 대통령령으로 정한다.

(1) 법률안(정부안[1042])

현행법[1043]	원안
제31조(예산 및 결산의 제출) ① (생 략)	**제31조(예산 및 결산의 제출)** ① (현행과 같음)

1041) 이 책 [8-2.201] 참조.
1042) 2005. 12. 26. 정부(의안번호: 173668); 제안이유 및 주요내용은 이 책 [2.203] 참고.

②관할청은 제1항의 예산이 부당하게 편성되었다고 인정할 때에는 그 시정을 지도할 수 있다. ③ ~ ⑤ (생 략)	②관할청은 제1항의 예산이 회계관계 법령 등을 위반하여 편성되었다고 인정할 때에는 그 시정을 지도할 수 있다. ③ ~ ⑤ (현행과 같음)

• 제2항 중 "부당하게"를 "회계관계 법령 등을 위반하여"로 하였다.

(2) 위원회 심사

〈1〉 **교육위원회:** 대안[1044]으로 가결되었다(이 조문의 경우에는 원안과 대안의 내용이 동일함).[1045]

〈2〉 **법제사법위원회:** 교육위원회 대안대로 가결되었다.[1046]

(3) 본회의 심의

교육위원회 대안대로 가결되었다.[1047]

(4) 결과

교육위원회 대안으로 개정되었다.

8. 2013년 1월 23일 개정(법률 제11622호, 2013. 7. 24. 시행)

제31조(예산 및 결산의 제출) ①학교법인은 대통령령이 정하는 바에 의하여 매 회계연도 개시전에 예산을, 매 회계연도 종료후에는 결산을 관할청에 보고하고 공시하여야 한다.

②관할청은 제1항의 예산이 회계관계 법령 등을 위반하여 편성되었다고 인정할 때에는 그 시정을 지도할 수 있다.

③학교에 속하는 회계의 결산은 매 회계연도 종료후 다음 각 호의 절차를 거쳐야

1043) 「사립학교법」(2005. 1. 27. 일부개정, 2005. 1. 27. 시행)
1044) 2008. 2. 18. 교육위원장(의안번호: 178210).
1045) 제271회 국회(임시회) 제1차 전체회의, 교육위원회회의록, 2008. 1. 30., 6면.
1046) 제271회 국회(임시회) 제3차 전체회의, 법제사법위원회회의록, 2008. 2. 15., 7면.
1047) 제271회 국회(임시회) 제7차 본회의, 국회본회의회의록, 2008. 2. 19., 19면.

한다. 다만, 유치원의 경우에는 그러하지 아니하다.

1. 대학교육기관: 대학평의원회의 자문 및 등록금심의위원회의 심사·의결을 거쳐야 한다.
2. 「초·중등교육법」 제2조에 따른 학교: 학교운영위원회의 자문을 거쳐야 한다.

④학교법인은 제1항에 따라 결산서를 제출할 때에 해당 학교법인의 감사 전원이 서명·날인한 감사보고서를 첨부하여야 한다. 이 경우 대학교육기관을 설치·경영하는 학교법인은 학교법인과 독립한 공인회계사 또는 회계법인의 감사증명서 및 부속서류(제4조제1항제1호에 따른 학교의 교비회계 결산은 제외한다)를 첨부하여야 한다.

⑤제1항의 규정에 따른 공시와 관련하여 필요한 사항은 대통령령으로 정한다.

(1) 법률안(민병주 의원안[1048])

현행법	원안
제31조(예산 및 결산의 제출) ①·② (생 략) ③학교에 속하는 회계의 결산은 매 회계연도 종료후 학교운영위원회 또는 대학평의원회의 자문을 거쳐야 한다. 다만, 유치원의 경우에는 그러하지 아니하다. ④관할청은 학교법인이 제1항의 규정에 의하여 결산서를 제출할 때에 당해 학교법인의 감사전원이 서명·날인한 감사보고서를 첨부하게 하여야 하며, 학교법인으로부터 독립된 공인회계사 또는 회계법인의 감사증명서를 첨부하게 할 수 있다. ⑤제1항의 규정에 따른 공시와 관련하여 필요한 사항과 제4항의 규정에 따른 감사증명서를 첨부하여야 할 학교법인의 대상범위, 실시시기 등에 관하여 필요한 사항은 대통령령으로 정한다.	**제31조(예산 및 결산의 제출)** ①·② (현행과 같음) ③학교에 속하는 회계의 결산은 매 회계연도 종료후 학교운영위원회 또는 대학평의원회의 자문 및 등록금심의위원회의 심의를 거쳐야 한다. 다만, 유치원의 경우에는 그러하지 아니하다. ④학교법인은 제1항의 규정에 의하여 결산서를 제출할 때에 당해 학교법인의 감사전원이 서명·날인한 감사보고서를 첨부하여야 하며, 대학교육기관을 설치·경영하는 학교법인은 학교법인으로부터 독립된 공인회계사 또는 회계법인의 감사증명서 및 부속서류(고등학교 이하 교비회계 결산은 제외한다)를 첨부하여야 한다. ⑤제1항의 규정에 따른 공시와 관련하여 필요한 사항은 대통령령으로 정한다.

- 대학교육기관을 설치·경영하는 학교법인은 결산서 제출 시 학교법인과 독립한 공인회계사 또는 회계법인의 감사증명서 및 부속서류를 첨부하도록 하였다.

1048) 2012. 5. 30. 민병주의원 등 25인(의안번호: 1900016); 제안이유 및 주요내용은 이 책 [29.210] 참조.

(2) 위원회 심사

〈1〉 교육과학기술위원회: 대안[1049]으로 가결되었다.[1050]

대안
제31조(예산 및 결산의 제출) ③학교에 속하는 회계의 결산은 매 회계연도 종료후 다음 각 호의 절차를 거쳐야 한다. 다만, 유치원의 경우에는 그러하지 아니하다. 1. 대학교육기관: 대학평의원회의 자문 및 등록금심의위원회의 심사·의결을 거쳐야 한다. 2. 「초·중등교육법」 제2조에 따른 학교: 학교운영위원회의 자문을 거쳐야 한다. ④ 학교법인은 제1항의 규정에 의하여 결산서를 제출할 때에 당해 학교법인의 감사 전원이 서명·날인한 감사보고서를 첨부하여야 하며, 대학교육기관을 설치·경영하는 학교법인은 학교법인과 독립한 공인회계사 또는 회계법인의 감사증명서 및 부속서류(제4조제1항제1호에 따른 학교의 교비회계 결산은 제외한다)를 첨부하여야 한다. ⑤제1항의 규정에 따른 공시와 관련하여 필요한 사항은 대통령령으로 정한다.

제31조에 관한 회의록 내용은 아래와 같다.

- 소위원장 김세연[1051]: 마지막으로 민병주 의원, 설훈 의원이 각각 대표발의한 사립학교법 일부개정법률안은 본회의에 부의하지 아니하기로 하고 두 안을 통합한 대안을 제안하기로 하였습니다.

  대안의 주요 내용은 교비회계를 등록금회계와 비등록금회계로 구분하여 등록금 사용내역을 명확히 하고, 교비회계 예산편성 및 결산 시 등록금심의위원회의 심의를 거치게 하여 대학 구성원의 참여를 보장함과 더불어 결산서 제출 시 외부 감사보고서 제출을 의무화하고 이를 검증할 감리제도를 도입하여 회계의 투명성을 강화하고, 사립학교에 기부된 기부금이 학교법인의 운영비로 사용되지 않도록 학교가 받은 기부금을 교비회계의 수입으로 처리하도록 하였습니다.

  보다 자세한 내용은 배부해 드린 유인물을 참고해 주시고 법안심사소위원회에서 심사한 대로 의결하여 주시기 바랍니다...
- 위원장 신학용[1052]: 의사일정 제7항·제8항, 설훈 의원·민병주 의원이 각각 대표발의한 사립학교법 일부개정법률안은 소위원회에서 심사보고한 대로 본회의에 부의하지 아니하고 이 2건을 통합·조정한 의사일정 제9항 사립학교법 일부개정

1049) 2012. 12. 31. 교육과학기술위원장(의안번호: 1903205).
1050) 제311회 국회(정기회) 제10차 전체회의, 교육과학기술위원회회의록, 2012. 11. 21., 5면.
1051) 제311회 국회(정기회) 제10차 전체회의, 교육과학기술위원회회의록, 2012. 11. 21., 3면.
1052) 제311회 국회(정기회) 제10차 전체회의, 교육과학기술위원회회의록, 2012. 11. 21., 5면.

법률안(대안)을 우리 위원회안으로 채택하고자 하는데 이의 없으십니까? (없습니다 하는 위원 있음) 가결되었음을 선포합니다.

〈2〉 **법제사법위원회:** 교육과학기술위원회 대안을 수정·가결했다.[1053] 수정내용은 아래와 같다.

대안	법제사법위원회 수정안
제31조(예산 및 결산의 제출) ④ ------------- 첨부하여야 하며, 대학교육기관을 ----------.	**제31조(예산 및 결산의 제출)** ④ ------------- 첨부하여야 한다. 이 경우 대학교육기관을 ----.

제31조에 관한 회의록 내용은 아래와 같다.

- **전문위원 이상용**[1054]: 의사일정 제27항 사립학교법 일부개정법률안(대안)입니다. 교육과학기술부장관의 시정조치 요구권의 발동요건을 명확히 하고, 경미한 자구 수정을 하였습니다...
- **위원장 박영선**[1055]: 의사일정 제25항부터 제29항까지의 법률안에 대해서는 전문위원의 검토 의견을 우리 위원회안으로 받아들여서 수정한 부분은 수정한 대로, 그 밖의 부분은 원안대로 의결하고자 합니다. 이의 있으신가요? (없습니다 하는 위원 있음) 가결되었음을 선포하겠습니다. 수고하셨습니다.

(3) 본회의 심의

법제사법위원회 수정안대로 가결되었다.[1056] 제31조에 관한 회의록 내용은 아래와 같다.

- **교육과학기술위원장대리 민병주**[1057]: 존경하는 이병석 국회부의장님, 그리고 선배·동료 의원 여러분! 교육과학기술위원회 소속 새누리당 비례대표 민병주 의원입니다. 우리 위원회가 제안·심사한 3건의 개정법률안에 대한 제안설명과 심사보고를 드리겠습니다...

  다음, 사립학교법 일부개정법률안(대안)은 교비회계를 등록금회계와 비등록금회계로 구분하여 등록금 사용내역을 명확히 하고, 교비회계 예산 편성 및 결산

1053) 제312회 국회(임시회) 제1차 전체회의, 법제사법위원회회의록, 2012. 12. 31., 13면.
1054) 제312회 국회(임시회) 제1차 전체회의, 법제사법위원회회의록, 2012. 12. 31., 12면.
1055) 제312회 국회(임시회) 제1차 전체회의, 법제사법위원회회의록, 2012. 12. 31., 13면.
1056) 제312회 국회(임시회) 제2차, 국회본회의회의록, 2012. 12. 31., 30면.
1057) 제312회 국회(임시회) 제2차 본회의, 국회본회의회의록, 2013. 1. 1., 29면.

시 등록금심의위원회 심의를 거치게 하여 대학구성원의 참여를 보장하도록 하는 한편 사립학교에 기부된 기부금이 학교법인의 운영비로 사용되지 않도록 학교가 받은 기부금을 교비회계의 수입으로 처리하도록 하였습니다.

- **부의장 이병석**[1058]: 다음은 사립학교법 일부개정법률안(대안)을 의결하도록 하겠습니다. 투표해 주시기 바랍니다. (전자투표) 투표를 다 하셨습니까? 그러면 투표를 마치겠습니다. 투표 결과를 말씀드리겠습니다. 재석 240인 중 찬성 236인, 기권 4인으로서 사립학교법 일부개정법률안(대안)은 가결되었음을 선포합니다.

(4) 결과

법제사법위원회 수정안으로 개정되었다.

9. 2020년 12월 22일 개정(법률 제17659호, 2020. 12. 22. 시행)

제31조(예산 및 결산의 제출) ①_학교법인은 대통령령으로 정하는 바에 **따라** 매 회계연도가 **시작되기 전에는** 예산을, 매 회계연도가 **끝난** 후에는 결산을 관할청에 보고하고 공시하여야 한다.

②_관할청은 제1항의 예산이 회계 관계 법령 등을 위반하여 편성되었다고 인정할 때에는 그 시정을 지도할 수 있다.

③_학교에 속하는 회계의 결산은 매 회계연도가 **끝난** 후 다음 각 호의 **구분에 따른** 절차를 거쳐야 한다. 다만, 유치원의 경우에는 그러하지 아니하다.

1. 대학교육기관: 대학평의원회에 자문 및 등록금심의위원회의 심사·의결을 거쳐야 한다.
2. 「초·중등교육법」 제2조에 따른 학교: 학교운영위원회에 자문을 거쳐야 한다.

④_학교법인은 제1항에 따라 결산서를 제출할 때에 **그** 학교법인의 감사 **모두가** 서명·날인한 감사보고서를 첨부하여야 한다. 이 경우 대학교육기관을 설치·경영하는 학교법인은 학교법인과 독립된 공인회계사 또는 회계법인의 감사증명서 및 부속서류(제4조제1항제1호에 따른 학교의 교비회계 결산은 제외한다)를 첨부하여야 한다.

⑤_제1항에 따른 공시와 관련하여 필요한 사항은 대통령령으로 정한다.

1058) 제312회 국회(임시회) 제2차 본회의, 국회본회의회의록, 2013. 1. 1., 30면.

- 법문을 한글화하고 간결하게 하였다(오직 형식에 관한 개정이므로 자세한 개정경과는 생략함[1059]).

31.210 **10. 2021년 8월 10일 개정(법률 제18372호, 2022. 8. 11. 시행)**

제31조(예산 및 결산의 제출) ① 학교법인은 대통령령으로 정하는 바에 따라 매 회계연도가 시작되기 전에는 예산을, 매 회계연도가 끝난 후에는 결산을 관할청에 보고하고 공시하여야 한다.

②관할청은 제1항의 예산이 회계 관계 법령 등을 위반하여 편성되었다고 인정할 때에는 그 시정을 지도할 수 있다.

③학교에 속하는 회계의 결산은 매 회계연도가 끝난 후 다음 각 호의 구분에 따른 절차를 거쳐야 한다. 다만, 유치원의 경우에는 그러하지 아니하다.

1. 대학교육기관: 대학평의원회에 자문 및 등록금심의위원회의 심사·의결을 거쳐야 한다.
2. 「초·중등교육법」 제2조에 따른 학교: 학교운영위원회에 자문을 거쳐야 한다.

④ 학교법인은 제1항에 따라 결산서를 제출할 때에 그 학교법인의 감사 모두가 서명·날인한 감사보고서를 첨부하여야 한다. 이 경우 대학교육기관을 설치·경영하는 학교법인<u>(제5항에 따른 학교법인은 제외한다)은 직접 선임한 학교법인과 독립한 외부감사인(「주식회사 등의 외부감사에 관한 법률」 제2조제7호의 감사인을 말한다. 이하 이 조에서 같다)의 감사보고서(이하 "외부감사보고서"라 한다)</u> 및 부속서류(제4조제1항제1호에 따른 학교의 교비회계 결산은 제외한다)를 첨부하여야 한다.

⑤ <u>대통령령으로 정하는 절차와 기준에 따라 교육부장관이 선정한 대학교육기관을 설치·경영하는 학교법인은 제1항에 따라 결산서를 제출할 때에 다음 각 호에 따른 외부감사인의 외부감사보고서 및 부속서류(제4조제1항제1호에 따른 학교의 교비회계 결산은 제외한다)를 첨부하여야 한다.</u>

1. <u>연속하는 4개 회계연도: 대학교육기관을 설치·경영하는 학교법인이 직접 선임한 학교법인과 독립한 외부감사인</u>
2. <u>제1호에 따른 회계연도 다음 연속하는 2개 회계연도: 대통령령으로 정하는 바에 따라 교육부장관이 지정하는 외부감사인. 이 경우 동일한 외부감사인</u>

1059) 이에 관한 구체적 개정경과는 이 책 [1.201] 참조.

<u>으로 지정한다.</u>
<u>⑥ 제5항에 따른 학교법인은 같은 항 제2호에 따른 회계연도의 외부감사인을 해당 회계연도 이후 최초로 도래하는 회계연도의 외부감사인으로 선임할 수 없다.</u>
<u>⑦ 교육부장관은 제5항제2호에 따른 외부감사인 지정 업무를 대통령령으로 정하는 법인이나 단체에 위탁할 수 있다.</u>
<u>⑧ 제1항에 따른 공시와 관련하여 필요한 사항은 대통령령으로 정한다.</u>

(1) 법률안(박찬대 의원안[1060])

이 조문을 포함한 개정 대상 조문의 제안이유 및 주요내용은 아래와 같다.

• 제안이유 및 주요내용

현행법에 따르면 학교법인이 매 회계연도 종료 후 결산서를 관할청에 제출할 때 대학교육기관을 설치·경영하는 학교법인의 경우 학교법인과 독립한 공인회계사 또는 회계법인의 감사증명서 및 부속서류를 첨부하도록 하는 외부회계감사제도를 두고 있음.

이는 내부감사의 한계를 보완하고 재정운영의 투명·적법성을 보장하기 위한 취지이나, "2018년 국민권익위원회의 실태조사"에 따르면 교육부 감사 후 결과가 공개된 30개 사립대의 지적 건수는 350건인데 비해 외부회계감사를 통한 지적은 7건에 불과한 것으로 나타나 외부회계감사가 형식적으로 운영되고 있는 것으로 나타났음.

외부회계감사가 형식적으로 운영되는 근본적인 이유는 감사를 받아야 하는 학교법인이 자신을 감사할 공인회계사 또는 회계법인을 직접 선택하도록 하고 있어 감사인의 독립성이나 공정성을 확보하기 어려워 회계 투명성 확보를 위한 견제장치로서의 기능이 정상적으로 발휘되기가 어렵기 때문임.

국민권익위원회가 운영 중인 청렴사회 민관협의회(시민사회·경제계·직능·언론·학계 등 사회 각 분야의 대표들이 참여해 반부패·청렴 정책 등에 대해 논의하고 제안하는 협의체)는 2018년 공익법인, 학교법인, 공동주택에 대하여 감사인 지정제 시행을 제안함.

최근 상장법인은 물론 「상속세 및 증여세법」에 따른 공익법인에도 외부회계감사의 공정성과 독립성 강화를 위해 주기적 지정제도가 도입되었으며, 주기적

1060) 2020. 9. 29. 박찬대의원 등 10인(의안번호: 2104339).

지정제도가 이미 도입되어 시행되고 있는 상장법인의 경우는 국내는 물론 해외에서도 긍정적 평가가 이어지고 있고, 특히 주기적 지정제도 등의 회계개혁이 본격적으로 시행된 이후 시장참여자의 긍정적 평가가 높아져 2020년 스위스 IMD의 회계·감사에 대한 평가가 전년 대비 15단계 상승하였음.

이에 학교법인의 경우에도 연속하는 4개 회계연도 이후 연속하는 2개의 회계연도에 대한 결산서 제출 시 교육부장관이 지정하는 외부감사인의 외부감사보고서 및 부속서류를 첨부하도록 하고, 이에 대한 감리업무를 위탁하는 경우에는 「공인회계사법」 제41조에 따라 설립된 한국공인회계사회에 위탁하도록 하는 등 외부회계감사의 실효성을 높이고자 함.

또한, 감사증명서는 외부감사보고서로 용어를 수정하고, 감사인 자격에 관하여는 공인회계사 또는 회계법인에서 「주식회사 등의 외부감사에 관한 법률」 제2조제7호의 감사인으로 수정함(안 제31조 및 제31조의2).

이 조문의 현행법과 개정 원안은 아래와 같다.

현행법	원안
제31조(예산 및 결산의 제출) ① ~ ③ (생 략)	**제31조(예산 및 결산의 제출)** ① ~ ③ (현행과 같음)
④ 학교법인은 제1항에 따라 결산서를 제출할 때에 그 학교법인의 감사 모두가 서명·날인한 감사보고서를 첨부하여야 한다. 이 경우 대학교육기관을 설치·경영하는 학교법인은 학교법인과 독립된 공인회계사 또는 회계법인의 감사증명서 및 부속서류(제4조제1항제1호에 따른 학교의 교비회계 결산은 제외한다)를 첨부하여야 한다.	④ 학교법인은 제1항에 따라 결산서를 제출할 때에 해당 학교법인의 감사 전원이 서명·날인한 감사보고서를 첨부하여야 한다. 이 경우 대학교육기관을 설치·경영하는 학교법인은 다음 각 호에 따른 외부감사인(「주식회사 등의 외부감사에 관한 법률」 제2조제7호에 따른 감사인을 말한다. 이하 같다)의 외부감사보고서 및 부속서류(제4조제1항제1호에 따른 학교의 교비회계 결산은 제외한다)를 첨부하여야 한다.
<신 설>	1. 연속하는 4개 회계연도: 대학교육기관을 설치·경영하는 학교법인이 직접 선임한 학교법인과 독립한 외부감사인
<신 설>	2. 그 다음 연속하는 2개 회계연도: 대통령령으로 정하는 바에 따라 교육부장관이 지정하는 외부감사인(연속하는 2개 회계연도는 동일한 외부감사인으로 지정한다)
<신 설>	⑤ 대학교육기관을 설치·경영하는 학교법인은 제4항제2호에 따른 외부감사인을 제4항제2호

	에 따른 회계연도 이후 최초로 도래하는 회계연도의 외부감사인으로 선임할 수 없다.
<신 설>	⑥ 교육부장관은 제4항제2호에 따른 외부감사인 지정 업무를 「공인회계사법」 제41조에 따라 설립된 한국공인회계사회(이하 "한국공인회계사회"라 한다)에 위탁할 수 있다.
⑤ (생 략)	⑦ (현행과 같음)

• 대통령령으로 정하는 기준에 해당하는 대학교육기관을 설치·경영하는 학교법인은 연속하는 4개 회계연도 이후 연속하는 2개 회계연도 결산에는 교육부장관이 지정하는 외부감사인의 외부감사보고서 및 부속서류를 제출하도록 하고, 해당 외부감사인의 선임제한과 외부감사인 지정 업무 위탁에 대한 규정을 두도록 하였다.

• 감사증명서는 외부감사보고서로 용어를 수정하고, 감사인 자격에 관하여는 공인회계사 또는 회계법인에서 「주식회사 등의 외부감사에 관한 법률」 제2조제7호의 감사인으로 수정하였다.

(2) 위원회 심사

〈1〉 **교육위원회:** 대안[1061)]으로 가결되었다.[1062)]

대안
제31조(예산 및 결산의 제출) ④ 학교법인은 제1항에 따라 결산서를 제출할 때에 그 학교법인의 감사 모두가 서명·날인한 감사보고서를 첨부하여야 한다. 이 경우 대학교육기관을 설치·경영하는 학교법인은 학교법인과 독립한 외부감사인(「주식회사 등의 외부감사에 관한 법률」 제2조제7호에 따른 감사인을 말한다. 이하 같다)의 외부감사보고서 및 부속서류(제4조제1항제1호에 따른 학교의 교비회계 결산은 제외한다)를 첨부하여야 한다. ⑤ 제4항 후단에도 불구하고 대통령령으로 정하는 절차와 기준에 따라 선정된 대학교육기관을 설치·경영하는 학교법인은 다음 각 호에 따른 외부감사인의 외부감사보고서 및 부속서류(제4조제1항제1호에 따른 학교의 교비회계 결산은 제외한다)를 첨부하여야 한다. 1. 연속하는 4개 회계연도: 대학교육기관을 설치·경영하는 학교법인이 직접 선임한 학교법인과 독립한 외부감사인 2. 그 다음 연속하는 2개 회계연도: 대통령령으로 정하는 바에 따라 교육부장관이 지정하는 외부감사인(연속하는 2개 회계연도는 동일한 외부감사인으로 지정한다)

1061) 2021. 7. 22. 교육위원장(의안번호: 2111667).
1062) 제389회 국회(임시회) 제1차 전체회의, 교육위원회회의록, 2021. 7. 14., 6면.

⑥ 제5항에 따른 학교법인은 제5항제2호에 따른 윕감사인을 제5항제2호에 따른 회계연도 이후 최초로 도래하는 회계연도의 외부감사인으로 선임할 수 없다.
⑦ 교육부장관은 제5항제2호에 따른 외부감사인 지정 업무를 대통령령으로 정하는 법인이나 단체에 위탁할 수 있다.
⑧ 제1항에 따른 공시와 관련하여 필요한 사항은 대통령령으로 정한다.

제31조에 관한 회의록 내용은 아래와 같다.

- **소위원장 박찬대**[1063]: 지난 4월 27일과 28일 법안심사소위원회 심사 의결 법률안에 대하여 보고하도록 하겠습니다. 먼저 박찬대 의원, 정찬민 의원, 곽상도 의원, 김철민 의원, 윤영덕 의원이 각각 대표발의한 6건의 사립학교법 일부개정법률안을 통합 조정한 대안은 대통령령으로 정하는 기준과 절차에 따라 선정된 대학교육기관을 경영하는 학교법인에 대해 주기적 감사인 지정제를 실시하…였습니다.
- **위원장 유기홍**[1064]: 의사일정 제2항부터 7항까지 6건의 사립학교법 일부개정법률안은 소위원회에서 심사보고한 바와 같이 각각 본회의에 부의하지 아니하고 이를 통합 조정한 의사일정 제8항을 우리 위원회안으로 제안하고자 하는데 이의가 없으십니까? (예 하는 위원 있음) 이의가 없으시면 가결되었음을 선포합니다.

〈2〉 **법제사법위원회:** 교육위원회 대안을 수정·가결했다.[1065] 수정내용은 아래와 같다.

교육위원회 대안	법제사법위원회 수정안
제31조(예산 및 결산의 제출)	**제31조(예산 및 결산의 제출)**
④ ---------- 학교법인과 독립한 외부감사인(「주식회사 등의 외부감사에 관한 법률」 제2조제7호에 따른 감사인을 말한다. 이하 같다)의 외부감사보고서 --------.	④ ---------- 학교법인(제5항에 따른 학교법인은 제외한다)은 직접 선임한 학교법인과 독립한 외부감사인(「주식회사 등의 외부감사에 관한 법률」 제2조제7호에 따른 감사인을 말한다. 이하 같다)의 감사보고서(이하 "외부감사보고서"라 한다) -------.
⑤ 제4항 후단에도 불구하고 대통령령으로 정하는 절차와 기준에 따라 선정된 --- 다음	⑤ 대통령령으로 정하는 절차와 기준에 따라 교육부장관이 선정한 --- 제1항에 따라 결

1063) 제389회 국회(임시회) 제1차 전체회의, 교육위원회회의록, 2021. 7. 14., 6면.
1064) 제389회 국회(임시회) 제1차 전체회의, 교육위원회회의록, 2021. 7. 14., 6면.
1065) 제389회 국회(임시회) 제1차 전체회의, 법제사법위원회회의록, 2021. 7. 22., 64면.

각 호에 ------.	산서를 제출할 때에 다음 각 호에 ----.
2. 그 다음 연속하는 2개 회계연도: ------(연속하는 2개 회계연도는 동일한 외부감사인으로 지정한다) ⑥ -------- 제5항제2호------ 제5항제2호에 따른 회계연도 ----.	2. 제1호에 따른 회계연도 다음 연속하는 2개 회계연도: -------(이 경우 동일한 외부감사인으로 지정한다) ⑥ -------- 같은 항 제2호------ 해당 회계연도 -------.

제31조에 관한 회의록 내용은 아래와 같다.

- **위원장직무대리 박주민**[1066]: 다음은 교육위원회 소관 의사일정 제76항과 제77항 법률안을 일괄하여 상정합니다. (제안설명서는 부록에 실음) 아까도 말씀드렸던 것처럼 신속한 진행을 위해서 전문위원의 검토보고는 서면으로 대체하도록 하겠습니다. (검토보고서는 부록으로 보존함) 현재 유은혜 부총리겸교육부장관님 출석해 계십니다. 대체토론하실 위원님 계십니까? (없습니다 하는 위원 있음) 없으십니까?
- **위원장직무대리 박주민**[1067]: 대체토론하실 위원님 더 없으시면 의결하도록 하겠습니다. 의사일정 제76항, 제77항 법률안은 전문위원이 수정한 부분은 수정한 대로, 기타 부분은 원안대로 의결하고자 하는데 이의가 있으십니까? (없습니다 하는 위원 있음) 가결되었음을 선포합니다.

(3) 본회의 심의

법제사법위원회 수정안대로 가결되었다.[1068] 제31조에 관한 회의록 내용은 아래와 같다.

- **교육위원장대리 윤영덕**[1069]: 존경하는 박병석 의장님과 선배·동료 의원 여러분! 교육위원회의 윤영덕 위원입니다. 우리 위원회에서 의결한 2건의 법률안에 대하여 심사보고 및 제안설명드리겠습니다. 먼저 사립학교법 일부개정법률안(대안)은 박찬대 의원, 정찬민 의원, 곽상도 의원, 김철민 의원, 윤영덕 의원이 각각 대표발의한 6건의 법률안을 통합 조정한 것으로, 대통령령으로 정하는 기준에 해당하는 대학교육기관을 경영하는 학교법인에 대하여 주기적 감사인 지정제를

1066) 제389회 국회(임시회) 제1차 전체회의, 법제사법위원회회의록, 2021. 7. 22., 64면.
1067) 제389회 국회(임시회) 제1차 전체회의, 법제사법위원회회의록, 2021. 7. 22., 64면.
1068) 제389회 국회(임시회) 제2차 본회의, 국회본회의회의록, 2021. 7. 23., 10면.
1069) 제389회 국회(임시회) 제2차 본회의, 국회본회의회의록, 2021. 7. 23., 10면.

실시하는…등의 내용입니다.

- **의장 박병석**[1070]: 윤영덕 위원 수고하셨습니다. 그러면 먼저 사립학교법 일부개정법률안(대안)을 의결하도록 하겠습니다. 투표해 주시기 바랍니다. (전자투표) 투표를 마치겠습니다. 투표 결과를 말씀드리겠습니다. 재석 247인 중 찬성 221인, 반대 3인, 기권 23인으로서 사립학교법 일부개정법률안(대안)은 가결되었음을 선포합니다.

(4) 결과

법제사법위원회 수정안으로 개정되었다.

31.211

11. 2021년 9월 24일 개정(법률 제18460호, 2022. 3. 1. 시행)

제31조(예산 및 결산의 제출) ① 학교법인은 대통령령으로 정하는 바에 따라 매 회계연도가 시작되기 전에는 예산을, 매 회계연도가 끝난 후에는 결산을 관할청에 보고하고 공시하여야 한다.

② 관할청은 제1항의 예산이 회계 관계 법령 등을 위반하여 편성되었다고 인정할 때에는 그 시정을 지도할 수 있다.

③ 학교에 속하는 회계의 결산은 매 회계연도가 끝난 후 다음 각 호의 구분에 따른 절차를 거쳐야 한다. 다만, 유치원의 경우에는 그러하지 아니하다.

1. 대학교육기관: 대학평의원회에 자문 및 등록금심의위원회의 심사·의결을 거쳐야 한다.
2. 「초·중등교육법」 제2조에 따른 학교: 학교운영위원회<u>**의 심의를**</u> 거쳐야 한다.

④ 학교법인은 제1항에 따라 결산서를 제출할 때에 그 학교법인의 감사 모두가 서명·날인한 감사보고서를 첨부하여야 한다. 이 경우 대학교육기관을 설치·경영하는 학교법인(제5항에 따른 학교법인은 제외한다)은 직접 선임한 학교법인과 독립한 외부감사인(「주식회사 등의 외부감사에 관한 법률」 제2조제7호의 감사인을 말한다. 이하 이 조에서 같다)의 감사보고서(이하 "외부감사보고서"라 한다) 및 부속서류(제4조제1항제1호에 따른 학교의 교비회계 결산은 제외한다)를 첨부하여야 한다.

⑤ 대통령령으로 정하는 절차와 기준에 따라 교육부장관이 선정한 대학교육기관

1070) 제389회 국회(임시회) 제2차 본회의, 국회본회의회의록, 2021. 7. 23., 10면.

을 설치·경영하는 학교법인은 제1항에 따라 결산서를 제출할 때에 다음 각 호에 따른 외부감사인의 외부감사보고서 및 부속서류(제4조제1항제1호에 따른 학교의 교비회계 결산은 제외한다)를 첨부하여야 한다.

1. 연속하는 4개 회계연도: 대학교육기관을 설치·경영하는 학교법인이 직접 선임한 학교법인과 독립한 외부감사인
2. 제1호에 따른 회계연도 다음 연속하는 2개 회계연도: 대통령령으로 정하는 바에 따라 교육부장관이 지정하는 외부감사인. 이 경우 동일한 외부감사인으로 지정한다.

⑥ 제5항에 따른 학교법인은 같은 항 제2호에 따른 회계연도의 외부감사인을 해당 회계연도 이후 최초로 도래하는 회계연도의 외부감사인으로 선임할 수 없다.

⑦ 교육부장관은 제5항제2호에 따른 외부감사인 지정 업무를 대통령령으로 정하는 법인이나 단체에 위탁할 수 있다.

⑧ 제1항에 따른 공시와 관련하여 필요한 사항은 대통령령으로 정한다.

(1) 법률안(서동용 의원안[1071])

현행법[1072]	원안
제31조(예산 및 결산의 제출) ① ~ ② (생 략) ③학교에 속하는 회계의 결산은 매 회계연도 종료 후 다음 각 호의 절차를 거쳐야 한다. 다만, 유치원의 경우에는 그러하지 아니하다. 1. (생 략) 2. 「초·중등교육법」 제2조에 따른 학교: 학교운영위원회의 자문을 거쳐야 한다. ④ ~ ⑤ (생 략)	**제31조(예산 및 결산의 제출)** ① ~ ② (현행과 같음) ③학교에 속하는 회계의 결산은 매 회계연도 종료 후 다음 각 호의 절차를 거쳐야 한다. 다만, 유치원의 경우에는 그러하지 아니하다. 1. (현행과 같음) 2. 「초·중등교육법」 제2조에 따른 학교: 학교운영위원회의 심의를 거쳐야 한다. ④ ~ ⑤ (현행과 같음)

- 사립학교에 두는 학교운영위원회도 심의기구로 격상하면서 현행법상 학교운영위원회의 자문사항을 심의사항으로 하였다.

1071) 2020. 8. 5. 서동용의원 등 13인(의안번호: 2102713); 제안이유 및 주요내용은 이 책 [29.216] 참조.
1072) 「사립학교법」(2020. 12. 22. 일부개정, 2020. 12. 22. 시행)

(2) 위원회 심사

〈1〉 **교육위원회:** 대안[1073)]으로 가결되었다.[1074)]

대안
제31조(예산 및 결산의 제출) ③학교에 속하는 회계의 결산은 매 회계연도가 끝난 후 다음 각 호의 구분에 따른 절차를 거쳐야 한다. 다만, 유치원의 경우에는 그러하지 아니하다. 2. 「초·중등교육법」 제2조에 따른 학교: 학교운영위원회의 심의을 거쳐야 한다.

제31조에 관한 회의록 내용은 아래와 같다.

- **조정위원장 서동용**[1075)]: 사립학교법 일부개정법률안을 비롯한 7개 안건조정위원회의 서동용 위원장입니다. 심사 결과에 대하여 일괄하여 보고드리겠습니다. 먼저 사립학교법 일부개정법률안에 대한 안건조정위원회는 16건의 법안을 통합 조정한 사립학교법 일부개정법률안(대안)을 조정안으로 의결하였습니다. 사립학교 이사회 소집 시 학교 홈페이지 등에 공지하고 관할청의 징계요구 대상자를 학교의 장 및 교직원까지 확대하며 사립학교 운영위를 심의기구로 격상하고 교원징계 절차를 보완하는 내용입니다.
- **위원장직무대리 박찬대**[1076)]: 의사일정 제14항부터 제29항까지 16건의 사립학교법 일부개정법률안은 심사보고한 바와 같이 본회의에 각각 부의하지 아니하고 이를 통합 조정한 의사일정 제30항을 우리 위원회안으로 제안하고자 하는데 이의가 없으십니까? (없습니다 하는 위원 있음) 이의가 없으면 가결되었음을 선포합니다.

〈2〉 **법제사법위원회:** 교육위원회 대안을 수정·가결했다.[1077)] 수정내용은 아래와 같다.

교육위원회 대안	법제사법위원회 수정안
제31조(예산 및 결산의 제출) 2. 「초·중등교육법」 제2조에 따른 학교: 학교운영위원회의 심의을 거쳐야 한다.	**제31조(예산 및 결산의 제출)** 2. 「초·중등교육법」 제2조에 따른 학교: 학교운영위원회의 심의를 거쳐야 한다.

1073) 2021. 8. 25. 교육위원장(의안번호: 2112205).
1074) 제390회 국회(임시회) 제1차 전체회의, 교육위원회회의록, 2021. 8. 19., 23면.
1075) 제390회 국회(임시회) 제1차 전체회의, 교육위원회회의록, 2021. 8. 19., 21면.
1076) 제390회 국회(임시회) 제1차 전체회의, 교육위원회회의록, 2021. 8. 19., 23면.
1077) 제390회 국회(임시회) 제2차 전체회의, 법제사법위원회회의록, 2021. 8. 25., 14면.

제31조에 관한 회의록 내용은 아래와 같다.

- **김남국 위원**[1078]: 그 부분이 사실은 조금 부족하다라고 평가받는 법안이기 때문에 그런 점을 보완해야 되지 않을까라는 생각이 들고요. 그리고 그 외에 사학비리가 가장 많이 발생하는 부분 중 하나가 회계비리가 아닌가라는 생각이 듭니다. 그래서 이런 부분에 대한 관리 감독권한을 강화시키는 교육부의 법안 주요 내용 그것을 설명해 주셨으면 좋겠다는 생각이 들고요. 그리고 두 번째는 관할 관청에서 여러 가지 비리나 이런 것들을 잘… 1분만 더 주십시오. 발견을 해서 시정조치를 요구하고 여러 가지 징계를 하라고 했는데 그런 부분에 대해서 사학이 받아들이지 않았을 때에 강제할 수 있는 정부의 권한이 너무 약하다는 평가를 받았던 것 같습니다. 그런 점에서 사립학교법 개정안이 의미가 있다고 생각이 되는데, 장관님의 의견을 두 가지 부분에 대해서 듣고 싶습니다
- **부총리겸교육부장관 유은혜**[1079]: 회계의 투명성과 관련해서 이번 법안에 포함돼 있는 게 학교운영위원회를 심의기구화하는 것입니다. 그래서 주로 예결산의 투명성을 확보하기 위해서 학교운영위원회를 심의기구로 하면 지금 말씀하신 그런 문제들은 학교운영위원회를 통해서 투명성을 확보할 수 있을 것이다 이렇게 보고 제도개선을 한 것이고요.
- **위원장직무대리 박주민**: 의사일정…방금 소병철 위원님이 제기하신 제13항 법률안은 전문위원이 수정한 부분에 더하여 방금 교육부 부총리님이 동의하신 부분을 추가로 수정하여 의결하고자 하는데 이의가 있으십니까?(없습니다 하는 위원 있음) 가결되었음을 선포합니다.[1080]

(3) 본회의 심의

법제사법위원회 수정안대로 가결되었다.[1081] 김기현의원 등 105인이 개정전 법률과 동일한 내용으로 본회의 수정안을 제안하였지만 부결되었다. 제31조에 관한 회의록 내용은 아래와 같다.

- **부의장 김상희**[1082]: 다음은 사립학교법 일부개정법률안(대안)을 의결할 순서입니다마는 이 안건에 대해서 김기현 의원 등 105인으로부터 수정안이 발의되어 있

1078) 제390회 국회(임시회) 제2차 전체회의, 법제사법위원회회의록, 2021. 8. 25., 12면.
1079) 제390회 국회(임시회) 제2차 전체회의, 법제사법위원회회의록, 2021. 8. 25., 12~13면.
1080) 제390회 국회(임시회) 제2차 전체회의, 법제사법위원회회의록, 2021. 8. 25., 14면.
1081) 제390회 국회(임시회) 제1차 본회의, 국회본회의회의록, 2021. 8. 31., 21~25면.
1082) 제390회 국회(임시회) 제1차, 국회본회의회의록, 2021. 8. 31., 21면.

습니다. 그러면 정경희 의원님 나오셔서 수정안에 대하여 제안설명해 주시기 바랍니다.

- 정경희 의원[1083]: 존경하는 김상희 부의장님, 선배·동료 의원 여러분! 교육위원회 소속 국민의힘 정경희 의원입니다. 저는 본회의에 상정되어 있는 사립학교법 대안의 부당성을 고발하고 사립학교법 수정안의 필요성에 대해 설명하고자 이 자리에 섰습니다. …이처럼 사립학교법 대안은 절차적으로 문제가 있는 법안으로 본회의에 올라와서는 안 되는 법안입니다. 이 사립학교법 대안은 처리 절차도 문제였지만 법안의 내용은 문제가 더 심각합니다. 지금 상정되어 있는 사립학교법 대안 전체가 사학 자체를 부정하고 말살하려는 개악법이지만 그중에서 특히 문제가 되는 조항들을 살펴보면 다음과 같습니다. 법안 제29조제4항과 제31조제3항에 사립학교에 두는 학교운영위원회를 심의기구로 격상하면서 현행법상 학교운영위원회의 자문사항을 심의사항으로 바꾸어 놓았습니다. …우선 이 대안은 본회의에 상정된 초·중등교육법 대안과 함께 사립학교를 정치화시키고 있습니다. 현재 자문기구인 사립학교의 학교운영위원회를 학교에 직접적인 영향력을 발휘할 수 있는 심의기구로 만들겠다고 합니다. 학교운영위원회가 어떤 역할을 하는지 의원 여러분께서 알고 계십니까? 학교운영위원회는 초·중등교육법에 따라 학교마다 설립되는 위원회로 학교헌장과 학칙의 제정 또는 개정, 학교 예산과 결산, 학교 교육과정의 운영방법 등 학교 운영의 주요 사항을 심의하는 중요한 역할을 하고 있습니다.

  의원님 여러분! 학교운영위원회에 기초의원, 광역의원 등 정치인이 얼마나 있는지 아십니까? 기초의원, 광역의원의 27%가 학교운영위원회 위원을 하고 있습니다. 경기는 40%를 넘고 인천은 50%를 넘습니다. 정치인이 학교운영위원회에 참여함으로써 학부모들과의 유대를 강화할 수 있고 학교 운영에 참여해 자신의 영향력을 확대할 수 있기 때문입니다. 이런 상황에서 사립학교의 학교운영위원회가 심의기구로 격상되면 학교는 배움의 장이 아니라 정치의 장이 될 게 뻔하고 학교는 정치투쟁에 휘둘려 자율성을 잃고 말 것입니다. …지금까지 말씀드린 사립학교법 대안의 여러 문제점 때문에 본 수정안을 발의하게 되었습니다. 본 수정안은 사립학교의 자율성을 훼손하고 사립학교를 정치의 장으로 만드는 조항들을 과감히 삭제하였습니다. 이는 국민의 자유와 권리를 억압하려는 법은 이유 여하를 막론하고 결코 만들어져서는 안 되기 때문입니다. 본 수정안은 사립학교의 학교운영위원회를 심의기구로 격상하는 조항을 삭제하여 학교운영위원

1083) 제390회 국회(임시회) 제1차, 국회본회의회의록, 2021. 8. 31., 21~23면.

회는 그대로 자문기구로 두도록 하였습니다. 교육청이 사립학교 사무직원의 징계권까지 일일이 간섭하려는 조항들도 삭제했습니다. 사립학교 교원의 신규채용 시 교육청에 위탁을 의무화하는 조항은 수정하여 사립학교의 자율성을 유지하면서 채용의 공정성을 강화할 수 있는 공동채용방식을 도입할 수 있도록 했습니다.

우리 대한민국 헌법은 제31조 4항에서 교육의 자주성을 보장하고 있습니다. 그러므로 극소수 사학의 비리를 내세워 사립학교의 자율성을 빼앗고 자주적 운영을 가로막아 사학을 말살하려는 사립학교법 대안은 위헌입니다. 이 위헌적인 사립학교법 대안에 과감히 반대하시고 대신에 사립학교의 자율성을 보장하고 사립학교가 제 역할을 다할 수 있도록 하는 본 수정안에 선배·동료 의원님들께서 찬성 표결해 주실 것을 부탁드립니다. 감사합니다. (수정안은 부록으로 보존함)

- **부의장 김상희**[1084]: 정경희 의원님 수고하셨습니다. 다음은 이 안건에 대해서 토론 신청이 있으므로 한 분의 토론을 듣도록 하겠습니다. 박찬대 의원님 나오셔서 토론해 주시기 바랍니다.
- **박찬대 의원**[1085]: 존경하는 김상희 부의장님과 선배·동료 의원 여러분! 인천 연수갑 출신 교육위원회 박찬대 의원입니다. 국민 여러분과 선배·동료 의원 여러분께 오늘 국민의힘이 제출한 사립학교법 수정안의 문제점을 설명하고 교육위원회 대안으로 의결된 사립학교법 일부개정법률안의 통과 필요성을 말씀드리고자 합니다. …그 밖에 사립학교 사무직원에 대한 교육청의 징계요구권을 삭제하고 학교운영위원회를 심의기구에서 자문기구로 되돌리는 등 사학 운영 투명성 확보에 정면으로 역행하는 안을 담고 있습니다. …이 시대의 중요한 화두인 공정의 가치를 실현하고 사학 운영의 투명성을 높이기 위한 이번 개정안의 취지를 이해하시고 우리 교육위원회가 심사한 대안에 대해 동의해 주시기를 간곡히 요청드립니다. 감사합니다.
- **부의장 김상희**: 박찬대 의원님 수고하셨습니다. 이상으로 토론을 종결할 것을 선포합니다. 그러면 국회법 제96조에 따라서 수정안부터 먼저 표결하도록 하겠습니다. 사립학교법 일부개정법률안(대안)에 대한 수정안에 대하여 투표해 주시기 바랍니다. (전자투표) 투표를 다 하셨습니까? 투표를 마치겠습니다. 투표 결과를 말씀드리겠습니다. 재석 206인 중 찬성 67인, 반대 139인으로서 사립학교법 일

1084) 제390회 국회(임시회) 제1차, 국회본회의회의록, 2021. 8. 31., 23면.
1085) 제390회 국회(임시회) 제1차, 국회본회의회의록, 2021. 8. 31., 23~24면.

부개정법률안(대안)에 대한 수정안은 부결되었음을 선포합니다. (찬반 의원 성명은 끝에 실음) 수정안이 부결되었으므로 국회법 제96조제2항에 따라서 원안을 표결하도록 하겠습니다. 그러면 사립학교법 일부개정법률안(대안)에 대하여 투표해 주시기 바랍니다 (전자투표) 투표를 다 하셨습니까? 그러면 투표를 마치겠습니다. 투표 결과를 말씀드리겠습니다. 재석 212인 중 찬성 139인, 반대 73인으로서 사립학교법 일부개정법률안(대안)은 가결되었음을 선포합니다.

(4) 결과

법제사법위원회 수정안으로 개정되었다.

31.300

III. 현행법

제31조(예산 및 결산의 제출) ① 학교법인은 대통령령으로 정하는 바에 따라 매 회계연도가 시작되기 전에는 예산을, 매 회계연도가 끝난 후에는 결산을 관할청에 보고하고 공시하여야 한다.

② 관할청은 제1항의 예산이 회계 관계 법령 등을 위반하여 편성되었다고 인정할 때에는 그 시정을 지도할 수 있다.

③ 학교에 속하는 회계의 결산은 매 회계연도가 끝난 후 다음 각 호의 구분에 따른 절차를 거쳐야 한다. 다만, 유치원의 경우에는 그러하지 아니하다.

1. 대학교육기관: 대학평의원회에 자문 및 등록금심의위원회의 심사·의결을 거쳐야 한다.
2. 「초·중등교육법」 제2조에 따른 학교: 학교운영위원회의 심의를 거쳐야 한다.

④ 학교법인은 제1항에 따라 결산서를 제출할 때에 그 학교법인의 감사 모두가 서명·날인한 감사보고서를 첨부하여야 한다. 이 경우 대학교육기관을 설치·경영하는 학교법인(제5항에 따른 학교법인은 제외한다)은 직접 선임한 학교법인과 독립한 외부감사인(「주식회사 등의 외부감사에 관한 법률」 제2조제7호의 감사인을 말한다. 이하 이 조에서 같다)의 감사보고서(이하 "외부감사보고서"라 한다) 및 부속서류(제4조제1항제1호에 따른 학교의 교비회계 결산은 제외한다)를 첨부하여야 한다.

⑤ 대통령령으로 정하는 절차와 기준에 따라 교육부장관이 선정한 대학교육기관

을 설치·경영하는 학교법인은 제1항에 따라 결산서를 제출할 때에 다음 각 호에 따른 외부감사인의 외부감사보고서 및 부속서류(제4조제1항제1호에 따른 학교의 교비회계 결산은 제외한다)를 첨부하여야 한다.

1. 연속하는 4개 회계연도: 대학교육기관을 설치·경영하는 학교법인이 직접 선임한 학교법인과 독립한 외부감사인
2. 제1호에 따른 회계연도 다음 연속하는 2개 회계연도: 대통령령으로 정하는 바에 따라 교육부장관이 지정하는 외부감사인. 이 경우 동일한 외부감사인으로 지정한다.

⑥ 제5항에 따른 학교법인은 같은 항 제2호에 따른 회계연도의 외부감사인을 해당 회계연도 이후 최초로 도래하는 회계연도의 외부감사인으로 선임할 수 없다.
⑦ 교육부장관은 제5항제2호에 따른 외부감사인 지정 업무를 대통령령으로 정하는 법인이나 단체에 위탁할 수 있다.
⑧ 제1항에 따른 공시와 관련하여 필요한 사항은 대통령령으로 정한다.

IV. 종합/특기사항

- 제31조는 제정 당시 매우 간략했던 법문이 11차례에 걸친 개정을 거치면서 매우 길고 복잡한 조문으로 변화하였다.
- 제31조에 대한 주요 개정은 학교회계의 결산에 있어서 예산·결산자문위원회의 자문을 거치도록 한 것(1990년 개정), 학교회계의 결산에 있어서 외부공인회계사의 감사를 받도록 한 것(1997년 개정), 학교회계의 결산에 있어서 학교운영위원회 또는 대학평의원회의 자문을 거치도록 한 것(2005년 개정), 외부회계감사가 형식적으로 운영되고 있다는 평가에 따라 학교법인에 대하여 주기적 감사인 지정제를 도입한 것(2010년 개정), 대학교육기관의 학교회계 결산에 있어서는 대학평의원회의 자문 및 등록금심의위원회의 심사·의결을 거치도록 한 것(2013년 개정) 등을 들 수 있다. 1997년 개정 과정에서 예산·결산은 예산·결산자문위원회의 자문을 거쳐 확정된 것임에도 결산에 대하여 외부공인회계사의 감사를 받도록 하는 것은 공인회계사의 자격을 가진 학교법인 자체감사와 관할청의 감사 등과 중복된다는 지적이 있었다.
- 2005년 개정 과정에서 정치적 입장에 따라 매우 격렬한 의견대립이 있었다. 제

256회 국회(정기회) 제16차 본회의(2005. 12. 9.)에서 나타난 원색적 언동은 그 사정을 잘 보여준다.[1086)]

- 2016년 헌법재판소는 사립대학 회계의 예·결산 절차에 등록금심의위원회의 심사·의결을 거치도록 한 사립학교법(2013. 1. 23. 법률 제11622호로 개정된 것) 제29조제4항제1호, 제31조제3항제1호 중 각 '등록금심의위원회'에 관한 부분이 ① 명확성원칙에 위배되는지 여부, ② 사학 운영의 자유를 침해하는지 여부 및 ③ 평등권을 침해하는지 여부에 대하여 합헌 취지로 판단하였다.[1087)]
- 2016년 헌법재판소는 사립학교법(2013. 1. 23. 법률 제11622호로 개정된 것) 제31조제4항(사립대학 결산시 독립한 공인회계사의 감사증명서 등을 첨부하도록 한 것)이 사학 운영의 자유를 침해하는지 여부에 대하여 아래와 같이 합헌 취지로 판단하였다.[1088)]

> 외부감사 제도는 감사의 객관성·독립성을 제고하고 사립대학 운영의 공공성과 투명성을 높이는 데 그 목적이 있으므로 목적의 정당성을 인정할 수 있고, 내부감사의 문제점을 극복하기 위하여 학교법인과 독립된 외부 공인회계사로 하여금 감사증명서를 제출하도록 한 것은 목적달성을 위한 적정한 수단이다. 중소규모의 대학들은 인력과 예산의 한계상 내부감사의 독립성·전문성이 취약할 수 있으므로 중소규모 대학에도 외부감사 제도를 적용할 필요성이 인정되는 점, 감사는 이미 편성·집행이 완결된 학교회계 결산에 대한 사후적인 감독에 그치는 점, 외부감사의 비용은 학교의 규모에 비례하여 소요될 것인 점 등에 비추어 보면, 학교의 규모와 관계없이 모든 사립대학에 외부감사 제도를 확대 적용한 것은 입법목적을 달성하기 위하여 필요한 범위 내의 제한에 그치므로 청구인들의 사학 운영의 자유를 침해한다고 볼 수 없다.

제31조의2(외부회계감사에 대한 감리)

31-2.100 I. 제정법

제정법에는 이 조문이 없다.

1086) 제256회 국회(정기회) 제16차 본회의, 국회본회의회의록, 2005. 12. 9., 2~3면.
1087) 이에 대해서는 이 책 [29.400] 헌법재판소 2016. 2. 25. 선고 2013헌마692 결정 참조.
1088) 헌법재판소 2016. 2. 25. 선고 2013헌마692 결정.

II. 개정 경과

1. 2013년 1월 23일 개정(법률 제11622호, 2013. 7. 24. 시행)

제31조의2(외부회계감사에 대한 감리) ①교육과학기술부장관은 필요한 경우 제31조제4항에서 규정한 감사증명서 및 부속서류에 대하여 감리할 수 있으며 이에 대한 세부적인 사항은 대통령령으로 정한다.
②제1항에 따른 회계감리를 수행하는 감사인의 요건은 「주식회사의 외부감사에 관한 법률」에 따른다.

(1) 법률안(민병주 의원안[1089])

현행법	원안
<신 설>	**제31조의2(외부회계감사에 대한 감리)** ①교육과학기술부장관은 필요한 경우 제31조제4항에서 규정한 감사증명서 및 부속서류에 대하여 감리할 수 있으며 이에 대한 세부적인 사항은 대통령령으로 정한다. ②제1항에 따른 회계감리를 수행하는 감사인의 요건은 「주식회사의 외부감사에 관한 법률」에 따른다.

- 교육과학기술부장관은 필요한 경우 제31조제4항에서 규정한 감사증명서 및 부속서류에 대하여 감리할 수 있도록 하였다.

(2) 위원회 심사

〈1〉 **교육과학기술위원회:** 대안[1090]으로 가결되었다(이 조문의 경우에는 원안과 대안의 내용이 동일함).[1091] 제31조의2에 관한 회의록 내용은 아래와 같다.

- 소위원장 김세연[1092]: 마지막으로 민병주 의원, 설훈 의원이 각각 대표발의한 사

1089) 2012. 5. 30. 민병주의원 등 25인(의안번호: 1900016); 제안이유 및 주요내용은 이 책 [29.210] 참조.
1090) 2012. 12. 31. 교육과학기술위원장(의안번호: 1903205).
1091) 제311회 국회(정기회) 제10차 전체회의, 교육과학기술위원회회의록, 2012. 11. 21., 5면.
1092) 제311회 국회(정기회) 제10차 전체회의, 교육과학기술위원회회의록, 2012. 11. 21., 3면.

립학교법 일부개정법률안은 본회의에 부의하지 아니하기로 하고 두 안을 통합한 대안을 제안하기로 하였습니다. 대안의 주요 내용은 교비회계를 등록금회계와 비등록금회계로 구분하여 등록금 사용내역을 명확히 하고, 교비회계 예산편성 및 결산 시 등록금심의위원회의 심의를 거치게 하여 대학 구성원의 참여를 보장함과 더불어 결산서 제출 시 외부감사보고서 제출을 의무화하고 이를 검증할 감리 제도를 도입하여 회계의 투명성을 강화하고, 사립학교에 기부된 기부금이 학교법인의 운영비로 사용되지 않도록 학교가 받은 기부금을 교비회계의 수입으로 처리하도록 하였습니다. 보다 자세한 내용은 배부해 드린 유인물을 참고해 주시고 법안심사소위원회에서 심사한 대로 의결하여 주시기 바랍니다. 감사합니다...

- **위원장 신학용**[1093]: 의사일정 제7항·제8항, 설훈 의원, 민병주 의원이 각각 대표발의한 사립학교법 일부개정법률안은 소위원회에서 심사보고한 대로 본회의에 부의하지 아니하고 이 2건을 통합·조정한 의사일정 제9항 사립학교법 일부개정법률안(대안)을 우리 위원회안으로 채택하고자 하는데 이의 없으십니까? (없습니다 하는 위원 있음) 가결되었음을 선포합니다.

〈2〉 **법제사법위원회:** 교육과학기술위원회 대안대로 가결되었다.[1094] 제31조의2에 관한 회의록 내용은 아래와 같다.

- **전문위원 이상용**[1095]: 의사일정 제27항 사립학교법 일부개정법률안(대안)입니다. 교육과학기술부장관의 시정조치 요구권의 발동요건을 명확히 하고, 경미한 자구수정을 하였습니다...
- **위원장 박영선**[1096]: 의사일정 제25항부터 제29항까지의 법률안에 대해서는 전문위원의 검토 의견을 우리 위원회안으로 받아들여서 수정한 부분은 수정한 대로, 그 밖의 부분은 원안대로 의결하고자 합니다. 이의 있으신가요? (없습니다 하는 위원 있음) 가결되었음을 선포하겠습니다. 수고하셨습니다.

(3) 본회의 심의

교육과학기술위원회 대안대로 가결되었다.[1097] 제31조의2에 관한 회의록 내용은

1093) 제311회 국회(정기회) 제10차 전체회의, 교육과학기술위원회회의록, 2012. 11. 21., 5면.
1094) 제312회 국회(임시회) 제1차 전체회의, 법제사법위원회회의록, 2012. 12. 31., 13면.
1095) 제312회 국회(임시회) 제1차 전체회의, 법제사법위원회회의록, 2012. 12. 31., 12면.
1096) 제312회 국회(임시회) 제1차 전체회의, 법제사법위원회회의록, 2012. 12. 31., 13면.
1097) 제312회 국회(임시회) 제2차, 국회본회의회의록, 2012. 12. 31., 30면.

아래와 같다.

- **교육과학기술위원장대리 민병주**[1098]: 존경하는 이병석 국회부의장님, 그리고 선배·동료 의원 여러분! 교육과학기술위원회 소속 새누리당 비례대표 민병주 의원입니다. 우리 위원회가 제안·심사한 3건의 개정법률안에 대한 제안설명과 심사보고를 드리겠습니다... 다음, 사립학교법 일부개정법률안(대안)은 교비회계를 등록금회계와 비등록금회계로 구분하여 등록금 사용내역을 명확히 하고, 교비회계 예산 편성 및 결산 시 등록금심의위원회 심의를 거치게 하여 대학구성원의 참여를 보장하도록 하는 한편 사립학교에 기부된 기부금이 학교법인의 운영비로 사용되지 않도록 학교가 받은 기부금을 교비회계의 수입으로 처리하도록 하였습니다.
- **부의장 이병석**[1099]: 다음은 사립학교법 일부개정법률안(대안)을 의결하도록 하겠습니다. 투표해 주시기 바랍니다. (전자투표) 투표를 다 하셨습니까? 그러면 투표를 마치겠습니다. 투표 결과를 말씀드리겠습니다. 재석 240인 중 찬성 236인, 기권 4인으로서 사립학교법 일부개정법률안(대안)은 가결되었음을 선포합니다.

(4) 결과

교육과학기술위원회 대안으로 개정되었다.

2. 2017년 10월 31일 개정(법률 제15022호, 2018. 11. 1. 시행)

제31조의2(외부회계감사에 대한 감리) ①교육부장관은 필요한 경우 제31조제4항에서 규정한 감사증명서 및 부속서류에 대하여 감리할 수 있으며 이에 대한 세부적인 사항은 대통령령으로 정한다.
②제1항에 따른 회계감리를 수행하는 감사인의 요건은 「주식회사 등의 외부감사에 관한 법률」에 따른다.

- 「주식회사의 외부감사에 관한 법률」의 제명을 「주식회사 등의 외부감사에 관한 법률」(2017. 10. 31. 개정, 2018. 11. 1. 시행)로 하였다.

1098) 제312회 국회(임시회) 제2차 본회의, 국회본회의회의록, 2013. 1. 1., 29면.
1099) 제312회 국회(임시회) 제2차 본회의, 국회본회의회의록, 2013. 1. 1., 30면.

31-2.203 ### 3. 2017년 11월 28일 개정(법률 제15040호, 2018. 5. 29. 시행)

제31조의2(외부회계감사에 대한 감리) ①교육부장관은 필요한 경우 제31조제4항 후단에 따른 감사증명서 및 부속서류에 대하여 감리할 수 있다.
②교육부장관은 제1항에 따른 감리 업무의 전부 또는 일부를 대통령령으로 정하는 바에 따라 외부회계감사 및 감리에 관한 전문성을 갖춘 법인이나 단체에 위탁할 수 있다.
③그 밖에 감리 등 필요한 사항은 대통령령으로 정한다.

(1) 법률안(도종환 의원안[1100])

이 조문을 포함한 개정 대상 조문의 제안이유 및 주요내용은 아래와 같다.[1101]

• 제안이유 및 주요내용

현행법은 학교법인의 결산에 대하여 학교법인과 독립한 공인회계사 등에서 감사를 받고, 학교법인 회계감사에 대한 감리를 수행할 수 있는 자격에 관하여는 「주식회사의 외부감사에 관한 법률」의 감사인으로 정하고 있음.

그런데 학교법인 회계감사를 수행하는 공인회계사 등의 자격과 감사인의 자격이 동일한 경우가 있어 감리 업무의 공정성 확보를 강화해야 한다는 지적이 제기되고 있음.

이에 학교법인 회계감사의 감리를 수행할 수 있는 자격 대상에 전문성을 갖춘 법인이나 단체에 위탁할 수 있는 법적근거를 마련함으로써 현행 보다 더 전문성을 갖춘 법인 또는 단체에서 학교법인 회계감사의 감리 업무를 수행할 수 있도록 하려는 것임(안 제31조의2).

이 조문의 현행법과 개정 원안은 아래와 같다.

현행법	원안
제31조의2(외부회계감사에 대한 감리) ①교육부	**제31조의2(외부회계감사에 대한 감리)** ①교육부

1100) 2017. 5. 18. 도종환의원 등 11인(의안번호: 2006938).

1101) 2017년 11월 29일 개정 원안에는 이 도종환 의원안 외에도 강길부 의원안(2016. 11. 29. 강길부의원 등 11인, 의안번호: 2003941), 신동근 의원안(2017. 5. 23. 신동근의원 등 19인, 의안번호: 2006994)이 있다. 이 원안들은 이후 위원회 심사 단계에서 대안(2017. 11. 8. 교육문화체육관광위원장, 의안번호: 2010049)으로 통합 조정되었다. 이들 개정안 중 제31조의2에 관한 개정안은 도종환 의원안이다. 그러므로 여기에서는 도종환 의원안의 제안이유·주요내용 및 현행법과 개정 원안만을 소개한다. 강길부 의원안은 이 책 [53-2.212], 신동근 의원안은 이 책 [32-2.205] 참조.

장관은 필요한 경우 제31조제4항에서 규정한 감사증명서 및 부속서류에 대하여 감리할 수 있으며 이에 대한 세부적인 사항은 대통령령으로 정한다. ②제1항에 따른 회계감리를 수행하는 감사인의 요건은 「주식회사 등의 외부감사에 관한 법률」에 따른다. <신 설>	장관은 필요한 경우 제31조제4항 후단에 따른 감사증명서 및 부속서류에 대하여 감리할 수 있다. ②교육부장관은 제1항에 따른 감리 업무의 전부 또는 일부를 대통령령으로 정하는 바에 따라 전문성을 갖춘 법인이나 단체에 위탁할 수 있다. ③그 밖에 감리 등 필요한 사항은 대통령령으로 정한다.

(2) 위원회 심사

〈1〉 **교육문화체육관광위원회:** 대안[1102]으로 가결되었다.[1103]

원안
제31조의2(외부회계감사에 대한 감리) ①교육부장관은 필요한 경우 제31조제4항 후단에 따른 감사증명서 및 부속서류에 대하여 감리할 수 있다. ②교육부장관은 제1항에 따른 감리 업무의 전부 또는 일부를 대통령령으로 정하는 바에 따라 외부회계감사 및 감리에 관한 전문성을 갖춘 법인이나 단체에 위탁할 수 있다. ③그 밖에 감리 등 필요한 사항은 대통령령으로 정한다.

제31조의2에 관한 회의록 내용은 아래와 같다.

- **소위원장 유은혜**[1104]: 다음, 강길부 의원, 도종환 의원, 신동근 의원이 각각 대표발의한 3건의 사립학교법 일부개정법률안을 통합 조정한 대안의 주요 내용을 말씀드리면,…둘째, 학교법인 회계감사에 대한 감리 업무를 외부 회계감사 및 감리에 관한 전문성을 갖춘 법인이나 단체에 위탁할 수 있도록 하였…습니다…
- **위원장 유성엽**[1105]: 의사일정 제13항부터 제15항까지 도종환 의원, 강길부 의원, 신동근 의원이 각각 대표발의한 사립학교법 일부개정법률안은 소위원회에서 심사보고한 바와 같이 본회의에 각각 부의하지 아니하고 이를 통합 조정한 의사일정 제16항 사립학교법 일부개정법률안(대안)을 제안하고자 합니다. 이의 없으십니까? (예 하는 위원 있음) 이의가 없으므로 가결되었음을 선포합니다.

1102) 2017. 11. 8. 교육문화체육관광위원장(의안번호: 2010049).
1103) 제354회 국회(정기회) 제4차 전체회의, 교육문화체육관광위원회회의록, 2017. 9. 28., 13면.
1104) 제354회 국회(정기회) 제4차 전체회의, 교육문화체육관광위원회회의록, 2017. 9. 28., 8면.
1105) 제354회 국회(정기회) 제4차 전체회의, 교육문화체육관광위원회회의록, 2017. 9. 28., 13면.

〈2〉 **법제사법위원회:** 교육문화체육관광위원회 대안대로 가결되었다.[1106] 제31조의2에 관한 회의록 내용은 아래와 같다.

- **전문위원 이문한**[1107]: 의사일정 제30항 사립학교법 일부개정법률안은 대학교육기관과 특수관계에 있는 법인에의 투자결과를 교육부장관에게 보고하도록 하는 등의 내용으로 적립금 투자 대상과 보고 대상의 구분 및 회계연도를 고려한 시행시기의 조정이 일부 필요하다고 보았습니다...
- **위원장 권성동**[1108]: 의사일정…제30항…의 법률안은 전문위원이 수정한 부분은 수정한 대로, 기타 부분은 원안대로 의결하고자 하는데 이의 있으신가요? (없습니다 하는 위원 있음) 이의가 없으므로 가결되었음을 선포합니다.

(3) 본회의 심의

교육문화체육관광위원회 대안대로 가결되었다.[1109] 제31조의2에 관한 회의록 내용은 아래와 같다.

- **교육문화체육관광위원장대리 김병욱**[1110]: 다음으로 사립학교법 일부개정법률안(대안)은 강길부 의원, 도종환 의원, 신동근 의원이 각각 대표발의한 법률안을 통합 조정하여 대안으로 제시하는 것으로,…둘째, 학교법인 회계감사에 대한 감리 업무를 외부회계감사 및 감리에 관한 전문성을 갖춘 법인이나 단체에 위탁할 수 있도록 하였…습니다...
- **의장 정세균**[1111]: 다음은 사립학교법 일부개정법률안(대안)을 의결하도록 하겠습니다. 투표해 주시기 바랍니다. (전자투표) 투표를 다 하셨습니까? 투표를 마치겠습니다. 투표 결과를 말씀드리겠습니다. 재석 211인 중 찬성 201인, 반대 2인, 기권 8인으로서 사립학교법 일부개정법률안(대안)은 가결되었음을 선포합니다.

(4) 결과

교육문화체육관광위원회 대안으로 개정되었다.

1106) 제354회 국회(정기회) 제5차 전체회의, 법제사법위원회회의록, 2017. 11. 6., 27~28면.
1107) 제354회 국회(정기회) 제5차 전체회의, 법제사법위원회회의록, 2017. 11. 6., 26면.
1108) 제354회 국회(정기회) 제5차 전체회의, 법제사법위원회회의록, 2017. 11. 6., 27~28면.
1109) 제354회 국회(정기회) 제12차 본회의, 국회본회의회의록, 2017. 11. 9., 16면.
1110) 제354회 국회(정기회) 제12차 본회의, 국회본회의회의록, 2017. 11. 9., 15면.
1111) 제354회 국회(정기회) 제12차 본회의, 국회본회의회의록, 2017. 11. 9., 16면.

04 4. 2020년 12월 22일 개정(법률 제17659호, 2020. 12. 22. 시행)

제31조의2(외부회계감사에 대한 감리) ① 교육부장관은 필요한 경우 제31조제4항 후단에 따른 감사증명서 및 부속서류를 감리(監理)할 수 있다.

② 교육부장관은 제1항에 따른 감리 업무의 전부 또는 일부를 대통령령으로 정하는 바에 따라 외부회계감사 및 감리에 관한 전문성을 갖춘 법인이나 단체에 위탁할 수 있다.

③ **제1항 및 제2항에서 규정한 사항 외에** 감리 등에 필요한 사항은 대통령령으로 정한다.

- 법문을 명확하게 하였다(오직 형식에 관한 개정이므로 자세한 개정경과는 생략함[1112]).

05 5. 2021년 8월 10일 개정(법률 제18372호, 2022. 8. 11. 시행)

제31조의2(외부회계감사에 대한 감리) ① 교육부장관은 필요한 경우 외부감사보고서 및 부속서류를 감리(監理)할 수 있다.

② 교육부장관은 제1항에 따른 감리 업무의 전부 또는 일부를 대통령령으로 정하는 바에 따라 외부회계감사 및 감리에 관한 전문성을 갖춘 법인이나 단체에 위탁할 수 있다.

③ 제1항 및 제2항에서 규정한 사항 외에 감리 등에 필요한 사항은 대통령령으로 정한다.

(1) 법률안(박찬대 의원안[1113])

현행법[1114]	원안
제31조의2(외부회계감사에 대한 감리) ① 교육부장관은 필요한 경우 제31조제4항 후단에 따른 감사증명서 및 부속서류에 대하여 감리할 수 있다. ② 교육부장관은 제1항에 따른 감리 업무의 전부 또는 일부를 대통령령으로 정하는 바에 따	**제31조의2(외부회계감사에 대한 감리)** ① 교육부장관은 필요한 경우 제31조제4항 후단에 따른 외부감사보고서 및 부속서류에 대하여 감리할 수 있다. ② 교육부장관은 제1항에 따른 감리 업무의 전부 또는 일부를 대통령령으로 정하는 바에 따

1112) 이에 관한 구체적 개정경과는 이 책 [1.201] 참조.

1113) 2020. 9. 29. 박찬대의원 등 10인(의안번호: 2104339); 제안이유 및 주요내용은 이 책 [31.210] 참조.

라 외부회계감사 및 감리에 관한 전문성을 갖춘 법인이나 단체에 위탁할 수 있다. <후단 신설>	라 외부회계감사 및 감리에 관한 전문성을 갖춘 법인이나 단체에 위탁할 수 있다. 이 경우 제31조제4항제2호에 따른 외부감사인의 외부감사보고서 및 부속서류에 대한 감리업무를 위탁하는 경우에는 한국공인회계사회에 위탁하여야 한다.
③ (생 략)	③ (현행과 같음)

• 감사증명서를 외부감사보고서로 용어를 수정하고(제1항), 외부회계감사 및 감리를 위탁하는 경우 중 특정사항에 관해서는 한국공인회계사회에 위탁하도록 하였다(제2항 후단).

(2) 위원회 심사

〈1〉 **교육위원회:** 대안[1115]으로 가결되었다.[1116]

대안
제31조의2(외부회계감사에 대한 감리) ① 교육부장관은 필요한 경우 제31조제4항 후단 및 제5항에 따른 외부감사보고서 및 부속서류를 감리(監理)할 수 있다. ② 교육부장관은 제1항에 따른 감리 업무의 전부 또는 일부를 대통령령으로 정하는 바에 따라 외부회계감사 및 감리에 관한 전문성을 갖춘 법인이나 단체에 위탁할 수 있다.

제31조의2에 관한 회의록 내용은 아래와 같다.

• **소위원장 박찬대**[1117]: 먼저 박찬대 의원, 정찬민 의원, 곽상도 의원, 김철민 의원, 윤영덕 의원이 각각 대표발의한 6건의 사립학교법 일부개정법률안을 통합 조정한 대안은 대통령령으로 정하는 기준과 절차에 따라 선정된 대학교육기관을 경영하는 학교법인에 대해 주기적 감사인 지정제를 실시하고…하였습니다.

• **위원장 유기홍**[1118]: 의사일정 제2항부터 7항까지 6건의 사립학교법 일부개정법률안은 소위원회에서 심사보고한 바와 같이 각각 본회의에 부의하지 아니하고 이를 통합 조정한 의사일정 제8항을 우리 위원회안으로 제안하고자 하는데 이의가 없으십니까? (예 하는 위원 있음) 이의가 없으시면 가결되었음을 선포합니다.

1114) 「사립학교법」(2020. 12. 22. 일부개정, 2020. 12. 22. 시행)
1115) 2021. 7. 22. 교육위원장(의안번호: 2111667).
1116) 제389회 국회(임시회) 제1차 전체회의, 교육위원회회의록, 2021. 7. 14., 6면.
1117) 제389회 국회(임시회) 제1차 전체회의, 교육위원회회의록, 2021. 7. 14., 6면.
1118) 제389회 국회(임시회) 제1차 전체회의, 교육위원회회의록, 2021. 7. 14., 6면.

〈2〉 **법제사법위원회:** 교육위원회 대안을 수정·가결했다.[1119] 수정내용은 아래와 같다.

교육위원회 대안	법제사법위원회 수정안
제31조의2(외부회계감사에 대한 감리) ① ――― 제31조제4항 후단 및 제5항에 따른 외부감사보고서 ―――.	제31조의2(외부회계감사에 대한 감리) ① ――― 외부감사보고서 ―――.

(3) 본회의 심의

법제사법위원회 수정안대로 가결되었다.[1120] 제31조에 관한 회의록 내용은 아래와 같다.

- 교육위원장대리 윤영덕[1121]: 존경하는 박병석 의장님과 선배·동료 의원 여러분! 교육위원회의 윤영덕 위원입니다. 우리 위원회에서 의결한 2건의 법률안에 대하여 심사보고 및 제안설명드리겠습니다. 먼저 사립학교법 일부개정법률안(대안)은 박찬대 의원, 정찬민 의원, 곽상도 의원, 김철민 의원, 윤영덕 의원이 각각 대표발의한 6건의 법률안을 통합 조정한 것으로, 대통령령으로 정하는 기준에 해당하는 대학교육기관을 경영하는 학교법인에 대하여 주기적 감사인 지정제를 실시하고…등의 내용입니다.
- 의장 박병석[1122]: 윤영덕 위원 수고하셨습니다. 그러면 먼저 사립학교법 일부개정법률안(대안)을 의결하도록 하겠습니다. 투표해 주시기 바랍니다. (전자투표) 투표를 마치겠습니다. 투표 결과를 말씀드리겠습니다. 재석 247인 중 찬성 221인, 반대 3인, 기권 23인으로서 사립학교법 일부개정법률안(대안)은 가결되었음을 선포합니다.

(4) 결과

법제사법위원회 수정안으로 개정되었다.

1119) 제389회 국회(임시회) 제1차 전체회의, 법제사법위원회회의록, 2021. 7. 22., 64면.
1120) 제389회 국회(임시회) 제2차 본회의, 국회본회의회의록, 2021. 7. 23., 10면.
1121) 제389회 국회(임시회) 제2차 본회의, 국회본회의회의록, 2021. 7. 23., 10면.
1122) 제389회 국회(임시회) 제2차 본회의, 국회본회의회의록, 2021. 7. 23., 10면.

31-2.300

III. 현행법

제31조의2(외부회계감사에 대한 감리) ① 교육부장관은 필요한 경우 외부감사보고서 및 부속서류를 감리(監理)할 수 있다.
② 교육부장관은 제1항에 따른 감리 업무의 전부 또는 일부를 대통령령으로 정하는 바에 따라 외부회계감사 및 감리에 관한 전문성을 갖춘 법인이나 단체에 위탁할 수 있다.
③ 제1항 및 제2항에서 규정한 사항 외에 감리 등에 필요한 사항은 대통령령으로 정한다.

31-2.400

IV. 종합/특기사항

- 제31조의2는 2013년 개정으로 신설되어 감사증명서 및 부속서류에 대하여 감리할 수 있으며, 감리를 수행하는 감사인의 요건은 「주식회사 등의 외부감사에 관한 법률」에 따르도록 하였다.
- 제31조의2에 대한 주요 변화는 2017년 개정으로 감리 업무의 전부 또는 일부를 전문성을 갖춘 법인이나 단체에 위탁할 수 있도록 한 것이다.
- 2016년 헌법재판소는 교육부장관이 필요한 경우 사립대학 감사증명서 등에 대하여 감리할 수 있도록 한 사립학교법(2013. 3. 23. 법률 제11690호로 개정된 것) 제31조의2제1항이 기본권침해의 직접성을 갖추었는지 여부에 대하여 아래와 같이 합헌 취지로 판단하였다.[1123]

> 사립학교법(2013. 3. 23. 법률 제11690호로 개정된 것) 제31조의2제1항은 교육부장관은 필요한 경우 감사증명서 등을 감리할 수 있도록 규정하고 있어, 청구인들에 대한 기본권침해는 위 규정에 의해 직접 초래되는 것이 아니라 교육부장관의 감리행위라는 집행행위가 있을 경우에 비로소 기본권침해가 현실화된다. 따라서 이 부분 심판청구는 기본권침해의 직접성 요건을 갖추지 못하여 부적법하다.

1123) 헌법재판소 2016. 2. 25. 선고 2013헌마692 결정.

제32조(재산목록 등의 비치)

I. 제정법

제32조(재산목록등의 비치) ①학교법인은 매회계연도 종료후 2월이내에 재산목록·대차대조표 및 수지계산서 기타 필요한 장부 또는 서류를 작성하여 이를 항시 그 사무소에 비치하여야 한다.
②전항에 의하여 비치할 장부 또는 서류의 종류와 그 서식은 문교부령으로 정한다.

『새교육』이 소개하는 이 조문의 제정이유는 아래와 같다.[1124]

제32조에 의한 재산목록 등의 비치는 민법상의 규정(제55조)과 다름이 없다. 혹자는 이러한 규정을 문교부의 감독권을 강화하는 것이라고 하나, 그것은 민법의 규정과 정신을 모르는 이야기다.

II. 개정 경과

1. 1981년 2월 28일 개정(법률 제3373호, 1981. 2. 28. 시행)

제32조(재산목록등의 비치) ①학교법인은 매 회계연도 종료후 2월이내에 재산목록·대차대조표 및 수지계산서 기타 필요한 장부 또는 서류를 작성하여 이를 항시 그 사무소에 비치하여야 한다.
②제1항에 의하여 비치할 장부 또는 서류의 종류와 그 서식은 문교부령으로 정한다.

• "전항"을 "제1항"으로 하였다(오직 형식에 관한 개정이므로 자세한 개정경과는 생략함[1125]).

2. 1990년 12월 27일 개정(법률 제4268호, 1990. 12. 27. 시행)

제32조(재산목록등의 비치) ①학교법인은 매 회계연도 종료후 2월이내에 재산목록·

1124) 金康鉉, 앞의 글 "私立學校法(完)", 45면.
1125) 이에 관한 구체적 개정경과는 이 책 [4.204] 참조.

> 대차대조표 및 수지계산서 기타 필요한 장부 또는 서류를 작성하여 이를 항시 그 사무소에 비치하여야 한다.
> ②제1항에 의하여 비치할 장부 또는 서류의 종류와 그 서식은 **교육부령**으로 정한다.

- 「정부조직법」(1990. 12. 27. 개정·시행)에 따라 "문교부령"을 "교육부령"으로 변경하였다.

32.203

3. 1997년 1월 13일 개정(법률 제5274호, 1997. 4. 14. 시행)

> **제32조(재산목록등의 비치)** ①학교법인은 매 회계연도 종료후 2월이내에 **매 회계연도말 현재의** 재산목록·대차대조표 및 수지계산서 기타 필요한 장부 또는 서류를 작성하여 이를 항시 그 사무소에 비치하여야 한다.
> ②제1항에 의하여 비치할 장부 또는 서류의 종류와 그 서식은 교육부령으로 정한다.

(1) 법률안(정부안[1126])

현행법	원안
제32조(재산목록등의 비치) ①학교법인은 매 회계연도 종료후 2월이내에 재산목록·대차대조표 및 수지계산서 기타 필요한 장부 또는 서류를 작성하여 이를 항시 그 사무소에 비치하여야 한다. ②(생 략)	**제32조(재산목록등의 비치)** ①학교법인은 매 회계연도 종료후 2월이내에 매 회계연도말 현재의 재산목록·대차대조표 및 수지계산서 기타 필요한 장부 또는 서류를 작성하여 이를 항시 그 사무소에 비치하여야 한다. ②(현행과 같음)

- "매 회계연도말 현재"를 추가하여 기준시점을 명확히하였다.

(2) 위원회 심사

〈1〉 **교육위원회:** 원안대로 가결되었다.[1127]

1126) 1996. 11. 18. 정부(의안번호: 150305); 제안이유 및 주요내용은 이 책 [3.206] 참조.
1127) 제181회 국회(정기회) 제10차 전체회의, 교육위원회회의록, 1996. 12. 12., 17면.

〈2〉 **법제사법위원회:** 원안대로 가결되었다.[1128]

(3) 본회의 심의

원안대로 가결되었다.[1129]

(4) 결과

원안으로 개정되었다.

4. 2001년 1월 29일 개정(법률 제6400호, 2001. 1. 29. 시행)

제32조(재산목록등의 비치) ①학교법인은 매 회계연도 종료후 2월이내에 매 회계연도말 현재의 재산목록·대차대조표 및 수지계산서 기타 필요한 장부 또는 서류를 작성하여 이를 항시 그 사무소에 비치하여야 한다.
②제1항에 의하여 비치할 장부 또는 서류의 종류와 그 서식은 **교육인적자원부령**으로 정한다.

- 「정부조직법」(2001. 1. 29. 개정·시행)에 따라 "교육부령"을 "교육인적자원부령"으로 변경하였다.

5. 2008년 2월 29일 개정(법률 제8852호, 2008. 2. 29. 시행)

제32조(재산목록등의 비치) ①학교법인은 매 회계연도 종료후 2월 이내에 매 회계연도말 현재의 재산목록·대차대조표 및 수지계산서 기타 필요한 장부 또는 서류를 작성하여 이를 항시 그 사무소에 비치하여야 한다.
②제1항에 의하여 비치할 장부 또는 서류의 종류와 그 서식은 **교육과학기술부령**으로 정한다.

- 「정부조직법」(2008. 2. 29. 개정·시행)에 따라 "교육인적자원부령"을 "교육과학기술부령"으로 변경하였다.

1128) 第181회 국회(정기회) 제14차 전체회의, 법제사법위원회회의록, 1996. 12. 16., 23면.
1129) 第181회 국회(정기회) 제22차 본회의, 국회본회의회의록, 1996. 12. 17., 8면.

32.206 6. 2013년 3월 23일 개정(법률 제11690호, 2013. 3. 23. 시행)

제32조(재산목록등의 비치) ①학교법인은 매 회계연도 종료후 2월 이내에 매 회계연도말 현재의 재산목록·대차대조표 및 수지계산서 기타 필요한 장부 또는 서류를 작성하여 이를 항시 그 사무소에 비치하여야 한다.
②제1항에 의하여 비치할 장부 또는 서류의 종류와 그 서식은 **교육부령**으로 정한다.

- 「정부조직법」(2013. 3. 23. 개정·시행)에 따라 "교육과학기술부령"을 "교육부령"으로 변경하였다.

32.207 7. 2020년 12월 22일 개정(법률 제17659호, 2020. 12. 22. 시행)

제32조(재산목록 등의 비치) ①_학교법인은 매 회계연도가 끝난 후 2**개**월 이내에 매 회계연도 말 현재의 재산목록**,** **재무상태**표, **수입·지출** 계산서, **그 밖에** 필요한 장부**나** 서류를 작성하여 **항상** 그 사무소에 **갖추어 두어야** 한다.
②_제1항에 따라 **갖추어 두어야** 할 장부나 서류의 종류와 서식은 교육부령으로 정한다.

- 법문을 한글화하고 간결하게 하였다(오직 형식에 관한 개정이므로 자세한 개정경과는 생략함[1130]).

32.300 III. 현행법

제32조(재산목록 등의 비치) ① 학교법인은 매 회계연도가 끝난 후 2개월 이내에 매 회계연도 말 현재의 재산목록, 재무상태표, 수입·지출 계산서, 그 밖에 필요한 장부나 서류를 작성하여 항상 그 사무소에 갖추어 두어야 한다.
② 제1항에 따라 갖추어 두어야 할 장부나 서류의 종류와 서식은 교육부령으로 정한다.

1130) 이에 관한 구체적 개정경과는 이 책 [1.201] 참조.

0 IV. 종합/특기사항

• 제32조에 대한 개정은 용어의 현대화, 정부 부처의 개편에 따른 명칭 수정, 법문의 한글화·순화에 관한 것이다.

제32조의2(적립금)

00 I. 제정법

제정법에는 이 조문이 없다.

II. 개정 경과

01 1. 2011년 7월 25일 개정(법률 제10906호, 2011. 7. 25. 시행)

제32조의2(적립금) ①대학교육기관의 장 및 대학교육기관을 설치·경영하는 학교법인의 이사장은 교육시설의 신축·증축 및 개수·보수, 학생의 장학금 지급 및 교직원의 연구 활동 지원 등에 충당하기 위하여 필요한 적립금(이하 "적립금"이라 한다)을 적립할 수 있다. 다만, 등록금회계로부터의 적립은 해당 연도 건물의 감가상각비 상당액을 교육시설의 신축·증축 및 개수·보수 목적으로 적립하는 경우에 한한다.

②제1항에 따른 적립금은 원금보존적립금과 임의적립금으로 구분하고, 성격에 따라 연구적립금·건축적립금·장학적립금·퇴직적립금 및 기타적립금으로 구성한다.

③제1항에 따른 적립금은 기금으로 예치하여 관리하고, 그 적립목적에 한하여 사용하여야 한다. 다만, 등록금회계에서 기금회계로 전출된 적립금 상당액을 제외한 적립금은 다음 각 호의 어느 하나에 따라 법인에 투자할 수 있다.

1. 적립금의 2분의 1의 한도에서 「자본시장과 금융투자업에 관한 법률」 제4조 제2항 각 호에 따른 증권의 취득
2. 적립금의 10분의 1의 한도에서 해당 대학교육기관의 소속 교원 또는 학생이

개발한 신기술 또는 특허 등으로 창업한 「벤처기업육성에 관한 특별조치법」에 따른 벤처기업에 대한 투자

④교육과학기술부장관은 해당 대학교육기관과 대학교육기관을 설치·경영하는 학교법인의 재정상태 등을 감안하여 적립금의 적립여부·적립규모 및 적립기간 등에 필요한 조치를 할 수 있다.

⑤제1항의 감가상각비 산정방법 등 구체적인 사항은 교육과학기술부령으로 정한다.

(1) 법률안

〈1〉 **권영길 의원안**[1131]**:** 이 조문을 포함한 개정 대상 조문의 제안이유 및 주요내용은 아래와 같다.

• 제안이유

사립대학은 대학재정을 운용하면서 연구적립금, 장학적립금, 퇴직적립금, 건축적립금, 기타적립금 명목으로 적립금을 적립하고 있으나, 대부분의 적립금을 건축적립금과 사용목적이 불분명한 기타적립금으로 적립하고, 교육의 질과 직접적인 연관이 있는 연구적립금, 장학적립금의 적립비율은 미미한 실정임. 또한 적립금을 학교 및 학생들을 위하여 사용하지 않고 막대한 금액을 누적시키고 있어 사립대학 등록금 인상의 한 요인이 되고 있음.

따라서 연구·장학·시설 개보수 목적의 적립금 외에 사용목적이 불분명한 적립금의 규모를 제한함으로써 과다한 적립금으로 인한 사립대학 등록금 인상요인을 제거하려는 것임.

• 주요내용

대학교육기관의 장은 학교에 속하는 회계의 예산에서 교육시설의 개·보수, 학생의 장학금지급 및 교직원의 연구활동 등의 사용에 충당하기 위하여 필요한 금액을 적립할 수 있고, 사용목적이 불분명한 적립금은 해당 연도 적립금 총액의 100분의 10을 넘을 수 없으며, 적립내역과 사용계획을 교육과학기술부장관에게 보고하도록 함(안 제32조의2 신설).

이 조문의 현행법과 개정 원안은 아래와 같다.

1131) 2008. 12. 15. 권영길의원 등 14인(의안번호: 1803049).

현행법	원안
<신 설>	**제32조의2(적립금)** ①대학교육기관의 장은 대통령령으로 정하는 바에 따라 학교에 속하는 회계의 예산에서 교육시설의 개·보수, 학생의 장학금지급 및 교직원의 연구활동 등의 사용에 충당하기 위하여 필요한 금액을 적립할 수 있다. 다만, 사용 계획이 불분명하거나 특정 사용목적 없이 적립되는 금액은 해당 연도 적립금 총액의 100분의 10을 넘을 수 없다. ②제1항에 따른 적립금은 그 상당액을 학교기금으로 예치하여 관리하여야 한다 ③대학교육기관의 장은 제1항에 따라 적립금을 적립하는 경우에는 적립내역과 사용계획을 교육과학기술부장관에게 보고하여야 한다. ④교육과학기술부장관은 해당 대학교육기관의 재정상태 등을 고려하여 적립금의 용도 및 적립기간 등에 관하여 시정을 요구할 수 있다.

• 대학교육기관의 장은 학교에 속하는 회계의 예산에서 교육시설의 개·보수, 학생의 장학금지급 및 교직원의 연구활동 등의 사용에 충당하기 위하여 필요한 금액을 적립할 수 있고, 사용목적이 불분명한 적립금은 해당 연도 적립금 총액의 100분의 10을 넘을 수 없으며, 적립내역과 사용계획을 교육과학기술부장관에게 보고하도록 하였다.

〈2〉 **조경태 의원안**[1132]: 이 조문을 포함한 개정 대상 조문의 제안이유 및 주요내용은 아래와 같다.

• 제안이유

사립대학은 대학재정에서 연구·장학·건축 등을 위하여 적립금을 적립하고 있으며, 적립규모도 커서 수도권 소재 60개 사립대의 경우 2006년도 학교 당 평균 적립금이 108억여원에 이르고 있음.

그러나 사립대학의 누적적립금을 제한하는 기준이 없어 대학은 장래의 학교건물 신축을 위한 건축적립금 또는 용도가 불분명한 기타적립금을 지나치게 많이 적립하고 있으며, 이는 등록금 인상의 요인이 되고 있음.

따라서 누적적립금의 총액을 제한하여 등록금이 학생들의 교육의 질을 향상

1132) 2009. 4. 27. 조경태의원 등 13인(의안번호 1804693).

시키거나 장학금 등으로 사용될 수 있도록 하려는 것임.

- 주요내용

가. 대학교육기관의 장은 학교에 속하는 회계의 예산에서 교육시설의 개·보수, 학생의 장학금지급 및 교직원의 연구활동 등의 사용에 충당하기 위하여 필요한 금액을 적립할 수 있도록 함(안 제32조의2제1항 신설).

나. 적립금의 누적액은 해당 연도 교비회계 운영수익 총액의 2분의 1을 초과할 수 없도록 하고, 다만, 학교 이전 등으로 장기적인 적립이 필요한 경우로서 교육과학기술부장관이 승인하는 때에는 예외를 인정하도록 함(안 제32조의2제2항 신설).

이 조문의 현행법과 개정 원안은 아래와 같다.

현행법	원안
<신 설>	**제32조의2(적립금)** ①대학교육기관의 장은 대통령령으로 정하는 바에 따라 학교에 속하는 회계의 예산에서 교육시설의 개·보수, 학생의 장학금지급 및 교직원의 연구활동 등의 사용에 충당하기 위하여 필요한 금액을 적립할 수 있다. ②제1항에 따른 적립금의 누적액은 해당 연도 교비회계 운영수익 총액의 2분의 1을 초과할 수 없다. 다만, 학교 이전 등으로 장기적인 적립이 필요한 경우로서 교육과학기술부장관이 승인하는 때에는 그러하지 아니하다.

- 대학교육기관의 장은 학교법인 회계에서 교육시설의 개·보수, 학생의 장학금지급 및 교직원의 연구활동 등의 사용에 충당하기 위하여 필요한 금액을 적립할 수 있으나 적립금의 누적액은 해당 연도 교비회계 운영수익 총액의 2분의 1을 초과할 수 없도록 하였다.

〈3〉 **서상기 의원안**[1133]: 이 조문을 포함한 개정 대상 조문의 제안이유 및 주요내용은 아래와 같다.

- 제안이유

현재 정부는 대학의 창업을 적극 장려하고 있고, 산학협력 활성화를 위한 다

1133) 2010. 6. 25. 서상기의원 등 13인(의안번호: 1808672).

양한 인센티브 제도를 도입하여 실행하고 있으나, 대학 내 창업이 활성화되고 있지 못함.

실제 사립학교는 노후교실의 개축·증축 등을 위한 건축적립금, 연구·장학 적립금 등을 적립할 수 있으며, 실제로 상당한 액수의 적립금을 적립하고 있음.

현행 법령은 적립금을 예금·적금 등에 예치하도록 하고 있고, 사립대학의 경우에만 적립금의 2분의 1 한도에서 증권을 취득할 수 있도록 하고 있으나, 사립학교가 재원확충을 위하여 적극적인 투자를 하는 데는 한계가 있음.

그리고 대학은 학내 우수인력을 활용하여 연구개발한 내용을 사업화할 수 있는 유망 중소기업이나 벤처기업에 투자할 필요성이 있으나, 현재는 적립금으로 이러한 투자도 할 수가 없음. 이에 사립대학의 적립금으로 투자할 수 있는 범위를 확대하여 중소기업창업투자조합 및 한국벤처투자조합에 투자할 수 있도록 개정하려는 것임.

이를 통해 대학 벤처창업을 촉진하고, 산·학·연 협력 분위기를 활성화해 유망 중소·벤처 기업을 육성하는 것은 물론, 청년실업 해소를 위한 일자리 창출에 기여하고자 함.

• 주요내용

가. 이사장 및 학교의 장은 교육시설의 개보수, 학생의 장학금지급 및 교직원의 연구 활동 지원 등의 사용에 충당하기 위하여 필요한 적립금을 적립할 수 있도록 함(안 제32조의2제1항 신설).

나. 적립금은 기금으로 예치하여 관리하여야 하고, 다만, 「고등교육법」 제2조 각 호에 해당하는 사립학교는 적립금의 2분의 1 한도에서 증권취득, 중소기업창업투자조합·한국벤처투자조합에 대한 출자를 할 수 있도록 함(안 제32조의2제2항 신설).

이 조문의 현행법과 개정 원안은 아래와 같다.

현행법	원안
<신 설>	**제32조의2(적립금)** ①이사장 및 학교의 장은 교육시설의 개보수, 학생의 장학금 지급 및 교직원의 연구 활동 지원 등의 사용에 충당하기 위하여 필요한 적립금(이하 "적립금"이라한다)을 적립할 수 있나. ②적립금은 기금으로 예치하여 관리하여야 한다. 다만,「고등교육법」 제2조 각 호에 해당하는

	사립학교는 적립금의 2분의 1 한도에서 다음 각 호의 어느 하나에 해당하는 투자를 할 수 있다. 1. 「자본시장과 금융투자업에 관한 법률」 제4조 제2항 각 호에 따른 증권의 취득 2. 「중소기업창업 지원법」에 따른 중소기업창업투자조합에 대한 출자 3. 「벤처기업육성에 관한 특별조치법」에 따른 한국벤처투자조합에 대한 출자

- 이사장 및 학교의 장은 교육시설의 개보수, 학생의 장학금지급 및 교직원의 연구활동 지원 등의 사용에 충당하기 위하여 필요한 적립금을 적립할 수 있도록 하고(제1항), 적립금은 기금으로 예치하여 관리하여야 하나 일정한 경우에는 적립금의 2분의 1 한도에서 투자를 할 수 있도록 하였다(제2항).

(2) 위원회 심사

〈1〉 **교육과학기술위원회:** 대안[1134]으로 가결되었다.[1135]

교육과학기술위원회 대안
제32조의2(적립금) ①대학교육기관의 장 및 대학교육기관을 설치·경영하는 학교법인의 이사장은 교육시설의 신·증축및 개보수, 학생의 장학금 지급 및 교직원의 연구 활동 지원 등에 충당하기 위하여 필요한 적립금(이하 "적립금"이라 한다)을 적립할 수 있다. 다만, 등록금회계로부터의 적립은 당해연도 건물의 감가상각비 상당액을 교육시설의 신·증축 및 개보수 목적으로 적립하는 경우에 한한다. ②제1항에 따른 적립금은 원금보존적립금과 임의적립금으로 구분하고, 성격에 따라 연구적립금·건축적립금·장학적립금·퇴직적립금 및 기타적립금으로 구성한다. ③제1항에 따른 적립금은 기금으로 예치하여 관리하고, 그 적립목적에 한하여 사용하여야 한다. 다만, 등록금회계에서 기금회계로 전출된 적립금 상당액을 제외한 적립금은 다음 각 호의 어느 하나에 따라 법인에 투자할 수 있다. 1. 적립금의 2분의 1 한도에서「자본시장과 금융투자업에 관한 법률」 제4조제2항 각 호에 따른 증권의 취득 2. 적립금의 10분의 1의 한도에서 당해 대학교육기관의 소속 교원 또는 학생이 개발한 신기술 또는 특허 등으로 창업한 「벤처기업육성에 관한 특별조치법」에 따른 벤처기업에 대한 투자 ④교육과학기술부장관은 당해 대학교육기관과 대학교육기관을 설치·경영하는 학교법인의 재정상태 등을 감안하여 적립금의 적립여부·규모 및 적립기간 등에 필요한 조치를 할 수 있다.

1134) 2011. 6. 28. 교육과학기술위원장(의안번호: 1812402).
1135) 제301회 국회(임시회) 제5차 전체회의, 교육과학기술위원회회의록, 2011. 6. 22., 24면.

⑤제1항의 감가상각비 산정방법 등 구체적인 사항은 교육과학기술부령으로 정한다.

제32조의2에 관한 회의록 내용은 아래와 같다.

- **소위원장대리 김춘진**[1136]: 법안심사소위원 김춘진 위원입니다. 지난 6월 16일부터 17일까지 이틀 동안 소위원회에서 심사한 결과를 보고드리겠습니다. 먼저 서상기 의원, 권영길 의원, 조경태 의원이 각각 대표발의 한 3건의 사립학교법 일부개정법률안은 본회의에 부의하지 아니하기로 하고 그 내용을 통합·조정하여 우리 위원회 대안을 제안하기로 하였습니다. 대안의 주요 내용은 현재 교육과학기술부령에서 규정하고 있는 대학의 적립금에 대한 근거규정을 법률로 상향 규정하고 학생등록금으로 과도한 적립금을 조성하는 것을 방지하기 위하여 등록금회계에서의 적립금 조성은 당해연도 건물의 감가상각비 상당액으로 한정하기로 하였습니다.

〈2〉 **법제사법위원회:** 교육과학기술위원회 대안을 수정·가결했다.[1137] 수정내용은 아래와 같다.

법제사법위원회 수정안
제32조의2(적립금) ②제1항에 따른 적립금은 원금보존적립금과 임의적립금으로 구분하고, 그 성격에 따라 연구적립금·건축적립금·장학적립금·퇴직적립금 및 기타적립금으로 구성한다. ③제1항에 따른 적립금은 기금으로 예치하여 관리하고, 그 적립목적에 한하여 사용하여야 한다. 다만, 등록금회계에서 기금회계로 전출된 적립금 상당액을 제외한 적립금은 다음 각 호의 어느 하나에 따라 법인에 투자할 수 있다. 1. 적립금의 2분의 1 한도에서「자본시장과 금융투자업에 관한 법률」 제4조제2항 각 호에 따른 증권의 취득 2. 적립금의 10분의 1의 한도에서 당해 대학교육기관의 소속 교원 또는 학생이 개발한 신기술 또는 특허 등으로 창업한 「벤처기업육성에 관한 특별조치법」에 따른 벤처기업에 대한 투자

제32조의2에 관한 회의록 내용은 아래와 같다.

- **전문위원 이금로**[1138]: 전문위원 이금로입니다. 제97항 사립학교법 일부개정안은 사립대학의 과다한 적립금 조성 방지를 위해 적립금 사항을 법률로 정하고, 등

1136) 제301회 국회(임시회) 제5차 전체회의, 교육과학기술위원회회의록, 2011. 6. 22., 22면.
1137) 제301회 국회(임시회) 제6차 전체회의, 법제사법위원회회의록, 2011. 6. 28., 64면.
1138) 제301회 국회(임시회) 제6차 전체회의, 법제사법위원회회의록, 2011. 6. 28., 57면.

록금에 의한 적립금은 건물의 감가상각비 상당액에 한하도록 하는 내용 등으로서 안 제32조의2제2항을 체계에 맞게 구분하고 그 밖의 일부 용어를 정리하였습니다.

(3) 본회의 심의

법제사법위원회 수정안대로 가결되었다.[1139]

(4) 정부이송최종안

법제사법위원회 수정안을 수정하였다(「국회법」 제97조 및 제98조). 수정내용은 아래와 같다.

정부이송최종안
제32조의2(적립금) ①대학교육기관의 장 및 대학교육기관을 설치·경영하는 학교법인의 이사장은 교육시설의 신축·증축 및 개수·보수, 학생의 장학금 지급 및 교직원의 연구 활동 지원 등에 충당하기 위하여 필요한 적립금(이하 "적립금"이라 한다)을 적립할 수 있다. 다만, 등록금회계로부터의 적립은 해당 연도 건물의 감가상각비 상당액을 교육시설의 신축·증축 및 개수·보수 목적으로 적립하는 경우에 한한다. ②제1항에 따른 적립금은 원금보존적립금과 임의적립금으로 구분하고, 성격에 따라 연구적립금·건축적립금·장학적립금·퇴직적립금 및 기타적립금으로 구성한다. ③제1항에 따른 적립금은 기금으로 예치하여 관리하고, 그 적립목적에 한하여 사용하여야 한다. 다만, 등록금회계에서 기금회계로 전출된 적립금 상당액을 제외한 적립금은 다음 각 호의 어느 하나에 따라 법인에 투자할 수 있다. 1. 적립금의 2분의 1의 한도에서 「자본시장과 금융투자업에 관한 법률」 제4조제2항 각 호에 따른 증권의 취득 2. 적립금의 10분의 1의 한도에서 해당 대학교육기관의 소속 교원 또는 학생이 개발한 신기술 또는 특허 등으로 창업한 「벤처기업육성에 관한 특별조치법」에 따른 벤처기업에 대한 투자 ④교육과학기술부장관은 해당 대학교육기관과 대학교육기관을 설치·경영하는 학교법인의 재정상태 등을 감안하여 적립금의 적립여부·적립규모 및 적립기간 등에 필요한 조치를 할 수 있다. ⑤제1항의 감가상각비 산정방법 등 구체적인 사항은 교육과학기술부령으로 정한다.

(5) 결과

정부이송최종안으로 개정되었다.

1139) 제301회 국회(임시회) 제7차 국회본회의회의록, 2011. 6. 29., 40면.

2. 2013년 1월 23일 개정(법률 제11622호, 2013. 7. 24. 시행)

제32조의2(적립금) ①대학교육기관의 장 및 대학교육기관을 설치·경영하는 학교법인의 이사장은 교육시설의 신축·증축 및 개수·보수, 학생의 장학금 지급 및 교직원의 연구 활동 지원 등에 충당하기 위하여 필요한 적립금(이하 "적립금"이라 한다)을 적립할 수 있다. 다만, 등록금회계로부터의 적립은 해당 연도 건물의 감가상각비 상당액을 교육시설의 신축·증축 및 개수·보수 목적으로 적립하는 경우에 한한다.

②제1항에 따른 적립금은 원금보존적립금과 임의적립금으로 구분하고, 성격에 따라 연구적립금·건축적립금·장학적립금·퇴직적립금 및 기타적립금으로 구성한다.

③제1항에 따른 적립금은 기금으로 예치하여 관리하고, 그 적립목적에 한하여 사용하여야 한다. 다만, 등록금회계에서 **비등록금회계**로 전출된 적립금 상당액을 제외한 적립금은 다음 각 호의 어느 하나에 따라 법인에 투자할 수 있다.

1. 적립금의 2분의 1의 한도에서 「자본시장과 금융투자업에 관한 법률」 제4조 제2항 각 호에 따른 증권의 취득
2. 적립금의 10분의 1의 한도에서 해당 대학교육기관의 소속 교원 또는 학생이 개발한 신기술 또는 특허 등으로 창업한 「벤처기업육성에 관한 특별조치법」에 따른 벤처기업에 대한 투자

④교육과학기술부장관은 해당 대학교육기관과 대학교육기관을 설치·경영하는 학교법인의 재정상태 등을 감안하여 적립금의 적립여부·적립규모 및 적립기간 등에 필요한 조치를 할 수 있다.

⑤제1항의 감가상각비 산정방법 등 구체적인 사항은 교육과학기술부령으로 정한다.

(1) 법률안(민병주 의원안[1140])

현행법	원안
제32조의2(적립금) ① ~ ②(생 략) ③제1항에 따른 적립금은 기금으로 예치하여 관리하고, 그 적립목적에 한하여 사용하여야 한다. 다만, 등록금회계에서 기금회계로 전출	**제32조의2(적립금)** ① ~ ②(현행과 같음) ③제1항에 따른 적립금은 기금으로 예치하여 관리하고, 그 적립목적에 한하여 사용하여야 한다. 다만, 등록금회계에서 비등록금회계로

1140) 2012. 5. 30. 민병주의원 등 25인(의안번호: 1900016); 제안이유 및 주요내용은 이 책 [29.210] 참조.

된 적립금 상당액을 제외한 적립금은 다음 각 호의 어느 하나에 따라 법인에 투자할 수 있다.	전출된 적립금 상당액을 제외한 적립금은 다음 각 호의 어느 하나에 따라 법인에 투자할 수 있다.
1. ~ 2. (생 략)	1. ~ 2. (현행과 같음)
④ ~ ⑤ (생 략)	④ ~ ⑤ (현행과 같음)

• 제29조 개정에 따라 교비회계를 등록금회계와 비등록금회계로 구분하여 "기금회계"를 "비등록금회계"로 하였다.

(2) 위원회 심사

〈1〉 **교육과학기술위원회:** 대안[1141]으로 가결되었다(이 조문의 경우에는 원안과 대안의 내용이 동일함).[1142] 제32조의2에 관한 회의록 내용은 아래와 같다.

- 소위원장 김세연[1143]: 마지막으로 민병주 의원, 설훈 의원이 각각 대표발의한 사립학교법 일부개정법률안은 본회의에 부의하지 아니하기로 하고 두 안을 통합한 대안을 제안하기로 하였습니다.

  대안의 주요 내용은 교비회계를 등록금회계와 비등록금회계로 구분하여 등록금 사용내역을 명확히 하고, 교비회계 예산편성 및 결산 시 등록금심의위원회의 심의를 거치게 하여 대학 구성원의 참여를 보장함과 더불어 결산서 제출 시 외부감사보고서 제출을 의무화하고 이를 검증할 감리 제도를 도입하여 회계의 투명성을 강화하고, 사립학교에 기부된 기부금이 학교법인의 운영비로 사용되지 않도록 학교가 받은 기부금을 교비회계의 수입으로 처리하도록 하였습니다. 보다 자세한 내용은 배부해 드린 유인물을 참고해 주시고 법안심사소위원회에서 심사한 대로 의결하여 주시기 바랍니다. 감사합니다...
- 위원장 신학용[1144]: 의사일정 제7항·제8항, 설훈 의원·민병주 의원이 각각 대표발의한 사립학교법 일부개정법률안은 소위원회에서 심사보고한 대로 본회의에 부의하지 아니하고 이 2건을 통합·조정한 의사일정 제9항 사립학교법 일부개정법률안(대안)을 우리 위원회안으로 채택하고자 하는데 이의 없으십니까? (없습니다 하는 위원 있음) 가결되었음을 선포합니다.

1141) 2012. 12. 31. 교육과학기술위원장(의안번호: 1903205).
1142) 제311회 국회(정기회) 제10차 전체회의, 교육과학기술위원회회의록, 2012. 11. 21., 5면.
1143) 제311회 국회(정기회) 제10차 전체회의, 교육과학기술위원회회의록, 2012. 11. 21., 3면.
1144) 제311회 국회(정기회) 제10차 전체회의, 교육과학기술위원회회의록, 2012. 11. 21., 5면.

〈2〉 **법제사법위원회:** 교육과학기술위원회 대안대로 가결되었다.[1145] 제32조의2에 관한 회의록 내용은 아래와 같다.

- **전문위원 이상용**[1146]: 의사일정 제27항 사립학교법 일부개정법률안(대안)입니다. 교육과학기술부장관의 시정조치 요구권의 발동요건을 명확히 하고, 경미한 자구 수정을 하였습니다...
- **위원장 박영선**[1147]: 의사일정 제25항부터 제29항까지의 법률안에 대해서는 전문위원의 검토 의견을 우리 위원회안으로 받아들여서 수정한 부분은 수정한 대로, 그밖의 부분은 원안대로 의결하고자 합니다. 이의 있으신가요? (없습니다 하는 위원 있음) 가결되었음을 선포하겠습니다. 수고하셨습니다.

(3) 본회의 심의

교육과학기술위원회 대안대로 가결되었다.[1148] 제32조의2에 관한 회의록 내용은 아래와 같다.

- **교육과학기술위원장대리 민병주**[1149]: 존경하는 이병석 국회부의장님, 그리고 선배·동료 의원 여러분! 교육과학기술위원회 소속 새누리당 비례대표 민병주 의원입니다. 우리 위원회가 제안·심사한 3건의 개정법률안에 대한 제안설명과 심사보고를 드리겠습니다.
  다음, 사립학교법 일부개정법률안(대안)은 교비회계를 등록금회계와 비등록금회계로 구분하여 등록금 사용내역을 명확히 하고, 교비회계 예산 편성 및 결산 시 등록금심의위원회 심의를 거치게 하여 대학구성원의 참여를 보장하도록 하는 한편 사립학교에 기부된 기부금이 학교법인의 운영비로 사용되지 않도록 학교가 받은 기부금을 교비회계의 수입으로 처리하도록 하였습니다.
- **부의장 이병석**[1150]: 다음은 사립학교법 일부개정법률안(대안)을 의결하도록 하겠습니다. 투표해 주시기 바랍니다. (전자투표) 투표를 다 하셨습니까? 그러면 투표를 마치겠습니다. 투표 결과를 말씀드리겠습니다. 재석 240인 중 찬성 236인, 기권 4인으로서 사립학교법 일부개정법률안(대안)은 가결되었음을 선포합니다.

1145) 第312회 국회(임시회) 제1차 전체회의, 법제사법위원회회의록, 2012. 12. 31., 13면.
1146) 第312회 국회(임시회) 제1차 전체회의, 법제사법위원회회의록, 2012. 12. 31., 12면.
1147) 第312회 국회(임시회) 제1차 전체회의, 법제사법위원회회의록, 2012. 12. 31., 13면.
1148) 第312회 국회(임시회) 제2차, 국회본회의회의록, 2012. 12. 31., 30면.
1149) 第312회 국회(임시회) 제2차 본회의, 국회본회의회의록, 2013. 1. 1., 29면.
1150) 第312회 국회(임시회) 제2차 본회의, 국회본회의회의록, 2013. 1. 1., 30면.

(4) 결과

교육과학기술위원회 대안으로 개정되었다.

32-2.203 ### 3. 2013년 3월 23일 개정(법률 제11690호, 2013. 3. 23. 시행)

제32조의2(적립금) ①대학교육기관의 장 및 대학교육기관을 설치·경영하는 학교법인의 이사장은 교육시설의 신축·증축 및 개수·보수, 학생의 장학금 지급 및 교직원의 연구 활동 지원 등에 충당하기 위하여 필요한 적립금(이하 "적립금"이라 한다)을 적립할 수 있다. 다만, 등록금회계로부터의 적립은 해당 연도 건물의 감가상각비 상당액을 교육시설의 신축·증축 및 개수·보수 목적으로 적립하는 경우에 한한다.

②제1항에 따른 적립금은 원금보존적립금과 임의적립금으로 구분하고, 성격에 따라 연구적립금·건축적립금·장학적립금·퇴직적립금 및 기타적립금으로 구성한다.

③제1항에 따른 적립금은 기금으로 예치하여 관리하고, 그 적립목적에 한하여 사용하여야 한다. 다만, 등록금회계에서 비등록금회계로 전출된 적립금 상당액을 제외한 적립금은 다음 각 호의 어느 하나에 따라 법인에 투자할 수 있다.

1. 적립금의 2분의 1의 한도에서 「자본시장과 금융투자업에 관한 법률」 제4조 제2항 각 호에 따른 증권의 취득
2. 적립금의 10분의 1의 한도에서 해당 대학교육기관의 소속 교원 또는 학생이 개발한 신기술 또는 특허 등으로 창업한 「벤처기업육성에 관한 특별조치법」에 따른 벤처기업에 대한 투자

④ **교육부장관**은 해당 대학교육기관과 대학교육기관을 설치·경영하는 학교법인의 재정상태 등을 감안하여 적립금의 적립여부·적립규모 및 적립기간 등에 필요한 조치를 할 수 있다.

⑤제1항의 감가상각비 산정방법 등 구체적인 사항은 **교육부령**으로 정한다.

- 「정부조직법」(2013. 3. 23. 개정·시행)에 따라 "교육과학기술부장관"을 "교육부장관"으로 변경하였다.
- 「정부조직법」(2013. 3. 23. 개정·시행)에 따라 "교육과학기술부령"을 "교육부령"으로 변경하였다.

4. 2016년 12월 27일 개정(법률 제14468호, 2016. 12. 27. 시행)

제32조의2(적립금) ①대학교육기관의 장 및 대학교육기관을 설치·경영하는 학교법인의 이사장은 교육시설의 신축·증축 및 개수(改修)·보수(補修), 학생의 장학금 지급 및 교직원의 연구 활동 지원 등에 충당하기 위하여 필요한 적립금(이하 "적립금"이라 한다)을 적립할 수 있다. 다만, 등록금회계로부터의 적립은 해당 연도 건물의 감가상각비 상당액을 교육시설의 신축·증축 및 개수·보수 목적으로 적립하는 경우에**만** 할 수 있다.

②**적립금**은 원금보존적립금과 임의적립금으로 구분하고, 성격에 따라 연구적립금·건축적립금·장학적립금·퇴직적립금 및 **그 밖에 구체적인 목적을 정하여 적립하는 특정목적적립금으로** 구성한다.

③**적립금**은 기금으로 예치하여 관리하고, 그 적립 목적으로**만** 사용하여야 한다. 다만, 등록금회계에서 비등록금회계로 전출된 적립금 상당액을 제외한 적립금은 다음 각 호의 어느 **하나의 방법으로** 법인에 투자할 수 있다.

1. 적립금의 2분의 1 한도에서 「자본시장과 금융투자업에 관한 법률」 제4조제2항 각 호에 따른 증권의 취득
2. 적립금의 10분의 1 한도에서 해당 대학교육기관의 소속 교원 또는 학생이 개발한 신기술 또는 특허 등으로 창업한 「벤처기업육성에 관한 특별조치법」에 따른 벤처기업에 대한 투자

④ 교육부장관은 해당 대학교육기관과 대학교육기관을 설치·경영하는 학교법인의 재정상태 등을 **고려하여** 적립금의 적립 여부, 적립 규모 및 적립 기간 등에 **관하여** 필요한 조치를 할 수 있다.

⑤제1항 **단서의** 감가상각비 산정방법 등 구체적인 사항은 교육부령으로 정한다.

(1) 법률안(정부안[1151])

이 조문을 포함한 개정 대상 조문의 제안이유 및 주요내용은 아래와 같다.

• 제안이유 및 주요내용

대학교육기관의 장 및 대학교육기관을 설치·경영하는 학교법인의 이사장은 특정 목적을 정하지 아니하더라도 기타적립금의 명목으로 자금을 적립할 수 있으나, 앞으로는 구체적인 목적을 특정하여야만 적립금으로 적립할 수 있도록 함

1151) 2016. 6. 22. 정부(의안번호: 2000393).

으로써 자금의 무분별한 적립을 방지하고 적립금 운영의 투명성을 제고하려는 것임.

이 조문의 현행법과 개정 원안은 아래와 같다.

현행법	원안
제32조의2(적립금) ①대학교육기관의 장 및 대학교육기관을 설치·경영하는 학교법인의 이사장은 교육시설의 신축·증축 및 개수·보수, 학생의 장학금 지급 및 교직원의 연구 활동 지원 등에 충당하기 위하여 필요한 적립금(이하 "적립금"이라 한다)을 적립할 수 있다. 다만, 등록금회계로부터의 적립은 해당 연도 건물의 감가상각비 상당액을 교육시설의 신축·증축 및 개수·보수 목적으로 적립하는 경우에 한한다.	**제32조의2(적립금)** ①대학교육기관의 장 및 대학교육기관을 설치·경영하는 학교법인의 이사장은 교육시설의 신축·증축 및 개수(改修)·보수(補修), 학생의 장학금 지급 및 교직원의 연구 활동 지원 등에 충당하기 위하여 필요한 적립금(이하 "적립금"이라 한다)을 적립할 수 있다. 다만, 등록금회계로부터의 적립은 해당 연도 건물의 감가상각비 상당액을 교육시설의 신축·증축 및 개수·보수 목적으로 적립하는 경우에만 할 수 있다.
②제1항에 따른 적립금은 원금보존적립금과 임의적립금으로 구분하고, 성격에 따라 연구적립금·건축적립금·장학적립금·퇴직적립금 및 기타적립금으로 구성한다.	②적립금은 원금보존적립금과 임의적립금으로 구분하고, 성격에 따라 연구적립금·건축적립금·장학적립금·퇴직적립금 및 그 밖에 구체적인 목적을 정하여 적립하는 특정목적적립금으로 구성한다.
③제1항에 따른 적립금은 기금으로 예치하여 관리하고, 그 적립목적에 한하여 사용하여야 한다. 다만, 등록금회계에서 비등록금회계로 전출된 적립금 상당액을 제외한 적립금은 다음 각 호의 어느 하나에 따라 법인에 투자할 수 있다.	③적립금은 기금으로 예치하여 관리하고, 그 적립 목적으로만 사용하여야 한다. 다만, 등록금회계에서 비등록금회계로 전출된 적립금 상당액을 제외한 적립금은 다음 각 호의 어느 하나의 방법으로 법인에 투자할 수 있다.
1. 적립금의 2분의 1의 한도에서 「자본시장과 금융투자업에 관한 법률」 제4조제2항 각 호에 따른 증권의 취득	1. 적립금의 2분의 1 한도에서 「자본시장과 금융투자업에 관한 법률」 제4조제2항 각 호에 따른 증권의 취득
2. 적립금의 10분의 1의 한도에서 해당 대학교육기관의 소속 교원 또는 학생이 개발한 신기술 또는 특허 등으로 창업한 「벤처기업육성에 관한 특별조치법법」에 따른 벤처기업에 대한 투자	2. 적립금의 10분의 1 한도에서 해당 대학교육기관의 소속 교원 또는 학생이 개발한 신기술 또는 특허 등으로 창업한 「벤처기업육성에 관한 특별조치법」에 따른 벤처기업에 대한 투자
④교육부장관은 해당 대학교육기관과 대학교육기관을 설치·경영하는 학교법인의 재정상태 등을 감안하여 적립금의 적립여부·적립규모	④교육부장관은 해당 대학교육기관과 대학교육기관을 설치·경영하는 학교법인의 재정상태

및 적립기간 등에 필요한 조치를 할 수 있다. ⑤제1항의 감가상각비 산정방법 등 구체적인 사항은 교육부령으로 정한다.	등을 고려하여 적립금의 적립 여부, 적립 규모 및 적립 기간 등에 관하여 필요한 조치를 할 수 있다. ⑤제1항 단서의 감가상각비 산정방법 등 구체적인 사항은 교육부령으로 정한다.

• 학교법인이 적립금을 적립할 때 그 목적을 구체화하도록 하였다.

(2) 위원회 심사

〈1〉 **교육문화체육관광위원회:** 대안[1152]으로 가결되었다(이 조문의 경우에는 원안과 대안의 내용이 동일함).[1153] 제32조의2에 관한 회의록 내용은 아래와 같다.

가. 제20대 국회 제346회 제1차 교육문화체육관광위원회 교육법안심사소위원회(2016. 11. 21.)

- **수석전문위원 정재룡**[1154]: 개정안의 내용을 보시면 기존에는 적립 목적을 특정하지 않은 기타적립금의 적립이 가능하였으나, 개정안은 반드시 구체적인 목적을 특정한 경우에만 적립금을 적립할 수 있도록 하는 사항이고, 그 외에 조문 정비 사항이 포함돼 있습니다. 적립금 운영에 관한 투명성과 신뢰성을 높이는 한편 각 대학이 무분별하게 적립금을 적립하는 대신 학생들의 교육환경 개선을 위한 비용으로 지출하도록 유도하는 효과도 기대되므로 바람직하다고 봅니다.
- **소위원장 도종환**[1155]: 정부 측…
- **교육부차관 이영**[1156]: 정부, 이견 없습니다.
- **소위원장 도종환**[1157]: 보충설명하실 것도 없고요?
- **교육부차관 이영**[1158]: 예, 일단은 특정목적적립금으로 해서 적립금 운영의 투명성이나 이런 부분을 조금 더 제고할 수 있는 방안이라고 생각합니다.
- **소위원장 도종환**[1159]: 위원님들 의견 말씀해 주시기 바랍니다. (이견 없습니다 하는 위원 있음) 다른 위원님들, 전혀 이견 없으십니까? 그러면 이견이 없으시면 의

1152) 2016. 12. 7. 교육문화체육관광위원장(의안번호: 2004204).
1153) 제346회 국회(정기회) 제9차 전체회의, 교육문화체육관광위원회회의록, 2016. 11. 25., 14면.
1154) 제346회 국회(정기회) 제1차 교육 법안심사소위, 교육문화체육관광위원회회의록, 2016. 11. 21., 19면.
1155) 제346회 국회(정기회) 제1차 교육 법안심사소위, 교육문화체육관광위원회회의록, 2016. 11. 21., 19면.
1156) 제346회 국회(정기회) 제1차 교육 법안심사소위, 교육문화체육관광위원회회의록, 2016. 11. 21., 19면.
1157) 제346회 국회(정기회) 제1차 교육 법안심사소위, 교육문화체육관광위원회회의록, 2016. 11. 21., 19면.
1158) 제346회 국회(정기회) 제1차 교육 법안심사소위, 교육문화체육관광위원회회의록, 2016. 11. 21., 19면.
1159) 제346회 국회(정기회) 제1차 교육 법안심사소위, 교육문화체육관광위원회회의록, 2016. 11. 21., 19~ 20면.

사일정 제8항 사립학교법 일부개정법률안은 원안대로 의결하고자 하는데 이의 없으시지요? (예 하는 위원 있음) 가결되었음을 선포합니다.

나. 제20대 국회 제346회 제9차 교육문화체육관광위원회(2016. 11. 25.)

- **소위원장 도종환**[1160]: 다음, 도종환 의원이 대표발의하고 정부가 제출한 사립학교법 일부개정법률안을 통합 조정한 대안의 주요내용을 말씀드리면…학교법인이 적립금을 적립할 때 목적을 구체화하도록 하는 한편 육아휴직의 기회를 확대하였습니다.
- **위원장 유성엽**[1161]: 의사일정 제12항부터 제14항까지 도종환 의원이 대표발의하고 정부가 제출한 2건 등 3건의 사립학교법 일부개정법률안은 소위원회에서 심사보고한 바와 같이 본회의에 각각 부의하지 아니하고 이를 통합 조정한 의사일정 제15항 사립학교법 일부개정법률안(대안)을 제안하고자 합니다. 이의 없으십니까? (예 하는 위원 있음) 이의가 없으므로 가결되었음을 선포합니다.

〈2〉 **법제사법위원회:** 교육문화체육관광위원회 대안대로 가결되었다.[1162]

(3) 본회의 심의

교육문화체육관광위원회 대안대로 가결되었다.[1163]

(4) 결과

교육문화체육관광위원회 대안으로 개정되었다.

32-2.205

5. 2017년 11월 28일 개정(법률 제15040호, 2018. 5. 29. 시행)

제32조의2(적립금) ①대학교육기관의 장 및 대학교육기관을 설치·경영하는 학교법인의 이사장은 교육시설의 신축·증축 및 개수(改修)·보수(補修), 학생의 장학금 지급 및 교직원의 연구 활동 지원 등에 충당하기 위하여 필요한 적립금(이하 "적립금"이라 한다)을 적립할 수 있다. 다만, 등록금회계로부터의 적립은 해당 연도 건물의 감가상각비 상당액을 교육시설의 신축·증축 및 개수·보수 목적으로 적

1160) 제346회 국회(정기회) 제9차 전체회의, 교육문화체육관광위원회회의록, 2016. 11. 25., 9면.
1161) 제346회 국회(정기회) 제9차 전체회의, 교육문화체육관광위원회회의록, 2016. 11. 25., 14면.
1162) 제346회 국회(정기회)제10차 전체회의, 법제사법위원회회의록, 2016. 12. 7., 27면.
1163) 제346회 국회 제17차(정기회), 국회 본회의회의록, 2016. 12. 8., 9면.

립하는 경우에만 할 수 있다.
②적립금은 원금보존적립금과 임의적립금으로 구분하고, 성격에 따라 연구적립금·건축적립금·장학적립금·퇴직적립금 및 그 밖에 구체적인 목적을 정하여 적립하는 특정목적적립금으로 구성한다.
③적립금은 기금으로 예치하여 관리하고, 그 적립 목적으로만 사용하여야 한다. 다만, 등록금회계에서 비등록금회계로 전출된 적립금 상당액을 제외한 적립금은 다음 각 호의 어느 하나의 방법으로 법인에 투자할 수 있다.

1. 적립금의 2분의 1 한도에서 「자본시장과 금융투자업에 관한 법률」 제4조제2항 각 호에 따른 증권의 취득
2. 적립금의 10분의 1 한도에서 해당 대학교육기관의 소속 교원 또는 학생이 개발한 신기술 또는 특허 등으로 창업한 「벤처기업육성에 관한 특별조치법」에 따른 벤처기업에 대한 투자

④대학교육기관의 장 및 대학교육기관을 설치·경영하는 학교법인의 이사장은 제3항 단서에 따른 적립금 투자 대상이 해당 대학교육기관과 대통령령으로 정하는 특수한 관계에 있는 법인인 경우에는 그 투자결과를 교육부장관에게 보고하여야 한다.
⑤교육부장관은 해당 대학교육기관과 대학교육기관을 설치·경영하는 학교법인의 재정상태 등을 고려하여 적립금의 적립 여부, 적립 규모, 적립 기간 및 투자 등에 필요한 조치를 할 수 있다.
⑥제1항 단서의 감가상각비 산정방법과 제4항에 따른 투자결과의 보고 시기 및 방법 등은 교육부령으로 정한다.

(1) 법률안(신동근 의원안[1164])

이 조문을 포함한 개정 대상 조문의 제안이유 및 주요내용은 아래와 같다.

• 제안이유 및 주요내용

그동안 사립대학들의 자산운용에 대한 문제점은 꾸준히 지적되어 온 사안으로, 교육부에 따르면 2015회계연도 결산 기준 국내 사립대학의 평균 투자수익률은 마이너스를 기록한 것으로 나타남.

최근에는 인하대학교에서 적립금으로 한진해운에 130억 원을 투자하였으나

1164) 2017. 5. 23. 신동근의원 등 19인(의안번호: 2006994).

법원에 의해 한진해운이 파산선고를 받음으로 인하여 130억 원어치의 한진해운 회사채가 무용지물이 된 일도 발생하였음.

특히 인하대의 경우 2015년 한진해운 회사채 매입 당시 한진해운의 신용등급이 투자적격등급 중 가장 낮은 BBB－ 등급이어서 일반적인 투자자 입장에서 볼 때 상당한 위험성이 있었음에도 불구하고 무리하게 투자하여 결국 130억 원의 손실을 입게 되었는데 투자결정 과정에서 기금운용위원회는 투자에 대한 사전심의기구로서 제 기능과 역할을 다하지 못한 것으로 알려짐.

또한 인하대학교는 적립금의 외부 투자가 가능하게 된 2008년 이래로 줄곧, 동 대학 법인과 특수한 관계에 있는 한진그룹의 계열사에만 집중 투자함으로써 투자결정의 공정성이 의심받고 있는 상황임.

반면, 현행 「사립학교법」은 기금운용위원회 설치 규정은 물론이고 학교법인 및 임원과 특수한 관계에 있는 기업 등에 투자하는 것을 제한하는 일체의 규정을 두고 있지 않음.

이에 대학교육기관의 장 및 대학교육기관을 설치·경영하는 학교법인의 이사장은 적립금의 투자 관리·운용에 관한 사항을 심의하기 위하여 기금운용심의회를 두도록 하고, 대학교육기관과 특수한 관계에 있는 법인에 투자한 경우에는 투자결과를 교육부장관에게 보고하도록 함으로써 사립대학교의 적립금을 보다 건전하고 투명하게 관리하려는 것임(안 제32조의2, 제32조의3 및 제74조).

이 조문의 현행법과 개정 원안은 아래와 같다.

현행법	원안
제32조의2(적립금) ① ~ ③(생 략)	**제32조의2(적립금)** ① ~ ③(현행과 같음)
<신 설>	④대학교육기관의 장 및 대학교육기관을 설치·경영하는 학교법인의 이사장은 제3항 단서에 따라 적립금을 해당 대학교육기관과 대통령령으로 정하는 특수한 관계에 있는 법인에 투자한 경우에는 투자결과를 교육부장관에게 보고하여야 한다.
④교육부장관은 해당 대학교육기관과 대학교육기관을 설치·경영하는 학교법인의 재정상태 등을 고려하여 적립금의 적립 여부, 적립 규모 및 적립 기간 등에 관하여 필요한 조치를 할 수 있다.	⑤교육부장관은 해당 대학교육기관과 대학교육기관을 설치·경영하는 학교법인의 재정상태 등을 고려하여 적립금의 적립 여부, 적립 규모, 적립 기간 및 투자 등에 필요한 조치를 할 수 있다.
⑤제1항 단서의 감가상각비 산정방법 등 구체	⑥제1항 단서의 감가상각비 산정방법과 제4항

적인 사항은 교육부령으로 정한다.	에 따른 투자결과의 보고시기 및 방법 등 구체적인 사항은 교육부령으로 정한다.

- 대학교육기관의 장 및 대학교육기관을 설치·경영하는 학교법인의 이사장은 적립금을 대학교육기관과 특수한 관계에 있는 법인에 투자한 경우에는 투자결과를 교육부장관에게 보고하도록 하였다.
- 제4항을 신설함에 따라 종전의 제4항 및 제5항을 각각 제5항 및 제6항으로 이동하였다.

(2) 위원회 심사

〈1〉 **교육문화체육관광위원회:** 대안[1165]으로 가결되었다(이 조문의 경우에는 원안과 대안의 내용이 동일함).[1166] 제32조의2에 관한 회의록 내용은 아래와 같다.

- **소위원장 유은혜**[1167]: 다음, 강길부 의원, 도종환 의원, 신동근 의원이 각각 대표발의한 3건의 사립학교법 일부개정법률안을 통합 조정한 대안의 주요 내용을 말씀드리면, …셋째, 대학교육기관의 장 및 대학교육기관을 설치·경영하는 학교법인의 이사장은 적립금의 투자 관리·운용에 관한 사항을 심의하기 위하여 기금운용심의회를 두도록 하는 한편, 대학교육기관과 특수한 관계에 있는 법인에 투자한 경우에는 투자 결과를 교육부장관에게 보고하도록 하고 이를 위반하는 경우 과태료를 부과하도록 하였습니다…
- **위원장 유성엽**[1168]: 의사일정 제13항부터 제15항까지 도종환 의원, 강길부 의원, 신동근 의원이 각각 대표발의한 사립학교법 일부개정법률안은 소위원회에서 심사보고한 바와 같이 본회의에 각각 부의하지 아니하고 이를 통합 조정한 의사일정 제16항 사립학교법 일부개정법률안(대안)을 제안하고자 합니다. 이의 없으십니까? (예 하는 위원 있음) 이의가 없으므로 가결되었음을 선포합니다.

〈2〉 **법제사법위원회:** 교육문화체육관광위원회 대안을 수정·가결했다.[1169] 수정내용은 아래와 같다.

1165) 2017. 11. 8. 교육문화체육관광위원장(의안번호: 2010049).
1166) 제354회 국회(정기회) 제4차 전체회의, 교육문화체육관광위원회회의록, 2017. 9. 28., 13면.
1167) 제354회 국회(정기회) 제4차 전체회의, 교육문화체육관광위원회회의록, 2017. 9. 28., 8면.
1168) 제354회 국회(정기회) 제4차 전체회의, 교육문화체육관광위원회회의록, 2017. 9. 28., 13면.
1169) 제354회 국회(정기회) 제5차 전체회의, 법제사법위원회회의록, 2017. 11. 6., 27~28면.

교육문화체육관광위원회 대안	법제사법위원회 수정안
제32조의2(적립금) ④대학교육기관의 장 및 대학교육기관을 설치·경영하는 학교법인의 이사장은 제3항 단서에 따라 적립금을 해당 대학교육기관과 대통령령으로 정하는 특수한 관계에 있는 법인에 투자한 경우에는 투자결과를 교육부장관에게 보고하여야 한다. ⑤교육부장관은 해당 대학교육기관과 대학교육기관을 설치·경영하는 학교법인의 재정상태 등을 고려하여 적립금의 적립 여부, 적립 규모, 적립 기간 및 투자 등에 필요한 조치를 할 수 있다. ⑥제1항 단서의 감가상각비 산정방법과 제4항에 따른 투자결과의 보고시기 및 방법 등 구체적인 사항은 교육부령으로 정한다.	제32조의2(적립금) ④대학교육기관의 장 및 대학교육기관을 설치·경영하는 학교법인의 이사장은 제3항 단서에 따른 적립금 투자 대상이 해당 대학교육기관과 대통령령으로 정하는 특수한 관계에 있는 법인인 경우에는 그 투자결과를 교육부장관에게 보고하여야 한다. ⑤교육부장관은 해당 대학교육기관과 대학교육기관을 설치·경영하는 학교법인의 재정상태 등을 고려하여 적립금의 적립 여부, 적립 규모, 적립 기간 및 투자 등에 필요한 조치를 할 수 있다. ⑥제1항 단서의 감가상각비 산정방법과 제4항에 따른 투자결과의 보고시기 및 방법 등은 교육부령으로 정한다.

제31조의2에 관한 회의록 내용은 아래와 같다.

- 전문위원 이문한[1170]: 의사일정 제30항 사립학교법 일부개정법률안은 대학교육기관과 특수관계에 있는 법인에의 투자결과를 교육부장관에게 보고하도록 하는 등의 내용으로 적립금 투자 대상과 보고 대상의 구분 및 회계연도를 고려한 시행시기의 조정이 일부 필요하다고 보았습니다…
- 위원장 권성동[1171]: 의사일정…제30항…의 법률안은 전문위원이 수정한 부분은 수정한 대로, 기타 부분은 원안대로 의결하고자 하는데 이의 있으신가요? (없습니다 하는 위원 있음) 이의가 없으므로 가결되었음을 선포합니다.

(3) 본회의 심의

법제사법위원회 수정안대로 가결되었다.[1172] 제31조의2에 관한 회의록 내용은 아래와 같다.

- 교육문화체육관광위원장대리 김병욱[1173]: 다음으로 사립학교법 일부개정법률안

1170) 제354회 국회(정기회) 제5차 전체회의, 법제사법위원회회의록, 2017. 11. 6., 26면.
1171) 제354회 국회(정기회) 제5차 전체회의, 법제사법위원회회의록, 2017. 11. 6., 27~28면.
1172) 제354회 국회(정기회) 제12차 본회의, 국회본회의회의록, 2017. 11. 9., 16면.
1173) 제354회 국회(정기회) 제12차, 국회본회의회의록, 2017. 11. 9., 15~16면.

(대안)은 강길부 의원, 도종환 의원, 신동근 의원이 각각 대표발의한 법률안을 통합 조정하여 대안으로 제시하는 것으로,…셋째, 대학교육기관의 장 및 대학교육기관을 설치·경영하는 학교법인의 이사장은 적립금의 투자 관리·운용에 관한 사항을 심의하기 위하여 기금운용심의회를 두도록 하는 한편, 대학교육기관과 특수한 관계에 있는 법인에 투자한 경우에는 투자 결과를 교육부장관에게 보고하도록 하고, 이를 위반하는 경우 과태료를 부과하도록 하였습니다.

- **의장 정세균**[1174]: 다음은 사립학교법 일부개정법률안(대안)을 의결하도록 하겠습니다. 투표해 주시기 바랍니다. (전자투표) 투표를 다 하셨습니까? 투표를 마치겠습니다. 투표 결과를 말씀드리겠습니다. 재석 211인 중 찬성 201인, 반대 2인, 기권 8인으로서사립학교법 일부개정법률안(대안)은 가결되었음을 선포합니다.

(4) 결과

법제사법위원회 수정안으로 개정되었다.

6. 2020년 10월 20일 개정(법률 제17493호, 2021. 4. 21. 시행)

제32조의2(적립금) ①대학교육기관의 장 및 대학교육기관을 설치·경영하는 학교법인의 이사장은 교육시설의 신축·증축 및 개수(改修)·보수(補修), 학생의 장학금 지급 및 교직원의 연구 활동 지원 등에 충당하기 위하여 필요한 적립금(이하 "적립금"이라 한다)을 적립할 수 있다. 다만, 등록금회계로부터의 적립은 해당 연도 건물의 감가상각비 상당액을 교육시설의 신축·증축 및 개수·보수 목적으로 적립하는 경우에만 할 수 있다.

②적립금은 원금보존적립금과 임의적립금으로 구분하고, 성격에 따라 연구적립금·건축적립금·장학적립금·퇴직적립금 및 그 밖에 구체적인 목적을 정하여 적립하는 특정목적적립금으로 구성한다.

③적립금은 기금으로 예치하여 관리하고, 그 적립 목적으로만 사용하여야 한다. 다만, 등록금회계에서 비등록금회계로 전출된 적립금 상당액을 제외한 적립금은 다음 각 호의 어느 하나의 방법으로 법인에 투자할 수 있다.

1. 적립금의 2분의 1 한도에서 「자본시장과 금융투자업에 관한 법률」 제4조제2항 각 호에 따른 증권의 취득

1174) 제354회 국회(정기회) 제12차, 국회본회의회의록, 2017. 11. 9., 16면.

2. 적립금의 10분의 1 한도에서 해당 대학교육기관의 소속 교원 또는 학생이 개발한 신기술 또는 특허 등으로 창업한 「벤처기업육성에 관한 특별조치법」에 따른 벤처기업에 대한 투자

④대학교육기관의 장 및 대학교육기관을 설치·경영하는 학교법인의 이사장은 제3항 본문에도 불구하고 「재난 및 안전관리 기본법」 제3조제1호에 따른 재난으로 인한 사유로 학생을 지원할 필요가 있는 경우에는 이사회의 의결로 기존 적립금을 학생지원 목적으로 변경하여 사용할 수 있다.

⑤대학교육기관의 장 및 대학교육기관을 설치·경영하는 학교법인의 이사장은 제3항 단서에 따른 적립금 투자 대상이 해당 대학교육기관과 대통령령으로 정하는 특수한 관계에 있는 법인인 경우에는 그 투자결과를 교육부장관에게 보고하여야 한다.

⑥교육부장관은 해당 대학교육기관과 대학교육기관을 설치·경영하는 학교법인의 재정상태 등을 고려하여 적립금의 적립 여부, 적립 규모, 적립 기간 및 투자 등에 필요한 조치를 할 수 있다.

⑦제1항 단서의 감가상각비 산정방법과 제5항에 따른 투자결과의 보고 시기 및 방법 등은 교육부령으로 정한다.

(1) 법률안(박찬대 의원안[1175])

이 조문을 포함한 개정 대상 조문의 제안이유 및 주요내용은 아래와 같다.

- 제안이유 및 주요내용

  현행법에 따르면 대학교육기관의 장 및 대학교육기관을 설치·경영하는 학교법인의 이사장(이하 "대학교육기관의 장 등"이라 한다)은 교육시설의 신설·증축과 학생의 장학금 지급 및 교직원의 연구 활동 지원 등에 충당하기 위하여 필요한 적립금을 적립할 수 있도록 규정하고 있음.

  그런데 최근 코로나바이러스-19 감염증의 유행으로 인해 등록금 환불 등의 사태가 불거졌지만 현행법에 따르면 적립금은 적립 목적만으로 사용하도록 규정하고 있고, 대학들이 재정난을 이유로 소극적으로 대응함에 따라 적립금을 융통성 있게 사용하도록 할 필요가 있다는 주장이 제기되고 있음.

  이에 대학교육기관의 장 등이 「재난 및 안전관리 기본법」 제3조제1호에 따른

1175) 2020. 7. 21. 박찬대의원 등 10인(의안번호: 2102262).

재난으로 인한 사유로 학생을 지원할 필요가 있는 경우에는 기존 적립금을 학생 지원 목적으로 변경하여 사용할 수 있도록 함으로써 재난 시 적립금이 학생을 위해서 적절하게 사용될 수 있도록 하려는 것임(안 제32조의2제4항 신설 등).

이 조문의 현행법과 개정 원안은 아래와 같다.

현행법	원안
제32조의2(적립금) ① ~ ③ (생 략) <신 설> ④ ~ ⑤ (생 략) ⑥제1항 단서의 감가상각비 산정방법과 제4항에 따른 투자결과의 보고 시기 및 방법 등은 교육부령으로 정한다.	**제32조의2(적립금)** ① ~ ③ (현행과 같음) ④대학교육기관의 장 및 대학교육기관을 설치·경영하는 학교법인의 이사장은 제3항 본문에도 불구하고 「재난 및 안전관리 기본법」 제3조제1호에 따른 재난으로 인한 사유로 학생을 지원할 필요가 있는 경우에는 기존 적립금을 학생지원 목적으로 변경하여 사용할 수 있다. ⑤ ~ ⑥(현행 제4항 및 제5항과 같음) ⑦제1항 단서의 감가상각비 산정방법과 제5항에 따른 투자결과의 보고 시기 및 방법 등은 교육부령으로 정한다.

(2) 위원회 심사

〈1〉 **교육위원회:** 원안을 수정·가결했다.[1176] 수정내용은 아래와 같다.

교육위원회 수정안
제32조의2(적립금) ④ 대학교육기관의 장 및 대학교육기관을 설치·경영하는 학교법인의 이사장은 제3항 본문에도 불구하고 「재난 및 안전관리 기본법」 제3조제1호에 따른 재난으로 인한 사유로 학생을 지원할 필요가 있는 경우에는 이사회의 의결로 기존 적립금을 학생지원 목적으로 변경하여 사용할 수 있다. ⑦ 제1항 단서의 감가상각비 산정방법과 제5항에 따른 투자결과의 보고 시기 및 방법 등은 교육부령으로 정한다.

위 내용이 포함된 제32조의2에 관한 회의록 내용은 아래와 같다.

가. 제21대 국회 제382회 제1차 교육위원회 법안심사소위원회(2020. 9. 15.)

- **수석전문위원 이승재**[1177]: 두 번째 사료입니다. 박찬대 의원님 인이 되겠습니다.

1176) 제382회 국회(정기회) 제1차 전체회의, 교육위원회회의록, 2020. 9. 22., 8면.
1177) 제382회 국회(정기회) 제1차 법안심사소위, 교육위원회회의록, 2020. 9. 15., 20면.

2쪽 보고드리겠습니다. "기존 적립금을 학생지원 목적으로 변경하여 사용할 수 있다" 해서 제32조의2제4항을 신설하고 있습니다. 지금 현재 32조의2(적립금) 제3항을 보시면, "적립금은 기금으로 예치하여 관리하고, 그 적립 목적으로만 사용하여야 한다."라고 해서 적립금을 목적 범위 내에서만 사용하도록 한정하고 있습니다. 그런데 그러다 보니까 적립금에 대해서 학생지원, 환급 내지는 면제·감면시켜 주는 데 재원으로 투입하지 못하고 있는 현상이 발생하기 때문에 입법자의 의도는 대학이 가지고 있는 적립금, 사학이 가지고 있는 적립금을 학생지원 목적으로 변경해서 사용할 수 있도록 근거 규정을 마련하는 것이 되겠습니다. 여기에 대해서는 입법자의 의도와 교육부의 해석이 조금 다르다는 의견이 있습니다. 그래서 이 문항에 대해서 충실하게 논의해 볼 필요가 있겠습니다. 이상 보고를 마치겠습니다.

- **소위원장 박찬대**[1178]: 교육부 의견 주시기 바랍니다.
- **교육부차관 박백범**[1179]: 발의안에 대해서는 동의를 합니다. 다만 주체를 발의안에서는 대학의 총장과 이사장으로 됐는데요 모든 대학의 의사결정은 이사장이나 총장이 한다기보다는, 특히 예산과 관련해서는 이사회에서 하는 것이기 때문에 주어를 이사회로 바꾸는 것이 좋겠다는 말씀을 드립니다.
- **소위원장 박찬대**[1180]: 위원님들 의견 주십시오.
- **김병욱 위원**[1181]: 지난번 전체회의 때도 조경태 위원님이 적립금을 많이 쌓아 두고 있는 대학들의 현황을 언급하면서 학교 측이 적극적으로 지금 이 재난 상황에서 학생들에게 등록금을 감액하고 환급해 줘야된다 이런 취지로 말씀을 하셨고요. 그런 측면에서 또 존경하는 박찬대 의원님이 발의하신 이 개정안의 취지가 상황에 시의적절하다는 생각은 듭니다. 그런데 다만 학교 측에서는 이 법안에 대한 의견이 어떤지, 교육부에서 한 번 확인해 보셨는지 궁금하고요.
- **교육부사립대학정책과장 송선진**[1182]: 사립대학정책과장입니다. 학교 측에서는 일단 기본적으로 적립금의 용도를 변경하는 것에 대해서 아주 긍정적이지는 않은데 지금 이 법안 자체는 특정한 목적에 따라서 하는 것이기 때문에 이 필요성까지는 부정하지 않는 것으로 파악되었습니다.
- **정경희 위원**[1183]: 제가 또 추가로 질문드리겠습니다. 원래 대학에서 적립금을 가

1178) 제382회 국회(정기회) 제1차 법안심사소위, 교육위원회회의록, 2020. 9. 15., 20면.
1179) 제382회 국회(정기회) 제1차 법안심사소위, 교육위원회회의록, 2020. 9. 15., 20면.
1180) 제382회 국회(정기회) 제1차 법안심사소위, 교육위원회회의록, 2020. 9. 15., 20면.
1181) 제382회 국회(정기회) 제1차 법안심사소위, 교육위원회회의록, 2020. 9. 15., 20면.
1182) 제382회 국회(정기회) 제1차 법안심사소위, 교육위원회회의록, 2020. 9. 15., 20면.
1183) 제382회 국회(정기회) 제1차 법안심사소위, 교육위원회회의록, 2020. 9. 15., 20면.

지고 있는 기본 목적이 뭐였습니까?

- **교육부사립대학정책과장 송선진**[1184]: 현재 대학의 적립금은 여러 가지로 나눌 수가 있는데 등록금회계에서는 건축적립금만 가능합니다. 다른 용도의 적립금은 일단 적립이 불가능하고요. 등록금회계 이외의 재원으로 연구적립금, 장학적립금, 직원들 퇴직적립금 이런 것들이 적립이 가능하고, 기존에도 퇴직적립금이랑 건축적립금 이외에는 절차를 거쳐서 적립 목적을 일정 부분 바꿔서 사용할 수가 있었는데 여기 전문위원 검토보고서에도 나온 것처럼 굉장히 절차가 복잡하게 돼 있습니다, 당초 적립 목적을 바꾸기 위해서는. 그런데 이 법안이 발효가 되면 이사회에서 의결을 해서 조속하게 뭔가 목적을 바꿔서 활용할 수 있는 실익이 있을 것으로 저희는 예측하고 있습니다.
- **정경희 위원**[1185]: 또 한 가지 여쭤볼게요. 제가 알기로는 학교별로, 그러니까 300여 개가 넘는 대학이 있지 않습니까? 그런데 학교별로 적립금이 편차가 굉장히 큰 걸로 알고 있어요. 실제로 적립금이 많다고 언론에 알려진 대학은 서울에 있는 유수한 사립대학 몇 개뿐이지 대부분의 지방대학은 거의 적립금이 없는 걸로 알고 있는데 이렇게 적립금이 실제로 편차가 크지요? 그것은 어느 정도 있습니까, 편차가?
- **교육부사립대학정책과장 송선진**[1186]: 일단 저희가 2018년 결산 기준으로 파악해 봤을 때 1,000억 원 이상의 적립금을 보유한 대학이 21개 학교인 것으로 나타났고, 적립금이 전혀 없는 대학도 42개가 있었습니다. 그래서 지금 위원님 말씀하신 대로 편차가 좀 있기는 있습니다.
- **정찬민 위원**[1187]: 연초나 연말에 예산을 세우잖아요, 이사회나 등등에서. 그럴 때 적립금의 용도가 이미 다 정해진 것 아닌가요?
- **교육부사립대학정책과장 송선진**[1188]: 예, 맞습니다. 적립금은 적립할 때 그 당시부터 목적을 정해 가지고 적립을 하게 되어 있는데요.
- **정찬민 위원**[1189]: 별도로 적립금이라는 예산이 따로 있어요?
- **교육부사립대학정책과장 송선진**[1190]: 예산 항목 배정을 할 때 적립금 재원으로 아예 적립을 딱 하도록 되어 있습니다, 예산 배정할 때.

1184) 제382회 국회(정기회) 제1차 법안심사소위, 교육위원회회의록, 2020. 9. 15., 20~21면.
1185) 제382회 국회(정기회) 제1차 법안심사소위, 교육위원회회의록, 2020. 9. 15., 21면.
1186) 제382회 국회(정기회) 제1차 법안심사소위, 교육위원회회의록, 2020. 9. 15., 21면.
1187) 제382회 국회(정기회) 제1차 법안심사소위, 교육위원회회의록, 2020. 9. 15., 21면.
1188) 제382회 국회(정기회) 제1차 법안심사소위, 교육위원회회의록, 2020. 9. 15., 21면.
1189) 제382회 국회(정기회) 제1차 법안심사소위, 교육위원회회의록, 2020. 9. 15., 21면.
1190) 제382회 국회(정기회) 제1차 법안심사소위, 교육위원회회의록, 2020. 9. 15., 21면.

- **교육부차관 박백범**[1191]: 항목이 있습니다.
- **교육부사립대학정책과장 송선진**[1192]: 그리고 중간에 예를 들어서 기부나 이런 것이 오면 그때 또 적립금으로 예치할 수 있고.
- **정찬민 위원**[1193]: 여러 가지 예산 중에 사용하고 남은 돈을 모으는 게 아니고 적립금이라는 별도의 항목이 있다 이거지요?
- **교육부사립대학정책과장 송선진**[1194]: 예. 예를 들면 등록금회계에서도 건축적립금을 일정 퍼센티지를 아예 딱 떼놓고 이렇게 적립금으로 적립을 하기도 합니다.
- **서동용 위원**[1195]: 기본적으로는 이 개정에 동의하셨으니까 저도 동의합니다만 지금 의견을 주실 때 대학교육기관의 장 또는 학교법인의 이사장을 이사회로 변경하자라고 하셨어요?
- **교육부차관 박백범**[1196]: 예, 그렇습니다.
- **서동용 위원**[1197]: 그런데 사립학교법 32조의2나 32조의3 모두에 "대학교육기관의 장, 학교법인의 이사장" 이렇게 규정되어 있는데요. 지금 4항만 바꾸는 게 말이 되는가 싶고요. 그리고 이사회가 적립의 주체일 수는 없을 거예요. 그러니까 의사결정의 주체일 수는 있습니다. 그런데 적립의 주체가 이사회일 수는 없어서요, 그것은 법리적으로 가능한지 검토를 해 주시기를 바랍니다.
- **교육부사립대학정책과장 송선진**[1198]: 지금 위원님 말씀하신 부분을 저희가 좀 고민을 했습니다. 말씀하신 대로 이 조항의 모든 주체가 대학교육기관의 장, 이사장이기 때문에 여기도 구성만 보면 그렇게 똑같이 하는 게 맞지 않나라고 생각할 수 있는데 저희가 검토를 했을 때는 지금 적립금 조항의 내용들이 다 적립을 하는 것, 보고를 하는 것 이런 의사결정의 내용이 없고 사실 제도의 설계와 관련된 조항이어서 적립 목적을 변경하는 것은 지금 현재도 최종 의사결정을 이사회가 하도록 되어 있거든요. 그래서 그것을 이사회로 하는 것이 조항의 취지와 절차의 본질에는 더 맞다고 생각해서 저희가 의견을 드린 겁니다.
- **정경희 위원**[1199]: 저는 한 두 가지 정도 말씀드리고 싶은데요. 하나는 아까 제가 질문한 것에 대한 당국자의 답변이 나왔지만 대학 적립금이라는 것이 1,000억

1191) 제382회 국회(정기회) 제1차 법안심사소위, 교육위원회회의록, 2020. 9. 15., 21면.
1192) 제382회 국회(정기회) 제1차 법안심사소위, 교육위원회회의록, 2020. 9. 15., 21면.
1193) 제382회 국회(정기회) 제1차 법안심사소위, 교육위원회회의록, 2020. 9. 15., 21면.
1194) 제382회 국회(정기회) 제1차 법안심사소위, 교육위원회회의록, 2020. 9. 15., 21면.
1195) 제382회 국회(정기회) 제1차 법안심사소위, 교육위원회회의록, 2020. 9. 15., 21면.
1196) 제382회 국회(정기회) 제1차 법안심사소위, 교육위원회회의록, 2020. 9. 15., 21면.
1197) 제382회 국회(정기회) 제1차 법안심사소위, 교육위원회회의록, 2020. 9. 15., 21면.
1198) 제382회 국회(정기회) 제1차 법안심사소위, 교육위원회회의록, 2020. 9. 15., 21면.
1199) 제382회 국회(정기회) 제1차 법안심사소위, 교육위원회회의록, 2020. 9. 15., 21~22면.

이상 있는 대학도 21개라고 했지만 전혀 없는 대학도 있고 편차가 어마어마하게 크거든요. 그런데 이렇게 우리가 일률적인 법안을 과연 만들 것이냐 하는 문제가 있고요. 그다음에 두 번째는 또 하나 근본적인 문제인데 적립금이라는 게 원래 아까도 말씀하셨지만 건축이라든가 연구라든가 장학이라든가 여러 가지 목적을 위해서 별도의 적립금이 다 있단 말씀이지요. 그런데 물론 지금 코로나19라는 재난 사태가 있긴 합니다만 사립학교의 지출에 관한 문제를 우리가 이렇게 법안으로 만드는 것이 과연 타당한가 하는 거지요. 이게 사립학교의 자율성을 근본적으로 침해하는 법안이 될 수 있다는 생각입니다, 제 생각에는, 그래서 이 두 가지를 감안하셔서 과연 이 법을 우리가 만들어야 할 것인가, 이걸 법으로써. 그러니까 말하자면 하나의 권장사항으로서 우리가 얘기할 수는 있겠지요 그러나 이것을 강제적인 법안의 형태로 과연 만들어야 할 것인가 하는 기본적인 의문이 있습니다. 이 문제에 대해서 차관께서 어떻게 생각하시는지 말씀을 해 주십시오.

- **교육부차관 박백범**[1200]: 이 법안의 마지막에 이렇게 되어 있습니다. "학생을 지원할 필요가 있는 경우에는 기존 적립금을 학생지원 목적으로 변경하여 사용할 수 있다"기 때문에 강행규정은 아니라는 말씀을 드리고요. 사실은 아까 우리 과장님도 말씀했습니다만 지금 현재에도 적립금 용도 변경이 가능합니다. 그런데 절차가 기금운용심의위원회 거치고 대학평의원회 거치고 등록금심의위원회 거치고 이사회 의결을 해야 되는 그런 지난한 과정이 있어서 지금 이 조항은 그야말로 재난이 발생한 경우, 사회재난이든 자연재난이든 재난이 발생한 경우에서 학생지원이 긴급하게 필요한 경우에 원활하게 할 수 있도록 하는 조항이기 때문에 대학의 자율성을 침해하는 것은 아니라고 보여집니다. 대학이 그런 의사가 있으면 그야말로 원활하게 신속하게 할 수 있도록 도와주는 조항이라고 보여집니다.
- **강득구 위원**[1201]: 제가 몇 군데 대학에다가 한번 전화를 해 봤는데 이번에 코로나19를 겪으면서 대학마다 다 그런 것은 아니지만 어쨌거나 기금 관련해서 이런 상황 속에서 좀 더 열어 주면 이렇게 긴급상황에서 예를 들면 학생의 등록금 지원이라든지 꼭 필요한 부분으로 돌릴 수 있을 텐데라는 얘기들을 하더라고요. 그런 의미에서 나름대로 시의적절하다고 생각을 하고요. 동시에 과장님, 지금 대학 등록금 관련된 기금은 건축 관련된 기금밖에 없지요?

1200) 제382회 국회(정기회) 제1차 법안심사소위, 교육위원회회의록, 2020. 9. 15., 22면.
1201) 제382회 국회(정기회) 제1차 법안심사소위, 교육위원회회의록, 2020. 9. 15., 22면.

- **교육부사립대학정책과장 송선진**[1202]: 예.
- **강득구 위원**[1203]: 그런데 대학 등록금과 관련된 기금 같은 경우는 일종의 잉여금 비슷하게 되어 있어서 저축의 의미도 있는 거잖아요, 그렇지요, 통상적으로 보면?
- **교육부차관 박백범**[1204]: 그것은 아니고요. 잉여금이라고 보통 생각을 하시는데 감가상각 비율만큼만 적립할 수 있도록 지금 그렇게 되어 있습니다.
- **강득구 위원**[1205]: 아니, 그러니까 대손충당금도 다 잡혀 있는 거지만 이 부분이 어쨌건 저축적 성격도 있는 것 아닙니까?
- **교육부차관 박백범**[1206]: 그러니까 그런 의미지요, 이걸 몇 년 치를 모아 가지고 그야말로 대학에서 건물을 새로 짓거나 리모델링하거나 할 때 쓰는 그런 개념이라면 위원님 말씀이 맞다고 보여집니다.
- **강득구 위원**[1207]: 그런 의미도 있는 거잖아요. 그런데 제가 생각하기에는 사실 어떻게 생각할지 모르겠지만 대학 등록금의 기금으로 건축 관련된 부분만 되어 있는데 실제로 기존의 대학들이 유보금이 많은 대학일수록 오래된 대학이고요 나름대로 시설물들이 어느 정도 다 되어 있는 대학이거든요. 그러니까 오히려 저는 이런 부분들에 대해서, 물론 마지막은 재단 이사회의 심의를 거쳐야 되지만 예를 들면 연구라든지 이런 좀 더 전향적인 부분에서 기금에 대한, 예를 들면 기금의 용도 이런 것들을 한번 설계할 필요가 있지 않느냐라고도 동시에 생각을 하고요. 그리고 주체에 대한 부분은 이사회가 맞다라고 저는 생각을 합니다. 아까 존경하는 서동용 위원님 말씀도 동의하지만 주체에 대한 부분은 이사회로 규정하는 게 맞다라고 생각합니다.
- **서동용 위원**[1208]: 그런데 개정안에 보면 "변경하여 사용할 수 있다" 이렇게 되어 있어요. 그러니까 이게 집행의 주체여야지 이사회는 집행의 주체가 아닙니다. 이것 저는 보기에 조금 이상합니다. 그리고 지금 이사회로 바꾸자고 하는 취지가 기금운용위원회의 심의를 거치지 않고 긴급을 요하는 거니까 이사회 의결로 갈음할 수 있도록 하면 좋겠다라고 하는 취지 때문에 그러신 것 같거든요. 그러면 모든 학교기관의 장의 행위에 대해서는 이사회 의결을 다 합니다. 그것은 별

1202) 제382회 국회(정기회) 제1차 법안심사소위, 교육위원회회의록, 2020. 9. 15., 22면.
1203) 제382회 국회(정기회) 제1차 법안심사소위, 교육위원회회의록, 2020. 9. 15., 22면.
1204) 제382회 국회(정기회) 제1차 법안심사소위, 교육위원회회의록, 2020. 9. 15., 22면.
1205) 제382회 국회(정기회) 제1차 법안심사소위, 교육위원회회의록, 2020. 9. 15., 22면.
1206) 제382회 국회(정기회) 제1차 법안심사소위, 교육위원회회의록, 2020. 9. 15., 22면.
1207) 제382회 국회(정기회) 제1차 법안심사소위, 교육위원회회의록, 2020. 9. 15., 22면.
1208) 제382회 국회(정기회) 제1차 법안심사소위, 교육위원회회의록, 2020. 9. 15., 22면.

도의 일반규정에 의해서 다 하게 되어 있는 거니까 이것에 대해서만 별도로 기금운용위원회의 심의를 거치지 않도록 하는 별도의 단서규정이 필요한 것이지 이 주체가 이사회로 바뀌면 안 될 것 같아요. 그것은 한 번 검토를 해 봐 주시기 바랍니다.

- **소위원장 박찬대**[1209]: 제가 봐도 이사회는 의사결정기구이고 실질적으로 집행은 집행기구가 해야 되는 것으로 판단이 되는데요. 지금 서동용 위원님 말씀하신 것처럼 여러 가지 절차를 거쳐 가지고 진행하기보다는 이사회가 절차를 신속하게 진행하기 위한 것이 법안의 목적이라는 것을 염두에 둔다고 하면 이사회 의결을 직접적으로 할 수 있되 집행의 주체가 누구인지 좀 명확하게 할 필요는 있을 것 같거든요.
- **정찬민 위원**[1210]: 위원장님 추가해서 말씀드리면 이게 사실 코로나로 인해서 발생하는 일들인데 재난의 기준, 범위도 지적할 필요가 있고요. 왜냐하면 무분별한 사용 방지나 또 확대해석하는 경우도 있을 수 있거든요. 그래서 최소한 이런 재난 때는 기금운용위원회라든가 등록금심의위원회라든가 대학평의원회라든가 이사회 같은 번거로움을 거치지 말고 바로 즉시 지원되는 차원인데 그래도 최소한 사용 후, 집행 후에는 이사회나 아까 등등에 보고하는 형식이 있어야 되지 않느냐, 이래서 남용이나 과한 해석을 방지할 수 있다는 말씀을 드리고 싶은데 그 부분에 대해서는 어떻게 생각하십니까?
- **교육부차관 박백범**[1211]: 대체적으로 동의합니다. 동의하는데, 한 가지 말씀을 드리면 이게 이사회보다 대학총장이나 이사장한테 했을 때는 아마 총장님이나 이사장님이 학생들의 요구나 사회적 압력에 견디기가 어려울 겁니다. 어떤 측면에서는 그분들을 보호해 주는 측면도 있는데, 그리고 예산 사용에 있어서 최고의 의사결정기구는 이사회기 때문에 중간에 "이사회의 의결을 거쳐" 이런 말을 넣으면 좀 더 쉽다는 생각이 드는데요.
- **소위원장 박찬대**[1212]: 저도 지금 순간적으로 안이 생각나는데 한번 제가 제안을 해 보겠습니다. "대학교육기관의 장 및 대학교육기관을 설치·경영하는 학교법인의 이사장은 제3항 본문에도 불구하고 재난 및 안전관리 기본법 제3조제1호에 따른 재난으로 인한 사유로 학생을 지원할 필요가 있는 경우에는 이사회의 의결로 기존 적립금을 학생지원 목적으로 변경하여 사용할 수 있다" 이렇게 하

1209) 제382회 국회(정기회) 제1차 법안심사소위, 교육위원회회의록, 2020. 9. 15., 22~23면.
1210) 제382회 국회(정기회) 제1차 법안심사소위, 교육위원회회의록, 2020. 9. 15., 23면.
1211) 제382회 국회(정기회) 제1차 법안심사소위, 교육위원회회의록, 2020. 9. 15., 23면.
1212) 제382회 국회(정기회) 제1차 법안심사소위, 교육위원회회의록, 2020. 9. 15., 23면.

면 되지 않을까요?

- **교육부차관 박백범**[1213]: 제 말씀이 그 말씀입니다.
- **소위원장 박찬대**[1214]: 이런 식으로 수정해서 의결을 하게 되면 집행기관과 의결기관의 각각의 역할을 명시하고 그다음에 절차도 생략할 수 있는 부분이 있을 것 같은데요.
- **서동용 위원**[1215]: 제가 다른 조항을 안 봐서 그런데 기금운용위원회의 심의를 거쳐야 하는 것을 피할 수 있습니까, 그렇게만 하면?
- **교육부차관 박백범**[1216]: 예, 피할 수 있다고 보여집니다.
- **소위원장 박찬대**[1217]: 그러면 다른 논의사항이 없으시면 의사일정 제7항은 지금까지 논의했던 내용을 반영하고 수정안을 채택하는 것으로 하겠습니다. 의결은 수요일 회의 마지막에 함께 하도록 하겠습니다.

나. 제21대 국회 제382회 제2차 교육위원회 법안심사소위원회(2020. 9. 16.)

- **교육부차관 박백범**[1218]: 사립학교법도 어제 이견이 없었습니다만 중간에 굵은 글씨로 한 것처럼 이사회의 의결을 거쳐서… 다시 처음부터 말씀드리겠습니다. 4항, 대학교육기관의 장 및 대학교육기관을 설치·경영하는 학교법인의 이사장이 여러 가지 지원을 하는 데 적립금을 학생지원 목적으로 쓰도록 함에 있어서 중간에 이사회 의결을 거쳐서 하는 것으로 어제 말씀 주신 것을 그대로 반영했다는 말씀을 드리겠습니다. 이상입니다.

다. 제21대 국회 제382회 제1차 교육위원회(2020. 9. 22.)

- **소위원장 박찬대**[1219]: 다음, 박찬대 의원이 대표발의한 사립학교법 일부개정법률안은 재난으로 인한 학생을 지원할 필요가 있을 때 기존 적립금을 학생지원 목적으로 신속하게 변경하여 사용할 수 있도록 하려는 것으로 이사회의 의결로 기존 적립금의 목적 변경을 할 수 있음을 명확하게 하는 것으로 수정하였습니다.
- **위원장 유기홍**[1220]: 의사일정 제11항 사립학교법 일부개정법률안은 소위 심사보고와 같이 수정한 부분은 수정안대로, 기타 부분은 원안대로 의결하고자 하는데

1213) 제382회 국회(정기회) 제1차 법안심사소위, 교육위원회회의록, 2020. 9. 15., 23면.
1214) 제382회 국회(정기회) 제1차 법안심사소위, 교육위원회회의록, 2020. 9. 15., 23면.
1215) 제382회 국회(정기회) 제1차 법안심사소위, 교육위원회회의록, 2020. 9. 15., 23면.
1216) 제382회 국회(정기회) 제1차 법안심사소위, 교육위원회회의록, 2020. 9. 15., 23면.
1217) 제382회 국회(정기회) 제1차 법안심사소위, 교육위원회회의록, 2020. 9. 15., 23면.
1218) 제382회 국회(정기회) 제2차 법안심사소위, 교육위원회회의록, 2020. 9. 16., 6면.
1219) 제382회 국회(정기회) 제1차 전체회의, 교육위원회회의록, 2020. 9. 22., 6~7면.
1220) 제382회 국회(정기회) 제1차 전체회의, 교육위원회회의록, 2020. 9. 22., 8면.

이의 없으십니까? (예 하는 위원 있음) 가결되었음을 선포합니다.

〈2〉 **법제사법위원회:** 교육위원회 수정안대로 가결되었다.[1221] 제32조의2에 관한 회의록 내용은 아래와 같다.

- **신동근 위원**[1222]: 교육부장관님, 사립학교법 일부개정법률안 보면 이사장이 적립금을 할 수 있도록 규정하고 있는데 이것을 이사회로 바꿔서 말하자면 긴급하게 활용할 수 있다, 이렇게 이사회에서 의결하게 바꿨더라고요. 그런데 이사회로 바꾸면 뭐가 달라집니까, 이게? 그 취지가 뭐지요?
- **부총리겸교육부장관 유은혜**[1223]: 아니, 원래 개정안에는 그 절차가 없었습니다. 그래서 이사회 의결이라는 절차를 포함시킨 겁니다.
- **신동근 위원**[1224]: 아, 절차를 만들어서 보다 수월하게 한다?
- **부총리겸교육부장관 유은혜**[1225]: 예.
- **신동근 위원**[1226]: 알겠습니다.
- **위원장 윤호중**[1227]: 수고하셨습니다...
- **위원장 윤호중**[1228]: 다음은 교육위 소관 법률입니다. 의사일정 제73항 법률안은 원안대로 의결하고자 하는데 이의 있으십니까? (없습니다 하는 위원 있음) 가결되었습니다.

(3) 본회의 심의

교육위원회 수정안대로 가결되었다.[1229]

(4) 결과

교육위원회 수정안으로 개정되었다.

1221) 제382회 국회(정기회) 제4차 전체회의, 법제사법위원회회의록, 2020. 9. 23., 65면.
1222) 제382회 국회(정기회) 제4차 전체회의, 법제사법위원회회의록, 2020. 9. 23., 61면.
1223) 제382회 국회(정기회) 제4차 전체회의, 법제사법위원회회의록, 2020. 9. 23., 61면.
1224) 제382회 국회(정기회) 제4차 전체회의, 법제사법위원회회의록, 2020. 9. 23., 61면.
1225) 제382회 국회(정기회) 제4차 전체회의, 법제사법위원회회의록, 2020. 9. 23., 61면.
1226) 제382회 국회(정기회) 제4차 전체회의, 법제사법위원회회의록, 2020. 9. 23., 61면.
1227) 제382회 국회(정기회) 제4차 전체회의, 법제사법위원회회의록, 2020. 9. 23., 61면.
1228) 제382회 국회(정기회) 제4차 전체회의, 법제사법위원회회의록, 2020. 9. 23., 65면.
1229) 제382회 국회(정기회) 제9차 본회의, 국회본회의회의록, 2020. 9. 24., 10면.

32-2.207

7. 2024년 1월 9일 개정(법률 제19990호, 2024. 7. 10. 시행)

제32조의2(적립금) ① 대학교육기관의 장 및 대학교육기관을 설치·경영하는 학교법인의 이사장은 교육시설의 신축·증축 및 개수(改修)·보수(補修), 학생의 장학금 지급 및 교직원의 연구 활동 지원 등에 충당하기 위하여 필요한 적립금(이하 "적립금"이라 한다)을 적립할 수 있다. 다만, 등록금회계로부터의 적립은 해당 연도 건물의 감가상각비 상당액을 교육시설의 신축·증축 및 개수·보수 목적으로 적립하는 경우에만 할 수 있다.

② 적립금은 원금보존적립금과 임의적립금으로 구분하고, 성격에 따라 연구적립금·건축적립금·장학적립금·퇴직적립금 및 그 밖에 구체적인 목적을 정하여 적립하는 특정목적적립금으로 구성한다.

③ 적립금은 기금으로 예치하여 관리하고, 그 적립 목적으로만 사용하여야 한다. 다만, 등록금회계에서 비등록금회계로 전출된 적립금 상당액을 제외한 적립금은 다음 각 호의 어느 하나의 방법으로 법인에 투자할 수 있다.

1. 적립금의 2분의 1 한도에서 「자본시장과 금융투자업에 관한 법률」 제4조제2항 각 호에 따른 증권의 취득
2. 적립금의 10분의 1 한도에서 해당 대학교육기관의 소속 교원 또는 학생이 개발한 신기술 또는 특허 등으로 창업한 「벤처기업육성에 관한 **특별법**」에 따른 벤처기업에 대한 투자

④ 대학교육기관의 장 및 대학교육기관을 설치·경영하는 학교법인의 이사장은 제3항 본문에도 불구하고 「재난 및 안전관리 기본법」 제3조제1호에 따른 재난으로 인한 사유로 학생을 지원할 필요가 있는 경우에는 이사회의 의결로 기존 적립금을 학생지원 목적으로 변경하여 사용할 수 있다.

⑤ 대학교육기관의 장 및 대학교육기관을 설치·경영하는 학교법인의 이사장은 제3항 단서에 따른 적립금 투자 대상이 해당 대학교육기관과 대통령령으로 정하는 특수한 관계에 있는 법인인 경우에는 그 투자결과를 교육부장관에게 보고하여야 한다.

⑥ 교육부장관은 해당 대학교육기관과 대학교육기관을 설치·경영하는 학교법인의 재정상태 등을 고려하여 적립금의 적립 여부, 적립 규모, 적립 기간 및 투자 등에 필요한 조치를 할 수 있다.

⑦ 제1항 단서의 감가상각비 산정방법과 제5항에 따른 투자결과의 보고 시기 및

방법 등은 교육부령으로 정한다.

- 「벤처기업육성에 관한 특별조치법」의 제명을 「벤처기업육성에 관한 특별법」(2024. 1. 9. 개정, 2024. 7. 10. 시행)으로 하였다.

8. 2024년 2월 27일 개정(법률 제20350호, 2024. 8. 28. 시행)

제32조의2(적립금) ① 대학교육기관의 장 및 대학교육기관을 설치·경영하는 학교법인의 이사장은 교육시설의 신축·증축 및 개수(改修)·보수(補修), 학생의 장학금 지급 및 교직원의 연구 활동 지원 등에 충당하기 위하여 필요한 적립금(이하 "적립금"이라 한다)을 적립할 수 있다. 다만, 등록금회계로부터의 적립은 해당 연도 건물의 감가상각비 상당액을 교육시설의 신축·증축 및 개수·보수 목적으로 적립하는 경우에만 할 수 있다.

② 적립금은 원금보존적립금과 임의적립금으로 구분하고, 성격에 따라 연구적립금·건축적립금·장학적립금·퇴직적립금 및 그 밖에 구체적인 목적을 정하여 적립하는 특정목적적립금으로 구성한다.

③ 적립금은 기금으로 예치하여 관리하고, 그 적립 목적으로만 사용하여야 한다. 다만, 등록금회계에서 비등록금회계로 전출된 적립금 상당액을 제외한 적립금은 다음 각 호의 어느 하나의 방법으로 법인에 투자할 수 있다.

1. 적립금의 2분의 1 한도에서 「자본시장과 금융투자업에 관한 법률」 제4조제2항 각 호에 따른 증권의 취득
2. 적립금의 10분의 1 한도에서 해당 대학교육기관의 소속 교원 또는 학생이 개발한 신기술 또는 특허 등으로 창업한 「벤처기업육성에 관한 특별법」에 따른 벤처기업에 대한 투자

④ 대학교육기관의 장 및 대학교육기관을 설치·경영하는 학교법인의 이사장은 제3항 본문에도 불구하고 「재난 및 안전관리 기본법」 제3조제1호에 따른 재난으로 인한 사유로 학생을 지원할 필요가 있는 경우에는 이사회의 의결로 기존 적립금을 학생지원 목적으로 변경하여 사용할 수 있다.

⑤ 대학교육기과의 장 및 대학교육기관을 설치·경영하는 학교법인의 이사장은 제3항 단서에 따른 적립금 투자 대상이 해당 대학교육기관과 대통령령으로 정하는 특수한 관계에 있는 법인인 경우에는 그 투자결과를 교육부장관에게 보고하

여야 한다.
⑥ 대학교육기관의 장 및 대학교육기관을 설치·경영하는 학교법인의 이사장은 대통령령으로 정하는 바에 따라 성격에 따른 적립금별 적립 규모 및 사용내역을 공시하여야 한다.
⑦ 교육부장관은 대학교육기관 및 대학교육기관을 설치·경영하는 학교법인의 적립금 현황 및 사용내역에 대하여 대통령령으로 정하는 바에 따라 실태점검을 하여야 한다.
⑧ 교육부장관은 제7항에 따른 실태점검 결과 및 해당 대학교육기관과 대학교육기관을 설치·경영하는 학교법인의 재정상태 등을 고려하여 적립금의 적립 여부, 적립 규모, 적립 기간 및 투자 등에 필요한 조치를 할 수 있다.
⑨ 제1항 단서의 감가상각비 산정방법과 제5항에 따른 투자결과의 보고 시기 및 방법 등은 교육부령으로 정한다.

(1) 법률안(김철민 의원안[1230])

이 조문을 포함한 개정 대상 조문의 제안이유 및 주요내용은 아래와 같다.

• 제안이유 및 주요내용

현행법에 따르면 대학교육기관의 장 및 대학교육기관을 설치·경영하는 학교법인의 이사장은 교육시설의 신축·증축 및 개수·보수, 장학금 지급 등에 충당하기 위하여 필요한 적립금을 적립할 수 있도록 하고 있으며, 「교육관련기관의 정보공개에 관한 특례법」에 따라 적립금 현황을 공개하고 있음.

그런데 적립금의 규모뿐만 아니라 적립금이 적절한 곳에 사용되고 있는지를 점검하는 것이 중요한데 이에 대한 관련 규정은 미흡한 실정임.

이에 대학교육기관의 장 및 대학교육기관을 설치·경영하는 학교법인의 이사장은 성격에 따른 적립금별 적립 규모 및 사용내역을 공시하도록 하고, 교육부장관은 이에 대한 실태점검을 하도록 하여 적립금의 적절한 사용을 도모하고자 함(안 제32조의2제6항 및 제7항 신설).

이 조문의 현행법과 개정 원안은 아래와 같다.

1230) 2021. 11. 1. 김철민의원 등 10인(의안번호: 2113069).

현행법	원안
제32조의2(적립금) ① ~ ⑤ (생 략)	**제32조의2(적립금)** ① ~ ⑤ (현행과 같음)
<신 설>	⑥ 대학교육기관의 장 및 대학교육기관을 설치·경영하는 학교법인의 이사장은 대통령령으로 정하는 바에 따라 성격에 따른 적립금별 적립 규모 및 사용내역을 공시하여야 한다.
<신 설>	⑦ 교육부장관은 대학교육기관 및 대학교육기관을 설치·경영하는 학교법인의 적립금 현황 및 사용내역에 대하여 대통령령으로 정하는 바에 따라 실태점검을 하여야 한다.
⑥ 교육부장관은 해당 대학교육기관과 대학교육기관을 설치·경영하는 학교법인의 재정상태 등을 고려하여 적립금의 적립 여부, 적립 규모, 적립 기간 및 투자 등에 필요한 조치를 할 수 있다.	⑧ 교육부장관은 제7항에 따른 실태점검 결과 및 해당 대학교육기관과 대학교육기관을 설치·경영하는 학교법인의 재정상태 등을 고려하여 적립금의 적립 여부, 적립 규모, 적립 기간 및 투자 등에 필요한 조치를 할 수 있다.
⑦ (생 략)	⑨ (현행 제7항과 같음)

(2) 위원회 심사

〈1〉 **교육위원회:** 원안대로 가결되었다.[1231] 제32조의2에 관한 회의록 내용은 아래와 같다.

가. 제21대 국회 제411회 제1차 교육위원회 법안심사소위원회(2024. 1. 4.)

- 수석전문위원 채수근[1232]: 김철민 의원이 대표발의한 사립학교법 개정안입니다. 개정안은 사립대학 교육기관의 장 등이 적립금별 적립 규모 및 사용내역을 공시하도록 하고 교육부장관이 학교법인의 적립금 현황 및 사용내역에 대해서 실태점검을 하도록 하는 내용입니다. 현행 법령에 따라서 사립대학은 8월 결산 기준으로 적립금 현황을 공시하도록 돼 있고 대학알리미에 대학별로 전기말 누계액 등에 대한 정보가 공시되고 있습니다만 성격에 따른 적립금별 적립 규모 및 사용내역이 공시되는 것은 아닙니다.
  그리고 사립학교법 시행령과 사학기관 재무·회계 규칙에 대한 특례규칙에 따라서 사립학교가 적립금 명세서를 인터넷 홈페이지에 공시하고 있고 여기에 성격에 따른 적립금별 변동규모와 내역이 제시되어 있는데 세부적이고 구체적인 내용까지 공시되는 것은 아닌 것으로 알고 있습니다. 그래서 개정안까지 되는 경

1231) 제411회 국회(임시회) 제1차 전체회의, 교육위원회회의록, 2024. 1. 4., 4면.
1232) 제411회 국회(임시회) 제1차 법안심사소위원회, 교육위원회회의록, 2024. 1. 4., 7~8면.

우 적립금 사용의 투명성이 강화될 것으로 보입니다...

- 교육부차관 오석환[1233]: 정부 측 의견 드리겠습니다. 먼저 10항 김철민 의원님 대표발의 안건에 대해서는 기본적으로 이견 없습니다...
- 소위원장 김영호[1234]: 그러면 우리가 지금 이게 10항, 11항인데 10항은…
- 강민정 위원[1235]: 김철민 의원안은 별 이견…
- 소위원장 김영호[1236]: 거기는 이견이 없었고.
- 이태규 위원[1237]: 김철민 의원안에 이견이…
- 교육부차관 오석환[1238]: 이견 없습니다.
- 소위원장 김영호[1239]: 없었고, 그것만 처리하고…
- 이태규 위원[1240]: 김철민 위원 것만 하고 강민정 위원님 것은 추가 논의해서 다음 때 처리를…
- 소위원장 김영호[1241]: 그렇게 할까요?
- 강민정 위원[1242]: 예.
- 소위원장 김영호[1243]: 그러면 의사일정 제10항은 원안대로 의결하고자 하는데 이의 없으시지요? (예 하는 위원 있음) 없으면 가결되었음을 선포합니다.

나. 제21대 국회 제411회 제1차 교육위원회(2024. 1. 4.)

- 소위원장 김영호[1244]: 먼저 김철민 의원이 대표발의한 사립학교법 일부개정법률안은 대학교육기관의 장 및 대학교육기관을 설치·경영하는 학교법인의 이사장은 성격에 따른 적립금별 적립 규모 및 사용내역을 공시하도록 하고 교육부장관은 이에 대한 실태 점검을 하도록 하여 적립금의 적절한 사용을 도모하고자 하려는 내용으로 원안대로 의결했습니다...
- 위원장 김철민[1245]: 소위원회 심사 결과에 대해서 질의하실 위원님 계십니까? 질

1233) 제411회 국회(임시회) 제1차 법안심사소위원회, 교육위원회회의록, 2024. 1. 4., 8면.
1234) 제411회 국회(임시회) 제1차 법안심사소위원회, 교육위원회회의록, 2024. 1. 4., 12면.
1235) 제411회 국회(임시회) 제1차 법안심사소위원회, 교육위원회회의록, 2024. 1. 4., 12면.
1236) 제411회 국회(임시회) 제1차 법안심사소위원회, 교육위원회회의록, 2024. 1. 4., 12면.
1237) 제411회 국회(임시회) 제1차 법안심사소위원회, 교육위원회회의록, 2024. 1. 4., 12면.
1238) 제411회 국회(임시회) 제1차 법안심사소위원회, 교육위원회회의록, 2024. 1. 4., 12면.
1239) 제411회 국회(임시회) 제1차 법안심사소위원회, 교육위원회회의록, 2024. 1. 4., 12면.
1240) 제411회 국회(임시회) 제1차 법안심사소위원회, 교육위원회회의록, 2024. 1. 4., 12면.
1241) 제411회 국회(임시회) 제1차 법안심사소위원회, 교육위원회회의록, 2024. 1. 4., 12면.
1242) 제411회 국회(임시회) 제1차 법안심사소위원회, 교육위원회회의록, 2024. 1. 4., 12면.
1243) 제411회 국회(임시회) 제1차 법안심사소위원회, 교육위원회회의록, 2024. 1. 4., 12면.
1244) 제411회 국회(임시회) 제1차 전체회의, 교육위원회회의록, 2024. 1. 4., 4면.
1245) 제411회 국회(임시회) 제1차 전체회의, 교육위원회회의록, 2024. 1. 4., 4면.

의하실 위원님 안 계시지요? (예 하는 위원 있음) 질의하실 위원님이 계시지 않기 때문에 의결하도록 하겠습니다.

개정안들은 소위원회에서 조문별로 충실히 심사했기 때문에 위원회 축조심사를 생략하고자 하는데 이의 없으십니까? (예 하는 위원 있음) 가결되었음을 선포합니다...

의사일정 7항 본 의원이 대표발의한 사립학교법 일부개정법률안은 소위원회에서 심사한 대로 원안과 같이 의결하고자 하는데 이의 없으십니까? (예 하는 위원 있음) 가결되었음을 선포합니다.

〈2〉 **법제사법위원회:** 원안대로 가결되었다.[1246] 제32조의2에 관한 회의록 내용은 아래와 같다.

- **위원장 김도읍**[1247]: 의사일정 제76항 사립학교법 개정안부터 제78항 장애인 등에 대한 특수교육법 개정안(대안)까지 3건의 법안을 일괄상정합니다. (제안설명서는 부록에 실음) 이화실 전문위원 보고해 주시기 바랍니다.
- **전문위원 이화실**[1248]: 의사일정 제77항은 체계·자구에 별다른 문제점이 없다고 보았고 의사일정 제76항은 경미한 자구 수정이 필요하다고 보았습니다. 이상으로 보고를 마치겠습니다.
- **위원장 김도읍**[1249]: 수고하셨습니다. 법안 심사를 위해서 오석환 차관님 출석하셨습니다. 어서 오십시오. 토론하실 위원님 계십니까? (없습니다 하는 위원 있음) 토론하실 위원님 안 계시면 의결하도록 하겠습니다. 의사일정 제77항은 원안대로 의결하고자 하는데 이의 있으십니까? (없습니다 하는 위원 있음)
  의사일정 제76항, 제78항은 전문위원이 수정한 부분은 수정한 대로, 기타 부분은 원안대로 의결하고자 하는데 이의 있으십니까?(없습니다 하는 위원 있음) 가결되었음을 선포합니다. 차관님 수고하셨습니다.

(3) 본회의 심의

원안대로 가결되었다.[1250] 제32조의2에 관한 회의록 내용은 아래와 같다.

1246) 제412회 국회(임시회) 제2차 전체회의, 법제사법위원회회의록, 2024. 1. 31., 47~48면.
1247) 제412회 국회(임시회) 제2차 전체회의, 법제사법위원회회의록, 2024. 1. 31., 47면.
1248) 제412회 국회(임시회) 제2차 전체회의, 법제사법위원회회의록, 2024. 1. 31., 47면.
1249) 제412회 국회(임시회) 제2차 전체회의, 법제사법위원회회의록, 2024. 1. 31., 47~48면.
1250) 제412회 국회(임시회) 제2차, 국회본회의회의록, 2024. 2. 1., 7~8면.

- **의장 김진표**[1251]: 의사일정 제6항 사립학교법 일부개정법률안, 의사일정 제7항 사립학교교직원 연금법 일부개정법률안(대안), 의사일정 제8항 장애인 등에 대한 특수교육법 일부개정법률안(대안), 이상 3건을 상정합니다. 교육위원회의 서동용 위원 나오셔서 3건에 대하여 제안설명 및 심사보고 해 주시기 바랍니다.
- **교육위원장대리 서동용**[1252]: 존경하는 의장님 그리고 선배·동료 의원 여러분! 교육위원회의 서동용 위원입니다. 우리 위원회에서 심사한 3건의 법률안에 대해서 제안설명 및 심사보고 드리겠습니다.
  먼저 김철민 의원이 대표발의한 사립학교법 일부개정법률안은 대학교육기관의 장 및 대학교육기관을 설치·경영하는 학교법인의 이사장은 성격에 따른 적립금별 적립 규모 및 사용내역을 공시하도록 하고 교육부장관은 이에 대한 실태점검을 하도록 하는 것입니다.
- **의장 김진표**[1253]: 서동용 위원 수고하셨습니다. 먼저 사립학교법 일부개정법률안을 의결하도록 하겠습니다. 투표해 주시기 바랍니다. (전자투표) 투표를 다 하셨습니까? 그러면 투표를 마치겠습니다. 투표 결과를 말씀드리겠습니다. 재석 234인 중 찬성 232인, 반대 1인, 기권 1인으로서 사립학교법 일부개정법률안은 가결되었음을 선포합니다.

(4) 결과

원안으로 개정되었다.

32-2.300

III. 현행법

제32조의2(적립금) ① 대학교육기관의 장 및 대학교육기관을 설치·경영하는 학교법인의 이사장은 교육시설의 신축·증축 및 개수(改修)·보수(補修), 학생의 장학금 지급 및 교직원의 연구 활동 지원 등에 충당하기 위하여 필요한 적립금(이하 "적립금"이라 한다)을 적립할 수 있다. 다만, 등록금회계로부터의 적립은 해당 연도 건물의 감가상각비 상당액을 교육시설의 신축·증축 및 개수·보수 목적으로 적립하는 경우에만 할 수 있다.

1251) 제412회 국회(임시회) 제2차, 국회본회의회의록, 2024. 2. 1., 7면.
1252) 제412회 국회(임시회) 제2차, 국회본회의회의록, 2024. 2. 1., 7면.
1253) 제412회 국회(임시회) 제2차, 국회본회의회의록, 2024. 2. 1., 7~8면.

② 적립금은 원금보존적립금과 임의적립금으로 구분하고, 성격에 따라 연구적립금·건축적립금·장학적립금·퇴직적립금 및 그 밖에 구체적인 목적을 정하여 적립하는 특정목적적립금으로 구성한다.
③ 적립금은 기금으로 예치하여 관리하고, 그 적립 목적으로만 사용하여야 한다. 다만, 등록금회계에서 비등록금회계로 전출된 적립금 상당액을 제외한 적립금은 다음 각 호의 어느 하나의 방법으로 법인에 투자할 수 있다.
1. 적립금의 2분의 1 한도에서 「자본시장과 금융투자업에 관한 법률」 제4조제2항 각 호에 따른 증권의 취득
2. 적립금의 10분의 1 한도에서 해당 대학교육기관의 소속 교원 또는 학생이 개발한 신기술 또는 특허 등으로 창업한 「벤처기업육성에 관한 특별법」에 따른 벤처기업에 대한 투자

④ 대학교육기관의 장 및 대학교육기관을 설치·경영하는 학교법인의 이사장은 제3항 본문에도 불구하고 「재난 및 안전관리 기본법」 제3조제1호에 따른 재난으로 인한 사유로 학생을 지원할 필요가 있는 경우에는 이사회의 의결로 기존 적립금을 학생지원 목적으로 변경하여 사용할 수 있다.
⑤ 대학교육기관의 장 및 대학교육기관을 설치·경영하는 학교법인의 이사장은 제3항 단서에 따른 적립금 투자 대상이 해당 대학교육기관과 대통령령으로 정하는 특수한 관계에 있는 법인인 경우에는 그 투자결과를 교육부장관에게 보고하여야 한다.
⑥ 대학교육기관의 장 및 대학교육기관을 설치·경영하는 학교법인의 이사장은 대통령령으로 정하는 바에 따라 성격에 따른 적립금별 적립 규모 및 사용내역을 공시하여야 한다.
⑦ 교육부장관은 대학교육기관 및 대학교육기관을 설치·경영하는 학교법인의 적립금 현황 및 사용내역에 대하여 대통령령으로 정하는 바에 따라 실태점검을 하여야 한다.
⑧ 교육부장관은 제7항에 따른 실태점검 결과 및 해당 대학교육기관과 대학교육기관을 설치·경영하는 학교법인의 재정상태 등을 고려하여 적립금의 적립 여부, 적립 규모, 적립 기간 및 투자 등에 필요한 조치를 할 수 있다.
⑨ 제1항 단서의 감가상각비 산정방법과 제5항에 따른 투자결과의 보고 시기 및 방법 등은 교육부령으로 정한다.

32-2.400 **IV. 종합/특기사항**

- 제32조의2는 사립대학이 상당 규모의 적립금을 운영하고 있으나 이를 학교 및 학생들을 위하여 사용하지 않고 있어 사립대학 등록금 인상의 한 요인이 되고 있다는 판단에 따라 2011년 개정으로 신설되었다. 신설 이후 주요 변화는 2017년, 2020년, 2024년 개정이다. 2017년 개정(제5항)은 대학교육기관이 적립금을 특수한 관계에 있는 법인에 투자하는 경우에는 그 투자결과를 교육부장관에게 보고하도록 했다(I대학이 H해운에 적립금으로 130억 원을 투자하였으나 H해운의 파산으로 인하여 손실을 본 사건이 개정의 계기가 됨). 2020년 개정(제4항)은 코로나바이러스-19 감염증의 유행으로 인해 등록금 환불 등의 사태가 불거졌지만 현행법에 따르면 적립금은 적립 목적만으로 사용하도록 규정하고 있어 적립금을 융통성 있게 사용하도록 하는 것이다. 2024년 개정은 적립금별 적립 규모 및 사용내역을 공시하도록 하고(제6항), 교육부장관은 적립금 현황 및 사용내역에 대하여 대통령령으로 정하는 바에 따라 실태점검을 하도록 하였다(제7항).
- 현행법 제6항은 2011년 신설 당시부터 있던 규정으로서 교육부장관은 적립금의 적립 여부, 적립 규모, 적립 기간 및 투자 등에 필요한 조치를 할 수 있도록 하고 있다. 이 규정은 교육부장관에게 사립대학의 적립금에 대한 포괄적인 간섭권을 부여한 것으로 사립학교법의 근본취지(제1조: 자율성과 공공성의 조화)에 반한다는 평가가 가능하다. 2024년 개정은 적립금에 대한 구체적 사항에 대한 공시의무 및 교육부장관의 간섭권을 더욱 강화하였다.

제32조의3(기금운용심의회의 설치 등)

32-3.100 **I. 제정법**

제정법에는 이 조문이 없다.

32-3.201 **2. 2017년 11월 28일 개정(법률 제15040호, 2018. 5. 29. 시행)**

제32조의3(기금운용심의회의 설치 등) ①대학교육기관의 장 및 대학교육기관을 설

치·경영하는 학교법인의 이사장은 제32조의2제3항에 따른 기금의 관리·운용에 관한 사항을 심의하기 위하여 기금운용심의회를 둔다.
②기금운용심의회는 위원장 1명을 포함한 7명 이내의 위원으로 구성하되, 회계 또는 재무 관련 외부 전문가가 1명 이상 포함되어야 한다.
③기금운용심의회의 위원은 직무를 수행할 때 외부의 어떠한 지시나 간섭을 받지 아니한다.
④그 밖에 기금운용심의회의 구성 및 운영 등에 필요한 사항은 대통령령으로 정한다.

(1) 법률안(신동근 의원안[1254])

현행법	원안
<신 설>	**제32조의3(기금운용심의회의 설치 등)** ①대학교육기관의 장 및 대학교육기관을 설치·경영하는 학교법인의 이사장은 제32조의2제3항에 따른 기금의 관리·운용에 관한 사항을 심의하기 위하여 기금운용심의회를 둔다. ②기금운용심의회는 위원장 1명을 포함한 7명 이내의 위원으로 구성하되, 회계 또는 재무 관련 외부 전문가가 1명 이상 포함되어야 한다. ③기금운용심의회의 위원은 직무를 수행할 때 외부의 어떠한 지시나 간섭을 받지 아니한다. ④그 밖에 기금운용심의회의 구성 및 운영 등에 필요한 사항은 대통령령으로 정한다.

• 대학교육기관에 적립금의 투자 관리·운용에 관한 사항을 심의하기 위하여 기금운용심의회를 두도록 하였다.

(2) 위원회 심사

〈1〉 **교육문화체육관광위원회:** 대안[1255]으로 가결되었다(이 조문의 경우에는 원안과 대안의 내용이 동일함).[1256] 제32조의3에 관한 회의록 내용은 아래와 같다.

1254) 2017. 5. 23. 신동근의원 등 19인(의안번호: 2006994); 제안이유 및 주요내용은 이 책 [32-2.205] 참조.
1255) 2017. 11. 8. 교육문화체육관광위원장(의안번호: 2010049).
1256) 제354회 국회(정기회) 제4차 전체회의, 교육문화체육관광위원회회의록, 2017. 9. 28., 13면.

- **소위원장 유은혜**[1257]:다음, 강길부 의원, 도종환 의원, 신동근 의원이 각각 대표발의한 3건의 사립학교법 일부개정법률안을 통합 조정한 대안의 주요 내용을 말씀드리면, …셋째, 대학교육기관의 장 및 대학교육기관을 설치·경영하는 학교법인의 이사장은 적립금의 투자 관리·운용에 관한 사항을 심의하기 위하여 기금운용심의회를 두도록 하는 한편, 대학교육기관과 특수한 관계에 있는 법인에 투자한 경우에는 투자 결과를 교육부장관에게 보고하도록 하고 이를 위반하는 경우 과태료를 부과하도록 하였습니다…
- **위원장 유성엽**[1258]: 의사일정 제13항부터 제15항까지 도종환 의원, 강길부 의원, 신동근 의원이 각각 대표발의한 사립학교법 일부개정법률안은 소위원회에서 심사보고한 바와 같이 본회의에 각각 부의하지 아니하고 이를 통합 조정한 의사일정 제16항 사립학교법 일부개정법률안(대안)을 제안하고자 합니다. 이의 없으십니까? (예 하는 위원 있음) 이의가 없으므로 가결되었음을 선포합니다.

〈2〉 **법제사법위원회:** 교육문화체육관광위원회 대안대로 가결되었다.[1259]

(3) 본회의 심의

교육문화체육관광위원회 대안대로 가결되었다.[1260] 제32조의3에 관한 회의록 내용은 아래와 같다.

- **교육문화체육관광위원장대리 김병욱**[1261]: 다음으로 사립학교법 일부개정법률안(대안)은 강길부 의원, 도종환 의원, 신동근 의원이 각각 대표발의한 법률안을 통합 조정하여 대안으로 제시하는 것으로,…셋째, 대학교육기관의 장 및 대학교육기관을 설치·경영하는 학교법인의 이사장은 적립금의 투자 관리·운용에 관한 사항을 심의하기 위하여 기금운용심의회를 두도록 하는 한편, 대학교육기관과 특수한 관계에 있는 법인에 투자한 경우에는 투자 결과를 교육부장관에게 보고하도록 하고, 이를 위반하는 경우 과태료를 부과하도록 하였습니다.
- **의장 정세균**[1262]: 다음은 사립학교법 일부개정법률안(대안)을 의결하도록 하겠습니다. 투표해 주시기 바랍니다. (전자투표) 투표를 다 하셨습니까? 투표를 마치겠

1257) 제354회 국회(정기회) 제4차 전체회의, 교육문화체육관광위원회회의록, 2017. 9. 28., 8면.
1258) 제354회 국회(정기회) 제4차 전체회의, 교육문화체육관광위원회회의록, 2017. 9. 28., 13면.
1259) 제354회 국회(정기회) 제5차 전체회의, 법제사법위원회회의록, 2017. 11. 6., 27~28면.
1260) 제354회 국회(정기회) 제12차 본회의, 국회본회의회의록, 2017. 11. 9., 16면.
1261) 제354회 국회(정기회) 제12차 본회의, 국회본회의회의록, 2017. 11. 9., 15면.
1262) 제354회 국회(정기회) 제12차 본회의, 국회본회의회의록, 2017. 11. 9., 16면.

습니다. 투표 결과를 말씀드리겠습니다. 재석 211인 중 찬성 201인, 반대 2인, 기권 8인으로서 사립학교법 일부개정법률안(대안)은 가결되었음을 선포합니다.

(4) 결과

교육문화체육관광위원회 대안으로 개정되었다.

3 3. 2020년 12월 22일 개정(법률 제17659호, 2020. 12. 22. 시행)

제32조의3(기금운용심의회의 설치 등) ①_대학교육기관의 장 및 대학교육기관을 설치·경영하는 학교법인의 이사장은 제32조의2제3항에 따른 기금의 관리·운용에 관한 사항을 심의하기 위하여 기금운용심의회를 둔다.

②_기금운용심의회는 위원장 1명을 포함하여 7명 이내의 위원으로 구성하되, 회계 또는 재무 관련 외부 전문가가 1명 이상 포함되어야 한다.

③_기금운용심의회의 위원은 직무를 수행할 때 외부의 어떠한 지시나 간섭을 받지 아니한다.

④ **제1항부터 제3항까지에서 규정한 사항 외에** 기금운용심의회의 구성 및 운영 등에 필요한 사항은 대통령령으로 정한다.

• 법문을 명확하게 하였다(오직 형식에 관한 개정이므로 자세한 개정경과는 생략함[1263]).

4 4. 2021년 9월 24일 개정(법률 제18460호, 2022. 3. 25. 시행)

제32조의3(기금운용심의회의 설치 등) ① 대학교육기관의 장 및 대학교육기관을 설치·경영하는 학교법인의 이사장은 제32조의2제3항에 따른 기금의 관리·운용에 관한 사항을 심의하기 위하여 기금운용심의회를 둔다.

② 기금운용심의회는 위원장 1명을 포함하여 **15명** 이내의 위원으로 구성하되, **다음 각 호의 사람으로 한다. 이 경우 제1호에 따른 교원, 직원 및 재학생은 각각 2명 이상, 제2호에 따른 외부 전문가는 1명 이상 포함하여야 한다.**

1. 해당 대학에 재직 중인 교원·직원 및 재학생

1263) 이에 관한 구체적 개정경과는 이 책 [1.201] 참조.

2. 회계 또는 재무 관련 외부 전문가
3. 그 밖에 동문 및 학교 발전에 도움이 될 수 있는 사람
③ 기금운용심의회의 위원은 직무를 수행할 때 외부의 어떠한 지시나 간섭을 받지 아니한다.
④ 제1항부터 제3항까지에서 규정한 사항 외에 기금운용심의회의 구성 및 운영 등에 필요한 사항은 대통령령으로 정한다.

(1) 법률안(김철민 의원안[1264])

이 조문을 포함한 개정 대상 조문의 제안이유 및 주요내용은 아래와 같다.

• 제안이유 및 주요내용

현행법에 따르면 대학교육기관의 장 및 대학교육기관을 설치·경영하는 학교법인의 이사장은 교육시설의 신축·증축 및 개수·보수, 장학금 지급 등에 충당하기 위하여 필요한 적립금을 적립할 수 있도록 하고 있으며, 「교육관련기관의 정보공개에 관한 특례법」에 따라 적립금 현황을 공개하고 있음.

그런데 적립금의 규모뿐만 아니라 적립금이 적절한 곳에 사용되고 있는지를 점검하는 것이 중요한데 이에 대한 관련 규정은 미흡한 실정임.

이에 대학교육기관의 장 및 대학교육기관을 설치·경영하는 학교법인의 이사장은 성격에 따른 적립금별 적립 규모 및 사용내역을 공시하도록 하고, 교육부장관은 이에 대한 실태점검을 하도록 하여 적립금의 적절한 사용을 도모하고자 함.

아울러 현행법에 따른 기금운용심의회의 위원 수를 7명에서 15명으로 늘리면서 교직원 및 학생이 각각 3분의 1 이상이 되도록 하여, 사립학교 기금의 관리·운용에 있어 교직원 및 학생의 의견이 반영될 수 있도록 하고자 함(안 제32조의2 및 제32조의3).

이 조문의 현행법과 개정 원안은 아래와 같다.

현행법	원안
제32조의3(기금운용심의회의 설치 등) ① (생 략) ②기금운용심의회는 위원장 1명을 포함하여 <u>7명</u> 이내의 위원으로 <u>구성하되, 회계 또는 재무</u>	**제32조의3(기금운용심의회의 설치 등)** ① (현행과 같음) ②기금운용심의회는 위원장 1명을 포함하여

1264) 2021. 1. 15. 김철민의원 등 10인(의안번호: 2107439).

관련 외부 전문가가 1명 이상 포함되어야 한다. <후단 신설>	15명 이내의 위원으로 구성하며, 위원은 교직원, 학생, 외부 전문가, 동문 및 학교의 발전에 도움이 될 수 있는 사람으로 한다. 이 경우 교직원 및 학생인 위원이 각각 전체 위원의 3분의 1 이상이 되어야 하며, 위원 중 회계 또는 재무 관련 외부 전문가가 1명 이상 포함되어야 한다.
③ ~ ④ (생 략)	③ ~ ④ (현행과 같음)

• 현행법에 따른 기금운용심의회의 위원 수를 7명에서 15명으로 늘리면서 교직원 및 학생이 각각 3분의 1 이상이 되도록 하는 등 기금운용심의회 위원의 구성을 다양화하였다.

(2) 위원회 심사

〈1〉 **교육위원회:** 대안[1265]으로 가결되었다.[1266]

대안
제32조의3(기금운용심의회의 설치 등) ②기금운용심의회는 위원장 1명을 포함하여 15명 이내의 위원으로 구성하되, 다음 각 호의 사람으로 한다. 이 경우 제1호에 따른 교원, 직원, 재학생을 각각 2명 이상 포함하여야 하며 제2호에 따른 외부 전문가는 1명 이상 포함하여야 한다. 1. 해당 대학에 재직 중인 교원·직원 및 재학생 2. 회계 또는 재무 관련 외부 전문가 3. 동문 및 학교 발전에 도움이 될 수 있는 사람

제32조의3에 관한 회의록 내용은 아래와 같다.

가. 제21대 국회 제390회 제2차 교육위원회 법안심사소위원회(2021. 8. 18.)

• **수석전문위원 이승재**[1267]: 안 제32조의3제2항을 보고드리겠습니다. 현재 기금운용심의회는 위원장 1명을 포함한 7인 이내의 위원으로 구성하게 되어 있습니다. 그런데 개정안은 15인 이내의 위원으로 그 숫자를 약 2배로 늘리면서 교직원, 학생, 외부 전문가 등을 포함할 수 있도록 하였습니다. 심의회의 규모를 늘리고 학생과 교직원 위원이 각각 3분의 1 이상이 되도록 규정하고 있습니다.

1265) 2021. 8. 25. 교육위원장(의안번호: 2112205).

1266) 제390회 국회(임시회) 제1차 전체회의, 교육위원회회의록, 2021. 8. 19., 23면.

1267) 제390회 국회(임시회) 제2차 법안심사소위, 교육위원회회의록, 2021. 8. 18., 7면.

- **소위원장 박찬대**[1268]: 정부 측 의견 주시기 바랍니다.
- **교육부차관 정종철**[1269]: 그다음 설명 주신 기금운용위원회에 교직원 및 학생의 참여를 넓히는 부분은 지난 법안 심의 때 논의되었던 그 내용을 토대로 참여 범위에 대해서 위원님들 간의 토론이 있으시면 좋겠다는 말씀드리겠습니다.
- **소위원장 박찬대**[1270]: 위원님들 의견 주시기 바랍니다.
- **서동용 위원**[1271]: 위원장님, 사용내역 공시하는 거랑 실태점검하는 문제는 지난번에 기왕 합의가 됐던 내용 아닙니까?
- **소위원장 박찬대**[1272]: 예, 의결하지 못하고, 충분히 협의는 됐었는데요.
- **서동용 위원**[1273]: 그 부분 내용에 대해서 합의가 이루어졌던 걸로 제가 기억을 하는데요. 그렇지 않습니까?
- **수석전문위원 이승재**[1274]: 맞습니다.
- **서동용 위원**[1275]: 그 부분은 합의가 됐고요. 기금운용심의회에 학생이 참여하느냐 문제 때문에 논의를 하다가 결국 마무리를 못 지었던 거지, 그 두 가지 문제에 대해서는 지난번에 합의가 됐었어요.
- **소위원장 박찬대**[1276]: 제6항하고 제7항은 저번에 논의 중에서 합의가 이루어졌고, 8항의 실태점검까지 합의가 이루어졌는데 결국은 32조3의 기금운용심의회의 구성에 대해서만 합의가 안 이루어졌다 그 말씀이신 거지요?
- **서동용 위원**[1277]: 저는 그렇게 기억하고 있습니다. 전문위원 어떻습니까?
- **소위원장 박찬대**[1278]: 그러면 전문위원님께서 이것 간단하게 경과 좀 말씀해 주시고요.
- **수석전문위원 이승재**[1279]: 지난번 4월 28일 자 소위원회 하는 과정에서 이 실태점검 부분은 교육부에서 당시 특례규칙을 1월 6일 자로 보완했기 때문에 그것을 감안해서 심사해 달라는 내용이 있었고요. 방금 차관님께서 교육부에서 지금

1268) 제390회 국회(임시회) 제2차 법안심사소위, 교육위원회회의록, 2021. 8. 18., 7면.
1269) 제390회 국회(임시회) 제2차 법안심사소위, 교육위원회회의록, 2021. 8. 18., 7면.
1270) 제390회 국회(임시회) 제2차 법안심사소위, 교육위원회회의록, 2021. 8. 18., 7면.
1271) 제390회 국회(임시회) 제2차 법안심사소위, 교육위원회회의록, 2021. 8. 18., 7면.
1272) 제390회 국회(임시회) 제2차 법안심사소위, 교육위원회회의록, 2021. 8. 18., 7면.
1273) 제390회 국회(임시회) 제2차 법안심사소위, 교육위원회회의록, 2021. 8. 18., 7면.
1274) 제390회 국회(임시회) 제2차 법안심사소위, 교육위원회회의록, 2021. 8. 18., 7면.
1275) 제390회 국회(임시회) 제2차 법안심사소위, 교육위원회회의록, 2021. 8. 18., 7면.
1276) 제390회 국회(임시회) 제2차 법안심사소위, 교육위원회회의록, 2021. 8. 18., 7면.
1277) 제390회 국회(임시회) 제2차 법안심사소위, 교육위원회회의록, 2021. 8. 18., 7면.
1278) 제390회 국회(임시회) 제2차 법안심사소위, 교육위원회회의록, 2021. 8. 18., 7면.
1279) 제390회 국회(임시회) 제2차 법안심사소위, 교육위원회회의록, 2021. 8. 18., 7면.

이 조항 개정안에 대해서 이견이 없는 것으로 말씀하셨기 때문에, 당시에도 여야 위원님들께서는 이 부분은 합의를 하셨고요. 학생이 기금운용위원회에 포함되는 부분에 대해서 조금 이견이 있었습니다.

- **정경희 위원**[1280]: 제가 보충설명 드릴까요, 지금 이 상황에 대해서?
- **소위원장 박찬대**[1281]: 예, 정경희 위원님 말씀해 주십시오.
- **정경희 위원**[1282]: 그때 논의하기로는, 서 위원님이 지금 기억하시는 것하고 상당히 다른데, 지금 수석전문위원이 말씀하신 거랑 상당히 유사합니다. 그때 교직원과 학생이 전체 위원의 3분의 1 이상이 되어야 한다라는 것에서 학생을 과연 여기에 넣어야 하느냐를 가지고 논의가 되었던 것으로 기억합니다. 왜냐하면 적립금이라는 것 사용처가 아무 데나 쓰는 게 아니고 다 정해져 있어요. 여기 나와 있지만 연구·건축·장학·퇴직 이런 용도에 쓴다는 거예요. 그런데 과연 학생들이 들어와서 3분의 1을 차지할 경우에 이 논의의 전문성이 있느냐 하는 문제가 있었어요. 그래서 그 문제에 대해서 합의를 보지 못했던 것으로 기억합니다.
- **서동용 위원**[1283]: 같은 이야기입니다. 그러니까 제가 그 부분에 대한 논의 때문에 합의가 이루어지지 않았다고 이야기를 했고요. 지금 32조의2제6·7·8항에 대해서는, 그러니까 내역을 공개하거나 실태점검하는 문제에 대해서는 그때 당시 합의가 이루어졌다고요.
- **소위원장 박찬대**[1284]: 서로 논의를 통해서 같은 말씀인 것을 확인했고요. 추가 논의해야 될 부분은 지금 정경희 위원님이 말씀하신 것처럼 32조의3의 2항, 거기서 특히 "교직원 및 학생인 위원이 각각 전체 위원의 3분의 1 이상이어야 한다"고 하는 부분에 대해서 지난 4월 28일 법안소위에서 이견이 좀 있었던 부분인 것 같습니다. 이 부분에 대해서, 학생도 교직원과 같이 3분의 1 이상이 되어야 되느냐 하는 부분에 대해서 추가적인 논의를 해 주시는 것으로 하면 될 것 같습니다.
- **정경희 위원**[1285]: 예. 아니, 그 부분도 그렇지만 기억이 서로 약간 다른 것 같은데요. 사용내역을 공시하고 교육부장관이 실태점검하는 것에 대해서는 합의를 했다기보다는 논의를 거기까지 가지를 않았던 것으로 저는 기억을 해요.
- **서동용 위원**[1286]: 합의했어요.

1280) 제390회 국회(임시회) 제2차 법안심사소위, 교육위원회회의록, 2021. 8. 18., 7면.
1281) 제390회 국회(임시회) 제2차 법안심사소위, 교육위원회회의록, 2021. 8. 18., 7면.
1282) 제390회 국회(임시회) 제2차 법안심사소위, 교육위원회회의록, 2021. 8. 18., 7~8면.
1283) 제390회 국회(임시회) 제2차 법안심사소위, 교육위원회회의록, 2021. 8. 18., 8면.
1284) 제390회 국회(임시회) 제2차 법안심사소위, 교육위원회회의록, 2021. 8. 18., 8면.
1285) 제390회 국회(임시회) 제2차 법안심사소위, 교육위원회회의록, 2021. 8. 18., 8면.

- **정경희 위원**[1287]: 기억 내용이 약간 다르네요. 저는 학생이 들어가는 것 여기에 대해서 논의를 하다가 그다음에 이 법안을 뒤로 넘겼기 때문에 실태점검하고 사용내역 공시하는 것은 아예 논의 자체가 되지 않았던 것으로 기억을 하는데요.
- **서동용 위원**[1288]: 조문 순서로도 저기가 앞이어서 그것 하고 이렇게 넘어갔고요.
- **정경희 위원**[1289]: 그렇게 뒷부분 것을 먼저 했을리가 있나요? 실태점검을 하는 게 32조의2제7항에 있는데. 제가 기억하기로는 하여튼 그때 학생이 들어가는 구성원 문제를 가지고 논의하면서 거기서 얘기가 멈춘 것으로 기억을 합니다.
- **서동용 위원**[1290]: 그러니까 심의위원회에 학생 문제를 지금 논의를 하자고 말씀을 하시는 거잖아요? 그 문제 논의하면 될 것 같습니다.
- **정경희 위원**[1291]: 아니지요. 이것도 그때 합의가 이루어지지 않았으면 이 문제도 논의를 해야지요, 사용내역을 공시하고 교육부장관이 실태점검하는 것도 과연 합당하느냐. 그러니까 논의를 제한해서 할 필요가 뭐가 있습니까? 위원들도 새로 다 바뀌시고 했으니까 이 법안을 그냥 새로 시작하면 되지요.
- **소위원장 박찬대**[1292]: 반복되는 경향이 있는데요. 제 기억하고 좀 다른 것 같습니다...
- **소위원장 박찬대**[1293] 예, 알겠습니다. 그러면 이것에 대한 논의는 더 이상 좁힐 수 있는 가능성이 높지 않다고 생각하기 때문에 32조의2제6항과 제7항에 대해서는 심사를 중단하고요. 32조의3(기금운용심의회의 설치 등)과 관련해서 4월 28일 날 소위원회에서는 학생 위원을 3분의 1 이상 구성하게끔 하는 부분에 대해서 사실 이견이 있었는데요. 여기에 대해서 추가적으로 좀 논의를 하고요 이견을 좁힐 수 있는지 가능성을 한번 살펴보도록 하겠습니다. 정경희 위원님, 이거 학생에게 반드시 줄 필요가 있겠느냐 이렇게 말씀하셨는데요 혹시 다른 의견이 있으신가요?
- **정경희 위원**[1294]: 그때 논의할 때와 같은 입장입니다.
- **소위원장 박찬대**[1295]: 정경희 위원님 말씀은 충분히 들었고요, 저희 다 인정하니까. 정경희 위원님 의견과 다른 의견이 혹시 있으신가요?

1286) 제390회 국회(임시회) 제2차 법안심사소위, 교육위원회회의록, 2021. 8. 18., 8면.
1287) 제390회 국회(임시회) 제2차 법안심사소위, 교육위원회회의록, 2021. 8. 18., 8면.
1288) 제390회 국회(임시회) 제2차 법안심사소위, 교육위원회회의록, 2021. 8. 18., 8면.
1289) 제390회 국회(임시회) 제2차 법안심사소위, 교육위원회회의록, 2021. 8. 18., 8면.
1290) 제390회 국회(임시회) 제2차 법안심사소위, 교육위원회회의록, 2021. 8. 18., 8면.
1291) 제390회 국회(임시회) 제2차 법안심사소위, 교육위원회회의록, 2021. 8. 18., 8면.
1292) 제390회 국회(임시회) 제2차 법안심사소위, 교육위원회회의록, 2021. 8. 18., 8면.
1293) 제390회 국회(임시회) 제2차 법안심사소위, 교육위원회회의록, 2021. 8. 18., 14면.
1294) 제390회 국회(임시회) 제2차 법안심사소위, 교육위원회회의록, 2021. 8. 18., 14면.
1295) 제390회 국회(임시회) 제2차 법안심사소위, 교육위원회회의록, 2021. 8. 18., 14면.

- **권인숙 위원**[1296]: 3분의 1이면 5명씩 되어야 되는거지요, 15명이니까?
- **소위원장 박찬대**[1297]: 예.
- **권인숙 위원**[1298]: 그것은 숫자가 좀 과한 것 같고, 그렇지만 어느 정도 대표성은 있어야 될 것 같습니다. 장학이라든가 학생들 또 교직원도 그렇고요, 그리고 여기 전문가 포함한 것도 그렇고. 그래서 한 2명 정도씩 들어가는 것은 어떨까 싶습니다.
- **소위원장 박찬대**[1299]: 외부 전문가가 1명 이상으로 지금 되어 있는데요.
- **권인숙 위원**[1300]: 그건 들어가야 될 것 같고요.
- **소위원장 박찬대**[1301]: 그러면 학생 숫자를 좀 줄여 논의를 한번 모아보는 것은 어떨까요? 서동용 위원님.
- **서동용 위원**[1302]: 제 기억으로 지난 4월 28일 날 회의에서 정경희 위원님께서는 대학의 자율성을 침해한다는 이유로 학생의 참여를 반대하셨고요. 박찬대 위원장님, 김병욱 위원은 교직원과 학생의 참여는 필요하나 인원수가 얼마가 적정할 것인가에 대해서는 논의를 좀 다시 해 봤으면 좋겠다 이런 말을 하면서 그때 당시 국립대학 회계법 이야기를 했었어요. 지금 국립대 재정위원회가 11명 이상 15명 이하로 구성이 되면서 교원, 직원, 재학생을 각각 2명 이상 참석시키도록 되어 있거든요. 그래서 기금운용심의회도 그런 방식으로 하면 어떨까 하는 의견이 있었습니다. 그래서 저는 이것도 타당한 의견이라고 생각을 합니다.
- **김병욱 위원**[1303]: 차관님, 그때 국립대 회계법 자료 다시 한번 말씀해 주시지요, 그 상황이 어떤지.
- **교육부차관 정종철**[1304]: 예, 그렇게 하겠습니다. 방금 서동용 위원님 말씀 주신 취지로 그때 논의가 진행됐던 것은 사실이고요. 지금 국립대학의 회계 설치 및 재정 운영에 관한 법률 제8조에 보면 재정위원회 당연직으로 구성하면서 일반직 위원 중에 교원, 직원, 재학생을 각각 2명 이상 포함하여야 한다 이런 조항이 있다는 말씀을 드리겠습니다.

1296) 제390회 국회(임시회) 제2차 법안심사소위, 교육위원회회의록, 2021. 8. 18., 14면.
1297) 제390회 국회(임시회) 제2차 법안심사소위, 교육위원회회의록, 2021. 8. 18., 14면.
1298) 제390회 국회(임시회) 제2차 법안심사소위, 교육위원회회의록, 2021. 8. 18., 14면.
1299) 제390회 국회(임시회) 제2차 법안심사소위, 교육위원회회의록, 2021. 8. 18., 14면.
1300) 제390회 국회(임시회) 제2차 법안심사소위, 교육위원회회의록, 2021. 8. 18., 14면.
1301) 제390회 국회(임시회) 제2차 법안심사소위, 교육위원회회의록, 2021. 8. 18., 14면.
1302) 제390회 국회(임시회) 제2차 법안심사소위, 교육위원회회의록, 2021. 8. 18., 14면.
1303) 제390회 국회(임시회) 제2차 법안심사소위, 교육위원회회의록, 2021. 8. 18., 14면.
1304) 제390회 국회(임시회) 제2차 법안심사소위, 교육위원회회의록, 2021. 8. 18., 14면.

- **김병욱 위원**[1305]: 총 몇 명이지요?
- **교육부차관 정종철**[1306]: 11명 이상 15명 이하 이렇게 규정이 되어 있습니다.
- **소위원장 박찬대**[1307]: 3분의 1 이상이 과도하면 국립대학의 회계 설치 및 재정 운영에 관한 법률과 같이 2명 이상 정도로 하면 어떨까요? 3분의 1이라고 해서 15명이라고 하면 5명이기 때문에 좀 과도하다는 의견이 충분히 일리가 있다고 생각이 됩니다. 그런데 학교 구성원에 학생이 상당히 중요하고 지금 시대적인 흐름도 그렇게 흘러가고 있는데 1명도 참여하지 못하게끔 막는 것은 학교 구성원의 강한 저항도 있다고 생각이 되기 때문에, 이미 적용되고 있는 국립대학의 회계 설치 및 재정 운영에 관한 법률에서 교원, 직원, 재학생을 각각 2명 이상 포함하여야 된다고 되어 있기 때문에 이것을 그대로 준용을 하게 되면 사실은 다른 법과의 일체성도 좀 있기 때문에…
- **정경희 위원**[1308]: 전체 정원은 몇 명으로 하는 거지요?
- **소위원장 박찬대**[1309]: 전체 정원도 여기서 정해야 하지 않을까요?
- **정경희 위원**[1310]: 방법이 몇 가지가 있을 것 같은데요. 전체 정원을 정해 주지 말고 국립대 것을 그대로 준용하는 방법이 있고, 여기 원래 법안 제32조의3에 15명으로 구성한다고 되어 있으니까 15명 이내의 위원으로 구성하면서 그 구성원만 아까 국립대 것을 준용하는 두 가지 방법이 있을 것 같은데 그중에서 하나를 선택하는 게 합리적이지 않을까 싶습니다.
- **김병욱 위원**[1311]: 국립대가 11명에서 15명이라고요?
- **정경희 위원**[1312]: 11명에서 15명이고 그중에 2명 이상씩…
- **권인숙 위원**[1313]: 거기에 외부 전문가 1명 이상 포함하는 것 정도로 하면 괜찮지 않을까요?
- **정경희 위원**[1314]: 이미 외부 전문가가 1명 이상 회계 또한 재무 관련자로 투입이 되니까 그 구절은 그대로 두는 거지요. 그 구절은 그대로 두면 되고, 학생 어쩌고 3분의 1 이상 이것을 빼 버리고 저쪽 것을 준용하는 것이지요. 그런데 여기

1305) 제390회 국회(임시회) 제2차 법안심사소위, 교육위원회회의록, 2021. 8. 18., 14면.
1306) 제390회 국회(임시회) 제2차 법안심사소위, 교육위원회회의록, 2021. 8. 18., 14면.
1307) 제390회 국회(임시회) 제2차 법안심사소위, 교육위원회회의록, 2021. 8. 18., 14면.
1308) 제390회 국회(임시회) 제2차 법안심사소위, 교육위원회회의록, 2021. 8. 18., 14면.
1309) 제390회 국회(임시회) 제2차 법안심사소위, 교육위원회회의록, 2021. 8. 18., 14면.
1310) 제390회 국회(임시회) 제2차 법안심사소위, 교육위원회회의록, 2021. 8. 18., 14~15면.
1311) 제390회 국회(임시회) 제2차 법안심사소위, 교육위원회회의록, 2021. 8. 18., 15면.
1312) 제390회 국회(임시회) 제2차 법안심사소위, 교육위원회회의록, 2021. 8. 18., 15면.
1313) 제390회 국회(임시회) 제2차 법안심사소위, 교육위원회회의록, 2021. 8. 18., 15면.
1314) 제390회 국회(임시회) 제2차 법안심사소위, 교육위원회회의록, 2021. 8. 18., 15면.

서 전체를 15명 이하로 하는지…

- **소위원장 박찬대**[1315]: 개정안에 15명 이내로 되어 있습니다.
- **정경희 위원**[1316]: 아니면 저쪽에서 11명에서 15명 사이라고 하니까 그것도 저쪽을 준용할지를 결정해야 될 것 같습니다.
- **김병욱 위원**[1317]: 그게 아마 대학 규모가 있으니까 구성원이 적은 데는 15명이 많을 수도 있고요. 아마 그래서 그런 것 같습니다.
- **정경희 위원**[1318]: 그렇지요. 15명이면 굉장히 많아요. 작은 대학에서는 이것을 구성하는 게 굉장히 어려울 것입니다.
- **김병욱 위원**[1319]: 그러면 카테고리가 여기 현재 개정안에는 교직원, 학생, 외부 전문가, 동문 및 학교 발전에 도움이 될 수 있는 사람 이렇게 6개인데…
- **정경희 위원**[1320] 그렇게 복잡하게 하지 말고…
- **김병욱 위원**[1321]: 그러면 국립대처럼 3개로 간다는 거지요?
- **정경희 위원**[1322]: 국립대 것을 준용하는 게 제일…
- **김병욱 위원**[1323]: 교원, 직원, 학생 이렇게 가고 그중에 1명 이상의 회계 또는 재무 관련 외부 전문가가 이 안에 들어가도록… 아니, 이것은 별도로 들어가야 되네요?
- **권인숙 위원**[1324]: 예, 별도로 들어가야지요.
- **김병욱 위원**[1325]: 정원 안에 세 구성원 외에 또 전문가 1명 이상은 넣어야 되는 것이네요.
- **정경희 위원**[1326]: 아니면 현행법을 그대로 해서 회계 전문가를 이 안의 사람으로, 구성하는 전체 사람 수의 하나로 집어넣는 방법도 있지요. 현행법은 그렇게 되어 있으니까요.
- **소위원장 박찬대**[1327]: 정부 측 의견 주세요. 지금 위원님들이 그렇지 않아도 합

1315) 第390회 국회(임시회) 제2차 법안심사소위, 교육위원회회의록, 2021. 8. 18., 15면.
1316) 第390회 국회(임시회) 제2차 법안심사소위, 교육위원회회의록, 2021. 8. 18., 15면.
1317) 第390회 국회(임시회) 제2차 법안심사소위, 교육위원회회의록, 2021. 8. 18., 15면.
1318) 第390회 국회(임시회) 제2차 법안심사소위, 교육위원회회의록, 2021. 8. 18., 15면.
1319) 第390회 국회(임시회) 제2차 법안심사소위, 교육위원회회의록, 2021. 8. 18., 15면.
1320) 第390회 국회(임시회) 제2차 법안심사소위, 교육위원회회의록, 2021. 8. 18., 15면.
1321) 第390회 국회(임시회) 제2차 법안심사소위, 교육위원회회의록, 2021. 8. 18., 15면.
1322) 第390회 국회(임시회) 제2차 법안심사소위, 교육위원회회의록, 2021. 8. 18., 15면.
1323) 第390회 국회(임시회) 제2차 법안심사소위, 교육위원회회의록, 2021. 8. 18., 15면.
1324) 第390회 국회(임시회) 제2차 법안심사소위, 교육위원회회의록, 2021. 8. 18., 15면.
1325) 第390회 국회(임시회) 제2차 법안심사소위, 교육위원회회의록, 2021. 8. 18., 15면.
1326) 第390회 국회(임시회) 제2차 법안심사소위, 교육위원회회의록, 2021. 8. 18., 15면.
1327) 第390회 국회(임시회) 제2차 법안심사소위, 교육위원회회의록, 2021. 8. 18., 15면.

의를 이끌어 내기 위한 노력을 진행하고 있는데요.

- 김병욱 위원[1328]: 아예 국립대 문건을, 그냥 자구를 주시면 좋겠는데.
- 교육부차관 정종철[1329]: 방금 위원님 말씀 주신 것처럼 7인이 적다는 판단을 발의안에 지금 담고 있기 때문에 말씀드린 국립대 재정회계법상 11명 이상 15인 이하로 하고 대신 각각 2명 이상 포함되는 유형은 교직원과 학생 그다음에 당초 발의안에도 포함되어 있는 회계 또는 재무 관련 전문가 1명 이상 이런 내용으로 대안을 구성하시면 좋을 것 같습니다.
- 김병욱 위원[1330]: 교직원이 아니고 교원, 직원, 학생인 거지요?
- 정경희 위원[1331]: 그런데 11명 이상이라는 것은 숫자를 이쪽에서 너무 과도하게 지정하는 게 있으니까 그냥 원래 개정안에 나온 것처럼 15명 이내의 뭐로 하는 게 더 나을 것 같습니다. 될 수 있는 대로 대학에 대한 규제를 줄이는 방향으로 해야지, 이게 기본적으로 다 규제니까요.
- 소위원장 박찬대[1332]: 그러면 지금 하신 말씀을 제가 제안을 한번 해 보겠습니다. "기금운용심의회는 위원장 1명을 포함한 15명 이내의 위원으로 구성하며 위원은 교직원, 학생, 외부 전문가, 동문 및 학교의 발전에 도움이 될 수 있는 사람으로 한다. 이 경우 교직원 및 학생인 위원이 각각 2명 이상이 되어야 하며 위원 중 회계 또는 재무 관련 외부 전문가가 1명 이상 포함되어야 한다" 이렇게 하게 되면 2명 이상이니까 그냥 2명만 뽑아도 법적 요건은 만족시키는 것이기 때문에 지금 말씀하셨던 부분들이 다 만족되지 않을까 이렇게 생각이 됩니다. 그렇게 하실까요?
- 김병욱 위원[1333]: 그런데 아직 정확하지 않은데. 그러면 전체 정원은 15명 이하로 하는 겁니까?
- 소위원장 박찬대[1334]: 예, 15명 이내.
- 김병욱 위원[1335]: 그러면 유형은 교원, 직원인가요 교직원인가요?
- 권인숙 위원[1336]: 교원, 직원으로 하는 게 맞지요.

1328) 第390회 국회(임시회) 제2차 법안심사소위, 교육위원회회의록, 2021. 8. 18., 15면.
1329) 第390회 국회(임시회) 제2차 법안심사소위, 교육위원회회의록, 2021. 8. 18., 15면.
1330) 第390회 국회(임시회) 제2차 법안심사소위, 교육위원회회의록, 2021. 8. 18., 15면.
1331) 第390회 국회(임시회) 제2차 법안심사소위, 교육위원회회의록, 2021. 8. 18., 15면.
1332) 第390회 국회(임시회) 제2차 법안심사소위, 교육위원회회의록, 2021. 8. 18., 15면.
1333) 第390회 국회(임시회) 제2차 법안심사소위, 교육위원회회의록, 2021. 8. 18., 15면.
1334) 第390회 국회(임시회) 제2차 법안심사소위, 교육위원회회의록, 2021. 8. 18., 15면.
1335) 第390회 국회(임시회) 제2차 법안심사소위, 교육위원회회의록, 2021. 8. 18., 15면.
1336) 第390회 국회(임시회) 제2차 법안심사소위, 교육위원회회의록, 2021. 8. 18., 15면.

- **소위원장 박찬대**[1337]: 교원, 직원으로 해야 되겠네요.
- **김병욱 위원**[1338]: 교원하고 직원을 따로 하고 학생을 따로 하고.
- **소위원장 박찬대**[1339]: 교원, 직원, 재학생 이 셋이 2명 이상이니까요.
- **김병욱 위원**[1340]: 졸업생이 아니고 재학생 그리고 전문가 1인 포함.
- **소위원장 박찬대**[1341]: 이것으로 해 주시고요. 사립학교법이 많이 있으니까 추가 논의하는 과정 속에서 지금 저희들이 논의했던 내용과 마지막에 김병욱 위원님이 지적해 줬던 내용을 포함해서 조문을 완성해 주시기를 바랍니다. 그러면 아까 32조의2제6항과 제7항은 우리가 지금 합의를 이루어 내지 못했으니까 그것은 넘어가기로 하고요. 32조의3은 지금 심의했던 내용들을 반영해 가지고 축조해 주시기를 바랍니다...
- **소위원장 박찬대**[1342]: 또한 의사일정 제46항은 앞서 의결한 사립학교법 일부개정법률안(대안)에 함께 포함하여 위원회안으로 제안하고자 하는데 이의가 없으십니까?(없습니다 하는 위원 있음) 이의가 없으면 가결되었음을 선포합니다.

나. 제21대 국회 제390회 제1차 교육위원회(2021. 8. 19.)

- **위원장직무대리 박찬대**[1343]: 의사일정 제14항부터 제29항까지 16건의 사립학교법 일부개정법률안은 심사보고한 바와 같이 본회의에 각각 부의하지 아니하고 이를 통합 조정한 의사일정 제30항을 우리 위원회안으로 제안하고자 하는데 이의가 없으십니까? (없습니다 하는 위원 있음) 이의가 없으면 가결되었음을 선포합니다.

〈2〉 **법제사법위원회:** 교육위원회 대안을 수정·가결했다.[1344] 수정내용은 아래와 같다.

교육위원회 대안	법제사법위원회 수정안
제32조의3(기금운용심의회의 설치 등) ②－－－－－－－ <u>직원, 재학생을</u> －－. 3. －－－－－－－－－－－－－－－－－－－－	제32조의3(기금운용심의회의 설치 등) ②－－－－－－－ <u>직원 및 재학생을</u>[1345] －－. 3. <u>그 밖에</u> －－－－－－－－－－－－－－－

1337) 제390회 국회(임시회) 제2차 법안심사소위, 교육위원회회의록, 2021. 8. 18., 15면.
1338) 제390회 국회(임시회) 제2차 법안심사소위, 교육위원회회의록, 2021. 8. 18., 16면.
1339) 제390회 국회(임시회) 제2차 법안심사소위, 교육위원회회의록, 2021. 8. 18., 16면.
1340) 제390회 국회(임시회) 제2차 법안심사소위, 교육위원회회의록, 2021. 8. 18., 16면.
1341) 제390회 국회(임시회) 제2차 법안심사소위, 교육위원회회의록, 2021. 8. 18., 16면.
1342) 제390회 국회(임시회) 제2차 법안심사소위, 교육위원회회의록, 2021. 8. 18., 58면.
1343) 제390회 국회(임시회) 제1차 전체회의, 교육위원회회의록, 2021. 8. 19., 23면.
1344) 제390회 국회(임시회) 제2차 전체회의, 법제사법위원회회의록, 2021. 8. 25., 14면.

(3) 본회의 심의

법제사법위원회 수정안대로 가결되었다.[1346] 김기현의원 등 105인이 개정전 법률과 동일한 내용으로 본회의 수정안을 제안하였지만 부결되었다.

(4) 결과

법제사법위원회 수정안으로 개정되었다.

32-3.300

III. 현행법

제32조의3(기금운용심의회의 설치 등) ① 대학교육기관의 장 및 대학교육기관을 설치·경영하는 학교법인의 이사장은 제32조의2제3항에 따른 기금의 관리·운용에 관한 사항을 심의하기 위하여 기금운용심의회를 둔다.

② 기금운용심의회는 위원장 1명을 포함하여 15명 이내의 위원으로 구성하되, 다음 각 호의 사람으로 한다. 이 경우 제1호에 따른 교원, 직원 및 재학생은 각각 2명 이상, 제2호에 따른 외부 전문가는 1명 이상 포함하여야 한다.

1. 해당 대학에 재직 중인 교원·직원 및 재학생
2. 회계 또는 재무 관련 외부 전문가
3. 그 밖에 동문 및 학교 발전에 도움이 될 수 있는 사람

③ 기금운용심의회의 위원은 직무를 수행할 때 외부의 어떠한 지시나 간섭을 받지 아니한다.

④ 제1항부터 제3항까지에서 규정한 사항 외에 기금운용심의회의 구성 및 운영 등에 필요한 사항은 대통령령으로 정한다.

32-3.400

IV. 종합/특기사항

- 제32조의3은 2017년 개정으로 신설된 것으로 적립금의 투자 관리·운용에 관한 사항을 심의하기 위하여 기금운용심의회를 설치하였다. 2017년 제32조의3으로

1345) 제2항에 관하여 본회의는 법제사법위원회 수정안을 가결한 것으로 기록하고 있으나, 최종 개정조문은 법제사법위원회 수정안과 다르다. 그 이유는 확인할 수 없다(의안원문, 2021. 8. 25., 교육위원장(의안번호 2112205), 21면 참조).

1346) 제390회 국회(임시회)제1차 본회의, 국회본회의회의록, 2021. 8. 31., 21~25면.

기금운용심의회가 들어오면서 종래 제32조의3(이월금)을 제32조의4로 위치를 변경하였다.

- 제32조의3에 대한 개정 과정에서는 위원의 수 및 위원의 구성에 학생을 포함시킬 것인가 등이 이슈가 되었다.

제32조의4(이월금)

0 # I. 제정법

제정법에는 이 조문이 없다.

II. 개정 경과

1 ## 1. 2013년 1월 23일 개정(법률 제11622호, 2013. 7. 24. 시행)

> **제32조의3(이월금)** ①대학교육기관의 장 및 대학교육기관을 설치·경영하는 학교법인의 이사장은 해당 회계연도의 교비회계 예산을 편성·집행함에 있어서 이월금을 최소화하도록 노력하여야 한다.
> ②교육과학기술부장관은 대학교육기관의 이월금이 재정규모에 비하여 과다한 경우에는 이월금을 줄이기 위하여 시정요구 등 필요한 조치를 할 수 있다.

(1) 법률안(민병주 의원안[1347])

현행법	원안
<신 설>	**제32조의3(이월금)** ①대학교육기관의 장 및 대학교육기관을 설치·경영하는 학교법인의 이사장은 당해 회계연도의 교비회계 예산을 편성·집행함에 있어서 이월금이 최소화되도록 노력하여야 한다. ②교육과학기술부장관은 대학교육기관의 재정

1347) 2012. 5. 30. 민병주의원 등 25인(의안번호: 1900016); 제안이유 및 주요내용은 이 책 [29.210] 참조.

	상태 등을 감안하여 교비회계 이월금의 규모 등에 관하여 필요한 조치를 할 수 있다.

- 대학교육기관은 교비회계의 편성·집행에 있어서 이월금을 최소화하기 위해 노력하도록 하였다.

(2) 위원회 심사

〈1〉 **교육과학기술위원회:** 대안[1348]으로 가결되었다.[1349]

대안
제32조의3(이월금) ①대학교육기관의 장 및 대학교육기관을 설치·경영하는 학교법인의 이사장은 당해회계연도의 교비회계 예산을 편성·집행함에 있어서 이월금을 최소화하도록 노력하여야 한다. ②교육과학기술부장관은 대학교육기관의 이월금이 재정규모에 비해서 과다한 경우에는 이월금을 줄이기 위해 시정요구 등 필요한 조치를 할 수 있다.

제32조의3에 관한 회의록 내용은 아래와 같다.

- **소위원장 김세연**[1350]: 마지막으로 민병주 의원, 설훈 의원이 각각 대표발의한 사립학교법 일부개정법률안은 본회의에 부의하지 아니하기로 하고 두 안을 통합한 대안을 제안하기로 하였습니다. 대안의 주요 내용은 교비회계를 등록금회계와 비등록금회계로 구분하여 등록금 사용내역을 명확히 하고, 교비회계 예산편성 및 결산 시 등록금심의위원회의 심의를 거치게 하여 대학 구성원의 참여를 보장함과 더불어 결산서 제출 시 외부감사보고서 제출을 의무화하고 이를 검증할 감리 제도를 도입하여 회계의 투명성을 강화하고, 사립학교에 기부된 기부금이 학교법인의 운영비로 사용되지 않도록 학교가 받은 기부금을 교비회계의 수입으로 처리하도록 하였습니다. 보다 자세한 내용은 배부해 드린 유인물을 참고해 주시고 법안심사소위원회에서 심사한 대로 의결하여 주시기 바랍니다. 감사합니다...
- **위원장 신학용**[1351]: 의사일정 제7항·제8항, 설훈 의원, 민병주 의원이 각각 대표발의한 사립학교법 일부개정법률안은 소위원회에서 심사보고한 대로 본회의에 부의하지 아니하고 이 2건을 통합·조정한 의사일정 제9항 사립학교법 일부개정

1348) 2012. 12. 31. 교육과학기술위원장(의안번호: 1903205).
1349) 제311회 국회(정기회) 제10차 전체회의, 교육과학기술위원회회의록, 2012. 11. 21., 5면.
1350) 제311회 국회(정기회) 제10차 전체회의, 교육과학기술위원회회의록, 2012. 11. 21., 3면.
1351) 제311회 국회(정기회) 제10차 전체회의, 교육과학기술위원회회의록, 2012. 11. 21., 5면.

법률안(대안)을 우리 위원회안으로 채택하고자 하는데 이의 없으십니까? (없습니다 하는 위원 있음) 가결되었음을 선포합니다.

〈2〉 **법제사법위원회:** 교육과학기술위원회 대안을 수정·가결했다.[1352] 수정내용은 아래와 같다.

교육과학기술위원회 대안	법제사법위원회 수정안
제32조의3(이월금) ① ---- 당해회계연도 ----------------. ②-------- 위해 --------.	**제32조의3(이월금)** ① ---- 해당 회계연도 ----------------. ②-------- 위하여 -------.

제32조의3에 관한 회의록 내용은 아래와 같다.

- **전문위원 이상용**[1353]: 의사일정 제27항 사립학교법 일부개정법률안(대안)입니다. 교육과학기술부장관의 시정조치 요구권의 발동요건을 명확히 하고, 경미한 자구 수정을 하였습니다...
- **위원장 박영선**[1354]: 의사일정 제25항부터 제29항까지의 법률안에 대해서는 전문위원의 검토 의견을 우리 위원회안으로 받아들여서 수정한 부분은 수정한 대로 그 밖의 부분은 원안대로 의결하고자 합니다. 이의 있으신가요? (없습니다 하는 위원 있음) 가결되었음을 선포하겠습니다. 수고하셨습니다.

(3) 본회의 심의

법제사법위원회 수정안대로 가결되었다.[1355] 제32조의3에 관한 회의록 내용은 아래와 같다.

- **교육과학기술위원장대리 민병주**[1356]: 존경하는 이병석 국회부의장님, 그리고 선배·동료 의원 여러분! 교육과학기술위원회 소속 새누리당 비례대표 민병주 의원입니다. 우리 위원회가 제안·심사한 3건의 개정법률안에 대한 제안설명과 심사보고를 드리겠습니다... 다음, 사립학교법 일부개정법률안(대안)은 교비회계를 등록금회계와 비등록금회계로 구분하여 등록금 사용내역을 명확히 하고, 교비회계 예산 편성 및 결산 시 등록금심의위원회 심의를 거치게 하여 대학구성원의

1352) 제312회 국회(임시회) 제1차 전체회의, 법제사법위원회회의록, 2012. 12. 31., 13면.
1353) 제312회 국회(임시회) 제1차 전체회의, 법제사법위원회회의록, 2012. 12. 31., 12면.
1354) 제312회 국회(임시회) 제1차 전체회의, 법제사법위원회회의록, 2012. 12. 31., 13면.
1355) 제312회 국회(임시회) 제2차 본회의, 국회본회의회의록, 2012. 12. 31., 30면.
1356) 제312회 국회(임시회) 제2차 본회의, 국회본회의회의록, 2013. 1. 1., 29면.

참여를 보장하도록 하는 한편 사립학교에 기부된 기부금이 학교법인의 운영비로 사용되지 않도록 학교가 받은 기부금을 교비회계의 수입으로 처리하도록 하였습니다.

• **부의장 이병석**[1357]: 다음은 사립학교법 일부개정법률안(대안)을 의결하도록 하겠습니다. 투표해 주시기 바랍니다. (전자투표) 투표를 다 하셨습니니까? 그러면 투표를 마치겠습니다. 투표 결과를 말씀드리겠습니다. 재석 240인 중 찬성 236인, 기권 4인으로서 사립학교법 일부개정법률안(대안)은 가결되었음을 선포합니다.

(4) 결과

법제사법위원회 수정안으로 개정되었다.

32-4.20

1. 2017년 11월 28일 개정(법률 제15040호, 2018. 5. 29. 시행)

제32조의4(이월금) ①대학교육기관의 장 및 대학교육기관을 설치·경영하는 학교법인의 이사장은 해당 회계연도의 교비회계 예산을 편성·집행함에 있어서 이월금을 최소화하도록 노력하여야 한다.

②교육부장관은 대학교육기관의 이월금이 재정규모에 비하여 과다한 경우에는 이월금을 줄이기 위하여 시정요구 등 필요한 조치를 할 수 있다.

• 제32조의3를 신설함에 따라 종전의 제32조의3가 제32조의4로 이동하였다(기술적인 부분에 관한 개정이므로 개정경과는 생략함[1358]).

32-4.202

2. 2020년 12월 22일 개정(법률 제17659호, 2020. 12. 22. 시행)

제32조의4(이월금) ①_대학교육기관의 장 및 대학교육기관을 설치·경영하는 학교법인의 이사장은 해당 회계연도의 교비회계 예산을 편성·집행**할 때에** 이월금을 최소화하도록 노력하여야 한다.

②_교육부장관은 대학교육기관의 이월금이 재정 규모에 비하여 과다**(過多)**한 경우에는 이월금을 줄이기 위하여 시정요구 등 필요한 조치를 할 수 있다.

1357) 제312회 국회(임시회) 제2차 본회의, 국회본회의회의록, 2013. 1. 1., 30면.

1358) 이에 관한 구체적 개정경과는 이 책 [32-2.205] 참조.

- 법문을 한글화하고 간결하게 하였다(오직 형식에 관한 개정이므로 자세한 개정경과는 생략함[1359]).

00 III. 현행법

> **제32조의4(이월금)** ① 대학교육기관의 장 및 대학교육기관을 설치·경영하는 학교법인의 이사장은 해당 회계연도의 교비회계 예산을 편성·집행할 때에 이월금을 최소화하도록 노력하여야 한다.
>
> ② 교육부장관은 대학교육기관의 이월금이 재정 규모에 비하여 과다(過多)한 경우에는 이월금을 줄이기 위하여 시정요구 등 필요한 조치를 할 수 있다.

00 IV. 종합/특기사항

- 이월금에 관한 규정이 2013년 개정으로 신설될 때 조문번호는 제32조의3이었는데 2017년 기금운용심의회를 설치하기 위한 조문을 신설하면서 이를 제32조의3으로 하고 이월금에 관한 규정을 제32조의4로 변경하였다.
- 제32조의4에 대한 개정은 법문을 한글화 등 형식적인 것이고 내용상의 변화는 없다.
- 제2항(교육부장관은 이월금이 재정 규모에 비하여 과다한 경우 시정요구 등 필요한 조치)은 교육부장관에게 사립대학에 대한 포괄적인 간섭권을 부여한 것으로 사립학교법의 근본취지(제1조: 자율성과 공공성의 조화)에 반한다는 평가가 가능하다.

제33조(회계규칙 등)

I. 제정법

> **제33조(예산편성요령·회계규칙)** 학교법인의 예산편성요령·회계규칙 기타 예산 또는 회계에 관하여 필요한 사항은 문교부장관이 정한다.

1359) 이에 관한 구체적 개정경과는 이 책 [1.201] 참조.

『새교육』이 소개하는 이 조문의 제정이유는 아래와 같다.[1360]

문제는 제33조에 의한 예산편성요령과 회계규칙을 문교부장관이 정하도록 규정한 데 있다. 만일 이 조항을 악용한다면 감독청은 사립학교의 재정적 독자성을 부정하고 완전한 예속기관으로 만들 수도 있다. 그러나 다른 한편 만일 이 규정이 없다면 사립학교에는 예산 회계법이나 지방자치단체의 회계에 관한 조례가 적용되지 않기 때문에 완전한 자의성(恣意性)이 사립학교의 회계를 지배하는 되는 것이다. 그러기 때문에 이 규정은 반드시 필요한 것이며, 사립학교법의 중요한 골자를 이루고 있다.

II. 개정 경과

33.201 1. 1990년 4월 7일 개정(법률 제4226호, 1990. 4. 7. 시행)

제33조(회계규칙등) 학교법인의 회계규칙 기타 예산 또는 회계에 관하여 필요한 사항은 문교부장관이 정한다.

(1) 법률안

〈1〉 정부안[1361]

현행법	원안
제33조(예산편성요령·회계규칙) 학교법인의 예산편성요령·회계규칙 기타 예산 또는 회계에 관하여 필요한 사항은 문교부장관이 정한다.	**제33조(회계규칙등)** 학교법인의 회계규칙 기타 예산 또는 회계에 관하여 필요한 사항은 관할청이 정한다.

• 제33조 제목과 본문 중 "예산편성요령"을 삭제하였다.

〈2〉 김인곤 의원안[1362]

현행법	원안
제33조(예산편성요령·회계규칙) 학교법인의 예산편성요령·회계규칙 기타 예산 또는 회계에 관하여 필요한 사항은 문교부장관이 정한다.	**제33조(예산편성요령·회계규칙)** 학교법인의 예산편성요령·회계규칙 기타 예산 또는 회계에 관하여 필요한 사항은 관할청이 정한다.

1360) 金康鉉, 앞의 글 "私立學校法(完)", 45면.
1361) 1988. 12. 2. 정부(의안번호: 130287); 제안이유 및 주요내용은 이 책 [4.206] 참조.
1362) 1989. 2. 16. 김인곤의원 등 34인(의안번호: 130422); 제안이유 및 주요내용은 이 책 [4.206] 참조.

- "문교부장관"을 "관할청"으로 변경하였다.

(2) 위원회 심사

〈1〉 **문교공보위원회:** 대안[1363]으로 가결되었다.[1364]

대안
제33조(회계규칙등) 학교법인의 <u>회계규칙</u> 기타 예산 또는 회계에 관하여 필요한 사항은 <u>문교부장관</u>이 정한다.

〈2〉 **법제사법위원회:** 문교공보위원회 대안대로 가결되었다.[1365]

(3) 본회의 심의

문교공보위원회 대안대로 가결되었다.[1366]

(4) 결과

문교공보위원회 대안으로 개정되었다.

2. 1990년 12월 27일 개정(법률 제4268호, 1990. 12. 27. 시행)

제33조(회계규칙등) 학교법인의 회계규칙 기타 예산 또는 회계에 관하여 필요한 사항은 **<u>교육부장관</u>**이 정한다.

- 「정부조직법」(1990. 12. 27. 개정·시행)에 따라 "문교부장관"을 "교육부장관"으로 변경하였다.

3. 2001년 1월 29일 개정(법률 제6400호, 2001. 1. 29. 시행)

제33조(회계규칙등) 학교법인의 회계규칙 기타 예산 또는 회계에 관하여 필요한 사항은 **<u>교육인적자원부장관</u>**이 정한다.

1363) 1990. 3. 15. 문교공보위원장(의안번호: 130833).
1364) 제148회 국회(임시회) 제6차 전체회의, 문교공보위원회회의록, 1990. 3. 14., 8면.
1365) 제148회 국회(임시회) 제6차 전체회의, 법제사법위원회회의록, 1990. 3. 14., 26면.
1366) 제148회 국회(임시회) 제9차 본회의, 국회본회의회의록, 1990. 3. 16., 15~16면.

• 「정부조직법」(2001. 1. 29. 개정·시행)에 따라 "교육부장관"을 "교육인적자원부장관"으로 변경하였다.

33.204 **4. 2008년 2월 29일 개정(법률 제8852호, 2008. 2. 29. 시행)**

제33조(회계규칙등) 학교법인의 회계규칙 기타 예산 또는 회계에 관하여 필요한 사항은 **교육과학기술부장관**이 정한다.

• 「정부조직법」(2008. 2. 29. 개정·시행)에 따라 "교육인적자원부장관"을 "교육과학기술부장관"으로 변경하였다.

33.205 **5. 2013년 3월 23일 개정(법률 제11690호, 2013. 3. 23. 시행)**

제33조(회계규칙등) 학교법인의 회계규칙 기타 예산 또는 회계에 관하여 필요한 사항은 **교육부장관**이 정한다.

• 「정부조직법」(2013. 3. 23. 개정·시행)에 따라 "교육과학기술부장관"을 "교육부장관"으로 변경하였다.

33.206 **6. 2020년 12월 22일 개정(법률 제17659호, 2020. 12. 22. 시행)**

제33조(회계규칙 등) 학교법인의 회계규칙**, 그 밖에** 예산 또는 회계에 관하여 필요한 사항은 교육부장관이 정한다.

• 법문을 한글화하고 간결하게 하였다(오직 형식에 관한 개정이므로 자세한 개정경과는 생략함[1367]).

33.300 **III. 현행법**

제33조(회계규칙 등) 학교법인의 회계규칙, 그 밖에 예산 또는 회계에 관하여 필요

1367) 이에 관한 구체적 개정경과는 이 책 [1.201] 참조.

한 사항은 교육부장관이 정한다.

IV. 종합/특기사항

• 1990년 개정으로 예산편성요령을 교육부장관의 규제대상에서 제외한 것 외에 제33조에 대한 개정은 대부분 정부 부처의 개편에 따라 명칭을 수정한 것이다.

제 5 절 | 해산과 합병

『새교육』이 소개하는 이 절의 제정이유는 아래와 같다.[1368)]

이 절에서는 해산에 대해서는 민법의 규정을 따르고 합병에 대해서는 민법의 규정에 불구하고 청산절차 없이 손쉽게 처리하도록 새로운 원칙을 규정하고 있다.

제34조(해산 사유)

I. 제정법

제34조(해산사유) ①학교법인은 다음의 사유에 의하여 해산한다.

1. 정관에 정한 해산사유가 발생한 때
2. 목적의 달성이 불가능한 때
3. 다른 학교법인과 합병한 때
4. 파산한 때
5. 제47조의 규정에 의한 문교부장관의 해산명령이 있은 때

②전항제2호의 사유에 의한 해산은 이사정수의 3분의 2이상의 동의를 얻어 문교부장관의 인가를 받아야 한다.

1368) 金康鉉, 앞의 글 "私立學校法(完)", 45면.

『새교육』이 소개하는 이 조문의 제정이유는 아래와 같다.[1369)]

해산에 대해서는 제34조에 해산의 사유, 제35조 해산의 경우에 있어 잔여재산의 귀속을 정하되 어느 경우에나 민법 소정의 원칙에 따르고 있다. 다만 학교법인의 해산으로 인하여 국고에 귀속된 재산의 처리는 재무부장관이 아니라, 문교부장관이 주관하여 사립학교의 조성을 위하여 사용하도록 규정한 데 특색이 있을 따름이다.

II. 개정 경과

34.201 **1. 1981년 2월 28일 개정(법률 제3373호, 1981. 2. 28. 시행)**

제34조(해산사유) ①학교법인은 다음의 사유에 의하여 해산한다.
1. 정관에 정한 해산사유가 발생한 때
2. 목적의 달성이 불가능한 때
3. 다른 학교법인과 합병한 때
4. 파산한 때
5. 제47조의 규정에 의한 문교부장관의 해산명령이 있은 때

②**제1항**제2호의 사유에 의한 해산은 이사정수의 3분의 2이상의 동의를 얻어 문교부장관의 인가를 받아야 한다.

• "전항"을 "제1항"으로 하였다(오직 형식에 관한 개정이므로 자세한 개정경과는 생략함[1370)]).

34.202 **2. 1990년 12월 27일 개정(법률 제4268호, 1990. 12. 27. 시행)**

제34조(해산사유) ①학교법인은 다음의 사유에 의하여 해산한다.
1. 정관에 정한 해산사유가 발생한 때
2. 목적의 달성이 불가능한 때
3. 다른 학교법인과 합병한 때

1369) 金康鉉, 앞의 글 "私立學校法(完)", 45면.

1370) 이에 관한 구체적 개정경과는 이 책 [4.204] 참조.

4. 파산한 때
5. 제47조의 규정에 의한 **교육부장관**의 해산명령이 있은 때
②제1항제2호의 사유에 의한 해산은 이사정수의 3분의 2이상의 동의를 얻어 **교육부장관**의 인가를 받아야 한다.

- 「정부조직법」(1990. 12. 27. 개정 · 시행)에 따라 "문교부장관"을 "교육부장관"으로 변경하였다.

3 3. 2001년 1월 29일 개정(법률 제6400호, 2001. 1. 29 시행)

제34조(해산사유) ①학교법인은 다음의 사유에 의하여 해산한다.
1. 정관에 정한 해산사유가 발생한 때
2. 목적의 달성이 불가능한 때
3. 다른 학교법인과 합병한 때
4. 파산한 때
5. 제47조의 규정에 의한 **교육인적자원부장관**의 해산명령이 있은 때
②제1항제2호의 사유에 의한 해산은 이사정수의 3분의 2이상의 동의를 얻어 **교육인적자원부장관**의 인가를 받아야 한다.

- 「정부조직법」(2001. 1. 29. 개정 · 시행)에 따라 "교육부장관"을 "교육인적자원부장관"으로 변경하였다.

4 4. 2008년 2월 29일 개정(법률 제8852호, 2008. 2. 29. 시행)

제34조(해산사유) ①학교법인은 다음의 사유에 의하여 해산한다.
1. 정관에 정한 해산사유가 발생한 때
2. 목적의 달성이 불가능한 때
3. 다른 학교법인과 합병한 때
4. 파산한 때
5. 제47조의 규정에 의한 **교육과학기술부장관**의 해산명령이 있은 때

②제1항제2호의 사유에 의한 해산은 이사정수의 3분의 2 이상의 동의를 얻어 **교육과학기술부장관**의 인가를 받아야 한다.

• 「정부조직법」(2008. 2. 29. 개정·시행)에 따라 "교육인적자원부장관"을 "교육과학기술부장관"으로 변경하였다.

34.205 **5. 2013년 3월 23일 개정(법률 제11690호, 2013. 3. 23. 시행)**

제34조(해산사유) ①학교법인은 다음의 사유에 의하여 해산한다.

1. 정관에 정한 해산사유가 발생한 때
2. 목적의 달성이 불가능한 때
3. 다른 학교법인과 합병한 때
4. 파산한 때
5. 제47조의 규정에 의한 **교육부장관**의 해산명령이 있은 때

②제1항제2호의 사유에 의한 해산은 이사정수의 3분의 2 이상의 동의를 얻어 **교육부장관**의 인가를 받아야 한다.

• 「정부조직법」(2013. 3. 23. 개정·시행)에 따라 "교육과학기술부장관"을 "교육부장관"으로 변경하였다.

34.206 **6. 2020년 12월 22일 개정(법률 제17659호, 2020. 12. 22. 시행)**

제34조(해산 사유) ①_학교법인은 다음 **각 호의 어느 하나에 해당하는 사유로** 해산한다.

1. 정관**으로** 정한 해산_사유**의** 발생
2. 목적 달성**의** 불가능
3. 다른 학교법인과**의** 합병
4. 파산
5. 제47조**에 따른** 교육부장관의 해산명령

②_제1항제2호의 사유**로 인**한 해산은 이사 정수의 3분의 2 이상의 동의를 **받아** 교육부장관의 인가를 받아야 한다.

• 법문을 한글화하고 간결하게 하였다(오직 형식에 관한 개정이므로 자세한 개정경과는 생략함[1371]).

III. 현행법

제34조(해산 사유) ① 학교법인은 다음 각 호의 어느 하나에 해당하는 사유로 해산한다.
1. 정관으로 정한 해산 사유의 발생
2. 목적 달성의 불가능
3. 다른 학교법인과의 합병
4. 파산
5. 제47조에 따른 교육부장관의 해산명령

② 제1항제2호의 사유로 인한 해산은 이사 정수의 3분의 2 이상의 동의를 받아 교육부장관의 인가를 받아야 한다.

IV. 종합/특기사항

• 제34조에 대한 개정은 모두 법문 한글화·간결화, 정부부처의 명칭 변경 등 형식에 관한 것이다.

제35조(잔여재산의 귀속)

I. 제정법

제35조(잔여재산의 귀속) ①해산한 학교법인의 잔여재산은 합병 및 파산의 경우를 제외하고는 문교부장관에 대한 청산종결의 신고가 있은 때에 정관으로 지정한 자에게 귀속된다.

1371) 이에 관한 구체적 개정경과는 이 책 [1.201] 참조.

②전항의 규정에 의하여 처분되지 아니한 재산은 국고에 귀속된다.
③국가는 전항의 규정에 의하여 국고에 귀속된 재산을 사립학교교육의 조성을 위하여 다른 학교법인에 대하여 양여 또는 무상대부하거나, 보조금으로 지급하거나 기타 교육사업에 사용한다.
④제2항의 규정에 의하여 국고에 귀속된 재산은 문교부장관이 관리하고, 제3항의 처분은 재무부장관의 동의를 얻어 문교부장관이 행한다.

『새교육』이 소개하는 이 조문의 제정이유는 아래와 같다.[1372]

해산에 대해서는 제34조에 해산의 사유, 제35조 해산의 경우에 있어 잔여재산의 귀속을 정하되 어느 경우에나 민법 소정의 원칙에 따르고 있다. 다만 학교법인의 해산으로 인하여 국고에 귀속된 재산의 처리는 재무부장관이 아니라, 문교부장관이 주관하여 사립학교의 조성을 위하여 사용하도록 규정한 데 특색이 있을 따름이다.

II. 개정 경과

35.201 **1. 1981년 2월 28일 개정(법률 제3373호, 1981. 2. 28. 시행)**

제35조(잔여재산의 귀속) ①해산한 학교법인의 잔여재산은 합병 및 파산의 경우를 제외하고는 문교부장관에 대한 청산종결의 신고가 있은 때에 정관으로 지정한 자에게 귀속된다.
②**제1항**의 규정에 의하여 처분되지 아니한 재산은 국고에 귀속된다.
③국가는 **제2항**의 규정에 의하여 국고에 귀속된 재산을 사립학교교육의 조성을 위하여 다른 학교법인에 대하여 양여 또는 무상대부하거나, 보조금으로 지급하거나 기타 교육사업에 사용한다.
④제2항의 규정에 의하여 국고에 귀속된 재산은 문교부장관이 관리하고, 제3항의 처분은 재무부장관의 동의를 얻어 문교부장관이 행한다.

- “전항”을 “제1항, 제2항”으로 하였다(오직 형식에 관한 개정이므로 자세한 개정경과는 생략함[1373]).

1372) 金康鉉, 앞의 글 “私立學校法(完)”, 45면.
1373) 이에 관한 구체적 개정경과는 이 책 [4.204] 참조.

2. 1990년 4월 7일 개정(법률 제4226호, 1990. 4. 7. 시행)

제35조(잔여재산의 귀속) ①해산한 학교법인의 잔여재산은 합병 및 파산의 경우를 제외하고는 문교부장관에 대한 청산종결의 신고가 있은 때에 정관으로 지정한 자에게 귀속된다.

②제1항의 규정에 의하여 처분되지 아니한 재산**중 대학교육기관을 설치·경영하는 학교법인의 재산은 국고에, 제4조제1항제1호 및 동조제2항제1호에 규정한 학교를 설치·경영하는 학교법인의 재산은 당해 지방자치단체에 각각 귀속된다.**

③국가 **또는 지방자치단체는** 제2항의 규정에 의하여 국고 **또는 지방자치단체에** 귀속된 재산을 사립학교교육의 **지원을** 위하여 다른 학교법인에 대하여 양여 · 무상대부 **또는** 보조금으로 지급하거나 기타 교육사업에 사용한다.

④제2항의 규정에 의하여 국고에 귀속된 재산은 문교부장관**이, 지방자치단체에 귀속된 재산은 당해 지방자치단체의 교육장이 관리하되, 제3항의 규정에 의한 처분을 하고자 할 때에는 미리 문교부장관은 재무부장관의, 시·도교육장은 문교부장관의, 시·군 및 자치구교육장은 시·도교육장의 동의를 얻어야 한다.**

(1) 법률안

〈1〉 정부안[1374)]

현행법	원안
제35조(잔여재산의 귀속) ① 해산한 학교법인의 잔여재산은 합병 및 파산의 경우를 제외하고는 문교부장관에 대한 청산종결의 신고가 있은 때에 정관으로 지정한 자에게 귀속된다. ②제1항의 규정에 의하여 처분되지 아니한 재산은 국고에 귀속된다. ③국가는 제2항의 규정에 의하여 국고에 귀속된 재산을 사립학교교육의 조성을 위하여 다른 학교법인에 대하여 양여 또는 무상대부하거나,	**제35조(잔여재산의 귀속)** ①해산한 학교법인의 잔여재산은 합병 및 파산의 경우를 제외하고는 관할청에 대한 청산종결의 신고가 있은 때에 정관으로 지정한 자에게 귀속된다. ②제1항의 규정에 의하여 처분되지 아니한 재산중 대학교육기관을 설치·경영하는 학교법인의 재산은 국고에, 제4조제1항제1호 및 동조제2항제1호에 규정한 학교를 설치·경영하는 학교법인의 재산은 당해 지방자치단체에 각각 귀속된다. ③국가 또는 지방자치단체는 제2항의 규정에 의하여 국고 또는 지방자치단체에 귀속된 재산을 사립학교교육의 지원을 위하여 다른 학교법

1374) 1988. 12. 2. 정부(의안번호: 130287); 제안이유 및 주요내용은 이 책 [4.206] 참조.

보조금으로 지급하거나 기타 교육사업에 사용한다. ④제2항의 규정에 의하여 국고에 귀속된 재산은 문교부장관이 관리하고, 제3항의 처분은 재무부장관의 동의를 얻어 문교부장관이 행한다.	인에 대하여 양여·무상대부 또는 보조금으로 지급하거나 기타 교육사업에 사용한다. ④제2항의 규정에 의하여 국고에 귀속된 재산은 문교부장관이, 지방자치단체에 귀속된 재산은 당해 지방자치단체의 교육장이 관리하되, 제3항의 규정에 의한 처분을 하고자 할 때에는 미리 문교부장관은 재무부장관의, 시·도교육장은 문교부장관의, 시·군 및 자치구교육장은 시·도교육장의 동의를 얻어야 한다.

〈2〉 박석무 의원안[1375]

현행법	원안
제35조(잔여재산의 귀속) ①해산한 학교법인의 잔여재산은 합병 및 파산의 경우를 제외하고는 문교부장관에 대한 청산종결의 신고가 있은 때에 정관으로 지정한 자에게 귀속된다. ② ~ ④ (생 략)	**제35조(잔여재산의 귀속)** ①해산한 학교법인의 잔여재산은 합병 및 파산의 경우를 제외하고는 관할청에 대한 청산종결의 신고가 있은 때에 정관으로 지정한 자에게 귀속된다. ② ~ ④ (현행과 같음)

〈3〉 김인곤 의원안[1376]

현행법	원안
제35조(잔여재산의 귀속) ① 해산한 학교법인의 잔여재산은 합병 및 파산의 경우를 제외하고는 문교부장관에 대한 청산종결의 신고가 있은 때에 정관으로 지정한 자에게 귀속된다. ②제1항의 규정에 의하여 처분되지 아니한 재산은 국고에 귀속된다. ③국가는 제2항의 규정에 의하여 국고에 귀속된 재산을 사립학교교육의 조성을 위하여 다른 학교법인에 대하여 양여 또는 무상대부하거나, 보조금으로 지급하거나 기타 교육사업에 사용한다. ④제2항의 규정에 의하여 국고에 귀속된 재산은 문교부장관이 관리하고, 제3항의 처분은 재	**제35조(잔여재산의 귀속)** ①해산한 학교법인의 잔여재산은 합병 및 파산의 경우를 제외하고는 관할청에 대한 청산종결의 신고가 있은 때에 정관으로 지정한 자에게 귀속된다. ②제1항의 규정에 의하여 처분되지 아니한 재산은 당해 지방자치단체에 귀속된다. ③당해 지방자치단체는 제2항의 규정에 의하여 당해 지방자치단체에 귀속된 재산을 사립학교교육의 조성을 위하여 다른 학교법인에 대하여 양여 또는 무상대부하거나 설립자에게 돌려주어야 한다. ④제2항의 규정에 의하여 당해 지방자치단체에 귀속된 재산은 관할청이 관리하고, 제3항의

1375) 1988. 12. 21. 박석무의원 등 70인(의안번호: 130378); 제안이유 및 주요내용은 이 책 [4.206] 참조.
1376) 1989. 2. 16. 김인곤의원 등 34인(의안번호: 130422); 제안이유 및 주요내용은 이 책 [4.206] 참조.

무부장관의 동의를 얻어 문교부장관이 행한다.	처분은 교육위원회의 의결을 얻어 관할청이 행한다.

〈4〉 강삼재 의원안[1377)]

현행법	원안
제35조(잔여재산의 귀속) ①해산한 학교법인의 잔여재산은 합병 및 파산의 경우를 제외하고는 문교부장관에 대한 청산종결의 신고가 있은 때에 정관으로 지정한 자에게 귀속된다. ② ~ ④ (생 략)	**제35조(잔여재산의 귀속)** ①해산한 학교법인의 잔여재산은 합병 및 파산의 경우를 제외하고는 관할청에 대한 청산종결의 신고가 있은 때에 정관으로 지정한 자에게 귀속된다. ② ~ ④ (현행과 같음)

(2) 위원회 심사

〈1〉 **문교공보위원회:** 대안[1378)]으로 가결되었다.[1379)]

대안
제35조(잔여재산의 귀속) ①해산한 학교법인의 잔여재산은 합병 및 파산의 경우를 제외하고는 문교부장관에 대한 청산종결의 신고가 있은 때에 정관으로 지정한 자에게 귀속된다. ②제1항의 규정에 의하여 처분되지 아니한 재산중 대학교육기관을 설치·경영하는 학교법인의 재산은 국고에, 제4조제1항제1호 및 동조제2항제1호에 규정한 학교를 설치·경영하는 학교법인의 재산은 당해 지방자치단체에 각각 귀속된다. ③국가 또는 지방자치단체는 제2항의 규정에 의하여 국고 또는 지방자치단체에 귀속된 재산을 사립학교교육의 지원을 위하여 다른 학교법인에 대하여 양여·무상대부 또는 보조금으로 지급하거나 기타 교육사업에 사용한다. ④제2항의 규정에 의하여 국고에 귀속된 재산은 문교부장관이, 지방자치단체에 귀속된 재산은 당해 지방자치단체의 교육장이 관리하되, 제3항의 규정에 의한 처분을 하고자 할 때에는 미리 문교부장관은 재무부장관의, 시·도교육장은 문교부장관의, 시·군 및 자치구교육장은 시·도교육장의 동의를 얻어야 한다.

〈2〉 **법제사법위원회:** 문교공보위원회 대안대로 가결되었다.[1380)]

(3) 본회의 심의

문교공보위원회 대안대로 가결되었다.[1381)]

1377) 1989. 2. 28. 강삼재의원 등 57인(의안번호: 130463; 제안이유 및 주요내용은 이 책 [4.206] 참조.
1378) 1990. 3. 15. 문교공보위원장(의안번호: 130833).
1379) 제148회 국회(임시회) 제6차 전체회의, 문교공보위원회회의록, 1990. 3. 14., 8면.
1380) 제148회 국회(임시회) 제6차 전체회의, 법제사법위원회회의록, 1990. 3. 14., 26면.
1381) 제148회 국회(임시회) 제9차 본회의, 국회본회의회의록, 1990. 3. 16., 15~16면.

(4) 결과

문교공보위원회 대안으로 개정되었다.

35.203 **3. 1990년 12월 27일 개정(법률 제4268호, 1990. 12. 27. 시행)**

제35조(잔여재산의 귀속) ①해산한 학교법인의 잔여재산은 합병 및 파산의 경우를 제외하고는 **교육부장관**에 대한 청산종결의 신고가 있은 때에 정관으로 지정한 자에게 귀속된다.
②제1항의 규정에 의하여 처분되지 아니한 재산중 대학교육기관을 설치·경영하는 학교법인의 재산은 국고에, 제4조제1항제1호 및 동조제2항제1호에 규정한 학교를 설치·경영하는 학교법인의 재산은 당해 지방자치단체에 각각 귀속된다.
③국가 또는 지방자치단체는 제2항의 규정에 의하여 국고 또는 지방자치단체에 귀속된 재산을 사립학교교육의 지원을 위하여 다른 학교법인에 대하여 양여·무상대부 또는 보조금으로 지급하거나 기타 교육사업에 사용한다.
④제2항의 규정에 의하여 국고에 귀속된 재산은 **교육부장관**이, 지방자치단체에 귀속된 재산은 당해 지방자치단체의 교육장이 관리하되, 제3항의 규정에 의한 처분을 하고자 할 때에는 미리 **교육부장관**은 재무부장관의, 시·도교육장은 **교육부장관**의, 시·군 및 자치구교육장은 시·도교육장의 동의를 얻어야 한다.

- 「정부조직법」(1990. 12. 27. 개정·시행)에 따라 "문교부장관"을 "교육부장관"으로 변경하였다.

35.204 **4. 1991년 3월 8일 개정(법률 제4347호, 1991. 6. 20. 시행)**

제35조(잔여재산의 귀속) ①해산한 학교법인의 잔여재산은 합병 및 파산의 경우를 제외하고는 교육부장관에 대한 청산종결의 신고가 있은 때에 정관으로 지정한 자에게 귀속된다.
②제1항의 규정에 의하여 처분되지 아니한 재산중 대학교육기관을 설치·경영하는 학교법인의 재산은 국고에, 제4조제1항제1호 및 동조제2항제1호에 규정한 학교를 설치·경영하는 학교법인의 재산은 당해 지방자치단체에 각각 귀속된다.
③국가 또는 지방자치단체는 제2항의 규정에 의하여 국고 또는 지방자치단체에

귀속된 재산을 사립학교교육의 지원을 위하여 다른 학교법인에 대하여 양여·무상대부 또는 보조금으로 지급하거나 기타 교육사업에 사용한다.

④제2항의 규정에 의하여 국고에 귀속된 재산은 교육부장관이, 지방자치단체에 귀속된 재산은 당해 지방자치단체의 교육장이 관리하되, 제3항의 규정에 의한 처분을 하고자 할 때에는 미리 교육부장관은 재무부장관의, 시·도교육장은 교육부장관의 동의를 얻어야 한다.

- 「지방교육자치에 관한 법률」(1991. 3. 8. 제정, 1991. 6. 20. 시행) 제정에 따라지방자치단체의 교육·학예에 관한 사무는 특별시·직할시 및 도(이하 "시·도"라 한다)의 사무로 하였다.
- 또한, 시·도의 교육·학예에 관한 사무의 집행기관으로 시·도에 임기 4년의 교육감을 두도록 하였다. 이에 제35조제4항 중 "시·군 및 자치구교육장은 시·도교육장의"가 삭제되었다.

5. 1997년 1월 13일 개정(법률 제5274호, 1997. 4. 14. 시행)

제35조(잔여재산의 귀속) ①해산한 학교법인의 잔여재산은 합병 및 파산의 경우를 제외하고는 교육부장관에 대한 청산종결의 신고가 있은 때에 정관으로 지정한 자에게 귀속된다.

②제1항의 규정에 의하여 처분되지 아니한 재산중 대학교육기관을 설치·경영하는 학교법인의 재산은 국고에, **제4조제1항제1호에** 규정한 학교를 설치·경영하는 학교법인의 재산은 당해 지방자치단체에 각각 귀속된다.

③국가 또는 지방자치단체는 제2항의 규정에 의하여 국고 또는 지방자치단체에 귀속된 재산을 사립학교교육의 지원을 위하여 다른 학교법인에 대하여 양여·무상대부 또는 보조금으로 지급하거나 기타 교육사업에 사용한다.

④제2항의 규정에 의하여 국고에 귀속된 재산은 교육부장관이, 지방자치단체에 귀속된 재산은 당해 시·도교육감이 관리하되, 제3항의 규정에 의한 처분을 하고자 할 때에는 미리 교육부장관은 **재정경제원장관**의, 시·도교육**감**은 교육부장관의 동의를 얻어야 한다.

(1) 법률안(정부안[1382])

현행법	원안
제35조(잔여재산의 귀속) ① (생 략) ②제1항의 규정에 의하여 처분되지 아니한 재산중 대학교육기관을 설치·경영하는 학교법인의 재산은 국고에, 제4조제1항제1호 및 동조제2항제1호에 규정한 학교를 설치·경영하는 학교법인의 재산은 당해 지방자치단체에 각각 귀속된다. ③ (생 략) ④제2항의 규정에 의하여 국고에 귀속된 재산은 교육부장관이, 지방자치단체에 귀속된 재산은 당해 지방자치단체의 교육장이 관리하되, 제3항의 규정에 의한 처분을 하고자 할 때에는 미리 교육부장관은 재무부장관의, 시·도교육장은 교육부장관의 동의를 얻어야 한다.	**제35조(잔여재산의 귀속)** ① (현행과 같음) ②제1항의 규정에 의하여 처분되지 아니한 재산중 대학교육기관을 설치·경영하는 학교법인의 재산은 국고에, 제4조제1항제1호에 규정한 학교를 설치·경영하는 학교법인의 재산은 당해 지방자치단체에 각각 귀속된다. ③ (현행과 같음) ④제2항의 규정에 의하여 국고에 귀속된 재산은 교육부장관이, 지방자치단체에 귀속된 재산은 당해 시·도교육감이 관리하되, 제3항의 규정에 의한 처분을 하고자 할 때에는 미리 교육부장관은 재정경제원장관의, 시·도교육감은 교육부장관의 동의를 얻어야 한다.

- 「지방교육자치에 관한 법률」(1991. 3. 8. 제정, 1991. 6. 20. 시행) 제정에 따라제35조제2항 중 "제4조제1항제1호 및 동조제2항제1호"를 "제4조제1항제1호"로 하고, 제35조제4항 중 "지방자치단체의 교육"을 "시·도교육감"으로 하였다.
- 「정부조직법」(1994. 12. 23. 개정·시행) 개정으로 "재무부장관"을 "재정경제원장관"으로 변경하였다.

(2) 위원회 심사

〈1〉 **교육위원회:** 원안대로 가결되었다.[1383]

〈2〉 **법제사법위원회:** 원안대로 가결되었다.[1384]

(3) 본회의 심의

원안대로 가결되었다.[1385]

1382) 1996. 11. 18. 정부(의안번호: 150305); 제안이유 및 주요내용은 이 책 [3.206] 참조.
1383) 제181회 국회(정기회) 제10차 전체회의, 교육위원회회의록, 1996. 12. 12., 17면.
1384) 제181회 국회(정기회) 제14차 전체회의, 법제사법위원회회의록, 1996. 12. 16., 23면.
1385) 제181회 국회(정기회) 제22차 본회의, 국회본회의회의록, 1996. 12. 17., 8면.

(4) 결과

원안으로 개정되었다.

6. 1999년 5월 24일 개정(법률 제5982호, 1999. 5. 24. 시행)

第35條(잔여재산의 귀속) ①해산한 학교법인의 잔여재산은 합병 및 파산의 경우를 제외하고는 교육부장관에 대한 청산종결의 신고가 있은 때에 정관으로 지정한 자에게 귀속된다.

②제1항의 규정에 의하여 처분되지 아니한 재산중 대학교육기관을 설치·경영하는 학교법인의 재산은 국고에, 제4조제1항제1호에 규정한 학교를 설치·경영하는 학교법인의 재산은 당해 지방자치단체에 각각 귀속된다.

③국가 또는 지방자치단체는 제2항의 규정에 의하여 국고 또는 지방자치단체에 귀속된 재산을 사립학교교육의 지원을 위하여 다른 학교법인에 대하여 양여·무상대부 또는 보조금으로 지급하거나 기타 교육사업에 사용한다.

④제2항의 규정에 의하여 국고에 귀속된 재산은 교육부장관이, 지방자치단체에 귀속된 재산은 당해 시·도교육감이 관리하되, 제3항의 규정에 의한 처분을 하고자 할 때에는 미리 교육부장관은 **재정경제부장관**의, 시·도교육감은 교육부장관의 동의를 얻어야 한다.

- 「정부조직법」(1999. 5. 24. 개정·시행)에 따라 "재정경제원장관"을 "재정경제부장관 교육부장관"으로 변경하였다.

7. 2001년 1월 29일 개정(법률 제6400호, 2001. 1. 29. 시행)

第35條(잔여재산의 귀속) ①해산한 학교법인의 잔여재산은 합병 및 파산의 경우를 제외하고는 **교육인적자원부장관**에 대한 청산종결의 신고가 있은 때에 정관으로 지정한 자에게 귀속된다.

②제1항의 규정에 의하여 처분되지 아니한 재산중 대학교육기관을 설치·경영하는 학교법인의 재산은 국고에, 제4조제1항제1호에 규정한 학교를 설치·경영하는 학교법인의 재산은 당해 지방자치단체에 각각 귀속된다.

③국가 또는 지방자치단체는 제2항의 규정에 의하여 국고 또는 지방자치단체에

귀속된 재산을 사립학교교육의 지원을 위하여 다른 학교법인에 대하여 양여·무상대부 또는 보조금으로 지급하거나 기타 교육사업에 사용한다.

④제2항의 규정에 의하여 국고에 귀속된 재산은 **교육인적자원부장관**이, 지방자치단체에 귀속된 재산은 당해 시·도교육감이 관리하되, 제3항의 규정에 의한 처분을 하고자 할 때에는 미리 **교육인적자원부장관**은 재정경제부장관의, 시·도교육감은 **교육인적자원부장관**의 동의를 얻어야 한다.

- 「정부조직법」(2001. 1. 29. 개정·시행)에 따라 "교육부장관"을 "교육인적자원부장관"으로 변경하였다.

35.208

8. 2008년 2월 29일 개정(법률 제8852호, 2008. 2. 29. 시행)

제35조(잔여재산의 귀속) ①해산한 학교법인의 잔여재산은 합병 및 파산의 경우를 제외하고는 **교육과학기술부장관**에 대한 청산종결의 신고가 있은 때에 정관으로 지정한 자에게 귀속된다.

②제1항의 규정에 의하여 처분되지 아니한 재산중 대학교육기관을 설치·경영하는 학교법인의 재산은 국고에, 제4조제1항제1호에 규정한 학교를 설치·경영하는 학교법인의 재산은 당해 지방자치단체에 각각 귀속된다.

③국가 또는 지방자치단체는 제2항의 규정에 의하여 국고 또는 지방자치단체에 귀속된 재산을 사립학교교육의 지원을 위하여 다른 학교법인에 대하여 양여·무상대부 또는 보조금으로 지급하거나 기타 교육사업에 사용한다.

④제2항의 규정에 의하여 국고에 귀속된 재산은 **교육인적자원부장관**이, 지방자치단체에 귀속된 재산은 당해 시·도교육감이 관리하되, 제3항의 규정에 의한 처분을 하고자 할 때에는 미리 **교육과학기술부장관**은 **기획재정부장관**의, 시·도교육감은 **교육인적자원부장관**의 동의를 얻어야 한다.

- 「정부조직법」(2008. 2. 29. 개정·시행)에 따라 "교육인적자원부장관"을 "교육과학기술부장관"으로, "재정경제부장관"을 "기획재정부장관"으로 변경하였다.
- 제35조제4항 중 "교육인적자원부장관"이 그대로 유지되어 있는 것은 행정상의 오류로 사료된다.

9. 2013년 3월 23일 개정(법률 제11690호, 2013. 3. 23. 시행)

제35조(잔여재산의 귀속) ①해산한 학교법인의 잔여재산은 합병 및 파산의 경우를 제외하고는 **교육부장관**에 대한 청산종결의 신고가 있은 때에 정관으로 지정한 자에게 귀속된다.

②제1항의 규정에 의하여 처분되지 아니한 재산중 대학교육기관을 설치·경영하는 학교법인의 재산은 국고에, 제4조제1항제1호에 규정한 학교를 설치·경영하는 학교법인의 재산은 당해 지방자치단체에 각각 귀속된다.

③국가 또는 지방자치단체는 제2항의 규정에 의하여 국고 또는 지방자치단체에 귀속된 재산을 사립학교교육의 지원을 위하여 다른 학교법인에 대하여 양여·무상대부 또는 보조금으로 지급하거나 기타 교육사업에 사용한다.

④제2항의 규정에 의하여 국고에 귀속된 재산은 **교육부장관**이, 지방자치단체에 귀속된 재산은 당해 시·도교육감이 관리하되, 제3항의 규정에 의한 처분을 하고자 할 때에는 미리 **교육부장관**은 기획재정부장관의, 시·도교육감은 **교육부장관**의 동의를 얻어야 한다.

- 「정부조직법」(2013. 3. 23. 개정·시행)에 따라 "교육과학기술부장관"을 "교육부장관"으로 변경하였다.

10. 2019년 1월 15일 개정(법률 제16219호, 2019. 1. 15. 시행)

제35조(잔여재산의 귀속) **①학교법인은 정관에 해산에 따른 잔여재산의 귀속자에 관한 규정을 두고자 할 때에는 그 귀속자는 학교법인이나 그 밖에 교육사업을 경영하는 자 중에서 선정되도록 하여야 한다.**

②해산한 학교법인의 잔여재산은 합병 및 파산의 경우를 제외하고는 교육부장관에 대한 청산종결의 신고가 있은 때에 제1항에 따라 정관으로 지정한 자에게 귀속된다.

③제1항 및 제2항에도 불구하고 학교법인의 임원 또는 해당 학교법인이 설립한 사립학교를 경영하는 자 등이 이 법 또는 교육관계법령을 위반하여 해당 학교법인이 관할청으로부터 회수 등 재정적 보전을 필요로 하는 시정요구를 받았으나 이를 이행하지 아니하고 해산되는 경우 정관으로 지정한 자가 다음 각 호의 어느

하나에 해당하는 때에는 그 지정이 없는 것으로 본다.

1. 해산한 학교법인의 설립자나 임원 또는 이들과 「민법」 제777조의 친족관계에 있는 자가 학교법인 해산일을 기준으로 10년 이내의 기간 중 정관으로 지정한 자 또는 정관으로 지정한 자가 설립한 사립학교의 다음 각 목의 어느 하나에 해당하는 보직에 있거나 있었던 경우
   가. 대표자
   나. 임원
   다. 대학(「고등교육법」 제2조 각 호의 학교를 말한다)의 총장 또는 부총장
   라. 초등학교·중학교·고등학교(「초·중등교육법」 제2조 각 호의 학교를 말한다)의 교장 또는 교감
   마. 「유아교육법」 제2조제2호에 따른 유치원의 원장 또는 원감
2. 정관으로 지정한 자의 임원 또는 정관으로 지정한 자가 설립한 사립학교를 경영하는 자 등이 이 법 또는 교육관계법령을 위반하여 정관으로 지정한 자가 관할청으로부터 회수 등 재정적 보전을 필요로 하는 시정요구를 받았으나 이를 이행하지 아니한 경우

④제2항 및 제3항의 규정에 의하여 처분되지 아니한 재산중 대학교육기관을 설치·경영하는 학교법인의 재산은 국고에, 제4조제1항제1호에 규정한 학교를 설치·경영하는 학교법인의 재산은 당해 지방자치단체에 각각 귀속된다.

⑤국가 또는 지방자치단체는 제4항의 규정에 의하여 국고 또는 지방자치단체에 귀속된 재산을 사립학교교육의 지원을 위하여 다른 학교법인에 대하여 양여·무상대부 또는 보조금으로 지급하거나 기타 교육사업에 사용한다.

⑥제4항의 규정에 의하여 국고에 귀속된 재산은 교육부장관이, 지방자치단체에 귀속된 재산은 당해 시·도교육감이 관리하되, 제5항의 규정에 의한 처분을 하고자 할 때에는 미리 교육부장관은 기획재정부장관의, 시·도교육감은 교육부장관의 동의를 얻어야 한다.

(1) 법률안

〈1〉 **박경미 의원안**[1386]: 이 조문을 포함한 개정 대상 조문의 제안이유 및 주요내용은 아래와 같다.

1386) 2017. 9. 1. 박경미의원 등 11인(의안번호: 2008963).

• 제안이유 및 주요내용

현행 「사립학교법」 제35조(잔여재산의 귀속)는 학교법인이 해산되었을 경우 그 잔여재산을 학교법인이나 기타 교육사업을 경영하는 자에게 귀속하게 하여 사립학교 교육에 재투자하게 하고 있음. 그러나 동 조항은 폐교 시(강제 및 자진 폐교 포함) 이해관계가 있는 학교법인을 잔여재산의 귀속자로 정하였을 경우, 감사처분 횡령액 등을 회수할 수 없기에 감사처분을 면책하고자 악용될 소지가 있음.

이에 학교법인이 해산한 경우 잔여재산의 처분 시 횡령 및 회계부정으로 인한 감사처분금액을 국고 등으로 귀속시키고자 하는 것임(안 제35조제1항 단서 신설).

이 조문의 현행법과 개정 원안은 아래와 같다.

현행법	원안
제35조(잔여재산의 귀속) ①해산한 학교법인의 잔여재산은 합병 및 파산의 경우를 제외하고는 교육부장관에 대한 청산종결의 신고가 있은 때에 정관으로 지정한 자에게 귀속된다. <u><단서 신 설></u>	**제35조(잔여재산의 귀속)** ①해산한 학교법인의 잔여재산은 합병 및 파산의 경우를 제외하고는 교육부장관에 대한 청산종결의 신고가 있은 때에 정관으로 지정한 자에게 귀속된다. <u>다만, 횡령·회계부정 등을 이유로 회수를 요구하는 관할청의 감사처분이 있는 경우에는 그 금액에 해당하는 재산은 국고 또는 지방자치단체로 귀속된다.</u>
② (생 략)	② (현행과 같음)
③국가 또는 지방자치단체는 <u>제2항의</u> 규정에 의하여 국고 또는 지방자치단체에 귀속된 재산을 사립학교교육의 지원을 위하여 다른 학교법인에 대하여 양여·무상대부 또는 보조금으로 지급하거나 기타 교육사업에 사용한다.	③국가 또는 지방자치단체는 <u>제1항 및 제2항의</u> 규정에 의하여 국고 또는 지방자치단체에 귀속된 재산을 사립학교교육의 지원을 위하여 다른 학교법인에 대하여 양여·무상대부 또는 보조금으로 지급하거나 기타 교육사업에 사용한다.
④ (생 략)	④ (현행과 같음)

제1항 단서를 신설하여 횡령·회계부정의 경우에 잔여재산은 정관으로 정한 사람이 아닌 국고 또는 지방자치단체에 귀속하도록 하였다.

〈2〉 **유성엽 의원안**[1387]**:** 이 조문을 포함한 개정 대상 조문의 제안이유 및 주요내용은 아래와 같다.

1387) 2017. 9. 13. 유성엽의원 등 10인(의안번호: 2009327).

• 제안이유

「사립학교법」 제35조(잔여재산의 귀속)는 학교법인 해산 시 잔여재산을 "정관으로 지정한 자"에게 귀속하도록 하여, 법인해산 후에도 지속적으로 해당 재산이 사립학교 교육에 재투자될 수 있도록 하고 있으나, 동 조항은 당초 취지와 다르게 교비횡령 등 회계부정을 저지른 경영자 등이 법인 해산으로 감사처분 이행의무를 회피하고 잔여재산을 활용하여 지속적으로 사학에 관여하는 수단으로 악용될 소지가 있어, 이런 경우 예외적으로 국고 등으로 귀속할 수 있는 근거를 마련하고자 함.

또한 이러한 교비 횡령 등으로 국고 등에 귀속된 잔여재산은 현행 "사립학교 교육의 지원" 용도 외에 "대학구조개혁 지원"을 위한 용도로 사용할 수 있도록 하고, 별도의 기금으로 관리하여 학령인구 감소에 따른 대학구조 개혁에 대비하고자 함.

• 주요내용

가. 학교법인 임원 등이 사립학교법 제29조제6항을 위반하여 관할청으로부터 시정요구를 받았으나 미이행 상태에서 해산하게 된 경우, 잔여재산은 전액 국고 또는 지방자치단체로 귀속됨(안 제35조제1항).

나. 이로 인해 국고 등으로 귀속된 재산은 기금 조성을 통해 사립학교의 구조개혁을 지원하기 위한 용도로 활용할 수 있도록 함(안 제35조제3항).

이 조문의 현행법과 개정 원안은 아래와 같다

현행법	원안
제35조(잔여재산의 귀속) ①해산한 학교법인의 잔여재산은 합병 및 파산의 경우를 제외하고는 교육부장관에 대한 청산종결의 신고가 있은 때에 정관으로 지정한 자에게 귀속된다.	**제35조(잔여재산의 귀속)** ①해산한 학교법인의 잔여재산은 다음 각 호의 경우를 제외하고는 교육부장관에 대한 청산종결의 신고가 있은 때에 정관으로 지정한 자에게 귀속된다.
<신 설>	1. 다른 학교법인과 합병한 경우
<신 설>	2. 파산한 경우
<신 설>	3. 학교법인의 임원 또는 사립학교경영자 등이 제29조제6항 위반으로 관할청으로부터 시정요구를 받았으나 미이행 상태에서 제34조제2항에 따른 교육부장관의 해산 인가 또는 제47조에 따른 교육부장관의 해산명령을 받은 경우
②제1항의 규정에 의하여 처분되지 아니한 재	②제1항의 규정에 의하여 처분되지 아니한 재

산중 대학교육기관을 설치·경영하는 학교법인의 재산은 국고에, 제4조제1항제1호에 규정한 학교를 설치·경영하는 학교법인의 재산은 당해 지방자치단체에 각각 귀속된다.	산과 제1항제3호의 사유로 해산한 학교법인의 잔여재산은 대학교육기관을 설치·경영하는 학교법인의 재산은 국고에, 제4조제1항제1호에 규정한 학교를 설치·경영하는 학교법인의 재산은 당해 지방자치단체에 각각 귀속된다.
③국가 또는 지방자치단체는 제2항의 규정에 의하여 국고 또는 지방자치단체에 귀속된 재산을 사립학교교육의 지원을 위하여 다른 학교법인에 대하여 양여·무상대부 또는 보조금으로 지급하거나 기타 교육사업에 사용한다.	③국가 또는 지방자치단체는 제2항의 규정에 의하여 국고 또는 지방자치단체에 귀속된 재산을 다음 각 호의 용도로 사용한다.
<신 설>	1. 폐지되는 대학에 재적 중인 학생의 등록금 환불액
<신 설>	2. 해산되는 학교법인 또는 폐지되는 대학의 소속 교직원의 해당 학기 인건비 부담액
<신 설>	3. 해산되는 학교법인 또는 폐지되는 대학의 소속 교직원이 퇴직하는 경우 명예퇴직 수당 또는 보상액
<신 설>	4. 해산되는 학교법인 또는 폐지되는 대학의 소속 교직원이 면직하는 경우 생계안정·재취업 및 직업훈련 등의 비용. 이 경우 생계안정·재취업 및 직업훈련 등의 비용의 지출범위는 대통령령으로 정한다.
<신 설>	5. 기타 사립학교의 구조개혁 지원을 위한 재원
<신 설>	6. 사립학교교육의 지원을 위하여 다른 학교법인에 대한 양여·무상대부 또는 보조금으로 지급하거나 기타 교육사업에 사용
<신 설>	④교육부장관은 제2항의 규정에 의하여 국고 또는 지방자치단체에 귀속된 재산 중 제3항제1호부터 제5호까지의 용도로 사용되는 재산은 기금으로 관리·운용한다.
<신 설>	⑤교육부장관은 기금의 관리·운용에 관한 사무의 전부 또는 일부를 대통령령으로 정하는 바에 따라 교육부장관이 지정하는 공공기관 또는 법인에 위탁할 수 있다.
<신 설>	⑥기금의 설치, 운영 등에 관한 세부 사항은 대통령령으로 정한다.
④ (생 략)	⑦ (현행 제4항과 같음)

• 학교법인 임원 등이 사립학교법 제29조제6항을 위반하여 관할청으로부터 시정요구를 받았으나 미이행 상태에서 해산하게 된 경우 잔여재산은 전액 국고 또는 지방자치단체로 귀속되도록 하였다. 이로 인해 국고 등으로 귀속된 재산은 기금 조성을 통해 사립학교의 구조개혁을 지원하기 위한 용도로 활용할 수 있도록 하였다.

(2) 위원회 심사

〈1〉 **교육위원회:** 대안[1388]으로 가결되었다.[1389]

대안
제35조(잔여재산의 귀속) ①학교법인은 정관에 해산에 따른 잔여재산의 귀속자에 관한 규정을 두고자 할 때에는 그 귀속자는 학교법인이나 기타 교육사업을 경영하는 자 중에서 선정되도록 하여야 한다. ②[1390] 해산한 학교법인의 잔여재산은 합병 및 파산의 경우를 제외하고는 교육부장관에 대한 청산종결의 신고가 있은 때에 제1항에 따라 정관으로 지정한 자에게 귀속된다. ③제1항 및 제2항에도 불구하고 학교법인의 임원 또는 사립학교 경영자 등이 이 법 또는 교육관계 법령을 위반하여 해당 학교법인이 관할청으로부터 회수 등 재정적 보전을 필요로 하는 시정요구를 받았으나 이를 이행하지 아니하고 해산되는 경우 정관으로 지정한 자가 다음 각 호의 어느 하나에 해당하는 때에는 그 지정이 없는 것으로 본다. 1. 해산한 학교법인의 설립자나 임원 또는 이들과 「민법」 제777조의 친족관계에 있는 자가 학교법인 해산일을 기준으로 10년 이내의 기간 중 다음 각 목의 어느 하나에 해당하는 보직에 있거나 있었던 경우 가. 대표자 나. 임원 다. 대학(「고등교육법」 제2조 각 호의 학교를 말한다)의 총장 또는 부총장 라. 초등학교·중학교·고등학교(「초·중등교육법」 제2조 각 호의 학교를 말한다)의 교장 또는 교감 마. 「유아교육법」 제2조제2호에 따른 유치원의 원장 또는 원감 2. 학교법인의 임원 또는 사립학교 경영자 등이 이 법 또는 교육관계 법령을 위반하여 해당 학교법인 또는 기타 교육사업을 경영하는 자가 관할청으로부터 회수 등 재정적 보전을 필요로 하는 시정요구를 받았으나 이를 이행하지 아니 한 경우 ④제2항 및 제3항의 규정에 의하여 처분되지 아니한 재산중 대학교육기관을 설치·경영하는 학교법인의 재산은 국고에, 제4조제1항제1호에 규정한 학교를 설치·경영하는 학교법인의 재산은 당해 지방자치단체에 각각 귀속된다. ⑤국가 또는 지방자치단체는 제4항의 규정에 의하여 국고 또는 지방자치단체에 귀속된 재산을 사

1388) 2018. 12. 26. 교육위원장(의안번호: 2017731).
1389) 제355회 국회(임시회) 제1차 전체회의, 교육문화체육관광위원회회의록, 2017. 12. 20., 6면.

립학교교육의 지원을 위하여 다른 학교법인에 대하여 양여·무상대부 또는 보조금으로 지급하거나 기타 교육사업에 사용한다.
⑥제4항의 규정에 의하여 국고에 귀속된 재산은 교육부장관이, 지방자치단체에 귀속된 재산은 당해 시·도교육감이 관리하되, 제5항의 규정에 의한 처분을 하고자 할 때에는 미리 교육부장관은 기획재정부장관의, 시·도교육감은 교육부장관의 동의를 얻어야 한다.

위 내용이 포함된 제35조에 관한 회의록 내용은 아래와 같다.

- **소위원장 유은혜**[1391]: 그 주요 내용을 말씀드리면, 첫째, 잔여재산의 귀속에 관하여 통일적으로 규율하기 위하여 현행 제10조제4항의 내용을 제35조로 이동하였고, 둘째, 학교법인의 임원 또는 사립학교 경영자 등이 이 법 또는 교육관계 법령을 위반하여 해당 학교법인이 관할청으로부터 회수 등 재정적 보전을 필요로 하는 시정요구를 받았으나 이를 이행하지 아니하고 해산되는 경우 정관에서 학교법인 잔여재산의 귀속자로 지정한 자가 특정한 조건에 해당할 때에는 그 지정이 없는 것으로 보도록 하였습니다. 다만 공공복리 및 고등교육기관의 책무성 제고 측면에서 사립학교법 일부개정법률안(대안)을 의결하였으나 여전히 소급적용과 관련한 위헌 소지에 대한 우려가 있다는 부대의견을 달기로 하였습니다.
- **곽상도 위원**[1392]: 저는 사립학교법 개정안에 대해서 반대 의견입니다. 필요성이 있다는 것에 대해서는 저도 공감합니다. 그런데 이걸 이런 방식, 이런 법안에 의해서 하는 것은 문제가 있다고 생각합니다. 우선 설립자의 부정행위가 있다고 해서 학교 재산을 국고로 가져온다는 게 저는 난센스라고 생각합니다. 재산의 본질을 잘못한 사람에 대해서 재산권을 조금 과도하게 손을 봐서 침해를 하는 것 이런 것은 헌법에서도 허용이 가능하다고 생각합니다만 엉뚱한 사람의 재산을 가지고 와서 잘못한 사람의 문제를 대체하겠다고 하는 그런 법이기 때문에 이건 문제가 많다고 생각을 합니다. 소급적용하는 문제도 문제가 있고 또 잔여재산이 회수대상 금액보다 많을 때 지정이 없는 것으로 본다고 하면 횡령금액을 초과하는 부분도 국고로 귀속하는 이런 문제도 발생할 수 있는 여지가 있습니다.

  법원에서 하는 재판 가운데 판사나 검사들이 직무상 하는 행위에 대해서도

1390) 제2항, 제4항, 제5항, 제6항에 관하여 본회의는 법제사법위원회 수정안을 가결한 것으로 기록하고 있으나, 최종 개성소문은 법세사법위원회 수정안과 다르다. 그 이유는 확인할 수 없다(위원회의결인, 교육위원회, 2017. 12. 20., 의안번호 2017731, 9~12면 참조).
1391) 제355회 국회(임시회) 제1차 전체회의, 교육문화체육관광위원회회의록, 2017. 12. 20., 2~3면.
1392) 제355회 국회(임시회) 제1차 전체회의, 교육문화체육관광위원회회의록, 2017. 12. 20., 6면.

손해배상을 인정하는 그런 판결을 하는 경우가 있습니다. 우리가 국회에서 입법을 하더라도 입법행위 자체도 손해배상청구소송의 대상이 될 수도 있습니다. 그래서 법안 하나하나 만들 때도 우리가 잘못된 부분이, 혹시 과도하게 침해되는 부분이 없는지 이런 것들을 검토해 가면서 법안을 만들어야 된다고 저는 생각합니다. 그래서 이 법안에 대해서 저는 기본적으로 반대합니다.

- **위원장 유성엽**[1393]: 그러면 의결 절차에 들어가도록 하겠습니다. 의사일정 제1항부터 제3항까지 박경미 의원과 유성엽 의원이 각각 대표발의한 사립학교법 일부개정법률안 2건과 유성엽 의원이 대표발의한 한국사학진흥재단법 일부개정법률안 1건은 소위원회에서 심사보고한 바와 같이 본회의에 각각 부의하지 아니하고 이를 통합 조정한 의사일정 제4항 사립학교법 일부개정법률안(대안)을 제안하고자 합니다. 이의 없으십니까? (없습니다 하는 위원 있음)
- **곽상도 위원**[1394]: 이의 있습니다.
- **위원장 유성엽**[1395]: 이의 있어요? 이의가 있으면 의견을 말씀하세요.
- **곽상도 위원**[1396]: 반대합니다.
- **위원장 유성엽**[1397]: 그러면 표결로 처리할 수밖에 없을 것 같습니다, 반대하는 위원이 계시기 때문에.
- **염동열 위원**[1398]: 표결보다는 반대의견은 반대의견대로 적시하시고요. 부대의견만 다시 남겨 주십시오.
- **위원장 유성엽**[1399]: 부대의견 아까 제가 말을 했었어요.
- **염동열 위원**[1400]: 했었어요?
- **위원장 유성엽**[1401]: 아까 했었어요.
- **염동열 위원**[1402]: 그러면 이것 속기록만 남기고요. 굳이 표결을 하시겠어요?
- **위원장 유성엽**[1403]: 그러면 가결되었음을 선포합니다.
- **위원장 유성엽**[1404]: 그러면 질의에 들어가기 전에 아까 사립학교법 개정안 처리

1393) 제355회 국회(임시회) 제1차 전체회의, 교육문화체육관광위원회회의록, 2017. 12. 20., 6면.
1394) 제355회 국회(임시회) 제1차 전체회의, 교육문화체육관광위원회회의록, 2017. 12. 20., 6면.
1395) 제355회 국회(임시회) 제1차 전체회의, 교육문화체육관광위원회회의록, 2017. 12. 20., 6면.
1396) 제355회 국회(임시회) 제1차 전체회의, 교육문화체육관광위원회회의록, 2017. 12. 20., 6면.
1397) 제355회 국회(임시회) 제1차 전체회의, 교육문화체육관광위원회회의록, 2017. 12. 20., 6면.
1398) 제355회 국회(임시회) 제1차 전체회의, 교육문화체육관광위원회회의록, 2017. 12. 20., 6면.
1399) 제355회 국회(임시회) 제1차 전체회의, 교육문화체육관광위원회회의록, 2017. 12. 20., 6면.
1400) 제355회 국회(임시회) 제1차 전체회의, 교육문화체육관광위원회회의록, 2017. 12. 20., 6면.
1401) 제355회 국회(임시회) 제1차 전체회의, 교육문화체육관광위원회회의록, 2017. 12. 20., 6면.
1402) 제355회 국회(임시회) 제1차 전체회의, 교육문화체육관광위원회회의록, 2017. 12. 20., 6면.
1403) 제355회 국회(임시회) 제1차 전체회의, 교육문화체육관광위원회회의록, 2017. 12. 20., 6면.

가 일단 됐습니다, 일부 반대의견이 있음에도 불구하고. 거기에서 나왔던 의견 중에 소급적용이다라는 주장이 있었는데 그 소급적용이 어떻게 된 것인지 한번 교육부총리께서 답변을 해 주시기 바랍니다.

- **부총리겸교육부장관 김상곤**[1405]: 소급적용에 대한 문제가 제기된 것은 잘 알고 있습니다. 그런데 소급과 관련해서 사실상 사실관계나 법률관계가 종료된 것에 대해서 소급을 하면 그것은 문제가 되지마는 그렇지 않고 사실관계나 법률관계가 지속되는 상황에서는 부진정소급입법이라고 해서 그것이 양해되는 법적인 체제가 있습니다. 그래서 지금 이것이 완전히 청산이 종결된 것이 아니라 이제 청산절차에 들어가는 상황이기 때문에 소급입법이라고 볼 수는 없을 것 같습니다.
- **위원장 유성엽**[1406]: 법사위에 가셔 가지고 잘 설명을 하시기 바랍니다.
- **부총리겸교육부장관 김상곤**[1407]: 예, 알겠습니다

〈2〉 **법제사법위원회:** 교육위원회 대안을 수정·가결했다.[1408] 수정내용은 아래와 같다.

교육위원회 대안	법제사법위원회 수정안
제35조(잔여재산의 귀속)	제35조(잔여재산의 귀속)
③------- 사립학교 경영자 등이 --- 교육관계 법령을 --------.	③------- 해당 학교법인이 설립한 사립학교를 경영하는 자 등이 --- 교육관계법령을 --------.
1. ------- 10년 이내의 기간 중 다음 각 목의 어느 하나에 해당하는 보직에 있거나 있었던 경우	1. ------- 10년 이내의 기간 중 정관으로 지정한 자 또는 정관으로 지정한 자가 설립한 사립학교의 다음 각 목의 어느 하나에 해당하는 보직에 있거나 있었던 경우
2. 학교법인의 임원 또는 사립학교 경영자 등이 이 법 또는 교육관계 법령을 위반하여 해당 학교법인 또는 기타 교육사업을 경영하는 자가 관할청으로부터 회수 등 재정적 보전을 필요로 하는 시정요구를 받았으나 이를 이행하지 아니한 경우	2. 정관으로 지정한 자의 임원 또는 정관으로 지정한 자가 설립한 사립학교를 경영하는 자 등이 이 법 또는 교육관계법령을 위반하여 정관으로 지정한 자가 관할청으로부터 회수 등 재정적 보전을 필요로 하는 시정요구를 받았으나 이를 이행하지 아니한 경우

1404) 第355회 국회(임시회) 제1차 전체회의, 교육문화체육관광위원회회의록, 2017. 12. 20., 7면.
1405) 第355회 국회(임시회) 제1차 전체회의, 교육문화체육관광위원회회의록, 2017. 12. 20., 7~8면.
1406) 第355회 국회(임시회) 제1차 전체회의, 교육문화체육관광위원회회의록, 2017. 12. 20., 8면.
1407) 第355회 국회(임시회) 제1차 전체회의, 교육문화체육관광위원회회의록, 2017. 12. 20., 8면.
1408) 第365회 국회(임시회) 제1차 전체회의, 법제사법위원회회의록, 2018. 12. 26., 7면.

위 내용이 포함된 제35조에 관한 회의록 내용은 아래와 같다.

가. 제20대 국회 제356회 제3차 법제사법위원회(2018. 2. 20.)

- **전문위원 이문한**[1409]: 의사일정 제77항 사립학교법 일부개정법률안(대안)은 학교법인 임원 등의 법령 위반으로 해당 학교법인이 관할청으로부터 시정요구를 받았음에도 이를 이행하지 않고 해산되는 경우 정관에서 정한 학교법인 잔여재산 귀속자의 지정이 없는 것으로 보아 교비 횡령 등 회계부정을 저지른 자가 잔여재산을 이용해 사학에 관여하는 것을 제지하고 사립학교의 공공성과 회계의 투명성을 보호하기 위한 것으로 잔여재산 귀속자 지정이 없는 것으로 보는 경우의 요건을 명확히 하기 위해 일부 자구를 보완하고, 청산이 진행 중인 학교법인에도 적용 가능하도록 하는 부칙 제2조의 의미를 명확히 하기 위해 일부 자구를 수정할 필요가 있다고 보았습니다.
- **위원장 권성동**[1410]: 수고하셨습니다. 다음은 대체토론을 하도록 하겠습니다. 대체토론하실 위원님 계신가요? 김진태 위원님.
- **김진태 위원**[1411]: 의사일정 제77항 사립학교법 일부개정법률안이요. 전문위원, 여기 검토보고서에 보면 크게 두 가지로 검토가 됐는데 문제가 되는 제35조 조문이 조금 복잡해서 그것을 자구 수정을 많이 한 것 같고.
- **전문위원 이문한**[1412]: 예.
- **김진태 위원**[1413]: 과연 지금 청산이 다 완료되지 않은 것에 소급 적용이 가능한가에 대해서 많이 집중적으로 검토를 한 거지요?
- **전문위원 이문한**[1414]: 예, 그렇습니다. 상임위원회에서 이 부분에 대해서 부대의견이 부기되어 왔습니다. 검토보고서에 부기를 해 놨습니다마는.
- **김진태 위원**[1415]: 그래서 검토의 초점이 아무래도 소급효에 많이 맞춰져 있는 것 같은데.
- **전문위원 이문한**[1416]: 예, 그렇습니다.
- **김진태 위원**[1417]: 본 위원이 보기에는 이것은 이렇게 해서 청산하고 남은 잔여재

1409) 第356회 국회(임시회) 제3차 전체회의, 법제사법위원회회의록, 2018. 2. 20., 43~44면.
1410) 第356회 국회(임시회) 제3차 전체회의, 법제사법위원회회의록, 2018. 2. 20., 44면.
1411) 第356회 국회(임시회) 제3차 전체회의, 법제사법위원회회의록, 2018. 2. 20., 44면.
1412) 第356회 국회(임시회) 제3차 전체회의, 법제사법위원회회의록, 2018. 2. 20., 44면.
1413) 第356회 국회(임시회) 제3차 전체회의, 법제사법위원회회의록, 2018. 2. 20., 44면.
1414) 第356회 국회(임시회) 제3차 전체회의, 법제사법위원회회의록, 2018. 2. 20., 44면.
1415) 第356회 국회(임시회) 제3차 전체회의, 법제사법위원회회의록, 2018. 2. 20., 44면.
1416) 第356회 국회(임시회) 제3차 전체회의, 법제사법위원회회의록, 2018. 2. 20., 44면.
1417) 第356회 국회(임시회) 제3차 전체회의, 법제사법위원회회의록, 2018. 2. 20., 44면.

산을 일정 경우에 국고 처리하는 중대한 내용을 담고 있기 때문에 헌법상 사유 재산권 보장이라든지 또 사학의 설립·운영의 자유 또 피해의 최소성, 법익 균형성 등 이런 여러 가지 헌법 원칙을 좀 더 검토할 필요가 있다고 보여지는데 거기에 대해서는 사실 제대로 검토가 안 된 것 같네요?

- 전문위원 이문한[1418]: 그 부분도 사실 해당 상임위에서 논의가 됐지만 위원님 말씀하신 대로 재산권의 보호와 공익성의 필요성 그 양쪽 균형을 입법재량권 범위 내에서 균형 있게 조정해서 위원님들이 판단하실 사안이라고 판단되고요. 소급효 문제도 사실 공익성과 신뢰 보호의 양쪽 균형 문제라고 판단됩니다. 그래서 아까 말씀하신 대로 재산권 보호 부분에 대해서는 소급효 부분하고 사실상 쟁점이 약간 유사하기 때문에 소급효 부대의견이 달려와서 제가 그 부분에 대해서 집중 검토를 하였고요. 재산권 부분은 위원님 말씀하신 대로 소위에서 논의가 된다면 추가적인 심층 검토가 필요하다고 생각합니다.
- 김진태 위원[1419]: 지금 그런 상태인데요. 이것은 누가 보더라도 문제가 된 그 부분이 아니고 잔여재산 전체를 국고에 납입하는 것이기 때문에 필연적으로 과잉금지 원칙에 위배될 수 있다는 지적이 가능합니다. 지금 우리가 특기할 만한 것으로는 2007년에 대법원 판결에 의해서 여러 가지 사학비리나 문제가 있다고는 하지만 기본적으로 사립학교는 사립학교 설립의 자유와 운영의 독자성을 확보하는 것이 제반 법령을 해석함에 있어서 가장 중요한 원칙이라고 했기 때문에 이런 점을 소위에서 좀 더 논의할 필요가 있다고 보여집니다.
- 위원장 권성동[1420]: 이춘석 위원님.
- 이춘석 위원[1421]: 사립학교법은 법률적 판단, 법률가의 판단, 여러 의견들을 충분히 주장할 수 있다고 생각을 합니다. 김진태 위원님이 말씀하신 내용도 상당 부분은 경청할 만하다 하는 생각을 합니다. 그런데 이 법은 사실 정의적 측면에서 접근해야 하는 게 아닌가 하는 생각이 듭니다. 역대 사학재단이 계속해서 비리와 횡령을 하면서 사회적 기여를 못 하고 또 자녀 취업시키고 횡령하면서 또 다른 법인을 만들어서 거기에 귀속되게 함으로써 영구적으로 불법을 계속 자행하는 것을 끊자 하는 정치적 결단이 이 법에 담겨 있다고 저는 생각을 합니다. 종전에 해산까지만 허용했던 것을 이제 청산절차까지 확장시키는 것이기 때문에 이 뒤에 첨부된 여러 법리적 검토에 의해도 부진정소급효는 현행법상 위헌이

1418) 第356회 국회(임시회) 제3차 전체회의, 법제사법위원회회의록, 2018. 2. 20., 44면.
1419) 第356회 국회(임시회) 제3차 전체회의, 법제사법위원회회의록, 2018. 2. 20., 44면.
1420) 第356회 국회(임시회) 제3차 전체회의, 법제사법위원회회의록, 2018. 2. 20., 44면.
1421) 第356회 국회(임시회) 제3차 전체회의, 법제사법위원회회의록, 2018. 2. 20., 44~45면.

아니라는 판단이 내려 있고, 이 법이 통과되지 않고 시간이 더 소요됨으로써 또 그것을 악용하는 것을 합법화시키는 부분이 있습니다. 그래서 지금 현실적으로 이 법에 의해서 이해관계가 직접적으로 미치는 당사자들이 있기 때문에 법적 측면에서, 정의적 측면에서 어느 쪽 손을 들어 주느냐 하는 것에 대한 판단이 있기 때문에 세세한 법률적 주장보다는 어떤 게 정의냐, 어떤 게 대한민국이 가는 방향에 맞고 사립학교가 운영되는 게 맞느냐 하는 대승적 판단에서 아마 교문위도 이런 부분에서 충분한 판단이 있었을 것으로 보이고요. 저희 법사위에서도 법률적 부분에 대해서는 전문위원이 상당 부분을 수정해서 위헌 소지를 제거시켰기 때문에… 이 법이 통과되지 않고 지나감으로써 또 다른 문제를 낳았기 때문에 이제는 또 다른 문제를 낳기 전에 예방적 측면에서 이 법은 조속히 통과를 시켜 주는 것이 타당하다라고 생각이 됩니다.

- **위원장 권성동**[1422]: 이춘석 위원 의견에 대해서…
- **김진태 위원**[1423]: 그러면 간단하게…
- **위원장 권성동**[1424]: 그래도 통과시키기 어렵다는…
- **김진태 위원**[1425]: 그래도 이것은 그야말로… 제가 지금 헌법적 원리에 위배될 수 있다는 것을 대략 한 다섯 가지 정도를 순식간에 댔습니다. 금방 검토를 하더라도 법률가라면 그 정도는 눈에 들어오는 정도의 사안입니다. 어떤 특정 사학재단의 비리가 엄청나다고 했을 때 거기에 대해서 대승적인 진단과 치료를 하는 것은 좋은데 그렇다고 해서 전체 사학을 이런 식으로까지 과잉으로 옥죄기를 한다는 것은 사학을 하는 분들을 거의 준범죄자로 보는 수준이 아니냐 그리고 이런 균형이 너무나 어긋나기 때문에 하여튼 이것이야말로 좀 더 심도 있는 논의가 필요하다고 생각합니다.
- **이춘석 위원**[1426]: 교육부장관님 말씀 한번 들어 보시지요.
- **부총리겸교육부장관 김상곤**[1427]: 위원장님, 제가 좀 말씀드려도 되겠습니까?
- **위원장 권성동**[1428]: 예, 말씀해 보세요.
- **부총리겸교육부장관 김상곤**[1429]: 김진태 위원님께서 하시는 우려는 충분히 이해

1422) 제356회 국회(임시회) 제3차 전체회의, 법제사법위원회회의록, 2018. 2. 20., 45면.
1423) 제356회 국회(임시회) 제3차 전체회의, 법제사법위원회회의록, 2018. 2. 20., 45면.
1424) 제356회 국회(임시회) 제3차 전체회의, 법제사법위원회회의록, 2018. 2. 20., 45면.
1425) 제356회 국회(임시회) 제3차 전체회의, 법제사법위원회회의록, 2018. 2. 20., 45면.
1426) 제356회 국회(임시회) 제3차 전체회의, 법제사법위원회회의록, 2018. 2. 20., 45면.
1427) 제356회 국회(임시회) 제3차 전체회의, 법제사법위원회회의록, 2018. 2. 20., 45면.
1428) 제356회 국회(임시회) 제3차 전체회의, 법제사법위원회회의록, 2018. 2. 20., 45면.
1429) 제356회 국회(임시회) 제3차 전체회의, 법제사법위원회회의록, 2018. 2. 20., 45면.

합니다. 그리고 아시다시피 교문위원회에서 검토할 때도 단서를 붙였다시피 위헌 가능성 문제를 저희 내부에서도 계속 검토하고 광장 등 몇 개의 법무법인에 자문도 구했습니다. 그래서 아까 말씀하신 대로 부진정소급입법의 경우에는 사실은 위헌 사안이 아니다라고 판단도 했고. 기본적으로 사립학교라는 것은 공정성과 공익성을 기준으로 해서 사회적인 연관성과 기능이 아주 높은 법인들이기 때문에 이 법인들이 가져야 되는 사회적인 책무성을 보다 높이는 게 필요하다. 그동안 사실은 우리 사회의 대표적인 부정·비리 중에 아시다시피 사학비리가 언제나 꼽혀 왔습니다. 그래서 그 하나의 고리를 끊는 게 필요하다. 더구나 전체적으로 학생 자원이 줄고 있는 상황 속에서 사학들이 축소될 수밖에 없는 상황에서 이러한 문제는 더욱더 절실하게 요구되는 상황입니다.

- **위원장 권성동**[1430]: 알겠습니다. 김진태 위원의 주장은 사립학교의 사유재산성과 그다음에 교육의 공공성을 어떻게 조화를 이룰 것이냐에 관한 부분이고 그렇다고 설립자가 비리를 저질렀다고 해서 그 사람이 막대한 돈을 투자한 학교를 국가가 그냥 다 뺏을 수 있느냐 하는 그것이 과연 헌법 위반되는 것이 아니냐 하는 주장이고, 또 반대에서는 그런 사유재산성보다 공공성과 공익성을 우선시해서 문제 있는 사학은 전부 국가로 환수해야 된다라는 주장이어서 그것이 헌법 위반 가능성이 있는지 여부에 대해 검토를 하기 위해서 제2소위로 회부해야 되는데 제2소위에 회부하는 것에 대해서 또 반대할 것 같아서 일단 전체회의에 계류하고 양당 간사끼리 조금 논의를 해 보시기를 바라겠습니다.

나. 제20대 국회 제356회 제7차 법제사법위원회(2018. 2. 28.)

- **위원장 권성동**[1431]: 의사일정 제45항 사립학교법 일부개정법률안(대안), 의사일정 제46항 직업교육훈련 촉진법 일부개정법률안(대안), 이상 2건을 일괄하여 상정합니다. …대체토론하실 위원님 계신가요? 사립학교법하고…
- **금태섭 위원**[1432]: 제가 먼저 하겠습니다.
- **위원장 권성동**[1433]: 예, 금태섭 위원님.
- **금태섭 위원**[1434]: 제가 사립학교법에 대해서 좀 말씀을 드리겠습니다. 지난번에 이 법안에 대해서 위헌 소지가 있다고 걱정하시는 위원님들이 계셨고 그것 때문에 제2소위에 보내자는 의견도 있었는데요. 이게 급한 사정이 있어 가지고 전체

1430) 제356회 국회(임시회) 제3차 전체회의, 법제사법위원회회의록, 2018. 2. 20., 45면.
1431) 제356회 국회(임시회) 제7차 전체회의, 법제사법위원회회의록, 2018. 2. 28., 32면.
1432) 제356회 국회(임시회) 제7차 전체회의, 법제사법위원회회의록, 2018. 2. 28., 32면.
1433) 제356회 국회(임시회) 제7차 전체회의, 법제사법위원회회의록, 2018. 2. 28., 32면.
1434) 제356회 국회(임시회) 제7차 전체회의, 법제사법위원회회의록, 2018. 2. 28., 32~33면.

회의에 계류를 했고 그 부분에 대해서 교문위 쪽으로부터도 얘기를 들어서 제가 몇 가지 말씀을 드리겠습니다. 저도 검토를 해 봤는데 그때 당시에 위헌 문제 때문에 걱정을 한 것은 사립학교의 재산을 법으로 함부로 국고로 귀속을 시키거나 사회에 귀속을 시키게 되면 재산권을 침해하는 것이 아니냐 그런 걱정이 있었습니다. 저도 그 부분에 대해서는 검토를 해 봐야겠다고 생각을 했는데 다시 한번 보니까 지금 우리 안건으로 올라와 있는 법은 그런 법이 아닙니다. 말하자면 사립학교가 해산을 할 경우에 잔여재산은 정관에서 따로 정하지 않으면 원래부터 국고로 가는 겁니다, 이 법 때문에 국고로 가는 것이 아니고. 정관에서 다르게 정하면 정관에서 정하는 대로 물론 가게 되어 있는 겁니다. 그런데 다만 문제가 되는 것은 사립학교가 문제가 있어 해산을 해 가지고 정관에서 다른 곳으로 재산을 보낼 때 사실상 이 재산을 받는 곳이 기존의 법인에서 문제를 일으킨 사람들, 학교 재산을 횡령하거나 학교 돈을 쓰거나 이런 사람들이 있는 곳으로 보내는 그런 것은 인정해 주지 말자는 법입니다.

그동안 대학이 폐쇄됐던 사례들을 보면 2008년 아시아대가 폐쇄됐을 때 잔여재산이 국고로 귀속했습니다. 2012년 선교청대가 재산도 국고, 2003년 국제문화대학원대학교도 국고, 2011년 성화대도 국고, 2008년 개혁신학교도 국고, 2013년 경북외대만 학교법인 무열교육재단이라는 데로 갔고, 2017년에 해산된 대구외대도 잔여재산이 국고로 갔습니다. 말하자면 지금 안건 45호로 올라와 있는 이 법안 때문에 기존에 국고로 귀속되지 않던 재산의 잔여재산이 국고로 귀속이 된다면 우리가 이 법에 대해서 위헌 문제를 따져보기 위해서 2소위로 보내 볼 필요가 있지만 기존에 이미 가고 있다면 이것을 가지고 문제를 삼는 것은 아니지 않나 하는 생각이 듭니다. 특히 교문위에서 여러 차례 여야 간에 논의가 이루어지고 또 혹시 위헌 문제가 없나 여러 차례 자문까지 받은 마당에는 특히 그렇습니다.

덧붙여서는 최근 대학 폐쇄명령 및 법인해산 명령을 받은 서남대의 경우에 정관에 잔여재산 귀속자로 서남대학과 설립자가 동일한 학교법인 신경학원 또는 서호학원이 지정되어 있습니다. 말하자면 대학에 문제가 생겨서 해산명령을 받거나 폐쇄명령을 받은 경우에 대학 측에서 정당하게 다른 좋은 법인이나 그런 단체에 재산을 귀속하게 한다면, 그것에 대해서 시비를 건다면 그게 위헌 문제가 생길 수 있지만 지금 이 법인에서 학교자금 횡령 문제가 나 가지고 폐쇄명령을 받았는데 똑같은 사람이 설립한 재단에 이 재산을 옮기라고 하는 것은 대학재단에 책임을 묻고 폐쇄명령을 받은 재단에 대해서 책임을 묻는 것의 취지를 완전히 몰각하는 것이기 때문에 그 부분을 고치려는 법이고, 교문위 위원님들 사이에서 여야 합의가 이루어진 점을 감안해서 이 법안은 본회의로 조속히 보내 주실 것을 말씀드립니다.

- **박지원 위원**[1435]: 본회의 보내자는데 왜 그렇게 길게 설명을 해 가지고 시간을 끌어.
- **위원장 권성동**[1436]: 김진태 위원.
- **김진태 위원**[1437]: 제가 설명을 해 드릴 테니까 잘 좀 들으시고요. 이게 소관 상임위의 권한과 법사위의 권한 이런 얘기는, 거기에 관련된 말씀을 드릴 테니까 제발 잘 좀 들어 주시기 바랍니다. 첫째, 헌법상 과잉금지 원칙에 위배될 소지가 많다는 거고요. 두 번째, 연좌제 금지와 또 헌법상 자기책임의 원칙에 위배될 소지가 많다는 것입니다. 이 두 가지 제가 결론적으로 주장하는 것에 대해서는 지금 검토보고서에도 상당 부분 행간에 검토가 되어 있고요.

또 하나는 여기서 이렇게 왈가왈부하는 것에 대해서 몇 년 전에 대법원 전원합의체 판결에 의해서 이 모든 사립학교의 운영과 재산에 관한 법해석에 있어서 문제가 될 때는 헌법상 사유재산도 사학의 자율성을 존중해 주는 쪽으로 해석을 해야 된다, 그것이 가장 중요하고도 기본적인 원칙이라고 전원합의체 판결에서까지 나와 있는 게 있습니다. 조금만 더 설명드리겠습니다. 과잉금지 원칙, 지금 존경하는 금태섭 간사님이 또 얘기하는데 다른 해석이 당연히 있습니다. 여태까지 정부 측에서도 주장한 것이 이렇게 사학에 문제가 많고 하기 때문에 잔여재산, 청산 대상 재산 이런 것 국고 귀속할 필요성이 있다 이렇게 얘기를 한 겁니다. 그래서 사학의 비리는 비리이고 문제는 문제지만 남은 재산까지 다 국고에 귀속처분하는 것에 대해서 저는 과잉금지 원칙에 위배될 수 있다고 보는 것입니다.

두 번째, 연좌제 또 자기책임의 원칙 이것에 대해서는 지금 사립학교의 이사장, 소위 오너의 친척이나 이런 사람들이 교장 등으로 가서 비리를 저질렀을 때, 이게 그러니까 그 재단의 비리인지 어떤지 그 한정 거기에 대해서… 그러면 이사장의 아들이 가서 하면 그냥 그것을 무조건 재단 비리로 인정해야 되는 그런 문제가 또 생길 수가 있고요.

재단과 학교라는 게 그렇게 간단한 게 아닙니다. 제가 알기로 재단의 회계와 학교의 회계는 분명히 다르게 되어 있습니다. 그런데 제가 얼핏 검토를 하기에

1435) 第356회 국회(임시회) 제7차 전체회의, 법제사법위원회회의록, 2018. 2. 28., 33면.
1436) 第356회 국회(임시회) 제7차 전체회의, 법제사법위원회회의록, 2018. 2. 28., 33면.
1437) 第356회 국회(임시회) 제7차 전체회의, 법제사법위원회회의록, 2018. 2. 28., 33면.

도 이 법이 이렇게 충분한 검토 없이 시행됐을 때, 학교 회계에 대한 부정이 있을 때 적은 것도 아니고 재단에 소속된 재산 전체를 국가 귀속해야 되는 이렇게까지 간다면 이것은 자기책임의 원리에 아주 현저하고도 명백하게 저촉될 소지가 있기 때문에… 지금 이런 것을 이렇게 전체회의에서 논란할 게 아닙니다. 소위에 보내서 이것을 논의하자는 거지요.

- 위원장 권성동[1438]: 2건 법률안 조정을 위해서 잠시 정회를 선포합니다.

(11시16분 회의중지)

(13시21분 계속개의)

- 위원장 권성동[1439]: 성원이 되었으므로 회의를 속개합니다. 아까 제46항 직업교육훈련 촉진법은 가결을 했는데 사립학교법 일부개정법률안에 대해서는 제2소위로 넘겨서 좀 더 심도 있는 검토를 하자는 의견과 오늘 통과, 가결시키자는 금태섭 간사의 의견이 공방이 있다가 중단이 됐거든요. 이 법안과 관련해서 추가로 발언하실 위원님 계신가요, 대체토론 하실 위원님?
- 김진태 위원[1440]: 몇 번?
- 위원장 권성동[1441]: 제45항 사립학교법 개정안입니다. 이용주 위원님 하시겠습니까?
- 이용주 위원[1442]: 예, 간단히 하겠습니다.
- 위원장 권성동[1443]: 그러면 이용주 위원님 질의하시기 바랍니다.
- 이용주 위원[1444]: 장관님, 서남대학교 폐쇄가 몇일 자로 됐습니까?
- 부총리겸교육부장관 김상곤[1445]: 12월 달에 폐쇄 결정을 하고요 2월 28일자로 최종 폐쇄됩니다.
- 이용주 위원[1446]: 그렇습니다. 폐쇄가 되면 그 이후에 청산 절차를 거치게 되어 있지요?
- 부총리겸교육부장관 김상곤[1447]: 예, 그렇습니다.
- 이용주 위원[1448]: 현재 아직 청산인이 선임되지 않았지요?

1438) 제356회 국회(임시회) 제7차 전체회의, 법제사법위원회회의록, 2018. 2. 28., 33면.
1439) 제356회 국회(임시회) 제7차 전체회의, 법제사법위원회회의록, 2018. 2. 28., 33~34면.
1440) 제356회 국회(임시회) 제7차 전체회의, 법제사법위원회회의록, 2018. 2. 28., 34면.
1441) 제356회 국회(임시회) 제7차 전체회의, 법제사법위원회회의록, 2018. 2. 28., 34면.
1442) 제356회 국회(임시회) 제7차 전체회의, 법제사법위원회회의록, 2018. 2. 28., 34면.
1443) 제356회 국회(임시회) 제7차 전체회의, 법제사법위원회회의록, 2018. 2. 28., 34면.
1444) 제356회 국회(임시회) 제7차 전체회의, 법제사법위원회회의록, 2018. 2. 28., 34면.
1445) 제356회 국회(임시회) 제7차 전체회의, 법제사법위원회회의록, 2018. 2. 28., 34면.
1446) 제356회 국회(임시회) 제7차 전체회의, 법제사법위원회회의록, 2018. 2. 28., 34면.
1447) 제356회 국회(임시회) 제7차 전체회의, 법제사법위원회회의록, 2018. 2. 28., 34면.

- **부총리겸교육부장관 김상곤**1449): 예, 그렇습니다.
- **이용주 위원**1450): 앞으로 청산이 완료가 되려면 상당 시간이 걸릴 것으로 보십니까?
- **부총리겸교육부장관 김상곤**1451): 예, 그렇습니다. 통상적으로 2년 내외 걸립니다.
- **이용주 위원**1452): 그러면 사립학교법 개정안에 잔여재산의 귀속에 관한 적용례 특례가 있지 않습니까? 청산이 종결되지 아니한 학교법인부터 적용한다고 되어 있는데 그렇다고 한다면 이 법안이 2월 28일 오늘 폐쇄 명령이 내려진 날 이후에 된다 하더라도 소급입법의 소지는 없게 되는 것이지요?
- **부총리겸교육부장관 김상곤**1453): 예, 그건 그렇습니다만 오늘 폐쇄가 되기 때문에 오늘 자로 좀 해주시면 좋겠다는 생각입니다.
- **이용주 위원**1454): 가급적 오늘 하면 좋을 것이나 그렇지 않다 하더라도 청산이 종결되기 이전에는 소급입법의 위헌 소지는 없다 이게 맞는 거지요?
- **부총리겸교육부장관 김상곤**1455): 그건 그렇습니다.
- **이용주 위원**1456): 이상입니다.
- **위원장 권성동**1457): 추가로 대체토론하실 위원님계신가요? (없습니다 하는 위원 있음) 안 계시면 어떻게 할까요, 금태섭 간사님? 제2소위 회부 의견과, 오늘 합의가 안 되는데 계속해서 계류를 시킬까요, 아니면 제2소위로 회부를 할까요?
- **김진태 위원**1458): 제2소위로 보내세요.
- **금태섭 위원**1459): 아니, 다른 법안들은 어떻게…수정 처리를 하시지요.
- **이용주 위원**1460): 전체회의에 계류시켜서…
- **위원장 권성동**1461): 다른 법안은 조금 전에 말씀드린 바와 같이 5·18민주화운동 진상규명을 위한 특별법안은 30조를 조금 수정해서 통과시키는 걸로 간사 간

1448) 第356회 국회(임시회) 제7차 전체회의, 법제사법위원회회의록, 2018. 2. 28., 34면.
1449) 第356회 국회(임시회) 제7차 전체회의, 법제사법위원회회의록, 2018. 2. 28., 34면.
1450) 第356회 국회(임시회) 제7차 전체회의, 법제사법위원회회의록, 2018. 2. 28., 34면.
1451) 第356회 국회(임시회) 제7차 전체회의, 법제사법위원회회의록, 2018. 2. 28., 34면.
1452) 第356회 국회(임시회) 제7차 전체회의, 법제사법위원회회의록, 2018. 2. 28., 34면.
1453) 第356회 국회(임시회) 제7차 전체회의, 법제사법위원회회의록, 2018. 2. 28., 34면.
1454) 第356회 국회(임시회) 제7차 전체회의, 법제사법위원회회의록, 2018. 2. 28., 34면.
1455) 第356회 국회(임시회) 제7차 전체회의, 법제사법위원회회의록, 2018. 2. 28., 34면.
1456) 第356회 국회(임시회) 제7차 전체회의, 법제사법위원회회의록, 2018. 2. 28., 34면.
1457) 第356회 국회(임시회) 제7차 전체회의, 법제사법위원회회의록, 2018. 2. 28., 34면.
1458) 第356회 국회(임시회) 제7차 전체회의, 법제사법위원회회의록, 2018. 2. 28., 34면.
1459) 第356회 국회(임시회) 제7차 전체회의, 법제사법위원회회의록, 2018. 2. 28., 34면.
1460) 第356회 국회(임시회) 제7차 전체회의, 법제사법위원회회의록, 2018. 2. 28., 34면.
1461) 第356회 국회(임시회) 제7차 전체회의, 법제사법위원회회의록, 2018. 2. 28., 34면.

합의가 됐고요 그다음에 새만금법안은 자유한국당 측에서 워낙 완강하게 반대하기 때문에 오늘 통과가 어려운 것으로 보입니다. 어떻게 하시겠습니까? 계류할까요?

- **금태섭 위원**[1462]: 그러면 계류를 하시지요.
- **김진태 위원**[1463]: 안 돼. 그건 얘기가 달라…
- **위원장 권성동**[1464]: 하여튼 전체회의에 계류해 놓고 좀 더 논의를 하는 방향으로 하도록 하겠습니다…
- **위원장 권성동**[1465]: 그다음에 의사일정 제45항 사립학교법 일부개정법률안에 대해서는 제2소위에 회부하고자 하는데 이의 없으시지요? (예 하는 위원 있음) 가결되었음을 선포합니다.

다. 제20대 국회 제365회 제1차 법제사법위원회 법안심사제2소위원회(2018. 12. 21.)

- **소위원장 김도읍**[1466]: 다음으로 교육위원회 소관 의사일정 제15항 사립학교법 일부개정법률안(대안)을 상정합니다. 전문위원 보고해 주시기 바랍니다.
- **전문위원 이문한**[1467]: 사립학교법 개정안에 대한 검토보고드리겠습니다.

가장 쟁점이 됐던 법안 중의 하나인데요. 지금 개정안은 사립학교법인의 임원이나 사립학교 경영자 등이 사립학교법이나 교육관계법령을 위반해 가지고 관할관청으로부터 재산 환수조치라든지 이런 회수조치를 받았는데도 시정요구를 이행하지 않고 그대로 있다가 해산 절차가 진행되어 완전히 청산되는 경우에 나머지 남는 재산이 문제가 됐던 학교의 정관에서 지정한 다른 귀속자로 가도록 돼 있는 경우 그 귀속자로 지정한 자가 예를 들면 일정한 비리사학의 친족이라든지 경영에 관여했던 사람이라든지 아니면 정관으로 지정된 자가 친족이나 비리에 관여된 사람은 아니지만 지정된 자 자체가 또 교육법령을 위반해 가지고 문제가 있는 법인인 경우에는 그것을 지정이 없는 것으로 봐서 결국에는 나머지 재산이 국고로 귀속하게 하는 효과를 발휘하는 그런 개정안입니다.

이것이 기본적으로 지금 청산절차를 밟고 있는 서남대 사건과 관련이 있어서, 이 부칙 규정에 보면 "청산이 종결되지 아니한 학교법인부터 적용한다"는 부칙 규정이 있습니다. 이 부분이 일단 먼저 쟁점이 된 것이 해산이 이미 돼서 청산

1462) 제356회 국회(임시회) 제7차 전체회의, 법제사법위원회회의록, 2018. 2. 28., 34면.
1463) 제356회 국회(임시회) 제7차 전체회의, 법제사법위원회회의록, 2018. 2. 28., 34면.
1464) 제356회 국회(임시회) 제7차 전체회의, 법제사법위원회회의록, 2018. 2. 28., 35면.
1465) 제356회 국회(임시회) 제7차 전체회의, 법제사법위원회회의록, 2018. 2. 28., 44면.
1466) 제365회 국회(임시회) 제1차 법안심사제2소위, 법제사법위원회회의록, 2018. 12. 21., 27면.
1467) 제365회 국회(임시회) 제1차 법안심사제2소위, 법제사법위원회회의록, 2018. 12. 21., 27면.

절차를 밟고 있는 것까지 적용시키는 것은 소급입법 아니냐는 쟁점이 한 가지 있었습니다. 그런데 이 부분은 지금 청산절차를 밟고 있기 때문에 아직까지는 완전한 진정소급입법이라고 보지는 않고요 부진정소급입법이라고 보는데, 부진정소급입법은 일응 허용되는 것으로 보지만 이게 적용하는 것과 아닌 것과의 여러 가지 비교형량을 해서 판단해야 될 사안입니다. 말씀드리자면 신뢰보호 원칙이라는 것이 있기 때문에 새로 바뀐 법을 갖다가 이미 청산절차를 밟고 있는 것에까지 적용시켜서 이걸 귀속 못 하게 할 것인지 아니면 이것은 신뢰를 보호해야 하기 때문에 적용하지 않도록 해야 되는지 그것은 비교형량이 필요한데, 법상 부진정소급입법은 일응 허용될 수 있는 것이기 때문에 그 부분에 대해서는 위원님들께서 이 사안을 보시고 판단해야 될 사안이라고 생각하고. 나머지 쟁점들은, 또 한 가지가 재산권 제한을 가하는 겁니다, 결국은. 사학의 재산에 대해서 재산권에 제한이 가해지는 것인데 대체토론 과정에서 그게 너무 과잉금지의 원칙에 위반되지 않느냐는 위원님들의 이견이 제시가 된 바가 있습니다.

이것이 기본적으로는 결국은 과잉금지 원칙의 기준인 여러 가지, 사립학교 운영의 투명성이나 공공성을 확보, 필요로 하는 목적의 정당성 그다음에 재산이 사적으로 운용되지 않도록 잔여재산을 국고에 귀속시키는 것이 어느 정도의 피해를 주는 것인가, 피해의 최소성은 갖춘 것인가 이런 부분을 좀 검토해서 공익과 사학의 재산권 보장이라는 사익 이 두 개를 비교형량해서 결정해야 될 사안이라고 보입니다.

- **소위원장 김도읍**1468): 정부 의견 주십시오.
- **교육부차관 박백범**1469): 전문위원님 검토의견에 동의합니다.
- **장제원 위원**1470): 뭘 동의한다는 얘기예요, 애매모호하게 얘기하는데?
- **교육부차관 박백범**1471): 세부내용을 말씀드리면 지금 소급입법 문제를 먼저 제기를 하셨는데요, 전문위원님 말씀하신 것처럼 이게 청산절차 중에 있는 것이기 때문에 부진정소급입법에 해당이 된다고 볼 수가 있고 그것은 소급입법으로써 문제가 있는 것으로 보는 건 아니라는 의견에 동의를 하고요. 그다음에 재산권 보호 문제도 이게 광범위하게 어떤 재산권을 침해하는 게 아니라 비리법인이 비리법인에게 이걸 넘긴다든지 또 비리법인이 비리법인과 관계되는, 친족 이내에 있는 사람들이 임원이거나 학교 경영자에게 넘기는 경우에 한정되기 때문에 크

1468) 제365회 국회(임시회) 제1차 법안심사제2소위, 법제사법위원회회의록, 2018. 12. 21., 28면.
1469) 제365회 국회(임시회) 제1차 법안심사제2소위, 법제사법위원회회의록, 2018. 12. 21., 28면.
1470) 제365회 국회(임시회) 제1차 법안심사제2소위, 법제사법위원회회의록, 2018. 12. 21., 28면.
1471) 제365회 국회(임시회) 제1차 법안심사제2소위, 법제사법위원회회의록, 2018. 12. 21., 28면.

게 문제가 되는 건 아니라는 의견에 저희는 동의를 하는 겁니다. 그래서 내 주신 수정의견에 저희는 동의를 합니다.

- **전문위원 이문한**[1472]: 참고로 말씀드리면 저희가 낸 수정의견은 내용을 수정한 내용은 아니고 자구를 명확하게 정리하는 수준이고 결국 판단은 위원님들께서 아까 제가 보고드린 대로 이런 내용이 과연 공익이 더 무거워서 이렇게 귀속시키는 처분이 필요한 건지 아니면 공익성이 필요하지만 이렇게까지 귀속시키는 것은 재산권 침해에 해당되는 것이 아닌지 부분에 대한 비교형량 판단이 있으셔야…
- **장제원 위원**[1473]: 서남대 사태가 뭐예요? 내가 잘 몰라서 한번 여쭤봅시다. 어떻게 돌아가는 겁니까? 과잉하지 말고 정확하게, 드라이 하게 얘기하세요.
- **교육부차관 박백범**[1474]: 대학이 한 3개 정도 되고요 전문대학이 한 2개 정도 되고 중·고등학교도 있고 그런데 다 제각각 법인이 따로 있습니다. 서남대는 설립자께서 교비를 횡령을 한 게 한 300억 이상 되고요 그다음에 교직원…
- **장제원 위원**[1475]: 형사처벌 받았어요?
- **교육부차관 박백범**[1476]: 예, 받아서 지금 수감 중에 있습니다.
- **장제원 위원**[1477]: 구속돼 있어요?
- **교육부차관 박백범**[1478]: 예, 지금 수감 중에 있습니다. 그리고 교직원들한테 채무가 한 200여억 원이 넘습니다.
- **장제원 위원**[1479]: 월급 못 준 거예요?
- **교육부차관 박백범**[1480]: 예, 월급도 못 주고 여러 가지 또 채무관계가 한 200억 원이 넘습니다. 그런 관계로 저희들이 법인 해산명령을 내려 지금 청산절차 중에 있고요. 현행법대로 하면 청산하고서 남는 재산이 그분의 딸이나 또는 부인이 있는 대학 쪽 법인으로 또 갑니다. 그런데 그 부인이 있는 대학 또는 딸이 있는 대학도 지금 역시 비리대학으로 재산환수명령을 받고 있습니다. 그쪽도 횡령액이 175억 원, 그다음에 59억원 그렇습니다.

1472) 제365회 국회(임시회) 제1차 법안심사제2소위, 법제사법위원회회의록, 2018. 12. 21., 28면.
1473) 제365회 국회(임시회) 제1차 법안심사제2소위, 법제사법위원회회의록, 2018. 12. 21., 28면.
1474) 제365회 국회(임시회) 제1차 법안심사제2소위, 법제사법위원회회의록, 2018. 12. 21., 28면.
1475) 제365회 국회(임시회) 제1차 법안심사제2소위, 법제사법위원회회의록, 2018. 12. 21., 28면.
1476) 제365회 국회(임시회) 제1차 법안심사제2소위, 법제사법위원회회의록, 2018. 12. 21., 28면.
1477) 제365회 국회(임시회) 제1차 법안심사제2소위, 법제사법위원회회의록, 2018. 12. 21., 28면.
1478) 제365회 국회(임시회) 제1차 법안심사제2소위, 법제사법위원회회의록, 2018. 12. 21., 28면.
1479) 제365회 국회(임시회) 제1차 법안심사제2소위, 법제사법위원회회의록, 2018. 12. 21., 28면.
1480) 제365회 국회(임시회) 제1차 법안심사제2소위, 법제사법위원회회의록, 2018. 12. 21., 28면.

- 장제원 위원[1481]: 서남대학이 그렇게 빚이 많고 교직원들한테 월급도 못 주는데 청산하고 나면 뭐가 남나요?
- 교육부차관 박백범[1482]: 그래도 조금 남는 게 있습니다.
- 장제원 위원[1483]: 그래도 남아요?
- 교육부차관 박백범[1484]: 예, 땅도 있고 병원이 조그마한 게 있고 의대가 있고 그래 가지고 남는 재산이 있습니다.
- 장제원 위원[1485]: 대학이 여러 개 있는데 법인이 분리돼 있어요? 한 법인에서 이렇게…
- 교육부차관 박백범[1486]: 예, 분리돼 있습니다.
- 장제원 위원[1487]: 학교법인이 한꺼번에 다 운영하는 게 아니고?
- 교육부차관 박백범[1488]: 예.
- 장제원 위원[1489]: 법인을 나눠 놨어요?
- 교육부차관 박백범[1490]: 예.
- 장제원 위원[1491]: 왜 그랬지요? 보통 같이 하는데.
- 교육부차관 박백범[1492]: 오래 전에 설립하면서 나름 머리를 쓴다고 써서 그렇게 독립…
- 장제원 위원[1493]: 에이, 그거는 본인 감정이입을 하지 말고.
- 교육부차관 박백범[1494]: 아니, 독립을 시켜 놓은 겁니다. 그렇게 서로…
- 장제원 위원[1495]: 그래 가지고 부인이나 딸의 법인으로 이거를 주려는 거예요, 서남대학을?
- 백혜련 위원[1496]: 그렇게 돼 있다는 거예요, 지금 정관에 의하면.

1481) 第365회 국회(임시회) 제1차 법안심사제2소위, 법제사법위원회회의록, 2018. 12. 21., 28면.
1482) 第365회 국회(임시회) 제1차 법안심사제2소위, 법제사법위원회회의록, 2018. 12. 21., 28면.
1483) 第365회 국회(임시회) 제1차 법안심사제2소위, 법제사법위원회회의록, 2018. 12. 21., 28면.
1484) 第365회 국회(임시회) 제1차 법안심사제2소위, 법제사법위원회회의록, 2018. 12. 21., 28면.
1485) 第365회 국회(임시회) 제1차 법안심사제2소위, 법제사법위원회회의록, 2018. 12. 21., 28면.
1486) 第365회 국회(임시회) 제1차 법안심사제2소위, 법제사법위원회회의록, 2018. 12. 21., 28면.
1487) 第365회 국회(임시회) 제1차 법안심사제2소위, 법제사법위원회회의록, 2018. 12. 21., 28면.
1488) 第365회 국회(임시회) 제1차 법안심사제2소위, 법제사법위원회회의록, 2018. 12. 21., 28면.
1489) 第365회 국회(임시회) 제1차 법안심사제2소위, 법제사법위원회회의록, 2018. 12. 21., 28면.
1490) 第365회 국회(임시회) 제1차 법안심사제2소위, 법제사법위원회회의록, 2018. 12. 21., 28면.
1491) 第365회 국회(임시회) 제1차 법안심사제2소위, 법제사법위원회회의록, 2018. 12. 21., 28면.
1492) 第365회 국회(임시회) 제1차 법안심사제2소위, 법제사법위원회회의록, 2018. 12. 21., 28면.
1493) 第365회 국회(임시회) 제1차 법안심사제2소위, 법제사법위원회회의록, 2018. 12. 21., 28면.
1494) 第365회 국회(임시회) 제1차 법안심사제2소위, 법제사법위원회회의록, 2018. 12. 21., 28면.
1495) 第365회 국회(임시회) 제1차 법안심사제2소위, 법제사법위원회회의록, 2018. 12. 21., 28면.

- 교육부차관 박백범[1497]: 그렇게 지금 운영하고 있습니다.
- 장제원 위원[1498]: 지금 청산작업 그렇게 하고 있는 거예요?
- 교육부차관 박백범[1499]: 예, 그렇습니다.
- 장제원 위원[1500]: 이미 청산작업 끝난 법인 중에 이런 사례가 또 있었어요?
- 교육부차관 박백범[1501]: 예, 또 이홍하 씨가 운영하는 광주예술대학이라는 게 나주에 있었는데…
- 장제원 위원[1502]: 아니, 그 사람 얘기 말고 다른 사람이 그렇게 행동한 게 있어요?
- 교육부차관 박백범[1503]: 지금 현재는 없는데 앞으로 나올 가능성은 많습니다. 왜냐하면 아시다시피 정원이 자꾸, 대학 진학자가 자꾸 주니까…이미 여러 개 대학이 해산명령이 내려져 있는 상황이고요.
- 장제원 위원[1504]: 그러면 비리가 아니라 경영난 때문에 청산하는 거는…
- 교육부차관 박백범[1505]: 그런 거는 관계없습니다.
- 장제원 위원[1506]: 그러니까. 그걸 왜 갖다 붙여요? 차관, 말조심하세요.
- 교육부차관 박백범[1507]: 아니, 가능성을 말씀드리는 겁니다.
- 장제원 위원[1508]: 사립대학 운영하는 사람 전부 다 비리…
- 교육부차관 박백범[1509]: 아닙니다.
- 장제원 위원[1510]: 경영난으로 청산할 수 있는 거 아닙니까?
- 교육부차관 박백범[1511]: 그렇습니다.
- 장제원 위원[1512]: 오버하고 그래.

1496) 제365회 국회(임시회) 제1차 법안심사제2소위, 법제사법위원회회의록, 2018. 12. 21., 28면.
1497) 제365회 국회(임시회) 제1차 법안심사제2소위, 법제사법위원회회의록, 2018. 12. 21., 28면.
1498) 제365회 국회(임시회) 제1차 법안심사제2소위, 법제사법위원회회의록, 2018. 12. 21., 29면.
1499) 제365회 국회(임시회) 제1차 법안심사제2소위, 법제사법위원회회의록, 2018. 12. 21., 29면.
1500) 제365회 국회(임시회) 제1차 법안심사제2소위, 법제사법위원회회의록, 2018. 12. 21., 29면.
1501) 제365회 국회(임시회) 제1차 법안심사제2소위, 법제사법위원회회의록, 2018. 12. 21., 29면.
1502) 제365회 국회(임시회) 제1차 법안심사제2소위, 법제사법위원회회의록, 2018. 12. 21., 29면.
1503) 제365회 국회(임시회) 제1차 법안심사제2소위, 법제사법위원회회의록, 2018. 12. 21., 29면.
1504) 제365회 국회(임시회) 제1차 법안심사제2소위, 법제사법위원회회의록, 2018. 12. 21., 29면.
1505) 제365회 국회(임시회) 제1차 법안심사제2소위, 법제사법위원회회의록, 2018. 12. 21., 29면.
1506) 제365회 국회(임시회) 제1차 법안심사제2소위, 법제사법위원회회의록, 2018. 12. 21., 29면.
1507) 제365회 국회(임시회) 제1차 법안심사제2소위, 법제사법위원회회의록, 2018. 12. 21., 29면.
1508) 제365회 국회(임시회) 제1차 법안심사제2소위, 법제사법위원회회의록, 2018. 12. 21., 29면.
1509) 제365회 국회(임시회) 제1차 법안심사제2소위, 법제사법위원회회의록, 2018. 12. 21., 29면.
1510) 제365회 국회(임시회) 제1차 법안심사제2소위, 법제사법위원회회의록, 2018. 12. 21., 29면.
1511) 제365회 국회(임시회) 제1차 법안심사제2소위, 법제사법위원회회의록, 2018. 12. 21., 29면.
1512) 제365회 국회(임시회) 제1차 법안심사제2소위, 법제사법위원회회의록, 2018. 12. 21., 29면.

- **송기헌 위원**[1513]: 결국은 이게 정상적인 운영을 통해서 하다가 정상적인 절차로 청산하는 경우에는 해당되지 않는다는 것이고, 재정적 보전 조치가 내려진 상태에서 이렇게 됐을 때만 해당되는 그걸 말하는 거지요?
- **교육부차관 박백범**[1514]: 예, 맞습니다.
- **송기헌 위원**[1515]: 이것이 과도하게 개인의 재산권을 침해하거나 그럴 염려는 사실 굉장히 적다는 의견이고요 저도 그렇게 생각합니다. 현재 필요한, 시급한 법이 아닌가 하는 생각이 드는데요, 위원님들께서 이 부분은 하셔야 되겠다는 생각이…
- **장제원 위원**[1516]: 그런데 만약에 서남대 이사장이 구속수감이 돼 있는데 부인 재단으로, 얼마 남을지 모르겠는데 그 재산이 넘어갔다고 쳐요. 그 학교도 횡령해 가지고 난리라면서요?
- **교육부차관 박백범**[1517]: 예, 그렇습니다.
- **장제원 위원**[1518]: 그러면 또 청산시킬 것 아닙니까? 어차피 청산될 것 없으면 뭐 해요? 바보들이지.
- **교육부차관 박백범**[1519]: 거기가 청산된다고 자신 있게 얘기는 못 합니다. 왜냐하면 환수조치라든지 이런 걸 하게 되면 청산이 안 될 수가 있는 거거든요.
- **장제원 위원**[1520]: 무슨 환수조치를 하는데요?
- **교육부차관 박백범**[1521]: 그 부인이나 딸한테 환수 명령 내린 게 있거든요. 그래서…
- **장제원 위원**[1522]: 이런 법을 서남대학 때문에 만들 필요가 있느냐라는 분석을 해 봐야 돼요. 그 잔여재산이 얼마나 돼요? 잔여재산이 어느 정도 지금 딸이나 부인한테 갈 수 있는 겁니까?
- **교육부차관 박백범**[1523]: 지금 저희들이 짐작컨대 100억 원 이내 정도 될 것 같습니다.
- **장제원 위원**[1524]: 100억 간다 그래서 살아납니까? 지금 전문대학이지요, 부인은?

1513) 제365회 국회(임시회) 제1차 법안심사제2소위, 법제사법위원회회의록, 2018. 12. 21., 29면.
1514) 제365회 국회(임시회) 제1차 법안심사제2소위, 법제사법위원회회의록, 2018. 12. 21., 29면.
1515) 제365회 국회(임시회) 제1차 법안심사제2소위, 법제사법위원회회의록, 2018. 12. 21., 29면.
1516) 제365회 국회(임시회) 제1차 법안심사제2소위, 법제사법위원회회의록, 2018. 12. 21., 29면.
1517) 제365회 국회(임시회) 제1차 법안심사제2소위, 법제사법위원회회의록, 2018. 12. 21., 29면.
1518) 제365회 국회(임시회) 제1차 법안심사제2소위, 법제사법위원회회의록, 2018. 12. 21., 29면.
1519) 제365회 국회(임시회) 제1차 법안심사제2소위, 법제사법위원회회의록, 2018. 12. 21., 29면.
1520) 제365회 국회(임시회) 제1차 법안심사제2소위, 법제사법위원회회의록, 2018. 12. 21., 29면.
1521) 제365회 국회(임시회) 제1차 법안심사제2소위, 법제사법위원회회의록, 2018. 12. 21., 29면.
1522) 제365회 국회(임시회) 제1차 법안심사제2소위, 법제사법위원회회의록, 2018. 12. 21., 29면.
1523) 제365회 국회(임시회) 제1차 법안심사제2소위, 법제사법위원회회의록, 2018. 12. 21., 29면.
1524) 제365회 국회(임시회) 제1차 법안심사제2소위, 법제사법위원회회의록, 2018. 12. 21., 29면.

- **교육부차관 박백범**[1525]: 서호학원인데요 전문대학도 있고 대학도 있고 그렇습니다. 제가 잘못 말씀드렸습니다. 현재 있는 자산이 600억이고 횡령액이 300억이고 채무액이 한 200억 정도 되는데…
- **장제원 위원**[1526]: 얼마 남지도 않네.
- **교육부차관 박백범**[1527]: 아니요, 제가 잘못 말씀드렸습니다. 횡령액 300억은 개인적으로 물어내야 되는 거고, 청산하고 하고 남는 게 600억 정도 된답니다. 제가 잘못 말씀드렸습니다. 죄송합니다.
- **장제원 위원**[1528]: 그거를 부인한테 지금 주려고 그러는 거예요?
- **교육부차관 박백범**[1529]: 부인하고 딸이 있는 법인 쪽으로 넘어가도록…
- **장제원 위원**[1530]: 그 법인이 비리법인으로 해서 형사적인 책임을 묻고 있는 거예요? 왜 환수명령이 떨어졌지요?
- **교육부차관 박백범**[1531]: 거기도 교비를 이렇게 빼돌렸다든지…
- **장제원 위원**[1532]: 교비횡령 형사처벌 받았어요? 교비횡령을 했는데 왜 형사처벌을 안 받지요, 바로구속인데?
- **교육부차관 박백범**[1533]: 제가 온지 얼마 안 돼서 그것까지는 잘 모르겠는데…
- **장제원 위원**[1534]: 그러면 실장이 얘기해 보세요. 부인이 횡령을 하지 않았는데 그 잔여재산을 넘겨주는 것까지 막는 거는 문제가 있고, 부인이 횡령한 그런 법인입니까? 그런데 왜 형사처벌 안 받지요?
- **교육부고등교육정책관 김규태**[1535]: 지금 임시이사가 나가 있습니다. 부인이 총장이었는데 총장직을…
- **장제원 위원**[1536]: 교비횡령이 있었어요, 그 법인에서?
- **교육부고등교육정책관 김규태**[1537]: 예, 교비횡령입니다.
- **장제원 위원**[1538]: 그런데 왜, 형사처벌 받았어요?

1525) 제365회 국회(임시회) 제1차 법안심사제2소위, 법제사법위원회회의록, 2018. 12. 21., 29면.
1526) 제365회 국회(임시회) 제1차 법안심사제2소위, 법제사법위원회회의록, 2018. 12. 21., 29면.
1527) 제365회 국회(임시회) 제1차 법안심사제2소위, 법제사법위원회회의록, 2018. 12. 21., 29면.
1528) 제365회 국회(임시회) 제1차 법안심사제2소위, 법제사법위원회회의록, 2018. 12. 21., 29면.
1529) 제365회 국회(임시회) 제1차 법안심사제2소위, 법제사법위원회회의록, 2018. 12. 21., 29면.
1530) 제365회 국회(임시회) 제1차 법안심사제2소위, 법제사법위원회회의록, 2018. 12. 21., 29면.
1531) 제365회 국회(임시회) 제1차 법안심사제2소위, 법제사법위원회회의록, 2018. 12. 21., 29면.
1532) 제365회 국회(임시회) 제1차 법안심사제2소위, 법제사법위원회회의록, 2018. 12. 21., 29면.
1533) 제365회 국회(임시회) 제1차 법안심사제2소위, 법제사법위원회회의록, 2018. 12. 21., 29면.
1534) 제365회 국회(임시회) 제1차 법안심사제2소위, 법제사법위원회회의록, 2018. 12. 21., 29~30면.
1535) 제365회 국회(임시회) 제1차 법안심사제2소위, 법제사법위원회회의록, 2018. 12. 21., 30면.
1536) 제365회 국회(임시회) 제1차 법안심사제2소위, 법제사법위원회회의록, 2018. 12. 21., 30면.
1537) 제365회 국회(임시회) 제1차 법안심사제2소위, 법제사법위원회회의록, 2018. 12. 21., 30면.

- 교육부차관 박백범[1539]: 그때 당시에는 그 부인이 책임이 있는 게 아니고 그 법인에서 이홍하, 그러니까 설립자가 있으면서 횡령을 한 겁니다.
- 장제원 위원[1540]: 설립자가 그 남편 아니에요?
- 교육부차관 박백범[1541]: 그러니까 남편인데요 서남대 법인뿐만 아니라 서호학원이라고 돼 있는데 그 서호학원 내지는 신경대, 신경학원 전부 다 비리의 책임자가 이홍하 씨입니다.
- 장제원 위원[1542]: 무슨 말씀이에요? 지금 구속돼 있는 서남대 이사장이 그 부인의 법인도 만든 설립자인 거예요?
- 교육부차관 박백범[1543]: 예, 그렇습니다.
- 장제원 위원[1544]: 그래서 포괄적인 책임을 지고 있는 거예요?
- 교육부차관 박백범[1545]: 포괄적인 책임이 아니라 실질적으로 이 행위가 이루어졌을 때 이사장 또는 이사로서 그 책임이 있어 가지고 지금 그분이다…
- 장제원 위원[1546]: 그 법인은 부인도 이미 총장이 아니라면서요.
- 교육부차관 박백범[1547]: 총장은 아니지만 그 법인, 서호학원…
- 장제원 위원[1548]: 법인에 소유권이 어디 있어요? 학교법인에 소유권이 어디 있어요?
- 교육부차관 박백범[1549]: 법인에 있지요.
- 장제원 위원[1550]: 학교법인에 소유권이 없어요.
- 교육부차관 박백범[1551]: 예, 법인…
- 장제원 위원[1552]: 설립자라고 소유권이 전혀 없어요. 관선이사 나가 있어요?
- 교육부차관 박백범[1553]: 지금 관선이사 나가 있습니다.

1538) 제365회 국회(임시회) 제1차 법안심사제2소위, 법제사법위원회회의록, 2018. 12. 21., 30면.
1539) 제365회 국회(임시회) 제1차 법안심사제2소위, 법제사법위원회회의록, 2018. 12. 21., 30면.
1540) 제365회 국회(임시회) 제1차 법안심사제2소위, 법제사법위원회회의록, 2018. 12. 21., 30면.
1541) 제365회 국회(임시회) 제1차 법안심사제2소위, 법제사법위원회회의록, 2018. 12. 21., 30면.
1542) 제365회 국회(임시회) 제1차 법안심사제2소위, 법제사법위원회회의록, 2018. 12. 21., 30면.
1543) 제365회 국회(임시회) 제1차 법안심사제2소위, 법제사법위원회회의록, 2018. 12. 21., 30면.
1544) 제365회 국회(임시회) 제1차 법안심사제2소위, 법제사법위원회회의록, 2018. 12. 21., 30면.
1545) 제365회 국회(임시회) 제1차 법안심사제2소위, 법제사법위원회회의록, 2018. 12. 21., 30면.
1546) 제365회 국회(임시회) 제1차 법안심사제2소위, 법제사법위원회회의록, 2018. 12. 21., 30면.
1547) 제365회 국회(임시회) 제1차 법안심사제2소위, 법제사법위원회회의록, 2018. 12. 21., 30면.
1548) 제365회 국회(임시회) 제1차 법안심사제2소위, 법제사법위원회회의록, 2018. 12. 21., 30면.
1549) 제365회 국회(임시회) 제1차 법안심사제2소위, 법제사법위원회회의록, 2018. 12. 21., 30면.
1550) 제365회 국회(임시회) 제1차 법안심사제2소위, 법제사법위원회회의록, 2018. 12. 21., 30면.
1551) 제365회 국회(임시회) 제1차 법안심사제2소위, 법제사법위원회회의록, 2018. 12. 21., 30면.
1552) 제365회 국회(임시회) 제1차 법안심사제2소위, 법제사법위원회회의록, 2018. 12. 21., 30면.
1553) 제365회 국회(임시회) 제1차 법안심사제2소위, 법제사법위원회회의록, 2018. 12. 21., 30면.

- 장제원 위원[1554] 관선이사 나가 있는데 이 법인을 어떻게, 무슨 책임을 묻는다는 거예요? 누구한테 책임을 묻는다는 거예요? 그거를 부인이나 딸의 법인으로 보는 것도 웃기는 거지요. 현재 부인은 뭐 하고 있습니까, 그 학원에서? 정식 명칭이 뭐예요? 타이틀이 있습니까?
- 교육부고등교육정책관 김규태[1555]: 없습니다.
- 장제원 위원[1556]: 없는데 왜 부인의 법인이라고 그렇게 얘기하세요?
- 교육부고등교육정책관 김규태[1557]: 언젠가 정상화돼서 다시 부인이…
- 장제원 위원[1558]: 갈지 안 갈지 어떻게 압니까, 관선이사가 들어가 가지고? 다시 복귀할지 안 할지 장담할 수 있어요?
- 교육부고등교육정책관 김규태[1559]: 예, 저는 여건이…
- 장제원 위원[1560]: 상식적으로 학교를 운영하는 사람들은 그렇게 생각 안 해요. 관선이사 넘어가면 다시 이사로 복귀하기가 얼마나 힘든 줄 알아요? 거의 불가능해요. 몇 년이 걸릴지도 몰라요.
- 교육부고등교육정책관 김규태[1561]: 그렇지만 저는 기본적으로 대학이 정상화될 수 있도록…
- 장제원 위원[1562]: 그러니까 그거를 부인의 법인이라고 얘기하는 거 아니에요? 자, 딸의 법인은 따로 있나요?
- 교육부고등교육정책관 김규태[1563]: 예, 따로 있습니다. 신경학원입니다.
- 장제원 위원[1564]: 그 법인은 청산절차가 어떻게 되고 있는 겁니까? 딸의 법인에는 잔여재산의 얼마가 가요?
- 교육부차관 박백범[1565]: 잔여재산은 지금 모르겠고요 수익용기본재산 횡령한 게 43억 원이 지금…
- 장제원 위원[1566]: 딸이 지금 직책이 뭡니까, 그 법인에서?

1554) 제365회 국회(임시회) 제1차 법안심사제2소위, 법제사법위원회회의록, 2018. 12. 21., 30면.
1555) 제365회 국회(임시회) 제1차 법안심사제2소위, 법제사법위원회회의록, 2018. 12. 21., 30면.
1556) 제365회 국회(임시회) 제1차 법안심사제2소위, 법제사법위원회회의록, 2018. 12. 21., 30면.
1557) 제365회 국회(임시회) 제1차 법안심사제2소위, 법제사법위원회회의록, 2018. 12. 21., 30면.
1558) 제365회 국회(임시회) 제1차 법안심사제2소위, 법제사법위원회회의록, 2018. 12. 21., 30면.
1559) 제365회 국회(임시회) 제1차 법안심사제2소위, 법제사법위원회회의록, 2018. 12. 21., 30면.
1560) 제365회 국회(임시회) 제1차 법안심사제2소위, 법제사법위원회회의록, 2018. 12. 21., 30면.
1561) 제365회 국회(임시회) 제1차 법안심사제2소위, 법제사법위원회회의록, 2018. 12. 21., 30면.
1562) 제365회 국회(임시회) 제1차 법안심사제2소위, 법제사법위원회회의록, 2018. 12. 21., 30면.
1563) 제365회 국회(임시회) 제1차 법안심사제2소위, 법제사법위원회회의록, 2018. 12. 21., 30면.
1564) 제365회 국회(임시회) 제1차 법안심사제2소위, 법제사법위원회회의록, 2018. 12. 21., 30면.
1565) 제365회 국회(임시회) 제1차 법안심사제2소위, 법제사법위원회회의록, 2018. 12. 21., 30면.
1566) 제365회 국회(임시회) 제1차 법안심사제2소위, 법제사법위원회회의록, 2018. 12. 21., 30면.

- **교육부고등교육정책관 김규태**[1567]: 부총장으로 돼있습니다.
- **장제원 위원**[1568]: 부총장요? 부총장이 횡령을 했습니까? 개인횡령을 했어요?
- **교육부고등교육정책관 김규태**[1569]: 아닙니다, 부총장이 횡령을 한 게 아니라 지금 이홍하 씨가 구속돼 있는데 설립자이면서 그 당시에 여러 개 학교를 분산시켜 놓고 그다음에 다 횡령을 해서…
- **장제원 위원**[1570]: 아니, 그러니까 그 딸한테 횡령의 책임을 물을 수 있냐는 거예요, 부총장한테.
- **교육부차관 박백범**[1571]: 지금 딸한테 횡령의 책임을 묻는다기보다는요 그 법인…
- **장제원 위원**[1572]: 그러니까 지금 부총장한테 그 법인의 주인이라고 얘기하시는 거예요?
- **교육부차관 박백범**[1573]: 법인, 법인은 사실 독립적이지 않습니까?
- **장제원 위원**[1574]: 그렇지요.
- **교육부차관 박백범**[1575]: 그런데 이 법인하고 이 법인하고 연결됐다고 보는 게…
- **장제원 위원**[1576]: 주식이 있습니까, 연결된?
- **교육부차관 박백범**[1577]: 친족관계로 보는 겁니다.
- **장제원 위원**[1578]: 나는 어이가 없는 게, 얘기 좀 해봅시다. 그러면 딸의 법인이라고 보시는 거예요, 교육부에서는?
- **교육부차관 박백범**[1579]: 딸의 법인은 아니지요.
- **장제원 위원**[1580]: 그러면 이사장은 누구입니까, 그 법인의?
- **교육부차관 박백범**[1581]: 지금은 관선이사 이사장이지요.
- **장제원 위원**[1582]: 다 관선이사 나가 있는 것 아닙니까?

1567) 第365회 국회(임시회) 제1차 법안심사제2소위, 법제사법위원회회의록, 2018. 12. 21., 30면.
1568) 第365회 국회(임시회) 제1차 법안심사제2소위, 법제사법위원회회의록, 2018. 12. 21., 30면.
1569) 第365회 국회(임시회) 제1차 법안심사제2소위, 법제사법위원회회의록, 2018. 12. 21., 30면.
1570) 第365회 국회(임시회) 제1차 법안심사제2소위, 법제사법위원회회의록, 2018. 12. 21., 30면.
1571) 第365회 국회(임시회) 제1차 법안심사제2소위, 법제사법위원회회의록, 2018. 12. 21., 30면.
1572) 第365회 국회(임시회) 제1차 법안심사제2소위, 법제사법위원회회의록, 2018. 12. 21., 31면.
1573) 第365회 국회(임시회) 제1차 법안심사제2소위, 법제사법위원회회의록, 2018. 12. 21., 31면.
1574) 第365회 국회(임시회) 제1차 법안심사제2소위, 법제사법위원회회의록, 2018. 12. 21., 31면.
1575) 第365회 국회(임시회) 제1차 법안심사제2소위, 법제사법위원회회의록, 2018. 12. 21., 31면.
1576) 第365회 국회(임시회) 제1차 법안심사제2소위, 법제사법위원회회의록, 2018. 12. 21., 31면.
1577) 第365회 국회(임시회) 재1차 법안심사제2소위, 법제사법위원회회의록, 2018. 12. 21., 31면.
1578) 第365회 국회(임시회) 제1치 법안심시제2소위, 법제시법위원회회의록, 2018. 12. 21., 31면.
1579) 第365회 국회(임시회) 제1차 법안심사제2소위, 법제사법위원회회의록, 2018. 12. 21., 31면.
1580) 第365회 국회(임시회) 제1차 법안심사제2소위, 법제사법위원회회의록, 2018. 12. 21., 31면.
1581) 第365회 국회(임시회) 제1차 법안심사제2소위, 법제사법위원회회의록, 2018. 12. 21., 31면.

- 교육부차관 박백범[1583]: 예.
- 장제원 위원[1584]: 그러면 청산절차에 있어서 딸이 부총장으로 있는 학교 또 부인이 총장으로 있었던 그 학교에 나머지 잔여재산을 주려고 하는 겁니까, 나눠서?
- 교육부차관 박백범[1585]: 지금 정관에 그렇게 돼 있습니다.
- 장제원 위원[1586]: 나눠서?
- 교육부차관 박백범[1587]: 예.
- 장제원 위원[1588]: 몇 %, 몇 %예요?
- 교육부고등교육정책관 김규태[1589]: 퍼센트는 정하지 않았습니다. 서남대가 지금 해산 중입니다만 정관에 학교법인 서호학원 또는 신경학원에…
- 장제원 위원[1590]: 관선이사가 나가 있는 그 관선법인에서 그 잔여재산을 받았다 그래서 그것이 부정하게 쓰일 거라고 예측하시는 거예요? 부정하게 쓰일 이유는, 내가 볼 때는 개연성은 없지요. 그 재산을 법인이 받았다고 하더라도 그 잔여재산을 받은 거는 공금입니다. 개인적으로 딸이나 부인한테 가는 건 아니지요?
- 교육부차관 박백범[1591]: 맞습니다.
- 장제원 위원[1592]: 법인으로 들어가는 거지요?
- 교육부차관 박백범[1593]: 예.
- 장제원 위원[1594]: 그러면 그 법인이 좀 더 경영난에서 해소될 수 있는 부분 아닙니까?
- 교육부차관 박백범[1595]: 그렇게 되겠지요.
- 장제원 위원[1596]: 자, 그 법인들은 각각 관선이사가 들어가 있지요?
- 교육부차관 박백범[1597]: 예.

1582) 제365회 국회(임시회) 제1차 법안심사제2소위, 법제사법위원회회의록, 2018. 12. 21., 31면.
1583) 제365회 국회(임시회) 제1차 법안심사제2소위, 법제사법위원회회의록, 2018. 12. 21., 31면.
1584) 제365회 국회(임시회) 제1차 법안심사제2소위, 법제사법위원회회의록, 2018. 12. 21., 31면.
1585) 제365회 국회(임시회) 제1차 법안심사제2소위, 법제사법위원회회의록, 2018. 12. 21., 31면.
1586) 제365회 국회(임시회) 제1차 법안심사제2소위, 법제사법위원회회의록, 2018. 12. 21., 31면.
1587) 제365회 국회(임시회) 제1차 법안심사제2소위, 법제사법위원회회의록, 2018. 12. 21., 31면.
1588) 제365회 국회(임시회) 제1차 법안심사제2소위, 법제사법위원회회의록, 2018. 12. 21., 31면.
1589) 제365회 국회(임시회) 제1차 법안심사제2소위, 법제사법위원회회의록, 2018. 12. 21., 31면.
1590) 제365회 국회(임시회) 제1차 법안심사제2소위, 법제사법위원회회의록, 2018. 12. 21., 31면.
1591) 제365회 국회(임시회) 제1차 법안심사제2소위, 법제사법위원회회의록, 2018. 12. 21., 31면.
1592) 제365회 국회(임시회) 제1차 법안심사제2소위, 법제사법위원회회의록, 2018. 12. 21., 31면.
1593) 제365회 국회(임시회) 제1차 법안심사제2소위, 법제사법위원회회의록, 2018. 12. 21., 31면.
1594) 제365회 국회(임시회) 제1차 법안심사제2소위, 법제사법위원회회의록, 2018. 12. 21., 31면.
1595) 제365회 국회(임시회) 제1차 법안심사제2소위, 법제사법위원회회의록, 2018. 12. 21., 31면.
1596) 제365회 국회(임시회) 제1차 법안심사제2소위, 법제사법위원회회의록, 2018. 12. 21., 31면.
1597) 제365회 국회(임시회) 제1차 법안심사제2소위, 법제사법위원회회의록, 2018. 12. 21., 31면.

- **장제원 위원**[1598]: 그 돈이 나쁘게 횡령되거나 또 잘못될 가능성이 있나요, 관선 이사가 있는데?
- **교육부차관 박백범**[1599]: 그래서 말씀을 드리는 건데요 그게 정상화 조치가 되면 그다음에 구 법인이사 쪽으로 정상화되지 않겠습니까? 그 법인에서 그 권리를 가지는 사람들이 곧 그 사람의 부인, 비리자의 부인 또는 딸이 되는 겁니다.
- **장제원 위원**[1600]: 그러면 그 딸이나 부인이 이사장이나 총장으로 갈 수 있다고 생각하세요? 그게 쉽다고 생각하세요, 구성원 사이에서?
- **교육부차관 박백범**[1601]: 정상화가 되면…
- **장제원 위원**[1602]: 자, 보십시오.
- **백혜련 위원**[1603]: 정상화되면 그렇지요.
- **장제원 위원**[1604]: 정상화가 되더라도 브니엘고등학교 지금 주인한테 갔습니까? 말이 안 되는 소리 좀 하지 마세요. 브니엘고등학교도 박성기 목사가 다시 가져가지 못했어요. 가져가지 못하는 경우가 얼마나 많은 줄 알아요? 그다음에 두 번째, 서남대학을 청산절차를 밟습니다. 그런데 청산된 나머지 금액이 각 2개의 법인으로 갑니다. 그 돈이 딸과 부인한테 가는 것처럼 표현을 해요. 나는 그게 이해가 안 되는 게 그 법인으로 가고 그 법인에 청산된 나머지 잔여금액을 관장하는 사람은 관선이사입니다. 그게 뭐가 잘못된 거지요?
- **교육부차관 박백범**[1605]: 관선이사한테 가는 거는 지금 당장이고요, 관선이사한테 가서 관선이사가 정상화를 열심히 하겠지요. 정상화라는 것은 구 법인이사로 다시 되돌아가는 거거든요.
- **장제원 위원**[1606]: 그러면 이런 법을 하는 것보다는 그 친족이나 이런 사람들이 최소 몇 년 이상 그 재단의 이사장이라든지 이런 거로 복귀하지 못하는 법이 맞지, 그 청산된 잔여금액이 다른 법인의 자금으로 경영난을 해소하는 좋은 쪽으로, 긍정적으로 쓰인다면 좋은 거지, 마치 이게 개인 재산화되는… 예컨대, 서남대 이사장이 불법을 저질러서 형사처벌 받았는데 그 청산된 잔여금액이 그 관련

1598) 제365회 국회(임시회) 제1차 법안심사제2소위, 법제사법위원회회의록, 2018. 12. 21., 31면.
1599) 제365회 국회(임시회) 제1차 법안심사제2소위, 법제사법위원회회의록, 2018. 12. 21., 31면.
1600) 제365회 국회(임시회) 제1차 법안심사제2소위, 법제사법위원회회의록, 2018. 12. 21., 31면.
1601) 제365회 국회(임시회) 제1차 법안심사제2소위, 법제사법위원회회의록, 2018. 12. 21., 31면.
1602) 제365회 국회(임시회) 제1차 법안심사제2소위, 법제사법위원회회의록, 2018. 12. 21., 31면.
1603) 제365회 국회(임시회) 제1차 법안심사제2소위, 법제사법위원회회의록, 2018. 12. 21., 31면.
1604) 제365회 국회(임시회) 제1차 법안심사제2소위, 법제사법위원회회의록, 2018. 12. 21., 31면.
1605) 제365회 국회(임시회) 제1차 법안심사제2소위, 법제사법위원회회의록, 2018. 12. 21., 31면.
1606) 제365회 국회(임시회) 제1차 법안심사제2소위, 법제사법위원회회의록, 2018. 12. 21., 31면.

된 법인으로 갔다 그래서 마치 개인적으로 딸이나 부인에게 그 돈이 간 것처럼, 사적으로 간 것처럼 표현을 하고 있는 거예요. 그거는 옳지 않다고 생각해요.

- **교육부고등교육정책관 김규태**[1607]: 존경하는 위원님, 하나만 말씀드리겠습니다. 서남대는 해산이 돼서 청산절차를 밟고 있는데요 지금 현재 서남대가 국고로 환수해야 될, 횡령해서 환수해야 될 게 333억이 있는데 그것을 청산하지 아니하고 딴 데로 이 재산을 돌리는 거거든요. 국가로 들어와야 될 돈이 330억이 있습니다. 그런데 그거를 국가에…
- **장제원 위원**[1608]: 그러면 국가로 우선적으로 환수할 수 있는 법을 만드세요. 이거를 다른 재단으로 마치… 그 재단이 딸과 친족이기 때문에 그 재단의 주인이라는 법적 근거도 없어요. 지금 대한민국 법에는 그 딸과 그 사람이 친족으로서, 사실상 거기의 경영권을 행사하는지 모르겠지만 어쨌든 그 재단에 돈이 간다, 그걸 막겠다는 것 아닙니까? 그 이전에 저는 국가에 먼저 귀속될 수 있는 법을 만들라는 얘기지요.
- **교육부차관 박백범**[1609]: 이 법이 지금 그렇게 되어있습니다. 국고로 환수하도록 되어 있습니다.
- **장제원 위원**[1610]: 아니, 국고로 우선 환수하는 것 빼고, 지금 딸이나 부인의 재단으로 못 가게 하는 거라면서요, 지금 표를 보면?
- **교육부차관 박백범**[1611]: 두 가지가 있습니다. 그 표 보시면…
- **장제원 위원**[1612]: 이 표가 그것 아니에요?
- **교육부차관 박백범**[1613]: 예, 맞습니다. 첫 번째는 비리법인에서 비리법인으로 넘어가는 것을 막도록 되어 있고요, 그다음에 비리법인에서 비리법인의 친족이…
- **장제원 위원**[1614]: 제 말뜻을 못 알아듣네.
- **교육부차관 박백범**[1615]: 아니, 알고 있습니다.
- **장제원 위원**[1616]: 알고 있으면 내 말 뜻에 대한 답변을 하세요.
- **교육부차관 박백범**[1617]: 그래서 이 법이 국고로 환수하도록 하는 법입니다.

1607) 제365회 국회(임시회) 제1차 법안심사제2소위, 법제사법위원회회의록, 2018. 12. 21., 32면.
1608) 제365회 국회(임시회) 제1차 법안심사제2소위, 법제사법위원회회의록, 2018. 12. 21., 32면.
1609) 제365회 국회(임시회) 제1차 법안심사제2소위, 법제사법위원회회의록, 2018. 12. 21., 32면.
1610) 제365회 국회(임시회) 제1차 법안심사제2소위, 법제사법위원회회의록, 2018. 12. 21., 32면.
1611) 제365회 국회(임시회) 제1차 법안심사제2소위, 법제사법위원회회의록, 2018. 12. 21., 32면.
1612) 제365회 국회(임시회) 제1차 법안심사제2소위, 법제사법위원회회의록, 2018. 12. 21., 32면.
1613) 제365회 국회(임시회) 제1차 법안심사제2소위, 법제사법위원회회의록, 2018. 12. 21., 32면.
1614) 제365회 국회(임시회) 제1차 법안심사제2소위, 법제사법위원회회의록, 2018. 12. 21., 32면.
1615) 제365회 국회(임시회) 제1차 법안심사제2소위, 법제사법위원회회의록, 2018. 12. 21., 32면.
1616) 제365회 국회(임시회) 제1차 법안심사제2소위, 법제사법위원회회의록, 2018. 12. 21., 32면.

- **장제원 위원**[1618]: 지금 국고로는 왜 환수 안 됐습니까?
- **교육부차관 박백범**[1619]: 정관에…
- **장제원 위원**[1620]: 국고로 환수돼야 될 금액이 얼마라고요?
- **교육부차관 박백범**[1621]: 300억.
- **교육부고등교육정책관 김규태**[1622]: 333억 원을…
- **장제원 위원**[1623]: 어떤 근거로 국고에 환수해야 됩니까?
- **교육부고등교육정책관 김규태**[1624]: 횡령금입니다, 횡령금.
- **장제원 위원**[1625]: 어떤 횡령금?
- **교육부고등교육정책관 김규태**[1626]: 이홍하 씨가 학교에서 횡령한 돈.
- **장제원 위원**[1627]: 아니, 학교에서 횡령한…
- **소위원장 김도읍**[1628]: 아니, 잠시만요. 차관님!
- **교육부차관 박백범**[1629]: 예.
- **소위원장 김도읍**[1630]: 지금 이 개정안은 적법하지 못한 행위로 인해서 해산한 학교의 잔여재산 처분 문제 아닙니까?
- **교육부차관 박백범**[1631]: 맞습니다.
- **소위원장 김도읍**[1632]: 처분 문제인데, 정부에서는 법인 대 법인 간의 문제에 있어서 거기의 구성, 이사회 구성원과 관련이 있으면 다 국고로 귀속하자는 이런 취지의 말씀이고, 지금 장제원 위원님 말씀은 설사 그렇다 하더라도 이사든 이사장이든 학교법인이라는 것은 소유라는 개념이 아닌데 이 학교의 경영난을 위해서 잔여재산을 이쪽으로 넣으면 이 학교가 청산이 되는 것보다는... 이 학교를 정상화시킬 수 있는 방안으로 하지 않고 왜 국고로 귀속시켜서 문제의 학교 그

1617) 第365회 국회(임시회) 제1차 법안심사제2소위, 법제사법위원회회의록, 2018. 12. 21., 32면.
1618) 第365회 국회(임시회) 제1차 법안심사제2소위, 법제사법위원회회의록, 2018. 12. 21., 32면.
1619) 第365회 국회(임시회) 제1차 법안심사제2소위, 법제사법위원회회의록, 2018. 12. 21., 32면.
1620) 第365회 국회(임시회) 제1차 법안심사제2소위, 법제사법위원회회의록, 2018. 12. 21., 32면.
1621) 第365회 국회(임시회) 제1차 법안심사제2소위, 법제사법위원회회의록, 2018. 12. 21., 32면.
1622) 第365회 국회(임시회) 제1차 법안심사제2소위, 법제사법위원회회의록, 2018. 12. 21., 32면.
1623) 第365회 국회(임시회) 제1차 법안심사제2소위, 법제사법위원회회의록, 2018. 12. 21., 32면.
1624) 第365회 국회(임시회) 제1차 법안심사제2소위, 법제사법위원회회의록, 2018. 12. 21., 32면.
1625) 第365회 국회(임시회) 제1차 법안심사제2소위, 법제사법위원회회의록, 2018. 12. 21., 32면.
1626) 第365회 국회(임시회) 제1차 법안심사제2소위, 법제사법위원회회의록, 2018. 12. 21., 32면.
1627) 第365회 국회(임시회) 제1차 법안심사제2소위, 법제사법위원회회의록, 2018. 12. 21., 32면.
1628) 第365회 국회(임시회) 제1차 법안심사제2소위, 법제사법위원회회의록, 2018. 12. 21., 32면.
1629) 第365회 국회(임시회) 제1차 법안심사제2소위, 법제사법위원회회의록, 2018. 12. 21., 32면.
1630) 第365회 국회(임시회) 제1차 법안심사제2소위, 법제사법위원회회의록, 2018. 12. 21., 32면.
1631) 第365회 국회(임시회) 제1차 법안심사제2소위, 법제사법위원회회의록, 2018. 12. 21., 32면.
1632) 第365회 국회(임시회) 제1차 법안심사제2소위, 법제사법위원회회의록, 2018. 12. 21., 32면.

다음에 문제의 학교와 인적 관련이 있는 분이 관여됐다는 이 학교까지도 힘들게 하느냐 지금 이 말씀이지요, 장제원 위원님?

- 장제원 위원[1633]: 예.
- 소위원장 김도읍[1634]: 그런 상황인데…
- 송기헌 위원[1635]: 제가…마저 말씀드릴까요?
- 소위원장 김도읍[1636]: 말씀하십시오.
- 송기헌 위원[1637]: 일단 비리법인이 청산될 때 문제가 되는 거예요, 그렇지요?
- 교육부차관 박백범[1638]: 예, 그렇습니다.
- 송기헌 위원[1639]: 이 비리법인이 다 아시겠지만 다시 정상화되어 가지고, 이것은 다시 살아나는 것은 아니고 청산해서 없어지는데 없어지게 되면 이게 정관에서 정한 데로 가는 거잖아요. 그렇지요?
- 교육부차관 박백범[1640]: 예, 그렇게 되어 있습니다.
- 송기헌 위원[1641]: 그러다 보니까 국고에 환수할 돈을 못 받은 채 넘어가 버리면 국고는 영원히 환수를 못 하게 돼 버리는 거란 말이에요. 그렇지요?
- 교육부차관 박백범[1642]: 예, 그렇습니다.
- 송기헌 위원[1643]: 이럴 때 이것이 이 비리법인하고 관련 있는 사람들한테 넘어가는 것을 일차로 막자. 그리고 넘어가지 않은 상태가 되면 국고에 이걸 환수하게 된다는 거지요, 그렇지요?
- 교육부차관 박백범[1644] 예, 그렇습니다.
- 송기헌 위원[1645]: 남은 재산은 어떻게 해요?
- 교육부차관 박백범[1646]: 남은 재산 전부…
- 송기헌 위원[1647]: 국고에 환수하고 남은 것은?

1633) 제365회 국회(임시회) 제1차 법안심사제2소위, 법제사법위원회회의록, 2018. 12. 21., 32면.
1634) 제365회 국회(임시회) 제1차 법안심사제2소위, 법제사법위원회회의록, 2018. 12. 21., 32면.
1635) 제365회 국회(임시회) 제1차 법안심사제2소위, 법제사법위원회회의록, 2018. 12. 21., 32면.
1636) 제365회 국회(임시회) 제1차 법안심사제2소위, 법제사법위원회회의록, 2018. 12. 21., 32면.
1637) 제365회 국회(임시회) 제1차 법안심사제2소위, 법제사법위원회회의록, 2018. 12. 21., 32면.
1638) 제365회 국회(임시회) 제1차 법안심사제2소위, 법제사법위원회회의록, 2018. 12. 21., 32면.
1639) 제365회 국회(임시회) 제1차 법안심사제2소위, 법제사법위원회회의록, 2018. 12. 21., 32면.
1640) 제365회 국회(임시회) 제1차 법안심사제2소위, 법제사법위원회회의록, 2018. 12. 21., 32면.
1641) 제365회 국회(임시회) 제1차 법안심사제2소위, 법제사법위원회회의록, 2018. 12. 21., 32면.
1642) 제365회 국회(임시회) 제1차 법안심사제2소위, 법제사법위원회회의록, 2018. 12. 21., 32면.
1643) 제365회 국회(임시회) 제1차 법안심사제2소위, 법제사법위원회회의록, 2018. 12. 21., 32~33면.
1644) 제365회 국회(임시회) 제1차 법안심사제2소위, 법제사법위원회회의록, 2018. 12. 21., 33면.
1645) 제365회 국회(임시회) 제1차 법안심사제2소위, 법제사법위원회회의록, 2018. 12. 21., 33면.
1646) 제365회 국회(임시회) 제1차 법안심사제2소위, 법제사법위원회회의록, 2018. 12. 21., 33면.

- **교육부차관 박백범**[1648]: 전액을 다 환수하도록 되어 있습니다.
- **송기헌 위원**[1649]: 국고에 환수하는 거예요?
- **교육부차관 박백범**[1650]: 예, 청산해 가지고 남은 잔여재산 자체를 전액 다 국고로 귀속하도록 되어 있습니다.
- **송기헌 위원**[1651]: 그러니까 국고 환수한 것이, 600억이면 국고에 환수한 게 300억 될 것 아니에요?
- **교육부차관 박백범**[1652]: 예.
- **송기헌 위원**[1653]: 나머지 300억은 원래 국고 환수도 안 되고 그러면 그냥 남아 있는 돈이겠네?
- **교육부차관 박백범**[1654]: 지금 현행법대로 하면 분산돼서 관련된 그 법인으로 넘어가는 거지요.
- **송기헌 위원**[1655]: 나머지는 분산된 법인으로 넘어가는 거고?
- **교육부차관 박백범**[1656]: 예, 현행법대로 하면요.
- **송기헌 위원**[1657]: 아니, 개정법으로 하면 그것 어떻게 되는 거예요?
- **교육부차관 박백범**[1658]: 개정법으로 하면 전부 국고로 귀속됩니다, 잔액 전체가.
- **송기헌 위원**[1659]: 그러면 원래 국고에 환수해야 되는 금액 플러스 잔여재산 그렇게 되겠네?
- **교육부차관 박백범**[1660]: 사실은 현행 사립학교법에도 기본적으로 국고로 귀속하도록 돼 있습니다. 다만 정관에 정해져 있는 경우에만 그 정관에 따라서 다른 법인으로 넘길 수 있도록 되어 있거든요. 예외적으로요. 그러니까 사실은…
- **소위원장 김도읍**[1661]: "정관으로 지정한 자"에게 이것은 사실 좀 문제가 있는 것

1647) 第365회 국회(임시회) 제1차 법안심사제2소위, 법제사법위원회회의록, 2018. 12. 21., 33면.
1648) 第365회 국회(임시회) 제1차 법안심사제2소위, 법제사법위원회회의록, 2018. 12. 21., 33면.
1649) 第365회 국회(임시회) 제1차 법안심사제2소위, 법제사법위원회회의록, 2018. 12. 21., 33면.
1650) 第365회 국회(임시회) 제1차 법안심사제2소위, 법제사법위원회회의록, 2018. 12. 21., 33면.
1651) 第365회 국회(임시회) 제1차 법안심사제2소위, 법제사법위원회회의록, 2018. 12. 21., 33면.
1652) 第365회 국회(임시회) 제1차 법안심사제2소위, 법제사법위원회회의록, 2018. 12. 21., 33면.
1653) 第365회 국회(임시회) 제1차 법안심사제2소위, 법제사법위원회회의록, 2018. 12. 21., 33면.
1654) 第365회 국회(임시회) 제1차 법안심사제2소위, 법제사법위원회회의록, 2018. 12. 21., 33면.
1655) 第365회 국회(임시회) 제1차 법안심사제2소위, 법제사법위원회회의록, 2018. 12. 21., 33면.
1656) 第365회 국회(임시회) 제1차 법안심사제2소위, 법제사법위원회회의록, 2018. 12. 21., 33면.
1657) 第365회 국회(임시회) 제1차 법안심사제2소위, 법제사법위원회회의록, 2018. 12. 21., 33면.
1658) 第365회 국회(임시회) 제1차 법안심사제2소위, 법제사법위원회회의록, 2018. 12. 21., 33면.
1659) 第365회 국회(임시회) 제1차 법안심사제2소위, 법제사법위원회회의록, 2018. 12. 21., 33면.
1660) 第365회 국회(임시회) 제1차 법안심사제2소위, 법제사법위원회회의록, 2018. 12. 21., 33면.
1661) 第365회 국회(임시회) 제1차 법안심사제2소위, 법제사법위원회회의록, 2018. 12. 21., 33면.

같아요.

- **송기헌 위원**[1662]: 문제가 있는 거지요, 그렇지요?
- **교육부차관 박백범**[1663]: 그래서 지금 사립학교법도…
- **송기헌 위원**[1664]: 현재 사립학교법도 그렇게 돼 있다 이거지요?
- **교육부차관 박백범**[1665]: 예, 모든 법인이 해산되면 국고로… 또는 법인만 설립해 놓고 학교를 설립 못 하는 경우도 있습니다. 그래도 지금은 국고로 귀속되도록 그렇게 되어 있습니다.
- **장제원 위원**[1666]: 저는 서남대 케이스가 아주 독특한 케이스라고 봐요. 보통 많은 학교를 가지고 있더라도 1개의 법인이 운영을 합니다. 그런데 이분들은 왜 그렇게 쪼개기로 법인을 만들어 가지고 각각 학교를 운영하는지는 이해가 안 되는데, 이 1개의 대학을 잡으려고 이런 법을 만든다는 게 나는 이해가 안 돼요. 지금까지 이런 사례가 있었느냐는 거지요, 과거에도. 내가 볼 때는 이런 사례는 없었어요.
- **송기헌 위원**[1667]: 아니, 대학 말고 중·고등학교 같은 경우 있지 않았었어요?
- **교육부차관 박백범**[1668]: 중·고등학교도 요즘은 그래 가지고 법인을 쪼개서 이렇게 하는 경우가 더러더러 나옵니다.
- **송기헌 위원**[1669]: 전에 실제로…
- **교육부차관 박백범**[1670]: 전에는, 여기가 사실은 이런 식으로 해 가지고 이득을 봤다 그럴까요, 나주에 광주예술대학이라는 게 있었습니다.
- **송기헌 위원**[1671]: 광주에?
- **교육부차관 박백범**[1672]: 나주에 광주예술대학이라는 게 있어 가지고, 99년도에 우리나라에서 최초로 해산명령을 받은 대학인데 역시 여기도 청산 마치고 이홍하 씨 계열의 대학으로 넘어가서 또 이렇게 비리에 동원이 됐었습니다.
- **송기헌 위원**[1673]: 실제로 여기 이 사람이, 예전에 그런 사례가 있었고요?

1662) 제365회 국회(임시회) 제1차 법안심사제2소위, 법제사법위원회회의록, 2018. 12. 21., 33면.
1663) 제365회 국회(임시회) 제1차 법안심사제2소위, 법제사법위원회회의록, 2018. 12. 21., 33면.
1664) 제365회 국회(임시회) 제1차 법안심사제2소위, 법제사법위원회회의록, 2018. 12. 21., 33면.
1665) 제365회 국회(임시회) 제1차 법안심사제2소위, 법제사법위원회회의록, 2018. 12. 21., 33면.
1666) 제365회 국회(임시회) 제1차 법안심사제2소위, 법제사법위원회회의록, 2018. 12. 21., 33면.
1667) 제365회 국회(임시회) 제1차 법안심사제2소위, 법제사법위원회회의록, 2018. 12. 21., 33면.
1668) 제365회 국회(임시회) 제1차 법안심사제2소위, 법제사법위원회회의록, 2018. 12. 21., 33면.
1669) 제365회 국회(임시회) 제1차 법안심사제2소위, 법제사법위원회회의록, 2018. 12. 21., 33면.
1670) 제365회 국회(임시회) 제1차 법안심사제2소위, 법제사법위원회회의록, 2018. 12. 21., 33면.
1671) 제365회 국회(임시회) 제1차 법안심사제2소위, 법제사법위원회회의록, 2018. 12. 21., 33면.
1672) 제365회 국회(임시회) 제1차 법안심사제2소위, 법제사법위원회회의록, 2018. 12. 21., 33면.

- **교육부차관 박백범**[1674]: 예, 그랬었습니다.
- **송기헌 위원**[1675]: 그것 말고 다른 중·고등학교 일반 사학, 대학은 아니더라도 다른 사학에서 청산해서 이런 사례는 있었나요, 그런 우려가 됐던 사례가?
- **교육부차관 박백범**[1676]: 청산은 그동안에 몇 차례 있었는데요. 다른 법인으로 안 넘어가고 전부 다 국고로 귀속된 것으로 기억하고요.
- **송기헌 위원**[1677]: 그러면 정관에 규정이 안 돼 있었나 보네, 그렇지요?
- **교육부차관 박백범**[1678]: 예.
- **이완영 위원**[1679]: 제가 한번 여쭤보겠습니다.
- **소위원장 김도읍**[1680]: 이완영 위원님.
- **이완영 위원**[1681]: 차관님 축하합니다.
- **교육부차관 박백범**[1682]: 예, 고맙습니다.
- **이완영 위원**[1683]: 기본적으로 법이, 정관에 자기가 지정하는 자한테 준다 이 조항이 현재 있는 거잖아요, 그렇지요?
- **교육부차관 박백범**[1684]: 그것 앞에 사실은 국고에 귀속하는 게 원칙으로 되어 있고요, 정관에 있을 때만 이렇게 된다고 되어 있지요.
- **이완영 위원**[1685]: 그러니까 정관에. 그 조항 자체를 없애야 되는 것 아닙니까? 그것은 어떻게 생각하는데요?
- **교육부차관 박백범**[1686]: 그러면 사실은 법인이 청산하고 남으면 공중에 뜨게 되지요. 공중에 뜨게 되고, 제일 중요한 것은…
- **이완영 위원**[1687]: 아니, 국고에만 들어가게 하면.
- **교육부차관 박백범**[1688]: 예, 그렇게 하면 제일 확실하지요.

1673) 제365회 국회(임시회) 제1차 법안심사제2소위, 법제사법위원회회의록, 2018. 12. 21., 33면.
1674) 제365회 국회(임시회) 제1차 법안심사제2소위, 법제사법위원회회의록, 2018. 12. 21., 33면.
1675) 제365회 국회(임시회) 제1차 법안심사제2소위, 법제사법위원회회의록, 2018. 12. 21., 33면.
1676) 제365회 국회(임시회) 제1차 법안심사제2소위, 법제사법위원회회의록, 2018. 12. 21., 33면.
1677) 제365회 국회(임시회) 제1차 법안심사제2소위, 법제사법위원회회의록, 2018. 12. 21., 33면.
1678) 제365회 국회(임시회) 제1차 법안심사제2소위, 법제사법위원회회의록, 2018. 12. 21., 33면.
1679) 제365회 국회(임시회) 제1차 법안심사제2소위, 법제사법위원회회의록, 2018. 12. 21., 33면.
1680) 제365회 국회(임시회) 제1차 법안심사제2소위, 법제사법위원회회의록, 2018. 12. 21., 33면.
1681) 제365회 국회(임시회) 제1차 법안심사제2소위, 법제사법위원회회의록, 2018. 12. 21., 33면.
1682) 제365회 국회(임시회) 제1차 법안심사제2소위, 법제사법위원회회의록, 2018. 12. 21., 33면.
1683) 제365회 국회(임시회) 제1차 법안심사제2소위, 법제사법위원회회의록, 2018. 12. 21., 33면.
1684) 제365회 국회(임시회) 제1차 법안심사제2소위, 법제사법위원회회의록, 2018. 12. 21., 33~34면.
1685) 제365회 국회(임시회) 제1차 법안심사제2소위, 법제사법위원회회의록, 2018. 12. 21., 34면.
1686) 제365회 국회(임시회) 제1차 법안심사제2소위, 법제사법위원회회의록, 2018. 12. 21., 34면.
1687) 제365회 국회(임시회) 제1차 법안심사제2소위, 법제사법위원회회의록, 2018. 12. 21., 34면.

- 이완영 위원[1689]: 그러니까 근본적으로 그렇게 자기 사유재산을 출연해서 교육재단법인을 만들었는데, 최근에 대학도 수를 줄임으로 해서 출구를 만들어 줘야 하는 그런 것도 많이 있지 않습니까? 기본적으로 자기 재산을 넣은 것은 보존을 해 주자, 이런 비리사학 말고. 현재 이것은 비리사학에 한해서 얘기하는 거지요?
- 교육부차관 박백범[1690]: 그렇습니다.
- 이완영 위원[1691]: 전체 사학이 아니라 비리가 나타났을 때에 한해서 얘기지요?
- 교육부차관 박백범[1692]: 예, 한정적으로 하는 겁니다.
- 이완영 위원[1693]: 한정적으로 하는 거지요?
- 교육부차관 박백범[1694]: 예.
- 이완영 위원[1695]: 그 비리가 나타났다는 것을 입증해야 될 것 아닙니까?
- 교육부차관 박백범[1696]: 입증은 여기 되어 있고요.
- 이완영 위원[1697]: 아니, 그러니까 법조항을 운용할때 비리…비리사학을 전제로 해서 이 조항이 들어오는 거잖아요?
- 교육부차관 박백범[1698]: 그렇습니다.
- 이완영 위원[1699]: 그렇지요? 그러면 비리사학이라는 것은 검찰에서 기소하면 비리사학입니까, 대법원에서 확정판결이 나야 비리사학입니까?
- 교육부차관 박백범[1700]: 여기 나온 것은 저희들이 사립학교법에 따라서 시정·변경명령, 여러 가지 재산보존명령을 내렸는데 그것을 지키지 못한 그런 대학이라고 보시면, 법인이라고 보시면 됩니다.
- 이완영 위원[1701]: 그게 비리사학입니까?
- 교육부차관 박백범[1702]: 예, 여기 법조문에 나와 있습니다.

1688) 第365회 국회(임시회) 제1차 법안심사제2소위, 법제사법위원회회의록, 2018. 12. 21., 34면.
1689) 第365회 국회(임시회) 제1차 법안심사제2소위, 법제사법위원회회의록, 2018. 12. 21., 34면.
1690) 第365회 국회(임시회) 제1차 법안심사제2소위, 법제사법위원회회의록, 2018. 12. 21., 34면.
1691) 第365회 국회(임시회) 제1차 법안심사제2소위, 법제사법위원회회의록, 2018. 12. 21., 34면.
1692) 第365회 국회(임시회) 제1차 법안심사제2소위, 법제사법위원회회의록, 2018. 12. 21., 34면.
1693) 第365회 국회(임시회) 제1차 법안심사제2소위, 법제사법위원회회의록, 2018. 12. 21., 34면.
1694) 第365회 국회(임시회) 제1차 법안심사제2소위, 법제사법위원회회의록, 2018. 12. 21., 34면.
1695) 第365회 국회(임시회) 제1차 법안심사제2소위, 법제사법위원회회의록, 2018. 12. 21., 34면.
1696) 第365회 국회(임시회) 제1차 법안심사제2소위, 법제사법위원회회의록, 2018. 12. 21., 34면.
1697) 第365회 국회(임시회) 제1차 법안심사제2소위, 법제사법위원회회의록, 2018. 12. 21., 34면.
1698) 第365회 국회(임시회) 제1차 법안심사제2소위, 법제사법위원회회의록, 2018. 12. 21., 34면.
1699) 第365회 국회(임시회) 제1차 법안심사제2소위, 법제사법위원회회의록, 2018. 12. 21., 34면.
1700) 第365회 국회(임시회) 제1차 법안심사제2소위, 법제사법위원회회의록, 2018. 12. 21., 34면.
1701) 第365회 국회(임시회) 제1차 법안심사제2소위, 법제사법위원회회의록, 2018. 12. 21., 34면.
1702) 第365회 국회(임시회) 제1차 법안심사제2소위, 법제사법위원회회의록, 2018. 12. 21., 34면.

- 소위원장 김도읍[1703]: 교육관계 법령을 위반한 경우.
- 이완영 위원[1704]: 위반해 가지고 시정명령을 받거나…
- 교육부차관 박백범[1705]: 예, 그래서 그것을 이행하지 못한…
- 이완영 위원[1706]: 그게 비리사학이다?
- 교육부차관 박백범[1707]: 예, 그런데 비리사학이라고 해 가지고 다 해당이 되는 게 아니라 사실은 해산명령을 받아야 되니까 그것은 아주 극도로 한정적이라고 볼 수 있고요. 아까 이 위원님께서 말씀하신 대로 원래 법에 국고에 귀속하도록 하면 좋지 않겠느냐? 그런데 지금 수많은 초·중·고등학교 법인 그리고 대학법인, 유치원의 법인까지 다 얽어 매듭을 만들면 저항이 너무나 셉니다.
- 이완영 위원[1708]: 오히려 크다?
- 장제원 위원[1709]: 아까 실장이 서남대학이…
- 교육부고등교육정책관 김규태[1710]: 국장입니다.
- 장제원 위원[1711]: 국장이에요?
- 교육부고등교육정책관 김규태[1712]: 예.
- 장제원 위원[1713]: 이렇게 되면 서남대학에 국고로 받아야 될 돈이 300억인데 300억을 못 받는다는 얘기는 무슨 말이에요?
- 백혜련 위원[1714]: 정관에 지정이 되어 있으니까.
- 장제원 위원[1715]: 잠깐만요. 아까 차관이 얘기할 때는 국고로 300억을 환수하고 난 다음에 남은 게 600억이다 이렇게 얘기했잖아요?
- 교육부고등교육정책관 김규태[1716]: 아니요.
- 장제원 위원[1717]: 그렇게 얘기했지요. 속기록 보세요.

1703) 第365회 국회(임시회) 제1차 법안심사제2소위, 법제사법위원회회의록, 2018. 12. 21., 34면.
1704) 第365회 국회(임시회) 제1차 법안심사제2소위, 법제사법위원회회의록, 2018. 12. 21., 34면.
1705) 第365회 국회(임시회) 제1차 법안심사제2소위, 법제사법위원회회의록, 2018. 12. 21., 34면.
1706) 第365회 국회(임시회) 제1차 법안심사제2소위, 법제사법위원회회의록, 2018. 12. 21., 34면.
1707) 第365회 국회(임시회) 제1차 법안심사제2소위, 법제사법위원회회의록, 2018. 12. 21., 34면.
1708) 第365회 국회(임시회) 제1차 법안심사제2소위, 법제사법위원회회의록, 2018. 12. 21., 34면.
1709) 第365회 국회(임시회) 제1차 법안심사제2소위, 법제사법위원회회의록, 2018. 12. 21., 34면.
1710) 第365회 국회(임시회) 제1차 법안심사제2소위, 법제사법위원회회의록, 2018. 12. 21., 34면.
1711) 第365회 국회(임시회) 제1차 법안심사제2소위, 법제사법위원회회의록, 2018. 12. 21., 34면.
1712) 第365회 국회(임시회) 제1차 법안심사제2소위, 법제사법위원회회의록, 2018. 12. 21., 34면.
1713) 第365회 국회(임시회) 제1차 법안심사제2소위, 법제사법위원회회의록, 2018. 12. 21., 34면.
1714) 第365회 국회(임시회) 제1차 법안심사제2소위, 법제사법위원회회의록, 2018. 12. 21., 34면.
1715) 第365회 국회(임시회) 제1차 법안심사제2소위, 법제사법위원회회의록, 2018. 12. 21., 34면.
1716) 第365회 국회(임시회) 제1차 법안심사제2소위, 법제사법위원회회의록, 2018. 12. 21., 34면.
1717) 第365회 국회(임시회) 제1차 법안심사제2소위, 법제사법위원회회의록, 2018. 12. 21., 34면.

- **교육부차관 박백범**[1718]: 두 가지가 있어서요. 말씀을 드리겠습니다. 두 가지가 있습니다.
- **교육부고등교육정책관 김규태**[1719]: 먼저 현행법상으로 보면 일단 이 학교는 해산하기 전에 어떻게든 이홍하 씨가 330억을 마련해서 국고에 넣어야 됩니다. 그렇게 해서 이행명령을 이행하고 그다음에 청산을 하면 저희는 문제가 없습니다. 그런데 이분이 내야 될 돈을 안 내고 청산을 해서 그 돈을 빨리 2개의 비리학원으로, 딸과 부인…죄송합니다, 그렇게 표현을 안 하겠습니다.
- **이완영 위원**[1720]: 아니, 그때 법적 조치를 교육부가 하면 되잖아요. 처나 딸한테 주기 전에 330억 보존명령이든 어떤 법적 조치를 하면 되잖아.
- **교육부고등교육정책관 김규태**[1721]: 그래서 지금 이 법률을…
- **교육부차관 박백범**[1722]: 제가 설명드리겠습니다.
- **장제원 위원**[1723]: 아니, 아까 국고에 환수된 다음에 600억 남았다는 얘기가 무슨 말이냐고요?
- **교육부차관 박백범**[1724]: 국고에, 다시 말씀드리면…
- **장제원 위원**[1725]: 뭘 알고 답변을 해야지 말이야.
- **교육부차관 박백범**[1726]: 그러니까 이홍하 씨가 333억 원 횡령액을 보존해야 될 것은 법인에서 해야 될 게 아니고요.
- **장제원 위원**[1727]: 개인으로 해야지요.
- **교육부차관 박백범**[1728]: 예, 개인으로 해야 될 겁니다.
- **장제원 위원**[1729]: 그렇지요.
- **교육부차관 박백범**[1730] 그리고 이 법인이, 봉급이라든지 이런 교직원에 대한 채무는 법인에서 해야 되는 게 한 200억 원이 있고요. 이런 것 저런 것 환수하면 남는 게 600억 원이 된다는 얘기입니다. 그런데 개인적으로 횡령한 333억 원은

1718) 제365회 국회(임시회) 제1차 법안심사제2소위, 법제사법위원회회의록, 2018. 12. 21., 34면.
1719) 제365회 국회(임시회) 제1차 법안심사제2소위, 법제사법위원회회의록, 2018. 12. 21., 34면.
1720) 제365회 국회(임시회) 제1차 법안심사제2소위, 법제사법위원회회의록, 2018. 12. 21., 34면.
1721) 제365회 국회(임시회) 제1차 법안심사제2소위, 법제사법위원회회의록, 2018. 12. 21., 34면.
1722) 제365회 국회(임시회) 제1차 법안심사제2소위, 법제사법위원회회의록, 2018. 12. 21., 35면.
1723) 제365회 국회(임시회) 제1차 법안심사제2소위, 법제사법위원회회의록, 2018. 12. 21., 35면.
1724) 제365회 국회(임시회) 제1차 법안심사제2소위, 법제사법위원회회의록, 2018. 12. 21., 35면.
1725) 제365회 국회(임시회) 제1차 법안심사제2소위, 법제사법위원회회의록, 2018. 12. 21., 35면.
1726) 제365회 국회(임시회) 제1차 법안심사제2소위, 법제사법위원회회의록, 2018. 12. 21., 35면.
1727) 제365회 국회(임시회) 제1차 법안심사제2소위, 법제사법위원회회의록, 2018. 12. 21., 35면.
1728) 제365회 국회(임시회) 제1차 법안심사제2소위, 법제사법위원회회의록, 2018. 12. 21., 35면.
1729) 제365회 국회(임시회) 제1차 법안심사제2소위, 법제사법위원회회의록, 2018. 12. 21., 35면.
1730) 제365회 국회(임시회) 제1차 법안심사제2소위, 법제사법위원회회의록, 2018. 12. 21., 35면.

그야말로 법인에서 해결할 수 있는 돈은 아니지요.

- 이완영 위원[1731]: 지금 개인이 그 돈을 안 갚는다 이 말이잖아.
- 교육부차관 박백범[1732]: 예, 그래서 지금 형을 살고 있고요. 그것은 법무부…
- 장제원 위원[1733]: 그건 개인적으로 해야 되는 것 아니에요, 땅을 팔든 논을 팔든?
- 교육부차관 박백범[1734]: 예, 그렇습니다.
- 장제원 위원[1735]: 그런데 이것하고는 무슨 상관이지요, 서남대학 잔여재산하고는?
- 교육부차관 박백범[1736]: 잔여재산이 이를테면 그것도, 직접 저기는 아니지만 333억 원도 지금 국고귀속이 안 되고 있는 상황인데…
- 장제원 위원[1737]: 아니, 그런데 그것은 개인적으로 횡령했다면서요, 대학 돈을?
- 교육부차관 박백범[1738]: 예, 그렇지요. 그렇게 봐야 됩니다.
- 장제원 위원[1739]: 그렇다면 개인은 자기의 재산을 팔든 뭘 어쩌든 다 압류를 해 가지고 물어야 될 게 330억이잖아요?
- 교육부차관 박백범[1740]: 예.
- 장제원 위원[1741]: 그러면 이 법인 재산은 서남대 이사장 것 아니잖아요?
- 교육부차관 박백범[1742]: 맞습니다. 법인 것이지요.
- 장제원 위원[1743]: 그런데 왜 그 이사장의 책임을 몽땅 법인의 재산으로 물어야 되느냐는 것이지요, 징벌적으로?
- 교육부차관 박백범[1744]: 사실은 이 법인조차도 그렇게 되는 동안에 같이 책임이 있는 거지요.
- 장제원 위원[1745]: 그러니까 제가 진짜로 말씀드리는데, 아까도 차관은 "법인을 쪼개서 만들어서 이익을 본다" 이런 표현을 하셨어요.

1731) 第365회 국회(임시회) 제1차 법안심사제2소위, 법제사법위원회회의록, 2018. 12. 21., 35면.
1732) 第365회 국회(임시회) 제1차 법안심사제2소위, 법제사법위원회회의록, 2018. 12. 21., 35면.
1733) 第365회 국회(임시회) 제1차 법안심사제2소위, 법제사법위원회회의록, 2018. 12. 21., 35면.
1734) 第365회 국회(임시회) 제1차 법안심사제2소위, 법제사법위원회회의록, 2018. 12. 21., 35면.
1735) 第365회 국회(임시회) 제1차 법안심사제2소위, 법제사법위원회회의록, 2018. 12. 21., 35면.
1736) 第365회 국회(임시회) 제1차 법안심사제2소위, 법제사법위원회회의록, 2018. 12. 21., 35면.
1737) 第365회 국회(임시회) 제1차 법안심사제2소위, 법제사법위원회회의록, 2018. 12. 21., 35면.
1738) 第365회 국회(임시회) 제1차 법안심사제2소위, 법제사법위원회회의록, 2018. 12. 21., 35면.
1739) 第365회 국회(임시회) 제1차 법안심사제2소위, 법제사법위원회회의록, 2018. 12. 21., 35면.
1740) 第365회 국회(임시회) 제1차 법안심사제2소위, 법제사법위원회회의록, 2018. 12. 21., 35면.
1741) 第365회 국회(임시회) 제1차 법안심사제2소위, 법제사법위원회회의록, 2018. 12. 21., 35면.
1742) 第365회 국회(임시회) 제1차 법안심사제2소위, 법제사법위원회회의록, 2018. 12. 21., 35면.
1743) 第365회 국회(임시회) 제1차 법안심사제2소위, 법제사법위원회회의록, 2018. 12. 21., 35면.
1744) 第365회 국회(임시회) 제1차 법안심사제2소위, 법제사법위원회회의록, 2018. 12. 21., 35면.
1745) 第365회 국회(임시회) 제1차 법안심사제2소위, 법제사법위원회회의록, 2018. 12. 21., 35면.

- **교육부차관 박백범**[1746]: 아까 말씀드린…
- **소위원장 김도읍**[1747]: 장제원 위원님, 잠시만.
- **장제원 위원**[1748]: 아니, 잠깐만요. 차관 인식 자체를 뜯어고쳐야 돼요. 자신의 숭고한 재산을 가지고 대학을 설립한 사람을 이익을 남긴다… 대부분의 대학 설립자들이 10원도 안 갖고 가요. 그런 인식 자체를 고쳐야 돼요.
- **교육부차관 박백범**[1749]: 저는 다른 대학 설립자들 존경합니다. 그리고 우리나라 참 좋은…
- **장제원 위원**[1750]: 이익을 남긴다고요? 장사치예요?
- **교육부차관 박백범**[1751]: 아니, 이분에 대해서 얘기를 한 겁니다. 이분에 대해서 그동안의 행적이라든지 이런 게 워낙 엄중해서 제가 말씀을 드린겁니다.
- **소위원장 김도읍**[1752]: 그러면 장제원 위원님, 전문위원 검토보고 내용은 어떻습니까?
- **장제원 위원**[1753] 검토보고 자체도, 제가 볼 때는 지금 어쨌든 그 300억이라는 돈은 서남대 이사장 개인이 책임을 져야 될 문제고 그걸로 형을 살고있어요. 그리고 그 사람이 출자를 했든 뭘 했든 간에 서남대학 재산은 공공재예요. 그러면 공공재에 대해서, 예컨대 그 부인이나 딸이 현직 이사장으로 있어 가지고 그 잔여재산을 받아서 잘못 쓸 수 있는 환경이 아니에요, 관선이사가 돼있고. 그런데 그 자체, 그 관선이사 내려가 있는 법인 자체마저도 부인 것이다 또 딸 것이라고 규정하는 자체가 저는 논리적 모순이 있다. 그래서 오히려 관선이사로 내려갔으면 그 재산이 그 재단으로 가서 조금 더 그 대학이 건전하게 육성되고 잘 될 수 있는 돈으로 쓸 수 있다면 그것을 차단하는 것은 굉장히 징벌적인 것 아니냐.

  예컨대 지금 그 딸이 이사장이다 또 부인이 이사장이다 그러면 그 돈을 물려받아서 또 개인 재산이라 할 수 있겠지만 지금 철저하게 관선이사가 하고 있는 겁니다. 그 관선이사가 가서 그것을 잘 운영해서 그 대학의 자양분으로 쓴다 그러면 그것까지 막을 필요가 있느냐. 어차피 그 이사장은 그 돈을 내놨고, 그 내

1746) 제365회 국회(임시회) 제1차 법안심사제2소위, 법제사법위원회회의록, 2018. 12. 21., 35면.
1747) 제365회 국회(임시회) 제1차 법안심사제2소위, 법제사법위원회회의록, 2018. 12. 21., 35면.
1748) 제365회 국회(임시회) 제1차 법안심사제2소위, 법제사법위원회회의록, 2018. 12. 21., 35면.
1749) 제365회 국회(임시회) 제1차 법안심사제2소위, 법제사법위원회회의록, 2018. 12. 21., 35면.
1750) 제365회 국회(임시회) 제1차 법안심사제2소위, 법제사법위원회회의록, 2018. 12. 21., 35면.
1751) 제365회 국회(임시회) 제1차 법안심사제2소위, 법제사법위원회회의록, 2018. 12. 21., 35면.
1752) 제365회 국회(임시회) 제1차 법안심사제2소위, 법제사법위원회회의록, 2018. 12. 21., 35면.
1753) 제365회 국회(임시회) 제1차 법안심사제2소위, 법제사법위원회회의록, 2018. 12. 21., 35~36면.

놓은 것은 돌이킬 수 없이 서남대 이사장에게 갈 수 없는 돈이니 그것마저도 차단하는 것은 문제가 있지 않느냐는 애당초 검토의견, 그러니까 대체토론의 의견에, 저는 김진태 위원 토론이라든지 이런 것에 대한 동의를 한다는 것이지요.

- **소위원장 김도읍**[1754]: 차관님!
- **교육부차관 박백범**[1755]: 예.
- **소위원장 김도읍**[1756]: 지금 장제원 위원님 우려하시는 이런 지적사항, 이것을 보완할 수 있는 입법기술적인 해법이 있을까요?
- **교육부차관 박백범**[1757]: 지금 두 가지 유형이 있습니다. 비리대학에서 비리대학으로 넘어가는 게 있고요, 비리대학에서 친족대학으로 넘어가는 게 있는데 지금 친족에 대해서 말씀을 하시니까 그러면 그 조항만 빼면, 비리대학에서 비리대학 넘어가는 것은 막도록 그것만 해 주시면 그것도…사실은 여기 딸과 저기가 속해 있는 서호학원·신경학원도 지금 역시 비리대학입니다. 시정·변경명령을, 보존명령을 내렸는데 현재도 그걸 이행을 못 하고 있는 대학입니다.
- **소위원장 김도읍**:[1758] 위인설법을 하면 안 되지만 하여튼 지금 교육부에서 볼 때 서남대 사건이, 사실상 교육부에서도 상당히 지금 빨리 법률적으로 해법을 찾아야 되고…
- **교육부차관 박백범**[1759]: 예, 정리를 해야 됩니다.
- **소위원장 김도읍**[1760]: 사실 서남대 사건이 사회적 여론도, 여론을 가지고 법을 개정하는 것은 아니지만 지금 상당히 보는 시각들이 따갑지요, 서남대에 대해서는.
- **교육부차관 박백범**[1761]: 예, 그렇습니다.
- **소위원장 김도읍**[1762]: 그렇다면 최소한 비리대학에서 비리대학으로 넘어가는 것은 막아야 된다, 이게 비리대학에서 비리대학으로 넘어가는데 이 비리대학도, 결국 비리는 사람이 저지르는 건데…어떻게 입법기술적으로 전문위원, 정리할 수 있는…

1754) 第365회 국회(임시회) 제1차 법안심사제2소위, 법제사법위원회회의록, 2018. 12. 21., 36면.
1755) 第365회 국회(임시회) 제1차 법안심사제2소위, 법제사법위원회회의록, 2018. 12. 21., 36면.
1756) 第365회 국회(임시회) 제1차 법안심사제2소위, 법제사법위원회회의록, 2018. 12. 21., 36면.
1757) 第365회 국회(임시회) 제1차 법안심사제2소위, 법제사법위원회회의록, 2018. 12. 21., 36면.
1758) 第365회 국회(임시회) 제1차 법안심사제2소위, 법제사법위원회회의록, 2018. 12. 21., 36면.
1759) 第365회 국회(임시회) 제1차 법안심사제2소위, 법제사법위원회회의록, 2018. 12. 21., 36면.
1760) 第365회 국회(임시회) 제1차 법안심사제2소위, 법제사법위원회회의록, 2018. 12. 21., 36면.
1761) 第365회 국회(임시회) 제1차 법안심사제2소위, 법제사법위원회회의록, 2018. 12. 21., 36면.
1762) 第365회 국회(임시회) 제1차 법안심사제2소위, 법제사법위원회회의록, 2018. 12. 21., 36면.

- **전문위원 이문한**[1763]: 워낙 이게 조문 자체가 복잡, 그러니까 단순화시키면 지금 딱 그런 상황입니다. 개정안의 제1호는 사람을 보고 못 넘어가게 만들어 놓은 거고 제2호는 말씀하신 대로 법인 자체가 비리를 계속 저지르고 있는 데로 못 가게 하려고 하는데 제1호는 아까 말씀드린 대로 조정이 필요하시다고, 그러니까 법인하고 분리돼 있는건데, 관선인사 들어와 있고 한데 단순히 친족이나 가족이라는 이유로 무조건 못 넘어가게 하는 것은 과하다는 위원님들 지적이 있어서 이 부분 을 고친다면 그 부분 그냥 단순히 삭제만 하기보다는 전체적인 체계를 봐 가면서 조정을 해야 될, 검토가 필요한 사안이라서 지금 당장 바로 이렇게…
- **장제원 위원**[1764]: 비리법인이라는 게 말이지요 첫째는 딸의 법인, 부인의 법인 이런 말은 저로서는 법적으로 납득이 안 돼요.
- **교육부차관 박백범**[1765]: 예, 그것은 양보하더라도요.
- **장제원 위원**[1766]: 도대체 누가 주인이에요? 주인이 없어요. 관선인사예요. 그다음에 비리법인에서 비리법인으로 넘어간다라고 하지만 그 비리를 부인이 저질렀습니까? 딸이 저질렀어요? 그러면 그 사람 형사처벌 받아야 되는 것 아니에요?
- **교육부차관 박백범**[1767]: 그때 이사 전체들의 책임이겠지요. 이사회 전체의 책임이겠지요.
- **장제원 위원**[1768]: 이사회 전체의 책임이었어요? 누구 책임이었어요? 누가 횡령을 했다는 얘기예요? 어떤 비리가 있었어요?
- **교육부차관 박백범**[1769]: 이용하 씨가 주로 했던 게요 A학교의 교비 재산을 빼내가지고 사적으로 썼다든지 또는 B학교를 설립하는 데 썼다든지 이런 식으로 계속 운영을 했습니다. A학교 재산을 빼서 B학교 법인을 만들고, 그리고 B학교를…
- **장제원 위원**[1770]: 그러니까 그 B학교 법인 자체가 비리법인이라는 얘기 하시는 거예요?
- **교육부차관 박백범**[1771]: 예, 여기도…

1763) 第365회 국회(임시회) 제1차 법안심사제2소위, 법제사법위원회회의록, 2018. 12. 21., 36면.
1764) 第365회 국회(임시회) 제1차 법안심사제2소위, 법제사법위원회회의록, 2018. 12. 21., 36면.
1765) 第365회 국회(임시회) 제1차 법안심사제2소위, 법제사법위원회회의록, 2018. 12. 21., 36면.
1766) 第365회 국회(임시회) 제1차 법안심사제2소위, 법제사법위원회회의록, 2018. 12. 21., 36면.
1767) 第365회 국회(임시회) 제1차 법안심사제2소위, 법제사법위원회회의록, 2018. 12. 21., 36면.
1768) 第365회 국회(임시회) 제1차 법안심사제2소위, 법제사법위원회회의록, 2018. 12. 21., 36면.
1769) 第365회 국회(임시회) 제1차 법안심사제2소위, 법제사법위원회회의록, 2018. 12. 21., 36면.
1770) 第365회 국회(임시회) 제1차 법안심사제2소위, 법제사법위원회회의록, 2018. 12. 21., 36면.

- **장제원 위원**[1772]: 예컨대 돈을 빼서 썼다고 쳐요. 그러면 그 법인 자체에서 또 비리가 있었어요? 어떤 비리가 있었어요?
- **교육부차관 박백범**[1773]: 그 학교의 재산이 또 빠져나가게…
- **소위원장 김도읍**[1774]: 장 위원님, 잠시만요. 위원장으로서 지금 회의장에서 각자의 의견을 계속 주고받고 하는 이런 상황 속에서 서로가 서로에 대한 의사전달이 잘 안 되는 것도 있는 것 같고 하니까 잠시 정회하겠습니다. 정회를 하고 장제원 위원님께서도 또 교육부차관님께서도 한번 따로 대화를 나누시고요. 정회를 선포합니다.

(17시23분 회의중지)

(17시32분 계속개의)

- **소위원장 김도읍**[1775]: 회의를 속개하겠습니다. 지금 토론을 장시간 했고 제1호는 그렇다 하더라도 제2호는 교육부에서는 꼭 해 달라 그런 취지입니다.
- **교육부차관 박백범**[1776]: 예, 맞습니다.
- **소위원장 김도읍**[1777]: 서남대 해결하는 데 제2호만 개정을 해도 가능합니까?
- **교육부차관 박백범**[1778]: 예, 저희들 가능한 것으로 판단하고 있습니다.
- **장제원 위원**[1779]: 그게 몇 페이지예요?
- **교육부차관 박백범**[1780]: 86페이지, 87페이지에 있습니다. 86페이지에 제1호 나오고요, 87페이지에 제2호 나옵니다.
- **이완영 위원**[1781]: 제1호는…
- **교육부차관 박백범**[1782]: 친족관계에 있는 것을 막은 거고요. 제2호는 비리학교에서 비리학교, 즉 회수나 재정적인 명령을 받았는데도 이를 이행하지 않는 학교, 즉 서남대학의 경우에 서호학원·신경학원이 되겠습니다, 서남학원이 아닌. 비리에서 비리로 넘어가는 것만이라도 막자는 얘기입니다.

1771) 제365회 국회(임시회) 제1차 법안심사제2소위, 법제사법위원회회의록, 2018. 12. 21., 36면.
1772) 제365회 국회(임시회) 제1차 법안심사제2소위, 법제사법위원회회의록, 2018. 12. 21., 36면.
1773) 제365회 국회(임시회) 제1차 법안심사제2소위, 법제사법위원회회의록, 2018. 12. 21., 36면.
1774) 제365회 국회(임시회) 제1차 법안심사제2소위, 법제사법위원회회의록, 2018. 12. 21., 36면.
1775) 제365회 국회(임시회) 제1차 법안심사제2소위, 법제사법위원회회의록, 2018. 12. 21., 36~37면.
1776) 제365회 국회(임시회) 제1차 법안심사제2소위, 법제사법위원회회의록, 2018. 12. 21., 37면.
1777) 제365회 국회(임시회) 제1차 법안심사제2소위, 법제사법위원회회의록, 2018. 12. 21., 37면.
1778) 제365회 국회(임시회) 제1차 법안심사제2소위, 법제사법위원회회의록, 2018. 12. 21., 37면.
1779) 제365회 국회(임시회) 제1차 법안심사제2소위, 법제사법위원회회의록, 2018. 12. 21., 37면.
1780) 제365회 국회(임시회) 제1차 법안심사제2소위, 법제사법위원회회의록, 2018. 12. 21., 37면.
1781) 제365회 국회(임시회) 제1차 법안심사제2소위, 법제사법위원회회의록, 2018. 12. 21., 37면.
1782) 제365회 국회(임시회) 제1차 법안심사제2소위, 법제사법위원회회의록, 2018. 12. 21., 37면.

- 이완영 위원[1783]: 제2호만 살려도 된다는 말입니까?
- 교육부차관 박백범[1784]: 예, 이것만 있어도 됩니다.
- 소위원장 김도읍[1785]: 제가 보기에는 제2호를 살릴 것 같으면 뭐 제1호도…
- 장제원 위원[1786]: 어차피 오늘 의결 안 되는 것 아니에요?
- 소위원장 김도읍[1787]: 의결은 하지 않더라도 심사는 종료하고…
- 장제원 위원[1788]: 의결 안 될 것 같으면 제가 충분히 교육부로부터 설명을 듣는 시간이 필요해요. 왜냐하면 이게 너무 징벌…
- 백혜련 위원[1789]: 심사 종료하고 와서 개인적으로 설명하라고 해요.
- 장제원 위원[1790]: 너무 징벌적이라서… 과연 서남대 사태가 내가 도대체 어느 정도 심각한 상태인지 아직까지 잘 모르겠어요. 서남대 하나 때문에 타깃팅해서 이 법을 만드는 것 같은데 그 사태가 어느 정도 심각한지에 대해서…
- 송기헌 위원[1791]: 서남대 하나 때문에 그런 건 아니고 실제로…
- 백혜련 위원[1792]: 향후에도 또 생길 수 있잖아요.
- 이완영 위원[1793]: 내일 전체회의입니까?
- 소위원장 김도읍[1794]: 26일.
- 이완영 위원[1795]: 26일 전까지 시간을 드리면 되잖아요, 장 위원한테. 그리고 그날 전체회의 전에 소위에서 처리하면 되지요.
- 백혜련 위원[1796]: 그러면 그렇게 하시든지요. 오늘 심사 종료한 것은 그날 의결을 하시지요.
- 이완영 위원[1797]: 어차피 지금 의결이 안 되잖아.
- 소위원장 김도읍[1798]: 다른 안건들 제13항부터는 계속 심사를 하고, 제13항·14항

1783) 제365회 국회(임시회) 제1차 법안심사제2소위, 법제사법위원회회의록, 2018. 12. 21., 37면.
1784) 제365회 국회(임시회) 제1차 법안심사제2소위, 법제사법위원회회의록, 2018. 12. 21., 37면.
1785) 제365회 국회(임시회) 제1차 법안심사제2소위, 법제사법위원회회의록, 2018. 12. 21., 37면.
1786) 제365회 국회(임시회) 제1차 법안심사제2소위, 법제사법위원회회의록, 2018. 12. 21., 37면.
1787) 제365회 국회(임시회) 제1차 법안심사제2소위, 법제사법위원회회의록, 2018. 12. 21., 37면.
1788) 제365회 국회(임시회) 제1차 법안심사제2소위, 법제사법위원회회의록, 2018. 12. 21., 37면.
1789) 제365회 국회(임시회) 제1차 법안심사제2소위, 법제사법위원회회의록, 2018. 12. 21., 37면.
1790) 제365회 국회(임시회) 제1차 법안심사제2소위, 법제사법위원회회의록, 2018. 12. 21., 37면.
1791) 제365회 국회(임시회) 제1차 법안심사제2소위, 법제사법위원회회의록, 2018. 12. 21., 37면.
1792) 제365회 국회(임시회) 제1차 법안심사제2소위, 법제사법위원회회의록, 2018. 12. 21., 37면.
1793) 제365회 국회(임시회) 제1차 법안심사제2소위, 법제사법위원회회의록, 2018. 12. 21., 37면.
1794) 제365회 국회(임시회) 제1차 법안심사제2소위, 법제사법위원회회의록, 2018. 12. 21., 37면.
1795) 제365회 국회(임시회) 제1차 법안심사제2소위, 법제사법위원회회의록, 2018. 12. 21., 37면.
1796) 제365회 국회(임시회) 제1차 법안심사제2소위, 법제사법위원회회의록, 2018. 12. 21., 37면.
1797) 제365회 국회(임시회) 제1차 법안심사제2소위, 법제사법위원회회의록, 2018. 12. 21., 37면.
1798) 제365회 국회(임시회) 제1차 법안심사제2소위, 법제사법위원회회의록, 2018. 12. 21., 37면.

은 심사를 마쳤습니다. 정족수만 되면 통과하는 것으로, 의결하는 것으로 그렇게 정리를 해 왔고요. 제15항 지금 논의가 되고 있는 그런 상황입니다.

- **이완영 위원**[1799]: 이건 여기서 종결하고, 그러니까 제2호만…
- **송기헌 위원**[1800]: 아니 아니, 그게 아니고 어차피 제2호 할 것 같으면 제1호도 같이 해야 되는데 장제원 위원께서 양해가 충분히, 아직 납득을 안 하고 계시니까 그 부분이 좀 설명된다 그러면 되니까…
- **장제원 위원**[1801]: 아니, 그러니까 그 지점이에요. 딱 하나예요. 왜 아까 딸, 부인… 이 법인에 지금 관선이사가 내려가 있는데 청산된 나머지 금액이 왜 그 법인으로 못 가느냐는 거지.
- **교육부차관 박백범**[1802]: 설명드려도 되겠습니까?
- **장제원 위원**[1803]: 아니, 그러니까 이 법인이 오히려 건실해질 수… 지금 주인이 없는 대학이 돼있고 거기에 교수나 학생들이 다 있는데, 오히려 그들이 혜택을 받을 수 있는 건데 그거를 왜 원천 차단하려고 그래요?
- **교육부차관 박백범**[1804]: 결국은 그게 정상화가 되면서 내내 설립자인 이홍하 씨를 비롯한 그 가족들한테 다시 되돌아가기 때문에 그걸 원천적으로 막자는 겁니다. 관선 임시이사라는 건 말 그대로 임시적인 조치거든요. 그게 영원히 지속되는 게 아니고 결국은 언젠가는 정상화가 될 것인데 정상화될 때 내내 그 비리를 저지른 주인공들이나 그 친인척들이 들어와서 또 하는 걸 막자는 얘기입니다. 그리고 앞으로 어떤 일이 생길지는 모르지만 사실은 제1호만…
- **장제원 위원**[1805]: 아니, 이사가… 난 그것도 이해가 안 돼요.
- **이완영 위원**[1806]: 그만해요, 토론은.
- **소위원장 김도읍**[1807]: 심사의 효율성을 기하기 위해서 제가 정리를 하겠습니다. 어차피 지금 제13항, 제14항, 이 앞에 심사한 것도 26일 날 전체회의 직전에 의결을 할 수밖에 없습니다. 제15항 사립학교법은 지금 교육부의 설명, 추가적인 설명 그다음에 장제원 위원님께서 서남대학에 대한 이해가 부족…부족이라고

1799) 第365회 국회(임시회) 제1차 법안심사제2소위, 법제사법위원회회의록, 2018. 12. 21., 37면.
1800) 第365회 국회(임시회) 제1차 법안심사제2소위, 법제사법위원회회의록, 2018. 12. 21., 37면.
1801) 第365회 국회(임시회) 제1차 법안심사제2소위, 법제사법위원회회의록, 2018. 12. 21., 37면.
1802) 第365회 국회(임시회) 제1차 법안심사제2소위, 법제사법위원회회의록, 2018. 12. 21., 37면.
1803) 第365회 국회(임시회) 제1차 법안심사제2소위, 법제사법위원회회의록, 2018. 12. 21., 37면.
1804) 第365회 국회(임시회) 제1차 법안심사제2소위, 법제사법위원회회의록, 2018. 12. 21., 37면.
1805) 第365회 국회(임시회) 제1차 법안심사제2소위, 법제사법위원회회의록, 2018. 12. 21., 37면.
1806) 第365회 국회(임시회) 제1차 법안심사제2소위, 법제사법위원회회의록, 2018. 12. 21., 37면.
1807) 第365회 국회(임시회) 제1차 법안심사제2소위, 법제사법위원회회의록, 2018. 12. 21., 37~38면.

해도 됩니까?

- 장제원 위원[1808]: 예, 부족으로 표현해도 됩니다.
- 소위원장 김도읍[1809]: 그래서 그 부분에 대해서 충분히 좀 말씀을 드리고, 아마 말씀을 드리면 또 이해할 부분이 있지 않겠나 싶습니다. 그러면 이것은 계속 심사하고 서남대학 사태에 대한 이해가 된다면 26일 날 의결하는 걸로 그렇게 하고 넘어가겠습니다. 제15항은 계속 심사하도록 하겠습니다.
- 교육부차관 박백범[1810]: 감사합니다.
- 소위원장 김도읍[1811]: 차관님 수고하셨습니다.

라. 제20대 국회 제365회 제2차 법제사법위원회 법안심사제2소위원회(2018. 12. 26.)

- 소위원장 김도읍[1812]: 다음으로 의사일정 제3항 사립학교법 일부개정법률안(대안)을 상정합니다. 이 법률안은 지난 회의에서 일부 이견이 해소되지 않은 부분이 있습니다. 정부 측에서 지난 회의 후 어떠한 진전이 있으셨는지 간단히 보고해 주시기 바랍니다.
- 교육부차관 박백범[1813]: 지난번에 의견 말씀을 주셨던 장제원 위원님께는 개별적으로 보고를 드렸고요. 저희는 이해가 되신 것으로 그렇게 알고 있습니다.
- 소위원장 김도읍[1814]: 다른 위원님들은 의견이 없으시지요? (없습니다 하는 위원 있음) 조금 전에 차관님께서 말씀하셨다시피 지난 회의 때 장제원 위원께서 일부 이견을 제시한 바 있습니다. 그런데 장제원 위원께서 이견을 제시했던 부분에 대해서 입장을 제게 전달해 왔습니다. 그래서 장제원 위원의 입장을 말씀드리겠습니다.

  "상식적으로 서남대 이사장과 같은 사람이 어떻게 여러 개의 학교법인을 교육부로부터 설립인허가를 받을 수 있었는지 도저히 납득할 수 없다. 교육부의 무능하고 엄격하지 못한 학교법인 설립 인허가 심사가 서남대와 같은 부실 비리 학교법인을 양산하여 왔다고 볼 수밖에 없다. 서남대 설립자의 학교법인 설립 인허가 과정에 비리는 없었는지, 교육부와의 유착관계는 없었는지 감사원 감사가 이루어져야 하고 진상규명이 뒤따라야 할 것이다. 교육부의 책임 있는 해명

1808) 제365회 국회(임시회) 제1차 법안심사제2소위, 법제사법위원회회의록, 2018. 12. 21., 38면.
1809) 제365회 국회(임시회) 제1차 법안심사제2소위, 법제사법위원회회의록, 2018. 12. 21., 38면.
1810) 제365회 국회(임시회) 제1차 법안심사제2소위, 법제사법위원회회의록, 2018. 12. 21., 38면.
1811) 제365회 국회(임시회) 제1차 법안심사제2소위, 법제사법위원회회의록, 2018. 12. 21., 38면.
1812) 제365회 국회(임시회) 제2차 법안심사제2소위, 법제사법위원회회의록, 2018. 12. 26., 1~2면.
1813) 제365회 국회(임시회) 제2차 법안심사제2소위, 법제사법위원회회의록, 2018. 12. 26., 2면.
1814) 제365회 국회(임시회) 제2차 법안심사제2소위, 법제사법위원회회의록, 2018. 12. 26., 2면.

과 진상조사를 통한 책임자 문책 그리고 대국민 사과가 있어야 할 것이다. 동법안을 통해 다시는 교육을 빙자한 비리가 사학의 설립가치를 훼손하는 사례가 발생하지 않기 바란다. 또한 이러한 사후약방문격 징벌적 법안이 다시는 만들어질 필요가 없는 교육환경이 조성될 수 있도록 교육부는 더 노력해야 할 것이다."

장제원 위원 · 입장 잘 들으시지요, 차관님?

- **교육부차관 박백범**[1815]: 예.
- **소위원장 김도읍**[1816]: 장제원 위원의 입장 표명과 함께 이 법안에 대한 이견은 일단 해소된 것으로 보겠습니다. 더 이상 의견이 없으시면 의결하도록 하겠습니다. 의사일정 제3항의 법률안은 전문위원이 수정한 부분은 수정한 대로, 기타 부분은 원안대로 의결하고자 하는데 이의 있으신가요? (없습니다 하는 위원 있음) 가결되었음을 선포합니다.

마. 第20大 국회 第365회 第1차 법제사법위원회(2018. 12. 26.)

- **소위원장대리 송기헌**[1817]: 다음으로 사립학교법 일부개정법률안(대안)은 사립학교법인의 임원 또는 사립학교 경영자 등이 이 법 또는 교육관계 법령을 위반하여 학교법인이 시정요구를 받았음에도 이를 이행하지 않고 해산하는 경우 정관에서 정한 잔여재산 귀속자가 없는 것으로 보는 내용으로, 해당 사유 요건 규정의 불명확성을 보완하여 수정 의결하였습니다.
- **위원장 여상규**[1818]: 소위원회에서 심사보고한 대로 수정한 부분은 수정한 대로, 기타 부분은 원안대로 의결하고자 하는데 이의 있으신가요? (없습니다 하는 위원 있음) 가결되었음을 선포합니다.

(3) 본회의 심의

법제사법위원회 수정안대로 가결되었다.[1819] 第35조에 관한 회의록 내용은 아래와 같다.

- **의장 문희상**[1820]: 의사일정 第81항 사립학교법 일부개정법률안법률안(대안)을 상정합니다. 교육위원회의 박용진 위원 나오셔서 제안설명해 주시기 바랍니다.

1815) 第365회 국회(임시회) 第2차 법안심사第2소위, 법제사법위원회회의록, 2018. 12. 26., 2면.
1816) 第365회 국회(임시회) 第2차 법안심사第2소위, 법제사법위원회회의록, 2018. 12. 26., 2면.
1817) 第365회 국회(임시회) 第1차 전체회의, 법제사법위원회회의록, 2018. 12. 26., 7면.
1818) 第365회 국회(임시회) 第1차 전체회의, 법제사법위원회회의록, 2018. 12. 26., 7면.
1819) 第365회 국회(임시회) 第1차 본회의, 국회본회의회의록, 2018. 12. 27., 30면.
1820) 第365회 국회(임시회) 第1차 본회의, 국회본회의회의록, 2018. 12. 27., 30면.

- **교육위원장대리 박용진**[1821]: 존경하는 문희상 의장님, 그리고 선배·동료 의원 여러분! 서울 강북구을 출신 교육위원회 소속 박용진입니다. 우리 위원회에서 심사한 1건의 교육부 소관 법률안에 대해서 제안설명을 드리겠습니다. 이 법안은 일명 서남대법으로서 박경미·유성엽 의원이 각각 대표발의한 개정안의 위원회 대안으로 주요 내용을 말씀드리면, 학교법인의 임원 또는 사립학교 경영자가 교육관계 법령을 위반하여 해당 학교법인이 재정적 보전을 필요로 하는 시정요구를 받았으나 이를 이행하지 않고 해산되는 경우 정관이 정한 학교법인 잔여재산의 귀속자 지정이 없는 것으로 함으로써 국고 환수를 가능하게 했습니다. 학교법인이 교비횡령 등 수백억대의 회계부정을 저지르고도 그 잔여재산을 귀속받는다는 것은 사회상규상은 물론 최소한의 도덕적 관점에서도 결코 용납되어서는 안 됩니다. 사립학교법 일부개정법률안은 비리사학의 먹튀를 방지하고 사회정의를 실현하기 위한 것이니 의원님들께서 아무쪼록 우리 위원회가 심사보고한 대로 의결해 주시면 감사하겠습니다. 고맙습니다. (대안은 부록으로 보존함)
- **의장 문희상**[1822]: 수고하셨습니다. 그러면 사립학교법 일부개정법률안(대안)을 의결하도록 하겠습니다. 투표해 주시기 바랍니다. (전자투표) 투표를 다 하셨습니까? 투표를 마치겠습니다. 투표 결과를 말씀드리겠습니다. 재석 185인 중 찬성 144인, 반대 4인, 기권 37인으로서 사립학교법 일부개정법률안(대안)은 가결되었음을 선포합니다.

(4) 결과

법제사법위원회 수정안으로 개정되었다.

35.211

11. 2020년 12월 22일 개정(법률 제17659호, 2020. 12. 22. 시행)

제35조(잔여재산의 귀속) ①_학교법인이 정관에 해산에 따른 **잔여재산(殘餘財産)**의 귀속자에 관한 규정을 **두려는 경우** 그 귀속자는 학교법인이나 그 밖에 교육사업을 경영하는 자 중에서 선정되도록 하여야 한다.
②_해산한 학교법인의 잔여재산은 합병 및 파산의 경우를 제외하고는 교육부장관**에게** 청산종결을 신고**한 때에** 제1항에 따라 정관으로 지정한 자에게 귀속된다.
③_제1항 및 제2항에도 불구하고 학교법인의 임원 또는 해당 학교법인이 설립한 사립학교를 경영하는 자 등이 이 법 또는 교육_관계 법령을 위반하여 해당 학교

1821) 제365회 국회(임시회) 제1차 본회의, 국회본회의회의록, 2018. 12. 27., 30면.
1822) 제365회 국회(임시회) 제1차 본회의, 국회본회의회의록, 2018. 12. 27., 30면.

법인이 관할청으로부터 회수 등 재정적 보전(**<u>補塡</u>**)을 필요로 하는 시정요구를 받았으나 이를 이행하지 아니하고 해산되는 경우 정관으로 지정한 자가 다음 각 호의 어느 하나에 해당하는 **<u>경우</u>**에는 그 지정이 없는 것으로 본다.

1. 해산한 학교법인의 설립자나 임원 또는 이들과 「민법」 제777조의 친족관계인 사람이 학교법인 해산일을 기준으로 10년 이내의 기간 중 정관으로 지정한 자 또는 정관으로 지정한 자가 설립한 사립학교의 다음 각 목의 어느 하나에 해당하는 보직에 있거나 있었던 경우
   가. 대표자
   나. 임원
   다. 대학(「고등교육법」 제2조 각 호의 학교를 말한다)의 총장 또는 부총장
   라. 초등학교·중학교·고등학교(「초·중등교육법」 제2조 각 호의 학교를 말한다)의 교장 또는 교감
   마. 「유아교육법」 제2조제2호에 따른 유치원의 원장 또는 원감
2. 정관으로 지정한 자의 임원 또는 정관으로 지정한 자가 설립한 사립학교를 경영하는 자 등이 이 법 또는 교육_관계_법령을 위반하여 정관으로 지정한 자가 관할청으로부터 회수 등 재정적 보전을 필요로 하는 시정요구를 받았으나 이를 이행하지 아니한 경우

④_제2항 및 제3항**<u>에 따라</u>** 처분되지 아니한 재산 중 대학교육기관을 설치·경영하는 학교법인의 재산은 국고에 **<u>귀속되고,</u>** 제4조제1항제1호에 **<u>따른</u>** 학교를 설치·경영하는 학교법인의 재산은 **<u>해당</u>** 지방자치단체에 귀속된다.

⑤_국가 또는 지방자치단체는 제4항에 **<u>따라</u>** 국고 또는 지방자치단체에 귀속된 재산을 사립학교 교육의 지원을 위하여 다른 학교법인에 양여·무상대부 또는 보조금으로 지급하거나 그 밖의 교육사업에 사용한다.

⑥_제4항에 **<u>따라</u>** 국고에 귀속된 재산은 교육부장관이 관리하고, 지방자치단체에 귀속된 재산은 **<u>해당</u>** 시·도 교육감이 관리하되, 제5항에 **<u>따른</u>** 처분을 할 때에는 교육부장관은 기획재정부장관의 **<u>동의를,</u>** 시·도 교육감은 교육부장관의 동의를 **<u>미리 받아야</u>** 한다.

- 법문을 한글화하고 간결하게 하였다(오직 형식에 관한 개정이므로 자세한 개정경과는 생략함[1823]).

1823) 이에 관한 구체적 개정경과는 이 책 [1.201] 참조.

35.212

12. 2021년 8월 10일 개정(법률 제18372호, 2022. 1. 1. 시행)

제35조(잔여재산의 귀속) ① 학교법인이 정관에 해산에 따른 잔여재산(殘餘財産)의 귀속자에 관한 규정을 두려는 경우 그 귀속자는 학교법인이나 그 밖에 교육사업을 경영하는 자 중에서 선정되도록 하여야 한다.

② 해산한 학교법인의 잔여재산은 합병 및 파산의 경우를 제외하고는 교육부장관에게 청산종결을 신고한 때에 제1항에 따라 정관으로 지정한 자에게 귀속된다.

③ 제1항 및 제2항에도 불구하고 학교법인의 임원 또는 해당 학교법인이 설립한 사립학교를 경영하는 자 등이 이 법 또는 교육 관계 법령을 위반하여 해당 학교법인이 관할청으로부터 회수 등 재정적 보전(補塡)을 필요로 하는 시정요구를 받았으나 이를 이행하지 아니하고 해산되는 경우 정관으로 지정한 자가 다음 각 호의 어느 하나에 해당하는 경우에는 그 지정이 없는 것으로 본다.

1. 해산한 학교법인의 설립자나 임원 또는 이들과 「민법」 제777조의 친족관계인 사람이 학교법인 해산일을 기준으로 10년 이내의 기간 중 정관으로 지정한 자 또는 정관으로 지정한 자가 설립한 사립학교의 다음 각 목의 어느 하나에 해당하는 보직에 있거나 있었던 경우
   가. 대표자
   나. 임원
   다. 대학(「고등교육법」 제2조 각 호의 학교를 말한다)의 총장 또는 부총장
   라. 초등학교·중학교·고등학교(「초·중등교육법」 제2조 각 호의 학교를 말한다)의 교장 또는 교감
   마. 「유아교육법」 제2조제2호에 따른 유치원의 원장 또는 원감
2. 정관으로 지정한 자의 임원 또는 정관으로 지정한 자가 설립한 사립학교를 경영하는 자 등이 이 법 또는 교육 관계 법령을 위반하여 정관으로 지정한 자가 관할청으로부터 회수 등 재정적 보전을 필요로 하는 시정요구를 받았으나 이를 이행하지 아니한 경우

④ 제2항 및 제3항에 따라 처분되지 아니한 재산 중 대학교육기관을 설치·경영하는 학교법인의 재산은 **「한국사학진흥재단법」 제17조제2항에 따른 사학진흥기금의 청산지원계정(이하 "청산지원계정"이라 한다)에** 귀속되고, 제4조제1항제1호에 따른 학교를 설치·경영하는 학교법인의 재산은 해당 지방자치단체에 귀속된다.

⑤ **지방자치단체는** 제4항에 따라 **지방자치단체에** 귀속된 재산을 사립학교 교육의 지원을 위하여 다른 학교법인에 양여·무상대부 또는 보조금으로 지급하거나 그 밖의 교육사업에 사용한다.
⑥ 제4항에 따라 **청산지원계정**에 귀속된 재산은 **「한국사학진흥재단법」에 따른 한국사학진흥재단이 관리하고,** 지방자치단체에 귀속된 재산은 해당 시·도 교육감이 관리하되, 제5항에 따른 처분을 할 때에는 **시·도 교육감**은 교육부장관의 동의를 미리 받아야 한다.

(1) 법률안(윤영덕 의원안[1824])

이 조문을 포함한 개정 대상 조문의 제안이유 및 주요내용은 아래와 같다.

• 제안이유 및 주요내용

학령인구의 감소, 지역 불균형의 심화 등으로 목적 달성이 불가능하거나 교육부장관의 해산 명령에 따라 해산하는 학교법인이 점차 증가하면서 이를 지원하기 위한 방안이 다방면에서 제시되고 있음.

그 중 하나로써 2020년 「한국사학진흥재단법」이 개정되면서 해산된 학교법인이 효율적으로 청산할 수 있도록 사학진흥기금에서 청산에 필요한 자금을 융자할 수 있게 되었는데, 그 재원이 명시적으로 규정되어 있지 않아 예산 확보에 어려움이 있어 원활한 자금 융자 사업을 실시하기 위한 근거를 보다 명확히 해야 한다는 지적이 있음.

이에 「한국사학진흥재단법」을 개정하여 사학진흥기금을 사학지원계정과 청산지원계정으로 구분하여 청산지원계정을 학교법인의 청산에 필요한 자금으로 사용하도록 하면서, 종전에 현행법에 따라 학교법인이 해산되어 처분 후 국고에 귀속되던 잔여재산을 청산지원계정으로 귀속되도록 하여 학교법인의 청산을 원활하게 지원할 수 있도록 하려는 것임(안 제35조제4항부터 제6항까지).

이 조문의 현행법과 개정 원안은 아래와 같다.

현행법	원안
제35조(잔여재산의 귀속) ① ~ ③(생 략) ④ 제2항 및 제3항에 따라 처분되지 아니한 재산 중 대학교육기관을 설치·경영하는 학교법	**제35조(잔여재산의 귀속)** ① ~ ③(현행과 같음) ④ 제2항 및 제3항에 따라 처분되지 아니한 재산 중 대학교육기관을 설치·경영하는 학교법

1824) 2021. 2. 26. 윤영덕의원 등 12인(의안번호: 2108374).

인의 재산은 국고에 귀속되고, 제4조제1항제1호에 따른 학교를 설치·경영하는 학교법인의 재산은 해당 지방자치단체에 귀속된다.	인의 재산은 「한국사학진흥재단법」 제17조제2항에 따른 사학진흥기금의 청산지원계정(이하 "청산지원계정"이라 함)에 귀속되고, 제4조제1항제1호에 따른 학교를 설치·경영하는 학교법인의 재산은 해당 지방자치단체에 귀속된다.
⑤ 국가 또는 지방자치단체는 제4항에 따라 국고 또는 지방자치단체에 귀속된 재산을 사립학교 교육의 지원을 위하여 다른 학교법인에 양여·무상대부 또는 보조금으로 지급하거나 그 밖의 교육사업에 사용한다.	⑤ 지방자치단체는 제4항에 따라 지방자치단체에 귀속된 재산을 사립학교 교육의 지원을 위하여 다른 학교법인에 양여·무상대부 또는 보조금으로 지급하거나 그 밖의 교육사업에 사용한다.
⑥ 제4항에 따라 국고에 귀속된 재산은 교육부장관이 관리하고, 지방자치단체에 귀속된 재산은 해당 시·도 교육감이 관리하되, 제5항에 따른 처분을 할 때에는 교육부장관은 기획재정부장관의 동의를, 시·도 교육감은 교육부장관의 동의를 미리 받아야 한다.	⑥ 제4항에 따라 청산지원계정에 귀속된 재산은 「한국사학진흥재단법」에 따른 한국사학진흥재단이 관리하고, 지방자치단체에 귀속된 재산은 해당 시·도 교육감이 관리하되, 제5항에 따른 처분을 할 때에는 시·도 교육감은 교육부장관의 동의를 미리 받아야 한다.

- 「한국사학진흥재단법」을 개정하여 사학진흥기금을 사학지원계정과 청산지원계정으로 구분하여 청산지원계정을 학교법인의 청산에 필요한 자금으로 사용하도록 함에 따라 종전에 학교법인이 해산되어 처분 후 국고에 귀속되던 잔여재산을 「한국사학진흥재단법」에 따른 한국사학진흥재단에 귀속시켜 관리할 수 있도록 하였다.

(2) 위원회 심사

〈1〉 **교육위원회:** 대안[1825]으로 가결되었다.[1826]

대안
제35조(잔여재산의 귀속) ④ 제2항 및 제3항에 따라 처분되지 아니한 재산 중 대학교육기관을 설치·경영하는 학교법인의 재산은 「한국사학진흥재단법」 제17조제2항에 따른 사학진흥기금의 청산지원계정(이하 "청산지원계정"이라 한다)에 귀속되고, 제4조제1항제1호에 따른 학교를 설치·경영하는 학교법인의 재산은 해당 지방자치단체에 귀속된다.

제35조에 관한 회의록 내용은 아래와 같다.

1825) 2021. 7. 22. 교육위원장(의안번호: 2111667).
1826) 제389회 국회(임시회) 제1차 전체회의, 교육위원회회의록, 2021. 7. 14., 6면.

- **소위원장 박찬대**[1827]: 학교법인이 해산할 경우 법에 따라 처분되지 않은 잔여재산을 사학진흥기금의 청산지원계정에 귀속되도록 하였습니다. …다음으로 함께 의결한—윤영덕 의원이 대표발의한—한국사학진흥재단법 일부개정법률안은 사립학교법 개정과 연동하여 사학진흥기금에 청산지원계정을 두도록 하는 내용입니다.
- **위원장 유기홍**[1828]: 의사일정 제2항부터 제7항까지 6건의 사립학교법 일부개정법률안은 소위원회에서 심사보고한 바와 같이 각각 본회의에 부의하지 아니하고 이를 통합 조정한 의사일정 제8항을 우리 위원회안으로 제안하고자 하는데 이의가 없으십니까? (예 하는 위원 있음) 이의가 없으시면 가결되었음을 선포합니다.

〈2〉 **법제사법위원회:** 교육위원회 대안대로 가결되었다.[1829]

(3) 본회의 심의

교육위원회 대안대로 가결되었다.[1830]

(4) 결과

교육위원회 대안으로 개정되었다.

III. 현행법

제35조(잔여재산의 귀속) ① 학교법인이 정관에 해산에 따른 잔여재산(殘餘財産)의 귀속자에 관한 규정을 두려는 경우 그 귀속자는 학교법인이나 그 밖에 교육사업을 경영하는 자 중에서 선정되도록 하여야 한다.
② 해산한 학교법인의 잔여재산은 합병 및 파산의 경우를 제외하고는 교육부장관에게 청산종결을 신고한 때에 제1항에 따라 정관으로 지정한 자에게 귀속된다.

1827) 제389회 국회(임시회) 제1차 전체회의, 교육위원회회의록, 2021. 7. 14., 6면.
1828) 제389회 국회(임시회) 제1차 전체회의, 교육위원회회의록, 2021. 7. 14., 6면.
1829) 제389회 국회(임시회) 제1차 전체회의, 법제사법위원회회의록, 2021. 7. 22., 64면.
1830) 제389회 국회(임시회) 제2차 본회의, 국회본회의회의록, 2021. 7. 23., 10면.

③ 제1항 및 제2항에도 불구하고 학교법인의 임원 또는 해당 학교법인이 설립한 사립학교를 경영하는 자 등이 이 법 또는 교육 관계 법령을 위반하여 해당 학교법인이 관할청으로부터 회수 등 재정적 보전(補塡)을 필요로 하는 시정요구를 받았으나 이를 이행하지 아니하고 해산되는 경우 정관으로 지정한 자가 다음 각 호의 어느 하나에 해당하는 경우에는 그 지정이 없는 것으로 본다.

1. 해산한 학교법인의 설립자나 임원 또는 이들과 「민법」 제777조의 친족관계인 사람이 학교법인 해산일을 기준으로 10년 이내의 기간 중 정관으로 지정한 자 또는 정관으로 지정한 자가 설립한 사립학교의 다음 각 목의 어느 하나에 해당하는 보직에 있거나 있었던 경우
   가. 대표자
   나. 임원
   다. 대학(「고등교육법」 제2조 각 호의 학교를 말한다)의 총장 또는 부총장
   라. 초등학교·중학교·고등학교(「초·중등교육법」 제2조 각 호의 학교를 말한다)의 교장 또는 교감
   마. 「유아교육법」 제2조제2호에 따른 유치원의 원장 또는 원감
2. 정관으로 지정한 자의 임원 또는 정관으로 지정한 자가 설립한 사립학교를 경영하는 자 등이 이 법 또는 교육 관계 법령을 위반하여 정관으로 지정한 자가 관할청으로부터 회수 등 재정적 보전을 필요로 하는 시정요구를 받았으나 이를 이행하지 아니한 경우

④ 제2항 및 제3항에 따라 처분되지 아니한 재산 중 대학교육기관을 설치·경영하는 학교법인의 재산은 「한국사학진흥재단법」 제17조제2항에 따른 사학진흥기금의 청산지원계정(이하 "청산지원계정"이라 한다)에 귀속되고, 제4조제1항제1호에 따른 학교를 설치·경영하는 학교법인의 재산은 해당 지방자치단체에 귀속된다.

⑤ 지방자치단체는 제4항에 따라 지방자치단체에 귀속된 재산을 사립학교 교육의 지원을 위하여 다른 학교법인에 양여·무상대부 또는 보조금으로 지급하거나 그 밖의 교육사업에 사용한다.

⑥ 제4항에 따라 청산지원계정에 귀속된 재산은 「한국사학진흥재단법」에 따른 한국사학진흥재단이 관리하고, 지방자치단체에 귀속된 재산은 해당 시·도 교육감이 관리하되, 제5항에 따른 처분을 할 때에는 시·도 교육감은 교육부장관의 동의를 미리 받아야 한다.

IV. 종합/특기사항

- 1991년 개정에 따라 제10조제4항이 제35조제1항으로 이동하였는데, 이는 잔여재산의 귀속에 관한 사항을 동일 조문에서 통일적으로 규율하기 위한 것이었다.
- 제35조에 대한 주요 변화는 1990년, 2019년, 2021년 개정이다. 1990년 개정은 해산한 학교법인의 잔여재산의 귀속주체를 정관으로 지정하지 않은 경우에 모두 국고로 귀속되도록 했던 것을 대학교육기관을 설치·경영하는 학교법인은 국고에, 초중등학교 등을 설치·경영하는 학교법인은 지방자치단체에 귀속하는 것으로 변경했다. 가장 큰 폭의 개정은 2019년 개정으로서 정관으로 잔여재산의 귀속자를 정하더라도 학교법인이나 그 밖에 교육사업을 경영하는 자 중에서 선정되도록 하고(제1항), 비리법인이 관할청으로부터 회수 등 재정적 보전을 필요로 하는 시정요구를 받았으나 이를 이행하지 않고 해산된 경우에는 정관이 정한 학교법인 잔여재산의 귀속자 지정이 없는 것으로 함으로써 국고 환수를 가능하게 하였다(제3항). 2019년 개정은 이른바 '서남대법'으로 일컬어지는데 개정 과정에서 과잉규제금지, 소급입법금지 등 헌법적 이슈가 제기되어 매우 열띤 토론이 있었다. 2021년 개정은 「한국사학진흥재단법」 개정과 연계된 것으로 종전에 학교법인이 해산되어 처분 후 국고에 귀속되던 잔여재산을 한국사학진흥재단에 귀속시켜 관리할 수 있도록 하였다.

제35조의2(해산 및 잔여재산 귀속에 관한 특례)

I. 제정법

제정법에는 제35조의2 조문이 없다.

II. 개정 경과

1. 1997년 8월 22일 개정(법률 제5345호, 1998. 1. 1. 시행)

제35조의2(해산 및 잔여재산귀속에 관한 특례) ①고등학교이하 각급학교를 설치·경

영하는 학교법인은 학생수의 격감으로 인하여 그 목적의 달성이 곤란한 경우에는 제34조제1항의 규정에 불구하고 시·도교육감의 인가를 받아 해산할 수 있다.
②제1항의 규정에 의하여 시·도교육감의 인가를 받고자 하는 학교법인은 해산인가신청서에 잔여재산처분계획서를 첨부하여 시·도교육감에게 제출하여야 한다.
③제1항의 규정에 의한 해산과 제2항의 규정에 의한 잔여재산처분계획은 이사정수의 3분의 2이상의 동의를 얻어야 한다.
④제1항 및 제2항의 규정에 의한 학교법인의 해산 및 잔여재산의 처분에 관한 사항을 심사하기 위하여 시·도교육감소속하에 사학정비심사위원회를 둔다.
⑤제4항의 규정에 의한 사학정비심사위원회의 구성 및 운영등에 관한 사항은 대통령령으로 정한다.
⑥제1항 내지 제4항의 규정에 의하여 해산한 학교법인은 그 잔여재산의 전부 또는 일부를 제10조제4항의 규정에 불구하고 제2항의 규정에 의한 잔여재산처분계획서에서 정한 자에게 귀속시키거나 공익법인의설립·운영에관한법률 제2조의 규정에 의한 공익법인의 설립을 위한 재산으로 출연할 수 있다.

(1) 법률안(정부안[1831])

현행법	원안
<신 설>	**제35조의2(해산 및 잔여재산귀속에 관한 특례)** ①고등학교이하 각급학교를 설치·경영하는 학교법인은 학생수의 격감으로 인하여 그 목적의 달성이 곤란한 경우에는 제34조제1항의 규정에 불구하고 시·도교육감의 인가를 받아 해산할 수 있다. ②제1항의 규정에 의하여 시·도교육감의 인가를 받고자 하는 학교법인은 해산인가신청서에 잔여재산처분계획서를 첨부하여 시·도교육감에게 제출하여야 한다. ③제1항 및 제2항의 규정에 의한 학교법인의 해산 및 잔여재산의 처분에 관한 사항을 심사하기 위하여 시·도교육감소속하에 사학정비심

1831) 1997. 6. 24. 정부(의안번호: 150558); 제안이유 및 주요내용은 이 책 [21.205] 참조.

	사위원회를 둔다. ④제3항의 규정에 의한 사학정비심사위원회의 기능·구성 및 운영 등에 관한 사항은 대통령령으로 정한다. ⑤제1항 내지 제3항의 규정에 의하여 해산한 학교법인은 잔여재산의 전부 또는 일부를 제10조제4항의 규정에 불구하고 제2항의 규정에 의한 잔여재산처분계획서에서 정한 자에게 귀속시키거나 공익법인의설립·운영에관한법률 제2조의 규정에 의한 공익법인의 설립을 위한 재산으로 출연할 수 있다.

• 학생수의 격감에 대비하기 위한 개정으로 고등학교 이하 각급학교를 설치·경영하는 학교법인은 제34조제1항의 특칙으로서 시·도교육감의 인가를 받아 해산할 수 있도록 하고(제1항), 해산한 학교법인의 잔여재산은 그 전부 또는 일부를 해산 당시의 학교법인이 정하는 자에게 귀속시키거나 공익법인의 설립을 위한 재산으로 출연할 수 있도록 하며(제5항), 학교법인의 해산 및 잔여재산의 처분에 관한 사항을 심사하기 위하여 시·도교육감 소속으로 사학정비심사위원회를 두도록 하였다(제3항).

(2) 위원회 심사

〈1〉 **교육위원회:** 원안을 수정·가결했다.[1832] 수정내용은 아래와 같다.

교육위원회 수정안
제35조의2(해산 및 잔여재산귀속에 관한 특례) ③제1항의 규정에 의한 해산과 제2항의 규정에 의한 잔여재산처분계획은 이사정수의 3분의 2 이상의 동의를 얻어야 한다. ④제1항 및 제2항의 규정에 의한 학교법인의 해산 및 잔여재산의 처분에 관한 사항을 심사하기 위하여 시·도교육감소속하에 사학정비심사위원회를 둔다. ⑤제4항의 규정에 의한 사학정비심사위원회의 구성 및 운영등에 관한 사항은 대통령령으로 정한다. ⑥제1항 내지 제4항의 규정에 의하여 해산한 학교법인은 그 잔여재산의 전부 또는 일부를 제10조제4항의 규정에 불구하고 제2항의 규정에 의한 잔여재산처분계획서에서 정한 자에게 귀속시키거나 공익법인의설립·운영에관한법률 제2조의 규정에 의한 공익법인의 설립을 위한 재산으로 출연할 수 있다.

1832) 제184회 국회(임시회) 제4차 전체회의, 교육위원회회의록, 1997. 7. 18., 60~61면.

제35조의2에 관한 회의록 내용은 아래와 같다.

가. 제15대 국회 제184회 제3차 교육위원회(1997. 7. 14.)

- **교육부장관 안병영**[1833]: 이어서 사립학교법 중 개정법률안에 대하여 제안설명 드리겠습니다. 제안이유를 말씀드리면…농어촌지역의 소규모 사립학교의 통·폐합을 유도하고 중학교 의무교육의 내실화를 도모하기 위하여 1998년부터 2000년까지 3년간에 한하여 고등학교 이하 각급학교를 설치·경영하는 학교법인이 학생 수의 격감으로 인하여 그 목적의 달성이 곤란한 경우를 새로운 해산사유로 추가하도록 하고 해산한 학교법인의 잔여재산은 해산 당시의 학교법인이 정하는 자에게 귀속시키거나 공익법인의 설립을 위한 재산으로 출연할 수 있도록 하려는 것입니다.

  주요골자를 말씀드리면…둘째 고등학교 이하 각급학교를 설치·경영하는 학교법인은 학생 수의 격감으로 인하여 그 목적의 달성이 곤란한 경우에는 시·도교육감의 인가를 받아 해산할 수 있도록 하며, 셋째 학생 수의 격감으로 인하여 해산한 학교법인의 해산 및 잔여재산의 처분에 관한 사항을 심사하기 위하여 시·도교육감 소속하에 사학정비심사위원회를 두도록 하고, 넷째 학생 수의 격감으로 인하여 해산한 학교법인의 잔여재산은 그 전부 또는 일부를 해산 당시의 학교법인이 정하는 자에게 귀속시키거나 공익법인의 설립을 위한 재산으로 출연할 수 있도록 하며…이상에서 설명드린 법안의 취지를 깊이 이해하시어 심의·의결하여 주시기 바랍니다. 감사합니다.

- **전문위원 류삼현**[1834]: 다음에는 사립학교법 중 개정법률안에 대한 검토의견을 말씀드리겠습니다. …다음에는 사립중·고등학교 해산과 잔여재산 귀속의 특례에 대해서 보고드리겠습니다.

  안 제35조의2는 고등학교 이하 각급 학교에서 학생 수 격감으로 소기의 교육목적을 달성하기 곤란한 경우에는 당해 학교를 설립·운영하는 학교법인은 관할청의 인가를 받아 해산할 수 있도록 하고 이러한 이유로 해산하는 학교법인의 잔여재산은 학교법인이 지정한 자에게 귀속시키거나 공익법인의 설립을 위한 재산으로 출연할 수 있도록 하여서 학생 수 격감으로 인하여 정상 운영이 어려운 사립중·고등학교의 폐교와 그에 따른 학교 통·폐합을 유도하고 있습니다.

  본 특례조치는 소규모 사립중·고등학교가 비교적 많은 농어촌지역에 적용될 것으로 보이는 바 이 지역은 이미 중학교 의무교육실시와 중학교 무시험추첨 배

1833) 제184회 국회(임시회) 제3차 전체회의, 교육위원회회의록, 1997. 7. 14., 11~12면.
1834) 제184회 국회(임시회) 제3차 전체회의, 교육위원회회의록, 1997. 7. 14., 14~15면.

정 등으로 사립학교로서의 특성이 사라지고 있고 사학재정의 영세성으로 교육 여건이 부실하여 교육과정의 정상 운영에 어려움이 있으며 학교법인 재산의 개인귀속으로 발생하는 지방자치단체 교육용재산의 감소가 예상되지만 장기적으로는 폐지되는 학교에 대한 국가와 지방자치단체의 재정지원의 규모가 더 클 것이라는 점 등을 고려할 때 바람직한 것으로 사료됩니다.

다만 본 특례규정이 소규모 교육청 통·폐합과 분교 통, 폐합조치 그리고 소규모 초·중등학교 통합운영조치와 일맥상통하는 것으로 농어촌 교육환경을 더욱 어렵게 하는 면이 있다고 볼 수 있는 바, 동 조치로 폐교되는 학생과 학부모 등의 반발 등에 대한 고려가 있어야 할 것으로 봅니다. 그리고 특히 통합 대상 학교의 대부분이 농어촌 지역에 위치하고 있음을 감안하면 폐교되는 학교에 취학 중인 학생과 취학예정자들의 전·입학과 통학 문제 그리고 해당 학교 교원의 신분보장 등에 대한 고려가 있어야 할 것이며 학교법인 해산 인가시 그 적정 학생 수를 지나치게 높게 책정하지 않도록 하여 해산에 따른 부작용을 최소화해야 할 것으로 보입니다.

한편 안 제35조의2제2항 내지 제4항에서는 학생 수 격감으로 인한 학교법인의 해산과 잔여재산 귀속의 처리절차를 규정하고 있는 바, 첫째 사학정비심사위원회의 기능은 이미 동조 제3항에서 규정하고 있으므로 기능을 대통령령으로 정하도록 할 필요는 없다고 봅니다. 둘째로 사립학교가 그 목적의 달성이 불가능한 사유로 학교법인 해산의결을 하는 경우에는 이사 정수의 3분의 2 이상의 동의를 필요로 하도록 하고 있으나 잔여재산처리와 같이 이해관계가 얽혀있는 해산의결시에는 그러한 특별의결정족수에 관한 규정이 없는바 이 경우에도 특별의결정족수를 요한다고 사료됩니다.

- **설훈 위원**[1835]: 사립학교법 개정에 대해서 몇 가지 말씀드리겠습니다.

지금 중·고등학교에서 학생 수가 격감함으로 인해 폐교를 해야 될 상황에 있는 중·고등학교가 있는 것으로 알고 있습니다. 특히 사립학교 중에 그런 학교들이 있어 운영상 문제가 있어서 지금 사립학교법 개정안에 이 부분이 들어가 있는데 교육부에서 보고받고 있는 내용은 통·폐합 대상학교가 180명 이하의 학생수가 중학교 66개교, 고등학교 8개교로 되어 있는 것 같은데 이런 중학교나 고등학교들을 대안학교로 전환하는 것을 생각해야 할 것 같습니다. 그냥 통·폐합만 할 것이 아니고 행정효율성만 생각해 가지고 없애려고 생각하지 마시고 작은 학교가 훨씬 더 교육효과는 높을 수가 있습니다. 교육을 순전히 경제적인 측면에서

1835) 제184회 국회(임시회) 제3차 전체회의, 교육위원회회의록, 1997. 7. 14., 24~25면.

만 봐서는 안 된다고 생각합니다. 조그마한 학교에서 얼마든지 좋은 교육을 해낼 수 있습니다. 어쩌면 더욱 효과적이고 진짜 우리가 교육이라고 하는 그 교육들은 작은 학교에서 가능해진다고 생각합니다. 경제적인 측면만 생각해서 통·폐합해야 한다 이렇게 생각할 부분은 아니라고 봅니다. 작은 학교일수록 의외로 교육은 더 충실해질 수 있고 올바른 교육은 가능하지 않겠느냐 이런 생각에서 통·폐합만 주력하지 마시고 그런 시각으로만 보지 마시고 작은 학교에서 어떻게 하면 더 좋은 교육을 할 수 있느냐 이런 측면에서 생각해야 되지 않느냐 생각합니다.

그리고 이번 사립학교개정법에 보면 없던 부분들이 들어왔는데 학생 수의 격감으로 인해서 해산한 학교법인의 잔여재산은 전부 또는 일부를 해산 당시의 학교법인이 정하는 자에게 귀속시키거나 공익법인의 설립을 위한 재산으로 출연할 수 있도록 한다. 이게 제35조2의 제5항입니다. 이 부분은 상당히 문제가 있습니다. 왜냐하면 학교가 물론 농촌학교에서 이농현상으로 인해 가지고 학생 수가 자연스럽게 격감했을 경우에는 문제가 좀 다를 수는 있습니다마는 그러나 지금 교육부에서는 그럴 경우에 학교설립자에게 학교부지를 교육부에서 사 가지고 그 설립자에게 돈을 준다 이래서 각급학교에 한 10억 정도 계산하는 것 같은데 이 계산방법도 전연 우리가 계산한 것과 맞지가 않습니다. 전연 다른 차원인데 우선 발상 자체가 잘못되어 있다고 생각합니다. 물론 사립학교를 설립한 분들의 노고를 우리가 인정해야 합니다. 그간에 교육에 끼친 공헌도도 인정해야 합니다. 그러나 학생 수가 줄어들어 가지고 어쩌면 폐교를 해야 될 처지에 있는 학교도 있을지 모르겠습니다. 현실적으로 있을 것입니다. 그랬을 때 학교에는 교육용재산과 수익용재산 두 가지가 있습니다. 이것을 전부 다 교육부에서 사 가지고 그 설립자에게 돈으로 환산해서 준다… 저는 이것은 바람직한 방법이 아니라고 생각합니다. 만일에 꼭 교육부에서 사립학교를 매입을 해서 공립학교로 바꾸어야 할 상황에 있다면 수익용 기본재산 이것은 설립자에게 돌려주는 것이 나는 맞다고 생각합니다. 그 수익용 기본재산은 돌려주고 그리고 교육용기본재산은 교육부에서 받아야 합니다. 그래서 돈을 주고 살 것이 아니라 교육용 기본재산은 국고로 들어오게 해서 공립으로 만들고 수익용 기본재산만 그 설립자가 다시 가져가게 이렇게 하는 것이 나는 합리적이라고 생각합니다. 그렇지 않고 일방적으로 이것 다 산다고 한다면 이것은 경우에 따라서는 아주 나쁜 사립학교 설립자가 학교를 고의로 부실화시킬 가능성은 얼마든지 있습니다. 예를 들자면 경기여상의 경우가 그럴 수 있습니다. 우리는 잘 알고 있습니다. 그런 악

덕설립자가 없다고 우리가 보장할 수가 없습니다. 나타날 수가 있습니다. 물론 사전장치가 없는 것을 제가 잘 알고 있습니다. 그러나 제가 알기로는 이 부분을 통·폐합에 한정하지 말고 그냥 일반적으로 사립학교의 수익용 기본재산은 설립자가 가져가도록 한다면 공립으로 바꿀 의지가 있는 학교들이 꽤 있을 것으로 생각합니다. 그래서 학교를 더 건강한 방향으로 교육시킬 수 있도록 하기 위해서는 전체 학교를 그냥 다 사려고 하지 마시고, 교육부에서 돈 안 들이고 얼마든지 공립화할 수 있는 장치가 나는 있다고 생각합니다. 그래서 이 부분은 그렇게 정리해야 맞다고 저는 생각합니다.

그것은 본 위원이 조사를 한 바에 의하면 분명히 드러나고 있습니다. 이를테면 지금 교육부에서 산출한 것하고 본 위원이 산출한 것하고 차이점이 나는 부분을 몇 가지 산 예를 들어 설명을 하겠습니다. 경북지역의 죽장학원, 산동학원, 화북학원, 소보학원, 삼성학원, 삼영학원 이 여섯개 학원을 우리가 조사를 해 보았습니다. 그런데 교육부에서, 이것은 교육용 기본재산이 아닙니다. 수익용 기본재산입니다. 다 경북에 있는 학원들입니다. 이 여섯개 학원의 수익용 기본재산 중에서 토지가액의 차이를 비교해 보았습니다. 예를 들면 죽장학원은 교육부 산출에는 3억 8만 원인데 본 위원이 산출한 액수로는 9억 5100만 원입니다. 그 차액이 6억 5000이나 나고 있습니다. 만일에 교육부에서 전체 다 매입한다고 했을 경우에 벌써 예산상에서 6억 이상의 차이가 납니다.

이것만이 아닙니다. 게다가 산동학원은 교육부예산은 2억으로 되어 있는데 제가 조사한 것으로는 4억 4000입니다. 또 화북학원은 100만 원인데 이것도 400만 원이고 전부 다 이런 식입니다. 그래서 이렇게 계산한 것, 이를테면 지금 운영상 통·폐합해야 할 학교들을 교육부에서 계산한 자료하고 본위원이 계산한 자료하고는 엄청난 차이가 난다. 그렇기 때문에 이것은 예산상으로도 엄청난 문제가 있고 따라서 예산을 들이지 않고 여러 가지 문제를 해결할 수 있는 방법으로서는 수익용 기본재산만 설립자가 가져가게 하는 그리고 교육용 기본재산은 교육부에서 그대로 거두어들이는 이런 방법으로 문제를 해결하려고 해야지 그렇지 않고 전부 다 사겠다고 한다면 이것은 대단한 문제를 야기할 소지가 많다 예산상의 상당한 낭비를 초래한다. 이런 점을 제가 분명히 지적을 하겠습니다.

- **정희경 위원**[1836]: 그다음에 사립학교법 가운데 영세한 사학을 그만둘 수 있게 만드셨는데요. 이것은 시한을 왜 두셨는지 모르겠습니다마는 제가 좀 걱정이 됩니다. 아까 설 위원께서도 말씀을 하셨습니다마는 이것 2000년까지로 해 놓으면

1836) 제184회 국회(임시회) 제3차 전체회의, 교육위원회회의록, 1997. 7. 14., 28면.

더군다나 보상을 하고 돈을 설립자에게 돌려주고 이렇게 되면 엄청난 러시가 생길 가능성도 없지 않습니까? 물론 여기에 심의회가 있고 엄격하게 심의를 해서 하겠습니다마는 2000년까지 못박아 두면 2000년 이후에 생기는… 농어촌의 학교가 더 줄어든다는 것을 혹시 내다보지 못하시는지, 왜 2000년까지로 하셨는지를 도저히 제가 납득을 할 수가 없습니다.

그리고 아까 다른 대안학교로 바꿀 수 없느냐하는 말씀을 드리겠는데 제 결론으로 지난 7월 10일 아침에 MBC-TV에서 영광 성지고등학교, 제가 굉장히 감명깊게 그 MBC 프로그램을 봤습니다. 제가 지난번에 발언할 때에 모든 교육의 복잡한 문제를 뛰어 넘어서 교육의 원형으로 돌아가자, 교육의 프라임 모드로 돌아가자 이런 말씀을 굉장히 강조를 했습니다마는 저는 거기에서 그런 것을 본 것 같습니다. 거기에 화면에 나와 있는 아이들은 굉장히 불량스러운 얼굴을 하고 있습니다만 걔들은 거기에서 나올 때는 굉장히 착한, 행복한 얼굴을 하고 나올 수 있지 않을까 해서 사실은 제가 교육위원장님께 간곡한 건의를 하나 하려고 했습니다. 우리가 영광 성지학교를 꼭 한번 현지답사를 가야 되겠다 하는 생각을 하고 있습니다마는 사학재단의 폐지와 더불어 그런 스타일의 것을, 그런 모형의 학교들을 교육부에서 강력하게 제안하실 용의는 없으신지 여쭤봅니다.

- **교육부장관 안병영**[1837]: 사립학교법 개정과 연관해서 잔여재산 문제에 대해서도 많은 분들께서 말씀을 주셨고 대단히 중요한 문제라고 생각합니다. 또 이렇게 없어지는 학교가 있는 경우에 대안학교로 활용하면 좋지 않겠느냐는 말씀, 이 문제는 저희들이 여러 위원님들의 말씀대로 아주 깊게 유념을 하겠습니다.

실제로 지금 폐교되어 가는 많은 학교들이 있습니다. 그 학교들을 저희들이 필요한 경우에는 대안학교로 바꾸어보는 그런 노력을 하고 있습니다. 그러나 현실적으로 대안학교를 우리가 육성한다는 것이 굉장히 힘듭니다. 지금 우선 한 도에 하나의 대안학교라도, 제대로 제구실을 하는 대안학교를 하나씩이라도 만들어보려고 굉장히 노력을 하는데 이게 아주 쉽지는 않습니다. 그러나 모든 학교가 똑같은 규율에 의해서 똑같은 모습으로 보여주는 그런 시대는 이제 지났다고 생각합니다. 그래서 여러 종류의 대안학교에 대해서 저희들이 많은 정책적인 배려를 하겠다는 말씀을 올립니다.

정희경 위원님께서 여러 가지 좋은 질의를 주셨습니다. 예컨대 홍익인간이라는 교육이념에 대해서 얼마만큼 깊이 있게 생각을 했느냐 물으셨습니다. 홍익인간이라는 개념 자체가 굉장히 포괄적이고 추상적이고 해서 구체적인 경우에 어

1837) 제184회 국회(임시회) 제3차 전체회의, 교육위원회회의록, 1997. 7. 14., 37~38면.

떤 실천적인 지시를 하기에 참 어려운 개념이라고 저희들도 생각합니다.

그러나 이게 우리 문화와 연계가 되어서 많은 사람들이 그 뜻을 아주 구체적으로 이해는 못 하면서 우리 교육의 어떤 본질을 관통하는 이념처럼 생각하고 있는 것이 또 사실이에요. 저희들이 직접 조사했는지 하여튼 조사해 본 바에 의하면 교사들의 한 68%가 그래도 교육이념은 홍익이념이어야 되겠다 이렇게 지지들을 하시고 다른 대안이 될 수 있는 개념들이 없었습니다. 이만한 상징성과 이만한 함축성을 가진 개념이 다른 게 없어서 저희들이 일단 홍익인간이라는 개념을 내놓았습니다마는 얼마만큼이 개념의 일종의 실효성이랄까 이것에 대해서 확신하느냐 여기에 대해서는 저희들도 "이렇습니다" 이렇게 대답하기에는 자신이 없습니다.

나. 제15대 국회 제184회 제4차 교육위원회(1997. 7. 18.)

- **소위원장 서한샘**[1838]: 법안심사소위원장 서한샘 위원입니다. …넷째, 사립학교법 중 개정법률안에 대해서는 학교법인의 재산상황에 대한 조사현황을 당위원회 전체회의에 보고하도록 하고 사학정비심사위원회에 관한 시행령을 제정하기 전에 그 시안을 당위원회에 보고하는 것을 조건으로 하되 안 제35조의2제3항을 신설하여 해산 및 잔여재산 처리계획서 작성시 이사정수의 3분의 2 이상의 동의를 얻도록 하는 등 기타 전문위원의 의견을 받아들여 수정의결하였습니다.
- **교육부장관 안병영**[1839]: 지난 7월 16일 법안심사소위원회에서 말씀하신 소규모 사립학교의 재산현황에 대하여 보고드리겠습니다. 학교법인이 보유하고 있는 재산은 목적에 따라 교육용 기본재산과 수익용 기본재산으로 나누고 있으며 종류에 따라 토지, 건물, 주식, 정기예금 또는 금전신탁, 국채, 공채 등으로 나누고 있습니다. 전체 사립학교 1684개교 중 해산대상이 되는 학생 수 100명 이하의 학교는 26개교이며 이들 학교가 보유하고 있는 재산평가액은 1997년 3월 1일 현재 총 342억 원 정도로써 교육용 재산이 163억원, 수익용 재산이 179억 원이며 그 중 설립자 등이 출연한 재산은 339억 원 정도입니다. 상세한 내역은 표를 참고하시기 바랍니다. 당초 교육부에서는 학생 수 180명 이하의 각급학교를 해산대상으로 예정하였으나 100명 이하의 학교로 변경할 계획임을 말씀드립니다.

  환원대상에 포함시킬 재산의 범위에 대해서는 몇 가지 방안이 검토될 수 있겠으나 당초 정부에서는 교육용 재산과 수익용 재산 모두를 대상으로 할 예정이었습니다. 그러나 교육용 재산은 환원하지 않는 것이 바람직하다는 위원님들의

1838) 제184회 국회(임시회) 제4차 전체회의, 교육위원회회의록, 1997. 7. 18., 49면.
1839) 제184회 국회(임시회) 제4차 전체회의, 교육위원회회의록, 1997. 7. 18., 55~56면.

의견을 받들어 수익용 기본재산만 환원하는 것을 기본입장으로 하되 구체적인 시행에 앞서 그 타당성을 신중히 검토하여 결정할 계획임을 아울러 말씀드립니다.

환원후 잔여재산에 대하여는 인근 공립학교와 통·폐합하여 학교시설로 활용하거나 준칙주의에 의한 대안학교, 농어촌 기숙학교, 기타 소규모 특성화 학교로 활용하는 방안, 사회교육 시설 등 공익사업을 위해 활용하는 방안, 지역주민의 복지시설로 활용하는 방안 등 실정에 따라 다양한 방안을 검토토록 하겠습니다.

위원 여러분께서 지적해 주신 사학정비심사위원회의 구성 및 운영과 관련하여 대통령령인 사립학교법 시행령에 규정할 사항에 대하여 미리 말씀드리겠습니다. 먼저 사학정비심사위원회의 성격과 기능에 대하여 말씀드리면 동 위원회는 교육감 소속하의 심의기구로써 학교법인 해산의 타당성 심사, 잔여재산의 감정, 평가에 관한 사항, 잔여재산 처분계획… 재산환원을 포함합니다. 심사에 관한사항 등을 맡게 되며 교육감은 동 위원회의 결정에 따라 집행하게 될 것입니다. 위원회는 15인 내외의 위원으로 구성하되 심사의 공공성, 전문성 및 책무성을 확보하기 위하여 부교육감을 당연직 위원장으로 하고 교육감이 위촉하는 교육청 소속 4급 이상의 공무원 중 3인, 변호사, 회계사, 세무사, 감정평가사 중 5인, 당해 시·도의회 추천인사 중 3인, 당해 시·도 사학재단연합회 추천인사 중 2인의 위원으로 구성할예정입니다. 위원의 임기는 이 법 적용시한인 2000년 12월 31일까지 즉 3년으로 정할 예정입니다. 아울러 위원회 운영의 공정성을 확보하기 위하여 이해관계인에 대한 제척, 기피, 이해관계인의 의견제출, 청문등의 절차를 도입하며 필요한 경우 자체규칙을 제정하여 운영토록 할 계획입니다. 아무튼 소규모 영세사학을 정비하는 절차를 이행함에 있어 학생, 교사는 물론 선의의 학교 설립자 등 관련 당사자를 보호하는 한편, 본법을 악용하는 사례가 생기지 않도록 예방장치를 둠으로써 본법 개정의 목적이 충분히 달성될 수 있도록 위원회의 구성과 운영에 만전을 기하도록 하겠습니다. 대단히 감사합니다

- **위원장 김현욱**[1840]: 의사일정 제6항 정부에서 제출한 사립학교법중 개정법률안은 법안심사소위원회에서 심사보고 한 바와 같이 수정한 부분은 수정한 대로 기타 부분은 정부 원안대로 의결하고자 합니다. 이의 없으시지요?
- **설훈 위원**[1841]: 잠깐만요. 죄송합니다. 결국 교육용 기본재산과 수익용 재산 중에서 수익용 재산은 사립학교 설립자에게 환원하고 교육용 재산은 교육부에서

1840) 제184회 국회(임시회) 제4차 전체회의, 교육위원회회의록, 1997. 7. 18., 60면.
1841) 제184회 국회(임시회) 제4차 전체회의, 교육위원회회의록, 1997. 7. 18., 60~61면.

그냥 받는다는 이 안이 지금 오늘 보니까 되어 있는 것 같은데 이것이 분명히 되지 않으면 폐교사태가 러시를 이룰 가능성이 있습니다. 대단히 조심해야 합니다. 그래서 이것을 대통령령으로 정할 것이 아니고 이것을 법안으로 못을 박아야 되는데 지금 상황이 이렇게 되었으니까 대통령령을 정할 때 이것을 분명히 규정을 못을 박아야 됩니다. 지난번에 우리가 수익용 기본재산이 얼마 안 될 것이라고 했지만 거의 절반이에요. 반은 수익용 기본재산이 있습니다. 그렇기 때문에 이 점은 분명히 해가지고 시행령에서 수익용 기본재산만 환원하는 것으로 분명히 해야 할 것입니다

- **교육부장관 안병영**[1842]: 시행령을 만들어서 위원님들과 협의를 하겠습니다. 그것을 분명히 밝힙니다.
- **위원장 김현욱**[1843]: 시행령은 대단히 중요합니다. 이 위임사항에 대해서 정부의 자의적인 그런 일이 없도록, 여러 위원들께서 염려하는 점이 발생되지 않도록 장관께서 최대한의 성의를 보여주시기 바랍니다. 그러면 설훈 위원께서 지적하신 말씀을 우리가 깊이 유념하고 정책에 반영할 것을 결의하면서 이 법안은 그러면 이의가 없으신 것으로 알고 가결된 것을 선포합니다.

〈2〉 **법제사법위원회:** 교육위원회 수정안대로 가결되었다.[1844] 제35조의2에 관한 회의록 내용은 아래와 같다.

- **교육부장관 안병영**[1845]: 이어서 사립학교법 중 개정법률안에 대하여 제안설명 드리겠습니다. …농어촌지역의 소규모 사립학교의 통·폐합을 유도하고 중학교 의무교육의 내실화를 도모하기 위하여 1998년부터 2000년까지 3년간에 한하여 고등학교 이하 각급학교를 설치·경영하는 학교법인이 학생 수의 격감으로 인하여 그 목적의 달성이 곤란한 경우를 새로운 해산사유로 추가하도록 하고 해산한 학교법인의 잔여재산은 해산 당시의 학교법인이 정하는 자에게 귀속시키거나 공익법인의 설립을 위한 재산으로 출연할 수 있도록 하려는 것입니다.

  주요골자를 말씀드리면…둘째, 고등학교 이하 각급학교를 설치·경영하는 학교법인은 학생 수의 격감으로 인하여 그 목적의 달성이 곤란한 경우에는 시·도교육감의 인가를 받아 해산할 수 있도록 하며 셋째, 학생 수의 격감으로 인하여 해산한 학교법인의 해산 및 잔여재산의 처분에 관한 사항을 심사하기 위

1842) 제184회 국회(임시회) 제4차 전체회의, 교육위원회회의록, 1997. 7. 18., 61면.
1843) 제184회 국회(임시회) 제4차 전체회의, 교육위원회회의록, 1997. 7. 18., 61면.
1844) 제184회 국회(임시회) 제5차 전체회의, 법제사법위원회회의록, 1997. 7. 23., 26면.
1845) 제184회 국회(임시회) 제5차 전체회의, 법제사법위원회회의록, 1997. 7. 23., 17면.

하여 시·도교육감 소속하에 사학정비심사위원회를 두도록 하고 넷째, 학생 수의 격감으로 인하여 해산한 학교법인의 잔여재산은 그 전부 또는 일부를 해산당시의 학교법인이 정하는 자에게 귀속시키거나 공익법인의 설립을 위한 재산으로 출연할수 있도록 하며…이상에서 설명드린 법안의 취지를 깊이 이해하시어 심의·의결하여 주시기 바랍니다. 감사합니다.

- **위원장 강재섭**[1846]: 의사일정 제12항 사립학교법 중 개정법률안, 제13항 벤처기업육성에관한특별조치법안 이상 두 건의 법률안에 대해서도 전문위원의 수정의견을 우리 위원회안으로 받아들여서 수정한 부분은 수정안대로 또 나머지 부분은 원안대로 의결하고자 합니다. 이의가 없으시지요? (없습니다 하는 위원 있음) 2건의 법률안도 가결되었음을 선포합니다.

(3) 본회의 심의

교육위원회 수정안대로 가결되었다.[1847]

(4) 결과

교육위원회 수정안으로 개정되었다.

35-2.202

2. 2004년 1월 29일 개정(법률 제7118호, 2004. 1. 29. 시행)

제35조의2(해산 및 잔여재산귀속에 관한 특례) ①고등학교이하 각급학교를 설치·경영하는 학교법인은 학생수의 격감으로 인하여 그 목적의 달성이 곤란한 경우에는 제34조제1항의 규정에 불구하고 시·도교육감의 인가를 받아 해산할 수 있다.
②제1항의 규정에 의하여 시·도교육감의 인가를 받고자 하는 학교법인은 해산인가신청서에 잔여재산처분계획서를 첨부하여 시·도교육감에게 제출하여야 한다.
③제1항의 규정에 의한 해산과 제2항의 규정에 의한 잔여재산처분계획은 이사정수의 3분의 2이상의 동의를 얻어야 한다.
<u>④국가 또는 지방자치단체는 제1항의 규정에 의하여 해산하는 학교법인이 원활한 해산을 할 수 있도록 다음 각호의 1의 지원을 할 수 있다.</u>
<u>1. 해산인가 신청 당시 학교법인이 보유하고 있는 기본재산 감정평가액의 100</u>

1846) 제184회 국회(임시회) 제5차 전체회의, 법제사법위원회회의록, 1997. 7. 23., 26면.
1847) 제184회 국회(임시회) 제11차 본회의, 국회본회의회의록, 1997. 7. 30., 9면.

분의 30 이내의 범위에서 해산장려금의 지급

2. 해산인가 신청 당시 학교법인이 보유하고 있는 기본재산중 학교교육에 직접 사용되었던 재산의 매입

⑤제1항의 규정에 의한 학교법인의 해산, 제2항의 규정에 의한 잔여재산의 처분 및 제4항의 규정에 의한 재정지원에 관한 사항을 심사하기 위하여 시·도교육감 소속하에 사학정비심사위원회를 둔다.

⑥제5항의 규정에 의한 사학정비심사위원회의 구성 및 운영등에 관한 사항은 대통령령으로 정한다.

⑦제1항 내지 제5항의 규정에 의하여 해산한 학교법인은 그 잔여재산의 전부 또는 일부를 제10조제4항의 규정에 불구하고 제2항의 규정에 의한 잔여재산처분계획서에서 정한 자에게 귀속시키거나 공익법인의설립·운영에관한법률 제2조의 규정에 의한 공익법인의 설립을 위한 재산으로 출연할 수 있다.

(1) 법률안(김경천 의원안[1848])

이 조문을 포함한 개정 대상 조문의 제안이유 및 주요내용은 아래와 같다.

• 제안이유

고등학교 이하 각급 학교를 설치·경영하는 학교법인이 학생수의 격감으로 해산하는 경우 재정 지원할 수 있는 근거를 신설하고 잔여재산의 처분에 관한 특례규정의 적용시한을 연장하여 소규모 영세사학의 원활한 해산을 유도하기 위한 것임.

• 주요내용

가. 소규모 영세사학의 원활한 해산을 유도하기 위해 특례규정에 의해 해산하는 학교법인에게 국가 또는 지방자치단체가 그 기본재산 가액의 30%까지 해산장려금을 지원하거나 학교교육에 직접 사용되는 기본재산을 매입할 수 있도록 함(안 제35조의2).

나. 학생수의 격감으로 인한 해산특례 규정의 적용시한을 종전 2003년 12월 31일까지에서 2006년 12월 31일까지로 3년 재연장함.

이 조문의 현행법과 개정 원안은 아래와 같다.

1848) 2003. 5. 21. 김경천의원 등 40인(의안번호: 162289).

현행법	원안
제35조의2(해산 및 잔여재산귀속에 관한 특례) ① ~ ⑥ (생 략) <신 설>	**제35조의2(해산 및 잔여재산귀속에 관한 특례)** ① ~ ⑥ (현행과 같음) ⑦국가 또는 지방자치단체는 학교법인의 원활한 해산을 유도하기 위하여 제1항의 규정에 의하여 해산하는 학교법인에게 다음 각호의 1과 같은 지원을 할 수 있다. 1. 학교법인이 보유하고 있는 기본재산 감정평가액의 30% 범위내에서 해산 장려금의 지급 2. 학교법인의 기본재산중 학교교육에 직접 사용되었던 재산의 매입

(2) 위원회 심사

〈1〉 **교육위원회:** 원안을 수정·가결했다.[1849] 수정내용은 아래와 같다.

대안
제35조의2(해산 및 잔여재산귀속에 관한 특례) ④국가 또는 지방자치단체는 제1항의 규정의 의하여 해산하는 학교법인이 원활한 해산을 할 수 있도록 다음 각호의 1의 지원을 할 수 있다. 1. 학교법인이 보유하고 있는 기본재산 감정평가액의 30% 범위내에서 해산 장려금의 지급 2. 학교법인의 보유하고 있는 기본재산중 학교교육에 직접 사용되었던 재산의 매입 ⑤제1항의 규정에 의한 학교법인의 해산, 제2항의 규정에 의한 잔여재산의 처분 및 제4항의 규정에 의한 재정지원 등에 관한 사항을 심사하기 위하여 시·도교육감소속하에 사학정비심사위원회를 둔다. ⑥제5항의 규정에 의한 사학정비심사위원회의 구성 및 운영등에 관한 사항은 대통령령으로 정한다. ⑦제1항 내지 제5항의 규정에 의하여 해산한 학교법인은 그 잔여재산의 전부 또는 일부를 제10조 제4항의 규정에 불구하고 제2항의 규정에 의한 잔여재산처분계획서에서 정한 자에게 귀속시키거나 공익법인의설립·운영에관한법률 제2조의 규정에 의한 공익법인의 설립을 위한 재산으로 출연할 수 있다.

위 내용이 포함된 제35조의2에 관한 회의록 내용은 아래와 같다.

가. 제16대 국회 제243회 제9차 교육위원회(2003. 12. 8.)

• 김경천 위원[1850]: 사립학교법 중 개정법률안에 대한 제안설명을 드리겠습니다. 먼저 제안이유를 말씀드리면 학생 수 격감으로 학교 운영이 어려운 고등학교 이

1849) 제244회 국회(정기회) 제1차 전체회의, 교육위원회회의록, 2003. 12. 11., 9면.
1850) 제243회 국회(정기회) 제9차 전체회의, 교육위원회회의록, 2003. 12. 8., 11~12면.

하 각급학교를 설치·경영하는 학교법인의 해산을 유도하기 위하여 97년 8월 22일 해산특례규정을 신설하였으나 98년부터 금년까지 모두 14개 학교법인이 해산하는데 그쳐 아직도 학생 수 100명 이하 영세사학이 97개교나 남아있는 실정입니다. 영세사학은 교육 과정의 정상적인 운영이 곤란하여 학생들의 학습권이 침해받고 있으며 교육재정 운영상으로 비효율적이므로 영세사학의 해산을 보다 적극적으로 유도할 필요가 있다고 생각합니다. 해산특례 기한을 3년간 연장하였는데도 해산이 저조한 이유를 살펴보면 설립·경영자의 학교 경영에 대한 의지가 강하고 정부의 사학 재정결함 전액 보조로 해산에 소극적인 실정입니다.

또한 학교법인에 대한 증여세는 면제되나 잔여재산 귀속자인 설립·경영자에 대한 증여세는 면제되지 않아 해산을 기피하고 있으며 영세사학의 대부분이 농어촌 지역에 위치하고 있어 귀속재산의 처분이 어렵고 환금성도 낮아 해산 추진에 장애가 되고 있는 실정입니다. 이에 따라 고등학교 이하 각급학교를 설치·경영하는 학교법인이 학생 수 격감으로 인하여 해산하는 경우에 적용되는 잔여재산 처분에 관한 특례규정의 시한을 2006년 12월 31일까지 3년간 재연장하도록 하여 소규모학교 통폐합을 통한 교육재정의 효율적 운영을 도모하고자 하는 것입니다. 또한 영세사학의 원활한 해산을 유도하기 위하여 국가나 지방자치단체가 학교법인이 보유하고 있는 기본재산 감정평가액의 30% 범위 안에서 해산장려금을 지급하거나 학교법인의 기본재산 중 학교교육에 직접 사용되었던 재산을 매입할 수 있도록 재정지원 규정을 신설하고자 하는 것입니다.

초·중등 사립학교는 그동안 국가를 대신하여 우리나라 교육 발전에 기여해왔고 학교가 영세하게 된 주원인이 농어촌 인구 감소에 따른 학생 수 격감에 있어 그 귀책사유가 학교법인에 있지 않으므로 영세사학의 해산을 지원할 필요가 있다고 봅니다. 영세사학의 해산이 촉진되면 학생들에게는 보다 나은 교육여건을 조성해 줄 수 있게 되고 교육재정의 효율적 운영을 기할 수 있어 예산 절감효과를 가져오게 할 것입니다. 사립학교법 중 개정법률안의 주요골자와 기타 자세한 사항은 배포해 드린 유인물을 참조해 주시고 아무쪼록 동 법률안이 처리될 수 있도록 위원님들의 적극적인 배려를 부탁드립니다.

• **부총리겸교육인적자원부장관 윤덕홍**[1851]: 정부가 제출한 사립학교법 중 개정법률안 및 독학에의한학위취득에관한법률중개정법률안에 대하여 일괄하여 제안설명을 드리겠습니다. …한편 고등학교 이하 각급 학교를 설치·경영하는 학교법인이 학생 수의 격감으로 인하여 해산하는 경우에 적용되는 잔여재산의 처분에 관

1851) 제243회 국회(정기회) 제9차 전체회의, 교육위원회회의록, 2003. 12. 8., 14면.

한 특례규정의 시한이 2003년 12월 31일로 종료됨에 따라서 이를 2006년 12월 31일까지 3년 연장하여 소규모 학교의 통폐합을 통한 학생들의 학습권 보장과 교육재정의 효율적 운영을 도모하려는 것입니다.

- **수석전문위원 류충현**[1852]: 다음 의사일정 제15항 사립학교법 중 개정법률안에 대해서 보고드리겠습니다. 이 법안은 2003년 5월 21일 김경천 의원으로부터 대표발의되어 동일 우리 위원회에 회부되었습니다. 이 개정안은 고등학교 이하 소규모 영세사학의 원활한 해산을 유도하기 위하여 특례규정에 따라 해산하는 학교법인에게 국가 또는 지방자치단체가 그 기본재산 감정평가액의 30% 범위 내에서 해산장려금을 지급하거나 학교법인의 기본재산 중 학교교육에 직접 사용되었던 재산의 매입 근거규정을 신설하고, 이 특례규정의 적용시한을 2006년 12월 31일까지 3년 재연장하는 것을 주요내용으로 하고 있습니다.

이와 같이 특례규정에 영세사학의 원활한 해산을 유도하기 위해 국가 또는 지방자치단체로 하여금 재정적 지원을 할 수 있는 근거조항을 신설하고 적용시한을 연장하려는 것은 이 특례규정이 1997년도에 도입되어 1998년 1월부터 시행되었으나 영세사학의 통폐합정책이 지지부진하여 2000년도에 관계부처와 협의하여 법인해산 시 설립 당초 재산출연분에 대한 법인 증여세를 면제해 주는 것을 전제로 재차 적용시한을 연장하고 있음에도 불구하고 여전히 소기의 성과를 달성하지 못하고 있습니다. 따라서 교육과정의 정상적 운영이 곤란하고 교육재정의 고비용·저효율 구조가 지속되고 있는 바 이를 개선·보완하여 학생들의 학습권을 보장하고 교육재정 운영의 효율성을 제고하기 위한 차원에서 개정하려는 것으로 판단됩니다.

현행제도의 보완 필요성과 개정안의 지원방안 타당성 여부에 관련해서 보고드리겠습니다. 영세사학의 자발적 해산을 지원하기 위한 현 규정은 소기의 입법목적을 달성하는데 한계를 지니고 있다고 할 것입니다. 그러나 동 규정이 금년말로 그 적용시한이 만료된다는 점과 여전히 동 규정이 신설 당시와 마찬가지로 학생 수 격감으로 인한 소규모 학교의 통폐합 필요성이 상존하고 있고 이를 강제할 수 없는 현실에서 학교법인의 자발적인 해산을 유도하기 위한 보다 적극적인 정책적 지원방안이 불가피하다는 점 등을 고려해야 될 것입니다. 이에 따라 개정안과 같이 해산을 준비 중인 영세사학들에 학교법인이 보유하고 있는 기본재산 감정평가액의 30% 범위 내에서 해산장려금을 지원하거나 또는 학교법인의 기본재산 중 학교교육에 직접 사용되었던 재산의 매입을 할 수 있는 방안을

1852) 제243회 국회(정기회) 제9차 전체회의, 교육위원회회의록, 2003. 12. 8., 22~23면.

병행신설하고 이의 적용기한을 3년 재연장하는 것은 영세사학의 실질적인 해산을 지원하고자 하는데 그 입법목적이 있다고 할 것입니다.

이와 같은 선택적 지원방안 중에서 첫째, 영세사학들에 대한 해산장려금 지원방안은 자발적인 해산 저해요인 중 그동안 한시적으로 해산하는 학교법인에 대해서 증여세가 면제되는 반면 잔여재산 귀속자들은 증여세가 면제되지 않아 해산을 기피하는 원인으로 보고 이들에 대해서도 증여세 면제를 추진하는 것이 필요하나 조세형평상 논란의 소지가 있어 현실적 지원방안으로서는 적절하지 아니하다고 판단됩니다. 이 개정안과 같이 영세사학들의 기본재산 가액의 30%까지 해산장려금을 지원하고자 하는 것은증여세액에 해당되는 부분을 정부가 보전해 주려는 것으로 영세사학의 해산 필요성과 정책적 수단의 합리성이 함께 논의되어져야 할 것입니다.

둘째, 교육용 기본재산을 국가 등이 직접 매입하는 방안과 관련해서 보고드리겠습니다. 계속적으로 부실한 영세사학에 매년 예산을 지원하는 것보다는 교육용 기본재산을 정부가 직집 매입하여 해산을 유도하는 것이 더 많은 예산절감효과와 함께 교육재정 운영의 효율화를 도모할 수 있고 영세사학 재학생들에게 정상적인 학습활동을 할 수 있는 교육여건을 조성해 줄 수 있다는 측면에서 실효성 있는 방안이라고 사료됩니다. 따라서 이와 같은 선택적 지원방안은 표 4와 같이 장·단점을 가지고 있는바 당해 영세사학이 처한 상황을 고려해서 원활한 해산을 유도할 수 있는 정책수단으로 선택적 또는 병행하여 실시하려는 데 그 입법취지가 있다고 할 것입니다. 기타 영세사학 해산 시 고려해야 할 문제점과 관련해서 보고드리면 영세사학을 해산함에 있어 통폐합의 대상이 되는 학교의 대부분이 농어촌 지역에 소재하고 있는 점을 고려해서 단순히 학생 수만을 기준으로 하여 해산을 유도하기보다는 취학 예정자의 전·입학과 통학문제 등 주변의 교육여건들을 참작해서 해산으로 인한 부작용을 최소화하는 방안도 아울러 강구되어야 할 것입니다.

• **수석전문위원 류충현**[1853]: 다음 의사일정 제24항 사립학교법 중 개정법률안에 대해서 보고드리겠습니다.이 법안은 2003년 10월 30일 정부로부터 제출되어 10월 31일 우리 위원회에 회부되었습니다. 검토의견을 말씀드리면…둘째, 영세사학 해산유도를 위한 특례규정의 시한연장과 재정지원근거 신설문제에 대해서 말씀드리면 김경천 의원님이 발의하신 내용과도 비슷한 내용이 되겠습니다.

영세사학 해산 유도를 위한 재정지원 근거를 포괄적으로 대통령령으로 위임

1853) 제243회 국회(정기회) 제9차 전체회의, 교육위원회회의록, 2003. 12. 8., 24~25면.

하는 문제를 살펴보면 이 개정안은 교육당국이 영세사학이 처한 열악한 교육여건을 조기에 개선해서 재학생들의 실질적인 학습권을 보장하고 교육재정 운영의 효율성을 도모하려는 차원에서 보다 손쉬운 방법으로 재정지원 근거를 마련하고자 하는 차원으로 이해되나 이는 일반적·포괄적 위임입법에 해당되므로 보다 구체적인 범위를 정할 필요성 차원에서 심사가 되어야 할 것으로 사료됩니다.

다음 이 개정안과 같이 영세사학에 대한 재정지원 주체를 지방자치단체로 한정하고 국가는 제외할 것인가에 대해서 살펴보면 이 개정안의 당초안에는 교육인적자원부가 재정지원 주체에 국가를 포함시켰으나 관계부처 협의과정에서 삭제된 것으로 일응 타당한 측면도 있지만 현실적으로 지방교육재정 재원이 자체수입보다 대부분을 국고에 의존하고 있는 상황이고 해산특례규정이 갖는 입법취지 등을 고려한다면 재정지원주체에 국가를 포함시키는 것이 바람직하다고 할 것입니다. 이상으로 검토보고를 마치겠습니다.

나. 제16대 국회 제244회 제1차 교육위원회(2003. 12. 11.)

- 소위원장대리 김경천[1854]: 먼저 김경천 의원이 대표발의한 사립학교법 중 개정법률안은 고등학교 이하 각급 학교를 설치·경영하는 학교법인이 학생 수의 격감 등으로 해산하는 경우 이의 해산을 원활하게 유도하기 위한 재정지원을 할 수 있는 근거조항을 원안대로 신설하되 이에 대한 심사를 사학정비심사위원회가 담당하도록 법체계를 정비하고 기타 부분은 원안대로 의결하였습니다…
- 위원장 윤영탁[1855]: 다음은 의사일정 제7항 김경천 의원이 대표발의한 사립학교법 중 개정법률안에 대해 소위원회가 심사보고한 대로 수정한 부분은 수정한 대로 기타 부분은 원안대로 의결하고자 하는데 이의 없으십니까? (없습니다 하는 위원 있음) 가결되었음을 선포합니다.

〈2〉 **법제사법위원회:** 교육위원회 수정안을 수정·가결했다.[1856] 수정내용은 아래와 같다.

교육위원회 수정안	법제사법위원회 수정안
제35조의2(해산 및 잔여재산귀속에 관한 특례) 1. 학교법인이－－－－－－－－－－－－ 2. 학교법인의－－－－－－－－－－－－	제35조의2(해산 및 잔여재산귀속에 관한 특례) 1. 해산인가 신청당시 학교법인이－－ 2. 해산인가 신청당시 학교법인이－－

1854) 제244회 국회(정기회) 제1차 전체회의, 교육위원회회의록, 2003. 12. 11., 5면.
1855) 제244회 국회(정기회) 제1차 전체회의, 교육위원회회의록, 2003. 12. 11., 9면.
1856) 제244회 국회(임시회) 제5차 전체회의, 법제사법위원회회의록, 2003. 12. 23., 15면.

위 내용이 포함된 제35조의2에 관한 회의록 내용은 아래와 같다.

가. 제16대 국회 제244회 제4차 법제사법위원회(2003. 12. 19.)

- 교육위원장대리 김경천[1857]: 다음은 본 의원이 대표발의한 사립학교법 중 개정법률안에 대한 제안이유 및 주요골자를 말씀드리면, 이 개정안은 고등학교 이하 소규모 영세사학의 원활한 해산을 유도하기 위하여 특례규정에 따라 해산하는 학교법인에게 국가 또는 지방자치단체가 그 기본재산 감정평가액의 30% 범위 내에서 해산장려금을 지급하거나 또 학교법인이 보유하고 있는 기본재산 중 학교교육에 직접 사용되었던 재산의 매입근거 규정을 신설하고 이 특례규정의 적용시한을 2006년 12월 31일까지 3년 재연장하는 것을 주요 내용으로 하고 있습니다. 이 개정안에 대하여 우리 위원회는 이 법안의 입법취지를 살려 고등학교 이하 각급 학교를 설치·경영하는 학교법인이 학생 수의 격감 등으로 해산하는 경우 이의 해산을 원활하게 유도하기 위한 재정지원할 수 있는 근거조항을 원안대로 신설하되, 이에 대한 심사를 사학정비심사위원회가 담당하도록 법체계를 정비하였습니다...
- 전문위원 이한길[1858]: 이어서 사립학교법 중 개정법률안에 대해서 보고드리겠습니다. 유인물 11쪽입니다.

  안 제35조의2제4항에서는 국가 또는 지방자치단체로 하여금 제1항의 규정에 의하여 해산하는 학교법인이 원활한 해산을 할 수 있도록 각호의 지원을 할 수 있도록 규정하고 있습니다. 그러나 각호의 지원기준이 되는 기본재산 등의 평가시점이 법문에 불명확하게 표현되어 있으므로 현재 이 법 시행령 제15조 및 제15조의2에서 학교법인의 해산인가 신청 시 재산목록·재산감정평가내역 등의 사항을 기재토록 하고 있음을 감안하여서 각호를 "해산인가 신청당시"로 수정하였습니다...
- 최연희 위원[1859]: 알았습니다. 그다음에 아까 사립학교법 중 개정법률안에, 이것은 고등학교까지만 이렇게 하는 것이지요?
- 교육위원장대리 김경천[1860]: 예.
- 최연희 위원[1861]: 지금 지방대학의 유지여건이 너무 어렵습니다. 교육부장관께 여기에 관련해서 정책사항을 물을게요. 이것은 고등학교까지 뿐만 아니고 상당

1857) 제244회 국회(임시회) 제4차 전체회의, 법제사법위원회회의록, 2003. 12. 19., 22면.
1858) 제244회 국회(임시회) 제4차 전체회의, 법제사법위원회회의록, 2003. 12. 19., 25면.
1859) 제244회 국회(임시회) 제4차 전체회의, 법제사법위원회회의록, 2003. 12. 19., 28면.
1860) 제244회 국회(임시회) 제4차 전체회의, 법제사법위원회회의록, 2003. 12. 19., 28면.
1861) 제244회 국회(임시회) 제4차 전체회의, 법제사법위원회회의록, 2003. 12. 19., 28면.

히 어려운 대학도 지방에 많습니다. 그것은 어떻게 합니까?

- 교육인적자원부차관 서범석[1862]: 예, 대학에 대해서도 현재 법률안을 만들고 있습니다.
- 최연희 위원[1863]: 국립대학교는 문제 없잖아요? 그렇지요?
- 교육인적자원부차관 서범석[1864]: 예, 사립대학…
- 최연희 위원[1865]: 그러면 사립학교법 중 개정법률안에 대학은 별도입니까?
- 교육인적자원부차관 서범석[1866]: 예, 이것은 지금까지 초·중·고등학교에 대해서 죽 해 오던 것을 시한을 연장하는 것이고요, 대학에 있어서 해당되는 것은 현재 연구를 수행 중에 있습니다.
- 최연희 위원[1867]: 법안이 언제쯤 나옵니까?
- 교육인적자원부차관 서범석[1868]: 법안이 내년에는 나옵니다.
- 최연희 위원[1869]: 그래서 지방대학이 어려운 데는 통폐합해서 오히려 기회 균등한 교육을 시켜 주는데, 오히려 그 사람들이 그런 부실한 데가 없으면 다른 데에 진학해서 더 좋은 교육을 받을 수 있도록 기회를 보장해 주어야 되지 않겠느냐? 없으면 가는데 있으니까 그냥 가까운 데 거기 가고 그랬는데 그런 점에 대해서 좀더 빨리 시한을 만들었으면 좋겠어요.
- 교육인적자원부차관 서범석[1870]: 예, 알겠습니다.
- 교육위원장대리 김경천[1871]: 그런데 이것은 그 시한을 연장하는 것뿐만이 아니라 그 감정평가액의 30% 범위 내에서 해산장려금을 지급함으로써 빨리…
- 최연희 위원[1872]: 원래는 주는 것도 문제입니다. 원래 재단은 재단 것이지요. 재단이 개인재산이 아닙니다. 그러면 설립자에 관해서 준다는 것은, 재단은 재단의 소유이지 운영자, 설립자의 법상 소유권은 인정이 안 됩니다. 그렇지요? 다만 설립했다고 해서, 그 공로로 인해서 장려금을 주는 것이지요. 법률상 이것은 문제가 있을 수 있습니다. 왜냐하면 재단의 소유는 그 재단의 관리재산 소유권이

1862) 제244회 국회(임시회) 제4차 전체회의, 법제사법위원회회의록, 2003. 12. 19., 28면.
1863) 제244회 국회(임시회) 제4차 전체회의, 법제사법위원회회의록, 2003. 12. 19., 28면.
1864) 제244회 국회(임시회) 제4차 전체회의, 법제사법위원회회의록, 2003. 12. 19., 28면.
1865) 제244회 국회(임시회) 제4차 전체회의, 법제사법위원회회의록, 2003. 12. 19., 28면.
1866) 제244회 국회(임시회) 제4차 전체회의, 법제사법위원회회의록, 2003. 12. 19., 28면.
1867) 제244회 국회(임시회) 제4차 전체회의, 법제사법위원회회의록, 2003. 12. 19., 28면.
1868) 제244회 국회(임시회) 제4차 전체회의, 법제사법위원회회의록, 2003. 12. 19., 28면.
1869) 제244회 국회(임시회) 제4차 전체회의, 법제사법위원회회의록, 2003. 12. 19., 28면.
1870) 제244회 국회(임시회) 제4차 전체회의, 법제사법위원회회의록, 2003. 12. 19., 28면.
1871) 제244회 국회(임시회) 제4차 전체회의, 법제사법위원회회의록, 2003. 12. 19., 28면.
1872) 제244회 국회(임시회) 제4차 전체회의, 법제사법위원회회의록, 2003. 12. 19., 28면.

지 설립자나 운영자의 소유권은 법상 인정이 안 됩니다. 이것은 원래 재단법인이거든요. 그러면 법인의 소유재산이지 개인재산은 아니라 이거지요. 법상 이론상 문제가 될 수 있습니다.

- **위원장 김기춘**[1873]: 위원님 여러 가지 질의를 하셨는데 아까 의사일정 제20항 유아교육법안(대안)에 대해서는 다른 법안과의 심의를 위해서 소위에 넘기기를 제안하셨고, 또 다른 법안에 대해서는 특별히 소위 회부를…
- **최연희 위원**[1874]: 사립학교법 중 개정법률안도, 왜냐하면 30% 범위 내에서 장려금을 준다는 것인데 이것은 정책적인 문제이기는 하지만 원래 소유권 개념하고는 다르기 때문에 좀 더…
- **위원장 김기춘**[1875]: 알겠습니다...
- **교육위원장대리 김경천**[1876]: 한 말씀만 드리겠습니다. 사립학교법 중 개정법률안에 대해서 물론 위원님께서 좋은 지적을 해 주셨습니다. 그러나 학교법인이 학생 수의 격감에도 불구하고 해산하지 않은 경우가 있다면 결국 교육의 질과 환경을 저하시키는 문제점들을 상기시키면서, 해산을 원활하게 유도하기 위한 재정지원 근거조항을 둔 것이니까 좀 꼼꼼히 살펴서 원안대로 해 주실 것을 부탁드립니다.
- **위원장 김기춘**[1877]: 좋습니다.
- **최연희 위원**[1878]: 무엇인가 민법상 소유 개념하고 문제가 있을 수 있으니까 그래서 조금 더 검토해 보겠다 하는 것이지, 그 좋은 법안을 왜 안 해드리겠습니까?
- **위원장 김기춘**[1879]: 그러면 대체토론을 종결하고 토론과 축조심사는 생략하고 의결하고자 합니다. 먼저 특별한 문제점이 없어서 원안대로 의결할 법안을 의결하겠습니다...
- **위원장 김기춘**[1880]: 다음으로 소위원회에 회부할 법안을 의결하겠습니다. …의사일정 제16항 사립학교법 중 개정법률안…에 대해서는 보다 심도 있는 심사를 하기 위해서 법안심사제2소위원회에 회부하고자 합니다. 이의 없으십니까? (없습니다 하는 위원 있음) 각각 가결되었음을 선포합니다.

1873) 제244회 국회(임시회) 제4차 전체회의, 법제사법위원회회의록, 2003. 12. 19., 28면.
1874) 제244회 국회(임시회) 제4차 전체회의, 법제사법위원회회의록, 2003. 12. 19., 28면.
1875) 제244회 국회(임시회) 제4차 전체회의, 법제사법위원회회의록, 2003. 12. 19., 28면.
1876) 제244회 국회(임시회) 제4차 전체회의, 법제사법위원회회의록, 2003. 12. 19., 31면.
1877) 제244회 국회(임시회) 제4차 전체회의, 법제사법위원회회의록, 2003. 12. 19., 31면.
1878) 제244회 국회(임시회) 제4차 전체회의, 법제사법위원회회의록, 2003. 12. 19., 31면.
1879) 제244회 국회(임시회) 제4차 전체회의, 법제사법위원회회의록, 2003. 12. 19., 31면.
1880) 제244회 국회(임시회) 제4차 전체회의, 법제사법위원회회의록, 2003. 12. 19., 32면.

나. 제16대 국회 제244회 제5차 법제사법위원회(2003. 12. 23.)

- 소위원장 김용균[1881]: 다음 사립학교법 중 개정법률안에 대하여 심사한 결과를 보고드리면, 학교법인 재산은 설립자 등 개인의 소유권이 인정되지 않는데 해산장려금을 지급하는 것은 법리상 문제점이 있을 수 있다는 점에 대하여 논의하였습니다. 논의 결과 이 법 제35조의2제6항에서 고등학교 이하의 해산 시 잔여재산특례규정을 두어 설립자 등 개인에게 학교법인 재산을 귀속시킬 수 있도록 하고 있는 점과 영세사학의 해산을 촉진하고자 하는 개정안의 취지 등을 감안하여 동 개정규정을 수용하기로 하였습니다.
- 위원장 김기춘[1882]: 법안심사제2소위원회에서 심사보고한 내용을 우리 위원회안으로 받아들여서 수정한 부분은 수정한 대로 기타 부분은 원안대로 각각 의결하고자 합니다. 이의 없으십니까? (없습니다 하는 위원 있음) 각각 가결되었음을 선포합니다.

(3) 본회의 심의

법제사법위원회 수정안대로 가결되었다.[1883] 제35조의2에 관한 회의록 내용은 아래와 같다.

- 교육위원장대리 김경천[1884]: 존경하는 의장님, 그리고 선배·동료의원 여러분! 교육위원회의 김경천 의원입니다. 본 의원이 대표발의한 사립학교법 중 개정법률안에 대한 심사보고를 말씀드리겠습니다.

  먼저 이 법안의 제안이유를 말씀드리면, 학생수 격감으로 학교운영이 어려운 고등학교 이하 각급 학교를 설치·경영하는 학교법인의 해산을 유도하기 위해서 97년 8월 22일 해산특례규정을 신설하였으나 98년부터 2003년 현재까지 5년 동안 모두 14개 학교법인이 해산하는 데 그쳐 아직도 학생 수 100명 이하 영세사학이 97개교나 남아 있는 실정입니다. 영세사학은 교육과정의 정상적인 운영이 곤란하여 학생들의 학습권이 침해받고 있으며, 교육재정 운영상으로 비효율적이므로 영세사학의 해산을 보다 적극적으로 유도할 필요가 있습니다.

  해산특례기간을 3년간 연장하였는데도 해산이 저조한 이유를 살펴보면, 설립경영자의 학교 경영에 대한 의지가 강하고, 정부의 사학재정 결함 전액 보조로

1881) 제244회 국회(임시회) 제5차 전체회의, 법제사법위원회회의록, 2003. 12. 23., 6면.
1882) 제244회 국회(임시회) 제5차 전체회의, 법제사법위원회회의록, 2003. 12. 23., 15면.
1883) 제244회 국회(임시회) 제4차 본회의, 국회본회의회의록, 2003. 12. 29., 23면.
1884) 제244회 국회(임시회) 제4차 본회의, 국회본회의회의록, 2003. 12. 29., 22~23면.

해산에 소극적인 실정입니다. 또한 학교법인에 대한 증여세는 면제되나 잔여재산 귀속자인 설립경영자에 대한 증여세는 면제되지 않아서 해산을 기피하고 있으며, 영세사학의 대부분이 농어촌 지역에 위치하고 있어 귀속재산의 처분이 어렵고, 환금성도 낮아 해산 추진에 장애가 되고 있습니다.

다음으로 법안의 주요골자를 말씀드리겠습니다. 개정안에서는 국가 또는 지방자치단체는 해산 인가의 신청 당시 학교법인이 보유하고 있는 기본재산 감정평가액의 30% 범위 내에서 해산장려금을 지급하거나 학교법인이 보유하고 있는 기본재산 중 학교교육에 직접 사용되었던 재산의 매입을 지원할 수 있는 근거규정을 신설하였습니다. 개정안 부칙에서 이 특례규정의 적용시한을 종전의 2003년 12월 31일까지에서 2006년 12월 31일까지로 3년간 재연장하는 것을 주요내용으로 하고 있습니다.

우리 위원회에서는 영세사학의 해산지원 근거규정과 특례규정의 적용시한 연장규정은 원안대로 신설하기로 하되, 이 신설규정에 의한 재정지원에 관한 사항도 현재 시·도 교육감 소속으로 설치되어 있는 사학정비심사위원회가 심사할 수있도록 법체계를 정비하였습니다. 아무쪼록 우리 위원회에서 심의 의결한 본 개정안을 원안대로 가결해 주시기를 부탁드리면서 본 심사보고를 마치겠습니다. 감사합니다.

- **부의장 김대식**[1885]: 수고하셨습니다. 사립학교법 중 개정법률안을 의결하도록 하겠습니다. 투표해 주시기 바랍니다. (전자투표) 다 하셨습니까? 그러면 투표를 종료하겠습니다. 투표 결과를 말씀드리겠습니다. 재석 160인 중 찬성 158인, 반대 없습니다. 기권 2인으로서 사립학교법 중 개정법률안은 교육위원회의 수정안대로 가결되었음을 선포합니다.

(4) 결과

법제사법위원회 수정안으로 개정되었다.

3 3. 2008년 3월 14일 개정(법률 제8888호, 2008. 3. 14. 시행)

제35조의2(해산 및 잔여재산귀속에 관한 특례) ①고등학교 이하 각급학교를 설치·경영하는 학교법인은 학생수의 격감으로 인하여 그 목적의 달성이 곤란한 경우에는 제34조제1항의 규정에 불구하고 시·도교육감의 인가를 받아 해산할 수 있다.

1885) 제244회 국회(임시회) 제4차 본회의, 국회본회의회의록, 2003. 12. 29., 23면.

②제1항의 규정에 의하여 시·도교육감의 인가를 받고자 하는 학교법인은 해산인가신청서에 잔여재산처분계획서를 첨부하여 시·도교육감에게 제출하여야 한다.
③제1항의 규정에 의한 해산과 제2항의 규정에 의한 잔여재산처분계획은 이사정수의 3분의 2 이상의 동의를 얻어야 한다.
④국가 또는 지방자치단체는 제1항의 규정에 의하여 해산하는 학교법인이 원활한 해산을 할 수 있도록 다음 각호의 1의 지원을 할 수 있다.
1. 해산인가 신청 당시 학교법인이 보유하고 있는 기본재산 감정평가액의 100분의 30 이내의 범위에서 해산장려금의 지급
2. 해산인가 신청 당시 학교법인이 보유하고 있는 기본재산중 학교교육에 직접 사용되었던 재산의 매입

⑤제1항의 규정에 의한 학교법인의 해산, 제2항의 규정에 의한 잔여재산의 처분 및 제4항의 규정에 의한 재정지원에 관한 사항을 심사하기 위하여 시·도교육감 소속하에 사학정비심사위원회를 둔다.
⑥제5항의 규정에 의한 사학정비심사위원회의 구성 및 운영등에 관한 사항은 대통령령으로 정한다.
⑦제1항 내지 제5항의 규정에 의하여 해산한 학교법인은 그 잔여재산의 전부 또는 일부를 제10조제4항의 규정에 불구하고 제2항의 규정에 의한 잔여재산처분계획서에서 정한 자에게 귀속시키거나 「공익법인의 설립·운영에 관한 법률」 제2조의 규정에 의한 공익법인의 설립을 위한 재산으로 출연할 수 있다.

• 법령 표기에 있어서 "「 」" 표시를 하기로 함[1886]에 따른 개정이다(오직 형식에 관한 개정이므로 자세한 개정경과는 생략함[1887]).

35-2.204 4. 2019년 1월 15일 개정(법률 제16219호, 2019. 1. 15. 시행)

제35조의2(해산 및 잔여재산귀속에 관한 특례) ①고등학교 이하 각급학교를 설치·경영하는 학교법인은 학생수의 격감으로 인하여 그 목적의 달성이 곤란한 경우에는 제34조제1항의 규정에 불구하고 시·도교육감의 인가를 받아 해산할 수 있다.
②제1항의 규정에 의하여 시·도교육감의 인가를 받고자 하는 학교법인은 해산인

1886) 「법률용어의 표준화 기준」(국회사무처 예규 제22호, 2007. 4. 16. 시행).
1887) 이에 관한 구체적 개정경과는 이 책 [2.203] 참조.

가신청서에 잔여재산처분계획서를 첨부하여 시·도교육감에게 제출하여야 한다.
③제1항의 규정에 의한 해산과 제2항의 규정에 의한 잔여재산처분계획은 이사정수의 3분의 2 이상의 동의를 얻어야 한다.
④국가 또는 지방자치단체는 제1항의 규정에 의하여 해산하는 학교법인이 원활한 해산을 할 수 있도록 다음 각호의 1의 지원을 할 수 있다.

1. 해산인가 신청 당시 학교법인이 보유하고 있는 기본재산 감정평가액의 100분의 30 이내의 범위에서 해산장려금의 지급
2. 해산인가 신청 당시 학교법인이 보유하고 있는 기본재산중 학교교육에 직접 사용되었던 재산의 매입

⑤제1항의 규정에 의한 학교법인의 해산, 제2항의 규정에 의한 잔여재산의 처분 및 제4항의 규정에 의한 재정지원에 관한 사항을 심사하기 위하여 시·도교육감 소속하에 사학정비심사위원회를 둔다.
⑥제5항의 규정에 의한 사학정비심사위원회의 구성 및 운영등에 관한 사항은 대통령령으로 정한다.
⑦제1항 내지 제5항의 규정에 의하여 해산한 학교법인은 그 잔여재산의 전부 또는 일부를 **제35조제1항**에도 불구하고 제2항의 규정에 의한 잔여재산처분계획서에서 정한 자에게 귀속시키거나 「공익법인의 설립·운영에 관한 법률」 제2조의 규정에 의한 공익법인의 설립을 위한 재산으로 출연할 수 있다.

- 잔여재산의 귀속에 관하여 통일적으로 규율하기 위하여 제10조제4항의 내용을 제35조제1항으로 이동하였다. 이에 제35조의2제7항 중 "제10조제4항의 규정에"를 "제35조제1항에도"로 하였다(기술적인 부분에 관한 개정이므로 개정경과는 생략함[1888]).

5 5. 2020년 12월 22일 개정(법률 제17659호, 2020. 12. 22. 시행)

제35조의2(해산 및 잔여재산 귀속에 관한 특례) ①_고등학교 이하 각급 학교를 설치·경영하는 학교법인은 학생 수가 **크게 감소**하여 그 목적**을** 달성**하기** 곤란한 경우에는 제34조제1항**에도** 불구하고 시·도_교육감의 인가를 받아 해산할 수 있다.
②_제1항**에 따라** 시·도 교육감의 인가를 **받으려는** 학교법인은 해산인가신청서에 잔여재산 처분계획서를 첨부하여 시·도 교육감에게 제출하여야 한다.

1888) 이에 관한 구체적 개정경과는 이 책 [10.208] 참조.

③_제1항**<u>에 따른</u>** 해산과 제2항**<u>에 따른</u>** 잔여재산 처분계획은 이사_정수의 3분의 2 이상의 동의를 받아야 한다.

④_국가 또는 지방자치단체는 제1항**<u>에 따라</u>** 해산하는 학교법인이 원활**<u>하게 해산할 수 있도록</u>** 다음 각 호의 **<u>어느 하나에 해당하는</u>** 지원을 할 수 있다.

1. 해산인가 신청 당시 학교법인이 보유하고 있는 기본재산 감정평가액의 100분의 30 이내의 범위에서 해산장려금의 지급
2. 해산인가 신청 당시 학교법인이 보유하고 있는 기본재산 중 학교교육에 직접 사용되었던 재산의 매입

⑤_제1항**<u>에 따른</u>** 학교법인의 해산, 제2항**<u>에 따른</u>** 잔여재산의 처분 및 제4항**<u>에 따른</u>** 재정지원에 관한 사항을 심사하기 위하여 시·도 교육감 소속**<u>으로</u>** 사학정비심사위원회를 둔다.

⑥_제5항**<u>에 따른</u>** 사학정비심사위원회의 구성 및 운영 등에 관한 사항은 대통령령으로 정한다.

⑦_제1항**<u>부터</u>** 제5항**<u>까지의</u>** 규정에 **<u>따라</u>** 해산한 학교법인은 그 잔여재산의 전부 또는 일부를 제35조제1항에도 불구하고 제2항**<u>에 따른</u>** 잔여재산 처분계획서에서 정한 자에게 귀속시키거나 「공익법인의 설립·운영에 관한 법률」 제2조**<u>에 따른</u>** 공익법인을 설립하기 위한 재산으로 출연할 수 있다.

• 법문을 한글화하고 간결하게 하였다(오직 형식에 관한 개정이므로 자세한 개정경과는 생략함[1889]).

35-2.300

III. 현행법

제35조의2(해산 및 잔여재산 귀속에 관한 특례) ① 고등학교 이하 각급 학교를 설치·경영하는 학교법인은 학생 수가 크게 감소하여 그 목적을 달성하기 곤란한 경우에는 제34조제1항에도 불구하고 시·도 교육감의 인가를 받아 해산할 수 있다.
② 제1항에 따라 시·도 교육감의 인가를 받으려는 학교법인은 해산인가신청서에 잔여재산 처분계획서를 첨부하여 시·도 교육감에게 제출하여야 한다.
③ 제1항에 따른 해산과 제2항에 따른 잔여재산 처분계획은 이사 정수의 3분의

1889) 이에 관한 구체적 개정경과는 이 책 [1.201] 참조.

2 이상의 동의를 받아야 한다.
④ 국가 또는 지방자치단체는 제1항에 따라 해산하는 학교법인이 원활하게 해산할 수 있도록 다음 각 호의 어느 하나에 해당하는 지원을 할 수 있다.
1. 해산인가 신청 당시 학교법인이 보유하고 있는 기본재산 감정평가액의 100분의 30 이내의 범위에서 해산장려금의 지급
2. 해산인가 신청 당시 학교법인이 보유하고 있는 기본재산 중 학교교육에 직접 사용되었던 재산의 매입

⑤ 제1항에 따른 학교법인의 해산, 제2항에 따른 잔여재산의 처분 및 제4항에 따른 재정지원에 관한 사항을 심사하기 위하여 시·도 교육감 소속으로 사학정비심사위원회를 둔다.
⑥ 제5항에 따른 사학정비심사위원회의 구성 및 운영 등에 관한 사항은 대통령령으로 정한다.
⑦ 제1항부터 제5항까지의 규정에 따라 해산한 학교법인은 그 잔여재산의 전부 또는 일부를 제35조제1항에도 불구하고 제2항에 따른 잔여재산 처분계획서에서 정한 자에게 귀속시키거나 「공익법인의 설립·운영에 관한 법률」 제2조에 따른 공익법인을 설립하기 위한 재산으로 출연할 수 있다.

IV. 종합/특기사항

• 제35조의2는 학생수 격감으로 인하여 정상 운영이 어려운 사립중·고등학교의 폐교와 그에 따른 학교 통·폐합을 유도하기 위하여 1997년 개정으로 신설되었다. 제35조의2 시행에도 불구하고 통·폐합 실적이 저조하자 2004년 개정으로 국가 또는 지방자치단체는 해산장려금의 지급하는 등 장려책을 도입하였다.

제36조(합병 절차)

I. 제정법

제36조(합병절차) ①학교법인이 다른 학교법인과 합병하고자 할 때에는 이사정수의

3분의 2이상의 동의가 있어야 한다.
②전항의 규정에 의한 합병은 문교부장관의 인가를 받아야 한다.
③전항의 규정에 의한 인가를 받고자 할 때에는 그 인가신청서에 합병후 존속하는 학교법인 또는 합병에 의하여 설립되는 학교법인의 정관과 기타 각령이 정하는 서류를 첨부하여야 한다.

『새교육』이 소개하는 이 조문의 제정이유는 아래와 같다.[1890]

합병의 경우는 민법에서는 인정하지 않으나 이 법에서 특히 인정하여 학교법인이 손쉽게 합병하도록 길을 터놓았다. 이는 미약한 학교법인은 해산을 하던가 옹색하게 학교를 경영하는 것보다는 차라리 합병하여 건실하게 학교교육의 목적을 달성하도록 하는 것이 국민교육을 위하여 도움이 된다는 생각을 나타내고 있다. 이는 제36조로부터 제42조에 걸쳐 상세하게 그 절차와 효과 및 준용 규정을 정하고 있다.

II. 개정 경과

36.201 **1. 1964년 11월 10일 개정(법률 제1664호, 1964. 11. 10. 시행)**

제36조(합병절차) ①학교법인이 다른 학교법인과 합병하고자 할 때에는 이사정수의 3분의 2이상의 동의가 있어야 한다.
②전항의 규정에 의한 합병은 문교부장관의 인가를 받아야 한다.
③전항의 규정에 의한 인가를 받고자 할 때에는 그 인가신청서에 합병후 존속하는 학교법인 또는 합병에 의하여 설립되는 학교법인의 정관과 기타 **대통령령**이 정하는 서류를 첨부하여야 한다.

- "각령"을 "대통령령"으로 하였다(오직 형식에 관한 개정이므로 자세한 개정경과는 생략함[1891]).

1890) 金康鉉, 앞의 글 "私立學校法(完)", 45면.
1891) 이에 관한 구체적 개정경과는 이 책 [5.201] 참조.

2. 1981년 2월 28일 개정(법률 제3373호, 1981. 2. 28. 시행)

제36조(합병절차) ①학교법인이 다른 학교법인과 합병하고자 할 때에는 이사정수의 3분의 2이상의 동의가 있어야 한다.
②**제1항**의 규정에 의한 합병은 문교부장관의 인가를 받아야 한다.
③**제2항**의 규정에 의한 인가를 받고자 할 때에는 그 인가신청서에 합병후 존속하는 학교법인 또는 합병에 의하여 설립되는 학교법인의 정관과 기타 대통령령이 정하는 서류를 첨부하여야 한다.

- "전항"을 "제1항, 제2항"으로 하였다(오직 형식에 관한 개정이므로 자세한 개정경과는 생략함[1892]).

3. 1990년 12월 27일 개정(법률 제4268호, 1990. 12. 27. 시행)

제36조(합병절차) ①학교법인이 다른 학교법인과 합병하고자 할 때에는 이사정수의 3분의 2이상의 동의가 있어야 한다.
②제1항의 규정에 의한 합병은 **교육부장관**의 인가를 받아야 한다.
③제2항의 규정에 의한 인가를 받고자 할 때에는 그 인가신청서에 합병후 존속하는 학교법인 또는 합병에 의하여 설립되는 학교법인의 정관과 기타 대통령령이 정하는 서류를 첨부하여야 한다.

- 「정부조직법」(1990. 12. 27. 개정·시행)에 따라 "문교부장관"을 "교육부장관"으로 변경하였다.

4. 2001년 1월 29일 개정(법률 제6400호, 2001. 1. 29. 시행)

제36조(합병절차) ①학교법인이 다른 학교법인과 합병하고자 할 때에는 이사정수의 3분의 2이상의 동의가 있어야 한다.
②제1항의 규정에 의한 합병은 **교육인적자원부장관**의 인가를 받아야 한다.
③제2항의 규정에 의한 인가를 받고자 할 때에는 그 인가신청서에 합병후 존속

1892) 이에 관한 구체적 개정경과는 이 책 [4.204] 참조.

하는 학교법인 또는 합병에 의하여 설립되는 학교법인의 정관과 기타 대통령령이 정하는 서류를 첨부하여야 한다.

• 「정부조직법」(2001. 1. 29. 개정·시행)에 따라 "교육부장관"을 "교육인적자원부장관"으로 변경하였다.

36.205 **5. 2008년 2월 29일 개정(법률 제8852호, 2008. 2. 29. 시행)**

제36조(합병절차) ①학교법인이 다른 학교법인과 합병하고자 할 때에는 이사정수의 3분의 2 이상의 동의가 있어야 한다.
②제1항의 규정에 의한 합병은 **교육과학기술부장관**의 인가를 받아야 한다.
③제2항의 규정에 의한 인가를 받고자 할 때에는 그 인가신청서에 합병후 존속하는 학교법인 또는 합병에 의하여 설립되는 학교법인의 정관과 기타 대통령령이 정하는 서류를 첨부하여야 한다.

• 「정부조직법」(2008. 2. 29. 개정·시행)에 따라 "교육인적자원부장관"을 "교육과학기술부장관"으로 변경하였다.

36.206 **6. 2013년 3월 23일 개정(법률 제11690호, 2013. 3. 23. 시행)**

제36조(합병절차) ①학교법인이 다른 학교법인과 합병하고자 할 때에는 이사정수의 3분의 2 이상의 동의가 있어야 한다.
②제1항의 규정에 의한 합병은 **교육부장관**의 인가를 받아야 한다.
③제2항의 규정에 의한 인가를 받고자 할 때에는 그 인가신청서에 합병후 존속하는 학교법인 또는 합병에 의하여 설립되는 학교법인의 정관과 기타 대통령령이 정하는 서류를 첨부하여야 한다.

• 「정부조직법」(2013. 3. 23. 개정·시행)에 따라 "교육과학기술부장관"을 "교육부장관"으로 변경하였다.

07 ## 7. 2020년 12월 22일 개정(법률 제17659호, 2020. 12. 22. 시행)

제36조(합병 절차) ①_학교법인이 다른 학교법인과 합병하**려는 경우**에는 이사 정수의 3분의 2 이상의 동의가 있어야 한다.
②_제1항**에 따른** 합병은 교육부장관의 인가를 받아야 한다.
③_제2항**에 따른** 인가를 **받으려면** 그 인가신청서에 합병 후 존속하는 학교법인 또는 합병으로 설립되는 학교법인의 정관과 **그 밖에** 대통령령으로 정하는 서류를 첨부하여야 한다.

• 법문을 한글화하고 간결하게 하였다(오직 형식에 관한 개정이므로 자세한 개정경과는 생략함[1893]).

0 # III. 현행법

제36조(합병 절차) ① 학교법인이 다른 학교법인과 합병하려는 경우에는 이사 정수의 3분의 2 이상의 동의가 있어야 한다.
② 제1항에 따른 합병은 교육부장관의 인가를 받아야 한다.
③ 제2항에 따른 인가를 받으려면 그 인가신청서에 합병 후 존속하는 학교법인 또는 합병으로 설립되는 학교법인의 정관과 그 밖에 대통령령으로 정하는 서류를 첨부하여야 한다.

0 # IV. 종합/특기사항

• 합병에 관한 규정이 없는 「민법」과 달리 학교법인이 손쉽게 합병하는 길을 열어 부실한 학교법인이 옹색하게 학교를 경영하기보다 차라리 합병하여 건실하게 학교교육의 목적을 달성하도록 하였다.
• 제36조에 대한 개정은 모두 정부 부처의 개편에 따른 명칭 수정, 법문의 한글화·순화 등 형식에 관한 것이다.

1893) 이에 관한 구체적 개정경과는 이 책 [1.201] 참조.

제37조(합병 절차)

37.100 I. 제정법

제37조(동전) ①학교법인은 전조제2항의 인가를 받은 때에는 그 인가의 통지를 받은 날로부터 15일이내에 재산목록과 대차대조표를 작성하여야 한다.
②학교법인은 전항의 기간내에 그 채권자에 대하여 이의가 있으면 일정한 기간내에 제의할 것을 공고하고, 또 알고 있는 채권자에게는 각별로 이를 최고하여야 한다. 다만, 그 기간은 2월이상이어야 한다.

『새교육』이 소개하는 이 조문의 제정이유는 제36조와 같다.[1894)]

II. 개정 경과

37.201 1. 1981년 2월 28일 개정(법률 제3373호, 1981. 2. 28. 시행)

제37조(동전) ①학교법인은 <u>제36조</u>제2항의 인가를 받은 때에는 그 인가의 통지를 받은 날로부터 15일이내에 재산목록과 대차대조표를 작성하여야 한다.
②학교법인은 <u>제1항</u>의 기간내에 그 채권자에 대하여 이의가 있으면 일정한 기간내에 제의할 것을 공고하고, 또 알고 있는 채권자에게는 각별로 이를 최고하여야 한다. 다만, 그 기간은 2월이상이어야 한다.

• "전조"를 "제36조"로, "전항"을 "제1항"으로 하였다(오직 형식에 관한 개정이므로 자세한 개정경과는 생략함[1895)]).

37.202 2. 2020년 12월 22일 개정(법률 제17659호, 2020. 12. 22. 시행)

제37조(합병 절차) ①_학교법인은 제36조제2항의 인가를 받<u>았을</u> 때에는 그 <u>인가 통지</u>를 받은 날부터 15일 이내에 재산목록과 <u>재무상태표</u>를 작성하여야 한다.

1894) 金康鉉, 앞의 글 "私立學校法(完)", 45면.
1895) 이에 관한 구체적 개정경과는 이 책 [4.204] 참조.

②_학교법인은 제1항의 기간 내에 그 채권자에 대하여 이의가 있으면 일정한 기간 내에 **이의를** 제기할 것을 공고하고, 알고 있는 채권자에게는 **각각** 이를 최고**(催告)**하여야 한다. **이 경우 이의제기** 기간은 2**개**월 이상이어야 한다.

• 법문을 한글화하고 간결하게 하였다(오직 형식에 관한 개정이므로 자세한 개정경과는 생략함[1896]).

III. 현행법

제37조(합병 절차) ① 학교법인은 제36조제2항의 인가를 받았을 때에는 그 인가 통지를 받은 날부터 15일 이내에 재산목록과 재무상태표를 작성하여야 한다.
② 학교법인은 제1항의 기간 내에 그 채권자에 대하여 이의가 있으면 일정한 기간 내에 이의를 제기할 것을 공고하고, 알고 있는 채권자에게는 각각 이를 최고(催告)하여야 한다. 이 경우 이의제기 기간은 2개월 이상이어야 한다.

IV. 종합/특기사항

• 합병에 관한 규정이 없는 「민법」과 달리 학교법인이 손쉽게 합병하는 길을 열어 부실한 학교법인이 옹색하게 학교를 경영하기보다 차라리 합병하여 건실하게 학교교육의 목적을 달성하도록 하였다.
• 제37조에 대한 개정은 모두 법문의 한글화·순화 등 형식에 관한 것이다.

제38조(합병 절차)

I. 제정법

제38조(동전) ①채권자가 전조제2항의 기간내에 합병에 대하여 이의를 제의하지 아

1896) 이에 관한 구체적 개정경과는 이 책 [1.201] 참조.

니한 때에는 합병으로 인하여 존속 또는 설립된 학교법인의 채무인수를 승인한 것으로 본다.
②채권자가 전조제2항의 기간내에 이의를 제의한 때에는 학교법인은 이를 변제하거나 상당한 담보를 제공하여야 한다.

『새교육』이 소개하는 이 조문의 제정이유는 제36조와 같다.[1897]

II. 개정 경과

38.201 1. 1981년 2월 28일 개정(법률 제3373호, 1981. 2. 28. 시행)

제38조(동전) ①채권자가 **제37조**제2항의 기간내에 합병에 대하여 이의를 제의하지 아니한 때에는 합병으로 인하여 존속 또는 설립된 학교법인의 채무인수를 승인한 것으로 본다.
②채권자가 **제37조**제2항의 기간내에 이의를 제의한 때에는 학교법인은 이를 변제하거나 상당한 담보를 제공하여야 한다.

• "전조"를 "제37조"로 하였다(오직 형식에 관한 개정이므로 자세한 개정경과는 생략함[1898]).

38.202 2. 2020년 12월 22일 개정(법률 제17659호, 2020. 12. 22. 시행)

제38조(합병 절차) ①_채권자가 제37조제2항의 기간 내에 합병에 대하여 이의를 제**기**하지 아니**하면 합병 후 존속하거나 합병으로** 설립된 학교법인의 채무인수를 승인한 것으로 본다.
②_채권자가 제37조제2항의 기간 내에 이의를 제**기하였을** 때에는 학교법인은 **채무를 갚거나 그에 상응하는** 담보를 제공하여야 한다.

• 법문을 한글화하고 간결하게 하였다(오직 형식에 관한 개정이므로 자세한 개정경과는 생

1897) 金康鉉, 앞의 글 "私立學校法(完)", 45면.
1898) 이에 관한 구체적 개정경과는 이 책 [4.204] 참조.

략함[1899]).

III. 현행법

제38조(합병 절차) ① 채권자가 제37조제2항의 기간 내에 합병에 대하여 이의를 제기하지 아니하면 합병 후 존속하거나 합병으로 설립된 학교법인의 채무인수를 승인한 것으로 본다.
② 채권자가 제37조제2항의 기간 내에 이의를 제기하였을 때에는 학교법인은 채무를 갚거나 그에 상응하는 담보를 제공하여야 한다.

IV. 종합/특기사항

- 합병에 관한 규정이 없는 「민법」과 달리 학교법인이 손쉽게 합병하는 길을 열어 부실한 학교법인이 옹색하게 학교를 경영하기보다 차라리 합병하여 건실하게 학교교육의 목적을 달성하도록 하였다.
- 제38조에 대한 개정은 모두 법문의 한글화·순화 등 형식에 관한 것이다.

제39조(합병 절차)

I. 제정법

제39조(동전) 합병에 의하여 학교법인을 설립할 경우에는 정관 기타 학교법인의 설립에 관한 사무는 각 학교법인이 선임한 자가 공동으로 행하여야 한다.

『새교육』이 소개하는 이 조문의 제정이유는 제36조와 같다.[1900]

1899) 이에 관한 구체적 개정경과는 이 책 [1.201] 참조.
1900) 金康鉉, 앞의 글 "私立學校法(完)", 45면.

II. 개정 경과

39.201 1. 2020년 12월 22일 개정

제39조(합병 절차) 합병에 의하여 학교법인을 설립할 경우 정관, 그 밖에 학교법인의 설립에 관한 사무는 각 학교법인이 선임한 자가 공동으로 수행하여야 한다.

- 법문을 한글화하고 간결하게 하였다(오직 형식에 관한 개정이므로 자세한 개정경과는 생략함[1901]).

39.300 III. 현행법

제39조(합병 절차) 합병에 의하여 학교법인을 설립할 경우 정관, 그 밖에 학교법인의 설립에 관한 사무는 각 학교법인이 선임한 자가 공동으로 수행하여야 한다.

39.400 IV. 종합/특기사항

- 합병에 관한 규정이 없는 「민법」과 달리 학교법인이 손쉽게 합병하는 길을 열어 부실한 학교법인이 옹색하게 학교를 경영하기보다 차라리 합병하여 건실하게 학교교육의 목적을 달성하도록 하였다.
- 제39조에 대한 개정은 모두 법문의 한글화·순화 등 형식에 관한 것이다.

제40조(합병의 효과)

40.100 I. 제정법

제40조(합병의 효과) 합병후 존속하는 학교법인 또는 합병에 의하여 설립된 학교법인은 합병에 의하여 소멸된 학교법인의 권리·의무(당해 학교법인이 그가 경영하

1901) 이에 관한 구체적 개정경과는 이 책 [1.201] 참조.

는 사업에 관하여 문교부장관의 인가 기타 처분에 기인하여 가지는 권리·의무를 포함한다)를 승계한다.

『새교육』이 소개하는 이 조문의 제정이유는 제36조와 같다.[1902]

II. 개정 경과

1 1. 1990년 12월 27일 개정(법률 제4268호, 1990. 12. 27. 시행)

제40조(합병의 효과) 합병후 존속하는 학교법인 또는 합병에 의하여 설립된 학교법인은 합병에 의하여 소멸된 학교법인의 권리·의무(당해 학교법인이 그가 경영하는 사업에 관하여 **교육부장관**의 인가 기타 처분에 기인하여 가지는 권리·의무를 포함한다)를 승계한다.

- 「정부조직법」(1990. 12. 27. 개정·시행)에 따라 "문교부장관"을 "교육부장관"으로 변경하였다.

2 2. 2001년 1월 29일 개정(법률 제6400호, 2001. 1. 29. 시행)

제40조(합병의 효과) 합병후 존속하는 학교법인 또는 합병에 의하여 설립된 학교법인은 합병에 의하여 소멸된 학교법인의 권리·의무(당해 학교법인이 그가 경영하는 사업에 관하여 **교육인적자원부장관**의 인가 기타 처분에 기인하여 가지는 권리·의무를 포함한다)를 승계한다.

- 「정부조직법」(2001. 1. 29. 개정·시행)에 따라 "교육부장관"을 "교육인적자원부장관"으로 변경하였다.

3 3. 2008년 2월 29일 개정(법률 제8852호, 2008. 2. 29. 시행)

제40조(합병의 효과) 합병후 존속하는 학교법인 또는 합병에 의하여 설립된 학교법

1902) 金康鉉, 앞의 글 "私立學校法(完)", 45면.

인은 합병에 의하여 소멸된 학교법인의 권리·의무(당해 학교법인이 그가 경영하는 사업에 관하여 **교육과학기술부장관**의 인가 기타 처분에 기인하여 가지는 권리·의무를 포함한다)를 승계한다.

- 「정부조직법」(2008. 2. 29. 개정·시행)에 따라 "교육인적자원부장관"을 "교육과학기술부장관"으로 변경하였다.

40.204 **4. 2013년 3월 23일 개정(법률 제11690호, 2013. 3. 23. 시행)**

제40조(합병의 효과) 합병후 존속하는 학교법인 또는 합병에 의하여 설립된 학교법인은 합병에 의하여 소멸된 학교법인의 권리·의무(당해 학교법인이 그가 경영하는 사업에 관하여 **교육부장관**의 인가 기타 처분에 기인하여 가지는 권리·의무를 포함한다)를 승계한다.

- 「정부조직법」(2013. 3. 23. 개정·시행)에 따라 "교육과학기술부장관"을 "교육부장관"으로 변경하였다.

40.205 **5. 2020년 12월 22일 개정(법률 제17659호, 2020. 12. 22. 시행)**

제40조(합병의 효과) 합병 후 존속하는 학교법인 또는 합병으로 설립된 학교법인은 합병**으로** 소멸된 학교법인의 권리·의무(**그 학교법인**이 그가 **경영**하는 **사업**에 관하여 교육부장관의 **인가**나 그 밖의 **처분**으로 **인하여** 가지는 **권리·의무**를 포함한다)를 승계한다.

- 법문을 한글화하고 간결하게 하였다(오직 형식에 관한 개정이므로 자세한 개정경과는 생략함[1903]).

40.300 **III. 현행법**

제40조(합병의 효과) 합병 후 존속하는 학교법인 또는 합병으로 설립된 학교법인은 합병으로 소멸된 학교법인의 권리·의무(그 학교법인이 그가 경영하는 사업에 관

1903) 이에 관한 구체적 개정경과는 이 책 [1.201] 참조.

하여 교육부장관의 인가나 그 밖의 처분으로 인하여 가지는 권리·의무를 포함한다)를 승계한다.

IV. 종합/특기사항

- 합병에 관한 규정이 없는 「민법」과 달리 학교법인이 손쉽게 합병하는 길을 열어 부실한 학교법인이 옹색하게 학교를 경영하기보다 차라리 합병하여 건실하게 학교교육의 목적을 달성하도록 하였다.
- 제40조에 대한 개정은 모두 부 부처의 개편에 따라 명칭 수정, 법문의 한글화·순화 등 형식에 관한 것이다.

제41조(합병의 시기)

I. 제정법

제41조(합병의 시기) 학교법인의 합병은 합병후 존속하는 학교법인 또는 합병에 의하여 설립되는 학교법인의 주된 사무소의 소재지에서 등기함으로써 그 효력이 생긴다.

『새교육』이 소개하는 이 조문의 제정이유는 제36조와 같다.[1904]

II. 개정 경과

1. 2020년 12월 22일 개정(법률 제17659호, 2020. 12. 22. 시행)

제41조(합병의 시기) 학교법인의 합병은 합병 후 존속하는 학교법인 또는 합병으

1904) 金康鉉, 앞의 글 "私立學校法(完)", 45면.

로 설립되는 학교법인의 주된 사무소의 소재지에서 등기함으로써 그 효력이 생긴다.

- 법문을 한글화하고 간결하게 하였다(오직 형식에 관한 개정이므로 자세한 개정경과는 생략함[1905]).

41.300 III. 현행법

제41조(합병의 시기) 학교법인의 합병은 합병 후 존속하는 학교법인 또는 합병으로 설립되는 학교법인의 주된 사무소의 소재지에서 등기함으로써 그 효력이 생긴다.

41.400 IV. 종합/특기사항

- 합병에 관한 규정이 없는 「민법」과 달리 학교법인이 손쉽게 합병하는 길을 열어 부실한 학교법인이 옹색하게 학교를 경영하기보다 차라리 합병하여 건실하게 학교교육의 목적을 달성하도록 하였다.
- 제41조에 대한 개정은 모두 법문의 한글화·순화 등 형식에 관한 것이다.

제42조(「민법」 등의 준용)

42.100 I. 제정법

제42조(민법등의 준용) ①민법 제79조, 제81조 내지 제84조, 제86조 내지 제95조의 규정은 학교법인의 해산과 청산의 경우에 이를 준용한다. 다만, 민법 제79조중 "이사"를 "이사장"으로 한다.

1905) 이에 관한 구체적 개정경과는 이 책 [1.201] 참조.

②이 법 제18조와 민법 제59조제2항·제61조·제62조·제64조 및 제65조의 규정은 학교법인의 청산인에 이를 준용한다.

『새교육』이 소개하는 이 조문의 제정이유는 제36조와 같다.[1906]

II. 개정 경과

1 1. 1964년 11월 10일 개정(법률 제1664호, 1964. 11. 10. 시행)

제42조(민법등의 준용) ①민법 제79조, 제81조 내지 제95조의 규정은 학교법인의 해산과 청산의 경우에 이를 준용한다. 다만, 민법 제79조중 "이사"를 "이사장"으로 한다.
②이 법 제18조와 민법 제59조제2항·제61조·제62조·제64조 및 제65조의 규정은 학교법인의 청산인에 이를 준용한다.

(1) 법률안(최영두 의원안[1907])

현행법	원안
제42조(민법등의 준용) ①민법 제79조, 제81조 내지 제84조, 제86조 내지 제95조의 규정은 학교법인의 해산과 청산의 경우에 이를 준용한다. 다만, 민법 제79조중 "이사"를 "이사장"으로 한다. ②(생 략)	**제42조(민법 등의 준용)** ①민법 제79조, 제81조 내지 제95조의 규정은 학교법인의 해산과 청산의 경우에 이를 준용한다. 다만, 민법 제79조중 "이사"를 "이사장"으로 한다. ②(현행과 같음)

• 「민법」 제85조를 준용 대상에 포함시켰다.

(2) 위원회 심사

〈1〉 **문교공보위원회:** 대안[1908]으로 가결되었다(이 조문의 경우에는 원안과 대안의 내용이 동일함).[1909]

1906) 金康鉉, 앞의 글 "私立學校法(完)", 45면.
1907) 1964. 3. 9. 최영두의원 등 11인(의안번호: 060074); 제안이유 및 주요내용은 이 책 [4.201] 참조.
1908) 1964. 4. 16. 문교공보위원장(의안번호: 060162).
1909) 제41회 국회(임시회) 제9차 전체회의, 문교공보위원회회의록, 1964. 4. 16., 16면.

〈2〉 **법제사법위원회:** 문교공보위원회 대안대로 가결되었다.[1910)]

(3) 본회의 심의

문교공보위원회 대안대로 가결되었다.[1911)] 제42조에 관한 회의록 내용은 아래와 같다.

- **문교공보위원장 최영두**[1912)]: 다음, 제42조 "민법 등의 준용" 이것은 현행법에 약간의 미쓰가 있기 때문에 그 미쓰를 뜯어고쳤습니다. 현행법에 의하면 민법 제85조의 규정을 준용하지 않도록 규정을 하고 있는데 제85조의 규정은 재단법인에 해당한 규정으로서 이것은 학교법인에게도 적용되어야 되기 때문에 이 제42조는 수정한 것이올시다.
- **의장 이효상**[1913)]: 이의가 없으시면 그것을 최두고 의원이 제안한 그 수정안 부칙의 6항 신설 그것과 문공위원회에서 제출한 대안 전체와 일괄해서 여러분의 가부를 물어보겠습니다. (이의 없소 하는 이 있음) 이의 없습니까? (이의 없소 하는 이 많음) 그러면 만장일치로 가결된 것을 선포합니다.

(4) 결과

문교공보위원회 대안으로 개정되었다.

42.202 **2. 2008년 3월 14일 개정(법률 제8888호, 2008. 3. 14. 시행)**

제42조(「민법」등의 준용) ①「민법」 제79조, 제81조 내지 제95조의 규정은 학교법인의 해산과 청산의 경우에 이를 준용한다. 다만, 「민법」 제79조중 "이사"를 "이사장"으로 한다.
②이 법 제18조와 「민법」 제59조제2항·제61조·제62조·제64조 및 제65조의 규정은 학교법인의 청산인에 이를 준용한다.

- 법령 표기에 있어서 "「 」" 표시를 하기로 함[1914)]에 따른 개정이다(오직 형식에 관한

1910) 제41회 국회(임시회) 제9차 전체회의, 법제사법위원회회의록, 1964. 4. 18., 44면.
1911) 제45회 국회(정기회) 제19차 본회의, 국회본회의회의록, 1964. 10. 28., 25면.
1912) 제45회 국회(정기회) 제19차 본회의, 국회회의록, 1964. 10. 28., 19~20면.
1913) 제45회 국회(정기회) 제19차 본회의, 국회회의록, 1964. 10. 28., 25면.
1914) 「법률용어의 표준화 기준」(국회사무처 예규 제22호, 2007. 4. 16. 시행).

개정이므로 자세한 개정경과는 생략함[1915]).

03 3. 2020년 12월 22일 개정(법률 제17659호, 2020. 12. 22. 시행)

> **제42조(「민법」 등의 준용)** ① 학교법인의 해산과 청산에 관하여는 「민법」 제79조 및 제81조부터 제95조까지의 규정을 준용한다. 이 경우 「민법」 제79조 중 "이사"는 "이사장"으로 본다.
> ② 학교법인의 청산인에 관하여는 제18조와 「민법」 제59조제2항, 제61조, 제62조, 제64조 및 제65조를 준용한다.

- 법문을 한글로 적고, 명확하게 하였다(오직 형식에 관한 개정이므로 자세한 개정경과는 생략함[1916]).

0 III. 현행법

> **제42조(「민법」 등의 준용)** ① 학교법인의 해산과 청산에 관하여는 「민법」 제79조 및 제81조부터 제95조까지의 규정을 준용한다. 이 경우 「민법」 제79조 중 "이사"는 "이사장"으로 본다.
> ②학교법인의 청산인에 관하여는 제18조와 「민법」 제59조제2항, 제61조, 제62조, 제64조 및 제65조를 준용한다.

) IV. 종합/특기사항

- 제42조에 대한 내용상의 개정은 1964년 개정으로 「민법」 제85조를 준용 대상에 포함시킨 것이다. 나머지 개정은 모두 법문의 한글화·순화 등 형식에 관한 것이다.
- 제정법에서 「민법」 제85조를 준용 대상에 포함시키지 않은 것은 입법상의 실수였던 것으로 추징된다.

1915) 이에 관한 구체적 개정경과는 이 책 [2.203] 참조.
1916) 이에 관한 구체적 개정경과는 이 책 [1.201] 참조.

제6절 | 지원과 감독

제43조(지원)

43.100 I. 제정법

제43조(조성) ①국가 또는 지방자치단체는 교육의 진흥상 필요하다고 인정할 때에는 사립학교교육의 조성을 위하여 각령 또는 당해 지방자치단체의 조례가 정하는 바에 의하여 보조를 신청한 학교법인에 대하여 보조금을 교부하거나 기타의 원조를 할 수 있다.

②감독청은 전항 또는 제35조제3항의 규정에 의하여 조성을 받은 학교법인에 대하여 다음 각호에 게기하는 권한을 가진다.

1. 조성에 관하여 필요한 경우에는 당해 학교법인으로부터 그 업무 또는 회계의 상황에 관한 보고를 받는 일
2. 당해 학교법인의 예산이 조성의 목적에 비추어 부적당하다고 인정할 때에는 그 예산에 대하여 필요한 변경조치를 권고하는 일

③국가 또는 지방자치단체는 제1항 또는 제35조제3항의 규정에 의하여 학교법인에 대하여 조성을 하는 경우에 그 조성성과가 저조하여 계속조성이 부적당하다고 인정하거나 학교법인이 전항의 규정에 의한 감독청의 조치에 따르지 아니한 때에는 그 후의 조성은 이를 중단할 수 있다.

『새교육』이 소개하는 이 조문의 제정이유는 아래와 같다.[1917]

이 법률이 통과될 때, 학교법인의 조성이 극히 미약한 반면에 그 감독이 지나치게 강하다는 이유로 수차의 논쟁이 전개되었다. 현대 국가가 행정국가인 소이(所以)는 행정권의 작용으로 사인(私人)의 이익을 조성한다는 데 그 의미가 있는 것이며, 이러한 이유로 원칙상 사인의 자유로운 활동 분야를 공법 분야로 흡수하여 공권력의 감독 하에 두게 되는 것이다. 그러나 이러한 사인 활동의 공법화는 경우에 따라서 공권력에 의한 사권(私權)의 침해를 초래할 수 있는 것이며, 여기에 현대 행정법규 제정에 있어

1917) 金康鉉, 앞의 글 "私立學校法(完)", 45~46면.

서의 문제점이 있는 것이다.

이 법률에 있어서도 조성을 위한 조항은 제43조와 제44조에 불과하다. 물론 감독 조항도 극히 미약하지만…그러나 학교법인의 기관과 학교법인의 재산 및 회계 등 중요 분야에 걸쳐 방대한 제한 규정을 두었기 때문에 이 법률은 흡사히 감독청의 편의를 위하여 제정된 것처럼 논평되어 왔다.

II. 개정 경과

1 1. 1964년 11월 10일 개정(법률 제1664호, 1964. 11. 10. 시행)

제43조(조성) ①국가 또는 지방자치단체는 교육의 진흥상 필요하다고 인정할 때에는 사립학교교육의 조성을 위하여 **대통령령** 또는 당해 지방자치단체의 조례가 정하는 바에 의하여 보조를 신청한 학교법인 **또는 사학조성단체**에 대하여 보조금을 교부하거나 기타의 원조를 할 수 있다.

②감독청은 전항 또는 제35조제3항의 규정에 의하여 조성을 받은 학교법인 **또는 사학조성단체**에 대하여 다음 각호에 게기하는 권한을 가진다.

1. 조성에 관하여 필요한 경우에는 당해 학교법인 **또는 사학조성단체**로부터 그 업무 또는 회계의 상황에 관한 보고를 받는 일
2. 당해 학교법인 **또는 사학조성단체의** 예산이 조성의 목적에 비추어 부적당하다고 인정할 때에는 그 예산에 대하여 필요한 변경조치를 권고하는 일

③국가 또는 지방자치단체는 제1항 또는 제35조제3항의 규정에 의하여 학교법인 **또는 사학조성단체**에 대하여 조성을 하는 경우에 그 조성성과가 저조하여 계속 조성이 부적당하다고 인정하거나 학교법인 **또는 사학조성단체**가 전항의 규정에 의한 감독청의 조치에 따르지 아니한 때에는 그 후의 조성은 이를 중단할 수 있다.

(1) 법률안(최영두 의원안[1918])

현행법	원안
제43조(조성) ①국가 또는 지방자치단체는 교육의 진흥상 필요하다고 인정할 때에는 사립학교교육의 조성을 위하여 각령 또는 당해 지방자치	**제43조(조성)** ①국가 또는 지방자치단체는 교육의 진흥상 필요하다고 인정할 때에는 사립학교교육의 조성을 위하여 대통령령 또는 당해 지방

1918) 1964. 3. 9. 최영두의원 등 11인(의안번호: 060074); 제안이유 및 주요내용은 이 책 [4.201] 참조.

단체의 조례가 정하는 바에 의하여 보조를 신청한 학교법인에 대하여 보조금을 교부하거나 기타의 원조를 할 수 있다. ②감독청은 전항 또는 제35조제3항의 규정에 의하여 조성을 받은 학교법인에 대하여 다음 각호에 게기하는 권한을 가진다. 1. 조성에 관하여 필요한 경우에는 당해 학교법인으로부터 그 업무 또는 회계의 상황에 관한 보고를 받는 일 2. 당해 학교법인의 예산이 조성의 목적에 비추어 부적당하다고 인정할 때에는 그 예산에 대하여 필요한 변경조치를 권고하는 일 ③국가 또는 지방자치단체는 제1항 또는 제35조제3항의 규정에 의하여 학교법인에 대하여 조성을 하는 경우에 그 조성성과가 저조하여 계속조성이 부적당하다고 인정하거나 학교법인이 전항의 규정에 의한 감독청의 조치에 따르지 아니한 때에는 그 후의 조성은 이를 중단할 수 있다.	자치단체의 조례가 정하는 바에 의하여 보조를 신청한 학교법인 또는 사학조성단체에 대하여 보조금을 교부하거나 기타의 원조를 할 수 있다. ②감독청은 전항 또는 제35조제3항의 규정에 의하여 조성을 받은 학교법인 또는 사학조성단체에 대하여 다음 각호에 게기하는 권한을 가진다. 1. 조성에 관하여 필요한 경우에는 당해 학교법인 또는 사학조성단체로부터 그 업무 또는 회계의 상황에 관한 보고를 받는 일 2. 당해 학교법인 또는 사학조성단체의 예산이 조성의 목적에 비추어 부적당하다고 인정할 때에는 그 예산에 대하여 필요한 변경조치를 권고하는 일 ③국가 또는 지방자치단체는 제1항 또는 제35조제3항의 규정에 의하여 학교법인 또는 사학조성단체에 대하여 조성을 하는 경우에 그 조성성과가 저조하여 계속조성이 부적당하다고 인정하거나 학교법인 또는 사학조성단체가 전항의 규정에 의한 감독청의 조치에 따르지 아니한 때에는 그 후의 조성은 이를 중단할 수 있다.

• 사학조성단체에 대하여도 국가 또는 지방자치단체가 보조할 수 있도록 하였다.

(2) 위원회 심사

〈1〉 **문교공보위원회:** 대안[1919]으로 가결되었다(이 조문의 경우에는 원안과 대안의 내용이 동일함).[1920]

〈2〉 **법제사법위원회:** 문교공보위원회 대안대로 가결되었다.[1921]

(3) 본회의 심의

문교공보위원회 대안대로 가결되었다.[1922] 제43조에 관한 회의록 내용은 아래와

1919) 1964. 4. 16. 문교공보위원장(의안번호: 060162).
1920) 제41회 국회(임시회) 제9차 전체회의, 문교공보위원회회의록, 1964. 4. 16., 16면.
1921) 제41회 국회(임시회) 제9차 전체회의, 법제사법위원회회의록, 1964. 4. 18., 44면.
1922) 제45회 국회(정기회) 제19차 본회의, 국회본회의회의록, 1964. 10. 28., 25면.

같다.

- **문교공보위원장 최영두**[1923]: 현행법에는 사학조성단체에 대하여는 국가 또는 지방자치단체가 보조할 수 없도록 되어 있습니다. 그런데 개정법률안에는 학교법인뿐만 아니라 사학조성단체에 대해서도 보조할 수 있도록 법적 근거를 마련했습니다.
- **문교공보위원장 최영두**[1924]: 제43조의 "조성"에 관한 규정인데 아까 말씀 올린 바와 같이 현행법에는 학교법인에 대해서만 국가 또는 지방자치단체가 보조할 수 있도록 한 것을 개정을 해서 학교법인 또는 사학조성단체에 대해서도 보조할 수 있도록 한 것이올시다.
- **의장 이효상**[1925]: 문공위원회에서, 대안을 제출한 문공위원회에서 아마 받아들인 모양입니다. 이의가 없으시지요? (이의 없소 하는 이 많음)이의가 없으시면 그것을 최두고 의원이 제안한 그 수정안 부칙의 제6항 신설, 그것과 문공위원회에서 제출한 대안 전체와 일괄해서 여러분의 가부를 물어보겠습니다. (이의 없소 하는 이 있음) 이의 없습니까? (이의 없소 하는 이 많음) 그러면 만장일치로 가결된 것을 선포합니다. 다음은 지금 그 혹 자구정리할 것이 있으면 이 의장에게 일임해 주시기를 바랍니다. (이의 없소 하는 이 있음) 이의 없으시지요? (이의 없소 하는 이 많음)

(4) 결과

문교공보위원회 대안으로 개정되었다.

2. 1981년 2월 28일 개정(법률 제3373호, 1981. 2. 28. 시행)

제43조(조성) ①국가 또는 지방자치단체는 교육의 진흥상 필요하다고 인정할 때에는 사립학교교육의 조성을 위하여 대통령령 또는 당해 지방자치단체의 조례가 정하는 바에 의하여 보조를 신청한 학교법인 또는 사학조성단체에 대하여 보조금을 교부하거나 기타의 원조를 할 수 있다.

②감독청은 <u>제1항</u> 또는 제35조제3항의 규정에 의하여 조성을 받은 학교법인 또

1923) 제45회 국회(정기회) 제19차 본회의, 국회회의록, 1964. 10. 28., 19면.
1924) 제45회 국회(정기회) 제19차 본회의, 국회회의록, 1964. 10. 28., 19~20면.
1925) 제45회 국회(정기회) 제19차 본회의, 국회회의록, 1964. 10. 28., 25면.

는 사학조성단체에 대하여 다음 각호에 게기하는 권한을 가진다.

1. 조성에 관하여 필요한 경우에는 당해 학교법인 또는 사학조성단체로부터 그 업무 또는 회계의 상황에 관한 보고를 받는 일
2. 당해 학교법인 또는 사학조성단체의 예산이 조성의 목적에 비추어 부적당하다고 인정할 때에는 그 예산에 대하여 필요한 변경조치를 권고하는 일

③국가 또는 지방자치단체는 제1항 또는 제35조제3항의 규정에 의하여 학교법인 또는 사학조성단체에 대하여 조성을 하는 경우에 그 조성성과가 저조하여 계속 조성이 부적당하다고 인정하거나, 학교법인 또는 사학조성단체가 <u>제2항</u>의 규정에 의한 감독청의 조치에 따르지 아니한 때에는 그후의 조성은 이를 중단할 수 있다.

(1) 법률안(정부안[1926])

현행법	원안
제43조(조성) ① (생 략) ②감독청은 <u>전항</u> 또는 제35조제3항의 규정에 의하여 조성을 받은 학교법인 또는 사학조성단체에 대하여 다음 각호에 게기하는 권한을 가진다. 1. ~ 2. (생 략) ③국가 또는 지방자치단체는 제1항 또는 제35조제3항의 규정에 의하여 학교법인 또는 사학조성단체에 대하여 조성을 하는 경우에 그 조성성과가 저조하여 계속조성이 부적당하다고 인정하거나, 학교법인 또는 사학조성단체가 <u>전항</u>의 규정에 의한 감독청의 조치에 따르지 아니한 때에는 그 후의 조성은 이를 중단할 수 있다.	**제43조(조성)** ① (현행과 같음) ②감독청은 <u>제1항</u> 또는 제35조제3항의 규정에 의하여 조성을 받은 학교법인 또는 사학조성단체에 대하여 다음 각호에 게기하는 권한을 가진다. 1. ~ 2. (현행과 같음) ③국가 또는 지방자치단체는 제1항 또는 제35조제3항의 규정에 의하여 학교법인 또는 사학조성단체에 대하여 조성을 하는 경우에 그 조성성과가 저조하여 계속조성이 부적당하다고 인정하거나, 학교법인 또는 사학조성단체가 <u>제2항</u>의 규정에 의한 감독청의 조치에 따르지 아니한 때에는 그후의 조성은 이를 중단할 수 있다.

• "전항"을 "제1항, 제2항"으로 하였다.

(2) 위원회 심사

〈1〉 **문교공보위원회:** 원안대로 가결되었다.[1927] 제43조에 관한 회의록 내용은 아

1926) 1981. 2. 13. 정부(의안번호: CC0145); 제안이유 및 주요내용은 이 책 [4.204] 참조.
1927) 제10.5대 국회 제77회 제19차 문교공보위원회국가보위입법회의사무처, 문교공보위원회회의록, 1981.

래와 같다.

- **전문위원 김철**[1928]: 한편 이 법에서 사학의 재정지원관계규정을 볼 것 같으면 제43조 조성의 내용은 "국가 또는 지방자치단체는 교육의 진흥상 필요하다고 인정할 때에는 사립학교교육의 조성을 위하여 대통령령 또는 지방자치단체의 조례가 정하는 바에 의하여 보조를 신청한 학교법인 또는 사학조성단체에 대하여 보조금을 교부하거나 기타의 원조를 할 수 있다"로 되어 있습니다. 이렇게 단 1개 조문인 이 조항마저도 그 내용면에서 볼 때에는 소극적인 규정이며 피동적인 국고지원만이 가능하게 되어 있습니다...
- **위원장 송지영**[1929]: 의사일정 제2항 사립학교법 중 개정법률안을 정부원안대로 의결하는데 이의 없습니까? (이의 없습니다 하는 이 있음) 그러면 이것으로 가결된 것을 선포합니다.

〈2〉 **법제사법위원회:** 원안대로 가결되었다.[1930]

(3) 본회의 심의

원안대로 가결되었다.[1931]

(4) 결과

원안으로 개정되었다.

3. 1990년 4월 7일 개정(법률 제4226호, 1990. 4. 7. 시행)

제43조(지원) ①국가 또는 지방자치단체는 교육의 진흥상 필요하다고 인정할 때에는 사립학교교육의 **지원**을 위하여 대통령령 또는 당해 지방자치단체의 조례가 정하는 바에 의하여 보조를 신청한 학교법인 또는 **사학지원단체**에 대하여 보조

---

2. 19., 7면.

1928) 제10.5대 국회 제77회 제19차 문교공보위원회국가보위입법회의사무처, 문교공보위원회회의록. 1981. 2. 19., 5면,

1929) 제10.5대 국회 제77회 제19차 문교공보위원회국가보위입법회의사무처, 문교공보위원회회의록, 1981. 2. 19., 7면.

1930) 제10.5대 국회 제77회 제30차 법제사법위원회국가보위입법회의사무처, 법제사법위원회회의록, 1981. 2. 19., 5면.

1931) 제10.5대 국회 제77회 제20차 국회본회의, 국회본회의회의록, 1981. 2. 20., 7면.

금을 교부하거나 기타의 **지원**을 할 수 있다.
②**관할청**은 제1항 또는 제35조제3항의 규정에 의하여 **지원**을 받은 학교법인 또는 **사학지원단체**에 대하여 다음 각호에 **규정**하는 권한을 가진다.
1. **지원**에 관하여 필요한 경우에는 당해 학교법인 또는 **사학지원단체**로부터 그 업무 또는 회계의 상황에 관한 보고를 받는 일
2. 당해 학교법인 또는 **사학지원단체**의 예산이 **지원**의 목적에 비추어 부적당하다고 인정할 때에는 그 예산에 대하여 필요한 변경조치를 권고하는 일

③국가 또는 지방자치단체는 제1항 또는 제35조제3항의 규정에 의하여 학교법인 또는 **사학지원단체**에 대하여 **지원**을 하는 경우에 그 **지원성과**가 저조하여 **계속 지원**이 부적당하다고 인정하거나, 학교법인 또는 **사학지원단체**가 제2항의 규정에 의한 **관할청**의 **권고**에 따르지 아니한 때에는 그후의 **지원**은 이를 중단할 수 있다.

(1) 법률안

〈1〉 정부안[1932)]

현행법	원안
제43조(조성) ①국가 또는 지방자치단체는 교육의 진흥상 필요하다고 인정할 때에는 사립학교교육의 조성을 위하여 대통령령 또는 당해 지방자치단체의 조례가 정하는 바에 의하여 보조를 신청한 학교법인 또는 사학조성단체에 대하여 보조금을 교부하거나 기타의 원조를 할 수 있다. ②감독청은 제1항 또는 제35조제3항의 규정에 의하여 조성을 받은 학교법인 또는 사학조성단체에 대하여 다음 각호에 게기하는 권한을 가진다. 1. 조성에 관하여 필요한 경우에는 당해 학교법인 또는 사학조성단체로부터 그 업무 또는 회계의 상황에 관한 보고를 받는 일 2. 당해 학교법인 또는 사학조성단체의 예산이 조성의 목적에 비추어 부적당하다고 인정할	**제43조(지원)** ①국가 또는 지방자치단체는 교육의 진흥상 필요하다고 인정할 때에는 사립학교교육의 지원을 위하여 대통령령 또는 당해 지방자치단체의 조례가 정하는 바에 의하여 보조를 신청한 학교법인 또는 사학지원단체에 대하여 보조금을 교부하거나 기타의 지원을 할 수 있다. ②관할청은 제1항 또는 제35조제3항의 규정에 의하여 지원을 받은 학교법인 또는 사학지원단체에 대하여 다음 각호에 규정하는 권한을 가진다. 1. 지원에 관하여 필요한 경우에는 당해 학교법인 또는 사학지원단체로부터 그 업무 또는 회계의 상황에 관한 보고를 받는 일 2. 당해 학교법인 또는 사학지원단체의 예산이 지원의 목적에 비추어 부적당하다고 인정할

1932) 1988. 12. 2. 정부(의안번호: 130287); 제안이유 및 주요내용은 이 책 [4.206] 참조.

때에는 그 예산에 대하여 필요한 변경조치를 권고하는 일 ③국가 또는 지방자치단체는 제1항 또는 제35조제3항의 규정에 의하여 학교법인 또는 사학조성단체에 대하여 조성을 하는 경우에 그 조성성과가 저조하여 계속조성이 부적당하다고 인정하거나, 학교법인 또는 사학조성단체가 제2항의 규정에 의한 감독청의 조치에 따르지 아니한 때에는 그후의 조성은 이를 중단할 수 있다.	때에는 그 예산에 대하여 필요한 변경조치를 권고하는 일 ③국가 또는 지방자치단체는 제1항 또는 제35조제3항의 규정에 의하여 학교법인 또는 사학지원단체에 대하여 지원을 하는 경우에 그 지원성과가 저조하여 계속지원이 부적당하다고 인정하거나, 학교법인 또는 사학지원단체가 제2항의 규정에 의한 관할청의 권고에 따르지 아니한 때에는 그후의 지원은 이를 중단할 수 있다.

• "조성"을 "지원"으로 하고 "감독청"을 "관할청"으로 하였다.

〈2〉 박석무 의원안[1933)]

현행법	원안
제43조(조성) ①국가 또는 지방자치단체는 교육의 진흥상 필요하다고 인정할 때에는 사립학교교육의 조성을 위하여 대통령령 또는 당해 지방자치단체의 조례가 정하는 바에 의하여 보조를 신청한 학교법인 또는 사학조성단체에 대하여 보조금을 교부하거나 기타의 원조를 할 수 있다.	**제43조(조성)** ①국가 또는 지방자치단체는 사립학교의 교육을 조성하기 위하여 교육인건비와 학교운영비를 학교법인에게 교부금으로 교부할 수 있다.
②감독청은 제1항 또는 제35조제3항의 규정에 의하여 조성을 받은 학교법인 또는 사학조성단체에 대하여 다음 각호에 게기하는 권한을 가진다. 1. 조성에 관하여 필요한 경우에는 당해 학교법인 또는 사학조성단체로부터 그 업무 또는 회계의 상황에 관한 보고를 받는 일 2. 당해 학교법인 또는 사학조성단체의 예산이 조성의 목적에 비추어 부적당하다고 인정할 때에는 그 예산에 대하여 필요한 변경조치를 권고하는 일	②국가 또는 지방자치단체는 학교의 시설, 설비의 자금을 학교법인에 보조할 수 있으며, 교육을 조성하는 단체에 대하여 보조금을 보조하거나 기타 원조를 할 수 있다. 1. 제1항의 규정에 의한 교부금은 매년 예산에 계상하여야 하고 교부대상, 교부방법은 문교부장관이 정한다. 2. 관할청은 또는 사학조성단체의 예산이 조성의 목적에 비추어 부적당하다고 인정할 때에는 그 예산에 대하여 필요한 변경조치를 권고하는 일
③국가 또는 지방자치단체는 제1항 또는 제35조제3항의 규정에 의하여 학교법인 또는 사학조성단체에 대하여 조성을 하는 경우에 그 조성성과가 저조하여 계속조성이 부적당하다고 인정하거나, 학교법인 또는 사학조성단체가 제2	③국가 또는 지방자치단체는 제1항 또는 제35조제3항의 규정에 의하여 학교법인 또는 사학조성단체에 대하여 조성을 하는 경우에 그 조성성과가 저조하여 계속조성이 부적당하다고 인정하거나, 학교법인 또는 사학조성단체가 제2

1933) 1988. 12. 21. 박석무의원 등 70인(의안번호: 130378); 제안이유 및 주요내용은 이 책 [4.206] 참조.

항의 규정에 의한 감독청의 조치에 따르지 아니한 때에는 그후의 조성은 이를 중단할 수 있다.	항의 규정에 의한 관할청의 조치에 따르지 아니한 때에는 그후의 조성은 이를 중단할 수 있다.

• 국가 또는 지방자치단체가 지급하는 보조금의 내용을 교원인건비와 학교운영비로 구체화하고, “감독청”을 “관할청”으로 하였다.

〈3〉 김인곤 의원안[1934)]

현행법	원안
제43조(조성) ① (생 략) ②감독청은 제1항 또는 제35조제3항의 규정에 의하여 조성을 받은 학교법인 또는 사학조성단체에 대하여 다음 각호에 게기하는 권한을 가진다. 1. ~ 2. (생 략) ③국가 또는 지방자치단체는 제1항 또는 제35조제3항의 규정에 의하여 학교법인 또는 사학조성단체에 대하여 조성을 하는 경우에 그 조성성과가 저조하여 계속조성이 부적당하다고 인정하거나, 학교법인 또는 사학조성단체가 제2항의 규정에 의한 감독청의 조치에 따르지 아니한 때에는 그후의 조성은 이를 중단할 수 있다.	**제43조(조성)** ① (현행과 같음) ②관할청은 제1항 또는 제35조제3항의 규정에 의하여 조성을 받은 학교법인 또는 사학조성단체에 대하여 다음 각호에 게기하는 권한을 가진다. 1. ~ 2. (현행과 같음) ③국가 또는 지방자치단체는 제1항 또는 제35조제3항의 규정에 의하여 학교법인 또는 사학조성단체에 대하여 조성을 하는 경우에 그 조성성과가 저조하여 계속조성이 부적당하다고 인정하거나, 학교법인 또는 사학조성단체가 제2항의 규정에 의한 관할청의 조치에 따르지 아니한 때에는 그후의 조성은 이를 중단할 수 있다.

• “감독청”을 “관할청”으로 하였다.

〈4〉 강삼재 의원안[1935)]

현행법	원안
제43조(조성) ①국가 또는 지방자치단체는 교육의 진흥상 필요하다고 인정할 때에는 사립학교교육의 조성을 위하여 대통령령 또는 당해 지방자치단체의 조례가 정하는 바에 의하여 보조를 신청한 학교법인 또는 사학조성단체에 대하여 보조금을 교부하거나 기타의 원조를 할 수 있다. ②감독청은 제1항 또는 제35조제3항의 규정에 의하여 조성을 받은 학교법인 또는 사학조성단	**제43조(조성)** ①국가 또는 지방자치단체는 사립학교의 교육을 조성하기 위하여 교원인건비와 학교운영비를 학교법인에게 교부금으로 교부할 수 있다. ②국가 또는 지방자치단체는 학교의 시설, 설비의 자금을 학교법인에게 보조할 수 있으며,

1934) 1989. 2. 16. 김인곤의원 등 34인(의안번호: 130422); 제안이유 및 주요내용은 이 책 [4.206] 참조.
1935) 1989. 2. 28. 강삼재의원 등 57인(의안번호: 130463); 제안이유 및 주요내용은 이 책 [4.206] 참조.

체에 대하여 다음 각호에 게기하는 권한을 가진다. 1. 조성에 관하여 필요한 경우에는 당해 학교법인 또는 사학조성단체로부터 그 업무 또는 회계의 상황에 관한 보고를 받는 일 2. 당해 학교법인 또는 사학조성단체의 예산이 조성의 목적에 비추어 부적당하다고 인정할 때에는 그 예산에 대하여 필요한 변경조치를 권고하는 일	교육을 조성하는 단체에 대하여 보조금 및 기타의 원조를 할 수 있다.
③국가 또는 지방자치단체는 제1항 또는 제35조제3항의 규정에 의하여 학교법인 또는 사학조성단체에 대하여 조성을 하는 경우에 그 조성성과가 저조하여 계속조성이 부적당하다고 인정하거나, 학교법인 또는 사학조성단체가 제2항의 규정에 의한 감독청의 조치에 따르지 아니한 때에는 그후의 조성은 이를 중단할 수 있다.	③관할청은 제1항 또는 제35조제3항의 규정에 의하여 조성을 받은 학교법인 또는 사학조성단체에 대하여 다음 각호에 게기하는 권한을 가진다. 1. 조성에 관하여 필요한 경우에는 당해 학교법인 또는 사학조성단체로부터 그 업무 또는 회계의 상황에 관한 보고를 받는 일 2. 당해 학교법인 또는 사학조성단체의 예산이 조성의 목적에 비추어 부적당하다고 인정할 때에는 그 예산에 대하여 필요한 변경조치를 권고하는 일 ④ 국가 또는 지방자치단체는 제1항 또는 제35조제3항의 규정에 의하여 학교법인 또는 사학조성단체에 대하여 조성을 하는 경우에 그 조성성과가 저조하여 계속조성이 부적당하다고 인정하거나, 학교법인 또는 사학조성단체가 제2항의 규정에 의한 관할청의 조치에 따르지 아니한 때에는 그후의 조성은 이를 중단할 수 있다.

• 국가 또는 지방자치단체가 지급하는 보조금의 내용을 교원인건비와 학교운영비로 구체화하고, “감독청”을 “관할청”으로 하였다.

(2) 위원회 심사

〈1〉 **문교공보위원회:** 대안[1936]으로 가결되었다.[1937]

1936) 1990. 3. 15. 문교공보위원장(의안번호: 130833).

1937) 제148회 국회(임시회) 제6차 전체회의, 문교공보위원회회의록, 1990. 3. 14., 8면.

대안
제43조(지원) ①국가 또는 지방자치단체는 교육의 진흥상 필요하다고 인정할 때에는 사립학교교육의 지원을 위하여 대통령령 또는 당해 지방자치단체의 조례가 정하는 바에 의하여 보조를 신청한 학교법인 또는 사학지원단체에 대하여 보조금을 교부하거나 기타의 지원을 할 수 있다. ②관할청은 제1항 또는 제35조제3항의 규정에 의하여 지원을 받은 학교법인 또는 사학지원단체에 대하여 다음 각호에 규정하는 권한을 가진다. 1. 지원에 관하여 필요한 경우에는 당해 학교법인 또는 사학지원단체로부터 그 업무 또는 회계의 상황에 관한 보고를 받는 일 2. 당해 학교법인 또는 사학지원단체의 예산이 지원의 목적에 비추어 부적당하다고 인정할 때에는 그 예산에 대하여 필요한 변경조치를 권고하는 일 ③국가 또는 지방자치단체는 제1항 또는 제35조제3항의 규정에 의하여 학교법인 또는 사학지원단체에 대하여 지원을 하는 경우에 그 지원성과가 저조하여 계속지원이 부적당하다고 인정하거나, 학교법인 또는 사학지원단체가 제2항의 규정에 의한 관할청의 권고에 따르지 아니한 때에는 그후의 지원은 이를 중단할 수 있다.

〈2〉 **법제사법위원회:** 문교공보위원회 대안대로 가결되었다.[1938]

(3) 본회의 심의

문교공보위원회 대안대로 가결되었다.[1939]

(4) 결과

문교공보위원회 대안으로 개정되었다.

43.204

4. 2019년 1월 15일 개정(법률 제16219호, 2019. 1. 15. 시행)

제43조(지원) ①국가 또는 지방자치단체는 교육의 진흥상 필요하다고 인정할 때에는 사립학교교육의 지원을 위하여 대통령령 또는 당해 지방자치단체의 조례가 정하는 바에 의하여 보조를 신청한 학교법인 또는 사학지원단체에 대하여 보조금을 교부하거나 기타의 지원을 할 수 있다.

②관할청은 제1항 또는 제35조**제5항에 따라** 지원을 받은 학교법인 또는 사학지원단체에 대하여 다음 각호에 규정하는 권한을 가진다

1938) 제148회 국회(임시회) 제6차 전체회의, 법제사법위원회회의록, 1990. 3. 14., 26면.
1939) 제148회 국회(임시회) 제9차 본회의, 국회본회의회의록, 1990. 3. 16., 15~16면.

1. 지원에 관하여 필요한 경우에는 당해 학교법인 또는 사학지원단체로부터 그 업무 또는 회계의 상황에 관한 보고를 받는 일
2. 당해 학교법인 또는 사학지원단체의 예산이 지원의 목적에 비추어 부적당하다고 인정할 때에는 그 예산에 대하여 필요한 변경조치를 권고하는 일

③국가 또는 지방자치단체는 제1항 또는 제35조**제5항에 따라** 학교법인 또는 사학지원단체에 대하여 지원을 하는 경우에 그 지원성과가 저조하여 계속지원이 부적당하다고 인정하거나, 학교법인 또는 사학지원단체가 제2항의 규정에 의한 관할청의 권고에 따르지 아니한 때에는 그 후의 지원은 이를 중단할 수 있다.

- 제35조제1항 및 제3항을 신설함에 따라 종전의 제35조제2항부터 제4항까지를 각각 제4항부터 제6항으로 이동하였다. 이에 제43조제2항 각 호 외의 부분 및 제3항 중 "제35조제3항의 규정에 의하여"를 각각 "제35조제5항에 따라"로 하였다(기술적인 부분에 관한 개정이므로 개정경과는 생략함[1940]).

5. 2020년 12월 22일 개정(법률 제17659호, 2020. 12. 22. 시행)

제43조(지원) ①_국가 또는 지방자치단체는 교육 진흥에 필요하다고 인정할 때에는 사립학교 교육을 지원**하기** 위하여 대통령령 또는 **해당** 지방자치단체의 조례**로** 정하는 바에 **따라** 보조를 신청한 학교법인 또는 사학지원단체에 보조금을 교부하거나 **그 밖의** 지원을 할 수 있다.

②_관할청은 제1항 또는 제35조제5항에 따라 지원을 받은 학교법인 또는 사학지원단체에 대하여 다음 각 호**의** 권한을 가진다.

1. 지원에 필요한 경우에는 **해당** 학교법인 또는 사학지원단체로부터 그 업무 또는 회계 상황에 관한 보고를 받**을 권한**
2. **해당** 학교법인 또는 사학지원단체의 예산이 지원 목적에 비추어 적당**하지 아니하다고** 인정할 때에는 그 예산에 대하여 필요한 변경조치를 권고할 **권한**

③_국가 또는 지방자치단체는 제1항 또는 제35조제5항에 따라 학교법인 또는 사학지원단체**를** 지원하는 경우 그 지원성과가 저조하여 계속 지원**하는 것이 적당**

1940) 이에 관한 구체적 개정경과는 이 책 [10.208] 참조.

<u>하지 아니하다고</u> 인정하거나 학교법인 또는 사학지원단체가 제2항<u>에 따른</u> 관할청의 권고에 따르지 아니할 때에는 그 후의 지원<u>을 중</u>단할 수 있다.

- 법문을 한글화하고 간결하게 하였다(오직 형식에 관한 개정이므로 자세한 개정경과는 생략함[1941]).

43.300 **III. 현행법**

제43조(지원) ① 국가 또는 지방자치단체는 교육 진흥에 필요하다고 인정할 때에는 사립학교 교육을 지원하기 위하여 대통령령 또는 해당 지방자치단체의 조례로 정하는 바에 따라 보조를 신청한 학교법인 또는 사학지원단체에 보조금을 교부하거나 그 밖의 지원을 할 수 있다.

②관할청은 제1항 또는 제35조제5항에 따라 지원을 받은 학교법인 또는 사학지원단체에 대하여 다음 각 호의 권한을 가진다.

1. 지원에 필요한 경우에는 해당 학교법인 또는 사학지원단체로부터 그 업무 또는 회계 상황에 관한 보고를 받을 권한
2. 해당 학교법인 또는 사학지원단체의 예산이 지원 목적에 비추어 적당하지 아니하다고 인정할 때에는 그 예산에 대하여 필요한 변경조치를 권고할 권한

③국가 또는 지방자치단체는 제1항 또는 제35조제5항에 따라 학교법인 또는 사학지원단체를 지원하는 경우 그 지원성과가 저조하여 계속 지원하는 것이 적당하지 아니하다고 인정하거나 학교법인 또는 사학지원단체가 제2항에 따른 관할청의 권고에 따르지 아니할 때에는 그 후의 지원을 중단할 수 있다.

43.400 **IV. 종합/특기사항**

- 제43조에 대한 개정은 1964년 개정으로 사학지원단체에 대하여도 국가 또는 지방자치단체가 교부금을 교부하거나 그 밖의 지원을 할 수 있도록 한 것이다. 나머지 개정은 모두 적용 조문의 변경에 맞추어 조문 번호를 수정한다든가 법문의 한글화·순화 등 형식에 관한 것이다.

1941) 이에 관한 구체적 개정경과는 이 책 [1.201] 참조.

제43조의2 삭제

0 # I. 제정법

제정법에는 이 조문이 없다.

II. 개정 경과

01 ## 1. 1964년 11월 10일 개정(법률 제1664호, 1964. 11. 10. 시행)

제43조의2(기부금에 대한 면세) 학교법인에 증여하는 기부금에 대하여는 그 해당액에 대한 소득세는 이를 면제한다.

(1) 법률안(최영두 의원안[1942)])

현행법	원안
<신 설>	**제43조의2(기부금에 대한 면세)** 학교법인에 증여하는 기부금에 대하여는 그 해당액에 대한 소득세는 이를 면제한다.

- 학교법인에게 기부하는 경우에 법인세는 면세하고 있으나 개인의 소득세는 면세하지 않고 있어 개인의 소득세를 면세하도록 하였다.

(2) 위원회 심사

〈1〉 문교공보위원회: 대안[1943)]으로 가결되었다.[1944)]

대안
제43조의2(기부금에 대한 면세) 학교법인에게 증여하는 기부금에 대하여는 그 해당액에 대한 소득세는 이를 면제한다.

1942) 1964. 3. 9. 최영두의원 등 11인(의안번호: 060074); 제안이유 및 주요내용은 이 책 [4.201] 참조.
1943) 1964. 4. 16. 문교공보위원장(의안번호: 060162).
1944) 제41회 국회(임시회) 제9차 전체회의, 문교공보위원회회의록, 1964. 4. 16., 16면.

〈2〉 **법제사법위원회:** 문교공보위원회 대안대로 가결되었다.[1945]

(3) 본회의 심의

문교공보위원회 대안대로 가결되었다.[1946] 제43조의2에 관한 회의록 내용은 아래와 같다.

- **문교공보위원장 최영두**[1947]: 다음, 사인이 학교법인에게 기부하는 경우에 법인세는 면세하고 있으나 개인의 소득세는 면제하지 않고 있고 이 개정안에서 개인의 소득세는 면제하도록 규정을 했습니다.
- **문교공보위원장 최영두**[1948]: 다음, 제43조의2를 신설을 했습니다. 신설된 조문은 "학교법인에게 증여하는 기부금에 대하여는 그 해당액에 대한 소득세는 이를 면제한다."
- **의장 이효상**[1949]: 문공위원회에서, 대안을 제출한 문공위원회에서 아마 받아들인 모양입니다. 이의가 없으시지요? (이의 없소 하는 이 많음) 이의가 없으시면 그것을 최두고 의원이 제안한 그 수정안 부칙의 6항 신설 그것과 문공위원회에서 제출한 대안 전체와 일괄해서 여러분의 가부를 물어보겠습니다. (이의 없소 하는 이 있음) 이의 없습니까? (이의 없소 하는 이 많음) 그러면 만장일치로 가결된 것을 선포합니다. 다음은 지금 그 혹 자구정리할 것이 있으면 이 의장에게 일임해 주시기를 바랍니다. (이의 없소 하는 이 있음) 이의 없으시지요? (이의 없소 하는 이 많음)

(4) 결과

문교공보위원회 대안으로 개정되었다.

43-2.202

2. 1977년 12월 31일 개정(법률 제3057호, 1977. 12. 31. 시행)

第43조의2 <u>삭제</u>

1945) 제41회 국회(임시회) 제9차 전체회의, 법제사법위원회회의록, 1964. 4. 18., 44면.
1946) 제45회 국회(정기회) 제19차 본회의, 국회본회의회의록, 1964. 10. 28., 25면.
1947) 제45회 국회(정기회) 제19차 본회의, 국회회의록, 1964. 10. 28., 18면.
1948) 제45회 국회(정기회) 제19차 본회의, 국회회의록, 1964. 10. 28., 20면.
1949) 제45회 국회(정기회) 제19차 본회의, 국회회의록, 1964. 10. 28., 25면.

(1) 법률안(정부안[1950])

현행법	원안
제43조의2(기부금에 대한 면세) 학교법인에 증여하는 기부금에 대하여는 그 해당액에 대한 소득세는 이를 면제한다.	<삭 제>

(2) 위원회 심사

〈1〉 **문교공보위원회:** 원안대로 가결되었다.[1951]

〈2〉 **법제사법위원회:** 원안대로 가결되었다.[1952]

(3) 본회의 심의

원안대로 가결되었다.[1953]

(4) 결과

원안으로 개정되었다.

III. 현행법

1977년 개정으로 43조의2는 삭제되었고, 대한민국 전자관보 사립학교법 법률 제17659호(2020. 12. 22. 개정·시행)부터 제43조의2가 표시되어 있지 않다.

IV. 종합/특기사항

- 학교법인에 기부하는 법인세와 개인소득세를 「사립학교법」에 의해 면세하였다가 「법인세법」 및 「소득세법」에 의하도록 하여 1977년 개정으로 삭제되었다.

1950) 1977. 10. 24. 정부(의안번호: 090761); 제안이유 및 수요내용은 이 책 [3.203] 참조.
1951) 제98회 국회(정기회) 제16차 전체회의, 문교공보위원회회의록, 1977. 12. 7., 2면.
1952) 제98회 국회(정기회) 제25차 전체회의, 법제사법위원회회의록, 1977. 12. 13., 10면.
1953) 제98회 국회(정기회) 제20차 본회의, 국회본회의회의록, 1997. 12. 14., 7면.

제44조(실업교육의 우선적인 지원)

44.100 ## I. 제정법

> **제44조(실업교육의 우선적인 조성)** 국가 또는 지방자치단체가 전조제1항 또는 제35조제3항의 규정에 의하여 학교법인을 조성하고자 할 때에는 실업학교를 설치·경영하는 학교법인에게 우선권을 주어야 한다.

『새교육』이 소개하는 이 조문의 제정이유는 제43조와 같다.[1954)]

II. 개정 경과

44.201 ### 1. 1976년 12월 31일 개정(법률 제2961호, 1976. 12. 31. 시행)

> **제44조(실업교육의 우선적인 조성)** 국가 또는 지방자치단체가 제43조제1항 또는 제35조제3항의 규정에 의하여 학교법인을 조성하고자 할 때에는 실업학교를 설치·경영하는 학교법인에게 우선권을 주어야 한다.

(1) 법률안(정부안[1955)])

현행법	원안
제44조(실업교육의 우선적인 조성) 국가 또는 지방자치단체가 전조제1항 또는 제35조제3항의 규정에 의하여 학교법인을 조성하고자 할 때에는 실업학교를 설치·경영하는 학교법인에게 우선권을 주어야 한다.	**제44조(실업교육의 우선적인 조성)** 국가 또는 지방자치단체가 제43조제1항 또는 제35조제3항의 규정에 의하여 학교법인을 조성하고자 할 때에는 실업학교를 설치·경영하는 학교법인에게 우선권을 주어야 한다.

• “전조”를 “제43조”로 하였다.

1954) 金康鉉, 앞의 글 “私立學校法(完)”, 45~46면.
1955) 1976. 11. 17. 정부(의안번호: 090632); 제안이유 및 주요내용은 이 책 [3.202] 참조.

(2) 위원회 심사

〈1〉 **문교공보위원회:** 원안대로 가결되었다.[1956)]

〈2〉 **법제사법위원회:** 원안대로 가결되었다.[1957)]

(3) 본회의 심의

원안대로 가결되었다.[1958)]

(4) 결과

원안으로 개정되었다.

2. 1990년 4월 7일 개정(법률 제4226호, 1990. 4. 7. 시행)

제44조(실업교육의 우선적인 지원) 국가 또는 지방자치단체가 제43조제1항 또는 제35조제3항의 규정에 의하여 학교법인을 <u>**지원**</u>하고자 할 때에는 실업학교를 설치·경영하는 학교법인에게 우선권을 주어야 한다.

(1) 법률안

〈1〉 **정부안**[1959)]

현행법	원안
제44조(실업교육의 우선적인 조성) 국가 또는 지방자치단체가 제43조제1항 또는 제35조제3항의 규정에 의하여 학교법인을 <u>조성</u>하고자 할 때에는 실업학교를 설치·경영하는 학교법인에게 우선권을 주어야 한다.	**제44조(실업교육의 우선적인 지원)** 국가 또는 지방자치단체가 제43조제1항 또는 제35조제3항의 규정에 의하여 학교법인을 <u>지원</u>하고자 할 때에는 실업학교를 설치·경영하는 학교법인에게 우선권을 주어야 한다.

- "조성"을 "지원"으로 하였다.

1956) 제96회 국회(정기회) 제18차 전체회의, 문교공보위원회회의록, 1976. 12. 10., 1면.
1957) 제96회 국회(정기회) 제17차 전체회의, 법제사법위원회회의록, 1976. 12. 15., 5면.
1958) 제96회 국회(정기회) 제17차 본회의, 국회회의록, 1976. 12. 16., 5면.
1959) 1988. 12. 2. 정부(의안번호: 130287); 제안이유 및 주요내용은 이 책 [4.206] 참조.

〈2〉 강삼재 의원안[1960)]

현행법	원안
제44조(실업교육의 우선적인 조성) 국가 또는 지방자치단체가 제43조제1항 또는 제35조제3항의 규정에 의하여 학교법인을 조성하고자 할 때에는 실업학교를 설치·경영하는 학교법인에게 우선권을 주어야 한다.	**제44조(우선적인 지원)** 국가 또는 지방자치단체가 제43조제1항 또는 제35조제3항의 규정에 의하여 학교법인을 조성하고자 할 때에는 특정학술분야에 관한 교육을 하거나 실업학교를 설치·경영하는 학교법인에게 우선권을 주어야 한다.

• 우선적인 지원 대상에 "특정 학술분야에 관한 교육"을 추가하였다.

(2) 위원회 심사

〈1〉 **문교공보위원회:** 대안[1961)]으로 가결되었다.[1962)]

대안
제44조(실업교육의 우선적인 지원) 국가 또는 지방자치단체가 제43조제1항 또는 제35조제3항의 규정에 의하여 학교법인을 지원하고자 할 때에는 실업학교를 설치·경영하는 학교법인에게 우선권을 주어야 한다.

〈2〉 **법제사법위원회:** 문교공보위원회 대안대로 가결되었다.[1963)]

(3) 본회의 심의

문교공보위원회 대안대로 가결되었다.[1964)]

(4) 결과

문교공보위원회 대안으로 개정되었다.

44.203

3. 2019년 1월 15일 개정(법률 제16219호, 2019. 1. 15. 시행)

제44조(실업교육의 우선적인 지원) 국가 또는 지방자치단체가 제43조제1항 또는 제

1960) 1989. 2. 28. 강삼재의원 등 57인(의안번호: 130463; 제안이유 및 주요내용은 이 책 [4.206] 참조.
1961) 1990. 3. 15. 문교공보위원장(의안번호: 130833).
1962) 제148회 국회(임시회) 제6차 전체회의, 문교공보위원회회의록, 1990. 3. 14., 8면.
1963) 제148회 국회(임시회) 제6차 전체회의, 법제사법위원회회의록, 1990. 3. 14., 26면.
1964) 제148회 국회(임시회) 제9차 본회의, 국회본회의회의록, 1990. 3. 16., 15~16면.

35조제5항**에 따라** 학교법인을 지원하고자 할 때에는 실업학교를 설치·경영하는 학교법인에게 우선권을 주어야 한다.

- 제35조제1항 및 제3항을 신설함에 따라 종전의 제35조제2항부터 제4항까지를 각각 제4항부터 제6항으로 이동하였다. 제44조 중 "제35조제3항의 규정에 의하여"를 "제35조제5항에 따라"로 하였다(기술적인 부분에 관한 개정이므로 개정경과는 생략함[1965]).

4. 2020년 12월 22일 개정(법률 제17659호, 2020. 12. 22. 시행)

제44조(실업교육의 우선적인 지원) 국가 또는 지방자치단체가 **제35조제5항** 또는 **제43조제1항에** 따라 학교법인을 지원**하려는 경우**에는 실업학교를 설치·경영하는 학교법인에 우선권을 주어야 한다.

- 법문을 한글화하고 간결하게 하였다(오직 형식에 관한 개정이므로 자세한 개정경과는 생략함[1966]).

III. 현행법

제44조(실업교육의 우선적인 지원) 국가 또는 지방자치단체가 제35조제5항 또는 제43조제1항에 따라 학교법인을 지원하려는 경우에는 실업학교를 설치·경영하는 학교법인에 우선권을 주어야 한다.

IV. 종합/특기사항

- 제44조에 대한 개정은 용어의 변경과 적용 조문의 변경에 맞추어 수정한 것이고, 나머지는 법문의 한글화·순화 등 형식에 관한 것이다.

1965) 이에 관한 구체적 개정경과는 이 책 [10.208] 참조.
1966) 이에 관한 구체적 개정경과는 이 책 [1.201] 참조.

제45조(정관 변경 등)

45.100 ### I. 제정법

제45조(정관의 변경) ①학교법인의 정관의 변경에는 민법 제45조 및 제46조의 규정을 준용한다.
②학교법인의 정관의 변경은 이사정수의 3분의 2이상의 동의를 얻어 문교부장관의 인가를 받아야 한다.

『새교육』이 소개하는 이 조문의 제정이유는 아래와 같다.[1967]

> 우선 제45조에서 민법 제45조의 규정에 따라 정관의 변경에 있어서는 감독청의 승인을 얻도록 하여 함부로 법인의 성격을 바꾸거나 그 구성을 변경시킬 수 없도록 하고 있다.

II. 개정 경과

45.201 #### 1. 1975년 7월 23일 개정(법률 제2775호, 1975. 7. 23. 시행)

제45조(정관변경) 학교법인의 정관의 변경은 이사정수의 3분의 2이상의 찬성에 의한 이사회의 의결을 거쳐 문교부장관의 인가를 받아야 한다.

(1) 법률안(오주환 의원안[1968])

이 조문을 포함한 개정 대상 조문의 제안이유 및 주요내용은 아래와 같다.

- 제안이유

> 사립학교 교원도 국·공립대학의 교원과 같이 기한부로 임용할 수 있게 하고 현행 규정상 미비한 점을 보충하여 사학의 합리적인 운영을 기하도록 하기 위하여 이 법을 개정하려는 것임.

1967) 金康鉉, 앞의 글 “私立學校法(完)”, 46면.
1968) 1975. 6. 28. 오주환의원 등 51인(의안번호: 090349).

• 주요내용

가. 사립대학 교원도 기간부로 임용하도록 함(제53조의 2 임면).

나. 감독청의 사립학교 교원에 대한 해직및 징계요구사유에 해당하는 경과를 추가함(제54조 임면에 관한 승인보고·해직등의 요구).

다. 교원에 대한 직위해제제도를 신설함(제58조의2 「교육공무원법」의 준용).

이 조문의 현행법과 개정 원안은 아래와 같다.

현행법	원안
제45조(정관의 변경) ①학교법인의 정관의 변경에는 민법 제45조 및 제46조의 규정을 준용한다. ②(생 략)	**제45조(정관의 변경)** ① (삭제) ②(현행과 같음)

• 「민법」 준용 규정을 삭제하였다.

(2) 위원회 심사

〈1〉 **문교공보위원회:** 원안을 수정·가결했다.[1969] 수정내용은 아래와 같다.

문교공보위원회 수정안
제45조(정관변경) 학교법인의 정관의 변경은 이사정수의 3분의 2 이상의 찬성에 의한 이사회의 의결을 거쳐 문교부장관의 인가를 받아야 한다.

위 내용이 포함된 제45조에 관한 회의록 내용은 아래와 같다.

가. 제9대 국회 제93회 제1차 문교공보위원회(1975. 7. 4.)

• **전문위원 김사달**[1970]: 제45조제1항을 삭제하는 이유는 학교법인의 정관의 변경은 이사회의 의결과 주무부장관의 인가로 하는 것이 타당하기 때문입니다. 제1항의 민법 제45조, 제46조 준용의 경우 재단법인의 정관 변경은 그 변경방법을 정관에 정했을 때에 한하여 변경할 수 있다는 것인데, 주무부장관인 문교부장관의 인가면 족하기 때문에 구태여 민법규정을 준용할 필요가 없다는 취지에서 삭제하는 것입니다.

나. 제9대 국회 제93회 제2차 문교공보위원회(1975. 7. 7.)

• **위원장 육인수**[1971]: 셋째, 사립학교법 중 개정법률안에 있어서는 제45조제1항을

1969) 제93회 국회(임시회) 제2차 전체회의, 문교공보위원회회의록, 1975. 7. 7., 4면.

1970) 제93회 국회(임시회) 제1차 전체회의, 문교공보위원회회의록, 1975. 7. 4., 6면.

삭제하고 제2항을 제45조로 자구를 수정하였습니다…

- **위원장 육인수**[1972]: 다음은 의사일정 제3항 사립학교법 중 개정법률안에 대하여 수정한 부분은 수정한대로 나머지 부분은 원안대로 가결하고자 합니다. 이의 없습니까? (없습니다 하는 이 있음) 그러면 수정가결된 것을 선포합니다.

〈2〉 **법제사법위원회:** 문교공보위원회 수정안대로 가결되었다.[1973]

(3) 본회의 심의

문교공보위원회 수정안대로 가결되었다[1974]. 제45조에 관한 회의록 내용은 아래와 같다.

- **문교공보위원장대리 오주환**:[1975] 문공위원회의 오주환 의원입니다. 여러분께서 허락해 주신다면 배부해 드린 유인물[1976]로 대치하고자 하는데 허락해 주시겠습니까. (좋소 하는 이 있음) 잘 부탁합니다…
- **부의장 김진만**[1977]: 다음은 사립학교법 중 개정법률안에 대하여 문교공보위원회에서 수정한 부분과 기타 부분의 원안에 이의가 없습니까? (없습니다 하는 이 있음) 그러면 가결된 것을 선포합니다.

(4) 결과

문교공보위원회 수정안으로 개정되었다.

45.202 **2. 1990년 12월 27일 개정(법률 제4268호, 1990. 12. 27. 시행)**

제45조(정관변경) 학교법인의 정관의 변경은 이사정수의 3분의 2이상의 찬성에 의한 이사회의 의결을 거쳐 <u>**교육부장관**</u>의 인가를 받아야 한다.

- 「정부조직법」(1990. 12. 27. 개정·시행)에 따라 "문교부장관"을 "교육부장관"으로 변

1971) 제93회 국회(임시회) 제2차 전체회의, 문교공보위원회회의록, 1975. 7. 7., 1면.
1972) 제93회 국회(임시회) 제2차 전체회의, 문교공보위원회회의록, 1975. 7. 7., 4면.
1973) 제93회 국회(임시회) 제3차 전체회의, 법제사법위원회회의록, 1975. 7. 8., 6면.
1974) 제93회 국회(임시회) 제6차 본회의, 국회회의록, 1975. 7. 9., 77면.
1975) 제93회 국회(임시회) 제6차 본회의, 국회회의록, 1975. 7. 9., 71면.
1976) 제93회 국회(임시회) 제6차 본회의, 국회회의록, 1975. 7. 9., 71면.
1977) 제93회 국회(임시회) 제6차 본회의, 국회회의록, 1975. 7. 9., 77면.

경하였다.

3. 2001년 1월 29일 개정(법률 제6400호, 2001. 1. 29. 시행)

제45조(정관변경) 학교법인의 정관의 변경은 이사정수의 3분의 2이상의 찬성에 의한 이사회의 의결을 거쳐 **교육인적자원부장관**의 인가를 받아야 한다.

- 「정부조직법」(2001. 1. 29. 개정·시행)에 따라 "교육부장관"을 "교육인적자원부장관"으로 변경하였다.

4. 2007년 7월 27일 개정(법률 제8545호, 2007. 7. 27. 시행)

제45조(정관변경) 학교법인의 정관의 변경은 이사정수의 3분의 2 이상의 찬성에 의한 이사회의 의결을 거쳐 교육인적자원부장관의 인가를 받아야 한다. **다만, 제70조의2제1항에 따라 정관으로 정하는 학교법인 및 학교의 사무기구와 정원에 관련된 사항은 이사회의 의결로 확정하고 이를 교육인적자원부장관에게 보고한다.**

(1) 법률안(본회의 수정안(이주영 의원안)[1978])

이 조문의 경우에는 원안[1979]으로 제안되지 않고 본회의 심의 단계에서 수정안으로 제안되었다. 이 조문의 현행법과 원안(본회의 수정안)의 내용을 비교하면 아래와 같다.

현행법	원안
제45조(정관변경) 학교법인의 정관의 변경은 이사정수의 3분의 2 이상의 찬성에 의한 이사회의 의결을 거쳐 교육인적자원부장관의 인가를 받아야 한다. <단서 신설>	**제45조(정관변경)** 학교법인의 정관의 변경은 이사정수의 3분의 2 이상의 찬성에 의한 이사회의 의결을 거쳐 교육인적자원부장관의 인가를 받아야 한다. 다만, 제70조의2제1항에 따라 정관으로 정하는 학교법인 및 학교의 사무기구와 정원에 관련된 사항은 이사회의 의결로 확정하고 이를 교육인적자원부장관에게 보고한다.

- 학교법인 및 학교의 사무기구와 정원에 관련된 사항은 인가가 아닌 보고사항으로

1978) 2007. 7. 3. 이주영의원 등 132인; 제안이유 및 주요내용은 이 책 [14.206] 참고.
1979) 2006. 12. 1. 이은영의원 등 23인(의안번호: 175526).

하여 규제를 완화하였다.

(2) 위원회 심사

〈1〉 **교육위원회:** 심사 미료

심사가 미료되어 「국회법」에 따라 소관 상임위원장의 중간심사보고(구두보고) 후 본회의로 바로 상정하였다.

〈2〉 **법제사법위원회:** 심사 미료

(3) 본회의 심의

본회의 수정안대로 가결되었다.[1980] 이 조문의 회의록 내용은 2007. 7. 27. 개정조문 제14조와 공통적이어서 생략한다.[1981]

(4) 결과

본회의 수정안으로 개정되었다.

45.205

5. 2008년 2월 29일 개정(법률 제8852호, 2008. 2. 29. 시행)

제45조(정관변경) 학교법인의 정관의 변경은 이사정수의 3분의 2 이상의 찬성에 의한 이사회의 의결을 거쳐 **교육과학기술부장관**의 인가를 받아야 한다. 다만, 제70조의2제1항에 따라 정관으로 정하는 학교법인 및 학교의 사무기구와 정원에 관련된 사항은 이사회의 의결로 확정하고 이를 **교육과학기술부장관**에게 보고한다.

- 「정부조직법」(2008. 2. 29. 개정·시행)에 따라 “교육인적자원부장관”을 “교육과학기술부장관”으로 변경하였다.

45.206

6. 2012년 1월 26일 개정(법률 제11216호, 2012. 7. 27. 시행)

제45조(정관변경 등) ①학교법인의 정관을 변경하려면 이사 정수의 3분의 2 이상의

1980) 제268회 국회(임시회) 제10차 본회의, 국회본회의회의록, 2007. 7. 3., 48~49면.
1981) 이 책 [14.206] 참조.

찬성으로 이사회의 의결을 거쳐야 한다.
②학교법인이 제1항에 따라 정관을 변경한 경우에는 교육과학기술부장관이 정하여 고시하는 서류를 갖추어 14일 이내에 교육과학기술부장관에게 보고하여야 한다.
③제2항에 따른 보고를 받은 교육과학기술부장관은 변경된 사항이 법령에 위반된다고 판단하면 30일 이내에 해당 학교법인에 시정 또는 변경을 명할 수 있다.
④제3항에 따른 시정 또는 변경 명령을 받은 학교법인은 지체 없이 이를 시정하거나 변경하고, 그 사실을 교육과학기술부장관에게 보고하여야 한다.

(1) 법률안(정부안[1982])

현행법	원안
제45조(정관변경) 학교법인의 정관의 변경은 이사정수의 3분의 2 이상의 찬성에 의한 이사회의 의결을 거쳐 교육과학기술부장관의 인가를 받아야 한다. 다만, 제70조의2제1항에 따라 정관으로 정하는 학교법인 및 학교의 사무기구와 정원에 관련된 사항은 이사회의 의결로 확정하고 이를 교육과학기술부장관에게 보고한다.	**제45조(정관변경 등)** ①학교법인의 정관을 변경하려면 이사 정수의 3분의 2 이상의 찬성에 의한 이사회의 의결을 거쳐야 한다. ②학교법인이 제1항에 따라 정관을 변경한 경우에는 교육과학기술부장관이 정하여 고시하는 서류를 갖춰 14일 이내에 교육과학기술부장관에게 보고하여야 한다. ③제2항에 따른 보고를 받은 교육과학기술부장관은 변경된 사항이 법령에 위반된다고 판단되면 해당 학교법인에 30일 이내에 그 시정 또는 변경을 명할 수 있다. ④제3항에 따른 시정 또는 변경 명령을 받은 학교법인은 지체 없이 이를 시정하거나 변경하고, 그 사실을 교육과학기술부장관에게 보고하여야 한다.

• 학교법인 정관변경에 관한 사전인가제를 사후보고제로 전환하고 관련절차를 정비하였다.

(2) 위원회 심사

〈1〉 **교육과학기술위원회:** 대안[1983]으로 가결되었다.[1984]

1982) 2010. 12. 6. 정부(의안번호: 1810143); 제안이유 및 주요내용은 이 책 [18.203] 참조.
1983) 2011. 12. 30. 교육과학기술위원장(의안번호: 1814406).
1984) 제304회 국회(임시회) 제2차 전체회의, 교육과학기술위원회회의록, 2011. 12. 28., 16면.

대안
제45조(정관변경 등) ①학교법인의 정관을 변경하려면 이사 정수의 3분의 2 이상의 찬성으로 이사회의 의결을 거쳐야 한다. ②학교법인이 제1항에 따라 정관을 변경한 경우에는 교육과학기술부장관이 정하여 고시하는 서류를 갖춰 14일 이내에 교육과학기술부장관에게 보고하여야 한다. ③제2항에 따른 보고를 받은 교육과학기술부장관은 변경된 사항이 법령에 위반된다고 판단되면 30일 이내에 해당 학교법인에 시정 또는 변경을 명할 수 있다. ④제3항에 따른 시정 또는 변경 명령을 받은 학교법인은 지체 없이 이를 시정하거나 변경하고, 그 사실을 교육과학기술부장관에게 보고하여야 한다.

제45조에 관한 회의록 내용은 아래와 같다.

- **소위원장 서상기**[1985]: 박은수 의원, 강창일 의원, 정의화 의원, 주광덕 의원이 대표발의하고 정부가 제출한 6건의 사립학교법 일부개정법률안을 통합 조정한 대안은 첫째, 현재 사전인가제로 운영되고 있는 정관변경 절차를 사후보고제로 전환하고 육아휴직 대상을 8세 이하 또는 초등학교 2학년 이하 자녀로 확대하였습니다.
- **위원장 변재일**[1986]: 의사일정 제47항부터 제52항까지는 소위원회에서 심사보고한 대로 본회의에 부의하지 아니하고 이 6건을 통합 조정한 의사일정 제53항 사립학교법 일부개정법률안(대안)을 우리 위원회안으로 채택하고자 하는데 이의 없으십니까? (없습니다 하는 위원 있음) 가결되었음을 선포합니다.

〈2〉 **법제사법위원회:** 교육과학기술위원회 대안을 수정·가결했다.[1987] 수정내용은 아래와 같다.

교육과학기술위원회 대안	법제사법위원회 수정안
제45조(정관변경 등)	**제45조(정관변경 등)**
②------- 갖춰 ---------.	②-------- 갖추어 -------.
③----- 판단되면 ---------.	③----- 판단하면 --------.

이 조문의 회의록 내용은 2012. 1. 26. 개정 조문 제18조와 공통적이어서 생략한다.[1988]

1985) 제304회 국회(임시회) 제2차 전체회의, 교육과학기술위원회회의록, 2011. 12. 28., 13면.
1986) 제304회 국회(임시회) 제2차 전체회의, 교육과학기술위원회회의록, 2011. 12. 28., 16면.
1987) 제304회 국회(임시회) 제2차 전체회의, 법제사법위원회회의록, 2011. 12. 29., 23~24면.

(3) 본회의 심의

법제사법위원회 수정안대로 가결되었다.[1989]

(4) 결과

법제사법위원회 수정안으로 개정되었다.

7. 2013년 3월 23일 개정(법률 제11690호, 2013. 3. 23. 시행)

제45조(정관변경 등) ①학교법인의 정관을 변경하려면 이사 정수의 3분의 2 이상의 찬성으로 이사회의 의결을 거쳐야 한다.
②학교법인이 제1항에 따라 정관을 변경한 경우에는 **교육부장관**이 정하여 고시하는 서류를 갖추어 14일 이내에 **교육부장관**에게 보고하여야 한다.
③제2항에 따른 보고를 받은 **교육부장관**은 변경된 사항이 법령에 위반된다고 판단하면 30일 이내에 해당 학교법인에 시정 또는 변경을 명할 수 있다.
④제3항에 따른 시정 또는 변경 명령을 받은 학교법인은 지체 없이 이를 시정하거나 변경하고, 그 사실을 **교육부장관**에게 보고하여야 한다.

- 「정부조직법」(2013. 3. 23. 개정·시행)에 따라 "교육과학기술부장관"을 "교육부장관"으로 변경하였다.

8. 2020년 12월 22일 개정(법률 제17659호, 2020. 12. 22. 시행)

제45조(정관 변경 등) ①_학교법인의 정관을 변경하려면 이사 정수의 3분의 2 이상의 찬성으로 이사회의 의결을 거쳐야 한다.
②_학교법인이 제1항에 따라 정관을 변경한 경우에는 교육부장관이 정하여 고시하는 서류를 갖추어 14일 이내에 교육부장관에게 보고하여야 한다.
③_제2항에 따른 보고를 받은 교육부장관은 **변경** 사항이 법령에 위반된다고 판단하면 30일 이내에 해당 학교법인에 시정 또는 변경을 명할 수 있다.
④_제3항에 따른 시정 또는 변경 명령을 받은 학교법인은 지체 없이 이를 시정하

1988) 이 책 [18.203] 참조.
1989) 제304회 국회(임시회) 제3차 본회의, 국회본회의회의록, 2011. 12. 30., 23~24면.

거나 변경하고, 그 사실을 교육부장관에게 보고하여야 한다.

- 법문을 간결하게 하였다(오직 형식에 관한 개정이므로 자세한 개정경과는 생략함[1990]).

45.300 III. 현행법

제45조(정관 변경 등) ① 학교법인의 정관을 변경하려면 이사 정수의 3분의 2 이상의 찬성으로 이사회의 의결을 거쳐야 한다.
② 학교법인이 제1항에 따라 정관을 변경한 경우에는 교육부장관이 정하여 고시하는 서류를 갖추어 14일 이내에 교육부장관에게 보고하여야 한다.
③ 제2항에 따른 보고를 받은 교육부장관은 변경 사항이 법령에 위반된다고 판단하면 30일 이내에 해당 학교법인에 시정 또는 변경을 명할 수 있다.
④ 제3항에 따른 시정 또는 변경 명령을 받은 학교법인은 지체 없이 이를 시정하거나 변경하고, 그 사실을 교육부장관에게 보고하여야 한다.

45.400 IV. 종합/특기사항

- 제45조에 대한 주요 변화는 1975년, 2012년 개정이다. 1975년 개정은 제1항을 삭제했는데,「민법」제45조와 제46조를 준용하게 되면 학교법인의 정관변경이 매우 제한적인 결과가 되어 실정에 맞지 않기 때문이다. 2012년 개정으로 학교법인 정관변경에 관한 사전인가제를 사후보고제로 전환하고 관련절차를 정비하였다.

제46조(수익사업의 정지명령)

46.100 I. 제정법

제46조(수익사업의 정지명령) 감독청은 제6조제1항의 규정에 의하여 수익사업을 하

1990) 이에 관한 구체적 개정경과는 이 책 [1.201] 참조.

는 학교법인에 다음 각호의 1에 해당하는 사유가 있다고 인정할 때에는 당해 학교법인에 대하여 그 사업의 정지를 명할 수 있다.

1. 당해 학교법인이 당해 사업으로부터 생긴 수익을 그가 설치한 사립학교의 경영 이외의 목적에 사용한 때
2. 당해 사업을 계속함이 당해 학교법인이 설치·경영하는 사립학교의 교육에 지장이 있을 때

『새교육』이 소개하는 이 조문의 제정이유는 아래와 같다.[1991]

제46조에 의하여 영리성이 개재되는 수익사업의 경우에 탈선을 할 경우에는 그것을 중지하도록 명령하여 학교법인의 본래의 목적인 비영리적 공익사업의 목적을 달성할 수 있는 교정적 조치(矯正的 措置)를 할 수 있는 규정을 두고 있다.

II. 개정 경과

1. 1990년 4월 7일 개정(법률 제4226호, 1990. 4. 7. 시행)

제46조(수익사업의 정지명령) 관할청은 제6조제1항의 규정에 의하여 수익사업을 하는 학교법인에 다음 각호의 1에 해당하는 사유가 있다고 인정할 때에는 당해 학교법인에 대하여 그 사업의 정지를 명할 수 있다.

1. 당해 학교법인이 당해 사업으로부터 생긴 수익을 그가 설치한 사립학교의 경영 이외의 목적에 사용한 때
2. 당해 사업을 계속함이 당해 학교법인이 설치·경영하는 사립학교의 교육에 지장이 있을 때

(1) 법률안

〈1〉 정부안[1992]

현행법	원안
제46조(수익사업의 정지명령) 감독청은 제6조제1	**제46조(수익사업의 정지명령)** 관할청은 제6조제1

1991) 金康鉉, 앞의 글 "私立學校法(完)", 46면.
1992) 1988. 12. 2. 정부(의안번호: 130287); 제안이유 및 주요내용은 이 책 [4.206] 참조.

항의 규정에 의하여 수익사업을 하는 학교법인에 다음 각호의 1에 해당하는 사유가 있다고 인정할 때에는 당해 학교법인에 대하여 그 사업의 정지를 명할 수 있다. 1. ~ 2. (생 략)	항의 규정에 의하여 수익사업을 하는 학교법인에 다음 각호의 1에 해당하는 사유가 있다고 인정할 때에는 당해 학교법인에 대하여 그 사업의 정지를 명할 수 있다. 1. ~ 2. (현행과 같음)

• "감독청"을 "관할청"으로 하였다.

〈2〉 **김인곤 의원안**[1993)]

현행법	원안
제46조(수익사업의 정지명령) 감독청은 제6조제1항의 규정에 의하여 수익사업을 하는 학교법인에 다음 각호의 1에 해당하는 사유가 있다고 인정할 때에는 당해 학교법인에 대하여 그 사업의 정지를 명할 수 있다. 1. ~ 2. (생 략)	**제46조(수익사업의 정지명령)** 관할청은 제6조제1항의 규정에 의하여 수익사업을 하는 학교법인에 다음 각호의 1에 해당하는 사유가 있다고 인정할 때에는 당해 학교법인에 대하여 그 사업의 정지를 명할 수 있다. 1. ~ 2. (현행과 같음)

• "감독청"을 "관할청"으로 하였다.

(2) 위원회 심사

〈1〉 **문교공보위원회:** 대안[1994)]으로 가결되었다(이 조문의 경우에는 원안과 대안의 내용이 동일함).[1995)]

대안
제46조(수익사업의 정지명령) 관할청은 제6조제1항의 규정에 의하여 수익사업을 하는 학교법인에 다음 각호의 1에 해당하는 사유가 있다고 인정할 때에는 당해 학교법인에 대하여 그 사업의 정지를 명할 수 있다.

〈2〉 **법제사법위원회:** 문교공보위원회 대안대로 가결되었다.[1996)]

(3) 본회의 심의

문교공보위원회 대안대로 가결되었다.[1997)]

1993) 1989. 2. 16. 김인곤의원 등 34인(의안번호: 130422); 제안이유 및 주요내용은 이 책 [4.206] 참조.
1994) 1990. 3. 15. 문교공보위원장(의안번호: 130833).
1995) 제148회 국회(임시회) 제6차 전체회의, 문교공보위원회회의록, 1990. 3. 14., 8면.
1996) 제148회 국회(임시회) 제6차 전체회의, 법제사법위원회회의록, 1990. 3. 14., 26면.

(4) 결과

문교공보위원회 대안으로 개정되었다.

02 2. 2020년 12월 22일 개정(법률 제17659호, 2020. 12. 22. 시행)

제46조(수익사업의 정지명령) 관할청은 제6조제1항**에 따라** 수익사업을 하는 학교법인에 다음 각 호의 **어느 하나**에 해당하는 사유가 있다고 인정할 때에는 **해당** 학교법인에 그 사업의 정지를 명할 수 있다.
  1. **해당** 학교법인이 **그** 사업으로부터 생긴 수익을 그가 설치한 사립학교의 경영 **외**의 목적에 사용**하였을** 때
  2. **해당** 사업을 계속**하는 것이 그** 학교법인이 설치·경영하는 사립학교의 교육에 지장**을 줄** 때

• 법문을 한글화하고 간결하게 하였다(오직 형식에 관한 개정이므로 자세한 개정경과는 생략함[1998]).

0 III. 현행법

제46조(수익사업의 정지명령) 관할청은 제6조제1항에 따라 수익사업을 하는 학교법인에 다음 각 호의 어느 하나에 해당하는 사유가 있다고 인정할 때에는 해당 학교법인에 그 사업의 정지를 명할 수 있다.
  1. 해당 학교법인이 그 사업으로부터 생긴 수익을 그가 설치한 사립학교의 경영 외의 목적에 사용하였을 때
  2. 해당 사업을 계속하는 것이 그 학교법인이 설치·경영하는 사립학교의 교육에 지장을 줄 때

1997) 第148회 국회(임시회) 제9차 본회의, 국회본회의회의록, 1990. 3. 16., 15~16면.
1998) 이에 관한 구체적 개정경과는 이 책 [1.201] 참조.

46.400 IV. 종합/특기사항

• 제46조에 대한 개정은 감독청이 관할청으로 변경됨에 따라 수정하고, 그밖에 형식 또는 표현방식을 다듬은 것으로 제정법 이후 내용상의 변화는 없다.

제47조(해산명령)

47.100 I. 제정법

제47조(해산명령) ①문교부장관은 학교법인에 다음 각호의 1에 해당하는 사유가 있다고 인정할 때에는 당해 학교법인에 대하여 해산을 명할 수 있다.
1. 설립허가조건에 위반한 때
2. 목적의 달성이 불가능한 때

②전항의 규정에 의한 학교법인의 해산명령은 다른 방법으로는 감독의 목적을 달성할 수 없을 때에 한하여야 한다.

『새교육』이 소개하는 이 조문의 제정이유는 아래와 같다.[1999)]

제47조에서 해산명령의 경우를 규정하고 있는 바 자구(字句)만 보면 무서운 독소적 규정인 것 같으나 사실상 민법을 들춰 보면 그런 생각은 전혀 없다. 이 조항은 민법규정을 한 발자국도 앞으로나 뒤로 넘어선 것이 아니다.

II. 개정 경과

47.201 1. 1973년 3월 10일 개정(법률 제2587호, 1973. 3. 10. 시행)

제47조(해산명령) ①문교부장관은 학교법인에 다음 각호의 1에 해당하는 사유가 있다고 인정할 때에는 당해 학교법인에 대하여 해산을 명할 수 있다.
1. 설립허가조건에 위반한 때

1999) 金康鉉, 앞의 글 "私立學校法(完)", 46면.

2. 목적의 달성이 불가능한 때
②전항의 규정에 의한 학교법인의 해산명령은 다른 방법으로는 감독의 목적을 달성할 수 없을 때 **또는 감독청이 시정 지시한 후 6월이 경과하여도 이에 응하지 아니한 때에 한하여야 한다.**

(1) 법률안(대통령안[2000])

현행법	원안
제47조(해산명령) ① (생 략) ②전항의 규정에 의한 학교법인의 해산명령은 다른 방법으로는 감독의 목적을 달성할 수 없을 때에 한하여야 한다.	**제47조(해산명령)** ① (현행과 같음) ②전항의 규정에 의한 학교법인의 해산명령은 다른 방법으로는 감독의 목적을 달성할 수 없을 때 또는 감독청이 시정 지시한 후 6월이 경과하여도 이에 응하지 아니한 때에 한하여야 한다.

- 해산명령의 발동 사유에 "감독청이 시정 지시한 후 6월이 경과하여도 이에 응하지 아니한 때"를 추가하였다.

(2) 비상국무회의 심의

원안대로 가결되었다.[2001] 제47조에 관한 회의록 내용은 아래와 같다.

- 간사(총무국장 정관용)[2002]: 제165호 사립학교법 중 개정법률안, 제166호 한국교육개발육성법, 이상 2건은 문교부 소관입니다. 일괄 상정하겠습니다.
- 문교부장관(민관식)[2003]: 설명드리겠습니다. 먼저 제165호에 대해서 말씀드리면 임원취임승인이 취소된 자와 총장, 학장, 교장, 원장의 임명승인이 취소된 자로서 2년이 경과하지 아니한 자는 임원 또는 학교의 장이 될 수 없도록 하고 국민학교, 중학교, 고등학교, 실업고등전문학교 및 전문학교 등 사립학교의 교원임용에 있어서 감독청의 승인을 얻도록 하고자 하는 것입니다. …이상입니다.
- 부총리(태완선)[2004]: 질문 없습니까? 다음.

2000) 1973. 2. 26. 대통령(의안번호: BB0257); 제안이유 및 주요내용은 이 책 [22.201] 참조.
2001) 제14회 비상국무회의회의록, 1973. 2. 26., 183면.
2002) 제14회 비상국무회의회의록, 1973. 2. 26., 198면.
2003) 제14회 비상국무회의회의록, 1973. 2. 26., 198~199면.
2004) 제14회 비상국무회의회의록, 1973. 2. 26., 199면.

(3) 결과

원안으로 개정되었다.

47.202 2. 1981년 2월 28일 개정(법률 제3373호, 1981. 2. 28. 시행)

제47조(해산명령) ①문교부장관은 학교법인에 다음 각호의 1에 해당하는 사유가 있다고 인정할 때에는 당해 학교법인에 대하여 해산을 명할 수 있다.
1. 설립허가조건에 위반한 때
2. 목적의 달성이 불가능한 때

②제1항의 규정에 의한 학교법인의 해산명령은 다른 방법으로는 감독의 목적을 달성할 수 없을 때 또는 감독청이 시정 지시한 후 6월이 경과하여도 이에 응하지 아니한 때에 한하여야 한다.

• "전항"을 "제1항"으로 하였다(오직 형식에 관한 개정이므로 자세한 개정경과는 생략함[2005]).

47.203 3. 1990년 4월 7일 개정(법률 제4226호, 1990. 4. 7. 시행)

제47조(해산명령) ①문교부장관은 학교법인에 다음 각호의 1에 해당하는 사유가 있다고 인정할 때에는 당해 학교법인에 대하여 해산을 명할 수 있다.
1. 설립허가조건에 위반한 때
2. 목적의 달성이 불가능한 때

②제1항의 규정에 의한 학교법인의 해산명령은 다른 방법으로는 감독의 목적을 달성할 수 없을 때 또는 관할청이 시정 지시한 후 6월이 경과하여도 이에 응하지 아니한 때에 한하여야 한다.

(1) 법률안

〈1〉 정부안[2006]

현행법	원안
제47조(해산명령) ①문교부장관은 학교법인에 다음	**제47조(해산명령)** ①관할청은 학교법인에 다음 각

2005) 이에 관한 구체적 개정경과는 이 책 [4.204] 참조.

2006) 1988. 12. 2. 정부(의안번호: 130287); 제안이유 및 주요내용은 이 책 [4.206] 참조.

각호의 1에 해당하는 사유가 있다고 인정할 때에는 당해 학교법인에 대하여 해산을 명할 수 있다. 1. ~ 2. (생 략) ②제1항의 규정에 의한 학교법인의 해산명령은 다른 방법으로는 감독의 목적을 달성할 수 없을 때 또는 감독청이 시정 지시한 후 6월이 경과하여도 이에 응하지 아니한 때에 한하여야 한다.	호의 1에 해당하는 사유가 있다고 인정할 때에는 당해 학교법인에 대하여 해산을 명할 수 있다. 1. ~ 2. (현행과 같음) ②제1항의 규정에 의한 학교법인의 해산명령은 다른 방법으로는 감독의 목적을 달성할 수 없을 때 또는 관할청이 시정 지시한 후 6월이 경과하여도 이에 응하지 아니한 때에 한하여야 한다.

• "감독청"을 "관할청"으로 하였다.

〈2〉 박석무 의원안[2007)]

현행법	원안
제47조(해산명령) ①문교부장관은 학교법인에 다음 각호의 1에 해당하는 사유가 있다고 인정할 때에는 당해 학교법인에 대하여 해산을 명할 수 있다. 1. 설립허가조건에 위반한 때 2. 목적의 달성이 불가능한 때 ②제1항의 규정에 의한 학교법인의 해산명령은 다른 방법으로는 감독의 목적을 달성할 수 없을 때 또는 감독청이 시정 지시한 후 6월이 경과하여도 이에 응하지 아니한 때에 한하여야 한다.	**제47조(해산명령)** <삭 제>

• 학교법인의 해산명령에 관한 규정을 삭제하였다.

〈3〉 김인곤 의원안[2008)]

현행법	원안
제47조(해산명령) ①문교부장관은 학교법인에 다음 각호의 1에 해당하는 사유가 있다고 인정할 때에는 당해 학교법인에 대하여 해산을 명할 수 있다. 1. ~ 2. (생 략) ②제1항의 규정에 의한 학교법인의 해산명령은 다른 방법으로는 감독의 목적을 달성할 수 없을	**제47조(해산명령)** ①관할청은 학교법인에 다음 각호의 1에 해당하는 사유가 있다고 인정할 때에는 당해 학교법인에 대하여 해산을 명할 수 있다. 1. ~ 2. (현행과 같음) ②제1항의 규정에 의한 학교법인의 해산명령은 다른 방법으로는 감독의 목적을 달성할 수 없을

2007) 1988. 12. 21. 박석무의원 등 70인(의안번호: 130378); 제안이유 및 주요내용은 이 책 [4.206] 참조.
2008) 1989. 2. 16. 김인곤의원 등 34인(의안번호: 130422); 제안이유 및 주요내용은 이 책 [4.206] 참조.

때 또는 감독청이 시정 지시한 후 6월이 경과하여도 이에 응하지 아니한 때에 한하여야 한다.	때 또는 관할청이 시정 지시한 후 6월이 경과하여도 이에 응하지 아니한 때에 한하여야 한다.

• "감독청"을 "관할청"으로 하였다.

〈4〉 **강삼재 의원안**[2009)]

현행법	원안
제47조(해산명령) ①문교부장관은 학교법인에 다음 각호의 1에 해당하는 사유가 있다고 인정할 때에는 당해 학교법인에 대하여 해산을 명할 수 있다. 1. ~ 2. (생 략) ②제1항의 규정에 의한 학교법인의 해산명령은 다른 방법으로는 감독의 목적을 달성할 수 없을 때 또는 감독청이 시정 지시한 후 6월이 경과하여도 이에 응하지 아니한 때에 한하여야 한다.	**제47조(해산명령)** ①관할청은 학교법인에 다음 각호의 1에 해당하는 사유가 있다고 인정할 때에는 당해 학교법인에 대하여 해산을 명할 수 있다. 1. ~ 2. (현행과 같음) ②제1항의 규정에 의한 학교법인의 해산명령은 다른 방법으로는 감독의 목적을 달성할 수 없을 때 또는 관할청이 시정 지시한 후 6월이 경과하여도 이에 응하지 아니한 때에 한하여야 한다.

• "감독청"을 "관할청"으로 하였다.

(2) 위원회 심사

〈1〉 **문교공보위원회:** 대안[2010)]으로 가결되었다.[2011)]

대안
제47조(해산명령) ①문교부장관은 학교법인에 다음 각호의 1에 해당하는 사유가 있다고 인정할 때에는 당해 학교법인에 대하여 해산을 명할 수 있다. ②제1항의 규정에 의한 학교법인의 해산명령은 다른 방법으로는 감독의 목적을 달성할 수 없을 때 또는 관할청이 시정 지시한 후 6월이 경과하여도 이에 응하지 아니한 때에 한하여야 한다.

〈2〉 **법제사법위원회:** 문교공보위원회 대안대로 가결되었다.[2012)]

(3) 본회의 심의

문교공보위원회 대안대로 가결되었다.[2013)]

2009) 1989. 2. 28. 강삼재의원 등 57인(의안번호: 130463; 제안이유 및 주요내용은 이 책 [4.206] 참조.
2010) 1990. 3. 15. 문교공보위원장(의안번호: 130833).
2011) 제148회 국회(임시회) 제6차 전체회의, 문교공보위원회회의록, 1990. 3. 14., 8면.
2012) 제148회 국회(임시회) 제6차 전체회의, 법제사법위원회회의록, 1990. 3. 14., 26면.
2013) 제148회 국회(임시회) 제9차 본회의, 국회본회의회의록, 1990. 3. 16., 15~16면.

(4) 결과

문교공보위원회 대안으로 개정되었다.

4. 1990년 12월 27일 개정(법률 제4268호, 1990. 12. 27. 시행)

제47조(해산명령) ①**교육부장관**은 학교법인에 다음 각호의 1에 해당하는 사유가 있다고 인정할 때에는 당해 학교법인에 대하여 해산을 명할 수 있다.
  1. 설립허가조건에 위반한 때
  2. 목적의 달성이 불가능한 때

②제1항의 규정에 의한 학교법인의 해산명령은 다른 방법으로는 감독의 목적을 달성할 수 없을 때 또는 관할청이 시정 지시한 후 6월이 경과하여도 이에 응하지 아니한 때에 한하여야 한다.

- 「정부조직법」(1990. 12. 27. 개정·시행)에 따라 "문교부장관"을 "교육부장관"으로 변경하였다.

5. 2001년 1월 29일 개정(법률 제6400호, 2001. 1. 29. 시행)

제47조(해산명령) ①**교육인적자원부장관**은 학교법인에 다음 각호의 1에 해당하는 사유가 있다고 인정할 때에는 당해 학교법인에 대하여 해산을 명할 수 있다.
  1. 설립허가조건에 위반한 때
  2. 목적의 달성이 불가능한 때

②제1항의 규정에 의한 학교법인의 해산명령은 다른 방법으로는 감독의 목적을 달성할 수 없을 때 또는 관할청이 시정 지시한 후 6월이 경과하여도 이에 응하지 아니한 때에 한하여야 한다.

- 「정부조직법」(2001. 1. 29. 개정·시행)에 따라 "교육부장관"을 "교육인적자원부장관"으로 변경하였다.

6. 2008년 2월 29일 개정(법률 제8852호, 2008. 2. 29. 시행)

제47조(해산명령) ①**교육과학기술부장관**은 학교법인에 다음 각호의 1에 해당하는

사유가 있다고 인정할 때에는 당해 학교법인에 대하여 해산을 명할 수 있다.

1. 설립허가조건에 위반한 때
2. 목적의 달성이 불가능한 때

②제1항의 규정에 의한 학교법인의 해산명령은 다른 방법으로는 감독의 목적을 달성할 수 없을 때 또는 관할청이 시정 지시한 후 6월이 경과하여도 이에 응하지 아니한 때에 한하여야 한다.

- 「정부조직법」(2008. 2. 29. 개정·시행)에 따라 "교육인적자원부장관"을 "교육과학기술부장관"으로 변경하였다.

47.207

7. 2013년 3월 23일 개정(법률 제11690호, 2013. 3. 23. 시행)

제47조(해산명령) ①**교육부장관**은 학교법인에 다음 각호의 1에 해당하는 사유가 있다고 인정할 때에는 당해 학교법인에 대하여 해산을 명할 수 있다.

1. 설립허가조건에 위반한 때
2. 목적의 달성이 불가능한 때

②제1항의 규정에 의한 학교법인의 해산명령은 다른 방법으로는 감독의 목적을 달성할 수 없을 때 또는 관할청이 시정 지시한 후 6월이 경과하여도 이에 응하지 아니한 때에 한하여야 한다.

- 「정부조직법」(2013. 3. 23. 개정·시행)에 따라 "교육과학기술부장관"을 "교육부장관"으로 변경하였다.

47.208

8. 2020년 12월 22일 개정(법률 제17659호, 2020. 12. 22. 시행)

제47조(해산명령) ① 교육부장관은 학교법인에 다음 각 호의 **어느 하나**에 해당하는 사유가 있다고 인정할 때에는 **해당** 학교법인에 해산을 명할 수 있다.

1. 설립허가 조건을 위반**하였을** 때
2. 목적 달성이 불가능**할** 때

②제1항**에 따른** 학교법인의 해산명령은 다른 방법으로는 감독의 목적을 달성할 수 없을 때 또는 관할청이 시정**을** 지시한 후 6**개**월이 **지나도** 이에 **따르지** 아니**하**

였을 때에만 한다.

• 법문을 한글화하고 간결하게 하였다(오직 형식에 관한 개정이므로 자세한 개정경과는 생략함[2014]).

0 III. 현행법

제47조(해산명령) ① 교육부장관은 학교법인에 다음 각 호의 어느 하나에 해당하는 사유가 있다고 인정할 때에는 해당 학교법인에 해산을 명할 수 있다.
1. 설립허가 조건을 위반하였을 때
2. 목적 달성이 불가능할 때

②제1항에 따른 학교법인의 해산명령은 다른 방법으로는 감독의 목적을 달성할 수 없을 때 또는 관할청이 시정을 지시한 후 6개월이 지나도 이에 따르지 아니하였을 때에만 한다.

0 IV. 종합/특기사항

• 제47조에 대한 내용상의 변화는 1973년 개정으로 해산명령의 발동 사유에 감독청의 시정지시 후 6월이 경과하여도 이에 응하지 아니한 때를 추가한 것이며, 그 밖의 개정은 정부 부처의 개편에 따라 명칭을 수정한 것, 법문의 한글화·간결화 등 형식에 관한 것이다.

제47조의2(청문)

00 I. 제정법

제정법에는 이 조문이 없다.

2014) 이에 관한 구체적 개정경과는 이 책 [1.201] 참조.

II. 개정 경과

47-2.201 **1. 1997년 12월 13일 개정(법률 제5453호, 1998. 1. 1. 시행)**

제47조의2(청문) 교육부장관은 제47조의 규정에 의하여 학교법인의 해산을 명하고자 하는 경우에는 청문을 실시하여야 한다.

- 「행정절차법」(1996. 12. 31. 제정, 1998. 1. 1. 시행)에 따라 법인·조합 등의 설립인가 취소 또는 해산을 명하는 중대한 불이익처분의 경우에는 엄격한 처분절차인 청문을 실시하도록 하였다. 이에 제47조의2가 신설되었다.

47-2.202 **2. 2001년 1월 29일 개정(법률 제6400호, 2001. 1. 29. 시행)**

제47조의2(청문)<u>**교육인적자원부장관**</u>은 제47조의 규정에 의하여 학교법인의 해산을 명하고자 하는 경우에는 청문을 실시하여야 한다.

- 「정부조직법」(2001. 1. 29. 개정·시행)에 따라 "교육부장관"을 "교육인적자원부장관"으로 변경하였다.

47-2.203 **3. 2008년 2월 29일 개정(법률 제8852호, 2008. 2. 29. 시행)**

제47조의2(청문)<u>**교육과학기술부장관**</u>은 제47조의 규정에 의하여 학교법인의 해산을 명하고자 하는 경우에는 청문을 실시하여야 한다.

- 「정부조직법」(2008. 2. 29. 개정·시행)에 따라 "교육인적자원부장관"을 "교육과학기술부장관"으로 변경하였다.

47-2.204 **4. 2013년 3월 23일 개정(법률 제11690호, 2013. 3. 23. 시행)**

제47조의2(청문) <u>**교육부장관**</u>은 제47조의 규정에 의하여 학교법인의 해산을 명하고자 하는 경우에는 청문을 실시하여야 한다.

• 「정부조직법」(2013. 3. 23. 개정·시행)에 따라 "교육과학기술부장관"을 "교육부장관"으로 변경하였다.

05 5. 2020년 12월 22일 개정(법률 제17659호, 2020. 12. 22. 시행)

제47조의2(청문) 교육부장관은 제47조**에 따라** 학교법인의 해산을 명**하려는** 경우에는 청문을 하여야 한다.

• 법문을 한글화하고 간결하게 하였다(오직 형식에 관한 개정이므로 자세한 개정경과는 생략함[2015]).

00 III. 현행법

제47조의2(청문) 교육부장관은 제47조에 따라 학교법인의 해산을 명하려는 경우에는 청문을 하여야 한다.

00 IV. 종합/특기사항

• 「행정절차법」에 따라 법인·조합 등에 해산을 명하는 중대한 불이익처분의 경우에는 청문을 실시하도록 함에 따라 1997년 개정으로 제47조의2가 신설되었다. 신설 후 제47조의2에 대한 개정은 정부 부처의 개편에 따라 명칭을 수정한 것, 법문의 한글화·간결화 등 형식에 관한 것이다.

제48조(보고징수 등)

0 I. 제정법

제48조(보고징수등) 감독청은 감독상 필요한 때에는 학교법인에 대하여 보고서의

2015) 이에 관한 구체적 개정경과는 이 책 [1.201] 참조.

제출을 명하거나, 장부·서류등을 검사하거나 기타 필요한 조치를 명할 수 있다.

『새교육』이 소개하는 이 조문의 제정이유는 아래와 같다.[2016]

제48조의 보고징수 등에 관하여는 감독청으로서 당연히 갖는 것이며, 이는 보조나 보호를 받는 단체 또는 개인과 국가와의 사이에 당연히 성립되는 권력관계인 것이다. 따라서 적어도 법상의 모순이나 독소규정을 이 법률에서 찾아볼 수 없다고 하여야 할 것이다.

II. 개정 경과

48.201 ### 1. 1964년 11월 10일 개정(법률 제1664호, 1964. 11. 10. 시행)

제48조(보고징수등) 감독청은 감독상 필요한 때에는 학교법인 **또는 사학조성단체에** 대하여 보고서의 제출을 명하거나, 장부·서류등을 검사**할 수 있으며 이에 따른** 필요한 조치를 명할 수 있다.

(1) 법률안(최영두 의원안[2017])

현행법	원안
제48조(보고징수등) 감독청은 감독상 필요한 때에는 학교법인에 대하여 보고서의 제출을 명하거나, 장부·서류등을 검사하거나 기타 필요한 조치를 명할 수 있다.	**제48조(보고·징수 등)** 감독청은 감독상 필요한 때에는 학교법인 또는 사학조성단체에 대하여 보고서의 제출을 명하거나 장부 서류 등을 검사할 수 있다.

• 보고징수 대상에 "사학조성단체"를 추가되었다.

(2) 위원회 심사

〈1〉 문교공보위원회: 대안[2018]으로 가결되었다.[2019]

2016) 金康鉉, 앞의 글 "私立學校法(完)", 46면.
2017) 1964. 3. 9. 최영두의원 등 11인(의안번호: 060074); 제안이유 및 주요내용은 이 책 [4.201] 참조.
2018) 1964. 4. 16. 문교공보위원장(의안번호: 060162).
2019) 제41회 국회(임시회) 제9차 전체회의, 문교공보위원회회의록, 1964. 4. 16., 16면.

대안
제48조(보고 · 징수 등) 감독청은 감독상 필요한 때에는 학교법인 또는 사학조성단체에 대하여 보고서의 제출을 명하거나 장부 서류 등을 검사할 수 있으며 이에 따른 필요한 조치를 명할 수 있다.

〈2〉 **법제사법위원회:** 문교공보위원회 대안대로 가결되었다.[2020]

(3) 본회의 심의

문교공보위원회 대안대로 가결되었다. 제48조에 관한 회의록 내용은 아래와 같다.

- **문교공보위원장 최영두**[2021]: 다음, 제48조는 개정안과 대안과 약간의 차이가 있습니다마는 이 대안에 의하면 "감독청은 감독상 필요한 때에는 학교법인 또는 사학조성단체에 대하여 보고서의 제출을 명하거나 장부, 서류 등을 검토할 수 있으며 이에 따르는 조치를 명할 수 있다." 현행법에는 학교법인에 대해서만은 보고서의 징수를 하거나 그 필요한 명령을 할 수 있도록 되어 있는데 사학조성단체에 대해서도 아까 말씀 올린 바와 같이 국가가 보조할 수 있는… 국가로부터 보조를 받는 경우에는 당연히 감독청이 감독을 해야 한다고 생각했기 때문에 사학조성단체에 대한 감독권을 이 48조에 수정을 해서 써넣은 것이올시다…
- **의장 이효상**[2022]: 문공위원회에서, 대안을 제출한 문공위원회에서 아마 받아들인 모양입니다. 이의가 없으시지요? (이의 없소 하는 이 많음) 이의가 없으시면 그것을 최두고 의원이 제안한 그 수정안 부칙의 제6항 신설 그것과 문공위원회에서 제출한 대안 전체와 일괄해서 여러분의 가부를 물어보겠습니다. (이의 없소 하는 이 있음) 이의 없습니까? (이의 없소 하는 이 많음) 그러면 만장일치로 가결된 것을 선포합니다. 다음은 지금 그 혹 자구정리할 것이 있으면 이 의장에게 일임해 주시기를 바랍니다. (이의 없소 하는 이 있음) 이의 없으시지요? (이의 없소 하는 이 많음)

(4) 결과

문교공보위원회 대안으로 개정되었다.

2020) 제41회 국회(임시회) 제9차 전체회의, 법제사법위원회회의록, 1964. 4. 18., 44면.
2021) 제45회 국회(정기회) 제19차 본회의, 국회회의록, 1964. 10. 28., 20면.
2022) 제45회 국회(정기회) 제19차 본회의, 국회회의록, 1964. 10. 28., 25면.

48.202
2. 1990년 4월 7일 개정(법률 제4226호, 1990. 4. 7. 시행)

제48조(보고징수등) **관할청**은 감독상 필요한 때에는 학교법인 또는 사학**지원**단체에 대하여 보고서의 제출을 명하거나, 장부·서류등을 검사할 수 있으며 이에 따른 필요한 조치를 명할 수 있다.

(1) 법률안

〈1〉 정부안[2023)]

현행법	원안
제48조(보고징수등) 감독청은 감독상 필요한 때에는 학교법인 또는 사학조성단체에 대하여 보고서의 제출을 명하거나, 장부·서류등을 검사할 수 있으며 이에 따른 필요한 조치를 명할 수 있다.	**제48조(보고징수등)** 관할청은 감독상 필요한 때에는 학교법인 또는 사학지원단체에 대하여 보고서의 제출을 명하거나, 장부·서류등을 검사할 수 있으며 이에 따른 필요한 조치를 명할 수 있다.

• "감독청"을 "관할청"으로, "사학조성단체"를 "사학지원단체"로 변경하였다.

〈2〉 김인곤 의원안[2024)]

현행법	원안
제48조(보고징수등) 감독청은 감독상 필요한 때에는 학교법인 또는 사학조성단체에 대하여 보고서의 제출을 명하거나, 장부·서류등을 검사할 수 있으며 이에 따른 필요한 조치를 명할 수 있다.	**제48조(보고징수등)** 관할청은 감독상 필요한 때에는 학교법인 또는 사학조성단체에 대하여 보고서의 제출을 명하거나, 장부·서류등을 검사할 수 있으며 이에 따른 필요한 조치를 명할 수 있다.

• "감독청"을 "관할청"으로 하였다.

〈3〉 강삼재 의원안[2025)]

현행법	원안
제48조(보고징수등) 감독청은 감독상 필요한 때에는 학교법인 또는 사학조성단체에 대하여 보	**제48조(보고징수등)** 관할청은 지도상 필요한 때에는 학교법인 또는 사학조성단체에 대하여 보

2023) 1988. 12. 2. 정부(의안번호: 130287); 제안이유 및 주요내용은 이 책 [4.206] 참조.
2024) 1989. 2. 16. 김인곤의원 등 34인(의안번호: 130422); 제안이유 및 주요내용은 이 책 [4.206] 참조.
2025) 1989. 2. 28. 강삼재의원 등 57인(의안번호: 130463); 제안이유 및 주요내용은 이 책 [4.206] 참조.

고서의 제출을 명하거나, 장부·서류등을 검사할 수 있으며 이에 따른 필요한 조치를 명할 수 있다.	고서의 제출을 요구하거나, 장부·서류등을 검사할 수 있으며 이에 따른 필요한 조치를 명할 수 있다.

• "감독청"을 "관할청"으로, "감독"을 "지도"로 변경하였다.

(2) 위원회 심사

〈1〉 **문교공보위원회:** 대안[2026]으로 가결되었다.[2027]

대안
제48조(보고징수등) 관할청은 감독상 필요한 때에는 학교법인 또는 사학지원단체에 대하여 보고서의 제출을 명하거나, 장부·서류등을 검사할 수 있으며 이에 따른 필요한 조치를 명할 수 있다.

〈2〉 **법제사법위원회:** 문교공보위원회 대안대로 가결되었다.[2028]

(3) 본회의 심의

문교공보위원회 대안대로 가결되었다.[2029]

(4) 결과

문교공보위원회 대안으로 개정되었다.

3. 2020년 12월 22일 개정(법률 제17659호, 2020. 12. 22. 시행)

제48조(보고징수 등) 관할청은 감독상 필요할 때에는 학교법인 또는 사학지원단체에 보고서 제출을 명하거나, 장부·서류 등을 검사할 수 있으며 이에 따른 필요한 조치를 명할 수 있다.

• 간단한 자구수정을 하였다(오직 형식에 관한 개정이므로 자세한 개정경과는 생략함[2030]).

2026) 1990. 3. 15. 문교공보위원장(의안번호: 130833).
2027) 제148회 국회(임시회) 제6차 전체회의, 문교공보위원회회의록, 1990. 3. 14., 8면.
2028) 제148회 국회(임시회) 제6차 전체회의, 법제사법위원회회의록, 1990. 3. 14., 26면.
2029) 제148회 국회(임시회) 제9차 본회의, 국회본회의회의록, 1990. 3. 16., 15~16면.
2030) 이에 관한 구체적 개정경과는 이 책 [1.201] 참조.

48.300

III. 현행법

제48조(보고징수 등) 관할청은 감독상 필요할 때에는 학교법인 또는 사학지원단체에 보고서 제출을 명하거나, 장부·서류 등을 검사할 수 있으며 이에 따른 필요한 조치를 명할 수 있다.

48.400

IV. 종합/특기사항

- 제48조에 대한 개정은 보고징수 대상에 사학지원단체를 추가한 1964년 개정 외에 나머지는 법문의 한글화·순화 등 형식에 관한 것이다.

제48조의2(해산된 학교법인 등에 대한 기록물 관리)

48-2.100

I. 제정법

제정법에는 이 조문이 없다.

II. 개정 경과

48-2.201

1. 2020년 3월 24일 개정(법률 제17078호, 2020. 9. 25. 시행)

제48조의2(해산된 학교법인 등에 대한 기록물 관리) ①해산된 학교법인과 폐지·폐쇄된 학교에 관한 효율적인 기록물 관리와 소속 임원, 교직원 및 학생의 권익보호를 위하여 다음 각 호의 자는 학적부, 조직·회계·예산 관련 자료 등 대통령령으로 정하는 보관 중인 기록물을 교육부장관에게 제출하여야 한다.

1. 제34조제2항 또는 제47조에 따라 해산된 학교법인
2. 「고등교육법」 제4조제3항에 따라 학교 폐지의 인가를 받은 학교
3. 「고등교육법」 제62조에 따라 학교 폐쇄의 명령을 받은 학교

②교육부장관은 제1항에 따라 제출된 기록물을 효율적으로 관리하기 위하여 「한국사학진흥재단법」에 따른 한국사학진흥재단을 전담기관으로 지정할 수 있다.
③그 밖에 해산된 학교법인 등의 기록물 이관 및 관리의 방법·절차 등에 관하여 필요한 사항은 대통령령으로 정한다.

(1) 법률안

〈1〉 **오영훈 의원안**[2031]: 이 조문을 포함한 개정 대상 조문의 제안이유 및 주요내용은 아래와 같다.

- 제안이유

학령인구 감소에 따른 대학구조개혁 관련 정책의 실현으로 학교법인이 해산하게 되었음에도 기존의 「민법」 제82조 및 제83조를 준용함에 따라 고등교육 관련 특수성 및 전문성이 부재한 자를 청산인으로 지정하게 되어 청산절차의 지연으로 인한 이해 관계자의 피해와 사회적 비용이 증가되고 있음.

이에 교육부장관의 해산명령에 의하여 학교법인이 해산되는 경우 사학 운영 및 대학재정 운용 등에 대한 이해도 및 수행 능력이 높고 폐지·폐쇄대학의 관리 및 지원에 전문성을 지니고 있는 한국사학진흥재단을 청산인으로 지정할 수 있도록 하는 근거를 마련하여, 해산된 학교법인의 청산절차를 신속하고 효율적으로 진행할 수 있도록 함.

- 주요내용

교육부장관이 사립학교법 제47조제1항에 따라 해산명령을 하여 학교법인이 해산된 경우 한국사학진흥재단을 청산인으로 지정할 수 있도록 하고, 이 경우 「민법」 제82조 및 제83조는 준용하지 않도록 함(안 제47조제3항).

이 조문의 현행법과 개정 원안은 아래와 같다.

현행법	원안
제47조(해산명령) ① ~ ②(생 략) <신 설>	**제47조(해산명령)** ① ~ ②(현행과 같음) ③교육부장관은 제1항에 따른 해산명령으로 학교법인이 해산되는 경우 한국사학진흥재단을 청산인으로 지정할 수 있다. 이 경우 「민법」 제82조 및 제83조는 준용하지 아니한다.

2031) 2018. 6. 28. 오영훈의원 등 10인(의안번호: 2014071).

• 교육부장관이 사립학교법 제47조제1항에 따라 해산명령을 하여 학교법인이 해산된 경우 한국사학진흥재단을 청산인으로 지정할 수 있도록 하고, 이 경우 「민법」 제82조 및 제83조는 준용하지 않도록 하였다.

〈2〉 **조승래 의원안**[2032]: 이 조문을 포함한 개정 대상 조문의 제안이유 및 주요내용은 아래와 같다.

• 제안이유

학생 수 감소 및 고등교육 공공성 강화 등의 사회·정책적 요인으로 대학 구조개혁의 현실화에 따라, 대학에 대한 강제 폐쇄 및 대학의 자진 폐지로 인한 폐교의 발생 및 증가가 예상됨.

대학 폐교에 따른 학교법인 청산 시 기존의 경우 「민법」 제82조 및 제83조를 준용함에 따라 대학의 특수성과 전문성이 부재한 자를 청산인으로 지정함으로 인해 청산의 지연으로 인한 관계자의 피해와 사회적 비용이 증가되고 있으며, 대학 폐교 이후 학적 관련 증명서 발급 및 기록 정정 등의 대국민 서비스에 대한 중요성이 증대됨에도 불구하고 폐교대학이 생산한 기록물 관리에 관한 법적 근거가 불명확함.

이에 대학 구조개혁 정책에 대한 이해도 및 수행 능력이 높고 폐지·폐쇄대학의 관리 및 지원에 전문성을 지니고 있는 한국사학진흥재단을 교육부장관의 해산명령에 의하여 학교법인이 해산되는 경우에 청산인으로 지정하고, 폐교대학의 학적부를 포함한 모든 기록물에 대한 이관 및 보관을 위한 전담기관으로 지정할 수 있도록 하는 근거를 마련하고자 함.

• 주요내용

가. 교육부장관이 「사립학교법」 제47조제1항에 의하여 해산명령을 하여 학교법인이 해산된 경우 한국사학진흥재단을 청산인으로 지정할 수 있도록 하고, 이 경우 「민법」 제82조 및 제83조를 준용하지 않도록 함(안 제47조제3항).

나. 「사립학교법」 제47조에 의해 해산된 학교법인 및 「고등교육법」 제4조에 의한 폐지 인가 또는 「고등교육법」 제62조에 의한 폐쇄 명령으로 인한 대학 폐교 시 학교법인 및 대학이 생산·보관 중인 모든 기록물을 교육부장관에게 제출하도록 하고, 기록물의 이관 및 보관을 위한 전담기관으로 한국사학진흥재단을 지정할 수 있도록 함(안 제47조제4항).

2032) 2018. 8. 31. 조승래의원 등 13인(의안번호: 2015240).

이 조문의 현행법과 개정 원안은 아래와 같다.

현행법	원안
제47조(해산명령) ① ~ ②(생 략)	**제47조(해산명령)** ① ~ ②(현행과 같음)
<신 설>	③교육부장관은 제1항에 따른 해산명령에 의하여 학교법인이 해산되는 경우 한국사학진흥재단을 청산인으로 지정할 수 있다. 이 경우 「민법」 제82조 및 제83조를 준용하지 아니한다.
<신 설>	④ 제1항에 따라 해산된 학교법인 및 「고등교육법」 제4조 제3항에 따라 학교 폐지의 인가나 같은 법 제62조에 따라 학교 폐쇄의 명령을 받은 학교의 설립자·경영자는 폐쇄·폐지된 학교가 생산·보관 중인 모든 기록물을 교육부장관에게 제출하여야 하며, 교육부장관은 기록물의 이관 및 보관을 위한 전담기관으로 한국사학진흥재단을 지정할 수 있다.

- 교육부장관이 「사립학교법」 제47조제1항에 의하여 해산명령을 하여 학교법인이 해산된 경우 한국사학진흥재단을 청산인으로 지정할 수 있도록 하고, 이 경우 「민법」 제82조 및 제83조를 준용하지 않도록 하였다.
- 「사립학교법」 및 「고등교육법」에 따라 해산된 학교법인, 폐쇄명령 등을 받은 학교의 설립·경영자는 생산·보관 중인 모든 기록물을 교육부장관에게 제출하도록 하고, 기록물의 이관 및 보관을 위한 전담기관으로 한국사학진흥재단을 지정할 수 있도록 하였다.

(2) 위원회 심사

〈1〉 **교육위원회:** 대안[2033]으로 가결되었다.[2034]

교육위원회 대안
제47조(해산명령) ③제1항 또는 제34조 제2항에 따라 해산된 학교법인과 「고등교육법」 제4조제3항에 따라 학교 폐지의 인가나 같은 법 제62조에 따라 학교 폐쇄의 명령을 받은 학교는 보관 중인 모든 기록물을 교육부장관에게 제출하여야 하며, 교육부 장관은 기록물의 이관 및 관리를 위한 기록물관리전담기관으로 한국사학진흥재단을 지정할 수 있다.

2033) 2020. 3. 5. 교육위원장(의안번호: 2024737).

2034) 제371회 국회(정기회) 제4차 전체회의, 교육위원회회의록, 2019. 11. 28., 4면.

〈2〉 **법제사법위원회:** 교육위원회 대안을 수정·가결했다.[2035] 수정내용은 아래와 같다.

교육위원회 대안	법제사법위원회 수정안
제47조(해산명령) ③제1항 또는 제34조 제2항에 따라 해산된 학교법인과 「고등교육법」 제4조제3항에 따라 학교 폐지의 인가나 같은 법 제62조에 따라 학교 폐쇄의 명령을 받은 학교는 보관 중인 모든 기록물을 교육부장관에게 제출하여야 하며, 교육부 장관은 기록물의 이관 및 관리를 위한 기록물관리전담기관으로 한국사학진흥재단을 지정할 수 있다.	제48조의2(해산된 학교법인 등에 대한기록물 관리) ① 해산된 학교법인과 폐지·폐쇄된 학교에 관한 효율적인 기록물 관리와 소속 임원, 교직원 및 학생의 권익보호를 위하여 다음 각 호의 자는 학적부, 조직·회계·예산 관련 자료 등 대통령령으로 정하는 보관 중인 기록물을 교육부장관에게 제출하여야 한다. 1. 제34조제2항 또는 제47조제1항에따라 해산된 학교법인 2. 「고등교육법」 제4조제3항에 따라 학교 폐지의 인가를 받은 학교 3. 「고등교육법」 제62조에 따라 학교 폐쇄의 명령을 받은 학교 ②교육부장관은 제1항의 사업을 수행하기 위하여 「한국사항진흥재단법」 따른 한국사학진흥재단을 전담기관으로 지정할 수 있다. ③그 밖에 해산된 학교법인 등의 기록물 이관 및 관리의 방법·절차 등에 대해 필요한 사항은 대통령령으로 정한다.

• 원안(오영훈 의원안, 조승래 의원안)과 교육위원회 대안은 해산된 학교법인 등에 대한 기록물 관리를 위하여 제47조제3항을 신설하여 규정하는 것이었으나 법제사법위원회 수정안은 독립 조문으로 제48조의2를 신설하는 것이다.

위 내용이 포함된 제48조의2조에 관한 회의록 내용은 아래와 같다.

- **전문위원 박장호**[2036]: 교육위원회 소관 법률안에 대한 체계·자구 검토 결과를 보고드리겠습니다. 의사일정 제215항 사립학교법 개정안은…안 제47조제3항에 대하여는 교육부와 협의하여 해산된 학교법인의 기록물 제출의 목적과 범위를 구체화하였습니다...
- **위원장 여상규**[2037]: 의사일정 제215항…까지 법률안은 전문위원이 수정한 부분

2035) 제376회 국회(임시회) 제2차 전체회의, 법제사법위원회회의록, 2020. 3. 4., 99면.
2036) 제376회 국회(임시회) 제2차 전체회의, 법제사법위원회회의록, 2020. 3. 4., 98면.

은 수정한대로, 기타 부분은 원안대로 의결하고자 하는데 역시 이의 없으시지요? (예 하는 위원 있음) 가결되었음을 선포합니다.

(3) 본회의 심의

법제사법위원회 수정안대로 가결되었다.[2038] 제48조의2에 관한 회의록 내용은 아래와 같다.

- **교육위원장대리 조승래**[2039]: 존경하는 문희상 의장님 그리고 선배·동료 의원 여러분! 교육위원회의 조승래 위원입니다. 해산된 학교법인의 청산 절차에 관한 행·재정적 지원과 해산된 학교법인 및 폐쇄·폐지된 학교의 기록물 이관 및 관리 근거를 담은 사립학교법 일부개정법률안(대안)…등 6건의 법률안에 대하여 단말기의 회의 자료를 참조해 주시기 바라고, 아무쪼록 우리 위원회에서 심사보고 및 제안설명한 대로 심히 의결하여 주시기 바랍니다. 감사합니다. (이상 6건 대안 및 심사보고서는 부록으로 보존함)
- **의장 문희상**[2040]: 조승래 위원 수고하셨습니다. 그러면 먼저 사립학교법 일부개정법률안(대안)을 의결토록 하겠습니다. 투표해 주시기 바랍니다. (전자투표) 투표를 다 하셨습니까? 투표를 마치겠습니다. 투표 결과를 말씀드리겠습니다. 재석 175인 중 찬성 174인, 기권 1인으로서 사립학교법 일부개정법률안(대안)은 가결되었음을 선포합니다.

(4) 결과

법제사법위원회 수정안으로 개정되었다.

III. 현행법

제48조의2(해산된 학교법인 등에 대한 기록물 관리) ① 해산된 학교법인과 폐지·폐쇄된 학교에 관한 효율적인 기록물 관리와 소속 임원, 교직원 및 학생의 권익보

2037) 제376회 국회(임시회) 제2차 전체회의, 법제사법위원회회의록, 2020. 3. 4., 99면.
2038) 제376회 국회(임시회) 제9차 본회의, 국회본회의회의록, 2020. 3. 6., 16면.
2039) 제376회 국회(임시회) 제9차 본회의, 국회본회의회의록, 2020. 3. 6., 15~16면.
2040) 제376회 국회(임시회) 제9차 본회의, 국회본회의회의록, 2020. 3. 6., 16면.

호를 위하여 다음 각 호의 자는 학적부, 조직·회계·예산 관련 자료 등 대통령령으로 정하는 보관 중인 기록물을 교육부장관에게 제출하여야 한다.

1. 제34조제2항 또는 제47조에 따라 해산된 학교법인
2. 「고등교육법」 제4조제3항에 따라 학교 폐지의 인가를 받은 학교
3. 「고등교육법」 제62조에 따라 학교 폐쇄의 명령을 받은 학교

② 교육부장관은 제1항에 따라 제출된 기록물을 효율적으로 관리하기 위하여 「한국사학진흥재단법」에 따른 한국사학진흥재단을 전담기관으로 지정할 수 있다.
③ 그 밖에 해산된 학교법인 등의 기록물 이관 및 관리의 방법·절차 등에 관하여 필요한 사항은 대통령령으로 정한다.

48-2.400

IV. 종합/특기사항

- 제48조의2에 대한 개정은 해산된 학교법인 및 폐지·폐쇄된 학교의 모든 기록물을 교육부장관에게 제출하도록 한 것이며, 이를 관리하기 위한 전담기관으로 한국사항진흥재단을 지정할 수 있게 하였다.
- 원안(오영훈 의원안, 조승래 의원안)과 교육위원회 대안은 해산된 학교법인 등에 대한 기록물 관리를 위하여 제47조제3항을 신설하는 것이었으나, 독립 조문으로 제48조의2를 신설하는 법제사법위원회 수정안이 본회의에서 가결되어 현행법이 되었다.

제49조 삭제

49.100

I. 제정법

제49조(결격사유) 다음 각호의 1에 해당하는 자는 사립학교경영자(법인인 경우에는 그 임원)가 될 수 없다.

1. 금치산자 또는 한정치산자
2. 파산자로서 복권되지 아니한 자

3. 금고이상의 형을 받고 그 집행이 종료되거나 집행을 받지 아니하기로 확정된 후 2년이 경과되지 아니한
4. 법원의 판결에 의하여 자격이 정지 또는 상실된 자

『새교육』이 소개하는 이 조문의 제정이유는 아래와 같다.[2041]

사립학교경영자라 함은 이 법 제2조제3항의 정의에 의하여 학교를 경영하는 자 중 학교법인이나 공법인이 아닌 자를 말한다. 즉 민법상의 재단법인, 사단법인, 상법상의 회사 그리고 특별법에 의한 특수법인과 개인을 말한다. 이러한 경영자들은 학교 설립에 있어 제한을 받고 있기는 하나 학교교육을 맡기 때문에 보통 회사나 단체처럼 취급할 수가 없으므로 이 법에서 학교법인에 준하도록 규정하고 있다.

우선 학교경영자에게는 결격사유를 두어서 공무원에 준하는 자격자만이 될 수 있도록 하였다. 따라서 애초에는 합법적으로 학교를 경영하던 자도 제49조 각호의 1에 해당하는 사유가 발생하여 결격요건이 성립될 경우에는 경영자의 지위에서 물러나야 한다.

II. 개정 경과

1. 1999년 8월 31일 개정(법률 제6004호, 1999. 8. 31. 시행)

제49조 삭제

(1) 법률안(정부안[2042])

현행법	원안
제49조(결격사유) 다음 각호의 1에 해당하는 자는 사립학교경영자(법인인 경우에는 그 임원)가 될 수 없다. 1. 금치산자 또는 한정치산자 2. 파산자로서 복권되지 아니한 자	<삭 제>

2041) 金康鉉, 앞의 글 "私立學校法(完)", 46면.
2042) 1998. 12. 2. 정부(의안번호: 151530); 제안이유 및 주요내용은 이 책 [2.201] 참조.

3. 금고이상의 형을 받고 그 집행이 종료되거나 집행을 받지 아니하기로 확정된 후 2년이 경과되지 아니한 자 4. 법원의 판결에 의하여 자격이 정지 또는 상실된 자	

- 사립학교법 제22조 등이 있고 또한 금치산자·한정치산자·파산자 등은 당연히 사립학교의 경영자가 될 능력이 없다는 판단에 따라 삭제하였다.

(2) 위원회 심사

〈1〉 **교육위원회**: 원안대로 가결되었다.[2043] 제49조에 관한 회의록 내용은 아래와 같다.

- **전문위원 상원종**[2044]: 다음은 사립학교 경영자의 결격사유조항 삭제입니다. 개정안은 사립학교의 경영자가 될 수 없는 결격사유조항을 삭제하고자 하는 것입니다. 이는 사립학교 경영자는 사립학교법 제3조에서 규정하고 있는 바와 같이 사립학교를 설치·경영하는 공공단체 이외의 법인 또는 사인으로서 결격사유 조항을 삭제하더라도 사립학교법 제22조 등의 규정이 있고 또한 금치산자, 한정치산자, 파산자 등은 당연히 사립학교의 경영자가 될 능력이 없는 사람들인데 관련 규정을 둘 실익이 없으므로 삭제하는 것으로 보입니다.

〈2〉 **법제사법위원회**: 원안대로 가결되었다.[2045]

(3) 본회의 심의

원안대로 가결되었다.[2046]

(4) 결과

원안으로 개정되었다.

2043) 제206회 국회(임시회) 제2차 전체회의, 교육위원회회의록, 1999. 8. 10., 30면.
2044) 제198회 국회(정기회) 제9차 전체회의, 교육위원회회의록, 1998. 12. 9., 19면.
2045) 제206회 국회(임시회) 제5차 전체회의, 법제사법위원회회의록, 1999. 8. 12., 19면.
2046) 제206회 국회(임시회) 제3차 본회의, 국회본회의회의록, 1999. 8. 12., 26면.

III. 현행법

제49조 삭제

IV. 종합/특기사항

- 「사립학교법」 제22조 등이 있고 또한 금치산자·한정치산자·파산자 등은 당연히 사립학교의 경영자가 될 능력이 없다는 판단에 따라 삭제하였다.

제50조(학교법인으로의 조직 변경)

50.100 I. 제정법

제50조(학교법인에의 조직변경) ①사립학교경영자중 민법에 의한 재단법인은 그 조직을 변경하여 학교법인이 될 수 있다.
②전항의 규정에 의하여 사립학교경영자가 학교법인이 되고자 할 때에는, 당해 재단법인의 정관에 규정된 절차에 따라 정관을 변경하고, 문교부장관의 인가를 받아야 한다. 이 경우에 있어서 당해 재단법인의 정관에 정관의 변경을 금지한 규정이 있거나 또는 정관의 변경에 관한 규정이 없는 경우에는 문교부장관의 승인을 얻어 이사회가 정하는 절차에 따라 그 정관을 변경할 수 있다.

『새교육』이 소개하는 이 조문의 제정이유는 아래와 같다.[1)]

가장 특이한 것은 제50조의 규정으로서 사립학교 경영자 중 민법에 의한 재단법인은 해산이나 청산의 수속을 거치지 아니하고 정관 변경만으로 학교법인이 될 수 있도록 규정한 점이다. 이는 일반 사법인이 이 법에 의한 학교법인으로 되는 것을 권장하는 뜻이 되며, 또한 비교적 자유로운 법률체계에서 스스로 까다로운 제한을 택하는 공법체계로 자진해서 들어오는 경우이기 때문에 구태여 제한할 필요가 없는데 이 규정의 합리성이 성립되는 것이다.

II. 개정 경과

50.201 1. 1981년 2월 28일 개정(법률 제3373호, 1981. 2. 28. 시행)

제50조(학교법인에의 조직변경) ①사립학교경영자중 민법에 의한 재단법인은 그 조직을 변경하여 학교법인이 될 수 있다.

1) 金康鉉, 앞의 글 "私立學校法(完)", 46면.

②제1항의 규정에 의하여 사립학교경영자가 학교법인이 되고자 할 때에는, 당해 재단법인의 정관에 규정된 절차에 따라 정관을 변경하고, 문교부장관의 인가를 받아야 한다. 이 경우에 있어서 당해 재단법인의 정관에 정관의 변경을 금지한 규정이 있거나 또는 정관의 변경에 관한 규정이 없는 경우에는 문교부장관의 승인을 얻어 이사회가 정하는 절차에 따라 그 정관을 변경할 수 있다.

- "전항"을 "제1항"으로 하였다(오직 형식에 관한 개정이므로 자세한 개정경과는 생략함[2]).

2 2. 1990년 12월 27일 개정(법률 제4268호, 1990. 12. 27. 시행)

제50조(학교법인에의 조직변경) ①사립학교경영자중 민법에 의한 재단법인은 그 조직을 변경하여 학교법인이 될 수 있다.

②제1항의 규정에 의하여 사립학교경영자가 학교법인이 되고자 할 때에는, 당해 재단법인의 정관에 규정된 절차에 따라 정관을 변경하고, **교육부장관**의 인가를 받아야 한다. 이 경우에 있어서 당해 재단법인의 정관에 정관의 변경을 금지한 규정이 있거나 또는 정관의 변경에 관한 규정이 없는 경우에는 **교육부장관**의 승인을 얻어 이사회가 정하는 절차에 따라 그 정관을 변경할 수 있다.

- 「정부조직법」(1990. 12. 27. 개정·시행)에 따라 "문교부장관"을 "교육부장관"으로 변경하였다.

3 3. 1999년 8월 31일 개정(법률 제6004호, 1999. 8. 31. 시행)

제50조(학교법인에의 조직변경) ①사립학교경영자중 민법에 의한 재단법인은 그 조직을 변경하여 학교법인이 될 수 있다.

②삭제〈1999.8.31〉

---

2) 이에 관한 구체적 개정경과는 이 책 [4.204] 참조.

(1) 법률안(정부안[3])

현행법	원안
제50조(학교법인에의 조직변경) ① (생 략) ②제1항의 규정에 의하여 사립학교경영자가 학교법인이 되고자 할 때에는, 당해 재단법인의 정관에 규정된 절차에 따라 정관을 변경하고, 교육부장관의 인가를 받아야 한다. 이 경우에 있어서 당해 재단법인의 정관에 정관의 변경을 금지한 규정이 있거나 또는 정관의 변경에 관한 규정이 없는 경우에는 교육부장관의 승인을 얻어 이사회가 정하는 절차에 따라 그 정관을 변경할 수 있다.	**제50조(학교법인에의 조직변경)** ① (현행과 같음) <삭 제>

- 「정부조직법」이 시행된 지 36년 이상 경과한 시점(사립학교법 시행일: 1963. 7. 27.)이어서 사립학교경영자 중 민법상 재단법인을 학교법인으로 조직을 변경하고자 하는 수요가 없음을 고려하여 제2항을 삭제하였다.

(2) 위원회 심사

〈1〉 **교육위원회:** 원안대로 가결되었다.[4]

〈2〉 **법제사법위원회:** 원안대로 가결되었다.[5]

(3) 본회의 심의

원안대로 가결되었다.[6]

(4) 결과

원안으로 개정되었다.

---

3) 1998. 12. 2. 정부(의안번호: 151530); 제안이유 및 주요내용은 이 책 [2.201] 참조.
4) 제206회 국회(임시회) 제2차 전체회의, 교육위원회회의록, 1999. 8. 10., 30면.
5) 제206회 국회(임시회) 제5차 전체회의, 법제사법위원회회의록, 1999. 8. 12., 19면.
6) 제206회 국회(임시회) 제3차 본회의, 국회본회의회의록, 1999. 8. 12., 26면.

4 4. 2008년 3월 14일 개정(법률 제8888호, 2008. 3. 14. 시행)

第50條(학교법인에의 조직변경) ①사립학교경영자중 「민법」에 의한 재단법인은 그 조직을 변경하여 학교법인이 될 수 있다.
②삭제

• 법령 표기에 있어서 "「 」" 표시를 하기로 함[7]에 따른 개정이다(오직 형식에 관한 개정이므로 자세한 개정경과는 생략함[8]).

5 5. 2020년 12월 22일 개정(법률 제17659호, 2020. 12. 22. 시행)

第50條(학교법인으로의 조직 변경) 사립학교경영자 중 「민법」에 **따른** 재단법인은 그 조직을 변경하여 학교법인이 될 수 있다.

• 법문을 한글화하고 간결하게 하였다(오직 형식에 관한 개정이므로 자세한 개정경과는 생략함[9]).

0 III. 현행법

第50條(학교법인으로의 조직 변경) 사립학교경영자 중 「민법」에 따른 재단법인은 그 조직을 변경하여 학교법인이 될 수 있다.

0 IV. 종합/특기사항

• 第50條에 대한 주중요 변화는 1999년 개정으로 제정법 제2항을 삭제한 것이다. 그 밖의 개정은 모두 법문의 한글화·순화 등 형식에 관한 것이다.

---

7) 「법률용어의 표준화 기준」(국회사무처 예규 제22호, 2007. 4. 16. 시행).
8) 이에 관한 구체적 개정경과는 이 책 [2.203] 참조.
9) 이에 관한 구체적 개정경과는 이 책 [1.201] 참조.

제50조의2 삭제

50-2.100 I. 제정법

제정법에는 이 조문이 없다.

II. 개정 경과

50-2.201 1. 1963년 12월 16일 개정(법률 제1621호, 1963. 12. 16. 시행)

제50조의2(등록금등의 감면) 전조에 의하여 민법에 의한 재단법인이 그 조직을 변경하여 학교법인이 될 경우에는 다음 각호의 세금은 이를 면제한다.
1. 조직변경에 따르는 부동산이전에 대한 등록세 및 취득세
2. 학교법인의 설립등록세

(1) 법률안(문교사회위원장안[10])

이 조문을 포함한 개정 대상 조문의 제안이유 및 주요내용은 아래와 같다.

- 제안이유

  「민법」에 의한 재단법인이 그 조직을 변경하여 학교법인이 될 경우 등록세와 취득세 등을 면세조치할 수 있는 규정을 신설하려는 것임.

- 주요내용

  사립학교 경영자 중 그 조직을 변경하여 학교법인으로 되는 경우 법인의 등록세와 법인재산이전의 등록세·취득세 등을 면세하는 규정을 신설함(제50조의2: 등록세 등의 감면)

이 조문의 현행법과 개정 원안은 아래와 같다.

현행법	원안
<신 설>	**제50조의2(등록금등의 감면)** 전조에 의하여 민법

10) 1963. 12. 11. 문교사회위원장(의안번호: AA1019).

	에 의한 재단법인이 그 조직을 변경하여 학교법인이 될 경우에는 다음 각호의 세금은 이를 면제한다. 1. 조직변경에 따르는 부동산이전에 대한 등록세 및 취득세 2. 학교법인의 설립등록세

(2) 위원회 심사[11)]

원안으로 가결되었다.[12)]

(3) 결과

원안으로 개정되었다.

2. 1964년 11월 10일 개정(법률 제1664호, 1964. 11. 10. 시행)

제50조의2(등록세등의 면세) ①전조에 의하여 민법에 의한 재단법인이 그 조직을 변경하여 학교법인이 될 경우 **또는 제36조의 규정에 의하여 학교법인이 될 경우에는** 다음 각호의 **조세는** 이를 면제한다.
1. 조직변경 **또는 합병에 따르는** 부동산이전에 대한 등록세 및 취득세
2. 학교법인의 설립등록세

②학교법인 또는 재단법인이 조직을 변경하여 학교법인이 되는 경우에는 등록세법 제8조제2호 및 제3호의 등록세는 이를 면제한다.

(1) 법률안(최영두 의원안[13)])

현행법	원안
제50조의2(등록금등의 감면) 전조에 의하여 민법에 의한 재단법인이 그 조직을 변경하여 학교	**제50조의2(등록세등의 감면)** 전조에 의하여 민법에 의한 재단법인이 그 조직을 변경하여 학교

11) 국가재건최고회의에서는 위원회가 현재의 "본회의 심사" 역할을 하였다.
12) 국무회의기록, 사립학교법 중 개정법률 공포(제130회) 신의일자 1963. 12. 14., 발의기관: 사무, 14면, http://theme.archives.go.kr/viewer/common/archWebViewer.do?singleData=Y&archiveEventId=0028673836
13) 1964. 3. 9. 최영두의원 등 11인(의안번호: 060074); 제안이유 및 주요내용은 이 책 [4.201] 참조.

법인이 될 경우에는 다음 각호의 세금은 이를 면제한다.	법인이 될 경우 또는 제36조의 규정에 의하여 학교법인이 될 경우에는 다음 각호의 조세는 이를 면제한다.
1. 조직변경에 따르는 부동산이전에 대한 등록세 및 취득세	1. 조직변경 또는 합병에 따르는 부동산이전에 대한 등록세 및 취득세
2. (생 략)	2. (현행과 같음)

• 학교법인이 합병하는 경우에도 등록세 등을 면제하도록 하였다.

(2) 위원회 심사

〈1〉 문교공보위원회: 대안[14]으로 가결되었다.[15]

문교공보위원회 대안
제50조의2(등록세등의 면세) ①전조[16]에 의하여 민법에 의한 재단법인이 그 조직을 변경하여 학교법인이 될 경우 또는 제36조의 규정에 의하여 학교법인이 될 경우에는 다음 각호의 조세는 이를 면제한다. 1. 조직변경 또는 합병에 따르는 부동산 이전에 대한 등록세 및 취득세 2. 학교법인의 설립등록세 ②학교법인 또는 재단법인이 조직을 변경하여 학교법인이 되는 경우에는 등록세 제8조 제2호나 및 제3호의 등록세는 이를 면제한다.

〈2〉 법제사법위원회: 문교공보위원회 대안대로 가결되었다.[17]

(3) 본회의 심의

문교공보위원회 대안대로 가결되었다.[18] 제50조의2에 관한 회의록 내용은 아래와 같다.

• **문교공보위원장 최영두**[19]: 그다음에 학교법인의 재산재평가 적립금에 의한 자본 또는 출자금액의 증가 및 출자의 총액의 증가에 따르는 등록세를 면제하게 하였

14) 1964. 4. 16. 문교공보위원장(의안번호: 060162).
15) 제41회 국회(임시회) 제9차 전체회의, 문교공보위원회회의록, 1964. 4. 16., 16면.
16) 제1항에 관하여 본회의는 문교공보위원회 대안을 가결한 것으로 기록하고 있으나, 최종 개정조문은 문교공보위원회 대안과 다르다. 그 이유는 확인할 수 없다(제45회 국회(정기회) 제19차 본회의, 국회본회의회의록, 1964. 10. 28., 14면 참조).
17) 제41회 국회(임시회) 제9차 전체회의, 법제사법위원회회의록, 1964. 4. 18., 44면.
18) 제45회 국회(정기회) 제19차 본회의, 국회본회의회의록, 1964. 10. 28., 25면.
19) 제45회 국회(정기회) 제19차 본회의, 국회회의록, 1964. 10. 28., 19면.

습니다. 현재 이 문제는 재정경제위원회에서 심사하고 계시는 조세감면취득법인가요? 그 법에서도 물론 논의가 되리라고 생각합니다. 그러나 저희들 문교공보위원회로서는 이러한 면세규정은 사학의 발전을 위해서 필요하다고 인정했기 때문에 이제 말씀 올린 그러한 조문을 추가하기로 한 것이올시다.

- **문교공보위원장 최영두**[20] 다음, 제50조의2 "등록세 등의 감면"에 관한 규정입니다. "전조에 의하여 민법에 의한 재단법인이 그 조직을 변경하여 학교법인이 될 경우" 또 36조 규정에 의하여… 36조는 학교법인이 병합하는 경우를 말합니다. 규정에 의하여 "학교법인이 될 경우에는 다음 각호의 조세도 면제한다. 조직변경 또는 현행법에 따르는 부동산 이전에 대한 등록세 및 취득세 그다음에 학교법인의 설립등록세" 이러한 세금은 면세하는 것이 타당하다고 생각했던 것이올시다.

  또 하나 제2항 "학교법인 또는 재단법인이 조직을 변경하여 학교법인이 되는 경우에는 등록세법 제8조제2호나 제3호… 2호 및 3호의 등록세는 이를 면제한다" 이는 출자의… 학교재단법인이 학교법인으로 조직을 변경할 때 출자의 총액 또는 재산총액이 증가하는 경우가 있습니다, 재산재평가를 하는 경우에 등록세를 면제해 주라는 규정이올시다.
- **의장 이효상**[21]: 문공위원회에서, 대안을 제출한 문공위원회에서 아마 받아들인 모양입니다. 이의가 없으시지요? (이의 없소 하는 이 많음) 이의가 없으시면 그것을 최두고 의원이 제안한 그 수정안 부칙의 6항 신설 그것과 문공위원회에서 제출한 대안 전체와 일괄해서 여러분의 가부를 물어보겠습니다. (이의 없소 하는 이 있음) 이의 없습니까? (이의 없소 하는 이 많음) 그러면 만장일치로 가결된 것을 선포합니다. 다음은 지금 그 혹 자구정리할 것이 있으면 이 의장에게 일임해 주시기를 바랍니다. (이의 없소 하는 이 있음) 이의 없으시지요? (이의 없소 하는 이 많음)

(4) 결과

문교공보위원회 대안으로 개정되었다.

3

3. 1976년 12월 31일 개정(법률 제2945호, 1977. 1. 1. 시행)

제50조의2(등록세등의 면세) ①전조에 의하여 민법에 의한 재단법인이 그 조직을

---

20) 제45회 국회(정기회) 제19차 본회의, 국회회의록, 1964. 10. 28., 20면.
21) 제45회 국회(정기회) 제19차 본회의, 국회회의록, 1964. 10. 28., 25면.

변경하여 학교법인이 될 경우 또는 제36조의 규정에 의하여 학교법인이 될 경우에는 다음 각호의 조세는 이를 면제한다.
1. 조직변경 또는 합병에 따르는 부동산이전에 대한 등록세 및 취득세
2. 학교법인의 설립등록세
②학교법인 또는 재단법인이 조직을 변경하여 학교법인이 되는 경우에는 지방세법 제13조제1항제2호 및 제3호의 등록세는 이를 면제한다.

- 「지방세법」(1976. 12. 31. 개정, 1977. 1. 1. 시행)에 따라 "등록세법 제8조제2호 및 제3호"가 "지방세법 제13조제1항제2호 및 제3호"로 하였다.

50-2.204 **4. 1977년 12월 31일 개정(법률 제3057호, 1977. 12. 31. 시행)**

제50조의2 삭제

(1) 법률안(정부안[22])

현행법	원안
제50조의2(등록세등의 면세) ①전조에 의하여 민법에 의한 재단법인이 그 조직을 변경하여 학교법인이 될 경우 또는 제36조의 규정에 의하여 학교법인이 될 경우에는 다음 각호의 조세는 이를 면제한다. 1. 조직변경 또는 합병에 따르는 부동산이전에 대한 등록세 및 취득세 2. 학교법인의 설립등록세 ②학교법인 또는 재단법인이 조직을 변경하여 학교법인이 되는 경우에는 지방세법 제13조제1항제2호 및 제3호의 등록세는 이를 면제한다.	<삭 제>

- 제43조의2(기부금에 대한 면세)와 함께 등록세 대한 면세 조문을 삭제하였다.

(2) 위원회 심사

〈1〉 문교공보위원회: 원안대로 가결되었다.[23]

22) 1977. 10. 24. 정부(의안번호: 090761); 제안이유 및 주요내용은 이 책 [3.203] 참조.
23) 제98회 국회(정기회) 제16차 전체회의, 문교공보위원회회의록, 1977. 12. 7., 3면.

〈2〉 **법제사법위원회:** 원안대로 가결되었다.[24)]

(3) 본회의 심의

원안대로 가결되었다.[25)]

(4) 결과

원안으로 개정되었다.

00 III. 현행법

대한민국 전자관보 사립학교법 법률 제17659호(2020. 12. 22. 개정·시행)부터 제50조의2가 표시되어 있지 않다.

00 IV. 종합/특기사항

- 조직변경으로 학교법인이 되거나 학교법인으로 합병할 때의 등록세 등을 「사립학교법」에 의해 면세하였다가 이들을 「지방세법」 등 세법에 의하도록 하여 1977년 개정으로 삭제되었다.

제51조(준용규정)

0 I. 제정법

제51조(준용규정) 제5조·제28조제2항·제29조·제31조 내지 제33조·제43조·제44조 및 제48조의 규정은 사립학교경영자에게 이를 준용한다. 다만, 제31조 내지 제33조의 준용에 있어서는 그 설치·경영하는 사립학교에 관한 부분에 한한다.

---

24) 제98회 국회(정기회) 제22차 전체회의, 법제사법위원회회의록, 1977. 12. 13., 10면.
25) 제98회 국회(정기회) 제20차 본회의, 국회회의록, 1977. 12. 14., 7면.

『새교육』은 이 조문의 제정이유를 소개하지 않았다.[26]

51.201 II. 개정 경과

1. 2020년 12월 22일 개정(법률 제17659호, 2020. 12. 22. 시행)

제51조(준용규정) 사립학교경영자에 관하여는 제5조, 제28조제2항, 제29조, 제31조, 제31조의2, 제32조, 제32조의2부터 제32조의4까지, 제33조, 제43조, 제44조 및 제48조를 준용한다. 다만, 제31조, 제31조의2, 제32조, 제32조의2부터 제32조의4까지 및 제33조는 그가 설치·경영하는 사립학교에 관한 부분에 한정하여 준용한다.

- 「사립학교법」 개정으로 준용 대상에 포함되는 규정을 추가하고, 법문을 한글화하였다.

51.300 III. 현행법

제51조(준용규정) 사립학교경영자에 관하여는 제5조, 제28조제2항, 제29조, 제31조, 제31조의2, 제32조, 제32조의2부터 제32조의4까지, 제33조, 제43조, 제44조 및 제48조를 준용한다. 다만, 제31조, 제31조의2, 제32조, 제32조의2부터 제32조의4까지 및 제33조는 그가 설치·경영하는 사립학교에 관한 부분에 한정하여 준용한다.

51.400 IV. 종합/특기사항

- 제51조에 대한 변화는 「사립학교법」 개정으로 준용 대상에 포함되는 규정을 추가한 것이며, 그 밖의 개정은 모두 법문의 한글화·순화 등 형식에 관한 것이다.

---

26) 金康鉉, 앞의 글 "私立學校法(完)", 46면.

제4장
사립학교 교원

제1절 | 자격·임용·복무

제52조(자격)

I. 제정법

제52조(자격) 사립학교의 교원의 자격에 관하여는 국·공립학교의 교원의 자격에 관한 규정에 의한다.

『새교육』이 소개하는 이 조문의 제정이유는 아래와 같다.[1)]

사립학교 교원의 자격은 제52조에 의하여, 복무는 제55조에 의하여, 국립 또는 공립학교의 교원과 같이 하고 있다. 이와 같이 자격과 복무를 국·공·사립을 막론하고 동일하게 하는 것은 교육법 제74조 내지 제75조에 의하여 모든 학교를 그 설립자의 구분에 불구하고 거기에 근무하는 교원을 동일하게 취급하는 취지에 입각하는 것이다. 무릇 학교는 누구가 설립·운영하던 그것이 사회의 근원적인 기능인 교육을 행하는 것이며, 그것은 공공성을 띠는 것이다. 그러기 때문에 사립학교 교원의 자격과 복무에 대하여는 교육공무원법을 적용하여야 하는 것이며, 이 때문에 사립학교 교원은 공무원이 아니지만 모든 경우에 공무원과 동일한 규율하에 놓이게 된다.

II. 개정 경과

1. 2020년 12월 22일 개정(법률 제17659호, 2020. 12. 22. 시행)

제52조(자격) 사립학교 교원의 자격에 관하여는 **국립학교·공립학교**의 교원의 자격에 관한 규정에 **따른**다.

---

1) 金康鉉, 앞의 글 "私立學校法(完)", 46면.

• 법문을 한글화하고 간결하게 하였다(오직 형식에 관한 개정이므로 자세한 개정경과는 생략함[2]).

52.300 III. 현행법

> **제52조(자격)** 사립학교 교원의 자격에 관하여는 국립학교·공립학교의 교원의 자격에 관한 규정에 따른다.

52.400 IV. 종합/특기사항

• 제52조에 대한 개정은 모두 법문의 한글화·순화 등 형식에 관한 것이다.

제53조(학교의 장의 임용)

53.100 I. 제정법

> **제53조(임면절차 및 임기)** ①학교법인이 그가 설치·경영하는 사립학교의 교원을 임면함에 있어서는 다음 각호에 의하여야 한다.
>
> 1. 총장·부총장·학장(대학교의 학장을 제외한다)·교장·교감·원장·원감의 임면에 있어서는 당해 학교법인의 이사회의 의결을 거쳐야 한다.
> 2. 전호 이외의 교원의 임면에 있어서는 당해 학교의 총장 또는 학장(대학교의 학장을 제외한다)·교장 또는 원장의 제청으로 이사회의 의결을 거쳐야 한다.
> 3. 대학원장·학장(대학교의 학장에 한한다)의 보직에 있어서는 당해 학교의 총장 또는 학장(대학교의 학장을 제외한다)의 제청으로 이사회의 의결을 거쳐야 한다.
>
> ②총장·학장·교장·원장의 임기에 관하여는 다른 법률에 특별한 규정이 없는 한 당해 학교법인의 정관으로 정할 수 있다.

2) 이에 관한 구체적 개정경과는 이 책 [1.201] 참조.

③법인인 사립학교경영자가 그 설치·경영하는 사립학교의 교원을 임면함에 있어서는 제1항제1호 및 제2호의 규정을 준용하고, 교장 또는 원장의 임기에 관하여는 전항의 규정을 준용한다.
④개인인 사립학교경영자가 그 설치·경영하는 사립학교의 교원중 교장·교감·원장·원감 이외의 교원을 임면하고자 할 때에는 당해 학교장의 제청에 의하여 행하여야 한다.

『새교육』이 소개하는 이 조문의 제정이유는 아래와 같다.[3]

사립학교 교원은 사립학교의 주체자인 학교법인에 대하여 근무의무를 지는 특별권력관계이기에 그 임명이나 면직의 주체자가 학교법인이다. 학교법인은 이사회라는 기관을 통하여 행위하기 때문에 학교법인의 이사회가 사립학교 교원의 임명권자가 된다. 그러나 교원의 특수성 때문에 이사회의 결의만으로 임면되도록 하지 않고, 승인을 얻도록 하든가 또는 보고하도록 규제한다.

학교의 장은 그 취임에 있어 감독청의 승인을 얻도록 하고 있다. 이는 현행 교육법 제87조의 규정과 동일하기 때문에 새로운 것은 아니지만 한 가지 중대한 사실은 해직이나 면직의 경우에도 감독청의 승인을 얻도록 한 점이다. 이는 분명히 감독청의 권한 확대를 의미한다.

학교장의 취임에 있어서 감독청의 승인은 법률상 인가행위로서 부가적인 의사표시에 지나지 아니하나 이 승인이 없을 경우에는 대외적 효력이 없다.

교원을 채용할 경우의 보고는 감독청이 그 자격이나 기타의 법률 소정의 요건을 만족시켰는가의 여부를 보기 위한 것이기 때문에 법률상 결격요건이 없는 한 수리하지 않을 수 없다.

II. 개정 경과

1. 1964년 11월 10일 개정(법률 제1664호, 1964. 11. 10. 시행)

제53조(임면절차 및 임기) ①학교법인이 그가 설치·경영하는 사립학교의 교원을 임면함에 있어서는 다음 각호에 의하여야 한다.

3) 金康鉉, 앞의 글 "私立學校法(完)", 46~47면.

1. **<u>총장·학장</u>**(대학교의 학장을 제외한다)**<u>·교장·원장</u>**의 임면에 있어서는 당해 학교법인의 이사회의 의결을 거쳐야 한다.
2. 전호 이외의 교원의 임면에 있어서는 당해 학교의 총장 또는 학장(대학교의 학장을 제외한다)·교장 또는 원장의 제청으로 이사회의 의결을 거쳐야 한다.
3. 대학원장·학장(대학교의 학장에 한한다)의 보직에 있어서는 당해 학교의 총장 또는 학장(대학교의 학장을 제외한다)의 제청으로 이사회의 의결을 거쳐야 한다.

②총장·학장·교장·원장의 임기에 관하여는 다른 법률에 특별한 규정이 없는 한 당해 학교법인의 정관으로 정할 수 있다.

③법인인 사립학교경영자가 그 설치·경영하는 사립학교의 교원을 임면함에 있어서는 제1항제1호 및 제2호의 규정을 준용하고, 교장 또는 원장의 임기에 관하여는 전항의 규정을 준용한다.

④개인인 사립학교경영자가 그 설치·경영하는 사립학교의 교원중 **<u>교장·원장</u>** 이외의 교원을 임면하고자 할 때에는 당해 학교장의 제청에 의하여 행하여야 한다.

(1) 법률안(최영두 의원안[4])

현행법	원안
제53조(임면절차 및 임기) ① (생 략) 1. <u>총장·부총장·학장</u>(대학교의 학장을 제외한다)<u>·교장·교감·원장·원감</u>의 임면에 있어서는 당해 학교법인의 이사회의 의결을 거쳐야 한다. 2. ~ 3. (생 략) ② ~ ③ (생 략) ④개인인 사립학교경영자가 그 설치·경영하는 사립학교의 교원중 <u>교장·교감·원장·원감</u> 이외의 교원을 임면하고자 할 때에는 당해 학교장의 제청에 의하여 행하여야 한다.	**제53조(임면절차 및 임기)** ① (현행과 같음) 1. <u>총장·학장</u>(대학교의 학장을 제외한다)<u>·교장·원장</u>의 임면에 있어서는 당해 학교법인의 이사회의 의결을 거쳐야 한다. 2. ~ 3. (현행과 같음) ② ~ ③ (현행과 같음) ④개인인 사립학교경영자가 그 설치·경영하는 사립학교의 교원중 <u>교장·원장</u> 이외의 교원을 임면하고자 할 때에는 당해 학교장의 제청에 의하여 행하여야 한다.

• 총장·교장·원장 등과 달리 부총장·교감·원감은 학교의 장의 추천으로 이사회의 의결을 거치도록 하였고(제1항제1호), 개인인 사립학교경영자가 설치·경영하는 사

4) 1964. 3. 9. 최영두의원 등 11인(의안번호: 060074); 제안이유 및 주요내용은 이 책 [4.201] 참조.

립학교의 교원 중에서 학교장의 제청에 의하는 보직에서 교감·원감을 제외하였다 (제4항).

(2) 위원회 심사

〈1〉 **문교공보위원회:** 대안[5]으로 가결되었다(이 조문의 경우에는 원안과 대안의 내용이 동일함).[6]

〈2〉 **법제사법위원회:** 문교공보위원회 대안대로 가결되었다.[7]

(3) 본회의 심의

문교공보위원회 대안대로 가결되었다.[8] 제53조에 관한 회의록 내용은 아래와 같다.

- **문교공보위원장 최영두**[9]: 현재는 일반교사만 총장, 교장, 원장, 유치원 원장이 이사회에 제청하도록 하고 있는바 개정안에서는 부총장, 교감, 원감, 유치원의 원감입니다. 원감도 학교의 장이 제청하도록 규정을 했습니다...
- **문교공보위원장 최영두**[10]: 제53조 현행법에는 부총장, 교감, 원감과 같은 교원에 대해서는 학교의 장의 제청 없이 이사회의 의결을 거쳐서 임명하도록 되어 있는 것을 부총장, 교감, 원감의 임명에 있어서는 학교의 장의 제청을 거쳐 이사회의 의결을 거쳐 임명하도록 개정했던 것이올시다...
- **의장 이효상**[11]: 대안을 제출한 문공위원회에서 아마 받아들인 모양입니다. 이의가 없으시지요? (이의 없소 하는 이 많음) 이의가 없으시면 그것을 최두고 의원이 제안한 그 수정안 부칙의 제6항 신설 그것과 문공위원회에서 제출한 대안 전체와 일괄해서 여러분의 가부를 물어보겠습니다. (이의 없소 하는 이 있음) 이의 없습니까? (이의 없소 하는 이 많음) 그러면 만장일치로 가결된 것을 선포합니다. 다음은 혹 자구정리할 것이 있으면 이 의장에게 일임해 주시기를 바랍니다. (이의 없소 하는 이 있음) 이의 없으시지요? (이의 없소 하는 이 많음)

---

5) 1964. 4. 16. 문교공보위원장(의안번호: 060162).
6) 제41회 국회(임시회) 제9차 전체회의, 문교공보위원회회의록, 1964. 4. 16., 16면.
7) 제41회 국회(임시회) 제9차 전체회의, 법제사법위원회회의록, 1964. 4. 18., 44면.
8) 제45회 국회(정기회) 제19차 본회의, 국회본회의회의록, 1964. 10. 28., 25면.
9) 제45회 국회(정기회) 제19차 본회의, 국회회의록, 1964. 10. 28., 19면.
10) 제45회 국회(정기회) 제19차 본회의, 국회회의록, 1964. 10. 28., 20면.
11) 제45회 국회(정기회) 제19차 본회의, 국회회의록, 1964. 10.28., 25면.

(4) 결과

문교공보위원회 대안으로 개정되었다.

53.202
2. 1981년 2월 28일 개정(법률 제3373호, 1981. 2. 28. 시행)

제53조(학교의 장의 임명) ①각급학교의 장은 당해 학교를 설치·경영하는 학교법인 또는 사립학교경영자가 감독청의 승인을 받아 임명한다.

②각급학교의 장의 임기에 관하여는 다른 법률에 특별한 규정이 없는 한 학교법인 및 법인인 사립학교경영자는 정관으로, 사인인 사립학교경영자는 규칙으로 정할 수 있다.

(1) 법률안(정부안[12])

현행법	원안
제53조(임면절차 및 임기) ①학교법인이 그가 설치·경영하는 사립학교의 교원을 임면함에 있어서는 다음 각호에 의하여야 한다. 1. 총장·학장(대학교의 학장을 제외한다)·교장·원장의 임면에 있어서는 당해 학교법인의 이사회의 의결을 거쳐야 한다. 2. 전호 이외의 교원의 임면에 있어서는 당해 학교의 총장 또는 학장(대학교의 학장을 제외한다)·교장 또는 원장의 제청으로 이사회의 의결을 거쳐야 한다. 3. 대학원장·학장(대학교의 학장에 한한다)의 보직에 있어서는 당해 학교의 총장 또는 학장(대학교의 학장을 제외한다)의 제청으로 이사회의 의결을 거쳐야 한다.	**제53조(학교의 장의 임명)** ①각급학교의 장은 당해 학교를 설치·경영하는 학교법인 또는 사립학교경영자가 감독청의 승인을 받아 임명한다.
②총장·학장·교장·원장의 임기에 관하여는 다른 법률에 특별한 규정이 없는 한 당해 학교법인의 정관으로 정할 수 있다.	②각급학교의 장의 임기에 관하여는 다른 법률에 특별한 규정이 없는 한 학교법인 및 법인인 사립학교경영자는 정관으로, 개인인 사립학교경영자는 규칙으로 정할 수 있다.
③법인인 사립학교경영자가 그 설치·경영하는	<삭 제>

12) 1981. 2. 13. 정부(의안번호: CC0145); 제안이유 및 주요내용은 이 책 [4.204] 참조.

사립학교의 교원을 임면함에 있어서는 제1항 제1호 및 제2호의 규정을 준용하고, 교장 또는 원장의 임기에 관하여는 전항의 규정을 준용한다.	
④개인인 사립학교경영자가 그 설치·경영하는 사립학교의 교원중 교장·원장 이외의 교원을 임면하고자 할 때에는 당해 학교장의 제청에 의하여 행하여야 한다.	<삭 제>

- 현행법은 학교의 장과 그 외의 교원을 하나의 조문으로 규율하고 있으나 개정안은 학교의 장이 아닌 교원의 임용에 대한 규율은 제53조의2로 이동하였고, 이에 따라 관련 규정을 삭제하였다.
- 각급학교의 장의 임면에 있어서 학교법인과 사립학교경영자를 제1항으로 통합하여 규정하였다.

(2) 위원회 심사

〈1〉 **문교공보위원회:** 원안대로 가결되었다.[13] 제53조에 관한 회의록 내용은 아래와 같다.

- **문교부장관 김판영**[14]: 존경하는 위원장님 그리고 위원 여러분! 지금으로부터 제안된 사립학교법 중 개정법률안에 대하여 설명을 올리겠습니다.
  먼저 이 법률안의 제안이유는 사립학교의 설립자와 대학의 장의 권한과 책임의 한계를 명확하게 하여 설립자가 학교행정에 부당하게 간섭할 수 없도록 함으로써 사회의 공기인 사학의 공공성 제고와 건전한 발전을 도모하려는데 그 목적이 있습니다. 주요골자를 말씀드리면,…둘째, 대학의 경우 설립자는 학교의 장의 임면권만 가지도록 하고 기타의 학교 교직원의 임면은 학교의 장이 하도록 하며,…이상 제안설명드린 사립학교법 중 개정법률안에 대하여 심의하시어 원안대로 통과시켜 주시면 감사하겠습니다…
- **정의숙 위원**[15]: 저는 지금 여기 나와 있는 사립학교법 중 개정법률안을 오늘 처

13) 제10.5대 국회 제77회 제19차 문교공보위원회국가보위입법회의사무처, 문교공보위원회회의록, 1981. 2. 19., 7면.
14) 제10.5대 국회 제77회 제19차 문교공보위원회국가보위입법회의사무처, 문교공보위원회회의록. 1981. 2. 19., 3면.
15) 제10.5대 국회 제77회 제19차 문교공보위원회국가보위입법회의사무처, 문교공보위원회회의록. 1981. 2. 19., 5면.

음 본 것 같아요... 그런데 지금 전문위원께서 지적해 주신 바에 의하면 사학의 자주성 그것이 굉장히 중요한데 그것에 비해서 감독청의 행정권이 좀 강한 것 같은 여지를 주는 말씀을 하셨는데 구체적으로 여기에 어떻게 되어 있는지 그 내용을 좀 알고 싶어서요. 시간적인 여유가 없고 해서요 조금 내용을 말씀해 주셨으면 좋겠는데요...

- **문교부장관 김판영**[16]: 답변을 드리겠습니다. 정의숙위원님께서 감독권이 상당히 강화된 것 같다고 하셨는데 감독권이 강화된 것은 없습니다. 종전과 별다름이 없습니다. 이미 법에 규정된 바와 같이 예산이 편성되면 거기에 대한 승인을 해 준다거나 또는 총·학장의 취임승인을 한다거나 이러한 정도이고 그 이상 더 강화한 것은 없습니다. 다만, 굉장히 강화한 것 같이 느껴진 것은 바로 이번에 개정된 부분이올시다. 즉 직계설립자나 직계존비속이 총장 또는 학장에 취임할 수 없도록 한 규정이라거나 또는 이때까지 법인이 직접 예산을 편성하고 또 집행하는데 관여할 수 있었던 학교예산에 관해서는 이를 별도의 재무위원회에서 예산을 편성하고 집행하는 이러한 결산을 승인하는 권한을 부여한다든가 정도에 지나지 않습니다...
- **위원장 송지영**[17]: 더 질의하실 분 안 계시면 이 법안에 대한 질의를 종결하려고 합니다. 이의 없으신가요? (이의 없습니다 하는 이 있음) 그러면 질의종결을 선포합니다. 다음은 토론과 축조심의 순서가 되겠습니다마는 위원 여러분께서 양해해 주신다면 이를 생략하고자 하는데 이의 없으신가요? (이의 없습니다 하는 이 있음) 그러면 의사일정 제2항 사립학교법 중 개정법률안을 정부원안대로 의결하는데 이의 없습니까? (이의 없습니다 하는 이 있음) 그러면 이것으로써 가결된 것을 선포합니다.

〈2〉 **법제사법위원회:** 원안을 수정·가결했다.[18] 수정내용은 아래와 같다.

법제사법위원회 수정안
제53조(학교의 장의 임명) ①각급학교의 장은 당해 학교를 설치·경영하는 학교법인 또는 사립학교경영자가 감독청의 승인을 받아 임명한다. ②각급학교의 장의 임기에 관하여는 다른 법률에 특별한 규정이 없는 한 학교법인 및 법인인 사립

16) 제10.5대 국회 제77회 제19차 문교공보위원회국가보위입법회의사무처, 문교공보위원회회의록. 1981. 2. 19., 6면.

17) 제10.5대 국회 제77회 제19차 문교공보위원회국가보위입법회의사무처, 문교공보위원회회의록. 1981. 2. 19., 7면.

18) 제10.5대 국회 제77회 제30차 법제사법위원회국가보위입법회의사무처, 법제사법위원회회의록, 1981. 2. 19., 5면.

학교경영자는 정관으로, 사인인 사립학교경영자는 규칙으로 정할 수 있다.

위 내용이 포함된 제53조에 관한 회의록 내용은 아래와 같다.

- **문교부장관 김판영**[19]: 사립학교법 중 개정법률안에 대하여 설명드리겠습니다. 이 법률안의 제안이유는 사립대학의 설립자와 대학의 장의 권한과 책임의 한계를 명확하게 하여 설립자가 학교행정에 부당하게 간섭할 수 없도록 함으로써 사회의 공기인 사학의 공공성 제고와 건전한 발전을 도모하려는 것입니다. 주요 골자를 말씀드리면... 대학의 경우 설립자는 학교의 장의 임면권만 가지도록 하고 기타의 학교 교직원의 임면은 학교의 장이 하도록 하…였습니다. 이상 제안 설명 드린 사립학교법 중 개정법률안에 대하여 심의하시어 원안대로 통과시켜 주시면 감사하겠습니다...
- **전문위원 양삼승**[20]: 다음 사립학교법 중 개정법률안에 대한 검토 결과를 말씀드리겠습니다. … 제53조제2항, 제53조의2제1항제2호, 제67조제2항 중 "개인인 사립학교경영자가"라고 되어 있는 부분을 용어의 통일을 기하기 위하여 "사인인 사립학교경영자"로 개정하…였습니다. 이상입니다...
- **위원장대리 김영균**[21]: 다른 위원 의견이 없으십니까? (없습니다 하는 이 있음) 그러면 전문위원이 자구 수정한 부분에 대하여 정부측 의견이 어떠신지 말씀해 주시기 바랍니다.
- **문교부장관 김판영**[22]: 정부측은 자구수정에 대하여 이의가 없습니다.
- **위원장대리 김영균**[23]: 다른 의견이 없으시면… 사립학교법 중 개정법률안을 전문위원이 자구수정한 부분은 수정한 대로 기타 부분은 원안대로 의결하고자 하는데 이의 없으십니까? (없습니다 하는 이 있음) 그러면 가결되었음을 선포합니다.

---

19) 제10.5대 국회 제77회 제30차 법제사법위원회국가보위입법회의사무처, 법제사법위원회회의록, 1981. 2. 19., 3면.
20) 제10.5대 국회 제77회 제30차 법제사법위원회국가보위입법회의사무처, 법제사법위원회회의록, 1981. 2. 19., 4면.
21) 제10.5대 국회 제77회 제30차 법제사법위원회국가보위입법회의사무처, 법제사법위원회회의록, 1981. 2. 19., 5면.
22) 제10.5대 국회 제77회 제30차 법제사법위원회국가보위입법회의사무처, 법제사법위원회회의록, 1981. 2. 19., 5면.
23) 제10.5대 국회 제77회 제30차 법제사법위원회국가보위입법회의사무처, 법제사법위원회회의록, 1981. 2. 19., 5면.

(3) 본회의 심의

법제사법위원회 수정안대로 가결되었다.[24]

(4) 결과

법제사법위원회 수정안으로 개정되었다.

53.203
3. 1990년 4월 7일 개정(법률 제4226호, 1990. 4. 7. 시행)

제53조(학교의 장의 임면) ①각급학교의 장은 당해 학교를 설치·경영하는 학교법인 또는 사립학교경영자가 **임면한다.**

②각급학교의 장의 임기에 관하여는 다른 법률에 특별한 규정이 없는 한 학교법인 및 법인인 사립학교경영자는 정관으로, 사인인 사립학교경영자는 규칙으로 정할 수 있다.

(1) 법률안

〈1〉 정부안[25]

현행법	원안
제53조(학교의 장의 임명) ①각급학교의 장은 당해 학교를 설치·경영하는 학교법인 또는 사립학교경영자가 감독청의 승인을 받아 임명한다. ② (생 략)	**제53조(학교의 장의 임면)** ①각급학교의 장은 당해 학교를 설치·경영하는 학교법인 또는 사립학교경영자가 임면한다. ② (현행과 같음)

- 종전에는 학교법인 또는 사립학교경영자가 학교의 장을 임명하고자 할 때 감독청의 승인을 얻도록 하던 것을 앞으로는 감독청의 승인없이 임면하도록 하였다.
- "임명"을 "임면"으로 변경하였다.

〈2〉 박석무 의원안[26]

현행법	원안
제53조(학교의 장의 임명) ①각급학교의 장은 당	**제53조(학교의 장의 선출·임명·임기등)** 학교의

24) 제10.5대 국회 제77회 제20차 국회본회의, 국회본회의회의록, 1981. 2. 20., 7면.
25) 1988. 12. 2. 정부(의안번호: 130287); 제안이유 및 주요내용은 이 책 [4.206] 참조.
26) 1988. 12. 21. 박석무의원 등 70인(의안번호: 130378); 제안이유 및 주요내용은 이 책 [4.206] 참조.

해 학교를 설치·경영하는 학교법인 또는 사립학교경영자가 감독청의 승인을 받아 임명한다. ②각급학교의 장의 임기에 관하여는 다른 법률에 특별한 규정이 없는 한 학교법인 및 법인인 사립학교경영자는 정관으로, 사인인 사립학교경영자는 규칙으로 정할 수 있다.	장의 선출·임명·임기·자격은 「교육법」 제61조를 준용하고, 당해 학교를 설치·경영하는 학교법인 또는 사립학교경영자는 임명후 관할청에 보고한다.

• 학교의 장의 선출·임명·임기·자격은 「교육법」 제61조를 준용하고, 해당 학교를 설치하는 학교법인 또는 사립학교 경영자는 임명 후 관할청에 보고하도록 하였다.

〈3〉 김인곤 의원안[27)]

현행법	원안
제53조(학교의 장의 임명) ①각급학교의 장은 당해 학교를 설치·경영하는 학교법인 또는 사립학교경영자가 감독청의 승인을 받아 임명한다. ②각급학교의 장의 임기에 관하여는 다른 법률에 특별한 규정이 없는 한 학교법인 및 법인인 사립학교경영자는 정관으로, 사인인 사립학교경영자는 규칙으로 정할 수 있다.	**제53조(학교의 장의 임명)** ①각급학교의 장은 이사회의 의결을 얻어 이사장이 임명하고 관할청에 보고한다. ②학교의 장의 임기 및 자격은 각급학교의 학칙으로 정한다.

• 각급학교의 장은 이사회의 의결을 얻어 이사장이 임명한 뒤 관할청에 보고하고, 임기는 정관 등이 아닌 학칙으로 정하도록 하였다.

〈4〉 강삼재 의원안[28)]

현행법	원안
제53조(학교의 장의 임명) ①각급학교의 장은 당해 학교를 설치·경영하는 학교법인 또는 사립학교경영자가 감독청의 승인을 받아 임명한다.	**제53조(학교의 장의 임명등)** ①대학(교)을 제외한 각급학교의 장은 당해 학교의 법인이사회, 교무회의, 졸업생 단체의 대표로 구성하는 추천위원회에서 추천하여 이사장이 임명하고 관할청에 보고한다.
②각급학교의 장의 임기에 관하여는 다른 법률에 특별한 규정이 없는 한 학교법인 및 법인인	②제1항의 추천위원회의 구성 및 학교의 장의 추천에 관하여 필요한 사항은 정관으로 정한

27) 1989. 2. 16. 김인곤의원 등 34인(의안번호: 130422); 제안이유 및 주요내용은 이 책 [4.206] 참조.
28) 1989. 2. 28. 강삼재의원 등 57인(의안번호: 130463); 제안이유 및 주요내용은 이 책 [4.206] 참조.

사립학교경영자는 정관으로, 사인인 사립학교 경영자는 규칙으로 정할 수 있다.	다. ③대학(교)의 장은 당해 대학의 교수협의회에서 정하는 방식에 따라 선출하여 법인이사회에서 임명하고 관할청에 보고한다. ④학교의 장의 임기는 「교육공무원법」제28조, 제29조의2를 준용한다.

• 대학(교)을 제외한 각급학교의 장은 법인이사회, 교무회의, 졸업생단체의 대표로 구성되는 추천위원회에서 추천하여 이사장이 임명한 후 관할청에 보고하도록 하고, 대학(교)의 경우에는 교수협의회에서 그 방식을 정하여 선출하고 법인이사회에서 임명한 후 관할청에 보고하도록 하였다.

(2) 위원회 심사

〈1〉 **문교공보위원회**: 대안[29]으로 가결되었다.[30]

문교공보위원회 대안
제53조(학교의 장의 임면) ①각급학교의 장은 당해 학교를 설치·경영하는 학교법인 또는 사립학교경영자가 임면한다. ②각급학교의 장의 임기에 관하여는 다른 법률에 특별한 규정이 없는 한 학교법인 및 법인인 사립학교경영자는 정관으로, 사인인 사립학교경영자는 규칙으로 정할 수 있다.

제53조에 관한 회의록 내용은 아래와 같다.

• **소위원장 함종한**[31]: 먼저 대안의 제안이유를 말씀드리면 소위원회가 심의한 4건의 사립학교법 중 개정법률안 모두가 사학의 자율성을 제고하고 사립학교 교원의 신분보장을 강화함으로써 교직의 안정과 사학의 건전한 발전을 도모하는 데 그 목적을 두고 있으나 그 내용상 유사한 부분과 상이한 부분이 있어 이를 절충 보완하여 새로운 단일안을 작성할 필요가 있었기 때문입니다. 다음으로 대안의 주요골자를 말씀드리겠습니다...

현재는 학교법인 또는 사립학교경영자가 학교의 장을 임명하고자 할 때에는 감독청의 승인을 얻도록 하고 있으나 앞으로는 감독청의 승인없이 임명하도록

---

29) 1990. 3. 15. 문교공보위원장(의안번호: 130833).

30) 제148회 국회(임시회) 제6차 전체회의, 문교공보위원회회의록, 1990. 3. 14., 8면.

31) 제148회 국회(임시회) 제6차 전체회의, 문교공보위원회회의록, 1990. 3. 14., 3면.

하되 임명된 날로부터 7일 이내에 관할청에 보고하도록 하고… 이상입니다...

- **위원장 정대철**[32]: 그러면 이것으로 토론을 종결하고 표결할 것을 선포합니다. 표결은 국회법에 의한 순서에 따라서 기립표결 하도록 하겠습니다. 그러면 먼저 소위원회에서 심사보고한대로 사립학교법 중 개정법률안 4건을 각각 본회의에 부의하지 아니하기로 하고 이에 대한 소위원회 대안을 위원회안으로 채택하여 제안하고자 하는데 찬성하시는 분은 기립하여 주시기 바랍니다. (기립표결) 표결 결과를 말씀드리겠습니다. 재석 12인 중 가 8인 부 4인으로 소위원회에서 심의 보고한대로 사립학교법 중 개정법률안 4건을 각각 본회의에 부의하지 아니하기로 하고 이에 대한 위원회대안을 제안하기로 가결되었음을 선포합니다. 방금 제안키로 의결한 대안은 위원장 명의로 제안됨을 참고로 말씀드리겠습니다.

〈2〉 **법제사법위원회:** 문교공보위원회 대안대로 가결되었다.[33] 제53조에 관한 회의록 내용은 아래와 같다.

- **함종한 위원**[34]: 먼저 대안의 제안경위를 말씀드리면, 문교공보위원회는 정부에서 제출한 사립학교법 중 개정법률안과 의원 발의로 제출된 사립학교법 중 개정법률안 3건 등 모두 4건의 사립학교법 중 개정법률안을 심사하는 과정에서 4건의 개정안이 모두 사학의 자율성을 높이고 사립대학 교원의 신분보장을 강화함으로써 교직의 안정과 사학의 건전한 발전을 도모하는 데 그 목적을 두고 있으나, 그 내용상 유사한 부분과 상이한 부분이 있어 이를 절충 보완하여 새로운 단일안을 작성할 필요성이 있었기 때문에 1990년 3월 14일 제6차 위원회에서 대안을 채택하여 제안하게 된 것입니다.

  다음으로 대안의 제안이유를 말씀드리겠습니다... 현재는 학교법인 또는 사립학교경영자가 학교의 장을 임명하고자 할 때에는 감독청의 승인을 얻도록 하고 있으나 앞으로는 감독청의 승인없이 임명하도록 하되 임명된 날로부터 7일 이내에 관할청에 보고하도록 하…였습니다...

- **위원장 이치호**[35]: 다음은 사립학교법 중 개정법률안에 대해서 전문위원의 수정의견을 위원회안으로 받아들이고 수정한 부분은 수정한 대로 기타는 원안대로 의결하고자 합니다. 이의가 없으십니까? (없습니다 하는 위원 있음) 가결되었음을 선포합니다.

---

32) 第148회 국회(임시회) 제6차 전체회의, 문교공보위원회회의록, 1990. 3. 14., 8면.
33) 第148회 국회(임시회) 제6차 전체회의, 법제사법위원회회의록, 1990. 3. 14., 26면.
34) 第148회 국회(임시회) 제6차 전체회의, 법제사법위원회회의록, 1990. 3. 14., 18면.
35) 第148회 국회(임시회) 제6차 전체회의, 법제사법위원회회의록, 1990. 3. 14., 26면.

(3) 본회의 심의

문교공보위원회 대안대로 가결되었다.[36] 제53조에 관한 회의록 내용은 아래와 같다.

- **함종한 의원**[37]: 다음으로 대안의 주요골자를 말씀드리겠습니다. …현재는 학교법인 또는 사립학교 경영자가 학교의 장을 임명하고자 할 때에는 감독청의 승인을 얻도록 하고 있으나 앞으로는 감독청의 승인 없이 임명하도록 하되 임명된 날로부터 7일 이내에 관할청에 보고하도록 하…였습니다.
- **의장 김재순**[38]: 그러면 사립학교법 중 개정법률안 대안에 대해서 여러 의원들께서 이의가 없으십니까? (없습니다 하는 의원 있음) (김광일 의원 의석에서 이의 있습니다. 이의 있어요) (김정길 의원 의석에서 표결하세요)

  그러면 표결하지요. 표결할 것을 선포합니다. 회의장 밖에 계시는 의원들께서 표결에 참석해 주시기 바랍니다. 그러면 먼저 이 안건에 대해서 찬성하시는 분은 기립해 주시기 바랍니다. (기립 표결) 다음은 반대하시는 분은 기립해 주시기 바랍니다. (기립 표결) 집계가 끝날 때까지 잠시 기다려 주시기 바랍니다. 표결 결과를 말씀드립니다. 재석 158, 가 153, 부 4, 기권 1… 사립학교법 중 개정법률안 대안이 가결되었음을 선포합니다.

(4) 결과

문교공보위원회 대안으로 개정되었다.

53.204

4. 1997년 1월 13일 개정(법률 제5274호, 1997. 4. 14. 시행)

제53조(학교의 장의 임면) ①각급학교의 장은 당해 학교를 설치·경영하는 학교법인 또는 사립학교경영자가 임면한다.

②제1항의 규정에 의하여 학교법인이 대학교육기관의 장을 임기중에 해임하고자 하는 경우에는 이사정수의 3분의 2이상의 찬성에 의한 이사회의 의결을 거쳐야 한다.

③각급학교의 장의 임기에 관하여는 다른 법률에 특별한 규정이 없는 한 학교법인 및 법인인 사립학교경영자는 정관으로, 사인인 사립학교경영자는 규칙으로

36) 제148회 국회(임시회) 제9차 본회의, 국회본회의회의록, 1990. 3. 16., 15~16면.
37) 제148회 국회(임시회) 제9차 본회의, 국회본회의회의록, 1990. 3. 16., 14~15면.
38) 제148회 국회(임시회) 제9차 본회의, 국회본회의회의록, 1990. 3. 16., 15~16면.

정할 수 있다.

(1) 법률안(정부안[39])

현행법	원안
제53조(학교의 장의 임면) ① (생 략) <신 설> ② (생 략)	**제53조(학교의 장의 임면)** ① (현행과 같음) ②제1항의 규정에 의하여 학교법인이 대학교육기관의 장을 임기중에 해임하고자 하는 경우에는 이사정수의 3분의 2이상의 찬성에 의한 이사회의 의결을 거쳐야 한다. ③ (현행 제2항과 같음)

- 대학교육기관의 장을 임기중에 해임하는 경우에 종전에는 재적이사 과반수의 찬성으로 의결하였으나(사립학교법 제18조제1항) 앞으로는 이사 정수의 3분의 2 이상의 찬성으로 의결하도록 하여 대학교육기관의 장의 신분보장을 강화하였다.

(2) 위원회 심사

〈1〉 **교육위원회:** 원안대로 가결되었다.[40] 제53조에 관한 회의록 내용은 아래와 같다.

- **교육부장관 안병영**[41]: 정부가 제출한 사립학교법 중 개정법률안에 대하여 제안설명드리겠습니다. 제안이유를 말씀드리면 사립학교의 자율성을 신장하기 위하여 학교법인의 이사의 수에 대한 규제를 완화하고 총학장의 신분보장을 강화하며 사립학교 운영의 공공성과 투명성을 높이기 위하여 학교법인의 회계에 대하여 외부감사를 받도록 하는 등 현행 제도의 운영상에 나타난 일부 미비 사항을 개선·보완하려는 것입니다. 주요골자를 말씀드리면,…총·학장을 임기중에 해임하고자 하는 경우 지금까지는 재적이사 과반수의 찬성으로 의결하였으나 앞으로는 이사정수의 3분의 2 이상의 찬성으로 의결하도록 하여 총학장의 신분보장을 강화하고,…이상에서 말씀드린 사립학교법 중 개정법률안의… 취지를 깊이 이해하시어 심의·의결하여 주시기 바랍니다…
- **전문위원 류삼현**[42]: 다음에는 대학교육기관의 장의 신분보장에 대해서 말씀드리

39) 1996. 11. 18. 정부(의안번호: 150305); 제안이유 및 주요내용은 이 책 [3.206] 참조.
40) 제181회 국회(정기회) 제10차 전체회의, 교육위원회회의록, 1996. 12. 12., 17면.
41) 제181회 국회(정기회) 제6차 전체회의, 교육위원회회의록, 1996. 11. 26., 8면.
42) 제181회 국회(정기회) 제6차 전체회의, 교육위원회회의록, 1996. 11. 26., 10면.

겠습니다. 학교법인이 대학교육기관의 장을 임기 중에 해임하고자 하는 경우에는 이사정수의 3분의 2 이상의 찬성에 의한 이사회의 의결을 거치도록 규정하여 총·학장의 신분보장을 강화하고 있는바 이는 총·학장이 학교를 자율적으로 운영할 수 있도록 보장한다는 측면에서 바람직한 입법조치라고 생각됩니다…

- **위원장 김현욱**[43]: 의사일정 제2항 사립학교법 중 개정법률안은 법안심사소위원회에서 심사보고한 바와 같이 수정한 부분은 수정한 대로 기타 부분은 정부 원안대로 의결하고자 합니다. 이의 없으시지요? (없습니다 하는 위원 있음) 가결된 것을 선포합니다.

〈2〉 **법제사법위원회:** 원안대로 가결되었다.[44] 제53조에 관한 회의록 내용은 아래와 같다.

- **교육부장관 안병영**[45]: 총·학장을 임기중에 해임하고자 하는 경우 지금까지는 재적이사 과반수의 찬성으로 의결하였으나 앞으로는 이사정수의 3분의 2 이상의 찬성으로 의결하도록 하여 총·학장의 신분보장을 강화하며,…등입니다…
- **최연희 위원**[46]: 그다음에 사립학교법에서 여러 가지가 개정됐는데 사립학교의 자율성 신장과 총학장의 신분보장은 해야 된다고 저도 생각하고 있습니다. 그런데 경우에 따라서는 학교 내분이라든가 또 어떤 외부적인 영향에 의해서 학교가 제대로 운영되지 않는 사립학교들도 더러 있는 것으로 알고 있습니다. 다른 분들은 다 보호를 강화하고 그러는데 설립자도 어느 정도는 보호해야 되지 않느냐, 왜 그런가 하면 지금 국가재정이 여러 가지 사정으로 학교를 많이 신·증축할 수 있는 사정이 안 되니까 사립학교를 좀 많이 개설하도록 유도하기 위해서도 설립자도 어느 정도 좀 보호해야 되지 않느냐, 지금 사실 제가 보기에도 몇 군데는 여러 가지 복잡한 내부사정으로, 구체적으로는 거론하지 않겠습니다마는 그런 사정이 있는 학교들도 더러 있습디다. 그런 문제에 설립자 보호규정은 전혀 되어 있지 않습니다.
- **교육부장관 안병영**[47]: 여기서 이사회의 수를 조정한 것, 이것은 설립자에게 자율성을 높이는 그런 조치라고 생각을 합니다. 대개 이 법안 중에서 설립자에게 뭔가 더 유리한 입장은 이것이 초점이라고 저는 보고 있습니다.

---

43) 제181회 국회(정기회) 제10차 전체회의, 교육위원회회의록, 1996. 12. 12., 17면.
44) 제181회 국회(정기회) 제14차 전체회의, 법제사법위원회회의록, 1996. 12. 16., 23면.
45) 제181회 국회(정기회) 제14차 전체회의, 법제사법위원회회의록, 1996. 12. 16., 15면.
46) 제181회 국회(정기회) 제14차 전체회의, 법제사법위원회회의록, 1996. 12. 16., 17면.
47) 제181회 국회(정기회) 제14차 전체회의, 법제사법위원회회의록, 1996. 12. 16., 17면.

- **최연희 위원**[48]: 설립자가 이사회에 관여하지 못하고 완전 배제된 경우는 어떻게 합니까?
- **교육부장관**[49] **안병영**: 예컨대, 관선이사가 된 것 같은 경우가 그런 경우입니다만 학교에 분쟁이 있는 경우는 어쩔 수 없이 일정 기간 관선이사를 파견합니다마는 학교가 다시 정상으로 회복이 되면 곧 제대로 된 체제를 구축하는 것이 교육부의 기본적인 입장입니다.
- **최연희 위원**[50]: 그러니까 정상화되면 설립자 쪽으로 유도하고 있습니까?
- **교육부장관 안병영**[51]: 가능하면 그쪽으로 일이 진행되도록 유도합니다...
- **박찬주 위원**[52]: 우선 아까 최연희 위원님이 지적하신 것입니다마는 대학교육기관의 장을 임기중에 해임하고자 할 때 종전에는 과반수였는데 지금은 3분의 2로 높였는데 이것은 앞으로 설립자들이 대학을 설립하면서 펼치고자 하는 이념의 실현을 막아버릴 가능성이 있는 악법이 아닌가 하는 생각이 듭니다. 만약 대학총장이 이사 몇 사람과 결탁해 설립자가 원래 의도했던 것과 정반대 행위로 나갔을 때 거기에 대해서 어떻게 제동을 걸고 자기의 설립이념을 관철할 수 있을 것인가, 아무리 교육자치도 좋지만 설립자의 의사는 당연히 존중되어야 하지 않는가 하는 생각이 들어서 재고를 요청드립니다...
- **위원장 강재섭**[53]: 교육법 중 개정법률안, 사립학교법 중 개정법률안, 학점인정등에 관한법률안, 한국교육방송원법안 이상 4건의 법률안에 전문위원의 검토의견을 우리 위원회안으로 받아들여서 수정의결하고자 하는데 이의가 없으시지요?
(없습니다 하는 위원 있음) 그러면 이상 4건의 법률안이 가결되었음을 선포합니다.

(3) 본회의 심의

원안대로 가결되었다.[54]

---

48) 제181회 국회(정기회) 제14차 전체회의, 법제사법위원회회의록, 1996. 12. 16., 17면.
49) 제181회 국회(정기회) 제14차 전체회의, 법제사법위원회회의록, 1996. 12. 16., 17면.
50) 제181회 국회(정기회) 제14차 전체회의, 법제사법위원회회의록, 1996. 12. 16., 17면.
51) 제181회 국회(정기회) 제14차 전체회의, 법제사법위원회회의록, 1996. 12. 16., 17면.
52) 제181회 국회(정기회) 제14차 전체회의, 법제사법위원회회의록, 1996. 12. 16., 20면.
53) 제181회 국회(정기회) 제14차 전체회의, 법제사법위원회회의록, 1996. 12. 16., 23면.
54) 제181회 국회(정기회) 제22차 본회의, 국회본회의회의록, 1996. 12. 17., 8면.

53.205 5. 2005년 12월 29일 개정(법률 제7802호, 2006. 7. 1. 시행)

제53조(학교의 장의 임면) ①각급학교의 장은 당해 학교를 설치·경영하는 학교법인 또는 사립학교경영자가 임면한다.
②제1항의 규정에 의하여 학교법인이 대학교육기관의 장을 임기중에 해임하고자 하는 경우에는 이사정수의 3분의 2 이상의 찬성에 의한 이사회의 의결을 거쳐야 한다.
③각급학교의 장의 임기는 학교법인 및 법인인 사립학교경영자는 정관으로, 사인인 사립학교경영자는 규칙으로 정하되, **4년을 초과할 수 없고, 1회에 한하여 중임할 수 있다.**

(1) 법률안(복기왕 의원안[55])

현행법	원안
제53조(학교의 장의 임면) ① ~ ② (생 략) ③각급학교의 장의 임기에 관하여는 다른 법률에 특별한 규정이 없는 한 학교법인 및 법인인 사립학교경영자는 정관으로, 사인인 사립학교경영자는 규칙으로 정할 수 있다.	**제53조(학교의 장의 임면)** ① ~ ② (현행과 같음) ③각급학교의 장의 임기는 4년으로 하고, 1회에 한하여 중임할 수 있다.

- 「교육공무원법」(2005. 5. 31. 개정, 2005. 9. 1. 시행) 제28조는 국·공립학교 장의 임기를 규정하고 있으나 사립학교의 장은 임기 규정이 없어 국·공립학교와 형평성을 맞추어 사립학교의 장의 임기제를 도입하여 그 임기를 4년으로 하고 중임할 수 있도록 하였다.

(2) 위원회 심사

〈1〉 **교육위원회:** 심사 미료

국회의장이 지정한 심사기간(2005. 9. 16 24:00) 내에 심사가 미료됨에 따라 소관 상임위원장의 중간심사보고(구두보고) 후 본회의로 바로 상정하였다(「국회법」 제85조의2).

〈2〉 **법제사법위원회:** 심사 미료

55) 2004. 10. 20. 복기왕의원 등 150인(의안번호: 170595); 제안이유 및 주요내용은 이 책 [10-2.201] 참고.

(3) 본회의 심의

원안을 수정·가결했다.[56] 수정내용은 아래와 같다.

본회의 수정안
제53조(학교의 장의 임면) ③각급학교의 장의 임기는 학교법인 및 법인인 사립학교경영자는 정관으로, 사인인 사립학교경영자는 규칙으로 정하되, 4년을 초과할 수 없고, 1회에 한하여 중임할 수 있다.

이 조문의 회의록 내용은 2005. 12. 29. 개정조문 제8조의2와 공통적이어서 생략한다.[57]

(4) 결과

본회의 수정안으로 개정되었다.

6. 2007년 7월 27일 개정(법률 제8545호, 2007. 7. 27. 시행)

제53조(학교의 장의 임면) ①각급학교의 장은 당해 학교를 설치·경영하는 학교법인 또는 사립학교경영자가 임면한다.

②제1항의 규정에 의하여 학교법인이 대학교육기관의 장을 임기중에 해임하고자 하는 경우에는 이사정수의 3분의 2 이상의 찬성에 의한 이사회의 의결을 거쳐야 한다.

③각급학교의 장의 임기는 학교법인 및 법인인 사립학교경영자는 정관으로, 사인인 사립학교경영자는 규칙으로 정하되, 4년을 초과할 수 없고, **중임할 수 있다. 다만, 초·중등학교의 장은 1회에 한하여 중임할 수 있다.**

(1) 법률안(이은영 의원안[58])

현행법	원안
제53조(학교의 장의 임면) ①·② (생 략) ③각급학교의 장의 임기는 학교법인 및 법인인 사립학교경영자는 정관으로, 사인인 사립학교경	**제53조(학교의 장의 임면)** ①·② (현행과 같음) ③각급학교의 장의 임기는 학교법인 및 법인인 사립학교경영자는 정관으로, 사인인 사립학교

56) 제256회 국회(정기회) 제16차 본회의, 국회본회의회의록, 2005. 12. 9., 2~3면.
57) 이 책 [8-2.201] 참조.
58) 2006. 12. 1. 이은영의원 등 23인(의안번호: 175526); 제안이유 및 주요내용은 이 책 [14.206] 참조.

영자는 규칙으로 정하되, 4년을 초과할 수 없고, 1회에 한하여 중임할 수 있다. <단서 신설>	경영자는 규칙으로 정하되, 4년을 초과할 수 없고, 중임할 수 있다. 다만, 초·중등학교의 장은 1회에 한하여 중임할 수 있다.

• 학교별로 중임 허용 횟수에 차등을 두었다.

(2) 위원회 심사

〈1〉 교육위원회: 심사 미료

심사가 미료되어 「국회법」에 따라 소관 상임위원장의 중간심사보고(구두보고) 후 본회의로 바로 상정하였다.

제53조에 관한 회의록 내용은 아래와 같다.

- **이은영 의원**[59]: 사립학교의 장의 임기는 4년을 초과할 수 없고 중임을 허용하되 초·중등학교의 장은 1회에 한해서만 중임을 허용하도록 하였습니다..
- **전문위원 구기성**[60]: 안 제53조제3항에서는 현행법이 모든 사립학교장의 임기를 4년을 초과할 수 없고 1회에 한하여 중임할 수 있도록 하여 최대 8년 이내로 제한하고 있는 것을 초·중등학교를 제외한 유치원과 사립대학의 장은 중임제한 대상에서 배제함으로써 이들에 대한 법률상의 임기에 사실상 제한을 두지 않고 있습니다. 현행 사립학교장의 임기제한과 관련하여 소규모 사립유치원 중에는 사인인 사립학교 경영자가 유치원장을 겸하는 경우가 많아 이들의 임기를 단기로 제한하는 것은 현실적인 운영 상황에 부합하지 않는다는 문제 제기가 있어 왔고, 사립대학의 장은 교육공무원법상 총장의 임기제한이 없는 국·공립 대학과 비교하여 형평성 차원에서 지적이 있음을 수용한 것으로 보입니다...
- **이군현 위원**[61]: 초·중·고등학교를 제외하고 나머지 모든 사립학교의 1차 중임 조항을 없앤 것입니다. 즉 개악된 사학법에 의하면 4년 임기로 사립학교의 장은 하되 1차에 한해서 중임할 수 있다라고, 즉 총 8년을 할 수 있도록 되어 있던 것을 그 개정되기 이전의 옛날 법으로 다시 돌아가서 중임을 계속 허용하는 것으로 고쳐진 것입니다. 그러니까 이것도 사실 새로운 것은 아니고 개정된 법 이전으로 그냥 다시 돌아간 것에 불과하다, 당연히 돌아가야 되는 것이라고 생각합니다...

---

59) 제262회 국회(정기회) 제14차 전체회의, 교육위원회회의록, 2006. 12. 8., 3면.
60) 제262회 국회(정기회) 제14차 전체회의, 교육위원회회의록, 2006. 12. 8., 5면.
61) 제262회 국회(정기회) 제14차 전체회의, 교육위원회회의록, 2006. 12. 8., 7면.

- **정봉주 위원**[62]: 그리고 제53조를 보게 되면 중임제한 조항이 이번에 철폐가 됐습니다. 그래서 제가 다른 법을 살펴봤더니 교육공무원법에 근거해서 국공립학교하고 동일하게 간 것이라서 큰 문제가 없을 것 같습니다, 제53조 같은 경우는 교육부도 여기에 대해서는 동의하고 계시는 거지요?
- **부총리겸교육인적자원부장관 김신일**[63]: 예, 그렇습니다...
- **이주호 위원**[64]: 그다음에 보면 "현행 법률의 운영 과정에서 나타난 일부 미비점을 개선 보완하려 한다" 이렇게 제안이유가 이어지고 있는데요, 저는 이것을 보고 참 실망을 금할 수가 없었습니다. 어떻게 사립유치원장이 8년 이상 유치원을 경영할 수 없도록 하였던 것이 일부 미비점입니까? 유아교육을 하는 분들에게는 정말 대단히 심각한 문제였습니다. 국회가, 또 의원들이 정말 많이 뉘우치고 부끄러워해야 할 일인데도 불구하고 그냥 "일부 미비점을 개선 보완한다" 그렇게 해서는 안 된다고 생각합니다. 다음으로, 사립학교장의 4년 중임제한과 이사장 친·인척의 학교장 임명 불가 조항에 대해서도 마찬가지입니다. 이것이 어떻게 일부 미비점입니까? 정말 헌법상 보장된 국민의 기본권을 심각히 제한하는 그런 법안을 제출해서 강행 통과시키고 지금 시행까지 하고 있는 마당에 어떻게 이것이 일부 미비점이라고 하겠습니까? 그래서 저는 이런 부분에서 굉장히 안타깝고요.

  교육부총리께 한번 질의해 보겠습니다. 사학법이 그동안 이렇게 계속 갈등이 가시지 않고 있는 이유가 정부가 법 시행을 제대로 못해서 그렇다고 생각하십니까? 그렇지 않지요?
- **부총리겸교육인적자원부장관 김신일**[65]: 정부는 열심히 그것을 시행하느라 노력을 했습니다.

〈2〉 **법제사법위원회:** 심사 미료

(3) 본회의 심의

원안대로 가결되었다.[66] 이 조문의 회의록 내용은 2007. 7. 27. 개정조문 제14조와 공통적이어서 생략한다.[67]

62) 제262회 국회(정기회) 제14차 전체회의, 교육위원회회의록, 2006. 12. 8., 9면.
63) 제262회 국회(정기회) 제14차 전체회의, 교육위원회회의록, 2006. 12. 8., 9면.
64) 제262회 국회(정기회) 제14차 전체회의, 교육위원회회의록, 2006. 12. 8., 11면.
65) 제262회 국회(정기회) 제14차 전체회의, 교육위원회회의록, 2006. 12. 8., 11면.
66) 제268회 국회(임시회) 제10차 본회의, 국회본회의회의록, 2007. 7. 3., 48~49면.
67) 이 책 [14.206] 참조.

(4) 결과

원안으로 개정되었다.

53.207 7. 2016년 2월 3일 개정(법률 제13938호, 2016. 2. 3. 시행)

제53조(학교의 장의 임용) ①각급학교의 장은 당해 학교를 설치·경영하는 학교법인 또는 사립학교경영자가 **임용**한다.
②제1항의 규정에 의하여 학교법인이 대학교육기관의 장을 임기중에 해임하고자 하는 경우에는 이사정수의 3분의 2 이상의 찬성에 의한 이사회의 의결을 거쳐야 한다.
③각급학교의 장의 임기는 학교법인 및 법인인 사립학교경영자는 정관으로, 사인인 사립학교경영자는 규칙으로 정하되, 4년을 초과할 수 없고, 중임할 수 있다. 다만, 초·중등학교의 장은 1회에 한하여 중임할 수 있다.

• 제4장 제1절의 절 번호 및 제목을 "제1절 자격·임면·복무"에서 "제1절 자격·임용·복무"으로 하고, 제2조를 개정함에 따라 "임면"을 "임용"으로 하였다(대체로 형식에 관한 개정이므로 자세한 개정경과는 생략함[68]).

53.208 8. 2019년 12월 3일 개정(법률 제16674호, 2020. 6. 4. 시행)

제53조(학교의 장의 임용) ①각급학교의 장은 당해 학교를 설치·경영하는 학교법인 또는 사립학교경영자가 임용한다.
②제1항의 규정에 의하여 학교법인이 대학교육기관의 장을 임기중에 해임하고자 하는 경우에는 이사정수의 3분의 2 이상의 찬성에 의한 이사회의 의결을 거쳐야 한다.
③각급학교의 장의 임기는 학교법인 및 법인인 사립학교경영자는 정관으로, 사인인 사립학교경영자는 규칙으로 정하되, 4년을 초과할 수 없고, 중임할 수 있다. 다만, 초·중등학교 **및 특수학교의 장**은 1회에 한하여 중임할 수 있다.

(1) 법률안(조승래 의원안[69])

이 조문을 포함한 개정 대상 조문의 제안이유 및 주요내용은 아래와 같다.

---

68) 이에 관한 구체적 개정경과는 이 책 [2.204] 참조.
69) 2019. 3. 7. 조승래의원 등 10인(의안번호: 2019028).

• 제안이유 및 주요내용

국·공립 특수학교 교장은 「교육공무원법」에 따라 한 차례만 중임을 허용하고 있으나 현행법에 따르면 사립 특수학교의 장은 횟수의 제한 없이 중임을 할 수 있도록 규정하고 있어 국·공립 특수학교 교장과 사립 특수학교의 장간의 중임규정 적용에 관한 형평성 문제가 제기되고 있음.

이에 사립 특수학교의 장에 대해서도 한 차례만 중임을 할 수 있도록 함으로써 국·공립 특수학교의 장과 사립 특수학교의 장과의 형평성을 제고하려는 것임(안 제53조제3항 단서).

이 조문의 현행법과 개정 원안은 아래와 같다.

현행법	원안
제53조(학교의 장의 임용) ① ~ ② (생 략) ③각급학교의 장의 임기는 학교법인 및 법인인 사립학교경영자는 정관으로, 사인인 사립학교경영자는 규칙으로 정하되, 4년을 초과할 수 없고, 중임할 수 있다. 다만, 초·중등학교의 장은 1회에 한하여 중임할 수 있다.	**제53조(학교의 장의 임용)** ① ~ ② (현행과 같음) ③각급학교의 장의 임기는 학교법인 및 법인인 사립학교경영자는 정관으로, 사인인 사립학교경영자는 규칙으로 정하되, 4년을 초과할 수 없고, 중임할 수 있다. 다만, 초·중등학교 및 특수학교의 장은 1회에 한하여 중임할 수 있다.

(2) 위원회 심사

〈1〉 **교육위원회**: 원안대로 가결되었다.[70] 제53조에 관한 회의록 내용은 아래와 같다.

가. 제370회 국회(임시회) 제1차 법안심사소위(2019. 8. 19.)

• **전문위원 신종숙**[71]: 보고드리겠습니다. 사립 특수학교의 장도 다른 초·중등학교, 특수학교의 장과 동일하게 1회에 한하여 중임하도록 하자는 내용입니다. 검토의견 말씀드리겠습니다. 개정안과 같이 개정하는 경우 중임 제한에 있어서 국·공·사립 초등학교, 중등학교, 고등학교까지 또 국·공립 특수학교의 장과 형평성을 맞추고 사립학교의 건전한 발달을 도모할 수 있을 것으로 보았습니다. 그래서 적정하다고 보았습니다. 다만 부칙에서 개정안의 경과조치에 따르면 현

70) 제370회 국회(임시회) 제1차 전체회의, 교육위원회회의록, 2019. 8. 20., 7면.
71) 제370회 국회(임시회) 제1차 법안심사소위, 교육위원회회의록(법안심사소위원회), 2019. 8. 19., 26면.

재 2회 이상 중임인 특수학교의 장은 잔여임기까지만 재임할 수 있어 기존의 법질서에 대한 신뢰이익이 침해된다는 점이 있었습니다. 그래서 개정안의 입법취지와 개인의 신뢰보호를 고려해서 수정의견을 제시했습니다. 이상입니다.

- **소위원장 조승래**[72]: 차관, 정부 의견 말씀해 주십시오.
- **교육부차관 박백범**[73]: 전문위원님 검토의견에 동의합니다.
- **소위원장 조승래**[74]: 위원님들 토론해 주시기 바랍니다.
- **곽상도 위원**[75]: 반대하는 분들이 의원실에 찾아와서 항의가 많던데…
- **교육부차관 박백범**[76]: 일부 사립학교가 그런 경우가 있습니다만, 사립 특수학교가요. 지금 국·공·사립 모든 학교의 교장은 다 중임 제한을 적용받고 있는데 일부 16년, 12년, 18년씩 이렇게 교장을 하는 사립 특수학교가 있습니다. 그래서 형평성에 맞춰서 개정해 주시기를 부탁드리겠습니다.
- **곽상도 위원**[77]: 이 수정의견대로 하면 종국적으로 어떻게 변하는 거예요? 수정의견대로 지금 하자는 거 아니에요?
- **교육부차관 박백범**[78]: 예.
- **곽상도 위원**[79]: 하면 어떻게 정리가 되는 거예요?
- **교육부차관 박백범**[80]: 그러니까 기존에 10년씩 하셨다 하더라도 그분들도 신뢰보호원칙에 따라서 한 번은 더 하실 수 있도록 그렇게…
- **곽상도 위원**[81]: 그러면 지금 잔여임기도 하고 그 이후에 한 번을 더 한다?
- **교육부차관 박백범**[82]: 예, 그렇습니다. 그러니까 지금부터 시작해서 중임하는 것으로 그렇게 하면…
- **서영교 위원**[83]: 4년?
- **교육부차관 박백범**[84]: 4년 더 하실 수가 있는 거지요. 잔여임기 플러스 4년을 더 하실 수가 있습니다.

---

72) 제370회 국회(임시회) 제1차 법안심사소위, 교육위원회회의록(법안심사소위원회), 2019. 8. 19., 26면.
73) 제370회 국회(임시회) 제1차 법안심사소위, 교육위원회회의록(법안심사소위원회), 2019. 8. 19., 26면.
74) 제370회 국회(임시회) 제1차 법안심사소위, 교육위원회회의록(법안심사소위원회), 2019. 8. 19., 26면.
75) 제370회 국회(임시회) 제1차 법안심사소위, 교육위원회회의록(법안심사소위원회), 2019. 8. 19., 26면.
76) 제370회 국회(임시회) 제1차 법안심사소위, 교육위원회회의록(법안심사소위원회), 2019. 8. 19., 26면.
77) 제370회 국회(임시회) 제1차 법안심사소위, 교육위원회회의록(법안심사소위원회), 2019. 8. 19., 26면.
78) 제370회 국회(임시회) 제1차 법안심사소위, 교육위원회회의록(법안심사소위원회), 2019. 8. 19., 26면.
79) 제370회 국회(임시회) 제1차 법안심사소위, 교육위원회회의록(법안심사소위원회), 2019. 8. 19., 26면.
80) 제370회 국회(임시회) 제1차 법안심사소위, 교육위원회회의록(법안심사소위원회), 2019. 8. 19., 26면.
81) 제370회 국회(임시회) 제1차 법안심사소위, 교육위원회회의록(법안심사소위원회), 2019. 8. 19., 26면.
82) 제370회 국회(임시회) 제1차 법안심사소위, 교육위원회회의록(법안심사소위원회), 2019. 8. 19., 26면.
83) 제370회 국회(임시회) 제1차 법안심사소위, 교육위원회회의록(법안심사소위원회), 2019. 8. 19., 26면.
84) 제370회 국회(임시회) 제1차 법안심사소위, 교육위원회회의록(법안심사소위원회), 2019. 8. 19., 26면.

- **서영교 위원**[85]: 다른 학교들도 4년 중임이 돼요? 잔여임기만 하지 않나요?
- **교육부차관 박백범**[86]: 지금 국·공·사립 모든 학교가 중임제한으로 한 지는 오래됐기 때문에 이렇게 오래 하신 분들이 존재할 수가 없습니다. 그런데 유독 사립 특수학교만 아까 말씀드린 18년씩, 16년씩 이렇게 하신 분들이 계셔서 그런 분들 일부 반대가 있는 것으로 알고 있습니다.
- **소위원장 조승래**[87]: 예전에 특수학교 말고 사립학교에서 2005년도인가 사립학교법 개정하면서 이 조항이 들어간 거지요?
- 교육부차관 박백범[88]: 예.
- **소위원장 조승래**[89]: 그때도 이런 정도의 경과규정을 둔 것 아닙니까?
- **교육부차관 박백범**[90]: 예.
- **소위원장 조승래**[91]: 그렇지요?
- **교육부차관 박백범**[92]: 예. 이게 좀 구체적으로 문제가 된 것은 작년에 태백에 있는 모 사립학교에서 인권침해가 생겼고 그 학교 교장이 설립 이후 14년간 재임한 그런 교장이어 가지고, 사회적으로 요구가 많은 사항이라고 보시면 될 것 같습니다.
- **전문위원 신종숙**[93]: 참고로 공모에 따른 교장임용은 횟수 제한이 없습니다. 공모하시면 계속할 수 있습니다.
- **소위원장 조승래**[94]: 특수학교가 공모 형식으로 해서 하면 관계는 없다는 거지요?
- **전문위원 신종숙**[95]: 그렇습니다.
- **교육부차관 박백범**[96]: 예.
- **소위원장 조승래**[97]: 그러면 다른 의견 없으시면 의결을 하도록 하겠습니다. 의사일정 제7항은 위원님들의 의견과 전문위원의 의견을 받아들여 수정한 부분은 수정한 대로 기타 부분은 원안대로 의결하고자 하는데 이의 없으십니까? (예 하는

85) 第370회 국회(임시회) 제1차 법안심사소위, 교육위원회회의록(법안심사소위원회), 2019. 8. 19., 26면.
86) 第370회 국회(임시회) 제1차 법안심사소위, 교육위원회회의록(법안심사소위원회), 2019. 8. 19., 26면.
87) 第370회 국회(임시회) 제1차 법안심사소위, 교육위원회회의록(법안심사소위원회), 2019. 8. 19., 26면.
88) 第370회 국회(임시회) 제1차 법안심사소위, 교육위원회회의록(법안심사소위원회), 2019. 8. 19., 26면.
89) 第370회 국회(임시회) 제1차 법안심사소위, 교육위원회회의록(법안심사소위원회), 2019. 8. 19., 26면.
90) 第370회 국회(임시회) 제1차 법안심사소위, 교육위원회회의록(법안심사소위원회), 2019. 8. 19., 26면.
91) 第370회 국회(임시회) 제1차 법안심사소위, 교육위원회회의록(법안심사소위원회), 2019. 8. 19., 26면.
92) 第370회 국회(임시회) 제1차 법안심사소위, 교육위원회회의록(법안심사소위원회), 2019. 8. 19., 26면.
93) 第370회 국회(임시회) 제1차 법안심사소위, 교육위원회회의록(법안심사소위원회), 2019. 8. 19., 27면.
94) 第370회 국회(임시회) 제1차 법안심사소위, 교육위원회회의록(법안심사소위원회), 2019. 8. 19., 27면.
95) 第370회 국회(임시회) 제1차 법안심사소위, 교육위원회회의록(법안심사소위원회), 2019. 8. 19., 27면.
96) 第370회 국회(임시회) 제1차 법안심사소위, 교육위원회회의록(법안심사소위원회), 2019. 8. 19., 27면.
97) 第370회 국회(임시회) 제1차 법안심사소위, 교육위원회회의록(법안심사소위원회), 2019. 8. 19., 27면.

위원 있음) 가결되었음을 선포합니다.

나. 제370회 국회(임시회) 제1차 전체회의(2019. 8. 20.)

- **소위원장 조승래**[98]: 다음, 본 의원이 대표발의한 사립학교법 일부개정법률안은 사립 특수학교의 장도 다른 학교의 장과 동일하게 1회에 한하여 중임할 수 있도록 하는 내용으로, 개인의 신뢰보호를 고려하여 재임하였거나 재임 중인 사람의 경우 1회에 한하여 중임할 수 있도록 부칙을 수정하여 의결하였습니다...
- **위원장 이찬열**[99]: 의사일정 제8항 조승래 의원이 대표발의한 사립학교법 일부개정법률안은 소위원회에서 심사보고한 바와 같이 수정한 부분은 수정한 대로 기타 부분은 원안대로 의결하고자 하는데 이의 없으십니까? (예 하는 위원 있음) 가결되었음을 선포합니다.

〈2〉 **법제사법위원회**: 원안대로 가결되었다.[100]

(3) 본회의 심의

원안대로 가결되었다.[101]

(4) 결과

원안으로 개정되었다.

53.209

9. 2020년 12월 22일 개정(법률 제17659호, 2020. 12. 22. 시행)

제53조(학교의 장의 임용)_① 각급 학교의 장은 __해당__ 학교를 설치·경영하는 학교법인 또는 사립학교경영자가 임용한다.
② __제1항에 따라__ 학교법인이 대학교육기관의 장을 임기 중에 해임하려는 경우에는 이사 정수의 3분의 2 이상의 찬성에 의한 이사회의 의결을 거쳐야 한다.
③_각급 학교의 장의 임기는 학교법인 및 법인인 사립학교경영자__의 경우에는__ 정관으로 __정하고__, 사인인 사립학교경영자__의 경우에는__ 규칙으로 정하되, 4년을 초과

98) 제370회 국회(임시회) 제1차 전체회의, 교육위원회회의록, 2019. 8. 20., 6면.
99) 제370회 국회(임시회) 제1차 전체회의, 교육위원회회의록, 2019. 8. 20., 7면.
100) 제371회 국회(정기회) 제6차 전체회의, 법제사법위원회회의록, 2019. 10. 24., 40면.
101) 제371회 국회(정기회) 제10차 본회의, 국회본회의회의록, 2019. 10. 24., 31면.

할 수 **없으며**, 중임할 수 있다. 다만, 초·중등학교 및 특수학교의 장은 **한 차례만** 중임할 수 있다.

- 법문을 한글화하고 간결하게 하였다(오직 형식에 관한 개정이므로 자세한 개정경과는 생략함[102]).

III. 현행법

제53조(학교의 장의 임용) ① 각급 학교의 장은 해당 학교를 설치·경영하는 학교법인 또는 사립학교경영자가 임용한다.
② 제1항에 따라 학교법인이 대학교육기관의 장을 임기 중에 해임하려는 경우에는 이사 정수의 3분의 2 이상의 찬성에 의한 이사회의 의결을 거쳐야 한다.
③ 각급 학교의 장의 임기는 학교법인 및 법인인 사립학교경영자의 경우에는 정관으로 정하고, 사인인 사립학교경영자의 경우에는 규칙으로 정하되, 4년을 초과할 수 없으며, 중임할 수 있다. 다만, 초·중등학교 및 특수학교의 장은 한 차례만 중임할 수 있다.

IV. 종합/특기사항

- 1981년 개정으로 학교의 장과 그 외의 교원을 분리하여 규정함에 따라 학교의 장 외의 교원에 대해서는 제53조의2가 규율한다.
- 제53조에 대한 주요 변화는 1964년, 19981년, 1990년, 1997년, 2005년, 2007년 개정이다. 1964년 개정은 이사회가 직접 임면하는 총장·교장·원장 등과 달리 부총장·교감·원감은 학교의 장의 추천으로 이사회의 의결을 거치도록 하였고, 1981년 개정은 학교의 장이 아닌 교원의 임용에 대한 규율은 제53조의2로 이동시키면서 학교의 장의 임명을 위하여 학교법인 또는 사립학교경영자는 감독청의 승인을 받도록 하였으며, 1990년 개정은 학교의 장을 임명에 있어서 감독청의 승인 제도를 폐지하였고, 1997년 개정은 학교법인이 대학교육기관의 장을 임기 중 해임하는 경우 이사정수의

102) 이에 관한 구체적 개정경과는 이 책 [1.201] 참조.

3분의 2 이상의 찬성에 의한 이사회의 의결을 거치도록 하였고(종전에는 과반수), 2005년 개정은 각급학교 장의 임기에 대하여 4년을 초과할 수 없고 1회에 한하여 중임할 수 있도록 제한했으며, 2007년 개정은 초·중등학교의 장 외의 학교장에 대해서는 중임제한을 폐지하였다.

- 2005년 개정 과정에서 정치적 입장에 따라 매우 격렬한 의견대립이 있었다. 제256회 국회(정기회) 제16차 본회의(2005. 12. 9.)에서 나타난 원색적 언동은 그 사정을 잘 보여준다.[103)]
- 1997년 헌법재판소는 사립학교법(1963. 6. 26. 법률 제1362호로 제정되어 1990. 4. 7. 법률 제4226호로 개정된 것) 제53조제1항이 대학교 총장선임결의무효확인 사건에 있어서 재판의 전제성이 있는지 여부 등에 관하여 아래와 같이 판단하였다.[104)]

우리 재판소가 사립학교법 제53조제1항의 경우 사립대학교 교수는 총장의 선임에 관하여 아무런 권한이 없고 학교법인만이 그에 관한 권한을 가지고 있는 것으로 규정한 것은 위헌이라고 판단한다면, 학교법인의 대학교 총장선임결의무효확인을 구하는 부분에 관하여는 재판의 주문이 달라질 수밖에 없으므로 위 법률조항은 재판의 전제성을 갖추었다.

그러나 우리 재판소의 심리중에 위 총장의 임기가 만료되어 새로운 총장이 선임된 경우 위 총장선임결의무효확인을 구하는 부분의 청구는 결국 현재의 권리관계 내지 법률관계가 아닌 과거의 권리관계 내지 법률관계의 확인을 구하는 것으로 되어 확인의 소로서 권리보호의 요건을 결여하게 되었고, 따라서 위 법률조항의 위헌여부에 따라 당해 사건에서의 재판의 결론이나 주문에 어떠한 영향을 줄 수 없게 되었을 뿐만 아니라 그 재판의 내용과 효력에 관한 법률적 의미가 달라지는 경우에도 해당하지 아니하게 되었다. 그러므로 위 법률조항의 위헌여부는 더 이상 당해 사건에 있어서 재판의 전제가 되지 아니한다.

위 다수의견에 대한 재판관 조승형의 반대의견은 아래와 같다.

위헌주장이 들고 있는 교수의 학문의 자유와 대학의 자치권 및 사립대학교수의 평등권은 그 어느 것이나 중요하며 사립학교법 제53조제1항의 위헌여부에 대한 헌법적 해명은 그 어느 경우보다 중요하다고 할 것이다. 그러나 이에 대하여 우리 재판소는 한 번도 헌법적으로 해명한 바가 없었고, 한편으로는 위 법조항으로 인한 사립대학교수들의 위 기본권들의 침해가 반복될 위험성이 전혀 없다고는 보이

103) 제256회 국회(정기회) 제16차 본회의, 국회본회의회의록, 2005. 12. 9., 2~3면.
104) 헌법재판소 1997. 7. 16. 선고 96헌바51 결정.

지 아니한다. 따라서 객관적인 헌법질서의 유지·수호를 위하여서도, 구체적 규범통제의 이상을 실현하기 위하여서도 심판의 필요성이 인정되므로 본안판단을 하여야 한다.

• 2013년 헌법재판소는 ①초·중등학교장의 중임회수를 1회로 제한한 사립학교법(2007. 7. 27. 법률 제8545호로 개정된 것) 제53조제3항 단서가 학교법인의 사학의 자유나 초·중등학교장의 직업의 자유를 침해하는지 여부 및 ②평등권을 침해하는지 여부에 대하여 아래와 같이 합헌 취지로 판단하였다.[105]

① 초·중등학교장의 중임회수를 1회로 제한한 사립학교법 제53조제3항 단서는, 교장의 노령화·관료화를 방지하고 인사순환을 통하여 교단을 활성화하며, 학교경영과 교육을 분리하고 있는 교육법제에 충실하고자 한 것으로, 최장 8년간 재임이 보장되고 동일한 학교의 장 중임만 제한받을 뿐이므로 학교법인의 사학의 자유나 초·중등학교장의 직업의 자유를 침해한다고 볼 수 없다.

② 초·중등학교와 달리 대학은, 대학의 장이 임기에 구애됨이 없이 장기적인 학교발전의 전망을 가지고 이를 실현해 나가도록 보장해 주는 것이 필요하여 대학의 장 임면에 관하여 대학의 자율에 맡겨 둘 필요성이 크므로 이를 달리 취급하는 데는 합리적 이유가 있어 초·중등학교장의 평등권을 침해하지 않는다.

위 다수의견에 대한 재판관 박한철, 재판관 김창종, 재판관 서기석, 재판관 조용호의 반대의견은 아래와 같다.

학교장의 장기 재임에 따른 학교법인과의 유착 문제는 이미 이사장의 학교장 겸직금지 조항, 이사장의 배우자 등의 학교장 임명제한 조항 등을 통해 해결되고 있고, 학교장의 중임을 제한하는 것과는 직접적인 관련성을 가진다고 보기 어렵다. 또한 국·공립학교와 달리 학교법인별·학교별로 교원인사가 이루어지는 데 그치는 사립학교의 경우에는 학교장의 중임 횟수 제한만으로 교단의 활성화에 어느 정도나 효과가 있을지 의문이다. 학교장은 행정과 교육활동을 통하여 학생의 발달 및 성장에 직·간접적으로 영향을 미치므로 유능한 교장은 학교법인이나 학교의 구성원이 원할 경우 그 직무를 장기간 계속해서 수행할 수 있도록 보장하는 것이 필요하고, 이는 학교장의 임기를 정관에서 자유롭게 정할 수 있도록 한 사립학교법 취지에도 부합하는 것이다. 따라서 초·중등학교장의 중임 횟수를 1회로 제한하는 것은 그들의 직업의 자유와 초·중등 사립학교를 운영하는 학교법인의 사학

105) 헌법재판소 2013. 11. 28. 선고 2007헌마1189, 1190 결정.

의 자유를 침해한다.

- 2022년 헌법재판소는 사립학교법(2016. 2. 3. 법률 제13938호로 개정되고, 2019. 12. 3. 법률 제16674호로 개정되기 전의 것) 제53조제3항 단서와 관련하여 사립 초·중등학교의 장을 1회에 한하여 중임할 수 있도록 하는 사립학교법 제53조제3항 단서가 학교법인의 사립학교 운영의 자유와 학교장이 되려는 자의 직업의 자유 및 이들의 평등권을 침해하는지 여부에 대하여 아래와 같이 합헌 취지로 판단하였다.[106]

심판대상조항은 사립 초·중등학교의 장이 중임할 수 있는 횟수를 1회에 한정함으로써 교장의 노령화·관료화를 방지하고, 인사순환을 통하여 교단을 활성화하며, 학교장과 학교법인의 유착을 방지하기 위한 것이다. 심판대상조항이 보장하는 최대 8년간의 재임기간이 지나치게 짧은 시간이라 단정하기 어렵고, 동일한 학교의 장을 2회 이상 중임하려는 경우만을 제한하므로 그 제한의 정도가 지나치다고 볼 수 없다. 대학과 초·중등학교는 교육내용과 방식 등의 측면에서 본질적 차이가 있으므로 사립 초·중등학교의 장을 사립대학의 장과 달리 규율하는 데 합리적 이유가 있다. 사립유치원의 경우 공교육으로 내실화되기 시작한 시기, 설립형태, 운영방식 등을 고려할 때, 사립 초·중등학교의 장을 사립유치원의 장과 달리 규율하는 것이 불합리하다고 보기 어렵다. 따라서 심판대상조항은 학교법인의 사립학교 운영의 자유, 학교장이 되려는 자의 직업의 자유 및 이들의 평등권을 침해한다고 할 수 없다.

위 다수의견에 대한 재판관 이은애, 재판관 이종석, 재판관 이영진의 반대의견은 아래와 같다.

학교장의 중임 횟수는 사립학교의 설립목적 달성과 밀접한 연관을 가지는 사립학교 운영의 핵심적인 사항으로 학교법인의 자율적인 판단과 결정을 존중할 필요가 있다. 중임 횟수 제한은 법정의견이 상정한 입법목적들을 달성하는 데 직접적 관련이 적어 적합한 수단이 된다고 보기 어렵고, 사립학교의 장의 임기를 정관에서 자유롭게 정하도록 한 취지와 맞지 않을 뿐 아니라, 유능한 학교장을 통한 학교의 건전한 발달을 저해할 수 있다. 오늘날 대다수 사립학교의 재정·행정이 투명하게 집행되고 있고, 사립학교 운영에 관한 전반적인 규율과 더불어 사립학교장의 비위행위 등을 방지할 수 있는 제도적 장치가 마련되어 있는 현실에서 일부의 사례 혹

106) 헌법재판소 2022. 3. 31. 선고 2018헌바522 결정.

은 학교법인과 학교장의 부당한 유착관계의 발생가능성에 대한 추상적 우려만으로 학교장의 중임 여부를 일률적으로 제한하는 것은 지나치다. 외국의 입법례를 살펴보아도, 사립학교장의 임기는 대부분 사적 계약에 맡겨져 있고, 중임 횟수를 특별히 제한하고 있지 아니하다. 따라서 심판대상조항은 학교법인의 사립학교 운영의 자유 등을 침해하여 헌법에 위반된다.

제53조의2(학교의 장이 아닌 교원의 임용)

00

I. 제정법

제정법에는 이 조문이 없다.

II. 개정 경과

01

1. 1975년 7월 23일 개정(법률 제2775호, 1975. 7. 23. 시행)

제53조의2(임면) 대학(사범대학 및 초급대학을 포함한다)에 근무하는 교원은 직명별로 10년이하의 범위안에서 당해 대학을 설치·경영하는 학교법인의 정관이 정하는 바에 따라 기간을 정하여 임면한다.

(1) 법률안(오주환 의원안[107])

현행법	원안
<신 설>	**제53조의2(임면)** 대학(사범대학 및 초급대학을 포함한다)에 근무하는 교원은 직명별로 10년이하의 범위안에서 당해 대학을 설치·경영하는 학교법인의 정관이 정하는 바에 따라 기간을 정하여 임면한다.

107) 1975. 6. 28. 오주환의원 등 51인(의안번호: 090349); 제안이유 및 주요내용은 이 책 [45.201] 참조.

• 사립대학 교원도 국·공립대학 교원과 동일하게 기간부로 임면하도록 하였다.

(2) 위원회 심사

〈1〉 **문교공보위원회:** 원안대로 가결되었다.[108] 제53조의2에 관한 회의록 내용은 아래와 같다.

가. 제9대 국회 제93회 제1차 문교공보위원회(1975. 7. 4.)

- **오주환 위원**[109]: 사립대학에 대하여는 사학의 특수성을 고려하여 10년의 범위 내에서 자율적으로 집행할 수 있도록 했습니다...
- **전문위원 김사달**[110]: 제53조의2(임면)의 신설 조문은 이른바 교수의 임용제로서 사학 자체가 10년 이하의 범위 안에서 정관이 정하는 바에 따라 기간을 정하여 임용토록 한 규정입니다.

나. 제9대 국회 제93회 제2차 문교공보위원회(1975. 7. 7.)

- **채문식 위원**[111]: 한 가지 명백히 해두고 싶은 말은 부칙 즉 경과규정인데 … 2월 말일까지 교원을 재임용한다는 규정이 있습니다. 그런데 이 법의 시행일이 다시 말하면 공포가 언제 될지는 잘 모르겠습니다마는, 가령 예를 들어서 이 법이 2~3일 후에 공포가 된다면 2월 말까지는 교원의 신분을 그대로 가지고 있다 이렇게 해석이 되는데, 이것이 2월 말까지 전교원이 동일하게 가지고 있게 되는 것인지? 2월 말까지라고 했으니까 예를 들어서 1월 말까지 또는 2월 말 중에도 재임용을 할 수 있는 학교도 있을 것으로 우리는 추측할 수 있는 것입니다. 즉 재임용조치를 하는 날까지만 현직원들이 그대로 신분을 가지고 있는 것인지 모든 학교가 일률적으로 2월 말까지 신분을 가지게 되는 것인지? 그것이 지금까지 내가 사석에서 듣기로는 일치가 되어 있지 않습니다. 제안자와 장관의 얘기가 일치되지 않기 때문에 그 견해를 명확히 해두는 것이 바람직한 것입니다.

  둘째는 본위원회가 채택하려고 하는 결의안 지금 위원장께서 낭독을 해주셨습니다마는 거기에 의하면 이번에 2월 28일까지 현직 교원들이 재임용되지 않을 경우에는 100만원 내지 300만원의 퇴직금을 준다고 되어 있습니다. 그런데 그 밑에 보면 이러이러한 사람은 재임용되지 않는다…재임용되지 않는 경우에 해당되는 사람은 열거하기를 연구성적이 나쁘고 학업활동이 불량하고 결강, 휴

108) 제93회 국회(임시회) 제2차 전체회의, 문교공보위원회회의록, 1975. 7. 7., 4면.
109) 제93회 국회(임시회) 제1차 전체회의, 문교공보위원회회의록, 1975. 7. 4., 4면.
110) 제93회 국회(임시회) 제1차 전체회의, 문교공보위원회회의록, 1975. 7. 4., 6면.
111) 제93회 국회(임시회) 제2차 전체회의, 문교공보위원회회의록, 1975. 7. 7., 2~3면.

강이 많은 사람…교육법에 위반된 경우에는 재임용되지 않는다. 재임용이 되지 않는 사람은 이렇게 학교교원으로서 극히 부족한 사람인데도 이러한 퇴직금을 주는 특별한 이유가 있는가? 그것이 두 번째 질문입니다.

세 번째 질문은 학교법인의 경우도 이에 준하여야 한다 이렇게 되어 있습니다. 학교법인은 사학의 경우에도 100만원 내지 300만원 주어야 한다 이것은 좀 과한 결의가 되지 않겠느냐? 사학의 경우에도 이것을 문교부장관한테 요구하도록 조치한다는 것은 사학에 대해서 문교부장관이 좀 지나치게 간섭을 하게 하는 길을 열어 주는 것이 아닌가 이러한 말씀을 드리고, 또 하나 덧붙여서 말씀드릴 것은 2월 29일까지 재임용되지 않은 사람에게만 이러한 상여금을 준다 이렇게 되어 있습니다. 1년 후, 3년 후, 6년 후에 재임용되지 않는 사람에게는 돈을 주지 않는 것으로 알고 있는데 그러면 이번에 돈을 주는 사람은 어떤 의미가 있는가 하면 특별퇴직금이 이름이야 어떻게 되었던 우리가 오늘 심의하고 있는 이 법에 의해서 기득권이 박탈이 되었기 때문에 그 보상으로써 주는 것이다 하는 뜻이 다분히 포함이 되어 있습니다. 그러면 기득권이 박탈되었으니까 그 이론이 선다면 이 법 자체에다가 기득권이 박탈되지 않는 그러한 조항이 삽입되어야 마땅하지 않느냐? 다시 예를 들 것 같으면 관련이 있어서 이것이 고려가 된다면 이 법 부칙에다가 저희들 신민당에서 미리 내놓은 수정안의 첫 번 안과 마찬가지로 모든 기득권 다시 말하면 교원은 이 법 통과와 동시에 이 법에 의한 재임용을 받은 것으로 간주한다고 이렇게 아주 똑바로 명기하는 것이 우리 헌법에 규정되어 있는 소급입법금지의 정신과 조문에도 합당한 것으로 생각하는데 여기에 대한 설명을 해주시기 바랍니다.

• **위원장 육인수**[112]: 제일 첫 번 채문식위원께서 말씀하신 것을 제안자의 대표는 아닙니다마는 말씀드리자면, 이것은 재임용의 효력이 3월 1일부터 시작한다, 2월 말까지는 어떠한 심사과정에서 자기가 탈락이 되었건 안 되었건 간에 2월 말까지는 신분을 가지고 있다 이것입니다. 그러면 그렇게 2월 말일부로 고치겠습니다.

그리고 재임용의 경우에 둘째 번에 물으신 것이 아마 전임강사 및 조교수, 부교수, 교수에 대해서 특별퇴직금을 준다 또 사학에도 이것을 준용시킨다는 것인데 물론 이 숫자는 각 대학에서 심사를 해보아야 하기 때문에 만일이라는 말을 쓰는 것입니다. 만일의 경우 그런 경우가 있다면 특별퇴직금이라는 것이 이왕 나가는 사람은 뭔가 잘못이 있어서 나가는데 이 사람들을 돈을 줄 것이 있느냐

112) 제93회 국회(임시회) 제2차 전체회의, 문교공보위원회회의록, 1975. 7. 7., 3~4면.

하는 얘기도 충분히 이해는 갑니다. 그러나 적어도 그중에는 오랜 시간 그 나름대로 그 시대에는 10년 전 우리나라 형편과 오늘날 우리나라 형편이 또 달라졌습니다. 그러니까 그것과 마찬가지로 그 당시에는 그 나름대로 그 학교에서 필요해서 했을텐데 아무리 지금은 잘 안 맞고 타성이 붙어서 잘 안된다고 하더라도 그때의 공로는 인정해 주자 하는 뜻에서 이런 것을 마련했고 또 사학에 준용한다는 것도 준용이지 강제성이 아닙니다. 사학의 형편에 의해서 준용할 수 있는 것이라고 저는 생각합니다. 문교부에서도 강제로 우리가 100만원 주었으니까 너희도 100만원 주어라 이렇게 할 성질은 아니라고 봅니다. 사학에서 임면권자가 아무리 징계위원회를 연다 하더라도 임면권자가 누구냐 하면 사학은 사학측의 재단입니다. 재단이 어떤 때는 두었다가 어떤 때는 나가달라고 하면서 그냥 본인의 기본적인 퇴직금만 가지고 사학연금법에 의한 연금이라든지 이런것만 받아가지고 나가는 것은 암만 징계위원회에 걸렸다 하더라도 섭섭하지 않느냐? 또 우리나라의 교육에 유능하건 무능하건 간에 평상시 충분한 보수를 보상을 해드리지 못했기 때문에 그런 것을 조금이라도 보태주어 보자 하는 정신에서 한 것이지 무슨 법적 근거가 있어서 하는 것은 아닙니다.

세 번째로 소급법적인 성질이냐 아니냐? 이 문제에 대해서는 기득권을 박탈하는 것이 아니냐? 요전에도 말씀드렸습니다마는 이것은 어느 정도의 권리를 가지고 있는 것입니다. 다만 그 권리를 이번 이 법이 개정됨으로 해서 재임용을 받게 되기 때문에 다른 사람은 신규채용이지만 이것은 재임용입니다. 신규라는 것하고 재임용이라는 것하고는 조금 거기에 언어의 차이가 있다고 봅니다. 이것을 소급입법으로…그러면 이것을 없애버리고 나가는 사람을 왜 주느냐 뭔가 결점이 있어서 나가는 사람인데 왜 돈을 주느냐? 그런 식으로 한다면 이런 사람들 형사법이나 무슨 법에 저촉되어서 나가는 것처럼 되면은 각박하지 않느냐 하는 이와 같은 심정에서 했다는 것을 널리 이해해 주시기 바랍니다. 답변이 제대로 되었는지 안 되었는지 모르겠습니다마는 그렇게 이해해 주시기 바랍니다…

- **위원장 육인수**[113]: 다음 의사일정 제3항 사립학교법 중 개정법률안에 대하여 수정한 부분은 수정한대로 나머지 부분은 원안대로 가결하고자 합니다. 이의 없으십니까? (없습니다 하는 이 있음) 그러면 수정의결된 것을 선포합니다.

〈2〉 **법제사법위원회:** 원안대로 가결되었다.[114] 제53조의2에 관한 회의록 내용은 아래와 같다.

113) 제93회 국회(임시회) 제2차 전체회의, 문교공보위원회회의록, 1975. 7. 7., 4면.
114) 제93회 국회(임시회) 제3차 전체회의, 법제사법위원회회의록, 1975. 7. 8., 6면.

- **문교공보위원장대리 오주환**[115]: 셋째, 사립학교법 중 개정법률안에 있어서는 교육공무원법 중 개정법률안과 같이 대학교수의 임용제도가 구비된다면 마찬가지로 사학에서도 이를 준용하는 것이 타당하다는 취지에서 법 제53조의2를 신설하였고 아울러 현행규정상 불합리하고 미비한 점을 보완한 것입니다...
- **위원장 장영순**[116]: 질의가 없으시면 … 사립학교법 중 개정법률안은 각각 수정한 부분은 수정한 대로 그 외에는 원안대로 의결하고자 합니다. 이의 없습니까? (이의 없소 하는 이 있음) 그러면 의결된 것을 선포합니다.

(3) 본회의 심의

원안대로 가결되었다.[117]

(4) 결과

원안으로 개정되었다.

2. 1977년 12월 31일 개정(법률 제3057호, 1977. 12. 31)

제53조의2(임면) 대학·사범대학 및 전문대학에 근무하는 교원은 직명별로 10년이하의 범위안에서 당해 대학을 설치·경영하는 학교법인의 정관이 정하는 바에 따라 기간을 정하여 임면한다.

(1) 법률안(정부안[118])

현행법	원안
제53조의2(임면) 대학(사범대학 및 초급대학을 포함한다)에 근무하는 교원은 직명별로 10년이하의 범위안에서 당해 대학을 설치·경영하는 학교법인의 정관이 정하는 바에 따라 기간을 정하여 임면한다.	**제53조의2(임면)** 대학·사범대학 및 전문대학에 근무하는 교원은 직명별로 10년이하의 범위안에서 당해 대학을 설치·경영하는 학교법인의 정관이 정하는 바에 따라 기간을 정하여 임면한다.

115) 제93회 국회(임시회) 제3차 전체회의, 법제사법위원회의록, 1975. 7. 8., 6면.
116) 제93회 국회(임시회) 제3차 전체회의, 법제사법위원회의록, 1975. 7. 8., 6면.
117) 제93회 국회(임시회) 제6차 본회의, 국회회의록, 1975. 7. 9., 77면.
118) 1977. 10. 24. 정부(의안번호: 090761); 제안이유 및 주요내용은 이 책 [3.203] 참조.

• 초급대학·전문학교·실업고등전문학교를 전문대학으로 개편함에 따라 이에 부합하도록 학교 명칭을 변경하였다.

(2) 위원회 심사

〈1〉 **문교공보위원회**: 원안대로 가결되었다.[119]

〈2〉 **법제사법위원회**: 원안대로 가결되었다.[120]

(3) 본회의 심의

원안대로 가결되었다.[121] 제53조의2에 관한 회의록 내용은 아래와 같다.

- 문교공보위원장대리 최세경[122]: 끝으로 사립학교법 중 개정법률안의 주요골자는 첫째, 초급대학, 전문학교 및 실업고등전문학교를 전문대학으로 개편하고 둘째, 전문대학에 근무하는 교원에게도 대학의 경우와 동일하게 임기제를 적용하며… 관계 조항을 개정하고자 하는 것입니다. 문교공보위원회에서는 법안심사소위원회에서 예의 심사한바 이 법안은 교육법, 교육공무원법 및 사립학교교원연금법이 각각 개정됨에 따라 이와 부합되도록 관계 조문을 정비하려는 것이므로 별다른 문제점이 없어 1977년 12월 7일 제16차 상임위원회에서 정부원안대로 의결하였습니다. 이상 4건의 개정법률안은 국회법 제78조의 규정에 의한 법제사법위원회의 체계와 자구심사를거쳤습니다. 아무쪼록 여러 의원께서 문교공보위원회에서 심사한 대로 의결하여 주시기 바랍니다.
- 의장 정일권[123]: 사립학교법 중 개정법률안에 이의 없으십니까? (이의 없습니다 하는 이 있음) 그러면 가결되었음을 선포합니다.

(4) 결과

원안으로 개정되었다.

---

119) 제98회 국회(정기회) 제16차 전체회의, 문교공보위원회회의록, 1977. 12. 7., 2면.
120) 제98회 국회(정기회) 제25차 전체회의, 법제사법위원회회의록, 1977. 12. 13., 10면.
121) 제98회 국회(정기회) 제20차 본회의, 국회회의록, 1977. 12. 14., 7면.
122) 제98회 국회(정기회) 제20차 본회의, 국회회의록, 1977. 12. 14., 7면.
123) 제98회 국회(정기회) 제20차 본회의, 국회회의록, 1977. 12. 14., 7면.

3. 1981년 2월 28일 개정(법률 제3373호, 1981. 2. 28.)

제53조의2(학교의 장이 아닌 교원의 임면) ①고등학교이하의 각급학교의 교원은 당해 학교법인 또는 사립학교경영자가 임면하되, 다음 각호에 의하여야 한다.

1. 학교법인 및 법인인 사립학교경영자가 설치·경영하는 사립학교의 교원의 임면은 당해 학교의 장의 제청으로 이사회의 의결을 거쳐야 한다.
2. 사인인 사립학교경영자가 설치·경영하는 사립학교의 교원의 임면은 당해 학교의 장의 제청에 의하여 행하여야 한다.

②대학교육기관의 교원은 직명별로 10년이내의 범위안에서 당해 학교법인이 정관이 정하는 바에 따라 기간을 정하여 당해 학교의 장이 임면한다.

(1) 법률안(정부안[124])

현행법	원안
제53조의2(임면) 대학·사범대학 및 전문대학에 근무하는 교원은 직명별로 10년이하의 범위안에서 당해 대학을 설치·경영하는 학교법인의 정관이 정하는 바에 따라 기간을 정하여 임면한다.	제53조의2(학교의 장이 아닌 교원의 임면) ①고등학교이하의 각급학교의 교원은 당해 학교법인 또는 사립학교경영자가 임면하되, 다음 각호에 의하여야 한다. 1. 학교법인 및 법인인 사립학교경영자가 설치·경영하는 사립학교의 교원의 임면에 있어서는 당해 학교의 장의 제청으로 이사회의 의결을 거쳐야 한다. 2. 개인인 사립학교경영자가 설치·경영하는 사립학교의 교원의 임면에 있어서는 당해 학교의 장의 제청에 의하여 행하여야 한다. ②대학교육기관의 교원은 직명별로 10년이내의 범위안에서 당해 학교법인이 정관이 정하는 바에 따라 기간을 정하여 당해 학교의 장이 임면한다.

• 학교의 장이 아닌 교원의 임면에 관한 사항이 제53조에서 제53조의2로 이동하면서 제1항이 되고, 대학교육기관 교원의 기간부임용은 제2항으로 변경되었으며, 조문의 제목을 "임면"에서 "학교의 장이 아닌 교원의 임용"으로 변경하였다.

124) 1981. 2. 13. 정부(의안번호: CC0145); 제안이유 및 주요내용은 이 책 [4.204] 참조.

(2) 위원회 심사

〈1〉 **문교공보위원회:** 원안대로 가결되었다.[125] 제53조의2에 관한 회의록 내용은 아래와 같다.

- **전문위원 김철**[126]: 그리고 안 제53조의2 대학의 장이 아닌 교원의 임면 제1항을 보면 고등학교 이하의 각급학교의 교원 임면은 당해 학교의 장의 제청으로 이사회의 의결을 거쳐 임명하게 되어 있으며, 동조 제2항은 대학교육기관의 교원은 직명별로 10년 이내의 범위안에서 당해 학교법인의 정관이 정하는 바의 기간을 정하여 당해 학교의 장이 임면하게 되어 있습니다...
- **위원장 송지영**[127]: 더 질의하실 분 안 계시면 이 법안에 대한 질의를 종결하려고 합니다. 이의 없으신가요? (이의 없습니다 하는 이 있음) 그러면 질의 종결을 선포합니다. 다음은 토론과 축조심의 순서가 되겠습니다마는 위원 여러분께서 양해해 주신다면 이를 생략하고자 하는데 이의 없으신가요? (이의 없습니다 하는 이 있음) 그러면 의사일정 제2항 사립학교법 중 개정법률안을 정부원안대로 의결하는데 이의 없습니까? (이의 없습니다 하는 이 있음) 그러면 가결된 것을 선포합니다.

〈2〉 **법제사법위원회:** 원안을 수정·가결했다.[128] 수정내용은 아래와 같다.

현행법	원안
제53조의2(학교의 장이 아닌 교원의 임면) ①고등학교이하의 각급학교의 교원은 당해 학교법인 또는 사립학교경영자가 임면하되, 다음 각호에 의하여야 한다. 1. 학교법인 및 법인인 사립학교경영자가 설치·경영하는 사립학교의 교원의 임면에 있어서는 당해 학교의 장의 제청으로 이사회의 의결을 거쳐야 한다.	**제53조의2(학교의 장이 아닌 교원의 임면)** ①고등학교이하의 각급학교의 교원은 당해 학교법인 또는 사립학교경영자가 임면하되, 다음 각호에 의하여야 한다. 1. 학교법인 및 법인인 사립학교경영자가 설치·경영하는 사립학교의 교원의 임면은 당해 학교의 장의 제청으로 이사회의 의결을 거쳐야 한다.

125) 제10.5대 국회 제77회 제19차 문교공보위원회국가보위입법회의사무처, 문교공보위원회회의록, 1981. 2. 19., 7면.

126) 제10.5대 국회 제77회 제19차 문교공보위원회국가보위입법회의사무처, 문교공보위원회회의록, 1981. 2. 19., 4면.

127) 제10.5대 국회 제77회 제19차 문교공보위원회국가보위입법회의사무처, 문교공보위원회회의록, 1981. 2. 19., 7면.

128) 제10.5대 국회 제77회 제19차 법제사법위원회국가보위입법회의사무처, 법제사법위원회회의록, 1981. 2. 19., 5면.

2. 개인인 사립학교경영자가 설치·경영하는 사립학교의 교원의 임면에 있어서는 당해 학교의 장의 제청에 의하여 행하여야 한다. ②대학교육기관의 교원은 직명별로 10년이내의 범위안에서 당해 학교법인이 정관이 정하는 바에 따라 기간을 정하여 당해 학교의 장이 임면한다.	2. 사인인 사립학교경영자가 설치·경영하는 사립학교의 교원의 임면은 당해 학교의 장의 제청에 의하여 행하여야 한다. ②대학교육기관의 교원은 직명별로 10년이내의 범위안에서 당해 학교법인이 정관이 정하는 바에 따라 기간을 정하여 당해 학교의 장이 임면한다.

위 내용이 포함된 제53조의2에 관한 회의록 내용은 아래와 같다.

- **전문위원 양삼승**[129]: 다음 사립학교법 중 개정법률안에 대한 검토결과를 말씀드리겠습니다. … 제53조의2제1항제2호, 제67조제2항 중 "개인인 사립학교경영자가"라고 되어 있는 부분을 용어의 통일을 기하기 위하여 "사인인 사립학교경영자"로 개정하고, …제53조의2제1항제1호 및 제2호 중 "임면에 있어서는"라고 되어 있는 부분을 "임면은"으로 수정하…였습니다. 이상입니다...
- **위원장대리 김영균**[130]: 다른 위원 의견이 없으십니까? (없습니다 하는 이 있음) 그러면 전문위원이 자구 수정한 부분에 대하여 정부 측 의견이 어떠신지 말씀해 주시기 바랍니다.
- **문교부장관 김판영**[131]: 정부 측에서는 자구수정에 대해서는 이의가 없습니다.
- **위원장대리 김영균**[132]: 다른 의견이 없으시면 … 다음은 사립학교법 중 개정법률안을 전문위원이 자구 수정한 부분은 수정한 대로 기타 부분은 원안대로 의결하고자 하는데 이의 없으십니까? (없습니다 하는 이 있음) 그러면 가결되었음을 선포합니다.

(3) 본회의 심의

법제사법위원회 수정안대로 가결되었다.[133]

129) 제10.5대 국회 제77회 제30차 법제사법위원회국가보위입법회의사무처, 법제사법위원회회의록, 1981. 2. 19., 4면.
130) 제10.5대 국회 제77회 제30차 법제사법위원회국가보위입법회의사무처, 법제사법위원회회의록, 1981. 2. 19., 5면.
131) 제10.5대 국회 제77회 제30차 법제사법위원회국가보위입법회의사무처, 법제사법위원회회의록, 1981. 2. 19., 5면.
132) 제10.5대 국회 제77회 제30차 법제사법위원회국가보위입법회의사무처, 법제사법위원회회의록, 1981. 2. 19., 5면.
133) 제10.5대 국회 제77회 제20차 국회본회의, 국가보위입법회의회의록, 1981. 2. 20., 7면.

(4) 결과

법제사법위원회 수정안으로 개정되었다.

53-2.204 ## 4. 1990년 4월 7일 개정(법률 제4226호, 1990. 4. 7. 시행)

제53조의2(학교의 장이 아닌 교원의 임면) ①각급학교의 교원은 당해 학교법인 또는 사립학교경영자가 임면하되, 다음 각호의 1에 의하여야 한다.

1. 학교법인 및 법인인 사립학교경영자가 설치·경영하는 사립학교의 교원의 임면은 당해 학교의 장의 제청으로 이사회의 의결을 거쳐야 한다.
2. 사인인 사립학교경영자가 설치·경영하는 사립학교의 교원의 임면은 당해 학교의 장의 제청에 의하여 행하여야 한다.

②대학교육기관의 교원의 임면권은 당해 학교법인의 정관이 정하는 바에 의하여 총장·학장에게 위임할 수 있다.

③대학교육기관의 교원은 당해 학교법인의 정관이 정하는 바에 따라 기간을 정하여 임면할 수 있다.

(1) 법률안

〈1〉 정부안[134]

현행법	원안
제53조의2(학교의 장이 아닌 교원의 임면) ① (생략) 1. ~ 2. (생　략) ②대학교육기관의 교원은 직명별로 10년이내의 범위안에서 당해 학교법인이 정관이 정하는 바에 따라 기간을 정하여 당해 학교의 장이 임면한다.	**제53조의2(학교의 장이 아닌 교원의 임면)** ① (현행과 같음) 1. ~ 2. (현행과 같음) ②대학교육기관의 교원은 당해 학교의 장이 임면하되, 정관이 정하는 바에 의하여 기간을 정하여 임면할 수 있다.

- 대학교육기관에서 학교의 장이 해당 학교의 교원을 임면함에 있어서 10년의 기간 제한을 없앴다.

134) 1988. 12. 2. 정부(의안번호: 130287); 제안이유 및 주요내용은 이 책 [4.206] 참조.

〈2〉 박석무 의원안[135)]

현행법	원안
제53조의2(학교의 장이 아닌 교원의 임면) ①고등학교이하의 각급학교의 교원은 당해 학교법인 또는 사립학교경영자가 임면하되, 다음 각 호에 의하여야 한다.	**제53조의2(학교의 장이 아닌 교원의 임면)** ①각급학교의 교원은 공개모집하여 교원인사위원회의 추천을 거쳐 학교의 장이 임면한다.
1. 학교법인 및 법인인 사립학교경영자가 설치·경영하는 사립학교의 교원의 임면은 당해 학교의 장의 제청으로 이사회의 의결을 거쳐야 한다.	1. <삭 제>
2. 사인인 사립학교경영자가 설치·경영하는 사립학교의 교원의 임면은 당해 학교의 장의 제청에 의하여 행하여야 한다.	2. <삭 제>
②대학교육기관의 교원은 직명별로 10년이내의 범위안에서 당해 학교법인이 정관이 정하는 바에 따라 기간을 정하여 당해 학교의 장이 임면한다.	②학교의 장은 교원이 제59조의 사유로 인해 직무를 수행할 수 없어 후임자의 보충이 불가피한 때 교원의 자격증을 가진 자중에서 일정기간에 임시교원을 임용하여야 한다. ③임시교원은 「교육법」에 명시된 정원외에 추가하여 임용하되, 교원의 1/10을 넘길 수 없으며, 보수는 교원과 동일하게 책정되어야 하고 임기만료후에는 해직된다. ④중등교원의 신규채용은 사범대학 출신자를 임용한다. 다만, 대상과목의 채용대상자가 없을 경우 교직과정 이수자를 채용할 수 있다.

• 학교의 장이 아닌 각급학교의 교원은 공개모집하여 교원인사위원회의 추천을 거쳐 학교의 장이 임면하도록 하고 교원의 임면에 관하여 다양하고 구체적인 기준을 정하였다.

〈3〉 김인곤 의원안[136)]

현행법	원안
제53조의2(학교의 장이 아닌 교원의 임면) ①고등학교이하의 각급학교의 교원은 당해 학교법	**제53조의2(학교의 장이 아닌 교원의 임면)** ①고등학교이하의 각급학교의 교원은 당해 학교장

135) 1988. 12. 21. 박석무의원 등 70인(의안번호: 130378); 제안이유 및 주요내용은 이 책 [4.206] 참조.
136) 1989. 2. 16. 김인곤의원 등 34인(의안번호: 130422); 제안이유 및 주요내용은 이 책 [4.206] 참조.

인 또는 사립학교경영자가 임면하되, 다음 각 호에 의하여야 한다.	의 추천으로 이사장이 임명한다.
1. ~ 2. (생 략)	1. ~ 2. <삭 제>
②대학교육기관의 교원은 직명별로 10년이내의 범위안에서 당해 학교법인이 정관이 정하는 바에 따라 기간을 정하여 당해 학교의 장이 임면한다.	②대학교육기관의 교원은 총장, 학장의 추천으로 이사회의 의결을 얻어 이사장이 임명한다. 다만, 학교법인의 정관에 의하여 총장, 학장에게 위임할 수 있다.

• 기간제 임면 제도를 삭제하였다.

〈4〉 강삼재 의원안[137)]

현행법	원안
제53조의2(학교의 장이 아닌 교원의 임면) ①고등학교이하의 각급학교의 교원은 당해 학교법인 또는 사립학교경영자가 임면하되, 다음 각 호에 의하여야 한다.	**제53조의2(학교의 장이 아닌 교원의 임면)** ①각급학교의 교원은 교원인사위원회의 추천을 거쳐 학교의 장이 임면한다.
1. ~ 2. (생 략)	1. ~ 2. <삭 제>
②대학교육기관의 교원은 직명별로 10년이내의 범위안에서 당해 학교법인이 정관이 정하는 바에 따라 기간을 정하여 당해 학교의 장이 임면한다.	②대학교육기관의 교원의 임용에 대하여는 「교육공무원법」 제11조 제3항을 준용할 수 있다.
	③대학(교) 이외의 학교의 교원이 제59조의 사유로 인하여 직무를 수행할 수 없을 경우에는 교원의 자격증을 가진 자 중에서 정해진 기간 동안에 임시교원을 임용할 수 있다. 다만, 임시교원은 당해 학교의 교원 정원 외에 추가하여 임용하되, 그 수의 10분의 1을 초과할 수 없으며, 보수는 교원과 동일하게 지급하여야 한다.

• 학교의 장이 아닌 사립학교의 교원의 임용은 교원인사위원회에서 추천을 거쳐 학교의 장이 임면하도록 하였다.

(2) 위원회 심사

〈1〉 **문교공보위원회:** 대안[138)]으로 가결되었다.[139)]

---

137) 1989. 2. 28. 강삼재의원 등 57인(의안번호: 130463); 제안이유 및 주요내용은 이 책 [4.206] 참조.
138) 1990. 3. 15. 문교공보위원장(의안번호: 130833).

대안
제53조의2(학교의 장이 아닌 교원의 임면) ①각급학교의 교원은 당해 학교법인 또는 사립학교경영자가 임면하되, 다음 각호의 1에 의하여야 한다. 1. 학교법인 및 법인인 사립학교경영자가 설치·경영하는 사립학교의 교원의 임면은 당해 학교의 장의 제청으로 이사회의 의결을 거쳐야 한다. 2. 사인인 사립학교경영자가 설치·경영하는 사립학교의 교원의 임면은 당해 학교의 장의 제청에 의하여 행하여야 한다. ②대학교육기관의 교원의 임면권은 당해 학교법인의 정관이 정하는 바에 의하여 총장·학장에게 위임할 수 있다. ③대학교육기관의 교원은 당해 학교법인의 정관이 정하는 바에 따라 기간을 정하여 임면할 수 있다.

제53조의2에 관한 회의록 내용은 아래와 같다.

- **소위원장 함종한**[140]: 여섯째, 현재는 대학교육기관의 교원은 당해 학교의 장이 임면하도록 하고 있으나 앞으로는 당해 학교의 장의 제청으로 학교법인이 임면하도록 하되 당해 학교법인의 정관에 의하여 임면권을 학교의 장에게 위임할 수 있도록 하며, ... 일곱째, 현재는 대학교육기관에서 학교의 장이 당해 학교의 교원을 임면함에 있어서 10년의 범위 안에서 학교법인의 정관으로 기간을 정하여 임명하게 하던 것을 앞으로는 10년이란 상한선 없이 정관에 정하는 바에 의하여 임명하도록…했습니다.
- **위원장 정대철**[141]: 그러면 이것으로 토론을 종결하고 표결을 하고자 하는데 이의없으시지요? (없습니다 하는 위원 있음) 표결은 국회법에 의한 순서에 따라서 기립표결을 하도록 하겠습니다. 그러면 먼저 소위원회에서 심사보고한대로 사립학교법 중 개정법률안 4건을 각각 본회의에 부의하지 아니하기로 하고 이에 대한 소위원회 대안을 위원회안으로 채택하여 제안하고자 하는데 찬성하시는 분은 기립하여 주시기 바랍니다. (기립표결) 표결 결과를 말씀드리겠습니다. 재석 12인 중 가 8인 부 4인으로 소위원회에서 심의보고한대로 사립학교법 중 개정법률안 4건을 각각 본회의에 부의하지 아니하기로 하고 이에 대한 위원회대안을 제안하기로 가결되었음을 선포합니다. 방금 제안키로 의결한 대안은 위원장 명의로 제안됨을 참고로 말씀드리겠습니다.

139) 제148회 국회(임시회) 제6차 전체회의, 문교공보위원회회의록, 1990. 3. 14., 8면.
140) 제148회 국회(임시회) 제6차 전체회의, 문교공보위원회회의록, 1990. 3. 14., 3면.
141) 제148회 국회(임시회) 제6차 전체회의, 문교공보위원회회의록, 1990. 3. 14., 8면.

〈2〉 **법제사법위원회:** 문교공보위원회 대안대로 가결되었다.[142] 第53조의2에 관한 회의록 내용은 아래와 같다.

- 함종한 위원[143]: 현재는 대학교육기관의 교원은 당해 학교의 장이 임면하도록 하고 있으나 앞으로는 당해 학교의 장의 제청으로 학교법인이 임면하도록 하되 당해 학교법인의 정관에 의하여 임면권을 학교의 장에게 위임할 수 있도록 했습니다. 다음으로 현재는 대학교육기관에서 학교의 장이 당해 학교의 교원을 임명함에 있어서 10년의 범위 안에서 학교법인의 정관으로 기간을 정하여 임명하게 하던 것을 앞으로는 정관이 정하는 바에 의하여 임명하도록 …했습니다…
- 위원장 이치호[144]: 다음은 사립학교법 중 개정법률안에 대해서 전문위원의 수정의견을 위원회안으로 받아들이고 수정한 부분은 수정한 대로 기타는 원안대로 의결하고자 합니다. 이의가 없으십니까? (없습니다 하는 위원 있음) 가결되었음을 선포합니다.

(3) 본회의 심의

문교공보위원회 대안대로 가결되었다.[145]

(4) 결과

문교공보위원회 대안으로 개정되었다.

53-2.205

5. 1997년 1월 13일 개정(법률 제5274호, 1997. 4. 14. 시행)

제53조의2(학교의 장이 아닌 교원의 임면) ①각급학교의 교원은 당해 학교법인 또는 사립학교경영자가 임면하되, 다음 각호의 1에 의하여야 한다.

1. 학교법인 및 법인인 사립학교경영자가 설치·경영하는 사립학교의 교원의 임면은 당해 학교의 장의 제청으로 이사회의 의결을 거쳐야 한다.
2. 사인인 사립학교경영자가 설치·경영하는 사립학교의 교원의 임면은 당해 학교의 장의 제청에 의하여 행하여야 한다.

142) 제148회 국회(임시회) 제6차 전체회의, 법제사법위원회회의록, 1990. 3. 14., 26면.
143) 제148회 국회(임시회) 제6차 전체회의, 법제사법위원회회의록, 1990. 3. 14., 18면.
144) 제148회 국회(임시회) 제6차 전체회의, 법제사법위원회회의록, 1990. 3. 14., 26면.
145) 제148회 국회(임시회) 제9차 본회의, 국회본회의회의록, 1990. 3. 16., 15~16면.

②대학교육기관의 교원의 임면권은 당해 학교법인의 정관이 정하는 바에 의하여 총장·학장에게 위임할 수 있다.
③대학교육기관의 교원은 당해 학교법인의 정관이 정하는 바에 따라 기간을 정하여 임면할 수 있다. **이 경우 국·공립대학의 교원에게 적용되는 임용기간에 관한 규정을 준용한다.**

(1) 법률안(정부안[146])

현행법	원안
제53조의2(학교의 장이 아닌 교원의 임면) ① ~ ② (생 략) ③대학교육기관의 교원은 당해 학교법인의 정관이 정하는 바에 따라 기간을 정하여 임면할 수 있다. <후단 신설>	**제53조의2(학교의 장이 아닌 교원의 임면)** ① ~ ② (현행과 같음) ③대학교육기관의 교원은 당해 학교법인의 정관이 정하는 바에 따라 기간을 정하여 임면할 수 있다. 이 경우 국·공립대학의 교원에게 적용되는 임용기간에 관한 규정을 준용한다.

• 사립대학 교원의 임용기간을 국·공립대학 교원과 동일하게 하였다.

(2) 위원회 심사

〈1〉 **교육위원회:** 원안대로 가결되었다.[147] 제53조의2에 관한 회의록 내용은 아래와 같다.

가. 제15대 국회 제181회 제6차 교육위원회(1996. 11. 26.)

• **전문위원 류삼현[148]:** 다음에는 국·공립교원의 임용기간 준용에 대해서 말씀드리겠습니다. 현재 시행되고 있는 기간제 임용이 사립학교 교수의 신분보장을 어렵게 하고 있다는 인식에 따른 것으로 보이며 단순히 기간을 정하여 임면할 수 있도록 한 현재의 규정만으로는 국·공립 대학의 교원과 같은 수준의 신분보장이 이루어지지 않아 사립학교 교원들의 경우에도 그 신분보장을 국·공립대학 교원과 동일하게 강화하려는 것으로 교수와 부교수의 재임용과 관련된 신분상 불안감을 줄이고 신분보장을 강화하여 교육·연구능력을 촉진한다는 측면에서 볼 때

146) 1996. 11. 18. 정부(의안번호: 150305); 제안이유 및 주요내용은 이 책 [3.206] 참조.
147) 제181회 국회(정기회) 제10차 전체회의, 교육위원회회의록, 1996. 12, 12, 17면.
148) 제181회 국회(정기회) 제6차 전체회의, 교육위원회회의록, 1996. 11. 26., 10면.

바람직한 것이라고 생각이 됩니다.

나. 제15대 국회 제181회 제10차 교육위원회(1996. 12. 12.)

- **위원장 김현욱**[149]: 의사일정 제2항 사립학교법 중 개정법률안은 법안심사소위원회에서 심사보고한 바와 같이 수정한 부분은 수정한 대로 기타 부분은 정부 원안대로 의결하고자 합니다. 이의 없으시지요? (없습니다 하는 위원 있음) 가결된 것을 선포합니다.

〈2〉 **법제사법위원회:** 원안대로 가결되었다.[150]

(3) 본회의 심의

원안대로 가결되었다.[151]

(4) 결과

원안으로 개정되었다.

53-2.206

6. 1999년 8월 31일 개정(법률 제6004호, 1999. 8. 31. 시행)

제53조의2(학교의 장이 아닌 교원의 임면) ①각급학교의 교원은 당해 학교법인 또는 사립학교경영자가 임면하되, 다음 각호의 1에 의하여야 한다.

1. 학교법인 및 법인인 사립학교경영자가 설치·경영하는 사립학교의 교원의 임면은 당해 학교의 장의 제청으로 이사회의 의결을 거쳐야 한다.
2. 사인인 사립학교경영자가 설치·경영하는 사립학교의 교원의 임면은 당해 학교의 장의 제청에 의하여 행하여야 한다.

②대학교육기관의 교원의 임면권은 당해 학교법인의 정관이 정하는 바에 의하여 총장·학장에게 위임할 수 있다.

③대학교육기관의 교원은 정관이 정하는 바에 따라 <u>근무기간·급여·근무조건, 업적 및 성과약정등 계약조건을 정하여 임용할 수 있다. 이 경우 근무기간에 관하여는 국·공립대학의 교원에게 적용되는 관련규정을 준용한다.</u>

---

149) 제181회 국회(정기회) 제10차 전체회의, 교육위원회회의록, 1996. 12. 12., 17면.
150) 제181회 국회(정기회) 제14차 전체회의, 법제사법위원회회의록, 1996. 12. 16., 23면.
151) 제181회 국회(정기회) 제22차 본회의, 국회본회의회의록, 1996. 12. 17., 8면.

④제3항의 규정에 의하여 임용된 교원의 임용기간이 종료되는 경우에 임면권자는 교원인사위원회의 심의를 거쳐 당해 교원에 대한 재임용여부를 결정하여야 한다.

(1) 법률안(정부안[152])

현행법	원안
第53조의2(학교의 장이 아닌 교원의 임면) ① ~ ② (생 략) ③대학교육기관의 교원은 당해 학교법인의 정관이 정하는 바에 따라 기간을 정하여 임면할 수 있다. 이 경우 국·공립대학의 교원에게 적용되는 임용기간에 관한 규정을 준용한다. <신 설>	第53조의2(학교의 장이 아닌 교원의 임면) ① ~ ② (현행과 같음) ③대학교육기관의 교원은 정관이 정하는 바에 따라 근무기간·급여·근무조건, 업적 및 성과약정등 계약조건을 정하여 임용할 수 있다. 이 경우 근무기간에 관하여는 국·공립대학의 교원에게 적용되는 관련규정을 준용한다 ④제3항의 규정에 의하여 임용된 교원의 임용기간이 종료되는 경우에 임면권자는 고등교육법 제36조의2의 규정에 의한 교무위원회의 심의를 거쳐 당해 교원에 대한 재임용여부를 결정하여야 한다.

• 대학교육기관의 교원은 국·공립대학 교원과 동일하게 근무기간·급여·근무조건 등 계약조건을 정하여 임용할 수 있도록 하되, 재임용은 교무위원회의 심의를 거치도록 하였다.

(2) 위원회 심사

〈1〉 **교육위원회:** 원안을 수정·가결했다.[153] 수정내용은 아래와 같다.

교육위원회 수정안
第53조의2(학교의 장이 아닌 교원의 임면) ④제3항의 규정에 의하여 임용된 교원의 임용기간이 종료되는 경우에 임면권자는 교원인사위원회의 심의를 거쳐 당해 교원에 대한 재임용여부를 결정하여야 한다.

152) 1998. 12. 2. 정부(의안번호: 151530); 제안이유 및 주요내용은 이 책 [2.201] 참조.
153) 제206회 국회(임시회) 제2차 전체회의, 교육위원회회의록, 1999. 8. 10., 30면.

제53조의2에 관한 회의록 내용은 아래와 같다.

가. 第15대 국회 第198회 第9차 교육위원회(1998. 12. 9.)

- **전문위원 상원종**[154]: 마지막으로 교수계약제 임용 등에 관한 사항입니다마는 교육공무원법에서 설명을 하였으므로 생략하고자 합니다.

아래는 전문위원이 「교육공무원법」에서 설명한 내용이다.

- **전문위원 상원종**[155]: 먼저 교육공무원법 중 개정법률안에 대한 검토의견을 말씀드리겠습니다. …다음 세번째 개정안은 대학교원을 신규채용함에 있어 심사의 객관성과 공정성을 확보하기 위해 심사위원의 임명 또는 위촉방법, 심사단계, 심사방법 등을 대통령령으로 정하고자 하는 것입니다. 대학교원의 임용은 대학자율이 원칙이나, 대학별 교원임용 심사과정에서 비리와 부조리가 발생하여 교수임용이 대학의 경쟁력을 약화시켜 이를 시정하기 위한 방안으로 대학교원을 신규채용할 때 기초심사·전공심사 및 면접심사 등의 심사단계를 거쳐 임용과정의 투명성을 확보하고 심사위원은 당해 대학의 채용전공 관련분야 조교수 이상의 교원과 한국대학교육협의회에서 추천한 심사위원으로 구성하는 임용심사위원회의 구성원칙과 심사절차를 표준화하고자 하는 것입니다. 이상 검토보고를 마치겠습니다.

나. 第15대 국회 第206회 第2차 교육위원회(1999. 8. 10.)

- **소위원장 이재오**[156]: 고등교육법 중 개정법률안의 수정으로 교무위원회의 관련 규정이 삭제됨에 따라 사립대학에 임용된 교원의 임용기간이 종료되는 경우 임면권자는 교원인사위원회의 심의를 반드시 거쳐 재임용 여부를 결정하도록 하였습니다.

〈2〉 **법제사법위원회:** 교육위원회 수정안대로 가결되었다.[157] 제53조의2에 관한 회의록 내용은 아래와 같다.

- **교육부장관 김덕중**[158]: 둘째, 대학의 교원은 근무기간, 급여, 근무조건 등 계약조건을 정하여 임용할 수 있도록 하…였습니다…

154) 第198회 국회(정기회) 第9차 전체회의, 교육위원회회의록, 1998. 12. 9., 19면.
155) 第198회 국회(정기회) 第9차 전체회의, 교육위원회회의록, 1998. 12. 9., 12면.
156) 第206회 국회(임시회) 第2차 전체회의. 교육위원회회의록, 1999. 8. 10., 4면.
157) 第206회 국회(임시회) 第5차 전체회의, 법제사법위원회회의록, 1999. 8. 12., 19면.
158) 第206회 국회(임시회) 第5차 전체회의, 법제사법위원회회의록, 1999. 8. 12., 11면.

- **위원장 목요상**[159]: 제22항 사립학교법 중 개정법률안…에 대하여 전문위원의 검토의견을 우리 위원회안으로 받아들여서 수정한 부분은 수정한 대로 기타 부분은 원안대로 의결하고자 하는데 이의 없으십니까? (없습니다 하는 위원 있음) 각각 가결되었음을 선포합니다.

(3) 본회의 심의

교육위원회 수정안대로 가결되었다.[160] 제53조의2에 관한 회의록 내용은 아래와 같다.

- **교육위원장대리 이재오**[161]: 고등교육법 중 개정법률안의 수정으로 교무위원회의 관련 규정이 삭제됨에 따라 사립대학에 임용된 교원의 임용기간이 종료되는 경우 임면권자는 교원인사위원회의 심의를 반드시 거쳐 재임용 여부를 결정하도록 하였습니다.
- **의장 박준규**[162]: 다음은 사립학교법 중 개정법률안에 대해서 교육위원회의 수정안대로 의결하고자 합니다. 이의가 없으십니까? (없습니다 하는 의원 있음) 가결되었음을 선포합니다.

(4) 결과

교육위원회 수정안으로 개정되었다.

7. 2005년 1월 27일 개정(법률 제7352호, 2005. 1. 27. 시행)

제53조의2(학교의 장이 아닌 교원의 임면) ①각급학교의 교원은 당해 학교법인 또는 사립학교경영자가 임면하되, 다음 각호의 1에 의하여야 한다.

1. 학교법인 및 법인인 사립학교경영자가 설치·경영하는 사립학교의 교원의 임면은 당해 학교의 장의 제청으로 이사회의 의결을 거쳐야 한다.
2. 사인인 사립학교경영자가 설치·경영하는 사립학교의 교원의 임면은 당해 학교의 장의 제청에 의하여 행하여야 한다.

159) 第206회 국회(임시회) 제5차 전체회의, 법제사법위원회회의록, 1999. 8. 12., 19면.
160) 第206회 국회(임시회) 제3차 본회의, 국회본회의회의록, 1999. 8. 12., 26면.
161) 第206회 국회(임시회) 제3차 본회의, 국회본회의회의록, 1999. 8. 12., 25면.
162) 第206회 국회(임시회) 제3차 본회의, 국회본회의회의록, 1999. 8. 12., 26면.

②대학교육기관의 교원의 임면권은 당해 학교법인의 정관이 정하는 바에 의하여 총장·학장에게 위임할 수 있다.

③대학교육기관의 교원은 정관이 정하는 바에 따라 근무기간·급여·근무조건, 업적 및 성과약정등 계약조건을 정하여 임용할 수 있다. 이 경우 근무기간에 관하여는 국·공립대학의 교원에게 적용되는 관련규정을 준용한다.

④제3항의 규정에 의하여 임용된 교원의 임면권자는 당해 교원의 임용기간이 만료되는 때에는 임용기간 만료일 4월전까지 임용기간이 만료된다는 사실과 재임용 심의를 신청할 수 있음을 당해 교원에게 통지(문서에 의한 통지를 말한다. 이하 이 조에서 같다)하여야 한다.

⑤제4항의 규정에 의하여 통지를 받은 교원이 재임용을 받고자 하는 경우에는 통지를 받은 날부터 15일 이내에 재임용 심의를 임면권자에게 신청하여야 한다.

⑥제5항의 규정에 의한 재임용 심의를 신청받은 임면권자는 제53조의3의 규정에 의한 교원인사위원회의 재임용 심의를 거쳐 당해 교원에 대한 재임용 여부를 결정하고 그 사실을 임용기간 만료일 2월전까지 당해 교원에게 통지하여야 한다. 이 경우 당해 교원을 재임용하지 아니하기로 결정한 때에는 재임용하지 아니하겠다는 의사와 재임용 거부사유를 명시하여 통지하여야 한다.

⑦교원인사위원회가 제6항의 규정에 의하여 당해 교원에 대한 재임용 여부를 심의함에 있어서는 다음 각호의 사항에 관한 평가 등 객관적인 사유로서 학칙이 정하는 사유에 근거하여야 한다. 이 경우 심의과정에서 15일 이상의 기간을 정하여 당해 교원에게 지정된 기일에 교원인사위원회에 출석하여 의견을 진술하거나 서면에 의한 의견제출의 기회를 주어야 한다.

1. 학생교육에 관한 사항
2. 학문연구에 관한 사항
3. 학생지도에 관한 사항

⑧재임용이 거부된 교원이 재임용 거부처분에 대하여 불복하고자 하는 경우에는 그 처분이 있음을 안 날부터 30일 이내에 교원지위향상을위한특별법 제7조의 규정에 의한 교원소청심사위원회에 심사를 청구할 수 있다.

(1) 법률안(정부안[163])

이 조문을 포함한 개정 대상 조문의 제안이유 및 주요내용은 아래와 같다.

163) 2004. 11. 1. 정부(의안번호: 170682).

• 제안이유 및 주요내용

헌법재판소가 구「사립학교법」(1997. 1. 13. 법률 제5274호로 개정되기 전의 것) 제53조의2제3항이 재임용에서 탈락되는 대학교원에 대한 사전·사후 구제절차를 규정하지 아니한 것은 교원지위법정주의에 반한다는 이유로 헌법불합치 결정(2003. 2. 27. 2000헌바26)을 함에 따라 임용기간이 만료되는 교원의 재임용 심의신청이 있는 경우 임면권자는 교원인사위원회의 심의를 거쳐 재임용 여부를 결정하고, 당해 교원을 재임용하지 아니하기로 결정한 때에는 그 사유를 명시하여 통지하도록 하며, 재임용이 거부된 교원은 교원소청심사위원회에 재심을 청구할 수 있도록 함으로써 교원의 권리보호를 강화하려는 것임.

이 조문의 현행법과 개정 원안은 아래와 같다.

현행법	원안
제53조의2(학교의 장이 아닌 교원의 임면) ① ~ ③ (생 략)	**제53조의2(학교의 장이 아닌 교원의 임면)** ① ~ ③ (현행과 같음)
④제3항의 규정에 의하여 임용된 교원의 임용기간이 종료되는 경우에 임면권자는 교원인사위원회의 심의를 거쳐 당해 교원에 대한 재임용여부를 결정하여야 한다.	④제3항의 규정에 의하여 임용된 교원의 임면권자는 당해 교원의 임용기간이 만료되는 때에는 임용기간 만료일 4월전까지 임용기간이 만료된다는 사실과 재임용 심의를 신청할 수 있음을 당해 교원에게 통지(문서에 의한 통지를 말한다. 이하 이 조에서 같다)하여야 한다.
<신 설>	⑤제4항의 규정에 의하여 통지를 받은 교원이 재임용을 받고자 하는 경우에는 통지를 받은 날부터 15일 이내에 재임용 심의를 임면권자에게 신청하여야 한다.
<신 설>	⑥제5항의 규정에 의한 재임용 심의를 신청받은 임면권자는 제53조의3의 규정에 의한 교원인사위원회의 재임용 심의를 거쳐 당해 교원에 대한 재임용 여부를 결정하고 그 사실을 임용기간 만료일 2월전까지 당해 교원에게 통지하여야 한다. 이 경우 당해 교원을 재임용하지 아니하기로 결정한 때에는 재임용하지 아니하겠다는 의사와 재임용 거부사유를 명시하여 통지하여야 한다.
<신 설>	⑦교원인사위원회가 제6항의 규정에 의하여 당해 교원에 대한 재임용 여부를 심의함에 있

	어서는 다음 각호의 사항에 관한 평가 등 객관적인 사유에 근거하여야 한다. 이 경우 심의과정에서 15일 이상의 기간을 정하여 당해 교원에게 지정된 기일에 교원인사위원회에 출석하여 의견을 진술하거나 서면에 의한 의견제출의 기회를 주어야 한다. 1. 학생교육에 관한 사항 2. 학문연구에 관한 사항 3. 학생지도에 관한 사항
<신 설>	⑧재임용이 거부된 교원이 재임용 거부처분에 대하여 불복하고자 하는 경우에는 그 처분이 있음을 안 날부터 30일 이내에 교원지위향상을위한특별법 제7조의 규정에 의한 교원징계재심위원회에 재심을 청구할 수 있다.

(2) 위원회 심사

〈1〉 **교육위원회:** 원안을 수정·가결했다.[164] 수정내용은 아래와 같다.

교육위원회 수정안
제53조의2(학교의 장이 아닌 교원의 임면) ⑦교원인사위원회가 제6항의 규정에 의하여 당해 교원에 대한 재임용 여부를 심의함에 있어서는 다음 각호의 사항에 관한 평가 등 객관적인 사유로써 학칙이 정하는 사유에 근거하여야 한다. 이 경우 심의과정에서 15일 이상의 기간을 정하여 당해 교원에게 지정된 기일에 교원인사위원회에 출석하여 의견을 진술하거나 서면에 의한 의견제출의 기회를 주어야 한다. 1. 학생교육에 관한 사항 2. 학문연구에 관한 사항 3. 학생지도에 관한 사항 ⑧재임용이 거부된 교원이 재임용 거부처분에 대하여 불복하고자 하는 경우에는 그 처분이 있음을 안 날부터 30일 이내에 교원지위향상을위한특별법 제7조의 규정에 의한 교원소청심사위원회에 재심을 청구할 수 있다.

위 내용이 포함된 제53조의2에 관한 회의록 내용은 아래와 같다.

가. 제17대 국회 제250회 제11차 교육위원회(2004. 12. 7.)

• 부총리겸교육인적자원부장관 안병영[165]: 먼저 사립학교법 중 개정법률안에 대하

164) 제251회 국회(임시회) 제3차 전체회의, 교육위원회회의록, 2004. 12. 24., 6면.

여 제안설명을 드리겠습니다. 그 제안이유를 말씀드리면 헌법재판소가 구 사립학교법 제53조의2제3항이 재임용에서 탈락되는 대학교원에 대한 사전·사후의 구제절차를 규정하지 아니한 것은 교원지위법정주의에 반한다는 이유로 헌법불합치 결정을 함에 따라 재임용 관련 구제절차를 마련하려는 것입니다.

그 주요 내용을 말씀드리면 첫째, 임용기간의 만료 사실을 통지받은 교원으로부터 재임용 심의 신청이 있는 경우 임용권자는 당해 교원의 학문 연구 실적에 관한 평가 등 객관적인 자료에 기초하여 대학인사위원회의 심의를 거쳐 재임용 여부를 결정토록 하고 둘째, 당해 교원을 재임용하지 아니하기로 결정한 때에는 그 사유를 명시하여 통지하도록 하며 재임용이 거부된 교원이 이에 불복하고자 하는 때에는 교원징계재심위원회에 재심을 청구할 수 있도록 하였습니다...

- **전문위원 천병호**[166]: 전문위원입니다. 사립학교법 중 개정법률안에 대해서 검토보고를 드리겠습니다. 동 법안은 헌법재판소가 구 사립학교법 제53조의2제3항이 재임용에서 탈락되는 대학교원에 대한 사전·사후 구제절차를 규정하지 아니한 것은 교원지위법정주의에 반한다는 이유로 헌법불합치결정을 함에 따라서 사전·사후 구제절차를 마련하고 재임용이 거부된 교원은 교원징계재심위원회에 재심을 청구할 수 있도록 하는 것을 그 주요 내용으로 하고 있습니다.

기간제 임용의 연혁입니다. 사립대학 교원의 기간제 임용이 처음으로 도입된 것은 1975년 7월 23일 법률 제2775호로 공포·시행된 사립학교법중개정법률로부터입니다... 1975년 사립대학 교원에 대한 기간제 임용이 도입된 이후 네 차례에 걸쳐 개정되었으나 재임용 탈락자에 대한 사전·사후 구제절차와 수단, 재임용 탈락의 기준이나 요건에 대하여는 법률에 규정된 바가 없었음을 알 수 있습니다.

기간제 임용 및 재임용에 대한 종전의 판례입니다. 기간제 임용 및 재임용에 관련해서는 그동안 대법원 판례나 헌법재판소 판례가 모두 위헌 결정이나 헌법불합치 결정을 내리고 있지 않았습니다. 기간제 임용 및 재임용에 대한 헌법 불합치 결정의 내용입니다. 헌법재판소는 2003년 2월 27일 구 사립학교법 제53조의2제3항은 교원지위법정주의에 위반되나, 동 조항을 단순 위헌선언하는 경우 기간임용제 자체를 위헌으로 선언하는 결과가 초래된다는 이유로 헌법 불합치 결정을 한 바 있습니다. 즉 구 사립학교법 제53조의2제3항은 임용기간이 만료되는 교원을 별다른 하자가 없는 한 다시 임용하여야 하는지의 여부 및 재임용대

165) 제250회 국회(정기회) 제11차 전체회의, 교육위원회회의록, 2004. 12. 7., 24~25면.
166) 제250회 국회(정기회) 제11차 전체회의, 교육위원회회의록, 2004. 12. 7., 26~27면.

상으로부터 배제하는 기준이나 요건, 재임용에서 탈락하게 되는 교원이 자신의 입장을 진술할 수 있는 기회, 재임용 거부를 사전에 통지하는 규정, 재임용이 거부되었을 경우 사후에 그에 대해 다툴 수 있는 제도적 장치에 대하여 아무런 규정을 두고 있지 않은바, 현대사회에서 대학교육이 갖는 중요한 기능과 그 교육을 담당하고 있는 대학교원 신분의 부당한 박탈에 대한 최소한의 보호 요청에 비추어 볼 때 헌법 제31조제6항에서 정하고 있는 교원지위법정주의에 위반된다고 판시하였습니다.

2002헌바26 헌법소원심판에서 헌법 불합치결정 이후 헌법재판소는 2003년 12월 18일 구 사립학교법 제53조의2제3항과 교원지위향상을위한특별법 제9조제1항은 헌법 제31조제6항 교원지위법정주의에 위반된다고 판시한 바 있습니다. 즉 구 사립학교법 제53조의2제3항은 2000헌바26 사건에서 헌법불합치 결정의 대상이 되었던 조항과 연혁만 다를 뿐 기간임용제의 본질은 달라진 바가 없기 때문에 동일한 이유로 헌법 불합치결정을 하였고, 임기만료 교원에 대한 재임용 거부는 교원지위향상을위한특별법 제9조제1항의 “징계처분 기타 그 의사에 반하는 불리한 처분”에 버금가는 효과를 가진다고 보아야 하므로 이에 대하여는 교원징계재심위원회의 재심사유, 나아가 법원에 의한 사법심사의 대상이 되어야 함에도 불구하고 교원지위향상을위한특별법 제9조제1항에서는 이에 대하여 아무런 규정을 하고 있지 아니하므로, 동법 동 조항은 헌법 제31조제6항의 교원지위법정주의에 위반된다고 판시하였습니다.

개정안의 내용 검토입니다. 개정안에서는 제53조의2제4항 내지 제8항을 아래와 같이 신설하였습니다. 즉 사립학교 교원의 임면권자는 교원의 임용 기간이 만료되는 때에는 임용기간 만료일 4월 전까지 임용기간이 만료된다는 사실과 재임용 심의를 신청할 수 있음을 통지하고, 통지받은 교원이 재임용을 받고자 하는 경우에는 통지를 받은 날부터 15일 이내에 재임용 심의를 임면권자에게 신청하며, 심의를 신청받은 임면권자는 교원인사위원회의 재임용 심의를 거쳐 당해 교원에 대한 재임용 여부를 결정하고, 그 사실을 임용기간 만료일 2월 전까지 당해 교원에게 통지하되, 재임용하지 아니하는 경우에는 재임용 거부사유를 명시하여야 하도록 규정함으로써 재임용 절차를 명확하게 하고, 재임용 거부를 사전에 통지하는 규정을 마련하고 있습니다.

또한 교원인사위원회가 재임용 여부를 심의함에 있어서는 학생 교육에 관한 사항, 학문연구에 관한 사항, 학생지도에 관한 사항 등 객관적인 사유에 근거하도록 하되, 심의과정에서 당해 교원에게 교원인사위원회에 출석하여 의견을 진술하거나 서면에 의한 의견제출의 기회를 주도록 함으로써 객관적인 재임용 심의기준을 마련하고 교원이 자신의 입장을 진술할 수 있는 기회를 주고 있으며, 재임용이 거부된 교원이 재임용 거부 처분에 대하여 불복하고자 하는 경우에는 그 처분이 있음을 안 날부터 30일 이내에 교원징계재심위원회에 재심을 청구할 수 있도록 규정함으로써 재임용이 거부되었을 경우 사후에 그에 대하여 다툴 수 있는 제도적 장치를 마련하고 있는 바, 헌법재판소에서 헌법 불합치 결정을 하면서 불합치 결정의 이유로 들었던 첫 번째, 재임용거부의 객관적인 기준 미비, 두 번째 재임용에서 탈락하게 되는 교원이 자신의 입장을 진술할 수 있는 기회 미비, 세 번째 재임용 거부를 사전에 통지하는 규정 미비, 네 번째 재임용이 거부되었을 경우 사후에 그에 대하여 다툴 수 있는 제도적 장치 미비를 보완하고 있습니다.

다만, 안 제53조의2제7항의 경우 재임용에서 탈락하게 되는 교원에 대한 절차로 한정하지 아니하고, 재심의를 요청하는 모든 교원 즉, 임용기간이 만료되는 교원 모두에 대한 절차로 규정함으로써 사립대학 입장에서는 행정적 부담이 가중된다는 의견도 있을 것으로 보입니다.

또한, 안 제53조의2제7항에서 재임용 심의에 있어서 객관적 기준으로 규정하고 있는 것은 고등교육법 제15조의 규정을 원용하여 학생교육에 관한 사항, 학문연구에 관한 사항, 학생지도에 관한 사항 등 객관적인 사유에 근거하도록 규정하고 있으나, “학생교육에 관한 사항, 학문연구에 관한 사항, 학생지도에 관한 사항 등 객관적인사유”가 무엇인가에 대하여 논란이 있을 수 있고, 이로 인한 분쟁이 발생할 소지가 있는바, “학생교육에 관한 사항, 학문연구에 관한 사항, 학생지도에 관한 사항 등 객관적인 사유로써 학칙으로 정하는 사항”으로 객관적인 사유를 구체화하는 것이 바람직할 것으로 사료됩니다.

한편, 개정안의 시행일과 적용범위와 관련하여 안 부칙 제1항과 안 부칙 제2항에서는 동법은 이 법의 시행일 이후부터 적용하되, 법 시행 당시 종전의 규정에 의하여 기간을 정하여 임용되어 재직 중인 대학교육기관 교원까지 적용하고 있어 동 법안에 의해서는 장래효만을 인정하고 있습니다. 이와 같이 동 법안에서 장래효만을 인정한 사유는 1975년 재임용제도가 도입된 이후 동 법안의 시행일 전까지의 사항에 대하여는 동 법안의 제출에 앞서 이인영 의원님의 의원입법으로 발의·제안된 “대학교원기간제임용탈락자구제를위한특별법안”에서 규율하고 있기 때문인 것으로 사료됩니다.

이상으로 사립학교법 중 개정법률안에 대한 검토보고를 마치겠습니다...

- **이군현 위원**[167]: 그다음에 사립학교법 중 개정법률안 이 부분도, 저는 아까 말씀드린 이 4개 법안은 기본적으로 찬성을 합니다. "헌법재판소가 구 사립학교법 제53조의2제3항이 재임용에서 탈락되는 대학교원에 대한 사전·사후 구제절차를 규정하지 아니한 것은 교원지위법정주의에 반한다", 헌법정신에 어긋난다고 해서 헌법불합치 결정을 작년에 내림에 따라서 사전·사후 구제절차를 마련하기 위해서 재임용이 거부된 교원은 교원징계재심위원회에 재심을 청구할 수 있도록 하는 것이거든요. 이것은 반드시 되어야 된다고 저는 생각합니다. 다만 이렇게 되었을 때 어떤 예산상의 문제는 없는지에 대해서만 말씀해 주십시오.
- **부총리겸교육인적자원부장관 안병영**[168]: 예, 부분적으로 예산 문제하고 연관될 수는 있습니다. 왜냐하면 업무가 일시에 폭주하기 때문에 저희들이 고려할 몇 가지 문제는 있겠습니다.

  (황우여 위원장, 이주호 간사와 사회교대)
- **이군현 위원**[169]: 지금까지 공립은 초·중·고 대학 교원까지 교원징계재심위원회에서 해 왔는데 사립은 그동안에 교원징계재심위원회에 재심 청구를 할 수 없었습니까?
- **부총리겸교육인적자원부장관 안병영**[170]: 아닙니다, 사립학교도 계속 해 왔습니다. 공·사립을 불문하고 모든 교원에게 다 기회가 주어졌습니다.
- **이군현 위원**[171]: 그런데 제가 조금 이해가 안 가서 그런데 지금 이 법안이 나오게 된 것은 어떤 이유에서였지요?
- **부총리겸교육인적자원부장관 안병영**[172]: 국·공립은 교육공무원법, 사립학교는 사립학교법에 의해서 절차적으로 규정이 되어 왔습니다.
- **이군현 위원**[173]: 나머지 교육공무원법 중 개정법률안, 대학교원 기간제 임용 및 재임용 절차, 그리고 교육감 추천 및 교대 입학자 농촌 지역에 의무 근무, 이 정부안도 저는 찬성을 합니다. 아까 말씀드린 대로 이 4개 법안에 대해서 저는 기본적으로 정신이 옳다고 보고 개정안에 찬성합니다. 이상입니다.
- **위원장대리 이주호**[174]: 이군현 위원님 수고하셨습니다. 다음은 존경하는 김영숙

167) 제250회 국회(정기회) 제11차 전체회의, 교육위원회회의록, 2004. 12. 7., 34면.
168) 제250회 국회(정기회) 제11차 전체회의, 교육위원회회의록, 2004. 12. 7., 34면.
169) 제250회 국회(정기회) 제11차 전체회의, 교육위원회회의록, 2004. 12. 7., 34면.
170) 제250회 국회(정기회) 제11차 전체회의, 교육위원회회의록, 2004. 12. 7., 34면.
171) 제250회 국회(정기회) 제11차 전체회의, 교육위원회회의록, 2004. 12. 7., 34면.
172) 제250회 국회(정기회) 제11차 전체회의, 교육위원회회의록, 2004. 12. 7., 34면.
173) 제250회 국회(정기회) 제11차 전체회의, 교육위원회회의록, 2004. 12. 7., 34면.
174) 제250회 국회(정기회) 제11차 전체회의, 교육위원회회의록, 2004. 12. 7., 34면.

위원님 질의하시기 바랍니다.

- **김영숙 위원**[175]: 사립학교법 중 개정법률안은 재임용 여부를 첫째 학생교육에 관한 사항, 둘째 학문연구에 관한 사항, 셋째 학생지도에 관한 사항 등 그 심의 기준이 명확하다는 생각이 듭니다. 재임용이 거부된 교원이 재임용 거부 처분에 대해서 불복하고자 하는 경우에는 그 처분이 있음을 안 날로부터 30일 이내에 교원징계재심위원회에 재심을 청구할 수 있도록 명시하고 있는데 그 기준이 모호하여 혼란을 줄 수 있습니다. 때문에 민법 제111조제1항 "상대방 있는 의사표시는 그 통지가 상대방에 도달한 때로부터 그 효력이 생긴다"는 도달주의에 입각해서 "그 처분이 있음을 통지받은 날로부터" 이렇게 자구를 수정하는 것이 바람직하다고 보는데요...
- **이주호 위원**[176]: 사립학교법 개정안에 대해서 질의하겠습니다. 정부가 제안한 사립학교법 개정안에 따르면 당해 교원의 임용기간이 만료되는 때에는 4개월 전에 임용 만료 사실을 통지하고, 당해 교원이 재임용 신청을 하면 만료일 2개월 전까지 재임용의사 및 거부사유를 구체적으로 통지하도록 하는 등의 구체적 절차들을 예외규정 없이 강제하고 있습니다. 맞지요?
- **부총리겸교육인적자원부장관 안병영**[177]: 예, 그렇습니다.
- **이주호 위원**[178]: 그러나 제54조4 규정을 보면 기간제 교원의 임용권한을 학교의 장에게 위임할 수 있으며, 기간제 교원을 임면할 수 있는 해당 사유를 교원의 파견·연수 또는 휴가 등이나 법상으로 엄격히 보장된 육아휴직이나 해외유학이나 노조전임자 종사자가 있을 경우, 보충의 필요성이 있는 경우 등과 같이 아주 단기간의 휴가·휴직도 규정을 하고 있습니다. 맞지요?
- **부총리겸교육인적자원부장관 안병영**[179]: 예.
- **이주호 위원**[180]: 그래서 동 개정안처럼 아무 예외없이 이 법적 절차를 무조건적으로 따르도록 규정을 하면 90일 육아휴직이나 노조전임자 후임이나 또 파견·연수 등 단기간 그 자리를 보충할, 말 그대로 기간제 교사에 대해서도 4개월 전 통보와 그 이하의 절차들을 다 거치게 되어 있는데 사실 이것은 두 개의 상충되는 문제가 있다고 봅니다. 이런 상황이 벌어질 가능성이 있는 데 대해서 어떻게 생각하시는가요?

---

175) 第250회 국회(정기회) 제11차 전체회의, 교육위원회회의록, 2004. 12. 7., 34면.
176) 第250회 국회(정기회) 제11차 전체회의, 교육위원회회의록, 2004. 12. 7., 36면.
177) 第250회 국회(정기회) 제11차 전체회의, 교육위원회회의록, 2004. 12. 7., 36면.
178) 第250회 국회(정기회) 제11차 전체회의, 교육위원회회의록, 2004. 12. 7., 36면.
179) 第250회 국회(정기회) 제11차 전체회의, 교육위원회회의록, 2004. 12. 7., 36면.
180) 第250회 국회(정기회) 제11차 전체회의, 교육위원회회의록, 2004. 12. 7., 36면.

- 부총리겸교육인적자원부장관 안병영[181]: 제가 알기에 이것은 교수에 관한 것이기 때문에 기간제 교사와는 구분이 되어야 된다고 생각합니다. 이것은 교수임용에 관한 것입니다.
- 이주호 위원[182]: 그러면 교수의 경우에는 이런 단기간의 고용이 불가능합니까?
- 부총리겸교육인적자원부장관 안병영[183]: 글쎄요, 교수의 경우 단기간 계약제는 예외적으로 있을지 모르겠습니다마는 보편적인 현상은 아니라고 알고 있습니다.
- 이주호 위원[184]: 그래서 제가 지적하는 것은 기간제 교원의 경우 아주 단기간인데 4개월 이전에 임용만료 사실을 통지한다는 것이, 교수의 경우에도…
- 부총리겸교육인적자원부장관 안병영[185]: 이 경우에는 전임교원에게만 해당되는 상황이기 때문에 기간제 교원하고는 맥락에 있어서 큰 차이가 있습니다.
- 이주호 위원[186]: 4개월 전에 임용만료 사실을 통지한다는 것이 기간제 교원 아닌가요?
- 부총리겸교육인적자원부장관 안병영[187]: 기간제 대학교원으로 전임교원인데, 예컨대 전임강사나 조교수 같은 경우에 몇 년으로 기간이 정해져 있을 뿐이지, 몇 개월짜리 기간제 교사의 경우와는 차이가 있습니다.
- 이주호 위원[188]: 물론 그렇지만, 기간이 정해져 있다는 것이 반드시 전임교원이라는 것은 아니지요, 기간제 교원이라는 것이니까요. 그래서 사실 제가 지적하는 것은 기간제 교원의 경우에는 충분히…단기간의 기간제 교수도 가능하거든요. 그렇지 않겠습니까?
- 부총리겸교육인적자원부장관 안병영[189]: 글쎄요, 그것은…
- 이주호 위원[190]: 그러면 한번 검토를 해 보시지요.
- 부총리겸교육인적자원부장관 안병영[191]: 예, 그렇게 해 보겠습니다...
- 진수희 위원[192]: 그다음에 정부에서 제출한 사립학교법 중 개정법률안입니다. 개

---

181) 제250회 국회(정기회) 제11차 전체회의, 교육위원회회의록, 2004. 12. 7., 36면.
182) 제250회 국회(정기회) 제11차 전체회의, 교육위원회회의록, 2004. 12. 7., 36면.
183) 제250회 국회(정기회) 제11차 전체회의, 교육위원회회의록, 2004. 12. 7., 36면.
184) 제250회 국회(정기회) 제11차 전체회의, 교육위원회회의록, 2004. 12. 7., 36면.
185) 제250회 국회(정기회) 제11차 전체회의, 교육위원회회의록, 2004. 12. 7., 36면.
186) 제250회 국회(정기회) 제11차 전체회의, 교육위원회회의록, 2004. 12. 7., 36면.
187) 제250회 국회(정기회) 제11차 전체회의, 교육위원회회의록, 2004. 12. 7., 36면.
188) 제250회 국회(정기회) 제11차 전체회의, 교육위원회회의록, 2004. 12. 7., 36면.
189) 제250회 국회(정기회) 제11차 전체회의, 교육위원회회의록, 2004. 12. 7., 36면.
190) 제250회 국회(정기회) 제11차 전체회의, 교육위원회회의록, 2004. 12. 7., 36~37면.
191) 제250회 국회(정기회) 제11차 전체회의, 교육위원회회의록, 2004. 12. 7., 37면.
192) 제250회 국회(정기회) 제11차 전체회의, 교육위원회회의록, 2004. 12. 7., 38면.

정안 제53조의2제4항과 제53조의2제5항에서 제8항까지 신설된 조항을 보면 전문위원 검토보고서에서도 언급했듯이 헌재가 헌법불합치 결정을 하면서 불합치 결정의 이유로 들었던 부분에 대해서 제도적인 장치를 보완하고 있습니다. 그래서 본 위원은 이 법안에 대해서 원칙적으로 동의를 한다는 점을 말씀드립니다...

- **위원장 황우여**[193]: 그러면 의사일정 제2항부터 의사일정 제5항까지의 법률안은 법안심사소위원회에 회부하여 심사보고토록 하겠습니다.

나. 제17대 국회 제251회 제3차 교육위원회(2004. 12. 24.)

- **위원장 지병문**[194]: 다음 사립학교법 중 개정법률안, 교육공무원법 중 개정법률안 및 교원지위향상을위한특별법 중 개정법률안에 대하여 일괄하여 말씀드리면, 위 3건의 법률안은 헌법재판소가 구 사립학교법—1997년 1월 13일 법률 제5274호로 개정되기 전의 법을 말합니다—제53조의2제3항이 재임용에서 탈락되는 대학 교원에 대한 사전·사후 구제절차를 규정하지 아니한 것은 교원지위법정주의에 반한다는 이유로 헌법불합치 결정을 함에 따라 사립학교 교원에 대하여는 사립학교법을, 국·공립학교 교원에 대하여는 교육공무원법을 개정하여 사전·사후 구제절차를 마련하고 교원지위향상을위한특별법을 개정하여 재임용의 거부도 불이익한 처분으로 보아 재심청구할 수 있도록 하는 것을 주요 내용으로 하고 있습니다.

  위 3건의 법률안에 대하여 심사한 결과 사립학교법 중 개정법률안 및 교육공무원법 중 개정법률안의 규정 중 재임용 심사에 있어서 객관적 기준으로 "학생교육에 관한 사항, 학문연구에 관한 사항, 학생지도에 관한 사항" 등 객관적인 사유를 규정하고 있으나 객관적인 사유가 무엇인가에 대하여 논란이 있을 수 있는바, "학생교육에 관한사항, 학문연구에 관한 사항, 학생지도에 관한 사항 등 객관적인 사유로써 학칙으로 정하는 사항"으로 객관적인 사유를 구체화하는 것이 타당한 것으로 보았습니다...

- **위원장 황우여**[195]: 위원님들, 이제 회의를 다시 진행하겠습니다. 이의 없으시면 축조심사를 생략하기로 하겠습니다. …의사일정 제4항 사립학교법 중 개정법률안을 법안심사소위원회에서 심사보고한 바와 같이 수정한 부분은 수정안대로, 기타 부분은 원안대로 의결하고자 하는데 이의 없으십니까? (없습니다 하는 위원 있음) 가결되었음을 선포합니다.

---

193) 제250회 국회(정기회) 제11차 전체회의, 교육위원회회의록, 2004. 12. 7., 39면.
194) 제251회 국회(임시회) 제3차 전체회의, 교육위원회회의록, 2004. 12. 24., 3면.
195) 제251회 국회(임시회) 제3차 전체회의, 교육위원회회의록, 2004. 12. 24., 6면.

〈2〉 **법제사법위원회:** 교육위원회 수정안을 수정·가결했다.[196] 수정내용은 아래와 같다.

교육위원회 수정안	법제사법위원회 수정안
제53조의2(학교의 장이 아닌 교원의 임면) ⑤－－－ 재임용 심의신청통지－－－. ⑦－－－－ 객관적인 사유로써－－－.	제53조의2(학교의 장이 아닌 교원의 임면) ⑤－－－－－－－통지－－－－－－－－－－－－. ⑦－－－－－－－객관적인 사유로서－－－.

위 내용이 포함된 제53조의2에 관한 회의록 내용은 아래와 같다.

- 부총리겸교육인적자원부장관 안병영[197]: 먼저 사립학교법 중 개정법률안에 대하여 제안설명 드리겠습니다. 제안이유를 말씀드리면, 헌법재판소가 구 사립학교법 제53조의2제3항이 재임용에서 탈락되는 대학 교원에 대한 사전·사후의 구제절차를 규정하지 아니한 것은 교원지위법정주의에 반한다는 이유로 헌법불합치 결정을 함에 따라 재임용관련 구제 절차를 마련하려는 것입니다.

  그 주요내용을 말씀드리면, 첫째, 임용 기간의 만료 사실을 통지받은 교원으로부터 재임용 심의 신청이 있는 경우 임용권자는 당해 교원의 학문연구 실적에 관한 평가 등 객관적인 자료에 기초하여 대학인사위원회의 심의를 거쳐 재임용 여부를 결정토록 하고, 둘째, 당해 교원을 재임용하지 아니하기로 결정한 때에는 그 사유를 명시하여 통지하도록 하며 재임용이 거부된 교원이 이에 불복하고자 하는 때에는 교원징계재심위원회에 재심을 청구할 수 있도록 하였습니다...
- 전문위원 김대현[198]: 보고드리겠습니다. 사립학교법 중 개정법률안과 교육공무원법중개정법률안에 대해서는 주서한 바와 같이 경미한 자구수정이 있었음을 보고드리며, …이상 4건에 대해서는 별다른 문제점이 없었음을 보고드립니다.
- 위원장 최연희[199]: 다음은 대체토론의 순서입니다. 질의하실 위원 계십니까? (없습니다 하는 위원 있음) 질의하실 위원 안 계시면 대체토론은 종결하고 의결하도록 하겠습니다. 그러면 토론과 축조심사는 생략합니다. …그리고 다음 의사일정 제44항 사립학교법 중 개정법률안, 의사일정 제45항 교육공무원법 중 개정법률안, 이상 2건의 법률안에 대해서는 전문위원의 검토의견을 우리 위원회안으로 받아들이고 수정한 부분은 수정한 대로 나머지 부분은 원안대로 각각 의결하고자 합니다. 이의 없으십니까? (없습니다 하는 위원 있음) 각각 가결되었음을 선포

196) 제251회 국회(임시회) 제3차 전체회의, 법제사법위원회회의록, 2004. 12. 28., 40면.
197) 제251회 국회(임시회) 제3차 전체회의, 법제사법위원회회의록, 2004. 12. 28., 39면.
198) 제251회 국회(임시회) 제3차 전체회의, 법제사법위원회회의록, 2004. 12. 28., 40면.
199) 제251회 국회(임시회) 제3차 전체회의, 법제사법위원회회의록, 2004. 12. 28., 40면.

합니다.

(3) 본회의 심의

법제사법위원회 수정안대로 가결되었다.[200] 제53조의2에 관한 회의록 내용은 아래와 같다.

- **교육위원장대리 복기왕**[201]: 다음 사립학교법 중 개정법률안, 교육공무원법 중 개정법률안 및 교원지위향상을위한특별법 중 개정법률안, 이상 3건의 법률안에 대한 심사 결과를 말씀드리겠습니다.
  위 3건의 법률안은 헌법재판소가 구 사립학교법 제53조의2제3항에 대하여 헌법 불합치 결정을 함에 따라 사립학교 교원에 대하여는 사립학교법을, 국공립학교 교원에 대하여는 교육공무원법을 개정하여 사전·사후 구제절차를 마련하고 교원지위향상을위한특별법을 개정하여 재임용이 거부된 교원은 교원징계재심위원회에서 재심을 청구할 수 있도록 하는 것을 그 주요 내용으로 하고 있습니다.
  우리 위원회에서는 위 3건의 법률안에 대하여 심사한 결과 사립학교법 중 개정법률안 및 교육공무원법 중 개정법률안의 규정 중 재임용 심사에 있어서 객관적 기준으로 학생 교육에 관한 사항, 학문 연구에 관한 사항, 학생 지도에 관한 사항 등 객관적 사유를 규정하고 있으나 객관적인 사유가 무엇인가에 대하여 논란이 있을 수 있는바, 학생 교육에 관한 사항, 학문 연구에 관한 사항, 학생 지도에 관한 사항 등 객관적인 사유로서 학칙으로 정하는 사항으로 객관적인 사유를 구체화하였습니다..
- **부의장 김덕규**[202]: 다음은 사립학교법 중 개정법률안을 의결하도록 하겠습니다. 투표해 주시기 바랍니다. (전자투표) 투표 다 하셨습니까? 그러면 투표를 종료하겠습니다. 투표 결과를 말씀드리겠습니다. 재석 207인 중 찬성 207인으로서 사립학교법 중 개정법률안은 교육위원회의 수정안대로 가결되었음을 선포합니다.

(4) 결과

법제사법위원회 수정안으로 개정되었다.

200) 제251회 국회(임시회) 제2차 본회의, 국회본회의회의록, 2004. 12. 29., 31면.
201) 제251회 국회(임시회) 제2차 본회의, 국회본회의회의록, 2004. 12. 29., 31면.
202) 제251회 국회(임시회) 제2차 본회의, 국회본회의회의록, 2004. 12. 29., 31면.

53-2.208

8. 2005년 12월 29일 개정(법률 제7802호, 2006. 7. 1. 시행)

제53조의2(학교의 장이 아닌 교원의 임면) ①각급학교의 교원은 당해 학교법인 또는 사립학교경영자가 임면하되, 다음 각호의 1에 의하여야 한다.

1. 학교법인 및 법인인 사립학교경영자가 설치·경영하는 사립학교의 교원의 임면은 당해 학교의 장의 제청으로 이사회의 의결을 거쳐야 한다.
2. 사인인 사립학교경영자가 설치·경영하는 사립학교의 교원의 임면은 당해 학교의 장의 제청에 의하여 행하여야 한다.

②대학교육기관의 교원의 임면권은 당해 학교법인의 정관이 정하는 바에 의하여 학교의 장에게 위임할 수 있다.

③대학교육기관의 교원은 정관이 정하는 바에 따라 근무기간·급여·근무조건, 업적 및 성과약정등 계약조건을 정하여 임용할 수 있다. 이 경우 근무기간에 관하여는 국·공립대학의 교원에게 적용되는 관련규정을 준용한다.

④제3항의 규정에 의하여 임용된 교원의 임면권자는 당해 교원의 임용기간이 만료되는 때에는 임용기간 만료일 4월전까지 임용기간이 만료된다는 사실과 재임용 심의를 신청할 수 있음을 당해 교원에게 통지(문서에 의한 통지를 말한다. 이하 이 조에서 같다)하여야 한다.

⑤제4항의 규정에 의하여 통지를 받은 교원이 재임용을 받고자 하는 경우에는 통지를 받은 날부터 15일 이내에 재임용 심의를 임면권자에게 신청하여야 한다.

⑥제5항의 규정에 의한 재임용 심의를 신청받은 임면권자는 제53조의3의 규정에 의한 교원인사위원회의 재임용 심의를 거쳐 당해 교원에 대한 재임용 여부를 결정하고 그 사실을 임용기간 만료일 2월전까지 당해 교원에게 통지하여야 한다. 이 경우 당해 교원을 재임용하지 아니하기로 결정한 때에는 재임용하지 아니하겠다는 의사와 재임용 거부사유를 명시하여 통지하여야 한다.

⑦교원인사위원회가 제6항의 규정에 의하여 당해 교원에 대한 재임용 여부를 심의함에 있어서는 다음 각호의 사항에 관한 평가 등 객관적인 사유로서 학칙이 정하는 사유에 근거하여야 한다. 이 경우 심의과정에서 15일 이상의 기간을 정하여 당해 교원에게 지정된 기일에 교원인사위원회에 출석하여 의견을 진술하거나 서면에 의한 의견제출의 기회를 주어야 한다.

1. 학생교육에 관한 사항
2. 학문연구에 관한 사항

3. 학생지도에 관한 사항
⑧재임용이 거부된 교원이 재임용 거부처분에 대하여 불복하고자 하는 경우에는 그 처분이 있음을 안 날부터 30일 이내에 교원지위향상을위한특별법 제7조의 규정에 의한 교원소청심사위원회에 심사를 청구할 수 있다.
⑨고등학교 이하 각급학교 교원의 신규채용은 공개전형에 의하도록 하며, 공개전형에 있어서 담당할 직무수행에 필요한 자격요건과 공개전형의 실시에 관하여 필요한 사항은 대통령령으로 정한다.

(1) 법률안

〈1〉 최순영 의원안[203)]

현행법[204)]	원안
제53조의2(학교의 장이 아닌 교원의 임면) ①각급학교의 교원은 당해 학교법인 또는 사립학교경영자가 임면하되, 다음 각호의 1에 의하여야 한다. 1. 학교법인 및 법인인 사립학교경영자가 설치·경영하는 사립학교의 교원의 임면은 당해 학교의 장의 제청으로 이사회의 의결을 거쳐야 한다. 2. 사인인 사립학교경영자가 설치·경영하는 사립학교의 교원의 임면은 당해 학교의 장의 제청에 의하여 행하여야 한다.	**제53조의2(학교의 장이 아닌 교원의 임면)** ①각급학교의 교원은 제53조의3의 규정에 따른 교원인사위원회의 제청으로 당해 학교의 장이 임면한다.
②대학교육기관의 교원의 임면권은 당해 학교법인의 정관이 정하는 바에 의하여 총장·학장에게 위임할 수 있다.	② <삭 제>
③ ~ ④ (생 략)	③ ~ ④ (현행과 같음)

• 학교의 장에게 해당 학교 교원의 임면권을 부여하였다.

203) 2004. 9. 10. 최순영의원 등 10인(의안번호: 170412); 제안이유 및 주요내용은 이 책 [8-2.201] 참고.
204) 「사립학교법」(2004. 1. 29. 일부개정, 2004. 1. 29. 시행)

〈2〉 복기왕 의원안[205)]

현행법[206)]	원안
제53조의2(학교의 장이 아닌 교원의 임면) ① (생략) ②대학교육기관의 교원의 임면권은 당해 학교법인의 정관이 정하는 바에 의하여 총장·학장에게 위임할 수 있다. ③ ~ ④ (생 략) <신 설>	**제53조의2(학교의 장이 아닌 교원의 임면)** ① (현행과 같음) ②사립학교 교원의 임면권은 당해 학교법인의 정관이 정하는 바에 의하여 학교의 장에게 위임할 수 있다. ③ ~ ④ (현행과 같음) ⑤고등학교이하 각급학교 교원의 신규채용은 공개전형에 의하도록 하며, 공개전형에 있어서 담당할 직무수행에 필요한 연령 그 밖에 자격요건과 공개전형의 실시에 관하여 필요한 사항은 대통령령으로 정한다.

• 고등학교 이하 교원의 신규채용은 공개전형에 의하도록 하였다.

〈3〉 김영숙 의원안[207)]

현행법[208)]	원안
제53조의2(학교의 장이 아닌 교원의 임면) ① ~ ④ (생 략) <신 설>	**제53조의2(학교의 장이 아닌 교원의 임면)** ① ~ ④ (현행과 같음) ⑤제1항의 규정에도 불구하고 고등학교이하 각급학교 교원의 신규채용은 공개전형에 의하도록 하며, 공개전형에 있어서 담당할 직무수행에 필요한 자격요건과 공개전형의 절차·방법 및 평가요소 등 공개전형의 실시에 필요한 사항은 대통령령으로 정한다.

• 고등학교 이하 교원의 신규채용에 있어서 공개전형에 의하도록 하였다.

(2) 위원회 심사

〈1〉 **교육위원회:** 심사 미료

205) 2004. 10. 20. 복기왕의원 등 150인(의안번호: 170595); 제안이유 및 주요내용은 이 책 [10-2.201] 참고.
206) 「사립학교법」(2004. 1. 29. 일부개정, 2004. 1. 29. 시행)
207) 2004. 12. 22. 김영숙의원 등 120인(의안번호: 171182); 제안이유 및 주요내용은 이 책 [14.205] 참고.
208) 「사립학교법」(2004. 1. 29. 일부개정, 2004. 1. 29. 시행)

국회의장이 지정한 심사기간(2005. 9. 16 24:00) 내에 심사가 미료됨에 따라 소관 상임위원장의 중간심사보고(구두보고) 후 본회의로 바로 상정하였다(「국회법」 제85조의2).

제53조의2에 관한 회의록 내용은 아래와 같다.

가. 第17대 국회 제250회 제11차 교육위원회 (2004. 12. 7.)

- 수석전문위원 류충현[209]: 수석전문위원입니다. 의사일정 제6항 사립학교법 중 개정법률안에 대해서 보고드리겠습니다. 이 법안은 2004년 9월 10일 최순영 의원으로부터 대표발의되어 9월 14일 우리 위원회에 회부되었습니다. 검토의견을 말씀드리겠습니다. …안 제53조의2입니다. 학교의 장이 아닌 교직원의 임면에 대하여 현행 제53조의2에서는 학교의 장의 제청으로 이사회의 의결을 거치도록 규정하고 있음에 반해서 안 제53조의2에서는 교원인사위원회의 제청으로 당해 학교의 장이 임면하도록 규정하고 있습니다. 이는 그간 사립학교 교원 임명에 있어서 금품수수, 친·인척 임용 등 사회적 물의가 발생한 사례가 있었던 바, 사립학교 교원 임용을 보다 투명하게 하자는 것이 그 입법취지인 것으로 보입니다…
- 최순영 위원[210]: 제가 복기왕 의원님께서 발의하신 사립학교법 중 개정법률안에 대해서 한 가지 질의하려고 그랬는데 지금 안 계셔서 법안심사소위원회에서 참고하시라고 일단 말씀을 드리겠습니다. 교원 인사와 관련해서 교원 임용권이 현재 재단 이사회에 있거든요. 이것을 그대로 부여하겠다고 했는데, 그동안 보면 교원 인사와 관련해서 비리가 끊이지 않고 있습니다. 정말 적게는 몇천만 원, 많게는 몇억 대를 재단의 발전기금으로 내야 교사로 채용되는 일들이 심심치 않게 언론에 보도되어 왔습니다. 교원의 임용과정에서 이런 문제가 있는데 재단에 교원임용권을 그대로 갖게 한다면 그동안에 봐도 투명하게 이루어지지 않았거든요. 그래서 이 부분에 대해서는 정확하게 교원인사위원회의 제청으로 교원에 임용함으로써 교원 임용과정의 투명성을 높여야 한다고 보는데 지금 본인이 없기 때문에 법안심사소위원회에서 참고로 해주시기 바랍니다. 그리고 사립학교법 개정을 놓고 그동안 많은 논란들이 있었습니다. 사실 경영권 지배다, 그리고 개인의 재산을 완전히 빼앗는 것처럼 주장을 하고 사립학교법이 개정되면 학교 문을 닫겠다라든가 이런 이야기들이 심심치 않게 나왔는데 사실 사립학교법 개정은 더 이상 교육으로 돈벌이를 해서는 안 된다는 데 원칙이 있습니다. …이상입니다. 복기왕 의원님 오셨으니까 답변해 주시지요.

209) 제250회 국회(정기회) 제11차 전체회의, 교육위원회회의록, 2004. 12. 7., 42~43면.
210) 제250회 국회(정기회) 제11차 전체회의, 교육위원회회의록, 2004. 12. 7., 53면.

- 복기왕 의원[211]: 교사임면권 문제에 대해서 말씀하셨지요? 처음에 이 개정안을 준비하고 저희 당내 교육위원들과 교육부 관계자분들과 아주 오랜 기간 동안 토론을 거쳐 왔습니다. 처음에는 학교장에게 교사임면권을 주는 것이 타당하지 않겠냐는 관점에서 토론을 시작했습니다. 하지만 걸렸던 문제 중에서 가장 큰 것이 위헌의 소지가 충분히 있다는 지적이었습니다. 그리고 그런 우려를 법안에서 씻어낼 수 있는 방법이 없을까라는 고민을 하면서 어차피 이사회에 의해서 지명된 학교장이라면 그에게 인사권을 주는 것, 물론 이것이 제도적으로 진일보했다라고 판단할 수도 있겠지만 그것보다는 제도적으로 교사 임면 과정에서의 투명성, 공개채용을 통하고 채용에 대해서 미리 예고하는 이런 과정을 통해서 부조리를 씻는 것이 오히려 위헌의 시비도 없앨 수 있겠다라는 생각 속에서 교사임면권은 그대로 이사회에 주되 채용의 과정과 절차를 엄격하고 투명하게 영으로 만들어 놓는 것이 타당하겠다라는 생각에서 이러한 법안을 준비하게 되었습니다.
- 최순영 위원[212]: 예, 이상입니다.

나. 제17대 국회 제251회 제3차 교육위원회(2004. 12. 24.)

- 김영숙 의원[213]: 신규 교원 채용에 있어서 공개전형을 의무화함으로써 교사 채용에서 야기되는 각종 비리 논란을 근본적으로 제거하여 교원 인사의 투명성과 공공성을 강화하였습니다...
- 수석전문위원 류충현[214]: 안 제53조의2제5항에서는 고등학교 이하 각급 교원의 신규채용은 공개전형에 의하도록 하며, 공개전형에 있어서 담당할 직무수행에 필요한 자격요건과 공개전형의 실시에 필요한 사항은 대통령령으로 정하고 있습니다. 이에 대하여는 인사권은 경영권의 핵심이라는 이유로 이 조항의 개정을 반대하고 있는 의견이 있는가 하면, 신규채용의 경우 공개전형에 의한다 할지라도 교원 임면권을 법인이 행사하는 경우 사실상 사학비리가 발생할 수밖에 없는 구조적 한계를 답습한다는 점에서 개정의 의의가 그리 크지 아니하다고 할 수 있을 것입니다...
- 유기홍 위원[215]: 신규채용 시 공개전형제 의무화는 비교적 긍정적이라고 생각하고 이 점에 대해서는 공인회계사 문제만 제외하면 이미 열린우리당 안에 대부분

211) 제250회 국회(정기회) 제11차 전체회의, 교육위원회회의록, 2004. 12. 7., 54면.
212) 제250회 국회(정기회) 제11차 전체회의, 교육위원회회의록, 2004. 12. 7., 54면.
213) 제251회 국회(임시회) 제3차 전체회의, 교육위원회회의록, 2004. 12. 24., 7면.
214) 제251회 국회(임시회) 제3차 전체회의, 교육위원회회의록, 2004. 12. 24., 10면.
215) 제251회 국회(임시회) 제3차 전체회의, 교육위원회회의록, 2004. 12. 24., 16면.

들어 있는 것이기 때문에 견해가 일치된다고 생각하고 다행스럽게 생각합니다.

다. 第17대 국회 第252회 第3차 교육위원회(2005. 2. 22.)

- **위원장 황우여**[216]: 그러면 의사일정 제17항 최순영 의원이 각각 대표발의한 사립학교법 중 개정법률안, 초·중등교육법 중 개정법률안, 고등교육법 중 개정법률안, 복기왕 의원님이 발의한 사립학교법 중 개정법률안, 조배숙 의원님이 발의한 초·중등교육법 중 개정법률안, 지병문 의원님이 발의한 고등교육법 중 개정법률안, 김영숙 의원님이 발의한 사립학교법 중 개정법률안과 초·중등교육법 중 개정법률안 등에 관한 공청회 건을 상정합니다…
- **진술인 박경양**[217]: 교원임용과 인사의 투명성과 공정성을 확립할 수 있는 제도적 장치가 마련되어야 합니다. 교원의 임용과정에서 교원인사위원회의 제청이 필요하다고 판단하는 이유는 교원임용의 전권이 개인에게 주어질 경우 부정과 비리가 발생할 소지가 많고, 또 능력 있는 교사를 발굴하는 것은 한 개인이 아니라 여러 사람에 의해서 검증되어야 할 필요가 있다는 판단에서입니다. 또 교원의 임용권을 학교장이 갖도록 하자는 것은 학교법인의 설립목적이 교육에 있고 그 교육을 관장하는 이가 학교장이며 교육에 있어서 가장 중요한 것이 능력 있는 교원을 선임하는 것이기 때문에 교원임용은 당연히 학교장이 행하는 것이 옳다고 저희들은 판단하고 있습니다…
- **진술인 하연섭**[218]: 교직원임면권은 법인에서 행사하도록 해야 할 것입니다. 다만 몇몇 사립대학에서 현재 하고 있는 바와 같이 정관이나 이런 쪽에서 학교장에게 위임할 수 있도록 길을 터주는 것은 바람직합니다. 중·고등학교의 경우에도 법인이 학교장에게 교원인사권을 위임할 수 있는 길을 터주는 것도 필요하다고 봅니다. 그리고 교원을 신규 채용하는 데 있어서 공개채용을 의무화하는 것은 이견이 있을 수 없다고 봅니다…
- **진술인 임재홍**[219]: 보충적으로 얘기하고 싶은 것이 뭐냐 하면 이번 입법안에서 누락된 교원 임면권에 관한 문제입니다. 실제 교원에 관한 임면이 학교법인의 권리이냐 아니면 학교 자주성의 영역이냐, 저는 헌법적으로 봤을 때 학교 자주성의 영역에 더 근접해 있다고 생각합니다. 그렇기 때문에 교원임면에 있어서 학교의 교육 당사자들이 다원적으로 참여하는 것은 너무나 당연할 뿐만 아니라

216) 제252회 국회(임시회) 제3차 전체회의, 교육위원회회의록, 2005. 2. 22., 23면.
217) 제252회 국회(임시회) 제3차 전체회의, 교육위원회회의록, 2005. 2. 22., 25면.
218) 제252회 국회(임시회) 제3차 전체회의, 교육위원회회의록, 2005. 2. 22., 28면.
219) 제252회 국회(임시회) 제3차 전체회의, 교육위원회회의록, 2005. 2. 22., 31~32면.

그 임면권이 결국 학교운영권에 포함되어야 되기 때문에 학교장의 권한으로 장차 입안될 필요가 분명히 있다고 생각합니다...

- **진술인 강경근**[220]: 사립학교는 국공립 교육기관이 아니고 국가나 지방자치단체가 아니고 국가 등의 감독을 원칙적으로 받는 공법인이 아니고, 따라서 사립학교 관계 법도 공법이 아니고 그 관계에서 사립학교 교직원은 사법인으로서 학교법인과 사법상 고용관계 지위에 있는 사인이지 공무원이 아니라고 하는 점, 그리고 사립학교 교직원의 임용권은 학교법인인 이사장에게 있는 것이지 기본적으로 피용자의 지위에 있는 학교장에 있는 것이 아니라고 하는 것, 이런 것들이 사립학교 관계법의 위헌성 여부를 따지는 데 있어서 분명히 고려되어야 한다는 얘기입니다. 법적으로 말씀이지요.

〈2〉 **법제사법위원회:** 심사 미료

(3) 본회의 심의

원안을 수정·가결했다.[221] 수정내용은 아래와 같다.

본회의 수정안
제53조의2(학교의 장이 아닌 교원의 임면) ①각급학교의 교원은 당해 학교법인 또는 사립학교경영자가 임면하되, 다음 각호의 1에 의하여야 한다. ②대학교육기관의 교원의 임면권은 당해 학교법인의 정관이 정하는 바에 의하여 총장·학장[222]에게 위임할 수 있다. ⑨고등학교 이하 각급학교 교원의 신규채용은 공개전형에 의하도록 하며, 공개전형에 있어서 담당할 직무수행에 필요한 자격요건과 공개전형의 실시에 관하여 필요한 사항은 대통령령으로 정한다.

이 조문의 회의록 내용은 2005. 12. 29. 개정조문 제8조의2와 공통적이어서 생략한다.[223]

(4) 결과

본회의 수정안으로 개정되었다.

---

220) 제252회 국회(임시회) 제3차 전체회의, 교육위원회회의록, 2005. 2. 22., 32~33면.

221) 제256회 국회(정기회) 제16차 본회의, 국회본회의회의록, 2005. 12. 9., 2~3면.

222) 제2항에 관하여 본회의는 본회의 수정안을 가결한 것으로 기록하고 있으나, 최종 개정조문은 법본회의 수정안과 다르다. 그 이유는 확인할 수 없다(본회의 수정안, 2005. 12. 9. 정세균의원 등 143인, 28면 참고).

223) 이 책 [8-2.201] 참조.

09

9. 2008년 3월 14일 개정(법률 제8888호, 2008. 3. 14. 시행)

제53조의2(학교의 장이 아닌 교원의 임면) ①각급학교의 교원은 당해 학교법인 또는 사립학교경영자가 임면하되, 다음 각호의 1에 의하여야 한다.

1. 학교법인 및 법인인 사립학교경영자가 설치·경영하는 사립학교의 교원의 임면은 당해 학교의 장의 제청으로 이사회의 의결을 거쳐야 한다.
2. 사인인 사립학교경영자가 설치·경영하는 사립학교의 교원의 임면은 당해 학교의 장의 제청에 의하여 행하여야 한다.

②대학교육기관의 교원의 임면권은 당해 학교법인의 정관이 정하는 바에 의하여 학교의 장에게 위임할 수 있다.

③대학교육기관의 교원은 정관이 정하는 바에 따라 근무기간·급여·근무조건, 업적 및 성과약정등 계약조건을 정하여 임용할 수 있다. 이 경우 근무기간에 관하여는 국·공립대학의 교원에게 적용되는 관련규정을 준용한다.

④제3항의 규정에 의하여 임용된 교원의 임면권자는 당해 교원의 임용기간이 만료되는 때에는 임용기간 만료일 4월전까지 임용기간이 만료된다는 사실과 재임용 심의를 신청할 수 있음을 당해 교원에게 통지(문서에 의한 통지를 말한다. 이하 이 조에서 같다)하여야 한다.

⑤제4항의 규정에 의하여 통지를 받은 교원이 재임용을 받고자 하는 경우에는 통지를 받은 날부터 15일 이내에 재임용 심의를 임면권자에게 신청하여야 한다.

⑥제5항의 규정에 의한 재임용 심의를 신청받은 임면권자는 제53조의3의 규정에 의한 교원인사위원회의 재임용 심의를 거쳐 당해 교원에 대한 재임용 여부를 결정하고 그 사실을 임용기간 만료일 2월전까지 당해 교원에게 통지하여야 한다. 이 경우 당해 교원을 재임용하지 아니하기로 결정한 때에는 재임용하지 아니하겠다는 의사와 재임용 거부사유를 명시하여 통지하여야 한다.

⑦교원인사위원회가 제6항의 규정에 의하여 당해 교원에 대한 재임용 여부를 심의함에 있어서는 다음 각호의 사항에 관한 평가 등 객관적인 사유로서 학칙이 정하는 사유에 근거하여야 한다. 이 경우 심의과정에서 15일 이상의 기간을 정하여 당해 교원에게 지정된 기일에 교원인사위원회에 출석하여 의견을 진술하거나 서면에 의한 의견제출의 기회를 주어야 한다.

1. 학생교육에 관한 사항
2. 학문연구에 관한 사항

3. 학생지도에 관한 사항
⑧재임용이 거부된 교원이 재임용 거부처분에 대하여 불복하고자 하는 경우에는 그 처분이 있음을 안 날부터 30일 이내에 「**교원지위향상을 위한 특별법**」 제7조의 규정에 의한 교원소청심사위원회에 심사를 청구할 수 있다.
⑨고등학교 이하 각급학교 교원의 신규채용은 공개전형에 의하도록 하며, 공개전형에 있어서 담당할 직무수행에 필요한 자격요건과 공개전형의 실시에 관하여 필요한 사항은 대통령령으로 정한다.

• 법령 표기에 있어서 "「 」" 표시를 하기로 함[224]에 따른 개정이다(오직 형식에 관한 개정이므로 자세한 개정경과는 생략함[225]).

53-2.210 10. 2016년 2월 3일 개정(법률 제13936호, 2016. 8. 4. 시행)

제53조의2(학교의 장이 아닌 교원의 임면) ①각급학교의 교원은 당해 학교법인 또는 사립학교경영자가 임면하되, 다음 각호의 1에 의하여야 한다.
1. 학교법인 및 법인인 사립학교경영자가 설치·경영하는 사립학교의 교원의 임면은 당해 학교의 장의 제청으로 이사회의 의결을 거쳐야 한다.
2. 사인인 사립학교경영자가 설치·경영하는 사립학교의 교원의 임면은 당해 학교의 장의 제청에 의하여 행하여야 한다.

②대학교육기관의 교원의 임면권은 당해 학교법인의 정관이 정하는 바에 의하여 학교의 장에게 위임할 수 있다.
③대학교육기관의 교원은 정관이 정하는 바에 따라 근무기간·급여·근무조건, 업적 및 성과약정등 계약조건을 정하여 임용할 수 있다. 이 경우 근무기간에 관하여는 국·공립대학의 교원에게 적용되는 관련규정을 준용한다.
④제3항의 규정에 의하여 임용된 교원의 임면권자는 당해 교원의 임용기간이 만료되는 때에는 임용기간 만료일 4월전까지 임용기간이 만료된다는 사실과 재임용 심의를 신청할 수 있음을 당해 교원에게 통지(문서에 의한 통지를 말한다. 이하 이 조에서 같다)하여야 한다.
⑤제4항의 규정에 의하여 통지를 받은 교원이 재임용을 받고자 하는 경우에는

224) 「법률용어의 표준화 기준」(국회사무처 예규 제22호, 2007. 4. 16. 시행).
225) 이에 관한 구체적 개정경과는 이 책 [2.203] 참조.

통지를 받은 날부터 15일 이내에 재임용 심의를 임면권자에게 신청하여야 한다.
⑥제5항의 규정에 의한 재임용 심의를 신청받은 임면권자는 제53조의3의 규정에 의한 교원인사위원회의 재임용 심의를 거쳐 당해 교원에 대한 재임용 여부를 결정하고 그 사실을 임용기간 만료일 2월전까지 당해 교원에게 통지하여야 한다. 이 경우 당해 교원을 재임용하지 아니하기로 결정한 때에는 재임용하지 아니하겠다는 의사와 재임용 거부사유를 명시하여 통지하여야 한다.
⑦교원인사위원회가 제6항의 규정에 의하여 당해 교원에 대한 재임용 여부를 심의함에 있어서는 다음 각호의 사항에 관한 평가 등 객관적인 사유로서 학칙이 정하는 사유에 근거하여야 한다. 이 경우 심의과정에서 15일 이상의 기간을 정하여 당해 교원에게 지정된 기일에 교원인사위원회에 출석하여 의견을 진술하거나 서면에 의한 의견제출의 기회를 주어야 한다.

1. 학생교육에 관한 사항
2. 학문연구에 관한 사항
3. 학생지도에 관한 사항

⑧재임용이 거부된 교원이 재임용 거부처분에 대하여 불복하고자 하는 경우에는 그 처분이 있음을 안 날부터 30일 이내에 **「교원의 지위 향상 및 교육활동 보호를 위한 특별법」 제7조에 따른** 교원소청심사위원회에 심사를 청구할 수 있다.
⑨고등학교 이하 각급학교 교원의 신규채용은 공개전형에 의하도록 하며, 공개전형에 있어서 담당할 직무수행에 필요한 자격요건과 공개전형의 실시에 관하여 필요한 사항은 대통령령으로 정한다.

• 「교원지위향상을 위한 특별법」의 제명을 「교원의 지위 향상 및 교육활동 보호를 위한 특별법」(2016. 2. 3. 개정, 2016. 8. 4. 시행)으로 하였다.

11 11. 2016년 2월 3일 개정(법률 제13938호, 2016. 2. 3. 시행)

제53조의2(학교의 장이 아닌 교원의 임용) ①각급학교의 교원은 당해 학교법인 또는 사립학교경영자가 임용하되, 다음 각호의 1에 의하여야 한다.

1. 학교법인 및 법인인 사립학교경영자가 설치·경영하는 사립학교의 교원의 임용은 당해 학교의 장의 제청으로 이사회의 의결을 거쳐야 한다.
2. 사인인 사립학교경영자가 설치·경영하는 사립학교의 교원의 임용은 당해 학

교의 장의 제청에 의하여 행하여야 한다.

②대학교육기관의 교원의 **임용권은** 당해 학교법인의 정관이 정하는 바에 의하여 학교의 장에게 위임할 수 있다.

③대학교육기관의 교원은 정관이 정하는 바에 따라 근무기간·급여·근무조건, 업적 및 성과약정등 계약조건을 정하여 임용할 수 있다. 이 경우 근무기간에 관하여는 국·공립대학의 교원에게 적용되는 관련규정을 준용한다.

④제3항의 규정에 의하여 임용된 교원의 **임용권자는** 당해 교원의 임용기간이 만료되는 때에는 임용기간 만료일 4월전까지 임용기간이 만료된다는 사실과 재임용 심의를 신청할 수 있음을 당해 교원에게 통지(문서에 의한 통지를 말한다. 이하 이 조에서 같다)하여야 한다.

⑤제4항의 규정에 의하여 통지를 받은 교원이 재임용을 받고자 하는 경우에는 통지를 받은 날부터 15일 이내에 재임용 심의를 **임용권자에게** 신청하여야 한다.

⑥제5항의 규정에 의한 재임용 심의를 신청받은 **임용권자는 제53조의4**의 규정에 의한 교원인사위원회의 재임용 심의를 거쳐 당해 교원에 대한 재임용 여부를 결정하고 그 사실을 임용기간 만료일 2월전까지 당해 교원에게 통지하여야 한다. 이 경우 당해 교원을 재임용하지 아니하기로 결정한 때에는 재임용하지 아니하겠다는 의사와 재임용 거부사유를 명시하여 통지하여야 한다.

⑦교원인사위원회가 제6항의 규정에 의하여 당해 교원에 대한 재임용 여부를 심의함에 있어서는 다음 각호의 사항에 관한 평가 등 객관적인 사유로서 학칙이 정하는 사유에 근거하여야 한다. 이 경우 심의과정에서 15일 이상의 기간을 정하여 당해 교원에게 지정된 기일에 교원인사위원회에 출석하여 의견을 진술하거나 서면에 의한 의견제출의 기회를 주어야 한다.

1. 학생교육에 관한 사항
2. 학문연구에 관한 사항
3. 학생지도에 관한 사항

⑧재임용이 거부된 교원이 재임용 거부처분에 대하여 불복하고자 하는 경우에는 그 처분이 있음을 안 날부터 30일 이내에 「교원의 지위 향상 및 교육활동 보호를 위한 특별법」 제7조에 따른 교원소청심사위원회에 심사를 청구할 수 있다.

⑨고등학교 이하 각급학교 교원의 신규채용은 공개전형에 의하도록 하며, 공개전형에 있어서 담당할 직무수행에 필요한 자격요건과 공개전형의 실시에 관하여 필요한 사항은 대통령령으로 정한다.

(1) 법률안

〈1〉 **유은혜 의원안**[226]**:** 이 조문을 포함한 개정 대상 조문의 제안이유 및 주요내용은 아래와 같다.

- 제안이유 및 주요내용

  교원의 직무 특수성과 교육의 공공성을 고려할 때 사립학교 교원의 채용시험에서의 부정행위자에 대하여는 「교육공무원법」에 따른 부정행위자 조치와 동일한 수준으로 제재하는 것이 바람직할 것임에도 불구하고 이에 대한 제재규정이 불명확하여 사립학교 교원에 대한 불신을 조장하고 있음.

  이에 사립학교 교원채용시험에 있어서 부정행위를 한 자에 대하여는 시험정지·무효 또는 응시제한 등의 제재조치를 교육공무원 수준으로 강화하는 등 「교육공무원법」 준용규정을 신설함으로써 사립학교 임용권자가 정직한 교육자를 채용할 수 있도록 하려는 것임(안 제53조의3 신설).

이 조문의 현행법과 개정 원안은 아래와 같다.

현행법	원안
제53조의2(학교의 장이 아닌 교원의 임면) ① ~ ⑤ (생 략) ⑥제5항의 규정에 의한 재임용 심의를 신청받은 임면권자는 제53조의3의 규정에 의한 교원인사위원회의 재임용 심의를 거쳐 당해 교원에 대한 재임용 여부를 결정하고 그 사실을 임용기간 만료일 2월전까지 당해 교원에게 통지하여야 한다. 이 경우 당해 교원을 재임용하지 아니하기로 결정한 때에는 재임용하지 아니하겠다는 의사와 재임용 거부사유를 명시하여 통지하여야 한다. ⑦ ~ ⑨ (생 략)	**제53조의2(학교의 장이 아닌 교원의 임면)** ① ~ ⑤ (현행과 같음) ⑥제5항의 규정에 의한 재임용 심의를 신청받은 임면권자는 제53조의4의 규정에 의한 교원인사위원회의 재임용 심의를 거쳐 당해 교원에 대한 재임용 여부를 결정하고 그 사실을 임용기간 만료일 2월전까지 당해 교원에게 통지하여야 한다. 이 경우 당해 교원을 재임용하지 아니하기로 결정한 때에는 재임용하지 아니하겠다는 의사와 재임용 거부사유를 명시하여 통지하여야 한다. ⑦ ~ ⑨ (현행과 같음)

- 제53조의3을 신설함에 따라 종전의 제53조의3 및 제53조의4를 각각 제53조의4 및 제53조의5로 이동하였다.

226) 2014. 6. 12. 유은혜의원 등 11인(의안번호: 1910857).

〈2〉 정부안[227)]

현행법	원안
제53조의2(학교의 장이 아닌 교원의 임면) ①각급학교의 교원은 당해 학교법인 또는 사립학교경영자가 임면하되, 다음 각호의 1에 의하여야 한다. 1. 학교법인 및 법인인 사립학교경영자가 설치·경영하는 사립학교의 교원의 임면은 당해 학교의 장의 제청으로 이사회의 의결을 거쳐야 한다. 2. 사인인 사립학교경영자가 설치·경영하는 사립학교의 교원의 임면은 당해 학교의 장의 제청에 의하여 행하여야 한다. ②대학교육기관의 교원의 임면권은 당해 학교법인의 정관이 정하는 바에 의하여 학교의 장에게 위임할 수 있다. ③ (생　략) ④제3항의 규정에 의하여 임용된 교원의 임면권자는 당해 교원의 임용기간이 만료되는 때에는 임용기간 만료일 4월전까지 임용기간이 만료된다는 사실과 재임용 심의를 신청할 수 있음을 당해 교원에게 통지(문서에 의한 통지를 말한다. 이하 이 조에서 같다)하여야 한다. ⑤제4항의 규정에 의하여 통지를 받은 교원이 재임용을 받고자 하는 경우에는 통지를 받은 날부터 15일 이내에 재임용 심의를 임면권자에게 신청하여야 한다. ⑥제5항의 규정에 의한 재임용 심의를 신청받은 임면권자는 제53조의3의 규정에 의한 교원인사위원회의 재임용 심의를 거쳐 당해 교원에 대한 재임용 여부를 결정하고 그 사실을 임용기간 만료일 2월전까지 당해 교원에게 통지하여야 한다. 이 경우 당해 교원을 재임용하지 아니하기로 결정한 때에는 재임용하지 아니하겠다는 의사와 재임용 거부사유를 명시하여 통지	**제53조의2(학교의 장이 아닌 교원의 임용)** ①각급학교의 교원은 당해 학교법인 또는 사립학교경영자가 임용하되, 다음 각호의 1에 의하여야 한다. 1. 학교법인 및 법인인 사립학교경영자가 설치·경영하는 사립학교의 교원의 임용은 당해 학교의 장의 제청으로 이사회의 의결을 거쳐야 한다. 2. 사인인 사립학교경영자가 설치·경영하는 사립학교의 교원의 임용은 당해 학교의 장의 제청에 의하여 행하여야 한다. ②대학교육기관의 교원의 임용권은 당해 학교법인의 정관이 정하는 바에 의하여 학교의 장에게 위임할 수 있다. ③ (현행과 같음) ④제3항의 규정에 의하여 임용된 교원의 임용권자는 당해 교원의 임용기간이 만료되는 때에는 임용기간 만료일 4월전까지 임용기간이 만료된다는 사실과 재임용 심의를 신청할 수 있음을 당해 교원에게 통지(문서에 의한 통지를 말한다. 이하 이 조에서 같다)하여야 한다. ⑤제4항의 규정에 의하여 통지를 받은 교원이 재임용을 받고자 하는 경우에는 통지를 받은 날부터 15일 이내에 재임용 심의를 임용권자에게 신청하여야 한다. ⑥제5항의 규정에 의한 재임용 심의를 신청받은 임용권자는 제53조의3의 규정에 의한 교원인사위원회의 재임용 심의를 거쳐 당해 교원에 대한 재임용 여부를 결정하고 그 사실을 임용기간 만료일 2월전까지 당해 교원에게 통지하여야 한다. 이 경우 당해 교원을 재임용하지 아니하기로 결정한 때에는 재임용하지 아니하겠다는 의사와 재임용 거부사유를 명시하여 통지

227) 2015. 7. 30. 정부(의안번호: 1916286); 제안이유 및 주요내용은 이 책 [2.204] 참조.

하여야 한다. ⑦ ~ ⑨ (생 략)	하여야 한다. ⑦ ~ ⑨ (현행과 같음)

• 한자를 한글로 표기하고 제2조를 개정함에 따라 "임면"을 "임용"으로 하였다.

(2) 위원회 심사

〈1〉 **교육문화체육관광위원회:** 대안[228]으로 가결되었다.[229]

대안
제53조의2(학교의 장이 아닌 교원의 임용) ①각급학교의 교원은 당해 학교법인 또는 사립학교경영자가 임용하되, 다음 각호의 1에 의하여야 한다. 1. 학교법인 및 법인인 사립학교경영자가 설치·경영하는 사립학교의 교원의 임용은 당해 학교의 장의 제청으로 이사회의 의결을 거쳐야 한다. 2. 사인인 사립학교경영자가 설치·경영하는 사립학교의 교원의 임용은 당해 학교의 장의 제청에 의하여 행하여야 한다. ②대학교육기관의 교원의 임용권은 당해 학교법인의 정관이 정하는 바에 의하여 학교의 장에게 위임할 수 있다. ④제3항의 규정에 의하여 임용된 교원의 임용권자는 당해 교원의 임용기간이 만료되는 때에는 임용기간 만료일 4월전까지 임용기간이 만료된다는 사실과 재임용 심의를 신청할 수 있음을 당해 교원에게 통지(문서에 의한 통지를 말한다. 이하 이 조에서 같다)하여야 한다. ⑤제4항의 규정에 의하여 통지를 받은 교원이 재임용을 받고자 하는 경우에는 통지를 받은 날부터 15일 이내에 재임용 심의를 임용권자에게 신청하여야 한다. ⑥제5항의 규정에 의한 재임용 심의를 신청받은 임용권자는 제53조의4의 규정에 의한 교원인사위원회의 재임용 심의를 거쳐 당해 교원에 대한 재임용 여부를 결정하고 그 사실을 임용기간 만료일 2월전까지 당해 교원에게 통지하여야 한다. 이 경우 당해 교원을 재임용하지 아니하기로 결정한 때에는 재임용하지 아니하겠다는 의사와 재임용 거부사유를 명시하여 통지하여야 한다.

〈2〉 **법제사법위원회:** 교육문화체육관광위원회 대안대로 가결되었다.[230]

(3) 본회의 심의

교육문화체육관광위원회 대안대로 가결되었다.[231]

---

228) 2015. 12. 30. 교육문화체육관광위원장(의안번호: 1918355).
229) 제337회 국회(정기회) 제10차 전체회의, 교육문화체육관광위원회회의록, 2015. 12. 7., 25면.
230) 제338회 국회(임시회) 제2차 전체회의, 법제사법위원회회의록, 2015. 12. 30., 40면.
231) 제338회 국회(임시회) 제2차 본회의, 국회본회의회의록, 2015. 12. 31., 17면.

(4) 결과

교육문화체육관광위원회 대안으로 개정되었다.

53-2.212 12. 2017년 11월 28일 개정(법률 제15040호, 2018. 5. 29. 시행)

제53조의2(학교의 장이 아닌 교원의 임용) ①각급학교의 교원은 당해 학교법인 또는 사립학교경영자가 임용하되, 다음 각호의 1에 의하여야 한다.

1. 학교법인 및 법인인 사립학교경영자가 설치·경영하는 사립학교의 교원의 임용은 당해 학교의 장의 제청으로 이사회의 의결을 거쳐야 한다.
2. 사인인 사립학교경영자가 설치·경영하는 사립학교의 교원의 임용은 당해 학교의 장의 제청에 의하여 행하여야 한다.

②대학교육기관의 교원의 임용권은 당해 학교법인의 정관이 정하는 바에 의하여 학교의 장에게 위임할 수 있다.

③대학교육기관의 교원은 정관이 정하는 바에 따라 근무기간·급여·근무조건, 업적 및 성과약정등 계약조건을 정하여 임용할 수 있다. 이 경우 근무기간에 관하여는 국·공립대학의 교원에게 적용되는 관련규정을 준용한다.

④제3항의 규정에 의하여 임용된 교원의 임용권자는 당해 교원의 임용기간이 만료되는 때에는 임용기간 만료일 4월전까지 임용기간이 만료된다는 사실과 재임용 심의를 신청할 수 있음을 당해 교원에게 통지(문서에 의한 통지를 말한다. 이하 이 조에서 같다)하여야 한다.

⑤제4항의 규정에 의하여 통지를 받은 교원이 재임용을 받고자 하는 경우에는 통지를 받은 날부터 15일 이내에 재임용 심의를 임용권자에게 신청하여야 한다.

⑥제5항의 규정에 의한 재임용 심의를 신청받은 임용권자는 제53조의4의 규정에 의한 교원인사위원회의 재임용 심의를 거쳐 당해 교원에 대한 재임용 여부를 결정하고 그 사실을 임용기간 만료일 2월전까지 당해 교원에게 통지하여야 한다. 이 경우 당해 교원을 재임용하지 아니하기로 결정한 때에는 재임용하지 아니하겠다는 의사와 재임용 거부사유를 명시하여 통지하여야 한다.

⑦교원인사위원회가 제6항의 규정에 의하여 당해 교원에 대한 재임용 여부를 심의함에 있어서는 다음 각호의 사항에 관한 평가 등 객관적인 사유로서 학칙이 정하는 사유에 근거하여야 한다. 이 경우 심의과정에서 15일 이상의 기간을 정하여 당해 교원에게 지정된 기일에 교원인사위원회에 출석하여 의견을 진술하거나 서

면에 의한 의견제출의 기회를 주어야 한다.
1. 학생교육에 관한 사항
2. 학문연구에 관한 사항
3. 학생지도에 관한 사항
4. 「산업교육진흥 및 산학연협력촉진에 관한 법률」 제2조제6호에 따른 산학연협력에 관한 사항

⑧ 교원인사위원회는 교원의 재임용을 심의하는 경우 해당 교원의 평가 등에 제7항 각 호의 사항에 대한 실적과 성과가 「고등교육법」 제15조에 따른 해당 교원의 임무에 비추어 적정하게 반영될 수 있도록 필요한 조치를 취하여야 한다.
⑨재임용이 거부된 교원이 재임용 거부처분에 대하여 불복하고자 하는 경우에는 그 처분이 있음을 안 날부터 30일 이내에 「교원의 지위 향상 및 교육활동 보호를 위한 특별법」 제7조에 따른 교원소청심사위원회에 심사를 청구할 수 있다.
⑩고등학교 이하 각급학교 교원의 신규채용은 공개전형에 의하도록 하며, 공개전형에 있어서 담당할 직무수행에 필요한 자격요건과 공개전형의 실시에 관하여 필요한 사항은 대통령령으로 정한다.

(1) 법률안(강길부 의원안[232])

이 조문을 포함한 개정 대상 조문의 제안이유 및 주요내용은 아래와 같다.

• 제안이유 및 주요내용

"지식과 기술"을 융합하는 지식기반산업이 새로운 성장동력으로 부각됨에 따라 국가는 산학연협력을 통한 기술개발 및 기술사업화 등을 촉진하기 위하여 산학연협력 강화를 지속적으로 추진하고 있음.

그러나 산학연협력 촉진을 위한 국가적 차원의 노력에도 불구하고 산학연의 자체적인 협동연구나 투자 등이 여전히 미흡한 실정인바, 산학연협력에 대한 정당한 평가와 보상 등을 통한 산학연협력의 활성화를 도모할 필요가 있음.

이에 대학의 계약제 교원을 재임용하는 경우 산학연협력에 참여한 실적과 그 성과가 해당 교원의 평가 등에 적정하게 반영될 수 있도록 함으로써 산학연협력 실적에 대한 인사상 인센티브 부여를 통하여 산학연협력을 촉진하고 나아가 국가경쟁력의 제고를 도모하려는 것임(안 제53조의2제7항제4호 및 제8항 신설).

232) 2016. 11. 29. 강길부의원 등 11인(의안번호: 2003941).

이 조문의 현행법과 개정 원안은 아래와 같다.

현행법	원안
제53조의2(학교의 장이 아닌 교원의 임용) ① ~ ⑥ (현행과 같음) ⑦교원인사위원회가 제6항의 규정에 의하여 당해 교원에 대한 재임용 여부를 심의함에 있어서는 다음 각호의 사항에 관한 평가 등 객관적인 사유로서 학칙이 정하는 사유에 근거하여야 한다. 이 경우 심의과정에서 15일 이상의 기간을 정하여 당해 교원에게 지정된 기일에 교원인사위원회에 출석하여 의견을 진술하거나 서면에 의한 의견제출의 기회를 주어야 한다. 1. ~ 3. (현행과 같음) <신 설> <신 설> ⑧ ~ ⑨ (생 략)	**제53조의2(학교의 장이 아닌 교원의 임용)** ① ~ ⑥ (현행과 같음) ⑦교원인사위원회가 제6항의 규정에 의하여 당해 교원에 대한 재임용 여부를 심의함에 있어서는 다음 각호의 사항에 관한 평가 등 객관적인 사유로서 학칙이 정하는 사유에 근거하여야 한다. 이 경우 심의과정에서 15일 이상의 기간을 정하여 당해 교원에게 지정된 기일에 교원인사위원회에 출석하여 의견을 진술하거나 서면에 의한 의견제출의 기회를 주어야 한다. 1. ~ 3. (현행과 같음) 4. 「산업교육진흥 및 산학연협력촉진에 관한 법률」 제2조제6호에 따른 산학연협력에 관한 사항 ⑧ 교원인사위원회는 교원의 재임용을 평가하는 경우 제7항 각 호에 따른 실적과 그 성과가 교원의 평가 등에 적정하게 반영될 수 있도록 필요한 조치를 취하여야 한다. ⑨ ~ ⑩ (현행 제8항 및 제9항과 같음)

• 대학이 계약제 교원을 재임용하는 경우 산학연협력에 참여한 실적과 성과가 해당 교원의 평가 등에 적정하게 반영되도록 하였다.

(2) 위원회 심사

〈1〉 **교육문화체육관광위원회:** 대안[233])으로 가결되었다.[234])

대안
제53조의2(학교의 장이 아닌 교원의 임용) 4. 「산업교육진흥 및 산학연협력촉진에 관한 법률」 제2조제6호에 따른 산학연협력에 관한 사항 ⑧ 교원인사위원회는 교원의 재임용을 심의하는 경우 해당 교원의 평가 등에 제7항 각 호의 사항에 대한 실적과 성과가 「고등교육법」 제15조에 따른 해당 교원의 임무에 비추어 적정하게 반영될 수

233) 2017. 11. 8. 교육문화체육관광위원장(의안번호: 2010049).

234) 제354회 국회(정기회) 제4차 전체회의, 교육문화체육관광위원회회의록, 2017. 9. 28., 13면.

있도록 필요한 조치를 취하여야 한다.
⑨재임용이 거부된 교원이 재임용 거부처분에 대하여 불복하고자 하는 경우에는 그 처분이 있음을 안 날부터 30일 이내에 「교원의 지위 향상 및 교육활동 보호를 위한 특별법」 제7조에 따른 교원소청심사위원회에 심사를 청구할 수 있다.
⑩고등학교 이하 각급학교 교원의 신규채용은 공개전형에 의하도록 하며, 공개전형에 있어서 담당할 직무수행에 필요한 자격요건과 공개전형의 실시에 관하여 필요한 사항은 대통령령으로 정한다.

제53조의2에 관한 회의록 내용은 아래와 같다.

- **소위원장 유은혜**: 첫째, 대학이 계약제 교원을 재임용하는 경우 산학연협력에 참여한 실적과 성과가 해당 교원의 평가 등에 적정하게 반영될 수 있도록 하…였습니다…
- **위원장 유성엽**[235]: 의사일정 제13항부터 제15항까지 도종환 의원, 강길부 의원, 신동근 의원이 각각 대표발의한 사립학교법 일부개정법률안은 소위원회에서 심사보고한 바와 같이 본회의에 각각 부의하지 아니하고 이를 통합 조정한 의사일정 제16항 사립학교법 일부개정법률안(대안)을 제안하고자 합니다. 이의 없으십니까? (예 하는 위원 있음) 이의가 없으므로 가결되었음을 선포합니다.

〈2〉 **법제사법위원회**: 교육문화체육관광위원회 대안대로 가결되었다.[236]

(3) 본회의 심의

교육문화체육관광위원회 대안대로 가결되었다.[237] 제53조의2에 관한 회의록 내용은 아래와 같다.

- **교육문화체육관광위원장대리 김병욱**[238]: 첫째, 사립대학이 계약제 교원을 재임용하는 경우 산학연협력에 참여한 실적과 성과가 해당 교원의 평가 등에 적정하게 반영될 수 있도록 하였…습니다…
- **의장 정세균**[239]: 다음은 사립학교법 일부개정법률안(대안)을 의결하도록 하겠습니다. 투표해 주시기 바랍니다. (전자투표) 투표를 다 하셨습니까? 투표를 마치겠습니다. 투표 결과를 말씀드리겠습니다. 재석 211인 중 찬성 201인, 반대 2인, 기권 8인으로서 사립학교법 일부개정법률안(대안)은 가결되었음을 선포합니다.

---

235) 제354회 국회(정기회) 제4차 전체회의, 교육문화체육관광위원회회의록, 2017. 9. 28., 13면.
236) 제354회 국회(정기회) 제5차 전체회의, 법제사법위원회회의록, 2017. 11. 6., 27~28면.
237) 제354회 국회(정기회) 제12차 본회의, 국회본회의회의록, 2017. 11. 9., 16면.
238) 제354회 국회(정기회) 제12차 본회의, 국회본회의회의록, 2017. 11. 9., 15면.
239) 제354회 국회(정기회) 제12차 본회의, 국회본회의회의록, 2017. 11. 9., 16면.

(4) 결과

교육문화체육관광위원회 대안으로 개정되었다.

53-2.213 **13. 2020년 12월 22일 개정(법률 제17659호, 2020. 12. 22. 시행)**

제53조의2(학교의 장이 아닌 교원의 임용) ①_각급 학교의 교원은 **해당** 학교법인 또는 사립학교경영자가 임용하되, 다음 각 호의 **구분에 따른 방법으로** 하여야 한다.

1. 학교법인 및 법인인 사립학교경영자가 설치·경영하는 사립학교의 교원: **해당** 학교의 장의 제청으로 이사회의 의결을 **거쳐 임용**
2. 사인인 사립학교경영자가 설치·경영하는 사립학교의 교원: **해당** 학교의 장의 **제청으로 임용**

②_대학교육기관의 교원 임용권은 **해당** 학교법인의 정관으로 정하는 바에 **따라** 학교의 장에게 위임할 수 있다.

③_대학교육기관의 교원은 정관으로 정하는 바에 따라 근무기간·급여·근무조건, 업적 및 성과약정 등 계약조건을 정하여 임용할 수 있다. 이 경우 근무기간에 관하여는 **국립대학·공립**대학의 교원에게 적용되는 관련 규정을 준용한다.

④ **제3항에 따라** 임용된 교원의 임용권자는 **해당 교원에게** 임용기간 만료일 4개월 전까지 임용기간이 만료된다는 사실과 재임용 심의를 신청할 수 있음을 통지(문서에 의한 통지를 말한다. 이하 이 조에서 같다)하여야 한다.

⑤ **제4항에 따라** 통지를 받은 교원이 재임용을 받으려는 경우에는 통지받은 날부터 15일 이내에 재임용 심의를 임용권자에게 신청하여야 한다.

⑥ **제5항에 따른** 재임용 심의 신청을 받은 임용권자는 제53조의4에 따른 교원인사위원회의 재임용 심의를 거쳐 **해당** 교원을 재임용**할지를 결정하고**, 그 사실을 임용기간 만료일 2개월 전까지 **해당** 교원에게 통지하여야 한다. 이 경우 **해당** 교원을 재임용하지 아니하기로 결정하였을 때에는 재임용하지 아니하겠다는 의사와 재임용 거부 사유를 **구체적으로 밝혀** 통지하여야 한다.

⑦_교원인사위원회가 제6항에 따라 **해당** 교원의 재임용 여부를 **심의할 때에는** 다음 각 호의 사항에 관한 평가 등 객관적인 사유로서 학칙에서 정하는 사유에 근거하여야 한다. 이 경우 심의 과정에서 15일 이상의 기간을 정하여 **해당** 교원에게 지정된 기일에 교원인사위원회에 출석하여 의견을 진술하거나 **서면으로 의**

견을 제출할 기회를 주어야 한다.

1. 학생교육에 관한 사항
2. 학문연구에 관한 사항
3. 학생지도에 관한 사항
4. 「산업교육진흥 및 산학연협력촉진에 관한 법률」 제2조제6호에 따른 산학연협력에 관한 사항

⑧_교원인사위원회는 교원의 재임용을 심의하는 경우 해당 교원의 평가 등에 제7항 각 호의 사항에 대한 실적과 성과가 「고등교육법」 제15조에 따른 해당 교원의 임무에 비추어 적정하게 반영될 수 있도록 필요한 조치를 하여야 한다.

⑨_재임용이 거부된 교원이 재임용 거부처분에 대하여 불복하려는 경우에는 그 처분이 있음을 안 날부터 30일 이내에 「교원의 지위 향상 및 교육활동 보호를 위한 특별법」 제7조에 따른 교원소청심사위원회에 심사를 청구할 수 있다.

⑩_고등학교 이하 각급 학교 교원의 신규채용은 공개전형으로 하며, 담당할 직무에 필요한 자격요건과 공개전형의 실시에 필요한 사항은 대통령령으로 정한다.

- 법문을 한글화하고 간결하게 하였다(오직 형식에 관한 개정이므로 자세한 개정경과는 생략함[240]).

14 14. 2021년 8월 10일 개정(법률 제18372호, 2022. 2. 11. 시행)

제53조의2(학교의 장이 아닌 교원의 임용) ① 각급 학교의 교원은 해당 학교법인 또는 사립학교경영자가 임용하되, 다음 각 호의 구분에 따른 방법으로 하여야 한다.

1. 학교법인 및 법인인 사립학교경영자가 설치·경영하는 사립학교의 교원: 해당 학교의 장의 제청으로 이사회의 의결을 거쳐 임용
2. 사인인 사립학교경영자가 설치·경영하는 사립학교의 교원: 해당 학교의 장의 제청으로 임용

② 대학교육기관의 교원 임용권과 **고등학교 이하 각급학교 교원의 휴직 및 복직에 관한 사항은** 해당 학교법인의 정관으로 정하는 바에 따라 학교의 장에게 위임

---

240) 이에 관한 구체적 개정경과는 이 책 [1.201] 참조.

할 수 있다.

③ 대학교육기관의 교원은 정관으로 정하는 바에 따라 근무기간·급여·근무조건, 업적 및 성과약정 등 계약조건을 정하여 임용할 수 있다. 이 경우 근무기간에 관하여는 국립대학·공립대학의 교원에게 적용되는 관련 규정을 준용한다.

④ 제3항에 따라 임용된 교원의 임용권자는 해당 교원에게 임용기간 만료일 4개월 전까지 임용기간이 만료된다는 사실과 재임용 심의를 신청할 수 있음을 통지(문서에 의한 통지를 말한다. 이하 이 조에서 같다)하여야 한다.

⑤ 제4항에 따라 통지를 받은 교원이 재임용을 받으려는 경우에는 통지받은 날부터 15일 이내에 재임용 심의를 임용권자에게 신청하여야 한다.

⑥ 제5항에 따른 재임용 심의 신청을 받은 임용권자는 제53조의4에 따른 교원인사위원회의 재임용 심의를 거쳐 해당 교원을 재임용할지를 결정하고, 그 사실을 임용기간 만료일 2개월 전까지 해당 교원에게 통지하여야 한다. 이 경우 해당 교원을 재임용하지 아니하기로 결정하였을 때에는 재임용하지 아니하겠다는 의사와 재임용 거부 사유를 구체적으로 밝혀 통지하여야 한다.

⑦ 교원인사위원회가 제6항에 따라 해당 교원의 재임용 여부를 심의할 때에는 다음 각 호의 사항에 관한 평가 등 객관적인 사유로서 학칙에서 정하는 사유에 근거하여야 한다. 이 경우 심의 과정에서 15일 이상의 기간을 정하여 해당 교원에게 지정된 기일에 교원인사위원회에 출석하여 의견을 진술하거나 서면으로 의견을 제출할 기회를 주어야 한다.

1. 학생교육에 관한 사항
2. 학문연구에 관한 사항
3. 학생지도에 관한 사항
4. 「산업교육진흥 및 산학연협력촉진에 관한 법률」 제2조제6호에 따른 산학연협력에 관한 사항

⑧ 교원인사위원회는 교원의 재임용을 심의하는 경우 해당 교원의 평가 등에 제7항 각 호의 사항에 대한 실적과 성과가 「고등교육법」 제15조에 따른 해당 교원의 임무에 비추어 적정하게 반영될 수 있도록 필요한 조치를 하여야 한다.

⑨ 재임용이 거부된 교원이 재임용 거부처분에 대하여 불복하려는 경우에는 그 처분이 있음을 안 날부터 30일 이내에 「교원의 지위 향상 및 교육활동 보호를 위한 특별법」 제7조에 따른 교원소청심사위원회에 심사를 청구할 수 있다.

⑩ 고등학교 이하 각급 학교 교원의 신규채용은 공개전형으로 하며, 담당할 직무

에 필요한 자격요건과 공개전형의 실시에 필요한 사항은 대통령령으로 정한다.

(1) 법률안(박찬대 의원안[241])

현행법	원안
제53조의2(학교의 장이 아닌 교원의 임용) ① (생 략) ② 대학교육기관의 <u>교원 임용권</u>은 해당 학교법인의 정관으로 정하는 바에 따라 학교의 장에게 위임할 수 있다. ③ ~ ⑩ (생 략)	**제53조의2(학교의 장이 아닌 교원의 임용)** ① (현행과 같음) ② 대학교육기관의 <u>교원 임용권과 고등학교 이하 각급학교 교원의 휴직 및 복직에 관한 사항</u>은 해당 학교법인의 정관으로 정하는 바에 따라 학교의 장에게 위임할 수 있다. ③ ~ ⑩ (현행과 같음)

• 고등학교 이하 사립하교 교원의 휴직과 복직에 관한 사항을 해당 학교법인의 정관이 정하는 바에 따라 학교의 장에게 위임할 수 있도록 하였다.

(2) 위원회 심사

〈1〉 **교육위원회:** 대안[242]으로 가결되었다(이 조문의 경우에는 원안과 대안의 내용이 동일함).[243]

〈2〉 **법제사법위원회:** 교육위원회 대안대로 가결되었다.[244]

(3) 본회의 심의

교육위원회 대안대로 가결되었다.[245]

(4) 결과

교육위원회 대안으로 개정되었다.

241) 2020. 7. 14. 박찬대의원 등 10인(의안번호: 2101945); 제안이유 및 주요내용은 이 책 [2.205] 참조.
242) 2021. 7. 22. 교육위원장(의안번호: 2111667).
243) 제389회 국회(임시회) 제1차 전체회의, 교육위원회회의록, 2021. 7. 14., 6면.
244) 제389회 국회(임시회) 제1차 전체회의, 법제사법위원회회의록, 2021. 7. 22., 64면.
245) 제389회 국회(임시회) 제2차 본회의, 국회본회의회의록, 2021. 7. 23., 10면.

53-2.215

15. 2021년 9월 24일 개정(법률 제18460호, 2022. 3. 25. 시행)

제53조의2(학교의 장이 아닌 교원의 임용) ① 각급 학교의 교원은 해당 학교법인 또는 사립학교경영자가 임용하되, 다음 각 호의 구분에 따른 방법으로 하여야 한다.

1. 학교법인 및 법인인 사립학교경영자가 설치·경영하는 사립학교의 교원: 해당 학교의 장의 제청으로 이사회의 의결을 거쳐 임용
2. 사인인 사립학교경영자가 설치·경영하는 사립학교의 교원: 해당 학교의 장의 제청으로 임용

② 대학교육기관의 교원 임용권과 고등학교 이하 각급학교 교원의 휴직 및 복직에 관한 사항은 해당 학교법인의 정관으로 정하는 바에 따라 학교의 장에게 위임할 수 있다.

③ 대학교육기관의 교원은 정관으로 정하는 바에 따라 근무기간·급여·근무조건, 업적 및 성과약정 등 계약조건을 정하여 임용할 수 있다. 이 경우 근무기간에 관하여는 국립대학·공립대학의 교원에게 적용되는 관련 규정을 준용한다.

④ 제3항에 따라 임용된 교원의 임용권자는 해당 교원에게 임용기간 만료일 4개월 전까지 임용기간이 만료된다는 사실과 재임용 심의를 신청할 수 있음을 통지(문서에 의한 통지를 말한다. 이하 이 조에서 같다)하여야 한다.

⑤ 제4항에 따라 통지를 받은 교원이 재임용을 받으려는 경우에는 통지받은 날부터 15일 이내에 재임용 심의를 임용권자에게 신청하여야 한다.

⑥ 제5항에 따른 재임용 심의 신청을 받은 임용권자는 제53조의4에 따른 교원인사위원회의 재임용 심의를 거쳐 해당 교원을 재임용할지를 결정하고, 그 사실을 임용기간 만료일 2개월 전까지 해당 교원에게 통지하여야 한다. 이 경우 해당 교원을 재임용하지 아니하기로 결정하였을 때에는 재임용하지 아니하겠다는 의사와 재임용 거부 사유를 구체적으로 밝혀 통지하여야 한다.

⑦ 교원인사위원회가 제6항에 따라 해당 교원의 재임용 여부를 심의할 때에는 다음 각 호의 사항에 관한 평가 등 객관적인 사유로서 학칙에서 정하는 사유에 근거하여야 한다. 이 경우 심의 과정에서 15일 이상의 기간을 정하여 해당 교원에게 지정된 기일에 교원인사위원회에 출석하여 의견을 진술하거나 서면으로 의견을 제출할 기회를 주어야 한다.

1. 학생교육에 관한 사항

2. 학문연구에 관한 사항
3. 학생지도에 관한 사항
4. 「산업교육진흥 및 산학연협력촉진에 관한 법률」 제2조제6호에 따른 산학연 협력에 관한 사항

⑧ 교원인사위원회는 교원의 재임용을 심의하는 경우 해당 교원의 평가 등에 제7항 각 호의 사항에 대한 실적과 성과가 「고등교육법」 제15조에 따른 해당 교원의 임무에 비추어 적정하게 반영될 수 있도록 필요한 조치를 하여야 한다.

⑨ 재임용이 거부된 교원이 재임용 거부처분에 대하여 불복하려는 경우에는 그 처분이 있음을 안 날부터 30일 이내에 「교원의 지위 향상 및 교육활동 보호를 위한 특별법」 제7조에 따른 교원소청심사위원회에 심사를 청구할 수 있다.

⑩ 고등학교 이하 각급 학교 교원의 신규채용은 공개전형으로 하며, 담당할 직무에 필요한 자격요건과 공개전형의 실시에 필요한 사항은 대통령령으로 정한다.

⑪ 「초·중등교육법」 제19조에 따른 교원의 임용권자는 제10항에 따른 공개전형을 실시할 때에는 필기시험을 포함하여야 하고, 필기시험은 시·도 교육감에게 위탁하여 실시하여야 한다. 다만, 대통령령으로 정하는 바에 따라 시·도 교육감의 승인을 받은 경우에는 필기시험을 포함하지 아니하거나 시·도 교육감에게 위탁하지 아니할 수 있다.

(1) 법률안

〈1〉 서동용 의원안[246]**:** 이 조문을 포함한 개정 대상 조문의 제안이유 및 주요내용은 아래와 같다.

• 제안이유 및 주요내용

사립학교는 국가가 어려운 시기에 우리 교육의 중추적 역할을 수행해 오며 교육기회 확대와 인재양성에 기여해 왔음. 그러나 일부 사립학교의 부정·비리가 지속적으로 발생하여 교육 전체의 신뢰를 저하시키는 등 사립학교 운영 시 공공성과 투명성을 확대해야 한다는 요구가 높음.

그동안 일부 사립학교의 친인척 직원 채용 논란을 비롯해 특정 교원을 뽑기 위하여 공개전형 없이 채용을 실시하거나, 시험단계 및 방법을 임의로 바꾸거나, 필기시험을 실시하지 않거나 성적을 임의로 변경하는 등 불공정한 방식으로

246) 2020. 7. 15. 서동용의원 등 16인(의안번호: 2101996).

채용과정을 진행하는 경우가 있었음.

현행법은 사립학교 교원의 신규채용을 공개전형에 의하도록 하고 있으나 이처럼 공개채용이 공정하고 객관적으로 이루어지지 못하거나, 사무직원의 경우 채용 관련 조항이 부재하여 채용비리 문제가 끊이지 않고 있음.

사립학교는 법인의 설립 취지와 이념에 따른 인사권의 자율성을 보장받아야 하지만 동시에 인건비·운영비 등 연간 7조원이 넘는 대규모 국가 재정이 투입되고 있고, 교육기관으로서 공공성과 책무성 강화를 요구받고 있다는 점을 고려할 때, 사립학교 교원 및 직원 채용 시 비리가 발생하지 않도록 채용절차의 투명성과 공정성을 강화할 필요가 있음.

이에 사립학교의 직원도 교원과 같이 공개 채용하도록 하고, 교원의 신규채용에는 시·도교육청에서 체계적으로 관리·운영되는 필기시험을 거치도록 하여 사립학교 교직원 채용의 공정성을 강화하고자 함(안 제53조의2제11항 및 제70조의3 신설).

이 조문의 현행법과 개정 원안은 아래와 같다.

현행법[247]	원안
제53조의2(학교의 장이 아닌 교원의 임용) ① ~ ⑩ (생 략) <신 설>	제53조의2(학교의 장이 아닌 교원의 임용) ① ~ ⑩ (현행과 같음) ⑪ 「초·중등교육법」 제19조에 따른 교원의 임용권자는 제10항에 따른 공개전형을 실시할 때에는 필기시험을 포함하여야 하고, 필기시험은 시·도 교육감에게 위탁하여 실시하여야 한다. 다만, 대통령령으로 정하는 바에 따라 시·도 교육감의 승인을 받은 경우 필기시험을 다른 시험으로 대체하거나, 위탁하지 아니할 수 있다.

- 초·중등학교 교원 임용을 위한 공개전형은 필기시험을 포함하여야 하고 필기시험은 시·도교육감에게 위탁하여 실시하도록 하였다.

〈2〉 **윤영덕 의원안**[248]**:** 이 조문을 포함한 개정 대상 조문의 제안이유 및 주요내용은 아래와 같다.

247) 「사립학교법」(2020. 3. 24. 일부개정, 2020. 9. 25. 시행)

248) 2020. 10. 8. 윤영덕의원 등 10인(의안번호: 2104462).

• 제안이유 및 주요내용

현행법은 고등학교 이하 사립학교(이하 "사립학교"라 한다) 교원의 신규채용을 교원의 임용권자인 해당 학교법인 또는 사립학교경영자가 공개전형에 의하도록 규정하고 있음.

대통령령에 의해 학교법인 또는 사립학교경영자는 교원 임용을 위한 공개전형을 교육감에게 위탁하여 실시할 수 있으나 사립학교 교원 위탁채용이 의무사항이 아닌 임의사항으로 규정되어 시·도 교육청에 따라 위탁채용 현황이 다름.

또한 사립학교 교원 채용 공개전형이 공정하고 객관적으로 이뤄지지 못하거나 형식적인 절차를 거치는 경우가 적지 않아 채용비리가 끊이지 않고 발생하고 있음.

한편 대부분의 사립학교의 경우 교원 인건비 등을 시·도 교육청에서 재정결함 보조금으로 지급 받고 있을 뿐만 아니라 고등학교까지 무상교육이 확대됨에 따라 공교육 기관으로서 공공성과 책무성 강화를 요구받고 있는 상황에서 사립학교의 경우도 투명하고 공정한 절차에 따라 교원채용이 이루어져야 할 필요가 있음.

이에 사립학교 교원 신규채용 시 공개전형을 해당 학교가 소재하는 시·도교육감에 위탁하여 실시하도록 함으로써 사립학교의 공공성 및 책무성 향상을 도모하고자 함(안 제53조의2제10항).

이 조문의 현행법과 개정 원안은 아래와 같다.

현행법[249]	원안
제53조의2(학교의 장이 아닌 교원의 임용) ① ~ ⑨ (생 략) ⑩ 고등학교 이하 각급학교 교원의 신규채용은 공개전형에 의하도록 하며, 공개전형에 있어서 담당할 직무수행에 필요한 자격요건과 공개전형의 실시에 관하여 필요한 사항은 대통령령으로 정한다.	**제53조의2(학교의 장이 아닌 교원의 임용)** ① ~ ⑨ (현행과 같음) ⑩ 고등학교 이하 각급 학교 교원의 신규채용은 시·도교육감에게 위탁하여 실시하며, 위탁전형에 있어서 담당할 직무에 필요한 자격요건과 위탁전형의 실시에 필요한 사항은 대통령령으로 정한다.

• 고등학교 이하 교원의 신규채용 시 공개전형을 해당 학교가 소재하는 시·도교육감에 위탁하여 실시하도록 하였다.

〈3〉 **곽상도 의원안**[250]: 이 조문을 포함한 개정 대상 조문의 제안이유 및 주요내용

249) 「사립학교법」(2020. 3. 24. 일부개정, 2020. 9. 25. 시행)

250) 2020. 12. 30. 곽상도의원 등 12인(의안번호: 2107048).

은 아래와 같다.

• 제안이유 및 주요내용

현행법령에 따르면 고등학교 이하 각급학교 교원의 신규채용은 공개전형에 의하도록 하며, 임용권자는 공개전형을 교육감에게 위탁하여 실시할 수 있음.

그런데 일부 학교에서 사립학교의 자율성을 도모하고 우수한 인재를 교원으로 임용하기 위하여 사립학교 간 공동으로 공개전형을 실시하고자 하나 공동 실시에 관한 법적 근거가 불분명한 상황임.

이에 교원 신규채용을 위한 공개전형 방법을 시행령에서 법률로 상향하여 규정하면서 사립학교 임용권자가 공동으로 공개전형을 실시할 수 있도록 공개전형의 방법을 추가함으로써 각 학교의 실정에 맞는 교원을 채용할 수 있도록 방법을 다양화하려는 것임(안 제53조의2제11항 신설).

이 조문의 현행법과 개정 원안은 아래와 같다.

현행법[251]	원안
제53조의2(학교의 장이 아닌 교원의 임용) ① ～ ⑩ (생 략) <신 설>	**제53조의2(학교의 장이 아닌 교원의 임용)** ① ～ ⑩ (현행과 같음) ⑪ 제10항에 따른 공개전형은 임용권자가 단독 또는 다른 임용권자와 공동으로 실시하거나 해당 학교가 소재하는 시·도의 교육감에게 위탁하여 실시할 수 있다.

• 고등학교 이하 교원 신규채용을 위한 공개전형의 방법을 임용권자가 단독으로 하거나 다른 임용권자와 공동으로 하거나 시·도 교육감에게 위탁하여 실시할 수 있도록 하였다.

(2) 위원회 심사

〈1〉 **교육위원회:** 대안[252]으로 가결되었다.[253]

대안
제53조의2(학교의 장이 아닌 교원의 임용)

251) 「사립학교법」(2020. 3. 24. 일부개정, 2020. 9. 25. 시행)

252) 2021. 8. 25. 교육위원장(의안번호: 2112205).

253) 제390회 국회(임시회) 제1차 전체회의, 교육위원회회의록, 2021. 8. 19., 23면.

⑪ 「초·중등교육법」 제19조에 따른 교원의 임용권자는 제10항에 따른 공개전형을 실시할 때에는 필기시험을 포함하여야 하고, 이를 시·도교육감에게 위탁하여 실시하여야 한다. 다만, 대통령령으로 정하는 바에 따라 시·도교육감의 승인을 받은 경우 필기시험을 다른 시험으로 대체하거나, 위탁하지 아니할 수 있다.

제53조의2에 관한 회의록 내용은 아래와 같다.

- **곽상도 위원**[254]: 그 과정에서 우려했던 사립학교의 자율성을 철저히 배제한 채 교사 신규채용마저 교육청에 반드시 맡겨야 하는, 또 대한민국 교육을 부족한 부분은 보충하고 잘하는 부분은 장려하는 교육이 아닌 20점 수준의 최저학력만 넘으면 되는 퇴행적 교육으로 만들려 하고 있습니다...
- **소위원장 박찬대**: 다음으로 김철민 의원, 서동용 의원, 윤영덕 의원, 곽상도 의원, 정청래 의원, 강민정 의원, 권인숙 의원, 이탄희 의원이 대표발의한 16건의 사립학교법 일부개정법률안을 통합 조정한 대안에서는 대학 기금운용심의회의 교직원과 학생의 참여근거, 교원 채용 시 필기시험 원칙 및 시·도교육감에 대한 위탁 근거를 규정하였습니다...
- **위원장 유기홍**[255]: 그다음에 안건조정위 관련해서 말씀드리도록 하겠습니다.

  의사일정 제14항부터 제50항까지 각 법률별로 7개의 안건조정위원회 구성 요구가 제출되었습니다. 국회법 제57조의2에 따르면 안건조정위는 요구서가 제출된 때에 구성되고 해당 안건은 안건조정위원회로 넘어가게 됩니다. 그리고 이것은 법에 이렇게 규정이 되어 있기 때문에 어제 법안소위 의결을 마쳤더라도 요건을 갖춘 안건조정위원회 소집 요구가 있을 때는, 그러니까 오늘 법안으로 따지면 제14항부터 ㅔ50항까지는 안건조정위에 회부된다는 점을 말씀드리도록 하겠습니다. 아마 어제부터 안건조정위 소집 가능성에 대해서 여야가 다들 고민을 하셨을 거라고 생각하기 때문에 여야 간사들께서는—지금 총 여섯 분으로 구성하게 되어 있습니다. 그리고 위원장이 최종적으로 구성을 하게 되는데—1시 반까지 위원장에게 명단을 제출해 주시면 제가 그 제출된 내용을 검토해서 2시까지 안건조정위원 명단을 확정하도록 하겠습니다. 다시 한번 말씀드립니다만 의사일정 제14항부터 제50항까지는 국민의힘이 안건조정위원회 소집을 요구함에 따라서 자동적으로 7개의 안건조정위원회로 넘어가게 된다는 점을 말씀드리도록 하겠습니다...

---

254) 제390회 국회(임시회) 제1차 전체회의, 교육위원회회의록, 2021. 8. 19., 8면.
255) 제390회 국회(임시회) 제1차 전체회의, 교육위원회회의록, 2021. 8. 19., 13면.

- **위원장직무대리 박찬대**[256]: 의석을 정돈해 주시기 바랍니다. 성원이 되었으므로 회의를 속개하겠습니다. 위원장직무대리로 간사인 제가 회의를 진행하게 되었습니다. 국민의힘 위원님들의 요구에 따라 오전에 상정한 의사일정 제14항부터 제50항까지의 법률안을 7개의 안건조정위원회에 각각 회부한 바 있습니다. 이에 오후 7시부터 안건조정위원회를 개회하여 관련 법안을 심의 의결하였습니다. 안건조정위원회의 심사 결과를 서동용 위원장께서 나오셔서 보고해 주시기 바랍니다.
- **조정위원장 서동용**[257]: 사립학교법 일부개정법률안을 비롯한 7개 안건조정위원회의 서동용 위원장입니다. 심사 결과에 대하여 일괄하여 보고드리겠습니다.

  먼저 사립학교법 일부개정법률안에 대한 안건조정위원회는 16건의 법안을 통합 조정한 사립학교법 일부개정법률안(대안)을 조정안으로 의결하였습니다. 사립학교 이사회 소집 시 학교 홈페이지 등에 공지하고 관할청의 징계요구 대상자를 학교의 장 및 교직원까지 확대하며 사립학교 운영위를 심의기구로 격상하고 교원징계 절차를 보완하는 내용입니다…
- **위원장직무대리 박찬대**[258]: 다른 의견 더 있으실까요? (없습니다 하는 위원 있음) 이제 의결 절차를 진행하겠습니다.

  국회법 제58조에 따르면 일부개정법률안은 의결로 축조심사를 생략할 수 있습니다. 지금 의결할 법률안 중 일부개정법률안의 경우 이미 법안심사소위에서 축조심사를 완료했기 때문에 국회법 제58조제5항에 따라 전체회의에서는 축조심사를 생략하고자 하는데 이의가 없으십니까? (없습니다 하는 위원 있음) 이의가 없으시면 축조심사는 생략하겠습니다.

  의사일정 제14항부터 제29항까지 16건의 사립학교법 일부개정법률안은 심사보고한 바와 같이 본회의에 각각 부의하지 아니하고 이를 통합 조정한 의사일정 제30항을 우리 위원회안으로 제안하고자 하는데 이의가 없으십니까? (없습니다 하는 위원 있음) 이의가 없으면 가결되었음을 선포합니다.

〈2〉 **법제사법위원회:** 교육위원회 대안을 수정·가결했다.[259] 수정내용은 아래와 같다.

---

256) 제390회 국회(임시회) 제1차 전체회의, 교육위원회회의록, 2021. 8. 19., 21~22면.
257) 제390회 국회(임시회) 제1차 전체회의, 교육위원회회의록, 2021. 8. 19., 21면.
258) 제390회 국회(임시회) 제1차 전체회의, 교육위원회회의록, 2021. 8. 19., 23면.
259) 제390회 국회(임시회) 제2차 전체회의, 법제사법위원회회의록, 2021. 8. 25., 14면.

교육위원회 대안	법제사법위원회 수정안
제53조의2(학교의 장이 아닌 교원의 임용) ⑪ --------- 이를 시·도교육감에게 ----. ---- 받은 경우 필기시험을 다른 시험으로 대체하거나, 위탁하지 아니할 수 있다.	제53조의2(학교의 장이 아닌 교원의 임용) ⑪ --------- 필기시험은 시·도 교육감에게 ----. ---- 받은 경우에는 필기시험을 포함하지 아니하거나 시·도 교육감에게 위탁하지 아니할 수 있다.

제53조의2에 관한 회의록 내용은 아래와 같다.

- 전문위원 진선희[260]: 의사일정 제13항 사립학교법 일부개정법률안(대안)은 학교법인 임원의 결격사유를 강화하고 당연퇴임 근거규정을 마련하며 사립학교 교원의 신규채용 경우 원칙적으로 필기시험을 포함하여 이를 시·도교육청에 위탁 실시하도록 하는 등의 내용입니다...
- 송기헌 위원[261]: 부총리님, 사립학교법에 대해서 문자가 몇 개 왔는데 일부는 "사립학교의 교원 선발의 권한을 시·도교육감이 뺏어 갔다" 이렇게 하는 내용으로 문자가 왔더라고요. 그게 아마 53조의2에 제11항을 추가하는 것을 가지고 그렇게 얘기하는 것 같은데, 기존에는 교원 선발을 할 때 필기시험 또는 면접을 해서 여러가지 할 수 있도록 했는데 개정하는 내용은 실기시험을 반드시 하도록 하고 그 실기시험은 시·도교육감한테 위탁해서 실시해야 된다, 이렇게 강제하는 것 때문에 그러는 것 같아요, 그렇지요?
- 부총리겸교육부장관 유은혜[262]: 위원님, 실기가 아니고요 필기시험입니다.
- 송기헌 위원[263]: 필기시험. 이것 때문에 그러는 것 같아요, 그렇지요?
- 부총리겸교육부장관 유은혜[264]: 지금도 위탁할 수 있도록 되어 있는데 필기시험에 한해서는 의무화하는 것으로 했고, 다만 예외규정을 뒀습니다. 그래서 너무 과도하게 걱정하지 않으셔도…
- 송기헌 위원[265]: 승인을 받은 경우에는 다르게 할 수도 있다, 이렇게 단서를 해놨는데요.
- 부총리겸교육부장관 유은혜[266]: 예.

260) 제390회 국회(임시회) 제2차 전체회의, 법제사법위원회회의록, 2021. 8. 25., 10면.
261) 제390회 국회(임시회) 제2차 전체회의, 법제사법위원회회의록, 2021. 8. 25., 11면.
262) 제390회 국회(임시회) 제2차 전체회의, 법제사법위원회회의록, 2021. 8. 25., 11면.
263) 제390회 국회(임시회) 제2차 전체회의, 법제사법위원회회의록, 2021. 8. 25., 11면.
264) 제390회 국회(임시회) 제2차 전체회의, 법제사법위원회회의록, 2021. 8. 25., 11면.
265) 제390회 국회(임시회) 제2차 전체회의, 법제사법위원회회의록, 2021. 8. 25., 11면.
266) 제390회 국회(임시회) 제2차 전체회의, 법제사법위원회회의록, 2021. 8. 25., 11면.

- **송기헌 위원**[267]: 그동안 필기시험 자체를 잘 안 했나 보지요, 사립학교에서?
- **부총리겸교육부장관 유은혜**[268]: 그게 아니라요. 잘 아시겠지만 얼마 전에도 뒷돈을 챙기면서 기간제 교사를 정규직으로 해 주겠다 이런 사학들이 꽤 있지 않았습니까? 불과 한 달여 전에도 그런 일이 있었고요. 그래서 사학에 있어서 인사비리가 가장 많은데 그런 인사와 채용에 있어서의 공정성을 확보하기 위한 최소한의 조치로서 필기와 관련해서는 교육청에 의뢰를 해서 위탁해서 교육청에서 실시하는 것으로 하면 거기서 복수의 후보자를 사학에서 뽑을 수 있도록 하는 겁니다. 그래서 최소한의 그런 장치들을 두는 것이기 때문에 그 부분들은 앞서도 말씀드렸지만 그렇게 크게 우려하지 않으셔도 되겠다 이렇게 말씀드립니다.
- **송기헌 위원**[269]: 필기시험을 한다 그러면 기본적인 자격 정도, 능력 정도를 평가하는 시험을 보는 건가요, 아니면 거기서 일부 선발을 하는 건가요?
- **부총리겸교육부장관 유은혜**[270]: 필기시험을 일차적으로 보고요. 거기서 합격을 하면 그 이후에 수업 실연이라든가 실기라든가 이런 시험은 학교에서 볼 수 있습니다.
- **송기헌 위원**[271]: 합격 여부는 어떤 객관적 기준으로 하는 건가요?
- **부총리겸교육부장관 유은혜**[272]: 합격 여부는…모든 교원임용시험을 보는 사람들이 필기시험을 봐서 합격을 해야 합니다.
- **송기헌 위원**[273]: 그 합격하는 기준은 그러면 객관적인 기준으로 하는 건가요?
- **부총리겸교육부장관 유은혜**[274]: 그럼요. 필기시험은 공정하게, 국립학교 교사들하고도 똑같이 보는 거거든요.
- **송기헌 위원**[275]: 그러니까 결국은 공정하게 해서 객관적으로 어떤 기준을 넘는 사람은 합격이 되는 거고.
- **부총리겸교육부장관 유은혜**[276]: 그렇지요.
- **송기헌 위원**[277]: 그런데 그 가운데에서 선발하는 쪽에서 선택을 하게 되기 때문

---

267) 제390회 국회(임시회) 제2차 전체회의, 법제사법위원회회의록, 2021. 8. 25., 11면.
268) 제390회 국회(임시회) 제2차 전체회의, 법제사법위원회회의록, 2021. 8. 25., 11면.
269) 제390회 국회(임시회) 제2차 전체회의, 법제사법위원회회의록, 2021. 8. 25., 11면.
270) 제390회 국회(임시회) 제2차 전체회의, 법제사법위원회회의록, 2021. 8. 25., 11면.
271) 제390회 국회(임시회) 제2차 전체회의, 법제사법위원회회의록, 2021. 8. 25., 11면.
272) 제390회 국회(임시회) 제2차 전체회의, 법제사법위원회회의록, 2021. 8. 25., 11면.
273) 제390회 국회(임시회) 제2차 전체회의, 법제사법위원회회의록, 2021. 8. 25., 11면.
274) 제390회 국회(임시회) 제2차 전체회의, 법제사법위원회회의록, 2021. 8. 25., 11면.
275) 제390회 국회(임시회) 제2차 전체회의, 법제사법위원회회의록, 2021. 8. 25., 11면.
276) 제390회 국회(임시회) 제2차 전체회의, 법제사법위원회회의록, 2021. 8. 25., 11면.
277) 제390회 국회(임시회) 제2차 전체회의, 법제사법위원회회의록, 2021. 8. 25., 11~12면.

에 결국은 선발하는 최종 권한은 각 학교에게 있다고 이해할 수 있는 거지요?

- **부총리겸교육부장관 유은혜**[278]: 그렇지요. 복수의 합격자를 그 사립학교에서 선발할 수 있게 되는 겁니다.
- **송기헌 위원**[279]: 기본적으로 기본적인 능력을 평가하는 것은 시·도교육감이 할 수 있도록 했는데 거기에 합격한 사람을, 그중에서 누구를 선발하느냐 이것은 결과적으로 최종적으로는 학교에게 맡겨진 것이지 시·도교육감이 가져간 것은 아니다.
- **부총리겸교육부장관 유은혜**[280]: 그렇지요. 1차 필기시험에 한해서만 위탁하도록 했고 그 이후의 선발에 대해서는 학교가 할 수 있고요. 이 취지는 앞서 말씀드렸지만 인사채용에 있어서의 부정과 비리를 방지하기 위한 사안이라는 점을 말씀드립니다.
- **송기헌 위원**[281]: 예, 알겠습니다.
- **위원장직무대리 박주민**[282]: 김남국 위원님
- **김남국 위원**[283]: 저도 송기헌 위원님 질의에 이어서 사립학교법 개정안에 대해서 질의를 하고 싶은데요. 사학에서는 사학의 여러 가지 교육의 자율성이라든가 또 인사채용과 관련된 부분에 있어서 많은 권한을 뺏어간다라는 부분으로 받아들인 것 같습니다. 그러나 정부에서 채용과 관련된 부분 그리고 사학의 투명성을 제고할 만한 부분에 대한 개입의 근거가 분명히 있다고 생각이 드는데요. 단순하게 국민적 감정, 사학비리를 엄단해야 된다는 것뿐만 아니라 실제 정부재정이 굉장히 많이 투입되는 것으로 알고 있습니다. 사립 초·중등학교에 대해서 운영비만을 지원하는 것이 아니라 인건비까지 지원을 해 가지고 연간 7조 원 정도 지원을 한다라고 하는데 실제 맞는 금액인가요?
- **부총리겸교육부장관 유은혜**[284]: 예, 그렇습니다. 초·중등 사립학교의 19년 결산 기준으로 봤을 때 세입이 한 12조 3000억 원 정도 되는데요, 그중에 국가나 지자체가 지원하는 금액이 8조 8000억 정도가 됩니다. 위원님이…
- **김남국 위원**[285]: 그러니까 대규모 국가재정을 투입하는 만큼 또 정부가 제대로 관리 감독할 의무가 있다고 생각이 되는데요. 장관님께서 방금 말씀해 주신, 그

278) 제390회 국회(임시회) 제2차 전체회의, 법제사법위원회회의록, 2021. 8. 25., 12면.
279) 제390회 국회(임시회) 제2차 전체회의, 법제사법위원회회의록, 2021. 8. 25., 12면.
280) 제390회 국회(임시회) 제2차 전체회의, 법제사법위원회회의록, 2021. 8. 25., 12면.
281) 제390회 국회(임시회) 제2차 전체회의, 법제사법위원회회의록, 2021. 8. 25., 12면.
282) 제390회 국회(임시회) 제2차 전체회의, 법제사법위원회회의록, 2021. 8. 25., 12면.
283) 제390회 국회(임시회) 제2차 전체회의, 법제사법위원회회의록, 2021. 8. 25., 12면.
284) 제390회 국회(임시회) 제2차 전체회의, 법제사법위원회회의록, 2021. 8. 25., 12면.
285) 제390회 국회(임시회) 제2차 전체회의, 법제사법위원회회의록, 2021. 8. 25., 12면.

리고 지금 이 개정안에 따르면 1차 필기시험을 의무적으로 위탁하도록 되어 있는데 실제 비리가 발생하는 사례를 보게 되면 필기시험뿐만 아니라 필기시험 이후에 실기시험이라든가 아니면 면접이라든가 이런 부분에 있어서 점수 잘 주겠다 해 가지고 뒷돈을 받는 경우도 매우 많은 것으로 나와 있는데 거기에 대한 대책은 마련이 되어 있을까요?

- **부총리겸교육부장관 유은혜**[286]: 그래서 법안을 논의할 때 모든 절차를 다 교육청으로 위탁해야 된다는 일부 의견도 있었습니다. 다만 한꺼번에 이렇게 1·2차, 모든 교사들을 채용하는 과정을 교육청에 다 위탁할 경우에 준비라든가 또 여러 가지 절차적인 점검도 필요하고 해서 저희가 1차는 의무화를 했고. 이렇게 1차를 의무화하게 되면 2차, 이후에 학교에서 해야 하는 이런 것들에 대한 공정성이나 투명성도 조금 더 객관적으로 담보할 수 있는 그런 계기가 될 거라고 보고 저희가 그 부분들은 교육청에서 여러 가지 제도적인 노력들을 함께하고자 합니다.
- **김남국 위원**[287]: 그 부분이 사실은 조금 부족하다라고 평가받는 법안이기 때문에 그런 점을 보완해야 되지 않을까라는 생각이 들고요...
- **소병철 위원**[288]: 장관님, 소병철입니다. 방금 위원님들 여쭤보셨던 제53조 임용 관련해서 이 시험을 사립학교의 경우에도 시·도교육감에게 위탁하여 실시하여야 한다, 이렇게 무조건 의무사항으로 규정이 되는 거지요?
- **부총리겸교육부장관 유은혜**[289]: 필기시험에 한해서만 위탁을 의무화하는 겁니다.
- **소병철 위원**[290]: 지금 보면 "필기시험을 포함하여야 하고 이를 위탁하여 실시하여야 한다" 이렇게 돼 있는데 지금 장관님 답변은 필기시험만 위탁하여 실시하여야 한다 이런 뜻이라고 말씀하시는 겁니까?
- **부총리겸교육부장관 유은혜**[291]: 이게 필기시험만 있는 게 아니고 1차는 필기시험이고 2차는 강의 실연도 하고 실기도 하는, 과목에 따라서는 여러가지 시험들도 있거든요. 그래서 1차의 필기시험은 봐야 하고 필기시험을 교육청에, 교육감에 위탁해야 한다 이런 뜻이라는 말씀입니다.
- **소병철 위원**[292]: 아니, 장관님 말씀은 알겠는데요. 이 조문을 보면 "초·중등교육

286) 제390회 국회(임시회) 제2차 전체회의, 법제사법위원회회의록, 2021. 8. 25., 12면.
287) 제390회 국회(임시회) 제2차 전체회의, 법제사법위원회회의록, 2021. 8. 25., 12면.
288) 제390회 국회(임시회) 제2차 전체회의, 법제사법위원회회의록, 2021. 8. 25., 13면.
289) 제390회 국회(임시회) 제2차 전체회의, 법제사법위원회회의록, 2021. 8. 25., 13면.
290) 제390회 국회(임시회) 제2차 전체회의, 법제사법위원회회의록, 2021. 8. 25., 13면.
291) 제390회 국회(임시회) 제2차 전체회의, 법제사법위원회회의록, 2021. 8. 25., 13~14면.
292) 제390회 국회(임시회) 제2차 전체회의, 법제사법위원회회의록, 2021. 8. 25., 14면.

법 제19조에 따른 교원의 임용권자는 제10항에 따른 공개전형을 실시할 때에는 필기시험을 포함하여야 한다" 이렇게 끊어서 볼 수 있고 "이를 시·도교육감에게 위탁하여 실시하여야 한다"… 그러면 지금 장관님 말씀은 필기시험만 말씀을 하시는데 앞에 "공개전형을 실시할 때에는 필기시험을 포함하여야 한다" 이 부분하고 지금 장관님 말씀처럼 이 부분 중에서 필기시험만 해당된다, 앞에 "공개전형을 실시할 때에는" 이것은 뒤에 걸리는 게 아니다 이렇게 설명하시는 것 같아서… 이게 혼선이 있을 수 있어요. 그러니까 장관님 말씀대로 하면 공개전형을 실시하는 것을 위탁하여 실시하여야 한다가 아니라 필기시험을 위탁하여 실시하여야 한다 이 부분만 장관님이 계속 말씀하시니까 그게 조금 법문체계상 이해가 잘 안 되는 부분이 있어요. 법을 보시면 다른 위원님들 질문하실 때 장관님의 답변이 자꾸 필기시험만이라고 말씀을 하시니까 법문 체계로 보면 꼭 그런 것 같지 않은데 이런 의문이 들어서 명확하게 여쭤보는 겁니다.

- **위원장직무대리 박주민**[293]: 전문위원님 어떠세요? 지금 소병철 위원님이 말씀하신 부분이요.
- **전문위원 진선희**[294]: 소병철 위원님이 말씀하신 부분은 그렇게 이해가 될 수 있는 가능성이 있어 보입니다. 그래서 지금 저도 보면서 바로 만들어 봤는데요. "공개전형을 실시할 때에는 필기시험을 포함하여야 하고", 사실 "이를"을 필기시험을 받은 것으로 법문을 만들었는데 이 부분이 약간 논란의 소지가 있다면 "필기시험은 시·도교육감에게 위탁하여 실시하여야 한다" 해서 명확하게 써 주는 것은 어떨까 싶습니다.
- **소병철 위원**[295]: 맞습니다. 제가 처음에 이 조문을 볼 때는 그냥 넘어갔어요. 그런데 장관님 답변은 필기시험에만 한정해서 하니까 전문위원 말씀처럼 나중에 법이 통과되고 나서 혼선이 생길 수 있어요. 그래서 이 부분은 전문위원님도 검토하실 때 약간의 그런 문제점이 있다는 것을 아셨으니까 이것은 위원장님께서 전문위원이 자구 수정하는 것으로 해서 통과를 시키는 것으로 해 주시면 나중에 논란이 없겠어요.
- **위원장직무대리 박주민**[296]: 부총리님은 어떠세요?
- **부총리겸교육부장관 유은혜**[297]: 예, 위원님 지적처럼 필기시험으로 하는 것이 정

293) 第390회 국회(임시회) 제2차 전체회의, 법제사법위원회회의록, 2021. 8. 25., 14면.
294) 第390회 국회(임시회) 제2차 전체회의, 법제사법위원회회의록, 2021. 8. 25., 14면.
295) 第390회 국회(임시회) 제2차 전체회의, 법제사법위원회회의록, 2021. 8. 25., 14면.
296) 第390회 국회(임시회) 제2차 전체회의, 법제사법위원회회의록, 2021. 8. 25., 14면.
297) 第390회 국회(임시회) 제2차 전체회의, 법제사법위원회회의록, 2021. 8. 25., 14면.

확할 것 같습니다.

- **위원장직무대리 박주민**[298]: 그게 정확한 겁니까?
- **부총리겸교육부장관 유은혜**[299]: 예.
- **위원장직무대리 박주민**[300]: 그러면 그렇게 문구를 수정해서…
- **소병철 위원**[301]: 예.
- **위원장직무대리 박주민**[302]: 대체토론하실 다른 위원님 계실까요? 없으십니까?(예 하는 위원 있음) 더 하셔도 되는데 없으시네요. 더 이상 토론하실 위원님이 안 계시면 의결하도록 하겠습니다. …방금 소병철 위원님이 제기하신 제13항 법률안은 전문위원이 수정한 부분에 더하여 방금 교육부 부총리님이 동의하신 부분을 추가로 수정하여 의결하고자 하는데 이의가 있으십니까? (없습니다 하는 위원 있음) 가결되었음을 선포합니다. 부총리님 수고하셨습니다. 이석하셔도 되겠습니다.

(3) 본회의 심의

법제사법위원회 수정안대로 가결되었다.[303] 김기현의원 등 105인이 개정전 법률과 동일한 내용으로 본회의 수정안을 제안하였지만 부결되었다. 제53조의2에 관한 회의록 내용은 아래와 같다.

- **교육위원장대리 서동용**[304]: 다음으로 사립학교법 일부개정법률안(대안)은 김철민 의원, 서동용 의원, 윤영덕 의원, 곽상도의원, 정청래 의원, 강민정 의원, 권인숙 의원, 이탄희 의원이 각각 대표발의한 16건의 법률안을 통합 조정한 것으로 대학 기금운용심의회의 교직원과 학생의 참여 근거를 명시하고 교원 채용 시 필기시험을 원칙으로 하며 이를 시·도교육감에게 위탁하는 근거를 두는 내용입니다...
- **부의장 김상희**[305]: 다음은 사립학교법 일부개정법률안(대안)을 의결할 순서입니다마는 이 안건에 대해서 김기현의원 등 105인으로부터 수정안이 발의되어 있

---

298) 제390회 국회(임시회) 제2차 전체회의, 법제사법위원회회의록, 2021. 8. 25., 14면.
299) 제390회 국회(임시회) 제2차 전체회의, 법제사법위원회회의록, 2021. 8. 25., 14면.
300) 제390회 국회(임시회) 제2차 전체회의, 법제사법위원회회의록, 2021. 8. 25., 14면
301) 제390회 국회(임시회) 제2차 전체회의, 법제사법위원회회의록, 2021. 8. 25., 14면.
302) 제390회 국회(임시회) 제2차 전체회의, 법제사법위원회회의록, 2021. 8. 25., 14면.
303) 제390회 국회(임시회)제1차 본회의, 국회본회의회의록, 2021. 8. 31., 21~25면.
304) 제390회 국회(임시회) 제1차 본회의, 국회본회의회의록, 2021. 8. 31., 20면.
305) 제390회 국회(임시회) 제1차 본회의, 국회본회의회의록, 2021. 8. 31., 21면.

습니다. 그러면 정경희 의원님 나오셔서 수정안에 대하여 제안설명해 주시기 바랍니다.

- 정경희 의원[306]: 존경하는 김상희 부의장님, 선배·동료 의원 여러분! 교육위원회 소속 국민의힘 정경희 의원입니다. 저는 본회의에 상정되어 있는 사립학교법 대안의 부당성을 고발하고 사립학교법 수정안의 필요성에 대해 설명하고자 이 자리에 섰습니다. …이 사립학교법 대안은 처리 절차도 문제였지만 법안의 내용은 문제가 더 심각합니다. 지금 상정되어 있는 사립학교법 대안 전체가 사학 자체를 부정하고 말살하려는 개악법이지만 그중에서 특히 문제가 되는 조항들을 살펴보면 다음과 같습니다. …법안 제53조의2제11항을 신설하여 사립학교 교원의 신규채용 시 의무적으로 시·도교육청에 위탁하여 필기시험을 치르도록 하고 있습니다. …이러한 조항들은 일부 사학의 비리를 개선하자는 것이 아니라 사학 자체를 부정하고 말살하려는 것입니다. …또 이 대안은 사립학교의 자율성을 심각하게 훼손하고 있습니다. 국가가 재정적으로 어려울 때 개인의 재산을 출연해 설립한 사립학교들은 학교마다 건학이념에 따라 학교를 운영하며 지금까지 우리나라의 교육발전과 인재양성에 크게 기여해 왔습니다. 이들 사립학교는 자율성을 바탕으로 국공립학교가 하기 어려운 특색 있는 교육을 하는 등 공립교육을 보완하며 변화를 이끄는 역할을 해 왔습니다. 이들 사립학교의 교원은 기존 사립학교법에 따라 이미 투명하게 공개채용을 하고 있습니다. 작년에도 사립학교가 서울에서 1만 300명 이상을 공개채용했습니다. 그럼에도 이번 사립학교법 대안은 사립학교 교원의 임용을 무조건 교육청에 위탁하도록 하고 있습니다. 말이 위탁이지 실제로는 강제하는 것입니다. 이는 사학의 자율성을 확대하는 국제적인 흐름과도 배치되는 것입니다. 국가가 사립학교 교사를 뽑는 나라는 자유민주주의 선진국 가운데는 없습니다. 미국과 영국에서는 정부가 사립학교 운영에 일절 관여하지 않습니다. 우리 사립학교법의 모델이 된 일본은 학생모집, 회계운영, 교사채용에 재량권을 주어 사립학교가 공립학교와 경쟁하도록 하고 있습니다.

  사립학교 중 극히 일부 사학의 비리를 근절한다는 명분으로 모든 사학의 교원 선발권을 박탈하는 것은 사학 전체를 잠재적 범법자 취급하는 것으로 빈대 잡으려고 초가삼간 다 태우는 격입니다. 결국 사립학교의 인사권을 빼앗고 사학의 자주적 운영을 가로막겠다는 것입니다. 사학의 비리에 대해서는 현행법으로도 형사처벌이 이루어지고 있으며 임시이사 선임을 통해 경영주체를 변경하거나 행정

306) 제390회 국회(임시회) 제1차 본회의, 국회본회의회의록, 2021. 8. 31., 21~23면.

적·재정적 제재를 통해 불이익을 주고 있습니다. 따라서 사립학교의 교원 채용 과정에 문제가 있다면 그 사립학교에 대해 일벌백계로 처벌해서 비리를 근절하면 될 일입니다. 그리고 무엇보다도 이 대안대로 교원 채용을 교육청에서 한다한들 공정한 채용이 이루어진다고 보장할 수 없습니다.

조희연 서울시교육감 사례를 보십시오. 특별채용 과정에서의 불법행위가 감사원 감사에 적발되어 현재 공수처 1호 사건으로 수사를 받고 있지 않습니까? 조희연 서울시교육감은 2018년 교육감선거 과정에서 자신을 도운 전교조 출신 해직 교사 등 5명을 부당하게 특별채용한 혐의를 받고 있습니다. 감사원에 따르면 조 교육감은 교육감선거 직전인 2018년 4월 전교조 서울지부로부터 해직 교사 5명을 채용해 달라는 요구를 받고 재선된 직후인 7월에 채용 담당 부서에 특별채용을 검토하라고 지시했습니다. 교육청 담당자와 국장, 과장, 부교육감까지 나서서 모두 법에 어긋난다, 직권남용으로 수사를 받을 수 있다며 반대하자 이들을 배제하고 특별채용안을 단독 결재했습니다. 이후 채용에 관여할 권한이 없는 전교조 간부 출신의 비서실장에게 실무를 맡겼고 비서실장은 담당 부서의 국장, 과장이 심사위원을 정하도록 돼 있는 기존 절차를 무시하고 자신과 친분이 있는 인사들을 포함시켜 특별채용심사위원회를 꾸리는 등 특별채용을 관철시켰습니다. 특채된 5명은 2019년 1월 서울 시내 중고교 교사로 임용됐습니다. 채용된 5명 중 4명은 2008년 서울시교육감선거 때 친전교조 후보에게 선거자금을 주고 조직적 선거운동을 한 혐의로 대법원에서 벌금형을 받고 퇴직한 교사들이고 다른 1명은 2002년 대선에서 특정 후보에게 부정적인 인터넷 댓글을 달아 선거법 위반으로 퇴직한 교사입니다. 이러한 조희연 교육감의 행위는 자신의 교육감 선거 재선에 도움을 준 세력에 이른바 보은을 하기 위해 불법을 저지른 것으로 시험, 임용에 관해 고의로 방해하거나 부당한 영향을 주는 행위를 금지한 국가공무원법 44조를 위반한 것이라고할 수 있습니다. 마침 어제 열린 공수처 공소심의위원회는 조희연 교육감의 해직교사 부당 특별채용 혐의에 대해 유죄로 판단, 기소를 의결했습니다.

이뿐만이 아닙니다. 교육청에서 실시하는 무자격 공모교장 채용은 특정 단체 출신들의 교장 가는 길로 여겨질 만큼 편향되어 그 공정성을 의심받고 있습니다. 각 교육청에서 실시하고 있는 무자격 교장공모제를 살펴보면 올해 상반기에 무자격 교장공모제를 통해 임용된 교장 29명 중 72.4%인 21명이 전교조 출신이었습니다. (말도 안 되는 소리하지 마시고… 하는 의원 있음) 심지어 전교조 출신 인천시교육감의 전 보좌관은 전교조 출신을 공모교장으로 뽑기 위해서 응모한 전교조 출신 교사로 하여금 공모교장 시험 문제를 직접 만들도록 한 다음 그 문제를 시험에 출제한 혐의로 현재 재판을 받고 있습니다. 교원 및 공모교장을 교육청이 선발하는 경우에 발생하는 채용비리가 어디 이뿐이겠습니까?

(정 의원이 봤어요? 하는 의원 있음) (방해하지 마세요 하는 의원 있음) (부의장님, 의사진행 잘해 주세요 하는 의원 있음) 이런 상황에서 교육청에 사립학교 교원 채용을 의무적으로 위탁하도록 강제하는 것은 고양이한테 생선가게를 맡기는 격입니다. ("고양이한테 생선가게"가 어디 있어요, 의원님 하는 의원 있음) 조용히 하세요. 제 발언시간입니다. 게다가 전국 17개 시·도교육청 중에서…(장내 소란) 14개를 장악한 친전교조 좌파 교육감들이 사립학교의 건학이념과 동떨어진 좌편향 교사들을 선발해 사학을 장악하려 할 가능성 또한 존재합니다. 지금까지 말씀드린 사립학교법 대안의 여러 문제점 때문에 본 수정안을 발의하게 되었습니다. 본 수정안은 사립학교의 자율성을 훼손하고 사립학교를 정치의 장으로 만드는 조항들을 과감히 삭제하였습니다. 이는 국민의 자유와 권리를 억압하려는 법은 이유 여하를 막론하고 결코 만들어져서는 안 되기 때문입니다. …사립학교 교원의 신규채용 시 교육청에 위탁을 의무화하는 조항은 수정하여 사립학교의 자율성을 유지하면서 채용의 공정성을 강화할 수 있는 공동채용방식을 도입할 수 있도록 했습니다.

우리 대한민국 헌법은 제31조4항에서 교육의 자주성을 보장하고 있습니다. 그러므로 극소수 사학의 비리를 내세워 사립학교의 자율성을 빼앗고 자주적 운영을 가로막아 사학을 말살하려는 사립학교법 대안은 위헌입니다. 이 위헌적인 사립학교법 대안에 과감히 반대하시고 대신에 사립학교의 자율성을 보장하고 사립학교가 제 역할을 다할 수 있도록 하는 본 수정안에 선배·동료 의원님들께서 찬성 표결해 주실것을 부탁드립니다. 감사합니다. (수정안은 부록으로 보존함)

- **부의장 김상희**[307]: 정경희 의원님 수고하셨습니다. 다음은 이 안건에 대해서 토론 신청이 있으므로 한 분의 토론을 듣도록 하겠습니다. 그러면 박찬대 의원님 나오셔서 토론해 주시기 바랍니다.
- **박찬대 의원**[308]: 존경하는 김상희 부의장님과 선배·동료 의원 여러분! 인천 연수갑 출신 교육위원회 박찬대 의원입니다. …이렇게 어렵게 만들어진 위원회 대안에 대하여 국민의힘은 우리 사회가 요구하고 있는 공정과 투명의 가치와는 담을 쌓은 수정안을 제시했습니다. 수정안에 따르면 사립교원 공개전형 시 필기시

307) 第390회 국회(임시회) 제1차 본회의, 국회본회의회의록, 2021. 8. 31., 23면.
308) 第390회 국회(임시회) 제1차 본회의, 국회본회의회의록, 2021. 8. 31., 23~24면.

험 위탁의무화 근거를 삭제하고 현행법에 법인간 공동전형 실시 근거를 추가한 것으로 이는 오히려 현행보다 더욱 후퇴한 개악에 가깝습니다. 사립학교법인 간의 짬짜미 전형으로 변질되어 사립교원 채용이 더욱 혼란해지고 불투명해질 위험이 존재합니다. 또한 비리 임원의 복귀 제한시한을 10년에서 5년으로 다시 단축하므로 비리 임원의 조기 복귀를 다시 허용했습니다. …반면 저희가 교육위원회에서 의결한 대안은 1차 전형인 필기시험의 경우 시험점수 조작과 같은 부정행위가 일어날 수 없도록 시·도교육청에 필기시험을 위탁하되 이후 수업 실연과 면접을 통해서 건학이념에 부합되는 교원을 최종 선택할 수 있도록 함으로써 교육의 자율성을 보장하는 방식이 이번 개정안의 핵심적인 내용입니다. 교육의 공공성과 사학의 자율성 간의 균형을 찾기 위한 고민의 결과물인 것입니다.

또한 대통령령으로 정하는 바에 따라 교육감의 승인을 받은 경우 위탁을 하지 않을 수 있도록 되어 있어서 사학의 인사자율권을 침해한다는 주장은 설득력이 떨어집니다. 그간 부정한 방법에 의해서 사립학교 교직원을 채용해 사회적 물의를 일으킨 사례가 지속적으로 알려지고 있습니다. 경기도의 한 사학재단이 기간제 교사들에게 정규직 전환을 미끼로 19억 원이나 되는 뒷돈을 챙기다 적발된 사례가 있었습니다. 지난 2018년 최재형 국민의힘 대선후보 재임 당시 감사원이 발표한 감사보고서 역시 사학재단이 필기시험 점수를 조작하거나 필기시험조차 없이 서류전형으로만 합격자를 선발하는 등의 불공정하고 불투명한 채용 행태를 지적하며 사립학교 채용의 공정성을 제고할 방안을 강구하라고 요구한 바가 있습니다. 그래서 이에 대한 최소한의 대안으로 마련된 것이 필기시험 교육청 위탁의무화인 것입니다.

또한 우리 위원회의 대안은 앞서 말씀드린 바와 같이 사립교원의 교육청 위탁채용의 의무화를 포함해서 사학의 비리, 전횡을 사전에 예방하고 공공성을 확대하는 내용을 역시 포함하고 있습니다. 국민의 세금을 통해 운영되고 있는 학교의 채용과정 불투명성이 자율성을 의미하는 것은 절대 아닐 것입니다. 최소한의 투명성을 위한 조치조차 받아들이지 못한다면 어떤 것이 자율성에 해당되는지 국민의힘은 답해야 할 것입니다. 정부가 연간 사립 초·중등학교의 재정결함 보조금, 시설비 지원, 각종 목적사업비 명분으로 지원하는 혈세는 연간 10조 4,000억 원에 이르고 있습니다. 사립학교 교원 또는 직원의 채용이 공정하고 투명해야 한다는 것이 지금 시대의 요구인 것입니다. 투명성을 높이지 않고 자율성만 높이는 것은 공감을 얻기 어려울 것입니다. 국민 여러분! 그리고 선배·동료 의원 여러분! (발언시간 초과로 마이크 중단) (마이크 중단 이후 계속 발언한 부분) 이 시대의 중요한 화두인 공정의 가치를 실현하고 사학 운영의 투명성을 높이기 위한 이번 개정안의 취지를 이해하시고 우리 교육위원회가 심사한 대안에 대해 동의해 주시기를 간곡히 요청드립니다.

- **부의장 김상희**[309]: 박찬대 의원님 수고하셨습니다.

이상으로 토론을 종결할 것을 선포합니다. 그러면 국회법 제96조에 따라서 수정안부터 먼저 표결하도록 하겠습니다. 사립학교법 일부개정법률안(대안)에 대한 수정에 대하여 투표해 주시기 바랍니다. (전자투표) 투표를 다 하셨습니까? 투표를 마치겠습니다. 투표 결과를 말씀드리겠습니다. 재석 206인 중 찬성 67인, 반대 139인으로서 사립학교법 일부개정법률안(대안)에 대한 수정안은 부결되었음을 선포합니다. (찬반 의원 성명은 끝에 실음) 수정안이 부결되었으므로 국회법 제96조제2항에 따라서 원안을 표결하도록 하겠습니다. 그러면 사립학교법 일부개정법률안(대안)에 대하여 투표해 주시기 바랍니다. (전자투표) 투표를 다 하셨습니까? 그러면 투표를 마치겠습니다. 투표 결과를 말씀드리겠습니다. 재석 212인 중 찬성 139인, 반대 73인으로서 사립학교법 일부개정법률안(대안)은 가결되었음을 선포합니다.

(4) 결과

법제사법위원회 수정안으로 개정되었다.

III. 현행법

제53조의2(학교의 장이 아닌 교원의 임용) ① 각급 학교의 교원은 해당 학교법인 또는 사립학교경영자가 임용하되, 다음 각 호의 구분에 따른 방법으로 하여야 한다.

1. 학교법인 및 법인인 사립학교경영자가 설치·경영하는 사립학교의 교원: 해당 학교의 장의 제청으로 이사회의 의결을 거쳐 임용
2. 사인인 사립학교경영자가 설치·경영하는 사립학교의 교원: 해당 학교의 장의 제청으로 임용

② 대학교육기관의 교원 임용권과 고등학교 이하 각급학교 교원의 휴직 및 복직에 관한 사항은 해당 학교법인의 정관으로 정하는 바에 따라 학교의 장에게 위임

---

309) 제390회 국회(임시회) 제1차 본회의, 국회본회의회의록, 2021. 8. 31., 24~25면.

할 수 있다.

③ 대학교육기관의 교원은 정관으로 정하는 바에 따라 근무기간·급여·근무조건, 업적 및 성과약정 등 계약조건을 정하여 임용할 수 있다. 이 경우 근무기간에 관하여는 국립대학·공립대학의 교원에게 적용되는 관련 규정을 준용한다.

④ 제3항에 따라 임용된 교원의 임용권자는 해당 교원에게 임용기간 만료일 4개월 전까지 임용기간이 만료된다는 사실과 재임용 심의를 신청할 수 있음을 통지(문서에 의한 통지를 말한다. 이하 이 조에서 같다)하여야 한다.

⑤ 제4항에 따라 통지를 받은 교원이 재임용을 받으려는 경우에는 통지받은 날부터 15일 이내에 재임용 심의를 임용권자에게 신청하여야 한다.

⑥ 제5항에 따른 재임용 심의 신청을 받은 임용권자는 제53조의4에 따른 교원인사위원회의 재임용 심의를 거쳐 해당 교원을 재임용할지를 결정하고, 그 사실을 임용기간 만료일 2개월 전까지 해당 교원에게 통지하여야 한다. 이 경우 해당 교원을 재임용하지 아니하기로 결정하였을 때에는 재임용하지 아니하겠다는 의사와 재임용 거부 사유를 구체적으로 밝혀 통지하여야 한다.

⑦ 교원인사위원회가 제6항에 따라 해당 교원의 재임용 여부를 심의할 때에는 다음 각 호의 사항에 관한 평가 등 객관적인 사유로서 학칙에서 정하는 사유에 근거하여야 한다. 이 경우 심의 과정에서 15일 이상의 기간을 정하여 해당 교원에게 지정된 기일에 교원인사위원회에 출석하여 의견을 진술하거나 서면으로 의견을 제출할 기회를 주어야 한다.

1. 학생교육에 관한 사항
2. 학문연구에 관한 사항
3. 학생지도에 관한 사항
4. 「산업교육진흥 및 산학연협력촉진에 관한 법률」 제2조제6호에 따른 산학연협력에 관한 사항

⑧ 교원인사위원회는 교원의 재임용을 심의하는 경우 해당 교원의 평가 등에 제7항 각 호의 사항에 대한 실적과 성과가 「고등교육법」 제15조에 따른 해당 교원의 임무에 비추어 적정하게 반영될 수 있도록 필요한 조치를 하여야 한다.

⑨ 재임용이 거부된 교원이 재임용 거부처분에 대하여 불복하려는 경우에는 그 처분이 있음을 안 날부터 30일 이내에 「교원의 지위 향상 및 교육활동 보호를 위한 특별법」 제7조에 따른 교원소청심사위원회에 심사를 청구할 수 있다.

⑩ 고등학교 이하 각급 학교 교원의 신규채용은 공개전형으로 하며, 담당할 직무

에 필요한 자격요건과 공개전형의 실시에 필요한 사항은 대통령령으로 정한다. ⑪ 「초·중등교육법」 제19조에 따른 교원의 임용권자는 제10항에 따른 공개전형을 실시할 때에는 필기시험을 포함하여야 하고, 필기시험은 시·도 교육감에게 위탁하여 실시하여야 한다. 다만, 대통령령으로 정하는 바에 따라 시·도 교육감의 승인을 받은 경우에는 필기시험을 포함하지 아니하거나 시·도 교육감에게 위탁하지 아니할 수 있다.

IV. 종합/특기사항

- 1975년 개정으로 사립대학 교원도 국·공립대학 교원과 동일하게 기간부로 임면하는 기간제 임용제도가 제53조의2로 신설된 이후 매우 많은 규정이 추가되고 변화하였다.
- 1981년 개정으로 학교의 장과 그 외의 교원을 분리하여 규정함에 따라 학교의 장 외의 교원에 대해서는 제53조에서 이동하여 제53조의2에서 규율한다.
- 2005년 전에 이루어진 주요 개정사항을 들어보면, 1990년 개정으로 대학교육기관의 교원은 학교법인의 정관에 따라 총장·학장에게 위임할 수 있게 하였고(제2항), 1997년 개정으로 대학교육기관 교원의 기간부임용 기간을 국·공립대학과 동일하게 하였으며(제3항제2문), 1999년 개정은 대학교육기관의 교원의 임용계약 조건에 관하여 국·공립대학 관련 규정을 준용하면서(제3항) 재임용 여부의 결정은 교원인사위원회의 심의를 거치도록 하였다(제4항).
- 1998년 헌법재판소는 사립학교법(1997. 1. 13. 법률 제5274호로 개정되기 전의 것) 제53조의2제3항과 사립학교법(1990. 4. 7. 법률 제4226호로 개정된 것) 제53조의2제2항과 관련하여 ①교원법정주의의 의미를 밝히면서 ②사립대학 교육기관의 교원을 정관이 정하는 바에 따라 기간을 정하여 임면할 수 있도록 규정한 사립학교법 제53조의2 제3항이 교원지위 법정주의에 위반되는지 여부, ③위 법률조항이 교육의 자주성·전문성·정치적 중립성 및 대학의 자율성과 학문의 자유를 침해하는지 여부 및 ④위 법률조항이 평등권을 침해하는지 여부에 대하여 아래와 같이 합헌 취지로 판단하였다.[310)]

① 헌법 제31조제6항이 규정한 교원지위 법정주의는 단순히 교원의 권익을 보

310) 헌법재판소 1998. 7. 16. 선고 헌바33, 96헌바66, 96헌바68, 97헌바2, 97헌바34, 97헌바80, 98헌바39 결정.

장하기 위한 규정이라거나 교원의 지위를 행정권력에 의한 부당한 침해로부터 보호하는 것만을 목적으로 한 규정이 아니고, 국민의 교육을 받을 기본권을 실효성 있게 보장하기 위한 것까지 포함하여 교원의 지위를 법률로 정하도록 한 것이다.

② 대학교원의 기간임용제를 규정한 사립학교법 제53조의2제3항은 전문성·연구실적 등에 문제가 있는 교수의 연임을 배제하여 합리적인 교수인사를 할 수 있도록 하기 위한 것으로 그 입법목적이 정당하고, 대학교육기관의 교원에 대한 기간임용제와 정년보장제는 국가가 문화국가의 실현을 위한 학문진흥의 의무를 이행함에 있어서나 국민의 교육권의 실현·방법 면에서 각각 장단점이 있어서, 그 판단·선택은 헌법재판소에서 이를 가늠하기보다는 입법자의 입법정책에 맡겨 두는 것이 옳으므로, 위 조항은 헌법 제31조제6항이 규정한 교원지위 법정주의에 위반되지 아니한다.

③ 기간임용제는 대학교육기관의 교원을 기간을 정하여 임면할 수 있도록 한 것일 뿐 교원의 학문에 대한 연구·활동 내용이나 방식을 규율한 것은 아니며, 재임용될 교원을 결정함에 있어서도 임면권자인 학교법인의 교원인사에 관한 자율성을 제한하는 것도 아니므로, 사립학교법 제53조의2제3항은 헌법 제31조제4항이 보장한 교육의 자주성·전문성·정치적 중립성 및 대학의 자율성과 헌법 제22조제1항이 보장한 학문의 자유를 침해하지 아니한다.

④ 초·중·고등학교 교육은 일반적으로 승인된 기초적인 지식의 전달에 중점이 있는 데 반하여, 대학의 교육은 학문의 연구·활동과 교수기능을 유기적으로 결합하여 학문의 발전과 피교육자인 대학생들에 대한 교육의 질을 높일 필요성이 있기 때문에 교원의 자격기준도 이와 같은 기능을 수행할 수 있는 능력을 갖출 것이 요구되고, 이와 같은 대학교육기관의 교원의 특수성은 임용기간 만료시에 교원의 자질을 심사하는 재임용제도를 두어야 할 정당한 사유가 된다. 사립대학 교육기관의 교원과 국·공립대학교의 교원의 차별취급은 사법적 관계와 공법상 권력관계의 차이에서 비롯된 것이고, 학교법인의 자율권 보장을 위한 불가피한 수단이다. 따라서 사립대학 교육기관의 교원이 사립학교법 제53조의2제3항의 위임에 의하여 만들어진 학교법인의 정관에 따른 기간임용제의 적용을 받음으로써 다른 사립교육기관의 교원 및 국·공립대학교 교원과 비교하여 차별을 받는 것은 모두 합리적이고 정당한 사유가 있으므로 평등권 위반의 문제는 생기지 않는다.

재판관 이재화, 재판관 조승형, 재판관 정경식, 재판관 고중석의 반대의견은 아래와 같다.

① 입법자가 헌법 제31조제6항이 규정한 교원지위 법정주의에 근거하여 교원의 지위를 정하는 법률을 제정함에 있어서는 국민의 교육을 받을 권리를 효율적으로 보장하기 위한 규정과 함께 교원의 신분보장 등 교원의 권리에 관한 사항이 반드시 규정되어야 한다.

② 사립학교법 제53조의2제3항이 기간임용제를 채택한 근본목적은 대학교육기관의 교원을 일정한 기간을 정하여 임용함으로써 학문적 능력과 자질이 없는 대학교원을 배제하기 위한 것인데, 기간임용제는 학교법인의 주관적인 편견이 개입될 소지가 있어 객관성과 공정성이 결여된 결과가 나타날 가능성이 있고, 이와 같은 결과는 교원의 신분을 불안하게 하여 학문의 연구·활동의 독립성과 연속성을 해칠 우려가 있으므로, 기간임용제를 채택함에 있어서는 교원의 신분보장을 위하여 적어도 재임용의 거부사유와 재임용의 거부에 대한 구제절차를 반드시 함께 규정하여야만 교원지위 법정주의를 규정한 헌법 제31조제6항의 헌법정신에 합치된다. 따라서 재임용 거부사유와 재임용을 거부당한 교원의 구제절차를 규정하지 아니한 채 사립학교법 제53조의2제3항이 교원의 기간임용제를 규정한 것은 헌법 제31조제6항에 위반된다.

• 2003년 헌법재판소는 ① 교육의 중요성과 헌법 제31조제6항 교원지위법정주의의 의미를 설시하면서 ② 대학교육기관의 교원은 당해 학교법인의 정관이 정하는 바에 따라 기간을 정하여 임면할 수 있다고 규정한 사립학교법 제53조의2제3항(1990. 4. 7. 법률 제4226호로 개정되고, 1997. 1. 13. 법률 제5274호로 개정되기 전의 것)이 교원지위법정주의에 위반되는지 여부에 대하여 아래와 같이 헌법불합치 결정을 하였다.[311)]

① 교육은 개인의 잠재적인 능력을 계발하여 줌으로써 개인이 각 생활영역에서 개성을 신장할 수 있도록 해 주며, 국민으로 하여금 민주시민의 자질을 길러줌으로써 민주주의가 원활히 기능하기 위한 정치문화의 기반을 조성할 뿐만 아니라, 학문연구결과 등의 전수의 장이 됨으로써 우리 헌법이 지향하고 있는 문화국가의 실현을 위한 기본적 수단이다. 교육이 수행하는 이와 같은 중요한 기능에 비추어 우리 헌법은 제31조에서 학교교육 및 평생교육을 포함한 교육제도와 그 운영, 교육재정 및 교원의 지위에 관한 기본적 사항을 법률로 정하도록(제6항) 한 것이다. 따라서, 입법자가 법률로 정하여야 할 교원지위의 기본적 사항에는 교원의 신분이 부당하게 박탈되지 않도록 하는 최소한의 보호의무에 관한 사항이 포함된다.

311) 헌법재판소 2003. 2. 27. 선고 2000헌바26 결정.

② 이 사건 법률조항은 임용기간이 만료되는 교원을 별다른 하자가 없는 한 다시 임용하여야 하는지의 여부 및 재임용대상으로부터 배제하는 기준이나 요건 및 그 사유의 사전통지 절차에 관하여 아무런 지침을 포함하고 있지 않을 뿐만 아니라, 부당한 재임용거부의 구제에 관한 절차에 대해서도 아무런 규정을 두고 있지 않다. 그렇기 때문에 이 사건 법률조항은, 정년보장으로 인한 대학교원의 무사안일을 타파하고 연구분위기를 제고하는 동시에 대학교육의 질도 향상시킨다는 기간임용제 본연의 입법목적에서 벗어나, 사학재단에 비판적인 교원을 배제하거나 기타 임면권자 개인의 주관적 목적을 위하여 악용될 위험성이 다분히 존재한다. 첫째, 재임용 여부에 관한 결정은 인사에 관한 중요사항이므로 교원인사위원회의 심의를 받아야 하나, 교원인사위원회의 심의과정을 거치지 않거나 형식적인 절차만 거친 경우가 많았고 심지어는 교원인사위원회에서는 재임용 동의가 있었음에도 불구하고 특별한 이유없이 최종 임면권자에 의해 재임용이 거부되기도 하였다. 둘째, 이 사건 법률조항이 재임용의 거부사유 및 구제절차에 대하여 아무런 언급을 하지 않고 있기 때문에 사립대학의 정관이 교원의 연구실적, 교수능력과 같은 비교적 객관적인 기준을 재임용 거부사유로 정하지 아니하고 자의가 개입될 수 있는 막연한 기준에 의하여 재임용을 거부하는 경우에는 피해 교원을 실질적으로 구제할 수 있는 대책이 없다. 셋째, 절대적이고 통제받지 않는 자유재량은 남용을 불러온다는 것이 인류역사의 경험이라는 점에서 볼 때, 자의적인 재임용거부로부터 대학교원을 보호할 수 있도록 구제수단을 마련해 주는 것은 국가의 최소한의 보호의무에 해당한다. 즉, 임면권자가 대학교원을 왜 재임용하지 않으려 하는지 이유를 밝히고 그 이유에 대하여 당해 교원이 해명할 기회를 주는 것은 적법절차의 최소한의 요청인 것이다. 넷째, 재임용심사의 과정에서 임면권자에 의한 자의적인 평가를 배제하기 위하여 객관적인 기준의 재임용 거부사유와 재임용에서 탈락하게 되는 교원에게 자신의 입장을 진술하고 평가결과에 이의를 제기할 수 있는 기회를 주는 것은 임면권자에게 지나친 부담이 아니라고 할 것이며, 나아가 재임용이 거부되는 경우에 이의 위법 여부를 다툴 수 있는 구제절차를 마련하는 것은 대학교원에 대한 기간임용제를 통하여 추구하려는 입법목적을 달성하는 데에도 아무런 장애가 되지 않는다고 할 것이다. 이상 본 바와 같이 객관적인 기준의 재임용 거부사유와 재임용에서 탈락하게 되는 교원이 자신의 입장을 진술할 수 있는 기회 그리고 재임용거부를 사전에 통지하는 규정 등이 없으며, 나아가 재임용이 거부되었을 경우 사후에 그에 대해 다툴 수 있는 제도적 장치를 전혀 마련하지 않고 있는 이 사건 법률조항은, 현대사회에서 대학교육이 갖는 중요한 기능과 그 교

육을 담당하고 있는 대학교원의 신분의 부당한 박탈에 대한 최소한의 보호요청에 비추어 볼 때 헌법 제31조제6항에서 정하고 있는 교원지위법정주의에 위반된다고 볼 수밖에 없다.

③ 이 사건 법률조항의 위헌성은 위에서 본 바와 같이 기간임용제 그 자체에 있는 것이 아니라 재임용 거부사유 및 그 사전구제절차, 그리고 부당한 재임용거부에 대하여 다툴 수 있는 사후의 구제절차에 관하여 아무런 규정을 하지 아니함으로써 재임용을 거부당한 교원이 구제를 받을 수 있는 길을 완전히 차단한 데 있다. 그런데 이 사건 법률조항에 대하여 단순위헌을 선언하는 경우에는 기간임용제 자체까지도 위헌으로 선언하는 결과를 초래하게 되므로, 단순위헌결정 대신 헌법불합치결정을 하는 것이다. 입법자는 되도록 빠른 시일내에 이 사건 법률조항 소정의 기간임용제에 의하여 임용되었다가 그 임용기간이 만료되는 대학교원이 재임용거부되는 경우에 그 사전절차 및 그에 대해 다툴 수 있는 구제절차규정을 마련하여 이 사건 법률조항의 위헌적 상태를 제거하여야 할 것이다.

재판관 한대현, 재판관 하경철의 반대의견은 아래와 같다.

헌법 제31조제6항은 단순히 교원의 권익을 보장하기 위한 규정이라거나 교원의 지위를 공권력 등에 의한 부당한 침해로부터 보호하는 것만을 목적으로 한 규정이라고 볼 것은 아니고, 국민의 교육을 받을 기본권을 실효성있게 보장하기 위한 것까지도 포함하여 교원의 지위를 법률로 정하도록 한 것이라고 보아야 할 것이므로, 이 헌법조항을 근거로 하여 제정되는 법률에는 교원의 신분보장, 경제적·사회적 지위보장 등 교원의 권리에 해당하는 사항뿐만 아니라 국민의 교육을 받을 권리를 저해할 우려있는 행위의 금지 등 교원의 의무에 관한 사항도 규정할 수 있는 것이고, 나아가 교원의 기본권을 제한하는 사항까지도 규정할 수 있다. 이 사건 법률조항에 따라 사립대학의 학교법인은 교원을 임용함에 있어 정년보장제를 채택할 수도 있고 기간임용제를 채택할 수도 있으며, 기간임용제를 채택하는 경우에도 ①임용기간이 만료되면 원칙적으로 교원을 재임용하여야 하는 방식을 채택할 수도 있고 ②임용기간이 만료되면 교원으로서의 신분관계가 당연히 종료되고 교원을 재임용할 것인지 여부가 오로지 임용권자의 판단에 따르는 방식을 채택할 수도 있는 등, 다양한 임용방식 중 당해 대학에 가장 적합하다고 판단되는 방식을 자유로이 선택할 수 있는데, 이는 입법자가 국·공립대학과는 다른 사립대학의 특수성을 배려하고 개개의 사립대학교육의 자주성과 사립대학의 자율성을 최대한 보장하기 위하여 마련한 제도로서, 그 입법취지를 충분히 수긍할 수 있다. 그렇다면,

다수의견이 내세우는 사전적·사후적 장치가 사립대학교원의 지위를 더욱 두텁게 보호하기 위한 것임을 이해한다고 하더라도, 그러한 장치를 두지 아니하였다 하여 이 사건 법률조항이 교원지위법정주의의 본질을 훼손하여 헌법에 합치되지 아니한다고는 볼 수 없다.

- 2005년 1월 개정(2005. 1. 27.)은 헌법재판소가 「사립학교법」(1997. 1. 13. 법률 제5274호로 개정되기 전의 것) 제53조의2제3항이 재임용에서 탈락되는 대학교원에 대한 사전·사후 구제절차를 규정하지 않은 것은 교원지위법정주의(헌법 제31조제6항)에 반한다는 이유로 헌법불합치 결정[312)]을 함에 따라 재임용절차를 세부적으로 정비하고(제4~7항) 재임용이 거부된 교원은 교원소청심사위원회에 재심을 청구할 수 있도록 한 것으로(제8항) 이때부터 제53조의2는 매우 긴 조문이 되었다.
- 2005년 12월 개정(2005. 12. 29.)은 임용비리 예방을 목적으로 고등학교 이하 교원의 신규채용 공개전형 제도를 도입했으며(제9항), 2017년 개정은 대학교육기관의 교원 재임용 판단요소에 「산업교육진흥 및 산학연협력촉진에 관한 법률」 제2조제6호에 따른 산학연협력에 관한 사항을 추가하였다(제7항 4호). 2021년 개정은 고등학교 이하 사립학교 교원의 신규임용을 의한 공개전형에 필기시험을 포함시키고 필기시험은 시·도 교육감에게 위탁하여 실시하도록 했는데(제1항), 개정 과정에서 사학의 자율성 침해에 관한 논쟁이 뜨겁게 전개되었다.
- 2005년 개정 과정에서 정치적 입장에 따라 매우 격렬한 의견대립이 있었다. 제256회 국회(정기회) 제16차 본회의(2005. 12. 9.)에서 나타난 원색적 언동은 그 사정을 잘 보여준다.[313)]
- 2003년 헌법재판소는 ①대학교육기관의 교원은 당해 학교법인의 정관이 정하는 바에 따라 기간을 정하여 임면할 수 있다고 규정한 사립학교법(1999. 8. 31. 법률 제6004호로 개정되기 전의 것) 제53조의2제3항이 헌법 제31조제6항 소정의 교원지위법정주의에 위반되는지 여부 및 ②임용기간이 만료한 대학교원에 대한 재임용거부를 재심청구의 대상으로 명시하지 않은 교원지위향상을위한특별법(1991. 5. 31. 법률 제4376호로 제정된 것) 제9조제1항이 헌법 제31조제6항 소정의 교원지위법정주의에 위반되는지 여부에 대하여 아래와 같은 이유로 헌법불합치 결정을 하였다.[314)]

---

312) 헌법재판소 2003. 2. 27. 선고 2000헌바26 결정.

313) 제256회 국회(정기회) 제16차 본회의, 국회본회의회의록, 2005. 12. 9., 2~3면.

314) 헌법재판소 2003. 12. 18. 선고 2002헌바14, 2002헌바32 결정.

① 헌법재판소는 2003. 2. 27. 이 사건 사립학교법조항과 실질적으로 같은 내용인 사립학교법 제53조의2제3항(1997. 1. 13. 법률 제5274호로 개정되기 전의 것)을 대상으로 선고한 2000헌바26 사건에서, "객관적인 기준의 재임용 거부사유와 재임용에서 탈락하게 되는 교원이 자신의 입장을 진술할 수 있는 기회 그리고 재임용거부를 사전에 통지하는 규정 등이 없으며, 나아가 재임용이 거부되었을 경우 사후에 그에 대해 다툴 수 있는 제도적 장치를 전혀 마련하지 않고 있는 위 조항은, 현대사회에서 대학교육이 갖는 중요한 기능과 그 교육을 담당하고 있는 대학교원의 신분의 부당한 박탈에 대한 최소한의 보호요청에 비추어 볼 때 헌법 제31조제6항에서 정하고 있는 교원지위법정주의에 위반된다고 볼 수밖에 없다."는 이유로 헌법불합치결정을 선고하였다.

그런데, 2000헌바26 사건에서 헌법불합치결정의 대상이 되었던 조항과 이 사건의 사립학교법조항과는 연혁만 다를 뿐, 그 규정내용이 똑같다. 다만, 이 사건 사립학교법조항은 그 후문으로 "이 경우 국·공립대학의 교원에게 적용되는 임용기간에 관한 규정을 준용한다."라는 내용이 추가되어 사립대학 교수의 임용에 있어 국·공립대학 교수에게 적용되는 임용기간을 준용함으로써 사립대학 교수의 지위를 국·공립대학 교수와 같이 보장하고 있으나 '기간임용제'의 본질은 달라진 바가 없다. 따라서 이 사건에 있어서도 위 2000헌바26 결정과 달리 판단할 사정의 변경이나 필요성은 인정되지 아니한다.

② 교원지위법정주의에 관한 위 헌법재판소 2003. 2. 27. 선고 2000헌바26 결정의 취지에 비추어 볼 때, 임기가 만료된 교원이 "재임용을 받을 권리 내지 기대권"을 가진다고는 할 수 없지만 적어도 학교법인으로부터 재임용 여부에 관하여 "합리적인 기준과 정당한 평가에 의한 심사를 받을 권리"를 가진다고 보아야 한다. 그러므로 예컨대 학교법인이 아무런 기준을 정하지 아니하고 자의적으로 재임용 여부를 결정하는 경우, 학교법인이 정한 기준이 심히 불합리한 경우, 합리적인 기준이 있다고 하더라도 부당한 평가를 하여 재임용을 거부하는 경우, 그리고 관계법령 등에 정한 사전고지 및 청문절차의 의무를 위반한 경우 등은 모두 임기만료 교원의 재임용 여부에 관하여 '합리적인 기준과 정당한 평가에 의한 심사를 받을 권리'를 침해하는 것에 해당한다고 할 것이다. 그렇다면, 위와 같은 경우 임기만료 교원에 대한 재임용거부는 이 사건 교원지위법조항 소정의 "징계처분 기타 그 의사에 반하는 불리한 처분"에 버금가는 효과를 가진다고 보아야 하므로 이에 대하여는 마땅히 교육인적자원부 교원징계재심위원회의 재심사유, 나아가 법원에 의한 사법심사의 대상이 되어야 한다. 그럼에도 불구하고 이 사건 교원지위법조항은 이

에 대하여 아무런 규정을 하고 있지 아니하므로, 입법자가 법률로 정하여야 할 교원지위의 기본적 사항에는 교원의 신분이 부당하게 박탈되지 않도록 하는 최소한의 보호의무에 관한 사항이 포함되어야 한다는 헌법 제31조제6항 소정의 교원지위법정주의에 위반된다고 할 것이다.

③ 위에서 본 바와 같이 이 사건 심판대상조항 중 사립학교법조항의 위헌성은 기간임용제 그 자체에 있는 것이 아니라 재임용을 거부당한 교원이 구제를 받을 수 있는 길을 완전히 차단한 데 있고, 교원지위법조항도 그 자체가 위헌인 것이 아니라 재심청구 대상에 임용기간의 만료로 재임용이 거부되는 대학교원이 그에 대하여 다툴 수 있도록 포함하지 아니한 점에 있다. 그런데 이들 조항에 대하여 단순위헌을 선언하는 경우에는 기간임용제 자체 또는 재심청구제 자체까지도 위헌으로 선언하는 결과를 초래하게 되므로, 단순위헌결정 대신 헌법불합치결정을 하는 것이다.

한편 교원지위법조항은 이 사건과 같이 임용기간이 만료되어 재임용거부된 대학교원의 경우 이외에 교원이 징계처분 기타 그 의사에 반하는 불리한 처분을 받은 경우 이에 대한 불복규정의 범위 안에서는 합헌적으로 적용되어 온 것이므로, 입법자가 위와 같이 재임용이 거부된 대학교원에 대한 불복규정을 보완하는 방향으로 법률을 개정할 때까지 동 조항을 존속하게 하여 이를 적용하게 할 필요가 있다. 따라서, 교원지위법조항의 효력은 임용기간이 만료되어 재임용거부된 대학교원의 경우 이외에 교원이 징계처분 기타 그 의사에 반하는 불리한 처분을 받은 경우 이에 대한 불복의 근거가 되는 범위내에서 잠정적으로 존속한다.

재판관 김영일의 별개 및 반대의견은 아래와 같다.

이 사건 사립학교법조항은 기간임용제를 비롯한 대학교원의 임면행위의 근거규정이자 실체에 관한 규정으로서 동 규정에서 대학교원의 임용행위나 면직행위 등의 요건이나 사전절차를 규정할 수는 있을지라도, 성격상 그 임용·면직 등 행위 후 그에 대한 불복 내지 사후구제절차는 동 조항에 포섭 내지 포함될 수 없을 뿐만 아니라, 동 문언상 그에 대하여 규정하고 있지도 아니함이 명백하다. 그렇다면 결국 대학교원의 임면행위와 관련하여, 특히 기간을 정하여 임용된 대학교원이 그 임용기간이 만료되었으나 재임용이 거부된 경우의 사후구제절차에 관한 규정이 흠결되어 있고, 입법자는 이점을 간과하여 교원지위법정주의에 반하는 위헌상태를 야기한 것이므로 그 입법부작위가 위헌임을 선언하여야 한다.

재판관 하경철의 반대의견은 아래와 같다.

① 이 사건 사립학교법조항에 따라 사립대학의 학교법인은 교원을 임용함에 있어 정년보장제를 채택할 수도 있고 기간임용제를 채택할 수도 있으며, 기간임용제를 채택하는 경우에도 임용기간이 만료되면 원칙적으로 교원을 재임용하여야 하는 방식을 채택할 수도 있고, 임용기간이 만료되면 교원으로서의 신분관계가 당연히 종료되고 교원을 재임용할 것인지 여부가 오로지 임용권자의 판단에 따르는 방식을 채택할 수도 있는 등, 다양한 임용방식 중 당해 대학에 가장 적합하다고 판단되는 방식을 자유로이 선택할 수 있는데, 이는 입법자가 국·공립대학과는 다른 사립대학의 특수성을 배려하고 개개의 사립대학교육의 자주성과 사립대학의 자율성을 최대한 보장하기 위하여 마련한 제도로서, 그 입법취지를 충분히 수긍할 수 있다. 그렇다면, 다수의견이 내세우는 사전적·사후적 장치가 사립대학교원의 지위를 더욱 두텁게 보호하기 위한 것임을 이해한다고 하더라도, 그러한 장치를 두지 아니하였다 하여 이 사건 사립학교법조항이 교원지위법정주의의 본질을 훼손하여 헌법에 합치하지 아니한다고는 볼 수 없다.

② 이 사건 교원지위법조항은 '교원이 그 지위를 보유함을 전제로' 징계처분 기타 그 의사에 반하는 불리한 처분을 받은 경우에 대한 불복규정이다. 그런데 대학교수를 제외한 초·중등학교 교원은 원칙적으로 정년이 보장되므로 문제가 없지만, 기간을 정하여 임용된 대학교수의 경우는 그 임용기간 안에 행하여진 '징계처분 기타 그 의사에 반하는 불리한 처분'에 대하여 교원징계재심위원회에 재심청구를 할 수 있는 것으로 보아야 할 것이다. 그렇다면, 기간을 정하여 임용된 대학교수가 그 임용기간이 만료되어 재임용이 거부된 경우에는 그 임용기간의 만료와 함께 당연히 교원으로서의 지위를 상실하는 것이므로 교원지위법조항은 적용될 수 없는 것이다. 따라서 이 사건 교원지위법조항은 교수 재임용거부행위의 효력을 다투는 당해사건에서 적용될 수 없는 법률조항이므로 재판의 전제성이 없어 각하되어야 마땅하다.

- 2006년 헌법재판소는 ①헌법불합치결정 및 개선입법의 소급효 및 ②제청신청인이 사립학교법(1997. 1. 13. 법률 제5274호로 개정되고, 1999. 8. 31. 법률 제6004호로 개정되기 전의 것) 제53조의2제3항에 대한 헌법불합치결정 전에 이미 위헌법률심판제청신청을 한 당해 사건에서 제청법원이 헌법불합치결정 후에 동일한 법률조항에 대하여 위헌심판제청을 한 경우 그 심판제청에 재판의 전제성이 인정되는지 여부에 대하여 아래와 같이 판단하였다.[315]

---

315) 헌법재판소 2006. 6. 29. 선고 2004헌가3 결정.

① 헌법재판소가 어떠한 법률조항에 대하여 헌법불합치결정을 하여 입법자에게 그 법률조항을 합헌적으로 개정 또는 폐지하는 임무를 입법자의 형성 재량에 맡긴 이상, 그 개선입법의 소급적용 여부와 소급적용의 범위는 원칙적으로 입법자의 재량에 달린 것이기는 하지만, 그 헌법불합치결정의 취지나 위헌심판에서의 구체적 규범통제의 실효성 보장이라는 측면을 고려할 때, 적어도 헌법불합치결정을 하게 된 당해 사건 및 그 결정 당시에 법률조항의 위헌 여부가 쟁점이 되어 법원에 계속중인 사건에 대하여는 헌법불합치결정의 소급효가 미친다.

② 헌법재판소가 2003. 12. 18. 2002헌바14등 사건에서 이 사건 법률조항에 대하여 헌법불합치결정을 선고한 바 있고 그 취지를 반영하여 2005. 1. 27. 개선입법이 이루어진 바 있는데, 제청신청인이 헌법불합치결정 전인 2003. 7. 15. 이미 위헌법률심판제청신청을 한 당해 사건에서 제청법원이 헌법불합치결정 후인 2004. 1. 15. 동일한 법률조항인 이 사건 법률조항에 대하여 위헌제청결정을 한 경우, 위 헌법불합치결정의 소급효는 헌법불합치결정 당시에 이 사건 법률조항의 위헌 여부가 쟁점이 되어 법원에 계속중인 당해 사건에도 미친다고 할 것이므로, 종전의 법률조항인 이 사건 법률조항이 당해사건에 그대로 적용될 수는 없고, 위헌성이 제거된 현행 사립학교법 규정이 적용되어야 한다. 따라서 제청법원의 심판제청은 심판의 대상이 된 법률조항이 재판의 전제성을 잃게 됨으로써 결국 심판제청의 이익이 없게 되어 부적법하다.

• 2006년 헌법재판소는 ① 대학교원기간임용제에 관하여 정하고 있는 사립학교법(1990. 4. 7. 법률 제4226호로 개정되고, 1997. 1. 13. 법률 제5274호로 개정되기 전의 것) 제53조의2제3항이 대학교원의 임금 청구 사건과 관련하여 재판의 전제성이 있는지 여부 및 ② 사립학교 교원의 보수에 관한 훈시규정인 교원지위향상을위한특별법(1991. 5. 31. 법률 제4376호로 제정된 것) 제3조제2항 중 대학교원의 보수에 관한 부분이 헌법상 교원지위법정주의에 어긋나거나, 평등원칙에 위배되는지 여부에 대하여 아래와 같이 합헌 취지로 판단하였다.[316]

① 사립학교법 제53조의2제3항은 대학교원을 임용함에 있어 기간을 정하여 임용할 수 있도록 하는 대학교원기간임용제의 근거조항일 뿐, 대학교원의 임금 청구권의 근거조항이 될 수는 없다. 따라서 위 조항은 대학교원의 임금 청구 사건인 당해 사건의 재판에 있어서 적용될 법률이 아닐 뿐만 아니라, 그 위헌 여부에 따

---

316) 헌법재판소 2006. 5. 25. 선고 2004헌바72 결정.

라 재판의 결과가 달라지지 아니하므로 재판의 전제성이 없고, 결국 이 부분에 대한 심판청구는 부적법하다.

② 사립대학교원의 보수수준에 관한 법률적 근거를 마련하는 것은 헌법상 교원지위법정주의를 구현하기 위한 입법정책의 문제로서, 입법자가 법 제정 당시의 사회·경제적인 여건 및 국민적 합의의 토대 위에서 사립대학의 자율성과 국가의 적절한 감독권을 조화시킴으로써 국민의 교육을 받을 기본적 권리를 보다 효과적으로 보장하는 방향으로 적정하게 제도를 형성하도록 함이 옳다. 사립대학을 운영하는 학교법인과 교원의 관계는 기본적으로 사법상의 계약 관계로서 사적자치의 원칙이 적용되는 영역인 점, 사립대학교원의 보수에 관한 규정을 효력규정으로 하는 경우에는 사립대학의 자율성을 침해하며 재정형편이 열악한 소규모 사립대학의 폐교와 이에 따른 교원의 실직으로 이어질 수도 있는 점 등을 감안하면, 훈시규정으로 되어 있는 교원지위법 제3조제2항 중 대학교원의 보수에 관한 부분은 사립대학의 자율성과 국가의 적절한 감독권을 조화시킬 수 있도록 입법형성권의 범위 내에서 적정하게 제정된 것으로 보이므로, 헌법상 교원지위법정주의에 어긋난다고 할 수 없다. 사립대학교원과 국·공립대학교원의 차별취급은 사법상의 계약관계와 공법상의 법률관계 사이의 차이에서 비롯된 것이고 학교법인의 자율권 보장을 위한 불가피한 수단이다. 따라서 사립대학교원이 개별적 고용계약에 따라 국·공립대학교원에 비하여 낮은 수준의 보수를 받게 되더라도, 이는 합리적이고 정당한 사유가 있는 차별에 해당하므로 헌법상 평등원칙에 위배되지 않는다.

- 2007년 헌법재판소는, 헌법재판소가 이미 대학교원의 기간임용제를 규정한 사립학교법 제53조의2제3항(1990. 4. 7. 법률 제4226호로 개정되고, 1997. 1. 13. 법률 제5274호로 개정되기 전의 것)에 관하여 재임용거부의 사전·사후 구제절차 미비를 이유로 헌법불합치결정을 선고한 후 당해 소송사건으로 교수지위확인의 소를 제기한 청구인이 이 사건 법률조항에 관하여 다시 위헌확인을 구하는 경우 그 심판청구에 재판의 전제성이 인정되는지 여부에 대하여 아래와 같이 소극적으로 판단하였다.[317)]

이 사건 법률조항의 위헌성은 기간임용제 자체에 있는 것이 아니라 재임용거부 사유 및 그 사전절차, 그리고 부당한 재임용거부에 대하여 다툴 수 있는 사후의 구제절차에 관하여 아무런 규정을 하지 아니함으로써 재임용을 거부당한 교원이 구제를 받을 수 있는 길을 완전히 차단한 데 있다. 그렇다면, 이 사건 법률조항에

317) 헌법재판소 2007. 1. 17. 선고 2005헌바40 결정.

관하여 청구인이 다시 헌법불합치결정을 받는다고 하더라도 청구인의 교원으로서의 신분관계가 임용기간의 만료로 종료됨에는 변함이 없고 따라서 청구인이 단지 교수지위의 확인만을 구할 뿐인 당해 사건의 주문이 달라진다거나 재판의 내용과 효력에 관한 법률적 의미가 달라지는 것으로 볼 수 없으므로 재판의 전제성을 인정할 수 없다.

이 사건 심판청구의 부적법성에 관한 재판관 조대현의 별개의견은 아래와 같다.

이 사건 법률조항이 위헌이라면 청구인을 대학교원으로 임용한 행위 전부가 무효로 되는 것이 아니라 임용기간을 한정한 부분만 법적 근거를 상실하게 되는 것이므로, 이 사건 법률조항의 위헌 여부는 청구인이 교원 지위의 확인을 구하는 당해 사건의 결론에 영향을 미칠 수 있다. 이 사건 심판청구는 이 사건 법률조항에 의한 기간임용제 자체의 위헌을 주장하는 것이라고 봄이 상당하고 재판의 전제성은 부정하기 어렵다. 그러나 법률의 위헌 여부에 대한 심판에서는, 당사자나 당해 사건의 사실관계는 구체적 규범통제제도가 요구하는 심판의 적법요건을 충족하기 위하여 필요할 뿐이고, 당사자나 사실관계 여하에 따라 심판내용이 달라지는 것이 아니며 심판의 효력도 당사자에게만 미치는 것이 아니라 대세적·일반적으로 미치므로, 심판대상인 법률조항과 쟁점이 동일하면 헌법재판소법 제39조의 "동일한 사건"에 해당된다고 보는 것이 상당하고, 당사자나 사실관계의 동일성은 따질 필요가 없다. 종전 사건(2000헌바26)과 이 사건은 모두 심판대상인 법률조항과 쟁점이 동일하므로 동일한 사건에 해당된다. 그리고 헌법재판소법 제23조제2항제2호에 따라 종전에 판시한 견해를 변경할 필요가 있다고 보이지도 아니한다. 따라서 이 사건 심판청구는 헌법재판소법 제39조에 의하여 허용되지 아니하므로 각하되어야 한다.

• 2007년 헌법재판소는, 청구인들이 당해 소송사건으로 교수지위확인의 소를 제기한 후 소송계속중에 헌법재판소가 대학교원의 기간임용제를 규정한 사립학교법 제53조의2제3항(1997. 1. 13. 법률 제5274호로 개정되고, 1999. 8. 31. 법률 제6004호로 개정되기 전의 것)에 관하여 헌법불합치결정을 선고하면서 그 위헌성이 기간임용제 자체에 있는 것이 아님을 밝혔을 뿐만 아니라 그 후 헌법불합치결정의 취지에 맞추어 이 사건 법률조항에 관하여 개선입법이 이루어졌음에도 불구하고 다시 이 사건 법률조항에 관하여 위헌확인을 구하는 경우 심판청구에 재판의 전제성이 인정되는지 여부에 대하여 아래와 같이 판단하였다.[318]

① 어떠한 법률조항에 대하여 헌법재판소가 헌법불합치결정을 하여 입법자에게 그 법률조항을 합헌적으로 개정 또는 폐지하는 임무를 입법자의 형성 재량에 맡긴 이상 그 개선입법의 소급적용 여부와 소급적용의 범위는 원칙적으로 입법자의 재량에 달린 것이기는 하지만 이 사건 법률조항에 대한 위 헌법불합치결정의 취지나 위헌심판에서의 구체적 규범통제의 실효성 보장이라는 측면을 고려할 때 적어도 위 헌법불합치결정을 하게 된 당해 사건 및 위 헌법불합치결정 당시에 이 사건 법률조항의 위헌 여부가 쟁점이 되어 법원에 계속중인 사건에 대하여는 위 헌법불합치결정의 소급효가 미치는바(헌재 2006. 6. 29. 2004헌가3, 공보 117, 872), 청구인들이 제기한 당해 사건은 위 법률조항에 대한 헌법불합치결정 당시 그 위헌 여부가 쟁점이 되어 법원에 계속중인 사건에 해당하며 헌법불합치결정 후 그 취지에 맞추어 위 법률조항이 개정된 이상 위 법률조항은 청구인들이 제기한 당해 사건의 적용법률로 볼 수 없으므로 재판의 전제성을 인정할 수 없다.

② 기간임용제 자체가 위헌이 아니라면 이 사건 법률조항에 관하여 청구인들이 다시 헌법불합치결정을 받는다고 하더라도 청구인들의 교원으로서의 신분관계가 임용기간의 만료로 종료됨에는 변함이 없고 따라서 청구인들이 단지 교수지위의 확인만을 구할 뿐인 당해 사건의 주문이 달라진다거나 재판의 내용과 효력에 관한 법률적 의미가 달라지는 것으로 볼 수 없으므로 이 점에서도 재판의 전제성을 인정할 수 없다.

청구인들의 심판청구의 부적법성에 관한 재판관 조대현의 별개의견은 아래와 같다.

이 사건 법률조항이 위헌이라면 청구인을 대학교원으로 임용한 행위 전부가 무효로 되는 것이 아니라 임용기간을 한정한 부분만 법적 근거를 상실하게 되는 것이므로, 이 사건 법률조항의 위헌 여부는 청구인이 교원 지위의 확인을 구하는 당해 사건의 결론에 영향을 미칠 수 있다. 이 사건 심판청구는 이 사건 법률조항에 의한 기간임용제 자체의 위헌을 주장하는 것이라고 봄이 상당하고 재판의 전제성을 부정하기 어렵다. 그러나 법률의 위헌 여부에 대한 심판에서는, 당사자나 당해 사건의 사실관계는 구체적 규범통제제도가 요구하는 심판의 적법요건을 충족하기 위하여 필요할 뿐이고, 당사자나 사실관계 여하에 따라 심판내용이 달라지는 것이 아니며 심판의 효력도 당사자에게만 미치는 것이 아니라 대세적·일반적으로 미치므로, 심판대상인 법률조항과 쟁점이 동일하면 헌법재판소법 제39조의 "동일한 사건"에

---

318) 헌법재판소 2007. 1. 17. 선고 2005헌바41, 2005헌바42 결정.

해당된다고 보는 것이 상당하고, 당사자나 사실관계의 동일성은 따질 필요가 없다. 종전 사건(2002헌바14등)과 이 사건은 모두 심판대상인 법률조항과 쟁점이 동일하므로 동일한 사건에 해당된다. 그리고 헌법재판소법 제23조제2항제2호에 따라 종전에 판시한 견해를 변경할 필요가 있다고 보이지도 아니한다. 따라서 이 사건 심판청구는 헌법재판소법 제39조에 의하여 허용되지 아니하므로 각하되어야 한다.

- 2008년 헌법재판소는 사립학교법(1990. 4. 7. 법률 제4226호로 개정되고, 1997. 1. 13. 법률 제5274호로 개정되기 전의 것) 제53조의2제3항 및 사립학교법(2005. 1. 27. 법률 제7352호로 개정된 것) 부칙 제2조(기간임용된 대학교육기관 교원의 재임용 절차에 관한 경과조치: 이 법 시행 당시 종전의 규정에 의하여 기간을 정하여 임용되어 재직 중인 대학교육기관 교원의 재임용 관련절차는 제53조의2 제4항 내지 제8항의 개정규정에 의한다)와 관련하여 ① 사립학교법의 기간임용제 근거 조항에 대한 종전 헌법불합치결정 및 그 개선입법의 소급효가 미치는 범위, ② 종전 헌법불합치결정 이전에 재임용거부의 효력을 다투는 소를 제기하여 종전 헌법불합치결정 당시 위 사립학교법 조항의 위헌 여부를 다투고 있었던 청구인의 경우, 종전 헌법불합치결정에 따른 개선입법인 개정 사립학교법의 재임용 관련 조항의 적용범위를 위 개정법 시행일 현재 재직중인 사립대학 교원에 한정하고 있는 사립학교법(2005. 1. 27. 법률 제7352호로 개정된 것) 부칙 제2항에 대한 헌법소원심판청구가 적법한지 여부, ③청구인이 법원으로부터 송달받은 판결문에 이 사건 부칙 조항의 적용범위에서 청구인이 제외된다는 점이 기재되어 있는 경우 청구인이 위 판결문을 송달받은 날 이 사건 부칙 조항으로 인한 기본권 침해가능성이 있음을 알았다고 볼 것인지 여부, ④종전 헌법불합치결정이 부과한 입법개선의무가 제대로 이행되었는지 및 ⑤이 사건 부칙 조항이 개정 사립학교법 시행일 이전에 재임용에서 탈락한 사립대학 교원의 평등권을 침해하는지 여부에 대하여 아래와 같이 합헌 취지로 판단하였다.[319)]

① 종전 헌법불합치결정의 취지나 위헌심판에서의 구체적 규범통제의 실효성 보장이라는 측면을 고려할 때, 적어도 종전 헌법불합치결정을 하게 된 당해사건 및 헌법불합치결정 당시에 사립학교법의 기간임용제 근거 조항의 위헌 여부가 쟁점이 되어 법원에 계속중인 사건에 대하여는 헌법불합치결정의 소급효가 미친다.

② 종전 헌법불합치결정 이전에 재임용거부의 효력을 다투는 소를 제기하여 사립학교법 조항에 대한 위헌 여부를 다투고 있었던 청구인들로서는 이 사건 부칙

319) 헌법재판소 2008. 10. 30. 선고 2005헌마723, 2007헌바109 결정.

조항에 불구하고 개정 사립학교법에 신설된 재임용 관련 조항들이 소급적용되므로, 이들이 이 사건 부칙 조항에 대하여 청구한 헌법소원심판은 기본권침해의 자기관련성이 없어 부적법하다.

③ 청구인이 법원으로부터 송달받은 판결문의 이유에 이 사건 부칙 조항이 정하고 있는 개정 사립학교법의 적용범위에 위 청구인과 같이 위 개정법 시행일 이전에 재임용에서 탈락한 교원은 포함되지 않는다는 점이 설시되어 있으므로, 위 청구인으로서는 늦어도 위 판결문을 송달받은 날에는 이 사건 부칙 조항에 의한 기본권침해가능성이 있음을 알았다고 할 것이고, 따라서 그로부터 90일이 경과하여 제기된 헌법소원심판청구는 청구기간을 도과하였으므로 부적법하다.

④ 입법자는 종전 헌법불합치결정의 취지에 따라 재임용 심사기준, 사전절차, 재임용 거부에 대한 구제절차 등에 관한 규정을 신설하는 것으로 사립학교법을 개정하고, '교원지위향상을 위한 특별법'(2005. 1. 27. 법률 제7354호로 개정된 것)에 사후구제절차를 마련함으로써 종전 헌법불합치결정에서 부과한 입법개선의무를 이행하였다고 볼 것이고, 나아가 종전 헌법불합치결정일 이전에 재임용에서 탈락한 교원들을 위하여 '대학교 교원 기간임용제 탈락자 구제를 위한 특별법'(2005. 7. 13. 법률 제7583호로 제정된 것, 이하 '탈락자구제특별법'이라 한다)을 제정하여 재임용탈락에 대한 재심사 기회를 부여한 것은 종전 헌법불합치결정들에서 명한 입법개선의무에 포함된 것은 아니지만 입법자가 이들의 구제필요성을 인정하여 정책적으로 마련한 입법이라고 할 것이다.

⑤ 이 사건 부칙 조항은 개정 사립학교법에 신설된 재임용 관련 조항의 적용범위와 관련하여 위 개정법 시행 당시 재직중인 교원에 대하여만 이를 적용한다고 규정함으로써 '종전의 규정에 의하여 기간을 정하여 임용'된 사립대학 교원 중 위 개정법 시행일 이전에 재임용에서 탈락한 교원과 그 이후에 탈락한 교원을 차별취급하고 있으나, 이는 재임용과 관련하여 아무런 규정을 두고 있지 않던 개정 사립학교법 시행 이전에 재임용과 관련하여 이미 형성된 법적 지위나 학교법인의 신뢰에 대한 보호필요성 등을 고려한 것으로 그 차별에 합리적인 이유가 있고, 개정 사립학교법 시행 이전에 재임용에서 탈락한 교원에 대하여는 별도로 탈락자구제특별법을 마련하여 재심사 기회를 부여하고 있으므로, 그 구체적인 구제조치의 효력이나 범위에 다소의 차이가 있다는 점만으로 청구인들의 평등권을 침해한다고 볼 수 없다.

- 2014년 헌법재판소는 교원 재임용의 심사요소로 학생교육·학문연구·학생지도를 언급하되 이를 모두 필수요소로 강제하지 않는 사립학교법(2005. 1. 27. 법률 제7352호로 개정된 것, 이하 '법'이라 한다) 제53조의2제7항이 교원지위법정주의에 위반

되는지 여부에 대하여 아래와 같이 합헌 취지로 판단하였다.[320)]

> 학교법인은 다양한 교육수요에 적합한 강의전담교원과 연구전담교원을 재량적으로 임용할 수 있는바, 강의전담교원에 대한 재임용 심사는 직무의 성질상 학생교육이 주된 평가기준이 되어야 할 것인데 법에서 학문연구에 대한 평가를 강제한다면 적절한 평가가 이루어질 수 없을 것이고, 반대로 연구전담교원에 대한 재임용 심사에서 학문연구가 아닌 학생교육에 대한 평가를 강제한다면 역시 불합리할 것이다. 따라서 이 사건 법률조항이 교원 재임용 심사에 학생교육·학문연구·학생지도라는 3가지 기준을 예시하는 한편 이를 바탕으로 대학이 객관적이고 적절한 평가기준을 마련할 수 있도록 한 것은, 교원의 신분에 대한 부당한 박탈을 방지함과 동시에 대학의 자율성을 도모한 것으로서 교원지위법정주의에 위반되지 아니한다.

제53조의3(부정행위자에 대한 조치)

53-3.100 I. 제정법

제정법에는 이 조문이 없다.

II. 개정 경과

53-3.201 1. 2016년 2월 3일 개정(법률 제13938호, 2016. 2. 3. 시행)

> 제53조의3(부정행위자에 대한 조치) 제53조의2제9항에 따른 각급학교 교원의 신규채용을 위한 공개전형 채용시험에서 부정한 행위를 한 자에 대하여는 「교육공무원법」 제11조의2를 준용한다.

(1) 법률안(유은혜 의원안[321)])

현행법	원안
<신 설>	제53조의3(부정행위자에 대한 조치) 제53조의2제

320) 헌법재판소 2014. 4. 24. 선고 2012헌바336 결정.

321) 2014. 6. 12. 유은혜의원 등 11인(의안번호: 1910857); 제안이유 및 주요내용은 이 책 [53-2.211] 참조.

	9항에 따른 각급학교 교원의 신규채용을 위한 공개전형 채용시험에서 부정한 행위를 한 자에 대하여는 「교육공무원법」 제11조의2를 준용한다.

• 고등학교 이하 교원 신규채용을 위한 시험의 부정행위자에 대한 제재조치는 「교육공무원법」을 준용하도록 하였다.

(2) 위원회 심사

〈1〉 **교육문화체육관광위원회:** 대안[322)]으로 가결되었다(이 조문의 경우에는 원안과 대안의 내용이 동일함).[323)] 제53조의3에 관한 회의록 내용은 아래와 같다.

가. 제19대 국회 제337회 제2차 법안심사소위(2015. 11. 27.)

• 수석전문위원 정재룡[324)]: 이어서 사립학교법 일부개정법률안인데요. 개정안 내용에 사립학교 교원의 채용시험 부정행위자에 대한 제재조치를 교육공무원법 제11조의2를 준용하도록 하는 사항입니다. 검토의견 보시면 사립학교 교원과 국·공립 교원 간의 채용시험에 있어서 절차상 차이가 없음에도 불구하고 사립학교 교원시험 부정행위자에 대하여 구체적인 규정을 두지 않고 정부안에 따라 조치할 수 있도록 하고 있습니다. 따라서 사립교원의 경우도 국·공립 교원과 같이 채용시험 부정행위자에 대하여 엄격한 제재조치를 마련하는 것이 타당합니다. 이상입니다.
• 교육부차관 이영[325)]: 정부 측 이견 없습니다.
• 소위원장 신성범[326)]: 제9항까지 끝내신 거지요?
• 수석전문위원 정재룡[327)]: 제10항까지 같이…
• 소위원장 신성범[328)]: 의사일정 제9항, 의사일정 제10항은 각각 수정의결 하겠습니다. 가결되었음을 선포합니다.

나. 제19대 국회 제337회 제10차 교육문화체육관광위원회(2015. 12. 7.)

• 위원장 박주선[329)]: 의사일정 제16항부터 제19항까지 유은혜 의원, 주호영 의원,

322) 2015. 12. 30. 교육문화체육관광위원장(의안번호: 1918355).
323) 제337회 국회(정기회) 제10차 전체회의, 교육문화체육관광위원회회의록, 2015. 12. 7., 25면.
324) 제337회 국회(정기회) 제2차 법안심사소위, 교육문화체육관광위원회회의록, 2015 11. 27., 9면.
325) 제337회 국회(정기회) 제2차 법안심사소위, 교육문화체육관광위원회회의록, 2015 11. 27., 9면.
326) 제337회 국회(정기회) 제2차 법안심사소위, 교육문화체육관광위원회회의록, 2015 11. 27., 9면.
327) 제337회 국회(정기회) 제2차 법안심사소위, 교육문화체육관광위원회회의록, 2015 11. 27., 9면.
328) 제337회 국회(정기회) 제2차 법안심사소위, 교육문화체육관광위원회회의록, 2015 11. 27., 9면.

박홍근 의원이 각각 대표발의하고 정부가 제출한 4건의 사립학교법 일부개정법률안은 소위원회에서 심사보고한 바와 같이 본회의에 각각 부의하지 아니하고 이를 통합 조정한 의사일정 제20항 사립학교법 일부개정법률안(대안)을 제안하고자 합니다. 이의 없으십니까? (없습니다 하는 위원 있음) 가결되었음을 선포합니다.

〈2〉 **법제사법위원회:** 교육문화체육관광위원회 대안을 수정·가결했다.[330] 수정내용은 아래와 같다.

법제사법위원회 수정안
제53조의3(부정행위자에 대한 조치) 제53조의2제9항에 따른 각급학교 교원의 신규채용을 위한 공개전형 <u>채용시험에서</u> 부정한 행위를 한 자에 대하여는 「교육공무원법」 제11조의2를 준용한다.

(3) 본회의 심의

법제사법위원회 수정안대로 가결되었다.[331]

(4) 결과

법제사법위원회 수정안으로 개정되었다.

53-3.202
2. 2017년 11월 28일 개정(법률 제15040호, 2018. 5. 29. 시행)

제53조의3(부정행위자에 대한 조치) 제53조의2<u>제10항</u>에 따른 각급학교 교원의 신규채용을 위한 공개전형 채용시험에서 부정한 행위를 한 자에 대하여는 「교육공무원법」 제11조의2를 준용한다.

- 제53조의2제8항 신설에 따라 종전의 제8항 및 제9항이 각각 제9항 및 제10항으로 이동하였다(기술적인 부분에 관한 개정이므로 개정경과는 생략함[332]).

329) 제337회 국회(정기회) 제10차 전체회의, 교육문화체육관광위원회회의록, 2015. 12. 7., 25면.
330) 제338회 국회(임시회) 제2차 전체회의, 법제사법위원회회의록, 2015. 12. 30., 40면.
331) 제338회 국회(임시회) 제2차 본회의, 국회본회의회의록, 2015. 12. 31., 17면.
332) 이에 관한 구체적 개정경과는 이 책 [53-2.212] 참조.

03 3. 2020년 12월 22일 개정(법률 제17659호, 2020. 12. 22. 시행)

제53조의3(부정행위자에 대한 조치) 제53조의2제10항에 따른 각급 학교 교원의 신규채용을 위한 공개전형 채용시험에서 부정한 행위를 한 **사람**에 **관**하여는 「교육공무원법」 제11조의2를 준용한다.

- 간단한 자구수정을 하였다(오직 형식에 관한 개정이므로 자세한 개정경과는 생략함[333]).

00 III. 현행법

제53조의3(부정행위자에 대한 조치) 제53조의2제10항에 따른 각급 학교 교원의 신규채용을 위한 공개전형 채용시험에서 부정한 행위를 한 사람에 관하여는 「교육공무원법」 제11조의2를 준용한다.

00 IV. 종합/특기사항

- 제53조의3은 원래 1981년 2월 28일 개정(법률 제3373호, 1981. 2. 28. 시행)으로 교원인사위원회를 설치하는 규정이었으나 2016년 2월 3일 개정(법률 제13938호, 2016. 2. 3. 시행)으로 부정행위자에 대한 조치를 신설하면서 그 성격상 조문번호를 제53조의3으로 하면서 교원인사위원회에 관한 제53조의3을 제53조의4로 변경하였다.
- 제53조의3은 고등학교 이하 사립학교 교원시험의 부정행위자에 대하여 「교육공무원법」을 준용하도록 한 것으로 신설 이후 내용상의 변화는 없다.

333) 이에 관한 구체적 개정경과는 이 책 [1.201] 참조.

제53조의4(교원인사위원회)

53-4.100 ### I. 제정법

제정법에는 이 조문이 없다.

II. 개정 경과

53-4.201 #### 1. 1981년 2월 28일 개정(법률 제3373호, 1981. 2. 28. 시행)

제53조의3(교원인사위원회) ①대학교육기관의 교원(학교의 장을 제외한다)의 인사에 관한 중요사항을 심의하기 위하여 당해 대학교육기관에 교원인사위원회를 둔다.
②교원인사위원회의 조직·기능과 운영에 관하여 필요한 사항은 학교법인의 정관으로 정한다.

(1) 법률안(정부안[334])

현행법	원안
<신 설>	**제53조의3(교원인사위원회)** ①대학교육기관의 교원(학교의 장을 제외한다)의 인사에 관한 중요사항을 심의하게 하기 위하여 당해 대학교육기관에 교원인사위원회를 둔다. ②교원인사위원회의 조직·기능과 운영에 관하여 필요한 사항은 학교법인의 정관으로 정한다.

- 대학교육기관 교원의 인사에 관한 중요사항을 심의하기 위하여 교원인사위원회를 두도록 하였다.

(2) 위원회 심사

〈1〉 **문교공보위원회:** 원안대로 가결되었다.[335] 제53조의3에 관한 회의록 내용은

334) 1981. 2. 13. 정부(의안번호: CC0145); 제안이유 및 주요내용은 이 책 [4.204] 참조.
335) 제10.5대 국회 제77회 제19차 문교공보위원회국가보위입법회의사무처, 문교공보위원회회의록, 1981. 2.

아래와 같다.

- **문교부장관 김판영**[336]: 셋째, 대학교원(학교의 장을 제외함)의 인사에 관한 중요사항을 심의하기 위하여 대학, 사범대학 및 전문대학에 교원인사위원회를 두도록 하되 그 조직 기능과 운영에 관하여 필요한 사항은 학교법인의 정관으로 정하고,…이상입니다…
- **전문위원 김철**[337]: 안 제53조의3 교원인사위원회를 보면 교원의 임면에 관하여 이사회의 심의·결정권을 배제하고 학교인사위원회에서 교원인사에 관하여 심의·결정권을 행사하게 하려는 것입니다.
- **위원장 송지영**[338]: 더 질의하실 분 안 계시면 이 법안에 대한 질의를 종결하려고 합니다. 이의 없으신가요? (이의 없습니다 하는 이 있음) 그러면 질의 종결을 선포합니다. 다음은 토론과 축조심의 순서가 되겠습니다마는 위원 여러분께서 양해해 주신다면 이를 생략하고자 하는데 이의 없으신가요? (이의 없습니다 하는 이 있음) 그러면 의사일정 제2항 사립학교법 중 개정법률안을 정부원안대로 의결하는데 이의 없습니까? (이의 없습니다 하는 이 있음) 그러면 이것으로서 가결된 것을 선포합니다.

〈2〉 **법제사법위원회:** 원안을 수정·가결했다.[339] 수정내용은 아래와 같다.

법제사법위원회 수정안
제53조의3(교원인사위원회) ①대학교육기관의 교원(학교의 장을 제외한다)의 인사에 관한 중요사항을 심의하기 위하여 당해 대학교육기관에 교원인사위원회를 둔다. ②교원인사위원회의 조직·기능과 운영에 관하여 필요한 사항은 학교법인의 정관으로 정한다.

위 내용이 포함된 제53조의3에 관한 회의록 내용은 아래와 같다.

- **문교부장관 김판영**[340]: 셋째, 대학교원(학교의 장을 제외함)의 인사에 관한 중요사

19., 7면.

336) 제10.5대 국회 제77회 제19차 문교공보위원회국가보위입법회의사무처, 문교공보위원회회의록, 1981. 2. 19., 3면.

337) 제10.5대 국회 제77회 제19차 문교공보위원회국가보위입법회의사무처, 문교공보위원회회의록, 1981. 2. 19., 3면.

338) 제10.5대 국회 제77회 제19차 문교공보위원회국가보위입법회의사무처, 문교공보위원회회의록, 1981. 2. 19., 7면.

339) 제10.5대 국회 제77회 제19차 법제사법위원회 국가보위입법회의사무처, 법제사법위원회회의록, 1981. 2. 19., 5면.

340) 제10.5대 국회 제77회 제30차 법제사법위원회국가보위입법회의사무처, 법제사법위원회회의록, 1981. 2. 19., 3면.

항을 심의하게 하기 위하여 대학·사범대학 및 전문대학에 교원인사위원회를 두도록 하되 그 조직 기능과 운영에 관하여 필요한 사항은 학교법인의 정관으로 정하…였습니다…

- **전문위원 양삼승**[341]: 제53조의3 1항에서 "심의하게 하기 위하여"라고 되어 있는 부분을 "심의하기 위하여"로 각각 자구수정을 하였습니다. 이상입니다…
- **위원장대리 김영균**[342]: 다른 위원 의견이 없으십니까? (없습니다 하는 이 있음) 그러면 전문위원이 자구수정한 부분에 대하여 정부측 의견이 어떠신지 말씀해 주시기 바랍니다.
- **문교부장관 김판영**[343]: 정부측에서는 자구수정에 대해서는 이의가 없습니다.
- **위원장대리 김영균**[344]: 다른 의견이 없으시면…다음은 사립학교법 중 개정법률안을 전문위원이 자구수정한 부분은 수정한 대로 기타 부분은 원안대로 의결하고자 하는데 이의 없으십니까? (없습니다 하는 이 있음) 그러면 가결되었음을 선포합니다.

(3) 본회의 심의

법제사법위원회 수정안대로 가결되었다.[345]

(4) 결과

법제사법위원회 수정안으로 개정되었다.

53-4.202

2. 1990년 4월 7일 개정(법률 제4226호, 1990. 4. 7. 시행)

제53조의3(교원인사위원회) ①각급학교(국민학교·기술학교·고등기술학교·공민학교·고등공민학교·유치원과 이들에 준하는 각종학교를 제외한다)의 교원(학교의 장을 제외한다)의 인사에 관한 중요사항을 심의하기 위하여 당해 학교에 교원인

---

341) 第10.5대 국회 第77회 第30차 법제사법위원회국가보위입법회의사무처, 법제사법위원회회의록, 1981. 2. 19., 4면.

342) 第10.5대 국회 第77회 第30차 법제사법위원회국가보위입법회의사무처, 법제사법위원회회의록, 1981. 2. 19., 5면.

343) 第10.5대 국회 第77회 第30차 법제사법위원회국가보위입법회의사무처, 법제사법위원회회의록, 1981. 2. 19., 5면.

344) 第10.5대 국회 第77회 第30차 법제사법위원회국가보위입법회의사무처, 법제사법위원회회의록, 1981. 2. 19., 5면.

345) 第10.5대 국회 第77회 第20차 국회본회의, 국가보위입법회의회의록, 1981. 2. 20., 7면.

사위원회를 둔다.
②교원인사위원회의 조직·기능과 운영에 관하여 필요한 사항은 학교법인 **및 법인인 사립학교경영자의 경우에는 정관으로, 사인인 사립학교경영자의 경우에는 규칙으로 정한다.**

(1) 법률안

〈1〉 박석무 의원안[346)]

현행법	원안
제53조의3(교원인사위원회) ①대학교육기관의 교원(학교의 장을 제외한다)의 인사에 관한 중요사항을 심의하기 위하여 당해 대학교육기관에 교원인사위원회를 둔다. ②교원인사위원회의 조직·기능과 운영에 관하여 필요한 사항은 학교법인의 정관으로 정한다.	**제53조의3(교원인사위원회)** ①각급학교 교원(학교의 장은 제외)의 임명인사에 관한 사항을 심의·의결하기 위하여 당해 학교에 교원인사위원회를 둔다. ②대학(교)를 제외한 각급학교의 교원인사위원회는 5인 내지 9인으로 하되, 교무회의에서 추천한 교원 2인 내지 4인, 그와 동수의 이사회에서 추천한 교원 또는 이사 및 학교의 장이 추천한 교원 1인으로 구성하되, 위원장은 호선한다. ③대학(교)의 교원인사위원회에 관한 사항은 당해 교수협의회에서 학칙으로 정한다.

• 교원인사위원회의 설치 대상을 대학교육기관에서 모든 학교 교원으로 확대하고 교원인사위원회에 의결권을 부여하면서 대학(교)의 교원인사위원회에 관한 사항은 교수협의회에서 학칙으로 정하도록 하였다.

〈2〉 김인곤 의원안[347)]

현행법	원안
제53조의3(교원인사위원회) ① (생 략) ②교원인사위원회의 조직·기능과 운영에 관하여 필요한 사항은 학교법인의 정관으로 정한다.	**제53조의3(교원인사위원회)** ①(현행과 같음) ②각급학교의 인사위원회는 5인 내지 9인으로 하되, 재단 이사장이 추천한 자와 교수회의에서 추천한 자로 구성하고 기타 운영에 관한 사항은 학교법인의 정관으로 정한다.

346) 1988. 12. 21. 박석무의원 등 70인(의안번호: 130378); 제안이유 및 주요내용은 이 책 [4.206] 참조.
347) 1989. 2. 16. 김인곤의원 등 34인(의안번호: 130422); 제안이유 및 주요내용은 이 책 [4.206] 참조.

• 대학교육기관는 교원인사위원회를, 그 밖의 교육기관에는 인사위원회를 설치하도록 하였다.

〈3〉 강삼재 의원안[348)]

현행법	원안
제53조의3(교원인사위원회) ①대학교육기관의 교원(학교의 장을 제외한다)의 인사에 관한 중요사항을 심의하기 위하여 당해 대학교육기관에 교원인사위원회를 둔다. ②교원인사위원회의 조직·기능과 운영에 관하여 필요한 사항은 학교법인의 정관으로 정한다.	**제53조의3(교원인사위원회)** ①각급학교 교원(학교의 장은 제외한다)의 인사에 관한 중요 사항을 심의하기 위하여 당해 학교에 교원인사위원회를 둔다. ②대학(교)를 제외한 각급학교의 교원인사위원회는 5인 내지 9인으로 하되, 교무회의에서 추천한 교원과 이사회에서 추천한 교원 또는 이사를 동수로 하고 학교의 장이 1인을 추천하여 구성하고, 임기는 1년으로 하며, 위원장은 호선한다. ③대학(교)의 교원인사위원회에 관한 사항은 학칙으로 정한다.

• 교원인사위원회 설치 대상을 대학교 외에 각급학교로 확대하고 그에 관한 사항을 학칙으로 정하도록 하였다.

(2) 위원회 심사

〈1〉 **문교공보위원회:** 대안[349)]으로 가결되었다.[350)]

대안
제53조의3(교원인사위원회) ①각급학교(국민학교·기술학교·고등기술학교·공민학교·고등공민학교·유치원과 이들에 준하는 각종학교를 제외한다)의 교원(학교의 장을 제외한다)의 인사에 관한 중요사항을 심의하기 위하여 당해 학교에 교원인사위원회를 둔다. ②교원인사위원회의 조직·기능과 운영에 관하여 필요한 사항은 학교법인 및 법인인 사립학교경영자의 경우에는 정관으로, 사인인 사립학교경영자의 경우에는 규칙으로 정한다.

제53조의3에 관한 회의록 내용은 아래와 같다.

348) 1989. 2. 28. 강삼재의원 등 57인(의안번호: 130463; 제안이유 및 주요내용은 이 책 [4.206] 참조.
349) 1990. 3. 15. 문교공보위원장(의안번호: 130833).
350) 제148회 국회(임시회) 제6차 전체회의, 문교공보위원회회의록, 1990. 3. 14., 8면.

- **소위원장 함종한**[351]: 여덟째, 현재는 대학교육기관에만 두고 있는 교원인사위원회를 중·고등학교에도 설치하여 교원의 인사에 관한 중요사항을 심의하도록 하였습니다…
- **김인곤 위원**[352]: 저희들이 인사위원회를 두는 것은 초등학교까지를 포함해서 한 것으로 기억이 나는데 지금 보고말씀은 중·고등학교만 두는 것으로 보고가 됐는데 그것이 제가 잘못 안 것인지 그렇지 않으면 누락한 것인지 말씀해 주시기 바랍니다.
- **소위원장 함종한**[353]: 누락이 아니라 중·고등학교만 했습니다. 왜냐하면 사립학교에 초등학교가 사실상 몇 학교가 없습니다. 그래서 초등학교에 대해서까지 인사위원회를 두어서 할 것이 아니라 중등학교만 두자 해서 그때 그렇게 합의가 됐습니다. 처음부터 초등학교는 여러분들이 내주신 안에도 배제가 되었습니다. 그러니깐 논외입니다.
- **김인곤 위원**[354]: 그러면 제가 기억을 잘못한 것 같습니다…
- **위원장 정대철**[355]: 그러면 이것으로 토론을 종결하고 표결을 하고자 하는데 이의 없으시지요? (없습니다 하는 위원 있음) 그러면 이것으로 토론을 종결하고 표결할 것을 선포합니다. 표결은 국회법에 의한 순서에 따라 기립표결하도록 하겠습니다. 그러면 먼저 소위원회에서 심사보고한대로 사립학교법 중 개정법률안 4건을 각각 본회의에 부의하지 아니하기로 하고 이에 대한 소위원회 대안을 위원회안으로 채택하여 제안하고자 하는데 찬성하시는 분은 기립하여 주시기 바랍니다.

  (기립표결) 표결 결과를 말씀드리겠습니다. 재석 12인 중 가 8인 부 4인으로써 소위원회에서 심의보고한대로 사립학교법 중 개정법률안 4건을 각각 본회의에 부의하지 아니하기로 하고 이에 대한 위원회대안을 제안하기로 가결되었음을 선포합니다. 방금 제안키로 의결한 대안은 위원장 명의로 제안됨을 참고로 말씀드리겠습니다.

〈2〉 **법제사법위원회:** 문교공보위원회 대안대로 가결되었다.[356] 제53조의3에 관한

351) 第148회 국회(임시회) 제6차 전체회의, 문교공보위원회회의록, 1990. 3. 14., 3면.
352) 第148회 국회(임시회) 제6차 전체회의, 문교공보위원회회의록, 1990. 3. 14., 4면.
353) 第148회 국회(임시회) 제6차 전체회의, 문교공보위원회회의록, 1990. 3. 14., 4면.
354) 第148회 국회(임시회) 제6차 전체회의, 문교공보위원회회의록, 1990. 3. 14., 5면.
355) 第148회 국회(임시회) 제6차 전체회의, 문교공보위원회회의록, 1990. 3. 14., 8면.
356) 第148회 국회(임시회) 제6차 전체회의, 법제사법위원회회의록, 1990. 3. 14., 26면.

회의록 내용은 아래와 같다.

- 함종한 위원[357]: 현재는 대학교육기관에만 두도록 되어 있는 교원인사위원회를 중·고등학교에도 설치하여 교원의 인사에 관한 중요사항을 심의하도록 하였습니다...
- 위원장 이치호[358]: 다음은 사립학교법 중 개정법률안에 대해서 전문위원의 수정의견을 위원회안으로 받아들이고 수정한 부분은 수정한 대로 기타는 원안대로 의결하고자 합니다. 이의가 없으십니까? (없습니다 하는 위원 있음) 가결되었음을 선포합니다.

(3) 본회의 심의

문교공보위원회 대안대로 가결되었다.[359]

(4) 결과

문교공보위원회 대안으로 개정되었다.

53-4.203

3. 1995년 12월 29일 개정(법률 제5069호, 1996. 3. 1. 시행)

제53조의3(교원인사위원회) ①각급학교(초등학교·기술학교·고등기술학교·공민학교·고등공민학교·유치원과 이들에 준하는 각종학교를 제외한다)의 교원(학교의 장을 제외한다)의 인사에 관한 중요사항을 심의하기 위하여 당해 학교에 교원인사위원회를 둔다.

②교원인사위원회의 조직·기능과 운영에 관하여 필요한 사항은 학교법인 및 법인인 사립학교경영자의 경우에는 정관으로, 사인인 사립학교경영자의 경우에는 규칙으로 정한다.

- 「교육법」(1995. 12. 29. 개정, 1996. 3. 1. 시행) 개정에 따라 "국민학교"를 "초등학교"로 하였다.

357) 제148회 국회(임시회) 제6차 전체회의, 법제사법위원회회의록, 1990. 3. 14., 18면.
358) 제148회 국회(임시회) 제6차 전체회의, 법제사법위원회회의록, 1990. 3. 14., 26면.
359) 제148회 국회(임시회) 제9차 본회의, 국회본회의회의록, 1990. 3. 16., 15~16면.

04

4. 2000년 1월 28일 개정(법률 제6212호, 2000. 1. 28. 시행)

제53조의3(교원인사위원회) ①각급학교(초등학교·고등기술학교·공민학교·고등공민학교·유치원과 이들에 준하는 각종학교를 제외한다)의 교원(학교의 장을 제외한다)의 인사에 관한 중요사항을 심의하기 위하여 당해 학교에 교원인사위원회를 둔다.
②교원인사위원회의 조직·기능과 운영에 관하여 필요한 사항은 학교법인 및 법인인 사립학교경영자의 경우에는 정관으로, 사인인 사립학교경영자의 경우에는 규칙으로 정한다.

(1) 법률안(정부안[360])

이 조문을 포함한 개정 대상 조문의 제안이유 및 주요내용은 아래와 같다.[361]

- 제안이유 및 주요내용

  「교원의 노동조합 설립 및 운영 등에 관한 법률」의 제정(1999. 1. 29, 법률 제5727호)으로 노동조합의 업무에만 종사할 수 있는 노동조합 전임자제도가 도입됨에 따라 관련 규정을 정비하려는 것임.

이 조문의 현행법과 개정 원안은 아래와 같다.

현행법	원안
제53조의3(교원인사위원회) ①각급학교(초등학교·기술학교·고등기술학교·공민학교·고등공민학교·유치원과 이들에 준하는 각종학교를 제외한다)의 교원(학교의 장을 제외한다)의 인사에 관한 중요사항을 심의하기 위하여 당해 학교에 교원인사위원회를 둔다. ② (생 략)	**제53조의3(교원인사위원회)** ①각급학교(초등학교·고등기술학교·공민학교·고등공민학교·유치원과 이들에 준하는 각종학교를 제외한다)의 교원(학교의 장을 제외한다)의 인사에 관한 중요사항을 심의하기 위하여 당해 학교에 교원인사위원회를 둔다. ② (현행과 같음)

- 기술학교를 조문에서 삭제하였다.

360) 1999. 11. 19. 정부(의안번호: 152347).

361) 2000년 1월 28일 개정 원안에는 이 정부안 외에도 이미경 의원안(1999. 9. 10. 이미경의원 등 26인, 의안번호: 152082)이 있다. 이 원안들은 이후 위원회 심사 단계에서 대안(1999. 12. 17. 교육위원장, 의안번호: 152499)으로 통합 조정되었다. 이들 개정안 중 제53조의3에 관한 개정안은 정부안이다. 그러므로 여기에서는 정부안의 제안이유·주요내용 및 현행법과 개정 원안만을 소개한다. 이미경 의원안은 이 책 [59.208] 참조.

(2) 위원회 심사

〈1〉 **교육위원회:** 대안[362]으로 가결되었다[363] (이 조문의 경우에는 원안과 대안의 내용이 동일함).[364]

〈2〉 **법제사법위원회:** 교육위원회 대안대로 가결되었다.[365]

(3) 본회의 심의

교육위원회 대안대로 가결되었다.[366]

(4) 결과

교육위원회 대안으로 개정되었다.

53-4.205

5. 2005년 12월 29일 개정(법률 제7802호, 2006. 7. 1. 시행)

제53조의3(교원인사위원회) ①각급학교(초등학교·고등기술학교·공민학교·고등공민학교·유치원과 이들에 준하는 각종학교를 제외한다)의 교원<u>(학교의 장을 제외한다)의 임면 등 인사에 관한</u> 중요사항을 심의하기 위하여 당해 학교에 교원인사위원회를 둔다.

②교원인사위원회의 조직·기능과 운영에 관하여 필요한 사항은 학교법인 및 법인인 사립학교경영자의 경우에는 정관으로, 사인인 사립학교경영자의 경우에는 규칙으로 정한다.

(1) 법률안

〈1〉 **최순영 의원안**[367]

현행법	원안
제53조의3(교원인사위원회) ① (생 략) <u><신 설></u>	**제53조의3(교원인사위원회)** ①(현행과 같음) <u>②교원인사위원회는 교사회 또는 교수회에서</u>

362) 1999. 12. 17. 교육위원장(의안번호: 152499).
363) 제208회 국회(정기회) 제8차 전체회의, 교육위원회회의록, 1999. 12. 14., 12면.
364) 제382회 국회(정기회) 제7차 전체회의, 교육위원회회의록, 2020. 11. 26., 12면.
365) 제208회 국회(정기회) 제15차 전체회의, 법제사법위원회회의록, 1999. 12. 16., 13면.
366) 제209회 국회(임시회) 제1차 본회의, 국회본회의회의록, 1999. 12. 28., 21면.

<신 설>	추천한 자로 구성한다. ③교원인사위원회는 교사의 임용·승진·보직임용 등 교원의 인사에 관한 사항을 심의·의결한다.
②교원인사위원회의 조직·기능과 운영에 관하여 필요한 사항은 학교법인 및 법인인 사립학교경영자의 경우에는 정관으로, 사인인 사립학교경영자의 경우에는 규칙으로 정한다.	④교원인사위원회의 조직·기능과 운영에 관하여 필요한 사항은 대통령령으로 정한다.

• 교원인사위원회의 구성을 교사회 또는 교수회에서 추천하는 사람으로 하고, 교원인사위원회에 심의를 넘어 의결권을 부여하였다.

〈2〉 복기왕 의원안[368]

현행법	원안
第53조의3(교원인사위원회) ①각급학교(초등학교·고등기술학교·공민학교·고등공민학교·유치원과 이들에 준하는 각종학교를 제외한다)의 교원(학교의 장을 제외한다)의 인사에 관한 중요사항을 심의하기 위하여 당해 학교에 교원인사위원회를 둔다. ② 교원인사위원회의 조직·기능과 운영에 관하여 필요한 사항은 학교법인 및 법인인 사립학교경영자의 경우에는 정관으로, 사인인 사립학교경영자의 경우에는 규칙으로 정한다. <단서 신설>	**第53조의3(교원인사위원회)** ①각급학교(초등학교·고등기술학교·공민학교·고등공민학교·유치원과 이들에 준하는 각종학교를 제외한다)의 교원(학교의 장을 제외한다)의 임면 등 인사에 관한 중요사항을 심의하기 위하여 당해 학교에 교원인사위원회를 둔다. ②교원인사위원회의 조직·기능과 운영에 관하여 필요한 사항은 학교법인 및 법인인 사립학교경영자의 경우에는 정관으로, 사인인 사립학교경영자의 경우에는 규칙으로 정한다. 다만, 교원인사위원회는 교사회 또는 교수회가 추천한 위원을 3분의 1 이상 포함하여야 한다.

• 교원인사위원회 및 교원징계위원회의 구성에 있어 교사회 또는 교수회가 추천하는 위원이 3분의 1 이상 포함하도록 하였다.

(2) 위원회 심사

〈1〉 교육위원회: 심사 미료

국회의장이 지정한 심사기간(2005. 9. 16 24:00) 내에 심사가 미료됨에 따라 소관 상

367) 2004. 9. 10. 최순영의원 등 10인(의안번호: 170412); 제안이유 및 주요내용은 이 책 [8-2.201] 참고.
368) 2004. 10. 20. 복기왕의원 등 150인(의안번호: 170595); 제안이유 및 주요내용은 이 책 [10-2.201] 참고.

임위원장의 중간심사보고(구두보고) 후 본회의로 바로 상정하였다(「국회법」 제85조의2).

제53조의2에 관한 회의록 내용은 아래와 같다.

가. 제17대 국회 제250회 제11차 교육위원회(2004. 12. 7.)

• **복기왕 의원**[369]: 교원인사위원회 및 교원징계위원회의 구성에 있어 교사회 또는 교수회가 추천하는 위원이 3분의 1 이상 포함하도록 하는 등 현행 규정의 운영과정에서 나타난 일부 미비점을 개선·보완하여 21세기의 시대적 변화에 부응하는 사립학교의 발전을 가져오게 하려는 것을 골자로 하고 있습니다.

나. 제17대 국회 제251회 제3차 교육위원회(2004. 12. 24.)

• **김영숙 위원**[370]: 그리고 인사위원회라든가 교원징계위원회 추천에 교사회·교수회의 3분의 1 이상이 들어갈 경우에는 경영권과 인사권에 편견의 우려가 있고 혼란이 오게 됩니다. 그래서 교사 간에, 교사와 학교장 간에, 경영자와 설립자 간에 갈등과 분쟁의 소지가 있고 각 위원회 운영의 공정성 소지가 있으므로 최소한 위험스러운 것은 막아야 된다는 측면에서 개정안에서 인사위 징계위에 교사회·교수회 인사가 3분의 1 이상 들어가서는 여러 가지로 학계에 혼란이 오고 학교의 건학이념 실현이나 자율성 존중이 상실될 수 있다는 뜻에서 부당함을 말씀드립니다.

다. 제17대 국회 제252회 제3차 교육위원회(2005. 2. 22.)

• **진술인 박경양**[371]: 교원임용과 인사의 투명성과 공정성을 확립할 수 있는 제도적 장치가 마련되어야 합니다. 교원의 임용과정에서 교원인사위원회의 제청이 필요하다고 판단하는 이유는 교원임용의 전권이 개인에게 주어질 경우 부정과 비리가 발생할 소지가 많고, 또 능력있는 교사를 발굴하는 것은 한 개인이 아니라 여러 사람에 의해서 검증되어야 할 필요가 있다는 판단에서입니다...

• **진술인 하연섭**[372]: 교원인사위원회와 교원징계위원회에 교사나 교수가 참여할 수 있느냐? 저는 당연히 참여해야 된다고 봅니다. 그리고 교원인사위원회나 교원징계위원회에서는 심의 기능까지 갖출 수 있어야 합니다. 제가 알기에 일부 서울에 있는 사립대학들은 교원인사위원회와 교원징계위원회에 벌써 3분의 1 정도가 교수평의회나 교수협의회의 추천을 받아서 참여하고 있고 심의 기능까

369) 제250회 국회(정기회) 제11차 전체회의, 교육위원회회의록, 2004. 12. 7., 41면.
370) 제251회 국회(임시회) 제3차 전체회의, 교육위원회회의록, 2004. 12. 24., 34면.
371) 제252회 국회(임시회) 제3차 전체회의, 교육위원회회의록, 2005. 2. 22., 25면.
372) 제252회 국회(임시회) 제3차 전체회의, 교육위원회회의록, 2005. 2. 22., 29면.

지 갖고 있으면서도 아무런 문제를 발생시키지 않을 뿐만 아니라 교원인사나 교원징계에 관련된 교원들의 동의나 합의를 이루어내는 데 더욱 효과적인 제도적 장치로 기능하고 있는 것으로 알고 있습니다. 그래서 교원인사위원회와 교원징계위원회에 3분의 1 정도의 교원이 참여하는 것은 아무런 문제가 될 수 없다고 봅니다…

- **진술인 박경양**[373]: 이사회에서 사립학교 교사들의 도덕적 수준을 그렇게 보지 않습니다. 저도 개인적으로 사립학교 이사로 있습니다마는, 최근에 저희 법인에서 운영하는 중·고등학교에서 두 번의 교사 채용이 있었습니다. 저희들이 각 학교에서 자유롭게 선임 방법을 결정하도록 해서 선임을 했는데 한 학교에서는 교사들만 참여한 가운데 나중에 추인만 해서 학교장에게 둘을 올렸고, 또 다른 학교에서는 교원인사위원들이 있음에도 불구하고 교장이 결정적인 역할을 해서 두 사람을 추천했습니다. 그런데 이후에 각 단위 학교에서 어떤 평가를 하느냐 하면, 교원인사위원회가 독점적인 권한을 가지고 교사를 추천했던 학교에서는 "이번에 우리가 해 보니까 교장선생님의 의견이 너무 배려되지 않은 것이 문제다"라고 지적해서 법인에 "다음에는 교장선생님의 의견이 충분히 반영될 수 있도록 규정을 만들어 달라"고 요구하고 있고요. 또 교장선생님이 너무 과도하게 개입한 학교에서는 "이번에 해 보니까 교장선생님의 입장이 너무 과도했다. 좀 더 나은 교사를 선임할 수 있었는데 그 기회를 놓쳤다. 우리 학교는 다음에 교장선생님보다는 교사의 요구를 좀 더 들어 달라" 이렇게 얘기한단 말이지요. 법인에서 관여하지 않고 모든 권한을 다 부여했습니다. 저는 모든 학교에서 그렇게 되리라고 봅니다. 그런 만큼 우리 사회의 국민의 의식도, 학부모의 의식도, 또 교사의 의식도 성숙되어 있습니다. 따라서 이것을 학교운영위원회에 맡기면 전교조가 모두 장악할 것이다, 이것은 전혀 설득력이 없습니다.
  (이군현 간사, 황우여 위원장과 사회교대)
- **조배숙 위원**[374]: 글쎄, 그것도 하나의 과정이니까… 그 부분에 대해서는 서로 합의가 이루어지지 않은 것 같습니다. 그것은 제가 알았고요.

〈2〉 **법제사법위원회:** 심사 미료

(3) 본회의 심의

원안을 수정·가결했다.[375] 수정내용은 아래와 같다.

---

373) 第252회 국회(임시회) 제3차 전체회의, 교육위원회회의록, 2005. 2. 22., 56면.
374) 第252회 국회(임시회) 제3차 전체회의, 교육위원회회의록, 2005. 2. 22., 56면.

본회의 수정안
제53조의3(교원인사위원회) ①각급학교(초등학교·고등기술학교·공민학교·고등공민학교·유치원과 이들에 준하는 각종학교를 제외한다)의 교원(학교의 장을 제외한다)의 임면 등 인사에 관한 중요사항을 심의하기 위하여 당해 학교에 교원인사위원회를 둔다. ②교원인사위원회의 조직·기능과 운영에 관하여 필요한 사항은 학교법인 및 법인인 사립학교경영자의 경우에는 정관으로, 사인인 사립학교경영자의 경우에는 규칙으로 정한다. <단서 삭제>

이 조문의 회의록 내용은 2005. 12. 29. 개정조문 제8조의2와 공통적이어서 생략한다.[376]

(4) 결과

본회의 수정안으로 개정되었다.

53-4.206

6. 2016년 2월 3일 개정(법률 제13938호, 2016. 2. 3. 시행)

제53조의4(교원인사위원회) ①각급학교(초등학교·고등기술학교·공민학교·고등공민학교·유치원과 이들에 준하는 각종학교를 제외한다)의 교원(학교의 장을 제외한다)의 임용 등 인사에 관한 중요사항을 심의하기 위하여 당해 학교에 교원인사위원회를 둔다. ②교원인사위원회의 조직·기능과 운영에 관하여 필요한 사항은 학교법인 및 법인인 사립학교경영자의 경우에는 정관으로, 사인인 사립학교경영자의 경우에는 규칙으로 정한다.

(1) 법률안

〈1〉 유은혜 의원안[377]

현행법	원안
제53조의3(교원인사위원회) ① ~ ② (생 략)	**제53조의4(교원인사위원회)** (현행 제53조의3과 같음)

375) 제256회 국회(정기회) 제16차 본회의, 국회본회의회의록, 2005. 12. 9., 2~3면.
376) 이 책 [8-2.201] 참조.
377) 2014. 6. 12. 유은혜의원 등 11인(의안번호: 1910857); 제안이유 및 주요내용은 이 책 [53-2.211] 참조.

• 제53조의3을 신설함에 따라 종전의 제53조의3 및 제53조의4를 각각 제53조의4 및 제53조의5로 이동하였다.

〈2〉 **정부안**[378)]

현행법	원안
제53조의3(교원인사위원회) ①각급학교(초등학교·고등기술학교·공민학교·고등공민학교·유치원과 이들에 준하는 각종학교를 제외한다)의 교원(학교의장을 제외한다)의 <u>임면</u> 등 인사에 관한 중요사항을 심의하기 위하여 당해 학교에 교원인사위원회를 둔다. ② (생 략)	**제53조의3(교원인사위원회)** ①각급학교(초등학교·고등기술학교·공민학교·고등공민학교·유치원과 이들에 준하는 각종학교를 제외한다)의 교원(학교의장을 제외한다)의 <u>임용</u> 등 인사에 관한 중요사항을 심의하기 위하여 당해 학교에 교원인사위원회를 둔다. ② (현행과 같음)

• 제2조를 개정함에 따라 “임면”을 “임용”으로 하였다.

(2) 위원회 심사

〈1〉 **교육문화체육관광위원회:** 대안[379)]으로 가결되었다.[380)]

대안
제53조의4(교원인사위원회) ①각급학교(초등학교·고등기술학교·공민학교·고등공민학교·유치원과 이들에 준하는 각종학교를 제외한다)의 교원(학교의 장을 제외한다)의 <u>임용</u> 등 인사에 관한 중요사항을 심의하기 위하여 당해 학교에 교원인사위원회를 둔다.

〈2〉 **법제사법위원회:** 교육문화체육관광위원회 대안대로 가결되었다.[381)]

(3) 본회의 심의

교육문화체육관광위원회 대안대로 가결되었다.[382)]

378) 2015. 7. 30. 정부(의안번호: 1916286); 제안이유 및 주요내용은 이 책 [2.204] 참조.
379) 2015. 12. 30. 교육문화체육관광위원장(의안번호: 1918355).
380) 제337회 국회(정기회) 제10차 전체회의, 교육문화체육관광위원회회의록, 2015. 12. 7., 25면.
381) 제338회 국회(임시회) 제2차 전체회의, 법제사법위원회회의록, 2015. 12. 30., 40면.
382) 제338회 국회(임시회) 제2차 본회의, 국회본회의회의록, 2015. 12. 31., 17면.

(4) 결과

교육문화체육관광위원회 대안으로 개정되었다.

53-4.207 **7. 2019년 12월 3일 개정(법률 제16672호, 2019. 12. 3. 시행)**

> **제53조의4(교원인사위원회)** ①각급학교(초등학교·고등기술학교·고등공민학교·유치원과 이들에 준하는 각종학교를 제외한다)의 교원(학교의 장을 제외한다)의 임용 등 인사에 관한 중요사항을 심의하기 위하여 당해 학교에 교원인사위원회를 둔다.
> ②교원인사위원회의 조직·기능과 운영에 관하여 필요한 사항은 학교법인 및 법인인 사립학교경영자의 경우에는 정관으로, 사인인 사립학교경영자의 경우에는 규칙으로 정한다.

- 설치·운영 중인 공민학교가 없는 현실을 반영하여 개정된 「초·중등교육법」(2019. 12. 3. 개정·시행)에 따라 "고등기술학교·공민학교"를 "고등기술학교"로 변경하였다.

53-4.208 **8. 2020년 12월 22일 개정(법률 제17659호, 2020. 12. 22. 시행)**

> **제53조의4(교원인사위원회)** ① 각급 학교(**초등학교**·고등기술학교·**고등공민학교**·**유치원**과 이들에 준하는 **각종학교**는 제외한다)의 교원(학교의 장은 제외한다)의 임용 등 인사에 관한 중요 사항을 심의하기 위하여 **해당** 학교에 교원인사위원회를 둔다.
> ② 교원인사위원회의 조직·기능과 운영에 필요한 사항은 학교법인 및 법인인 사립학교경영자의 경우에는 정관으로 정하고, 사인인 사립학교경영자의 경우에는 규칙으로 정한다.

- 법문을 한글로 적고, 명확하게 하였다(오직 형식에 관한 개정이므로 자세한 개정경과는 생략함[383]).

---

383) 이에 관한 구체적 개정경과는 이 책 [1.201] 참조.

9. 2021년 8월 10일 개정(법률 제18372호, 2022. 2. 11. 시행)

제53조의4(교원인사위원회) ① 각급 학교(고등기술학교·고등공민학교·유치원과 이들에 준하는 각종학교는 제외한다)의 교원(학교의 장은 제외한다)의 임용 등 인사에 관한 중요 사항을 심의하기 위하여 해당 학교에 교원인사위원회를 둔다.
② 교원인사위원회의 조직·기능과 운영에 필요한 사항은 학교법인 및 법인인 사립학교경영자의 경우에는 정관으로 정하고, 사인인 사립학교경영자의 경우에는 규칙으로 정한다.

(1) 법률안

〈1〉 박찬대 의원안[385]

현행법[384]	원안
제53조의4(교원인사위원회) ①각급학교(초등학교·고등기술학교·고등공민학교·유치원과 이들에 준하는 각종학교를 제외한다)의 교원(학교의 장을 제외한다)의 임용 등 인사에 관한 중요사항을 심의하기 위하여 당해 학교에 교원인사위원회를 둔다. ② (생 략)	**제53조의4(교원인사위원회)** ① 각급 학교(고등기술학교·고등공민학교·유치원과 이들에 준하는 각종학교를 제외한다)의 교원(학교의 장은 제외한다)의 임용 등 인사에 관한 중요 사항을 심의하기 위하여 해당 학교에 교원인사위원회를 둔다. ② (현행과 같음)

• 초등학교에도 교원인사위원회를 설치하도록 하였다.

(2) 위원회 심사

〈1〉 교육위원회: 대안[386]으로 가결되었다.[387]

대안
제53조의4(교원인사위원회) ① 각급 학교(고등기술학교·고등공민학교·유치원과 이들에 준하는 각종학교는 제외한다)의 교원(학교의 장은 제외한다)의 임용 등 인사에 관한 중요 사항을 심의하기 위하여 해당 학교에 교원인사위원회를 둔다.

384) 「사립학교법」(2020. 3. 24. 일부개정, 2020. 9. 25. 시행)
385) 2020. 7. 14. 박찬대의원 등 10인(의안번호: 2101945); 제안이유 및 주요내용은 이 책 [2.205] 참조.
386) 2021. 7. 22. 교육위원장(의안번호: 2111667).
387) 제389회 국회(임시회) 제1차 전체회의, 교육위원회회의록, 2021. 7. 14., 6면.

〈2〉 **법제사법위원회:** 교육위원회 대안대로 가결되었다.[388)]

(3) 본회의 심의

교육위원회 대안대로 가결되었다.[389)]

(4) 결과

교육위원회 대안으로 개정되었다.

53-4.300 III. 현행법

제53조의4(교원인사위원회) ① 각급 학교(고등기술학교·고등공민학교·유치원과 이들에 준하는 각종학교는 제외한다)의 교원(학교의 장은 제외한다)의 임용 등 인사에 관한 중요 사항을 심의하기 위하여 해당 학교에 교원인사위원회를 둔다.
② 교원인사위원회의 조직·기능과 운영에 필요한 사항은 학교법인 및 법인인 사립학교경영자의 경우에는 정관으로 정하고, 사인인 사립학교경영자의 경우에는 규칙으로 정한다.

53-4.400 IV. 종합/특기사항

- 교원인사위원회를 설치하는 규정은 1981년 2월 28일 개정(법률 제3373호, 1981. 2. 28. 시행)으로 제53조의3으로 신설되었으나, 2016년 2월 3일 개정(법률 제13938호, 2016. 2. 3. 시행)으로 시험 부정행위자에 대한 조치를 신설함에 따라 그 조문번호를 제53조의3으로 하면서 제53조의4로 변경되었다.
- 교원인사위원회는 1981년 개정으로 신설될 당시에는 대학교육기관에만 설치되었으나 1990년 개정으로 중·고등학교(국민학교 등 제외)에도 설치되었으며, 2021년 개정으로 초등학교에도 교원인사위원회가 설치되었다.
- 2005년 개정 과정에서 정치적 입장에 따라 매우 격렬한 의견대립이 있었다. 제256회 국회(정기회) 제16차 본회의(2005. 12. 9.)에서 나타난 원색적 언동은 그 사

388) 제389회 국회(임시회) 제1차 전체회의, 법제사법위원회회의록, 2021. 7. 22., 64면.
389) 제389회 국회(임시회) 제2차 본회의, 국회본회의회의록, 2021. 7. 23., 10면.

정을 잘 보여준다.[390)]

제53조의5(학교의 장이 아닌 대학교육기관 교원의 신규채용 등)

00 ### I. 제정법

제정법에는 이 조문이 없다.

II. 개정 경과

01 #### 1. 1999년 8월 31일 개정(법률 제6004호, 1999. 8. 31. 시행)

제53조의4(국·공립대학 교원에 관한 규정의 준용) 학교의 장이 아닌 대학교육기관의 교원의 임용에 관하여는 교육공무원법 제11조제4항·제5항 및 제6항의 규정을 준용한다.

(1) 법률안(정부안[391)])

현행법	원안
<신 설>	**제53조의4(국·공립대학 교원에 관한 규정의 준용)** 학교의 장이 아닌 대학교육기관의 교원의 임용에 관하여는 교육공무원법 제11조제3항·제4항 및 제5항의 규정을 준용한다.

• 대학교원의 신규채용에 있어서 특정대학에서 학사학위를 취득한 사람이 편중되지 않도록 「교육공무원법」을 준용하였다.

(2) 위원회 심사

〈1〉 **교육위원회:** 원안을 수정·가결했다.[392)] 수정내용은 아래와 같다.

390) 제256회 국회(정기회) 제16차 본회의, 국회본회의회의록, 2005. 12. 9., 2~3면.
391) 1998. 12. 2. 정부(의안번호: 151530); 제안이유 및 주요내용은 이 책 [2.201] 참조.

교육위원회 수정안
제53조의4(국·공립대학 교원에 관한 규정의 준용) 학교의 장이 아닌 대학교육기관의 교원의 임용에 관하여는 교육공무원법 제11조제4항·제5항 및 제6항의 규정을 준용한다.

제53조의4에 관한 회의록 내용은 아래와 같다.

가. 제15대 국회 제198회 제9차 교육위원회(1998. 12. 9.)

- **교육부차관 조선제**[393]: 다음은 사립학교법 중 개정법률안에 대하여 제안설명을 드리겠습니다. 제안이유를 말씀드리면 사립대학의 공공성을 강화하기 위하여 학교법인 이사회 구성에 관한 사항을 정비하고 국·공립대학 교원임용제도 개선과 관련된 규정을 사립대학에도 준용하도록 하려는 것입니다. 주요골자를 말씀드리면,…셋째, 국·공립 대학 교원인사에 도입하는 특정대학 출신 편중방지, 계약제 임용, 임용절차의 객관성 유지 등에 관련되는 규정을 사립대학에도 준용하도록 하려는 것입니다…
- **전문위원 상원종**[394]: 개정안은 대학교원을 신규채용함에 있어 특정대학 학사학위 취득자가 편중되지 아니하도록 하되 그 구체적 기준은 대통령령에 위임하려는 것입니다. 한편 시행령에서는 특정대학에서 학사학위를 취득한 자가 연간 신규채용인원의 2분의 1을 넘지 않도록 하되 2년의 범위에서 이를 조정하여 실시하고, 특정대학 학사학위를 소지한 경우라도 채용하려는 전공분야와 학사학위 취득분야가 다른 경우에는 이를 특정대학 학사학위를 취득한 경우로 보지 않도록 규정할 예정인 바 이는 대학에서 본교 및 특정대학 출신의 과다한 임용이 학문적 폐쇄성과 경직성을 가중시켜 학문적 수월성을 저해하므로 개방적 임용풍토를 조성하여 자유롭고 창의적인 분위기를 통해 학문발전을 도모하고 대학의 경쟁력을 강화하려는 것으로 보입니다. 그러나 실제 이 제도의 운영과정에서 여러 가지 문제점이 발생할 수 있는바, 예를 들어 신규 교수채용에 있어 각 학부에서 최적임자를 판정의 기준으로 삼아 임용후보자를 선정하여 대학 본부에 추천하였을 때 공교롭게도 각 학부에서 올라온 후보들의 2분의 1 이상이 특정대학의 학사 소지자들이라 할 때 어느 학부에서 추천한 후보를 배제할 것인지의 문제와 최적임자임에도 불구하고 특정대학 출신이라는 이유로 임용에서 배제된다면 이 또한 역차별이 되고 기회균등의 원칙에 위배되어 헌법소원의 대상이 될

392) 제206회 국회(임시회) 제2차 전체회의, 교육위원회회의록, 1999. 8. 10., 30면.
393) 제198회 국회(정기회) 제9차 전체회의, 교육위원회회의록, 1998. 12. 9., 8면.
394) 제198회 국회(정기회) 제9차 전체회의, 교육위원회회의록, 1998. 12. 9., 12면.

것이라는 주장이 있습니다...

- **정희경 위원**[395]: 또 하나 특정대학의 졸업자 쿼터를 임명해서 법적으로 장치를 하시겠다고 하셨는데 이것 법적으로 하지 마시고요. 세계 어느 나라가 대학교수 임명에 있어서, 이것은 풍습이 되어야 합니다. 저도 각 대학이 자기 대학 졸업생만 뽑는 것 굉장히 반대합니다. 저 자신 한때는 그 희생자였기도 합니다. 서울대학교는 제가 교수로 갔습니다마는 이화대학교 교수로 거의 갔다가 문전에서 이화대학교 졸업생이 아니기 때문에 안 되었던 경험이 있습니다. 그러나 이것을 법으로 할 일은 아니라고 저는 생각을 합니다.
- **이상현 위원**[396]: 대학교원 신규채용시 특정대학 출신 학사학위 소지자의 임용제한을 법률로 규제하는 것은 무리가 있다, 역시 다른 위원님께서 지적해 주셨습니다마는 본 위원도 이와 같은 제도의 취지는 충분히 이해가 갑니다. 그렇지만 이러한 것을 법률로 꼭 규정을 해서 해결해야 되겠는가 하는 이런 의견입니다. 미국이나 독일 같은 경우도 대학 스스로의 노력으로 문제를 해결했고, 우리나라와 사정이 비슷한 일본의 경우도 문제의 심각성을 인정하고 있지만 법률로 제한하지는 않습니다. 세계 어떤 나라에서도 대학 신규채용 교수 중에 특정대학의 비율을 구체적으로 정해서 규제하고 있는 나라는 없는 것으로 알고 있습니다. 그리고 현 정부가 추진하고 있는 규제완화의 정책방향에도 맞지 않는다고 생각합니다. 여기에 대한 장관의 견해를 밝혀주시기 바랍니다. 그리고 이와 같은 조항은 위헌적인 요소가 있다고 생각됩니다. 우수한 교수임에도 불구하고 쿼터제에 걸려서 특정대학 출신이라는 이유만으로 신규교수 채용 기회를 박탈당한다면 이것은 기회균등의 원칙에 위배되고 평등권을 침해하는 것이라는 지적이 있습니다. 서울대학교가 이것과 관련해서 이 안이 원안대로 통과된다면 헌법재판소에 위헌심판청구소송을 제기할 계획인 것으로 알고 있습니다마는, 따라서 이 부분에 대한 충분한 검토가 있어야 할 것으로 생각이 됩니다. 이러한 위헌소지가 있다는 지적에 대해서 장관은 어떻게 생각하시는지 말씀을 해 주시기 바랍니다...
- **교육부장관 이해찬**[397]: 다음에 교수임용시 특정대학 출신을 법률적으로 제한하는 부분인데, 이것은 저희가 규제를 하기 위해서가 아니고… 규제가 나쁜 것은 정부가 민간부문을 규제하는 것이 바람직하지 않은 것인데, 현재 우리 실정은 어떻게 되어 있느냐 하면 일부 대학에서는 90%가 넘는 자대학출신들만 가지고

395) 第198회 국회(정기회) 제9차 전체회의, 교육위원회회의록, 1998. 12. 9., 20면.
396) 第198회 국회(정기회) 제9차 전체회의, 교육위원회회의록, 1998. 12. 9., 30~31면.
397) 第198회 국회(정기회) 제9차 전체회의, 교육위원회회의록, 1998. 12. 9., 47~48면.

있고, 또 어떤 대학의 경우는 80%를 가지고 있습니다. 심한 경우는 아예 자기 학교 출신의 교수가 오기 전까지는 임용 자체를 보류시키는 경우도 있습니다. 그래서 저희가 이것은 학문의 발전을 위해서 대단히 악폐를 끼치는 결과를 가져오기 때문에 오히려 대학이 가지고 있는 눈에 안 보이는 폐쇄적인 규제를 대학 스스로 열게끔… 물론 자율적으로 열어나가면 좋은데 그것을 스스로 열지를 않고 자꾸 폐쇄적으로 운영을 하니까 대학의 자율규제만으로는 달성하기 어렵기 때문에 단계적으로 열어나가는 쪽으로 저희가 이번에 입법을 합니다.

현재 이렇게 절반을 못 넘게 법적으로 강제를 하더라도 실제로 그 대학에서 본교 출신들이 3분의 2 이하로 내려가는 데는 상당기간이 소요됩니다. 자율적으로 한다면 제가 보기에는 거의 실현성이 없을 정도라고 판단하고 있습니다. 그래서 대학의 자율적인 학문풍토를 만들기 위한 제도라는 점을 이해해 주시기 바랍니다. 이 문제에 대해서 위헌 부분에 관한 검토의견이 있으셨는데 저희도 이 부분에 관해 법률적인 검토를 여러 차례 했고, 정부내에서 저희가 법제처하고 심의도 거치고 다 했는데, 이 경우 위헌 여부에 대해서는 위헌으로까지 판결나지는 않을 것이라는 것이 저희 정부내의 법률적인 판단이었습니다...

- **김정숙 위원**[398]: 보충으로 여쭈어보겠습니다. 본교 출신 학자들을 50% 못 넘게 하시려고 하는 것인데요. 만약에 법이 통과된다면 언제부터 실시할 계획이세요?
- **교육부장관 이해찬**[399]: 대학원도 가을학기하고 그 이듬해 봄학기로 하기 때문에 시행령을 만들게 되면 내년 9월부터 시행하게 됩니다.
- **김정숙 위원**[400]: 그런데 별로 그렇게 중요한 것은 아닌데요. 서울대학교가 여기에 따라줄 것 같습니까?
- **교육부장관 이해찬**[401]: 입법이 되면 따를 수밖에 없지요. 입법을 안 하고 자율적으로 하라면 실효성이 거의 없고요. 그러니까 이것이 서울대학에 대해서 제일 많이 적용되는 것입니다. 서울대가 지금 제일 심하기 때문에… 그런데 서울대에 다 자율적으로 하라고 하면 서울대 같은 경우는 자교 출신이 90%가 넘기 때문에 이렇게 시행해도 상당기간을 시행해 가야 결국은 약 3분의 1 정도가 타교 출신들로 메워질 것입니다. 그런데 자율적으로 하라고 하면 제가 보기에는 거의 현재 구조에서 큰 변화 없이 그대로 갈 가능성이 매우 높다고 보여집니다.
- **김정숙 위원**[402]: 이것은 잘 되면 학문의 발전을 위해서 좋을 것 같다는 생각이

398) 제198회 국회(정기회) 제9차 전체회의, 교육위원회회의록, 1998. 12. 9., 48면.
399) 제198회 국회(정기회) 제9차 전체회의, 교육위원회회의록, 1998. 12. 9., 48면.
400) 제198회 국회(정기회) 제9차 전체회의, 교육위원회회의록, 1998. 12. 9., 48면.
401) 제198회 국회(정기회) 제9차 전체회의, 교육위원회회의록, 1998. 12. 9., 48면.

드는데요.

나. 제15대 국회 제206회 제2차 교육위원회(1999. 8. 10.)

- **위원장 함종한**[403]: 가결되었음을 선포합니다.

〈2〉 **법제사법위원회:** 교육위원회 수정안대로 가결되었다.[404] 제53조의4에 관한 회의록 내용은 아래와 같다.

- **교육부장관 김덕중**[405]: 다음은 사립학교법 중 개정법률안에 대하여 말씀드리겠습니다. 제안이유를 말씀드리면…국·공립대학 교원임용제도 개선과 관련된 규정을 사립대학에도 준용하여 교원임용의 객관성과 공정성을 높이고자 하는 것입니다.

  주요골자를 말씀드리면…셋째, 대학의 경우는 신규채용함에 있어서 특정대학에서 학사학위를 취득한 자가 편중되지 아니하도록 하고 객관적이고 공정한 심사를 거치도록 하려는 것입니다...
- **박찬주 위원**[406]: 사립학교법과 관련해서 묻겠습니다. 안 제53조의4에서는 대학의 교원을 신규채용함에 있어서 특정대학에서 학사학위를 취득한 자가 편중되지 아니하도록 하고 객관적이고 공정한 심사를 거치도록 한다 그렇게 규정하려고 하는 것 같은데, 명분은 참 좋은 것 같은데 사실 이 규정은 어떻게 생각하면 대학의 자율을 침해하는 것이 아닌가 하는 생각이 들거든요. 국립대학이나 공립대학은 어차피 국가시책을 반영해야 하는 것이기 때문에 정책적으로 특정대학 출신들이 편중되어 교수가 되는 것을 막을 필요성도 있다는 생각이 듭니다마는 사립대학의 경우는 그렇지 않은 것이 아닌가 하는 생각이 듭니다.

  사립대학에서는 이사장이나 설립자가 특정한 자신의 교육이념을 실현하기 위해서 거기에 따라서 교원을 임용할 필요도 있는 것이고, 또 한편 우리 현실을 보면 신규대학이나 사회적으로 조금 평가가 낮은 대학에 있어서는 우수한 학생들을 유치하기 위해서, 수능시험 성적이 우수한 학생들을 유치하기 위해서 등록금을 면제해 주는 것뿐만 아니라 나중에 졸업한 후 대학원에서 학위를 받으면 교수로 채용해 주겠다는 이야기들을 많이 하고 있습니다. 그런데 이런 식으로 국·공립대학이나 마찬가지로 해서 교수임용에 있어 다른 대학교 출신 교수 지

402) 제198회 국회(정기회) 제9차 전체회의, 교육위원회회의록, 1998. 12. 9., 48면.
403) 제206회 국회(임시회) 제2차 전체회의, 교육위원회회의록, 1999. 8. 10., 30면.
404) 제206회 국회(임시회) 제5차 전체회의, 법제사법위원회회의록, 1999. 8. 12., 19면.
405) 제206회 국회(임시회) 제5차 전체회의, 법제사법위원회회의록, 1999. 8. 12., 11면.
406) 제206회 국회(임시회) 제5차 전체회의, 법제사법위원회회의록, 1999. 8. 12., 17면.

망자들을 임용해야 한다면, 어떻게 생각하면 대학의 자율성을 잃게 되는 것이 아닌가 하는 생각이 드는데 이 점에 대해서 어떻게 생각하십니까?

- **위원장 목요상**[407]: 교육부장관 답변해 보세요.
- **교육부장관 김덕중**[408]: 실제 이 법안이 나오게 된 것은 서울대학교와 몇 개 학교에서 문제가 있었습니다. 약 90%가 같은 학교 출신이기 때문에 교수회의를 하게 되면 사제지간 회의같이 되고 해서 객관성을 유지할 방법이 없는가 해서 저희들이 실시했습니다마는 이 안에 대해서 서울대학교 총장하고 협의한 결과 처음에는 50 대 50으로 생각하다가 서울대학교에서 30%, 한 3분의 1을 타교출신으로 해준다면 운영상에 문제가 없겠다고 해서 지금 그렇게 추진되고 있습니다.
- **박찬주 위원**[409]: 그러니까 국·공립학교에서도 이제서야 추진되고 있는데 어떻게 사립대학에 이것을 강제할 수 있느냐 하는 얘기입니다. 그리고 아까도 제가 말씀드렸습니다마는 국·공립대학은 국가의 정책을 반영하는 곳이기도 하기 때문에 그런 식으로 교수를 임용하는 것이 어떻게 생각하면 국가의 자율에 속하는 것일 수 있습니다. 그런데 왜 사립대학에까지 그것을 강요하느냐 하는 점을 묻는 것입니다.
- **교육부장관 김덕중**[410]: 제가 어제도 고려대학교를 방문했습니다마는 실제로 한 40%가 이미 타교출신이고, 지금 문제는 아까 말씀드린 대로 특정학교에서 학문적인 것 등 모든 것을 원활하게 해보자 하는 뜻에서 시작되었다는 말씀을 드리겠습니다.
- **박찬주 위원**[411]: 현실적인 것은 문제가 아닙니다. 솔직히 요사이 지방 시·군 단위에서도 대학이 많이 설립되고 있는데 거기에서 우수학생을 유치하는 길이 사실상 봉쇄되어 버리는 것이 아닌가 하는 우려에서 말씀드리는 것입니다.
- **교육부장관 김덕중**[412]: 알겠습니다.
- **박찬주 위원**[413]: 알겠다고만 하고 시정은 안 하시고…
- **교육부장관 김덕중**[414]: 그런 것이 아니고 이 안이 나오기 전에 많은 토론을 했습니다...

---

407) 第206회 국회(임시회) 제5차 전체회의, 법제사법위원회회의록, 1999. 8. 12., 17면.
408) 第206회 국회(임시회) 제5차 전체회의, 법제사법위원회회의록, 1999. 8. 12., 17~18면.
409) 第206회 국회(임시회) 제5차 전체회의, 법제사법위원회회의록, 1999. 8. 12., 18면.
410) 第206회 국회(임시회) 제5차 전체회의, 법제사법위원회회의록, 1999. 8. 12., 18면.
411) 第206회 국회(임시회) 제5차 전체회의, 법제사법위원회회의록, 1999. 8. 12., 18면.
412) 第206회 국회(임시회) 제5차 전체회의, 법제사법위원회회의록, 1999. 8. 12., 18면.
413) 第206회 국회(임시회) 제5차 전체회의, 법제사법위원회회의록, 1999. 8. 12., 18면.
414) 第206회 국회(임시회) 제5차 전체회의, 법제사법위원회회의록, 1999. 8. 12., 18면.

- **위원장 목요상**[415]: 더 이상 질의하실 위원이 계시지 않으면 질의를 종결하겠습니다. 토론과 축조심사는 생략하고 의결하고자 합니다. …제22항 사립학교법 중 개정법률안…에 대하여 전문위원의 검토의견을 우리 위원회안으로 받아들여서 수정한 부분은 수정한 대로 기타부분은 원안대로 의결하고자 하는데 이의 없으십니까? (없습니다 하는 위원 있음) 각각 가결되었음을 선포합니다.

(3) 본회의 심의

교육위원회 수정안대로 가결되었다.[416]

(4) 결과

교육위원회 수정안으로 개정되었다.

.02

2. 2008년 3월 14일 개정(법률 제8888호, 2008. 3. 14. 시행)

> **제53조의4(국·공립대학 교원에 관한 규정의 준용)** 학교의 장이 아닌 대학교육기관의 교원의 임용에 관하여는 「교육공무원법」 제11조제4항·제5항 및 제6항의 규정을 준용한다.

- 법령 표기에 있어서 "「 」" 표시를 하기로 함[417]에 따른 개정이다(오직 형식에 관한 개정이므로 자세한 개정경과는 생략함[418]).

.03

3. 2016년 2월 3일 개정(법률 제13938호, 2016. 2. 3. 시행)

> **제53조의5(국·공립대학 교원에 관한 규정의 준용)** 학교의 장이 아닌 대학교육기관의 교원의 임용에 관하여는 「교육공무원법」 제11조제4항·제5항 및 제6항의 규정을 준용한다.

---

415) 제206회 국회(임시회) 제5차 전체회의, 법제사법위원회회의록, 1999. 8. 12., 18~19면.
416) 제206회 국회(임시회) 제3차 본회의, 국회본회의회의록, 1999. 8. 12., 26면.
417) 「법률용어의 표준화 기준」(국회사무처 예규 제22호, 2007. 4. 16. 시행).
418) 이에 관한 구체적 개정경과는 이 책 [2.203] 참조.

(1) 법률안(유은혜 의원안[419])

현행법	원안
제53조의4(국·공립대학 교원에 관한 규정의 준용) (생 략)	**제53조의5(국·공립대학 교원에 관한 규정의 준용)** (현행 제53조의4와 같음)

• 2016년 2월 3일 개정(법률 제13938호, 2016. 2. 3. 시행)으로 제53조의3을 신설함에 따라 종전의 제53조의3 및 제53조의4를 각각 제53조의4 및 제53조의5로 이동시켰다.

(2) 위원회 심사

〈1〉 **교육문화체육관광위원회:** 대안[420]으로 가결되었다(이 조문의 경우에는 원안과 대안의 내용이 동일함).[421]

〈2〉 **법제사법위원회:** 교육문화체육관광위원회 대안대로 가결되었다.[422]

(3) 본회의 심의

교육문화체육관광위원회 대안대로 가결되었다.[423]

(4) 결과

교육문화체육관광위원회 대안으로 개정되었다.

53-5.204

4. 2016년 5월 29일 개정(법률 제14154호, 2016. 5. 29. 시행)

제53조의5(학교의 장이 아닌 대학교육기관 교원의 신규채용 등) 학교의 장이 아닌 대학교육기관 교원의 임용에 관하여는 「교육공무원법」 **제11조의3**을 준용한다.

---

419) 2014. 6. 12. 유은혜의원 등 11인(의안번호: 1910857); 제안이유 및 주요내용은 이 책 [53-2.211] 참조.
420) 2015. 12. 30. 교육문화체육관광위원장(의안번호: 1918355).
421) 제337회 국회(정기회) 제10차 전체회의, 교육문화체육관광위원회회의록, 2015. 12. 7., 25면.
422) 제338회 국회(임시회) 제2차 전체회의, 법제사법위원회회의록, 2015. 12. 30., 40면.
423) 제338회 국회(임시회) 제2차 본회의, 국회본회의회의록, 2015. 12. 31., 17면.

(1) 법률안

〈1〉 **정부안**[424)]

현행법	원안
제53조의4(국·공립대학 교원에 관한 규정의 준용) 학교의 장이 아닌 대학교육기관의 교원의 임용에 관하여는 「교육공무원법」 제11조제4항·제5항 및 제6항의 규정을 준용한다.	**제53조의4(학교의 장이 아닌 대학교육기관 교원의 신규채용 등)** 학교의 장이 아닌 대학교육기관의 교원의 임용에 관하여는 「교육공무원법」 제11조의2를 준용한다.

〈2〉 **도종환 의원안**[425)]**:** 이 조문을 포함한 개정 대상 조문의 제안이유 및 주요내용은 아래와 같다.

- 제안이유 및 주요내용

현행법은 학교의 장이 아닌 대학교육기관의 교원의 임용에 있어 「교육공무원법」에 따른 국·공립대학의 교원 신규채용에 관한 규정을 준용하는 규정을 도입(1999.8.31. 법률 제6004호)하고 있음.

한편, 「교육공무원법」의 개정(2011.9.30. 법률 제11066호)으로 현행법에서 인용하고 있는 조항(제11조제4항·제5항 및 제6항)이 삭제되었고, 해당 내용을 별도의 조문(제11조의2)으로 규정하고 있는바 사립대학의 교원 신규채용에 있어 「교육공무원법」을 준용할 수 없게 되어 있음.

이에 사립대학의 교원 임용 시 「교육공무원법」을 준용할 수 있도록 해 법적 혼란을 피하고 교원의 신규 채용에 대한 공정성을 기해 사립대학의 발전을 도모하고자 하는 것임(안 제53조의4).

이 조문의 현행법과 개정 원안은 아래와 같다.

현행법	원안
제53조의4(국·공립대학 교원에 관한 규정의 준용) 학교의 장이 아닌 대학교육기관의 교원의 임용에 관하여는 「교육공무원법」 제11조제4항·제5항 및 제6항의 규정을 준용한다.	**제53조의4(국·공립대학 교원에 관한 규정의 준용)** 학교의 장이 아닌 대학교육기관의 교원의 임용에 관하여는 「교육공무원법」 제11조의2를 준용한다.

(2) 위원회 심사

〈1〉 **교육문화체육관광위원회:** 대안[426)]으로 가결되었다.[427)]

424) 2013. 6. 26. 정부(의안번호: 1905658); 제안이유 및 주요내용은 이 책 [4.216] 참조.
425) 2015. 4. 2. 도종환의원 등 10인(의안번호: 1914564).

대안
제53조의5(학교의 장이 아닌 대학교육기관 교원의 신규채용 등) 학교의 장이 아닌 대학교육기관의 교원의 임용에 관하여는 「교육공무원법」 제11조의3를 준용한다.

〈2〉 법제사법위원회: 교육문화체육관광위원회 대안대로 가결되었다.[428]

(3) 본회의 심의

교육문화체육관광위원회 대안대로 가결되었다.[429]

(4) 결과

교육문화체육관광위원회 대안으로 개정되었다.

53-5.300

III. 현행법

제53조의5(학교의 장이 아닌 대학교육기관 교원의 신규채용 등) 학교의 장이 아닌 대학교육기관 교원의 임용에 관하여는 「교육공무원법」 제11조의3을 준용한다.

53-5.400

IV. 종합/특기사항

- 제53조의5는 1999년 8월 31일 개정(법률 제6004호, 1999. 8. 31. 시행)으로 신설되었는데 신설 당시 조문번호는 제53조의4였다. 그런데 2016년 2월 3일 개정(법률 제13938호, 2016. 2. 3. 시행)으로 제53조의3을 신설함에 따라 종전의 제53조의4를 제53조의5로 변경하였다.
- 제53조의5는 대학교육기관 교원의 신규채용에 있어서 「교육공무원법」을 준용하여 특정대학 학사학위 취득자를 제한하는 것이다. 대학별 현재 출신학교 비율을 고려하지 않고 신규채용 모두에 대하여 일률적으로 출신학교를 제한하는

426) 2016. 5. 18. 교육문화체육관광위원장(의안번호: 1918727).
427) 제342회 국회(임시회) 제1차 전체회의, 교육문화체육관광위원회회의록, 2016. 5. 11., 23면.
428) 제342회 국회(임시회) 제2차 전체회의, 법제사법위원회회의록, 2016. 5. 17., 76면.
429) 제342회 국회(임시회) 제1차 본회의, 국회본회의회의록, 2016. 5. 19., 41면.

것이 타당한 것인지에 대하여 입법과정에서 많은 문제점이 개진되었다.

제54조(임용에 관한 보고 및 해임 등의 요구)

I. 제정법

제54조(임면에 관한 승인·보고, 해직등의 요구) ①학교법인 또는 사립학교경영자가 그 설치·경영하는 사립학교의 총장·부총장·학장(대학교의 학장을 제외한다)·교장 또는 원장을 임면하고자 할 때에는 당해 사립학교의 감독청의 승인을 받아야 한다.

②학교법인 또는 사립학교경영자가 그 설치·경영하는 사립학교의 교원을 임면한 때에는 당해 사립학교의 감독청에 보고하여야 한다.

③사립학교의 감독청은 사립학교의 교원이 교육법 제77조의 결격사유에 해당하거나 이 법에 규정된 징계사유에 해당한 때에는 당해 학교법인 또는 사립학교경영자에게 그 해직 또는 징계를 요구할 수 있다.

『새교육』이 소개하는 이 조문의 제정이유는 제53조와 같다.[430)]

사립학교 교원은 사립학교의 주체자인 학교법인에 대하여 근무의무를 지는 특별권력관계이기에 그 임명이나 면직의 주체자가 학교법인이다. 학교법인은 이사회라는 기관을 통하여 행위하기 때문에 학교법인의 이사회가 사립학교 교원의 임명권자가 된다. 그러나 교원의 특수성 때문에 이사회의 결의만으로 임면되도록 하지 않고, 승인을 얻도록 하던가 또는 보고하도록 규제한다.

학교의 장은 그 취임에 있어 감독청의 승인을 얻도록 하고 있다. 이는 현행 교육법 제87조의 규정과 동일하기 때문에 새로운 것은 아니지만 한 가지 중대한 사실은 해직이나 면직의 경우에도 감독청의 승인을 얻도록 한 점이다. 이는 분명히 감독청의 권한 확대를 의미한다.

학교장의 취임에 있어서의 감독청의 승인은 법률상 인가행위로서 부가적인 의사표시에 지나지 아니하나 그러나 이 승인이 없을 경우에는 대외적 효력이 없다.

---

430) 金康鉉, 앞의 글 "私立學校法(完)", 46~47면.

교원을 채용할 경우의 보고는 감독청이 그 자격이나 기타의 법률 소정의 요건을 만족시켰는가의 여부를 보기 위한 것이기 때문에 법률상 결격요건이 없는 한 수리하지 않을 수 없다.

II. 개정 경과

54.201 **1. 1964년 11월 10일 개정(법률 제1664호, 1964. 11. 10. 시행)**

제54조(임면에 관한 승인·보고, 해직등의 요구) ①학교법인 또는 사립학교경영자가 그 설치·경영하는 사립학교의 총장·부총장·학장(대학교의 학장을 제외한다)·교장 또는 원장을 임명하고자 할 때에는 당해 사립학교의 감독청의 승인을 받아야 **하며, 해면하였을 때에는 지체없이 감독청에 보고하여야 한다.**

②학교법인 또는 사립학교경영자가 그 설치·경영하는 사립학교의 교원을 임면한 때에는 당해 사립학교의 감독청에 보고하여야 한다.

③사립학교의 감독청은 사립학교의 교원이 교육법 제77조의 결격사유에 해당하거나 이 법에 규정된 징계사유에 해당한 때에는 당해 학교법인 또는 사립학교경영자에게 그 해직 또는 징계를 요구할 수 있다.

④제1항의 경우에 사립학교의 장으로 임명될 자가 이 법 또는 다른 교육관계법령이나 그 법령에 의한 감독청의 명령에 위배한 일이 없을 때에는 감독청은 임명을 승인하여야 한다.

(1) 법률안(최영두 의원안[431])

현행법	원안
제54조(임면에 관한 승인·보고, 해직등의 요구) ①학교법인 또는 사립학교경영자가 그 설치·경영하는 사립학교의 총장·부총장·학장(대학교의 학장을 제외한다)·교장 또는 원장을 임면하고자 할 때에는 당해 사립학교의 감독청의 승인을 받아야 한다. ② ~ ③ (생 략) <신 설>	제54조(임면에 관한 승인보고, 해직 등의 요구) ①학교법인 또는 사립학교경영자가 그 설치·경영하는 사립학교의 총장·부총장·학장(대학교의 학장을 제외한다)·교장 또는 원장을 임명하고자 할 때에는 당해 사립학교의 감독청의 승인을 받아야 하며, 해면하였을 때에는 지체없이 감독청에 보고하여야 한다. ② ~ ③ (현행과 같음) ④제1항의 경우에 있어 사립학교의 장으로 임

	명될 자가 이 법 또는 다른 교육관계법 령이나 그 법령에 의한 감독의 명령에 위배한 일이 없을 때에는 감독청은 임명을 승인하여야 하며 감독청이 임명을 승인하지 아니한 때에는 그 사유를 기재하여 서면으로 승인을 신청한 자에게 통지하여야 한다.

• 총장 등 학교장의 임명은 승인사항이지만 해면은 보고사항으로 하며, 학교장의 취임 승인에 있어 감독청이 정당한 사유 없이 임의로 거부하지 못하도록 제한 규정을 두었다.

(2) 위원회 심사

〈1〉 **문교공보위원회:** 대안[432]으로 가결되었다.[433]

대안
제54조(임면에 관한 승인보고, 해직 등의 요구) ①학교법인 또는 사립학교경영자가 그 설치·경영하는 사립학교의 총장·부총장·학장(대학교의 학장을 제외한다)·교장 또는 원장을 임명하고자 할 때에는 당해 사립학교의 감독청의 승인을 받아야 하며, 해면하였을 때에는 지체없이 감독청에 보고하여야 한다. ④제1항의 경우에 사립학교의 장으로 임명될 자가 이 법 또는 다른 교육관계법령이나 그법령에 의한 감독청의 명령에 위배한 일이 없을 때에는 감독청은 임명을 승인하여야 한다. (이하 삭제)

〈2〉 **법제사법위원회:** 문교공보위원회 대안대로 가결되었다.[434]

(3) 본회의 심의

문교공보위원회 대안대로 가결되었다.[435] 제54조에 관한 회의록 내용은 아래와 같다.

• **문교공보위원장 최영두**[436]: 이 법은 혁명기간 동안 혁명의 목적을 달성하기 위해서 제정되었던 교육에관한임시특례법의 몇 개 규정을 충분한 검토 없이 옮겨 규

431) 1964. 3. 9. 최영두의원 등 11인(의안번호: 060074); 제안이유 및 주요내용은 이 책 [4.201] 참조.
432) 1964. 4. 16. 문교공보위원장(의안번호: 060162).
433) 제41회 국회(임시회) 제9차 전체회의, 문교공보위원회회의록, 1964. 4. 16., 16면.
434) 제41회 국회(임시회) 제9차 전체회의, 법제사법위원회회의록, 1964. 4. 18., 44면.
435) 제45회 국회(정기회) 제19차 본회의, 국회본회의회의록, 1964. 10. 28., 25면.
436) 제45회 국회(정기회) 제19차 본회의, 국회회의록, 1964. 10. 28., 18~19면.

정했기 때문에 공공성을 지나치게 강조한 나머지 사학의 자주성을 지나치게 위축케 하는 몇 개 규정이 있다는 것을 우리는 시인하지 않을 수 없습니다... 셋째로 학교법인의 이사나 감사 또는 학교의 장의 선임을 감독청인 문교부장관이나 시·도교육위원회의 허가를 받아야 하도록 규정함으로써 감독청의 무제한한 자유재량에 의하여 그 취임을 거부할 수 있도록 했다는 점 등입니다.

본인은 이러한 몇 개의 적당치 못한 조항을 수정하여 사학이 공공성을 일탈치 못하도록 하되 사학에 대한 국가의 감독권은 사학의 질서유지와 공공성을 앙양하는 데 필요한 최소한도로 제한하는 동시에 사학의 자주성을 적극적으로 보장하며 사학의 자율적 발전을 조성하고자 애초에 개정법률안을 제안하였던 것이고 우리 문교공보위원회는 그 취지에 찬동하고 그 개정안에 약간의 수정을 가하고 약간의 조문을 신설하여 이를 오늘 본회의에 상정하기에 이른 것입니다.

현재의 중요골자를 말씀드리면…다음, 학교장의 취임승인에 있어 감독청이 마음대로 거부하지 못하도록 하기 위하여 제한규정을 두었습니다...

- **의장 이효상**[437]: 문공위원회에서, 대안을 제출한 문공위원회에서 아마 받아들인 모양입니다. 이의가 없으시지요? (이의 없소 하는 이 많음) 이의가 없으시면 그것을 최두고 의원이 제안한 수정안 부칙의 제6항 신설, 그것과 문공위원회에서 제출한 대안 전체와 일괄해서 여러분의 가부를 물어보겠습니다. (이의 없소 하는 이 있음) 이의 없습니까? (이의 없소 하는 이 많음) 그러면 만장일치로 가결된 것을 선포합니다. 다음은 혹 자구정리할 것이 있으면 이 의장에게 일임해 주시기를 바랍니다. (이의 없소 하는 이 있음) 이의 없으시지요?
  (이의 없소 하는 이 많음)

(4) 결과

문교공보위원회 대안으로 개정되었다.

54.202

2. 1973년 3월 10일 개정(법률 제2587호, 1973. 3. 10. 시행)

제54조(임면에 관한 승인·보고, 해직등의 요구) ①학교법인 또는 사립학교경영자가 그 설치·경영하는 사립학교의 총장·부총장·학장(대학교의 학장을 제외한다)·교장 또는 원장을 임명하고자 할 때에는 당해 사립학교의 감독청의 승인을 받아

437) 제45회 국회(정기회) 제19차 본회의, 국회회의록, 1964. 10. 28., 25면.

야 하며, 해면하였을 때에는 지체없이 감독청에 보고하여야 한다.
②학교법인 또는 사립학교경영자가 그 설치·경영하는 사립학교의 교원을 임면한 때에는 당해 사립학교의 감독청에 보고하여야 한다. **다만, 국민학교·중학교·고등학교·실업고등전문학교 및 전문학교의 교감과 교사에 대하여는 전항의 규정을 준용한다.**
③사립학교의 감독청은 사립학교의 교원이 교육법 제77조의 결격사유에 해당하거나 이 법에 규정된 징계사유에 해당한 때에는 당해 학교법인 또는 사립학교경영자에게 그 해직 또는 징계를 요구할 수 있다.
④제1항의 경우에 사립학교의 장으로 임명될 자가 이 법 또는 다른 교육관계법령이나 그 법령에 의한 감독청의 명령에 위배한 일이 없을 때에는 감독청은 임명을 승인하여야 한다.

(1) 법률안(대통령안[438])

현행법	원안
제54조(임면에 관한 승인·보고, 해직등의 요구)	**제54조(임면에 관한 승인·보고, 해직등의 요구)**
① (생　략)	① (현행과 같음)
②학교법인 또는 사립학교경영자가 그 설치·경영하는 사립학교의 교원을 임면한 때에는 당해 사립학교의 감독청에 보고하여야 한다.	②학교법인 또는 사립학교경영자가 그 설치·경영하는 사립학교의 교원을 임면한 때에는 당해 사립학교의 감독청에 보고하여야 한다. 다만, 국민학교·중학교·고등학교·실업고등전문학교 및 전문학교의 교감과 교사에 대하여는 전항의 규정을 준용한다.
③ ~ ④ (생　략)	③ ~ ④ (현행과 같음)

- 국민학교·중학교·고등학교·실업고등전문학교 및 전문학교의 교감과 교사에 대해서는 학교장에 준해서 승인을 받고 보고하도록 하였다.

(2) 비상국무회의 심의

원안대로 가결되었다.[439] 제54조에 관한 회의록 내용은 아래와 같다.

438) 1973. 2. 26. 대통령(의안번호: BB0257); 제안이유 및 주요내용은 이 책 [22.201] 참조.
439) 제14회 비상국무회의회의록, 1973. 2. 26., 183면; http://theme.archives.go.kr/viewer/common/archWebViewer.do?singleData=Y&archiveEventId=0028725564.

- 간사(총무국장 정관용)[440]: 제165호 사립학교법 중 개정법률안, 제166호 한국교육개발육성법, 이상 2건은 문교부 소관입니다. 일괄 상정하겠습니다.
- 문교부장관(민관식)[441]: 설명드리겠습니다. 먼저 제165호에 대해서 말씀드리면 임원취임 승인이 취소된 자와 총장, 학장, 교장, 원장의 임명승인이 취소된 자로서 2년이 경과하지 아니한 자는 임원 또는 학교의 장이 될 수 없도록 하고 국민학교, 중학교, 고등학교, 실업고등전문학교 및 전문학교 등 사립학교의 교원 임용에 있어서 감독청의 승인을 얻도록 하고자 하는 것입니다. …이상입니다.
- 부총리(태완선)[442]: 질문 없습니까? 다음.

(3) 결과

원안으로 개정되었다.

54.203

3. 1975년 7월 23일 개정(법률 제2775호, 1975. 7. 23. 시행)

제54조(임면에 관한 승인·보고, 해직등의 요구) ①학교법인 또는 사립학교경영자가 그 설치·경영하는 사립학교의 총장·부총장·학장(대학교의 학장을 제외한다)·교장 또는 원장을 임명하고자 할 때에는 당해 사립학교의 감독청의 승인을 받아야 하며, 해면하였을 때에는 지체없이 감독청에 보고하여야 한다.

②학교법인 또는 사립학교경영자가 그 설치·경영하는 사립학교의 교원을 임면한 때에는 당해 사립학교의 감독청에 보고하여야 한다. 다만, 국민학교·중학교·고등학교·실업고등전문학교 및 전문학교의 교감과 교사에 대하여는 전항의 규정을 준용한다.

③사립학교의 감독청은 사립학교의 교원이 교육법 제77조의 결격사유에 해당하거나 이 법에 규정된 **면직사유** 및 징계사유에 해당한 때에는 당해 학교법인 또는 사립학교경영자에게 그 해직 또는 징계를 요구할 수 있다.

④제1항의 경우에 사립학교의 장으로 임명될 자가 이 법 또는 다른 교육관계법령이나 그 법령에 의한 감독청의 명령에 위배한 일이 없을 때에는 감독청은 임명을 승인하여야 한다.

440) 제14회 비상국무회의회의록, 1973. 2. 26., 198면.
441) 제14회 비상국무회의회의록, 1973. 2. 26., 198~199면.
442) 제14회 비상국무회의회의록, 1973. 2. 26., 199면.

(1) 법률안(오주환 의원안[443])

현행법	원안
第54조(임면에 관한 승인·보고, 해직등의 요구) ① ~ ② (생 략) ③사립학교의 감독청은 사립학교의 교원이 교육법 제77조의 결격사유에 해당하거나 이 법에 규정된 징계사유에 해당한 때에는 당해 학교법인 또는 사립학교경영자에게 그 해직 또는 징계를 요구할 수 있다. ④ (생 략)	第54조(임면에 관한 승인·보고, 해직등의 요구) ① ~ ② (현행과 같음) ③사립학교의 감독청은 사립학교의 교원이 교육법 제77조의 결격사유에 해당하거나 이 법에 규정된 면직사유 및 징계사유에 해당한 때에는 당해 학교법인 또는 사립학교경영자에게 그 해직 또는 징계를 요구할 수 있다. ④ (현행과 같음)

• 감독청의 사립학교 교원에 대한 해직 및 징계요구사유에 "면직사유"를 추가하였다.

(2) 위원회 심사

〈1〉 **문교공보위원회:** 원안대로 가결되었다.[444] 제54조에 관한 회의록 내용은 아래와 같다.

• **전문위원 김사달[445]:** 제54조제3항 중 "규정된 징계사유"를 "규정된 면직사유 및 징계사유"로 한다...

• **위원장 육인수[446]:** 다음 의사일정 제3항 사립학교법 중 개정법률안에 대하여 수정한 부분은 수정한대로 나머지 부분은 원안대로 가결하고자 합니다. 이의 없으십니까? (없습니다 하는 이 있음) 그러면 수정가결된 것을 선포합니다.

〈2〉 **법제사법위원회:** 원안대로 가결되었다.[447]

(3) 본회의 심의

원안대로 가결되었다.[448]

---

443) 1975. 6. 28. 오주환의원 등 51인(의안번호: 090349); 제안이유 및 주요내용은 이 책 [45.201] 참조.
444) 제93회 국회(임시회) 제2차 전체회의, 문교공보위원회회의록, 1975. 7. 7., 4면.
445) 제93회 국회(임시회) 제2차 전체회의, 문교공보위원회회의록, 1975. 7. 7., 2면
446) 제93회 국회(임시회) 제2차 전체회의, 문교공보위원회회의록, 1975. 7. 7., 4면.
447) 제93회 국회(임시회) 제3차 전체회의 법제사법위원회회의록, 1975. 7. 8., 6면.
448) 제93회 국회(임시회) 제6차 본회의, 국회회의록, 1975. 7. 9., 77면.

(4) 결과

원안으로 개정되었다.

54.204

4. 1976년 12월 31일 개정(법률 제2961호, 1976. 12. 31. 시행)

제54조(임면에 관한 승인·보고, 해직등의 요구) ①학교법인 또는 사립학교경영자가 그 설치·경영하는 사립학교의 총장·부총장·학장(대학교의 학장을 제외한다)·교장 또는 원장을 임명하고자 할 때에는 당해 사립학교의 감독청의 승인을 받아야 하며, 해면하였을 때에는 지체없이 감독청에 보고하여야 한다.

②학교법인 또는 사립학교경영자가 그 설치·경영하는 사립학교의 교원을 임면한 때에는 당해 사립학교의 감독청에 보고하여야 한다. 다만, 국민학교·중학교·고등학교의 교감과 교사에 대하여는 제1항의 규정을 준용한다.

③사립학교의 감독청은 사립학교의 교원이 교육법 제77조의 결격사유에 해당하거나 이 법에 규정된 면직사유 및 징계사유에 해당한 때에는 당해 학교법인 또는 사립학교경영자에게 그 해직 또는 징계를 요구할 수 있다.

④제1항의 경우에 사립학교의 장으로 임명될 자가 이 법 또는 다른 교육관계법령이나 그 법령에 의한 감독청의 명령에 위배한 일이 없을 때에는 감독청은 임명을 승인하여야 한다.

(1) 법률안(정부안[449])

현행법	원안
제54조(임면에 관한 승인·보고, 해직등의 요구) ① (생 략) ②학교법인 또는 사립학교경영자가 그 설치·경영하는 사립학교의 교원을 임면한 때에는 당해 사립학교의 감독청에 보고하여야 한다. 다만, 국민학교·중학교·고등학교·실업고등전문학교 및 전문학교의 교감과 교사에 대하여는 전항의 규정을 준용한다. ③ ~ ④ (생 략)	**제54조(임면에 관한 승인·보고, 해직등의 요구)** ① (현행과 같음) ②학교법인 또는 사립학교경영자가 그 설치·경영하는 사립학교의 교원을 임면한 때에는 당해 사립학교의 감독청에 보고하여야 한다. 다만, 국민학교·중학교·고등학교의 교감과 교사에 대하여는 전항의 규정을 준용한다. ③ ~ ④ (현행과 같음)

449) 1976. 11. 17. 정부(의안번호: 090632); 제안이유 및 주요내용은 이 책 [3.202] 참조.

• 실업고등전문학교 및 전문학교의 교원임용은 보고 대상으로 변경하였다.

(2) 위원회 심사

〈1〉 **문교공보위원회:** 원안대로 가결되었다.[450] 제54조에 관한 회의록 내용은 아래와 같다.

가. 제9대 국회 제96회 제16차 문교공보위원회(1976. 12. 7.)

- **문교부장관 황산덕**[451]: 끝으로 실업고등전문학교 및 전문학교의 교원임용은 감독청의 승인을 받도록 되어 있는 바 이를 보고제로 변경하였으며 기타 현행 규정상 미비한 점을 보완하였습니다.

나. 제9대 국회 제96회 제18차 문교공보위원회(1976. 12. 10.)

- **위원장 윤인식**[452]: 다음은 의사일정 제3항 사립학교법 중 개정법률안에 대하여 소위원회 심사결과와 같이 수정된 부분은 수정안대로 나머지 부분은 정부원안대로 가결하고자 합니다. 이의 없으십니까? (이의 없소 하는 이 있음) 그러면 수정가결된 것을 선포합니다.

〈2〉 **법제사법위원회:** 원안을 수정·가결했다.[453] 수정내용은 아래와 같다.

법제사법위원회 수정안
제54조(임면에 관한 승인·보고, 해직등의 요구) ②학교법인 또는 사립학교경영자가 그 설치·경영하는 사립학교의 교원을 임면한 때에는 당해 사립학교의 감독청에 보고하여야 한다. 다만, 국민학교·중학교·고등학교의 교감과 교사에 대하여는 <u>**제1항**</u>의 규정을 준용한다.

위 내용이 포함된 제54조에 관한 회의록 내용은 아래와 같다.

- **위원장 장영순**[454]: 다음에 사립학교법 중 개정법률안입니다. 소관상임위원회에서 수정부분이 있습니다. 당 법사위로서는 제54조에 대한 자구 수정만 있습니다. 정부측 증언을 듣겠습니다.
- **문교부장관 황산덕**[455]: 의견 없습니다.

---

450) 제96회 국회(정기회) 제18차 전체회의, 문교공보위원회회의록, 1976. 12. 10., 1면.
451) 제96회 국회(정기회) 제16차 전체회의, 문교공보위원회회의록, 1976. 12. 7., 2면.
452) 제96회 국회(정기회) 제18차 전체회의, 문교공보위원회회의록, 1976. 12. 10., 1면.
453) 제96회 국회(정기회) 제17차 전체회의, 법제사법위원회회의록, 1976. 12. 15., 5면.
454) 제96회 국회(정기회) 제17차 전체회의, 법제사법위원회회의록, 1976. 12. 15., 5면.

• **위원장 장영순**[456]: 본 법안에 대해서는 법사위에서의 수정된 부분은 수정한 대로 문공위원회에서의 수정한 부분은 수정한 대로 그 외에는 정부원안대로 의결하고자 합니다. 이의 없으시지요? (없습니다 하는 이 있음) 그러면 의결되었음을 선포합니다.

(3) 본회의 심의

법제사법위원회 수정안대로 가결되었다.[457]

(4) 결과

법제사법위원회 수정안으로 개정되었다.

54.205

5. 1981년 2월 28일 개정(법률 제3373호, 1981. 2. 28. 시행)

제54조(임면에 관한 보고 및 해직등의 요구) ①학교법인 또는 사립학교경영자가 그 설치·경영하는 학교의 장을 해임(임기만료로 해임된 경우는 제외한다)한 때에는 지체없이 감독청에 보고하여야 한다.
②각급학교의 교원의 임면권자가 교원을 임명 또는 해임하였을 때에는 지체없이 감독청에 보고하여야 한다.
③감독청은 사립학교의 교원이 교육법 제77조의 결격사유에 해당하거나 이 법에 규정된 면직사유 및 징계사유에 해당한 때에는 당해 교원의 임면권자에게 그 해직 또는 징계를 요구할 수 있다.

(1) 법률안

〈1〉 정부안[458]

현행법	원안
제54조(임면에 관한 승인·보고, 해직등의 요구) ①학교법인 또는 사립학교경영자가 그 설치·경영하는 사립학교의 총장·부총장·학장(대학	**제54조(임면에 관한 보고 및 해직등의 요구)** ①학교법인 또는 사립학교경영자가 그 설치·경영하는 학교의 장을 해임(임기만료로 해임된

455) 제96회 국회(정기회) 제17차 전체회의, 법제사법위원회회의록, 1976. 12. 15., 5면,
456) 제96회 국회(정기회) 제17차 전체회의, 법제사법위원회회의록, 1976. 12. 15., 5면.
457) 제96회 국회(정기회) 제17차 본회의, 국회회의록, 1976. 12. 16., 5면.
458) 1981. 2. 13. 정부(의안번호: CC0145); 제안이유 및 주요내용은 이 책 [4.204] 참조.

교의 학장을 제외한다)·교장 또는 원장을 임명하고자 할 때에는 당해 사립학교의 감독청의 승인을 받아야 하며, 해면하였을 때에는 지체없이 감독청에 보고하여야 한다.	경우는 제외한다)한 때에는 지체없이 감독청에 보고하여야 한다.
②학교법인 또는 사립학교경영자가 그 설치·경영하는 사립학교의 교원을 임면한 때에는 당해 사립학교의 감독청에 보고하여야 한다. 다만, 국민학교·중학교·고등학교의 교감과 교사에 대하여는 제1항의 규정을 준용한다.	②각급학교의 교원의 임면권자가 교원을 임명 또는 해임하였을 때에는 지체없이 감독청에 보고하여야 한다.
③사립학교의 감독청은 사립학교의 교원이 교육법 제77조의 결격사유에 해당하거나 이 법에 규정된 면직사유 및 징계사유에 해당한 때에는 당해 학교법인 또는 사립학교경영자에게 그 해직 또는 징계를 요구할 수 있다.	③감독청은 사립학교의 교원이 교육법 제77조의 결격사유에 해당하거나 이 법에 규정된 면직사유 및 징계사유에 해당한 때에는 당해 교원의 임명권자에게 그 해직 또는 징계를 요구할 수 있다.
④제1항의 경우에 사립학교의 장으로 임명될 자가 이 법 또는 다른 교육관계법령이나 그 법령에 의한 감독청의 명령에 위배한 일이 없을 때에는 감독청은 임명을 승인하여야 한다.	<삭 제>

• 조문의 제목을 "임면에 관한 보고 및 해직등의 요구"로 하고, 종래 승인사항을 모두 보고사항으로 하며, 제4항을 삭제하였다.

(2) 위원회 심사

〈1〉 **문교공보위원회:** 원안대로 가결되었다.[459] 제54조에 관한 회의록 내용은 아래와 같다.

• **전문위원 김철**[460]: 끝으로 이 개정법안과 관련하여 지적하고자 하는 것은 사립학교법 제1조의 목적조항의 내용을 보면 "이 법은 사립학교의 특수성에 비추어 그 자주성을 확보하고 공공서을 앙양함으로써 사립학교의 건전한 발전을 도모함을 목적으로 한다"라고 규정하고 있습니다. 이와 같이 사립의 "자주성"과 "공공성"을 확보하는 것이 사학발달을 기할 수 있는 것으로 믿고 정부는 이 법을

459) 제10.5대 국회 제77회 제19차 문교공보위원회국가보위입법회의사무처, 문교공보위원회회의록, 1981. 2. 19., 7면.

460) 제10.5대 국회 제77회 제19차 문교공보위원회국가보위입법회의사무처, 문교공보위원회회의록, 1981. 2. 19., 4~5면.

제정하게 되었다고 봅니다. 이 법 개정안의 목적은 사학의 공공성을 제고하려는 것이므로 여기에는 하등의 이견이 없습니다. 다만 이와 함께 사학의 자주성의 확보도 신중히 연구·검토되어야 하겠다는 것을 말씀드립니다.

현행법상의 감독관계 규정을 볼 것 같으면 일반적인 감독권행사를 규정한 것이 제3조, 제48조, 제70조가 있고 임원의 취임승인 동 승인취소권의 행사를 규정한 것이 제54조, 제54조의2…가 있습니다. 이와 같이 사학의 자주성의 성질이라 할 수 있는 인사·재정관계업무가 감독청의 행정권에 장리되고 있는 현실입니다...

- **위원장 송지영**[461]: 더 질의하실 분 안 계시면 이 법안에 대한 질의를 종결하려고 합니다. 이의 없으신가요? (이의 없습니다 하는 이 있음) 그러면 질의 종결을 선포합니다. 다음은 토론과 축조심의 순서가 되겠습니다마는 위원 여러분께서 양해해 주신다면 이를 생략하고자 하는데 이의 없으신가요? (이의 없습니다 하는 이 있음) 그러면 의사일정 제2항 사립학교법 중 개정법률안을 정부원안대로 의결하는데 이의 없습니까? (이의 없습니다 하는 이 있음) 그러면 이것으로서 가결된 것을 선포합니다.

〈2〉 **법제사법위원회:** 원안을 수정·가결했다.[462] 수정내용은 아래와 같다.

법제사법위원회 수정안
제54조(임면에 관한 보고 및 해직등의 요구) ①학교법인 또는 사립학교경영자가 그 설치·경영하는 학교의 장을 해임(임기만료로 해임된 경우는 제외한다)한 때에는 지체없이 감독청에 보고하여야 한다. ②각급학교의 교원의 임면권자가 교원을 임명 또는 해임하였을 때에는 지체없이 감독청에 보고하여야 한다. ③감독청은 사립학교의 교원이 교육법 제77조의 결격사유에 해당하거나 이 법에 규정된 면직사유 및 징계사유에 해당한 때에는 당해 교원의 임면권자에게 그 해직 또는 징계를 요구할 수 있다.

위 내용이 포함된 제54조에 관한 회의록 내용은 아래와 같다.

- **전문위원 양삼승**[463]: 다음 사립학교법 중 개정법률안에 대한 검토 결과를 말씀

461) 제10.5대 국회 제77회 제19차 문교공보위원회국가보위입법회의사무처, 문교공보위원회회의록, 1981. 2. 19., 7면.
462) 제10.5대 국회 제77회 제19차 법제사법위원회 국가보위입법회의사무처, 법제사법위원회회의록, 1981. 2. 19., 5면.
463) 제10.5대 국회 제77회 제30차 법제사법위원회국가보위입법회의사무처, 법제사법위원회회의록, 1981. 2. 19., 4면.

드리겠습니다. … 제54조제3항, 제58조제1항, 제58조의2, 제59조제1항 본문, 제61조제1항, 제62조제1항, 제64조, 제67조의2, 제69조, 제74조의2 중 각 "임명권자"로 되어 있는 부분을 역시 용어의 통일을 위하여 "임면권자"로 수정하고,… 이상입니다…

- **위원장대리 김영균**[464]: 다른 위원 의견이 없으십니까? (없습니다 하는 이 있음) 그러면 전문위원이 자구수정한 부분에 대하여 정부측 의견이 어떠신지 말씀해 주시기 바랍니다.
- **문교부장관 김판영**[465]: 정부측에서는 자구수정에 대해서는 이의가 없습니다.
- **위원장대리 김영균**[466]: 다른 의견이 없으시면…사립학교법 중 개정법률안을 전문위원이 자구수정한 부분은 수정한 대로 기타 부분은 원안대로 의결하고자 하는데 이의 없으십니까? (없습니다 하는 이 있음) 그러면 가결되었음을 선포합니다.

(3) 본회의 심의

법제사법위원회 수정안대로 가결되었다.[467]

(4) 결과

법제사법위원회 수정안으로 개정되었다.

6. 1990년 4월 7일 개정(법률 제4226호, 1990. 4. 7. 시행)

제54조(임면에 관한 보고 및 해직등의 요구) **①각급학교의 교원의 임면권자가 교원을 임면(각급학교의 장으로서 임기만료로 해임된 경우는 제외한다)한 때에는 임면한 날부터 7일이내에 관할청에 보고하여야 한다.**

②삭제

③**관할청**은 사립학교의 교원이 교육법 제77조의 결격사유에 해당하거나 이 법에 규정된 면직사유 및 징계사유에 해당한 때에는 당해 교원의 임면권자에게 그 해

464) 제10.5대 국회 제77회 제30차 법제사법위원회국가보위입법회의사무처, 법제사법위원회회의록, 1981. 2. 19., 5면.

465) 제10.5대 국회 제77회 제30차 법제사법위원회국가보위입법회의사무처, 법제사법위원회회의록, 1981. 2. 19., 5면.

466) 제10.5대 국회 제77회 제30차 법제사법위원회국가보위입법회의사무처, 법제사법위원회회의록, 1981. 2. 19., 5면.

467) 제10.5대 국회 제77회 제20차 국회본회의, 국가보위입법회의회의록, 1981. 2. 20., 7면.

직 또는 징계를 요구할 수 있다.

(1) 법률안

〈1〉 정부안[468)]

현행법	원안
제54조(임면에 관한 보고 및 해직등의 요구) ① 학교법인 또는 사립학교경영자가 그 설치·경영하는 학교의 장을 해임(임기만료로 해임된 경우는 제외한다)한 때에는 지체없이 감독청에 보고하여야 한다. ②각급학교의 교원의 임면권자가 교원을 임명 또는 해임하였을 때에는 지체없이 감독청에 보고하여야 한다. ③감독청은 사립학교의 교원이 교육법 제77조의 결격사유에 해당하거나 이 법에 규정된 면직사유 및 징계사유에 해당한 때에는 당해 교원의 임면권자에게 그 해직 또는 징계를 요구할 수 있다.	**제54조(임면에 관한 보고 및 해직등의 요구)** ① 각급학교의 교원의 임면권자가 교원을 임면(각급학교의 장으로서 임기만료로 해임된 경우는 제외한다)한 때에는 임면한 날부터 15일이내에 관할청에 보고하여야 한다. ② <삭 제> ③관할청은 사립학교의 교원이 교육법 제77조의 결격사유에 해당하거나 이 법에 규정된 면직사유 및 징계사유에 해당한 때에는 당해 교원의 임면권자에게 그 해직 또는 징계를 요구할 수 있다.

• 교원 임면의 경우 보고시한을 특정하고, 제2항을 삭제하였다.

〈2〉 박석무 의원안[469)]

현행법	원안
제54조(임면에 관한 보고 및 해직등의 요구) ① 학교법인 또는 사립학교경영자가 그 설치·경영하는 학교의 장을 해임(임기만료로 해임된 경우는 제외한다)한 때에는 지체없이 감독청에 보고하여야 한다. ②각급학교의 교원의 임면권자가 교원을 임명 또는 해임하였을 때에는 지체없이 감독청에 보고하여야 한다. ③감독청은 사립학교의 교원이 교육법 제77조의 결격사유에 해당하거나 이 법에 규정된 면	**제54조(임면에 관한 보고 및 해직등의 요구)** ① <삭 제> ②각급학교의 교원의 임면권자가 교원을 임명 또는 해임하였을 때에는 7일 이내에 관할청에 보고하여야 한다. ③ <삭 제>

468) 1988. 12. 2. 정부(의안번호: 130287); 제안이유 및 주요내용은 이 책 [4.206] 참조.

직사유 및 징계사유에 해당한 때에는 당해 교원의 임면권자에게 그 해직 또는 징계를 요구할 수 있다.	

• 제1항과 제3항을 삭제하면서 제2항에 보고시한을 특정하였다.

〈3〉 김인곤 의원안[470)]

현행법	원안
제54조(임면에 관한 보고 및 해직등의 요구) ① 학교법인 또는 사립학교경영자가 그 설치·경영하는 학교의 장을 해임(임기만료로 해임된 경우는 제외한다)한 때에는 지체없이 감독청에 보고하여야 한다. ②각급학교의 교원의 임면권자가 교원을 임명 또는 해임하였을 때에는 지체없이 감독청에 보고하여야 한다. ③감독청은 사립학교의 교원이 교육법 제77조의 결격사유에 해당하거나 이 법에 규정된 면직사유 및 징계사유에 해당한 때에는 당해 교원의 임면권자에게 그 해직 또는 징계를 요구할 수 있다.	**제54조(임면에 관한 보고 및 해직등의 요구)** ① 학교법인 또는 사립학교경영자가 그 설치·경영하는 학교의 장을 해임(임기만료로 해임된 경우는 제외한다)한 때에는 지체없이 관할청에 보고하여야 한다. ② <삭 제> ③관할청은 사립학교의 교원이 교육법 제77조의 결격사유에 해당하거나 이 법에 규정된 면직사유 및 징계사유에 해당한 때에는 당해 교원의 임면권자에게 그 해직 또는 징계를 요구할 수 있다.

• 제2항을 삭제하고 "감독청"을 "관할청"으로 하였다.

〈4〉 강삼재 의원안[471)]

현행법	원안
제54조(임면에 관한 보고 및 해직등의 요구) ① 학교법인 또는 사립학교경영자가 그 설치·경영하는 학교의 장을 해임(임기만료로 해임된 경우는 제외한다)한 때에는 지체없이 감독청에 보고하여야 한다. ②각급학교의 교원의 임면권자가 교원을 임명 또는 해임하였을 때에는 지체없이 감독청에 보	**제54조(임면에 관한 보고 및 해직등의 요구)** ① 학교법인 또는 사립학교경영자가 그 설치·경영하는 학교의 장을 해임(임기만료로 해임된 경우는 제외한다)한 때에는 지체없이 관할청에 보고하여야 한다. ②각급학교의 교원의 임면권자가 교원을 임명 또는 해임하였을 때에는 지체없이 관할청에 보

469) 1988. 12. 21. 박석무의원 등 70인(의안번호: 130378); 제안이유 및 주요내용은 이 책 [4.206] 참조.
470) 1989. 2. 16. 김인곤의원 등 34인(의안번호: 130422); 제안이유 및 주요내용은 이 책 [4.206] 참조.

고하여야 한다. ③감독청은 사립학교의 교원이 교육법 제77조의 결격사유에 해당하거나 이 법에 규정된 면직사유 및 징계사유에 해당한 때에는 당해 교원의 임면권자에게 그 해직 또는 징계를 요구할 수 있다.	고하여야 한다. ③ <삭 제>

• 제3항을 삭제하고 "감독청"을 "관할청"으로 하였다.

(2) 위원회 심사

〈1〉 **문교공보위원회:** 대안[472]으로 가결되었다.[473]

대안
제54조(임면에 관한 보고 및 해직등의 요구) ①각급학교의 교원의 임면권자가 교원을 임면(각급학교의 장으로서 임기만료로 해임된 경우는 제외한다)한 때에는 임면한 날부터 7일이내에 관할청에 보고하여야 한다. ② 삭제 ③관할청은 사립학교의 교원이 교육법 제77조의 결격사유에 해당하거나 이 법에 규정된 면직사유 및 징계사유에 해당한 때에는 당해 교원의 임면권자에게 그 해직 또는 징계를 요구할 수 있다.

〈2〉 **법제사법위원회:** 문교공보위원회 대안대로 가결되었다.[474]

(3) 본회의 심의

문교공보위원회 대안대로 가결되었다.[475]

(4) 결과

문교공보위원회 대안으로 개정되었다.

471) 1989. 2. 28. 강삼재의원 등 57인(의안번호: 130463); 제안이유 및 주요내용은 이 책 [4.206] 참조.
472) 1990. 3. 15. 문교공보위원장(의안번호: 130833).
473) 제148회 국회(임시회) 제6차 전체회의, 문교공보위원회회의록, 1990. 3. 14., 8면.
474) 제148회 국회(임시회) 제6차 전체회의, 법제사법위원회회의록, 1990. 3. 14., 26면.
475) 제148회 국회(임시회) 제9차 본회의, 국회본회의회의록, 1990. 3. 16., 15~16면.

7 7. 1997년 12월 13일 개정(법률 제5438호, 1998. 3. 1. 시행)

제54조(임면에 관한 보고 및 해직등의 요구) ①각급학교의 교원의 임면권자가 교원을 임면(각급학교의 장으로서 임기만료로 해임된 경우는 제외한다)한 때에는 임면한 날부터 7일이내에 관할청에 보고하여야 한다.
② 삭제
③관할청은 사립학교의 교원이 **이 법에 규정된** 면직사유 및 징계사유에 해당한 때에는 당해 교원의 임면권자에게 그 해직 또는 징계를 요구할 수 있다.

- 「교육법」(1997. 12. 13. 개정, 1998. 3. 1. 시행) 폐지에 따라 "교육법 제77조의 결격사유에 해당하거나 이 법에"를 "이 법에"로 하였다.

8 8. 2016년 2월 3일 개정(법률 제13938호, 2016. 2. 3. 시행)

제54조(임용에 관한 보고 및 해임 등의 요구) ①각급 학교의 교원 **임용권자**는 교원을 **임용**(**각급 학교**의 **장**으로서 **임기 만료**로 **해임**된 경우는 제외한다)**하였을** 때에는 **임용한** 날부터 7일 이내에 관할청에 보고하여야 한다.
② 삭제
③관할청은 사립학교의 교원이 이 법에 규정된 면직사유 및 징계사유에 해당한 때에는 당해 교원의 **임용권자**에게 그 **해임** 또는 징계를 요구할 수 있다.

- 한자를 한글로 표기하고, 제2조 개정에 따라 "임면"을 "임용"으로, "해직"을 "해임"으로 하였다(오직 형식에 관한 개정이므로 자세한 개정경과는 생략함[476]).

9 9. 2018년 12월 18일 개정(법률 제15954호, 2019. 3. 19. 시행)

제54조(임용에 관한 보고 및 해임 등의 요구) ①각급 학교의 교원 임용권자는 교원을 임용(각급 학교의 장으로서 임기 만료로 해임된 경우는 제외한다)하였을 때에는 임용한 날부터 7일 이내에 관할청에 보고하여야 한다.

---

476) 이에 관한 구체적 개정경과는 이 책 [2.204] 참조.

② 삭제
③관할청은 사립학교의 교원이 이 법에 규정된 면직사유 및 징계사유에 해당한 때에는 당해 교원의 임용권자에게 그 해임 또는 징계를 요구할 수 있다. 이 경우 해임 또는 징계를 요구받은 임용권자는 특별한 사유가 없으면 이에 따라야 한다.

(1) 법률안

〈1〉 **송기석 의원안**[477]: 이 조문을 포함한 개정 대상 조문의 제안이유 및 주요내용은 아래와 같다.[478]

- 제안이유 및 주요내용

  현행법에 따르면 사립학교의 교원이 면직사유 및 징계사유에 해당한 때에는 관할청은 당해 교원의 임용권자에게 해임 또는 징계를 요구할 수 있으며, 교원징계위원회의 징계의결 내용이 징계사유에 비추어 가볍다고 인정되면 해당 교원의 임용권자에게 교원징계위원회에 재심의를 요구하도록 할 수 있음.

  그러나 교원의 임용권자가 관할청의 해임 또는 징계요구를 무시하거나 징계사유에 비하여 가벼운 징계처분을 내리는 경우가 빈번하여 관할청의 징계요구 또는 재심의 요구에 대한 실효성 확보 방안을 마련할 필요가 있다는 지적이 제기되고 있음.

  이에 교원의 임용권자는 관할청의 해임 또는 징계요구가 있는 경우 특별한 사유가 없으면 교원징계위원회에 해당 교원에 대한 징계의결을 요구하도록 하고, 징계의결을 요구하지 않거나 관할청의 재심의 요구를 따르지 않는 경우 등에 대하여 과태료를 부과함으로써 관할청의 사립학교에 대한 감독 권한을 강화하려는 것임(안 제54조제3항 후단 및 제74조제2항).

이 조문의 현행법과 개정 원안은 아래와 같다.

---

477) 2017. 12. 20. 송기석의원 등 13인(의안번호: 2010918).

478) 2018년 12월 18일 개정 원안에는 이 송기석 의원안 외에도 김광수 의원안(2017. 2. 13. 김광수의원 등 10인, 의안번호: 2005607), 곽상도 의원안(2018. 1. 25. 곽상도의원 등 10인, 의안번호: 2011533)이 있다. 이 원안들은 이후 위원회 심사 단계에서 대안(2018. 11. 29. 교육위원장, 의안번호: 2016900)으로 통합 조정되었다. 이들 개정안 중 제54조에 관한 개정안은 송기석 의원안과 곽상도 의원안이다. 여기에서는 송기석 의원안의 제안이유·주요내용 및 현행법과 개정 원안을 소개한다. 김광수 의원안은 이 책 [60-2.203] 참조.

현행법	원안
제54조(임용에 관한 보고 및 해임 등의 요구) ① ~ ② (생 략) ③관할청은 사립학교의 교원이 이 법에 규정된 면직사유 및 징계사유에 해당한 때에는 당해 교원의 임용권자에게 그 해임 또는 징계를 요구할 수 있다. <후단 신설>	**제54조(임용에 관한 보고 및 해임 등의 요구)** ① ~ ② (현행과 같음) ③관할청은 사립학교의 교원이 이 법에 규정된 면직사유 및 징계사유에 해당한 때에는 당해 교원의 임용권자에게 그 해임 또는 징계를 요구할 수 있다. 이 경우 징계를 요구받은 임용권자는 특별한 사유가 없으면 제61조제1항에 따라 교원징계위원회에 징계의결의 요구를 하여야 한다.

〈2〉 **곽상도 의원안**[479]: 이 조문을 포함한 개정 대상 조문의 제안이유 및 주요내용은 아래와 같다.[480]

• 제안이유 및 주요내용

최근 일부 사립학교에서 교원의 신규채용이나 승진 등 교원 임용과 관련하여 금품수수, 시험문제 유출, 친인척 채용 등 각종 부정임용 사례가 끊임없이 발생하고 있음.

그러나 교원에 대한 징계권한이 학교법인의 이사장 등 학교 측에 있어 교원이 부정한 방법으로 임용된 것이 밝혀지더라도 이에 대한 적절한 조치가 이루어지지 않고 있음.

이에 거짓이나 그 밖의 부정한 방법으로 임용된 경우를 교원의 면직사유에 명시적으로 규정하고, 부정한 방법으로 임용된 교원에 대하여 관할청이 해당 교원의 임용권자에게 그 해임 또는 징계를 요구하는 경우 특별한 사유가 없으면 해당 교원에 대하여 교원징계위원회에 징계의결 요구를 하도록 하여 사립학교 교원의 부정 임용 관행을 근절하고자 하는 것임(안 제54조제3항 후단 및 제58조제1항제6호 신설).

이 조문의 현행법과 개정 원안은 아래와 같다.

---

479) 2018. 1. 25. 곽상도의원 등 10인(의안번호: 2011533).

480) 2018년 12월 18일 개정 원안에는 이 곽상도 의원안 외에도 김광수 의원안(2017. 2. 13. 김광수의원 등 10인, 의안번호: 2005607), 송기석 의원안(2017. 12. 20. 송기석의원 등 13인, 의안번호: 2010918)이 있다. 이 원안들은 이후 위원회 심사 단계에서 대안(2018. 11. 29. 교육위원장, 의안번호: 2016900)으로 통합 조정되었다. 이들 개정안 중 제54조에 관한 개정안은 송기석 의원안과 곽상도 의원안이다. 여기에서는 곽상도 의원안의 제안이유·주요내용 및 현행법과 개정 원안을 소개한다. 김광수 의원안은 이 책 [60-2.203] 참조.

현행법	원안
제54조(임용에 관한 보고 및 해임 등의 요구) ① ~ ② (생 략) ③관할청은 사립학교의 교원이 이 법에 규정된 면직사유 및 징계사유에 해당한 때에는 당해 교원의 임용권자에게 그 해임 또는 징계를 요구할 수 있다. <후단 신설>	**제54조(임용에 관한 보고 및 해임 등의 요구)** ① ~ ② (현행과 같음) ③관할청은 사립학교의 교원이 이 법에 규정된 면직사유 및 징계사유에 해당한 때에는 당해 교원의 임용권자에게 그 해임 또는 징계를 요구할 수 있다. 이 경우 해임 또는 징계를 요구받은 임용권자는 특별한 사유가 없으면 해당 교원에 대하여 제62조에 따른 교원징계위원회에 징계의결 요구를 하여야 한다.

• 관할청의 해임 또는 징계요구에 따른 임용권자의 징계의결 요구를 의무화하였다.

(2) 위원회 심사

〈1〉 **교육위원회:** 대안[481]으로 가결되었다.[482]

대안
제54조(임용에 관한 보고 및 해임 등의 요구) ③관할청은 사립학교의 교원이 이 법에 규정된 면직사유 및 징계사유에 해당한 때에는 당해 교원의 임용권자에게 그 해임 또는 징계를 요구할 수 있다. 이 경우 해임 또는 징계를 요구받은 임용권자는 특별한 사유가 없으면 이에 따라야 한다.

위 내용이 포함된 제54조에 관한 회의록 내용은 아래와 같다.

- **교육부차관 박춘란**[483]: 교원의 해임·징계요구에 대한 응답의무 및 의무위반 시 과태료 부분이 되겠습니다. 이 부분에 대해서는 관할청의 해임·징계 요구에 대한 이행강제력을 확보하기 위한 부분이 되겠습니다. 그래서 관할청이 교원의 해임이나 징계 요구를 했을 때 임용권자는 그 부분을 따르도록, 특별한 사유가 없는 한 따르도록 하는 규정이 제3항 후단으로 신설이 되고요, 그리고 그 부분에 대해서 위반했을 때는 과태료가 부과된다는 것으로 보시면 되겠습니다...
- **수석전문위원 정재룡**[484]: 두 개정안은 관할청 징계요구 등의 실효성을 확보하기 위해 사립학교 임용권자에게 특별한 사유가 없는 한 해임 또는 징계 의결하도록

481) 2018. 11. 29. 교육위원장(의안번호: 2016900).
482) 제364회 국회(정기회) 제7차 전체회의, 교육위원회회의록, 2018. 11. 15., 8면.
483) 제364회 국회(정기회) 제2차 법안심사소위, 교육위원회회의록, 2018. 11. 12., 34면.
484) 제364회 국회(정기회) 제2차 법안심사소위, 교육위원회회의록, 2018. 11. 12., 47면.

의무를 부여하는 사항입니다. 사립학교의 독자적인 징계권한을 약화시킬 우려가 있다는 반대 입장도 있으나 관할청이 어떤 종류의 징계를 할 것인지를 강제하는 것이 아니라 최소한 징계 의결이 이루어지도록 하는 의무규정이므로 사학의 자율성을 과도하게 침해하는 것이라고 보기는 어렵다고 봅니다. 두 개정안에 좀 차이가 있는 부분은요, 징계요구에만 징계의결요구 의무를 부과할 것인지 아니면 해임요구에도 같이 의결요구 의무를 부과할 것인지 그 차이인데요, 생각건대 교원의 해임 요구에 대해서도 강제력을 부과할 필요가 있어 보이고, 현재 면직 사유로 인한 해임은 제58조제2항에 따라 교원징계위원회의 동의를 얻도록 하고 있습니다. 이런 사항 등을 고려해서 수정의견으로 징계위원회의 징계의결 및 해임동의를 모두 포함하기 위해 "징계의결 요구를 하여야 한다"를 "이에 따라야 한다"로 수정할 필요가 있어 보입니다. 개정안에 징계의결요구 절차를 명시하지 않아도 징계를 요구받은 임용권자는 제61조제1항에 따라 징계의결의 요구를 교원징계위원회에 해야 할 것입니다.

이어서 다음 쪽에 개정안은 징계의결요구, 해임요구, 재심요구 의무를 미이행하는 경우 과태료를 부과하여 의무 이행을 강제하는 사항입니다. 안 제54조제3항 후단에 따라 신설되는 징계의결요구 의무, 기존에 부과된 해임요구 의무, 재심의요구 의무는 각각 타당한 것으로 보이므로 이를 지키도록 하는 과태료 부과가 사립학교의 자율성을 과도하게 침해하는 경우라고 보기는 어렵다고 봅니다...

- **소위원장 조승래**[485]: 정부 의견 말씀해 주시기 바랍니다.
- **교육부차관 박춘란**[486]: 전문위원 검토의견하고 동일합니다...
- **박용진 위원**[487]: 아까 유치원 관련해서 논의할 때도 이렇게 관할청의 해임과 징계 요구에 따른 임용권자의 징계의결 요구에 따라야 된다는 의무화 조항이 있거든요. 같은 것으로 생각합니다.
- **소위원장 조승래**[488]: 그러면 더 이상 의견이 없으시면…그러면 의사일정 제9항부터 제10항까지는 위원님들의 의견과 전문위원의 의견을 받아들여 위원회(대안)으로 제안하기로 하고, 2건의 법률안은 본회의에 부의하지 않는 것으로 의결하고자 하는데, 이의 없으십니까? (예 하는 위원 있음) 가결되었음을 선포합니다.

485) 第364회 국회(정기회) 제2차 법안심사소위, 교육위원회회의록, 2018. 11. 12., 47면.
486) 第364회 국회(정기회) 제2차 법안심사소위, 교육위원회회의록, 2018. 11. 12., 47면.
487) 第364회 국회(정기회) 제2차 법안심사소위, 교육위원회회의록, 2018. 11. 12., 48면.
488) 第364회 국회(정기회) 제2차 법안심사소위, 교육위원회회의록, 2018. 11. 12., 48면.

〈2〉 **법제사법위원회:** 교육위원회 대안대로 가결되었다.[489] 제54조에 관한 회의록 내용은 아래와 같다.

- **전문위원 이문한**[490]: 의사일정 제57항 사립학교법 일부개정법률안(대안)은 관할청의 해임 또는 징계 요구를 받은 임용권자는 이에 따르도록 하고 사립학교 교원의 면직사유에 부정임용을 추가하며…별다른 문제점이 없다고 보았습니다…
- **위원장 여상규**[491]: 그러면 의사일정…제57항…까지 법률안은 전문위원이 수정한 부분은 수정한 대로, 기타 부분은 원안대로 의결하고자 하는데 이의 있으십니까? (없습니다 하는 위원 있음) 가결되었음을 선포합니다.

(3) 본회의 심의

교육위원회 대안대로 가결되었다.[492] 제54조에 관한 회의록 내용은 아래와 같다.

- **교육위원장대리 신경민**[493]: 제27항 사립학교법 일부개정법률안(대안)에는 그동안 계속 지적을 받았던 사립학교의 의무 문제를 담아냈습니다. 관할청이 해임 또는 징계 요구를 할 경우에 사립학교 측이 이에 따르도록 하고 만약 따르지 않을 경우 과태료를 부과하도록 했습니다…
- **의장 문희상**[494]: 다음은 사립학교법 일부개정법률안(대안)을 의결하도록 하겠습니다. 투표해 주시기 바랍니다. (전자투표) 투표를 다 하셨습니까? 투표를 마칩니다. 투표 결과를 말씀드리겠습니다. 재석 218인 중 찬성 206인, 반대 1인, 기권 11인으로서 사립학교법 일부개정법률안(대안)은 가결되었음을 선포합니다.

(4) 결과

교육위원회 대안으로 개정되었다.

54.210
10. 2020년 12월 22일 개정(법률 제17659호, 2020. 12. 22. 시행)

제54조(임용에 관한 보고 및 해임 등의 요구) ①_각급 학교의 교원 임용권자는 교원

---

489) 제364회 국회(정기회) 제8차 전체회의, 법제사법위원회회의록, 2018. 11. 28., 56면.
490) 제364회 국회(정기회) 제8차 전체회의, 법제사법위원회회의록, 2018. 11. 28., 40면.
491) 제364회 국회(정기회) 제8차 전체회의, 법제사법위원회회의록, 2018. 11. 28., 56면.
492) 제364회 국회(정기회) 제13차 본회의, 국회본회의회의록, 2018. 11. 29., 12면.
493) 제364회 국회(정기회) 제13차 본회의, 국회본회의회의록, 2018. 11. 29., 12면.
494) 제364회 국회(정기회) 제13차 본회의, 국회본회의회의록, 2018. 11. 29., 12면.

> 을 임용(각급 학교의 장으로서 임기 만료로 해임된 경우는 제외한다)하였을 때에는 임용한 날부터 7일 이내에 관할청에 보고하여야 한다.
> ② 삭제
> ③ 관할청은 사립학교의 교원이 이 법에 규정된 면직 사유 및 징계 사유에 해당**할** 때에는 **해당** 교원의 임용권자에게 해임 또는 징계를 요구할 수 있다. 이 경우 해임 또는 징계를 요구받은 임용권자는 특별한 사유가 없으면 이에 따라야 한다.

- 법문을 한글화하고 간결하게 하였다(오직 형식에 관한 개정이므로 자세한 개정경과는 생략함[495]).

III. 현행법

> **제54조(임용에 관한 보고 및 해임 등의 요구)** ① 각급 학교의 교원 임용권자는 교원을 임용(각급 학교의 장으로서 임기 만료로 해임된 경우는 제외한다)하였을 때에는 임용한 날부터 7일 이내에 관할청에 보고하여야 한다.
> ② 삭제
> ③ 관할청은 사립학교의 교원이 이 법에 규정된 면직 사유 및 징계 사유에 해당할 때에는 해당 교원의 임용권자에게 해임 또는 징계를 요구할 수 있다. 이 경우 해임 또는 징계를 요구받은 임용권자는 특별한 사유가 없으면 이에 따라야 한다.

IV. 종합/특기사항

- 제정 당시 제54조는 학교법인 또는 사립학교경영자는 총장·부총장·학장·교장·원장의 임면시 감독청의 승인을 요구했고(제1항), 교원의 임면도 감독청에 보고하도록 했으며(제2항), 감독청은 일정한 사유가 있을 때에 학교법인 또는 사립학교경영자에게 교원의 해직 또는 징계를 요구할 수 있도록 하여(제3항) 감독청의 권한을 극대화하였다.
- 제54조에 대한 주요 변화는 1964년, 1981년, 1990년, 2018년 개정이다. 1964년 개정은, 「사립학교법」이 5·16 쿠데타 이후 국가재건최고회의에서 충분한 검토 없이 제정되어 공공성을 강조한 나머지 사학의 자주성을 지나치게 위축하는 규

495) 이에 관한 구체적 개정경과는 이 책 [1.201] 참조.

정이 있음을 인식하면서 이루어졌다. 학교장 등의 임명은 관할청의 승인사항으로 유지하되 해임·면직은 보고사항으로 간소화하였다(제1항). 그리고 학교법인 또는 사립학교경영자가 임명승인 요청을 하면 관할청은 특별한 사정이 없는 한 승인하도록 하여 관할청 재량의 폭을 좁혔다(제4항 신설). 1981년 개정은 종래 승인사항을 모두 보고사항으로 하였고, 1990년 개정은 각급학교 교원의 임면을 보고사항에서 제외하였으며, 2018년 개정은 관할청이 사립학교 교원에 대하여 임용권자에게 해임·징계를 요구하는 경우 임용권자는 특별한 사유가 없으면 이에 따르도록 하였다.

제54조의2(해임 요구)

54-2.100 I. 제정법

제정법에는 이 조문이 없다.

II. 개정 경과

54-2.201 1. 1964년 11월 10일 개정(법률 제1664호, 1964. 11. 10. 시행)

제54조의2(임명승인의 취소) ①총장·학장(대학교의 학장을 제외한다)·교장 또는 원장이 다음 각호의 1에 해당할 때에는 감독청은 그 임명승인을 취소할 수 있다.
1. 제58조제1항 각호의 1에 해당할 때
2. 학생의 입학(편입학을 포함한다)·수업 및 졸업에 관한 당해 학교의 장의 권한에 속하는 사항으로서 교육관계법률 또는 그 법률에 의한 명령에 위반한 때
3. 이 법 또는 이 법에 의한 명령 또는 다른 교육관계법령에 위반하였을 때
4. 학교에 속하는 회계의 집행에 관하여 부정 또는 현저히 부당한 일을 행하였을 때

②전항의 규정에 의한 임명승인의 취소는 감독청이 당해 학교법인 또는 사립학교경영자에게 그 사유를 밝혀 당해 학교의 장의 해임을 요구한 날로부터 15일이 경과하여도 이에 응하지 아니한 경우에 한한다.

(1) 법률안(문교공보위원회안(대안))[496)]

이 조문의 경우에는 원안[497)]으로 제안되지 않고 위원회 심사 단계에서 대안으로 제안되었다. 이 조문의 현행법과 원안(대안)의 내용을 비교하면 아래와 같다.

현행법	원안(대안)
<신 설>	**제54조의2(임명승인의 취소)** ①총장·학장(대학교의 학장을 제외한다)·교장 또는 원장이 다음 각호의 1에 해당할 때에는 감독청은 그 임명승인을 취소할 수 있다. 1. 제58조제1항 각호의 1에 해당할 때 2. 학생의 입학(편입학을 포함한다)·수업 및 졸업에 관한 당해 학교의 장의 권한에 속하는 사항으로서 교육관계법률 또는 그 법률에 의한 명령에 위반한 때 3. 이 법 또는 이 법에 의한 명령 또는 다른 교육관계법령에 위반하였을 때 4. 학교에 속하는 회계의 집행에 관하여 부정 또는 현저히 부당한 일을 행하였을 때 ②전항의 규정에 의한 임명승인의 취소는 감독청이 당해 학교법인 또는 사립학교경영자에게 그 사유를 밝혀 당해 학교의 장의 해임을 요구한 날로부터 15일이 경과하여도 이에 응하지 아니한 경우에 한한다.

- 학교의 장이 위법·부당한 일을 한 경우 감독청은 그 임명승인을 취소할 수 있게 하였다.

(2) 위원회 심사

〈1〉 **문교공보위원회:** 대안[498)]으로 가결되었다.[499)]

〈2〉 **법제사법위원회:** 문교공보위원회 대안대로 가결되었다.[500)]

496) 1964. 4. 16. 문교공보위원장(의안번호: 060162).
497) 1964. 3. 9. 최영누의원 등 11인(의안번호: 060074).
498) 1964. 4. 16. 문교공보위원장(의안번호: 060162).
499) 제41회 국회(임시회) 제9차 전체회의, 문교공보위원회회의록, 1964. 4. 16., 16면.
500) 제41회 국회(임시회) 제9차 전체회의, 법제사법위원회회의록, 1964. 4. 18., 44면.

(3) 본회의 심의

문교공보위원회 대안대로 가결되었다.[501] 제54조의2에 관한 회의록 내용은 아래와 같다.

- **문교공보위원장 최영두**[502]: 이 법은 혁명기간 동안 혁명의 목적을 달성하기 위해서 제정되었던 교육에관한임시특례법의 몇 개 규정을 충분한 검토 없이 옮겨 규정했기 때문에 공공성을 지나치게 강조한 나머지 사학의 자주성을 지나치게 위축케 하는 몇 개 규정이 있다는 것을 우리는 시인하지 않을 수 없습니다...[503]
- **의장 이효상**[504]: 박한상 의원이 제안한 수정안의 내용은 제20조의2와 제54조의2를 삭제하자는 것이올시다. 여기에 대해서 찬성하시는 분 기립해 주시기 바랍니다. (기립 표결) 재석 98명 중 가 15표, 부는 없습니다. 박한상 의원이 제출한 수정안은 폐기된 것을 선포합니다.

  그 다음에 최두고 의원 제안한 수정안은 그 내용에 있어서 본인이 전부 철회를 다 하시고 남은 것이 하나 있는데 그것은 부칙 제2조 중의 제6항을 신설하자고 하는 것입니다. 최두고 의원이 제안한 수정안 부칙의 제6항 신설 그것과 문공위원회에서 제출한 대안 전체와 일괄해서 여러분의 가부를 물어보겠습니다. (이의 없소 하는 이 있음) 이의 없습니까? (이의 없소 하는 이 많음) 그러면 만장일치로 가결된 것을 선포합니다.

  다음은 지금 그 혹 자구정리할 것이 있으면 이 의장에게 일임해 주시기를 바랍니다. (이의 없소 하는 이 있음) 이의 없으시지요? (이의 없소 하는 이 많음)

(4) 결과

문교공보위원회 대안으로 개정되었다.

54-2.202 2. 1981년 2월 28일 개정(법률 제3373호, 1981. 2. 28. 시행)

제54조의2(임명승인의 취소) ①각급학교의 장이 다음 각호의 1에 해당할 때에는 감독청은 그 임명승인을 취소할 수 있다.

501) 제45회 국회(정기회) 제19차 본회의, 국회본회의회의록, 1964. 10. 28., 25면.
502) 제45회 국회(정기회) 제19차 본회의, 국회본회의회의록, 1964. 10. 28., 18~19면.
503) 이하 발언의 내용에 대해서는 이 책 [20-2.201] 본회의 심의 부분 참조.
504) 제45회 국회(정기회) 제19차 본회의, 국회본회의회의록, 1964. 10. 28., 24~25면.

> 1. 제58조제1항 각호의 1에 해당할 때
> 2. 학생의 입학(편입학을 포함한다)·수업 및 졸업에 관한 당해 학교의 장의 권한에 속하는 사항으로서 교육관계법률 또는 그 법률에 의한 명령에 위반한 때
> 3. 이 법 또는 이 법에 의한 명령 또는 다른 교육관계법령에 위반하였을 때
> 4. 학교에 속하는 회계의 집행에 관하여 부정 또는 현저히 부당한 일을 행하였을 때
>
> ②**제1항**의 규정에 의한 임명승인의 취소는 감독청이 당해 학교법인 또는 사립학교경영자에게 그 사유를 밝혀 당해 학교의 장의 해임을 요구한 날로부터 15일이 경과하여도 이에 응하지 아니한 경우에 한한다.

(1) 법률안(정부안[505])

현행법	원안
제54조의2(임명승인의 취소) ①총장·학장(대학교의 학장을 제외한다)·교장 또는 원장이 다음 각호의 1에 해당할 때에는 감독청은 그 임명승인을 취소할 수 있다. 1. ~ 4. (생 략) ②전항의 규정에 의한 임명승인의 취소는 감독청이 당해 학교법인 또는 사립학교경영자에게 그 사유를 밝혀 당해 학교의 장의 해임을 요구한 날로부터 15일이 경과하여도 이에 응하지 아니한 경우에 한한다.	**제54조의2(임명승인의 취소)** ①각급학교의 장이 다음 각호의 1에 해당할 때에는 감독청은 그 임명승인을 취소할 수 있다. 1. ~ 4. (현행과 같음) ②제1항의 규정에 의한 임명승인의 취소는 감독청이 당해 학교법인 또는 사립학교경영자에게 그 사유를 밝혀 당해 학교의 장의 해임을 요구한 날로부터 15일이 경과하여도 이에 응하지 아니한 경우에 한한다.

- "총장·학장(대학교의 학장을 제외한다)·교장 또는 원장"을 "각급학교의 장"으로 하였다.

(2) 위원회 심사

〈1〉 **문교공보위원회:** 원안대로 가결되었다.[506]

〈2〉 **법제사법위원회:** 원안대로 가결되었다.[507]

505) 1981. 2. 13. 정부(의안번호: CC0145); 제안이유 및 주요내용은 이 책 [4.204] 참조.

506) 제10.5대 국회 제77회 제19차 문교공보위원회국가보위입법회의사무처, 문교공보위원회회의록, 1981. 2. 19., 7면.

507) 제10.5대 국회 제77회 제30차 법제사법위원회국가보위입법회의사무처, 법제사법위원회회의록, 1981. 2.

(3) 본회의 심의

원안대로 가결되었다.[508]

(4) 결과

원안으로 개정되었다.

54-2.203
3. 1990년 4월 7일 개정(법률 제4226호, 1990. 4. 7. 시행)

제54조의2(해임요구) ①각급학교의 장이 다음 각호의 1에 해당할 때에는 **관할청**은 임면권자에게 당해 학교의 장의 해임을 요구할 수 있다.

1. 제58조제1항 각호의 1에 해당할 때
2. 학생의 입학(편입학을 포함한다)·수업 및 졸업에 관한 당해 학교의 장의 권한에 속하는 사항으로서 교육관계법률 또는 그 법률에 의한 명령에 위반한 때
3. 이 법 또는 이 법에 의한 명령 또는 다른 교육관계법령에 위반하였을 때
4. 학교에 속하는 회계의 집행에 관하여 부정 또는 현저히 부당한 일을 행하였을 때

②제1항의 규정에 의한 **해임의 요구**는 **관할청**이 당해 학교법인 또는 사립학교경영자에게 그 사유를 밝혀 **시정을** 요구한 날로부터 15일이 경과하여도 이에 응하지 아니한 경우에 한한다.

(1) 법률안

〈1〉 정부안[509]

현행법	원안
제54조의2(임명승인의 취소) ①각급학교의 장이 다음 각호의 1에 해당할 때에는 감독청은 그 임명승인을 취소할 수 있다. 1. ~ 4. (생 략) ②제1항의 규정에 의한 임명승인의 취소는 감	**제54조의2(해임요구)** ①각급학교의 장이 다음 각호의 1에 해당할 때에는 관할청은 임면권자에게 당해 학교의 장의 해임을 요구할 수 있다. 1. ~ 4. (현행과 같음) ②제1항의 규정에 의한 해임의 요구는 관할청

19., 5면.

508) 제10.5대 국회 제77회 제20차 국회본회의, 국회본회의회의록, 1981. 2. 20., 7면.

509) 1988. 12. 2. 정부(의안번호: 130287); 제안이유 및 주요내용은 이 책 [4.206] 참조.

독청이 당해 학교법인 또는 사립학교경영자에게 그 사유를 밝혀 당해 학교의 장의 해임을 요구한 날로부터 15일이 경과하여도 이에 응하지 아니한 경우에 한한다.	이 당해 학교법인 또는 사립학교경영자에게 그 사유를 밝혀 시정을 요구한 날로부터 15일이 경과하여도 이에 응하지 아니한 경우에 한한다.

• 감독청이 임명승인을 직접 취소하던 것을 임면권자에게 해임을 요구할 수 있도록 하였다.

〈2〉 박석무 의원안[510)]

현행법	원안
제54조의2(임명승인의 취소) ①각급학교의 장이 다음 각호의 1에 해당할 때에는 감독청은 그 임명승인을 취소할 수 있다. 1. ~ 4. (생 략) ②제1항의 규정에 의한 임명승인의 취소는 감독청이 당해 학교법인 또는 사립학교경영자에게 그 사유를 밝혀 당해 학교의 장의 해임을 요구한 날로부터 15일이 경과하여도 이에 응하지 아니한 경우에 한한다.	**제54조의2(임명승인의 취소)** <삭 제>

• 제54조의2를 전부 삭제하였다.

〈3〉 김인곤 의원안[511)]

현행법	원안
제54조의2(임명승인의 취소) ①각급학교의 장이 다음 각호의 1에 해당할 때에는 감독청은 그 임명승인을 취소할 수 있다. 1. ~ 4. (생 략) ②제1항의 규정에 의한 임명승인의 취소는 감독청이 당해 학교법인 또는 사립학교경영자에게 그 사유를 밝혀 당해 학교의 장의 해임을 요구한 날로부터 15일이 경과하여도 이에 응하지 아니한 경우에 한한다.	**제54조의2(해임요구)** ①각급학교의 장이 다음 각호의 1에 해당할 때에는 관할청은 그 해임을 요구할 수 있다. 1. ~ 4. (현행과 같음) ②제1항의 규정에 의한 해임의 요구는 관할청이 당해 학교법인 또는 사립학교경영자에게 그 사유를 밝혀 시정을 요구한 날로부터 15일이 경과하여도 이에 응하지 아니한 경우에 한한다.

510) 1988. 12. 21. 박석무의원 등 70인(의안번호: 130378); 제안이유 및 주요내용은 이 책 [4.206] 참조.
511) 1989. 2. 16. 김인곤의원 등 34인(의안번호: 130422); 제안이유 및 주요내용은 이 책 [4.206] 참조.

• 관할청의 학교장에 대한 임명승인취소권을 해임요구권으로 변경하였다.

〈4〉 **강삼재 의원안**[512)]

현행법	원안
제54조의2(임명승인의 취소) ①각급학교의 장이 다음 각호의 1에 해당할 때에는 감독청은 그 임명승인을 취소할 수 있다. 1. ~ 4. (생 략) ②제1항의 규정에 의한 임명승인의 취소는 감독청이 당해 학교법인 또는 사립학교경영자에게 그 사유를 밝혀 당해 학교의 장의 해임을 요구한 날로부터 15일이 경과하여도 이에 응하지 아니한 경우에 한한다.	**제54조의2(해임요구)** ①각급학교의 장이 다음 각호의 1에 해당할 때에는 관할청은 그 해임을 요구할 수 있다. 1. ~ 4. (현행과 같음) ②제1항의 규정에 의한 해임의 요구는 관할청이 당해 학교법인 또는 사립학교경영자에게 그 사유를 밝혀 시정을 요구한 날로부터 15일이 경과하여도 이에 응하지 아니한 경우에 한한다.

• 관할청의 학교장에 대한 임명승인취소권을 해임요구권으로 변경하였다.

(2) 위원회 심사

〈1〉 **문교공보위원회:** 대안[513)]으로 가결되었다.[514)]

대안
제54조의2(해임요구) ①각급학교의 장이 다음 각호의 1에 해당할 때에는 관할청은 임면권자에게 당해 학교의 장의 해임을 요구할 수 있다. ②제1항의 규정에 의한 해임의 요구는 관할청이 당해 학교법인 또는 사립학교경영자에게 그 사유를 밝혀 시정을 요구한 날로부터 15일이 경과하여도 이에 응하지 아니한 경우에 한한다.

제54조의2에 관한 회의록 내용은 아래와 같다.

• **소위원장 함종한**[515)]: 현재는 각급 학교의 장이 이 법에 의한 면직사유에 해당되거나 법령위반, 회계부정 등에 관여한 때에는 감독청이 그 임명승인을 직접 취소할 수 있게 되어 있는 것을 폐지하고 임면권자에게 해임을 요구할 수 있도록 하고,…이상입니다.

512) 1989. 2. 28. 강삼재의원 등 57인(의안번호: 130463); 제안이유 및 주요내용은 이 책 [4.206] 참조.
513) 1990. 3. 15. 문교공보위원장(의안번호: 130833).
514) 제148회 국회(임시회) 제6차 전체회의, 문교공보위원회회의록, 1990. 3. 14., 8면.
515) 제148회 국회(임시회) 제6차 전체회의, 문교공보위원회회의록, 1990. 3. 14., 3면.

〈2〉 **법제사법위원회:** 문교공보위원회 대안대로 가결되었다.[516] 제54조의2에 관한 회의록 내용은 아래와 같다.

- **함종한 위원**[517]: 현재는 각급 학교의 장이 이 법에 의한 면직사유에 해당되거나 법령위반, 회계부정 등에 관여한 때에는 감독청이 그 임명승인을 직접 취소할 수 있게 되어 있는 것을 임면권자에게 해임을 요구할 수 있도록 하고,…감사합니다.

(3) 본회의 심의

문교공보위원회 대안대로 가결되었다.[518]

(4) 결과

문교공보위원회 대안으로 개정되었다.

4. 2005년 12월 29일 개정(법률 제7802호, 2006. 7. 1. 시행)

제54조의2(해임요구) ①각급학교의 장이 다음 각호의 1에 해당할 때에는 관할청은 임면권자에게 당해 학교의 장의 해임을 요구할 수 있다. **이 경우 해임을 요구받은 임명권자는 특별한 사유가 없는 한 이에 따라야 한다.**

1. 제58조제1항 각호의 1에 해당할 때
2. 학생의 입학(편입학을 포함한다)·수업 및 졸업에 관한 당해 학교의 장의 권한에 속하는 사항으로서 교육관계법률 또는 그 법률에 의한 명령에 위반할 때
3. 이 법 또는 이 법에 의한 명령 또는 다른 교육관계법령에 위반하였을 때
4. 학교에 속하는 회계의 집행에 관하여 부정 또는 현저히 부당한 일을 행하였을 때

②제1항의 규정에 의한 해임의 요구는 관할청이 당해 학교법인 또는 사립학교경영자에게 그 사유를 밝혀 시정을 요구한 날로부터 15일이 경과하여도 이에 응하지 아니한 경우에 한한다.

516) 제148회 국회(임시회) 제6차 전체회의, 법제사법위원회회의록, 1990. 3. 14., 26면.
517) 제148회 국회(임시회) 제6차 전체회의, 법제사법위원회회의록, 1990. 3. 14., 18~19면.
518) 제148회 국회(임시회) 제9차 본회의, 국회본회의회의록, 1990. 3. 16., 15~16면.

(1) 법률안(복기왕 의원안[519])

현행법	원안
제54조의2(해임요구) ①각급학교의 장이 다음 각 호의 1에 해당할 때에는 관할청은 임면권자에게 당해 학교의 장의 해임을 요구할 수 있다. <후단 신설> 1. ~ 4. (생 략) ② (생 략)	**제54조의2(해임요구)** ①각급학교의 장이 다음 각 호의 1에 해당할 때에는 관할청은 임면권자에게 당해 학교의 장의 해임을 요구할 수 있다. 이 경우 해임을 요구받은 임명권자는 특별한 사유가 없는 한 이에 따라야 한다. 1. ~ 4. (현행과 같음) ② (현행과 같음)

- 해임요구를 받은 임면권자는 특별한 사유가 없는 한 관할청의 요구에 따르도록 하였다.

(2) 위원회 심사

〈1〉 **교육위원회:** 심사 미료

국회의장이 지정한 심사기간(2005. 9. 16 24:00) 내에 심사가 미료됨에 따라 소관 상임위원장의 중간심사보고(구두보고) 후 본회의로 바로 상정하였다(「국회법」 제85조의2).

〈2〉 **법제사법위원회:** 심사 미료

(3) 본회의 심의

원안대로 가결되었다.[520] 이 조문의 회의록 내용은 2005. 12. 29. 개정조문 제8조의2와 공통적이어서 생략한다.[521]

(4) 결과

원안으로 개정되었다.

54-2.205 5. 2015년 3월 27일 개정(법률 제13224호, 2015. 3. 27. 시행)

제54조의2(해임요구) ①관할청은 각급학교의 장이 다음 각 호의 어느 하나에 해당

519) 2004. 10. 20. 복기왕의원 등 150인(의안번호: 170595); 제안이유 및 주요내용은 이 책 [10-2.201] 참고.
520) 제256회 국회(정기회) 제16차 본회의, 국회본회의회의록, 2005. 12. 9., 2~3면.
521) 이 책 [8-2.201] 참조.

할 때에는 임면권자에게 **해당** 학교의 장의 해임을 요구할 수 있다. 이 경우 해임을 요구받은 임면권자는 특별한 사유가 없으면 이에 따라야 한다.

1. 제58조제1항 각호의 1에 해당할 때
2. 학생의 입학(편입학을 포함한다)·수업 및 졸업에 관한 당해 학교의 장의 권한에 속하는 사항으로서 교육관계법률 또는 그 법률에 의한 명령에 위반할 때
3. 이 법 또는 이 법에 의한 명령 또는 다른 교육관계법령에 위반하였을 때
4. 학교에 속하는 회계의 집행에 관하여 부정 또는 현저히 부당한 일을 행하였을 때

②제1항의 규정에 의한 해임의 요구는 관할청이 당해 학교법인 또는 사립학교경영자에게 그 사유를 밝혀 시정을 요구한 날로부터 15일이 경과하여도 이에 응하지 아니한 경우에 한한다.

(1) 법률안(정부안[522])

이 조문을 포함한 개정 대상 조문의 제안이유 및 주요내용은 아래와 같다.

- 제안이유 및 주요내용

  관할청이 징계를 요구한 사립학교 교원에 대한 교원징계위원회의 징계의결이 징계사유에 비추어 가볍다고 인정되는 경우에는 관할청이 해당 교원의 임면권자로 하여금 교원징계위원회에 재심의를 요구하게 할 수 있도록 하고, 사립학교 교원의 징계시효를 2년에서 3년으로 연장하되, 성범죄를 저지른 경우에는 징계시효를 5년으로 연장함으로써 징계처분의 실효성을 확보하고 사립학교 교원의 성범죄에 보다 강력하게 대처하려는 것임.

이 조문의 현행법과 개정 원안은 아래와 같다.

현행법	원안
제54조의2(해임요구) ①각급학교의 장이 다음 각 호의 1에 해당할 때에는 관할청은 임면권자에게 당해 학교의 장의 해임을 요구할 수 있다. 이 경우 해임을 요구받은 임명권자는 특별한 사유가 없는 한 이에 따라야 한다. 1. ~ 4. (생 략)	**제54조의2(해임요구)** ①관할청은 각급학교의 장이 다음 각 호의 어느 하나에 해당할 때에는 임면권자에게 해당 학교의 장의 해임을 요구할 수 있다. 이 경우 해임을 요구받은 임면권자는 특별한 사유가 없으면 이에 따라야 한다. 1. ~ 4. (현행과 같음)

522) 2012. 12. 21. 정부(의안번호: 1903117).

② (생 략)	② (현행과 같음)

(2) 위원회 심사

〈1〉 **교육문화체육관광위원회:** 대안[523]으로 가결되었다(이 조문의 경우에는 원안과 대안의 내용이 동일함).[524]

〈2〉 **법제사법위원회:** 교육문화체육관광위원회 대안대로 가결되었다.[525]

(3) 본회의 심의

교육문화체육관광위원회 대안대로 가결되었다.[526]

(4) 결과

교육문화체육관광위원회 대안으로 개정되었다.

54-2.206

6. 2016년 2월 3일 개정(법률 제13938호, 2016. 2. 3. 시행)

제54조의2(해임요구) ①관할청은 각급학교의 장이 다음 각 호의 어느 하나에 해당할 때에는 **임용권자**에게 해당 학교의 장의 해임을 요구할 수 있다. 이 경우 해임을 요구받은 **임용권자**는 특별한 사유가 없으면 이에 따라야 한다.

1. 제58조제1항 각호의 1에 해당할 때
2. 학생의 입학(편입학을 포함한다)·수업 및 졸업에 관한 당해 학교의 장의 권한에 속하는 사항으로서 교육관계법률 또는 그 법률에 의한 명령에 위반할 때
3. 이 법 또는 이 법에 의한 명령 또는 다른 교육관계법령에 위반하였을 때
4. 학교에 속하는 회계의 집행에 관하여 부정 또는 현저히 부당한 일을 행하였을 때

②제1항의 규정에 의한 해임의 요구는 관할청이 당해 학교법인 또는 사립학교경영자에게 그 사유를 밝혀 시정을 요구한 날로부터 15일이 경과하여도 이에 응하지 아니한 경우에 한한다.

---

523) 2015. 3. 3. 교육문화체육관광위원장(의안번호: 1914127).
524) 제331회 국회(임시회) 제3차 전체회의, 교육문화체육관광위원회회의록, 2015. 2. 11., 14면.
525) 제331회 국회(임시회) 제5차 전체회의, 법제사법위원회회의록, 2015. 3. 2., 56면.
526) 제331회 국회(임시회) 제8차, 국회본회의회의록, 2015. 3. 3., 30면.

• 제2조를 개정함에 따라 “임면”을 “임용”으로 변경하였다(오직 형식에 관한 개정이므로 자세한 개정경과는 생략함[527]).

07 7. 2020년 12월 22일 개정(법률 제17659호, 2020. 12. 22. 시행)

제54조의2(해임 요구) ① 관할청은 각급 학교의 장이 다음 각 호의 어느 하나에 해당할 때에는 임용권자에게 해당 학교의 장의 해임을 요구할 수 있다. 이 경우 해임을 요구받은 임용권자는 특별한 사유가 없으면 이에 따라야 한다.

1. 제58조제1항 각 호의 **어느 하나**에 해당할 때
2. 학생의 입학(편입학을 포함한다), 수업 및 졸업에 관한 **해당** 학교의 장의 권한에 속하는 사항으로서 교육 관계 법률 또는 그 법률에 **따른** 명령을 위반**하였을** 때
3. 이 법, 이 법에 **따른** 명령 또는 다른 교육 관계 법령을 위반하였을 때
4. 학교에 속하는 회계의 집행에 관하여 **부정한 일을 하였거나** 현저히 부당한 일을 하였을 때

② **제1항에 따른** 해임 요구는 관할청이 **해당** 학교법인 또는 사립학교경영자에게 그 사유를 밝혀 시정을 요구한 날부터 15일이 **지나도** 이에 **따르지** 아니한 경우에**만 한다.**

• 법문을 한글화하고 간결하게 하였다(오직 형식에 관한 개정이므로 자세한 개정경과는 생략함[528]).

00 III. 현행법

제54조의2(해임 요구) ① 관할청은 각급 학교의 장이 다음 각 호의 어느 하나에 해당할 때에는 임용권자에게 해당 학교의 장의 해임을 요구할 수 있다. 이 경우 해임을 요구받은 임용권자는 특별한 사유가 없으면 이에 따라야 한다.

1. 제58조제1항 각 호의 어느 하나에 해당할 때

527) 이에 관한 구체적 개정경과는 이 책 [2.204] 참조.
528) 이에 관한 구체적 개정경과는 이 책 [1.201] 참조.

2. 학생의 입학(편입학을 포함한다), 수업 및 졸업에 관한 해당 학교의 장의 권한에 속하는 사항으로서 교육 관계 법률 또는 그 법률에 따른 명령을 위반하였을 때
3. 이 법, 이 법에 따른 명령 또는 다른 교육 관계 법령을 위반하였을 때
4. 학교에 속하는 회계의 집행에 관하여 부정한 일을 하였거나 현저히 부당한 일을 하였을 때

② 제1항에 따른 해임 요구는 관할청이 해당 학교법인 또는 사립학교경영자에게 그 사유를 밝혀 시정을 요구한 날부터 15일이 지나도 이에 따르지 아니한 경우에만 한다.

54-2.400

IV. 종합/특기사항

- 제54조의2는 제20조의2와 동일한 맥락으로 1964년 개정으로 신설되었는데 심의과정에서 공공성을 너무 강조한 나머지 사학의 자주성을 지나치게 위축시킨다는 비판이 제45회 국회(정기회) 제19차 본회의(64. 10. 28.)에서 매우 활발하게 개진되었다.
- 제54조의2에 대한 중요한 변화는 1990년, 2005년 개정이다. 1990년 개정은 관할청이 임명승인을 직접 취소하던 것을 임면권자에게 해임을 요구할 수 있도록 하였고, 2005년 개정은 관할청으로부터 해임요구가 있는 경우 임면권자는 특별한 사유가 없는 한 이에 따르도록 하였다.
- 2005년 개정 과정에서 정치적 입장에 따라 매우 격렬한 의견대립이 있었다. 제256회 국회(정기회) 제16차 본회의(2005. 12. 9.)에서 나타난 원색적 언동은 그 사정을 잘 보여준다.[529)]

제54조의3(임명의 제한)

54-3.100

I. 제정법

제정법에는 이 조문이 없다.

529) 제256회 국회(정기회) 제16차 본회의, 국회본회의회의록, 2005. 12. 9., 2~3면.

II. 개정 경과

1. 1973년 3월 10일 개정(법률 제2587호, 1973. 3. 10. 시행)

제54조의3(임명의 제한) 제20조의2의 규정에 의하여 임원취임승인이 취소된 자 또는 제54조의2의 규정에 의하여 임명승인이 취소된 자는 그 취소된 날로부터 2년이 경과하지 아니한 때에는 총장·학장(대학교의 학장을 제외한다)·교장 또는 원장에 임명될 수 없다.

(1) 법률안(대통령안[530])

현행법	원안
<신 설>	**제54조의3(임명의 제한)** 제20조의2의 규정에 의하여 임원취임승인이 취소된 자 또는 제54조의2의 규정에 의하여 임명승인이 취소된 자는 그 취소된 날로부터 2년이 경과하지 아니한 때에는 총장·학장(대학교의 학장을 제외한다)·교장 또는 원장에 임명될 수 없다.

- 임원취임 승인 또는 임명 승인이 취소된 사람은 그때로부터 2년이 경과하지 않으면 총장·교장 등에 임명될 수 없도록 하였다.

(2) 비상국무회의 심의

원안대로 가결되었다.[531] 제54조의3에 관한 회의록 내용은 아래와 같다.

- **간사(총무국장 정관용)[532]**: 제165호 사립학교법 중 개정법률안, 제166호 한국교육개발육성법, 이상 2건은 문교부 소관입니다. 일괄 상정하겠습니다.
- **문교부장관(민관식)[533]**: 설명드리겠습니다. 먼저 제165호에 대해서 말씀드리면 임원취임승인이 취소된 자와 총장·학장·교장·원장의 임명승인이 취소된 자로

530) 1973. 2. 26. 대통령(의안번호: BB0257); 제안이유 및 주요내용은 이 책 [22.201] 참조.
531) 제14회 비상국무회의회의록, 1973. 2. 26., 183면; http://theme.archives.go.kr/viewer/common/archWebViewer.do?singleData=Y&archiveEventId=0028725564.
532) 제14회 비상국무회의회의록, 1973. 2. 26., 198면.
533) 제14회 비상국무회의회의록, 1973. 2. 26., 198~199면.

서 2년이 경과하지 아니한 자는 임원 또는 학교의 장이 될 수 없도록 하고 국민학교, 중학교, 고등학교, 실업고등전문학교 및 전문학교 등 사립학교의 교원임용에 있어서 감독청의 승인을 얻도록 하고자 하는 것입니다. …이상입니다.

• 부총리(태완선)[534]: 질문 없습니까? 다음.

(3) 결과

원안으로 개정되었다.

54-3.202

2. 1981년 2월 28일 개정(법률 제3373호, 1981. 2. 28. 시행)

제54조의3(임명의 제한) ①다음 각호의 1에 해당하는 자는 학교의 장에 임명될 수 없다.
1. 제20조의2의 규정에 의하여 임원취임승인이 취소되고 2년이 경과하지 아니한 자
2. 제54조의2의 규정에 의하여 임명승인이 취소되고 2년이 경과하지 아니한 자
3. 교육공무원법 제35조의2의 규정에 의하여 퇴직한 자

②학교법인의 설립자(법인의 경영권이 이전되었을 경우에는 현재의 경영권자를 말한다) 및 그 설립자와 다음 각호의 1의 관계에 있는 자는 당해 학교법인이 설치·경영하는 대학교육기관의 장에 임명될 수 없다.
1. 배우자
2. 직계존속 및 직계비속과 그 배우자

(1) 법률안(정부안[535])

현행법	원안
제54조의3(임명의 제한) 제20조의2의 규정에 의하여 임원취임승인이 취소된 자 또는 제54조의2의 규정에 의하여 임명승인이 취소된 자는 그 취소된 날로부터 2년이 경과하지 아니한 때에는 총장·학장(대학교의 학장을 제외한다)·교장 또는 원장에 임명될 수 없다.	제54조의3(임명의 제한) ①다음 각호의 1에 해당하는 자는 학교의 장에 임명될 수 없다. 1. 제20조의2의 규정에 의하여 임원취임승인이 취소되고 2년이 경과하지 아니한 자 2. 제54조의2의 규정에 의하여 임명승인이 취소되고 2년이 경과하지 아니한 자

534) 제14회 비상국무회의회의록, 1973. 2. 26., 199면.

<신 설>	3. 교육공무원법 제35조의2의 규정에 의하여 퇴직한 자
<신 설>	②학교법인의 설립자(법인의 경영권이 이전되었을 경우에는 현재의 경영권자를 말한다) 및 그 설립자와 다음 각호의 1의 관계에 있는 자는 당해 학교법인이 설치·경영하는 대학교육기관의 장에 임명될 수 없다. 1. 배우자 2. 직계존속 및 직계비속과 그 배우자

- 임명제한사유를 추가하고(제1항제3호), 학교법인의 설립자 및 그와 일정한 관계에 있는 사람은 해당 학교법인이 설치·경영하는 대학교육기관의 장으로 취임할 수 없도록 하였다(제2항).

(2) 위원회 심사

〈1〉 **문교공보위원회:** 원안대로 가결되었다.[536] 제54조의3에 관한 회의록 내용은 아래와 같다.

- **문교부장관 김판영**[537]: 학교법인의 설립자, 설립자의 배우자, 설립자의 직계 존·비속 및 그 배우자는 당해 학교법인이 설치·경영하는 대학의 총장 및 학장으로 취임할 수 없도록 하고,…이상 제안설명 드린 사립학교법 중 개정법률안에 대하여 심의하시어 원안대로 통과시켜 주시면 감사하겠습니다…
- **남재희 위원**[538]: 우리 교육전문가들이 상당히 많으신데 교육전문가들이 일을 앞으로 많이 해주실 것으로 믿고 다만 이제 문교부측에 하나 제가 궁금한 것이 있어서 한번 참작을 하고자 하나 물어보고 싶습니다.

  사립학교법 중 개정법률안이 성안되고 있다는 얘기는 이미 보도도 된 것으로 알고 있고 여러 가지 전문되는 바가 많았습니다. 현재 예를 들면 그 서두에 나

535) 1981. 2. 13. 정부(의안번호: CC0145); 제안이유 및 주요내용은 이 책 [4.204] 참조.
536) 제10.5대 국회 제77회 제19차 문교공보위원회국가보위입법회의사무처, 문교공보위원회회의록, 1981. 2. 19., 7면.
537) 제10.5대 국회 제77회 제19차 문교공보위원회국가보위입법회의사무처, 문교공보위원회회의록, 1981. 2. 19., 3면.
538) 제10.5대 국회 제77회 제19차 문교공보위원회국가보위입법회의사무처, 문교공보위원회회의록, 1981. 2. 19., 5~6면.

와 있는 설립자나 그 배우자 등등은 해당 학교법인이 설치·경영하는 대학의 총장·학장에 임면할 수 없다. 예를 들면 이런 규정에 있어서 전문되는 바에 의하면 애초에는 이것이 중등학교까지 확대적용하는 것으로 전문이 되었습니다. 그런데 그 당시 저도 전문가는 아닙니다마는 가령 국가의 사립학교에 대한 재정지원이 매우 미약한 그런 형편에서 고등학교까지도 설립자나 연고자가 교장이 될 수 없다면 고등학교를 설립하는 사람들이 어떠한 인센티브가 있어서 그런 것을 하겠느냐 상당히 걱정했습니다. 그런데 요번 안을 보니까 그 문제는 대학교에만 국한했고 고등학교까지 확대를 안 해서 제가 상식적으로 생각하는 그러한 의견으로서는 잘 된 것이다 생각하는데, ... 그런 문제에 대해서 문교부장관으로서 기본적인 철학이 어떤 것이냐 이런 것을 말씀해 주시면 저희들의 이해에 상당히 도움이 되겠다고 생각합니다...

- 정의숙 위원[539]: 사립학교를 좀 더 경제적으로 도와주는 그러한 것을 할 수 있다. 조성을 할 수 있다. 그렇게 되어 있는 것을 지적했는데 그것은 일개 조문으로서 그렇게 되어 있다는 것이 부족하다고 지적이 되어 있는데요. 조금 더 여기에 대해서 구체적인 어떠한 말씀을 해주실 수 있겠는지 질의 하나 더 하고 싶습니다.
- 문교부장관 김판영[540]: 답변 말씀을 드리겠습니다. …남재희위원님께서 말씀하신 여러 가지 개정안이 종전의 법인의 권한을 축소시켰는데 이에 비해서 사학을 지원하는 특히 재정적인 면에서 지원하는데 대한 문교부의 방침이라고 그럴까 또는 계획이 어떠한가 하는 것으로 저는 질의를 받아 들였습니다마는 …
- 남재희 위원[541]: 그러니까 요번에 이것을 처음에는 고등학교까지 확대한다고 알려졌었는데 안 한 것이 잘 됐다 저는 그렇게 봅니다. 왜냐하면 국가의 재정적 지원이 미미하기 때문에 대학의 총장·학장이 설립자에 관계되지 못하도록 한 것이고 제가 보기에는 국가의 재정적 지원이 많을 것이니까, 고등학교는 안 했는데 원칙적으로 보면 현재로서는 잘 되었지만 장기적으로는 고등학교까지 이런 유형으로 돼야 하지 않겠느냐 하는 그런 문제에 대해 종합적으로 문교부의 말하자면 장기적인 안목은 어떤 것이냐 이런 것입니다.
- 문교부장관 김판영[542]: 예. 남재희위원님의 사학을 제도적으로 지원하는 장기적

539) 제10.5대 국회 제77회 제19차 문교공보위원회국가보위입법회의사무처, 문교공보위원회회의록, 1981. 2. 19., 6면.
540) 제10.5대 국회 제77회 제19차 문교공보위원회국가보위입법회의사무처, 문교공보위원회회의록, 1981. 2. 19., 6면.
541) 제10.5대 국회 제77회 제19차 문교공보위원회국가보위입법회의사무처, 문교공보위원회회의록, 1981. 2. 19., 6면.
542) 제10.5대 국회 제77회 제19차 문교공보위원회국가보위입법회의사무처, 문교공보위원회회의록, 1981. 2.

인 계획이나 여기에 대한 문교부의 태도 이런 데 대하여 질의가 계셨는데 정위원님의 두 번째 질의의 내용도 이것하고 같다고 생각해서 간단하게 말씀드리겠습니다.

사실 문교부로서는 이 사립학교법을 개정함과 동시에 사학을 건전하게 육성해 나가기 위한 지원을 중심으로 한 법안의 제정까지도 생각해 본 바가 있었습니다. 그러나 그것이 여러 가지 면에서 매우 번폐스럽고 현단계로서는 다소 실현이 금방 되지 못할 이러한 법만 제정되는 결과를 가져오지 않을까 이렇게 생각을 해서 사립학교법을 개정하는 가운데에 사학에 대한 재정적인 지원조항을 하나 삽입을 하였습니다. 구체적으로 말씀드릴 단계는 아닙니다마는 특히 앞으로 교육세가 제정이 됐을 때에 저희들은 그 가운데에서 일정한 액수를 적립해 나갈 그런 계획을 세우고 있습니다. 구체적으로 아직도 완전히 계획을 말씀드리지 못하는 단계에 있는 것은 교육세 자체가 현재로 보아서는 아직도 확정된 것이 아니기 때문에 그러한 구체적인 말씀을 드리지 못하지만 앞으로는 이렇게 해서 사립학교를 지원육성하기 위한 일정한 액수의 금액을 해마다 적립해 나갈 계획을 갖고 있습니다.

- **위원장 송지영**[543]: 더 질의하실 분 안 계시면 이 법안에 대한 질의를 종결하려고 합니다. 이의 없으신가요? (이의 없습니다 하는 이 있음) 그러면 질의 종결을 선포합니다. 다음은 토론과 축조심의 순서가 되겠습니다마는 위원 여러분께서 양해해 주신다면 이를 생략하고자 하는데 이의 없으신가요? (이의 없습니다 하는 이 있음) 그러면 의사일정 제2항 사립학교법 중 개정법률안을 정부원안대로 의결하는데 이의 없습니까? (이의 없습니다 하는 이 있음) 그러면 이것으로서 가결된 것을 선포합니다.

〈2〉 **법제사법위원회:** 원안대로 가결되었다.[544] 제54조의3에 관한 회의록 내용은 아래와 같다.

- **문교부장관 김판영**[545]: 첫째, 학교법인의 설립자, 설립자의 배우자, 설립자의 직계 존·비속 및 그 배우자는 당해 학교법인이 설치·경영하는 대학의 총장 및 학

19., 6~7면.

543) 第10.5대 국회 제77회 제19차 문교공보위원회국가보위입법회의사무처, 문교공보위원회회의록, 1981. 2. 19., 7면.

544) 第10.5대 국회 제77회 제30차 법제사법위원회국가보위입법회의사무처, 법제사법위원회회의록, 1981. 2. 19., 5면.

545) 第10.5대 국회 제77회 제30차 법제사법위원회국가보위입법회의사무처, 법제사법위원회회의록, 1981. 2. 19., 3면.

장으로 취임할 수 없도록 하고,…이상 제안설명 드린 사립학교법 중 개정법률안에 대하여 심의하시어 원안대로 통과시켜 주시면 감사하겠습니다…

- **박승재 위원**[546]: 본인은 모든 입법이 제3자에게 막심한 손해를 끼쳐서는 안 된다고 생각하는 사람입니다. 따라서 이러한 측면에서 볼 때 사립학교법 중 개정률안 중에 제54조의3의 경우에 약간의 문제점이 있지 않나 생각합니다. 이 조항은 현행 사립대학의 설립자들이 족벌체제로 사회적인 여러 가지 피해 사안을 벗어낸 것은 사실입니다. 이러한 사실을 가지고 이러한 사실을 정화한다는 의미에서 이 조항은 상당히 의의가 있는 조항일 뿐만 아니라 연구를 많이 한 조항으로 치하해 마지않습니다. 그러나 문제는 설립자, 설립자의 배우자는 설립자의 설치·경영하는 대학의 총장 또는 학장에 취임할 수 없도록 한 것은 좋은데 그 직계존속·비속까지를 묶는다고 하는 것이 이것은 완전한 의미에 있어서 선의의 제3자에게 막심한 손해를 줄 것입니다. 아버지의 사업에 아버지가 설립한 학교라고 해서 아들이 그것도 유자격자가 거기에 총·학장에 취임할 수 없다는 것은 상당한 법률체계상 문제가 있지 않나 생각합니다. 따라서 본 조문은 학교법인의 설립자, 설립자의 배우자까지만 총·학장에 취임할 수 없도록 하고 그 직계존속 또는 비속 등에게는 그 길을 열어주는 것이 마땅하다고 본 위원은 생각합니다. 이 점에 더해서 문교부측의 답변을 듣기를 바랍니다.
- **위원장대리 김영균**[547]: 문교부장관 답변해 주시기 바랍니다.
- **문교부장관 김판영**[548]: 박승재위원님의 말씀은 일면으로 생각을 하면 당연하고도 지당한 말씀이라고 생각됩니다. 그러나 본 사립학교법 개정안을 제안하는 입장에서 본다면 특히 작년의 경우 학원 내에서 이러한 관계로 해서 학원내에 학생과 학교 경영당국 간에 분규가 매우 심하게 일어난 것을 우리는 잊지를 못하고 있습니다. 만약에 직계존속이나 직계비속이 그야말로 선의의 학교경영을 해 나갔다고 하면 오늘날 우리나라에 있어서 이와 같은 개정안이 제안될 만한 그러한 문제는 야기되지 않았을 것입니다. 그러나 대체적인 경우를 말했을 때에 설립자 본인 또는 배우자 그리고 바로 직계존속 및 직계비속이 경영자가 되었을 때에는 그 학교는 거의 사회적인 공공기관으로서의 공익단체로서의 성격을 일탈하고 거의 독재적인 이러한 독주하는 경영을 하는 경우를 이 나라에서 우리가 참 너무

---

546) 第10.5대 국회 第77회 第30차 법제사법위원회국가보위입법회의사무처, 법제사법위원회회의록, 1981. 2. 19., 4~5면.

547) 第10.5대 국회 第77회 第30차 법제사법위원회국가보위입법회의사무처, 법제사법위원회회의록, 1981. 2. 19., 5면.

548) 第10.5대 국회 第77회 第30차 법제사법위원회국가보위입법회의사무처, 법제사법위원회회의록, 1981. 2. 19., 5면.

나 많이 보아 오게 된 것이 매우 부끄럽고 또한 불행한 일이라 아니할 수 없었습니다. 이래서 여러 가지 면에서 생각 끝에 이번에 이러한 개정안을 내게 된 문교부의 어려웠던 심정 그리고 앞으로 내다보고 있는 문교부의 사정을 충분히 이해하시와 오직 사립학교의 공공성을 어떻게 하면 가장 철저히 보장할 수 있을까 하는 이 점에 위원님 여러분께서는 깊은 배려를 해주시기를 바라 마지않습니다.

- **위원장대리 김영균**[549]: 다른 위원 의견이 없으십니까? (없습니다 하는 이 있음) 다른 의견이 없으시면…다음은 사립학교법 중 개정법률안을 전문위원이 자구수정한 부분은 수정한 대로 기타 부분은 원안대로 의결하고자 하는데 이의 없으십니까? (없습니다 하는 이 있음) 그러면 가결되었음을 선포합니다.

(3) 본회의 심의

원안대로 가결되었다.[550]

(4) 결과

원안으로 개정되었다.

3. 1981년 11월 23일 개정(법률 제3458호, 1982. 1. 3. 시행)

제54조의3(임명의 제한) ①다음 각호의 1에 해당하는 자는 학교의 장에 임명될 수 없다.

1. 제20조의2의 규정에 의하여 임원취임승인이 취소되고 2년이 경과하지 아니한 자
2. 제54조의2의 규정에 의하여 임명승인이 취소되고 2년이 경과하지 아니한 자
3. 국가공무원법 제49조의 규정에 의하여 퇴직한 자

②학교법인의 설립자(법인의 경영권이 이전되었을 경우에는 현재의 경영권자를 말한다) 및 그 설립자와 다음 각호의 1의 관계에 있는 자는 당해 학교법인이 설치·경영하는 대학교육기관의 장에 임명될 수 없다.

1. 배우자

549) 제10.5대 국회 제77회 제30차 법제사법위원회국가보위입법회의사무처, 법제사법위원회회의록, 1981. 2. 19., 5면.

550) 제10.5대 국회 제77회 제20차 국회본회의, 국회본회의회의록, 1981. 2. 20., 7면.

2. 직계존속 및 직계비속과 그 배우자

• 다른 법률 개정에 따라 임면제한사유의 하나였던 「교육공무원법」 제35조의2를 「국가공무원법」 제49조로 변경하였다.

54-3.204

4. 1986년 5월 9일 개정(법률 제3812호, 1986. 5. 9. 시행)

제54조의3(임명의 제한) ①다음 각호의 1에 해당하는 자는 학교의 장에 임명될 수 없다.

1. 제20조의2의 규정에 의하여 임원취임승인이 취소되고 2년이 경과하지 아니한 자
2. 제54조의2의 규정에 의하여 임명승인이 취소되고 2년이 경과하지 아니한 자
3. 국가공무원법 제49조의 규정에 의하여 퇴직한 자

②학교법인의 **이사장과** 다음 각호의 1의 관계에 있는 자는 당해 학교법인이 설치·경영하는 대학교육기관의 장에 임명될 수 없다.

1. 배우자
2. 직계존속 및 직계비속과 그 배우자

(1) 법률안

〈1〉 **김일윤 의원안**[551]

현행법	원안
제54조의3(임명의 제한) ① (생 략) ②학교법인의 설립자(법인의 경영권이 이전되었을 경우에는 현재의 경영권자를 말한다) 및 그 설립자와 다음 각호의 1의 관계에 있는 자는 당해 학교법인이 설치·경영하는 대학교육기관의 장에 임명될 수 없다. 1. ~ 2. (생 략)	**제54조의3(임명의 제한)** <삭 제>

• 제54조의3 전부를 삭제하였다.

551) 1985. 6. 7. 김일윤의원 등 19인(의안번호: 120042); 제안이유 및 주요내용은 이 책 [4.205] 참조.

〈2〉 정동성 의원안[552)]

현행법	원안
제54조의3(임명의 제한) ① (생 략) ②학교법인의 설립자(법인의 경영권이 이전되었을 경우에는 현재의 경영권자를 말한다) 및 그 설립자와 다음 각호의 1의 관계에 있는 자는 당해 학교법인이 설치·경영하는 대학교육기관의 장에 임명될 수 없다. 1. ~ 2. (생 략)	**제54조의3(임명의 제한)** ① (현행과 같음) ②학교법인의 이사장과 다음 각호의 1의 관계에 있는 자는 당해 학교법인이 설치·경영하는 대학교육기관의 장에 임명될 수 없다. 1. ~ 2. (현행과 같음)

• 총장·학장의 임면제한을 완화하였다.

(2) 위원회 심사

〈1〉 문교공보위원회: 대안[553)]으로 가결되었다.[554)]

대안
제54조의3(임명의 제한) ②학교법인의 이사장과 다음 각호의 1의 관계에 있는 자는 당해 학교법인이 설치·경영하는 대학교육기관의 장에 임명될 수 없다. 1. 배우자 2. 직계존속 및 직계비속과 그 배우자

위 내용이 포함된 제54조의3에 관한 회의록 내용은 아래와 같다.

- **전문위원**[555)]: 다음에는 지금 현재는 설립자 및 가족들이 총·학장이 될 수 없게 한 것을 이사장과 총·학장을 겸직하지 않는 범위내에서 총·학장이 될 수 있도록 총·학장의 취임제한 규정을 완화한 내용입니다. 그것은 법안 제54조의3제2항에 해당이 되겠습니다...
- **김재광 위원**[556)]: 제54조의3제2항을 다음과 같이 한다. "학교법인의 이사장과 다음 각호의 1의 관계에 있는 자는 당해 학교법인이 설치·경영하는 대학교육기관의 장에 임명될 수 없다." 이래 가지고 "배우자·직계존속 및 직계비속과 그 배

552) 1985. 12. 7. 정동성의원 등 40인(의안번호: 120179); 제안이유 및 주요내용은 이 책 [3.204] 참조.
553) 1986. 4. 8. 문교공보위원장(의안번호: 120225).
554) 제129회 국회(임시회) 제5차 전체회의, 문교공보위원회회의록, 1986. 4. 7., 7면.
555) 제129회 국회(임시회) 제5차 전체회의, 문교공보위원회회의록, 1986. 4. 7., 2면.
556) 제129회 국회(임시회) 제5차 전체회의, 문교공보위원회회의록, 1986. 4. 7., 5면.

우자" 이랬는데 설명을 들어서 압니다마는 이것은 잘못하면 상당히 물의와 해석의 차이가 나올 수 있습니다. 여기서 분명히 이 조항의 설치 이유를 확실하게 해 두는 것이 좋을 것 같아요. 모르는 것은 아닙니다마는 많은 물의가 있을 거예요. 거기에 대해서 위원장이 하든지 소위원장이 하든지 분명히 답변을 해주세요.

- **소위원장 이민섭**[557]: 표현상 문제 말씀이시지요? 내용은 이해하시겠는데 표현이 이렇게 되면 혼란이 올 수 있다 그런 말씀 아닙니까? 전문위원이 의견을 좀 얘기해 주세요.
- **위원장 박권흠**[558]: 전문위원이 그 문제에 대해서 말씀을 해 주십시오.
- **전문위원**[559]: 제54조의3제2항은, 지금 현재까지는 학교의 설립자와 그 직계 존·비속 및 배우자가 대학총장이 될 수 없었는데 여기에서는 학교법인의 이사장과 이렇게 표시함으로써 이사장을 하는 사람이나 또는 이사장의 가족이 대학총장이 될 수 없다는 것이고 이사장을 하지 않으면 그 누구나 대학교 학·총장이 될 수 있다는 것을 나타내는 내용입니다.
- **김재광 위원**[560]: 그러니까 굳이 이사장이라고 쓸 필요가 뭐가 있으며 또는 설립자로 하든지 분명히 해야지…
- **전문위원**[561]: 설립자로 하게 되면 설립자 그 자체는 있지만 법상에 있어서는 개념은 없어지는 것입니다.
- **김재광 위원**[562]: 그러면 말이 안 되는 것이 설립자이기 때문에 이것이 문제가 되는 것이지 설립자가 아닐 때 무엇 때문에 문제가 되느냐 이거에요?
- **전문위원**[563]: 설립자가 아니더라도 갑이라는 사람이 이사장과 대학총장을 겸할 수는 없는 것입니다.
- **김재광 위원**[564]: 그러면 그것을 완전하게 분리하면 분리하는 것으로 명시를 하면 되지 않아요? 그런데 왜 이렇게 알다가도 모를 소리를 자꾸 하느냐 말이에요?
- **위원장 박권흠**[565]: 표현상의 문제는 위원장한테 맡겨 주시면 좋겠습니다...

---

557) 제129회 국회(임시회) 제5차 전체회의, 문교공보위원회회의록, 1986. 4. 7., 5면.
558) 제129회 국회(임시회) 제5차 전체회의, 문교공보위원회회의록, 1986. 4. 7., 5면.
559) 제129회 국회(임시회) 제5차 전체회의, 문교공보위원회회의록, 1986. 4. 7., 6면.
560) 제129회 국회(임시회) 제5차 전체회의, 문교공보위원회회의록, 1986. 4. 7., 6면.
561) 제129회 국회(임시회) 제5차 전체회의, 문교공보위원회회의록, 1986. 4. 7., 6면.
562) 제129회 국회(임시회) 제5차 전체회의, 문교공보위원회회의록, 1986. 4. 7., 6면.
563) 제129회 국회(임시회) 제5차 전체회의, 문교공보위원회회의록, 1986. 4. 7., 6면.
564) 제129회 국회(임시회) 제5차 전체회의, 문교공보위원회회의록, 1986. 4. 7., 6면.
565) 제129회 국회(임시회) 제5차 전체회의, 문교공보위원회회의록, 1986. 4. 7., 6~7면.

그러면 방금 소위원장께서 보고한대로 의사일정 제1항 사립학교법 중 개정법률안과 의사일정 제2항 사립학교법 중 개정법률안은 각각 본회의에 부의하지 아니하기로 하고 소위원회안을 당 위원회대안으로 채택하여 제안하고자 하는데 이의 없으십니까? (없습니다 하는 이 있음) 그러면 가결된 것을 선포합니다.

〈2〉 **법제사법위원회:** 문교공보위원회 대안대로 가결되었다.[566] 제54조의3에 관한 회의록 내용은 아래와 같다.

- **전문위원 최병국**[567]: 이 법률안은…설립자에 대한 총·학장취임 제한규정을 완화하는 것 등이 그 골자입니다…
- **위원장 유상호**[568]: 그러면 의사일정 제5항 사립학교법 중 개정법률안에 대하여 전문위원이 보고한 수정의견을 위원회안으로 받아들여서 수정한 부분은 수정한 대로 기타 부분은 원안대로 의결하고자 하는데 이의가 있습니까? (없습니다 하는 이 있음) 이의가 없기 때문에 가결된 것을 선포합니다.

(3) 본회의 심의

문교공보위원회 대안대로 가결되었다.[569] 제54조의3에 관한 회의록 내용은 아래와 같다.

- 이민섭 의원[570]: 넷째, 동일한 가족이 이사장을 겸하지 않는 한 누구나 총·학장이 될 수 있도록 하였으며,…감사합니다…
- 부의장 최영철[571]: 사립학교법 중 개정법률안에 대한 문교공보위원회의 대안에 대해서 이의 없으십니까? (없습니다 하는 이 있음) 가결되었음을 선포합니다.

05

5. 1990년 4월 7일 개정(법률 제4226호, 1990. 4. 7. 시행)

제54조의3(임명의 제한) ①다음 각호의 1에 해당하는 자는 학교의 장에 임명될 수 없다.

566) 第129회 국회(임시회) 제6차 전체회의, 법제사법위원회회의록, 1986. 4. 8., 9면.
567) 第129회 국회(임시회) 제6차 전체회의, 법제사법위원회회의록, 1986. 4. 8., 9면.
568) 第129회 국회(임시회) 제6차 전체회의, 법제사법위원회회의록, 1986. 4. 8., 9면.
569) 第129회 국회(임시회) 제9차 본회의, 국회본회의회의록, 1986. 4. 8., 26면.
570) 第129회 국회(임시회) 제9차 본회의, 국회본회의회의록, 1986. 4. 8., 26면.
571) 第129회 국회(임시회) 제9차 본회의, 국회본회의회의록, 1986. 4. 8., 26면.

1. 제20조의2의 규정에 의하여 임원취임승인이 취소되고 2년이 경과하지 아니한 자
2. 제54조의2의 규정에 **의한 해임요구에 의하여 해임되고** 2년이 경과하지 아니한 자
3. 국가공무원법 제49조의 규정에 의하여 퇴직한 자

②삭제

(1) 법률안

〈1〉 정부안[572]

현행법	원안
제54조의3(임명의 제한) ① (생 략) 1. (생 략) 2. 제54조의2의 규정에 의하여 임명승인이 취소되고 2년이 경과하지 아니한 자 3. (생 략) ② (생 략) 1. ~ 2. (생 략)	**제54조의3(임명의 제한)** ① (현행과 같음) 1. (현행과 같음) 2. 제54조의2의 규정에 의한 해임요구에 의하여 해임되고 2년이 경과하지 아니한 자 3. (현행과 같음) ② (현행과 같음) 1. ~ 2. (현행과 같음)

• 임명승인 취소를 해임요구로 개정함에 따른 변경이다.

〈2〉 박석무 의원안[573]

현행법	원안
제54조의3(임명의 제한) ① (생 략) 1. (생 략) 2. 제54조의2의 규정에 의하여 임명승인이 취소되고 2년이 경과하지 아니한 자 3. (생 략) ②학교법인의 이사장과 다음 각호의 1의 관계에 있는 자는 당해 학교법인이 설치·경영하는 대학교육기관의 장에 임명될 수 없다. 1. 배우자	**제54조의3(임명의 제한)** ① (현행과 같음) 1. (현행과 같음) 2. 제54조의2의 규정에 의하여 해임이 취소되고 2년이 경과하지 아니한 자 3. (현행과 같음) ② <삭 제>

572) 1988. 12. 2. 정부(의안번호: 130287); 제안이유 및 주요내용은 이 책 [4.206] 참조.
573) 1988. 12. 21. 박석무의원 등 70인(의안번호: 130378).

2. 직계존속 및 직계비속과 그 배우자	

• 학교법인의 이사장과 이사장의 배우자 및 직계존비속과 그 배우자의 학교장 임명금지규정을 삭제하였다.

〈3〉 김인곤 의원안[574)]

현행법	원안
제54조의3(임명의 제한) ① (생 략) 1. (생 략) 2. 제54조의2의 규정에 의하여 임명승인이 취소되고 2년이 경과하지 아니한 자 3. (생 략) ②학교법인의 이사장과 다음 각호의 1의 관계에 있는 자는 당해 학교법인이 설치·경영하는 대학교육기관의 장에 임명될 수 없다. 1. 배우자 2. 직계존속 및 직계비속과 그 배우자	**제54조의3(임명의 제한)** ① (현행과 같음) 1. (현행과 같음) 2. 제54조의2의 규정에 의하여 해임이 취소되고 2년이 경과하지 아니한 자 3. (현행과 같음) ②<삭 제>

• 학교법인의 이사장과 이사장의 배우자 및 직계존비속과 그 배우자의 학교장 임명금지규정을 삭제하였다.

〈4〉 강삼재 의원안[575)]

현행법	원안
제54조의3(임명의 제한) ① (생 략) 1. 제20조의2의 규정에 의하여 임원취임승인이 취소되고 2년이 경과하지 아니한 자 2. 제54조의2의 규정에 의하여 임명승인이 취소되고 2년이 경과하지 아니한 자 3. (생 략) ② 생 략) 1. ~ 2. (생 략)	**제54조의3(임명의 제한)** ① (현행과 같음) 1. 제20조의2의 규정에 의하여 해임요구에 의해 해임되고 2년이 경과하지 아니한 자 2. 제54조의2의 규정에 의하여 해임요구에 의해 해임되고 2년이 경과하지 아니한 자 3. (현행과 같음) ② (현행과 같음) 1. ~ 2. (현행과 같음)

• 임명승인 취소를 해임요구로 개정함에 따른 변경이다.

574) 1989. 2. 16. 김인곤의원 등 34인(의안번호: 130422); 제안이유 및 주요내용은 이 책 [4.206] 참조.
575) 1989. 2. 28. 강삼재의원 등 57인(의안번호: 130463); 제안이유 및 주요내용은 이 책 [4.206] 참조.

(2) 위원회 심사

〈1〉 **문교공보위원회:** 대안[576]으로 가결되었다.[577]

대안
제54조의3(임명의 제한) 1. 제20조의2의 규정에 의하여 임원취임승인이 취소되고 2년이 경과하지 아니한 자 2. 제54조의2의 규정에 의한 해임요구에 의하여 해임되고 2년이 경과하지 아니한 자 3. 국가공무원법 제49조의 규정에 의하여 퇴직한 자 ②삭제

제54조의3에 관한 회의록 내용은 아래와 같다.

- **소위원장 함종한**[578]: 현재는 학교법인의 이사장과 배우자 또는 직계존속 및 직계비속과 그 배우자의 관계에 있는 자는 당해 학교법인이 설치·경영하는 대학교육기관의 장에 임명될 수 없도록 되어 있는 금지조항을 삭제하며,…이상입니다.

〈2〉 **법제사법위원회:** 문교공보위원회 대안대로 가결되었다.[579] 제54조의3에 관한 회의록 내용은 아래와 같다.

- **함종한 위원**[580]: 현재는 학교법인의 이사장과 배우자 또는 직계존속 및 직계비속과 그우자의 관계에 있는 자는 당해 학교법인이 설치·경영하는 대학교육기관의 장에 임명될 수 없도록 되어 있는 금지조항을 삭제하며,…감사합니다...
- **박상천 위원**[581]: 사립학교법 중에서 대학교육기관의 교원을 옛날에는 학교의 장이 임명하던 것을 앞으로는 학교의 장이 제청해서 학교법인 이사장이 임명토록 했고 또 하나는 학교법인 이사장의 처나 아들, 부모 이런 사람들은 학장·총장에 취임을 못 하도록 되어 있는 것을 삭제했는데 학교법인을 사실상으로 소유하고 있는 사람들에게 상당히 중요한 편의를 제공했는데 그렇게 한 이유가 무엇이며 개정법률안 대안의 제안경위를 보면 정부제안이 하나, 박석무위원과 70인이 제안한 것이 하나 있었고, 김인곤위원외 34인이 발의한 법안 또 강삼재의원외 몇명이 발의한 법안이 있었는데 이것은 누가 발의한 것인지 대답해 주시기 바랍

576) 1990. 3. 15. 문교공보위원장(의안번호: 130833).
577) 제148회 국회(임시회) 제6차 전체회의, 문교공보위원회회의록, 1990. 3. 14., 8면.
578) 제148회 국회(임시회) 제6차 전체회의, 문교공보위원회회의록, 1990. 3. 14., 3면.
579) 제148회 국회(임시회) 제6차 전체회의, 법제사법위원회회의록, 1990. 3. 14., 26면.
580) 제148회 국회(임시회) 제6차 전체회의, 법제사법위원회회의록, 1990. 3. 14., 19면.
581) 제148회 국회(임시회) 제6차 전체회의, 법제사법위원회회의록, 1990. 3. 14., 25면.

니다.

- 함종한 위원[582]: 학교재단에다가 힘을 준 것은 80년도에 들어오면서 재단이 가지고 있던 힘을 문교부에서 빼앗아 갔습니다. 그렇기 때문에 그 이후에 이 법안을 제안하실 때 박석무위원, 강삼재위원, 김인곤위원 공히 빼앗아간 힘을 다시 재단으로 돌려줘라. 자율성을 제고시켜 주기 위해서 민주화시대에 역행하는 것이다 해서 이것을 되돌려 달라 그래서 돌려간 것입니다.
- 박상천 위원[583]: 학장이나 총장한테서 권한을 뺏었지요?
- 함종한 위원[584]: 학장이 임명하던 것을 재단에서 임명하는 것이 아니라 이것은 학교인사위원회에서 제청하면 학장이 제청을 해가지고 이사장이 임면하는 절차를 집어 넣었습니다. 권한은 좀 약화되었지요. 재단이 힘이 전혀 없었기 때문에 힘을 주자는 의미에서 이것은 여야 공히 그렇게 주장했습니다. 그리고 삼족연좌제를 철폐한 것도 마찬가지로 그것을 위헌사항이라고 생각하고 있는데 이사장이 아버지면 아들이 아무리 박사이고 나이 60이 넘고 고귀한 인격을 갖추고 있어도 총·학장이 될 수 없는 것을 없이 해준 것이니깐 이것은 세계 어디에서도 그 유례를 찾아볼 수 없는 것이라 이번에 환원시켜 준 것입니다...
- 위원장 이치호[585]: 다음은 사립학교법 중 개정법률안에 대해서 전문위원의 수정의견을 위원회안으로 받아들이고 수정한 부분은 수정한 대로 기타는 원안대로 의결하고자 합니다. 이의가 없으십니까? (없습니다 하는 위원 있음) 가결되었음을 선포합니다.

(3) 본회의 심의

문교공보위원회 대안대로 가결되었다.[586]

(4) 결과

문교공보위원회 대안으로 개정되었다.

---

582) 제148회 국회(임시회) 제6차 전체회의, 법제사법위원회회의록, 1990. 3. 14., 25면.
583) 제148히 국회(임시회) 제6차 전체회의, 법제사법위워회회의록, 1990. 3. 14., 25면.
584) 제148회 국회(임시회) 제6차 전체회의, 법제사법위원회회의록, 1990. 3. 14., 25면.
585) 제148회 국회(임시회) 제6차 전체회의, 법제사법위원회회의록, 1990. 3. 14., 26면.
586) 제148회 국회(임시회) 제9차 본회의, 국회본회의회의록, 1990. 3. 16., 15~16면.

54-3.206 6. 1997년 1월 13일 개정(법률 제5274호, 1997. 4. 14. 시행)

제54조의3(임명의 제한) ①다음 각호의 1에 해당하는 자는 학교의 장에 임명될 수 없다.

1. 제20조의2의 규정에 의하여 임원취임승인이 취소되고 2년이 경과하지 아니한 자
2. 제54조의2의 규정에 의한 해임요구에 의하여 해임되고 2년이 경과하지 아니한 자
3. 국가공무원법 **제74조의2 및 교육공무원법 제36조의 규정에 의하여** 퇴직한 자

②삭제

(1) 법률안(정부안[587])

현행법	원안
제54조의3(임명의 제한) ①다음 각호의 1에 해당하는 자는 학교의 장에 임명될 수 없다. 1. ~ 2. (생 략) 3. 국가공무원법 제49조의 규정에 의하여 퇴직한 자 ② (생 략)	**제54조의3(임명의 제한)** ①다음 각호의 1에 해당하는 자는 학교의 장에 임명될 수 없다. 1. ~ 2. (현행과 같음) 3. 국가공무원법 제74조의2 및 교육공무원법 제36조의 규정에 의하여 퇴직한 자 ② (현행과 같음)

• 「국가공무원법」(1991. 5. 31. 개정·시행)과 「교육공무원법」(1993. 12. 27. 개정, 1994. 2. 1. 시행) 개정에 따라 조문 번호를 변경하였다.

(2) 위원회 심사

〈1〉 **교육위원회:** 원안대로 가결되었다.[588]

〈2〉 **법제사법위원회:** 원안대로 가결되었다.[589]

(3) 본회의 심의

원안대로 가결되었다.[590]

---

587) 1996. 11. 18. 정부(의안번호: 150305); 제안이유 및 주요내용은 이 책 [3.206] 참조.
588) 제181회 국회(정기회) 제10차 전체회의, 교육위원회회의록, 1996. 12, 12, 17면.
589) 제181회 국회(정기회) 제14차 전체회의, 법제사법위원회회의록, 1996. 12. 16., 23면.
590) 제181회 국회(정기회) 제22차 본회의, 국회본회의회의록, 1996. 12. 17., 8면.

(4) 결과

원안으로 개정되었다.

7. 2005년 12월 29일 개정(법률 제7802호, 2006. 7. 1. 시행)

제54조의3(임명의 제한) ①다음 각호의 1에 해당하는 자는 학교의 장에 임명될 수 없다.

1. 제20조의2의 규정에 의하여 임원취임승인이 취소되고 5년이 경과하지 아니한 자
2. 제54조의2의 규정에 의한 해임요구에 의하여 해임되고 3년이 경과하지 아니한 자
3. 제61조의 규정에 따라 파면되고 5년이 경과하지 아니한 자
4. 「국가공무원법」 제33조 각 호의 어느 하나에 해당하는 자

②제1항제1호 내지 제3호에 해당하는 자로서 5년이 경과한 자가 학교의 장으로 취임하고자 할 때에는 재적이사 3분의 2이상의 찬성을 요한다.

③학교법인의 이사장과 다음 각 호의 어느 하나의 관계에 있는 자는 당해 학교법인이 설치·경영하는 학교의 장에 임명될 수 없다.

1. 배우자
2. 직계존속 및 직계비속과 그 배우자

④제1항제4호에 해당하는 자는 교원으로 임명될 수 없다.

(1) 법률안

〈1〉 최순영 의원안[591)]

현행법	원안
제54조의3(임명의 제한) ①다음 각호의 1에 해당하는 자는 학교의 장에 임명될 수 없다. 1. 제20조의2의 규정에 의하여 임원취임승인이 취소되고 2년이 경과하지 아니한 자 2. 제54조의2의 규정에 의한 해임요구에 의하	**제54조의3(임명의 제한)** ①다음 각호의 1에 해당하는 자는 학교의 장에 임명될 수 없다. 1. 제20조의2의 규정에 의하여 임원취임승인이 취소되고 10년이 경과하지 아니한 자 2. 제54조의2의 규정에 의한 해임요구에 의하

591) 2004. 9. 10. 최순영의원 등 10인(의안번호: 170412); 제안이유 및 주요내용은 이 책 [8-2.201] 참고.

여 해임되고 2년이 경과하지 아니한 자 3. (생 략)	여 해임되고 10년이 경과하지 아니한 자 3. (현행과 같음)

• 임명제한 기간을 2년에서 10년으로 강화하였다.

〈2〉 **복기왕 의원안**[592)]

현행법	원안
제54조의3(임명의 제한) ①다음 각호의 1에 해당하는 자는 학교의 장에 임명될 수 없다.	**제54조의3(임명의 제한)** ①다음 각호의 1에 해당하는 자는 학교의 장에 임명될 수 없다.
1. 제20조의2의 규정에 의하여 임원취임승인이 취소되고 2년이 경과하지 아니한 자	1. 제20조의2의 규정에 의하여 임원취임승인이 취소되고 5년이 경과하지 아니한 자
2. 제54조의2의 규정에 의한 해임요구에 의하여 해임되고 2년이 경과하지 아니한 자	2. 제54조의2의 규정에 의한 해임요구에 의하여 해임되고 5년이 경과하지 아니한 자
3. 국가공무원법 제74조의2 및 교육공무원법 제36조의 규정에 의하여 퇴직한 자	3. <삭 제>
<신 설>	4. 국가공무원법 제33조 각호의 어느 하나에 해당하는 자
<신 설>	②제1호 및 제2호에 해당하는 자로서 5년이 경과한 자가 학교의 장으로 취임하고자 할 때에는 재적이사 3분의 2이상의 찬성을 요한다.
<신 설>	③학교법인의 이사장과 다음 각호의 어느 하나의 관계에 있는 자는 당해 학교법인이 설치·경영하는 학교의 장에 임명될 수 없다. 1. 배우자 2. 직계존속 및 직계비속과 그 배우자
<신 설>	④제1항제4호에 해당하는 자는 교원으로 임명될 수 없다.

• 임명제한 기간을 2년에서 5년으로 늘리고, 이사장과 친족관계 있는 자는 학교의 장에 임명될 수 없도록 하는 등 임명제한 요건을 강화하였다.

〈3〉 **김영숙 의원안**[593)]

현행법	원안
제54조의3(임명의 제한) ①다음 각호의 1에 해당	**제54조의3(임명의 제한)** ①다음 각호의 1에 해당

592) 2004. 10. 20. 복기왕의원 등 150인(의안번호: 170595); 제안이유 및 주요내용은 이 책 [10-2.201] 참고.
593) 2004. 12. 22. 김영숙의원 등 120인(의안번호: 171182); 제안이유 및 주요내용은 이 책 [14.205] 참고.

하는 자는 학교의 장에 임명될 수 없다. 1. 제20조의2의 규정에 의하여 임원취임승인이 취소되고 2년이 경과하지 아니한 자 2. 제54조의2의 규정에 의한 해임요구에 의하여 해임되고 2년이 경과하지 아니한 자 3. (생 략)	하는 자는 학교의 장에 임명될 수 없다. 1. 제20조의2의 규정에 의하여 임원취임승인이 취소되고 5년이 경과하지 아니한 자 2. 제54조의2의 규정에 의한 해임요구에 의하여 해임되고 5년이 경과하지 아니한 자 3. (현행과 같음)

• 임명제한 기간을 2년에서 5년으로 늘렸다.

(2) 위원회 심사

〈1〉 **교육위원회:** 심사 미료

국회의장이 지정한 심사기간(2005. 9. 16 24:00) 내에 심사가 미료됨에 따라 소관 상임위원장의 중간심사보고(구두보고) 후 본회의로 바로 상정하였다(「국회법」 제85조의2).

제54조의3에 관한 회의록 내용은 아래와 같다.

가. 제17대 국회 제250회 제11차 교육위원회(2004. 12. 7.)

- **복기왕 의원**[594]: 임원취임의 승인이 취소된 자가 다시 임원으로 선임될 수 있는 요건을 엄격히 제한하며… 이상 마치겠습니다.
- **이인영 위원**[595]: 세 번째는 두말할 필요 없이 투명성입니다. 이것은 사회적 공감대가 분명히 형성되어 있는 문제고, 비리를 방지하기 위한 법적·제도적 장치를 좀 더 강화할 필요가 있어 보입니다. 임원취임승인 취소요건이라든가 비리 법인에 있어서 기존 임원들의 재·선임 과정에서의 제한, 그리고 임원의 결격사유들을 강화하는 문제의식이 그것이라고 봅니다.

나. 제17대 국회 제251회 제3차 교육위원회(2004. 12. 24.)

- **김영숙 의원**[596]: 따라서 본 의원이 개정 발의한 사립학교법은 그동안 다양한 계층과 많은 교육 관계인의 의견이 수렴된 법안입니다. 사학의 비리에 대해서는 특단의 조치로 엄단하고, 법인 경영에서 투명성과 공공성을 더욱 강화했으며, 자율성·다양성·특수성을 존중하여 사립학교법을 선진사회를 구현할 수 있는 법으로 개정토록 하였습니다. …비리 이사의 복귀조건을 5년으로 엄격히 강화하였습니다.

594) 제250회 국회(정기회) 제11차 전체회의, 교육위원회회의록, 2004. 12. 7., 41면.
595) 제250회 국회(정기회) 제11차 전체회의, 교육위원회회의록, 2004. 12. 7., 48면.
596) 제251회 국회(임시회) 제3차 전체회의, 교육위원회회의록, 2004. 12. 24., 7면.

〈2〉 **법제사법위원회:** 심사 미료

(3) 본회의 심의

원안을 수정·가결했다.[597] 수정내용은 아래와 같다.

본회의 수정안
제54조의3(임명의 제한) 1. 제20조의2의 규정에 의하여 임원취임승인이 취소되고 5년이 경과하지 아니한 자 2. 제54조의2의 규정에 의한 해임요구에 의하여 해임되고 3년이 경과하지 아니한 자 3. 제61조의 규정에 따라 파면되고 5년이 경과하지 아니한 자 4. 국가공무원법 제33조 각호의 어느 하나에 해당하는 자 ②제1항제1호 내지 제3호에 해당하는 자로서 5년이 경과한 자가 학교의 장으로 취임하고자 할 때에는 재적이사 3분의 2이상의 찬성을 요한다. ③학교법인의 이사장과 다음 각호의 어느 하나의 관계에 있는 자는 당해 학교법인이 설치·경영하는 학교의 장에 임명될 수 없다. 1. 배우자 2. 직계존속 및 직계비속과 그 배우자 ④제1항제4호에 해당하는 자는 교원으로 임명될 수 없다.

이 조문의 회의록 내용은 2005. 12. 29. 개정조문 제8조의2와 공통적이어서 생략한다.[598]

(4) 결과

본회의 수정안으로 개정되었다.

54-3.208 **8. 2007년 7월 27일 개정(법률 제8545호, 2007. 7. 27. 시행)**

제54조의3(임명의 제한) ①다음 각호의 1에 해당하는 자는 학교의 장에 임명될 수 없다.
1. 제20조의2의 규정에 의하여 임원취임승인이 취소되고 5년이 경과하지 아니한 자

---

597) 第256회 국회(정기회) 第16차 본회의, 국회본회의회의록, 2005. 12. 9., 2~3면.
598) 이 책 [8-2.201] 참조.

2. 제54조의2의 규정에 의한 해임요구에 의하여 해임되고 3년이 경과하지 아니한 자
3. 제61조의 규정에 따라 파면되고 5년이 경과하지 아니한 자
4. 「국가공무원법」 제33조 각 호의 어느 하나에 해당하는 자

②제1항제1호 내지 제3호에 해당하는 자로서 **그 임명의 제한 기간이 경과한 자가** 학교의 장으로 취임하고자 할 때에는 재적이사 3분의 2이상의 찬성을 요한다.

③학교법인의 이사장과 다음 각 호의 어느 하나의 관계에 있는 자는 당해 학교법인이 설치·경영하는 학교의 장에 임명될 수 없다. **다만, 이사정수의 3분의 2 이상의 찬성과 관할청의 승인을 받은 자는 그러하지 아니하다.**

1. 배우자
2. 직계존속 및 직계비속과 그 배우자

④제1항제4호에 해당하는 자는 교원으로 임명될 수 없다.

(1) 법률안(이은영 의원안[599])

현행법	원안
제54조의3(임명의 제한) ① (생 략)	**제54조의3(임명의 제한)** ① (현행과 같음)
②제1항제1호 내지 제3호에 해당하는 자로서 5년이 경과한 자가 학교의 장으로 취임하고자 할 때에는 재적이사 3분의 2이상의 찬성을 요한다.	②제1항제1호 내지 제3호에 해당하는 자로서 그 임명의 제한 기간이 경과한 자가 학교의 장으로 취임하고자 할 때에는 재적이사 3분의 2 이상의 찬성을 요한다.
③학교법인의 이사장과 다음 각 호의 어느 하나의 관계에 있는 자는 당해 학교법인이 설치·경영하는 학교의 장에 임명될 수 없다. <단서 신설>	③학교법인의 이사장과 다음 각 호의 어느 하나의 관계에 있는 자는 당해 학교법인이 설치·경영하는 학교의 장에 임명될 수 없다. 다만, 이사정수의 3분의 2 이상의 찬성과 관할청의 승인을 받은 자는 그러하지 아니하다.
1. ~ 2. (생 략)	1. ~ 2. (현행과 같음)
④ (생 략)	④ (현행과 같음)

• 종전에는 학교법인의 이사장과 그 배우자 또는 직계존속·직계비속 및 그 배우자의 관계에 있는 자는 당해 학교법인이 설치·경영하는 사립학교의 장에 임명될 수 없었으니 단서를 신설하여 이사 정수의 3분의 2 이상의 찬성과 관할청의

599) 2006. 12. 1. 이은영의원 등 23인(의안번호: 175526); 제안이유 및 주요내용은 이 책 [14.206] 참조.

승인을 받는 자는 예외로 하였다.

(2) 위원회 심사

〈1〉 교육위원회: 심사 미료

심사가 미료되어 「국회법」에 따라 소관 상임위원장의 중간심사보고(구두보고) 후 본회의로 바로 상정하였다.

제54조의3에 관한 회의록 내용은 아래와 같다.

가. 제17대 국회 제262회 제14차 교육위원회 (2006. 12. 8.)

- **이은영 의원**[600]: 학교법인의 이사장과 그 배우자 또는 직계 존속·비속 및 그 배우자와의 관계에 있는 자가 이사 정수의 3분의 2 이상의 찬성과 관할청의 승인을 받은 경우에는 당해 학교법인이 설치·경영하는 사립학교의 장에 임명될 수 있도록 예외 조항을 두었습니다...
- **전문위원 구기성**[601]: 다음은 이사장 친·인척의 학교장 임명금지 완화에 관한 사항입니다. 안 제54조의3제3항에서는 현행법이 이사장의 배우자 또는 직계 존속·직계 비속 및 그 배우자가 당해 학교법인이 설치·경영하는 학교의 장에 임명되는 것을 금지하고 있던 것을 원칙적으로는 금지하되, 예외적으로는 이사 정수의 3분의 2 이상의 찬성과 관할청의 승인을 받은 경우에는 허용하는 것으로 완화하고 있습니다. 동 개정안은 이사장의 친·인척이라도 예외적으로 학교장에 임명될 수 있는 방법을 마련함으로써 이들의 권리를 완전히 제한하는 것에 따른 문제점을 해소하는 것으로 보입니다...
- **이군현 위원**[602]: 지금 사립학교법이 여러 가지 문제가 많다 하는 것이 이미 주지의 사실인데 이번에 이은영 의원님께서 이 문제점을 인식하고 개정안을 내놓은 것 자체에 대해서는 저희들이 환영을 합니다. 그런데 이 개정안 내용의 주 핵심은 이사장 친·인척의 경우에 당해 학교법인의 학교의 장이 될 수 없도록 개정되었던 그 법의 내용을 다시 도로 문제가 있다고 인식을 하고 당해 학교의 장 금지조항을 삭제한 것이 주된 하나고요. 이것은 사실 개악법 이전의 것으로 환원된 것입니다...
- **정봉주 위원**[603]: 이제 가장 중요한 부분이 54조의3(임명의 제한)인데 제가 이 내

600) 第262회 국회(정기회) 제14차 전체회의, 교육위원회회의록, 2006. 12. 8., 3~4면.
601) 第262회 국회(정기회) 제14차 전체회의, 교육위원회회의록, 2006. 12. 8., 5면.
602) 第262회 국회(정기회) 제14차 전체회의, 교육위원회회의록, 2006. 12. 8., 7면.
603) 第262회 국회(정기회) 제14차 전체회의, 교육위원회회의록, 2006. 12. 8., 9~10면.

용을 보면서 이은영 의원님께서 참 고심을 많이 했구나 하는 생각을 해 보았어요. 그전에 사학의 가장 큰 문제점 중의 하나가 족벌 운영체제입니다. 그래서 이사장 배우자 및 직계 존·비속, 직계존·비속의 배우자가 학교장이 되는 것을 금하고 있었는데 이번에 보면 그 금지조항은 그대로 두고 단서를 신설했습니다. "이사 정수의 3분의 2 이상의 찬성", 3분의 2 이상의 찬성이라고 하는 것은 국회에서도 헌법 개정에 필요한 데드라인입니다. 3분의 2라고 하는 것은 대단히 높은 합의를 요구하는 것이지요? 그러니까 무자격자가 학교장이 되고자 하는 것을 일단 방어할 수 있는 것 같습니다. 그리고 거기다가 혹시 이사들이 담합이나 협의를 통해서 무자격자를 신청한 경우에도, "관할청의 승인을 얻은 자" 했는데, 어떻게 됩니까? 이사 정수의 3분의 2 이상의 찬성이 있으면 무조건 승인해야 되는 겁니까?

- **부총리겸교육인적자원부장관 김신일**[604]: 무조건 승인이 아니라 관할청이 그 상황을 보고 추천된 그 사람의 그동안의 능력이나 경력이나 이런 것을 보고 판단해서 승인하도록 되어 있는 것입니다.
- **정봉주 위원**[605]: 제가 보기에는 이런 정신 같은데요. 3분의 2 이상의 찬성인데, 지금 개방형이사제가 4분의 1이 들어가게 되어 있지요?
- **부총리겸교육인적자원부장관 김신일**[606]: 예.
- **정봉주 위원**[607]: 그러면 만일에 3분의 2 이상을 담합을 통해서 규합한다고 하더라도 개방형 이사로 들어간 분은 그렇게 하기는 좀 곤란할 것 같습니다. 그래서 관할청에서 현장의 조사를 하고 정보를 파악하고 그럴 때 학교 투명성과 공정한 운영을 위해서 들어가 있는 개방형 이사에게 이 사실을 묻게 되면 족벌운영체제나 혹은 이들이 담합을 했는지 안 했는지, 무자격자를 넣었는지 안 넣었는지 이런 것을 좀 정확하게 알 수 있는 그런 구조인 것 같아요.
- **부총리겸교육인적자원부장관 김신일**[608]: 예, 그렇습니다.
- **정봉주 위원**[609]: 그래서 관할청에서 승인할 때에는 이것을 알아보기 위해서 가장 적합한 적임자가 지금 현행법에 되어 있는 4분의 1까지 들어갈 수 있는 개방형 이사가 이런 것을 정보를 교환하면서, 관할청과 협조하면서 투명하게 운영할 수 있게끔, 공정하게 운영할 수 있게끔 이런 정신이 같이 반영된 것 같거든요.

---

604) 第262회 국회(정기회) 제14차 전체회의, 교육위원회회의록, 2006. 12. 8., 10면.
605) 第262회 국회(정기회) 제14차 전체회의, 교육위원회회의록, 2006. 12. 8., 10면.
606) 第262회 국회(정기회) 제14차 전체회의, 교육위원회회의록, 2006. 12. 8., 10면.
607) 第262회 국회(정기회) 제14차 전체회의, 교육위원회회의록, 2006. 12. 8., 10면.
608) 第262회 국회(정기회) 제14차 전체회의, 교육위원회회의록, 2006. 12. 8., 10면.
609) 第262회 국회(정기회) 제14차 전체회의, 교육위원회회의록, 2006. 12. 8., 10면.

그것 어떻게 생각하시나요?

- **부총리겸교육인적자원부장관 김신일**[610]: 지금 말씀하신 대로 이사들 가운데 특정 어떤 목적이나 특정 생각을 가진 소수의 이사들이, 지금 정봉주 위원님 쓰신 용어를 쓴다면, 혹시 담합을 해서 이런 것을 결정한다든지 그런 것을 피하기 위해서 3분의 2라고 하는 매우 신중한 장치를 둔 것으로 보고요, 그럼에도 불구하고 거기에 어떤 부적격한 또는 어떤 특정한 목적이나 이런 것 때문에 어떤 특정인이 선임되도록 하는 것을 방어하기 위해서, 신중하게 하기 위해서 관할청의 승인장치를 두었다고 봅니다.
- **정봉주 위원**[611]: 이 정도 거름 장치가 있으면 충분히 족벌운영체제라든지 부정하게 운영될 수 있는 무자격자가 들어올 수 있는 길은 막을 수 있다 이런 말씀이신 거지요?
- **부총리겸교육인적자원부장관 김신일**[612]: 이 정도면 충분히 막을 수 있다 이렇게 보는 것입니다.
- **정봉주 위원**[613]: 그렇습니다. 저도 이 조항을 보면서 대단히 고심을 많이 하고… 그리고 현재 사학법인연합회나 사립학교에서 학교를 운영하는 분들이 가장 아파하는 부분입니다. 자신의 자제가, 아들이나 딸이 혹은 친·인척이, 직계 존·비속이 자격이 있음에도 불구하고 과도하게 제지를 당할 수 있는, 그리고 학교 현장에 기여할 수 있는 기회를 상실할 수 있는 그런 점이 해소된 것 같아서 바람직하다고 보고요…
- **유기홍 위원**[614]: 이은영 의원님의 개정안에 대해서 사실은 이 점이 저희들로서는 혹시 개혁의 후퇴가 아닌가 하는 그런 여러 비판을 받으면서도 이 정도는 합리적으로 우리가 좀 개선을 해야 되겠다 하는 점을 개선한 거라는 것 한 두 가지만 좀 말씀드리겠습니다.

  사실은 소위 족벌사학이라는 말의 근원이 될 정도로 직계 존·비속… 400억 이상을 횡령했던 동해대 같은 경우도 부부간에 이사장과 총장을 해서 그 작은 대학에서 400억을 횡령했던 것 아닙니까? 이런 문제를 방지하기 위해서 이 조항을 뒀었던 것인데 대만의 경우는 친·인척들이 학교 서무조차도 할 수 없을 정도로 유사 입법례가 존재하고, 우리보다 더 강한 것이 사실입니다. 그리고 1980

610) 第262회 국회(정기회) 第14차 전체회의, 교육위원회회의록, 2006. 12. 8., 10면.
611) 第262회 국회(정기회) 第14차 전체회의, 교육위원회회의록, 2006. 12. 8., 10면.
612) 第262회 국회(정기회) 第14차 전체회의, 교육위원회회의록, 2006. 12. 8., 10면.
613) 第262회 국회(정기회) 第14차 전체회의, 교육위원회회의록, 2006. 12. 8., 10면.
614) 第262회 국회(정기회) 第14차 전체회의, 교육위원회회의록, 2006. 12. 8., 15면.

년부터 89년까지 직계 존·비속이나 배우자가 학교장에 취임할 수 없는 조항이 실제로 근 10년간에 걸쳐서 시행되었던, 우리나라에서 시행의 전례들이 있는 것이 사실이고요.

그런데 이 부분을 보다 합리적으로 조금 엄격한 요건을 두어서 이사회의 3분의 2, 그리고 관할청의 승인이 있을 경우에는 직계 존·비속이나 배우자라고 하더라도 전문성이나 그리고 신뢰성이 높은 분들에 대해서는 학교장에 취임할 수 있도록 하는 것을 열어 준, 저는 이런 부분은 굉장히 지혜로운… 우리당의 입장에서는 혹시 개혁의 후퇴가 아닌가 하는 비판을 감수하면서도 어떤 점에서는 야당이 그동안 여러 가지 제기하셨던 문제들을 우리 입장에서는 많이 수용한 그런 점이 있다 하는 점을 말씀드리고, 다른 부분에 대해서도 말씀드릴 수 있겠습니다마는 시간이 다 되어서 그 정도만 말씀드리도록 하겠습니다...

- **김교흥 위원**[615]: 또 하나는 이은영 의원이 이번에 개정한 부분에 "학교법인의 이사장과 그 배우자, 직계존속·직계 비속" 부분이 나오는데요, 그 이전의 법으로 했을 때도 이사장을 바꿔서 학교의 장을 임명할 수 있습니다. 그런 학교가 지금 있어요. 이 법대로 한다고 하더라도 설립자인 이사장이 자기가 이사장을 안 하고 타인을 이사장 시켜서 하게 되면 자기 아들 또는 딸을, 자기 부인을 학교장으로 할 수 있습니다. 법은 얼마든지 만들어 나갈 수 있는데, 중요한 것은 뭐냐 하면 학교를 운영하는 이사회의 투명성, 그래서 개방형이사제가 필요하다 이렇게 보는데, 부총리는 어떻게 보십니까?
- **부총리겸교육인적자원부장관 김신일**[616]: 그런 점에서 개방형 이사의 필요성이 제기된 것이고요. 한 가지 말씀드리면, 개방형이 아닌 그야말로 친·인척과 아주 가까운 사람들로만 구성된 이사회를 가지고 있는 대학들도 사실 분규가 생긴 대학이 많습니다. 그런 대학이 분규가 생기면 정말로 해결하기가 더 어려운 것을 우리가 알고 있습니다.
- **김교흥 위원**[617]: 그것이 아주 고질병입니다. 그래서 이 부분은 개방형이사제를 통해서 학교의 공공성, 투명성, 또 여러 의견이 있을 때 그것을 조정할 수 있는 능력, 이런 것을 갖추려고 하는 것 아닙니까?
- **부총리겸교육인적자원부장관 김신일**[618]: 예, 그렇게 보고 있습니다.

---

615) 제262회 국회(정기회) 제14차 전체회의, 교육위원회회의록, 2006. 12. 8., 22면.
616) 제262회 국회(정기회) 제14차 전체회의, 교육위원회회의록, 2006. 12. 8., 22~23면.
617) 제262회 국회(정기회) 제14차 전체회의, 교육위원회회의록, 2006. 12. 8., 23면.
618) 제262회 국회(정기회) 제14차 전체회의, 교육위원회회의록, 2006. 12. 8., 23면.

나. 제17대 국회 제263회 제1차 교육위원회(2006. 12. 12.)

- **정봉주 위원**[619]: 우리가 세 가지 개정안을 낸 것도 엄밀히 따지게 되면 지금 당내에서 상당히 심각한 반발에 부딪히고 있습니다. 왜냐하면 당론 변경 사항인데 "이 정도는 우리가 당의 소속 의원들, 그다음에 사립학교법 개정을 반대하는 국민들을 설득시킬 수 있을 것이다"라고 하는 판단으로 개정안을 냈는데 이 부분에 대한 반대도 사실 높습니다. 뭐냐 하면 "이사장, 친·인척 그 배우자 및 직계존·비속, 직계존·비속의 배우자가 학교장이 될 수 없는 조항에 일정하게 거름장치라고 넣었지만 그 거름장치가 학교를 마음대로 할 수 있는 학교장을 임명할 수 있는 것 아니냐. 결국은 친·인척, 족벌체제를 허용할 수 있는 틀거리를 마련해 준 것 아니냐"라는 비판의 소리가 있습니다. 이은영 의원님께서 낸 안에 "이사 정수의 3분의 2 이상의 찬성과 관할청의 승인이 있을 경우에는 그러하지 아니하다"라고 하는 게 54조의3제3항에 있습니다. 부총리께서 보시기에 지금 족벌체제가 다시 들어설 수 있는 조항이라고 이렇게 비판하는 분들이 있는데 그 부분에 대해서는 교육부의 입장은 어떻습니까?
- **부총리겸교육인적자원부장관 김신일**[620]: 그렇게 몇 가지 장치를 갖추고 있기 때문에 그것으로 인해 꼭 족벌체제가 들어선다 이렇게 볼 건 아니라고 봅니다.
- **정봉주 위원**[621]: 그러면 족벌체제의 폐해는 차단하면서 건전사학을 만드는 이러한 두 가지가 다 열렸다고 봐도 되겠습니까?
- **부총리겸교육인적자원부장관 김신일**[622]: 예, 그렇게 볼 수가 있겠습니다...
- **이주호 위원**[623]: 학교장에 대한 과잉 규제들, 친·인척의 교장 임용을 금지한다든지 학교장의 임기를 8년으로 제한한다든지 하는 것들은 앞에서 이은영 의원께서 수정안을 내놓았기 때문에 저희들은 이 부분에 대해서 상당히 탄력적으로 계속 논의할 수 있다고 생각합니다. 그렇지만 기본적인 저희들의 입장은 학교장에 대한 과잉 규제는 철폐되어야 된다는 것이고요...
- **이경숙 위원**[624]: 사립학교법이 개정된 지 얼마 되지 않았습니다. 이 법이 개정된 것은 그동안 우리의 사학비리가 너무나 심각했기 때문에 개정되었고, 또 존경하는 이은영 의원께서 개정안을 냈는데 과연 지금 사립학교들의 비리가 근절되었는가에 대해서는 그렇지 않다 이런 생각을 하고, 또 얼마 전에 감사원에서 감사

619) 제263회 국회(임시회) 제1차 전체회의, 교육위원회회의록, 2006. 12. 12., 5면.
620) 제263회 국회(임시회) 제1차 전체회의, 교육위원회회의록, 2006. 12. 12., 5면.
621) 제263회 국회(임시회) 제1차 전체회의, 교육위원회회의록, 2006. 12. 12., 5면.
622) 제263회 국회(임시회) 제1차 전체회의, 교육위원회회의록, 2006. 12. 12., 5면.
623) 제263회 국회(임시회) 제1차 전체회의, 교육위원회회의록, 2006. 12. 12., 7~8면.
624) 제263회 국회(임시회) 제1차 전체회의, 교육위원회회의록, 2006. 12. 12., 8~9면.

를 했는데 아직도 사학들의 많은 문제점들이 있는 것 같습니다. 저는 그런 의미에서 사학법이 개정된 지 얼마 되지 않은 상태에서 또 이렇게 개정안이 나온 것에 대해 참 안타까운 심정을 갖고 있습니다. 이렇게 개정안이 나온 것은 사학비리가 근절되어서라기보다는 국회의 운영을 원활하게 진행하기 위해서 이은영 의원께서 국회의원으로서의 충정으로 이런 법안들이 나왔다고 생각합니다. 그런데 그 법안을 보면 가장 핵심이 사학들의 친·인척 중에서 그래도 건전한 분들은 참여할 수 있는 통로를 내준 것이라고 하는데, 저는 몇 가지 의문 사항이 있습니다.

하나는 결국 사학들의 비리를 근절하기 위해서 새로 낸 것이 개방형 이사인데, 개방형 이사라고 하는 것은 학교운영위원회나 대학평의원회에서 2배수로 추천하기 때문에 큰 문제가 없다, 그리고 사학의 자율성을 해치지 않는다고 평소에 생각을 합니다. 그런데 이은영 의원안에서는 어떻게 했느냐 하면 적어도 이사들의 3분의 2 이상의 찬성이 있으면, 그리고 교육인적자원부의 승인이 있게 되면 친·인척인 경우에도 참여할 수 있는 길을 터놓았는데요. 지금 현재 사립학교법에는 개방형 이사가 학운위와 대학평의원회의 4분의 1 이상의 추천을 받게 되어 있습니다. 그런데 어떤 문제가 있느냐 하면, 예를 들어서 이사의 정수가 7명일 때 개방형 이사는 2명을 추천하게 되어 있습니다. 그러면 3분의 2 이상의 찬성이 되는 5명을 결국은 이사장이 마음대로 운영할 수 있게 되어 있습니다. 8명일 때도 마찬가지입니다. 개방형 이사는 2명을 추천하게 되니까 6명이 결국은 이사장 마음대로 하게 되어 있고요. 마찬가지로 9명, 10명, 11명일 때도 3분의 2 이상의 찬성을 다 하게 되어서 결국은 이사장 마음대로 되어 가지고 원래 사학비리를 근절하기 위한 개방형 이사에 대한 정신이 사라져 버리게 되는 결과가 초래됩니다. 그래서 제가 계산을 해 봤는데요, 이 "3분의 2 이상의 찬성"은 굉장히 많은 문제가 발생하고 실질적으로 개방형 이사를 무력화시키게 된다고 생각합니다. 이 부분에 대해서 어떻게 생각하십니까? 실질적으로 계산을 안 해 보셨지요?

- **부총리겸교육인적자원부장관 김신일**[625]: 지금 이경숙 위원님이 말씀하신 대로 계산을 해 보면 결국 사람을 3분의 1로 나눌 수가 없으니까 계산하신 대로 그렇게 될 수밖에…
- **이경숙 위원**[626]: 그래서 저는 만약에 이것을 고치더라도 3분의 2 이상이 찬성을

625) 제263회 국회(임시회) 제1차 전체회의, 교육위원회회의록, 2006. 12. 12., 9면.
626) 제263회 국회(임시회) 제1차 전체회의, 교육위원회회의록, 2006. 12. 12., 9면.

하게 되면 결국은 이사장 마음대로 할 수밖에 없기 때문에 개방형 이사가 무력화된다, 그래서 이 비율을 고쳐야 된다는 개인적인 의견을 말씀드리고 싶고요. 그리고 실질적으로 대만 같은 경우에는 이사장과 이사장의 배우자 및 그 직계혈족이 학교장을 맡을 수 없게 되어 있습니다. 이렇게 우리보다 훨씬 더 강화되어 있는데 이것이 위헌이 된 것도 아니고 실질적으로 잘 작동하고 있다고 생각이 들어서 어떠한 개정안이라 하더라도 개방형 이사 부분이 손질되어서는 안 된다 이런 생각이 들고, 그것은 사학의 자율성을 해치는 것이 아니라 사학의 제자리 찾기 차원에서 하는 것이라는 것을 강조하고 싶습니다...

• **김영춘 위원**[627]: 특히 54조의3 임명 제한요건 조항에 대해서는 교육위원들 사이에서도 이론이 굉장히 많고, 또 넓게는 우리당 의원들 사이에서도 아주 반발이 많은 조항입니다. 그래서 충분한 검토와 토론이 필요하겠다라는 생각입니다. 어떤 것이 맞는 것인지 저도 사실 아직 확신이 별로 없습니다. 과거에는 임명 제한요건이 없다가 80년대에 생겼다가 또 사라졌다가 또 생겼다가 이번에 다시 이 개정안까지 나오게 된 상황이기 때문에 과연 어떤 것이 사리에 맞고, 또 어떤 것이 사학 부정·비리의 온상을, 원천적인 출발점을 제거하는 길인가 이런 측면에서 접근하고, 또 한편에서는 개인들의 헌법적 권리에 대한 침해가 아닌가 하는 양자의 논의 사이에서 저도 좀 더 고민을 해 봐야 되겠고, 우리 상임위원회에서도 충분한 토론이 있어야 되겠다 그런 생각입니다.

〈2〉 법제사법위원회: 심사 미료

(3) 본회의 심의

원안대로 가결되었다.[628] 이 조문의 회의록 내용은 2007. 7. 27. 개정조문 제14조와 공통적이어서 생략한다.[629]

(4) 결과

원안으로 개정되었다.

---

627) 제263회 국회(임시회) 제1차 전체회의, 교육위원회회의록, 2006. 12. 12., 12면.
628) 제268회 국회(임시회) 제10차 본회의, 국회본회의회의록, 2007. 7. 3., 48~49면.
629) 이 책 [14.206] 참조.

09

9. 2008년 3월 14일 개정(법률 제8888호, 2008. 3. 14. 시행)

제54조의3(임명의 제한) ①다음 각 호의 <u>어느 하나</u>에 해당하는 자는 학교의 장에 임명될 수 없다.

1. 제20조의2의 규정에 의하여 임원취임승인이 취소되고 5년이 경과하지 아니한 자
2. 제54조의2의 규정에 의한 해임요구에 의하여 해임되고 3년이 경과하지 아니한 자
3. 제61조의 규정에 따라 파면되고 5년이 경과하지 아니한 자
4. <u>「국가공무원법」</u> 제33조 각 호의 어느 하나에 해당하는 자

②제1항제1호 내지 제3호에 해당하는 자로서 그 임명의 제한 기간이 경과한 자가 학교의 장으로 취임하고자 할 때에는 재적이사 3분의 2이상의 찬성을 요한다.

③학교법인의 이사장과 다음 각 호의 어느 하나의 관계에 있는 자는 당해 학교법인이 설치·경영하는 학교의 장에 임명될 수 없다. 다만, 이사정수의 3분의 2 이상의 찬성과 관할청의 승인을 받은 자는 그러하지 아니하다.

1. 배우자
2. 직계존속 및 직계비속과 그 배우자

④제1항제4호에 해당하는 자는 교원으로 임명될 수 없다.

<u>⑤이 법에 따른 교원 또는 국·공립학교의 교원으로 재직 중 다음 각 호의 어느 하나에 해당하는 사유로 파면·해임된 자는 고등학교 이하 각급 학교의 교원으로 임명할 수 없다. 다만, 제62조에 따른 교원징계위원회에서 해당 교원의 반성 정도 등을 고려하여 교원으로서 직무를 수행할 수 있다고 의결한 경우에는 그러하지 아니하다.</u>

1. <u>미성년자에 대한 「성폭력범죄의 처벌 및 피해자보호 등에 관한 법률」 제2조에 따른 성폭력범죄 행위</u>
2. <u>금품수수 행위</u>
3. <u>시험문제 유출 및 성적조작 등 학생성적 관련 비위 행위</u>
4. <u>학생에 대한 신체적 폭력 행위</u>

<u>⑥제5항 단서에 따른 교원징계위원회의 의결은 재적위원 3분의 2 이상의 출석과 출석위원 과반수의 찬성으로 한다.</u>

(1) 법률안(정부안[630])

이 조문을 포함한 개정 대상 조문의 제안이유 및 주요내용은 아래와 같다.[631]

• 제안이유 및 주요내용

교원으로 재직 중 미성년자에 대한 성폭력범죄 행위, 금품수수 행위, 학생성적 관련 비위 행위 및 학생에 대한 신체적 폭력 행위로 인하여 징계에 의하여 파면·해임된 자를 원칙적으로 다시 교원으로 채용할 수 없도록 함으로써 교원에 대한 국민의 신뢰를 높이고 깨끗한 교직풍토를 조성하며, 학생의 학습권을 보호하려는 것임.

현행법	원안
제54조의3(임명의 제한) ①다음 각호의 1에 해당하는 자는 학교의 장에 임명될 수 없다. 1. ~ 2. (생 략) 3. 국가공무원법 제74조의2 및 교육공무원법 제36조의 규정에 의하여 퇴직한 자 <신 설>	**제54조의3(임명의 제한)** ①다음 각호의 어느 하나에 해당하는 자는 학교의 장에 임명될 수 없다. 1. ~ 2. (현행과 같음) 3. 「국가공무원법」 제74조의2 및 「교육공무원법」 제36조의 규정에 의하여 퇴직한 자 ②이 법에 의한 교원 또는 국·공립학교의 교원으로 재직 중 다음 각 호의 어느 하나에 해당하는 사유로 파면·해임된 자는 고등학교 이하 각급 학교의 교원으로 임명할 수 없다. 다만, 제62조에 따른 교원징계위원회에서 당해 교원의 반성 정도 등을 고려하여 교원으로서 직무를 수행할 수 있다고 의결한 경우에는 그러하지 아니하다.
<신 설>	1. 미성년자에 대한 「성폭력범죄의 처벌 및 피해자보호 등에 관한 법률」 제2조에 따른 성폭력범죄 행위 2. 금품수수 행위 3. 시험문제 유출 및 성적조작 등 학생성적 관련 비위 행위 4. 학생에 대한 신체적 폭력 행위

630) 2005. 12. 26. 정부(의안번호: 173668).

631) 2008년 3월 14일 개정 원안에는 이 정부안 외에도 이주호 의원안(2006. 5. 30. 이주호의원 등 10인, 의안번호: 174444)이 있다. 이 원안들은 이후 위원회 심사 단계에서 대안(2008. 2. 18. 교육위원장, 의안번호: 178210)으로 통합 조정되었다. 이주호 의원안은 이 책 [59.212] 참조.

	③제52항 단서의 규정에 의한 교원징계위원회의 의결은 재적위원 3분의 2 이상의 출석과 출석위원 과반수의 찬성으로 하여야 한다.

• 교원으로 재직 중 미성년자에 대한 성폭력범죄 행위, 금품수수 행위, 학생성적 관련 비위 행위 및 학생에 대한 신체적 폭력 행위로 인하여 징계에 의하여 파면·해임된 자를 원칙적으로 다시 교원으로 채용할 수 없도록 하였다.

(2) 위원회 심사

〈1〉 **교육위원회:** 대안[632]으로 가결되었다.[633]

대안
제54조의3(임명의 제한) 3. 제61조의 규정에 따라 파면되고 5년이 경과하지 아니한 자 4. 「국가공무원법」 제33조 각 호의 어느 하나에 해당하는 자 ②제1항제1호 내지 제3호에 해당하는 자로서 그 임명의 제한 기간이 경과한 자가 학교의 장으로 취임하고자 할 때에는 재적이사 3분의 2이상의 찬성을 요한다. ③학교법인의 이사장과 다음 각 호의 어느 하나의 관계에 있는 자는 당해 학교법인이 설치·경영하는 학교의 장에 임명될 수 없다. 다만, 이사정수의 3분의 2 이상의 찬성과 관할청의 승인을 받은 자는 그러하지 아니하다. 1. 배우자 2. 직계존속 및 직계비속과 그 배우자 ④제1항제4호에 해당하는 자는 교원으로 임명될 수 없다. ⑤이 법에 따른 교원 또는 국·공립학교의 교원으로 재직 중 다음 각 호의 어느 하나에 해당하는 사유로 파면·해임된 자는 고등학교 이하 각급 학교의 교원으로 임명할 수 없다. 다만, 제62조에 따른 교원징계위원회에서 해당 교원의 반성 정도 등을 고려하여 교원으로서 직무를 수행할 수 있다고 의결한 경우에는 그러하지 아니하다. 1. 미성년자에 대한 「성폭력범죄의 처벌 및 피해자보호 등에 관한 법률」 제2조에 따른 성폭력범죄 행위 2. 금품수수 행위 3. 시험문제 유출 및 성적조작 등 학생성적 관련 비위 행위 4. 학생에 대한 신체적 폭력 행위 ⑥제5항 단서에 따른 교원징계위원회의 의결은 재적위원 3분의 2 이상의 출석과 출석위원 과반수

632) 2008. 2. 18. 교육위원장(의안번호: 178210).
633) 제271회 국회(임시회) 제1차 전체회의, 교육위원회회의록, 2008. 1. 30., 6면.

의 찬성으로 한다.

〈2〉 **법제사법위원회:** 교육위원회 대안대로 가결되었다.[634] 제54조의3에 관한 회의록 내용은 아래와 같다.

- **전문위원 강경필**[635]: 미성년자에 대한 성폭력 범죄 행위, 금품수수 행위, 학생 성적 관련 비위 행위 등으로 인하여 징계에 의하여 파면·해임된 자를 원칙적으로 다시 교육공무원으로 채용할 수 없도록 하고…체계·자구에 관하여 검토한 결과 별다른 문제점이 없는 것으로 보았습니다.

(3) 본회의 심의

교육위원회 대안대로 가결되었다.[636]

(4) 결과

교육위원회 대안으로 개정되었다.

54-3.210

10. 2010년 4월 15일 개정(법률 제10258호, 2010. 4. 15. 시행)

제54조의3(임명의 제한) ①다음 각 호의 어느 하나에 해당하는 자는 학교의 장에 임명될 수 없다.

1. 제20조의2의 규정에 의하여 임원취임승인이 취소되고 5년이 경과하지 아니한 자
2. 제54조의2의 규정에 의한 해임요구에 의하여 해임되고 3년이 경과하지 아니한 자
3. 제61조의 규정에 따라 파면되고 5년이 경과하지 아니한 자
4. 「국가공무원법」 제33조 각 호의 어느 하나에 해당하는 자

②제1항제1호 내지 제3호에 해당하는 자로서 그 임명의 제한 기간이 경과한 자가 학교의 장으로 취임하고자 할 때에는 재적이사 3분의 2이상의 찬성을 요한다.

---

634) 제271회 국회(임시회) 제3차 전체회의, 법제사법위원회회의록, 2008. 2. 15., 7면.
635) 제271회 국회(임시회) 제2차 전체회의, 법제사법위원회회의록, 2008. 2. 12., 60면.
636) 제271회 국회(임시회) 제7차 본회의, 국회본회의회의록, 2008. 2. 19., 19면.

③학교법인의 이사장과 다음 각 호의 어느 하나의 관계에 있는 자는 당해 학교법인이 설치·경영하는 학교의 장에 임명될 수 없다. 다만, 이사정수의 3분의 2 이상의 찬성과 관할청의 승인을 받은 자는 그러하지 아니하다.

1. 배우자
2. 직계존속 및 직계비속과 그 배우자

④제1항제4호에 해당하는 자는 교원으로 임명될 수 없다.

⑤이 법에 따른 교원 또는 국·공립학교의 교원으로 재직 중 다음 각 호의 어느 하나에 해당하는 사유로 파면·해임된 자는 고등학교 이하 각급 학교의 교원으로 임명할 수 없다. 다만, 제62조에 따른 교원징계위원회에서 해당 교원의 반성 정도 등을 고려하여 교원으로서 직무를 수행할 수 있다고 의결한 경우에는 그러하지 아니하다.

1. 미성년자에 대한 **「성폭력범죄의 처벌 등에 관한 특례법」** 제2조에 따른 성폭력범죄 행위
2. 금품수수 행위
3. 시험문제 유출 및 성적조작 등 학생성적 관련 비위 행위
4. 학생에 대한 신체적 폭력 행위

⑥제5항 단서에 따른 교원징계위원회의 의결은 재적위원 3분의 2 이상의 출석과 출석위원 과반수의 찬성으로 한다.

- 「성폭력범죄의 처벌 등에 관한 특례법」(2007. 4. 15. 제정·시행) 제정에 따라 "「성폭력범죄의 처벌 및 피해자보호 등에 관한 법률」"을 "「성폭력범죄의 처벌 등에 관한 특례법」"으로 변경하였다.

11

11. 2011년 5월 19일 개정(법률 제10637호, 2011. 5. 19. 시행)

제54조의3(임명의 제한) ①다음 각 호의 어느 하나에 해당하는 자는 학교의 장에 임명될 수 없다.

1. 제20조의2의 규정에 의하여 임원취임승인이 취소되고 5년이 경과하지 아니한 자
2. 제54조의2의 규정에 의한 해임요구에 의하여 해임되고 3년이 경과하지 아니

한 자

3. 제61조의 규정에 따라 파면되고 5년이 경과하지 아니한 자

4. 「국가공무원법」 제33조 각 호의 어느 하나에 해당하는 자

②제1항제1호 내지 제3호에 해당하는 자로서 그 임명의 제한 기간이 경과한 자가 학교의 장으로 취임하고자 할 때에는 재적이사 3분의 2이상의 찬성을 요한다.

③학교법인의 이사장과 다음 각 호의 어느 하나의 관계에 있는 자는 당해 학교법인이 설치·경영하는 학교의 장에 임명될 수 없다. 다만, 이사정수의 3분의 2 이상의 찬성과 관할청의 승인을 받은 자는 그러하지 아니하다.

1. 배우자
2. 직계존속 및 직계비속과 그 배우자

④제1항제4호에 해당하는 자는 교원으로 임명될 수 없다.

⑤이 법에 따른 교원**(제54조의4에 따른 기간제교원을 포함한다), 국립·공립 학교의 교원(「교육공무원법」 제32조에 따른 기간제교원을 포함한다), 「유아교육법」 제23조에 따른 강사 등 또는 「초·중등교육법」 제22조에 따른 산학겸임교사등으로 재직하는 동안 다음 각 호의 어느 하나의 행위로 인하여 파면·해임되거나 금고 이상의 형을 선고받은 사람(집행유예의 형을 선고받은 후 그 집행유예기간이 경과한 사람을 포함한다)**은 고등학교 이하 각급 학교의 교원으로 임명할 수 없다. 다만, 제62조에 따른 교원징계위원회에서 해당 교원의 반성 정도 등을 고려하여 교원으로서 직무를 수행할 수 있다고 의결한 경우에는 그러하지 아니하다.

1. 미성년자에 대한 「성폭력범죄의 처벌 등에 관한 특례법」 제2조에 따른 성폭력범죄 행위
2. 금품수수 행위
3. 시험문제 유출 및 성적조작 등 학생성적 관련 비위 행위
4. 학생에 대한 신체적 폭력 행위

⑥제5항 단서에 따른 교원징계위원회의 의결은 재적위원 3분의 2 이상의 출석과 출석위원 과반수의 찬성으로 한다.

(1) 법률안(권영진 의원안[637])

이 조문을 포함한 개정 대상 조문의 제안이유 및 주요내용은 아래와 같다.

---

637) 2009. 6. 3. 권영진의원 등 21인(의안번호: 1805013).

• 제안이유

현행 「사립학교법」에 따라, 국·공·사립학교 교원으로 재직 중 미성년자에 대한 성폭력 범죄행위·금품수수행위·학생성적 관련 비위 행위 및 학생에 대한 신체적 폭력 행위로 인하여 파면·해임된 자에 대해서는 원칙적으로 고등학교 이하 각급 학교의 교원으로 신규채용 또는 특별채용을 할 수 없음.

아울러 국·공립학교 교원 중 형사사건으로 기소중이거나 징계위원회가 중징계의결을 요구중인 자에 대하여는 대통령 훈령에 따라 의원면직(依願免職)을 제한함으로써, 비위공무원의 징계처분 회피를 차단하고 있음.

이는 깨끗한 교직풍토를 조성함으로써 교원에 대한 국민의 신뢰를 높이는 동시에 학생들의 인권과 학습권을 보호하려는 취지임.

그럼에도 불구하고 미성년자에 대한 성폭력 범죄행위 등을 저지른 교원이 비위사실이 확인되기 전에 의원면직하는 경우에는 파면·해임 등의 징계가 원천적으로 불가능할 뿐만 아니라 금고 이상의 형을 선고받더라도 일정기간이 지나면 다시 사립학교 교원으로 채용될 수 있어, 파면·해임의 징계를 받아 채용제한 조치를 받은 교원과의 형평성에 문제가 발생하고 있음.

이에 파면·해임등의 징계를 받지 않더라도 미성년자에 대한 성폭력 범죄행위 등으로 인하여 금고 이상의 형을 선고받은 자에 대해서는 사립학교 교원으로 임명될 수 없도록 함으로써, 실효성있는 제도적 장치를 마련하는 동시에 우리 아이들이 안전한 학교환경에서 자랄 수 있도록 하고자 하는 것임.

아울러 현행 법률에는 임명 제한의 대상에 기간제교원 및 「유아교육법」·「초·중등교육법」에 따른 교사·강사·산학겸임교사·명예교사 등 계약제교원 경력자가 포함돼 있지 않을 뿐만 아니라 기간제교원의 임용에서는 임명 제한 규정이 적용되지 않고 있으므로, 이들에 대해서도 동일하게 적용하고자 하는 것임.

• 주요내용

가. 재직 중에 행한 미성년자에 대한 성폭력 범죄행위·금품수수 행위·학생성적 관련 비위 행위 및 신체적 폭력 행위로 인하여 금고 이상의 형을 선고받은 국·공·사립 교원 및 계약제교원은 고등학교 이하 각급 학교의 교원으로 임명할 수 없도록 함(안 제54조의3제5항).

나. 기간제교원에 대해서도 사립학교 교원의 임명 제한 규정을 준용하도록 함(안 제54조의4제4항 신설).

이 조문의 현행법과 개정 원안은 아래와 같다.

현행법	원안
제54조의3(임명의 제한) ① ~ ④ (생 략) ⑤이 법에 따른 교원 또는 국·공립학교의 교원으로 재직 중 다음 각 호의 어느 하나에 해당하는 사유로 파면·해임된 자는 고등학교 이하 각급 학교의 교원으로 임명할 수 없다. 다만, 제62조에 따른 교원징계위원회에서 해당 교원의 반성 정도 등을 고려하여 교원으로서 직무를 수행할 수 있다고 의결한 경우에는 그러하지 아니하다. 1. ~ 4. (생 략) ⑥ (생 략)	**제54조의3(임명의 제한)** ① ~ ④ (현행과 같음) ⑤이 법에 따른 교원(제54조의4에 따른 기간제교원을 포함한다) 또는 국립·공립학교의 교원(「교육공무원법」 제32조에 따른 기간제교원을 포함한다)·「유아교육법」 제23조에 따른 강사등·「초·중등교육법」 제22조에 따른 산학겸임교사등으로 재직하는 동안 저지른 다음 각 호의 어느 하나의 행위로 인하여 파면·해임되거나 금고 이상의 형을 선고받은 사람은 고등학교 이하 각급 학교의 교원으로 임명할 수 없다. 다만, 제62조에 따른 교원징계위원회에서 해당 교원의 반성 정도 등을 고려하여 교원으로서 직무를 수행할 수 있다고 의결한 경우에는 그러하지 아니하다. 1. ~ 4. (현행과 같음) ⑥ (현행과 같음)

• 재직 중에 행한 미성년자에 대한 성폭력 범죄행위 등으로 인하여 파면·해임된 교원에 대한 임명제한 대상 범위를 확장하고 단서를 신설하여 예외규정을 두었다.

(2) 위원회 심사

〈1〉 **교육과학기술위원회:** 원안대로 가결되었다.[638] 제54조의3에 관한 회의록 내용은 아래와 같다.

가. 제18대 국회 제293회 제4차 교육과학기술위원회(2010. 8. 25.)

• **수석전문위원 노재석**[639]: 다음으로 권영진 의원이 대표발의한 교육공무원법 일부개정법률안, 사립학교법 일부개정법률안, 초·중등교육법 일부개정법률안, 유아교육법일부개정법률안은 재직 중 미성년자에 대한 성폭력 범죄행위 등으로 인하여 채용제한을 받는 자에 대하여 기존의 파면·해임된 자 이외에 금고 이상

638) 제298회 국회(임시회) 제4차 전체회의, 교육과학기술위원회회의록, 2011. 3. 11., 14면.
639) 제293회 국회(임시회) 제4차 전체회의, 교육과학기술위원회회의록, 2010. 8. 25., 11면.

의 형을 선고받은 자를 포함시키고 있으며, 기간제 교원 및 강사 등의 채용에도 이를 준용하도록 하고 있습니다.

나. 제18대 국회 제294회 제1차 법안심사소위(2010. 9. 7.)

• **수석전문위원 노재석**[640]: 다음에 권영진 의원님께서 발의하신 동일 제명의 교육공무원법에 관하여 설명드리겠습니다.

이 법안은 미성년자에 대한 성폭력 범죄행위 등의 행위로 인하여 현재는 파면·해임된 자만 재임용이 제한되게 되어 있습니다. 그런데 금고 이상의 형을 선고받은 자에게까지 채용 제한을 두도록 하는 내용이 되겠습니다. 왜냐하면 금고 이상의 형을 선고받은 자의 경우 형의 실효로 인하여 결격사유가 해소되면, 공무원 임용 결격사유가 해소되면 임용이 되게 되어 있습니다. 그래서 금고 이상의 형을 선고받은 자까지 채용 제한에 포함시키자는 것이고요.

그리고 의사일정 제5항 사립학교법 일부개정법률안, 의사일정 제6항 유아교육법 일부개정법률안, 의사일정 제12항 초·중등교육법 일부개정법률안도 동일한 내용이 되겠습니다. 그러니까 사립학교법에 따른 사립학교 교원, 교육공무원법에 따른 기간제교원, 유아교육법에 따른 강사 등, 초·중등교육법에 따른 산학겸임교사까지 모두 채용 제한을 둘 수 있도록 범위를 확대하려는 내용이 되겠습니다.

이 개정안도 지금 여러 가지 문제가 되고 있는 상황으로 보아서 위원님들께서 이번 회의에서 판단해 주셨으면 좋겠습니다.

• **조전혁 위원**[641]: 실제 금고 이상의 형을 받은 사람이 다시 교사로 채용되는 경우들이 좀 있습니까?

• **교육과학기술부제1차관 설동근**[642]: 저희들이 조사해서 통계를 낸 것은 없지만 실제로 들어올 수 있는 길이 열려 있습니다…

• **이상민 위원**[643]: 이것은 적절한 것이라고 생각되고요.

권영진 의원님이 발의하신 교육공무원법 일부개정법률안에 대한 질의인데 취지는 다 동의합니다. 그런데 이것이 개정안을 낼 수 있는 범위를 벗어난 부분인 것 같아서 의견을 첨언하는 것인데, 금고 이상으로 했을 경우에 밑에 있는 형이 뭐냐 하면 자격상실도 있고 자격정지도 있어요. 또 벌금도 있고요. 그런데 기본

---

640) 제294회 국회(정기회) 제1차 법안심사소위, 교육과학기술위원회회의록, 2010. 9. 7., 4면.
641) 제294회 국회(정기회) 제1차 법안심사소위, 교육과학기술위원회회의록, 2010. 9. 7., 4면.
642) 제294회 국회(정기회) 제1차 법안심사소위, 교육과학기술위원회회의록, 2010. 9. 7., 4면.
643) 제294회 국회(정기회) 제1차 법안심사소위, 교육과학기술위원회회의록, 2010. 9. 7., 4~5면.

권인 직업선택의 자유와 또 유아나 어린이, 청소년 보호와 관련해서 어떤 것이 더 중요한 것이냐 하는 형평성을 따질 때 교육공무원이라면 마땅히 그 직무수행의 특성상 또 유아와 어린이, 청소년에 미치는 영향을 볼 때 보호에 더 중점을 두어야 되지 않느냐 해서 제가 첨언하는 것인데, 정책적으로 좀 더 강화될 필요가 있겠다는 생각이 들고요.

또 하나는 앞으로 법리적으로 더 고민을 해야 될 부분이고 법무부하고도 조율해야 될 부분이 여기는 해당이 안 되는데 선고유예를 받거나 금고 이상의 선고를 받을 경우에는 형법상 어떤 규정이 있느냐 하면 집행유예 기간이 지나면 형법 제65조에 따라서 선고 효력을 잃게 됩니다. 선고가 없어지는 것으로 돼요. 그럴 경우에 어떻게 되는 것이냐 이런 법리적인 부분이 좀 남아 있습니다.

어쨌든 이 법안의 취지에는 공감하되 우선 이 부분에 대한 논의가 더 필요하고 법무부의 유권해석이 필요하겠다는 생각이 듭니다.

- **교육과학기술부학교자율화추진관 이원근**[644]: 금고 이상의 형을 받으면 공무원 신분이 면직되기 때문에, 자동 해임되기 때문에 파면·해임 절차가 필요 없습니다. 그 밑의 경우는 공무원 신분을 유지하는데 사안이 나쁘면 파면·해임되기 때문에 파면·해임으로 갈음이 되는데 그것보다 더 중한 금고 이상의 형을 받는 경우에는 국가공무원법에 의해서 시간만 지나면 자동으로 공무원으로 다시 채용될 자격이 생기니까 밑의 것은 파면·해임으로 커버가 되고 그 위의 것은 자동으로 되는 그런 사항입니다.
- **이상민 위원**[645]: 지금 입법취지에도 나와 있듯이 국가공무원법상 일정 기간이 지나면 임용결격사유가 해소되어 다시 채용되거나 임명될 수 있기 때문에 그것을 보완한다는 것 아닙니까? 그런 점도 있지만 제가 드리는 말씀은 법리상 금고 이상의 형에는 집행유예도 포함되거든요. 집행유예 기간이 종료되면 형 선고의 효력이 없어져 버립니다.

그렇게 되면 말하자면 금고 이상의 형을 선고받은 이 자체가 없어져 버리기 때문에, 이것은 순전히 법리적인 부분입니다. 그 부분을 당연히 상정을 해야 될 것입니다. 집행유예 기간이 종료되었어도 금고 이상의 형을 선고받은 경우에 포함시켜야 되는데 그런 것들이 명기가 안 되면 그 대상이 되는 사람하고 법리적 논쟁을 벌이게 될 텐데 법안 내용에 그것을 입법기술적으로 포함시킬 수 있는지 선뜻 묘안이 안 나와서 말씀드리는 것이고, 추후에 다른 의원님께서 법안을 발의

---

644) 제294회 국회(정기회) 제1차 법안심사소위, 교육과학기술위원회회의록, 2010. 9. 7., 5면.
645) 제294회 국회(정기회) 제1차 법안심사소위, 교육과학기술위원회회의록, 2010. 9. 7., 5면.

하거나 또는 심의할 때 그 논의가 필요하다는 얘기입니다.

- **교육과학기술부제1차관 설동근**[646]: 제가 좀 말씀드리면, 파면이나 해임의 징계를 받은 자는 채용제한에 걸립니다. 현재 금고 이상의 형을 받으면 징계 절차를 거치지 않고 자동 해임되거든요. 그러니까 자동으로 해임되는 것하고 형평성에, 파면·해임의 징계를 받으면 채용 제한을 받는데 자동 해임되는 것은 채용 제한에서… 그 형평성 문제가 있기 때문에… 이것은 아무런…
- **권영진 위원**[647]: 그러니까 그것을 지금 이상민 위원이 몰라서 그런 게 아니라, 이상민 위원님 말씀도 금고 이상 집행유예 받으면 당연히 금고 이상의 형이 된다는 거예요. 집행유예 기간이 소멸되거나 어떻거나 관계없이 그런 사람은 재임용 안 되는 거예요. 그러니까 "금고 이상의 형을 선고받은 자"라는 규정만으로도 이상민 위원님께서 걱정하시는 부분들이 해소가 되기 때문에 문제가 없다…
- **이상민 위원**[648]: 그러니까 제가 그 입법취지는 공감하고 이의가 없는데, 다만 형법상 법리적으로 실제로 이런 논쟁이 있습니다. 뭐냐 하면 형법 제65조에 따르면 집행유예 기한이 지나면 형의 선고 자체가 없어져 버려요. 선고가 없었던 걸로 된다고요.
- **권영진 위원**[649]: 집행유예 선고받았던 게 없어져요? 기록에 다 남지요.
- **이상민 위원**[650]: 아니, 기록은 일정 기간 동안…내가 읽어 드릴게요. 제65조에 따르면 "집행유예의 선고를 받은 후 그 선고의 실효 또는 취소됨이 없이 유예기간을 경과한 때에는 형의 선고는 효력을 잃는다." 그래서 없어져 버리는… 법리상 그렇단 말이에요. 이 취지를 반대하는 게 아니라, 사실은 법사위에서도 논의할 때 특정 법률의 경우는 이걸 명기하는 법률도 있는데 이걸 분명히 하기 위해서 지금 논의할 때 금고 이상의 형을 선고받은 것은 일단 집행유예의 경우 집행유예 기한이 경과돼서 선고의 효력이 상실돼도 그에 대한 사람들은 포함되는 것이다, 이렇게 넣어 놓으면 더 논란의 여지가 없지 않겠다 라는 게 제 생각입니다.
- **소위원장 서상기**[651]: 그러면 그것도 수정을…
- **권영진 위원**[652]: 그것은 한번 검토해 보세요.

---

646) 제294회 국회(정기회) 제1차 법안심사소위, 교육과학기술위원회회의록, 2010. 9. 7., 5면.
647) 제294회 국회(정기회) 제1차 법안심사소위, 교육과학기술위원회회의록, 2010. 9. 7., 5면.
648) 제294회 국회(정기회) 제1차 법안심사소위, 교육과학기술위원회회의록, 2010. 9. 7., 5면.
649) 제294회 국회(정기회) 제1차 법안심사소위, 교육과학기술위원회회의록, 2010. 9. 7., 5면.
650) 제294회 국회(정기회) 제1차 법안심사소위, 교육과학기술위원회회의록, 2010. 9. 7., 5면.
651) 제294회 국회(정기회) 제1차 법안심사소위, 교육과학기술위원회회의록, 2010. 9. 7., 5면.
652) 제294회 국회(정기회) 제1차 법안심사소위, 교육과학기술위원회회의록, 2010. 9. 7., 5면.

- 이상민 위원[653]: 법사위하고 한번 얘기를 해 보세요.
- 교육과학기술부제1차관 설동근[654]: 집행유예 기간에 공무원 신분을 유지하면 전부 다 파면·해임이기 때문에…
- 조전혁 위원[655]: 아니, 유사시니까 어떤 조항 하나만 더 하면 되겠는지 그걸 제안을 해 주시지요.
- 이상민 위원[656]: 그것은 위원장님하고 저하고 전문위원한테 맡겨 주시면…
- 소위원장 서상기[657]: 예, 나중에…
- 조전혁 위원[658]: 테크니컬한 문제니까…
- 소위원장 서상기[659]: 여기 네 가지 범죄를 말씀하셨는데 시대가 워낙 급변하니까 또 다른 범죄를 나중에 추가할 가능성도 있는데 네 가지 범죄가 이렇게 해서 다 커버가 되겠습니까?
- 이상민 위원[660]: 그런데 죄형법정주의상 명확히 적시를 안 하고서 향후 들어갈 범죄까지 포섭시킬 수는 없고요, 그러니까 그때그때 또 법을 바꿔야 되겠지요. 그렇다고 앞으로 일어날 범죄들을 예상하고 포괄적 개념으로, 불확정 개념으로 할 경우에는 법리상 죄형법정주의하고 위반되니까…
- 소위원장 서상기[661]: 알겠습니다. 이건 차관님 의견에… 그러니까 앞으로 일어날 게 아니고 지금 현재 일어나고 있는 심각한 문제는, 이 정도면 교육공무원하고 관련되는 중대범죄는 현실적으로 다 포함된다고 생각하십니까?
- 교육과학기술부학교자율화추진관 이원근[662]: 예, 그렇습니다.
- 소위원장 서상기[663]: 알겠습니다...
- 권영진 위원[664]: 제5항, 제6항이 다 같은 겁니다. 이게 유아교육법, 사립학교법에도 똑같이 금고 이상의 형을 받았을 때는 다시 자동으로 복직할 수 있도록 되어 있어요. 그것을 막자는 거거든요.

---

653) 第294회 국회(정기회) 제1차 법안심사소위, 교육과학기술위원회회의록, 2010. 9. 7., 5면.
654) 第294회 국회(정기회) 제1차 법안심사소위, 교육과학기술위원회회의록, 2010. 9. 7., 5~6면.
655) 第294회 국회(정기회) 제1차 법안심사소위, 교육과학기술위원회회의록, 2010. 9. 7., 6면.
656) 第294회 국회(정기회) 제1차 법안심사소위, 교육과학기술위원회회의록, 2010. 9. 7., 6면.
657) 第294회 국회(정기회) 제1차 법안심사소위, 교육과학기술위원회회의록, 2010. 9. 7., 6면.
658) 第294회 국회(정기회) 제1차 법안심사소위, 교육과학기술위원회회의록, 2010. 9. 7., 6면.
659) 第294회 국회(정기회) 제1차 법안심사소위, 교육과학기술위원회회의록, 2010. 9. 7., 6면.
660) 第294회 국회(정기회) 제1차 법안심사소위, 교육과학기술위원회회의록, 2010. 9. 7., 6면.
661) 第294회 국회(정기회) 제1차 법안심사소위, 교육과학기술위원회회의록, 2010. 9. 7., 6면
662) 第294회 국회(정기회) 제1차 법안심사소위, 교육과학기술위원회회의록, 2010. 9. 7., 6면.
663) 第294회 국회(정기회) 제1차 법안심사소위, 교육과학기술위원회회의록, 2010. 9. 7., 6면.
664) 第294회 국회(정기회) 제1차 법안심사소위, 교육과학기술위원회회의록, 2010. 9. 7., 9면.

- **소위원장 서상기**[665]: 제5항은 수정한 부분은 수정한 대로 기타 부분은 원안대로 의결하고자 하는데 이의 없으십니까? (없습니다 하는 위원 있음) 없으면 가결되었음을 선포합니다.

다. 제18대 국회 제298회 제4차 교육과학기술위원회(2011. 3. 11.)

- **소위원장 서상기**[666]: 다음으로 권영진 의원이 대표발의한 사립학교법 일부개정법률안, 유아교육법 일부개정법률안, 초·중등교육법 일부개정법률안 3건은 재직 중 미성년자 성폭력 범죄행위 등으로 인하여 금고 이상의 형을 선고받은 자를 교원, 강사, 산학겸임강사, 기간제교원 등의 채용에 제한을 받도록 하였습니다...
- **위원장 변재일**[667]: 의사일정 제9항 권영진 의원이 대표발의한 사립학교법 일부개정법률안은 소위원회에서 심사보고 한 바와 같이 원안대로 의결하고자 하는데 이의 없으십니까? (예 하는 위원 있음) 가결되었음을 선포합니다.

〈2〉 **법제사법위원회:** 원안을 수정·가결했다.[668] 수정내용은 아래와 같다.

법제사법위원회 수정안
제54조의3(임명의 제한) ⑤이 법에 따른 교원(제54조의4에 따른 기간제교원을 포함한다), 국립·공립 학교의 교원(「교육공무원법」 제32조에 따른 기간제교원을 포함한다), 「유아교육법」 제23조에 따른 강사 등 또는 「초·중등교육법」 제22조에 따른 산학겸임교사등으로 재직하는 동안 다음 각 호의 어느 하나의 행위로 인하여 파면·해임되거나 금고 이상의 형을 선고받은 사람(집행유예의 형을 선고받은 후 그 집행유예기간이 경과한 사람을 포함한다)은 고등학교 이하 각급 학교의 교원으로 임명할 수 없다. 다만, 제62조에 따른 교원징계위원회에서 해당 교원의 반성 정도 등을 고려하여 교원으로서 직무를 수행할 수 있다고 의결한 경우에는 그러하지 아니하다.

제54조의3에 관한 회의록 내용은 아래와 같다.

- **전문위원 이금로**[669]: 의사일정 제81항 사립학교법 일부개정안은 앞서 본 유아교육법 등과 같이 미성년자 성폭력자 등이 사립학교 교원과 기간제 교원으로 채용될 수 없도록 하는 내용으로서 이미 경과한 시행일을 수정하고, 금고 이상의 형

665) 제294회 국회(정기회) 제1차 법안심사소위, 교육과학기술위원회회의록, 2010. 9. 7., 9면.
666) 제298회 국회(임시회) 제4차 전체회의, 교육과학기술위원회회의록, 2011. 3. 11., 10면.
667) 제298회 국회(임시회) 제4차 전체회의, 교육과학기술위원회회의록, 2011. 3. 11., 14면.
668) 제299회 국회(임시회) 제4차 전체회의, 법제사법위원회회의록, 2011. 4. 15., 41~42 면.
669) 제299회 국회(임시회) 제4차 전체회의, 법제사법위원회회의록, 2011. 4. 15., 25면.

을 선고받은 사람에는 타법과의 형평상 집행유예 선고 후 그 유예기간이 경과한 사람을 포함하였습니다.

(3) 본회의 심의

법제사법위원회 수정안대로 가결되었다.[670]

(4) 결과

법제사법위원회 수정안으로 개정되었다.

54-3.212

12. 2012년 1월 26일 개정(법률 제11216호, 2012. 1. 26. 시행)

제54조의3(임명의 제한) ①다음 각 호의 어느 하나에 해당하는 자는 학교의 장에 임명될 수 없다.

1. 제20조의2의 규정에 의하여 임원취임승인이 취소되고 5년이 경과하지 아니한 자
2. 제54조의2의 규정에 의한 해임요구에 의하여 해임되고 3년이 경과하지 아니한 자
3. 제61조의 규정에 따라 파면되고 5년이 경과하지 아니한 자
4. **「교육공무원법」 제10조의4** 각 호의 어느 하나에 해당하는 자

②제1항제1호 내지 제3호에 해당하는 자로서 그 임명의 제한 기간이 경과한 자가 학교의 장으로 취임하고자 할 때에는 재적이사 3분의 2이상의 찬성을 요한다.

③학교법인의 이사장과 다음 각 호의 어느 하나의 관계에 있는 자는 당해 학교법인이 설치·경영하는 학교의 장에 임명될 수 없다. 다만, 이사정수의 3분의 2 이상의 찬성과 관할청의 승인을 받은 자는 그러하지 아니하다.

1. 배우자
2. 직계존속 및 직계비속과 그 배우자

④제1항제4호에 해당하는 자는 교원으로 임명될 수 없다.

⑤이 법에 따른 교원(제54조의4에 따른 기간제교원을 포함한다), 국립·공립 학교의 교원(「교육공무원법」 제32조에 따른 기간제교원을 포함한다), 「유아교육법」

---

670) 제299회 국회(임시회) 제8차 본회의, 국회본회의회의록, 2011. 4. 29., 45면.

제23조에 따른 강사 등 또는 「초·중등교육법」 제22조에 따른 산학겸임교사등으로 재직하는 동안 다음 각 호의 어느 하나의 행위로 인하여 파면·해임되거나 금고 이상의 형을 선고받은 사람(집행유예의 형을 선고받은 후 그 집행유예기간이 경과한 사람을 포함한다)은 고등학교 이하 각급 학교의 교원으로 임명할 수 없다. 다만, 제62조에 따른 교원징계위원회에서 해당 교원의 반성 정도 등을 고려하여 교원으로서 직무를 수행할 수 있다고 의결한 경우에는 그러하지 아니하다.

1. 삭제
2. 금품수수 행위
3. 시험문제 유출 및 성적조작 등 학생성적 관련 비위 행위
4. 학생에 대한 신체적 폭력 행위

⑥제5항 단서에 따른 교원징계위원회의 의결은 재적위원 3분의 2 이상의 출석과 출석위원 과반수의 찬성으로 한다.

(1) 법률안

〈1〉 **주광덕 의원안**[671]: 이 조문을 포함한 개정 대상 조문의 제안이유 및 주요내용은 아래와 같다.

• 제안이유 및 주요내용

사립학교 교원은 일반 직업인보다 높은 도덕성이 요구됨에도 불구하고 성관련 범죄를 저지르고도 현행법상 금고 이상의 형에 대한 선고유예가 확정된 자까지만 당연퇴직하게 되고 벌금형 이하의 형을 받은 자들은 파면이나 해임이 아닌 징계를 받는 경우 징계가 끝나고 나면 교직에서 계속 근무하게 되어 성관련 범죄자가 학교에서 학생을 교육시키는 문제가 발생하게 됨.

이에 이 법 시행 이후 미성년자에 대한 성폭력범죄행위로 집행유예를 포함한 벌금형 이상의 형을 선고받은 사람은 사립학교 교원으로 임용되지 못하도록 교육공무원법 개정에 맞춰 결격사유를 신설하고, 재직 중인 사립학교 교원은 당연퇴직되도록 관련 규정을 개정하려는 것임(안 제54조의3제1항제4호 및 제57조).

이 조문의 현행법과 개정 원안은 아래와 같다.

---

671) 2011. 10. 6. 주광덕의원 등 10인(의안번호: 1813356).

현행법	원안
제54조의3(임명의 제한) ①다음 각 호의 어느 하나에 해당하는 자는 학교의 장에 임명될 수 없다.	**제54조의3(임명의 제한)** ①다음 각 호의 어느 하나에 해당하는 자는 학교의 장에 임명될 수 없다.
1. ~ 3. (생 략)	1. ~ 3. (현행과 같음)
4. 「국가공무원법」 제33조 각 호의 어느 하나에 해당하는 자	4. 「교육공무원법」 제10조의4 각 호의 어느 하나에 해당하는 자
② ~ ④ (생 략)	② ~ ④ (현행과 같음)
⑤이 법에 따른 교원(제54조의4에 따른 기간제교원을 포함한다), 국립·공립 학교의 교원(「교육공무원법」 제32조에 따른 기간제교원을 포함한다), 「유아교육법」 제23조에 따른 강사 등 또는 「초·중등교육법」 제22조에 따른 산학겸임교사등으로 재직하는 동안 다음 각 호의 어느 하나의 행위로 인하여 파면·해임되거나 금고 이상의 형을 선고받은 사람(집행유예의 형을 선고받은 후 그 집행유예기간이 경과한 사람을 포함한다)은 고등학교 이하 각급 학교의 교원으로 임명할 수 없다. 다만, 제62조에 따른 교원징계위원회에서 해당 교원의 반성 정도 등을 고려하여 교원으로서 직무를 수행할 수 있다고 의결한 경우에는 그러하지 아니하다.	⑤이 법에 따른 교원(제54조의4에 따른 기간제교원을 포함한다), 국립·공립 학교의 교원(「교육공무원법」 제32조에 따른 기간제교원을 포함한다), 「유아교육법」 제23조에 따른 강사 등 또는 「초·중등교육법」 제22조에 따른 산학겸임교사등으로 재직하는 동안 다음 각 호의 어느 하나의 행위로 인하여 파면·해임되거나 금고 이상의 형을 선고받은 사람(집행유예의 형을 선고받은 후 그 집행유예기간이 경과한 사람을 포함한다)은 고등학교 이하 각급 학교의 교원으로 임명할 수 없다. 다만, 제62조에 따른 교원징계위원회에서 해당 교원의 반성 정도 등을 고려하여 교원으로서 직무를 수행할 수 있다고 의결한 경우에는 그러하지 아니하다.
1. 미성년자에 대한 「성폭력범죄의 처벌 등에 관한 특례법」 제2조에 따른 성폭력범죄 행위	1. <삭 제>
2. ~ 4. (생 략)	2. ~ 4. (현행과 같음)
⑥ (생 략)	⑥ (현행과 같음)

• 「교육공무원법」(2012. 1. 26. 개정·시행) 개정에 맞춰 미성년자에 대한 성폭력범죄 행위로 집행유예를 포함한 벌금형 이상의 형을 선고받은 사람은 사립학교 교원으로 임용되지 못하도록 결격사유를 신설하고, 재직 중인 사립학교 교원은 당연퇴직되도록 하였다. 이에 따라 제5항제1호("미성년자에 대한 「성폭력범죄의 처벌 등에 관한 특례법」 제2조에 따른 성폭력범죄 행위")를 삭제하였다.

(2) 위원회 심사

〈1〉 **교육과학기술위원회:** 대안[672]으로 가결되었다(이 조문의 경우에는 원안과 대안의 내용이 동일함).[673]

〈2〉 **법제사법위원회:** 교육과학기술위원회 대안대로 가결되었다.[674]

(3) 본회의 심의

교육과학기술위원회 대안대로 가결되었다.[675] 제54조의3에 관한 회의록 내용은 아래와 같다.

- 교육과학기술위원장대리 안민석[676]: 사립학교법 일부개정법률안(대안)은 사립학교 교원의 당연퇴직과 직권면직 사유, 비위사실의 통보제도 및 미성년자 성범죄자의 임용 제한 등에 대해서 국공립 교원과 형평을 맞추려는 것입니다...
- 부의장 정의화[677]: 다음은 사립학교법 일부개정법률안(대안)을 의결하도록 하겠습니다. 투표해 주시기 바랍니다. (전자투표) 투표를 다 하셨습니까? 투표를 마치겠습니다. 투표 결과를 말씀드리겠습니다. 재석 207인 중 찬성 205인, 기권 2인으로서 사립학교법 일부개정법률안(대안)은 가결되었음을 선포합니다.

(4) 결과

교육과학기술위원회 대안으로 개정되었다.

13

13. 2016년 5월 29일 개정(법률 제14154호, 2016. 5. 29. 시행)

제54조의3(임명의 제한) ①다음 각 호의 어느 하나에 해당하는 자는 학교의 장에 임명될 수 없다.
1. 제20조의2의 규정에 의하여 임원취임승인이 취소되고 5년이 경과하지 아니

672) 2011. 12. 30. 교육과학기술위원장(의안번호: 1814406).
673) 제304회 국회(임시회) 제2차 전체회의, 교육과학기술위원회회의록, 2011. 12. 28., 16면.
674) 제304회 국회(임시회) 제2차 전체회의, 법제사법위원회회의록, 2011. 12. 29., 23~24면
675) 제304회 국회(임시회) 제3차 본회의, 국회본회의회의록, 2011. 12. 30., 23~24면.
676) 제304회 국회(임시회) 제3차 본회의, 국회본회의회의록, 2011. 12. 30., 22면.
677) 제304회 국회(임시회) 제3차 본회의, 국회본회의회의록, 2011. 12. 30., 23~24면.

한 자

2. 제54조의2의 규정에 의한 해임요구에 의하여 해임되고 3년이 경과하지 아니한 자
3. 제61조의 규정에 따라 파면되고 5년이 경과하지 아니한 자
4. 「교육공무원법」 제10조의4 각 호의 어느 하나에 해당하는 자

②제1항제1호 내지 제3호에 해당하는 자로서 그 임명의 제한 기간이 경과한 자가 학교의 장으로 취임하고자 할 때에는 재적이사 3분의 2이상의 찬성을 요한다.

③학교법인의 이사장과 다음 각 호의 어느 하나의 관계에 있는 자는 당해 학교법인이 설치·경영하는 학교의 장에 임명될 수 없다. 다만, 이사정수의 3분의 2 이상의 찬성과 관할청의 승인을 받은 자는 그러하지 아니하다.

1. 배우자
2. 직계존속 및 직계비속과 그 배우자

④<u>학교의 장으로 임명되어 있는 사람이 학교법인의 이사장의 변경 또는 친족 관계의 변동 등으로 인하여 학교법인의 이사장과 제3항 각 호의 어느 하나의 관계에 있는 경우에는 그 사유가 발생한 날부터 3개월 이내에 이사 정수의 3분의 2 이상의 찬성과 관할청의 승인을 받아야 한다.</u>

⑤<u>제1항제4호에 해당하는 자는 교원으로 임명될 수 없다.</u>

⑥<u>이 법에 따른 교원(제54조의4에 따른 기간제교원을 포함한다), 국립·공립 학교의 교원(「교육공무원법」 제32조에 따른 기간제교원을 포함한다), 「유아교육법」 제23조에 따른 강사 등 또는 「초·중등교육법」 제22조에 따른 산학겸임교사 등으로 재직하는 동안 다음 각 호의 어느 하나의 행위로 인하여 파면·해임되거나 금고 이상의 형을 선고받은 사람(집행유예의 형을 선고받은 후 그 집행유예기간이 경과한 사람을 포함한다)은 고등학교 이하 각급 학교의 교원으로 임명할 수 없다. 다만, 제62조에 따른 교원징계위원회에서 해당 교원의 반성 정도 등을 고려하여 교원으로서 직무를 수행할 수 있다고 의결한 경우에는 그러하지 아니하다.</u>

1. <u>삭제</u>
2. <u>금품수수 행위</u>
3. <u>시험문제 유출 및 성적조작 등 학생성적 관련 비위 행위</u>
4. <u>학생에 대한 신체적 폭력 행위</u>

⑦<u>제6항 단서에 따른 교원징계위원회의 의결은 재적위원 3분의 2 이상의 출석과</u>

출석위원 과반수의 찬성으로 한다.

(1) 법률안(정부안[678])

현행법	원안
제54조의3(임명의 제한) ① ~ ③ (생 략) <신 설> ④ ~ ⑤ (생 략) ⑥제5항 단서에 따른 교원징계위원회의 의결은 재적위원 3분의 2 이상의 출석과 출석위원 과반수의 찬성으로 한다.	제54조의3(임명의 제한) ① ~ ③ (현행과 같음) ④학교의 장으로 임명되어 있는 사람이 학교법인의 이사장의 변경 또는 친족 관계의 변동 등으로 인하여 학교법인의 이사장과 제3항 각 호의 어느 하나의 관계에 해당하게 된 경우에는 그 사유가 발생한 날부터 3개월 이내에 이사정수의 3부의 2 이상의 찬성과 관할청의 승인을 받아야 한다. ⑤ ~ ⑥ (현행 제4항 및 제3항과 같음) ⑦제6항 각 호 외의 부분 단서에 따른 교원징계위원회의 의결은 재적위원 3분의 2 이상의 출석과 출석위원 과반수의 찬성으로 한다.

• 사립학교의 장이 이사장과 친족관계에 해당하게 된 경우에는 그 친족 관계에 해당하게 된 날부터 3개월 이내에 이사 정수의 3분의 2 이상의 찬성과 관할청의 승인을 받도록 하였다.

(2) 위원회 심사

〈1〉 **교육문화체육관광위원회:** 대안[679]으로 가결되었다(이 조문의 경우에는 원안과 대안의 내용이 동일함).[680]

〈2〉 **법제사법위원회:** 교육문화체육관광위원회 대안을 수정·가결했다.[681] 수정내용은 아래와 같다.

법제사법위원회 수정안
제54조의3(임명의 제한) ④학교의 장으로 임명되어 있는 사람이 학교법인의 이사장의 변경 또는 친족 관계의 변동 등으로

678) 2013. 6. 26. 정부(의안번호: 1905658); 제안이유 및 주요내용은 이 책 [4.216] 참조.
679) 2016. 5. 18. 교육문화체육관광위원장(의안번호: 1918727).
680) 제342회 국회(임시회) 제1차 전체회의, 교육문화체육관광위원회회의록, 2016. 5. 11., 23면.
681) 제342회 국회(임시회) 제2차 전체회의, 법제사법위원회회의록, 2016. 5. 17., 76면.

인하여 학교법인의 이사장과 제3항 각 호의 어느 하나의 관계에 있는 경우에는 그 사유가 발생한 날부터 3개월 이내에 이사 정수의 3분의 2 이상의 찬성과 관할청의 승인을 받아야 한다.
⑤제1항제4호에 해당하는 자는 교원으로 임명될 수 없다.
⑥이 법에 따른 교원(제54조의4에 따른 기간제교원을 포함한다), 국립·공립 학교의 교원(「교육공무원법」 제32조에 따른 기간제교원을 포함한다), 「유아교육법」 제23조에 따른 강사 등 또는 「초·중등교육법」 제22조에 따른 산학겸임교사등으로 재직하는 동안 다음 각 호의 어느 하나의 행위로 인하여 파면·해임되거나 금고 이상의 형을 선고받은 사람(집행유예의 형을 선고받은 후 그 집행유예기간이 경과한 사람을 포함한다)은 고등학교 이하 각급 학교의 교원으로 임명할 수 없다. 다만, 제62조에 따른 교원징계위원회에서 해당 교원의 반성 정도 등을 고려하여 교원으로서 직무를 수행할 수 있다고 의결한 경우에는 그러하지 아니하다.
1. 삭제
2. 금품수수 행위
3. 시험문제 유출 및 성적조작 등 학생성적 관련 비위 행위
4. 학생에 대한 신체적 폭력 행위
⑦제6항 단서에 따른 교원징계위원회의 의결은 재적위원 3분의 2 이상의 출석과 출석위원 과반수의 찬성으로 한다.

(3) 본회의 심의

법제사법위원회 수정안대로 가결되었다.[682)]

(4) 결과

법제사법위원회 수정안으로 개정되었다.

54-3.214

14. 2020년 12월 22일 개정(법률 제17659호, 2020. 12. 22. 시행)

제54조의3(임명의 제한) ①_다음 각 호의 어느 하나에 해당하는 사람은 학교의 장에 임명될 수 없다.
1. 제20조의2**에 따라** 임원 취임의 승인이 취소**된 후** 5년이 **지나지** 아니한 **사람**
2. 제54조의2**에 따른** 해임 요구에 의하여 해임**된 후** 3년이 **지나지** 아니한 **사람**
3. 제61조**에 따라** 파면**된 후** 5년이 **지나지** 아니한 **사람**
4. 「교육공무원법」 제10조의4 각 호의 어느 하나에 해당하는 사람

②_제1항제1호**부터** 제3호**까지**에 해당하는 **사람**으로서 그 임명 제한 기간이 **지난**

682) 제342회 국회(임시회) 제1차 본회의, 국회본회의회의록, 2016. 5. 19., 41면.

사람이 학교의 장으로 취임**하려면** 재적이사 3분의 2 이상의 찬성이 **있어야** 한다.
③_학교법인의 이사장과 다음 각 호의 어느 하나의 **관계인 사람은 해당** 학교법인이 설치·경영하는 학교의 장에 임명될 수 없다. 다만, 이사 정수의 3분의 2 이상의 찬성과 관할청의 승인을 받은 사람은 그러하지 아니하다.

1. 배우자
2. 직계존속 및 직계비속과 그 배우자

④_학교의 장으로 임명되어 있는 사람이 학교법인의 이사장의 변경 또는 친족 관계의 변동 등으로 인하여 학교법인의 이사장과 제3항 각 호의 어느 하나의 관계가 된 경우에는 그 사유가 발생한 날부터 3개월 이내에 이사 정수의 3분의 2 이상의 찬성과 관할청의 승인을 받아야 한다.
⑤_제1항제4호에 해당하는 사람은 교원으로 임명될 수 없다.
⑥_이 법에 따른 교원(제54조의4에 따른 기간제교원을 포함한다), **국립학교·공립학교**의 교원(「교육공무원법」 제32조**에 따른** 기간제교원을 포함한다), 「유아교육법」 제23조에 따른 강사 등 또는 「초·중등교육법」 제22조에 따른 산학겸임교사 등으로 재직하는 동안 다음 각 호의 어느 하나의 행위로 인하여 파면·해임되거나 금고 이상의 형을 선고받은 사람(집행유예의 형을 선고받은 후 그 집행유예기간이 **지난 사람**을 포함한다)은 고등학교 이하 각급 학교의 교원으로 임명될 수 없다. 다만, 제62조에 따른 교원징계위원회에서 해당 교원의 반성 정도 등을 고려하여 교원으로서 직무를 수행할 수 있다고 의결한 경우에는 그러하지 아니하다.

1. 금품수수 행위
2. 시험문제 유출 및 성적 조작 등 학생성적 관련 비위(非違) 행위
3. 학생에 대한 신체적 폭력 행위

⑦_제6항 **각 호 외의 부분** 단서에 따른 교원징계위원회의 의결은 재적위원 3분의 2 이상의 출석과 출석위원 과반수의 찬성으로 한다.

• 법문을 한글화하고 간결하게 하였다(오직 형식에 관한 개정이므로 자세한 개정경과는 생략함[683]).

683) 이에 관한 구체적 개정경과는 이 책 [1.201] 참조.

54-3.300

III. 현행법

제54조의3(임명의 제한) ① 다음 각 호의 어느 하나에 해당하는 사람은 학교의 장에 임명될 수 없다.

1. 제20조의2에 따라 임원 취임의 승인이 취소된 후 5년이 지나지 아니한 사람
2. 제54조의2에 따른 해임 요구에 의하여 해임된 후 3년이 지나지 아니한 사람
3. 제61조에 따라 파면된 후 5년이 지나지 아니한 사람
4. 「교육공무원법」 제10조의4 각 호의 어느 하나에 해당하는 사람

② 제1항제1호부터 제3호까지에 해당하는 사람으로서 그 임명 제한 기간이 지난 사람이 학교의 장으로 취임하려면 재적이사 3분의 2 이상의 찬성이 있어야 한다.

③ 학교법인의 이사장과 다음 각 호의 어느 하나의 관계인 사람은 해당 학교법인이 설치·경영하는 학교의 장에 임명될 수 없다. 다만, 이사 정수의 3분의 2 이상의 찬성과 관할청의 승인을 받은 사람은 그러하지 아니하다.

1. 배우자
2. 직계존속 및 직계비속과 그 배우자

④ 학교의 장으로 임명되어 있는 사람이 학교법인의 이사장의 변경 또는 친족 관계의 변동 등으로 인하여 학교법인의 이사장과 제3항 각 호의 어느 하나의 관계가 된 경우에는 그 사유가 발생한 날부터 3개월 이내에 이사 정수의 3분의 2 이상의 찬성과 관할청의 승인을 받아야 한다.

⑤ 제1항제4호에 해당하는 사람은 교원으로 임명될 수 없다.

⑥ 이 법에 따른 교원(제54조의4에 따른 기간제교원을 포함한다), 국립학교·공립학교의 교원(「교육공무원법」 제32조에 따른 기간제교원을 포함한다), 「유아교육법」 제23조에 따른 강사 등 또는 「초·중등교육법」 제22조에 따른 산학겸임교사 등으로 재직하는 동안 다음 각 호의 어느 하나의 행위로 인하여 파면·해임되거나 금고 이상의 형을 선고받은 사람(집행유예의 형을 선고받은 후 그 집행유예기간이 지난 사람을 포함한다)은 고등학교 이하 각급 학교의 교원으로 임명될 수 없다. 다만, 제62조에 따른 교원징계위원회에서 해당 교원의 반성 정도 등을 고려하여 교원으로서 직무를 수행할 수 있다고 의결한 경우에는 그러하지 아니하다.

1. 금품수수 행위
2. 시험문제 유출 및 성적 조작 등 학생성적 관련 비위(非違) 행위
3. 학생에 대한 신체적 폭력 행위

⑦ 제6항 각 호 외의 부분 단서에 따른 교원징계위원회의 의결은 재적위원 3분의 2 이상의 출석과 출석위원 과반수의 찬성으로 한다.

IV. 종합/특기사항

- 1973년 개정으로 신설된 제54조의3은 최초에는 매우 간략한 조문이었으나 매우 많은 회차의 개정 과정을 거쳐 현행법은 매우 긴 조문이 되었다.
- 제53조의3에 대한 중요한 변화는 1981년, 1990년, 2005년, 2007년, 2008년, 2011년, 2016년 개정이다. 1981년 개정은 학교법인의 설립자와 설립자의 배우자, 직계존속·비속 및 그 배우자는 설립자가 설치·경영하는 대학의 총장·학장을 할 수 없도록 하였다가, 1990년 개정은 이 제한규정을 삭제하였고, 2005년 개정은 설립자가 이사장 직에 있지 않으면 그의 배우자, 직계존속·비속 및 그 배우자는 설립자가 설치·경영하는 대학의 총장·학장을 할 수 있게 하였고 임명제한 기간을 2년에서 5년으로 연장하였으며, 2007년 개정은 이사정수의 3분의 2 이상의 찬성과 관할청의 승인을 받으면 이사장의 배우자, 직계존속·비속 및 그 배우자도 해당 학교법인의 대학의 총장·학장이 될 수 있게 하였고, 2008년 개정은 미성년자에 대한 성폭력범죄 행위, 금품수수 행위, 학생성적 관련 비위 행위 및 학생에 대한 신체적 폭력행위로 인하여 징계에 의하여 파면·해임된 사람은 원칙적으로 다시 교원으로 채용할 수 없도록 하였으며, 2011년 개정은 재직 중에 행한 미성년자에 대한 성폭력 범죄행위 등으로 인하여 파면·해임된 교원에 대한 임명제한 대상 범위를 확장하였고, 2016년 개정은 교원임명 제한 규정을 정비하였다.
- 설립자 또는 이사장과 특별한 관계에 있는 사람들에 대한 대학 총장·학장 취임 제한은 허용과 불허용을 여러 차례 반복했다.
- 2005년 개정 과정에서 정치적 입장에 따라 매우 격렬한 의견대립이 있었다. 제256회 국회(정기회) 제16차 본회의(2005. 12. 9.)에서 나타난 원색적 언동은 그 사정을 잘 보여준다.[684)]
- 2013년 헌법재판소는 학교법인의 이사장과 특정관계에 있는 사람의 학교장 임명을 제한하는 사립학교법(2007. 7. 27. 법률 제8545호로 개정된 것) 제54조의3제3항

684) 제256회 국회(정기회) 제16차 본회의, 국회본회의회의록, 2005. 12. 9., 2~3면.

이 이사장과 특정관계에 있는 사람의 직업의 자유나 학교법인의 사학의 자유를 침해하는지 여부에 대하여 아래와 같이 합헌 취지로 판단하였다.[685]

> 사립학교법 제54조의3제3항은 학교법인의 이사장과 배우자, 직계존속 및 직계비속과 그 배우자의 관계에 있는 자가 당해 학교법인이 설치·경영하는 학교의 장에 임명되기 위해서는 이사 정수의 3분의 2 이상의 찬성과 관할청의 승인을 얻도록 하고 있는데, 이는 학교법인의 경영과 학교행정을 인적으로 분리함으로써 학교의 자주성을 보호하고 사학운영의 공공성과 투명성을 제고하고자 하는 것으로 이사장의 배우자 등의 직업의 자유나 학교법인의 사립학교 운영의 자유를 침해한다고 볼 수 없다.

제54조의4(기간제교원)

54-4.100 I. 제정법

제정법에는 이 조문이 없다.

II. 개정 경과

54-4.201 1. 1990년 4월 7일 개정(법률 제4226호, 1990. 4. 7. 시행)

(1) 법률안(정부안[686])

현행법	원안
<신 설>	**제54조의4(임시교원)** ①교원이 직무를 이탈하여 후임자의 보충이 불가피한 때에는 그 기간중 교원자격증을 가진 자 또는 그 자격기준에 해당하는 자중에서 임시교원을 임용할 수 있다. ②임시교원에 대하여는 제56조, 제58조제2항, 제58조의2, 제59조, 제61조 내지 제69조의 규정을 적용하지 아니하며 임용기간이 만료되면

685) 헌법재판소 2013. 11. 28. 선고 2007헌마1189, 헌마1190 결정.

	당연히 퇴직된다.

• 교원이 직무를 이탈하여 후임자의 보충이 불가피한 때에는 그 후임자가 보충될 때까지 임시교원을 임용할 수 있도록 하였다.

(2) 위원회 심사

〈1〉 **문교공보위원회:** 대안[687]으로 가결되었다(이 조문의 경우에는 원안과 대안의 내용이 동일함).[688] 제54조의4에 관한 회의록 내용은 아래와 같다.

• 소위원장 함종한[689]: 교원이 직무를 이탈하여 후임자의 보충이 불가피한 때에는 그 후임자가 보충될 때까지 임시교원을 임용할 수 있도록 하고,…이상입니다.

〈2〉 **법제사법위원회:** 문교공보위원회 대안대로 가결되었다.[690]

(3) 본회의 심의

문교공보위원회 대안대로 가결되었다.[691]

(4) 결과

문교공보위원회 대안으로 개정되었다.

2. 1997년 8월 22일 개정(법률 제5345호, 1998. 1. 1. 시행)

제54조의4(기간제교원) ①<u>각급학교 교원의 임면권자는 다음 각호의 1에 해당하는 사유가 있는 경우에는 교원자격증을 가진 자중에서 기간을 정하여 임용하는 교원(이하 "기간제교원"이라 한다)을 임용할 수 있다. 이 경우 임면권자는 학교법인의 정관등이 정하는 바에 의하여 그 권한을 학교의 장에게 위임할 수 있다.</u>

---

686) 1988. 12. 2. 정부(의안번호: 130287).
687) 1990. 3. 15. 문교공보위원장(의안번호: 130833).
688) 제148회 국회(임시회) 제6차 전체회의, 문교공보위원회회의록, 1990. 3. 14., 8면.
689) 제148회 국회(임시회) 제6차 전체회의, 문교공보위원회회의록, 1990. 3. 14., 4면.
690) 제148회 국회(임시회) 제6차 전체회의, 법제사법위원회회의록, 1990. 3. 14., 26면.
691) 제148회 국회(임시회) 제9차 본회의, 국회본회의회의록, 1990. 3. 16., 15~16면.

1. 교원이 제59조제1항 각호의 1에 해당하는 사유로 휴직하여 후임자의 보충이 불가피한 때
2. 교원이 파견·연수·정직·직위해제 또는 휴가등으로 1월이상 직무에 종사할 수 없어 후임자의 보충이 불가피한 때
3. 파면·해임 또는 면직처분을 받은 교원이 교원지위향상을위한특별법 제9조제1항의 규정에 의하여 교원징계재심위원회에 재심을 청구하여 후임자의 보충발령을 하지 못하게 된 때
4. 특정교과를 한시적으로 담당할 교원이 필요한 때

②기간제교원에 대하여는 제56조, 제58조제2항, 제58조의2, 제59조, 제61조 내지 제69조의 규정을 적용하지 아니하며 임용기간이 만료되면 당연히 퇴직된다.

③기간제교원의 임용기간은 1년이내로 하되, 필요한 경우 3년의 범위내에서 그 기간을 연장할 수 있다.

(1) 법률안(정부안[692])

현행법	원안
제54조의4(임시교원) ①교원이 직무를 이탈하여 후임자의 보충이 불가피한 때에는 그 기간중 교원자격증을 가진 자 또는 그 자격기준에 해당하는 자중에서 임시교원을 임용할 수 있다.	**제54조의4(기간제교원)** ①각급학교 교원의 임면권자는 다음 각호의 1에 해당하는 사유가 있는 경우에는 교원자격증을 가진 자중에서 기간을 정하여 임용하는 교원(이하 "기간제교원"이라 한다)을 임용할 수 있다. 이 경우 임면권자는 학교법인의 정관등이 정하는 바에 의하여 그 권한을 학교의 장에게 위임할 수 있다. 1. 교원이 제59조제1항 각호의 1에 해당하는 사유로 휴직하여 후임자의 보충이 불가피한 때 2. 교원이 파견·연수·정직·직위해제 또는 휴가등으로 1월이상 직무에 종사할 수 없어 후임자의 보충이 불가피한 때 3. 파면·해임 또는 면직처분을 받은 교원이 교원지위향상을위한특별법 제9조제1항의 규정에 의하여 교원징계재심위원회에 재심을 청구하여 후임자의 보충발령을 하지 못하게 된 때

	4. 특정교과를 한시적으로 담당할 교원이 필요한 때
②임시교원에 대하여는 제56조, 제58조제2항, 제58조의2, 제59조, 제61조 내지 제69조의 규정을 적용하지 아니하며 임용기간이 만료되면 당연히 퇴직된다.	②기간제교원에 대하여는 제56조, 제58조제2항, 제58조의2, 제59조, 제61조 내지 제69조의 규정을 적용하지 아니하며 임용기간이 만료되면 당연히 퇴직된다.
<신 설>	③기간제교원의 임용기간은 1년이내로 하되, 필요한 경우 3년의 범위내에서 그 기간을 연장할 수 있다.

• 기간제교원 임용사유를 유형별로 구체화하고 임용기간을 1년 이내로 하되 3년의 범위에서 임용기간을 연장할 수 있도록 하였다.

(2) 위원회 심사

〈1〉 **교육위원회:** 원안대로 가결되었다.[693] 제54조의4에 관한 회의록 내용은 아래와 같다.

가. 제15대 국회 제184회 제3차 교육위원회(1997. 7. 14.)

• **교육부장관 안병영**[694]: 다섯째 고등학교 이하 각급학교 교원의 직무이탈로 인하여 후임자의 보충이 불가피하거나 특정교과를 한시적으로 담당할 교원이 필요한 경우에는 임용 기간을 정하여 기간제교원을 임용할 수 있도록 하고 기간제교원의 임용권은 학교법인의 정관 등이 정하는 바에 의하여 이를 학교의 장에게 위임할 수 있도록 하는 것 등입니다...

• **전문위원 류삼현**[695]: 기간제교원에 대해서는 유인물로 대신하겠습니다. 안 제54조의4는 교육공무원법 개정(96.12.30)으로 도입된 국·공립학교의 기간제 교원제도를 고등학교 이하 사립학교에도 도입하려는 것입니다. 이는 사립고등학교 이하 각급학교 교원의 직무이탈에 따른 후임자 보충이나, 한시적 교과를 담당할 교원을 충원하는데 유용할 것으로 보입니다. 다만, 학교현장에서는 기간제 교원보다는 임시강사를 활용할 것으로 보입니다.

---

692) 1997. 6. 24. 정부(의안번호: 150558); 제안이유 및 주요내용은 이 책 [21.205] 참조.
693) 제184회 국회(임시회) 제4차 전체회의, 교육위원회회의록, 1997. 7. 18., 60~61면.
694) 제184회 국회(임시회) 제3차 전체회의, 교육위원회회의록, 1997. 7. 14., 12면.
695) 제184회 국회(임시회) 제3차 전체회의, 교육위원회회의록, 1997. 7. 14., 15면.

나. 제15대 국회 제184회 제4차 교육위원회(1997. 7. 18.)

- **위원장 김현욱**[696]: 의사일정 제6항 정부에서 제출한 사립학교법 중 개정법률안은 법안심사소위원회에서 심사보고한 바와 같이 수정한 부분은 수정한 대로 기타 부분은 정부 원안대로 의결하고자 합니다. 이의 없으시지요? 이 법안은 그러면 이의가 없으신 것으로 알고 가결된 것을 선포합니다.

〈2〉 **법제사법위원회:** 원안대로 가결되었다.[697] 제54조의4에 관한 회의록 내용은 아래와 같다.

- **박찬주 위원**[698]: 다음에 사립학교법 중 개정법률안 제54조의4를 보면 "기간제교원"에 대해서 규정을 하고 있는 셈인데 거기에는 물론 휴직, 정직, 특정 교과의 한시적 담당 필요성 등에 한정하고 있기는 합니다마는 3년이라는 기간을 연장할 수가 있는 것입니다. 그런 식으로 기간제교원을 연장까지 해서 고용할 수 있다면 정상적으로 정규적인 사립학교교원을 확보할 필요가 사실상 없어진다는 그런 취지입니다. 그렇지 않습니까? 임시직 공무원을 많이 두는 것이 공무원사회에 있어서도 부작용이 많은 것과 마찬가지로 사립학교도 마찬가지일 것입니다. 어떻습니까?
- **교육부장관 안병영**[699]: 기간제교원이라는 개념 자체가 현재는 임시교원도 바로 그 이름의 다른 이름입니다. 그런데 휴직, 기타 사유에 의해서 기간제교원이 필요할 뿐더러 앞으로는 선택과목이 엄청나게 늘어납니다. 재량시간도 늘어나기 때문에 특정교과를 위해서 필요한 기간제교원의 수요가 꽤 많아집니다. 이것에 대비하기 위한 것입니다.
- **박찬주 위원**[700]: 솔직히 이야기하면 대학교의 경우도 정상적으로 조교수, 부교수, 교수는 거의 안 두고 인건비를 절약한다고 해서 강사제도를 남발하고 있지 않습니까? 그러면 사립학교의 경우에도 기간제교원으로 해가지고 그러면 퇴직금이 어떻게 될지 또는 임금인상이 어떻게 될지는 모르겠습니다마는 정규적인 교원들에 비해서 불이익을 받으리라는 것은 명약관화한 이야기입니다. 그런데 사립학교를 보호육성하고 또 학생들이 정상적인 교육을 받도록 노력해야 할 것인데도 불구하고 그런 것은 뒷전에 두고 기간제교원으로 해서 사립학교를 운영한다든지

696) 第184회 국회(임시회) 제4차 전체회의, 교육위원회회의록, 1997. 7. 18., 60~61면.
697) 第184회 국회(임시회) 제5차 전체회의, 법제사법위원회회의록, 1997. 7. 23., 26면.
698) 第184회 국회(임시회) 제5차 전체회의, 법제사법위원회회의록, 1997. 7. 23., 19면.
699) 第184회 국회(임시회) 제5차 전체회의, 법제사법위원회회의록, 1997. 7. 23., 19면.
700) 第184회 국회(임시회) 제5차 전체회의, 법제사법위원회회의록, 1997. 7. 23., 19면.

하면 문제 아닙니까? 오히려 저로서는 기간제교원 또는 임시직공무원 하는 식으로 학교를 운영하려고 하면 벌칙을 가한다든지 제재를 가해야 할 것으로 보는데 이것을 공식적으로 허용을 하면 어떻게 되겠습니까?

- **교육부장관 안병영**[701]: 이것은 교육공무원법이 개정되어서 거기에 명시가 된 것입니다. 이것을 사립학교에도 적용할 수 있도록 그 범위를 넓히는 것일 따름입니다...
- **위원장 강재섭**[702]: 의사일정 제12항 사립학교법 중 개정법률안,…에 대해서도 전문위원의 수정의견을 우리 위원회안으로 받아들여 수정한 부분은 수정안대로 또 나머지 부분은 원안대로 의결하고자 합니다. 이의가 없으시지요? (없습니다 하는 위원 있음) 2건의 법률안도 가결되었음을 선포합니다

(3) 본회의 심의

원안대로 가결되었다.[703]

(4) 결과

원안으로 개정되었다.

203 3. 1997년 12월 13일 개정(법률 제5454호, 1998. 1. 1. 시행)

제54조의4(기간제교원) ①각급학교 교원의 임면권자는 다음 각호의 1에 해당하는 사유가 있는 경우에는 교원자격증을 가진 자중에서 기간을 정하여 임용하는 교원(이하 "기간제교원"이라 한다)을 임용할 수 있다. 이 경우 임면권자는 학교법인의 정관등이 정하는 바에 의하여 그 권한을 학교의 장에게 위임할 수 있다.

1. 교원이 제59조제1항 각호의 1에 해당하는 사유로 휴직하여 후임자의 보충이 불가피한 때
2. 교원이 파견·연수·정직·직위해제 또는 휴가등으로 1월이상 직무에 종사할 수 없어 후임자의 보충이 불가피한 때
3. 파면·해임 또는 면직처분을 받은 교원이 교원지위향상을위한특별법 제9조제1항의 규정에 의하여 교원징계재심위원회에 재심을 청구하여 후임자의 보충

---

701) 제184회 국회(임시회) 제5차 전체회의, 법제사법위원회회의록, 1997. 7. 23., 19면.
702) 제184회 국회(임시회) 제5차 전체회의, 법제사법위원회회의록, 1997. 7. 23., 26면.
703) 제184회 국회(임시회) 제11차 본회의, 국회본회의회의록, 1997. 7. 30., 9면.

발령을 하지 못하게 된 때
4. 특정교과를 한시적으로 담당할 교원이 필요한 때
②기간제교원에 대하여는 제56조, 제58조제2항, 제58조의2, 제59조, 제61조 내지 **제64조, 제64조의2, 제65조, 제66조 및 제66조의2의** 규정을 적용하지 아니하며 임용기간이 만료되면 당연히 퇴직된다.
③기간제교원의 임용기간은 1년이내로 하되, 필요한 경우 3년의 범위내에서 그 기간을 연장할 수 있다.

• 법률 개정으로 삭제된 규정을 일괄하여 정비한 것으로 제2항 중 "제61조 내지 제69조"를 "제61조 내지 제64조, 제64조의2, 제65조, 제66조 및 제66조의2"로 하였다.

54-4.204 **4. 2005년 1월 27일 개정(법률 제7354호, 2005. 1. 27. 시행)**

제54조의4(기간제교원) ①각급학교 교원의 임면권자는 다음 각호의 1에 해당하는 사유가 있는 경우에는 교원자격증을 가진 자중에서 기간을 정하여 임용하는 교원(이하 "기간제교원"이라 한다)을 임용할 수 있다. 이 경우 임면권자는 학교법인의 정관등이 정하는 바에 의하여 그 권한을 학교의 장에게 위임할 수 있다.
1. 교원이 제59조제1항 각호의 1에 해당하는 사유로 휴직하여 후임자의 보충이 불가피한 때
2. 교원이 파견·연수·정직·직위해제 또는 휴가등으로 1월 이상 직무에 종사할 수 없어 후임자의 보충이 불가피한 때
3. 파면·해임 또는 면직처분을 받은 교원이 교원지위향상을위한특별법 제9조제1항의 규정에 의하여 **교원소청심사위원회에 소청심사를** 청구하여 후임자의 보충발령을 하지 못하게 된 때
4. 특정교과를 한시적으로 담당할 교원이 필요한 때
②기간제교원에 대하여는 제56조, 제58조제2항, 제58조의2, 제59조, 제61조 내지 제64조, 제64조의2, 제65조, 제66조 및 제66조의2의 규정을 적용하지 아니하며 임용기간이 만료되면 당연히 퇴직된다.
③기간제교원의 임용기간은 1년 이내로 하되, 필요한 경우 3년의 범위내에서 그

기간을 연장할 수 있다.

- 「교원지위향상을 위한 특별법」(2005. 1. 27. 개정·시행)에 따라 “교원징계재심위원회에 재심을”을 “교원소청심사위원회에 소청심사를”로 변경하였다.

05

5. 2008년 3월 14일 개정(법률 제8888호, 2008. 3. 14. 시행)

제54조의4(기간제교원) ①각급학교 교원의 임면권자는 다음 각호의 1에 해당하는 사유가 있는 경우에는 교원자격증을 가진 자중에서 기간을 정하여 임용하는 교원(이하 “기간제교원”이라 한다)을 임용할 수 있다. 이 경우 임면권자는 학교법인의 정관등이 정하는 바에 의하여 그 권한을 학교의 장에게 위임할 수 있다.

1. 교원이 제59조제1항 각호의 1에 해당하는 사유로 휴직하여 후임자의 보충이 불가피한 때
2. 교원이 파견·연수·정직·직위해제 또는 휴가등으로 1월 이상 직무에 종사할 수 없어 후임자의 보충이 불가피한 때
3. 파면·해임 또는 면직처분을 받은 교원이 **「교원지위향상을 위한 특별법」** 제9조제1항의 규정에 의하여 교원소청심사위원회에 소청심사를 청구하여 후임자의 보충발령을 하지 못하게 된 때
4. 특정교과를 한시적으로 담당할 교원이 필요한 때

②기간제교원에 대하여는 제56조, 제58조제2항, 제58조의2, 제59조, 제61조 내지 제64조, 제64조의2, 제65조, 제66조 및 제66조의2의 규정을 적용하지 아니하며 임용기간이 만료되면 당연히 퇴직된다.

③기간제교원의 임용기간은 1년 이내로 하되, 필요한 경우 3년의 범위내에서 그 기간을 연장할 수 있다.

- 법령 표기에 있어서 “「 」” 표시를 하기로 함[704]에 따른 개정이다(오직 형식에 관한 개정이므로 자세한 개정경과는 생략함[705]).

---

704) 「법률용어의 표준화 기준」(국회사무처 예규 제22호, 2007. 4. 16. 시행).

705) 이에 관한 구체적 개정경과는 이 책 [2.203] 참조.

54-4.206 6. 2011년 5월 19일 개정(법률 제10637호, 2011. 5. 19. 시행)

제54조의4(기간제교원) ①각급학교 교원의 임면권자는 다음 각호의 1에 해당하는 사유가 있는 경우에는 교원자격증을 가진 자중에서 기간을 정하여 임용하는 교원(이하 "기간제교원"이라 한다)을 임용할 수 있다. 이 경우 임면권자는 학교법인의 정관등이 정하는 바에 의하여 그 권한을 학교의 장에게 위임할 수 있다.

1. 교원이 제59조제1항 각호의 1에 해당하는 사유로 휴직하여 후임자의 보충이 불가피한 때
2. 교원이 파견·연수·정직·직위해제 또는 휴가등으로 1월 이상 직무에 종사할 수 없어 후임자의 보충이 불가피한 때
3. 파면·해임 또는 면직처분을 받은 교원이 「교원지위향상을 위한 특별법」 제9조제1항의 규정에 의하여 교원소청심사위원회에 소청심사를 청구하여 후임자의 보충발령을 하지 못하게 된 때
4. 특정교과를 한시적으로 담당할 교원이 필요한 때

②기간제교원에 대하여는 제56조, 제58조제2항, 제58조의2, 제59조, 제61조 내지 제64조, 제64조의2, 제65조, 제66조 및 제66조의2의 규정을 적용하지 아니하며 임용기간이 만료되면 당연히 퇴직된다.

③기간제교원의 임용기간은 1년 이내로 하되, 필요한 경우 3년의 범위내에서 그 기간을 연장할 수 있다.

④기간제교원의 임용에 있어서는 제54조의3제5항을 준용한다.

(1) 법률안(권영진 의원안[706])

현행법	원안
제54조의4(기간제교원) ① ~ ③ (생 략) <신 설>	**제54조의4(기간제교원)** ① ~ ③ (현행과 같음) ④기간제교원의 임용에 있어서는 제54조의3제5항을 준용한다.

• 기간제교원에 대해서도 사립학교 교원의 임명 제한 규정을 준용하도록 하였다.

(2) 위원회 심사

〈1〉 **교육과학기술위원회:** 원안대로 가결되었다.[707] 제54조의4에 관한 회의록 내용

706) 2009. 6. 3. 권영진의원 등 21인(의안번호: 1805013); 제안이유 및 주요내용은 이 책 [54-3.211] 참고.
707) 제298회 국회(임시회) 제4차 전체회의, 교육과학기술위원회회의록, 2011. 3. 11., 14면.

은 아래와 같다.

가. 제18대 국회 제293회 제4차 교육과학기술위원회(2010. 8. 25.)

- **수석전문위원 노재석**[708]: 다음으로 권영진 의원이 대표발의한 사립학교법 일부개정법률안, 유아교육법 일부개정법률안, 초·중등교육법 일부개정법률안 3건은 재직 중 미성년자 성폭력 범죄행위 등으로 인하여 금고 이상의 형을 선고받은 자를 교원, 강사, 산학겸임 강사, 기간제교원 등의 채용에 제한을 받도록 하였습니다.

나. 제18대 국회 제298회 제4차 교육과학기술위원회(2011. 3. 11.)

- **위원장 변재일**[709]: 의사일정 제9항 권영진 의원이 대표발의한 사립학교법 일부개정법률안은 소위원회에서 심사보고 한 바와 같이 원안대로 의결하고자 하는데 이의 없으십니까? (예 하는 위원 있음) 가결되었음을 선포합니다.

〈2〉 **법제사법위원회:** 원안대로 가결되었다.[710]

(3) 본회의 심의

원안대로 가결되었다.[711]

(4) 결과

원안으로 개정되었다.

07

7. 2012년 1월 26일 개정(법률 제11216호, 2012. 1. 26. 시행)

제54조의4(기간제교원) ①각급학교 교원의 임면권자는 다음 각호의 1에 해당하는 사유가 있는 경우에는 교원자격증을 가진 자중에서 기간을 정하여 임용하는 교원(이하 "기간제교원"이라 한다)을 임용할 수 있다. 이 경우 임면권자는 학교법인의 정관등이 정하는 바에 의하여 그 권한을 학교의 장에게 위임할 수 있다.
1. 교원이 제59조제1항 각호의 1에 해당하는 사유로 휴직하여 후임자의 보충이

708) 제293회 국회(임시회) 제4차 전체회의, 교육과학기술위원회회의록, 2010. 8. 25., 11면
709) 제298회 국회(임시회) 제4차 전체회의, 교육과학기술위원회회의록, 2011. 3. 11., 14면.
710) 제299회 국회(임시회) 제4차 전체회의, 법제사법위원회회의록, 2011. 4. 15., 41~42면.
711) 제299회 국회(임시회) 제8차 본회의, 국회본회의회의록, 2011. 4. 29., 45면.

불가피한 때
2. 교원이 파견·연수·정직·직위해제 또는 휴가등으로 1월 이상 직무에 종사할 수 없어 후임자의 보충이 불가피한 때
3. 파면·해임 또는 면직처분을 받은 교원이 「교원지위향상을 위한 특별법」 제9조제1항의 규정에 의하여 교원소청심사위원회에 소청심사를 청구하여 후임자의 보충발령을 하지 못하게 된 때
4. 특정교과를 한시적으로 담당할 교원이 필요한 때

②기간제교원에 대하여는 제56조, 제58조제2항, 제58조의2, 제59조, 제61조 내지 제64조, 제64조의2, 제65조, 제66조 및 **제66조의3**을 적용하지 아니하며 임용기간이 만료되면 당연히 퇴직된다.

③기간제교원의 임용기간은 1년 이내로 하되, 필요한 경우 3년의 범위내에서 그 기간을 연장할 수 있다.

④기간제교원의 임용에 있어서는 **제54조의3제4항 및 제5항**을 준용한다.

(1) 법률안(정부안[712])

이 조문을 포함한 개정 대상 조문의 제안이유 및 주요내용은 아래와 같다.

- 제안이유

사립의 의과대학에 재직하는 교원도 국립 의과대학 교원과 마찬가지로 학생의 임상교육을 위하여 필요한 경우 일정한 요건을 갖춘 병원에서 겸직 근무를 할 수 있도록 하는 한편, 감사원이나 그 밖의 수사기관이 사립학교 교원에 대한 조사나 수사를 개시한 때에는 임면권자에게 그 사실을 통보하도록 하여 비위를 저지른 교원에 대한 징계 조치 등이 보다 엄정하게 이루어지도록 하려는 것임.

- 주요내용

가. 사립 의과대학 교원의 병원 겸직 근거 마련(안 제55조제2항 및 제3항 신설)

1) 현재 사립 의과대학 교원은 부속병원이 아닌 병원에 겸직 근무를 할 수 있는 근거가 없어 부속병원시설이 없거나 부족한 의과대학의 경우 근무지정·파견의사 등의 편법적인 방법으로 학생에 대한 임상교육을 실시하고 있음.

2) 사립 의과대학 교원도 학생의 임상교육을 위하여 필요한 경우에는 대학의

712) 2010. 8. 13. 정부(의안번호: 1809097).

장의 허가를 받아 부속병원 외의 병원에 겸직 근무할 수 있도록 하되, 무분별한 겸직 근무를 방지하기 위하여 대통령령으로 겸직 허가의 기준과 절차를 구체적으로 정하도록 함.

나. 사립학교 교원에 대한 조사·수사 통보제 도입(안 제66조의2 신설)

1) 현재 국립·공립 학교 교원에 대하여 감사원이나 수사기관이 조사·수사를 개시하거나 종료한 때에는 그 사실을 소속기관의 장에게 통보하도록 하고 있으나, 사립학교 교원에 대해서는 관련 규정이 없음.

2) 사립학교 교원의 경우에도 국립·공립학교 교원의 예에 따라 감사원 등이 조사나 수사를 개시하거나 종료한 때에 그 사실을 임면권자에게 통보하도록 함.

3) 사립학교 교원의 조사·수사 사실을 임면권자가 사전에 알게 되어 비위를 저지른 교원에 대한 보다 엄정한 징계조치가 가능해질 것으로 기대됨.

이 조문의 현행법과 개정 원안은 아래와 같다.

현행법	원안
제54조의4(기간제교원) ① (생 략) ②기간제교원에 대하여는 제56조, 제58조제2항, 제58조의2, 제59조, 제61조 내지 제64조, 제64조의2, 제65조, 제66조 및 <u>제66조의2의 규정</u>을 적용하지 아니하며 임용기간이 만료되면 당연히 퇴직된다. ③ ~ ④(생 략)	**제54조의4(기간제교원)** ① (현행과 같음) ②기간제교원에 대하여는 제56조, 제58조제2항, 제58조의2, 제59조, 제61조 내지 제64조, 제64조의2, 제65조, 제66조 및 <u>제66조의3</u>을 적용하지 아니하며 임용기간이 만료되면 당연히 퇴직된다. ③ ~ ④(현행과 같음)

• 제66조의2가 신설되어 종전의 제66조의2가 제66조의3으로 이동하여 이를 반영하였다.

(2) 위원회 심사

〈1〉 **교육과학기술위원회:** 대안[713]으로 가결되었다.[714]

교육과학기술위원회 대안
제54조의4(기간제교원) ②기간제교원에 대하여는 제56조, 제58조제2항, 제58조의2, 제59조, 제61조 내지 제64조, 제64조의2, 제65조, 제66조 및 제66조의3을 적용하지 아니하며 임용기간이 만료되면 당연히 퇴직된다. ④기간제교원의 임용에 있어서는 <u>제54조의3제4항 및 제5항</u>을 준용한다.

〈2〉 **법제사법위원회:** 교육과학기술위원회 대안대로 가결되었다.[715]

(3) 본회의 심의

교육과학기술위원회 대안대로 가결되었다.[716]

(4) 결과

교육과학기술위원회 대안으로 개정되었다.

54-4.208

8. 2015년 3월 27일 개정(법률 제13224호, 2015. 3. 27. 시행)

제54조의4(기간제교원) ①각급학교 교원의 임면권자는 다음 각호의 1에 해당하는 사유가 있는 경우에는 교원자격증을 가진 자중에서 기간을 정하여 임용하는 교원(이하 "기간제교원"이라 한다)을 임용할 수 있다. 이 경우 임면권자는 학교법인의 정관등이 정하는 바에 의하여 그 권한을 학교의 장에게 위임할 수 있다.

1. 교원이 제59조제1항 각호의 1에 해당하는 사유로 휴직하여 후임자의 보충이 불가피한 때
2. 교원이 파견·연수·정직·직위해제 또는 휴가등으로 1월 이상 직무에 종사할 수 없어 후임자의 보충이 불가피한 때
3. 파면·해임 또는 면직처분을 받은 교원이 「교원지위향상을 위한 특별법」 제9조제1항의 규정에 의하여 교원소청심사위원회에 소청심사를 청구하여 후임자의 보충발령을 하지 못하게 된 때
4. 특정교과를 한시적으로 담당할 교원이 필요한 때

②기간제교원에 대해서는 제56조, 제58조제2항, 제58조의2, 제59조, 제61조**부터** 제64조**까지**, 제64조의2, 제65조, 제66조, **제66조의2, 제66조의3제2항·제3항 및 제66조의4**를 적용하지 아니하며, 임용기간이 만료되면 당연히 퇴직된다.

③기간제교원의 임용기간은 1년 이내로 하되, 필요한 경우 3년의 범위내에서 그 기간을 연장할 수 있다.

---

713) 2011. 12. 30. 교육과학기술위원장(의안번호: 1814406).

714) 제304회 국회(임시회) 제2차 전체회의, 교육과학기술위원회회의록, 2011. 12. 28., 16면.

715) 제304회 국회(임시회) 제2차 전체회의, 법제사법위원회회의록, 2011. 12. 29., 23~24면.

716) 제304회 국회(임시회) 제3차 본회의, 국회본회의회의록, 2011. 12. 30., 23~24면.

④기간제교원의 임용에 있어서는 제54조의3제4항 및 제5항을 준용한다.

(1) 법률안(정부안[717)])

현행법	원안
제54조의4(기간제교원) ① (생 략) ②기간제교원에 대하여는 제56조, 제58조제2항, 제58조의2, 제59조, 제61조 내지 제64조, 제64조의2, 제65조, 제66조 및 제66조의3을 적용하지 아니하며 임용기간이 만료되면 당연히 퇴직된다. ③ ~ ④ (생 략)	**제54조의4(기간제교원)** ① (현행과 같음) ②기간제교원에 대해서는 제56조, 제58조제2항, 제58조의2, 제59조, 제61조부터 제64조까지, 제64조의2, 제65조, 제66조, 제66조의2, 제66조의3제2항·제3항 및 제66조의4를 적용하지 아니하며, 임용기간이 만료되면 당연히 퇴직된다. ③ ~ ④ (현행과 같음)

• 다른 조문의 개정 또는 신설에 따라 이를 반영하기 위한 개정안이다.

(2) 위원회 심사

〈1〉 **교육문화체육관광위원회:** 대안[718)]으로 가결되었다(이 조문의 경우에는 원안과 대안의 내용이 동일함).[719)]

〈2〉 **법제사법위원회:** 교육문화체육관광위원회 대안대로 가결되었다.[720)]

(3) 본회의 심의

교육문화체육관광위원회 대안대로 가결되었다.[721)]

(4) 결과

교육문화체육관광위원회 대안으로 개정되었다.

717) 2012. 12. 21. 정부(의안번호: 1903117); 제안이유 및 주요내용은 이 책 [54-2.205] 참조.
718) 2015. 3. 3. 교육문화체육관광위원장(의안번호: 1914127).
719) 제331회 국회(임시회) 제3차 전체회의, 교육문화체육관광위원회회의록, 2015. 2. 11., 14면.
720) 제331회 국회(임시회) 제5차 전체회의, 법제사법위원회회의록, 2015. 3. 2., 56면.
721) 제331회 국회(임시회) 제8차, 국회본회의회의록, 2015. 3. 3., 30면.

54-4.209

9. 2016년 2월 3일 개정(법률 제13936호, 2016. 8. 4. 시행)

제54조의4(기간제교원) ①각급학교 교원의 임면권자는 다음 각호의 1에 해당하는 사유가 있는 경우에는 교원자격증을 가진 자중에서 기간을 정하여 임용하는 교원(이하 "기간제교원"이라 한다)을 임용할 수 있다. 이 경우 임면권자는 학교법인의 정관등이 정하는 바에 의하여 그 권한을 학교의 장에게 위임할 수 있다.

1. 교원이 제59조제1항 각호의 1에 해당하는 사유로 휴직하여 후임자의 보충이 불가피한 때
2. 교원이 파견·연수·정직·직위해제 또는 휴가등으로 1월 이상 직무에 종사할 수 없어 후임자의 보충이 불가피한 때
3. 파면·해임 또는 면직처분을 받은 교원이 **「교원의 지위 향상 및 교육활동 보호를 위한 특별법」 제9조제1항에 따라** 교원소청심사위원회에 소청심사를 청구하여 후임자의 보충발령을 하지 못하게 된 때
4. 특정교과를 한시적으로 담당할 교원이 필요한 때

② 기간제교원에 대해서는 제56조, 제58조제2항, 제58조의2, 제59조, 제61조부터 제64조까지, 제64조의2, 제65조, 제66조, 제66조의2, 제66조의3제2항·제3항 및 제66조의4를 적용하지 아니하며, 임용기간이 만료되면 당연히 퇴직된다.

③기간제교원의 임용기간은 1년 이내로 하되, 필요한 경우 3년의 범위내에서 그 기간을 연장할 수 있다.

④ 기간제교원의 임용에 있어서는 제54조의3제4항 및 제5항을 준용한다.

- 「교원지위향상을 위한 특별법」의 제명을 「교원의 지위 향상 및 교육활동 보호를 위한 특별법」(2016. 2. 3. 개정, 2016. 8. 4. 시행)으로 하였다.

54-4.210

10. 2016년 2월 3일 개정(법률 제13938호, 2016. 2. 3. 시행)

제54조의4(기간제교원) ①각급학교 교원의 **임용권자**는 다음 각호의 1에 해당하는 사유가 있는 경우에는 교원자격증을 가진 자중에서 기간을 정하여 임용하는 교원(이하 "기간제교원"이라 한다)을 임용할 수 있다. 이 경우 **임용권자**는 학교법인의 정관등이 정하는 바에 의하여 그 권한을 학교의 장에게 위임할 수 있다.

1. 교원이 제59조제1항 각호의 1에 해당하는 사유로 휴직하여 후임자의 보충이

불가피한 때

2. 교원이 파견·연수·정직·직위해제 또는 휴가등으로 1월 이상 직무에 종사할 수 없어 후임자의 보충이 불가피한 때
3. 파면·해임 또는 면직처분을 받은 교원이 「교원의 지위 향상 및 교육활동 보호를 위한 특별법」 제9조제1항에 따라 교원소청심사위원회에 소청심사를 청구하여 후임자의 보충발령을 하지 못하게 된 때
4. 특정교과를 한시적으로 담당할 교원이 필요한 때

②기간제교원에 대해서는 제56조, 제58조제2항, 제58조의2, 제59조, 제61조부터 제64조까지, 제64조의2, 제65조, 제66조, 제66조의2, 제66조의3제2항·제3항 및 제66조의4를 적용하지 아니하며, 임용기간이 만료되면 당연히 퇴직된다.

③기간제교원의 임용기간은 1년 이내로 하되, 필요한 경우 3년의 범위내에서 그 기간을 연장할 수 있다.

④기간제교원의 임용에 있어서는 제54조의3제4항 및 제5항을 준용한다.

- 제2조를 개정함에 따라 "임면"을 "임용"으로 하였다(오직 형식에 관한 개정이므로 자세한 개정경과는 생략함[722]).

11 11. 2016년 5월 29일 개정(법률 제14154호, 2016. 5. 29. 시행)

제54조의4(기간제교원) ①각급학교 교원의 임용권자는 다음 각호의 1에 해당하는 사유가 있는 경우에는 교원자격증을 가진 자중에서 기간을 정하여 임용하는 교원(이하 "기간제교원"이라 한다)을 임용할 수 있다. 이 경우 임용권자는 학교법인의 정관등이 정하는 바에 의하여 그 권한을 학교의 장에게 위임할 수 있다.

1. 교원이 제59조제1항 각호의 1에 해당하는 사유로 휴직하여 후임자의 보충이 불가피한 때
2. 교원이 파견·연수·정직·직위해제 또는 휴가등으로 1월 이상 직무에 종사할 수 없어 후임자의 보충이 불가피한 때
3. 파면·해임 또는 면직처분을 받은 교원이 「교원의 지위 향상 및 교육활동 보호를 위한 특별법」 제9조제1항에 따라 교원소청심사위원회에 소청심사를 청

722) 이에 관한 구체적 개정경과는 이 책 [2.204] 참조.

구하여 후임자의 보충발령을 하지 못하게 된 때
4. 특정교과를 한시적으로 담당할 교원이 필요한 때
②기간제교원에 대해서는 제56조, 제58조제2항, 제58조의2, 제59조, 제61조부터 제64조까지, 제64조의2, 제65조, 제66조, 제66조의2, 제66조의3제2항·제3항 및 제66조의4를 적용하지 아니하며, 임용기간이 만료되면 당연히 퇴직된다.
③기간제교원의 임용기간은 1년 이내로 하되, 필요한 경우 3년의 범위내에서 그 기간을 연장할 수 있다.
④기간제교원의 임용에 관하여는 제54조의3**제5항 및 제6항**을 준용한다.

(1) 법률안(정부안[723])

현행법	원안
제54조의4(기간제교원) ① ~ ③ (생 략) ④기간제교원의 임용에 있어서는 제54조의3제4항 및 제5항을 준용한다.	**제54조의4(기간제교원)** ① ~ ③ (현행과 같음) ④기간제교원의 임용에 있어서는 제54조의3제5항 및 제6항을 준용한다.

- 제54조의3제4항을 신설하여 종전의 제54조의3제4항, 제5항, 제6항을 각각 제5항, 제6항, 제7항으로 변경함에 따른 개정이다.

(2) 위원회 심사

〈1〉 교육문화체육관광위원회: 대안[724]으로 가결되었다(이 조문의 경우에는 원안과 대안의 내용이 동일함).[725]

〈2〉 법제사법위원회: 교육문화체육관광위원회 대안대로 가결되었다.[726]

(3) 본회의 심의

교육문화체육관광위원회 대안대로 가결되었다.[727]

723) 2013. 6. 26. 정부(의안번호: 1905658); 제안이유 및 주요내용은 이 책 [4.216] 참조.
724) 2016. 5. 18. 교육문화체육관광위원장(의안번호: 1918727).
725) 제342회 국회(임시회) 제1차 전체회의, 교육문화체육관광위원회회의록, 2016. 5. 11., 23면.
726) 제342회 국회(임시회) 제2차 전체회의, 법제사법위원회회의록, 2016. 5. 17., 76면.
727) 제342회 국회(임시회) 제1차 본회의, 국회본회의회의록, 2016. 5. 19., 41면.

(4) 결과

교육문화체육관광위원회 대안으로 개정되었다.

12 12. 2020년 12월 22일 개정(법률 제17659호, 2020. 12. 22. 시행)

제54조의4(기간제교원) ①_각급 학교 교원의 임용권자는 다음 각 호의 **어느 하나**에 해당하는 사유가 **있을 때**에는 교원자격증을 가진 **사람** 중에서 기간을 정하여 임용하는 교원(이하 "기간제교원"이라 한다)을 임용할 수 있다. 이 경우 임용권자는 학교법인의 정관 등으로 정하는 바**에 따라** 그 권한을 학교의 장에게 위임할 수 있다.

1. 교원이 제59조제1항 각 호의 **어느 하나**에 해당하는 사유로 휴직하여 후임자의 보충이 불가피할 때
2. 교원이 파견·연수·정직·직위해제 또는 휴가 등으로 1**개**월 이상 직무에 종사할 수 없어 후임자의 보충이 불가피할 때
3. 파면·해임 또는 면직 처분을 받은 교원이 「교원의 지위 향상 및 교육활동 보호를 위한 특별법」 제9조제1항에 따라 교원소청심사위원회에 소청심사를 청구하여 후임자의 보충발령을 하지 못하게 되었을 때
4. 특정 교과를 한시적으로 담당할 교원이 필요할 때

②_기간제교원에 대해서는 제56조, 제58조제2항, 제58조의2, 제59조, **제61조, 제61조의2, 제62조, 제62조의2, 제63조, 제64조**, 제64조의2, 제65조, 제66조, 제66조의2, 제66조의3제2항·제3항 및 제66조의4를 적용하지 아니하며, 임용기간이 만료되면 당연히 퇴직된다.

③_기간제교원의 임용기간은 1년 이내로 하되, 필요한 경우 3년의 범위에서 그 기간을 연장할 수 있다.

④_기간제교원의 임용에 관하여는 제54조의3제5항 및 제6항을 준용한다.

- 법문을 한글화하고 간결하게 하였다(오직 형식에 관한 개정이므로 자세한 개정경과는 생략함[728]).

---

728) 이에 관한 구체적 개정경과는 이 책 [1.201] 참조.

54-4.300

III. 현행법

제54조의4(기간제교원) ① 각급 학교 교원의 임용권자는 다음 각 호의 어느 하나에 해당하는 사유가 있을 때에는 교원자격증을 가진 사람 중에서 기간을 정하여 임용하는 교원(이하 "기간제교원"이라 한다)을 임용할 수 있다. 이 경우 임용권자는 학교법인의 정관 등으로 정하는 바에 따라 그 권한을 학교의 장에게 위임할 수 있다.

1. 교원이 제59조제1항 각 호의 어느 하나에 해당하는 사유로 휴직하여 후임자의 보충이 불가피할 때
2. 교원이 파견·연수·정직·직위해제 또는 휴가 등으로 1개월 이상 직무에 종사할 수 없어 후임자의 보충이 불가피할 때
3. 파면·해임 또는 면직 처분을 받은 교원이 「교원의 지위 향상 및 교육활동 보호를 위한 특별법」 제9조제1항에 따라 교원소청심사위원회에 소청심사를 청구하여 후임자의 보충발령을 하지 못하게 되었을 때
4. 특정 교과를 한시적으로 담당할 교원이 필요할 때

② 기간제교원에 대해서는 제56조, 제58조제2항, 제58조의2, 제59조, 제61조, 제61조의2, 제62조, 제62조의2, 제63조, 제64조, 제64조의2, 제65조, 제66조, 제66조의2, 제66조의3제2항·제3항 및 제66조의4를 적용하지 아니하며, 임용기간이 만료되면 당연히 퇴직된다.

③ 기간제교원의 임용기간은 1년 이내로 하되, 필요한 경우 3년의 범위에서 그 기간을 연장할 수 있다.

④ 기간제교원의 임용에 관하여는 제54조의3제5항 및 제6항을 준용한다.

54-4.400

IV. 종합/특기사항

- 제54조의4는 1990년 개정으로 신설된 이후 여러 차례 개정을 거쳐 현재에 이르고 있다. 제54조의4는 「교육공무원법」 개정으로 도입된 국·공립학교의 기간제 교원제도를 고등학교 이하 사립학교에도 도입한 것이다.
- 제54조의4 신설 이후 중요한 변경은 1997년, 2011년 개정이다. 1997년 개정은 조문제목을 "임시교원에서 기간제교원"으로 변경하면서 임용기간(1년 이내, 필요

한 경우 3년까지 연장)을 규정하였고, 2011년 개정은 금품수수 교원임용 제한사유를 기간제교원에게도 적용하도록 했다.

제54조의5 삭제

00 I. 제정법

제정법에는 이 조문이 없다.

II. 개정 경과

01 1. 2016년 2월 3일 개정(법률 제13938호, 2016. 8. 4. 시행)

제54조의5(의원면직의 제한) ①각급학교 교원의 임용권자는 의원면직을 신청한 교원이 다음 각 호의 어느 하나에 해당하는 때에는 의원면직을 허용하여서는 아니 된다. 다만, 제1호·제3호 및 제4호의 경우 그 비위 정도가 「국가공무원법」 제79조에 따른 파면·해임·강등·정직에 준하는 정도의 징계(이하 "중징계"라 한다)에 해당하는 경우로 한정한다.

1. 비위와 관련하여 형사사건으로 기소 중인 때
2. 제62조에 따른 교원징계위원회에 중징계 의결을 요구 중인 때
3. 감사원·검찰·경찰 및 그 밖의 수사기관에서 비위와 관련하여 조사 또는 수사 중인 때
4. 관할청의 감사부서 등에서 비위와 관련하여 감사 또는 조사 중인 때

②각급학교 교원의 임용권자는 교원이 의원면직을 신청한 경우 해당 교원이 제1항에 따른 의원면직의 제한대상에 해당하는지 여부를 감사·조사 및 수사기관의 장에게 확인하여야 한다.

③그 밖에 의원면직의 제한 및 제한대상의 확인에 필요한 사항은 대통령령으로 정한다.

(1) 법률안(주호영 의원안[729])

이 조문을 포함한 개정 대상 조문의 제안이유 및 주요내용은 아래와 같다.

• 제안이유 및 주요내용

「비위공직자의 의원면직 처리제한에 관한 규정」 등에 따라 국·공립학교 교원이 비위행위로 인한 징계처분 중인 경우 해당 교원에 대한 의원면직의 허용을 제한하여 공직기강을 확립하도록 하고 있음.

그러나, 사립학교 교원의 경우 의원면직 처리에 관한 제한 규정이 미비하여 징계처분을 회피하기 위해 의원면직하는 사례가 발생하고 있어 투명하고 신뢰받는 교직사회 구현을 위한 제도개선이 필요함.

이에 비위를 행한 사립학교 교원의 의원면직 제한 규정을 마련하여 징계처분 회피를 위한 의원면직 사례를 방지하도록 함으로써 교원의 비위행위를 예방하고 교직에 대한 신뢰성을 확보하려는 것임(안 제54조의5 신설).

이 조문의 현행법과 개정 원안은 아래와 같다.

현행법	원안
<신 설>	**제54조의5(의원면직의 제한)** ①각급학교 교원의 임면권자는 의원면직을 신청한 교원이 다음 각 호의 어느 하나에 해당하는 때에는 의원면직을 허용하여서는 아니 된다. 다만, 제1호·제3호 및 제4호의 경우 해당 교원이 정관 또는 규칙 등에 규정된 중징계(파면·해임·강등 또는 정직을 말한다. 이하 같다)에 해당한다고 판단되는 경우에 한한다. 1. 비위와 관련하여 형사사건으로 기소 중인 때 2. 교원징계위원회 또는 교육공무원징계위원회에 중징계 의결을 요구 중인 때 3. 감사원·검찰·경찰 및 그 밖의 수사기관에서 비위와 관련하여 조사 또는 수사 중인 때 4. 관할청의 감사부서 등에서 비위와 관련하여 감사 또는 조사 중인 때 ②각급학교 교원의 임면권자는 재직 중인 교원이 의원면직을 신청한 경우 해당 교원이 제1항

729) 2014. 11. 28. 주호영의원 등 10인(의안번호: 1912737).

	에 따른 의원면직의 제한대상에 해당하는지의 여부를 감사·조사 및 수사기관의 장에게 확인하여야 한다. ③그 밖에 의원면직의 제한 및 제한대상의 확인에 필요한 사항은 대통령령으로 정한다.

• 징계처분을 피하기 위한 사립학교 교원의 의원면직을 제한하였다.

(2) 위원회 심사

〈1〉 **교육문화체육관광위원회:** 대안[730]으로 가결되었다.[731]

교육문화체육관광위원회 대안

제54조의5(의원면직의 제한) ①각급학교 교원의 임용권자는 의원면직을 신청한 교원이 다음 각 호의 어느 하나에 해당하는 때에는 의원면직을 허용하여서는 아니 된다. 다만, 제1호·제3호 및 제4호의 경우 해당 교원이 정관 또는 규칙 등에 규정된 중징계(파면·해임·강등 또는 정직을 말한다. 이하 같다)에 해당한다고 판단되는 경우에 한한다.

1. 비위와 관련하여 형사사건으로 기소 중인 때
2. 교원징계위원회 또는 교육공무원징계위원회에 중징계 의결을 요구 중인 때
3. 감사원·검찰·경찰 및 그 밖의 수사기관에서 비위와 관련하여 조사 또는 수사 중인 때
4. 관할청의 감사부서 등에서 비위와 관련하여 감사 또는 조사 중인 때

②각급학교 교원의 임용권자는 재직 중인 교원이 의원면직을 신청한 경우 해당 교원이 제1항에 따른 의원면직의 제한대상에 해당하는지의 여부를 감사·조사 및 수사기관의 장에게 확인하여야 한다.
③그 밖에 의원면직의 제한 및 제한대상의 확인에 필요한 사항은 대통령령으로 정한다.

제54조의5에 관한 회의록 내용은 아래와 같다.

가. 제19대 국회 제332회 제3차 교육문화체육관광위원회(2015. 4. 17.)

• 유인태 위원[732]: 주호영 의원이 낸 사립학교법 개정안 있지요?
• 부총리겸교육부장관 황우여[733]: 예.
• 유인태 위원[734]: 내용 아세요? 각급 사립학교 교원도 징계 대상일 때는 의원면직 제한하는 법안이잖아요?

---

730) 2015. 12. 30. 교육문화체육관광위원장(의안번호: 1918355).
731) 제337회 국회(정기회) 제10차 전체회의, 교육문화체육관광위원회회의록, 2015. 12. 7., 25면.
732) 제332회 국회(임시회) 제3차 전체회의, 교육문화체육관광위원회회의록, 2015. 4. 17., 65면.
733) 제332회 국회(임시회) 제3차 전체회의, 교육문화체육관광위원회회의록, 2015. 4. 17., 65면.
734) 제332회 국회(임시회) 제3차 전체회의, 교육문화체육관광위원회회의록, 2015. 4. 17., 65면.

- 부총리겸교육부장관 황우여[735]: 예.
- 유인태 위원[736]: 교육부도 이것은 찬성하는 입장인 모양이데요?
- 부총리겸교육부장관 황우여[737]: 예.
- 유인태 위원[738]: 그러면 교원보다 더 중요한 총장이나 이런 분들은 이 제재가 더 강화돼야 되는 것 아니겠어요? 아니, 뭐 뻔한 거니까 얼른 "예,예" 하시면 돼요.
- 부총리겸교육부장관 황우여[739]: 예, 한번…
- 유인태 위원[740]: 아니, 검토할 것도 없이 이것 주호영 의원안 사립학교 교원도 징계 대상일 때는 의원면직 안 된다는 건데, 그래서 이런 법안의 정신에 비춰봐서도, 아마 이것은 여야 이의도 없고 교육부도 찬성이고 수석전문위원도 찬성인 모양이니까 별문제 없이 통과될 것 같은데… 그렇다면 김문기 총장 의원면직 제가 지난번 상임위 때, 현안보고 때 김문기 총장 지금 징계 대상인데 그 전에 자진사퇴하면 어떻게 할 거냐고 했더니 그때 시간이 다 돼서 제대로 답변을 못 들었는데 뒤에 실장이 어쩔 수 없다고 조언을 하는 소리를 들었대요, 저는 못 들었는데. 어쩔 수 없는 게 아니라 지금 상지대 이사회에 김문기 총장 사퇴서는 받지 말라고 지시를 해야 되는 것 아닌가요? 시간 좀 걸리시면 나중에 하시고…
- 부총리겸교육부장관 황우여[741]: 예, 일괄해서 답변드리겠습니다...
- 부총리겸교육부장관 황우여[742]: 그리고 사립학교법이 만약에 이번에 제정이 된다면, 지금 거의 이의가 없기 때문에 제정이 된다면 위원님들이 우려하시는 징계 전에 사퇴하거나 그런 것은 막아지겠는데 현재로서는 상지대 부분은 본인이 사퇴할 의사가 전혀 없기 때문에 이러한 문제에는 해당이 없습니다. 그러나 그러한 여러 가지 일이 일어나지 않도록 또 교육부로서는 예의 주시하면서 살펴보겠습니다.

나. 제19대 국회 제337회 제2차 교육문화체육관광위원회 법안심사소위원회(2015. 11. 30.)

- 수석전문위원 정재룡[743]: 개정안은 의원면직 제한규정을 신설하는 사항인데요.

---

735) 제332회 국회(임시회) 제3차 전체회의, 교육문화체육관광위원회회의록, 2015. 4. 17., 65면.
736) 제332회 국회(임시회) 제3차 전체회의, 교육문화체육관광위원회회의록, 2015. 4. 17., 65면.
737) 제332회 국회(임시회) 제3차 전체회의, 교육문화체육관광위원회회의록, 2015. 4. 17., 65면.
738) 제332회 국회(임시회) 제3차 전체회의, 교육문화체육관광위원회회의록, 2015. 4. 17., 65면.
739) 제332회 국회(임시회) 제3차 전체회의, 교육문화체육관광위원회회의록, 2015. 4. 17., 66면.
740) 제332회 국회(임시회) 제3차 전체회의, 교육문화체육관광위원회회의록, 2015. 4. 17., 66면.
741) 제332회 국회(임시회) 제3차 전체회의, 교육문화체육관광위원회회의록, 2015. 4. 17., 66면.
742) 제332회 국회(임시회) 제3차 전체회의, 교육문화체육관광위원회회의록, 2015. 4. 17., 68~69면.
743) 제337회 국회(정기회) 제2차 법안심사소위, 교육문화체육관광위원회회의록, 2015. 11. 27., 8면.

사립학교 교원의 경우 징계를 회피하기 위하여 의원면직하는 경우를 방지하기 위한 것입니다. 검토의견 보시면 국·공립 교원은 의원면직이 제한되고 있고, 징계 또는 감사제도의 실효성 확보를 위해서 타당하다고 할 것입니다. 다만 개정안 중 사립학교 교원은 교육공무원징계위원회 대상이 아니므로 관련 사항은 삭제할 필요가 있겠습니다.

- **소위원장 신성범**[744]: 정부 측!
- **교육부차관 이영**[745]: 이견 없습니다.
- **소위원장 신성범**[746]: 삭제하는 데 동의하시는 거지요?
- **교육부차관 이영**[747]: 예.
- **소위원장 신성범**[748]: 위원님들! (이견 없습니다 하는 위원 있음) 의사일정 제6항은 위원님들의 의견과 전문위원의 의견을 받아들여 수정한 부분은 수정한 대로, 기타 부분은 원안대로 의결하도록 하겠습니다. 가결되었음을 선포합니다.

다. 제19대 국회 제337회 제10차 교육문화체육관광위원회(2015. 12. 7.)

- **소위원장 신성범**[749]: 다음, 주호영 의원, 박홍근 의원, 유은혜 의원이 각각 대표발의하고 정부가 제출한 사립학교법 일부개정법률안을 통합 조정한 대안의 주요내용을 말씀드리면 첫째, 징계처분을 피하기 위한 사립학교 교원의 의원면직을 제한하고 입양휴직제도를 신설하였으며, 둘째 성폭력범죄 등으로 수사·조사 중인 교원에 대한 직위해제 규정을 신설하였습니다...
- **위원장 박주선**[750]: 의사일정 제16항부터 19항까지 유은혜 의원, 주호영 의원, 박홍근 의원이 각각 대표발의하고 정부가 제출한 4건의 사립학교법 일부개정법률안은 소위원회에서 심사보고한 바와 같이 본회의에 각각 부의하지 아니하고 이를 통합 조정한 의사일정 제20항 사립학교법 일부개정법률안(대안)을 제안하고자 합니다. 이의 없으십니까? (없습니다 하는 위원 있음) 가결되었음을 선포합니다.

〈2〉 **법제사법위원회:** 교육문화체육관광위원회 대안을 수정·가결했다.[751] 수정내

744) 第337회 국회(정기회) 제2차 법안심사소위, 교육문화체육관광위원회회의록, 2015. 11. 27., 8면.
745) 第337회 국회(정기회) 제2차 법안심사소위, 교육문화체육관광위원회회의록, 2015. 11. 27., 8면.
746) 第337회 국회(정기회) 제2차 법안심사소위, 교육문화체육관광위원회회의록, 2015. 11. 27., 8면.
747) 第337회 국회(정기회) 제2차 법안심사소위, 교육문화체육관광위원회회의록, 2015. 11. 27., 8면.
748) 第337회 국회(정기회) 제2차 법안심사소위, 교육문화체육관광위원회회의록, 2015. 11. 27., 8면.
749) 第337회 국회(정기회) 제10차 전체회의, 교육문화체육관광위원회회의록, 2015. 12. 7., 17면.
750) 第337회 국회(정기회) 제10차 전체회의, 교육문화체육관광위원회회의록, 2015. 12. 7., 24면.
751) 第338회 국회(임시회) 제2차 전체회의, 법제사법위원회회의록, 2015. 12. 30., 40면.

용은 아래와 같다.

현행법	원안
제54조의5(의원면직의 제한) ①각급학교 교원의 임용권자는 의원면직을 신청한 교원이 다음 각 호의 어느 하나에 해당하는 때에는 의원면직을 허용하여서는 아니 된다. 다만, 제1호·제3호 및 제4호의 경우 해당 교원이 정관 또는 규칙 등에 규정된 중징계(파면·해임·강등 또는 정직을 말한다. 이하 같다)에 해당한다고 판단되는 경우에 한한다. ②각급학교 교원의 임용권자는 재직 중인 교원의 의원면직을 신청한 경우 해당 교원이 제1항에 따른 의원면직의 제한대상에 해당하는지의 여부를 감사·조사 및 수사기관의 장에게 확인하여야 한다.	**제54조의5(의원면직의 제한)** ①각급학교 교원의 임용권자는 의원면직을 신청한 교원이 다음 각 호의 어느 하나에 해당하는 때에는 의원면직을 허용하여서는 아니 된다. 다만, 제1호·제3호 및 제4호의 경우 그 비위 정도가 「국가공무원법」 제79조에 따른 파면·해임·강등·정직에 준하는 정도의 징계(이하 "중징계"라 한다)에 해당하는 경우로 한정한다. ②각급학교 교원의 임용권자는 교원이 의원면직을 신청한 경우 해당 교원이 제1항에 따른 의원면직의 제한대상에 해당하는지 여부를 감사·조사 및 수사기관의 장에게 확인하여야 한다.

제54조의5에 관한 회의록 내용은 아래와 같다.

- **전문위원 강남일**[752]: 의사일정 제31항 사립학교법 일부개정법률안은 징계를 회피하기 위한 의원면직을 제한하고 성폭력범죄 등으로 수사 중인 교원에 대한 직위해제를 가능하게 하는 등의 내용이고,…이상 18건의 법률안에 대한 체계·자구 검토 결과 각 일부 문구를 보완하고 조문을 정리하는 등 경미한 수정이 필요한 외에 특별한 문제점은 없는 것으로 보았습니다.

(3) 본회의 심의

법제사법위원회 수정안대로 가결되었다.[753]

(4) 결과

법제사법위원회 수정안으로 개정되었다.

752) 제338회 국회(임시회) 제2차 전체회의, 법제사법위원회회의록, 2015. 12. 30., 33~34면.
753) 제338회 국회(임시회) 제2차 본회의, 국회본회의회의록, 2015. 12. 31., 17면.

02

2. 2019년 8월 20일 개정(법률 제16439호, 2020. 2. 21. 시행)

제54조의5 삭제 〈2019.8.20〉

(1) 법률안(장정숙 의원안[754])

이 조문을 포함한 개정 대상 조문의 제안이유 및 주요내용은 아래와 같다.[755]

• 제안이유 및 주요내용

「국가공무원법」 및 「지방공무원법」에 따르면 임용권자 또는 임용제청권자는 교육공무원이 퇴직을 희망하는 경우에는 징계사유가 있는지 여부를 확인하고, 파면·해임·강등 또는 정직에 해당하는 징계사유가 있는 때에는 지체 없이 징계의결 등을 요구하도록 하고 있음.

그런데 사립학교 교원은 국·공립학교 교원과 그 자격·복무·징계에 있어서 큰 차이가 없음에도 불구하고 비위행위로 인하여 징계 또는 수사에 들어갈 경우 징계에 따른 퇴직수당 삭감 등의 불리한 처우를 회피하기 위하여 교원징계위원회에 징계가 청구되기 전에 스스로 퇴직을 신청하여 의원면직 처리되는 경우가 발생하고 있음.

이에 사립학교 교원의 경우에도 의원면직을 신청하는 경우 징계사유가 있는지 여부를 확인하고, 파면·해임 또는 정직에 해당하는 징계사유가 있는 경우 지체없이 징계 등을 청구하도록 함으로써 사립학교 교원의 높은 도덕성과 윤리의식을 담보하려는 것임(안 제61조의2 신설 등).

이 조문의 현행법과 개정 원안은 아래와 같다.

현행법	원안
제54조의5(의원면직의 제한) ①각급학교 교원의 임용권자는 의원면직을 신청한 교원이 다음 각 호의 어느 하나에 해당하는 때에는 의원면직을	<u><삭 제></u>

754) 2018. 5. 18. 장정숙의원 등 11인(의안번호: 2013631).

755) 2019년 8월 20일 개정 원안에는 이 장정숙 의원안 외에도 이태규 의원안(2018. 7. 24. 이태규의원 등 10인, 의안번호: 2014526)이 있다. 이 원안들은 이후 위원회 심사 단계에서 대안(2019. 7. 31. 교육위원장, 의안번호: 2021768)으로 통합 조정되었다. 이들 개정안 중 제54조의5에 관한 개정안은 장정숙 의원안이다. 그러므로 여기에서는 장정숙 의원안의 제안이유·주요내용 및 현행법과 개정 원안만을 소개한다. 이태규 의원안은 이 책 [61.205] 참조.

허용하여서는 아니 된다. 다만, 제1호·제3호 및 제4호의 경우 그 비위 정도가 「국가공무원법」 제79조에 따른 파면·해임·강등·정직에 준하는 정도의 징계(이하 "중징계"라 한다)에 해당하는 경우로 한정한다. 1. 비위와 관련하여 형사사건으로 기소 중인 때 2. 제62조에 따른 교원징계위원회에 중징계 의결을 요구 중인 때 3. 감사원·검찰·경찰 및 그 밖의 수사기관에서 비위와 관련하여 조사 또는 수사 중인 때 4. 관할청의 감사부서 등에서 비위와 관련하여 감사 또는 조사 중인 때 ②각급학교 교원의 임용권자는 교원이 의원면직을 신청한 경우 해당 교원이 제1항에 따른 의원면직의 제한대상에 해당하는지 여부를 감사·조사 및 수사기관의 장에게 확인하여야 한다. ③그 밖에 의원면직의 제한 및 제한대상의 확인에 필요한 사항은 대통령령으로 정한다.	

• 제54조의5를 삭제하고 제61조의2를 신설하였다.

(2) 위원회 심사

〈1〉 **교육위원회:** 대안[756]으로 가결되었다(이 조문의 경우에는 원안과 대안의 내용이 동일함).[757] 제54조의5에 관한 회의록 내용은 아래와 같다.

가. 제20대 국회 제369회 제3차 교육위원회 법안심사소위원회(2019. 7. 11.)

- **수석전문위원 이승재**[758]: 현행은 54조의5를 삭제하고 개정안에서는 제61조의2를 신설하는 내용이 되겠습니다. 현행에는 사립학교 교원이 의원면직할 경우에는 중징계 사유 여부를 수사기관에 확인하도록 하고 있습니다. 그런데 개정안에서는 모든 징계사유 여부를 수사기관 등에 확인하도록 요청하려는 것이 되겠습니다. …이상 보고를 마치겠습니다.
- **곽상도 위원**[759]: 하도 보고가 빨라서 모르겠는데 사립학교 말고 국공립학교도

756) 2019. 7. 31. 교육위원장(의안번호: 2021768).
757) 제369회 국회(임시회) 제2차 전체회의, 교육위원회회의록, 2019. 7. 11., 4면.
758) 제369회 국회(임시회) 제3차 법안심사소위, 교육위원회회의록, 2019. 7. 11., 12면.
759) 제369회 국회(임시회) 제3차 법안심사소위, 교육위원회회의록, 2019. 7. 11., 12면.

똑같이 되어 있나요?

- **교육부차관 박백범**[760]: 예, 그렇습니다.
- **곽상도 위원**[761]: 징계사유도 확인하게 되어 있나요?
- **교육부차관 박백범**[762]: 예, 그렇게 하도록 되어있습니다.
- **곽상도 위원**[763]: 이의 없습니다.
- **소위원장 조승래**[764]: 그러면 의사일정 제16항은 위원님들의 의견과 전문위원의 의견을 받아들여 수정한 부분은 수정한 대로 기타 부분은 원안대로 의결하고자 하는데 이의 없으십니까? (예 하는 위원 있음) 가결되었음을 선포합니다.

나. 제20대 국회 제369회 제2차 교육위원회(2019. 7. 11.)

- **위원장 이찬열**[765]: 의사일정 제7항부터 제8항까지 장정숙 의원, 이태규 의원이 대표발의한 사립학교법 일부개정법률안은 소위원회에서 심사보고한 바와 같이 본회의에 각각 부의하지 아니하고 이를 통합 조정한 의사일정 제9항 사립학교법 일부개정법률안(대안)을 제안하고자 합니다. 이의 없으십니까? (예 하는 위원 있음) 가결되었음을 선포합니다.

〈2〉 **법제사법위원회:** 교육위원회 대안대로 가결되었다.[766] 제54조의5에 관한 회의록 내용은 아래와 같다.

- **전문위원 이문한**[767]: 의사일정 제19항 사립학교법 일부개정법률안(대안)은 사립학교 교원의 의원면직 제한 규정 등을 국가공무원법을 기준으로 하여 개정함으로써 국공립 및 사립학교 교원 간의 형평성을 제고하고 사립학교 교원의 비위행위를 엄중히 다루고자 하는 내용으로 체계·자구 검토 결과 별다른 문제점이 없는 것으로 보았습니다...
- **위원장 여상규**[768]: 의사일정…제19항 법률안은 원안대로 의결하고자 하는데 이의있으신가요? (없습니다 하는 위원 있음) 가결되었음을 선포합니다.

---

760) 제369회 국회(임시회) 제3차 법안심사소위, 교육위원회회의록, 2019. 7. 11., 12면.
761) 제369회 국회(임시회) 제3차 법안심사소위, 교육위원회회의록, 2019. 7. 11., 12면.
762) 제369회 국회(임시회) 제3차 법안심사소위, 교육위원회회의록, 2019. 7. 11., 12면.
763) 제369회 국회(임시회) 제3차 법안심사소위, 교육위원회회의록, 2019. 7. 11., 12면.
764) 제369회 국회(임시회) 제3차 법안심사소위, 교육위원회회의록, 2019. 7. 11., 12~13면.
765) 제369회 국회(임시회) 제2차 전체회의, 교육위원회회의록, 2019. 7. 11., 4면.
766) 제370회 국회(임시회) 제1차 전체회의, 법제사법위원회회의록, 2019. 7. 31., 23면.
767) 제370회 국회(임시회) 제1차 전체회의, 법제사법위원회회의록, 2019. 7. 31., 22면.
768) 제370회 국회(임시회) 제1차 전체회의, 법제사법위원회회의록, 2019. 7. 31., 23면.

(3) 본회의 심의

교육위원회 대안대로 가결되었다.[769] 제54조의5에 관한 회의록 내용은 아래와 같다.

- 의장 문희상[770]: 다음은 사립학교법 일부개정법률안(대안)을 의결하도록 하겠습니다. 투표해 주시기 바랍니다. (전자투표) 투표를 다 하셨습니까? 투표를 마칩니다. 투표 결과를 말씀드리겠습니다. 재석 218인 중 찬성 208인, 기권 10인으로서 사립학교법 일부개정법률안(대안)은 가결되었음을 선포합니다.

(4) 결과

교육위원회 대안으로 개정되었다.

54-5.300 III. 현행법

제54조의5 삭제

54-5.400 IV. 종합/특기사항

- 「비위공직자의 의원면직 처리제한에 관한 규정」 등에 따라 국·공립학교 교원이 비위행위로 인한 징계처분 중인 경우 해당 교원에 대한 의원면직의 허용을 제한하는 제도를 사립학교 교원에게도 적용하기 위하여 2016년 개정으로 신설되었다.
- 2016년 개정으로 제54조의5를 신설하였으나 2019년 개정으로 그 위치를 징계에 관한 절(節)인 제61조의2로 이동시켰다.[771]

769) 제370회 국회(임시회) 제1차 본회의, 국회본회의회의록, 2019. 8. 2., 16면.
770) 제370회 국회(임시회) 제1차 본회의, 국회본회의회의록, 2019. 8. 2., 16면.
771) 이에 대해서는 이 책 [61-2.100] 이하 참조.

제55조(복무)

0 I. 제정법

> **제55조(복무)** 사립학교의 교원의 복무에 관하여는 국·공립학교의 교원에 관한 규정을 준용한다.

『새교육』이 소개하는 이 조문의 제정이유는 제52조와 같다.[772)]

II. 개정 경과

1 1. 2012년 1월 26일 개정(법률 제11216호, 2012. 7. 27. 시행)

> **제55조(복무)** ①사립학교의 교원의 복무에 관하여는 국·공립학교의 교원에 관한 규정을 준용한다.
> ②제1항에 따라 준용되는 「국가공무원법」 제64조에도 불구하고 의학·한의학 또는 치의학에 관한 학과를 두는 대학의 소속 교원은 학생의 임상교육을 위하여 필요한 경우 대학의 장의 허가를 받아 대통령령으로 정하는 기준을 충족하는 병원에 겸직할 수 있다.
> ③제2항에 따른 겸직 허가의 기준과 절차, 겸직 교원의 직무와 보수 등에 필요한 사항은 대통령령으로 정한다.

(1) 법률안(정부안[773)])

현행법	원안
제55조(복무) ① (생 략) ② <신 설> ③ <신 설>	**제54조의4(기간제교원)** ① (현행과 같음) ②제1항에 따라 준용되는 「국가공무원법」 제64조에도 불구하고 의학·한의학 또는 치의학에 관한 학과를 두는 대학의 소속 교원은 학생의 임상교육을 위하여 필요한 경우 대학의 장의

772) 金康鉉, 앞의 글 "私立學校法(完)", 46면.

	허가를 받아 대통령령으로 정하는 기준을 충족하는 병원에 겸직할 수 있다. ③제2항에 따른 겸직 허가의 기준과 절차, 겸직 교원의 직무와 보수 등에 관한 사항은 대통령령으로 정한다.

• 사립 의과대학 의학·한의학·치의학과 교원의 겸직 범위를 확장하여 국립대학 교원과 동일하게 하였다.

(2) 위원회 심사

〈1〉 **교육과학기술위원회:** 대안[774]으로 가결되었다.[775]

대안
제55조(복무) ①사립학교의 교원의 복무에 관하여는 국·공립학교의 교원에 관한 규정을 준용한다. ②제1항에 따라 준용되는 「국가공무원법」 제64조에도 불구하고 의학·한의학 또는 치의학에 관한 학과를 두는 대학의 소속 교원은 학생의 임상교육을 위하여 필요한 경우 대학의 장의 허가를 받아 대통령령으로 정하는 기준을 충족하는 병원에 겸직할 수 있다. ③제2항에 따른 겸직 허가의 기준과 절차, 겸직 교원의 직무와 보수 등에 필요한 사항은 대통령령으로 정한다.

위 내용이 포함된 제55조에 관한 회의록 내용은 아래와 같다.

가. 제18대 국회 제299회 제3차 교육과학기술위원회(2011. 4. 14.)

• **교육과학기술부장관 이주호**[776]: 사립학교법 일부개정법률안은 사립 의과대학에 재직하는 교원도 국립 의과대학 재직 교원과 마찬가지로 학생의 임상교육을 위해 필요한 경우 요건을 갖춘 병원에서 겸직 근무를 할 수 있도록…하려는 것입니다.

나. 제18대 국회 제303회 제1차 교육과학기술위원회 법안심사소위원회(2011. 11. 2.)

• **전문위원 이진호**[777]: 전문위원입니다. 현재 국립 의과대학의 교수들은 법에 따라서 학생에 대한 임상교육, 전공의의 수련 등을 위하여 대학병원에서 겸직하도록

773) 2010. 8. 13. 정부(의안번호: 1809097); 제안이유 및 주요내용은 이 책 [54-4.207] 참조.
774) 2011. 12. 30. 교육과학기술위원장(의안번호: 1814406).
775) 제304회 국회(임시회) 제2차 전체회의, 교육과학기술위원회회의록, 2011. 12. 28., 16면.
776) 제299회 국회(임시회) 제3차 전체회의, 교육과학기술위원회회의록, 2011. 4. 14., 20면.
777) 제303회 국회(정기회) 제1차 법안심사소위, 교육과학기술위원회회의록, 2011. 11. 2., 6면.

하고 있는데 사립대학교 교원에 대해서는 그러한 규정이 없습니다. 그리고 또한 사립학교 의과대학 중에서 부속병원이 없거나 부족한 경우에는 근무지 지정이나 파견의사 등 이런 형태로 임상교육을 실시하고 있어서 이렇게 국공립대학의 의과대학 교수들과 동일하게 이런 근거 규정을 마련하기 위한 법입니다. …이상입니다.

- 소위원장 서상기[778]: 위원님들 의견 있습니까?
- 박영아 위원[779]: 이게 지금 꼭 필요한 법이지요? 의과대학의 경우에?
- 전문위원 이진호[780]: 그렇습니다.
- 박영아 위원[781]: 문제가 된다는 거지요, 이 법이 없기 때문에?
- 전문위원 이진호[782]: 예, 그 문제가 지금 되고…
- 소위원장 서상기[783]: 수정안 없이 이대로 그대로 합니까?
- 박영아 위원[784]: 예.
- 전문위원 이진호[785]: 예, 원안인데요.
- 소위원장 서상기[786]: 그러면 의사일정 제4항은 원안대로 의결하고자 하는데, 이의 없으십니까? (예 하는 위원 있음) 없으시면 가결되었음을 선포합니다.

다. 제18대 국회 제304회 제2차 교육과학기술위원회(2011. 12. 28.)

- 소위원장 서상기[787]: 박은수 의원, 강창일 의원, 정의화 의원, 주광덕 의원이 대표발의하고 정부가 제출한 6건의 사립학교법 일부개정법률안을 통합 조정한 대안은…셋째, 사립의 의과대학에 재직하는 교원에 대해서도 국립 의과대학 교원과 마찬가지로 학생의 임상교육을 위하여 필요한 경우 일정한 요건을 갖춘 병원에서 겸직 근무를 할 수 있는 근거를 마련하였습니다...
- 위원장 변재일[788]: 의사일정 제47항부터 제52항까지는 소위원회에서 심사보고한 대로 본회의에 부의하지 아니하고 이 6건을 통합 조정한 의사일정 제53항 사립

---

778) 제303회 국회(정기회) 제1차 법안심사소위, 교육과학기술위원회회의록, 2011. 11. 2., 6면.
779) 제303회 국회(정기회) 제1차 법안심사소위, 교육과학기술위원회회의록, 2011. 11. 2., 6면.
780) 제303회 국회(정기회) 제1차 법안심사소위, 교육과학기술위원회회의록, 2011. 11. 2., 6면.
781) 제303회 국회(정기회) 제1차 법안심사소위, 교육과학기술위원회회의록, 2011. 11. 2., 6면.
782) 제303회 국회(정기회) 제1차 법안심사소위, 교육과학기술위원회회의록, 2011. 11. 2., 6면.
783) 제303회 국회(정기회) 제1차 법안심사소위, 교육과학기술위원회회의록, 2011. 11. 2., 6면.
784) 제303회 국회(정기회) 제1차 법안심사소위, 교육과학기술위원회회의록, 2011. 11. 2., 6면.
785) 제303회 국회(정기회) 제1차 법안심사소위, 교육과학기술위원회회의록, 2011. 11. 2., 6면.
786) 제303회 국회(정기회) 제1차 법안심사소위, 교육과학기술위원회회의록, 2011. 11. 2., 6면.
787) 제304회 국회(임시회) 제2차 전체회의, 교육과학기술위원회회의록, 2011. 12. 28., 13면.
788) 제304회 국회(임시회) 제2차 전체회의, 교육과학기술위원회회의록, 2011. 12. 28., 16면.

학교법 일부개정법률안(대안)을 우리 위원회안으로 채택하고자 하는데 이의 없으십니까? (없습니다 하는 위원 있음) 가결되었음을 선포합니다.

〈2〉 **법제사법위원회:** 교육과학기술위원회 대안대로 가결되었다.[789)]

(3) 본회의 심의

교육과학기술위원회 대안대로 가결되었다.[790)]

(4) 결과

교육과학기술위원회 대안으로 개정되었다.

55.202
2. 2020년 12월 22일 개정(법률 제17659호, 2020. 12. 22. 시행)

제55조(복무) ①_사립학교 교원의 복무에 관하여는 국립학교·공립학교 교원에 관한 규정을 준용한다.
②_제1항에 따라 준용되는 「국가공무원법」 제64조에도 불구하고 의학·한의학 또는 치의학에 관한 학과를 두는 대학의 소속 교원은 학생의 임상교육을 위하여 필요한 경우 대학의 장의 허가를 받아 대통령령으로 정하는 기준을 충족하는 병원에 겸직할 수 있다.
③_제2항에 따른 겸직 허가의 기준과 절차, 겸직 교원의 직무와 보수 등에 관하여 필요한 사항은 대통령령으로 정한다.

• 법문을 한글로 적고, 간단한 자구수정을 하였다(오직 형식에 관한 개정이므로 자세한 개정경과는 생략함[791)]).

55.300
III. 현행법

제55조(복무) ① 사립학교 교원의 복무에 관하여는 국립학교·공립학교 교원에 관한

---

789) 제304회 국회(임시회) 제2차 전체회의, 법제사법위원회회의록, 2011. 12. 29., 23~24면.
790) 제304회 국회(임시회) 제3차 본회의, 국회본회의회의록, 2011. 12. 30., 23~24면.
791) 이에 관한 구체적 개정경과는 이 책 [1.201] 참조.

규정을 준용한다.
② 제1항에 따라 준용되는 「국가공무원법」 제64조에도 불구하고 의학·한의학 또는 치의학에 관한 학과를 두는 대학의 소속 교원은 학생의 임상교육을 위하여 필요한 경우 대학의 장의 허가를 받아 대통령령으로 정하는 기준을 충족하는 병원에 겸직할 수 있다.
③ 제2항에 따른 겸직 허가의 기준과 절차, 겸직 교원의 직무와 보수 등에 관하여 필요한 사항은 대통령령으로 정한다.

IV. 종합/특기사항

- 제55조는 2012년 개정으로 제2항과 제3항을 신설한 이후 내용상의 개정은 없다.
- 1991년 헌법재판소는 사립학교교원에 대한 근로3권의 제한 또는 금지와 관련하여 사립학교법 제55조(2012. 1. 26. 법률 제11216호로 개정되기 전의 것)와 제58조제1항제4호에 관하여 ①헌법 제31조제6항과 헌법 제33조제1항과의 관계, ②사립학교교원에 대한 근로3권의 제한또는 금지와 헌법 제37조제2항의 위반 여부, ③사립학교교원에 대한 근로3권의 제한 또는 금지와 평등의 원칙 및 ④교원의 지위에 관한 국제법규의 헌법상 의미의 시각에서 아래와 같이 합헌 취지의 판단을 하였다.[792)]

> ① 헌법 제31조제6항은 국민의 교육을 받을 기본적 권리를 보다 효과적으로 보장하기 위하여 교원의 보수 및 근무조건 등을 포함하는 개념인 "교원의 지위"에 관한 기본적인 사항을 법률로써 정하도록 한 것이므로 교원의 지위에 관련된 사항에 관한 한 위 헌법조항이 근로기본권에 관한 헌법 제33조제1항에 우선하여 적용된다.
>
> ② 사립학교 교원에게 헌법 제33조제1항에 정한 근로3권의 행사를 제한 또는 금지하고 있다고 하더라도 이로써 사립학교교원이 가지는 근로기본권의 본질적 내용을 침해한 것으로 볼 수 없고, 그 제한은 입법자가 교원지위의 특수성과 우리의 역사적 현실을 종합하여 공공의 이익인 교육제도의 본질을 지키기 위하여 결정한 것으로 필요하고 적정한 범위내의 것이다.

792) 헌법재판소 1991. 7. 22. 선고 89헌가106 결정.

③ 사립학교법 제55조 및 제58조제1항제4호는 헌법이 교원의 지위에 관한 사항을 국민적 합의를 배경으로 한 입법기관의 권한에 위임하고 있는 헌법조항에 따라 규정한 것으로서 사립학교 교원을 근로3권의 행사에 있어서 일반 근로자의 경우와 달리 취급하여야 할 합리적인 이유가 있다 할 것이고, 또한 공립학교 교원에게 적용되는 교육공무원법 및 국가공무원법의 관계규정보다 반드시 불리한 것으로도 볼 수 없으므로 헌법 제11조제1항에 정한 평등원칙에 위반되는 것이 아니다.

④ 교육에 관한 국제법상의 선언, 규약 및 권고문 등은 우리의 현실에 적합한 교육제도의 실시를 제약하면서까지 교원에게 근로권이 제한없이 보장되어야 한다든가 교원단체를 전문직으로서의 특수성을 살리는 교직단체로서 구성하는 것을 배제하고 반드시 일반근로조합으로서만 구성하여야 한다는 주장의 근거로 삼을 수 없다.

재판관 이시윤의 반대의견은 아래와 같다.

위 사립학교법 각 조문에서 금지하는 노동운동은 오로지 단체교섭권 및 단체행동권의 행사를 뜻하는 것으로 볼 것이고 이를 넘어서 단결권의 행사까지 포함하여 금지하는 것이 된다면 기본권제한의 한계를 넘어선 본질적 내용의 침해가 되는 입법이 되어 헌법 제33조제1항, 제37조제2항에 위반된다. 여기서 합헌이 될 단결권 행사의 노동운동은 헌법 제33조제1항에서 규정한 바 근무조건의 향상을 목적으로 하는 노동조합의 결성이나 그러한 노동조합에의 가입에 그친다고 할 것이다.

재판관 김양균의 반대의견은 아래와 같다.

사립학교 교원은 근로자의 지위에서 영위하는 생활영역에서 일반근로자와 원칙적으로 똑같은 근로3권이 보장되어야 하며 일반근로자와 정당한 이유없이 차별하여 그의 근로3권을 전부 부정하고 있는 사립학교법 각 조문은 헌법상의 법치주의 원리와 위 헌법 제11조제1항, 제33조제1항, 제37조제2항에 정면으로 위배되고 아울러 제10조, 제6조제1항과도 조화될 수 없으므로 위헌이다.

재판관 변정수의 반대의견은 아래와 같다.

헌법 제31조제6항을 내세워 헌법 제33조제1항에 의하여 사립학교 교원에게도 당연히 그 향유자격이 부여된 단결권, 단체교섭권, 단체행동권을 제한하거나 박탈해도 된다는 논리는 근로3권을 향유할 수 없는 근로자를 공무원에 한정한 헌법 제33조제2항의 규정에 명백히 저촉되며, 헌법 제37조제2항에 의한 제한이라 하더라도 사립학교 교원에 대하여 노동운동을 전면적으로 금지하고 있는 위 사립학교법 각 조문은 헌법 제33조, 제37조제2항에 위반되어 위헌이다.

제55조의2(연수의 기회균등)

00 I. 제정법

제정법에는 이 조문이 없다.

II. 개정 경과

01 1. 2018년 4월 17일 개정(법률 제15555호, 2018. 10. 18. 시행)

제55조의2(연수의 기회균등) 사립학교의 교원에게는 「교육공무원법」 제39조제1항에 따른 연수기관에서 재교육을 받거나 연수할 기회가 균등하게 주어져야 한다.

(1) 법률안(박경미 의원안[793])

이 조문을 포함한 개정 대상 조문의 제안이유 및 주요내용은 아래와 같다.[794]

• 제안이유 및 주요내용

교육자로서 교원의 자질 계발과 전문성 신장을 위한 노력은 「교육공무원법」에서도 규정하고 있는바, 이를 위한 교원의 연수는 교원의 정당한 권리이자 책무임.

이에 「교육공무원법」에서는 교원의 연수에 관하여 규정하고 있으나, 동일한 직무를 수행하고 있는 사립학교의 교원에게 적용되는 현행 「사립학교법」은 연

793) 2017. 3. 17. 박경미의원 등 13인(의안번호: 2006278).

794) 2018년 4월 17일 개정 원안에는 이 박경미 의원안 외에도 노웅래 의원안(2017. 3. 27. 노웅래의원 등 11인, 의안번호: 2006397)이 있다. 이 원안들은 이후 위원회 심사 단계에서 대안(2018. 3. 29. 교육문화체육관광위원장, 의안번호: 20127772)으로 통합 조정되었다. 이들 개정안 중 제55조의2에 관한 개정안은 박경미 의원안이다. 그러므로 여기에서는 박경미 의원안의 제안이유·주요내용 및 현행법과 개정 원안만을 소개한다. 노웅래 의원안은 이 책 [66-4.211] 참조.

수에 관하여 규정하고 있지 않음. 「교육공무원법」과 「사립학교법」은 자격, 임용, 신분보장, 징계 등 교원에 관하여 규정하는 조항이 대부분 대응 관계를 이루고 있으나 연수에 관한 조항만 미비한 상태임.

또한 「교원 등의 연수에 관한 규정」 제3조(연수 대상)에서는 연수의 대상을 "「유아교육법」 제2조제2호에 따른 유치원 및 「초·중등교육법」 제2조에 따른 학교에 근무하는 교원"으로 규정하고 있어 사립학교 교원도 포괄적으로 포함하고 있으나 상위법인 「사립학교법」에서는 교원의 연수에 관하여 별도의 조항이 없어 규정에 대한 법적 근거를 마련할 필요가 있음.

이에 사립학교의 교원에게도 연수의 권리와 책무 및 제반사항에 대한 조항을 신설함으로써 사립학교의 교원의 전문성 신장과 직무 수행을 위한 연구·수행의 기회를 보장하고자 하는 것임(안 제55조의2부터 제55조의4까지 신설).

이 조문의 현행법과 개정 원안은 아래와 같다.

현행법	원안
<신 설>	**제55조의2(연수의 기회균등)** 사립학교의 교원은 「교육공무원법」 제39조제1항에 따른 연수기관에서 재교육을 받거나 연수할 기회가 균등하게 주어져야 한다.

(2) 위원회 심사

〈1〉 교육문화체육관광위원회: 대안[795]으로 가결되었다(이 조문의 경우에는 원안과 대안의 내용이 동일함).[796] 제55조의2에 관한 회의록 내용은 아래와 같다.

가. 제20대 국회 제358회 제1차 교육문화체육관광위원회 교육법안심사소위원회 (2018. 3. 22.)

• 수석전문위원 정재룡[797]: 개정안은 사립학교 교원도 연수를 받는데 그 법적 근거로 교육공무원법의 관련 조문을 사립학교법에도 규정하려는 것입니다.

현재 교원 등의 연수에 관한 규정에 의해 사립학교 교원 역시 연수는 받고 있으나 법률상 연수의 기회균등이 보장되지 않으므로 이와 같이 개정할 필요가 있어 보입니다. 다만 자구수정 사항이 있는데요. 개정안에 보면 교육과 별개로 연

795) 2018. 3. 29. 교육문화체육관광위원장(의안번호: 20127772).
796) 제358회 국회(임시회) 제2차 전체회의, 교육문화체육관광위원회회의록, 2018. 3. 23., 7면.
797) 제358회 국회(임시회) 제1차 교육 법안심사소위, 교육문화체육관광위원회회의록, 2018. 3. 22., 18~19면.

수를 적시하고 있는데 연수는 교육에 포함되기 때문에 그것을 따로 규정할 필요는 없는 것으로 보이고요. 제55조의3의 경우도 앞에 "55조의2에 따른 연수기관" 이렇게 해서 연수기관을 한정하고 있는데 굳이 특별하게 한정할 필요 없이 모든 연수기관에서 연수가 가능하도록 수정의견처럼 풀어 줄 필요가 있다고 보았습니다. 그리고 마지막에 제55조의4(연수 실적)에 관한 사항인데요. 사학의 자율성을 존중하는 측면에서 인사관리에 연수 실적을 반영하도록 의무를 부과하고 대통령령으로 세부사항을 규정하는 것은 신중한 검토가 필요한 것으로 보았습니다. 이상입니다.

- **소위원장 유은혜**[798]: 차관님 말씀해 주십시오.
- **교육부차관 박춘란**[799]: 수석전문위원님 검토의견하고 같습니다.
- **소위원장 유은혜**[800]: 위원님들 의견 주시기 바랍니다. 박경미 위원님 말씀해 주십시오.
- **박경미 위원**[801]: 수정의견에 대체적으로 찬성하고요. 현재 교사들이 의무적으로 받아야 되는 것은 일정 기간 연수 한 번이거든요. 그러니까 최악의 경우에는 3~4년 차에 한 번 받고 62세까지 아무것도 안 받고 전문성 신장을 안 해도 되는 구조인데 그래도 사립학교 교사들이 어느 정도는 다 받고 있기는 하지만 공립학교 교사와 마찬가지로 명문화할 필요가 있어서 개정안을 내게 됐고요.

  마지막에 제55조의4제2항과 관련해서 삭제의견 주셨는데요. 연수 실적 및 인사관리 반영의 방법을 대통령령으로 정하는 것을 삭제하는 그 의견에도 동의는 하지만 교사들의 전문성 더 신장하도록 연수를 진흥한다는 측면에서는 인사관리를 하도록 유도하고 그다음에 세세한 것은 대통령령으로 정하도록 해도 크게 사학의 자율성을 침해하지는 않지 않는가, 삭제하는 것에도 이 정도는 동의를 합니다만 원안도 한번 다시 고려해 주시기를 바랍니다.
- **소위원장 유은혜**[802]: 그러면 수정안에도 동의를 하는데 원안을 더 주장하시겠다, 이런 입장이십니까?
- **박경미 위원**[803]: 예, 헷갈리게 얘기하기는 했습니다만.
- **소위원장 유은혜**[804]: 다른 위원님들 의견 주시기 바랍니다.

---

798) 제358회 국회(임시회) 제1차 교육 법안심사소위, 교육문화체육관광위원회회의록, 2018. 3. 22., 19면.
799) 제358회 국회(임시회) 제1차 교육 법안심사소위, 교육문화체육관광위원회회의록, 2018. 3. 22., 19면.
800) 제358회 국회(임시회) 제1차 교육 법안심사소위, 교육문화체육관광위원회회의록, 2018. 3. 22., 19면.
801) 제358회 국회(임시회) 제1차 교육 법안심사소위, 교육문화체육관광위원회회의록, 2018. 3. 22., 19면.
802) 제358회 국회(임시회) 제1차 교육 법안심사소위, 교육문화체육관광위원회회의록, 2018. 3. 22., 19면.
803) 제358회 국회(임시회) 제1차 교육 법안심사소위, 교육문화체육관광위원회회의록, 2018. 3. 22., 19면.
804) 제358회 국회(임시회) 제1차 교육 법안심사소위, 교육문화체육관광위원회회의록, 2018. 3. 22., 19면.

- 이종배 위원[805]: 이게 사학이기 때문에 이 정도 해 주셔도 무방하리라고 생각해서 저는 수정안에 동의합니다.
- 소위원장 유은혜[806]: 지금 이종배 위원님께서는 수정안에 동의하신다는 의견을 주셨고요. 특별히 다른 위원님들께서 이견이 없으시면 교육부와 전문위원의 검토의견을 반영해서 수정안으로 처리를 하면 어떨까 싶습니다…
- 전희경 위원[807]: 이 법의 내용에도 나오지만 지금 보면 공립학교 교원들의 "연수의 권리와 책무 및 제반사항"의 조항을 사립학교 교원에게도 동등하게 입법화해서 그것을 확실하게 법적 기반을 두자, 그러니까 지금도 본인이 원하면 차별은 없는 거지요?
- 교육부차관 박춘란[808]: 예.
- 전희경 위원[809]: 그래서 저는 이 법의 수정안에 대해서 동의는 합니다. 수정안에 대해서 동의는 합니다만 저는 기본적으로 가지고 있는 생각은 법문은 단순할수록 좋고 차이가 없는 것은, 자꾸 몇 조의2, 3 이런 식으로 빼는 것은 우리 법의 전반적인 골격상 조금 지양하는 것이 어떤가 하는 개인적인 소신을 가지고 있습니다. 그래서 연수의 기회균등이라고 이 조문에 넣는 것이 연수의 기회균등에 사실 근거를 줘 가지고 뭔가 확실히 되는 측면이 있는 것도 같지만 이 법에 이렇게 들어감으로 해서 마치 기존에 어떤 차별이 있는 것처럼 인식될 수 있는 소지도 있는 것이고, 그래서 법의 간결성이나 이런 것들을 위해서 우리 위원회에서 앞으로 차후에라도 이런 부분은 생각을 해 보면 어떻겠느냐 이런 생각은 있습니다. 그렇지만 현행의 것을 한 번 더 명확하게 한다는 측면에서 수정안에 동의는 하겠습니다.
- 소위원장 유은혜[810]: 그러면 의사일정 제6항과 관련해서는 위원님들의 의견을 종합해서 전문위원님 검토의견인 수정안으로 처리하는 것으로 하겠습니다. 그러면 의사일정 제6항 박경미 의원이 대표발의한 사립학교법 일부개정법률안은 위원님들의 의견과 전문위원의 의견을 받아들여서 수정한 부분은 수정한 대로, 기타 부분은 원안대로 의결하고자 하는데 이의 없으십니까? (없습니다 하는 위원 있음) 가결되었음을 선포합니다.

---

805) 제358회 국회(임시회) 제1차 교육 법안심사소위, 교육문화체육관광위원회회의록, 2018. 3. 22., 19면.
806) 제358회 국회(임시회) 제1차 교육 법안심사소위, 교육문화체육관광위원회회의록, 2018. 3. 22., 19면.
807) 제358회 국회(임시회) 제1차 교육 법안심사소위, 교육문화체육관광위원회회의록, 2018. 3. 22., 19면.
808) 제358회 국회(임시회) 제1차 교육 법안심사소위, 교육문화체육관광위원회회의록, 2018. 3. 22., 19면.
809) 제358회 국회(임시회) 제1차 교육 법안심사소위, 교육문화체육관광위원회회의록, 2018. 3. 22., 19면.
810) 제358회 국회(임시회) 제1차 교육 법안심사소위, 교육문화체육관광위원회회의록, 2018. 3. 22., 19면.

나. 제20대 국회 제358회 제2차 교육문화체육관광위원회(2018. 3. 23.)

- **소위원장 유은혜**[811]: 첫째, 사립학교의 교원의 전문성 신장과 직무수행을 위한 연구·수행의 기회를 보장하기 위하여 교육공무원법과 같이 사립학교법에 연수의 기회 균등을 명시하고 학교의 장의 승인을 받아 연수기관 및 근무 장소 외에서의 연수를 보장하며 연수실적을 인사관리에 반영할 수 있도록 하였…습니다…
- **위원장 유성엽**[812]: 의사일정 제4항부터 제5항까지 박경미 의원, 노웅래 의원이 각각 대표발의한 사립학교법 일부개정법률안은 소위원회에서 심사보고한 바와 같이 본회의에 각각 부의하지 아니하고 이를 통합 조정한 의사일정 제6항 사립학교법 일부개정법률안(대안)을 제안하고자 합니다. 이의 없으십니까? (예 하는 위원 있음) 가결되었음을 선포합니다.

〈2〉 **법제사법위원회:** 교육문화체육관광위원회 대안을 수정·가결했다.[813] 수정내용은 아래와 같다.

법제사법위원회 수정안
제55조의2(연수의 기회균등) 사립학교의 <u>교원에게는</u> 「교육공무원법」 제39조제1항에 따른 연수기관에서 재교육을 받거나 연수할 기회가 균등하게 주어져야 한다

제55조의2에 관한 회의록 내용은 아래와 같다.

- **전문위원 이문한**[814]: 보고드리겠습니다. 의사일정 제5항 교육공무원법 일부개정법률안 및 의사일정 제8항 사립학교법 일부개정법률안(대안)은 교원의 성폭력 범죄행위 등으로 인한 징계의 시효를 5년에서 10년으로 연장하는 내용으로 교육공무원법 일부개정법률안은 체계·자구상 특별한 문제가 없으며 사립학교법 일부개정법률안(대안)에 대해서만 일부 경미한 자구 수정이 필요한 것으로 보았습니다…
- **위원장 권성동**[815]: 의사일정…제8항…의 법률안은 전문위원이 수정한 부분은 수정한 대로, 기타 부분은 원안대로 의결하고자 하는데 이의 있으신가요? (없습니다 하는 위원 있음) 각각 가결되었음을 선포합니다.

811) 제358회 국회(임시회) 제2차 전체회의, 교육문화체육관광위원회회의록, 2018. 3. 23., 5면.
812) 제358회 국회(임시회) 제2차 전체회의, 교육문화체육관광위원회회의록, 2018. 3. 23., 7면.
813) 제358회 국회(임시회) 제1차 전체회의, 법제사법위원회회의록, 2018. 3. 29., 13면.
814) 제358회 국회(임시회) 제1차 전체회의, 법제사법위원회회의록, 2018. 3. 29., 12면.
815) 제358회 국회(임시회) 제1차 전체회의, 법제사법위원회회의록, 2018. 3. 29., 13면.

(3) 본회의 심의

법제사법위원회 수정안대로 가결되었다.[816] 제55조의2에 관한 회의록 내용은 아래와 같다.

- **교육문화체육관광위원장대리 노웅래**[817]: 다음으로 사립학교법 일부개정법률안(대안)의 주요내용을 말씀드리면, 첫째 사립학교법에 연수의 기회 균등을 명시하고 학교의 장의 승인을 받아 연수기한 및 근무장소 외에서의 연수를 보장하며 연수 실적을 인사관리에 반영할 수 있도록 하였습니다. 둘째, 사립학교 교직원에게도 성폭력 범죄, 성매매 행위 등에 대하여 징계시효를 국공립학교 교원과 같이 10년으로 연장하였습니다. 아무쪼록 우리 위원회에서 심사보고한 내용대로 의결하여 주시기 바랍니다. 감사합니다.
- **의장 정세균**[818]: 다음은 사립학교법 일부개정법률안(대안)을 의결하도록 하겠습니다. 투표해 주시기 바랍니다. (전자투표) 투표를 다 하셨습니까? 투표를 마치겠습니다. 투표 결과를 말씀드리겠습니다. 재석 170인 중 찬성 167인, 기권 3인으로서 사립학교법 일부개정법률안(대안)은 가결되었음을 선포합니다.

(4) 결과

법제사법위원회 수정안으로 개정되었다.

55-2.300

III. 현행법

제55조의2(연수의 기회균등) 사립학교의 교원에게는 「교육공무원법」 제39조제1항에 따른 연수기관에서 재교육을 받거나 연수할 기회가 균등하게 주어져야 한다.

55-2.400

IV. 종합/특기사항

- 제55조의2는 「교육공무원법」과 균형을 맞추기 위하여 2018년 개정으로 신설되

816) 제358회 국회(임시회) 제1차 본회의, 국회본회의회의록, 2018. 3. 30., 14면.
817) 제358회 국회(임시회) 제1차 본회의, 국회본회의회의록, 2018. 3. 30., 14면.
818) 제358회 국회(임시회) 제1차 본회의, 국회본회의회의록, 2018. 3. 30., 14면.

었으며, 신설 이후 개정이 없다.

• 제55조의2, 제55조의3, 제55조의4는 모두 연수에 관한 내용인데 이들을 모두 가지 조문으로 분리해서 규정할 필요가 있는지에 대하여 의문이다.

제55조의3(연수기관 및 근무장소 외에서의 연수)

00 I. 제정법

제정법에는 이 조문이 없다.

II. 개정 경과

01 1. 2018년 4월 17일 개정(법률 제15555호, 2018. 10. 18. 시행)

제55조의3(연수기관 및 근무장소 외에서의 연수) 사립학교의 교원은 수업에 지장을 주지 아니하는 범위에서 소속 학교의 장의 승인을 받아 연수기관이나 근무장소 외의 시설 또는 장소에서 연수를 받을 수 있다.

(1) 법률안(박경미 의원안[819])

현행법	원안
<신 설>	**제55조의3(연수기관 및 근무장소 외에서의 연수)** 사립학교의 교원은 수업에 지장을 주지 아니하는 범위에서 소속 학교의 장의 승인을 받아 제55조의2에 따른 연수기관이나 근무장소 외의 시설 또는 장소에서 연수를 받을 수 있다.

• 교원은 연수기관 및 근무장소 외에서 연수를 받을 수 있도록 하였다.

819) 2017. 3. 17. 박경미의원 등 13인(의안번호: 2006278); 제안이유 및 주요내용은 이 책 [55-2.201] 참조.

(2) 위원회 심사

〈1〉 **교육문화체육관광위원회:** 대안[820)]으로 가결되었다.[821)]

대안
제55조의3(연수기관 및 근무장소 외에서의 연수) 사립학교의 교원은 수업에 지장을 주지 아니하는 범위에서 소속 학교의 장의 승인을 받아 연수기관이나 근무장소 외의 시설 또는 장소에서 연수를 받을 수 있다.

이 조문의 회의록 내용은 2018. 4. 17. 개정조문 제55조의2와 공통적이어서 생략한다.[822)]

〈2〉 **법제사법위원회:** 교육문화체육관광위원회 대안대로 가결되었다.[823)]

(3) 본회의 심의

교육문화체육관광위원회 대안대로 가결되었다.[824)]

(4) 결과

교육문화체육관광위원회 대안으로 개정되었다.

55-3.300

III. 현행법

제55조의3(연수기관 및 근무장소 외에서의 연수) 사립학교의 교원은 수업에 지장을 주지 아니하는 범위에서 소속 학교의 장의 승인을 받아 연수기관이나 근무장소 외의 시설 또는 장소에서 연수를 받을 수 있다.

---

820) 2018. 3. 29. 교육문화체육관광위원장(의안번호: 20127772).
821) 제358회 국회(임시회) 제2차 전체회의, 교육문화체육관광위원회회의록, 2018. 3. 23., 7면.
822) 이 책 [55-2.201] 참조.
823) 제358회 국회(임시회) 제1차 전체회의, 법제사법위원회회의록, 2018. 3. 29., 13면.
824) 제358회 국회(임시회) 제1차 본회의, 국회본회의회의록, 2018. 3. 30., 14면.

00 IV. 종합/특기사항

- 제55조의3는 「교육공무원법」과 균형을 맞추기 위하여 2018년 개정으로 신설되었으며, 신설 이후 개정이 없다.
- 제55조의2, 제55조의3, 제55조의4는 모두 연수에 관한 내용인데 이들을 모두 가지 조문으로 분리해서 규정할 필요가 있는지에 대하여 의문이다.

제55조의4(연수 실적)

00 I. 제정법

제정법에는 이 조문이 없다.

II. 개정 경과

01 1. 2018년 4월 17일 개정(법률 제15555호, 2018. 10. 18. 시행)

제55조의4(연수 실적) 학교의 장은 정기적으로 또는 수시로 그 소속 사립학교의 교원의 재교육 및 연수 실적을 인사관리에 반영할 수 있다.

(1) 법률안(박경미 의원안[825])

현행법	원안
<신 설>	**제55조의4(연수 실적)** ① 학교의 장은 정기적으로 또는 수시로 그 소속 사립학교의 교원의 재교육 및 연수 실적을 인사관리에 반영하여야 한다. ② 제1항에 따른 재교육, 연수 실적 및 인사관리 반영의 방법 등에 필요한 사항은 대통령령으로 정한다.

825) 2017. 3. 17. 박경미의원 등 13인(의안번호: 2006278); 제안이유 및 주요내용은 이 책 [55-2.201] 참조.

• 사립학교 교원의 재교육 및 연수실적을 인사관리에 반영할 수 있도록 하였다.

(2) 위원회 심사

〈1〉 **교육문화체육관광위원회:** 대안[826)]으로 가결되었다.[827)]

대안
제55조의4(연수 실적) 학교의 장은 정기적으로 또는 수시로 그 소속 사립학교의 교원의 재교육 및 연수 실적을 인사관리에 반영할 수 있다.

〈2〉 **법제사법위원회:** 교육문화체육관광위원회 대안대로 가결되었다.[828)]

(3) 본회의 심의

교육문화체육관광위원회 대안대로 가결되었다.[829)]

(4) 결과

교육문화체육관광위원회 대안으로 개정되었다.

55-4.300 III. 현행법

제55조의4(연수 실적) 학교의 장은 정기적으로 또는 수시로 그 소속 사립학교의 교원의 재교육 및 연수 실적을 인사관리에 반영할 수 있다.

55-4.400 IV. 종합/특기사항

• 제55의4는 「교육공무원법」과 균형을 맞추기 위하여 2018년 개정으로 신설되었으며, 신설 이후 개정이 없다.
• 제55조의2, 제55조의3, 제55조의4는 모두 연수에 관한 내용인데 이들을 모두 가지 조문으로 분리해서 규정할 필요가 있는지에 대하여 의문이다.

---

826) 2018. 3. 29. 교육문화체육관광위원장(의안번호: 20127772).
827) 제358회 국회(임시회) 제2차 전체회의, 교육문화체육관광위원회회의록, 2018. 3. 23., 7면.
828) 제358회 국회(임시회) 제1차 전체회의, 법제사법위원회회의록, 2018. 3. 29., 13면.
829) 제358회 국회(임시회) 제1차 본회의, 국회본회의회의록, 2018. 3. 30., 14면.

제 2 절 | 신분보장 및 사회보장

『새교육』이 소개하는 이 절의 제정이유는 아래와 같다.[830)]

사립학교 교원의 신분보장의 경우는 국·공립학교의 경우와 동일하다. 과거에는 교원의 신분은 이사회의 결정에 따라 좌우되었으나 이번의 법 제정을 통하여 사립학교에 근무하는 교원의 신분을 강화함으로써 사립학교법 제정의 3대 요건의 하나가 되게 하였다. 신분보장에 대하여는 비교적 상세히 규정하였으므로 법조문만 보아도 충분히 알 수 있을 것으로 생각하여 설명을 생략한다.

제56조(의사에 반한 휴직·면직 등의 금지)

0 I. 제정법

제56조(의사에 반한 휴직·정직·면직등의 금지) 학교법인 또는 사립학교경영자는 형의 선고, 징계처분 또는 이 법에 정하는 사유에 의하지 아니하고는 본인의 의사에 반하여 휴직·정직 또는 면직 기타 교원에게 부당한 처분을 하지 못한다. 다만, 학급·학과의 개폐에 의하여 폐직이나 과원이 된 때 또는 조건부로 임명된 자에 대하여는 예외로 한다.

『새교육』은 이 조문의 제정이유를 소개하지 않았다.[831)]

II. 개정 경과

1 1. 1981년 2월 28일 개정(법률 제3373호, 1981. 2. 28. 시행)

제56조(의사에 반한 휴직·면직등의 금지) ①사립학교 교원은 형의 선고·징계처분

830) 金康鉉, 앞의 글 "私立學校法(完)", 47면.
831) 金康鉉, 앞의 글 "私立學校法(完)", 47면.

또는 이 법에 정하는 사유에 의하지 아니하고는 본인의 의사에 반하여 **휴직 또는 면직등 불리한 처분을 받지 아니한다.** 다만, 학급·학과의 개폐에 의하여 폐직이나 과원이 된 때 또는 조건부로 임명된 자에 대하여는 **그러하지 아니하다.**
②사립학교 교원은 권고에 의하여 사직을 당하지 아니한다.

(1) 법률안(정부안[832])

현행법	원안
제56조(의사에 반한 휴직·정직·면직등의 금지) 학교법인 또는 사립학교경영자는 형의 선고, 징계처분 또는 이 법에 정하는 사유에 의하지 아니하고는 본인의 의사에 반하여 휴직·정직 또는 면직 기타 교원에게 부당한 처분을 하지 못한다. 다만, 학급·학과의 개폐에 의하여 폐직이나 과원이 된 때 또는 조건부로 임명된 자에 대하여는 예외로 한다. <신 설>	**제56조(의사에 반한 휴직·면직등의 금지)** ①사립학교 교원은 형의 선고·징계처분 또는 이 법에 정하는 사유에 의하지 아니하고는 본인의 의사에 반하여 휴직 또는 면직등 부당한 처분을 받지 아니한다. 다만, 학급·학과의 개폐에 의하여 폐직이나 과원이 된 때 또는 조건부로 임명된 자에 대하여는 그러하지 아니하다. ②사립학교 교원은 권고에 의하여 사직을 당하지 아니한다.

- 사립학교 교원은 권고사직을 당하지 않도록 하였다.

(2) 위원회 심사

〈1〉 **문교공보위원회:** 원안대로 가결되었다.[833] 제56조에 관한 회의록 내용은 아래와 같다.

- **전문위원 김철[834]:** 안 제56조제2항을 신설하려는 것으로 그 내용은 "사립학교교원은 권고에 의하여 사직을 당하지 아니한다"로 하는 것입니다.

〈2〉 **법제사법위원회:** 원안을 수정·가결했다.[835] 수정내용은 아래와 같다.

---

832) 1981. 2. 13. 정부(의안번호: CC0145); 제안이유 및 주요내용은 이 책 [4.204] 참조.

833) 제10.5대 국회 제77회 제19차 문교공보위원회국가보위입법회의사무처, 문교공보위원회회의록, 1981. 2. 19., 7면.

834) 제10.5대 국회 제77회 제19차 문교공보위원회국가보위입법회의사무처, 문교공보위원회회의록, 1981. 2. 19., 3면.

835) 제10.5대 국회 제77회 제19차 법제사법위원회 국가보위입법회의사무처, 법제사법위원회회의록, 1981. 2. 19., 5면.

법제사법위원회 수정안
第56조(의사에 반한 휴직·면직등의 금지) ①사립학교 교원은 형의 선고·징계처분 또는 이 법에 정하는 사유에 의하지 아니하고는 본인의 의사에 반하여 휴직 또는 면직등 불리한 처분을 받지 아니한다. 다만, 학급·학과의 개폐에 의하여 폐직이나 과원이 된 때 또는 조건부로 임명된 자에 대하여는 그러하지 아니한다. ②사립학교 교원은 권고에 의하여 사직을 당하지 아니한다.

위 내용이 포함된 제56조에 관한 회의록 내용은 아래와 같다.

- **전문위원 양삼승**[836]: 제56조제1항 중 "본인의 의사에 반하여 휴직 또는 면직 등 부당한 처분을 당하지 아니한다"라고 되어 있는 부분을 "본인의 의사에 반하여 휴직 또는 면직 등 불리한 처분을 받지 아니한다"로 수정하고,…이상입니다.

(3) 본회의 심의

법제사법위원회 수정안대로 가결되었다.[837]

(4) 결과

법제사법위원회 수정안으로 개정되었다.

2. 1990년 4월 7일 개정(법률 제4226호, 1990. 4. 7. 시행)

第56조(의사에 반한 휴직·면직등의 금지) ①사립학교 교원은 형의 선고·징계처분 또는 이 법에 정하는 사유에 의하지 아니하고는 본인의 의사에 반하여 휴직 또는 면직등 불리한 처분을 받지 아니한다. 다만, 학급·학과의 개폐에 의하여 폐직이나 과원이 **된 때에는** 그러하지 아니하다.
②사립학교교원은 권고에 의하여 사직을 당하지 아니한다.

---

836) 제10.5대 국회 제77회 제30차 법제사법위원회국가보위입법회의사무처, 법제사법위원회회의록, 1981. 2. 19., 4면.

837) 제10.5대 국회 제77회 제20차 국회본회의, 국가보위입법회의회의록, 1981. 2. 20., 7면.

(1) 법률안

〈1〉 정부안[838)]

현행법	원안
제56조(의사에 반한 휴직·면직등의 금지) ①사립학교 교원은 형의 선고·징계처분 또는 이 법에 정하는 사유에 의하지 아니하고는 본인의 의사에 반하여 휴직 또는 면직등 불리한 처분을 받지 아니한다. 다만, 학급·학과의 개폐에 의하여 폐직이나 과원이 된 때 또는 조건부로 임명된 자에 대하여는 그러하지 아니하다. ② (생 략)	**제56조(의사에 반한 휴직·면직등의 금지)** ①사립학교 교원은 형의 선고·징계처분 또는 이 법에 정하는 사유에 의하지 아니하고는 본인의 의사에 반하여 휴직 또는 면직등 불리한 처분을 받지 아니한다. 다만, 학급·학과의 개폐에 의하여 폐직이나 과원이 된 때에는 그러하지 아니하다. ② (현행과 같음)

• 제1항 단서에서 "조건부로 임명된 자"를 삭제하였다.

〈2〉 박석무 의원안[839)]

현행법	원안
제56조(의사에 반한 휴직·면직등의 금지) ①사립학교 교원은 형의 선고·징계처분 또는 이 법에 정하는 사유에 의하지 아니하고는 본인의 의사에 반하여 휴직 또는 면직등 불리한 처분을 받지 아니한다. 다만, 학급·학과의 개폐에 의하여 폐직이나 과원이 된 때 또는 조건부로 임명된 자에 대하여는 그러하지 아니하다. ② (생 략)	**제56조(의사에 반한 휴직·면직등의 금지)** ①사립학교 교원은 형의 선고·징계처분 또는 이 법에 정하는 사유에 의하지 아니하고는 본인의 의사에 반하여 휴직 또는 면직등 불리한 처분을 받지 아니한다. <단서 삭제> ② (현행과 같음)

• 제1항 단서를 삭제하였다.

〈3〉 강삼재 의원안[840)]

현행법	원안
제56조(의사에 반한 휴직·면직등의 금지) ①사립학교 교원은 형의 선고·징계처분 또는 이 법에	**제56조(의사에 반한 휴직·면직등의 금지)** ①사립학교 교원은 형의 선고·징계처분 또는 이 법에

838) 1988. 12. 2. 정부(의안번호: 130287); 제안이유 및 주요내용은 이 책 [4.206] 참조.
839) 1988. 12. 21. 박석무의원 등 70인(의안번호: 130378); 제안이유 및 주요내용은 이 책 [4.206] 참조.
840) 1989. 2. 28. 강삼재의원 등 57인(의안번호: 130463); 제안이유 및 주요내용은 이 책 [4.206] 참조.

정하는 사유에 의하지 아니하고는 본인의 의사에 반하여 휴직 또는 면직등 불리한 처분을 받지 아니한다. 다만, 학급·학과의 개폐에 의하여 폐직이나 과원이 된 때 또는 조건부로 임명된 자에 대하여는 그러하지 아니하다.	정하는 사유에 의하지 아니하고는 본인의 의사에 반하여 휴직 또는 면직등 불리한 처분을 받지 아니한다. <단서 삭제>
② (생 략)	② (현행과 같음)

• 제1항 단서를 삭제하였다.

(2) 위원회 심사

〈1〉 **문교공보위원회:** 대안[841]으로 가결되었다.[842] 원안[843]과 대안의 내용을 비교하면 아래와 같다.

문교공보위원회 대안
제56조(의사에 반한 휴직·면직등의 금지) ①사립학교 교원은 형의 선고·징계처분 또는 이 법에 정하는 사유에 의하지 아니하고는 본인의 의사에 반하여 휴직 또는 면직등 불리한 처분을 받지 아니한다. 다만, 학급·학과의 개폐에 의하여 폐직이나 과원이 된 때에는 그러하지 아니하다.

〈2〉 **법제사법위원회:** 문교공보위원회 대안대로 가결되었다.[844]

(3) 본회의 심의

문교공보위원회 대안대로 가결되었다.[845]

(4) 결과

문교공보위원회 대안으로 개정되었다.

3

3. 2020년 12월 22일 개정(법률 제17659호, 2020. 12. 22. 시행)

제56조(의사에 반한 휴직·면직 등의 금지) ①_사립학교 교원은 형(刑)의 선고, 징계

841) 1990. 3. 15. 문교공보위원장(의안번호: 130833).
842) 제148회 국회(임시회) 제6차 전체회의, 문교공보위원회회의록, 1990. 3. 14., 8면.
843) 1988. 12. 2. 정부(의안번호: 130287), 1988. 12. 21. 박석무의원 등 70인(의안번호: 130378), 1989. 2. 28. 강삼재의원 등 57인(의안번호: 130463).
844) 제148회 국회(임시회) 제6차 전체회의, 법제사법위원회회의록, 1990. 3. 14., 26면.
845) 제148회 국회(임시회) 제9차 본회의, 국회본회의회의록, 1990. 3. 16., 15~16면.

처분 또는 이 법에서 정하는 사유에 의하지 아니하고는 본인의 의사에 반하여 휴직**이나** 면직 등 불리한 처분을 받지 아니한다. 다만, 학급**이나** 학과의 **개편 또는 폐지로 인하여 직책이 없어지거나 정원이 초과된 경우에는** 그러하지 아니하다.
②_사립학교 교원은 권고에 의하여 사직을 당하지 아니한다.

- 법문을 한글화하고 간결하게 하였다(오직 형식에 관한 개정이므로 자세한 개정경과는 생략함[846]).

56.300

III. 현행법

제56조(의사에 반한 휴직·면직 등의 금지) ① 사립학교 교원은 형(刑)의 선고, 징계 처분 또는 이 법에서 정하는 사유에 의하지 아니하고는 본인의 의사에 반하여 휴직이나 면직 등 불리한 처분을 받지 아니한다. 다만, 학급이나 학과의 개편 또는 폐지로 인하여 직책이 없어지거나 정원이 초과된 경우에는 그러하지 아니하다.
② 사립학교 교원은 권고에 의하여 사직을 당하지 아니한다.

56.400

IV. 종합/특기사항

- 제56조는 사립학교 교원의 신분보장을 강화한 것이다.
- 1981년 개정으로 권고사직 금지 규정이 신설된 것, 1990년 개정으로 조건부로 임용된 교원도 보장범위에 포함시킨 것 외에는 특기할 만한 개정이 없다.

제57조(당연퇴직의 사유)

57.100

I. 제정법

제57조(당연퇴직의 사유) 사립학교의 교원이 교육법 제77조제1호 또는 제2호에 해

846) 이에 관한 구체적 개정경과는 이 책 [1.201] 참조.

당하게 된 때에는 당연 퇴직된다.

『새교육』은 이 조문의 제정이유를 소개하지 않았다.[847)]

II. 개정 경과

1 1. 1997년 12월 13일 개정(법률 제5438호, 1998. 3. 1. 시행)

제57조(당연퇴직의 사유) 사립학교의 교원이 국가공무원법 제33조제1항 각호의 1에 해당하게 된 때에는 당연 퇴직된다.

- 「교육법」(1997. 12. 13. 개정, 1998. 3. 1. 시행)이 폐지됨에 따라 "교육법 제77조제1호 또는 제2호"를 "국가공무원법 제33조제1항 각호의 1"로 하였다.

2 2. 2008년 3월 14일 개정(법률 제8888호, 2008. 3. 14. 시행)

제57조(당연퇴직의 사유) 사립학교의 교원이 「국가공무원법」 제33조제1항 각호의 1에 해당하게 된 때에는 당연 퇴직된다.

- 법령 표기에 있어서 "「 」" 표시를 하기로 함[848)]에 따른 개정이다(오직 형식에 관한 개정이므로 자세한 개정경과는 생략함[849)]).

3 3. 2012년 1월 26일 개정(법률 제11216호, 2012. 1. 26. 시행)

제57조(당연퇴직의 사유) 사립학교의 교원이 「교육공무원법」 제10조의4 각 호의 어느 하나에 해당하게 된 때에는 당연 퇴직된다. 다만, 「국가공무원법」 제33조제5호는 「형법」 제129조부터 제132조까지 및 직무와 관련하여 「형법」 제355조 및 제356조에 규정된 죄를 범한 사람으로서 금고 이상의 형의 선고유예를 받은 경

847) 金康鉉, 앞의 글 "私立學校法(完)", 47면.
848) 「법률용어의 표준화 기준」(국회사무처 예규 제22호, 2007. 4. 16. 시행).
849) 이에 관한 구체적 개정경과는 이 책 [2.203] 참조.

우만 해당한다.

(1) 법률안

〈1〉 **강창일 의원안**[850]: 이 조문을 포함한 개정 대상 조문의 제안이유 및 주요내용은 아래와 같다.

- 제안이유

  현재 국가공무원인 교원은 「국가공무원법」에 따른 결격사유에 해당할 때에는 당연 퇴직 하도록 하고 있지만, 단서 규정에 따라 금고 이상의 형의 선고유예를 받은 경우에는 그 범죄의 종류와 범위를 한정하여 당연퇴직 하도록 하고 있음.

  그러나 사립학교 교원의 경우에는 그 범죄의 종류와 범위에 상관없이 금고 이상의 형의 선고유예를 받은 경우에 당연퇴직 하도록 하고 있는데, 사립학교 교원이 같은 교원임에도 불구하고 공무원인 교원보다 더 엄격한 법 적용을 받아야 하는 합리적인 사유가 없으므로 이를 개정하려는 것임.

- 주요내용

  금고 이상의 형의 선고유예를 받은 경우 중에서 「형법」 제129조부터 제132조까지 및 직무와 관련하여 「형법」 제355조 및 제356조에 규정된 죄를 범한 자로서 금고 이상의 형의 선고유예를 받은 경우만 당연퇴직 사유로 함(안 제57조 단서 신설).

이 조문의 현행법과 개정 원안은 아래와 같다.

현행법	원안
제57조(당연퇴직의 사유) 사립학교의 교원이 「국가공무원법」 제33조제1항 각호의 1에 해당하게 된 때에는 당연 퇴직된다.	**제57조(당연퇴직의 사유)** 사립학교의 교원이 「국가공무원법」 제33조 각 호의 어느 하나에 해당하게 된 때에는 당연 퇴직된다. 다만, 같은 조 제5호는 「형법」 제129조부터 제132조 까지 및 직무와 관련하여 「형법」 제355조 및 제356조에 규정된 죄를 범한 자로서 금고 이상의 형의 선고유예를 받은 경우만 해당한다.

850) 2010. 11. 16. 강창일의원 등 13인(의안번호: 1809913).

〈2〉 주광덕 의원안[851)]

현행법	원안
제57조(당연퇴직의 사유) 사립학교의 교원이 「국가공무원법」 제33조제1항 각호의 1에 해당하게 된 때에는 당연 퇴직된다.	**제57조(당연퇴직의 사유)** 사립학교의 교원이 「교육공무원법」 제10조의4에 해당하게 된 때에는 당연 퇴직된다.

(2) 위원회 심사

〈1〉 **교육과학기술위원회:** 대안[852)]으로 가결되었다.[853)]

대안
제57조(당연퇴직의 사유) 사립학교의 교원이 「교육공무원법」 제10조의4 각 호의 어느 하나에 해당하게 된 때에는 당연 퇴직된다. 다만, 「국가공무원법」 제33조제5호는 「형법」 제129조부터 제132조까지 및 직무와 관련하여 「형법」 제355조 및 제356조에 규정된 죄를 범한 사람으로서 금고 이상의 형의 선고유예를 받은 경우만 해당한다.

위 내용이 포함된 제57조에 관한 회의록 내용은 아래와 같다.

가. 제18대 국회 제303회 제1차 교육과학기술위원회 법안심사소위원회(2011. 11. 2.)

- **수석전문위원 노재석**[854)]: 강창일 의원님이 제출한 내용은 사립학교 교원의 당연 퇴직 사유를 국가공무원과 동일한 체제로 하려는 내용입니다.

  현재 당연면직 사유에 국가공무원은…같은 조 제5호 형법 129조와 132조, 이 내용은 뇌물죄입니다. 형법 355조 및 356조는 직무와 관련된 횡령죄 되겠습니다. 이 조항에 대해서도 무조건 면직 사유로 규정했습니다. 그런데 국가공무원법에서는 이 조항에 대해서는 금고 이상의 형의 선고유예를 받은 경우만 당연면직 사유로 정했습니다. 그래서 국가공무원법과 함께 형평성을 맞추기 위한 개정안이 되겠습니다.

나. 제18대 국회 제304회 제2차 교육과학기술위원회(2011. 12. 28.)

- **소위원장 서상기**[855)]: 사립학교 교원의 당연퇴직과 직권면직 사유, 비위사실의 통보제도 및 미성년자 성범죄자의 임용 제한 등에 대하여 국·공립학교 교원과 형

851) 2011. 10. 6. 주광덕의원 등 10인(의안번호: 1813356); 제안이유 및 주요내용은 이 책 [54-3.212] 참조.
852) 2011. 12. 30. 교육과학기술위원장(의안번호: 1814406).
853) 제304회 국회(임시회) 제2차 전체회의, 교육과학기술위원회회의록, 2011. 12. 28., 16면.
854) 제303회 국회(정기회) 제1차 법안심사소위, 교육과학기술위원회회의록, 2011. 11. 2., 16면.
855) 제304회 국회(임시회) 제2차 전체회의, 교육과학기술위원회회의록, 2011. 12. 28., 13면.

평을 맞추도록 하였습니다…

- **위원장 변재일**[856]: 의사일정 제47항부터 제52항까지는 소위원회에서 심사보고한 대로 본회의에 부의하지 아니하고 이 6건을 통합 조정한 의사일정 제53항 사립학교법 일부개정법률안(대안)을 우리 위원회안으로 채택하고자 하는데 이의 없으십니까? (없습니다 하는 위원 있음) 가결되었음을 선포합니다.

〈2〉 **법제사법위원회:** 교육과학기술위원회 대안대로 가결되었다.[857]

(3) 본회의 심의

교육과학기술위원회 대안대로 가결되었다.[858]

(4) 결과

교육과학기술위원회 대안으로 개정되었다.

57.204

4. 2015년 3월 27일 개정(법률 제13224호, 2015. 3. 27. 시행)

第57조(당연퇴직의 사유) 사립학교의 교원이 「교육공무원법」 제10조의4 각 호의 어느 하나에 해당하게 된 때에는 당연 퇴직된다. 다만, 「국가공무원법」 제33조제5호는 「형법」 제129조부터 제132조까지 및 직무와 관련하여 「형법」 제355조 및 제356조에 규정된 죄를 범한 사람으로서 금고 이상의 형의 선고유예를 받은 경우만 해당**하고, 「국가공무원법」 제33조제6호의2를 적용할 때 "공무원"은 "교원"으로 본다.**

(1) 법률안

〈1〉 박홍근 의원안[859]

현행법	원안
第57조(당연퇴직의 사유) 사립학교의 교원이 「교	**第57조(당연퇴직의 사유)** 사립학교의 교원이 다

856) 제304회 국회(임시회) 제2차 전체회의, 교육과학기술위원회회의록, 2011. 12. 28., 16면.
857) 제304회 국회(임시회) 제2차 전체회의, 법제사법위원회회의록, 2011. 12. 29., 23~24면.
858) 제304회 국회(임시회) 제3차 본회의, 국회본회의회의록, 2011. 12. 30., 23~24면.
859) 2014. 3. 14. 박홍근의원 등 10인(의안번호: 1909742); 제안이유 및 주요내용은 이 책 [29.212] 참조.

육공무원법」 제10조의4 각 호의 어느 하나에 해당하게 된 때에는 당연 퇴직된다. 다만, 「국가공무원법」 제33조제5호는 「형법」 제129조부터 제132조까지 및 직무와 관련하여 「형법」 제355조 및 제356조에 규정된 죄를 범한 사람으로서 금고 이상의 형의 선고유예를 받은 경우만 해당한다.	음 각 호의 어느 하나에 해당하게 된 때에는 당연 퇴직한다. <단서 삭제>
<신 설>	1. 「국가공무원법」 제33조 각 호의 어느 하나에 해당하는 사람. 다만, 「국가공무원법」 제33조제5호는 「형법」 제129조부터 제132조까지 및 직무와 관련하여 「형법」 제355조 및 제356조에 따른 죄를 범한 사람으로서 금고 이상의 형의 선고유예를 받은 경우만 해당하고, 「국가공무원법」 제33조제6의2호의 재직기간에는 사립학교 교원으로 재직하는 기간을 포함한다.
<신 설>	2. 미성년자에 대한 「성폭력범죄의 처벌 등에 관한 특례법」 제2조에 따른 성폭력범죄 행위로 파면·해임되거나 100만원 이상의 벌금형이나 그 이상의 형을 선고받아 그 형이 확정된 사람(집행유예를 선고받은 후 그 집행유예 기간이 경과한 사람을 포함한다)

〈2〉 **부좌현 의원안**[860]**:** 이 조문을 포함한 개정 대상 조문의 제안이유 및 주요내용은 아래와 같다.

- 제안이유 및 주요내용

  현행법은 교원의 당연퇴직사유로 「국가공무원법」 제33조제6호의2를 규정하고 있는데 「국가공무원법」 제33조제6호의2는 같은 조에서 규정된 다른 결격사유와는 달리 공무원으로서의 신분을 가지고 있는 자 또는 그 신분을 가지고 있었던 자에 대해서만 제한적으로 적용하려는 것인데 이를 공무원이 아닌 사립학교 교원에게까지 확대하여 적용하는 것은 타당하지 않다는 지적이 제기되어 왔음.

  따라서 현행법상 사립학교 교원의 당연퇴직사유에서 「국가공무원법」 제33조

860) 2014. 5. 20. 부좌현의원 등 10인(의안번호: 1910684).

제6호의2에 해당하는 경우는 제외하되 다만, 국공립학교 교원과의 형평성을 고려하여 사립학교 교원으로 재직한 기간 중 직무와 관련하여 일정한 죄를 범하고 일정형 이상을 선고받은 경우를 추가하여 이를 합리적으로 개선하고 다른 법령을 원용하고 있는 해당 조항을 이해하기 쉽고 편리하게 정비하고자 함(안 제57조).

이 조문의 현행법과 개정 원안은 아래와 같다.

현행법	원안
제57조(당연퇴직의 사유) 사립학교의 교원이 「교육공무원법」 제10조의4 각 호의 어느 하나에 해당하게 된 때에는 당연 퇴직된다. 다만, 「국가공무원법」 제33조제5호는 「형법」 제129조부터 제132조까지 및 직무와 관련하여 「형법」 제355조 및 제356조에 규정된 죄를 범한 사람으로서 금고 이상의 형의 선고유예를 받은 경우만 해당한다.	**제57조(당연퇴직의 사유)** 사립학교의 교원이 다음 각 호의 어느 하나에 해당하게 된 때에는 당연 퇴직한다.
<신 설>	1. 피성년후견인 또는 피한정후견인
<신 설>	2. 파산선고를 받은 경우
<신 설>	3. 금고 이상의 실형을 선고 받고 확정된 경우
<신 설>	4. 「형법」 제355조 및 제356조에 규정된 죄를 범한 사람으로서 금고 이상의 형의 선고유예를 받은 경우
<신 설>	5. 법원의 판결이나 또는 다른 법률에 따라 자격이 상실되거나 정지된 자
<신 설>	6. 사립학교 교원으로 재직기간 중 직무와 관련하여 「형법」 제355조 및 제356조에 규정된 죄를 범한 자로서 300만원 이상의 벌금형을 선고받고 그 형이 확정된 자
<신 설>	7. 미성년자에 대한 「성폭력범죄의 처벌 등에 관한 특례법」 제2조에 따른 성폭력범죄 행위로 100만원 이상의 벌금이나 그 이상의 형을 선고받아 그 형이 확정된 사람

• 사립학교 교원의 당연퇴직 사유에서 「국가공무원법」 제33조제6호의2에 해당하는 경우는 제외하되 다만, 국공립학교 교원과의 형평성을 고려하여 사립학교 교원으로 재직한 기간 중 직무와 관련하여 일정한 죄를 범하고 일정형 이상을 선고받은

경우를 추가하고 원용하는 법률 조항을 편리하게 정비하였다.

(2) 위원회 심사

〈1〉 **교육문화체육관광위원회:** 대안[861)]으로 가결되었다.[862)]

대안
제57조(당연퇴직의 사유) 사립학교의 교원이 「교육공무원법」 제10조의4 각 호의 어느 하나에 해당하게 된 때에는 당연 퇴직된다. 다만, 「국가공무원법」 제33조제5호는 「형법」 제129조부터 제132조까지 및 직무와 관련하여 「형법」 제355조 및 제356조에 규정된 죄를 범한 사람으로서 금고 이상의 형의 선고유예를 받은 경우만 해당하고, 「국가공무원법」 제33조제6호의2를 적용할 때 "공무원"은 "교원"으로 본다.

제57조에 관한 회의록 내용은 아래와 같다.

- **소위원장 신성범**[863)]: 공무원에 대해서만 제한적으로 적용되는 국가공무원법 제33조제6호의2를 공무원이 아닌 사립학교 교원의 당연퇴직 사유로 명확히 적용될 수 있도록 관련 조문을 보완했…습니다…
- **위원장 설훈**[864)]: 의사일정 제4항부터 제8항까지 정부가 제출하고 정희수 의원, 김태원 의원, 박홍근 의원, 부좌현 의원이 각각 대표발의한 5건의 사립학교법 일부개정법률안은 소위원회에서 심사보고한 바와 같이 본회의에 각각 부의하지 아니하고, 이를 통합조정한 의사일정 제9항 사립학교법 일부개정법률안(대안)을 제안하려고 합니다. 이의 없으십니까? (없습니다 하는 위원 있음) 가결되었음을 선포합니다.

〈2〉 **법제사법위원회:** 교육문화체육관광위원회 대안을 수정·가결했다.[865)] 수정내용은 아래와 같다.

현행법	원안
제57조(당연퇴직의 사유) -------- "공무원"은 "교원"------.	**제57조(당연퇴직의 사유)** -------- "공무원"은 "교원"------.

861) 2015. 3. 3. 교육문화체육관광위원장(의안번호: 1914127).
862) 제331회 국회(임시회) 제3차 전체회의, 교육문화체육관광위원회회의록, 2015. 2. 11., 14면.
863) 제331회 국회(임시회) 제3차 전체회의, 교육문화체육관광위원회회의록, 2015. 2. 11., 13면.
864) 제331회 국회(임시회) 제3차 전체회의, 교육문화체육관광위원회회의록, 2015. 2. 11., 14면.
865) 제331회 국회(임시회) 제5차 전체회의, 법제사법위원회회의록, 2015. 3. 2., 56면.

(3) 본회의 심의

법제사법위원회 수정안대로 가결되었다.[866]

(4) 결과

법제사법위원회 수정안으로 개정되었다.

57.205 **5. 2020년 12월 22일 개정(법률 제17659호, 2020. 12. 22. 시행)**

제57조(당연퇴직의 사유) 사립학교 교원이 「교육공무원법」 제10조의4 각 호의 어느 하나에 해당하게 **되면** 당연히 퇴직한다. 다만, 「국가공무원법」 제33조제5호는 「형법」 제129조부터 제132조까지 및 직무와 관련하여 **같은 법** 제355조 및 제356조에 규정된 죄를 범한 사람으로서 금고 이상의 형의 선고유예를 받은 경우만 해당하며, 「국가공무원법」 제33조제6호의2를 적용할 때 "공무원"은 "교원"으로 본다.

- 법문을 한글화하고 간결하게 하였다(오직 형식에 관한 개정이므로 자세한 개정경과는 생략함[867]).

57.206 **6. 2022년 12월 13일 개정(법률 제19066호, 2022. 12. 13. 시행)**

제57조(당연퇴직의 사유) ① 사립학교 교원이 「교육공무원법」 제10조의4 각 호의 어느 하나에 해당하게 되면 당연히 퇴직한다. 다만, 「국가공무원법」 제33조제5호는 「형법」 제129조부터 제132조까지 및 직무와 관련하여 같은 법 제355조 및 제356조에 규정된 죄를 범한 사람으로서 금고 이상의 형의 선고유예를 받은 경우만 해당하며, 「국가공무원법」 제33조제6호의2를 적용할 때 "공무원"은 "교원"으로 본다.

② 사립학교 교원 중 대학(「고등교육법」 제2조 각 호의 학교를 말한다)의 교수, 부교수 및 조교수가 교원으로 재직기간 중 직무와 관련하여 「형법」 제347조 또는 제351조(제347조의 상습범에 한정한다)에 규정된 죄를 저질러 300만원 이상의 벌금형을 선고받고 그 형이 확정된 경우에는 당연히 퇴직한다.

866) 제331회 국회(임시회) 제8차 본회의, 국회본회의회의록, 2015. 3. 3., 30면.
867) 이에 관한 구체적 개정경과는 이 책 [1.201] 참조.

(1) 법률안(서동용 의원안[868])

이 조문을 포함한 개정 대상 조문의 제안이유 및 주요내용은 아래와 같다.

• 제안이유 및 주요내용

현행법에 따르면 사립학교 교원은 「교육공무원법」 제10조의4에 따른 결격사유에 해당하게 되면 당연히 퇴직하도록 규정하고 있음. 이에 따라 재직기간 중 직무와 관련하여 형법상 횡령·배임 및 업무상의 횡령과 배임의 죄를 범한 자로서 300만원 이상의 벌금형을 선고받고 형이 확정되면 당연퇴직하게 됨.

대학 내에서 교수들의 연구비 관련 비리 사건이 자주 발생하고 있지만 법원의 판결은 해당 교수에게 대부분 횡령 또는 업무상의 횡령이 아닌 형법상 사기죄가 적용되고 있으며, 사기죄를 범하여 벌금형을 선고받더라도 당연퇴직 사유에 해당되지 않아 교수의 직위를 그대로 유지하는 경우가 있음.

이에 사립학교 교원 중 대학의 교수, 부교수 및 조교수의 경우 교원으로 재직기간 중 직무와 관련하여 「형법」 제347조(사기) 또는 제351조(제347조의 상습범에 한함)의 죄를 범한 사람으로서 300만원 이상의 벌금형을 선고받고 그 형이 확정된 경우에는 당연히 퇴직하도록 규정하려는 것임(안 제57조제2항 신설).

이 조문의 현행법과 개정 원안은 아래와 같다.

현행법	원안
제57조(당연퇴직의 사유) (생 략) <신 설>	**제57조(당연퇴직의 사유)** ① (현행 제목 외의 부분과 같음) ② 사립학교 교원 중 대학(「고등교육법」 제2조 각 호의 학교를 말한다)의 교수, 부교수 및 조교수는 교원으로 재직기간 중 직무와 관련하여 「형법」 제347조 또는 제351조(제347조의 상습범에 한정한다)의 죄를 범한 사람으로서 300만원 이상의 벌금형을 선고받고 그 형이 확정된 경우에는 당연히 퇴직한다.

(2) 위원회 심사

〈1〉 **교육위원회:** 원안대로 가결되었다.[869] 제57조에 관한 회의록 내용은 아래와

868) 2021. 11. 25. 서동용의원 등 11인(의안번호: 2113522).
869) 제400회 국회(정기회) 제6차 전체회의, 교육위원회회의록, 2022. 11. 11., 10면.

같다.

가. 제21대 국회 제400회 제2차 교육위원회 법안심사소위원회(2022. 11. 9.)

- **수석전문위원 채수근**[870]: 제6항 보고드리겠습니다. 심사자료 2쪽입니다. 개정안은 사립 대학교육기관의 교수, 부교수, 조교수가 교원으로 재직 중 직무와 관련한 사기죄 또는 사기죄 상습범의 죄로 300만 원 이상의 벌금을 확정받은 경우에 당연퇴직하도록 하는 내용입니다. 동 내용에 대해서는 특별한 이견이 없는 것으로 돼 있습니다.

  다음 4쪽입니다. 공포 6개월 후 경과부터 시행을 하도록 하고요. 그다음에 개정규정은 이 법 시행 이후 개정규정에 따라서 당연퇴직 사유가 해당이 되는 경우부터 적용하도록 그렇게 규정하고 있습니다. 이상 보고를 마치겠습니다.
- **소위원장 김영호**[871]: 정부 측 의견 말씀해 주세요.
- **교육부차관 장상윤**[872]: 저희는 이견 없고요. 교육공무원법이 이미 개정이 돼서 시행이 되고 있기 때문에 사립학교 교원에 대해서도 같은 기준이 적용돼야 한다고 봅니다.
- **소위원장 김영호**[873]: 위원님들 토론해 주시기 바랍니다. 서동용 위원님 법안이지요?
- **서동용 위원**[874]: 예.
- **소위원장 김영호**[875]: 그러면 위원님 하실 말씀…
- **서동용 위원**[876]: 이미 교육공무원법이 개정이 돼서 시행 중에 있고요. 그러니까 주로 그 문제였습니다. 대학원생들의 연구비 같은 것을 교수들이 많이 그걸 하는데 종래 법에는 횡령죄로 일정 벌금 이상을 받은 경우에만 당연퇴직이 돼 있어서, 그런데 실제로 수사기관은 이걸 형량으로 의율하지 않고 사기로 의율하는 경우가 많거든요. 그래서 거기까지 폭넓게 적용 대상을 넓히기 위해서 개정안을 낸 겁니다.
- **소위원장 김영호**[877]: 정부 측도 이견이 없으시다니까…
- **교육부차관 장상윤**[878]: 예.

---

870) 제400회 국회(정기회) 제2차 법안심사소위, 교육위원회회의록, 2022. 11. 9., 22면.
871) 제400회 국회(정기회) 제2차 법안심사소위, 교육위원회회의록, 2022. 11. 9., 22면.
872) 제400회 국회(정기회) 제2차 법안심사소위, 교육위원회회의록, 2022. 11. 9., 22면.
873) 제400회 국회(정기회) 제2차 법안심사소위, 교육위원회회의록, 2022. 11. 9., 22면.
874) 제400회 국회(정기회) 제2차 법안심사소위, 교육위원회회의록, 2022. 11. 9., 22면.
875) 제400회 국회(정기회) 제2차 법안심사소위, 교육위원회회의록, 2022. 11. 9., 22면.
876) 제400회 국회(정기회) 제2차 법안심사소위, 교육위원회회의록, 2022. 11. 9., 22면.
877) 제400회 국회(정기회) 제2차 법안심사소위, 교육위원회회의록, 2022. 11. 9., 22면.

- **정경희 위원**[879]: 저도 이견 없습니다.
- **소위원장 김영호**[880]: 그러면 간만에 합의가 된 것 같습니다…
- **소위원장 김영호**[881]: 그러시면 제4항, 제5항은 계속심사하고요. 의사일정 제6항 만 원안대로 의결하겠습니다. 그렇게 할까요? (예 하는 위원 있음) 그렇게 하겠습니다. 의사일정 제6항은 원안대로 의결하고자 하는데 이의 없으십니까? (예 하는 위원 있음) 없으면 가결되었음을 선포합니다.

나. 제21대국회 제400회 제6차 교육위원회(2022. 11. 11.)

- **소위원장 김영호**[882]: 먼저 서동용 의원이 대표발의한 사립학교법 일부개정법률안은 사립학교 교원 중 대학의 교수, 부교수 및 조교수의 경우 교원으로 재직 중 직무와 관련하여 사기죄로 300만 원 이상의 벌금형을 선고받고 그 형이 확정된 경우 당연히 퇴직하도록 하는 법안으로 원안대로 의결하였습니다…
- **위원장 유기홍**[883]: 그러면 의사일정 제1항 서동용 의원이 대표발의한 사립학교법 일부개정법률안은 원안대로 의결하고자 하는데 이의 없으십니까? (예 하는 위원 있음) 가결되었음을 선포합니다.

〈2〉 **법제사법위원회:** 원안을 수정·가결했다.[884] 수정내용은 아래와 같다.

법제사법위원회 수정안
제57조(당연퇴직의 사유) ① ② 사립학교 교원 중 대학(「고등교육법」 제2조 각 호의 학교를 말한다)의 교수, 부교수 및 조교수가 교원으로 재직기간 중 직무와 관련하여 「형법」 제347조 또는 제351조(제347조의 상습범에 한정한다)에 규정된 죄를 저질러 300만원 이상의 벌금형을 선고받고 그 형이 확정된 경우에는 당연히 퇴직한다.

제57조에 관한 회의록 내용은 아래와 같다.

- **전문위원 심정희**[885]: 의사일정 제24항 사립학교법 일부개정법률안은 교육공무원법과 같이 사립학교 교수·부교수·조교수가 재직 중 직무와 관련해 사기죄 또

878) 제400회 국회(정기회) 제2차 법안심사소위, 교육위원회회의록, 2022. 11. 9., 22면.
879) 제400회 국회(정기회) 제2차 법안심사소위, 교육위원회회의록, 2022. 11. 9., 22면.
880) 제400회 국회(정기회) 제2차 법안심사소위, 교육위원회회의록, 2022. 11. 9., 22면.
881) 제400회 국회(정기회) 제2차 법안심사소위, 교육위원회회의록, 2022. 11. 9., 23면.
882) 제400회 국회(정기회) 제6차 전체회의, 교육위원회회의록, 2022. 11. 11., 10면.
883) 제400회 국회(정기회) 제6차 전체회의, 교육위원회회의록, 2022. 11. 11., 10면.
884) 제400회 국회(정기회) 제7차 전체회의, 법제사법위원회회의록, 2022. 11. 23., 7면.
885) 제400회 국회(정기회) 제7차 전체회의, 법제사법위원회회의록, 2022. 11. 23., 6~7면.

는 상습사기죄를 저질러 300만 원 이상의 벌금형이 확정된 경우 당연퇴직하게 하는 내용으로 부칙에서 이 법 시행 후 당연퇴직 사유에 해당하는 경우부터 적용한다는 적용례 조항을 두고 있습니다. 그런데 적용례를 문리적으로 해석하면 이 법 시행 후 300만 원 이상의 벌금형이 확정되는 경우부터 개정안을 적용하게 되어서 이미 수사·재판 중인 사건의 경우에 벌금형의 확정 시점에 따라 개정안의 적용 여부가 달라지는 불합리한 차별이 발생할 수 있고, 사기죄의 기수 당시에는 예측할 수 없었던 법령을 소급하여 적용하는 결과를 초래할 수도 있습니다. 그래서 법 적용 대상자의 예측 가능성 확보와 합리적인 법 적용을 위해 교육공무원법 개정 시에 부칙 입법례와 같이 이 법 시행 후 발생하는 범죄행위부터 적용하도록 부칙안을 수정하였고 그 외 경미한 자구 수정을 하였습니다…

- **위원장 김도읍**[886]: 대체토론하실 위원님 계십니까? 토론하실 위원님 안 계시면 의결하도록 하겠습니다. 의사일정 제24항 법률안은 전문위원이 수정한 부분은 수정한 대로, 기타 부분은 원안대로 의결하고자 하는데 이의 있으십니까? (없습니다 하는 위원 있음) 가결되었음을 선포합니다.

(3) 본회의 심의

법제사법위원회 수정안대로 가결되었다.[887]

(4) 결과

법제사법위원회 수정안으로 개정되었다.

57.300

III. 현행법

제57조(당연퇴직의 사유) ① 사립학교 교원이 「교육공무원법」 제10조의4 각 호의 어느 하나에 해당하게 되면 당연히 퇴직한다. 다만, 「국가공무원법」 제33조제5호는 「형법」 제129조부터 제132조까지 및 직무와 관련하여 같은 법 제355조 및 제356조에 규정된 죄를 범한 사람으로서 금고 이상의 형의 선고유예를 받은 경우만 해당하며, 「국가공무원법」 제33조제6호의2를 적용할 때 "공무원"은 "교원"

886) 제400회 국회(정기회) 제7차 전체회의, 법제사법위원회회의록, 2022. 11. 23., 7면.
887) 제400회 국회(정기회) 제13차 본회의, 국회본회의회의록, 2022. 11. 24., 7면.

으로 본다.
② 사립학교 교원 중 대학(「고등교육법」 제2조 각 호의 학교를 말한다)의 교수, 부교수 및 조교수가 교원으로 재직기간 중 직무와 관련하여 「형법」 제347조 또는 제351조(제347조의 상습범에 한정한다)에 규정된 죄를 저질러 300만원 이상의 벌금형을 선고받고 그 형이 확정된 경우에는 당연히 퇴직한다.

IV. 종합/특기사항

- 제57조에 대한 주요 변화는 2012년, 2022년 개정이다. 2012년 개정은 상대적으로 엄격했던 사립학교 교원의 당연퇴직 사유를 국공립학교 교원와 균형을 맞췄으며, 2022년 개정은 대학 교수들의 연구비 관련 비리 사건에 적용되는 사기죄도 당연퇴직 사유에 포함시켰다.
- 2008년 헌법재판소는 사립학교 교원이 파산선고를 받으면 당연퇴직되도록 정하고 있는 사립학교법(1997. 12. 13. 법률 제5438호로 개정된 것) 제57조 중 국가공무원법 제33조제1항제2호 부분이 ①사립학교 교원의 직업선택의 자유를 침해하는지 여부 및 ②대학의 자율성을 침해하는지 여부에 대하여 아래와 같이 합헌 취지로 판단하였다.[888)]

① 파산선고를 받은 사립학교 교원에 대하여 당연퇴직이라는 신분상 불이익을 가하는 이 사건 법률조항은 교원의 사회적 책임 및 교직에 대한 국민의 신뢰를 제고하고, 교원으로서의 성실하고 공정한 직무수행을 담보하기 위한 법적 조치로서 그 입법목적의 정당성이 인정되고, 파산선고를 받은 교원을 교직에서 배제하도록 한 것은 위와 같은 입법목적을 달성하기 위한 효과적이고 적절한 수단이다. 파산선고를 받은 사립학교 교원이 교직을 계속 수행할 경우 공평무사하게 학생들을 교육하는 본업에 전념할 수 있을지에 관하여는 회의적일 뿐만 아니라 피교육자나 그 학부모 등 사회공동체의 구성원들이 당해 교원의 신뢰성에 근본적인 의문을 가지게 될 개연성이 대단히 높고, 위와 같은 입법목적을 효과적으로 달성할 수 있으면서도 제약이 덜한 대체적인 입법수단의 존재가 명백하지 아니하며, 파산선고에 따른 자격제한을 없앨 경우 파산신청의 남용이 우려되는 점, 파산선고를 받은 교원의 지위가 박탈된다고 하여도 그것이 교원의 사회적 책임과 교직에

888) 헌법재판소 2008. 11. 27. 선고 2005헌가21 결정.

대한 국민의 신뢰를 제고한다는 공익에 비해 더 비중이 크다고는 볼 수 없는 점 등을 종합하면, 이 사건 법률조항이 침해의 최소성이나 법익의 균형성을 위반하였다고 볼 수 없다. 따라서 이 사건 법률조항은 청구인의 직업선택의 자유를 침해하지 아니한다.

② 이 사건 법률조항은 국가가 헌법 제31조제6항에 따라 부여받은 교육제도 전반에 관한 형성권에 근거한 것으로, 합리적인 입법한계를 벗어나 대학의 자율성의 본질적인 부분을 침해하였다고 볼 수 없다.

재판관 이동흡, 재판관 송두환의 반대의견은 아래와 같다.

복잡다기한 현대의 경제생활에서 파산은 다양한 원인에 의하여 발생할 수 있고, 사립학교 교원이 파산선고를 받은 경우에도 그 원인 여하에 따라 국민의 교직에 대한 신뢰에 미치는 영향은 큰 차이가 있다고 보아야 할 것인바, 이 사건 법률조항은 덜 제약적인 대체적 입법수단을 강구하지 아니하고 파산선고를 받은 사립학교 교원을 일률적으로 교직에서 퇴출되도록 하고 있으므로, 최소침해성의 원칙에 위배된다. 또한 이 사건 법률조항은 면책 여부에 불구하고 파산선고를 받은 교원을 일률적으로 그의 경제적 갱생의 기초가 되는 교직으로부터 퇴출시키고 있는바 이는 개인파산제도의 취지와도 맞지 아니하고, 사립학교 교원의 임용결격사유와 당연퇴직사유를 동일하게 취급하는 것은 규정체계상으로도 공익과 사익 간에 적절한 균형이 이루어진 입법이라고 할 수 없다. 따라서 이 사건 법률조항은 청구인의 직업선택의 자유를 침해하는 것으로 헌법에 합치되지 아니한다.

- 2010년 헌법재판소는 사립학교 교원이 금고 이상의 형의 집행유예를 받은 경우 그 직에서 당연퇴직하는 것으로 규정한 사립학교법(2008. 3. 14. 법률 제8888호로 개정된 것) 제57조 중 국가공무원법 제33조제4호 부분이 헌법상 직업의 자유를 침해하는지 여부에 대하여 아래와 같이 합헌 취지로 판단하였다.[889)]

이 사건 법률조항은 금고 이상의 형의 집행유예를 받은 자를 사립학교 교직에서 당연퇴직시킴으로써 교원의 사회적 책임 및 교직에 대한 국민의 신뢰를 제고하고 교원으로서의 성실한 직무수행을 담보하기 위한 법적 조치로서 그 입법목적이 정당하고, 금고 이상의 형의 집행유예를 받은 자를 교직에서 배제하도록 한 것은 위와 같은 입법목적을 달성하기 위한 효과적이고 적절한 수단이 될 수 있다. 나아가 위와 같은 입법목적을 효과적으로 달성하기 위한 덜 제약적인 대체적 입법수단의

889) 헌법재판소 2010. 10. 28. 선고 2009헌마442 결정.

존재가 명백하지 아니하고, 비록 이 사건 법률조항으로 인하여 교원 지위가 박탈된다고 하여도 그것이 위와 같은 공익에 비해 더 비중이 크다고 단정하기 어렵다. 결국 금고 이상의 형에 대한 집행유예 판결에 내포된 사회적 비난가능성과 공교육을 담당하는 교원에게 요구되는 사회적 책임 및 교직 수행에 대한 신뢰의 수준 등을 종합적으로 고려할 때, 금고 이상의 형의 집행유예를 사립학교 교원의 당연퇴직 사유로 하고 있는 이 사건 법률조항이 헌법 제37조제2항에 위배하여 청구인의 직업선택의 자유를 침해한다고 볼 수는 없다.

- 2020년 헌법재판소는 사립학교 교원이 금고 이상의 형의 집행유예를 받은 경우 당연퇴직 되도록 정한 사립학교법(2015. 3. 27. 법률 제13224호로 개정된 것) 제57조 본문 중 교육공무원법 제10조의4제1호 가운데 국가공무원법 제33조제4호에 관한 부분이 사립학교 교원의 직업의 자유 등을 침해하는지 여부에 대하여 아래와 같이 합헌 취지로 판단하였다.[890]

헌법재판소는 2010. 10. 28. 2009헌마442 결정에서 심판대상조항과 실질적으로 내용이 동일한 사립학교법 제57조 중 국가공무원법 제33조제4호 부분에 대하여 사립학교 교원의 직업의 자유 등을 침해하지 않아 헌법에 위반되지 않는다고 결정하였고, 이 사건에서 위 결정과 달리 판단해야 할 사정의 변경이나 필요성이 인정된다고 볼 수 없으므로, 심판대상조항은 사립학교 교원인 청구인의 직업의 자유 등을 침해하지 않는다.

제58조(면직의 사유)

I. 제정법

제58조(면직의 사유) ①사립학교의 교원이 다음 각호의 1에 해당할 때에는 당해 학교법인 또는 사립학교경영자는 이를 면직시킬 수 있다.

1. 신체 또는 정신상의 장애로 직무를 감당하지 못할만한 지장이 있을 때
2. 근무성적이 극히 불량한 때

890) 헌법재판소 2020. 6. 25. 선고 2018헌바256 결정.

> 3. 정부를 파괴함을 목적으로 하는 단체에 가입하고 이를 방조한 때
> 4. 정치운동 또는 노동운동을 하거나 집단적으로 수업을 거부하거나 또는 어느 정당을 지지 또는 반대하기 위하여 학생을 지도·선동한 때
> 5. 인사기록에 있어서 부정한 채점 기재를 하거나 허위의 증명이나 진술을 한 때
>
> ②전항제2호 내지 제5호의 사유에 의하여 면직시키는 경우에는 제62조의 규정에 의한 교원징계위원회의 동의를 얻어야 한다.

『새교육』은 이 조문의 제정이유를 소개하지 않았다.[891]

II. 개정 경과

58.201 ### 1. 1977년 12월 31일 개정(법률 제3057호, 1977. 12. 31 시행)

> **제58조(면직의 사유)** ①사립학교의 교원이 다음 각호의 1에 해당할 때에는 당해 학교법인 또는 사립학교경영자는 이를 면직시킬 수 있다.
> 1. 신체 또는 정신상의 장애로 **1년이상** 직무를 감당하지 못할만한 지장이 있을 때
> 2. 근무성적이 극히 불량한 때
> 3. 정부를 파괴함을 목적으로 하는 단체에 가입하고 이를 방조한 때
> 4. 정치운동 또는 노동운동을 하거나 집단적으로 수업을 거부하거나 또는 어느 정당을 지지 또는 반대하기 위하여 학생을 지도·선동한 때
> 5. 인사기록에 있어서 부정한 채점 기재를 하거나 허위의 증명이나 진술을 한 때
>
> ②전항제2호 내지 제5호의 사유에 의하여 면직시키는 경우에는 제62조의 규정에 의한 교원징계위원회의 동의를 얻어야 한다.

(1) 법률안(정부안[892])

현행법	원안
제58조(면직의 사유) ①사립학교의 교원이 다음 각호의 1에 해당할 때에는 당해 학교법인 또는 사립학교경영자는 이를 면직시킬 수 있다. 1. 신체 또는 정신상의 장애로 직무를 감당하	**제58조(면직의 사유)** ①사립학교의 교원이 다음 각호의 1에 해당할 때에는 당해 학교법인 또는 사립학교경영자는 이를 면직시킬 수 있다. 1. 신체 또는 정신상의 장애로 1년이상 직무

891) 金康鉉, 앞의 글 "私立學校法(完)", 47면.

지 못할만한 지장이 있을 때 2. ~ 5. (생 략) ② (생 략)	를 감당하지 못할만한 지장이 있을 때 2. ~ 5. (현행과 같음) ② (현행과 같음)

• 신체 또는 정신상의 장애의 면직사유 조건을 완화하였다.

(2) 위원회 심사

〈1〉 **문교공보위원회:** 원안대로 가결되었다.[893)]

〈2〉 **법제사법위원회:** 원안대로 가결되었다.[894)]

(3) 본회의 심의

원안대로 가결되었다.[895)]

(4) 결과

원안으로 개정되었다.

2. 1981년 2월 28일 개정(법률 제3373호, 1981. 2. 28. 시행)

제58조(면직의 사유) ①사립학교의 교원이 다음 각호의 1에 해당할 때에는 당해 교원의 <u>임면권자는</u> 이를 면직시킬 수 있다.
1. 신체 또는 정신상의 장애로 1년이상 직무를 감당하지 못할만한 지장이 있을 때
2. 근무성적이 극히 불량한 때
3. 정부를 파괴함을 목적으로 하는 단체에 가입하고 이를 방조한 때
4. 정치운동 또는 노동운동을 하거나 집단적으로 수업을 거부하거나 또는 어느 정당을 지지 또는 반대하기 위하여 학생을 지도·선동한 때
5. 인사기록에 있어서 부정한 채점 기재를 하거나 허위의 증명이나 진술을 한 때

②<u>제1항</u>제2호 내지 제5호의 사유에 의하여 면직시키는 경우에는 제62조의 규정

892) 1977. 10. 24. 정부(의안번호: 090761), 제안이유 및 주요내용은 이 책 [3.203] 참조.
893) 제98회 국회(정기회) 제16차 전체회의, 문교공보위원회회의록, 1977. 12. 7., 2면.
894) 제98회 국회(정기회) 제25차 전체회의, 법제사법위원회회의록, 1977. 12. 13., 10면.
895) 제98회 국회(정기회) 제20차 본회의, 국회회의록, 1977. 12. 14., 7면.

에 의한 교원징계위원회의 동의를 얻어야 한다.

(1) 법률안(정부안[896])

현행법	원안
제58조(면직의 사유) ①사립학교의 교원이 다음 각호의 1에 해당할 때에는 당해 학교법인 또는 사립학교경영자는 이를 면직시킬 수 있다. 1. ~ 5. (생 략) ②전항제2호 내지 제5호의 사유에 의하여 면직시키는 경우에는 제62조의 규정에 의한 교원징계위원회의 동의를 얻어야 한다.	**제58조(면직의 사유)** ①사립학교의 교원이 다음 각호의 1에 해당할 때에는 당해 교원의 임명권자는 이를 면직시킬 수 있다. 1. ~ 5. (현행과 같음) ②제1항제2호 내지 제5호의 사유에 의하여 면직시키는 경우에는 제62조의 규정에 의한 교원징계위원회의 동의를 얻어야 한다.

• "학교법인 또는 사립학교경영자"를 "임명권자"로 하고, "전항"을 "제1항"으로 하였다.

(2) 위원회 심사

〈1〉 **문교공보위원회:** 원안대로 가결되었다.[897]

〈2〉 **법제사법위원회:** 원안을 수정·가결했다.[898] 수정내용은 아래와 같다.

법제사법위원회 수정안
제58조(면직의 사유) ①사립학교의 교원이 다음 각호의 1에 해당할 때에는 당해[899] 교원의 임면권자는 이를 면직시킬 수 있다. ②제1항제2호 내지 제5호의 사유에 의하여 면직시키는 경우에는 제62조의 규정에 의한 교원징계위원회의 동의를 얻어야 한다.

위 내용이 포함된 제58조에 관한 회의록 내용은 아래와 같다.

• **전문위원 양삼승[900]**: 제58조제1항…중 각 "임명권자"로 되어 있는 부분을 역시

896) 1981. 2. 13. 정부(의안번호: CC0145); 제안이유 및 주요내용은 이 책 [4.204] 참조.

897) 제10.5대 국회 제77회 제19차 문교공보위원회국가보위입법회의사무처, 문교공보위원회회의록 1981. 2. 19., 7면.

898) 제10.5대 국회 제77회 제19차 법제사법위원회 국가보위입법회의사무처, 법제사법위원회회의록, 1981. 2. 19., 5면.

899) 법제사법위원회 회의록에 따르면 "당해"라는 자구는 삭제되어야 하나, 법제사법위원회 수정안에는 반영되지 않았다(심사보고서, 문교공보위원회, 1981. 2. 19., 6면 참조).

용어의 통일을 위하여 「임면권자」로 수정하고,…제58조제1항…본문 중 "당해"라고 하는 자구를 각 삭제하…였습니다.

(3) 본회의 심의

법제사법위원회 수정안대로 가결되었다.[901)]

(4) 결과

법제사법위원회 수정안으로 개정되었다.

3. 2005년 12월 29일 개정(법률 제7802호, 2006. 7. 1. 시행)

제58조(면직의 사유) ①사립학교의 교원이 다음 각호의 1에 해당할 때에는 당해 교원의 임면권자는 이를 면직시킬 수 있다.
1. 신체 또는 정신상의 장애로 1년 이상 직무를 감당하지 못할만한 지장이 있을 때
2. 근무성적이 극히 불량한 때
3. 정부를 파괴함을 목적으로 하는 단체에 가입하고 이를 방조한 때
4. **정치운동을 하거나** 집단적으로 수업을 거부하거나 또는 어느 정당을 지지 또는 반대하기 위하여 학생을 지도·선동한 때
5. 인사기록에 있어서 부정한 채점·기재를 하거나 허위의 증명이나 진술을 한 때

②제1항제2호 내지 제5호의 사유에 의하여 면직시키는 경우에는 제62조의 규정에 의한 교원징계위원회의 동의를 얻어야 한다.

(1) 법률안(최순영 의원안[902)])

현행법	원안
제58조(면직의 사유) ①사립학교의 교원이 다음 각호의 1에 해당할 때에는 당해 교원의 임면권자는 이를 면직시킬 수 있다.	**제58조(면직의 사유)** ①사립학교의 교원이 다음 각호의 1에 해당할 때에는 당해 교원의 임면권자는 이를 면직시킬 수 있다.
1. (생 략)	1. (현행과 같음)
2. 근무성적이 극히 불량한 때	2. <삭 제>
3. 정부를 파괴함을 목적으로 하는 단체에 가	3. <삭 제>

900) 제10.5대 국회 제77회 제30차 법제사법위원회국가보위입법회의사무처, 법제사법위원회회의록, 1981. 2. 19., 4면.

901) 제10.5대 국회 제77회 제20차 국회본회의, 국가보위입법회의회의록, 1981. 2. 20., 7면.

902) 2004. 9. 10. 최순영의원 등 10인(의안번호: 170412); 제안이유 및 주요내용은 이 책 [8-2.201] 참고.

입하고 이를 방조한 때	
4. 정치운동 또는 노동운동을 하거나 집단적으로 수업을 거부하거나 또는 어느 정당을 지지 또는 반대하기 위하여 학생을 지도·선동한 때	4. <삭 제>
5. (생 략)	5. (현행과 같음)
②제1항제2호 내지 제5호의 사유에 의하여 면직시키는 경우에는 제62조의 규정에 의한 교원징계위원회의 동의를 얻어야 한다.	②제1항제제5호의 사유에 의하여 면직시키는 경우에는 제62조의 규정에 의한 교원징계위원회의 동의를 얻어야 한다.

• 사립학교 교원에 대하여 국가공무원법 제33조제1항의 적용을 배제하고, 면직사유를 완화하였다.

(2) 위원회 심사

〈1〉 교육위원회: 심사 미료

국회의장이 지정한 심사기간(2005. 9. 16 24:00) 내에 심사가 미료됨에 따라 소관 상임위원장의 중간심사보고(구두보고) 후 본회의로 바로 상정하였다(「국회법」 제85조의2).

〈2〉 법제사법위원회: 심사 미료

(3) 본회의 심의

원안을 수정·가결했다.[903)] 수정내용은 아래와 같다.

본회의 수정안
제58조(면직의 사유) 2. 근무성적이 극히 불량한 때 3. 정부를 파괴함을 목적으로 하는 단체에 가입하고 이를 방조한 때 4. 정치운동을 하거나 집단적으로 수업을 거부하거나 또는 어느 정당을 지지 또는 반대하기 위하여 학생을 지도·선동한 때 ②제1항제2호 내지 제5호의 사유에 의하여 면직시키는 경우에는 제62조의 규정에 의한 교원징계위원회의 동의를 얻어야 한다.

이 조문의 회의록 내용은 2005. 12. 29. 개정조문 제8조의2와 공통적이어서 생략

903) 제256회 국회(정기회) 제16차 본회의, 국회본회의회의록, 2005. 12. 9., 2~3면.

한다.[904)]

(4) 결과

본회의 수정안으로 개정되었다.

4 4. 2012년 1월 26일 개정(법률 제11216호, 2012. 1. 26. 시행)

제58조(면직의 사유) ①사립학교의 교원이 다음 각호의 1에 해당할 때에는 당해 교원의 임면권자는 이를 면직시킬 수 있다.

1. 휴직 기간이 끝나거나 휴직 사유가 소멸된 후에도 직무에 복귀하지 아니하거나 직무를 감당할 수 없을 때
2. 근무성적이 극히 불량한 때
3. 정부를 파괴함을 목적으로 하는 단체에 가입하고 이를 방조한 때
4. 정치운동을 하거나 집단적으로 수업을 거부하거나 또는 어느 정당을 지지 또는 반대하기 위하여 학생을 지도·선동한 때
5. 인사기록에 있어서 부정한 채점·기재를 하거나 허위의 증명이나 진술을 한 때

②제1항제2호 내지 제5호의 사유에 의하여 면직시키는 경우에는 제62조의 규정에 의한 교원징계위원회의 동의를 얻어야 한다.

(1) 법률안(박은수 의원안[905)])

이 조문을 포함한 개정 대상 조문의 제안이유 및 주요내용은 아래와 같다.

• 제안이유

"장애"는 인간의 보편적이, 자연스러운 현상의 하나이며 하나의 작은 "차이"에 불과하다는 인식에 따라 장애인에 대한 차별을 금지하고, 장애인의 인권과 권익을 증진하기 위해 2007년 4월에 "장애인차별금지 및 권리구제 등에 관한 법률"(이하 장차법)이 제정되어 2008년 4월부터 본격 시행되고 있음.

장차법은 미국(ADA – 장애인차별금지법 : American with Disability Act), 호주, 영국, 스웨덴, 노르웨이, 홍콩 등 전 세계 인권선진국 20여 개국에서 제정된 법률로, 법률의 제정 여부가 인권선진국이냐 아니냐를 가름하는 시금석으로 여겨

904) 이 책 [8-2.201] 참조.

905) 2009. 4. 3. 박은수의원 등 11인(의안번호: 1804442).

지고 있음.

그러나, 장차법 제정으로 인해 우리나라가 장애인 인권 선진국의 기틀을 마련했음에도 불구하고, 아직도 장차법과 상충되는 현행 법률이 100개 가까이에 이르고 있어 시급히 개정이 요구되고 있음.

이에 따라 주요 장애인 단체와 협의를 거쳐 장차법과 상충하는 법령을 일괄적으로 정비하고자 하는 취지에서 동 법률개정안을 발의하게 된 것임.

• 주요내용

가. 사립학교 교원의 면직 사유에서 "신체 또는 정신상의 장애"를 제외함(안 제58조제1항제1호).

나. 사립학교 교직원의 강제 휴직 사유에서 "신체·정신 상의 장애"를 제외함(안 제59조제1항).

이 조문의 현행법과 개정 원안은 아래와 같다.

현행법	원안
제58조(면직의 사유) ①사립학교의 교원이 다음 각호의 1에 해당할 때에는 당해 교원의 임면권자는 이를 면직시킬 수 있다. 1. 신체 또는 정신상의 장애로 1년 이상 직무를 감당하지 못할만한 지장이 있을 때 2. ~ 5. (생　략) ② (생　략)	**제58조(면직의 사유)** ①사립학교의 교원이 다음 각호의 1에 해당할 때에는 당해 교원의 임면권자는 이를 면직시킬 수 있다. 1. <삭제> 2. ~ 5. (현행과 같음) ② (현행과 같음)

• 사립학교 교원의 면직 사유에서 "신체 또는 정신상의 장애"를 제외하였다.

(2) 위원회 심사

〈1〉 교육과학기술위원회: 대안[906]으로 가결되었다.[907]

대안
제58조(면직의 사유) 1. 휴직 기간이 끝나거나 휴직 사유가 소멸된 후에도 직무에 복귀하지 아니하거나 직무를 감당할 수 없을 때

906) 2011. 12. 30. 교육과학기술위원장(의안번호: 1814406).

907) 제304회 국회(임시회) 제2차 전체회의, 교육과학기술위원회회의록, 2011. 12. 28., 16면.

제58조에 관한 회의록 내용은 아래와 같다.

가. 제18대 국회 제293회 제4차 교육과학기술위원회(2010. 8. 25.)

- **수석전문위원 노재석**[908]: 다음으로 박은수 의원이 대표발의한 교육공무원법 일부개정법률안과 사립학교법 일부개정법률안은 "신체·정신상의 장애"를 교육공무원법의 강제휴직 사유 및 사립학교법의 강제휴직 및 직권면직 사유에서 삭제하려는 것입니다.

나. 제18대 국회 제294회 제1차 교육과학기술위원회 법안심사소위원회(2010. 9. 7.)

- **수석전문위원 노재석**[909]: 의사일정 4항 박은수 의원이 대표발의하신 사립학교법 일부개정법률안에 대해서 보고드리겠습니다. 2페이지를 참조해 주시면 감사하겠습니다.
- **이상민 위원**[910]: 이것도 같은 취지니까 다음에…
- **수석전문위원 노재석**[911]: 예, 같은 취지입니다. 이 내용은 사립학교 교원이 신체 또는 정신상 장애로 인해 1년 이상 직무를 감당하지 못할 만한 지장이 있을 때 면직사유로 되어 있습니다. 그런데 지금 국가공무원법에서는 직권면직 사유를 91년에 이미 삭제했습니다.
- **이상민 위원**[912]: 그때는 왜 그랬나요?
- **수석전문위원 노재석**[913]: 그리고 그 뒤에 보시면 심신, 신체·정신상의 장애로 먼저 휴직을 시키게 되어 있습니다. 휴직을 시키고 그다음에 업무에 복귀할 수 없을 때 이렇게 면직을 하도록 되어 있습니다. 그래서 이 조항은 삭제하자는 박은수 의원님 안을 받아들여도…
- **이상민 위원**[914]: 삭제하면, 그러면 국가공무원법하고 맞추려면 그런 조항을 보완해야 될 것 아니에요?
- **수석전문위원 노재석**[915]: 예, 그렇습니다. 그 대신 휴직 후에도 복귀할 수 없는 경우를 다시 보완하는 그런 입법절차가 필요하겠습니다.
- **이상민 위원**[916]: 그렇게 논의하는 것으로 해서 다음에…

---

908) 제293회 국회(임시회) 제4차 전체회의, 교육과학기술위원회회의록, 2010. 8. 25., 11면.
909) 제294회 국회(정기회) 제1차 법안심사소위, 교육과학기술위원회회의록, 2010. 9. 7., 9면.
910) 제294회 국회(정기회) 제1차 법안심사소위, 교육과학기술위원회회의록, 2010. 9. 7., 9면.
911) 제294회 국회(정기회) 제1차 법안심사소위, 교육과학기술위원회회의록, 2010. 9. 7., 9면.
912) 제294회 국회(정기회) 제1차 법안심사소위, 교육과학기술위원회회의록, 2010. 9. 7., 9면.
913) 제294회 국회(정기회) 제1차 법안심사소위, 교육과학기술위원회회의록, 2010. 9. 7., 9면.
914) 제294회 국회(정기회) 제1차 법안심사소위, 교육과학기술위원회회의록, 2010. 9. 7., 9면.
915) 제294회 국회(정기회) 제1차 법안심사소위, 교육과학기술위원회회의록, 2010. 9. 7., 9면.

- **임해규 위원**[917]: 아니, 그 조항이 뒤에 있어요. (휴직의 사유)에 박은수 의원님 대표발의안에 휴직에 관한 게 있어요.
- **이상민 위원**[918]: 그런데 면직하고 해임하고 아까 곽정숙 의원이 내놓은… 아마 그것을 폐지하자는 게 악용 사례가 있어서, 장애를 이유로 그냥 해임하거나 면직하거나 이런 사유가 있기 때문에 폐지하자는 주장 아니겠습니까? 그러니까 곽정숙 의원하고 취지가 같고 하니까 같이 논의하는 게 좋을 것 같습니다.
- **소위원장 서상기**[919]: 예, 그러면 이 사항에 대해서는 좀 더 심도 있게 논의하도록 하겠습니다.

다. 제18대 국회 제303회 제1차 교육과학기술위원회 법안심사소위원회(2011. 11. 2.)

- **수석전문위원 노재석**[920]: 박은수 의원이 제출하신 사립학교법 일부개정법률안에 대하여 보고드리겠습니다. 먼저, 이 내용은 현재 교원의 면직사유에 신체 또는 정신상의 장애로 1년 이상 직무를 감당하지 못할 정도의 지장이 있을 때가 면직할 수 있는 사유에 포함되어 있는데 개정안에서는 이 면직사유를 삭제하고자 하는 것입니다. 참고로 사립학교 교원과 같이 적용되어야 할 교육공무원법에서는 이미 직권 면직사유에서 삭제되었습니다. 그래서 이 사립학교법에서도 동일한 형태로 개정되어야 될 것 같습니다.

  그리고 수정하고자 하는 바가 3쪽에 있습니다. 휴직 기간이 끝나거나 휴직 사유가 소멸된 후에도 직무에 복귀하지 아니하거나 직무를 감당할 수 없을 때를 면직사유에 추가하려는 내용입니다. 이것도 동일하게 국가공무원법의 개정에 따른, 형평성을 맞추기 위한 조문이 되겠습니다.
- **권영진 위원**[921]: 다른 국가공무원들은 만약에 사고를 당해 가지고 병원에 입원해 있거나 하면 휴직기간을 6개월밖에 안 주던데요?
- **수석전문위원 노재석**[922]: 1년입니다.
- **권영진 위원**[923]: 1년이에요? 환경미화원 같은 경우 1년인가요?
- **수석전문위원 노재석**[924]: 그것은 공무상 휴직은 아마 1년 줄 것입니다.

---

916) 제294회 국회(정기회) 제1차 법안심사소위, 교육과학기술위원회회의록, 2010. 9. 7., 9면.
917) 제294회 국회(정기회) 제1차 법안심사소위, 교육과학기술위원회회의록, 2010. 9. 7., 9면.
918) 제294회 국회(정기회) 제1차 법안심사소위, 교육과학기술위원회회의록, 2010. 9. 7., 9면.
919) 제294회 국회(정기회) 제1차 법안심사소위, 교육과학기술위원회회의록, 2010. 9. 7., 9면.
920) 제303회 국회(정기회) 제1차 법안심사소위, 교육과학기술위원회회의록, 2011. 11. 2., 6~7면.
921) 제303회 국회(정기회) 제1차 법안심사소위, 교육과학기술위원회회의록, 2011. 11. 2., 7면.
922) 제303회 국회(정기회) 제1차 법안심사소위, 교육과학기술위원회회의록, 2011. 11. 2., 7면.
923) 제303회 국회(정기회) 제1차 법안심사소위, 교육과학기술위원회회의록, 2011. 11. 2., 7면.
924) 제303회 국회(정기회) 제1차 법안심사소위, 교육과학기술위원회회의록, 2011. 11. 2., 7면.

- 권영진 위원[925]: 공무상 휴직!
- 수석전문위원[926]: 노재석 예.
- 권영진 위원[927]: 공무상 휴직이 아닐 경우에는 6개월이더라고요. 그런데 이것은 공무상 휴직이에요?
- 수석전문위원 노재석[928]: 아니고요. 이것은 면직사유에 해당되는 것입니다.
- 권영진 위원[929]: 그런데 사립학교 교원이 아닌 국·공립학교 교원은 이 조항이 없다 이것이지요?
- 수석전문위원 노재석[930]: 예, 그렇습니다.
- 권영진 위원[931]: 그러면 이것은 박은수 의원님 의견대로 해 주어야 되겠네요.
- 소위원장 서상기[932]: 그러면 의사일정 제5항은 원안대로 의결하고자 하는데 이의 없으십니까?
- 교육과학기술부학교지원국장 김관복[933]: 수정의견이 있는데요.
- 수석전문위원 노재석[934]: 그리고 제6호 신설의 수정의견이 있습니다.
- 소위원장 서상기[935]: 예. 그러면 위원님들의 의견과 전문위원의 의견을 받아들여서 수정한 부분은 수정한 대로, 기타 부분은 원안대로 의결하고자 하는데 이의 없으십니까? (예 하는 위원 있음) 없으시면 가결되었음을 선포합니다.

라. 제18대 국회 제304회 제2차 교육과학기술위원회(2011. 12. 28.)

- 소위원장 서상기[936]: 박은수 의원, 강창일 의원, 정의화 의원, 주광덕 의원이 대표발의하고 정부가 제출한 6건의 사립학교법 일부개정법률안을 통합 조정한 대안은…둘째, 사립학교 교원의 당연퇴직과 직권면직 사유…등에 대하여 국·공립학교 교원과 형평을 맞추도록 하였습니다…
- 위원장 변재일[937]: 의사일정 제47항부터 제52항까지는 소위원회에서 심사보고한

925) 제303회 국회(정기회) 제1차 법안심사소위, 교육과학기술위원회회의록, 2011. 11. 2., 7면.
926) 제303회 국회(정기회) 제1차 법안심사소위, 교육과학기술위원회회의록, 2011. 11. 2., 7면.
927) 제303회 국회(정기회) 제1차 법안심사소위, 교육과학기술위원회회의록, 2011. 11. 2., 7면.
928) 제303회 국회(정기회) 제1차 법안심사소위, 교육과학기술위원회회의록, 2011. 11. 2., 7면.
929) 제303회 국회(정기회) 제1차 법안심사소위, 교육과학기술위원회회의록, 2011. 11. 2., 7면.
930) 제303회 국회(정기회) 제1차 법안심사소위, 교육과학기술위원회회의록, 2011. 11. 2., 7면.
931) 제303회 국회(정기회) 제1차 법안심사소위, 교육과학기술위원회회의록, 2011. 11. 2., 7면.
932) 제303회 국회(정기회) 제1차 법안심사소위, 교육과학기술위원회회의록, 2011. 11. 2., 7면.
933) 제303회 국회(정기회) 제1차 법안심사소위, 교육과학기술위원회회의록, 2011. 11. 2., 7면.
934) 제303회 국회(정기회) 제1차 법안심사소위, 교육과학기술위원회회의록, 2011. 11. 2., 7면.
935) 제303회 국회(정기회) 제1차 법안심사소위, 교육과학기술위원회회의록, 2011. 11. 2., 7면.
936) 제304회 국회(임시회) 제2차 전체회의, 교육과학기술위원회회의록, 2011. 11. 28., 13면.
937) 제304회 국회(임시회) 제2차 전체회의, 교육과학기술위원회회의록, 2011. 11. 28., 16면.

대로 본회의에 부의하지 아니하고 이 6건을 통합 조정한 의사일정 제53항 사립학교법 일부개정법률안(대안)을 우리 위원회안으로 채택하고자 하는데 이의 없으십니까? (없습니다 하는 위원 있음) 가결되었음을 선포합니다.

〈2〉 **법제사법위원회:** 교육과학기술위원회 대안대로 가결되었다.[938]

(3) 본회의 심의

교육과학기술위원회 대안대로 가결되었다.[939]

(4) 결과

교육과학기술위원회 대안으로 개정되었다.

58.205
5. 2016년 2월 3일 개정(법률 제13938호, 2016. 2. 3. 시행)

제58조(면직의 사유) ①사립학교의 교원이 다음 각호의 1에 해당할 때에는 당해 교원의 **임용권자**는 이를 면직시킬 수 있다.
1. 휴직 기간이 끝나거나 휴직 사유가 소멸된 후에도 직무에 복귀하지 아니하거나 직무를 감당할 수 없을 때
2. 근무성적이 극히 불량한 때
3. 정부를 파괴함을 목적으로 하는 단체에 가입하고 이를 방조한 때
4. 정치운동을 하거나 집단적으로 수업을 거부하거나 또는 어느 정당을 지지 또는 반대하기 위하여 학생을 지도·선동한 때
5. 인사기록에 있어서 부정한 채점·기재를 하거나 허위의 증명이나 진술을 한 때

②제1항제2호 내지 제5호의 사유에 의하여 면직시키는 경우에는 제62조의 규정에 의한 교원징계위원회의 동의를 얻어야 한다.

• 제2조를 개정함에 따라 "임면"을 "임용"으로 하였다(오직 형식에 관한 개정이므로 자세한 개정경과는 생략함[940]).

938) 제304회 국회(임시회) 제2차 전체회의, 법제사법위원회회의록, 2011. 12. 29., 23~24면.
939) 제304회 국회(임시회) 제3차 본회의, 국회본회의회의록, 2011. 12. 30., 23~24면.
940) 이에 관한 구체적 개정경과는 이 책 [2.204] 참조.

6

6. 2018년 12월 18일 개정(법률 제15954호, 2019. 3. 19. 시행)

제58조(면직의 사유) ①사립학교의 교원이 다음 각호의 1에 해당할 때에는 당해 교원의 임용권자는 이를 면직시킬 수 있다.
1. 휴직 기간이 끝나거나 휴직 사유가 소멸된 후에도 직무에 복귀하지 아니하거나 직무를 감당할 수 없을 때
2. 근무성적이 극히 불량한 때
3. 정부를 파괴함을 목적으로 하는 단체에 가입하고 이를 방조한 때
4. 정치운동을 하거나 집단적으로 수업을 거부하거나 또는 어느 정당을 지지 또는 반대하기 위하여 학생을 지도·선동한 때
5. 인사기록에 있어서 부정한 채점·기재를 하거나 허위의 증명이나 진술을 한 때
6. **거짓이나 그 밖의 부정한 방법으로 임용된 때**

②제1항제2호부터 제6호까지의 사유에 의하여 면직시키는 경우에는 제62조의 규정에 의한 교원징계위원회의 동의를 얻어야 한다.

(1) 법률안(곽상도 의원안[941])

현행법	원안
제58조(면직의 사유) ①사립학교의 교원이 다음 각호의 1에 해당할 때에는 당해 교원의 임용권자는 이를 면직시킬 수 있다. 1. ~ 5. (생 략) <신 설> ②제1항제2호 내지 제5호의 사유에 의하여 면직시키는 경우에는 제62조의 규정에 의한 교원징계위원회의 동의를 얻어야 한다.	**제58조(면직의 사유)** ①사립학교의 교원이 다음 각호의 1에 해당할 때에는 당해 교원의 임용권자는 이를 면직시킬 수 있다. 1. ~ 5. (현행과 같음) 6. 거짓이나 그 밖의 부정한 방법으로 임용된 때 ②제1항제2호부터 제6호까지의 사유에 의하여 면직시키는 경우에는 제62조의 규정에 의한 교원징계위원회의 동의를 얻어야 한다.

• 교원의 면직사유에 부정임용을 추가하였다.

(2) 위원회 심사

〈1〉 **교육위원회:** 대안[942]으로 가결되었다(이 조문의 경우에는 원안과 대안의 내용이 동일

941) 2018. 1. 25. 곽상도의원 등 10인(의안번호: 2011533); 제안이유 및 주요내용은 이 책 [54.209] 참조.
942) 2018. 11. 29. 교육위원장(의안번호: 2016900).

함).[943] 제58조에 관한 회의록 내용은 아래와 같다.

가. 제20대 국회 제364회 제2차 교육위원회 법안심사소위원회(2018. 11. 12.)

- **수석전문위원 정재룡**[944]: 이어서 마지막으로 개정안은 면직의 사유에 부정 임용된 경우를 포함하여 부정임용을 방지하고자 하고 있습니다. 일부 사립학교에서는 이미 사립학교법에 따라 신규채용 공개전형 시험에서 부정행위를 한 자에 대해서는 그 시험을 정지 또는 무효로 하고 있어 반대한다는 입장입니다. 그러나 교원이 부정한 방법으로 임용된 것이 밝혀져도 적절한 조치가 이루어지지 않는 사례를 감안할 때 개정안과 같이 면직사유로 규정하고 그 경우 안 제74조제2항 제2호에 따라 과태료를 부과할 수 있도록 규율하는 것이 필요하다고 봅니다. 이상입니다.
- **소위원장 조승래**[945]: 정부 의견 말씀해 주시기 바랍니다.
- **교육부차관 박춘란**[946]: 전문위원 검토의견하고 동일합니다…
- **소위원장 조승래**[947]: 의사일정 제9항부터 제10항까지는 위원님들의 의견과 전문위원의 의견을 받아들여 위원회 대안으로 제안하기로 하고, 2건의 법률안은 본회의에 부의하지 않는 것으로 의결하고자 하는데, 이의 없으십니까? (예 하는 위원 있음) 가결되었음을 선포합니다.

나. 제20대 국회 제364회 제7차 교육위원회(2018. 11. 15.)

- **위원장 이찬열**[948]: 의사일정 제23항부터 제25항까지 김광수 의원, 곽상도 의원, 송기석 의원이 각각 대표발의한 사립학교법 일부개정법률안은 소위원회에서 심사보고한 바와 같이 본회의에 각각 부의하지 아니하고 이를 통합 조정한 의사일정 제26항 사립학교법 일부개정법률안(대안)을 제안하고자 합니다. 이의 없으십니까? (예 하는 위원 있음) 이의가 없으시므로 가결되었음을 선포합니다.

〈2〉 **법제사법위원회:** 교육위원회 대안대로 가결되었다.[949] 제58조에 관한 회의록 내용은 아래와 같다.

- **전문위원 이문한**[950]: 의사일정 제57항 사립학교법 일부개정법률안(대안)은…사립

943) 제364회 국회(정기회) 제7차 전체회의, 교육위원회회의록, 2018. 11. 15., 8면.
944) 제364회 국회(정기회) 제2차 법안심사소위, 교육위원회회의록, 2018. 11. 12., 47면.
945) 제364회 국회(정기회) 제2차 법안심사소위, 교육위원회회의록, 2018. 11. 12., 47면.
946) 제364회 국회(정기회) 제2차 법안심사소위, 교육위원회회의록, 2018. 11. 12., 47면.
947) 제364회 국회(정기회) 제2차 법안심사소위, 교육위원회회의록, 2018. 11. 12., 48면.
948) 제364회 국회(정기회) 제7차 전체회의, 교육위원회회의록, 2018. 11. 15., 8면
949) 제364회 국회(정기회) 제8차 전체회의, 법제사법위원회회의록, 2018. 11. 28., 56면.

학교 교원의 면직사유에 부정임용을 추가하며…별다른 문제점이 없다고 보았습니다…

- **위원장 여상규**[951]: 전문위원이 수정한 부분은 수정한 대로, 기타 부분은 원안대로 의결하고자 하는데 이의 있으십니까? (없습니다 하는 위원 있음) 가결되었음을 선포합니다.

(3) 본회의 심의

교육위원회 대안대로 가결되었다.[952]

(4) 결과

교육위원회 대안으로 개정되었다.

7. 2020년 12월 22일 개정(법률 제17659호, 2020. 12. 22. 시행)

제58조(면직의 사유) ①_사립학교 교원이 다음 각_호의 어느 하나에 해당할 때에는 해당 교원의 임용권자는 그_교원을 면직시킬 수 있다.

1. 휴직 기간이 끝나거나 휴직 사유가 소멸된 후에도 직무에 복귀하지 아니하거나 직무를 감당할 수 없을 때
2. 근무성적이 매우 불량할 때
3. 정부 파괴를 목적으로 하는 단체에 가입하고 이를 방조(幇助)**하였을** 때
4. 정치운동을 하거나 집단적으로 수업을 거부하거나 어느 정당을 지지 또는 반대하기 위하여 학생을 지도·선동하였을 때
5. 인사기록에 있어서 부정한 채점·기재를 하거나 **거짓** 증명 **또는** 진술을 **하였을** 때
6. 거짓이나 그 밖의 부정한 방법으로 임용**되었을** 때

②_제1항제2호부터 제6호까지의 **규정에 따른** 사유로 면직시키는 경우에는 제62조**에 따른** 교원징계위원회의 동의를 **받아야** 한다.

---

950) 제364회 국회(정기회) 제8차 전체회의, 법제사법위원회회의록, 2018. 11. 28., 40면.
951) 제364회 국회(정기회) 제8차 전체회의, 법제사법위원회회의록, 2018. 11. 28., 56면.
952) 제364회 국회(정기회) 제13차 본회의, 국회본회의회의록, 2018. 11. 29., 12면.

• 법문을 한글화하고 간결하게 하였다(오직 형식에 관한 개정이므로 자세한 개정경과는 생략함[953]).

58.300 ## III. 현행법

제58조(면직의 사유) ① 사립학교 교원이 다음 각 호의 어느 하나에 해당할 때에는 해당 교원의 임용권자는 그 교원을 면직시킬 수 있다.
1. 휴직 기간이 끝나거나 휴직 사유가 소멸된 후에도 직무에 복귀하지 아니하거나 직무를 감당할 수 없을 때
2. 근무성적이 매우 불량할 때
3. 정부 파괴를 목적으로 하는 단체에 가입하고 이를 방조(幇助)하였을 때
4. 정치운동을 하거나 집단적으로 수업을 거부하거나 어느 정당을 지지 또는 반대하기 위하여 학생을 지도·선동하였을 때
5. 인사기록에 있어서 부정한 채점·기재를 하거나 거짓 증명 또는 진술을 하였을 때
6. 거짓이나 그 밖의 부정한 방법으로 임용되었을 때

② 제1항제2호부터 제6호까지의 규정에 따른 사유로 면직시키는 경우에는 제62조에 따른 교원징계위원회의 동의를 받아야 한다.

58.400 ## IV. 종합/특기사항

• 제58조에 대한 주요 변화는 2005년, 2012년, 2018년 개정이다. 2005년 개정은 교원의 노동운동을 면직사유에서 제외하였고, 2012년 개정은 면직사유에서 "신체 또는 정신상의 장애"를 휴직 기간 종료 후에도 직무에 복귀하지 아니하거나 직무를 감당할 수 없을 때"로 대체하였으며, 2018년 개정은 제1항제6호(거짓이나 그 밖의 부정한 방법으로 임용된 때)을 신설한 것이다.

• 2005년 개정 과정에서 정치적 입장에 따라 매우 격렬한 의견대립이 있었다. 제256회 국회(정기회) 제16차 본회의(2005. 12. 9.)에서 나타난 원색적 언동은 그 사

953) 이에 관한 구체적 개정경과는 이 책 [1.201] 참조.

정을 잘 보여준다.[954)]

- 1991년 헌법재판소는 사립학교교원에 대한 근로3권의 제한 또는 금지와 관련하여 사립학교법 제55조(2012. 1. 26. 법률 제11216호로 개정되기 전의 것)와 제58조제1항제4호에 관하여 ① 헌법 제31조제6항과 헌법 제33조제1항과의 관계, ② 사립학교교원에 대한 근로3권의 제한또는 금지와 헌법 제37조제2항의 위반 여부, ③ 사립학교교원에 대한 근로3권의 제한 또는 금지와 평등의 원칙 및 ④ 교원의 지위에 관한 국제법규의 헌법상 의미의 각 시각에서 합헌 취지로 판단하였다.[955)]
- 1997년 헌법재판소는 ① 근무성적이 극히 불량한 때를 면직사유로 규정한 사립학교법 제58조제1항제2호가 헌법 제31조제4항 및 평등원칙에 위반되는지 여부 및 ② 사립학교법 제58조제1항제2호 내지 제5호의 사유에 의하여 면직시키는 경우에 같은 법 제62조의 규정에 의한 교원징계위원회의 동의를 얻도록 한 같은 법 제58조제2항의 규정이 헌법 제31조제4항 및 평등원칙에 위반되는 여부에 대하여 아래와 같이 합헌 취지로 판단하였다.[956)]

> ① 교육의 자주성과 교원의 지위는 국민의 교육을 받을 권리를 침해할 경우에는 그에 따른 제약을 받을 수 밖에 없으며, 이 사건 요건조항은 교원으로서의 의무 내지 책임에 대응하여 최소한의 자질과 근무를 확보하기 위하여 필요한 사항을 규정한 것으로서 그 개념이 불명확하여 헌법 제31조제4항의 교육의 자주성 등을 침해한다고 할 수 없고, 임면권자가 근무성적이 불량한 정도, 내용, 능력 또는 근무성적의 향상 가능성 등을 고려하여 그 재량으로 직권면직을 할 것인가, 아니면 직위해제를 할 것인가를 선택하여 처분할 수 있도록 규정한 것은 합리성이 인정된다 할 것이므로 평등의 원칙에 위반된다고 할 수 없다.
>
> ② 교육의 자주성은 교육을 받을 기본권을 가진 피교육자인 학생들의 권익과 복리증진에 저해가 되어서는 아니되고, 또 국가와 사회공동체의 이념과 윤리에 의하여 제약을 받게 되는 점에 비추어 사립학교 교원의 신분보장을 위한 조치로서 위와 같은 직권면직 사유를 법정화하고, 또한 임면권자의 재량권 남용으로 인한 폐해를 방지하기 위하여 교원징계위원회의 동의절차를 두었다면 비록 직권면직 절차에 징계절차를 준용하지 않아 유리한 진술을 할 수 있는 기회가 주어지지 않았다고 하여 이것만을 가지고 헌법상 보장된 교육의 자주성 등이 침해되었다고 볼

954) 제256회 국회(정기회) 제16차 본회의, 국회본회의회의록, 2005. 12. 9., 2~3면.
955) 이에 대해서는 이 책 [55.400] 헌법재판소 1991. 7. 22. 선고 89헌가106 결정 참조.
956) 헌법재판소 1997. 12. 24. 선고 95헌바29, 97헌바6 결정.

수 없으며, 직권면직의 성질상 그 절차에서 당사자의 진술권이 반드시 필요한 절차적 권리로 보장되어야 하는 것은 아니고 사립학교 교원은 국·공립학교 교원과 신분관계에 있어서 본질적인 차이가 있어 모든 경우에 동일하게 대우하여야 하는 것은 아니므로 국·공립학교 교원과 직권면직이나 징계의 사유와 절차를 달리한다고 하더라도 이는 입법정책적 재량사항에 불과하고 사립학교 교원에게 국·공립학교 교원보다 부당하게 불리한 차별대우를 하여 평등권을 침해하였다고 할 수 없다.

- 1999년 헌법재판소는 ①사립학교법(1981. 2. 28. 법률 제3373호로 개정된 것) 제58조제1항제4호에 규정된 '노동운동'의 명확성 여부 및 ②사립학교 교원이 노동운동을 한 경우 면직시킬 수 있도록 규정한 같은 법조항이 헌법에 위반되는지 여부에 관하여 아래와 같이 합헌 취지로 판단하였다.[957)]

① 사립학교법 제58조제1항제4호의 노동운동 개념은 이른바 근로3권을 기초로 하여 이에 직접 관련된 행위를 의미하는 것으로 법률에 대한 일반적인 명확성의 원칙은 물론 적법절차나 죄형법정주의의 원칙에서 요구되는 보다 엄격한 의미의 명확성의 원칙에 의한 기준에서 보아도 명확하지 않다고 할 수 없다.

② 우리 재판소는 1991. 7. 22. 선고한 89헌가106 사건에서 사립학교 교원이 노동운동을 한 경우 면직시킬 수 있도록 규정한 사립학교법 제58조제1항제4호가 헌법에 위반되지 아니한다고 판시하였는바, 이를 다시 달리 판단하여야 할 사정변경이 있다고 인정되지 아니하므로 그 결정을 그대로 유지한다.

제58조의2(직위의 해제)

58-2.100

I. 제정법

제정법에는 이 조문이 없다.

957) 헌법재판소 1999. 6. 24. 선고 97헌바61 결정.

II. 개정 경과

01 1. 1975년 7월 23일 개정(법률 제2775호, 1975. 7. 23. 시행)

제58조의2(교육공무원법의 준용) 교육공무원법 제51조의2제1항 내지 제4항의 규정은 이를 사립학교의 교원에게 준용한다. 이 경우 "임용권자 또는 임용제청권자"는 "학교법인 또는 사립학교경영자"로, "교육공무원직권면직심사위원회"는 "교원징계위원회"로 한다.

(1) 법률안(오주환 의원안[958])

현행법	원안
<신 설>	**제58조의2(교육공무원법의 준용)** 교육공무원법 제51조의2제1항 내지 제4항의 규정은 이를 사립학교의 교원에게 준용한다. 이 경우 "임용권자 또는 임용제청권자"는 "학교법인 또는 사립학교경영자"로, "교육공무원직권면직심사위원회"는 "교원징계위원회"로 한다.

- 「교육공무원법」을 준용하여 사립학교 교원에 대한 직위해제 제도를 신설하였다.

(2) 위원회 심사

〈1〉 **문교공보위원회:** 원안대로 가결되었다.[959]

〈2〉 **법제사법위원회:** 원안대로 가결되었다.[960]

(3) 본회의 심의

원안대로 가결되었다.[961]

---

958) 1975. 6. 28. 오주환의원 등 51인(의안번호: 090349); 제안이유 및 주요내용은 이 책 [45.201] 참조.
959) 제93회 국회(임시회) 제2차 전체회의, 문교공보위원회회의록, 1975. 7. 7., 4면.
960) 제93회 국회(임시회) 제3차 전체회의, 법제사법위원회회의록, 1975. 7. 8., 6면.
961) 제93회 국회(임시회) 제6차 본회의, 국회회의록, 1975. 7. 9., 77면.

(4) 결과

원안으로 개정되었다.

58-2.202

2. 1976년 12월 31일 개정(법률 제2961호, 1976. 12. 31. 개정)

제58조의2(교육공무원법의 준용) 교육공무원법 제51조의2제1항 내지 제4항의 규정은 이를 사립학교의 교원에게 준용한다. 이 경우 **준용규정중** "임용권자 또는 임용제청권자"는 "학교법인 또는 사립학교경영자"로 하고, **"6월까지는"을 제외한다.**

(1) 법률안(정부안[962])

현행법	원안
제58조의2(교육공무원법의 준용) 교육공무원법 제51조의2제1항 내지 제4항의 규정은 이를 사립학교의 교원에게 준용한다. 이 경우 "임용권자 또는 임용제청권자"는 "학교법인 또는 사립학교경영자"로, "교육공무원직권면직심사위원회"는 "교원징계위원회"로 한다.	**제58조의2(교육공무원법의 준용)** 교육공무원법 제51조의2제1항 내지 제4항의 규정은 이를 사립학교의 교원에게 준용한다. 이 경우 준용규정중 "임용권자 또는 임용제청권자"는 "학교법인 또는 사립학교경영자"로 한다.

- 「교육공무원법」 준용을 위해 필요한 사항을 정비하였다.

(2) 위원회 심사

〈1〉 **문교공보위원회:** 원안을 수정·가결했다.[963] 수정내용은 아래와 같다.

문교공보위원회 수정안
제58조의2(교육공무원법의 준용) 교육공무원법 제51조의2제1항 내지 제4항의 규정은 이를 사립학교의 교원에게 준용한다. 이 경우 준용규정중 "임용권자 또는 임용제청권자"는 "학교법인 또는 사립학교경영자"로 하고, "6월까지는"을 제외한다.

위 내용이 포함된 제58조의2에 관한 회의록 내용은 아래와 같다.

962) 1976. 11. 17. 정부(의안번호: 090632); 제안이유 및 주요내용은 이 책 [3.202] 참조.
963) 제96회 국회(정기회) 제18차 전체회의, 문교공보위원회회의록, 1976. 12. 10., 1면.

가. 제9대 국회 제96회 제16차 문교공보위원회(1976. 12. 7.)

- **전문위원 김사달**[964]: 주요골자는 생략하고 의견을 말씀드리겠습니다. 안 제58조의2 교육공무원법 준용규정에 있어 이번 함께 제안된 교육공무원법 제51조의2(직위의 해제 및 해임) 제4항에 보면, 직위해제된 자에 대하여 6월까지는 봉급의 8할을 지급하도록 되어 있고, 동조 제5항에는 6월이 경과한 날에 당연 퇴직된다고 규정되어 있습니다. 사립학교에서도 이 규정을 준용할 경우 이를 준용할 우려가 없지 않습니다. (동조 제5항은 준용하지 아니함) 그러므로 안 제58조 준용 규정에 "6월"이란 기간을 "직위해임기간"이라고 수정함으로써 사립학교 교원이 부당하게 직위해제되는 일이 없도록 해야만 하겠습니다. 따라서 이 법안은 문교공보위원회의 수정안으로 다루는 것이 어떨까 하는 의견을 가지고 있습니다. 이상 보고 말씀을 전부 올렸습니다.

나. 제9대 국회 제96회 제18차 문교공보위원회(1976. 12. 10.)

- **위원장 윤인식**[965]: 다음은 의사일정 제3항 사립학교법 중 개정법률안에 대하여 소위원회 심사결과와 같이 수정된 부분은 수정안대로 나머지 부분은 정부원안대로 가결하고자 합니다. 이의 없으십니까? (이의 없소 하는 이 있음) 그러면 수정 의결된 것을 선포합니다.

〈2〉 **법제사법위원회**: 문교공보위원회 수정안대로 가결되었다.[966]

(3) 본회의 심의

문교공보위원회 수정안대로 가결되었다.[967] 제58조의2에 관한 회의록 내용은 아래와 같다.

- **문교공보위원장대리 김명회**[968]: 수정 이유를 말씀드린다면 안 제58조의2의 교육공무원법 준용규정에 있어 이번에 함께 제안된 교육공무원법 제51조의2의 4항에 보면 직위해제된 자에 대하여 6월까지는 봉급의 8할을 지급하도록 되어 있는데 사립학교에서도 이 규정을 준용할 경우 이를 남용할 우려가 없지 않으므로 사립학교교원에 대하여는 제58조의2의 준용규정 중 "6월까지는"이라는 기한의

964) 제96회 국회(정기회) 제16차 전체회의, 문교공보위원회회의록, 1976. 12. 7., 3면.
965) 제96회 국회(정기회) 제18차 전체회의, 문교공보위원회회의록, 1976. 12. 10., 1면.
966) 제96회 국회(정기회) 제17차 전체회의, 법제사법위원회회의록, 1976. 12. 15., 5면.
967) 제96회 국회(정기회) 제17차 본회의, 국회회의록, 1976. 12. 16., 5면.
968) 제96회 국회(정기회) 제17차 본회의, 국회회의록, 1976. 12. 16., 5면.

적용을 배제하도록 하여 사립학교교원이 부당하게 직위해제되는 일이 없도록 수정하였습니다. 아무쪼록 여러 의원께서 문교공보위원회에서 심사한 대로 심의 의결하여 주시기 바랍니다…

- 의장 정일권[969]: 사립학교법 중 개정법률안에 대하여 문교공보위원회의 수정안에 이의 없으십니까?(이의 없습니다 하는 이 있음) 그러면 가결되었음을 선포합니다.

(4) 결과

문교공보위원회 수정안으로 개정되었다.

58-2.203 3. 1981년 2월 28일 개정(법률 제3373호, 1981. 2. 28. 시행)

제58조의2(교육공무원법의 준용) 교육공무원법 제51조의2제1항 내지 제4항의 규정은 이를 사립학교교원에게 준용한다. 이 경우 준용규정중 "임용권자 또는 임용제청권자"는 **"임면권자"**로 하고, **제51조의2제4항중** "6월까지는"의 **규정은 이를 준용하지 아니한다.**

(1) 법률안(정부안[970])

현행법	원안
제58조의2(교육공무원법의 준용) 교육공무원법 제51조의2제1항 내지 제4항의 규정은 이를 사립학교의 교원에게 준용한다. 이 경우 준용규정중 "임용권자 또는 임용제청권자"는 "학교법인 또는 사립학교경영자"로 하고, "6월까지는"을 제외한다.	**제58조의2(교육공무원법의 준용)** 교육공무원법 제51조의2제1항 내지 제4항의 규정은 이를 사립학교교원에게 준용한다. 이 경우 준용규정중 "임용권자 또는 임용제청권자"는 "임면권자"로 하고, 제51조의2제4항중 "6월까지는"의 규정은 이를 준용하지 아니한다.

- "학교법인 또는 사립학교경영자"를 "임면권자"로 하였다.

(2) 위원회 심사

〈1〉 **문교공보위원회:** 원안대로 가결되었다.[971]

969) 제96회 국회(정기회) 제17차 본회의, 국회회의록, 1976. 12. 16., 5면.

970) 1981. 2. 13. 정부(의안번호: CC0145); 제안이유 및 주요내용은 이 책 [4.204] 참조.

971) 제10.5대 국회 제77회 제19차 문교공보위원회국가보위입법회의사무처, 문교공보위원회회의록 1981. 2.

〈2〉 **법제사법위원회:** 원안대로 가결되었다.[972)]

(3) 본회의 심의

원안대로 가결되었다.[973)]

(4) 결과

원안으로 개정되었다.

04 4. 1981년 11월 23일 개정(법률 제3458호, 1982. 1. 3. 시행)

제58조의2(국가공무원법의 준용) 국가공무원법 제73조의2의 규정은 이를 사립학교 교원에게 준용한다. 이 경우 준용규정중 "임용권자 또는 임용제청권자"는 **"임용권자"**로 본다.

- 「국가공무원법」(1981. 4. 20. 개정, 1981. 5. 31. 시행) 개정으로 교육공무원에게도 「국가공무원법」의 적용됨에 따라 「국가공무원법」 제73조의2(직위의 해제)를 준용하도록 하였다.

05 5. 1990년 4월 7일 개정(법률 제4226호, 1990. 4. 7. 시행)

제58조의2(직위의 해제) ①사립학교의 교원이 다음 각호의 1에 해당할 때에는 당해 교원의 임면권자는 직위를 부여하지 아니할 수 있다. 다만, 제3호에 해당하는 자에 대하여는 직위를 부여하여서는 아니된다.

1. 직무수행능력이 부족하거나 근무성적이 극히 불량한 자, 또는 교원으로서 근무태도가 심히 불성실한 자
2. 징계의결이 요구중인 자
3. 형사사건으로 기소된 자(약식명령이 청구된 자는 제외한다)

②제1항의 규정에 의하여 직위를 부여하지 아니한 경우에 그 사유가 소멸된 때

19., 7면.

972) 제10.5대 국회 제77회 제19차 법제사법위원회 국가보위입법회의사무처, 법제사법위원회회의록, 1981. 2. 19., 5면.

973) 제10.5대 국회 제77회 제20차 국회본회의, 국가보위입법회의회의록, 1981. 2. 20., 7면.

에는 임면권자는 지체없이 직위를 부여하여야 한다.
③임면권자는 제1항제1호에 의하여 직위해제된 자에 대하여 3월이내의 기간대기를 명한다.
④제3항의 규정에 의하여 대기명령을 받은 자에 대하여는 임면권자는 능력회복이나 태도개선을 위한 연수 또는 특별한 연구과제의 부여등 필요한 조치를 하여야 한다.
⑤사립학교 교원에 대하여 제1항제1호와 제2호 또는 제3호의 직위해제사유가 경합하는 때에는 제2호 또는 제3호의 직위해제처분을 하여야 한다.

(1) 법률안

〈1〉 박석무 의원안[974)]

현행법	원안
제58조의2(국가공무원법의 준용) 국가공무원법 제73조의2의 규정은 이를 사립학교교원에게 준용한다. 이 경우 준용규정중 "임용권자 또는 임용제청권자"는 "임용권자"로 본다.	제58조의2(국가공무원법의 준용) <삭 제>

〈2〉 강삼재 의원안[975)]

현행법	원안
제58조의2(국가공무원법의 준용) 국가공무원법 제73조의2의 규정은 이를 사립학교교원에게 준용한다. 이 경우 준용규정중 "임용권자 또는 임용제청권자"는 "임용권자"로 본다.	제58조의2(국가공무원법의 준용) <삭 제>

(2) 위원회 심사

〈1〉 **문교공보위원회:** 대안[976)]으로 가결되었다.[977)]

대안
제58조의2(직위의 해제) ①사립학교의 교원이 다음 각호의 1에 해당할 때에는 당해 교원의 임면권자

974) 1988. 12. 21. 박석무의원 등 70인(의안번호: 130378); 제안이유 및 주요내용은 이 책 [4.206] 참조.
975) 1989. 2. 28. 강삼재의원 등 57인(의안번호: 130463; 제안이유 및 주요내용은 이 책 [4.206] 참조.
976) 1990. 3. 15. 문교공보위원장(의안번호: 130833).
977) 제148회 국회(임시회) 제6차 전체회의, 문교공보위원회회의록, 1990. 3. 14., 8면.

는 직위를 부여하지 아니할 수 있다. 다만, 제3호에 해당하는 자에 대하여는 직위를 부여하여서는 아니된다.

1. 직무수행능력이 부족하거나 근무성적이 극히 불량한 자, 또는 교원으로서 근무태도가 심히 불성실한 자
2. 징계의결이 요구중인 자
3. 형사사건으로 기소된 자(약식명령이 청구된 자는 제외한다)

②제1항의 규정에 의하여 직위를 부여하지 아니한 경우에 그 사유가 소멸된 때에는 임면권자는 지체없이 직위를 부여하여야 한다.

③임면권자는 제1항제1호에 의하여 직위해제된 자에 대하여 3월이내의 기간대기를 명한다.

④제3항의 규정에 의하여 대기명령을 받은 자에 대하여는 임면권자는 능력회복이나 태도개선을 위한 연수 또는 특별한 연구과제의 부여등 필요한 조치를 하여야 한다.

⑤사립학교 교원에 대하여 제1항제1호와 제2호 또는 제3호의 직위해제사유가 경합하는 때에는 제2호 또는 제3호의 직위해제처분을 하여야 한다.

제58조의2에 관한 회의록 내용은 아래와 같다.

- **박석무 위원**[978]: 사립학교법안에 대한 심의과정에서 본위원이 소위원회에 소위원으로 참가했기 때문에 그 심사과정에서 전부 제기됐던 이야기를 이 전체회의에서 제기하지 않을 수 없어서 말씀을 드립니다. 제안이유에서도 말씀하신 바와 같이 각 당에서 제출한 이 사립학교법 중 개정법률안은 그 근본취지가 사학의 자율성을 제고하는 데 그 목적이 있다고 설명을 했습니다. 그럼에도 불구하고 지금 소수의견으로 나와 있는 것은 말이 소수의견이지 실제상으로는 여당과 야당의 의견이 상이한 부분입니다. 그래서 저희 당 및 야당에서는 첫째 사립학교 교원에 대한 신분에 대해서 현행법에서 규정하고 있는 이런 조항들이 위헌이라는 그런 주장 위에서 헌법재판소에 제소가 되어 있습니다. 그래서 만약에 오늘 주장하신대로 이 법안을 그대로 통과시킨다고 한다면 만약의 경우 헌법재판소에서 이 조항에 대하여 위헌판결이 된다면 또 우리는 이 사립학교법을 개정해야 되는 것입니다...
- **위원장 정대철**[979]: 그러면 이것으로 토론을 종결하고 표결을 하고자 하는데 이의 없으시지요? (없습니다 하는 위원 있음) 그러면 이것으로 토론을 종결하고 표결할 것을 선포합니다. 표결은 국회법에 의한 순서에 따라서 기립표결하도록 하겠습니다. 그러면 먼저 소위원회에서 심사보고한대로 사립학교법 중 개정법률안 4건을 각각 본회의에 부의하지 아니하기로 하고 이에 대한 소위원회 대안을

978) 제148회 국회(임시회) 제6차 전체회의, 문교공보위원회회의록, 1990. 3. 14., 5면.
979) 제148회 국회(임시회) 제6차 전체회의, 문교공보위원회회의록, 1990. 3. 14., 8면.

위원회안으로 채택하여 제안하고자 하는데 찬성하시는 분은 기립하여 주시기 바랍니다. (기립표결) 표결 결과를 말씀드리겠습니다. 재석 12인 중 가 8인 부 4인으로 소위원회에서 심의보고한대로 사립학교법 중 개정법률안 4건을 각각 본회의에 부의하지 아니하기로 하고 이에 대한 위원회대안을 제안하기로 가결되었음을 선포합니다.

〈2〉 **법제사법위원회:** 문교공보위원회 대안대로 가결되었다.[980]

(3) 본회의 심의

문교공보위원회 대안대로 가결되었다.[981]

(4) 결과

문교공보위원회 대안으로 개정되었다.

58-2.206

6. 1997년 1월 13일 개정(법률 제5274호, 1997. 4. 14. 시행)

제58조의2(직위의 해제) ①사립학교의 교원이 다음 각호의 1에 해당할 때에는 당해 교원의 임면권자는 직위를 부여하지 아니할 수 있다.

1. 직무수행능력이 부족하거나 근무성적이 극히 불량한 자, 또는 교원으로서 근무태도가 심히 불성실한 자
2. 징계의결이 요구중인 자
3. 형사사건으로 기소된 자(약식명령이 청구된 자는 제외한다)

②제1항의 규정에 의하여 직위를 부여하지 아니한 경우에 그 사유가 소멸된 때에는 임면권자는 지체없이 직위를 부여하여야 한다.

③임면권자는 제1항제1호에 의하여 직위해제된 자에 대하여 3월이내의 기간대기를 명한다.

④제3항의 규정에 의하여 대기명령을 받은 자에 대하여는 임면권자는 능력회복이나 태도개선을 위한 연수 또는 특별한 연구과제의 부여등 필요한 조치를 하여야 한다.

---

980) 제148회 국회(임시회) 제6차 전체회의, 법제사법위원회회의록, 1990. 3. 14., 26면.

981) 제148회 국회(임시회) 제9차 본회의, 국회본회의회의록, 1990. 3. 16., 15~16면.

⑤사립학교 교원에 대하여 제1항제1호와 제2호 또는 제3호의 직위해제사유가 경합하는 때에는 제2호 또는 제3호의 직위해제처분을 하여야 한다.

(1) 법률안(정부안[982])

현행법	원안
제58조의2(직위의 해제) ①사립학교의 교원이 다음 각호의 1에 해당할 때에는 당해 교원의 임면권자는 직위를 부여하지 아니할 수 있다. 다만, 제3호에 해당하는 자에 대하여는 직위를 부여하여서는 아니된다. 1. ~ 3. (생 략) ② ~ ⑤ (생 략)	**제58조의2(직위의 해제)** ①사립학교의 교원이 다음 각호의 1에 해당할 때에는 당해 교원의 임면권자는 직위를 부여하지 아니할 수 있다. <단서 삭제> 1. ~ 3. (현행과 같음) ② ~ ⑤ (현행과 같음)

• 헌법재판소 위헌결정[983]에 따라 제1항의 단서를 삭제하였다.

(2) 위원회 심사

〈1〉 **교육위원회:** 원안대로 가결되었다.[984] 제58조의2에 관한 회의록 내용은 아래와 같다.

가. 제15대 국회 제181회 제6차 교육위원회(1996. 11. 26.)

• **설훈 의원[985]**: 존경하는 위원장님, 그리고 동료, 선배위원 여러분! 설훈 의원입니다. 본 의원이 제안한 사립학교법 중 개정법률안에 대하여 간략히 제안설명을 하겠습니다. 위원장님과 여러 위원님께서도 잘 아시는 바와 같이 현행 사립학교법 중 직위해제와 관련된 제58조의2제1항 단서조항은 사립학교 교원이 공소가 제기되어 있다는 이유만으로 직위해제 처분을 강제하고 있습니다. 이는 죄의 확정판결이 있을 때까지는 무죄추정을 받는다는 원칙 등에 반한다 하여 지난 94년 7월 29일 헌법재판소로부터 위헌판결을 받은 바 있지만 현재까지도 개정되지 않은 상태로 있어 국회가 위헌을 방조하고 있다는 비난을 받고있는 상태입니다. 따라서 형사사건으로 기소된 사립학교 교원에게는 직위를 부여해서는 안 된

982) 1996. 11. 18. 정부(의안번호: 150305); 제안이유 및 주요내용은 이 책 [3.206] 참조.
983) 헌법재판소 1994. 7. 29. 선고 93헌가3 결정.
984) 제181회 국회(정기회) 제10차 전체회의, 교육위원회회의록, 1996. 12. 12., 17면.
985) 제181회 국회(정기회) 제6차 전체회의, 교육위원회회의록, 1996. 11. 26., 7면.

다는 단서조항을 삭제하여 사립학교 교원의 인권을 보장해 주어야 한다고 생각합니다. 여러 위원님의 적극적인 협조 부탁합니다. 아무쪼록 본 의원의 사립학교법 중 개정법률안에 대해 만장일치로 가결되도록 간곡히 당부드리며 다행히 이번에 교육부에서 제안하는 사립학교법 개정법률안에도 이 조항이 들어 있는 것으로 알고 있습니다. 따라서 이 부분은 문제없이 여러분들이 가결되도록 해주시기를 부탁드리겠습니다. 이상 제안설명을 마치겠습니다. 감사합니다.

- **위원장대리 서한샘**[986]: 그러면 다음에는 전문위원의 검토보고가 있겠습니다. 나오셔서 검토보고해 주시기 바랍니다.
- **전문위원 류삼현**[987]: 류삼현 전문위원입니다. 검토보고를 드리겠습니다. 지난 8월 19일 설훈, 이해찬, 박상천, 김한길, 배종무, 이협 의원 외 73인이 발의해서 8월 20일 당 위원회에 회부된 사립학교법 중 개정법률안에 대하여 검토한 결과를 보고드리겠습니다. 본 건에 대한 제안이유와 주요골자는 자세한 설명이 있었기 때문에 생략을 하고 검토의견을 말씀드리겠습니다.

이 개정안은 지난 94년 7월 29일 헌법재판소로부터 위헌판결을 받은 바 있는 사립학교법 제58조의2제1항 단서규정이 아직 정리되고 있지 않아서 이를 삭제하고자 하는 것으로서 사립학교 교원이 형사사건으로 기소되면 교원의 임면권자는 당해 교원에 대하여 직위를 부여하지 못하도록 규정하고 있는 것입니다. 이는 당해 교원의 형사책임 유무에 대한 사법부의 판단이 내려지기 전에 교원에 대한 불이익을 강요하는 것으로 이는 직업선택의 자유와 무죄추정의 원칙 등을 규정한 헌법에 반한다는 이유로 지난 94년 7월 29일 위헌관결을 받은 바 있습니다. 헌법재판소법 제47조제2항에서는 "위헌으로 결정된 법률 또는 법률의 조항은 그 결정이 있는 날로부터 효력을 상실한다"는 규정에 따라서 사립학교법 제58조의2제1항 단서는 위헌결정을 한 날로부터 효력을 상실하게 되어 있어 당연히 무효가 됨으로써 법령 운용상에 문제는 없다고 하겠습니다. 그러나 위헌결정된 조항을 법조문에 그대로 두는 것은 형식상 적합하지 않을 뿐만 아니라 법률에 익숙하지 못한 일반인에게는 효력이 지속되는 조항인 것으로 오해가 되는 문제가 있으므로 이를 삭제할 필요가 있다고 보겠습니다. 다만, 이번에 정부에서 제출된 동법 개정안이 본 개정안과 같은 내용을 규정하고 있으므로 위원회 심사과정에서 적절한 정리를 할 필요가 있다고 봅니다. 이상으로 검토보고를 마치겠습니다...

---

986) 제181회 국회(정기회) 제6차 전체회의, 교육위원회회의록, 1996. 11. 26., 7면.
987) 제181회 국회(정기회) 제6차 전체회의, 교육위원회회의록, 1996. 11. 26., 7면.

• **홍문종 위원**[988]: 그 다음에 사립학교법 중 개정법률안이 올라와 있는데 제가 생각하기에는 대법원에서 위헌판결까지 났고 그렇기 때문에 이것은 타당성이 있다 저는 생각을 합니다. 그런데 제가 생각하기에 자구를 지금 부여하여서는 안 된다는 단서조항을 삭제하자 그렇게 얘기를 했는데 실질적으로 그런 문제가 있을 경우에는 어떻게 할 것이냐 이 말이지요. 문제가 있는 사람이 있다, 물론 자금 판결로 확정은 안 되었지만 명백하게 문제가 있다. 그리고 학생들한테 지금 위해의 상황이다. 그럴 때 본인은 절대 안 나가려고 그럽니다. 이런 것을 어떻게 하겠느냐 이 말이지요. 그래서 제가 생각하기에는 이것을 삭제하기보다는 부여하지 않을 수 있다, 사립학교에 뭐라고 할까 좀 자율권을 부여해서 진짜 교육에 문제가 있고 학생들에게 문제가 될 수 있는 소지가 있는 그런 교사라고 할 때는 학교에서 그 직위를 안 줄 수도 있도록 하는 것이 제가 생각하기에는 학생들을 위해서 우리 장래를 위해서는 굉장히 중요한 것이 아닌가 저는 그렇게 생각을 합니다. 이상입니다.

나. 제15대 국회 제181회 제7차 교육위원회(1996. 12. 3.)

• **소위원장 서한샘**[989]: 먼저 설훈 위원 외 78인이 발의한 사립학교법중 개정법률안은 헌법재판소가 위헌결정한 바 있는 동 법 제58조의2제1항 단서규정을 삭제하려는 것으로 이는 정부가 제출한 개정안에 반영되어 있으므로 이를 본회의에 부의하지 아니하기로 하였습니다...

• **위원장 김현욱**[990]: 의사일정 제3항 설훈·이해찬·박상천·김한길·배종무·이협 의원 외 73인이 발의한 사립학교법 중 개정법률안은 법안심사소위원회에서 심사 보고한 바와 같이 본회의에 부의하지 않기로 의결하고자 하는데 이의 없으십니까? (없습니다 하는 위원 있음) 없으시지요? 가결된 것을 선포합니다.

의사일정 제4항 정부에서 제출한 사립학교법 중 개정법률안에 대해서는 법안 내용 중에 기술대학 부분이 기재되어 있으므로 법안심사소위원회에 계류시켜 교육법 중 개정법률안과 관련이 있으므로 기술대학 부분이 조정될 때 이 내용을 같이 조정하기로 하고자 하는데 다른 의견 없으시지요? (없습니다 하는 위원 있음) 그러면 위원회에 계류하는 것으로 하겠습니다.

다. 제15대 국회 제181회 제10차 교육위원회(1996. 12. 12.)

• **위원장 김현욱**[991]: 의사일정 제2항 사립학교법 중 개정법률안은 법안심사소위원

988) 제181회 국회(정기회) 제6차 전체회의, 교육위원회회의록, 1996. 11. 26., 17면.
989) 제181회 국회(정기회) 제7차 전체회의, 교육위원회회의록, 1996. 12. 3., 5면.
990) 제181회 국회(정기회) 제7차 전체회의, 교육위원회회의록, 1996. 12. 3., 18면.

회에서 심사보고한 바와 같이 수정한 부분은 수정한 대로 기타 부분은 정부 원안대로 의결하고자 합니다. 이의 없으시지요? (없습니다 하는 위원 있음) 가결된 것을 선포합니다.

〈2〉 **법제사법위원회:** 원안대로 가결되었다.[992)]

(3) 본회의 심의

원안대로 가결되었다.[993)]

(4) 결과

원안으로 개정되었다.

58-2.207 ## 7. 2016년 2월 3일 개정(법률 제13938호, 2016. 8. 4. 시행)

제58조의2(직위의 해제) ①사립학교의 교원이 다음 각호의 1에 해당할 때에는 당해 교원의 **임용권자**는 직위를 부여하지 아니할 수 있다.

1. 직무수행능력이 부족하거나 근무성적이 극히 불량한 자, 또는 교원으로서 근무태도가 심히 불성실한 자
2. 징계의결이 요구중인 자
3. 형사사건으로 기소된 자(약식명령이 청구된 자는 제외한다)
4. **금품비위, 성범죄 등 대통령령으로 정하는 비위행위로 인하여 감사원 및 검찰·경찰 등 수사기관에서 조사나 수사 중인 사람으로서 비위의 정도가 중대하고 이로 인하여 정상적인 업무수행을 기대하기 현저히 어려운 자**

②제1항의 규정에 의하여 직위를 부여하지 아니한 경우에 그 사유가 소멸된 때에는 **임용권자**는 지체없이 직위를 부여하여야 한다.

③**임용권자**는 제1항제1호에 의하여 직위해제된 자에 대하여 3월 이내의 기간대기를 명한다.

④제3항의 규정에 의하여 대기명령을 받은 자에 대하여는 **임용권자**는 능력회복

991) 제181회 국회(정기회) 제10차 전체회의, 교육위원회회의록, 1996. 12. 12., 17면.

992) 제181회 국회(정기회) 제14차 전체회의, 법제사법위원회회의록, 1996. 12. 16., 23면.

993) 제181회 국회(정기회) 제22차 본회의, 국회본회의회의록, 1996. 12. 17., 8면.

이나 태도개선을 위한 연수 또는 특별한 연구과제의 부여등 필요한 조치를 하여야 한다.
⑤사립학교 교원에게 제1항제1호와 제2호·**제3호 또는 제4호**의 직위해제 사유가 **함께 있을** 때에는 **제2호·제3호 또는 제4호를 사유로** 직위해제 처분을 하여야 한다.

(1) 법률안

〈1〉 **박홍근 의원안**[994]: 이 조문을 포함한 개정 대상 조문의 제안이유 및 주요내용은 아래와 같다.

- 제안이유 및 주요내용

현행법은 사립학교 교원에 대하여 징계의결 요구 중이거나 형사사건으로 기소된 경우 등에 직위해제할 수 있는 근거를 두고 있으나 교육자의 특성을 고려할 때 성폭력범죄를 범한 교원에 대하여는 수사기관에서 수사 중인 경우에도 직위해제할 수 있는 요건으로 도입할 필요가 있음.

한편, 「교육공무원법」에 따르면 국·공립학교 교원은 만 19세 미만의 양자 입양 시 휴직할 수 있는바 이를 사립학교 교원에 대하여도 적용할 수 있도록 보완하여야 할 것임.

이에 성폭력범죄를 범하여 수사 중에 있는 사람에 대하여는 직위해제할 수 있도록 직위해제 요건으로 추가하여 교원 자질강화 및 사학 건전성 확보를 도모하고, 교원 휴직사유를 보완하여 교원 입양휴직제도의 형평성을 확보하려는 것임(안 제58조의2제1항제2호의2 및 제59조제1항제7호의2 신설).

이 조문의 현행법과 개정 원안은 아래와 같다.

현행법	원안
제58조의2(직위의 해제) ①사립학교의 교원이 다음 각호의 1에 해당할 때에는 당해 교원의 임면권자는 직위를 부여하지 아니할 수 있다. 1. ~ 2. (생 략) <신 설>	**제58조의2(직위의 해제)** ①사립학교의 교원이 다음 각호의 1에 해당할 때에는 당해 교원의 임면권자는 직위를 부여하지 아니할 수 있다. 1. ~ 2. (현행과 같음) 2의2. 「성폭력범죄의 처벌 등에 관한 특례법」 제2조에 따른 성폭력범죄로 수사기관에 신

994) 2015. 3. 26. 박홍근의원 등 10인(의안번호: 1914463); 제안이유 및 주요내용은 이 책 [2.204] 참조.

3. (생 략) ② ~ ⑤ (생 략)	고되어 학생과 격리가 필요하다고 인정된 때 3. (현행과 같음) ② ~ ⑤ (현행과 같음)

• 성비위로 수사 대상인 사람을 직위해제 대상에 추가하였다.

〈2〉 **정부안**[995)]

현행법	원안
제58조의2(직위의 해제) ①사립학교의 교원이 다음 각호의 1에 해당할 때에는 당해 교원의 임면권자는 직위를 부여하지 아니할 수 있다. 1. ~ 3. (생 략) <신 설>	**제58조의2(직위의 해제)** ①사립학교의 교원이 다음 각호의 1에 해당할 때에는 당해 교원의 임용권자는 직위를 부여하지 아니할 수 있다. 1. ~ 3. (현행과 같음) 4. 금품 및 향응의 수수(授受), 공금의 횡령(橫領)·유용(流用) 등 금품 관련 비위행위 또는 성(性) 관련 비위행위 또는 성(性) 관련 비위행위로 인하여 감사원 및 검찰·경찰 등 수사기관에서 조사나 수사 중인 사람으로서 교원인사위원회의 심의를 거쳐 비위의 정도가 중대하고 이로 인하여 정상적인 업무수행을 기대하기 현저기 어렵다고 인정된 사람
②제1항의 규정에 의하여 직위를 부여하지 아니한 경우에 그 사유가 소멸된 때에는 임면권자는 지체없이 직위를 부여하여야 한다. ③임면권자는 제1항제1호에 의하여 직위해제된 자에 대하여 3월 이내의 기간대기를 명한다. ④제3항의 규정에 의하여 대기명령을 받은 자에 대하여는 임면권자는 능력회복이나 태도개선을 위한 연수 또는 특별한 연구과제의 부여 등 필요한 조치를 하여야 한다. ⑤사립학교 교원에 대하여 제1항제1호와 제2호 또는 제3호의 직위해제사유가 경합하는 때에는 제2호 또는 제3호의 직위해제처분을 하여야 한다.	②제1항의 규정에 의하여 직위를 부여하지 아니한 경우에 그 사유가 소멸된 때에는 임용권자는 지체없이 직위를 부여하여야 한다. ③임용권자는 제1항제1호에 의하여 직위해제된 자에 대하여 3월 이내의 기간대기를 명한다. ④제3항의 규정에 의하여 대기명령을 받은 자에 대하여는 임용권자는 능력회복이나 태도개선을 위한 연수 또는 특별한 연구과제의 부여 등 필요한 조치를 하여야 한다. ⑤사립학교 교원에게 제1항제1호와 제2호·제3호 또는 제4호의 직위해제 사유가 함께 있을 때에는 제2호·제3호 또는 제4호를 사유로 직위해제 처분을 하여야 한다.

995) 2015. 7. 30. 정부(의안번호: 1916286); 제안이유 및 주요내용은 이 책 [2.204] 참조.

• 금품 및 향응의 수수(授受), 공금의 횡령(橫領)·유용(流用) 등 금품 관련 비위행위 또는 성(性) 관련 비위행위 또는 성(性) 관련 비위행위로 인하여 감사원 및 검찰·경찰 등 수사기관에서 조사나 수사 대상인 사람을 직위해제 대상에 추가하였다.

(2) 위원회 심사

〈1〉 **교육문화체육관광위원회:** 대안[996)]으로 가결되었다.[997)]

대안
제58조의2(직위의 해제) ①사립학교의 교원이 다음 각호의 1에 해당할 때에는 당해 교원의 임용권자는 직위를 부여하지 아니할 수 있다. 4. 금품비위, 성범죄 등 대통령령으로 정하는 비위행위로 인하여 감사원 및 검찰·경찰 등 수사기관에서 조사나 수사 중인 사람으로서 비위의 정도가 중대하고 이로 인하여 정상적인 업무수행을 기대하기 현저히 어려운 자 ②제1항의 규정에 의하여 직위를 부여하지 아니한 경우에 그 사유가 소멸된 때에는 임용권자는 지체없이 직위를 부여하여야 한다. ③임용권자는 제1항제1호에 의하여 직위해제된 자에 대하여 3월 이내의 기간대기를 명한다. ④제3항의 규정에 의하여 대기명령을 받은 자에 대하여는 임용권자는 능력회복이나 태도개선을 위한 연수 또는 특별한 연구과제의 부여등 필요한 조치를 하여야 한다. ⑤사립학교 교원에게 제1항제1호와 제2호·제3호 또는 제4호의 직위해제 사유가 함께 있을 때에는 제2호·제3호 또는 제4호를 사유로 직위해제 처분을 하여야 한다.

위 내용이 포함된 제58조의2에 관한 회의록 내용은 아래와 같다.

가. 제19대 국회 제332회 제3차 교육문화체육관광위원회(2015. 4. 17.)

• **박홍근 위원**[998)]: 이번에 교육 분야 관련해서 질의를 하겠습니다. 우선 올라온 법안 중에 사회부총리님이 잘 아실 겁니다. 지난 5년 동안 성범죄 징계받은 교원이 230명입니다. 이 중에서 아직 교단에 121명, 절반이 남아 있습니다. 가장 큰 원인은 피해자하고 합의만 하면, 그래서 100만 원 미만의 벌금형이 나오면 교단에 그냥 계속 서게 되어 있는 거거든요. 그런데 아시는 것처럼 작년에 교육부가 "교원들의 성범죄 관련해서는 법을 강화하겠다" 이렇게 의지를 밝힌 바가 있는데 아직까지 법과 관련해서 무슨 특별한 조치가 없었어요. 그래서 제가 지금 법안을 의원입법 형태로 해서 두 가지를 낸 겁니다.

996) 2015. 12. 30. 교육문화체육관광위원장(의안번호: 1918355).
997) 제337회 국회(정기회) 제10차 전체회의, 교육문화체육관광위원회회의록, 2015. 12. 7., 25면.
998) 제332회 국회(임시회) 제3차 전체회의, 교육문화체육관광위원회회의록, 2015. 4. 17., 71면.

그리고 오늘 하나는 이미 회부돼 있고 하나는 지금 여기 올라와 있는 건데 내용은 간단합니다. 성범죄 교원을 직위해제 대상에 포함시키되 신고가 접수돼 수사 중인 사람에 대해서는 직위해제가 가능하도록 하자, 이런 내용입니다. 그래서 저는 우리가 이걸 계속 그냥 얼버무리면서 가서는 안 된다 보고 있어요. 그래서 교육부가 좀 더 단호하게 앞으로 이 성범죄가 교육 현장에서 만연하지 않도록 이렇게 단호하게 의지를 보여야 한다고 생각하는데 부총리님, 동의하시지요?

- 부총리겸교육부장관 황우여[999]: 존경하는 박 위원님이 내신 이 안뿐만 아니라 우리가 안행위에 동시에 공무원법도 개정해서 하여간 형의 선고만 있으면 벌금이든 과료든 구류든 다 교단에서 제거하는 것으로 그렇게 조문에 추진하고 있습니다.
- 박홍근 위원[1000]: 알겠습니다

나. 제19대 국회 제337회 제2차 교육문화체육관광위원회 법안심사소위원회(2015. 11. 27.)

- 수석전문위원 정재룡[1001]: 개정안은 성범죄 등으로 수사·조사 중인 교원에 대하여 직위해제를 할 수 있도록 하는 것입니다. 검토의견 보시면 재범방지 및 사학의 건전성 확보를 위하여 성범죄 등으로 수사·조사 중인 교원에 대하여 직위해제를 할 필요가 있습니다. 다만 교육공무원은 국가공무원법에 따라 금품 비위, 성범죄 등의 비위행위로 조사·수사 중인 경우에 직위해제가 가능하도록 하고 있는데 사립학교 교원도 직위해제 대상을 명확히 규정할 필요가 있고, 직위해제는 임시조치로서 긴급히 이루어질 필요가 있다는 점에서 교원인사위원회의 심의 없이 대통령령이 정하는 비위행위가 있는 경우로 수정함이 타당할 것이라고 봅니다. 이상입니다.
- 교육부차관 이영[1002]: 정부 측 이견 없습니다...
- 소위원장 신성범[1003]: 위원님들 특별한 의견 없으시지요? (예 하는 위원 있음) 의사일정 제7항과 8항은 위원회 대안으로 제안하기로 하고, 2건의 법률안은 본회의에 부의하지 않겠습니다. 가결되었음을 선포합니다

---

999) 제332회 국회(임시회) 제3차 전체회의, 교육문화체육관광위원회회의록, 2015. 4. 17., 71면.
1000) 제332회 국회(임시회) 제3차 전체회의, 교육문화체육관광위원회회의록, 2015. 4. 17., 71면.
1001) 제337회 국회(정기회) 제2차 법안심사소위, 교육문화체육관광위원회회의록, 2015. 11. 27., 8면.
1002) 제337회 국회(정기회) 제2차 법안심사소위, 교육문화체육관광위원회회의록, 2015. 11. 27., 8면.
1003) 제337회 국회(정기회) 제2차 법안심사소위, 교육문화체육관광위원회회의록, 2015. 11. 27., 8면.

다. 제19대 국회 제337회 제10차 교육문화체육관광위원회(2015. 12. 7.)

- **소위원장 신성범**[1004]: 다음, 주호영 의원, 박홍근 의원, 유은혜 의원이 각각 대표발의하고 정부가 제출한 사립학교법 일부개정법률안을 통합 조정한 대안의 주요내용을 말씀드리면…둘째 성폭력범죄 등으로 수사·조사 중인 교원에 대한 직위해제 규정을 신설하였습니다…
- **위원장 박주선**[1005]: 의사일정 제16항부터 19항까지 유은혜 의원, 주호영 의원, 박홍근 의원이 각각 대표발의하고 정부가 제출한 4건의 사립학교법 일부개정법률안은 소위원회에서 심사보고한 바와 같이 본회의에 각각 부의하지 아니하고 이를 통합 조정한 의사 일정 제20항 사립학교법 일부개정법률안(대안)을 제안하고자 합니다. 이의 없으십니까? (없습니다 하는 위원 있음) 가결되었음을 선포합니다.

〈2〉 **법제사법위원회:** 교육문화체육관광위원회 대안대로 가결되었다.[1006]

(3) 본회의 심의

교육문화체육관광위원회 대안대로 가결되었다.[1007]

(4) 결과

교육문화체육관광위원회 대안으로 개정되었다.

08

8. 2020년 12월 22일 개정(법률 제17659호, 2020. 12. 22. 시행)

제58조의2(직위의 해제) ①_사립학교 교원이 다음 각 호의 어느 하나에 해당하는 경우에는 그 교원의 임용권자는 직위를 부여하지 아니할 수 있다.

1. 직무수행능력이 부족하거나 근무성적이 매우 불량하거나 교원으로서 근무태도가 매우 불성실한 경우
2. 징계의결이 요구_중인 경우
3. 형사사건으로 기소된 경우(약식명령이 청구된 경우는 제외한다)

1004) 제337회 국회(정기회) 제10차 전체회의, 교육문화체육관광위원회회의록, 2015. 12. 7., 17면.
1005) 제337회 국회(정기회) 제10차 전체회의, 교육문화체육관광위원회회의록, 2015. 12. 7., 25면.
1006) 제338회 국회(임시회) 제2차 전체회의, 법제사법위원회회의록, 2015. 12. 30., 40면.
1007) 제338회 국회(임시회) 제2차 본회의, 국회본회의회의록, 2015. 12. 31., 17면.

4. 금품비위, 성범죄 등 대통령령으로 정하는 비위행위로 인하여 감사원 및 검찰·경찰 등 수사기관에서 조사나 수사 중인 **경우**로서 비위의 정도가 중대하고 이로 인하여 정상적인 업무수행을 기대하기 현저히 어려운 **경우**

②_제1항**에 따라** 직위를 부여하지 아니한 경우에 그 사유가 소멸되면 임용권자는 지체 없이 직위를 부여하여야 한다.

③_임용권자는 제1항제1호에 **따라** 직위해제된 **사람에게** 3**개**월 이내의 기간대기를 명한다.

④ **임용권자는 제3항에 따라 대기명령을 받은 사람에게** 능력 회복이나 태도_개선을 위한 연수 또는 특별한 연구과제의 부**과** 등 필요한 조치를 하여야 한다.

⑤_사립학교 교원에게 제1항제1호와 **같은 항** 제2호·제3호 또는 제4호의 직위해제 사유가 함께 **있는 경우에는 같은 항** 제2호·제3호 또는 제4호를 사유로 직위해제 처분을 하여야 한다.

• 법문을 한글화하고 간결하게 하였다(오직 형식에 관한 개정이므로 자세한 개정경과는 생략함[1008]).

58-2.300

III. 현행법

제58조의2(직위의 해제) ① 사립학교 교원이 다음 각 호의 어느 하나에 해당하는 경우에는 그 교원의 임용권자는 직위를 부여하지 아니할 수 있다.

1. 직무수행능력이 부족하거나 근무성적이 매우 불량하거나 교원으로서 근무태도가 매우 불성실한 경우
2. 징계의결이 요구 중인 경우
3. 형사사건으로 기소된 경우(약식명령이 청구된 경우는 제외한다)
4. 금품비위, 성범죄 등 대통령령으로 정하는 비위행위로 인하여 감사원 및 검찰·경찰 등 수사기관에서 조사나 수사 중인 경우로서 비위의 정도가 중대하고 이로 인하여 정상적인 업무수행을 기대하기 현저히 어려운 경우

② 제1항에 따라 직위를 부여하지 아니한 경우에 그 사유가 소멸되면 임용권자는 지체 없이 직위를 부여하여야 한다.

1008) 이에 관한 구체적 개정경과는 이 책 [1.201] 참조.

③ 임용권자는 제1항제1호에 따라 직위해제된 사람에게 3개월 이내의 기간대기를 명한다.
④ 임용권자는 제3항에 따라 대기명령을 받은 사람에게 능력 회복이나 태도 개선을 위한 연수 또는 특별한 연구과제의 부과 등 필요한 조치를 하여야 한다.
⑤ 사립학교 교원에게 제1항제1호와 같은 항 제2호·제3호 또는 제4호의 직위해제 사유가 함께 있는 경우에는 같은 항 제2호·제3호 또는 제4호를 사유로 직위해제 처분을 하여야 한다.

400 IV. 종합/특기사항

- 1975년 개정으로 신설된 제58조의2는 「교육공무원법」의 관련 조문을 준용하는 것으로부터 시작하여 1981년 개정으로 준용 법률이 「국가공무원법」으로 변경되었으며, 1990년 개정으로 준용 체계가 아니라 현행법의 형식으로 자리를 잡았다.
- 2016년 개정은 금품비위·성범죄 등으로 수사기관 등에서 수사 등의 절차에 있는 사람으로서 비위의 정도가 중대한 경우를 직위해제 대상에 추가하였다.
- 1994년 헌법재판소는 사립학교법(1963. 6. 26. 법률 제1362호, 1990. 4. 7. 개정 법률 제4226호) 제58조의2제1항 단서와 제58조의2제1항제3호의 위헌 여부에 대하여 아래와 같이 전자는 헌법에 위반되고, 후자는 헌법에 위반되지 않는다고 판시하였다.[1009)]

사립학교법 제58조의2제1항 단서 규정이 제3호 소정의 형사사건으로 기소된 교원에 대하여 필요적으로 직위해제처분을 하도록 규정하고 있는 취지는, 정식기소된 경우 당연퇴직사유가 되는 형의 선고를 받을 개연성이 상당히 크므로 궁극적으로 교직에서 배제되어야 할 자를 가처분적으로 미리 교직에서 배제하기 위한 것이다. 그런데 제소된 사안의 심각한 정도, 증거의 확실성 여부 및 예상되는 판결의 내용 등을 고려하지 아니하고 약식명령을 청구한 사건 이외의 형사사건으로서 공소가 제기된 경우, 당해 교원이 자기에게 유리한 사실의 진술이나 증거를 제출할 방법조차 없이 일률적으로 판결의 확정시까지 직위해제처분을 하는 것은, 징계절차에서도 정분의 기회가 보장되고 정직처분도 3월 이하만 가능한 사정 등과 비교하

1009) 헌법재판소 1994. 7. 29. 선고 93헌가3, 93헌가7 결정.

면, 사립학교법 제58조의2제1항 단서 규정은 방법의 직정성·피해의 최소성·법익의 균형성을 갖추지 못하였다고 할 것이므로, 헌법 제15조, 제27조제4항 및 제37조제2항에 위반되어 위헌이고, 다만 제3호 부분은 사립학교법 제58조의2 제1항 본문과 결합하여 입법취지에 맞게 합헌적으로 적용될 수 있는 규정이므로 위헌이라고 할 수 없다.

제59조(휴직의 사유)

59.100 I. 제정법

제59조(휴직의 사유) ①사립학교의 교원이 다음 각호의 1에 해당할 때에는 당해 학교법인 또는 사립학교경영자는 휴직을 명할 수 있다.
1. 신체 또는 정신상의 장애로 장기의 휴양을 요할 때
2. 형사사건으로 기소된 때
3. 기타 정관이 정하는 사유가 있을 때

②전항의 휴직의 기간과 휴직자의 신분 및 처우등에 관하여는 정관(사립학교경영자의 경우에는 그가 정하는 교원의 신분보장 및 징계에 관한 규칙을 말한다. 이하 같다)으로 정한다.
③사립학교경영자는 전항에 규정된 교원의 신분보장 및 징계에 관한 규칙을 정한 때에는 감독청의 인가를 받아야 한다. 이를 변경하는 경우에도 또한 같다.

『새교육』은 이 조문의 제정이유를 소개하지 않았다.[1010]

II. 개정 경과

59.201 1. 1964년 11월 10일 개정(법률 제1664호, 1964. 11. 10. 시행)

제59조(휴직의 사유) ①사립학교의 교원이 다음 각호의 1에 해당할 때에는 당해 학

1010) 金康鉉, 앞의 글 "私立學校法(完)", 47면.

교법인 또는 사립학교경영자는 휴직을 명할 수 있다.
1. 신체 또는 정신상의 장애로 장기의 휴양을 요할 때
2. 형사사건으로 기소된 때
3. 병역법의 규정에 의하여 징집 또는 소집된 때
4. 기타 정관이 정하는 사유가 있을 때
②전항의 휴직의 기간과 휴직자의 신분 및 처우등에 관하여는 정관(사립학교경영자의 경우에는 그가 정하는 교원의 신분보장 및 징계에 관한 규칙을 말한다. 이하 같다)으로 정한다.
③사립학교경영자는 전항에 규정된 교원의 신분보장 및 징계에 관한 규칙을 정한 때에는 감독청의 인가를 받아야 한다. 이를 변경하는 경우에도 또한 같다.

(1) 법률안(최영두 의원안[1011])

현행법	원안
第59조(휴직의 사유) ① (생 략) 1. ~ 2. (생 략) 3. 기타 정관이 정하는 사유가 있을 때 <신 설> ② ~ ③ (생 략)	**第59조(휴직의 사유)** ① (현행과 같음) 1. ~ 2. (현행과 같음) 3. 병역복무를 위하여 징집 또는 소집된 때 4. 기타 정관이 정하는 사유가 있을 때 ② ~ ③ (현행과 같음)

• 병역을 위한 징집·소집을 휴직사유에 추가하였다.

(2) 위원회 심사

〈1〉 **문교공보위원회:** 대안[1012]으로 가결되었다.[1013]

대안
第59조(휴직의 사유) 3. 병역법의 규정에 의하여 징집 또는 소집되었을 때 4. 기타 정관이 정하는 사유가 있을 때

〈2〉 **법제사법위원회:** 문교공보위원회 대안대로 가결되었다.[1014]

1011) 1964. 3. 9. 최영두의원 등 11인(의안번호: 060074); 제안이유 및 주요내용은 이 책 [4.201] 참조.
1012) 1964. 4. 16. 문교공보위원장(의안번호: 060162).
1013) 제41회 국회(임시회) 제9차 전체회의, 문교공보위원회회의록, 1964. 4. 16., 16면.
1014) 제41회 국회(임시회) 제9차 전체회의, 법제사법위원회회의록, 1964. 4. 18., 44면.

(3) 본회의 심의

문교공보위원회 대안대로 가결되었다.[1015] 제59조에 관한 회의록 내용은 아래와 같다.

- 문교공보위원장 최영두[1016]: 다음, 59조 "휴직의 사유"로서 소집이나 징집되었을 때가 누락되었기 때문에 이것을 삽입했습니다.

(4) 결과

문교공보위원회 대안으로 개정되었다.

59.202

2. 1975년 7월 23일 개정(법률 제2775호, 1975. 7. 23. 시행)

제59조(휴직의 사유) ①사립학교의 교원이 다음 각호의 1에 해당할 때에는 당해 학교법인 또는 사립학교경영자는 휴직을 명할 수 있다.
1. 신체 또는 정신상의 장애로 장기의 휴양을 요할 때
<u>2. 삭제</u>
3. 병역법의 규정에 의하여 징집 또는 소집된 때
4. 기타 정관이 정하는 사유가 있을 때

②전항의 휴직의 기간과 휴직자의 신분 및 처우등에 관하여는 정관(사립학교경영자의 경우에는 그가 정하는 교원의 신분보장 및 징계에 관한 규칙을 말한다. 이하 같다)으로 정한다.

③사립학교경영자는 전항에 규정된 교원의 신분보장 및 징계에 관한 규칙을 정한 때에는 감독청의 인가를 받아야 한다. 이를 변경하는 경우에도 또한 같다.

(1) 법률안(오주환 의원안[1017])

현행법	원안
제59조(휴직의 사유) ①사립학교의 교원이 다음 각호의 1에 해당할 때에는 당해 학교법인 또는	**제59조(휴직의 사유)** ①사립학교의 교원이 다음 각호의 1에 해당할 때에는 당해 학교법인 또는

1015) 제45회 국회(정기회) 제19차 본회의, 국회본회의회의록, 1964. 10. 28., 25면.
1016) 제45회 국회(정기회) 제19차 본회의, 국회회의록, 1964. 10. 28., 20면.
1017) 1975. 6. 28. 오주환의원 등 51인(의안번호: 090349); 제안이유 및 주요내용은 이 책 [45.201] 참조.

사립학교경영자는 휴직을 명할 수 있다. 1. (생 략) 2. 형사사건으로 기소된 때 3. ~ 4. (생 략) ② ~ ③ (생 략)	사립학교경영자는 휴직을 명할 수 있다. 1. (현행과 같음) 2. 삭제 3. ~ 4. (현행과 같음) ② ~ ③ (현행과 같음)

• "형사사건으로 기소된 때"는 휴직사유로 볼 수 없으므로 제58조의2에 속하도록 하였다.

(2) 위원회 심사

〈1〉 **문교공보위원회:** 원안대로 가결되었다.[1018] 제59조에 관한 회의록 내용은 아래와 같다.

가. 제9대 국회 제93회 제1차 문교공보위원회(1975. 7. 4.)

• **전문위원 김사달**[1019]: 제59조 휴직의 사유에서 "형사사건으로 기소된 때"를 뺐습니다. 이를 삭제하는 이유는 단지 기소 사실만으로 범법유죄라 할 수 없으므로 당연 삭제되어야만 할 것입니다. 또 교육공무원법에도 휴직에 "형사사건에 기소된 때"라고 하는 조항이 없습니다. 그래서 이것을 제58조의2(교육공무원법의 준용)의 신설조문은 교육공무원법 제51조의2의 직위의 해제와 해임에 관한 조문을 준용한다는 것으로 형사사건에 기소된 자에게는 직위를 부여하지 않는다. 이것으로 돌렸기 때문에 해직사유가 되지 휴직사유가 되지 않습니다. 그래서 법체계를 갖추기 위해서 뺀 것입니다.

나. 제9대 국회 제93회 제2차 문교공보위원회(1975. 7. 7.)

• **위원장 육인수**[1020]: 다음 의사일정 제3항 사립학교법 중 개정법률안에 대하여 수정한 부분은 수정한대로 나머지 부분은 원안대로 가결하고자 합니다. 이의 없으십니까? (없습니다 하는 이 있음) 그러면 수정의결된 것을 선포합니다.

〈2〉 **법제사법위원회:** 원안대로 가결되었다.[1021]

1018) 제93회 국회(임시회) 제2차 전체회의, 문교공보위원회회의록, 1975. 7. 7., 4면.
1019) 제93회 국회(임시회) 제1차 전체회의, 문교공보위원회회의록, 1975. 7. 4., 7면.
1020) 제93회 국회(임시회) 제2차 전체회의, 문교공보위원회회의록, 1975. 7. 7., 4면.
1021) 제93회 국회(임시회) 제3차 전체회의, 법제사법위원회회의록, 1975. 7. 8., 6면.

(3) 본회의 심의

원안대로 가결되었다.[1022)]

(4) 결과

원안으로 개정되었다.

59.203

3. 1981년 2월 28일 개정(법률 제3373호, 1981. 2. 28. 시행)

제59조(휴직의 사유) ①사립학교의 교원이 다음 각호의 1에 해당할 때에는 당해 교원의 임면권자는 휴직을 명할 수 있다.

1. 신체 또는 정신상의 장애로 장기의 휴양을 요할 때
2. 삭제
3. 병역법의 규정에 의하여 징집 또는 소집된 때
4. 기타 정관이 정하는 사유가 있을 때

②제1항의 휴직의 기간과 휴직자의 신분 및 처우등에 관하여는 정관(사립학교경영자의 경우에는 그가 정하는 교원의 신분보장 및 징계에 관한 규칙을 말한다. 이하 같다)으로 정한다.

③사립학교경영자는 제2항에 규정된 교원의 신분보장 및 징계에 관한 규칙을 정한 때에는 감독청의 인가를 받아야 한다. 이를 변경하는 경우에도 또한 같다.

(1) 법률안(정부안[1023)])

현행법	원안
제59조(휴직의 사유) ①사립학교의 교원이 다음 각호의 1에 해당할 때에는 당해 학교법인 또는 사립학교경영자는 휴직을 명할 수 있다. 1. ~ 4. (생 략) ② ~ ③ (생 략)	**제59조(휴직의 사유)** ①사립학교의 교원이 다음 각호의 1에 해당할 때에는 당해 교원의 임면권자는 휴직을 명할 수 있다. 1. ~ 4. (현행과 같음) ② ~ ③ (현행과 같음)

• “학교법인 또는 사립학교경영자”를 “임면권자”로 하였다.

1022) 제93회 국회(임시회) 제6차 본회의, 국회회의록, 1975. 7. 9., 77면.

1023) 1981. 2. 13. 정부(의안번호: CC0145); 제안이유 및 주요내용은 이 책 [4.204] 참조.

(2) 위원회 심사

〈1〉 **문교공보위원회:** 원안대로 가결되었다.[1024)]

〈2〉 **법제사법위원회:** 원안을 수정·가결했다.[1025)] 수정내용은 아래와 같다.

법제사법위원회 수정안
제59조(휴직의 사유) ①사립학교의 교원이 다음 각호의 1에 해당할 때에는 당해[1026)] 교원의 임면권자는 휴직을 명할 수 있다. ②제1항의 휴직의 기간과 휴직자의 신분 및 처우등에 관하여는 정관(사립학교경영자의 경우에는 그가 정하는 교원의 신분보장 및 징계에 관한 규칙을 말한다. 이하 같다)으로 정한다. ③사립학교경영자는 제2항에 규정된 교원의 신분보장 및 징계에 관한 규칙을 정한 때에는 감독청의 인가를 받아야 한다. 이를 변경하는 경우에도 또한 같다.

위 내용이 포함된 제59조에 관한 회의록 내용은 아래와 같다.

- **전문위원 양삼승**[1027)]: 제59조제1항 본문…중 각 "임명권자"로 되어 있는 부분을 역시 용어의 통일을 위하여 "임면권자"로 수정하고,…제59조제1항 본문 중 "당해"라는 자구를 각 삭제하…였습니다.

(3) 본회의 심의

법제사법위원회 수정안대로 가결되었다.[1028)]

(4) 결과

법제사법위원회 수정안으로 개정되었다.

1024) 제10.5대 국회 제77회 제19차 문교공보위원회국가보위입법회의사무처, 문교공보위원회회의록, 1981. 2. 19., 7면.

1025) 제10.5대 국회 제77회 제19차 법제사법위원회 국가보위입법회의사무처, 법제사법위원회회의록, 1981. 2. 19., 5면.

1026) 법제사법위원회 회의록에 따르면 "당해"라는 자구는 삭제되어야 하나, 법제사법위원회 수정안에는 반영되지 않았다(심사보고서, 문교공보위원회, 1981. 2. 19., 6면 참조).

1027) 제10.5대 국회 제77회 제30차 법제사법위원회국가보위입법회의사무처, 법제사법위원회회의록, 1981. 2. 19., 4면.

1028) 제10.5대 국회 제77회 제20차 국회본회의, 국가보위입법회의회의록, 1981. 2. 20., 7면.

59.204 4. 1990년 4월 7일 개정(법률 제4226호, 1990. 4. 7. 시행)

제59조(휴직의 사유) ①사립학교의 교원이 다음 각호의 1에 해당하는 사유로 휴직을 원하는 경우에는 당해 교원의 임면권자는 휴직을 명할 수 있다. 다만, 제1호 내지 제4호의 경우에는 휴직을 명하여야 한다.

1. 신체·정신상의 장애로 장기요양을 요할 때
2. 병역법에 의한 병역의 복무를 위하여 징집 또는 소집된 때
3. 천재·지변 또는 전시·사변이나 기타의 사유로 인하여 생사 또는 소재가 불명하게 된 때
4. 기타 법률의 규정에 의한 의무를 수행하기 위하여 직무를 이탈하게 된 때
5. 학위취득을 목적으로 해외유학을 하게 된 때 또는 외국에서 1년이상 연구하게 된 때
6. 국제기구·외국기관 또는 재외국민교육기관에 고용된 때
7. 여교원이 임신 또는 출산하게 된 때
8. 문교부장관이 지정하는 연구기관이나 교육기관등에서 연수하게 된 때
9. 기타 정관이 정하는 사유가 있는 때

②제1항의 휴직의 기간과 휴직자의 신분 및 처우등에 관하여는 정관(사립학교경영자의 경우에는 그가 정하는 교원의 신분보장 및 징계에 관한 규칙을 말한다. 이하 같다)으로 정한다.

③사립학교경영자는 제2항에 규정된 교원의 신분보장 및 징계에 관한 규칙을 정한 때에는 관할청의 인가를 받아야 한다. 이를 변경하는 경우에도 또한 같다.

(1) 법률안

〈1〉 정부안[1029)]

현행법	원안
제59조(휴직의 사유) ①사립학교의 교원이 다음 각호의 1에 해당할 때에는 당해 교원의 임면권자는 휴직을 명할 수 있다. 1. 신체 또는 정신상의 장애로 장기의 휴양을 요할 때	**제59조(휴직의 사유)** ①사립학교의 교원이 다음 각호의 1에 해당할 때에는 당해 교원의 임면권자는 휴직을 명할 수 있다. 1. 신체·정신상의 장애로 장기요양을 요할 때 2. 병역법에 의한 병역의 복무를 위하여 징집

1029) 1988. 12. 2. 정부(의안번호: 130287); 제안이유 및 주요내용은 이 책 [4.206] 참조.

2. <삭 제> 3. 병역법의 규정에 의하여 징집 또는 소집된 때 4. 기타 정관이 정하는 사유가 있을 때	또는 소집된 때 3. 천재·지변 또는 전시·사변이나 기타의 사유로 인하여 생사 또는 소재가 불명하게 된 때 4. 기타 법률의 규정에 의한 의무를 수행하기 위하여 직무를 이탈하게 된 때 5. 학위취득을 목적으로 해외유학을 하게 된 때 또는 외국에서 1년이상 연구하게 된 때 6. 국제기구·외국기관 또는 재외국민교육기관에 고용된 때 7. 여교원이 임신 또는 출산하게 된 때 8. 문교부장관이 지정하는 연구기관이나 교육기관등에서 연수하게 된 때
② (생 략) ③사립학교경영자는 제2항에 규정된 교원의 신분보장 및 징계에 관한 규칙을 정한 때에는 감독청의 인가를 받아야 한다. 이를 변경하는 경우에도 또한 같다.	9. 기타 정관이 정하는 사유가 있는 때 ② (현행과 같음) ③사립학교경영자는 제2항에 규정된 교원의 신분보장 및 징계에 관한 규칙을 정한 때에는 관할청의 인가를 받아야 한다. 이를 변경하는 경우에도 또한 같다.

• 교원의 휴직사유를 교육공무원의 휴직사유와 동일하게 조정하였다(제1항제1호~제8호).

〈2〉 박석무 의원안[1030)]

현행법	원안
제59조(휴직의 사유) ① ~ ③ (생 략)	**제59조(휴직)** 사립학교 교원의 휴직에 관하여는 교육공무원법 제44조의 규정을 준용한다

• 사립학교 교원의 휴직사유를 교육공무원의 휴직사유와 동일하게 조정하였다.

〈3〉 김인곤 의원안[1031)]

현행법	원안
제59조(휴직의 사유) ① ~ ③ (생 략)	**제59조(휴직)** 사립학교 교원의 휴직에 관하여는 교육공무원법 제44조의 규정을 준용한다

1030) 1988. 12. 21. 박석무의원 등 70인(의안번호: 130378); 제안이유 및 주요내용은 이 책 [4.206] 참조.
1031) 1989. 2. 16. 김인곤의원 등 34인(의안번호: 130422); 제안이유 및 주요내용은 이 책 [4.206] 참조.

- 사립학교 교원의 휴직사유를 교육공무원의 휴직사유와 동일하게 조정하였다.

〈4〉 강삼재 의원안[1032]

현행법	원안
제59조(휴직의 사유) ① ~ ③ (생 략)	**제59조(휴직)** 사립학교 교원의 휴직은 교육공무원법 제44조, 제45조를 준용한다.

- 사립학교 교원의 휴직사유를 교육공무원의 휴직사유와 동일하게 조정하였다.

(2) 위원회 심사

〈1〉 **문교공보위원회:** 대안[1033]으로 가결되었다.[1034]

문교공보위원회 대안
제59조(휴직의 사유) ①사립학교의 교원이 다음 각호의 1에 해당하는 사유로 휴직을 원하는 경우에는 당해 교원의 임면권자는 휴직을 명할 수 있다. 다만, 제1호 내지 제4호의 경우에는 휴직을 명하여야 한다. 1. 신체·정신상의 장애로 장기요양을 요할 때 2. 병역법에 의한 병역의 복무를 위하여 징집 또는 소집된 때 3. 천재·지변 또는 전시·사변이나 기타의 사유로 인하여 생사 또는 소재가 불명하게 된 때 4. 기타 법률의 규정에 의한 의무를 수행하기 위하여 직무를 이탈하게 된 때 5. 학위취득을 목적으로 해외유학을 하게 된 때 또는 외국에서 1년이상 연구하게 된 때 6. 국제기구·외국기관 또는 재외국민교육기관에 고용된 때 7. 여교원이 임신 또는 출산하게 된 때 8. 문교부장관이 지정하는 연구기관이나 교육기관등에서 연수하게 된 때 9. 기타 정관이 정하는 사유가 있는 때 ③사립학교경영자는 제2항에 규정된 교원의 신분보장 및 징계에 관한 규칙을 정한 때에는 관할청의 인가를 받아야 한다. 이를 변경하는 경우에도 또한 같다.

〈2〉 **법제사법위원회:** 문교공보위원회 대안대로 가결되었다.[1035]

(3) 본회의 심의

문교공보위원회 대안대로 가결되었다.[1036]

1032) 1989. 2. 28. 강삼재의원 등 57인(의안번호: 130463); 제안이유 및 주요내용은 이 책 [4.206] 참조.
1033) 1990. 3. 15. 문교공보위원장(의안번호: 130833).
1034) 제148회 국회(임시회) 제6차 전체회의, 문교공보위원회회의록, 1990. 3. 14., 8면.
1035) 제148회 국회(임시회) 제6차 전체회의, 법제사법위원회회의록, 1990. 3. 14., 26면.
1036) 제148회 국회(임시회) 제9차 본회의, 국회본회의회의록, 1990. 3. 16., 15~16면.

(4) 결과

문교공보위원회 대안으로 개정되었다.

05 5. 1990년 12월 27일 개정(법률 제4268호, 1990. 12. 27. 시행)

제59조(휴직의 사유) ①사립학교의 교원이 다음 각호의 1에 해당하는 사유로 휴직을 원하는 경우에는 당해 교원의 임면권자는 휴직을 명할 수 있다. 다만, 제1호 내지 제4호의 경우에는 휴직을 명하여야 한다.

1. 신체·정신상의 장애로 장기요양을 요할 때
2. 병역법에 의한 병역의 복무를 위하여 징집 또는 소집된 때
3. 천재·지변 또는 전시·사변이나 기타의 사유로 인하여 생사 또는 소재가 불명하게 된 때
4. 기타 법률의 규정에 의한 의무를 수행하기 위하여 직무를 이탈하게 된 때
5. 학위취득을 목적으로 해외유학을 하게 된 때 또는 외국에서 1년이상 연구하게 된 때
6. 국제기구·외국기관 또는 재외국민교육기관에 고용된 때
7. 여교원이 임신 또는 출산하게 된 때
8. <u>교육부장관</u>이 지정하는 연구기관이나 교육기관등에서 연수하게 된 때
9. 기타 정관이 정하는 사유가 있는 때

②제1항의 휴직의 기간과 휴직자의 신분 및 처우등에 관하여는 정관(사립학교경영자의 경우에는 그가 정하는 교원의 신분보장 및 징계에 관한 규칙을 말한다. 이하 같다)으로 정한다.

③사립학교경영자는 제2항에 규정된 교원의 신분보장 및 징계에 관한 규칙을 정한 때에는 관할청의 인가를 받아야 한다. 이를 변경하는 경우에도 또한 같다.

- 「정부조직법」(1990. 12. 27. 개정·시행)에 따라 "문교부장관"을 "교육부장관"으로 변경하였다.

06 6. 1997년 1월 13일 개정(법률 제5274호, 1997. 4. 14. 시행)

제59조(휴직의 사유) ①사립학교의 교원이 다음 각호의 1에 해당하는 사유로 휴직

을 원하는 경우에는 당해 교원의 임면권자는 휴직을 명할 수 있다. 다만, 제1호 내지 제4호의 경우에는 휴직을 명하여야 한다.

1. 신체·정신상의 장애로 장기요양을 요할 때
2. 병역법에 의한 병역의 복무를 위하여 징집 또는 소집된 때
3. 천재·지변 또는 전시·사변이나 기타의 사유로 인하여 생사 또는 소재가 불명하게 된 때
4. 기타 법률의 규정에 의한 의무를 수행하기 위하여 직무를 이탈하게 된 때
5. 학위취득을 목적으로 해외유학을 **하거나** 외국에서 1년이상 연구 또는 **연수하게** 된 때
6. 국제기구·외국기관 또는 재외국민교육기관에 고용된 때
7. **자녀(휴직신청당시 1세미만인 자녀에 한한다)를 양육하기 위하여 필요하거나** 여교원이 임신 또는 출산하게 된 때
8. 교육부장관이 지정하는 **국내의** 연구기관이나 교육기관등에서 연수하게 된 때
9. **사고 또는 질병등으로 장기간의 요양을 요하는 부모, 배우자, 자녀 또는 배우자의 부모의 간호를 위하여 필요한 때**
10. **배우자가 국외근무를 하게 되거나 제5호에 해당하게 된 때**
11. **기타 정관이 정하는 사유가 있는 때**

②제1항의 휴직의 기간과 휴직자의 신분 및 처우등에 관하여는 정관(사립학교경영자의 경우에는 그가 정하는 교원의 신분보장 및 징계에 관한 규칙을 말한다. 이하 같다)으로 정한다.

③사립학교경영자는 제2항에 규정된 교원의 신분보장 및 징계에 관한 규칙을 정한 때에는 관할청의 인가를 받아야 한다. 이를 변경하는 경우에도 또한 같다.

(1) 법률안

〈1〉 정부안[1037]

현행법	원안
제59조(휴직의 사유) ①사립학교의 교원이 다음 각호의 1에 해당하는 사유로 휴직을 원하는 경우에는 당해 교원의 임면권자는 휴직을 명할	**제59조(휴직의 사유)** ①사립학교의 교원이 다음 각호의 1에 해당하는 사유로 휴직을 원하는 경우에는 당해 교원의 임면권자는 휴직을 명할

1037) 1996. 11. 18. 정부(의안번호: 150305); 제안이유 및 주요내용은 이 책 [3.206] 참조.

수 있다. 다만, 제1호 내지 제4호의 경우에는 휴직을 명하여야 한다.	수 있다. 다만, 제1호 내지 제4호의 경우에는 휴직을 명하여야 한다.
1. ~ 4. (생 략)	1. ~ 4. (현행과 같음)
5. 학위취득을 목적으로 해외유학을 하게 된 때 또는 외국에서 1년이상 연구하게 된 때	5. 학위취득을 목적으로 해외유학을 하거나 외국에서 1년이상 연구 또는 연수하게 된 때
6. (생 략)	6. (현행과 같음)
7. 여교원이 임신 또는 출산하게 된 때	7. 자녀(휴직신청당시 1세미만인 자녀에 한한다)를 양육하기 위하여 필요하거나 여교원이 임신 또는 출산하게 된 때
8. 교육부장관이 지정하는 연구기관이나 교육기관등에서 연수하게 된 때	8. 교육부장관이 지정하는 국내의 연구기관이나 교육기관등에서 연수하게 된 때
<신 설>	9. 사고 또는 질병등으로 장기간의 요양을 요하는 부모, 배우자, 자녀 또는 배우자의 부모의 간호를 위하여 필요한 때
<신 설>	10. 배우자가 국외근무를 하게 되거나 제5호에 해당하게 된 때
9. (생 략)	11. (현행 제9호와 같음)
② ~ ③ (생 략)	② ~ ③ (현행과 같음)

• 자녀양육, 가족의 간호 또는 배우자의 국외근무 등을 휴직사유에 추가하였다.

(2) 위원회 심사

〈1〉 **교육위원회:** 원안대로 가결되었다.[1038] 제59조에 관한 회의록 내용은 아래와 같다.

- **교육부장관 안병영**[1039]: 다섯째 사립학교 교원이 자녀양육 가족의 간호 또는 배우자의 국외근무시 동반 등의 이유로 휴직하고자 하는 경우 임면권자는 휴직을 명할 수 있도록 하려는 것 등입니다...
- **전문위원 류삼현**[1040]: 다음에는 휴직사유에 대해서 말씀을 드리겠습니다.

  자녀양육을 위한 휴직은 맞벌이 부부의 증가 등에 따른 육아의 어려움을 덜기 위한 것이고 부모 배우자 자녀 또는 배우자 부모의 간호를 위한 휴직은 경로효친사상을 북돋우는데 기여하고자 하는 것이며 배우자 동반휴직제는 해외근무

1038) 제181회 국회(정기회) 제10차 전체회의, 교육위원회회의록, 1996. 12. 12., 17면.
1039) 제181회 국회(정기회) 제6차 전체회의, 교육위원회회의록, 1996. 11. 26., 8면.
1040) 제181회 국회(정기회) 제6차 전체회의, 교육위원회회의록, 1996. 11. 26., 10면.

가 늘어남에 따른 별거부부의 고통을 덜어주기 위한 것이라고 생각이 됩니다.

〈2〉 **법제사법위원회:** 원안대로 가결되었다.[1041]

(3) 본회의 심의

원안대로 가결되었다.[1042]

(4) 결과

원안으로 개정되었다.

59.207
7. 1999년 8월 31일 개정(법률 제6004호, 1999. 8. 31. 시행)

제59조(휴직의 사유) ①사립학교의 교원이 다음 각호의 1에 해당하는 사유로 휴직을 원하는 경우에는 당해 교원의 임면권자는 휴직을 명할 수 있다. 다만, 제1호 내지 제4호의 경우에는 휴직을 명하여야 한다.

1. 신체·정신상의 장애로 장기요양을 요할 때
2. 병역법에 의한 병역의 복무를 위하여 징집 또는 소집된 때
3. 천재·지변 또는 전시·사변이나 기타의 사유로 인하여 생사 또는 소재가 불명하게 된 때
4. 기타 법률의 규정에 의한 의무를 수행하기 위하여 직무를 이탈하게 된 때
5. 학위취득을 목적으로 해외유학을 하거나 외국에서 1년이상 연구 또는 연수하게 된 때
6. 국제기구·외국기관 또는 재외국민교육기관에 고용된 때
7. 자녀(휴직신청당시 1세미만인 자녀에 한한다)를 양육하기 위하여 필요하거나 여교원이 임신 또는 출산하게 된 때
8. 교육부장관이 지정하는 국내의 연구기관이나 교육기관등에서 연수하게 된 때
9. 사고 또는 질병등으로 장기간의 요양을 요하는 부모, 배우자, 자녀 또는 배우자의 부모의 간호를 위하여 필요한 때
10. 배우자가 국외근무를 하게 되거나 제5호에 해당하게 된 때

1041) 제181회 국회(정기회) 제14차 전체회의, 법제사법위원회회의록, 1996. 12. 16., 23면.
1042) 제181회 국회(정기회) 제22차 본회의, 국회본회의회의록, 1996. 12. 17., 8면.

11. 기타 정관이 정하는 사유가 있는 때
②제1항의 휴직의 기간과 휴직자의 신분 및 처우등에 관하여는 정관(사립학교경영자의 경우에는 그가 정하는 교원의 신분보장 및 징계에 관한 규칙을 말한다. 이하 같다)으로 정한다.
③삭제

(1) 법률안(정부안[1043])

현행법	원안
제59조(휴직의 사유) ① ~ ② (생 략) ③사립학교경영자는 제2항에 규정된 교원의 신분보장 및 징계에 관한 규칙을 정한 때에는 관할청의 인가를 받아야 한다. 이를 변경하는 경우에도 또한 같다.	**제59조(휴직의 사유)** ① ~ ② (현행과 같음) <삭 제>

- 제3항을 삭제하여 사립학교경영자는 제2항에 규정된 교원의 신분보장 및 징계에 관한 규칙을 정한 경우와 이를 변경하는 경우에는 관할청의 인가를 받지 않도록 하였다.

(2) 위원회 심사

〈1〉 **교육위원회:** 원안대로 가결되었다.[1044]

〈2〉 **법제사법위원회:** 원안대로 가결되었다.[1045]

(3) 본회의 심의

원안대로 가결되었다.[1046]

(4) 결과

원안으로 개정되었다.

1043) 1998. 12. 2. 정부(의안번호: 151530); 제안이유 및 주요내용은 이 책 [2.201] 참조.
1044) 제206회 국회(임시회) 제2차 전체회의, 교육위원회회의록, 1999. 8. 10., 30면.
1045) 제206회 국회(임시회) 제5차 전체회의, 법제사법위원회회의록, 1999. 8. 12., 19면.
1046) 제206회 국회(임시회) 제3차 본회의, 국회본회의회의록, 1999. 8. 12., 26면.

59.208

8. 2000년 1월 28일 개정(법률 제6212호, 2000. 1. 28. 시행)

제59조(휴직의 사유) ①사립학교의 교원이 다음 각호의 1에 해당하는 사유로 휴직을 원하는 경우에는 당해 교원의 임면권자는 휴직을 명할 수 있다. 다만, 제1호 내지 제4호 **및 제11호의 경우에는 본인의 의사에 불구하고 휴직을 명하여야 하고, 제7호의 경우에는 본인이 원하는 경우 휴직을 명하여야 한다.**

1. 신체·정신상의 장애로 장기요양을 요할 때
2. 병역법에 의한 병역의 복무를 위하여 징집 또는 소집된 때
3. 천재·지변 또는 전시·사변이나 기타의 사유로 인하여 생사 또는 소재가 불명하게 된 때
4. 기타 법률의 규정에 의한 의무를 수행하기 위하여 직무를 이탈하게 된 때
5. 학위취득을 목적으로 해외유학을 하거나 외국에서 1년이상 연구 또는 연수하게 된 때
6. 국제기구·외국기관 또는 재외국민교육기관에 고용된 때
7. 자녀(휴직신청당시 1세미만인 자녀에 한한다)를 양육하기 위하여 필요하거나 여교원이 임신 또는 출산하게 된 때
8. 교육부장관이 지정하는 국내의 연구기관이나 교육기관등에서 연수하게 된 때
9. 사고 또는 질병등으로 장기간의 요양을 요하는 부모, 배우자, 자녀 또는 배우자의 부모의 간호를 위하여 필요한 때
10. 배우자가 국외근무를 하게 되거나 제5호에 해당하게 된 때
11. **교원의노동조합설립및운영등에관한법률 제5조의 규정에 의하여 노동조합 전임자로 종사하게 된 때**
12. **기타 정관이 정하는 사유가 있는 때**

②제1항의 휴직의 기간과 휴직자의 신분 및 처우등에 관하여는 정관(사립학교경영자의 경우에는 그가 정하는 교원의 신분보장 및 징계에 관한 규칙을 말한다. 이하 같다)으로 정한다.

③임면권자는 제1항제7호의 규정에 의한 휴직을 이유로 인사상 불리한 처우를 하여서는 아니되며, 동호의 휴직기간은 근속기간에 산입한다.

(1) 법률안

〈1〉 **이미경 의원안**[1047]**:** 이 조문을 포함한 개정 대상 조문의 제안이유 및 주요내

1047) 1999. 9. 10. 이미경의원 등 26인(의안번호: 152082).

용은 아래와 같다.

• 제안이유

가. 여성의 사회진출 및 평생직장의식이 보편화되면서 전통적으로 여성이 전담했던 육아문제가 이제는 개인적인 차원을 넘어 국가나 사회가 개입 보호하여야 할 사회적 가치를 가진 공적 영역의 문제로 인식되어 법적 보호를 받고 있는 것이 세계적인 추세임.

나. 현행 「남여고용평등법」의 경우 신청시 1년간 육아휴직의 의무적 허용, 육아휴직으로 인한 불리한 처우의 금지등을 규정하고 있음.

다. 이러한 「남여고용평등법」과의 형평성을 기하고, 육아휴직제의 활성화를 위한 제도적 기반을 마련함으로써 특히 여성교원의 근로조건의 향상을 기하고자 사립학교법상의 관련 규정을 보완하려는 것임.

• 주요내용

가. 사립학교의 교원이 1세 미만의 자녀의 양육이나 임신·출산을 사유로 휴직을 원하는 경우 임면권자는 반드시 휴직을 명하도록 함.(안 제59조제1항).

나. 육아 등을 사유로 한 휴직에 대해 승진·승급에 있어서 불리한 처우를 하지 못하도록 하고, 근속기간에 포함하고자 함(안 제59조제4항).

이 조문의 현행법과 개정 원안은 아래와 같다.

현행법	원안
제59조(휴직의 사유) ①사립학교의 교원이 다음 각호의 1에 해당하는 사유로 휴직을 원하는 경우에는 당해 교원의 임면권자는 휴직을 명할 수 있다. 다만, 제1호 내지 제4호의 경우에는 휴직을 명하여야 한다. 1. ~ 11. (생 략) ② ~ ③ (생 략) <신 설>	**제59조(휴직의 사유)** ①사립학교의 교원이 다음 각호의 1에 해당하는 사유로 휴직을 원하는 경우에는 당해 교원의 임면권자는 제1호 내지 제4호 및 제7호의 경우에는 휴직을 명하여야 하고, 그 밖의 경우에는 휴직을 명할 수 있다. 1. ~ 11. (현행과 같음) ② ~ ③ (현행과 같음) ④임면권자는 제1항제7호의 규정에 의한 휴직을 이유로 불리한 처우를 하여서는 아니되며, 근속기간에 포함한다.

• 1세 미만의 자녀의 양육이나 임신·출산으로 인한 휴직 등의 신청에 대하여 임면권자는 휴직을 명하도록 하고, 육아 등을 사유로 한 휴직에 대해 승진·승급에 있어서 불리한 처우를 하지 못하도록 하며, 근속기간에 포함하도록 하였다.

〈2〉 정부안[1048]

현행법	원안
제59조(휴직의 사유) ①사립학교의 교원이 다음 각호의 1에 해당하는 사유로 휴직을 원하는 경우에는 당해 교원의 임면권자는 휴직을 명할 수 있다. 다만, 제1호 내지 제4호의 경우에는 휴직을 명하여야 한다. 1. ~ 10. (생 략) 11. 기타 정관이 정하는 사유가 있는 때 ② (생 략) ③ (생 략)	**제59조(휴직의 사유)** ①사립학교의 교원이 다음 각호의 1에 해당하는 사유로 휴직을 원하는 경우에는 당해 교원의 임면권자는 휴직을 명할 수 있다. 다만, 제1호 내지 제4호 및 제11호의 경우에는 휴직을 명하여야 한다. 1. ~ 10. (현행과 같음) 11. 교원의노동조합설립및운영등에관한법률 제5조의 규정에 의한 노동조합 전임자로 근무하게 된 때 12. (현행 제11호와 같음) ② (현행과 같음) ③ (현행과 같음)

• 노동조합 전임자 근무를 휴직사유에 포함시켰다.

(2) 위원회 심사

〈1〉 **교육위원회:** 대안[1049]으로 가결되었다[1050]

대안
제59조(휴직의 사유) ①사립학교의 교원이 다음 각호의 1에 해당하는 사유로 휴직을 원하는 경우에는 당해 교원의 임면권자는 휴직을 명할 수 있다. 다만, 제1호 내지 제4호 및 제11호의 경우에는 본인의 의사에 불구하고 휴직을 명하여야 하고, 제7호의 경우에는 본인이 원하는 경우 휴직을 명하여야 한다. 11. 교원의노동조합설립및운영등에관한법률 제5조의 규정에 의하여 노동조합 전임자로 종사하게 된 때 12. 기타 정관이 정하는 사유가 있는 때 ④임면권자는 제1항제7호의 규정에 의한 휴직을 이유로 인사상 불리한 처우를 하여서는 아니되며, 동호의 휴직기간은 근속기간에 산입한다.

위 내용이 포함된 제59조에 관한 회의록 내용은 아래와 같다.

1048) 1999. 11. 19. 정부(의안번호: 152347); 제안이유 및 주요내용은 이 책 [53-4.204] 참조.
1049) 1999. 12. 17. 교육위원장(의안번호: 152499).
1050) 제208회 국회(정기회) 제8차 전체회의, 교육위원회회의록, 1999. 12. 14., 12면.

가. 제15대 국회 제208회 제7차 교육위원회(1999. 12. 13.)

• 이미경 의원[1051]: 환경노동위원회 이미경 의원입니다. 존경하는 위원장님 그리고 여러 위원님들께 교육공무원과 사립학교 교원의 육아휴직을 강행규정화하고 근속기간에 포함할 것을 주요골자로 하는 교육공무원법 중 개정법률안과 사립학교법 중 개정법률안에 대한 제안설명을 드리게 된 것을 기쁘게 생각합니다.

우리나라는 87년 남녀고용평등법이 제정되면서 육아휴직제도가 도입되었습니다. 민간기업에 적용되는 이 법의 규정에 의하면 육아휴직을 신청할 경우 사업주는 반드시 휴직을 허용하도록 강행규정화하고 있고 근속연수에 포함하도록 하고 있습니다. 또한 사업주가 육아휴직과 관련하여 불이익한 처우를 할 경우 500만 원 이하의 벌금형에 처하도록 강력하게 규정하고 있습니다. 고용보험법에서는 육아휴직을 실시한 기업에 대해서는 육아휴직장려금 제도를 시행하고 있습니다.

그러나 현재 교육공무원법과 사립학교법의 육아휴직 관련 규정은 의무규정이 없이 육아휴직을 신청하여도 임용권자가 휴직을 불허할 수 있고 근속연수에 포함되지 않음으로 인해 승진·승급 등 임용에 있어 불이익을 받습니다. 최근 일부 학교에서는 육아휴직이 임의규정으로 되어 있고 임용권자가 교원의 육아휴직 신청을 묵살하여도 벌칙이나 제재가 부과되지 않는 현실을 감안하여 일부 교장들이 수업 결손과 임시교사 확보 및 예산상의 어려움을 들어 출산 및 육아휴직을 불허하는 등의 불이익이 초래되는 것이 현실입니다. 또한 96년부터 98년까지 1세 미만의 자녀를 둔 여교원 중 육아휴직을 사용한 경우가 31.4% 수준에 머무르고 있는 것은 육아휴직으로 인한 불리한 처우와 무급처리되는 현실 때문입니다.

육아휴직제도가 어떤 법을 근거로 하든지 간에 육아의 사회적 중요성을 고려하여 근로자에게 불이익 없이 자녀를 양육할 수 있도록 보장한 제도적 지원장치라는 점에서 관련 법률 간의 형평성이 보장되어야 합니다. 1세 미만의 영·유아를 안전하게 맡길 수 있는 보육시설이 절대적으로 부족한 현실에서는 육아휴직의 활성화와 이에 따르는 불이익을 감소시켜주는 것이 매우 중요합니다. 따라서 교육공무원과 사립학교의 경우도 남녀고용평등법의 규정과같이 교원의 육아휴직을 강행규정화하고 휴직기간을 경력평정 및 승급, 연차휴가산정에 산입되도록 법을 개정하여야 합니다. 아울러 이 법의 개정에 의해 2000년이 시작되는 첫해부터 시정될 수 있기를 바랍니다.

1051) 제208회 국회(정기회) 제7차 전체회의, 교육위원회회의록, 1999. 12. 13., 4~5면.

자세한 내용은 제출된 개정안을 참고하여 주시고 아무쪼록 원안대로 개정될 수 있도록 위원님들의 관심을 요청드립니다. 감사합니다...

- **교육부장관 김덕중**[1052]: 다음은 교육공무원법 중 개정법률안 및 사립학교법 중 개정법률안에 대하여 제안설명을 드리겠습니다.

  교육공무원법 중 개정법률안 및 사립학교법 중 개정법률안은 교원의노동조합설립및운영등에관한 법률의 제정으로 교원노조 전임자 제도가 도입됨에 따라 국·공립 또는 사립학교 교원 중 교원노조 전임자에 대하여 휴직을 허가할 수 있도록 휴직사유를 신설하는 등 교원노조 전임자 제도의 취지를 실효성있게 구현하려는 것입니다...

- **전문위원 상원종**[1053]: 다음은 의사일정 3항 교육공무원법 중 개정법률안에 대한 검토보고를 드리겠습니다.

  현재의 육아휴직제도는 육아휴직 대상 교육공무원이 원하는 경우에 임용권자가 휴직을 명할수 있도록 임의규정으로 되어 있어서 임용권자가 특별한 사정을 이유로 휴직신청을 받아들이지 않아도 어쩔 수 없는 것이 현실이었던 바 이번 개정안에서는 이러한 문제점을 없애고 육아휴직 제도의 실효성을 확보하고자 당해 교육공무원이 육아휴직을 원하는 경우에 임용권자는 반드시 휴직을 명하도록 의무화하고 있습니다.

  이는 육아문제를 단순히 개인적인 차원을 넘어 국가나 사회가 개입 보호해야 할 사회적 가치를 가진 공적 영역으로 인식하고 있는 최근의 입법적 추세와 일치할 뿐만 아니라 현재 육아휴직에 관하여 의무규정을 두고 있는 남녀고용평등법과의 형평성을 고려할 때 바람직한 것으로 사료됩니다. 그러나 육아휴직을 신청한 교육공무원에 대한 의무적 휴직실시에 따라 휴직교원이 대폭 늘어날 경우 최근의 교원정년단축과 명예퇴직 등으로 인한 교원수급 문제와 맞물려 대체교사를 적시에 확보하지 못하여 학생들의 수업에 차질이 우려되는 바 이 개정안의 시행시기를 2001년 이후로 늦추어 학생들의 수업에 지장이 없도록 하는 것이 바람직할 것으로 사료됩니다.

  다음은 의사일정 4항 사립학교법 중 개정법률안에 대해서 검토보고를 드리겠습니다. 이 개정안도 교육공무원법 중 개정법률안과 그 내용이 같습니다. 사립학교에 근무하는 교원에게 육아휴직제도를 도입하려는 것으로써 검토보고는 동일하므로 생략하겠습니다...

1052) 제208회 국회(정기회) 제7차 전체회의, 교육위원회회의록, 1999. 12. 13., 11면.

1053) 제208회 국회(정기회) 제7차 전체회의, 교육위원회회의록, 1999. 12. 13., 12~13, 17면.

다음은 의사일정 제19항 교육공무원법 중 개정법률안에 대한 검토보고를 드리겠습니다. 이 개정안은 교원의노동조합설립및운영등에관한법률의 제정으로 노동조합의 업무에만 종사할 수 있는 노동조합 전임자제도가 도입됨에 따라 교원이 노동조합 전임자로 근무하는 동안을 휴직으로 처리할 수 있도록 하는 것을 주요내용으로 하고 있으며 기타 교육법 등의 개정에 따른 조문정리를 하고 있는 바 별다른 의견은 없습니다. 참고로 금년 11월 8일 현재 노조전임자 수는 총 31명입니다.

다음은 의사일정 제20항 사립학교법 중 개정법률안에 대한 검토보고를 드리겠습니다. 이 개정안도 사립학교법에서 노조전임을 휴직사유로 규정토록 하는 것으로써 정부에서 제출한 교육공무원법 중 개정법률안과 내용이 동일하므로 검토보고는 생략하겠습니다.

나. 제15대 국회 제208회 제8차 교육위원회(1999. 12. 14.)

- 소위원장 이재오[1054]: 다음으로는 위원회의 대안으로 채택하기로 의결한 법안에 대해서 말씀드리겠습니다. 먼저 교육공무원법 중 개정법률안 대안과 사립학교법 중 개정법률안 대안은 육아휴직 및 노조전임자의 휴직 관련 사항으로서 함께 말씀드리겠습니다.

  교육공무원법 중 개정법률안과 사립학교법 중 개정법률안이 이미경 의원 외 23인과 정부로부터 각각 제출되어 우리 위원회에 회부되어 왔는 바, 이들 법안은 모두 본회의에 부의하지 아니하기로 하고 교육공무원법 중 개정법률안과 사립학교법중 개정법률안을 각각 대안으로 제안하기로 하였습니다.

  그 주요 내용은 첫째, 교육공무원이나 사립학교교원이 1세 미만의 자녀의 양육이나 임신·출산을 사유로 휴직을 원하는 경우 1년의 범위내에서 임용권자는 반드시 휴직을 명하도록 하고 노동조합 전임자로 근무한 경우를 휴직사유에 포함하고, 둘째 육아 등을 사유로 한 휴직에 대해 승진·승급 등의 임용에 있어서 불리한 처우를 하지 못하도록 하고 1년 이내의 휴직기간은 근속기간에 포함시키려는 것입니다.

  그리고 육아휴직의 경우에는 교원의 수급관계를 고려하여 그 시행시기를 2001년 1월 1일부터 시행토록 하였습니다...

- 위원장 함종한[1055]: 의사일정 제5항과 제6항 이미경 의원 외 23인과 정부가 각각 제출한 사립학교법 중 개정법률안을 각각 본회의에 부의하지 아니하기로 하

1054) 제208회 국회(정기회) 제8차 전체회의, 교육위원회회의록, 1999. 12. 14., 4~5면.
1055) 제208회 국회(정기회) 제8차 전체회의, 교육위원회회의록, 1999. 12. 14., 12면.

고 법안심사소위원회가 보고한 의사일정 제7항 사립학교법 중 개정법률안(대안)을 우리 위원회안으로 채택하고자 하는데 이의 없으십니까? (없습니다 하는 위원 있음) 가결되었음을 선포합니다.

〈2〉 **법제사법위원회:** 교육위원회 대안대로 가결되었다.[1056][1057] 제59조에 관한 회의록 내용은 아래와 같다.

- **교육위원장대리 박승국**[1058]: 다음은 사립학교법 중 개정법률안(대안)에 대하여 제안설명을 드리겠습니다. 먼저 대안의 제안경위를 말씀드리면, 이미경 의원 외 23인과 정부가 각각 제출한 사립학교법 중 개정법률안을 우리 위원회에서 심사한 결과 동 개정법률안은 각각 휴직 관련 개정사항이므로 이를 통합하여 사립학교법 중 개정법률안을 제안하기로 하였습니다.

  대안의 제안이유와 주요골자를 말씀드리면, 남녀고용평등법과의 형평을 기하고 육아휴직제의 활성화를 위한 제도적 기반을 마련함으로써 특히 여성교원의 근로조건 향상과 복지증진을 도모하는 한편 교원의노동조합설립및운영등에관한법률의 제정으로 노동조합의 업무에만 종사할 수 있는 노동조합 전임자 제도가 도입됨에 따라 관련 규정을 정비하려는 것으로서 주요골자를 말씀드리면, 첫째, 사립학교 교원이 1세 미만의 자녀의 양육이나 임신·출산을 사유로 휴직을 원할 경우 1년의 범위 내에서 임용권자는 반드시 휴직을 명하도록 하고 노동조합 전임자로 근무한 경우를 휴직사유에 포함하며 둘째, 육아 등을 사유로 한 휴직에 대하여 승진·승급에 불리한 처우를 하지 못하도록 하고 1년 이내의 휴직기간은 근속기간에 포함하고자 하는 것입니다...
- **박찬주 위원**[1059]: 다음에 사립학교법에 대해서 하나만 더 묻겠습니다.

  아까 전임자 있었지 않습니까? 거기에 대해서 아까 장관께서 답변하실 때에는 전임자로 있는 기간에는 휴직을 하지만 경력이라든지 그런 데에는 그대로 가산이 된다 그런 식으로 답변하신 것 같은데 그런 근거가 어디 있습니까? 왜 그러냐 하면 거기 한번 보십시다. 자녀를 이유로 해가지고 여교사가 휴직을 1년이나 2년 하는 경우에 있어서 지금 개정법을 보면 "임면권자는 제1항제7호의 규정에 의한 휴직을 이유로 인사상 불리한 처우를 하여서는 아니되며, 동 호의 휴직기

1056) 제208회 국회(정기회) 제15차 전체회의, 법제사법위원회회의록, 1999. 12. 16., 13면.

1057) 제4항에 관하여 본회의는 교육위원회 대안을 가결한 것으로 기록하고 있으나, 최종 개정조문은 교육위원회 대안과 다르다. 그 이유는 확인할 수 없다(의안원문, 1999. 12. 17., 교육위원장(의안번호 152499), 5면 참조).

1058) 제208회 국회(정기회) 제15차 전체회의, 법제사법위원회회의록, 1999. 12. 16., 4면.

1059) 제208회 국회(정기회) 제15차 전체회의, 법제사법위원회회의록, 1999. 12. 16., 13면.

간은 근속기간에 산입한다" 그런 식으로 해서 명문으로 근속기간에 산입한다는 규정을 두고 있는데 노조전임자에 대해서 이런 규정이 없는데 어떻게 그렇게 합산될 수가 있어요?

- **교육위원장대리 박승국**[1060]: 노조전임자도 전임자 기간을 산입하지 않습니까?
- **박찬주 위원**[1061]: 근거가 어디 있어요? 휴직처리하게 되어 있는데… 제가 그것이 문제가 되어 가지고 그렇게 하는 것입니다. 아까 답변을 잘 못하시고 그래서 저는 이것이 어떻게 생각하면 앞으로 노조하고의 갈등관계를 빚어낼 수가 있는 것이 될 수 있고 노조전임자의 경우에 있어서는 그러면 승진을 못한다는 이야기예요. 근속기간에가산을 안 해주면…
- **교육위원장대리 박승국**[1062]: 지금 우리 남녀고용평등법은 법안이…
- **위원장 목요상**[1063]: 이 정도로 해 두시지요. 질의를 종결하겠습니다. 토론과 축조심사는 생략을 하고 의결하고자 합니다. …의사일정 제3항 사립학교법 중 개정법률안(대안),…전문위원의 수정의견을 우리 위원회의 안으로 받아들여서 수정한 부분은 수정한 대로 기타 부분은 원안대로 각각 의결하고자 합니다. 이의 없으십니까? (없습니다 하는 위원 있음) 모두 가결되었음을 선포합니다.

(3) 본회의 심의

교육위원회 대안대로 가결되었다.[1064]

(4) 결과

교육위원회 대안으로 개정되었다.

9

9. 2001년 1월 29일 개정(법률 제6400호, 2001. 1. 29. 시행)

제59조(휴직의 사유) ①사립학교의 교원이 다음 각호의 1에 해당하는 사유로 휴직을 원하는 경우에는 당해 교원의 임면권자는 휴직을 명할 수 있다. 다만, 제1호 내지 제4호 및 제11호의 경우에는 본인의 의사에 불구하고 휴직을 명하여야 하

1060) 제208회 국회(정기회) 제15차 전체회의, 법제사법위원회회의록, 1999. 12. 16., 13면.
1061) 제208회 국회(정기회) 제15차 전체회의, 법제사법위원회회의록, 1999. 12. 16., 13면.
1062) 제208회 국회(정기회) 제15차 전체회의, 법제사법위원회회의록, 1999. 12. 16., 13면.
1063) 제208회 국회(정기회) 제15차 전체회의, 법제사법위원회회의록, 1999. 12. 16., 13면.
1064) 제209회 국회(임시회) 제1차 본회의, 국회본회의회의록, 1999. 12. 28., 21면.

고, 제7호의 경우에는 본인이 원하는 경우 휴직을 명하여야 한다.

1. 신체·정신상의 장애로 장기요양을 요할 때
2. 병역법에 의한 병역의 복무를 위하여 징집 또는 소집된 때
3. 천재·지변 또는 전시·사변이나 기타의 사유로 인하여 생사 또는 소재가 불명하게 된 때
4. 기타 법률의 규정에 의한 의무를 수행하기 위하여 직무를 이탈하게 된 때
5. 학위취득을 목적으로 해외유학을 하거나 외국에서 1년이상 연구 또는 연수하게 된 때
6. 국제기구·외국기관 또는 재외국민교육기관에 고용된 때
7. 자녀(휴직신청당시 1세미만인 자녀에 한한다)를 양육하기 위하여 필요하거나 여교원이 임신 또는 출산하게 된 때
8. **교육인적자원부장관**이 지정하는 국내의 연구기관이나 교육기관등에서 연수하게 된 때
9. 사고 또는 질병등으로 장기간의 요양을 요하는 부모, 배우자, 자녀 또는 배우자의 부모의 간호를 위하여 필요한 때
10. 배우자가 국외근무를 하게 되거나 제5호에 해당하게 된 때
11. 교원의노동조합설립및운영등에관한법률 제5조의 규정에 의하여 노동조합 전임자로 종사하게 된 때
12. 기타 정관이 정하는 사유가 있는 때

②제1항의 휴직의 기간과 휴직자의 신분 및 처우등에 관하여는 정관(사립학교경영자의 경우에는 그가 정하는 교원의 신분보장 및 징계에 관한 규칙을 말한다. 이하 같다)으로 정한다.

③임면권자는 제1항제7호의 규정에 의한 휴직을 이유로 인사상 불리한 처우를 하여서는 아니되며, 동호의 휴직기간은 근속기간에 산입한다.

- 「정부조직법」(2001. 1. 29. 개정·시행)에 따라 "교육부장관"을 "교육인적자원부장관"으로 변경하였다.

59.210 **10. 2007년 7월 19일 개정(법률 제8529호, 2007. 7. 19. 시행)**

제59조(휴직의 사유) ①사립학교의 교원이 다음 각호의 1에 해당하는 사유로 휴직

을 원하는 경우에는 당해 교원의 임면권자는 휴직을 명할 수 있다. 다만, 제1호 내지 제4호 및 제11호의 경우에는 본인의 의사에 불구하고 휴직을 명하여야 하고, 제7호의 경우에는 본인이 원하는 경우 휴직을 명하여야 한다.

1. 신체·정신상의 장애로 장기요양을 요할 때
2. 병역법에 의한 병역의 복무를 위하여 징집 또는 소집된 때
3. 천재·지변 또는 전시·사변이나 기타의 사유로 인하여 생사 또는 소재가 불명하게 된 때
4. 기타 법률의 규정에 의한 의무를 수행하기 위하여 직무를 이탈하게 된 때
5. 학위취득을 목적으로 해외유학을 하거나 외국에서 1년 이상 연구 또는 연수하게 된 때
6. 국제기구·외국기관 또는 재외국민교육기관에 고용된 때
7. **만 6세 이하의 초등학교 취학 전 자녀를** 양육하기 위하여 필요하거나 여교원이 임신 또는 출산하게 된 때
8. 교육인적자원부장관이 지정하는 국내의 연구기관이나 교육기관등에서 연수하게 된 때
9. 사고 또는 질병등으로 장기간의 요양을 요하는 부모, 배우자, 자녀 또는 배우자의 부모의 간호를 위하여 필요한 때
10. 배우자가 국외근무를 하게 되거나 제5호에 해당하게 된 때
11. 교원의노동조합설립및운영등에관한법률 제5조의 규정에 의하여 노동조합전임자로 종사하게 된 때
12. 기타 정관이 정하는 사유가 있는 때

②제1항의 휴직의 기간과 휴직자의 신분 및 처우등에 관하여는 정관(사립학교경영자의 경우에는 그가 정하는 교원의 신분보장 및 징계에 관한 규칙을 말한다. 이하 같다)으로 정한다.

③임면권자는 제1항제7호의 규정에 의한 휴직을 이유로 인사상 불리한 처우를 하여서는 아니되며, 동호의 휴직기간은 근속기간에 산입한다.

(1) 법률안(박찬숙 의원안[1065])

이 조문을 포함한 개정 대상 조문의 제안이유 및 주요내용은 아래와 같다.

1065) 2007. 5. 23. 박찬숙의원 등 11인(의안번호: 176655).

• 제안이유

현행법상 사립학교의 교원이 자녀를 양육하기 위하여 휴직을 하고자 하는 경우에는 그 자녀가 휴직신청 당시 1세 미만인 경우에 한하여 휴직할 수 있도록 하고 있음.

그러나 법률 제8330호 「국가공무원법」에 따르면 2008. 1. 1.부터 국가공무원의 경우에는 그 자녀가 만 6세 이하인 경우에도 육아휴직을 할 수 있도록 되어 있어 육아휴직 조건에 있어서 사실상 불평등을 초래하고 있음.

이에 저출산시대 도래에 따른 국가경쟁력 저하의 문제를 극복하기 위한 출산장려정책에 교원의 참여를 유도하고, 교원의 복지를 증진하기 위하여 사립학교 교원의 경우에도 육아휴직의 요건을 만 6세 이하의 자녀로 완화하려는 것임.

• 주요내용

휴직신청 당시 만 1세 미만인 육아휴직 요건을 만 6세 이하의 초등학교 취학 전 자녀로 확대함(안 제59조제1항제7호).

이 조문의 현행법과 개정 원안은 아래와 같다.

현행법	원안
제59조(휴직의 사유) ①사립학교의 교원이 다음 각호의 1에 해당하는 사유로 휴직을 원하는 경우에는 당해 교원의 임면권자는 휴직을 명할 수 있다. 다만, 제1호 내지 제4호 및 제11호의 경우에는 본인의 의사에 불구하고 휴직을 명하여야 하고, 제7호의 경우에는 본인이 원하는 경우 휴직을 명하여야 한다. 1. ~ 6. (생 략) 7. <u>자녀(휴직신청당시 1세 미만인 자녀에 한한다)</u>를 양육하기 위하여 필요하거나 여교원이 임신 또는 출산하게 된 때 8. ~ 12. (생 략) ② ~ ③ (생 략)	**제59조(휴직의 사유)** ①사립학교의 교원이 다음 각호의 1에 해당하는 사유로 휴직을 원하는 경우에는 당해 교원의 임면권자는 휴직을 명할 수 있다. 다만, 제1호 내지 제4호 및 제11호의 경우에는 본인의 의사에 불구하고 휴직을 명하여야 하고, 제7호의 경우에는 본인이 원하는 경우 휴직을 명하여야 한다. 1. ~ 6. (현행과 같음) 7. <u>만 6세 이하의 초등학교 취학 전 자녀</u>를 양육하기 위하여 필요하거나 여교원이 임신 또는 출산하게 된 때 8. ~ 12. (현행과 같음) ② ~ ③ (현행과 같음)

(2) 위원회 심사

〈1〉 **교육위원회:** 원안대로 가결되었다.[1066] 제59조에 관한 회의록 내용은 아래와

1066) 제268회 국회(임시회) 제3차 전체회의, 교육위원회회의록, 2007. 6. 25., 6면.

같다.

가. 第17대 국회 第268회 제2차 교육위원회(2007. 6. 21.)

- **수석전문위원 노재석**[1067]: 박찬숙 의원께서 대표발의하신 사립학교법 일부개정 법률안에 관하여 보고드리겠습니다. 이 개정안은 사립학교 교원이 자녀를 양육하기 위하여 휴직을 하고자 하는 경우에는 현행법에서는 그 자녀가 1세 미만인 경우에 한하여 휴직할 수 있도록 하고 있으나 개정안은 만 6세 이하의 초등학교 취학 전 자녀인 경우에도 휴직을 할 수 있도록 하였습니다.

  우리 위원회에서도 교육공무원의 육아휴직 조건을 국가공무원법과 같이 만 6세 이하의 초등학교 취학 전 자녀 양육으로 확대하는 교육공무원법 일부개정법률안을 의결한 바 있습니다...
- **김영숙 위원**[1068]: 박찬숙 의원의 사립학교법 개정법률안입니다. 지금 참 여러 가지 저출산시대를 맞고 그다음에 교원들의 그야말로 경제활동, 경제활동이라기보다도 일반 근무하는 분들의 경제활동도 있지만 거기에서 교원의 경우에는 학교에 근무하면서도 휴직할 경우에 1세 미만의 경우만 가능하다는 말이에요. 이것을 같이 형평에 맞춘다 하는 뜻이 아니겠습니까? 그야말로 출산을 장려하고 또 국가경쟁력을 강화한다, 이 뜻에도 취지가 있을 것 같고 또 사립학교 교원도 국가공무원과 동일하게 6세 이하 취학 전 자녀 양육을 위한 육아휴직을 같이 형평에 맞추어 달라, 이 뜻이잖아요? 그렇지요?
- **부총리겸교육인적자원부장관 김신일**[1069]: 그렇습니다.
- **김영숙 위원**[1070]: 그래서 이것에 대해서 바람직하다고 보는데 어떻게 생각합니까?
- **부총리겸교육인적자원부장관 김신일**[1071]: 예, 이것은 이미 공립학교 교원들은 이렇게 되도록 교육위원회에서도 법을 통과시켜 주셨습니다. 그래서 이것은 사립학교도 일치시키기 위해서 반드시 필요한 법이라고 생각하고 있습니다.
- **김영숙 위원**[1072]: 예, 알겠습니다.
- **위원장 권철현**[1073]: 수고하셨습니다

1067) 제268회 국회(임시회) 제2차 전체회의, 교육위원회회의록, 2007. 6. 21., 7면.
1068) 제268회 국회(임시회) 제2차 전체회의, 교육위원회회의록, 2007. 6. 21., 16면.
1069) 제268회 국회(임시회) 제2차 전체회의, 교육위원회회의록, 2007. 6. 21., 16면.
1070) 제268회 국회(임시회) 제2차 전체회의, 교육위원회회의록, 2007. 6. 21., 16면.
1071) 제268회 국회(임시회) 제2차 전체회의, 교육위원회회의록, 2007. 6. 21., 16면.
1072) 제268회 국회(임시회) 제2차 전체회의, 교육위원회회의록, 2007. 6. 21., 16면.
1073) 제268회 국회(임시회) 제2차 전체회의, 교육위원회회의록, 2007. 6. 21., 16면.

나. 제17대 국회 제268회 제3차 교육위원회(2007. 6. 25.)

- **임해규 위원**[1074]: 논의 결과 박찬숙 의원이 대표발의한 사립학교법 일부개정법률안과 정부가 제출한 교육공무원법 일부개정법률안, 사립학교법 일부개정법률안은 그 내용이 타당하다고 보아 각각 원안 의결키로 하였습니다...
- **위원장 권철현**[1075]: 의사일정 제19항 박찬숙 의원이 대표발의한 사립학교법 일부개정법률안은 원안대로 의결하고자 하는데 이의가 없으십니까? (없습니다 하는 위원 있음) 가결되었음을 선포합니다.

〈2〉 **법제사법위원회:** 원안대로 가결되었다.[1076] 제59조에 관한 회의록 내용은 아래와 같다.

- **전문위원 강경필**[1077]: 사립학교법 일부개정법률안에 대해서 검토보고드리겠습니다. 개정안은 공무원법·교육공무원법 개정 내용에 맞게 사립학교 교원의 육아휴직 신청 요건을 자녀의 연령 "1세 미만"에서 "6세 이하의 초등학교 취학 전 자녀"로 완화하려는 것으로 체계와 자구에는 별다른 문제가 없는 것으로 보았습니다. 방금 의결한 교육공무원법 개정안과 동일한 내용입니다. 이상입니다.
- **위원장 안상수**[1078]: 의사일정 제19항의 법률안에 대하여는 원안대로 의결하고자 하는데 이의 없으십니까? (예 하는 위원 있음) 가결되었음을 선포합니다.

(3) 본회의 심의

원안대로 가결되었다.[1079] 제59조에 관한 회의록 내용은 아래와 같다.

- **문교공보위원장대리 최세경**[1080]: 사립학교법 중 개정법률안의 주요골자는 첫째, 초급대학, 전문학교 및 실업고등전문학교를 전문대학으로 개편하…였습니다.
- **의장 정일권**[1081]: 사립학교법 중 개정법률안에 이의 없으십니까? (이의 없습니다 하는 이 있음) 그러면 가결되었음을 선포합니다.

1074) 제268회 국회(임시회) 제3차 전체회의, 교육위원회회의록, 2007. 6. 25., 4면.
1075) 제268회 국회(임시회) 제3차 전체회의, 교육위원회회의록, 2007. 6. 25., 6면.
1076) 제268회 국회(임시회) 제9차 전체회의, 법제사법위원회회의록, 2007. 6. 28., 10면.
1077) 제268회 국회(임시회) 제9차 전체회의, 법제사법위원회회의록, 2007. 6. 28., 10면.
1078) 제268회 국회(임시회) 제9차 전체회의, 법제사법위원회회의록, 2007. 6. 28., 10면.
1079) 제268회 국회(임시회) 제9차 본회의, 국회본회의회의록, 2007. 7. 2., 13면.
1080) 제98회 국회(정기회) 제20차 본회의, 국회본회의회의록, 1977. 12. 14., 7면.
1081) 제98회 국회(정기회) 제20차 본회의, 국회본회의회의록, 1977. 12. 14., 7면.

(4) 결과

원안으로 개정되었다.

1 11. 2008년 2월 29일 개정(법률 제8852호, 2008. 2. 29. 시행)

제59조(휴직의 사유) ①사립학교의 교원이 다음 각호의 1에 해당하는 사유로 휴직을 원하는 경우에는 당해 교원의 임면권자는 휴직을 명할 수 있다. 다만, 제1호 내지 제4호 및 제11호의 경우에는 본인의 의사에 불구하고 휴직을 명하여야 하고, 제7호의 경우에는 본인이 원하는 경우 휴직을 명하여야 한다.

1. 신체·정신상의 장애로 장기요양을 요할 때
2. 병역법에 의한 병역의 복무를 위하여 징집 또는 소집된 때
3. 천재·지변 또는 전시·사변이나 기타의 사유로 인하여 생사 또는 소재가 불명하게 된 때
4. 기타 법률의 규정에 의한 의무를 수행하기 위하여 직무를 이탈하게 된 때
5. 학위취득을 목적으로 해외유학을 하거나 외국에서 1년 이상 연구 또는 연수하게 된 때
6. 국제기구·외국기관 또는 재외국민교육기관에 고용된 때
7. 만 6세 이하의 초등학교 취학 전 자녀를 양육하기 위하여 필요하거나 여교원이 임신 또는 출산하게 된 때
8. **교육과학기술부장관**이 지정하는 국내의 연구기관이나 교육기관등에서 연수하게 된 때
9. 사고 또는 질병등으로 장기간의 요양을 요하는 부모, 배우자, 자녀 또는 배우자의 부모의 간호를 위하여 필요한 때
10. 배우자가 국외근무를 하게 되거나 제5호에 해당하게 된 때
11. 교원의노동조합설립및운영등에관한법률 제5조의 규정에 의하여 노동조합 전임자로 종사하게 된 때
12. 기타 정관이 정하는 사유가 있는 때

②제1항의 휴직의 기간과 휴직자의 신분 및 처우등에 관하여는 정관(사립학교경영자의 경우에는 그가 정하는 교원의 신분보장 및 징계에 관한 규칙을 말한다. 이하 같다)으로 정한다.

③임면권자는 제1항제7호의 규정에 의한 휴직을 이유로 인사상 불리한 처우를

하여서는 아니되며, 동호의 휴직기간은 근속기간에 산입한다.

• 「정부조직법」(2008. 2. 29. 개정·시행)에 따라 "교육인적자원부장관"을 "교육과학기술부장관"으로 변경하였다.

59.212

12. 2008년 3월 14일 개정(법률 제8888호, 2008. 3. 14. 시행)

제59조(휴직의 사유) ①사립학교의 교원이 다음 각 호의 **어느 하나**에 해당하는 사유로 휴직을 원하는 경우에는 당해 교원의 임면권자는 휴직을 명할 수 있다. 다만, 제1호 내지 제4호 및 제11호의 경우에는 본인의 의사에 불구하고 휴직을 명하여야 하고, 제7호의 경우에는 본인이 원하는 경우 휴직을 명하여야 한다.

1. 신체·정신상의 장애로 장기요양을 요할 때
2. 「**병역법**」에 의한 병역의 복무를 위하여 징집 또는 소집된 때
3. 천재·지변 또는 전시·사변이나 기타의 사유로 인하여 생사 또는 소재가 불명하게 된 때
4. 기타 법률의 규정에 의한 의무를 수행하기 위하여 직무를 이탈하게 된 때
5. 학위취득을 목적으로 해외유학을 하거나 외국에서 1년 이상 연구 또는 연수하게 된 때
6. 국제기구, 외국기관, **국내외의 대학·연구기관, 국가기관, 재외교육기관(「재외국민의 교육지원 등에 관한 법률」 제2조제2호의 재외교육기관을 말한다) 또는 정관으로 정하는 민간단체에 임시로 고용될 때**
7. 만 6세 이하의 초등학교 취학 전 자녀를 양육하기 위하여 필요하거나 여교원이 임신 또는 출산하게 된 때
8. 교육과학기술부장관이 지정하는 국내의 연구기관이나 교육기관등에서 연수하게 된 때
9. 사고 또는 질병등으로 장기간의 요양을 요하는 부모, 배우자, 자녀 또는 배우자의 부모의 간호를 위하여 필요한 때
10. 배우자가 국외근무를 하게 되거나 제5호에 해당하게 된 때
11. 「**교원의 노동조합설립 및 운영 등에 관한 법률**」 제5조의 규정에 의하여 노동조합 전임자로 종사하게 된 때

12. 기타 정관이 정하는 사유가 있는 때
②제1항의 휴직의 기간과 휴직자의 신분 및 처우등에 관하여는 정관(사립학교경영자의 경우에는 그가 정하는 교원의 신분보장 및 징계에 관한 규칙을 말한다. 이하 같다)으로 정한다.
③임면권자는 제1항제7호의 규정에 의한 휴직을 이유로 인사상 불리한 처우를 하여서는 아니되며, 동호의 휴직기간은 근속기간에 산입한다.

(1) 법률안

〈1〉 정부안[1082)]

현행법	원안
제59조(휴직의 사유) ①사립학교의 교원이 다음 각호의 1에 해당하는 사유로 휴직을 원하는 경우에는 당해 교원의 임면권자는 휴직을 명할 수 있다. 다만, 제1호 내지 제4호 및 제11호의 경우에는 본인의 의사에 불구하고 휴직을 명하여야 하고, 제7호의 경우에는 본인이 원하는 경우 휴직을 명하여야 한다.	**제59조(휴직의 사유)** ①사립학교의 교원이 다음 각호의 1에 해당하는 사유로 휴직을 원하는 경우에는 당해 교원의 임면권자는 휴직을 명할 수 있다. 다만, 제1호 내지 제4호 및 제11호의 경우에는 본인의 의사에 불구하고 휴직을 명하여야 하고, 제7호의 경우에는 본인이 원하는 경우 휴직을 명하여야 한다.
1. (생　략)	1. (현행과 같음)
2. 병역법에 의한 병역의 복무를 위하여 징집 또는 소집된 때	2. 「병역법」에 의한 병역의 복무를 위하여 징집 또는 소집된 때
3. ～ 5. (생　략)	3. ～ 5. (현행과 같음)
6. 국제기구·외국기관 또는 재외국민교육기관에 고용된 때	6. 국제기구·외국기관 또는 재외국민교육기관에 고용된 때
7. ～ 10. (생　략)	7. ～ 10. (현행과 같음)
11. 교원의노동조합설립및운영등에관한법률 제5조의 규정에 의하여 노동조합 전임자로 종사하게 된 때	11. 「교원의 노동조합설립 및 운영 등에 관한 법률」 제5조의 규정에 의하여 노동조합 전임자로 종사하게 된 때
12. (생　략)	12. (현행과 같음)
②·③ (생　략)	②·③ (현행과 같음)

• 법령 표기에 있어서 "「 」" 표시를 하기로 함[1083)]에 따른 개정이다.

1082) 2005. 12. 26. 정부(의안번호: 173668); 제안이유 및 주요내용은 이 책 [2.203] 참고.
1083) 「법률용어의 표준화 기준」(국회사무처 예규 제22호, 2007. 4. 16. 시행).

〈2〉 **이주호 의원안**[1084]**:** 이 조문을 포함한 개정 대상 조문의 제안이유 및 주요내용은 아래와 같다.

- 제안이유

「교육기본법」 및 「교원지위향상을 위한 특별법」상 교원은 교원의 전문성 신장과 경제적·사회적 지위향상을 위하여 자주적인 교원단체를 조직하고 이의 감독관청과 교원의 처우개선 및 근무조건 등에 관한 사항을 교섭·협의할 수 있는 법적 권한을 부여받고 있음. 이에 따라 교원 노동조합의 전임자들은 「교원의 노동조합설립 및 운영 등에 관한 법률」등 교육관계법률에 따라 노동조합의 업무를 전담하기 위하여 휴직제도가 마련되어 있음.

그러나 교원단체 중 노동조합이 아닌 단체들도 그 목적이 교원의 전문성 향상과 권익보호 등에 있음에도 불구하고 전임자로서 단체의 업무에 전념할 수 있는 여건이 마련되어 있지 않은 것은 형평성 측면에서 문제가 있다고 할 것임.

다만, 무분별한 휴직이나 남용을 방지하면서 교직사회의 도덕적 전문적 실천운동이 활성화 될 수 있도록 법률적으로는 무급휴직으로 지원하고 단체가 자발적으로 급여를 지원할 수 있도록 함.

- 주요내용

사립학교 교원의 휴직사유에 「교원지위향상을 위한 특별법」 제14조의 규정에 의하여 교원단체 전임자(專任者)로 종사하게 된 때를 포함하려는 것임(안 제59조제1항제11호의2 신설).

이 조문의 현행법과 개정 원안은 아래와 같다.

현행법	원안
제59조(휴직의 사유) ①사립학교의 교원이 다음 각호의 1에 해당하는 사유로 휴직을 원하는 경우에는 당해 교원의 임면권자는 휴직을 명할 수 있다. 다만, 제1호 내지 제4호 및 제11호의 경우에는 본인의 의사에 불구하고 휴직을 명하여야 하고, 제7호의 경우에는 본인이 원하는 경우 휴직을 명하여야 한다. 1. ~ 11. (생　략)	**제59조(휴직의 사유)** ①사립학교의 교원이 다음 각 호의 1에 해당하는 사유로 휴직을 원하는 경우에는 당해 교원의 임면권자는 휴직을 명할 수 있다. 다만, 제1호 내지 제4호 및 제11호의 경우에는 본인의 의사에 불구하고 휴직을 명하여야 하고, 제7호의 경우에는 본인이 원하는 경우 휴직을 명하여야 한다. 1. ~ 11. (현행과 같음)

1084) 2006. 5. 30. 이주호의원 등 10인(의안번호: 174444).

<신 설>	11의2. 「교원지위향상을 위한 특별법」 제14조의 규정에 의하여 교원단체 전임자(專任者)로 종사하게 된 때
12. (생 략)	12. (현행과 같음)
② ~ ③ (생 략)	② ~ ③ (현행과 같음)

- 휴직사유에 「교원지위향상을 위한 특별법」 제14조의 규정에 의하여 교원단체 전임자(專任者)로 종사하게 된 때를 추가하였다.

(2) 위원회 심사

〈1〉 교육위원회: 대안[1085]으로 가결되었다.[1086]

대안
제59조(휴직의 사유) ①사립학교의 교원이 다음 각 호의 어느 하나에 해당하는 사유로 휴직을 원하는 경우에는 당해 교원의 임면권자는 휴직을 명할 수 있다. 다만, 제1호 내지 제4호 및 제11호의 경우에는 본인의 의사에 불구하고 휴직을 명하여야 하고, 제7호의 경우에는 본인이 원하는 경우 휴직을 명하여야 한다. 2. 「병역법」에 의한 병역의 복무를 위하여 징집 또는 소집된 때 6. 국제기구, 외국기관, 국내외의 대학·연구기관, 다른 국가기관, 재외교육기관(「재외국민의 교육지원 등에 관한 법률」 제2조제2호의 재외교육기관을 말한다) 또는 정관으로 정하는 민간단체에 임시로 고용될 때 11. 「교원의 노동조합설립 및 운영 등에 관한 법률」 제5조의 규정에 의하여 노동조합 전임자로 종사하게 된 때

위 내용이 포함된 제59조에 관한 회의록 내용은 아래와 같다.

가. 제17대 국회 제267회 제4차 교육위원회(2007. 4. 23.)

- 이주호 위원[1087]: 제가 한 가지만 더 질의하고 마치겠습니다. 교원 휴직제도 개정에 관한 것인데, 교원 무급휴직제도가 지금은 한 단체에만 인정되고 있습니다만 1,000명 이상의 전국적인 조직을 가진 교원단체에게 허용하자는 법안을 제가 제출했는데 여기에 대해서 입장을 말씀해 주시지요.
- 부총리겸교육인적자원부장관 김신일[1088]: 현재는 노동조합인 경우에 노동조합법

1085) 2008. 2. 18. 교육위원장(의안번호: 178210).
1086) 제271회 국회(임시회) 제1차 전체회의, 교육위원회회의록, 2008. 1. 30., 6면.
1087) 제267회 국회(임시회) 제4차 전체회의, 교육위원회회의록, 2007. 4. 23., 65면.

에 의해서 가능하게 되어 있고 노동조합이 아닌 단체에 대해서 휴직을 하고 전담 직원으로 배치하는 것은 현재로서는 여러 가지 여건과 다른 법들에 비추어서 진행하기가 매우 어려운 상태에 있습니다.

- 이주호 위원[1089]: 지금 어렵기 때문에 제가 법을 내놓은 것이고요. 일본 같은 경우에는 장기 사회체험 연수라고 그래서 1개월에서 1년 정도—어떻게 보면 교수들 사바티컬(sabbatical) 같은 것이지요—그렇게 해서 사회활동이나 이런 것들이 쉽게 될 수 있도록 교사들에게 허용하고 있거든요. 그래서 이런 식의 모든 교원한테 다 적용되는 제도 도입은 힘들더라도 교사분들 중에서 단체활동을 하는데, 그것도 유급도 아니고 무급으로 하는 것을 허용하는 것은 전체적으로 교원들의 다양한 전문적인 활동을 보조한다는 차원에서 충분히 지금쯤은 도입되어야 될 제도라고 생각합니다. 그래서 이 부분에 대해서도 현실적인 어려움만 말씀하시지 마시고 적극적으로 검토해 주시기 바랍니다.
- 부총리겸교육인적자원부장관 김신일[1090]: 말씀하신 대학교수들의 연구년 같은 것은 초·중등학교에서도 앞으로 연구해서 검토해 볼 만한 것이라고 보고, 다만 지금 말씀하시는 노조가 아닌 단체로 말하자면 전임직원으로 가는 것을 제도적으로 허용하는 것은 다른 여러 법적인 것하고 부딪치는 문제가 있어서 그것은 조금 더 많은 검토가 필요하다고 생각합니다.
- 이주호 위원[1091]: 저희도 다른 법들 다 검토해 봤는데 큰 문제가 없으니까 법안심사 때 다시 한번 교육부하고 논의하도록 하겠습니다.
- 부총리겸교육인적자원부장관 김신일[1092]: 알겠습니다.
- 이주호 위원[1093]: 다시 한번 검토해 보시기 바랍니다.
- 부총리겸교육인적자원부장관 김신일[1094]: 알겠습니다.

나. 제17대 국회 제271회 제1차 교육위원회(2008. 1. 30.)

- 소위원장 유기홍[1095]: 마지막으로 교육공무원법 일부개정법률안(대안)과 사립학교법 일부개정법률안(대안)에 대하여 말씀드리면, 교원단체 전임자에 대하여 무급휴직을 인정하는 것을 골자로 하는 이주호 의원 대표발의 교원지위 향상을

1088) 제267회 국회(임시회) 제4차 전체회의, 교육위원회회의록, 2007. 4. 23., 65면.
1089) 제267회 국회(임시회) 제4차 전체회의, 교육위원회회의록, 2007. 4. 23., 65면.
1090) 제267회 국회(임시회) 제4차 전체회의, 교육위원회회의록, 2007. 4. 23., 65면.
1091) 제267회 국회(임시회) 제4차 전체회의, 교육위원회회의록, 2007. 4. 23., 65면.
1092) 제267회 국회(임시회) 제4차 전체회의, 교육위원회회의록, 2007. 4. 23., 65면.
1093) 제267회 국회(임시회) 제4차 전체회의, 교육위원회회의록, 2007. 4. 23., 65면.
1094) 제267회 국회(임시회) 제4차 전체회의, 교육위원회회의록, 2007. 4. 23., 65면.
1095) 제271회 국회(임시회) 제1차 전체회의, 교육위원회회의록, 2008. 1. 30., 5면.

위한 특례법 일부개정법률안, 교육공무원법 일부개정법률안, 사립학교법 일부개정법률안은 교원의 휴직에 대해 규정하고 있는 교육공무원법 제44조에 사립학교법 제59조의1을 포함시키는 것이 타당하다고 보아 법제사법위원회에 계류 중인 정부 제출 교육공무원법일부개정법률안과 사립학교법 일부개정법률안에 각각 통합하여 대안으로 제안하기로 하고 5건의 개별 법안들은 각각 본회의에 부의하지 아니하기로 하였습니다.

- **위원장 권철현**[1096]: 수고하셨습니다. 그러면 소위원회에서 심사 보고한 이들 법률안에 대해서 별다른 의견이 없으시면 바로 의결을 하도록 하겠습니다.

  의사일정 제1항과 제2항 정부가 제출한 교육공무원법 일부개정법률안과 사립학교법 일부개정법률안, 그리고 의사일정 제3항 4항 5항, 이주호 의원이 대표발의한 교원지위향상을위한특별법 일부개정법률안, 교육공무원법 일부개정법률안, 사립학교법 일부개정법률안은 각각 본회의에 부의하지 아니하기로 하고 이들 법률안을 조정통합한 의사일정 제6항 교육공무원법 일부개정법률안(대안), 의사일정 제7항 사립학교법 일부개정법률안(대안)을 우리 위원회안으로 채택하고자 하는데 이의가 없으십니까? (예 하는 위원 있음) 각각 가결되었음을 선포합니다.

〈2〉 **법제사법위원회:** 교육위원회 대안을 수정·가결했다.[1097] 수정내용은 아래와 같다.

교육위원회 대안	법제사법위원회 수정안
제59조(휴직의 사유) 6. －－－－－－다른 국가기관－－－－－.	**제59조(휴직의 사유)** 6. －－－－－－국가기관－－－－－－－－.

위 내용이 포함된 제59조에 관한 회의록 내용은 아래와 같다.

가. 제17대 국회 제271회 제2차 법제사법위원회(2008. 2. 12.)

- **전문위원 강경필**[1098]: 먼저 교육공무원법 일부개정 법률안에 대하여 보고드리겠습니다. 개정안의 주요내용은…둘째 교육공무원이 국내외의 대학·연구기관, 다른 국가기관 및 대통령령으로 정하는 민간단체에 임시로 고용될 경우에도 휴직할 수 있도록 고용휴직 요건을 확대하려는 내용으로 체계·자구에 관하여 검토

1096) 제271회 국회(임시회) 제1차 전체회의, 교육위원회회의록, 2008. 1. 30., 6면.
1097) 제271회 국회(임시회) 제3차 전체회의, 법제사법위원회회의록, 2008. 2. 15., 7면.
1098) 제271회 국회(임시회) 제2차 전체회의, 법제사법위원회회의록, 2008. 2. 12., 60면.

한 결과 별다른 문제점이 없는 것으로 보았습니다.

다음 사립학교법 일부개정법률안에 대하여 보고드리겠습니다. 본 개정안은 방금 보고드린 교육공무원법 일부개정법률안과 동일한 내용으로 별다른 문제점이 없는 것으로 보았습니다

나. 제17대 국회 제271회 제3차 법제사법위원회(2008. 2. 15.)

- 위원장 최병국[1099]: 다음…의사일정 제25항 사립학교법 일부개정법률안(대안),… 이상 6건의 법률안을 일괄하여 상정합니다. 의결하겠습니다. 먼저 의사일정 제24항·제25항·제27항의 법률안에 대해서는 전문위원의 검토의견을 우리 위원회 안으로 받아들여 수정한 부분은 수정한 대로, 그 밖의 부분은 원안대로 각각 의결하고자 하는데 이의 없으십니까? (예 하는 위원 있음) 각각 가결되었음을 선포합니다.

(3) 본회의 심의

법제사법위원회 수정안대로 가결되었다.[1100]

(4) 결과

법제사법위원회 수정안으로 개정되었다.

59.213

13. 2012년 1월 26일 개정(법률 제11216호, 2012. 1. 26. 시행)

제59조(휴직의 사유) ①사립학교의 교원이 다음 각 호의 어느 하나에 해당하는 사유로 휴직을 원하는 경우에는 당해 교원의 임면권자는 휴직을 명할 수 있다. 다만, 제1호 내지 제4호 및 제11호의 경우에는 본인의 의사에 불구하고 휴직을 명하여야 하고, 제7호의 경우에는 본인이 원하는 경우 휴직을 명하여야 한다.

1. 신체·정신상의 장애로 장기요양을 요할 때
2. 「병역법」에 의한 병역의 복무를 위하여 징집 또는 소집된 때
3. 천재·지변 또는 전시·사변이나 기타의 사유로 인하여 생사 또는 소재가 불명하게 된 때

1099) 제271회 국회(임시회) 제3차 전체회의, 법제사법위원회회의록, 2008. 2. 15., 7면.
1100) 제271회 국회(임시회) 제7차 본회의, 국회본회의회의록, 2008. 2. 19., 19면.

4. 기타 법률의 규정에 의한 의무를 수행하기 위하여 직무를 이탈하게 된 때
5. 학위취득을 목적으로 해외유학을 하거나 외국에서 1년 이상 연구 또는 연수하게 된 때
6. 국제기구, 외국기관, 국내외의 대학·연구기관, 국가기관, 재외교육기관(「재외국민의 교육지원 등에 관한 법률」 제2조제2호의 재외교육기관을 말한다) 또는 정관으로 정하는 민간단체에 임시로 고용될 때
7. 만 <u>8세</u> 이하<u>(취학 중인 경우에는 초등학교 2학년 이하를 말한다)</u>의 자녀를 양육하기 위하여 필요하거나 여교원이 임신 또는 출산하게 된 때
8. 교육과학기술부장관이 지정하는 국내의 연구기관이나 교육기관등에서 연수하게 된 때
9. 사고 또는 질병등으로 장기간의 요양을 요하는 부모, 배우자, 자녀 또는 배우자의 부모의 간호를 위하여 필요한 때
10. 배우자가 국외근무를 하게 되거나 제5호에 해당하게 된 때
11. 「교원의 노동조합설립 및 운영 등에 관한 법률」 제5조의 규정에 의하여 노동조합 전임자로 종사하게 된 때
12. 기타 정관이 정하는 사유가 있는 때

②제1항의 휴직의 기간과 휴직자의 신분 및 처우등에 관하여는 정관(사립학교경영자의 경우에는 그가 정하는 교원의 신분보장 및 징계에 관한 규칙을 말한다. 이하 같다)으로 정한다.

③임면권자는 제1항제7호의 규정에 의한 휴직을 이유로 인사상 불리한 처우를 하여서는 아니되며, 동호의 휴직기간은 근속기간에 산입한다.

(1) 법률안

〈1〉 박은수 의원안[1101]

현행법	원안
제59조(휴직의 사유) ①사립학교의 교원이 다음 각 호의 어느 하나에 해당하는 사유로 휴직을 원하는 경우에는 당해 교원의 임면권자는 휴직을 명할 수 있다. 다만, <u>제1호 내지 제4호</u> 및	**제59조(휴직의 사유)** ①사립학교의 교원이 다음 각 호의 어느 하나에 해당하는 사유로 휴직을 원하는 경우에는 <u>해당</u> 교원의 임면권자는 휴직을 명할 수 있다. 다만, <u>제2호부터 제4호까지</u>

1101) 2009. 4. 3. 박은수의원 등 11인(의안번호: 1804442); 제안이유 및 주요내용은 이 책 [58.204] 참조.

제11호의 경우에는 본인의 의사에 불구하고 휴직을 명하여야 하고, 제7호의 경우에는 본인이 원하는 경우 휴직을 명하여야 한다. 1. ~ 12. (생 략) ② ~ ③ (생 략)	및 제11호의 경우에는 본인의 의사에 불구하고 휴직을 명하여야 하고, 제7호의 경우에는 본인이 원하는 경우 휴직을 명하여야 한다 1. ~ 12. (현행과 같음) ② ~ ③ (현행과 같음)

〈2〉 **정의화 의원안**[1102]: 이 조문을 포함한 개정 대상 조문의 제안이유 및 주요내용은 아래와 같다.

• 제안이유 및 주요내용

현재 사립학교 교원의 육아휴직은 만 6세 이하의 초등학교 취학 전 자녀의 육아를 위한 경우로 한정되어 있어 초등학교 취학 후 등하교 및 방과 후 양육 등에 어려움이 많고, 저학년 자녀 혼자 등하교를 하거나 어른 없는 집에서 지내다가 성폭력 범죄 등 흉악범죄의 피해자가 되고 있으며, 학부모의 세심한 보살핌이 필요한 초등학교 1·2학년 학생을 돌보는 시설이 부족한 상황에서 해당 자녀를 둔 교원들이 육아휴직을 못하고 퇴직하는 사례가 많음.

이에 육아휴직 가능 시기를 만 8세 이하의 자녀로 확대하여 자녀가 초등학교에 입학하여 학교생활에 순조롭게 적응할 수 있는 나이까지 사립학교의 교원이 자녀양육을 위해서 휴직할 수 있도록 하려는 것임(안 제59조제1항제7호).

이 조문의 현행법과 개정 원안은 아래와 같다.

현행법	원안
제59조(휴직의 사유) ①사립학교의 교원이 다음 각 호의 어느 하나에 해당하는 사유로 휴직을 원하는 경우에는 당해 교원의 임면권자는 휴직을 명할 수 있다. 다만, 제1호 내지 제4호 및 제11호의 경우에는 본인의 의사에 불구하고 휴직을 명하여야 하고, 제7호의 경우에는 본인이 원하는 경우 휴직을 명하여야 한다. 1. ~ 6. (생 략) 7. <u>만 6세 이하의 초등학교 취학 전 자녀</u>를 양육하기 위하여 필요하거나 여교원이 임신 또는 출산하게 된 때	**제59조(휴직의 사유)** ①사립학교의 교원이 다음 각 호의 어느 하나에 해당하는 사유로 휴직을 원하는 경우에는 당해 교원의 임면권자는 휴직을 명할 수 있다. 다만, 제1호 내지 제4호 및 제11호의 경우에는 본인의 의사에 불구하고 휴직을 명하여야 하고, 제7호의 경우에는 본인이 원하는 경우 휴직을 명하여야 한다. 1. ~ 6. (현행과 같음) 7. <u>만 8세 이하(취학 중인 경우에는 초등학교 2학년 이하를 말한다)의 자녀</u>를 양육하기 위하여 필요하거나 여교원이 임신 또는 출

1102) 2011. 5. 24. 정의화의원 등 10인(의안번호: 1811902).

	산하게 된 때
8. ~ 12. (생 략)	8. ~ 12. (현행과 같음)
② ~ ③ (생 략)	② ~ ③ (현행과 같음)

• 육아휴직 가능 시기를 만 6세에서 8세(자녀가 초등학교에 입학하여 학교생활에 순조롭게 적응할 수 있는 나이) 이하까지의 자녀로 확대하였다.

(2) 위원회 심사

〈1〉 **교육과학기술위원회:** 대안[1103]으로 가결되었다.[1104]

대안
第59조(휴직의 사유) ①사립학교의 교원이 다음 각 호의 어느 하나에 해당하는 사유로 휴직을 원하는 경우에는 당해 교원의 임면권자는 휴직을 명할 수 있다. 다만, 제1호 내지 제4호 및 제11호의 경우에는 본인의 의사에 불구하고 휴직을 명하여야 하고, 제7호의 경우에는 본인이 원하는 경우 휴직을 명하여야 한다. 7. 만 8세 이하(취학 중인 경우에는 초등학교 2학년 이하를 말한다)의 자녀를 양육하기 위하여 필요하거나 여교원이 임신 또는 출산하게 된 때

제59조에 관한 회의록 내용은 아래와 같다.

가. 제18대 국회 제304회 제1차 교육과학기술위원회 법안심사소위원회(2011. 12. 27.)

• **수석전문위원 노재석**[1105]: 16항에 대해서 보고를 드리겠습니다. 정의화 의원님이 대표발의하신 사립학교법 일부개정법률안입니다. 참고자료 2쪽을 봐 주시면 감사하겠습니다. 휴직의 사유에 현재에는 육아휴직이 만 6세 이하 초등학교 취학 전 자녀에 대해서 여직원이 양육하기 위하여 필요한 경우 육아휴직을 할 수 있도록 되어 있습니다. 그런데 이를 6세에서 8세 이하로 상향하려는 내용입니다.
검토의견에 저희들이 말씀드린 바와 같이 국가공무원·지방공무원·교육공무원의 경우 이미 이 법이 개정되어 있습니다. 그래서 사립학교 교원에 대해서도 동일한 혜택을 줄 수 있도록 개정되는 것이 마땅하다고 생각합니다. (이의 없습니다 하는 위원 있음)

• **소위원장 서상기**[1106]: 제16항은 원안대로 의결하고자 하는데 이의 없으십니까?

1103) 2011. 12. 30. 교육과학기술위원장(의안번호: 1814406).
1104) 제304회 국회(임시회) 제2차 전체회의, 교육과학기술위원회회의록, 2011. 12. 28., 16면.
1105) 제304회 국회(임시회) 제1차 법안심사소위, 교육과학기술위원회회의록, 2011. 12. 27., 13면.

(예 하는 위원 있음) 가결되었음을 선포합니다.

나. 제18대 국회 제304회 제2차 교육과학기술위원회(2011. 12. 28.)

- **소위원장 서상기**[1107]: 박은수 의원, 강창일 의원, 정의화 의원, 주광덕 의원이 대표발의하고 정부가 제출한 6건의 사립학교법 일부개정법률안을 통합 조정한 대안은 첫째,…육아휴직 대상을 8세 이하 또는 초등학교 2학년 이하 자녀로 확대하였습니다…
- **위원장 변재일**[1108]: 의사일정 제47항부터 제52항까지는 소위원회에서 심사보고한 대로 본회의에 부의하지 아니하고 이 6건을 통합 조정한 의사일정 제53항 사립학교법 일부개정법률안(대안)을 우리 위원회안으로 채택하고자 하는데 이의 없으십니까?

  (없습니다 하는 위원 있음) 가결되었음을 선포합니다.

〈2〉 **법제사법위원회:** 교육과학기술위원회 대안대로 가결되었다.[1109]

(3) 본회의 심의

교육과학기술위원회 대안대로 가결되었다.[1110]

(4) 결과

교육과학기술위원회 대안으로 개정되었다.

59.214

14. 2013년 3월 23일 개정(법률 제11690호, 2013. 3. 23. 시행)

제59조(휴직의 사유) ①사립학교의 교원이 다음 각 호의 어느 하나에 해당하는 사유로 휴직을 원하는 경우에는 당해 교원의 임면권자는 휴직을 명할 수 있다. 다만, 제1호 내지 제4호 및 제11호의 경우에는 본인의 의사에 불구하고 휴직을 명하여야 하고, 제7호의 경우에는 본인이 원하는 경우 휴직을 명하여야 한다.

1. 신체·정신상의 장애로 장기요양을 요할 때

1106) 제304회 국회(임시회) 제1차 법안심사소위, 교육과학기술위원회회의록, 2011. 12. 27., 14면.
1107) 제304회 국회(임시회) 제2차 전체회의, 교육과학기술위원회회의록, 2011. 12. 28., 13면.
1108) 제304회 국회(임시회) 제2차 전체회의, 교육과학기술위원회회의록, 2011. 12. 28., 16면.
1109) 제304회 국회(임시회) 제2차 전체회의, 법제사법위원회회의록, 2011. 12. 29., 23~24면.
1110) 제304회 국회(임시회) 제3차 본회의, 국회본회의회의록, 2011. 12. 30., 23~24면.

2. 「병역법」에 의한 병역의 복무를 위하여 징집 또는 소집된 때
3. 천재·지변 또는 전시·사변이나 기타의 사유로 인하여 생사 또는 소재가 불명하게 된 때
4. 기타 법률의 규정에 의한 의무를 수행하기 위하여 직무를 이탈하게 된 때
5. 학위취득을 목적으로 해외유학을 하거나 외국에서 1년 이상 연구 또는 연수하게 된 때
6. 국제기구, 외국기관, 국내외의 대학·연구기관, 국가기관, 재외교육기관(「재외국민의 교육지원 등에 관한 법률」 제2조제2호의 재외교육기관을 말한다) 또는 정관으로 정하는 민간단체에 임시로 고용될 때
7. 만 8세 이하(취학 중인 경우에는 초등학교 2학년 이하를 말한다)의 자녀를 양육하기 위하여 필요하거나 여교원이 임신 또는 출산하게 된 때
8. **교육부장관**이 지정하는 국내의 연구기관이나 교육기관등에서 연수하게 된 때
9. 사고 또는 질병등으로 장기간의 요양을 요하는 부모, 배우자, 자녀 또는 배우자의 부모의 간호를 위하여 필요한 때
10. 배우자가 국외근무를 하게 되거나 제5호에 해당하게 된 때
11. 「교원의 노동조합설립 및 운영 등에 관한 법률」 제5조의 규정에 의하여 노동조합 전임자로 종사하게 된 때
12. 기타 정관이 정하는 사유가 있는 때

②제1항의 휴직의 기간과 휴직자의 신분 및 처우등에 관하여는 정관(사립학교경영자의 경우에는 그가 정하는 교원의 신분보장 및 징계에 관한 규칙을 말한다. 이하 같다)으로 정한다.

③임면권자는 제1항제7호의 규정에 의한 휴직을 이유로 인사상 불리한 처우를 하여서는 아니되며, 동호의 휴직기간은 근속기간에 산입한다.

- 「정부조직법」(2013. 3. 23. 개정·시행)에 따라 "교육과학기술부장관"을 "교육부장관"으로 변경하였다.

15. 2015년 3월 27일 개정(법률 제13224호, 2015. 3. 27. 시행)

제59조(휴직의 사유) ①사립학교의 교원이 다음 각 호의 어느 하나에 해당하는 사유로 휴직을 원하는 경우에는 당해 교원의 임면권자는 휴직을 명할 수 있다. 다만,

제1호 내지 제4호 및 제11호의 경우에는 본인의 의사에 불구하고 휴직을 명하여야 하고, 제7호의 경우에는 본인이 원하는 경우 휴직을 명하여야 한다.

1. 신체·정신상의 장애로 장기요양을 요할 때**(불임·난임으로 인하여 장기간의 치료가 필요한 경우를 포함한다)**
2. 「병역법」에 의한 병역의 복무를 위하여 징집 또는 소집된 때
3. 천재·지변 또는 전시·사변이나 기타의 사유로 인하여 생사 또는 소재가 불명하게 된 때
4. 기타 법률의 규정에 의한 의무를 수행하기 위하여 직무를 이탈하게 된 때
5. 학위취득을 목적으로 해외유학을 하거나 외국에서 1년 이상 연구 또는 연수하게 된 때
6. 국제기구, 외국기관, 국내외의 대학·연구기관, 국가기관, 재외교육기관(「재외국민의 교육지원 등에 관한 법률」 제2조제2호의 재외교육기관을 말한다) 또는 정관으로 정하는 민간단체에 임시로 고용될 때
7. 만 8세 이하(취학 중인 경우에는 초등학교 2학년 이하를 말한다)의 자녀를 양육하기 위하여 필요하거나 여교원이 임신 또는 출산하게 된 때
8. 교육부장관이 지정하는 국내의 연구기관이나 교육기관등에서 연수하게 된 때
9. 사고 또는 질병등으로 장기간의 요양을 요하는 부모, 배우자, 자녀 또는 배우자의 부모의 간호를 위하여 필요한 때
10. 배우자가 국외근무를 하게 되거나 제5호에 해당하게 된 때
11. 「교원의 노동조합설립 및 운영 등에 관한 법률」 제5조의 규정에 의하여 노동조합 전임자로 종사하게 된 때
12. 기타 정관이 정하는 사유가 있는 때

②제1항의 휴직의 기간과 휴직자의 신분 및 처우등에 관하여는 정관(사립학교경영자의 경우에는 그가 정하는 교원의 신분보장 및 징계에 관한 규칙을 말한다. 이하 같다)으로 정한다.

③임면권자는 제1항제7호의 규정에 의한 휴직을 이유로 인사상 불리한 처우를 하여서는 아니되며, 동호의 휴직기간은 근속기간에 산입한다.

(1) 법률안(박홍근 의원안[1111])

현행법	원안
제59조(휴직의 사유) ①사립학교의 교원이 다음 각 호의 어느 하나에 해당하는 사유로 휴직을 원하는 경우에는 당해 교원의 임면권자는 휴직을 명할 수 있다. 다만, 제1호 내지 제4호 및 제11호의 경우에는 본인의 의사에 불구하고 휴직을 명하여야 하고, 제7호의 경우에는 본인이 원하는 경우 휴직을 명하여야 한다. 1. 신체·정신상의 장애로 장기요양을 요할 때 2. ~ 12. (생 략) ② ~ ③ (생 략)	**제59조(휴직의 사유)** ①사립학교의 교원이 다음 각 호의 어느 하나에 해당하는 사유로 휴직을 원하는 경우에는 당해 교원의 임면권자는 휴직을 명할 수 있다. 다만, 제1호 내지 제4호 및 제11호의 경우에는 본인의 의사에 불구하고 휴직을 명하여야 하고, 제7호의 경우에는 본인이 원하는 경우 휴직을 명하여야 한다. 1. 신체·정신상의 장애로 장기요양을 요할 때 <u>(불임·난임으로 인하여 장기간의 치료가 필요한 경우를 포함한다)</u> 2. ~ 12. (현행과 같음) ② ~ ③ (현행과 같음)

• 교육공무원과 같이 불임·난임으로 장기간의 치료가 필요한 경우 휴직할 수 있도록 하였다.

(2) 위원회 심사

〈1〉 **교육문화체육관광위원회:** 대안[1112]으로 가결되었다(이 조문의 경우에는 원안과 대안의 내용이 동일함).[1113] 제59조에 관한 회의록 내용은 아래와 같다.

- **소위원장 신성범**[1114]: 다음 정부가 제출하고 김태원 의원, 박홍근 의원, 부좌현 의원, 정희수 의원이 각각 대표발의한 사립학교법 일부개정법률안을 통합조정한 대안의 내용을 말씀드리면…사립학교 교원의 불임·난임 휴직사유를 신설했습니다…
- **위원장 설훈**[1115]: 의사일정 제4항부터 제8항까지 정부가 제출하고 정희수 의원, 김태원 의원, 박홍근 의원, 부좌현 의원이 각각 대표발의한 5건의 사립학교법 일부개정법률안은 소위원회에서 심사보고한 바와 같이 본회의에 각각 부의하지

1111) 2014. 3. 14. 박홍근의원 등 10인(의안번호: 1909742); 제안이유 및 주요내용은 이 책 [29.212] 참조.
1112) 2015. 3. 3. 교육문화체육관광위원장(의안번호: 1914127).
1113) 제331회 국회(임시회) 제3차 전체회의, 교육문화체육관광위원회회의록, 2015. 2. 11., 14면.
1114) 제331회 국회(임시회) 제3차 전체회의, 교육문화체육관광위원회회의록, 2015. 2. 11., 13면.
1115) 제331회 국회(임시회) 제3차 전체회의, 교육문화체육관광위원회회의록, 2015. 2. 11., 14면.

아니하고, 이를 통합조정한 의사일정 제9항 사립학교법 일부개정법률안(대안)을 제안하려고 합니다. 이의 없으십니까? (없습니다 하는 위원 있음) 가결되었음을 선포합니다.

〈2〉 **법제사법위원회:** 교육문화체육관광위원회 대안대로 가결되었다.[1116)]

(3) 본회의 심의

교육문화체육관광위원회 대안대로 가결되었다.[1117)]

(4) 결과

교육문화체육관광위원회 대안으로 개정되었다.

59.216 16. 2016년 2월 3일 개정(법률 제13938호, 2016. 2. 3. 시행)

제59조(휴직의 사유) ①사립학교의 교원이 다음 각 호의 어느 하나에 해당하는 사유로 휴직을 원하는 경우에는 당해 교원의 **임용권자**는 휴직을 명할 수 있다. 다만, 제1호 내지 제4호 및 제11호의 경우에는 본인의 의사에 불구하고 휴직을 명하여야 하고, 제7호 **및 제7호의2**의 경우에는 본인이 원하는 경우 휴직을 명하여야 한다.

1. 신체·정신상의 장애로 장기요양을 요할 때(불임·난임으로 인하여 장기간의 치료가 필요한 경우를 포함한다)
2. 「병역법」에 의한 병역의 복무를 위하여 징집 또는 소집된 때
3. 천재·지변 또는 전시·사변이나 기타의 사유로 인하여 생사 또는 소재가 불명하게 된 때
4. 기타 법률의 규정에 의한 의무를 수행하기 위하여 직무를 이탈하게 된 때
5. 학위취득을 목적으로 해외유학을 하거나 외국에서 1년 이상 연구 또는 연수하게 된 때
6. 국제기구, 외국기관, 국내외의 대학·연구기관, 국가기관, 재외교육기관(「재외국민의 교육지원 등에 관한 법률」 제2조제2호의 재외교육기관을 말한다) 또는 정관으로 정하는 민간단체에 임시로 고용될 때
7. 만 8세 이하(취학 중인 경우에는 초등학교 2학년 이하를 말한다)의 자녀를

1116) 제331회 국회(임시회) 제5차 전체회의, 법제사법위원회회의록, 2015. 3. 2., 56면.
1117) 제331회 국회(임시회) 제8차, 국회본회의회의록, 2015. 3. 3., 30면.

양육하기 위하여 필요하거나 여교원이 임신 또는 출산하게 된 때

7의2. 만 19세 미만의 아동 청소년(제7호에 따른 육아휴직의 대상이 되는 아동은 제외한다)을 입양(入養)하는 경우

8. 교육부장관이 지정하는 국내의 연구기관이나 교육기관등에서 연수하게 된 때

9. 사고 또는 질병등으로 장기간의 요양을 요하는 부모, 배우자, 자녀 또는 배우자의 부모의 간호를 위하여 필요한 때

10. 배우자가 국외근무를 하게 되거나 제5호에 해당하게 된 때

11. 「교원의 노동조합설립 및 운영 등에 관한 법률」 제5조의 규정에 의하여 노동조합 전임자로 종사하게 된 때

12. 기타 정관이 정하는 사유가 있는 때

②제1항의 휴직의 기간과 휴직자의 신분 및 처우등에 관하여는 정관(사립학교경영자의 경우에는 그가 정하는 교원의 신분보장 및 징계에 관한 규칙을 말한다. 이하 같다)으로 정한다.

③임용권자는 제1항제7호 및 제7호의2의 규정에 의한 휴직을 이유로 인사상 불리한 처우를 하여서는 아니되며, 동호의 휴직기간은 근속기간에 산입한다.

(1) 법률안

〈1〉 박홍근 의원안[1118)]

현행법	원안
제59조(휴직의 사유) ①사립학교의 교원이 다음 각 호의 어느 하나에 해당하는 사유로 휴직을 원하는 경우에는 당해 교원의 임면권자는 휴직을 명할 수 있다. 다만, 제1호 내지 제4호 및 제11호의 경우에는 본인의 의사에 불구하고 휴직을 명하여야 하고, 제7호의 경우에는 본인이 원하는 경우 휴직을 명하여야 한다. 1. ∼ 7. (생 략) <신 설>	**제59조(휴직의 사유)** ①사립학교의 교원이 다음 각 호의 어느 하나에 해당하는 사유로 휴직을 원하는 경우에는 당해 교원의 임면권자는 휴직을 명할 수 있다. 다만, 제1호 내지 제4호 및 제11호의 경우에는 본인의 의사에 불구하고 휴직을 명하여야 하고, 제7호 및 제7호의2의 경우에는 본인이 원하는 경우 휴직을 명하여야 한다. 1. ∼ 7. (현행과 같음) 7의2. 만 19세 미만의 아동(제7호에 따른 육아휴직의 대상이 되는 아동은 제외한다)을

1118) 2015. 3. 26. 박홍근의원 등 10인(의안번호: 1914463); 제안이유 및 주요내용은 이 책 [58-2.207] 참조.

	입양하는 경우
8. ~ 12. (생 략)	8. ~ 12. (현행과 같음)
② ~ ③ (생 략)	② ~ ③ (현행과 같음)

• 만 19세 미만의 양자 입양을 휴직사유로 추가하였다.

〈2〉 정부안[1119]

현행법	원안
제59조(휴직의 사유) ①사립학교의 교원이 다음 각 호의 어느 하나에 해당하는 사유로 휴직을 원하는 경우에는 당해 교원의 임면권자는 휴직을 명할 수 있다. 다만, 제1호 내지 제4호 및 제11호의 경우에는 본인의 의사에 불구하고 휴직을 명하여야 하고, 제7호의 경우에는 본인이 원하는 경우 휴직을 명하여야 한다.	**제59조(휴직의 사유)** ①사립학교의 교원이 다음 각 호의 어느 하나에 해당하는 사유로 휴직을 원하는 경우에는 당해 교원의 임용권자는 휴직을 명할 수 있다. 다만, 제1호 내지 제4호 및 제11호의 경우에는 본인의 의사에 불구하고 휴직을 명하여야 하고, 제7호 및 제7호의2의 경우에는 본인이 원하는 경우 휴직을 명하여야 한다.
1. ~ 7. (생 략)	1. ~ 7. (현행과 같음)
<신 설>	7의2. 만 19세 미만의 아동·청소년(제7호에 따른 육아휴직의 대상이 되는 아동은 제외한다)을 입양(入養)하는 경우
8. ~ 12. (생 략)	8. ~ 12. (현행과 같음)
② (생 략)	② (현행과 같음)
③임면권자는 제1항제7호의 규정에 의한 휴직을 이유로 인사상 불리한 처우를 하여서는 아니되며, 동호의 휴직기간은 근속기간에 산입한다.	③임용권자는 제1항제7호 및 제7호의2의 규정에 의한 휴직을 이유로 인사상 불리한 처우를 하여서는 아니되며, 동호의 휴직기간은 근속기간에 산입한다.

• 만 19세 미만의 양자 입양을 휴직사유로 추가하였다.

(2) 위원회 심사

〈1〉 **교육문화체육관광위원회:** 대안[1120]으로 가결되었다.[1121]

1119) 2015. 7. 30. 정부(의안번호: 1916286); 제안이유 및 주요내용은 이 책 [2.204] 참조.
1120) 2015. 12. 30. 교육문화체육관광위원장(의안번호: 1918355).
1121) 제337회 국회(정기회) 제10차 전체회의, 교육문화체육관광위원회회의록, 2015. 12. 7., 25면.

대안
제59조(휴직의 사유) ①사립학교의 교원이 다음 각 호의 어느 하나에 해당하는 사유로 휴직을 원하는 경우에는 당해 교원의 임용권자는 휴직을 명할 수 있다. 다만, 제1호 내지 제4호 및 제11호의 경우에는 본인의 의사에 불구하고 휴직을 명하여야 하고, 제7호 및 제7호의2의 경우에는 본인이 원하는 경우 휴직을 명하여야 한다. 7의2. 만 19세 미만의 아동·청소년(제7호에 따른 육아휴직의 대상이 되는 아동은 제외한다)을 입양(入養)하는 경우 ③임용권자는 제1항제7호 및 제7호의2의 규정에 의한 휴직을 이유로 인사상 불리한 처우를 하여서는 아니되며, 동호의 휴직기간은 근속기간에 산입한다.

第59조에 관한 회의록 내용은 아래와 같다.

- **소위원장 신성범**[1122]: 다음 주호영 의원, 박홍근 의원, 유은혜 의원이 각각 대표발의하고 정부가 제출한 사립학교법일부개정법률안을 통합 조정한 대안의 주요 내용을 말씀드리면 첫째, 징계처분을 피하기 위한 사립학교 교원의 의원면직을 제한하고 입양휴직제도를…신설하였습니다…
- **위원장 박주선**[1123]: 의사일정 제16항부터 19항까지 유은혜 의원, 주호영 의원, 박홍근 의원이 각각 대표발의하고 정부가 제출한 4건의 사립학교법 일부개정법률안은 소위원회에서 심사보고한 바와 같이 본회의에 각각 부의하지 아니하고 이를 통합 조정한 의사일정 20항 사립학교법 일부개정법률안(대안)을 제안하고자 합니다. 이의 없으십니까? (없습니다 하는 위원 있음) 가결되었음을 선포합니다.

〈2〉 **법제사법위원회:** 교육문화체육관광위원회 대안대로 가결되었다.[1124]

(3) 본회의 심의

교육문화체육관광위원회 대안대로 가결되었다.[1125]

(4) 결과

교육문화체육관광위원회 대안으로 개정되었다.

1122) 제337회 국회(정기회) 제10차 전체회의, 교육문화관광위원회회의록, 2015 12. 7., 17면.
1123) 제337회 국회(정기회) 제10차 전체회의, 교육문화관광위원회회의록, 2015 12. 7., 25면.
1124) 제338회 국회(임시회) 제2차 전체회의, 법제사법위원회회의록, 2015. 12. 30., 40면.
1125) 제338회 국회(임시회) 제2차 본회의, 국회본회의회의록, 2015. 12. 31., 17면.

59.217 17. 2016년 12월 27일 개정(법률 제14468호, 2016. 12. 27. 시행)

제59조(휴직의 사유) ①사립학교의 교원이 다음 각 호의 어느 하나에 해당하는 사유로 휴직을 원하는 경우에는 당해 교원의 임용권자는 휴직을 명할 수 있다. 다만, 제1호 내지 제4호 및 제11호의 경우에는 본인의 의사에 불구하고 휴직을 명하여야 하고, 제7호 및 제7호의2의 경우에는 본인이 원하는 경우 휴직을 명하여야 한다.

1. 신체·정신상의 장애로 장기요양을 요할 때(불임·난임으로 인하여 장기간의 치료가 필요한 경우를 포함한다)
2. 「병역법」에 의한 병역의 복무를 위하여 징집 또는 소집된 때
3. 천재·지변 또는 전시·사변이나 기타의 사유로 인하여 생사 또는 소재가 불명하게 된 때
4. 기타 법률의 규정에 의한 의무를 수행하기 위하여 직무를 이탈하게 된 때
5. 학위취득을 목적으로 해외유학을 하거나 외국에서 1년 이상 연구 또는 연수하게 된 때
6. 국제기구, 외국기관, 국내외의 대학·연구기관, 국가기관, 재외교육기관(「재외국민의 교육지원 등에 관한 법률」 제2조제2호의 재외교육기관을 말한다) 또는 정관으로 정하는 민간단체에 임시로 고용될 때
7. 만 8세 이하 <u>또는</u> 초등학교 2학년 이하의 자녀를 양육하기 위하여 필요하거나 <u>여성 교원</u>이 임신 또는 출산하게 된 때

7의2. 만 19세 미만의 아동 청소년(제7호에 따른 육아휴직의 대상이 되는 아동은 제외한다)을 입양(入養)하는 경우

8. 교육부장관이 지정하는 국내의 연구기관이나 교육기관등에서 연수하게 된 때
9. 사고 또는 질병등으로 장기간의 요양을 요하는 부모, 배우자, 자녀 또는 배우자의 부모의 간호를 위하여 필요한 때
10. 배우자가 국외근무를 하게 되거나 제5호에 해당하게 된 때
11. 「교원의 노동조합설립 및 운영 등에 관한 법률」 제5조의 규정에 의하여 노동조합 전임자로 종사하게 된 때
12. **<u>「사립학교교직원 연금법」 제31조에 따라 계산한 재직기간이 10년 이상인 교원이 자기개발을 위하여 학습·연구 등을 하게 된 때</u>**
13. **<u>기타 정관이 정하는 사유가 있는 때</u>**

②제1항의 휴직의 기간과 휴직자의 신분 및 처우등에 관하여는 정관(사립학교경

영자의 경우에는 그가 정하는 교원의 신분보장 및 징계에 관한 규칙을 말한다. 이하 같다)으로 정한다.
③임용권자는 제1항제7호 및 제7호의2의 규정에 의한 휴직을 이유로 인사상 불리한 처우를 하여서는 아니되며, 동호의 휴직기간은 근속기간에 산입한다.

(1) 법률안(정부안[1126])

이 조문을 포함한 개정 대상 조문의 제안이유 및 주요내용은 아래와 같다.

• 제안이유 및 주요내용

사립학교 교원의 자기개발을 도모하고 사기를 높이기 위하여 재직기간이 10년 이상인 사립학교 교원에게 학습·연구 등을 위한 무급휴직의 기회를 부여하고, 육아휴직이 가능한 자녀의 요건을 종전에는 만 8세 이하로 하되 취학 중이면 초등학교 2학년 이하로 제한하던 것을, 앞으로는 만 8세 이하이거나 초등학교 2학년 이하인 경우로 휴직 요건을 완화하여 국공립 교원과 동일하게 사립학교 교원의 휴직제도를 개선하려는 것임.

이 조문의 현행법과 개정 원안은 아래와 같다.

현행법	원안
제59조(휴직의 사유) ①사립학교의 교원이 다음 각 호의 어느 하나에 해당하는 사유로 휴직을 원하는 경우에는 당해 교원의 임용권자는 휴직을 명할 수 있다. 다만, 제1호 내지 제4호 및 제11호의 경우에는 본인의 의사에 불구하고 휴직을 명하여야 하고, 제7호 및 제7호의2의 경우에는 본인이 원하는 경우 휴직을 명하여야 한다.	**제59조(휴직의 사유)** ①사립학교의 교원이 다음 각 호의 어느 하나에 해당하는 사유로 휴직을 원하는 경우에는 당해 교원의 임용권자는 휴직을 명할 수 있다. 다만, 제1호 내지 제4호 및 제11호의 경우에는 본인의 의사에 불구하고 휴직을 명하여야 하고, 제7호 및 제7호의2의 경우에는 본인이 원하는 경우 휴직을 명하여야 한다.
1. ~ 6. (생 략)	1. ~ 6. (현행과 같음)
7. 만 8세 이하(취학 중인 경우에는 초등학교 2학년 이하를 말한다)의 자녀를 양육하기 위하여 필요하거나 여교원이 임신 또는 출산하게 된 때	7. 만 8세 이하 또는 초등학교 2학년 이하의 자녀를 양육하기 위하여 필요하거나 여성교원이 임신 또는 출산하게 된 때
7의2. ~ 11. (생 략)	7의2. ~ 11. (현행과 같음)
<신 설>	12. 「사립학교교직원 연금법」 제31조에 따른

1126) 2016. 7. 11. 정부(의안번호: 2000813).

	재직기간 10년 이상인 교원이 자기개발을 위하여 학습·연구 등을 하게 된 때
12. (생 략)	13. (현행 제12호와 같음)
② ~ ③ (생 략)	② ~ ③ (현행과 같음)

• 10년 이상 재직 교원에 대한 무급휴직 기회를 부여하였다.

(2) 위원회 심사

〈1〉 **교육문화체육관광위원회:** 대안[1127]으로 가결되었다(이 조문의 경우에는 원안과 대안의 내용이 동일함).[1128] 제59조에 관한 회의록 내용은 아래와 같다.

가. 제20대 국회 제346회 제8차 교육문화체육관광위원회(2016. 11. 16.)

• 부총리겸교육부장관 이준식[1129]: 사립학교법 일부개정법률안은…금년도 교육공무원법 개정으로 국공립 교원에게 적용되는 휴직제도를 사립학교 교원에게 동일하게 적용하고자 하는 것으로 재직기간이 10년 이상인 사립학교 교원에게 학습·연구 등을 위하여 무급휴직의 기회를 부여하고 육아휴직이 가능한 자녀의 조건을 만 8세 이하이거나 초등학교 2학년 이하인 경우로 완화하려는 것입니다.

나. 제20대 국회 제346회 제1차 교육문화체육관광위원회 교육법안심사소위원회 (2016. 11. 21.)

• 수석전문위원 정재룡[1130]: 소위 자료 2쪽을 보시면요, 개정안의 내용은 여성교원 육아휴직 요건을 "만 8세 이하 또는 초등학교 2학년 이하 재학 중"으로 변경하는 내용입니다. 교육공무원법 규정을 사립교원에게 동일하게 적용하는 것으로 적절합니다. 3쪽에도 개정안 내용은 자율연수휴직제도를 신설하여 재직기간 10년 이상 교원에게 자기개발을 위한 무급 휴직 기회를 부여하는 내용인데요. 개정 교육공무원법 규정을 사립교원에게 동일하게 적용하는 것으로 적절합니다. 이상입니다.

• 소위원장 도종환[1131]: 차관님, 정부 의견 말씀해 주시기 바랍니다.

1127) 2016. 12. 7. 교육문화체육관광위원장(의안번호: 2004204).
1128) 제346회 국회(정기회) 제9차 전체회의, 교육문화체육관광위원회회의록, 2016. 11. 25., 14면.
1129) 제346회 국회(정기회) 제8차 전체회의, 교육문화체육관광위원회회의록, 2016. 11. 16., 53면.
1130) 제346회 국회(정기회) 제1차 교육 법안심사소위, 교육문화체육관광위원회회의록, 2016. 11. 21., 18면.
1131) 제346회 국회(정기회) 제1차 교육 법안심사소위, 교육문화체육관광위원회회의록, 2016. 11. 21., 18~19면.

- **교육부차관 이영**[1132]: 정부 발의 법안이기 때문에 당연히 이견은 없습니다. 그리고 저희가 설명 조금 더 올리면 당연히 국공립에 적용됐던 자율연수 부분을 사립에 적용하겠다는 부분하고요, 그다음에 육아휴직을 좀 더 확대하는 부분입니다.
- **소위원장 도종환**[1133]: 위원님들 의견 말씀해 주세요. 이의 없으세요? (예 하는 위원 있음) 곽상도 위원님…
- **곽상도 위원**[1134]: 이의 없습니다.
- **소위원장 도종환**[1135]: 그런데, 전문위원님.
- **수석전문위원 정재룡**[1136]: 예.
- **소위원장 도종환**[1137]: 이건 뭐 사소한 겁니다만 3쪽의 개정안 비고에 "자율연수 휴직 제도를 신설하여 재직기간 10년 이상 교원에게 자기개발…"이라고 그러셨잖아요?
- **수석전문위원 정재룡**[1138]: 예.
- **소위원장 도종환**[1139]: "개발"이 아니라 "계발"이라고 쓰는 거예요. "경제"일 때는 "개발"이고요, 정신적인 것은 "계발"이라고 써야 맞거든요.
- **수석전문위원 정재룡**[1140]: 아니, 일단 지금 저희가 법에, 현재 법에 지금 그렇게 돼 있어서…
- **소위원장 도종환**[1141]: 법을 고치세요.
- **수석전문위원 정재룡**[1142]: 예, 알겠습니다.
- **유은혜 위원**[1143]: 맞춤법 교정… 의미가 달라지니까.
- **소위원장 도종환**[1144]: 아니, 이것은 학교에서 이렇게 가르쳐요, 학교에서도 학생들에게.
- **수석전문위원 정재룡**[1145]: 정확한 내용을 다시 한번 확인해서 변경하도록 하겠습

1132) 第346회 국회(정기회) 제1차 교육 법안심사소위, 교육문화체육관광위원회회의록, 2016. 11. 21., 19면.
1133) 第346회 국회(정기회) 제1차 교육 법안심사소위, 교육문화체육관광위원회회의록, 2016. 11. 21., 19면.
1134) 第346회 국회(정기회) 제1차 교육 법안심사소위, 교육문화체육관광위원회회의록, 2016. 11. 21., 19면.
1135) 第346회 국회(정기회) 제1차 교육 법안심사소위, 교육문화체육관광위원회회의록, 2016. 11. 21., 19면.
1136) 第346회 국회(정기회) 제1차 교육 법안심사소위, 교육문화체육관광위원회회의록, 2016. 11. 21., 19면.
1137) 第346회 국회(정기회) 제1차 교육 법안심사소위, 교육문화체육관광위원회회의록, 2016. 11. 21., 19면.
1138) 第346회 국회(정기회) 제1차 교육 법안심사소위, 교육문화체육관광위원회회의록, 2016. 11. 21., 19면.
1139) 第346회 국회(정기회) 제1차 교육 법안심사소위, 교육문화체육관광위원회회의록, 2016. 11. 21., 19면.
1140) 第346회 국회(정기회) 제1차 교육 법안심사소위, 교육문화체육관광위원회회의록, 2016. 11. 21., 19면.
1141) 第346회 국회(정기회) 제1차 교육 법안심사소위, 교육문화체육관광위원회회의록, 2016. 11. 21., 19면.
1142) 第346회 국회(정기회) 제1차 교육 법안심사소위, 교육문화체육관광위원회회의록, 2016. 11. 21., 19면.
1143) 第346회 국회(정기회) 제1차 교육 법안심사소위, 교육문화체육관광위원회회의록, 2016. 11. 21., 19면.
1144) 第346회 국회(정기회) 제1차 교육 법안심사소위, 교육문화체육관광위원회회의록, 2016. 11. 21., 19면.
1145) 第346회 국회(정기회) 제1차 교육 법안심사소위, 교육문화체육관광위원회회의록, 2016. 11. 21., 19면.

니다.

- **소위원장 도종환**[1146]: 정신적인 것들은 "계발"이라고 쓰는 거고요. 물질적인 것, 경제 이런 것은 "개발"이라고 쓰는 거거든요. 아니, 그것은 원래 그렇게 써야 되는 거예요, 그게. 법에 이렇게 나온다 그러면 법을 고쳐야 되는 겁니다. 단어를 맞게 써야지요, 우리가. 법을 만드는 우리들이 맞게 써야 되는 거예요, 단어를.
- **수석전문위원 정재룡**[1147]: 그런데 최근에 "자기개발서" 할 때 "개발"로 "ㅐ"를 좀 쓰고 있지 않나 그렇게 저는 보거든요.
- **소위원장 도종환**[1148]: 그것을 그러니까 "계발"로 써야 되는 것을 "개발"의 개념으로까지 끌어올려 가지고 그렇게 쓰는 건데, 그렇게 쓰고 있으니까 그게 맞는다가 아니고 법을 만드는 우리들은 정확하게 써야 된다는 겁니다.
- **수석전문위원 정재룡**[1149]: 예, 알겠습니다.
- **소위원장 도종환**[1150]: 전문위원님은 표정이 승복할 수 없다는 표정이신데…(웃음소리) 아니, 단어를 법 만드는 우리들이 정확하게 써야 됩니다. 사전 찾아보면 금방 나옵니다.
- **수석전문위원 정재룡**[1151]: 예.
- **소위원장 도종환**[1152]: 의사일정 제7항 정부가 제출한 사립학교법 일부개정법률안을 원안대로 의결하고자 하는데 이의 없으십니까? (예 하는 위원 있음) 가결되었음을 선포합니다.

다. 제20대 국회 제346회 제9차 교육문화체육관광위원회(2016. 11. 25.)

- **소위원장 도종환**[1153]: 다음, 도종환 의원이 대표발의하고 정부가 제출한 사립학교법 일부개정법률안을 통합 조정한 대안의 주요내용을 말씀드리면…한편 육아휴직의 기회를 확대하였습니다…
- **위원장 유성엽**[1154]: 의사일정 제12항부터 제14항까지 도종환 의원이 대표발의하고 정부가 제출한 2건 등 3건의 사립학교법 일부개정법률안은 소위원회에서 심사보고한 바와 같이 본회의에 각각 부의하지 아니하고 이를 통합 조정한 의사일

1146) 제346회 국회(정기회) 제1차 교육 법안심사소위, 교육문화체육관광위원회회의록, 2016. 11. 21., 19면.
1147) 제346회 국회(정기회) 제1차 교육 법안심사소위, 교육문화체육관광위원회회의록, 2016. 11. 21., 19면.
1148) 제346회 국회(정기회) 제1차 교육 법안심사소위, 교육문화체육관광위원회회의록, 2016. 11. 21., 19면.
1149) 제346회 국회(정기회) 제1차 교육 법안심사소위, 교육문화체육관광위원회회의록, 2016. 11. 21., 19면.
1150) 제346회 국회(정기회) 제1차 교육 법안심사소위, 교육문화체육관광위원회회의록, 2016. 11. 21., 19면.
1151) 제346회 국회(정기회) 제1차 교육 법안심사소위, 교육문화체육관광위원회회의록, 2016. 11. 21., 19면.
1152) 제346회 국회(정기회) 제1차 교육 법안심사소위, 교육문화체육관광위원회회의록, 2016. 11. 21., 19면.
1153) 제346회 국회(정기회) 제9차 전체회의, 교육문화체육관광위원회회의록, 2016. 11. 25., 9면.
1154) 제346회 국회(정기회) 제9차 전체회의, 교육문화체육관광위원회회의록, 2016. 11. 25., 14면.

정 제15항 사립학교법 일부개정법률안(대안)을 제안하고자 합니다. 이의 없으십니까? (예 하는 위원 있음) 이의가 없으므로 가결되었음을 선포합니다.

〈2〉 **법제사법위원회:** 교육문화체육관광위원회 대안을 수정·가결했다.[1155] 수정내용은 아래와 같다.

교육문화체육관광위원회 대안	법제사법위원회 수정안
제59조(휴직의 사유) 12. 「사립학교교직원 연금법」 제31조에 따른 재직기간 10년 이상인 교원이 자기개발을 위하여 학습·연구 등을 하게 된 때	**제59조(휴직의 사유)** 12. 「사립학교교직원 연금법」 제31조에 따라 계산한 재직기간이 10년 이상인 교원이 자기개발을 위하여 학습·연구 등을 하게 된 때

제59조에 관한 회의록 내용은 아래와 같다.

- **전문위원 강남일**[1156]: 의사일정 제46항 법안에 대해서 체계·자구 검토 결과를 보고드리겠습니다. 의사일정 제46항은 사립 특수학교 설립 주체를 학교법인으로 제한하고 여교원의 육아휴직 사유를 확대하는 등의 내용으로 체계·자구 검토 결과, 개정안 부칙 제1조의 시행일과 동 부칙 제2조의 적용례의 해석에 오해가 없도록 문구를 수정하고, 이미 사립 특수학교 설립을 중비 중인 사람의 신뢰를 보호하기 위해 개정안 부칙 제2조에 단서를 추가할 필요가 있다고 사료됩니다. 이상 보고를 마치겠습니다. (검토보고서는 부록으로 보존함)
- **위원장 권성동**[1157]: 수고하셨습니다. 다음, 대체토론 순서입니다. 질의하실 위원님 계신가요? (없습니다 하는 위원 있음) 대체토론을 종결하겠습니다. 의사일정 제46항의 법률안은 전문위원이 수정한 부분은 수정한 대로, 기타 부분은 원안대로 의결하고자 하는데 이의 없으십니까? (예 하는 위원 있음) 가결되었음을 선포합니다.이준식 교육부장관을 상대로 현안질의하실 위원님들 계신가요? (없습니다 하는 위원 있음) 장관님, 수고하셨습니다

(3) 본회의 심의

법제사법위원회 수정안대로 가결되었다.[1158]

1155) 제346회 국회(정기회) 제10차 전체회의, 법제사법위원회회의록, 2016. 12. 7., 27면.
1156) 제346회 국회(정기회) 제10차 전체회의, 법제사법위원회회의록, 2016. 12. 7., 27면.
1157) 제346회 국회(정기회) 제10차 전체회의, 법제사법위원회회의록, 2016. 12. 7., 27면.
1158) 제346회 국회(정기회) 제17차 전체회의, 국회 본회의회의록, 2016. 12. 8., 9면.

(4) 결과

법제사법위원회 수정안으로 개정되었다.

59.218

18. 2020년 3월 24일 개정(법률 제17078호, 2020. 9. 25. 시행)

제59조(휴직의 사유) ①사립학교의 교원이 다음 각 호의 어느 하나에 해당하는 사유로 휴직을 원하는 경우에는 당해 교원의 임용권자는 휴직을 명할 수 있다. 다만, 제1호 내지 제4호 및 제11호의 경우에는 본인의 의사에 불구하고 휴직을 명하여야 하고, 제7호 및 제7호의2의 경우에는 본인이 원하는 경우 휴직을 명하여야 한다.

1. 신체·정신상의 장애로 장기요양을 요할 때(불임·난임으로 인하여 장기간의 치료가 필요한 경우를 포함한다)
2. 「병역법」에 의한 병역의 복무를 위하여 징집 또는 소집된 때
3. 천재·지변 또는 전시·사변이나 기타의 사유로 인하여 생사 또는 소재가 불명하게 된 때
4. 기타 법률의 규정에 의한 의무를 수행하기 위하여 직무를 이탈하게 된 때
5. 학위취득을 목적으로 해외유학을 하거나 외국에서 1년 이상 연구 또는 연수하게 된 때
6. 국제기구, 외국기관, 국내외의 대학·연구기관, 국가기관, 재외교육기관(「재외국민의 교육지원 등에 관한 법률」 제2조제2호의 재외교육기관을 말한다) 또는 정관으로 정하는 민간단체에 임시로 고용될 때
7. 만 8세 이하 또는 초등학교 2학년 이하의 자녀를 양육하기 위하여 필요하거나 여성 교원이 임신 또는 출산하게 된 때

7의2. 만 19세 미만의 아동 청소년(제7호에 따른 육아휴직의 대상이 되는 아동은 제외한다)을 입양(入養)하는 경우

8. 교육부장관이 지정하는 국내의 연구기관이나 교육기관등에서 연수하게 된 때
9. 사고 또는 질병등으로 장기간의 요양을 요하는 부모, 배우자, 자녀 또는 배우자의 부모의 간호를 위하여 필요한 때
10. 배우자가 국외근무를 하게 되거나 제5호에 해당하게 된 때
11. 「교원의 노동조합설립 및 운영 등에 관한 법률」 제5조의 규정에 의하여 노동조합 전임자로 종사하게 된 때
12. 「사립학교교직원 연금법」 제31조에 따라 계산한 재직기간이 10년 이상인

교원이 자기개발을 위하여 학습·연구 등을 하게 된 때
13. 기타 정관이 정하는 사유가 있는 때
②제1항제7호의 사유로 인한 휴직기간은 자녀 1명에 대하여 3년 이내로 하되 분할하여 휴직할 수 있고, 같은 항 제7호의2의 사유로 인한 휴직기간은 입양자녀 1명에 대하여 6개월 이내로 한다.
③임용권자는 제1항제7호 및 제7호의2에 따른 휴직을 이유로 인사상 불리한 처우를 하여서는 아니 되고, 같은 호의 휴직기간은 근속기간에 포함하며, 그 밖에 같은 호에 따른 휴직자의 신분 및 처우 등에 관하여 필요한 사항은 대통령령으로 정한다.
④제1항부터 제3항까지에서 규정한 사항 외에 휴직기간과 휴직자의 신분 및 처우 등에 관하여는 정관(사립학교경영자의 경우에는 그가 정하는 교원의 신분보장 및 징계에 관한 규칙을 말한다. 이하 같다)으로 정한다.

(1) 법률안

〈1〉 **이찬열 의원안**[1159]**:** 이 조문을 포함한 개정 대상 조문의 제안이유 및 주요내용은 아래와 같다.

- 제안이유 및 주요내용

  현행법은 사립학교 교원이 만 8세 이하 또는 초등학교 2학년 이하의 자녀를 양육하기 위하여 필요하거나 만 19세 미만의 아동청소년을 입양하는 경우 휴직(이하 "육아휴직 등"이라 함)을 할 수 있도록 하고 있음.

  그런데 사립학교 교원에 대한 육아휴직 등의 기간 및 처우에 관하여 는 학교법인의 정관으로 정하도록 규정하고 있어 학교마다 육아휴직 기간 및 처우가 달리 적용된다는 의견이 있음.

  이에 국·공립 교원의 경우처럼 육아휴직 등의 기간을 명시하고 육아휴직 등의 처우에 대해서는 대통령령으로 위임하도록 함으로써 사립학교 교원의 육아휴직 등을 안정적으로 보장하려는 것임(안 제59조제3항 및 제4항 신설).

이 조문의 현행법과 개정 원안은 아래와 같다.

1159) 2019. 4. 30. 이찬열의원 등 11인(의안번호: 2020065).

현행법	원안
제59조(휴직의 사유) ① (생 략)	**제59조(휴직의 사유)** ① (현행과 같음)
②제1항의 휴직의 기간과 휴직자의 신분 및 처우등에 관하여는 정관(사립학교경영자의 경우에는 그가 정하는 교원의 신분보장 및 징계에 관한 규칙을 말한다. 이하 같다)으로 정한다.	②제1항(제7호 및 제7호의2를 제외한다)의 휴직의 기간과 휴직자의 신분 및 처우등에 관하여는 정관(사립학교경영자의 경우에는 그가 정하는 교원의 신분보장 및 징계에 관한 규칙을 말한다. 이하 같다)으로 정한다.
<신 설>	③제1항제7호에 따른 휴직의 기간은 자녀 1명에 대하여 3년 이내로 하되 분할하여 휴직할 수 있고, 제1항제7호의2에 따른 휴직의 기간은 입양자녀 1명에 대하여 6개월 이내로 한다.
<신 설>	④제1항제7호 및 제7호의2에 따른 휴직자의 신분 및 처우 등에 관하여는 대통령령으로 정한다.
③ (생 략)	⑤ (현행 제3항과 같음)

- 국·공립 교원의 경우처럼 육아휴직 등의 기간을 명시하고 육아휴직 등의 처우에 대해서는 대통령령으로 위임하도록 함으로써 사립학교 교원의 육아휴직 등을 안정적으로 보장하였다.

(2) 위원회 심사

〈1〉 **교육위원회:** 대안[1160]으로 가결되었다(이 조문의 경우에는 원안과 대안의 내용이 동일함).[1161] 제59조에 관한 회의록 내용은 아래와 같다.

가. 제20대 국회 제371회 제5차 교육위원회 법안심사소위원회(2019. 11. 21.)

- **소위원장 조승래**[1162]: 의사일정 제1항 사립학교법 일부개정법률안 번안의 건을 심사하겠습니다. 이 안건은 지난 소위원회에서 심사 의결한 사립학교법 일부개정법률안 수정안에 대해 본 위원이 서면동의서를 제출하여 국회법 제91조제2항에 따라 번안하려는 것입니다. 번안하고자 하는 내용에 대해서 전문위원 보고해

1160) 2020. 3. 5. 교육위원장(의안번호: 2024737).
1161) 제371회 국회(정기회) 제4차 전체회의, 교육위원회회의록, 2019. 11. 28., 4면.
1162) 제371회 국회(정기회) 제5차 법안심사소위, 교육위원회회의록, 2019. 11. 21., 7면.

주시기 바랍니다. 지난번 소위 때 자료를 다 위원님께 드린 바가 있으니 내용은 간략하게 보고를 해 주시고 진행해 주십시오.

- **전문위원 신종숙**[1163]: 위원장님 말씀 주신 바와 같이 지난 법안심사소위에서 사립학교 교원에 대한 육아휴직 기간을 3년으로 명시하되 사립유치원 교원에 대해서는 시행을 2년 유예하는 것으로 수정 의결한 바 있습니다. 그런데 의결할 때 이 법 시행 전에 휴직하였거나 이 법 시행 당시 휴직 중인 교원에 대해서도 적용된다는 것을 명확히 하는 적용례를 넣지 않았기 때문에 이를 추가하고자 하는 것입니다. 2페이지 보시면 적용례 추가 건과 관련하여 국가공무원법 개정 시 육아휴직에 관한 적용례에서도 동일한 내용의 입법례가 있기 때문에 개정법의 적용대상을 명확히 한다는 점에서 적용례를 두는 것은 필요하다고 보았습니다. 이상입니다.
- **소위원장 조승래**[1164]: 차관 정부 의견 말씀해 주십시오.
- **교육부차관 박백범**[1165]: 전문위원 검토의견에 동의합니다.
- **소위원장 조승래**[1166]: 위원님들 의견을 주시고요, 지난번 소위 때 이미 자료를 저희들이 배포를 해드린 바가 있으니까 관련해서 바로 의견 확인하고 들어가겠습니다. 이 번안으로 의결하고자 하는데 이의 없으시면 번안으로 의결을 하고요…
- **곽상도 위원**[1167]: 번안이 뭐예요?
- **소위원장 조승래**[1168]: 적용례를 둔다는 것이지 않습니까?
- **곽상도 위원**[1169]: 아니, 번안이라는 게 처음 보는것이라서…
- **소위원장 조승래**[1170]: 번복한다는 그런 의미인가 봐요.
- **서영교 위원**[1171]: 지난번에 이것이 부족하다고 제안을 하셔 가지고…
- **소위원장 조승래**[1172]: 그러니까 적용례를 미처 확인을 못 했다는 것 때문에 그런 것이니까요. 이 번안 의결에 대해서 이의가 없으시면 번안된 것을 가지고 의결하면 되고 이의가 있으시다 그러면 지난번 의결한 대로 그냥 통과시키면 되는 것이니까요.

1163) 第371회 국회(정기회) 제5차 법안심사소위, 교육위원회회의록, 2019. 11. 21., 7면.
1164) 第371회 국회(정기회) 제5차 법안심사소위, 교육위원회회의록, 2019. 11. 21., 7면.
1165) 第371회 국회(정기회) 제5차 법안심사소위, 교육위원회회의록, 2019. 11. 21., 7면.
1166) 第371회 국회(정기회) 제5차 법안심사소위, 교육위원회회의록, 2019. 11. 21., 7면.
1167) 第371회 국회(정기회) 제5차 법안심사소위, 교육위원회회의록, 2019. 11. 21., 7면.
1168) 第371회 국회(정기회) 제5차 법안심사소위, 교육위원회회의록, 2019. 11. 21., 7면.
1169) 第371회 국회(정기회) 제5차 법안심사소위, 교육위원회회의록, 2019. 11. 21., 7면.
1170) 第371회 국회(정기회) 제5차 법안심사소위, 교육위원회회의록, 2019. 11. 21., 7면.
1171) 第371회 국회(정기회) 제5차 법안심사소위, 교육위원회회의록, 2019. 11. 21., 7면.
1172) 第371회 국회(정기회) 제5차 법안심사소위, 교육위원회회의록, 2019. 11. 21., 7면.

그러면 여쭐게요. 이 안건을 번안 의결하고자 하는데 이의 없으십니까? (예 하는 위원 있음) 그러면 이의가 없으므로 가결되었음을 선포합니다.

나. 제20대 국회 제371회 제4차 교육위원회(2019. 11. 28.)

- 위원장직무대리 김한표[1173]: 의사일정 제7항부터 제10항까지 이찬열 의원, 조승래 의원, 오영훈 의원, 변재일 의원이 각각 대표발의한 사립학교법 일부개정법률안 4건은 소위원회에서 심사보고한 바와 같이 본회의에 각각 부의하지 아니하고 이를 통합 조정한 의사일정 제11항 사립학교법 일부개정법률안(대안)을 제안하고자 합니다. 이의 없으십니까? (예 하는 위원 있음) 없으시면 가결되었음을 선포합니다.

〈2〉 **법제사법위원회:** 교육위원회 대안을 수정·가결했다.[1174] 수정내용은 아래와 같다.

교육위원회 대안	법제사법위원회 수정안
제59조(휴직의 사유)	제59조(휴직의 사유)
②제1항(제7호 및 제7호의2를 제외한다)의 휴직의 기간과 휴직자의 신분 및 처우등에 관하여는 정관(사립학교경영자의 경우에는 그가 정하는 교원의 신분보장 및 징계에 관한 규칙을 말한다. 이하 같다)으로 정한다.	②제1항제7호에 따른 휴직의 기간은 자녀 1명에 대하여 3년 이내로 하되 분할하여 휴직할 수 있고, 제1항제7호의2에 따른 휴직의 기간은 입양자녀 1명에 대하여 6개월 이내로 한다
③제1항제7호에 따른 휴직의 기간은 자녀 1명에 대하여 3년 이내로 하되 분할하여 휴직할 수 있고, 제1항제7호의2에 따른 휴직의 기간은 입양자녀 1명에 대하여 6개월 이내로 한다.	③임용권자는 제1항제7호 및 제7호의2의 규정에 따른 휴직을 이유로 인사상 불리한 처우를 하여서는 아니되고, 같은 호의 휴직기간은 근속기간에 포함하며, 그 밖에 제1항제7호 및 제7호의2에 의한 휴직자의 신분 및 처우 등에 관하여는 대통령령으로 정한다.
④제1항제7호 및 제7호의2에 따른 휴직자의 신분 및 처우 등에 관하여는 대통령령으로 정한다.	④제1항부터 제3항까지에서 규정한 사항 이외에 휴직의 기간과 휴직자의 신분 및 처우 등에 관하여는 정관(사립학교경영자의 경우에는 그가 정하는 교원의 신분보장 및 징계에 관한 규칙을 말한다. 이하 같다)으로 정한다.
⑤임용권자는 제1항제7호 및 제7호의2의 규정에 의한 휴직을 이유로 인사상 불리한 처우를 하여서는 아니되며, 동호의 휴직기간은 근속기	

1173) 제371회 국회(정기회) 제4차 전체회의, 교육위원회회의록, 2019. 11. 28., 4면.

간에 산입한다.	

(3) 본회의 심의

법제사법위원회 수정안대로 가결되었다.[1175] 제59조에 관한 회의록 내용은 아래와 같다.

- **교육위원장대리 조승래**[1176]: 존경하는 문희상 의장님 그리고 선배·동료 의원 여러분! 교육위원회의 조승래 위원입니다. 해산된 학교법인의 청산 절차에 관한 행·재정적 지원과 해산된 학교법인 및 폐쇄·폐지된 학교의 기록물 이관 및 관리 근거를 담은 사립학교법 일부개정법률안(대안)…등 6건의 법률안에 대하여 단말기의 회의 자료를 참조해 주시기 바라고, 아무쪼록 우리 위원회에서 심사보고 및 제안설명한 대로 심히 의결하여 주시기 바랍니다. 감사합니다. (이상 6건 대안 및 심사보고서는 부록으로 보존함)
- **의장 문희상**[1177]: 조승래 위원 수고하셨습니다. 그러면 먼저 사립학교법 일부개정법률안(대안) 을 의결토록 하겠습니다. 투표해 주시기 바랍니다. (전자투표) 투표를 다 하셨습니까? 투표를 마치겠습니다. 투표 결과를 말씀드리겠습니다. 재석 175인 중 찬성 174인, 기권 1인으로서 사립학교법 일부개정법률안(대안)은 가결되었음을 선포합니다.

(4) 결과

법제사법위원회 수정안으로 개정되었다.

19. 2020년 12월 22일 개정(법률 제17659호, 2020. 12. 22. 시행)

제59조(휴직의 사유) ①_사립학교 교원이 다음 각 호의 어느 하나에 해당하는 사유로 휴직을 원하**면 그** 교원의 임용권자는 휴직을 명할 수 있다. 다만, 제1호부터 제4호**까지** 및 제11호의 경우에는 본인의 의사**와 관계없이** 휴직을 명하여야 하고, 제7호 및 제7호의2의 경우에는 본인이 원하면 휴직을 명하여야 한다.

1174) 제376회 국회(임시회) 제2차 전체회의, 법제사법위원회회의록, 2020. 3. 4., 99면.
1175) 제376회 국회(임시회) 제9차 본회의, 국회본회의회의록, 2020. 3. 6., 16면.
1176) 제376회 국회(임시회) 제9차 본회의, 국회본회의회의록, 2020. 3. 6., 15~16면.
1177) 제376회 국회(임시회) 제9차 본회의, 국회본회의회의록, 2020. 3. 6., 16면.

1. 신체·정신상의 장애로 장기요양**이 필요한 경우**(불임·난임으로 인하여 장기간의 치료가 필요한 경우를 포함한다)
2. 「병역법」에 **따른** 병역의 복무를 위하여 징집**되거나** 소집된 **경우**
3. 천재지변**이나** 전시·사변 **또는 그 밖의 사유로 생사나 소재(所在)를 알 수 없**게 된 **경우**
4. **그 밖에 법률에** 따른 의무를 수행하기 위하여 직무를 이탈하게 된 **경우**
5. 학위취득을 목적으로 해외 유학을 하거나 외국에서 1년 이상 연구 또는 연수**를** 하게 된 **경우**
6. 국제기구, 외국기관, 국내외의 대학·연구기관, 국가기관, 재외교육기관(「재외국민의 교육지원 등에 관한 법률」 제2조제2호의 재외교육기관을 말한다) 또는 정관으로 정하는 민간단체에 임시로 고용**되는 경우**
7. 만 8세 이하 또는 초등학교 2학년 이하의 자녀를 양육하기 위하여 필요하거나 여성 교원이 임신 또는 출산하게 된 **경우**

7의2. 만 19세 미만의 아동 청소년(제7호에 따른 육아휴직의 대상이 되는 아동은 제외한다)을 입양하는 경우

8. 교육부장관이 지정하는 국내의 연구기관이나 교육기관 등에서 연수하게 된 **경우**
9. 사고 또는 질병 등으로 장기간 요양이 **필요한** 부모, 배우자, 자녀 또는 배우자의 부모**를** 간호**하기** 위하여 필요한 **경우**
10. 배우자가 국외 근무를 하게 되거나 제5호에 해당하게 된 **경우**
11. 「교원의 노동조합 설립 및 운영 등에 관한 법률」 제5조**에 따라** 노동조합 전임자로 종사하게 된 **경우**
12. 「사립학교교직원 연금법」 제31조에 따라 계산한 재직기간이 10년 이상인 교원이 자기개발을 위하여 학습·연구 등을 하게 된 **경우**
13. **그 밖에** 정관**으로** 정하는 사유가 있는 **경우**

②_제1항제7호의 사유로 인한 휴직기간은 자녀 1명에 대하여 3년 이내로 하되 분할하여 휴직할 수 있고, 같은 항 제7호의2의 사유로 인한 휴직기간은 입양자녀 1명에 대하여 6개월 이내로 한다.

③_임용권자는 제1항제7호 및 제7호의2에 따른 휴직을 이유로 인사상 불리한 처우를 하여서는 아니 되고, 같은 호의 휴직기간은 근속기간에 포함하며, 그 밖에 같은 호에 따른 휴직자의 신분 및 처우 등에 관하여 필요한 사항은 대통령령으로

정한다.

④_제1항부터 제3항까지에서 규정한 사항 외에 휴직기간과 휴직자의 신분 및 처우 등에 관하여는 정관(사립학교경영자의 경우에는 그가 정하는 교원의 신분보장 및 징계에 관한 규칙을 말한다. 이하 **이 절에서** 같다)으로 정한다.

- 법문을 한글화하고 간결하게 하였다(오직 형식에 관한 개정이므로 자세한 개정경과는 생략함[1178]).

III. 현행법

제59조(휴직의 사유) ① 사립학교 교원이 다음 각 호의 어느 하나에 해당하는 사유로 휴직을 원하면 그 교원의 임용권자는 휴직을 명할 수 있다. 다만, 제1호부터 제4호까지 및 제11호의 경우에는 본인의 의사와 관계없이 휴직을 명하여야 하고, 제7호 및 제7호의2의 경우에는 본인이 원하면 휴직을 명하여야 한다.

1. 신체·정신상의 장애로 장기요양이 필요한 경우(불임·난임으로 인하여 장기간의 치료가 필요한 경우를 포함한다)
2. 「병역법」에 따른 병역의 복무를 위하여 징집되거나 소집된 경우
3. 천재지변이나 전시·사변 또는 그 밖의 사유로 생사나 소재(所在)를 알 수 없게 된 경우
4. 그 밖에 법률에 따른 의무를 수행하기 위하여 직무를 이탈하게 된 경우
5. 학위취득을 목적으로 해외 유학을 하거나 외국에서 1년 이상 연구 또는 연수를 하게 된 경우
6. 국제기구, 외국기관, 국내외의 대학·연구기관, 국가기관, 재외교육기관(「재외국민의 교육지원 등에 관한 법률」 제2조제2호의 재외교육기관을 말한다) 또는 정관으로 정하는 민간단체에 임시로 고용되는 경우
7. 만 8세 이하 또는 초등학교 2학년 이하의 자녀를 양육하기 위하여 필요하거나 여성 교원이 임신 또는 출산하게 된 경우

7의2. 만 19세 미만의 아동 청소년(제7호에 따른 육아휴직의 대상이 되는 아동은 제외한다)을 입양하는 경우

1178) 이에 관한 구체적 개정경과는 이 책 [1.201] 참조.

8. 교육부장관이 지정하는 국내의 연구기관이나 교육기관 등에서 연수하게 된 경우
9. 사고 또는 질병 등으로 장기간 요양이 필요한 부모, 배우자, 자녀 또는 배우자의 부모를 간호하기 위하여 필요한 경우
10. 배우자가 국외 근무를 하게 되거나 제5호에 해당하게 된 경우
11. 「교원의 노동조합 설립 및 운영 등에 관한 법률」 제5조에 따라 노동조합 전임자로 종사하게 된 경우
12. 「사립학교교직원 연금법」 제31조에 따라 계산한 재직기간이 10년 이상인 교원이 자기개발을 위하여 학습·연구 등을 하게 된 경우
13. 그 밖에 정관으로 정하는 사유가 있는 경우

② 제1항제7호의 사유로 인한 휴직기간은 자녀 1명에 대하여 3년 이내로 하되 분할하여 휴직할 수 있고, 같은 항 제7호의2의 사유로 인한 휴직기간은 입양자녀 1명에 대하여 6개월 이내로 한다.

③ 임용권자는 제1항제7호 및 제7호의2에 따른 휴직을 이유로 인사상 불리한 처우를 하여서는 아니 되고, 같은 호의 휴직기간은 근속기간에 포함하며, 그 밖에 같은 호에 따른 휴직자의 신분 및 처우 등에 관하여 필요한 사항은 대통령령으로 정한다.

④ 제1항부터 제3항까지에서 규정한 사항 외에 휴직기간과 휴직자의 신분 및 처우 등에 관하여는 정관(사립학교경영자의 경우에는 그가 정하는 교원의 신분보장 및 징계에 관한 규칙을 말한다. 이하 이 절에서 같다)으로 정한다.

59.400

IV. 종합/특기사항

- 제59조는 사립학교 교원의 휴직사유 및 그 관련 절차에 관한 규정으로서 매우 긴 조문이다. 제정법 이후 개정의 큰 방향은 사회변화에 따라 휴직사유를 추가한 것인데, 특히 임신·출산, 자녀양육, 입양과 같은 저출산 내지 가족보호 정책에 대한 배려가 현저하다.
- 제59조에 대한 주요 변화는 1990년, 1997년, 2000, 2007년, 2012년, 2015년, 2016년 개정이다. 1990년 개정은 "신체·정신상의 장애로 장기요양을 요할 때" 등 일정 사유의 경우에는 휴직을 반드시 휴직을 명하도록 하면서 휴직사유를 대폭 추가하고(공무원의 휴직사유와 동일), 1997년 개정은 가족의 간호, 배우자의

국외근무 등을 휴직사유에 추가했으며, 2000년 개정은 노동조합 전임을 휴직사유에 추가하고 자녀양육 및 여교원의 임신·출산의 경우에는 휴직기간을 근속연수에 포함시키도록 했고, 2007년 개정은 육아휴직 대상을 만 1세에서 만 6세로 확대했으며, 2012년 개정은 육아휴직 대상을 만 6세에서 만 8세로 더 확대했고, 2015년 개정은 불임·난임으로 인한 치료를 휴직사유에 추가했고, 2016년 개정은 19세 미만의 아동 청소년을 입양하는 경우와 재직기간이 10년 이상인 교원이 자기개발을 위하여 학습·연구 등을 하게 된 때를 휴직사유에 추가하였다.

제60조(교원의 불체포특권)

I. 제정법

제60조(교원의 불체포특권) 사립학교의 교원은 현행범인의 경우를 제외하고는 소속 학교장의 동의없이 학원안에서 체포되지 아니한다.

『새교육』은 이 조문의 제정이유를 소개하지 않았다.[1179]

II. 개정 경과

1. 2020년 12월 22일 개정(법률 제17659호, 2020. 12. 22. 시행)

제60조(교원의 불체포특권) 사립학교 교원은 현행범인 경우를 제외하고는 소속 학교장의 동의 없이 학원(學園) 안에서 체포되지 아니한다.

- 법문을 한글로 적고, 명확게 하였다(오직 형식에 관한 개정이므로 자세한 개정경과는 생략함[1180]).

1179) 金康鉉, 앞의 글 "私立學校法(完)", 47면.
1180) 이에 관한 구체적 개정경과는 이 책 [1.201] 참조.

60.300

III. 현행법

> **제60조(교원의 불체포특권)** 사립학교 교원은 현행범인 경우를 제외하고는 소속 학교장의 동의 없이 학원(學園) 안에서 체포되지 아니한다.

60.400

IV. 종합/특기사항

- 제60조에 대해서는 제정법 이후 내용상의 개정은 없고, 법문의 한글화·순화 등 모두 형식에 관한 개정이다.

제60조의2(사회보장)

60-2.100

I. 제정법

제정법에는 이 조문이 없다.

II. 개정 경과

60-2.201

1. 1973년 12월 20일 개정(법률 제2649호, 1974. 1. 1. 시행)

> **제60조의2(사회보장)** ①사립학교의 교원이 질병·부상·폐질·퇴직·사망 또는 재해를 입었을 때에는 본인이나 그 유족에게 법률이 정하는 바에 따라 적절한 급여를 지급한다.
> ②제1항의 법률에는 다음의 사항이 규정되어야 한다.
> 1. 상당한 기간 근무하고 퇴직하거나 사망한 경우에 본인이나 그 유족에게 연금 또는 일시금을 지급하는 사항
> 2. 직무로 인한 부상 또는 질병으로 인하여 사망하거나 퇴직한 경우에 본인이나

그 유족에게 연금 또는 보상금을 지급하는 사항
3. 직무로 인한 부상 또는 질병으로 인한 요양기간중 소득능력에 장애를 받을 경우에 그 본인이 받는 손실보상에 관한 사항
4. 직무로 인하지 아니한 사망·폐질·부상·질병·출산 기타 사고에 대한 급여의 지급에 관한 사항

(1) 법률안(정부안[1181])

이 조문을 포함한 개정 대상 조문의 제안이유 및 주요내용은 아래와 같다.

- 제안이유

  사립학교 교원에 대한 사회보장제도를 확립함으로써 사립학교 교원의 사기를 진작하고 아울러 사립학교 교원의 질적 충실을 기하기 위하여 이 법을 개정하려는 것임.

- 주요내용

  사립학교 교원이 질병·부상·폐질·퇴직·사망 또는 재해를 입었을 때에는 법률이 정하는 바에 따라 적절한 급여를 지급하도록 함(제60조의2 사회보장).

이 조문의 현행법과 개정 원안은 아래와 같다.

현행법	원안
<신 설>	**제60조의2(사회보장)** ①사립학교의 교원이 질병·부상·폐질·퇴직·사망 또는 재해를 입었을 때에는 본인이나 그 유족에게 법률이 정하는 바에 따라 적절한 급여를 지급한다. ②제1항의 법률에는 다음의 사항이 규정되어야 한다. 1. 상당한 기간 근무하고 퇴직하거나 사망한 경우에 본인이나 그 유족에게 연금 또는 일시금을 지급하는 사항 2. 직무로 인한 부상 또는 질병으로 인하여 사망하거나 퇴직한 경우에 본인이나 그 유족

1181) 1973. 11. 19. 정부(의안번호: 090094).

	에게 연금 또는 보상금을 지급하는 사항 3. 직무로 인한 부상 또는 질병으로 인한 요양 기간중 소득능력에 장애를 받을 경우에 그 본인이 받는 손실보상에 관한 사항 4. 직무로 인하지 아니한 사망·폐질·부상·질병·출산 기타 사고에 대한 급여의 지급에 관한 사항

• 「사립학교교원연금법」(1973. 12. 20. 제정·공포) 제정에 따라 「사립학교법」에 사립학교 교원의 사회보장제도를 명문화하였다.

(2) 위원회 심사

〈1〉 **문교공보위원회:** 원안대로 가결되었다.[1182] 제60조의2에 관한 회의록 내용은 아래와 같다.

가. 제9대 국회 제88회 제13차 문교공보위원회(1973. 11. 27.)

• 문교부장관 민관식[1183]: 사립학교법 중 개정법률안은 사립학교교직원연금제도를 실시함에 있어서 사립학교에 관한 기본법인 사립학교법에 사립학교교원에 대한 사회보장의 법적 근거를 마련하는 것입니다...

• 전문위원 김사달[1184]: 본 법안 개정의 취지를 말씀드리면 사립학교교원연금법을 새로이 제정함에 있어서 사립학교의 기본법이라 할 수 있는 동법의 체계를 갖추고 아울러 그 근거를 확실히 하기 위해 동법 제60조제2항 사회보장을 추가 신설하려는 것입니다. 이 법 개정안에 대한 의견을 말씀드리면 사립학교교원연금법의 제안에 앞서서 당연히 추가 신설되어야 한다고 생각합니다.

나. 제9대 국회 제88회 제14차 문교공보위원회(1973. 11. 28.)

• 위원장 육인수[1185]: 제2항 사립학교법 중 개정법률안은 수권소위원회에서 다룬 것과 마찬가지로 정부원안대로 통과시키고자 하는데 이의 없습니까? (없습니다 하는 이 있음) 그러면 통과된 것을 선포합니다.

〈2〉 **법제사법위원회:** 원안대로 가결되었다. 제60조의2에 관한 회의록 내용은 아

1182) 제88회 국회(정기회) 제14차 전체회의, 문교공보위원회회의록, 1973. 11. 28., 4면.
1183) 제88회 국회(정기회) 제13차 전체회의, 문교공보위원회회의록, 1973. 11. 27., 2면.
1184) 제88회 국회(정기회) 제13차 전체회의, 문교공보위원회회의록, 1973. 11. 27., 11면.
1185) 제88회 국회(정기회) 제14차 전체회의, 문교공보위원회회의록, 1973. 11. 28., 4면.

래와 같다.

- **문교공보위원장대리 최세경**[1186]: 다음 사립학교법 중 개정법률안에 대한 심사보고를 드리겠습니다. 1973년 11월 20일자로 정부로부터 제출된 법안을 문교공보위원회에서 심사한 결과 사립학교교원연금법이 새로 제정됨에 따라 사립학교법 제60조의2항(사회보장)을 추가 신설하여 사립학교의 교원에 대한 사회보장제도를 확립하며 교원의 사기를 앙양시키고 아울러 사립학교교원의 질적충실을 기하기 위해서도 당연히 개정되어야 함으로 만장일치로 의결하여 주시기 바랍니다...
- **전문위원 임두빈**[1187]: 다음 사립학교법 중 개정법률안에 대한 예비검토한 결과를 보고드리겠습니다. 사립학교법을 개정하여 제60조의2를 신설한 것은 사립학교교원연금법이 제안됨에 따라 당연히 개정되어야 할 것이며 조문의 내용은 국가공무원법 제77조의 규정 내용과 꼭 같습니다. 따라서 체계나 자구면에서 별 문제점은 없습니다...
- **서병균 위원**[1188]: 저는 의사진행으로 말씀드리겠습니다. …다른 자구수정에 대한 질의가 없으면 그냥 통과하는 것이 어떻습니까?
- **위원장 장영순**: 그러면 질의를 종결하고…사립학교법 중 개정법률안에 대해서 문공위원회의 수정한 부분은 수정한 대로 지금 법사위원회에서 지적한 점에 대해서는 그 수정된 대로 그 외에는 정부원안대로 의결코자 합니다. 이의 없으십니까? (이의 없습니다 하는 이 있음)

(3) 본회의 심의

원안대로 가결되었다. 제60조의2에 관한 회의록 내용은 아래와 같다.

- **문교공보위원장대리 최세경**[1189]: 다음은 사립학교교원연금법과 관련된 사립학교법 중 개정법률안에 대한 심사보고를 드리겠습니다. 1973년 11월 20일 자로 정부로부터 제출된 본 법안을 문교공보위원회에서 심사한 결과 사립학교교원연금법이 새로 제정됨에 따라 사립학교법 제60조제2항 “사회보장”을 추가 신설하여 사립학교의 교원에 대한 사회보장제도를 확립하며 교원의 사기를 앙양시키고 아울러 사립학교 교육의 질적 충실을 기하기 위해서도 당연히 개정되어야 되므

1186) 제88회 국회(정기회) 제16차 전체회의, 법제사법위원회회의록, 1973. 11. 30., 18면.
1187) 제88회 국회(정기회) 제16차 전체회의, 법제사법위원회회의록, 1973. 11. 30., 19면.
1188) 제88회 국회(정기회) 제16차 전체회의, 법제사법위원회회의록, 1973. 11. 30., 19면.
1189) 제88회 국회(정기회) 제17차 본회의, 국회회의록, 1973. 12. 2., 3면.

로 만장일치로 의결하였습니다.

- 의장 정일권[1190]: 사립학교법 중 개정법률안에 대하여 정부 원안에 이의가 있으십니까? (없소 하는 이 많음) 그러면 가결되었음을 선포합니다.

(4) 결과

원안으로 개정되었다.

60-2.202

2. 1977년 12월 31일 개정(법률 제3057호, 1977. 12. 31. 시행)

제60조의2(사회보장) ①사립학교의 교원 및 사무직원이 질병·부상·폐질·퇴직·사망 또는 재해를 입었을 때에는 본인이나 그 유족에게 법률이 정하는 바에 따라 적절한 급여를 지급한다.

②제1항의 법률에는 다음의 사항이 규정되어야 한다.

1. 상당한 기간 근무하고 퇴직하거나 사망한 경우에 본인이나 그 유족에게 연금 또는 일시금을 지급하는 사항
2. 직무로 인한 부상 또는 질병으로 인하여 사망하거나 퇴직한 경우에 본인이나 그 유족에게 연금 또는 보상금을 지급하는 사항
3. 직무로 인한 부상 또는 질병으로 인한 요양기간중 소득능력에 장애를 받을 경우에 그 본인이 받는 손실보상에 관한 사항
4. 직무로 인하지 아니한 사망·폐질·부상·질병·출산 기타 사고에 대한 급여의 지급에 관한 사항

(1) 법률안(정부안[1191])

현행법	원안
제60조의2(사회보장) ①사립학교의 교원이 질병·부상·폐질·퇴직·사망 또는 재해를 입었을 때에는 본인이나 그 유족에게 법률이 정하는 바에 따라 적절한 급여를 지급한다. ② (생 략)	**제60조의2(사회보장)** ①사립학교의 교원 및 사무직원이 질병·부상·폐질·퇴직·사망 또는 재해를 입었을 때에는 본인이나 그 유족에게 법률이 정하는 바에 따라 적절한 급여를 지급한다. ② (현행과 같음)

1190) 제88회 국회(정기회) 제17차 본회의, 국회회의록, 1973. 12. 2., 4면.
1191) 1977. 10. 24. 정부(의안번호: 090761); 제안이유 및 주요내용은 이 책 [3.203] 참조.

• 사립학교의 사무직원도 연금대상자로 하였다.

(2) 위원회 심사

〈1〉 **문교공보위원회:** 원안대로 가결되었다.[1192)]

〈2〉 **법제사법위원회:** 원안대로 가결되었다.[1193)]

(3) 본회의 심의

원안대로 가결되었다.[1194)]

3. 2018년 12월 18일 개정(법률 제15954호, 2018. 12. 18. 시행)

제60조의2(사회보장) ①사립학교의 교원 및 사무직원이 질병·부상·**장해**·퇴직·사망 또는 재해를 입었을 때에는 본인이나 그 유족에게 법률이 정하는 바에 따라 적절한 급여를 지급한다.

②제1항의 법률에는 다음의 사항이 규정되어야 한다.

1. 상당한 기간 근무하고 퇴직하거나 사망한 경우에 본인이나 그 유족에게 연금 또는 일시금을 지급하는 사항
2. 직무로 인한 부상 또는 질병으로 인하여 사망하거나 퇴직한 경우에 본인이나 그 유족에게 연금 또는 보상금을 지급하는 사항
3. 직무로 인한 부상 또는 질병으로 인한 요양기간중 소득능력에 장애를 받을 경우에 그 본인이 받는 손실보상에 관한 사항
4. 직무로 인하지 아니한 사망·**장해**·부상·질병·출산 기타 사고에 대한 급여의 지급에 관한 사항

(1) 법률안(김광수 의원안[1195)])

이 조문을 포함한 개정 대상 조문의 제안이유 및 주요내용은 아래와 같다.

1192) 제98회 국회(정기회) 제16차 전체회의, 문교공보위원회회의록, 1977. 12. 7., 2면.
1193) 제98회 국회(정기회) 제25차 전체회의, 법제사법위원회회의록, 1977. 12. 13., 10면.
1194) 제98회 국회(정기회) 제20차 본회의, 국회회의록, 1977. 12. 14., 7면.
1195) 2017. 2. 13. 김광수의원 등 10인(의안번호: 2005607).

• 제안이유 및 주요내용

현대사회는 장애인을 무능력한 존재가 아니라 또 다른 가능성을 가진 존재로 보고, 장애인을 비하하는 용어를 지속적으로 순화하거나 다른 표현으로 대체하려는 노력을 하고 있음.

그러나 폐질 등 장애를 비하하고 차별하는 용어가 여전히 사용되고 있는 실정임.

이에 현행법의 "폐질"이라는 용어를 "장애"로 순화하여 표현함으로써 장애인에 대한 사회적 편견이나 부정적 인식을 긍정적이고 바람직한 방향으로 개선하려는 것임(안 제60조의2제1항 및 제2항제4호).

이 조문의 현행법과 개정 원안은 아래와 같다.

현행법	원안
제60조의2(사회보장) ①사립학교의 교원 및 사무직원이 질병·부상·폐질·퇴직·사망 또는 재해를 입었을 때에는 본인이나 그 유족에게 법률이 정하는 바에 따라 적절한 급여를 지급한다. ②제1항의 법률에는 다음의 사항이 규정되어야 한다. 1. ~ 3. (생 략) 4. 직무로 인하지 아니한 사망·폐질·부상·질병·출산 기타 사고에 대한 급여의 지급에 관한 사항	**제60조의2(사회보장)** ①사립학교의 교원 및 사무직원이 질병·부상·장애·퇴직·사망 또는 재해를 입었을 때에는 본인이나 그 유족에게 법률이 정하는 바에 따라 적절한 급여를 지급한다. ②제1항의 법률에는 다음의 사항이 규정되어야 한다. 1. ~ 3. (현행과 같음) 4. 직무로 인하지 아니한 사망·장애·부상·질병·출산 기타 사고에 대한 급여의 지급에 관한 사항

• "폐질"을 "장해"로 순화하여 장애인에 대한 부정적 인식을 바람직한 방향으로 개선하도록 하였다.

(2) 위원회 심사

〈1〉 **교육위원회:** 대안[1196]으로 가결되었다.[1197]

대안
제60조의2(사회보장) ①사립학교의 교원 및 사무직원이 질병·부상·장해·퇴직·사망 또는 재해를 입었을 때에는 본인이나 그 유족에게 법률이 정하는 바에 따라 적절한 급여를 지급한다.

1196) 2018. 11. 29. 교육위원장(의안번호: 2016900).

1197) 제364회 국회(정기회) 제7차 전체회의, 교육위원회회의록, 2018. 11. 15., 8면.

4. 직무로 인하지 아니한 사망·장해·부상·질병·출산 기타 사고에 대한 급여의 지급에 관한 사항

위 내용이 포함된 제60조의2에 관한 회의록 내용은 아래와 같다.

가. 제20대국회 제364회 제1차 교육위원회 법안심사소위원회(2018. 11. 9.)

- **소위원장 조승래**[1198]: 의사일정 제13항 김광수 의원이 대표발의한 사립학교법 일부개정법률안을 심사하도록 하겠습니다. 전문위원 보고해 주시기 바랍니다.
- **전문위원 채수근**[1199]: 보고드리겠습니다. 개정안은 "폐질"이라는 용어를 "장애"로 순화해서 어려운 법령 용어를 알기 쉬운 우리말로 고치려는 것입니다. 취지는 타당한데, 쭉 설명돼 있습니다마는 다음 페이지를 봐 주시지요. 비고란에 폐질을 "장애"로 바꾸느냐 아니면 "장해"로 바꾸느냐 관련해서 쭉 설명이 돼 있습니다마는 생략하고요. 뒤 페이지에 보시면 중간에 공무원연금법이 재해보상제도를 분리해서 공무원연금법 및 공무원재해보상법으로 제·개정 될 때 장애와 장해의 용어가 구별 실익이 별로 없고 혼용되고 있음을 명문화하고자 모든 장애와 장해를 "장해"로 통일했습니다. 그래서 사립학교교직원 연금법 또한 장애라는 용어를 장해로 개정한 바 있고요. 그리고 지금 여기 개정안에서 따르고자 하는 법규, 여기서 말하는 법률이라는 것도 사립학교교직원 연금법을 의미하기 때문에 용어 명료화를 하기 위해서 지금 개정안에 "장애"로 돼 있는 것은 "장해"로 바꾸는 게 더 나을 것 같다는 말씀을 드립니다.
- **소위원장 조승래**[1200]: 차관, 정부 의견 말씀해 주십시오.
- **교육부차관 박춘란**[1201]: 이견 없습니다.
- **소위원장 조승래**[1202]: 그러면 "장애"가 아닌 "장해"로 수정하는 것에 동의하시는 거지요? 위원님들 토론해 주시기 바랍니다. (없습니다 하는 위원 있음) 그러면 의사일정 제13항은 위원님들의 의견과 전문위원의 의견을 받아들여서 수정한 부분은 수정한 대로 기타 부분은 원안대로 의결하고자 하는데 이의 없으십니까? (예 하는 위원 있음) 가결되었음을 선포합니다.

나. 제20대국회 제364회 제7차 교육위원회(2018. 11. 15.)

- **위원장 이찬열**[1203]: 의사일정 제23항부터 제25항까지 김광수 의원, 곽상도 의원,

1198) 제364회 국회(정기회) 제1차 법안심사소위, 교육위원회회의록, 2018. 11. 9., 10면.
1199) 제364회 국회(정기회) 제1차 법안심사소위, 교육위원회회의록, 2018. 11. 9., 10면.
1200) 제364회 국회(정기회) 제1차 법안심사소위, 교육위원회회의록, 2018. 11. 9., 10면.
1201) 제364회 국회(정기회) 제1차 법안심사소위, 교육위원회회의록, 2018. 11. 9., 10면.
1202) 제364회 국회(정기회) 제1차 법안심사소위, 교육위원회회의록, 2018. 11. 9., 10~11면.
1203) 제364회 국회(정기회) 제7차 전체회의, 교육위원회회의록, 2018. 11. 15., 8면.

송기석 의원이 각각 대표발의한 사립학교법 일부개정법률안은 소위원회에서 심사보고한 바와 같이 본회의에 각각 부의하지 아니하고 이를 통합 조정한 의사일정 제26항 사립학교법 일부개정법률안(대안)을 제안하고자 합니다. 이의 없으십니까? (예 하는 위원 있음) 이의가 없으시므로 가결되었음을 선포합니다.

〈2〉 **법제사법위원회:** 교육위원회 대안대로 가결되었다.[1204)]

(3) 본회의 심의

교육위원회 대안대로 가결되었다.[1205)]

(4) 결과

교육위원회 대안으로 개정되었다.

60-2.204

4. 2020년 12월 22일 개정(법률 제17659호, 2020. 12. 22. 시행)

제60조의2(사회보장) ①_사립학교의 교원 및 사무직원이 질병**에 걸리거나 부상·장해 또는 재해를 입거나 퇴직 또는 사망하였을 때**에는 본인이나 그 유족에게 법률**에서** 정하는 바에 따라 적절한 급여를 지급한다.

②_제1항의 법률에는 다음 **각 호**의 사항이 규정되어야 한다.

1. 상당한 기간 **동안** 근무하고 퇴직하거나 사망한 경우에 본인이나 그 유족에게 연금**이나** 일시금을 지급하는 사항
2. 직무로 인한 부상 또는 질병으로 사망하거나 퇴직한 경우에 본인이나 그 유족에게 연금**이나** 보상금을 지급하는 사항
3. 직무로 인한 부상 또는 질병으로 인한 요양기간 중 소득능력에 장애를 받을 경우에 본인이 받는 손실보상에 관한 사항
4. 직무로 인하지 아니한 사망·장해·부상·질병·출산**, 그 밖의** 사고에 대한 급여의 지급에 관한 사항

• 자구를 수정하였다(오직 형식에 관한 개정이므로 자세한 개정경과는 생략함[1206)]).

1204) 제364회 국회(정기회) 제8차 전체회의, 법제사법위원회회의록, 2018. 11. 28., 56면.
1205) 제364회 국회(정기회) 제13차 본회의, 국회본회의회의록, 2018. 11. 29., 12면.
1206) 이에 관한 구체적 개정경과는 이 책 [1.201] 참조.

III. 현행법

> **제60조의2(사회보장)** ① 사립학교의 교원 및 사무직원이 질병에 걸리거나 부상·장해 또는 재해를 입거나 퇴직 또는 사망하였을 때에는 본인이나 그 유족에게 법률에서 정하는 바에 따라 적절한 급여를 지급한다.
>
> ② 제1항의 법률에는 다음 각 호의 사항이 규정되어야 한다.
>
> 1. 상당한 기간 동안 근무하고 퇴직하거나 사망한 경우에 본인이나 그 유족에게 연금이나 일시금을 지급하는 사항
> 2. 직무로 인한 부상 또는 질병으로 사망하거나 퇴직한 경우에 본인이나 그 유족에게 연금이나 보상금을 지급하는 사항
> 3. 직무로 인한 부상 또는 질병으로 인한 요양기간 중 소득능력에 장애를 받을 경우에 본인이 받는 손실보상에 관한 사항
> 4. 직무로 인하지 아니한 사망·장해·부상·질병·출산, 그 밖의 사고에 대한 급여의 지급에 관한 사항

IV. 종합/특기사항

- 「사립학교교원연금법」(1973. 12. 20. 제정·공포) 제정에 따라 「사립학교법」에 사립학교 교원의 사회보장에 관한 법적 근거를 명문화하기 위하여 1973년 개정으로 제60조의2가 신설되었고, 1977년 개정으로 사립학교의 사무직원이 대상자에 추가되었다.

제60조의3(명예퇴직)

I. 제정법

제정법에는 이 조문이 없다.

II. 개정 경과

60-3.201 1. 1990년 4월 7일 개정(법률 제4226호, 1990. 4. 7. 시행)

제60조의3(명예퇴직) ①사립학교교원으로서 20년이상 근속한 자가 정년전에 자진하여 퇴직하는 경우에는 예산의 범위안에서 명예퇴직수당을 지급할 수 있다.
②제1항의 명예퇴직수당의 지급대상범위·지급액·지급절차 기타 필요한 사항은 정관으로 정한다.

(1) 법률안

〈1〉 **정부안**[1207)]

현행법	원안
<신 설>	**제60조의3(명예퇴직)** ①사립학교교원으로서 20년이상 근속한 자가 정년전에 자진하여 퇴직하는 경우에는 예산의 범위안에서 명예퇴직수당을 지급할 수 있다. ②제1항의 명예퇴직수당의 지급대상범위·지급액·지급절차 기타 필요한 사항은 정관으로 정한다.

- 국가공무원의 경우와 같이 사립학교 교원에 대한 명예퇴직제도를 도입하였다.

(2) 위원회 심사

〈1〉 **문교공보위원회:** 대안[1208)]으로 가결되었다(이 조문의 경우에는 원안과 대안의 내용이 동일함).[1209)] 제60조의3에 관한 회의록 내용은 아래와 같다.

- 소위원장 함종한[1210)]: 국가공무원의 경우와 같이 사립학교 교원에 대하여도 명예퇴직제도를 도입하였습니다.

〈2〉 **법제사법위원회:** 문교공보위원회 대안대로 가결되었다.[1211)]

1207) 1988. 12. 2. 정부(의안번호: 130287).
1208) 1990. 3. 15. 문교공보위원장(의안번호: 130833).
1209) 제148회 국회(임시회) 제6차 전체회의, 문교공보위원회회의록, 1990. 3. 14., 8면.
1210) 제148회 국회(임시회) 제6차 전체회의, 문교공보위원회회의록, 1990. 3. 14., 4면.

(3) 본회의 심의

문교공보위원회 대안대로 가결되었다.[1212]

(4) 결과

문교공보위원회 대안으로 개정되었다.

02 2. 2020년 12월 22일 개정(법률 제17659호, 2020. 12. 22. 시행)

제60조의3(명예퇴직) ①_사립학교_교원으로서 20년 이상 근속한 사람이 정년_전에 스스로 퇴직하는 경우에는 예산의 범위에서 명예퇴직수당을 지급할 수 있다.
②_제1항의 명예퇴직수당의 지급대상_범위, 지급액,_지급 절차, 그 밖에 필요한 사항은 정관으로 정한다.

• 법문을 한글화하고 간결하게 하였다(오직 형식에 관한 개정이므로 자세한 개정경과는 생략함[1213]).

00 III. 현행법

제60조의3(명예퇴직) ① 사립학교 교원으로서 20년 이상 근속한 사람이 정년 전에 스스로 퇴직하는 경우에는 예산의 범위에서 명예퇴직수당을 지급할 수 있다.
② 제1항의 명예퇴직수당의 지급대상 범위, 지급액, 지급 절차, 그 밖에 필요한 사항은 정관으로 정한다.

00 IV. 종합/특기사항

• 1990년 개정으로 신설된 제60조의3은 국가공무원과 마찬가지로 사립학교 교원

1211) 제148회 국회(임시회) 제6차 전체회의, 법제사법위원회회의록, 1990. 3. 14., 26면.
1212) 제148회 국회(임시회) 제9차 본회의, 국회본회의회의록, 1990. 3. 16., 15~16면.
1213) 이에 관한 구체적 개정경과는 이 책 [1.201] 참조.

에게도 명예퇴직제도를 도입한 것이다.

- 2007년 헌법재판소는 사립학교법 제60조의3제1항(1990. 4. 7. 법률 제4226호로 신설된 것)에 대하여 ①명예퇴직수당의 법적 성격, ②교원의 신분과 정년, 명예퇴직수당의 지급 여부에 관한 입법자의 형성권 및 ③사립학교 교·직원 가운데 교원에 대하여만 명예퇴직수당의 지급에 관한 근거를 법률에 두고 사무직원에 대하여는 법률에 근거를 두지 아니한 것이 헌법 제11조의 평등의 원칙에 위배되는지 여부의 각 시각에서 아래와 같이 합헌 취지로 판단하였다.[1214]

① 명예퇴직은 근로자의 청약(신청)에 대하여 사용자가 승낙함으로써 합의에 의하여 근로계약을 종료시키는 근로계약의 합의해지라고 할 것이다. 원칙적으로 계약의 자유가 보장되는 사적 자치의 영역이다. 사립학교법상 명예퇴직수당은 교원이 정년까지 근무할 경우에 받게 될 장래 임금의 보전이나 퇴직 이후의 생활안정을 보장하는 사회보장적 급여가 아니라 장기근속 교원의 조기 퇴직을 유도하기 위한 특별장려금이라고 할 것이다.

② 입법자는 국민들의 요청과 시대적인 상황 등을 참작하여 최적의 교육기반을 조성함에 있어 광범위한 재량을 가진다. 교원의 신분과 정년뿐만 아니라 명예퇴직수당의 지급 여부도 교육의 목표, 교원의 수급균형, 사회경제적 여건을 종합적으로 고려하여 입법자가 결정할 입법정책에 속한다.

③ 사립학교 교원은 그 신분과 정년이 법률로 보장되어 있다. 그런데 교원의 신분과 정년의 보장은 교육환경의 변화에 따라 새로운 교원을 확보하고 신속하게 교원을 재배치하는 등의 필요에 용이하게 대처하기 어렵게 한다. 따라서 교원의 경우 정년 전에 조기퇴직을 유도할 수 있는 제도적인 장치를 마련하는 것이 필요하다. 이에 입법자는 20년 이상 장기근속한 사립학교 교원에 대하여 명예퇴직제도를 마련한 것이다. 한편, 청구인과 같은 사립학교 사무직원의 신분과 정년은 법률로 보장되어 있지 않고 학교의 정관 내지 규칙으로 정하도록 하고 있어 인사적체나 고령화 등의 해소나 신속하고 적절한 인력수급을 위하여 법률이 관여할 필요성이 교원에 비하여 적다고 할 수 있다. 입법자가 사립학교 교·직원 가운데 교원에 대하여만 명예퇴직수당의 지급 근거를 두고 사무직원에 대하여는 이에 대한 법적 근거를 두지 않고 학교의 정관 또는 규칙으로 정하도록 구별한 것은 위에서 본 바와 같이 합리적인 이유가 있다고 할 것이므로, 사립학교의 종사자인 교·직원 가운데 교원만을 우대하고 사무직원을 차별하려는 자의적인 입법으로 헌법 제11조제1항의 평등원칙에 위배된다고 볼 수 없다.

1214) 헌법재판소 2007. 4. 26. 선고 2003헌마533 결정.

제 3 절 | 징계

『새교육』이 소개하는 이 절의 제정이유는 아래와 같다.[1215]

사립학교 교원의 징계에 대하여는 종전에 교육공무원법[1216] 부칙 제41조에 의하여 교육공무원법을 준용하고 있었으며, 준용의 해석에 있어 정부측에서는 사립학교 교원의 징계는 이사회의 소관이라고 해석하여 징계의결을 이사회에서 행하였으나 배화여고의 교원 집단해고 사건을 계기로 대법원의 판결에 의하여 종래의 사립학교 교원에 대한 징계절차가 위법으로 결정되어 사립학교 교원징계령[1217]을 제정하였다. 이제 사립학교 법 제정에 있어 사립학교 교원징계령을 살려 이사회에서 독립된 징계위원회와 재심위원회를 구성하고 징계절차를 상세하게 정하여 사립학교 교원의 신분을 최대한도로 보장하기에 이르렀다. 이는 사립학교 교원도 국·공립학교의 교원과 같은 자격, 그리고 복무를 지고 있는데 대한 대가이며, 실질상 공무원과 전혀 다름이 없는 결과를 초래한다.

제61조(징계의 사유 및 종료)

I. 제정법

제61조(징계의 사유) ①학교법인 또는 사립학교경영자는 사립학교의 교원이 다음 각호의 1에 해당하는 때에는 징계처분을 행할 수 있다.

1. 이 법과 기타 교육관계법령에 위반하여 교원의 본분에 배치되는 행위를 한 때
2. 직무상의 의무에 위반하거나 직무를 태만한 때
3. 직무의 내외를 불문하고 교원으로서의 체면을 손상하는 행위를 한 때

②징계는 파면·정직·감봉·근신·견책으로 구분한다.

③정직의 기간은 1월이상 6월이하로 하고, 정직처분을 받은 자는 그 기간중 교원

1215) 金康鉉, 앞의 글 "私立學校法(完)", 45면.

1216) 「교육공무원법」(1962. 1. 6. 일부개정, 1962. 1. 6. 시행)

1217) 「사립학교교원징계령」(1962. 12. 31. 일부개정, 1962. 12. 13. 시행) 각령 제1119호

의 신분을 보유하나 직무에 종사하지 못하며 보수의 3분의 1을 받는다.
④감봉은 1월이상 6월이하의 기간 보수의 3분의 1을 감한다.
⑤근신은 1월이상 3월이하의 기간 직무에 종사하면서 전과를 반생하고 회개하게 한다.
⑥견책은 전과에 대하여 훈계하고 회개하게 한다.

『새교육』은 이 조문의 제정이유를 소개하지 않았다.[1218)]

II. 개정 경과

61.201 1. 1977년 12월 31일 개정(법률 제3057호, 1977. 12. 31. 시행)

제61조(징계의 사유) ①학교법인 또는 사립학교경영자는 사립학교의 교원이 다음 각호의 1에 해당하는 때에는 징계처분을 행할 수 있다.
1. 이 법과 기타 교육관계법령에 위반하여 교원의 본분에 배치되는 행위를 한 때
2. 직무상의 의무에 위반하거나 직무를 태만한 때
3. 직무의 내외를 불문하고 교원으로서의 체면을 손상하는 행위를 한 때

②징계는 파면·감봉·견책으로 구분한다.
③삭제
④감봉은 1월이상 6월이하의 기간, 보수의 3분의 1을 감한다.
⑤삭제
⑥견책은 전과에 대하여 훈계하고 회개하게 한다.

(1) 법률안(정부안[1219)])

현행법	원안
제61조(징계의 사유) ① (생 략) ②징계는 파면·정직·감봉·근신·견책으로 구분한다. ③정직의 기간은 1월이상 6월이하로 하고, 정직처분을 받은 자는 그 기간중 교원의 신분을	**제61조(징계의 사유)** ① (현행과 같음) ②징계는 파면·감봉·견책으로 구분한다. ③ <삭 제>

1218) 金康鉉, 앞의 글 "私立學校法(完)", 47면.

보유하나 직무에 종사하지 못하며 보수의 3분의 1을 받는다.	
④ (생 략)	④ (현행과 같음)
⑤근신은 1월이상 3월이하의 기간 직무에 종사하면서 전과를 반생하고 회개하게 한다.	⑤ <삭 제>
⑥ (생 략)	⑥ (현행과 같음)

• 정직과 근신을 삭제하여 징계의 종류를 교육공무원과 동일하게 하였다.

(2) 위원회 심사

〈1〉 **문교공보위원회:** 원안대로 가결되었다.[1220] 제61조에 관한 회의록 내용은 아래와 같다.

- **문교부장관 황산덕**[1221]: 사립학교 교원의 징계 종류를 교육공무원과 동일하게 하기 위하여 정직, 근신을 삭제하고…관계사항을 수정하고자 하는 것입니다.

〈2〉 **법제사법위원회:** 원안대로 가결되었다.[1222]

(3) 본회의 심의

원안대로 가결되었다.[1223]

(4) 결과

원안으로 개정되었다.

2. 1981년 2월 28일 개정(법률 제3373호, 1981. 2. 28. 시행)

제61조(징계의 사유 및 종류) ①사립학교의 교원이 다음 각호의 1에 해당하는 때에는 당해 교원의 임면권자는 징계의결의 요구를 하여야 하고, 징계의결의 결과에

1219) 1977. 10. 24. 정부(의안번호: 090761); 제안이유 및 주요내용은 이 책 [3.203] 참조.
1220) 제98회 국회(정기회) 제16차 전체회의, 문교공보위원회회의록, 1977. 12. 7., 2면.
1221) 제98회 국회(정기회) 제15차 전체회의, 문교공보위원회회의록, 1977. 12. 6., 10면.
1222) 제98회 국회(정기회) 제25차 전체회의, 법제사법위원회회의록, 1977. 12. 13., 10면.
1223) 제98회 국회(정기회) 제20차 본회의, 국회회의록, 1977. 12. 14., 7면.

따라 징계처분을 하여야 한다.
1. 이 법과 기타 교육관계법령에 위반하여 교원의 본분에 배치되는 행위를 한 때
2. 직무상의 의무에 위반하거나 직무를 태만히 한 때
3. 직무의 내외를 불문하고 교원으로서의 품위를 손상하는 행위를 한 때
②징계는 파면·감봉·견책으로 구분한다.
③감봉은 1월이상 6월이하의 기간, 보수의 3분의 1을 감한다.
④견책은 전과에 대하여 훈계하고 회개하게 한다.

(1) 법률안(정부안[1224])

현행법	원안
제61조(징계의 사유) ①학교법인 또는 사립학교경영자는 사립학교의 교원이 다음 각호의 1에 해당하는 때에는 징계처분을 행할 수 있다. 1.·2. (생 략) 3. 직무의 내외를 불문하고 교원으로서의 체면을 손상하는 행위를 한 때 ②징계는 파면·감봉·견책으로 구분한다. ③삭제 ④감봉은 1월이상 6월이하의 기간, 보수의 3분의 1을 감한다. ⑤삭제 ⑥견책은 전과에 대하여 훈계하고 회개하게 한다.	제61조(징계의 사유 및 종류) ①사립학교의 교원이 다음 각호의 1에 해당하는 때에는 당해 교원의 임명권자는 징계의결의 요구를 하여야 하고, 징계의결의 결과에 따라 징계처분을 하여야 한다. 1.·2. (현행과 같음) 3. 직무의 내외를 불문하고 교원으로서의 품위를 손상하는 행위를 한 때 ②징계는 파면·감봉·견책으로 구분한다. ③ (현행 제4항과 같음과 같음) ④ (현행 제6항과 같음과 같음

• 임명권자에게 징계의결의 요구 및 결과에 따른 징계처분 의무를 부과하였다.

(2) 위원회 심사

〈1〉 **문교공보위원회:** 원안대로 가결되었다.[1225] 제61조에 관한 회의록 내용은 아래와 같다.

1224) 1981. 2. 13. 정부(의안번호: CC0145); 제안이유 및 주요내용은 이 책 [4.204] 참조.
1225) 제10.5대 국회 제77회 제19차 문교공보위원회국가보위입법회의사무처, 문교공보위원회회의록, 1981. 2. 19., 7면.

- **전문위원 김철**[1226]: 다섯째 안 제61조 징계의 사유 및 종류,…에 대하여 일부 내용의 보정과 체계 자구를 정리한 바 있습니다.
- **위원장 송지영**[1227]: 더 질의하실 분 안 계시면 이 법안에 대한 질의를 종결하려고 합니다. 이의 없으신가요? (이의 없습니다 하는 이 있음) 그러면 질의종결을 선포합니다. 다음은 토론과 축조심의 순서가 되겠습니다마는 위원 여러분께서 양해해 주신다면 이를 생략하고자 하는데 이의 없으신가요? (이의 없습니다 하는 이 있음) 그러면 의사일정 제2항 사립학교법 중 개정법률안을 정부원안대로 의결하는데 이의 없습니까? (이의 없습니다 하는 이 있음) 그러면 이것으로서 가결된 것을 선포합니다.

〈2〉 **법제사법위원회:** 원안을 수정·가결했다.[1228] 수정내용은 아래와 같다.

법제사법위원회 수정안
제61조(징계의 사유 및 종류) ①사립학교의 교원이 다음 각호의 1에 해당하는 때에는 당해 교원의 임면권자는 징계의결의 요구를 하여야 하고, 징계의결의 결과에 따라 징계처분을 하여야 한다. 1. 이 법과 기타 교육관계법령에 위반하여 교원의 본분에 배치되는 행위를 한 때 2. 직무상의 의무에 위반하거나 직무를 태만히 한 때[1229] 3. 직무의 내외를 불문하고 교원으로서의 품위를 손상하는 행위를 한 때 ②징계는 파면·감봉·견책으로 구분한다. ③감봉은 1월이상 6월이하의 기간, 보수의 3분의 1을 감한다. ④견책은 전과에 대하여 훈계하고 회개하게 한다.

위 내용이 포함된 제61조에 관한 회의록 내용은 아래와 같다.

- **전문위원 양삼승**[1230]: 제61조제1항 중 각 "임명권자"로 되어 있는 부분을 역시 용어의 통일을 위하여 「임면권자」로 수정하고,…제61조제1항제2호 중 "태만하거나"라고 되어 있는 부분을 "태만히 하거나"로…각각 자구 수정하였습니다.

1226) 제10.5대 국회 제77회 제19차 문교공보위원회국가보위입법회의사무처, 문교공보위원회회의록, 1981. 2. 19., 3면.

1227) 제10.5대 국회 제77회 제19차 문교공보위원회국가보위입법회의사무처, 문교공보위원회회의록, 1981. 2. 19., 7면.

1228) 제10.5대 국회 제77회 제19차 법제사법위원회 국가보위입법회의사무처, 법제사법위원회회의록, 1981. 2. 19., 5면.

1229) 정부원안은 "태만한 때"이고 최종 개정조문은 "태만히 한 때"이다. 법제사법위원회 회의록이 잘못되었거나, 반영이 안 된 것인지 알 수 없다(의안원문, 1981. 2. 13., 정부(의안번호 CC0145), 12면 참조).

1230) 제10.5대 국회 제77회 제30차 법제사법위원회국가보위입법회의사무처, 법제사법위원회회의록, 1981. 2. 19., 4면.

(3) 본회의 심의

법제사법위원회 수정안대로 가결되었다.[1231]

(4) 결과

법제사법위원회 수정안으로 개정되었다.

61.203 3. 1986년 5월 9일 개정(법률 제3812호, 1986. 5. 9. 시행)

제61조(징계의 사유 및 종류) ①사립학교의 교원이 다음 각호의 1에 해당하는 때에는 당해 교원의 임면권자는 징계의결의 요구를 하여야 하고, 징계의결의 결과에 따라 징계처분을 하여야 한다.

1. 이 법과 기타 교육관계법령에 위반하여 교원의 본분에 배치되는 행위를 한 때
2. 직무상의 의무에 위반하거나 직무를 태만히 한 때
3. 직무의 내외를 불문하고 교원으로서의 품위를 손상하는 행위를 한 때

②징계는 파면 · **해임 · 정직** · 감봉 · 견책으로 한다.

③정직은 1월이상 3월이하의 기간으로 하고, 정직처분을 받은 자는 그 기간중 신분은 보유하나 직무에 종사하지 못하며 보수의 3분의 2를 감한다.

④감봉은 1월이상 3월이하의 기간, 보수의 3분의 1을 감한다.

⑤견책은 전과에 대하여 훈계하고 회개하게 한다.

(1) 법률안(정동성 의원안[1232])

현행법	원안
제61조(징계의 사유 및 종류) ① (생 략) ②징계는 파면·감봉·견책으로 구분한다. <신 설>	**제61조(징계의 사유 및 종류)** ① (현행과 같음) ②징계는 파면·해임·정직·감봉·견책으로 구분한다. ③정직은 1월이상 3월이하의 기간으로 하고, 정직처분을 받은 자는 그 기간중 신분은 보유하나 직무에 종사하지 못하며 보수의 3분의 2를 감한다.
③감봉은 1월이상 6월이하의 기간 보수의 3분	④감봉은 1월이상 3월이하의 기간, 보수의 3분

1231) 제10.5대 국회 제77회 제20차 국회본회의, 국가보위입법회의회의록, 1981. 2. 20., 7면.
1232) 1985. 12. 7. 정동성의원 등 40인(의안번호: 120179); 제안이유 및 주요내용은 이 책 [3.204] 참조.

의 1을 감한다. ④견책은 전과에 대하여 훈계하고 회개하게 한다.	의 1을 감한다. ⑤견책은 전과에 대하여 훈계하고 회개하게 한다.

- 징계의 종류를 "파면·감봉·견책"으로 되어 있던 것을 국·공립학교 교원의 징계와 균형을 맞춰 "파면·해임·정직·감봉·견책"으로 하였다.

(2) 위원회 심사

〈1〉 **문교공보위원회:** 대안[1233)]으로 가결되었다(이 조문의 경우에는 원안과 대안의 내용이 동일함).[1234)] 제61조에 관한 회의록 내용은 아래와 같다.

- **소위원장 이민섭**[1235)]: 징계의 종류를 "파면·해임·정직·감봉·견책"으로 세분하여 국·공립학교 교원과 형평을 기하고자 하는 것입니다.
- **전문위원 배중섭**[1236)]: 다음에는 징계의 종류를 지금 현재는 법 제61조제2항에서 파면·감봉·견책으로 되어 있는 것을 국·공립학교 교원의 징계와 균형을 기하기 위해서 파면·해임·정직·감복·견책 이렇게 다섯 종류로 세분화하기 위해서 개정을 하고자 하는 사항입니다...
- **위원장 박권흠**[1237)]: 그러면 방금 소위원장께서 보고한 대로 의사일정 제1항 사립학교법 중 개정법률안과 제2항 사립학교법 중 개정법률안은 각각 본회의에 부의하지 아니하기로 하고 소위원회안을 당 위원회대안으로 채택하여 제안하고자 하는데 이의 없으십니까? (없습니다 하는 이 있음) 그러면 가결된 것을 선포합니다.

〈2〉 **법제사법위원회:** 문교공보위원회 대안대로 가결되었다.[1238)]

(3) 본회의 심의

문교공보위원회 대안대로 가결되었다.[1239)]

(4) 결과

문교공보위원회 대안으로 개정되었다.

1233) 1986. 4. 8. 문교공보위원장(의안번호: 120225).
1234) 제129회 국회(임시회) 제5차 전체회의, 문교공보위원회회의록, 1986. 4. 7., 7면.
1235) 제129회 국회(임시회) 제5차 전체회의, 문교공보위원회회의록, 1986. 4. 7., 2면.
1236) 제129회 국회(임시회) 제5차 전체회의, 문교공보위원회회의록, 1986. 4. 7., 2~3면.
1237) 제129회 국회(임시회) 제5차 전체회의, 문교공보위원회회의록, 1986. 4. 7., 7면.
1238) 제129회 국회(임시회) 제6차 전체회의. 법제사법위원회회의록, 1986. 4. 8., 9면.
1239) 제129회 국회(임시회) 제9차 본회의, 국회본회의회의록, 1986. 4. 8., 26면.

61.204 **4. 2016년 2월 3일 개정(법률 제13938호, 2016. 2. 3. 시행)**

제61조(징계의 사유 및 종류) ①사립학교의 교원이 다음 각호의 1에 해당하는 때에는 당해 교원의 <u>**임용권자**</u>는 징계의결의 요구를 하여야 하고, 징계의결의 결과에 따라 징계처분을 하여야 한다.

1. 이 법과 기타 교육관계법령에 위반하여 교원의 본분에 배치되는 행위를 한 때
2. 직무상의 의무에 위반하거나 직무를 태만히 한 때
3. 직무의 내외를 불문하고 교원으로서의 품위를 손상하는 행위를 한 때

②징계는 파면·해임·정직·감봉·견책으로 한다.

③정직은 1월 이상 3월 이하의 기간으로 하고, 정직처분을 받은 자는 그 기간중 신분은 보유하나 직무에 종사하지 못하며 보수의 3분의 2를 감한다.

④감봉은 1월 이상 3월 이하의 기간, 보수의 3분의 1을 감한다.

⑤견책은 전과에 대하여 훈계하고 회개하게 한다.

- 제2조를 개정함에 따라 "임면"을 "임용"으로 하였다(오직 형식에 관한 개정이므로 자세한 개정경과는 생략함[1240]).

61.205 **5. 2019년 8월 20일 개정(법률 제16439호, 2020. 2. 21. 시행)**

제61조(징계의 사유 및 종류) ①사립학교의 교원이 다음 각호의 1에 해당하는 때에는 당해 교원의 임용권자는 징계의결의 요구를 하여야 하고, 징계의결의 결과에 따라 징계처분을 하여야 한다.

1. 이 법과 기타 교육관계법령에 위반하여 교원의 본분에 배치되는 행위를 한 때
2. 직무상의 의무에 위반하거나 직무를 태만히 한 때
3. 직무의 내외를 불문하고 교원으로서의 품위를 손상하는 행위를 한 때

②징계는 파면·해임·정직·감봉·견책으로 한다.

③정직은 1월 이상 3월 이하의 기간으로 하고, 정직처분을 받은 자는 그 기간중 신분은 보유하나 직무에 종사하지 못하며 <u>**보수의 전액을**</u> 감한다.

④감봉은 1월 이상 3월 이하의 기간, 보수의 3분의 1을 감한다.

⑤견책은 전과에 대하여 훈계하고 회개하게 한다.

1240) 이에 관한 구체적 개정경과는 이 책 [2.204] 참조.

(1) 법률안

〈1〉 **이태규 의원안**[1241]**:** 이 조문을 포함한 개정 대상 조문의 제안이유 및 주요내용은 아래와 같다.

• 제안이유 및 주요내용

현행법에 따르면 사립학교 교원이 정직처분을 받은 때에는 그 기간 중에 신분은 보유하나 직무에 종사하지 못하며 보수의 3분의 2를 감하도록 규정하고 있음.

이는 교육공무원이 정직처분을 받으면 보수의 전액이 감액되는 것과 비교해 볼 때 동일 징계처분에 대한 국·공립 및 사립학교 교원 간의 징계의 효력이 다르게 적용되어 형평성에 문제가 있다는 지적이 있음. 또한 정직처분을 받은 해당 교원이 직무에 종사하지 않은 기간에 대해서도 보수의 일정 부분을 받는 것은 무노동무임금 원칙에 위배됨.

이에 사립학교 교원이 정직처분을 받은 때에는 보수의 전액을 감하도록 규정함으로써 국·공립 및 사립학교 교원 간의 징계에 대한 형평성을 제고하고 정직처분의 효력을 강화하여 사립학교 교원의 비위행위를 근절하려는 것임(안 제61조제3항).

이 조문의 현행법과 개정 원안은 아래와 같다.

현행법	원안
제61조(징계의 사유 및 종류) ① ~ ② (생 략) ③정직은 1월 이상 3월 이하의 기간으로 하고, 정직처분을 받은 자는 그 기간중 신분은 보유하나 직무에 종사하지 못하며 보수의 3분의 2를 감한다. ④ ~ ⑤ (생 략)	**제61조(징계의 사유 및 종류)** ① ~ ② (현행과 같음) ③정직은 1월 이상 3월 이하의 기간으로 하고, 정직처분을 받은 자는 그 기간중 신분은 보유하나 직무에 종사하지 못하며 보수의 전액을 감한다. ④ ~ ⑤ (현행과 같음)

• 사립학교 교원이 정직처분을 받은 때에는 보수의 전액을 감하도록 규정함으로써 국·공립 및 사립학교 교원 간의 징계에 대한 형평성을 제고하였다.

1241) 2018. 7. 24. 이태규의원 등 10인(의안번호: 2014526.

(2) 위원회 심사

〈1〉 **교육위원회:** 대안[1242]으로 가결되었다(이 조문의 경우에는 원안과 대안의 내용이 동일함).[1243] 제61조에 관한 회의록 내용은 아래와 같다.

가. 제20대 국회 제369회 제3차 교육위원회 법안심사소위원회(2019. 7. 11.)

- 수석전문위원 이승재[1244]: 2쪽 보고드리겠습니다. 개정안의 내용은 사립학교 교원이 정직처분을 받은 경우에 교육공무원의 경우와 동일하게 보수의 전액을 감액하도록 하는 내용이 되겠습니다. 국공립 및 사립학교 교원 간의 징계 형평성을 맞추려는 것으로서 개정안에 대해서는 수정의견이 없습니다. 원안의견입니다. 이상 보고를 마치겠습니다.

나. 제20대 국회 제369회 제2차 교육위원회(2019. 7. 11.)

- 위원장 이찬열[1245]: 의사일정 제7항부터 제8항까지 장정숙 의원, 이태규 의원이 대표발의한 사립학교법 일부개정법률안은 소위원회에서 심사보고한 바와 같이 본회의에 각각 부의하지 아니하고 이를 통합 조정한 의사일정 제9항 사립학교법 일부개정법률안(대안)을 제안하고자 합니다. 이의 없으십니까? (예 하는 위원 있음) 가결되었음을 선포합니다.

〈2〉 **법제사법위원회:** 교육위원회 대안대로 가결되었다.[1246]

(3) 본회의 심의

교육위원회 대안대로 가결되었다.[1247]

(4) 결과

교육위원회 대안으로 개정되었다.

1242) 2019. 7. 31. 교육위원장(의안번호: 2021768).
1243) 제369회 국회(임시회) 제2차 전체회의, 교육위원회회의록, 2019. 7. 11., 4면.
1244) 제369회 국회(임시회) 제3차 법안심사소위, 교육위원회회의록, 2019. 7. 11., 13면.
1245) 제369회 국회(임시회) 제2차 전체회의, 교육위원회회의록, 2019. 7. 11., 4면.
1246) 제370회 국회(임시회) 제1차 전체회의, 법제사법위원회회의록, 2019. 7. 31., 23면.
1247) 제370회 국회(임시회) 제1차 본회의, 국회본회의회의록, 2019. 8. 2., 16면.

6. 2020년 12월 22일 개정(법률 제17659호, 2020. 12. 22. 시행)

제61조(징계의 사유 및 종류) ①_사립학교 교원이 다음 각_호의 **어느 하나**에 해당할 때에는 **해당** 교원의 임용권자는 징계의결을 요구하여야 하고, 징계의결의 결과에 따라 징계처분을 하여야 한다.

1. 이 법과 그 밖의 교육 관계 법령을 위반하여 교원의 본분에 **어긋나**는 행위를 **하였을** 때
2. 직무상의 의무를 위반하거나 직무를 **게을리하였을** 때
3. 직무 **관련 여부에 상관없이** 교원으로서의 품위를 손상하는 행위를 하였을 때

②_징계는 파면**,**_해임**,**_정직**,**_감봉**,**_견책으로 한다.

③_정직은 1**개**월 이상 3**개**월 이하의 기간으로 하고, 정직처분을 받은 **사람은** 그 기간_중 **교원의** 신분은 보유하나 직무에 종사**할 수 없으며** 보수의 전액을 감한다.

④_감봉은 1**개**월 이상 3**개**월 이하의 기간**으로 하고**, 보수의 3분의 1을 감한다.

⑤_견책은 전과(前過)에 대하여 훈계하고 **뉘우치게** 한다.

• 법문을 한글화하고 간결하게 하였다(오직 형식에 관한 개정이므로 자세한 개정경과는 생략함[1248]).

7. 2021년 8월 10일 개정(법률 제18372호, 2022. 2. 11. 시행)

제61조(징계의 사유 및 종류) ① 사립학교 교원이 다음 각 호의 어느 하나에 해당할 때에는 해당 교원의 임용권자는 징계의결을 요구하여야 하고, 징계의결의 결과에 따라 징계처분을 하여야 한다.

1. 이 법과 그 밖의 교육 관계 법령을 위반하여 교원의 본분에 어긋나는 행위를 하였을 때
2. 직무상의 의무를 위반하거나 직무를 게을리하였을 때
3. 직무 관련 여부에 상관없이 교원으로서의 품위를 손상하는 행위를 하였을 때

② 징계는 파면, 해임**, 강등,** 정직, 감봉, 견책으로 한다.

③ **강등은 동종의 직무 내에서 하위의 직위에 임명하고, 신분은 보유하나 3개월간 직무에 종사하지 못하며 그 기간 중 보수의 전액을 감한다. 다만, 「고등교육**

1248) 이에 관한 구체적 개정경과는 이 책 [1.201] 참조.

법」 제14조에 해당하는 교원 및 조교에 대하여는 강등을 적용하지 아니한다.
④ 정직은 1개월 이상 3개월 이하의 기간으로 하고, 정직처분을 받은 사람은 그 기간 중 교원의 신분은 보유하나 직무에 종사할 수 없으며 보수의 전액을 감한다.
⑤ 감봉은 1개월 이상 3개월 이하의 기간으로 하고, 보수의 3분의 1을 감한다.
⑥ 견책은 전과(前過)에 대하여 훈계하고 뉘우치게 한다.

(1) 법률안(박찬대 의원안[1249])

현행법	원안
제61조(징계의 사유 및 종류) ① (생 략) ② 징계는 파면·해임·정직·감봉·견책으로 한다. <신 설> ③ ~ ⑤ (생 략)	제61조(징계의 사유 및 종류) ① (현행과 같음) ② 징계는 파면·해임·강등·정직·감봉·견책으로 한다. ③ 강등은 동종의 직무 내에서 하위의 직위에 임명하고, 신분은 보유하나 3개월간 직무에 종사하지 못하며 그 기간 중 보수의 전액을 감한다. 다만, 「고등교육법」 제14조에 해당하는 교원 및 조교에 대하여는 강등을 적용하지 아니한다. ④ ~ ⑥ (현행 제3항부터 제5항까지와 같음)

• 징계의 종류에 강등이 추가되었다.

(2) 위원회 심사

〈1〉 **교육위원회:** 대안[1250]으로 가결되었다.[1251]

대안
제61조(징계의 사유 및 종류) ② 징계는 파면, 해임, 강등, 정직, 감봉, 견책으로 한다. ③ 강등은 동종의 직무 내에서 하위의 직위에 임명하고, 신분은 보유하나 3개월간 직무에 종사하지 못하며 그 기간 중 보수의 전액을 감한다. 다만, 「고등교육법」 제14조에 해당하는 교원 및 조교에 대하여는 강등을 적용하지 아니한다. ④ 정직은 1개월 이상 3개월 이하의 기간으로 하고, 정직처분을 받은 사람은 그 기간 중 교원의

1249) 2020. 7. 14. 박찬대의원 등 10인(의안번호: 2101945); 제안이유 및 주요내용은 이 책 [2.205] 참조.
1250) 2021. 7. 22. 교육위원장(의안번호: 2111667).

신분은 보유하나 직무에 종사할 수 없으며 보수의 전액을 감한다.
⑤ 감봉은 1개월 이상 3개월 이하의 기간으로 하고, 보수의 3분의 1을 감한다.
⑥ 견책은 전과(前過)에 대하여 훈계하고 뉘우치게 한다.

〈2〉 **법제사법위원회:** 교육위원회 대안대로 가결되었다.[1252)]

(3) 본회의 심의

교육위원회 대안대로 가결되었다.[1253)]

(4) 결과

교육위원회 대안으로 개정되었다.

III. 현행법

제61조(징계의 사유 및 종류) ① 사립학교 교원이 다음 각 호의 어느 하나에 해당할 때에는 해당 교원의 임용권자는 징계의결을 요구하여야 하고, 징계의결의 결과에 따라 징계처분을 하여야 한다.
1. 이 법과 그 밖의 교육 관계 법령을 위반하여 교원의 본분에 어긋나는 행위를 하였을 때
2. 직무상의 의무를 위반하거나 직무를 게을리하였을 때
3. 직무 관련 여부에 상관없이 교원으로서의 품위를 손상하는 행위를 하였을 때

② 징계는 파면, 해임, 강등, 정직, 감봉, 견책으로 한다.
③ 강등은 동종의 직무 내에서 하위의 직위에 임명하고, 신분은 보유하나 3개월간 직무에 종사하지 못하며 그 기간 중 보수의 전액을 감한다. 다만, 「고등교육법」 제14조에 해당하는 교원 및 조교에 대하여는 강등을 적용하지 아니한다.
④ 정직은 1개월 이상 3개월 이하의 기간으로 하고, 정직처분을 받은 사람은 그 기간 중 교원의 신분은 보유하나 직무에 종사할 수 없으며 보수의 전액을 감한다.
⑤ 감봉은 1개월 이상 3개월 이하의 기간으로 하고, 보수의 3분의 1을 감한다.
⑥ 견책은 전과(前過)에 대하여 훈계하고 뉘우치게 한다.

1251) 제389회 국회(임시회) 제1차 전체회의, 교육위원회회의록, 2021. 7. 14., 6면.
1252) 제389회 국회(임시회) 제1차 전체회의, 법제사법위원회회의록, 2021. 7. 22., 64면.
1253) 제389회 국회(임시회) 제2차 본회의, 국회본회의회의록, 2021. 7. 23., 10면.

61.400

IV. 종합/특기사항

• 제61조에 대한 개정은 국·공립 교원의 징계와 균형을 유지하는 방향으로 진행되었으며, 주요 변화는 1977년, 1981년, 1986년, 2021년 개정이다. 1977년 개정은 정직과 근신을 삭제하였고, 1981년 개정은 임명권자에게 징계의결의 요구 및 결과에 따른 징계처분 의무를 부과하였으며, 1986년 개정으로 정직이 부활했고, 2021년 개정은 징계의 종류로 강등을 추가하였다.

제61조의2(의원면직을 신청한 교원의 징계 사유 확인 등)

61-2.100

I. 제정법

제정법에는 이 조문이 없다.

II. 개정 경과

61-2.201

1. 2019년 8월 20일 개정(법률 제16439호, 2020. 2. 21. 시행)

제61조의2(의원면직을 신청한 교원의 징계사유 확인 등) ① 각급학교 교원의 임용권자는 교원이 의원면직을 신청한 경우 다음 각 호의 사항을 감사원과 검찰·경찰, 그 밖의 수사기관에 확인하여야 한다.

1. 제61조제1항에 따른 징계사유가 있는지 여부
2. 제4항에 따른 의원면직의 제한대상에 해당하는지 여부

② 제1항제1호에 따른 확인 결과 「국가공무원법」 제79조에 따른 파면·해임·강등·정직에 준하는 정도의 징계(이하 “중징계”라 한다)에 해당하는 징계사유가 있는 경우 해당 교원의 임용권자는 지체 없이 제62조에 따른 교원징계위원회에 징계의결을 요구하여야 한다. 이 경우 임용권자는 제58조의2제1항제2호에 따라 해당 교원에게 직위를 부여하지 아니할 수 있다.

③ 제62조에 따른 교원징계위원회는 제2항에 따라 징계의결이 요구된 경우 다른

징계사건에 우선하여 징계의결을 하여야 한다.
④ 각급학교 교원의 임용권자는 의원면직을 신청한 교원이 다음 각 호의 어느 하나에 해당하는 때에는 의원면직을 허용해서는 아니 된다. 다만, 제1호·제3호 및 제4호의 경우 그 비위 정도가 중징계에 해당하는 경우로 한정한다.
1. 비위와 관련하여 형사사건으로 기소 중인 때
2. 제62조에 따른 교원징계위원회에 중징계 의결을 요구 중인 때
3. 감사원·검찰·경찰 및 그 밖의 수사기관에서 비위와 관련하여 조사 또는 수사 중인 때
4. 관할청의 감사부서 등에서 비위와 관련하여 감사 또는 조사 중인 때

⑤ 제4항에 따른 의원면직의 제한 및 제한대상의 확인에 필요한 사항은 대통령령으로 정한다.

(1) 법률안(장정숙 의원안[1254])

현행법	원안
<신 설>	**제61조의2(의원면직을 신청한 교원의 징계사유 확인 등)** ① 각급학교 교원의 임용권자는 교원이 의원면직을 신청한 경우 다음 각 호의 사항을 감사원과 검찰·경찰, 그 밖의 수사기관에 확인하여야 한다. 1. 제61조제1항에 따른 징계사유가 있는지 여부 2. 제4항에 따른 의원면직의 제한대상에 해당하는지 여부 ② 제1항제1호에 따른 확인 결과 「국가공무원법」 제79조에 따른 파면·해임·강등·정직에 준하는 정도의 징계(이하 “중징계”라 한다)에 해당하는 징계사유가 있는 경우 해당 교원의 임용권자는 지체 없이 제62조에 따른 교원징계위원회에 징계의결을 요구하여야 한다. 이 경우 임용권자는 제58조의2제1항제2호에 따라 해당 교원에게 직위를 부여하지 아니할 수 있다. ③ 제62조에 따른 교원징계위원회는 제2항에 따라 징계의결이 요구된 경우 다른 징계사건에 우선하여 징계의결을 하여야 한다. ④ 각급학교 교원의 임용권자는 의원면직을 신

	청한 교원이 다음 각 호의 어느 하나에 해당하는 때에는 의원면직을 허용해서는 아니 된다. 다만, 제1호·제3호 및 제4호의 경우 그 비위 정도가 중징계에 해당하는 경우로 한정한다. 1. 비위와 관련하여 형사사건으로 기소 중인 때 2. 제62조에 따른 교원징계위원회에 중징계 의결을 요구 중인 때 3. 감사원·검찰·경찰 및 그 밖의 수사기관에서 비위와 관련하여 조사 또는 수사 중인 때 4. 관할청의 감사부서 등에서 비위와 관련하여 감사 또는 조사 중인 때 ⑤ 제4항에 따른 의원면직의 제한 및 제한대상의 확인에 필요한 사항은 대통령령으로 정한다.

• 제54조의5를 삭제하고 제61조의2를 신설하였다.
• 의원면직을 신청하는 경우 징계사유가 있는지 여부를 확인하고, 파면·해임 또는 정직에 해당하는 징계사유가 있는 경우 지체없이 징계 등을 청구하도록 하였다.

(2) 위원회 심사

〈1〉 **교육위원회:** 대안[1255]으로 가결되었다(이 조문의 경우에는 원안과 대안의 내용이 동일함).[1256] 제61조의2에 관한 회의록 내용은 아래와 같다.

가. 제20대 국회 제369회 제3차 교육위원회 법안심사소위원회(2019. 7. 11.)

• **수석전문위원 이승재**[1257]: 현행 제54조의5를 삭제하고 제61조의2를 신설하는 내용이 되겠습니다. 현행에는 사립학교 교원이 의원면직할 경우에는 중징계 사유 여부를 수사기관에 확인하도록 하고 있습니다. 그런데 개정안에서는 모든 징계 사유 여부를 수사기관 등에 확인하도록 요청하려는 것이 되겠습니다. …이상 보고를 마치겠습니다.
• **곽상도 위원**[1258]: 하도 보고가 빨라서 모르겠는데 사립학교 말고 국공립학교도

1254) 2018. 5. 18. 장정숙의원 등 11인(의안번호: 2013631); 제안이유 및 주요내용은 이 책 [54-5.202] 참조.
1255) 2019. 7. 31. 교육위원장(의안번호: 2021768).
1256) 제369회 국회(임시회) 제2차 전체회의, 교육위원회회의록, 2019. 7. 11., 4면.
1257) 제369회 국회(임시회) 제3차 법안심사소위, 교육위원회회의록, 2019. 7. 11., 12면.
1258) 제369회 국회(임시회) 제3차 법안심사소위, 교육위원회회의록, 2019. 7. 11., 12면.

똑같이 되어 있나요?

- **교육부차관 박백범**[1259]: 예, 그렇습니다.
- **곽상도 위원**[1260]: 징계사유도 확인하게 되어 있나요?
- **교육부차관 박백범**[1261]: 예, 그렇게 하도록 되어있습니다.
- **곽상도 위원**[1262]: 이의 없습니다.
- **소위원장 조승래**[1263]: 그러면 의사일정 제16항은 위원님들의 의견과 전문위원의 의견을 받아들여 수정한 부분은 수정한 대로 기타 부분은 원안대로 의결하고자 하는데 이의 없으십니까? (예 하는 위원 있음) 가결되었음을 선포합니다.

나. 제20대 국회 제369회 제2차 교육위원회(2019. 7. 11.)

- **위원장 이찬열**[1264]: 의사일정 제7항부터 제8항까지 장정숙 의원, 이태규 의원이 대표발의한 사립학교법 일부개정법률안은 소위원회에서 심사보고한 바와 같이 본회의에 각각 부의하지 아니하고 이를 통합 조정한 의사일정 제9항 사립학교법 일부개정법률안(대안)을 제안하고자 합니다. 이의 없으십니까? (예 하는 위원 있음) 가결되었음을 선포합니다.

〈2〉 **법제사법위원회:** 교육위원회 대안대로 가결되었다.[1265] 제61조의2에 관한 회의록 내용은 아래와 같다.

- **전문위원 이문한**[1266]: 의사일정 제19항 사립학교법 일부개정법률안(대안)은 사립학교 교원의 의원면직 제한 규정 등을 국가공무원법을 기준으로 하여 개정함으로써 국공립 및 사립학교 교원 간의 형평성을 제고하고 사립학교 교원의 비위행위를 엄중히 다루고자 하는 내용으로 체계·자구 검토 결과 별다른 문제점이 없는 것으로 보았습니다...
- **김도읍 위원**[1267]: 장관님, 제19항 사립학교법 일부개정법률안 보시지요. 이게 지금 안 제61조의2제2항이 현행 사립학교법 제64조와 사실상 내용이 중복되는 것 아닙니까?

1259) 제369회 국회(임시회) 제3차 법안심사소위, 교육위원회회의록, 2019. 7. 11., 12면.
1260) 제369회 국회(임시회) 제3차 법안심사소위, 교육위원회회의록, 2019. 7. 11., 12면.
1261) 제369회 국회(임시회) 제3차 법안심사소위, 교육위원회회의록, 2019. 7. 11., 12면.
1262) 제369회 국회(임시회) 제3차 법안심사소위, 교육위원회회의록, 2019. 7. 11., 12면.
1263) 제369회 국회(임시회) 제3차 법안심사소위, 교육위원회회의록, 2019. 7. 11., 12~13면.
1264) 제369회 국회(임시회) 제2차 전체회의, 교육위원회회의록, 2019. 7. 11., 4면.
1265) 제370회 국회(임시회) 제1차 전체회의, 법제사법위원회회의록, 2019. 7. 31., 23면.
1266) 제370회 국회(임시회) 제1차 전체회의, 법제사법위원회회의록, 2019. 7. 31., 22면.
1267) 제370회 국회(임시회) 제1차 전체회의, 법제사법위원회회의록, 2019. 7. 31., 22~23면.

- **부총리겸교육부장관 유은혜**[1268]: "정직은 1월 이상 3월 이하 기간으로" 이 부분 말씀하시는 건가요, 제61조제3항이요?
- **김도읍 위원**[1269]: 중징계 사유의 경우에 지체 없이 징계의결을 요구하도록 규정하는 것인데 이게 제64조하고 사실상 내용이 중복되는 것 같거든요. 사립학교에 이렇게 적용하는 것이 과연 실익이 있는지 모르겠는데 어떻습니까, 장관님?
- **부총리겸교육부장관 유은혜**[1270]: 그동안에 사립학교는 그런 징계를 받을 때에 국공립학교하고의 형평성의 문제도 있었고요. 그래서 국공립학교와의 형평성을 높이고 그래서 좀 더 사립학교에 대한 징계 권한이나 징계의 실효성을 높이기 위한 것입니다.
- **김도읍 위원**[1271]: 글쎄요, 그런데 어떻습니까? 국공립학교와는 달리, 국공립학교는 공무원 징계위원회에서 다루지요?
- **부총리겸교육부장관 유은혜**[1272]: 예.
- **김도읍 위원**[1273]: 그런데 사립학교 교원들은 어떻습니까? 학교마다 징계위원회가 설치되는 것 아닙니까?
- **부총리겸교육부장관 유은혜**[1274]: 예, 징계위원회가 구성이 돼서…
- **김도읍 위원**[1275]: 학교마다 구성이 되지요?
- **부총리겸교육부장관 유은혜**[1276]: 예.
- **김도읍 위원**[1277]: 그래서 과연 법을 이렇게… 물론 극소수의 사례가 발생할 수도 있겠지만 제64조하고도 사실상 중복되는 측면도 있고 그다음에 사립학교 교원에 대해서 법으로 이렇게 규정하는게 과연 실익이 있을까 하는 의문이 드는데 어떻습니까?
- **부총리겸교육부장관 유은혜**[1278]: 위원님께서 지적하시는 취지는 이해합니다만 그동안에 사립학교에서 이렇게 중징계의 경우에도 징계위원회가 구성이 돼서 신속하게 처리가 되지 않고 지연을 시키거나 그래서 징계의 실효성이 없어지도

1268) 제370회 국회(임시회) 제1차 전체회의, 법제사법위원회회의록, 2019. 7. 31., 23면.
1269) 제370회 국회(임시회) 제1차 전체회의, 법제사법위원회회의록, 2019. 7. 31., 23면.
1270) 제370회 국회(임시회) 제1차 전체회의, 법제사법위원회회의록, 2019. 7. 31., 23면.
1271) 제370회 국회(임시회) 제1차 전체회의, 법제사법위원회회의록, 2019. 7. 31., 23면.
1272) 제370회 국회(임시회) 제1차 전체회의, 법제사법위원회회의록, 2019. 7. 31., 23면.
1273) 제370회 국회(임시회) 제1차 전체회의, 법제사법위원회회의록, 2019. 7. 31., 23면.
1274) 제370회 국회(임시회) 제1차 전체회의, 법제사법위원회회의록, 2019. 7. 31., 23면.
1275) 제370회 국회(임시회) 제1차 전체회의, 법제사법위원회회의록, 2019. 7. 31., 23면.
1276) 제370회 국회(임시회) 제1차 전체회의, 법제사법위원회회의록, 2019. 7. 31., 23면.
1277) 제370회 국회(임시회) 제1차 전체회의, 법제사법위원회회의록, 2019. 7. 31., 23면.
1278) 제370회 국회(임시회) 제1차 전체회의, 법제사법위원회회의록, 2019. 7. 31., 23면.

록 하는 경우들이 반복이 되어 왔습니다. 그래서 현장에서 중징계 사유에 대해서는 신속하게 처리할 수 있도록 법률적 근거를 만드는 것이고요. 그것이 남용되거나 사립학교 교사들의 권한을 침해하거나 하는 부분들의 우려는 법안심사 과정에서 크게 논란이 되지 않은 것으로 말씀드립니다.

- **김도읍 위원**[1279]: 알겠습니다.
- **위원장 여상규**[1280]: 수고하셨습니다. 또 대체토론하실 위원님 계신가요? 계시지 않으면 의결하도록 하겠습니다. …제19항 법률안은 원안대로 의결하고자 하는데 이의있으신가요? (없습니다 하는 위원 있음) 가결되었음을 선포합니다.

(3) 본회의 심의

교육위원회 대안대로 가결되었다.[1281]

2. 2020년 12월 22일 개정(법률 제17659호, 2020. 12. 22. 시행)

제61조의2(의원면직을 신청한 교원의 징계 사유 확인 등) ①_각급 학교 교원의 임용권자는 교원이 의원면직을 신청한 경우 다음 각 호의 사항을 감사원과 검찰·경찰, 그 밖의 수사기관에 확인하여야 한다.

1. 제61조제1항에 따른 징계_사유가 있는지 여부
2. 제4항에 따른 의원면직의 제한대상에 해당하는지 여부

②_제1항제1호에 따른 확인 결과 「국가공무원법」 제79조에 따른 파면·해임·강등·정직에 준하는 정도의 징계(이하 "중징계"라 한다)에 해당하는 징계_사유가 있는 경우 해당 교원의 임용권자는 지체 없이 제62조에 따른 교원징계위원회에 징계의결을 요구하여야 한다. 이 경우 임용권자는 제58조의2제1항제2호에 따라 해당 교원에게 직위를 부여하지 아니할 수 있다.

③_제62조에 따른 교원징계위원회는 제2항에 따라 징계의결이 요구된 경우 다른 징계사건에 우선하여 징계의결을 하여야 한다.

④_각급_학교 교원의 임용권자는 의원면직을 신청한 교원이 다음 각 호의 어느 하나에 해당하는 <u>경우</u> 의원면직을 허용해서는 아니 된다. 다만, 제1호·제3호 및

1279) 제370회 국회(임시회) 제1차 전체회의, 법제사법위원회회의록, 2019. 7. 31., 23면.
1280) 제370회 국회(임시회) 제1차 전체회의, 법제사법위원회회의록, 2019. 7. 31., 23면.
1281) 제370회 국회(임시회) 제1차 본회의, 국회본회의회의록, 2019. 8. 2., 16면.

제4호의 경우**에는** 그 비위 정도가 중징계에 해당하는 경우로 한정한다.
1. 비위와 관련하여 형사사건으로 기소 중인 **경우**
2. 제62조에 따른 교원징계위원회에 중징계 의결을 요구 중인 **경우**
3. 감사원·검찰·경찰 및 그 밖의 수사기관에서 비위와 관련하여 조사 또는 수사 중인 **경우**
4. 관할청의 감사부서 등에서 비위와 관련하여 감사 또는 조사 중인 **경우**

⑤_제4항에 따른 의원면직의 제한 및 제한대상의 확인에 필요한 사항은 대통령령으로 정한다.

• 간단한 자구수정을 하였다(오직 형식에 관한 개정이므로 자세한 개정경과는 생략함[1282]).

61-2.300 III. 현행법

제61조의2(의원면직을 신청한 교원의 징계 사유 확인 등) ① 각급 학교 교원의 임용권자는 교원이 의원면직을 신청한 경우 다음 각 호의 사항을 감사원과 검찰·경찰, 그 밖의 수사기관에 확인하여야 한다.
1. 제61조제1항에 따른 징계 사유가 있는지 여부
2. 제4항에 따른 의원면직의 제한대상에 해당하는지 여부

② 제1항제1호에 따른 확인 결과 「국가공무원법」 제79조에 따른 파면·해임·강등·정직에 준하는 정도의 징계(이하 "중징계"라 한다)에 해당하는 징계 사유가 있는 경우 해당 교원의 임용권자는 지체 없이 제62조에 따른 교원징계위원회에 징계의결을 요구하여야 한다. 이 경우 임용권자는 제58조의2제1항제2호에 따라 해당 교원에게 직위를 부여하지 아니할 수 있다.

③ 제62조에 따른 교원징계위원회는 제2항에 따라 징계의결이 요구된 경우 다른 징계사건에 우선하여 징계의결을 하여야 한다.

④ 각급 학교 교원의 임용권자는 의원면직을 신청한 교원이 다음 각 호의 어느 하나에 해당하는 경우 의원면직을 허용해서는 아니 된다. 다만, 제1호·제3호 및 제4호의 경우에는 그 비위 정도가 중징계에 해당하는 경우로 한정한다.
1. 비위와 관련하여 형사사건으로 기소 중인 경우

1282) 이에 관한 구체적 개정경과는 이 책 [1.201] 참조.

2. 제62조에 따른 교원징계위원회에 중징계 의결을 요구 중인 경우
3. 감사원·검찰·경찰 및 그 밖의 수사기관에서 비위와 관련하여 조사 또는 수사 중인 경우
4. 관할청의 감사부서 등에서 비위와 관련하여 감사 또는 조사 중인 경우

⑤ 제4항에 따른 의원면직의 제한 및 제한대상의 확인에 필요한 사항은 대통령령으로 정한다.

IV. 종합/특기사항

- 제61조의2의 내용은 원래 2016년 개정으로 제54조의5로 신설되었으나,[1283] 2019년 개정으로 규정 위치를 징계에 관한 절(節)로 이전하여 현행법이 되었다.
- 제61조의2는 의원면직의 경우 징계사유 유무를 수사기관에 확인하도록 하고, 파면·해임 또는 정직에 해당하는 징계사유가 있는 경우 지체없이 징계 등을 청구하도록 한 것이다.

제62조(교원징계위원회의 설치 및 구성 등)

I. 제정법

제62조(교원징계위원회의 설치) ①학교법인 또는 사립학교경영자는 이 법이 정하는 바에 의하여 교원징계위원회를 두어야 한다.

②교원징계위원회는 5인 내지 9인의 위원으로 구성하되, 그 위원은 학교법인(법인인 사립학교경영자를 포함한다)에 있어서는 당해 법인의 이사장·이사회에서 선임한 자 및 소속학교의 장이 되고, 개인인 사립학교경영자에 있어서는 그 경영자와 그가 임명한 자 및 소속학교의 장이 된다.

③학교법인 또는 법인인 사립학교경영자의 교원징계위원회에 있어서는 당해 법인의 이사인 위원의 수는 재적위원의 반수에 1인을 가한 수를 초과할 수 없다.

1283) 이에 대해서는 이 책 [54-5.100] 이하 참조.

『새교육』은 이 조문의 제정이유를 소개하지 않았다.[1284)]

II. 개정 경과

62.201 ### 1. 1981년 2월 28일 개정(법률 제3373호, 1981. 2. 28. 시행)

第62條(교원징계위원회의 설치) ①사립학교의 교원의 징계사건을 심의·의결하기 위하여 그 임면권자의 구분에 따라 학교법인·사립학교경영자 및 당해 학교에 교원징계위원회를 둔다.
②교원징계위원회의 조직·권한 및 심의절차등에 관하여 필요한 사항은 대통령령으로 정한다.

(1) 법률안(정부안[1285)])

현행법	원안
第62條(교원징계위원회의 설치) ①학교법인 또는 사립학교경영자는 이 법이 정하는 바에 의하여 교원징계위원회를 두어야 한다. ②교원징계위원회는 5인 내지 9인의 위원으로 구성하되, 그 위원은 학교법인(법인인 사립학교경영자를 포함한다)에 있어서는 당해 법인의 이사장·이사회에서 선임한 자 및 소속학교의 장이 되고, 개인인 사립학교경영자에 있어서는 그 경영자와 그가 임명한 자 및 소속학교의 장이 된다. ③학교법인 또는 법인인 사립학교경영자의 교원징계위원회에 있어서는 당해 법인의 이사인 위원의 수는 재적위원의 반수에 1인을 가한 수를 초과할 수 없다.	第62條(교원징계위원회의 설치) ①사립학교의 교원의 징계사건을 심의·의결하게 하기 위하여 그 임명권자의 구분에 따라 학교법인·사립학교경영자 및 당해 학교에 교원징계위원회를 둔다. ②교원징계위원회의 조직·권한 및 심의절차등에 관하여 필요한 사항은 대통령령으로 정한다.

• 교원징계위원회를 설치하도록 하고 그 조직·권한 등에 관하여 필요한 사항은 대통령령으로 정하도록 하였다.

1284) 金康鉉, 앞의 글 "私立學校法(完)", 47면.
1285) 1981. 2. 13. 정부(의안번호: CC0145); 제안이유 및 주요내용은 이 책 [4.204] 참조.

(2) 위원회 심사

〈1〉 **문교공보위원회:** 원안대로 가결되었다.[1286] 제62조에 관한 회의록 내용은 아래와 같다.

- 전문위원 김철[1287]: 안 제62조 교원징계위원회의 설치…등에 대하여 일부 내용의 보정과 체계 자구를 정리한 바 있습니다.

〈2〉 법제사법위원회: 원안을 수정·가결했다.[1288] 수정내용은 아래와 같다.

원안	법제사법위원회 수정안
第62조(교원징계위원회의 설치) ①사립학교의 교원의 징계사건을 심의·의결하게 하기 위하여 그 임명권자의 구분에 따라 학교법인·사립학교경영자 및 당해 학교에 교원징계위원회를 둔다. ②교원징계위원회의 조직·권한 및 심의절차등에 관하여 필요한 사항은 대통령령으로 정한다.	**第62조(교원징계위원회의 설치)** ①사립학교의 교원의 징계사건을 심의·의결하기 위하여 그 임면권자의 구분에 따라 학교법인·사립학교경영자 및 당해 학교에 교원징계위원회를 둔다. ②교원징계위원회의 조직·권한 및 심의절차등에 관하여 필요한 사항은 대통령령으로 정한다.

위 내용이 포함된 제62조에 관한 회의록 내용은 아래와 같다.

- 전문위원 양삼승[1289]: 제62조제1항 중 "임명권자"로 되어 있는 부분을 역시 용어의 통일을 위하여 "임면권자"로 수정하고,… 그리고 제62조제1항 중 "심의·의결하게 하기 위하여"라고 되어 있는 부분을 "심의·의결하기 위하여"로 각각 자구수정하였습니다. 이상입니다.

(3) 본회의 심의

법제사법위원회 수정안대로 가결되었다.[1290]

(4) 결과

법제사법위원회 수정안으로 개정되었다.

1286) 제10.5대 국회 제77회 제19차 문교공보위원회국가보위입법회의사무처, 문교공보위원회회의록, 1981. 2. 19., 7면.

1287) 제10.5대 국회 제77회 제19차 문교공보위원회국가보위입법회의사무처, 문교공보위원회회의록, 1981. 2. 19., 3면.

1288) 제10.5대 국회 제77회 제19차 법제사법위원회 국가보위입법회의사무처, 법제사법위원회회의록, 1981. 2. 19., 5면.

1289) 제10.5대 국회 제77회 제30차 법제사법위원회국가보위입법회의사무처, 법제사법위원회회의록, 1981. 2. 19., 4면.

1290) 제10.5대 국회 제77회 제20차 국회본회의, 국가보위입법회의회의록, 1981. 2. 20., 7면.

62.202 ## 2. 1990년 4월 7일 개정(법률 제4226호, 1990. 4. 7. 시행)

제62조(교원징계위원회의 설치) ①사립학교의 교원의 징계사건을 심의·의결하기 위하여 그 임면권자의 구분에 따라 학교법인·사립학교경영자 및 당해 학교에 교원징계위원회를 둔다.
②제1항의 규정에 의한 교원징계위원회는 5인이상 9인이하의 위원으로 구성하되, 그 위원은 당해 학교의 교원 또는 학교법인의 이사중에서 당해 학교법인 또는 사립학교경영자가 임명한다. 다만, 학교법인인 경우에는 당해 학교법인의 이사인 교원의 수가 위원의 2분의 1을 초과할 수 없다.
③교원징계위원회의 조직·권한 및 심의절차등에 관하여 필요한 사항은 대통령령으로 정한다.

(1) 법률안

〈1〉 박석무 의원안[1291)]

현행법	원안
제62조(교원징계위원회의 설치) ①사립학교의 교원의 징계사건을 심의·의결하기 위하여 그 임면권자의 구분에 따라 학교법인·사립학교경영자 및 당해 학교에 교원징계위원회를 둔다.	**제62조(교원징계위원회의 설치)** ①대학(교)를 제외한 각급학교의 교원징계위원회는 8~10인으로 하되, 임면권자인 학교의 장을 제외한 교무회의에서 선출한 교원과, 이와 동수의 학교법인의 이사회에서 선출한 교원 또는 이사로 구성되며, 위원장은 위원회에서 호선한다.
②교원징계위원회의 조직·권한 및 심의절차등에 관하여 필요한 사항은 대통령령으로 정한다.	②대학교원징계위원회의 구성에 관한 사항은 당해 교수협의회에서 학칙으로 정한다.
<신 설>	③교원징계위원회가 징계의결 요구를 받을 때에는, 그 요구서를 받은 날부터 30일 이내에 징계에 관한 의결을 해야 한다. 다만 피징계자의 요구가 있거나 부득이한 경우, 징계위원회의 의결에 의해 1차에 한하여 15일 범위 안에서 기한을 연장할 수 있다.

• 교원징계위원회의 구성과 절차에 대하여 비교적 상세히 규정하고, 대학 교원징계위원회는 학칙으로 정하도록 하였다.

1291) 1988. 12. 21. 박석무의원 등 70인(의안번호: 130378); 제안이유 및 주요내용은 이 책 [4.206] 참조.

〈2〉 강삼재 의원안[1292)]

현행법	원안
제62조(교원징계위원회의 설치) ①사립학교의 교원의 징계사건을 심의·의결하기 위하여 그 임면권자의 구분에 따라 학교법인·사립학교경영자 및 당해 학교에 교원징계위원회를 둔다. ②교원징계위원회의 조직·권한 및 심의절차등에 관하여 필요한 사항은 대통령령으로 정한다. <신 설>	**제62조(교원징계위원회의 설치)** ①사립학교의 교원의 징계사건을 심의·의결하기 위하여 당해 학교에 교원징계위원회를 둔다. ②대학(교) 이외의 각급학교의 교원징계위원회는 5 내지 9인으로 하되 학교의 장을 위원장으로 하고 교무회의와 법인 이사회에서 동수로 추천하는 교원 또는 이사로 구성한다. ③대학(교)의 징계위원회의 구성에 관한 사항은 학칙으로 정한다.

• 교원징계위원회의 구성과 절차에 대하여 비교적 상세히 규정하고, 대학 교원징계위원회는 학칙으로 정하도록 하였다.

(2) 위원회 심사

〈1〉 **문교공보위원회:** 대안[1293)]으로 가결되었다.[1294)]

대안
제62조(교원징계위원회의 설치) ①사립학교의 교원의 징계사건을 심의·의결하기 위하여 그 임면권자의 구분에 따라 학교법인·사립학교경영자 및 당해 학교에 교원징계위원회를 둔다. ②제1항의 규정에 의한 교원징계위원회는 5인이상 9인이하의 위원으로 구성하되, 그 위원은 당해 학교의 교원 또는 학교법인의 이사중에서 당해 학교법인 또는 사립학교경영자가 임명한다. 다만, 학교법인인 경우에는 당해 학교법인의 이사인 교원의 수가 위원의 2분의 1을 초과할 수 없다. ③교원징계위원회의 조직·권한 및 심의절차등에 관하여 필요한 사항은 대통령령으로 정한다.

제62조에 관한 회의록 내용은 아래와 같다.

• **소위원장 함종한**[1295)]: 현재는 교원징계위원회의 조직에 관하여 대통령령으로 정하도록 하던 것을 5인 이상 9인 이하의 위원으로 구성하되 그 위원은 당해 학교의 교원 또는 학교법인의 이사 중에서 임명하도록 하되 이사인 교원의 수가 2분의 1을 초과할 수 없도록 이 법에서 규정하고,…이상입니다.

1292) 1989. 2. 28. 강삼재의원 등 57인(의안번호: 130463); 제안이유 및 주요내용은 이 책 [4.206] 참조.
1293) 1990. 3. 15. 문교공보위원장(의안번호: 130833).
1294) 제148회 국회(임시회) 제6차 전체회의, 문교공보위원회회의록, 1990. 3. 14., 8면.
1295) 제148회 국회(임시회) 제6차 전체회의, 문교공보위원회회의록, 1990. 3. 14., 4면.

〈2〉 **법제사법위원회:** 문교공보위원회 대안대로 가결되었다.[1296]

(3) 본회의 심의

문교공보위원회 대안대로 가결되었다.[1297]

(4) 결과

문교공보위원회 대안으로 개정되었다.

62.203 3. 1999년 8월 31일 개정(법률 제6004호, 1999. 8. 31. 시행)

제62조(교원징계위원회의 설치) ①사립학교의 교원의 징계사건을 심의·의결하기 위하여 그 임면권자의 구분에 따라 학교법인·사립학교경영자 및 당해 학교에 교원징계위원회를 둔다. **다만, 사립유치원 교원의 징계사건은 교육공무원법 제50조의 규정에 의하여 설치되는 교육공무원징계위원회에서 심의·의결한다.**
②제1항의 규정에 의한 교원징계위원회는 5인이상 9인이하의 위원으로 구성하되, 그 위원은 당해 학교의 교원 또는 학교법인의 이사중에서 당해 학교법인 또는 사립학교경영자가 임명한다. 다만, 학교법인인 경우에는 당해 학교법인의 이사인 교원의 수가 위원의 2분의 1을 초과할 수 없다.
③교원징계위원회의 조직·권한 및 심의절차등에 관하여 필요한 사항은 대통령령으로 정한다.

(1) 법률안(정부안[1298])

현행법	원안
제62조(교원징계위원회의 설치) ①사립학교의 교원의 징계사건을 심의·의결하기 위하여 그 임면권자의 구분에 따라 학교법인·사립학교경영자 및 당해 학교에 교원징계위원회를 둔다. <단서 신설>	**제62조(교원징계위원회의 설치)** ①사립학교의 교원의 징계사건을 심의·의결하기 위하여 그 임면권자의 구분에 따라 학교법인·사립학교경영자 및 당해 학교에 교원징계위원회를 둔다. 다만, 사립유치원 교원의 징계사건은 교육공무원

1296) 제148회 국회(임시회) 제6차 전체회의, 법제사법위원회회의록, 1990. 3. 14., 26면.
1297) 제148회 국회(임시회) 제9차 본회의, 국회본회의회의록, 1990. 3. 16., 15~16면.
1298) 1998. 12. 2. 정부(의안번호: 151530); 제안이유 및 주요내용은 이 책 [2.201] 참조.

	법 제50조의 규정에 의하여 설치되는 교육공무원징계위원회에서 심의·의결한다.
② ~ ③ (생 략)	② ~ ③ (현행과 같음)

• 사립유치원 교원의 징계사건은 교육공무원징계위원회에서 심의·의결하도록 하였다.

(2) 위원회 심사

〈1〉 **교육위원회:** 원안대로 가결되었다.[1299)]

〈2〉 **법제사법위원회:** 원안대로 가결되었다.[1300)]

(3) 본회의 심의

원안대로 가결되었다.[1301)]

(4) 결과

원안으로 개정되었다.

4. 2005년 12월 29일 개정(법률 제7802호, 2006. 7. 1. 시행)

제62조(교원징계위원회의 설치) ①사립학교의 교원의 징계사건을 심의·의결하기 위하여 그 임면권자의 구분에 따라 학교법인·사립학교경영자 및 당해 학교에 교원징계위원회를 둔다. 다만, 사립유치원 교원의 징계사건은 교육공무원법 제50조의 규정에 의하여 설치되는 교육공무원징계위원회에서 심의·의결한다.
②제1항의 규정에 의한 교원징계위원회는 5인_이상 9인_이하의 위원으로 구성하되, 그 위원은 당해 학교의 교원 또는 학교법인의 이사중에서 당해 학교법인 또는 사립학교경영자가 임명한다. 다만, 학교법인인 경우에는 당해 학교법인의 이사인 **위원**의 수가 **전체위원**의 2분의 1을 초과할 수 없다.
③교원징계위원회의 조직·권한 및 심의절차등에 관하여 필요한 사항은 대통령

1299) 제206회 국회(임시회) 제2차 전체회의, 교육위원회회의록, 1999. 8. 10., 30면.
1300) 제206회 국회(임시회) 제5차 전체회의, 법제사법위원회회의록, 1999. 8. 12., 19면.
1301) 제206회 국회(임시회) 제3차 본회의, 국회본회의회의록, 1999. 8. 12., 26면.

령으로 정한다.

(1) 법률안

〈1〉 최순영 의원안[1302)]

현행법	원안
제62조(교원징계위원회의 설치) ①사립학교의 교원의 징계사건을 심의·의결하기 위하여 그 임면권자의 구분에 따라 학교법인·사립학교경영자 및 당해 학교에 교원징계위원회를 둔다. 다만, 사립유치원 교원의 징계사건은 교육공무원법 제50조의 규정에 의하여 설치되는 교육공무원징계위원회에서 심의·의결한다.	**제62조(교원징계위원회의 설치)**①사립학교의 교원의 징계사건을 심의·의결하기 위하여 당해 학교에 교원징계위원회를 둔다.
②제1항의 규정에 의한 교원징계위원회는 5인 이상 9인 이하의 위원으로 구성하되, 그 위원은 당해 학교의 교원 또는 학교법인의 이사중에서 당해 학교법인 또는 사립학교경영자가 임명한다. 다만, 학교법인인 경우에는 당해 학교법인의 이사인 교원의 수가 위원의 2분의 1을 초과할 수 없다.	②제1항의 규정에 따른 교원징계위원회를 5인 이상 9인 이하의 위원으로 구성하되, 그 위원은 당해 학교의 교원이어야 한다.
③ (생 략)	③ (현행과 같음)

• 교원징계위원회의 구성을 학교의 교원으로 하도록 하였다.

〈2〉 복기왕 의원안[1303)]

현행법	원안
제62조(교원징계위원회의 설치) ① (생 략) ②제1항의 규정에 의한 교원징계위원회는 5인 이상 9인 이하의 위원으로 구성하되, 그 위원은 당해 학교의 교원 또는 학교법인의 이사중에서 당해 학교법인 또는 사립학교경영자가 임명한다. 다만, 학교법인인 경우에는 당해 학교	**제62조(교원징계위원회의 설치)** ① (현행과 같음) ②제1항의 규정에 의한 교원징계위원회는 5인 이상 9인 이하의 위원으로 구성하되, 그 위원은 당해 학교의 교원 또는 학교법인의 이사중에서 당해 학교법인 또는 사립학교경영자가 임

1302) 2004. 9. 10. 최순영의원 등 10인(의안번호: 170412); 제안이유 및 주요내용은 이 책 [8-2.201] 참고.
1303) 2004. 10. 20. 복기왕의원 등 150인(의안번호: 170595); 제안이유 및 주요내용은 이 책 [10-2.201] 참고.

법인의 이사인 교원의 수가 위원의 2분의 1을 초과할 수 없다. ③ (생 략)	명한다. 다만, 교원징계위원회는 교사회 또는 교수회가 추천하는 인사를 3분의 1 이상 포함하여야 하며, 학교법인인 경우에는 당해 학교법인의 이사인 위원의 수가 전체위원의 2분의 1을 초과할 수 없다. ③ (현행과 같음)

• 교원징계위원회의 구성에 있어 교사회 또는 교수회가 추천하는 위원이 3분의 1 이상 포함하도록 하고 학교법인의 경우에 이사인 위원은 2분의 1을 초과할 수 없도록 하였다.

(2) 위원회 심사

〈1〉 교육위원회: 심사 미료

국회의장이 지정한 심사기간(2005. 9. 16 24:00) 내에 심사가 미료됨에 따라 소관 상임위원장의 중간심사보고(구두보고) 후 본회의로 바로 상정하였다(「국회법」 제85조의2).

제62조에 관한 회의록 내용은 아래와 같다.

가. 第17대 국회 제250회 제11차 교육위원회(2004. 12. 7.)

• 복기왕 의원[1304]: 본 의원이 대표발의한 사립학교법 중 개정법률안은 사립학교 운영의 민주성과 투명성 및 공공성을 제고하여 사립학교의 건전한 발달을 도모하고 법인경영과 학사운영을 분리하여 견제와 균형을 통한 새로운 시스템을 구축하기 위하여…교원인사위원회 및 교원징계위원회의 구성에 있어 교사회 또는 교수회가 추천하는 위원이 3분의 1 이상 포함하도록 하는 등 현행 규정의 운영과정에서 나타난 일부 미비점을 개선·보완하여 21세기의 시대적 변화에 부응하는 사립학교의 발전을 가져오게 하려는 것을 골자로 하고 있습니다...

• 이군현 위원[1305]: 우선 지금 제출되어 있는 사립학교법 개정안들의 목적이 좀 잘못되어 있다고 생각합니다. 첫째로 사학법 개정의 주목적이 비리 사학의 척결에서 비롯되었다고 한다면 사학의 비리가 일어나지 않도록 회계의 투명성을 높일 수 있는 시스템을 마련하는 것에 초점이 맞추어져야 함에도 불구하고 지금 보면 사학의 지배구조 또는 지배세력을 교체하는데, 또는 경영권에 지나친 개입을

1304) 제250회 국회(정기회) 제11차 전체회의, 교육위원회회의록, 2004. 12. 7., 41면.
1305) 제250회 국회(정기회) 제11차 전체회의, 교육위원회회의록, 2004. 12. 7., 46면.

하려고 하는 데 주목적이 있다고 저는 지적하고자 합니다. 다 예를 들 수는 없지만, 구체적으로 예를 들면…징계위의 3분의 1을 학운위에서 추천하겠다든지…이런 것들은 제가 볼 적에 회계의 투명성 측면보다는 지배세력을 바꾸려고 하는 데 오히려 초점이 맞춰져 있다고 지적을 하고요…

- 이인영 위원[1306]: 징계위원회에 학운위가 추천하는 것이 지배구조의 변화라는 측면에서만 생각하지 마시고 교원지위의 향상이라는 측면에서도 적극적으로 고려할 수 있다고 봅니다.

나. 第17대 국회 제251회 제3차 교육위원회(2004. 12. 24.)

- 김영숙 위원[1307]: 그리고 인사위원회라든가 교원징계위원회 추천에 교사회·교수회의 3분의 1 이상이 들어갈 경우에는 경영권과 인사권에 편견의 우려가 있고 혼란이 오게 됩니다. 그래서 교사 간에, 교사와 학교장 간에, 경영자와 설립자 간에 갈등과 분쟁의 소지가 있고 각 위원회 운영의 공정성 소지가 있으므로 최소한 위험스러운 것은 막아야 된다는 측면에서 개정안에서 인사위 징계위에 교사회·교수회 인사가 3분의 1 이상 들어가서는 여러 가지로 학계에 혼란이 오고 학교의 건학 이념 실현이나 자율성 존중이 상실될 수 있다는 뜻에서 부당함을 말씀드립니다.

다. 第17대 국회 제252회 제3차 교육위원회(2005. 2. 22.)

- 진술인 하연섭[1308]: 교원인사위원회와 교원징계위원회에 교사나 교수가 참여할 수 있느냐? 저는 당연히 참여해야 된다고 봅니다. 그리고 교원인사위원회나 교원징계위원회에서는 심의 기능까지 갖출 수 있어야 합니다. 제가 알기에 일부 서울에 있는 사립대학들은 교원인사위원회와 교원징계위원회에 벌써 3분의 1 정도가 교수평의회나 교수협의회의 추천을 받아서 참여하고 있고 심의 기능까지 갖고 있으면서도 아무런 문제를 발생시키지 않을 뿐만 아니라 교원 인사나 교원징계에 관련된 교원들의 동의나 합의를 이루어내는 데 더욱 효과적인 제도적 장치로 기능하고 있는 것으로 알고 있습니다. 그래서 교원인사위원회와 교원징계위원회에 3분의 1 정도의 교원이 참여하는 것은 아무런 문제가 될 수 없다고 봅니다…
- 진술인 임재홍[1309]: 나아가 학교의 자주적 운영에서 중요 위원회의 구성에서 다

1306) 제250회 국회(정기회) 제11차 전체회의, 교육위원회회의록, 2004. 12. 7., 48면.
1307) 제251회 국회(임시회) 제3차 전체회의, 교육위원회회의록, 2004. 12. 24., 34면.
1308) 제252회 국회(임시회) 제3차 전체회의, 교육위원회회의록, 2005. 2. 22., 29면.
1309) 제252회 국회(임시회) 제3차 전체회의, 교육위원회회의록, 2005. 2. 22., 31면.

원적 구성 방식이 필요한 영역이 있습니다. 회계의 투명성 확보를 위한 감사 선정이나 인사위원회, 징계위원회의 구성 등에 학내 구성원의 참여가 필요하며 예·결산 심의 등에도 다원적 절차가 필요하다고 봅니다...

- **진술인 하연섭**[1310]: 예를 든다면 아주 제한된 범위이지만 개방형이사제를 두는 것과 교원인사위원회와 징계위원회에 3분의 1 비율로 교원이 참여하는 것, 학교의 운영에 관련된 모든 정보를 공개하는 것, 그리고 사후 감사를 제대로 하는 것, 이 정도라면 이사장 친족의 학교장 임용 금지여부에 관계없이 학교의 운영을 대단히 투명하게 할 수 있지 않을까 그렇게 생각합니다.

〈2〉 **법제사법위원회:** 심사 미료

(3) 본회의 심의

원안을 수정·가결했다.[1311] 수정내용은 아래와 같다.

본회의 수정안
제62조(교원징계위원회의 설치) ①사립학교의 교원의 징계사건을 심의·의결하기 위하여 그 임면권자의 구분에 따라 학교법인·사립학교경영자 및 당해 학교에 교원징계위원회를 둔다. 다만, 사립유치원 교원의 징계사건은 교육공무원법 제50조의 규정에 의하여 설치되는 교육공무원징계위원회에서 심의·의결한다. ②제1항의 규정에 의한 교원징계위원회는 5인 이상 9인 이하의 위원으로 구성하되, 그 위원은 당해 학교의 교원 또는 학교법인의 이사중에서 당해 학교법인 또는 사립학교경영자가 임명한다. 다만, 학교법인인 경우에는 당해 학교법인의 이사인 위원의 수가 전체위원의 2분의 1을 초과할 수 없다.

이 조문의 회의록 내용은 2005. 12. 29. 개정조문 제8조의2와 공통적이어서 생략한다.[1312]

(4) 결과

본회의 수정안으로 개정되었다.

1310) 제252회 국회(임시회) 제3차 전체회의, 교육위원회회의록, 2005. 2. 22., 65면.
1311) 제256회 국회(정기회) 제16차 본회의, 국회본회의회의록, 2005. 12. 9., 2~3면.
1312) 이 책 [8-2.201] 참조.

62.205

5. 2008년 3월 14일 개정(법률 제8888호, 2008. 3. 14. 시행)

제62조(교원징계위원회의 설치) ①사립학교의 교원의 징계사건 **및 제54조의3제5항 각 호 외의 부분 단서에 따른 교원의 임명에 관한 사항을** 심의·의결하기 위하여 그 임면권자의 구분에 따라 학교법인·사립학교경영자 및 당해 학교에 교원징계위원회를 둔다. 다만, 사립유치원 교원의 징계사건은 **「교육공무원법」** 제50조의 규정에 의하여 설치되는 교육공무원징계위원회에서 심의·의결한다.

②제1항의 규정에 의한 교원징계위원회는 5인 이상 9인 이하의 위원으로 구성하되, 그 위원은 당해 학교의 교원 또는 학교법인의 이사중에서 당해 학교법인 또는 사립학교경영자가 임명한다. 다만, 학교법인인 경우에는 당해 학교법인의 이사인 위원의 수가 전체위원의 2분의 1을 초과할 수 없다.

③교원징계위원회의 조직·권한 및 심의절차등에 관하여 필요한 사항은 대통령령으로 정한다.

(1) 법률안(정부안[1313])

현행법	원안
제62조(교원징계위원회의 설치) ①사립학교의 교원의 징계사건을 심의·의결하기 위하여 그 임면권자의 구분에 따라 학교법인·사립학교경영자 및 당해 학교에 교원징계위원회를 둔다. 다만, 사립유치원 교원의 징계사건은 교육공무원법 제50조의 규정에 의하여 설치되는 교육공무원징계위원회에서 심의·의결한다. ② ~ ③ (생 략)	**제62조(교원징계위원회의 설치)** ①사립학교의 교원의 징계사건 및 제54조의3제5항 각 호 외의 부분 단서에 따른 교원의 임명에 관한 사항을 심의·의결하기 위하여 그 임면권자의 구분에 따라 학교법인·사립학교경영자 및 당해 학교에 교원징계위원회를 둔다. 다만, 사립유치원 교원의 징계사건은 「교육공무원법」 제50조의 규정에 의하여 설치되는 교육공무원징계위원회에서 심의·의결한다. ② ~ ③ (현행과 같음)

- 교원임명 제한사유(금품수수 행위, 학생성적 관련 비위 행위 및 학생에 대한 신체적 폭력행위 등)의 경우 교원징계위원회에서 교원으로서 직무를 수행할 수 있다고 의결한 때에는 교원으로 임명될 수 있도록 한 제54조의3제5항 단서를 교원징계위원회의 관할 사항으로 추가하였다.

1313) 2005. 12. 26. 정부(의안번호: 173668); 제안이유 및 주요내용은 이 책 [2.203] 참고.

(2) 위원회 심사

〈1〉 **교육위원회:** 대안[1314]으로 가결되었다(이 조문의 경우에는 원안과 대안의 내용이 동일함).[1315]

〈2〉 **법제사법위원회:** 교육위원회 대안대로 가결되었다.[1316]

(3) 본회의 심의

교육위원회 대안대로 가결되었다.[1317]

(4) 결과

교육위원회 대안으로 개정되었다.

6. 2016년 2월 3일 개정(법률 제13938호, 2016. 2. 3. 시행)

제62조(교원징계위원회의 설치) ①사립학교의 교원의 징계사건 및 제54조의3제5항 각 호 외의 부분 단서에 따른 교원의 임명에 관한 사항을 심의·의결하기 위하여 그 **임용권자**의 구분에 따라 학교법인·사립학교경영자 및 당해 학교에 교원징계위원회를 둔다. 다만, 사립유치원 교원의 징계사건은 「교육공무원법」 제50조의 규정에 의하여 설치되는 교육공무원징계위원회에서 심의·의결한다.
②제1항의 규정에 의한 교원징계위원회는 5인 이상 9인 이하의 위원으로 구성하되, 그 위원은 당해 학교의 교원 또는 학교법인의 이사중에서 당해 학교법인 또는 사립학교경영자가 임명한다. 다만, 학교법인인 경우에는 당해 학교법인의 이사인 위원의 수가 전체위원의 2분의 1을 초과할 수 없다.
③교원징계위원회의 조직·권한 및 심의절차등에 관하여 필요한 사항은 대통령령으로 정한다.

- 제2조를 개정함에 따라 "임면"을 "임용"으로 하였다(오직 형식에 관한 개정이므로 자세한 개정경과는 생략함[1318]).

1314) 2008. 2. 18. 교육위원장(의안번호: 178210).
1315) 제271회 국회(임시회) 제1차 전체회의, 교육위원회회의록, 2008. 1. 30., 6면.
1316) 제271회 국회(임시회) 제3차 전체회의, 법제사법위원회회의록, 2008. 2. 15., 7면.
1317) 제271회 국회(임시회) 제7차 본회의, 국회본회의회의록, 2008. 2. 19., 19면.
1318) 이에 관한 구체적 개정경과는 이 책 [2.204] 참조.

62.207 7. 2016년 5월 29일 개정(법률 제14154호, 2016. 8. 30. 시행)

제62조(교원징계위원회의 설치 및 구성 등) ①사립학교의 교원의 징계사건 및 제54조의3제6항 단서에 따른 교원의 임명에 관한 사항을 심의·의결하기 위하여 그 임용권자의 구분에 따라 학교법인·사립학교경영자 및 해당 학교에 교원징계위원회를 둔다. 다만, 사립유치원 교원의 징계사건은 「교육공무원법」 제50조에 따라 설치되는 교육공무원징계위원회에서 심의·의결한다.

②제1항에 따른 교원징계위원회는 5명 이상 9명 이하의 위원으로 구성한다.

③교원징계위원회의 위원은 다음 각 호의 사람 중에서 해당 학교법인이나 사립학교경영자 또는 학교의 장(제53조의2제2항에 따라 교원의 임용권이 학교의 장에게 위임된 경우에 한정한다)이 임명하거나 위촉한다.

1. 해당 학교의 교원 또는 학교법인의 이사
2. 다음 각 목의 어느 하나에 해당하는 사람
   가. 법관, 검사 또는 변호사로 5년 이상 근무한 경력이 있는 사람
   나. 대학에서 법학, 행정학 또는 교육학을 담당하는 조교수 이상으로 재직 중인 사람
   다. 공무원으로 20년 이상 근속하고 퇴직한 사람
   라. 그 밖에 교육이나 교육행정에 대한 전문지식과 경험이 풍부하다고 인정되는 사람

④교원징계위원회는 다음 각 호에서 정한 기준에 따라 구성한다.

1. 제3항제2호에 따라 위촉된 위원(이하 이 조 및 제62조의2에서 "외부위원"이라 한다)을 최소 1명 이상 포함할 것
2. 외부위원은 해당 학교법인 또는 사립학교경영자가 설치·경영하는 학교에 소속된 사람이 아닐 것
3. 학교법인에 두는 교원징계위원회의 경우에는 해당 학교법인의 이사인 위원 수가 전체 위원 수의 2분의 1을 초과하지 아니할 것

⑤교원징계위원회의 조직·권한 및 심의절차등에 관하여 필요한 사항은 대통령령으로 정한다.

(1) 법률안

〈1〉 정부안[1319)]

현행법	원안
제62조(교원징계위원회의 설치) ①사립학교의 교원의 징계사건 및 제54조의3제5항 각 호 외의 부분 단서에 따른 교원의 임명에 관한 사항을 심의·의결하기 위하여 그 임용권자의 구분에 따라 학교법인·사립학교경영자 및 당해 학교에 교원징계위원회를 둔다. 다만, 사립유치원 교원의 징계사건은 「교육공무원법」 제50조의 규정에 의하여 설치되는 교육공무원징계위원회에서 심의·의결한다. ② ~ ③ (생 략)	**제62조(교원징계위원회의 설치)** ①사립학교의 교원의 징계사건 및 제54조의3제6항 각 호 외의 부분 단서에 따른 교원의 임명에 관한 사항을 심의·의결하기 위하여 그 임용권자의 구분에 따라 학교법인·사립학교경영자 및 해당 학교에 교원징계위원회를 둔다. 다만, 사립유치원 교원의 징계사건은 「교육공무원법」 제50조에 따라 설치되는 교육공무원징계위원회에서 심의·의결한다. ② ~ ③ (현행과 같음)

〈2〉 **정부안**[1320)]: 이 조문을 포함한 개정 대상 조문의 제안이유 및 주요내용은 아래와 같다.

• 제안이유

사립학교에 두는 교원징계위원회의 위원에 해당 학교의 교원 또는 학교법인의 이사 외에 외부위원이 포함되도록 하고, 징계사건 심리를 위한 진상조사를 하는 경우 관계 전문가의 의견을 들을 수 있도록 하여 사립학교 교원에 대한 징계 심의·의결의 공정성과 전문성을 높이는 등 현행 제도의 운영상 나타난 일부 미비점을 개선·보완하려는 것임.

• 주요내용

가. 교원징계위원회 위원 구성 변경(안 제62조제2항, 안 제62조제3항 및 제4항 신설)

교원징계위원회에 해당 학교법인 또는 사립학교경영자가 설치·경영하는 학교에 소속되지 아니한 사람으로서 법관, 검사 또는 변호사로 5년 이상 근무한 경력이 있거나, 대학에서 법학, 행정학 또는 교육학을 담당하는 조교수 이상으로 재직 중인 사람 등을 외부위원으로 위촉하도록 하고, 외부위원은 전체 위원 수의 3분의 1을 초과하지 아니하는 범위에서 최소 1명 이상이 되도록 함.

1319) 2013. 6. 26. 정부(의안번호: 1905658); 제안이유 및 주요내용은 이 책 [4.216] 참조.
1320) 2015. 12. 7. 정부(의안번호: 1918050).

나. 외부위원의 임기 등(안 제62조의2 신설)

교원징계위원회 외부위원의 임기를 3년으로 하고, 한 차례만 연임이 가능하도록 하며, 심신장애로 인하여 직무를 수행할 수 없게 된 경우 등 일정한 경우에는 외부위원을 해촉할 수 있도록 함.

다. 교원징계위원회 진상조사 시 관계 전문가 의견 청취 근거 마련(안 제65조제2항)

교원징계위원회는 징계사건 심리를 위한 진상조사를 하는 경우 관계인뿐만 아니라 관계 전문가도 출석시켜 의견을 들을 수 있도록 함.

이 조문의 현행법과 개정 원안은 아래와 같다.

현행법	원안
제62조(교원징계위원회의 설치) ① (생 략)	제62조(교원징계위원회의 설치 및 구성 등) ① (현행과 같음)
②제1항의 규정에 의한 교원징계위원회는 5인 이상 9인 이하의 위원으로 구성하되, 그 위원은 당해 학교의 교원 또는 학교법인의 이사중에서 당해 학교법인 또는 사립학교경영자가 임명한다. 다만, 학교법인인 경우에는 당해 학교법인의 이사인 위원의 수가 전체위원의 2분의 1을 초과할 수 없다.	②제1항에 따른 교원징계위원회(이하 "교원징계위원회"라 한다)는 5명 이상 9명 이하의 위원으로 구성한다.
<신 설>	③교원징계위원회의 위원은 다음 각 호의 사람 중에서 해당 학교법인이나 사립학교경영자 또는 학교의 장(제53조의2제2항에 따라 교원의 임면권이 학교의 장에게 위임된 경우에 한정한다)이 임명하거나 위촉한다. 1. 해당 학교의 교원 또는 학교법인의 이사 2. 다음 각 목의 어느 하나에 해당하는 사람 가. 법관, 검사 또는 변호사로 5년 이상 근무한 경력이 있는 사람 나. 대학에서 법학, 행정학 또는 교육학을 담당하는 조교수 이상으로 재직 중인 사람 다. 공무원으로 20년 이상 근속하고 퇴직한 사람 라. 그 밖에 교육이나 교육행정에 대한 전문지식과 경험이 풍부하다고 인정되는 사람
<신 설>	

	④ 교원징계위원회는 다음 각 호에서 정한 기준에 따라 구성한다. 1. 제3항제2호에 따라 위촉된 위원(이하 이 조 및 제62조의2에서 "외부위원"이라 한다)은 전체 위원 수의 3분의 1을 초과하지 아니하는 범위에서 최소 1명 이상을 포함할 것 2. 외부위원은 해당 학교법인 또는 사립학교경영자가 설치·경영하는 학교에 소속된 사람이 아닐 것 3. 학교법인에 두는 교원징계위원회의 경우에는 해당 학교법인의 이사인 위원 수가 전체 위원 수의 2분의 1을 초과하지 아니할 것
③ (생 략)	⑤ (현행 제3항과 같음)

• 국·공립학교 교원징계위원회와 동일하게 위원 구성을 변경한 것으로 외부위원이 최소 1명 이상 포함하도록 하였다.

(2) 위원회 심사

〈1〉 **교육문화체육관광위원회:** 대안[1321]으로 가결되었다.[1322]

대안
제62조(교원징계위원회의 설치 및 구성 등) ①사립학교의 교원의 징계사건 및 제54조의3제6항 각 호 외의 부분 단서에 따른 교원의 임명에 관한 사항을 심의·의결하기 위하여 그 임용권자의 구분에 따라 학교법인·사립학교경영자 및 당해 학교에 교원징계위원회를 둔다. 다만, 사립유치원 교원의 징계사건은 「교육공무원법」 제50조에 따라 설치되는 교육공무원징계위원회에서 심의·의결한다. ②제1항에 따른 교원징계위원회(이하 "교원징계위원회"라 한다)는 5명 이상 9명 이하의 위원으로 구성한다. ③교원징계위원회의 위원은 다음 각 호의 사람 중에서 해당 학교법인이나 사립학교경영자 또는 학교의 장(제53조의2제2항에 따라 교원의 임용권이 학교의 장에게 위임된 경우에 한정한다)이 임명하거나 위촉한다. 1. 해당 학교의 교원 또는 학교법인의 이사 2. 다음 각 목의 어느 하나에 해당하는 사람 가. 법관, 검사 또는 변호사로 5년 이상 근무한 경력이 있는 사람

1321) 2016. 5. 18. 교육문화체육관광위원장(의안번호: 1918727).

1322) 제342회 국회(임시회) 제1차 전체회의, 교육문화체육관광위원회회의록, 2016. 5. 11., 23면.

나. 대학에서 법학, 행정학 또는 교육학을 담당하는 조교수 이상으로 재직 중인 사람
다. 공무원으로 20년 이상 근속하고 퇴직한 사람
라. 그 밖에 교육이나 교육행정에 대한 전문지식과 경험이 풍부하다고 인정되는 사람
④교원징계위원회는 다음 각 호에서 정한 기준에 따라 구성한다.
1. 제3항제2호에 따라 위촉된 위원(이하 이 조 및 제62조의2에서 "외부위원"이라 한다)을 최소 1명 이상을 포함할 것
2. 외부위원은 해당 학교법인 또는 사립학교경영자가 설치·경영하는 학교에 소속된 사람이 아닐 것
3. 학교법인에 두는 교원징계위원회의 경우에는 해당 학교법인의 이사인 위원 수가 전체 위원 수의 2분의 1을 초과하지 아니할 것
⑤교원징계위원회의 조직·권한 및 심의절차등에 관하여 필요한 사항은 대통령령으로 정한다.

위 내용이 포함된 제62조에 관한 회의록 내용은 아래와 같다.

가. 제19대 국회 제342회 제1차 교육문화체육관광위원회 법안심사소위원회(2016. 5. 11.)

- **수석전문위원 정재룡**[1323]: 개정안은 사립학교 교원징계위원회 외부위원 참여에 관한 사항인데요. 소위 심사자료 3쪽에 보시면, 먼저 외부위원의 자격을 현행 교육공무원 징계령에 따른 국·공립학교 징계위원회 외부위원의 자격과 동일하게 규정하는 사항이고요. 4쪽에 외부위원 구성기준으로는 외부위원은 전체 위원 수의 3분의 1을 초과하지 않는 범위에서 최소한 1명 이상 포함되도록 하고 있고요. 5쪽에 외부위원의 임기 및 해촉 사유, 6쪽에 관계 전문가의 의견 청취, 비밀누설 금지사항 등을 규정하고 있습니다. 이상입니다.
- **소위원장대리 윤관석**[1324]: 정부 측.
- **교육부차관 이영**[1325]: 정부 발의한 법안으로 이견없습니다.
- **소위원장대리 윤관석**[1326]: 위원님들 의견… 유은혜 위원님.
- **유은혜 위원**[1327]: 이게 외부위원 포함한다는 것은 어쨌든 좀 공정성을 높인다는 측면에서는 긍정적으로 보여지는데요. 그런데 여기 자격규정에 보면, "다"목, "라"목에 보면 "공무원으로 20년 이상 근속하고 퇴직한 사람" 그리고 "그 밖에 교육이나 교육행정에 대한 전문지식과 경험이 풍부하다고 인정되는 사람" 이렇게 돼 있는데, 이게 너무 기준이 애매모호한 것 아닌가 싶어요. 그래서 이게 혹

1323) 제342회 국회(임시회) 제1차 법안심사소위, 교육문화체육관광위원회회의록, 2016. 5. 11., 45면.
1324) 제342회 국회(임시회) 제1차 법안심사소위, 교육문화체육관광위원회회의록, 2016. 5. 11., 45면.
1325) 제342회 국회(임시회) 제1차 법안심사소위, 교육문화체육관광위원회회의록, 2016. 5. 11., 45면.
1326) 제342회 국회(임시회) 제1차 법안심사소위, 교육문화체육관광위원회회의록, 2016. 5. 11., 45면.
1327) 제342회 국회(임시회) 제1차 법안심사소위, 교육문화체육관광위원회회의록, 2016. 5. 11., 45면.

시 부당한 징계를 합리화하기 위한 수단으로 또 악용될 여지가 있는 건 아닌가…

- 교육부대학정책관 서유미1328): 그것은 교육공무원도 동일한 기준으로 되어 있습니다.
- 유은혜 위원1329): 이렇게 되어 있나요, 기준이요?
- 수석전문위원 정재룡1330): 예, 같이 돼 있습니다.
- 교육부대학정책관 서유미1331): 예, 그렇게 되어 있습니다.
- 유은혜 위원1332): 이것을 조금 더 명료하게 할 수는 없나요? 교육감이 추천을 했다거나 아니면 뭐 이렇게 좀 뭔가 그 추천절차가… 이것은 뭐 주변에서 이런 자격을 갖춘 사람은 많이 찾을 수 있어서 혹시 이런 자격기준을 조금 더 강화해야 하는 건 아닌가 이런 문제에 대해서 어떻게 생각하십니까?
- 교육부차관 이영1333): 그런데 "라"에 보시면 "교육이나 교육행정에 대한 전문지식과 경험이 풍부하다고 인정되는 사람" 이렇게 해서 조금은 열려 있는 부분이 있어서 가능할 거라고 생각합니다.
- 이종훈 위원1334): 이게 상한을 3분의 1을 둔 거잖아요?
- 교육부차관 이영1335): 예, 그렇습니다.
- 이종훈 위원1336): 상한을 두는 이유가 있어요?
- 교육부차관 이영1337): 지금 국·공립학교에 있어서의 교원징계위원회도 마찬가지로 상한이 설정돼있습니다.
- 이종훈 위원1338): 아니, 전 잘 몰… 좀 근본적으로, 외부위원을 많이 둘수록 좋은 거예요, 적게둘수록 좋은 거예요?
- 교육부차관 이영1339): 그게 아마 일장일단이 있기 때문에 어느 정도의 최적의 규모가 있을 거라고 생각을 합니다.
- 이종훈 위원1340): 그런데 이게 사립학교법이잖아요?

1328) 제342회 국회(임시회) 제1차 법안심사소위, 교육문화체육관광위원회회의록, 2016. 5. 11., 45면.
1329) 제342회 국회(임시회) 제1차 법안심사소위, 교육문화체육관광위원회회의록, 2016. 5. 11., 45면.
1330) 제342회 국회(임시회) 제1차 법안심사소위, 교육문화체육관광위원회회의록, 2016. 5. 11., 45면.
1331) 제342회 국회(임시회) 제1차 법안심사소위, 교육문화체육관광위원회회의록, 2016. 5. 11., 45면.
1332) 제342회 국회(임시회) 제1차 법안심사소위, 교육문화체육관광위원회회의록, 2016. 5. 11., 45면.
1333) 제342회 국회(임시회) 제1차 법안심사소위, 교육문화체육관광위원회회의록, 2016. 5. 11., 45면.
1334) 제342회 국회(임시회) 제1차 법안심사소위, 교육문화체육관광위원회회의록, 2016. 5. 11., 45면.
1335) 제342회 국회(임시회) 제1차 법안심사소위, 교육문화체육관광위원회회의록, 2016. 5. 11., 45면.
1336) 제342회 국회(임시회) 제1차 법안심사소위, 교육문화체육관광위원회회의록, 2016. 5. 11., 45면.
1337) 제342회 국회(임시회) 제1차 법안심사소위, 교육문화체육관광위원회회의록, 2016. 5. 11., 45면.
1338) 제342회 국회(임시회) 제1차 법안심사소위, 교육문화체육관광위원회회의록, 2016. 5. 11., 45면.
1339) 제342회 국회(임시회) 제1차 법안심사소위, 교육문화체육관광위원회회의록, 2016. 5. 11., 45면.

- **교육부차관 이영**[1341]: 예.
- **이종훈 위원**[1342]: 제가 그냥 갖고 있는 감은 뭐 영화에서 보듯이 무슨 재단 이사장하고 가까운 친인척이 들어와서 학생들 성희롱도 하고 온갖 그것 해도 그걸로 봐주고 이래서 문제가 되어 영화 나오는 거 아니에요? 그러니까 저는 그렇다면 외부위원이 많은 게 좋은 것 같은데 1명 이상이고 3분의 1을 상한으로 두는 게 이해가 안 돼서 드리는 말씀이에요, 지금.
- **교육부대학정책관 서유미**[1343]: 그런데 보통 징계위원이 다섯 사람에서 아홉 사람으로 구성이 돼 있기 때문에 최소 1인이거나 3분의 1 이하로 했는데요. 그 취지는 보면 그러니까 외부위원이 공정성·객관성을 잡아 주는 건 좋은데 사실은 구체적인 그런 학교 실정이라든가 이런 부분에 있어서는 내부위원의 구체적인 판단도 필요한 부분이 있습니다.
- **이종훈 위원**[1344]: 그러니까 외부위원을 두느냐 마느냐라는 걸 자율적으로 맡겨 두든지, 아예. 이것은 거의 실효성이 없는 법 같아 보인다는 거지요. 이렇게 하면 마음대로 하면 1명으로 할 거고, 그렇지요? 마음대로 하고 싶으면 1명으로 할 것 아니에요? 최소한 얼마 이상을 둬라, 예를 들어서 사외이사를 구성할 때는 법 조항은 어떻게 되어 있느냐 하면 얼마 이상을 사외이사로 둬야된다고 돼 있지 상한을 두는, 뭐 "1명 이상을 둔다"라는 그런 규정이 어디 있어요? 그러니까 이 법 취지를 잘 모르겠어서 드리는 말씀이에요. 법 취지를, 학교 내부에만 맡겨 놓으면 제대로 안 하기 때문에 감시 감독을 위해서 외부위원을 한다면 하한을 두는 게 법 정신에 맞는 거지 어떻게 상한을 두고 1명 이상을 두느냐는 거예요.

(윤관석 위원, 신성범 소위원장과 사회교대)

- **박홍근 위원**[1345]: 말씀하신 3분의 1 이상을 외부위원으로 둔다…
- **이종훈 위원**[1346]: 그렇지. 하려면 3분의 1 이상을 하든지 이렇게 해야지.
- **박홍근 위원**[1347]: 맞는 말씀이신 것 같은데요.
- **도종환 위원**[1348]: 맞는 말씀이에요. 외부위원 수를 늘려야지요. 외부위원 수를

1340) 제342회 국회(임시회) 제1차 법안심사소위, 교육문화체육관광위원회회의록, 2016. 5. 11., 45면.
1341) 제342회 국회(임시회) 제1차 법안심사소위, 교육문화체육관광위원회회의록, 2016. 5. 11., 45면.
1342) 제342회 국회(임시회) 제1차 법안심사소위, 교육문화체육관광위원회회의록, 2016. 5. 11., 45면.
1343) 제342회 국회(임시회) 제1차 법안심사소위, 교육문화체육관광위원회회의록, 2016. 5. 11., 45면.
1344) 제342회 국회(임시회) 제1차 법안심사소위, 교육문화체육관광위원회회의록, 2016. 5. 11., 45~46면.
1345) 제342회 국회(임시회) 제1차 법안심사소위, 교육문화체육관광위원회회의록, 2016. 5. 11., 46면.
1346) 제342회 국회(임시회) 제1차 법안심사소위, 교육문화체육관광위원회회의록, 2016. 5. 11., 46면.
1347) 제342회 국회(임시회) 제1차 법안심사소위, 교육문화체육관광위원회회의록, 2016. 5. 11., 46면.
1348) 제342회 국회(임시회) 제1차 법안심사소위, 교육문화체육관광위원회회의록, 2016. 5. 11., 46면.

더 늘려야 합니다.

- **박혜자 위원**[1349]: 나는 논리적으로 맞다고 생각이 들어. 징계 거기에 3분의 1을 상한을 두는 것은 맞지 않아요.
- **교육부차관 이영**[1350]: 그러니까 지금 이 부분은 아마 전혀 외부위원이 없던 상태에서 1인을 일단은 둬야 된다라는 강제규정으로 들어가서 실제로 그것을 통해서, 외부위원 최소 1명을 통해서 좀 공정성·투명성을 확보하자 이런 차원이라고 이해해 주시면 될 것 같고요. 일단 3분의 1…
- **이종훈 위원**[1351]: 이해 안 돼. 이해 안 돼서 지금 드리는 말씀이잖아요.
- **박홍근 위원**[1352]: 그러니까 이종훈 위원님 말씀은 저도 일리가 있는 말씀이라는 생각이 들거든요. 그러니까 물론 아까 말씀하신 것처럼 사학의 내부적 사정이라든가 뭐 이런 것들에 정통한 사람이 징계에 참여하는 게 좀 더 여러 가지 사정을 감안하겠지요. 그런데 또 한편에서는 외부인사가 좀 더 객관적으로 이 문제를 살펴볼 일도 있잖아요. 왜냐하면 징계위원회 자체가 팔이 안으로 굽는 식의 결정을 하는 경우들이 많이 있기 때문에 오히려 그런 점에서 절반을 넘는 것은 문제지만 최소한 절반은 넘지 않더라도 3분의 1 정도는 둬서 그에 대한 견제적 역할 정도는 할 수 있게끔 이렇게 장치를 만드는 게 맞는 것 같은데요.
- **이종훈 위원**[1353]: 상한을 두는 것 자체가 말이 안 되는 거잖아요. 하한을 둬야지.
- **박혜자 위원**[1354]: 하한을 둬야지. 그러니까 최소 1명이라 하더라도 하한을 둬야지 상한은 붙으면 안 돼.
- **교육부차관 이영**[1355]: 아니, 그러니까 저희가 국·공립학교의 교원징계위원회가 실제로는 최초에 이것하고 동일한 규정으로 출발을 했다가, 그게 3분의 1 미만이었던 게 2분의 1 미만으로 이렇게 바뀌어 있거든요. 그래서…
- **박홍근 위원**[1356]: 아니, 그러니까 거꾸로 여쭤보는 거예요, 지금. 3분의 1 이상으로 외부인사를 뒀을 경우에 어떤 문제가 발생합니까?
- **교육부차관 이영**[1357]: 그러니까 사학이 실제로는 자율성이나 이런 부분이 좀 훼손될 수 있는 부분이 있다…

1349) 제342회 국회(임시회) 제1차 법안심사소위, 교육문화체육관광위원회회의록, 2016. 5. 11., 46면.
1350) 제342회 국회(임시회) 제1차 법안심사소위, 교육문화체육관광위원회회의록, 2016. 5. 11., 46면.
1351) 제342회 국회(임시회) 제1차 법안심사소위, 교육문화체육관광위원회회의록, 2016. 5. 11., 46면.
1352) 제342회 국회(임시회) 제1차 법안심사소위, 교육문화체육관광위원회회의록, 2016. 5. 11., 46면.
1353) 제342회 국회(임시회) 제1차 법안심사소위, 교육문화체육관광위원회회의록, 2016. 5. 11., 46면.
1354) 제342회 국회(임시회) 제1차 법안심사소위, 교육문화체육관광위원회회의록, 2016. 5. 11., 46면.
1355) 제342회 국회(임시회) 제1차 법안심사소위, 교육문화체육관광위원회회의록, 2016. 5. 11., 46면.
1356) 제342회 국회(임시회) 제1차 법안심사소위, 교육문화체육관광위원회회의록, 2016. 5. 11., 46면.
1357) 제342회 국회(임시회) 제1차 법안심사소위, 교육문화체육관광위원회회의록, 2016. 5. 11., 46면.

- **박홍근 위원**[1358]: 아니, 3분의 2를 내부인사로 위촉을 하는데 학교의 자율성이…
- **이종훈 위원**[1359]: 아니, 그러면 아예, 1명 이상 3분의 1 미만으로 하려면 아예 두지를 마. 창피하잖아요. 무슨 법을 이렇게 만들어요? 사외이사를 1명 이상 두고 3분의 1 미만으로 한다는 건 다른 법 어디에도 그런 법은 안 만들어요.
- **박홍근 위원**[1360]: 그러니까 3분의 1 이상 뒀을 때 3분의 2가 내부인사이기 때문에 자율성 침해라고 하는 논리는 제가 보기에는 좀, 동의가 어렵지 않습니까, 그렇지요?
- **이종훈 위원**[1361]: 자율성 침해를 안 하려면 외부위원도 두지 마라 이렇게 하는 것이 답이지.
- **박혜자 위원**[1362]: 아니, 백번 양보하더라도 전체위원 수의 3분의 1이라는 말이 그렇게 부담이 되면 "1명 이상을 둔다" 이렇게 할 수는 있지요. 하한을 "1명 이상은 반드시 둬라" 이렇게 우리가 요구할 수는 있어도 "3분의 1 이상은 두면 안 된다" 이렇게는 할 이유가 없는 거지요.
- **박홍근 위원**[1363]: 3분의 1로 하셔서 무방하면 그렇게 가시는 게 제가 보기에는 지금 이 질의 취지에 부합하다고 봅니다.
- **유은혜 위원**[1364]: 인원 구성도 그렇고요. 기준도 사실 징계를 하는데 다 그냥 알고, 다 아는 사람 불러다가 이렇게 시켜서 할 수 있는 거잖아요, 기준을 이렇게 보면. 그러니까 조금 그 기준을, 기준이 다른 데도 이렇게 되어 있습니까?
- **수석전문위원 정재룡**[1365]: 그러면 교육부에서 "3분의 1을 초과하지 아니하는 범위에서"를 그냥 삭제하는 안을 수용할 수 있습니까?
- **교육부차관 이영**[1366]: 예, 그렇게 하셔도…
- **수석전문위원 정재룡**[1367]: 그러면 그렇게 하시지요.
- **유은혜 위원**[1368]: 일단 정리해 주세요. 어떻게…
- **소위원장 신성범**[1369]: 수석전문위원, 정리…

1358) 第342회 국회(임시회) 제1차 법안심사소위, 교육문화체육관광위원회회의록, 2016. 5. 11., 46면.
1359) 第342회 국회(임시회) 제1차 법안심사소위, 교육문화체육관광위원회회의록, 2016. 5. 11., 46면.
1360) 第342회 국회(임시회) 제1차 법안심사소위, 교육문화체육관광위원회회의록, 2016. 5. 11., 46면.
1361) 第342회 국회(임시회) 제1차 법안심사소위, 교육문화체육관광위원회회의록, 2016. 5. 11., 46면.
1362) 第342회 국회(임시회) 제1차 법안심사소위, 교육문화체육관광위원회회의록, 2016. 5. 11., 46면.
1363) 第342회 국회(임시회) 제1차 법안심사소위, 교육문화체육관광위원회회의록, 2016. 5. 11., 46면.
1364) 第342회 국회(임시회) 제1차 법안심사소위, 교육문화체육관광위원회회의록, 2016. 5. 11., 46면.
1365) 第342회 국회(임시회) 제1차 법안심사소위, 교육문화체육관광위원회회의록, 2016. 5. 11., 46~47면.
1366) 第342회 국회(임시회) 제1차 법안심사소위, 교육문화체육관광위원회회의록, 2016. 5. 11., 47면.
1367) 第342회 국회(임시회) 제1차 법안심사소위, 교육문화체육관광위원회회의록, 2016. 5. 11., 47면.
1368) 第342회 국회(임시회) 제1차 법안심사소위, 교육문화체육관광위원회회의록, 2016. 5. 11., 47면.
1369) 第342회 국회(임시회) 제1차 법안심사소위, 교육문화체육관광위원회회의록, 2016. 5. 11., 47면.

- 수석전문위원 정재룡[1370]: 최소 1명 이상 포함하는데 그것만 둔다는 거지요, 상한은 두지 않고. 이게 지금 1명이 하한이거든요. 하한만 둔다는 거지요.
- 유은혜 위원[1371]: 그러면 이 기준을 어떻게 하실건데요? "다"목, "라"목에 제가 말씀드렸던 기준이요.
- 수석전문위원 정재룡[1372]: 그것은 지금 당장 하기는 좀… 왜냐하면 지금 여기 교육공무원 징계령에 똑같은 내용이 있거든요.
- 유은혜 위원[1373]: 똑같이 되어 있었나요, 이거요?
- 수석전문위원 정재룡[1374]: 예.
- 소위원장 신성범[1375]: 자, 그러면 그것은 방금 수정한 대로 의결하겠습니다. 제45항은 가결되었음을 선포합니다.

나. 제19대 국회 제342회 제1차 교육문화체육관광위원회(2016. 5. 11.)

- 위원장 박주선[1376]: 의사일정 제103항부터 제108항까지 김우남 의원, 도종환 의원, 김태년 의원, 류지영 의원이 각각 대표발의한 4건 및 정부에서 제출한 2건 등 총 6건의 사립학교법 일부개정법률안은 소위원회에서 심사보고한 바와 같이 본회의에 부의하지 아니하고 이를 통합 조정한 의사일정 제109항 사립학교법 일부개정법률안(대안)을 제안하고자 합니다. 이의 없으십니까? (없습니다 하는 위원 있음) 가결되었음을 선포합니다.

〈2〉 **법제사법위원회:** 교육문화체육관광위원회 대안을 수정·가결했다.[1377] 수정내용은 아래와 같다.

현행법	원안
제62조(교원징계위원회의 설치 및 구성 등) ①－－－－－－－－－제54조의3제6항 각 호 외의 부분 단서－－－－－－－－－. ②－－－－－－－－－교원징계위원회(이하 "교원징계위원회"라 한다)－－－－－－－.	제62조(교원징계위원회의 설치 및 구성 등) ①－－－－－－－－－제54조의3제6항 단서 －－－－－－－－－－－－－－－－－－－. ②－－－－－－－－－교원징계위원회－－－.

1370) 제342회 국회(임시회) 제1차 법안심사소위, 교육문화체육관광위원회회의록, 2016. 5. 11., 47면.
1371) 제342회 국회(임시회) 제1차 법안심사소위, 교육문화체육관광위원회회의록, 2016. 5. 11., 47면.
1372) 제342회 국회(임시회) 제1차 법안심사소위, 교육문화체육관광위원회회의록, 2016. 5. 11., 47면.
1373) 제342회 국회(임시회) 제1차 법안심사소위, 교육문화체육관광위원회회의록, 2016. 5. 11., 47면.
1374) 제342회 국회(임시회) 제1차 법안심사소위, 교육문화체육관광위원회회의록, 2016. 5. 11., 47면.
1375) 제342회 국회(임시회) 제1차 법안심사소위, 교육문화체육관광위원회회의록, 2016. 5. 11., 47면.
1376) 제342회 국회(임시회) 제1차 전체회의, 교육문화체육관광위원회회의록, 2016. 5. 11., 23면.
1377) 제342회 국회(임시회) 제2차 전체회의, 법제사법위원회회의록, 2016. 5. 17., 76면.

(3) 본회의 심의

법제사법위원회 수정안대로 가결되었다.[1378]

(4) 결과

법제사법위원회 수정안으로 개정되었다.

62.208 8. 2020년 12월 22일 개정(법률 제17659호, 2020. 12. 22. 시행)

제62조(교원징계위원회의 설치 및 구성 등) ①_사립학교 교원의 징계사건 및 제54조의3제6항 각 호 외의 부분 단서에 따른 교원의 임명에 관한 사항을 심의·의결하기 위하여 그 임용권자의 구분에 따라 학교법인·사립학교경영자 및 해당 학교에 교원징계위원회를 둔다. 다만, 사립유치원 교원의 징계사건은 「교육공무원법」 제50조에 따라 설치되는 교육공무원_징계위원회에서 심의·의결한다.

②_제1항에 따른 교원징계위원회는 5명 이상 9명 이하의 위원으로 구성한다.

③_교원징계위원회의 위원은 다음 각 호의 사람 중에서 해당 학교법인이나 사립학교경영자 또는 학교의 장(제53조의2제2항에 따라 교원의 임용권이 학교의 장에게 위임된 경우로 한정한다)이 임명하거나 위촉한다.

1. 해당 학교의 교원 또는 학교법인의 이사
2. 다음 각 목의 어느 하나에 해당하는 사람
   가. 법관, 검사 또는 변호사로 5년 이상 근무한 경력이 있는 사람
   나. 대학에서 법학, 행정학 또는 교육학을 담당하는 조교수 이상으로 재직 중인 사람
   다. 공무원으로 20년 이상 근속하고 퇴직한 사람
   라. 그 밖에 교육이나 교육행정에 대한 전문지식과 경험이 풍부하다고 인정되는 사람

④_교원징계위원회는 다음 각 호에서 정한 기준에 따라 구성한다.

1. 제3항제2호에 따라 위촉된 위원(이하 이 조 및 제62조의2에서 "외부위원"이라 한다)을 최소 1명 이상 포함할 것
2. 외부위원은 해당 학교법인 또는 사립학교경영자가 설치·경영하는 학교에 소

1378) 제342회 국회(임시회) 제1차 본회의, 국회본회의회의록, 2016. 5. 19., 41면.

속된 사람이 아닐 것

3. 학교법인에 두는 교원징계위원회의 경우에는 해당 학교법인의 이사인 위원 수가 전체 위원 수의 2분의 1을 초과하지 아니할 것

⑤_교원징계위원회의 조직,_권한 및 심의_절차_등에 관하여 필요한 사항은 대통령령으로 정한다.

- 법문을 한글화하고 간결하게 하였다(오직 형식에 관한 개정이므로 자세한 개정경과는 생략함[1379]).

9. 2021년 9월 24일 개정(법률 제18460호, 2022. 3. 25. 시행)

제62조(교원징계위원회의 설치 및 구성 등) ① 사립학교 교원의 징계사건 및 제54조의3제6항 각 호 외의 부분 단서에 따른 교원의 임명에 관한 사항을 심의·의결하기 위하여 그 임용권자의 구분에 따라 학교법인·사립학교경영자 및 해당 학교에 교원징계위원회를 둔다. 다만, 사립유치원 교원의 징계사건은 「교육공무원법」 제50조에 따라 설치되는 교육공무원 징계위원회에서 심의·의결한다.

② 제1항에 따른 교원징계위원회는 **위원장 1명을 포함한 5명 이상 11명 이하의 범위에서 학교의 규모 등을 고려하여 대통령령으로 정하는 수의 위원으로 구성한다.**

③ 교원징계위원회의 위원은 다음 각 호의 사람 중에서 해당 학교법인이나 사립학교경영자 또는 학교의 장(제53조의2제2항에 따라 교원의 임용권이 학교의 장에게 위임된 경우로 한정한다)이 임명하거나 위촉한다.

1. 해당 학교의 교원 또는 학교법인의 이사
2. 다음 각 목의 어느 하나에 해당하는 사람
   가. 법관, 검사 또는 변호사로 5년 이상 근무한 경력이 있는 사람
   나. 대학에서 법학, 행정학 또는 교육학을 담당하는 조교수 이상으로 재직 중인 사람
   다. 공무원으로 20년 이상 근속하고 퇴직한 사람
   라. **학교운영위원회의 학부모위원**(「초·중등교육법」 제2조에 따른 학교에 두

1379) 이에 관한 구체적 개정경과는 이 책 [1.201] 참조.

는 교원징계위원회의 경우로 한정한다)

마. **그 밖에 교육이나 교육행정에 대한 전문지식과 경험이 풍부하다고 인정되는 사람**

④ 교원징계위원회는 다음 각 호에서 정한 기준에 따라 구성한다.

1. 제3항제2호에 따라 위촉된 위원(이하 이 조 및 제62조의2에서 "외부위원"이라 한다)을 최소 **2명** 이상 포함할 것
2. 외부위원은 해당 학교법인 또는 사립학교경영자가 설치·경영하는 학교에 소속된 사람이 아닐 것
3. 학교법인에 두는 교원징계위원회의 경우에는 해당 학교법인의 이사인 위원 수가 전체 위원 수의 2분의 1을 초과하지 아니할 것
4. **「초·중등교육법」 제2조에 따른 학교의 경우에는 외부위원에 제3항제2호라목에 따라 위촉된 위원을 최소 1명 이상 포함할 것**
5. **특정 성(性)이 위원장을 포함한 위원 수의 10분의 6을 초과하지 아니할 것**

⑤ 교원징계위원회의 조직, 권한 및 심의 절차 등에 관하여 필요한 사항은 대통령령으로 정한다.

(1) 법률안

〈1〉 **이탄희 의원안**[1380]: 이 조문을 포함한 개정 대상 조문의 제안이유 및 주요내용은 아래와 같다.

• 제안이유 및 주요내용

현행법에 따르면 사립학교 교원의 징계사건에 관한 사항을 심의·의결하기 위하여 그 임용권자의 구분에 따라 학교법인·사립학교경영자 및 해당 학교에 교원징계위원회를 두도록 하면서 교원징계위원회의 위원 구성에 관하여 규정하고 있음.

그런데 교육공무원징계위원회와 달리 교원징계위원회의 경우 위원의 구성에 있어 학부모 의견을 대표할 수 있는 사람이 포함되어 있지 않으며, 위원의 성(性) 비율에 대한 규정도 없어 징계사건의 심의에 있어 다양한 구성원들의 의견이 반영되지 못한다는 지적이 있음.

실제로 사립학교의 경우, 징계 처벌 수위가 낮은 편임. 2019년 성비위 교사에

1380) 2020. 10. 22. 이탄희의원 등 39인(의안번호: 2104600).

대한 배제징계(파면, 해임)는 사립학교(36%)가 국·공립학교(46%)보다 10%p 낮음. 또한 사립학교는 성비위 후 교단으로 돌아오는 교원의 수가 2014년 7건에서 2019년 66건으로 약 9.4배 증가하고 있음. 징계의 효과가 별로 없다보니 사립학교 교원의 성비위 건수 자체도 2014년 12건에서 2019년 104건으로 약 8.6배 증가함.

이에 교원징계위원회의 위원 수를 늘리고, 학교운영위원회의 학부모위원을 최소 2명 이상 포함하도록 하고, 특정 성(性)이 위원장을 포함한 위원 수의 10분의 6을 초과하지 않도록 규정하여 위원 구성의 다양화를 통한 공정한 징계의결을 도모하고자 함. 그리고 본 법안 통과 시 교육공무원법 시행령 상 공립학교 일반징계위원회 구성도 학부모 위원 최소 1명 이상에서 2명 이상으로 동일하게 개정될 것으로 기대함(안 제62조제2항부터 제4항까지).

또한, 임용권자는 교원징계위원회 위원들의 서명을 받은 징계의결서를 10년간 보존하도록 함(안 제66조제5항).

이 조문의 현행법과 개정 원안은 아래와 같다.

현행법	원안
제62조(교원징계위원회의 설치 및 구성 등)	**제62조(교원징계위원회의 설치 및 구성 등)**
① (생 략)	① (현행과 같음)
② 제1항에 따른 교원징계위원회는 5명 이상 9명 이하의 위원으로 구성한다.	② 제1항에 따른 교원징계위원회는 9명 이상 15명 이하의 위원으로 구성한다.
③ 교원징계위원회의 위원은 다음 각 호의 사람 중에서 해당 학교법인이나 사립학교경영자 또는 학교의 장(제53조의2제2항에 따라 교원의 임용권이 학교의 장에게 위임된 경우로 한정한다)이 임명하거나 위촉한다.	③ 교원징계위원회의 위원은 다음 각 호의 사람 중에서 해당 학교법인이나 사립학교경영자 또는 학교의 장(제53조의2제2항에 따라 교원의 임용권이 학교의 장에게 위임된 경우로 한정한다)이 임명하거나 위촉한다.
1. ~ 2. (생 략)	1. ~ 2. (현행과 같음)
<신 설>	3. 학교운영위원회의 학부모위원
④ 교원징계위원회는 다음 각 호에서 정한 기준에 따라 구성한다.	④ 교원징계위원회는 다음 각 호에서 정한 기준에 따라 구성한다.
1. ~ 3. (생 략)	1. ~ 3. (현행과 같음)
<신 설>	4. 제3항제3호에 따라 위촉된 위원을 최소 2명 이상 포함할 것
<신 설>	5. 특정 성(性)이 위원장을 포함한 위원 수의 10분의 6을 초과하지 아니할 것
⑤ (생 략)	⑤ (현행과 같음)

• 교원징계위원회의 위원 수를 늘리고, 학교운영위원회의 학부모위원을 최소 2명 이상 포함하도록 하고, 특정 성(性)이 위원장을 포함한 위원 수의 10분의 6을 초과하지 않도록 규정하여 위원 구성을 다양화하였다.

〈2〉 **권인숙 의원안**[1381]: 이 조문을 포함한 개정 대상 조문의 제안이유 및 주요내용은 아래와 같다.

• 제안이유 및 주요내용

현행법은 사립학교 교원의 징계사건 등에 관한 사항을 심의·의결하기 위하여 학교법인·사립학교경영자 및 해당 학교에 교원징계위원회를 두도록 하며, 위원 구성에 관하여 규정하고 있음.

그러나, 「교육공무원법」에 따른 교육공무원징계위원회와 비교할 때 동법에 따른 교원징계위원회는 위원의 수가 지나치게 소수로 구성되어 있고 외부위원은 최소 1명 이상 포함하도록 하는 데 그치고 있으며, 위원의 성(性) 비율에 대해서도 별도로 규정하지 않는 등 징계사건에 대한 공정한 심의의 전제인 위원 구성의 다양성이 담보되지 못한다는 지적이 있음.

이에, 교원징계위원회의 구성을 7명 이상 11명 이하로 확대하고 외부위원을 최소 3명 이상 포함하도록 하며, 특정 성(性)이 10분의 6을 초과하지 않도록 함으로써 사립학교 교원의 비위에 대하여 국민 상식에 부합하는 공정한 징계심의와 의결을 도모하고자 하려는 것임(안 제62조제2항 및 제4항제1호).

이 조문의 현행법과 개정 원안은 아래와 같다.

현행법	원안
제62조(교원징계위원회의 설치 및 구성 등) ① (생 략) ② 제1항에 따른 교원징계위원회는 5명 이상 9명 이하의 위원으로 구성한다. ③ (생 략) ④ 교원징계위원회는 다음 각 호에서 정한 기준에 따라 구성한다.	**제62조(교원징계위원회의 설치 및 구성 등)** ① (현행과 같음) ② 제1항에 따른 교원징계위원회는 7명 이상 11명 이하의 위원으로 구성한되, 특정 성(性)이 10분의 6을 초과하지 아니하도록 하여야 한다. ③ (현행과 같음) ④ 교원징계위원회는 다음 각 호에서 정한 기

1381) 2021. 3. 18. 권인숙의원 등 11인(의안번호: 2108870).

1. 제3항제2호에 따라 위촉된 위원(이하 이 조 및 제62조의2에서 "외부위원"이라 한다)을 최소 1명 이상 포함할 것 2. ~ 3. (생 략) ⑤ (생 략)	준에 따라 구성한다. 1. 제3항제2호에 따라 위촉된 위원(이하 이 조 및 제62조의2에서 "외부위원"이라 한다)을 최소 3명 이상 포함할 것 2. ~ 3. (현행과 같음) ⑤ (현행과 같음)

• 교원징계위원회의 구성을 7명 이상 11명 이하로 확대하고 외부위원을 최소 3명 이상 포함하도록 하며, 특정 성(性)이 10분의 6을 초과하지 않도록 하였다.

(2) 위원회 심사

〈1〉 **교육위원회:** 대안[1382]으로 가결되었다.[1383]

대안
제62조(교원징계위원회의 설치 및 구성 등) ② 제1항에 따른 교원징계위원회는 5명 이상 11명 이하의 범위에서 학교의 규모 등을 고려하여 대통령령으로 정하는 수의 위원으로 구성한다. ③ 교원징계위원회의 위원은 다음 각 호의 사람 중에서 해당 학교법인이나 사립학교경영자 또는 학교의 장(제53조의2제2항에 따라 교원의 임용권이 학교의 장에게 위임된 경우로 한정한다)이 임명하거나 위촉한다. 3. 학교운영위원회의 학부모위원 ④ 교원징계위원회는 다음 각 호에서 정한 기준에 따라 구성한다. 1. 제3항제2호에 따라 위촉된 위원(이하 이 조 및 제62조의2에서 "외부위원"이라 한다)을 최소 2명 이상 포함할 것 4. 외부위원에 제3항제3호에 따른 위원을 최소 1명 이상 포함할 것 5. 특정 성(性)이 위원장을 포함한 위원 수의 10분의 6을 초과하지 아니할 것

제62조에 관한 회의록 내용은 아래와 같다.

가. 제21대 국회 제390회 제2차 교육위원회 법안심사소위원회(2021. 8. 18.)

• **전문위원 박재유**[1384]: 다음은 의사일정 제8항과 제9항에 관한 사항입니다. 2건의 개정안은 공통적으로 사립학교 교원징계위원회의 위원 정수를 확대하고 특정 성

1382) 2021. 8. 25. 교육위원장(의안번호: 2112205).
1383) 제390회 국회(임시회) 제1차 전체회의, 교육위원회회의록, 2021. 8. 19., 23면.
1384) 제390회 국회(임시회) 제2차 법안심사소위, 교육위원회회의록, 2021. 8. 18., 28면.

비가 전체 위원의 60%를 초과하지 못하도록 하고 있습니다. 그러나 두 개정안은 교원징계위원회 위원 정수에서 약간의 차이가 있으며, 이탄희 의원안은 교원징계위원회 외부위원에 학교운영위원회의 학부모위원을 신설함과 아울러 학부모위원을 2명 이상 외부위원에 포함하도록 하고 있는 반면, 권인숙 의원안은 외부위원을 1명 이상 포함하도록 규정하고 있는 현행 규정을 3명으로 확대하고 있습니다. 7페이지 오른쪽 하단의 표에 정리되어 있는 바와 같이 이탄희 의원안은 사립학교 교원징계위원회에 관한 사항을 국공립학교 교원에 대한 일반 징계위원회와 유사한 수준으로 규정하려는 것으로 보입니다…

- **교육부차관 정종철**[1385]: 이탄희 의원님과 권인숙 의원님이 발의하신 각각의 안건에 대해서는, 사립학교 교원징계위원회의 위원 구성과 관련해서는 지금 학교 규모가 지역마다 많이 차이가 있습니다. 저희가 학교운영위원회를 구성할 때 이런 사정을 감안하도록 하는 그런 취지를 좀 반영해서 논의해 봐주셨으면 좋겠습니다. 참고로 학운위에서는 지금 적게는 5명 이상 이렇게 규정하고 있기 때문에, 그 부분은 지역이나 학교 사정에 따라서 감안됐다는 말씀 참고로 드립니다. 그리고 학운위 위원 중에 학부모 위원님을 교원징계위원회에 2인 이상을 반드시 포함하도록 하는 이 조항과 관련해서는 앞에서 말씀드린 아주 소규모 학교의 경우는 이게 물리적으로 어려울 수 있는 문제 때문에 입법 내용에 대해서는 조금 토론이 필요해 보입니다. 그리고 특정 성이 10분의 6을 초과하지 않도록 하는 각각의 안에 대해서는 저희는 동의합니다. 이상입니다.
- **이탄희 위원**[1386]: 대체로 교육부에서 제시한 내용대로 수정해서 위원회 대안 반영하는 것에 대해서 수용하고요. 정리를 하자면 징계위원회 위원 수는 5인에서 15인으로 그래서 학교 규모에 따라서 적절하게 구성할 수 있도록 폭을 넓게 유지를 하고 그리고 학부모위원과 관련돼서는 학부모위원이 아니라 지역위원이 들어와서 2명을 채우는 경우에도 법 취지가 어느 정도는 담보되는 측면이 있어서 지역위원까지 포함해서 2명으로 하는 것에 대해서 동의를 하고요.
- **소위원장 박찬대**[1387]: 학부모위원 2명에 지역위원 포함해서 2명인 건가요? 초·중등교육법 시행령에는 학부모위원 2명, 지역위원 1명 이런 식으로 지금 되어 있는 것 같은데?
- **권인숙 위원**[1388]: 제 의견은 일단 5명에서 15명 얘기가 나오고 있는 거잖아요.

1385) 제390회 국회(임시회) 제2차 법안심사소위, 교육위원회회의록, 2021. 8. 18., 30면.
1386) 제390회 국회(임시회) 제2차 법안심사소위, 교육위원회회의록, 2021. 8. 18., 33면.
1387) 제390회 국회(임시회) 제2차 법안심사소위, 교육위원회회의록, 2021. 8. 18., 33면.
1388) 제390회 국회(임시회) 제2차 법안심사소위, 교육위원회회의록, 2021. 8. 18., 33면.

기존에 숫자가 5명에서 15명인 거지요? 그런데 15명이라는 숫자가, 일단 이게 너무 확대되어 있으면 자의적으로 들어올 수 있는 이게 너무 커져서요 사실은 운영위원회가 효과적으로 운영되기가 굉장히 어렵습니다. 그래서 저희가 여기에 외부위원을 넣자고 한 것도 이 숫자를 조금 줄이면서 외부위원의 비중들을 가지면서 가는 게 효율적으로 운영될 수 있는 기본이 될 수 있다는 것을 좀 강조하려고 하는 거였고요. 그래서 저희 같은 경우는 징계위 구성 7명이 너무 부담스러운 영역이 있다고 하니 5명에서 11명 정도로 하고 상한선을 11명 정도로 한정하고요. 그리고 외부위원을 최소 2명 이상 하면서 거기에 학부모가 1명 정도 포함되는 정도로 해서 이것을 구성하는 게 어떨까 지금 제안드리겠습니다.

- **소위원장 박찬대**[1389]: 정부 측에서 아까 제안했던 5명에서 15명을 5명에서 11명으로 수정 제안하고 학부모 2인 이상에서 1인 이상으로, 외부위원 3인 이상에서 2인 이상으로 이렇게 비율을 낮추는 것을 권인숙 위원님께서 제안을 하셨는데요. 정부 입장 한 번 말씀해 주시기 바랍니다.
- **교육부차관 정종철**[1390]: 지금 현재 5명 이상 9명 이하 부분을 어쨌든 상한을 늘리는 쪽으로의 취지에는 저희가 동의할 수 있을 것 같습니다. 다만 이탄희 위원님께서는 15명 상한까지 말씀 주셔서 그 부분은 위원님들 간에 논의를 해 주시면 좋겠고요. 그리고 징계위원회에 학부모 그리고 외부위원 다 아울러서, 지금 제일 걱정하시는 것 중의 하나가 징계위원회에서 특히 교원에 대한 징계를 가벼이 한다든지 이런 문제가 우려되기 때문에 외부위원이나 학부모위원님들이 많이 참여할 수 있도록 하자는 입법 취지를 감안하신다면 저희 대안은 제62조제3항제3호에 학부모나 외부위원을 특정하지 않고 "교원위원이 아닌 자" 이런 형태의 입법 기술이면 두 분의 발의하신 취지를 담아낼 수 있지 않을까 그렇게 생각하고 있습니다.
- **이탄희 위원**[1391]: 제가 의견 말씀드리면 저희가 15인까지 확대했던 취지는 학부모위원들이 충분히 들어갈 수 있는 룸을 만든다는 취지이기 때문에 11인으로 하되 학부모위원이 충분히 들어갈 수 있도록 한다고 하면 상한을 11인으로 두는 것은 문제가 없다라는 의견이고요. 그래서 5인에서 11인으로 하는 것에 대해서 동의하는 입장이고요. 아까 제가 학부모위원이 1명, 지역위원 1명 이렇게 말씀드렸는데 결국 학부모위원하고 지역위원이 외부위원인 거지요? 지금 차관님 표현에 의하면 수정안 제62조제3항제3호에 교원위원이 아닌 사람 그것도 결국

1389) 제390회 국회(임시회) 제2차 법안심사소위, 교육위원회회의록, 2021. 8. 18., 33면.
1390) 제390회 국회(임시회) 제2차 법안심사소위, 교육위원회회의록, 2021. 8. 18., 33면.
1391) 제390회 국회(임시회) 제2차 법안심사소위, 교육위원회회의록, 2021. 8. 18., 33면.

같은 의미이고. 다 같은 의미인데 법률적 표현만 차이가 있는 것 같아서요. 지금 마지막으로 차관님 얘기하신 정부 의견안에 대해서도 동의합니다.

- **소위원장 박찬대**[1392]: 그러면 지금 위원님들이 얘기한 부분에 대해서 정부가 정리해 가지고 말씀해 주시고요. 정리된 내용에 대해서 이의가 없으면 그렇게 확정하는 것으로 하겠습니다.
- **교육부차관 정종철**[1393]: 저희가 자료로 바로 준비를 해서 위원님들 드리도록 그렇게 하겠습니다.
- **소위원장 박찬대**[1394]: 그러면 자료를 준비하는 동안에 제5항부터 제9항까지의 심사는 이렇게 종료해도 되겠지요? (예 하는 위원 있음) 정부 측, 혹시 논점 남아 있는 게 있나요?
- **교육부차관 정종철**[1395]: 따로 없습니다. 대부분 논의하신 걸로…
- **소위원장 박찬대**[1396]: 의사일정 제1항부터 제13항까지, 제49·50항은 본회의에 각각 부의하지 아니하고 이를 통합 조정한 대안을 위원회안으로 제안하고자 하는데 이의 없으십니까? (없습니다 하는 위원 있음) 이의가 없으면 가결되었음을 선포합니다.

나. 제21대 국회 제390회 제1차 교육위원회(2021. 8. 19.)

- **위원장직무대리 박찬대**[1397]: 의사일정 제14항부터 제29항까지 16건의 사립학교법 일부개정법률안은 심사보고한 바와 같이 본회의에 각각 부의하지 아니하고 이를 통합 조정한 의사일정 제30항을 우리 위원회안으로 제안하고자 하는데 이의가 없으십니까? (없습니다 하는 위원 있음) 이의가 없으면 가결되었음을 선포합니다.

〈2〉 **법제사법위원회:** 교육위원회 대안을 수정·가결했다.[1398] 수정내용은 아래와 같다.

교육위원회 대안	법제사법위원회 수정안
제62조(교원징계위원회의 설치 및 구성 등)	**제62조(교원징계위원회의 설치 및 구성 등)**

1392) 제390회 국회(임시회) 제2차 법안심사소위, 교육위원회회의록, 2021. 8. 18., 33면.
1393) 제390회 국회(임시회) 제2차 법안심사소위, 교육위원회회의록, 2021. 8. 18., 33면.
1394) 제390회 국회(임시회) 제2차 법안심사소위, 교육위원회회의록, 2021. 8. 18., 33면.
1395) 제390회 국회(임시회) 제2차 법안심사소위, 교육위원회회의록, 2021. 8. 18., 33면.
1396) 제390회 국회(임시회) 제2차 법안심사소위, 교육위원회회의록, 2021. 8. 18., 42면.
1397) 제390회 국회(임시회) 제1차 전체회의, 교육위원회회의록, 2021. 8. 19., 23면.
1398) 제390회 국회(임시회) 제2차 전체회의, 법제사법위원회회의록, 2021. 8. 25., 14면.

② －－－－－－－－－－ 5명 이상 11명 이하의 범위에서 학교의 규모 등을 고려하여 대통령령으로 정하는 수의 위원으로 구성한다.	② －－－－－－－－－－ 위원장 1명을 포함한 5명 이상 11명 이하의 범위에서 학교의 규모 등을 고려하여 대통령령으로 정하는 수의 위원으로 구성한다.
③ －－－－－－－－－－－－－－－－－－－－.	③ －－－－－－－－－－－－－－－－－－－－.
	2. －－－－－－－－－－－－－－－－－
	라. 학교운영위원회의 학부모위원(「초·중등교육법」 제2조에 따른 학교에 두는 교원징계위원회의 경우로 한정한다)
	마. 그 밖에 교육이나 교육행정에 대한 전문지식과 경험이 풍부하다고 인정되는 사람
3. 학교운영위원회의 학부모위원	3. <삭제>
④ －－－－－－－－－－－－－－－－－－－－.	④ －－－－－－－－－－－－－－－－－－－－.
4. 외부위원에 제3항제3호에 따른 위원을 최소 1명 이상 포함할 것	4. 「초·중등교육법」 제2조에 따른 학교의 경우에는 외부위원에 제3항제2호라목에 따라 위촉된 위원을 최소 1명 이상 포함할 것

제62조에 관한 회의록 내용은 아래와 같다.

- **전문위원 진선희**[1399]: 안 제62조제3항은 교원징계위원회 위원의 자격요건에 학교운영위원회의 학부모위원을 추가하려는 것인데 학교운영위원회의 경우 초·중·고등학교 및 특수학교에 설치되는 위원회를 의미하므로 대학에 설치된 교원징계위원회의 경우에는 적용이 배제됨을 명확히 할 필요가 있다고 보았습니다...
- **위원장직무대리 박주민**[1400]: 방금 소병철 위원님이 제기하신 제13항 법률안은 전문위원이 수정한 부분에 더하여 방금 교육부 부총리님이 동의하신 부분을 추가로 수정하여 의결하고자 하는데 이의가 있으십니까? (없습니다 하는 위원 있음) 가결되었음을 선포합니다.

(3) 본회의 심의

법제사법위원회 대안대로 가결되었다.[1401] 김기현의원 등 105인이 개정 전 법률과 동일한 내용으로 본회의 수정안을 제안하였지만 부결되었다.

1399) 제390회 국회(임시회) 제2차 전체회의, 법제사법위원회회의록, 2021. 8. 25., 10면.
1400) 제390회 국회(임시회) 제2차 전체회의, 법제사법위원회회의록, 2021. 8. 25., 14면.
1401) 제390회 국회(임시회) 제1차 본회의, 국회본회의회의록, 2021. 8. 31., 21~25면.

(4) 결과

법제사법위원회 수정안으로 개정되었다.

62.300

III. 현행법

제62조(교원징계위원회의 설치 및 구성 등) ① 사립학교 교원의 징계사건 및 제54조의3제6항 각 호 외의 부분 단서에 따른 교원의 임명에 관한 사항을 심의·의결하기 위하여 그 임용권자의 구분에 따라 학교법인·사립학교경영자 및 해당 학교에 교원징계위원회를 둔다. 다만, 사립유치원 교원의 징계사건은 「교육공무원법」 제50조에 따라 설치되는 교육공무원 징계위원회에서 심의·의결한다.

② 제1항에 따른 교원징계위원회는 위원장 1명을 포함한 5명 이상 11명 이하의 범위에서 학교의 규모 등을 고려하여 대통령령으로 정하는 수의 위원으로 구성한다.

③ 교원징계위원회의 위원은 다음 각 호의 사람 중에서 해당 학교법인이나 사립학교경영자 또는 학교의 장(제53조의2제2항에 따라 교원의 임용권이 학교의 장에게 위임된 경우로 한정한다)이 임명하거나 위촉한다.

1. 해당 학교의 교원 또는 학교법인의 이사
2. 다음 각 목의 어느 하나에 해당하는 사람
   가. 법관, 검사 또는 변호사로 5년 이상 근무한 경력이 있는 사람
   나. 대학에서 법학, 행정학 또는 교육학을 담당하는 조교수 이상으로 재직 중인 사람
   다. 공무원으로 20년 이상 근속하고 퇴직한 사람
   라. 학교운영위원회의 학부모위원(「초·중등교육법」 제2조에 따른 학교에 두는 교원징계위원회의 경우로 한정한다)
   마. 그 밖에 교육이나 교육행정에 대한 전문지식과 경험이 풍부하다고 인정되는 사람

④ 교원징계위원회는 다음 각 호에서 정한 기준에 따라 구성한다.

1. 제3항제2호에 따라 위촉된 위원(이하 이 조 및 제62조의2에서 "외부위원"이라 한다)을 최소 2명 이상 포함할 것
2. 외부위원은 해당 학교법인 또는 사립학교경영자가 설치·경영하는 학교에 소

속된 사람이 아닐 것

3. 학교법인에 두는 교원징계위원회의 경우에는 해당 학교법인의 이사인 위원 수가 전체 위원 수의 2분의 1을 초과하지 아니할 것

4. 「초·중등교육법」 제2조에 따른 학교의 경우에는 외부위원에 제3항제2호라목에 따라 위촉된 위원을 최소 1명 이상 포함할 것

5. 특정 성(性)이 위원장을 포함한 위원 수의 10분의 6을 초과하지 아니할 것

⑤ 교원징계위원회의 조직, 권한 및 심의 절차 등에 관하여 필요한 사항은 대통령령으로 정한다.

IV. 종합/특기사항

- 제62조에 대한 주요 변화는 1981년, 1990년, 1997년, 2005년, 2016년, 2021년 개정이다. 1981년 개정은 징계위원회의 구성·절차 등을 대부분 대통령령으로 위임하였으나, 1990년 개정은 징계위원회 위원의 수 및 임명권자에 대하여 규정하였고, 1997년 개정은 유치원 교원에 대한 징계는 교육공무원징계위원회가 관할하도록 하였으며, 2005년 개정은 학교법인의 경우에 해당 학교법인의 이사인 위원의 수가 전체위원의 2분의 1을 초과할 수 없도록 했고, 2016년 개정은 외부위원이 징계위원회에 다양하게 참여할 수 있는 장치를 다각도에서 정비하였고, 2021년 개정은 징계위원회 위원의 수를 5명 이상 11명 이하로 증원하면서 학교운영위원회의 학부모위원이 참여할 수 있도록 하고 특정 성(性)이 위원 수의 10분의 6을 초과하지 않도록 하였다.
- 2005년 개정 과정에서 정치적 입장에 따라 매우 격렬한 의견대립이 있었다. 제256회 국회(정기회) 제16차 본회의(2005. 12. 9.)에서 나타난 원색적 언동은 그 사정을 잘 보여준다.[1402)]
- 1997년 헌법재판소는 ①근무성적이 극히 불량한 때를 면직사유로 규정한 사립학교법 제58조제1항제2호가 헌법 제31조제4항 및 평등원칙에 위반되는지 여부 및 ② 사립학교법 제58조제1항제2호 내지 제5호의 사유에 의하여 면직시키는 경우에 같은 법 제62조의 규정에 의한 교원징계위원회의 동의를 얻도록 한 같은 법 제58조제2항의 규정이 헌법 제31조제4항 및 평등원칙에 위반되는 여부에 대하여 합헌 취지로 판단하였다.[1403)]

1402) 제256회 국회(정기회) 제16차 본회의, 국회본회의회의록, 2005. 12. 9., 2~3면.

제62조의2(외부위원의 임기 등)

62-2.100 I. 제정법

제정법에는 이 조문이 없다.

II. 개정 경과

62-2.201 1. 2016년 5월 29일 개정(법률 제14154호, 2016. 5. 29. 시행)

제62조의2(외부위원의 임기 등) ①외부위원의 임기는 3년으로 하며, 한 차례만 연임할 수 있다.
②학교법인이나 사립학교경영자 또는 학교의 장(제53조의2제2항에 따라 교원의 임용권이 학교의 장에게 위임된 경우에 한정한다)은 외부위원이 다음 각 호의 어느 하나에 해당하는 경우에는 해당 위원을 해촉(解囑)할 수 있다.
1. 심신장애로 인하여 직무를 수행할 수 없게 된 경우
2. 직무와 관련된 비위사실이 있는 경우
3. 직무태만, 품위손상이나 그 밖의 사유로 인하여 위원으로 적합하지 아니하다고 인정되는 경우
4. 위원 스스로 직무를 수행하는 것이 곤란하다고 의사를 밝히는 경우
5. 제66조의5에 따른 비밀누설금지의무를 위반한 경우

(1) 법률안(정부안[1404])

현행법	원안
<신 설>	**제62조의2(외부위원의 임기 등)** ①외부위원의 임기는 3년으로 하며, 한 차례만 연임할 수 있다. ② 학교법인이나 사립학교경영자 또는 학교의 장(제53조의2제2항에 따라 교원의 임면권이 학교의 장에게 위임된 경우에 한정한다)은 외

1403) 이에 대해서는 이 책 [58.400] 헌법재판소 1997. 12. 24. 선고 95헌바29, 97헌바6 결정 참조.
1404) 2015. 12. 7. 정부(의안번호: 1918050); 제안이유 및 주요내용은 이 책 [62.207] 참조.

	부위원이 다음 각 호의 어느 하나에 해당하는 경우에는 해당 위원을 해촉(解囑)할 수 있다. 1. 심신장애로 인하여 직무를 수행할 수 없게 된 경우 2. 직무와 관련된 비위사실이 있는 경우 3. 직무태만, 품위손상이나 그 밖의 사유로 인하여 위원으로 적합하지 아니하다고 인정되는 경우 4. 위원 스스로 직무를 수행하는 것이 곤란하다고 의사를 밝히는 경우 5. 제66조의5에 따른 비밀누설금지의무를 위반한 경우

• 사립학교 교원징계위원회에 외부위원을 반드시 포함하도록 함에 따라 외부위원의 임기 등을 규정하였다.

(2) 위원회 심사

〈1〉 **교육문화체육관광위원회:** 대안[1405]으로 가결되었다(이 조문의 경우에는 원안과 대안의 내용이 동일함).[1406]

〈2〉 **법제사법위원회:** 교육문화체육관광위원회 대안대로 가결되었다.[1407]

(3) 본회의 심의

교육문화체육관광위원회 대안대로 가결되었다.[1408]

(4) 정부이송최종안

교육문화체육관광위원회 대안을 수정하였다. 수정내용은 아래와 같다.

대안	정부이송최종안[1409]
제62조의2(외부위원의 임기 등) ② ----- 임면권 ---------.	제62조의2(외부위원의 임기 등) ② ----- 임용권 ---------.

1405) 2016. 5. 18. 교육문화체육관광위원장(의안번호: 1918727).
1406) 제342회 국회(임시회) 제1차 전체회의, 교육문화체육관광위원회회의록, 2016. 5. 11., 23면.
1407) 제342회 국회(임시회) 제2차 전체회의, 법제사법위원회회의록, 2016. 5. 17., 76면.
1408) 제342회 국회(임시회) 제1차 본회의, 국회본회의회의록, 2016. 5. 19., 41면.
1409) 「국회법」 제97조 및 제98조에 따라 법제사법위원회 수정안을 수정한 내용이다.

(5) 결과

정부이송최종안으로 개정되었다.

62-2.202 **2. 2020년 12월 22일 개정(법률 제17659호, 2020. 12. 22. 시행)**

제62조의2(외부위원의 임기 등) ①_외부위원의 임기는 3년으로 하며, 한 차례만 연임할 수 있다.

②_학교법인이나 사립학교경영자 또는 학교의 장(제53조의2제2항에 따라 교원의 임용권이 학교의 장에게 위임된 경우에 한정한다)은 외부위원이 다음 각 호의 어느 하나에 해당하는 경우에는 해당 위원을 해촉(解囑)할 수 있다.

1. 심신장애로 직무를 수행할 수 없게 된 경우
2. 직무와 관련된 비위사실이 있는 경우
3. 직무태만, 품위손상이나 그 밖의 사유로 위원으로 적합하지 아니하다고 인정되는 경우
4. 위원 스스로 직무를 수행하는 것이 곤란하다고 의사를 밝히는 경우
5. 제66조의5에 따른 비밀누설금지의무를 위반한 경우

- 간단한 자구수정을 하였다(오직 형식에 관한 개정이므로 자세한 개정경과는 생략함[1410]).

62-2.300 **III. 현행법**

제62조의2(외부위원의 임기 등) ① 외부위원의 임기는 3년으로 하며, 한 차례만 연임할 수 있다.

② 학교법인이나 사립학교경영자 또는 학교의 장(제53조의2제2항에 따라 교원의 임용권이 학교의 장에게 위임된 경우에 한정한다)은 외부위원이 다음 각 호의 어느 하나에 해당하는 경우에는 해당 위원을 해촉(解囑)할 수 있다.

1. 심신장애로 직무를 수행할 수 없게 된 경우
2. 직무와 관련된 비위사실이 있는 경우
3. 직무태만, 품위손상이나 그 밖의 사유로 위원으로 적합하지 아니하다고 인정되는 경우

1410) 이에 관한 구체적 개정경과는 이 책 [1.201] 참조.

4. 위원 스스로 직무를 수행하는 것이 곤란하다고 의사를 밝히는 경우
5. 제66조의5에 따른 비밀누설금지의무를 위반한 경우

IV. 종합/특기사항

• 제62조의2는 2016년 개정으로 신설된 이후(임기 3년, 1회 연임) 내용상의 개정은 없었다.

제62조의3(징계심의위원회의 설치 및 구성 등)

I. 제정법

제정법에는 이 조문이 없다.

II. 개정 경과

1. 2021년 9월 24일 개정(법률 제18460호, 2022. 3. 25. 시행)

제62조의3(징계심의위원회의 설치 및 구성 등) ① 제66조의2 및 제70조의6에 따른 재심의를 위하여 시·도 교육청에 징계심의위원회를 둔다.
② 제1항에 따른 징계심의위원회는 위원장 1명을 포함한 5명 이상 9명 이하의 위원으로 성별을 고려하여 구성한다.
③ 징계심의위원회의 위원은 다음 각 호의 사람 중에서 시·도 교육감이 위촉한다.
1. 법관, 검사 또는 변호사로 5년 이상 근무한 경력이 있는 사람
2. 대학에서 법학 또는 행정학을 담당하는 부교수 이상으로 재직 중인 사람
3. 공무원으로 20년 이상 근속하고 퇴직한 사람
4. 그 밖에 교육이나 교육행정에 대한 전문지식과 경험이 풍부하다고 인정되는 사람

④ 제3항에 따른 위원의 임기는 3년으로 하며, 한 차례만 연임할 수 있다.
⑤ 징계심의위원회의 조직·권한 및 심의 절차 등에 필요한 사항은 대통령령으로 정한다.

(1) 법률안(권인숙 의원안[1411])

이 조문을 포함한 개정 대상 조문의 제안이유 및 주요내용은 아래와 같다.

• 제안이유

현행법은 사립 교원에 대하여 국공립 교원과 동일한 징계양정 기준을 적용하도록 함으로써, 성범죄나 학사비리 등 학교 현장에서 발생하는 비위행위에 대하여 엄정하고 공정한 조치를 취하도록 하고 있음.

하지만 사립 교원의 비위행위가 확인되었을 때, 관할청이 임용권자에 이에 합당한 징계 요구를 하더라도 학교법인의 징계위원회에서 심의가 이루어짐에 따라 그 처분이 가볍게 이루어지는 경우가 많고, 이에 대하여 관할청이 재심의를 요구하더라도 다시 사립학교 내 징계위에서 재심의가 이루어지고 있어 미온적인 징계로 그칠 가능성이 높음. 실제로 2014년부터 2019년까지 5년간 교육청이 징계를 요구한 942건 중징계 감경 또는 불응한 경우가 449건(42.6%)에 이르는 등 징계의 공정성 침해가 우려되는 상황임.

또한 학교법인 및 사립학교 사무직원의 경우 교원과 달리 관할청이 임용권자에게 해임 또는 징계를 요구할 수 있는 근거조항이 없고, 징계사유 및 절차 등도 학교법인별 정관 또는 규칙으로 규정하고 있어 사립학교 직원의 비위행위에 대하여 실효적인 제재가 곤란한 상황임.

이에 초·중·고등학교 관할청에 사립교직원 징계 재심의를 위한 징계심의위원회를 설치하여 관할청의 징계 요구 사항에 대하여 학교법인 징계위원회 의결 결과가 가볍다고 인정된 경우 관할청 징계심의위원회에서 재심의하도록 규정하고, 관할청이 사립학교 소속 사무직원 등의 법령 위반 등을 확인하였을 때 임용권자에게 징계·해임을 요구할 수 있도록 하며, 임용권자가 관할청의 사립교직원 징계·해임 요구 또는 재심의 의결사항에 응하지 않은 경우에는 과태료를 부과하여 사립학교 교직원에 대한 관할청의 엄중한 지도·감독이 가능하도록 하려는 것임.

1411) 2020. 11. 19. 권인숙의원 등 13인(의안번호: 2105526).

• 주요내용

가. 초·중·고등학교 등을 관할하는 관할청에 사립교직원 징계 재심의를 위한 징계심의위원회를 설치하고, 관할청이 징계 요구한 사항에 대해 사립학교법인의 교원징계위원회 의결 결과가 가볍다고 인정된 경우 관할청 징계심의위원회에서 재심의하도록 함(안 제62조의3 신설 및 제66조의2).

나. 관할청이 사립학교 중 「초·중등교육법」 제2조에 따른 학교 소속 사무직원의 법령 위반 등을 확인한 때에는 임용권자에게 징계·해임을 요구할 수 있는 근거를 마련함(안 제70조의4 신설).

다. 관할청이 사립학교 사무직원의 징계·해임을 요구한 사항에 대해 학교법인의 징계의결 내용이 가볍다고 인정된 경우에는 관할청에 설치된 징계심의위원회에 재심의를 할 수 있는 근거를 마련함(안 제70조의5 신설).

라. 임용권자가 관할청의 징계·해임 요구 또는 재심의 의결사항에 응하지 않은 경우에는 1천만원 이하의 과태료를 부과하도록 함(안 제74조제1항제3호 신설).

이 조문의 현행법과 개정 원안은 아래와 같다.

현행법	원안
<신 설>	**제62조의3(징계심의위원회의 설치 및 구성 등)** ① 제66조의2에 따른 재심의를 위하여 시·도 교육청에 징계심의위원회를 둔다. ② 제1항에 따른 징계심의위원회는 5명 이상 9명 이하의 위원으로 성별을 고려하여 구성한다. ③ 징계심의위원회의 위원은 다음 각 호의 사람 중에서 관할청이 임명 또는 위촉한다. 1. 법관, 검사 또는 변호사로 5년 이상 근무한 경력이 있는 사람 2. 대학에서 법학 또는 행정학을 담당하는 부교수 이상으로 재직 중인 사람 3. 공무원으로 20년 이상 근속하고 퇴직한 사람 4. 그 밖에 교육이나 교육행정에 대한 전문지식과 경험이 풍부하다고 인정되는 사람 ④ 제3항에 따른 위원의 임기는 3년으로 하며, 한 차례만 연임할 수 있다. ⑤ 징계심의위원회의 조직·권한 및 심의절차 등에 필요한 사항은 대통령령으로 정한다.

- 징계위원회에서 이루어진 징계가 징계사유에 비하여 가볍다고 인정되는 경우를 위하여 초·중·고등학교 등을 관할하는 관할청에 징계심의위원회를 설치하도록 하였다.

(2) 위원회 심사

〈1〉 **교육위원회:** 대안[1412]으로 가결되었다(이 조문의 경우에는 원안과 대안의 내용이 동일함).[1413] 제62조의3에 관한 회의록 내용은 아래와 같다.

가. 제21대 국회 제390회 제2차 교육위원회 법안심사소위원회(2021. 8. 18.)

- **전문위원 박재유**[1414]: 개정안은 제66조의2에서 관할청이 징계 요구한 사항에 대한 사립학교 교원징계위원회의 징계의결 내용이 가볍다고 인정되는 경우 대학을 제외한 고등학교 이하 각급학교의 관할청에 설치된 징계심의위원회에서 재심의를 하도록 하는 내용입니다. 이는 현행법에서는 징계의결을 했던 해당 학교에 설치된 교원징계위원회에 재심의를 요구하도록 규정하고 있어 공정성을 담보하기 힘들고 미온적인 징계로 그칠 가능성이 높다는 지적을 반영한 것으로 생각이 됩니다. 20페이지 우측 하단에 정리되어 있는 바와 같이 이 개정안에 대해서도 사학 관련 단체의 반대의견이 제시되어 있습니다. 그 밖에 개정안은 21페이지에서 보는 바와 같이 제4항과 제5항에서 징계의결의 재심의에 따른 처리절차에 관한 사항을 신설하여 규정하고 있습니다. 개정안은 앞에서 살펴본 사립학교 교원의 징계재심의를 위하여 시·도교육청에 징계심의위원회를 두도록 하는 내용입니다. 개정안의 내용은 현행 국공립 교원의 징계 재심사를 담당하는 특별징계위원회와 위원의 숫자 및 구성에 있어서 비슷한 수준에서 규정한 것으로 보여집니다...
- **소위원장 박찬대**[1415]: 의사일정 제1항부터 제13항까지, 제49·50항은 본회의에 각각 부의하지 아니하고 이를 통합 조정한 대안을 위원회안으로 제안하고자 하는데 이의 없으십니까? (없습니다 하는 위원 있음) 이의가 없으면 가결되었음을 선포합니다

나. 제21대 국회 제390회 제1차 교육위원회(2021. 8. 19.)

- **위원장직무대리 박찬대**[1416]: 의사일정 제14항부터 제29항까지 16건의 사립학교

1412) 2021. 8. 25. 교육위원장(의안번호: 2112205).
1413) 제390회 국회(임시회) 제1차 전체회의, 교육위원회회의록, 2021. 8. 19., 23면.
1414) 제390회 국회(임시회) 제2차 법안심사소위, 교육위원회회의록, 2021. 8. 18., 29면.
1415) 제390회 국회(임시회) 제2차 법안심사소위, 교육위원회회의록, 2021. 8. 18., 42면.

법 일부개정법률안은 심사보고한 바와 같이 본회의에 각각 부의하지 아니하고 이를 통합 조정한 의사일정 제30항을 우리 위원회안으로 제안하고자 하는데 이의가 없으십니까? (없습니다 하는 위원 있음) 이의가 없으면 가결되었음을 선포합니다.

〈2〉 **법제사법위원회:** 교육위원회 대안을 수정·가결했다.[1417] 수정내용은 아래와 같다.

교육위원회 대안	법제사법위원회 수정안
제62조의3(징계심의위원회의 설치 및 구성 등) ① 제66조의2－－－－－－－－－－. ② －－－－－ 5명 －－－－－. ③ －－ 관할청이 임명 또는 위촉 －－. ⑤ －－－－ 심의절차 －－－－－.	**제62조의3(징계심의위원회의 설치 및 구성 등)** ① 제66조의2 및 제70조의6－. ② －－－－－ 위원장 1명을 포함한 5명 －－－－－. ③ －－－ 시·도 교육감이 위촉 －－－. ⑤ －－－－ 심의 절차 －－－－－.

(3) 본회의 심의

법제사법위원회 수정안대로 가결되었다.[1418] 김기현의원 등 105인이 개정 전 법률과 동일한 내용으로 본회의 수정안을 제안하였지만 부결되었다.

(4) 결과

법제사법위원회 수정안으로 개정되었다.

III. 현행법

제62조의3(징계심의위원회의 설치 및 구성 등) ① 제66조의2 및 제70조의6에 따른 재심의를 위하여 시·도 교육청에 징계심의위원회를 둔다.

② 제1항에 따른 징계심의위원회는 위원장 1명을 포함한 5명 이상 9명 이하의 위원으로 성별을 고려하여 구성한다.

③ 징계심의위원회의 위원은 다음 각 호의 사람 중에서 시·도 교육감이 위촉한다.

1416) 제390회 국회(임시회) 제1차 전체회의, 교육위원회회의록, 2021. 8. 19., 23면.

1417) 제390회 국회(임시회) 제2차 전체회의, 법제사법위원회회의록, 2021. 8. 25., 14면.

1418) 제390회 국회(임시회) 제1차 본회의, 국회본회의회의록, 2021. 8. 31., 21~25면.

1. 법관, 검사 또는 변호사로 5년 이상 근무한 경력이 있는 사람
2. 대학에서 법학 또는 행정학을 담당하는 부교수 이상으로 재직 중인 사람
3. 공무원으로 20년 이상 근속하고 퇴직한 사람
4. 그 밖에 교육이나 교육행정에 대한 전문지식과 경험이 풍부하다고 인정되는 사람

④ 제3항에 따른 위원의 임기는 3년으로 하며, 한 차례만 연임할 수 있다.
⑤ 징계심의위원회의 조직·권한 및 심의 절차 등에 필요한 사항은 대통령령으로 정한다.

62-3.400

IV. 종합/특기사항

• 제62조의3은 2021년 개정으로 신설된 규정으로서 학교법인 징계위원회 의결 결과가 가볍다고 인정되는 경우 관할청 징계심의위원회에서 재심의하도록 하였다. 개정안의 내용은 현행 국공립 교원의 징계 재심사를 담당하는 특별징계위원회와 유사한 구도로 규정되었다.

제63조(제척 사유)

63.100

I. 제정법

제63조(제척사유) 교원징계위원회위원은 그 자신에 관한 징계사건을 심리하거나 피징계자와 친족관계가 있을 때에는 당해 징계사건의 심리에 관여하지 못한다.

『새교육』은 이 조문의 제정이유를 소개하지 않았다.[1419]

1419) 金康鉉, 앞의 글 "私立學校法(完)", 47면.

II. 개정 경과

1. 2020년 12월 22일 개정(법률 제17659호, 2020. 12. 22. 시행)

제63조(제척 사유) 교원징계위원회_위원은 **본인이나 친족에** 관한 징계사건의 심의에 관여할 수 없다.

- 법문을 한글화하고 간결하게 하였다(오직 형식에 관한 개정이므로 자세한 개정경과는 생략함[1420]).

III. 현행법

제63조(제척 사유) 교원징계위원회 위원은 본인이나 친족에 관한 징계사건의 심의에 관여할 수 없다.

IV. 종합/특기사항

- 제63조에 대해서는 제정법 이후 내용상의 개정은 없고 법문의 한글화·순화 등 형식에 관한 것이다.

제64조(징계의결의 요구)

I. 제정법

제64조(징계요구) 사립학교의 장은 그 소속교원중에 징계사유에 해당하는 자가 있는 때에는 충분한 사전조사를 행한 후 교원징계위원회에 그 징계를 요구하여야 한다. 그러나, 사립학교의 장 자신에 관한 사건과 감독청의 요구에 의한 징계사

1420) 이에 관한 구체적 개정경과는 이 책 [1.201] 참조.

건에 대하여는 당해 학교법인의 이사장 또는 사립학교경영자(법인인 경우에는 그 대표자)가 이를 요구한다.

『새교육』은 이 조문의 제정이유를 소개하지 않았다.[1421]

II. 개정 경과

64.201 1. 1981년 2월 28일 개정(법률 제3373호, 1981. 2. 28. 시행)

제64조(징계의결의 요구) 사립학교의 **교원의 임면권자는** 그 소속교원중에 **제61조제1항의** 징계사유에 해당하는 자가 있을 때에는 **미리** 충분한 조사를 **한** 후 **당해 징계사건을 관할하는 교원징계위원회에 그 징계의결을 요구하여야 한다.**

(1) 법률안(정부안[1422])

현행법	원안
제64조(징계요구) 사립학교의 장은 그 소속교원중에 징계사유에 해당하는 자가 있는 때에는 충분한 사전조사를 행한 후 교원징계위원회에 그 징계를 요구하여야 한다. 그러나, 사립학교의 장 자신에 관한 사건과 감독청의 요구에 의한 징계사건에 대하여는 당해 학교법인의 이사장 또는 사립학교경영자(법인인 경우에는 그 대표자)가 이를 요구한다.	**제64조(징계의결의 요구)** 사립학교의 교원의 임명권자는 그 소속교원중에 제61조제1항의 징계사유에 해당하는 자가 있을 때에는 미리 충분한 조사를 한 후 당해 징계사건을 관할하는 교원징계위원회에 그 징계의결을 요구하여야 한다.

- 징계의결의 요구 주체를 "학교의 장"에서 "교원의 임명권자"로 변경하고 단서를 삭제하였다.

(2) 위원회 심사

〈1〉 **문교공보위원회:** 원안대로 가결되었다.[1423] 제64조에 관한 회의록 내용은 아

1421) 金康鉉, 앞의 글 "私立學校法(完)", 47면.
1422) 1981. 2. 13. 정부(의안번호: CC0145); 제안이유 및 주요내용은 이 책 [4.204] 참조.
1423) 제10.5대 국회 제77회 제19차 문교공보위원회국가보위입법회의사무처, 문교공보위원회회의록, 1981. 2. 19., 7면.

래와 같다.

- **전문위원 김철**[1424]: 제64조 징계의결의 요구…에 대하여 일부 내용의 보정과 체계 자구를 정리한 바 있습니다.

〈2〉 **법제사법위원회:** 원안을 수정 · 가결했다.[1425] 수정내용은 아래와 같다.

원안	법제사법위원회 수정안
제64조(징계의결의 요구) 사립학교의 교원의 임명권자는 그 소속교원중에 제61조제1항의 징계사유에 해당하는 자가 있을 때에는 미리 충분한 조사를 한 후 당해 징계사건을 관할하는 교원징계위원회에 그 징계의결을 요구하여야 한다.	**제64조(징계의결의 요구)** 사립학교의 교원의 임면권자는 그 소속교원중에 제61조제1항의 징계사유에 해당하는 자가 있을 때에는 미리 충분한 조사를 한 후 당해 징계사건을 관할하는 교원징계위원회에 그 징계의결을 요구하여야 한다.

위 내용이 포함된 제64조에 관한 회의록 내용은 아래와 같다.

- **전문위원 양삼승**[1426]: 제64조…중 각 "임명권자"로 되어 있는 부분을 역시 용어의 통일을 위하여 "임면권자"로 수정하고, …이상입니다.

(3) 본회의 심의

법제사법위원회 수정안대로 가결되었다.[1427]

(4) 결과

법제사법위원회 수정안으로 개정되었다.

2. 2016년 2월 3일 개정(법률 제13938호, 2016. 2. 3. 시행)

제64조(징계의결의 요구) 사립학교의 교원의 **임용권자**는 그 소속교원중에 제61조제

1424) 제10.5대 국회 제77회 제19차 문교공보위원회국가보위입법회의사무처, 문교공보위원회회의록, 1981. 2. 19., 3면.
1425) 제10.5대 국회 제77회 제19차 법제사법위원회 국가보위입법회의사무처, 법제사법위원회회의록, 1981. 2. 19., 5면.
1426) 제10.5대 국회 제77회 제30차 법제사법위원회국가보위입법회의사무처, 법제사법위원회회의록, 1981. 2. 19., 4면.
1427) 제10.5대 국회 제77회 제20차 국회본회의, 국가보위입법회의회의록, 1981. 2. 20., 7면.

1항의 징계사유에 해당하는 자가 있을 때에는 미리 충분한 조사를 한 후 당해 징계사건을 관할하는 교원징계위원회에 그 징계의결을 요구하여야 한다.

• 제2조 개정에 따라 "임면"을 "임용"으로 하였다(오직 형식에 관한 개정이므로 자세한 개정경과는 생략함[1428]).

64.203 ### 3. 2020년 12월 22일 개정(법률 제17659호, 2020. 12. 22. 시행)

제64조(징계의결의 요구) 사립학교 교원의 임용권자는 소속 교원 중에 제61조제1항의 징계 사유에 해당하는 **사람이** 있을 때에는 미리 충분한 조사를 한 후 **해당** 징계사건을 관할하는 교원징계위원회에 징계의결을 요구하여야 한다.

• 법문을 한글로 적고, 간단한 자구수정을 하였다(오직 형식에 관한 개정이므로 자세한 개정경과는 생략함[1429]).

64.300 ## III. 현행법

제64조(징계의결의 요구) 사립학교 교원의 임용권자는 소속 교원 중에 제61조제1항의 징계 사유에 해당하는 사람이 있을 때에는 미리 충분한 조사를 한 후 해당 징계사건을 관할하는 교원징계위원회에 징계의결을 요구하여야 한다.

64.400 ## IV. 종합/특기사항

• 제64조에 대한 개정은 1981년 개정 외에 내용상의 개정은 없고 모두 법문의 한글화·순화 등 형식에 관한 것이다.

1428) 이에 관한 구체적 개정경과는 이 책 [2.204] 참조.
1429) 이에 관한 구체적 개정경과는 이 책 [1.201] 참조.

제64조의2(징계의결 요구 사유의 통지)

0 I. 제정법

제정법에는 이 조문이 없다.

II. 개정 경과

1 1. 1990년 4월 7일 개정(법률 제4226호, 1990. 4. 7. 시행)

제64조의2(징계의결요구사유의 통지) 징계의결요구권자가 제64조의 규정에 의하여 징계의결을 요구할 때에는 징계의결요구와 동시에 징계대상자에게 징계사유를 기재한 설명서를 송부하여야 한다.

(1) 법률안

〈1〉 박석무 의원안[1430)]

현행법	원안
<신 설>	**제64조의2(징계사유의 통지)** 제64조에 의하여 징계의결을 요구할 때에는 징계에 회부된 자에게 심사사유를 기재한 설명서를 동시에 교부하여야 한다.

〈2〉 강삼재 의원안[1431)]

현행법	원안
<신 설>	**제64조의2(징계사유의 통지)** 제64조에 의하여 징계의결을 요구할 때에는 징계에 회부된 자에게 심사사유를 기재한 설명서를 동시에 교부하여야 한다.

1430) 1988. 12. 21. 박석무의원 등 70인(의안번호: 130378); 제안이유 및 주요내용은 이 책 [4.206] 참조.
1431) 1989. 2. 28. 강삼재의원 등 57인(의안번호: 130463); 제안이유 및 주요내용은 이 책 [4.206] 참조.

(2) 위원회 심사

〈1〉 **문교공보위원회:** 대안[1432]으로 가결되었다.[1433]

대안
제64조의2(징계의결요구사유의 통지) 징계의결요구권자가 제64조의 규정에 의하여 징계의결을 요구할 때에는 징계의결요구와 동시에 징계대상자에게 징계사유를 기재한 설명서를 송부하여야 한다.

제64조의2에 관한 회의록 내용은 아래와 같다.

- **소위원장 함종한**[1434]: 아울러 징계의결요구권자 징계의결을 요구할 때에는 동시에 징계대상자에게 징계사유를 기재한 설명서를 송부하도록 하고…이상입니다.

〈2〉 **법제사법위원회:** 문교공보위원회 대안대로 가결되었다.[1435]

(3) 본회의 심의

문교공보위원회 대안대로 가결되었다.[1436]

(4) 결과

문교공보위원회 대안으로 개정되었다.

64-2.202 ## 2. 2020년 12월 22일 개정(법률 제17659호, 2020. 12. 22. 시행)

제64조의2(징계의결 요구 사유의 통지) 징계의결_요구권자가 제64조**에 따라** 징계의결을 요구할 때에는 징계의결_요구와 동시에 징계대상자에게 징계_사유를 **적은** 설명서를 **보내야** 한다.

- 법문을 한글화하고 간결하게 하였다(오직 형식에 관한 개정이므로 자세한 개정경과는 생략함[1437]).

1432) 1990. 3. 15. 문교공보위원장(의안번호: 130833).
1433) 제148회 국회(임시회) 제6차 전체회의, 문교공보위원회회의록, 1990. 3. 14., 8면.
1434) 제148회 국회(임시회) 제6차 전체회의, 문교공보위원회회의록, 1990. 3. 14., 4면.
1435) 제148회 국회(임시회) 제6차 전체회의, 법제사법위원회회의록, 1990. 3. 14., 26면.
1436) 제148회 국회(임시회) 제9차 본회의, 국회본회의회의록, 1990. 3. 16., 15~16면.
1437) 이에 관한 구체적 개정경과는 이 책 [1.201] 참조.

III. 현행법

제64조의2(징계의결 요구 사유의 통지) 징계의결 요구권자가 제64조에 따라 징계의결을 요구할 때에는 징계의결 요구와 동시에 징계대상자에게 징계 사유를 적은 설명서를 보내야 한다.

IV. 종합/특기사항

- 제64조의2에 1990년 개정으로 신설된 이후 내용상의 개정은 없고 개정사항은 모두 법문의 한글화·순화 등 형식에 관한 것이다.

제65조(진상조사 및 의견진술)

I. 제정법

제65조(진상조사 및 의견청취) ①교원징계위원회는 징계사건을 심리함에 있어서 진상을 조사하여야 하며, 징계의결을 행하기 전에 본인의 진술을 청취하여야 한다. 다만, 2회이상 소환하여도 불응한 때에는 예외로 한다.

②교원징계위원회는 필요하다고 인정한 때에는 관계인을 출석시켜 의견을 들을 수 있다.

『새교육』은 이 조문의 제정이유를 소개하지 않았다.[1438)]

II. 개정 경과

1. 1964년 11월 10일 개정(법률 제1664호, 1964. 11. 10. 시행)

제65조(진상조사 및 의견의 게진) ①교원징계위원회는 징계사건을 심리함에 있어서

1438) 金康鉉, 앞의 글 "私立學校法(完)", 47면.

진상을 조사하여야 하며, 징계의결을 행하기 전에 본인의 진술을 **들어야** 한다. 다만, 2회이상 **서면으로** 소환하여도 불응한 때에는 예외로 한다.
②교원징계위원회는 필요하다고 인정한 때에는 관계인을 출석시켜 의견을 들을 수 있다.

(1) 법률안(최영두 의원안[1439])

현행법	원안
제65조(진상조사 및 의견청취) ①교원징계위원회는 징계사건을 심리함에 있어서 진상을 조사하여야 하며, 징계의결을 행하기 전에 본인의 진술을 청취하여야 한다. 다만, 2회이상 소환하여도 불응한 때에는 예외로 한다. ② (생 략)	**제65조(진상조사 및 의견의 개진)** ①교원징계위원회는 징계사건을 심리함에 있어서 진상을 조사하여야 하며, 징계의결을 행하기 전에 본인의 진술을 들어야 한다. 다만, 2회이상 서면으로 소환하여도 불응한 때에는 예외로 한다. ② (현행과 같음)

• 징계대상자에 대한 의견청취를 위한 소환을 서면에 의하도록 하였다.

(2) 위원회 심사

〈1〉 **문교공보위원회:** 대안[1440]으로 가결되었다(이 조문의 경우에는 원안과 대안의 내용이 동일함).[1441]

〈2〉 **법제사법위원회:** 문교공보위원회 대안대로 가결되었다.[1442]

(3) 본회의 심의

문교공보위원회 대안대로 가결되었다.[1443]

(4) 결과

문교공보위원회 대안으로 개정되었다.

1439) 1964. 3. 9. 최영두의원 등 11인(의안번호: 060074); 제안이유 및 주요내용은 이 책 [4.201] 참조.
1440) 1964. 4. 16. 문교공보위원장(의안번호: 060162).
1441) 제41회 국회(임시회) 제9차 전체회의, 문교공보위원회회의록, 1964. 4. 16., 16면.
1442) 제41회 국회(임시회) 제9차 전체회의, 법제사법위원회회의록, 1964. 4. 18., 44면.
1443) 제45회 국회(정기회) 제19차 본회의, 국회본회의회의록, 1964. 10. 28., 25면.

2. 2016년 5월 29일 개정(법률 제14154호, 2016. 5. 29. 시행)

제65조(진상조사 및 의견의 개진) ①교원징계위원회는 징계사건을 심리함에 있어서 진상을 조사하여야 하며, 징계의결을 행하기 전에 본인의 진술을 들어야 한다. 다만, 2회 이상 서면으로 소환하여도 불응한 때에는 예외로 한다.
②교원징계위원회는 필요하다고 **인정하는 경우에는 관계인 또는 관계 전문가를 출석하게 하여** 의견을 들을 수 있다.

(1) 법률안(정부안[1444])

현행법	원안
제65조(진상조사 및 의견의 개진) ① (생 략) ②교원징계위원회는 필요하다고 인정한 때에는 관계인을 출석시켜 의견을 들을 수 있다.	**제65조(진상조사 및 의견의 개진)** ① (현행과 같음) ②교원징계위원회는 필요하다고 인정하는 경우에는 관계인 또는 관계 전문가를 출석하게 하여 의견을 들을 수 있다.

- 교원징계위원회 회의에서 관계인뿐만 아니라 관계 전문가의 의견을 들을 수 있도록 하였다.

(2) 위원회 심사

〈1〉 교육문화체육관광위원회: 대안[1445]으로 가결되었다(이 조문의 경우에는 원안과 대안의 내용이 동일함).[1446]

〈2〉 법제사법위원회: 교육문화체육관광위원회 대안대로 가결되었다.[1447]

(3) 본회의 심의

교육문화체육관광위원회 대안대로 가결되었다.[1448]

1444) 2015. 12. 7. 정부(의안번호: 1918050); 제안이유 및 주요내용은 이 책 [62.207] 참조.
1445) 2016. 5. 18. 교육문화체육관광위원장(의안번호: 1918727).
1446) 제342회 국회(임시회) 제1차 전체회의, 교육문화체육관광위원회회의록, 2016. 5. 11., 23면.
1447) 제342회 국회(임시회) 제2차 전체회의, 법제사법위원회회의록, 2016. 5. 17., 76면.
1448) 제342회 국회(임시회) 제1차 본회의, 국회본회의회의록, 2016. 5. 19., 41면.

(4) 결과

교육문화체육관광위원회 대안으로 개정되었다.

65.203 3. 2020년 12월 22일 개정(법률 제17659호, 2020. 12. 22. 시행)

第65조(진상조사 및 의견진술) ①_교원징계위원회는 징계사건을 심의할 때 진상을 조사하여야 하며, 징계의결을 하기 전에 본인의 진술을 들어야 한다. 다만, 2회 이상 서면으로 소환하여도 응하지 아니할 때에는 예외로 한다.
②_교원징계위원회는 필요하다고 인정하는 경우에는 관계인 또는 관계 전문가를 출석하게 하여 의견을 들을 수 있다.

- 법문을 한글화하고 간결하게 하였다(오직 형식에 관한 개정이므로 자세한 개정경과는 생략함[1449]).

65.300 III. 현행법

第65조(진상조사 및 의견진술) ① 교원징계위원회는 징계사건을 심의할 때 진상을 조사하여야 하며, 징계의결을 하기 전에 본인의 진술을 들어야 한다. 다만, 2회 이상 서면으로 소환하여도 응하지 아니할 때에는 예외로 한다.
② 교원징계위원회는 필요하다고 인정하는 경우에는 관계인 또는 관계 전문가를 출석하게 하여 의견을 들을 수 있다.

65.400 IV. 종합/특기사항

- 제65조에 대한 주요 변화는 1964년, 2016년 개정이다. 1964년 개정은 징계대상자에 대한 의견청취를 위한 소환을 서면에 의하도록 하였고, 2016년 개정은 교원징계위원회 회의에서 사건 관계인뿐만 아니라 관계 전문가의 의견을 들을 수 있도록 하였다.

1449) 이에 관한 구체적 개정경과는 이 책 [1.201] 참조.

제66조(징계의결)

I. 제정법

제66조(징계의결) ①교원징계위원회는 징계사건을 심리한 결과 징계를 의결한 때에는 주문과 이유를 기록한 징계의결서를 작성하고 이를 임명권자에게 통고하여야 한다.
②임명권자가 전항의 통고를 받은 때에는 그 통고를 받은 날로부터 7일이내에 그 의결내용에 따라 징계처분을 하여야 한다. 이 경우에 있어서 임명권자는 징계처분의 사유를 기재한 결정서를 당해 교원에게 교부하여야 한다.
③제1항의 징계의결은 재적위원 3분의 2이상의 출석과 출석위원 과반수의 찬성으로 행하여야 한다.

『새교육』은 이 조문의 제정이유를 소개하지 않았다.[1450]

II. 개정 경과

1. 1981년 2월 28일 개정(법률 제3373호, 1981. 2. 28. 개정)

제66조(징계의결) ①교원징계위원회는 징계사건을 심리한 결과 징계를 의결한 때에는 주문과 이유를 기록한 징계의결서를 작성하고 이를 임명권자에게 통고하여야 한다.
②임명권자가 <u>**제1항**</u>의 통고를 받은 때에는 그 통고를 받은 날로부터 7일이내에 그 의결내용에 따라 징계처분을 하여야 한다. 이 경우에 있어서 임명권자는 징계처분의 사유를 기재한 결정서를 당해 교원에게 교부하여야 한다.
③제1항의 징계의결은 재적위원 3분의 2이상의 출석과 출석위원 과반수의 찬성으로 행하여야 한다.

• "전항"을 "제1항"으로 하였다(오직 형식에 관한 개정이므로 자세한 개성경과는 생략

1450) 金康鉉, 앞의 글 "私立學校法(完)", 47면.

함[1451]).

66.202

2. 1990년 4월 7일 개정(법률 제4226호, 1990. 4. 7. 시행)

제66조(징계의결) ①교원징계위원회는 징계사건을 심리한 결과 징계를 의결한 때에는 주문과 이유를 기록한 징계의결서를 작성하고 이를 임명권자에게 통고하여야 한다.

②임명권자가 제1항의 통고를 받은 때에는 그 통고를 받은 날로부터 7일이내에 그 의결내용에 따라 징계처분을 하여야 한다. 이 경우에 있어서 임명권자는 징계처분의 사유를 기재한 결정서를 당해 교원에게 교부하여야 한다.

③제1항의 징계의결은 재적위원 3분의 2이상의 출석과 **재적**위원 과반수의 찬성으로 행하여야 한다.

(1) 법률안

〈1〉 박석무 의원안[1452]

현행법	원안
제66조(징계의결) ①(생 략) ②임명권자가 제1항의 통고를 받은 때에는 그 통고를 받은 날로부터 7일이내에 그 의결내용에 따라 징계처분을 하여야 한다. 이 경우에 있어서 임명권자는 징계처분의 사유를 기재한 결정서를 당해 교원에게 교부하여야 한다. ③제1항의 징계의결은 재적위원 3분의 2이상의 출석과 출석위원 과반수의 찬성으로 행하여야 한다.	**제66조(징계의결)** ①(현행과 같음) ②임명권자가 제1항의 통고를 받은 때에는 그 통고를 받은 날로부터 7일이내에 교무회의 또는 교수협의회의 동의를 얻고, 동의를 얻으면 7일 이내에 그 의결의 내용에 따라 징계처분을 하여야 한다. 이 경우에 있어서 임명권자는 징계처분의 사유를 기재한 결정서를 당해 교원에게 교부하여야 한다. ③제1항의 징계의결은 재적위원 3분의 2이상의 찬성으로 행하여야 한다.

• 임명권자의 징계처분을 위하여 교무회의 또는 교수협의회의 동의를 얻도록 하고 징계를 위한 의결정족수를 강화하였다.

1451) 이에 관한 구체적 개정경과는 이 책 [4.204] 참조.
1452) 1988. 12. 21. 박석무의원 등 70인(의안번호: 130378); 제안이유 및 주요내용은 이 책 [4.206] 참조.

〈2〉 강삼재 의원안[1453)]

현행법	원안
제66조(징계의결) ①(생 략) ②임명권자가 제1항의 통고를 받은 때에는 그 통고를 받은 날로부터 7일이내에 그 의결내용에 따라 징계처분을 하여야 한다. 이 경우에 있어서 임명권자는 징계처분의 사유를 기재한 결정서를 당해 교원에게 교부하여야 한다. ③제1항의 징계의결은 재적위원 3분의 2이상의 출석과 출석위원 과반수의 찬성으로 행하여야 한다.	**제66조(징계의결)** ①(현행과 같음) ②임명권자가 제1항의 통고를 받은 때에는 그 통고를 받은 날로부터 7일이내에 교무회의 또는 교수협의회의 동의를 얻고 동의를 얻은 후 7일 이내에 그 의결의 내용에 따라 징계처분을 하여야 한다. 이 경우에 있어서 임명권자는 징계처분의 사유를 기재한 결정서를 당해 교원에게 교부하여야 한다. ③제1항의 징계의결 정족수는 다음과 같다. 1. 파면, 해임의 경우에는 재적위원 3분의 2 이상의 출석과 재적위원 과반수의 찬성 2. 정직, 감봉, 견책의 경우에는 재적위원 3분의 2 이상의 출석과 출석위원 과반수의 찬성

• 임명권자의 징계처분을 위하여 교무회의 또는 교수협의회의 동의를 얻도록 하고 징계를 위한 의결정족수를 징계 유형을 구분하여 강화하였다.

(2) 위원회 심사

〈1〉 **문교공보위원회:** 대안[1454)]으로 가결되었다.[1455)]

대안
제66조(징계의결) ②임명권자가 제1항의 통고를 받은 때에는 그 통고를 받은 날로부터 7일이내에 그 의결내용에 따라 징계처분을 하여야 한다. 이 경우에 있어서 임명권자는 징계처분의 사유를 기재한 결정서를 당해 교원에게 교부하여야 한다. ③제1항의 징계의결은 재적위원 3분의 2이상의 출석과 재적위원 과반수의 찬성으로 행하여야 한다.

제66조에 관한 회의록 내용은 아래와 같다.

1453) 1989. 2. 28. 강삼재의원 등 57인(의안번호: 130463; 제안이유 및 주요내용은 이 책 [4.206] 참조.
1454) 1990. 3. 15. 문교공보위원장(의안번호: 130833).
1455) 제148회 국회(임시회) 제6차 전체회의, 문교공보위원회회의록, 1990. 3. 14., 8면.

- 소위원장 함종한[1456]: 징계의결은 교원징계위원회의 출석위원 과반수의 찬성으로 행하던 것을 재적위원 과반수의 찬성으로 행하도록 하며,…이상입니다.

〈2〉 **법제사법위원회:** 문교공보위원회 대안대로 가결되었다.[1457]

(3) 본회의 심의

문교공보위원회 대안대로 가결되었다.[1458]

(4) 결과

문교공보위원회 대안으로 개정되었다.

66.203 3. 1999년 8월 31일 개정(법률 제6004호, 1999. 8. 31. 시행)

제66조(징계의결) ①교원징계위원회는 징계사건을 심리한 결과 징계를 의결한 때에는 주문과 이유를 기록한 징계의결서를 작성하고 이를 임명권자에게 통고하여야 한다.

②임명권자가 제1항의 통고를 받은 때에는 그 통고를 받은 날로부터 15일이내에 그 의결내용에 따라 징계처분을 하여야 한다. 이 경우에 있어서 임명권자는 징계처분의 사유를 기재한 결정서를 당해 교원에게 교부하여야 한다.

③제1항의 징계의결은 재적위원 3분의 2이상의 출석과 재적위원 과반수의 찬성으로 행하여야 한다.

(1) 법률안(정부안[1459])

현행법	원안
제66조(징계의결) ① (생 략) ②임명권자가 제1항의 통고를 받은 때에는 그 통고를 받은 날로부터 7일이내에 그 의결내용에 따라 징계처분을 하여야 한다. 이 경우에 있	**제66조(징계의결)** ① (현행과 같음) ②임명권자가 제1항의 통고를 받은 때에는 그 통고를 받은 날로부터 15일이내에 그 의결내용에 따라 징계처분을 하여야 한다. 이 경우에 있

1456) 제148회 국회(임시회) 제6차 전체회의, 문교공보위원회회의록, 1990. 3. 14., 4면.
1457) 제148회 국회(임시회) 제6차 전체회의, 법제사법위원회회의록, 1990. 3. 14., 26면.
1458) 제148회 국회(임시회) 제9차 본회의, 국회본회의회의록, 1990. 3. 16., 15~16면.
1459) 1998. 12. 2. 정부(의안번호: 151530); 제안이유 및 주요내용은 이 책 [2.201] 참조.

어서 임명권자는 징계처분의 사유를 기재한 결정서를 당해 교원에게 교부하여야 한다. ③ (생 략)	어서 임명권자는 징계처분의 사유를 기재한 결정서를 당해 교원에게 교부하여야 한다. ③ (현행과 같음)

• 징계처분 기간을 임명권자가 통고를 받은 날로부터 7일 이내에서 15일 이내로 변경하였다.

(2) 위원회 심사

〈1〉 **교육위원회:** 원안대로 가결되었다.[1460)]

〈2〉 **법제사법위원회:** 원안대로 가결되었다.[1461)]

(3) 본회의 심의

원안대로 가결되었다.[1462)]

(4) 결과

원안으로 개정되었다.

4. 2015년 3월 27일 개정(법률 제13224호, 2015. 3. 27. 시행)

제66조(징계의결) ① 교원징계위원회는 징계사건을 심의한 결과 징계를 의결하였을 때에는 주문(主文)과 이유를 적은 징계의결서를 작성하여 임면권자에게 보내어 알려야 한다.
② 제1항의 징계의결은 재적위원 3분의 2 이상의 출석과 재적위원 과반수의 찬성으로 하여야 한다.
③ 임면권자가 제1항의 징계의결서를 받았을 때에는 제66조의2제2항에 따라 재심의를 요구받은 경우를 제외하고는 징계의결서를 받은 날부터 15일 이내에 그 의결 내용에 따라 징계처분을 하여야 한다. 이 경우 임면권자는 징계처분의 사유를 적은 결정서를 해당 교원에게 교부하여야 한다.

1460) 제206회 국회(임시회) 제2차 전체회의, 교육위원회회의록, 1999. 8. 10., 30면.
1461) 제206회 국회(임시회) 제5차 전체회의, 법제사법위원회회의록, 1999. 8. 12., 19면.
1462) 제206회 국회(임시회) 제3차 본회의, 국회본회의회의록, 1999. 8. 12., 26면.

(1) 법률안(정부안[1463])

현행법	원안
제66조(징계의결) ①교원징계위원회는 징계사건을 심리한 결과 징계를 의결한 때에는 주문과 이유를 기록한 징계의결서를 작성하고 이를 임명권자에게 통고하여야 한다. ②임명권자가 제1항의 통고를 받은 때에는 그 통고를 받은 날로부터 15일 이내에 그 의결내용에 따라 징계처분을 하여야 한다. 이 경우에 있어서 임명권자는 징계처분의 사유를 기재한 결정서를 당해 교원에게 교부하여야 한다. ③제1항의 징계의결은 재적위원 3분의 2 이상의 출석과 재적위원 과반수의 찬성으로 행하여야 한다.	**제66조(징계의결)** ① 교원징계위원회는 징계사건을 심의한 결과 징계를 의결하였을 때에는 주문(主文)과 이유를 적은 징계의결서를 작성하여 임면권자에게 보내어 알려야 한다. ② 제1항의 징계의결은 재적위원 3분의 2 이상의 출석과 재적위원 과반수의 찬성으로 하여야 한다. ③ 임면권자가 제1항의 징계의결서를 받았을 때에는 제66조의2제2항에 따라 재심의를 요구받은 경우를 제외하고는 징계의결서를 받은 날부터 15일 이내에 그 의결 내용에 따라 징계처분을 하여야 한다. 이 경우 임면권자는 징계처분의 사유를 적은 결정서를 해당 교원에게 교부하여야 한다.

• 제목과 본문을 한글로 하고, 제66조의2 신설에 따라 조문을 정비하였다.

(2) 위원회 심사

〈1〉 **교육문화체육관광위원회:** 대안[1464]으로 가결되었다(이 조문의 경우에는 원안과 대안의 내용이 동일함).[1465]

〈2〉 **법제사법위원회:** 교육문화체육관광위원회 대안대로 가결되었다.[1466]

(3) 본회의 심의

교육문화체육관광위원회 대안대로 가결되었다.[1467]

1463) 2012. 12. 21. 정부(의안번호: 1903117); 제안이유 및 주요내용은 이 책 [54-2.205] 참조.
1464) 2015. 3. 3. 교육문화체육관광위원장(의안번호: 1914127).
1465) 제331회 국회(임시회) 제3차 전체회의, 교육문화체육관광위원회회의록, 2015. 2. 11., 14면.
1466) 제331회 국회(임시회) 제5차 전체회의, 법제사법위원회회의록, 2015. 3. 2., 56면.
1467) 제331회 국회(임시회) 제8차, 국회본회의회의록, 2015. 3. 3., 30면.

(4) 결과

교육문화체육관광위원회 대안으로 개정되었다.

5. 2016년 2월 3일 개정(법률 제13938호, 2016. 2. 3. 시행)

제66조(징계의결) ①교원징계위원회는 징계사건을 심의한 결과 징계를 의결하였을 때에는 주문(主文)과 이유를 적은 징계의결서를 작성하여 **임용권자**에게 보내어 알려야 한다.
②제1항의 징계의결은 재적위원 3분의 2 이상의 출석과 재적위원 과반수의 찬성으로 하여야 한다.
③**임용권자**가 제1항의 징계의결서를 받았을 때에는 제66조의2제2항에 따라 재심의를 요구받은 경우를 제외하고는 징계의결서를 받은 날부터 15일 이내에 그 의결 내용에 따라 징계처분을 하여야 한다. 이 경우 **임용권자**는 징계처분의 사유를 적은 결정서를 해당 교원에게 교부하여야 한다.

- 제2조 개정에 따라 "임면"을 "임용"으로 하였다(오직 형식에 관한 개정이므로 자세한 개정경과는 생략함[1468]).

6. 2019년 4월 16일 개정(법률 제16310호, 2019. 10. 17. 시행)

제66조(징계의결) ①교원징계위원회는 제61조제1항 각 호의 어느 하나에 해당하는 행위의 유형, 정도 및 징계의결이 요구된 교원의 근무태도 등을 고려하여 대통령령으로 정하는 징계기준 및 징계의 감경기준 등에 따라 징계의결을 하여야 한다.
②교원징계위원회는 징계사건을 심의한 결과 징계를 의결하였을 때에는 주문(主文)과 이유를 적은 징계의결서를 작성하여 임용권자에게 보내어 알려야 한다.
③제1항의 징계의결은 재적위원 3분의 2 이상의 출석과 재적위원 과반수의 찬성으로 하여야 한다.
④임용권자가 제2항의 징계의결서를 받았을 때에는 제66조의2제2항에 따라 재심의를 요구받은 경우를 제외하고는 징계의결서를 받은 날부터 15일 이내에 그

1468) 이에 관한 구체적 개정경과는 이 책 [2.204] 참조.

의결 내용에 따라 징계처분을 하여야 한다. 이 경우 임용권자는 징계처분의 사유를 적은 결정서를 해당 교원에게 교부하여야 한다.

(1) 법률안

〈1〉 **이은재 의원안**[1469]: 이 조문을 포함한 개정 대상 조문의 제안이유 및 주요내용은 아래와 같다.

• 제안이유 및 주요내용

현행법은 사립학교의 교원이 직무상 의무를 위반하거나 교원의 품위를 손상하는 행위 등을 한 경우에는 교원 임용권자가 징계위원회에 징계 의결을 요구하도록 하고 있음.

그런데 교원이 입시와 관련된 비위행위 등 중대한 잘못을 저질렀음에도 징계위원회가 징계를 감경하여 의결하는 등 제 식구 감싸기가 이루어진다는 지적이 제기되고 있음.

이에 징계위원회가 대통령령으로 정하는 징계기준 및 감경기준에 따라 징계의결을 하도록 하는 한편, 입시와 관련된 비위행위 등 중대한 잘못을 저지른 경우에는 징계를 감경할 수 없도록 규정함으로써 징계위원회가 명확한 기준에 따라 징계의결을 하도록 하려는 것임(안 제66조제1항 및 제2항 신설 등).

이 조문의 현행법과 개정 원안은 아래와 같다.

현행법	원안
第66조(징계의결) <신 설> <신 설>	第66조(징계의결) ①교원징계위원회는 제61조제1항 각 호에따른 행위(이하 "징계대상행위"라 한다)의 정도 등을 감안하여 대통령령으로 정하는 징계기준에 따라 징계의결을 하여야 한다. ② 교원징계위원회는 징계의결이 요구된 교원의 징계대상행위가 성실하고 능동적인 업무처리 과정에서 과실로 인하여 생긴 것으로 인정되는 등 대통령령으로 정하는 사유에 해당하는 경우에는 해당 교원에 대한 징계를 감경할 수

1469) 2018. 7. 30. 이은재의원 등 12인(의안번호: 2014617).

① ~ ② (생 략) ③임용권자가 제1항의 징계의결서를 받았을 때에는 제66조의2제2항에 따라 재심의를 요구받은 경우를 제외하고는 징계의결서를 받은 날부터 15일 이내에 그 의결 내용에 따라 징계처분을 하여야 한다. 이 경우 임용권자는 징계처분의 사유를 적은 결정서를 해당 교원에게 교부하여야 한다.	있다. 다만, 입시 및 채용과 관련된 비위행위 등 대통령령으로 정하는 행위를 이유로 징계의결이 요구된 경우에는 그러하지 아니하다. ③ ~ ④ (현행 제1항 및 제2항과 같음) ⑤임용권자가 제3항의 징계의결서를 받았을 때에는 제66조의2제2항에 따라 재심의를 요구받은 경우를 제외하고는 징계의결서를 받은 날부터 15일 이내에 그 의결 내용에 따라 징계처분을 하여야 한다. 이 경우 임용권자는 징계처분의 사유를 적은 결정서를 해당 교원에게 교부하여야 한다.

〈2〉 **박경미 의원안**[1470]: 이 조문을 포함한 개정 대상 조문의 제안이유 및 주요내용은 아래와 같다.

- 제안이유 및 주요내용

  현행법은 일정한 기준에 따라 징계가 이루어지는 국·공립학교에 재직하고 있는 교원과는 달리, 사립학교의 자율성을 보장하기 위하여 사립학교 교원에 대한 징계의 기준에 관해 통일적인 기준을 제시하지 않고 있음.

  그러나 최근 미투(MeToo)운동 등으로 학교 내 성희롱·성추행 등 권력형 성비위에 관한 사회 전반의 관심이 높아지고 있으며, 교원이 비전임교원, 조교, 학생 등을 성희롱·성추행하는 등 사안이 다수 신고되어 징계 대상이 되고 있음에도 사립학교에서 이러한 사안에 대해 통일적 기준이 없이 학교법인 및 학교 차원의 임의적인 징계가 우려되는 상황임.

  이에 법률에 성희롱·성폭력 등 주요 성관련 징계사안의 경우에 사립학교 교원에 대해서도 국·공립 교원과 동일한 수준의 기준을 준용하도록 함으로서 사립학교의 자유를 보호하면서도 교육기관 내에서 발생하는 성희롱·성폭력에 철저히 대응할 수 있도록 하려는 것임(안 제66조제4항 신설).

이 조문의 현행법과 개정 원안은 아래와 같다.

현행법	원안
제66조(징계의결) ① ~ ③ (생 략)	**제66조(징계의결)** ① ~ ③ (현행과 같음)

1470) 2018. 8. 22. 박경미의원 등 10인(의안번호: 2014987).

<신 설>	④징계대상자가 다음 각 호에 해당하는 행위를 한 경우 교원징계위원회는 제1항에 따른 징계의결을 할 때 교육공무원에 관한 법령에서 정하는 징계양정 기준을 준용하여야 한다. 1. 성희롱 2. 성매매 3. 미성년자 또는 장애인에 대한 성매매 4. 성폭력 5. 미성년자 또는 장애인에 대한 성폭력 6. 성희롱 등 소속 기관 내의 성 관련 비위를 고의로 은폐하거나 대응하지 아니한 경우 7. 기타 성비위에 관한 사항

〈3〉 **박경미 의원안**[1471]: 이 조문을 포함한 개정 대상 조문의 제안이유 및 주요내용은 아래와 같다.

• 제안이유 및 주요내용

현행법은 일정한 기준에 따라 징계가 이루어지는 국·공립학교에 재직하고 있는 교원과는 달리, 사립학교의 자율성을 보장하기 위하여 사립학교 교원에 대한 징계의 기준에 관해 통일적인 기준을 제시하지 않고 있음.

그러나, 최근 발생한 시험지 유출 및 평가 관련 의혹제기 등 평가 비위가 사립학교에서 지속적으로 발생하여 징계대상이 되고 있음에도 불구하고 관련 교원에 대한 학교법인 및 학교차원의 임의적인 징계가 우려되는 상황임.

이에 법률에 학생평가 비위의 경우에 사립학교 교원에 대해서도 국·공립 교원과 동일한 수준의 기준을 준용하도록 함으로서 사립학교의 자유를 보호하면서도 교육기관 내에서 발생하는 학생평가 비위에 철저히 대응할 수 있도록 하려는 것임(안 제66조제4항 신설).

이 조문의 현행법과 개정 원안은 아래와 같다.

현행법	원안
제66조(징계의결) ① ~ ③ (생 략) <신 설>	**제66조(징계의결)** ① ~ ③ (현행과 같음) ④징계대상자가 다음 각 호에 해당하는 행위를

1471) 2018. 8. 30. 박경미의원 등 11인(의안번호: 2015161).

	한 경우 교원징계위원회는 제1항에 따른 징계 의결을 할 때 교육공무원에 관한 법령에서 정하는 징계양정 기준을 준용하여야 한다. 1. 시험지 유출 2. 학생의 성적 조작 3. 학교생활기록부 허위사실 기재 4. 학교생활기록부 부당 정정 5. 기타 평가비위에 관한 사항

(2) 위원회 심사

〈1〉 **교육위원회:** 대안[1472]으로 가결되었다.[1473]

대안
제66조(징계의결) ①교원징계위원회는 제61조제1항 각 호의 어느 하나에 해당하는 행위의 유형, 정도 및 징계의결이 요구된 교원의 근무태도 등을 고려하여 대통령령으로 정하는 징계기준 및 징계의 감경기준 등에 따라 징계의결을 하여야 한다. ②교원징계위원회는 징계사건을 심의한 결과 징계를 의결하였을 때에는 주문(主文)과 이유를 적은 징계의결서를 작성하여 임용권자에게 보내어 알려야 한다. ③제1항의 징계의결은 재적위원 3분의 2 이상의 출석과 재적위원 과반수의 찬성으로 하여야 한다. ④임용권자가 제2항의 징계의결서를 받았을 때에는 제66조의2제2항에 따라 재심의를 요구받은 경우를 제외하고는 징계의결서를 받은 날부터 15일 이내에 그 의결 내용에 따라 징계처분을 하여야 한다. 이 경우 임용권자는 징계처분의 사유를 적은 결정서를 해당 교원에게 교부하여야 한다.

위 내용이 포함된 제66조에 관한 회의록 내용은 아래와 같다.

가. 제20대 국회 제364회 제3차 교육위원회 법안심사소위원회(2018. 11. 28.)

• 수석전문위원 정재룡[1474]: 소위 자료 2쪽을 봐 주시기 바랍니다.

사립학교 교원 징계에 관한 통일적 기준 마련에 관한 사항입니다. 비고에 보시면, 이은재 의원님 안은 사립학교의 교원징계위원회가 대통령령으로 정하는 징계기준을 따르도록 하고, 박경미 의원님 안은 평가비위 또는 성비위를 저지른 경우에 각각 교육공무원에 관한 법령에서 정하는 징계 양정기준을 준용하도록 하는 내용입니다. 세 개정안은 모두 사립학교 교원에 대해서도 국·공립교원 수

1472) 2019. 3. 28. 교육위원장(의안번호: 2019407).
1473) 제365회 국회(임시회) 제1차 전체회의, 교육위원회회의록, 2018. 12. 26., 4~5면.
1474) 제364회 국회(정기회) 제3차 법안심사소위, 교육위원회회의록, 2018. 11. 28., 34~35면.

준의 객관적인 징계기준을 확립하는 것을 목적으로 하되, 이은재 의원님 안은 모든 종류의 징계 사유에 대해서 대통령령으로 정하고, 박경미 의원님 안은 평가비위 또는 성비위의 경우에 한해 교육공무원에 관한 법령에서 정하는 징계 양정기준을 따르도록 하는 사항입니다. 생각건대 사학의 자율성이 다소 제한되더라도 평가비위·성비위 등 교원의 도덕성 논란 및 사회적 파장이 큰 징계 사유에 대해서는 박경미 의원안과 같이 통일된 기준을 적용하도록 하는 것은 바람직해 보입니다.

나아가 이은재 의원님 안과 같이 모든 사유에 대해 대통령령으로 징계기준을 정하도록 해도 법령상 기준에 따른 기계적인 징계 의결을 하도록 규정하는 것이 아니고 여전히 고도의 판단 및 재량의 여지가 남아 있을 것으로 보여 사학의 자율성을 과도하게 침해하지 않을 것으로 보입니다. 한편 징계기준을 대통령령으로 위임할지, 교육공무원에 관한 법령에서 정하는 징계 양정기준을 준용할지에 대해서는 대통령령으로 위임하면 사립학교 교원에 국·공립교원에 관한 기준을 그대로 준용하는 경우보다는 탄력성 있게 사학에 자율성을 줄 여지가 남게 되므로 바람직해 보입니다.

이어서 6쪽입니다. 앞서 징계기준에 이어 징계 감경기준도 대통령령으로 위임하고 사립학교 교원이 입시 및 채용과 관련된 비위행위 등 중대한 잘못을 저지르면 징계 감경을 금지하는 것입니다. 개정안은 징계 감경기준으로 능동적인 업무처리 과정에서 생긴 과실로 인한 경우를 예시하여 교원의 적극적인 업무처리를 유도하고, 입시 및 채용과 관련된 비위행위 등을 감경할 수 없도록 명시하려는 것인데 사립학교 교원의 도덕성을 담보하려는 것으로 보입니다. 그런데 교육공무원 징계령 및 교육공무원 징계양정 등에 관한 규칙을 보면 보다 넓은 사유로 감경 또는 감경 제한을 하고 있는바, 대통령령으로 위임하는 데 있어 입시·채용비위 등 개정안에 예시된 내용만 특정하는 것으로는 한계가 있어 보입니다.

생각건대 감경기준 등은 징계 대상행위의 유형·정도 및 징계 의결이 요구된 교원의 근무태만등을 고려하여 정할 필요가 있고 징계기준 역시 유사한 내용을 감안할 필요가 있으므로 안 제66조제1항 내에서 징계기준, 징계의 감경기준 등에대하여 위의 사항들을 고려하여 대통령령으로 정하도록 위임하는 것이 바람직해 보입니다. 참고로 교육공무원 징계양정 등에 관한 규칙—10쪽에 그 규정이 있습니다—의 사례를 보면 징계 감경기준 내 예외조항으로서 징계 감경 제한도 포함되므로 감경기준 등에 따라 감경기준 및 감경 제한기준을 포함한 것이라고 볼 수 있고 공무원 징계령에서도 이러한 용어를 사용하고 있습니다.

이어서 11쪽에 부칙에 관한 사항인데요. 대통령령 개정 등을 감안하여 이은재 의원님 안과 같이 시행일을 공포 후 6개월이 경과한 날로 정할 필요가 있고, 적용 형태를 명확하게 하고자 적용례 규정을 둘 필요가 있습니다. 이상입니다.

- **소위원장 조승래**[1475]: 교육부 의견 말씀하십시오.
- **교육부차관 박백범**[1476]: 수석전문위원님이 수정한 의견에 동의합니다.
- **소위원장 조승래**[1477]: 위원님들 토론해 주시기 바랍니다. 박경미 위원님.
- **박경미 위원**[1478]: 올해 스쿨 미투들이 많이 터져 나왔는데 그게 거의 예외 없이 사립학교들이라는 말이에요. 사립학교 내 성비위 건에 대해서 굉장히 솜방망이 처벌이 이루어지고 있다는 것을 알게 됐고 그래서 적어도 국공립 수준으로 동등하게 적용을 해야 되지 않을까 그런 문제 의식하에 이 법을 발의했고요. 그런데 사실 일주일 간격으로 비슷한 내용으로 또 발의를 하게 되었는데, 그때가 숙명여고 성적비위 건이 터져 나와서 바로 또 성비위뿐만 아니라 학생평가와 관련된 비위에 대해서도 이게 사립학교에서도 많이 일어나니까 국공립 수준으로 강화해야 되겠다는 취지입니다.
- **소위원장 조승래**[1479]: 그러면 다른 위원님들 의견 있으신가요? 없으십니까? (예 하는 위원 있음) 김현아 위원님 동의하십니까?
- **김현아 위원**[1480]: 아니요, 없습니다.
- **소위원장 조승래**[1481]: 없습니까?
- **김현아 위원**[1482]: 예.
- **소위원장 조승래**[1483]: 그러면 의사일정 제21항부터 제23항까지는 위원님들의 의견과 전문위원의 의견을 받아들여 위원회의 대안으로 제안하기로 하고, 3건의 법률안은 본회의에 부의하지 않는 것으로 의결하고자 하는데, 이의 없으십니까? (예 하는 위원 있음) 가결되었음을 선포합니다

1475) 第364회 국회(정기회) 제3차 법안심사소위, 교육위원회회의록, 2018. 11. 28., 35면.
1476) 第364회 국회(정기회) 제3차 법안심사소위, 교육위원회회의록, 2018. 11. 28., 35면.
1477) 第364회 국회(정기회) 제3차 법안심사소위, 교육위원회회의록, 2018. 11. 28., 35면.
1478) 第364회 국회(정기회) 제3차 법안심사소위, 교육위원회회의록, 2018. 11. 28., 35면.
1479) 第364회 국회(정기회) 제3차 법안심사소위, 교육위원회회의록, 2018. 11. 28., 35면.
1480) 第364회 국회(정기회) 제3차 법안심사소위, 교육위원회회의록, 2018. 11. 28., 35면.
1481) 第364회 국회(정기회) 제3차 법안심사소위, 교육위원회회의록, 2018. 11. 28., 35면.
1482) 第364회 국회(정기회) 제3차 법안심사소위, 교육위원회회의록, 2018. 11. 28., 35면.
1483) 第364회 국회(정기회) 제3차 법안심사소위, 교육위원회회의록, 2018. 11. 28., 35면.

나. 제20대 국회 제365회 제1차 교육위원회(2018. 12. 26.)

- **소위원장 조승래**[1484]: 다음 이은재 의원, 박경미 의원이 각각 대표발의한 3건의 사립학교법 일부개정법률안을 통합조정한 대안의 주요 내용을 말씀드리겠습니다. 사립학교의 성 비위 및 평가 비위 등에 보다 엄정하게 대처하고, 사립학교 교원에 대한 징계가 국·공립 학교 교원에 비해 임의적이라는 점을 개선하기 위하여 사립학교의 교원징계위원회가 대통령령으로 정하는 징계기준 및 감경기준 등에 따라 징계의결을 하도록 하였습니다...
- **위원장 이찬열**[1485]: 의사일정 제6항부터 제8항까지 박경미 의원이 2건 대표발의하고 이은재 의원이 1건 대표발의한 3건의 사립학교법 일부개정법률안은 소위원회에서 심사보고한 바와 같이 본회의에 각각 부의하지 아니하고 이를 통합조정한 의사일정 제9항 사립학교법 일부개정법률안(대안)을 제안하고자 합니다. 이의 없으십니까? (예 하는 위원 있음) 가결되었음을 선포합니다.

〈2〉 **법제사법위원회:** 교육위원회 대안대로 가결되었다.[1486]

- **전문위원 이문한**[1487]: 의사일정 제17항 사립학교법 일부개정법률안(대안)은 교원징계위원회가 징계의결을 하는 경우 대통령령으로 정하는 징계기준 및 징계 감경기준에 따르도록 하는 내용으로 별다른 문제점이 없는 것으로 보았습니다...
- **위원장 여상규**[1488]: 제17항 법률안은 원안 의결하고자 하는데 이의 없으시지요? (예 하는 위원 있음) 가결되었음을 선포합니다.

(3) 본회의 심의

교육위원회 대안대로 가결되었다.[1489]

(4) 결과

교육위원회 대안으로 개정되었다.

1484) 제365회 국회(임시회) 제1차 전체회의, 교육위원회회의록, 2018. 12. 26., 3면.
1485) 제365회 국회(임시회) 제1차 전체회의, 교육위원회회의록, 2018. 12. 26., 4~5면.
1486) 제367회 국회(임시회) 제4차 전체회의, 법제사법위원회회의록, 2019. 3. 27., 42면.
1487) 제367회 국회(임시회) 제4차 전체회의, 법제사법위원회회의록, 2019. 3. 27., 39면.
1488) 제367회 국회(임시회) 제4차 전체회의, 법제사법위원회회의록, 2019. 3. 27., 42면.
1489) 제367회 국회(임시회) 제9차 본회의, 국회본회의회의록, 2019. 3. 28., 5면.

7. 2021년 8월 10일 개정(법률 제18372호, 2022. 2. 11. 시행)

제66조(징계의결) ① 교원징계위원회는 제61조제1항 각 호의 어느 하나에 해당하는 행위의 유형, 정도 및 징계의결이 요구된 교원의 근무태도 등을 고려하여 대통령령으로 정하는 징계기준 및 징계의 감경기준 등에 따라 징계의결을 하여야 한다.
② 교원징계위원회는 징계사건을 심의한 결과 징계를 의결하였을 때에는 주문(主文)과 이유를 적은 징계의결서를 작성하여 임용권자에게 보내어 알려야 한다.
③ 제1항의 징계의결은 재적위원 3분의 2 이상의 출석과 재적위원 과반수의 찬성으로 하여야 한다.
④ 임용권자가 제2항의 징계의결서를 받았을 때에는 제66조의2제2항에 따라 재심의를 요구받은 경우를 제외하고는 징계의결서를 받은 날부터 15일 이내에 그 의결 내용에 따라 징계처분을 하여야 한다. 이 경우 임용권자는 징계처분의 사유를 적은 결정서를 해당 교원에게 교부하여야 한다.
⑤ 임용권자는 「성폭력범죄의 처벌 등에 관한 특례법」 제2조에 따른 성폭력범죄 및 「양성평등기본법」 제3조제2호에 따른 성희롱에 해당하는 사유로 제4항에 따라 징계처분의 사유를 적은 결정서를 교부할 때에는 피해자가 요청하는 경우 그 징계처분 결과를 피해자에게 함께 통보하여야 한다.

(1) 법률안(박찬대 의원안[1490])

현행법	원안
제66조(징계의결) ① ~ ④ (생 략) <신 설>	**제66조(징계의결)** ① ~ ④ (현행과 같음) ⑤ 임용권자는 피해자가 요청하는 경우 「성폭력범죄의 처벌 등에 관한 특례법」 제2조에 따른 성폭력범죄 및 「양성평등기본법」 제3조제2호에 따른 성희롱에 해당하는 사유로 처분사유 설명서를 교부할 때에는 그 징계처분결과를 피해 자에게 함께 통보하여야 한다.

• 국·공립 교원의 경우와 동일하게 사립학교 교원의 성비위에 대한 징계처분이 있는 경우 피해자에게 징계결과를 통보할 수 있도록 하였다.

1490) 2020. 7. 14. 박찬대의원 등 10인(의안번호: 2101945); 제안이유 및 주요내용은 이 책 [2.205] 참조.

(2) 위원회 심사

〈1〉 **교육위원회:** 대안[1491]으로 가결되었다(이 조문의 경우에는 원안과 대안의 내용이 동일함).[1492] 제66조에 관한 회의록 내용은 아래와 같다.

- 소위원장 박찬대[1493]: 피해자의 요청이 있는 경우 성비위 교원에 대한 징계처분 결과를 피해자에게 통지하는 절차도 규정하였습니다.

〈2〉 **법제사법위원회:** 교육위원회 대안을 수정·가결했다.[1494] 수정내용은 아래와 같다.

현행법	원안
제66조(징계의결) ⑤ 임용권자는 피해자가 요청하는 경우 「성폭력범죄의 처벌 등에 관한 특례법」 제2조에 따른 성폭력범죄 및 「양성평등기본법」 제3조제2호에 따른 성희롱에 해당하는 사유로 처분사유 설명서를 교부할 때에는 그 징계처분결과를 피해 자에게 함께 통보하여야 한다.	**제66조(징계의결)** ⑤ 임용권자는 피해자가 요청하는 경우 「성폭력범죄의 처벌 등에 관한 특례법」 제2조에 따른 성폭력범죄 및 「양성평등기본법」 제3조제2호에 따른 성희롱에 해당하는 사유로 제4항에 따라 징계처분의 사유를 적은 설명서를 교부할 때에는 그 징계처분결과를 피해 자에게 함께 통보하여야 한다.

(3) 본회의 심의

법제사법위원회 수정안대로 가결되었다.[1495]

(4) 결과

법제사법위원회 수정안으로 개정되었다.

66.208 8. 2021년 9월 24일 개정(법률 제18460호, 2022. 3. 25. 시행)

제66조(징계의결) ① 교원징계위원회는 제61조제1항 각 호의 어느 하나에 해당하는 행위의 유형, 정도 및 징계의결이 요구된 교원의 근무태도 등을 고려하여 대통령

1491) 2021. 7. 22. 교육위원장(의안번호: 2111667).
1492) 제389회 국회(임시회) 제1차 전체회의, 교육위원회회의록, 2021. 7. 14., 6면.
1493) 제389회 국회(임시회) 제1차 전체회의, 교육위원회회의록, 2021. 7. 14., 6면.
1494) 제389회 국회(임시회) 제1차 전체회의, 법제사법위원회회의록, 2021. 7. 22., 64면.
1495) 제389회 국회(임시회) 제2차 본회의, 국회본회의회의록, 2021. 7. 23., 10면.

령으로 정하는 징계기준 및 징계의 감경기준 등에 따라 징계의결을 하여야 한다.
② 교원징계위원회는 징계사건을 심의한 결과 징계를 의결하였을 때에는 주문(主文)과 이유를 적은 징계의결서를 작성하여 임용권자 **및 관할청에** 보내어 알려야 한다.
③ 제1항의 징계의결은 재적위원 3분의 2 이상의 출석과 재적위원 과반수의 찬성으로 하여야 한다.
④ 임용권자가 제2항의 징계의결서를 받았을 때에는 제66조의2제2항에 따라 재심의를 요구받은 경우를 제외하고는 징계의결서를 받은 날부터 15일 이내에 그 의결 내용에 따라 징계처분을 하여야 한다. 이 경우 임용권자는 징계처분의 사유를 적은 결정서를 해당 교원에게 교부하여야 한다.
⑤ 임용권자는 「성폭력범죄의 처벌 등에 관한 특례법」 제2조에 따른 성폭력범죄 및 「양성평등기본법」 제3조제2호에 따른 성희롱에 해당하는 사유로 제4항에 따라 징계처분의 사유를 적은 결정서를 교부할 때에는 피해자가 요청하는 경우 그 징계처분 결과를 피해자에게 함께 통보하여야 한다.

(1) 법률안

〈1〉 강민정 의원안[1496]**:** 이 조문을 포함한 개정 대상 조문의 제안이유 및 주요내용은 아래와 같다.

- 제안이유 및 주요내용

  현행법은 사립학교 교원의 징계 및 임명에 관한 사항을 심의·의결하기 위하여 교원징계위원회를 두도록 하고 있으나, 해당 징계위원회를 학교법인, 사립학교경영자 및 해당 학교에 설치하도록 하고 있어 징계위원회의 결정에 법인 이사장이 영향력을 행사하기 쉽고, 이로 인해 학교법인 또는 이사장의 비리 등을 고발한 교원이 부당한 징계를 받는 사례가 빈번하게 발생하고 있음.

  그러나 오늘날 사립학교는 국가 및 지방자치단체로부터 교직원 인건비, 학교운영비, 법정부담금 등을 포함한 막대한 예산을 지원받는 만큼 사립학교 법인이 소속 교원을 부당하게 징계하는 것에 관하여 관할청이 개입할 수 있도록 권한을 부여할 필요가 있음.

  이에 교원징계위원회가 징계를 의결하였을 때 징계의결서를 임용권자뿐만 아

1496) 2020. 10. 5. 강민정의원 등 10인(의안번호: 2104391).

니라 관할청에도 보내어 알리도록 하고, 임용권자는 징계의결에 따른 징계처분을 하기 전에 관할청에 통보하도록 하며, 관할청은 사립학교 교원에 대한 징계가 징계사유에 비추어 가볍거나 무겁다고 인정되면 교원징계위원회에 재심의를 요구할 수 있도록 함으로써 사립학교 교원에게도 국·공립 교원과 마찬가지로 징계사유에 비추어 합당한 징계가 이루어질 수 있도록 함과 동시에 사립학교에 대한 관할청의 지도·감독 권한을 강화하고자 함(안 제66조제2항 및 제66조의2제1항·제2항).

이 조문의 현행법과 개정 원안은 아래와 같다.

현행법[1497]	원안
제66조(징계의결) ① (생 략) ② 교원징계위원회는 징계사건을 심의한 결과 징계를 의결하였을 때에는 주문(主文)과 이유를 적은 징계의결서를 작성하여 <u>임용권자에게</u> 보내어 알려야 한다. ③ ~ ④ (생 략)	**제66조(징계의결)** ① (현행과 같음) ② 교원징계위원회는 징계사건을 심의한 결과 징계를 의결하였을 때에는 주문(主文)과 이유를 적은 징계의결서를 작성하여 <u>임용권자 및 관할청에</u> 보내어 알려야 한다. ③ ~ ④ (현행과 같음)

• 사립학교 교원에게도 국·공립 교원과 마찬가지로 징계위원회의 징계의결서를 임용권자 외에 관할청에도 보내 알리도록 하였다.

〈2〉 이탄희 의원안[1498]

현행법[1499]	원안
제66조(징계의결) ① ~ ④ (생 략) <u><신 설></u>	**제66조(징계의결)** ① ~ ④ (현행과 같음) <u>⑤ 임용권자는 교원징계위원회 위원들의 서명을 받은 징계의결서를 10년간 보존하여야 한다.</u>

• 임용권자는 교원징계위원회 위원들의 서명을 받은 징계의결서를 10년간 보존하도록 하였다.

1497) 「사립학교법」(2020. 3. 24. 일부개정, 2020. 9. 25. 시행)
1498) 2020. 10. 22. 이탄희의원 등 39인(의안번호: 2104600); 제안이유 및 주요내용은 이 책 [62.209] 참조.
1499) 「사립학교법」(2020. 3. 24. 일부개정, 2020. 9. 25. 시행)

(2) 위원회 심사

〈1〉 **교육위원회:** 대안[1500]으로 가결되었다.[1501]

대안
제66조(징계의결) ② 교원징계위원회는 징계사건을 심의한 결과 징계를 의결하였을 때에는 주문(主文)과 이유를 적은 징계의결서를 작성하여 임용권자 및 관할청에 보내어 알려야 한다.

제66조에 관한 회의록 내용은 아래와 같다.

가. 제21대 국회 제390회 제2차 교육위원회 법안심사소위원회(2021. 8. 18.)

- **전문위원 박재유**[1502]: 개정안 제66조는 사립학교 교원징계위원회가 징계를 의결하였을 때 징계의결서를 임용권자뿐만 아니라 관할청에도 보내어 알리도록 함과 아울러 제66조의2제1항의 조문에서 제54조제3항을 삭제함으로써 임용권자로 하여금 모든 징계처분 전에 그 내용을 관할청에 통보하도록 하는 내용입니다.

  현행법은 사립학교법 제54조제3항에 따라 관할청이 징계요구를 한 사항에 대해서만 해당 임용권자가 징계처분을 하기 전에 그 내용을 관할청에 통보하도록 되어 있으나 개정안은 사립학교 교원징계위원회의 모든 징계의결서를 해당 임용권자의 징계처분 전에 관할청에 통보하도록 함으로써 관할청의 신속한 상황 파악 및 대응이 가능해짐에 따라 사립학교의 징계 운영에 대한 관할청의 지도 감독권을 강화하려는 취지의 입법으로 이해됩니다...
- **교육부차관 정종철**[1503]: 안건 6번과 관련한 강민정 의원님의 교원징계위원회가 징계의결하였을 때 징계의결서를 임용권자뿐만 아니라 관할청에도 보내도록 하고 징계처분 전에도 관할청에 통보하도록 하는 조항 또 징계처분하기 전에 관할청은 징계 수위가 가벼울 뿐만 아니라 무겁다고 인정될 경우 재심의를 요청할 수 있도록 하는 각각의 조항에 대해서 저희 입장에서는 사학 자율성을, 즉 자정 노력을 지나치게 위축시킬 수 있다 보고 있어서 조금 신중 검토가 필요하다는 의견입니다...
- **소위원장 박찬대**[1504]: 강민정 의원안과 관련해서는 정부 측에서 좀 신중한 검토

1500) 2021. 8. 25. 교육위원장(의안번호: 2112205).
1501) 제390회 국회(임시회) 제1차 전체회의, 교육위원회회의록, 2021. 8. 19., 23면.
1502) 제390회 국회(임시회) 제2차 법안심사소위, 교육위원회회의록, 2021. 8. 18., 28면.
1503) 제390회 국회(임시회) 제2차 법안심사소위, 교육위원회회의록, 2021. 8. 18., 30면.
1504) 제390회 국회(임시회) 제2차 법안심사소위, 교육위원회회의록, 2021. 8. 18., 31면.

를 요청한 것 같아요. 과도한 징계가 이루어지거나 가볍다고 판단되는 징계가 이루어졌을 경우에 사학의 자율성이 좀 위축되는 면이 있지 않겠느냐 해서 신중 검토를 요구했는데 위원님들 의견 어떻습니까? 서동용 위원님.

- **서동용 위원**[1505]: 차관님, 우선 징계의결서를 임용권자뿐만 아니고 관할청에도 알리도록 하고 징계처분 전에 그 내용을 관할청에 통보하도록 하는 게 사학의 자율성을 침해하는 내용일까요?
- **교육부차관 정종철**[1506]: 관할청 또는 경우에 따라서는 교육부나 감사원이 감사할 수도 있습니다. 그렇게 해서 감사 결과에 따라서 저희가 처분 요구를 하는 경우도 있는데요. 제안하신 이 법안 내용에는 사학이 자체적으로 징계위원회를 구성해서 운영하는 경우도 있거든요. 그러니까 그런 경우는 앞에서 제가 말씀드린 대로 사학이 어찌 보면 관련 법령이라든지 정관이나 학칙 또는 내부 규정 등에 의해서 일종의 자율적인 정화 시도를 하는 겁니다. 그런 부분까지 굳이 관할청에 사전적으로 통보하도록 한다든지 사후적으로 결과를 보고하는 것까지는 조금 지나침이 있지 않나 하는 게 저희 정부의 생각입니다.
- **서동용 위원**[1507]: 그런데 그게 경미한 비위행위에 대한 처분이고 자체 내부적으로 자율적으로 자정 노력에 의해서 자정이 가능한 경우는 모르겠으나 그렇지 않은 경우들도 있을 것으로 보이는데요. 그런 경우는 관할청이 알고 필요한 조치들을 취할 수 있는 준비들을 하도록 하는 게 맞지 않겠습니까?
- **교육부차관 정종철**[1508]: 과한 징계 같은 경우, 예를 들어서 부득이 교직원의 권익을 침해한다든지 이런 경우는 당연히 소청이라는 제도적 장치가 있기 때문에 소청 또는 그 이후에 법률적 구제 절차 등을 통해서 충분히 구제될 수 있다고 봅니다. 견제도 가능하고요. 다만 과소 징계 부분의 예를 저희가 특정할 수는 없습니다만 그 기능, 즉 경미하거나 사학 내부적으로 처리할 수 있는 것까지 굳이 관할청에서 관여하도록 하는 게 바람직한지는 다시 한번 논의가 필요하지 않나 싶습니다.
- **이탄희 위원**[1509]: 제 의견 하나 드리겠습니다.
- **소위원장 박찬대**[1510]: 이탄희 위원님.
- **이탄희 위원**[1511]: 지금 사실 사립학교 교원의 경우에도 국공립학교 교원과 마찬

1505) 제390회 국회(임시회) 제2차 법안심사소위, 교육위원회회의록, 2021. 8. 18., 31면.
1506) 제390회 국회(임시회) 제2차 법안심사소위, 교육위원회회의록, 2021. 8. 18., 31면.
1507) 제390회 국회(임시회) 제2차 법안심사소위, 교육위원회회의록, 2021. 8. 18., 31면.
1508) 제390회 국회(임시회) 제2차 법안심사소위, 교육위원회회의록, 2021. 8. 18., 31면.
1509) 제390회 국회(임시회) 제2차 법안심사소위, 교육위원회회의록, 2021. 8. 18., 31면.
1510) 제390회 국회(임시회) 제2차 법안심사소위, 교육위원회회의록, 2021. 8. 18., 31면.

가지로 교원의 징계기준에 관해서는 공무원 징계양정 규칙에 관한 별표가 준용되고 있습니다. 그래서 사립학교 자체적으로 징계위원회를 열어서 징계를 한 경우에도 그 징계양정이 규칙에서 정한 대로 정당하게 이루어지고 있는지를 감독할 만한 실익은 충분히 있다고 보입니다. 그리고 당해 교원이 부당하게 징계를 받아서 본인이 자기 권리를 회복하기 위해서 소청심사 신청을 하는 것과 별개로 국회나 기타 행정기관에서 이것을 전체적인 행정감독의 차원에서 현황을 파악하고 그것에 대해서 어떤 제도적인 개선책을 뽑아내기 위해서 자료에 접근하는 것은 중요한 부분이거든요. 그래서 저도 다른 부분은 모르겠지만 일단 징계가 이루어지는 경우에 사후적으로 통보를 해주도록 하는 것은 필요하지 않나, 그것은 사립학교가 교육청의 징계 요구에 의해서 한 경우든, 아니면 자체적으로 징계위원회를 개최한 경우든 차이를 둘 필요가 오히려 없다 그런 의견을 드립니다.

- **권인숙 위원**[1512]: 저도 거기에 동의합니다. 그러니까 사립학교의 징계라든가 이런 것들을 보다 더 기준에 맞춰 나가고 그리고 객관성을 확보해 나가는 이런 과정이라는 것이 사실은 자율성 침해하는 것하고 같이 갈 수 없는 부분이라고 여겨지거든요. 그래서 통보 정도 하는 것에 대해서는 저는 기본적으로 가야 된다는 생각이 듭니다. 그런데 이 부분에 대해서 관할청이 징계 수위나 이런 것을 재심의할 수 있도록 요청할 수 있다는 것까지 포함되어야 하는지에 대해서는 좀 과할 수 있다는 생각은 드는데요. 통보라든가 이 정도는 기본으로 전제를 까는 게 저는 맞다는 생각입니다.
- **이탄희 위원**[1513]: 저도 추가로 말씀드리면 권인숙위원님 말씀대로 통보가 아니라 재심의 요구 관련하여 너무 가벼운 경우에 재심의하라고 하는 것은 의미가 있는데 너무 무겁다고 해서 재심의하는 것은 지금 소청심사제도가 있기 때문에 그것과 다소 중복되는 면이 있어서 너무 무겁다고 해서 다시 재심의 요구하는 것은 꼭 둘 필요가 있을까 그런 의견이 있습니다.
- **소위원장 박찬대**[1514]: 그러면 정리를 한번 좀 해볼까요. 강민정 의원안 중에서 제66조제2항에 "임용권자 및 관할청에"라고 해서 관할청까지 알려야 된다는 부분에 대해서 위원님들 입장은 이것은 필요한 것 아닌가, 타당성이 있지 않나 이렇게 생각하신다는 거고요. 과도한 징계에 대해서는 실효성이 좀 부족하고 가볍다고 판

1511) 第390회 국회(임시회) 제2차 법안심사수위, 교육위원회회의록, 2021. 8. 18., 31면.
1512) 第390회 국회(임시회) 제2차 법안심사소위, 교육위원회회의록, 2021. 8. 18., 31~32면.
1513) 第390회 국회(임시회) 제2차 법안심사소위, 교육위원회회의록, 2021. 8. 18., 32면.
1514) 第390회 국회(임시회) 제2차 법안심사소위, 교육위원회회의록, 2021. 8. 18., 32면.

단하는 경우에도 이게 또 너무 과중한 처분이 내려질 수 있는 것 아닌가 해서 징계와 관련된 부분에 대해서는 좀 신중한 검토가 필요하고 관할청에다가도 동시에 알려주는 것은 타당하다 이렇게 지금 의견이 모아지는 겁니까?

- **이탄희 위원**[1515]: 너무 가볍다고 평가되는 경우에 재심의 요구를 하는 것은 필요하다고 생각하고요. 너무 무겁다는 이유로 재심의 요구를 하는 것은 좀 신중해야 한다…
- **소위원장 박찬대**[1516]: 소청심사가 있기 때문에?
- **이탄희 위원**[1517]: 예, 그렇습니다.
- **소위원장 박찬대**[1518]: 이탄희 위원님 의견에 대해서 혹시 다른 의견이 있을까요?(없습니다 하는 위원 있음) 그러면 강민정 의원안과 관련해서는 임용권자뿐 아니라 관할청에도 알리도록 한다는 것은 수용하고요. 대신 과도한 징계와 관련된 것은 실효성이 좀 부족하다 해서 이 부분은 수용하지 않는 것으로 하고, 그다음에 가볍다고 판단하는 부분에 대해서 재심의를 요구하는 부분에 대해서는 받아들이는 것으로 이렇게 정리하면 어떨까요? (예 하는 위원 있음) 그러면 그렇게 정리하도록 하겠습니다.
- **서동용 위원**[1519]: 가볍다고 인정하는 경우에 재심의 요구하는 것은 현행법에 그렇게 되어 있는 거지요?
- **교육부차관 정종철**[1520]: 예, 현행 규정에 그대로 되어 있습니다.

나. 제21대 국회 제390회 제1차 교육위원회(2021. 8. 19.)

- **위원장직무대리 박찬대**[1521]: 의사일정 제14항부터 제29항까지 16건의 사립학교법 일부개정법률안은 심사보고한 바와 같이 본회의에 각각 부의하지 아니하고 이를 통합 조정한 의사일정 제30항을 우리 위원회안으로 제안하고자 하는데 이의가 없으십니까? (없습니다 하는 위원 있음) 이의가 없으면 가결되었음을 선포합니다.

〈2〉 법제사법위원회: 교육위원회 대안대로 가결되었다.[1522]

1515) 제390회 국회(임시회) 제2차 법안심사소위, 교육위원회회의록, 2021. 8. 18., 32면.
1516) 제390회 국회(임시회) 제2차 법안심사소위, 교육위원회회의록, 2021. 8. 18., 32면.
1517) 제390회 국회(임시회) 제2차 법안심사소위, 교육위원회회의록, 2021. 8. 18., 32면.
1518) 제390회 국회(임시회) 제2차 법안심사소위, 교육위원회회의록, 2021. 8. 18., 32면.
1519) 제390회 국회(임시회) 제2차 법안심사소위, 교육위원회회의록, 2021. 8. 18., 32면.
1520) 제390회 국회(임시회) 제2차 법안심사소위, 교육위원회회의록, 2021. 8. 18., 32면.
1521) 제390회 국회(임시회) 제1차 전체회의, 교육위원회회의록, 2021. 8. 19., 23면.
1522) 제390회 국회(임시회) 제2차 전체회의, 법제사법위원회회의록, 2021. 8. 25., 14면.

(3) 본회의 심의

교육위원회 대안대로 가결되었다.[1523] 김기현의원 등 105인이 개정전 법률과 동일한 내용으로 본회의 수정안을 제안하였지만 부결되었다.

(4) 결과

교육위원회 대안으로 개정되었다.

III. 현행법

제66조(징계의결) ① 교원징계위원회는 제61조제1항 각 호의 어느 하나에 해당하는 행위의 유형, 정도 및 징계의결이 요구된 교원의 근무태도 등을 고려하여 대통령령으로 정하는 징계기준 및 징계의 감경기준 등에 따라 징계의결을 하여야 한다.

② 교원징계위원회는 징계사건을 심의한 결과 징계를 의결하였을 때에는 주문(主文)과 이유를 적은 징계의결서를 작성하여 임용권자 및 관할청에 보내어 알려야 한다.

③ 제1항의 징계의결은 재적위원 3분의 2 이상의 출석과 재적위원 과반수의 찬성으로 하여야 한다.

④ 임용권자가 제2항의 징계의결서를 받았을 때에는 제66조의2제2항에 따라 재심의를 요구받은 경우를 제외하고는 징계의결서를 받은 날부터 15일 이내에 그 의결 내용에 따라 징계처분을 하여야 한다. 이 경우 임용권자는 징계처분의 사유를 적은 결정서를 해당 교원에게 교부하여야 한다.

⑤ 임용권자는 「성폭력범죄의 처벌 등에 관한 특례법」 제2조에 따른 성폭력범죄 및 「양성평등기본법」 제3조제2호에 따른 성희롱에 해당하는 사유로 제4항에 따라 징계처분의 사유를 적은 결정서를 교부할 때에는 피해자가 요청하는 경우 그 징계처분 결과를 피해자에게 함께 통보하여야 한다.

1523) 제390회 국회(임시회)제1차 본회의, 국회본회의회의록, 2021. 8. 31., 21~25면.

66.400

IV. 종합/특기사항

- 제66조에 대한 주요 변화는 1990년, 2015년, 2019년, 2021년 8월, 2021년 9월 개정이다. 1990년 개정은 징계위원회의 의결정족수를 강화하였고, 2015년 개정은 제66조의2 신설에 따라 조문을 정비한 것이며, 2019년 개정은 징계위원회의 징계기준 및 징계의 감경기준 등에 대하여 대통령령에 따라 징계의결을 하도록 하고, 2021년 8월 개정은 「성폭력범죄의 처벌 등에 관한 특례법」 제2조에 따른 성폭력범죄 및 「양성평등기본법」 제3조제2호에 따른 성희롱에 해당하는 사유로 징계처분의 사유를 적은 결정서를 교부할 때에는 피해자가 요청하는 경우 그 징계처분 결과를 피해자에게 함께 통보하도록 하였으며, 2021년 9월 개정은 교원징계위원회가 징계의결서를 임용권자뿐만 아니라 관할청에도 통지하도록 하였다.

제66조의2(징계의결의 재심의)

66-2.100

I. 제정법

제정법에는 이 조문이 없다.

66-2.201

1. 2015년 3월 27일 개정(법률 제13224호, 2015. 3. 27. 시행)

제66조의2(징계의결의 재심의 요구) ① 사립학교 교원의 임면권자는 제54조제3항에 따라 징계를 요구받은 사항에 대하여 제66조제1항에 따른 징계의결서를 받은 때에는 같은 조 제3항에 따라 징계처분을 하기 전에 그 내용을 관할청에 통보하여야 한다.

② 관할청은 제1항에 따라 통보받은 징계의결의 내용이 징계사유에 비추어 가볍다고 인정되면 해당 교원의 임면권자에게 그 징계처분을 하기 전에 교원징계위원회에 재심의(再審議)를 요구하도록 할 수 있다.

③ 임면권자가 관할청으로부터 제2항에 따라 재심의를 요구받은 경우에는 지체 없이 해당 교원징계위원회에 재심의를 요구하여야 하며, 해당 교원징계위원회가

재심의를 한 경우에는 그 결과를 관할청에 통보하여야 한다.

(1) 법률안(정부안[1524])

현행법	원안
<신 설>	**제66조의2(징계의결의 재심의 요구)** ①사립학교 교원의 임면권자는 제54조제3항에 따라 징계를 요구받은 사항에 대하여 교원징계위원회가 제66조제1항에 따라 징계를 의결한 경우에는 같은 조 제3항에 따라 징계처분을 하기 전에 그 내용을 관할청에 통보하여야 한다. ②관할청은 제1항에 따라 통보받은 징계의결의 내용이 징계사유에 비추어 가볍다고 인정되면 해당 교원의 임면권자에게 그 징계처분을 하기 전에 교원징계위원회에 재심의(再審議)를 요구하게 할 수 있다. ③임면권자가 관할청으로부터 제2항에 따라 재심의를 요구받은 경우에는 지체 없이 해당 교원징계위원회에 재심의를 요구하여야 하며, 해당 교원징계위원회가 재심의를 한 경우에는 그 결과를 관할청에 통보하여야 한다.

(2) 위원회 심사

〈1〉 교육문화체육관광위원회: 대안[1525]으로 가결되었다.[1526]

대안
제66조의2(징계의결의 재심의 요구) ①사립학교 교원의 임면권자는 제54조제3항에 따라 징계를 요구받은 사항에 대하여 제66조제1항에 따른 징계의결서를 받은 때에는 같은 조 제3항에 따라 징계처분을 하기 전에 그 내용을 관할청에 통보하여야 한다. ②관할청은 제1항에 따라 통보받은 징계의결의 내용이 징계사유에 비추어 가볍다고 인정되면 해당 교원의 임면권자에게 그 징계처분을 하기 전에 교원징계위원회에 재심의(再審議)를 요구하도록 할 수 있다.

1524) 2012. 12. 21. 정부(의안번호: 1903117); 제안이유 및 주요내용은 이 책 [54-2.205] 참조.
1525) 2015. 3. 3. 교육문화체육관광위원장(의안번호: 1914127).
1526) 제331회 국회(임시회) 제3차 전체회의, 교육문화체육관광위원회회의록, 2015. 2. 11., 14면.

③임면권자가 관할청으로부터 제2항에 따라 재심의를 요구받은 경우에는 지체 없이 해당 교원징계위원회에 재심의를 요구하여야 하며, 해당 교원징계위원회가 재심의를 한 경우에는 그 결과를 관할청에 통보하여야 한다.

제66조의2에 관한 회의록 내용은 아래와 같다.

- **소위원장 신성범**[1527]: 관할청이 징계를 요구한 사립학교 교원에 대한 징계의결이 가볍다고 인정되는 경우 관할청이 재심의를 요구할 수 있도록…신설했습니다.

〈2〉 **법제사법위원회:** 교육문화체육관광위원회 대안대로 가결되었다.[1528]

(3) 본회의 심의

교육문화체육관광위원회 대안대로 가결되었다.[1529]

(4) 결과

교육문화체육관광위원회 대안으로 개정되었다.

66-2.202

2. 2016년 2월 3일 개정(법률 제13938호, 2016. 2. 3. 시행)

제66조의2(징계의결의 재심의 요구) ①사립학교 교원의 **임용권자**는 제54조제3항에 따라 징계를 요구받은 사항에 대하여 제66조제1항에 따른 징계의결서를 받은 때에는 같은 조 제3항에 따라 징계처분을 하기 전에 그 내용을 관할청에 통보하여야 한다.

②관할청은 제1항에 따라 통보받은 징계의결의 내용이 징계사유에 비추어 가볍다고 인정되면 해당 교원의 **임용권자**에게 그 징계처분을 하기 전에 교원징계위원회에 재심의(再審議)를 요구하도록 할 수 있다.

③**임용권자**가 관할청으로부터 제2항에 따라 재심의를 요구받은 경우에는 지체 없이 해당 교원징계위원회에 재심의를 요구하여야 하며, 해당 교원징계위원회가 재심의를 한 경우에는 그 결과를 관할청에 통보하여야 한다.

1527) 제331회 국회(임시회) 제3차 전체회의, 교육문화체육관광위원회회의록, 2015. 2. 11., 13면.
1528) 제331회 국회(임시회) 제5차 전체회의, 법제사법위원회회의록, 2015. 3. 2., 56면.
1529) 제331회 국회(임시회) 제8차 본회의, 국회본회의회의록, 2015. 3. 3., 30면.

- 제2조를 개정함에 따라 "임면"을 "임용"으로 하였다(오직 형식에 관한 개정이므로 자세한 개정경과는 생략함[1530]).

3 3. 2019년 4월 16일 개정(법률 제16310호, 2019. 10. 17. 시행)

제66조의2(징계의결의 재심의 요구) ①사립학교 교원의 임용권자는 제54조제3항에 따라 징계를 요구받은 사항에 대하여 제66조제2항에 따른 징계의결서를 받은 때에는 같은 조 제4항에 따라 징계처분을 하기 전에 그 내용을 관할청에 통보하여야 한다.
②관할청은 제1항에 따라 통보받은 징계의결의 내용이 징계사유에 비추어 가볍다고 인정되면 해당 교원의 임용권자에게 그 징계처분을 하기 전에 교원징계위원회에 재심의(再審議)를 요구하도록 할 수 있다.
③임용권자가 관할청으로부터 제2항에 따라 재심의를 요구받은 경우에는 지체 없이 해당 교원징계위원회에 재심의를 요구하여야 하며, 해당 교원징계위원회가 재심의를 한 경우에는 그 결과를 관할청에 통보하여야 한다.

- 제66조제1항 신설로 종전의 제66조제1항부터 제3항이 순차로 제2항부터 제4항으로 이동한 데 따른 개정이다(기술적인 부분에 관한 개정이므로 개정경과는 생략함).

4 4. 2020년 12월 22일 개정(법률 제17659호, 2020. 12. 22. 시행)

제66조의2(징계의결의 재심의 요구) ①_사립학교 교원의 임용권자는 제54조제3항에 따라 징계를 요구받은 사항에 대하여 제66조제2항에 따른 징계의결서를 받았을 때에는 같은 조 제4항에 따라 징계처분을 하기 전에 그 내용을 관할청에 통보하여야 한다.
②_관할청은 제1항에 따라 통보받은 징계의결의 내용이 징계 사유에 비추어 가볍다고 인정되면 해당 교원의 임용권자에게 그 징계처분을 하기 전에 교원징계위원회에 재심의를 요구하도록 할 수 있다.
③_임용권자가 관할청으로부터 제2항에 따라 재심의를 요구받은 경우에는 지체 없이 해당 교원징계위원회에 재심의를 요구하여야 하며, 해당 교원징계위원회가 재심의를 하였을 때에는 그 결과를 관할청에 통보하여야 한다.

1530) 이에 관한 구체적 개정경과는 이 책 [2.204] 참조.

• 간단한 자구수정을 하였다(오직 형식에 관한 개정이므로 자세한 개정경과는 생략함[1531]).

66-2.205

5. 2021년 9월 24일 개정(법률 제18460호, 2022. 3. 25. 시행)

제66조의2(징계의결의 재심의) ① 사립학교 교원의 임용권자는 제54조제3항에 따라 징계를 요구받은 사항에 대하여 제66조제2항에 따른 징계의결서를 받았을 때에는 같은 조 제4항에 따라 징계처분을 하기 전에 그 내용을 관할청에 통보하여야 한다.

② 관할청은 제1항에 따라 통보받은 징계의결의 내용이 징계 사유에 비추어 가볍다고 인정되면 해당 교원의 임용권자에게 그 징계처분을 하기 전에 **제4조제1항에 따른 관할청의 경우 제62조의3에 따른 징계심의위원회에, 제4조제3항에 따른 관할청의 경우 제62조에 따른 교원징계위원회에** 재심의를 요구하도록 할 수 있다.

③ 임용권자가 관할청으로부터 제2항에 따라 재심의를 요구받은 경우에는 지체 없이 해당 **징계심의위원회 또는 교원징계위원회에 재심의를 요구하여야 한다.**

④ 제3항에 따라 재심의를 요구받은 징계심의위원회 또는 교원징계위원회는 징계사건을 재심의한 결과 징계를 의결하였을 때에는 주문과 이유를 적은 징계의결서를 작성하여 관할청과 임용권자에게 각각 통보하여야 한다.

⑤ 임용권자가 제4항에 따라 징계의결서를 받았을 때에는 징계의결서를 받은 날부터 15일 이내에 그 의결 내용에 따라 징계처분을 하여야 한다. 이 경우 임용권자는 징계처분의 사유를 적은 결정서를 해당 교원에게 교부하여야 한다.

⑥ 제4항에 따른 징계사건의 심리·의결에 관하여는 제63조·제65조 및 제66조제1항·제3항을 적용 또는 준용한다. 이 경우 "교원징계위원회"는 "징계심의위원회"로 본다.

(1) 법률안

〈1〉 강민정 의원안[1532]

현행법	원안
제66조의2(징계의결의 재심의 요구) ① 사립학교	**제66조의2(징계의결의 재심의 요구)** ① 사립학교

1531) 이에 관한 구체적 개정경과는 이 책 [1.201] 참조.

1532) 2020. 10. 5. 강민정의원 등 10인(의안번호: 2104391); 제안이유 및 주요내용은 이 책 [66.208] 참조.

교원의 임용권자는 제54조제3항에 따라 징계를 요구받은 사항에 대하여 제66조제2항에 따른 징계의결서를 받은 때에는 같은 조 제4항에 따라 징계처분을 하기 전에 그 내용을 관할청에 통보하여야 한다. ② 관할청은 제1항에 따라 통보받은 징계의결의 내용이 징계사유에 비추어 가볍다고 인정되면 해당 교원의 임용권자에게 그 징계처분을 하기 전에 교원징계위원회에 재심의(再審議)를 요구하도록 할 수 있다. ③ (생 략)	교원의 임용권자는 제66조제2항에 따른 징계의결서를 받은 때에는 같은 조 제4항에 따라 징계처분을 하기 전에 그 내용을 관할청에 통보하여야 한다. ② 관할청은 제1항에 따라 통보받은 징계의결의 내용이 징계사유에 비추어 가볍거나 무겁다고 인정되면 해당 교원의 임용권자에게 그 징계처분을 하기 전에 교원징계위원회에 재심의(再審議)를 요구하도록 할 수 있다. ③ (현행과 같음)

〈2〉 권인숙 의원안[1533)]

현행법[1534)]	원안
제66조의2(징계의결의 재심의 요구) ① (생 략) ② 관할청은 제1항에 따라 통보받은 징계의결의 내용이 징계사유에 비추어 가볍다고 인정되면 해당 교원의 임용권자에게 그 징계처분을 하기 전에 교원징계위원회에 재심의(再審議)를 요구하도록 할 수 있다. ③ 임용권자가 관할청으로부터 제2항에 따라 재심의를 요구받은 경우에는 지체 없이 해당 교원징계위원회에 재심의를 요구하여야 하며, 해당 교원징계위원회가 재심의를 한 경우에는 그 결과를 관할청에 통보하여야 한다. <신 설> <신 설>	**제66조의2(징계의결의 재심의)** ① (현행과 같음) ② 관할청은 제1항에 따라 통보받은 징계의결의 내용이 징계사유에 비추어 가볍다고 인정되면 해당 교원의 임용권자에게 그 징계처분을 하기 전에 제4조제1항에 따른 관할청의 경우 제62조의3에 따른 징계심의위원회에, 제4조제3항에 따른 관할청의 경우 교원징계위원회에 재심의(再審議)를 요구하도록 할 수 있다. ③ 임용권자가 관할청으로부터 제2항에 따라 재심의를 요구받은 경우에는 지체 없이 해당 제62조의3에 따른 징계심의위원회 또는 교원징계위원회에 재심의를 요구하여야 한다. ④ 제2항에 따라 요구받은 징계사건을 심의한 결과 징계를 의결하였을 때에는 주문과 이유를 적은 징계의결서를 작성하여 제62조의3에 따른 징계심의위원회는 관할청과 임용권자에게, 교원징계위원회는 관할청에 통보하여야 한다. ⑤ 임용권자가 제4항에 따라 징계의결서를 받

1533) 2020. 11. 19. 권인숙의원 등 13인(의안번호: 2105526); 제안이유 및 주요내용은 이 책 [62-3.201] 참조.

1534) 「사립학교법」(2020. 3. 24. 일부개정, 2020. 9. 25. 시행)

	았을 때에는 징계의결서를 받은 날부터 15일 이내에 그 의결 내용에 따라 징계처분을 하여야 한다. 이 경우 임용권자는 징계처분의 사유를 적은 결정서를 해당 교원에게 교부하여야 한다.
<신 설>	⑥ 제4항에 따른 징계사건의 심리·의결에 관하여는 제63조·제65조 및 제66조제2항을 준용한다. 이 경우 "교원징계위원회"는 "징계심의위원회"로 본다.

(2) 위원회 심사

〈1〉 **교육위원회:** 대안[1535]으로 가결되었다.[1536]

대안
제66조의2(징계의결의 재심의) ① 사립학교 교원의 임용권자는 제54조제3항에 따라 징계를 요구받은 사항에 대하여 제66조제2항에 따른 징계의결서를 받았을 때에는 같은 조 제4항에 따라 징계처분을 하기 전에 그 내용을 관할청에 통보하여야 한다. ② 관할청은 제1항에 따라 통보받은 징계의결의 내용이 징계 사유에 비추어 가볍다고 인정되면 해당 교원의 임용권자에게 그 징계처분을 하기 전에 제4조제1항에 따른 관할청의 경우 제62조의3에 따른 징계심의위원회에, 제4조제3항에 따른 관할청의 경우 교원징계위원회에 재심의를 요구하도록 할 수 있다. ③ 임용권자가 관할청으로부터 제2항에 따라 재심의를 요구받은 경우에는 지체 없이 해당 제62조의3에 따른 징계심의위원회 또는 교원징계위원회에 재심의를 요구하여야 한다. ④ 제2항에 따라 요구받은 징계사건을 심의한 결과 징계를 의결하였을 때에는 주문과 이유를 적은 징계의결서를 작성하여 제62조의3에 따른 징계심의위원회는 관할청과 임용권자에게, 교원징계위원회는 관할청에 통보하여야 한다. ⑤ 임용권자가 제4항에 따라 징계의결서를 받았을 때에는 징계의결서를 받은 날부터 15일 이내에 그 의결 내용에 따라 징계처분을 하여야 한다. 이 경우 임용권자는 징계처분의 사유를 적은 결정서를 해당 교원에게 교부하여야 한다. ⑥ 제4항에 따른 징계사건의 심리·의결에 관하여는 제63조·제65조 및 제66조제2항을 준용한다. 이 경우 "교원징계위원회"는 "징계심의위원회"로 본다.

제66조의2에 관한 회의록 내용은 아래와 같다.

1535) 2021. 8. 25. 교육위원장(의안번호: 2112205).
1536) 제390회 국회(임시회) 제1차 전체회의, 교육위원회회의록, 2021. 8. 19., 23면.

가. 제21대 국회 제390회 제2차 교육위원회 법안심사소위원회(2021. 8. 18.)

• **전문위원 박재유**[1537]: 다음은 의사일정 제6항 강민정 의원안입니다. 개정안 제66조는 사립학교 교원징계위원회가 징계를 의결하였을 때 징계의결서를 임용권자뿐만 아니라 관할청에도 보내어 알리도록 함과 아울러 제66조의2제1항의 조문에서 제54조제3항을 삭제함으로써 임용권자로 하여금 모든 징계처분 전에 그 내용을 관할청에 통보하도록 하는 내용입니다.

현행법은 사립학교법 제54조제3항에 따라 관할청이 징계요구를 한 사항에 대해서만 해당 임용권자가 징계처분을 하기 전에 그 내용을 관할청에 통보하도록 되어 있으나 개정안은 사립학교 교원징계위원회의 모든 징계의결서를 해당 임용권자의 징계처분 전에 관할청에 통보하도록 함으로써 관할청의 신속한 상황 파악 및 대응이 가능해짐에 따라 사립학교의 징계 운영에 대한 관할청의 지도 감독권을 강화하려는 취지의 입법으로 이해됩니다. 이와 관련해서는 사립학교의 부당하거나 과도한 징계, 봐주기 식의 경미한 징계가 발생하는 것을 방지할 수 있다는 긍정적인 측면과 아울러 학교 내부의 경미한 징계처분 사건까지도 관할청에 모두 통보하여야 함으로써 사립학교의 자체 자정 노력을 오히려 위축시킬 수 있다는 의견을 참고할 필요가 있으며, 13페이지 우측 하단에 정리되어 있는 바와 같이 개정안에 대해서는 사학 단체의 반대의견이 제시되어 있습니다.

이어서 17페이지 강민정 의원안이 되겠습니다. 개정안은 앞에서 살펴본 바와 같이 사립학교의 모든 징계처분에 대하여 관할청에 통보하도록 함과 아울러 제66조의2제2항에서 모든 징계사항에 대하여 관할청은 징계의결의 내용이 가벼울 때뿐만 아니라 무겁다고 인정되는 경우에도 재심의를 요구할 수 있도록 하는 내용입니다. 개정안에 따르면 관할청이 징계요구를 하지 않은 사건에 대해서도 징계의결의 내용이 가볍다고 판단할 경우 재심의를 요구할 수 있게 되어 해당 교원에 대한 징계가 더 중한 처분이 내려질 수 있다는 점 등에 대한 논의가 필요할 것으로 생각이 되며, 17페이지 우측 하단에서 보는 바와 같이 한국사립초중고법인협의회에서는 개정안에 대하여 반대의견을 제시하고 있습니다. …다음, 20페이지부터는 의사일정 제7항 권인숙의원안에 관한 내용입니다. 개정안은 제66조의2에서 관할청이 징계 요구한 사항에 대한 사립학교 교원징계위원회의 징계의결 내용이 가볍다고 인정되는 경우 대학을 제외한 고등학교 이하 각급학교의 관할청에 설치된 징계심의위원회에서 재심의를 하도록 하는 내용입니다. 이는 현행법에서는 징계의결을 했던 해당 학교에 설치된 교원징계위원회에 재심

1537) 제390회 국회(임시회) 제2차 법안심사소위, 교육위원회회의록, 2021. 8. 18., 28~29면.

의를 요구하도록 규정하고 있어 공정성을 담보하기 힘들고 미온적인 징계로 그칠 가능성이 높다는 지적을 반영한 것으로 생각이 됩니다. 이 개정안에 대해서도 사학 관련 단체의 반대 의견이 제시되어 있습니다. 그 밖에 개정안은 제4항과 제5항에서 징계의결의 재심의에 따른 처리 절차에 관한 사항을 신설하여 규정하고 있습니다...

- **교육부차관 정종철**[1538]: 안건 6번과 관련한 강민정 의원님의 교원징계위원회가 징계의결하였을 때 징계의결서를 임용권자뿐만 아니라 관할청에도 보내도록 하고 징계처분 전에도 관할청에 통보하도록 하는 조항, 또한 징계처분하기 전에 관할청은 징계 수위가 가벼울 뿐만 아니라 무겁다고 인정될 경우 재심의를 요청할 수 있도록 하는 각각의 조항에 대해서 저희 입장에서는 사학 자율성을, 즉 자정 노력을 지나치게 위축시킬 수 있다 이렇게 보고 있어서 조금 신중 검토가 필요하다는 의견입니다. 다음, 권인숙 의원님 7항 안건과 관련해서는 사립학교 징계 교직원에 대한 재심의를 위한 징계심의위원회 설치 부분에 대해서는 저희는 입법이 필요하다고 보고 있고요...
- **소위원장 박찬대**[1539]: 다음으로 강민정 의원안과 관련해서는 정부 측에서 좀 신중한 검토를 요청한 것 같아요. 과도한 징계가 이루어지거나 가볍다고 판단되는 징계가 이루어졌을 경우에 사학의 자율성이 좀 위축되는 면이 있지 않겠느냐 해서 신중 검토를 요구했는데 위원님들 의견 어떻습니까? 서동용 위원님.
- **서동용 위원**[1540]: 차관님, 우선 징계의결서를 임용권자뿐만 아니고 관할청에도 알리도록 하고 징계처분 전에 그 내용을 관할청에 통보하도록 하는 게 사학의 자율성을 침해하는 내용일까요?
- **교육부차관 정종철**[1541]: 저희가 관할청 또는 경우에 따라서는 교육부나 감사원이 감사할 수도 있습니다. 그렇게 해서 감사 결과에 따라서 저희가 처분 요구를 하는 경우도 있는데요. 제안하신 이 법안 내용에는 사학이 자체적으로 징계위원회를 구성해서 운영하는 경우도 있거든요. 그러니까 그런 경우는 앞에서 제가 말씀드린 대로 사학이 어찌 보면 관련 법령이라든지 정관이나 학칙 또는 내부 규정 등에 의해서 일종의 자율적인 정화 시도를 하는 겁니다. 그런 부분까지 굳이 관할청에 사전적으로 통보하도록 한다든지 사후적으로 결과를 보고하는 것까지는 조금 지나침이 있지 않나 하는 게 저희 정부의 생각입니다.

1538) 제390회 국회(임시회) 제2차 법안심사소위, 교육위원회회의록, 2021. 8. 18., 30면.
1539) 제390회 국회(임시회) 제2차 법안심사소위, 교육위원회회의록, 2021. 8. 18., 31면.
1540) 제390회 국회(임시회) 제2차 법안심사소위, 교육위원회회의록, 2021. 8. 18., 31면.
1541) 제390회 국회(임시회) 제2차 법안심사소위, 교육위원회회의록, 2021. 8. 18., 31면.

- **서동용 위원**[1542]: 그런데 그게 경미한 비위행위에 대한 처분이고 자체 내부적으로 자율적으로 자정 노력에 의해서 자정이 가능한 경우는 모르겠으나 그렇지 않은 경우들도 있을 것으로 보이는데요. 그런 경우는 관할청이 알고 필요한 조치들을 취할 수 있는 준비들을 하도록 하는 게 맞지 않겠습니까?
- **교육부차관 정종철**[1543]: 과한 징계 같은 경우, 예를 들어서 부득이 교직원의 권익을 침해한다든지 이런 경우는 당연히 소청이라는 제도적 장치가 있기 때문에 소청 또는 그 이후에 법률적 구제 절차 등을 통해서 충분히 구제될 수 있다고 봅니다. 견제도 가능하고요. 다만 과소 징계 부분의 예를 저희가 특정할 수는 없습니다만 그 기능, 즉 경미하거나 사학 내부적으로 처리할 수 있는 것까지 굳이 관할청에서 관여하도록 하는 게 바람직한지는 다시 한번 논의가 필요하지 않나 싶습니다.
- **이탄희 위원**[1544]: 제 의견 하나 드리겠습니다.
- **소위원장 박찬대**[1545]: 이탄희 위원님.
- **이탄희 위원**[1546]: 지금 사실 사립학교 교원의 경우에도 국공립학교 교원과 마찬가지로 교원의 징계기준에 관해서는 공무원 징계양정 규칙에 관한 별표가 준용되고 있습니다. 그래서 사립학교 자체적으로 징계위원회를 열어서 징계를 한 경우에도 그 징계양정이 규칙에서 정한 대로 정당하게 이루어지고 있는지를 감독할 만한 실익은 충분히 있다고 보입니다. 그리고 당해 교원이 부당하게 징계를 받아서 본인이 자기 권리를 회복하기 위해서 소청심사 신청을 하는 것과 별개로 국회나 기타 행정기관에서 이것을 전체적인 행정감독의 차원에서 현황을 파악하고 그것에 대해서 어떤 제도적인 개선책을 뽑아내기 위해서 자료에 접근하는 것은 중요한 부분이거든요. 그래서 저도 다른 부분은 모르겠지만 일단 징계가 이루어지는 경우에 사후적으로 통보를 해주도록 하는 것은 필요하지 않나. 그것은 사립학교가 교육청의 징계 요구에 의해서 한 경우든, 아니면 자체적으로 징계위원회를 개최한 경우든 차이를 둘 필요가 오히려 없다 그런 의견 드립니다.
- **권인숙 위원**[1547]: 저도 거기에 동의합니다. 그러니까 사립학교의 징계라든가 이런 것들을 보다 더 기준에 맞춰 나가고, 그리고 객관성을 확보해 나가는 이런

1542) 제390회 국회(임시회) 제2차 법안심사소위, 교육위원회회의록, 2021. 8. 18., 31면.
1543) 제390회 국회(임시회) 제2차 법안심사소위, 교육위원회회의록, 2021. 8. 18., 31면.
1544) 제390회 국회(임시회) 제2차 법안심사소위, 교육위원회회의록, 2021. 8. 18., 31면.
1545) 제390회 국회(임시회) 제2차 법안심사소위, 교육위원회회의록, 2021. 8. 18., 31면.
1546) 제390회 국회(임시회) 제2차 법안심사소위, 교육위원회회의록, 2021. 8. 18., 31면.
1547) 제390회 국회(임시회) 제2차 법안심사소위, 교육위원회회의록, 2021. 8. 18., 31~32면.

과정이라는 것이 사실은 자율성 침해하는 것하고 같이 갈 수 없는 부분이라고 여겨지거든요. 그래서 통보 정도 하는 것에 대해서는 저는 기본적으로 가야 된다는 생각이 듭니다. 그런데 이 부분에 대해서 관할청이 징계 수위나 이런 것을 재심의할 수 있도록 요청할 수 있다고 하는 것까지 포함되어야 되는지에 대해서는 좀 과할 수 있다는 생각은 드는데요. 통보라든가 이 정도는 기본으로 전제를 까는 게 저는 맞다는 생각입니다.

- **이탄희 위원**[1548]: 저도 추가로 말씀드리면 권인숙위원님 말씀대로 통보가 아니라 재심의 요구 관련돼서는 너무 가벼운 경우에 이것을 다시 재심의하라는 것은 의미가 있는데 너무 무겁다고 해서 재심의하는 것은 지금 소청심사제도가 있기 때문에 그것과 다소 중복되는 면이 있어서 너무 무겁다고 해서 다시 재심의 요구하는 것은 꼭 둘 필요가 있을까 그런 의견이 있습니다.
- **소위원장 박찬대**[1549]: 그러면 정리를 한번 좀 해볼까요. 강민정 의원안 중에서 제66조제2항에 관할청까지 알려야 된다는 부분에 대해서 위원님들 입장은 이것은 필요한 것 아닌가, 타당성이 있지 않나 이렇게 생각하신다는 것이고, 그리고 과도한 징계에 대해서는 실효성이 좀 부족하고 가볍다고 판단하는 경우에도 이게 또 너무 과중한 처분이 내려질 수 있는 것 아닌가 해서 징계와 관련된 부분에 대해서는 좀 신중한 검토가 필요하고 관할청에다가도 동시에 알려주는 것은 타당하다 이렇게 지금 의견이 모아지는 겁니까?
- **이탄희 위원**[1550]: 저는 너무 가볍다고 하는 경우에 재심의 요구를 하는 것은 필요하다고 생각하고요. 너무 무겁다는 이유로 재심의 요구를 하는 것은 좀 신중하게 생각해야 된다…
- **소위원장 박찬대**[1551]: 소청심사가 있기 때문에?
- **이탄희 위원**[1552]: 예, 그렇습니다.
- **소위원장 박찬대**[1553]: 이탄희 위원님 의견에 대해서 혹시 다른 의견이 있을까요?(없습니다 하는 위원 있음) 그러면 강민정 의원안과 관련해서는 임용권자뿐 아니라 관할청에도 알리도록 한다는 것은 수용하고요. 대신 과도한 징계와 관련된 것은 실효성이 좀 부족하다 해서 이 부분은 수용하지 않는 것으로 하고, 그다음에 가볍다고 판단하는 부분에 대해서 재심의를 요구하는 부분에 대해서는 받아

1548) 제390회 국회(임시회) 제2차 법안심사소위, 교육위원회회의록, 2021. 8. 18., 32면.
1549) 제390회 국회(임시회) 제2차 법안심사소위, 교육위원회회의록, 2021. 8. 18., 32면.
1550) 제390회 국회(임시회) 제2차 법안심사소위, 교육위원회회의록, 2021. 8. 18., 32면.
1551) 제390회 국회(임시회) 제2차 법안심사소위, 교육위원회회의록, 2021. 8. 18., 32면.
1552) 제390회 국회(임시회) 제2차 법안심사소위, 교육위원회회의록, 2021. 8. 18., 32면.
1553) 제390회 국회(임시회) 제2차 법안심사소위, 교육위원회회의록, 2021. 8. 18., 32면.

들이는 것으로 이렇게 정리하면 어떨까요? (예 하는 위원 있음) 그러면 그렇게 정리하도록 하겠습니다.

- **서동용 위원**[1554]: 가볍다고 인정하는 경우에 재심의 요구하는 것은 현행법에 그렇게 되어 있는 거지요?
- **교육부차관 정종철**[1555]: 예, 현행 규정에 그대로 되어 있습니다.

나. 제21대 국회 제390회 제1차 교육위원회(2021. 8. 19.)

- **위원장직무대리 박찬대**[1556]: 의사일정 제14항부터 제29항까지 16건의 사립학교법 일부개정법률안은 심사보고한 바와 같이 본회의에 각각 부의하지 아니하고 이를 통합 조정한 의사일정 제30항을 우리 위원회안으로 제안하고자 하는데 이의가 없으십니까? (없습니다 하는 위원 있음) 이의가 없으면 가결되었음을 선포합니다.

〈2〉 **법제사법위원회:** 교육위원회 대안을 수정·가결했다.[1557] 수정내용은 아래와 같다.

교육위원회 대안	법제사법위원회 수정안
제66조의2(징계의결의 재심의) ② ――― 제4조제1항에 따른 관할청의 경우 제62조의3에 따른 징계심의위원회에, 제4조제3항에 따른 관할청의 경우 교원징계위원회에 ―――. ③ ――――――― 제62조의3에 따른 징계심의위원회 또는 교원징계위원회에 재심의를 요구하여야 한다. ④ 제2항에 따라 요구받은 징계사건을 ――― 제62조의3에 따른 징계심의위원회는 관할청과 임용권자에게, 교원징계위원회는 관할청에 통보하여야 한다. ⑥ ――――――― 제66조제2항을 준용한다. ――――――――.	제66조의2(징계의결의 재심의) ② ――― 제4조제1항에 따른 관할청의 경우 제62조의3에 따른 징계심의위원회에, 제4조제3항에 따른 관할청의 경우 제62조에 따른 교원징계위원회에 ―――. ③ ――――――― 징계심의위원회 또는 교원징계위원회에 재심의를 요구하여야 한다. ④ 제3항에 따라 재심의를 요구받은 징계심의위원회 또는 교원징계위원회는 ―――――관할청과 임용권자에게 각각 통보하여야 한다. ⑥ ――――――― 제66조제1항·제3항을 적용 또는 준용한다. ――――――――.

1554) 제390회 국회(임시회) 제2차 법안심사소위, 교육위원회회의록, 2021. 8. 18., 32면.
1555) 제390회 국회(임시회) 제2차 법안심사소위, 교육위원회회의록, 2021. 8. 18., 32면.
1556) 제390회 국회(임시회) 제1차 전체회의, 교육위원회회의록, 2021. 8. 19., 23면.
1557) 제390회 국회(임시회) 제2차 전체회의, 법제사법위원회회의록, 2021. 8. 25., 14면.

(3) 본회의 심의

법제사법위원회 수정안대로 가결되었다.[1558] 김기현의원 등 105인이 개정전 법률과 동일한 내용으로 본회의 수정안을 제안하였지만 부결되었다.

(4) 결과

법제사법위원회 수정안으로 개정되었다.

66-2.300

III. 현행법

제66조의2(징계의결의 재심의) ① 사립학교 교원의 임용권자는 제54조제3항에 따라 징계를 요구받은 사항에 대하여 제66조제2항에 따른 징계의결서를 받았을 때에는 같은 조 제4항에 따라 징계처분을 하기 전에 그 내용을 관할청에 통보하여야 한다.

② 관할청은 제1항에 따라 통보받은 징계의결의 내용이 징계 사유에 비추어 가볍다고 인정되면 해당 교원의 임용권자에게 그 징계처분을 하기 전에 제4조제1항에 따른 관할청의 경우 제62조의3에 따른 징계심의위원회에, 제4조제3항에 따른 관할청의 경우 제62조에 따른 교원징계위원회에 재심의를 요구하도록 할 수 있다.

③ 임용권자가 관할청으로부터 제2항에 따라 재심의를 요구받은 경우에는 지체 없이 해당 징계심의위원회 또는 교원징계위원회에 재심의를 요구하여야 한다.

④ 제3항에 따라 재심의를 요구받은 징계심의위원회 또는 교원징계위원회는 징계사건을 재심의한 결과 징계를 의결하였을 때에는 주문과 이유를 적은 징계의결서를 작성하여 관할청과 임용권자에게 각각 통보하여야 한다.

⑤ 임용권자가 제4항에 따라 징계의결서를 받았을 때에는 징계의결서를 받은 날부터 15일 이내에 그 의결 내용에 따라 징계처분을 하여야 한다. 이 경우 임용권자는 징계처분의 사유를 적은 결정서를 해당 교원에게 교부하여야 한다.

⑥ 제4항에 따른 징계사건의 심리·의결에 관하여는 제63조·제65조 및 제66조제1항·제3항을 적용 또는 준용한다. 이 경우 "교원징계위원회"는 "징계심의위원

1558) 제390회 국회(임시회)제1차 본회의, 국회본회의회의록, 2021. 8. 31., 21~25면.

회"로 본다.

IV. 종합/특기사항

- 제66조의2는 2015년 개정으로 신설되었다. 조문번호 제66조의2는 1990년 개정(1990. 4. 7.)으로 신설될 당시에는 징계시효에 관한 규정이었으나, 2012년 개정(2012. 1. 26.)으로 징계시효에 관한 규정을 제66조의4로 이전하였다.
- 제66조의2에 대한 주요 변화는 2021년 개정이다. 관할청이 재심의를 요구하는 경우 재심의를 수행하는 기구를 고등학교 이하에서는 징계심의위원회, 대학교육기관에서는 교원징계위원회로 명확하게 하고 세부절차를 구체적으로 규정하였다.
- 징계의결의 내용이 징계사유에 비추어 가볍다고 인정되는 경우뿐만 아니라 무겁다고 인정되는 경우에도 재심의를 요청할 수 있도록 하자는 견해도 개정과정에서 개진되었으나 무겁다고 인정되는 경우에 대하여 재심의를 요청하는 것은 소청심사제도 또는 사법적 구제와 중복되는 면이 있다는 이유로 수용되지 않았다. 또한, 관할청에 재심의 요구권을 인정하는 것이 사학의 자율성과 자정기능에 방해를 준다는 의견이 개정과정에서 개진되었다.
- 2005년 개정 과정에서 정치적 입장에 따라 매우 격렬한 의견대립이 있었다. 제256회 국회(정기회) 제16차 본회의(2005. 12. 9.)에서 나타난 원색적 언동은 그 사정을 잘 보여준다.[1559)]

제66조의3(감사원 조사와의 관계 등)

I. 제정법

제정법에는 이 조문이 없다.

1559) 제256회 국회(정기회) 제16차 본회의, 국회본회의회의록, 2005. 12. 9., 2~3면.

II. 개정 경과

66-3.201 1. 2012년 1월 26일 개정(법률 제11216호, 2012. 1. 26. 시행)

제66조의2(감사원 조사와의 관계 등) ①감사원, 검찰·경찰, 그 밖의 수사기관은 사립학교 교원에 대한 조사나 수사를 시작한 때와 이를 마친 때에는 10일 이내에 해당 교원의 임면권자에게 그 사실을 통보하여야 한다.
②감사원에서 조사 중인 사건에 대하여는 제1항에 따른 조사개시 통보를 받은 날부터 징계 의결의 요구나 그 밖의 징계 절차를 진행하지 못한다.
③검찰·경찰, 그 밖의 수사기관에서 수사 중인 사건에 대하여는 제1항에 따른 수사개시 통보를 받은 날부터 징계 의결의 요구나 그 밖의 징계 절차를 진행하지 아니할 수 있다.

(1) 법률안(정부안[1560])

현행법[1561]	원안
<신 설>	제66조의2(감사원 조사와의 관계 등) ①감사원, 검찰·경찰, 그 밖의 수사기관은 사립학교 교원에 대한 조사나 수사를 시작한 때와 이를 마친 때에는 10일 내에 해당 교원의 임면권자에게 그 사실을 통보하여야 한다. ②감사원에서 조사 중인 사건에 대해서는 제1항에 따른 조사개시 통보를 받은 날부터 징계 의결의 요구나 그 밖의 징계 절차를 진행하지 못한다. ③검찰·경찰, 그 밖의 수사기관에서 수사 중인 사건에 대해서는 제1항에 따른 수사개시 통보를 받은 날부터 징계 의결의 요구나 그 밖의 징계 절차를 진행하지 아니할 수 있다.

• 사립학교 교원에 대한 조사·수사 통보제를 도입하였다.

1560) 2010. 8. 13. 정부(의안번호: 1809097); 제안이유 및 주요내용은 이 책 [54-4.207] 참조.
1561) 「사립학교법」(2007. 10. 17. 일부개정, 2008. 4. 18. 시행)

(2) 위원회 심사

〈1〉 **교육과학기술위원회:** 대안[1562]으로 가결되었다.[1563]

대안
제66조의2(감사원 조사와의 관계 등) ①감사원, 검찰·경찰, 그 밖의 수사기관은 사립학교 교원에 대한 조사나 수사를 시작한 때와 이를 마친 때에는 10일 이내에 해당 교원의 임면권자에게 그 사실을 통보하여야 한다. ②감사원에서 조사 중인 사건에 대하여는 제1항에 따른 조사개시 통보를 받은 날부터 징계 의결의 요구나 그 밖의 징계 절차를 진행하지 못한다. ③검찰·경찰, 그 밖의 수사기관에서 수사 중인 사건에 대하여는 제1항에 따른 수사개시 통보를 받은 날부터 징계 의결의 요구나 그 밖의 징계 절차를 진행하지 아니할 수 있다.

제66조의2에 관한 회의록 내용은 아래와 같다.

- **전문위원 이진호**[1564]: 현재 국공립 교원은 국가공무원법이나 지방공무원법에 따라 감사원, 검찰 등의 수사기관이 조사·수사를 개시하거나 마친 때에는 해당 기관에 사실을 통보하게 돼 있고 그동안 징계절차를 중지하도록 돼 있습니다. 이런 근거규정이 지금 사립학교 교원에는 없기 때문에 이것도 같이 사립학교교원에도 그 근거규정을 만들기 위한 것입니다. 이상입니다.

〈2〉 **법제사법위원회:** 교육과학기술위원회 대안대로 가결되었다.[1565]

(3) 본회의 심의

교육과학기술위원회 대안대로 가결되었다.[1566]

(4) 결과

교육과학기술위원회 대안으로 개정되었다.

1562) 2011. 12. 30. 교육과학기술위원장(의안번호: 1814406).
1563) 제304회 국회(임시회) 제2차 전체회의, 교육과학기술위원회회의록, 2011. 12. 28., 16면.
1564) 제303회 국회(정기회) 제1차 법안심사소위, 교육과학기술위원회회의록, 2011. 11. 2., 6면.
1565) 제304회 국회(임시회) 제2차 전체회의, 법제사법위원회회의록, 2011. 12. 29., 23~24면.
1566) 제304회 국회(임시회) 제3차 본회의, 국회본회의회의록, 2011. 12. 30., 23~24면.

66-3.202 2. 2015년 3월 27일 개정(법률 제13224호, 2015. 3. 27. 시행)

제66조의3(감사원 조사와의 관계 등) ①감사원, 검찰·경찰, 그 밖의 수사기관은 사립학교 교원에 대한 조사나 수사를 시작한 때와 이를 마친 때에는 10일 이내에 해당 교원의 임면권자에게 그 사실을 통보하여야 한다.

②감사원에서 조사 중인 사건에 대하여는 제1항에 따른 조사개시 통보를 받은 날부터 징계 의결의 요구나 그 밖의 징계 절차를 진행하지 못한다.

③검찰·경찰, 그 밖의 수사기관에서 수사 중인 사건에 대하여는 제1항에 따른 수사개시 통보를 받은 날부터 징계 의결의 요구나 그 밖의 징계 절차를 진행하지 아니할 수 있다.

(1) 법률안(정부안[1567])

현행법	원안
제66조의2 (생 략)	**제66조의3** (현행 제66조의2와 같음)

• 제66조의2 신설에 따라 종전의 제66조의2를 제66조의3으로 이동함에 따른 개정이다.

(2) 위원회 심사

〈1〉 **교육문화체육관광위원회:** 대안[1568]으로 가결되었다(이 조문의 경우에는 원안과 대안의 내용이 동일함).[1569]

〈2〉 **법제사법위원회:** 교육문화체육관광위원회 대안대로 가결되었다.[1570]

(3) 본회의 심의

교육문화체육관광위원회 대안대로 가결되었다.[1571]

1567) 2012. 12. 21. 정부(의안번호: 1903117); 제안이유 및 주요내용은 이 책 [54-2.205] 참조.
1568) 2015. 3. 3. 교육문화체육관광위원장(의안번호: 1914127).
1569) 제331회 국회(임시회) 제3차 전체회의, 교육문화체육관광위원회회의록, 2015. 2. 11., 14면.
1570) 제331회 국회(임시회) 제5차 전체회의, 법제사법위원회회의록, 2015. 3. 2., 56면.
1571) 제331회 국회(임시회) 제8차, 국회본회의회의록, 2015. 3. 3., 30면.

(4) 결과

교육문화체육관광위원회 대안으로 개정되었다.

3 3. 2016년 2월 3일 개정(법률 제13938호, 2016. 2. 3. 시행)

> **제66조의3(감사원 조사와의 관계 등)** ①감사원, 검찰·경찰, 그 밖의 수사기관은 사립학교 교원에 대한 조사나 수사를 시작한 때와 이를 마친 때에는 10일 이내에 해당 교원의 **임용권자**에게 그 사실을 통보하여야 한다.
>
> ②감사원에서 조사 중인 사건에 대하여는 제1항에 따른 조사개시 통보를 받은 날부터 징계 의결의 요구나 그 밖의 징계 절차를 진행하지 못한다.
>
> ③검찰·경찰, 그 밖의 수사기관에서 수사 중인 사건에 대하여는 제1항에 따른 수사개시 통보를 받은 날부터 징계 의결의 요구나 그 밖의 징계 절차를 진행하지 아니할 수 있다.

- 제2조를 개정함에 따라 "임면"을 "임용"으로 하였다(오직 형식에 관한 개정이므로 자세한 개정경과는 생략함[1572]).

4 4. 2020년 12월 22일 개정(법률 제17659호, 2020. 12. 22. 시행)

> **제66조의3(감사원 조사와의 관계 등)** ①_감사원, 검찰·경찰, 그 밖의 수사기관은 사립학교 교원에 대한 조사나 수사를 시작**하였을** 때와 **마쳤을** 때에는 10일 이내에 해당 교원의 임용권자에게 그 사실을 통보하여야 한다.
>
> ②_감사원에서 조사 중인 사건에 대해서는 제1항에 따른 조사 개시 통보를 받은 날부터 징계의결의 요구나 그 밖의 징계 절차를 진행**할 수 없다.**
>
> ③_검찰·경찰, 그 밖의 수사기관에서 수사 중인 사건에 대해서는 제1항에 따른 수사_개시 통보를 받은 날부터 징계의결의 요구나 그 밖의 징계 절차를 진행하지 아니할 수 있다.

- 간단한 자구수정을 하였다(오직 형식에 관한 개정이므로 자세한 개정경과는 생략함[1573]).

1572) 이에 관한 구체적 개정경과는 이 책 [2.204] 참조.
1573) 이에 관한 구체적 개정경과는 이 책 [1.201] 참조.

66-3.300 III. 현행법

제66조의3(감사원 조사와의 관계 등) ① 감사원, 검찰·경찰, 그 밖의 수사기관은 사립학교 교원에 대한 조사나 수사를 시작하였을 때와 마쳤을 때에는 10일 이내에 해당 교원의 임용권자에게 그 사실을 통보하여야 한다.
② 감사원에서 조사 중인 사건에 대해서는 제1항에 따른 조사 개시 통보를 받은 날부터 징계의결의 요구나 그 밖의 징계 절차를 진행할 수 없다.
③ 검찰·경찰, 그 밖의 수사기관에서 수사 중인 사건에 대해서는 제1항에 따른 수사 개시 통보를 받은 날부터 징계의결의 요구나 그 밖의 징계 절차를 진행하지 아니할 수 있다.

66-3.400 IV. 종합/특기사항

- 제66조의3은 2012년 개정으로 신설되었다.
- 제66조의3에 대한 개정은 모두 조문번호의 변경 등 형식적인 사항에 관한 것이다.

제66조의4(징계 사유의 시효)

66-4.100 I. 제정법

제정법에는 이 조문이 없다.

II. 개정 경과

66-4.201 1. 1990년 4월 7일 개정(법률 제4226호, 1990. 4. 7. 시행)

제66조의2(징계사유의 시효) ①징계의결의 요구는 징계사유가 발생한 날부터 2년을

경과한 때에는 이를 행하지 못한다.
②징계위원회의 구성·징계의결 기타 절차상의 하자나 징계양정의 과다를 이유로 재심위원회 또는 법원에서 징계처분의 무효 또는 취소의 결정이나 판결을 한 때에는 제1항의 기간이 경과하거나 그 잔여기간이 3월미만인 경우에도 그 결정 또는 판결이 확정된 날부터 3월이내에는 다시 징계의결을 요구할 수 있다.

(1) 법률안(정부안[1574])

현행법	원안
<신 설>	**제66조의2(징계사유의 시효)** ①징계의결의 요구는 징계사유가 발생한 날부터 2년을 경과한 때에는 이를 행하지 못한다. ②징계위원회의 구성·징계의결 기타 절차상의 하자나 징계양정의 과다를 이유로 재심위원회 또는 법원에서 징계처분의 무효 또는 취소의 결정이나 판결을 한 때에는 제1항의 기간이 경과하거나 그 잔여기간이 3월미만인 경우에도 그 결정 또는 판결이 확정된 날부터 3월이내에는 다시 징계의결을 요구할 수 있다.

- 징계에 시효제도를 도입하였다.
- 1990년 개정으로 신설될 당시 조문번호는 제66조의2였으나 2012년 개정(2012. 1. 26.)으로 조문번호가 제66조의4로 변경되었다.

(2) 위원회 심사

〈1〉 **문교공보위원회:** 대안[1575]으로 가결되었다(이 조문의 경우에는 원안과 대안의 내용이 동일함).[1576] 제66조의2에 관한 회의록 내용은 아래와 같다.

- **소위원장 함종한[1577]:** 징계사유가 발생한 날로부터 2년이 경과된 때에는 징계를 행하지 못하도록 징계사유에 시효제도를 도입하는 한편,…이상입니다.

1574) 1988. 12. 2. 정부(의안번호. 130287).
1575) 1990. 3. 15. 문교공보위원장(의안번호: 130833).
1576) 제148회 국회(임시회) 제6차 전체회의, 문교공보위원회회의록, 1990. 3. 14., 8면.
1577) 제148회 국회(임시회) 제6차 전체회의, 문교공보위원회회의록, 1990. 3. 14., 3면.

〈2〉 **법제사법위원회:** 문교공보위원회 대안대로 가결되었다.[1578)]

(3) 본회의 심의

문교공보위원회 대안대로 가결되었다.[1579)]

(4) 결과

문교공보위원회 대안으로 개정되었다.

66-4.202

2. 1997년 1월 13일 개정(법률 제5274호, 1997. 4. 14. 시행)

제66조의2(징계사유의 시효) ①징계의결의 요구는 징계사유가 발생한 날부터 2년을 경과한 때에는 이를 행하지 못한다.
②징계위원회의 구성·징계의결 기타 절차상의 하자나 징계양정의 과다를 이유로 교원지위향상을위한특별법에 의한 교원징계재심위원회 또는 법원에서 징계처분의 무효 또는 취소의 결정이나 판결을 한 때에는 제1항의 기간이 경과하거나 그 잔여기간이 3월미만인 경우에도 그 결정 또는 판결이 확정된 날부터 3월이내에는 다시 징계의결을 요구할 수 있다.

(1) 법률안(정부안[1580)])

현행법	원안
제66조의2(징계사유의 시효) ① (생 략) ②징계위원회의 구성·징계의결 기타 절차상의 하자나 징계양정의 과다를 이유로 재심위원회 또는 법원에서 징계처분의 무효 또는 취소의 결정이나 판결을 한 때에는 제1항의 기간이 경과하거나 그 잔여기간이 3월미만인 경우에도 그 결정 또는 판결이 확정된 날부터 3월이내에	**제66조의2(징계사유의 시효)** ① (현행과 같음) ②징계위원회의 구성·징계의결 기타 절차상의 하자나 징계양정의 과다를 이유로 교원지위향상을위한특별법에 의한 교원징계재심위원회 또는 법원에서 징계처분의 무효 또는 취소의 결정이나 판결을 한 때에는 제1항의 기간이 경과하거나 그 잔여기간이 3월미만인 경우에도

1578) 제148회 국회(임시회) 제6차 전체회의, 법제사법위원회회의록, 1990. 3. 14., 26면.
1579) 제148회 국회(임시회) 제9차 본회의, 국회본회의회의록, 1990. 3. 16., 15~16면.
1580) 1996. 11. 18. 정부(의안번호: 150305); 제안이유 및 주요내용은 이 책 [3.206] 참조.

는 다시 징계의결을 요구할 수 있다.	그 결정 또는 판결이 확정된 날부터 3월이내에 는 다시 징계의결을 요구할 수 있다.

- 「교원지위향상을 위한 특별법」(1991. 5. 31. 제정·시행)에 따라 교육부에 교원징계재심위원회를 설치함에 따라 이를 반영하였다.
- 1990년 개정으로 신설될 당시 조문번호는 제66조의2였으나 2012년 개정(2012. 1. 26.)으로 조문번호가 제66조의4로 변경되었다.

(2) 위원회 심사

〈1〉 **교육위원회:** 원안대로 가결되었다.[1581)]

〈2〉 **법제사법위원회:** 원안대로 가결되었다.[1582)]

(3) 본회의 심의

원안대로 가결되었다.[1583)]

(4) 결과

원안으로 개정되었다.

3. 2005년 1월 27일 개정(법률 제7354호, 2005. 1. 27. 시행)

제66조의2(징계사유의 시효) ①징계의결의 요구는 징계사유가 발생한 날부터 2년을 경과한 때에는 이를 행하지 못한다.

②징계위원회의 구성·징계의결 기타 절차상의 하자나 징계양정의 과다를 이유로 교원지위향상을위한특별법에 의한 **교원소청심사위원회** 또는 법원에서 징계처분의 무효 또는 취소의 결정이나 판결을 한 때에는 제1항의 기간이 경과하거나 그 잔여기간이 3월 미만인 경우에도 그 결정 또는 판결이 확정된 날부터 3월 이내에는 다시 징계의결을 요구할 수 있다.

1581) 제181회 국회(정기회) 제10차 전체회의, 교육위원회회의록, 1996. 12. 12., 17면.
1582) 제181회 국회(정기회) 제14차 전체회의, 법제사법위원회회의록, 1996. 12. 16., 23면.
1583) 제181회 국회(정기회) 제22차 본회의, 국회본회의회의록, 1996. 12. 17., 8면.

- 「교원지위향상을 위한 특별법」(2005. 1. 27. 개정·시행)에 따라 "교원징계재심위원회"를 "교원소청심사위원회"로 변경하였다.
- 1990년 개정으로 신설될 당시 조문번호는 제66조의2였으나 2012년 개정(2012. 1. 26.)으로 조문번호가 제66조의4로 변경되었다.

66-4.204

4. 2005년 12월 29일 개정(법률 제7802호, 2006. 7. 1. 시행)

제66조의2(징계사유의 시효) ①징계의결의 요구는 징계사유가 발생한 날부터 2년(금품 및 향응 수수, 공금의 횡령·유용의 경우에는 3년)을 경과한 때에는 이를 행하지 못한다.
②징계위원회의 구성·징계의결 기타 절차상의 하자나 징계양정의 과다를 이유로 교원지위향상을위한특별법에 의한 교원소청심사위원회 또는 법원에서 징계처분의 무효 또는 취소의 결정이나 판결을 한 때에는 제1항의 기간이 경과하거나 그 잔여기간이 3월 미만인 경우에도 그 결정 또는 판결이 확정된 날부터 3월 이내에는 다시 징계의결을 요구할 수 있다.

(1) 법률안(복기왕 의원안1584))

현행법	원안
제66조의2(징계사유의 시효) ①징계의결의 요구는 징계사유가 발생한 날부터 2년을 경과한 때에는 이를 행하지 못한다. ② (생 략)	**제66조의2(징계사유의 시효)** ①징계의결의 요구는 징계사유가 발생한 날부터 2년(금품 및 향응 수수, 공금의 횡령·유용의 경우에는 3년)을 경과한 때에는 이를 행하지 못한다. ② (현행과 같음)

- 징계사유 중 금품 및 향응 수수, 공금의 횡령·유용의 경우에는 시효를 3년으로 하였다.
- 1990년 개정으로 신설될 당시 조문번호는 제66조의2였으나 2012년 개정(2012. 1. 26.)으로 조문번호가 제66조의4로 변경되었다.

(2) 위원회 심사

〈1〉 **교육위원회:** 심사 미료

1584) 2004. 10. 20. 복기왕의원 등 150인(의안번호: 170595); 제안이유 및 주요내용은 이 책 [10-2.201] 참고.

국회의장이 지정한 심사기간(2005. 9. 16 24:00) 내에 심사가 미료됨에 따라 소관 상임위원장의 중간심사보고(구두보고) 후 본회의로 바로 상정하였다(「국회법」 제85조의2).

〈2〉 **법제사법위원회:** 심사 미료

(3) 본회의 심의

원안대로 가결되었다.[1585] 이 조문의 회의록 내용은 2005. 12. 29. 개정조문 제8조의2와 공통적이어서 생략한다.[1586]

(4) 결과

원안으로 개정되었다.

5. 2008년 3월 14일 개정(법률 제8888호, 2008. 3. 14. 시행)

제66조의2(징계사유의 시효) ①징계의결의 요구는 징계사유가 발생한 날부터 2년(금품 및 향응 수수, 공금의 횡령·유용의 경우에는 3년)을 경과한 때에는 이를 행하지 못한다.
②징계위원회의 구성·징계의결 기타 절차상의 하자나 징계양정의 과다를 이유로 **「교원지위향상을 위한 특별법」**에 의한 교원소청심사위원회 또는 법원에서 징계처분의 무효 또는 취소의 결정이나 판결을 한 때에는 제1항의 기간이 경과하거나 그 잔여기간이 3월 미만인 경우에도 그 결정 또는 판결이 확정된 날부터 3월 이내에는 다시 징계의결을 요구할 수 있다.

- 법령 표기에 있어서 "「 」" 표시를 하기로 함[1587]에 따른 개정이다(오직 형식에 관한 개정이므로 자세한 개정경과는 생략함[1588]).
- 1990년 개정으로 신설될 당시 조문번호는 제66조의2였으나 2012년 개정(2012. 1. 26.)으로 조문번호가 제66조의4로 변경되었다.

1585) 제256회 국회(정기회) 제16차 본회의, 국회본회의회의록, 2005. 12. 9., 2~3면.
1586) 이 책 [8-2.201] 참조.
1587) 「법률용어의 표준화 기준」(국회사무처 예규 제22호, 2007. 4. 16. 시행).
1588) 이에 관한 구체적 개정경과는 이 책 [2.203] 참조.

66-4.206 6. 2011년 7월 21일 개정(법률 제10871호, 2011. 7. 21. 시행)

제66조의2(징계사유의 시효) ①징계의결의 요구는 징계사유가 발생한 날부터 2년(금품 및 향응 수수, 공금의 횡령·유용의 경우에는 5년)을 경과한 때에는 이를 행하지 못한다.
②징계위원회의 구성·징계의결 기타 절차상의 하자나 징계양정의 과다를 이유로 「교원지위향상을 위한 특별법」에 의한 교원소청심사위원회 또는 법원에서 징계처분의 무효 또는 취소의 결정이나 판결을 한 때에는 제1항의 기간이 경과하거나 그 잔여기간이 3월 미만인 경우에도 그 결정 또는 판결이 확정된 날부터 3월 이내에는 다시 징계의결을 요구할 수 있다.

(1) 법률안(김태원 의원안[1589])

이 조문을 포함한 개정 대상 조문의 제안이유 및 주요내용은 아래와 같다.

- 제안이유 및 주요내용

현행법에 사립학교 교원의 범죄행위에 대한 징계시효가 일반 비리는 2년, 금품 관련 비리는 3년으로 정해져 있음.

그러나 이러한 징계시효가 현재 이뤄지고 있는 감사의 주기 등에 비해 짧아 비리를 적발해도 시효가 지나 징계할 수 없는 일이 발생하고 있음.

실제로 최근 감사원이 국가기관과 광역자치단체, 공공기관 등을 대상으로 소속·산하기관에 대한 종합감사 주기를 조사한 결과에서도 63%의 기관이 해당 감사대상기관을 모두 감사하는데 2년 이상 걸리는 것으로 나타났음.

따라서 징계시효를 일반 비리는 2년에서 3년으로, 금품 관련 비리는 3년에서 5년으로 연장하려는 것임.

이 조문의 현행법과 개정 원안은 아래와 같다.

현행법	원안
제66조의2(징계사유의 시효) ①징계의결의 요구는 징계사유가 발생한 날부터 2년(금품 및 향응 수수, 공금의 횡령·유용의 경우에는 3년)을 경과한 때에는 이를 행하지 못한다.	**제66조의2(징계사유의 시효)** ①징계의결의 요구는 징계사유가 발생한 날부터 3년(금품 및 향응 수수, 공금의 횡령·유용의 경우에는 5년)을 경과한 때에는 이를 행하지 못한다.

1589) 2008. 8. 27. 김태원의원 등 11인(의안번호: 1800772).

② (생 략)	② (현행과 같음)

- 징계의 시효기간을 연장하였다.
- 1990년 개정으로 신설될 당시 조문번호는 제66조의2였으나 2012년 개정(2012. 1. 26.)으로 조문번호가 제66조의4로 변경되었다.

(2) 위원회 심사

〈1〉 **교육과학기술위원회:** 원안대로 수정·가결했다.[1590] 수정내용은 아래와 같다.

원안	교육과학기술위원회 수정안
제66조의2(징계사유의 시효) ①징계의결의 요구는 징계사유가 발생한 날부터 3년(금품 및 향응 수수, 공금의 횡령·유용의 경우에는 5년)을 경과한 때에는 이를 행하지 못한다.	**제66조의2(징계사유의 시효)** ①징계의결의 요구는 징계사유가 발생한 날부터 2년(금품 및 향응 수수, 공금의 횡령·유용의 경우에는 5년)을 경과한 때에는 이를 행하지 못한다.

위 내용이 포함된 제66조의2에 관한 회의록 내용은 아래와 같다.

- **전문위원 이진호**[1591]: 보고드리겠습니다. 뒤에 있는 현행·개정안 대비표를 보아 주시기 바랍니다. 현재 징계는 징계사유가 발생하는 날부터 2년, 일반징계에 해당하는 경우입니다. 그리고 금품 관련 경우에는 3년이 경과한 경우에는 행하지 못하도록 되어 있습니다. 그런데 이것이 지나치게 짧아서 그동안 교과부가 감사를 다 마치지 못하기 때문에 징계사유 소멸시효를 늘려달라는 의견이 있었습니다. 그래서 의원님께서는 일반 징계의 경우에 3년 그리고 금품 관련 징계의 경우는 5년으로 개정해 달라는 내용인데 2008년 12월 31일 날 국가공무원법 및 지방공무원법이 개정이 돼서 금품 관련 징계요구의 시효가 3년에서 5년으로 연장이 됐습니다. 그래서 국공립 교원에 대해서는 이게 준용되기 때문에 5년으로 늘어났습니다. 그래서 사립학교 교원이나 국공립학교 교원이나 똑같이 금품관련 징계사유 소멸시효는 5년으로 맞추는 것이 바람직할 것 같습니다.
- **소위원장 서상기**[1592]: 위원님들 다른 의견 있습니까? (없습니다 하는 위원 있음)없으시면 의사일정 제8항은 위원님들의 의견을 받아들여 수정한 부분은 수정한 대로 기타 부분은 원안대로 의결하고자 하는데 이의 없으십니까? (없습니다 하는

1590) 제299회 국회(임시회) 제5차 전체회의, 교육과학기술위원회회의록, 2011. 4. 21., 5면.
1591) 제299회 국회(임시회) 제1차 법안심사소위, 교육과학기술위원회회의록, 2011. 4. 15., 12면.
1592) 제299회 국회(임시회) 제1차 법안심사소위, 교육과학기술위원회회의록, 2011. 4. 15., 12면.

위원 있음) 가결되었음을 선포합니다. 수고하셨습니다.

〈2〉 **법제사법위원회:** 교육과학기술위원회 수정안대로 가결되었다.[1593)]

(3) 본회의 심의

교육과학기술위원회 수정안대로 가결되었다.[1594)]

(4) 결과

교육과학기술위원회 수정안으로 개정되었다.

66-4.207

7. 2012년 1월 26일 개정(법률 제11216호, 2012. 1. 26. 시행)

제66조의3(징계사유의 시효) ①징계의결의 요구는 징계사유가 발생한 날부터 2년(금품 및 향응 수수, 공금의 횡령·유용의 경우에는 5년)을 경과한 때에는 이를 행하지 못한다.

②제66조의2제2항 또는 제3항에 따라 징계 절차를 진행하지 못하여 제1항의 기간이 지나거나 그 남은 기간이 1개월 미만인 경우에는 제1항의 기간은 제66조의2제1항에 따른 조사나 수사의 종료 통보를 받은 날부터 1개월이 지난 날에 끝나는 것으로 본다.

③징계위원회의 구성·징계의결 기타 절차상의 하자나 징계양정의 과다를 이유로 「교원지위향상을 위한 특별법」에 의한 교원소청심사위원회 또는 법원에서 징계처분의 무효 또는 취소의 결정이나 판결을 한 때에는 제1항의 기간이 경과하거나 그 잔여기간이 3월 미만인 경우에도 그 결정 또는 판결이 확정된 날부터 3월 이내에는 다시 징계의결을 요구할 수 있다.

(1) 법률안(정부안[1595)])

현행법[1596)]	원안
제66조의2(징계사유의 시효) ① (생 략)	**제66조의3(징계사유의 시효)** ① (현행과 같음)

1593) 제301회 국회(임시회) 제5차 전체회의, 법제사법위원회회의록, 2011. 6. 22., 32~33면.
1594) 제301회 국회(임시회) 제6차 본회의, 국회본회의회의록, 2011. 6. 23., 14면.
1595) 2010. 8. 13. 정부(의안번호: 1809097); 제안이유 및 주요내용은 이 책 [54-4.207] 참조.

<신 설>	②제66조의2제2항 또는 제3항에 따라 징계 절차를 진행하지 못하여 제1항의 기간이 지나거나 그 남은 기간이 1개월 미만인 경우에는 제1항의 기간은 제66조의2제1항에 따른 조사나 수사의 종료 통보를 받은 날부터 1개월이 지난 날에 끝나는 것으로 본다. ③ (현행 제2항과 같음)

• 제66조의2를 신설함에 따라 종전의 제66조의2 조문을 제66조의3으로 이동하고, 제2항을 신설하였다.

(2) 위원회 심사

〈1〉 **교육과학기술위원회:** 대안[1597]으로 가결되었다(이 조문의 경우에는 원안과 대안의 내용이 동일함).[1598]

〈2〉 **법제사법위원회:** 교육과학기술위원회 대안대로 가결되었다.[1599]

(3) 본회의 심의

교육과학기술위원회 대안대로 가결되었다.[1600]

(4) 결과

교육과학기술위원회 대안으로 개정되었다.

8. 2015년 3월 27일 개정(법률 제13224호, 2015. 3. 27. 시행)

제66조의4(징계사유의 시효) ①사립학교 교원의 임면권자는 징계사유가 발생한 날부터 3년이 지난 경우에는 제64조에 따른 징계의결을 요구할 수 없다. 다만, 징계사유가 다음 각 호의 어느 하나에 해당하는 경우에는 그 징계사유가 발생한 날부터 5년 이내에 징계의결을 요구할 수 있다.

1596) 「사립학교법」(2007. 10. 17. 일부개정, 2008. 4. 18. 시행)
1597) 2011. 12. 30. 교육과학기술위원장(의안번호: 1814406).
1598) 제304회 국회(임시회) 제2차 전체회의, 교육과학기술위원회회의록, 2011. 12. 28., 16면.
1599) 제304회 국회(임시회) 제2차 전체회의, 법제사법위원회회의록, 2011. 12. 29., 23~24면.
1600) 제304회 국회(임시회) 제3차 본회의, 국회본회의회의록, 2011. 12. 30., 23~24면.

1. 금품 및 향응을 수수한 경우
2. 공금을 횡령·유용한 경우
3. 「교육공무원법」 제52조 각 호의 어느 하나에 해당하는 행위를 한 경우

②제66조의3제2항 또는 제3항에 따라 징계 절차를 진행하지 못하여 제1항의 기간이 지나거나 그 남은 기간이 1개월 미만인 경우에는 제1항의 기간은 제66조의3제1항에 따른 조사나 수사의 종료 통보를 받은 날부터 1개월이 지난 날에 끝나는 것으로 본다.

③징계위원회의 구성·징계의결 기타 절차상의 하자나 징계양정의 과다를 이유로 「교원지위향상을 위한 특별법」에 의한 교원소청심사위원회 또는 법원에서 징계처분의 무효 또는 취소의 결정이나 판결을 한 때에는 제1항의 기간이 경과하거나 그 잔여기간이 3월 미만인 경우에도 그 결정 또는 판결이 확정된 날부터 3월 이내에는 다시 징계의결을 요구할 수 있다.

(1) 법률안

〈1〉 정부안[1601]

현행법	원안
제66조의3(징계사유의 시효) ①징계의결의 요구는 징계사유가 발생한 날부터 2년(금품 및 향응 수수, 공금의 횡령·유용의 경우에는 5년)을 경과한 때에는 이를 행하지 못한다.	제66조의4(징계사유의 시효) ①사립학교 교원의 임면권자는 징계사유가 발생한 날부터 3년이 지난 경우에는 제64조에 따른 징계의결을 요구할 수 없다. 다만, 징계사유가 다음 각 호의 어느 하나에 해당하는 경우에는 그 징계사유가 발생한 날부터 5년 이내에 징계의결을 요구할 수 있다. 1. 금품 및 향응을 수수한 경우 2. 공금을 횡령·유용한 경우 3. 「교육공무원법」 제52조 각 호의 어느 하나에 해당하는 행위를 한 경우
②제66조의2제2항 또는 제3항에 따라 징계 절차를 진행하지 못하여 제1항의 기간이 지나거나 그 남은 기간이 1개월 미만인 경우에는 제1항의 기간은 제66조의2제1항에 따른 조사나	②제66조의3제2항 또는 제3항에 따라 징계 절차를 진행하지 못하여 제1항의 기간이 지나거나 그 남은 기간이 1개월 미만인 경우에는 제1항의 기간은 제66조의3제1항에 따른 조사나

1601) 2012. 12. 21. 정부(의안번호: 1903117); 제안이유 및 주요내용은 이 책 [54-2.205] 참조.

수사의 종료 통보를 받은 날부터 1개월이 지난 날에 끝나는 것으로 본다. ③ (생 략)	수사의 종료 통보를 받은 날부터 1개월이 지난 날에 끝나는 것으로 본다. ③ (현행과 같음)

• 사립학교 교원의 징계시효를 2년에서 3년으로 연장하고 5년의 장기시효 대상 행위에 「교육공무원법」 제52조가 정하는 행위(성비위 등)를 추가하였다.

〈2〉 **정희수 의원안**[1602]: 이 조문을 포함한 개정 대상 조문의 제안이유 및 주요내용은 아래와 같다.

• 제안이유 및 주요내용

최근 여학생을 성추행한 사립대학 교수에 대한 처벌을 요구하는 서명운동이 벌어졌으나 징계시효가 지나서 논란이 되고 있음.

현행법은 사립학교 교원에 대한 징계시효를 해당 사유가 발생한 날부터 2년으로 규정하고 있어, 대학 1~2학년 때 피해를 당한 학생이 졸업과 졸업 후의 진로문제 때문에 사건을 알리지 못하다가 졸업할 때 쯤 문제를 제기해도 징계시효 만료로 인해 해당 교수를 징계할 수 없는 상황임.

최근 사회적으로 성폭력범죄에 대한 형사처벌이 강화되고 있는 추세이고, 특히 교원은 학생들을 지도하고 보호할 책무가 크다는 점을 감안하여 징계시효를 강화할 필요가 있음.

이에 징계사유의 시효를 징계사유가 발생한 날부터 5년으로, 금품 및 향응 수수, 공금의 횡령·유용의 경우에는 그 징계시효를 7년으로 하려는 것임(안 제66조의3제1항).

이 조문의 현행법과 개정 원안은 아래와 같다.

현행법	원안
제66조의3(징계사유의 시효) ①징계의결의 요구는 징계사유가 발생한 날부터 2년(금품 및 향응 수수, 공금의 횡령·유용의 경우에는 5년)을 경과한 때에는 이를 행하지 못한다. ② ~ ③ (생 략)	**제66조의3(징계사유의 시효)** ①징계의결의 요구는 징계사유가 발생한 날부터 5년(금품 및 향응 수수, 공금의 횡령·유용의 경우에는 7년)을 경과한 때에는 이를 행하지 못한다. ② ~ ③ (현행과 같음)

• 일반 징계시효를 2년에서 5년으로, 금품 및 향응 수수, 공금의 횡령·유용에 대

1602) 2013. 2. 1. 정희수의원 등 10인(의안번호: 1903567).

한 징계시효를 5년에서 7년으로 연장하였다.

〈3〉 **김태원 의원안**[1603]: 이 조문을 포함한 개정 대상 조문의 제안이유 및 주요내용은 아래와 같다.

- 제안이유

  현행법은 사립학교 교원의 법령위반, 직무태만, 품위손상 등 일반 비위행위에 대한 징계시효를 해당 사유 발생일로부터 2년으로 하고 있음.

  그러나 사립 초·중·고 및 대학 등 감사대상기관에 대한 감사주기는 실제 3년 이상으로, 일반 비위행위에 대한 징계시효 만료로 인해 징계조치를 할 수 없는 일이 발생하고 있음.

  따라서 일반 비위의 징계시효를 2년에서 3년으로 연장함으로써 징계처분의 적시성과 실효성을 확보하고자 함.

  또한, 「국가공무원법」 및 「지방공무원법」상 "국·공립학교 교원" 및 "교원외 국가·지방자치단체에 근무하는 공무원"의 경우 일반 비위의 징계시효를 3년으로 각각 규정하고 있으므로 징계시효의 형평성을 고려하여 개정하고자 함(안 제66조의3제1항).

이 조문의 현행법과 개정 원안은 아래와 같다.

현행법	원안
제66조의3(징계사유의 시효) ①징계의결의 요구는 징계사유가 발생한 날부터 2년(금품 및 향응 수수, 공금의 횡령·유용의 경우에는 5년)을 경과한 때에는 이를 행하지 못한다. ② ~ ③ (생 략)	**제66조의3(징계사유의 시효)** ①징계의결의 요구는 징계사유가 발생한 날부터 3년(금품 및 향응 수수, 공금의 횡령·유용의 경우에는 5년)을 경과한 때에는 이를 행하지 못한다. ② ~ ③ (현행과 같음)

(2) 위원회 심사

〈1〉 **교육문화체육관광위원회:** 대안[1604]으로 가결되었다.[1605]

대안
제66조의4(징계사유의 시효) ①사립학교 교원의 임면권자는 징계사유가 발생한 날부터 3년이 지난 경

1603) 2013. 11. 27. 김태원의원 등 12인(의안번호: 1908086).

1604) 2015. 3. 3. 교육문화체육관광위원장(의안번호: 1914127).

1605) 제331회 국회(임시회) 제3차 전체회의, 교육문화체육관광위원회회의록, 2015. 2. 11., 14면.

우에는 제64조에 따른 징계의결을 요구할 수 없다. 다만, 징계사유가 다음 각 호의 어느 하나에 해당하는 경우에는 그 징계사유가 발생한 날부터 5년 이내에 징계의결을 요구할 수 있다.
1. 금품 및 향응을 수수한 경우
2. 공금을 횡령·유용한 경우
3. 「교육공무원법」 제52조 각 호의 어느 하나에 해당하는 행위를 한 경우
②제66조의3제2항 또는 제3항에 따라 징계 절차를 진행하지 못하여 제1항의 기간이 지나거나 그 남은 기간이 1개월 미만인 경우에는 제1항의 기간은 제66조의3제1항에 따른 조사나 수사의 종료 통보를 받은 날부터 1개월이 지난 날에 끝나는 것으로 본다.
③징계위원회의 구성·징계의결 기타 절차상의 하자나 징계양정의 과다를 이유로 「교원지위향상을 위한 특별법」에 의한 교원소청심사위원회 또는 법원에서 징계처분의 무효 또는 취소의 결정이나 판결을 한 때에는 제1항의 기간이 경과하거나 그 잔여기간이 3월 미만인 경우에도 그 결정 또는 판결이 확정된 날부터 3월 이내에는 다시 징계의결을 요구할 수 있다.

제66조의4에 관한 회의록 내용은 아래와 같다.

- **소위원장 신성범**[1606]: 다음 정부가 제출하고 김태원 의원, 박홍근 의원, 부좌현 의원, 정희수 의원이 각각 대표발의한 사립학교법 일부개정법률안을 통합조정한 대안의 내용을 말씀드리면 첫째, 사립학교 교원의 징계시효를 2년에서 3년으로 연장하되 성범죄 행위, 공금횡령 등의 경우에는 징계시효를 5년으로 연장했습니다.

〈2〉 **법제사법위원회:** 교육문화체육관광위원회 대안대로 가결되었다.[1607]

(3) 본회의 심의

교육문화체육관광위원회 대안대로 가결되었다.[1608]

(4) 결과

교육문화체육관광위원회 대안으로 개정되었다.

1606) 제331회 국회(임시회) 제3차 전체회의, 교육문화체육관광위원회회의록, 2015. 2. 11., 13면.
1607) 제331회 국회(임시회) 제5차 전체회의, 법제사법위원회회의록, 2015. 3. 2., 56면.
1608) 제331회 국회(임시회) 제8차, 국회본회의회의록, 2015. 3. 3., 30면.

66-4.209 9. 2016년 2월 3일 개정(법률 제13936호, 2016. 8. 4. 시행)

제66조의4(징계사유의 시효) ①사립학교 교원의 임면권자는 징계사유가 발생한 날부터 3년이 지난 경우에는 제64조에 따른 징계의결을 요구할 수 없다. 다만, 징계사유가 다음 각 호의 어느 하나에 해당하는 경우에는 그 징계사유가 발생한 날부터 5년 이내에 징계의결을 요구할 수 있다.

1. 금품 및 향응을 수수한 경우
2. 공금을 횡령·유용한 경우
3. 「교육공무원법」 제52조 각 호의 어느 하나에 해당하는 행위를 한 경우

②제66조의3제2항 또는 제3항에 따라 징계 절차를 진행하지 못하여 제1항의 기간이 지나거나 그 남은 기간이 1개월 미만인 경우에는 제1항의 기간은 제66조의3제1항에 따른 조사나 수사의 종료 통보를 받은 날부터 1개월이 지난 날에 끝나는 것으로 본다.

③징계위원회의 구성·징계의결 기타 절차상의 하자나 징계양정의 과다를 이유로 **「교원의 지위 향상 및 교육활동 보호를 위한 특별법」에 따른** 교원소청심사위원회 또는 법원에서 징계처분의 무효 또는 취소의 결정이나 판결을 한 때에는 제1항의 기간이 경과하거나 그 잔여기간이 3월 미만인 경우에도 그 결정 또는 판결이 확정된 날부터 3월 이내에는 다시 징계의결을 요구할 수 있다.

• 「교원지위향상을 위한 특별법」의 제명을 「교원의 지위 향상 및 교육활동 보호를 위한 특별법」(2016. 2. 3. 개정, 2016. 8. 4. 시행)으로 하였다.

66-4.210 10. 2016년 2월 3일 개정(법률 제13938호, 2016. 2. 3. 시행)

제66조의4(징계사유의 시효) ①사립학교 교원의 **임용권자**는 징계사유가 발생한 날부터 3년이 지난 경우에는 제64조에 따른 징계의결을 요구할 수 없다. 다만, 징계사유가 다음 각 호의 어느 하나에 해당하는 경우에는 그 징계사유가 발생한 날부터 5년 이내에 징계의결을 요구할 수 있다.

1. 금품 및 향응을 수수한 경우
2. 공금을 횡령·유용한 경우
3. 「교육공무원법」 제52조 각 호의 어느 하나에 해당하는 행위를 한 경우

②제66조의3제2항 또는 제3항에 따라 징계 절차를 진행하지 못하여 제1항의 기간이 지나거나 그 남은 기간이 1개월 미만인 경우에는 제1항의 기간은 제66조의3제1항에 따른 조사나 수사의 종료 통보를 받은 날부터 1개월이 지난 날에 끝나는 것으로 본다.
③징계위원회의 구성·징계의결 기타 절차상의 하자나 징계양정의 과다를 이유로 「교원의 지위 향상 및 교육활동 보호를 위한 특별법」에 따른 교원소청심사위원회 또는 법원에서 징계처분의 무효 또는 취소의 결정이나 판결을 한 때에는 제1항의 기간이 경과하거나 그 잔여기간이 3월 미만인 경우에도 그 결정 또는 판결이 확정된 날부터 3월 이내에는 다시 징계의결을 요구할 수 있다.

• 제2조 개정에 따라 "임면"을 "임용"으로 하였다(오직 형식에 관한 개정이므로 자세한 개정경과는 생략함[1609]).

11. 2018년 4월 17일 개정(법률 제15555호, 2018. 4. 17. 시행)

제66조의4(징계사유의 시효) ①사립학교 교원의 임용권자는 징계사유가 발생한 날부터 3년이 지난 경우에는 제64조에 따른 징계의결을 요구할 수 없다. 다만, 징계사유가 <u>제1호 또는 제2호에 해당하는 경우에는 그 징계사유가 발생한 날부터 5년 이내에, 제3호에 해당하는 경우에는 그 징계사유가 발생한 날부터 10년 이내에 징계의결을 요구할 수 있다.</u>
1. 금품 및 향응을 수수한 경우
2. 공금을 횡령·유용한 경우
3. 「교육공무원법」 제52조 각 호의 어느 하나에 해당하는 행위를 한 경우

②제66조의3제2항 또는 제3항에 따라 징계 절차를 진행하지 못하여 제1항의 기간이 지나거나 그 남은 기간이 1개월 미만인 경우에는 제1항의 기간은 제66조의3제1항에 따른 조사나 수사의 종료 통보를 받은 날부터 1개월이 지난 날에 끝나는 것으로 본다.
③징계위원회의 구성·징계의결 기타 절차상의 하자나 징계양정의 과다를 이유로 「교원의 지위 향상 및 교육활동 보호를 위한 특별법」에 따른 교원소청심사위원회

1609) 이에 관한 구체적 개정경과는 이 책 [2.204] 참조.

원회 또는 법원에서 징계처분의 무효 또는 취소의 결정이나 판결을 한 때에는 제1항의 기간이 경과하거나 그 잔여기간이 3월 미만인 경우에도 그 결정 또는 판결이 확정된 날부터 3월 이내에는 다시 징계의결을 요구할 수 있다.

(1) 법률안(노웅래 의원안[1610])

이 조문을 포함한 개정 대상 조문의 제안이유 및 주요내용은 아래와 같다.

- 제안이유 및 주요내용

최근 학생을 성추행하거나 논문을 표절한 교수를 징계시효 만료로 징계할 수 없는 데 대한 논란이 제기된 바 있음.

특히 대부분의 학생들이 교수의 비위사실 등을 알고도 졸업과 졸업 후의 진로문제 때문에 해당 사실을 알리지 못하다가 졸업 후 문제를 제기하기 때문에 징계시효 만료로 해당 교수가 징계를 받지 못하는 경우가 많이 발생하고 있음.

또한 교원은 학생들을 지도하고 보호할 책무가 크다는 점을 감안하여 교원에 대한 징계시효를 다른 대상보다 강화할 필요가 있다는 의견이 제기되고 있음.

이에 현재 3년인 징계사유의 시효를 5년으로 늘리고, 금품 및 향응 수수, 성폭력범죄 행위 등의 징계사유에 해당하는 경우에는 그 시효를 5년에서 7년으로 연장하려는 것임(안 제66조의4제1항).

이 조문의 현행법과 개정 원안은 아래와 같다.

현행법	원안
제66조의4(징계사유의 시효) ①사립학교 교원의 임용권자는 징계사유가 발생한 날부터 <u>3년</u>이 지난 경우에는 제64조에 따른 징계의결을 요구할 수 없다. 다만, 징계사유가 다음 각 호의 어느 하나에 해당하는 경우에는 그 징계사유가 발생한 날부터 <u>5년</u> 이내에 징계의결을 요구할 수 있다. 1. ~ 3. (생 략) ② ~ ③ (생 략)	**제66조의4(징계사유의 시효)** ①사립학교 교원의 임용권자는 징계사유가 발생한 날부터 <u>5년</u>이 지난 경우에는 제64조에 따른 징계의결을 요구할 수 없다. 다만, 징계사유가 다음 각 호의 어느 하나에 해당하는 경우에는 그 징계사유가 발생한 날부터 <u>7년</u> 이내에 징계의결을 요구할 수 있다. 1. ~ 3. (현행과 같음) ② ~ ③ (현행과 같음)

1610) 2017. 3. 27. 노웅래의원 등 11인(의안번호: 2006397).

(2) 위원회 심사

〈1〉 **교육문화체육관광위원회:** 대안[1611]으로 가결되었다.[1612]

대안
제66조의4(징계사유의 시효) ①사립학교 교원의 임용권자는 징계사유가 발생한 날부터 3년이 지난 경우에는 제64조에 따른 징계의결을 요구할 수 없다. 다만, 징계사유가 제1호 또는 제2호에 해당하는 경우에는 그 징계사유가 발생한 날부터 5년 이내에, 제3호에 해당하는 경우에는 그 징계사유가 발생한 날부터 10년 이내에 징계의결을 요구할 수 있다.

위 내용이 포함된 제66조의4에 관한 회의록 내용은 아래와 같다.

- **소위원장 유은혜**[1613]: 둘째, 사립학교 교원에게도 성폭력범죄 행위, 성매매 행위에 대한 징계시효를 앞서 보고드린 교육공무원 일부개정법률안에서처럼 국공립학교교원과 같이 현행 5년에서 10년으로 연장하였습니다.

〈2〉 **법제사법위원회:** 교육문화체육관광위원회 대안대로 가결되었다.[1614]

(3) 본회의 심의

교육문화체육관광위원회 대안대로 가결되었다.[1615]

(4) 결과

교육문화체육관광위원회 대안으로 개정되었다.

2 12. 2020년 12월 22일 개정(법률 제17659호, 2020. 12. 22. 시행)

제66조의4(징계 사유의 시효) ①_사립학교 교원의 임용권자는 징계 사유가 발생한 날부터 3년이 지난 경우에는 제64조에 따른 징계의결을 요구할 수 없다. 다만, 징계 사유가 **「국가공무원법」 제78조의2제1항 각 호의 어느 하나에** 해당하는 경우에는 그 징계 사유가 발생한 날부터 5년 이내에, **「교육공무원법」 제52조 각 호**

1611) 2018. 3. 29. 교육문화체육관광위원장(의안번호: 20127772).
1612) 제358회 국회(임시회) 제2차 전체회의, 교육문화체육관광위원회회의록, 2018. 3. 23., 7면.
1613) 제358회 국회(임시회) 제2차 전체회의, 교육문화체육관광위원회회의록, 2018. 3. 23., 5면.
1614) 제358회 국회(임시회) 제1차 전체회의, 법제사법위원회회의록, 2018. 3. 29., 13면.
1615) 제358회 국회(임시회) 제1차 본회의, 국회본회의회의록, 2018. 3. 30., 14면.

의 어느 하나에 해당하는 경우에는 그 징계 사유가 발생한 날부터 10년 이내에 징계의결을 요구할 수 있다.

②_제66조의3제2항 또는 제3항에 따라 징계 절차를 진행하지 못하여 제1항의 기간이 지나거나 그 남은 기간이 1개월 미만인 경우에는 제1항의 기간은 제66조의3제1항에 따른 조사나 수사의 종료 통보를 받은 날부터 1개월이 지난 날에 끝나는 것으로 본다.

③_징계위원회의 구성**,**_징계의결, **그 밖에** 절차상의 하자나 징계양정의 과다를 이유로 「교원의 지위 향상 및 교육활동 보호를 위한 특별법」에 따른 교원소청심사위원회 또는 법원에서 징계처분의 무효 또는 취소의 결정이나 판결을 **하였을** 때에는 제1항의 기간이 **지나거나** 그 **남은** 기간이 3**개**월 미만인 경우에도 그 결정 또는 판결이 확정된 날부터 3**개**월 이내에 다시 징계의결을 요구할 수 있다.

(1) 법률안

〈1〉 정부안[1616)]

현행법	원안
제66조의4(징계사유의 시효) ① 사립학교 교원의 임용권자는 징계사유가 발생한 날부터 3년이 지난 경우에는 제64조에 따른 징계의결을 요구할 수 없다. 다만, 징계사유가 제1호 또는 제2호에 해당하는 경우에는 그 징계사유가 발생한 날부터 5년 이내에, 제3호에 해당하는 경우에는 그 징계사유가 발생한 날부터 10년 이내에 징계의결을 요구할 수 있다. 1. 금품 및 향응을 수수한 경우 2. 공금을 횡령·유용한 경우 3. 「교육공무원법」 제52조 각 호의 어느 하나에 해당하는 행위를 한 경우 ② 제66조의3제2항 또는 제3항에 따라 징계 절차를 진행하지 못하여 제1항의 기간이 지나거나 그 남은 기간이 1개월 미만인 경우에는 제1항의 기간은 제66조의3제1항에 따른 조사나	**제66조의4(징계사유의 시효)** ① 사립학교 교원의 임용권자는 징계사유가 발생한 날부터 3년이 지난 경우에는 제64조에 따른 징계의결을 요구할 수 없다. 다만, 징계사유가 제1호 또는 제2호에 해당하는 경우에는 그 징계 사유가 발생한 날부터 5년 이내에, 제3호에 해당하는 경우에는 그 징계 사유가 발생한 날부터 10년 이내에 징계의결을 요구할 수 있다. 1. 금품 및 향응을 수수한 경우 2. 공금을 횡령·유용한 경우 3. 「교육공무원법」 제52조 각 호의 어느 하나에 해당하는 행위를 한 경우 ② 제66조의3제2항 또는 제3항에 따라 징계 절차를 진행하지 못하여 제1항의 기간이 지나거나 그 남은 기간이 1개월 미만인 경우에는 제1항의 기간은 제66조의3제1항에 따른 조사나

1616) 2020. 7. 10. 정부(의안번호: 2101763); 제안이유 및 주요내용은 이 책 [1.201] 참조.

수사의 종료 통보를 받은 날부터 1개월이 지난 날에 끝나는 것으로 본다. ③ 징계위원회의 구성·징계의결 기타 절차상의 하자나 징계양정의 과다를 이유로 「교원의 지위 향상 및 교육활동 보호를 위한 특별법」에 따른 교원소청심사위원회 또는 법원에서 징계처분의 무효 또는 취소의 결정이나 판결을 한 때에는 제1항의 기간이 경과하거나 그 잔여기간이 3월 미만인 경우에도 그 결정 또는 판결이 확정된 날부터 3월 이내에는 다시 징계의결을 요구할 수 있다.	수사의 종료 통보를 받은 날부터 1개월이 지난 날에 끝나는 것으로 본다. ③ 징계위원회의 구성, 징계의결, 그 밖에 절차상의 하자나 징계양정의 과다를 이유로 「교원의 지위 향상 및 교육활동 보호를 위한 특별법」에 따른 교원소청심사위원회 또는 법원에서 징계처분의 무효 또는 취소의 결정이나 판결을 한 때에는 제1항의 기간이 지나거나 그 잔여기간이 3개월 미만인 경우에도 그 결정 또는 판결이 확정된 날부터 3개월 이내에는 다시 징계의결을 요구할 수 있다.

• 법문을 한글로 적고, 어려운 용어를 쉬운 용어로 바꾸며, 길고 복잡한 문장을 간결하게 하였다.

〈2〉 **정청래 의원안**[1617]: 이 조문을 포함한 개정 대상 조문의 제안이유 및 주요내용은 아래와 같다.

• 제안이유 및 주요내용

최근 연구원 명의 인건비 편취가 문제가 되었으나 인건비 편취가 "공금의 횡령·유용"에 해당하지 않아 징계하지 못하는 사건이 있었음.

현행 「국가공무원법」은 비위행위가 "배임, 절도, 사기"로 의율되는 경우 5년으로 되어 있으나 사립학교 교원의 징계시효는 공무원(5년)과 달리 여전히 3년으로 되어 있는 실정이어서 사립학교 교원에 대한 징계가 제대로 이루어지지 못하고 있는 실정임.

이에 배임, 절도, 사기 등에 의한 사립학교 교원의 징계시효 역시 국가공무원, 교육공무원과 같이 5년으로 강화하고자 함(안 제66조의4).

이 조문의 현행법과 개정 원안은 아래와 같다.

현행법	원안
제66조의4(징계사유의 시효) ① 사립학교 교원의 임용권자는 징계사유가 발생한 날부터 3년이 지난 경우에는 제64조에 따른 징계의결을 요구	**제66조의4(징계사유의 시효)** ① 사립학교 교원의 임용권자는 징계사유가 발생한 날부터 3년(「국가공무원법」 제78조의2제1항 각 호의 어느 하

1617) 2020. 9. 29. 정청래의원 등 10인(의안번호: 2104380).

할 수 없다. 다만, 징계사유가 제1호 또는 제2호에 해당하는 경우에는 그 징계사유가 발생한 날부터 5년 이내에, 제3호에 해당하는 경우에는 그 징계사유가 발생한 날부터 10년 이내에 징계의결을 요구할 수 있다.	나에 해당하는 경우에는 5년)이 지난 경우에는 제64조에 따른 징계의결을 요구할 수 없다. 다만, 징계사유가 「교육공무원법」 제52조 각 호의 어느 하나에 해당하는 경우에는 그 징계사유가 발생한 날부터 10년 이내에 징계의결을 요구할 수 있다.
1. 금품 및 향응을 수수한 경우	1. <삭제>
2. 공금을 횡령·유용한 경우	2. <삭제>
3. 「교육공무원법」 제52조 각 호의 어느 하나에 해당하는 행위를 한 경우	3. <삭제>
② ~ ③ (생 략)	② ~ ③ (현행과 같음)

(2) 위원회 심사

〈1〉 **교육위원회:** 대안[1618]으로 가결되었다.[1619]

대안
제66조의4(징계 사유의 시효) ① 사립학교 교원의 임용권자는 징계 사유가 발생한 날부터 3년(「국가공무원법」 제78조의2제1항 각 호의 어느 하나에 해당하는 경우에는 5년)이 지난 경우에는 제64조에 따른 징계의결을 요구할 수 없다. 다만, 징계사유가 「교육공무원법」 제52조 각 호의 어느 하나에 해당하는 경우에는 그 징계 사유가 발생한 날부터 10년 이내에 징계의결을 요구할 수 있다. ② 제66조의3제2항 또는 제3항에 따라 징계 절차를 진행하지 못하여 제1항의 기간이 지나거나 그 남은 기간이 1개월 미만인 경우에는 제1항의 기간은 제66조의3제1항에 따른 조사나 수사의 종료 통보를 받은 날부터 1개월이 지난 날에 끝나는 것으로 본다. ③ 징계위원회의 구성, 징계의결, 그 밖에 절차상의 하자나 징계양정의 과다를 이유로 「교원의 지위 향상 및 교육활동 보호를 위한 특별법」에 따른 교원소청심사위원회 또는 법원에서 징계처분의 무효 또는 취소의 결정이나 판결을 하였을 때에는 제1항의 기간이 지나거나 그 남은 기간이 3개월 미만인 경우에도 그 결정 또는 판결이 확정된 날부터 3개월 이내에 다시 징계의결을 요구할 수 있다.

위 내용이 포함된 제66조의4에 관한 회의록 내용은 아래와 같다.

가. 제21대 국회 제382회 제4차 교육위원회 법안심사소위원회(2020. 11. 25.)

• **전문위원 박재유**[1620]: 보고드리겠습니다. 먼저 의사일정 제1항 정청래 의원이 대

1618) 2020. 12. 2. 교육위원장(의안번호: 2106043).

1619) 제382회 국회(정기회) 제7차 전체회의, 교육위원회회의록, 2020. 11. 26., 12면.

1620) 제382회 국회(정기회) 제4차 법안심사소위, 교육위원회회의록, 2020. 11. 25., 10면.

표발의한 개정안부터 보고드리겠습니다. 현행 사립학교법에서는 제66조의4제1항제1호 "금품 및 향응을 수수한 경우"와 제2호 "공금을 횡령·유용한 경우"에 한하여만 그 징계시효를 5년으로 규정하고 있는데 개정안은 사립학교 교원의 징계사유와 징계시효를 국가공무원 및 교육공무원과 동일하게 규정하려는 것입니다. 개정안에 따를 경우 사립학교 교원의 징계시효가 5년으로 추가되는 징계사유에는 오른쪽 하단 조문에서 보시는 바와 같이 배임, 절도, 사기 등 국가공무원법 제78조의2제1항의 각호에서 규정하고 있는 행위 모두가 추가되게 되겠습니다. 이상 보고를 마치겠습니다.

- **소위원장 박찬대**[1621]: 정부 측 의견 주시기 바랍니다.
- **교육부차관 박백범**[1622]: 발의안과 전문위원님 검토의견에 다 동의합니다.

나. 제21대 국회 제382회 제7차 교육위원회(2020. 11. 26.)

- **위원장 유기홍**[1623]: 의사일정 제38항에서 제40항 사립학교법 일부개정법률안은 소위에서 심사보고한 대로 각각 본회의에 부의하지 아니하고 이를 통합 조정한 의사일정 제41항을 우리 위원회안으로 제안하고자 하는데 이의 없으시지요? (예 하는 위원 있음) 가결되었음을 선포합니다.

〈2〉 **법제사법위원회:** 교육위원회 대안을 수정·가결했다.[1624] 수정내용은 아래와 같다.

교육과위원회 대안	법제사법위원회 수정안
제66조의4(징계 사유의 시효) ① 사립학교 교원의 임용권자는 징계 사유가 발생한 날부터 3년(「국가공무원법」 제78조의2제1항 각 호의 어느 하나에 해당하는 경우에는 5년)이 지난 경우에는 제64조에 따른 징계의결을 요구할 수 없다. 다만, 징계사유가 「교육공무원법」 제52조 각 호의 어느 하나에 해당하는 경우에는 그 징계 사유가 발생한 날부터 10년 이내에 징계의결을 요구할 수 있다.	**제66조의4(징계 사유의 시효)** ① 사립학교 교원의 임용권자는 징계 사유가 발생한 날부터 3년이 지난 경우에는 제64조에 따른 징계의결을 요구할 수 없다. 다만, 징계 사유가 「국가공무원법」 제78조의2제1항 각 호의 어느 하나에 해당하는 경우에는 그 징계 사유가 발생한 날부터 5년 이내에, 「교육공무원법」 제52조 각 호의 어느 하나에 해당하는 경우에는 그 징계 사유가 발생한 날부터 10년 이내에 징계의결을 요구할 수 있다.

1621) 제382회 국회(정기회) 제4차 법안심사소위, 교육위원회회의록, 2020. 11. 25., 10면.
1622) 제382회 국회(정기회) 제4차 법안심사소위, 교육위원회회의록, 2020. 11. 25., 10면.
1623) 제382회 국회(정기회) 제7차 전체회의, 교육위원회회의록, 2020. 11. 26., 12면.
1624) 제382회 국회(정기회) 제13차 전체회의, 법제사법위원회회의록, 2020. 12. 2., 31면.

(3) 본회의 심의

법제사법위원회 수정안대로 가결되었다.[1625]

(4) 결과

법제사법위원회 수정안으로 개정되었다.

66-4.213
13. 2022년 10월 18일 개정(법률 제18990호, 2023. 4. 19. 시행)

제66조의4(징계 사유의 시효) ① 사립학교 교원의 임용권자는 징계 사유가 발생한 날부터 3년이 지난 경우에는 제64조에 따른 징계의결을 요구할 수 없다. 다만, 징계 사유가 「국가공무원법」 제78조의2제1항 각 호의 어느 하나에 해당하는 경우에는 그 징계 사유가 발생한 날부터 5년 이내에, **「국가공무원법」 제83조의2제1항제1호 각 목 및 「교육공무원법」 제52조제5호**의 어느 하나에 해당하는 경우에는 그 징계 사유가 발생한 날부터 10년 이내에 징계의결을 요구할 수 있다.
② 제66조의3제2항 또는 제3항에 따라 징계 절차를 진행하지 못하여 제1항의 기간이 지나거나 그 남은 기간이 1개월 미만인 경우에는 제1항의 기간은 제66조의3제1항에 따른 조사나 수사의 종료 통보를 받은 날부터 1개월이 지난 날에 끝나는 것으로 본다.
③ 징계위원회의 구성, 징계의결, 그 밖에 절차상의 하자나 징계양정의 과다를 이유로 「교원의 지위 향상 및 교육활동 보호를 위한 특별법」에 따른 교원소청심사위원회 또는 법원에서 징계처분의 무효 또는 취소의 결정이나 판결을 하였을 때에는 제1항의 기간이 지나거나 그 남은 기간이 3개월 미만인 경우에도 그 결정 또는 판결이 확정된 날부터 3개월 이내에 다시 징계의결을 요구할 수 있다.

- 「교육공무원법」(2022. 10. 28. 개정, 2023. 4. 19. 시행)에 따라 "「교육공무원법」 제52조 각 호"를 "「국가공무원법」 제83조의2제1항제1호 각 목 및 「교육공무원법」 제52조제5호"로 변경하였다.

1625) 제382회 국회(정기회) 제14차 본회의, 국회본회의회의록, 2020. 12. 2., 20면.

III. 현행법

제66조의4(징계 사유의 시효) ① 사립학교 교원의 임용권자는 징계 사유가 발생한 날부터 3년이 지난 경우에는 제64조에 따른 징계의결을 요구할 수 없다. 다만, 징계 사유가 「국가공무원법」 제78조의2제1항 각 호의 어느 하나에 해당하는 경우에는 그 징계 사유가 발생한 날부터 5년 이내에, 「교육공무원법」 제52조 각 호의 어느 하나에 해당하는 경우에는 그 징계 사유가 발생한 날부터 10년 이내에 징계의결을 요구할 수 있다.

② 제66조의3제2항 또는 제3항에 따라 징계 절차를 진행하지 못하여 제1항의 기간이 지나거나 그 남은 기간이 1개월 미만인 경우에는 제1항의 기간은 제66조의3제1항에 따른 조사나 수사의 종료 통보를 받은 날부터 1개월이 지난 날에 끝나는 것으로 본다.

③ 징계위원회의 구성, 징계의결, 그 밖에 절차상의 하자나 징계양정의 과다를 이유로 「교원의 지위 향상 및 교육활동 보호를 위한 특별법」에 따른 교원소청심사위원회 또는 법원에서 징계처분의 무효 또는 취소의 결정이나 판결을 하였을 때에는 제1항의 기간이 지나거나 그 남은 기간이 3개월 미만인 경우에도 그 결정 또는 판결이 확정된 날부터 3개월 이내에 다시 징계의결을 요구할 수 있다.

IV. 종합/특기사항

- 징계시효는 1990년 개정(1990. 4. 7.)으로 신설될 당시 조문번호가 제66조의2였으나, 2012년 개정(2012. 1. 26.)에 따라 제66조의4로 이동하였다.
- 제66조의4에 대한 주요 변화는 2005년, 2011년, 2015년, 2018년, 2020년 개정이다. 2005년 개정은 금품 및 향응 수수, 공금의 횡령·유용의 경우 징계시효를 3년으로 연장하였고, 2011년 개정은 이들 행위에 대한 시효기간을 5년으로 연장하였으며, 2015년 개정은 일반 징계시효를 2년에서 3년으로 연장하면서 5년의 장기 징계시효 대상을 「교육공무원법」 제52조가 정하는 사유로 확대함과 아울러 국가기관의 조사·수사의 경우 시효기간이 연장되는 것으로 하였고, 2018년 개정은 「교육공무원법」 제52조가 정하는 사유의 경우 징계시효를 5년에서 10년으로 연장하였으며, 2020년 개정은 5년의 징계시효 해당 행위를 「국가공무원법」 제78조의2

제1항의 사유(금전, 물품, 부동산, 향응 또는 그 밖에 대통령령으로 정하는 재산상 이익을 취득하거나 제공한 경우)로 하여 범위를 확대하였다.

제66조의5(비밀누설의 금지)

66-5.100

I. 제정법

제정법에는 이 조문이 없다.

II. 개정 경과

66-5.201

1. 2016년 5월 29일 개정(법률 제14154호, 2016. 5. 29. 시행)

제66조의5(비밀누설의 금지) 교원징계위원회에 참석한 사람은 직무상 알게 된 비밀을 누설해서는 아니 된다.

(1) 법률안(정부안[1626])

현행법	원안
<신 설>	**제66조의5(비밀누설의 금지)** 교원징계위원회에 참석한 사람은 직무상 알게 된 비밀을 누설해서는 아니 된다.

(2) 위원회 심사

〈1〉 **교육문화체육관광위원회:** 대안[1627]으로 가결되었다(이 조문의 경우에는 원안과 대안의 내용이 동일함).[1628]

〈2〉 **법제사법위원회:** 교육문화체육관광위원회 대안대로 가결되었다.[1629]

1626) 2015. 12. 7. 정부(의안번호: 1918050); 제안이유 및 주요내용은 이 책 [62.207] 참조.
1627) 2016. 5. 18. 교육문화체육관광위원장(의안번호: 1918727).
1628) 제342회 국회(임시회) 제1차 전체회의, 교육문화체육관광위원회회의록, 2016. 5. 11., 23면.
1629) 제342회 국회(임시회) 제2차 전체회의, 법제사법위원회회의록, 2016. 5. 17., 76면.

(3) 본회의 심의

교육문화체육관광위원회 대안대로 가결되었다.[1630)]

(4) 결과

교육문화체육관광위원회 대안으로 개정되었다.

III. 현행법

제66조의5(비밀누설의 금지) 교원징계위원회에 참석한 사람은 직무상 알게 된 비밀을 누설해서는 아니 된다.

IV. 종합/특기사항

- 제66조의5는 2016년 개정으로 신설되었으며, 그 후 아무 변화가 없다.

제66조의6(보직 등 관리의 원칙)

I. 제정법

제정법에는 이 조문이 없다.

II. 개정 경과

1. 2020년 12월 22일 개정(법률 제17659호, 2021. 6. 23. 시행)

제66조의6(보직 등 관리의 원칙) ①_고등학교 이하 각급 학교의 장은 교원에 대한

1630) 제342회 국회(임시회) 제1차 본회의, 국회본회의회의록, 2016. 5. 19., 41면.

징계처분의 사유가 「교육공무원법」 제52조 각 호의 어느 하나에 해당하는 등 대통령령으로 정하는 사유에 해당하는 경우에는 해당 교원을 징계처분 이후 5년 이상 10년 이하의 범위에서 대통령령으로 정하는 기간 동안 학급을 담당하는 교원(이하 "학급담당교원"이라 한다)으로 배정할 수 없다.
②_고등학교 이하 각급 학교의 장은 제1항에 따른 기간 동안 해당 교원의 학급담당 교원 배정 여부 등 제2조제4호에 따른 임용에 관한 사항을 관할청에 보고하여야 한다.

(1) 법률안(이탄희 의원안[1631])

이 조문을 포함한 개정 대상 조문의 제안이유 및 주요내용은 아래와 같다.

- 제안이유 및 주요내용

현행법에 따르면, 성 비위를 저지른 학급담당교원(담임)이 강등, 정직, 감봉, 견책, 불문경고 등의 경징계를 받고, 다시 학교로 돌아가 담임 보직을 유지한다고 해도 이를 막을 수 있는 법적 근거가 부재한 상황임.

이에 지난 10년간 성 비위 교원 총 1,093명 중 총 524명(48%)이 교단으로 복귀해서 학생들을 가르치고 있으며, 이 중 학급담당교원은 학급만 바꿔서 계속 담임 보직을 유지하고 있음.

경남의 한 초등학교 담임교사의 경우, 2019년 본인이 담임을 맡고 있는 6학년 학생의 옷에 손을 넣거나, 엉덩이와 배, 허벅지를 만지는 등 불필요한 신체접촉 한 사실이 징계위원회 의결을 통해 일부 인정되었음. 그럼에도 불구하고 "강등"이라는 경징계를 받고, 2020년 7월부터 같은 학교로 돌아가 담임 보직을 유지한 채 재직 중임.

성 비위 사건에서 가장 시급하게 지켜져야 할 원칙은 가해 교사와 피해 학생의 즉시 분리임. 성 비위 교사가 다시 피해 학생이 있는 학교의 담임으로 복귀하면, 또다시 2차, 3차 피해자가 발생할 수 있는 가능성이 존재함. 무엇보다 피해자에 대한 2차 가해 우려가 높은 상황임.

실제로 경기도의 한 사립 고등학교 담임교사의 경우, 2016년 본인이 담임을 맡고 있는 여학생들의 손을 잡거나, 허벅지를 때리는 등의 불필요한 신체접촉을 하여 감봉 2개월의 경징계를 받고 다시 교단으로 복귀함. 그러나 2017년부터 4

1631) 2020. 10. 21. 이탄희의원 등 39인(의안번호: 2104597).

년간 담임교사로 근무하던 중, 2019년 또다시 다른 반 여학생들을 성추행하는 비위를 저질러 결국 사건이 재발하고 나서야 해임된 바 있음.

이에 교원에 대한 징계처분의 사유가 학생에 대한 「양성평등기본법」 제3조제2호의 행위에 해당하는 경우에 징계처분 이후 다시 직을 부여할 때 특별한 사정이 없는 한 학급담당교원의 보직을 부여할 수 없도록 하고자 함(안 제66조의6 신설).

이 조문의 현행법과 개정 원안은 아래와 같다.

현행법	원안
<신 설>	**제66조의6(보직관리의 원칙)** ① 교원에 대한 징계처분의 사유가 학생에 대한 「양성평등기본법」 제3조제2호의 행위에 해당하는 경우에는 징계처분 이후 다시 직을 부여할 때 대통령령으로 정한 특별한 사정이 없으면 학급담당교원의 보직을 부여할 수 없다. ② 제1항에 따라 징계처분 이후 다시 직을 부여하는 경우에는 학교의 장은 10년 간 해당 교원에 대하여 부여하는 보직을 교육청에 보고하여야 한다.

- 징계처분의 사유가 성비위·성범죄 사건 등에 해당하는 경우 해당 교원을 징계처분 이후 5년 이상 10년 이하의 범위에서 일정 기간 학급을 담당하는 교원으로 배정할 수 없도록 하였다.

(2) 위원회 심사

〈1〉 **교육위원회:** 대안[1632]으로 가결되었다.[1633]

대안
제66조의6(보직 등 관리의 원칙) ① 학교의 장은 교원에 대한 징계처분의 사유가 「교육공무원법」 제52조 각 호의 어느 하나에 해당하는 등 교육부장관이 정하는 사유에 해당하는 경우에는 해당 교원을 징계처분 이후5년 이상 10년 이하의 범위에서 교육부령으로 정하는 기간 동안 학급을 담당하는 교원(이하 "학급담당교원"이라 한다)으로 배정할 수 없다.

1632) 2020. 12. 2. 교육위원장(의안번호: 2106043).

1633) 제382회 국회(정기회) 제7차 전체회의, 교육위원회회의록, 2020. 11. 26., 12면.

② 학교의 장은 제1항에 따른 기간 동안 해당 교원의 학급담당교원 배정 여부 등 제2조제4호에 따른 임용에 관한 사항을 교육청에 보고하여야 한다

위 내용이 포함된 제66조의6에 관한 회의록 내용은 아래와 같다.

가. 제21대 국회 제382회 제3차 교육위원회 법안심사소위원회(2020. 11. 24.)

- 전문위원 박재유[1634]: 의사일정 제23항과 의사일정 제37항을 함께 통합해서 보고드리겠습니다. 개정안은 성희롱 행위로 징계를 받은 교원에 대해서는 학급담당교원, 이른바 담임교사의 보직을 부여할 수 없도록 함과 아울러 해당 교원에 대해서는 징계처분 이후에 부여하는 보직을 10년간 교육청에 보고하도록 함으로써 성비위 사건에서 가해 교사와 피해 학생을 분리하고 유사 사건의 재발 방지 및 피해자에 대한 2차 가해를 예방하려는 것입니다. 개정안의 입법취지가 보다 충분히 반영되기 위해서는 성희롱보다도 더 중한 성비위 사건, 예컨대 3페이지에 정리된 교육공무원법 제52조 각호에서 규정하고 있는 성범죄 행위를 포함하는 방안에 대해서도 검토해 볼 필요가 있을 것으로 생각됩니다. 이상 보고를 마치겠습니다.
- 소위원장 박찬대[1635]: 정부 측 의견 주십시오.
- 교육부차관 박백범[1636]: 전문위원님 검토의견과 같이 성희롱 비위로 인한 징계로 한정할 것이 아니라 성폭력범죄 행위 등 중한 성비위 사건도 포함하는 것이 필요하다고 봅니다. 저희들이 대안을 낸다고 한다면, 이런 것들이 전부 교육부장관이 정하는 징계령에 다 규정되어 있습니다. 그래서 교원에 대한 징계처분의 사유가 교육부장관이 정한 사유에 해당되는 경우, 또 여기 10년간 한다고 그랬는데요 그 기간이 너무 오래될 수 있기 때문에 징계처분 이후 징계말소 전까지 대통령령으로 정한 특별한 사정이 없으면 학급담당교원으로 보직을 부여하는 게 아니라 배정할 수 없다 이런 식으로 고치면 좋겠다는 게 저희들 의견입니다.
- 소위원장 박찬대[1637]: 위원님들 말씀 주십시오.
- 이탄희 위원[1638]: 이 법안 제가 대표발의했는데요. 논의를 좀 효율적으로 하기 위해서 제가 먼저 말씀드리겠습니다.

  저는 사실 제가 발의한 법안이 원안 그대로 통과되기를 희망하지만 오늘 전

1634) 제382회 국회(정기회) 제3차 법안심사소위, 교육위원회회의록, 2020. 11. 24., 74면.
1635) 제382회 국회(정기회) 제3차 법안심사소위, 교육위원회회의록, 2020. 11. 24., 74면.
1636) 제382회 국회(정기회) 제3차 법안심사소위, 교육위원회회의록, 2020. 11. 24., 74면.
1637) 제382회 국회(정기회) 제3차 법안심사소위, 교육위원회회의록, 2020. 11. 24., 74면.
1638) 제382회 국회(정기회) 제3차 법안심사소위, 교육위원회회의록, 2020. 11. 24., 74~75면.

문위원님 말씀이나 교육부 말씀 주신 것들 좀 더 빠른 논의를 위해서 일단 성비위로 넓힐 필요가 있다는 부분 수용할 의사가 있고요. 다만 정한다고 하면 지금 차관님 말씀 주신 "교육부장관이 정한 사유" 이렇게만 하면 너무 넓으니까 "양성평등기본법 제3조제2호의 행위 등 교육부장관이 정한 사유" 이렇게 해서 성비위라는 것을 드러나게 했으면 좋겠다 이런 말씀이고요. 또 한 가지는 지금 비고란의 전문위원님 의견을 보니까 "대통령령으로 정하는 특별한 사정" 이것을 예외로 한 부분에 대해서 지적을 주셨는데 저는 이 부분도 그냥 삭제하는 것에 대해서 수용 의사입니다. 그리고 기간에 대해서 말씀 주셨는데 기간 부분에 대해서는 위원님들이 토의를 해 주셔서 의사를 모아 주시면 한 번에 한 단계씩 한다는 취지에서 수용을 하고. 이것은 저희 국감 때 여야 위원님들 모두 다 공히 많이 지적하신 내용이기 때문에 합의되어서 처리되는 모양새가 되었으면 좋겠다는 말씀을 드립니다. 이상입니다.

- 정경희 위원[1639]: 이탄희 위원님, 법안 대표발의자로서 기왕에 설명하시는 김에 지금 이것이 개정안이잖아요. 이 개정안과 기존 법과 달라진 부분만 설명해 주시면 감사하겠습니다.
- 이탄희 위원[1640]: 핵심적인 것은 학생에 대해 성비위를 저지른 교사가 담임으로 바로 복귀해서 같은 학교에서 학생들을 가르치면서 재범을 하거나 아니면 2차 가해를 하거나 하는 사례들이 발생하고 있기 때문에 일정한 기간 동안 최소한 담임을 할 수 없게 하자 이런 취지의 내용입니다. 그런 것을 신설하는 것입니다, 근거를.
- 김병욱 위원[1641]: 그 취지는 이해가 되는데 사실 담임을 못 하게 하는 게 징계가 아니라 오히려 혜택이 될 것 같기는 한데 그런 경우는 어떻게, 거기에 대해서는 뭔가 좀…
- 이탄희 위원[1642]: 관련 단체에서 그런 의견들이 있다는 이야기를 제가 들었는데요. 말씀을 드리자면 그건 사실 내부의 사정이거든요. 학생들을 보호하자고 하는 게 가장 큰 목표이기 때문에 담임에서 배제하는 것을 하지 말자는 근거가 될 수는 없다는 의견이고. 그러나 보완책이 필요하다는 생각은 듭니다. 그래서 그 부분은 교육부에서 수당이라든가 아니면 인사·보직 뭐 관련된 다른 규정들을 고쳐서 지금 담임을 맡고 있는 것에 대한 기피현상 이것 자체를 해결하는 방안

1639) 第382회 국회(정기회) 제3차 법안심사소위, 교육위원회회의록, 2020. 11. 24., 75면.
1640) 제382회 국회(정기회) 제3차 법안심사소위, 교육위원회회의록, 2020. 11. 24., 75면.
1641) 제382회 국회(정기회) 제3차 법안심사소위, 교육위원회회의록, 2020. 11. 24., 75면.
1642) 제382회 국회(정기회) 제3차 법안심사소위, 교육위원회회의록, 2020. 11. 24., 75면.

을 마련해야 되지 않을까 이런 생각입니다.

- **교육부차관 박백범**[1643]: 일부 교총이라든지 이런 데에서 담임 안 맡는 게 오히려 혜택이다 이런 의견이 있습니다만 오죽하면 담임을 못 맡길 정도가 된 건가에 대해서는 불명예라고 생각을 하고요. 그래서 "학급담당교원으로 보직을 부여할 수 없다", 이게 보직이 아니기 때문에 "배정할 수 없다"라고 바꾸는 것은 찬성을 합니다. 그런데 특별한 사정이 있을 수가 있습니다. 소규모 학교라든지 이런 경우가 있을 수가 있기 때문에 그런 것은 한정적으로 제한을 둔다고 한다면 충분히 실현 가능하지 않을까 이렇게 생각합니다.
- **이탄희 위원**[1644]: 추가로 위원님들께 제 의견을 조금 더 말씀드리면 만약에 담임 업무가 격하기 때문에 교사들 입장이 오히려 더 반길 수 있다는 이유로 성비위 교사에게 그냥 담임하라고 하면 그것은 학생이나 학부모 입장에서는 굉장히 분노할 만한 일이거든요. 그건 사실 행정편의를 위해서 학생들이나 학부모들의 이익을 뒷전으로 미루는 것이 되기 때문에 그것에 있어서는 우리가 입법기관으로서 결단을 해 주고. 다만 거듭 말씀드리지만 실현하는 과정에서 수당이나 인사제도로써 해결을 하는 게 좋겠다.

  조금 더 말씀드리면, 제가 사실은 판사 출신이지 않습니까. 판사들도 비위를 저지르면 재판에서 배제합니다. 그런데 재판에서 배제하면 노는 거거든요, 거칠게 말하면. 놀면서 급여를 받지요. 그러면 다른 판사들이 분노합니다, 비위를 저질렀는데 놀면서 급여를 받으니까. 그렇다고 재판을 시키지는 않거든요. 재판당사자들한테 이런 판사한테 재판받게 강요할 수가 없기 때문에 그렇게 하고 있습니다. 그래서 어쨌든 원칙은 교육의 영역에 있어서는 학부모나 학생을 보호하는 거니까 그 원칙은 허물지 말되 다만 교육부에서 보완을 해 주시기를 거듭 부탁드립니다.
- **교육부차관 박백범**[1645]: 실제로도 위원님 말씀하신 것처럼 이런 문제가 생기면 담임을 안 맡기고 있습니다. 그런데 법적으로 이렇게 근거를 확실하게 마련하는 건 필요하다고 보고요. 다만 그 기간을 10년으로 할 거냐, 징계 소멸시효로 할 거냐? 징계 소멸시효는 3년, 5년, 7년, 9년으로 정직 7년, 강등 9년, 감봉 5년, 견책 3년 이런데 그것은 위원님들께서 결정하시는 대로 따르도록 하겠습니다.
- **김병욱 위원**[1646]: 아까 소규모 학교인 경우는 제한을 둘 필요가 있다고 말씀하셨

1643) 제382회 국회(정기회) 제3차 법안심사소위, 교육위원회회의록, 2020. 11. 24., 75면.
1644) 제382회 국회(정기회) 제3차 법안심사소위, 교육위원회회의록, 2020. 11. 24., 75면.
1645) 제382회 국회(정기회) 제3차 법안심사소위, 교육위원회회의록, 2020. 11. 24., 75면.
1646) 제382회 국회(정기회) 제3차 법안심사소위, 교육위원회회의록, 2020. 11. 24., 75면.

는데 그 소규모 학교는 사립 경우를 말하는 겁니까?

- **교육부차관 박백범**[1647]: 그렇습니다. 공립은 다른 데로 전보를 시켜야 되고 또 경우에 따라서는 여학교에서 남학교로 바꾼다든지 여러 가지 조치를 합니다. 그런데 그러지 못하는 경우가 부득불 생길 수가 있기 때문에 저희들이 그 사례를 찾아서 대통령령으로 규정해 놓겠다는 말씀을 드리는 겁니다.
- **김병욱 위원**[1648]: 그런 소규모 학교 같은 경우에는 담임을 맡든 안 맡든 그 학교에 해당 교사가 다시 나타나는 것만으로도, 그 자체가 학생들한테 2차, 3차 가해가 될 수 있을 것 같은데. 마땅치는 않을 것 같은데 그런 것에 대한 대안도 좀 필요할 것 같습니다.
- **교육부교원정책과장 윤소영**[1649]: 물론 이것도 문제이긴 한데요 그렇다고 사립학교 교원을… 지금 문제가 되는 게 사실 저희가 징계를 하게 되면, 작년 같은 경우에 전체 교원에 한정해서 보면 200여 명 정도가 성비위로 징계를 받았고요, 그 중에 한 70명 정도가 해임이나 파면을 당했습니다. 그런데 나머지 140명 정도, 평균적으로 보니까 매년 140명 정도가 학교로 돌아오고 있어요. 저희가 이번에 전수조사를 하는 중인데요, 사립학교 같은 경우에도 실질적으로 적극적, 왜냐하면 요즘에 민원이 굉장히 강하기 때문에 지금 법이 없어도 가급적이면 담임 배정은 하지 않고 있습니다. 그런데 문제는 그분들을 효율적으로 어딘가로 보낼 근거가 지금 마땅치가 않은 그런 현실입니다. 그런데 저희가 이번에 발의한 법안 중에 사립학교 교원을 다른 기관으로 파견할 수 있는 근거나 이런 것을 하는데 아까 말한 것처럼 오히려 그 교원한테 혜택을 주는 그런 게 될 수 있어서 사실 그런 부분들은 조금 한계점이 있긴 있습니다.
- **이탄희 위원**[1650]: 제 소망을 좀 말씀드리면, 이게 개정이 잘 되어서 제도가 정착되면 징계위원회에서 같은 동료 교원들께서 징계 수위를 정하실 때 "이 교사는 경징계를 받아서 돌아가도 담임을 할 수가 없다. 오히려 동료 교사들한테 업무부담을 가중시킨다"라고 하는 것을 고려하셔서 징계 양정에 맞게 엄한 징계를 해 주시지 않을까 그런 기대나 소망도 사실은 있습니다. 사실 징계 양정보다 낮게 징계가 이루어지고 있는 경우가 굉장히 많아서 이게 문제거든요. 성비위와 관련된 징계 양정은 부족하지만 그래도 나름 많이 상향이 되어 있기 때문에 징계 양정이 대부분 지켜지면 다시 돌아가서 담임을 하는지 여부에 대해서 고민

1647) 제382회 국회(정기회) 제3차 법안심사소위, 교육위원회회의록, 2020. 11. 24., 75면.
1648) 제382회 국회(정기회) 제3차 법안심사소위, 교육위원회회의록, 2020. 11. 24., 75~76면.
1649) 제382회 국회(정기회) 제3차 법안심사소위, 교육위원회회의록, 2020. 11. 24., 76면.
1650) 제382회 국회(정기회) 제3차 법안심사소위, 교육위원회회의록, 2020. 11. 24., 76면.

사례가 확 주는데 같은 교원이다 보니까 아무래도 차갑게 대하기가 곤란해서인지 징계 양정보다 낮은 징계가 많이 나오고 있습니다.

그래서 그것에 대해서 "오히려 이 사람 돌아가도 담임을 할 수 없고 제대로 기능을 할 수 없는 상태에서 사실 동료 교사들한테 부담도 발생한다" 또 존경하는 김병욱 위원님 말씀처럼 작은 학교 같은 경우에는 "이 교원의 경우에 해결이 안 된다, 문제만 발생시키고" 이런 것들을 동료 교원인 징계위원들도 참작을 하셔서 가급적 징계 양정에 따른 징계를 해 주시지 않을까 그런 기대와 소망도 가지고 있습니다.

- **소위원장 박찬대**[1651]: 배제 기간 10년에 대해서는 지금 아무도 언급을 안 하고 계시는데 이것은 어떻게 결정하면 좋을까요? 이견이 없으시면 개정 발의한 대로 그대로 할까요, 어떻게 할까요?
- **정경희 위원**[1652]: 기존 국가공무원법이나 교육공무원법하고 합치되게 맞춰야겠지요. 차관께서 그 부분에 대해서 좀 말씀해 주세요.
- **교육부차관 박백범**[1653]: 기존 국가공무원법이든 국립학교든 이렇게 담임을 배제하는 조항이 최초로 들어가기 때문에 사례가 없음을 양해해 주시기를 부탁드리겠습니다.

  징계 말소시효가 있는데요 그것에 의제해서 견책을 받았으면 3년, 감봉은 5년, 정직은 7년, 강등은 9년인데 그때 징계가 말소되니까 그렇게 하는 게 어떻겠느냐는 안을 저희들은 제시하는 거고요. 위원님들께서 논의하셔서 그냥 일률적으로 10년으로 하신다고 한다면 그것도 새로운 사례가 되기 때문에 따르겠다는 말씀을 드리겠습니다.
- **윤영덕 위원**[1654]: 성비위로 징계의 경중이 나눠지는 기준은 어떤 것일까요?
- **교육부차관 박백범**[1655]: 대개 저희들 징계에 대해서는 고의·중과실이면 성비위는 당연히 아주 엄하게 파면이나 해임에 대부분 해당된다고 봅니다. 특히 성희롱은 경우에 따라서는 우리 전통적인 개념에 있어서 그렇게 중하지 않게 보일 가능성이 있어서 그런 경우에는 강등은 별로 없고요. 정직이나 감봉 또는 견책이 더러 있을 수 있습니다. 그래서 이탄희 위원님 말씀하신 것처럼 꼭 징계 양정 기준에 맞추어서 이루어지지 않는다, 특히 사립학교는 더 그렇다는 말씀을

1651) 제382회 국회(정기회) 제3차 법안심사소위, 교육위원회회의록, 2020. 11. 24., 76면.
1652) 제382회 국회(정기회) 제3차 법안심사소위, 교육위원회회의록, 2020. 11. 24., 76면.
1653) 제382회 국회(정기회) 제3차 법안심사소위, 교육위원회회의록, 2020. 11. 24., 76면.
1654) 제382회 국회(정기회) 제3차 법안심사소위, 교육위원회회의록, 2020. 11. 24., 76면.
1655) 제382회 국회(정기회) 제3차 법안심사소위, 교육위원회회의록, 2020. 11. 24., 76면.

드리겠습니다.

- **윤영덕 위원**[1656]: 대표발의한 의원님 계시니까 의견 내 주시면 어떨까요?
- **이탄희 위원**[1657]: 저는 원칙적으로는 10년으로 정하는 게 좋겠다는 의견입니다. 그 의견 자체는 제가 지금 특별히 변경해야 될 필요성을 사실 못 느끼는데 그래도 다른 위원님들께서 말씀 주시고 혹시 좀 우려가 있으시면 그런 부분들을 조율해서 할 생각은 있다, 이건 제 생각이라기보다는 제 의지가 그렇다는 말씀으로 갈음하겠습니다.
- **김병욱 위원**[1658]: 아니면 5년 이상 이 정도로 해도 되나요? 그런데 실제로 운영을 했을 때 아까 우리가 우려한 것처럼 다른 교사들한테 오히려 피해가 될지 아니면 이탄희 위원님이 말씀하신 대로 좋은 의미로 해서 현장에서 이런 비위가 있던 교원들이 더 이상 버티지 못한다거나 이런 결정을 하게 될지는 사실 알 수가 없는 거라서.
- **이탄희 위원**[1659]: 그러면 김병욱 위원님 말씀 주셨기 때문에, 지금 교육부에서 제안한 게 3년·5년·7년·9년이잖아요? 그런데 3년은 좀 짧다 생각하고 5년 이상으로 하되 징계 말소 전까지로 하면 5년·5년·7년·9년이 되는 거지요?
- **교육부차관 박백범**[1660]: 예, 맞습니다.
- **이탄희 위원**[1661]: 그렇게 하시면 혹시 어떨지 위원님들…
- **소위원장 박찬대**[1662]: 원만하게 잘 조정이 된 것 같습니다.
- **정경희 위원**[1663]: 그러니까 국가공무원법의 징계 수위하고 맞추는 거지요, 3년만 5년으로 하고?
- **교육부차관 박백범**[1664]: 예, 징계 말소시효 기간하고 맞추는 겁니다. 밑에 3년만 너무 짧으니까 5년으로 맞추는 거고요.
- **정경희 위원**[1665]: 그러니까 최소 5년으로 하고 5·7·9 이렇게 한다는 말씀입니까?
- **교육부차관 박백범**[1666]: 예.

1656) 第382회 국회(정기회) 제3차 법안심사소위, 교육위원회회의록, 2020. 11. 24., 76면.
1657) 第382회 국회(정기회) 제3차 법안심사소위, 교육위원회회의록, 2020. 11. 24., 76~77면.
1658) 第382회 국회(정기회) 제3차 법안심사소위, 교육위원회회의록, 2020. 11. 24., 77면.
1659) 第382회 국회(정기회) 제3차 법안심사소위, 교육위원회회의록, 2020. 11. 24., 77면.
1660) 第382회 국회(정기회) 제3차 법안심사소위, 교육위원회회의록, 2020. 11. 24., 77면.
1661) 第382회 국회(정기회) 제3차 법안심사소위, 교육위원회회의록, 2020. 11. 24., 77면.
1662) 第382회 국회(정기회) 제3차 법안심사소위, 교육위원회회의록, 2020. 11. 24., 77면.
1663) 第382회 국회(정기회) 제3차 법안심사소위, 교육위원회회의록, 2020. 11. 24., 77면.
1664) 第382회 국회(정기회) 제3차 법안심사소위, 교육위원회회의록, 2020. 11. 24., 77면.
1665) 第382회 국회(정기회) 제3차 법안심사소위, 교육위원회회의록, 2020. 11. 24., 77면.
1666) 第382회 국회(정기회) 제3차 법안심사소위, 교육위원회회의록, 2020. 11. 24., 77면.

- **정경희 위원**[1667]: 그것 좋을 것 같은데요. 본인이 또 그렇게 말씀하시기도 하니까.
- **교육부차관 박백범**[1668]: 예, 그렇게 받아들이겠습니다.

나. 제21대 국회 제382회 제7차 교육위원회(2020. 11. 26.)

- **위원장 유기홍**[1669]: 의사일정 제38항에서 제40항 사립학교법 일부개정법률안은 소위에서 심사보고한 대로 각각 본회의에 부의하지 아니하고 이를 통합 조정한 의사일정 제41항을 우리 위원회안으로 제안하고자 하는데 이의 없으시지요? (예 하는 위원 있음) 가결되었음을 선포합니다.

〈2〉 **법제사법위원회:** 교육위원회 대안을 수정·가결했다.[1670] 수정내용은 아래와 같다.

교육과학기술위원회 대안	법제사법위원회 수정안
제66조의6(보직 등 관리의 원칙) ① 학교의 장 ------------------- 교육부장관----------------- 교육부령으로 --------. ② 학교의 장------------- 교육청---------.	**제66조의6(보직 등 관리의 원칙)** ① 고등학교 이하 각급학교의 장------------- 대통령령으로------ 대통령령으로---. ② 고등학교 이하 각급학교의 장---- 관할청----.

제66조의6에 관한 회의록 내용은 아래와 같다.

- **전문위원 진선희**[1671]: 의사일정 제8항 교육공무원법 일부개정법률안(대안), 의사일정 제9항 사립학교법 일부개정법률안(대안), 이상 2건은 교원에 대한 징계처분의 사유가 성폭력·성범죄 사건 등 교육부장관이 정하는 사유에 해당하는 경우에는 해당 교원을 징계처분 이후 일정 기간 동안 학급을 담당하는 교원으로 배정할 수 없도록 하는 것 등을 주요 내용으로 하고 있습니다. 학급담당교원으로 배정을 금지하는 것은 교권의 일부를 제한하는 조치로 이와 같은 국민의 권리·의무와 관련된 실체적인 사항은 되도록 법률에서 정하고 그 일부를 위임하더라도 상위법령에서 규정하는 것이 법체계상 바람직할 것인바 학급담당교원

1667) 제382회 국회(정기회) 제3차 법안심사소위, 교육위원회회의록, 2020. 11. 24., 77면.
1668) 제382회 국회(정기회) 제3차 법안심사소위, 교육위원회회의록, 2020. 11. 24., 77면.
1669) 제382회 국회(정기회) 제7차 전체회의, 교육위원회회의록, 2020. 11. 26., 12면.
1670) 제382회 국회(정기회) 제13차 전체회의, 법제사법위원회회의록, 2020. 12. 2., 31면.
1671) 제382회 국회(정기회) 제13차 전체회의, 법제사법위원회회의록, 2020. 12. 2., 27면.

배제 사유 등에 대해 교육부장관이 정하거나 교육부령으로 정하도록 한 것을 대통령령으로 정하도록 수정하였습니다. 또한 학급담당교원 배제는 고등학교 이하의 각급학교에 적용되는 것이므로 배정금지 의무의 수행 주체를 "학교의 장"에서 "고등학교 이하 각급학교의 장"으로 명확히 하는 등 일부 자구를 법률에 부합하게 수정하였습니다...

- 송기헌 위원[1672]: 부총리님, 의사일정 제8항 교육공무원법인데요. 전문위원이 수정한 거 보면 "52조 각 호의 어느 하나에 해당하는 등 교육부장관이 정하는 사유" 이것을 "대통령령으로 정하는 사유에 해당하는 경우"로 이렇게 바꾼다고 했는데 이 법안 개정 취지가 성폭력범죄를 저지른 교육공무원의 경우에는 학급담임을 맡지 못하도록 하는 그런 취지인데요. 제52조 각 호를 보면 그 내용이 거의 다 나와 있거든요. 제52조 각 호의 내용 말고도 추가로 더 거기에 대통령령으로 해서 추가할 만한 사항이 있는 건가요?
- 부총리겸교육부장관 유은혜[1673]: 그런데 그것을 교육부장관이 아니라 법적 체계를 조금 더 상향해서 대통령령으로 정하는 것이 법적 체계에 맞겠다 이런 전문위원 검토의견이 있어서 저희가 동의한 것입니다.
- 송기헌 위원[1674]: 그런데 제52조 각 호에 성폭력범죄의 유형이 죽 다 나와 있거든요. 그러면 제52조 각 호의 어느 하나에 해당하는 사유로 한 경우에는 이렇게 한다, 이렇게 정리하면 안 되는 건가요? 제52조 각 호 외에 추가로 더 대통령령에 넣을 만한 내용이 뭐가 있는가 이런 얘기지요.
- 부총리겸교육부장관 유은혜[1675]: 기간을 명시한다거나 하는 게 좀 더 들어가야 된다는 의견이고요. 그래서 그 부분을 조금 더, 거기 각 호에 적시되어 있는 것 이외에 기간이라든가 제한되는…
- 송기헌 위원[1676]: 그러면 "각 호의 어느 하나에 해당하는 경우, 대통령령으로 정하는 사유·사정이 있을 때" 이렇게 해야 되는 것 아닌가요, 규정을 만들려면, 그런 취지라면?
- 부총리겸교육부장관 유은혜[1677]: 예…
- 송기헌 위원[1678]: 뒤에 누구시지요?

1672) 제382회 국회(정기회) 제13차 전체회의, 법제사법위원회회의록, 2020. 12. 2., 29면.
1673) 제382회 국회(정기회) 제13차 전체회의, 법제사법위원회회의록, 2020. 12. 2., 29면.
1674) 제382회 국회(정기회) 제13차 전체회의, 법제사법위원회회의록, 2020. 12. 2., 29면.
1675) 제382회 국회(정기회) 제13차 전체회의, 법제사법위원회회의록, 2020. 12. 2., 29면.
1676) 제382회 국회(정기회) 제13차 전체회의, 법제사법위원회회의록, 2020. 12. 2., 29면.
1677) 제382회 국회(정기회) 제13차 전체회의, 법제사법위원회회의록, 2020. 12. 2., 29면.
1678) 제382회 국회(정기회) 제13차 전체회의, 법제사법위원회회의록, 2020. 12. 2., 29면.

- **부총리겸교육부장관 유은혜**[1679]: 담당 국장입니다.
- **송기헌 위원**[1680]: 담당 국장님, 이 규정 개정안 자체가 성폭력범죄를 저지른 교원에 대하여 담임을 맡지 못하게 하겠다는 거잖아요. 그런데 보면 성폭력범죄를 저지른 교원의 성폭력 유형이 제52조에 죽 나와 있잖아요, 1·2·3·4호로. 그런데 이 규정을 보면 그거 외에 추가로 대통령령으로 정하는 다른 사유가 있는 경우에, 그런 경우에 담임을 맡지 못하게 하겠다 이런 취지로 돼 있잖아요, 법안이. 그러면 다른 사유는 뭐가 더 있느냐 물어보는 거예요.
- **교육부학교혁신정책관 홍기석**[1681]: 지금 위원님께서 말씀해 주신 그런 사유라고 하는 것은 담임을 배제하게 될 때 견책을 받았느냐 아니면 감봉을 받았느냐 정직을 받았느냐에 따라서 그 기간이 달라지게 됩니다. 그래서 징계사유에 따라서 담임 배제 기간이 달라지기 때문에 그런 것들을 대통령령에 담게 되겠습니다.
- **송기헌 위원**[1682]: 아니, 그 얘기가 아니고 "제52조 각 호의 어느 하나에 해당하는 등 대통령령으로 정하는 사유" 이렇게 되어 있으면 베52조 각 호에 해당하는 사유 플러스 대통령령에 추가로 규정하는 사유 그렇게 이해가 되잖아요.제2조 각 호에 해당하는 사유 외에 대통령령으로 추가로 더 넣을 수 있는 교원의 징계사유는 어떤 게 있느냐 이렇게 물어보는 거예요.
- **교육부학교혁신정책관 홍기석**[1683]: 징계의 종류에 따라서…
- **송기헌 위원**[1684]: 징계 종류를 얘기하는 게 아니고 징계사유를 물어보는 거잖아요, 지금. 그러면 도박 같은 것 하는 경우 징계받은 경우도 해당되는 건가요?
- **교육부학교혁신정책관 홍기석**[1685]: 아닙니다. 제52조 각 호에 해당하는 것만…
- **송기헌 위원**[1686]: 그러면 그 뒤에 대통령령으로 정하는 사유를 따로 만들 필요가 없잖아요. 여기에 있을 필요가 없잖아요.
- **부총리겸교육부장관 유은혜**[1687]: 위원님 말씀에 동의하고요. 그러면 그 자구 수정을 대통령령에 정하는 사유가 아니라 지금 저희가 이야기한…
- **송기헌 위원**[1688]: 그렇지요. 그 취지지요, 그게.

1679) 第382회 국회(정기회) 第13차 전체회의, 법제사법위원회회의록, 2020. 12. 2., 29면.
1680) 第382회 국회(정기회) 第13차 전체회의, 법제사법위원회회의록, 2020. 12. 2., 29면.
1681) 第382회 국회(정기회) 第13차 전체회의, 법제사법위원회회의록, 2020. 12. 2., 29면.
1682) 第382회 국회(정기회) 第13차 전체회의, 법제사법위원회회의록, 2020. 12. 2., 29면.
1683) 第382회 국회(정기회) 第13차 전체회의, 법제사법위원회회의록, 2020. 12. 2., 30면.
1684) 第382회 국회(정기회) 第13차 전체회의, 법제사법위원회회의록, 2020. 12. 2., 30면.
1685) 第382회 국회(정기회) 第13차 전체회의, 법제사법위원회회의록, 2020. 12. 2., 30면.
1686) 第382회 국회(정기회) 第13차 전체회의, 법제사법위원회회의록, 2020. 12. 2., 30면.
1687) 第382회 국회(정기회) 第13차 전체회의, 법제사법위원회회의록, 2020. 12. 2., 30면.
1688) 第382회 국회(정기회) 第13차 전체회의, 법제사법위원회회의록, 2020. 12. 2., 30면.

- **부총리겸교육부장관 유은혜**[1689]: 징계의 기간이라든가…
- **송기헌 위원**[1690]: 예, 그런 것으로…
- **부총리겸교육부장관 유은혜**[1691]: 별도로 규정하는 부분들을 적시해서 수정하도록 하겠습니다.
- **송기헌 위원**[1692]: 제52조의 각 호에 해당하는 사유로 징계를 받은 경우에 징계 내용에 따라서…
- **부총리겸교육부장관 유은혜**[1693]: 징계 기간이나 이런 게 다르지요.
- **송기헌 위원**[1694]: 그것에 따라서 배제하는 것을 할 수 있다 이런 취지라는 것 아니겠습니까?
- **부총리겸교육부장관 유은혜**[1695]: 예, 그렇습니다.
- **송기헌 위원**[1696]: 그것을 좀 더 명확히 했으면 좋겠다는 취지입니다.
- **부총리겸교육부장관 유은혜**[1697]: 예.
- **위원장 윤호중**[1698]: 수고하셨습니다. 그러니까 "제52조 각 호의 어느 하나에 해당하는 경우로서 대통령령으로 정하는 기준에 해당하는 경우에는"…
- **송기헌 위원**[1699]: 예, 그렇게 하시면…
- **위원장 윤호중**[1700]: 이런 정도로 해야 된다 이런 것 아닙니까?
- **부총리겸교육부장관 유은혜**[1701]: 예.
- **위원장 윤호중**[1702]: 자구 정리를 좀…
- **수석전문위원 박장호**[1703]: 예...
- **위원장 윤호중**[1704]: 의사일정 제4항부터 제7항까지, 제9항부터 15항까지 법률안은 전문위원이 수정한 부분은 수정한 대로, 기타 부분은 원안대로 의결하고자

1689) 第382회 국회(정기회) 第13차 전체회의, 법제사법위원회회의록, 2020. 12. 2., 30면.
1690) 第382회 국회(정기회) 第13차 전체회의, 법제사법위원회회의록, 2020. 12. 2., 30면.
1691) 第382회 국회(정기회) 第13차 전체회의, 법제사법위원회회의록, 2020. 12. 2., 30면.
1692) 第382회 국회(정기회) 第13차 전체회의, 법제사법위원회회의록, 2020. 12. 2., 30면.
1693) 第382회 국회(정기회) 第13차 전체회의, 법제사법위원회회의록, 2020. 12. 2., 30면.
1694) 第382회 국회(정기회) 第13차 전체회의, 법제사법위원회회의록, 2020. 12. 2., 30면.
1695) 第382회 국회(정기회) 第13차 전체회의, 법제사법위원회회의록, 2020. 12. 2., 30면.
1696) 第382회 국회(정기회) 第13차 전체회의, 법제사법위원회회의록, 2020. 12. 2., 30면.
1697) 第382회 국회(정기회) 第13차 전체회의, 법제사법위원회회의록, 2020. 12. 2., 30면.
1698) 第382회 국회(정기회) 第13차 전체회의, 법제사법위원회회의록, 2020. 12. 2., 30면.
1699) 第382회 국회(정기회) 第13차 전체회의, 법제사법위원회회의록, 2020. 12. 2., 30면.
1700) 第382회 국회(정기회) 第13차 전체회의, 법제사법위원회회의록, 2020. 12. 2., 30면.
1701) 第382회 국회(정기회) 第13차 전체회의, 법제사법위원회회의록, 2020. 12. 2., 30면.
1702) 第382회 국회(정기회) 第13차 전체회의, 법제사법위원회회의록, 2020. 12. 2., 30면.
1703) 第382회 국회(정기회) 第13차 전체회의, 법제사법위원회회의록, 2020. 12. 2., 30면.
1704) 第382회 국회(정기회) 第13차 전체회의, 법제사법위원회회의록, 2020. 12. 2., 31면.

하는데 이의 있으십니까? (없습니다 하는 위원 있음) 가결되었습니다.

(3) 본회의 심의

법제사법위원회 수정안대로 가결되었다.[1705)]

(4) 결과

법제사법위원회 수정안으로 개정되었다.

66-6.202

2. 2022년 10월 18일 개정(법률 제18990호, 2023. 4. 19. 시행)

제66조의6(보직 등 관리의 원칙) ① 고등학교 이하 각급 학교의 장은 교원에 대한 징계처분의 사유가 **「국가공무원법」 제83조의2제1항제1호 각 목**의 어느 하나에 해당하는 등 대통령령으로 정하는 사유에 해당하는 경우에는 해당 교원을 징계처분 이후 5년 이상 10년 이하의 범위에서 대통령령으로 정하는 기간 동안 학급을 담당하는 교원(이하 "학급담당교원"이라 한다)으로 배정할 수 없다.
② 고등학교 이하 각급 학교의 장은 제1항에 따른 기간 동안 해당 교원의 학급담당교원 배정 여부 등 제2조제4호에 따른 임용에 관한 사항을 관할청에 보고하여야 한다.

• 「교육공무원법」(2022. 10. 28. 개정, 2023. 4. 19. 시행)에 따라 "「교육공무원법」 제52조 각 호"를 "「국가공무원법」 제83조의2제1항제1호 각 목"으로 변경하였다.

66-6.300

III. 현행법

제66조의6(보직 등 관리의 원칙) ① 고등학교 이하 각급 학교의 장은 교원에 대한 징계처분의 사유가 「교육공무원법」 제52조 각 호의 어느 하나에 해당하는 등 대통령령으로 정하는 사유에 해당하는 경우에는 해당 교원을 징계처분 이후 5년 이상 10년 이하의 범위에서 대통령령으로 정하는 기간 동안 학급을 담당하는 교원(이하 "학급담당교원"이라 한다)으로 배정할 수 없다.

1705) 제382회 국회(정기회) 제14차 본회의, 국회본회의회의록, 2020. 12. 2., 20면.

② 고등학교 이하 각급 학교의 장은 제1항에 따른 기간 동안 해당 교원의 학급담당교원 배정 여부 등 제2조제4호에 따른 임용에 관한 사항을 관할청에 보고하여야 한다.

IV. 종합/특기사항

- 제66조의6은 2020년 개정으로 신설된 후 내용상의 변화는 없다.

제67조(외국인학교에 대한 특례)

I. 제정법

제67조(재심위원회의 설치) ①학교법인 또는 사립학교경영자는 교원의 징계처분 기타 그 의사에 반하는 불리한 처분에 대한 재심을 하게 하기 위하여 재심위원회를 두어야 한다.
②재심위원회는 이사회에서 선임하는 5인 내지 9인의 교원으로 구성하되, 교원징계위원회의 위원이 재심위원회의 위원을 겸할 수 없다.
③교원이 징계처분 기타 그 의사에 반하는 불리한 처분에 대하여 불복이 있을 때에는 재심위원회에 재심을 청구할 수 있다.
④재심위원회의 재심의결은 재적위원 과반수의 찬성으로 행하여야 한다.

『새교육』은 이 조문의 제정이유를 소개하지 않았다.[1706]

II. 개정 경과

1. 1981년 2월 28일 개정(법률 제3373호, 1981. 2. 28. 시행)

제67조(재심위원회의 설치) ①학교법인 또는 사립학교경영자는 교원의 징계처분 기

1706) 金康鉉, 앞의 글 "私立學校法(完)", 47면.

타 그 의사에 반하는 불리한 처분에 대한 재심을 하게 하기 위하여 재심위원회를 두어야 한다.
②재심위원회는 **5인 내지 9인의 위원**으로 구성하되, **그 위원은 이사회 또는 사인인 사립학교경영자가 선임하여 감독청의 승인을 받아야 한다.** 이 경우 교원징계위원회의 위원은 재심위원회의 위원을 겸할 수 없다.
③교원이 징계처분 기타 그 의사에 반하는 불리한 처분에 대하여 불복이 있을 때에는 재심위원회에 재심을 청구할 수 있다.
④재심위원회의 재심의결은 재적위원 과반수의 찬성으로 행하여야 한다.

(1) 법률안(정부안[1707])

현행법	원안
제67조(재심위원회의 설치) ① (생 략) ②재심위원회는 이사회에서 선임하는 5인 내지 9인의 교원으로 구성하되, 교원징계위원회의 위원이 재심위원회의 위원을 겸할 수 없다. ③ ~ ④ (생 략)	**제67조(재심위원회의 설치)** ① (현행과 같음) ②재심위원회는 5인 내지 9인의 위원으로 구성하되, 그 위원은 이사회 또는 개인인 사립학교경영자가 선임하여 감독청의 승인을 받아야 한다. 이 경우 교원징계위원회의 위원은 재심위원회의 위원을 겸할 수 없다. ③ ~ ④ (현행과 같음)

• 재심위원회의 위원 선임에 있어서 감독청의 승인을 받도록 하였다.

(2) 위원회 심사

〈1〉 문교공보위원회: 원안대로 가결되었다.[1708] 제67조에 관한 회의록 내용은 아래와 같다.

• **전문위원 김철[1709]**: 안 제67조 재심위원회의 설치 등에 대하여 일부 내용의 보정과 체계 자구를 정리한 바 있습니다.

1707) 1981. 2. 13. 정부(의안번호: CC0145); 제안이유 및 주요내용은 이 책 [4.204] 참조.
1708) 제10.5대 국회 제77회 제19차 문교공보위원회국가보위입법회의사무처, 문교공보위원회회의록, 1981. 2. 19., 7면.
1709) 제10.5대 국회 제77회 제19차 문교공보위원회국가보위입법회의사무처, 문교공보위원회회의록, 1981. 2. 19., 3면.

〈2〉 **법제사법위원회:** 원안을 수정 · 가결했다.[1710] 수정내용은 아래와 같다.

원안	법제사법위원회 수정안
제67조(재심위원회의 설치) ②재심위원회는 5인 내지 9인의 위원으로 구성하되, 그 위원은 이사회 또는 개인인 사립학교경영자가 선임하여 감독청의 승인을 받아야 한다. 이 경우 교원징계위원회의 위원은 재심위원회의 위원을 겸할 수 없다.	제67조(재심위원회의 설치) ②재심위원회는 5인 내지 9인의 위원으로 구성하되, 그 위원은 이사회 또는 사인인 사립학교경영자가 선임하여 감독청의 승인을 받아야 한다. 이 경우 교원징계위원회의 위원은 재심위원회의 위원을 겸할 수 없다.

위 내용이 포함된 제67조에 관한 회의록 내용은 아래와 같다.

- 전문위원 양삼승[1711]: 제67조제2항 중 "개인인 사립학교경영자가"라고 되어 있는 부분을 용어의 통일을 기하기 위하여 "사인인 사립학교경영자"로 개정하고,…이상입니다.

(3) 본회의 심의

법제사법위원회 수정안대로 가결되었다.[1712]

(4) 결과

법제사법위원회 수정안으로 개정되었다.

2. 1990년 4월 7일 개정(법률 제4226호, 1990. 4. 7. 시행)

제67조(재심위원회의 설치) ①**교원의** 징계처분 기타 의사에 반하는 불리한 처분에 대한 재심을 하게 하기 위하여 **관할청별로** 재심위원회를 두어야 한다.
②재심위원회는 5인 내지 9인의 위원으로 구성하되, 그 위원은 **판사·검사·변호사·교원·학교법인의 임원 또는 사립학교경영자 및 교육에 관한 학식과 경험이 풍부한 자중에서 관할청소속 학교법인 및 사립학교경영자가 협의하여 선임한다.**

1710) 제10.5대 국회 제77회 제19차 법제사법위원회 국가보위입법회의사무처, 법제사법위원회회의록, 1981. 2. 19., 5면.
1711) 제10.5대 국회 제77회 제30차 법제사법위원회국가보위입법회의사무처, 법제사법위원회회의록, 1981. 2. 19., 4면.
1712) 제10.5대 국회 제77회 제20차 국회본회의, 국가보위입법회의회의록, 1981. 2. 20., 7면.

이 경우 관할청의 승인을 얻어야 한다.
③교원이 징계처분 기타 그 의사에 반하는 불리한 처분에 대하여 불복이 있을 때에는 재심위원회에 재심을 청구할 수 있다.
④재심위원회의 재심의결은 재적위원 과반수의 찬성으로 행하여야 한다.
⑤제63조의 규정은 재심위원회의 위원에 이를 준용한다.

(1) 법률안

〈1〉 정부안[1713)]

현행법	원안
제67조(재심위원회의 설치) ①학교법인 또는 사립학교경영자는 교원의 징계처분 기타 그 의사에 반하는 불리한 처분에 대한 재심을 하게 하기 위하여 재심위원회를 두어야 한다. ②재심위원회는 5인 내지 9인의 위원으로 구성하되, 그 위원은 이사회 또는 사인인 사립학교경영자가 선임하여 감독청의 승인을 받아야 한다. 이 경우 교원징계위원회의 위원은 재심위원회의 위원을 겸할 수 없다. ③ ~ ④ (생 략) <신 설>	**제67조(재심위원회의 설치)** ①교원의 징계처분 기타 의사에 반하는 불리한 처분에 대한 재심을 하게 하기 위하여 관할청별로 재심위원회를 두어야 한다. ②재심위원회는 5인 내지 9인의 위원으로 구성하되, 그 위원은 판사·검사·변호사·교원·학교법인의 임원 또는 사립학교경영자 및 교육에 관한 학식과 경험이 풍부한 자중에서 관할청소속 학교법인 및 사립학교경영자가 협의하여 선임한다. 이 경우 관할청의 승인을 얻어야 한다. ③ ~ ④ (현행과 같음) ⑤제63조의 규정은 재심위원회의 위원에 이를 준용한다.

• 종전에는 재심위원회를 해당 사학기관에 두었던 것을 관할청별로 하나의 위원회를 두도록 하였다.

〈2〉 박석무 의원안[1714)]

현행법	원안
제67조(재심위원회의 설치) ①학교법인 또는 사립학교경영자는 교원의 징계처분 기타 그 의사에 반하는 불리한 처분에 대한 재심을 하게 하	**제67조(재심위원회의 설치)** ①관할청은 관할청에 교원의 징계처분 기타 그 의사에 반하는 불리한 처분에 대한 재심을 하게 하기 위하여 재심

1713) 1988. 12. 2. 정부(의안번호: 130287); 제안이유 및 주요내용은 이 책 [4.206] 참조.
1714) 1988. 12. 21. 박석무의원 등 70인(의안번호: 130378); 제안이유 및 주요내용은 이 책 [4.206] 참조.

기 위하여 재심위원회를 두어야 한다. ②재심위원회는 5인 내지 9인의 위원으로 구성하되, 그 위원은 이사회 또는 사인인 사립학교 경영자가 선임하여 감독청의 승인을 받아야 한다. 이 경우 교원징계위원회의 위원은 재심위원회의 위원을 겸할 수 없다.	위원회를 두어야 한다. ②재심위원회는 7인 내지 9인의 위원으로 구성하되, 다음 각호에 해당하는 자이어야 한다. 다만, 이 경우 교원징계위원회의 위원은 재심위원회의 위원을 겸할 수 없다. 1. 이사회가 추천한 2인 내지 3인의 교원 또는 이사 2. 교무회의 또는 교수협의회가 추천한 제1호와 동수인 교원, 교원단체교원위원 1인, 변호사 1인 3. 관할청의 공무원 1인
③교원이 징계처분 기타 그 의사에 반하는 불리한 처분에 대하여 불복이 있을 때에는 재심위원회에 재심을 청구할 수 있다.	③교원이 징계처분 기타 그 의사에 반하는 불리한 처분에 대하여 불복이 있을 때에는 징계결의서 또는 처분서를 받은 때로부터 30일 이내에 재심을 요구할 수 있다.
④재심위원회의 재심의결은 재적위원 과반수의 찬성으로 행하여야 한다.	④재심위원회는 피징계자의 요구서를 받은 날로부터 30일 이내에 재심의결을 해야 한다. 다만, 피징계자의 요구가 있거나, 부득이한 경우 재심위원회의 의결에 의해 1차에 한하여 15일 범위안에서 기한을 연장할 수 있으며 재심의결은 5일 이내에 이를 피징계자에게 통보하혀야 한다.
<신 설>	⑤재심위원회에서의 진상조사 및 의견의 개진에 관한 사항은 교원징계위원회에 관한 규정을 준용한다.
<신 설>	⑥재심위원회의 재심의결은 재적의원 과반수의 찬성으로 행하여야 한다.

• 재심위원회는 관할청에 두도록 하며 재심절차를 세부적으로 정비하였다.

〈3〉 강삼재 의원안[1715)]

현행법	원안
제67조(재심위원회의 설치) ① (생 략) ②재심위원회는 5인 내지 9인의 위원으로 구성하되, 그 위원은 이사회 또는 사인인 사립학교	**제67조(재심위원회의 설치)** ① (현행과 같음) ②재심위원회는 5인 내지 9인의 위원으로 구성하되, 그 위원은 다음 각호에 해당하는 자이어

1715) 1989. 2. 28. 강삼재의원 등 57인(의안번호: 130463); 제안이유 및 주요내용은 이 책 [4.206] 참조.

경영자가 선임하여 감독청의 승인을 받아야 한다. 이 경우 교원징계위원회의 위원은 재심위원회의 위원을 겸할 수 없다.	야 한다. 다만, 교원징계위원회의 위원은 재심위원회의 위원을 겸할 수 없다. 1. 이사회가 추천한 2인 내지 3인의 이사 또는 교원 2. 교무회의 또는 교수협의회에서 추천하는 제1호의 규정과 동수의 교원 3. 관할청에서 추천하는 변호사 또는 교육공무원 1 내지 2인
③ (생 략)	③ (현행과 같음)
④재심위원회의 재심의결은 재적위원 과반수의 찬성으로 행하여야 한다.	④재심위원회는 징계에회부된 자의 재심요구를 접수한 날로부터 30일 이내에 재심을 의결하여야 한다. 다만, 징계에 회부된 자의 요구가 있거나 부득이한 경우에 위원회의 의결에 의하여 1차에 한하여 15일의 범위 안에서 기한을 연장할 수 있다.
<신 설>	⑤재심위원회의 재심의결은 재적위원 과반수의 찬성으로 한다

• 재심위원회를 종전과 같이 사학기관별로 두도록 하되 재심위원의 자격과 재심절차를 정비하였다.

(2) 위원회 심사

〈1〉 **문교공보위원회:** 대안[1716]으로 가결되었다.[1717] 원안[1718]과 대안의 내용을 비교하면 아래와 같다.

대안
제67조(재심위원회의 설치) ①교원의 징계처분 기타 의사에 반하는 불리한 처분에 대한 재심을 하게 하기 위하여 관할청별로 재심위원회를 두어야 한다. ②재심위원회는 5인 내지 9인의 위원으로 구성하되, 그 위원은 판사·검사·변호사·교원·학교법인의 임원 또는 사립학교경영자 및 교육에 관한 학식과 경험이 풍부한 자중에서 관할청소속 학교법인 및 사립학교경영자가 협의하여 선임한다. 이 경우 관할청의 승인을 얻어야 한다.

1716) 1990. 3. 15. 문교공보위원장(의안번호: 130833).

1717) 제148회 국회(임시회) 제6차 전체회의, 문교공보위원회회의록, 1990. 3. 14., 8면.

1718) 1988. 12. 2. 정부(의안번호: 130287), 1988. 12. 21. 박석무의원 등 70인(의안번호: 130378), 1989. 2. 28. 강삼재의원 등 57인(의안번호: 130463). 1989. 2. 16. 김인곤의원 등 34인(의안번호: 130422)은 원안으로 제안하지 않았다.

③교원이 징계처분 기타 그 의사에 반하는 불리한 처분에 대하여 불복이 있을 때에는 재심위원회에 재심을 청구할 수 있다.
④재심위원회의 재심의결은 재적위원 과반수의 찬성으로 행하여야 한다.
⑤제63조의 규정은 재심위원회의 위원에 이를 준용한다.

제67조에 관한 회의록 내용은 아래와 같다.

- **소위원장 함종한**[1719]: 현재는 교원의 징계처분 기타 의사에 반하는 불리한 처분에 대한 재심기관인 재심위원회를 당해 교육기관에 두게 되어 있으나 앞으로는 이를 관할청별로 하나의 위원회를 두도록 하여 공정성과 객관성을 제고하며,… 이상입니다.

〈2〉 **법제사법위원회:** 문교공보위원회 대안대로 가결되었다.[1720]

(3) 본회의 심의

문교공보위원회 대안대로 가결되었다.[1721]

(4) 결과

문교공보위원회 대안으로 개정되었다.

3. 1991년 5월 31일 개정(법률 제4376호, 1991. 5. 31. 시행)

제67조 삭제

- 「교원지위향상을 위한 특별법」(1991. 5. 31. 제정·시행)에 따라 교원에 대한 징계처분 기타 그 의사에 반하는 불리한 처분에 대한 재심을 위하여 교육부에 교원징계재심위원회를 설치하고 재심위원회의 결정의 효력은 징계처분 등을 한 처분행정청 및 사립학교교원의 임면권자를 기속하도록 하였다. 이에 따라 제67조가 삭제되었다.

1719) 제148회 국회(임시회) 제6차 전체회의, 문교공보위원회회의록, 1990. 3. 14., 4면.
1720) 제148회 국회(임시회) 제6차 전체회의, 법제사법위원회회의록, 1990. 3. 14., 26면.
1721) 제148회 국회(임시회) 제9차 본회의, 국회본회의회의록, 1990. 3. 16., 15~16면.

67.204 4. 2002년 8월 26일 개정(법률 제6715호, 2002. 8. 26. 시행)

第67조(외국인학교에 대한 특례) 초·중등교육법 제60조의2의 규정에 의한 외국인학교에 대하여는 제52조 내지 제66조의2의 규정을 적용하지 아니한다.

(1) 법률안(이재정 의원안[1722])

이 조문을 포함한 개정 대상 조문의 제안이유 및 주요내용은 아래와 같다.

- 제안이유 및 주요내용

  국제교류 및 투자협력 등을 목적으로 국내에 거주하는 외국인 자녀에 대한 교육기회를 확대하기 위하여 외국인학교를 각종학교의 일종으로 설립·운영하는 경우 현행법상 외국인학교 교원도 「사립학교법」에 의거 「초·중등교육법」상의 교원규정을 준수해야 하나, 외국인학교는 국가별 특성에 맞는 교육제도 및 교육내용을 갖고 있으므로 국내법에 의한 교원 규정을 배제하여 외국인 자녀의 학교 적응을 쉽게 하고 실질적인 교육기회가 보장되도록 하기 위함.

이 조문의 현행법과 개정 원안은 아래와 같다.

현행법	원안(대안)
<신 설>	**제71조의2(외국인학교)** 외국인학교에 대하여는 제52조 내지 제66조의2의 규정을 적용하지 아니한다.

(2) 위원회 심사

〈1〉 **교육위원회:** 원안을 수정·가결했다.[1723] 수정내용은 아래와 같다.

교육위원회 수정안
제67조(외국인학교) 초·중등교육법 제60조의2의 규정에 의한 외국인학교에 대하여는 제52조 내지 제66조의2의 규정을 적용하지 아니한다.

위 내용이 포함된 제67조에 관한 회의록 내용은 아래와 같다.

1722) 2001. 2. 28. 이재정의원 등 32인 외 1인(의안번호: 160660).

1723) 제232회 국회(임시회) 제2차 전체회의, 교육위원회회의록, 2002. 7. 25., 19면.

가. 第16大 국회 제229회 제1차 교육위원회(2002. 4. 15.)

- **이재정 위원**[1724]: 다음으로 사립학교법 중 개정법률안에 대한 제안설명을 드리겠습니다. 먼저 제안이유를 말씀드리면 국제교류 및 투자협력 등을 목적으로 국내에 거주하는 외국인 자녀에 대한 교육기회를 확대하기 위하여 외국인학교를 각종학교의 일종으로 설립·운영하는 경우에는 현행법상 외국인학교 교원도 사립학교법에 의거하여 초중등교육법상의 교원규정을 준수해야 합니다. 그러나 외국인학교는 국가별 특성에 맞는 교육제도 및 교육내용을 갖고 있으므로 국내법에 의한 교원 규정을 배제하여 외국인 자녀의 학교 적응을 쉽게 하고 실질적인 교육기회가 보장되도록 해야 할 필요성에 의한 것입니다. 개정안의 주요골자는 외국인학교에 대하여는 교원에 대한 규정의 적용을 배제하는 규정을 제71조의2에 신설하고자 하는 것입니다...
- **수석전문위원 상원종**[1725]: 수석전문위원입니다. 다음은 의사일정 제19항 이재정 의원이 대표발의하신 사립학교법 중 개정법률안에 대한 검토의견을 말씀드리겠습니다.

  이 개정안과 같이 사립외국인학교교원의 자격임용에 대하여 특례를 인정하는 것은 그 필요성이 인정되며 이에 대하여 별다른 의견은 없습니다. 다만 일부 자구를 수정하고 또 시행일이 이미 경과되었으므로 이를 수정하는 것이 바람직할 것으로 사료됩니다. 이상 검토보고를 마치겠습니다.

나. 第16大 국회 제232회 제2차 교육위원회(2002. 7. 25.)

- **소위원장 현승일**[1726]: 다음은 소위원회에서 합의하여 수정의결한 6건의 법률안에 대한 심사결과를 보고드리겠습니다. 먼저 이재정 의원이 발의한 사립학교법 중 개정법률안은 외국인학교는 국가별 특성에 맞는 교육제도 및 교육내용을 갖고 있으므로 외국인학교에 국내법에 의한 교원규정의 적용을 배제하여 외국인 자녀에 대한 실질적인 교육기회를 보장하려고 하는 개정취지가 바람직하다고 보았습니다마는 특례규정의 조문배치가 법체계상 적합하지 않고 개정안의 시행시기가 이미 경과된 점 등을 고려하여 이와 관련된 규정을 수정하고 기타 부분은 원안대로 의결하였습니다.
- **위원장 윤영탁**[1727]: 다음은 의사일정 제10항 이재정 의원이 대표발의한 사립학

1724) 第229회 국회(임시회) 제1차 전체회의, 교육위원회회의록, 2002. 4. 15., 35면.
1725) 第229회 국회(임시회) 제1차 전체회의, 교육위원회회의록, 2002. 4. 15., 39면.
1726) 第232회 국회(임시회) 제2차 전체회의, 교육위원회회의록, 2002. 7. 25., 5~6면.
1727) 第232회 국회(임시회) 제2차 전체회의, 교육위원회회의록, 2002. 7. 25., 19면.

교법 중 개정법률안을 법안심사소위원회가 심사보고한 대로 수정한 부분은 수정한 대로 기타 부분은 원안대로 의결하고자 하는데 이의가 없으십니까? (없습니다 하는 위원 있음) 그러면 가결되었음을 선포합니다.

〈2〉 **법제사법위원회:** 교육위원회 수정안을 수정·가결했다.[1728] 수정내용은 아래와 같다.

교육위원회 수정안	법제사법위원회 수정안
第67조(외국인학교) 초·중등교육법 제60조의2의 규정에 의한 외국인학교에 대하여는 제52조 내지 제66조의2의 규정을 적용하지 아니한다.	**第67조(외국인학교에 대한 특례)** 초·중등교육법 제60조의2의 규정에 의한 외국인학교에 대하여는 제52조 내지 제66조의2의 규정을 적용하지 아니한다.

제67조에 관한 회의록 내용은 아래와 같다.

- 이재정 위원[1729]: 교육위원회 이재정 의원입니다. 존경하는 함석재 법제사법위원회 위원장님과 여러 위원님들께 사립학교법 중 개정법률안에 대한 제안설명을 드리게 된 것을 기쁘게 생각합니다.

  이 법안의 제안이유 및 주요골자를 말씀드리면, 국제교류 및 투자협력 등을 목적으로 국내에 거주하는 외국인 자녀에 대한 교육 기회를 확대하기 위하여 외국인학교를 각종학교의 일종으로 설립 운영하는 경우 현행법상 외국인학교 교원도 사립학교법에 의한 교원규정을 준수해야 하나, 외국인학교는 국가별 특성에 맞는 교육제도 및 교육내용을 갖고 있으므로 국내법에 의한 교원규정의 적용을 배제하여 외국인 자녀의 학교적응을 쉽게 하고 실질적인 교 육기회가 보장되도록 하려는 것입니다.

  참고로 이 법안과 관련하여 드릴 말씀은 지난해 초·중등교육법의 개정(2001년 4월 7일)으로 외국인학교에 대한 법적 근거가 신설되고, 교육 과정 교원자격 학년제 등 학사운영에 관한 일부 특례가 인정되었으나, 사립학교법에서 교원의 자격 임용에 관하여 별도로 규정하고 있어서 이와 관련하여 초·중등교육법상 특례의 적용을 받을 수 없는 문제점이 있어 이러한 문제점을 해소할 필요성이 있었습니다. 이 법안에 대하여 우리 위원회에서는 이미 시행 시기가 경과한 부칙규정을 수정하고, 특례규정의 조문 배치를 법체계에 맞게 조정하였으며, 기타 부분은 원안대로 의결하였습니다. 기타 자세한 내용은 배부해 드린 유인물을 참

1728) 제232회 국회(임시회) 제5차 전체회의, 법제사법위원회회의록, 2002. 7. 30., 22~23면.
1729) 제232회 국회(임시회) 제5차 전체회의, 법제사법위원회회의록, 2002. 7. 30., 19면.

고해 주시기 바라며 제안설명을 마치겠습니다. 감사합니다.

• **전문위원 박성득**[1730]: 사립학교법 중 개정법률안, 교육공무원법중개정법률안, 고등교육법중개정법률안에 대해서는 별다른 문제점이 없는 것으로 보았습니다...

• **위원장 함석재**[1731]: 의사일정 제15항 사립학교법 중 개정법률안…에 대해서는 전문위원의 검토의견을 우리 위원회안으로 받아들여 수정한 부분은 수정한 대로, 기타 부분은 원안대로 각각 의결하고자 하는데 이의 없으십니까? (없습니다 하는 위원 있음) 없으시면, 각각 가결되었음을 선포합니다.그러면 오늘은 의사일정을 모두 마쳤으므로 산회하고자 합니다. 산회를 선포합니다.

(3) 본회의 심의

법제사법위원회 수정안대로 가결되었다.[1732]

(4) 결과

법제사법위원회 수정안으로 개정되었다.

5. 2008년 3월 14일 개정(법률 제8888호, 2008. 3. 14. 시행)

제67조(외국인학교에 대한 특례) 「초·중등교육법」 제60조의2의 규정에 의한 외국인학교에 대하여는 제52조 내지 제66조의2의 규정을 적용하지 아니한다.

• 법령 표기에 있어서 "「 」" 표시를 하기로 함[1733]에 따른 개정이다(오직 형식에 관한 개정이므로 자세한 개정경과는 생략함[1734]).

6. 2012년 1월 26일 개정(법률 제11216호, 2012. 1. 26. 시행)

제67조(외국인학교에 대한 특례) 「초·중등교육법」 제60조의2의 규정에 의한 외국인학교에 대하여는 제52조, 제53조, 제53조의2부터 제53조의4까지, 제54조, 제54

1730) 제232회 국회(임시회) 제5차 전체회의, 법제사법위원회회의록, 2002. 7. 30., 21면.
1731) 제232회 국회(임시회) 제5차 전체회의, 법제사법위원회회의록, 2002. 7. 30., 22~23면.
1732) 제232회 국회(임시회) 제9차 본회의, 국회본회의회의록, 2002. 7. 31., 10~11면.
1733) 「법률용어의 표준화 기준」(국회사무처 예규 제22호, 2007. 4. 16. 시행).
1734) 이에 관한 구체적 개정경과는 이 책 [2.203] 참조.

조의2부터 제54조의4까지, 제55조부터 제58조까지, 제58조의2, 제59조, 제60조, 제60조의2, 제60조의3, 제61조부터 제64조까지, 제64조의2, 제65조, 제66조 및 제66조의3을 적용하지 아니한다.

(1) 법률안(정부안[1735])

현행법	원안
제67조(외국인학교에 대한 특례) 「초·중등교육법」 제60조의2의 규정에 의한 외국인학교에 대하여는 제52조 내지 제66조의2의 규정을 적용하지 아니한다.	**제67조(외국인학교에 대한 특례)** 「초·중등교육법」 제60조의2의 규정에 의한 외국인학교에 대하여는 제52조, 제53조, 제53조의2부터 제53조의4까지, 제54조, 제54조의2부터 제54조의4까지, 제55조부터 제58조까지, 제58조의2, 제59조, 제60조, 제60조의2, 제60조의3, 제61조부터 제64조까지, 제64조의2, 제65조, 제66조 및 제66조의3을 적용하지 아니한다.

• 법규정의 신설 등 변화에 맞게 외국인학교에 적용되지 않는 조문을 정비하였다.

(2) 위원회 심사

〈1〉 **교육과학기술위원회:** 대안[1736]으로 가결되었다.(이 조문의 경우에는 원안과 대안의 내용이 동일함)[1737]

〈2〉 **법제사법위원회:** 교육과학기술위원회 대안대로 가결되었다.[1738]

(3) 본회의 심의

교육과학기술위원회 대안대로 가결되었다.[1739]

(4) 결과

교육과학기술위원회 대안으로 개정되었다.

1735) 2010. 8. 13. 정부(의안번호: 1809097); 제안이유 및 주요내용은 이 책 [54-4.207] 참조.
1736) 2011. 12. 30. 교육과학기술위원장(의안번호: 1814406).
1737) 제304회 국회(임시회) 제2차 전체회의, 교육과학기술위원회회의록, 2011. 12. 28., 16면.
1738) 제304회 국회(임시회) 제2차 전체회의, 법제사법위원회회의록, 2011. 12. 29., 23~24면.
1739) 제304회 국회(임시회) 제3차 본회의, 국회본회의회의록, 2011. 12. 30., 23~24면.

7. 2015년 3월 27일 개정(법률 제13224호, 2015. 3. 27. 시행)

제67조(외국인학교에 대한 특례) 「초·중등교육법」 제60조의2의 규정에 의한 외국인학교에 대하여는 제52조, 제53조, 제53조의2부터 제53조의4까지, 제54조, 제54조의2부터 제54조의4까지, 제55조부터 제58조까지, 제58조의2, 제59조, 제60조, 제60조의2, 제60조의3, 제61조부터 제64조까지, 제64조의2, 제65조, **제66조, 제66조의2, 제66조의3제2항·제3항 및 제66조의4를** 적용하지 아니한다.

(1) 법률안(정부안[1740])

현행법	원안
제67조(외국인학교에 대한 특례) 「초·중등교육법」 제60조의2의 규정에 의한 외국인학교에 대하여는 제52조, 제53조, 제53조의2부터 제53조의4까지, 제54조, 제54조의2부터 제54조의4까지, 제55조부터 제58조까지, 제58조의2, 제59조, 제60조, 제60조의2, 제60조의3, 제61조부터 제64조까지, 제64조의2, 제65조, 제66조 및 제66조의3을 적용하지 아니한다.	**제67조(외국인학교에 대한 특례)** 「초·중등교육법」 제60조의2의 규정에 의한 외국인학교에 대하여는 제52조, 제53조, 제53조의2부터 제53조의4까지, 제54조, 제54조의2부터 제54조의4까지, 제55조부터 제58조까지, 제58조의2, 제59조, 제60조, 제60조의2, 제60조의3, 제61조부터 제64조까지, 제64조의2, 제65조, 제66조, 제66조의2, 제66조의3제2항·제3항 및 제66조의4를 적용하지 아니한다.

• 법규정의 신설 등 변화에 맞게 외국인학교에 적용되지 않는 조문을 정비하였다.

(2) 위원회 심사

〈1〉 **교육문화체육관광위원회:** 대안[1741]으로 가결되었다(이 조문의 경우에는 원안과 대안의 내용이 동일함).[1742]

〈2〉 **법제사법위원회:** 교육문화체육관광위원회 대안대로 가결되었다.[1743]

(3) 본회의 심의

교육문화체육관광위원회 대안대로 가결되었다.[1744]

1740) 2012. 12. 21. 정부(의안번호: 1903117); 제안이유 및 주요내용은 이 책 [54-2.205] 참조.
1741) 2015. 3. 3. 교육문화체육관광위원장(의안번호: 1914127).
1742) 제331회 국회(임시회) 제3차 전체회의, 교육문화체육관광위원회회의록, 2015. 2. 11., 14면.
1743) 제331회 국회(임시회) 제5차 전체회의, 법제사법위원회회의록, 2015. 3. 2., 56면.
1744) 제331회 국회(임시회) 제8차, 국회본회의회의록, 2015. 3. 3., 30면.

(4) 결과

교육문화체육관광위원회 대안으로 개정되었다.

67.208 8. 2016년 2월 3일 개정(법률 제13938호, 2016. 2. 3. 시행)

第67조(외국인학교에 대한 특례) 「초·중등교육법」 제60조의2의 규정에 의한 외국인학교에 대하여는 제52조, 제53조, 제53조의2부터 **제53조의5**까지, 제54조, 제54조의2부터 제54조의4까지, 제55조부터 제58조까지, 제58조의2, 제59조, 제60조, 제60조의2, 제60조의3, 제61조부터 제64조까지, 제64조의2, 제65조, 제66조, 제66조의2, 제66조의3제2항·제3항 및 제66조의4를 적용하지 아니한다.

(1) 법률안(유은혜 의원안[1745])

현행법	원안
第67조(외국인학교에 대한 특례) 「초·중등교육법」 제60조의2의 규정에 의한 외국인학교에 대하여는 제52조, 제53조, 제53조의2부터 제53조의4까지, 제54조, 제54조의2부터 제54조의4까지, 제55조부터 제58조까지, 제58조의2, 제59조, 제60조, 제60조의2, 제60조의3, 제61조부터 제64조까지, 제64조의2, 제65조, 제66조, 제66조의2, 제66조의3제2항·제3항 및 제66조의4를 적용하지 아니한다.	**第67조(외국인학교에 대한 특례)** 「초·중등교육법」 제60조의2의 규정에 의한 외국인학교에 대하여는 제52조, 제53조, 제53조의2, 제53조의3, 제53조의4, 제53조의5까지, 제54조, 제54조의2부터 제54조의4까지, 제55조부터 제58조까지, 제58조의2, 제59조, 제60조, 제60조의2, 제60조의3, 제61조부터 제64조까지, 제64조의2, 제65조, 제66조, 제66조의2, 제66조의3제2항·제3항 및 제66조의4를 적용하지 아니한다.

• 법규정의 신설 등 변화에 맞게 외국인학교에 적용되지 않는 조문을 정비하였다.

(2) 위원회 심사

〈1〉 **교육문화체육관광위원회:** 대안[1746]으로 가결되었다.[1747]

대안
第67조(외국인학교에 대한 특례) 「초·중등교육법」 제60조의2의 규정에 의한 외국인학교에 대하여는

1745) 2014. 6. 12. 유은혜의원 등 11인(의안번호: 1910857); 제안이유 및 주요내용은 이 책 [53-2.211] 참조.
1746) 2015. 12. 30. 교육문화체육관광위원장(의안번호: 1918355).
1747) 제337회 국회(정기회) 제10차 전체회의, 교육문화체육관광위원회회의록, 2015. 12. 7., 25면.

제52조, 제53조, 제53조의2부터 제53조의5까지, 제54조, 제54조의2부터 제54조의4까지, 제55조부터 제58조까지, 제58조의2, 제59조, 제60조, 제60조의2, 제60조의3, 제61조부터 제64조까지, 제64조의2, 제65조, 제66조, 제66조의2, 제66조의3제2항·제3항 및 제66조의4를 적용하지 아니한다.

〈2〉 **법제사법위원회:** 교육문화체육관광위원회 대안대로 가결되었다.[1748]

(3) 본회의 심의

교육문화체육관광위원회 대안대로 가결되었다.[1749]

(4) 결과

교육문화체육관광위원회 대안으로 개정되었다.

9. 2020년 12월 22일 개정(법률 제17659호, 2020. 12. 22. 시행)

第67조(외국인학교에 대한 특례) 「초·중등교육법」 제60조의2에 **따른** 외국인학교에 대**해서는** 제52조, 제53조, 제53조의2부터 제53조의5까지, 제54조, 제54조의2부터 제54조의4까지, **제55조, 제55조의2부터 제55조의4까지, 제56조부터 제58조까지**, 제58조의2, 제59조, 제60조, 제60조의2, 제60조의3, **제61조, 제61조의2, 제62조, 제62조의2, 제63조, 제64조**, 제64조의2, 제65조, 제66조, 제66조의2, 제66조의3제2항·제3항 및 제66조의4를 적용하지 아니한다.

- 외국인학교에 적용되지 않는 조문을 명확하게 하였다(오직 형식에 관한 개정이므로 자세한 개정경과는 생략함[1750]).

10. 2021년 9월 24일 개정(법률 제18460호, 2022. 3. 25. 시행)

第67조(외국인학교에 대한 특례) 「초·중등교육법」 제60조의2에 따른 외국인학교에 대해서는 제52조, 제53조, 제53조의2부터 제53조의5까지, 제54조, 제54조의2부터 제54조의4까지, 제55조, 제55조의2부터 제55조의4까지, 제56조부터 제58조까

1748) 제338회 국회(임시회) 제2차 전체회의, 법제사법위원회회의록, 2015. 12. 30., 40면.
1749) 제338회 국회(임시회) 제2차 본회의, 국회본회의회의록, 2015. 12. 31., 17면.
1750) 이에 관한 구체적 개정경과는 이 책 [1.201] 참조.

지, 제58조의2, 제59조, 제60조, 제60조의2, 제60조의3, 제61조, 제61조의2, 제62조, 제62조의2, **제62조의3**, 제63조, 제64조, 제64조의2, 제65조, 제66조, 제66조의2, 제66조의3제2항·제3항**, 제66조의4, 제70조의3부터 제70조의7까지 및 제72조의3부터 제72조의5까지를** 적용하지 아니한다.

(1) 법률안(권인숙 의원안[1752])

현행법[1751]	원안
제67조(외국인학교에 대한 특례) 「초·중등교육법」 제60조의2의 규정에 의한 외국인학교에 대하여는 제52조, 제53조, 제53조의2부터 제53조의5까지, 제54조, 제54조의2부터 제54조의4까지, 제55조부터 제58조까지, 제58조의2, 제59조, 제60조, 제60조의2, 제60조의3, 제61조부터 제64조까지, 제64조의2, 제65조, 제66조, 제66조의2, 제66조의3제2항·제3항 및 제66조의4를 적용하지 아니한다.	**제67조(외국인학교에 대한 특례)** 「초·중등교육법」 제60조의2의 규정에 의한 외국인학교에 대하여는 제52조, 제53조, 제53조의2부터 제53조의5까지, 제54조, 제54조의2부터 제54조의4까지, 제55조부터 제58조까지, 제58조의2, 제59조, 제60조, 제60조의2, 제60조의3, 제61조, 제61조의2, 제62조, 제62조의2, 제62조의3, 제63조, 제64조까지, 제64조의2, 제65조, 제66조, 제66조의2, 제66조의3제2항·제3항 및 제66조의4를 적용하지 아니한다.

• 법규정의 신설 등 변화에 맞게 외국인학교에 적용되지 않는 조문을 정비하였다.

(2) 위원회 심사

〈1〉 교육위원회: 대안[1753]으로 가결되었다(이 조문의 경우에는 원안과 대안의 내용이 동일함).[1754]

〈2〉 법제사법위원회: 교육위원회 대안을 수정·가결했다.[1755] 수정내용은 아래와 같다.

교육위원회 대안	법제사법위원회 수정안
제67조(외국인학교에 대한 특례) 「초·중등교육법」	**제67조(외국인학교에 대한 특례)** 「초·중등교육법」

1751) 「사립학교법」(2020. 3. 24. 일부개정, 2020. 9. 25. 시행)
1752) 2020. 11. 19. 권인숙의원 등 13인(의안번호: 2105526); 제안이유 및 주요내용은 이 책 [62-3.201] 참조.
1753) 2021. 8. 25. 교육위원장(의안번호: 2112205).
1754) 제390회 국회(임시회) 제1차 전체회의, 교육위원회회의록, 2021. 8. 19., 23면.
1755) 제390회 국회(임시회) 제2차 전체회의, 법제사법위원회회의록, 2021. 8. 25., 14면.

제60조의2의 규정에 의한 외국인학교에 대하여는 제52조, 제53조, 제53조의2부터 제53조의5까지, 제54조, 제54조의2부터 제54조의4까지, 제55조부터 제58조까지, 제58조의2, 제59조, 제60조, 제60조의2, 제60조의3, 제61조, 제61조의2, 제62조, 제62조의2, 제62조의3, 제63조, 제64조까지, 제64조의2, 제65조, 제66조, 제66조의2, 제66조의3제2항·제3항 및 제66조의4를 적용하지 아니한다.	제60조의2의 규정에 따른 외국인학교에 대해서는 제52조, 제53조, 제53조의2부터 제53조의5까지, 제54조, 제54조의2부터 제54조의4까지, 제55조, 제55조의2부터 제55조의4까지, 제56조부터 제58조까지, 제58조의2, 제59조, 제60조, 제60조의2, 제60조의3, 제61조, 제61조의2, 제62조, 제62조의2, 제62조의3, 제63조, 제64조, 제64조의2, 제65조, 제66조, 제66조의2, 제66조의3제2항·제3항, 제66조의4, 제70조의3부터 제70조의7까지 및 제72조의3부터 제72조의5까지를 적용하지 아니한다.

제67조에 관한 회의록 내용은 아래와 같다.

- **위원장직무대리 박주민**[1756]: 현행법 제67조는 외국인학교에 대한 사립학교 교원의 임용, 복무 및 징계규정에 대한 특례를 마련하고 있는데 개정안을 통해 신설되는 사무직원의 결격, 사무직원에 대한 징계·해임요구 규정 등이 동 특례규정에 포함되지 않고 있습니다. 이에 대하여 교육부는 특례규정은 외국인학교의 자율성을 보장하기 위한 것으로 현행법이 교원에 대한 결격사유 및 징계규정의 적용을 배제하고 있는 것을 고려하면 사무직원에 대한 관련 규정을 추가할 필요가 있다는 의견을 제시하고 있으므로 이를 반영할 필요가 있다고 보았습니다.

(3) 본회의 심의

법제사법위원회 수정안대로 가결되었다.[1757] 김기현의원 등 105인이 개정전 법률과 동일한 내용으로 본회의 수정안을 제안하였지만 부결되었다.

(4) 결과

법제사법위원회 수정안으로 개정되었다.

1756) 제390회 국회(임시회) 제2차 전체회의, 법제사법위원회회의록, 2021. 8. 25., 10면.
1757) 제390회 국회(임시회) 제1차 본회의, 국회본회의회의록, 2021. 8. 31., 21~25면.

67.300

III. 현행법

제67조(외국인학교에 대한 특례) 「초·중등교육법」 제60조의2에 따른 외국인학교에 대해서는 제52조, 제53조, 제53조의2부터 제53조의5까지, 제54조, 제54조의2부터 제54조의4까지, 제55조, 제55조의2부터 제55조의4까지, 제56조부터 제58조까지, 제58조의2, 제59조, 제60조, 제60조의2, 제60조의3, 제61조, 제61조의2, 제62조, 제62조의2, 제62조의3, 제63조, 제64조, 제64조의2, 제65조, 제66조, 제66조의2, 제66조의3제2항·제3항, 제66조의4, 제70조의3부터 제70조의7까지 및 제72조의3부터 제72조의5까지를 적용하지 아니한다.

67.400

IV. 종합/특기사항

- 제67조는 원래 "재심위원회 설치"에 관한 규정이었으나 「교원지위향상을 위한 특별법」(1991. 5. 31. 제정·시행)으로 교육부에 교원징계재심위원회를 설치함에 따라 제67조가 삭제되었다. 2002년 8월 26일 개정(법률 제6715호, 2002. 8. 26. 시행)으로 제67조는 외국인학교에 대한 특례에 관한 규정이 되었다.
- 제67조에 대한 개정은 조문 신설에 따라 외국인학교에 적용되지 않는 조문을 정비하기 위한 것이다.

제67조의2 삭제

67-2.100

I. 제정법

제정법에는 이 조문이 없다.

II. 개정 경과

67-2.201

1. 1964년 11월 10일 개정(법률 제1664호, 1964. 11. 10. 시행)

제67조의2(손해배상) 학교법인 또는 사립학교경영자는 재심의결의 결과 이미 행한

징계처분이 부당하다고 인정된 당해 교원에 대하여 징계로 인하여 입은 손해를 지체없이 배상하여야 한다.

(1) 법률안(최영두 의원안[1758])

현행법	원안
<신 설>	**제67조의2(손해배상)** 학교법인 또는 사립학교경영자는 재심의결의 결과 이미 행한 징계처분이 부당하다고 인정된 당해 교원에 대하여 징계로 인하여 입은 손해를 지체없이 배상하여야 한다.

- 사립학교 교원에 대한 부당한 징계에 대하여 손해배상을 인정하였다.

(2) 위원회 심사

〈1〉 **문교공보위원회:** 대안[1759]으로 가결되었다.[1760]

대안
제67조의2(손해배상) 학교법인 또는 사립학교 경영자는 재심의결의 결과 이미 행한 징계처분이 부당하다고 확정된 당해 교원에 대하여 징계로 인하여 입은 손해를 지체없이 배상하여야 한다.

〈2〉 **법제사법위원회:** 문교공보위원회 대안대로 가결되었다.[1761]

(3) 본회의 심의

문교공보위원회 대안대로 가결되었다.[1762]

(4) 결과

문교공보위원회 대안으로 개정되었다.

1758) 1964. 3. 9. 최영두의원 등 11인(의안번호: 060074); 제안이유 및 주요내용은 이 책 [4.201] 참조.
1759) 1964. 4. 16. 문교공보위원장(의안번호: 060162).
1760) 제41회 국회(임시회) 제9차 전체회의, 문교공보위원회회의록, 1964. 4. 16., 16면.
1761) 제41회 국회(임시회) 제9차 전체회의, 법제사법위원회회의록, 1964. 4. 18., 44면.
1762) 제45회 국회(정기회) 제19차 본회의, 국회본회의회의록, 1964. 10. 28., 25면.

67-2.202 2. 1981년 2월 28일 개정(법률 제3373호, 1981. 2. 28. 시행)

제67조의2(손해배상) 사립학교의 교원의 임면권자는 재심의결의 결과 이미 행한 징계처분이 부당하다고 인정된 당해 교원에 대하여 징계로 인하여 입은 손해를 지체없이 배상하여야 한다.

- "학교법인 또는 사립학교경영자"를 "사립학교의 교원의 임면권자"로 하였다(오직 형식에 관한 개정이므로 자세한 개정경과는 생략함[1763]).

67-2.203 3. 1991년 5월 31일 개정(법률 제4376호, 1991. 5. 31. 시행)

제67조의2 삭제

- 「교원지위향상을 위한 특별법」(1991. 5. 31. 제정·시행)에 따라 교원에 대한 징계처분 기타 그 의사에 반하는 불리한 처분에 대한 재심을 위하여 교육부에 교원징계재심위원회를 설치하고 재심위원회의 결정의 효력은 징계처분 등을 한 처분행정청 및 사립학교교원의 임면권자를 기속하도록 하였다. 이에 제67조의2가 삭제되었다.

67-2.300 III. 현행법

제67조의2 삭제

67-2.400 IV. 종합/특기사항

- 제67조의2는 재심위원회의 부당한 징계로 인한 손해배상에 관한 것이었으나, 「교원지위향상을 위한 특별법」(1991. 5. 31. 제정·시행)으로 교육부에 교원징계재심위원회를 설치함에 따라 재심위원회가 폐지되고 그와 함께 제67조의2도 삭제되었다.

1763) 이에 관한 구체적 개정경과는 이 책 [4.204] 참조.

제67조의3 삭제

I. 제정법

제정법에는 이 조문이 없다.

II. 개정 경과

1. 1990년 4월 7일 개정(법률 제4226호, 1990. 4. 7. 시행)

제67조의3(후임자 보충발령의 유예) 사립학교의 교원이 본인의 의사에 반하여 파면 또는 해임되거나 제58조제1항제2호의 규정에 의하여 면직되었을 때에는 사립학교교원의 임면권자는 그 처분을 한 날부터 30일이내에 후임자의 보충발령을 하지 못한다.

(1) 법률안(정부안[1764])

현행법	원안
<신 설>	**제67조의3(후임자 보충발령의 유예)** 본인의 의사에 반하여 파면 또는 해임을 한 때에는 그 처분을 한 날로부터 30일 이내에 후임자의 보충발령을 하지 못한다.

(2) 위원회 심사

〈1〉 **문교공보위원회:** 대안[1765]으로 가결되었다.[1766]

대안
제67조의3(후임자 보충발령의 유예) 사립학교의 교원이 본인의 의사에 반하여 파면 또는 해임되거나 제58조제1항제2호의 규정에 의하여 면직되었을 때에는 사립학교교원의 임면권자는 그 처분을 한 날부터 30일이내에 후임자의 보충발령을 하지 못한다.

1764) 1988. 12. 2. 정부(의안번호: 130287); 제안이유 및 주요내용은 이 책 [4.206] 참조.
1765) 1990. 3. 15. 문교공보위원장(의안번호: 130833).
1766) 제148회 국회(임시회) 제6차 전체회의, 문교공보위원회회의록, 1990. 3. 14., 8면.

제67조의3에 관한 회의록 내용은 아래와 같다.

- **소위원장 함종한**[1767]: 사립학교 교원이 본인의 의사에 반하여 파면 또는 해임 등이 되었을 때에는 그 30일 이내에는 후임자를 보충발령하지 못하게 새로이 규정하는 것 등입니다.

〈2〉 **법제사법위원회:** 문교공보위원회 대안대로 가결되었다.[1768]

(3) 본회의 심의

문교공보위원회 대안대로 가결되었다.[1769]

(4) 결과

문교공보위원회 대안으로 개정되었다.

67-3.202 2. 1991년 5월 31일 개정(법률 제4376호, 1991. 5. 31. 시행)

제67조의3 삭제

- 「교원지위향상을 위한 특별법」(1991. 5. 31. 제정·시행)에 따라 교원에 대한 징계처분 기타 그 의사에 반하는 불리한 처분에 대한 재심을 위하여 교육부에 교원징계재심위원회를 설치하고 재심위원회의 결정의 효력은 징계처분 등을 한 처분행정청 및 사립학교교원의 임면권자를 기속하도록 하였다. 이에 제67조의3이 삭제되었다.

67-3.300 III. 현행법

제67조의3 삭제

1767) 제148회 국회(임시회) 제6차 전체회의, 문교공보위원회회의록, 1990. 3. 14., 4면.
1768) 제148회 국회(임시회) 제6차 전체회의, 법제사법위원회회의록, 1990. 3. 14., 26면.
1769) 제148회 국회(임시회) 제9차 본회의, 국회본회의회의록, 1990. 3. 16., 15~16면.

IV. 종합/특기사항

• 第67조의3은 교원이 파면·해임·면직된 경우 그 처분일로부터 30일 이내에 후임자의 보충발령을 하지 못한다는 규정이었으나, 「교원지위향상을 위한 특별법」(1991. 5. 31. 제정·시행)으로 교육부 교원징계재심위원회가 재심위원회를 대체함에 따라 삭제되었다.

제68조 삭제

I. 제정법

제68조(징계처분의 경정) 임명권자는 징계처분의 취소 또는 변경을 내용으로 한 재심의결서를 받은 때에는 이미 행한 징계처분을 지체없이 경정하여야 한다.

『새교육』은 이 조문의 제정이유를 소개하지 않았다.[1770]

II. 개정 경과

1. 1991년 5월 31일 개정(법률 제4376호, 1991. 5. 31. 시행)

제68조 삭제

• 「교원지위향상을 위한 특별법」(1991. 5. 31. 제정·시행)에 따라 교원에 대한 징계처분 기타 그 의사에 반하는 불리한 처분에 대한 재심을 위하여 교육부에 교원징계재심위원회를 설치하고 재심위원회의 결정의 효력은 징계처분 등을 한 처분행정청 및 사립학교교원의 임면권자를 기속하도록 하였다. 이에 제68조가 삭제되었다.

1770) 金康鉉, 앞의 글 "私立學校法(完)", 47면.

68.300 III. 현행법

제68조 삭제

68.400 IV. 종합/특기사항

- 제68조는 재심으로 징계처분이 취소·변경된 경우에 관한 규정이었으나, 「교원지위향상을 위한 특별법」(1991. 5. 31. 제정·시행)으로 교육부 교원징계재심위원회가 재심위원회를 대체함에 따라 삭제되었다.

제69조 삭제

69.100 I. 제정법

제69조(보고) 학교법인의 이사장 또는 사립학교경영자(법인인 경우에는 그 대표자)는 그가 설치·경영하는 사립학교의 교원에 대하여 징계처분을 한 때에는 그 징계에 관하여 징계의결서 또는 재심의결서의 사본을 첨부하여 지체없이 당해 사립학교의 감독청에 보고하여야 한다.

『새교육』은 이 조문의 제정이유를 소개하지 않았다.[1771]

II. 개정 경과

69.201 1. 1981년 2월 28일 개정(법률 제3373호, 1981. 2. 28. 시행)

제69조(보고) 사립학교의 교원의 임면권자는 그 소속교원에 대하여 징계처분을 하

1771) 金康鉉, 앞의 글 "私立學校法(完)", 47면.

거나, 재심의결에 대한 경정조치를 한 때에는 그 징계의결서 사본 또는 재심의결에 대한 경정조치내용을 첨부하여 그 사실을 지체없이 감독청에 보고하여야 한다.

(1) 법률안(정부안[1772])

현행법	원안
제69조(보고) 학교법인의 이사장 또는 사립학교경영자(법인인 경우에는 그 대표자)는 그가 설치·경영하는 사립학교의 교원에 대하여 징계처분을 한 때에는 그 징계에 관하여 징계의결서 또는 재심의결서의 사본을 첨부하여 지체없이 당해 사립학교의 감독청에 보고하여야 한다.	**제69조(보고)** 사립학교의 교원의 임명권자는 그 소속교원에 대하여 징계처분을 하거나, 재심의결에 대한 경정조치를 한 때에는 그 징계의결서 사본 또는 재심의결에 대한 경정조치내용을 첨부하여 그 사실을 지체없이 감독청에 보고하여야 한다.

• 내용 변경이라기보다는 보고의 주체와 대상을 체계에 맞게 정비한 것이다.

(2) 위원회 심사

〈1〉 **문교공보위원회:** 원안대로 가결되었다.[1773]

〈2〉 **법제사법위원회:** 원안을 수정·가결했다.[1774] 수정내용은 아래와 같다.

법제사법위원회 수정안
제69조(보고) 사립학교의 교원의 임면권자는 그 소속교원에 대하여 징계처분을 하거나, 재심의결에 대한 경정조치를 한 때에는 그 징계의결서 사본 또는 재심의결에 대한 경정조치내용을 첨부하여 그 사실을 지체없이 감독청에 보고하여야 한다.

위 내용이 포함된 제69조에 관한 회의록 내용은 아래와 같다.

• **전문위원 양삼승**[1775]: 제69조…중 각 "임명권자"로 되어 있는 부분을 역시 용어

1772) 1981. 2. 13. 정부(의안번호: CC0145); 제안이유 및 주요내용은 이 책 [4.204] 참조.
1773) 제10.5대 국회 제77회 제19차 문교공보위원회국가보위입법회의사무처, 문교공보위원회회의록, 1981. 2. 19., 7면.
1774) 제10.5대 국회 제77회 제19차 법제사법위원회 국가보위입법회의사무처, 법제사법위원회회의록, 1981. 2. 19., 5면.
1775) 제10.5대 국회 제77회 제30차 법제사법위원회국가보위입법회의사무처, 법제사법위원회회의록, 1981.

의 통일을 위하여 "임면권자"로 수정하고…이상입니다.

(3) 본회의 심의

법제사법위원회 수정안대로 가결되었다.[1776)]

(4) 결과

법제사법위원회 수정안으로 개정되었다.

69.202

2. 1990년 4월 7일 개정(법률 제4226호, 1990. 4. 7. 시행)

제69조(보고) 사립학교의 교원의 임면권자는 그 소속교원에 대하여 징계처분을 하거나, 재심의결에 대한 경정조치를 한 때에는 그 징계의결서 사본 또는 재심의결에 대한 경정조치내용을 첨부하여 그 사실을 지체없이 관할청에 보고하여야 한다.

(1) 법률안(정부안[1777)])

현행법	원안
제69조(보고) 사립학교의 교원의 임면권자는 그 소속교원에 대하여 징계처분을 하거나, 재심의결에 대한 경정조치를 한 때에는 그 징계의결서 사본 또는 재심의결에 대한 경정조치내용을 첨부하여 그 사실을 지체없이 감독청에 보고하여야 한다.	**제69조(보고)** 사립학교의 교원의 임면권자는 그 소속교원에 대하여 징계처분을 하거나, 재심의결에 대한 경정조치를 한 때에는 그 징계의결서 사본 또는 재심의결에 대한 경정조치내용을 첨부하여 그 사실을 지체없이 관할청에 보고하여야 한다.

- "감독청"을 "관할청"으로 하였다.

(2) 위원회 심사

〈1〉 **문교공보위원회:** 대안[1778)]으로 가결되었다(이 조문의 경우에는 원안과 대안의 내용이 동일함).[1779)]

---

2. 19., 4면.

1776) 제10.5대 국회 제77회 제20차 국회본회의, 국가보위입법회의회의록, 1981. 2. 20., 7면.

1777) 1988. 12. 2. 정부(의안번호: 130287). 1988. 12. 21. 박석무의원 등 70인(의안번호: 130378), 1989. 2. 16. 김인곤의원 등 34인(의안번호: 130422), 1989. 2. 28. 강삼재의원 등 57인(의안번호: 130463)는 원안으로 제안하지 않았다.

1778) 1990. 3. 15. 문교공보위원장(의안번호: 130833).

1779) 제148회 국회(임시회) 제6차 전체회의, 문교공보위원회회의록, 1990. 3. 14., 8면.

〈2〉 **법제사법위원회:** 문교공보위원회 대안대로 가결되었다.[1780)]

(3) 본회의 심의

문교공보위원회 대안대로 가결되었다.[1781)]

(4) 결과

문교공보위원회 대안으로 개정되었다.

3. 1991년 5월 31일 개정(법률 제4376호, 1991. 5. 31. 시행)

제69조 삭제

• 「교원지위향상을 위한 특별법」(1991. 5. 31. 제정·시행)에 따라 교원에 대한 징계처분 기타 그 의사에 반하는 불리한 처분에 대한 재심을 위하여 교육부에 교원징계재심위원회를 설치하고 재심위원회의 결정의 효력은 징계처분 등을 한 처분행정청 및 사립학교교원의 임면권자를 기속하도록 하였다. 이에 제69조가 삭제되었다.

III. 현행법

제69조 삭제

IV. 종합/특기사항

• 제69조는 사립학교 교원에 대한 징계처분이나 재심의결에 대한 경정조치를 한 경우 관할청에게 보고하도록 하는 규정이었으나, 「교원지위향상을 위한 특별법」(1991. 5. 31. 제정·시행)으로 교육부 교원징계재심위원회가 재심위원회를 대체하는 등의 사유로 삭제되었다.

1780) 제148회 국회(임시회) 제6차 전체회의, 법제사법위원회회의록, 1990. 3. 14., 26면.
1781) 제148회 국회(임시회) 제9차 본회의, 국회본회의회의록, 1990. 3. 16., 15~16면.

제5장 보칙

제70조(보고·조사 등)

70.100 ### I. 제정법

제70조(보고·조사등) 감독청은 사립학교의 교육에 관하여 조사를 하거나 통계 기타 필요한 사항에 관한 보고를 하게 하거나 소속공무원으로 하여금 장부 기타 서류 등을 검사하게 하거나 교육의 실시상황을 조사하게 할 수 있다.

『새교육』은 이 조문의 제정이유를 소개하지 않았다.[1]

II. 개정 경과

70.201 #### 1. 1990년 4월 7일 개정(법률 제4226호, 1990. 4. 7. 시행)

제70조(보고·조사등) 관할청은 사립학교의 교육에 관하여 조사를 하거나 통계 기타 필요한 사항에 관한 보고를 하게 하거나, 소속공무원으로 하여금 장부 기타 서류 등을 검사하게 하거나 교육의 실시상황을 조사하게 할 수 있다.

(1) 법률안(정부안[2])

현행법	원안
제70조(보고·조사등) 감독청은 사립학교의 교육에 관하여 조사를 하거나 통계 기타 필요한 사항에 관한 보고를 하게 하거나 소속공무원으로 하여금 장부 기타 서류등을 검사하게 하거나	**제70조(보고·조사등)** 관할청은 사립학교의 교육에 관하여 조사를 하거나 통계 기타 필요한 사항에 관한 보고를 하게 하거나 소속공무원으로 하여금 장부 기타 서류등을 검사하게 하거나

1) 金康鉉, 앞의 글 "私立學校法(完)", 47면.
2) 1988. 12. 2. 정부(의안번호: 130287); 제안이유 및 주요내용은 이 책 [4.206] 참조. 1988. 12. 21. 박석무의원 등 70인(의안번호: 130378), 1989. 2. 16. 김인곤의원 등 34인(의안번호: 130422), 1989. 2. 28. 강삼재의원 등 57인(의안번호: 130463)은 원안으로 제안하지 않았다.

교육의 실시상황을 조사하게 할 수 있다.	교육의 실시상황을 조사하게 할 수 있다.

• "감독청"을 "관할청"으로 하였다.

(2) 위원회 심사

〈1〉 **문교공보위원회:** 대안[3]으로 가결되었다(이 조문의 경우에는 원안과 대안의 내용이 동일함).[4]

〈2〉 **법제사법위원회:** 문교공보위원회 대안대로 가결되었다.[5]

(3) 본회의 심의

문교공보위원회 대안대로 가결되었다.[6]

(4) 결과

문교공보위원회 대안으로 개정되었다.

2. 2020년 12월 22일 개정(법률 제17659호, 2020. 12. 22. 시행)

제70조(보고·조사 등) 관할청은 사립학교의 교육에 관하여 조사를 하거나 통계 **또는 그 밖에** 필요한 사항에 관한 보고를 하게 **할 수 있으며**, 소속 공무원으로 하여금 장부**나 그 밖의** 서류 등을 검사하게 하거나 교육의 실시상황을 조사하게 할 수 있다.

• 법문을 한글화하고 간결하게 하였다(오직 형식에 관한 개정이므로 자세한 개정경과는 생략함[7]).

3) 1990. 3. 15. 문교공보위원장(의안번호: 130833).
4) 제148회 국회(임시회) 제6차 전체회의, 문교공보위원회회의록, 1990. 3. 14., 8면.
5) 제148회 국회(임시회) 제6차 전체회의, 법제사법위원회회의록, 1990. 3. 14., 26면.
6) 제148회 국회(임시회) 제9차 본회의, 국회본회의회의록, 1990. 3. 16., 15~16면.
7) 이에 관한 구체적 개정경과는 이 책 [1.201] 참조.

70.300

III. 현행법

제70조(보고·조사 등) 관할청은 사립학교의 교육에 관하여 조사를 하거나 통계 또는 그 밖에 필요한 사항에 관한 보고를 하게 할 수 있으며, 소속 공무원으로 하여금 장부나 그 밖의 서류 등을 검사하게 하거나 교육의 실시상황을 조사하게 할 수 있다.

70.400

IV. 종합/특기사항

- 제70조에 대한 개정은 용어의 변경을 반영하고, 법문의 한글화 등 명확화 등 모두 형식에 관한 것이다.

제70조의2(사무기구 및 직원)

70-2.100

I. 제정법

제정법에는 이 조문이 없다.

II. 개정 경과

70-2.201

1. 1976년 12월 31일 개정(법률 제2961호, 1976. 12. 31. 시행)

제70조의2(사무기구 및 직원) 학교법인 또는 사립학교경영자는 그의 사무와 그가 설치·경영하는 학교의 사무를 처리하기 위하여 필요한 사무기구를 두되, 그 설치·운영과 사무직원의 정원·임면·보수·복무 및 신분보장에 관하여는 학교법인 또는 법인인 사립학교경영자의 경우에는 정관으로 정하고 개인인 사립학교경영자의 경우에는 규칙으로 정하여 감독청의 인가를 받아야 한다.

(1) 법률안(정부안[8])

현행법	원안
<신 설>	**제70조의2(사무기구 및 직원)** 학교법인 또는 사립학교경영자는 그의 사무와 그가 설치·경영하는 학교의 사무를 처리하기 위하여 필요한 사무기구를 두되, 그 설치·운영과 사무직원의 정원·임면·보수·복무 및 신분보장에 관하여는 학교법인 또는 법인인 사립학교경영자의 경우에는 정관으로 정하고 개인인 사립학교경영자의 경우에는 규칙으로 정하여 감독청의 인가를 받아야 한다.

• 사립학교의 사무기구 및 직원에 관한 사항을 정관 등으로 정하도록 하였다.

(2) 위원회 심사

〈1〉 **문교공보위원회:** 원안대로 가결되었다.[9] 제70조의2에 관한 회의록 내용은 아래와 같다.

- **전문위원 김사달[10]:** 사립학교 사무기구의 설치운영과 직원의 정원·임면 등에 대하여 명문화함으로써 사무기구의 체통과 질서를 바로잡으려는데 그 취지가 있다고 보겠습니다.

〈2〉 **법제사법위원회:** 원안대로 가결되었다.[11]

(3) 본회의 심의

원안대로 가결되었다.[12]

(4) 결과

원안으로 개정되었다.

---

8) 1976. 11. 17. 정부(의안번호: 090632); 제안이유 및 주요내용은 이 책 [3.202] 참조.
9) 제96회 국회(정기회) 제18차 전체회의, 문교공보위원회회의록, 1976. 12. 10., 1면.
10) 제96회 국회(정기회) 제16차 전체회의, 문교공보위원회회의록, 1976. 12. 7., 3면.
11) 제96회 국회(정기회) 제17차 전체회의, 법제사법위원회회의록, 1976. 12. 15., 5면.
12) 제96회 국회(정기회) 제17차 본회의, 국회회의록, 1976. 12. 16., 5면.

70-2.202 2. 1981년 2월 28일 개정(법률 제3373호, 1981. 2. 28. 시행)

제70조의2(사무기구 및 직원) ①학교법인 또는 사립학교경영자는 그의 사무와 그가 설치·경영하는 학교의 사무를 처리하기 위하여 필요한 사무기구를 두되, 그 설치·운영과 사무직원의 정원·임면·보수·복무 및 신분보장에 관하여는 학교법인 또는 법인인 사립학교경영자의 경우에는 정관으로 정하고, 개인인 사립학교경영자의 경우에는 규칙으로 정하여 감독청의 인가를 받아야 한다.
②대학교육기관의 소속사무직원은 학교의 장이 임면한다.

(1) 법률안(정부안[13])

현행법	원안
제70조의2(사무기구 및 직원) 학교법인 또는 사립학교경영자는 그의 사무와 그가 설치·경영하는 학교의 사무를 처리하기 위하여 필요한 사무기구를 두되, 그 설치·운영과 사무직원의 정원·임면·보수·복무 및 신분보장에 관하여는 학교법인 또는 법인인 사립학교경영자의 경우에는 정관으로 정하고 개인인 사립학교경영자의 경우에는 규칙으로 정하여 감독청의 인가를 받아야 한다. <신 설>	**제70조의2(사무기구 및 직원)** ① (현행과 같음) ②대학교육기관의 소속사무직원은 학교의 장이 임면한다.

• 대학교육기관의 소속 사무직원은 학교의 장이 임면하도록 하였다.

(2) 위원회 심사

〈1〉 **문교공보위원회:** 원안대로 가결되었다.[14]

〈2〉 **법제사법위원회:** 원안대로 가결되었다.[15]

---

13) 1981. 2. 13. 정부(의안번호: CC0145); 제안이유 및 주요내용은 이 책 [4.204] 참조.
14) 제10.5대 국회 제77회 제19차 문교공보위원회국가보위입법회의사무처, 문교공보위원회회의록, 1981. 2. 19., 7면.
15) 제10.5대 국회 제77회 제19차 법제사법위원회 국가보위입법회의사무처, 법제사법위원회회의록, 1981. 2. 19., 5면.

(3) 본회의 심의

원안대로 가결되었다.[16)]

(4) 결과

원안으로 개정되었다.

3. 1990년 4월 7일 개정(법률 제4226호, 1990. 4. 7. 시행)

제70조의2(사무기구 및 직원) ①학교법인 또는 사립학교경영자는 그의 사무와 그가 설치·경영하는 학교의 사무를 처리하기 위하여 필요한 사무기구를 두되, 그 설치·운영과 사무직원의 정원·임면·보수·복무 및 신분보장에 관하여는 학교법인 또는 법인인 사립학교경영자의 경우에는 정관으로 정하고, 개인인 사립학교경영자의 경우에는 규칙으로 정하여 **관할청**의 인가를 받아야 한다.

②**각급학교의** 소속사무직원은 학교의 장**의 제청으로 학교법인 또는 사립학교경영자가** 임면한다.

(1) 법률안

〈1〉 정부안[17)]

현행법	원안
제70조의2(사무기구 및 직원) ①학교법인 또는 사립학교경영자는 그의 사무와 그가 설치·경영하는 학교의 사무를 처리하기 위하여 필요한 사무기구를 두되, 그 설치·운영과 사무직원의 정원·임면·보수·복무 및 신분보장에 관하여는 학교법인 또는 법인인 사립학교경영자의 경우에는 정관으로 정하고, 개인인 사립학교경영자의 경우에는 규칙으로 정하여 감독청의 인가를 받아야 한다. ② (생 략)	**제70조의2(사무기구 및 직원)** ①학교법인 또는 사립학교경영자는 그의 사무와 그가 설치·경영하는 학교의 사무를 처리하기 위하여 필요한 사무기구를 두되, 그 설치·운영과 사무직원의 정원·임면·보수·복무 및 신분보장에 관하여는 학교법인 또는 법인인 사립학교경영자의 경우에는 정관으로 정하고, 개인인 사립학교경영자의 경우에는 규칙으로 정하여 관할청의 인가를 받아야 한다. ② (현행과 같음)

16) 제10.5대 국회 제77회 제20차 국회본회의, 국가보위입법회의회의록, 1981. 2. 20., 7면.

17) 1988. 12. 2. 정부(의안번호: 130287); 제안이유 및 주요내용은 이 책 [4.206] 참조.

• "감독청"을 "관할청"으로 하였다.

〈2〉 박석무 의원안[18)]

현행법	원안
제70조의2(사무기구 및 직원) ①학교법인 또는 사립학교경영자는 그의 사무와 그가 설치·경영하는 학교의 사무를 처리하기 위하여 필요한 사무기구를 두되, 그 설치·운영과 사무직원의 정원·임면·보수·복무 및 신분보장에 관하여는 학교법인 또는 법인인 사립학교경영자의 경우에는 정관으로 정하고, 개인인 사립학교경영자의 경우에는 규칙으로 정하여 감독청의 인가를 받아야 한다. ②대학교육기관의 소속사무직원은 학교의 장이 임면한다.	**제70조의2(사무기구 및 직원)** ①학교법인 또는 사립학교경영자는 그의 사무와 그가 설치·경영하는 학교의 사무를 처리하기 위하여 필요한 사무기구를 두되, 그 설치·운영과 사무직원의 정원·임면·보수·복무 및 신분보장에 관하여는 학교법인 또는 법인인 사립학교경영자의 경우에는 정관으로 정하고, 개인인 사립학교경영자의 경우에는 규칙으로 정하여 관할청의 인가를 받아야 한다. ②각급학교의 소속 사무직원은 학교의 장이 임면한다.

• "감독청"을 "관할청"으로 하고, 대학교육기관 외의 다른 학교의 사무직원도 학교의 장이 임면하도록 하였다.

〈3〉 김인곤 의원안[19)]

현행법	원안
제70조의2(사무기구 및 직원) ①학교법인 또는 사립학교경영자는 그의 사무와 그가 설치·경영하는 학교의 사무를 처리하기 위하여 필요한 사무기구를 두되, 그 설치·운영과 사무직원의 정원·임면·보수·복무 및 신분보장에 관하여는 학교법인 또는 법인인 사립학교경영자의 경우에는 정관으로 정하고, 개인인 사립학교경영자의 경우에는 규칙으로 정하여 감독청의 인가를 받아야 한다. ②대학교육기관의 소속사무직원은 학교의 장이 임면한다.	**제70조의2(사무기구 및 직원)** ①학교법인 또는 사립학교경영자는 그의 사무와 그가 설치·경영하는 학교의 사무를 처리하기 위하여 필요한 사무기구를 두되, 그 설치·운영과 사무직원의 정원·임면·보수·복무 및 신분보장에 관하여는 학교법인 또는 법인인 사립학교경영자의 경우에는 정관으로 정하고, 개인인 사립학교경영자의 경우에는 규칙으로 정하여 관할청의 인가를 받아야 한다. ②대학교육기관의 소속사무직원은 학교의 장의 추천으로 이사장이 임명한다.

18) 1988. 12. 21. 박석무의원 등 70인(의안번호: 130378); 제안이유 및 주요내용은 이 책 [4.206] 참조.
19) 1989. 2. 16. 김인곤의원 등 34인(의안번호: 130422); 제안이유 및 주요내용은 이 책 [4.206] 참조.

- "감독청"을 "관할청"으로 하고, 대학교육기관 소속 사무직원의 임명권자를 이사장으로 하였다.

〈4〉 **강삼재 의원안**[20)]

현행법	원안
제70조의2(사무기구 및 직원) ①학교법인 또는 사립학교경영자는 그의 사무와 그가 설치·경영하는 학교의 사무를 처리하기 위하여 필요한 사무기구를 두되, 그 설치·운영과 사무직원의 정원·임면·보수·복무 및 신분보장에 관하여는 학교법인 또는 법인인 사립학교경영자의 경우에는 정관으로 정하고, 개인인 사립학교경영자의 경우에는 규칙으로 정하여 감독청의 인가를 받아야 한다. ②대학교육기관의 소속사무직원은 학교의 장이 임면한다.	**제70조의2(사무기구 및 직원)** ①학교법인 또는 사립학교경영자는 그의 사무와 그가 설치·경영하는 학교의 사무를 처리하기 위하여 필요한 사무기구를 두되, 그 설치·운영과 사무직원의 정원·임면·보수·복무 및 신분보장에 관하여는 학교법인 또는 법인인 사립학교경영자의 경우에는 정관으로 정하고, 개인인 사립학교경영자의 경우에는 규칙으로 정하여 관할청의 인가를 받아야 한다. ②각급학교의 소속 사무직원은 학교의 장이 임면한다.

- "감독청"을 "관할청"으로 하고, 대학교육기관 외의 다른 학교의 사무직원도 학교의 장이 임면하도록 하였다.

(2) 위원회 심사

〈1〉 **문교공보위원회**: 대안[21)]으로 가결되었다.[22)]

대안
제70조의2(사무기구 및 직원) ①학교법인 또는 사립학교경영자는 그의 사무와 그가 설치·경영하는 학교의 사무를 처리하기 위하여 필요한 사무기구를 두되, 그 설치·운영과 사무직원의 정원·임면·보수·복무 및 신분보장에 관하여는 학교법인 또는 법인인 사립학교경영자의 경우에는 정관으로 정하고, 개인인 사립학교경영자의 경우에는 규칙으로 정하여 관할청의 인가를 받아야 한다. ②각급학교의 소속사무직원은 학교의 장의 제청으로 학교법인 또는 사립학교경영자가 임면한다.

제70조의2에 관한 회의록 내용은 아래와 같다.

- **소위원장 함종한**[23)]: 각급학교의 사무직원의 임면에 관하여는 당해 학교법인 또

20) 1989. 2. 28. 강삼재의원 등 57인(의안번호: 130463); 제안이유 및 주요내용은 이 책 [4.206] 참조.
21) 1990. 3. 15. 문교공보위원장(의안번호: 130833).
22) 제148회 국회(임시회) 제6차 전체회의, 문교공보위원회회의록, 1990. 3. 14., 8면.
23) 제148회 국회(임시회) 제6차 전체회의, 문교공보위원회회의록, 1990. 3. 14., 4면.

는 사립대학경영자가 정관 또는 규칙으로 정하되 대학교육기관의 소속 사무직원은 학교의 장이 임면하도록 하였던 것을 앞으로는 학교의 장의 제청으로 학교법인 또는 사립학교경영자가 임면하도록 하고,…이상입니다.

〈2〉 **법제사법위원회:** 문교공보위원회 대안대로 가결되었다.[24)] 제70조의2에 관한 회의록 내용은 아래와 같다.

- **함종한 위원**[25)]: 각급학교의 사무직원의 임면에 관하여는 당해 학교법인 또는 사립대학경영자가 정관 또는 규칙으로 정하되 대학교육기관 소속 사무직원은 학교의 장이 임면하도록 하였던 것을 앞으로는 학교의 장의 제청으로 학교법인 또는 사립학교경영자가 임면하도록 하고,…감사합니다…
- **오 탄 위원**[26)]: 다음에 사립학교법 중 개정법률안입니다만, 여기 제18항을 보니까 각급학교의 사무직원의 임면에 관하여는 학교법인 또는 사립학교경영자가 정관 또는 규칙으로 정하되…그랬어요. 이것은 정관으로 정하면 되지 규칙까지 넣을 필요가 있는가요? 어떤가요?
- **함종한 위원**[27)]: 재단일 경우에는 정관으로 정하고, 재단이 아닌 개인이 하는 경우도 있습니다. 그럴 경우에는 규칙으로 정한다고 되어 있습니다.
- **오 탄 위원**[28)]: 어쨌든 간에 정관으로 정하면 되는 것이지 규칙이 꼭 필요하냐 이것입니다. 장관께서 답변하세요.
- **문교부장관 정원식**[29)]: 대게 관례로 보아서 법인이 아닌 경우는 정관이라는 말을 쓰지 않기 때문에 규칙이라는 말을 반복해서 사용하는 것으로 알고 있습니다…
- **위원장 이치호**[30)]: 다음은 사립학교법 중 개정법률안에 대해서 전문위원의 수정의견을 위원회안으로 받아들이고 수정한 부분은 수정한 대로 기타는 원안대로 의결하고자 합니다. 이의가 없으십니까? (없습니다 하는 위원 있음) 가결되었음을 선포합니다.

(3) 본회의 심의

문교공보위원회 대안대로 가결되었다.[31)]

---

24) 제148회 국회(임시회) 제6차 전체회의, 법제사법위원회회의록, 1990. 3. 14., 26면.
25) 제148회 국회(임시회) 제6차 전체회의, 법제사법위원회회의록, 1990. 3. 14., 18면.
26) 제148회 국회(임시회) 제6차 전체회의, 법제사법위원회회의록, 1990. 3. 14., 23면.
27) 제148회 국회(임시회) 제6차 전체회의, 법제사법위원회회의록, 1990. 3. 14., 23~24면.
28) 제148회 국회(임시회) 제6차 전체회의, 법제사법위원회회의록, 1990. 3. 14., 24면.
29) 제148회 국회(임시회) 제6차 전체회의, 법제사법위원회회의록, 1990. 3. 14., 24면.
30) 제148회 국회(임시회) 제6차 전체회의, 법제사법위원회회의록, 1990. 3. 14., 26면.

(4) 결과

문교공보위원회 대안으로 개정되었다.

4 4. 1999년 8월 31일 개정(법률 제6004호, 1999. 8. 31. 시행)

제70조의2(사무기구 및 직원) ①학교법인 또는 사립학교경영자는 그의 사무와 그가 설치·경영하는 학교의 사무를 처리하기 위하여 필요한 사무기구를 두되, 그 설치·운영과 사무직원의 정원·임면·보수·복무 및 신분보장에 관하여는 학교법인 또는 법인인 사립학교경영자의 경우에는 정관으로 정하고, 개인인 사립학교경영자의 경우에는 규칙으로 **정한다**.

②각급학교의 소속사무직원은 학교의 장의 제청으로 학교법인 또는 사립학교경영자가 임면한다.

(1) 법률안(정부안[32])

현행법	원안
제70조의2(사무기구 및 직원) ①학교법인 또는 사립학교경영자는 그의 사무와 그가 설치·경영하는 학교의 사무를 처리하기 위하여 필요한 사무기구를 두되, 그 설치·운영과 사무직원의 정원·임면·보수·복무 및 신분보장에 관하여는 학교법인 또는 법인인 사립학교경영자의 경우에는 정관으로 정하고, 개인인 사립학교경영자의 경우에는 규칙으로 정하여 관할청의 인가를 받아야 한다. ② (생 략)	**제70조의2(사무기구 및 직원)** ①학교법인 또는 사립학교경영자는 그의 사무와 그가 설치·경영하는 학교의 사무를 처리하기 위하여 필요한 사무기구를 두되, 그 설치·운영과 사무직원의 정원·임면·보수·복무 및 신분보장에 관하여는 학교법인 또는 법인인 사립학교경영자의 경우에는 정관으로 정하고, 개인인 사립학교경영자의 경우에는 규칙으로 정한다. ② (현행과 같음)

- 사무기구의 설치·운영과 사무직원의 정원·임면·보수·복무 및 신분보장에 관한 정관·규칙에 대하여 관할청의 인가를 폐지하였다.

(2) 위원회 심사

〈1〉 **교육위원회:** 원안대로 가결되었다.[33]

31) 제148회 국회(임시회) 제9차 본회의, 국회본회의회의록, 1990. 3. 16., 15~16면.
32) 1998. 12. 2. 정부(의안번호: 151530); 제안이유 및 주요내용은 이 책 [2.201] 참조.
33) 제206회 국회(임시회) 제2차 전체회의, 교육위원회회의록, 1999. 8. 10., 30면.

〈2〉 **법제사법위원회:** 원안대로 가결되었다.[34)]

(3) 본회의 심의

원안대로 가결되었다.[35)]

(4) 결과

원안으로 개정되었다.

70-2.205

5. 2016년 2월 3일 개정(법률 제13938호, 2016. 2. 3. 시행)

제70조의2(사무기구 및 직원) ①학교법인 또는 사립학교경영자는 그의 사무와 그가 설치·경영하는 학교의 사무를 처리하기 위하여 필요한 사무기구를 두되, 그 설치·운영과 사무직원의 **정원·임용·보수·복무** 및 신분보장에 관하여는 학교법인 또는 법인인 사립학교경영자의 경우에는 정관으로 정하고, 개인인 사립학교경영자의 경우에는 규칙으로 정한다.

②각급학교의 소속사무직원은 학교의 장의 제청으로 학교법인 또는 사립학교경영자가 **임용**한다.

- 한자를 한글로 표기하고, 제2조를 개정함에 따라 "임면"을 "임용"으로 하였다(오직 형식에 관한 개정이므로 자세한 개정경과는 생략함[36)]).

70-2.206

6. 2020년 12월 22일 개정(법률 제17659호, 2020. 12. 22. 시행)

제70조의2(사무기구 및 직원) ①_학교법인 또는 사립학교경영자는 그의 사무와 그가 설치·경영하는 학교의 사무를 처리하기 위하여 필요한 사무기구를 두되, 그 설치·운영과 사무직원의 정원·임용·보수·복무 및 신분보장에 관하여는 학교법인 또는 법인인 사립학교경영자의 경우에는 정관으로 정하고, **사인**인 사립학교경영자의 경우에는 규칙으로 정한다.

---

34) 제206회 국회(임시회) 제5차 전체회의, 법제사법위원회회의록, 1999. 8. 12., 19면.

35) 제206회 국회(임시회) 제3차 본회의, 국회본회의회의록, 1999. 8. 12., 26면.

36) 이에 관한 구체적 개정경과는 이 책 [2.204] 참조.

②_각급_학교_소속_사무직원은 학교의 장의 제청으로 학교법인 또는 사립학교경영자가 임용한다.

- 법문을 한글로 하였다(오직 형식에 관한 개정이므로 자세한 개정경과는 생략함[37]).

III. 현행법

제70조의2(사무기구 및 직원) ① 학교법인 또는 사립학교경영자는 그의 사무와 그가 설치·경영하는 학교의 사무를 처리하기 위하여 필요한 사무기구를 두되, 그 설치·운영과 사무직원의 정원·임용·보수·복무 및 신분보장에 관하여는 학교법인 또는 법인인 사립학교경영자의 경우에는 정관으로 정하고, 사인인 사립학교경영자의 경우에는 규칙으로 정한다.
② 각급 학교 소속 사무직원은 학교의 장의 제청으로 학교법인 또는 사립학교경영자가 임용한다.

IV. 종합/특기사항

- 제70조의2는 사무기구 및 직원에 관한 사항을 정관 등에 정하도록 한 것으로 1976년 개정으로 신설되었다.
- 제70조의2에 대한 주요 변화는 1981년, 1990년, 1999년 개정이다. 1981년 개정은 대학교육기관의 소속 사무직원에 대한 임면권을 학교의 장에게 부여했고, 1990년 개정은 대학교육기관을 포함하여 모든 학교의 경우에 학교장의 제청으로 학교법인 또는 사립학교경영자가 사무직원을 임면하도록 하였으며, 1999년 개정은 사무기구의 설치·운영과 사무직원의 정원·임면·보수·복무 및 신분보장에 관한 정관·규칙에 대하여 관할청의 인가를 폐지하였다.

37) 이에 관한 구체적 개정경과는 이 책 [1.201] 참조.

제70조의3(사무직원의 임용)

70-3.100 I. 제정법

제정법에는 이 조문이 없다.

II. 개정 경과

70-3.201 1. 2021년 8월 10일 개정(법률 제18372호, 2022. 2. 11. 시행)

제70조의3(사무직원의 임용) ① 제70조의2제1항에도 불구하고 「초·중등교육법」 제2조에 따른 학교에서 소속 사무직원을 신규채용하는 경우 공개전형에 의하도록 하며, 공개전형의 실시에 필요한 사항은 대통령령으로 정한다.
② 제1항에 따른 사무직원의 신규채용을 위한 공개전형 채용시험에서 부정한 행위를 한 사람에 대하여는 「지방공무원법」 제43조의2를 준용한다.

(1) 법률안(박찬대 의원안[38])

현행법	원안
<신 설>	**제70조의3(고등학교 이하 각급학교 사무직원의 임용)** ① 제70조의2제1항에도 불구하고 「초·중등교육법」 제2조에 따른 학교 소속 사무직원의 신규채용은 공개전형에 의하도록 하며, 공개전형의 실시에 필요한 사항은 대통령령으로 정한다. ② 제1항에 따른 사무직원의 신규채용을 위한 공개전형 채용시험에서 부정한 행위를 한 자에 대하여는 「지방공무원법」 제43조의2를 준용한다. ③ 「지방공무원법」 제31조 각 호의 어느 하나에 해당하는 자는 「초·중등교육법」 제2조에 따른 학교 소속 사무직원으로 임용될 수 없다

38) 2020. 7. 14. 박찬대의원 등 10인(의안번호: 2101945); 제안이유 및 주요내용은 이 책 [2.205] 참조.

• 초·중등 사립학교 사무직원 신규채용은 공개전형에 의하도록 하였다.

(2) 위원회 심사

〈1〉 **교육위원회:** 대안[39]으로 가결되었다.[40]

대안
제70조의3(고등학교 이하 각급학교 사무직원의 임용) ① 제70조의2제1항에도 불구하고 「초·중등교육법」 제2조에 따른 학교 소속 사무직원의 신규채용은 공개전형에 의하도록 하며, 공개전형의 실시에 필요한 사항은 대통령령으로 정한다. ② 제1항에 따른 사무직원의 신규채용을 위한 공개전형 채용시험에서 부정한 행위를 한 자에 대하여는 「지방공무원법」 제43조의2를 준용한다.

제70조의3에 관한 회의록 내용은 아래와 같다.

가. 제21대 국회 제386회 제1차 교육위원회 법안심사소위원회(2021. 4. 27.)

• **전문위원 박재유**[41]: 개정안은 의사일정 제2항 서동용 의원 대표발의의 사립학교법 개정과 동일한 내용으로서 초중등 사립학교 소속 사무직원을 신규채용하는 경우에도 공개전형에 의하도록 하려는 것입니다. 개정안은 사무직원의 공개전형 대상 학교를 초·중등교육법 제2조에 따른 학교, 즉 초·중·고등학교만을 적용 대상으로 하고 있는 바 이는 사립대학과 사립유치원의 사무직원은 재정결함 보조금 등의 형식으로 인건비 지원이 이루어지지 않고 있는 점을 고려한 것으로 판단이 됩니다. 개정안과 관련해서는 13페이지에 정리되어 있는 바와 같이 한국사학법인연합회의 반대 의견이 있습니다.

개정안은 제2항에서 사무직원의 신규채용을 위한 공개전형 시 부정행위자에 대하여 지방공무원법에서 규정하고 있는 제재 사항을 준용하도록 규정하고 있습니다.

개정안은 제3항에서 사립학교 사무직원의 임용결격사유와 관련하여 역시 지방공무원법에서 규정하고 있는 결격사유를 준용하도록 규정하려는 것입니다. 이상 보고를 마치겠습니다

• **소위원장 박찬대**[42]: 정부 측 의견 말씀해 주시기 바랍니다.

• **교육부차관 정종철**[43]: 발의안 전체 6개 조항에 대해서 방금 전문위원 검토보고

---

39) 2021. 7. 22. 교육위원장(의안번호: 2111667).
40) 제389회 국회(임시회) 제1차 전체회의, 교육위원회회의록, 2021. 7. 14., 6면.
41) 제386회 국회(임시회) 제1차 법안심사소위, 교육위원회회의록, 2021. 4. 27., 5~6면.
42) 제386회 국회(임시회) 제1차 법안심사소위, 교육위원회회의록, 2021. 4. 27., 6면.

하신 대로 저희는 발의안 원안에 동의하는 입장입니다.

- 소위원장 박찬대[44]: 이 법안과 관련해서 의견 있으신 위원님들께서 말씀해 주시기 바랍니다. 정경희 위원님 발언하실 건가요?
- 정경희 위원[45]: 지금 사립학교 쪽에서 얘기하는 것 보면 사무직원의 고용에 관한 문제 있지 않습니까? 사립학교의 사무직원은 교원하고 다르다는 것은 누구나 다 동의할 그런 전제인데요. 교원하고는 달리 학교법인의 정관으로 정하도록 하고 있는데 지금 공개전형에 의해서 채용한다라는 얘기지요? 그런데 사립학교에서 주장하는 것을 보면 이게 사법상의 고용계약 관계이기 때문에 임용권자의 재량권이 필요하다는 얘기예요. 그래서 사립학교재단에서 기존과 같이 할 수 있도록 해 달라는 건데, 사립학교 운영의 기본적인 자율성을 침해하는 그런 법안이라고 생각이 되거든요. 그래서 상당한 문제의 소지가 있다고 생각하는데 이 부분에 대해서 전문위원실에서는 어떻게 대처하고 있습니까?
- 전문위원 박재유[46]: 자료 12페이지 중간에 보시면 헌법재판소 결정이 있습니다. 다소 추상적인 판시문이기는 합니다만, "국가가 일정 범위안에서 사립학교의 운영을 감독·통제할 권한과 책임을 지는 것은 당연하며 그 규율의 정도는 교육의 본질을 침해하지 않는 한 궁극적으로는 입법자의 형성의 자유"라고 되어 있습니다. 여기에서는 교원으로 한정하고 있습니다마는 폭넓은 의미에서 교원뿐만 아니라 직원까지도 일정한 부분에 있어서는 국가가 어느 정도 관여할 수 있는 여지는 있고 그 범위에서 입법 형성의 자유를 어느 정도 인정할 것인가에 대해서는 입법정책적으로 논의가 필요한 부분이라고 생각이 됩니다.
- 정경희 위원[47]: 그러니까요, 지금 여기서 의미하고 있는 게 교원에 대한 국가의 어느 정도의 임면권에 관한 개입의 가능성을 열어 둔 것이지 직원에 대해서 얘기하고 있는 것은 아니라는 말이지요. 그런데 여기서 사립학교 사무직원까지 국가에서 공개전형을 하라는 식으로 하는 것은 사학의 자율성을 지나치게 침해하는 그런 법안이라고 보입니다. 그래서 사학 쪽에서는 지금 과잉입법이라고 반대를 하고 있는데 저도 이 부분에 대해서 상당히 동의합니다.
- 서동용 위원[48]: 위원장님.
- 소위원장 박찬대[49]: 서동용 위원님 발언하시겠습니까?

---

43) 제386회 국회(임시회) 제1차 법안심사소위, 교육위원회회의록, 2021. 4. 27., 6면.
44) 제386회 국회(임시회) 제1차 법안심사소위, 교육위원회회의록, 2021. 4. 27., 6면.
45) 제386회 국회(임시회) 제1차 법안심사소위, 교육위원회회의록, 2021. 4. 27., 6면.
46) 제386회 국회(임시회) 제1차 법안심사소위, 교육위원회회의록, 2021. 4. 27., 6면.
47) 제386회 국회(임시회) 제1차 법안심사소위, 교육위원회회의록, 2021. 4. 27., 6면.
48) 제386회 국회(임시회) 제1차 법안심사소위, 교육위원회회의록, 2021. 4. 27., 6면.

- **서동용 위원**[50]: 박찬대 의원이 대표발의하신 사립학교법의 내용이 굉장히 많습니다. 그런데 지금 사무직원 채용 문제에 관해서 반대 의견을 말씀하신 거고요. 그러면 나머지 항목들 다툼이 없는 것들은 정리를 하시고. 그런데 사무직원 채용 문제는 그다음 법안에 또 내용이 많이 중복되어 있어서…
- **소위원장 박찬대**[51]: 서동용 의원 법안도 같이 있으시지요?
- **서동용 위원**[52]: 그렇지요. 그리고 윤영덕 의원도 마찬가지고 또 곽상도 의원안도 그런 내용들을 담고 있습니다. 그래서 제 생각에는 혹시 다른 부분들에 문제가 없다면 다른 것들은 다 정리를 하고 사무직원 채용 문제는 뒤에 의안하고 같이 논의를 하는 게 어떨까 하는 생각이 있어서요.
- **소위원장 박찬대**[53]: 그러면 연번 1번 박찬대 의원 사립학교법 일부개정법률안 내용이 굉장히 많은데요. 일단 직원과 관련되어 있는 부분에 대해서 여러 가지 토론이 많이 필요할 것 같은데요. 그러면 지금 말씀하신 대로 서동용 의원 외 많은 의원들이 이 부분과 관련된 부분을 같이 언급하고 있으니까 같이 해 나가는 것도 괜찮을 것 같습니다. 그러면 이것은 살짝 뒤로 미루고 다른 안건들에 대해서 언급을 하면 어떨까요? 정경희 위원님, 어떤가요?

  그러면 정경희 위원님께서 토론해 주시고 반대 의견을 표현했던 이 부분에 대한 토론은 살짝 뒤로 미루고 나머지 부분을 먼저 언급을 해서 동의하는 부분하고 또 토론이 필요한 부분을 구분해서 좀 효율적으로 의사가 진행되게 것이 위원장은 좋게 생각합니다. 다른 의견 없으시면 이 부분은 집중적 논의를 위해서 살짝 뒤로 빼서 같이 진행하는 것으로 그렇게 하겠습니다. 전문위원님, 이 부분과 관련하여 다른 법안하고 같이 논의해야 될 부분들이 있으면 같이 진행할 수 있을까요?
- **전문위원 박재유**[54]: 딱히 연관되는 법안은 없습니다.
- **소위원장 박찬대**[55]: 다른 것은 그렇고요?
- **전문위원 박재유**[56]: 예.
- **소위원장 박찬대**[57]: 그러면 제1호 법안에 대해서 동의하는 부분들 그다음에 논

---

49) 제386회 국회(임시회) 제1차 법안심사소위, 교육위원회회의록, 2021. 4. 27., 6면.
50) 제386회 국회(임시회) 제1차 법안심사소위, 교육위원회회의록, 2021. 4. 27., 6면.
51) 제386회 국회(임시회) 제1차 법안심사소위, 교육위원회회의록, 2021. 4. 27., 6면.
52) 제386회 국회(임시회) 제1차 법안심사소위, 교육위원회회의록, 2021. 4. 27., 6면.
53) 제386회 국회(임시회) 제1차 법안심사소위, 교육위원회회의록, 2021. 4. 27., 6~7면.
54) 제386회 국회(임시회) 제1차 법안심사소위, 교육위원회회의록, 2021. 4. 27., 7면.
55) 제386회 국회(임시회) 제1차 법안심사소위, 교육위원회회의록, 2021. 4. 27., 7면.
56) 제386회 국회(임시회) 제1차 법안심사소위, 교육위원회회의록, 2021. 4. 27., 7면.

쟁이 필요하지 않은 부분부터 먼저 논의하는 것으로 진행을 하겠습니다. 그러면 12페이지에서 얘기하고 있는 사립학교 사무직원 채용 시 공개전형 도입 등과 관련된 부분은 살짝 뒤로 미루고요. 그 외 다른 부분에 대해서 혹시 다른 의견들이있으실까요?

- **서동용 위원**[58]: 전문위원 검토보고서를 보더라도 3페이지 아래에 "관련 단체 의견" 해서 반대 의견이 표시되어 있는데 그 부분은 우리가 아까 이야기했던, 정경희 위원님께서 반대 의견 표명하셨던 사무직원 공개전형에 관한 부분인 것 같고요. 그 외의 부분들에 대해서는 반대 의견이 없는 것 같습니다, 일단 관련 기관에서는. 그래서 위원님들께서 그 부분만 좀 밝히시면, 나머지는 다 정리하고 그것만 가지고 토론하면 되지 않을까 생각합니다.
- **소위원장 박찬대**[59]: 서동용 위원님 말씀대로 사립학교 직원과 관련된 부분에 대한 토론 부분만 제외하고 나머지 부분에 대해서 특별한 이견이 없으시면 우리 개정안 원안대로 일단 진행하는 것으로 그렇게 이해해도 되겠지요? 그러면 사립학교 직원과 관련된 12페이지, 13페이지에 나와 있는 내용은 다른 법안과 같이 검토하는 것으로 그렇게 진행을 할까요? 그렇게 하시고요. 혹시라도 추가적으로 할 얘기가 있으면 다시 시간을 드리는 것으로 그렇게 진행을 하도록 하겠습니다...
- **소위원장 박찬대**[60]: 일단 마무리하도록 하겠습니다.

입장에 좀 차이가 있고요, 그다음에 상대방 의견에 대한 해석도 말씀하시는 분과 받아들이는 분 사이에 차이가 있기 때문에 이 법 개정안에 대해서는 합의에 이르기가 좀 어려운 것 같고요. 그렇다고 지금 결론 내릴 부분은 아닌 것 같습니다. 제1항 법안의 경우에도 그다음에 제2항 법안의 경우에도 사립학교 직원 채용과 관련해서 교원 채용과 관련해서 채용의 공정성이나 공개성 그다음에 이것을 확보하기 위한 논의가 있었던 부분인데 이 부분도 아직 결론을 내리지 못한 상황입니다.

결국은 사립학교 직원의 채용·징계와 관련해서는 현재 이견이 있는 상황이다 보니까, 이 부분이 언급되고 나면 아까 말씀드렸듯이 권인숙 의원안과 정청래 의원안에 대한 토의가 이루어지고 그 토의 결과에 따라서 제1·2항 법안 그리고 이 법안을 통합해서 다시 논의해야 될 부분이 있는 것 같은데 합의에 이르는 실

57) 제386회 국회(임시회) 제1차 법안심사소위, 교육위원회회의록, 2021. 4. 27., 7면.
58) 제386회 국회(임시회) 제1차 법안심사소위, 교육위원회회의록, 2021. 4. 27., 7면.
59) 제386회 국회(임시회) 제1차 법안심사소위, 교육위원회회의록, 2021. 4. 27., 7면.
60) 제386회 국회(임시회) 제1차 법안심사소위, 교육위원회회의록, 2021. 4. 27., 35~36면.

마리는 현재 풀리지 않고 있는 것 같거든요. 그래서 오늘 법안소위는 이 정도 진행을 하고, 사립학교와 관련된 16개 법안이 지금 하나도 의결에 이르지 못하고 있는 상황이다 보니까 이 부분은 내일 같이 추가적인 심의를 하는 것으로 전제를 하고요... 산회를 선포합니다.

나. 제21대 국회 제386회 제2차 교육위원회 법안심사소위원회(2021. 4. 28.)

- 소위원장 박찬대[61]: 의사일정 제1항부터 제55항까지 55건의 법률안을 계속해서 상정합니다. 어제에 이어서 사립학교법 개정안에 대한 심사를 계속하겠습니다...
- 소위원장 박찬대[62]: 관련 법률에 대해서 충분한 검토와 함께 명확한 기준을 가지고 계속 심사하는 것으로 하겠습니다. 이틀간에 걸쳐 사립학교법 개정법률안에 대해서 쭉 검토를 했는데요, 많은 부분에서 합의에 이르지는 못했지만 또 상당한 합의의 내용이 있었다는 말씀을 드리고요.

  마지막으로 제가 한 말씀 드리고자 합니다. 어제 제1호 법안 중에서, 사립학교법 일부개정법률안 제가 대표발의했던 부분인데요, 대부분 동의를 했고 마지막에 동의하지 못했던 부분이 있지요. 그것은 바로 사립학교 직원 채용과 관련해서 다른 위원님들하고 제 의견이 좀 달랐던 것이 뭐냐 하면 공개채용이거든요. 그러니까 채용을 교육청에 위탁하는 내용은 아닙니다. 그래서 사립학교 직원들에 대해서 그동안 공개채용의 의무가 부과되지 않았는데 위탁채용의 수준은 아니지만 그래도 공개채용 정도는 해야 하지 않느냐 하는 부분인데 이 부분에 대한 논의는 사실 빠져 있었거든요. 그래서 위원님들께서 사립학교 직원 공개채용에 대한 부분에 대해서 혹시 의견이 어떠신지 한번 여쭤보고 싶습니다. 공개채용으로 뽑는 것이니까 위탁보다는 약한 부분이지요. 정경희 위원님 의견 한번…
- 정경희 위원[63]: 아니, 지금 법안을 심의하는 것이 아니잖아요?
- 소위원장 박찬대[64]: 아니요, 지금 의결 때문에. 이게 만약에 합의에 이르지 못하면 그 부분은 빼고 나머지 합의됐던 부분만 가지고 법안을 통과시키려고 하는 것이거든요. 그래서 여쭤보는 것입니다.
- 정경희 위원[65]: 공개적으로 한다…
- 소위원장 박찬대[66]: 예, 공개적인 것이기 때문에 교육청에 위탁하는 것은 아니거

61) 제386회 국회(임시회) 제2차 법안심사소위, 교육위원회회의록, 2021. 4. 28., 5면.
62) 제386회 국회(임시회) 제2차 법안심사소위, 교육위원회회의록, 2021. 4. 28., 32면.
63) 제386회 국회(임시회) 제2차 법안심사소위, 교육위원회회의록, 2021. 4. 28., 32면.
64) 제386회 국회(임시회) 제2차 법안심사소위, 교육위원회회의록, 2021. 4. 28., 32면.
65) 제386회 국회(임시회) 제2차 법안심사소위, 교육위원회회의록, 2021. 4. 28., 32면.

든요.

- 정경희 위원[67]: 공개채용으로 하는 것은 좋습니다.
- 소위원장 박찬대[68]: 그러면 공개채용까지는 허용되는 것으로 하면 그것까지 합의되는 것으로 해서 제1호 법안은 그렇게 진행하는 것으로 하겠습니다.

  오랫동안 기다리셨는데요, 그러면 의결을 위한 절차를 밟도록 하겠습니다. 의사일정 제1항…은 본회의에 각각 부의하지 아니하고 이를 통합 조정한 대안을 위원회안으로 제안하고자 하는데 이의가 없으십니까? (예 하는 위원 있음) 이의가 없으면 가결되었음을 선포합니다.

다. 제21대 국회 제389회 제1차 교육위원회(2021. 7. 14.)

- 위원장 유기홍[69]: 의사일정 제2항부터 7항까지 6건의 사립학교법일부개정법률안은 소위원회에서 심사보고한 바와 같이 각각 본회의에 부의하지 아니하고 이를 통합 조정한 의사일정 제8항을 우리 위원회안으로 제안하고자 하는데 이의가 없으십니까? (예 하는 위원 있음) 이의가 없으시면 가결되었음을 선포합니다.

〈2〉 **법제사법위원회:** 교육위원회 대안을 수정·가결했다.[70] 수정내용은 아래와 같다.

교육위원회 대안	법제사법위원회 수정안
제70조의3(고등학교 이하 각급학교 사무직원의 임용)	제70조의3(사무직원의 임용)

(3) 본회의 심의

법제사법위원회 수정안대로 가결되었다.[71]

(4) 결과

법제사법위원회 수정안으로 개정되었다.

---

66) 제386회 국회(임시회) 제2차 법안심사소위, 교육위원회회의록, 2021. 4. 28., 32면.
67) 제386회 국회(임시회) 제2차 법안심사소위, 교육위원회회의록, 2021. 4. 28., 32면.
68) 제386회 국회(임시회) 제2차 법안심사소위, 교육위원회회의록, 2021. 4. 28., 32면.
69) 제389회 국회(임시회) 제1차 전체회의, 교육위원회회의록, 2021. 7. 14., 6면.
70) 제389회 국회(임시회) 제1차 전체회의, 법제사법위원회회의록, 2021. 7. 22., 64면.
71) 제389회 국회(임시회) 제2차 본회의, 국회본회의회의록, 2021. 7. 23., 10면.

2. 2021년 9월 24일 개정(법률 제18460호, 2022. 2. 11. 시행)

제70조의3(사무직원의 임용) ① 제70조의2제1항에도 불구하고 「초·중등교육법」 제2조에 따른 학교에서 소속 사무직원을 신규채용하는 경우 공개전형에 의하도록 하며, 공개전형의 실시에 필요한 사항은 대통령령으로 정한다.
② 제1항에 따른 사무직원의 신규채용을 위한 공개전형 채용시험에서 부정한 행위를 한 사람에 대하여는 「지방공무원법」 제43조의2를 준용한다.
③ 「지방공무원법」 제31조 각 호의 어느 하나에 해당하는 자는 「초·중등교육법」 제2조에 따른 학교 소속 사무직원으로 임용될 수 없다.

(1) 법률안(서동용 의원안[72])

현행법[73]	원안
<신 설>	**제70조의3(고등학교 이하 각급학교 사무직원의 임용)** ① 제70조의2제1항에도 불구하고 「초·중등교육법」 제2조에 따른 학교 소속 사무직원의 신규채용은 공개전형에 의하도록 하며, 공개전형의 실시에 필요한 사항은 대통령령으로 정한다. ② 제1항에 따른 사무직원의 신규채용을 위한 공개전형 채용시험에서 부정한 행위를 한 자에 대하여는 「지방공무원법」 제43조의2를 준용한다. ③ 「지방공무원법」 제31조 각 호의 어느 하나에 해당하는 자는 「초·중등교육법」 제2조에 따른 학교 소속 사무직원으로 임용될 수 없다.

• 사립학교 사무직원도 교원과 같이 공개 채용하도록 하였다.

(2) 위원회 심사

〈1〉 **교육위원회:** 대안[74]으로 가결되었다.[75]

72) 2020. 7. 15. 서동용의원 등 16인(의안번호: 2101996); 제안이유 및 주요내용은 이 책 [53-2.215] 참조.
73) 「사립학교법」(2020. 3. 24. 일부개정, 2020. 9. 25. 시행)
74) 2021. 8. 25. 교육위원장(의안번호: 2112205).
75) 제390회 국회(임시회) 제1차 전체회의, 교육위원회회의록, 2021. 8. 19., 23면.

대안
제70조의3(사무직원의 임용) ① 제70조의2제1항에도 불구하고 「초·중등교육법」 제2조에 따른 학교에서 소속 사무직원을 신규채용하는 경우 공개전형에 의하도록 하며, 공개전형의 실시에 필요한 사항은 대통령령으로 정한다. ② 제1항에 따른 사무직원의 신규채용을 위한 공개전형 채용시험에서 부정한 행위를 한 사람에 대하여는 「지방공무원법」 제43조의2를 준용한다. ③ 「지방공무원법」 제31조 각 호의 어느 하나에 해당하는 자는 「초·중등교육법」 제2조에 따른 학교 소속 사무직원으로 임용될 수 없다.

제70조의3에 관한 회의록 내용은 아래와 같다.

가. 제21대 국회 제390회 제2차 교육위원회 법안심사소위원회 (2021. 8. 18.)

- **전문위원 박재유**[76]: 서동용 의원안은 제70조의3제1항과 제2항에서 초·중·고등학교 사립학교 사무직원의 신규채용에 대해서도 공개전형에 의하도록 하고, 공개전형 채용시험에서의 부정행위에 관한 사항을 신설하고 있으며, 제3항에서는 사립학교 사무직원의 임용 결격사유과 관련하여 지방공무원법을 준용하도록 하는 내용을 신설하고 있습니다. 개정안 제70조의3은 박찬대 의원이 대표발의하였던 사립학교 개정안과 동일한 내용으로서 지난 법안심사소위에서 제1항과 제2항의 필요성에 대해서는 합의가 이루어져 지난 7월 23일 본회의에서 의결되었으므로 제3항 결격사유 신설의 필요성에 대하여만 논의하시면 되겠습니다. 이상 보고를 마치겠습니다...
- **교육부차관 정종철**[77]: 제3항의 경우는 사립학교 사무직원의 당연퇴직사유를 규정하고 있기 때문에 그 자격요건에 대해서도 정할 필요가 있다는 전문위원님 검토의견에 동의합니다. 이상입니다...
- **전문위원 박재유**[78]: 위원장님, 이어서 사립학교 사무직원에 관한 사항 한 가지가 처리 안 된 게 있습니다.
- **소위원장 박찬대**[79]: 지금 교원 채용과 관련된 위탁 부분에 대해서는 거수를 통해서 의결을 했고요. 그다음에 사립학교 직원과 관련해서 저번 4월 28일이었나요 제1항과 제2항에 대해서는 통과했고 제3항에 대해서는 사실…
- **전문위원 박재유**[80]: 예, 결격사유에 관한 사항입니다.

76) 제390회 국회(임시회) 제2차 법안심사소위, 교육위원회회의록, 2021. 8. 18., 16면.
77) 제390회 국회(임시회) 제2차 법안심사소위, 교육위원회회의록, 2021. 8. 18., 17면.
78) 제390회 국회(임시회) 제2차 법안심사소위, 교육위원회회의록, 2021. 8. 18., 26면.
79) 제390회 국회(임시회) 제2차 법안심사소위, 교육위원회회의록, 2021. 8. 18., 26면.
80) 제390회 국회(임시회) 제2차 법안심사소위, 교육위원회회의록, 2021. 8. 18., 26면.

- **소위원장 박찬대**[81]: 설명해 주시기 바랍니다.
- **전문위원 박재유**[82]: 이미 보고드린 바와 같이 각급학교 사무직원의 임용 결격사유를 제3항에서 신설하는 규정을 두고 있습니다. 이 규정의 입법 필요성에 대해서 논의하실 필요가 있습니다.
- **소위원장 박찬대**[83]: 정부 측 의견 주시기 바랍니다.
- **교육부차관 정종철**[84]: 법안 취지에 기본적으로 동의하고요. 다만 저희가 수정의견을 하나 드렸으면 합니다. 이 조 제목에 "각급학교 사무직원의 임용" 이렇게 돼 있는 부분을 앞단의 각급학교까지는 제외를 하고 "사무직원의 임용"으로 해주시기를 청합니다. 왜냐하면 지금 학교뿐만 아니라 법인의 직원도 포함될 수 있기 때문에 그렇습니다.
- **소위원장 박찬대**[85]: 위원님들 의견 주시기 바랍니다.
- **서동용 위원**[86]: 차관님 말씀이 저희가 결정함에 문제가 없는 사안이라면 그렇게 하는 것에 동의합니다.
- **소위원장 박찬대**[87]: 지금 학교 소속의 사무직원하고 법인 사무직원 그 부분을 언급하고 있는 거지요? 그러면 조문을 어떻게 바꾸면 될까요?
- **교육부차관 정종철**[88]: 조문 제목을 방금 말씀드린 대로 "사무직원의 임용"으로 이렇게, 지난 7월 23일에도 관련 조항들 중에 일부 수정의결된 적이 있습니다. 같은 맥락에서 "사무직원의 임용"으로 제목이 바뀌어야 된다는 말씀입니다.
- **이탄희 위원**[89]: 내용은 바뀌는 게 아니고 조문 제목만 바뀌는 거지요?
- **교육부차관 정종철**[90]: 예, 조문 제목만요.
- **소위원장 박찬대**[91]: 그러면 제70조의3이 "고등학교 이하 각급학교 사무직원의 임용"에서 그냥 "사무직원의 임용"으로 제목이 변경되어야 될 필요가 있다 그 말씀이신 거지요?
- **교육부차관 정종철**[92]: 예, 그렇습니다.

---

81) 第390회 국회(임시회) 제2차 법안심사소위, 교육위원회회의록, 2021. 8. 18., 26면.
82) 第390회 국회(임시회) 제2차 법안심사소위, 교육위원회회의록, 2021. 8. 18., 26면.
83) 第390회 국회(임시회) 제2차 법안심사소위, 교육위원회회의록, 2021. 8. 18., 26면.
84) 第390회 국회(임시회) 제2차 법안심사소위, 교육위원회회의록, 2021. 8. 18., 26면.
85) 第390회 국회(임시회) 제2차 법안심사소위, 교육위원회회의록, 2021. 8. 18., 26면.
86) 第390회 국회(임시회) 제2차 법안심사소위, 교육위원회회의록, 2021. 8. 18., 26면.
87) 第390회 국회(임시회) 제2차 법안심사소위, 교육위원회회의록, 2021. 8. 18., 26~27면.
88) 第390회 국회(임시회) 제2차 법안심사소위, 교육위원회회의록, 2021. 8. 18., 27면.
89) 第390회 국회(임시회) 제2차 법안심사소위, 교육위원회회의록, 2021. 8. 18., 27면.
90) 第390회 국회(임시회) 제2차 법안심사소위, 교육위원회회의록, 2021. 8. 18., 27면.
91) 第390회 국회(임시회) 제2차 법안심사소위, 교육위원회회의록, 2021. 8. 18., 27면.

- **소위원장 박찬대**[93]: 그 외에 다른 의견은 없으십니까?
- **교육부차관 정종철**[94]: 예, 없습니다.
- **소위원장 박찬대**[95]: 위원님들 의견 다시 주시기 바랍니다. (없습니다 하는 위원 있음)
- **전문위원 박재유**[96]: 전문위원이 추가적으로 하나 말씀드려도 되겠습니까, 위원장님?
- **소위원장 박찬대**[97]: 예, 말씀하세요.
- **전문위원 박재유**[98]: 지금 사립학교법 제57조와 제70조의3에 관한 조문을 하나씩 나누어 드린 바가 있습니다. 제3항을 보시면 결격사유에 지금 지방공무원법 제31조를 인용하고 있습니다. 그런데 70조의3(사무직원의 당연퇴직)—현재 70조의3이 하나 밀려서 70조의4가 되어 있습니다마는—에 사무직원의 당연퇴직에 관한 규정이 적혀 있고 그 조문을 보시면 당연퇴직 사유로 제57조를 준용한다고 되어 있고 위에 제57조를 보시면 교원에게 적용되는 당연퇴직 사유인 교육공무원법 제10조의4를 인용하도록 되어 있습니다. 그렇게 따지면 같은 입법체계적인 맥락에서 볼 때 사무직원의 당연퇴직 사유는 현행법상 교육공무원법 제10조의4를 따르도록 되어 있는 데 반해 개정안은 임용할 때 임용 결격사유의 근거규정으로 지방공무원법 제31조를 인용하고 있습니다. 그래서 당연퇴직 사유는 교육공무원법에 관한 규정을 적용하고 있고 임용결격 사유로는 지방공무원법 규정을 적용하는 등 다른 두 법이 적용되고 있기 때문에 제3항의 지방공무원법 제31조를 교육공무원법 제10조의4로 통일하는 것이 입법체계상 합리적일 것으로 판단이 됩니다.
- **수석전문위원 이승재**[99]: 지금 전문위원 의견에 대해서 수석전문위원이 말씀드리겠습니다. 그 부분을 검토하신 데에 대해 제 소관이 아니지만 말씀드리겠습니다. 지금 지방공무원법을 개정 서동용 의원안에서 인용하는 이유는 고등학교 이하 각급학교의 경우에는 교육감이 관리하고 있어요. 그렇기 때문에, 지금 결격사유는 기본적으로 지방공무원법이든 국가공무원법이든 내용은 같습니다. 그래서 여기 지방공무원법을 쓴 이유는 소관이, 교육감이 초·중등학교를 관할하기 때문에 그런 것이므로 지금 전문위원님이 말씀하신 부분은 수석전문위원인 제

---

92) 第390회 국회(임시회) 제2차 법안심사소위, 교육위원회회의록, 2021. 8. 18., 27면.
93) 第390회 국회(임시회) 제2차 법안심사소위, 교육위원회회의록, 2021. 8. 18., 27면.
94) 第390회 국회(임시회) 제2차 법안심사소위, 교육위원회회의록, 2021. 8. 18., 27면.
95) 第390회 국회(임시회) 제2차 법안심사소위, 교육위원회회의록, 2021. 8. 18., 27면.
96) 第390회 국회(임시회) 제2차 법안심사소위, 교육위원회회의록, 2021. 8. 18., 27면.
97) 第390회 국회(임시회) 제2차 법안심사소위, 교육위원회회의록, 2021. 8. 18., 27면.
98) 第390회 국회(임시회) 제2차 법안심사소위, 교육위원회회의록, 2021. 8. 18., 27면.
99) 第390회 국회(임시회) 제2차 법안심사소위, 교육위원회회의록, 2021. 8. 18., 27면.

의견으로는 그냥 지금 현재 서동용의원안대로 하는 게 맞다는, 제 소관이 아닌데 주제넘게 말씀드렸지만 차관님도 한번…

- **소위원장 박찬대**[100]: 정부 측 의견 주시기 바랍니다.
- **교육부차관 정종철**[101]: 말씀 주신 대로 사무직원의 경우는 교육감이 관장하는 지방공무원에 해당이 됩니다. 그래서 현행 법안대로 하는 것에 같은 생각입니다.
- **소위원장 박찬대**[102]: 그러면 서동용 의원안의 70조의3제3항을 그대로 적용하는 게 적절하겠다 하는 것이 정부 측 의견인가요?
- **교육부차관 정종철**[103]: 예, 그렇습니다.
- **소위원장 박찬대**[104]: 서동용 위원님 혹시 의견 있으세요?
- **서동용 위원**[105]: 없습니다.
- **소위원장 박찬대**[106]: 없으시고요. 이탄희 위원님.
- **이탄희 위원**[107]: 없습니다.
- **소위원장 박찬대**[108]: 그러면 아까 그 부분은 의결을 요구했던 부분이 있어서 의결을 하기는 했는데요. 사립학교법이 많이 남아 있으니까 포함해서 한꺼번에 다 의결하는 게 바람직할 거라고 생각이 되거든요. 그렇게 진행하는 게 낫겠지요? (예 하는 위원 있음)
- **서동용 위원**[109]: 위원장님, 죄송합니다.
- **소위원장 박찬대**[110]: 서동용 위원님.
- **서동용 위원**[111]: 제가 대표발의했던 의안번호 제1996호와 관련해서 사립학교 사무직원 임용 결격사유 아까 말씀 나눴던 제70조의3제3항, 전문위원이 말씀하시고 그에 대해서 수석전문위원이 의견을 말씀하셨는데요. 이것 한번 점검하고 가야되는 게 아닌가 싶어서 그렇습니다. 일단 사립학교법 제57조는 사립학교 교원의 당연퇴직 사유를 교육공무원법에서 끌어오고 있거든요. 그렇지요? 그리고 사

---

100) 제390회 국회(임시회) 제2차 법안심사소위, 교육위원회회의록, 2021. 8. 18., 27면.
101) 제390회 국회(임시회) 제2차 법안심사소위, 교육위원회회의록, 2021. 8. 18., 27면.
102) 제390회 국회(임시회) 제2차 법안심사소위, 교육위원회회의록, 2021. 8. 18., 27면.
103) 제390회 국회(임시회) 제2차 법안심사소위, 교육위원회회의록, 2021. 8. 18., 27면.
104) 제390회 국회(임시회) 제2차 법안심사소위, 교육위원회회의록, 2021. 8. 18., 27면.
105) 제390회 국회(임시회) 제2차 법안심사소위, 교육위원회회의록, 2021. 8. 18., 27면.
106) 제390회 국회(임시회) 제2차 법안심사소위, 교육위원회회의록, 2021. 8. 18., 27면.
107) 제390회 국회(임시회) 제2차 법안심사소위, 교육위원회회의록, 2021. 8. 18., 27면.
108) 제390회 국회(임시회) 제2차 법안심사소위, 교육위원회회의록, 2021. 8. 18., 27면.
109) 제390회 국회(임시회) 제2차 법안심사소위, 교육위원회회의록, 2021. 8. 18., 39면.
110) 제390회 국회(임시회) 제2차 법안심사소위, 교육위원회회의록, 2021. 8. 18., 39면.
111) 제390회 국회(임시회) 제2차 법안심사소위, 교육위원회회의록, 2021. 8. 18., 39면.

무직원의 당연퇴직도…그래서 아까 전문위원께서는 교육공무원법이 따라오기 위해서 사립학교법 제57조에 가져오자 이랬던 건데, 수석전문위원께서는 지방공무원법을 가져와야 된다 이렇게 말씀을 하신 거예요. 그러면 사립학교 교원은 교육공무원법에 따라 당연퇴직이나 결격이 되고 직원은 지방공무원법에 따라가게 되는데, 그런데 교육공무원법과 지방공무원법이 결격사유가 좀 다르지요? 그러면 이 경우 이걸 좀 단일하게 맞춰야 되는 게 아닌가 하는 생각이 있습니다. 그 부분 전문위원께서 의견 정리를 좀 해 주셔야 될 것 같아요.

- **수석전문위원 이승재**[112]: 제가 말씀드린 건 체계상 말씀드린 것이고 내용은 아마 전문위원님께서 말씀하신 게 소관도 맞고 합니다. 제가 체계를 말씀드렸던 이유는 교육공무원법을 사립학교법에 가지고 오는 부분에 대해서는 좀 신중할 필요가 있다는 생각을 기본적으로 했습니다. 사립학교 교원은 당연히 복무에 대해서 국공립 규정을 다 받기 때문에 문제가 없는데 사무직원에 대해서 교육공무원에 관련된, 교육공무원에 대해서는 강합니다. 지방공무원과 국가공무원은 똑같고요. 그렇기 때문에 교육공무원법을 바로 사무직원에 가져오는 것은, 내용상으로는 지금 전문위원님 말씀처럼 교육공무원법을 가져오는 것이 맞는데 제가 볼 때, 제가 체계를 건드렸던 이유는 교육공무원법을 준용할 정도로 사무직원을 가지고 오는 것에 대해서는 한번 보실 필요가 있다고 생각해서 말씀드렸던 것이고요. 저는 체계적인 부분을 말씀드린 것이고 사실은 전문위원님께서 그 부분 내용을 가지고 있기 때문에 전문위원님 의견을 한 번 더 들어 보시고 위원님들께서 판단해 주시는 게 좋을 것 같습니다.
- **서동용 위원**[113]: 한번 정리는 해야 될 것 같아요.
- **전문위원 박재유**[114]: 다시 한번 말씀드리겠습니다. 방금 제가 사립학교법 제57조와 제70조의3 조문이 정리된 자료 한 장을 이미 나누어 드린 바가 있습니다. 가지고 계신지 모르겠습니다마는 사무직원의 당연퇴직에 대한 근거조항은 제57조를 준용하도록 되어 있고, 제57조는 교원의 당연퇴직에 대한 사유를 규정하고 있습니다. 그런데 교원의 당연퇴직 사유로는 교육공무원법 제10조의4를 규정하고 있습니다. 지금 자료를 찾기가 어려우실 것 같은데, 사립학교법 자료 중에 서동용·윤영덕·곽상도 의원 세 분이 대표발의한 교원 채용과 관련된 소위 자료 10페이지를 보실 수 있을지 모르겠습니다. 거기에 국가공무원법과 교육공무원법, 지방공무원법의 결격사유를 각각 비교해 놓고 있는데 국가공무원법과 지

112) 제390회 국회(임시회) 제2차 법안심사소위, 교육위원회회의록, 2021. 8. 18., 39면.
113) 제390회 국회(임시회) 제2차 법안심사소위, 교육위원회회의록, 2021. 8. 18., 39면.
114) 제390회 국회(임시회) 제2차 법안심사소위, 교육위원회회의록, 2021. 8. 18., 40면.

방공무원법의 결격사유는 거의 대동소이, 거의 유사하다고 볼 수 있는데 교육공무원법은 교육공무원의 특수성과 도덕성을 강화하기 위해서 국가공무원법의 결격사유에 플러스 미성년자와 성인에 대한 성범죄를 추가하고 있기 때문에 국가공무원법과 지방공무원법보다 더 강화된 결격사유를 가지고 있습니다. 그래서 사립학교법에서도 사립학교 교원의 당연퇴직 사유에 교육공무원법 제10조의4를 인용하고 있고 역시 사무직원의 당연퇴직 사유에 대해서도 이를 똑같이 인용을 하고 있습니다. 그래서 임용 사유도 당연퇴직 사유와 동일하게 하는 것이 법체계상 맞다고 제가 보고를 드린 것입니다. 당연퇴직 사유와 임용의 근거 규정이 각각 다른 것은 법체계상 적절하지 않다고 보았기 때문에 그렇습니다. 이상입니다.

- **서동용 위원**[115]: 그러면 지금 말씀대로 당연퇴직 사유와 임용의 근거 규정들을 하나는 교육공무원법 쪽에서 가져오고 하나는 지방공무원법에서 가져오는 건 적절치 않다는 의미가 하나 있고. 그다음에 아까 수석전문위원께서는 교원과 직원을 구별해서 임용 결격에 대해서 조금 달리할 그런 거에 대해서도 말씀을 하셨는데 사실 엄격하게 보면, 우리가 사학 경영의 투명성 뭐 여러 가지 점들을 보면 그걸 굳이 구별해야 할 필요는 없을 것 같습니다. 그렇다면 전문위원 의견대로 제가 발의했던 그 부분 70조의3제3항은 “지방공무원법 제31조 각 호”가 아니라 “교육공무원법 제10조의4” 이렇게 바꾸는 게 체계로도 맞고 내용 정합성에 있어서도 문제가 없을 것 같고 그렇네요?
- **수석전문위원 이승재**[116]: 예, 그렇습니다. 내용적으로 보시면 지금 전문위원님… 그렇게 하는 것이 정합성이 있습니다.
- **서동용 위원**[117]: 이 부분에 대해서 교육부에서는 어떤 의견이신지요?
- **교육부차관 정종철**[118]: 방금 전문위원님 설명 잘 들었습니다만 제가 지금 가지고 있는 자료에 보면 각각을 구성하고 있는… 좀 전에 강조 주신 말씀 “교육기관 종사자로서 더 특별한 의무나 자격이 요구되는” 이 부분에 있어서는 추가로 미성년자 등에 대한 소위 성폭력 범죄행위 그리고 아동·청소년 성보호에 의한 성범죄행위 그리고 성인에 대한 성폭력 처벌법 등에 의한 규정 이런 것들이 실은 국가공무원법과 지방공무원법에 각각 다 망라되어 있어서 지금 의원님 발의하신 법안으로 해도 저희는 전혀 문제가 없다고 보고. 또 아까 수석전문위원님 말씀 주

115) 제390회 국회(임시회) 제2차 법안심사소위, 교육위원회회의록, 2021. 8. 18., 40면.
116) 제390회 국회(임시회) 제2차 법안심사소위, 교육위원회회의록, 2021. 8. 18., 40면.
117) 제390회 국회(임시회) 제2차 법안심사소위, 교육위원회회의록, 2021. 8. 18., 40면.
118) 제390회 국회(임시회) 제2차 법안심사소위, 교육위원회회의록, 2021. 8. 18., 40면.

신 것처럼 교원과 사무직원을 굳이 달리 봐야 될 이유는 물론 없습니다만 어쨌든 지방공무원 신분의 사무직원은 지방공무원법 체계에 따르도록 하는 것도 저희가 보기에 법률적으로 무리가 없다 이렇게 봅니다.

- **서동용 위원**[119]: 그 말씀도 의견으로서 충분히 수용합니다. 그런데 차관님, 예컨대 성폭법 제2조에 규정된 죄를 범한 경우 그리고 벌금형을 선고받은 경우 교육공무원법에 의하면 결격이고 임용이 안 됩니다. 그런데 지방공무원법에 의하면 3년이 지나면 임용 가능하거든요. 이게 지금 많이 다르거든요. 그래서 우리가 규정의 필요성 측면도 좀 봐야 되는 것 같고요. 그리고 무엇보다도 사립학교 교원에 대해서 당연퇴직은 교육공무원법을 가져오고 또 임용 결격은 지방공무원법을 가져오고 하는 부분도 되게 문제가 있어 보이긴 해요.
- **이탄희 위원**[120]: 제 의견 좀 말씀드리면 이것 좀 어려운 부분인 것 같아요. 사실은 지금 보면 법 체계상으로는 교원하고 사무직원은 분명히 다르거든요. 우리가 교원 지위 향상에 관한 법을 봐도 교원에 대해서는 특별히 법률상 신분보장을 해 주고 소청심사 절차도 만들어 주고 이러고 있는 반면 사무직원에 대해서는 그런 조항들이 없거든요. 그래서 저는 사실은 당연퇴직을 교육공무원법으로 하는 게 어찌 보면 이상하게 보일 수도 있는 그런 측면도 오히려 좀 있는 것 같고. 이번에 내용을 건드리는 것에 대해서 좀 조심스럽습니다. 제 제안은 일단 이번에는 그냥 지방공무원법으로 개정을 하고 이 내용을 전체적으로 봐서 다시 다듬는 게 어떨까 오히려 그런 생각이 좀 드는데요.
- **서동용 위원**[121]: 여러 가지 의견이 있을 수 있고 또 법 전문가인 이탄희 위원의 의견에 동의해서 그대로 지방공무원법으로…
- **이탄희 위원**[122]: 지금 서동용 위원님 말씀하신 내용도 충분히 맞는 내용이고 그 방향으로 관련법 내용을 한번 전부 다 정리할 필요성은 있어 보입니다. 그런데 이번에 이거 하나만 건드리게 되면 교원과 사무직원 간에 차등을 둔 다른 규정들하고 혹시 안 맞게 되지 않을까 하는 게 조금 우려가 되어서요.
- **소위원장 박찬대**[123]: 의견을 한번 모아 보도록 하겠습니다. 아까 차관님께서는 지방공무원법 제31조 각 호에 따라서로 처리해도 실질적으로 차별이 없다, 법적인 의미 적용하는 데 부담이 없다고 얘기하셨고. 이탄희 위원님도 지금 지방공

119) 제390회 국회(임시회) 제2차 법안심사소위, 교육위원회회의록, 2021. 8. 18., 40면.
120) 제390회 국회(임시회) 제2차 법안심사소위, 교육위원회회의록, 2021. 8. 18., 40~41면.
121) 제390회 국회(임시회) 제2차 법안심사소위, 교육위원회회의록, 2021. 8. 18., 41면.
122) 제390회 국회(임시회) 제2차 법안심사소위, 교육위원회회의록, 2021. 8. 18., 41면.
123) 제390회 국회(임시회) 제2차 법안심사소위, 교육위원회회의록, 2021. 8. 18., 41면.

무원법 제31조 그대로 적용하는 것으로 진행을 하고 나중에 필요하다라고 하면 추가적으로 검토해서 수정 여부를 다시 한번 판단하자 이렇게 얘기를 하셨는데요. 서동용 위원님께서 마지막으로 정리 의견을 주시면 좋을 것 같습니다.

- **서동용 위원**[124]: 이게 법이 쉽지 않은데. 지금 현행 제70조의3이 “사무직원의 당연퇴직” 이래 가지고 “사무직원의 당연퇴직에 관하여는 제57조를 준용한다” 이렇게 되고 있고요. 제57조는 사립학교 교원에 대한 부분인데 “교육공무원법 10조의4를 가져온다” 이렇게 되어 있습니다. 따라서, 지금 제70조의3이 제70조의4로 가야 될 텐데요. 제70조의4는 사무직원의 당연퇴직 사유이고 제70조의3은 임용 결격사유인데 지금 현재 제70조의4를 우리가 건들지 않는다면, 개정하지 않는다면 당연퇴직 사유는 국가공무원법으로 가게 되고 임용 결격은 지방공무원법으로 가게 되는 문제가 당장 발생을 해요. 그래서 이 부분은 사무직원 내부의 문제가, 두 규정—당연퇴직과 임용 결격—의 사유를 달리 취급할 필요가 있는가에 대한 의문이 사실 듭니다.
- **소위원장 박찬대**[125]: 여러 가지 의견들이 지금 나와 있는데 정리할 때가 된 것 같습니다. 이탄희 위원님하고 서동용 위원님 말씀하시고 전문위원님들 말씀하셨고 정부 말씀하셨는데 어떻게 정리하면 좋을까요?
- **서동용 위원**[126]: 그러니까 만약에 저희가 오늘 원래 개정안에 포함되어 있지 않았던 제70조의3, 이번에 제70조의4로 가는 당연퇴직 사유도 마찬가지로 지방공무원법 제31조를 끌고 오는 걸로 2개 체계를 맞추면 교원과 직원을 달리한다는 측면에서는 충분히 이해할 수 있고 그렇게 하면 좋을 것 같고요. 최소한 직원의 문제에 대해서 당연퇴직 사유와 임용 결격 사유의 준용 법률을 좀 달리하는 건 문제가 있다는 생각은 있습니다. 전문위원님.
- **전문위원 박재유**[127]: 저는 서동용 위원님 입장에 동의를 했고 그렇게 의견을 냈습니다.
- **서동용 위원**[128]: 그러면 그 둘 다 당연퇴직 사유도 지방공무원법을 끌고 오면 어떨까요? 그러면 문제없지 않겠습니까?
- **전문위원 박재유**[129]: 그러면 다른 해당되는 조문에 대한 수정이 수반돼야 될 것 같습니다. 그러면 제57조를 준용한다는 그 내용에 대해서, 현행 기준으로는 제

---

124) 제390회 국회(임시회) 제2차 법안심사소위, 교육위원회회의록, 2021. 8. 18., 41면.
125) 제390회 국회(임시회) 제2차 법안심사소위, 교육위원회회의록, 2021. 8. 18., 41면.
126) 제390회 국회(임시회) 제2치 법안심사소위, 교육위원회회의록, 2021. 8. 18., 41면.
127) 제390회 국회(임시회) 제2차 법안심사소위, 교육위원회회의록, 2021. 8. 18., 41면.
128) 제390회 국회(임시회) 제2차 법안심사소위, 교육위원회회의록, 2021. 8. 18., 41면.
129) 제390회 국회(임시회) 제2차 법안심사소위, 교육위원회회의록, 2021. 8. 18., 41면.

70조의3 사무직원의 당연퇴직 조항에 대해서 제57조를 준용한다는 내용 대신에 지방공무원법 제30조를 인용한다는 내용으로…

- **서동용 위원**[130]: 예, 그렇게 되겠습니다.
- **전문위원 박재유**[131]: 함께 바꾸면 될 것 같습니다.
- **서동용 위원**[132]: 이탄희 위원님, 이렇게 가는 것에 대해서는 의견이 어떠십니까?
- **이탄희 위원**[133]: 저도 동의합니다. 일단 그렇게 하고 혹시라도 기존의 당연퇴직 규정을 굳이 교육공무원법을, 전에 했던 것이 굳이 그런 취지가 있다고 하면, 그런 건 특별히 없을 것 같기는 한데요 굳이 있다고 하면 그 부분에 대해서는 차후에 보완하면 될 것 같습니다.
- **소위원장 박찬대**[134]: 그러면 이탄희 위원님, 서동용 위원님 그다음에 전문위원의 의견에 대해서 정부 측 의견 주시기 바랍니다.
- **교육부차관 정종철**[135]: 정부도 동의하겠습니다.
- **소위원장 박찬대**[136]: 다 동의가 됐나요? (예 하는 위원 있음)
- **소위원장 박찬대**: 의사일정 제1항부터 제13항까지, 제49항·제50항은 본회의에 각각 부의하지 아니하고 이를 통합 조정한 대안을 위원회안으로 제안하고자 하는데 이의 없으십니까? (없습니다 하는 위원 있음) 이의가 없으면 가결되었음을 선포합니다.

나. 제21대 국회 제390회 제1차 교육위원회(2021. 8. 19.)

- **위원장직무대리 박찬대**[137]: 의사일정 제14항부터 제29항까지 16건의 사립학교법 일부개정법률안은 심사보고한 바와 같이 본회의에 각각 부의하지 아니하고 이를 통합 조정한 의사일정 제30항을 우리 위원회안으로 제안하고자 하는데 이의가 없으십니까? (없습니다 하는 위원 있음) 이의가 없으면 가결되었음을 선포합니다.

〈2〉 **법제사법위원회:** 교육위원회 대안대로 가결되었다.[138]

---

130) 제390회 국회(임시회) 제2차 법안심사소위, 교육위원회회의록, 2021. 8. 18., 41면.
131) 제390회 국회(임시회) 제2차 법안심사소위, 교육위원회회의록, 2021. 8. 18., 41면.
132) 제390회 국회(임시회) 제2차 법안심사소위, 교육위원회회의록, 2021. 8. 18., 41면.
133) 제390회 국회(임시회) 제2차 법안심사소위, 교육위원회회의록, 2021. 8. 18., 41면.
134) 제390회 국회(임시회) 제2차 법안심사소위, 교육위원회회의록, 2021. 8. 18., 41면.
135) 제390회 국회(임시회) 제2차 법안심사소위, 교육위원회회의록, 2021. 8. 18., 41면.
136) 제390회 국회(임시회) 제2차 법안심사소위, 교육위원회회의록, 2021. 8. 18., 41면.
137) 제390회 국회(임시회) 제1차 전체회의, 교육위원회회의록, 2021. 8. 19., 23면.
138) 제390회 국회(임시회) 제2차 전체회의, 법제사법위원회회의록, 2021. 8. 25., 14면.

(3) 본회의 심의

교육위원회 대안대로 가결되었다.[139] 김기현의원 등 105인이 개정전 법률과 동일한 내용으로 본회의 수정안을 제안하였지만 부결되었다.

(4) 결과

교육위원회 대안으로 개정되었다.

III. 현행법

> **제70조의3(사무직원의 임용)** ① 제70조의2제1항에도 불구하고 「초·중등교육법」 제2조에 따른 학교에서 소속 사무직원을 신규채용하는 경우 공개전형에 의하도록 하며, 공개전형의 실시에 필요한 사항은 대통령령으로 정한다.
> ② 제1항에 따른 사무직원의 신규채용을 위한 공개전형 채용시험에서 부정한 행위를 한 사람에 대하여는 「지방공무원법」 제43조의2를 준용한다.
> ③ 「지방공무원법」 제31조 각 호의 어느 하나에 해당하는 자는 「초·중등교육법」 제2조에 따른 학교 소속 사무직원으로 임용될 수 없다.

IV. 종합/특기사항

- 제70조의3은 2021년 개정으로 신설되었으며, 이에 따라 종전 제70조의3(사무직원의 당연퇴직)은 제70조의4가 되었다.
- 제70조의3은 초·중·고등학교만을 적용 대상으로 하는데 이는 사립대학과 사립유치원의 사무직원은 재정결함 보조금 등의 형식으로 인건비 지원이 이루어지지 않음을 고려한 것이다.
- 사무직원 채용에 대해서까지 법률로 관여하는 것은 사학에 대한 지나친 간섭이라는 의견이 입법과정에서 개진되었다.

---

139) 제390회 국회(임시회)제1차 본회의, 국회본회의회의록, 2021. 8. 31., 21~25면.

제70조의4(사무직원의 당연퇴직)

70-4.100 I. 제정법

제정법에는 이 조문이 없다.

II. 개정 경과

70-4.201 1. 2015년 12월 22일 개정(법률 제13573호, 2015. 12. 22. 시행)

제70조의3(사무직원의 당연퇴직) 제70조의2제1항에도 불구하고 제70조의2에 따라 임명된 사무직원의 당연퇴직에 대하여는 제57조를 준용한다. 이 경우 “교원”은 “사무직원”으로 본다.

(1) 법률안(유기홍 의원안[140])

이 조문을 포함한 개정 대상 조문의 제안이유 및 주요내용은 아래와 같다.

- 제안이유 및 주요내용

  현행법은 사립학교 사무직원의 정원·임면·보수·복무 및 신분보장에 관하여는 정관 또는 규칙으로 정하도록 위임하고 있는데, 사무직원 임면의 탄력성을 부여하기 위한 취지와 달리 과도한 신분불안으로 직무의 안정적 수행을 저해할 수 있다는 측면에서 바람직하지 않음.

  이와 함께 사립학교에서는 당연퇴직사유에 해당하는 사무직원의 범죄행위에도 불구하고 계속 근무할 수 있도록 하기 위해 정관이나 규칙을 개정하는 사례 또한 발생하고 있으므로 이에 대한 법률적 대책을 강구할 필요가 있다고 하겠음.

  이에 사무직원의 당연퇴직에 관하여 사립학교 교원의 당연퇴직 사유를 따르도록 규정함으로써 사무직원에 대하여도 그에 합당한 자격을 갖추도록 하면서도, 그 신분의 안정을 보장함으로써 사립학교의 건전한 발전을 도모하려는 것임(안 제70조의3 신설).

---

140) 2014. 4. 28. 유기홍의원 등 15인(의안번호: 1910334).

이 조문의 현행법과 개정 원안은 아래와 같다.

현행법	원안
<신 설>	**제70조의3(사무직원의 당연퇴직)** 제70조의2제1항에도 불구하고 제70조의2에 따라 임명된 사무직원의 당연퇴직에 대하여는 제57조를 준용한다. 이 경우 "교원"은 "사무직원"으로 본다.

(2) 위원회 심사

〈1〉 **교육문화체육관광위원회:** 원안대로 가결되었다.[141] 제70조의3에 관한 회의록 내용은 아래와 같다.

가. 제19대 국회 제332회 제1차 교육문화체육관광위원회 법안심사소위원회(2015. 4. 28.)

- 수석전문위원 정재룡[142]: 2쪽을 보시면 사립학교 사무직원도 교원과 동일하게 교육공무원법상의 교육공무원 결격사유에 해당하게 되면 그 직에서 당연퇴직하도록 하는 사항입니다. 사무직원의 당연퇴직에 관하여 학교법인의 정관이 아니라 법률에 직접 규정함으로써 정관 변경을 통해 비리 직원의 직을 유지시키는 행위를 방지하는 한편 사무직원도 교원에 준하는 도덕성을 갖추도록 하여 비리 근절 및 교육의 공공성을 확보하려는 취지로 타당합니다. 이상입니다.
- 소위원장 신성범[143]: 차관, 정부 의견을 말씀해 주시기 바랍니다.
- 교육부기획조정실장 김관복[144]: 예, 수용하겠습니다.
- 소위원장 신성범[145]: 다른 의견 있으십니까? (없습니다 하는 위원 있음)
- 소위원장 신성범[146]: 의사일정 제19항 사립학교법 일부개정법률안입니다. 원안대로 의결하고자 하는데, 이의 없으시지요? (예 하는 위원 있음) 가결되었음을 선포합니다.

나. 제19대 국회 제332회 제4차 교육문화체육관광위원회(2015. 5. 1.)

- 위원장 설훈[147]: 의사일정 제23항 유기홍 의원이 대표발의한 사립학교법 일부개

141) 제332회 국회(임시회) 제4차 전체회의, 교육문화체육관광위원회회의록, 2015. 5. 1., 9면.
142) 제332회 국회(임시회) 제1차 법안심사소위, 교육문화체육관광위원회회의록, 2015. 4. 28., 26면.
143) 제332회 국회(임시회) 제1차 법안심사소위, 교육문화체육관광위원회회의록, 2015. 4. 28., 26면.
144) 제332회 국회(임시회) 제1차 법안심사소위, 교육문화체육관광위원회회의록, 2015. 4. 28., 26면.
145) 제332회 국회(임시회) 제1차 법안심사소위, 교육문화체육관광위원회회의록, 2015. 4. 28., 26면.
146) 제332회 국회(임시회) 제1차 법안심사소위, 교육문화체육관광위원회회의록, 2015. 4. 28., 30면.
147) 제332회 국회(임시회) 제4차 전체회의, 교육문화체육관광위원회회의록, 2015. 5. 1., 9면.

정법률안은 소위원회에서 심사보고한 바와 같이 원안대로 의결하고자 합니다. 이의 없으십니까? (예 하는 위원 있음) 가결되었음을 선포합니다.

〈2〉 **법제사법위원회:** 원안대로 가결되었다.[148)]

(3) 본회의 심의

원안대로 가결되었다.[149)]

(4) 결과

원안으로 개정되었다.

70-4.202

2. 2020년 12월 22일 개정(법률 제17659호, 2020. 12. 22. 시행)

제70조의3(사무직원의 당연퇴직) 제70조의2제1항에도 불구하고 같은 조에 따라 임명된 사무직원의 당연퇴직에 관하여는 제57조를 준용한다. 이 경우 "교원"은 "사무직원"으로 본다.

• 법문을 간결하게 하였다(오직 형식에 관한 개정이므로 자세한 개정경과는 생략함[150)]).

70-4.203

3. 2021년 8월 10일 개정(법률 제18372호, 2022. 2. 11. 시행)

제70조의4(사무직원의 당연퇴직) 제70조의2제1항에도 불구하고 같은 조에 따라 임명된 사무직원의 당연퇴직에 관하여는 제57조를 준용한다. 이 경우 "교원"은 "사무직원"으로 본다.

(1) 법률안(박찬대 의원안[151)])

현행법	원안
제70조의3(사무직원의 당연퇴직) (생 략)	**제70조의4(사무직원의 당연퇴직)** (현행 제70조의

148) 제337회 국회(정기회) 제7차 전체회의, 법제사법위원회회의록, 2015. 11. 23., 40면.
149) 제337회 국회(정기회) 제12차 본회의, 국회본회의회의록, 2015. 11. 30., 15면.
150) 이에 관한 구체적 개정경과는 이 책 [1.201] 참조.
151) 2020. 7. 14. 박찬대의원 등 10인(의안번호: 2101945); 제안이유 및 주요내용은 이 책 [2.205] 참조.

	3과 같음)

• 제70조의3 신설에 따라 종전의 제70조의3이 제70조의4로 이동하였다.

(2) 위원회 심사

〈1〉 **교육위원회:** 대안[152)]으로 가결되었다(이 조문의 경우에는 원안과 대안의 내용이 동일함).[153)]

〈2〉 **법제사법위원회:** 교육위원회 대안대로 가결되었다.[154)]

(3) 본회의 심의

교육위원회 대안대로 가결되었다.[155)]

(4) 결과

교육위원회 대안으로 개정되었다.

4. 2021년 9월 24일 개정(법률 제18460호, 2022. 2. 11. 시행)

제70조의4(사무직원의 당연퇴직) 제70조의2제1항에도 불구하고 같은 조에 따라 임명된 사무직원의 당연퇴직에 관하여는 **「지방공무원법」 제61조제1호**를 준용한다. 이 경우 **"공무원"**은 "사무직원"으로 본다.

(1) 법률안(서동용 의원안[156)])

현행법[157)]	원안
제70조의3(사무직원의 당연퇴직) (생 략)	**제70조의4(사무직원의 당연퇴직)** (현행 제70조의3과 같음)

152) 2021. 7. 22. 교육위원장(의안번호: 2111667).
153) 제389회 국회(임시회) 제1차 전체회의, 교육위원회회의록, 2021. 7. 14., 6면.
154) 제389회 국회(임시회) 제1차 전체회의, 법제사법위원회회의록, 2021. 7. 22., 64면.
155) 제389회 국회(임시회) 제2차 본회의, 국회본회의회의록, 2021. 7. 23., 10면.
156) 2020. 7. 15. 서동용의원 등 16인(의안번호: 2101996); 제안이유 및 주요내용은 이 책 [53-2.215] 참조.
157) 「사립학교법」(2020. 3. 24. 일부개정, 2020. 9. 25. 시행)

• 제70조의3을 신설함에 따라 종전의 제70조의3이 제70조의4로 이동하였다.

(2) 위원회 심사

〈1〉 **교육위원회:** 대안[158]으로 가결되었다.[159]

대안
제70조의4(사무직원의 당연퇴직) 제70조의2제1항에도 불구하고 같은 조에 따라 임명된 사무직원의 당연퇴직에 관하여는 「지방공무원법」 제31조를 준용한다. 이 경우 "교원"은 "사무직원"으로 본다.

이 조문의 회의록 내용은 2021. 9. 24. 개정조문 제70조의3와 공통적이어서 생략한다.[160]

〈2〉 **법제사법위원회:** 교육위원회 대안을 수정·가결했다.[161] 수정내용은 아래와 같다.

교육위원회 대안	법제사법위원회 수정안
제70조의4(사무직원의 당연퇴직) ――― 「지방공무원법」 제31조――――. ――― ――― "교원" ―――.	**제70조의4(사무직원의 당연퇴직)** ――― 「지방공무원법」 제61조제1호―――――. ――― "공무원"―――.

(3) 본회의 심의

법제사법위원회 수정안대로 가결되었다.[162] 김기현의원 등 105인이 개정전 법률과 동일한 내용으로 본회의 수정안을 제안하였지만 부결되었다.

(4) 결과

법제사법위원회 수정안으로 개정되었다.

158) 2021. 8. 25. 교육위원장(의안번호: 2112205).

159) 제390회 국회(임시회) 제1차 전체회의, 교육위원회회의록, 2021. 8. 19., 23면.

160) 이 책 [70-3.204] 참조.

161) 제390회 국회(임시회) 제2차 전체회의, 법제사법위원회회의록, 2021. 8. 25., 14면.

162) 제390회 국회(임시회) 제1차 본회의, 국회본회의회의록, 2021. 8. 31., 21~25면.

III. 현행법

제70조의4(사무직원의 당연퇴직) 제70조의2제1항에도 불구하고 같은 조에 따라 임명된 사무직원의 당연퇴직에 관하여는 「지방공무원법」 제61조제1호를 준용한다. 이 경우 "공무원"은 "사무직원"으로 본다.

IV. 종합/특기사항

- 사무직원의 당연퇴직에 관한 규정은 2015년 개정으로 신설되었다. 신설 당시 조문번호는 제70조의3이었으나 2021년 8월 10일 개정(법률 제18372호, 2022. 2. 11. 시행)으로 사무직원의 임용에 관한 규정을 제70조의3으로 신설하면서 제70조의4가 되었다.
- 사무직원의 당연퇴직에 관하여 당초에는 사립학교 교원에 관한 제57조를 준용하도록 하다가 2021년 개정으로 「지방공무원법」 제61조제1호를 준용하도록 하였다.

제70조의5(사무직원에 대한 징계의결 요구)

I. 제정법

제정법에는 이 조문이 없다.

II. 개정 경과

1. 2021년 9월 24일 개정(법률 제18460호, 2022. 3. 25. 시행)

제70조의5(사무직원에 대한 징계의결 요구) ① 제70조의2에 따라 임명된 사무직원이 정관이나 규칙에서 정한 징계 사유에 해당할 때에는 해당 사무직원의 임용권

자는 미리 충분한 조사를 한 후 해당 징계사건을 관할하는 징계위원회에 징계의결을 요구하여야 한다. 다만, 사립유치원 사무직원의 징계를 관할하는 징계위원회가 없는 경우 해당 사무직원의 임용권자는 「지방공무원법」 제7조에 따라 설치되는 관할청의 인사위원회에 징계의결을 요구하여야 한다.
② 사무직원의 임용권자는 제1항에 따른 징계위원회의 징계의결 결과에 따라 징계처분을 하여야 한다. 이 경우 임용권자는 징계처분의 사유를 적은 결정서를 해당 사무직원에게 교부하여야 한다.
③ 관할청은 제70조의2제1항에도 불구하고 제48조 또는 제70조에 따른 검사·조사 결과 사무직원이 직무를 수행함에 있어 이 법이나 교육관계 법령 또는 해당 정관이나 규칙을 위반한 때에는 임용권자에게 제1항에 따른 관할 징계위원회에 해당 사무직원의 징계의결을 요구하도록 할 수 있다. 이 경우 요구받은 임용권자는 특별한 사유가 없으면 이에 따라야 한다.

(1) 법률안(정청래 의원안[163])

이 조문을 포함한 개정 대상 조문의 제안이유 및 주요내용은 아래와 같다.

- 제안이유

학교법인 및 소속 학교의 사무직원은 학교 운영에 대한 전문성을 가지고 교육 관련 법령을 준수하면서 학교 운영 실무를 담당하여야 하나 최근에는 사학법인의 이사장, 소속 학교의 장, 보직 교수 등 교원 외에 직원이 사학 비리의 주체가 되거나 조력하는 경우도 많아 문제가 되고 있음.

또한, 사학법인의 인사·채용비리는 사학법인의 비리 중 가장 많은 비중을 차지하는 중대한 비리로서 설립자나 임원의 친족관계에 있는 임원 및 교직원들에 의한 학교 경영이 원인으로 지적되고 있음.

이에, 현행 사립학교법에서 학교의 장과 교원에 한하여 인정하고 있는 관할청의 징계요구권의 대상을 사무직원까지 확대하여 사립학교 사무직원들의 사립학교법 및 교육관계 법령 준수에 대한 경각심을 높이고, 학교법인 설립자 또는 임원과 친족관계에 있는 교직원을 공개하여 인사·채용비리를 방지함으로서 사립학교 운영의 공공성과 책무성을 강화하고자 함.

---

163) 2021. 2. 5. 정청래의원 등 10인(의안번호: 2107965).

• 주요내용

가. 학교법인 및 소속 학교의 사무직원이 직무를 수행함에 있어 이 법이나 교육관계 법령 또는 해당 정관이나 규칙을 위반한 경우 관할청이 임용권자에게 해당 사무직원의 징계를 요구할 수 있도록 함(안 제70조의4 신설).

나. 관할청이 사립학교 사무직원 징계의결 내용이 징계사유에 비추어 가볍다고 인정되면 해당 사무직원의 임용권자에게 재심의를 요구할 수 있도록 함(안 제70조의5 신설).

다. 사립학교 사무직원이 비위의 정도가 중대한 경우 관할청이 임용권자에게 해당 사무직원의 해임을 요구할 수 있도록 함(안 제70조의6 신설).

라. 학교법인에게 학교법인 임원과 친족관계에 있는 교직원을 공개하도록 함(안 제72조의3 신설).

이 조문의 현행법과 개정 원안은 아래와 같다.

현행법	원안
<신 설>	**제70조의4(사무직원에 대한 징계 요구)** ① 제70조의2에 따라 임명된 사무직원이 정관이나 규칙에서 정한 징계 사유에 해당할 때에는 해당 직원의 임용권자는 징계의결을 요구하여야 하고 징계의결의 결과에 따라 징계처분을 하여야 한다. ② 사립학교 사무직원의 임용권자는 제1항에 해당하는 사람이 있을 때에는 미리 충분한 조사를 한 후 해당 징계사건을 관할하는 징계위원회에 징계의결을 요구하여야 한다. ③ 관할청은 제70조의2제1항에도 불구하고 제70조에 따른 조사결과 사립학교 사무직원이 직무를 수행함에 있어 이 법이나 교육관계 법령 또는 해당 정관이나 규칙을 위반한 때에는 임용권자에게 해당 사무직원의 징계를 요구할 수 있다. 이 경우 징계를 요구받은 임용권자는 특별한 사유가 없으면 이에 따라야 한다.

• 사립학교 사무직원에 대한 징계에 관하여 명문의 근거를 마련하고 절차를 정비하였다.

(2) 위원회 심사

〈1〉 **교육위원회:** 대안[164]으로 가결되었다.[165]

대안
제70조의5(사무직원에 대한 징계 요구) ① 제70조의2에 따라 임명된 사무직원이 정관이나 규칙에서 정한 징계 사유에 해당할 때에는 해당 직원의 임용권자는 징계의결을 요구하여야 하고 징계의결의 결과에 따라 징계처분을 하여야 한다. ② 사무직원의 임용권자는 제1항에 해당하는 사람이 있을 때에는 미리 충분한 조사를 한 후 해당 징계사건을 관할하는 징계위원회에 징계의결을 요구하여야 한다. 다만, 사립유치원 사무직원의 징계를 관할하는 징계위원회가 없을 경우 사립유치원 사무직원의 임용권자는 「지방공무원법」 제7조에 따라설치되는 관할청의 인사위원회에 징계의결을 요구하여야 한다. ③ 관할청은 제70조의2제1항에도 불구하고 제48조 또는 제70조에 따른 조사결과 사무직원이 직무를 수행함에 있어 이 법이나 교육관계 법령 또는 해당 정관이나 규칙을 위반한 때에는 임용권자에게 해당 사무직원의 징계를 요구할 수 있다. 이 경우 징계를 요구받은 임용권자는 특별한 사유가 없으면 이에 따라야 한다.

제70조의5에 관한 회의록 내용은 아래와 같다.

가. 제21대 국회 제390회 제2차 교육위원회 법안심사소위원회(2021. 8. 18.)

- **전문위원 박재유**[166]: 먼저 정청래 의원안입니다. 현행법에서는 관할청의 사립학교 임원 취소사유에 학교의 장에 대한 징계요구에 불응한 경우를 규정하고 있는데 개정안은 관할청의 교직원에 대한 징계요구에 불응한 경우에도 임원의 취임승인을 취소할 수 있도록 함으로써 사립학교 교직원에 대한 관할청의 징계요구의 실효성을 확보하고 이를 통해 사립학교의 공공성과 책임성을 강화하려는 것으로 이해가 됩니다. 현행법상 학교의 장, 교원에 대한 징계요구 규정은 있으나 사무직원에 대한 징계요구 규정은 없는 상황이기 때문에 개정안의 입법취지가 충분히 반영되기 위해서는 사무직원에 대한 관할청의 징계요구에 대한 법적 근거 마련이 선행될 필요가 있을 것으로 생각이 됩니다. 참고로 이어서 살펴볼 의사일정 제7항 권인숙 의원이 대표발의한 사립학교법 개정안에는 사립학교 사무직원에 대한 관할청의 징계요구에 관한 근거규정을 마련하는 내용이 포함되어 있습니다...
- **교육부차관 정종철**[167]: 먼저 안건 제5항인 정청래 의원님이 대표발의 하신 사립

164) 2021. 8. 25. 교육위원장(의안번호: 2112205).
165) 제390회 국회(임시회) 제1차 전체회의, 교육위원회회의록, 2021. 8. 19., 23면.
166) 제390회 국회(임시회) 제2차 법안심사소위, 교육위원회회의록, 2021. 8. 18., 27~28면.

학교 임원 취임 승인 취소 사유에 학교장뿐만 아니라 교직원에 대한 징계 요구에 불응하는 경우, 여기에 대해서는 입법 취지에 동의를 합니다. …다음, 권인숙 의원님 제7항 안건과 관련해서는 사립학교 징계 교직원에 대한 재심의를 위한 징계심의위원회 설치 부분에 대해서는 저희는 입법이 필요하다고 보고 있고요. 그리고 사무직원에 대해서는 앞에서 다른 법안 심의할 때도 말씀드렸지만 학교 소속만이 아니라 법인까지도 아우를 수 있는 그런 수정 검토가 필요하다는 말씀을 드리겠습니다. 그리고 사무직원에 대해서 징계의결 내용이 가볍다고 인정될 경우에는 징계심의위원회에 재심의할 수 있도록 하는 근거 마련에 대해서도 입법 취지에 동의를 합니다…

- **소위원장 박찬대**[168]: 제5항부터 제9항까지 내용이 상당히 많지요. 의원님들 발의안에 대해 가지고 전문위원하고 정부 측의 의견을 들었는데요. 일단 정청래 의원안에 대해 가지고는 정부 측에서 다른 의견은 없다 그랬거든요. 위원님들 의견은 어떻습니까?
- **서동용 위원**[169]: 자료 3페이지에 보면 사학법인의 반대의견이 있습니다. 그래서 교육부에서는 다른 의견이 없어도 이 부분에 대한 제 의견을 조금 말씀드릴까 합니다. 개정안은 사학법인의 비위행위를 확인하여 징계를 요구해도 법인에서 임의로 징계 수준을 감경하는 등 실효적 제재가 곤란했던 점을 보완하기 위한 것으로 보입니다. 제가 사학법인 직원 비리 사례를 한 가지만 말씀을 드리면 이사장의 동생인 부총장이 지시를 해서 직원인 사무처장이 이사장이 설립하고 이사장의 친인척이 운영하는 회사를 통해 사용할 수도 없는 물건을 납품받고 7억 5000만 원의 대금을 지급했다가 재산상 손실을 입은 경우가 있었습니다. 이 경우에 관할청이 중징계를 요구했으나 감봉 3월의 경징계에 그쳤던 경우가 있습니다. 이런 사례가 있음에도 불구하고 사학법인이 "교직원은 학교 경영에 관여하는 것이 거의 없는데 징계 요구의 원인을 불문하고 불응한 때 임원 취임 승인 취소를 하는 것은 과도하다" 이렇게 주장하는 것은 그 주장 자체가 지나치게 과도한 것이다 생각이 들고요.

  현행법에서 학교장에 대한 관할청의 징계 요구에 불응하는 경우 임원 취임 승인 취소를 할 수 있도록 되어 있습니다. 이것을 학교장 및 교직원까지 확대하는 것이고, 교직원이 관여하는 비위행위들이 워낙 많이 발생하고 있기 때문에 개정안은 너무 정당한 것이라는 생각입니다. 일부 사립학교하고 법인이 사학법을 악용해서

---

167) 제390회 국회(임시회) 제2차 법안심사소위, 교육위원회회의록, 2021. 8. 18., 30면.
168) 제390회 국회(임시회) 제2차 법안심사소위, 교육위원회회의록, 2021. 8. 18., 30면.
169) 제390회 국회(임시회) 제2차 법안심사소위, 교육위원회회의록, 2021. 8. 18., 30~31면.

잘못을 저지르고도 책임을 지는 사람이 없는 일이 벌어지고 있는데요. 이러한 부분들에 대해서 교육부와 관할청의 실질적인 관리 감독 기능이 회복될 수 있도록 법 개정이 꼭 필요하다는 말씀을 드리겠습니다. 이상입니다.

- **소위원장 박찬대**[170]: 서동용 위원님, 정청래 의원님이 대표발의한 이 법안에 대해서 동의한다라고 하는 강한 취지의 말씀을 하신 거지요?
- **서동용 위원**[171]: 예.
- **소위원장 박찬대**[172]: 그러면 다른 의견이 따로 없으시면요...
- **소위원장 박찬대**[173]: 그다음에 권인숙 의원님에 대한 부분 이견 없었지요?
- **교육부차관 정종철**[174]: 예.
- **소위원장 박찬대**[175]: 그러면 이것은 그대로 받는 것으로 하겠습니다.
- **권인숙 위원**[176]: 여기 소속 사무직원에서요 법인도 아울렀으면 좋겠다, 법인도 들어갔으면 좋겠다라고…
- **소위원장 박찬대**[177]: 법인의 직원까지 넣었었지요?
- **권인숙 위원**[178]: 예.
- **소위원장 박찬대**[179]: 이것은 법인의 직원까지 포함하는 것으로 그렇게 대안 반영하는 것으로 하겠습니다...
- **수석전문위원 이승재**[180]: 정청래 의원안 제70조의4, 제70조의5, 제70조의6 신설 관련한 내용이 되겠습니다. 관할청의 사립학교 사무직원 징계 등 요구입니다. 방금 심의했던 권인숙 의원안(의안번호 5526)과 일부 중첩되는 내용이 있습니다.

  안 제70조의4(사무직원에 대한 징계 요구)입니다. 개정안은 사립학교가 학교의 사무직원에게 징계사유가 있으면 임용권자가 징계를 하도록 하고 관할청도 징계요구를 할 수 있도록 하고 그에 따른 징계가 가볍다고 인정되는 경우에는 관할청이 재심의 요구할 수 있도록 규정하는 내용이 되겠습니다. 특정한 요건을 충족하는 경우에는 관할청이 사무직원의 해임을 요구할 수 있도록 규정하는 내

---

170) 제390회 국회(임시회) 제2차 법안심사소위, 교육위원회회의록, 2021. 8. 18., 31면.
171) 제390회 국회(임시회) 제2차 법안심사소위, 교육위원회회의록, 2021. 8. 18., 31면.
172) 제390회 국회(임시회) 제2차 법안심사소위, 교육위원회회의록, 2021. 8. 18., 31면.
173) 제390회 국회(임시회) 제2차 법안심사소위, 교육위원회회의록, 2021. 8. 18., 32면.
174) 제390회 국회(임시회) 제2차 법안심사소위, 교육위원회회의록, 2021. 8. 18., 32면.
175) 제390회 국회(임시회) 제2차 법안심사소위, 교육위원회회의록, 2021. 8. 18., 32면.
176) 제390회 국회(임시회) 제2차 법안심사소위, 교육위원회회의록, 2021. 8. 18., 32면.
177) 제390회 국회(임시회) 제2차 법안심사소위, 교육위원회회의록, 2021. 8. 18., 32면.
178) 제390회 국회(임시회) 제2차 법안심사소위, 교육위원회회의록, 2021. 8. 18., 32면.
179) 제390회 국회(임시회) 제2차 법안심사소위, 교육위원회회의록, 2021. 8. 18., 32면.
180) 제390회 국회(임시회) 제2차 법안심사소위, 교육위원회회의록, 2021. 8. 18., 34면.

용이 되겠습니다.

9쪽 보고드리겠습니다. 안 제70조의5(사무직원 징계의결의 재심의 요구), 안 제70조의6(사무직원에 대한 해임 요구)입니다. 사무직원에 대한 해임 요구는 권인숙 의원안(5526)도 같이 있습니다. 그런데 권인숙 의원님안은 초·중등교육법 제2조 그러니까 초등학교, 중학교, 고등학교를 대상으로 하는데 정청래 의원님 안은 유치원과 대학도 포함하는 내용입니다. 약간 범위가 넓다고 보시면 되겠습니다. 그리고 10쪽에 보시면 구성 요건에 있어서 권인숙 의원안은 법령 위반이 주로 구성 요건인 데 비해서 정청래 의원안은 부정하거나 부당한 일을 했거나, 취임 승인이 취소된 자의 행위에 적극 가담하거나 이런 식으로 구성 요건이 좀 달리 되어 있습니다. 그렇기 때문에 권인숙 의원안과 정청래 의원안 이 부분에 대해서는 2개를 합해서 보실 필요가 있다는 의견입니다...

- **교육부차관 정종철**[181]: 그리고 정청래 의원님 발의하신 법안 중에 사무직원에 대한 징계 요구 관련해서는 앞에서도 말씀드렸듯이 사무직원이 지금 정청래 의원님 안 같은 경우는 사립유치원까지도 포함하고 있는데요. 이 부분은 아시는 것처럼 지금 사립유치원에는 별도로 징계위원회가 구성되어 있지 않고 관할 교육청에 구성되어 있는 점을 감안해서 단서조항이 필요하다고 저희는 보고 있습니다. 그다음 사무직원 징계의결의 재심의 요구에 있어서도 정청래 의원님 안 같은 경우는 “사립학교 사무직원” 이렇게 해서 법인 직원이 빠지는 것처럼 되어 있는 부분은 둘을 아울러서 “사무직원”으로 통칭해서 조문 정리가 필요하다고 그렇게 의견을 말씀드리겠습니다. 그다음 임원 등과의 친족관계에 있는 교직원 공개와 관련한 부분에 있어서는 정청래 의원님 안에 저희가 동의를 합니다...
- **소위원장 박찬대**[182]: 사무직원에 대한 해임 등 요구와 관련해서 별도의 배포자료 주셨는데요. 이것 중심으로 해서 아까 정부 측에서 설명하신 거지요?
- **교육부차관 정종철**[183]: 위원장님, 제가 하나만 추가로… 대개의 경우 사립유치원에는 자체 징계위원회가 없는데 유일하게 지금 포항제철유치원에는 징계위원회가 있다고 저희가 확인을 했고요. 그래서 아까 말씀드린 제70조의4에 단서조항을 하나 만들어 주셨으면 하고 부탁말씀을 올렸는데요. 거기에 문구 조정이 조금 필요해 보입니다. 저희가 제안을 할 수 있는 문구는 “다만 사립유치원의 사무직원의 징계를 관할하는 징계위원회가 없을 경우” 이렇게 한정해서 “그 경우는 지방공무원법 제7조에 따라 설치되는 관할청의 위원회에 징계의결을 요구해야 한

181) 제390회 국회(임시회) 제2차 법안심사소위, 교육위원회회의록, 2021. 8. 18., 35면.
182) 제390회 국회(임시회) 제2차 법안심사소위, 교육위원회회의록, 2021. 8. 18., 35면.
183) 제390회 국회(임시회) 제2차 법안심사소위, 교육위원회회의록, 2021. 8. 18., 35면.

다" 이렇게 기술하는 게 바람직하겠다 이렇게 의견드리겠습니다...

- **교육부차관 정종철**[184]: 제70조의4제2항에 단서조항을 아까 제가 말씀을 다시 드렸습니다. 포항제철유치원 사례가 하나 있기 때문에 제70조의4제2항 단서에 "다만, 사립유치원의 사무직원의 징계를 관할하는 징계위원회가 없을 경우 사립유치원 사무직원의 임용권자는 지방공무원법 제7조에 따라 설치되는 관할청의 인사위원회에 징계의결을 요구해야 한다" 이 부분만 정청래 의원님 안에 추가해 주셨으면 하는 의견을 다시 한번 말씀드립니다.
- **소위원장 박찬대**[185]: 제70조의4제2항 얘기하시는 것이지요?
- **교육부차관 정종철**[186]: 제2항 단서조항입니다.
- **소위원장 박찬대**[187]: 만약에 단서조항 추가한다 그러면 제시되어 있는 것이, 9페이지 비고에 나와 있는 이 의견대로 반영해 주길 바란다는 말씀이신 것이지요?
- **교육부차관 정종철**[188]: 예.
- **소위원장 박찬대**[189]: 제70조의4제2항에 대해서 유치원의 경우 사무직원에 대한 징계를 관할하는 별도의 징계위원회가 없으므로 사립유치원 교원에 적용되는 규정과 유사하게 지방공무원법 제7조에 따른 관할청의 인사위원회에서 징계의결을 하도록 단서조항을 추가해야 된다는 입장이다.
- **교육부차관 정종철**[190]: 제가 다시 반복해서 죄송합니다만 포항제철유치원의 한 사례가 있기 때문에 그것까지를 담은 단서조항으로 좀, 사립유치원에 아예 징계위원회가 없기 때문에 관할청으로 가야 된다기보다는 "자체로 징계를 관할하는 징계위원회가 없을 경우"라는 그 조건을 앞에다 설정을 해야 될 것 같습니다.
- **소위원장 박찬대**[191]: 준비된 문구가 있나요?
- **교육부차관 정종철**[192]: 이것 바로 위원님들께 드리도록 하겠습니다.
- **소위원장 박찬대**[193]: 지금 정부 측의 설명에 대해서 위원님들 의견 있으십니까? (없습니다 하는 위원 있음) 교육부에서 준비한 단서조항 문구를 한번 읽어보겠습니다. "다만, 사립유치원의 사무직원의 징계를 관할하는 징계위원회가 없을 경

184) 제390회 국회(임시회) 제2차 법안심사소위, 교육위원회회의록, 2021. 8. 18., 36면.
185) 제390회 국회(임시회) 제2차 법안심사소위, 교육위원회회의록, 2021. 8. 18., 36면.
186) 제390회 국회(임시회) 제2차 법안심사소위, 교육위원회회의록, 2021. 8. 18., 36면.
187) 제390회 국회(임시회) 제2차 법안심사소위, 교육위원회회의록, 2021. 8. 18., 36면.
188) 제390회 국회(임시회) 제2차 법안심사소위, 교육위원회회의록, 2021. 8. 18., 36면.
189) 제390회 국회(임시회) 제2차 법안심사소위, 교육위원회회의록, 2021. 8. 18., 36면.
190) 제390회 국회(임시회) 제2차 법안심사소위, 교육위원회회의록, 2021. 8. 18., 36면.
191) 제390회 국회(임시회) 제2차 법안심사소위, 교육위원회회의록, 2021. 8. 18., 37면.
192) 제390회 국회(임시회) 제2차 법안심사소위, 교육위원회회의록, 2021. 8. 18., 37면.
193) 제390회 국회(임시회) 제2차 법안심사소위, 교육위원회회의록, 2021. 8. 18., 37면.

우 사립유치원 사무직원의 임용권자는 지방공무원법 제7조에 따라 설치되는 관할청의 인사위원회에 징계의결을 요구해야 한다" 이 문구이지요?

- **교육부차관 정종철**[194]: 예, 그렇습니다.
- **소위원장 박찬대**[195]: 위원님들 의견 주십시오.
- **서동용 위원**[196]: 그렇게 단서를 붙이는 경우 제2항 본문하고 중복되거나 그러지 않습니까? 제가 듣기만 해서 그런데, 혹시 그럴 가능성이 있는가 싶어서…
- **소위원장 박찬대**[197]: 서동용 위원님 의견에 정부측 의견 주시기 바랍니다.
- **교육부기획조정실장 김문희**[198]: 기조실장 김문희입니다. 원래 개정안 내용이 "임용권자는"이라고 되어 있어서요, 사립학교의 임용권자는 통상 이사장이거나 아니면 정관에 의해서 학교장에게 위임된 경우도 있습니다. 그렇기 때문에 단서조항하고 배치되지 않습니다.
- **서동용 위원**[199]: 배치되지 않습니까?
- **교육부기획조정실장 김문희**[200]: 예, 배치되지 않습니다…
- **소위원장 박찬대**[201]: 의사일정 제1항부터 제13항까지, 제49항·제50항은 본회의에 각각 부의하지 아니하고 이를 통합 조정한 대안을 위원회안으로 제안하고자 하는데 이의 없으십니까? (없습니다 하는 위원 있음) 이의가 없으면 가결되었음을 선포합니다.

나. 제21대 국회 제390회 제1차 교육위원회(2021. 8. 19.)

- **위원장직무대리 박찬대**[202]: 의사일정 제14항부터 제29항까지 16건의 사립학교법 일부개정법률안은 심사보고한 바와 같이 본회의에 각각 부의하지 아니하고 이를 통합 조정한 의사일정 제30항을 우리 위원회안으로 제안하고자 하는데 이의가 없으십니까? (없습니다 하는 위원 있음) 이의가 없으면 가결되었음을 선포합니다.

〈2〉 **법제사법위원회:** 교육위원회 대안을 수정·가결했다.[203] 수정내용은 아래와

---

194) 제390회 국회(임시회) 제2차 법안심사소위, 교육위원회회의록, 2021. 8. 18., 37면.
195) 제390회 국회(임시회) 제2차 법안심사소위, 교육위원회회의록, 2021. 8. 18., 37면.
196) 제390회 국회(임시회) 제2차 법안심사소위, 교육위원회회의록, 2021. 8. 18., 37면.
197) 제390회 국회(임시회) 제2차 법안심사소위, 교육위원회회의록, 2021. 8. 18., 37면.
198) 제390회 국회(임시회) 제2차 법안심사소위, 교육위원회회의록, 2021. 8. 18., 37면.
199) 제390회 국회(임시회) 제2차 법안심사소위, 교육위원회회의록, 2021. 8. 18., 37면.
200) 제390회 국회(임시회) 제2차 법안심사소위, 교육위원회회의록, 2021. 8. 18., 37면.
201) 제390회 국회(임시회) 제2차 법안심사소위, 교육위원회회의록, 2021. 8. 18., 42면.
202) 제390회 국회(임시회) 제1차 전체회의, 교육위원회회의록, 2021. 8. 19., 23면.
203) 제390회 국회(임시회) 제2차 전체회의, 법제사법위원회회의록, 2021. 8. 25., 14면.

같다.

교육위원회 대안	법제사법위원회 수정안
제70조의5(사무직원에 대한 징계 요구) ① ––– 해당 직원의 임용권자는 징계의결을 요구하여야 하고 징계의결의 결과에 따라 징계처분을 하여야 한다.	**제70조의5(사무직원에 대한 징계 요구)** ① ––– 해당 사무직원의 임용권자는 미리 충분한 조사를 한 후 해당 징계사건을 관할하는 징계위원회에 징계의결을 요구하여야 한다. 다만, 사립유치원 사무직원의 징계를 관할하는 징계위원회가 없는 경우 해당 사무직원의 임용권자는 「지방공무원법」 제7조에 따라 설치되는 관할청의 인사위원회에 징계의결을 요구하여야 한다.
② 사무직원의 임용권자는 제1항에 해당하는 사람이 있을 때에는 미리 충분한 조사를 한 후 해당 징계사건을 관할하는 징계위원회에 징계의결을 요구하여야 한다. 다만, 사립유치원 사무직원의 징계를 관할하는 징계위원회가 없을 경우 사립유치원 사무직원의 임용권자는 「지방공무원법」 제7조에 따라설치되는 관할청의 인사위원회에 징계의결을 요구하여야 한다.	② 사무직원의 임용권자는 제1항에 따른 징계위원회의 징계의결 결과에 따라 징계처분을 하여야 한다. 이 경우 임용권자는 징계처분의 사유를 적은 결정서를 해당 사무직원에게 교부하여야 한다.
③ ––– 조사결과 ––– 해당 사무직원의 징계를 요구할 수 있다. –––.	③ ––– 조사 결과 ––– 제1항에 따른 관할 징계위원회에 해당 사무직원의 징계를 요구하도록 할 수 있다. –.

(3) 본회의 심의

법제사법위원회 수정안대로 가결되었다.[204] 김기현의원 등 105인이 개정전 법률과 동일한 내용으로 본회의 수정안을 제안하였지만 부결되었다.

(4) 결과

법제사법위원회 수정안으로 개정되었다.

204) 제390회 국회(임시회)제1차 본회의, 국회본회의회의록, 2021. 8. 31., 21~25면.

III. 현행법

제70조의5(사무직원에 대한 징계의결 요구) ① 제70조의2에 따라 임명된 사무직원이 정관이나 규칙에서 정한 징계 사유에 해당할 때에는 해당 사무직원의 임용권자는 미리 충분한 조사를 한 후 해당 징계사건을 관할하는 징계위원회에 징계의결을 요구하여야 한다. 다만, 사립유치원 사무직원의 징계를 관할하는 징계위원회가 없는 경우 해당 사무직원의 임용권자는 「지방공무원법」 제7조에 따라 설치되는 관할청의 인사위원회에 징계의결을 요구하여야 한다.

② 사무직원의 임용권자는 제1항에 따른 징계위원회의 징계의결 결과에 따라 징계처분을 하여야 한다. 이 경우 임용권자는 징계처분의 사유를 적은 결정서를 해당 사무직원에게 교부하여야 한다.

③ 관할청은 제70조의2제1항에도 불구하고 제48조 또는 제70조에 따른 검사·조사 결과 사무직원이 직무를 수행함에 있어 이 법이나 교육관계 법령 또는 해당 정관이나 규칙을 위반한 때에는 임용권자에게 제1항에 따른 관할 징계위원회에 해당 사무직원의 징계의결을 요구하도록 할 수 있다. 이 경우 요구받은 임용권자는 특별한 사유가 없으면 이에 따라야 한다.

IV. 종합/특기사항

- 제70조의5는 2021년 개정으로 신설된 것으로 학교법인 및 소속 학교의 사무직원에 대한 징계처분의 근거와 절차를 정하고 있다.

제70조의6(사무직원 징계의결의 재심의 요구)

I. 제정법

제정법에는 이 조문이 없다.

II. 개정 경과

70-6.201 1. 2021년 9월 24일 개정(법률 제18460호, 2022. 3. 25. 시행)

제70조의6(사무직원 징계의결의 재심의 요구) ① 사무직원의 임용권자는 제70조의5제3항에 따라 요구받은 사항에 대하여는 해당 처분을 하기 전에 그 내용을 관할청에 통보하여야 한다.
② 관할청은 제1항에 따라 통보받은 징계의결의 내용이 징계 사유에 비추어 가볍다고 인정되면 해당 사무직원의 임용권자에게 제4조제1항에 따른 관할청의 경우 제62조의3에 따른 징계심의위원회에, 제4조제3항에 따른 관할청의 경우 제70조의5제1항에 따른 징계위원회에 재심의를 요구하도록 할 수 있다.
③ 사무직원의 임용권자가 관할청으로부터 제2항에 따라 재심의를 요구받은 경우에는 지체 없이 해당 징계심의위원회 또는 징계위원회에 재심의를 요구하여야 한다.
④ 사무직원의 임용권자는 제3항에 따른 징계심의위원회 또는 징계위원회의 재심의 결과를 관할청에 통보하여야 한다.
⑤ 제3항에 따른 징계심의위원회의 심리·의결 등에 관하여는 제63조, 제65조, 제66조제3항 및 제66조의2제4항·제5항을 준용한다. 이 경우 "교원"은 "사무직원"으로 본다.

(1) 법률안

〈1〉 권인숙 의원안[205)]

현행법[206)]	원안
<신 설>	**제70조의5(사무직원 징계의결의 재심의)** ① 사무직원의 임용권자는 제70조의4에 따라 해임 또는 징계를 요구받은 사항에 대하여는 해당 처분을 하기 전에 해임 또는 징계 의결 내용을 관할청에 통보하여야 한다. ② 관할청은 제1항에 따라 통보받은 징계의결의 내용이 해임 또는 징계의 요구 사유에 비추

205) 2020. 11. 19. 권인숙의원 등 13인(의안번호: 2105526); 제안이유 및 주요내용은 이 책 [62-3.201] 참조.
206) 「사립학교법」(2020. 3. 24. 일부개정, 2020. 9. 25. 시행)

	어 가볍다고 인정되면 해당 사무직원의 임용권자가 해임 또는 징계처분을 하기 전에 제62조의3에 따른 징계심의위원회에 재심의를 요구할 수 있다. ③ 제2항의 재심의 요구에 관한 절차 등은 제66조의2를 준용한다. 이 경우 "교원"은 "사무직원"으로 본다.

〈2〉 **정청래 의원안**[207)]

현행법	원안
<신 설>	**제70조의5(사무직원 징계의결의 재심의 요구)** ① 사립학교 사무직원의 임용권자는 제70조의4제3항에 따라 징계를 요구받은 사항에 대하여는 해당 처분을 하기 전에 그 내용을 관할청에 통보하여야 한다. ② 관할청은 제1항에 따라 통보받은 징계의결의 내용이 징계 사유에 비추어 가볍다고 인정되면 해당 사무직원의 임용권자에게 재심의를 요구할 수 있다. ③ 임용권자가 관할청으로부터 제2항에 따라 재심의를 요구받은 경우에는 지체 없이 재심의를 하고 그 결과를 관할청에 통보하여야 한다.

(2) 위원회 심사

〈1〉 **교육위원회:** 대안[208)]으로 가결되었다.[209)]

대안
제70조의6(사무직원 징계의결의 재심의 요구) ① 사무직원의 임용권자는 제70조의5제3항에 따라 징계를 요구받은 사항에대하여는 해당 처분을 하기 전에 그 내용을 관할청에 통보하여야 한다. ② 관할청은 제1항에 따라 통보받은 징계의결의 내용이 징계 사유에 비추어 가볍다고 인정되면 해당 사무직원의 임용권자에게 재심의를 요구할 수있다. ③ 제2항에도 불구하고 제4조제1항에 따른 관할청은 제1항에 따라 통보받은 징계의결의 내용이 징계 요구 사유에 비추어 가볍다고 인정되면 해당 사무직원의 임용권자가 징계처분을 하기 전에 제

207) 2021. 2. 5. 정청래의원 등 10인(의안번호: 2107965); 제안이유 및 주요내용은 이 책 [70-5.201] 참조.
208) 2021. 8. 25. 교육위원장(의안번호: 2112205).
209) 제390회 국회(임시회) 제1차 전체회의, 교육위원회회의록, 2021. 8. 19., 23면.

62조의3에 따른 징계심의위원회에 재심의를 요구할 수 있고, 재심의 요구에 관한 절차 등은 제66조의2를 준용한다. 이 경우 "교원"은 "사무직원"으로 본다.
④ 임용권자가 관할청으로부터 제2항에 따라 재심의를 요구받은 경우에는 지체 없이 재심의를 하고 그 결과를 관할청에 통보하여야 한다.

이 조문의 회의록 내용은 2021. 9. 24. 개정조문 제70조의5와 공통적이어서 생략한다.[210]

〈2〉 **법제사법위원회:** 교육위원회 대안을 수정·가결했다.[211] 수정내용은 아래와 같다.

교육위원회 대안	법제사법위원회 수정안
제70조의6(사무직원 징계의결의 재심의 요구)	제70조의6(사무직원 징계의결의 재심의[212])
② ------ 재심의를 요구할 수있다.	② ------ 제4조제1항에 따른 관할청의 경우 제62조의3에 따른 징계심의위원회에, 제4조제3항에 따른 관할청의 경우 제70조의5제1항에 따른 징계위원회에 재심의를 요구하도록 할 수 있다.
③ 제2항에도 불구하고 제4조제1항에 따른 관할청은 제1항에 따라 통보받은 징계의결의 내용이 징계 요구 사유에 비추어 가볍다고 인정되면 해당 사무직원의 임용권자가 징계처분을 하기 전에 제62조의3에 따른 징계심의위원회에 재심의를 요구할 수 있고, 재심의 요구에 관한 절차 등은 제66조의2를 준용한다. 이 경우 "교원"은 "사무직원"으로 본다.	③ 사무직원의 임용권자가 관할청으로부터 제2항에 따라 재심의를 요구받은 경우에는 지체 없이 해당 징계심의위원회또는 징계위원회에 재심의를 요구하여야 한다.
	④ 사무직원의 임용권자는 제3항에 따른 징계심의위원회 또는 징계위원회의 재심의 결과를 관할청에 통보하여야 한다.
④ 임용권자가 관할청으로부터 제2항에 따라 재심의를 요구받은 경우에는 지체 없이 재심의를 하고 그 결과를 관할청에 통보하여야 한다.	⑤ 제3항에 따른 징계심의위원회의 심리·의결 등에 관하여는 제63조, 제65조, 제66조제3항 및 제66조의2제4항·제5항을 준용한다. 이 경우 "교원"은"사무직원"으로 본다.

제70조의6에 관한 회의록 내용은 아래와 같다.

---

210) 이 책 [70-5.201] 참조.
211) 제390회 국회(임시회) 제2차 전체회의, 법제사법위원회회의록, 2021. 8. 25., 14면.
212) 제목에 관하여 본회의는 법제사법위원회 수정안을 가결한 것으로 기록하고 있으나, 최종 개정조문은 법제사법위원회 수정안과 다르다. 그 이유는 확인할 수 없다(체계자구검토보고서, 법제사법위원회, 2021. 8. 25., 의안번호 2112205., 8면 참조).

• **전문위원 진선희**[213]: 개정안에 따르면 사무직원에 대한 징계의결의 재심의는 대학의 경우 징계위원회가, 초·중·고의 경우 징계심의위원회가 담당하게 되는데 사무직원 징계의결에 대한 재심의규정인 안 제70조의6 제2항 및 제4항에 따르면 임용권자가 직접 재심의를 하는 것으로 해석상 오해되는 측면이 있어 관할청은 임용권자에게 초·중등 또는 고등교육을 담당하는 학교에 따라 징계위원회 또는 징계심의위원회에 재심의를 요구하도록 할 수 있음을 명확히 규정하고 이에 따른 절차를 정리하여 표현하는 한편 징계심의위원회의 재심의에 대한 의결정족수, 조사권한 등 심리 의결에 필요한 규정을 준용할 필요가 있다고 보았습니다.

(3) 본회의 심의

법제사법위원회 수정안대로 가결되었다.[214] 김기현의원 등 105인이 개정전 법률과 동일한 내용으로 본회의 수정안을 제안하였지만 부결되었다.

(4) 결과

법제사법위원회 수정안으로 개정되었다.

III. 현행법

제70조의6(사무직원 징계의결의 재심의 요구) ① 사무직원의 임용권자는 제70조의5 제3항에 따라 요구받은 사항에 대하여는 해당 처분을 하기 전에 그 내용을 관할청에 통보하여야 한다.

② 관할청은 제1항에 따라 통보받은 징계의결의 내용이 징계 사유에 비추어 가볍다고 인정되면 해당 사무직원의 임용권자에게 제4조제1항에 따른 관할청의 경우 제62조의3에 따른 징계심의위원회에, 제4조제3항에 따른 관할청의 경우 제70조의5제1항에 따른 징계위원회에 재심의를 요구하도록 할 수 있다.

③ 사무직원의 임용권자가 관할청으로부터 제2항에 따라 재심의를 요구받은 경

213) 제390회 국회(임시회) 제2차 전체회의, 법제사법위원회회의록, 2021. 8. 25., 10~11면.

214) 제390회 국회(임시회)제1차 본회의, 국회본회의회의록, 2021. 8. 31., 21~25면.

우에는 지체 없이 해당 징계심의위원회 또는 징계위원회에 재심의를 요구하여야 한다.
④ 사무직원의 임용권자는 제3항에 따른 징계심의위원회 또는 징계위원회의 재심의 결과를 관할청에 통보하여야 한다.
⑤ 제3항에 따른 징계심의위원회의 심리·의결 등에 관하여는 제63조, 제65조, 제66조제3항 및 제66조의2제4항·제5항을 준용한다. 이 경우 "교원"은 "사무직원"으로 본다.

70-6.400 ## IV. 종합/특기사항

- 제70조의6은 2021년 개정으로 신설되었으며, 사무직원의 징계의결에 대한 재심의에 관한 규정이다.

제70조의7(사무직원에 대한 해임 요구)

70-7.100 ## I. 제정법

제정법에는 이 조문이 없다.

II. 개정 경과

70-7.201 ### 1. 2021년 9월 24일 개정(법률 제18460호, 2022. 3. 25. 시행)

제70조의7(사무직원에 대한 해임 요구) ① 관할청은 제70조의2제1항에도 불구하고 같은 조에 따라 임명된 사무직원이 다음 각 호의 어느 하나에 해당할 때에는 임용권자에게 해당 사무직원의 해임을 요구할 수 있다. 이 경우 해임을 요구받은 임용권자는 특별한 사유가 없으면 이에 따라야 한다.

1. 직무를 수행함에 있어 부정한 일을 하였거나 현저히 부당한 일을 한 경우
2. 제20조의2제1항에 따라 취임 승인이 취소된 임원의 행위에 적극 가담한 경우
3. 제54조의2제1항에 따라 해임된 학교의 장의 행위에 적극 가담한 경우
4. 이 법, 이 법에 따른 명령 또는 다른 교육 관계 법령을 위반한 경우로서 비위의 정도가 중대한 경우
5. 제70조의4에 따른 당연퇴직 사유에 해당하는 법령위반 행위를 하였다고 확인된 경우

② 제1항에 따른 해임 요구는 관할청이 해당 학교법인 또는 사립학교경영자에게 그 사유를 밝혀 시정을 요구한 날부터 15일이 지나도 이에 따르지 아니한 경우에만 한다.

(1) 법률안

〈1〉 권인숙 의원안[215)]

현행법[216)]	원안
<신 설>	**제70조의4(사무직원 해임 등의 요구)** ① 관할청은 사립학교 중 「초·중등교육법」 제2조에 따른 학교 소속 사무직원이 다음 각 호의 어느 하나에 해당할 때에는 임용권자에게 해당 사무직원의 해임 또는 징계를 요구할 수 있다. 이 경우 해임 또는 징계를 요구받은 임용권자는 특별한 사유가 없으면 이에 따라야 한다. 1. 제70조에 따른 조사결과 사립학교의 사무직원이 직무를 수행함에 있어 이 법이나 교육관계 법령을 위반한 때 2. 제70조의3에 따른 당연퇴직 사유에 해당하는 법령위반 행위를 하였다고 확인된 때 ② 제1항에 따른 해임 또는 징계의 요구는 관할청이 해당 학교법인 또는 사립학교경영자에게 그 사유를 밝혀 시정을 요구한 날로부터 15일이 경과하여도 이에 응하지 아니한 경우에 한정한다.

215) 2020. 11. 19. 권인숙의원 등 13인(의안번호: 2105526); 제안이유 및 주요내용은 이 책 [62-3.201] 참조.
216) 「사립학교법」(2020. 3. 24. 일부개정, 2020. 9. 25. 시행)

〈2〉 정청래 의원안[217)]

현행법	원안
<신 설>	**제70조의6(사무직원에 대한 해임 요구)** ① 관할청은 제70조의2제1항에도 불구하고 같은 조에 따라 임명된 사무직원이 다음 각 호의 어느 하나에 해당할 때에는 임용권자에게 해당 사무직원의 해임을 요구할 수 있다. 이 경우 해임을 요구받은 임용권자는 특별한 사유가 없으면 이에 따라야 한다. 1. 직무를 수행함에 있어 부정한 일을 하였거나 현저히 부당한 일을 하였을 때 2. 제20조의2제1항에 따라 취임 승인이 취소된 자의 행위에 적극 가담한 경우 3. 제54조의2제1항에 따라 해임된 자의 행위에 적극 가담한 경우 4. 이 법, 이 법에 따른 명령 또는 다른 교육관계 법령을 위반한 경우로서 비위의 정도가 중대한 경우 ② 제1항에 따른 해임 요구는 관할청이 해당 학교법인 또는 사립학교경영자에게 그 사유를 밝혀 시정을 요구한 날부터 15일이 지나도 이에 따르지 아니한 경우에만 한다.

(2) 위원회 심사

〈1〉 **교육위원회:** 대안[218)]으로 가결되었다.[219)]

대안
제70조의7(사무직원에 대한 해임 요구) ① 관할청은 제70조의2제1항에도 불구하고 같은 조에 따라 임명된 사무직원이 다음 각 호의 어느 하나에 해당할 때에는 임용권자에게 해당 사무직원의 해임을 요구할 수 있다. 이 경우 해임을 요구받은 임용권자는 특별한 사유가 없으면 이에 따라야 한다. 1. 직무를 수행함에 있어 부정한 일을 하였거나 현저히 부당한 일을 하였을 때 2. 제20조의2제1항에 따라 취임 승인이 취소된 자의 행위에 적극 가담한 경우

217) 2021. 2. 5. 정청래의원 등 10인(의안번호: 2107965); 제안이유 및 주요내용은 이 책 [70-5.201] 참조.
218) 2021. 8. 25. 교육위원장(의안번호: 2112205).
219) 제390회 국회(임시회) 제1차 전체회의, 교육위원회회의록, 2021. 8. 19., 23면.

3. 제54조의2제1항에 따라 해임된 자의 행위에 적극 가담한 경우
4. 이 법, 이 법에 따른 명령 또는 다른 교육 관계 법령을 위반한 경우로서 비위의 정도가 중대한 경우
5. 제70조의4에 따른 당연퇴직 사유에 해당하는 법령위반 행위를 하였다고 확인된 때

② 제1항에 따른 해임 요구는 관할청이 해당 학교법인 또는 사립학교경영자에게 그 사유를 밝혀 시정을 요구한 날부터 15일이 지나도 이에 따르지 아니한 경우에만 한다.

이 조문의 회의록 내용은 2021. 9. 24. 개정조문 제70조의5와 공통적이어서 생략한다.[220]

〈2〉 **법제사법위원회:** 교육위원회 대안을 수정·가결했다.[221] 수정내용은 아래와 같다.

교육위원회 대안	법제사법위원회 수정안
제70조의7(사무직원에 대한 해임 요구)	**제70조의7(사무직원에 대한 해임 요구)**
2. ---- 자의 ----	2. ---- 임원의 ----
3. ---- 자의 행위에 ----	3. ---- 학교의 장의 ----

(3) 본회의 심의

법제사법위원회 수정안대로 가결되었다.[222] 김기현의원 등 105인이 개정전 법률과 동일한 내용으로 본회의 수정안을 제안하였지만 부결되었다.

(4) 결과

법제사법위원회 수정안으로 개정되었다.

III. 현행법

제70조의7(사무직원에 대한 해임 요구) ① 관할청은 제70조의2제1항에도 불구하고 같은 조에 따라 임명된 사무직원이 다음 각 호의 어느 하나에 해당할 때에는 임

---

220) 이 책 [70-5.201] 참조.
221) 제390회 국회(임시회) 제2차 전체회의, 법제사법위원회회의록, 2021. 8. 25., 14면.
222) 제390회 국회(임시회) 제1차 본회의, 국회본회의회의록, 2021. 8. 31., 21~25면.

용권자에게 해당 사무직원의 해임을 요구할 수 있다. 이 경우 해임을 요구받은 임용권자는 특별한 사유가 없으면 이에 따라야 한다.

1. 직무를 수행함에 있어 부정한 일을 하였거나 현저히 부당한 일을 한 경우
2. 제20조의2제1항에 따라 취임 승인이 취소된 임원의 행위에 적극 가담한 경우
3. 제54조의2제1항에 따라 해임된 학교의 장의 행위에 적극 가담한 경우
4. 이 법, 이 법에 따른 명령 또는 다른 교육 관계 법령을 위반한 경우로서 비위의 정도가 중대한 경우
5. 제70조의4에 따른 당연퇴직 사유에 해당하는 법령위반 행위를 하였다고 확인된 경우

② 제1항에 따른 해임 요구는 관할청이 해당 학교법인 또는 사립학교경영자에게 그 사유를 밝혀 시정을 요구한 날부터 15일이 지나도 이에 따르지 아니한 경우에만 한다.

70-7.400

IV. 종합/특기사항

- 제70조의7은 2021년 개정으로 신설되었으며, 관할청의 사무직원에 대한 해임 요구에 관한 규정이다.

제71조(권한의 위임)

71.100

I. 제정법

제71조(권한의 위임) 특히 필요하다고 인정한 때에는 문교부장관은 이 법에 규정된 권한의 일부를 서울특별시장·부산시장 또는 도지사에게, 도지사는 그 권한의 일부를 시장 또는 군수에게 위임할 수 있다.

『새교육』은 이 조문의 제정이유를 소개하지 않았다.[223)]

223) 金康鉉, 앞의 글 "私立學校法(完)", 47면.

II. 개정 경과

1. 1964년 11월 10일 개정(법률 제1664호, 1964. 11. 10. 시행)

제71조(권한의 위임) 특히 필요하다고 인정한 때에는 문교부장관은 이 법에 규정된 권한의 일부를 **서울특별시·부산시·도의 교육위원회에**, **도교육위원회**는 그 권한의 일부를 **시·군의 교육장**에게 위임할 수 있다.

(1) 법률안(최영두 의원안[224])

현행법	원안
제71조(권한의 위임) 특히 필요하다고 인정한 때에는 문교부장관은 이 법에 규정된 권한의 일부를 서울특별시장·부산시장 또는 도지사에게, 도지사는 그 권한의 일부를 시장 또는 군수에게 위임할 수 있다.	**제71조(권한의 위임)** 특히 필요하다고 인정한 때에는 문교부장관은 이 법에 규정된 권한의 일부를 당해 교육위원회에, 도교육위원회는 그 권한의 일부를 교육장에게 위임할 수 있다.

(2) 위원회 심사

〈1〉 **문교공보위원회:** 대안[225]으로 가결되었다.[226]

대안
제71조(권한의 위임) 특히 필요하다고 인정한 때에는 문교부장관은 이 법에 규정된 권한의 일부를 서울특별시·부산시·도의 교육위원회에, 도교육위원회는 그 권한의 일부를 시·군의 교육장에게 위임할 수 있다

〈2〉 **법제사법위원회:** 문교공보위원회 대안대로 가결되었다.[227]

(3) 본회의 심의

문교공보위원회 대안대로 가결되었다.[228]

224) 1964. 3. 9. 최영두의원 등 11인(의안번호: 060074); 제안이유 및 주요내용은 이 책 [4.201] 참조.
225) 1964. 4. 16. 문교공보위원장(의안번호: 060162).
226) 제41회 국회(임시회) 제9차 전체회의, 문교공보위원회회의록, 1964. 4. 16., 16면.
227) 제41회 국회(임시회) 제9차 전체회의, 법제사법위원회회의록, 1964. 4. 18., 44면.
228) 제45회 국회(정기회) 제19차 본회의, 국회본회의회의록, 1964. 10. 28., 25면.

(4) 결과

문교공보위원회 대안으로 개정되었다.

71.202 ## 2. 1986년 5월 9일 개정(법률 제3812호, 1986. 5. 9. 시행)

제71조(권한의 위임) 특히 필요하다고 인정한 때에는 문교부장관은 이 법에 규정된 권한의 일부를 서울특별시·직할시·도의 교육위원회에, 도교육위원회는 그 권한의 일부를 시·군의 교육장에게 위임할 수 있다.

(1) 법률안

〈1〉 김일윤 의원안[229)]

현행법	원안
제71조(권한의 위임) 특히 필요하다고 인정한 때에는 문교부장관은 이 법에 규정된 권한의 일부를 서울특별시·부산시·도의 교육위원회에, 도교육위원회는 그 권한의 일부를 시·군의 교육장에게 위임할 수 있다	**제71조(권한의 위임)** 특히 필요하다고 인정한 때에는 문교부장관은 이 법에 규정된 권한의 일부를 서울특별시·직할시·도의 교육위원회에, 도교육위원회는 그 권한의 일부를 시·군의 교육장에게 위임할 수 있다.

- 「지방자치에 관한 임시조치법」(1981. 4. 4. 개정·시행) 개정으로 "부산시"를 "직할시"로 하였다.

〈2〉 정동성 의원안[230)]

현행법	원안
제71조(권한의 위임) 특히 필요하다고 인정한 때에는 문교부장관은 이 법에 규정된 권한의 일부를 서울특별시·부산시·도의 교육위원회에, 도교육위원회는 그 권한의 일부를 시·군의 교육장에게 위임할 수 있다	**제71조(권한의 위임)** 특히 필요하다고 인정한 때에는 문교부장관은 이 법에 규정된 권한의 일부를 서울특별시·직할시·도의 교육위원회에, 도교육위원회는 그 권한의 일부를 시·군의 교육장에게 위임할 수 있다.

- 「지방자치에 관한 임시조치법」(1981. 4. 4. 개정·시행) 개정으로 "부산시"를 "직할시"로 하였다.

---

229) 1985. 6. 7. 김일윤의원 등 19인(의안번호: 120042); 제안이유 및 주요내용은 이 책 [4.205] 참조.
230) 1985. 12. 7. 정동성의원 등 40인(의안번호: 120179); 제안이유 및 주요내용은 이 책 [3.204] 참조.

(2) 위원회 심사

〈1〉 **문교공보위원회:** 대안[231]으로 가결되었다(이 조문의 경우에는 원안과 대안의 내용이 동일함).[232]

〈2〉 **법제사법위원회:** 문교공보위원회 대안대로 가결되었다.[233]

(3) 본회의 심의

문교공보위원회 대안대로 가결되었다.[234]

(4) 결과

문교공보위원회 대안으로 개정되었다.

3. 1990년 4월 7일 개정(법률 제4226호, 1990. 4. 7. 시행)

제71조(권한의 위임) 특히 필요하다고 인정한 때에는 문교부장관은 이 법에 규정된 권한의 일부를 <u>시·도교육장에게, 시·도교육장은</u> 그 권한의 일부를 <u>시·군 및 자치구교육장</u>에게 위임할 수 있다.

(1) 법률안

〈1〉 **정부안**[235]

현행법	원안
제71조(권한의 위임) 특히 필요하다고 인정한 때에는 문교부장관은 이 법에 규정된 권한의 일부를 서울특별시·직할시·도의 교육위원회에, <u>도교육위원회는 그 권한의 일부를 시·군의 교육장에게</u> 위임할 수 있다.	**제71조(권한의 위임)** 특히 필요하다고 인정한 때에는 문교부장관은 이 법에 규정된 권한의 일부를 <u>시·도교육장에게, 시·도교육장은 그 권한의 일부를 시·군 및 자치구교육장에게</u> 위임할 수 있다.

231) 1986. 4. 8. 문교공보위원장(의안번호: 120225).
232) 제129회 국회(임시회) 제5차 전체회의, 문교공보위원회회의록, 1986. 4. 7., 7면.
233) 제129회 국회(임시회) 제6차 전체회의. 법제사법위원회회의록, 1986. 4. 8., 9면.
234) 제129회 국회(임시회) 제9차 본회의, 국회본회의회의록, 1986. 4. 8., 26면.
235) 1988. 12. 2. 정부(의안번호: 130287); 제안이유 및 주요내용은 이 책 [4.206] 참조.

〈2〉 박석무 의원안[236)]

현행법	원안
제71조(권한의 위임) 특히 필요하다고 인정한 때에는 문교부장관은 이 법에 규정된 권한의 일부를 서울특별시·직할시·도의 교육위원회에, 도교육위원회는 그 권한의 일부를 시·군의 교육장에게 위임할 수 있다.	**제71조(권한의 위임)** 특히 필요하다고 인정한 때에는 문교부장관은 이 법에 규정된 권한의 일부를 서울특별시·직할시·도의 교육위원회에, 도교육위원회는 그 권한의 일부를 시·군 및 자치구의 교육위원회에 위임할 수 있다.

〈3〉 강삼재 의원안[237)]

현행법	원안
제71조(권한의 위임) 특히 필요하다고 인정한 때에는 문교부장관은 이 법에 규정된 권한의 일부를 서울특별시·직할시·도의 교육위원회에, 도교육위원회는 그 권한의 일부를 시·군의 교육장에게 위임할 수 있다.	**제71조(권한의 위임)** 특히 필요하다고 인정한 때에는 문교부장관은 이 법에 규정된 권한의 일부를 서울특별시·직할시·도의 교육장 또는 교육위원회에, 시·도 교육장 또는 교육위원회는 그 권한의 일부를 시·군 및 자치구의 교육장 또는 교육위원회에 위임할 수 있다.

(2) 위원회 심사

〈1〉 **문교공보위원회:** 대안[238)]으로 가결되었다.[239)]

대안
제71조(권한의 위임) 특히 필요하다고 인정한 때에는 문교부장관은 이 법에 규정된 권한의 일부를 시·도교육장에게, 시·도교육장은 그 권한의 일부를 시·군 및 자치구교육장에게 위임할 수 있다.

〈2〉 **법제사법위원회:** 문교공보위원회 대안대로 가결되었다.[240)]

(3) 본회의 심의

문교공보위원회 대안대로 가결되었다.[241)]

236) 1988. 12. 21. 박석무의원 등 70인(의안번호: 130378); 제안이유 및 주요내용은 이 책 [4.206] 참조.
237) 1989. 2. 28. 강삼재의원 등 57인(의안번호: 130463); 제안이유 및 주요내용은 이 책 [4.206] 참조.
238) 1990. 3. 15. 문교공보위원장(의안번호: 130833).
239) 제148회 국회(임시회) 제6차 전체회의, 문교공보위원회회의록, 1990. 3. 14., 8면.
240) 제148회 국회(임시회) 제6차 전체회의, 법제사법위원회회의록, 1990. 3. 14., 26면.
241) 제148회 국회(임시회) 제9차 본회의, 국회본회의회의록, 1990. 3. 16., 15~16면.

(4) 결과

문교공보위원회 대안으로 개정되었다.

4. 1990년 12월 27일 개정(법률 제4268호, 1990. 12. 27. 시행)

제71조(권한의 위임) 특히 필요하다고 인정한 때에는 **교육부장관**은 이 법에 규정된 권한의 일부를 시·도교육장에게, 시·도교육장은 그 권한의 일부를 시·군 및 자치구교육장에게 위임할 수 있다.

- 「정부조직법」(1990. 12. 27. 개정·시행)에 따라 "문교부장관"을 "교육부장관"으로 변경하였다.

5. 1991년 3월 8일 개정(법률 제4347호, 1991. 6. 20. 시행)

제71조(권한의 위임) 특히 필요하다고 인정한 때에는 교육부장관은 이 법에 규정된 권한의 일부를 **시·도교육장에게 위임할 수 있다.**

- 「지방교육자치에 관한 법률」(1991. 3. 8. 제정, 1991. 6. 20. 시행)에 따라 지방자치단체의 교육·학예에 관한 사무는 특별시·직할시 및 도(이하 "시·도"라 한다)의 사무로 하였다. 또한 시·도의 교육·학예에 관한 사무의 집행기관으로 시·도에 임기 4년의 교육감을 두도록 하였다. 이에 "시·도교육장은 그 권한의 일부를 시·군 및 자치구교육장에게"가 삭제되었다.

6. 1997년 1월 13일 개정(법률 제5274호, 1997. 4. 14. 시행)

제71조(권한의 위임) 이 법에 의한 교육부장관의 권한은 그 일부를 대통령령이 정하는 바에 의하여 시·도교육감에게 위임할 수 있다.

(1) 법률안(정부안[242])

현행법	원안
제71조(권한의 위임) 특히 필요하다고 인정한 때	제71조(권한의 위임) 이 법에 의한 교육부장관의

242) 1996. 11. 18. 정부(의안번호: 150305); 제안이유 및 주요내용은 이 책 [3.206] 참조.

에는 교육부장관은 이 법에 규정된 권한의 일부를 시·도교육장에게 위임할 수 있다.	권한은 그 일부를 대통령령이 정하는 바에 의하여 시·도교육감에게 위임할 수 있다.

- 교육부장관이 권한을 일부 위임할 때 "대통령령이 정하는 바"에 의하도록 하였다.
- 「지방교육자치에 관한 법률」(1991. 3. 8. 제정, 1991. 6. 20. 시행)에 따라 시·도의 교육·학예에 관한 사무의 집행기관으로 시·도에 임기 4년의 교육감을 두도록 하여 "시·도교육장"을 "시·도교육감"으로 하였다.

(2) 위원회 심사

〈1〉 **교육위원회:** 원안대로 가결되었다.[243)]

〈2〉 **법제사법위원회:** 원안대로 가결되었다.[244)]

(3) 본회의 심의

원안대로 가결되었다.[245)]

(4) 결과

원안으로 개정되었다.

71.207 7. 2001년 1월 29일 개정(법률 제6400호, 2001. 1. 29. 시행)

제71조(권한의 위임) 이 법에 의한 **교육인적자원부장관**의 권한은 그 일부를 대통령령이 정하는 바에 의하여 시·도교육감에게 위임할 수 있다.

- 「정부조직법」(2001. 1. 29. 개정·시행)에 따라 "교육부장관"을 "교육인적자원부장관"으로 변경하였다.

243) 제181회 국회(정기회) 제10차 전체회의, 교육위원회회의록, 1996. 12, 12, 17면.
244) 제181회 국회(정기회) 제14차 전체회의, 법제사법위원회회의록, 1996. 12. 16., 23면.
245) 제181회 국회(정기회) 제22차 본회의, 국회본회의회의록, 1996. 12. 17., 8면.

8. 2008년 2월 29일 개정(법률 제8852호, 2008. 2. 29. 시행)

제71조(권한의 위임) 이 법에 의한 **교육과학기술부장관**의 권한은 그 일부를 대통령령이 정하는 바에 의하여 시·도교육감에게 위임할 수 있다.

- 「정부조직법」(2008. 2. 29. 개정·시행)에 따라 "교육인적자원부장관"을 "교육과학기술부장관"으로 변경하였다.

9. 2013년 3월 23일 개정(법률 제11690호, 2013. 3. 23. 시행)

제71조(권한의 위임) 이 법에 의한 **교육부장관**의 권한은 그 일부를 대통령령이 정하는 바에 의하여 시·도교육감에게 위임할 수 있다.

- 「정부조직법」(2013. 3. 23. 개정·시행)에 따라 "교육과학기술부장관"을 "교육부장관"으로 변경하였다.

10. 2020년 12월 22일 개정(법률 제17659호, 2020. 12. 22. 시행)

제71조(권한의 위임) 이 법에 **따른** 교육부장관의 권한은 그 일부를 대통령령으로 정하는 바에 **따라** 시·도 교육감에게 위임할 수 있다.

- 법문을 한글화하고 간결하게 하였다(오직 형식에 관한 개정이므로 자세한 개정경과는 생략함[246]).

III. 현행법

제71조(권한의 위임) 이 법에 따른 교육부장관의 권한은 그 일부를 대통령령으로 정하는 바에 따라 시·도 교육감에게 위임할 수 있다.

---

246) 이에 관한 구체적 개정경과는 이 책 [1.201] 참조.

71.400
IV. 종합/특기사항

• 제71조에 대한 개정은 대부분 정부 부처, 교육행정기구의 개편을 반영하기 위한 것이다.

제72조 삭제

72.100
I. 제정법

제72조(시행령) 이 법의 시행에 관하여 필요한 사항은 각령으로 정한다.

『새교육』은 이 조문의 제정이유를 소개하지 않았다.[247)]

II. 개정 경과

72.201
1. 1964년 11월 10일 개정(법률 제1664호, 1964. 11. 10. 시행)

제72조(시행령) 이 법의 시행에 관하여 필요한 사항은 **대통령령**으로 정한다.

• "각령"을 "대통령령"으로 하였다(오직 형식에 관한 개정이므로 자세한 개정경과는 생략함[248)]).

72.202
2. 2000년 1월 28일 개정(법률 제6212호, 2000. 1. 28. 시행)

제72조 삭제

247) 金康鉉, 앞의 글 "私立學校法(完)", 47면.
248) 이에 관한 구체적 개정경과는 이 책 [5.201] 참조.

(1) 법률안

〈1〉 **교육위원회안(대안)**[249]: 이 조문의 경우에는 원안[250]으로 제안되지 않고 위원회 심사 단계에서 대안으로 제안되었다. 이 조문의 현행법과 원안(대안)의 내용을 비교하면 아래와 같다.

현행법	원안
제72조(시행령) 이 법의 시행에 관하여 필요한 사항은 대통령령으로 정한다.	<삭 제>

- 불필요한 규정으로 삭제하였다.

(2) 위원회 심사

〈1〉 **교육위원회**: 대안[251]으로 가결되었다.[252]

〈2〉 **법제사법위원회**: 교육위원회 대안대로 가결되었다.[253] 제72조에 관한 회의록 내용은 아래와 같다.

- **전문위원 안병옥**[254]: 다음 사립학교법 중 개정법률안(대안)에 대하여 말씀드리면, 유인물 6쪽, 현행 제72조는 이 법 시행에 필요한 사항을 대통령령으로 정할 수 있도록 하고 있으나 법의 시행을 위한 사항은 법률에 명시적인 위임 근거 없이도 대통령령에서 정할 수 있으므로 이를 삭제하였고 기타 국가공무원법과의 용어의 통일을 위한 일부자구의 수정이 있었습니다.

(3) 본회의 심의

교육위원회 대안대로 가결되었다.[255]

(4) 결과

문교공보위원회 대안으로 개정되었다.

---

249) 1999. 12. 17. 교육위원장(의안번호: 152499).
250) 1999. 9. 10. 이미경의원 등 26인(의안번호: 152082), 1999. 11. 19. 정부(의안번호: 152347).
251) 1999. 12. 17. 교육위원장(의안번호: 152499).
252) 제208회 국회(정기회) 제8차 전체회의, 교육위원회회의록, 1999. 12. 14., 12면.
253) 제208회 국회(정기회) 제15차 전체회의, 법제사법위원회회의록, 1999. 12. 16., 13면.
254) 제208회 국회(정기회) 제15차 전체회의, 법제사법위원회회의록, 1999. 12. 16., 6~7면.
255) 제209회 국회(임시회) 제1차 본회의, 국회본회의회의록, 1999. 12. 28., 21면.

72.300 **III. 현행법**

제72조 삭제

72.400 **IV. 종합/특기사항**

- 2000년 개정으로 제72조를 삭제하면서 그 이유에 대해서는 법률의 시행을 위한 사항은 법률에 명시적인 위임 근거 없이도 대통령령에서 정할 수 있다고 설명하고 있다. 그런데 제72조를 삭제한 이유에 관한 이 설명은 깔끔하지 않다. 결론적으로 보면 제72조를 삭제한 것은 법리적으로 마땅한 것이었다. 제72조는 포괄위임금지의 원칙에 반하여 위헌으로 평가되기 때문이다. 게다가 구체적인 사항에 대하여 대통령령에 위임한 개별규정(예: 제5조제2항, 제10조, 제14조, 제25조, 제28조, 제29조, 제31조, 제36조, 제43조, 제55조제3항, 제62조제5항 등)이 다수 존재함에도 불구하고 제72조가 또다시 포괄적으로 대통령령에 위임한 것은 체계적으로도 매우 어색한 모습이었다.

제72조의2(벌칙 적용에서 공무원 의제)

72-2.100 **I. 제정법**

제정법에는 이 조문이 없다.

II. 개정 경과

72-2.100 **1. 2016년 5월 29일 개정(법률 제14154호, 2016. 5. 29. 시행)**

제72조의2(벌칙 적용에서 공무원 의제) 조정위원회의 위원 중 공무원이 아닌 사람은 「형법」 제129조부터 제132조까지의 규정을 적용할 때에는 공무원으로 본다.

(1) 법률안(김우남 의원안[256])

이 조문을 포함한 개정 대상 조문의 제안이유 및 주요내용은 아래와 같다.

• 제안이유 및 주요내용

2013년 11월 국민권익위원회는 현 정부의 국정과제인 “청렴하고 깨끗한 정부 구현” 차원에서 공무수행 민간인의 부패행위를 근절하기 위하여 모든 중앙행정기관에 공무원 의제 처벌규정을 보완하도록 권고한 바 있음.

현행법은 사립학교의 임시이사 선임·해임 및 학교법인의 정상화 등에 관한 중요 사항을 심의하기 위하여 민간위원 등으로 구성된 “사학분쟁조정위원회”를 설치·운영하도록 규정하고 있는바, 위원회 업무의 공공성을 고려해 볼 때 민간위원의 불법행위에 대한 공무원 의제 처벌규정을 마련할 필요가 있음.

이에 사학분쟁조정위원회의 민간위원에게 벌칙을 적용하는 경우 공무원으로 의제하도록 규정함으로써 업무수행의 공정성 및 책임성을 확보하려는 것임(안 제24조의5 신설).

이 조문의 현행법과 개정 원안은 아래와 같다.

현행법	원안
<신 설>	**제24조의5(벌칙 적용 시의 공무원 의제)** 조정위원회의 위원 중 공무원이 아닌 사람은 「형법」 제129조부터 제132조까지의 규정을 적용할 때에는 공무원으로 본다.

• 사학분쟁조정위원회의 민간위원에게 벌칙을 적용하는 경우 공무원으로 의제하도록 하였다.

(2) 위원회 심사

〈1〉 **교육문화체육관광위원회:** 대안[257])으로 가결되었다.[258])

대안
제72조의2(벌칙 적용 시의 공무원 의제) 조정위원회의 위원 중 공무원이 아닌 사람은 「형법」 제129조부터 제132조까지의 규정을 적용할 때에는 공무원으로 본다.

256) 2014. 10. 29. 김우남의원 등 11인(의안번호: 1912183).
257) 2016. 5. 18. 교육문화체육관광위원장(의안번호: 1918727).
258) 제342회 국회(임시회) 제1차 전체회의, 교육문화체육관광위원회회의록, 2016. 5. 11., 23면.

제72조의2에 관한 회의록 내용은 아래와 같다.

가. 제19대 국회 제342회 제1차 교육문화체육관광위원회 법안심사소위원회(2016. 5. 11.)

- **수석전문위원 정재룡**[259]: 개정안은 사학분쟁조정위원회 민간위원에 대한 벌칙 적용 시에 공무원으로 의제하는 사항입니다. 이상입니다.
- **교육부차관 이영**[260]: 이견 없습니다.
- **소위원장대리 윤관석**[261]: 위원님들 뭐 의견 있으세요? 수정 의결이지요?
- **수석전문위원 정재룡**[262]: 예, 경미한 수정이 있습니다.
- **소위원장대리 윤관석**[263]: 그러면 다른 의견 없으시지요? 의사일정 제43항은 위원님들의 의견과 전문위원의 의견을 받아들여 수정한 부분은 수정한 대로, 기타 부분은 원안대로 의결하고자 하는데 이의 없으십니까? (예 하는 위원 있음) 없으면 가결되었음을 선포합니다

나. 제19대 국회 제342회 제1차 교육문화체육관광위원회(2016. 5. 11.)

- **위원장 박주선**[264]: 의사일정 제103항부터 제108항까지 김우남 의원, 도종환 의원, 김태년 의원, 류지영 의원이 각각 대표발의한 4건 및 정부에서 제출한 2건 등 총 6건의 사립학교법 일부개정법률안은 소위원회에서 심사보고한 바와 같이 본회의에 부의하지 아니하고 이를 통합 조정한 의사일정 제109항 사립학교법 일부개정법률안(대안)을 제안하고자 합니다. 이의 없으십니까? (없습니다 하는 위원 있음) 가결되었음을 선포합니다.

〈2〉 **법제사법위원회:** 교육문화체육관광위원회 대안을 수정·가결했다.[265] 수정내용은 아래와 같다.

교육문화체육관광위원회 대안	법제사법위원회 수정안
제72조의2(벌칙 적용 시의 공무원 의제)	제72조의2(벌칙 적용에서 공무원 의제)

259) 제342회 국회(임시회) 제1차 법안심사소위, 교육문화체육관광위원회회의록, 2016. 5. 11., 44면.
260) 제342회 국회(임시회) 제1차 법안심사소위, 교육문화체육관광위원회회의록, 2016. 5. 11., 44면.
261) 제342회 국회(임시회) 제1차 법안심사소위, 교육문화체육관광위원회회의록, 2016. 5. 11., 44면.
262) 제342회 국회(임시회) 제1차 법안심사소위, 교육문화체육관광위원회회의록, 2016. 5. 11., 44면.
263) 제342회 국회(임시회) 제1차 법안심사소위, 교육문화체육관광위원회회의록, 2016. 5. 11., 44면.
264) 제342회 국회(임시회) 제1차 전체회의, 교육문화체육관광위원회회의록, 2016. 5. 11., 23면.
265) 제342회 국회(임시회) 제2차 전체회의, 법제사법위원회회의록, 2016. 5. 17., 76면.

(3) 본회의 심의

법제사법위원회 수정안대로 가결되었다.[266)]

(4) 결과

법제사법위원회 수정안으로 개정되었다.

III. 현행법

제72조의2(벌칙 적용에서 공무원 의제) 조정위원회의 위원 중 공무원이 아닌 사람은 「형법」 제129조부터 제132조까지의 규정을 적용할 때에는 공무원으로 본다.

IV. 종합/특기사항

- 제72조의2는 2016년 개정으로 신설된 이후 개정사항이 없다.

제72조의3(임원의 친족 교직원 공개)

I. 제정법

제정법에는 이 조문이 없다.

II. 개정 경과

1. 2021년 9월 24일 개정(법률 제18460호, 2022. 3. 25. 시행)

제72조의3(임원의 친족 교직원 공개) 학교법인은 학교법인 임원과 「민법」 제777조에

266) 제342회 국회(임시회) 제1차 본회의, 국회본회의회의록, 2016. 5. 19., 41면.

따른 친족관계에 있는 교직원을 교육부장관이 정하는 바에 따라 공개하여야 한다.

(1) 법률안(정청래 의원안[267])

현행법	원안
<신 설>	**제72조의3(임원의 친족 교직원 공개)** 학교법인은 학교법인 임원과 「민법」 제777조에 따른 친족관계에 있는 교직원을 교육부장관이 정하는 바에 따라 공개하여야 한다.

- 학교법인에게 학교법인 임원과 친족관계에 있는 교직원을 공개하도록 하였다.

(2) 위원회 심사

〈1〉 **교육위원회:** 대안[268]으로 가결되었다(이 조문의 경우에는 원안과 대안의 내용이 동일함).[269] 제72조의3에 관한 회의록 내용은 아래와 같다.

가. 제21대 국회 제386회 제2차 교육위원회 법안심사소위원회(2021. 4. 28.)

- **수석전문위원 이승재**[270]: 제72조의3을 신설하여서 학교법인은 학교법인 임원과 민법 제777조에 따른 친족관계에 있는 교직원을 교육부장관이 정하는 바에 따라서 공개하도록 하고 있습니다.

나. 제21대 국회 제390회 제2차 교육위원회 법안심사소위원회(2021. 8. 18.)

- **수석전문위원 이승재**[271]: 정청래 의원안 제72조의3 신설 관련한 내용이 되겠습니다. 학교법인은 학교법인 임원과 민법 제777조에 따른 친족관계, 즉 8촌 이내의 혈족, 4촌 이내의 인척, 배우자인 경우에는 교육부장관이 정하는 바에 따라서 공개하도록 하는 내용이 되겠습니다...
- **교육부차관 정종철**[272]: 임원 등과 친족관계에 있는 교직원 공개와 관련한 부분에 있어서는 정청래 의원님 안에 저희가 동의를 합니다. …다만 부칙에 있어서는 시행일을 기본적으로 공포 후 3개월 후 시행하도록 하되, 다만 앞에서 말씀

267) 2021. 2. 5. 정청래의원 등 10인(의안번호: 2107965); 제안이유 및 주요내용은 이 책 [70-5.201] 참조.
268) 2021. 8. 25. 교육위원장(의안번호: 2112205).
269) 제390회 국회(임시회) 제1차 전체회의, 교육위원회회의록, 2021. 8. 19., 23면.
270) 제386회 국회(임시회) 제2차 법안심사소위, 교육위원회회의록, 2021. 4. 28., 28면.
271) 제390회 국회(임시회) 제2차 법안심사소위, 교육위원회회의록, 2021. 8. 18., 34면.
272) 제390회 국회(임시회) 제2차 법안심사소위, 교육위원회회의록, 2021. 8. 18., 35면.

드린 임원 등과의 친족관계에 있는 교직원 공개와 관련한 제72조의3과 과태료 처분 중에 방금 말씀드린 조항에 대해 공개를 하지 않거나 거짓으로 공개한 경우는 저희가 준비기간이 필요하기 때문에 이 부분은 공포 후 6개월로 따로 정해 주시기를 저희는 희망합니다. 이상 말씀드렸습니다.

- **소위원장 박찬대**[273]: 그다음에 친족관계에 있는 교직원 공개하도록 규정하는 것, 이것 타당하고. 그러면 지금 심사와 관련된 논의는 다 이루어진 것인가요?
- **교육부차관 정종철**[274]: 앞에서 말씀드렸던 부칙 단서조항, 제72조의3(임원 등과의 친족 교직원 공개) 조항하고 관련한 과태료 조항, 그 부분은 적용 시기를 6개월 경과한 후로 한다 이렇게 추가해 주시면 좋겠습니다.
- **소위원장 박찬대**[275]: 그러면 부칙에서 제72조의3 공개와 관련된 과태료 부분은 부칙조항을 "6개월이 경과한 날부터 시행한다"로 하고 나머지는 다 "3개월이 경과한 날부터 시행한다"로 이렇게 하면 될 것 같지요?
- **교육부차관 정종철**[276]: 예, 그렇습니다.
- **소위원장 박찬대**[277]: 그러면 제10항부터 제13항까지 심사를 마치도록 하겠습니다...
- **소위원장 박찬대**[278]: 의사일정 제1항부터 13항까지, 제49항·제50항은 본회의에 각각 부의하지 아니하고 이를 통합 조정한 대안을 위원회안으로 제안하고자 하는데 이의 없으십니까? (없습니다 하는 위원 있음) 이의가 없으면 가결되었음을 선포합니다.

다. 제21대 국회 제390회 제1차 교육위원회(2021. 8. 19.)

- **위원장직무대리 박찬대**[279]: 의사일정 제14항부터 제29항까지 16건의 사립학교법 일부개정법률안은 심사보고한 바와 같이 본회의에 각각 부의하지 아니하고 이를 통합 조정한 의사일정 제30항을 우리 위원회안으로 제안하고자 하는데 이의가 없으십니까? (없습니다 하는 위원 있음) 이의가 없으면 가결되었음을 선포합니다.

〈2〉 **법제사법위원회:** 교육위원회 대안을 수정·가결했다.[280] 수정내용은 아래와

273) 제390회 국회(임시회) 제2차 법안심사소위, 교육위원회회의록, 2021. 8. 18., 36면.
274) 제390회 국회(임시회) 제2차 법안심사소위, 교육위원회회의록, 2021. 8. 18., 37면.
275) 제390회 국회(임시회) 제2차 법안심사소위, 교육위원회회의록, 2021. 8. 18., 37면.
276) 제390회 국회(임시회) 제2차 법안심사소위, 교육위원회회의록, 2021. 8. 18., 37면.
277) 제390회 국회(임시회) 제2차 법안심사소위, 교육위원회회의록, 2021. 8. 18., 37면.
278) 제390회 국회(임시회) 제2차 법안심사소위, 교육위원회회의록, 2021. 8. 18., 42면.
279) 제390회 국회(임시회) 제1차 전체회의, 교육위원회회의록, 2021. 8. 19., 23면.
280) 제390회 국회(임시회) 제2차 전체회의, 법제사법위원회회의록, 2021. 8. 25., 14면.

같다.

교육위원회 대안	법제사법위원회 수정안
제72조의3(임원 등과의 친족 교직원 공개) ---------------------.	제72조의3(임원과의 친족 교직원 공개[281]) -------------------.

(3) 본회의 심의

법제사법위원회 수정안대로 가결되었다.[282] 김기현의원 등 105인이 개정전 법률과 동일한 내용으로 본회의 수정안을 제안하였지만 부결되었다.

(4) 결과

법제사법위원회 수정안으로 개정되었다.

72-3.300

III. 현행법

제72조의3(임원의 친족 교직원 공개) 학교법인은 학교법인 임원과 「민법」 제777조에 따른 친족관계에 있는 교직원을 교육부장관이 정하는 바에 따라 공개하여야 한다.

72-3.400

IV. 종합/특기사항

- 제72조의3은 2021년 개정으로 신설된 이후 개정사항이 없다.
- "교직원"이라는 용어는 통상 학교의 사무직원을 가리키는 것이지만, 때에 따라서는 교원과 사무직원을 함께 가리키는 의미로도 사용되므로 법문에서 사용하기에 적절하지 않다고 생각한다. 제72조의4는 교직원을 "사학기관 종사자"로 표현하여 「사립학교법」에서의 교직원은 교원과 직원을 통칭하는 용어이다.

---

281) 제목에 관하여 본회의는 법제사법위원회 수정안을 가결한 것으로 기록하고 있으나, 최종 개정조문은 법제사법위원회 수정안과 다르다. 그 이유는 확인할 수 없다(2021. 8. 25. 교육위원장(의안번호: 2112205), 32면 참조).

282) 제390회 국회(임시회)제1차 본회의, 국회본회의회의록, 2021. 8. 31., 21~25면.

제72조의4(청렴의무)

0 I. 제정법

제정법에는 이 조문이 없다.

II. 개정 경과

1 1. 2021년 9월 24일 개정(법률 제18460호, 2022. 3. 25. 시행)

> **제72조의4(청렴의무)** 사립학교경영자, 학교법인의 임직원 및 사립학교의 장과 교직원(이하 "사학기관 종사자"라 한다)은 법령을 준수하고 일체의 부패행위와 품위를 손상하는 행위를 하여서는 아니 된다.

(1) 법률안(권인숙 의원안[283])

이 조문을 포함한 개정 대상 조문의 제안이유 및 주요내용은 아래와 같다.

- 제안이유 및 주요내용

  사립학교의 장과 교직원 및 학교법인의 임직원 등은 교육기관 종사자로서 높은 수준의 청렴도가 요구되며, 사립학교는 지방자치단체의 재정지원을 받고 있다는 점에서 회계운영의 투명성 등 높은 수준의 공공성이 필요함.

  그러나 사립학교의 장과 교직원 및 학교법인의 임직원 등의 경우에는 「부패방지 및 국민권익위원회의 설치와 운영에 관한 법률」(이하 "부패방지법"이라 함)이 규정하는 "공직자행동강령"에 따라 공직자로서의 청렴의무를 준수하여야 하는 국·공립학교 교직원과 달리, 이를 적용받지 않고 있음.

  또한, 현행법은 사립학교 법인의 회계 부정에 관하여 2년 이하의 징역 또는 2천만원 이하의 벌금에 처하도록 하고 있는데, 회계 부정은 사실상 업무상 횡령, 배임죄에 해당하는 것으로 더 엄중히 다룰 필요성이 있다는 의견이 제기되고 있음.

  이에 직무관련자로부터의 향응·금품 등 수수행위 금지, 직위를 이용한 인사

283) 2021. 3. 15. 권인숙의원 등 10인(의안번호: 2108794).

관여 금지, 사적 이해관계 신고 등의 부패방지를 위한 행동강령을 학교법인의 정관이나 규칙으로 정하도록 함으로써 사립학교의 장과 교직원 및 학교법인의 임직원 등의 청렴도를 제고하는 한편, 사립학교 법인의 회계 부정에 대한 형량을 상향하려는 것임(안 제72조의3 및 제72조의4 신설 등).

이 조문의 현행법과 개정 원안은 아래와 같다.

현행법	원안
<신 설>	**제72조의3(청렴의무)** 사립학교경영자, 학교법인(법인인 사립학교경영자를 포함한다. 이하 이 조 및 제72조의4에서 같다)의 임직원 및 사립학교의 장과 교직원(이하 "사학기관 종사자"라 한다)은 법령을 준수하고 일체의 부패행위와 품위를 손상하는 행위를 하여서는 아니 된다.

• 사립학교 경영자, 학교법인의 임직원 및 사립학교의 장과 교직원의 청렴의무를 명시하였다.

(2) 위원회 심사

〈1〉 **교육위원회:** 대안[284)]으로 가결되었다.[285)]

대안
제72조의4(청렴의무) 사립학교경영자, 학교법인(법인인 사립학교경영자를 포함한다. 이하 이 조 및 제72조의5에서 같다)의 임직원 및 사립학교의 장과 교직원(이하 "사학기관 종사자"라 한다)은 법령을 준수하고 일체의 부패행위와 품위를 손상하는 행위를 하여서는 아니 된다.

제72조의4에 관한 회의록 내용은 아래와 같다.

가. 제21대 국회 제386회 제2차 교육위원회 법안심사소위원회(2021. 4. 28.)

• **전문위원 박재유**[286)]: 보고드리겠습니다. 제16항입니다. 개정안 제72조의3은 사립학교 경영자, 학교법인의 임직원 및 사립학교의 장과 교직원의 청렴의무를 명시하고 이를 준수하기 위하여 이 법에서 정하는 사항이 포함된 행동강령을 사

284) 2021. 8. 25. 교육위원장(의안번호: 2112205).

285) 제390회 국회(임시회) 제1차 전체회의, 교육위원회회의록, 2021. 8. 19., 23면.

286) 제386회 국회(임시회) 제2차 법안심사소위, 교육위원회회의록, 2021. 4. 28., 30~31면.

립학교 정관 또는 규칙으로 정하도록 하고, 사학기관 종사자가 사학기관 행동강령을 위반한 때에는 관할청 또는 임용권자가 징계 등의 제재조치를 하여야 하며, 관할청은 해당 학교법인의 행동강령이 이 법에서 포함하도록 규정하고 있는 사항을 누락하거나 행동강령 위반에 따른 징계 등의 제재조치를 하지 아니하는 경우에는 시정명령을 할 수 있도록 하고, 관할청의 시정명령에 특별한 사유없이 따르지 아니한 경우에는 1000만 원 이하의 과태료를 부과하도록 규정하고 있습니다.

현재 국공립 학교에 근무하는 교육공무원의 경우에는 국가공무원법에 따른 청렴의무 규정과 부패방지 및 권익위법에 따른 공직자 청렴의무가 적용되고 있는바 개정안은 사학기관 종사자에 대해서도 청렴의무 및 행동강령을 규정함으로써 교육기관 종사자로서의 청렴도를 제고하려는 취지의 입법으로 이해가 됩니다. 참고로 개정안과 관련해서는 한국대학법인협의회의 반대 의견이 정리되어 있습니다.

- **소위원장 박찬대**[287]: 위원님들 의견 주시기 바랍니다. 정경희 위원님.
- **정경희 위원**[288]: 지금 사립학교의 장과 교직원은 이미 이른바 김영란법에 의해서 제재 대상으로서 다 규제가 되고 있다고 보는데 새로 발의된 법안에서 김영란법의 대상이 아닌 사람들이 있는 것인가요?
- **교육부차관 정종철**[289]: 기본적으로 몇 가지 조항에 있어서는 사학 구성원 중에 교직원들도 부정청탁 금지법의 적용이 된다고 보고요. 지금 위원님 말씀 주신 예외에 해당되는 조항들이 있는지에 대해서는 조금 더 파악을 해 봐야 될 것 같습니다.
- **정경희 위원**[290]: 아니, 그러니까 제 말씀은 뭐냐하면 이미 부정청탁 금지법, 김영란법에 의해서 다 제재 대상으로 들어가 있단 말이지요. 그런데 이 법을 또 추가로 만들 필요성이 뭐가 있는지 그것에 대한 소명이 있어야 이 법을 우리가 새로 제정하지요. 중복되는 것 아닙니까?
- **교육부차관 정종철**[291]: 지금 발의한 법안 중에 특히 이권 개입과 알선·청탁행위 부분 외에도 사적 이해관계 신고에 관한 사항 이런 것들은 부정청탁 금지법에는 담겨 있지 않기 때문에 입법 필요성은 있다고 보입니다.

---

287) 第386회 국회(임시회) 제2차 법안심사소위, 교육위원회회의록, 2021. 4. 28., 31면.
288) 第386회 국회(임시회) 제2차 법안심사소위, 교육위원회회의록, 2021. 4. 28., 31면.
289) 第386회 국회(임시회) 제2차 법안심사소위, 교육위원회회의록, 2021. 4. 28., 31면.
290) 第386회 국회(임시회) 제2차 법안심사소위, 교육위원회회의록, 2021. 4. 28., 31면.
291) 第386회 국회(임시회) 제2차 법안심사소위, 교육위원회회의록, 2021. 4. 28., 31면.

- **정경희 위원**[292]: 김영란법이 굉장히 포괄적이기 때문에 여기에 나와 있는 조항 다 포함하고 있는 것으로 알고 있는데 이 법이 왜 새로 필요한지… 전문위원님이 어떻게 되는지 설명을 좀 해 주시지요.
- **전문위원 박재유**[293]: 현행 부패방지 및 권익위원회법 적용 대상에 사립학교의 장과 교직원 그리고 학교법인의 임직원에 대해서는 공직자 행동강령이나 대통령령인 공무원 행동강령이 적용되지 않도록 명문에 되어 있습니다. 그렇기 때문에 국공립 교원에 대해서 적용되고 있는 공직자 행동강령이 사립학교 교원에 대해서도 공통적으로 적용될 수 있도록 하려는 취지의 입법입니다.
- **정경희 위원**[294]: 그러면 김영란법이 국·공립 학교 교원에게만 해당되는 거였어요?
- **전문위원 박재유**[295]: 지금 말씀하신 소위 김영란법의 내용뿐만 아니라 부패방지 및 국민권익위원회의 설치와 운영에 관한 법률이 있는데 거기 제7조에서는 공직자의 청렴의무를 규정하고 있고…
- **입법조사관 백장운**[296]: 입법조사관 백장운입니다. 사실 김영란법 적용 대상이 포괄적이어서 생각보다 의미가 불분명한 부분이 좀 있습니다. 그런데 지금 명확하게 적용 대상이 되는 법률은 저희가 논의하고 있는 부패방지법인데 이 법에서 지금 공직자로만 명시하고 있어서 사립학교 교원이 적용이 안 되는 것으로 저희가 해석을 하고 있습니다.
- **정경희 위원**[297]: 아니, 그러니까 부패방지 및 국민권익위원회의 설치와 운영에 관한 법률에서는 대상이 안 되지만 김영란법에는 대상이 되는 것으로 저는 알고 있는데 제가 잘못 알고 있는지…
- **전문위원 박재유**[298]: 그 말씀은 맞습니다.
- **정경희 위원**[299]: 그 부분이 명확하게 돼야지요. 이미 규제 대상이, 제재 대상이 되고 있다면 뭐 하러 따로 하느냐 이런 말씀이지요. 아닌가요? 제가 정확한 김영란법의 조항을 몰라서…
- **전문위원 박재유**[300]: 이른바 김영란법에서 적용하고 있는 내용과 지금 부패방지

---

292) 제386회 국회(임시회) 제2차 법안심사소위, 교육위원회회의록, 2021. 4. 28., 31면.
293) 제386회 국회(임시회) 제2차 법안심사소위, 교육위원회회의록, 2021. 4. 28., 31면.
294) 제386회 국회(임시회) 제2차 법안심사소위, 교육위원회회의록, 2021. 4. 28., 31면.
295) 제386회 국회(임시회) 제2차 법안심사소위, 교육위원회회의록, 2021. 4. 28., 31면.
296) 제386회 국회(임시회) 제2차 법안심사소위, 교육위원회회의록, 2021. 4. 28., 31면.
297) 제386회 국회(임시회) 제2차 법안심사소위, 교육위원회회의록, 2021. 4. 28., 31면.
298) 제386회 국회(임시회) 제2차 법안심사소위, 교육위원회회의록, 2021. 4. 28., 31면.
299) 제386회 국회(임시회) 제2차 법안심사소위, 교육위원회회의록, 2021. 4. 28., 31~32면.
300) 제386회 국회(임시회) 제2차 법안심사소위, 교육위원회회의록, 2021. 4. 28., 32면.

및 권익위법 제8조에 따라서 만들어져 있는 대통령령인 공무원 행동강령에서는 공무원, 공직자가 준수해야 될 사항들을—겹쳐지는 부분이 있긴 있겠습니다마는—별도로 상당히 상세하게 규정하고 있습니다. 그런데 공무원 행동강령 규정의 적용을 부패방지법에서는 사립학교의 장에 대해서는 적용을 하지 않도록 되어 있기 때문에 사립학교 교원은 공무원 행동강령 규정의 적용이 지금 현재로서는 배제되어 있는데 그 부분을…

- **수석전문위원 이승재**[301]: 제 소관이 아니기 때문에 말씀을 안 드려야 되는데 제가 아는 지식만 말씀드리겠습니다. 사립학교 교원은 다 국가공무원법을 준용하도록 되어 있습니다. 그렇기 때문에 지금 전문위원실이나 담당 조사관께서 말씀하신 부분은, 저도 공부해야 되지만 기본적으로 제가 가지고 있는 지식에 따르면 사립학교 교원도 기본적으로 교육공무원법에 결격 사유나 임용 관련해서 준용하는 조항들이 다 있기 때문에 지금 말씀하신 것처럼 권익위법에서 배제된다고 하는 부분은 제 지식으로는 조금 이해가 되지 않고 오히려 정부에 한 번 더 더블 체킹해 보시는 것이 좋겠습니다.
- **정찬민 위원**[302]: 위원장님.
- **소위원장 박찬대**[303]: 정찬민 위원님.
- **정찬민 위원**[304]: 지금 전문위원 말씀도 그렇고 발의 내용도 부정확하고, "카더라, 그렇게 알고 있습니다, 그럴 것이다" 가지고는 안 될 것 같습니다. 그래서 아주 명확하게 될 때 다시 하는 것으로 했으면 좋겠다는 의견을 제시합니다
- **소위원장 박찬대**[305]: 관련 법률에 대해서 충분한 검토와 함께 명확한 기준을 가지고 계속 심사하는 것으로 하겠습니다.

나. 제21대 국회 제390회 제2차 교육위원회 법안심사소위원회(2021. 8. 18.)

- **전문위원 박재유**[306]: 보고드리겠습니다. 개정안은 사학기관 종사자에게도 청렴의무를 준수하기 위한 행동강령을 학교법인의 정관이나 규칙으로 정하도록 함과 아울러 사립학교법인의 회계 부정에 대한 벌칙 형량을 상향하려는 내용입니다. 그러면 개정안의 조문을 살펴보도록 하겠습니다. 안 제72조의3은 사립학교경영자, 학교법인의 임직원 및 사립학교의 장과 교직원의 청렴의무를 명시하고,

---

301) 제386회 국회(임시회) 제2차 법안심사소위, 교육위원회회의록, 2021. 4. 28., 32면.
302) 제386회 국회(임시회) 제2차 법안심사소위, 교육위원회회의록, 2021. 4. 28., 32면.
303) 제386회 국회(임시회) 제2차 법안심사소위, 교육위원회회의록, 2021. 4. 28., 32면.
304) 제386회 국회(임시회) 제2차 법안심사소위, 교육위원회회의록, 2021. 4. 28., 32면.
305) 제386회 국회(임시회) 제2차 법안심사소위, 교육위원회회의록, 2021. 4. 28., 32면.
306) 제386회 국회(임시회) 제2차 법안심사소위, 교육위원회회의록, 2021. 4. 28., 37~38면.

안 제72조의4에서는 이에 따른 청렴의무를 준수하기 위하여 이 법에서 정하는 사항이 포함된 사학기관 행동강령을 사립학교의 정관 또는 규칙으로 정하도록 하고. 3페이지 중간 부분에 있는 안 제72조의4제3항과 제4항에서는 사학기관 종사자가 사학기관 행동강령을 위반한 때에는 관할청 또는 임용권자가 징계 등의 제재조치를 취하여야 하며, 관할청은 해당 학교법인 등의 행동강령이 이 법에서 포함하도록 규정하고 있는 사항을 누락하거나 행동강령 위반에 따른 징계 등의 제재조치를 하지 아니한 경우에는 시정명령을 할 수 있도록 하고.

안 제74조에서는 사학기관 종사자가 사학기관 행동강령을 위반하였음에도 불구하고 징계 등의 시정명령을 특별한 사유 없이 따르지 아니한 경우에는 1000만 원 이하의 과태료를 부과하도록 규정하고 있습니다. 3페이지 오른쪽 표에 정리되어 있는 바와 같이 현재 국공립학교에서 근무하는 교육공무원의 경우에는 국가공무원법 제61조에 따른 청렴의 의무규정과 부패방지권익위법 제7조에 따른 공직자의 청렴의무와 제8조에 따른 공직자 행동강령 규정이 적용되고 있습니다. 그러나 5페이지 하단에 부패방지권익위법 제2조를 보시면 공직자의 범위에 다른 법령에 따라 설치된 각급 사립학교 및 사립학교법에 따른 학교법인으로서 국가나 지방자치단체로부터 출연금 또는 보조금을 받는 기관의 장과 교직원 및 학교법인의 임직원을 포함은 하고 있으나 이들에 대해서는 제5장 부패행위 등의 신고 및 신고자 등 보호에 관한 규정에 한정하여 적용하도록 규정하고 있어 이 법 제7조(공직자의 청렴의무)와 제8조(공직자 행동강령) 등에 관한 규정이 적용되지 아니하므로 개정안은 이러한 점을 반영하여 사학기관 종사자에 대해서도 청렴의무 및 행동강령에 관한 사항을 사립학교법에 규정함으로써 사학기관 종사자에 대해서도 교육기관 종사자로서의 청렴도를 제고하려는 취지의 입법으로 이해가 됩니다. 한편 6페이지 하단에 정리되어 있는 바와 같이 개정안에 대해서 사학 관련 단체의 반대의견이 제시되어 있습니다.

참고로 7페이지부터 24페이지까지는 부패방지권익위법 제8조에 따라 공무원이 준수하여야 할 행동기준을 규정하고 있는 공무원 행동강령을 왼쪽 난에 정리해 두었습니다. 오른쪽 난에는 사립학교 교직원과 학교법인의 임직원에게도 적용이 되고 있는 청탁금지법, 이른바 김영란법 규정 중에서 공무원 행동강령과 유사한 내용을 일부 발췌하여 비교 정리를 해 두었는데, 조문 대비를 통해서 알 수 있듯이 청탁금지법의 내용은 말 그대로 공직자 등의 부정청탁 및 금품수수를 금지하는 데 목적을 두고 있는 반면에 현행 공직자 행동강령은 공직자로서 준수해야 할 행동기준을 보다 포괄적으로 규정하고 있는 점에서 차이가 있습니다...

- **소위원장 박찬대**[307]: 정부 측 의견 주시기 바랍니다.
- **교육부차관 정종철**[308]: 전문위원님 검토보고 주신대로 사학기관 종사자에 대한 청렴의무와 행동강령 등에 대한 근거 규정 마련을 통해서 청렴성과 투명성이 높아질 것으로 그렇게 기대하고 입법 취지에 동의합니다.
- **소위원장 박찬대**[309]: 위원님들 의견 주시기 바랍니다. 권인숙 위원님, 대표발의 자신데요, 많은 양의 청렴 행동강령 나와 있는 부분인데 전문위원하고 교육부에서 별도의 이견은 없는 것 같아요. 혹시 의견 있으시면 한 말씀…
- **권인숙 위원**[310]: 저희가 그동안 감사에서도 많이 확인은 해 왔습니다만 사실은 사립학교가 어떤 면에서 보면, 특히 교직원 관련해서는 약간 사각 지대적인 요소가 있었고 청렴도나 이런 것에 대한 신뢰도나 이런 부분들이 기대에 부응하지 못하는 면이 분명히 있었습니다. 그래서 그것에 대한 공정한 기준을 만드는 부분이라고 생각을 해서 이번에 법안을 내게 되었고 법안 심사를 하게 되었는데요. 지금 사학에 있다고 하나 어차피 교직원들에 대해서는 국가가 국공립에 있는 분들과 똑같은 지원을 하고 있는 상태이고, 그것이 아니라고 하더라도 사회적 기대와 이런 것은 지금 계속 높아져 가고 있는 상황에서 그 기준을 같이 따르는 것은 저는 필요한 과정이라고 생각합니다.
- **소위원장 박찬대**[311]: 그러면 위원님들 다른 의견 없으시면 역시 권인숙 의원님 발의한 법안대로 결정하도록 하겠습니다…
- **소위원장 박찬대**[312]: 의사일정 제1항부터 제13항까지, 제49항·제50항은 본회의에 각각 부의하지 아니하고 이를 통합 조정한 대안을 위원회안으로 제안하고자 하는데 이의 없으십니까? (없습니다 하는 위원 있음) 이의가 없으면 가결되었음을 선포합니다.

다. 제21대 국회 제390회 제1차 교육위원회(2021. 8. 19.)

- **위원장직무대리 박찬대**[313]: 의사일정 제14항부터 제29항까지 16건의 사립학교법 일부개정법률안은 심사보고한 바와 같이 본회의에 각각 부의하지 아니하고 이를 통합 조정한 의사일정 제30항을 우리 위원회안으로 제안하고자 하는데 이의가 없

---

307) 제386회 국회(임시회) 제2차 법안심사소위, 교육위원회회의록, 2021. 4. 28., 38면.
308) 제386회 국회(임시회) 제2차 법안심사소위, 교육위원회회의록, 2021. 4. 28., 38면.
309) 제386회 국회(임시회) 제2차 법안심사소위, 교육위원회회의록, 2021. 4. 28., 38면.
310) 제386회 국회(임시회) 제2차 법안심사소위, 교육위원회회의록, 2021. 4. 28., 38~39면
311) 제386회 국회(임시회) 제2차 법안심사소위, 교육위원회회의록, 2021. 4. 28., 39면.
312) 제386회 국회(임시회) 제2차 법안심사소위, 교육위원회회의록, 2021. 4. 28., 42면.
313) 제390회 국회(임시회) 제1차 전체회의, 교육위원회회의록, 2021. 8. 19., 23면.

으십니까? (없습니다 하는 위원 있음) 이의가 없으면 가결되었음을 선포합니다.

〈2〉 **법제사법위원회:** 교육위원회 대안대로 가결되었다.[314)]

(3) 본회의 심의

교육위원회 대안대로 가결되었다.[315)] 김기현의원 등 105인이 개정전 법률과 동일한 내용으로 본회의 수정안을 제안하였지만 부결되었다.

(4) 결과

교육위원회 대안으로 개정되었다.

72-4.300

III. 현행법

제72조의4(청렴의무) 사립학교경영자, 학교법인의 임직원 및 사립학교의 장과 교직원(이하 "사학기관 종사자"라 한다)은 법령을 준수하고 일체의 부패행위와 품위를 손상하는 행위를 하여서는 아니 된다.

72-4.400

IV. 종합/특기사항

- 제72조의4는 2021년 개정으로 신설되었으며, 그 후 개정사항이 없다.
- 사립학교 구성원에게도 「부정청탁 및 금품등 수수의 금지에 관한 법률」(이른바 "김영란법") 등 공무원에 적용되는 규정이 준용되고 있는 상황에서 제72조의4는 불필요한 중복이 아닌가 하는 점에 대한 토론이 입법과정에서 전개되었다.
- 제72조의4는 "교직원" 뒤 괄호 안에 "이하 '교직원'은 '사학기관 종사자'로 한다"로 규정하는데, 용어를 이와 같은 방식으로 정리할 것이라면 "교직원"이 처음 등장하는 조문(제20조의2제1항제4호)에서 하는 것이 타당할 것이다.

314) 제390회 국회(임시회) 제2차 전체회의, 법제사법위원회회의록, 2021. 8. 25., 14면.
315) 제390회 국회(임시회) 제1차 본회의, 국회본회의회의록, 2021. 8. 31., 21~25면.

제72조의5(사학기관 행동강령)

0 I. 제정법

제정법에는 이 조문이 없다.

II. 개정 경과

1 1. 2021년 9월 24일 개정(법률 제18460호, 2022. 3. 25. 시행)

제72조의5(사학기관 행동강령) ① 제72조의4에 따른 청렴의무를 준수하기 위한 행동강령(이하 "사학기관 행동강령"이라 한다)은 학교법인과 법인인 사립학교경영자의 경우에는 정관으로, 사인인 사립학교경영자의 경우에는 규칙으로 정한다.

② 사학기관 행동강령은 다음 각 호의 사항을 포함하여야 한다.

1. 다음 각 목의 직무관련자로부터 향응·금품 등을 받는 행위의 금지·제한에 관한 사항
   가. 학교법인, 사립학교경영자 또는 학교의 장과 계약을 체결하거나 체결하려는 것이 명백한 개인·법인 또는 단체
   나. 학교법인 또는 사립학교경영자의 정책·사업 등의 결정 또는 집행으로 이익 또는 불이익을 직접적으로 받는 개인·법인 또는 단체
2. 직위를 이용한 인사관여·이권개입·알선·청탁행위의 금지·제한에 관한 사항
3. 사적 이해관계의 신고에 관한 사항. 이 경우 신고 대상의 범위는 대통령령으로 정한다.
4. 사학기관 행동강령 위반에 따른 징계 등의 제재 조치에 관한 사항
5. 그 밖에 사학기관 종사자가 청렴의무를 준수하기 위하여 필요한 사항

③ 사학기관 종사자가 사학기관 행동강령을 위반한 경우 임용권자는 징계 등의 제재 조치를 하여야 한다.

④ 관할청은 학교법인 또는 사립학교경영자가 다음 각 호의 어느 하나에 해당하는 경우에는 기간을 정하여 시정을 명할 수 있다.

1. 학교법인 또는 사립학교경영자가 정관 또는 규칙으로 정한 사학기관 행동강

령에 제2항 각 호의 사항이 누락되어 있거나 그 내용이 현저히 미흡한 경우

2. 학교법인 또는 사립학교에 소속된 사학기관 종사자가 사학기관 행동강령을 위반하였음에도 불구하고 제3항에 따른 징계 등의 제재 조치를 하지 아니한 경우

(1) 법률안(권인숙 의원안316))

현행법	원안
<신 설>	**제72조의4(사학기관 행동강령)** ① 제72조의3에 따른 청렴의무를 준수하기 위한 행동강령(이하 "사학기관 행동강령"이라 한다)은 학교법인의 경우에는 정관으로, 사인인 사립학교경영자의 경우에는 규칙으로 정한다. ② 사학기관 행동강령은 다음 각 호의 사항을 포함하여야 한다. 1. 다음 각 목의 직무관련자로부터 향응·금품 등을 받는 행위의 금지·제한에 관한 사항 가. 학교법인, 사립학교경영자 또는 학교의 장과 계약을 체결하거나 체결하려는 것이 명백한 개인·법인 또는 단체 나. 학교법인 또는 사립학교의 정책·사업 등의 결정 또는 집행으로 이익 또는 불이익을 직접적으로 받는 개인·법인 또는 단체 2. 직위를 이용한 인사관여·이권개입·알선·청탁행위의 금지·제한에 관한 사항 3. 사적 이해관계의 신고에 관한 사항. 이 경우 신고 대상의 범위는 대통령령으로 정한다. 4. 사학기관 행동강령 위반에 따른 징계 등의 제재 조치에 관한 사항 5. 그 밖에 사학기관 종사자가 청렴의무를 준수하기 위하여 필요한 사항 ③ 사학기관 종사자가 사학기관 행동강령을 위반한 때에는 관할청 또는 임용권자는 징계 등의 제재 조치를 하여야 한다.

316) 2021. 3. 15. 권인숙의원 등 10인(의안번호: 2108794); 제안이유 및 주요내용은 이 책 [72-4.201] 참조.

	④ 관할청은 학교법인 또는 사립학교경영자가 다음 각 호의 어느 하나에 해당하는 경우에는 그 시정을 명할 수 있다. 1. 해당 학교법인 또는 사립학교경영자가 정관 또는 규칙으로 정한 사학기관 행동강령에 제2항 각 호의 사항이 누락되어 있거나 그 내용이 현저히 미흡한 경우 2. 해당 학교법인 또는 사립학교에 소속된 사학기관 종사자가 사학기관 행동강령을 위반하였음에도 불구하고 제3항에 따른 징계 등의 제재 조치를 하지 아니한 경우

• 부패방지를 위한 행동강령을 학교법인의 정관이나 규칙으로 정하도록 하였다.

(2) 위원회 심사

〈1〉 **교육위원회:** 대안[317]으로 가결되었다.[318]

대안
제72조의5(사학기관 행동강령) ① 제72조의4에 따른 청렴의무를 준수하기 위한 행동강령(이하 "사학기관 행동강령"이라 한다)은 학교법인의 경우에는 정관으로, 사인인 사립학교경영자의 경우에는 규칙으로 정한다. ② 사학기관 행동강령은 다음 각 호의 사항을 포함하여야 한다. 1. 다음 각 목의 직무관련자로부터 향응·금품 등을 받는 행위의 금지·제한에 관한 사항 가. 학교법인, 사립학교경영자 또는 학교의 장과 계약을 체결하거나 체결하려는 것이 명백한 개인·법인 또는 단체 나. 학교법인 또는 사립학교의 정책·사업 등의 결정 또는 집행으로 이익 또는 불이익을 직접적으로 받는 개인·법인 또는 단체 2. 직위를 이용한 인사관여·이권개입·알선·청탁행위의 금지·제한에 관한 사항 3. 사적 이해관계의 신고에 관한 사항. 이 경우 신고 대상의 범위는 대통령령으로 정한다. 4. 사학기관 행동강령 위반에 따른 징계 등의 제재 조치에 관한 사항 5. 그 밖에 사학기관 종사자가 청렴의무를 준수하기 위하여 필요한 사항 ③ 사학기관 종사자가 사학기관 행동강령을 위반한 때에는 관할청 또는 임용권자는 징계 등의 제재 조치를 하여야 한다. ④ 관할청은 학교법인 또는 사립학교경영자가 다음 각 호의 어느 하나에 해당하는 경우에는 그 시

317) 2021. 8. 25. 교육위원장(의안번호: 2112205).

318) 제390회 국회(임시회) 제1차 전체회의, 교육위원회회의록, 2021. 8. 19., 23면.

정을 명할 수 있다.

1. 해당 학교법인 또는 사립학교경영자가 정관 또는 규칙으로 정한 사학기관 행동강령에 제2항 각 호의 사항이 누락되어 있거나 그 내용이 현저히 미흡한 경우
2. 해당 학교법인 또는 사립학교에 소속된 사학기관 종사자가 사학기관 행동강령을 위반하였음에도 불구하고 제3항에 따른 징계 등의 제재 조치를 하지 아니한 경우

이 조문의 회의록 내용은 2021. 9. 24. 개정조문 제72조의4와 공통적이어서 생략한다.[319]

〈2〉 **법제사법위원회:** 교육위원회 대안을 수정·가결했다.[320] 수정내용은 아래와 같다.

교육위원회 대안	법제사법위원회 수정안
제72조의5(사학기관 행동강령) ① ---. 나. --- 또는 사립학교의 --- ③ --- 위반한 때에는 관할청 또는 임용권자는 ---. ④ --- 그 시정을 ---. 1. 해당 학교법인 --- 2. 해당 학교법인 ---	**제72조의5(사학기관 행동강령)** ① ---.[321] 나. -- 또는 사립학교경영자의 -- ③ --- 위반한 경우 임용권자는 ---. ④ -- 기간을 정하여 시정을 --. 1. 학교법인 --- 2. 학교법인 ---

(3) 본회의 심의

법제사법위원회 수정안대로 가결되었다.[322] 김기현의원 등 105인이 개정전 법률과 동일한 내용으로 본회의 수정안을 제안하였지만 부결되었다.

(4) 결과

법제사법위원회 수정안으로 개정되었다.

---

319) 이 책 [72-4.201] 참조.

320) 제390회 국회(임시회) 제2차 전체회의, 법제사법위원회회의록, 2021. 8. 25., 14면.

321) 본문에 관하여 본회의는 법제사법위원회 수정안을 가결한 것으로 기록하고 있으나, 최종 개정조문은 법제사법위원회 수정안과 다르다. 그 이유는 확인할 수 없다(2021. 8. 25. 교육위원장(의안번호: 2112205), 33면 참조).

322) 제390회 국회(임시회) 제1차 본회의, 국회본회의회의록, 2021. 8. 31., 21~25면.

III. 현행법

제72조의5(사학기관 행동강령) ① 제72조의4에 따른 청렴의무를 준수하기 위한 행동강령(이하 "사학기관 행동강령"이라 한다)은 학교법인과 법인인 사립학교경영자의 경우에는 정관으로, 사인인 사립학교경영자의 경우에는 규칙으로 정한다.

② 사학기관 행동강령은 다음 각 호의 사항을 포함하여야 한다.

1. 다음 각 목의 직무관련자로부터 향응·금품 등을 받는 행위의 금지·제한에 관한 사항
   가. 학교법인, 사립학교경영자 또는 학교의 장과 계약을 체결하거나 체결하려는 것이 명백한 개인·법인 또는 단체
   나. 학교법인 또는 사립학교경영자의 정책·사업 등의 결정 또는 집행으로 이익 또는 불이익을 직접적으로 받는 개인·법인 또는 단체
2. 직위를 이용한 인사관여·이권개입·알선·청탁행위의 금지·제한에 관한 사항
3. 사적 이해관계의 신고에 관한 사항. 이 경우 신고 대상의 범위는 대통령령으로 정한다.
4. 사학기관 행동강령 위반에 따른 징계 등의 제재 조치에 관한 사항
5. 그 밖에 사학기관 종사자가 청렴의무를 준수하기 위하여 필요한 사항

③ 사학기관 종사자가 사학기관 행동강령을 위반한 경우 임용권자는 징계 등의 제재 조치를 하여야 한다.

④ 관할청은 학교법인 또는 사립학교경영자가 다음 각 호의 어느 하나에 해당하는 경우에는 기간을 정하여 시정을 명할 수 있다.

1. 학교법인 또는 사립학교경영자가 정관 또는 규칙으로 정한 사학기관 행동강령에 제2항 각 호의 사항이 누락되어 있거나 그 내용이 현저히 미흡한 경우
2. 학교법인 또는 사립학교에 소속된 사학기관 종사자가 사학기관 행동강령을 위반하였음에도 불구하고 제3항에 따른 징계 등의 제재 조치를 하지 아니한 경우

IV. 종합/특기사항

- 제72조의5는 2021년 개정으로 신설되었으며, 그 후 개정사항이 없다.

제6장

벌칙

제73조(벌칙)

73.100 ### I. 제정법

제정법에는 이 조문이 없다.

II. 개정 경과

73.201 #### 1. 1981년 2월 28일 개정(법률 제3373호, 1981. 2. 28. 시행)

제73조의2(벌칙) 학교법인의 이사장이나 사립학교경영자(법인인 경우에는 그 대표자 또는 이사) 또는 대학교육기관의 장이 제29조제6항(제51조에 의하여 준용되는 경우를 포함한다)의 규정에 위반한 때에는 6월이하의 징역 또는 50만원이하의 벌금에 처한다.

(1) 법률안(정부안[1])

현행법	원안
<신 설>	**제73조의2(벌칙)** 학교법인의 이사장이나 사립학교경영자(법인인 경우에는 그 대표자 또는 이사) 또는 대학교육기관의 장이 제29조제6항(제51조에 의하여 준용되는 경우를 포함한다)의 규정에 위반한 때에는 6월이하의 징역 또는 50만원이하의 벌금에 처한다.

• 제29조(회계의 구분)의 개정에 따라 제73조제3호를 삭제하고 제73조의2 조문으로 신설하였다.

1) 1981. 2. 13. 정부(의안번호: CC0145); 제안이유 및 주요내용은 이 책 [4.204] 참조.

(2) 위원회 심사

〈1〉 **문교공보위원회:** 원안대로 가결되었다.[2] 제73조의2에 관한 회의록 내용은 아래와 같다.

- 전문위원 김철[3]: 안 제73조의2 벌칙을 신설하려는 것으로 그 내용은 학교법인의 이사장 또는 사립학교경영자 법인인 경우에는 그 대표자 또는 이사와 대학교육기관의 장이 학교회계의 수입을 다른 회계에 전출·대여하였을 경우에는 6월 이하의 징역 또는 50만원 이하의 벌금에 처하도록 규정하는 것입니다. 이러한 개정이유는 학교재무회계의 건전한 운영을 보장하기 위한 것이라 보여집니다.

〈2〉 **법제사법위원회:** 원안대로 가결되었다.[4]

(3) 본회의 심의

원안대로 가결되었다.[5]

(4) 결과

원안으로 개정되었다.

2. 1990년 4월 7일 개정(법률 제4226호, 1990. 4. 7. 시행)

제73조의2(벌칙) 학교법인의 이사장이나 사립학교경영자(법인인 경우에는 그 대표자 또는 이사) 또는 대학교육기관의 장이 제29조제6항(제51조에 의하여 준용되는 경우를 포함한다)의 규정에 위반한 때에는 **1년**이하의 징역 또는 **100만원**이하의 벌금에 처한다.

---

2) 제10.5대 국회 제77회 제19차 문교공보위원회국가보위입법회의사무처, 문교공보위원회회의록, 1981. 2. 19., 7면.
3) 제10.5대 국회 제77회 제19차 문교공보위원회국가보위입법회의사무처, 문교공보위원회회의록, 1981. 2. 19., 3면.
4) 제10.5대 국회 제77회 제19차 법제사법위원회 국가보위입법회의사무처, 법제사법위원회회의록, 1981. 2. 19., 5면.
5) 제10.5대 국회 제77회 제20차 국회본회의, 국가보위입법회의회의록, 1981. 2. 20., 7면.

(1) 법률안

〈1〉 정부안[6)]

현행법	원안
제73조의2(벌칙) 학교법인의 이사장이나 사립학교경영자(법인인 경우에는 그 대표자 또는 이사) 또는 대학교육기관의 장이 제29조제6항(제51조에 의하여 준용되는 경우를 포함한다)의 규정에 위반한 때에는 6월이하의 징역 또는 50만원이하의 벌금에 처한다.	**제73조의2(벌칙)** 학교법인의 이사장이나 사립학교경영자(법인인 경우에는 그 대표자 또는 이사) 또는 대학교육기관의 장이 제29조제6항(제51조에 의하여 준용되는 경우를 포함한다)의 규정에 위반한 때에는 1년이하의 징역 또는 100만원이하의 벌금에 처한다.

• 벌칙 수준을 상향하였다.

〈2〉 박석무 의원안[7)]

현행법	원안
제73조의2(벌칙) 학교법인의 이사장이나 사립학교경영자(법인인 경우에는 그 대표자 또는 이사) 또는 대학교육기관의 장이 제29조제6항(제51조에 의하여 준용되는 경우를 포함한다)의 규정에 위반한 때에는 6월이하의 징역 또는 50만원이하의 벌금에 처한다.	**제73조의2(벌칙)** 학교법인의 이사장이나 사립학교경영자(법인인 경우에는 그 대표자 또는 이사) 또는 학교의 장이 제29조제6항(제51조에 의하여 준용되는 경우를 포함한다)의 규정에 위반한 때에는 1년이하의 징역 또는 500만원이하의 벌금에 처한다.

• 벌칙의 대상을 확대하고 벌칙 수준을 상향하였다.

(2) 위원회 심사

〈1〉 문교공보위원회: 대안[8)]으로 가결되었다.[9)]

대안
제73조의2(벌칙) 학교법인의 이사장이나 사립학교경영자(법인인 경우에는 그 대표자 또는 이사) 또는 대학교육기관의 장이 제29조제6항(제51조에 의하여 준용되는 경우를 포함한다)의 규정에 위반한 때에는 1년이하의 징역 또는 100만원이하의 벌금에 처한다.

〈2〉 법제사법위원회: 문교공보위원회 대안대로 가결되었다.[10)]

6) 1988. 12. 2. 정부(의안번호: 130287); 제안이유 및 주요내용은 이 책 [4.206] 참조.
7) 1988. 12. 21. 박석무의원 등 70인(의안번호: 130378); 제안이유 및 주요내용은 이 책 [4.206] 참조.
8) 1990. 3. 15. 문교공보위원장(의안번호: 130833).
9) 제148회 국회(임시회) 제6차 전체회의, 문교공보위원회회의록, 1990. 3. 14., 8면.
10) 제148회 국회(임시회) 제6차 전체회의, 법제사법위원회회의록, 1990. 3. 14., 26면.

(3) 본회의 심의

문교공보위원회 대안대로 가결되었다.[11)]

(4) 결과

문교공보위원회 대안으로 개정되었다.

3. 1997년 1월 13일 개정(법률 제5274호, 1997. 4. 14. 시행)

제73조의2(벌칙) 학교법인의 이사장이나 사립학교경영자(법인인 경우에는 그 대표자 또는 이사) 또는 대학교육기관의 장이 제29조제6항(제51조에 의하여 준용되는 경우를 포함한다)의 규정에 위반한 때에는 **2년**이하의 징역 또는 **2천만원**이하의 벌금에 처한다.

(1) 법률안(정부안[12)])

현행법	원안
제73조의2(벌칙) 학교법인의 이사장이나 사립학교경영자(법인인 경우에는 그 대표자 또는 이사) 또는 대학교육기관의 장이 제29조제6항(제51조에 의하여 준용되는 경우를 포함한다)의 규정에 위반한 때에는 1년이하의 징역 또는 100만원이하의 벌금에 처한다.	**제73조의2(벌칙)** 학교법인의 이사장이나 사립학교경영자(법인인 경우에는 그 대표자 또는 이사) 또는 대학교육기관의 장이 제29조제6항(제51조에 의하여 준용되는 경우를 포함한다)의 규정에 위반한 때에는 2년이하의 징역 또는 2천만원이하의 벌금에 처한다.

• 벌칙 수준을 상향하였다.

(2) 위원회 심사

〈1〉 **교육위원회:** 원안대로 가결되었다.[13)] 제73조의2에 관한 회의록 내용은 아래와 같다.

• **전문위원 류삼현[14)]:** 다음에는 벌칙의 상향조정에 대해서 말씀을 드리겠습니다.

11) 제148회 국회(임시회) 제9차 본회의, 국회본회의회의록, 1990. 3. 16., 15-16면.
12) 1996. 11. 18. 정부(의안번호: 150305); 제안이유 및 주요내용은 이 책 [3.206] 참조.
13) 제181회 국회(정기회) 제10차 전체회의, 교육위원회회의록, 1996. 12, 12, 17면.
14) 제181회 국회(정기회) 제6차 전체회의, 교육위원회회의록, 1996. 11. 26., 10면.

각종 위반행위에 대한 제재조치로서 벌칙의 정도를 강화하고 있는 바 이는 표3에서 보는 바와 같이 벌칙규정이 지난 90년에 개정되었으나 현재 벌금 등이 낮게 책정되어 있어 각종 위반에 대한 제재조치로서의 효과를 얻기 어렵기 때문인 것으로 생각이 됩니다. 참고로 말씀드리면 이 개정에 대한 수정의견[15)]을 첨부했음을 보고드립니다.

〈2〉 **법제사법위원회:** 원안대로 가결되었다.[16)]

(3) 본회의 심의

원안대로 가결되었다.[17)]

(4) 결과

원안으로 개정되었다.

73.204
4. 2020년 12월 22일 개정(법률 제17659호, 2020. 12. 22. 시행)

제73조의2(벌칙) 학교법인의 이사장이나 사립학교경영자(**법인**인 경우에는 그 **대표자** 또는 **이사**) 또는 대학교육기관의 장이 제29조제6항(**제51조**에 따라 **준용**되는 경우를 포함한다)을 위반한 **경우**에는 2년 이하의 징역 또는 2천만원 이하의 벌금에 처한다.

- 법문을 한글로 하였다(오직 형식에 관한 개정이므로 자세한 개정경과는 생략함[18)]).

73.205
5. 2021년 9월 24일 개정(법률 제18460호, 2022. 2. 11. 시행)

제73조(벌칙) 학교법인의 이사장이나 사립학교경영자(법인인 경우에는 그 대표자 또는 이사) 또는 대학교육기관의 장이 제29조제6항(제51조에 따라 준용되는 경우를 포함한다)을 위반한 경우에는 **3년** 이하의 징역 또는 **3천만원** 이하의 벌금

---

15) 본문중 "대학교육기관의 장"을 "대학교육기관의 장 또는 부속병원의 장"으로 하는 의견이다.
16) 제181회 국회(정기회) 제14차 전체회의, 법제사법위원회회의록, 1996. 12. 16., 23면.
17) 제181회 국회(정기회) 제22차 본회의, 국회본회의회의록, 1996. 12. 17., 8면.
18) 이에 관한 구체적 개정경과는 이 책 [1.201] 참조.

에 처한다.

(1) 법률안(권인숙 의원안[19])

현행법	원안
제73조의2(벌칙) 학교법인의 이사장이나 사립학교경영자(법인인 경우에는 그 대표자 또는 이사) 또는 대학교육기관의 장이 제29조제6항(제51조에 따라 준용되는 경우를 포함한다)을 위반한 경우에는 <u>2년</u> 이하의 징역 또는 <u>2천만원</u> 이하의 벌금에 처한다.	**제73조(벌칙)** 학교법인의 이사장이나 사립학교경영자(법인인 경우에는 그 대표자 또는 이사) 또는 대학교육기관의 장이 제29조제6항(제51조에 따라 준용되는 경우를 포함한다)을 위반한 경우에는 <u>3년</u> 이하의 징역 또는 <u>3천만원</u> 이하의 벌금에 처한다.

- 형벌의 수준을 상향하고 종전 제73조를 제73조의2로 이동하였다.

(2) 위원회 심사

〈1〉 **교육위원회:** 대안[20])으로 가결되었다(이 조문의 경우에는 원안과 대안의 내용이 동일함).[21] 제73조에 관한 회의록 내용은 아래와 같다.

가. 제21대 국회 제386회 제2차 교육위원회 법안심사소위원회(2021. 4. 28.)

- **전문위원 박재유**[22]: 개정안은 교비회계에 속하는 수입이나 재산을 목적 외로 부정하게 사용한 경우 현행 2년 이하의 징역 또는 2,000만 원 이하의 벌금에 처하던 것을 3년 이하의 징역 또는 3,000만 원 이하의 벌금에 처하도록 벌칙을 상향하려는 내용입니다. 6페이지 왼쪽 네모 표에 정리되어 있는 바와 같이 사립학교법 제29조에서 금지하고 있는 행위는 형법 제356조에 따른 업무상 횡령이나 배임에 해당될 소지가 없지 아니하므로 개정안과 같이 현행 사립학교법에 규정하고 있는 교비회계의 부정사용에 대한 벌칙을 개정안과 같이 상향함으로써 사립학교법인의 회계 부정을 방지하고 투명성을 제고하려는 취지의 입법으로 생각이 됩니다. 이상 보고를 마치겠습니다.
- **소위원장 박찬대**[23]: 정부 측 의견 주시기 바랍니다.

---

19) 2021. 3. 15. 권인숙의원 등 10인(의안번호: 2108794); 제안이유 및 주요내용은 이 책 [72-4.201] 참조.
20) 2021. 8. 25. 교육위원장(의안번호: 2112205).
21) 제390회 국회(임시회) 제1차 전체회의, 교육위원회회의록, 2021. 8. 19., 23면.
22) 제386회 국회(임시회) 제2차 법안심사소위, 교육위원회회의록, 2021. 4. 28., 31면.
23) 제386회 국회(임시회) 제2차 법안심사소위, 교육위원회회의록, 2021. 4. 28., 31면.

• **교육부차관 정종철**[24]: 초중등을 포함한 사립대학의 경우도 회계의 투명성과 공정성 등에 대한 사회적인 관심 또 요구가 높기 때문에 개정 발의안에 대해서 전반적으로 찬성하는 입장입니다.

나. 제21대 국회 제390회 제2차 교육위원회 법안심사소위원회(2021. 8. 18.)

• **전문위원 박재유**[25]: 개정안은 교비회계에 속하는 수입이나 재산을 목적 외로 부정하게 사용한 경우 현행 2년 이하의 징역 또는 2,000만 원 이하의 벌금에 처하던 것을 3년 이하의 징역 또는 3,000만 원 이하의 벌금에 처하도록 벌칙을 상향하려는 내용입니다. 25페이지 왼쪽 네모 표에서 정리되어 있는 바와 같이 사립학교법 제29조에서 금지하고 있는 행위는 형법 제356조에 따른 업무상 횡령이나 배임에 해당될 소지가 없지 아니하므로 현행 사립학교법에서 규정하고 있는 교비회계의 부정 사용에 대한 벌칙을 상향함으로써 사립학교 법인의 회계 부정을 방지하고 투명성을 제고하려는 취지의 입법으로 생각이 됩니다. 이상 보고를 마치겠습니다...

• **소위원장 박찬대**[26]: 의사일정 제1항부터 제13항까지, 제49항·제50항은 본회의에 각각 부의하지 아니하고 이를 통합 조정한 대안을 위원회안으로 제안하고자 하는데 이의 없으십니까? (없습니다 하는 위원 있음) 이의가 없으면 가결되었음을 선포합니다.

다. 제21대 국회 제390회 제1차 교육위원회(2021. 8. 19.)

• **위원장직무대리 박찬대**[27]: 의사일정 제14항부터 제29항까지 16건의 사립학교법 일부개정법률안은 심사보고한 바와 같이 본회의에 각각 부의하지 아니하고 이를 통합 조정한 의사일정 제30항을 우리 위원회안으로 제안하고자 하는데 이의가 없으십니까? (없습니다 하는 위원 있음) 이의가 없으면 가결되었음을 선포합니다.

〈2〉 **법제사법위원회:** 교육위원회 대안대로 가결되었다.[28]

(3) 본회의 심의

교육위원회 대안대로 가결되었다.[29] 김기현의원 등 105인이 개정전 법률과 동일

---

24) 제386회 국회(임시회) 제2차 법안심사소위, 교육위원회회의록, 2021. 4. 28., 31면.
25) 제390회 국회(임시회) 제2차 법안심사소위, 교육위원회회의록, 2021. 8. 18., 38면.
26) 제390회 국회(임시회) 제2차 법안심사소위, 교육위원회회의록, 2021. 8. 18., 42면.
27) 제390회 국회(임시회) 제1차 전체회의, 교육위원회회의록, 2021. 8. 19., 23면.
28) 제390회 국회(임시회) 제2차 전체회의, 법제사법위원회회의록, 2021. 8. 25., 14면.
29) 제390회 국회(임시회)제1차 본회의, 국회본회의회의록, 2021. 8. 31., 21~25면.

한 내용으로 본회의 수정안을 제안하였지만 부결되었다.

(4) 결과

교육위원회 대안으로 개정되었다.

III. 현행법

제73조(벌칙) 학교법인의 이사장이나 사립학교경영자(법인인 경우에는 그 대표자 또는 이사) 또는 대학교육기관의 장이 제29조제6항(제51조에 따라 준용되는 경우를 포함한다)을 위반한 경우에는 3년 이하의 징역 또는 3천만원 이하의 벌금에 처한다.

IV. 종합/특기사항

- 제73조는 1981년 개정(1981. 2. 28. 법률 제3373호, 1981. 2. 28. 시행)으로 신설되었는데 신설 당시 조문 번호는 제73조의2였으나 2021년 개정(2021. 9. 24. 법률 제18460호, 2022. 2. 11. 시행)으로 현재의 조문번호가 되었고, 제정법 제73조는 제73조의2로 이동하였다.
- 2023년 헌법재판소는 사립학교법(2013. 1. 23. 법률 제11622호로 개정되고, 2020. 12. 22. 법률 제17659호로 개정되기 전의 것) 제29조제2항, 사립학교법(2013. 12. 30. 법률 제12125호로 개정되고, 2020. 1. 29. 법률 제16874호로 개정되기 전의 것) 제29조제6항 본문 및 사립학교법(1997. 1. 13. 법률 제5274호로 개정되고, 2020. 12. 22. 법률 제17659호로 개정되기 전의 것) 제73조의2[30]와 관련하여 ①사립학교법 제29조제2항 중 '교비회계의 세입·세출에 관한 사항은 대통령령으로 정하되' 부분이 포괄위임금지원칙에 위반되는지 여부 및 ②교비회계의 전용을 금지하는 사립학교법 제29조제6항본문 및 교비회계 전용 금지 규정을 위반하는 경우 처벌하는 사립학교법 제73조의2가 사립학교 운영의 자유를 침해하는지 여부에 관하여 합헌 취지로 판단하였다.[31]

---

30) 제73조와 제73조의2는 2021년 개정(2021. 9. 24. 법률 제18460호, 2022. 2. 11. 시행)으로 서로 위치를 바꿨으므로 이 헌법재판소 결정 당시 심판대상 조문은 현행 사립학교법 기준으로 제73조이다.

제73조의2(벌칙)

73-2.100 ### I. 제정법

제73조(벌칙) 학교법인의 이사장 또는 사립학교경영자(법인의 경우에는 그 대표자 또는 이사)가 다음 각호의 1에 해당할 때에는 6월이하의 징역 또는 1만원이하의 벌금에 처한다.
1. 제6조제2항의 규정에 위반하여 사업을 경영하거나 제46조의 규정에 의한 감독청의 명령에 위반하여 사업을 계속한 때
2. 제28조(제51조에 의하여 준용되는 경우를 포함한다)의 규정에 위반한 때
3. 제29조제3항(제51조에 의하여 준용되는 경우를 포함한다)의 규정에 위반한 때
4. 제48조(제51조에 의하여 준용되는 경우를 포함한다)의 규정에 의한 감독청의 명령에 위반한 때

『새교육』은 이 조문의 제정이유를 소개하지 않았다.[32]

II. 개정 경과

73-2.201 #### 1. 1981년 2월 28일 개정(법률 제3373호, 1981. 2. 28. 시행)

제73조(벌칙) 학교법인의 이사장 또는 사립학교경영자(법인의 경우에는 그 대표자 또는 이사)가 다음 각호의 1에 해당할 때에는 6월이하의 징역 또는 <u>50</u>만원이하의 벌금에 처한다.
1. 제6조제2항의 규정에 위반하여 사업을 경영하거나 제46조의 규정에 의한 감독청의 명령에 위반하여 사업을 계속한 때
2. 제28조(제51조에 의하여 준용되는 경우를 포함한다)의 규정에 위반한 때
3. <u>삭제</u>

---

31) 이에 대해서는 이 책 [29.400] 헌법재판소 2023. 8. 31. 선고 2021헌바180 결정 참조.
32) 金康鉉, 앞의 글 "私立學校法(完)", 47면.

4. 第48조(第51조에 의하여 준용되는 경우를 포함한다)의 규정에 의한 감독청의 명령에 위반한 때

(1) 법률안(정부안[33])

현행법	원안
第73조(벌칙) 학교법인의 이사장 또는 사립학교경영자(법인의 경우에는 그 대표자 또는 이사)가 다음 각호의 1에 해당할 때에는 6월이하의 징역 또는 1만원이하의 벌금에 처한다. 1.·2. (생　략) 3. 제29조제3항(제51조에 의하여 준용되는 경우를 포함한다)의 규정에 위반한 때 4. (생　략)	**第73조(벌칙)** 학교법인의 이사장 또는 사립학교경영자(법인의 경우에는 그 대표자 또는 이사)가 다음 각호의 1에 해당할 때에는 6월이하의 징역 또는 50만원이하의 벌금에 처한다. 1.·2. (현행과 같음) 3. <삭　제> 4. (현행과 같음)

• 벌금 수준을 상향하면서 제29조(회계의 구분) 개정에 따라 제3호를 삭제하고 제73조의2를 신설하였다.

(2) 위원회 심사

〈1〉 **문교공보위원회:** 원안대로 가결되었다.[34] 제73조에 관한 회의록 내용은 아래와 같다.

• **전문위원 김철**[35]: 벌칙을 강화하는 조문의 수정내용을 말씀드리면 안 제73조, 제74조의 벌칙규정을 1만원 이하의 벌금을 각 50만원 이하로 하였으며, 또한 안 제73조의2 벌칙을 신설하려는 것으로 그 내용은 학교법인의 이사장 또는 사립학교경영자(법인인 경우에는 그 대표자 또는 이사)와 대학교육기관의 장이 학교회계의 수입을 다른 회계에 전출·대여하였을 경우에는 6월 이하의 징역 또는 50만원 이하의 벌금에 처하도록 규정하는 것입니다. 이러한 개정이유는 학교 재무회계의 건전한 운영을 보장하기 위한 것이라 보여집니다.

---

33) 1981. 2. 13. 정부(의안번호: CC0145); 제안이유 및 주요내용은 이 책 [4.204] 참조.
34) 제10.5대 국회 제77회 제19차 문교공보위원회국가보위입법회의사무처, 문교공보위원회회의록 1981. 2. 19., 7면.
35) 제10.5대 국회 제77회 제19차 문교공보위원회국가보위입법회의사무처, 문교공보위원회회의록. 1981. 2. 19., 4면.

〈2〉 **법제사법위원회:** 원안대로 가결되었다.[36)]

(3) 본회의 심의

원안대로 가결되었다.[37)]

(4) 결과

원안으로 개정되었다.

73-2.202

2. 1990년 4월 7일 개정(법률 제4226호, 1990. 4. 7. 시행)

제73조(벌칙) 학교법인의 이사장 또는 사립학교경영자(법인의 경우에는 그 대표자 또는 이사)가 다음 각호의 1에 해당할 때에는 **1년**이하의 징역 또는 1**00만원**이하의 벌금에 처한다.

1. 제6조제2항의 규정에 위반하여 사업을 경영하거나 제46조의 규정에 의한 **관할청**의 명령에 위반하여 사업을 계속한 때
2. 제28조(제51조에 의하여 준용되는 경우를 포함한다)의 규정에 위반한 때
3. 삭제
4. 제48조(제51조에 의하여 준용되는 경우를 포함한다)의 규정에 의한 **관할청**의 명령에 위반한 때

(1) 법률안

〈1〉 **정부안**[38)]

현행법	원안
제73조(벌칙) 학교법인의 이사장 또는 사립학교경영자(법인의 경우에는 그 대표자 또는 이사)가 다음 각호의 1에 해당할 때에는 6월이하의	**제73조(벌칙)** 학교법인의 이사장 또는 사립학교경영자(법인의 경우에는 그 대표자 또는 이사)가 다음 각호의 1에 해당할 때에는 1년이하의

36) 제10.5대 국회 제77회 제19차 법제사법위원회 국가보위입법회의사무처, 법제사법위원회회의록, 1981. 2. 19., 5면.

37) 제10.5대 국회 제77회 제20차 국회본회의, 국가보위입법회의회의록, 1981. 2. 20., 7면.

38) 1988. 12. 2. 정부(의안번호: 130287); 제안이유 및 주요내용은 이 책 [4.206] 참조.

징역 또는 50만원이하의 벌금에 처한다. 1. 제6조제2항의 규정에 위반하여 사업을 경영하거나 제46조의 규정에 의한 감독청의 명령에 위반하여 사업을 계속한 때 2. ~ 3. (생 략) 4. 제48조(제51조에 의하여 준용되는 경우를 포함한다)의 규정에 의한 감독청의 명령에 위반한 때	징역 또는 100만원이하의 벌금에 처한다. 1. 제6조제2항의 규정에 위반하여 사업을 경영하거나 제46조의 규정에 의한 관할청의 명령에 위반하여 사업을 계속한 때 2. ~ 3. (현행과 같음) 4. 제48조(제51조에 의하여 준용되는 경우를 포함한다)의 규정에 의한 관할청의 명령에 위반한 때

• 벌칙 수준을 상향하고 “감독청”을 “관할청”으로 하였다.

〈2〉 박석무 의원안[39)]

현행법	원안
제73조(벌칙) 학교법인의 이사장 또는 사립학교경영자(법인의 경우에는 그 대표자 또는 이사)가 다음 각호의 1에 해당할 때에는 6월이하의 징역 또는 50만원이하의 벌금에 처한다. 1. ~ 4. (생 략)	**제73조(벌칙)** 학교법인의 이사장 또는 사립학교경영자(법인의 경우에는 그 대표자 또는 이사)가 다음 각호의 1에 해당할 때에는 1년이하의 징역 또는 500만원이하의 벌금에 처한다. 1. ~ 4. (현행과 같음)

• 벌칙 수준을 상향하였다.

(2) 위원회 심사

〈1〉 문교공보위원회: 대안[40)]으로 가결되었다.[41)]

대안
제73조(벌칙) 학교법인의 이사장 또는 사립학교경영자(법인의 경우에는 그 대표자 또는 이사)가 다음 각호의 1에 해당할 때에는 1년이하의 징역 또는 100만원이하의 벌금에 처한다. 1. 제6조제2항의 규정에 위반하여 사업을 경영하거나 제46조의 규정에 의한 관할청의 명령에 위반하여 사업을 계속한 때 4. 제48조(제51조에 의하여 준용되는 경우를 포함한다)의 규정에 의한 관할청의 명령에 위반한 때

39) 1988. 12. 21. 박석무의원 등 70인(의안번호: 130378); 제안이유 및 주요내용은 이 책 [4.206] 참조.
40) 1990. 3. 15. 문교공보위원장(의안번호: 130833).
41) 제148회 국회(임시회) 제6차 전체회의, 문교공보위원회회의록, 1990. 3. 14., 8면.

〈2〉 **법제사법위원회:** 문교공보위원회 대안대로 가결되었다.[42)]

(3) 본회의 심의

문교공보위원회 대안대로 가결되었다.[43)]

(4) 결과

문교공보위원회 대안으로 개정되었다.

73-2.203

3. 1997년 1월 13일 개정(법률 제5274호, 1997. 4. 14. 시행)

제73조(벌칙) 학교법인의 이사장 또는 사립학교경영자(법인의 경우에는 그 대표자 또는 이사)가 다음 각호의 1에 해당할 때에는 <u>**2년**</u>이하의 징역 또는 <u>**2천만원**</u>이하의 벌금에 처한다.
1. 제6조제2항의 규정에 위반하여 사업을 경영하거나 제46조의 규정에 의한 관할청의 명령에 위반하여 사업을 계속한 때
2. 제28조(제51조에 의하여 준용되는 경우를 포함한다)의 규정에 위반한 때
3. 삭제
4. 제48조(제51조에 의하여 준용되는 경우를 포함한다)의 규정에 의한 관할청의 명령에 위반한 때

(1) 법률안(정부안[44)])

현행법	원안
제73조(벌칙) 학교법인의 이사장 또는 사립학교경영자(법인의 경우에는 그 대표자 또는 이사)가 다음 각호의 1에 해당할 때에는 <u>1년이하의 징역 또는 100만원</u>이하의 벌금에 처한다. 1. ~ 4. (생 략)	**제73조(벌칙)** 학교법인의 이사장 또는 사립학교경영자(법인의 경우에는 그 대표자 또는 이사)가 다음 각호의 1에 해당할 때에는 <u>2년이하의 징역 또는 2천만원</u>이하의 벌금에 처한다. 1. ~ 4. (현행과 같음)

• 벌칙 수준을 상향하였다.

42) 제148회 국회(임시회) 제6차 전체회의, 법제사법위원회회의록, 1990. 3. 14., 26면.
43) 제148회 국회(임시회) 제9차 본회의, 국회본회의회의록, 1990. 3. 16., 15~16면.
44) 1996. 11. 18. 정부(의안번호: 150305); 제안이유 및 주요내용은 이 책 [3.206] 참조.

(2) 위원회 심사

〈1〉 **교육위원회:** 원안대로 가결되었다.[45] 제73조에 관한 회의록 내용은 아래와 같다.

- **전문위원 류삼현**[46]: 다음에는 벌칙의 상향조정에 대해서 말씀을 드리겠습니다.
  각종 위반행위에 대한 제재조치로서 벌칙의 정도를 강화하고 있는바 이는 표3에서 보는 바와 같이 벌칙규정이 지난 90년에 개정되었으나 현재 벌금 등이 낮게 책정되어 있어 각종 위반에 대한 제재조치로서의 효과를 얻기 어렵기 때문인 것으로 생각이 됩니다.

〈2〉 **법제사법위원회:** 원안대로 가결되었다.[47]

(3) 본회의 심의

원안대로 가결되었다.[48]

(4) 결과

원안으로 개정되었다.

4. 1999년 8월 31일 개정(법률 제6004호, 1999. 8. 31. 시행)

제73조(벌칙) 학교법인의 이사장 또는 사립학교경영자(법인의 경우에는 그 대표자 또는 이사)가 다음 각호의 1에 해당할 때에는 2년이하의 징역 또는 2천만원이하의 벌금에 처한다.

1. <u>제46조의 규정</u>에 의한 관할청의 명령에 위반하여 사업을 계속한 때
2. 제28조(제51조에 의하여 준용되는 경우를 포함한다)의 규정에 위반한 때
3. 삭제
4. 제48조(제51조에 의하여 준용되는 경우를 포함한다)의 규정에 의한 관할청의 명령에 위반한 때

---

45) 第181회 국회(정기회) 제10차 전체회의, 교육위원회회의록, 1996. 12, 12, 17면.
46) 第181회 국회(정기회) 제6차 전체회의, 교육위원회회의록, 1996. 11. 26., 10면.
47) 第181회 국회(정기회) 제14차 전체회의, 법제사법위원회회의록, 1996. 12. 16., 23면.
48) 第181회 국회(정기회) 제22차 본회의, 국회본회의회의록, 1996. 12. 17., 8면.

(1) 법률안(정부안[49])

현행법	원안
제73조(벌칙) 학교법인의 이사장 또는 사립학교경영자(법인의 경우에는 그 대표자 또는 이사)가 다음 각호의 1에 해당할 때에는 2년이하의 징역 또는 2천만원이하의 벌금에 처한다. 1. 제6조제2항의 규정에 위반하여 사업을 경영하거나 제46조의 규정에 의한 관할청의 명령에 위반하여 사업을 계속한 때 2. ~ 4. (생 략)	**제73조(벌칙)** 학교법인의 이사장 또는 사립학교경영자(법인의 경우에는 그 대표자 또는 이사)가 다음 각호의 1에 해당할 때에는 2년이하의 징역 또는 2천만원이하의 벌금에 처한다. 1. 제46조의 규정에 의한 관할청의 명령에 위반하여 사업을 계속한 때 2. ~ 4. (현행과 같음)

• 1999년 8월 31일 개정(법률 제6004호, 1999. 8. 31. 시행)으로 제6조제2항을 삭제함에 따라 제73조제1호에서 "제6조제2항의 규정에 위반하여 사업을 경영하거나"를 삭제하였다.

(2) 위원회 심사

〈1〉 **교육위원회:** 원안대로 가결되었다.[50]

〈2〉 **법제사법위원회:** 원안대로 가결되었다.[51]

(3) 본회의 심의

원안대로 가결되었다.[52]

(4) 결과

원안으로 개정되었다.

73-2.205 5. 2020년 12월 22일 개정(법률 제17659호, 2020. 12. 22. 시행)

제73조(벌칙) 학교법인의 이사장 또는 사립학교경영자(법인인 경우에는 그 대표자

49) 1998. 12. 2. 정부(의안번호: 151530); 제안이유 및 주요내용은 이 책 [2.201] 참조.
50) 제206회 국회(임시회) 제2차 전체회의, 교육위원회회의록, 1999. 8. 10., 30면.
51) 제206회 국회(임시회) 제5차 전체회의, 법제사법위원회회의록, 1999. 8. 12., 19면.
52) 제206회 국회(임시회) 제3차 본회의, 국회본회의회의록, 1999. 8. 12., 26면.

또는 이사)가 다음 각 호의 어느 하나에 해당하는 경우에는 2년 이하의 징역 또는 2천만원 이하의 벌금에 처한다.

1. 제28조(제51조에 따라 준용되는 경우를 포함한다)를 위반한 경우
2. 제46조에 따른 관할청의 명령을 위반하여 사업을 계속한 경우
3. 제48조(제51조에 따라 준용되는 경우를 포함한다)에 따른 관할청의 명령을 위반한 경우

• 법문을 한글로 적고, 조문 체계를 변경하였다(오직 형식에 관한 개정이므로 자세한 개정경과는 생략함[53]).

6. 2021년 8월 10일 개정(법률 제18372호, 2022. 2. 11. 시행)

제73조(벌칙) 학교법인의 이사장 또는 사립학교경영자(법인인 경우에는 그 대표자 또는 이사)가 다음 각 호의 어느 하나에 해당하는 경우에는 2년 이하의 징역 또는 2천만원 이하의 벌금에 처한다.

1. 제28조제1항부터 제4항까지(제51조에 따라 준용되는 경우를 포함한다)를 위반한 경우
2. 제46조에 따른 관할청의 명령을 위반하여 사업을 계속한 경우
3. 제48조(제51조에 따라 준용되는 경우를 포함한다)에 따른 관할청의 명령을 위반한 경우

(1) 법률안(교육위원회안(대안)[54])

이 조문의 경우에는 원안[55]으로 제안되지 않고 위원회 심사 단계에서 대안으로 제안되었다. 이 조문의 현행법과 원안(대안)의 내용을 비교하면 아래와 같다.

---

53) 이에 관한 구체적 개정경과는 이 책 [1.201] 참조.

54) 2021. 7. 22. 교육위원장(의안번호: 2111667).

55) 2020. 7. 14. 박찬대의원 등 10인(의안번호: 2101945), 2020. 9. 29. 박찬대의원 등 10인(의안번호: 2104339), 2020. 12. 23. 정찬민의원 등 11인(의안번호: 2106856), 2020. 12. 30. 곽상도의원 등 11인(의안번호: 2107052), 2021. 2. 2. 김철민의원 등 11인(의안번호: 2107877), 2021. 2. 26. 윤영덕의원 등 12인(의안번호: 2108374).

현행법	원안
제73조(벌칙) 학교법인의 이사장 또는 사립학교경영자(법인인 경우에는 그 대표자 또는 이사)가 다음 각 호의 어느 하나에 해당하는 경우에는 2년 이하의 징역 또는 2천만원 이하의 벌금에 처한다. 1. 제28조(제51조에 따라 준용되는 경우를 포함한다)를 위반한 경우 2. ~ 3. (생 략)	**제73조(벌칙)** 학교법인의 이사장 또는 사립학교경영자(법인인 경우에는 그 대표자 또는 이사)가 다음 각 호의 어느 하나에 해당하는 경우에는 2년 이하의 징역 또는 2천만원 이하의 벌금에 처한다. 1. 제28조(같은 조 제5항을 제외하며, 제51조에 따라 준용되는 경우를 포함한다)를 위반한 경우 2. ~ 3. (생 략)

• 제28조제5항(학교법인은 기본재산에 관한 소송절차가 개시된 때와 완결된 때에는 그 사실을 관할청에 신고하여야 한다)을 제외하였다.

(2) 위원회 심사

〈1〉 **교육위원회**: 대안[56]으로 가결되었다.[57] 제73조에 관한 회의록 내용은 아래와 같다.

가. 제21대 국회 제386회 제2차 교육위원회 법안심사소위원회(2021. 4. 28.)

• 전문위원 박재유[58]: 개정안은 학교법인으로 하여금 기본재산에 관한 소송 절차가 개시된 때와 완결된 때에는 그 사실을 관할청에 신고하도록 하려는 것으로서 학교법인의 기본재산 감소 여부 등을 사전에 파악하고 사후적으로도 관리 감독할 수 있다는 점에서 입법 실익이 있을 것으로 생각이 됩니다. 그런데 개정안에 따를 경우에는 현행법 제73조에 따라서 개정안에 따른 소송 개시 및 완결 신고를 위반하는 경우에도 2년 이하의 징역 또는 2,000만 원 이하의 벌금에 처하게 되는 바, 현행법 제28조제1항에서 규정하고 있는 기본재산 변동 등에 관한 허가 또는 신고 의무 위반과 개정안 제5항에서 신설하고 있는 소송 개시 및 완결 신고 의무 위반에 대한 벌칙을 동일한 수준으로 규정하는 것이 적절한지에 대한 논의가 필요할 것으로 생각이 됩니다. 참고로 4페이지에 정리된 자료에서 보시는 바와 같이 과태료를 규정하고 있는 현행법 제74조에서는 이 법에 따른 등기를 하지 아니한 경우 또는 감사의 감사결과 보고를 하지 아니하거나 거짓으로 보고하

56) 2021. 7. 22. 교육위원장(의안번호: 2111667).
57) 제389회 국회(임시회) 제1차 전체회의, 교육위원회회의록, 2021. 7. 14., 6면.
58) 제386회 국회(임시회) 제2차 법안심사소위, 교육위원회회의록, 2021. 4. 28., 14면.

는 경우에는 500만 원 이하의 과태료를 부과하도록 규정하고 있음을 참고할 필요가 있습니다. 이상 보고를 마치겠습니다.

- **소위원장 박찬대**[59]: 정부 측 의견 주시기 바랍니다.
- **교육부차관 정종철**[60]: 입법 필요성에 대해서는 전문위원님 검토보고 주신 대로 실익이 있다고 저희도 동의하고요. 다만 좀 전에 설명도 계셨지만 벌칙보다는 과태료 부과 쪽으로 논의를 해 주셨으면 하는 의견입니다.
- **소위원장 박찬대**[61]: 위원님들 말씀 주시기 바랍니다. 서동용 위원님.
- **서동용 위원**[62]: 전문위원님의 과태료와 벌칙에 관한 지적의 취지를 충분히 공감하고요. 그런데 지금 재산 변동·변경의 경우 사전허가를 받아야 되고 경미한 사항의 경우 관할청에 신고만 하도록 되어 있는데 이 경우 경미한 재산 변동에 대해서 신고를 하지 않으면 어떤 처분이 내려집니까?
- **전문위원 박재유**[63]: 현행법 제73조의 벌칙규정은 28조를 포괄해서 규정하고 있습니다. 그래서 허가뿐만 아니라 경미한 사항의 신고에 대해서도 동일한 수준의 형벌이 부과되는 것으로 해석이 되고 있습니다.
- **서동용 위원**[64]: 원래 제28조, 그러니까 허가받지 않고 처분하면 벌칙규정이 있는 것이잖아요?
- **전문위원 박재유**[65]: 예, 그렇습니다.
- **서동용 위원**[66]: 그렇지요. 그것은 2년 이하의 징역, 2,000만 원 이하의 벌금형과 같고. 경미한 사항을 신고하지 않은 경우도 현재로서는 다 포함이 되는 것입니까?
- **전문위원 박재유**[67]: 예, 제73조제1호는 제28조제1항·제2항·제3항·제4항을 포괄하고 있습니다. 특히 제1항 부분입니다. 그런데 제1항은 학교법인의 기본재산에 관련된 매도·증여와 관련된 핵심적인 사항에 관한 것을 주로 하고 있는 것이고요 지금 개정하려는 것은 기본재산과 관련된 소송의 개시와 완결 사실에 대한 신고를 신설하는 내용이기 때문에 그것은 좀 결이 다르다고 생각합니다.

---

59) 第386회 국회(임시회) 제2차 법안심사소위, 교육위원회회의록, 2021. 4. 28., 14면.
60) 第386회 국회(임시회) 제2차 법안심사소위, 교육위원회회의록, 2021. 4. 28., 14면.
61) 第386회 국회(임시회) 제2차 법안심사소위, 교육위원회회의록, 2021. 4. 28., 14면.
62) 第386회 국회(임시회) 제2차 법안심사소위, 교육위원회회의록, 2021. 4. 28., 14~15면.
63) 第386회 국회(임시회) 제2차 법안심사소위, 교육위원회회의록, 2021. 4. 28., 15면.
64) 第386회 국회(임시회) 제2차 법안심사소위, 교육위원회회의록, 2021. 4. 28., 15면.
65) 第386회 국회(임시회) 제2차 법안심사소위, 교육위원회회의록, 2021. 4. 28., 15면.
66) 第386회 국회(임시회) 제2차 법안심사소위, 교육위원회회의록, 2021. 4. 28., 15면.
67) 第386회 국회(임시회) 제2차 법안심사소위, 교육위원회회의록, 2021. 4. 28., 15면.

- **서동용 위원**[68]: 예, 압니다. 저는 이 제5항이 새로 생기는 것에 대해서는 동의하고요 반드시 필요한 규정이라고 생각합니다. 그런데 전문위원께서 벌칙에 대한 지적을 하셔서, 이것은 신고사항이기 때문에 제28조제1항 단서에 신고하고 같이 취급하면 좋겠다는 생각 때문에 여쭈어본 것인데 지금 제28조제1항 단서에 따른 신고를 하지 않으면 벌칙규정이 그대로 적용되고 있나요?
- **전문위원 박재유**[69]: 예, 그렇습니다.
- **서동용 위원**[70]: 그런 것이잖아요. 그래서 좀 제안해 보건대 허가받지 않고 처분하는 경우에는 벌칙규정을 적용하는 것이 맞는 것 같고, 경미한 사항에 대한 신고를 위반한 경우하고 곽상도 의원안에 있는 제5항, 신고 해태에 대한 조항 이 두 개를 함께 묶어서 과태료 규정을 신설하면 어떨까 하는 생각은 듭니다.
- **전문위원 박재유**[71]: 대통령령으로 정하는 경미한 사항 내용의 수준을 조금 구체적으로 검토를 해 봐야 될 것 같습니다. 한 후에 그 안을 만들어서 추후에 보고를 드리도록 하겠습니다.
- **소위원장 박찬대**[72]: 지금 서동용 위원님 말씀은 제28조제4항의 "신고를 수리하여야 한다" 부분에 대해서도 현재 벌금이나 징역형이 부과되고 있는데 추가되는 제5항의 "신고하여야 한다"하고 제4항이 차이가 없는데 제4항은 그대로 놔두고 제5항만 과태료로 하는 부분에 있어서 차이가 있으니 만약에 과태료로 돌리는 것이 적정하다면 제4항까지도 같이 과태료 부분으로 옮겨야 되는 것 아니냐 이런 말씀이신가요?
- **서동용 위원**[73]: 아닙니다, 아닙니다. 그러니까 제28조제4항은 관할청이 신고 수리를 안 해 버리는 경우잖아요. 그것은 벌칙규정으로 해도 될 것이라고 생각합니다.
- **소위원장 박찬대**[74]: 주체가 관찰청이네요.
- **서동용 위원**[75]: 그런데 사학법인이 신고사항에 대해서 신고를 안 했다고 해서 벌칙까지 규정하는 것은 좀 무리가 있지 않은가 하는 생각이 있을 수 있어서 사학법인이 신고해야 되는 사항—제28조제1항 단서 그리고 제28조제5항—은 과태료 규정으로 가면 어떨까 이렇게 생각을 해 본 것입니다.

---

68) 제386회 국회(임시회) 제2차 법안심사소위, 교육위원회회의록, 2021. 4. 28., 15면.
69) 제386회 국회(임시회) 제2차 법안심사소위, 교육위원회회의록, 2021. 4. 28., 15면.
70) 제386회 국회(임시회) 제2차 법안심사소위, 교육위원회회의록, 2021. 4. 28., 15면.
71) 제386회 국회(임시회) 제2차 법안심사소위, 교육위원회회의록, 2021. 4. 28., 15면.
72) 제386회 국회(임시회) 제2차 법안심사소위, 교육위원회회의록, 2021. 4. 28., 15면.
73) 제386회 국회(임시회) 제2차 법안심사소위, 교육위원회회의록, 2021. 4. 28., 15면.
74) 제386회 국회(임시회) 제2차 법안심사소위, 교육위원회회의록, 2021. 4. 28., 15면.
75) 제386회 국회(임시회) 제2차 법안심사소위, 교육위원회회의록, 2021. 4. 28., 15면.

• **소위원장 박찬대**[76]: 예, 잘 이해했습니다. 일단 정부 측 의견 주시고요.

• **교육부차관 정종철**[77]: 담당자가…

• **소위원장 박찬대**[78]: 소속하고 이름 말씀하시고 말씀해 주시기 바랍니다.

• **교육부사립대학정책과장 송선진**[79]: 교육부 사립대학정책과장 송선진입니다. 지금 서동용 위원님 말씀하신 내용과 관련해서 이 신고의 성격을 조금 구분해서 말씀을 드려야 되는데 작년에 법제처에서 법제화되어 있는 신고라는 내용이 관할청이 수리해야 되는 신고인지 아니면 단순 신고만 하면 되는지를 구분해서 법령을 일제 정비를 한 바가 있습니다. 그때 지금 여기에 나와 있는 제1항의 신고는 수리하여야 되는 신고로 구분이 되어서 명시가 되었고요. 지금 곽상도 의원님 발의하신 이 법은 사실은 "신고하여야 한다"라고 되어 있고 관할청이 이 신고를 수리하여야만 효력이 발생한다는 내용이 없어서…

저희가 당초에 과태료 검토할 때 이 신고는 수리로서 효력이 발생하는 신고이고, 이것은 신고 의무만 있다고 생각을 해서 그것 자체를 벌칙과 과태료를 구분해서 볼 실익이 있다고 생각을 했는데 이 신고의 성격을 어떻게 볼 것인지를 논의하셔서 그 결과에 따라서 같이 조정하시면 될 것 같습니다.

• **서동용 위원**[80]: 지적은 알겠는데, 예컨대 제28조제1항 단서의 신고도 만약 수리 안 하면 그 효과는 어떻게 돼요?

• **교육부사립대학정책과장 송선진**[81]: 물론 사후적이긴 하지만 수리를 안 하면 법적으로는 효력이 발생하지 않는 것이고 그래서 저희가 제재를 할 수 있습니다.

• **소위원장 박찬대**[82]: 그런데 법이라고 하는 것이 그 법의 취지를 이렇게 해석을 해 가지고 구별하는 것보다는 법률에 그 부분이 명확하게 조문으로 나와서, 만약에 법 취지와 조문 자체가 다르면 조문을 따라야 되는 것 아닌가요? 그런 면에서 제1항과 제5항에 신고가 각각 나온다 그러면 어떤 식으로든지 조문에서 구별할 필요가 있지 않을까 싶은데, 어떻습니까?

• **서동용 위원**[83]: 일단 저는 제5항 신설에 찬성하고 제5항에 대해서 과태료 규정을 두자고 하는 것에 대해서는 동의합니다.

---

76) 第386회 국회(임시회) 제2차 법안심사소위, 교육위원회회의록, 2021. 4. 28., 15면.
77) 第386회 국회(임시회) 제2차 법안심사소위, 교육위원회회의록, 2021. 4. 28., 15면.
78) 第386회 국회(임시회) 제2차 법안심사소위, 교육위원회회의록, 2021. 4. 28., 15면.
79) 第386회 국회(임시회) 제2차 법안심사소위, 교육위원회회의록, 2021. 4. 28., 15면.
80) 第386회 국회(임시회) 제2차 법안심사소위, 교육위원회회의록, 2021. 4. 28., 15~16면.
81) 第386회 국회(임시회) 제2차 법안심사소위, 교육위원회회의록, 2021. 4. 28., 16면.
82) 第386회 국회(임시회) 제2차 법안심사소위, 교육위원회회의록, 2021. 4. 28., 16면.
83) 第386회 국회(임시회) 제2차 법안심사소위, 교육위원회회의록, 2021. 4. 28., 16면.

- 소위원장 박찬대[84]: 동의하고요. 윤영덕 위원님.
- 윤영덕 위원[85]: 저도 제5항 신설은 필요하다고 보고요. 다만 관련 사립학교법을 보면 제28조제1항 같은 경우는 제4항에 분명하게 수리하여야 한다고 의무로 되어 있는 거잖아요. 그런데 곽상도 의원님이 발의한 제5항을 보면 신고 의무만 부과하는 것으로 돼 있기 때문에 신고의무를 불이행했을 경우 징역형까지 벌칙을 규정하는 것은 좀 과하다는 생각이 듭니다. 그래서 제73조(벌칙) 조항에 단서를 둬서 제28조제5항의 경우에는 과태료로 벌칙을 규정하는 그런 방법이 있을 수 있을 것 같습니다.
- 소위원장 박찬대[86]: 그러면 서동용 위원님, 제28조제1항에 "다만"으로 나와 있는 단서조항에 대한 의견은 교육부 설명으로 철회하는 것으로요.
- 서동용 위원[87]: 예, 철회.
- 소위원장 박찬대[88]: 그리고 아까 담당 과장님이 말씀하신 대로 수리가 요구되는 신고 그다음에 수리가 불필요한 신고 이것을 해석에 따라서 하게끔 그냥 지금대로 가는 게 나을까요, 아니면 구별할 필요가 있을까요? 이게 법기술적으로 구별해서 조문을 만들기가 좀 어렵나요?
- 교육부사립대학정책과장 송선진[89]: 아니요. 만약에 이게 수리가 필요한 신고라고 생각하시면 제가 볼 때는 제1항 단서 플러스 제5항으로 해 가지고 제4항을 제5항으로 내리고 신설 조항을 제4항으로 올려가지고 둘 다 신고 수리가 필요하다고 조정을 해도 될 것 같습니다.
- 서동용 위원[90]: 그런데 그건 안 될 것 같은 게, 예컨대 경미한 재산의 변경에 관해서 신고를 하도록 해서 신고를 했는데 수리를 안 했다 그러면 그걸 법률 효력이 없는 걸로 취급할 수가 있잖아요. 그런데 소송의 개시와 완결을 신고했는데 수리를 안 한다고 해서 아무런 효과가 발생하지 않아요. 그러니까 종류가 다르거든요.
- 소위원장 박찬대[91]: 그러면 현행 조문을 유지하고 벌금을 과태료로 돌리는 쪽으로 지금 의견이 모이는 것 같네요.

---

84) 제386회 국회(임시회) 제2차 법안심사소위, 교육위원회회의록, 2021. 4. 28., 16면.
85) 제386회 국회(임시회) 제2차 법안심사소위, 교육위원회회의록, 2021. 4. 28., 16면.
86) 제386회 국회(임시회) 제2차 법안심사소위, 교육위원회회의록, 2021. 4. 28., 16면.
87) 제386회 국회(임시회) 제2차 법안심사소위, 교육위원회회의록, 2021. 4. 28., 16면.
88) 제386회 국회(임시회) 제2차 법안심사소위, 교육위원회회의록, 2021. 4. 28., 16면.
89) 제386회 국회(임시회) 제2차 법안심사소위, 교육위원회회의록, 2021. 4. 28., 16면.
90) 제386회 국회(임시회) 제2차 법안심사소위, 교육위원회회의록, 2021. 4. 28., 16면.
91) 제386회 국회(임시회) 제2차 법안심사소위, 교육위원회회의록, 2021. 4. 28., 16면.

- 서동용 위원[92]: 제5항만.
- 소위원장 박찬대[93]: 다른 의견 없으신가요?
- 정경희 위원[94]: 없습니다.
- 소위원장 박찬대[95]: 그러면 위원회 토론 결과를 반영해서 이것은 합의된 것으로 하겠습니다. 그러면 다음 법안으로 넘어가겠습니다...
- 소위원장 박찬대[96]: 의사일정 제1항, 제4항, 제8항, 제11항, 제13항, 제15항은 본회의에 각각 부의하지 아니하고 이를 통합 조정한 대안을 위원회안으로 제안하고자 하는데 이의가 없으십니까? (예 하는 위원 있음) 이의가 없으면 가결되었음을 선포합니다.

나. 제21대 국회 제389회 제1차 교육위원회(2021. 7. 14.)

- 위원장 유기홍[97]: 의사일정 제2항부터 제7항까지 6건의 사립학교법 일부개정법률안은 소위원회에서 심사보고한 바와 같이 각각 본회의에 부의하지 아니하고 이를 통합 조정한 의사일정 제8항을 우리 위원회안으로 제안하고자 하는데 이의 없으십니까? (예 하는 위원 있음) 이의가 없으시면 가결되었음을 선포합니다.

〈2〉 **법제사법위원회:** 교육위원회 대안을 수정·가결했다.[98] 수정내용은 아래와 같다.

교육위원회 대안	법제사법위원회 수정안
제73조(벌칙) 1. 제28조(같은 조 제5항을 제외하며, 제51조에 따라 준용되는 경우를 포함한다)를 위반한 경우	제73조(벌칙) 1. 제28조제1항부터 제4항까지(제51조에 따라 준용되는 경우를 포함한다)를 위반한 경우

(3) 본회의 심의

법제사법위원회 수정안대로 가결되었다.[99]

92) 제386회 국회(임시회) 제2차 법안심사소위, 교육위원회회의록, 2021. 4. 28., 16면.
93) 제386회 국회(임시회) 제2차 법안심사소위, 교육위원회회의록, 2021. 4. 28., 16면.
94) 제386회 국회(임시회) 제2차 법안심사소위, 교육위원회회의록, 2021. 4. 28., 16면.
95) 제386회 국회(임시회) 제2차 법안심사소위, 교육위원회회의록, 2021. 4. 28., 16면.
96) 제386회 국회(임시회) 제2차 법안심사소위, 교육위원회회의록, 2021. 4. 28., 32면.
97) 제389회 국회(임시회) 제1차 전체회의, 교육위원회회의록, 2021. 7. 14., 6면.
98) 제389회 국회(임시회) 제1차 전체회의, 법제사법위원회회의록, 2021. 7. 22., 64면.
99) 제389회 국회(임시회) 제2차 본회의, 국회본회의회의록, 2021. 7. 23., 10면.

(4) 결과

법제사법위원회 수정안으로 개정되었다.

73-2.207 7. 2021년 9월 24일 개정(법률 제18460호, 2022. 2. 11. 시행)

제73조의2(벌칙) <u>학교법인의 이사장 또는 사립학교경영자(법인인 경우에는 그 대표자 또는 이사)가 다음 각 호의 어느 하나에 해당하는 경우에는 2년 이하의 징역 또는 2천만원 이하의 벌금에 처한다.</u>
1. <u>제28조제1항부터 제4항까지(제51조에 따라 준용되는 경우를 포함한다)를 위반한 경우</u>
2. <u>제46조에 따른 관할청의 명령을 위반하여 사업을 계속한 경우</u>
3. <u>제48조(제51조에 따라 준용되는 경우를 포함한다)에 따른 관할청의 명령을 위반한 경우</u>

(1) 법률안(권인숙 의원안[100])

현행법	원안
제73조(벌칙) (생 략)	**제73조의2(벌칙)** (현행 제73조와 같음)

• 종전 제73조가 제73조의2가 각각 제73조의2, 제73조로 이동하였다.

(2) 위원회 심사

〈1〉 **교육위원회:** 대안[101])으로 가결되었다(이 조문의 경우에는 원안과 대안의 내용이 동일함).[102]

〈2〉 **법제사법위원회:** 교육위원회 대안대로 가결되었다.[103]

---

100) 2021. 3. 15. 권인숙의원 등 10인(의안번호: 2108794); 제안이유 및 주요내용은 이 책 [72-4.201] 참조.
101) 2021. 8. 25. 교육위원장(의안번호: 2112205).
102) 제390회 국회(임시회) 제1차 전체회의, 교육위원회회의록, 2021. 8. 19., 23면.
103) 제390회 국회(임시회) 제2차 전체회의, 법제사법위원회회의록, 2021. 8. 25., 14면.

(3) 본회의 심의

교육위원회 대안대로 가결되었다.[104] 김기현의원 등 105인이 개정전 법률과 동일한 내용으로 본회의 수정안을 제안하였지만 부결되었다.

(4) 결과

교육위원회 대안으로 개정되었다.

III. 현행법

> **제73조의2(벌칙)** 학교법인의 이사장 또는 사립학교경영자(법인인 경우에는 그 대표자 또는 이사)가 다음 각 호의 어느 하나에 해당하는 경우에는 2년 이하의 징역 또는 2천만원 이하의 벌금에 처한다.
> 1. 제28조제1항부터 제4항까지(제51조에 따라 준용되는 경우를 포함한다)를 위반한 경우
> 2. 제46조에 따른 관할청의 명령을 위반하여 사업을 계속한 경우
> 3. 제48조(제51조에 따라 준용되는 경우를 포함한다)에 따른 관할청의 명령을 위반한 경우

IV. 종합/특기사항

- 제73조의2는 제정 당시 제73조였다. 1981년 개정(1981. 2. 28. 법률 제3373호, 1981. 2. 28. 시행)으로 제73조의2가 신설되었는데 이 조문이 2021년 개정(2021. 9. 24. 법률 제18460호, 2022. 2. 11. 시행)으로 제73조로 이동하여 제정법 제73조는 제73조의2로 이동하였다.

---

104) 제390회 국회(임시회)제1차 본회의, 국회본회의회의록, 2021. 8. 31., 21~25면.

제74조(과태료)

74.100

I. 제정법

제74조(동전) 학교법인의 이사장·감사 또는 청산인이나 사립학교경영자(법인인 경우에는 그 대표자 또는 이사)가 다음 각호의 1에 해당할 때에는 1만원이하의 과태료에 처한다.

1. 이 법에 의한 등기를 태만한 때
2. 제6조제3항의 공고를 태만하거나 또는 부실한 공고를 한 때
3. 제13조에 의하여 준용되는 민법 제55조제1항의 규정에 의한 재산목록 또는 제32조(제51조에 의하여 준용되는 경우를 포함한다) 및 제37조제1항의 규정에 의한 재산목록 기타 서류의 비치를 태만하거나 이에 기재할 사항을 기재하지 아니하거나 부실한 기재를 한 때
4. 제19조제4항제3호·제48조(제51조에 의하여 준용되는 경우를 포함한다)·제54조제2항 또는 제69조의 규정에 의한 보고를 태만하거나 부실한 보고를 한 때
5. 제31조(제51조에 의하여 준용되는 경우를 포함한다)·제37조제2항 또는 제38조제2항의 규정에 위반한 때
6. 제42조에 의하여 준용되는 민법 제79조 또는 제93조제1항의 규정에 의한 파산선고의 신청을 태만한 때
7. 제42조에 의하여 준용되는 민법 제88조제1항 또는 제93조제1항의 규정에 의한 공고를 태만하거나 부실한 공고를 한 때
8. 제42조에 의하여 준용되는 민법 제86조 또는 제94조의 규정에 의한 신고를 태만하거나 부실한 신고를 한 때
9. 제42조에 의하여 준용되는 민법 제90조의 규정에 위반한 때

『새교육』은 이 조문의 제정이유를 소개하지 않았다.[105)]

105) 金康鉉, 앞의 글 "私立學校法(完)", 47면.

II. 개정 경과

1. 1981년 2월 28일 개정(법률 제3373호, 1981. 2. 28. 시행)

제74조(벌칙) 학교법인의 이사장·감사 또는 청산인이나 사립학교경영자(법인인 경우에는 그 대표자 또는 이사)가 다음 각호의 1에 해당할 때에는 50만원이하의 과태료에 처한다.

1. 이 법에 의한 등기를 태만한 때
2. 제6조제3항의 공고를 태만하거나 또는 부실한 공고를 한 때
3. 제13조에 의하여 준용되는 민법 제55조제1항의 규정에 의한 재산목록 또는 제32조(제51조에 의하여 준용되는 경우를 포함한다) 및 제37조제1항의 규정에 의한 재산목록 기타 서류의 비치를 태만하거나 이에 기재할 사항을 기재하지 아니하거나 부실한 기재를 한 때
4. 제19조제4항제3호·제48조(제51조에 의하여 준용되는 경우를 포함한다)의 규정에 의한 보고를 태만하거나 부실한 보고를 한 때
5. 제31조(제51조에 의하여 준용되는 경우를 포함한다)·제37조제2항 또는 제38조제2항의 규정에 위반한 때
6. 제42조에 의하여 준용되는 민법 제79조 또는 제93조제1항의 규정에 의한 파산선고의 신청을 태만한 때
7. 제42조에 의하여 준용되는 민법 제88조제1항 또는 제93조제1항의 규정에 의한 공고를 태만하거나 부실한 공고를 한 때
8. 제42조에 의하여 준용되는 민법 제86조 또는 제94조의 규정에 의한 신고를 태만하거나 부실한 신고를 한 때
9. 제42조에 의하여 준용되는 민법 제90조의 규정에 위반한 때

(1) 법률안(정부안[106])

현행법	원안
제74조(동전) 학교법인의 이사장·감사 또는 청산인이나 사립학교경영자(법인인 경우에는 그	**제74조(벌칙)** 학교법인의 이사장·감사 또는 청산인이나 사립학교경영자(법인인 경우에는 그

106) 1981. 2. 13. 정부(의안번호: CC0145); 제안이유 및 주요내용은 이 책 [4.204] 참조.

대표자 또는 이사)가 다음 각호의 1에 해당할 때에는 1만원이하의 과태료에 처한다. 1. ~ 3. (생 략) 4. 제19조제4항제3호·제48조(제51조에 의하여 준용되는 경우를 포함한다)·제54조제2항 또는 제69조의 규정에 의한 보고를 태만하거나 부실한 보고를 한 때 5. ~ 9. (생 략)	대표자 또는 이사)가 다음 각호의 1에 해당할 때에는 50만원이하의 과태료에 처한다. 1. ~ 3. (현행과 같음) 4. 제19조제4항제3호·제48조(제51조에 의하여 준용되는 경우를 포함한다)의 규정에 의한 보고를 태만하거나 부실한 보고를 한 때 5. ~ 9. (현행과 같음)

• 벌금 수준을 상향하고, 제4호 중 "제54조제2항 또는 제69조"를 삭제하여 제74조의2로 신설하였다.

(2) 위원회 심사

〈1〉 **문교공보위원회:** 원안대로 가결되었다.[107] 제74조에 관한 회의록 내용은 아래와 같다.

• **전문위원 김철**[108]: 벌칙을 강화하는 조문의 수정내용을 말씀드리면…제74조의 벌칙규정을 1만원 이하의 벌금을 각 50만원 이하로…규정하는 것입니다. 이러한 개정이유는 학교재무회계의 건전한 운영을 보장하기 위한 것이라 보여집니다.

〈2〉 **법제사법위원회:** 원안대로 가결되었다.[109]

(3) 본회의 심의

원안대로 가결되었다.[110]

(4) 결과

원안으로 개정되었다.

107) 제10.5대 국회 제77회 제19차 문교공보위원회국가보위입법회의사무처, 문교공보위원회회의록, 1981. 2. 19., 7면.

108) 제10.5대 국회 제77회 제19차 문교공보위원회국가보위입법회의사무처, 문교공보위원회회의록, 1981. 2. 19., 3면.

109) 제10.5대 국회 제77회 제19차 법제사법위원회 국가보위입법회의사무처, 법제사법위원회회의록, 1981. 2. 19., 5면.

110) 제10.5대 국회 제77회 제20차 국회본회의, 국가보위입법회의회의록, 1981. 2. 20., 7면.

2. 1990년 4월 7일 개정(법률 제4226호, 1990. 4. 7. 시행)

제74조(과태료) ①학교법인의 이사장·감사 또는 청산인이나 사립학교경영자(법인인 경우에는 그 대표자 또는 이사)가 다음 각호의 1에 해당할 때에는 100만원이하의 과태료에 처한다.

1. 이 법에 의한 등기를 태만한 때
2. 제6조제3항의 공고를 태만하거나 또는 부실한 공고를 한 때
3. 제13조에 의하여 준용되는 민법 제55조제1항의 규정에 의한 재산목록 또는 제32조(제51조에 의하여 준용되는 경우를 포함한다) 및 제37조제1항의 규정에 의한 재산목록 기타 서류의 비치를 태만하거나 이에 기재할 사항을 기재하지 아니하거나 부실한 기재를 한 때
4. 제19조제4항제3호·제48조(제51조에 의하여 준용되는 경우를 포함한다)의 규정에 의한 보고를 태만하거나 부실한 보고를 한 때
5. 제31조(제51조에 의하여 준용되는 경우를 포함한다)·제37조제2항 또는 제38조제2항의 규정에 위반한 때
6. 제42조에 의하여 준용되는 민법 제79조 또는 제93조제1항의 규정에 의한 파산선고의 신청을 태만한 때
7. 제42조에 의하여 준용되는 민법 제88조제1항 또는 제93조제1항의 규정에 의한 공고를 태만하거나 부실한 공고를 한 때
8. 제42조에 의하여 준용되는 민법 제86조 또는 제94조의 규정에 의한 신고를 태만하거나 부실한 신고를 한 때
9. 제42조에 의하여 준용되는 민법 제90조의 규정에 위반한 때

②사립학교 교원의 임면권자가 제54조제1항 및 제69조의 규정에 의한 보고를 태만하거나 허위보고를 한 때에는 100만원이하의 과태료에 처한다.

③제1항 및 제2항의 규정에 의한 과태료는 대통령령이 정하는 바에 의하여 관할청이 부과·징수한다.

④제3항의 규정에 의한 과태료 처분에 대하여 불복이 있는 자는 그 처분의 고지를 받은 날부터 30일이내에 관할청에 이의를 제기할 수 있다.

⑤제3항의 규정에 의하여 과태료 처분을 받은 자가 제4항의 규정에 의하여 이의를 제기한 때에는 관할청은 지체없이 관할법원에 그 사실을 통보하여야 하며, 통보를 받은 관할법원은 비송사건절차법에 의한 과태료의 재판을 한다.

⑥제4항의 규정에 의한 기간안에 이의를 제기하지 아니하고 과태료를 납부하지 아니한 때에는 그 관할에 따라 국세체납처분 또는 지방세체납처분의 예에 의하여 이를 징수한다.

(1) 법률안

〈1〉 정부안[111)]

현행법	원안
제74조(벌칙) 학교법인의 이사장·감사 또는 청산인이나 사립학교경영자(법인인 경우에는 그 대표자 또는 이사)가 다음 각호의 1에 해당할 때에는 50만원이하의 과태료에 처한다. 1. ~ 9. (생 략)	**제74조(벌칙)** 학교법인의 이사장·감사 또는 청산인이나 사립학교경영자(법인인 경우에는 그 대표자 또는 이사)가 다음 각호의 1에 해당할 때에는 100만원이하의 과태료에 처한다. 1. ~ 9. (현행과 같음)

• 과태료 수준을 상향하였다.

〈2〉 박석무 의원안[112)]

현행법	원안
제74조(벌칙) 학교법인의 이사장·감사 또는 청산인이나 사립학교경영자(법인인 경우에는 그 대표자 또는 이사)가 다음 각호의 1에 해당할 때에는 50만원이하의 과태료에 처한다. 1. ~ 9. (생 략)	**제74조(벌칙)** 학교법인의 이사장·감사 또는 청산인이나 사립학교경영자(법인인 경우에는 그 대표자 또는 이사)가 다음 각호의 1에 해당할 때에는 500만원이하의 과태료에 처한다. 1. ~ 9. (현행과 같음)

• 과태료 수준을 상향하였다.

(2) 위원회 심사

〈1〉 문교공보위원회: 대안[113)]으로 가결되었다.[114)]

대안
제74조(과태료) ①학교법인의 이사장·감사 또는 청산인이나 사립학교경영자(법인인 경우에는 그 대표자 또는 이사)가 다음 각호의 1에 해당할 때에는 100만원이하의 과태료에 처한다.

111) 1988. 12. 2. 정부(의안번호: 130287); 제안이유 및 주요내용은 이 책 [4.206] 참조.
112) 1988. 12. 21. 박석무의원 등 70인(의안번호: 130378); 제안이유 및 주요내용은 이 책 [4.206] 참조.
113) 1990. 3. 15. 문교공보위원장(의안번호: 130833).

②사립학교 교원의 임면권자가 제54조제1항 및 제69조의 규정에 의한 보고를 태만하거나 허위보고를 한 때에는 100만원이하의 과태료에 처한다.
③제1항 및 제2항의 규정에 의한 과태료는 대통령령이 정하는 바에 의하여 주무관청이 부과·징수한다.
④제3항의 규정에 의한 과태료 처분에 대하여 불복이 있는 자는 그 처분이 있음을 안 날부터 30일 이내에 주무관청에 이의를 제기할 수 있다.
⑤제3항의 규정에 의하여 과태료 처분을 받은 자가 제4항의 규정에 의하여 이의를 제기한 때에는 관할청은 지체없이 관할법원에 그 사실을 통보하여야 하며, 통보를 받은 관할법원은 비송사건절차법에 의한 과태료의 재판을 한다.
⑥제4항의 규정에 의한 기간안에 이의를 제기하지 아니하고 과태료를 납부하지 아니한 때에는 그 관할에 따라 국세체납처분 또는 지방세체납처분의 예에 의하여 이를 징수한다.

〈2〉 **법제사법위원회:** 문교공보위원회 대안을 수정·가결했다.[115] 수정내용은 아래와 같다.

문교공보위원회 대안	법제사법위원회 수정안
제74조(과태료) ③－－－－ 주무관청－－－－. ④－－－－ 그 처분이 있음을 안 날부터 －－－－.	**제74조(과태료)** ③－－－－ 관할청－－－－. ④－－－－ 그 처분의 고지를 받은 날로부터 －－－－.

제74조에 관한 회의록 내용은 아래와 같다.

- **전문위원 채방은**[116]: 제74조제3항 및 제4항에 보면 주무관청이라는 용어가 있습니다. 그러나 개정안 제4조와 제6조에서는 관할청이라는 용어로 통일되어 있기 때문에 이것 역시 관할청으로 바꾸는 것이 타당하다고 생각됩니다. 또한 제74조제4항에 그 처분이 있음을 안 날로부터는 그 처분의 고지를 받은 날로부터로 수정하는 것이 타당하다고 생각합니다. 그 밖에 약간의 자구수정한 부분이 있습니다마는 상세한 내용은 유인물에 주서한 부분을 참고해 주시기 바랍니다. 이상으로 보고를 마치겠습니다.

114) 제148회 국회(임시회) 제6차 전체회의, 문교공보위원회회의록, 1990. 3. 14., 8면.
115) 제148회 국회(임시회) 제6차 전체회의, 법제사법위원회회의록, 1990. 3. 14., 26면.
116) 제148회 국회(임시회) 제6차 전체회의, 법제사법위원회회의록, 1990. 3. 14., 19면.

(3) 본회의 심의

법제사법위원회 수정안대로 가결되었다.[117)]

(4) 결과

법제사법위원회 수정안으로 개정되었다.

74.203

3. 1991년 5월 31일 개정(법률 제4376호, 1991. 5. 31. 시행)

제74조(과태료) ①학교법인의 이사장·감사 또는 청산인이나 사립학교경영자(법인인 경우에는 그 대표자 또는 이사)가 다음 각호의 1에 해당할 때에는 100만원이하의 과태료에 처한다.

1. 이 법에 의한 등기를 태만한 때
2. 제6조제3항의 공고를 태만하거나 또는 부실한 공고를 한 때
3. 제13조에 의하여 준용되는 민법 제55조제1항의 규정에 의한 재산목록 또는 제32조(제51조에 의하여 준용되는 경우를 포함한다) 및 제37조제1항의 규정에 의한 재산목록 기타 서류의 비치를 태만하거나 이에 기재할 사항을 기재하지 아니하거나 부실한 기재를 한 때
4. 제19조제4항제3호·제48조(제51조에 의하여 준용되는 경우를 포함한다)의 규정에 의한 보고를 태만하거나 부실한 보고를 한 때
5. 제31조(제51조에 의하여 준용되는 경우를 포함한다)·제37조제2항 또는 제38조제2항의 규정에 위반한 때
6. 제42조에 의하여 준용되는 민법 제79조 또는 제93조제1항의 규정에 의한 파산선고의 신청을 태만한 때
7. 제42조에 의하여 준용되는 민법 제88조제1항 또는 제93조제1항의 규정에 의한 공고를 태만하거나 부실한 공고를 한 때
8. 제42조에 의하여 준용되는 민법 제86조 또는 제94조의 규정에 의한 신고를 태만하거나 부실한 신고를 한 때
9. 제42조에 의하여 준용되는 민법 제90조의 규정에 위반한 때

②사립학교 교원의 임면권자가 **제54조제1항**의 규정에 의한 보고를 태만하거나

117) 제148회 국회(임시회) 제9차 본회의, 국회본회의회의록, 1990. 3. 16., 15~16면.

허위보고를 한 때에는 100만원이하의 과태료에 처한다.
③제1항 및 제2항의 규정에 의한 과태료는 대통령령이 정하는 바에 의하여 관할청이 부과·징수한다.
④제3항의 규정에 의한 과태료 처분에 대하여 불복이 있는 자는 그 처분의 고지를 받은 날부터 30일이내에 관할청에 이의를 제기할 수 있다.
⑤제3항의 규정에 의하여 과태료 처분을 받은 자가 제4항의 규정에 의하여 이의를 제기한 때에는 관할청은 지체없이 관할법원에 그 사실을 통보하여야 하며, 통보를 받은 관할법원은 비송사건절차법에 의한 과태료의 재판을 한다.
⑥제4항의 규정에 의한 기간안에 이의를 제기하지 아니하고 과태료를 납부하지 아니한 때에는 그 관할에 따라 국세체납처분 또는 지방세체납처분의 예에 의하여 이를 징수한다.

- 「교원지위향상을 위한 특별법」(1991. 5. 31. 제정·시행) 제정으로 교원에 대한 징계처분 기타 그 의사에 반하는 불리한 처분에 대한 재심을 위하여 교육부에 교원징계재심위원회를 설치하고 재심위원회의 결정의 효력은 징계처분등을 한 처분행정청 및 사립학교교원의 임면권자를 기속하도록 하였다. 이에 「사립학교법」 제69조가 삭제되어 제74조제2항 중 "제54조제1항 및 제69조의 규정"을 "제54조제1항의"로 하였다

4. 1997년 1월 13일 개정(법률 제5274호, 1997. 4. 14. 시행)

제74조(과태료) ①학교법인의 이사장·감사 또는 청산인이나 사립학교경영자(법인인 경우에는 그 대표자 또는 이사)가 다음 각호의 1에 해당할 때에는 500만원이하의 과태료에 처한다.

1. 이 법에 의한 등기를 태만한 때
2. 제6조제3항의 공고를 태만하거나 또는 부실한 공고를 한 때
3. 제13조에 의하여 준용되는 민법 제55조제1항의 규정에 의한 재산목록 또는 제32조(제51조에 의하여 준용되는 경우를 포함한다) 및 제37조제1항의 규정에 의한 재산목록 기타 서류의 비치를 태만하거나 이에 기재할 사항을 기재하지 아니하거나 부실한 기재를 한 때
4. 제19조제4항제3호·제48조(제51조에 의하여 준용되는 경우를 포함한다)의

규정에 의한 보고를 태만하거나 부실한 보고를 한 때
5. 제31조(제51조에 의하여 준용되는 경우를 포함한다)·제37조제2항 또는 제38조제2항의 규정에 위반한 때
6. 제42조에 의하여 준용되는 민법 제79조 또는 제93조제1항의 규정에 의한 파산선고의 신청을 태만한 때
7. 제42조에 의하여 준용되는 민법 제88조제1항 또는 제93조제1항의 규정에 의한 공고를 태만하거나 부실한 공고를 한 때
8. 제42조에 의하여 준용되는 민법 제86조 또는 제94조의 규정에 의한 신고를 태만하거나 부실한 신고를 한 때
9. 제42조에 의하여 준용되는 민법 제90조의 규정에 위반한 때

②사립학교 교원의 임면권자가 제54조제1항의 규정에 의한 보고를 태만하거나 허위보고를 한 때에는 500만원이하의 과태료에 처한다.

③제1항 및 제2항의 규정에 의한 과태료는 대통령령이 정하는 바에 의하여 관할청이 부과·징수한다.

④제3항의 규정에 의한 과태료 처분에 대하여 불복이 있는 자는 그 처분의 고지를 받은 날부터 30일이내에 관할청에 이의를 제기할 수 있다.

⑤제3항의 규정에 의하여 과태료 처분을 받은 자가 제4항의 규정에 의하여 이의를 제기한 때에는 관할청은 지체없이 관할법원에 그 사실을 통보하여야 하며, 통보를 받은 관할법원은 비송사건절차법에 의한 과태료의 재판을 한다.

⑥제4항의 규정에 의한 기간안에 이의를 제기하지 아니하고 과태료를 납부하지 아니한 때에는 그 관할에 따라 국세체납처분 또는 지방세체납처분의 예에 의하여 이를 징수한다.

(1) 법률안(정부안[118])

현행법	원안
제74조(과태료) ①학교법인의 이사장·감사 또는 청산인이나 사립학교경영자(법인인 경우에는 그 대표자 또는 이사)가 다음 각호의 1에 해당할 때에는 100만원이하의 과태료에 처한다. 1. ~ 4. (생 략) 5. 제31조(제51조에 의하여 준용되는 경우를	**제74조(과태료)** ①학교법인의 이사장·감사 또는 청산인이나 사립학교경영자(법인인 경우에는 그 대표자 또는 이사)가 다음 각호의 1에 해당할 때에는 500만원이하의 과태료에 처한다. 1. ~ 4. (현행과 같음) 5. 제31조(제51조 규정에 의하여 준용되는 경

포함한다)·제37조제2항 또는 제38조제2항의 규정에 위반한 때 6. ~ 9. (생 략) ②사립학교 교원의 임면권자가 제54조제1항의 규정에 의한 보고를 태만하거나 허위보고를 한 때에는 100만원이하의 과태료에 처한다. ③ ~ ⑥ (생 략)	우를 포함한다)·제31조의2(제51조 규정에 의하여 준용되는 경우를 포함한다)·제37조제2항 또는 제38조제2항의 규정에 위반한 때 6. ~ 9. (현행과 같음) ②사립학교 교원의 임면권자가 제54조제1항의 규정에 의한 보고를 태만하거나 허위보고를 한 때에는 500만원이하의 과태료에 처한다. ③ ~ ⑥ (현행과 같음)

• 개정에 따라 관련 조문을 정비하고 과태료 수준을 상향하였다.

(2) 위원회 심사

〈1〉 **교육위원회:** 원안을 수정·가결했다.[119] 수정내용은 아래와 같다.

원안	교육위원회 수정안
제74조(과태료) 5. 제31조(제51조 규정에 의하여 준용되는 경우를 포함한다)·제31조의2(제51조 규정에 의하여 준용되는 경우를 포함한다)·제37조제2항 또는 제38조제2항의 규정에 위반한 때	**제74조(과태료)** 5. 제31조(제51조에 의하여 준용되는 경우를 포함한다)·제37조제2항 또는 제38조제2항의 규정에 위반한 때

제74조에 관한 회의록 내용은 아래와 같다.

• **전문위원 류삼현**[120]: 다음에는 벌칙의 상향조정에 대해서 말씀을 드리겠습니다.
각종 위반행위에 대한 제재조치로서 벌칙의 정도를 강화하고 있는 바 이는 표3에서 보는 바와 같이 벌칙규정이 지난 90년에 개정되었으나 현재 벌금 등이 낮게 책정되어 있어 각종 위반에 대한 제재조치로서의 효과를 얻기 어렵기 때문인 것으로 생각이 됩니다.

〈2〉 **법제사법위원회:** 교육위원회 수정안대로 가결되었다.[121]

---

118) 1996. 11. 18. 정부(의안번호: 150305); 제안이유 및 주요내용은 이 책 [3.206] 참조
119) 제181회 국회(정기회) 제10차 전체회의, 교육위원회회의록, 1996. 12, 12, 17면.
120) 제181회 국회(정기회) 제6차 전체회의, 교육위원회회의록, 1996. 11. 26., 10면.
121) 제181회 국회(정기회) 제14차 전체회의, 법제사법위원회회의록, 1996. 12. 16., 23면.

(3) 본회의 심의

교육위원회 수정안대로 가결되었다.[122)]

(4) 결과

교육위원회 수정안으로 개정되었다.

74.205

5. 1999년 8월 31일 개정(법률 제6004호, 1999. 8. 31. 시행)

제74조(과태료) ①학교법인의 이사장·감사 또는 청산인이나 사립학교경영자(법인인 경우에는 그 대표자 또는 이사)가 다음 각호의 1에 해당할 때에는 500만원이하의 과태료에 처한다.

1. 이 법에 의한 등기를 **하지 아니한** 때
2. 제6조제3항의 규정에 의한 공고를 **하지 아니하거나 공고하여야 할 사항을 허위로 또는 누락하여 공고한** 때
3. 제13조에 의하여 준용되는 민법 제55조제1항의 규정에 의한 재산목록 또는 제32조(제51조에 의하여 준용되는 경우를 포함한다) 및 제37조제1항의 규정에 의한 재산목록 기타 서류를 비치**하지 아니하거나** 이에 기재할 사항을 **허위로 또는 누락하여 기재한** 때
4. 제19조제4항제3호·제48조(제51조에 의하여 준용되는 경우를 포함한다)의 규정에 의한 보고를 **하지 아니하거나 보고하여야 할 사항을 허위로 또는 누락하여 보고한** 때
5. 제31조(제51조에 의하여 준용되는 경우를 포함한다)·제37조제2항 또는 제38조제2항의 규정에 위반한 때
6. 제42조에 의하여 준용되는 민법 제79조 또는 제93조제1항의 규정에 의한 파산선고의 신청을 **하지 아니한** 때
7. 제42조에 의하여 준용되는 민법 제88조제1항 또는 제93조제1항의 규정에 의한 공고를 **하지 아니하거나 공고할 사항을 허위로 또는 누락하여 공고한** 때
8. 제42조에 의하여 준용되는 민법 제86조 또는 제94조의 규정에 의한 신고를 태만하거나 부실한 신고를 한 때

---

122) 제181회 국회(정기회) 제22차 본회의, 국회본회의회의록, 1996. 12. 17., 8면.

9. 제42조에 의하여 준용되는 민법 제90조의 규정에 위반한 때

②사립학교 교원의 임면권자가 제54조제1항의 규정에 의한 보고를 **하지 아니**하거나 허위보고를 한 때에는 500만원이하의 과태료에 처한다.

③제1항 및 제2항의 규정에 의한 과태료는 대통령령이 정하는 바에 의하여 관할청이 부과·징수한다.

④제3항의 규정에 의한 과태료 처분에 대하여 불복이 있는 자는 그 처분의 고지를 받은 날부터 30일이내에 관할청에 이의를 제기할 수 있다.

⑤제3항의 규정에 의하여 과태료 처분을 받은 자가 제4항의 규정에 의하여 이의를 제기한 때에는 관할청은 지체없이 관할법원에 그 사실을 통보하여야 하며, 통보를 받은 관할법원은 비송사건절차법에 의한 과태료의 재판을 한다.

⑥제4항의 규정에 의한 기간안에 이의를 제기하지 아니하고 과태료를 납부하지 아니한 때에는 그 관할에 따라 국세체납처분 또는 지방세체납처분의 예에 의하여 이를 징수한다.

(1) 법률안(정부안[123])

현행법	원안
제74조(과태료) ①학교법인의 이사장·감사 또는 청산인이나 사립학교경영자(법인인 경우에는 그 대표자 또는 이사)가 다음 각호의 1에 해당할 때에는 500만원이하의 과태료에 처한다.	**제74조(과태료)** ①학교법인의 이사장·감사 또는 청산인이나 사립학교경영자(법인인 경우에는 그 대표자 또는 이사)가 다음 각호의 1에 해당할 때에는 500만원이하의 과태료에 처한다.
1. 이 법에 의한 등기를 태만한 때	1. 이 법에 의한 등기를 하지 아니한 때
2. 제6조제3항의 공고를 태만하거나 또는 부실한 공고를 한 때	2. 제6조제3항의 규정에 의한 공고를 하지 아니하거나 공고하여야 할 사항을 허위로 또는 누락하여 공고한 때
3. 제13조에 의하여 준용되는 민법 제55조제1항의 규정에 의한 재산목록 또는 제32조(제51조에 의하여 준용되는 경우를 포함한다) 및 제37조제1항의 규정에 의한 재산목록 기타 서류의 비치를 태만하거나 이에 기재할 사항을 기재하지 아니하거나 부실한 기재를 한 때	3. 제13조에 의하여 준용되는 민법 제55조제1항의 규정에 의한 재산목록 또는 제32조(제51조에 의하여 준용되는 경우를 포함한다) 및 제37조제1항의 규정에 의한 재산목록 기타 서류를 비치하지 아니하거나 이에 기재할 사항을 허위로 또는 누락하여 기재한 때

123) 1998. 12. 2. 정부(의안번호: 151530); 제안이유 및 주요내용은 이 책 [2.201] 참조.

4. 제19조제4항제3호 · 제48조(제51조에 의하여 준용되는 경우를 포함한다)의 규정에 의한 보고를 태만하거나 부실한 보고를 한 때	4. 제19조제4항제3호 · 제48조(제51조에 의하여 준용되는 경우를 포함한다)의 규정에 의한 보고를 하지 아니하거나 보고하여야 할 사항을 허위로 또는 누락하여 보고한 때
5. (생 략)	5. (현행과 같음)
6. 제42조에 의하여 준용되는 민법 제79조 또는 제93조제1항의 규정에 의한 파산선고의 신청을 태만한 때	6. 제42조에 의하여 준용되는 민법 제79조 또는 제93조제1항의 규정에 의한 파산선고의 신청을 하지 아니한 때
7. 제42조에 의하여 준용되는 민법 제88조제1항 또는 제93조제1항의 규정에 의한 공고를 태만하거나 부실한 공고를 한 때	7. 제42조에 의하여 준용되는 민법 제88조제1항 또는 제93조제1항의 규정에 의한 공고를 하지 아니하거나 공고할 사항을 허위로 또는 누락하여 공고한 때
8. ~ 9. (생 략)	8. ~ 9. (현행과 같음)
②사립학교 교원의 임면권자가 제54조제1항의 규정에 의한 보고를 태만하거나 허위보고를 한 때에는 500만원이하의 과태료에 처한다.	②사립학교 교원의 임면권자가 제54조제1항의 규정에 의한 보고를 하지 아니하거나 허위보고를 한 때에는 500만원이하의 과태료에 처한다.
③ ~ ⑥ (생 략)	③ ~ ⑥ (현행과 같음)

• 법문을 한글화하고 간결하게 하였다.

(2) 위원회 심사

〈1〉 **교육위원회:** 원안대로 가결되었다.[124)]

〈2〉 **법제사법위원회:** 원안대로 가결되었다.[125)]

(3) 본회의 심의

원안대로 가결되었다.[126)]

(4) 결과

원안으로 개정되었다.

124) 제206회 국회(임시회) 제2차 전체회의, 교육위원회회의록, 1999. 8. 10., 30면.
125) 제206회 국회(임시회) 제5차 전체회의, 법제사법위원회회의록, 1999. 8. 12., 19면.
126) 제206회 국회(임시회) 제3차 본회의, 국회본회의회의록, 1999. 8. 12., 26면.

6. 2008년 3월 14일 개정(법률 제8888호, 2008. 3. 14. 시행)

제74조(과태료) ①학교법인의 이사장·감사 또는 청산인이나 사립학교경영자(법인인 경우에는 그 대표자 또는 이사)가 다음 각호의 1에 해당할 때에는 500만원 이하의 과태료에 처한다.

1. 이 법에 의한 등기를 하지 아니한 때
2. 제6조제3항의 규정에 의한 공고를 하지 아니하거나 공고하여야 할 사항을 허위로 또는 누락하여 공고한 때
3. 제13조에 의하여 준용되는 「**민법**」 제55조제1항의 규정에 의한 재산목록 또는 제32조(제51조에 의하여 준용되는 경우를 포함한다) 및 제37조제1항의 규정에 의한 재산목록 기타 서류를 비치하지 아니하거나 이에 기재할 사항을 허위로 또는 누락하여 기재한 때
4. 제19조제4항제3호·제48조(제51조에 의하여 준용되는 경우를 포함한다)의 규정에 의한 보고를 하지 아니하거나 보고하여야 할 사항을 허위로 또는 누락하여 보고한 때
5. 제31조(제51조에 의하여 준용되는 경우를 포함한다)·제37조제2항 또는 제38조제2항의 규정에 위반한 때
6. 제42조에 의하여 준용되는 「**민법**」 제79조 또는 제93조제1항의 규정에 의한 파산선고의 신청을 하지 아니한 때
7. 제42조에 의하여 준용되는 「**민법**」 제88조제1항 또는 제93조제1항의 규정에 의한 공고를 하지 아니하거나 공고할 사항을 허위로 또는 누락하여 공고한 때
8. 제42조에 의하여 준용되는 「**민법**」 제86조 또는 제94조의 규정에 의한 신고를 태만하거나 부실한 신고를 한 때
9. 제42조에 의하여 준용되는 「**민법**」 제90조의 규정에 위반한 때

②사립학교 교원의 임면권자가 제54조제1항의 규정에 의한 보고를 하지 아니하거나 허위보고를 한 때에는 500만원 이하의 과태료에 처한다.

③제1항 및 제2항의 규정에 의한 과태료는 대통령령이 정하는 바에 의하여 관할청이 부과·징수한다.

④제3항의 규정에 의한 과태료 처분에 대하여 불복이 있는 자는 그 처분의 고지를 받은 날부터 30일 이내에 관할청에 이의를 제기할 수 있다.

⑤제3항의 규정에 의하여 과태료 처분을 받은 자가 제4항의 규정에 의하여 이의

를 제기한 때에는 관할청은 지체없이 관할법원에 그 사실을 통보하여야 하며, 통보를 받은 관할법원은 **「비송사건절차법」**에 의한 과태료의 재판을 한다.
⑥제4항의 규정에 의한 기간안에 이의를 제기하지 아니하고 과태료를 납부하지 아니한 때에는 그 관할에 따라 국세체납처분 또는 지방세체납처분의 예에 의하여 이를 징수한다.

• 법령 표기에 있어서 "「 」" 표시를 하기로 함[127]에 따른 개정이다(오직 형식에 관한 개정이므로 자세한 개정경과는 생략함[128]).

74.207

7. 2016년 2월 3일 개정(법률 제13938호, 2016. 2. 3. 시행.)

제74조(과태료) ①학교법인의 이사장·감사 또는 청산인이나 사립학교경영자(법인인 경우에는 그 대표자 또는 이사)가 다음 각호의 1에 해당할 때에는 500만원 이하의 과태료에 처한다.
1. 이 법에 의한 등기를 하지 아니한 때
2. 제6조제3항의 규정에 의한 공고를 하지 아니하거나 공고하여야 할 사항을 허위로 또는 누락하여 공고한 때
3. 제13조에 의하여 준용되는 「민법」 제55조제1항의 규정에 의한 재산목록 또는 제32조(제51조에 의하여 준용되는 경우를 포함한다) 및 제37조제1항의 규정에 의한 재산목록 기타 서류를 비치하지 아니하거나 이에 기재할 사항을 허위로 또는 누락하여 기재한 때
4. 제19조제4항제3호·제48조(제51조에 의하여 준용되는 경우를 포함한다)의 규정에 의한 보고를 하지 아니하거나 보고하여야 할 사항을 허위로 또는 누락하여 보고한 때
5. 제31조(제51조에 의하여 준용되는 경우를 포함한다)·제37조제2항 또는 제38조제2항의 규정에 위반한 때
6. 제42조에 의하여 준용되는 「민법」 제79조 또는 제93조제1항의 규정에 의한 파산선고의 신청을 하지 아니한 때

127) 「법률용어의 표준화 기준」(국회사무처 예규 제22호, 2007. 4. 16. 시행).
128) 이에 관한 구체적 개정경과는 이 책 [2.203] 참조.

7. 제42조에 의하여 준용되는 「민법」 제88조제1항 또는 제93조제1항의 규정에 의한 공고를 하지 아니하거나 공고할 사항을 허위로 또는 누락하여 공고한 때
8. 제42조에 의하여 준용되는 「민법」 제86조 또는 제94조의 규정에 의한 신고를 태만하거나 부실한 신고를 한 때
9. 제42조에 의하여 준용되는 「민법」 제90조의 규정에 위반한 때

②사립학교 교원의 **임용권자**가 제54조제1항의 규정에 의한 보고를 하지 아니하거나 허위보고를 한 때에는 500만원 이하의 과태료에 처한다.

③제1항 및 제2항의 규정에 의한 과태료는 대통령령이 정하는 바에 의하여 관할청이 부과·징수한다.

④제3항의 규정에 의한 과태료 처분에 대하여 불복이 있는 자는 그 처분의 고지를 받은 날부터 30일 이내에 관할청에 이의를 제기할 수 있다.

⑤제3항의 규정에 의하여 과태료 처분을 받은 자가 제4항의 규정에 의하여 이의를 제기한 때에는 관할청은 지체없이 관할법원에 그 사실을 통보하여야 하며, 통보를 받은 관할법원은 「비송사건절차법」에 의한 과태료의 재판을 한다.

⑥제4항의 규정에 의한 기간안에 이의를 제기하지 아니하고 과태료를 납부하지 아니한 때에는 그 관할에 따라 국세체납처분 또는 지방세체납처분의 예에 의하여 이를 징수한다.

- 제2조를 개정함에 따라 “임면”을 “임용”으로 하였다(오직 형식에 관한 개정이므로 자세한 개정경과는 생략함[129]).

8. 2016년 5월 29일 개정(법률 제14154호, 2016. 5. 29. 시행)

제74조(과태료) ①학교법인의 이사장·감사 또는 청산인이나 사립학교경영자(法人인 경우에는 그 代表者 또는 理事)가 다음 각호의 1에 해당할 때에는 500만원 이하의 과태료에 처한다.

1. 이 법에 의한 등기를 하지 아니한 때
2. 제6조제3항의 규정에 의한 공고를 하지 아니하거나 공고하여야 할 사항을 허위로 또는 누락하여 공고한 때

129) 이에 관한 구체적 개정경과는 이 책 [2.204] 참조.

3. 제13조에 의하여 준용되는 「민법」 제55조제1항의 규정에 의한 재산목록 또는 제32조(第51條에 의하여 準用되는 경우를 포함한다) 및 제37조제1항의 규정에 의한 재산목록 기타 서류를 비치하지 아니하거나 이에 기재할 사항을 허위로 또는 누락하여 기재한 때
4. 제19조제4항제3호·제48조(第51條에 의하여 準用되는 경우를 포함한다)의 규정에 의한 보고를 하지 아니하거나 보고하여야 할 사항을 허위로 또는 누락하여 보고한 때
5. 제31조(第51條에 의하여 準用되는 경우를 포함한다)·제37조제2항 또는 제38조제2항의 규정에 위반한 때
6. 제42조에 의하여 준용되는 「민법」 제79조 또는 제93조제1항의 규정에 의한 파산선고의 신청을 하지 아니한 때
7. 제42조에 의하여 준용되는 「민법」 제88조제1항 또는 제93조제1항의 규정에 의한 공고를 하지 아니하거나 공고할 사항을 허위로 또는 누락하여 공고한 때
8. 제42조에 의하여 준용되는 「민법」 제86조 또는 제94조의 규정에 의한 신고를 태만하거나 부실한 신고를 한 때
9. 제42조에 의하여 준용되는 「민법」 제90조의 규정에 위반한 때

②사립학교 교원의 임용권자가 제54조제1항의 규정에 의한 보고를 하지 아니하거나 허위보고를 한 때에는 500만원 이하의 과태료에 처한다.

③제1항 및 제2항의 규정에 의한 과태료는 대통령령이 정하는 바에 의하여 관할청이 부과·징수한다.

④ 삭제

⑤ 삭제

⑥ 삭제

(1) 법률안

〈1〉 정부안[130)]

현행법	원안
제74조(과태료) ① ~ ③ (생 략) ④제3항의 규정에 의한 과태료 처분에 대하여	**제74조(과태료)** ① ~ ③ (현행과 같음) <삭 제>

130) 2013. 6. 26. 정부(의안번호: 1905658); 제안이유 및 주요내용은 이 책 [4.216] 참조.

불복이 있는 자는 그 처분의 고지를 받은 날부터 30일 이내에 관할청에 이의를 제기할 수 있다.	
⑤제3항의 규정에 의하여 과태료 처분을 받은 자가 제4항의 규정에 의하여 이의를 제기한 때에는 관할청은 지체없이 관할법원에 그 사실을 통보하여야 하며, 통보를 받은 관할법원은 「비송사건절차법」에 의한 과태료의 재판을 한다.	<삭 제>
⑥제4항의 규정에 의한 기간안에 이의를 제기하지 아니하고 과태료를 납부하지 아니한 때에는 그 관할에 따라 국세체납처분 또는 지방세 체납처분의 예에 의하여 이를 징수한다.	<삭 제>

〈2〉 **류지영 의원안**[131]: 이 조문을 포함한 개정 대상 조문의 제안이유 및 주요내용은 아래와 같다.

• 제안이유 및 주요내용

질서위반행위의 성립과 과태료 처분에 관한 법률관계를 명확히 하여 국민의 권익을 보호하도록 하고, 과태료의 실효성을 제고하기 위한 제도적 장치를 마련하는 한편, 과태료 부과·징수 절차를 일원화하기 위한 일반법인 「질서위반행위규제법」이 제정되었음. 이에 개별법에 규정되어 있는 과태료 부과·징수에 관한 절차적인 규정을 삭제하여 「질서위반행위규제법」에 일원화되어 있는 과태료 부과·징수 절차에 따라 법체계를 정비하고자 함(안 제74조제4항 등 삭제).

이 조문의 현행법과 개정 원안은 아래와 같다.

현행법	원안
제74조(과태료) ① ~ ③ (생 략)	**제74조(과태료)** ① ~ ③ (현행과 같음)
④제3항의 규정에 의한 과태료 처분에 대하여 불복이 있는 자는 그 처분의 고지를 받은 날부터 30일 이내에 관할청에 이의를 제기할 수 있다.	<삭 제>
⑤제3항의 규정에 의하여 과태료 처분을 받은 자가 제4항의 규정에 의하여 이의를 제기한 때에는 관할청은 지체없이 관할법원에 그 사실을 통보하여야 하며, 통보를 받은 관할법원은 「비송사건절차법」에 의한 과태료의 재판을 한다.	<삭 제>

131) 2015. 7. 17. 류지영의원 등 10인(의안번호: 1916137).

⑥제4항의 규정에 의한 기간안에 이의를 제기하지 아니하고 과태료를 납부하지 아니한 때에는 그 관할에 따라 국세체납처분 또는 지방세 체납처분의 예에 의하여 이를 징수한다.	<삭 제>

• 과태료 부과·징수 절차를 일원화하기 위해 「질서위반행위규제법」(2007. 12. 21. 제정, 2008. 6. 22. 시행) 제정되었다. 이에 개별법에 규정된 어 있는 과태료 부과·징수 절차를 삭제하였다.

(2) 위원회 심사

〈1〉 **교육문화체육관광위원회:** 대안[132])으로 가결되었다(이 조문의 경우에는 원안과 대안의 내용이 동일함).[133])

〈2〉 **법제사법위원회:** 교육문화체육관광위원회 대안대로 가결되었다.[134])

(3) 본회의 심의

교육문화체육관광위원회 대안대로 가결되었다.[135])

(4) 결과

교육문화체육관광위원회 대안으로 개정되었다.

74.209 9. 2017년 11월 28일 개정(법률 제15040호, 2018. 5. 29. 시행)

제74조(과태료) ①학교법인의 이사장·감사 또는 청산인이나 사립학교경영자(법인인 경우에는 그 대표자 또는 이사)가 다음 각호의 1에 해당할 때에는 500만원 이하의 과태료에 처한다.

1. 이 법에 의한 등기를 하지 아니한 때
2. 제6조제3항의 규정에 의한 공고를 하지 아니하거나 공고하여야 할 사항을 허

---

132) 2016. 5. 18. 교육문화체육관광위원장(의안번호: 1918727).

133) 제342회 국회(임시회) 제1차 전체회의, 교육문화체육관광위원회회의록, 2016. 5. 11., 23면.

134) 제342회 국회(임시회) 제2차 전체회의, 법제사법위원회회의록, 2016. 5. 17., 76면.

135) 제342회 국회(임시회) 제1차 본회의, 국회본회의회의록, 2016. 5. 19., 41면.

위로 또는 누락하여 공고한 때
3. 제13조에 의하여 준용되는 「민법」 제55조제1항의 규정에 의한 재산목록 또는 제32조(제51조에 의하여 준용되는 경우를 포함한다) 및 제37조제1항의 규정에 의한 재산목록 기타 서류를 비치하지 아니하거나 이에 기재할 사항을 허위로 또는 누락하여 기재한 때
4. 제19조제4항제3호·제48조(제51조에 의하여 준용되는 경우를 포함한다)의 규정에 의한 보고를 하지 아니하거나 보고하여야 할 사항을 허위로 또는 누락하여 보고한 때
5. 제31조(제51조에 의하여 준용되는 경우를 포함한다)·제37조제2항 또는 제38조제2항의 규정에 위반한 때
6. 제42조에 의하여 준용되는 「민법」 제79조 또는 제93조제1항의 규정에 의한 파산선고의 신청을 하지 아니한 때
7. 제42조에 의하여 준용되는 「민법」 제88조제1항 또는 제93조제1항의 규정에 의한 공고를 하지 아니하거나 공고할 사항을 허위로 또는 누락하여 공고한 때
8. 제42조에 의하여 준용되는 「민법」 제86조 또는 제94조의 규정에 의한 신고를 태만하거나 부실한 신고를 한 때
9. 제42조에 의하여 준용되는 「민법」 제90조의 규정에 위반한 때

②대학교육기관의 장 및 대학교육기관을 설치·경영하는 학교법인의 이사장이 제32조의2제4항에 따른 보고를 하지 아니하거나 보고하여야 할 사항을 거짓으로 또는 누락하여 보고한 때에는 500만원 이하의 과태료를 부과한다.
③사립학교 교원의 임용권자가 제54조제1항의 규정에 의한 보고를 하지 아니하거나 허위보고를 한 때에는 500만원 이하의 과태료에 처한다.
④제1항부터 제3항까지의 규정에 따른 과태료는 대통령령으로 정하는 바에 따라 관할청이 부과·징수한다.

(1) 법률안(신동근 의원안[136])

현행법	원안
제74조(과태료) ① (생 략)	**제74조(과태료)** ① (현행과 같음)

136) 2017. 5. 23. 신동근의원 등 19인(의안번호: 2006994); 제안이유 및 주요내용은 이 책 [32-2.205] 참조.

<신 설> ② (생 략)	②대학교육기관의 장 및 대학교육기관을 설치·경영하는 학교법인의 이사장이 제32조의2 제4항에 따른 보고를 하지 아니하거나 보고하여야 할 사항을 거짓으로 또는 누락하여 보고한 때에는 500만원 이하의 과태료를 부과한다. ③ (현행 제2항과 같음)
④제1항 및 제2항의 규정에 의한 과태료는 대통령령이 정하는 바에 의하여 관할청이 부과·징수한다.	④제1항부터 제3항까지의 규정에 따른 과태료는 대통령령으로 정하는 바에 따라 관할청이 부과·징수한다.

- 대학교육기관의 장 및 대학교육기관을 설치·경영하는 학교법인의 이사장은 대학교육기관과 특수한 관계에 있는 법인에 투자한 경우에는 투자결과를 교육부장관에게 보고하도록 하고 이를 위반하는 경우 과태료를 부과하도록 하였다.

(2) 위원회 심사

〈1〉 **교육문화체육관광위원회:** 대안[137]으로 가결되었다(이 조문의 경우에는 원안과 대안의 내용이 동일함).[138] 제74조에 관한 회의록 내용은 아래와 같다.

- **소위원장 유은혜**[139]: 대학교육기관의 장 및 대학교육기관을 설치·경영하는 학교법인의 이사장은 적립금의 투자 관리·운용에 관한 사항을 심의하기 위하여 기금운용심의회를 두도록 하는 한편, 대학교육기관과 특수한 관계에 있는 법인에 투자한 경우에는 투자 결과를 교육부장관에게 보고하도록 하고 이를 위반하는 경우 과태료를 부과하도록 하였습니다.

〈2〉 **법제사법위원회:** 교육문화체육관광위원회 대안대로 가결되었다.[140]

(3) 본회의 심의

교육문화체육관광위원회 대안대로 가결되었다.[141] 제74조에 관한 회의록 내용은 아래와 같다.

---

137) 2017. 11. 8. 교육문화체육관광위원장(의안번호: 2010049).
138) 제354회 국회(정기회) 제4차 전체회의, 교육문화체육관광위원회회의록, 2017. 9. 28., 13면.
139) 제354회 국회(정기회) 제4차 전체회의, 교육문화체육관광위원회회의록, 2017. 9. 28., 8면.
140) 제354회 국회(정기회) 제5차 전체회의, 법제사법위원회회의록, 2017. 11. 6., 27~28면.
141) 제354회 국회(정기회) 제12차 본회의, 국회본회의회의록, 2017. 11. 9., 16면.

• **교육문화체육관광위원장대리 김병욱**[142]: 다음으로 사립학교법 일부개정법률안(대안)은 강길부 의원, 도종환 의원, 신동근 의원이 각각 대표발의한 법률안을 통합 조정하여 대안으로 제시하는 것으로,…셋째, 대학교육기관의 장 및 대학교육기관을 설치·경영하는 학교법인의 이사장은 적립금의 투자 관리·운용에 관한 사항을 심의하기 위하여 기금운용심의회를 두도록 하는 한편, 대학교육기관과 특수한 관계에 있는 법인에 투자한 경우에는 투자 결과를 교육부장관에게 보고하도록 하고, 이를 위반하는 경우 과태료를 부과하도록 하였습니다…

• **의장 정세균**[143]: 다음은 사립학교법 일부개정법률안(대안)을 의결하도록 하겠습니다. 투표해 주시기 바랍니다. (전자투표) 투표를 다 하셨습니까? 투표를 마치겠습니다. 투표 결과를 말씀드리겠습니다. 재석 211인 중 찬성 201인, 반대 2인, 기권 8인으로서 사립학교법 일부개정법률안(대안)은 가결되었음을 선포합니다.

(4) 결과

교육문화체육관광위원회 대안으로 개정되었다.

10. 2018년 12월 18일 개정(법률 제15954호, 2019. 3. 19. 시행)

제74조(과태료) ①사립학교 교원의 임용권자가 다음 각 호의 어느 하나에 해당하는 경우에는 1천만원 이하의 과태료를 부과한다.

1. 제54조제3항 후단을 위반하여 특별한 사유 없이 관할청의 해임 또는 징계 요구를 따르지 아니한 경우
2. 제54조의2제1항 후단을 위반하여 특별한 사유 없이 관할청의 해임 요구를 따르지 아니한 경우
3. 제66조의2제3항을 위반하여 재심의를 요구하지 아니한 경우

②학교법인의 이사장·감사 또는 청산인이나 사립학교경영자(법인인 경우에는 그 대표자 또는 이사)가 다음 각호의 1에 해당할 때에는 500만원 이하의 과태료에 처한다.

1. 이 법에 의한 등기를 하지 아니한 때
2. 제6조제3항의 규정에 의한 공고를 하지 아니하거나 공고하여야 할 사항을

142) 제354회 국회(정기회) 제12차 본회의, 국회본회의회의록, 2017. 11. 9., 15면.
143) 제354회 국회(정기회) 제12차 본회의, 국회본회의회의록, 2017. 11. 9., 16면.

허위로 또는 누락하여 공고한 때

3. 제13조에 의하여 준용되는 「민법」 제55조제1항의 규정에 의한 재산목록 또는 제32조(제51조에 의하여 준용되는 경우를 포함한다) 및 제37조제1항의 규정에 의한 재산목록 기타 서류를 비치하지 아니하거나 이에 기재할 사항을 허위로 또는 누락하여 기재한 때

4. 제19조제4항제3호 · 제48조(제51조에 의하여 준용되는 경우를 포함한다)의 규정에 의한 보고를 하지 아니하거나 보고하여야 할 사항을 허위로 또는 누락하여 보고한 때

5. 제31조(제51조에 의하여 준용되는 경우를 포함한다) · 제37조제2항 또는 제38조제2항의 규정에 위반한 때

6. 제42조에 의하여 준용되는 「민법」 제79조 또는 제93조제1항의 규정에 의한 파산선고의 신청을 하지 아니한 때

7. 제42조에 의하여 준용되는 「민법」 제88조제1항 또는 제93조제1항의 규정에 의한 공고를 하지 아니하거나 공고할 사항을 허위로 또는 누락하여 공고한 때

8. 제42조에 의하여 준용되는 「민법」 제86조 또는 제94조의 규정에 의한 신고를 태만하거나 부실한 신고를 한 때

9. 제42조에 의하여 준용되는 「민법」 제90조의 규정에 위반한 때

③대학교육기관의 장 및 대학교육기관을 설치·경영하는 학교법인의 이사장이 제32조의2제4항에 따른 보고를 하지 아니하거나 보고하여야 할 사항을 거짓으로 또는 누락하여 보고한 때에는 500만원 이하의 과태료를 부과한다.

④사립학교 교원의 임용권자가 제54조제1항의 규정에 의한 보고를 하지 아니하거나 허위보고를 한 때에는 500만원 이하의 과태료에 처한다.

⑤제1항부터 제4항까지의 규정에 따른 과태료는 대통령령으로 정하는 바에 따라 관할청이 부과·징수한다.

(1) 법률안(송기석 의원안[144])

현행법	원안
제74조(과태료) ① (생 략)	**제74조(과태료)** ① (현행과 같음)

144) 2017. 12. 20. 송기석의원 등 13인(의안번호: 2010918); 제안이유 및 주요내용은 이 책 [54.209] 참조.

<신 설>	②사립학교 교원의 임용권자가 다음 각 호의 어느 하나에 해당하는 경우에는 1천만원 이하의 과태료를 부과한다. 1. 제54조제3항 후단을 위반하여 특별한 사유 없이 징계의결의 요구를 하지 아니한 경우 2. 제54조의2제1항 후단을 위반하여 특별한 사유 없이 관할청의 해임 요구를 따르지 아니한 경우 3. 제66조의2제3항을 위반하여 재심의를 요구하지 아니한 경우
② ~ ③ (생 략)	③ ~ ④ (현행 제2항 및 제3항과 같음)

• 징계의결요구 등 미이행시 과태료를 부과하여 관할청의 사립학교에 대한 감독 권한을 강화하였다.

(2) 위원회 심사

〈1〉 **교육위원회:** 대안[145]으로 가결되었다.[146]

대안
제74조(과태료) ②사립학교 교원의 임용권자가 다음 각 호의 어느 하나에 해당하는 경우에는 1천만원 이하의 과태료를 부과한다. 1. 제54조제3항 후단을 위반하여 특별한 사유 없이 징계의결의 요구를 하지 아니한 경우 2. 제54조의2제1항 후단을 위반하여 특별한 사유 없이 관할청의 해임 요구를 따르지 아니한 경우 3. 제66조의2제3항을 위반하여 재심의를 요구하지 아니한 경우 ⑤제1항부터 제4항까지의 규정에 따른 과태료는 대통령령으로 정하는 바에 따라 관할청이 부과·징수한다.

위 내용이 포함된 제74조에 관한 회의록 내용은 아래와 같다.

가. 제20대국회 제364회 제1차 교육위원회 법안심사소위원회(2018. 11. 9.)

• **교육부차관 박춘란**[147]: 사립학교법에 대해서 지금 심사자료 참고로 되어 있는 자료를 가지고 설명드리겠습니다...

145) 2018. 11. 29. 교육위원장(의안번호: 2016900).

146) 제364회 국회(정기회) 제7차 전체회의, 교육위원회회의록, 2018. 11. 15., 8면.

147) 제364회 국회(정기회) 제2차 법안심사소위, 교육위원회회의록, 2018. 11. 12., 33~34면.

그리고 4쪽 보시면 교원의 해임·징계요구에 대한 응답의무 및 의무위반 시 과태료 부분이 되겠습니다. 이 부분에 대해서는 관할청의 해임·징계 요구에 대한 이행강제력을 확보하기 위한 부분이 되겠습니다. 그래서 관할청이 교원의 해임이나 징계 요구를 했을 때 임용권자는 그 부분을 따르도록, 특별한 사유가 없는 한 따르도록 하는 규정이 제3항 후단으로 신설이 되고요, 그리고 그 부분에 대해서 위반했을 때는 과태료가 부과된다는 부분으로 하시면 되겠습니다. 그래서 제74조가 현재 그냥 항으로만 되어 있는 것을 이런 경우의 수가 들어감에 따라서 호로 분리가 되고 하는 그런 기술적인 문제가 되겠습니다. 이견 없습니다...

- **수석전문위원 정재룡**148): 이어서 다음 쪽에 개정안은 징계의결요구, 해임요구, 재심요구 의무를 미이행하는 경우 과태료를 부과하여 의무 이행을 강제하는 사항입니다. 안 제54조제3항 후단에 따라 신설되는 징계의결요구 의무, 기존에 부과된 해임요구 의무, 재심의요구 의무는 각각 타당한 것으로 보이므로 이를 지키도록 하는 과태료 부과가 사립학교의 자율성을 과도하게 침해하는 경우라고 보기는 어렵다고 봅니다. 이어서 마지막으로 개정안은 면직의 사유에 부정 임용된 경우를 포함하여 부정임용을 방지하고자 하고 있습니다. 일부 사립학교에서는 이미 사립학교법에 따라 신규채용 공개전형 시험에서 부정행위를 한 자에 대해서는 그 시험을 정지 또는 무효로 하고 있어 반대한다는 입장입니다. 그러나 교원이 부정한 방법으로 임용된 것이 밝혀져도 적절한 조치가 이루어지지 않는 사례를 감안할 때 개정안과 같이 면직사유로 규정하고 그 경우 안 제74조제2항제2호에 따라 과태료를 부과할 수 있도록 규율하는 것이 필요하다고 봅니다. 이상입니다.
- **소위원장 조승래**149): 정부 의견 말씀해 주시기 바랍니다.
- **교육부차관 박춘란**150): 전문위원 검토의견하고 동일합니다.
- **소위원장 조승래**151): 전문위원 검토의견하고 동일하다. 위원님들 토론해 주시기 바랍니다. 없으세요, 없으십니까? 곽상도 위원님 의견 없으세요?
- **곽상도 위원**152): 없어요.
- **소위원장 조승래**153): 없으시고요. 다른 위원님들, 박용진 위원님.
- **박용진 위원**154): 아까 유치원 관련해서 논의할 때도 이렇게 관할청의 해임과 징

148) 제364회 국회(정기회) 제2차 법안심사소위, 교육위원회회의록, 2018. 11. 12., 48면.
149) 제364회 국회(정기회) 제2차 법안심사소위, 교육위원회회의록, 2018. 11. 12., 48면.
150) 제364회 국회(정기회) 제2차 법안심사소위, 교육위원회회의록, 2018. 11. 12., 48면.
151) 제364회 국회(정기회) 제2차 법안심사소위, 교육위원회회의록, 2018. 11. 12., 49면.
152) 제364회 국회(정기회) 제2차 법안심사소위, 교육위원회회의록, 2018. 11. 12., 49면.
153) 제364회 국회(정기회) 제2차 법안심사소위, 교육위원회회의록, 2018. 11. 12., 49면.

계 요구에 따른 임용권자의 징계의결 요구에 따라야 된다는 의무화 조항이 있거든요. 같은 것으로 생각합니다.

• **소위원장 조승래**[155]: 그러면 더 이상 의견이 없으시면… 의사일정 제9항부터 제10항까지는 위원님들의 의견과 전문위원의 의견을 받아들여 위원회 대안으로 제안하기로 하고, 2건의 법률안은 본회의에 부의하지 않는 것으로 의결하고자 하는데, 이의 없으십니까? (예 하는 위원 있음) 가결되었음을 선포합니다.

나. 제20대국회 제364회 제7차 교육위원회(2018. 11. 15.)

• **위원장 이찬열**[156]: 의사일정 제23항부터 제25항까지 김광수 의원, 곽상도 의원, 송기석 의원이 각각 대표발의한 사립학교법 일부개정법률안은 소위원회에서 심사보고한 바와 같이 본회의에 각각 부의하지 아니하고 이를 통합 조정한 의사일정 제26항 사립학교법 일부개정법률안(대안)을 제안하고자 합니다. 이의 없으십니까? (예 하는 위원 있음) 이의가 없으시므로 가결되었음을 선포합니다.

〈2〉 법제사법위원회: 교육위원회 대안을 수정·가결했다.[157] 수정내용은 아래와 같다.

교육위원회 대안	법제사법위원회 수정안
제74조(과태료) ② ――――――――――――――――――――. 1. ―――――― 징계의결――――――――	**제74조(과태료)** ① ――――――――――――――――――――. 1. ―――― 해임 또는 징계의결――

위 내용이 포함된 제74조에 관한 회의록 내용은 아래와 같다.

• **전문위원 이문한**[158]: 의사일정 제57항 사립학교법 일부개정법률안(대안)은…징계의결 요구등을 미이행한 사립학교 교원의 임용권자에게 1000만 원 이하의 과태료를 부과하는 내용으로 법률 체계에 맞게 과태료의 조문 순서를 변경하고 불필요한 적용례 규정을 삭제하는 것을 제외하고는 별다른 문제점이 없다고 보았습니다...

• **위원장 여상규**[159]: 그러면 의사일정…57항…까지 법률안은 전문위원이 수정한

154) 제364회 국회(정기회) 제2차 법안심사소위, 교육위원회회의록, 2018. 11. 12., 49면.
155) 제364회 국회(정기회) 제2차 법안심사소위, 교육위원회회의록, 2018. 11. 12., 49면.
156) 제364회 국회(정기회) 제7차 전체회의, 교육위원회회의록, 2018. 11. 15., 8면.
157) 제364회 국회(정기회) 제8차 전체회의, 법제사법위원회회의록, 2018. 11. 28., 56면.
158) 제364회 국회(정기회) 제8차 전체회의, 법제사법위원회회의록, 2018. 11. 28., 40면.
159) 제364회 국회(정기회) 제8차 전체회의, 법제사법위원회회의록, 2018. 11. 28., 56면.

부분은 수정한 대로, 기타 부분은 원안대로 의결하고자 하는데 이의 있으십니까? (없습니다 하는 위원 있음) 가결되었음을 선포합니다.

(3) 본회의 심의

법제사법위원회 수정안대로 가결되었다.[160)]

(4) 결과

법제사법위원회 수정안으로 개정되었다.

74.211

11. 2020년 10월 20일 개정(법률 제17493호, 2021. 4. 21. 시행)

제74조(과태료) ①사립학교 교원의 임용권자가 다음 각 호의 어느 하나에 해당하는 경우에는 1천만원 이하의 과태료를 부과한다.

1. 제54조제3항 후단을 위반하여 특별한 사유 없이 관할청의 해임 또는 징계 요구를 따르지 아니한 경우
2. 제54조의2제1항 후단을 위반하여 특별한 사유 없이 관할청의 해임 요구를 따르지 아니한 경우
3. 제66조의2제3항을 위반하여 재심의를 요구하지 아니한 경우

②학교법인의 이사장·감사 또는 청산인이나 사립학교경영자(법인인 경우에는 그 대표자 또는 이사)가 다음 각호의 1에 해당할 때에는 500만원 이하의 과태료에 처한다.

1. 이 법에 의한 등기를 하지 아니한 때
2. 제6조제3항의 규정에 의한 공고를 하지 아니하거나 공고하여야 할 사항을 허위로 또는 누락하여 공고한 때
3. 제13조에 의하여 준용되는 「민법」 제55조제1항의 규정에 의한 재산목록 또는 제32조(제51조에 의하여 준용되는 경우를 포함한다) 및 제37조제1항의 규정에 의한 재산목록 기타 서류를 비치하지 아니하거나 이에 기재할 사항을 허위로 또는 누락하여 기재한 때
4. 제19조제4항제3호·제48조(제51조에 의하여 준용되는 경우를 포함한다)의 규

160) 제364회 국회(정기회) 제13차 본회의, 국회본회의회의록, 2018. 11. 29., 12면.

정에 의한 보고를 하지 아니하거나 보고하여야 할 사항을 허위로 또는 누락하여 보고한 때
5. 제31조(제51조에 의하여 준용되는 경우를 포함한다)·제37조제2항 또는 제38조제2항의 규정에 위반한 때
6. 제42조에 의하여 준용되는 「민법」 제79조 또는 제93조제1항의 규정에 의한 파산선고의 신청을 하지 아니한 때
7. 제42조에 의하여 준용되는 「민법」 제88조제1항 또는 제93조제1항의 규정에 의한 공고를 하지 아니하거나 공고할 사항을 허위로 또는 누락하여 공고한 때
8. 제42조에 의하여 준용되는 「민법」 제86조 또는 제94조의 규정에 의한 신고를 태만하거나 부실한 신고를 한 때
9. 제42조에 의하여 준용되는 「민법」 제90조의 규정에 위반한 때

③대학교육기관의 장 및 대학교육기관을 설치·경영하는 학교법인의 이사장이 제32조의2**제5항**에 따른 보고를 하지 아니하거나 보고하여야 할 사항을 거짓으로 또는 누락하여 보고한 때에는 500만원 이하의 과태료를 부과한다.

④사립학교 교원의 임용권자가 제54조제1항의 규정에 의한 보고를 하지 아니하거나 허위보고를 한 때에는 500만원 이하의 과태료에 처한다.

⑤ 제1항부터 제4항까지의 규정에 따른 과태료는 대통령령으로 정하는 바에 따라 관할청이 부과·징수한다.

(1) 법률안(박찬대 의원안[161])

현행법	원안
제74조(과태료) ① ~ ② (생 략) ③대학교육기관의 장 및 대학교육기관을 설치·경영하는 학교법인의 이사장이 제32조의2제4항에 따른 보고를 하지 아니하거나 보고하여야 할 사항을 거짓으로 또는 누락하여 보고한 때에는 500만원 이하의 과태료를 부과한다. ④ ~ ⑤ (생 략)	**제74조(과태료)** ① ~ ② (현행과 같음) ③대학교육기관의 장 및 대학교육기관을 설치·경영하는 학교법인의 이사장이 제32조의2제5항에 따른 보고를 하지 아니하거나 보고하여야 할 사항을 거짓으로 또는 누락하여 보고한 때에는 500만원 이하의 과태료를 부과한다. ④ ~ ⑤ (현행과 같음)

• 제32조의2(적립금) 제4항 신설에 따라 제4항"이 "제5항"으로 이동한 상황을 반영하였다.

161) 2020. 7. 21. 박찬대의원 등 10인(의안번호: 2102262); 제안이유 및 주요내용은 이 책 [32-2.206] 참조.

(2) 위원회 심사

〈1〉 **교육위원회:** 원안대로 가결되었다.[162)]

〈2〉 **법제사법위원회:** 원안대로 가결되었다.[163)]

(3) 본회의 심의

원안대로 가결되었다.[164)]

(4) 결과

원안으로 개정되었다.

74.212

12. 2020년 12월 22일 개정(법률 제17659호, 2021. 4. 21. 시행)

제74조(과태료) ①_사립학교 교원의 임용권자가 다음 각 호의 어느 하나에 해당하는 경우에는 1천만원 이하의 과태료를 부과한다.

1. 제54조제3항 후단을 위반하여 특별한 사유 없이 관할청의 해임 또는 징계 요구를 따르지 아니한 경우
2. 제54조의2제1항 후단을 위반하여 특별한 사유 없이 관할청의 해임 요구를 따르지 아니한 경우
3. 제66조의2제3항을 위반하여 재심의를 요구하지 아니한 경우

②_학교법인의 이사장, 감사 또는 청산인이나 사립학교경영자(**법인**인 경우에는 그_**대표자** 또는 **이사**)가 다음 각 호의 **어느 하나**에 해당**하는** 경우에는 500만원 이하의 과태료**를 부과**한다.

1. 이 법에 따른 등기를 하지 아니한 **경우**
2. 제6조제3항에 따른 공고를 하지 아니하거나 공고하여야 할 사항을 **거짓으로 공고하거나 누락하여** 공고한 **경우**
3. 제13조에 따라 준용되는 「민법」 제55조제1항에 따른 재산목록 또는 제32조(**제**51**조**에 **따라 준용**되는 경우를 포함한다) 및 제37조제1항에 **따른** 재산목

162) 제382회 국회(정기회) 제1차 전체회의, 교육위원회회의록, 2020. 9. 22., 8면.
163) 제382회 국회(정기회) 제4차 전체회의, 법제사법위원회회의록, 2020. 9. 23., 65면.
164) 제382회 국회(정기회) 제9차 본회의, 국회본회의회의록, 2020. 9. 24., 10면.

록**이나 그 밖의** 서류를 **갖추어 두지 아니하거나 이에 적을** 사항을 **거짓으로 적거나 누락하여 적은 경우**

4. 제19조제4항제3호 **또는** 제48조(**제**51**조**에 따라 **준용**되는 경우를 포함한다)에 **따른** 보고를 하지 아니하거나 보고하여야 할 사항을 **거짓으로 보고하거나** 누락하여 보고**한 경우**
5. 제31조(**제**51**조**에 따라 **준용**되는 경우를 포함한다), 제37조제2항 또는 제38조제2항을 위반한 **경우**
6. 제42조에 **따라** 준용되는 「민법」 제79조 또는 제93조제1항에 **따른** 파산선고의 신청을 하지 아니한 **경우**
7. 제42조에 따라 준용되는 「민법」 제88조제1항 또는 제93조제1항에 **따른** 공고를 하지 아니하거나 공고할 사항을 **거짓으로 공고하거나 누락하여** 공고한 **경우**
8. 제42조에 **따라** 준용되는 「민법」 제86조 또는 제94조에 따른 신고를 **게을리하거나** 부실한 신고를 한 **경우**
9. 제42조에 **따라** 준용되는 「민법」 제90조**를** 위반한 **경우**

③_대학교육기관의 장 및 대학교육기관을 설치·경영하는 학교법인의 이사장이 제32조의2제5항에 따른 보고를 하지 아니하거나 보고하여야 할 사항을 거짓으로 보고하거나 누락하여 보고한 **경우**에는 500만원 이하의 과태료를 부과한다.

④_사립학교 교원의 임용권자가 제54조제1항에 따른 보고를 하지 아니하거나 **거짓으로 보고한 경우**에는 500만원 이하의 과태료를 **부과**한다.

⑤_제1항부터 제4항까지의 규정에 따른 과태료는 대통령령으로 정하는 바에 따라 관할청이 부과·징수한다.

• 법문을 한글화하고 간결하게 하였다(오직 형식에 관한 개정이므로 자세한 개정경과는 생략함[165]).

13. 2021년 8월 10일 개정(법률 제18372호, 2022. 1. 1. 시행)

제74조(과태료) ① 사립학교 교원의 임용권자가 다음 각 호의 어느 하나에 해당하는 경우에는 1천만원 이하의 과태료를 부과한다.

165) 이에 관한 구체적 개정경과는 이 책 [1.201] 참조.

1. 제54조제3항 후단을 위반하여 특별한 사유 없이 관할청의 해임 또는 징계 요구를 따르지 아니한 경우
2. 제54조의2제1항 후단을 위반하여 특별한 사유 없이 관할청의 해임 요구를 따르지 아니한 경우
3. 제66조의2제3항을 위반하여 재심의를 요구하지 아니한 경우

② 학교법인의 이사장, 감사 또는 청산인이나 사립학교경영자(법인인 경우에는 그 대표자 또는 이사)가 다음 각 호의 어느 하나에 해당하는 경우에는 500만원 이하의 과태료를 부과한다.

1. 이 법에 따른 등기를 하지 아니한 경우
2. 제6조제3항에 따른 공고를 하지 아니하거나 공고하여야 할 사항을 거짓으로 공고하거나 누락하여 공고한 경우
3. 제13조에 따라 준용되는 「민법」 제55조제1항에 따른 재산목록 또는 제32조(제51조에 따라 준용되는 경우를 포함한다) 및 제37조제1항에 따른 재산목록이나 그 밖의 서류를 갖추어 두지 아니하거나 이에 적을 사항을 거짓으로 적거나 누락하여 적은 경우
4. 제19조제4항제3호 또는 제48조(제51조에 따라 준용되는 경우를 포함한다)에 따른 보고를 하지 아니하거나 보고하여야 할 사항을 거짓으로 보고하거나 누락하여 보고한 경우

<u>**4의2. 제28조제5항에 따른 신고를 하지 아니한 경우**</u>

5. 제31조(제51조에 따라 준용되는 경우를 포함한다), 제37조제2항 또는 제38조제2항을 위반한 경우
6. 제42조에 따라 준용되는 「민법」 제79조 또는 제93조제1항에 따른 파산선고의 신청을 하지 아니한 경우
7. 제42조에 따라 준용되는 「민법」 제88조제1항 또는 제93조제1항에 따른 공고를 하지 아니하거나 공고할 사항을 거짓으로 공고하거나 누락하여 공고한 경우
8. 제42조에 따라 준용되는 「민법」 제86조 또는 제94조에 따른 신고를 게을리하거나 부실한 신고를 한 경우
9. 제42조에 따라 준용되는 「민법」 제90조를 위반한 경우

③ 대학교육기관의 장 및 대학교육기관을 설치·경영하는 학교법인의 이사장이 제32조의2제5항에 따른 보고를 하지 아니하거나 보고하여야 할 사항을 거짓으로 보고하거나 누락하여 보고한 경우에는 500만원 이하의 과태료를 부과한다.

④ 사립학교 교원의 임용권자가 제54조제1항에 따른 보고를 하지 아니하거나 거짓으로 보고한 경우에는 500만원 이하의 과태료를 부과한다.
⑤ 제1항부터 제4항까지의 규정에 따른 과태료는 대통령령으로 정하는 바에 따라 관할청이 부과·징수한다.

(1) 법률안(교육위원회안(대안)[166])

이 조문의 경우에는 원안[167]으로 제안되지 않고 위원회 심사 단계에서 대안으로 제안되었다. 이 조문의 현행법과 원안(대안)의 내용을 비교하면 아래와 같다.

현행법	원안
第74조(과태료) ① (생 략) ② 학교법인의 이사장, 감사 또는 청산인이나 사립학교경영자(법인인 경우에는 그 대표자 또는 이사)가 다음 각 호의 어느 하나에 해당하는 경우에는 500만원 이하의 과태료를 부과한다. 1. ~ 4. (생 략) <신 설> 5. ~ 9. (생 략) ③ ~ ⑤ (생 략)	**第74조(과태료)** ① (생 략) ② 학교법인의 이사장, 감사 또는 청산인이나 사립학교경영자(법인인 경우에는 그 대표자 또는 이사)가 다음 각 호의 어느 하나에 해당하는 경우에는 500만원 이하의 과태료를 부과한다. 1. ~ 4. (생 략) 4의2. 제28조제5항에 따른 신고를 하지 아니한 경우 5. ~ 9. (생 략) ③ ~ ⑤ (생 략)

• 학교법인은 기본재산에 관한 소송절차가 개시된 때와 완결된 때에는 그 사실을 관할청에 신고하도록 하고, 위반시 과태료를 부과하도록 하였다.

(2) 위원회 심사

〈1〉 **교육위원회:** 대안[168]으로 가결되었다(이 조문의 경우에는 원안과 대안의 내용이 동일함).[169] 이 조문의 회의록 내용은 2021. 8. 10. 개정조문 제73조와 공통적이어서 생략

---

166) 2021. 7. 22. 교육위원장(의안번호: 2111667).
167) 2020. 7. 14. 박찬대의원 등 10인(의안번호: 2101945), 2020. 9. 29. 박찬대의원 등 10인(의안번호: 2104339), 2020. 12. 23. 정찬민의원 등 11인(의안번호: 2106856), 2020. 12. 30. 곽상도의원 등 11인(의안번호: 2107052), 2021. 2. 2. 김철민의원 등 11인(의안번호: 2107877), 2021. 2. 26. 윤영덕의원 등 12인(의안번호: 2108374).
168) 2021. 7. 22. 교육위원장(의안번호: 2111667).
169) 제389회 국회(임시회) 제1차 전체회의, 교육위원회회의록, 2021. 7. 14., 6면.

한다.[170)]

〈2〉 **법제사법위원회:** 교육위원회 대안대로 가결되었다.[171)]

(3) 본회의 심의

교육위원회 대안대로 가결되었다.[172)]

(4) 결과

교육위원회 대안으로 개정되었다.

74.214 14. 2021년 9월 24일 개정(법률 제18460호, 2022. 3. 25. 시행)

제74조(과태료) ① 사립학교 교원 또는 제70조의2에 따라 임명된 사무직원의 임용권자가 다음 각 호의 어느 하나에 해당하는 경우에는 1천만원 이하의 과태료를 부과한다.

1. 제54조제3항 후단을 위반하여 특별한 사유 없이 관할청의 해임 또는 징계 요구를 따르지 아니한 경우
2. 제54조의2제1항 후단을 위반하여 특별한 사유 없이 관할청의 해임 요구를 따르지 아니한 경우
3. 제66조의2제3항을 위반하여 재심의를 요구하지 아니한 경우
4. 제66조의2제5항 전단(제70조의6제5항에서 준용하는 경우를 포함한다)을 위반하여 의결 내용에 따라 징계처분을 하지 아니한 경우
5. 제70조의5제3항 후단을 위반하여 특별한 사유 없이 관할청의 징계의결 요구에 따르지 아니한 경우
6. 제70조의6제3항을 위반하여 재심의를 요구하지 아니한 경우
7. 제70조의7제1항 각 호 외의 부분 후단을 위반하여 특별한 사유 없이 관할청의 해임 요구를 따르지 아니한 경우
8. 제72조의5제4항제2호에 따른 관할청의 시정명령을 특별한 사유 없이 따르지 아니한 경우

---

170) 이 책 [73.206] 참조.
171) 제389회 국회(임시회) 제1차 전체회의, 법제사법위원회회의록, 2021. 7. 22., 64면.
172) 제389회 국회(임시회) 제2차 본회의, 국회본회의회의록, 2021. 7. 23., 10면.

② 학교법인의 이사장, 감사 또는 청산인이나 사립학교경영자(법인인 경우에는 그 대표자 또는 이사)가 다음 각 호의 어느 하나에 해당하는 경우에는 500만원 이하의 과태료를 부과한다.

1. 이 법에 따른 등기를 하지 아니한 경우
2. 제6조제3항에 따른 공고를 하지 아니하거나 공고하여야 할 사항을 거짓으로 공고하거나 누락하여 공고한 경우
3. 제13조에 따라 준용되는 「민법」 제55조제1항에 따른 재산목록 또는 제32조(제51조에 따라 준용되는 경우를 포함한다) 및 제37조제1항에 따른 재산목록이나 그 밖의 서류를 갖추어 두지 아니하거나 이에 적을 사항을 거짓으로 적거나 누락하여 적은 경우
4. 제19조제4항제3호 또는 제48조(제51조에 따라 준용되는 경우를 포함한다)에 따른 보고를 하지 아니하거나 보고하여야 할 사항을 거짓으로 보고하거나 누락하여 보고한 경우

4의2. 제28조제5항에 따른 신고를 하지 아니한 경우

5. 제31조(제51조에 따라 준용되는 경우를 포함한다), 제37조제2항 또는 제38조제2항을 위반한 경우
6. 제42조에 따라 준용되는 「민법」 제79조 또는 제93조제1항에 따른 파산선고의 신청을 하지 아니한 경우
7. 제42조에 따라 준용되는 「민법」 제88조제1항 또는 제93조제1항에 따른 공고를 하지 아니하거나 공고할 사항을 거짓으로 공고하거나 누락하여 공고한 경우
8. 제42조에 따라 준용되는 「민법」 제86조 또는 제94조에 따른 신고를 게을리하거나 부실한 신고를 한 경우
9. 제42조에 따라 준용되는 「민법」 제90조를 위반한 경우
10. **제72조의3에 따른 공개를 하지 아니하거나 거짓으로 공개한 경우**

③ 대학교육기관의 장 및 대학교육기관을 설치·경영하는 학교법인의 이사장이 제32조의2제5항에 따른 보고를 하지 아니하거나 보고하여야 할 사항을 거짓으로 보고하거나 누락하여 보고한 경우에는 500만원 이하의 과태료를 부과한다.

④ 사립학교 교원의 임용권자가 제54조제1항에 따른 보고를 하지 아니하거나 거짓으로 보고한 경우에는 500만원 이하의 과태료를 부과한다.

⑤ 제1항부터 제4항까지의 규정에 따른 과태료는 대통령령으로 정하는 바에 따라 관할청이 부과·징수한다.

(1) 법률안

〈1〉 권인숙 의원안[173)]

현행법[174)]	원안
제74조(과태료) ① 사립학교 교원의 임용권자가 다음 각 호의 어느 하나에 해당하는 경우에는 1천만원 이하의 과태료를 부과한다.	**제74조(과태료)** ① 사립학교 교원 및 제70조의2에 따라 임명된 사무직원의 임용권자가 다음 각 호의 어느 하나에 해당하는 경우에는 1천만원 이하의 과태료를 부과한다.
1. ~ 3. (생 략)	1. ~ 3. (현행과 같음)
<신 설>	4. 제66조의2제5항 전단을 위반하여 의결 내용에 따라 징계처분을 하지 아니한 경우(제70조의2에 따라 임명된 사무직원의 경우도 포함한다)
<신 설>	5. 제70조의4제1항 후단을 위반하여 특별한 사유 없이 관할청의 해임 또는 징계 요구를 따르지 아니한 경우
② ~ ⑤ (생 략)	② ~ ⑤ (현행과 같음)

• 과태료 부과 대상 행위를 추가하였다.

〈2〉 정청래 의원안[175)]

현행법[176)]	원안
제74조(과태료) ① 사립학교 교원의 임용권자가 다음 각 호의 어느 하나에 해당하는 경우에는 1천만원 이하의 과태료를 부과한다.	**제74조(과태료)** ① 사립학교 교원 또는 제70조의2에 따라 임명된 사무직원의 임용권자가 다음 각 호의 어느 하나에 해당하는 경우에는 1천만원 이하의 과태료를 부과한다.
1. ~ 3. (생 략)	1. ~ 3. (현행과 같음)
<신 설>	4. 제70조의4제3항 후단을 위반하여 특별한 사유 없이 관할청의 징계 요구를 따르지 아니한 경우
<신 설>	5. 제70조의5제3항을 위반하여 재심의를 하지 아니한 경우
<신 설>	6. 제70조의6제1항 후단을 위반하여 특별한

173) 2020. 11. 19. 권인숙의원 등 13인(의안번호: 2105526); 제안이유 및 주요내용은 이 책 [62-3.201] 참조.
174) 「사립학교법」(2020. 3. 24. 일부개정, 2020. 9. 25. 시행)
175) 2021. 2. 5. 정청래의원 등 10인(의안번호: 2107965); 제안이유 및 주요내용은 이 책 [70-5.201] 참조.

	사유 없이 관할청의 해임 요구를 따르지 아니한 경우
② 학교법인의 이사장, 감사 또는 청산인이나 사립학교경영자(법인인 경우에는 그 대표자 또는 이사)가 다음 각 호의 어느 하나에 해당하는 경우에는 500만원 이하의 과태료를 부과한다.	② 학교법인의 이사장, 감사 또는 청산인이나 사립학교경영자(법인인 경우에는 그 대표자 또는 이사)가 다음 각 호의 어느 하나에 해당하는 경우에는 500만원 이하의 과태료를 부과한다.
1. ~ 9. (생 략)	1. ~ 9. (현행과 같음)
<신 설>	10. 제72조의3에 따른 공개를 하지 아니하거나 거짓으로 공개한 경우
③ ~ ⑤ (생 략)	③ ~ ⑤ (현행과 같음)

• 과태료 부과 대상 행위를 추가하였다.

〈3〉 권인숙 의원안[177)]

현행법[178)]	원안
제74조(과태료) ① 사립학교 교원의 임용권자가 다음 각 호의 어느 하나에 해당하는 경우에는 1천만원 이하의 과태료를 부과한다.	**제74조(과태료)** ① 사립학교 교원(제4호의 경우에는 제70조의2제2항에 따라 임용된 사무직원을 포함한다)의 임용권자가 다음 각 호의 어느 하나에 해당하는 경우에는 1천만원 이하의 과태료를 부과한다.
1. ~ 3. (생 략)	1. ~ 3. (현행과 같음)
<신 설>	4. 제72조의4제4항제2호에 따른 관할청의 시정명령을 특별한 사유 없이 따르지 아니한 경우
② ~ ⑤ (생 략)	② ~ ⑤ (현행과 같음)

(2) 위원회 심사

〈1〉 교육위원회: 대안[179)]으로 가결되었다.[180)]

대안
제74조(과태료) ① 사립학교 교원 또는 제70조의2에 따라 임명된 사무직원의 임용권자가 다음 각 호

176) 「사립학교법」(2020. 12. 22. 일부개정, 2020. 12. 22. 시행)
177) 2021. 3. 15. 권인숙의원 등 10인(의안번호: 2108794); 제안이유 및 주요내용은 이 책 [72-4.201] 참조.
178) 「사립학교법」(2020. 12. 22. 일부개정, 2020. 12. 22. 시행)

의 어느 하나에 해당하는 경우에는 1천만원 이하의 과태료를 부과한다.

4. 제66조의2제5항 전단을 위반하여 의결 내용에 따라 징계처분을 하지 아니한 경우(제62조의3에 따른 징계심의위원회에 재심의를 요구한 사무직원도 포함한다)
5. 제70조의5제3항 후단을 위반하여 특별한 사유 없이 관할청의 징계 요구를 따르지 아니한 경우
6. 제70조의6제4항을 위반하여 재심의를 하지 아니한 경우
7. 제70조의7제1항 후단을 위반하여 특별한 사유 없이 관할청의 해임 요구를 따르지 아니한 경우
8. 제72조의5제4항제2호에 따른 관할청의 시정명령을 특별한 사유 없이 따르지 아니한 경우

② 학교법인의 이사장, 감사 또는 청산인이나 사립학교경영자(법인인 경우에는 그 대표자 또는 이사)가 다음 각 호의 어느 하나에 해당하는 경우에는 500만원 이하의 과태료를 부과한다.

10. 제72조의3에 따른 공개를 하지 아니하거나 거짓으로 공개한 경우

제74조에 관한 회의록 내용은 아래와 같다.

가. 제21대 국회 제386회 제2차 교육위원회 법안심사소위원회(2021. 4. 28.)

- **수석전문위원 이승재**[181]: 그리고 5쪽을 보시면 안 제72조의3입니다. 제72조의3을 신설하여서 학교법인은 학교법인 임원과 민법 제777조에 따른 친족관계에 있는 교직원을 교육부장관이 정하는 바에 따라서 공개하도록 하고 있습니다. 6쪽에서는 관련 조항을 신설하면서 과태료를 신설하고 있습니다...
- **전문위원 박재유**[182]: 보고드리겠습니다. 제16항입니다. 개정안 제72조의3은 사립학교 경영자, 학교법인의 임직원 및 사립학교의 장과 교직원의 청렴의무를 명시하고 이를 준수하기 위하여 이 법에서 정하는 사항이 포함된 행동강령을 사립학교정관 또는 규칙으로 정하도록 하고, 3페이지 중간 부분 안 제3항과 제4항에서는 사학기관 종사자가 사학기관 행동강령을 위반한 때에는 관할청 또는 임용권자가 징계 등의 제재조치를 하여야 하며 관할청은 해당 학교법인의 행동강령이 이 법에서 포함하도록 규정하고 있는 사항을 누락하거나 행동강령 위반에 따른 징계 등의 제재조치를 하지 아니하는 경우에는 시정명령을 할 수 있도록 하고, 3페이지 하단부터 4페이지에서 보시는 바와 같이 관할청의 시정명령에 특별한 사유없이 따르지 아니한 경우에는 1,000만 원 이하의 과태료를 부과하도록 규정하고 있습니다.

179) 2021. 8. 25. 교육위원장(의안번호: 2112205).
180) 제390회 국회(임시회) 제1차 전체회의, 교육위원회회의록, 2021. 8. 19., 23면.
181) 제386회 국회(임시회) 제2차 법안심사소위, 교육위원회회의록, 2021. 4. 28., 28면.
182) 제386회 국회(임시회) 제2차 법안심사소위, 교육위원회회의록, 2021. 4. 28., 30면.

나. 제21대 국회 제390회 제2차 교육위원회 법안심사소위원회(2021. 8. 18.)

- **수석전문위원 이승재**[183]: 정청래 의원안 제72조의3 신설 관련한 내용이 되겠습니다. 학교법인은 학교법인 임원과 민법 제777조에 따른 친족관계, 즉 8촌 이내의 혈족, 4촌 이내의 인척, 배우자인 경우에는 교육부장관이 정하는 바에 따라서 공개하도록 하는 내용이 되겠습니다. 14쪽 보고드리겠습니다. 정청래 의원안 제74조입니다. 과태료 부과입니다. 앞서 개정안에 들어간 내용을 위반한 경우에는 1,000만 원 이하의 과태료를 부과하는 내용이 되겠습니다...
- **교육부차관 정종철**[184]: 그다음 임원 등과의 친족관계에 있는 교직원공개와 관련한 부분에 있어서는 정청래 의원님 안에 저희가 동의를 합니다. 그리고 마찬가지로 과태료 처분과 관련한 조항에 대해서도 저희는 동의를 하고요...
- **전문위원 박재유**[185]: 4페이지에서 보시는 바와 같이 안 제74조에서는 사학기관 종사자가 사학기관 행동강령을 위반하였음에도 불구하고 징계 등의 시정명령을 특별한 사유 없이 따르지 아니한 경우에는 1,000만 원 이하의 과태료를 부과하도록 규정하고 있습니다...
- **소위원장 박찬대**[186]: 의사일정 제1항부터 13항까지, 제49항·50항은 본회의에 각각 부의하지 아니하고 이를 통합 조정한 대안을 위원회안으로 제안하고자 하는데 이의 없으십니까? (없습니다 하는 위원 있음) 이의가 없으면 가결되었음을 선포합니다.

다. 제21대 국회 제390회 제1차 교육위원회(2021. 8. 19.)

- **위원장직무대리 박찬대**[187]: 의사일정 제14항부터 제29항까지 16건의 사립학교법 일부개정법률안은 심사보고한 바와 같이 본회의에 각각 부의하지 아니하고 이를 통합 조정한 의사일정 제30항을 우리 위원회안으로 제안하고자 하는데 이의가 없으십니까? (없습니다 하는 위원 있음) 이의가 없으면 가결되었음을 선포합니다.

〈2〉 **법제사법위원회:** 교육위원회 대안을 수정·가결했다.[188] 수정내용은 아래와 같다.

---

183) 제390회 국회(임시회) 제2차 법안심사소위, 교육위원회회의록, 2021. 8. 18., 34면.
184) 제390회 국회(임시회) 제2차 법안심사소위, 교육위원회회의록, 2021. 8. 18., 35면.
185) 제390회 국회(임시회) 제2차 법안심사소위, 교육위원회회의록, 2021. 8. 18., 38면.
186) 제390회 국회(임시회) 제2차 법안심사소위, 교육위원회회의록, 2021. 8. 18., 42면.
187) 제390회 국회(임시회) 제1차 전체회의, 교육위원회회의록, 2021. 8. 19., 23면.
188) 제390회 국회(임시회) 제2차 전체회의, 법제사법위원회회의록, 2021. 8. 25., 14면.

교육위원회 대안	법제사법위원회 수정안[189]
제74조(과태료) 4. --- 전단을 위반하여 --- 경우(제62조의3에 따른 징계심의위원회에 재심의를 요구한 사무직원도 포함한다) 6. 제70조의6제4항 --- 하지 ---	제74조(과태료) 4. --- 전단(제70조의6제5항에서 준용하는 경우를 포함한다)을 위반하여 --- 경우 6. 제70조의6제3항 --- 요구하지 -

(3) 본회의 심의

법제사법위원회 수정안대로 가결되었다.[190] 김기현의원 등 105인이 개정전 법률과 동일한 내용으로 본회의 수정안을 제안하였지만 부결되었다.

(4) 결과

법제사법위원회 수정안으로 개정되었다.

74.300

III. 현행법

제74조(과태료) ① 사립학교 교원 또는 제70조의2에 따라 임명된 사무직원의 임용권자가 다음 각 호의 어느 하나에 해당하는 경우에는 1천만원 이하의 과태료를 부과한다.

1. 제54조제3항 후단을 위반하여 특별한 사유 없이 관할청의 해임 또는 징계 요구를 따르지 아니한 경우
2. 제54조의2제1항 후단을 위반하여 특별한 사유 없이 관할청의 해임 요구를 따르지 아니한 경우
3. 제66조의2제3항을 위반하여 재심의를 요구하지 아니한 경우
4. 제66조의2제5항 전단(제70조의6제5항에서 준용하는 경우를 포함한다)을 위반하여 의결 내용에 따라 징계처분을 하지 아니한 경우

---

189) 제1항 제4호, 제5호, 제7호에 관하여 본회의는 법제사법위원회 수정안을 가결한 것으로 기록하고 있으나, 최종 개정조문은 법제사법위원회 수정안과 다르다. 그 이유는 확인할 수 없다(의안원문, 2021. 8. 25., 교육위원장(의안번호 2112205), 15면 참조).

190) 제390회 국회(임시회)제1차 본회의, 국회본회의회의록, 2021. 8. 31., 21~25면.

5. 제70조의5제3항 후단을 위반하여 특별한 사유 없이 관할청의 징계의결 요구에 따르지 아니한 경우
6. 제70조의6제3항을 위반하여 재심의를 요구하지 아니한 경우
7. 제70조의7제1항 각 호 외의 부분 후단을 위반하여 특별한 사유 없이 관할청의 해임 요구를 따르지 아니한 경우
8. 제72조의5제4항제2호에 따른 관할청의 시정명령을 특별한 사유 없이 따르지 아니한 경우

② 학교법인의 이사장, 감사 또는 청산인이나 사립학교경영자(법인인 경우에는 그 대표자 또는 이사)가 다음 각 호의 어느 하나에 해당하는 경우에는 500만원 이하의 과태료를 부과한다.

1. 이 법에 따른 등기를 하지 아니한 경우
2. 제6조제3항에 따른 공고를 하지 아니하거나 공고하여야 할 사항을 거짓으로 공고하거나 누락하여 공고한 경우
3. 제13조에 따라 준용되는 「민법」 제55조제1항에 따른 재산목록 또는 제32조(제51조에 따라 준용되는 경우를 포함한다) 및 제37조제1항에 따른 재산목록이나 그 밖의 서류를 갖추어 두지 아니하거나 이에 적을 사항을 거짓으로 적거나 누락하여 적은 경우
4. 제19조제4항제3호 또는 제48조(제51조에 따라 준용되는 경우를 포함한다)에 따른 보고를 하지 아니하거나 보고하여야 할 사항을 거짓으로 보고하거나 누락하여 보고한 경우

4의2. 제28조제5항에 따른 신고를 하지 아니한 경우

5. 제31조(제51조에 따라 준용되는 경우를 포함한다), 제37조제2항 또는 제38조제2항을 위반한 경우
6. 제42조에 따라 준용되는 「민법」 제79조 또는 제93조제1항에 따른 파산선고의 신청을 하지 아니한 경우
7. 제42조에 따라 준용되는 「민법」 제88조제1항 또는 제93조제1항에 따른 공고를 하지 아니하거나 공고할 사항을 거짓으로 공고하거나 누락하여 공고한 경우
8. 제42조에 따라 준용되는 「민법」 제86조 또는 제94조에 따른 신고를 게을리하거나 부실한 신고를 한 경우
9. 제42조에 따라 준용되는 「민법」 제90조를 위반한 경우
10. 제72조의3에 따른 공개를 하지 아니하거나 거짓으로 공개한 경우

③ 대학교육기관의 장 및 대학교육기관을 설치·경영하는 학교법인의 이사장이 제32조의2제5항에 따른 보고를 하지 아니하거나 보고하여야 할 사항을 거짓으로 보고하거나 누락하여 보고한 경우에는 500만원 이하의 과태료를 부과한다.
④ 사립학교 교원의 임용권자가 제54조제1항에 따른 보고를 하지 아니하거나 거짓으로 보고한 경우에는 500만원 이하의 과태료를 부과한다.
⑤ 제1항부터 제4항까지의 규정에 따른 과태료는 대통령령으로 정하는 바에 따라 관할청이 부과·징수한다.

74.400

IV. 종합/특기사항

• 제74조에 대한 개정은 대부분 과태료 대상 행위를 추가하고 과태료 수준을 상향한 것이다.

제74조의2 삭제

74-2.100

I. 제정법

제정법에는 이 조문이 없다.

II. 개정 경과

74-2.201

1. 1981년 2월 28일 개정(법률 제3373호, 1981. 2. 28. 시행)

제74조의2(벌칙) 사립학교교원의 임면권자가 제54조제1항 및 제2항과 제69조의 규정에 의한 보고를 태만히 하거나 허위보고를 한 때에는 50만원이하의 과태료에 처한다.

(1) 법률안(정부안[191])

현행법	원안
<신 설>	**제74조의2(벌칙)** 사립학교교원의 임명권자가 제54조제1항 및 제2항과 제69조의 규정에 의한 보고를 태만하거나 허위보고를 한 때에는 50만원이하의 과태료에 처한다.

- 제74조제4호 중 "제54조제2항 또는 제69조"를 삭제하여 제74조의2로 신설하였다.

(2) 위원회 심사

〈1〉 **문교공보위원회:** 원안대로 가결되었다.[192]

〈2〉 **법제사법위원회:** 원안을 수정·가결했다.[193] 수정내용은 아래와 같다.

원안	법제사법위원회 수정안
제74조의2(벌칙) 사립학교교원의 임명권자가 제54조제1항 및 제2항과 제69조의 규정에 의한 보고를 태만하거나 허위보고를 한 때에는 50만원이하의 과태료에 처한다.	**제74조의2(벌칙)** 사립학교교원의 임면권자가 제54조제1항 및 제2항과 제69조의 규정에 의한 보고를 태만히 하거나 허위보고를 한 때에는 50만원이하의 과태료에 처한다.

위 내용이 포함된 제74조의2에 관한 회의록 내용은 아래와 같다.

- **전문위원 양삼승[194]**: 제74조의2 중 각 "임명권자"로 되어 있는 부분을 역시 용어의 통일을 위하여 "임면권자"로 수정하고,…제74조의2 중 "태만하거나"라고 되어 있는 부분을 "태만히 하거나"로 수정하였습니다.

(3) 본회의 심의

법제사법위원회 수정안대로 가결되었다.[195]

---

191) 1981. 2. 13. 정부(의안번호: CC0145); 제안이유 및 주요내용은 이 책 [4.204] 참조.

192) 제10.5대 국회 제77회 제19차 문교공보위원회국가보위입법회의사무처, 문교공보위원회회의록, 1981. 2. 19., 7면.

193) 제10.5대 국회 제77회 제19차 법제사법위원회 국가보위입법회의사무처, 법제사법위원회회의록, 1981. 2. 19., 5면.

194) 제10.5대 국회 제77회 제30차 법제사법위원회국가보위입법회의사무처, 법제사법위원회회의록, 1981. 2. 19., 4면.

195) 제10.5대 국회 제77회 제20차 국회본회의, 국가보위입법회의회의록, 1981. 2. 20., 7면.

(4) 결과

법제사법위원회 수정안으로 개정되었다.

74-2.202

2. 1990년 4월 7일 개정(법률 제4226호, 1990. 4. 7. 시행)

제74조의2 삭제

(1) 법률안

〈1〉 정부안[196]

현행법	원안
제74조의2(벌칙) 사립학교교원의 임면권자가 제54조제1항 및 제2항과 제69조의 규정에 의한 보고를 태만히 하거나 허위보고를 한 때에는 50만원이하의 과태료에 처한다.	**제74조의2(벌칙)** 사립학교교원의 임면권자가 제54조제1항과 제69조의 규정에 의한 보고를 태만히 하거나 허위보고를 한 때에는 100만원이하의 과태료에 처한다.

• 과태료 부과 대상 행위를 정리하고 과태료 수준을 상향하였다.

〈2〉 박석무 의원안[197]

현행법	원안
제74조의2(벌칙) 사립학교교원의 임면권자가 제54조제1항 및 제2항과 제69조의 규정에 의한 보고를 태만히 하거나 허위보고를 한 때에는 50만원이하의 과태료에 처한다.	**제74조의2(벌칙)** 학교법인의 이사장 또는 사립학교경영자(법인의 경우에도 그 대표자 또는 이사)가 교육법 제75조 제6호의 규정을 준수하지 않을 때는 관할청은 동법 제43조에 의한 지원을 제한할 수 있다.

(2) 위원회 심사

〈1〉 **문교공보위원회:** 대안[198]으로 가결되었다.[199]

대안
제74조의2 삭제

196) 1988. 12. 2. 정부(의안번호: 130287); 제안이유 및 주요내용은 이 책 [4.206] 참조.
197) 1988. 12. 21. 박석무의원 등 70인(의안번호: 130378); 제안이유 및 주요내용은 이 책 [4.206] 참조.
198) 1990. 3. 15. 문교공보위원장(의안번호: 130833).

〈2〉 **법제사법위원회:** 문교공보위원회 대안대로 가결되었다.[200)]

(3) 본회의 심의

문교공보위원회 대안대로 가결되었다.[201)]

(4) 결과

문교공보위원회 대안으로 개정되었다.

0 III. 현행법

대한민국 전자관보 사립학교법 법률 제17659호(2020. 12. 22. 개정·시행)부터 제74조의2가 표시되어 있지 않다.

0 IV. 종합/특기사항

- 1990년 개정으로 제74조의2를 삭제하고 과태료 부과 대상 행위를 제74조제2항으로 통합하였다.

199) 第148회 국회(임시회) 제6차 전체회의, 문교공보위원회회의록, 1990. 3. 14., 8면.
200) 第148회 국회(임시회) 제6차 전체회의, 법제사법위원회회의록, 1990. 3. 14., 26면.
201) 第148회 국회(임시회) 제9차 본회의, 국회본회의회의록, 1990. 3. 16., 15~16면.

19630626 부 칙 〈법률 제1362호, 1963. 6. 26.〉

제1조 (시행령) 이 법은 공포후 1월이 경과한 날로부터 시행한다.

제2조 (경과조치) ①이 법의 시행당시 제3조에 규정된 사립학교를 설치·경영하는 민법에 의한 재단법인은 이 법의 시행일로부터 6월이내에 그 조직을 학교법인으로 개편하여야 한다. 다만, 불가피한 사정으로 이 기간내에 그 조직을 변경할 수 없다고 인정되는 재단법인에 대하여는 문교부장관은 3월의 기간을 한도로 그 기간을 연장할 수 있다.

②전항의 규정에 의하여 재단법인이 학교법인으로 그 조직을 변경함에 있어서는 제50조제2항의 규정을 준용한다.

③전항의 경우에 당해 재단법인의 정관에 정관변경에 이사회와 그외의 당해 재단법인의 기관의 의결을 요하게 하는 규정이 있고 그 재단법인의 이사의 전원 또는 과반수가 임시이사인 때에는 이사회 이외의 기관의 의결을 거치지 아니하고 이사회의 의결만으로써 학교법인으로 조직변경을 하기 위한 정관변경을 할 수 있다.

④제1항의 규정에 의하여 학교법인으로 개편된 경우에 이 법 시행이전에 당해 재단법인에 대하여 행한 문교부장관의 처분은 이 법에 저촉되지 아니하는 범위안에서 개편된 학교법인에게 행한 것으로 본다.

⑤학교법인으로 개편된 경우에 그 개편전의 재단법인의 임원은 그대로 학교법인의 임원으로서 잔임기간동안 재임한다. 다만, 그 잔임기간이 5년이상일 때에는 이 법 시행일로부터 5년이 되는 날에 그 임기가 만료되는 것으로 본다.

제3조 (동전) 이 법 시행당시 사립학교에 재직중에 있는 교원은 이 법에 의하여 임명된 것으로 본다.

제4조 (감독청의 과도적 특권) ①학교법인의 건전한 육성을 위하여 감독청은 각령이 정하는 기간 학교법인의 임원이 이 법의 규정 또는 감독청의 명령에 위반하거나 임원간의 분쟁등으로 인하여 당해 학교법인의 설립목적을 달성할 수 없다고 인정한 때에는 이해관계인의 청구 또는 직권에 의하여 당해 임원의 일부 또는 전부에 대한 취임인가를 취소할 수 있다. 그러나, 각령으로 정하는 기간은 이 법 시행후 1년을 초과하지 못한다.

②감독청은 전항의 처분을 하고자 할 때에는 미리 문교부장관의 승인을 받아야 한다.

16 부칙 〈법률 제1621호, 1963. 12. 16.〉

이 법은 공포한 날로부터 시행한다.

10 부칙 〈법률 제1664호, 1964. 11. 10.〉

①(시행일) 이 법은 공포한 날로부터 시행한다.
②(경과조치) 제50조의2제2항의 규정은 1963년 7월 25일부터 이를 적용한다.

30 부칙 〈법률 제1735호, 1965. 12. 30.〉

이 법은 공포한 날로부터 시행한다.

16 부칙 〈법률 제1869호, 1967. 1. 16.〉

이 법은 1967년 1월 1일부터 적용한다.

28 부칙 〈법률 제2396호, 1972. 12. 28.〉

이 법은 공포한 날로부터 시행한다.

10 부칙 〈법률 제2587호, 1973. 3. 10.〉

이 법은 공포한 날로부터 시행한다.

20 부칙 〈법률 제2649호, 1973. 12. 20.〉

이 법은 1974년 1월 1일부터 시행한다.

19750723 부칙 〈법률 제2775호, 1975. 7. 23.〉

①(시행일) 이 법은 공포한 날로부터 시행한다.

②(경과조치) 이 법 시행당시 대학(사범대학 및 초급대학을 포함한다)에 근무하는 교원은 1976년 2월말일부로 제53조의2의 규정에 의하여 재임면하여야 한다.

19761231 부칙 〈법률 제2945호, 1976. 12. 31.〉 (「지방세법」)

①(시행일) 이 법은 1977년 1월 1일부터 시행한다. <단서 생략>

②생략

③(타법률의 개정) 다른 법률중 일부를 다음과 같이 개정한다.

1. 내지 3. 생략
4. 사립학교법 제50조의2제2항중 "등록세법 제8조제2호 및 제3호"를 "지방세법 제13조제1항제2호 및 제3호"로 한다.

④내지 ⑧생략

19761231 부칙 〈법률 제2961호, 1976. 12. 31.〉

①(시행일) 이 법은 공포한 날로부터 시행한다.

②(정관등의 제출) 이 법 시행당시의 학교법인 또는 사립학교경영자는 이 법 시행일로부터 6월내에 제70조의2의 규정에 의한 정관 또는 규칙을 정하여 감독청에 제출하여야 한다.

19771231 부칙 〈법률 제3057호, 1977. 12. 31.〉

①(시행일) 이 법은 공포한 날로부터 시행한다. 다만, 전문대학에 관한 규정은 1979년 1월 1일부터 시행한다.

②(경과조치) 이 법 공포당시 징계처분을 받은 자중 정직처분은 감봉 6월로, 근신처분은 근책처분을 받은 것으로 본다.

③(경과조치) 이 법 공포당시 종전의 규정에 의하여 설립된 초급대학·실업고등전문학교 및 전문학교는 대통령령이 정하는 기간까지 전문대학 또는 이에 준하는 각종

학교로 개편하고 문교부장관의 인가를 받아야 한다.

④(경과조치) 이 법 공포당시의 초급대학으로서 부칙 제3항의 규정에 의하여 전문대학 또는 이에 준하는 각종학교로 개편되는 학교에 재직중인 교원은 그 개편된 당해 학교의 교원으로 임명된 것으로 보되, 그 임기는 종전의 예에 의한다.

⑤(경과조치) 이 법 공포당시의 실업고등전문학교 및 전문학교로서 부칙 제3항의 규정에 의하여 전문대학으로 개편되는 학교에 재직중인 교원에 대하여는 1979년 2월말일부로 제53조의2의 규정에 의하여 재임용하여야 한다.

05 부칙 〈법률 제3114호, 1978. 12. 5.〉

이 법은 공포한 날로부터 시행한다.

28 부칙 〈법률 제3373호, 1981. 2. 28.〉

①(시행일) 이 법은 공포한 날로부터 시행한다.

②(교원에 대한 경과조치) 이 법 시행당시 대학교육기관에 근무하는 교원(학교의 장을 제외한다) 및 사무직원은 당해 학교의 장이 임명한 것으로 본다.

③(교원징계에 대한 경과조치) 이 법 시행당시 교원징계위원회 및 재심위원회에 계속중인 징계 및 재심청구사건은 종전의 규정에 의한다.

④(학교장 임명제한에 대한 경과조치) 이 법 시행당시 전문대학의 장으로 재직중인 자는 제54조의3제2항의 규정에 불구하고 그 직에서 해임될 때까지 재임할 수 있다.

⑤(학교장 임명제한에 대한 경과조치) 이 법 시행당시 사립학교의 장으로 재직중인 자는 제54조의3제1항제3호의 규정에 불구하고 1981학연도말까지 재임할 수 있다.

⑥(벌칙에 대한 경과조치) 이 법 시행전의 행위에 대한 벌칙의 적용에 있어서는 종전의 규정에 의한다.

23 부칙 〈법률 제3458호, 1981. 11. 23.〉 (「교육공무원법」)

제1조(시행일) 이 법은 공포후 40일이 경과한 날로부터 시행한다.

제2조 내지 **제7조** 생략

제8조(사립학교법의 개정) 사립학교법중 다음과 같이 개정한다.

제22조제1호중 "교육공무원법 제16조"를 "국가공무원법 제33조"로 한다.

제54조의3제1항제3호중 "교육공무원법 제35조의2"를 "국가공무원법 제49조"로 한다.

제58조의2를 다음과 같이 한다.

제58조의2(국가공무원법의 준용) 국가공무원법 제73조의2의 규정은 이를 사립학교교원에게 준용한다. 이 경우 준용규정중 "임용권자 또는 임용제청권자"는 "임용권자"로 본다.

제9조 및 **제10조** 생략

19860509 **부칙 〈법률 제3812호, 1986. 5. 9.〉**

①(시행일) 이 법은 공포한 날로부터 시행한다.
②(경과조치) 이 법 시행당시 재임중인 이사는 그 임기만료시까지 이 법에 의하여 취임된 것으로 본다.

19900407 **부칙 〈법률 제4226호, 1990. 4. 7.〉**

제1조(시행일) 이 법은 공포한 날부터 시행한다.

제2조(교육장에 관한 경과조치) 지방자치단체별로 교육장이 선출될 때까지는 제4조제1항, 제35조제4항 및 제71조중 "시·군 및 자치구교육장"은 "교육장 및 교육구청장"으로, 제4조제2항중 "특별시·직할시·도교육장"은 "서울특별시·직할시·도교육위원회"로, 제35조제4항 및 제71조중 "시·도교육장"은 "시·도교육위원회"로, 제35조제4항중 "교육장"은 "교육위원회 또는 교육장"으로 본다.

제3조(대학교육기관의 교직원의 임용에 대한 경과조치) 이 법 시행당시 대학교육기관에 재직중인 교원 및 사무직원은 이 법에 의하여 당해 학교법인이 임용한 것으로 본다.

제4조(교원징계사건에 대한 경과조치) 이 법 시행당시 계속중인 징계사건에 대하여는 제62조의 규정에 불구하고 종전의 교원징계위원회가 심리·의결한다.

제5조(재심청구사건에 대한 경과조치) 이 법 시행당시 재심위원회에 계속중이거나 이 법 시행이후 이 법에 의하여 재심위원회가 설치될 때까지 제기되는 재심청구사건에 대하여는 종전의 규정에 의한다.

제6조(다른 법률의 개정) 사립학교교원연금법중 다음과 같이 개정한다.

제2조제1항제1호중 "감독청의 승인을 받았거나 감독청에 보고된 교원"을 "관할청에 보고된 교원"으로 한다.

제60조의2의 제목 및 본문중 "감독청"을 각각 "관할청"으로 한다.

27 부칙 〈법률 제4268호, 1990. 12. 27.〉 (「정부조직법」)

제1조(시행일) 이 법은 공포한 날부터 시행한다. <단서 생략>

제2조 및 제3조 생략

제4조(문교부의 명칭변경에 따른 다른 법률의 개정) ①내지 ⑮생략

⑯사립학교법중 다음과 같이 개정한다.

제4조제3항, 제10조제1항, 제11조제1항·제2항, 제25조, 제33조, 제34조제1항제5호·제2항, 제35조제1항·제4항, 제36조제2항, 제40조, 제45조, 제47조제1항, 제50조제2항, 제59조제1항제8호 및 제71조중 "문교부장관"을 각각 "교육부장관"으로 한다.

제32조제2항중 "문교부령"을 "교육부령"으로 한다.

⑰내지 ㊿생략

제5조 내지 **제10조** 생략

08 부칙 〈법률 제4347호, 1991. 3. 8.〉 (「지방교육자치에관한법률」)

제1조(시행일) 이 법은 법률 제4310호 지방자치법중개정법률 시행후 최초로 실시되는 지방의회의원선거일부터 시행한다.

제2조 내지 **제10조** 생략

제11조 (다른 법률의 개정) ①및 ②생략

③사립학교법중 다음과 같이 개정한다.

제4조제1항을 다음과 같이 하고, 동조제2항을 삭제한다.

①다음 각호의 1에 해당하는 자는 그 주소지를 관할하는 특별시·직할시·도(이하 "시·도"라 한다)교육감의 지도·감독을 받는다.

1. 사립의 국민학교·중학교·고등학교·기술학교·고등기술학교·공민학교·고등공민학교·특수학교·유치원 및 이들에 준하는 각종학교
2. 제1호에 규정한 사립학교를 설치·경영하는 학교법인 또는 사립학교경영자

제35조제4항중 ", 시·군 및 자치구교육장은 시·도교육장의" 를 삭제한다.

제71조중 ", 시·도교육장은 그 권한의 일부를 시·군 및 자치구교육장에게"를 삭제한다.

④생략

제12조 생략

19910531 부칙 〈법률 제4376호, 1991. 5. 31.〉 (「교원지위향상을위한특별법」)

제1조(시행일) 이 법은 공포한 날부터 시행한다.

제2조(경과조치) 이 법 시행당시 교육공무원법 또는 사립학교법에 의하여 교원의 소청 또는 재심이 진행중인 사건에 대하여는 종전의 규정에 의한다.

제3조(다른 법률의 개정) ①생략

②사립학교법중 다음과 같이 개정한다.

제67조·제67조의2·제67조의3·제68조 및 제69조를 각각 삭제한다.

제74조제2항중 "제54조제1항 및 제69조의"를 "제54조제1항의"로 한다.

19951229 부칙 〈법률 제5069호, 1995. 12. 29.〉 (「교육법」)

제1조(시행일) 이 법은 1996년 3월 1일부터 시행한다.

제2조 생략

제3조(다른 법률의 개정등) ①내지 ⑤생략

⑥사립학교법중 다음과 같이 개정한다.

제3조 제1호 · 제4조제1항제1호 및 제53조의3제1항중 "국민학교"를 각각 "초등학교"로 한다.

⑦내지 ⑮생략

제4조 생략

13 부칙 〈법률 제5274호, 1997. 1. 13.〉

①(시행일) 이 법은 공포한 후 3월이 경과한 날부터 시행한다.

②(이사에 대한 경과조치) 이 법 시행당시 재임중인 이사는 제21조의 개정규정에 불구하고 그 임기만료시까지 이 법에 의하여 취임된 것으로 본다.

③(과태료에 대한 경과조치) 이 법 시행전의 위반행위에 대한 과태료의 적용에 있어서는 종전의 규정에 의한다.

22 부칙 〈법률 제5345호, 1997. 8. 22.〉

①(시행일) 이 법은 1998년 1월 1일부터 시행한다.

②(적용시한) 제35조의2의 개정규정은 2006년 12월 31일까지 학교법인의 해산인가를 신청하는 자에 대하여 이를 적용한다. ＜개정 2000. 12. 30., 2004. 1. 29.＞

13 부칙 〈법률 제5438호, 1997. 12. 13.〉 (「초 · 중등교육법」)

제1조 이 법은 1998년 3월 1일부터 시행한다.

제2조 내지 **제12조** 생략

제13조(다른 법률의 개정) ①사립학교법중 다음과 같이 개정한다.

제54조제3항중 "교육법 제77조의 결격사유에 해당하거나 이 법에"를 "이 법에"로 한다.

제57조중 "교육법 제77조제1호 또는 제2호"를 "국가공무원법 제33조제1항 각호의 1"로 한다.

②생략

제14조 생략

19971213 **부칙 〈법률 제5453호, 1997. 12. 13.〉 (「행정절차법의시행에따른공인회계사법등의정비에관한법률」)**

제1조(시행일) 이 법은 1998년 1월 1일부터 시행한다. <단서 생략>

제2조 생략

19971213 **부칙 〈법률 제5454호, 1997. 12. 13.〉 (「정부부처명칭등의변경에따른건축법등의정비에관한법률」)**

이 법은 1998년 1월 1일부터 시행한다. <단서 생략>

19990121 **부칙 〈법률 제5683호, 1999. 1. 21.〉**

이 법은 공포후 3월이 경과한 날부터 시행한다.

19990524 **부칙 〈법률 제5982호, 1999. 5. 24.〉 (「정부조직법」)**

제1조(시행일) 이 법은 공포한 날부터 시행한다. <단서 생략>

제2조 생략

제3조(다른 법률의 개정) ①내지 ㉑생략
㉒사립학교법중 다음과 같이 개정한다.
제35조제4항중 "재정경제원장관"을 "재정경제부장관"으로 한다.
㉓내지 <78>생략

제4조 내지 **제6조** 생략

31 부칙 〈법률 제6004호, 1999. 8. 31.〉

①(시행일) 이 법은 공포한 날부터 시행한다. 다만, 제21조제2항·제4항 및 제53조의4의 개정규정은 2000년 3월 1일부터 시행하고, 제53조의2제3항의 개정규정은 2002년 1월 1일부터 시행한다.

②(계약제 임용에 관한 경과조치) 종전의 규정에 의하여 기간을 정하여 임용된 교원의 경우에는 제53조의2제3항의 개정규정에 불구하고 당해임용기간이 종료될 때까지는 종전의 규정에 의한다.

③(임시이사에 관한 경과조치) 이 법 시행당시 재임중인 임시이사의 임기는 1999년 12월 31일까지로 한다.

28 부칙 〈법률 제6212호, 2000. 1. 28.〉

이 법은 공포한 날부터 시행한다. 다만, 제59조제1항의 개정규정중 본인이 원하는 경우 휴직을 명하여야 하는 육아휴직 관련규정은 2001년 1월 1일부터 시행한다.

30 부칙 〈법률 제6332호, 2000. 12. 30.〉

이 법은 공포한 날부터 시행한다.

29 부칙 〈법률 제6400호, 2001. 1. 29.〉 (「정부조직법」)

제1조(시행일) 이 법은 공포한 날부터 시행한다. <단서 생략>

제2조 생략

제3조(다른 법률의 개정) ①내지 ⑯생략

⑰사립학교법중 다음과 같이 개정한다.

제4조제3항 본문, 제10조제1항 본문, 제11조제1항·제2항, 제25조제1항, 제33조, 제34조제1항제5호·제2항, 제35조제1항·제4항, 제36조제2항, 제40조, 제45조, 제47조제1항 본문, 제47조의2, 제59조제1항제8호 및 제71조중 "교육부장관"을 각각 "교육인적자원부장관"으로 한다.

제32조제2항중 "교육부령"을 "교육인적자원부령"으로 한다.

⑱내지 ＜79＞생략

제4조 생략

20020826 부칙 〈법률 제6715호, 2002. 8. 26.〉

이 법은 공포한 날부터 시행한다.

20040129 부칙 〈법률 제7118호, 2004. 1. 29.〉

이 법은 공포한 날부터 시행한다.

20040129 부칙 〈법률 제7120호, 2004. 1. 29.〉(「유아교육법」)

제1조(시행일) 이 법은 공포 후 1년이 경과한 날부터 시행한다.

제2조 내지 **제7조** 생략

제8조(다른 법률의 개정) ①생략

②사립학교법중 다음과 같이 개정한다.

제2조제1항중 "초·중등교육법 제2조 및 고등교육법 제2조"를 "유아교육법 제2조제2호와 초·중등교육법 제2조 및 고등교육법 제2조"로 하고, 동조제3항중 "초·중등교육법 및 고등교육법"을 "유아교육법, 초·중등교육법 및 고등교육법"으로 한다.

③내지 ⑪생략

제9조 생략

20050127 부칙 〈법률 제7352호, 2005. 1. 27.〉

①(시행일) 이 법은 공포한 날부터 시행한다.

②(기간임용된 대학교육기관 교원의 재임용 절차에 관한 경과조치) 이 법 시행 당시 종전의 규정에 의하여 기간을 정하여 임용되어 재직중인 대학교육기관 교원의 재임용 관련

절차는 제53조의2제4항 내지 제8항의 개정규정에 의한다.

29 부칙 〈법률 제7354호, 2005. 1. 27.〉 (「교원지위향상을위한특별법」)

제1조(시행일) 이 법은 공포한 날부터 시행한다.

제2조 생략

제3조(다른 법률의 개정) ①및 ②생략

③사립학교법중 다음과 같이 개정한다.

제54조의4제1항제3호중 "교원징계재심위원회에 재심을"을 "교원소청심사위원회에 소청심사를"로 하고, 제66조의2제2항중 "교원징계재심위원회"를 "교원소청심사위원회"로 한다.

제4조 생략

29 부칙 〈법률 제7802호, 2005. 12. 29.〉

제1조(시행일) 이 법은 2006년 7월 1일부터 시행한다. 다만, 제53조의2제9항의 개정규정은 2007년 3월 1일부터 시행한다.

제2조(적용례) 제53조의2제9항의 개정규정은 이 법 시행 후 최초로 시행되는 신규채용분부터 적용한다.

제3조(임원의 구성에 대한 경과조치) 이 법 시행당시 제14조 및 제21조제5항의 개정규정에 의한 학교운영위원회 또는 대학평의원회의 이사추천의 수가 미달하는 경우에는 임원을 새로이 구성하거나 임원의 임기가 만료 등으로 인하여 궐위되는 때에는 우선적으로 동위원회의 추천에 의한 임원의 구성이 이루어지도록 하여야 한다.

제4조(임원의 임기에 대한 경과조치) 이 법 시행당시 재임 중인 임원은 제20조제3항 및 제21조제5항의 개정규정에 불구하고 당해 임원의 임기가 종료될 때까지는 종전의 규정에 의한다.

제5조(임원 및 교원의 결격사유에 대한 경과조치) 이 법 시행당시 재임 중인 임원 또는 교원은 제22조제2호부터 제5호까지 및 제54조의3제4항의 개정규정에 불구하고

이 법에 의하여 취임 또는 임명된 것으로 본다. <개정 2007. 7. 27.>

제6조(학교의 장의 임명의 제한에 대한 경과조치) 이 법 시행당시 재임 중인 학교의 장은 그 임기 만료시까지 제54조의3제1항 내지 제3항의 개정규정에 불구하고 종전의 규정에 의한다.

제7조(다른 법률의 개정) 초·중등교육법 일부를 다음과 같이 개정한다.

제32조제2항 단서중 "제1호·제2호"를 "제1호"로 한다.

20070719

부칙 〈법률 제8529호, 2007. 7. 19.〉

이 법은 2008년 1월 1일부터 시행한다.

20070729

부칙 〈법률 제8545호, 2007. 7. 27.〉

제1조(시행일) 이 법은 공포한 날부터 시행한다.

제2조(이사회 구성에 관한 적용례) 이 법 시행 후 임원의 임기 만료 등으로 인하여 궐위되는 때에는 우선적으로 제14조제3항의 개정규정에 따라 개방이사추천위원회의 추천을 받아 임원을 선임하여야 한다.

제3조(개방이사에 대한 경과조치) 이 법 시행 당시 종전의 제14조제3항에 따라 선임된 개방이사는 이 법에 따라 선임된 것으로 본다.

제4조(임시이사에 대한 경과조치) 이 법 시행 당시 종전의 제25조에 따라 선임된 임시이사는 이 법에 따라 선임된 것으로 본다.

제5조(임시이사 임기에 관한 경과조치) 이 법 시행 당시 재임 중인 임시이사로서 2006년 7월 1일 이후 선임된 임시이사의 임기는 2008년 6월 30일까지로 한다.

20071017

부칙 〈법률 제8639호, 2007. 10. 17.〉

제1조(시행일) 이 법은 공포 후 6개월이 경과한 날부터 시행한다.

제2조(경과조치) ①「평생교육법」 제22조제3항에 따른 원격대학형태의 평생교육시

설을 설치·운영하는 「민법」상 재단법인이 해당 시설을 「고등교육법」에 따른 사이버 대학으로 전환하고자 하는 경우에는 해당 재단법인은 교육인적자원부장관의 인가를 받아 이 법에 따른 학교법인으로 개편하여야 한다.

②제1항에 따라 학교법인으로 개편된 경우에 그 개편 이전의 재단법인에 대한 교육인적자원부장관의 처분은 이 법에 저촉되지 아니하는 범위 안에서 개편된 학교법인에 행한 것으로 본다.

③제1항에 따라 학교법인으로 개편된 경우에 그 개편 이전의 재단법인의 임원은 학교법인의 임원으로서 잔임기간 동안 재임한다.

④제1항에 따라 학교법인으로 개편된 경우에 그 재단법인의 학교경영으로 인하여 발생한 종전의 채권·채무는 개편된 학교법인이 포괄 계승한다.

⑤제1항에 따라 학교법인으로 개편되는 재단법인이 설치·운영하는 원격대학형태의 평생교육시설에 재직 중인 교직원은 이 법에 따라 해당 학교법인이 임명한 것으로 본다.

29 부칙 〈법률 제8852호, 2008. 2. 29.〉 (「정부조직법」)

제1조(시행일) 이 법은 공포한 날부터 시행한다. 다만, · · · <생략> · · ·, 부칙 제6조에 따라 개정되는 법률 중 이 법의 시행 전에 공포되었으나 시행일이 도래하지 아니한 법률을 개정한 부분은 각각 해당 법률의 시행일부터 시행한다.

제2조 부터 **제5조**까지 생략

제6조(다른 법률의 개정) ① 부터 <83> 까지 생략

<84> 사립학교법 일부를 다음과 같이 개정한다.

제4조제3항 각 호 외의 부분, 제10조제1항 각 호 외의 부분 전단, 제11조제1항·제2항, 제33조, 제34조제1항제5호·제2항, 제36조제2항, 제40조, 제45조 본문 및 단서, 제47조제1항 각 호 외의 부분, 제47조의2, 제59조제1항제8호 및 제71조 중 "교육인적자원부장관"을 각각 "교육과학기술부장관"으로 한다.

제20조제2항 후단, 제24조의2제1항 및 제45조 단서 중 "교육인적자원부장관"을 각각 "교육과학기술부장관"으로 한다.

제32조제2항, 제33조 중 "교육인적자원부령"을 "교육과학기술부령"으로 한다.

제35조제1항 중 "교육인적자원부장관"을 "교육과학기술부장관"으로 하고, 같은

조 제4항 중 “교육인적자원부장관은 재정경제부장관의”를 “교육과학기술부장관은 기획재정부장관의”로 한다.

<85> 부터 <760> 까지 생략

제7조 생략

20080314 부칙 〈법률 제8888호, 2008. 3. 14.〉

①(시행일) 이 법은 공포한 날부터 시행한다. 다만, 제59조제1항제6호의 개정규정은 2009년 1월 1일부터 시행한다.

②(교원의 임명에 관한 적용례) 제54조의3제5항 및 제6항의 개정규정은 이 법 시행 이후 같은 조 제5항 각 호의 개정규정에 따른 징계사유가 발생하여 징계에 의하여 최초로 파면·해임된 자부터 적용한다.

20100415 부칙 〈법률 제10258호, 2010. 4. 15.〉 (「성폭력범죄의 처벌 등에 관한 특례법」)

제1조(시행일) 이 법은 공포한 날부터 시행한다. <단서 생략>

제2조 부터 **제4조**까지 생략

제5조(다른 법률의 개정) ① 부터 ⑦ 까지 생략

⑧사립학교법 일부를 다음과 같이 개정한다.

제54조의3제5항제1호 중 “「성폭력범죄의 처벌 및 피해자보호 등에 관한 법률」”을 “「성폭력범죄의 처벌 등에 관한 특례법」”으로 한다.

⑨부터 ⑮까지 생략

제6조 생략

20110412 부칙 〈법률 제10580호, 2011. 4. 12.〉 (「부동산등기법」)

제1조(시행일) 이 법은 공포 후 6개월이 경과한 날부터 시행한다. <단서 생략>

제2조 및 **제3조** 생략

제4조(다른 법률의 개정) ①부터 ㉑까지 생략

㉒사립학교법 일부를 다음과 같이 개정한다.

제8조의2 중 "등기부 등본"을 "등기사항증명서"로 한다.

㉓부터 ㊷까지 생략

제5조 생략

19 부칙 〈법률 제10637호, 2011. 5. 19.〉

①(시행일) 이 법은 공포한 날부터 시행한다.

②(교원 등 임명의 제한에 관한 적용례) 제54조의3제5항 및 제54조의4제4항의 개정규정은 이 법 시행 후 제54조의3제5항 각 호의 행위로 인하여 최초로 파면·해임되거나 금고 이상의 형을 선고받은 사람(집행유예의 형을 선고받은 후 그 집행유예기간이 경과한 사람을 포함한다)부터 적용한다.

21 부칙 〈법률 제10871호, 2011. 7. 21.〉

이 법은 공포한 날부터 시행한다.

25 부칙 〈법률 제10906호, 2011. 7. 25.〉

이 법은 공포한 날부터 시행한다.

26 부칙 〈법률 제11216호, 2012. 1. 26.〉

제1조(시행일) 이 법은 공포한 날부터 시행한다. 다만, 제45조 및 제55조의 개정규정은 공포 후 6개월이 경과한 날부터 시행한다.

제2조(정관변경에 관한 적용례) 제45조의 개정규정은 같은 개정규정 시행 후 최초로 이사회의 의결을 거쳐 정관을 변경하는 경우부터 적용한다.

제3조(조사 등 개시 통보에 관한 적용례) 제66조의2의 개정규정은 이 법 시행 후

최초로 감사원, 검찰·경찰, 그 밖의 수사기관이 조사나 수사를 개시하는 사건부터 적용한다.

20130123 부칙 〈법률 제11622호, 2013. 1. 23.〉

제1조(시행일) 이 법은 공포 후 6개월이 경과한 날부터 시행한다.

제2조(적용례) 제29조제2항·제4항, 제31조제3항 및 제32조의2제3항의 개정규정은 이 법 시행 후 최초로 시작하는 회계연도부터 적용한다.

20130323 부칙 〈법률 제11690호, 2013. 3. 23.〉 (「정부조직법」)

제1조(시행일) ①이 법은 공포한 날부터 시행한다.
② 생략

제2조부터 **제5조**까지 생략

제6조(다른 법률의 개정) ①부터 ㊽까지 생략
㊾사립학교법 일부를 다음과 같이 개정한다.

제4조제3항 각 호 외의 부분, 제10조제1항 각 호 외의 부분 전단, 제11조제1항·제2항, 제20조제2항 후단, 제24조의2제1항, 제32조의2제4항, 제33조, 제34조제1항제5호, 같은 조 제2항, 제35조제1항·제4항, 제36조제2항, 제40조, 제45조제2항부터 제4항까지, 제47조제1항 각 호 외의 부분, 제47조의2, 제59조제1항제8호 및 제71조 중 "교육과학기술부장관"을 각각 "교육부장관"으로 한다.

제35조제4항 중 "교육인적자원부장관"을 각각 "교육부장관"으로 한다.

제32조제2항 및 제32조의2제5항 중 "교육과학기술부령"을 각각 "교육부령"으로 한다.

법률 제11622호 사립학교법 일부개정법률 제31조의2제1항 및 제32조의3제2항 중 "교육과학기술부장관"을 각각 "교육부장관"으로 한다.

㊿부터 <710>까지 생략

제7조 생략

30 부칙 〈법률 제12125호, 2013. 12. 30.〉

이 법은 공포 후 6개월이 경과한 날부터 시행한다.

27 부칙 〈법률 제13224호, 2015. 3. 27.〉

제1조(시행일) 이 법은 공포한 날부터 시행한다.

제2조(징계의결의 재심의 요구 등에 관한 적용례) 제66조의2의 개정규정은 이 법 시행 당시 교원징계위원회가 심의 중인 징계사건에 대해서도 적용한다.

제3조(징계사유의 시효 연장에 관한 적용례) 제66조의4제1항의 개정규정은 이 법 시행 전에 징계사유가 발생하였으나 종전의 규정에 따른 징계시효가 완성되지 아니한 사람에 대해서도 적용한다.

제4조(유치원회계에 관한 경과조치) 이 법 시행 당시 종전의 규정에 따라 학교의 장이 집행한 유치원회계는 제29조제4항제3호의 개정규정에 따라 자문을 거친 것으로 본다.

제5조(다른 법률의 개정) ①재외국민의 교육지원 등에 관한 법률 일부를 다음과 같이 개정한다.

제26조제1항 후단을 다음과 같이 한다.

이 경우 교원의 징계종류·내용 및 시효에 관하여는 「사립학교법」 제61조제2항부터 제5항까지 및 제66조의4제1항을 준용한다.

②제주특별자치도 설치 및 국제자유도시 조성을 위한 특별법 일부를 다음과 같이 개정한다.

제189조의11제2항 본문 중 "제66조의2"를 "제66조의2부터 제66조의4까지"로 하고, 같은 항 단서 중 "제66조 및 제66조의2"를 "제66조, 제66조의2, 제66조의3제2항·제3항 및 제66조의4"로 한다.

22 부칙 〈법률 제13573호, 2015. 12. 22.〉

제1조(시행일) 이 법은 공포한 날부터 시행한다.

제2조(사무직원의 당연퇴직에 관한 적용례) 제70조의3의 개정규정은 이 법 시행 후 발생한 사유 및 행위로 인하여 제57조에 따른 당연퇴직사유에 해당하는 사람부터 적용한다.

20160203

부칙 〈법률 제13936호, 2016. 2. 3.〉 (「교원의 지위 향상 및 교육활동 보호를 위한 특별법」)

제1조(시행일) 이 법은 공포 후 6개월이 경과한 날부터 시행한다.

제2조 생략

제3조(다른 법률의 개정) ①부터 ⑥까지 생략

⑦사립학교법 일부를 다음과 같이 개정한다.

제53조의2제8항 중 "「교원지위향상을 위한 특별법」 제7조의 규정에 의한"을 "「교원의 지위 향상 및 교육활동 보호를 위한 특별법」 제7조에 따른"으로 한다.

제54조의4제1항제3호 중 "「교원지위향상을 위한 특별법」 제9조제1항의 규정에 의하여"를 "「교원의 지위 향상 및 교육활동 보호를 위한 특별법」 제9조제1항에 따라"로 한다.

제66조의4제3항 중 "「교원지위향상을 위한 특별법」에 의한"을 "「교원의 지위 향상 및 교육활동 보호를 위한 특별법」에 따른"으로 한다.

⑧ 생략

제4조 생략

20160203

부칙 〈법률 제13938호, 2016. 2. 3.〉

제1조(시행일) 이 법은 공포한 날부터 시행한다. 다만, 제54조의5, 제58조의2제1항제4호 및 제58조의2제5항의 개정규정은 공포 후 6개월이 경과한 날부터 시행한다.

제2조(부정행위자 조치에 관한 적용례) 제53조의3의 개정규정은 이 법 시행 이후 최초로 실시하는 채용시험부터 적용한다.

제3조(의원면직 제한에 관한 적용례) 제54조의5의 개정규정은 같은 개정규정 시행

당시 같은 조 제1항 각 호의 사유에 해당하는 교원에 대하여 적용한다.

제4조(직위해제 대상에 관한 적용례) 제58조의2제1항제4호의 개정규정은 같은 개정규정 시행 이후 발생한 비위행위에 대하여 감사원 및 검찰·경찰 등 수사기관에서 조사나 수사 중인 사람부터 적용한다.

제5조(휴직사유에 관한 적용례) 제59조제1항제7호의2의 개정규정은 이 법 시행 당시 같은 개정규정에 따른 아동을 입양하고 있는 경우에 대하여도 적용한다.

29 부칙 〈법률 제14154호, 2016. 5. 29.〉

제1조(시행일) 이 법은 공포한 날부터 시행한다. 다만, 제62조제2항부터 제4항까지의 개정규정은 공포 후 3개월이 경과한 날부터 시행한다.

제2조(학교의 장의 임명 제한에 관한 경과조치) 이 법 시행 당시 학교의 장이 이 법 시행 전에 학교법인의 이사장의 변경 또는 친족 관계의 변동 등으로 인하여 학교법인의 이사장과 제54조의3제3항 각 호의 어느 하나의 관계에 있는 경우에는 제54조의3제4항의 개정규정에도 불구하고 종전의 규정에 따른다.

제3조(계속 중인 징계사건에 관한 경과조치) 부칙 제1조 단서에 따른 시행일 전에 제64조에 따라 징계의결이 요구되어 계속 중인 징계사건에 대하여는 제62조제2항부터 제4항까지의 개정규정에도 불구하고 종전의 규정에 따른다.

제4조(다른 법률의 개정) 제주특별자치도 설치 및 국제자유도시 조성을 위한 특별법 일부를 다음과 같이 개정한다.

제211조제3항 중 "제62조제3항"을 "제62조제5항"으로 한다.

27 부칙 〈법률 제14468호, 2016. 12. 27.〉

제1조(시행일) 이 법은 공포한 날부터 시행한다. 다만, 제3조제1항제1호의 개정규정은 공포 후 3개월이 경과한 날부터 시행한다.

제2조(특수학교 설립에 관한 적용례) 제3조제1항제1호의 개정규정은 같은 개정규정 시행 후 최초로 「초·중등교육법」 제4조제2항에 따른 특수학교 설립 인가를 신청

한 자부터 적용한다. 다만, 제3조제1항제1호의 개정규정 시행 당시 「초·중등교육법」 제4조제1항에 따른 설립 기준을 갖추려고 관계 법령에 따라 절차를 진행 중인 경우에는 같은 개정규정 시행 이전에 인가를 신청한 것으로 본다.

제3조(특정목적적립금에 관한 적용례 등) ①제32조의2제2항의 개정규정은 이 법 시행 후 최초로 시작하는 회계연도부터 적용한다.

②이 법 시행 당시 종전의 규정에 따라 기타적립금으로 관리되어온 자금은 이 법 시행 후 최초로 시작하는 회계연도 내에 연구적립금, 건축적립금, 장학적립금, 퇴직적립금 또는 특정목적적립금으로 적립하거나 사용하여야 한다.

제4조(다른 법률의 개정) ①학교용지 확보 등에 관한 특례법 일부를 다음과 같이 개정한다.

제4조제8항 중 "「사립학교법」 제2조제2항"을 "「사립학교법」 제2조제2호"로 한다.

②한국교직원공제회법 일부를 다음과 같이 개정한다.

제7조의2제1항제2호 중 "「사립학교법」 제2조제1항"을 "「사립학교법」 제2조제1호"로 한다.

20171031 부칙 〈법률 제15022호, 2017. 10. 31.〉 (「주식회사 등의 외부감사에 관한 법률」)

제1조(시행일) 이 법은 공포 후 1년이 경과한 날부터 시행한다.

제2조 부터 **제13조**까지 생략

제14조(다른 법률의 개정) ①부터 ⑯까지 생략

⑰ 삭제 ＜2017. 11. 28.＞

⑱부터 ㊲까지 생략

제15조 생략

20171128 부칙 〈법률 제15040호, 2017. 11. 28.〉

제1조(시행일) 이 법은 공포 후 6개월이 경과한 날부터 시행한다. 다만, 부칙 제4조는 2018년 11월 1일부터 시행한다.

제2조(적립금 투자결과 보고에 관한 적용례 등) ①제32조의2제4항부터 제6항까지의

개정규정은 이 법 시행 후 최초로 시작하는 회계연도부터 적용한다.

②이 법 시행 당시 종전의 규정에 따라 이루어진 투자결과는 이 법 시행 후 최초로 시작하는 회계연도 내에 제32조의2제4항 및 제6항의 개정규정에 따라 보고되어야 한다.

제3조(교원의 재임용 평가에 관한 적용례) 제53조의2제7항 및 제8항의 개정규정은 이 법 시행 후 최초로 교원의 재임용을 평가하는 경우부터 적용한다.

제4조(다른 법률의 개정) 법률 제15022호 주식회사의 외부감사에 관한 법률 전부개정법률 일부를 다음과 같이 개정한다.

부칙 제14조제17항을 삭제한다.

17 부칙 〈법률 제15555호, 2018. 4. 17.〉

제1조(시행일) 이 법은 공포 후 6개월이 경과한 날부터 시행한다. 다만, 제66조의4제1항의 개정규정은 공포한 날부터 시행한다.

제2조(징계사유의 시효 연장에 관한 적용례) 제66조의4제1항의 개정규정은 이 법 시행 전에 징계사유가 발생하였으나 종전의 규정에 따른 징계시효가 완성되지 아니한 사람에 대해서도 적용한다.

18 부칙 〈법률 제15954호, 2018. 12. 18.〉

제1조(시행일) 이 법은 공포 후 3개월이 경과한 날부터 시행한다. 다만, 제60조의2제1항 및 같은 조 제2항제4호의 개정규정은 공포한 날부터 시행한다.

제2조(해임 또는 징계 요구에 관한 적용례) 제54조제3항의 개정규정은 이 법 시행 후 최초로 관할청이 임용권자에게 교원의 해임 또는 징계를 요구한 경우부터 적용한다.

15 부칙 〈법률 제16219호, 2019. 1. 15.〉

제1조(시행일) 이 법은 공포한 날부터 시행한다.

제2조(잔여재산의 귀속에 관한 적용례) 제35조의 개정규정은 이 법 시행 당시 청산

이 종결되지 아니한 학교법인에도 적용한다.

20190416 부칙 〈법률 제16310호, 2019. 4. 16.〉

제1조(시행일) 이 법은 공포 후 6개월이 경과한 날부터 시행한다.

제2조(징계기준 및 징계의 감경기준 등에 관한 적용례) 제66조의 개정규정은 이 법 시행 후 최초로 임용권자가 교원징계위원회에 징계의결을 요구한 경우부터 적용한다.

20190820 부칙 〈법률 제16439호, 2019. 8. 20.〉

제1조(시행일) 이 법은 공포 후 6개월이 경과한 날부터 시행한다.

제2조(정직처분의 효력에 관한 경과조치) 이 법 시행 전에 발생한 사유로 정직처분을 받는 사람에 대해서는 제61조제3항의 개정규정에도 불구하고 종전의 규정에 따른다.

20191203 부칙 〈법률 제16672호, 2019. 12. 3.〉(「초·중등교육법」)

제1조(시행일) 이 법은 공포한 날부터 시행한다. <단서 생략>

제2조 생략

제3조(다른 법률의 개정) ① 사립학교법 일부를 다음과 같이 개정한다.
제4조제1항제1호 중 "고등기술학교·공민학교"를 "고등기술학교"로 한다.
제53조의4제1항 중 "고등기술학교·공민학교"를 "고등기술학교"로 한다.
② 생략

20191203 부칙 〈법률 제16674호, 2019. 12. 3.〉

제1조(시행일) 이 법은 공포 후 6개월이 경과한 날부터 시행한다.

제2조(학교의 장의 임용에 관한 적용례) 제53조제3항의 개정규정은 이 법 시행 이

후 임용되는 특수학교의 장부터 적용한다. 다만, 이 법 시행 이전에 특수학교의 장이었던 사람은 1회에 한하여 임용될 수 있고, 현재 재임 중인 특수학교의 장은 임기만료 후 1회에 한하여 중임할 수 있다.

03 부칙 〈법률 제16679호, 2019. 12. 3.〉 (「고등교육법」)

제1조(시행일) 이 법은 공포 후 6개월이 경과한 날부터 시행한다.

제2조 및 **제3조** 생략

제4조(다른 법률의 개정) ① 사립학교법 일부를 다음과 같이 개정한다.
제29조제4항제1호 중 "제11조제2항"을 "제11조제3항"으로 한다.
② 생략

29 부칙 〈법률 제16874호, 2020. 1. 29.〉

제1조(시행일) 이 법은 공포 후 6개월이 경과한 날부터 시행한다.

제2조(임원의 겸직금지에 관한 경과조치) 이 법 시행 당시 유치원만을 설치·경영하는 학교법인의 이사장이 유치원장을 겸직하고 있는 경우에는 이 법 시행일부터 3개월 이내에 해당 유치원장의 직을 사직하여야 한다.

24 부칙 〈법률 제17078호, 2020. 3. 24.〉

제1조(시행일) 이 법은 공포 후 6개월이 경과한 날부터 시행한다. 다만, 제59조의 개정규정 중 「유아교육법」 제2조제2호에 따른 유치원의 교원에 대한 부분은 공포 후 2년이 경과한 날부터 시행한다.

제2조(육아휴직에 관한 적용례) 제59조제3항의 개정규정은 이 법 시행 전에 휴직하였거나 이 법 시행 당시 휴직 중인 사람에 대해서도 적용한다.

제3조(이사회의 이사 구성에 관한 경과조치) ① 이 법 시행 이후 이사를 선임할 당시 제21조제3항의 개정규정을 충족하지 못하는 경우에는 해당 개정규정의 구성요건이 충족될 때까지 같은 개정규정에 따른 교육경험에 관한 요건을 충족하는 사람을

이사로 우선 선임하여야 한다.

② 이사회의 이사 구성에 관하여는 제1항에 따라 제21조제3항의 개정규정을 충족할 때까지는 종전의 규정에 따른다.

20201020

부칙 〈법률 제17493호, 2020. 10. 20.〉

이 법은 공포 후 6개월이 경과한 날부터 시행한다.

20201222

부칙 〈법률 제17659호, 2020. 12. 22.〉

제1조(시행일) 이 법은 공포한 날부터 시행한다. 다만, 제66조의6의 개정규정은 공포 후 6개월이 경과한 날부터 시행하고, 제59조의 개정규정 중 법률 제17078호 사립학교법 일부개정법률 부칙 제1조 단서가 적용되는 부분은 2022년 3월 25일부터 시행하며, 법률 제17493호 사립학교법 일부개정법률 제74조의 개정규정은 2021년 4월 21일부터 시행한다.

제2조(징계사유의 시효 연장에 관한 적용례) 제66조의4제1항의 개정규정은 이 법 시행 전에 징계사유가 발생하였으나 종전의 규정에 따른 징계시효가 완성되지 아니한 사람에 대해서도 적용한다.

20210810

부칙 〈법률 제18372호, 2021. 8. 10.〉

제1조(시행일) 이 법은 공포 후 6개월이 경과한 날부터 시행한다. 다만, 제31조제4항·제5항·제6항·제7항·제8항 및 제31조의2제1항의 개정규정은 공포 후 1년이 경과한 날부터 시행하고, 제35조제4항·제5항·제6항의 개정규정은 2022년 1월 1일부터 시행한다.

제2조(임시이사 선임에 관한 적용례) 제25조제1항제2호의 개정규정은 이 법 시행 이후 임원 취임 승인이 취소된 경우부터 적용한다.

제3조(기본재산의 소송절차 신고에 관한 적용례) 제28조제5항의 개정규정은 이 법 시행 이후 학교법인의 기본재산에 관한 소송절차가 개시되는 경우부터 적용한다.

제4조(외부회계감사에 관한 적용례) 제31조제5항·제6항·제7항의 개정규정은 같은

개정규정의 시행일이 속한 회계연도의 결산서를 제출하는 경우부터 적용하되, 연속하는 4개 회계연도의 산정은 같은 개정규정이 최초로 적용되기 이전의 회계연도를 포함하여 계산한다.

제5조(잔여재산 귀속에 관한 적용례) 제35조제4항의 개정규정은 같은 개정규정 시행 전에 해산되었으나 처분되지 아니한 학교법인의 재산에도 적용한다.

24 부칙 〈법률 제18460호, 2021. 9. 24.〉

제1조(시행일) 이 법은 공포 후 6개월이 경과한 날부터 시행한다. 다만, 제20조의2제1항제4호, 제21조제7항, 제22조 및 제22조의2의 개정규정은 공포 후 3개월이 경과한 날부터 시행하고, 법률 제18372호 사립학교법 일부개정법률 제70조의3제3항, 제70조의4, 제73조 및 제73조의2의 개정규정은 2022년 2월 11일부터 시행하며, 제29조제4항 및 제31조제3항의 개정규정은 2022년 3월 1일부터 시행한다.

제2조(임원의 결격사유 등에 관한 적용례) 제21조제7항 및 제22조의 개정규정은 같은 개정규정 시행 이후 임원을 선임하는 경우부터 적용한다.

제3조(징계의결서 송부 및 징계의결의 재심의 요구에 관한 적용례) 제66조제2항 및 제66조의2의 개정규정은 이 법 시행 이후 제66조제1항에 따라 교원징계위원회가 징계의결을 하는 경우부터 적용한다.

제4조(공개전형 중 필기시험 위탁에 관한 적용례 및 경과조치) ① 제53조의2제11항의 개정규정은 이 법 시행 이후 같은 조 제10항에 따라 교원의 신규채용을 위한 공개전형을 실시하는 경우부터 적용한다.

② 이 법 시행 당시 종전의 규정에 따라 공고된 교원의 신규채용에 관하여는 제53조의2제11항의 개정규정에도 불구하고 종전의 규정에 따른다.

제5조(임원의 당연퇴임에 관한 경과조치) 제22조의2의 개정규정 시행 당시 임원으로 재임 중인 사람에 대하여는 같은 개정규정에도 불구하고 임기가 종료할 때까지는 종전의 규정에 따른다.

제6조(기금운용심의회 구성에 관한 경과조치) ① 이 법 시행 이후 기금운용심의회 위원을 위촉할 당시 제32조의3제2항의 개정규정을 충족하지 못하는 경우에는 같은 개정규정의 요건이 충족될 때까지는 교원, 직원 또는 재학생인 위원을 위촉하여야

한다.

② 기금운용심의회 위원의 구성은 제1항에 따라 제32조의3제2항의 개정규정을 충족할 때까지는 종전의 규정에 따른다.

제7조(교원징계위원회의 위원 구성에 관한 경과조치) 이 법 시행 이후 위원을 임명하거나 위촉할 당시 제62조제4항의 개정규정을 충족하지 못하는 경우(연임하는 경우는 제외한다)에는 같은 개정규정의 요건을 충족할 때까지는 특정 성(性)의 위원 또는 외부위원으로 임명하거나 위촉하여야 한다.

20221018 부칙 〈법률 제18990호, 2022. 10. 18.〉 (「교육공무원법」)

제1조(시행일) 이 법은 공포 후 6개월이 경과한 날부터 시행한다. <단서 생략>

제2조 부터 **제4조**까지 생략

제5조(다른 법률의 개정) 사립학교법 일부를 다음과 같이 개정한다.

제66조의4제1항 중 "「교육공무원법」 제52조 각 호"를 "「국가공무원법」 제83조의2제1항제1호 각 목 및 「교육공무원법」 제52조제5호"로 한다.

제66조의6제1항 중 "「교육공무원법」 제52조 각 호"를 "「국가공무원법」 제83조의2제1항제1호 각 목"으로 한다.

20221213 부칙 〈법률 제19066호, 2022. 12. 13.〉

제1조(시행일) 이 법은 공포 후 6개월이 경과한 날부터 시행한다.

제2조(당연퇴직에 관한 적용례) 제57조제2항의 개정규정은 이 법 시행 이후 발생한 범죄행위로 같은 개정규정에 따른 당연퇴직 사유에 해당하는 경우부터 적용한다.

20240109 부칙 〈법률 제19990호, 2024. 1. 9.〉 (「벤처기업육성에 관한 특별법」)

제1조(시행일) 이 법은 공포 후 6개월이 경과한 날부터 시행한다.

제2조(다른 법률의 개정) ①부터 ⑮까지 생략

⑯ 사립학교법 일부를 다음과 같이 개정한다.

제32조의2제3항제2호 중 "벤처기업육성에 관한 특별조치법"을 "벤처기업육성에 관한 특별법"으로 한다.

⑰부터 ㊱까지 생략

제3조 생략

27 부칙 〈법률 제20350호, 2024. 2. 27.〉

제1조(시행일) 이 법은 공포 후 6개월이 경과한 날부터 시행한다.

제2조(적립금 공시에 관한 적용례) 제32조의2제6항의 개정규정은 이 법 시행일이 속한 회계연도의 다음 회계연도의 적립금별 적립 규모 및 사용내역부터 적용한다.

제3부

부록

부록 1
현행 사립학교법

사립학교법

[시행 2024. 8. 28.] [법률 제20350호, 2024. 2. 27., 일부개정]

제1장 총칙 〈개정 2020. 12. 22.〉

제1조(목적) 이 법은 사립학교의 특수성에 비추어 그 자주성을 확보하고 공공성을 높임으로써 사립학교의 건전한 발달을 도모함을 목적으로 한다.

[전문개정 2020. 12. 22.]

제2조(정의) 이 법에서 사용하는 용어의 뜻은 다음과 같다. <개정 2021. 8. 10.>

1. "사립학교"란 학교법인, 공공단체 외의 법인 또는 그 밖의 사인(私人)이 설치하는 「유아교육법」 제2조제2호, 「초·중등교육법」 제2조 및 「고등교육법」 제2조에 따른 학교를 말한다.
2. "학교법인"이란 사립학교만을 설치·경영할 목적으로 이 법에 따라 설립되는 법인을 말한다.
3. "사립학교경영자"란 「유아교육법」, 「초·중등교육법」, 「고등교육법」 및 이 법에 따라 사립학교를 설치·경영하는 공공단체 외의 법인(학교법인은 제외한다) 또는 사인을 말한다.
4. "임용"이란 신규채용, 승진, 전보(轉補), 겸임, 파견, 강임(降任), 휴직, 직위해제, 정직(停職), 강등, 복직, 면직, 해임 및 파면을 말한다.

[전문개정 2016. 2. 3.]

제3조(학교법인이 아니면 설립할 수 없는 사립학교 등) 학교법인이 아닌 자는 다음 각 호의 어느 하나에 해당하는 사립학교를 설치·경영할 수 없다. 다만, 「초·중등교육법」 제52조제2항에 따라 산업체가 그 고용근로청소년의 교육을 위하여 중학교 또는 고등학교를 설치·경영하는 경우에는 그러하지 아니하다.

1. 초등학교·중학교·고등학교·특수학교·대학
2. 산업대학·사이버대학·전문대학·기술대학
3. 대학·산업대학·전문대학 또는 기술대학에 준하는 각종학교

[전문개정 2020. 12. 22.]

제4조(관할청) ① 다음 각 호의 어느 하나에 해당하는 자는 그 주소지를 관할하는 특별시·광역시·특별자치시·도 및 특별자치도(이하 "시·도"라 한다) 교육감의 지도·감독을 받는다. <개정 2020. 12. 22.>

1. 사립의 초등학교·중학교·고등학교·고등기술학교·고등공민학교·특수학교·유치원 및 이들에 준하는 각종학교
2. 제1호에 따른 사립학교를 설치·경영하는 학교법인 또는 사립학교경영자

② 삭제 <1991. 3. 8.>

③ 다음 각 호의 어느 하나에 해당하는 자는 교육부장관의 지도·감독을 받는다. <개정 2020. 12. 22.>

1. 사립의 대학·산업대학·사이버대학·전문대학·기술대학 및 이들에 준하는 각종학교(이하 "대학교육기관"이라 한다)
2. 제1호에 따른 사립학교를 설치·경영하는 학교법인
3. 제1호에 따른 사립학교와 그 밖의 사립학교를 아울러 설치·경영하는 학교법인

[제목개정 2020. 12. 22.]

제2장 학교법인 〈개정 2020. 12. 22.〉

제1절 통칙 〈개정 2020. 12. 22.〉

제5조(자산) ① 학교법인은 그가 설치·경영하는 사립학교에 필요한 시설·설비와 그 학교의 경영에 필요한 재산을 갖추어야 한다.

② 제1항에 따른 사립학교에 필요한 시설·설비와 재산에 관한 기준은 대통령령으로 정한다.

[전문개정 2020. 12. 22.]

제6조(사업) ① 학교법인은 그가 설치한 사립학교의 교육에 지장이 없는 범위에서 그 수익을 사립학교의 경영에 충당하기 위하여 수익을 목적으로 하는 사업(이하 "수익사업"이라 한다)을 할 수 있다. <개정 2020. 12. 22.>

② 삭제 <1999. 8. 31.>

③ 학교법인이 수익사업을 할 때에는 지체 없이 다음 각 호의 사항을 공고하여야 한다. <개정 2020. 12. 22.>

1. 사업의 명칭과 그 사무소의 소재지

2. 사업의 종류
3. 사업 경영에 관한 자본금
4. 사업 경영의 대표자의 성명·주소
5. 사업의 시기(始期) 및 기간
6. 그 밖에 필요한 사항

④ 수익사업에 관한 회계는 해당 학교법인이 설치·경영하는 사립학교의 경영에 관한 회계와 구분하여 별도 회계로 경리하여야 한다. ＜개정 2020. 12. 22.＞

[제목개정 2020. 12. 22.]

제7조(주소) 학교법인의 주소는 그 주된 사무소의 소재지로 한다.

[전문개정 2020. 12. 22.]

제8조(설립등기) ① 학교법인은 설립허가를 받았을 때에는 3주일 이내에 다음 각 호의 사항을 등기하여야 한다.

1. 목적
2. 명칭
3. 사무소
4. 설립허가 연월일
5. 존립 시기나 해산 사유를 정한 경우에는 그 시기 또는 사유
6. 자산 총액
7. 출자방법을 정한 경우에는 그 방법
8. 이사의 성명·주소

② 제1항에 따라 등기하여야 할 사항은 등기한 후가 아니면 제3자에게 대항할 수 없다.

③ 법원은 등기한 사항을 지체 없이 공고하여야 한다.

[전문개정 2020. 12. 22.]

제8조의2(재산 이전의 보고) 제8조에 따라 등기한 학교법인은 지체 없이 재산출연을 증명할 수 있는 등기사항증명서 및 금융기관의 증명서 등 대통령령으로 정하는 서류를 첨부하여 관할청에 재산출연 결과를 보고하여야 한다.

[전문개정 2020. 12. 22.]

제9조(학교법인의 권리능력 등) 학교법인의 권리능력과 불법행위능력에 관하여는 「민법」 제34조 및 제35조를 준용한다.

[전문개정 2020. 12. 22.]

제2절 설립 〈개정 2020. 12. 22.〉

제10조(설립허가) ① 학교법인을 설립하려는 자는 일정한 재산을 출연하고, 다음 각 호의 사항을 적은 정관을 작성하여 대통령령으로 정하는 바에 따라 교육부장관의 허가를 받아야 한다. 이 경우 기술대학을 설치·경영하는 학교법인을 설립할 때에는 대통령령으로 정하는 바에 따라 미리 산업체가 일정한 재산을 출연하여야 한다.

1. 목적
2. 명칭
3. 설치·경영하려는 사립학교의 종류와 명칭
4. 사무소 소재지
5. 자산 및 회계에 관한 사항
6. 임원의 정원 및 그 임면(任免)에 관한 사항
7. 이사회에 관한 사항
8. 수익사업을 경영하려는 경우에는 그 사업의 종류, 그 밖에 사업에 관한 사항
9. 정관 변경에 관한 사항
10. 해산에 관한 사항
11. 공고에 관한 사항과 그 방법
12. 그 밖에 이 법에 따라 정관에 적어야 할 사항

② 학교법인의 설립 당초의 임원은 정관으로 정하여야 한다.

③ 제1항제6호의 사항을 정할 때 기술대학을 설치·경영하는 학교법인의 경우에는 대통령령으로 정하는 바에 따라 산업체에 근무하는 사람을 임원으로 포함하여야 한다.

[전문개정 2020. 12. 22.]

제10조의2(출연자의 정관 기재) ① 학교법인은 일정한 재산을 출연한 자의 출연 의사를 보호하고 그 명예를 기리기 위하여 제10조제1항 각 호의 사항 외에 다음 각 호의 사항을 정관에 적을 수 있다.

1. 출연자의 성명 및 생년월일
2. 출연재산의 명세와 평가기준·금액
3. 출연자의 출연 의사

② 제1항에 따른 출연자 외에 학교법인의 설립 이후 대통령령으로 정하는 일정 금액 이상의 재산을 출연하거나 기부한 자에 대해서도 당사자의 의사에 따라 제1항

각 호의 사항을 정관에 적을 수 있다.
[전문개정 2020. 12. 22.]

제11조(정관의 보충) ① 학교법인을 설립하려는 사람이 제10조제1항 각 호의 사항 중 그 목적과 자산에 관한 사항만을 정하고 사망한 경우 교육부장관은 이해관계인의 청구에 의하여 그 외의 사항을 정할 수 있다.
② 제1항의 경우에 이해관계인이 없거나 그 청구가 없을 때에는 교육부장관이 직권으로 제1항의 사항을 정할 수 있다.
[전문개정 2020. 12. 22.]

제12조(설립 시기) 학교법인은 그 주된 사무소의 소재지에서 설립등기를 함으로써 성립한다.
[전문개정 2020. 12. 22.]

제13조(「민법」의 준용) 학교법인의 설립에 관하여는 「민법」 제47조, 제48조, 제50조부터 제52조까지, 제52조의2, 제53조, 제54조 및 제55조제1항을 준용한다.
[전문개정 2020. 12. 22.]

제3절 기관 〈개정 2020. 12. 22.〉

제14조(임원) ① 학교법인에는 임원으로서 7명 이상의 이사와 2명 이상의 감사를 두어야 한다. 다만, 유치원만을 설치·경영하는 학교법인에는 임원으로서 5명 이상의 이사와 1명 이상의 감사를 둘 수 있다.
② 이사 중 1명은 정관으로 정하는 바에 따라 이사장이 된다.
③ 학교법인은 제1항에 따른 이사 정수(定數)의 4분의 1(소수점 이하는 올림한다)에 해당하는 이사(이하 "개방이사"라 한다)를 제4항에 따른 개방이사추천위원회에서 2배수 추천한 인사 중에서 선임하여야 한다.
④ 개방이사추천위원회(이하 "추천위원회"라 한다)는 제26조의2에 따른 대학평의원회(이하 "대학평의원회"라 한다) 또는 「초·중등교육법」 제31조에 따른 학교운영위원회(이하 "학교운영위원회"라 한다)에 두고 그 조직과 운영 및 구성은 정관으로 정하되, 위원 정수는 5명 이상 홀수로 하고 대학평의원회 또는 학교운영위원회에서 추천위원회 위원의 2분의 1을 추천하도록 한다. 다만, 대통령령으로 정하는 종교지도자 양성만을 목적으로 하는 대학 및 대학원 설치·경영 학교법인의 경우에는 해당 종교단체에서 2분의 1을 추천한다.
⑤ 제3항에 따라 추천위원회가 개방이사를 추천할 때에는 30일 이내에 추천을 완

료하여야 하며, 그 기간에 추천하지 못하면 관할청이 추천한다.

⑥ 제3항부터 제5항까지의 규정에 따른 개방이사의 추천, 선임방법 및 자격요건과 기준에 관한 구체적인 사항은 대통령령으로 정하는 바에 따라 정관으로 정한다.

[전문개정 2020. 12. 22.]

제15조(이사회) ① 학교법인에 이사회를 둔다.

② 이사회는 이사로 구성한다.

③ 이사장은 이사회를 소집하고 그 의장이 된다.

④ 감사는 이사회에 출석하여 발언할 수 있다.

[전문개정 2020. 12. 22.]

제16조(이사회의 기능) ① 이사회는 다음 각 호의 사항을 심의·의결한다.

1. 학교법인의 예산·결산·차입금 및 재산의 취득·처분과 관리에 관한 사항
2. 정관 변경에 관한 사항
3. 학교법인의 합병 또는 해산에 관한 사항
4. 임원의 임면에 관한 사항
5. 학교법인이 설치한 사립학교의 장 및 교원의 임용에 관한 사항
6. 학교법인이 설치한 사립학교의 경영에 관한 중요 사항
7. 수익사업에 관한 사항
8. 그 밖에 법령이나 정관에 따라 그 권한에 속하는 사항

② 이사장 또는 이사가 학교법인과 이해관계가 상반될 때에는 그 이사장 또는 이사는 해당 사항에 관한 의결에 참여할 수 없다.

[전문개정 2020. 12. 22.]

제17조(이사회의 소집) ① 이사장은 필요하다고 인정할 때에는 이사회를 소집할 수 있다.

② 이사장은 다음 각 호의 어느 하나에 해당하는 소집요구가 있을 때에는 그 소집요구일부터 20일 이내에 이사회를 소집하여야 한다.

1. 재적이사 반수 이상이 회의의 목적을 제시하여 소집을 요구할 때
2. 제19조제4항제4호에 따라 감사가 소집을 요구할 때

③ 이사회를 소집할 때에는 늦어도 회의 7일 전까지 회의의 목적을 밝혀 각 이사에게 통지하여야 한다. 다만, 이사 전원이 모이고 또 그 전원이 이사회 개최를 요구하였을 때는 예외로 한다.

④ 이사회를 소집하여야 할 경우에 그 소집권자가 궐위(闕位)되거나 소집을 기피하여 7일 이상 이사회 소집이 불가능할 때에는 재적이사 과반수의 찬성으로 소집

할 수 있다. 다만, 소집권자가 이사회 소집을 기피한 경우에는 관할청의 승인을 받아야 한다.

⑤ 이사장은 제1항 및 제2항에 따라 이사회를 소집할 때에는 미리 대통령령으로 정하는 바에 따라 학교법인이 운영하는 학교의 인터넷 홈페이지 등에 소집 일자, 장소 등을 공지하여야 한다. <신설 2021. 9. 24.>

[전문개정 2020. 12. 22.]

제18조(의사정족수와 의결정족수 등) ① 이사회는 정관에 특별한 규정이 없으면 재적이사 과반수의 출석으로 개의(開議)하고, 정관으로 정한 이사 정수 과반수의 찬성으로 의결한다.

② 이사회의 회의는 이사가 동영상과 음성이 동시에 송수신되는 장치가 갖추어진 다른 장소에 출석하여 진행하는 원격영상회의의 방식으로 할 수 있다. 이 경우 해당 이사는 이사회에 출석한 것으로 본다.

[전문개정 2020. 12. 22.]

제18조의2(회의록의 작성 및 공개 등) ① 이사회는 다음 각 호의 사항을 적은 회의록을 작성하여야 한다. 다만, 이사회 개최 당일에 회의록을 작성하기 어려운 사정이 있을 때에는 안건별로 심의·의결 결과를 기록한 회의조서를 작성할 수 있다.

1. 개의, 회의 중지 및 산회(散會) 일시
2. 안건
3. 의사
4. 출석한 임원과 직원의 성명
5. 표결 수
6. 그 밖에 이사장이 필요하다고 인정하는 사항

② 회의록과 회의조서에는 출석 임원 모두가 그 성명을 알 수 있도록 자필로 서명하고, 그 회의록 또는 회의조서가 2장 이상인 경우에는 각 장 사이에 걸쳐서 서명하여야 한다. 다만, 이사회는 출석 임원 중 3명을 호선(互選)하여 대표로 회의록과 회의조서의 각 장 사이에 걸쳐서 서명하게 하거나 간인(間印)하게 할 수 있다.

③ 제1항 각 호 외의 부분 단서에 따라 회의조서를 작성한 경우에는 조속한 시일 내에 회의록을 작성하여야 한다. 다만, 긴급한 필요가 있을 때에는 회의록을 대신하여 회의조서를 관할청에 제출할 수 있다.

④ 회의록은 공개하여야 한다. 다만, 대통령령으로 정하는 사항에 대해서는 이사회의 의결로 공개하지 아니할 수 있다.

⑤ 회의록의 공개에 관한 기간·절차, 그 밖에 필요한 사항은 대통령령으로 정한

다.

[전문개정 2020. 12. 22.]

제19조(임원의 직무) ① 이사장은 학교법인을 대표하고 이 법과 정관에 규정된 직무를 수행하며 그 밖에 학교법인 내부의 사무를 총괄한다.

② 이사장이 궐위되거나 부득이한 사유로 직무를 수행할 수 없을 때에는 정관으로 정하는 바에 따르고, 정관에 규정이 없으면 이사회에서 호선한 다른 이사가 이사장의 직무를 대행한다.

③ 이사는 이사회에 출석하여 학교법인의 업무에 관한 사항을 심의·결정하며, 이사회 또는 이사장으로부터 위임받은 사항을 처리한다.

④ 감사는 다음 각 호의 직무를 수행한다.

1. 학교법인의 재산 상황과 회계를 감사하는 일
2. 이사회의 운영과 그 업무에 관한 사항을 감사하는 일
3. 학교법인의 재산 상황과 회계 또는 이사회의 운영과 그 업무에 관한 사항을 감사한 결과 부정하거나 불비(不備)한 점을 발견하였을 때 이사회와 관할청에 보고하는 일
4. 제3호의 보고를 하기 위하여 필요한 경우에 이사회 소집을 요구하는 일
5. 학교법인의 재산 상황 또는 이사회의 운영과 그 업무에 관한 사항에 대하여 이사장 또는 이사에게 의견을 진술하는 일

[전문개정 2020. 12. 22.]

제20조(임원의 선임과 임기) ① 임원은 정관으로 정하는 바에 따라 이사회에서 선임한다.

② 임원은 관할청의 승인을 받아 취임한다. 이 경우 교육부장관이 정하는 바에 따라 인적사항을 공개하여야 한다.

③ 이사장·이사 및 감사의 임기는 정관으로 정하되, 이사는 5년을 초과할 수 없고 중임(重任)할 수 있으며, 감사는 3년을 초과할 수 없고 한 차례만 중임할 수 있다.

[전문개정 2020. 12. 22.]

제20조의2(임원 취임의 승인취소) ① 임원이 다음 각 호의 어느 하나에 해당하는 행위를 하였을 때에는 관할청은 그 취임 승인을 취소할 수 있다. <개정 2021. 9. 24.>

1. 이 법, 「초·중등교육법」 또는 「고등교육법」을 위반하거나 이에 따른 명령을 이행하지 아니하였을 때
2. 임원 간의 분쟁, 회계 부정 또는 현저히 부당한 행위 등으로 해당 학교 운영에

중대한 장애를 일으켰을 때

3. 학사행정에 관하여 해당 학교의 장의 권한을 침해하였을 때

4. 관할청의 학교의 장 및 교직원에 대한 징계요구에 따르지 아니하였을 때

② 제1항에 따른 취임 승인의 취소는 관할청이 해당 학교법인에 그 사유를 들어 시정을 요구한 날부터 15일이 지나도 이에 따르지 아니한 경우에만 할 수 있다. 다만, 시정을 요구하여도 시정할 수 없는 것이 명백하거나 회계 부정, 횡령, 뇌물수수 등 비리의 정도가 중대한 경우에는 시정요구 없이 임원 취임의 승인을 취소할 수 있으며, 그 세부적인 기준은 대통령령으로 정한다.

[전문개정 2020. 12. 22.]

제20조의3(임원의 직무집행정지) ① 관할청은 다음 각 호의 어느 하나에 해당하는 경우에는 60일의 범위에서 해당 임원의 직무를 정지시킬 수 있으며, 부득이한 사유가 있을 때에는 60일의 범위에서 그 기간을 연장할 수 있다.

1. 제20조의2제1항에 따른 임원 취임 승인의 취소를 위한 조사나 감사가 진행 중일 때
2. 제20조의2제2항에 따른 시정요구 기간 중 해당 임원이 계속 직무를 집행할 경우 법인 또는 학교 운영상 중대한 손해가 생길 우려가 있다고 인정될 때

② 관할청은 제1항에 따른 임원의 직무집행정지 사유가 소멸되었을 때에는 직무집행정지를 즉시 해제하여야 한다.

[전문개정 2020. 12. 22.]

제21조(임원 선임의 제한) ① 이사 정수의 반수 이상은 대한민국 국민이어야 한다. 다만, 대학교육기관 중 대통령령으로 정하는 학교를 설치·경영하는 학교법인으로서 대한민국 국민이 아닌 자가 학교법인 기본재산액의 2분의 1 이상에 해당하는 재산을 출연한 학교법인인 경우에는 이사 정수의 3분의 2 미만을 대한민국 국민이 아닌 사람으로 할 수 있다.

② 이사회를 구성할 때 서로 「민법」 제777조에 따른 친족관계인 이사들이 이사 정수의 4분의 1을 초과해서는 아니 된다.

③ 이사 중 적어도 3분의 1 이상은 다음 각 호의 어느 하나에 해당하는 교육경험 또는 합산한 교육경험이 3년 이상인 사람이어야 한다.

1. 「유아교육법」 제2조제2호에 따른 유치원에서 교원으로 근무한 경험
2. 「초·중등교육법」 제2조에 따른 학교에서 교원으로 근무한 경험
3. 「고등교육법」 제2조에 따른 학교에서 교원 또는 같은 법 제17조제1항의 명예교수·겸임교원 및 초빙교원 등으로 근무한 경험

4. 제1호부터 제3호까지의 근무경험에 준하는 것으로서 대통령령으로 정하는 교육경험

④ 감사와 감사 또는 감사와 이사는 서로 「민법」 제777조에 따른 친족이어서는 아니 된다.

⑤ 학교법인에 두는 감사 중 1명은 추천위원회에서 추천하는 사람을 선임한다.

⑥ 대통령령으로 정하는 기준 이상의 학교법인에 두는 감사 중 1명은 공인회계사 자격을 가진 사람이어야 한다.

⑦ 다음 각 호의 어느 하나에 해당하는 사람에 대하여 임원 취임의 승인을 요청하는 경우에는 재적이사 3분의 2 이상의 찬성을 받아야 한다. <개정 2021. 9. 24.>

1. 제20조의2에 따라 임원 취임 승인이 취소된 날부터 10년이 지난 사람
2. 제54조의2에 따라 학교의 장의 직위에서 해임된 날부터 6년이 지난 사람
3. 제61조에 따라 파면된 날부터 10년이 지난 사람

[전문개정 2020. 12. 22.]

제22조(임원의 결격사유) 다음 각 호의 어느 하나에 해당하는 사람은 학교법인의 임원이 될 수 없다. <개정 2021. 9. 24.>

1. 「국가공무원법」 제33조 각 호의 어느 하나에 해당하는 사람
2. 제20조의2에 따라 임원 취임의 승인이 취소된 후 10년이 지나지 아니한 사람
3. 제54조의2에 따른 해임 요구에 의하여 해임된 후 6년이 지나지 아니한 사람
4. 제61조에 따라 파면된 후 10년이 지나지 아니한 사람
5. 4급 이상의 교육행정공무원 또는 4급 상당 이상의 교육공무원으로 재직하다 퇴직한 후 2년이 지나지 아니한 사람

[전문개정 2020. 12. 22.]

제22조의2(임원의 당연퇴임 사유) 학교법인의 임원이 제22조 각 호의 어느 하나에 해당하는 경우에는 당연히 퇴임된다. 다만, 「국가공무원법」 제33조제5호는 「형법」 제129조부터 제132조까지 및 직무와 관련하여 같은 법 제355조 및 제356조에 규정된 죄를 범한 사람으로서 금고 이상의 형의 선고유예를 받은 경우만 해당하고, 「국가공무원법」 제33조제6호의2를 적용할 때 "공무원"은 "임원"으로 본다.

[본조신설 2021. 9. 24.]

제23조(임원의 겸직금지) ① 이사장은 해당 학교법인이 설치·경영하는 사립학교의 장을 겸할 수 없다.

② 이사는 감사 또는 해당 학교법인이 설치·경영하는 사립학교의 교원이나 그 밖의 직원을 겸할 수 없다. 다만, 학교의 장은 예외로 한다.

③ 감사는 이사장, 이사 또는 학교법인의 직원(그 학교법인이 설치·경영하는 사립학교의 교원이나 그 밖의 직원을 포함한다)을 겸할 수 없다.
[전문개정 2020. 12. 22.]

제24조(임원의 보충) 이사나 감사 중에 결원이 생겼을 때에는 2개월 이내에 보충하여야 한다.
[전문개정 2020. 12. 22.]

제24조의2(사학분쟁조정위원회의 설치 및 기능) ① 제25조에 따른 임시이사의 선임과 제25조의2에 따른 임시이사의 해임 및 제25조의3에 따른 임시이사가 선임된 학교법인의 정상화 등에 관한 중요 사항을 심의하기 위하여 교육부장관 소속으로 사학분쟁조정위원회(이하 "조정위원회"라 한다)를 둔다.
② 조정위원회는 다음 각 호의 사항을 심의한다.
1. 임시이사의 선임에 관한 사항
2. 임시이사의 해임에 관한 사항
3. 임시이사가 선임된 학교법인의 정상화 추진에 관한 사항
4. 그 밖에 관할청이 조정위원회에 심의를 요청한 사항

③ 조정위원회는 제2항 각 호의 사항에 대한 심의 결과를 지체 없이 관할청에 통보하여야 한다.
④ 관할청은 제3항에 따른 심의 결과에 따라야 한다. 다만, 심의 결과에 이의가 있는 경우에는 조정위원회에 재심을 요청할 수 있고, 그 재심 결과를 수용하여야 한다.
[전문개정 2020. 12. 22.]

제24조의3(조정위원회의 구성 등) ① 조정위원회는 대통령이 위촉하는 다음 각 호의 위원으로 구성하며, 위원장은 대법원장이 추천하는 사람 중에서 호선한다.
1. 대통령이 추천하는 사람 3명
2. 국회의장이 추천하는 사람 3명
3. 대법원장이 추천하는 사람 5명

② 위원의 임기는 2년으로 하며, 한 차례만 중임할 수 있다.
③ 조정위원회의 조직 및 운영 등에 필요한 사항은 대통령령으로 정한다.
[전문개정 2020. 12. 22.]

제24조의4(조정위원회 위원의 자격 기준) ① 위원은 다음 각 호의 어느 하나에 해당하는 사람이어야 한다.
1. 판사·검사·군법무관 또는 변호사로 15년 이상 재직한 사람

2. 대학의 총장·학장 또는 초·중등학교의 교장 경력이 있는 사람으로서 교육 경력이 15년 이상인 사람
3. 대학에서 부교수 이상의 직에 종사하는 사람으로서 교육 경력이 15년 이상인 사람
4. 공인회계사로서 회계업무 경력이 15년 이상인 사람
5. 교육행정기관의 고위공무원 경력이 있는 사람으로서 공무원 경력이 15년 이상인 사람

② 제22조 각 호의 어느 하나에 해당하는 사람은 위원이 될 수 없다.
[전문개정 2020. 12. 22.]

제25조(임시이사의 선임) ① 관할청은 다음 각 호의 어느 하나에 해당하는 경우에는 이해관계인의 청구에 의하여 또는 직권으로 조정위원회의 심의를 거쳐 임시이사를 선임하여야 한다. <개정 2021. 8. 10.>

1. 학교법인이 이사의 결원을 보충하지 아니하여 학교법인의 정상적 운영이 어렵다고 판단되는 경우
2. 제20조의2에 따라 학교법인의 임원 취임 승인을 취소한 경우. 다만, 임원 취임 승인이 취소되어 제18조제1항에 따른 이사회 의결정족수를 충족하지 못하는 경우로 한정한다.
3. 제25조의2에 따라 임시이사를 해임한 경우

② 임시이사는 조속한 시일 내에 제1항에 따른 사유를 해소할 수 있도록 노력하여야 한다.
③ 임시이사는 제1항에 따른 사유가 해소될 때까지 재임하되, 그 임기는 선임된 날부터 3년을 초과할 수 없다.
④ 임시이사는 제20조에 따른 임원으로 선임될 수 없다.
⑤ 관할청은 임시이사가 선임된 법인에 이사회 소집을 요구할 수 있다.
⑥ 국가나 지방자치단체는 임시이사가 선임된 학교법인 중 재정이 열악한 학교법인의 최소한의 이사회 운영경비, 사무직원 인건비 및 학교법인의 정상화를 위하여 소요되는 대통령령으로 정하는 소송비용을 지원할 수 있다. <개정 2021. 8. 10.>
[전문개정 2020. 12. 22.]

제25조의2(임시이사의 해임) 관할청은 임시이사가 다음 각 호의 어느 하나에 해당하는 경우에는 조정위원회의 심의를 거쳐 임시이사의 전부 또는 일부를 해임할 수 있다.

1. 「국가공무원법」 제33조 각 호의 어느 하나에 해당하게 된 경우

2. 그 직무를 현저히 게을리한 경우
3. 제20조의2제1항 각 호의 어느 하나에 해당하는 행위를 한 경우

[전문개정 2020. 12. 22.]

제25조의3(임시이사가 선임된 학교법인의 정상화) ① 관할청은 제20조에도 불구하고 제25조에 따라 선임된 임시이사의 선임 사유가 해소되었다고 인정할 때에는 조정위원회의 심의를 거쳐 지체 없이 임시이사를 해임하고 이사를 선임하여야 한다.

② 임시이사가 선임된 학교법인은 매년 1회 이상 조정위원회에 정상화 추진 실적을 보고하여야 한다.

③ 조정위원회는 제2항의 추진 실적을 평가하여 해당 학교법인의 임시이사 해임 및 정상화 여부에 관한 사항을 관할청에 통보한다.

[전문개정 2020. 12. 22.]

제26조(임원의 보수 제한) ① 학교법인의 임원 중 정관으로 정한 상근(常勤) 임원을 제외한 임원에게는 보수를 지급하지 아니한다. 다만, 실비(實費)의 변상은 예외로 한다.

② 학교법인은 그 학교법인 기본재산액의 3분의 1 이상에 해당하는 재산을 그 법인의 기본재산으로 출연하거나 기증한 사람 중 생계가 곤란한 사람에게는 그 학교법인의 수익이 있는 범위에서 생계비·의료비·장례비를 지급할 수 있다. 다만, 제1항에 따라 보수를 받는 사람에 대해서는 그러하지 아니하다.

③ 제2항의 재산을 출연하거나 기증한 사람 중 생계가 곤란한 사람의 기준과 생계비·의료비·장례비의 범위는 대통령령으로 정한다.

[전문개정 2020. 12. 22.]

제26조의2(대학평의원회) ① 대학교육기관에 다음 각 호의 사항을 심의하게 하기 위하여 대학평의원회를 둔다. 다만, 제3호 및 제4호는 자문사항으로 한다.

1. 대학의 발전계획에 관한 사항
2. 학칙의 제정 또는 개정에 관한 사항
3. 대학헌장의 제정 또는 개정에 관한 사항
4. 대학교육과정의 운영에 관한 사항
5. 추천위원회 위원의 추천에 관한 사항
6. 그 밖에 교육에 관한 중요 사항으로서 정관으로 정하는 사항

② 대학평의원회의 조직 및 운영 등에 필요한 사항은 대통령령으로 정하는 바에 따라 정관으로 정한다.

[전문개정 2020. 12. 22.]

제27조(「민법」의 준용) 학교법인의 이사장과 이사에 관하여는 「민법」 제59조제2항, 제61조, 제62조, 제64조 및 제65조를 준용한다. 이 경우 「민법」 제62조 중 "타인"은 "다른 이사"로 본다.

[전문개정 2020. 12. 22.]

제4절 재산과 회계 〈개정 2020. 12. 22.〉

제28조(재산의 관리 및 보호) ① 학교법인이 그 기본재산에 대하여 매도·증여·교환·용도변경하거나 담보로 제공하려는 경우 또는 의무를 부담하거나 권리를 포기하려는 경우에는 관할청의 허가를 받아야 한다. 다만, 대통령령으로 정하는 경미한 사항은 관할청에 신고하여야 한다.

② 학교교육에 직접 사용되는 학교법인의 재산 중 대통령령으로 정하는 것은 매도하거나 담보로 제공할 수 없다.

③ 「초·중등교육법」 제10조 및 「고등교육법」 제11조에 따른 수업료와 그 밖의 납부금(입학금 또는 학교운영지원비를 말한다. 이하 같다)을 받을 권리와 제29조제2항에 따라 별도 계좌로 관리되는 수입에 대한 예금채권은 압류할 수 없다.

④ 관할청은 제1항 단서에 따른 신고를 받은 경우 그 내용을 검토하여 이 법에 적합하면 신고를 수리하여야 한다.

⑤ 학교법인은 기본재산에 관한 소송절차가 개시된 때와 완결된 때에는 대통령령으로 정하는 바에 따라 그 사실을 관할청에 신고하여야 한다. ＜신설 2021. 8. 10.＞

[전문개정 2020. 12. 22.]

제29조(회계의 구분 등) ① 학교법인의 회계는 그가 설치·경영하는 학교에 속하는 회계와 법인의 업무에 속하는 회계로 구분한다. ＜개정 2020. 12. 22.＞

② 제1항에 따른 학교에 속하는 회계는 교비회계(校費會計)와 부속병원회계(부속병원이 있는 경우로 한정한다)로 구분할 수 있고, 교비회계는 등록금회계와 비등록금회계로 구분하며, 각 회계의 세입·세출에 관한 사항은 대통령령으로 정하되 학교가 받은 기부금 및 수업료와 그 밖의 납부금은 교비회계의 수입으로 하여 별도 계좌로 관리하여야 한다. ＜개정 2020. 12. 22.＞

③ 제1항에 따른 법인의 업무에 속하는 회계는 일반업무회계와 제6조에 따른 수익사업회계로 구분할 수 있다. ＜개정 2020. 12. 22.＞

④ 제2항에 따른 학교에 속하는 회계의 예산은 해당 학교의 장이 편성하고, 다음

각 호의 구분에 따른 절차에 따라 확정·집행한다. ＜개정 2020. 12. 22., 2021. 9. 24.＞

1. 대학교육기관: 대학평의원회에 자문 및 「고등교육법」 제11조제3항에 따른 등록금심의위원회(이하 "등록금심의위원회"라 한다)의 심사·의결을 거친 후 이사회의 심사·의결로 확정하고 학교의 장이 집행한다.
2. 「초·중등교육법」 제2조에 따른 학교: 학교운영위원회의 심의를 거친 후 이사회의 심사·의결로 확정하고 학교의 장이 집행한다.
3. 유치원: 「유아교육법」 제19조의3에 따른 유치원운영위원회에 자문을 거친 후 학교의 장이 집행한다. 다만, 유치원운영위원회를 두지 아니한 경우에는 학교의 장이 집행한다.

⑤ 삭제 ＜2005. 12. 29.＞

⑥ 제2항에 따른 교비회계에 속하는 수입이나 재산은 다른 회계로 전출(轉出)·대여하거나 목적 외로 부정하게 사용할 수 없다. 다만, 다음 각 호의 어느 하나에 해당하는 경우에는 그러하지 아니하다. ＜개정 2020. 12. 22.＞

1. 차입금의 원리금을 상환하는 경우
2. 공공 또는 교육·연구의 목적으로 교육용 기본재산을 국가, 지방자치단체 또는 연구기관에 무상으로 귀속하는 경우. 다만, 대통령령으로 정하는 기준을 충족하는 경우로 한정한다.

⑦ 삭제 ＜2007. 7. 27.＞

[전문개정 1981. 2. 28.]

[제목개정 2020. 12. 22.]

제30조(회계연도) 학교법인의 회계연도는 그가 설치·경영하는 사립학교의 학년도에 따른다.

[전문개정 2020. 12. 22.]

제31조(예산 및 결산의 제출) ① 학교법인은 대통령령으로 정하는 바에 따라 매 회계연도가 시작되기 전에는 예산을, 매 회계연도가 끝난 후에는 결산을 관할청에 보고하고 공시하여야 한다.

② 관할청은 제1항의 예산이 회계 관계 법령 등을 위반하여 편성되었다고 인정할 때에는 그 시정을 지도할 수 있다.

③ 학교에 속하는 회계의 결산은 매 회계연도가 끝난 후 다음 각 호의 구분에 따른 절차를 거쳐야 한다. 다만, 유치원의 경우에는 그러하지 아니하다. ＜개정 2021. 9. 24.＞

1. 대학교육기관: 대학평의원회에 자문 및 등록금심의위원회의 심사·의결을 거쳐야 한다.
2. 「초·중등교육법」 제2조에 따른 학교: 학교운영위원회의 심의를 거쳐야 한다.

④ 학교법인은 제1항에 따라 결산서를 제출할 때에 그 학교법인의 감사 모두가 서명·날인한 감사보고서를 첨부하여야 한다. 이 경우 대학교육기관을 설치·경영하는 학교법인(제5항에 따른 학교법인은 제외한다)은 직접 선임한 학교법인과 독립한 외부감사인(「주식회사 등의 외부감사에 관한 법률」 제2조제7호의 감사인을 말한다. 이하 이 조에서 같다)의 감사보고서(이하 "외부감사보고서"라 한다) 및 부속서류(제4조제1항제1호에 따른 학교의 교비회계 결산은 제외한다)를 첨부하여야 한다. <개정 2021. 8. 10.>

⑤ 대통령령으로 정하는 절차와 기준에 따라 교육부장관이 선정한 대학교육기관을 설치·경영하는 학교법인은 제1항에 따라 결산서를 제출할 때에 다음 각 호에 따른 외부감사인의 외부감사보고서 및 부속서류(제4조제1항제1호에 따른 학교의 교비회계 결산은 제외한다)를 첨부하여야 한다. <신설 2021. 8. 10.>

1. 연속하는 4개 회계연도: 대학교육기관을 설치·경영하는 학교법인이 직접 선임한 학교법인과 독립한 외부감사인
2. 제1호에 따른 회계연도 다음 연속하는 2개 회계연도: 대통령령으로 정하는 바에 따라 교육부장관이 지정하는 외부감사인. 이 경우 동일한 외부감사인으로 지정한다.

⑥ 제5항에 따른 학교법인은 같은 항 제2호에 따른 회계연도의 외부감사인을 해당 회계연도 이후 최초로 도래하는 회계연도의 외부감사인으로 선임할 수 없다. <신설 2021. 8. 10.>

⑦ 교육부장관은 제5항제2호에 따른 외부감사인 지정 업무를 대통령령으로 정하는 법인이나 단체에 위탁할 수 있다. <신설 2021. 8. 10.>

⑧ 제1항에 따른 공시와 관련하여 필요한 사항은 대통령령으로 정한다. <개정 2021. 8. 10.>

[전문개정 2020. 12. 22.]

제31조의2(외부회계감사에 대한 감리) ① 교육부장관은 필요한 경우 외부감사보고서 및 부속서류를 감리(監理)할 수 있다. <개정 2021. 8. 10.>

② 교육부장관은 제1항에 따른 감리 업무의 전부 또는 일부를 대통령령으로 정하는 바에 따라 외부회계감사 및 감리에 관한 전문성을 갖춘 법인이나 단체에 위탁할 수 있다.

③ 제1항 및 제2항에서 규정한 사항 외에 감리 등에 필요한 사항은 대통령령으로 정한다.

[전문개정 2020. 12. 22.]

제32조(재산목록 등의 비치) ① 학교법인은 매 회계연도가 끝난 후 2개월 이내에 매 회계연도 말 현재의 재산목록, 재무상태표, 수입·지출 계산서, 그 밖에 필요한 장부나 서류를 작성하여 항상 그 사무소에 갖추어 두어야 한다.

② 제1항에 따라 갖추어 두어야 할 장부나 서류의 종류와 서식은 교육부령으로 정한다.

[전문개정 2020. 12. 22.]

제32조의2(적립금) ① 대학교육기관의 장 및 대학교육기관을 설치·경영하는 학교법인의 이사장은 교육시설의 신축·증축 및 개수(改修)·보수(補修), 학생의 장학금 지급 및 교직원의 연구 활동 지원 등에 충당하기 위하여 필요한 적립금(이하 "적립금"이라 한다)을 적립할 수 있다. 다만, 등록금회계로부터의 적립은 해당 연도 건물의 감가상각비 상당액을 교육시설의 신축·증축 및 개수·보수 목적으로 적립하는 경우에만 할 수 있다. <개정 2016. 12. 27.>

② 적립금은 원금보존적립금과 임의적립금으로 구분하고, 성격에 따라 연구적립금·건축적립금·장학적립금·퇴직적립금 및 그 밖에 구체적인 목적을 정하여 적립하는 특정목적적립금으로 구성한다. <개정 2016. 12. 27.>

③ 적립금은 기금으로 예치하여 관리하고, 그 적립 목적으로만 사용하여야 한다. 다만, 등록금회계에서 비등록금회계로 전출된 적립금 상당액을 제외한 적립금은 다음 각 호의 어느 하나의 방법으로 법인에 투자할 수 있다. <개정 2013. 1. 23., 2016. 12. 27., 2024. 1. 9.>

1. 적립금의 2분의 1 한도에서 「자본시장과 금융투자업에 관한 법률」 제4조제2항 각 호에 따른 증권의 취득
2. 적립금의 10분의 1 한도에서 해당 대학교육기관의 소속 교원 또는 학생이 개발한 신기술 또는 특허 등으로 창업한 「벤처기업육성에 관한 특별법」에 따른 벤처기업에 대한 투자

④ 대학교육기관의 장 및 대학교육기관을 설치·경영하는 학교법인의 이사장은 제3항 본문에도 불구하고 「재난 및 안전관리 기본법」 제3조제1호에 따른 재난으로 인한 사유로 학생을 지원할 필요가 있는 경우에는 이사회의 의결로 기존 적립금을 학생지원 목적으로 변경하여 사용할 수 있다. <신설 2020. 10. 20.>

⑤ 대학교육기관의 장 및 대학교육기관을 설치·경영하는 학교법인의 이사장은 제

3항 단서에 따른 적립금 투자 대상이 해당 대학교육기관과 대통령령으로 정하는 특수한 관계에 있는 법인인 경우에는 그 투자결과를 교육부장관에게 보고하여야 한다. <신설 2017. 11. 28., 2020. 10. 20.>

⑥ 대학교육기관의 장 및 대학교육기관을 설치·경영하는 학교법인의 이사장은 대통령령으로 정하는 바에 따라 성격에 따른 적립금별 적립 규모 및 사용내역을 공시하여야 한다. <신설 2024. 2. 27.>

⑦ 교육부장관은 대학교육기관 및 대학교육기관을 설치·경영하는 학교법인의 적립금 현황 및 사용내역에 대하여 대통령령으로 정하는 바에 따라 실태점검을 하여야 한다. <신설 2024. 2. 27.>

⑧ 교육부장관은 제7항에 따른 실태점검 결과 및 해당 대학교육기관과 대학교육기관을 설치·경영하는 학교법인의 재정상태 등을 고려하여 적립금의 적립 여부, 적립 규모, 적립 기간 및 투자 등에 필요한 조치를 할 수 있다. <개정 2013. 3. 23., 2016. 12. 27., 2017. 11. 28., 2020. 10. 20., 2024. 2. 27.>

⑨ 제1항 단서의 감가상각비 산정방법과 제5항에 따른 투자결과의 보고 시기 및 방법 등은 교육부령으로 정한다. <개정 2013. 3. 23., 2016. 12. 27., 2017. 11. 28., 2020. 10. 20., 2024. 2. 27.>

[본조신설 2011. 7. 25.]

제32조의3(기금운용심의회의 설치 등) ① 대학교육기관의 장 및 대학교육기관을 설치·경영하는 학교법인의 이사장은 제32조의2제3항에 따른 기금의 관리·운용에 관한 사항을 심의하기 위하여 기금운용심의회를 둔다.

② 기금운용심의회는 위원장 1명을 포함하여 15명 이내의 위원으로 구성하되, 다음 각 호의 사람으로 한다. 이 경우 제1호에 따른 교원, 직원 및 재학생은 각각 2명 이상, 제2호에 따른 외부 전문가는 1명 이상 포함하여야 한다. <개정 2021. 9. 24.>

1. 해당 대학에 재직 중인 교원·직원 및 재학생
2. 회계 또는 재무 관련 외부 전문가
3. 그 밖에 동문 및 학교 발전에 도움이 될 수 있는 사람

③ 기금운용심의회의 위원은 직무를 수행할 때 외부의 어떠한 지시나 간섭을 받지 아니한다.

④ 제1항부터 제3항까지에서 규정한 사항 외에 기금운용심의회의 구성 및 운영 등에 필요한 사항은 대통령령으로 정한다.

[전문개정 2020. 12. 22.]

제32조의4(이월금) ① 대학교육기관의 장 및 대학교육기관을 설치·경영하는 학교법인의 이사장은 해당 회계연도의 교비회계 예산을 편성·집행할 때에 이월금을 최소화하도록 노력하여야 한다.

② 교육부장관은 대학교육기관의 이월금이 재정 규모에 비하여 과다(過多)한 경우에는 이월금을 줄이기 위하여 시정요구 등 필요한 조치를 할 수 있다.

[전문개정 2020. 12. 22.]

제33조(회계규칙 등) 학교법인의 회계규칙, 그 밖에 예산 또는 회계에 관하여 필요한 사항은 교육부장관이 정한다.

[전문개정 2020. 12. 22.]

제5절 해산과 합병 〈개정 2020. 12. 22.〉

제34조(해산 사유) ① 학교법인은 다음 각 호의 어느 하나에 해당하는 사유로 해산한다.

1. 정관으로 정한 해산 사유의 발생
2. 목적 달성의 불가능
3. 다른 학교법인과의 합병
4. 파산
5. 제47조에 따른 교육부장관의 해산명령

② 제1항제2호의 사유로 인한 해산은 이사 정수의 3분의 2 이상의 동의를 받아 교육부장관의 인가를 받아야 한다.

[전문개정 2020. 12. 22.]

제35조(잔여재산의 귀속) ① 학교법인이 정관에 해산에 따른 잔여재산(殘餘財産)의 귀속자에 관한 규정을 두려는 경우 그 귀속자는 학교법인이나 그 밖에 교육사업을 경영하는 자 중에서 선정되도록 하여야 한다.

② 해산한 학교법인의 잔여재산은 합병 및 파산의 경우를 제외하고는 교육부장관에게 청산종결을 신고한 때에 제1항에 따라 정관으로 지정한 자에게 귀속된다.

③ 제1항 및 제2항에도 불구하고 학교법인의 임원 또는 해당 학교법인이 설립한 사립학교를 경영하는 자 등이 이 법 또는 교육 관계 법령을 위반하여 해당 학교법인이 관할청으로부터 회수 등 재정적 보전(補塡)을 필요로 하는 시정요구를 받았으나 이를 이행하지 아니하고 해산되는 경우 정관으로 지정한 자가 다음 각 호의 어느 하나에 해당하는 경우에는 그 지정이 없는 것으로 본다.

1. 해산한 학교법인의 설립자나 임원 또는 이들과 「민법」 제777조의 친족관계인 사람이 학교법인 해산일을 기준으로 10년 이내의 기간 중 정관으로 지정한 자 또는 정관으로 지정한 자가 설립한 사립학교의 다음 각 목의 어느 하나에 해당하는 보직에 있거나 있었던 경우
   가. 대표자
   나. 임원
   다. 대학(「고등교육법」 제2조 각 호의 학교를 말한다)의 총장 또는 부총장
   라. 초등학교·중학교·고등학교(「초·중등교육법」 제2조 각 호의 학교를 말한다)의 교장 또는 교감
   마. 「유아교육법」 제2조제2호에 따른 유치원의 원장 또는 원감
2. 정관으로 지정한 자의 임원 또는 정관으로 지정한 자가 설립한 사립학교를 경영하는 자 등이 이 법 또는 교육 관계 법령을 위반하여 정관으로 지정한 자가 관할청으로부터 회수 등 재정적 보전을 필요로 하는 시정요구를 받았으나 이를 이행하지 아니한 경우

④ 제2항 및 제3항에 따라 처분되지 아니한 재산 중 대학교육기관을 설치·경영하는 학교법인의 재산은 「한국사학진흥재단법」 제17조제2항에 따른 사학진흥기금의 청산지원계정(이하 "청산지원계정"이라 한다)에 귀속되고, 제4조제1항제1호에 따른 학교를 설치·경영하는 학교법인의 재산은 해당 지방자치단체에 귀속된다. <개정 2021. 8. 10.>

⑤ 지방자치단체는 제4항에 따라 지방자치단체에 귀속된 재산을 사립학교 교육의 지원을 위하여 다른 학교법인에 양여·무상대부 또는 보조금으로 지급하거나 그 밖의 교육사업에 사용한다. <개정 2021. 8. 10.>

⑥ 제4항에 따라 청산지원계정에 귀속된 재산은 「한국사학진흥재단법」에 따른 한국사학진흥재단이 관리하고, 지방자치단체에 귀속된 재산은 해당 시·도 교육감이 관리하되, 제5항에 따른 처분을 할 때에는 시·도 교육감은 교육부장관의 동의를 미리 받아야 한다. <개정 2021. 8. 10.>

[전문개정 2020. 12. 22.]

제35조의2(해산 및 잔여재산 귀속에 관한 특례) ① 고등학교 이하 각급 학교를 설치·경영하는 학교법인은 학생 수가 크게 감소하여 그 목적을 달성하기 곤란한 경우에는 제34조제1항에도 불구하고 시·도 교육감의 인가를 받아 해산할 수 있다.

② 제1항에 따라 시·도 교육감의 인가를 받으려는 학교법인은 해산인가신청서에 잔여재산 처분계획서를 첨부하여 시·도 교육감에게 제출하여야 한다.

③ 제1항에 따른 해산과 제2항에 따른 잔여재산 처분계획은 이사 정수의 3분의 2 이상의 동의를 받아야 한다.

④ 국가 또는 지방자치단체는 제1항에 따라 해산하는 학교법인이 원활하게 해산할 수 있도록 다음 각 호의 어느 하나에 해당하는 지원을 할 수 있다.

1. 해산인가 신청 당시 학교법인이 보유하고 있는 기본재산 감정평가액의 100분의 30 이내의 범위에서 해산장려금의 지급
2. 해산인가 신청 당시 학교법인이 보유하고 있는 기본재산 중 학교교육에 직접 사용되었던 재산의 매입

⑤ 제1항에 따른 학교법인의 해산, 제2항에 따른 잔여재산의 처분 및 제4항에 따른 재정지원에 관한 사항을 심사하기 위하여 시·도 교육감 소속으로 사학정비심사위원회를 둔다.

⑥ 제5항에 따른 사학정비심사위원회의 구성 및 운영 등에 관한 사항은 대통령령으로 정한다.

⑦ 제1항부터 제5항까지의 규정에 따라 해산한 학교법인은 그 잔여재산의 전부 또는 일부를 제35조제1항에도 불구하고 제2항에 따른 잔여재산 처분계획서에서 정한 자에게 귀속시키거나 「공익법인의 설립·운영에 관한 법률」 제2조에 따른 공익법인을 설립하기 위한 재산으로 출연할 수 있다.

[전문개정 2020. 12. 22.]

제36조(합병 절차) ① 학교법인이 다른 학교법인과 합병하려는 경우에는 이사 정수의 3분의 2 이상의 동의가 있어야 한다.

② 제1항에 따른 합병은 교육부장관의 인가를 받아야 한다.

③ 제2항에 따른 인가를 받으려면 그 인가신청서에 합병 후 존속하는 학교법인 또는 합병으로 설립되는 학교법인의 정관과 그 밖에 대통령령으로 정하는 서류를 첨부하여야 한다.

[전문개정 2020. 12. 22.]

제37조(합병 절차) ① 학교법인은 제36조제2항의 인가를 받았을 때에는 그 인가 통지를 받은 날부터 15일 이내에 재산목록과 재무상태표를 작성하여야 한다.

② 학교법인은 제1항의 기간 내에 그 채권자에 대하여 이의가 있으면 일정한 기간 내에 이의를 제기할 것을 공고하고, 알고 있는 채권자에게는 각각 이를 최고(催告)하여야 한다. 이 경우 이의제기 기간은 2개월 이상이어야 한다.

[전문개정 2020. 12. 22.]

제38조(합병 절차) ① 채권자가 제37조제2항의 기간 내에 합병에 대하여 이의를 제

기하지 아니하면 합병 후 존속하거나 합병으로 설립된 학교법인의 채무인수를 승인한 것으로 본다.

② 채권자가 제37조제2항의 기간 내에 이의를 제기하였을 때에는 학교법인은 채무를 갚거나 그에 상응하는 담보를 제공하여야 한다.

[전문개정 2020. 12. 22.]

제39조(합병 절차) 합병에 의하여 학교법인을 설립할 경우 정관, 그 밖에 학교법인의 설립에 관한 사무는 각 학교법인이 선임한 자가 공동으로 수행하여야 한다.

[전문개정 2020. 12. 22.]

제40조(합병의 효과) 합병 후 존속하는 학교법인 또는 합병으로 설립된 학교법인은 합병으로 소멸된 학교법인의 권리·의무(그 학교법인이 그가 경영하는 사업에 관하여 교육부장관의 인가나 그 밖의 처분으로 인하여 가지는 권리·의무를 포함한다)를 승계한다.

[전문개정 2020. 12. 22.]

제41조(합병의 시기) 학교법인의 합병은 합병 후 존속하는 학교법인 또는 합병으로 설립되는 학교법인의 주된 사무소의 소재지에서 등기함으로써 그 효력이 생긴다.

[전문개정 2020. 12. 22.]

제42조(「민법」 등의 준용) ① 학교법인의 해산과 청산에 관하여는 「민법」 제79조 및 제81조부터 제95조까지의 규정을 준용한다. 이 경우 「민법」 제79조 중 "이사"는 "이사장"으로 본다.

② 학교법인의 청산인에 관하여는 제18조와 「민법」 제59조제2항, 제61조, 제62조, 제64조 및 제65조를 준용한다.

[전문개정 2020. 12. 22.]

제6절 지원과 감독 〈개정 2020. 12. 22.〉

제43조(지원) ① 국가 또는 지방자치단체는 교육 진흥에 필요하다고 인정할 때에는 사립학교 교육을 지원하기 위하여 대통령령 또는 해당 지방자치단체의 조례로 정하는 바에 따라 보조를 신청한 학교법인 또는 사학지원단체에 보조금을 교부하거나 그 밖의 지원을 할 수 있다.

② 관할청은 제1항 또는 제35조제5항에 따라 지원을 받은 학교법인 또는 사학지원단체에 대하여 다음 각 호의 권한을 가진다.

1. 지원에 필요한 경우에는 해당 학교법인 또는 사학지원단체로부터 그 업무 또

는 회계 상황에 관한 보고를 받을 권한

2. 해당 학교법인 또는 사학지원단체의 예산이 지원 목적에 비추어 적당하지 아니하다고 인정할 때에는 그 예산에 대하여 필요한 변경조치를 권고할 권한

③ 국가 또는 지방자치단체는 제1항 또는 제35조제5항에 따라 학교법인 또는 사학지원단체를 지원하는 경우 그 지원성과가 저조하여 계속 지원하는 것이 적당하지 아니하다고 인정하거나 학교법인 또는 사학지원단체가 제2항에 따른 관할청의 권고에 따르지 아니할 때에는 그 후의 지원을 중단할 수 있다.

[전문개정 2020. 12. 22.]

第44조(실업교육의 우선적인 지원) 국가 또는 지방자치단체가 제35조제5항 또는 제43조제1항에 따라 학교법인을 지원하려는 경우에는 실업학교를 설치·경영하는 학교법인에 우선권을 주어야 한다.

[전문개정 2020. 12. 22.]

第45조(정관 변경 등) ① 학교법인의 정관을 변경하려면 이사 정수의 3분의 2 이상의 찬성으로 이사회의 의결을 거쳐야 한다.

② 학교법인이 제1항에 따라 정관을 변경한 경우에는 교육부장관이 정하여 고시하는 서류를 갖추어 14일 이내에 교육부장관에게 보고하여야 한다.

③ 제2항에 따른 보고를 받은 교육부장관은 변경 사항이 법령에 위반된다고 판단하면 30일 이내에 해당 학교법인에 시정 또는 변경을 명할 수 있다.

④ 제3항에 따른 시정 또는 변경 명령을 받은 학교법인은 지체 없이 이를 시정하거나 변경하고, 그 사실을 교육부장관에게 보고하여야 한다.

[전문개정 2020. 12. 22.]

第46조(수익사업의 정지명령) 관할청은 제6조제1항에 따라 수익사업을 하는 학교법인에 다음 각 호의 어느 하나에 해당하는 사유가 있다고 인정할 때에는 해당 학교법인에 그 사업의 정지를 명할 수 있다.

1. 해당 학교법인이 그 사업으로부터 생긴 수익을 그가 설치한 사립학교의 경영 외의 목적에 사용하였을 때
2. 해당 사업을 계속하는 것이 그 학교법인이 설치·경영하는 사립학교의 교육에 지장을 줄 때

[전문개정 2020. 12. 22.]

第47조(해산명령) ① 교육부장관은 학교법인에 다음 각 호의 어느 하나에 해당하는 사유가 있다고 인정할 때에는 해당 학교법인에 해산을 명할 수 있다.

1. 설립허가 조건을 위반하였을 때

2. 목적 달성이 불가능할 때

② 제1항에 따른 학교법인의 해산명령은 다른 방법으로는 감독의 목적을 달성할 수 없을 때 또는 관할청이 시정을 지시한 후 6개월이 지나도 이에 따르지 아니하였을 때에만 한다.

[전문개정 2020. 12. 22.]

제47조의2(청문) 교육부장관은 제47조에 따라 학교법인의 해산을 명하려는 경우에는 청문을 하여야 한다.

[전문개정 2020. 12. 22.]

제48조(보고징수 등) 관할청은 감독상 필요할 때에는 학교법인 또는 사학지원단체에 보고서 제출을 명하거나, 장부·서류 등을 검사할 수 있으며 이에 따른 필요한 조치를 명할 수 있다.

[전문개정 2020. 12. 22.]

제48조의2(해산된 학교법인 등에 대한 기록물 관리) ① 해산된 학교법인과 폐지·폐쇄된 학교에 관한 효율적인 기록물 관리와 소속 임원, 교직원 및 학생의 권익보호를 위하여 다음 각 호의 자는 학적부, 조직·회계·예산 관련 자료 등 대통령령으로 정하는 보관 중인 기록물을 교육부장관에게 제출하여야 한다.

1. 제34조제2항 또는 제47조에 따라 해산된 학교법인
2. 「고등교육법」 제4조제3항에 따라 학교 폐지의 인가를 받은 학교
3. 「고등교육법」 제62조에 따라 학교 폐쇄의 명령을 받은 학교

② 교육부장관은 제1항에 따라 제출된 기록물을 효율적으로 관리하기 위하여 「한국사학진흥재단법」에 따른 한국사학진흥재단을 전담기관으로 지정할 수 있다.

③ 그 밖에 해산된 학교법인 등의 기록물 이관 및 관리의 방법·절차 등에 관하여 필요한 사항은 대통령령으로 정한다.

[본조신설 2020. 3. 24.]

제49조 삭제 <1999. 8. 31.>

제3장 사립학교경영자 〈개정 2020. 12. 22.〉

제50조(학교법인으로의 조직 변경) 사립학교경영자 중 「민법」에 따른 재단법인은 그 조직을 변경하여 학교법인이 될 수 있다.

[전문개정 2020. 12. 22.]

제51조(준용규정) 사립학교경영자에 관하여는 제5조, 제28조제2항, 제29조, 제31조,

제31조의2, 제32조, 제32조의2부터 제32조의4까지, 제33조, 제43조, 제44조 및 제48조를 준용한다. 다만, 제31조, 제31조의2, 제32조, 제32조의2부터 제32조의4까지 및 제33조는 그가 설치·경영하는 사립학교에 관한 부분에 한정하여 준용한다.
[전문개정 2020. 12. 22.]

제4장 사립학교 교원 〈개정 2020. 12. 22.〉

제1절 자격·임용·복무 〈개정 2016. 2. 3.〉

제52조(자격) 사립학교 교원의 자격에 관하여는 국립학교·공립학교의 교원의 자격에 관한 규정에 따른다.
[전문개정 2020. 12. 22.]

제53조(학교의 장의 임용) ① 각급 학교의 장은 해당 학교를 설치·경영하는 학교법인 또는 사립학교경영자가 임용한다.
② 제1항에 따라 학교법인이 대학교육기관의 장을 임기 중에 해임하려는 경우에는 이사 정수의 3분의 2 이상의 찬성에 의한 이사회의 의결을 거쳐야 한다.
③ 각급 학교의 장의 임기는 학교법인 및 법인인 사립학교경영자의 경우에는 정관으로 정하고, 사인인 사립학교경영자의 경우에는 규칙으로 정하되, 4년을 초과할 수 없으며, 중임할 수 있다. 다만, 초·중등학교 및 특수학교의 장은 한 차례만 중임할 수 있다.
[전문개정 2020. 12. 22.]

제53조의2(학교의 장이 아닌 교원의 임용) ① 각급 학교의 교원은 해당 학교법인 또는 사립학교경영자가 임용하되, 다음 각 호의 구분에 따른 방법으로 하여야 한다.
1. 학교법인 및 법인인 사립학교경영자가 설치·경영하는 사립학교의 교원: 해당 학교의 장의 제청으로 이사회의 의결을 거쳐 임용
2. 사인인 사립학교경영자가 설치·경영하는 사립학교의 교원: 해당 학교의 장의 제청으로 임용

② 대학교육기관의 교원 임용권과 고등학교 이하 각급학교 교원의 휴직 및 복직에 관한 사항은 해당 학교법인의 정관으로 정하는 바에 따라 학교의 장에게 위임할 수 있다. <개정 2021. 8. 10.>
③ 대학교육기관의 교원은 정관으로 정하는 바에 따라 근무기간·급여·근무조건, 업적 및 성과약정 등 계약조건을 정하여 임용할 수 있다. 이 경우 근무기간에 관하

여는 국립대학·공립대학의 교원에게 적용되는 관련 규정을 준용한다.
④ 제3항에 따라 임용된 교원의 임용권자는 해당 교원에게 임용기간 만료일 4개월 전까지 임용기간이 만료된다는 사실과 재임용 심의를 신청할 수 있음을 통지(문서에 의한 통지를 말한다. 이하 이 조에서 같다)하여야 한다.
⑤ 제4항에 따라 통지를 받은 교원이 재임용을 받으려는 경우에는 통지받은 날부터 15일 이내에 재임용 심의를 임용권자에게 신청하여야 한다.
⑥ 제5항에 따른 재임용 심의 신청을 받은 임용권자는 제53조의4에 따른 교원인사위원회의 재임용 심의를 거쳐 해당 교원을 재임용할지를 결정하고, 그 사실을 임용기간 만료일 2개월 전까지 해당 교원에게 통지하여야 한다. 이 경우 해당 교원을 재임용하지 아니하기로 결정하였을 때에는 재임용하지 아니하겠다는 의사와 재임용 거부 사유를 구체적으로 밝혀 통지하여야 한다.
⑦ 교원인사위원회가 제6항에 따라 해당 교원의 재임용 여부를 심의할 때에는 다음 각 호의 사항에 관한 평가 등 객관적인 사유로서 학칙에서 정하는 사유에 근거하여야 한다. 이 경우 심의 과정에서 15일 이상의 기간을 정하여 해당 교원에게 지정된 기일에 교원인사위원회에 출석하여 의견을 진술하거나 서면으로 의견을 제출할 기회를 주어야 한다.

1. 학생교육에 관한 사항
2. 학문연구에 관한 사항
3. 학생지도에 관한 사항
4. 「산업교육진흥 및 산학연협력촉진에 관한 법률」 제2조제6호에 따른 산학연협력에 관한 사항

⑧ 교원인사위원회는 교원의 재임용을 심의하는 경우 해당 교원의 평가 등에 제7항 각 호의 사항에 대한 실적과 성과가 「고등교육법」 제15조에 따른 해당 교원의 임무에 비추어 적정하게 반영될 수 있도록 필요한 조치를 하여야 한다.
⑨ 재임용이 거부된 교원이 재임용 거부처분에 대하여 불복하려는 경우에는 그 처분이 있음을 안 날부터 30일 이내에 「교원의 지위 향상 및 교육활동 보호를 위한 특별법」 제7조에 따른 교원소청심사위원회에 심사를 청구할 수 있다.
⑩ 고등학교 이하 각급 학교 교원의 신규채용은 공개전형으로 하며, 담당할 직무에 필요한 자격요건과 공개전형의 실시에 필요한 사항은 대통령령으로 정한다.
⑪ 「초·중등교육법」 제19조에 따른 교원의 임용권자는 제10항에 따른 공개전형을 실시할 때에는 필기시험을 포함하여야 하고, 필기시험은 시·도 교육감에게 위탁하여 실시하여야 한다. 다만, 대통령령으로 정하는 바에 따라 시·도 교육감의 승인

을 받은 경우에는 필기시험을 포함하지 아니하거나 시·도 교육감에게 위탁하지 아니할 수 있다. <신설 2021. 9. 24.>
[전문개정 2020. 12. 22.]

제53조의3(부정행위자에 대한 조치) 제53조의2제10항에 따른 각급 학교 교원의 신규채용을 위한 공개전형 채용시험에서 부정한 행위를 한 사람에 관하여는 「교육공무원법」 제11조의2를 준용한다.
[전문개정 2020. 12. 22.]

제53조의4(교원인사위원회) ① 각급 학교(고등기술학교·고등공민학교·유치원과 이들에 준하는 각종학교는 제외한다)의 교원(학교의 장은 제외한다)의 임용 등 인사에 관한 중요 사항을 심의하기 위하여 해당 학교에 교원인사위원회를 둔다. <개정 2021. 8. 10.>
② 교원인사위원회의 조직·기능과 운영에 필요한 사항은 학교법인 및 법인인 사립학교경영자의 경우에는 정관으로 정하고, 사인인 사립학교경영자의 경우에는 규칙으로 정한다.
[전문개정 2020. 12. 22.]

제53조의5(학교의 장이 아닌 대학교육기관 교원의 신규채용 등) 학교의 장이 아닌 대학교육기관 교원의 임용에 관하여는 「교육공무원법」 제11조의3을 준용한다.
[전문개정 2016. 5. 29.]

제54조(임용에 관한 보고 및 해임 등의 요구) ① 각급 학교의 교원 임용권자는 교원을 임용(각급 학교의 장으로서 임기 만료로 해임된 경우는 제외한다)하였을 때에는 임용한 날부터 7일 이내에 관할청에 보고하여야 한다. <개정 2020. 12. 22.>
② 삭제 <1990. 4. 7.>
③ 관할청은 사립학교의 교원이 이 법에 규정된 면직 사유 및 징계 사유에 해당할 때에는 해당 교원의 임용권자에게 해임 또는 징계를 요구할 수 있다. 이 경우 해임 또는 징계를 요구받은 임용권자는 특별한 사유가 없으면 이에 따라야 한다. <개정 2020. 12. 22.>
[전문개정 1981. 2. 28.]
[제목개정 2020. 12. 22.]

제54조의2(해임 요구) ① 관할청은 각급 학교의 장이 다음 각 호의 어느 하나에 해당할 때에는 임용권자에게 해당 학교의 장의 해임을 요구할 수 있다. 이 경우 해임을 요구받은 임용권자는 특별한 사유가 없으면 이에 따라야 한다.
1. 제58조제1항 각 호의 어느 하나에 해당할 때

2. 학생의 입학(편입학을 포함한다), 수업 및 졸업에 관한 해당 학교의 장의 권한에 속하는 사항으로서 교육 관계 법률 또는 그 법률에 따른 명령을 위반하였을 때
3. 이 법, 이 법에 따른 명령 또는 다른 교육 관계 법령을 위반하였을 때
4. 학교에 속하는 회계의 집행에 관하여 부정한 일을 하였거나 현저히 부당한 일을 하였을 때

② 제1항에 따른 해임 요구는 관할청이 해당 학교법인 또는 사립학교경영자에게 그 사유를 밝혀 시정을 요구한 날부터 15일이 지나도 이에 따르지 아니한 경우에만 한다.

[전문개정 2020. 12. 22.]

제54조의3(임명의 제한) ① 다음 각 호의 어느 하나에 해당하는 사람은 학교의 장에 임명될 수 없다.

1. 제20조의2에 따라 임원 취임의 승인이 취소된 후 5년이 지나지 아니한 사람
2. 제54조의2에 따른 해임 요구에 의하여 해임된 후 3년이 지나지 아니한 사람
3. 제61조에 따라 파면된 후 5년이 지나지 아니한 사람
4. 「교육공무원법」 제10조의4 각 호의 어느 하나에 해당하는 사람

② 제1항제1호부터 제3호까지에 해당하는 사람으로서 그 임명 제한 기간이 지난 사람이 학교의 장으로 취임하려면 재적이사 3분의 2 이상의 찬성이 있어야 한다.

③ 학교법인의 이사장과 다음 각 호의 어느 하나의 관계인 사람은 해당 학교법인이 설치·경영하는 학교의 장에 임명될 수 없다. 다만, 이사 정수의 3분의 2 이상의 찬성과 관할청의 승인을 받은 사람은 그러하지 아니하다.

1. 배우자
2. 직계존속 및 직계비속과 그 배우자

④ 학교의 장으로 임명되어 있는 사람이 학교법인의 이사장의 변경 또는 친족 관계의 변동 등으로 인하여 학교법인의 이사장과 제3항 각 호의 어느 하나의 관계가 된 경우에는 그 사유가 발생한 날부터 3개월 이내에 이사 정수의 3분의 2 이상의 찬성과 관할청의 승인을 받아야 한다.

⑤ 제1항제4호에 해당하는 사람은 교원으로 임명될 수 없다.

⑥ 이 법에 따른 교원(제54조의4에 따른 기간제교원을 포함한다), 국립학교·공립학교의 교원(「교육공무원법」 제32조에 따른 기간제교원을 포함한다), 「유아교육법」 제23조에 따른 강사 등 또는 「초·중등교육법」 제22조에 따른 산학겸임교사등으로 재직하는 동안 다음 각 호의 어느 하나의 행위로 인하여 파면·해임되거나

금고 이상의 형을 선고받은 사람(집행유예의 형을 선고받은 후 그 집행유예기간이 지난 사람을 포함한다)은 고등학교 이하 각급 학교의 교원으로 임명될 수 없다. 다만, 제62조에 따른 교원징계위원회에서 해당 교원의 반성 정도 등을 고려하여 교원으로서 직무를 수행할 수 있다고 의결한 경우에는 그러하지 아니하다.

1. 금품수수 행위
2. 시험문제 유출 및 성적 조작 등 학생성적 관련 비위(非違) 행위
3. 학생에 대한 신체적 폭력 행위

⑦ 제6항 각 호 외의 부분 단서에 따른 교원징계위원회의 의결은 재적위원 3분의 2 이상의 출석과 출석위원 과반수의 찬성으로 한다.

[전문개정 2020. 12. 22.]

제54조의4(기간제교원) ① 각급 학교 교원의 임용권자는 다음 각 호의 어느 하나에 해당하는 사유가 있을 때에는 교원자격증을 가진 사람 중에서 기간을 정하여 임용하는 교원(이하 “기간제교원”이라 한다)을 임용할 수 있다. 이 경우 임용권자는 학교법인의 정관 등으로 정하는 바에 따라 그 권한을 학교의 장에게 위임할 수 있다.

1. 교원이 제59조제1항 각 호의 어느 하나에 해당하는 사유로 휴직하여 후임자의 보충이 불가피할 때
2. 교원이 파견·연수·정직·직위해제 또는 휴가 등으로 1개월 이상 직무에 종사할 수 없어 후임자의 보충이 불가피할 때
3. 파면·해임 또는 면직 처분을 받은 교원이 「교원의 지위 향상 및 교육활동 보호를 위한 특별법」 제9조제1항에 따라 교원소청심사위원회에 소청심사를 청구하여 후임자의 보충발령을 하지 못하게 되었을 때
4. 특정 교과를 한시적으로 담당할 교원이 필요할 때

② 기간제교원에 대해서는 제56조, 제58조제2항, 제58조의2, 제59조, 제61조, 제61조의2, 제62조, 제62조의2, 제63조, 제64조, 제64조의2, 제65조, 제66조, 제66조의2, 제66조의3제2항·제3항 및 제66조의4를 적용하지 아니하며, 임용기간이 만료되면 당연히 퇴직된다.

③ 기간제교원의 임용기간은 1년 이내로 하되, 필요한 경우 3년의 범위에서 그 기간을 연장할 수 있다.

④ 기간제교원의 임용에 관하여는 제54조의3제5항 및 제6항을 준용한다.

[전문개정 2020. 12. 22.]

제54조의5 삭제 <2019. 8. 20.>

제55조(복무) ① 사립학교 교원의 복무에 관하여는 국립학교·공립학교 교원에 관

한 규정을 준용한다.

② 제1항에 따라 준용되는 「국가공무원법」 제64조에도 불구하고 의학·한의학 또는 치의학에 관한 학과를 두는 대학의 소속 교원은 학생의 임상교육을 위하여 필요한 경우 대학의 장의 허가를 받아 대통령령으로 정하는 기준을 충족하는 병원에 겸직할 수 있다.

③ 제2항에 따른 겸직 허가의 기준과 절차, 겸직 교원의 직무와 보수 등에 관하여 필요한 사항은 대통령령으로 정한다.

[전문개정 2020. 12. 22.]

제55조의2(연수의 기회균등) 사립학교의 교원에게는 「교육공무원법」 제39조제1항에 따른 연수기관에서 재교육을 받거나 연수할 기회가 균등하게 주어져야 한다.

[본조신설 2018. 4. 17.]

제55조의3(연수기관 및 근무장소 외에서의 연수) 사립학교의 교원은 수업에 지장을 주지 아니하는 범위에서 소속 학교의 장의 승인을 받아 연수기관이나 근무장소 외의 시설 또는 장소에서 연수를 받을 수 있다.

[본조신설 2018. 4. 17.]

제55조의4(연수 실적) 학교의 장은 정기적으로 또는 수시로 그 소속 사립학교의 교원의 재교육 및 연수 실적을 인사관리에 반영할 수 있다.

[본조신설 2018. 4. 17.]

제2절 신분보장 및 사회보장 〈개정 2020. 12. 22.〉

제56조(의사에 반한 휴직·면직 등의 금지) ① 사립학교 교원은 형(刑)의 선고, 징계처분 또는 이 법에서 정하는 사유에 의하지 아니하고는 본인의 의사에 반하여 휴직이나 면직 등 불리한 처분을 받지 아니한다. 다만, 학급이나 학과의 개편 또는 폐지로 인하여 직책이 없어지거나 정원이 초과된 경우에는 그러하지 아니하다.

② 사립학교 교원은 권고에 의하여 사직을 당하지 아니한다.

[전문개정 2020. 12. 22.]

제57조(당연퇴직의 사유) ① 사립학교 교원이 「교육공무원법」 제10조의4 각 호의 어느 하나에 해당하게 되면 당연히 퇴직한다. 다만, 「국가공무원법」 제33조제5호는 「형법」 제129조부터 제132조까지 및 직무와 관련하여 같은 법 제355조 및 제356조에 규정된 죄를 범한 사람으로서 금고 이상의 형의 선고유예를 받은 경우만 해당하며, 「국가공무원법」 제33조제6호의2를 적용할 때 "공무원"은 "교원"으로 본

다. <개정 2022. 12. 13.>

② 사립학교 교원 중 대학(「고등교육법」 제2조 각 호의 학교를 말한다)의 교수, 부교수 및 조교수가 교원으로 재직기간 중 직무와 관련하여 「형법」 제347조 또는 제351조(제347조의 상습범에 한정한다)에 규정된 죄를 저질러 300만원 이상의 벌금형을 선고받고 그 형이 확정된 경우에는 당연히 퇴직한다. <신설 2022. 12. 13.>

[전문개정 2020. 12. 22.]

제58조(면직의 사유) ① 사립학교 교원이 다음 각 호의 어느 하나에 해당할 때에는 해당 교원의 임용권자는 그 교원을 면직시킬 수 있다.

1. 휴직 기간이 끝나거나 휴직 사유가 소멸된 후에도 직무에 복귀하지 아니하거나 직무를 감당할 수 없을 때
2. 근무성적이 매우 불량할 때
3. 정부 파괴를 목적으로 하는 단체에 가입하고 이를 방조(幇助)하였을 때
4. 정치운동을 하거나 집단적으로 수업을 거부하거나 어느 정당을 지지 또는 반대하기 위하여 학생을 지도·선동하였을 때
5. 인사기록에 있어서 부정한 채점·기재를 하거나 거짓 증명 또는 진술을 하였을 때
6. 거짓이나 그 밖의 부정한 방법으로 임용되었을 때

② 제1항제2호부터 제6호까지의 규정에 따른 사유로 면직시키는 경우에는 제62조에 따른 교원징계위원회의 동의를 받아야 한다.

[전문개정 2020. 12. 22.]

제58조의2(직위의 해제) ① 사립학교 교원이 다음 각 호의 어느 하나에 해당하는 경우에는 그 교원의 임용권자는 직위를 부여하지 아니할 수 있다.

1. 직무수행능력이 부족하거나 근무성적이 매우 불량하거나 교원으로서 근무태도가 매우 불성실한 경우
2. 징계의결이 요구 중인 경우
3. 형사사건으로 기소된 경우(약식명령이 청구된 경우는 제외한다)
4. 금품비위, 성범죄 등 대통령령으로 정하는 비위행위로 인하여 감사원 및 검찰·경찰 등 수사기관에서 조사나 수사 중인 경우로서 비위의 정도가 중대하고 이로 인하여 정상적인 업무수행을 기대하기 현저히 어려운 경우

② 제1항에 따라 직위를 부여하지 아니한 경우에 그 사유가 소멸되면 임용권자는 지체 없이 직위를 부여하여야 한다.

③ 임용권자는 제1항제1호에 따라 직위해제된 사람에게 3개월 이내의 기간대기를

명한다.

④ 임용권자는 제3항에 따라 대기명령을 받은 사람에게 능력 회복이나 태도 개선을 위한 연수 또는 특별한 연구과제의 부과 등 필요한 조치를 하여야 한다.

⑤ 사립학교 교원에게 제1항제1호와 같은 항 제2호·제3호 또는 제4호의 직위해제 사유가 함께 있는 경우에는 같은 항 제2호·제3호 또는 제4호를 사유로 직위해제 처분을 하여야 한다.

[전문개정 2020. 12. 22.]

제59조(휴직의 사유) ① 사립학교 교원이 다음 각 호의 어느 하나에 해당하는 사유로 휴직을 원하면 그 교원의 임용권자는 휴직을 명할 수 있다. 다만, 제1호부터 제4호까지 및 제11호의 경우에는 본인의 의사와 관계없이 휴직을 명하여야 하고, 제7호 및 제7호의2의 경우에는 본인이 원하면 휴직을 명하여야 한다.

1. 신체·정신상의 장애로 장기요양이 필요한 경우(불임·난임으로 인하여 장기간의 치료가 필요한 경우를 포함한다)
2. 「병역법」에 따른 병역의 복무를 위하여 징집되거나 소집된 경우
3. 천재지변이나 전시·사변 또는 그 밖의 사유로 생사나 소재(所在)를 알 수 없게 된 경우
4. 그 밖에 법률에 따른 의무를 수행하기 위하여 직무를 이탈하게 된 경우
5. 학위취득을 목적으로 해외 유학을 하거나 외국에서 1년 이상 연구 또는 연수를 하게 된 경우
6. 국제기구, 외국기관, 국내외의 대학·연구기관, 국가기관, 재외교육기관(「재외국민의 교육지원 등에 관한 법률」 제2조제2호의 재외교육기관을 말한다) 또는 정관으로 정하는 민간단체에 임시로 고용되는 경우
7. 만 8세 이하 또는 초등학교 2학년 이하의 자녀를 양육하기 위하여 필요하거나 여성 교원이 임신 또는 출산하게 된 경우

7의2. 만 19세 미만의 아동 청소년(제7호에 따른 육아휴직의 대상이 되는 아동은 제외한다)을 입양하는 경우

8. 교육부장관이 지정하는 국내의 연구기관이나 교육기관 등에서 연수하게 된 경우
9. 사고 또는 질병 등으로 장기간 요양이 필요한 부모, 배우자, 자녀 또는 배우자의 부모를 간호하기 위하여 필요한 경우
10. 배우자가 국외 근무를 하게 되거나 제5호에 해당하게 된 경우
11. 「교원의 노동조합 설립 및 운영 등에 관한 법률」 제5조에 따라 노동조합 전

임자로 종사하게 된 경우

12. 「사립학교교직원 연금법」 제31조에 따라 계산한 재직기간이 10년 이상인 교원이 자기개발을 위하여 학습·연구 등을 하게 된 경우

13. 그 밖에 정관으로 정하는 사유가 있는 경우

② 제1항제7호의 사유로 인한 휴직기간은 자녀 1명에 대하여 3년 이내로 하되 분할하여 휴직할 수 있고, 같은 항 제7호의2의 사유로 인한 휴직기간은 입양자녀 1명에 대하여 6개월 이내로 한다.

③ 임용권자는 제1항제7호 및 제7호의2에 따른 휴직을 이유로 인사상 불리한 처우를 하여서는 아니 되고, 같은 호의 휴직기간은 근속기간에 포함하며, 그 밖에 같은 호에 따른 휴직자의 신분 및 처우 등에 관하여 필요한 사항은 대통령령으로 정한다.

④ 제1항부터 제3항까지에서 규정한 사항 외에 휴직기간과 휴직자의 신분 및 처우 등에 관하여는 정관(사립학교경영자의 경우에는 그가 정하는 교원의 신분보장 및 징계에 관한 규칙을 말한다. 이하 이 절에서 같다)으로 정한다.

[전문개정 2020. 12. 22.]

[시행일 : 2022. 3. 25.] 제59조의 개정규정 중 「유아교육법」 제2조제2호에 따른 유치원의 교원에 대한 부분

제60조(교원의 불체포특권) 사립학교 교원은 현행범인 경우를 제외하고는 소속 학교장의 동의 없이 학원(學園) 안에서 체포되지 아니한다.

[전문개정 2020. 12. 22.]

제60조의2(사회보장) ① 사립학교의 교원 및 사무직원이 질병에 걸리거나 부상·장해 또는 재해를 입거나 퇴직 또는 사망하였을 때에는 본인이나 그 유족에게 법률에서 정하는 바에 따라 적절한 급여를 지급한다.

② 제1항의 법률에는 다음 각 호의 사항이 규정되어야 한다.

1. 상당한 기간 동안 근무하고 퇴직하거나 사망한 경우에 본인이나 그 유족에게 연금이나 일시금을 지급하는 사항
2. 직무로 인한 부상 또는 질병으로 사망하거나 퇴직한 경우에 본인이나 그 유족에게 연금이나 보상금을 지급하는 사항
3. 직무로 인한 부상 또는 질병으로 인한 요양기간 중 소득능력에 장애를 받을 경우에 본인이 받는 손실보상에 관한 사항
4. 직무로 인하지 아니한 사망·장해·부상·질병·출산, 그 밖의 사고에 대한 급여의 지급에 관한 사항

[전문개정 2020. 12. 22.]

제60조의3(명예퇴직) ① 사립학교 교원으로서 20년 이상 근속한 사람이 정년 전에 스스로 퇴직하는 경우에는 예산의 범위에서 명예퇴직수당을 지급할 수 있다.

② 제1항의 명예퇴직수당의 지급대상 범위, 지급액, 지급 절차, 그 밖에 필요한 사항은 정관으로 정한다.

[전문개정 2020. 12. 22.]

제3절 징계 〈개정 2020. 12. 22.〉

제61조(징계의 사유 및 종류) ① 사립학교 교원이 다음 각 호의 어느 하나에 해당할 때에는 해당 교원의 임용권자는 징계의결을 요구하여야 하고, 징계의결의 결과에 따라 징계처분을 하여야 한다.

1. 이 법과 그 밖의 교육 관계 법령을 위반하여 교원의 본분에 어긋나는 행위를 하였을 때
2. 직무상의 의무를 위반하거나 직무를 게을리하였을 때
3. 직무 관련 여부에 상관없이 교원으로서의 품위를 손상하는 행위를 하였을 때

② 징계는 파면, 해임, 강등, 정직, 감봉, 견책으로 한다. <개정 2021. 8. 10.>

③ 강등은 동종의 직무 내에서 하위의 직위에 임명하고, 신분은 보유하나 3개월간 직무에 종사하지 못하며 그 기간 중 보수의 전액을 감한다. 다만, 「고등교육법」 제14조에 해당하는 교원 및 조교에 대하여는 강등을 적용하지 아니한다. <신설 2021. 8. 10.>

④ 정직은 1개월 이상 3개월 이하의 기간으로 하고, 정직처분을 받은 사람은 그 기간 중 교원의 신분은 보유하나 직무에 종사할 수 없으며 보수의 전액을 감한다. <개정 2021. 8. 10.>

⑤ 감봉은 1개월 이상 3개월 이하의 기간으로 하고, 보수의 3분의 1을 감한다. <개정 2021. 8. 10.>

⑥ 견책은 전과(前過)에 대하여 훈계하고 뉘우치게 한다. <개정 2021. 8. 10.>

[전문개정 2020. 12. 22.]

제61조의2(의원면직을 신청한 교원의 징계 사유 확인 등) ① 각급 학교 교원의 임용권자는 교원이 의원면직을 신청한 경우 다음 각 호의 사항을 감사원과 검찰·경찰, 그 밖의 수사기관에 확인하여야 한다.

1. 제61조제1항에 따른 징계 사유가 있는지 여부

2. 제4항에 따른 의원면직의 제한대상에 해당하는지 여부

② 제1항제1호에 따른 확인 결과 「국가공무원법」 제79조에 따른 파면·해임·강등·정직에 준하는 정도의 징계(이하 "중징계"라 한다)에 해당하는 징계 사유가 있는 경우 해당 교원의 임용권자는 지체 없이 제62조에 따른 교원징계위원회에 징계의결을 요구하여야 한다. 이 경우 임용권자는 제58조의2제1항제2호에 따라 해당 교원에게 직위를 부여하지 아니할 수 있다.

③ 제62조에 따른 교원징계위원회는 제2항에 따라 징계의결이 요구된 경우 다른 징계사건에 우선하여 징계의결을 하여야 한다.

④ 각급 학교 교원의 임용권자는 의원면직을 신청한 교원이 다음 각 호의 어느 하나에 해당하는 경우 의원면직을 허용해서는 아니 된다. 다만, 제1호·제3호 및 제4호의 경우에는 그 비위 정도가 중징계에 해당하는 경우로 한정한다.

1. 비위와 관련하여 형사사건으로 기소 중인 경우
2. 제62조에 따른 교원징계위원회에 중징계 의결을 요구 중인 경우
3. 감사원·검찰·경찰 및 그 밖의 수사기관에서 비위와 관련하여 조사 또는 수사 중인 경우
4. 관할청의 감사부서 등에서 비위와 관련하여 감사 또는 조사 중인 경우

⑤ 제4항에 따른 의원면직의 제한 및 제한대상의 확인에 필요한 사항은 대통령령으로 정한다.

[전문개정 2020. 12. 22.]

제62조(교원징계위원회의 설치 및 구성 등) ① 사립학교 교원의 징계사건 및 제54조의3제6항 각 호 외의 부분 단서에 따른 교원의 임명에 관한 사항을 심의·의결하기 위하여 그 임용권자의 구분에 따라 학교법인·사립학교경영자 및 해당 학교에 교원징계위원회를 둔다. 다만, 사립유치원 교원의 징계사건은 「교육공무원법」 제50조에 따라 설치되는 교육공무원 징계위원회에서 심의·의결한다.

② 제1항에 따른 교원징계위원회는 위원장 1명을 포함한 5명 이상 11명 이하의 범위에서 학교의 규모 등을 고려하여 대통령령으로 정하는 수의 위원으로 구성한다. <개정 2021. 9. 24.>

③ 교원징계위원회의 위원은 다음 각 호의 사람 중에서 해당 학교법인이나 사립학교경영자 또는 학교의 장(제53조의2제2항에 따라 교원의 임용권이 학교의 장에게 위임된 경우로 한정한다)이 임명하거나 위촉한다. <개정 2021. 9. 24.>

1. 해당 학교의 교원 또는 학교법인의 이사
2. 다음 각 목의 어느 하나에 해당하는 사람

가. 법관, 검사 또는 변호사로 5년 이상 근무한 경력이 있는 사람
나. 대학에서 법학, 행정학 또는 교육학을 담당하는 조교수 이상으로 재직 중인 사람
다. 공무원으로 20년 이상 근속하고 퇴직한 사람
라. 학교운영위원회의 학부모위원(「초·중등교육법」 제2조에 따른 학교에 두는 교원징계위원회의 경우로 한정한다)
마. 그 밖에 교육이나 교육행정에 대한 전문지식과 경험이 풍부하다고 인정되는 사람

④ 교원징계위원회는 다음 각 호에서 정한 기준에 따라 구성한다. <개정 2021. 9. 24.>

1. 제3항제2호에 따라 위촉된 위원(이하 이 조 및 제62조의2에서 "외부위원"이라 한다)을 최소 2명 이상 포함할 것
2. 외부위원은 해당 학교법인 또는 사립학교경영자가 설치·경영하는 학교에 소속된 사람이 아닐 것
3. 학교법인에 두는 교원징계위원회의 경우에는 해당 학교법인의 이사인 위원 수가 전체 위원 수의 2분의 1을 초과하지 아니할 것
4. 「초·중등교육법」 제2조에 따른 학교의 경우에는 외부위원에 제3항제2호라목에 따라 위촉된 위원을 최소 1명 이상 포함할 것
5. 특정 성(性)이 위원장을 포함한 위원 수의 10분의 6을 초과하지 아니할 것

⑤ 교원징계위원회의 조직, 권한 및 심의 절차 등에 관하여 필요한 사항은 대통령령으로 정한다.

[전문개정 2020. 12. 22.]

제62조의2(외부위원의 임기 등) ① 외부위원의 임기는 3년으로 하며, 한 차례만 연임할 수 있다.

② 학교법인이나 사립학교경영자 또는 학교의 장(제53조의2제2항에 따라 교원의 임용권이 학교의 장에게 위임된 경우에 한정한다)은 외부위원이 다음 각 호의 어느 하나에 해당하는 경우에는 해당 위원을 해촉(解囑)할 수 있다.

1. 심신장애로 직무를 수행할 수 없게 된 경우
2. 직무와 관련된 비위사실이 있는 경우
3. 직무태만, 품위손상이나 그 밖의 사유로 위원으로 적합하지 아니하다고 인정되는 경우
4. 위원 스스로 직무를 수행하는 것이 곤란하다고 의사를 밝히는 경우

5. 제66조의5에 따른 비밀누설금지의무를 위반한 경우

[전문개정 2020. 12. 22.]

제62조의3(징계심의위원회의 설치 및 구성 등) ① 제66조의2 및 제70조의6에 따른 재심의를 위하여 시·도 교육청에 징계심의위원회를 둔다.

② 제1항에 따른 징계심의위원회는 위원장 1명을 포함한 5명 이상 9명 이하의 위원으로 성별을 고려하여 구성한다.

③ 징계심의위원회의 위원은 다음 각 호의 사람 중에서 시·도 교육감이 위촉한다.

1. 법관, 검사 또는 변호사로 5년 이상 근무한 경력이 있는 사람
2. 대학에서 법학 또는 행정학을 담당하는 부교수 이상으로 재직 중인 사람
3. 공무원으로 20년 이상 근속하고 퇴직한 사람
4. 그 밖에 교육이나 교육행정에 대한 전문지식과 경험이 풍부하다고 인정되는 사람

④ 제3항에 따른 위원의 임기는 3년으로 하며, 한 차례만 연임할 수 있다.

⑤ 징계심의위원회의 조직·권한 및 심의 절차 등에 필요한 사항은 대통령령으로 정한다.

[본조신설 2021. 9. 24.]

제63조(제척 사유) 교원징계위원회 위원은 본인이나 친족에 관한 징계사건의 심의에 관여할 수 없다.

[전문개정 2020. 12. 22.]

제64조(징계의결의 요구) 사립학교 교원의 임용권자는 소속 교원 중에 제61조제1항의 징계 사유에 해당하는 사람이 있을 때에는 미리 충분한 조사를 한 후 해당 징계사건을 관할하는 교원징계위원회에 징계의결을 요구하여야 한다.

[전문개정 2020. 12. 22.]

제64조의2(징계의결 요구 사유의 통지) 징계의결 요구권자가 제64조에 따라 징계의결을 요구할 때에는 징계의결 요구와 동시에 징계대상자에게 징계 사유를 적은 설명서를 보내야 한다.

[전문개정 2020. 12. 22.]

제65조(진상조사 및 의견진술) ① 교원징계위원회는 징계사건을 심의할 때 진상을 조사하여야 하며, 징계의결을 하기 전에 본인의 진술을 들어야 한다. 다만, 2회 이상 서면으로 소환하여도 응하지 아니할 때에는 예외로 한다.

② 교원징계위원회는 필요하다고 인정하는 경우에는 관계인 또는 관계 전문가를 출석하게 하여 의견을 들을 수 있다.

[전문개정 2020. 12. 22.]

제66조(징계의결) ① 교원징계위원회는 제61조제1항 각 호의 어느 하나에 해당하는 행위의 유형, 정도 및 징계의결이 요구된 교원의 근무태도 등을 고려하여 대통령령으로 정하는 징계기준 및 징계의 감경기준 등에 따라 징계의결을 하여야 한다. <신설 2019. 4. 16.>

② 교원징계위원회는 징계사건을 심의한 결과 징계를 의결하였을 때에는 주문(主文)과 이유를 적은 징계의결서를 작성하여 임용권자 및 관할청에 보내어 알려야 한다. <개정 2016. 2. 3., 2019. 4. 16., 2021. 9. 24.>

③ 제1항의 징계의결은 재적위원 3분의 2 이상의 출석과 재적위원 과반수의 찬성으로 하여야 한다. <개정 2019. 4. 16.>

④ 임용권자가 제2항의 징계의결서를 받았을 때에는 제66조의2제2항에 따라 재심의를 요구받은 경우를 제외하고는 징계의결서를 받은 날부터 15일 이내에 그 의결내용에 따라 징계처분을 하여야 한다. 이 경우 임용권자는 징계처분의 사유를 적은 결정서를 해당 교원에게 교부하여야 한다. <개정 2016. 2. 3., 2019. 4. 16.>

⑤ 임용권자는 「성폭력범죄의 처벌 등에 관한 특례법」 제2조에 따른 성폭력범죄 및 「양성평등기본법」 제3조제2호에 따른 성희롱에 해당하는 사유로 제4항에 따라 징계처분의 사유를 적은 결정서를 교부할 때에는 피해자가 요청하는 경우 그 징계처분 결과를 피해자에게 함께 통보하여야 한다. <신설 2021. 8. 10.>

[전문개정 2015. 3. 27.]

제66조의2(징계의결의 재심의) ① 사립학교 교원의 임용권자는 제54조제3항에 따라 징계를 요구받은 사항에 대하여 제66조제2항에 따른 징계의결서를 받았을 때에는 같은 조 제4항에 따라 징계처분을 하기 전에 그 내용을 관할청에 통보하여야 한다.

② 관할청은 제1항에 따라 통보받은 징계의결의 내용이 징계 사유에 비추어 가볍다고 인정되면 해당 교원의 임용권자에게 그 징계처분을 하기 전에 제4조제1항에 따른 관할청의 경우 제62조의3에 따른 징계심의위원회에, 제4조제3항에 따른 관할청의 경우 제62조에 따른 교원징계위원회에 재심의를 요구하도록 할 수 있다. <개정 2021. 9. 24.>

③ 임용권자가 관할청으로부터 제2항에 따라 재심의를 요구받은 경우에는 지체 없이 해당 징계심의위원회 또는 교원징계위원회에 재심의를 요구하여야 한다. <개정 2021. 9. 24.>

④ 제3항에 따라 재심의를 요구받은 징계심의위원회 또는 교원징계위원회는 징계

사건을 재심의한 결과 징계를 의결하였을 때에는 주문과 이유를 적은 징계의결서를 작성하여 관할청과 임용권자에게 각각 통보하여야 한다. <신설 2021. 9. 24.>

⑤ 임용권자가 제4항에 따라 징계의결서를 받았을 때에는 징계의결서를 받은 날부터 15일 이내에 그 의결 내용에 따라 징계처분을 하여야 한다. 이 경우 임용권자는 징계처분의 사유를 적은 결정서를 해당 교원에게 교부하여야 한다. <신설 2021. 9. 24.>

⑥ 제4항에 따른 징계사건의 심리·의결에 관하여는 제63조·제65조 및 제66조제1항·제3항을 적용 또는 준용한다. 이 경우 "교원징계위원회"는 "징계심의위원회"로 본다. <신설 2021. 9. 24.>

[전문개정 2020. 12. 22.]

[제목개정 2021. 9. 24.]

제66조의3(감사원 조사와의 관계 등) ① 감사원, 검찰·경찰, 그 밖의 수사기관은 사립학교 교원에 대한 조사나 수사를 시작하였을 때와 마쳤을 때에는 10일 이내에 해당 교원의 임용권자에게 그 사실을 통보하여야 한다.

② 감사원에서 조사 중인 사건에 대해서는 제1항에 따른 조사 개시 통보를 받은 날부터 징계의결의 요구나 그 밖의 징계 절차를 진행할 수 없다.

③ 검찰·경찰, 그 밖의 수사기관에서 수사 중인 사건에 대해서는 제1항에 따른 수사 개시 통보를 받은 날부터 징계의결의 요구나 그 밖의 징계 절차를 진행하지 아니할 수 있다.

[전문개정 2020. 12. 22.]

제66조의4(징계 사유의 시효) ① 사립학교 교원의 임용권자는 징계 사유가 발생한 날부터 3년이 지난 경우에는 제64조에 따른 징계의결을 요구할 수 없다. 다만, 징계 사유가 「국가공무원법」 제78조의2제1항 각 호의 어느 하나에 해당하는 경우에는 그 징계 사유가 발생한 날부터 5년 이내에, 「국가공무원법」 제83조의2제1항제1호 각 목 및 「교육공무원법」 제52조제5호의 어느 하나에 해당하는 경우에는 그 징계 사유가 발생한 날부터 10년 이내에 징계의결을 요구할 수 있다. <개정 2022. 10. 18.>

② 제66조의3제2항 또는 제3항에 따라 징계 절차를 진행하지 못하여 제1항의 기간이 지나거나 그 남은 기간이 1개월 미만인 경우에는 제1항의 기간은 제66조의3제1항에 따른 조사나 수사의 종료 통보를 받은 날부터 1개월이 지난 날에 끝나는 것으로 본다.

③ 징계위원회의 구성, 징계의결, 그 밖에 절차상의 하자나 징계양정의 과다를 이

유로 「교원의 지위 향상 및 교육활동 보호를 위한 특별법」에 따른 교원소청심사위원회 또는 법원에서 징계처분의 무효 또는 취소의 결정이나 판결을 하였을 때에는 제1항의 기간이 지나거나 그 남은 기간이 3개월 미만인 경우에도 그 결정 또는 판결이 확정된 날부터 3개월 이내에 다시 징계의결을 요구할 수 있다.

[전문개정 2020. 12. 22.]

제66조의5(비밀누설의 금지) 교원징계위원회에 참석한 사람은 직무상 알게 된 비밀을 누설해서는 아니 된다.

[본조신설 2016. 5. 29.]

제66조의6(보직 등 관리의 원칙) ① 고등학교 이하 각급 학교의 장은 교원에 대한 징계처분의 사유가 「국가공무원법」 제83조의2제1항제1호 각 목의 어느 하나에 해당하는 등 대통령령으로 정하는 사유에 해당하는 경우에는 해당 교원을 징계처분 이후 5년 이상 10년 이하의 범위에서 대통령령으로 정하는 기간 동안 학급을 담당하는 교원(이하 "학급담당교원"이라 한다)으로 배정할 수 없다. <개정 2022. 10. 18.>

② 고등학교 이하 각급 학교의 장은 제1항에 따른 기간 동안 해당 교원의 학급담당교원 배정 여부 등 제2조제4호에 따른 임용에 관한 사항을 관할청에 보고하여야 한다.

[본조신설 2020. 12. 22.]

제67조(외국인학교에 대한 특례) 「초·중등교육법」 제60조의2에 따른 외국인학교에 대해서는 제52조, 제53조, 제53조의2부터 제53조의5까지, 제54조, 제54조의2부터 제54조의4까지, 제55조, 제55조의2부터 제55조의4까지, 제56조부터 제58조까지, 제58조의2, 제59조, 제60조, 제60조의2, 제60조의3, 제61조, 제61조의2, 제62조, 제62조의2, 제62조의3, 제63조, 제64조, 제64조의2, 제65조, 제66조, 제66조의2, 제66조의3제2항·제3항, 제66조의4, 제70조의3부터 제70조의7까지 및 제72조의3부터 제72조의5까지를 적용하지 아니한다. <개정 2021. 9. 24.>

[전문개정 2020. 12. 22.]

제67조의2 삭제 <1991. 5. 31.>

제67조의3 삭제 <1991. 5. 31.>

제68조 삭제 <1991. 5. 31.>

제69조 삭제 <1991. 5. 31.>

제5장 보칙 〈개정 2020. 12. 22.〉

제70조(보고·조사 등) 관할청은 사립학교의 교육에 관하여 조사를 하거나 통계 또는 그 밖에 필요한 사항에 관한 보고를 하게 할 수 있으며, 소속 공무원으로 하여금 장부나 그 밖의 서류 등을 검사하게 하거나 교육의 실시상황을 조사하게 할 수 있다.

[전문개정 2020. 12. 22.]

제70조의2(사무기구 및 직원) ① 학교법인 또는 사립학교경영자는 그의 사무와 그가 설치·경영하는 학교의 사무를 처리하기 위하여 필요한 사무기구를 두되, 그 설치·운영과 사무직원의 정원·임용·보수·복무 및 신분보장에 관하여는 학교법인 또는 법인인 사립학교경영자의 경우에는 정관으로 정하고, 사인인 사립학교경영자의 경우에는 규칙으로 정한다.

② 각급 학교 소속 사무직원은 학교의 장의 제청으로 학교법인 또는 사립학교경영자가 임용한다.

[전문개정 2020. 12. 22.]

제70조의3(사무직원의 임용) ① 제70조의2제1항에도 불구하고 「초·중등교육법」 제2조에 따른 학교에서 소속 사무직원을 신규채용하는 경우 공개전형에 의하도록 하며, 공개전형의 실시에 필요한 사항은 대통령령으로 정한다.

② 제1항에 따른 사무직원의 신규채용을 위한 공개전형 채용시험에서 부정한 행위를 한 사람에 대하여는 「지방공무원법」 제43조의2를 준용한다.

③ 「지방공무원법」 제31조 각 호의 어느 하나에 해당하는 자는 「초·중등교육법」 제2조에 따른 학교 소속 사무직원으로 임용될 수 없다. ＜신설 2021. 9. 24.＞

[본조신설 2021. 8. 10.]

[종전 제70조의3은 제70조의4로 이동 ＜2021. 8. 10.＞]

제70조의4(사무직원의 당연퇴직) 제70조의2제1항에도 불구하고 같은 조에 따라 임명된 사무직원의 당연퇴직에 관하여는 「지방공무원법」 제61조제1호를 준용한다. 이 경우 "공무원"은 "사무직원"으로 본다. ＜개정 2021. 9. 24.＞

[전문개정 2020. 12. 22.]

[제70조의3에서 이동 ＜2021. 8. 10.＞]

제70조의5(사무직원에 대한 징계의결 요구) ① 제70조의2에 따라 임명된 사무직원이 정관이나 규칙에서 정한 징계 사유에 해당할 때에는 해당 사무직원의 임용권자는 미리 충분한 조사를 한 후 해당 징계사건을 관할하는 징계위원회에 징계의결을 요

구하여야 한다. 다만, 사립유치원 사무직원의 징계를 관할하는 징계위원회가 없는 경우 해당 사무직원의 임용권자는 「지방공무원법」 제7조에 따라 설치되는 관할청의 인사위원회에 징계의결을 요구하여야 한다.

② 사무직원의 임용권자는 제1항에 따른 징계위원회의 징계의결 결과에 따라 징계처분을 하여야 한다. 이 경우 임용권자는 징계처분의 사유를 적은 결정서를 해당 사무직원에게 교부하여야 한다.

③ 관할청은 제70조의2제1항에도 불구하고 제48조 또는 제70조에 따른 검사·조사 결과 사무직원이 직무를 수행함에 있어 이 법이나 교육관계 법령 또는 해당 정관이나 규칙을 위반한 때에는 임용권자에게 제1항에 따른 관할 징계위원회에 해당 사무직원의 징계의결을 요구하도록 할 수 있다. 이 경우 요구받은 임용권자는 특별한 사유가 없으면 이에 따라야 한다.

[본조신설 2021. 9. 24.]

제70조의6(사무직원 징계의결의 재심의 요구) ① 사무직원의 임용권자는 제70조의5제3항에 따라 요구받은 사항에 대하여는 해당 처분을 하기 전에 그 내용을 관할청에 통보하여야 한다.

② 관할청은 제1항에 따라 통보받은 징계의결의 내용이 징계 사유에 비추어 가볍다고 인정되면 해당 사무직원의 임용권자에게 제4조제1항에 따른 관할청의 경우 제62조의3에 따른 징계심의위원회에, 제4조제3항에 따른 관할청의 경우 제70조의5제1항에 따른 징계위원회에 재심의를 요구하도록 할 수 있다.

③ 사무직원의 임용권자가 관할청으로부터 제2항에 따라 재심의를 요구받은 경우에는 지체 없이 해당 징계심의위원회 또는 징계위원회에 재심의를 요구하여야 한다.

④ 사무직원의 임용권자는 제3항에 따른 징계심의위원회 또는 징계위원회의 재심의 결과를 관할청에 통보하여야 한다.

⑤ 제3항에 따른 징계심의위원회의 심리·의결 등에 관하여는 제63조, 제65조, 제66조제3항 및 제66조의2제4항·제5항을 준용한다. 이 경우 "교원"은 "사무직원"으로 본다.

[본조신설 2021. 9. 24.]

제70조의7(사무직원에 대한 해임 요구) ① 관할청은 제70조의2제1항에도 불구하고 같은 조에 따라 임명된 사무직원이 다음 각 호의 어느 하나에 해당할 때에는 임용권자에게 해당 사무직원의 해임을 요구할 수 있다. 이 경우 해임을 요구받은 임용권자는 특별한 사유가 없으면 이에 따라야 한다.

1. 직무를 수행함에 있어 부정한 일을 하였거나 현저히 부당한 일을 한 경우
2. 제20조의2제1항에 따라 취임 승인이 취소된 임원의 행위에 적극 가담한 경우
3. 제54조의2제1항에 따라 해임된 학교의 장의 행위에 적극 가담한 경우
4. 이 법, 이 법에 따른 명령 또는 다른 교육 관계 법령을 위반한 경우로서 비위의 정도가 중대한 경우
5. 제70조의4에 따른 당연퇴직 사유에 해당하는 법령위반 행위를 하였다고 확인된 경우

② 제1항에 따른 해임 요구는 관할청이 해당 학교법인 또는 사립학교경영자에게 그 사유를 밝혀 시정을 요구한 날부터 15일이 지나도 이에 따르지 아니한 경우에만 한다.

[본조신설 2021. 9. 24.]

제71조(권한의 위임) 이 법에 따른 교육부장관의 권한은 그 일부를 대통령령으로 정하는 바에 따라 시·도 교육감에게 위임할 수 있다.

[전문개정 2020. 12. 22.]

제72조 삭제 <2000. 1. 28.>

제72조의2(벌칙 적용에서 공무원 의제) 조정위원회의 위원 중 공무원이 아닌 사람은 「형법」 제129조부터 제132조까지의 규정을 적용할 때에는 공무원으로 본다.

[본조신설 2016. 5. 29.]

제72조의3(임원의 친족 교직원 공개) 학교법인은 학교법인 임원과 「민법」 제777조에 따른 친족관계에 있는 교직원을 교육부장관이 정하는 바에 따라 공개하여야 한다.

[본조신설 2021. 9. 24.]

제72조의4(청렴의무) 사립학교경영자, 학교법인의 임직원 및 사립학교의 장과 교직원(이하 "사학기관 종사자"라 한다)은 법령을 준수하고 일체의 부패행위와 품위를 손상하는 행위를 하여서는 아니 된다.

[본조신설 2021. 9. 24.]

제72조의5(사학기관 행동강령) ① 제72조의4에 따른 청렴의무를 준수하기 위한 행동강령(이하 "사학기관 행동강령"이라 한다)은 학교법인과 법인인 사립학교경영자의 경우에는 정관으로, 사인인 사립학교경영자의 경우에는 규칙으로 정한다.

② 사학기관 행동강령은 다음 각 호의 사항을 포함하여야 한다.

1. 다음 각 목의 직무관련자로부터 향응·금품 등을 받는 행위의 금지·제한에 관한 사항

가. 학교법인, 사립학교경영자 또는 학교의 장과 계약을 체결하거나 체결하려는 것이 명백한 개인·법인 또는 단체

나. 학교법인 또는 사립학교경영자의 정책·사업 등의 결정 또는 집행으로 이익 또는 불이익을 직접적으로 받는 개인·법인 또는 단체

2. 직위를 이용한 인사관여·이권개입·알선·청탁행위의 금지·제한에 관한 사항
3. 사적 이해관계의 신고에 관한 사항. 이 경우 신고 대상의 범위는 대통령령으로 정한다.
4. 사학기관 행동강령 위반에 따른 징계 등의 제재 조치에 관한 사항
5. 그 밖에 사학기관 종사자가 청렴의무를 준수하기 위하여 필요한 사항

③ 사학기관 종사자가 사학기관 행동강령을 위반한 경우 임용권자는 징계 등의 제재 조치를 하여야 한다.

④ 관할청은 학교법인 또는 사립학교경영자가 다음 각 호의 어느 하나에 해당하는 경우에는 기간을 정하여 시정을 명할 수 있다.

1. 학교법인 또는 사립학교경영자가 정관 또는 규칙으로 정한 사학기관 행동강령에 제2항 각 호의 사항이 누락되어 있거나 그 내용이 현저히 미흡한 경우
2. 학교법인 또는 사립학교에 소속된 사학기관 종사자가 사학기관 행동강령을 위반하였음에도 불구하고 제3항에 따른 징계 등의 제재 조치를 하지 아니한 경우

[본조신설 2021. 9. 24.]

제6장 벌칙 〈개정 2020. 12. 22.〉

제73조(벌칙) 학교법인의 이사장이나 사립학교경영자(법인인 경우에는 그 대표자 또는 이사) 또는 대학교육기관의 장이 제29조제6항(제51조에 따라 준용되는 경우를 포함한다)을 위반한 경우에는 3년 이하의 징역 또는 3천만원 이하의 벌금에 처한다. <개정 2021. 9. 24.>

[전문개정 2020. 12. 22.]

[제73조의2에서 이동, 종전 제73조는 제73조의2로 이동 <2021. 9. 24.>]

제73조의2(벌칙) 학교법인의 이사장 또는 사립학교경영자(법인인 경우에는 그 대표자 또는 이사)가 다음 각 호의 어느 하나에 해당하는 경우에는 2년 이하의 징역 또는 2천만원 이하의 벌금에 처한다. <개정 2021. 8. 10.>

1. 제28조제1항부터 제4항까지(제51조에 따라 준용되는 경우를 포함한다)를 위

반한 경우
2. 제46조에 따른 관할청의 명령을 위반하여 사업을 계속한 경우
3. 제48조(제51조에 따라 준용되는 경우를 포함한다)에 따른 관할청의 명령을 위반한 경우

[전문개정 2020. 12. 22.]

[제73조에서 이동, 종전 제73조의2는 제73조로 이동 <2021. 9. 24.>]

제74조(과태료) ① 사립학교 교원 또는 제70조의2에 따라 임명된 사무직원의 임용권자가 다음 각 호의 어느 하나에 해당하는 경우에는 1천만원 이하의 과태료를 부과한다. <개정 2021. 9. 24.>

1. 제54조제3항 후단을 위반하여 특별한 사유 없이 관할청의 해임 또는 징계 요구를 따르지 아니한 경우
2. 제54조의2제1항 후단을 위반하여 특별한 사유 없이 관할청의 해임 요구를 따르지 아니한 경우
3. 제66조의2제3항을 위반하여 재심의를 요구하지 아니한 경우
4. 제66조의2제5항 전단(제70조의6제5항에서 준용하는 경우를 포함한다)을 위반하여 의결 내용에 따라 징계처분을 하지 아니한 경우
5. 제70조의5제3항 후단을 위반하여 특별한 사유 없이 관할청의 징계의결 요구에 따르지 아니한 경우
6. 제70조의6제3항을 위반하여 재심의를 요구하지 아니한 경우
7. 제70조의7제1항 각 호 외의 부분 후단을 위반하여 특별한 사유 없이 관할청의 해임 요구를 따르지 아니한 경우
8. 제72조의5제4항제2호에 따른 관할청의 시정명령을 특별한 사유 없이 따르지 아니한 경우

② 학교법인의 이사장, 감사 또는 청산인이나 사립학교경영자(법인인 경우에는 그 대표자 또는 이사)가 다음 각 호의 어느 하나에 해당하는 경우에는 500만원 이하의 과태료를 부과한다. <개정 2021. 8. 10., 2021. 9. 24.>

1. 이 법에 따른 등기를 하지 아니한 경우
2. 제6조제3항에 따른 공고를 하지 아니하거나 공고하여야 할 사항을 거짓으로 공고하거나 누락하여 공고한 경우
3. 제13조에 따라 준용되는 「민법」 제55조제1항에 따른 재산목록 또는 제32조(제51조에 따라 준용되는 경우를 포함한다) 및 제37조제1항에 따른 재산목록이나 그 밖의 서류를 갖추어 두지 아니하거나 이에 적을 사항을 거짓으로 적

거나 누락하여 적은 경우

4. 제19조제4항제3호 또는 제48조(제51조에 따라 준용되는 경우를 포함한다)에 따른 보고를 하지 아니하거나 보고하여야 할 사항을 거짓으로 보고하거나 누락하여 보고한 경우

4의2. 제28조제5항에 따른 신고를 하지 아니한 경우

5. 제31조(제51조에 따라 준용되는 경우를 포함한다), 제37조제2항 또는 제38조제2항을 위반한 경우

6. 제42조에 따라 준용되는 「민법」 제79조 또는 제93조제1항에 따른 파산선고의 신청을 하지 아니한 경우

7. 제42조에 따라 준용되는 「민법」 제88조제1항 또는 제93조제1항에 따른 공고를 하지 아니하거나 공고할 사항을 거짓으로 공고하거나 누락하여 공고한 경우

8. 제42조에 따라 준용되는 「민법」 제86조 또는 제94조에 따른 신고를 게을리하거나 부실한 신고를 한 경우

9. 제42조에 따라 준용되는 「민법」 제90조를 위반한 경우

10. 제72조의3에 따른 공개를 하지 아니하거나 거짓으로 공개한 경우

③ 대학교육기관의 장 및 대학교육기관을 설치·경영하는 학교법인의 이사장이 제32조의2제5항에 따른 보고를 하지 아니하거나 보고하여야 할 사항을 거짓으로 보고하거나 누락하여 보고한 경우에는 500만원 이하의 과태료를 부과한다.

④ 사립학교 교원의 임용권자가 제54조제1항에 따른 보고를 하지 아니하거나 거짓으로 보고한 경우에는 500만원 이하의 과태료를 부과한다.

⑤ 제1항부터 제4항까지의 규정에 따른 과태료는 대통령령으로 정하는 바에 따라 관할청이 부과·징수한다.

[전문개정 2020. 12. 22.]

부칙 〈제20350호, 2024. 2. 27.〉

제1조(시행일) 이 법은 공포 후 6개월이 경과한 날부터 시행한다.

제2조(적립금 공시에 관한 적용례) 제32조의2제6항의 개정규정은 이 법 시행일이 속한 회계연도의 다음 회계연도의 적립금별 적립 규모 및 사용내역부터 적용한다.

사립학교법 시행령

[시행 2024. 10. 8.] [대통령령 제34931호, 2024. 10. 8., 일부개정]

제1조(법인의 관할청과 학교의 관할청의 협조) 「사립학교법」(이하 "법"이라 한다) 제4조제1항제2호의 학교법인 또는 사립학교 경영자 및 동조제3항제3호의 학교법인이 그가 설치·경영하는 사립학교에 관한 사항에 대하여 관할청의 허가 또는 인가 등을 신청함에 있어서는 교육부장관이 정하는 바에 의하여 당해 사항에 관련되는 사립학교의 관할청을 거쳐야 한다. <개정 1990. 7. 19., 1991. 2. 1., 1997. 8. 9., 2001. 1. 29., 2006. 6. 23., 2008. 2. 29., 2013. 3. 23.>

제2조 삭제 <2002. 3. 30.>

제3조(수익사업의 공고방법) 학교법인이 법 제6조제3항에 따라 수익사업에 관한 공고를 하려는 경우에는 전국을 보급대상으로 하는 일간신문 또는 인터넷 홈페이지 등을 통하여 해야 한다. <개정 2020. 11. 24.>

[전문개정 2006. 6. 23.]

제3조의2(재산이전의 보고를 위한 서류 등) ①학교법인은 법 제8조의2에 따라 등기한 날부터 3월 안에 다음 각 호의 서류를 첨부하여 관할청에 재산출연의 결과를 보고하여야 한다. <개정 2008. 12. 31.>

1. 재산목록
2. 출연증서
3. 인감증명
4. 금융기관의 증명서

②제1항의 서류를 제출받은 관할청은 「전자정부법」 제36조제1항에 따른 행정정보의 공동이용을 통하여 학교법인의 등기부등본을 확인하여야 한다. <개정 2008. 12. 31., 2010. 5. 4.>

[본조신설 2006. 6. 23.]

제4조(학교법인의 설립허가신청) ①법 제10조제1항에 따른 학교법인의 설립허가신청서에는 다음 각 호의 서류를 첨부해야 한다. <개정 2004. 3. 17., 2006. 6. 12., 2006. 6. 23., 2008. 12. 31., 2020. 3. 10., 2020. 9. 25.>

1. 설립취지서
2. 정관
3. 재산목록
4. 재산출연증서
5. 재산출연자의 인감증명서 또는 「본인서명사실 확인 등에 관한 법률」 제2조제3호에 따른 본인서명사실확인서
6. 재산의 소유권증명(건물등기부 등본 및 토지등기부 등본 외의 것)
7. 재산의 평가조서
8. 재산의 수익조서
9. 임원의 이력서
10. 임원의 신원진술서
11. 임원의 취임승낙서
12. 임원의 가족관계등록부 증명서
13. 임원상호간의 관계에 있어서 법 제21조제2항 및 동조제4항의 규정에 저촉되지 아니함을 입증하는 각서
14. 수익사업을 하는 경우에는 설립 후 3년간의 사업계획서(예산서 첨부)

②제1항제3호의 재산목록은 기본재산과 보통재산으로 구분하여 작성하되, 기본재산은 교육용 기본재산과 수익용 기본재산으로 구분하여야 한다. <개정 1976. 1. 16.>

③제1항제7호의 재산평가조서에는 「감정평가 및 감정평가사에 관한 법률」에 따른 감정평가법인등의 감정평가서(이하 "감정평가서"라 한다)를 첨부하여야 한다. <개정 1976. 11. 8., 1989. 8. 18., 1990. 7. 19., 2006. 6. 23., 2016. 8. 31., 2022. 1. 21.>

④제1항제8호의 재산수익조서에는 공인된 감정평가기관의 수익증명 또는 수익을 증명할 수 있는 기관의 증빙서류를 첨부하여야 한다. <개정 1990. 7. 19.>

⑤ 제1항에 따른 설립허가신청서를 제출받은 교육부장관은 「전자정부법」 제36조제1항에 따른 행정정보의 공동이용을 통하여 재산의 소유권을 증명하는 건물등기부 등본 및 토지등기부 등본을 확인하여야 한다. <개정 2008. 12. 31., 2010. 5. 4., 2013. 3. 23.>

제4조의2(출연 또는 기부 재산의 기준액) 법 제10조의2제2항에서 "대통령령이 정하는 일정금액"이라 함은 「대학설립·운영 규정」 제7조제1항, 「사이버대학 설립·운영 규정」 제7조제1항 및 「고등학교 이하 각급 학교 설립·운영 규정」 제13조제1항에

따라 확보하여야 하는 수익용기본재산의 10퍼센트 이상에 상당하는 금액을 말하며, 이에 관한 구체적인 사항은 정관으로 정한다. <개정 2008. 6. 5.>
[본조신설 2006. 6. 23.]

제5조(재산의 구분) ①학교법인의 재산중 다음 각호의 1에 해당하는 재산은 기본재산으로 한다.
1. 부동산
2. 정관에 의하여 기본재산으로 되는 재산
3. 이사회의 결의에 의하여 기본재산에 편입되는 재산
4. 학교법인에 속하는 회계의 매년도 세계잉여금중 적립금

②학교법인의 자산중 제1항 각호 이외의 재산은 보통재산으로 한다. <개정 1976. 1. 16.>

제6조(정관보충의 절차) ①교육부장관이 법 제11조의 규정에 의하여 정관의 보충을 하고자 할 때에는 그 뜻을 공고하여야 한다. <개정 1991. 2. 1., 2001. 1. 29., 2008. 2. 29., 2013. 3. 23.>
②제1항의 공고는 전국을 보급대상으로 하는 일간신문에 3회 이상 게재하거나 학교법인이 운영하는 학교의 인터넷 홈페이지 등에 게재하는 방법으로 해야 한다. <개정 1976. 1. 16., 2022. 2. 11.>
③제1항의 공고에는 당해 정관의 보충에 대하여 이의가 있는 자는 공고일로부터 2월이내에 이의를 제출할 것을 표시하여야 한다.

제7조(행정관청의 허가등을 요하는 사항의 등기) 행정관청의 허가 또는 인가등을 요하는 사항의 등기에 있어서는 당해 허가서 또는 인가서등의 등본을 그 등기신청서에 첨부하여야 한다.

제7조의2(개방이사의 추천·선임 등) ① 법 제14조제3항에 따라 개방이사를 학교법인이 선임하고자 하는 때에는 선임사유가 발생한 날부터 15일(재직이사의 경우 임기만료 전 3개월) 안에 이사장이 법 제14조제4항에 따른 개방이사추천위원회(이하 "추천위원회"라 한다)에 추천을 요청하여야 한다.
② 제1항의 요청에 따라 추천위원회가 개방이사를 추천하는 때에는 해당 학교의 건학이념을 구현할 수 있는 자를 추천하여야 한다.
③ 추천위원회는 제1항에 따른 기간 안에 이사장이 개방이사의 추천을 요청하지 아니하는 경우에는 그 사실을 안 날부터 30일 안에 법 제14조제3항에 따른 추천을 할 수 있다.
④ 2 이상의 학교를 설치·경영하고 있는 학교법인의 경우에는 대학평의원회 또는

학교운영위원회가 협의하여 추천위원회를 공동으로 구성할 수 있다.

⑤ 개방이사의 자격요건은 일반이사의 자격요건을 고려하여 정관으로 정한다. 다만, 다음 각 호의 어느 하나에 해당하는 사람은 개방이사가 될 수 없다. <개정 2020. 9. 25.>

1. 해당 학교법인의 설립자
2. 해당 학교법인의 설립자와 「민법」 제777조의 친족관계에 있는 사람
3. 해당 학교법인의 임원(개방이사는 제외한다)이었던 사람
4. 해당 학교법인이 설치·경영하는 학교의 장이었던 사람

⑥ 법 제14조제4항 단서에서 "종교지도자 양성만을 목적으로 하는 대학 및 대학원 설치·경영 학교법인"이란 정관에서 그 설립목적과 해당 종교단체의 관계를 명확히 하고 있는 학교법인으로서 해당 종교단체에서 종교의식의 집행, 신도의 교육, 선교 활동, 종교단체의 운영 등을 지도·담당하는 자의 양성만을 위하여 설립된 대학 및 대학원을 설치·경영하는 학교법인을 말한다.

⑦ 교육부장관은 학교법인의 설립목적과 설치·경영하는 학교의 교육과정 등을 확인하여 제6항에 따른 학교법인을 고시한다. <개정 2008. 2. 29., 2013. 3. 23.>

⑧ 이 영에서 정하고 있는 사항 외에 개방이사의 추천, 선임방법 및 기준에 관하여 필요한 사항은 정관으로 정한다.

[전문개정 2007. 11. 5.]

제8조(이사회의 소집) ① 이사장은 법 제17조제1항 및 제2항에 따라 이사회를 소집할 때에는 회의 7일 전까지 학교법인이 설치·경영하는 학교의 인터넷 홈페이지 등에 소집 일자, 장소 등을 공지해야 한다. <신설 2022. 3. 22.>

② 법 제17조제4항의 규정에 의한 이사회의 소집승인신청서에는 다음의 서류를 첨부하여야 한다. <개정 2019. 7. 2., 2022. 3. 22.>

1. 이사회의 소집이 불가능한 이유와 이를 입증하는 서류
2. 재적이사 과반수의 찬성을 입증하는 증빙서류
3. 이사회를 소집하지 못함으로 인하여 예상되는 손해의 구체적인 사실을 명시한 서류

[제목개정 2022. 3. 22.]

제8조의2(이사회 회의록의 비공개 대상) ①법 제18조의2제4항에서 "대통령령이 정하는 사항"이라 함은 다음 각 호의 사항을 말한다.

1. 회의록에 기재되어 있는 이름·주민등록번호 등 개인의 신상에 관한 사항으로서 공개될 경우 개인의 사생활의 비밀 또는 자유를 침해할 우려가 있다고 인

정되는 사항. 다만, 다음 각 목의 개인에 관한 정보는 그러하지 아니하다.

가. 법령이 정하는 바에 따라 열람할 수 있는 사항

나. 학교법인이 공표를 목적으로 작성하거나 취득한 정보로서 개인의 사생활의 비밀과 자유를 부당하게 침해하지 아니하는 사항

다. 학교법인이 작성하거나 취득한 정보로서 공개하는 것이 공익 또는 개인의 권리구제를 위하여 필요하다고 인정되는 사항

라. 직무를 수행한 임·직원의 성명 및 직위

마. 공익을 위하여 공개가 필요한 경우로서 법령에 따라 국가 또는 지방자치단체로부터 업무의 일부를 위탁받았거나 위촉받은 개인의 성명 및 직업

2. 그 밖에 「공공기관의 정보공개에 관한 법률」 제9조제1항제4호·제5호·제7호 및 제8호에 준하는 사항으로서 당해 학교법인과 직접 관련되어 이사회가 의결한 사항

②학교법인은 제1항 각 호의 사항이 기간의 경과 등으로 인하여 비공개의 필요성이 없어진 경우에는 당해 사항을 공개대상으로 하여야 한다.

[본조신설 2006. 6. 23.]

제8조의3(회의록의 공개기간 등) ①이사회의 회의록은 회의일부터 10일 이내에 해당 학교의 인터넷 홈페이지에 게재하여 1년 동안 공개해야 한다. <개정 2020. 9. 25.>

②학교법인이 설치·경영하는 학교의 교직원·학생 및 학부모는 제1항의 공개기간이 경과한 후에도 다음 각 호의 사항을 기재한 이사회 회의록 공개청구서를 작성·제출하여 회의록의 공개를 청구할 수 있다.

1. 청구인의 이름·주민등록번호·주소 및 연락처(전화번호·전자우편주소 등을 말한다)
2. 공개를 청구하는 정보의 내용 및 공개방법

③제2항에 따라 공개청구를 받은 학교법인은 10일 안에 이를 공개하여야 한다.

④공개를 청구한 사항이 공개대상과 비공개 대상이 혼재되어 있는 경우로서 공개청구의 취지에 어긋나지 아니하는 범위 안에서 두 부분을 분리할 수 있는 때에는 이를 분리하여 공개대상이 되는 부분만을 공개하여야 한다.

[본조신설 2006. 6. 23.]

제9조(감사의 보고) 학교법인의 감사가 법 제19조제4항제3호의 규정에 의하여 감사결과를 관할청에 보고하고자 할 때에는 그 감사를 종결한 날로부터 15일이내에 하여야 한다. <개정 1990. 7. 19.>

제9조의2(시정요구 없는 임원취임의 승인취소에 대한 세부기준) ①법 제20조의2제2항 단서에 따라 시정요구 없이 임원취임의 승인을 취소할 수 있는 경우는 다음 각 호와 같다. <개정 2008. 6. 5., 2020. 9. 25.>

1. 관할청이 시정을 요구하여도 요구기한 내에 시정할 수 없는 것이 명백한 경우
2. 임원이 학교법인 및 학교의 회계 등에서 「대학설립·운영 규정」 제7조제1항, 「사이버대학 설립·운영 규정」 제7조제1항 및 「고등학교 이하 각급 학교 설립·운영 규정」 제13조제1항에 따라 확보해야 하는 해당 학교법인의 수익용기본재산의 10퍼센트 이상(고등학교 이하의 학교법인의 경우에는 20퍼센트 이상)에 대하여 회계부정한 사실이 법원의 판결 또는 관할청의 감사에 의하여 명백히 확인된 경우
3. 임원이 학교법인의 재산이나 업무와 관련하여 1천만원 이상 횡령·배임하거나 교직원 채용 및 시설공사 등과 관련하여 금품을 수수한 사실이 법원의 판결 또는 관할청의 감사에 의하여 명백히 확인된 경우

②법 제20조의2제2항에 따라 관할청이 임원취임의 승인을 취소하는 경우에는 청문을 실시하여야 한다.

[본조신설 2006. 6. 23.]

[종전 제9조의2는 제9조의3으로 이동 <2006. 6. 23.>]

제9조의3(이사정수의 3분의 2미만을 외국인으로 할 수 있는 학교) 법 제21조제1항 단서에서 "대통령령이 정하는 학교"라 함은 대학·산업대학·사이버대학 및 이에 준하는 각종학교를 말한다. <개정 2006. 6. 23., 2008. 6. 5.>

[본조신설 1997. 12. 31.]

[제9조의2에서 이동, 종전 제9조의3은 제9조의4로 이동 <2006. 6. 23.>]

제9조의4(교육경험의 범위) 법 제21조제3항제4호에서 "대통령령으로 정하는 교육경험"이란 다음 각 호의 어느 하나에 해당하는 교육경험을 말한다.

1. 법 제54조의4 또는 「교육공무원법」 제32조에 따른 기간제교원으로 근무한 경험
2. 「초·중등교육법 시행령」 제42조제1항에 따른 산학겸임교사, 영어회화 전문강사 또는 다문화언어 강사로 근무한 경험
3. 「고등교육법」 제14조제2항에 따른 강사로 근무한 경험

[본조신설 2020. 9. 25.]

[종전 제9조의4는 제9조의5로 이동 <2020. 9. 25.>]

제9조의5(공인회계사를 감사로 선임하여야 하는 학교법인) 법 제21조제6항에 따라

감사 중 1명을 공인회계사 자격을 가진 사람으로 선임하여야 하는 학교법인은 대학·산업대학·사이버대학 및 이들에 준하는 각종학교로서 그 입학정원이 500명 이상인 학교를 설치·경영하는 학교법인으로 한다. <개정 1990. 7. 19., 1998. 11. 3., 2008. 6. 5., 2013. 7. 22.>

[전문개정 1986. 7. 9.]

[제목개정 2013. 7. 22.]

[제9조의4에서 이동, 종전 제9조의5는 제9조의6으로 이동 <2020. 9. 25.>]

제9조의6(사학분쟁조정위원회의 조직) ① 법 제24조의2제1항에 따른 사학분쟁조정위원회(이하 "조정위원회"라 한다)의 위원장은 조정위원회를 대표하고, 조정위원회의 업무를 총괄한다.

② 위원장은 회의운영을 위하여 필요하다고 인정하는 때에는 소위원회를 구성·운영할 수 있다.

[본조신설 2007. 11. 5.]

[제9조의5에서 이동, 종전 제9조의6은 제9조의7로 이동 <2020. 9. 25.>]

제9조의7(조정위원회의 회의) ① 위원장은 조정위원회의 회의를 소집하고, 그 의장이 된다.

② 조정위원회의 회의는 매월 1회 소집하는 것을 원칙으로 하되, 재적위원 3분의 1 이상의 요구가 있는 때 또는 위원장이 필요하다고 인정하는 때에는 따로 소집한다.

③ 조정위원회는 심의에 필요하다고 인정하는 때에는 해당 학교법인의 임직원, 해당 학교법인이 설치·경영하는 학교의 교직원, 관할청 및 그 밖의 이해관계인 등으로부터 의견을 청취할 수 있다. <개정 2018. 6. 26.>

④ 조정위원회는 법 제25조의3제1항에 따른 심의를 하려는 경우 다음 각 호에 해당하는 자로부터 이사 후보자 추천 의견을 청취하여야 한다. 이 경우 구체적인 의견 제출·청취의 절차 및 방법은 조정위원회가 정한다. <신설 2018. 6. 26.>

1. 다음 각 목의 사람을 다음 각 목의 순서에 따라 포함하여 구성하고, 조정위원회의 인정을 받은 협의체. 이 경우 나목의 사람은 그 퇴직일이 가장 최근인 사람부터 순차적으로 포함하고, 협의체의 총인원수는 해당 학교법인 이사정수의 과반수로 하되, 가목의 사람만으로 인원수가 초과되거나 나목의 사람 중 마지막으로 구성원으로 포함될 사람들의 퇴직일이 동일하여 인원수가 초과되는 경우에는 그 초과된 인원을 포함한 인원수를 협의체의 총인원수로 본다.
   가. 해당 학교법인의 이사(임시이사는 제외한다)

나. 가목 외의 사람 중 해당 학교법인의 이사(임시이사는 제외한다)였던 사람

2. 다음 각 목의 어느 하나에 해당하는 기구로서 조정위원회가 인정하는 기구

가. 해당 학교법인이 설치·경영하는 학교의 교직원 대표기구

나. 해당 학교법인이 설치·경영하는 학교의 학생·학부모 대표기구

3. 추천위원회

4. 해당 학교법인(법 제14조제4항 단서에 해당하는 학교법인으로 한정한다)을 설립한 종교단체

5. 관할청

6. 그 밖에 조정위원회가 인정하는 이해관계인

⑤ 삭제 <2024. 10. 8.>

⑥ 조정위원회에 출석하는 위원에 대하여는 수당, 여비 및 그 밖에 필요한 경비를 지급할 수 있다. 다만, 관계 공무원이 소관업무와 직접 관련하여 조정위원회에 출석하는 경우에는 그러하지 아니하다. <개정 2018. 6. 26.>

[본조신설 2007. 11. 5.]

[제9조의6에서 이동, 종전 제9조의7은 제9조의8로 이동 <2020. 9. 25.>]

제9조의8(위원의 제척·기피·회피) ① 조정위원회의 위원이 다음 각 호의 어느 하나에 해당하는 경우에는 조정위원회의 심의·의결에서 제척(除斥)된다.

1. 위원 또는 그 배우자나 배우자이었던 사람이 해당 안건의 당사자(당사자가 법인·단체 등인 경우에는 그 임원을 포함한다. 이하 이 호 및 제2호에서 같다)가 되거나 그 안건의 당사자와 공동권리자 또는 공동의무자인 경우

2. 위원이 해당 안건의 당사자와 친족이거나 친족이었던 경우

3. 위원이 해당 안건에 관하여 증언, 진술, 자문, 연구, 용역 또는 감정을 한 경우

4. 위원이나 위원이 속한 법인·단체 등이 해당 안건의 당사자의 대리인이거나 대리인이었던 경우

② 해당 안건의 당사자는 위원에게 공정한 심의·의결을 기대하기 어려운 사정이 있는 경우에는 조정위원회에 기피 신청을 할 수 있고, 조정위원회는 의결로 이를 결정한다. 이 경우 기피 신청의 대상인 위원은 그 의결에 참여하지 못한다.

③ 위원이 제1항 각 호에 따른 제척 사유에 해당하는 경우에는 스스로 해당 안건의 심의·의결에서 회피(回避)하여야 한다.

[본조신설 2012. 7. 4.]

[제9조의7에서 이동, 종전 제9조의8은 제9조의9로 이동 <2020. 9. 25.>]

제9조의9(위원의 해촉) 대통령은 조정위원회의 위원이 다음 각 호의 어느 하나에

해당하는 경우에는 해당 위원을 해촉(解囑)할 수 있다. <개정 2018. 6. 26., 2020. 9. 25.>

1. 심신장애로 인하여 직무를 수행할 수 없게 된 경우
2. 직무와 관련된 비위사실이 있는 경우
3. 직무태만, 품위손상이나 그 밖의 사유로 인하여 위원으로 적합하지 아니하다고 인정되는 경우
4. 제9조의8제1항 각 호의 어느 하나에 해당하는 데에도 불구하고 회피하지 아니한 경우
5. 위원 스스로 직무를 수행하는 것이 곤란하다고 의사를 밝히는 경우

[본조신설 2016. 5. 10.]

[제9조의8에서 이동, 종전 제9조의9는 제9조의10으로 이동 <2020. 9. 25.>]

제9조의10(사무기구) ① 조정위원회에 조정위원회의 업무와 관련된 사무를 처리하기 위하여 사무기구를 둘 수 있다.

② 교육부장관은 제1항에 따른 사무기구에 필요한 인원에 대하여 관계 행정기관의 장에게 소속 공무원의 파견 등을 요청할 수 있다. <개정 2008. 2. 29., 2013. 3. 23.>

[본조신설 2007. 11. 5.]

[제9조의9에서 이동, 종전 제9조의10은 제9조의11로 이동 <2020. 9. 25.>]

제9조의11(운영규정) 이 영에서 규정한 사항 외에 조정위원회의 운영에 필요한 사항은 조정위원회의 의결을 거쳐 위원장이 정한다.

[본조신설 2007. 11. 5.]

[제9조의10에서 이동, 종전 제9조의11은 제9조의12로 이동 <2020. 9. 25.>]

제9조의12(심의기준) ① 조정위원회는 학교법인과 학교 운영의 투명성·합리성을 실현하고, 학생들의 학습권을 보장하며, 안정적인 교육환경에 이바지하는 심의가 이루어질 수 있도록 자체 심의기준을 마련하여야 한다.

② 제1항에 따른 심의기준은 조정위원회의 의결을 거쳐 위원장이 정하고, 조정위원회의 홈페이지 등에 공개하여야 한다.

[본조신설 2018. 6. 26.]

[제9조의11에서 이동 <2020. 9. 25.>]

제10조(임시이사의 선임 등) ① 법 제25조제1항에 따라 관할청에 임시이사의 선임을 청구하려는 이해관계인은 청구사유와 이해관계인임을 증명하는 서류를 관할청에 제출해야 한다. <개정 1991. 2. 1., 2001. 1. 29., 2008. 2. 29., 2013. 3. 23.,

2022. 2. 11.>

② 국가나 지방자치단체는 법 제25조제6항에 따라 임시이사가 선임된 학교법인 중 재정이 열악한 학교법인에 예산의 범위에서 다음 각 호의 소송비용을 지원할 수 있다. <신설 2022. 2. 11.>

1. 학교법인이 교직원 인사 등 이사회 운영 관련 분쟁의 소송상대방이 된 경우에 발생하는 소송비용
2. 학교법인이 임원 등의 회계 부정, 횡령 등으로 발생한 학교 운영의 중대한 장애를 해소하기 위하여 관련 소송을 제기한 경우에 발생하는 소송비용
3. 학교법인이 다음 각 목의 소송의 보조 참가인이 된 경우에 발생하는 소송비용
   가. 법 제20조의2에 따른 임원 취임의 승인취소 처분에 대한 취소소송
   나. 법 제25조제1항에 따른 임시이사 선임 처분에 대한 취소소송

[제목개정 2022. 2. 11.]

제10조의2(생계곤란자의 기준) 법 제26조제2항에 규정된 재산을 출연 또는 기증한 자 중 생계가 곤란한 자의 기준은 다음과 같다.

1. 건강하고 문화적인 최저생활을 유지할 수 있는 개인적인 재산이나 수입이 없는 자로서 부양의무자가 없거나 부양의무자가 있어도 부양할 능력이 없는 자
2. 학교법인의 이사로 되어 법 제26조제1항의 규정에 의한 보수만으로 생계를 유지하다가 그 직을 사임한 자

[본조신설 1979. 2. 24.]

제10조의3(생계비등의 범위) 법 제26조제2항에 규정된 생계비·의료비 및 장례비의 범위는 제10조의2에 해당하는 자와 그 배우자 및 18세미만의 자녀에 대한 것으로 하되, 다음 각호의 금액을 초과하지 아니한 것으로 한다. <개정 1986. 7. 9., 2018. 6. 5.>

1. 월 생계비
   당해 학교법인이 설치·경영하는 학교의 장의 최고 호봉 또는 호급에 해당하는 봉급월액의 70퍼센트. 다만, 다른 법령에 의하여 연금·퇴직연금일시금·퇴직일시금 또는 퇴직금을 받거나 기타의 수입이 있는 자의 월 생계비의 한도액은 그 수입을 참작하여 당해 학교법인이 정한다.
2. 의료비
   의료시설 입원치료비
3. 장례비
   당해 학교법인이 설치·경영하는 학교의 장의 최고 호봉 또는 호급에 해당하

는 봉급월액의 3배에 상당하는 금액

[본조신설 1979. 2. 24.]

제10조의4 삭제 <1983. 12. 30.>

제10조의5(생계비등의 지급) 학교법인은 법제26조제2항의 규정에 의하여 생계비·의료비 또는 장례비를 지급하고자 할 때에는 이사회의 의결을 거쳐야 한다.

[전문개정 1986. 7. 9.]

제10조의6(대학평의원회의 구성) ①법 제26조의2제1항에 따른 대학평의원회(이하 "평의원회"라 한다)는 교원·직원·조교 및 학생 중에서 각각의 구성단위를 대표할 수 있는 사람으로 구성하되, 동문 및 학교의 발전에 도움이 될 수 있는 사람을 포함할 수 있다. 다만, 평의원회의 구성단위 중 어느 하나의 구성단위에 속하는 평의원의 수가 전체 평의원 정수의 2분의 1을 초과해서는 안 된다. <개정 2020. 9. 25.>

②평의원회는 의장과 부의장 각 1명을 포함하여 11명 이상의 평의원으로 구성한다. <개정 2022. 2. 11.>

③ 평의원회의 의장과 부의장은 평의원 중에서 각각 호선(互選)한다. 이 경우 의장은 학생이 아닌 평의원 중에서 호선한다. <신설 2022. 2. 11.>

④ 평의원의 임기는 2년으로 한다. 다만, 학생인 평의원의 임기는 1년으로 한다. <신설 2022. 2. 11.>

⑤이 영에서 규정한 것 외에 평의원회의 구성·운영 등에 관하여 필요한 사항은 정관으로 정한다. <개정 2022. 2. 11.>

[본조신설 2006. 6. 23.]

[제목개정 2020. 9. 25.]

제10조의7 삭제 <2007. 11. 5.>

제11조(기본재산의 처분) ①법 제28조제1항에 따른 학교법인의 기본재산의 매도·증여 또는 교환에 관한 허가신청서 또는 신고서에는 다음의 서류를 첨부하여야 한다. <개정 1990. 7. 19., 1997. 8. 9., 2006. 6. 23., 2014. 6. 30., 2016. 8. 31., 2022. 1. 21.>

1. 처분재산명세서
2. 「감정평가 및 감정평가사에 관한 법률」에 따른 감정평가법인등의 감정평가서(교환의 경우에는 쌍방의 재산)
3. 이사회회의록사본
4. 교환재산 또는 처분대금의 처리에 관한 사항을 기재한 서류(교환 또는 매도의

경우에 한한다)

5. 제12조제2항 각 호에 해당하는 경우에는 그 내용을 증명할 수 있는 서류

② 삭제 <1990. 7. 19.>

③법 제28조제1항의 규정에 의한 학교법인의 기본재산의 담보제공에 관한 허가신청서 또는 신고서에는 다음의 서류와 사항을 첨부하여야 한다. <개정 1997. 8. 9.>

1. 담보에 제공할 재산목록
2. 피담보액
3. 담보처
4. 상환방법 및 상환계획
5. 이사회회의록 사본

④법 제28조제1항에 따른 학교법인의 기본재산의 용도변경, 의무의 부담 또는 권리의 포기등에 관한 허가신청서 또는 신고서에는 그 사유를 명확하게 적어야 한다. <개정 1997. 8. 9., 2021. 1. 5.>

⑤법 제28조제1항 단서에서 "대통령령으로 정하는 경미한 사항"이라 함은 다음 각 호의 어느 하나에 해당하는 경우를 말한다. 다만, 법 제28조제1항 본문에 따른 허가를 받지 아니할 목적으로 학교법인의 기본재산을 분할하거나 법·이 영 또는 관계법령에 위반되는 경우에는 그러하지 아니하다. <신설 1997. 8. 9., 1998. 11. 3., 2002. 3. 30., 2002. 12. 30., 2006. 6. 23., 2008. 6. 5., 2023. 6. 13., 2024. 8. 20.>

1. 「대학설립·운영 규정」 제7조제1항 및 「사이버대학 설립·운영 규정」 제7조제1항에 따른 수익용기본재산을 확보한 대학·산업대학·사이버대학 또는 전문대학을 경영하는 학교법인이 수익증대를 목적으로 다른 수익용기본재산으로 대체취득하기 위하여 수익용기본재산을 매도 또는 교환하는 경우
2. 「공익사업을 위한 토지 등의 취득 및 보상에 관한 법률」의 규정에 의한 협의 또는 수용에 의하여 기본재산을 처분하는 경우(손실보상금을 당해 기본재산의 용도와 동일하게 사용하는 경우에 한한다)
3. 제1호 또는 제2호에 해당하지 아니하는 경우로서 기본재산의 매도·증여·교환·용도변경 또는 담보의 제공가액이 5천만원 미만(대학·산업대학·사이버대학 또는 전문대학을 경영하는 학교법인의 경우는 20억원 미만)인 경우
4. 대학·산업대학·사이버대학 또는 전문대학을 경영하는 학교법인이 법 제29조제2항에 따른 교비회계·부속병원회계 및 법 제29조제3항에 따른 일반업무회계(이하 이 항에서 "교비회계등"이라 한다)의 회계별로 기본금(총자산에서 총

부채를 뺀 순자산으로서 법인 및 학교에 계속적으로 투입·운용되는 기본적자산의 가액을 말한다)에 대한 총 차입금(차입하고자 하는 차입금을 포함한다. 이하 같다)의 비율(이하 이 항에서 "차입비율"이라 한다)이 각각 30퍼센트 미만인 범위에서 금융기관(「금융산업의 구조개선에 관한 법률」 제2조제1호 각 목의 금융기관을 말한다)으로부터 차입하는 경우

5. 대학·산업대학·사이버대학 또는 전문대학을 경영하는 학교법인이 「한국사학진흥재단법」 제17조에 따른 사학진흥기금에서 융자받는 경우
6. 수익용기본재산에 전세권을 설정하는 경우
7. 제4호부터 제6호까지에 해당하지 않는 경우로서 의무의 부담 또는 권리의 포기가액이 다음 각 목의 어느 하나에 해당하는 경우
   가. 대학·산업대학·사이버대학 또는 전문대학을 경영하는 학교법인: 의무의 부담 또는 권리의 포기가액이 20억원 미만인 경우. 이 경우 의무의 부담가액은 해당 부담가액을 포함하여 다음의 어느 하나에 해당하는 경우이어야 한다.
   1) 교비회계등의 의무의 부담가액 총 합계액이 200억원 미만인 경우
   2) 교비회계등의 회계별 차입비율이 각각 30퍼센트 미만인 경우
   나. 가목 외의 학교법인: 의무의 부담 또는 권리의 포기가액이 5천만원 미만인 경우

⑥ 관할청은 법 제28조제1항에 따른 학교법인의 기본재산 매도·증여·교환, 담보제공, 용도변경, 의무의 부담이나 권리의 포기에 관한 허가신청 또는 신고를 받은 날부터 14일 이내에 허가·신고수리 여부 또는 처리 지연 사유를 신청인에게 통지하여야 한다. <신설 2018. 3. 13.>

제12조(처분할 수 없는 재산의 범위 등) ①법 제28조제2항에 따라 학교법인이 매도하거나 담보로 제공할 수 없는 재산은 해당 학교법인이 설치·경영하는 사립학교의 교육에 직접 사용되는 재산으로서 다음 각 호의 어느 하나에 해당하는 것으로 한다. <개정 1991. 2. 1., 1993. 2. 23., 1998. 11. 3., 2002. 3. 30., 2014. 6. 30.>

1. 교지
2. 교사(강당을 포함한다)
3. 체육장(실내체육장을 포함한다)
4. 실습 또는 연구시설
5. 기타 교육에 직접 사용되는 시설·설비 및 교재·교구

② 제1항에도 불구하고 다음 각 호의 어느 하나에 해당하는 재산은 학교법인이 매

도하거나 담보로 제공할 수 있다. <개정 2023. 6. 13.>

1. 교육환경의 개선을 위하여 교지의 전부와 교육용 기본시설의 일부를 확보한 후 학교를 이전하는 경우로서 이전으로 용도가 폐지되는 재산
2. 교육환경의 개선을 위하여 교지의 전부와 교육용 기본시설의 일부를 확보한 후 학교 간 통폐합(본교와 분교 간 통폐합을 포함한다)하려는 경우로서 통폐합으로 용도가 폐지되는 재산
3. 교육·연구의 경쟁력 강화 및 특성화를 위하여 학교법인 간에 교환의 방법으로 처분하는 재산
4. 법 제29조제6항제2호에 따라 국가, 지방자치단체 또는 연구기관에 무상으로 귀속하는 재산
5. 그 밖에 학생 수의 감소 등 교육여건의 변화를 고려하여 매도하거나 담보로 제공해도 교육에 지장을 주지 않는 경우로서 교육부장관이 정하여 고시하는 기준에 해당하는 재산

③ 관할청은 법 제28조제1항에 따라 제2항제1호부터 제3호까지의 규정에 따른 부동산의 매도 또는 담보의 제공을 허가하는 경우 해당 부동산의 명도일 또는 담보로 제공되는 부동산과 관련된 채무의 변제일을 「유아교육법」 제8조제4항 및 같은 법 시행령 제9조제3항, 「초·중등교육법」 제4조제3항 및 같은 법 시행령 제5조제1항 또는 「고등교육법」 제4조제3항 및 같은 법 시행령 제2조제5항에 따른 학교위치 변경인가일 후로 하는 것을 조건으로 허가하여야 한다. <신설 2014. 6. 30.>
[제목개정 2014. 6. 30.]

제12조의2(기본재산 소송에 관한 신고) ① 법 제28조제5항에 따라 기본재산에 관한 소송절차의 개시 사실을 신고하려는 학교법인은 법원에 소장을 제출한 날 또는 소장의 부본을 송달받은 날부터 30일 이내에 다음 각 호의 사항을 관할청에 신고해야 한다.

1. 당사자의 성명·명칭 또는 상호와 주소
2. 대리인의 성명과 주소(대리인이 있는 경우만 해당한다)
3. 청구취지 및 이유
4. 사건의 표시
5. 관할 법원

② 법 제28조제5항에 따라 기본재산에 관한 소송절차의 완결 사실을 신고하려는 학교법인은 해당 심급의 종국판결 선고 결과를 통보받은 날부터 30일 이내에 그 결과를 관할청에 신고해야 한다.

[본조신설 2022. 2. 11.]

제13조(교비회계와 부속병원회계의 세입세출) ①교비회계의 세입은 다음 각 호의 수입으로 한다. <개정 2012. 7. 24., 2019. 7. 2.>

1. 법령 또는 학칙에 의하여 학교가 학생으로부터 징수하는 입학금·수업료 및 입학수험료
2. 학사관계 각종 증명 수수료
3. 학교시설의 사용료 및 이용료
4. 다른 회계로부터 전입되는 전입금
5. 학생의 실험실습에서 생기는 생산품등의 판매대금
6. 교비회계의 운용과정에서 생기는 이자수입
7. 교육용 기자재등의 불용품 매각수입
8. 교비회계의 세출에 충당하기 위한 차입금

8의2. 학교가 학교교육에 사용할 목적으로 받은 기부금

9. 기타 학교법인의 수입으로서 다른 회계에 속하지 아니하는 수입

②교비회계의 세출은 다음 각호의 경비로 한다.

1. 학교운영에 필요한 인건비 및 물건비
2. 학교교육에 직접 필요한 시설·설비를 위한 경비
3. 교원의 연구비, 학생의 장학금, 교육지도비 및 보건체육비
4. 제1항제8호의 차입금의 상환원리금
5. 기타 학교교육에 직접 필요한 경비

③부속병원회계의 세입은 다음 각호의 수입으로 한다.

1. 진료수입
2. 일반업무회계로부터 전입되는 전입금
3. 부속병원회계의 운용과정에서 생기는 이자수입
4. 부속병원회계의 세출에 충당하기 위한 차입금
5. 기타 부속병원운영에 따른 제수입

④부속병원회계의 세출은 다음 각호의 경비로 한다.

1. 부속병원운영에 필요한 인건비
2. 부속병원관리·운영과 진료에 필요한 물건비
3. 부속병원에 직접 필요한 시설·설비를 위한 경비
4. 교비회계 또는 일반업무회계로의 전출금
5. 제3항제4호의 차입금의 상환원리금

6. 기타 부속병원운영에 필요한 경비

[전문개정 1981. 5. 21.]

제13조의2(교육용 기본재산의 무상 귀속) ① 학교법인이 법 제29조제6항제2호에 따라 교육용 기본재산을 국가 또는 지방자치단체에 무상으로 귀속하려는 경우에는 다음 각 호의 사항을 충족해야 한다. <개정 2021. 6. 22.>

1. 귀속하려는 교육용 기본재산을 제외하고 남은 교육용 기본재산이 다음 각 목에 따른 교지·교사 및 설비의 확보 기준을 충족할 것
   가. 「고등학교 이하 각급 학교 설립·운영 규정」 제3조부터 제6조까지의 규정에 따른 기준
   나. 「특수학교시설·설비 기준령」 제2조부터 제5조까지의 규정에 따른 기준
   다. 「대안학교의 설립·운영에 관한 규정」 제3조에 따른 기준
   라. 「대학설립·운영 규정」 제4조 및 제5조에 따른 기준
   마. 「사이버대학 설립·운영 규정」 제5조에 따른 기준
   바. 「기술대학설립·운영 규정」 제8조에 따른 기준
2. 교육용 기본재산 중 교육·연구에 직접 사용되는 재산을 무상으로 귀속하려는 경우에는 다음 각 목의 어느 하나에 해당하는 경우로서 해당 재산을 무상으로 귀속하여도 학교법인이 설치·경영하는 사립학교의 교육·연구에 지장이 없을 것
   가. 무상으로 귀속한 이후에도 학교법인이 설치·경영하는 사립학교가 교육·연구 목적으로 해당 재산을 사용할 수 있는 경우
   나. 해당 재산을 무상으로 귀속하여도 그 재산을 대체하여 교육·연구에 사용할 수 있는 기존의 다른 재산이 있거나 재산을 추가로 확보하는 경우
   다. 향후 해당 재산을 사용할 필요가 없는 경우

② 학교법인이 법 제29조제6항제2호에 따라 교육용 기본재산을 연구기관에 귀속하려는 경우에는 다음 각 호의 사항을 충족하여야 한다.

1. 다음 각 목의 어느 하나에 해당하는 연구기관에 귀속할 것
   가. 국공립연구기관
   나. 「과학기술분야 정부출연연구기관 등의 설립·운영 및 육성에 관한 법률」에 따라 설립된 연구기관
   다. 「정부출연연구기관 등의 설립·운영 및 육성에 관한 법률」에 따라 설립된 연구기관
   라. 「특정연구기관 육성법」에 따른 연구기관

2. 제1항제1호 및 제2호의 기준을 충족할 것

[본조신설 2014. 6. 30.]

제14조(예산과 결산의 보고 및 공시) ①법 제31조제1항의 규정에 의하여 학교법인이 예산 및 결산을 관할청에 보고하고 공시함에 있어서는 예산의 경우에는 매 회계연도 개시 5일이전에, 결산의 경우에는 매 회계연도 종료 후 3월이내에 하여야 한다. <개정 1986. 7. 9., 1990. 7. 19., 1998. 11. 3., 2006. 6. 23.>

② 학교법인은 회계연도 중에 예산을 추가하거나 경정(更正)할 때에는 법 제29조제4항에 따른 절차를 통하여 예산이 확정된 날(유치원의 경우에는 편성된 날을 말한다)부터 15일 이내에 해당 예산을 관할청에 보고하여야 한다. <개정 2013. 7. 22.>

③ 삭제 <2013. 7. 22.>

④학교법인은 학교법인의 업무에 속하는 회계와 학교에 속하는 회계의 예산서(「사학기관 재무·회계 규칙」 및 「사학기관 재무·회계 규칙에 대한 특례규칙」에 따른 부속명세서를 포함한다)를 매 회계연도 개시 5일 전까지 당해 학교의 인터넷 홈페이지에 게재하여 1년간 공개하여야 한다. <신설 2006. 6. 23.>

⑤학교법인은 학교법인의 업무에 속하는 회계와 학교에 속하는 회계의 결산서(「사학기관 재무·회계 규칙」 및 「사학기관 재무·회계 규칙에 대한 특례규칙」에 따른 부속명세서와 감사보고서를 포함한다)를 매 회계연도 종료 후 3월 안에 당해 학교의 인터넷 홈페이지에 게재하여 1년간 공개하여야 한다. <신설 2006. 6. 23.>

[제목개정 2006. 6. 23.]

제14조의2(지정외부감사대상 학교법인 및 지정외부감사인) ① 법 제31조제5항 각 호 외의 부분에 따라 교육부장관은 다음 각 호의 학교법인 중에서 법 제31조제5항 각 호에 따른 외부감사인의 외부감사보고서 및 부속서류를 첨부해야 하는 학교법인을 선정해야 한다.

1. 선정하는 날이 속하는 해의 전년도 2월 말일 현재 합산재무상태표[법 제29조제1항에 따른 학교에 속하는 회계(학교법인이 설치·경영하는 대학교육기관이 둘 이상인 경우 각각의 회계를 모두 합한 것으로 한다)와 같은 조 제3항에 따른 일반업무회계를 하나의 회계단위로 작성한 표를 말한다]의 총자산가액이 1천억원 이상인 학교법인
2. 선정하는 날이 속하는 해의 전년도 4월 1일 현재 학교법인이 설치·경영하는 대학교육기관의 총재학생 수(학교법인이 설치·경영하는 대학교육기관이 둘 이상인 경우 각각의 대학교육기관의 재학생 수를 모두 합한 것으로 한다)가 2

천명 이상인 학교법인

3. 그 밖에 법 제31조제4항 후단에 따른 외부감사인을 부당하게 교체하는 등 교육부장관이 정하여 고시하는 사유에 해당하는 학교법인

② 교육부장관은 특별한 사정이 없는 한 매년 2월 15일(이하 이 조에서 "선정기준일"이라 한다)까지 제1항에 따른 선정을 마치고, 그 결과를 지체 없이 제1항에 따라 선정된 학교법인(이하 "지정외부감사대상학교법인"이라 한다)에 통지해야 한다.

③ 제1항에도 불구하고 교육부장관은 다음 각 호의 어느 하나에 해당하는 학교법인을 지정외부감사대상학교법인으로 선정하지 않을 수 있다.

1. 선정기준일을 기준으로 4년 이내에 법 제31조의2제1항에 따른 감리 결과 법 제28조제1항 또는 제2항이나 제29조제6항을 위반한 사실이 발견되지 않은 학교법인
2. 그 밖에 대학교육기관의 종류와 경영 상황 등을 고려하여 지정외부감사대상학교법인으로 선정하기 어려운 사정이 있다고 인정되는 경우 등 교육부장관이 정하여 고시하는 사유에 해당하는 학교법인

④ 교육부장관은 외부감사인(「주식회사 등의 외부감사에 관한 법률」에 따른 감사인을 말한다. 이하 같다) 중에서 신청을 받아 법 제31조제5항제2호에 따른 외부감사인을 지정해야 한다.

⑤ 제4항에 따른 지정을 받으려는 자는 선정기준일 3개월 전까지 교육부장관이 정하여 고시하는 신청서류를 교육부장관에게 제출해야 한다.

⑥ 교육부장관은 특별한 사정이 없는 한 매년 선정기준일까지 제4항에 따른 지정을 마치고, 그 결과를 지체 없이 지정외부감사대상학교법인 및 제4항에 따라 지정된 외부감사인(이하 "지정외부감사인"이라 한다)에게 각각 통지해야 한다.

⑦ 제4항에도 불구하고 교육부장관은 다음 각 호의 어느 하나에 해당하는 자를 지정외부감사인으로 지정하지 않을 수 있다.

1. 감사보고서에 기재해야 할 사항을 기재하지 않았거나 거짓으로 기재한 혐의로 공소가 제기된 자
2. 특별한 사유 없이 제10항(제13항에 따라 준용되는 경우를 포함한다)에 따른 기간 내에 감사계약을 체결하지 않은 자
3. 제14조의3제3항제1호의 회계감사기준 또는 같은 항 제2호의 회계기준을 위반한 혐의가 인정되어 금융위원회에 통보된 자
4. 지정외부감사인신청서를 허위로 작성한 자

5. 그 밖에 외부감사인의 지위를 이용하여 감사대상자에게 부당한 비용 부담을 요구하는 경우 등 교육부장관이 정하여 고시하는 사유에 해당하는 자

⑧ 교육부장관은 지정외부감사대상학교법인으로 선정하려는 학교법인과 지정외부감사인으로 지정하려는 외부감사인에게 선정기준일 4주 전까지 그 선정 또는 지정 예정 사실을 각각 문서로 통지해야 한다. 다만, 지정외부감사대상학교법인이나 지정외부감사인을 신속하게 선정하거나 지정할 필요가 있는 경우에는 그 기간을 단축할 수 있다.

⑨ 제8항에 따른 선정 또는 지정 예정 사실을 통지받은 학교법인이나 외부감사인은 통지받은 날부터 2주 이내에 교육부장관에게 의견을 제출할 수 있으며, 교육부장관은 그 의견에 타당한 이유가 있는 경우 그 의견을 반영할 수 있다.

⑩ 제7항에 따른 지정외부감사인 지정 통지를 받은 지정외부감사대상학교법인은 선정기준일부터 2주 이내에 지정외부감사인과 감사계약을 체결해야 한다. 다만, 다음 각 호의 어느 하나에 해당하는 경우에는 지정외부감사인을 다시 지정해 줄 것을 교육부장관에게 요청할 수 있다.

1. 지정외부감사인이 「공인회계사법」 제33조나 그 밖의 법령에 따라 해당 지정외부감사대상학교법인의 외부감사인이 될 수 없는 경우
2. 지정외부감사인이 특별한 사유 없이 선정기준일부터 2주 이내에 감사계약을 체결하지 않은 경우 등 교육부장관이 정하여 고시하는 사유에 해당하는 경우

⑪ 교육부장관은 제10항 각 호 외의 부분 단서에 따른 지정외부감사인 재지정 요청이 타당하다고 인정되는 경우에는 지정외부감사인을 다시 지정할 수 있다.

⑫ 교육부장관은 제11항에 따라 지정외부감사인을 다시 지정한 경우에는 그 사실을 해당 지정외부감사대상학교법인과 새로 지정된 지정외부감사인에게 각각 통지해야 한다.

⑬ 제11항에 따라 지정외부감사인을 다시 지정한 경우의 감사계약 체결 등에 관하여는 제10항을 준용한다. 이 경우 "선정기준일"을 "통지일"로, "2주 이내"를 "4주 이내"로 본다.

⑭ 제10항(제13항에 따라 준용되는 경우를 포함한다)에 따라 감사계약을 체결한 학교법인은 감사계약을 체결한 날부터 2주 이내에 감사계약서 사본을 교육부장관에게 제출해야 한다.

⑮ 교육부장관은 법 제31조제7항에 따라 외부감사인 지정에 관한 업무를 「한국사학진흥재단법」에 따른 한국사학진흥재단(이하 "한국사학진흥재단"이라 한다)에 위탁한다.

⑯ 제1항부터 제14항까지에서 규정한 사항 외에 지정외부감사대상학교법인의 선정 절차, 지정외부감사인의 지정 절차나 그 밖에 지정외부감사대상학교법인의 선정 또는 지정외부감사인의 지정에 필요한 세부사항은 교육부장관이 정하여 고시한다.

[본조신설 2022. 8. 9.]

[종전 제14조의2는 제14조의3으로 이동 <2022. 8. 9.>]

제14조의3(외부회계감사에 대한 감리) ① 법 제31조의2제1항에 따라 교육부장관이 법 제31조제4항 후단 및 같은 조 제5항 각 호 외의 부분에 따른 외부감사보고서 및 부속서류(이하 "외부감사보고서등"이라 한다)에 대한 감리를 실시하는 경우는 다음 각 호와 같다. <개정 2018. 5. 28., 2022. 8. 9.>

1. 법 제31조제4항에 따라 학교법인이 제출한 결산서에 대하여 법 제33조에 따른 회계규칙을 준수하였는지를 심사한 결과 이를 위반한 사실이 인정되는 경우
2. 계량적 분석 또는 무작위 표본 추출 등 교육부장관이 정하는 바에 따라 감리 대상으로 선정된 경우
3. 국가기관으로부터 대학교육기관을 설치·경영하는 학교법인의 회계관련 법령 위반사실을 통보받은 경우

② 교육부장관은 감리를 위하여 필요한 경우에는 외부감사보고서등을 제출한 외부감사인에 대하여 자료의 제출, 의견의 진술 및 보고를 하게 할 수 있다. <개정 2018. 5. 28., 2022. 8. 9.>

③ 교육부장관은 감리 결과 외부감사보고서등을 제출한 외부감사인이 다음 각 호의 어느 하나에 해당하는 기준을 위반한 혐의가 있다고 인정되는 경우에는 그 외부감사인의 명단과 해당 내용을 금융위원회에 통보해야 한다. <개정 2018. 5. 28., 2018. 10. 30., 2022. 8. 9.>

1. 「주식회사 등의 외부감사에 관한 법률」 제16조에 따른 회계감사기준
2. 학교법인의 회계감사와 관련하여 교육부장관이 금융위원회와 협의하여 고시로 정하는 기준

④ 제3항에 따라 통보를 받은 금융위원회는 그 외부감사인에 대하여 「공인회계사법」 제39조제1항 또는 제48조제2항에 따라 등록취소, 업무정지 또는 징계를 하는 경우에는 그 내용을 교육부장관에게 통보해야 한다. <개정 2022. 8. 9.>

⑤ 제1항부터 제4항까지에서 규정한 사항 외에 감리의 범위·방법 등에 관하여 필요한 사항은 교육부장관이 금융위원회와 협의하여 정하고 이를 고시한다.

[본조신설 2013. 7. 22.]

[제14조의2에서 이동, 종전 제14조의3은 제14조의4로 이동 <2022. 8. 9.>]

제14조의4(외부회계감사에 대한 감리 업무의 위탁) 교육부장관은 법 제31조의2제2항에 따라 외부회계감사에 대한 감리 업무를 다음 각 호의 어느 하나에 해당하는 법인 또는 단체에 위탁할 수 있다. <개정 2018. 10. 30., 2020. 9. 25.>

1. 「주식회사 등의 외부감사에 관한 법률」 제2조제7호가목에 따른 회계법인
2. 한국사학진흥재단

[본조신설 2018. 5. 28.]

[제14조의3에서 이동, 종전 제14조의4는 제14조의5로 이동 <2022. 8. 9.>]

제14조의5(특수한 관계에 있는 법인의 범위) 법 제32조의2제5항에서 "대통령령으로 정하는 특수한 관계에 있는 법인"이란 다음 각 호의 어느 하나에 해당하는 법인을 말한다. <개정 2024. 8. 20.>

1. 다음 각 목의 어느 하나에 해당하는 사람이 발행주식총수의 100분의 30 이상의 주식을 보유하거나 출자총액의 100분의 30 이상을 출자한 법인
   가. 해당 대학교육기관을 설치·경영하는 학교법인의 임원이거나 임원의 임기가 만료된 후 5년이 지나지 아니한 사람
   나. 해당 대학교육기관의 장이거나 해당 대학교육기관의 장에서 퇴직 후 5년이 지나지 아니한 사람
   다. 제4조의2에 따른 출연 재산의 기준액 이상을 해당 대학교육기관 또는 해당 대학교육기관을 설치·경영하는 학교법인에 출연한 사람
   라. 가목부터 다목까지에 해당하는 사람과 「민법」 제777조에 따른 친족관계에 있는 사람
2. 제1호 각 목의 어느 하나에 해당하는 사람을 통하여 법 제32조의2에 따른 적립금의 운영 방침을 결정하거나 해당 대학교육기관을 설치·경영하는 학교법인의 임원에 대한 임면권을 행사하는 등 대학교육기관 또는 대학교육기관을 설치·경영하는 학교법인의 운영에 대하여 지배적인 영향력을 행사할 수 있는 법인

[본조신설 2018. 5. 28.]

[제14조의4에서 이동, 종전 제14조의5는 제14조의6으로 이동 <2022. 8. 9.>]

제14조의6(적립금별 적립 규모 및 사용내역의 공시) ① 대학교육기관의 장 및 대학교육기관을 설치·경영하는 학교법인의 이사장은 법 제32조의2제6항에 따라 같은 조 제2항의 연구적립금·건축적립금·장학적립금·퇴직적립금 및 특정목적적립금별로

적립 규모와 사용내역을 공시해야 한다.

② 제1항에 따른 공시는 교육부장관이 정하는 방법에 따라 매 회계연도 종료 후 3개월 이내에 해당 대학교육기관의 인터넷 홈페이지에 1년간 게재하는 방식으로 한다.

[본조신설 2024. 8. 20.]

[종전 제14조의6은 제14조의8로 이동 <2024. 8. 20.>]

제14조의7(적립금 현황 및 사용내역에 대한 실태점검) ① 법 제32조의2제7항에 따른 대학교육기관 및 대학교육기관을 설치·경영하는 학교법인의 적립금 현황 및 사용내역에 대한 실태점검(이하 이 조에서 "실태점검"이라 한다)에는 다음 각 호의 사항이 포함되어야 한다.

1. 법 제32조의2제1항 단서에 따른 등록금회계로부터의 적립 현황
2. 법 제32조의2제3항 단서에 따라 등록금회계에서 비등록금회계로 전출된 적립금 상당액을 제외한 적립금의 법인에 대한 투자 현황
3. 그 밖에 교육부장관이 대학교육기관 및 대학교육기관을 설치·경영하는 학교법인의 적립금 현황 및 사용내역의 파악을 위하여 실태점검이 필요하다고 인정하는 사항

② 실태점검은 매년 실시한다.

③ 실태점검은 서면점검, 현장점검 등의 방법으로 실시하되, 효율적인 실태점검을 위하여 필요한 경우에는 정보통신망 및 전자우편 등의 전자적 방식으로 실시할 수 있다.

④ 교육부장관은 실태점검을 위하여 필요한 경우에는 대학교육기관 및 대학교육기관을 설치·경영하는 학교법인에게 관련 자료의 제출, 의견의 진술 및 보고를 하게 할 수 있다.

[본조신설 2024. 8. 20.]

[종전 제14조의7은 제14조의9로 이동 <2024. 8. 20.>]

제14조의8(기금운용심의회의 구성) ① 법 제32조의3제1항에 따른 기금운용심의회(이하 "기금운용심의회"라 한다)는 대학교육기관 및 대학교육기관을 설치·경영하는 학교법인에 각각 설치하여야 한다.

② 대학교육기관에 두는 기금운용심의회의 위원장은 대학교육기관의 장으로 하고, 대학교육기관을 설치·경영하는 학교법인에 두는 기금운용심의회의 위원장은 학교법인의 이사장으로 한다.

③ 기금운용심의회의 위원은 교원, 직원, 학생, 외부 전문가, 동문 및 학교의 발전에 도움이 될 수 있는 사람 중에서 기금운용심의회의 위원장이 임명 또는 위

축한다.

④ 법 제32조의3제2항제2호의 회계 또는 재무 관련 외부 전문가는 다음 각 호의 어느 하나에 해당하는 사람으로 한다. <개정 2022. 3. 22., 2022. 8. 9.>

1. 「금융산업의 구조개선에 관한 법률」 제2조제1호에 따른 금융기관 또는 「자본시장과 금융투자업에 관한 법률」 제258조에 따른 집합투자기구평가회사에서 자산운용 또는 위험관리·평가 분야에서 5년 이상 재직한 사람
2. 다음 각 목의 어느 하나에 해당하는 법인 또는 기관에서 재정 또는 자산운용을 담당하는 직에 5년 이상 재직한 사람
   가. 「자본시장과 금융투자업에 관한 법률」 제9조제15항제3호에 따른 주권상장법인
   나. 「정부기업예산법」 제2조에 따른 정부기업
   다. 「공공기관의 운영에 관한 법률」 제4조제1항에 따른 공공기관
3. 「고등교육법」 제2조에 따른 학교에서 경제, 경영 또는 금융 관련 학문 분야를 연구하거나 가르치는 조교수 이상의 직에 3년 이상 재직한 사람
4. 경제, 경영 또는 금융 관련 분야의 박사 학위를 취득한 사람으로서 연구기관 또는 공공기관에서 3년 이상 재직한 경력(학위 취득 전의 경력을 포함한다)이 있는 사람
5. 변호사 또는 공인회계사의 직에 3년 이상 재직한 사람
6. 그 밖에 기금운용심의회의 위원장이 제1호부터 제5호까지에 해당하는 사람과 동등 이상의 학식과 경험이 있다고 인정하는 사람

⑤ 기금운용심의회 위원의 임기는 2년으로 한다.

⑥ 제1항부터 제5항까지에서 규정한 사항 외에 기금운용심의회의 구성에 필요한 사항은 기금운용심의회의 의결을 거쳐 기금운용심의회의 위원장이 정한다.

[본조신설 2018. 5. 28.]

[제14조의6에서 이동 <2024. 8. 20.>]

제14조의9(기금운용심의회의 운영) ① 다음 각 호의 어느 하나에 해당하는 사항은 기금운용심의회의 심의를 거쳐야 한다.

1. 매 회계연도 법 제32조의2제3항에 따른 기금(이하 "기금"이라 한다) 운용의 계획에 관한 사항
2. 기금 운용에 관한 지침의 제정 및 개정
3. 그 밖에 기금운용심의회의 위원장이 기금의 관리·운용과 관련하여 기금운용심의회의 심의가 필요하다고 인정하는 사항

② 기금운용심의회의 회의는 재적위원 과반수의 출석으로 개의하고, 출석위원 과반수의 찬성으로 의결한다.

③ 제1항 및 제2항에서 규정한 사항 외에 기금운용심의회의 운영에 필요한 사항은 기금운용심의회의 의결을 거쳐 기금운용심의회의 위원장이 정한다.

[본조신설 2018. 5. 28.]

[제14조의7에서 이동 <2024. 8. 20.>]

제15조(학교법인의 해산인가 신청) ① 법 제34조제2항의 규정에 의한 학교법인의 해산인가신청서에는 다음의 서류를 첨부하여야 한다. <개정 2018. 3. 13.>

1. 이사회회의록 사본
2. 재산목록
3. 남은 재산의 처분에 관한 사항을 기재한 서류

② 교육부장관은 법 제34조제2항에 따른 학교법인의 해산인가 신청을 받은 날부터 60일 이내에 인가 여부 또는 처리 지연 사유를 신청인에게 통지하여야 한다. <신설 2018. 3. 13.>

제15조의2(해산인가신청서의 작성등) ①법 제35조의2제2항의 규정에 의한 학교법인의 해산인가신청서에는 다음 각호의 사항이 포함되어야 한다. <개정 2004. 4. 6.>

1. 해산사유
2. 재학생처리계획
3. 교직원처리계획
4. 이사회회의록 사본
5. 법 제35조의2제4항제1호의 규정에 의한 해산장려금의 지급 또는 동항제2호의 규정에 의한 기본재산의 매입 신청

②법 제35조의2제2항의 규정에 의한 학교법인의 잔여재산처분계획서에는 다음 각호의 사항이 포함되어야 한다. <개정 2004. 4. 6.>

1. 재산목록 및 조성경위
2. 재산감정평가내역
3. 잔여재산귀속예정자 및 귀속사유
4. 기본재산중 학교교육에 직접 사용되는 재산 내역(법 제35조의2제4항제2호의 규정에 의하여 국가 또는 지방자치단체가 재산을 매입하는 경우에 한한다)
5. 공익법인의 정관(법 제35조의2제7항의 규정에 의하여 공익법인의 설립을 위한 재산으로 잔여재산을 출연하는 경우에 한한다)

[본조신설 1997. 12. 31.]

제15조의3(사학정비심사위원회의 구성) ①법 제35조의2제5항의 규정에 의한 사학정비심사위원회(이하 "위원회"라 한다)는 위원장을 포함한 15인이내의 위원으로 구성한다. <개정 2004. 4. 6.>

②위원장은 부교육감이 되고, 위원은 다음 각호의 자중에서 교육감이 지명 또는 위촉한다. <개정 2006. 6. 23.>

1. 교육감소속 4급 또는 4급상당 공무원중 5인이내
2. 변호사·공인회계사·세무사·감정평가사의 자격이 있는 자 또는 법률학·회계학·감정평가 관련 학과목을 담당하는 부교수이상의 직에 있거나 있었던 자중 5인이내
3. 당해 특별시·광역시·도·특별자치도(이하 "시·도"라 한다) 관할구역안에 소재한 사립의 초등학교·중학교 또는 고등학교를 설립·경영하는 학교법인을 대표하는 자로 구성된 단체에서 추천한 인사 5인이내

③위원의 임기는 위촉된 날부터 법 제35조의2의 적용시한이 만료되는 날까지로 한다.

[본조신설 1997. 12. 31.]

제15조의4(사학정비심사위원회의 업무 및 운영등) ①위원회는 다음 각호의 사항을 심사한다. <개정 2004. 4. 6.>

1. 학교법인의 해산의 타당성 여부
2. 잔여재산처분계획의 적정성 여부
3. 법 제35조의2제4항의 규정에 의한 재정지원의 타당성 여부
4. 기타 학교법인의 해산·잔여재산의 처분 및 재정지원에 관한 사항을 심사하기 위하여 필요한 사항

②위원장은 위원회를 대표하고, 위원회의 직무를 통할한다.

③위원회는 재적위원 3분의 2이상의 출석으로 개의하고, 출석위원 과반수의 찬성으로 의결한다.

④위원장을 포함한 위원은 본인 또는 직계존비속과 직접 이해관계가 있는 안건에 관하여는 그 심사에 참여할 수 없다.

⑤위원회의 안건과 직접 이해관계가 있는 자는 위원회에 의견을 제출할 수 있다.

⑥위원회는 업무수행을 위하여 필요한 때에는 이해관계인에게 출석을 요구하고 그 의견을 청취할 수 있다.

⑦위원회는 업무수행을 위하여 필요한 때에는 관계공무원 또는 관계전문가에게 출석을 요구하고 그 의견을 듣거나 관계기관·단체등에 대하여 필요한 자료 및 의견

의 제출등 협조를 요청할 수 있다.

⑧위원회의 위원장·위원 기타 위원회에 출석한 관계공무원 또는 관계전문가에 대하여는 예산의 범위안에서 수당과 여비를 지급할 수 있다. 다만, 공무원이 그 소관업무와 직접 관련하여 출석하는 경우에는 그러하지 아니하다.

⑨제15조의3 및 제15조의4에 규정한 것외에 위원회의 운영에 관하여 필요한 사항은 위원회의 의결을 거쳐 위원장이 정한다.

[본조신설 1997. 12. 31.]

제16조(합병인가신청) ①법 제36조제3항에 따른 학교법인의 합병인가신청서에는 다음의 서류를 첨부해야 한다. <개정 1998. 11. 3., 2018. 6. 5., 2022. 8. 9.>

1. 합병이유서
2. 법 제36조제1항에 따른 동의를 입증하는 각 학교법인의 이사회회의록 사본
3. 법 제39조에 따라 각 학교법인이 선임한 자임을 입증하는 서류
4. 합병약정서
5. 합병 후 존속하는 학교법인 또는 합병으로 인하여 설립되는 학교법인의 정관
6. 삭제 <1998. 11. 3.>
7. 합병 전의 각 학교법인의 재산목록 및 재무상태표
8. 재산의 소유권을 증명하는 서류
9. 합병 후 존속하는 학교법인 또는 합병으로 인하여 설립되는 학교법인에 대한 제4조제1항제9호부터 제14호까지의 규정에 따른 서류(합병 후 존속하는 학교법인의 임원으로서 계속 재임되는 임원의 경우에는 제4조제1항제9호부터 제12호까지의 규정에 따른 서류를 생략할 수 있다)

② 제1항에 따른 합병인가 신청에 관하여는 제4조제2항 및 제5항을 준용한다. 이 경우 "제1항제3호"는 "제1항제7호"로, "설립허가신청서"는 "합병인가신청서"로 본다. <개정 2022. 8. 9.>

③ 교육부장관은 법 제36조제3항에 따른 학교법인의 합병인가 신청을 받은 날부터 60일 이내에 인가 여부 또는 처리 지연 사유를 신청인에게 통지해야 한다. <신설 2018. 3. 13., 2022. 8. 9.>

제17조(국가의 지원대상) ①법 제43조제1항의 규정에 의하여 국가가 사립학교교육의 지원을 위하여 행하는 보조 또는 지원은 다음 각호의 1에 해당하는 학교법인에 대하여 행한다. <개정 1990. 7. 19.>

1. 실업학교를 설치·경영하는 학교법인
2. 국가가 필요로 하는 특수한 학과 또는 학교를 설치 ·경영하는 학교법인

3. 천재·지변 기타 재해로 인하여 학교경영에 재정적 곤란을 받는 학교법인
4. 특수학교를 설치·경영하는 학교법인
5. 기타 특히 국가의 지원이 필요하다고 인정되는 학교법인

②제1항의 보조 또는 지원에 관하여 필요한 사항은 교육부령으로 정한다. <개정 1976. 1. 16., 1990. 7. 19., 1991. 2. 1., 2001. 1. 29., 2008. 2. 29., 2013. 3. 23.>

제18조(해산된 학교법인 등에 대한 기록물 관리) ① 법 제48조의2제1항 각 호 외의 부분에서 “학적부, 조직·회계·예산 관련 자료 등 대통령령으로 정하는 보관 중인 기록물”이란 다음 각 호의 기록물을 말한다.

1. 학적부
2. 조직·회계·예산 관련 자료
3. 그 밖에 업무와 관련하여 생산하거나 접수한 문서·도서·대장·카드·도면·시청각물·전자문서 등의 각종 기록물 중에서 보존할 가치가 있다고 인정되는 기록물

② 제1항제2호 및 제3호에 따른 기록물의 세부 범위는 교육부장관이 정하여 고시한다.

③ 법 제48조의2제1항 각 호의 자는 해당 학교법인의 해산인가·해산명령이나 학교의 폐지인가·폐쇄명령을 받은 날부터 3개월 이내에 제1항 각 호의 기록물을 교육부장관에게 제출해야 한다.

④ 교육부장관은 법 제48조의2제2항에 따라 한국사학진흥재단을 전담기관으로 지정한 경우에는 제3항에 따라 제출받은 기록물을 지체 없이 한국사학진흥재단에 이관해야 한다.

⑤ 한국사학진흥재단은 제4항에 따라 이관된 기록물의 효율적인 관리를 위하여 필요한 내부규정을 마련하여 운영해야 한다. 이 경우 내부규정에는 다음 각 호의 사항이 포함되어야 한다.

1. 기록물의 관리에 관한 주요 사항을 심의하기 위한 기록물관리위원회의 구성 및 운영에 관한 사항
2. 기록물의 분류에 관한 사항
3. 기록물의 보존 기간 및 보존 방법에 관한 사항
4. 기록물의 공개, 열람 및 활용에 관한 사항
5. 기록물의 폐기에 관한 사항
6. 그 밖에 교육부장관이 기록물의 관리를 위하여 필요하다고 인정하는 사항

[본조신설 2020. 9. 25.]

제19조(학교법인으로의 조직변경을 위한 인가신청) ①민법에 의한 재단법인이 법 제50조의 규정에 의하여 학교법인으로 조직을 변경하기 위한 인가신청서에는 다음의 서류를 첨부하여야 한다.

1. 조직변경이유서
2. 정관(신·구)
3. 이사회회의록 사본
4. 제4조제1항제3호 내지 제14호의 서류(이 경우에 제14호중 "설립후"는 "조직변경후"로 한다)

②제4조제2항 내지 제5항의 규정은 제1항의 경우에 준용한다. <개정 1976. 1. 16.>

제20조(조직변경으로 인한 학교법인의 설립등기) 민법에 의한 재단법인이 법 제50조의 규정에 의하여 그 조직을 변경하여 학교법인으로 되는 경우의 그 학교법인의 설립등기에 관하여는 법 제8조의 규정에 의한다. 이 경우에 법 제8조중 "설립허가"를 "조직변경의 인가"로 한다.

제21조(교사의 신규채용) ①법 제53조의2제10항에 따른 공개전형은 같은 조 제1항에 따른 교원의 임용권자가 실시한다. 이 경우 임용권자는 해당 학교가 소재하는 교육감에게 그 전형을 위탁하여 실시할 수 있다. <개정 2016. 8. 2., 2018. 5. 28.>

②제1항에 따른 공개전형에 응시할 수 있는 자격에 대해서는 「교육공무원임용령」 제11조의3을 준용한다. <개정 2016. 8. 2., 2021. 6. 22.>

③임용권자는 교원을 신규로 채용하려는 경우에는 지원마감일 30일 전까지 일간신문 또는 인터넷 그 밖의 정보통신 매체를 통하여 채용분야·채용인원 및 지원자격 등에 관한 사항을 공고하여야 한다. <개정 2016. 8. 2.>

④제1항에 따른 공개전형은 필기시험·실기시험 및 면접시험 등의 방법으로 하며, 그 밖에 공개전형의 시행에 필요한 사항은 교원인사위원회의 심의를 거쳐 임용권자가 정한다. <개정 2016. 8. 2.>

⑤임용권자는 공개전형에 응시한 사람이 전형결과 등의 공개를 요구할 경우에는 「공공기관의 정보공개에 관한 법률」 제9조제1항에 따라 공개하지 아니할 수 있는 정보를 제외하고는 공개하여야 한다. 이 경우 전형결과 등의 공개에 관한 세부사항은 정관 또는 규칙으로 정할 수 있다. <개정 2016. 8. 2., 2022. 2. 11.>

⑥ 제4항에도 불구하고 법 제53조의2제11항 본문에 따라 「초·중등교육법」 제19조에 따른 교원의 임용권자가 필기시험을 시·도 교육감에게 위탁하여 실시하는

경우에는 그 필기시험의 시기, 방법 등 시행에 필요한 세부사항을 시·도 교육감과 협의하여 정해야 한다. <신설 2022. 3. 22.>

⑦ 법 제53조의2제11항 단서에 따라 「초·중등교육법」 제19조에 따른 교원의 임용권자는 공개전형을 실시할 때 채용과목의 특성, 평가 방법의 타당성 등을 고려하여 필기시험을 다른 방법의 시험으로 대체할 필요가 있다고 인정하는 경우에는 시·도 교육감의 승인을 받아 공개전형에 필기시험을 포함하지 않을 수 있다. <신설 2022. 3. 22.>

⑧ 법 제53조의2제11항 단서에 따라 「초·중등교육법」 제19조에 따른 교원의 임용권자는 다음 각 호의 어느 하나에 해당하는 경우에는 시·도 교육감의 승인을 받아 필기시험의 실시를 시·도 교육감에게 위탁하지 않을 수 있다. <신설 2022. 3. 22.>

1. 학교법인 또는 사립학교경영자가 교원의 인건비에 대하여 국가 또는 지방자치단체로부터 법 제35조제5항 또는 제43조제1항에 따른 보조금을 지원받지 않는 경우
2. 학교법인 또는 사립학교경영자가 「교육공무원임용령」 제11조에 따른 공개전형의 필기시험에 포함되지 않는 과목을 담당하는 교원을 채용하는 경우

[전문개정 2006. 6. 23.]

제22조 삭제 <1990. 7. 19.>

제22조의2 삭제 <1981. 5. 21.>

제22조의3(학력평가) ①시·도의 교육감은 관할구역내에 소재하는 사립중학교 또는 고등학교의 교사 임용권자에게 편의를 제공하기 위하여 필요하다고 인정할 때에는 당해 사립중학교 또는 고등학교의 교사에 임용될 것을 희망하는 자에 대한 학력평가를 행하고, 그 학력평가 사항을 기재한 명부를 비치할 수 있다. <개정 1986. 7. 9., 1990. 7. 19., 2006. 6. 23.>

②제1항의 규정에 의한 학력평가의 범위·방법·절차와 명부작성에 관하여 필요한 사항은 교육규칙으로 정한다. <개정 1990. 7. 19.>

[본조신설 1976. 11. 8.]

제23조(교원의 임용 보고) 법 제54조제1항에 따라 교원의 임용 보고를 할 경우에는 교육부장관이 정하여 고시하는 서식에 따른다. 다만, 고등학교 이하 각급학교 교원의 임용 보고는 관할청이 정하여 고시하는 서류를 첨부하게 할 수 있다. <개정 2013. 3. 23., 2016. 8. 2.>

[전문개정 2009. 1. 28.]

[제목개정 2016. 8. 2.]

제24조(관할청의 교원의 해직 또는 징계의 요구) 사립학교의 관할청이 법 제54조제3항의 규정에 의하여 사립학교교원의 해직 또는 징계를 요구함에 있어서는 다음의 사항을 기재한 서류를 첨부하여야 한다. <개정 1990. 7. 19.>

1. 해직 또는 징계요구의 대상자 및 그 인적사항
2. 해직 또는 징계의 구별(징계의 경우에는 그 종류)
3. 해직 또는 징계요구의 사유

제24조의2(의원면직 제한사유의 통보 등) ① 법 제62조제1항 본문에 따른 교원징계위원회는 의원면직을 신청한 교원이 법 제61조의2제4항제2호에 해당하는 경우에는 다른 징계사건에 우선하여 징계 여부를 결정해야 한다. <개정 2022. 2. 11.>

② 감사·조사 및 수사기관의 장은 법 제61조의2제1항제2호에 따라 의원면직의 제한대상에 해당하는지 여부의 확인 요청을 받은 때에는 그 요청을 받은 날부터 10일 이내에 확인 결과를 해당 학교 교원의 임용권자에게 통보해야 한다. <개정 2022. 2. 11.>

[본조신설 2016. 8. 2.]

[종전 제24조의2는 제24조의3으로 이동 <2016. 8. 2.>]

제24조의3(겸직 허가의 기준 및 절차) ① 법 제55조제2항에서 "대통령령으로 정하는 기준을 충족하는 병원"이란 해당 대학의 부속병원이 아닌 병원 중 「대학설립·운영 규정」 제4조제2항제3호 각 목의 구분에 따른 기준을 충족하는 병원을 말한다.

② 법 제55조제3항에 따른 겸직 허가의 기준은 임상교육과정, 겸직 허가 대상 교원의 전공 및 진료과목, 법 제55조제2항에 따른 병원(이하 "협력병원"이라 한다)의 시설 여건 등을 고려하여 대학의 장이 정한다. 이 경우 소속 교원 중 겸직을 허가할 수 있는 교원의 수는 별표 1의 기준에 따라 산정한 수 이내로 정하여야 한다. <개정 2018. 5. 28.>

③ 대학의 장은 제2항에 따라 겸직 허가의 기준을 정할 때에는 미리 협력병원의 장의 의견을 들어야 한다.

④ 대학의 장은 법 제55조제2항에 따라 겸직 허가를 할 때에는 법 제53조의4에 따른 교원인사위원회의 심의를 거쳐야 하며, 구체적인 심의 기준 및 절차는 정관에서 정하는 바에 따른다. <개정 2016. 8. 2.>

[본조신설 2012. 7. 24.]

[제24조의2에서 이동, 종전 제24조의3은 제24조의4로 이동 <2016. 8. 2.>]

제24조의4(겸직교원의 직무와 보수) ① 법 제55조제2항에 따라 협력병원에 겸직하

는 교원(이하 “겸직교원”이라 한다)은 협력병원의 정관과 관련 규정을 준수하고 병원업무를 성실하게 수행하여야 한다.

② 협력병원의 장은 겸직교원이 제1항을 위반하거나 법 제61조제1항 각 호의 어느 하나에 해당하는 경우에는 협력병원의 정관 또는 관련 규정에서 정하는 절차를 거쳐 대학의 장에게 겸직해제 등 적절한 조치를 하도록 요구할 수 있다.

③ 겸직교원의 보수는 정관에서 정하는 바에 따라 원 소속기관인 대학에서 지급한다.

④ 협력병원은 겸직교원에 대하여 협력병원의 정관 또는 관련 규정에서 정하는 바에 따라 수당을 지급할 수 있다.

[본조신설 2012. 7. 24.]

[제24조의3에서 이동, 종전 제24조의4는 제24조의6으로 이동 <2016. 8. 2.>]

제24조의5(직위해제 대상 비위행위) 법 제58조의2제1항제4호에서 “금품비위, 성범죄 등 대통령령으로 정하는 비위행위”란 다음 각 호의 행위를 말한다.

1. 「국가공무원법」 제78조의2제1항제1호에 해당하는 행위
2. 다음 각 목의 어느 하나에 해당하는 것을 횡령(橫領), 배임(背任), 절도, 사기 또는 유용(流用)하는 행위
   가. 「국가공무원법」 제78조의2제1항제2호 각 목의 어느 하나에 해당하는 것
   나. 법 제29조(법 제51조에서 준용하는 경우를 포함한다)에 따른 회계에 속하는 수입이나 재산
   다. 법 제32조의2에 따른 적립금
3. 「성폭력범죄의 처벌 등에 관한 특례법」 제2조에 따른 성폭력범죄 행위
4. 「성매매알선 등 행위의 처벌에 관한 법률」 제4조에 따른 금지행위
5. 교원으로서의 품위를 크게 손상하여 그 직위를 유지하는 것이 부적절하다고 판단되는 행위

[본조신설 2016. 8. 2.]

[종전 제24조의5는 제24조의7로 이동 <2016. 8. 2.>]

제24조의6(육아 등의 사유로 휴직하는 교원의 신분 및 처우) 법 제59조제1항제7호 및 제7호의2에 따른 사유로 휴직하는 교원의 신분 및 처우에 관하여는 「교육공무원승진규정」 제11조제1항제1호나목, 「공무원보수규정」 제15조제6호 및 「공무원수당 등에 관한 규정」 제11조의3 등 국립·공립 학교의 교원이 해당 사유로 휴직하는 경우에 적용되는 규정을 준용한다.

[본조신설 2020. 9. 25.]

[종전 제24조의6은 제24조의7로 이동 <2020. 9. 25.>]

제24조의7(교원징계위원회의 설치 등) ① 법 제62조제1항에 따른 교원징계위원회(이하 "교원징계위원회"라 한다)는 학교법인 또는 사립학교경영자별로 설치하되, 법 제53조의2제2항에 따라 교원의 임용권이 학교의 장에게 위임된 경우에는 해당 학교에 따로 설치할 수 있다. <개정 2016. 8. 2., 2022. 3. 22.>

② 교원징계위원회의 위원 수는 법 제62조제2항에 따라 학교의 규모별로 다음 각 호의 구분에 따른 범위에서 정해야 한다. <신설 2022. 3. 22.>

1. 학생 수가 200명 미만인 학교: 5명 이상 9명 이하
2. 학생 수가 200명 이상인 학교: 9명 이상 11명 이하

[전문개정 1990. 7. 19.]

[제목개정 2022. 3. 22.]

[제24조의6에서 이동, 종전 제24조의7은 제24조의8로 이동 <2020. 9. 25.>]

제24조의8(징계위원회의 위원장) ①교원징계위원회의 위원장은 위원중에서 호선한다. <개정 1990. 7. 19.>

②교원징계위원회의 위원장은 위원회를 대표하며, 업무를 총괄한다. <개정 2019. 7. 2.>

③위원장은 교원징계위원회의 회의를 소집하고 그 의장이 된다.

④위원장이 사고가 있을 때에는 위원중에서 연장자가 그 직무를 대행한다.

[본조신설 1981. 5. 21.]

[제24조의7에서 이동, 종전 제24조의8은 제24조의9로 이동 <2020. 9. 25.>]

제24조의9(징계심의위원회의 구성 등) ① 법 제62조의3제1항에 따른 징계심의위원회(이하 "징계심의위원회"라 한다)의 위원장, 징계의결의 기한 및 징계심의위원회 위원의 기피 등에 관하여는 제24조의8, 제24조의10 및 제24조의11의 규정을 준용한다. 이 경우 "교원징계위원회"는 "징계심의위원회"로 본다.

② 제1항에서 규정한 사항 외에 징계심의위원회의 구성 및 운영 등에 필요한 사항은 징계심의위원회의 의결을 거쳐 징계심의위원회의 위원장이 정한다.

[본조신설 2022. 3. 22.]

[종전 제24조의9는 제24조의10으로 이동 <2022. 3. 22.>]

제24조의10(징계의결의 기한) ① 교원징계위원회는 법 제64조에 따라 징계의결을 요구받거나 법 제66조의2제3항에 따라 징계의결 재심의를 요구받았을 때에는 그 요구서를 받은 날부터 60일[「국가인권위원회법」 제2조제3호라목에 따른 성희롱 행위 등 성(性) 관련 비위만을 징계사유로 하는 경우에는 30일] 이내에 징계에 관

한 의결을 해야 한다. 다만, 부득이한 사유가 있을 때에는 해당 교원징계위원회의 의결로 30일의 범위에서 한 번만 그 기한을 연기할 수 있다. <개정 2019. 3. 19., 2022. 3. 22.>

② 법 제64조에 따라 징계의결이 요구되거나 법 제66조의2제3항에 따라 징계의결의 재심의가 요구된 사건에 대한 징계 절차의 진행이 법 제66조의3에 따라 중지된 경우 그 중지된 기간은 제1항에 따른 징계의결 기간에 포함되지 않는다. <신설 2019. 3. 19., 2022. 3. 22.>

[본조신설 1981. 5. 21.]

[제24조의9에서 이동, 종전 제24조의10은 제24조의11로 이동 <2022. 3. 22.>]

제24조의11(위원의 기피 등) ①징계대상자는 교원징계위원회 위원이 불공정한 의결을 할 우려가 있다고 인정할만한 상당한 사유가 있을 때에는 그 사실을 서면으로 소명하고 기피를 신청할 수 있다.

②제1항의 규정에 의한 기피신청이 있는 때에는 위원회의 의결로 기피 여부를 결정하여야 한다. 이 경우 기피 신청을 받은 자는 그 의결에 참여하지 못한다.

③법 제63조에 따른 제척 또는 제1항에 따른 기피로 교원징계위원회의 출석위원이 재적위원의 3분의2에 미달되어 징계사건을 심리할 수 없게 된 때에는 교원징계위원회의 위원장은 위원의 수가 재적위원수의 3분의 2이상이 될 수 있도록 위원의 임명권자 또는 위촉권자에게 임시 위원의 임명 또는 위촉을 요청하여야 한다. <개정 2016. 8. 2.>

[본조신설 1990. 7. 19.]

[제목개정 2016. 8. 2.]

[제24조의10에서 이동 <2022. 3. 22.>]

제25조(교원의 징계의결의 요구 등) 사립학교 교원의 임용권자가 법 제64조에 따라 징계의결을 요구하거나 법 제66조의2제3항에 따라 징계의결 재심의를 요구할 때에는 징계의결 요구서 또는 징계의결 재심의 요구서에 다음 각 호의 서류를 첨부해야 한다. <개정 2021. 6. 22., 2022. 3. 22.>

1. 징계혐의자의 인적사항을 기재한 서류
2. 징계의 종류와 양을 기재한 서류
3. 징계사유서와 징계요구자의 의견서
4. 징계혐의사실을 입증하는 증거서류
5. 징계혐의자의 이력서
6. 근무성적표

7. 징계 사유가 「교육공무원법」 제52조제1호부터 제4호까지의 행위 또는 「양성평등기본법」 제3조제2호에 따른 성희롱에 해당하는 경우에는 정신건강의학과 의사, 심리학자 등 관련 전문가가 작성한 별지 서식의 전문가 의견서. 다만, 본문에 따른 징계 사유와 관련하여 검찰·경찰 등 수사기관에서 공소장, 혐의자·관련자·관련증인에 대한 신문조서 및 진술서 등 수사기록이 통보된 경우는 제외한다.

[제목개정 2022. 3. 22.]

제25조의2(징계기준) ① 교원징계위원회는 법 제66조제1항에 따라 징계의결을 할 때에는 법 제61조제1항 각 호의 어느 하나에 해당하는 행위의 유형, 정도, 징계의결이 요구된 교원의 근무태도, 근무성적, 공적(功績), 뉘우치는 정도, 징계요구의 내용, 과실의 경중(輕重), 그 밖의 사정 등을 고려하여 교육부령으로 정하는 기준에 따라야 한다.

② 교원징계위원회가 징계 사건을 의결할 때에는 그 의결 대상이 다음 각 호의 어느 하나에 해당하는 경우 그 비위행위자뿐만 아니라 해당 각 호에서 정한 사람에 대해서도 책임을 물어야 한다.

1. 의결 대상이 직무와 관련한 금품수수 비위 사건인 경우: 해당 비위와 관련된 감독자 및 그 비위행위의 제안·주선자
2. 의결 대상이 부작위 또는 직무태만으로 학생의 학습권을 침해한 비위 사건인 경우: 해당 비위와 관련된 감독자

③ 제1항에도 불구하고 비위의 정도가 약하고 과실로 인한 비위로서 다음 각 호의 어느 하나에 해당하는 경우에는 징계를 의결하지 않을 수 있다.

1. 업무처리 절차·방식을 창의적으로 개선하는 등 성실하고 능동적으로 업무를 처리하는 과정에서 발생한 것으로 인정되는 경우
2. 업무를 적극적으로 수행하는 과정에서 발생한 것으로서 업무를 수행할 당시의 여건 또는 그 밖의 사회통념에 비추어 적법하게 처리될 것이라고 기대하기가 극히 곤란했던 것으로 인정되는 경우
3. 제25조의4제2항에 따른 감경 제외 대상이 아닌 비위 중 직무와 관련이 없는 사고로 인한 비위로서 사회통념에 비추어 교원의 품위를 손상하지 않았다고 인정되는 경우

[본조신설 2019. 10. 8.]

제25조의3(비위행위자와 감독자에 대한 문책기준) ① 같은 사건에 관련된 비위행위자와 감독자에 대해서는 업무의 성질 및 업무와의 관련 정도 등을 고려하여 징계

를 의결해야 한다. 이 경우 비위행위자와 감독자에 대한 세부적인 문책기준은 교육부령으로 정한다.

② 제1항에도 불구하고 비위행위자 또는 감독자가 다음 각 호의 어느 하나에 해당하는 경우로서 교육부령으로 정하는 경우에는 징계의결을 하지 않을 수 있다.

1. 해당 비위를 발견하여 보고했거나 이를 적법·타당하게 조치한 경우
2. 비위의 정도가 약하고 경과실인 경우
3. 행위 당시의 여건, 그 밖에 사회통념상 적법하게 처리할 것을 기대하기가 극히 곤란하다고 인정되는 경우
4. 감독자가 철저하게 감독했다는 사실이 증명되는 경우

[본조신설 2019. 10. 8.]

제25조의4(징계의 감경기준) ① 교원징계위원회는 법 제64조에 따라 징계의결이 요구되거나 법 제66조의2제3항에 따라 징계의결 재심의가 요구된 교원에게 다음 각 호의 어느 하나에 해당하는 공적이 있는 경우에는 징계를 감경할 수 있다. 다만, 해당 교원이 징계처분을 받은 사실이 있는 등 교육부령으로 정하는 사유가 있는 경우에는 그 사유가 발생하기 전의 공적은 감경대상 공적에서 제외한다. <개정 2022. 3. 22.>

1. 「상훈법」에 따른 훈장 또는 포장을 받은 공적
2. 「정부 표창 규정」에 따라 국무총리 이상의 표창을 받은 공적[교사의 경우에는 중앙행정기관의 장인 청장(차관급 상당 기관장을 포함한다) 이상 또는 교육감 이상의 표창을 받은 공적]

② 제1항에도 불구하고 다음 각 호의 어느 하나에 해당하는 경우에는 징계를 감경할 수 없다. <개정 2022. 2. 11.>

1. 법 제66조의4제1항에 따라 징계의결 요구 시효가 5년인 징계 사유에 해당하는 비위로 징계의 대상이 된 경우
2. 시험문제를 유출하거나 학생의 성적을 조작하는 등 학생 성적과 관련한 비위 및 학교생활기록부 허위사실 기재 또는 부당 정정(訂正) 등 학교생활기록부와 관련한 비위로 징계의 대상이 된 경우
3. 「교육공무원법」 제52조제1호부터 제4호까지의 규정에 따른 성 관련 비위로 징계의 대상이 된 경우
4. 「도로교통법」 제44조제1항에 따른 음주운전 또는 같은 조 제2항에 따른 음주측정에 대한 불응의 경우
5. 학생에게 신체적·정신적·정서적 폭력 행위를 하여 징계의 대상이 된 경우

6. 신규채용, 승진, 전보 등 인사와 관련된 비위인 경우
7. 「학교폭력예방 및 대책에 관한 법률」에 따른 학교폭력을 고의로 은폐하거나 대응하지 않은 경우
8. 소속 기관 내의 제3호에 따른 성 관련 비위를 고의로 은폐하거나 대응하지 않아 징계의 대상이 된 경우
9. 제3호에 따른 성 관련 비위의 피해자에게 2차 피해(피해자 신상정보의 유출, 피해자 권리구제의 방해, 피해자에 대한 폭행·폭언, 그 밖에 피해자의 의사에 반하는 일체의 불리한 처우를 말한다)를 입혀 징계의 대상이 된 경우
10. 「공직선거법」상 처벌 대상이 되는 행위로 징계의 대상이 된 경우
11. 부작위 또는 직무태만으로 징계의 대상이 된 경우

③ 교원징계위원회는 법 제64조에 따라 징계의결이 요구되거나 법 제66조의2제3항에 따라 징계의결 재심의가 요구된 사람의 비위가 성실하고 능동적인 업무처리 과정에서 과실로 생긴 것으로 인정되거나, 제2항에 따른 감경 제외 대상이 아닌 비위 중 직무와 관련이 없는 사고로 인한 비위라고 인정될 때에는 그 사정을 고려하여 징계를 감경할 수 있다. <개정 2022. 3. 22.>

④ 제1항 및 제3항에 따른 징계 감경의 세부적인 기준은 교육부령으로 정한다.

[본조신설 2019. 10. 8.]

제26조(징계의결서의 작성요령) 법 제66조제2항 또는 제66조의2제4항에 따른 징계의결서의 이유에는 징계의 원인이 된 사실, 증거의 판단과 적용법령을 명시해야 한다. <개정 2019. 10. 8., 2022. 3. 22.>

제27조(보직 등 관리의 원칙) ① 법 제66조의6제1항에서 "「교육공무원법」 제52조 각 호의 어느 하나에 해당하는 등 대통령령으로 정하는 사유에 해당하는 경우"란 다음 각 호의 경우를 말한다.

1. 「교육공무원법」 제52조 각 호의 어느 하나에 해당하는 경우
2. 「양성평등기본법」 제3조제2호에 따른 성희롱에 해당하는 경우

② 법 제66조의6제1항에서 "대통령령으로 정하는 기간"이란 다음 각 호의 구분에 따른 기간을 말한다. <개정 2022. 2. 11.>

1. 파면·해임: 10년
2. 강등: 9년
3. 정직: 7년
4. 감봉·견책: 5년

[본조신설 2021. 6. 22.]

제27조의2(사무직원의 신규채용) ① 법 제70조의3제1항에 따른 공개전형은 법 제70조의2제2항에 따른 사무직원의 임용권자(이하 이 조에서 “사무직원임용권자”라 한다)가 실시한다.

② 사무직원임용권자는 시·도 교육감에게 제1항에 따른 공개전형을 위탁하여 실시할 수 있다.

③ 법 제70조의3제3항에 따라 사무직원으로 임용될 수 없는 사람은 제1항에 따른 공개전형에 응시할 수 없다. 이 경우 응시 결격사유 해당 여부는 해당 공개전형의 최종시험 시행예정일을 기준으로 판단한다.

④ 사무직원임용권자가 제1항에 따른 공개전형을 실시하는 경우에는 채용분야·채용인원 및 지원자격 등에 관한 사항을 지원 마감일 20일 전까지 시·도 교육청 및 학교의 인터넷 홈페이지 등에 공고해야 한다.

⑤ 제1항에 따른 공개전형은 필기시험, 실기시험, 면접시험 및 서류전형 등 채용하려는 직무분야의 능력을 객관적으로 평가할 수 있는 방법으로 한다.

⑥ 사무직원임용권자는 제1항에 따른 공개전형에 응시한 사람이 전형결과 등의 공개를 요구할 경우에는 「공공기관의 정보공개에 관한 법률」 제9조제1항에 따라 공개하지 않을 수 있는 정보를 제외하고는 공개해야 한다. 이 경우 전형결과 등의 공개에 필요한 세부사항은 정관 또는 규칙으로 정할 수 있다.

⑦ 제1항부터 제6항까지에서 규정한 사항 외에 사무직원 공개전형의 실시에 필요한 사항은 사무직원임용권자가 정한다.

[본조신설 2022. 2. 11.]

제28조(권한의 위임) 교육부장관은 법 제71조에 따라 법 제4조제1항제2호에 따른 학교법인에 관한 다음 각 호의 권한을 시·도 교육감에게 위임한다. <개정 2012. 7. 5., 2013. 3. 23.>

1. 법 제10조제1항에 따른 설립허가
2. 법 제34조제2항에 따른 해산인가
3. 법 제36조제2항에 따른 합병인가
4. 법 제45조제2항에 따른 정관변경 보고의 접수

4의2. 법 제45조제3항에 따른 시정 또는 변경 명령

5. 법 제47조제1항에 따른 해산명령
6. 법 제47조의2에 따른 청문(제5호에 따라 위임된 사항에 한정한다)

[전문개정 2011. 6. 9.]

제28조의2(사적 이해관계의 신고 대상) 법 제72조의5제2항제3호에 따라 사립학교경

영자, 학교법인의 임직원 및 사립학교의 장과 교직원(이하 "사학기관종사자"라 한다)은 다음 각 호의 어느 하나에 해당하는 경우에는 정관 또는 규칙으로 정하는 자에게 해당 사실을 신고해야 한다. 다만, 사학기관종사자가 정관 또는 규칙으로 정하는 단순 업무를 수행하는 경우에는 신고하지 않을 수 있다.

1. 사학기관종사자 자신이 법 제72조의5제2항제1호 각 목의 직무관련자(이하 "직무관련자"라 한다)인 경우
2. 사학기관종사자의 4촌 이내의 친족(「민법」 제767조에 따른 친족을 말한다)이 직무관련자인 경우
3. 사학기관종사자 자신이 2년 이내에 재직했던 법인·단체가 직무관련자인 경우
4. 사학기관종사자 자신 또는 그 가족(「민법」 제779조에 따른 가족을 말한다. 이하 같다)이 임직원 또는 사외이사로 재직하고 있는 법인·단체가 직무관련자인 경우
5. 사학기관종사자 자신 또는 그 가족이 직무관련자를 대리하거나 직무관련자에게 고문·자문 등을 제공하거나 해당 대리·고문·자문 등의 업무를 하는 법인·단체에 소속되어 있는 경우
6. 사학기관종사자 자신 또는 그 가족이 정관 또는 규칙으로 정하는 일정 비율 이상의 주식·지분, 자본금 등을 소유하고 있는 법인·단체가 직무관련자인 경우
7. 그 밖에 정관 또는 규칙으로 정하는 바에 따라 공정한 직무수행이 어려운 관계에 있다고 인정되는 자가 직무관련자인 경우

[본조신설 2022. 3. 22.]

[종전 제28조의2는 제28조의3으로 이동 <2022. 3. 22.>]

제28조의3(고유식별정보의 처리) ① 교육부장관, 교육감 및 사립학교 교원의 임용권자는 다음 각 호의 사무를 수행하기 위하여 불가피한 경우 「개인정보 보호법 시행령」 제19조제1호에 따른 주민등록번호가 포함된 자료를 처리할 수 있다. <개정 2016. 8. 2., 2020. 3. 10.>

1. 법 제54조에 따른 임용에 관한 보고 및 해임 등의 요구에 관한 사무
2. 법 제54조의3에 따른 임명의 제한에 관한 사무
3. 법 제64조에 따른 징계의결의 요구에 관한 사무

② 교육부장관, 교육감 및 이사회는 법 제22조에 따른 임원의 결격사유 확인에 관한 사무를 수행하기 위하여 불가피한 경우 「개인정보 보호법 시행령」 제19조제1호에 따른 주민등록번호가 포함된 자료를 처리할 수 있다. <신설 2020. 3. 10.>

[본조신설 2014. 8. 6.]

[제28조의2에서 이동, 종전 제28조의3은 제28조의4로 이동 <2022. 3. 22.>]

제28조의4(규제의 재검토) 교육부장관은 다음 각 호의 사항에 대하여 다음 각 호의 기준일을 기준으로 3년마다(매 3년이 되는 해의 기준일과 같은 날 전까지를 말한다) 그 타당성을 검토하여 개선 등의 조치를 해야 한다. <개정 2020. 3. 3., 2022. 3. 22., 2022. 8. 9.>

1. 제7조의2에 따른 개방이사의 추천·선임 등: 2022년 1월 1일
2. 제9조의2에 따른 시정요구 없는 임원취임의 승인취소에 대한 세부기준: 2022년 1월 1일
3. 제9조의4에 따른 교육경험의 범위: 2022년 1월 1일
4. 제11조에 따른 기본재산의 처분 등: 2017년 1월 1일
5. 제12조에 따른 처분할 수 없는 재산의 범위 등: 2017년 1월 1일
6. 제14조의2제1항에 따른 지정외부감사대상학교법인 선정 기준: 2023년 1월 1일
7. 제21조제7항 및 제8항에 따른 교원의 신규채용 시 필기시험 실시의 예외 및 시·도교육감 위탁 실시의 예외: 2022년 3월 25일

[전문개정 2016. 12. 30.]

[제28조의3에서 이동 <2022. 3. 22.>]

제29조(과태료의 부과기준) 법 제74조제1항부터 제4항까지의 규정에 따른 과태료의 부과기준은 별표 2와 같다. <개정 2019. 3. 19., 2020. 3. 10.>

[전문개정 2018. 5. 28.]

제30조 삭제 <2013. 7. 22.>

부칙 〈제34931호, 2024. 10. 8.〉

제1조(시행일) 이 영은 공포한 날부터 시행한다.

제2조(의견 청취에 관한 적용례) 제9조의7제5항의 개정규정은 이 영 시행 당시 법 제25조의3제1항에 따른 조정위원회의 심의가 계속 중인 경우에도 적용한다.

[별표 1] 겸직교원 수 산정 기준(제24조의3제2항 관련)(사립학교법 시행령)

■ 사립학교법 시행령 [별표 1] <개정 2018. 5. 28.>

겸직교원 수 산정 기준(제24조의3제2항 관련)

겸직교원 수 = (대학의 임상교육 필요 학생정원 × 1) + (전문대학원의 임상교육 필요 학생정원 × 2) + (일반대학원의 임상교육 필요 학생정원 × 1.5)

비고

1. 대학의 임상교육 필요 학생정원: 편제완성연도를 기준으로 한 의학·한의학 또는 치의학 전공 학생정원 중 예과 1·2학년의 정원을 제외한 정원(예과 과정이 없는 경우에는 전체 정원의 3분의 2에 해당하는 정원)
2. 전문대학원의 임상교육 필요 학생정원: 편제완성연도를 기준으로 한 의학·한의학 또는 치의학 전공 학생정원
3. 일반대학원의 임상교육 필요 학생정원: 편제완성연도를 기준으로 한 의학·한의학 또는 치의학 전공 학생정원의 4분의 3에 해당하는 정원. 이 경우 의학·한의학 또는 치의학 전공 학생정원은 「고등교육법 시행령」 제30조제1항에도 불구하고 전공별로 학칙에서 정하는 정원으로 한다.
4. 위 계산식에 따라 계산할 때 소수점 이하는 반올림한다.

[별표 2] 과태료의 부과기준(제29조 관련)(사립학교법 시행령)

■ 사립학교법 시행령 [별표 2] <개정 2022. 3. 22.>

과태료의 부과기준(제29조 관련)

1. 일반기준

가. 위반행위의 횟수에 따른 과태료의 가중된 부과기준은 최근 1년간 같은 위반행위로 과태료 부과처분을 받은 경우에 적용한다. 이 경우 기간의 계산은 위반행위에 대하여 과태료 부과처분을 받은 날과 그 처분 후 다시 같은 위반행위를 하여 적발된 날을 기준으로 한다.

나. 가목에 따라 가중된 부과처분을 하는 경우 가중처분의 적용 차수는 그 위반행위 전 부과처분 차수(가목에 따른 기간 내에 과태료 부과처분이 둘 이상 있었던 경우에는 높은 차수를 말한다)의 다음 차수로 한다.

다. 부과권자는 다음의 어느 하나에 해당하는 경우에는 제2호의 개별기준에 따른 과태료 금액의 2분의 1 범위에서 그 금액을 줄일 수 있다. 다만, 과태료를 체납하고 있는 위반행위자의 경우에는 그렇지 않다.

1) 위반행위자가 「질서위반행위규제법 시행령」 제2조의2제1항 각 호의 어느 하나에 해당하는 경우
2) 위반행위가 사소한 부주의나 오류로 인한 것으로 인정되는 경우
3) 위반행위자가 법 위반상태를 시정하거나 해소하기 위해 노력한 사실이 인정되는 경우
4) 그 밖에 위반행위의 정도, 위반행위의 동기와 그 결과 등을 고려하여 과태료를 줄일 필요가 있다고 인정되는 경우

2. 개별기준

위반행위	근거 법조문	과태료 금액 (단위: 만원)		
		1회 위반	2회 위반	3회 이상 위반
가. 학교법인의 이사장·감사 또는 청산인				

이나 사립학교경영자(법인인 경우에는 그 대표자 또는 이사)가 다음의 어느 하나에 해당하는 경우				
1) 이 법에 따른 등기를 하지 않은 경우	법 제74조 제2항제1호			
가) 등기 지연 기간이 1개월 미만인 경우			200	
나) 등기 지연 기간이 1개월 이상 6개월 미만인 경우			300	
다) 등기 지연 기간이 6개월 이상인 경우			500	
2) 법 제6조제3항에 따른 공고를 하지 않거나 공고해야 할 사항을 허위로 또는 누락하여 공고한 경우	법 제74조 제2항제2호	150	300	500
3) 법 제13조에 따라 준용되는「민법」제55조제1항에 따른 재산목록 또는 법 제32조(법 제51조에 따라 준용되는 경우를 포함한다) 및 제37조제1항에 따른 재산목록, 그 밖의 서류를 비치하지 않거나 이에 기재할 사항을 허위로 또는 누락하여 기재한 경우	법 제74조 제2항제3호		300	
4) 법 제19조제4항제3호·제48조(법 제51조에 따라 준용되는 경우를 포함한다)에 따른 보고를 하지 않거나 보고해야 할 사항을 허위로 또는 누락하여 보고한 경우	법 제74조 제2항제4호	150	300	500
5) 법 제28조제5항에 따른 신고를 하지 않은 경우	법 제74조 제2항제4호의2			
가) 신고 지연 기간이 1개월 미만인 경우			200	
나) 신고 지연 기간이 1개월 이상 6개월 미만인 경우			300	

다) 신고 지연 기간이 6개월 이상인 경우			500	
6) 법 제31조(법 제51조에 따라 준용되는 경우를 포함한다)·제37조제2항 또는 제38조제2항을 위반한 경우	법 제74조 제2항제5호		300	
7) 법 제42조에 따라 준용되는 「민법」 제79조 또는 제93조제1항에 따른 파산선고의 신청을 하지 않은 경우	법 제74조 제2항제6호		300	
8) 법 제42조에 따라 준용되는 「민법」 제88조제1항 또는 제93조제1항에 따른 공고를 하지 않거나 공고할 사항을 허위로 또는 누락하여 공고한 경우	법 제74조 제2항제7호		300	
9) 법 제42조에 따라 준용되는 「민법」 제86조 또는 제94조에 따른 신고를 태만하거나 부실한 신고를 한 경우	법 제74조 제2항제8호		300	
10) 법 제42조에 따라 준용되는 「민법」 제90조를 위반한 경우	법 제74조 제2항제9호		300	
11) 법 제72조의3에 따른 공개를 하지 않거나 거짓으로 공개한 경우	법 제74조 제2항제10호	150	300	500
나. 대학교육기관의 장 및 대학교육기관을 설치·경영하는 학교법인의 이사장이 법 제32조의2제4항에 따른 보고를 하지 않거나 보고해야 할 사항을 거짓으로 또는 누락하여 보고한 경우	법 제74조제3항	150	300	500
다. 사립학교 교원의 임용권자가 법 제54조제1항에 따른 보고를 하지 않거나 허위보고를 한 경우	법 제74조제4항	150	300	500
라. 사립학교 교원 또는 사무직원(법 제70조의2에 따라 임명된 사무직원을 말한다)의 임용권자가 다음의 어느 하나에 해당하는 경우				

1) 법 제54조제3항 후단을 위반하여 특별한 사유 없이 관할청의 해임 또는 징계 요구를 따르지 않은 경우	법 제74조 제1항제1호	300	600	1,000
2) 법 제54조의2제1항 후단을 위반하여 특별한 사유 없이 관할청의 해임 요구를 따르지 않은 경우	법 제74조 제1항제2호	300	600	1,000
3) 법 제66조의2제3항을 위반하여 재심의를 요구하지 않은 경우	법 제74조 제1항제3호	300	600	1,000
4) 법 제66조의2제5항 전단(법 제70조의6제5항에서 준용하는 경우를 포함한다)을 위반하여 의결 내용에 따라 징계처분을 하지 않은 경우	법 제74조 제1항제4호	300	600	1,000
5) 법 제70조의5제3항 후단을 위반하여 특별한 사유 없이 관할청의 징계의결 요구에 따르지 않은 경우	법 제74조 제1항제5호	300	600	1,000
6) 법 제70조의6제3항을 위반하여 재심의를 요구하지 않은 경우	법 제74조 제1항제6호	300	600	1,000
7) 법 제70조의7제1항 각 호 외의 부분 후단을 위반하여 특별한 사유 없이 관할청의 해임 요구를 따르지 않은 경우	법 제74조 제1항제7호	300	600	1,000
8) 법 제72조의5제4항제2호에 따른 관할청의 시정명령을 특별한 사유 없이 따르지 않은 경우	법 제74조 제1항제8호	200	300	500

[별지 서식] 전문가 의견서(사립학교법 시행령)

■ 사립학교법 시행령 [별지 서식] <개정 2021. 6. 22.>

전문가 의견서

사 건 명	

전문가 인적사항

소속 및 직위	성 명	연락처

전문가 의견

※ 사건의 경위, 피해자의 진술내용 및 피해정도(신체·정신 및 심리 상태) 등을 고려해 사건에 대한 의견을 작성

위와 같이 의견서를 작성하여 제출합니다.

년 월 일

작성인 성명 (서명 또는 인)

210mm×297mm[백상지 80g/㎡]

부록 3

사립학교법 관련 조문

「사립학교법」에 포함된 법령

사립학교법				관련 법령	비 고
조	항	호	목		
2		1		「유아교육법」 제2조제2호, 「초·중등교육법」 제2조, 「고등교육법」 제2조	인용 인용 인용
2		3		「유아교육법」, 「초·중등교육법」, 「고등교육법」	인용
3				「초·중등교육법」 제52조제2항	인용
9				「민법」 제34조, 제35조	준용
13				「민법」 제47조, 제48조, 제50조~제52조, 제52조의2, 제53조, 제54조, 제55조제1항.	준용
14	4			「초·중등교육법」 제31조	인용
20의2	1	1		「초·중등교육법」, 「고등교육법」	인용
21	2			「민법」 제777조	인용
21	3	1		「유아교육법」 제2조제2호	인용
21	3	2		「초·중등교육법」 제2조	인용
21	3	3		「고등교육법」 제2조	인용
21	4			「민법」 제777조	인용
22		1		「국가공무원법」 제33조	인용
22의2				「국가공무원법」 제33조제5호, 「형법」 제129조~제132조, 「형법」 제355조~제356조, 「국가공무원법」 제33조제6호의2	인용
25의2				「국가공무원법」 제33조	인용
27				「민법」 제59조제2항, 제61조, 제62조, 제64조, 제65조	인용
28	3			「초·중등교육법」 제10조, 「고등교육법」 제11조	인용
29	4	1		「고등교육법」 제11조제3항	인용
29	4	2		「초·중등교육법」 제2조	인용
29	4	3		「유아교육법」 제19조의3	인용
31	3	2		「초·중등교육법」 제2조	인용
31	4			「주식회사 등의 외부감사에 관한 법률」 제2조제7호	인용
32의2	3	1		「자본시장과 금융투자업에 관한 법률」 제4조제2항	인용
32의2	3	2		「벤처기업육성에 관한 특별법」	인용
32의2	4			「재난 및 안전관리 기본법」 제3조제1호	인용

35	3	1		「민법」 제777조	인용
35	3	1	다	「고등교육법」 제2조	인용
35	3	1	라	「초·중등교육법」 제2조	인용
35	3	1	마	「유아교육법」 제2조제2호	인용
35	4			「한국사학진흥재단법」 제17조제2항	인용
35조	6			「한국사학진흥재단법」	인용
35의2				「공익법인의 설립·운영에 관한 법률」 제2조	인용
42	1			「민법」 제79조, 제81조~제95조	준용
42	2			「민법」 제59조제2항, 제61조, 제62조, 제64조, 제65조	준용
48의2	1	2		「고등교육법」 제4조제3항	인용
48의2	1	3		「고등교육법」 제62조	인용
48의2	2			「한국사학진흥재단법」	인용
50				「민법」	인용
53의2	7	4		「산업교육진흥 및 산학연협력촉진에 관한 법률」 제2조제6호	인용
53의2	8			「고등교육법」 제15조	인용
53의2	9			「교원의 지위 향상 및 교육활동 보호를 위한 특별법」 제7조	인용
53의2	11			「초·중등교육법」 제19조	인용
53의3				「교육공무원법」 제11조의2	준용
53의5				「교육공무원법」 제11조의3	준용
54의3	1	4		「교육공무원법」 제10조의4	인용
54의3	6			「교육공무원법」 제32조, 「유아교육법」 제23조, 「초·중등교육법」 제22조	인용
54의4	1	3		「교원의 지위 향상 및 교육활동 보호를 위한 특별법」 제9조제1항	인용
55	2			「국가공무원법」 제64조	인용
55의2				「교육공무원법」 제39조제1항	인용
57	1			「교육공무원법」 제10조의4, 「국가공무원법」 제33조제5호, 「형법」 제129조~제132조, 제355조, 제356조, 「국가공무원법」 제33조제6호의2	인용
57	2			「고등교육법」 제2조, 「형법」 제347조, 제351조	인용
59	1	2		「병역법」	인용
59	1	6		「재외국민의 교육지원 등에 관한 법률」 제2조제2호	인용
59	1	11		「교원의 노동조합 설립 및 운영 등에 관한 법률」 제5조	인용
59	1	12		「사립학교교직원 연금법」 제31조	인용
61	3			「고등교육법」 제14조	인용
61의2	2			「국가공무원법」 제79조	인용
62	1			「교육공무원법」 제50조	인용
62	3	2	라	「초·중등교육법」 제2조	인용

62	4	4		「초·중등교육법」 제2조	인용
66	5			「성폭력범죄의 처벌 등에 관한 특례법」 제2조, 「양성평등기본법」 제3조제2호	인용
66의4	1			「국가공무원법」 제78조의2제1항, 「국가공무원법」 제83조의2제1항제1호, 「교육공무원법」 제52조제5호	인용
66의4	3			「교원의 지위 향상 및 교육활동 보호를 위한 특별법」	인용
66의6	1			「국가공무원법」 제83조의2제1항제1호	인용
67				「초·중등교육법」 제60조의2	인용
70의3	1			「초·중등교육법」 제2조	인용
70의3	2			「지방공무원법」 제43조의2	준용
70의3	3			「지방공무원법」 제31조 각 호의 어느 하나에 해당하는 자는 「초·중등교육법」 제2조	인용
70의4				「지방공무원법」 제61조제1호	준용
70의5	1			「지방공무원법」 제7조	인용
72의2				「형법」 제129조~제132조	인용
72의3				「민법」 제777조	인용
74	2	3		「민법」 제55조제1항	인용
74	2	6		「민법」 제79조	인용
74	2	7		「민법」 제88조제1항, 제93조제1항	인용
74	2	8		「민법」 제86조 또는 제94조	인용
74	2	9		「민법」 제90조	인용

부록 4
역대 국회 구성과 대통령

역대 국회 구성과 대통령

<table>
<tr><th rowspan="2">연 도</th><th colspan="3">국 회</th><th rowspan="2">대통령</th></tr>
<tr><th>대 수</th><th colspan="2">의석수 비율(선거 당시 기준)</th></tr>
<tr><td>1948. 5. 31.
~
1950. 5. 30.</td><td>제헌</td><td colspan="2">· 무소속 85/200석(42.5%)
· 대한독립촉성국민회 55/200석(27.5%)
· 한국민주당 29/200석(14.5%)</td><td>이승만</td></tr>
<tr><td>1950. 5. 31.
~
1954. 5. 30.</td><td>제2대</td><td colspan="2">· 무소속 126/210석(60.0%)
· 대한국민당 24/210석(11.4%)
· 민주국민당 24/210석(11.4%)</td><td>이승만</td></tr>
<tr><td>1954. 5. 31.
~
1958. 5. 30.</td><td>제3대</td><td colspan="2">· 자유당 114/203석(56.1%)
· 무소속 68/203석(33.4%)
· 민주국민당 15/203석(7.3%)</td><td>이승만</td></tr>
<tr><td>1958. 5. 31.
~
1960. 7. 28.</td><td>제4대</td><td colspan="2">· 자유당 126/233석(54%)
· 민주당 79/233석(33.9%)
· 무소속 27/233석(11.5%)</td><td>이승만
(~ 1960.4)</td></tr>
<tr><td rowspan="2">1960. 7. 29.
~
1963. 12. 16.</td><td rowspan="2">제5대</td><td>민의원</td><td>· 민주당 175/233석(75.1%)
· 무소속 49/233석(21.0%)
· 사회대중당 4/233석(1.7%)
· 자유당 2/233석(0.8%)</td><td rowspan="2">윤보선
(1960.8 ~ 1962.3)
박정희
(1963.12 ~)</td></tr>
<tr><td>참의원</td><td>· 민주당 31/58석(53.4%)
· 무소속 20/58석(34.4%)
· 자유당 4/58석(6.8%)
· 사회대중당 1/58석(1.7%)</td></tr>
<tr><td>1963. 12. 17.
~
1967. 6. 30.</td><td>제6대</td><td colspan="2">· 민주공화당 132/219석(60.2%)
· 민정당 55/219석(25.1%)
· 민주당 18/219석(8.2%)
· 자유민주당 12/219석(5.4%)</td><td>박정희</td></tr>
</table>

1967. 7. 1. ~ 1971. 6. 30.	제7대	· 민주공화당 156/219석(71.2%) · 신민당 62/219석(28.3%)	박정희
1971. 7. 1. ~ 1972. 10. 17.	제8대	· 민주공화당 140/255석(54.9%) · 신민당 113/255석(44.3%)	박정희
1973. 3. 12. ~ 1979. 3. 11.	제9대	· 민주공화당 73/219석(33.3%) · 신민당 52/219석(23.7%) · 무소속 19/219석(8.6%) · 유신정우회 73/219석(33.3%)	박정희
1979. 3. 12. ~ 1980. 10. 27.	제10대	· 민주공화당 68/231석(29.4%) · 신민당 61/231석(26.4%) · 무소속 22/231석(9.5%) · 유신정우회 77/231석(33.3%)	박정희 (~ 1979.10) 최규하 (1979.12 ~ 1980.8) 전두환 (1980.9 ~)
1981. 4. 11 ~ 1985. 4. 10.	제11대	· 민주정의당 212/368석(57.6%) · 민주한국당 105/368석(28.5%) · 한국국민당 32/368석(8.6%) · 무소속 11/368석(2.9%)	전두환
1985. 4. 11 ~ 1988. 5. 29.	제12대	· 민주정의당 209/368석(56.7%) · 신한민주당 84/368석(22.8%) · 민주한국당 44/368석(11.9%) · 한국국민당 25/368석(6.7%)	전두환 (~ 1988.2) 노태우 (1988.2 ~)
1988. 5. 30. ~ 1992. 5. 29.	제13대	· 민주정의당 163/374석(43.5%) · 평화민주당 86/368석(23.3%) · 통일민주당 72/368석(19.5%) · 신민주공화당 43/368석(11.6%)	노태우
1992. 5. 30. ~ 1996. 5. 29.	제14대	· 민주자유당 182/361석(50.4%) · 민주당 119/361석(32.9%) · 통일국민당 38/361석(10.5%) · 무소속 21/361석(5.8%)	노태우 (~ 1993.2) 김영삼 (1993.2 ~)
1996. 5. 30. ~	제15대	· 신한국당 157/345석(45.5%) · 새정치국민회의 92/345석(26.6%)	김영삼 (~ 1998.2)

2000. 5. 29.		· 자유민주연합 59/345석(17.1%) · 통합민주당 21/345석(6.0%) · 무소속 16/345석(4.6%)	김대중 (1998.2 ~)
2000. 5. 30. ~ 2004. 5. 29.	제16대	· 한나라당 154/319석(48.2%) · 새정치국민회의 134/319석(42.0%) · 자유민주연합 22/319석(6.8%)	김대중 (~ 2003.2) 노무현 (2003.2 ~)
2004. 5. 30. ~ 2008. 5. 29.	제17대	· 열린우리당 175/355석(49.2%) · 한나라당 142/355석(40.0%) · 민주노동당 18/355석(5.0%) · 새천년민주당 13/355석(3.6%)	노무현 (~ 2008.2) 이명박 (2008.2 ~)
2008. 5. 30. ~ 2012. 5. 29.	제18대	· 한나라당 175/353석(49.5%) · 통합민주당 96/353석(27.1%) · 자유선진당 22/353석(6.2%) · 친박연대 22/353석(6.2%)	이명박
2012. 5. 30. ~ 2016. 5. 29.	제19대	· 새누리당 177/354석(50%) · 민주통합당 148/354석(41.8%) · 통합진보당 19/354석(5.3%)	이명박 (~ 2013.2) 박근혜 (2013.2 ~)
2016. 5. 30. ~ 2020. 5. 29.	제20대	· 더불어민주당 136/347(39.1%) · 새누리당 139/347석(40.0%) · 국민의당 51/347석(14.6%) · 정의당 10/347석(2.8%)	박근혜 (~ 2017.3) 문재인 (2017.5 ~)
2020. 5. 30 ~ 2024. 5. 29.	제21대	· 더불어민주당 163/300석(54.3%) · 미래통합당 84/300석(28%) · 미래한국당 19/300석(6.3%) · 더불어시민당 17/300석(5.6%) · 정의당 6/300석(20%)	문재인 (~ 2022.5) 윤석열 (2022.5 ~)
2024. 5. 30 ~ 2028. 5. 29.	제22대	· 민주당/민주연합 175/300석(58.3%) · 국민의힘/국민의미래　108/300석(36.0%) · 조국혁신당 12/300석(4.0%) · 개혁신당 3/300석(1.0%) · 새로운미래 1/300석(0.3%) · 진보당 1/300석(0.3%)	윤석열

저자약력

명 순 구

서울고등학교
고려대학교 법학사, 법학석사
파리 제1대학교(Université de Paris I, Panthéon-Sorbonne) 법학박사
프랑스 교수자격(Habilitation à Diriger des Recherches)
프랑스 교육문화훈장 팔므아카데믹(Palmes Académiques) 기사장(Chevalier) 수훈
민법 등 법률개정위원회 위원
대한상사중재원 중재인, 중국 위해시(威海市) 중재위원, 중앙아시아 중재법원(CACIA) 중재위원
고려대학교 법학전문대학원 교수, 교무처장, 법과대학장, 법학전문대학원장

[주요 저역서]

- *La rupture du contrat pour inexécution fautive en droit coréen et français*, Paris, L.G.D.J., 1996.
- *Le contrat au début du XXIe Siècle, Études Offertes à Jacques Ghestin*, Paris, L.G.D.J., 2001.
- 민법학기초원리, 세창출판사, 2002.
- 프랑스민법전, 법문사, 2004.
- 미국계약법입문, 법문사, 2004.
- 현대미국신탁법, 법문사, 2005.
- 민법총칙, 법문사, 2005.
- 법경제학, 세창출판사, 2006.
- 법률가의 회계학, 법문사, 2006.
- 아듀, 물권행위, 고려대학교출판부, 2006.
- 세계화지향의 사법: 그 배경과 한국·프랑스의 적응, 세창출판사, 2006.
- 실록 대한민국민법 1, 법문사, 2008.
- 러시아법입문, 세창출판사, 2009.
- 실록 대한민국민법 2, 법문사, 2010.
- 실록 대한민국민법 3, 법문사, 2010.
- 역사와 해설 국민건강보험법, 법문사, 2011.
- 미술품의 거래법과 세금, 고려대학교출판부, 2012.
- 전세제도에 관한 새로운 시각, 고려대학교출판부, 2015.
- 민법학원론, 박영사, 2015.
- 민법총론(보성전문교과서번역사업1), 고려대학교출판문화원, 2017.
- 물권법 제1부(보성전문교과서번역사업2), 고려대학교출판문화원, 2018.
- 1919년 보성전문, 시대·사회·문화, 세창출판사, 2020.
- 물권법 제2부(보성전문교과서번역사업5), 고려대학교출판문화원, 2021.
- 이슬람법입문, 경인문화사, 2021.
- 물, 법과 관리의 원리, 고려대학교출판문화원, 2022.
- 중동의 대학교육과 고등교육 협력방안, 세창출판사, 2023.
- 채권법 제1부(보성전문교과서번역사업7), 고려대학교출판문화원, 2023.
- 채권법 제2부(보성전문교과서번역사업8), 고려대학교출판문화원, 2024.
- 채권법 제3부(보성전문교과서번역사업9), 고려대학교출판문화원, 2025.

E-mail: skmyoung@korea.ac.kr
Home Page: www.mindle.net

실록 사립학교법

초판발행 2025년 4월 25일

지은이 명순구
펴낸이 안종만 · 안상준

편 집 이승현
기획/마케팅 김한유
표지디자인 BEN STORY
제 작 고철민 · 김원표

펴낸곳 (주) 박영사
서울특별시 금천구 가산디지털2로 53, 210호(가산동, 한라시그마밸리)
등록 1959. 3. 11. 제300-1959-1호(倫)
전 화 02)733-6771
f a x 02)736-4818
e-mail pys@pybook.co.kr
homepage www.pybook.co.kr
ISBN 979-11-303-4869-8 93360

정 가 98,000원